Frankfurter Kommentar
zu EUV, GRC und AEUV

Band IV

Frankfurter Kommentar

zu

EUV, GRC und AEUV

herausgegeben von

Matthias Pechstein
Carsten Nowak
Ulrich Häde

Band IV
AEUV
Artikel 216–358

Mohr Siebeck
2017

Matthias Pechstein, geboren 1958; 1985 1. Jur. Staatsexamen; 1987 Promotion; 1989 2. Jur. Staatsexamen; 1989/90 Tätigkeit im Bundesministerium des Innern (Bonn); 1994 Habilitation; 1993–1995 Richter am Verwaltungsgericht Berlin; seit 1995 Inhaber des Jean-Monnet-Lehrstuhls für Öffentliches Recht mit Schwerpunkt Europarecht an der Europa-Universität Viadrina Frankfurt (Oder).

Carsten Nowak, geboren 1965; 1993 1. Jur. Staatsexamen; 1997 Promotion; 1998 2. Jur. Staatsexamen; 2008 Habilitation; seit 2009 Inhaber des Lehrstuhls für Öffentliches Recht, insbesondere Europarecht an der Europa-Universität Viadrina Frankfurt (Oder).

Ulrich Häde, geboren 1960; 1986 1. Jur. Staatsexamen; 1989 2. Jur. Staatsexamen; 1991 Promotion; 1996 Habilitation; 1991/92 und 1996/97 Tätigkeit im Bayerischen Staatsministerium der Finanzen (München); seit 1997 Inhaber des Lehrstuhls für Öffentliches Recht, insbesondere Verwaltungsrecht, Finanzrecht und Währungsrecht an der Europa-Universität Viadrina Frankfurt (Oder).

Zitiervorschlag: Bearbeiter, in: Pechstein/Nowak/Häde (Hrsg.), Frankfurter Kommentar EUV/GRC/AEUV, Art., Rn.

ISBN 978-3-16-151864-5 (Gesamtwerk)
ISBN 978-3-16-155047-8 (Band IV)

Die deutsche Nationalbibliothek verzeichnet diese Publikation in der Deutschen Nationalbibliographie; detaillierte bibliographische Daten sind im Internet über *http://dnb.dnb.de* abrufbar.

© 2017 Mohr Siebeck Tübingen. www.mohr.de

Das Buch wurde von pagina GmbH in Tübingen aus der Rotation gesetzt, auf alterungsbeständiges Werkdruckpapier gedruckt und von der Buchbinderei Spinner in Ottersweier gebunden. Den Umschlag entwarf Uli Gleis in Tübingen.

Printed in Germany.

Inhaltsübersicht
Band IV

Vertrag über die Arbeitsweise der Europäische Union (AEUV)

Inhaltsverzeichnis
Band IV

Vertrag über die Arbeitsweise der Europäische Union (AEUV)

Inhaltsverzeichnis

Inhaltsverzeichnis

Inhaltsverzeichnis

Verzeichnis der Autorinnen und Autoren

Prof. Dr. Sigrid Boysen, Helmut-Schmidt-Universität Universität der Bundeswehr Hamburg, Professur für Öffentliches Recht, insbesondere Völkerrecht und Europarecht: Art. 217 AEUV

Prof. Dr. Marten Breuer, Universität Konstanz, Lehrstuhl für Öffentliches Recht mit internationaler Ausrichtung: Art. 8 EUV; Art. 300–307, 343 AEUV

Prof. Dr. Christoph Brömmelmeyer, Europa-Universität Viadrina Frankfurt (Oder), Lehrstuhl für Bürgerliches Recht und Europäisches Wirtschaftsrecht: Art. 101, 102 AEUV

Prof. Dr. Marc Bungenberg, LL.M., Universität des Saarlandes, Lehrstuhl für Öffentliches Recht, Völkerrecht und Europarecht: Art. 205–207 AEUV

Stephanie Dausinger, Rechtsreferendarin im Bezirk des OLG München: Art. 122, 125, 136 AEUV

Corinna Dornacher, Ludwig-Maximilians-Universität München, Lehrstuhl für Öffentliches Recht und Europarecht: Art. 123, 124 AEUV

Prof. Dr. Claudio Franzius, Universität Bremen, Lehrstuhl für Öffentliches Recht, insbesondere Verwaltungsrecht und Umweltrecht: Art. 4, 48 EUV; Art. 353 AEUV

Prof. Dr. Walter Frenz, RWTH Aachen: Art. 1, 2, 5 GRC; Art. 173, 179–190, 197, 222, 325, 346–349, 352 AEUV

Prof. Dr. Thomas Giegerich, LL.M., Universität des Saarlandes, Lehrstuhl für Europarecht, Völkerrecht und Öffentliches Recht: Art. 216, 218, 220, 221, Art. 351 AEUV

Dr. Niklas Görlitz, Juristischer Dienst des Europäischen Parlaments, Luxemburg: Art. 263, 267 AEUV

Prof. Dr. Ludwig Gramlich, TU Chemnitz, Professur für Öffentliches Recht und Öffentliches Wirtschaftsrecht: Art. 63–66, 142–144, 219 AEUV

Prof. Dr. Jörg Gundel, Universität Bayreuth, Lehrstuhl für Öffentliches Recht, Völker- und Europarecht: Art. 194, 288, 290, 291 AEUV

Prof. Dr. Ulrich Häde, Europa-Universität Viadrina Frankfurt (Oder), Lehrstuhl für Öffentliches Recht, insbesondere Verwaltungsrecht, Finanzrecht und Währungsrecht: Präambel, Art. 1–6, 162–164, 174–178, 271, 285–287, 308–324 AEUV

Prof. Dr. Ulrich Haltern, LL.M. (Yale), Albert-Ludwigs-Universität Freiburg, Institut für Öffentliches Recht, Abt. I: Europa- und Völkerrecht: Art. 28–37, 56–62 AEUV

Prof. Dr. Andreas Haratsch, FernUniversität in Hagen, Lehrstuhl für Deutsches und Europäisches Verfassungs- und Verwaltungsrecht sowie Völkerrecht: Art. 15–17, 20 EUV, Art. 235–250, 326–334 AEUV

Prof. Dr. Wolff Heintschel von Heinegg, Europa-Universität Viadrina Frankfurt (Oder), Lehrstuhl für Öffentliches Recht, insb. Völkerrecht, Europarecht und ausländisches Verfassungsrecht: Art. 18, 21–46 EUV

Prof. Dr. Christoph Herrmann, LL.M., Universität Passau, Lehrstuhl für Staats- und Verwaltungsrecht, Europarecht, Europäisches und Internationales Wirtschaftsrecht: Art. 119–126, 136 AEUV

Prof. Dr. Sebastian Heselhaus, Universität Luzern, Lehrstuhl für Europarecht, Völkerrecht, Öffentliches Recht und Rechtsvergleichung: Art. 9–12, 55 EUV; Art. 3, 20, 37, 39, 40, 42–46 GRC; Art. 11, 13, 15, 20–25, 191–193, 342, 358 AEUV

Univ.-Prof. Dr. Hubert Hinterhofer, Universität Salzburg, Professor für Straf- und Strafverfahrensrecht – Schwerpunkt Wirtschafts- und Europastrafrecht: Art 85–89 AEUV

Prof. Dr. Gudrun Hochmayr, Europa-Universität Viadrina Frankfurt (Oder), Professur für Strafrecht, insbesondere Europäisches Strafrecht und Völkerstrafrecht: Art. 50 GRC; Art. 82–84 AEUV

Ass. iur. Nils J. Janson, Albert-Ludwigs-Universität Freiburg, Institut für Öffentliches Recht, Abt. I: Europa- und Völkerrecht: Art. 28, 29, 31–33, 35, 37 AEUV

Prof. Dr. Jörn Axel Kämmerer, Bucerius Law School, Hamburg, Lehrstuhl für Öffentliches Recht, Völker- und Europarecht: Art. 139, 140 AEUV

Prof. Dr. Friedemann Kainer, Universität Mannheim, Lehrstuhl für Bürgerliches Recht, deutsches und europäisches Wirtschafts- und Arbeitsrecht: Art. 49–55 AEUV

Prof. Dr. Eva Kocher, Europa-Universität Viadrina Frankfurt (Oder), Lehrstuhl für Bürgerliches Recht, Europäisches und Deutsches Arbeitsrecht, Zivilverfahrensrecht: Art. 27–34 GRC; Art. 8–10, 45–48, 151–161 AEUV

Prof. Dr. Markus Krajewski, Friedrich-Alexander-Universität Erlangen-Nürnberg, Lehrstuhl für Öffentliches Recht und Völkerrecht: Art. 26, 35, 36 GRC; Art. 14, 106, 345 AEUV

Philipp Kubicki, Wissenschaftliche Dienste, Deutscher Bundestag, Berlin: Art. 19 EUV, Art. 277 AEUV

Prof. Dr. Jürgen Kühling, LL.M. (Brüssel), Universität Regensburg, Lehrstuhl für Öffentliches Recht, Immobilienrecht, Infrastrukturrecht und Informationsrecht: Art. 15–17 GRC

Prof. Dr. Thomas Lübbig, Rechtsanwalt in Berlin, Honorarprofessor an der Europa-Universität Viadrina Frankfurt (Oder): Art. 90–100, 168, 170–172 AEUV

Prof. Dr. Cornelia Manger-Nestler, LL.M., HTWK Leipzig, Professur für Deutsches und Internationales Wirtschaftsrecht: Art. 127–135, 282–284 AEUV

Prof. Dr. Nele Matz-Lück, LL.M., Christian-Albrechts-Universität zu Kiel, Walther-Schücking-Institut für Internationales Recht: Art. 195, 196 AEUV

Dr. Walther Michl, LL.M., Ludwig-Maximilians-Universität München, Lehrstuhl für Öffentliches Recht und Europarecht: Art. 21 GRC; Art. 17–19 AEUV

Prof. Dr. Dr. h.c .mult. Peter-Christian Müller-Graff, MAE, Ruprecht-Karls-Universität Heidelberg, Direktor des Instituts für deutsches und europäisches Gesellschafts- und Wirtschaftsrecht: Art. 3 EUV; Art. 67–80 AEUV

Dr. Hanns Peter Nehl, D.E.A., LL.M., Rechtsreferent am EuG, Luxemburg: Art. 47 GRC

Prof. Dr. Roland Norer, Universität Luzern, Lehrstuhl für Öffentliches Recht und Recht des ländlichen Raums: Art. 38–44 AEUV

Prof. Dr. Carsten Nowak, Europa-Universität Viadrina Frankfurt (Oder), Lehrstuhl für Öffentliches Recht, insbesondere Europarecht: Präambel, Art. 1, 7, 13, 47, 51, 52 EUV; Präambel, Art. 25 GRC; Art. 103–105, 107–109, 335, 337–339, 341, 354–356 AEUV

Prof. Dr. Kerstin Odendahl, Christian-Albrechts-Universität zu Kiel, Walther-Schücking-Institut für Internationales Recht: Art. 165–167, 208–214 AEUV

Prof. Dr. Eckhard Pache, Julius-Maximilians-Universität Würzburg, Lehrstuhl für Staatsrecht, Völkerrecht, Internationales Wirtschaftsrecht und Wirtschaftsverwaltungsrecht: Art. 5, 6 EUV; Art. 51–54 GRC

Prof. Dr. Ingo Palsherm, Technische Hochschule Nürnberg Georg Simon Ohm, Fakultät Sozialwissenschaften: Art. 145–150 AEUV

Prof. Dr. Matthias Pechstein, Europa-Universität Viadrina Frankfurt (Oder), Jean-Monnet-Lehrstuhl für Öffentliches Recht, insbesondere Europarecht: Art. 19 EUV; Art. 251–281, 344 AEUV

Prof. Dr. Dagmar Richter, Juristische Fakultät der Ruprecht-Karls-Universität Heidelberg: Art. 351 AEUV

Ass. iur. Herbert Rosenfeldt, Universität Passau, Lehrstuhl für Staats- und Verwaltungsrecht, Europarecht, Europäisches und Internationales Wirtschaftsrecht: Art. 120, 121 AEUV

Prof. Gerard C. Rowe, B.A., LL.B., M.T.C.P. (Syd), LL.M. (Yale), Europa-Universität Viadrina Frankfurt (Oder), Professor em. für Öffentliches Recht, Verwaltungsrecht, Umweltrecht, Kommunalrecht, Rechtsvergleichung und ökonomische Analyse des Rechts; Professeur associé, Université du Luxembourg: Art. 23 GRC

Dr. *Marit Sademach*, Europa-Universität Viadrina Frankfurt (Oder), Lehrstuhl für Öffentliches Recht, insbesondere Verwaltungsrecht, Finanzrecht und Währungsrecht: Art. 271, 308, 309 AEUV

Prof. Dr. *Johannes Saurer*, LL.M. (Yale), Eberhard Karls Universität Tübingen, Lehrstuhl für Öffentliches Recht, Umweltrecht, Infrastrukturrecht und Rechtsvergleichung: Art. 289 AEUV, Art. 292–299 AEUV

Prof. Dr. *Ralf P. Schenke*, Julius-Maximilians-Universität Würzburg, Lehrstuhl für Öffentliches Recht, Deutsches, Europäisches und Internationales Steuerrecht: Art. 110–113 AEUV

Prof. Dr. *Martin Schmidt-Kessel*, Universität Bayreuth, Lehrstuhl für Verbraucherrecht: Art. 38 GRC; Art. 12, 169 AEUV

Prof. Dr. *Burkhard Schöbener*, Universität zu Köln, Lehrstuhl für Öffentliches Recht, Völkerrecht und Europarecht: Art. 198–204, 215, 350 AEUV

Prof. Dr. *Rainer Schröder*, Universität Siegen, Professur für Öffentliches Wirtschaftsrecht, Technik- und Umweltrecht: Art. 54 EUV; Art. 48, 49 GRC; Art. 7, 357 AEUV

Dr. *Sibylle Seyr*, LL.M., Juristischer Dienst des Europäischen Parlaments, Luxemburg: Art. 270, 336 AEUV

Dr. *Paulina Starski*, LL.B., Max-Planck-Institut für ausländisches öffentliches Recht und Völkerrecht, Heidelberg: Art. 137, 138, 141 AEUV

Dipl.-iur. *Sarah Katharina Stein*, MLE, Albert-Ludwigs-Universität Freiburg, Institut für Öffentliches Recht, Abt. I: Europa- und Völkerrecht: Art. 56–62 AEUV

Prof. Dr. *Michael Stürner*, M.Jur. (Oxon), Universität Konstanz, Lehrstuhl für Bürgerliches Recht, Internationales Privat- und Verfahrensrecht und Rechtsvergleichung, Richter am OLG Karlsruhe: Art. 81 AEUV

Dr. *Peter Szczekalla*, Deutsches Verwaltungsblatt (DVBl) und Hochschule Osnabrück: Art. 14, 50 EUV; Art. 223–234 AEUV

Prof. Dr. *Jörg Philipp Terhechte*, Leuphana Universität Lüneburg, Lehrstuhl für Öffentliches Recht, Europäisches und Internationales Recht sowie Regulierungs- und Kartellrecht: Art. 2, 49, 53 EUV; Art. 41 GRC; Art. 26, 27, 114–118, 340 AEUV

Prof. Dr. *Carmen Thiele*, Europa-Universität Viadrina Frankfurt (Oder), apl. Professur für Völkerrecht, Ostrecht und Rechtsvergleichung: Art. 4, 10–14, 18, 19, 22, 24 GRC

Prof. Dr. *Heinrich Amadeus Wolff*, Universität Bayreuth, Lehrstuhl für Öffentliches Recht VII: Art. 6–9 GRC; Art. 16 AEUV

Abkürzungsverzeichnis

a. A.	andere Ansicht
AASM	Associated African States and Madagascar
ABl.	Amtsblatt
abl.	ablehnend
Abs.	Absatz
Absatznr.	Absatznummer
Abschn.	Abschnitt
ACER	Agency for the Cooperation of Energy Regulators
AcP	Archiv für die civilistische Praxis
a. E.	am Ende
AEI	Arbeitskreis Europäische Integration e.V.
AENEAS	Programm für die finanzielle und technische Hilfe für Drittländer im Migrations- und Asylbereich
AEUV	Vertrag über die Arbeitsweise der Europäischen Union
AETR	Accord Européen sur les Transports Routiers
AdR	Ausschuss der Regionen
ADSP	Actualité et dossier en santé publique
a. F.	alte Fassung
AFDI	Annuaire Français de Droit International
AFRI	Annuaire français de relations internationales
AG	Die Aktiengesellschaft
AGG	Allgemeines Gleichbehandlungsgesetz
AGIS	Rahmenprogramm für die polizeiliche und justizielle Zusammenarbeit in Strafsachen
AgrarR	Agrarrecht
AGRI	Ausschuss für Landwirtschaft und ländliche Entwicklung
AgrRs	Agrarische Rundschau
AIJJS	Agora International Journal of Juridical Sciences
AJCL	American Journal of Comparative Law
AK	Aarhus Konvention
AJDA	Actualité Juridique: Droit Administratif
AJIL	American Journal of International Law
AJP-PJA	Aktuelle Juristische Praxis – Pratique juridique Actuelle
AKP-Staaten	Staaten Afrikas, der Karibik und des Pazifiks
ALDE	Allianz der Liberalen und Demokraten für Europa
AMIF	Asyl-, Migrations- und Integrationsfonds
ANFA	Agreement on Net Financial Assets
Anm.	Anmerkung
AnwBl.	Anwaltsblatt
AO	Abgabenordnung
AöR	Archiv des öffentlichen Rechts
APS	Allgemeines Präferenzsystem
APuZ	Aus Politik und Zeitgeschichte
ArbuR	Arbeit und Recht
ARD	Arbeitsgemeinschaft der öffentlich- rechtlichen Rundfunkanstalten der Bundesrepublik Deutschland
ARGO	Aktionsprogramm für Verwaltungszusammenarbeit in den Bereichen Außengrenzen, Visa, Asyl und Einwanderung
ARSP	Archiv für Rechts- und Sozialphilosophie
Art.	Artikel
AS-GVO	Antisubventions-Grundverordnung
ASEAN	Association of Southeast Asian Nations
AStV	Ausschuss der Ständigen Vertreter
Aufl.	Auflage
AuR	Arbeit und Recht

AUR	Agrar- und Umweltrecht
AVR	Archiv des Völkerrechts
A&R	Arzneimittel & Recht
AWG	Außenwirtschaftsgesetz
AW-Prax	Außenwirtschaftliche Praxis
AWV	Außenwirtschaftsverordnung
BAFA	Bundesamt für Wirtschaft und Ausfuhrkontrolle
BAGE	Entscheidungen des Bundesarbeitsgerichts
bay BezO	Bayerische Bezirksordnung
BayVBl.	Bayerische Verwaltungsblätter
BayVerfGH	Bayerischer Verfassungsgerichtshof
BB	Betriebsberater
BBankG	Bundesbankgesetz
B.C. International'l & Comp. L. Rev.	Boston College International and Comparative Law Review
Bd.	Band
Beih.	Beiheft
BEPA	Bureau of European Policy Advisers
Ber. Ldw.	Berichte über Landwirtschaft
Bespr.	Besprechung
BEUC	Bureau Européen des Unions de Consommateurs, Europäischer Verbraucherverband
BewHi	Bewährungshilfe (Zeitschrift)
BGBl.	Bundesgesetzblatt
BHO	Bundeshaushaltsordnung
BIP	Bruttoinlandsprodukt
BIS	Bank for International Settlements
BITs	bilaterale Investitionsschutzverträge
BIZ	Bank für Internationalen Zahlungsausgleich
B.J.Pol.S.	British Journal of Political Science
BKR	Zeitschrift für Bank- und Kapitalmarktrecht
BlAR	Blätter für Agrarrecht
BLJ	Bucerius Law Journal
BLR	Business Law Review
BNE	Bruttonationaleinkommen
BNetzA	Bundesnetzagentur
BPM6	Balance of Payments and International Investment Position Manual, sixth edition
BSB	Beschäftigungsbedingungen für die sonstigen Bediensteten
BSE	Bovine spongiforme Enzephalopathie
BSP	Bruttosozialprodukt
Bsp.	Beispiel
bspw.	beispielsweise
Buchst.	Buchstabe
BVerfG	Bundesverfassungsgericht
BVerfGE	Entscheidungen des Bundesverfassungsgerichts
BVT	Beste verfügbare Technik
bzw.	beziehungsweise
CARIFORUM	Caribbean Forum of African, Caribbean and Pacific States
CAP	Centrum für angewandte Politikforschung
CAT	Übereinkommen gegen Folter und andere grausame, unmenschliche oder erniedrigende Behandlung oder Strafe
CATS	Comité de l'article trente-six
CBD	Convention on biological diversity
CCMI	Consultative Commission on Industrial Change
CCS	Carbon Capture and Storage
CDA	Cahiers de Droit Européen

Cedefop	Europäisches Zentrum für die Förderung der Berufsbildung
CEP	Centre for European Policy
CETA	Comprehensive Economic and Trade Agreement
CFAA	Committee for Financial and Administrative Affairs
CIREA	Centre for Information, Reflection and Exchange on Asylum
CIREFI	Informations-, Reflexions- und Austauschzentrum für Fragen im Zusammenhang mit dem Überschreiten der Außengrenzen und der Einwanderung
CIVEX	Fachkommission für Unionsbürgerschaft, Regieren, institutionelle Fragen und Außenbeziehungen
CJEL	Columbia Journal of European Law
CMLRev.	Common Market Law Review
CMLRep.	Common Market Law Reports
COM	Documents of the Commission of the European Union
CMS	Convention on the Conservation of Migratory Species of Wild Animals
CONUN	United Nations Working Party
COREPER	Ausschuss der Ständigen Vertreter (Comité des représentants permanents)
COSAC	Conférence des organes spécialisés dans les affaires communautaires (Konferenz der Ausschüsse für Gemeinschafts- und Europaangelegenheiten der Parlamente der EU)
COSI	Comité permanent de coopération opérationnelle en matière de sécurité intérieur
COST	Coopération européenne dans le domaine de la recherche scientifique et technique
COTER	Fachkommission für Kohäsionspolitik
CPT	Europäisches Komitee zur Verhütung von Folter und unmenschlicher oder erniedrigender Behandlung oder Strafe
CR	Computer und Recht
CRC	Übereinkommen über die Rechte des Kindes
CYELS	Cambridge Yearbook of European Legal Studies
dass.	dasselbe
DB	Der Betrieb
DBA	Doppelbesteuerungsabkommen
DCSI	Diritto comunitario e degli scambi internazionali
ders.	derselbe
d. i.	das ist
dies.	dieselbe(n)
Diss.	Dissertation
djbZ	Zeitschrift des deutschen Juristinnenbundes
DJT	Deutscher Juristentag
DNotZ	Deutsche Notar-Zeitschrift
Dok.	Dokument
DÖV	Die Öffentliche Verwaltung
DR	Decisions and Reports, Sammlung der Entscheidungen der EKMR
DRiZ	Deutsche Richterzeitung
DStR	Deutsches Steuerrecht
DStZ	Deutsche Steuer-Zeitung
DÜ	Dubliner Übereinkommen
DuD	Datenschutz und Datensicherheit
DV	Die Verwaltung
DVBl	Deutsches Verwaltungsblatt
DVO	Durchführungsverordnung
DWA	Direktwahlakt
DZWiR	Deutsche Zeitschrift für Wirtschafts- und Insolvenzrecht
EA	Europa-Archiv
EAC	Eastern African Community
EAD	Europäischer Auswärtiger Dienst

EAG	Europäische Atomgemeinschaft
EAGFL	Europäischer Ausrichtungs- und Garantiefonds für die Landwirtschaft
EAGV	Vertrag zur Gründung der Europäischen Atomgemeinschaft
EASA	European Aviation Safety Agency, Europäische Agentur für Flugsicherheit
EASO	European Asylum Support Office, Europäisches Unterstützungsbüro für Asylfragen
ebd.	ebenda
EBLR	European Business Law Review
EBOR	European Business Organization Law Review
EBR	Europäischer Betriebsrat
EBRD	European Bank for Reconstruction and Development
EBRG	Gesetz über Europäische Betriebsräte
ECB	European Central Bank
ECHA	Europäische Chemikalienagentur
ECLI	European Case Law Identifier
ECLR	European Competition Law Review
ECOFIN-Rat	Rat für Wirtschaft und Finanzen (Economy and Finance)
ECOS	Fachkommission für Wirtschafts- und Sozialpolitik
ECOSOC	Wirtschafts- und Sozialrat
ECU	European Currency Unit
ed.	editor
EDA	European defence agency
eds.	editors
EDUC	Fachkommission für Bildung, Jugend, Kultur und Forschung
EEA	Einheitliche Europäische Akte
EEC	European Economic Community(ies)
EEF	Europäischer Entwicklungsfonds
EELR	European Energy and Environmental Law Review
EFAR	European Foreign Affairs Review
EFC	Economic and Financial Committee
EFFL	European Food and Feed Law Review
EFRE	Europäischer Fonds für regionale Entwicklung
EFSF	Europäische Finanzstabilisierungsfazilität
EFSM	Europäischer Finanzstabilisierungsmechanismus
EFTA	European Free Trade Association, Europäische Freihandelsassoziation
EFUS	European Forum for Urban Security
EFWZ	Europäischer Fonds für währungspolitische Zusammenarbeit
EG	Europäische Gemeinschaft
EGFL	Europäischer Garantiefonds für die Landwirtschaft
EGKS	Europäische Gemeinschaft für Kohle und Stahl
EGKSV	Vertrag zur Gründung der Europäischen Gemeinschaft für Kohle und Stahl
eGMO	einheitliche gemeinsame Marktorganisation
EGMR	Europäischer Gerichtshof für Menschenrechte
EGV	Vertrag zur Gründung der Europäischen Gemeinschaft
EHRLR	European Human Rights Law Review
EHS	Environmental Health & Safety
EIB	Europäische Investitionsbank
EIF	Europäischer Investitionsfonds
EIGE	Europäisches Institut für Gleichstellungsfragen
EioP	European Integration online Papers
EIT	Europäisches Institut für Innovation und Technologie
EJIL	European Journal of International Law
EJML	European Journal of Migration and Law
EJN	Europäisches Justizielles Netz
EJRR	The European Journal of Risk Regulation
ELER	Europäischer Landwirtschaftsfonds für die Entwicklung des ländlichen Raumes
ELJ	European Law Journal
ELLJ	European Labour Law Journal
elni	Environmental law network international

ELR	European Law Reporter
E.L.Rev.	European Law Review
EKR	Europäische Konservative und Reformisten
EMA	Europa-Mittelmeer-Assoziationsabkommen
EMA	European Medicines Agency
EMAS	Eco-Management and Audit Scheme
EMB	Eigenmittelbeschluss
EMFF	Europäischer Meeres- und Fischereifonds
EMN	European Migration Network, Europäisches Integrationsnetzwerk
EMRK	Europäische Menschenrechtskonvention
endg.	endgültig
engl.	englisch
ENLR	European Networks Law & Regulation Quarterly
ENKP	Europäisches Netz für Kriminalprävention
ENP	Europäische Nachbarschaftspolitik
ENVE	Fachkommission für Umwelt, Klimawandel und Energie
ENVI	Ausschuss für Umweltfragen, öffentliche Gesundheit und Lebensmittelsicherheit
EnWG	Energiewirtschaftsgesetz
EnWZ	Zeitschrift für das gesamte Recht der Energiewirtschaft
EnzEuR	Enzyklopädie Europarecht
EP	Europäisches Parlament
EPA	Economic Partnership Agreements
EPA	Europäische Polizeiakademie
EPCTF	Task Force der Europäischen Polizeichefs
EPGÜ	Übereinkommen über ein einheitliches Patentgericht
EPL	European Public Law
EPSC	European Political Strategy Centre
EPSCO	Employment, Social Policy, Health and Consumer Affairs Council
EPÜ	Übereinkommen über ein einheitliches Patentverfahren
EPZ	Europäische Politische Zusammenarbeit
ERAC	European Research Area Committee
ERC	European Research Council
ESA	European Space Agency, Europäische Weltraumorganisation
ESC	Europäische Sozialcharta
ESF	Europäischer Sozialfonds
ESM	Europäischer Stabilitätsmechanismus
ESMV	Vertrag zur Einrichtung des Europäischen Stabilitätsmechanismus
ESRB	European Systemic Risk Board
EStA	Europäische Staatsanwaltschaft
EStAL	European State Aid Law Quarterly
ESVP	Europäische Sicherheits- und Verteidigungspolitik
ESZB	Europäisches System der Zentralbanken
ER	Europäischer Rat
ERE	Europäische Rechnungseinheit
ErwR	Erweiterter EZB-Rat
EU	Europäische Union
EuBl.	europa-blätter
EuConst	European Constitutional Law Review
Eucrim	The European Criminal Law Associations' Forum
EUDEL	Lenkungsausschuss für die Delegationen
EuErbVO	Europäische Erbrechtsverordnung
EuG	Gericht der EU (erster Instanz)
EuGH	Gerichtshof der Europäischen Union
EuGRZ	Europäische Grundrechte-Zeitschrift
EuGöD	Gericht für den öffentlichen Dienst der Europäischen Union
EuGVÜ	Europäisches Gerichtsstands- und Vollstreckungsübereinkommen
EuGVVO	Verordnung über die gerichtliche Zuständigkeit und die Anerkennung und Vollstreckung von Entscheidungen in Zivil- und Handelssachen

EUIEUIPO	European University InstituteEuropean Union Intellectual Property Office
EuLF	The European Legal Forum
EuR	Europarecht
EURAB	Europäischer Forschungsbeirat
Eurodac	Europäische Datenbank zur Speicherung von Fingerabdrücken
EurUP	Zeitschrift für Europäisches Umwelt- und Planungsrecht
et	Energiewirtschaftliche Tagesfragen
Eurasil	European Union Network for asylum practitioners
Eurojust	Einheit für justizielle Zusammenarbeit der Europäischen Union
EUROSUR	Europäisches Grenzüberwachungssystem
Euratom	Europäische Atomgemeinschaft
EURES	EURopean Employment Services
EURIMF	Gruppe der EU-Vertreter bei dem Internationalen Währungsfonds
Europ. Business Law Rev.	European Business Law Review
EurUP	Zeitschrift für europäisches Umwelt- und Planungsrecht
EuUnthVO	Europäische Unterhaltsverordnung
EUV	Vertrag über die Europäische Union
EuZ	Zeitschrift für Europarecht
EuZA	Europäische Zeitschrift für Arbeitsrecht
EUZBBG	Gesetz über die Zusammenarbeit von Bundesregierung und Deutschem Bundestag in Angelegenheiten der Europäischen Union
EuZBLG	Gesetz über die Zusammenarbeit von Bund und Ländern in Angelegenheiten der Europäischen Union
EuZW	Europäische Zeitschrift für Wirtschaftsrecht
EvBl.	Evidenzblatt der Rechtsmittelentscheidungen
EVG	Europäische Verteidigungsgemeinschaft
EVP	Europäische Volkspartei
EVTZ	Europäischer Verbund für territoriale Zusammenarbeit
EVV	Europäischer Verfassungsvertrag
EWG	Europäische Wirtschaftsgemeinschaft
EWGV	Vertrag zur Gründung der Europäischen Wirtschaftsgemeinschaft
EWI	Europäisches Währungsinstitut
EWiR	Entscheidungen zum Wirtschaftsrecht
EWR	Europäischer Wirtschaftsraum
EWS	Europäisches Wirtschafts- und Steuerrecht
EWS	Europäisches Währungssystem
EWSA	Europäischer Wirtschafts- und Sozialausschuss
EWU	Europäische Währungsunion
EYIEL	European Yearbook of International Economic Law
EZB	Europäische Zentralbank
EZFF	Europäisches Zentrum für Föderalismus-Forschung
f.	folgende
FAO	Food and Agriculture Organization
FADO	europäisches internetbasiertes Bildspeicherungssystem
FCE	Forum Constitutionis Europae
FCKW	Fluorchlorkohlenwasserstoffe
FDI	Foreign Direct Investment
ff.	fortfolgende
FFH	Flora, Fauna, Habitat
FamRZ	Zeitschrift für das gesamte Familienrecht
FG	Festgabe
Fordham ILJ	Fordham International Law Journal
Fordham ILS	Fordham International Law Survey
Fn.	Fußnote
FPR	Familie, Partnerschaft, Recht
FR	Finanz-Rundschau
franz. (frz.)	französisch

FRONTEX	Europäische Agentur für die operative Zusammenarbeit an den Außengrenzen der Mitgliedstaaten der Europäischen Union
FS	Festschrift
FusV	Fusionsvertrag
GA	Generalanwalt/Generalanwältin
GA	Goltdammer's Archiv für Strafrecht
GAP	Gemeinsame Agrarpolitik
GASP	Gemeinsame Außen- und Sicherheitspolitik
GATS	General Agreement on Trade in Services/Allgemeines Übereinkommen über den Handel mit Dienstleistungen
GATT	General Agreement on Tariffs and Trade/Allgemeines Zoll- und Handelsabkommen
GD	Generaldirektion
GD AGRI	Generaldirektion Landwirtschaft und ländliche Entwicklung
GD MARE	Generaldirektion für Maritime Angelegenheiten und Fischerei
GdP	Gewerkschaft der Polizei
GEAS	Gemeinsames Europäisches Asylsystem
Gedstr.	Gedankenstrich
gem.	gemäß
GesR	Gesundheitsrecht
GewArch	Gewerbearchiv, Zeitschrift für Wirtschaftsverwaltungsrecht
GFK	Genfer Flüchtlingskonvention
GFP	Gemeinsame Fischereipolitik
GG	Grundgesetz
ggf.	gegebenenfalls
GHP	Gemeinsame Handelspolitik
GKI	Gemeinsame Konsularische Instruktion
GMV	Verordnung über die Gemeinschaftsmarke
GLKrWG Bayern	Gesetz über die Wahl der Gemeinderäte, der Bürgermeister, der Kreistage und der Landräte
GLJ	German Law Journal
GmbHR	GmbH-Rundschau
GMO	Gemeinsame Marktorganisation
GO	Geschäftsordnung
GoA	Geschäftsführung ohne Auftrag
GO Bayern	Gemeindeordnung Bayern
GO-EP	Geschäftsordnung des Europäischen Parlamentes
GoJIL	Goettingen Journal of International Law
GO NRW	Gemeindeordnung Nordrhein-Westfalen
GO Rh.-Pf.	Gemeindeordnung Rheinland-Pfalz
GPA	Government Procurement Agreement
GPR	Zeitschrift für das Privatrecht der Europäischen Union
GRC (GRCh)	Charta der Grundrechte der Europäischen Union
grdlg.	grundlegend
grds.	grundsätzlich
GreifRecht	Greifswalder Halbjahresschrift für Rechtswissenschaft
GRUR	Gewerblicher Rechtsschutz und Urheberrecht
GRUR-Int.	Gewerblicher Rechtsschutz und Urheberrecht, Internationaler Teil
GRUR-Prax	Gewerblicher Rechtsschutz und Urheberrecht, Praxis im Immaterialgüter- und Wettbewerbsrecht
GS	Gedächtnisschrift
GSP	Generalized System of Preferences
GTCJ	Global Trade and Customs Journal
GVO	Gentechnisch veränderte Organismen
GYIL	German Yearbook of International Law
HABM	Harmonisierungsamt für den Binnenmarkt
HFR	Humboldt Forum Recht

HGrG	Gesetz über die Grundsätze des Haushaltsrechts des Bundes und der Länder (Haushaltsgrundsätzegesetz)
HILJ	Harvard International Law Journal
h.L.	herrschende Lehre
h.M.	herrschende Meinung
HO	Haushaltsordnung
HRC	Human Rights Committee
HRLJ	Human Rights Law Journal
HRRS	Höchstrichterliche Rechtsprechung im Strafrecht
Hrsg.	Herausgeber
hrsg.	herausgegeben
Hs.	Halbsatz
HS-Nomenklatur	Harmonisiertes System zur Bezeichnung und Codierung der Waren
HStR	Handbuch des Staatsrechts
HV	Hoher Vertreter für die Gemeinsame Außen- und Sicherheitspolitik
IAEA	Internationale Atomenergieorganisation
IPbpR	Internationaler Pakt über bürgerliche und politische Rechte
ICAO	Internationale Zivilluftfahrtorganisation
I.C.L.Q./ICLQ	International and Comparative Law Quarterly
ICONet	Informations- und Koordinierungsnetz für die Migrationsbehörden der Mitgliedstaaten
ICTY	Internationaler Strafgerichtshof für das ehemalige Jugoslawien
i.d.F.	in der Fassung
i.d.R.	in der Regel
IFLA	Informationsdienst für Lastenausgleich
IE	Industrieemissionen
i.E.	im Erscheinen
i.e.S.	im engeren Sinne
IGOs	Intergovernmental organizations
IIC	International Review of Intellectual Property and Competition Law
IJEL	Irish Journal of European Law
IJHR	The International Journal of Human Rights
ILJ	Industrial Law Journal
ILO	Internationale Arbeitsorganisation
ILR	International Law Reports
IMF	International Monetary Fund
InfAuslR	Informationsbrief Ausländerrecht
Int'l Law	The International Lawyer
IntVG	Integrationsverantwortungsgesetz
InVeKoS	Integriertes Verwaltungs- und Kontrollsystem
IOLawRev.	International Organizations Law Review
IPBPR	Internationaler Pakt über bürgerliche und politische Rechte
IPE	Ius Publicum Europaeum
IPR	Internationales Privatrecht
IPrax	Praxis des Internationalen Privat- und Verfahrensrechts
IPwskR	Internationaler Pakt über wirtschaftliche, soziale und kulturelle Rechte
IR	InfrastrukturRecht
i.S.	im Sinne
i.S.d.	im Sinne des
iStR	Internationales Steuerrecht
i.S.v.	im Sinne von
IUR	Informationsbrief für Umweltrecht
i.V.	in Verbindung
i.V.m.	in Verbindung mit
IVU	Integrierte Vermeidung und Verminderung der Umweltverschmutzung
IW	Institut der deutschen Wirtschaft Köln
IWB	Internationale Wirtschafts-Briefe

Abkürzungsverzeichnis

IWF	Internationaler Währungsfonds
IWFÜ	Übereinkommen über den Internationalen Währungsfonds
JA	Juristische Arbeitsblätter
JAR	Jahrbuch des Agrarrechts
JbItalR	Jahrbuch für Italienisches Recht
JBl.	Juristische Blätter
JBÖffF	Jahrbuch für öffentliche Finanzen
JbÖR	Jahrbuch des öffentlichen Rechts der Gegenwart
JbJZivRWiss	Jahrbuch junger Zivilrechtswissenschaftler
JCMSt	Journal of Common Market Studies
JCP	Jurisclasseur périodique
JDE	Journal de droit européen
JECLAP	Journal of European Competition Law & Practice
JEIH	Journal of European Integration History
JENRL	Journal of Energy & Natural Resources Law
JEPP	Journal of European Public Policy
JIBLR	Journal of International Banking Law and Regulation
JIEL	Journal of International Economic Law
JIZ	Zusammenarbeit in den Bereichen Justiz und Inneres
JöR	Jahrbuch des öffentlichen Rechts
JRP	Journal für Rechtspolitik
JSt	Journal für Strafrecht
JTDE	Journal des tribunaux droit européen
Jura	Juristische Ausbildung (Zeitschrift)
JuS	Juristische Schulung
J.W.T.	Journal of World Trade
JZ	JuristenZeitung
Kap.	Kapitel
KfW	Kreditanstalt für Wiederaufbau
KGRE	Kongress der Gemeinden und Regionen Europas
KOM	Kommissionsdokument(e)
KJ	Kritische Justiz
KMU	Kleinere und mittlere Unternehmen
KN	Kombinierte Nomenklatur
KommJur	Kommunaljurist
KritV	Kritische Vierteljahresschrift für Gesetzgebung und Rechtswissenschaft
KSE	Kölner Schriften zum Europarecht
KuR	Zeitschrift für die kirchliche und staatliche Praxis
K&R	Kommunikation und Recht
KWahlG NRW	Kommunalwahlgesetz Nordrhein-Westfalen
LAGE	Entscheidungen des Landesarbeitsgerichts
LEADER	Liaison entre actions de développement de l'économie rurale / Verbindung zwischen Aktionen zur Entwicklung der ländlichen Wirtschaft
LIEI	Legal Issues of Economic Integration
LKV	Landes- und Kommunalverwaltung
LMO	Labour Market Observatory
L&P	The Law & Practice of International Courts and Tribunals
Ls.	Leitsatz
LSGLSO	LandessozialgerichtLisbon Strategy Observatory
LwG	Landwirtschaftsgesetz
LwÜ	Übereinkommen über die Landwirtschaft
m.	mit
MdEP	Mitglied des Europäischen Parlaments
MEAs	Multilateral environmental agreements
MedR	Medizinrecht

MFA	Macro-Financial Assistance (Makrofinanzhilfen)
MinBl. NW.	Ministerialblatt Nordrhein-Westfalen
MIC	Monitoring and Information Center
Mio.	Millionen
MIP	Mitteilungen des Instituts für Deutsches und Internationales Parteienrecht und Parteienforschung
MJ	Maastricht Journal of European and Comparative Law
MLRev.	The Modern Law Review
MMR	MultiMedia und Recht
m. N.	mit Nachweis
MOEL	Mittel- und Osteuropäische Länder
MoU	Memorandum of Understanding
MPEPIL	Max Planck Encyclopedia of Public International Law
MPR	Medizin Produkte Recht
Mrd.	Milliarden
MRL	Markenrichtlinie
MSU JIL	Michigan State University College of Law Journal of International Law
MTR	Mid-Term Review
MünzG	Münzgesetz
m. V. a.	mit Verweis auf
m. w. N.	mit weiteren Nachweisen
MwSt.	Mehrwertsteuer
MZK	Modernisierter Zollkodex
Nachw.	Nachweis(e)
NAFO	North-West Atlantic Fisheries Organization
NBER	National Bureau of Economic Research
NBG	Nationalbankgesetz
NEC	National Emission Ceilings
NEET	Not in Education, Employment or Training
n. F.	neue Fassung
NGO	non-governmental organization
N. Ir. Legal Q.	The Northern Ireland Legal Quarterly
NJ	Neue Justiz
NJCL	Nordic Journal of Commercial Law
NJECL	New Journal of European Criminal Law
NJW	Neue Juristische Wochenschrift
NL-BzAR	Briefe zum Agrarrecht
NordÖR	Zeitschrift für Öffentliches Recht in Norddeutschland
NQHR	Netherlands Quarterly of Human Rights
Nr.	Nummer(n)
NuR	Natur und Recht
NUTS	Nomenclature des unités territoriales statistiques
NStZ	Neue Zeitschrift für Strafrecht
NVwZ	Neue Zeitschrift für Verwaltungsrecht
NWVBl.	Nordrhein-Westfälische Verwaltungsblätter
NYIL	Netherlands Yearbook of International Law
NZA	Neue Zeitschrift für Arbeitsrecht
NZB	Nationale Zentralbank(en)
NZBau	Neue Zeitschrift für Baurecht und Vergaberecht
NZG	Neue Zeitschrift für Gesellschaftsrecht
NZKart	Neue Zeitschrift für Kartellrecht
NZS	Neue Zeitschrift für Sozialrecht
NZV	Neue Zeitschrift für Verkehrsrecht
NZWehrr	Neue Zeitschrift für Wehrrecht
NZZ	Neue Zürcher Zeitung
N&R	Netzwirtschaften und Recht
öarr	Österreichisches Archiv für Recht & Religion
ÖAV	Öffentliche Arbeitsverwaltungen

ODIHR	Office for Democratic Institutions and Human Rights
OECC	Organization for European Economic Co-operation
OECD	Organisation for Economic Co-operation and Development
o. g.	oben genannt
OGAW	Organismen für gemeinsame Anlagen in Wertpapieren
OIV	Internationale Organisation für Rebe und Wein
ÖJZ	Österreichische Juristen-Zeitung
OLAF	Office Européen de Lutte Anti-Fraude (Amt für Betrugsbekämpfung)
OMK	Offene Methode der Koordinierung
OMT	Outright monetary transactions
ORDO	Jahrbuch für die Ordnung von Wirtschaft und Gesellschaft
ÖStZ	Österreichische Steuerzeitung
OSZE	Organisation für Sicherheit und Zusammenarbeit in Europa
OTF	Organisation für den internationalen Eisenbahnverkehr
ÖZöRV	Österreichische Zeitschrift für öffentliches Recht und Völkerrecht
ÖZK	Österreichische Zeitschrift für Kartellrecht
ÖZW	Österreichische Zeitschrift für Wirtschaftsrecht
p.	page
PCB	Polychlorierte Biphenyle
PCT	Polychlorierte Terphenyle
PharmR	Pharma Recht
PICs	Rotterdam Convention on the Prior Informed Consent Procedure for Certain Hazardous Chemicals and Pesticides in International Trade
PIF	Pacific Islands Forum
PJZS	Polizeiliche und justizielle Zusammenarbeit in Strafsachen
ProtVB	Protokoll über die Vorrechte und Befreiungen der Europäischen Union
RabelsZ	Rabels Zeitschrift für ausländisches und internationales Privatrecht
Rabit	Soforteinsatzteams für Grenzsicherungszwecke
RAE	Revue des Affaires Européennes
RAMSAR	Convention on Wetlands of International Importance especially as Waterfowl Habitat
RBDI	Revue Belge de Droit International
REACH	Registration, Evaluation, Authorisation and Restriction of Chemicals
RdA	Recht der Arbeit
RdE	Recht der Energiewirtschaft
RdL	Recht der Landwirtschaft
RDG	Rechtsdepesche für das Gesundheitswesen
RDV	Recht der Datenverarbeitung
RdJB	Recht der Jugend und des Bildungswesens
RDP	Revue du droit public et de la science politique en France et à l'étranger
RDUE	Revue du Droit de l'Union Européenne
REALaw	Review of European Administrative Law
REIO	Regional economic integration organization
Rec. Dalloz.	Recueil Dalloz
RevMC	Revue du Marché commun et de l'Union
RFAP	Revue française d'administration publique
RFDA	Revue française de droit administratif
RFDC	Revue française de droit constitutionnel
RFSR	Raum der Freiheit, der Sicherheit und des Rechts
RGDIP	Revue générale de droit international public
RiA	Recht im Amt
Rich. J. Global L. & Bus	Richmond Journal of Global Law and Business
RIDPC	Rivista italiana di diritto pubblico comunitario
Riv. dir. eur.	Rivista di diritto europeo
Riv. dir. int	Rivista di diritto internazionale
RIW	Recht der Internationalen Wirtschaft

RIW/AWD	Recht der Internationalen Wirtschaft/Außenwirtschaftsdienst
RMC	Revue de Marché commun et de l'Union européenne
Rn.	Randnummer
Rs.	Rechtssache
Rspr.	Rechtsprechung
RTDE	Revue trimestrielle de droit européen
RuP	Recht und Politik
RuR	Raumforschung und Raumordnung
RZ	Österreichische Richterzeitung
s.	siehe
S.	Seite(n)
s. a.	siehe auch
SAA	Stabilisation and Association Agreement
SADC	Southern African Development Community
SAE	Sammlung arbeitsrechtlicher Entscheidungen
SAEGA/SCIFA	Strategischer Ausschuss für Einwanderungs-, Grenz- und Asylfragen
SAL	Sonderausschuss Landwirtschaft
SAPS	Single Area Payment Scheme
SächsVBl.	Sächsische Verwaltungsblätter
SHERLOCK	Ausbildungs-, Austausch- und Kooperationsprogramm im Bereich der Ausweisdokumente
SchiedsVZ	Zeitschrift für Schiedsverfahren
scil.	scilicet (nämlich)
SDO	Sustainable Development Observatory
SDSRV	Schriftenreihe des Deutschen Sozialrechtsverbandes
SDÜ	Schengener Durchführungsübereinkommen
SEK	Dokumente des Sekretariats der Kommission der Europäischen Union
SEV	Sammlung der europäischen Verträge
SEW	Tijdschrift voor Europees en economisch recht
SGB	Sozialgesetzbuch
SIS II	Schengener Informationssystem der zweiten Generation
SJER	Schweizerisches Jahrbuch für Europarecht
SKSV (SKS-V)	Vertrag über Stabilität, Koordinierung und Steuerung in der Wirtschafts- und Währungsunion
Slg.	Sammlung (der Rechtsprechung des Gerichtshofs der EU)
LSO	Lisbon Strategy Observatory
SMO	Single Market Observatory
SMP	Securities Markets Programme
s. o.	siehe oben
SPE	Sozialdemokratische Partei Europas
SPS	Sanitary and Phytosanitary Measures
Spstr.	Spiegelstrich
SpuRt	Zeitschrift für Sport und Recht
SR	Soziales Recht
SRB	Single resolution board
SRF	Single resolution fund
SRM	Single resolution mechanism
SRÜ	Seerechtsübereinkommen der Vereinten Nationen
SSM	Single supervisory mechanism
StoffR	Zeitschrift für Stoffrecht
StPO	Strafprozessordnung
StraFo	Strafverteidiger Forum
st. Rspr.	ständige Rechtsprechung
StRR	StrafRechtsReport
SteuerSt	Steuer und Studium
StuW	Steuer und Wirtschaft
StWStP	Staatswissenschaft und Staatspraxis
s. u.	siehe unten; siehe unter
SUP	Strategische Umweltprüfung

StV	Strafverteidiger
SWI	Steuer und Wirtschaft International
SWP	Stiftung Wissenschaft und Politik
SWP	Stabilitäts- und Wachstumspakt
SZIER	Schweizerische Zeitschrift für internationales und europäisches Recht
TARGET	Trans-European Automated Real-time Gross settlement Express Transfer system
TBR	Trade Barriers Regulation
TBT	Technical Barriers to Trade
TEN	Transport, Energy, Infrastructure and Information Society
TEU	The Treaty on European Union
Texas Int. L. Journal	Texas International Law Journal
TGI/TDI	Technische Fraktion der Unabhängigen Abgeordneten – Gemischte Fraktion (engl. Technical Group of Independent Members, frz. Groupe technique des députes indépendants)
ThürVBl.	Thüringer Verwaltungsblätter
TK	Telekommunikation
TiSA	Trade in Services Agreement
TLCP	Transnational Law & Contemporary Problems
TranspR	Transportrecht
TRIMs	Agreement on Trade-Related Investment Measures
TRIPS	Agreement on Trade-Related Aspects of Intellectual Property Rights
TTIP	Transatlantic Trade and Investment Partnership
u.	und
u. a.	unter anderem; und andere
UAbs.	Unterabsatz
UBWV	Unterrichtsblätter für die Bundeswehrverwaltung
UCI	Union Cycliste Internationale
UEBL	Union Économique Belgo-Luxembourgeoise
UEN-EA	Union for Europe of the Nations – European Alliance
UfM	Union for the Mediterranean
ÜLG	Überseeische Länder und Gebiete
ULR	Utrecht Law Review
UMV	Unionsmarkenverordnung
UN	United Nations
UNC	Charter of the United Nations
UNCITRAL	United Nations Commission on International Trade Law
UNCTAD	United Nations Conference on Trade and Development
UNECA	United Nations Economic Commission for Africa
UNECE	United Nations Economic Commission for Europe
UNECLAC	United Nations Economic Commission for Latin America and the Caribbean
UNEP	United Nations Environment Programme
UNESCAP	United Nations Economic and Social Commission for Asia and the Pacific
UNESCWA	United Nations Economic and Social Commission for Western Asia
UNFCCC	United Nations Framework Convention on Climate Change
UNHCR	United Nations High Commissioner for Refugees
UNTS	United Nations Treaty Series
UPR	Umwelt- und Planungsrecht
UR	Umsatzsteuer-Rundschau
URP	Umweltrecht in der Praxis
Urt.	Urteil
UTR	Umwelt- und Technikrecht
u. U.	unter Umständen
UVP	Umweltverträglichkeitsprüfung
UZK	Zollkodex der Union

v.	von/vom
v. a.	vor allem
verb.	verbundene
VerfO	Verfahrensordnung
VergabeR	Vergaberecht
VersR	Versicherungsrecht
VerwArch	Verwaltungsarchiv
vgl.	vergleiche
VIS	Visa-Informationssystem
VIZ	Zeitschrift für Vermögens- und Immobilienrecht
VN	Vereinte Nationen
VO	Verordnung
Vol.	Volume
VSKS	Vertrag über Stabilität, Koordinierung und Steuerung in der Wirtschafts- und Währungsunion
VSSR	Vierteljahresschrift für Sozialrecht
VR	Verwaltungsrundschau
VRE	Versammlung der Regionen Europas
VuR	Verbraucher und Recht
VVDStRL	Veröffentlichungen der Vereinigung der Deutschen Staatsrechtslehrer
VVE	Vertrag über eine Verfassung für Europa
VVG	Versicherungsvertragsgesetz
VwVfG	Verwaltungsverfahrensgesetz
VzA	Verstärkte Zusammenarbeit
WBL/wbl	Wirtschaftsrechtliche Blätter
WCJ	World Customs Journal
WCO	World Customs Organization
WEU	Westeuropäische Union
WFA	Wirtschafts- und Finanzausschuss
Whittier L. Rev.	Whittier Law Review
WHO	Weltgesundheitsorganisation
WiRO	Wirtschaft und Recht in Osteuropa
WissR	Wissenschaftsrecht
wisu	Das Wirtschaftsstudium
WiVerw	Wirtschaft und Verwaltung
WIPO	Weltorganisation für geistiges Eigentum
WKM	Wechselkursmechanismus
WM	Wertpapier-Mitteilungen, Zeitschrift für Wirtschafts- und Bankenrecht
WPA	Wirtschaftspartnerschaftsabkommen
WTO	World Trade Organization (Welthandelsorganisation)
WTO-DSU	World Trade Organization Dispute Settlement Understanding
WRP	Wettbewerb in Recht und Praxis
WRRL	Wasserrahmenrichtlinie
WRV	Weimarer Reichsverfassung
WSA	Wirtschafts- und Sozialausschuss
WSI	Wirtschafts- und Sozialwissenschaftliches Institut
WÜD	Wiener Übereinkommen über diplomatische Beziehungen
WÜRV	Wiener Übereinkommen über das Recht der Verträge
WuW	Wirtschaft und Wettbewerb
WVK	Wiener Vertragsrechtskonvention
WWU	Wirtschafts- und Währungsunion
YEL	Yearbook of European Law
YECHR	Yearbook of the European Convention on Human Rights
YJIL	Yale Journal of International Law
ZaöRV	Zeitschrift für ausländisches öffentliches Recht und Völkerrecht
ZAR	Zeitschrift für Ausländerrecht und Ausländerpolitik

ZAU	Zeitschrift für angewandte Umweltforschung
z. B.	zum Beispiel
ZBB	Zeitschrift für Bankrecht und Bankwirtschaft
ZBJI	Zusammenarbeit in den Bereichen Justiz und Inneres
ZD	Zeitschrift für Datenschutz
ZEI	Zentrum für Europäische Integrationsforschung
ZERP	Zentrum für Europäische Rechtspolitik
ZEuP	Zeitschrift für Europäisches Privatrecht
ZEuS	Zeitschrift für Europarechtliche Studien
ZESAR	Zeitschrift für europäisches Sozial- und Arbeitsrecht
ZEW	Zentrum für Europäische Wirtschaftsforschung
ZEV	Zeitschrift für Erbrecht und Vermögensnachfolge
ZevKR	Zeitschrift für evangelisches Kirchenrecht
ZfA	Zeitschrift für Arbeitsrecht
ZfBR	Zeitschrift für deutsches und internationales Bau- und Vergaberecht
ZfgK	Zeitschrift für das gesamte Kreditwesen
ZFSH/SGB	Zeitschrift für die sozialrechtliche Praxis
ZfP	Zeitschrift für Politik
ZfRV	Zeitschrift für Europarecht, Internationales Privatrecht und Rechtsvergleichung
ZfV	Zeitschrift für Verwaltung
ZfW	Zeitschrift für Wirtschaftspolitik
ZfWG	Zeitschrift für Wett- und Glücksspielrecht
ZfZ	Zeitschrift für Zölle und Verbrauchsteuern
ZG	Zeitschrift für Gesetzgebung
ZGR	Zeitschrift für Unternehmens- und Gesellschaftsrecht
ZGS	Zeitschrift für Vertragsgestaltung, Schuld- und Haftungsrecht
ZHR	Zeitschrift für das gesamte Handels- und Wirtschaftsrecht
ZIAS	Zeitschrift für ausländisches und internationales Arbeits- und Sozialrecht
Ziff.	Ziffer
ZIP	Zeitschrift für Wirtschaftsrecht
ZIS	Zeitschrift für internationale Strafrechtsdogmatik
ZIS	Zollinformationssystem
ZIS-Ü	Zollinformationssystem-Übereinkommen
zit.	zitiert
ZJS	Zeitschrift für das Juristische Studium
ZK	Zollkodex
ZK-DVO	Zollkodex-Durchführungsverordnung
ZLR	Zeitschrift für das gesamte Lebensmittelrecht
ZLW	Zeitschrift für Luft- und Weltraumrecht
ZNER	Zeitschrift für Neues Energierecht
ZögU	Zeitschrift für öffentliche und gemeinwirtschaftliche Unternehmen
ZÖR	Zeitschrift für öffentliches Recht
ZParl	Zeitschrift für Parlamentsfragen
ZRP	Zeitschrift für Rechtspolitik
ZSE	Zeitschrift für Staats- und Europawissenschaften
ZSR	Zeitschrift für Schweizerisches Recht
ZStW	Zeitschrift für die gesamte Strafrechtswissenschaft
z. T.	zum Teil
ZTR	Zeitschrift für Tarifrecht
ZUM	Zeitschrift für Urheber- und Medienrecht
ZUR	Zeitschrift für Umweltrecht
zutr.	zutreffend
ZVertriebsR	Zeitschrift für Vertriebsrecht
ZVglRWiss	Zeitschrift für vergleichende Rechtswissenschaft
ZWeR	Zeitschrift für Wettbewerbsrecht
ZWS	Zeitschrift für Wirtschafts- und Sozialwissenschaften
ZZP	Zeitschrift für Zivilprozess

Verzeichnis der abgekürzt zitierten Literatur

Beutler/Bieber/Pipkorn/Streil, Die Europäische Union – Rechtsordnung und Politik, 5. Aufl., 2001 (zit.: BBPS, S.)

Blanke/Mangiameli (eds.), The Treaty on European Union (TEU), 2013 (zit: Bearbeiter, in: Blanke/Mangiameli, TEU, Art., Rn.).

Bieber/Epiney/Haag, Die Europäische Union – Europarecht und Politik, 11. Aufl., 2015 (zit.: Bieber/Epiney/Haag, Die EU, §, Rn.)

Bleckmann, Europarecht, 6. Aufl., 1997 (zit.: Bleckmann, Europarecht, Rn.)

von Bogdandy/Bast (Hrsg.), Europäisches Verfassungsrecht – Theoretische und dogmatische Grundzüge, 2. Aufl., 2009 (zit.: Bearbeiter, in: v. Bogdandy/Bast, Europäisches Verfassungsrecht, S.)

Borchardt, Die rechtlichen Grundlagen der Europäischen Union, 6. Aufl., 2015 (zit.: Borchardt, Grundlagen, S.)

Calliess/Ruffert (Hrsg.), EUV/AEUV, 5. Aufl., 2016 (zit.: Bearbeiter, in: Calliess/Ruffert, EUV/AEUV, Art., Rn.)

Calliess/Ruffert (Hrsg.), Verfassung der Europäischen Union, 2006, (zit.: Bearbeiter, in: Calliess/Ruffert, VerfEU, Art., Rn.)

Constantinesco/Jacqué/Kovar/Simon, Traité instituant la C.E.E. Commentaire article par article, Paris, 1992 (zit.: Constantinesco/Jacqué/Kovar/Simon, TCE)

Constantinesco/Kovar/Simon, Traité sur l'Union européenne. Commentaire article par article, Paris, 1995 (zit.: Constantinesco/Kovar/Simon, TUE)

Dauses (Hrsg.), Handbuch des EU-Wirtschaftsrechts, Loseblattsammlung (zit.: Bearbeiter, in: Dauses, Handbuch des EU-Wirtschaftsrechts, Abschnitt, Stand, Rn.)

Dreier (Hrsg.), Grundgesetz, Kommentar, Band I, 3. Auflage, 2013, Band II, 3. Aufl., 2015, Band III, 2. Aufl., 2008 (zit.: Bearbeiter, in: Dreier, GG, Art., Rn.)

Ehlermann/Bieber/Haag (Hrsg.), Handbuch des Europäischen Rechts, Loseblattsammlung, (zit.: Bearbeiter, in: HER, Art. (Monat Jahr), Rn.)

Ehlers (Hrsg.), Europäische Grundrechte und Grundfreiheiten, 4. Aufl., 2015 (zit.: Bearbeiter, in: Ehlers, Grundrechte und Grundfreiheiten, §, Rn.)

Emmert, Europarecht, 1996 (zit.: Emmert, Europarecht, S.)

Fischer, Europarecht, 2. Aufl., 2008 (zit.: Fischer, Europarecht, §, Rn.)

Franzen/Gallner/Oetker (Hrsg.), Kommentar zum europäischen Arbeitsrecht, 2016 (zit: EUArbR/Bearbeiter, Art., Rn)

Frenz, Europarecht, 2. Aufl., 2016 (zit.: Frenz, Europarecht, Rn.)

Frenz, Handbuch Europarecht, Band 1: Europäische Grundfreiheiten, 2. Aufl., 2012; Band 2: Europäisches Kartellrecht, 2. Aufl., 2015; Band 3: Beihilfe- und Vergaberecht, 2007; Band 4: Europäische Grundrechte, 2009; Band 5: Wirkungen und Rechtsschutz, 2010; Band 6: Institutionen und Politiken, 2010 (zit.: Frenz, Handbuch Europarecht, Band, Rn.)

Frowein/Peukert, Europäische Menschrechtskonvention, Kommentar, Kehl/Straßburg, Arlington, 3. Aufl., 2009 (zit.: Bearbeiter, in: Frowein/Peukert, EMRK, Art., Rn.)

Geiger/Khan/Kotzur (Hrsg.), EUV/AEUV, Vertrag über die Europäische Union und die Arbeitsweise der Europäischen Union, 5. Aufl., 2010 (zit.: Bearbeiter, in: Geiger/Khan/Kotzur, EUV/AEUV, Art., Rn.)

Grabitz/Hilf (Hrsg.), Kommentar zur Europäischen Union, Loseblattsammlung, (zit.: Bearbeiter, in: Grabitz/Hilf, EU, Art. (Monat Jahr), Rn.)

Grabitz/Hilf/Nettesheim (Hrsg.), Kommentar zur Europäischen Union, Loseblattsammlung, (zit.: Bearbeiter, in: Grabitz/Hilf/Nettesheim, EU, Art. (Monat Jahr), Rn.)

von der Groeben/Boeckh/Thiesing/Ehlermann (Hrsg.), Kommentar zum EWG-Vertrag, 3. Aufl., 1983 (zit.: Bearbeiter, in: GBTE, EWGV, Art., Rn.)

von der Groeben/Thiesing/Ehlermann (Hrsg.), Kommentar zum EWG-Vertrag, 4. Aufl., 1991 ff. (zit.: Bearbeiter, in: GTE, EWGV, Art., Rn.)

von der Groeben/Thiesing/Ehlermann (Hrsg.), Kommentar zum EU-/EG-Vertrag, 5. Aufl., 1997 (zit.: Bearbeiter, in: GTE, EUV/EGV, Art., Rn.)

von der Groeben/Schwarze (Hrsg.), Vertrag über die Europäische Union und Vertrag zur Gründung der Europäischen Gemeinschaft, Bände 1–3, 6. Aufl., 2003; Band 4, 6. Aufl., 2004 (zit.: Bearbeiter, in: GS, EUV/EGV, Art., Rn.)

von der Groeben/Schwarze/Hatje (Hrsg.), Europäisches Unionsrecht, Bände 1–4, 7. Aufl., 2015; (zit.: Bearbeiter, in: GSH, Europäisches Unionsrecht, Art., Rn.)

Dörr/Grote/Marauhn (Hrsg.), EMRK/GG Konkordanzkommentar zum europäischen und deutschen Grundrechtsschutz, 2. Auflage, 2013 (zit.: Bearbeiter, in: Dörr/Grote/Marauhn, EMRK/GG, Kap., Rn.)

Hailbronner/Klein/Magiera/Müller-Graff (Hrsg.), Handkommentar zum Vertrag über die Europäische Union (EUV/EGV), Loseblattsammlung, (zit.: Bearbeiter, in: HK-EUV, Art. (Monat/Jahr), Rn.)

Hailbronner/Wilms (Hrsg.), Recht der Europäischen Union: Kommentar, Loseblattsammlung, (zit.: Bearbeiter, in: Hailbronner/Wilms, Recht der EU, Art. (Monat Jahr), Rn.)

Haltern, Europarecht, 2. Aufl., 2007 (zit.: Haltern, Europarecht, S.)

Haratsch/Koenig/Pechstein, Europarecht, 10. Aufl., 2016 (zit.: Haratsch/Koenig/Pechstein, Europarecht, Rn.)

Hatje/Müller-Graff (Hrsg.), Enzyklopädie Europarecht, Bände 1–10, 2013/2015 (zit.: Bearbeiter, EnzEuR, Bd., §, Rn.)

Herdegen, Europarecht, 18. Aufl., 2016 (zit.: Herdegen, Europarecht, §, Rn.)

Heselhaus/Nowak (Hrsg.), Handbuch der Europäischen Grundrechte, 2006 (zit.: Bearbeiter, in: Heselhaus/Nowak, Handbuch der Europäischen Grundrechte, §, Rn.)

Ipsen, Europäisches Gemeinschaftsrecht, 1972 (zit.: Ipsen, EG-Recht, S.)

Isensee/Kirchhof (Hrsg.), Handbuch des Staatsrechts der Bundesrepublik Deutschland (zit.: Bearbeiter, in: Isensee/Kirchhof, HStR Band, Aufl., Jahr, §, Rn.)

Jarass, Charta der Grundrechte der Europäischen Union: GRCh, 2. Aufl., 2013 (zit.: Jarass, GRCh, Art., Rn.)

Jarass, EU-Grundrechte, 2005 (zit.: Jarass, EU-GR, §, Rn.)

Jarass/Pieroth, Grundgesetz für die Bundesrepublik Deutschland, 14. Aufl., 2016 (zit.: Jarass/Pieroth, GG, Art., Rn.)

Kahl/Waldhoff/Walter (Hrsg.), Kommentar zum Bonner Grundgesetz, Loseblattsammlung, (zit.: Bearbeiter, in: Bonner Kommentar, GG, Art. (Monat Jahr) Rn.)

Karpenstein/Mayer, EMRK Kommentar, 2. Aufl., 2015 (zit.: Bearbeiter, in: Karpenstein/Mayer, EMRK, Art., Rn.)

Lenz/Borchardt (Hrsg.), EU-Verträge Kommentar, 6. Aufl., 2012 (zit.: Bearbeiter in: Lenz/Borchardt, EU-Verträge, Art., Rn.)

Maunz/Dürig (Hrsg.), Grundgesetz, Loseblatt, (zit.: Bearbeiter, in: Maunz/Dürig, GG, Art. (Monat Jahr), Rn.)

von Mangoldt/Klein/Starck, Kommentar zum Grundgesetz, Bände 1–3, 6. Aufl., 2010 (zit.: Bearbeiter, in v. Mangoldt/Klein/Starck, GG, Art., Rn.)

Mayer/Stöger (Hrsg.), Kommentar zu EUV und AEUV, Kommentar unter Berücksichtigung der österreichischen Judikatur und Literatur, Wien, Loseblattsammlung, (zit.: Bearbeiter, in: Mayer/Stöger, EUV/AEUV, Art. (Jahr), Rn.)

Meyer (Hrsg.), Charta der Grundrechte der Europäischen Union, 4. Aufl., 2014 (zit.: Bearbeiter, in: Meyer, GRCh, Art., Rn.)

Meyer-Ladewig, Europäische Menschenrechtskonvention, EMRK, 3. Aufl., 2011 (zit.: Meyer-Ladewig, EMRK, Art., Rn.)

von Münch/Kunig (Hrsg.), Grundgesetz-Kommentar, Bände I und II, 6. Aufl., 2012 (zit.: Bearbeiter, in: v. Münch/Kunig, GG, Art., Rn.)

Nicolaysen, Europarecht, Band 1: Die Europäische Integrationsverfassung, 2. Aufl., 2002, Band 2: Das Wirtschaftsrecht im Binnenmarkt, 1996 (zit.: Nicolaysen, Europarecht I/II, S.)

Niedobitek (Hrsg.), Europarecht – Grundlagen der Union, 2014 (zit.: Bearbeiter, in: Niedobitek, Europarecht – Grundlagen, §, Rn.)

Niedobitek (Hrsg.), Europarecht – Politiken der Union, 2014 (zit.: Bearbeiter, in: Niedobitek, Europarecht – Politiken, §, Rn.)

Nowak, Europarecht nach Lissabon, 2011 (zit.: Nowak, Europarecht, S.)

Oppermann/Classen/Nettesheim, Europarecht, 7. Aufl., 2016 (zit.: Oppermann/Classen/Nettesheim, Europarecht, §, Rn.)

Pechstein/Koenig, Die Europäische Union, 4. Aufl., 2002 (zit.: Pechstein/Koenig, EU, S.)

Pechstein, EU-Prozessrecht, 4. Aufl., 2011 (zit., Pechstein, EU-Prozessrecht, Rn.)

Rengeling/Middeke/Gellermann, Handbuch des Rechtsschutzes in der Europäischen Union, 3. Aufl., 2014 (zit.: Rengeling/Middeke/Gellermann, Rechtsschutz in der EU, §, Rn.)

Rengeling/Szczekalla, Grundrechte in der Europäischen Union, 2005 (zit.: Rengeling/Szczekalla, Grundrechte, §, Rn.)

Sachs (Hrsg.), Grundgesetz, Kommentar, 7. Aufl., 2014 (zit.: Bearbeiter, in: Sachs, GG, Art., Rn.)

Schulze/Zuleeg/Kadelbach (Hrsg.), Europarecht, Handbuch für die deutsche Rechtspraxis, 3. Aufl., 2015 (zit.: Bearbeiter, in: Schulze/Zuleeg/Kadelbach, Europarecht, §, Rn.)

Schwarze (Hrsg.), EU-Kommentar, 3. Aufl., 2012 (zit.: Bearbeiter, in: Schwarze, EU-Kommentar, Art., Rn.)

Schwarze, Europäisches Verwaltungsrecht, 2. Aufl., 2005 (zit.: Schwarze, Europäisches Verwaltungsrecht, S.)

Schwarze (Hrsg.), Der Verfassungsentwurf des Europäischen Konvents, Verfassungsrechtliche Grundstrukturen und wirtschaftsverfassungsrechtliches Konzept, 2004 (zit.: Bearbeiter, in: Schwarze, Verfassungsentwurf, S.)

Schweitzer/Hummer/Obwexer, Europarecht, Wien, 2007 (zit.: Schweitzer/Hummer/Obwexer, Europarecht, S.)

Siekmann (Hrsg.), Kommentar zur Europäischen Währungsunion, 2013 (zit.: Bearbeiter, in Siekmann, EWU, Art., Rn.)

Streinz, Europarecht, 10. Aufl., 2016 (zit.: Streinz, Europarecht, Rn.)

Streinz (Hrsg.), EUV/EGV, 2003 (zit.: Bearbeiter, in: Streinz, EUV/EGV, Art., Rn.)

Streinz (Hrsg.), EUV/AEUV, 2. Aufl., 2012 (zit.: Bearbeiter, in: Streinz, EUV/AEUV, Art., Rn.)

Streinz/Ohler/Herrmann, Die neue Verfassung für Europa, Einführung mit Synopse, 2005 (zit.: Streinz/Ohler/Hermann, Die neue Verfassung, S.)

Streinz/Ohler/Herrmann, Der Vertrag von Lissabon zur Reform der EU: Einführung mit Synopse, 3. Aufl., 2010 (zit.: Streinz/Ohler/Herrmann, Vertrag von Lissabon, S.)

Terhechte (Hrsg.), Verwaltungsrecht der Europäischen Union, 2011 (zit.: Bearbeiter, in: Terhechte, Verwaltungsrecht der EU, §, Rn.)

Tettinger/Stern (Hrsg.), Kölner Gemeinschaftskommentar zur Europäischen Grundrechtecharta, 2006 (zit.: Bearbeiter, in: Tettinger/Stern, EuGRCh, Art., Rn.)

Vedder/Heintschel von Heinegg (Hrsg.), Europäischer Verfassungsvertrag, 2007 (zit.: Bearbeiter, in: Vedder/Heintschel v. Heinegg, EVV, Art., Rn.)

Vedder/Heintschel von Heinegg (Hrsg.), Europäisches Unionsrecht, 2012 (zit.: Bearbeiter, in: Vedder/Heintschel v. Heinegg, Europäisches Unionsrecht, Art., Rn.)

Wohlfarth/Egerling/Glaeser/Sprung (Hrsg.), Die Europäische Wirtschaftsgemeinschaft, Kommentar, 1960 (zit.: Bearbeiter, in: W/E/G/S, EWG, Art., Rn.)

Titel V
Internationale Übereinkünfte

Artikel 216 [Vertragsabschlusskompetenz der Union]

(1) Die Union kann mit einem oder mehreren Drittländern oder einer oder mehreren internationalen Organisationen eine Übereinkunft schließen, wenn dies in den Verträgen vorgesehen ist oder wenn der Abschluss einer Übereinkunft im Rahmen der Politik der Union entweder zur Verwirklichung eines der in den Verträgen festgesetzten Ziele erforderlich oder in einem verbindlichen Rechtsakt der Union vorgesehen ist oder aber gemeinsame Vorschriften beeinträchtigen oder deren Anwendungsbereich ändern könnte.

(2) Die von der Union geschlossenen Übereinkünfte binden die Organe der Union und die Mitgliedstaaten.

Literaturübersicht

Adam, The Legal Basis of International Agreements of the European Union in the Post-Lisbon Era, in: Govaere et al. (eds.), The European Union in the World, Essays in Honour of Marc Maresceau, 2014, S. 65; *Bengoetxea*, The EU as (more than) an international organizsation, in: Klabbers/Wallendahl (eds.), Research Handbook on the Law of International Organizations, 2011, S. 448; *Bieber/Maiani*, Zur Abgrenzung der auswärtigen Zuständigkeiten von Europäischer Union und Mitgliedstaaten. Anmerkungen zur jüngsten Rechtsprechung des EuGH, Schweizerisches Jahrbuch für Europarecht 2014/2015, S. 301; *Casolari*, Giving Indirect Effect to International Law within the EU Legal Order: The Doctrine of Consistent Interpretation, in: Cannizzaro/Palchetti/Wessel (eds.), International Law as Law of the European Union, 2012, S. 395; *Cremona*, Disconnection Clauses in EU Law and Practice, in: Hillion/Koutrakos (eds.), Mixed Agreements Revisited: The EU Member States in the World, 2010, S. 160; *dies.*, Member States Agreements as Union Law, in: Cannizzaro/Palchetti/Wessel (eds.), International Law as Law of the European Union, 2012, S. 291; *Damm*, Die Europäische Union im universellen Völkergewohnheitsrecht, 2016; *Dutheil de la Rochère*, L'effet direct des accords internationaux, in: Court of Justice of the EU (ed.), The Court of Justice and the Construction of Europe, 2013, S. 637; *Eeckhout*, Exclusive External Competences: Constructing the EU as an International Actor, in: Court of Justice of the EU (ed.), The Court of Justice and the Construction of Europe, 2013, S. 613; *ders.*, EU External Relations Law, 2. Aufl., 2011; *Engel*, Internationale Handlungsfähigkeit der Europäischen Union durch gemischte Abkommen, Integration 38 (2015), 78; *Epiney*, Außenbeziehungen von EU und Mitgliedstaaten: Kompetenzverteilung, Zusammenwirken und wechselseitige Pflichten am Beispiel des Datenschutzes, ZaöRV 74 (2014), 465; *dies.*, Die Bindung der Europäischen Union an das allgemeine Völkerrecht, EuR-Beiheft 2/2012, 25; *Fassbender*, Triepel in Luxemburg – Die dualistische Sicht des Verhältnisses zwischen Europa- und Völkerrecht in der »Kadi-Rechtsprechung« des EuGH als Problem des Selbstverständnisses der Europäischen Union, DÖV 2010, 333; *Flaesch-Mougin/Bosse-Platière*, L'application provisoire des accords de l'Union européenne, in: Govaere u. a. (eds.), The European Union in the World. Essays in Honour of Marc Maresceau, 2014, S. 293; *Gatti/Manzini*, External Representation of the European Union in the Conclusion of International Agreements, CMLRev. 49 (2012), 1703; *Gianelli*, Customary International Law in the European Union, in: Cannizzaro/Palchetti/Wessel (eds.), International Law as Law of the European Union, 2012, S. 93; *Giegerich*, Zur Einführung: Die »europäische Föderation« – unendliche Annäherung an eine Utopie, in: *ders.* (Hrsg.), Herausforderungen und Perspektiven der EU, 2012, S. 7; *Giegerich/Küchler*, Darf ein Abkommen der EU mit Marokko auf das umstrittene Gebiet der Westsahara angewendet werden?, Jean Monnet Saar Blog, Saar Brief vom 3.3..2016, http://jean-monnet-saar.eu/?p=1146 (9.9.2016); *Govaere*, Beware of the Trojan Horse: Dispute Settlement in (Mixed) Agreements and the Autonomy of the EU Legal Order, in: Hillion/Koutrakos (eds.), Mixed Agreements Revisited: The EU Member States in the World, 2010, S. 187; *Griller*, Die Bindung der Europäischen Union an das Recht der Vereinten Nationen unter besonderer Berücksichtigung der Rechtswirkungen von Beschlüssen des Sicherheitsrates im Unionsrecht, EuR-Beiheft 2/2012, 103; *Groenen-dijk/Hoffmann/Luiten,* Das Assoziationsrecht EWG/Türkei, 2013; *Heesen,* Interne Abkommen: Völkerrechtliche Verträge zwischen den Mitgliedstaaten der Europäischen Union, 2015; *Hillion,* Mixity and Coherence in EU External Relations: The Significance of the ›Duty of Cooperation‹, in: Hillion/Kontrakos (eds.), Mixed Agreements Revisited: The EU Member States in the World, 2010, S. 87; *Hilpold,* Die EU im GATT/WTO-System, 3. Aufl. 2009; *Hoffmeister,* Aktuelle Rechtsfragen in der Praxis der europäischen Außenhandelspolitik, ZEuS 16 (2013), 385; *ders.,* Curse or Blessing? Mixed Agreements in the Recent Practice of the European Union and its Member States, in: Hillion/Koutrakos (eds.), Mixed Agreements Revisited: The EU Member States in the World, 2010, S. 249; *ders.,* The Contribution of EU Practice to International Law, in: Cremona (ed.), New Developments in EU External Relations Law, 2008, S. 37; *Jacobs,* The Internal Legal Effects of the EU's International Agreements and the Protection of Fundamental Rights, in: Arnull et al. (eds.), A Constitutional Order of States? Essays in EU Law in Honour of Alan Dashwood, 2011, S. 529; *Kaiser,* Gemischte Abkommen im Lichte bundesstaatlicher Erfahrungen, 2009; *Kottmann,* Anmerkung zum EuGH-Urteil in der Rs. C–114/12, EuZW 2014, 863; *Kerkemeyer,* Unionsrecht und internationales Investitionsschutzrecht auf Kollisionskurs, EnZW 2016, 10; *Konstadinides,* When in Europe: Customary International Law and EU Competence in the Sphere of External Action, GLJ 13 (2012), 1177; *Koutrakos,* EU International Relations Law, 2nd ed. 2015; *ders.,* Interpretation of Mixed Agreements, in: Hillion/Koutrakos (eds.), Mixed Agreements Revisited: The EU Member States in the World, 2010, S. 116; *Krenzler/Landwehr,* New Legal Order of International Law: On the Relationship Between Public International Law and European Union Law after Kadi, in: Fastenrath u. a. (eds.), From Bilateralism to Community Interest, Essays in Honour of Judge Bruno Simma, 2011, S. 1004; *Kuijper,* International Responsibility for EU Mixed Agreements, in: Hillion/Koutrakos (eds.), Mixed Agreements Revisited: The EU Member States in the World, 2010, S. 208; *ders.,* »It Shall Contribute to … the Strict Observance and Development of International Law …«, in: Court of Justice of the EU (ed.), The Court of Justice and the Construction of Europe, 2013, S. 589; *Kuijper/Wouters/Hoffmeister/de Baere/Ramopoulos,* The Law of EU External Relations, 2013; *Lenaerts,* Direct Applicability and Direct Effect of International Law in the EU Legal Order, in: Govaere u. a. (eds.), The European Union in the World, Essays in Honour of Marc Maresceau, 2014, S. 45; *Martines,* Direct Effect of International Agreements of the European Union, EJIL 25 (2014), 129; *Mayer,* Stellt das geplante Freihandelsabkommen der EU mit Kanada (Comprehensive Economic and Trade Agreement, CETA) ein gemischtes Abkommen dar? Rechtsgutachten vom 28. 8. 2014, http://www.bmwi.de/BMWi/Redaktion/PDF/C-D/ceta-gutachten-einstufung-als-gemischtes-abkommen,property=pdf,bereich=bmwi,sprache=de,rwb=true.pdf (19. 9. 2016); *Neframi,* Mixed Agreements as a Source of European Union Law, in: Cannizzaro/Palchetti/Wessel (eds.), International Law as Law of the European Union, 2012, S. 325; *Nowak/Masuhr,* »EU only«: Die ausschließlichen impliziten Außenkompetenzen der Europäischen Union, EuR 2015, 189; *Ohler,* Die Bindung der Europäischen Union an das WTO-Recht, EuR-Beiheft 2/2012, 137; *Olson,* Mixity from the Outside: the Perspective of a Treaty Partner, in: Hillion/Koutrakos (eds.), Mixed Agreements Revisited: The EU Member States in the World, 2010, S. 331; *Ott/Vos/Coman-Kund,* EU agencies and their international mandate: A new category of global actors?, CLEER Working Papers 2013/7, http://www.asser.nl/media/1642/cleer_13-7_web.pdf (19. 9. 2016); *Parish,* International Courts and the European Legal Order, EJIL 23 (2012), 141; *Passos,* Mixed Agreements from the Perspective of the European Parliament, in: Hillion/Koutrakos (eds.), Mixed Agreements Revisited: The EU Member States in the World, 2010, S. 269; *Pechstein,* Die Kodifizierung der AETR-Rechtsprechung durch den Vertrag von Lissabon, FS Klein, 2013, S. 619; *Rensmann,* in: Dörr/Schmalenbach (eds.), Vienna Convention on the Law of Treaties, 2012, Art. 46; *Repasi,* Völkervertragliche Freiräume für EU-Mitgliedstaaten, EuR 48 (2013), 45; *Schmalenbach,* in: Dörr/Schmalenbach (eds.), Vienna Convention on the Law of Treaties, 2012, Art. 3; *Schroeder,* Die Europäische Union als Völkerrechtssubjekt, EuR-Beiheft 2/2012, 9; *Schütze,* Federalism and Foreign Affairs: Mixity as a (Inter) national Phenomenon, in: Hillion/Koutrakos (eds.), Mixed Agreements Revisited: The EU Member States in the World, 2010, S. 57; *Schwichtenberg,* Die Kooperationsverpflichtung der Mitgliedsstaaten der Europäischen Union bei Abschluss und Anwendung gemischter Verträge, 2014; *Semertzi,* The Preclusion of Direct Effect in the Recently Concluded EU Free Trade Agreements, CMLRev 51 (2014), 1125; *Strik,* Shaping the Single European Market in the Field of Foreign Direct Investment, 2014; *Thym,* Die völkerrechtlichen Verträge der Europäischen Union, ZaöRV 66 (2006), 863; *Timmermans,* The Court of Justice and Mixed Agreements, in: Court of Justice of the EU (ed.), The Court of Justice and the Construction of Europe, 2013, S. 659; *van Rossem,* The EU at Crossroads, in: Cannizzaro/Palchetti/Wessel (eds.), International Law as Law of the European Union, 2012, S. 59; *Vedder,* Die auswärtige Gewalt des Europa der Neun, 1980; *Wessel,* Can the EU Replace Its Member States in

International Affairs? An International Law Perspective, in: Govaere u. a. (eds.), The European Union in the World. Essays in Honour of Marc Maresceau, 2011, S. 129; *ders.*, Cross-pillar Mixity: Combining Competences in the Conclusion of EU International Agreements, in: Hillion/Koutrakos (eds.), Mixed Agreements Revisited: The EU Member States in the World, 2010, S. 30; *Wölker*, Die Stellung der Europäischen Union in den Organen der Welthandelsorganisation, EuR-Beiheft 2/2012, 125.

Leitentscheidungen

EuGH, Urt. v. 31.3.1971, Rs. 22/70 (AETR), Slg. 1971, 263
EuGH, Urt. v. 30.4.1974, Rs. 181/73 (Haegeman II), Slg. 1974, 449
EuGH, Urt. v. 14.7.1976, verb. Rs. 3/76, 4/76 u. 6/76 (Kramer u. a.), Slg. 1976, 1279
EuGH, Urt. v. 26.10.1982, Rs. 104/81 (Kupferberg I), Slg. 1982, 3641
EuGH, Urt. v. 30.9.1987, Rs. 12/86 (Demirel), Slg. 1987, 3719
EuGH, Urt. v. 27.9.1988 verb. Rs. 89/85, 104/85, 114/85, 116/85, 117/85 und 125/85 bis 129/85 (Zellstoff), Slg. 1988, 5193
EuGH, Urt. v. 22.6.1989, Rs. 70/87 (Fediol), Slg. 1989, 1781
EuGH, Urt. v. 20.9.1990, Rs. C–192/89 (Sevince), Slg. 1990, I–3461
EuGH, Urt. v. 7.5.1991, Rs. C–69/89 (Nakajima), Slg. 1991, I–2069
EuGH, Urt. v. 24.11.1992, Rs. C–286/90 (Poulsen und Diva), Slg. 1992, I–6019
EuGH, Gutachten 2/91 vom 19.3.1993 (ILO-Konvention Nr. 170), Slg. 1993, I–1061
EuGH, Gutachten 1/94 vom 15.11.1994, (WTO), Slg. 1994, I–5267
EuGH, Gutachten 2/92 vom 24.3.1995 (OECD), Slg. 1995, I–521
EuGH, Urt. v. 19.3.1996, Rs. C–25/94 (FAO), Slg. 1996, I–1469
EuGH, Gutachten 2/94 vom 28.3.1996 (EMRK), Slg. 1996, I–1759
EuG, Urt. v. 22.1.1997, Rs. T–115/94 (Opel Austria), Slg. 1997, II–39
EuGH, Urt. v. 16.6.1998, Rs. C–53/96 (Hermès), Slg. 1998, I–3603
EuGH, Urt. v. 16.6.1998, Rs. C–162/96 (Racke), Slg. 1998, I–3655
EuGH, Urt. v. 23.11.1999, Rs. C–149/96 (Portugal/Rat), Slg. 1999, I–8395
EuGH, Urt. v. 5.11.2002, Rs. C–476/98 (Open Skies), Slg. 2002, I–9855
EuGH, Urt. v. 14.12.2002, verb. Rs. C–300/98 u. C–392/98 (Dior), Slg. 2000, I–11307
EuGH, Urt. v. 15.5.2003, Rs. C–300/01 (Doris Salzmann), Slg. 2003, I–4899
EuGH, Urt. v. 11.9.2003, Rs. C–211/01 (Kommission/Rat), Slg. 2003, I–8913
EuGH, Urt. v. 7.10.2004, Rs. C–239/03 (Étang de Berre), Slg. 2004, I–9325
EuGH, Urt. v. 1.3.2005, Rs. C–377/02 (van Parys), Slg. 2005, I–1465
EuGH, Urt. v. 12.4.2005, Rs. C–265/03 (Simutenkov), Slg. 2005, I–2579
EuG, Urt. v. 21.9.2005, Rs. T–315/01 (Kadi), Slg. 2005, II–3649
EuGH, Urt. v. 10.1.2006, Rs. C–94/03 (Rotterdamer Übereinkommen), Slg. 2006, I–1
EuGH, Urt. v. 10.1.2006, Rs. C–178/03 (Verordnung zur Umsetzung des Rotterdamer Übereinkommens), Slg. 2006, I–107
EuGH, Gutachten 1/03 vom 7.2.2006 (Übereinkommen von Lugano), Slg. 2006, I–1145
EuGH, Urt. v. 30.5.2006, Rs. C–459/03 (Mox Plant), Slg. 2006, I–4635
EuGH, Urt. v. 3.6.2008, Rs. C–308/06 (Intertanko), Slg. 2008, I–4057
EuGH, Urt. v. 3.9.2008, verb. Rs. C–402/05 P u. C–415/05 P (Kadi I), Slg. 2008, I–6351
EuGH, Urt. v. 22.10.2009, Rs. C–301/08 (Bogiatzi), Slg. 2009, I–10185
EuGH, Urt. v. 25.2.2010, Rs. C–386/08 (Brita GmbH), Slg. 2010, I–1289
EuGH, Urt. v. 15.7.2010, Rs. C–70/09 (Hengartner und Gasser), Slg. 2010, I–7233
EuGH, Urt. v. 8.3.2011, Rs. C–240/09 (Aarhus-Konvention), Slg. 2011, 1255
EuGH, Urt. v. 21.12.2011, Rs. C–366/10 (Air Transport Association of America), Slg. 2011, I–13755
EuGH, Urt. v. 14.6.2012, Rs. C–533/10 (CIVAD), ECLI:EU:C:2012:347
EuGH, Urt. v. 16.10.2012, Rs. C–364/10 (Ungarn/Slowakei), ECLI:EU:C:2012:630
EuGH, Urt. v. 27.11.2012, Rs. C–370/12 (Pringle), ECLI:EU:C:2012:756
EuGH, Urt. v. 11.4.2013, verb. Rs. C–335/11 u. C–337/11 (HK Danmark), ECLI:EU:C:2013:222
EuG, Urt. v. 25.4.2013, Rs. T–526/10 (Inuit II), ECLI:EU:T:2013:215
EuGH, Urt. v. 18.7.2013, verb. Rs. C–584/10 P, C–593/10 P u. C–595/10 P (Kadi II), ECLI:EU:C:2013:518
EuGH, Urt. v. 24.9.2013, Rs. C–221/11 (Demirkan), ECLI:EU:C:2013:583
EuGH, Urt. v. 22.5.2014, Rs. C–356/12 (Glatzel), ECLI:EU:C:2014:350
EuGH, Urt. v. 10.7.2014, Rs. C–138/13 (Dogan), ECLI:EU:C:2014:2066
EuGH, Urt. v. 17.7.2014, Rs. C–481/13 (Qurbani), ECLI:EU:C:2014:2101

EuGH, Urt. v. 4.9.2014, Rs. C–114/12 (Kommission/Rat), ECLI:EU:C:2014:2151
EuGH, Gutachten 1/13 vom 14.10.2014 (Haager Übereinkommen von 1980 über Kindesentführungen), ECLI:EU:C:2014:2303
EuGH, Gutachten 2/13 vom 18.12.2014 (EMRK-Beitritt der EU II), ECLI:EU:C:2014:2454
EuGH, Urt. v. 18.12.2014, Rs. C–81/13 (Vereinigtes Königreich/Rat), ECLI:EU:C:2014:2449
EuGH, Urt. v. 28.4.2015, Rs. C–28/12 (Kommission/Rat), ECLI:EU:C:2015:282
EuGH, Urt. v. 16.7.2015, Rs. C–612/13 P (ClientEarth), ECLI:EU:C:2015:486
EuGH, Urt. v. 3.9.2015, Rs. C–398/13 P (Inuit II), ECLI:EU:C:2015:535
EuG, Urt. v. 10.12.2015, Rs. T–512/12 (Front Polisario/Rat), ECLI:EU:T:2015:953

Inhaltsübersicht

A. Die Vertragsschließungskompetenz in (quasi-) föderalen Systemen

I. Grundlegende Verteilungsregeln und unionsrechtliche Besonderheiten

1   Die Verteilung der Verbandskompetenzen auf Zentrale und Glieder ist eine **verfassungs-rechtliche und machtpolitische Grundfrage aller (quasi-) föderalen Verfassungssysteme**, ganz unabhängig davon, ob sie bundesstaatlich, staatenbündisch, als internationale Organisation oder in anderer Weise gestaltet sind. Dies gilt dementsprechend auch für das nichtstaatliche, aber bundesstaatsähnlich strukturierte sui-generis-Gebilde der Europäischen Union.[1] Typischerweise sieht das Gründungsdokument (Bundesverfassung, Bundesvertrag, Satzung o. Ä.) vor, dass die Zentrale nur die durch dieses Dokument – ausdrücklich oder ggf. auch implizit – übertragenen begrenzten Kompetenzen haben soll, während alle übrigen Kompetenzen bei den Gliedern verbleiben.[2] Im EU-Vertrag wird dieses Verteilungsprinzip als »Grundsatz der begrenzten Einzelermächtigung« besonders betont.[3] Es steht außer Zweifel, dass dieser Grundsatz auch für das auswärtige Handeln der EU gilt.[4] Soweit die Verträge der EU also keine Außenkompetenzen zuweisen, bleiben die Mitgliedstaaten für das Handeln nach außen zuständig.[5]

2   Für die **Verteilung der »auswärtigen Gewalt«**, d. h. desjenigen Teilbereichs der Hoheitsgewalt, der die Teilnahme des (quasi-) föderalen Systems am internationalen (Völkerrechts-) Verkehr betrifft,[6] finden sich zumeist gesonderte Regelungen im Gründungsdokument.[7] Denn einerseits ist die Zuweisung der Kompetenzen zur Gestaltung der rechtlichen und politischen Beziehungen zu anderen Völkerrechtssubjekten für die intraföderale Machtbalance besonders relevant. Andererseits unterliegt die Wahrnehmung der Außenkompetenzen außergewöhnlichen Bedingungen: Die Gestaltung der auswärtigen Beziehungen setzt nämlich erstens in aller Regel eine Einigung mit anderen Völkerrechtssubjekten voraus, für deren Erreichung den handelnden Organe ein hohes Maß an rechtlicher Flexibilität gewährt werden muss. Zweitens hängt die wirksame Interessenvertretung des (quasi-) föderalen Systems von seinem einheitlichen Auftreten nach außen ab. Deshalb hatten schon *Locke* und *Montesquieu* die auswärtige Gewalt in ihren Gewaltenteilungssystemen als Sonderfall hervorgehoben.[8]

3   **Zwei Grundmodelle zur Verteilung der Verbandskompetenz für auswärtige Angelegenheiten in einem (quasi-) föderalen System** lassen sich unterscheiden: Entweder wird der Zentrale die umfassende Zuständigkeit für alles auswärtige Handeln unabhängig von der Verteilung der einschlägigen internen Sachkompetenzen zugewiesen, um durch

---

[1] Vgl. EuGH, Gutachten 2/13 vom 18. 12. 2014 (EMRK-Beitritt der EU II), ECLI:EU:C:2014:2454, Rn. 156 ff.

[2] Grundlegend das Xth Amendment von 1791 zur US-Verfassung von 1787. Ebenso z. B. Art. 30 GG und Art. 3 der Bundesverfassung der Schweizerischen Eidgenossenschaft vom 18. 4. 1999 (CHVerf.).

[3] Art. 4 Abs. 1, Art. 5 Abs. 1 und 2 EUV.

[4] EuGH, Gutachten 2/94 vom 28. 3. 1996 (EMRK), Slg. 1996, I–1759, Rn. 24.

[5] Art. 4 Abs. 1, Art. 5 Abs. 2 Satz 2 EUV.

[6] *Calliess*, in: Isensee/Kirchhof, HStR IV, 3. Aufl, 2006, § 83; *Geiger*, Grundgesetz und Völkerrecht, 2013, S. 113 ff.

[7] Vergleichender Überblick bei *Schütze*, S. 57 ff.

[8] *Locke*, Second Treatise of Government, 1690, Chapter XII: »federative power« (hier zitiert nach der Ausgabe von Cambridge University Press [Peter Laslett ed.]); *Montesquieu*, De l'esprit des lois, 1748, livre XI, chapitre VI: »la puissance exécutrice des choses qui dependent du droit des gens« (hier zitiert nach der Ausgabe von Garnier-Flammarion [hrsg. von Goldschmidt 1979], Band 1).

einheitliches Auftreten nach außen die bestmögliche Interessenvertretung des (quasi-) föderalen Systems insgesamt zu gewährleisten. Dieses Modell ist für Bundesstaaten typisch. Oder das auswärtige Handeln wird als Annex der jeweiligen internen Sachkompetenz eingestuft und mit ihr gemeinsam der sachlich zuständigen Ebene übertragen, um zu verhindern, dass die interne Sachkompetenzverteilung durch auswärtiges Handeln unterlaufen werden kann (Parallelismus der Innen- und Außenkompetenzen).[9] Diesem Modell folgt grundsätzlich die EU. Schließlich gibt es häufig Mischformen, bei denen die grundsätzlich umfassende Außenkompetenz der Zentrale durch unterschiedlich weitreichende Ausnahmen im Sinne des Parallelismus durchbrochen wird, d. h. den Gliedern bestimmte Außenkompetenzen in Parallelität zu ihren Innenkompetenzen zugewiesen werden.[10]

Soweit danach die Außenzuständigkeiten der Zentrale über ihre Innenzuständigkeiten hinausgehen, wird sie regelmäßig zur **Einbeziehung der Glieder in ihren außenpolitischen Entscheidungsprozess** verpflichtet.[11] Teilweise bleiben bei solchen überschießenden externen Handlungsbefugnissen der Zentrale allerdings die internen Durchführungsbefugnisse weiterhin der Glied-Ebene zugeordnet. Dann entsteht die Gefahr, dass eventuelle völkerrechtliche Verpflichtungen des (quasi-) föderalen Systems nach außen intern nicht erfüllt werden. Auch um dieser Gefahr zu begegnen, ist die vorerwähnte Einbeziehung der Glieder in den außenpolitischen Entscheidungsprozess der Zentrale regelmäßig vorgesehen oder wird zumindest praktiziert.[12] Schließlich ist in nicht wenigen (quasi-) föderalen Systemen die Verteilung der Verbandskompetenz für auswärtige Angelegenheiten verfassungstextlich unklar und deshalb umstritten.[13] Dies gilt gerade auch für die EU.

Zentraler Bestandteil der auswärtigen Gewalt ist die Kompetenz zum Abschluss völkerrechtlicher Verträge. Mit solchen Verträgen werden politische, wirtschaftliche und/oder sonstige Ziele nach außen in rechtsverbindlicher Form verfolgt. Zugleich stellen sie in der Variante der Gesetzgebungsverträge (traités-lois, law-making treaties) das hauptsächliche Instrument zur Fortbildung der Völkerrechtsordnung dar, also Rechtsetzungsakte der internationalen Gemeinschaft insgesamt oder einer ihrer (regionalen) Teilgemeinschaften. Im Hinblick auf die **Zentralität der Vertragsschließungskompetenz** wird diese in Gründungsdokumenten (quasi-) föderaler Systeme häufig – so auch im

---

[9] Vgl. als Beispiel speziell für die Vertragsschließungskompetenz Art. 41 Abs. 1 des Herrenchiemseer Grundgesetz-Entwurfs (Verfassungsausschuß der Ministerpräsidenten-Konferenz der westlichen Besatzungszonen, Bericht über den Verfassungskonvent auf Herrenchiemsee vom 10. bis 23. August 1948).

[10] Vgl. als Beispiel die Grundregel des Art. 32 Abs. 1 GG (entsprechend Art. 54 Abs. 1 CHVerf.) und die Ausnahme in Art. 32 Abs. 3 GG (entsprechend Art. 56 CHVerf.).

[11] Vgl. z. B. Art. 32 Abs. 2 GG und die Verständigung zwischen der Bundesregierung und den Staatskanzleien der Länder über das Vertragsschlußrecht des Bundes vom 14. 11. 1957 (sog.»Lindauer Abkommen«, BullBReg 1957, 1966) sowie entsprechend Art. 55 CHVerf.

[12] Dies gilt in Deutschland nach näherer Maßgabe des Lindauer Abkommens (Fn. 11) für den Abschluss von Verträgen des Bundes über Materien, die in der ausschließlichen Gesetzgebungszuständigkeit der Länder liegen.

[13] Dies gilt etwa für die USA, wo zwar eine umfassende Außenkompetenz des Bundes besteht, aber seit Jahrzehnten darüber gestritten wird, ob und inwieweit der Bund entsprechende interne Durchführungskompetenzen hat (Missouri v. Holland, 252 U. S. 416, 433 [1920]; Bond v. United States, 572 U. S.[2014]; vgl. *Bettauer*, Supreme Court Limits Holding in Bond, Not Reaching Constitutional Treaty Implementation Authority, ASIL Insights, Vol. 18, Issue 14 [June 25, 2014]). Dies gilt aber auch für Deutschland, wo der betr. Streit durch einen politischen Modus Vivendi (Lindauer Abkommen [Fn. 11]) praktisch beigelegt wurde.

AEUV – gesondert zugeteilt, mitunter als pars pro toto für die auswärtige Gewalt insgesamt.[14]

6   Im globalen Zeitalter des 21. Jahrhunderts sind die einzelnen staatlichen oder nichtstaatlichen Akteure immer weniger in der Lage, die zunehmend grenzüberschreitenden politischen, wirtschaftlichen und sozialen Probleme zu lösen. Dadurch wächst die **Bedeutung internationaler Kooperationen informeller und formeller Art**, einschließlich der völkerrechtlichen Verträge. Demgemäß schließt auch die EU allein oder gemeinsam mit ihren Mitgliedstaaten eine ständig wachsende Zahl bilateraler und multilateraler völkerrechtlicher Verträge ab.[15]

7   Soweit die Vertragsschließungsgewalt zwischen Zentrale und Gliedern eines (quasi-)föderalen Systems aufgeteilt wird, ist ganz entsprechend der Situation bei den Gesetzgebungskompetenzen die Frage zu beantworten, ob und inwieweit die **jeweiligen Zuständigkeiten ausschließlich sind oder miteinander konkurrieren**, und letzteren Falls, welche Ebene vorrangig zuständig sein soll.[16] Typischerweise gilt bei Zuständigkeitskonkurrenzen ein Vorrang der rechtmäßigen Zuständigkeitsausübung durch die Zentrale,[17] die letztlich dem Vorrang des Rechts der Zentrale vor dem Recht der Glieder entspricht.[18] Auch dies lässt sich für die EU belegen.

8   Die unionsrechtlichen Regeln über die Verteilung der Außenkompetenz auf EU und Mitgliedstaaten sind zutreffend folgendermaßen zusammengefasst worden: »Während in (föderalen) Staaten das auswärtige Handeln mehr oder minder einer zentralen Exekutivspitze zugewiesen ist, besteht in der EU eine verwirrende Vielzahl von Regelungen. Diese soll die Quadratur des Kreises ermöglichen, namentlich die internationale Handlungsfähigkeit und innere Rechtseinheit der Union sicherstellen und gleichzeitig die Kompetenzen der Mitgliedstaaten weitestgehend schonen. Das **Außenverfassungsrecht der EU** ist dementsprechend von zahlreichen kompetenzrechtlichen Streitigkeiten geprägt. In interinstitutioneller Hinsicht schlagen sich diese in Prozessen um die richtige Rechtsgrundlage nieder … Im Verhältnis zwischen der Union und den Mitgliedstaaten geht es meist … um das Bestehen oder Nichtbestehen einer (ausschließlichen) Unionskompetenz zum Abschluss internationaler Verträge.«[19]

---

[14] Vgl. z. B. Art. II, Section 2, Subsection 2 US-Verfassung, wonach der Präsident mit Zustimmung einer Zweidrittelmehrheit des Senats völkerrechtliche Verträge (Treaties) schließen kann. Spiegelbildlich wird den Gliedstaaten der Abschluss solcher Verträge in Art. I, Section 10, Subsection 1 (Treaty, Alliance, or Confederation) untersagt; sie dürfen nach Subsection 3 nur weniger bedeutsame Vereinbarungen oder Abkommen (Agreement or Compact) mit auswärtigen Mächten schließen, wenn der Kongress dem zustimmt.

[15] Vgl. *Kadelbach*, EnzEuR, Bd. 10, § 4, Rn. 39 ff.

[16] In Deutschland ist die diesbezügliche Interpretation des Art. 32 Abs. 1, Abs. 3 GG seit Jahrzehnten umstritten: Können die Länder, soweit sie für die Gesetzgebung ausschließlich zuständig sind, allein über die betreffende Sachmaterie Verträge mit auswärtigen Staaten schließen, oder kann dies auch der Bund? Der Interpretationsstreit ist ungelöst, aber durch den Modus Vivendi des Lindauer Abkommens (Fn. 11) praktisch beigelegt worden (*Calliess* in: Isensee/Kirchhof, HStR IV, 3. Aufl., 2006, § 83, Rn. 57 f.).

[17] Vgl. in Bezug auf die Gesetzgebungszuständigkeiten Art. 72 Abs. 1 GG und Art. 2 Abs. 2 AEUV.

[18] Art. 31 GG; Erklärung (Nr. 17) zum Vorrang der Regierungskonferenz von Lissabon (ABl. 2007, C 306/256).

[19] *Kottmann*, EuZW 2014, 863 (863).

II. Wirksamkeit von unter Verstoß gegen diese Verteilungsregeln geschlossenen völkerrechtlichen Verträgen

Bei der Abgrenzung der Vertragsschließungskompetenz der EU und ihrer Mitgliedstaa-   **9**
ten ist zu berücksichtigen, dass die Mitgliedstaaten souverän (d. h. völkerrechtsunmit-
telbar) geblieben sind und die Union (spiegelbildlich) nicht souverän (d. h. nicht völker-
rechtsunmittelbar) geworden ist. Die Völkerrechtsfähigkeit (und damit Vertragsfähigkeit) der EU leitet sich von ihren Mitgliedstaaten ab, die allein über originäre sowie
umfassende Völkerrechtsfähigkeit (und damit Vertragsfähigkeit) verfügen.[20] Sie ist folglich derivativ und damit zugleich partikulär, weil sie nur den Mitgliedstaaten als Parteien
der Verträge (also des EUV und des AEUV)[21] gegenüber wirkt, während es Drittstaaten
freisteht, ob und inwieweit sie die EU als Völkerrechtssubjekt anerkennen wollen oder
nicht. Nach dem Ende des kalten Krieges gibt es mit dieser Anerkennung keine Schwierigkeiten mehr.[22] Die **Völkerrechtsfähigkeit (und damit Vertragsfähigkeit) der EU** ist
darüber hinaus funktional auf den Bereich ihrer vertraglich festgelegten Aufgaben beschränkt, also partiell. Das EU-System ähnelt in dieser Hinsicht Staatenbünden und
internationalen Organisationen,[23] während es sich von Bundesstaaten unterscheidet.
Denn Bundesstaaten sind ihrerseits souverän und mediatisieren ihre Gliedstaaten gegenüber der Völkerrechtsordnung; es ist die Bundesverfassung, die allein darüber entscheidet, ob und inwieweit die Gliedstaaten ausnahmsweise vertragsfähig sein sollen.[24]

Das Regel-Ausnahme-Verhältnis in Bezug auf die Fähigkeit zum Abschluss völker-   **10**
rechtlicher Verträge ist folglich bei Staatenbünden, internationalen Organisationen und
der EU im Vergleich zu demjenigen bei Bundesstaaten genau umgekehrt: Die souveränen Mitgliedstaaten der erstgenannten drei (quasi-) föderalen Systeme sind regelmäßig
vertragsfähig, die nichtsouveräne Organisation ist es dagegen nur ausnahmsweise; demgegenüber sind souveräne Bundesstaaten regelmäßig vertragsfähig, ihre nicht souveränen Gliedstaaten sind es nur ausnahmsweise. Wenn Drittstaaten daher mit nichtsouveränen Gliedstaaten oder der nichtsouveränen EU völkerrechtliche Verträge eingehen, verlassen sie sich darauf, dass ihr Vertragspartner nach dem internen Recht seines
(quasi-) föderalen Systems ausnahmsweise vertragsfähig ist. Wenn Drittstaaten hingegen mit einem souveränen EU-Mitgliedstaat völkerrechtliche Verträge schließen, gehen
sie vom Normalfall der Vertragsfähigkeit ihres Vertragspartners aus. Sie verlassen sich
nur darauf, dass die EU nach ihrem internen Recht auf dem betreffenden Gebiet nicht
ausnahmsweise die ausschließliche Vertragsschließungskompetenz besitzt. Sollte ein
Drittstaat die Vertragsschließungskompetenz des Mitgliedstaats fälschlicherweise für
gegeben erachten, käme die in Art. 46 des **Wiener Übereinkommens über das Recht der**

---

[20] Vgl. Art. 6 des Wiener Übereinkommens über das Recht der Verträge vom 23.5.1969 (WÜRV I),
BGBl. 1985 II S. 926.

[21] Vgl. Art. 1 Abs. 3 EUV.

[22] Vgl. *Mögele*, in: Streinz, EUV/AEUV, Art. 216 AEUV, Rn. 4.

[23] Siehe insoweit Art. 6 des Wiener Übereinkommens über das Recht der Verträge zwischen
Staaten und internationalen Organisationen oder zwischen internationalen Organisationen vom 21.3.
1986 (WÜRV II), BGBl. 1990 II S. 1415 (noch nicht in Kraft), und den zugehörigen Kommentar der
International Law Commission (Draft articles on the law of treaties between States and international
organizations or between international organizations with commentaries 1982, S. 23 f. (http://legal.
un.org/ilc/texts/instruments/english/commentaries/1_2_1982.pdf [19.9.2016]).

[24] Vgl. *Schmalenbach*, in: Dörr/Schmalenbach, Art. 3 Vienna Convention on the Law of Treaties,
Rn. 20, 24, 27 ff.

Verträge vom 23.5.1969 (WÜRV I)[25] kodifizierte Regel des Völkergewohnheitsrechts zur Anwendung, wonach der Mitgliedstaat sich auf den durch die nationalverfassungsrechtliche Integrationsermächtigung in Verbindung mit dem AEUV begründeten Kompetenzmangel nur berufen kann, wenn dieser offenkundig war.[26]

11   Sollte sich hingegen ein Drittstaat, der mit der EU einen völkerrechtlichen Vertrag schließt, über deren Vertragsfähigkeit irren, hängt die Wirksamkeit des Vertrages von einer Völkerrechtsregel ab, die das **Wiener Übereinkommen über das Recht der Verträge zwischen Staaten und internationalen Organisationen oder zwischen internationalen Organisationen vom 21.3.1986 (WÜRV II)**[27] für souveräne Staaten und internationale Organisationen folgendermaßen formuliert:

»Artikel 46: Innerstaatliche Bestimmungen eines Staates und Vorschriften einer internationalen Organisation über die Zuständigkeit zum Abschluß von Verträgen
(1) Ein Staat kann sich nicht darauf berufen, daß seine Zustimmung, durch einen Vertrag gebunden zu sein, unter Verletzung einer Bestimmung seines innerstaatlichen Rechts über die Zuständigkeit zum Abschluß von Verträgen ausgedrückt wurde und daher ungültig sei, sofern nicht die Verletzung offenkundig war und eine innerstaatliche Rechtsvorschrift von grundlegender Bedeutung betraf.
(2) Eine internationale Organisation kann sich nicht darauf berufen, daß ihre Zustimmung, durch einen Vertrag gebunden zu sein, unter Verletzung der Vorschriften der Organisation über die Zuständigkeit zum Abschluß von Verträgen ausgedrückt wurde und daher ungültig sei, sofern nicht die Verletzung offenkundig war und eine Vorschrift von grundlegender Bedeutung betraf.
(3) Eine Verletzung ist offenkundig, wenn sie für jeden Staat oder jede internationale Organisation, die sich hierbei im Einklang mit der allgemeinen Übung der Staaten und gegebenenfalls internationalen Organisationen und nach Treu und Glauben verhalten, objektiv erkennbar ist.«[28]

12   Diese Regel stellt einen **auf dem Grundsatz von Treu und Glauben beruhenden Kompromiss** dar zwischen der Relevanz von jedwedem Verstoß gegen interne Zuständigkeitsregeln für die völkerrechtliche Gültigkeit des Vertragsschlusses und deren völliger Irrelevanz, indem sie nur offenkundigen Verletzungen von Zuständigkeitsregeln mit grundlegender Bedeutung gültigkeitsvernichtende Wirkung beimisst. Sie behandelt die Staaten und internationalen Organisationen in dieser Hinsicht bewusst gleich.

13   Die EG/EU hat das WÜRV II nicht ratifiziert, weil dessen Bestimmungen ihrer besonderen Struktur als (quasi-) föderaler Integrationsverband nicht angepasst erschienen.[29] Die **Regel des Art. 46 WÜRV II erfasst die Union** dennoch. Obwohl sie bei ihrer Formulierung eine Fortentwicklung des Völkerrechts darstellte, ist sie inzwischen zu Völkergewohnheitsrecht erstarkt.[30] Die EU-Mitgliedstaaten sind selbstverständlich Staaten im Sinne dieser Regel. Die EU wird entweder als zwischenstaatliche Organisation im völkerrechtlichen Sinne[31] direkt von ihr erfasst, oder die Regel ist zumindest analog auf sie anwendbar, wenn man das EU-Recht als Rechtsordnung eigener Art versteht, das nicht (länger) zum Völkerrecht gehört. Denn die Regel gewährleistet einen angemessenen Interessenausgleich im Verhältnis zwischen der Union und Drittstaaten.

14   Die EU-Regeln über die Verteilung der Vertragsschließungskompetenz auf die EU und ihre Mitgliedstaaten stellen zweifelsohne **Zuständigkeitsvorschriften von grundle-**

---

[25] S. o. Fn. 20.
[26] Vgl. *Repasi*, EuR 48 (2013), 45 (55 f.).
[27] S. o. Fn. 23.
[28] Übersetzung aus BGBl. 1990 II S. 1437 f. Vgl. insoweit bereits die parallele Bestimmung in Art. 46 WÜRV I (Fn. 20).
[29] *Hoffmeister*, The Contribution of EU Practice to International Law, 2008, S. 57.
[30] *Rensmann*, in: Dörr/Schmalenbach, Art. 46 Vienna Convention on the Law of Treaties, Rn. 77.
[31] Vgl. Art. 2 lit. i WÜRV II (Fn. 23).

gender Bedeutung dar, die Bestandteile sowohl des EU-Primärrechts als auch des Rechts der Mitgliedstaaten bilden.[32] Eine Anwendung der Regel des Art. 46 WÜRV II auf die EU ergibt Folgendes: Schließt ein Drittstaat mit der EU einen völkerrechtlichen Vertrag, weil er diese auf dem betreffenden Gebiet zu Unrecht für vertragsfähig hält, so hängt die Möglichkeit der EU, sich auf die Ungültigkeit ihrer Zustimmung zum Vertragsschluss zu berufen, davon ab, ob der Mangel ihrer Vertragsschließungskompetenz für den Drittstaat offenkundig war. Gleiches gilt, wenn der Drittstaat mit einem EU-Mitgliedstaat in einem Bereich kontrahiert, in dem die ausschließliche Vertragsschließungskompetenz auf die EU übergegangen ist.

Da die unionsinterne Verteilung der Vertragsschließungskompetenz jedoch zumin-   **15** dest in den meisten Fällen nicht offenkundig ist,[33] können sich regelmäßig weder die EU noch ihre Mitgliedstaaten von völkerrechtlichen Verträgen mit Drittstaaten freizeichnen, die sie unter Verstoß gegen die EU-interne Verbandskompetenzverteilung eingegangen sind. Dann klaffen die völkerrechtliche Verpflichtung nach außen und die interne Durchführbarkeit der Verträge auseinander, und es drohen Völkerrechtsverletzungen. Aus diesem Grunde erscheint es wichtig, dass **Kompetenzzweifel vor dem Abschluss einer Übereinkunft im Gutachtenverfahren nach Art. 218 Abs. 11 AEUV vom EuGH definitiv geklärt** werden. Ist dies unterblieben, etwa weil die Zweifel erst nach Vertragsschluss aufkamen, sind die EU und die Mitgliedstaaten nach Art. 4 Abs. 3 EUV einander verpflichtet, den Konflikt zwischen der völkerrechtlichen und der unionsrechtlichen Lage mit vereinten Kräften einer Lösung zuzuführen.[34]

B. Die Entwicklung der Vertragsschließungskompetenz der E(W)G/EU bis zum Inkrafttreten des Vertrages von Lissabon 2009

I. Textliche Basis in den Verträgen

1. EGKS-Vertrag von 1951

Schon der Europäischen Gemeinschaft für Kohle und Stahl war vertraglich sowohl die   **16** völkerrechtliche als auch die innerstaatliche Rechtsfähigkeit verliehen worden. Der einschlägige **Art. 6 EGKSV** legte in später nie wieder erreichter Prägnanz Folgendes fest:

> »Im zwischenstaatlichen Verkehr hat die Gemeinschaft die für die Durchführung ihrer Aufgaben und Erreichung ihrer Ziele erforderliche Rechts- und Geschäftsfähigkeit.
> Die Gemeinschaft hat in jedem Mitgliedstaat die weitestgehende Rechts- und Geschäftsfähigkeit, die juristischen Personen dieses Staates zuerkannt ist ...
> Die Gemeinschaft wird durch ihre Organe im Rahmen ihrer Befugnisse vertreten.«[35]

Art. 6 Abs. 1 EGKSV schloss auch die Fähigkeit der EGKS zum Abschluss völkerrechtlicher Verträge ein, soweit dieser für die Durchführung der Aufgaben und Erreichung der Ziele der Gemeinschaft erforderlich war. Eine gesonderte Bestimmung über die

---

[32] *Rensmann*, in: Dörr/Schmalenbach, Art. 46 Vienna Convention on the Law of Treaties, Rn. 36, 40 und 62.

[33] Vgl. *Rensmann*, in: Dörr/Schmalenbach, Art. 46 Vienna Convention on the Law of Treaties, Rn. 75. Anders freilich *Repasi*, EuR 2013, 45 (56 f.).

[34] *Lorz/Meurers*, EnzEuR, Bd. 10, § 2, Rn. 54.

[35] BGBl. 1952 II S. 447.

Vertragsschließungsgewalt im Stile von Art. 216 AEUV enthielt der EGKS-Vertrag aber nicht.[36] Im Kapitel über die Handelspolitik ließen Art. 71, 75 EGKSV erkennen, dass die Zuständigkeit für den Abschluss von Handelsabkommen jedenfalls weitgehend bei den Mitgliedstaaten verbleiben sollte.[37]

2. EWG-Vertrag und EAG-Vertrag von 1957

17   Der EWG-Vertrag[38] verteilte die Regelungen des Art. 6 EGKSV auf zwei Vorschriften: Art. 210 EWGV, der Art. 6 Abs. 1 EGKSV in weit weniger klarer Formulierung wiedergab,[39] und Art. 211 EWGV, der Art. 6 Abs. 2 EGKSV nahezu unverändert nachzeichnete.[40] Nur im Vergleich mit Art. 211 EWGV und vor dem Hintergrund des Art. 6 EGKSV wurde deutlich, dass die in **Art. 210 EWGV** der Gemeinschaft verliehene »Rechtspersönlichkeit« die Völkerrechtsfähigkeit meinte.

18   Daneben stand von Anfang an eine gesonderte Bestimmung zur Vertragsschließungsgewalt in Art. 228 Abs. 1 EWGV. Diese regelte allerdings die diesbezüglichen Kompetenzen der E(W)G-Organe und berührte die Verbandskompetenz nur beiläufig im einleitenden Nebensatz. Dieser wiederholte seinerseits bloß den allgemein in Art. 3 (Einleitungssatz), Art. 4 Abs. 1 UAbs. 2 und Art. 189 Abs. 1 EWGV festgelegten Grundsatz, dass die Gemeinschaft und die für sie handelnden Organe nur vertraglich zugewiesene Kompetenzen ausüben können: »Soweit dieser Vertrag den Abschluß von Abkommen zwischen der Gemeinschaft und einem oder mehreren Staaten oder internationalen Organisationen vorsieht …« **Art. 228 Abs. 1 EWGV** machte mit anderen Worten deutlich, dass die Vertragsschließungskompetenz der EWG in gleicher Weise wie die anderen Gemeinschaftskompetenzen von gesonderten vertraglichen Ermächtigungen abhing. Eine generalklauselartige Zuweisung der auswärtigen Gewalt oder auch nur der Vertragsschließungskompetenz an die Gemeinschaft im Stil von Art. 32 Abs. 1 GG enthielt der EWG-Vertrag also nicht.

19   Anderes galt und gilt übrigens für den gleichzeitig abgeschlossenen EURATOM-Vertrag, der im Kapitel »Außenbeziehungen« in **Art. 101 Abs. 1 EAGV** seit jeher Folgendes vorsieht: »Die Gemeinschaft kann im Rahmen ihrer Zuständigkeit Verpflichtungen durch Abkommen und Vereinbarungen mit einem dritten Staat, einer zwischenstaatlichen Einrichtung oder einem Angehörigen eines dritten Staates eingehen.«[41] Diese Bestimmung kodifiziert für die EAG den Grundsatz des Parallelismus der Innen- und Außenkompetenzen.[42] Im Rahmen des thematisch eng begrenzten EAG-Vertrags erschien die Übertragung der Vertragsschließungsgewalt auf die supranationale Gemeinschaft durch eine Generalklausel als unbedenklich, nicht jedoch im Rahmen des thematisch viel breiteren und auf Integrationsverdichtung angelegten EWG-Vertrags.

---

[36] Überblick zur Vertragspraxis der EGKS bei *Vedder*, S. 79 ff.

[37] Zur Überlagerung des Art. 71 EGKSV durch den späteren Art. 113 EWGV (ausschließliche Außenhandelszuständigkeit der Gemeinschaft auch für EGKS-Erzeugnisse) vgl. EuGH, Gutachten 1/94 vom 15.11.1994 (WTO), Slg. 1994, I–5267, Rn. 26 f. m. w. N.

[38] BGBl. 1957 II S. 766.

[39] Siehe heute entsprechend Art. 47 EUV.

[40] Siehe heute entsprechend Art. 335 AEUV.

[41] BGBl. 1957 II S. 1014. Überblick über die frühe Vertragspraxis der EAG bei *Vedder*, S. 92 ff.

[42] Da der EAGV keine Bestimmung über den Außenhandel enthält, war für den Abschluss von Abkommen über den Handel mit Euratom-Erzeugnissen von jeher die E(W)G/EU zuständig (vgl. Art. 232 Abs. 2 E(W)GV, Art. 305 Abs. 2 EGV) – so EuGH, Gutachten 1/94 vom 15.11.1994 (WTO), Slg. 1994, I–5267, Rn. 24.

Denn dieser sollte die »Grundlagen für einen immer engeren Zusammenschluß der europäischen Völker« schaffen,[43] für die »Fédération européenne« der Schuman-Erklärung[44] und möglicherweise für die »Vereinigten Staaten von Europa« im Sinne Winston Churchills.[45] Wenn der EWG-Vertrag aber als Fernziel einen europäischen Bundesstaat anvisierte und die Mitgliedstaaten den damit verbundenen Verlust ihrer Souveränität weiterhin effektiv steuern wollten, dann durften sie der EWG nicht die Möglichkeit geben, sie durch Ausübung einer expansiven Vertragsschließungsgewalt immer mehr aus dem Völkerrechtsraum zu verdrängen.

In Bezug auf die Verteilung der Vertragsschließungskompetenz zwischen der E(W)G   **20** und den Mitgliedstaaten blieb es bei diesem Textzustand bis zum **Inkrafttreten des Vertrages von Lissabon am 1. 12. 2009.** Während die Regelungen über die Organkompetenz in Bezug auf Vertragsschlüsse im Laufe der Zeit erheblich erweitert und modifiziert wurden, bestand die Regelung über die Verbandskompetenz bis zur Neuregelung durch den Vertrag von Lissabon, der den heutigen Art. 216 AEUV in Kraft setzte, inhaltlich unverändert fort. Sie wurde nur durch den Vertrag von Amsterdam von 1997 in Art. 300 Abs. 1 EGV umnummeriert.

3. Vom Vertrag von Maastricht (1992) bis zum Vertrag von Lissabon (2007)

Der Vertrag über die Europäische Union vom 7. 2. 1992 enthielt weder eine ausdrück-   **21** liche Regelung zur Völkerrechtsfähigkeit noch zur Vertragsschließungskompetenz der neu gegründeten EU. Diese erschien zunächst nicht als eigenständige Organisation, sondern **nur als gemeinsames Dach über drei Säulen:** Den fortbestehenden drei supranationalen Gemeinschaften EGKS, EWG und EAG (1. Säule) und den beiden neuen intergouvernemental strukturierten Säulen (Gemeinsame Außen- und Sicherheitspolitik [2. Säule] und Zusammenarbeit in den Bereichen Justiz und Inneres[46] [3. Säule]).

Durch den Vertrag von Amsterdam vom 2. 10. 1997 wurden indessen ausdrückliche   **22** Regelungen in den EU-Vertrag aufgenommen, dass zur Durchführung der GASP und der Polizeilichen und Justiziellen Zusammenarbeit in Strafsachen erforderlichenfalls auch Übereinkünfte mit einem oder mehreren Staaten oder mit internationalen Organisationen geschlossen werden konnten.[47] Auf dieser Grundlage **ging die EU in erheblichem Umfang völkerrechtliche Verträge ein.**[48] Trotzdem blieb es bis zum Inkrafttreten des Vertrages von Lissabon umstritten, ob die EU selbst als eigenständiges Völkerrechtssubjekt oder nur die unter dem Namen »EU« gemeinsam handelnden Mitgliedstaaten Parteien dieser Verträge wurden.[49] Die Mitgliedstaaten waren jedenfalls nur begrenzt bereit, sich durch die EU völkerrechtlich mediatisieren zu lassen.[50]

---

[43] Vgl. die erste Erwägung der Präambel des EWGV/AEUV.

[44] Erklärung des französischen Außenministers *Robert Schuman* vom 9. 5. 1950, http://europa.eu/about-eu/basic-information/symbols/europe-day/schuman-declaration/index_fr.htm (19. 9. 2016).

[45] Vgl. *Churchills* Zürcher Rede vom 19. 9. 1946, http://www.europarl.europa.eu/brussels/website/media/Basis/Geschichte/bis1950/Pdf/Churchill_Rede_Zuerich.pdf (19. 9. 2016).

[46] Seit dem Vertrag von Amsterdam vom 2. 10. 1997: Polizeiliche und Justizielle Zusammenarbeit in Strafsachen.

[47] Art. 24, 38 EUV a. F.

[48] *Thym*, ZaöRV 66 (2006), 863 (863 ff.).

[49] Dazu *Metz*, Die Außenbeziehungen der Europäischen Union nach dem Vertrag über eine Verfassung für Europa, 2007, S. 36 ff. m. w. N.

[50] *Thym*, ZaöRV 66 (2006), 863 (908 ff.).

23   Erst der Vertrag von Lissabon hat diese Streitfrage dadurch endgültig geklärt, dass er die **EU als Rechtsnachfolgerin an die Stelle der EG setzte und ihr ausdrücklich (Völker-) Rechtspersönlichkeit** sowie innerstaatliche Rechtsfähigkeit verlieh.[51] Die Regierungskonferenz hielt es immerhin für notwendig, auf die Selbstverständlichkeit hinzuweisen, dass die Verleihung der Rechtspersönlichkeit als solche für die EU keine Ermächtigung zum gesetzgeberischen oder sonstigen Tätigwerden jenseits der ihr in den Verträgen übertragenen Zuständigkeiten beinhaltet.[52] Die EAG besteht neben der EU als selbstständiges Völkerrechtssubjekt und potentieller Partner völkerrechtlicher Verträge fort.[53] Teilweise treten die EU und die EAG auch gemeinsam als Vertragspartner auf.[54]

24   Als Rechtsnachfolgerin der EG ist die EU in die zahlreichen Übereinkünfte mit Drittländern und internationalen Organisationen eingetreten, die jene auf der Grundlage der Art. 228 Abs. 1 E(W)GV und Art. 300 Abs. 1 EGV geschlossen hatte. Die EU hat auch die Mitgliedschaften der EG in internationalen Organisationen, insbesondere in der WTO, übernommen.[55] Beides geschah aber nicht automatisch, sondern nach entsprechender **Notifikation des Sukzessionstatbestands**[56] im ausdrücklichen oder stillschweigenden Einverständnis aller anderen Vertragsparteien, das – soweit ersichtlich – in keinem Fall verweigert wurde.[57] Da die EU des Vertrages von Lissabon mit der durch den Vertrag von Maastricht gegründeten EU personenidentisch ist, fand in Bezug auf die früheren EU-Verträge keine Sukzession statt, sondern diese gelten ohne weiteres fort. Wenn man jedoch annimmt, dass die Mitgliedstaaten die eigentlichen Parteien der alten EU-Verträge waren,[58] trat die erst jetzt völkerrechtsfähig gewordene EU im Wege der Sukzession an deren Stelle.

II.   Richterrechtlicher Überbau des Europäischen Gerichtshofs

1.   Vertragsschließungskompetenzen der E(W)G/EU

25   Vor diesem textlichen Hintergrund blieb die nähere Bestimmung der Vertragsschließungskompetenzen der E(W)G/EU lange Zeit der **richterrechtlichen Ausgestaltung durch den EuGH** überlassen. Das Verständnis seiner Entscheidungen wird dadurch erschwert, dass sie die beiden Fragen, ob die E(W)G/EU überhaupt eine Vertragsschließungskompetenz besitzt und ob diese ausschließlich ist, d. h. schon vor ihrer Ausübung den Mitgliedstaaten Vertragsschlüsse im eigenen Namen verbietet, häufig miteinander vermischen.[59] Die einschlägige EuGH-Rechtsprechung war anfangs umstritten, wurde

---

[51] Art. 1 Abs. 3 Satz 3, 47 EUV; Art. 335 AEUV. Näher *Schroeder*, EuR-Beiheft 2/2012, 9 (9 ff.).

[52] Erklärung Nr. 24 im Anhang zur Schlussakte von Lissabon (ABl. 2007, C 306/258).

[53] Die Art. 101, 184 EAGV (s. o. Rn. 19 f.) gelten unverändert fort (konsolidierte Fassung des EAGV abgedruckt in ABl. 2012, C 327/1).

[54] Vgl. z. B. das Assoziierungsabkommen zwischen der Europäischen Union und der Europäischen Atomgemeinschaft und ihren Mitgliedstaaten einerseits und der Republik Moldau andererseits, ABl. 2014, L 261/4.

[55] *Müller-Ibold*, in: Lenz/Borchardt, EU-Verträge, Art. 216 AEUV, Rn. 2.

[56] Vgl. die Bekanntmachung über die infolge des Inkrafttretens des Vertrags von Lissabon von der Europäischen Union angetretene Rechtsnachfolge der Europäischen Gemeinschaft als Vertragspartei völkerrechtlicher Verträge vom 2. 3. 2010 (BGBl. II S. 250).

[57] *Mögele*, in: Streinz, EUV/AEUV, Art. 216 AEUV, Rn. 10 f.; *Müller-Ibold* (Fn. 55), Art. 216 AEUV, Rn. 3; *Hummer*, in: Vedder/Heintschel von Heinegg, Europäisches Unionsrecht, Art. 216 AEUV, Rn. 7.

[58] S. o. Rn. 22.

[59] Zur ausschließlichen Außenkompetenz der EU siehe unten B. II. 2, E.

aber letztlich allseits – auch von den Mitgliedstaaten – akzeptiert und durch den Vertrag von Lissabon in Art. 216 Abs. 1 und Art. 3 Abs. 2 AEUV kodifiziert.[60]

Der Gerichtshof ging in seiner **grundlegenden AETR-Entscheidung (1971)** von der durch Art. 210 EWGV der Gemeinschaft verliehenen Rechtspersönlichkeit aus, die er verstand als umfassende Einräumung der Völkerrechtspersönlichkeit im gesamten Bereich der Ziele des EWG-Vertrags, einschließlich der Fähigkeit, völkervertragliche Bindungen einzugehen.[61] Der EuGH interpretierte die Völkerrechtsfähigkeit der EWG so extensiv, wie es die völkerrechtliche Lehre von der abgeleiteten und partiellen Völkerrechtspersönlichkeit internationaler Organisationen nur irgend zuließ.   **26**

Diese mit den weitreichenden Vertragszielen koextensive Vertragsschließungsfähigkeit der EWG sagte jedoch noch nichts über ihre Vertragsschließungskompetenzen aus. Genauso wenig wie man aus den Vertragszielen Rückschlüsse auf entsprechend umfassende interne Rechtsetzungskompetenzen ziehen konnte und kann, waren und sind solche Schlüsse auf Vertragsschließungskompetenzen zulässig. Dies machte der EuGH in der AETR-Entscheidung im unmittelbaren Anschluss an die vorgenannte Aussage zur Völkerrechtsfähigkeit der EWG deutlich, indem er die Notwendigkeit betonte, anhand des **Systems und der materiellen Vorschriften des EWG-Vertrags** »im Einzelfall zu ermitteln, ob die Gemeinschaft zum Abschluß internationaler Abkommen zuständig ist«.[62]   **27**

Wichtig ist in diesem Zusammenhang die Feststellung des EuGH, dass sich eine solche Vertragsschließungskompetenz der EWG nicht nur aus einer ausdrücklichen vertraglichen Zuweisung ergeben könne,[63] sondern auch implizit aus dem allgemeinen System des Gemeinschaftsrechts für die Außenbeziehungen. Als mögliche weitere **(implizite) Ermächtigungsgrundlagen** nannte der EuGH andere Vertragsbestimmungen[64] und in ihrem Rahmen ergangene Rechtsakte der Gemeinschaftsorgane. Mit »anderen Vertragsbestimmungen« meinte er solche, die der EWG interne Regelungszuständigkeiten verleihen: Beim Vollzug der Vorschriften des Vertrages könne die für die innergemeinschaftlichen Maßnahmen geltende Regelung nicht von der für die Außenbeziehungen geltenden getrennt werden.[65] Implizit ist also nicht die Sachkompetenz der E(W)G/EU, sondern nur die Kompetenz zur Nutzung des Vertragsinstruments bei der Ausübung einer ihr ausdrücklich verliehenen Sachkompetenz.[66]   **28**

Damit war der **Grundsatz des Parallelismus der Innen- und Außenkompetenzen** der E(W)G/EU richterrechtlich ins Leben gerufen: Die Zuweisung interner Regelungsbefugnisse ist seither so zu interpretieren, dass sie die implizite Zuweisung entsprechender Befugnisse zum Abschluss völkerrechtlicher Verträge umfasst, soweit die Vertragsbeteiligung der E(W)G/EU notwendig ist, um eines ihrer Ziele zu erreichen.[67] Solche impliziten Vertragsschließungskompetenzen der E(W)G/EU treten zu ihren ausdrückli-   **29**

---

[60] Vgl. *Timmermans*, S. 660.

[61] EuGH, Urt. v. 31.3.1971, Rs. 22/70 (AETR), Slg. 1971, 263, Rn. 13, 14. Zu den Hintergründen dieser Entscheidung vgl. *Thym*, in: v. Bogdandy/Bast, Europäisches Verfassungsrecht, S. 452 ff.

[62] EuGH, Urt. v. 31.3.1971, Rs. 22/70 (AETR), Slg. 1971, 263, Rn. 15/19.

[63] Der EuGH nannte hier als Beispiele Art. 113 und 114 EWGV (Zoll- und Handelsabkommen) – heute Art. 207 AEUV – und Art. 238 EWGV (Assoziierungsabkommen) – heute Art. 217 AEUV.

[64] Später machte der EuGH deutlich, dass hierfür das gesamte Primärrecht heranzuziehen sei (also etwa auch Beitrittsakte): EuGH, Urt. v. 14.7.1976, verb. Rs. 3/76, 4/76, 6/76 (Kramer u. a.), Slg. 1976, 1279, Rn. 19, 20.

[65] Bestätigt in EuGH, Gutachten 1/76 vom 26.4.1977 (Stilllegungsfonds), Slg. 1977, 741, Rn. 3.

[66] *Eeckhout*, The Court of Justice and the Construction of Europe, S. 613 (627).

[67] EuGH, Urt. v. 5.11.2002, Rs. C–476/98 (Open Skies), Slg. 2002, I–9855, Rn. 82.

chen hinzu. Sie bestehen als ausübungsfähige konkurrierende Außenkompetenzen unabhängig davon, ob die E(W)G/EU ihre Innenkompetenzen schon praktisch wahrgenommen hat oder noch nicht.[68] Denn die E(W)G/EU kann die betreffenden internen Maßnahmen auch erst anlässlich des Abschlusses und der Inkraftsetzung eines völkerrechtlichen Vertrages vornehmen.[69] Der Grundsatz des Parallelismus wirkt auch in umgekehrter Richtung: Wo die Verträge der EU eine bestimmte Zuständigkeit etwa zur Harmonisierung verweigern,[70] fehlt ihr zugleich auch die Kompetenz, einen völkerrechtlichen Vertrag abzuschließen, der eine ebensolche Harmonisierung voraussetzt.[71]

30   Die E(W)G/EU kann ihre impliziten Vertragsschließungskompetenzen auch dazu benutzen, um mit Drittstaaten eine **gemeinsame Einrichtung etwa in Form einer völkerrechtsfähigen internationalen öffentlich-rechtlichen Anstalt** zu gründen und deren Organe mit Regelungs-, Entscheidungs- und Rechtsprechungsbefugnissen auszustatten.[72] Insbesondere ist es ihr grundsätzlich gestattet, sich in Bezug auf die Auslegung und Anwendung eines völkerrechtlichen Vertrages den verbindlichen Entscheidungen eines durch diesen Vertrag geschaffenen Gerichts zu unterwerfen. Dadurch dürfen auch die Zuständigkeiten des EuGH selbst eingeschränkt oder erweitert, nicht aber darf die Autonomie bzw. die Natur der Unionsrechtsordnung durch Verfälschung (Wesensveränderung) der EuGH-Aufgabe nach Art. 19 Abs. 1 Satz 2 AEUV beeinträchtigt werden.[73]

31   Verbleibende Lücken in der Vertragsschließungskompetenz der EU werden seit langem durch **gemischte Abkommen** geschlossen. Bei diesen treten dem/den Vertragspartner/n die E(W)G/EU und alle Mitgliedstaaten auf derselben Seite des Übereinkommens gegenüber, die gemeinsam über die Gesamtheit der Abschlusskompetenzen verfügen.[74] Sie üben ihre jeweiligen Anteile an der auswärtigen Gewalt gemeinsam und komplementär aus.[75]

2. Ausschließliche E(W)G/EU-Außenkompetenzen

32   Bereits in der AETR-Entscheidung wies der EuGH darauf hin, dass mit fortschreitender Gemeinschaftsrechtsetzung nur die EWG für den gesamten Geltungsbereich der Gemeinschaftsrechtsordnung vertragliche Verpflichtungen gegenüber Drittstaaten übernehmen und erfüllen könne.[76] Damit deutete sich schon an, dass die zunächst mit den entsprechenden Außenkompetenzen der Mitgliedstaaten konkurrierenden **Außenkom-**

---

[68] EuGH, Gutachten 1/76 vom 26.4.1977 (Stilllegungsfonds), Slg. 1977, 741, Rn. 4; Gutachten 1/03 vom 7.2.2006 (Übereinkommen von Lugano), Slg. 2006, I–1145, Rn. 114ff.; *Thym*, in: v. Bogdandy/Bast, Europäisches Verfassungsrecht, S. 455. Anders *Pechstein*, S. 629ff.: Die EU erwerbe erst mit der Inanspruchnahme ihrer Innenkompetenz überhaupt eine Vertragsschließungskompetenz.

[69] EuGH, Urt. v. 5.11.2002, Rs. C–476/98 (Open Skies), Slg. 2002, I–9855, Rn. 82.

[70] Vgl. z.B. Art. 167 Abs. 5, 1. Spiegelstrich, 168 Abs. 5, 352 Abs. 3 AEUV.

[71] EuGH, Gutachten 1/03 vom 7.2.2006 (Übereinkommen von Lugano), Slg. 2006, I–1145, Rn. 132.

[72] EuGH, Gutachten 1/76 vom 26.4.1977 (Stilllegungsfonds), Slg. 1977, 741, Rn. 5. In ihrer genauen Ausgestaltung im konkreten Fall hielt der EuGH diese Befugnisse jedoch für unvereinbar mit dem EWGV.

[73] EuGH, Gutachten 1/91 vom 14.12.1991 (EWR I), Slg. 1991, I–6079, Rn. 30ff.; Gutachten 1/09 vom 8.11.2011 (Einheitliches Patentgerichtssystem), Slg. 2011, I–1137, Rn. 74ff.; Gutachten 2/13 vom 18.12.2014 (EMRK-Beitritt der EU II), ECLI:EU:C:2014:2454, Rn. 249ff. In allen drei Fällen entdeckte der EuGH eine solche Beeinträchtigung. Kritisch: *Parish*, EJIL 23 (2012), 141ff.

[74] S.u. Rn. 156ff.

[75] *Nettesheim*, in: v. Bogdandy/Bast (Hrsg.), Europäisches Verfassungsrecht, S. 432ff.

[76] EuGH, Urt. v. 31.3.1971, Rs. 22/70 (AETR), Slg. 1971, 263, Rn. 15/19.

petenzen der EWG durch die Wahrnehmung ihrer entsprechenden Binnenkompetenzen zu ausschließlichen Zuständigkeiten erstarken und die konkurrierenden Außenkompetenzen der Mitgliedstaaten verloren gehen.[77] Auf diese Weise sollte der Gleichklang zwischen den völkerrechtlichen Verpflichtungen nach außen und der rechtlichen Möglichkeit zu ihrer Erfüllung nach innen gewährleistet werden. In anderer Perspektive wollte der EuGH die Funktionsfähigkeit der E(W)G/EU dadurch sicherstellen, dass sie ihre internen Befugnisse ungestört durch mitgliedstaatliche Bindungen an dritte Vertragspartner ausüben kann. Insbesondere sollen die Vertreter der Regierungen der Mitgliedstaaten im Rat keinen Anlass haben, die Wahrnehmung von Innenkompetenzen durch die EU zu blockieren, weil sie anderenfalls Schwierigkeiten bei der Erfüllung ihrer eigenen Vertragspflichten nach außen befürchten müssten.[78] Dass die Entstehung ausschließlicher Vertragsschließungskompetenzen der E(W)G/EU in aller Regel von der praktischen Ausübung ihrer Innenkompetenzen abhängt, hat der EuGH in späteren Entscheidungen dann deutlich hervorgehoben.[79]

Ausnahmsweise sollen **ausschließliche Vertragsschließungskompetenzen der E(W)G/EU aber schon vor der Ausübung ihrer Innenkompetenzen** in solchen Fällen bestehen, in denen sie ihre interne Zuständigkeit wirksam nur zugleich mit der Außenkompetenz auszuüben vermag, weil sich die Ziele der E(W)G/EU durch die Aufstellung autonomer Vorschriften wegen der notwendigen Beteiligung von Drittstaaten an einer Regelung nicht erreichen lassen.[80] **33**

Hatte die E(W)G/EU in einem bestimmten Bereich interne Vorschriften erlassen, durften die Mitgliedstaaten weder einzeln noch gemeinsam in Verträgen mit Drittstaaten Verpflichtungen übernehmen, welche **die bestehenden Sekundärrechtsnormen beeinträchtigen**[81] **oder in ihrer Tragweite ändern konnten,**[82] selbst wenn diese Normen nicht im Rahmen einer gemeinsamen Politik, sondern beispielsweise zur Harmonisierung nationaler Bestimmungen gesetzt worden waren.[83] **34**

Eine Beeinträchtigung oder Tragweitenänderung vorhandener Sekundärrechtsnormen durch mitgliedstaatliche Verträge nahm der EuGH vor allem in **drei Fallgestaltungen** an:[84] **35**

Die erste Fallgestaltung liegt vor, wenn völkerrechtliche Verpflichtungen der Mitgliedstaaten in den Anwendungsbereich solcher Sekundärrechtsnormen fallen oder je- **36**

---

[77] Der EuGH spricht statt von einer konkurrierenden Zuständigkeit im Einklang mit Art. 2 Abs. 2 AEUV davon, dass die Zuständigkeit zum Abschluss völkerrechtlicher Vereinbarungen zwischen der EG/EU und den Mitgliedstaaten geteilt sei (EuGH, Gutachten 1/03 vom 7.2.2006 (Übereinkommen von Lugano), Slg. 2006, I–1145, Rn. 115). Vgl. auch *Eeckhout*, The Court of Justice and the Construction of Europe, S. 613 (627 f.).

[78] *Pechstein*, S. 623 f., 629 f.

[79] EuGH, Urt. v. 14.7.1976, verb. Rs. 3/76, 4/76, 6/76 (Kramer u. a.), Slg. 1976, 1279, Rn. 34 ff.; Gutachten 1/94 vom 15.11.1994 (WTO), Slg. 1994, I–5267, Rn. 77, 88 f.; Gutachten 2/92 vom 24.3. 1995 (OECD), Slg. 1995, I–521, Rn. 31 f.

[80] EuGH, Urt. v. 5.11.2002, Rs. C–476/98 (Open Skies), Slg. 2002, I–9855, Rn. 83 ff. (unter Hinweis auf das Gutachten 1/76 vom EuGH, 26.4.1977 (Stilllegungsfonds), Slg. 1977, 741 als einziges bisheriges Beispiel in der Rspr. des EuGH). S. u. Rn. 138.

[81] EuGH, Urt. v. 31.3.1971, Rs. 22/70 (AETR), Slg. 1971, 263, Rn. 15/19.

[82] EuGH, Gutachten 2/91 vom 19.3.1993 (ILO-Konvention Nr. 170), Slg. 1993, I–1061, Rn. 9, 11; Urt. v. 5.11.2002, Rs. C–476/98 (Open Skies), 2002, I–9855, Rn. 103.

[83] EuGH, Gutachten 1/03 vom 7.2.2006 (Übereinkommen von Lugano), Slg. 2006, I–1145, Rn. 117.

[84] Vgl. die Zusammenfassung der eigenen Rechtsprechung in EuGH, Urt. v. 5.11.2002, Rs. C–476/98 (Open Skies), Slg. 2002, I–9855, Rn. 107 ff.

denfalls ein Gebiet erfassen, das bereits weitgehend von ihnen geregelt ist, auch wenn kein aktueller Widerspruch zwischen diesen mitgliedstaatlichen Verpflichtungen und dem derzeit geltenden Sekundärrecht besteht.[85] Denn durch spätere Änderungen des Sekundärrechts, die im Ermessen der EU liegen und von einzelnen Mitgliedstaaten in der Regel nicht zu verhindern sind, könnten solche Widersprüche jederzeit eintreten.[86] Daher hat der Gerichtshof unterstrichen, dass bei der Prüfung, ob das von einem mitgliedstaatlichen Abkommen betroffene Gebiet bereits **weitgehend von Sekundärrecht geregelt ist**, nicht allein der Umfang der betreffenden Vorschriften, sondern auch deren Natur und Inhalt relevant seien, und dass außer dem aktuellen Stand des Sekundärrechts auch dessen bereits absehbare Entwicklungsperspektiven berücksichtigt werden müssten.[87]

37   Die zweite Fallgestaltung liegt vor, wenn die E(W)G/EU in internen Rechtsetzungsakten **Klauseln über die Behandlung von Drittstaatsangehörigen aufgenommen** oder ihren Organen ausdrücklich eine Zuständigkeit zu Verhandlungen mit Drittstaaten übertragen hat. In solchen Fällen erwirbt die E(W)G/EU die ausschließliche Außenkompetenz in den Bereichen, welche diese internen Rechtsetzungsakte erfassen.[88]

38   Die dritte Fallgestaltung liegt vor, wenn es zwar an einer ausdrücklichen sekundärrechtlichen Ermächtigung der Organe zu Verhandlungen mit Drittstaaten fehlt, die E(W)G/EU aber **intern eine vollständige Harmonisierung auf einem bestimmten Gebiet verwirklicht** hat. Denn die dazu erlassenen Sekundärrechtsnormen könnten beeinträchtigt werden, wenn die Mitgliedstaaten ihre Freiheit zu Verhandlungen mit Drittstaaten behielten.[89]

39   Der EuGH hat indessen deutlich gemacht, dass es sich bei den vorgenannten drei Fallgestaltungen nur um Beispiele handele und nicht etwa um eine abschließende Liste: »Der Gerichtshof hat nämlich in viel allgemeineren Worten eine ausschließliche Zuständigkeit der Gemeinschaft u. a. dann anerkannt, wenn der Abschluss eines Abkommens durch die Mitgliedstaaten mit der Einheit des Gemeinsamen Marktes und der einheitlichen Anwendung des Gemeinschaftsrechts unvereinbar ist … oder wenn gerade wegen der Natur der bestehenden Gemeinschaftsbestimmungen, etwa Rechtsetzungsakte mit Klauseln über die Behandlung der Angehörigen von Drittstaaten oder über die vollständige Harmonisierung einer bestimmten Frage, jedes Abkommen auf dem entsprechenden Gebiet zwangsläufig die Gemeinschaftsnormen im Sinne des AETR-Urteils beeinträchtigen würde …«.[90] Es komme letztlich darauf an, »eine einheitliche und kohärente Anwendung der Gemeinschaftsvorschriften und ein reibungsloses Funktionieren des von ihnen errichteten Systems sicherzustellen, um **die volle Wirksamkeit des Gemeinschaftsrechts zu wahren.**«[91]

40   Demzufolge ist bei Streitigkeiten über fortbestehende Vertragsschließungskompetenzen der Mitgliedstaaten über die Abarbeitung der drei o. g. Fallgestaltungen hinaus

---

[85] EuGH, Gutachten 2/91 vom 19.3.1993 (ILO-Konvention Nr. 170), Slg. 1993, I–1061, Rn. 108 m. w. N.

[86] *Pechstein*, S. 623.

[87] EuGH, Gutachten 1/03 vom 7.2.2006 (Übereinkommen von Lugano), Slg. 2006, I–1145, Rn. 126 m. w. N.

[88] EuGH, Urt. v. 5.11.2002, Rs. C–476/98 (Open Skies), Slg. 2002, I–9855, Rn. 109 m. w. N.

[89] Ebd., Rn. 110 m. w. N.

[90] EuGH, Gutachten 1/03 vom 7.2.2006 (Übereinkommen von Lugano), Slg. 2006, I–1145, Rn. 121 f.

[91] Ebd., Rn. 128 (Hervorhebung ergänzt).

anhand einer **umfassenden und konkreten Einzelfallanalyse** zu prüfen, ob die EU erstens überhaupt zuständig ist, ein bestimmtes Abkommen abzuschließen, und ihre Zuständigkeit zweitens eine ausschließliche ist. Die Ausschließlichkeitsfrage muss letztlich anhand des vorgenannten generalklauselartigen Kriteriums beantwortet werden, ob ein mitgliedstaatliches Abkommen die einheitliche und kohärente Anwendung der EU-Vorschriften und das reibungslose Funktionieren des mit diesen errichteten Systems beeinträchtigen kann.[92] Diese Rechtsprechung hat für die Anwendung des Art. 216 Abs. 1, 4. Var. AEUV weiterhin Bedeutung.[93] Wegen ihrer Einzelfallbezogenheit kann sie aber nur begrenzt Rechtssicherheit gewährleisten und Rechtsstreitigkeiten vermeiden helfen.[94]

III. Pflicht zur loyalen Zusammenarbeit zwischen E(W)G/EU und Mitgliedstaaten

Aus der EuGH-Rechtsprechung zur Vertragsschließungskompetenz von E(W)G und **41** Mitgliedstaaten ergibt sich eine weitere Folgerung, die auf dem Grundsatz der loyalen Zusammenarbeit beruht (Art. 4 Abs. 3 EUV): Wo die Mitgliedstaaten konkurrierende Außenkompetenzen ausüben, die mit Wahrnehmung der entsprechenden Innenkompetenzen seitens der EU und der dadurch begründeten ausschließlichen EU-Außenkompetenz zukünftig entfallen können, müssen sie schon zuvor auf den **Übergangscharakter ihrer nationalen Zuständigkeit** Rücksicht nehmen. Sie dürfen daher erstens keine internationalen Verpflichtungen eingehen, welche die EU bei der späteren Wahrnehmung ihrer Innenkompetenz behindert, d. h. sie müssen Kündigungsklauseln in ihre Verträge aufnehmen. Zweitens sind die Mitgliedstaaten zu gemeinsamem Vorgehen verpflichtet. Drittens müssen sie und die EU-Organe alle ihnen zur Verfügung stehenden rechtlichen und politischen Mittel einsetzen, um die zukünftige Teilnahme der EU an dem betreffenden völkerrechtlichen Vertrag sicherzustellen.[95]

Diese Kooperationspflicht der Mitgliedstaaten verstärkt sich in Fällen, in denen die **42** E(W)G/EU selbst ungeachtet ihrer nach dem Primärrecht bestehenden, möglicherweise sogar ausschließlichen Außenzuständigkeit aus völkerrechtlichen Gründen an einem derartigen Abkommen nicht (auch nicht gemeinsam mit den Mitgliedstaaten) teilnehmen kann, weil dieses nur (bestimmten) Staaten, nicht aber regionalen Organisationen zum Beitritt offensteht. Dies gilt etwa für die ILO-Übereinkommen, an denen sich nur ILO-Mitglieder beteiligen können; die ILO-Mitgliedschaft ist Staaten vorbehalten. Dann bleibt nichts anderes übrig, als dass die E(W)G/EU den betreffenden Vertrag »durch die Mitgliedstaaten« abschließt,[96] wobei diese in allen Phasen von den Vertragsverhandlungen bis zur Vertragsdurchführung eng mit den E(W)G/EU-Organen zusammenarbeiten müssen.[97] Der Sache nach übt die EU dann ihre auswärtige Zuständigkeit

---

[92] Ebd., Rn. 133; EuGH, Gutachten 1/13 vom 14.10.2014 (Haager Übereinkommen von 1980 über Kindesentführungen), ECLI:EU:C:2014:2303, Rn. 74; Urt. v. 4.9.2014, Rs. C–114/12 (Kommission/Rat), ECLI:EU:C:2014:2151, Rn. 74.

[93] *GA Jääskinen*, Stellungnahme zu Gutachtenverfahren 1/13 (Haager Übereinkommen von 1980 über Kindesentführungen), ECLI:EU:C:2014:2292, Rn. 69 ff. m. w. N. S. u. Rn. 106 ff.

[94] *Kottmann*, EuZW 2014, 863 (864).

[95] EuGH, Urt. v. 14.7.1976, verb. Rs. 3/76, 4/76, 6/76 (Kramer u. a.), Slg. 1976, 1279, Rn. 44/45; Urt. v. 14.7.2005, Rs. C–433/03 (Binnenschifffahrtsabkommen), Slg. 2005, I–6985, Rn. 63 ff.

[96] Zum Verfahren näher meine Kommentierung zu Art. 218 AEUV, Rn. 83 ff.

[97] EuGH, Urt. v. 14.7.1976, verb. Rs. 3/76, 4/76 und 6/76 (Kramer u. a.), Slg. 1976, 1279, Rn. 44/45; Gutachten 2/93 vom 19.3.1993 (ILO-Konvention Nr. 170), Slg. 1993, I–1061, Rn. 36 ff.

über die Mitgliedstaaten aus, die im Interesse der Union gemeinsam handeln,[98] also als **Sachwalter des gemeinsamen Interesses** tätig werden, weil die Union dieses nicht selbst wahrnehmen kann.[99] Eine solche Sachwalterschaft der Mitgliedstaaten findet auch im Internationalen Währungsfonds statt, dem die EU mangels Staatlichkeit nicht selbst beitreten kann.[100]

43   Eine entsprechende Kooperationspflicht besteht dann, wenn die Mitgliedstaaten einer internationalen Organisation angehören, der die E(W)G/EU mangels Staatscharakters nicht beitreten kann, obwohl die betreffende Sachmaterie inzwischen in ihre ausschließliche Zuständigkeit übergegangen ist. Dies trifft etwa für die Internationale Seeschifffahrtsorganisation (IMO) zu, nachdem die EG die Gefahrenabwehr auf Schiffen und in Hafenlagen durch Verordnung geregelt hatte. Ein einzelner Mitgliedstaat darf dann seine Mitgliedschaft nicht in einer Weise ausüben, welche möglicherweise auf die Begründung von völkerrechtlichen Verpflichtungen hinausläuft, die gemeinsame Regeln der EU beeinträchtigen oder deren Tragweite ändern könnten. Vielmehr muss in solchen Fällen die **Außenkompetenz der EU über die Mitgliedstaaten, die im Interesse der Gemeinschaft gemeinsam handeln, tatsächlich ausgeübt** werden. Diese müssen sich dazu im Vorfeld untereinander und mit der Kommission abstimmen.[101] Nationale Alleingänge sind auch nicht als Reaktion darauf zulässig, dass die Kommission möglicherweise ihrerseits gegen Art. 4 Abs. 3 EUV verstoßen hat.[102]

44   Die Pflicht zur loyalen Zusammenarbeit zwischen der E(W)G/EU und ihren Mitgliedstaaten gewinnt bei der **Aushandlung, dem Abschluss und der Durchführung gemischter Abkommen** besondere Bedeutung.[103] Insgesamt bildet die einschlägige Rechtsprechung ein prägnantes Beispiel für die kooperative Struktur des EU-Föderalismus.[104]

C.   Systematik der Regelungen in Titel V und VI des Fünften Teils des AEUV

I.   Überblick über die vorhandenen Regelungen zur auswärtigen Gewalt der EU

45   Art. 216 bis Art. 221 AEUV betreffen die **vertraglichen und außervertraglichen Beziehungen der EU zur Außenwelt**. Im Titel V regelt Art. 216 AEUV in Absatz 1 allgemein

---

Vgl. auch Art. 34 EUV zur Zusammenarbeit der Mitgliedstaaten in internationalen Organisationen und auf internationalen Konferenzen, insbesondere auch im UN-Sicherheitsrat.

[98] EuGH, Gutachten 2/93 vom 19.3.1993 (ILO-Konvention Nr. 170), Slg. 1993, I–1061, Rn. 5; Gutachten 1/13 vom 14.10.2014 (Haager Übereinkommen von 1980 über Kindesentführungen), ECLI:EU:C:2014:2303, Rn. 44.

[99] Vgl. EuGH, Urt. v. 5.5.1981, Rs. 804/79 (Kommission/Vereinigtes Königreich), Slg. 1981, 1045, Rn. 30. Ausführlich zu dieser Rechtsfigur *Pechstein*, Die Mitgliedstaaten der EG als »Sachwalter des gemeinsamen Interesses« – Gesetzgebungsnotstand im Gemeinschaftsrecht, 1987.

[100] *Kadelbach*, EnzEuR, Bd. 10, § 4, Rn. 60, 69. Vgl. Auch *Koedooder*, Will the Juncker Commission initiate unified Eurozone external representation?, European Law Blog, Nov. 13, 2014, http://europeanlawblog.eu/?p=2592 (19.9.2016).

[101] Vgl. EuGH, Urt. v. 12.2.2009, Rs. C–45/07 (Kommission/Griechenland), Slg. 2009, I–701, Rn. 19 ff.

[102] Ebd., Rn. 24 ff. *Cremona*, E.L.Rev. 34 (2009), 754 (754 ff.).

[103] S. dazu näher unten Rn. 188.

[104] *Eeckhout*, The Court of Justice and the Construction of Europe, S. 613 (618 f.).

die Verbandskompetenz der EU zum Abschluss völkerrechtlicher Verträge[105] und in Absatz 2 deren EU-internen Rechtswirkungen.[106] Art. 217 AEUV ermächtigt die EU in Ergänzung zu Art. 216 Abs. 1 AEUV zum Abschluss einer Kategorie völkerrechtlicher Verträge, die ein Assoziationsverhältnis und die damit verbundenen besonders intensiven Rechtsbeziehungen nach außen begründen. Art. 218 AEUV legt für den Abschluss völkerrechtlicher Verträge seitens der EU die Organkompetenzen und das unionsintern einzuhaltende Entscheidungsverfahren fest. Art. 219 AEUV ermächtigt die EU in Ergänzung zu Art. 216 Abs. 1 AEUV zum Abschluss von Wechselkurs-, Währungs- und Devisenvereinbarungen und trifft dafür in Abweichung von Art. 218 AEUV Sonderregelungen vor allem in Bezug auf die Organkompetenz und das unionsinterne Entscheidungsverfahren. In Titel VI regelt Art. 220 AEUV die Beziehungen der EU zu internationalen Organisationen unterhalb der Mitgliedschaft samt der diesbezüglichen Organkompetenz. Art. 221 AEUV betrifft die diplomatische Vertretung der EU durch Delegationen in Drittländern und bei internationalen Organisationen.

Die Titel V und VI des Fünften Teils des AEUV betreffen nur die internationalen **46** Beziehungen der Union als Völkerrechtssubjekt. Keine Bestimmung in den Art. 216–221 AEUV sieht die Möglichkeit vor, dass **Organe, Einrichtungen oder sonstige Stellen der Union im eigenen Namen völkerrechtliche Verträge mit dritten Partnern schließen**. Dennoch hat sich inzwischen eine Praxis entwickelt, nach der durch Sekundärrechtsakt errichtete Agenturen der EU unter anderem Sitzabkommen mit dem betreffenden Mitgliedstaat schließen, die nach Art. 102 UN-Charta beim Sekretariat der Vereinten Nationen registriert werden.[107]

Diese Praxis spielt sich in einer **primärrechtlichen Grauzone** ab.[108] Man könnte einerseits annehmen, dass die primärrechtliche Grundlage, auf der die Errichtung der **47** jeweiligen Agentur beruht, es auch zulässt, dieser selbst entweder explizit oder implizit partielle Völkerrechtssubjektivität einzuräumen, soweit sie eine solche zur effektiven Wahrnehmung ihrer Aufgaben benötigt. Man könnte andererseits annehmen, dass die betreffende Agentur als Vertreterin für die Union kontrahiert, die dann Partei der völkerrechtlichen Übereinkunft wird. Gegen die zweite Variante spricht jedoch, dass sich das Abschlussverfahren vollständig außerhalb von Art. 218 AEUV abspielt.[109]

II. Ausblick auf das Völkergewohnheitsrecht und die allgemeinen Rechtsgrundsätze

Der Regelungsschwerpunkt der Art. 216 ff. AEUV liegt auf den **völkerrechtlichen Verträgen der EU – der Verbands- und Organkompetenz, dem Abschlussverfahren und den** **48** **Rechtswirkungen innerhalb der EU**. Systematisch korrekt sind sie in den Fünften Teil des AEUV über das auswärtige Handeln der Union eingegliedert. Was man dort aber

---

[105] Siehe unten D (Rn. 52 ff.).

[106] Siehe unten H (Rn. 200 ff.).

[107] *Schusterschitz*, IOLawRev. 2004, 163 ff.; *Bittner/Schusterschitz*, Der Beitrag der EU zur Entwicklung des allgemeinen Völkerrechts, S. 233 (239 f.).

[108] Näher *Ott/Vos/Coman-Kund*, EU agencies and their international mandate: A new category of global actors?, CLEER Working Papers 2013/7, http://www.asser.nl/media/1642/cleer_13–7_web.pdf (19.9.2016).

[109] Vgl. EuGH, Urt. v. 9.8.1994, Rs. C–327/91 (Frankreich/Kommission), Slg. 1994, I–3641: Die Kommission darf keine für die EG völkerrechtlich verbindlichen Verwaltungsabkommen mit einem Drittstaat schließen. Sie kann nur rechtlich unverbindliche Richtlinien vereinbaren (EuGH, Urt. v. 23.3.2004, Rs. C–233/02 (Frankreich/Kommission), Slg. 2004, I–2759).

vermisst, sind entsprechende Regelungen über das Verhältnis der EU zu den sonstigen Quellen des Völkerrechts nach Art. 38 Abs. 1 des Statuts des Internationalen Gerichtshofs,[110] also dem Völkergewohnheitsrecht und den allgemeinen Rechtsgrundsätzen, die das allgemeine Völkerrecht bilden.[111]

49   Es besteht kein Zweifel, dass die EU korrespondierend mit ihrer Völkerrechtsfähigkeit nach Art. 47 EUV, die inzwischen weltweit akzeptiert wird, **an sämtliche Normen des allgemeinen Völkerrechts gebunden** ist, die keine Staatsqualität des Adressaten voraussetzen.[112] Dies hat der EuGH stets ohne weiteres angenommen;[113] neuerdings zitiert er hierfür Art. 3 Abs. 5 Satz 2 EUV, wonach die Union einen Beitrag zur strikten Einhaltung und Weiterentwicklung des Völkerrechts leistet.[114] Diese konkrete **Verpflichtung zur Völkerrechtsfreundlichkeit** geht auf den Vertrag von Lissabon zurück. Als Völkerrechtssubjekt ähnelt die Union den internationalen Organisationen. Da ihre Integrationsdichte aber erheblich größer ist, als bei diesen üblich, steht sie letztlich zwischen einer internationalen Organisation (die ihrerseits dem Staatenbund verwandt ist) und einem Bundesstaat.[115]

50   Kraft ihrer **Bindung an das Völkergewohnheitsrecht** muss die EU auch Bestimmungen völkerrechtlicher Verträge, denen sie nicht beigetreten ist, der Sache nach insoweit einhalten, als diese Normen des Völkergewohnheitsrechts kodifizieren.[116]

51   Zur Identifikation der geltenden Regeln des Völkergewohnheitsrechts greift der EuGH vor allem auf die **Rechtsprechung des Internationalen Gerichtshofs** zurück.[117] Als für die EU verbindlich hat der Gerichtshof der EU beispielsweise folgende Regeln des Völkergewohnheitsrechts anerkannt: den Grundsatz von Treu und Glauben (auch in seiner in Art. 18 WÜRV I kodifizierten Ausprägung);[118] den Grundsatz »pacta sunt servanda« und als Ausnahme davon die Regeln über die Beendigung und die Suspendierung vertraglicher Beziehungen wegen einer grundlegenden Änderung der Umstände;[119] den Grundsatz, dass völkerrechtliche Verträge nur die Parteien binden (die Regel »pacta tertiis nec nocent nec prosunt«);[120] den Grundsatz, dass jeder Staat die vollständige und ausschließliche Hoheit über seinen Luftraum besitzt; den Grundsatz, dass kein Staat den Anspruch erheben darf, irgendeinen Teil der hohen See seiner Hoheit zu unterstellen; den Grundsatz der Freiheit von Flügen über hoher See.[121]

---

[110] Vom 26.6.1945, BGBl. 1973 II S. 505.

[111] Vgl. für Deutschland den neben Art. 59 GG stehenden Art. 25 GG.

[112] *Epiney*, EuR-Beiheft 2/2012, 25 (25 ff.); *Gianelli*, S. 93 f. Eingehend *Damm*, Die Europäische Union im universellen Völkergewohnheitsrecht.

[113] EuGH, Urt. v. 27.9.1988, verb. Rs. 89/85, 104/85, 114/85, 116/85, 117/85 und 125/85 bis 129/85 (Zellstoff), Slg. 1988, 5193, Rn. 15 ff.; Urt. v. 24.11.1992, Rs. C–286/90 (Poulsen und Diva), Slg. 1992, I–6019, Rn. 9 ff.

[114] EuGH, Urt. v. 21.12.2011, Rs. C–366/10 (Air Transport Association of America), Slg. 2011, I–13755, Rn. 101.

[115] Vgl. *Bengoetxea*, S. 448 ff.; *Wessel*, FS Maresceau, S. 132 ff.

[116] EuGH, Urt. v. 3.6.2008, Rs. C–308/06 (Intertanko), Slg. 2008, I–4057, Rn. 51 m.w.N.; Urt. v. 25.2.2010, Rs. C–386/08 (Brita GmbH), Slg. 2010, I–1289, Rn. 42.

[117] *Kuijper*, S. 596 f.

[118] EuG, Urt. v. 22.1.1997, Rs. T–115/94 (Opel Austria), Slg. 1997, II–39, Rn. 90 ff.

[119] EuGH, Urt. v. 16.6.1998, Rs. C–162/96 (Racke), Slg. 1998, I–3655, Rn. 45, 49.

[120] EuGH, Urt. v. 25.2.2010, Rs. C–386/08 (Brita GmbH), Slg. 2010, I–1289, Rn. 44.

[121] EuGH, Urt. v. 21.12.2011, Rs. C–366/10 (Air Transport Association of America), Slg. 2011, I–13755, Rn. 111.

D. Vertragsschließungskompetenz der EU nach Art. 216 Abs. 1 AEUV

I. Anwendungsbereich: Völkerrechtliche Verträge mit anderen Völkerrechtssubjekten

1. Nur rechtsverbindliche Verträge, keine politischen Absprachen

Art. 216 Abs. 1 AEUV geht auf Art. III–225 des Konvent-Entwurfs des Vertrages über   **52**
eine Verfassung für Europa zurück,[122] der leicht modifiziert zu Art. III–322 des gescheiterten **Vertrages über eine Verfassung für Europa** vom 29. 10. 2004 wurde.[123] Die letztgenannte Bestimmung entsprach bereits exakt dem heutigen Wortlaut – mit dem einzigen Unterschied, dass es dort zweimal »in der Verfassung« hieß, wo die aktuelle
Fassung von »in den Verträgen« spricht.

Art. 216 AEUV regelt in Absatz 1 den Abschluss und in Absatz 2 die unionsinternen   **53**
Wirkungen von »internationalen Übereinkünften«[124] bzw. von Übereinkünften mit
Drittländern oder internationalen Organisationen.[125] Der aus Art. III–323 des Vertrags
über eine Verfassung für Europa von 2004 stammende deutsche Terminus »Übereinkunft« ist (wie schon der zuvor in Art. 228 E[W]GV und Art. 300 EGV verwendete
Terminus »Abkommen«)[126] als **Oberbegriff für alle Vereinbarungen mit externen Partnern** gemeint. Er wird in bewusster Unterscheidung zum Begriff »Vertrag« bzw. »Verträge« benutzt, die dem EUV und dem AEUV vorbehalten bleiben. In der Praxis
herrscht bei der Bezeichnung der von der EU abgeschlossenen Übereinkünfte die im
Völkerrechtsraum übliche Begriffsvielfalt.

Unter den Begriff »Übereinkunft« könnten sowohl völkerrechtliche Verträge als   **54**
auch bloße politische Absprachen subsumiert werden. Völkerrechtliche Verträge sind
mit Rechtsbindungswillen abgeschlossene Vereinbarungen zur Regelung hoheitlicher
Rechtsbeziehungen zwischen Völkerrechtssubjekten auf völkerrechtlicher Ebene ungeachtet ihrer Bezeichnung und ihrer Form.[127] Politische Absprachen unterscheiden sich
von völkerrechtlichen Verträgen vor allem durch das Fehlen des Rechtsbindungswil-
lens. Sie sind daher zwar nicht rechtlich, wohl aber politisch verbindlich und haben
mitunter große politische Bedeutung[128] sowie starke praktische Bindungswirkung. Man
zählt sie zum völkerrechtlichen »soft law«.[129] Auch die von Art. 216 Abs. 2 AEUV
angeordnete unionsinterne Bindungswirkung von Übereinkünften könnte sich ohne
weiteres auf solche politischen Absprachen erstrecken, natürlich nur im Sinne ihrer
politischen Verbindlichkeit.

---

[122] ABl. 2003, C 169.

[123] ABl. 2004, C 310.

[124] So die Überschrift des Titels V, die Art. 216 AEUV unmittelbar vorausgeht.

[125] So der Wortlaut des Art. 216 Abs. 1 AEUV.

[126] *Mögele* weist darauf hin, dass in anderen authentischen Sprachfassungen des AEUV in dieser
Hinsicht keine terminologische Änderung im Vergleich zum EGV vorgenommen wurde (in: Streinz,
EUV/AEUV, Art. 216 AEUV, Rn. 5).

[127] Vgl. *Dahm/Delbrück/Wolfrum*, Völkerrecht Band I/3, 2002, S. 513 f. Enger als diese völkergewohnheitsrechtliche Definition ist die Legaldefinition in Art. 2 Abs. 1 lit. a WÜRV I (Fn. 20), die
jedoch nur für die Zwecke dieses Übereinkommens gilt und nach Art. 3 WÜRV I die Rechtsverbindlichkeit der nicht von dieser Legaldefinition erfassten völkerrechtlichen Verträge nicht in Frage stellt.

[128] Dies gilt etwa für die KSZE-Schlussakte von Helsinki vom 1. 8. 1975 und die meisten Folge-
absprachen im heute sogenannten OSZE-Prozess (Fastenrath [Hrsg.], KSZE/OSZE: Dokumente der
Konferenz und der Organisation über Sicherheit und Zusammenarbeit in Europa, 1993 ff. [Loseblatt]).

[129] *Thürer*, Soft Law, in: Wolfrum (ed.), MPEPIL, (online edition), Rn. 15 ff.

55   Indessen hat der EuGH schon zu Art. 228 Abs. 1 UAbs. 2 EWGV[130] entschieden, dass nur völkerrechtliche Verträge im allgemeinen Sinne erfasst seien, also »jede von Völkerrechtssubjekten eingegangene bindende Verpflichtung ungeachtet ihrer Form«.[131] Zwar bezieht sich diese Rechtsprechung nur auf die Organkompetenz- und Verfahrensvorschriften, die heute in Art. 218 AEUV angesiedelt sind. Da Art. 218 Abs. 1 AEUV jedoch mit nahezu identischer Formulierung auf Art. 216 Abs. 1 AEUV Bezug nimmt, spricht alles dafür, dass der EuGH auch die letztgenannte Bestimmung auf völkerrechtlich verbindliche Übereinkünfte beschränken würde. Übereinkünfte im Sinne von Art. 216 AEUV sind daher **nur völkerrechtliche Verträge, nicht dagegen dem völkerrechtlichen Soft Law zugehörige politische Absprachen.**[132] Nicht entschieden ist bisher, ob dies auch dann gilt, wenn das Primärrecht seinerseits eine EU-interne Rechtspflicht statuiert, Drittländern oder internationalen Organisationen gegebene politische Zusagen zu erfüllen, wie in Art. 208 Abs. 2 AEUV.[133]

56   Allerdings folgt daraus, dass Art. 216, 218 AEUV nur für völkerrechtlich verbindliche Übereinkünfte gelten, keineswegs, dass die EU politische Absprachen nach Gutdünken eingehen oder jedes beliebige EU-Organ darüber entscheiden könnte. Vielmehr gilt der **Grundsatz der begrenzten Einzelermächtigung (Art. 5 Abs. 2 EUV) für sämtliches »Tätigwerden« der EU auch in nicht rechtsverbindlicher Form.**[134] Da Art. 216 Abs. 1 AEUV jedoch ohnehin nicht als Kompetenznorm zu qualifizieren ist,[135] könnte er die EU zum Abschluss politischer Absprachen auch bei extensiverem Verständnis nicht ermächtigen. Hinsichtlich der Organzuständigkeit hat der EuGH klargestellt, dass das Fehlen der rechtlichen Bindungswirkung einer Absprache mit einem Drittstaat nicht ausreicht, um der Kommission allein die Zuständigkeit zu ihrer Billigung zu verleihen. Angemessen zu berücksichtigen seien vielmehr die Zuständigkeitsverteilung und das institutionelle Gleichgewicht, wie sie durch die Verträge in dem jeweiligen Politikbereich festgelegt worden seien.[136] Es bleibt freilich dabei, dass die klaren und detaillierten Verfahrensregeln des Art. 218 AEUV jedenfalls nicht direkt anwendbar sind.[137]

2. Potentielle Vertragspartner der EU

57   Als potentielle Vertragspartner der EU nennt Art. 216 Abs. 1 AEUV **eines oder mehrere Drittländer bzw. eine oder mehrere internationale Organisationen.** Die Vorschrift nimmt also sowohl bilaterale[138] wie multilaterale Verträge der EU in den Blick. In Art. 37

---

[130] Vorgängervorschrift zu Art. 218 Abs. 11 AEUV.

[131] EuGH, Gutachten 1/75 vom 11.11.1975 (Stilllegungsfonds), Slg. 1975, 1355 (1360); Gutachten 2/92 vom 24.3.1995 (OECD), Slg. 1995, I–521, Rn. 8; Urt. v. 23.3.2004, Rs. C–233/02 (Frankreich/Kommission – Leitlinien), Slg. 2004, I–2759, Rn. 43 ff. (zu Art. 300 EGV).

[132] *Mögele*, in: Streinz, EUV/AEUV, Art. 216 AEUV, Rn. 6 ff.; *Vöneky/Beylage-Haarmann*, in: Grabitz/Hilf/Nettesheim, EU, Art. 216 AEUV (August 2011), Rn. 21.

[133] Für die Ausgliederung auch solcher Absprachen aus Art. 216 und Art. 218 AEUV *Schmalenbach*, in: Calliess/Ruffert, EUV/AEUV, Art. 216 AEUV, Rn. 4 Fn. 6.

[134] *Streinz*, in: Streinz, EUV/AEUV, Art. 5 EUV, Rn. 4.

[135] S. u. Rn. 73 ff. zur bloß deklaratorischen Funktion der Bestimmung.

[136] EuGH, Urt. v. 23.3.2004, Rs. C–233/02 (Frankreich/Kommission – Leitlinien), Slg. 2004, I–2759, Rn. 40.

[137] Zur Frage ihrer analogen Anwendung siehe meine Kommentierung zu Art. 218 AEUV Rn. 11.

[138] Hierzu eingehend *Maresceau*, Bilateral Agreements Concluded by the European Community, Collected Courses of the Hague Academy of International Law, vol. 309 (2006), S. 125 ff.; *ders.*, A Typology of Mixed Bilateral Agreements, in: Hillion/Koutrakos (eds.), Mixed Agreements Revisited: The EU Member States in the World, 2010, S. 11 ff.; *ders.*, The Court of Justice and Bilateral Agree-

EUV, der internationale Übereinkünfte in Bezug auf die GASP regelt, ist anstelle von Drittländern allgemein von Staaten die Rede.[139] Dies galt auch noch für Art. 228 E(W)GV und Art. 300 EGV, die Vorgängervorschriften von Art. 216 AEUV. Art. 219 AEUV spricht in Bezug auf Vereinbarungen über Wechselkurse, Währungs- und Devisenfragen mehrfach von Drittstaaten. Ein vergleichbare begriffliche Unterscheidung zwischen Staaten und Ländern in der Satzung des Europarats[140] ist mit Bedacht erfolgt und hat rechtliche Bedeutung: Nach Art. 4 können nur europäische Staaten Mitglieder des Europarats werden, während Art. 5 die assoziierte Mitgliedschaft auch für europäische Länder vorsieht. Damit sollte die assoziierte Mitgliedschaft auch für nichtsouveräne Gebilde wie das Saarland geöffnet werden, während die Vollmitgliedschaft souveränen Staaten vorbehalten blieb.

Dementsprechend hat auch die EU die Möglichkeit, außerhalb der in Art. 37 EUV **58** und Art. 219 AEUV geregelten Bereiche **Übereinkünfte mit nichtsouveränen staatlichen oder staatsähnlichen Gebilden** zu treffen. Das kann etwa in Fällen relevant werden, in denen die souveräne Staatlichkeit des Vertragspartners nicht allseits anerkannt ist (z. B. beim Kosovo). In der Tat unterhält die EU etwa mit Taiwan Vertragsbeziehungen im Rahmen der WTO, der Taiwan als Vollmitglied angehört, obwohl es kein souveräner Staat ist, sondern nur ein gesondertes Zollgebiet mit voller außenhandelspolitischer Handlungsfreiheit.[141] Gleiches gilt für Hongkong (China).

Internationale Organisationen im Sinne des Art. 216 Abs. 1 AEUV sind die intergou- **59** vernementalen (sog. zwischenstaatlichen) internationalen Organisationen. Darunter versteht man auf einem völkerrechtlichen Vertrag beruhende mitgliedschaftlich strukturierte und auf Dauer angelegte Zusammenschlüsse von zwei oder mehr Völkerrechtssubjekten (zumeist Staaten), die mit einem oder mehreren eigenen Organen im Gründungsvertrag definierte Angelegenheiten von gemeinsamem Interesse besorgen. Solche **internationalen Organisationen** sind grundsätzlich zum Erwerb der Völkerrechtssubjektivität in der Lage, allerdings nur nach Maßgabe ihres Gründungsvertrages, also abgeleitet von dem dort explizit oder implizit geäußerten Willen ihrer Mitgliedstaaten.[142] Soweit ihre Völkerrechtsfähigkeit reicht, kann die EU daran anknüpfend mit ihnen völkerrechtliche Verträge abschließen.[143] Nicht unter Art. 216 Abs. 1 AEUV fallen hingegen die **privaten Nichtregierungsorganisationen**, die in aller Regel nicht völkerrechtsfähig und auch nicht in der Lage sind, mit Staaten oder einer supranationalen Organisation wie der EU internationale politische Absprachen zu treffen.

---

ments, in: Court of Justice of the EU (ed.), The Court of Justice and the Construction of Europe, 2013, S. 693 ff.

[139] Ebenso in der Vorgängervorschrift (Art. 24 EUV a. F.).

[140] Vom 5.5.1949, CETS No. 1 (Sartorius II Nr. 110).

[141] Vgl. auch das Abkommen in Form eines Briefwechsels zwischen der EG und dem gesonderten Zollgebiet Taiwan, Penghu, Kinmen und Matsu, ABl. 2006, L 176/102.

[142] Vgl. dazu näher *Dahm/Delbrück/Wolfrum*, Völkerrecht Band I/2, 2002, S. 207 ff.

[143] Bsp.: Beschluss des Rates vom 10.4.2006 über den Abschluss des Abkommens zwischen dem Internationalen Strafgerichtshof und der EU über Zusammenarbeit und Unterstützung (ABl. 2006, L 115/49); Beschluss des Rates vom 28.2.2008 über den Abschluss eines Abkommens zwischen der EG und dem Europarat über die Zusammenarbeit zwischen der Agentur der EU für Grundrechte und dem Europarat (ABl. 2008, L 186/6); Beschluss des Rates vom 16.6.2011 über die Unterzeichnung und den Abschluss der Vereinbarung zwischen der EU und der Zwischenstaatlichen Organisation für den Internationalen Eisenbahnverkehr über den Beitritt der EU zum Übereinkommen über den Internationalen Eisenbahnverkehr (COTIF) vom 9.5.1980 etc. (ABl. 2013, L 51/1); Beschluss des Rates vom 29.10.2012 über die Unterzeichnung im Namen der EU und die vorläufige Anwendung der Vereinbarung zur Schaffung eines allgemeinen Rahmens für eine verstärkte Zusammenarbeit zwischen der EU und der Europäischen Organisation zur Sicherung der Luftfahrt (ABl. 2013, L 16/1).

60   Andere Völkerrechtssubjekte, die neben Staaten und internationalen Organisationen eine weit weniger wichtige Rolle auf internationaler Ebene spielen, nennt Art. 216 Abs. 1 AEUV nicht. Sollte sich jedoch die Notwendigkeit ergeben, dass die EU mit einem solchen **atypischen Völkerrechtssubjekt** in völkervertragliche Beziehungen eintritt, so kann man die Formulierung in Absatz 1 als pars pro toto und nicht etwa als abschließende Aufzählung möglicher Vertragspartner verstehen.[144] Dies erlaubt es der EU, eventuelle Fortentwicklungen der Völkerrechtsordnung hinsichtlich der Vertragsfähigkeit nichtstaatlicher Akteure mitzuvollziehen.[145] Dementsprechend hat die E(W)G/EU immer wieder mit Akteuren, die keine (souveränen) Staaten waren, völkerrechtliche Vereinbarungen abgeschlossen.[146]

61   Dass Art. 216 Abs. 1 AEUV – im Gegensatz zu Art. 228 Abs. 1 E(W)GV und Art. 300 Abs. 1 EGV – die **EU-Mitgliedstaaten nicht als potentielle Vertragspartner der EU erwähnt**,[147] scheint indessen gewollt und auf den ersten Blick auch gut begründbar zu sein. Denn die eigene Völkerrechtsfähigkeit der EU nach Art. 47 EUV beschränkt sich auf ihren in den Verträgen abgesteckten Wirkungskreis.[148] Nur im Anwendungsbereich der Verträge kann die Union überhaupt völkerrechtliche Verträge eingehen. Dort bleibt ihr aber in aller Regel kein Raum für vertragliche Beziehungen mit einzelnen oder allen Mitgliedstaaten, weil das Verhältnis zwischen der EU und ihren Mitgliedstaaten durch das EU-Recht abschließend geregelt ist.

62   Indessen gilt dies nicht ausnahmslos, denn einzelne Mitgliedstaaten (Dänemark, Irland und das Vereinigte Königreich) haben bestimmte Integrationsfortschritte insbesondere in Bezug auf die Wirtschafts- und Währungsunion und den Raum der Freiheit, der Sicherheit und des Rechts nicht mitvollzogen.[149] In diesen **durch Opt-outs charakterisierten Politikbereichen** treten sie der EU ähnlich wie Drittländer gegenüber, und es kann sich die Notwendigkeit ergeben, die Zusammenarbeit dort in Form von völkerrechtlichen Verträgen zu regeln.

63   In der Tat hat die EG vor dem Inkrafttreten des Vertrags von Lissabon mit Dänemark zwei völkerrechtliche Verträge abgeschlossen, um bestimmte Verordnungen aus dem Bereich der justiziellen Zusammenarbeit in Zivilsachen, die wegen des dänischen Opt-out für Dänemark nicht galten, der Sache nach (wenngleich in völkerrechtlicher Gestalt)

---

[144] *Terhechte*, in: Schwarze, EU-Kommentar, Art. 216 AEUV, Rn. 12.
[145] *Schmalenbach*, in: Calliess/Ruffert, EUV/AEUV, Art. 216 AEUV, Rn. 3.
[146] Vgl. z.B. den Beschluß des Rates vom 15.10.1973 über den Abschluß des Abkommens zwischen der EWG und dem Internationalen Komitee vom Roten Kreuz über die Lieferung von Getreide und Magermilchpulver im Rahmen der Nahrungsmittelhilfe (ABl. 1974, L 23/17). Vgl. auch die Währungsvereinbarung zwischen der EU, vertreten durch die Europäische Kommission und die Italienische Republik, und dem Staat der Vatikanstadt, vertreten durch den Heiligen Stuhl, vom 17.12.2009 (ABl. 2010, C 28/13); das Europa-Mittelmeer-Interimsassoziationsabkommen über Handel und Zusammenarbeit zwischen der Europäischen Gemeinschaft einerseits und der Palästinensischen Befreiungsorganisation (PLO) zugunsten der Palästinensischen Behörde für das Westjordanland und den Gaza-Streifen andererseits (ABl. 2014, L 187/1); das Abkommen zwischen der Europäischen Gemeinschaft und Hongkong, China, über Zusammenarbeit und Amtshilfe im Zollbereich (ABl. 1992, L 151/20); das (undatierte) Abkommen zwischen der EU und der Regierung der Sonderverwaltungsregion Macau der Volksrepublik China über bestimmte Aspekte von Luftverkehrsdiensten (ABl. 2014, L 21/2).
[147] Die Beschränkung auf Drittstaaten bzw. Drittländer erscheint erstmals im Verfassungsvertrag von 2004 (Art. III–225 des Konventsentwurfs und Art. III–322 des unterzeichneten Vertrages [Fn. 122 und 123]).
[148] S.o. Rn. 9.
[149] Vgl. die Protokolle Nr. 15, 16, 20, 21 und 22.

Thomas Giegerich

auf diesen Mitgliedstaat zu erstrecken.[150] Das war nach dem damals geltenden Wortlaut des Art. 300 EGV ohne weiteres möglich. Art. 216 Abs. 1 AEUV kann nicht ernstlich so verstanden werden, dass er diese Möglichkeit ausschließen sollte. Auch in Zukunft wird man daher die **implizite EU-Außenkompetenz zum Abschluss derartiger Übereinkommen** weiterhin aus ihrer parallelen Innenkompetenz ableiten können.

Da sich der Wortlaut der **Verfahrensvorschrift des Art. 218 AEUV** aber ebenfalls auf   64
Übereinkünfte mit Drittländern beschränkt, muss diese auf das Verfahren beim Abschluss von Verträgen mit Mitgliedstaaten künftig analog angewendet werden, soweit diese der Union aus besonderen Gründen wie Drittstaaten gegenübertreten. In der Praxis stützt der Rat Beschlüsse über den Abschluss solcher Verträge ohne weiteres auf Art. 218 Abs. 6 AEUV.[151]

3. Potentielle Vertragsgegenstände, Vertragsarten und Abschlussformen

Die potentiellen Vertragsgegenstände werden in Art. 216 Abs. 1 AEUV nicht näher   65
festgelegt. Zulässig sind alle **diejenigen Vertragsgegenstände, für welche die EU nach Maßgabe des Art. 216 Abs. 1 AEUV Abschlusskompetenzen** erhalten hat.[152] Als potentielle Vertragsarten kommen sowohl synallagmatische Austauschverträge (traités-contrats, contractual treaties) als auch auf ein gemeinsames Regelungsziel bezogene Gesetzgebungsverträge (traités-lois, law-making treaties) in Betracht.[153] Assoziierungsabkommen als eigenständige Vertragskategorie, die besonders intensive Rechtsbeziehungen der EU nach außen begründet und supranationalen Charakter haben kann, sind in Art. 217 AEUV speziell geregelt.[154]

Die EU kann sich, soweit sie über eine Vertragsschließungskompetenz verfügt, beim   66
Abschluss einer Übereinkunft **sämtlicher Formen bedienen, die das Völkerrecht für den Abschluss eines Vertrages zulässt**. Beispielsweise kann der Vertrag in einer oder mehreren zusammengehörenden Urkunden enthalten sein, wobei die eine das Angebot und die andere dessen Annahme darstellt.[155]

Gesonderter Erwähnung bedarf die **Mitgliedschaft der EU in internationalen Organi-**   67
sationen, die Art. 216 Abs. 1 AEUV zulässt, soweit deren Aufgabenbereich sich mit den EU-Kompetenzen deckt. Werden diese überschritten, müssen die EU-Mitgliedstaaten ebenfalls Mitglieder der internationalen Organisation werden,[156] deren Satzung

---

[150] Vgl. Beschluss des Rates vom 27. 4. 2006 über den Abschluss des Abkommens zwischen der EG und Dänemark über die gerichtliche Zuständigkeit und die Anerkennung und Vollstreckung von Entscheidungen in Zivil- und Handelssachen (ABl. 2006, L 120/22); Beschluss des Rates vom 27. 4. 2006 über den Abschluss des Abkommens zwischen der EG und Dänemark über die Zustellung gerichtlicher und außergerichtlicher Schriftstücke in Zivil- oder Handelssachen (ABl. 2006, L 120/23). Beide Beschlüsse stützten sich auf Art. 61 Buchst. c i. V. m. Art. 300 Abs. 2 UAbs. 1 Satz 1 und Abs. 3 UAbs. 1 EGV.

[151] Bsp.: Beschluss des Rates vom 7. 11. 2014 über den Abschluss – im Namen der EU – des Abkommens zwischen der EU und der Französischen Republik über die Anwendung der Rechtsvorschriften der Union über die Besteuerung von Zinserträgen und die Zusammenarbeit der Verwaltungsbehörden im Bereich der Besteuerung auf die Gebietskörperschaft von Saint-Barthélemy (ABl. 2014, L 330/10).

[152] S. im Einzelnen u. II.

[153] Zu dieser Unterscheidung näher *Dahm/Delbrück/Wolfrum*, (Fn. 127), S. 520 ff.

[154] Die in Art. 219 AEUV geregelten Vereinbarungen betreffen besondere (währungspolitische) Themen, bilden aber keine eigenständige Vertragskategorie.

[155] Vgl. GA *Sharpston*, Schlussanträge zu den verb. Rs. C–103/12 u. C–165/12 (Parlament und Kommission/Rat), ECLI:EU:C:2014:334, Rn. 79 f.

[156] Beispiele: FAO und WTO. Vgl. EuGH, Gutachten 1/94 vom 15. 11. 1994 (WTO), Slg. 1994,

dann die Gestalt eines gemischten Vertrages erhält.[157] Ist die EU als Gründungsmitglied einer internationalen Organisation bereits am Abschluss des Gründungsvertrags selbst beteiligt,[158] liegt die vertragliche Natur ihres Mitgliedschaftserwerbs auf der Hand.[159] Aber auch ein späterer Beitritt der EU zu bereits bestehenden internationalen Organisationen setzt den Abschluss eines völkerrechtlichen Vertrages der bisherigen Mitglieder mit der EU voraus, durch den letztere zur Vertragspartei des Gründungsvertrags mit den daraus erwachsenden Rechten und Pflichten wird.[160] Dies gilt selbst dann, wenn ein solcher Beitritt bereits im Gründungsvertrag der internationalen Organisation vorgesehen ist und durch einen Beitrittsantrag der EU und dessen Annahme seitens eines Organs der internationalen Organisation erfolgt. Auch darin liegt ein Vertragsschluss, mit dem die EU zur Partei des Gründungsvertrags wird.[161] Entsprechend wurde beim **Beitritt der EWG zur FAO** im Jahre 1991 verfahren.[162] Der Abschluss eines völkerrechtlichen Vertrages zwischen der EU und den Mitgliedern der betreffenden internationalen Organisation im Sinne des Art. 216 Abs. 1 AEUV kann schließlich auch erforderlich sein, wenn die EU eine mindere Form der Beteiligung (insbesondere einen Beobachterstatus) anstrebt,[163] je nachdem, wie diese ausgestaltet ist.[164]

68   Keinen völkerrechtlichen Vertrag schließt die EU, wenn sie an Beschlüssen internationaler Organisationen oder sonstiger Einrichtungen mitwirkt. Sollen derartige Beschlüsse die EU allerdings völkerrechtlich binden, so beruhen sie ihrerseits notwendigerweise auf einem völkerrechtlichen Vertrag, der ihre Verbindlichkeit anordnet. Dies gilt beispielsweise für die **Beschlüsse der Assoziationsräte**, die auf der Grundlage der zahlreichen Assoziierungsabkommen der EU nach Art. 217 AEUV Entscheidungsbefugnisse ausüben, sowie der verschiedenen WTO-Gremien.[165] Die Vertragsteilnahme der EU als solche unterliegt selbstverständlich Art. 216 Abs. 1 AEUV. Ob die EU-Außenkompetenzen hierfür ausreichen, muss unter Berücksichtigung der Befugnis der internationalen Organisation oder sonstigen Einrichtung zum Erlass bindender Beschlüsse beurteilt werden.

69   Für die Festlegung der Standpunkte, die namens der EU in einem durch Übereinkunft eingesetzten Gremium mit der Befugnis zum Erlass rechtswirksamer Akte zu vertreten sind, sieht **Art. 218 Abs. 9, 2. Alt. AEUV ein vereinfachtes unionsinternes Entscheidungsverfahren** vor. Soweit ein solches Gremium allerdings die Befugnis zur Ergänzung oder Änderung des institutionellen Rahmens der betreffenden Übereinkunft hat, sind die Vorschriften über das Vertragsschlussverfahren nach Art. 218 Abs. 6 AEUV einzu-

---

I–5267 (zum Rechtszustand nach dem Vertrag von Maastricht). Mit dem Inkrafttreten des Vertrags von Lissabon hat die EU die umfassende Kompetenz für alle Teilbereiche des WTO-Übereinkommens und der multilateralen Handelsübereinkommen in seinem Anhang erhalten (Art. 207 AEUV). Vgl. auch BVerfGE 123, 267 (417 ff.).

[157] Zu gemischten Verträgen s. näher u. Rn. 156 ff.

[158] Vgl. z. B. die Beteiligung der Europäischen Gemeinschaften an der Gründung der WTO.

[159] *Mögele*, in: Streinz, EUV/AEUV, Art. 216 AEUV, Rn. 8.

[160] *Mögele*, in: Streinz, EUV/AEUV, Art. 216 AEUV, Rn. 8; *Kokott*, ebd., Art. 220 AEUV, Rn. 36. Vgl. zum Erwerb der Mitgliedschaft in internationalen Organisationen allgemein *Klein/Schmahl*, Die Internationalen und die Supranationalen Organisationen, in: Vitzthum/Proelß (Hrsg.), Völkerrecht, 6. Aufl. 2013, 4. Abschnitt Rn. 61 ff. (S. 263 f.).

[161] Anders anscheinend *Odendahl*, EnzEuR, Bd. 10, § 5 Rn. 46.

[162] *Frid*, EJIL 4 (1993), 239 ff.

[163] *Mögele*, in: Streinz, EUV/AEUV, Art. 216 AEUV, Rn. 8.

[164] Vgl. meine Kommentierung zu Art. 220 AEUV, Rn. 26 ff.

[165] Vgl. *Mögele*, in: Streinz, EUV/AEUV, Art. 216 AEUV, Rn. 9.

halten.[166] Derartige Beschlüsse (und nur sie) setzt der AEUV also mit dem förmlichen Abschluss einer neuen Übereinkunft (Änderungsvertrag) gleich.

4. Vertragliche Einsetzung von Entscheidungsgremien und Vereinbarung verbindlicher Streitbeilegungsmechanismen

EU-Übereinkünfte mit dritten Partnern, die aufgrund von Art. 217 AEUV geschlossen **70** werden (Assoziierungsabkommen), können die Einsetzung von Entscheidungsgremien vorsehen, die befugt sind, das Vertragsverhältnis durch bindende Beschlüsse fortzuentwickeln. Diese Beschlüsse werden mit ihrem Inkrafttreten zu integrierenden Bestandteilen der Unionsrechtsordnung und können unmittelbar Wirkung im EU-Recht entfalten.[167] Der Sache nach erhält die EU damit eine **Befugnis zur Übertragung von Hoheitsrechten auf supranationale Einrichtungen**, wie sie dem deutschen Staat über die europäische Integration hinaus in Art. 24 Abs. 1 GG eingeräumt ist.

Die EU kann sich weiterhin (auch jenseits des Art. 217 AEUV) in ihren Übereinkünf- **71** ten **verbindlichen Streitbeilegungsverfahren unterwerfen**, auch solchen gerichtlicher Art. Entscheidungen derartiger Gerichte über die Auslegung und Anwendung der Bestimmungen der betreffenden Übereinkunft dürfen für die EU-Organe, einschließlich des EuGH, verbindlich sein.[168] Allerdings darf die **Autonomie der Unionsrechtsordnung** bei der Verfolgung der ihr eigenen Ziele dadurch nicht in Frage gestellt werden.[169] Insbesondere dürfen die primärrechtlich festgelegten Zuständigkeiten der EU und ihrer Organe nicht verfälscht werden.[170] Außerdem darf der Union und ihren Organen bei der Ausübung dieser Zuständigkeiten keine bestimmte Auslegung derjenigen Regeln des Unionsrechts, welche die Übereinkunft in Bezug nimmt, verbindlich vorgegeben werden.[171]

In seinem im Ergebnis ablehnenden Gutachten[172] zur Vereinbarkeit des Entwurfs **72** eines Vertrages über den Beitritt der EU zur EMRK[173] hat der EuGH unterstrichen, dass ein solcher Beitritt vor allem die **besonderen Merkmale der Union und des Unionsrechts unberührt lassen** müsse.[174] Dazu zählte der EuGH die Verfassungsstruktur der Union mit

---

[166] Vgl. *Mögele*, in: Streinz, EUV/AEUV, Art. 218 AEUV, Rn. 25. S. näher meine Kommentierung zu Art. 218 AEUV, Rn. 165.

[167] EuGH, Urt. v. 20.9.1990, Rs. C–192/89 (Sevince), Slg. 1990, I–3461, Rn. 9, 13 ff.

[168] EuGH, Gutachten 2/13 vom 18.12.2014 (EMRK-Beitritt der EU II), ECLI:EU:C:2014:2454, Rn. 182.

[169] EuGH, Gutachten 1/91 vom 14.12.1991 (EWR I), Slg. 1991, I–6079, Rn. 30 ff.; Gutachten 1/92 vom 10.4.1992 (EWR II), Slg. 1992, I–2821, Rn. 17 ff.; Gutachten 2/13 vom 18.12.2014 (EMRK-Beitritt der EU II), ECLI:EU:C:2014:2454, Rn. 183; *Govaere*, S. 187 ff. Kritisch zur Unterwerfung der EU unter Investor-Staat-Schiedsverfahren *Kerkemeyer*, EuZW 2016, 10 ff.

[170] EuGH, Gutachten 1/00 vom 18.4.2002 (Gemeinsamer europäischer Luftverkehrsraum), Slg. 2002, I–3498, Rn. 12.

[171] EuGH, Gutachten 2/13 vom 18.12.2014 (EMRK-Beitritt der EU II), ECLI:EU:C:2014:2454, Rn. 184.

[172] EuGH, Gutachten 2/13 vom 18.12.2014 (EMRK-Beitritt der EU II), ECLI:EU:C:2014:2454, Rn. 164 ff.

[173] Draft revised agreement on the accession of the European Union to the Convention for the Protection of Human Rights and Fundamental Freedoms (Fifth Negotiation Meeting between the CDDH Ad Hoc Negotiation Group and the European Commission on the Accession of the European Union to the European Convention on Human Rights, 3–5 April 2013, Appendix I (47+1(2013)008rev2), http://www.coe.int/t/dghl/standardsetting/hrpolicy/Accession/Meeting_reports/47_1%282013%29008rev2_EN.pdf (19.9.2016).

[174] Vgl. Art. 1 des Protokolls (Nr. 8) zu Art. 6 Abs. 2 EUV über den Beitritt der EU zur EMRK (ABl. 2007, C 306/155).

ihrem institutionellen Rahmen und dem Grundsatz der begrenzten Einzelermächtigung, die Autonomie des Unionsrechts, seinen Vorrang vor dem Recht der Mitgliedstaaten und die unmittelbare Wirkung einer ganzen Reihe seiner Bestimmungen; den Grundsatz gegenseitigen Vertrauens zwischen den Mitgliedstaaten bei der Anerkennung der Werte des Art. 2 EUV und damit bei der Beachtung des Unionsrechts, mit dem sie umgesetzt werden; den Grundsatz der loyalen Zusammenarbeit zwischen den Mitgliedstaaten und der Union (Art. 4 Abs. 3 EUV); schließlich das Gerichtssystem der EU mit Art. 267 AEUV als Schlüsselelement, um die Kohärenz, einheitliche Auslegung, volle Geltung, Autonomie sowie den eigenen Charakter des Unionsrechts zu gewährleisten. Vor diesem Hintergrund entdeckte der EuGH im Entwurf des Beitrittsabkommens zahlreiche Verstöße gegen das Primärrecht.

II. Vertragsschließungskompetenzen der EU im Einzelnen

1. Deklaratorische Funktion des Art. 216 Abs. 1 AEUV

73   Art. 216 Abs. 1 AEUV regelt die Vertragsschließungskompetenz der EU viel ausführlicher, als dies Art. 228 Abs. 1 EWGV (später Art. 300 Abs. 1 EGV) für die E(W)G unternahm. **Vier Varianten unionaler Vertragsschließungskompetenzen** werden nunmehr unterschieden: Deren erste – in den Verträgen anderweit explizit vorgesehene Vertragsschlüsse – führt die bisherige Regelung von Art. 228 Abs. 1 E(W)GV bzw. Art. 300 Abs. 1 EGV fort und ist offensichtlich deklaratorisch. Die drei übrigen Varianten versuchen, die einleitend skizzierte Rechtsprechung des EuGH[175] zu den impliziten Vertragsschließungskompetenzen der E(W)G/EU zu kodifizieren,[176] um die diesbezügliche Kompetenzverteilung zwischen EU und Mitgliedstaaten transparenter und verständlicher zu machen. Auch wenn dieser Versuch einer nachträglichen Überführung richterlicher Vertragsinterpretationen und -fortbildungen in den Vertragstext nicht völlig gelungen ist,[177] rechtfertigt die **offensichtliche Kodifikationsintention** eine (ggf. sogar berichtigende) Auslegung und Anwendung des Art. 216 Abs. 1 AEUV in enger Anlehnung an die vorausliegende EuGH-Rechtsprechung.[178]

74   Durch ihre Kodifikation werden die bisher impliziten (richterlich entwickelten) Vertragsschließungskompetenzen der EU zwar in explizite umgewandelt. Allerdings wirkt Art. 216 Abs. 1 AEUV auch insoweit bloß deklaratorisch und nicht konstitutiv, d. h. die **Außenkompetenzen der EU leiten sich in allen vier Varianten nach wie vor allein aus den anderweitigen expliziten oder impliziten Ermächtigungen** in den Verträgen ab.[179] Diese werden in Art. 216 Abs. 1 AEUV nur zusammenfassend kategorisiert und im Interesse an Transparenz als existent in Erinnerung gerufen, nicht jedoch neu geschaffen.[180] Ganz im Einklang damit stützt der Rat seine Beschlüsse über die Unterzeichnung

---

[175] S. o. Rn. 25 ff.

[176] Auswärtiges Amt, Denkschrift zum Vertrag von Lissabon (AS-RK 2007) vom 11.12.2007, S. 115, www.europarl.europa.eu/brussels/website/media/Basis/Mitgliedstaaten/Deutschland/Pdf./ AA_Denkschrift_Lissabon.pdf (19.9.2016).

[177] Siehe insbesondere *Pechstein*, S. 619 ff.; *Klamert*, New conferral or old confusion? – The perils of making implied competences explicit and the example of the external competence for environmental policy, CLEER Working Papers 2011/6, http://www.asser.nl/media/1629/cleer2011-6web.pdf (19.9.2016).

[178] Vgl. *Eeckhout*, EU External Relations Law, S. 113. Siehe z. B. unten Rn. 108.

[179] Zweifelnd insoweit aber *Schütze*, European Community and Union, Party to International Agreements, in: Wolfrum (ed.), MPEPIL, (online edition), Rn. 7.

[180] Ähnlich *Vöneky/Beylage-Haarmann*, in: Grabitz/Hilf/Nettesheim, EU, Art. 216 AEUV (Au-

und vorläufige Anwendung (Art. 218 Abs. 5 AEUV) sowie den endgültigen Abschluss (Art. 218 Abs. 6 AEUV) von Übereinkünften in allen Fällen (wie schon seit jeher) allein auf jene anderen Ermächtigungsgrundlagen, also auf die jeweils einschlägige Sachkompetenz und die zugleich mit ihr explizit verliehene bzw. implizit aus ihr ableitbare Abschlusskompetenz. Diese sachlich einschlägigen Ermächtigungsgrundlagen werden eingangs des Ratsbeschlusses immer in Verbindung mit dem jeweils anwendbaren Absatz des Art. 218 AEUV zitiert; Art. 216 AEUV wird hingegen niemals erwähnt.[181]

Die Organpraxis stuft Art. 216 Abs. 1 AEUV dementsprechend (wie schon zuvor   **75** Art. 228 Abs. 1 E[W]GV und Art. 300 Abs. 1 EGV) auch für Zwecke der Begründungspflicht nach Art. 296 UAbs. 2 AEUV als **deklaratorisch und damit rechtlich unerheblich** ein.[182] Zwar kann eine bloße Organpraxis Vertragsbestimmungen mit eindeutigem Inhalt nicht verdrängen.[183] Wo jedoch Auslegungsspielräume bestehen, fungiert diese Praxis als eine auch für den EuGH beachtenswerte Glosse. Der Gerichtshof hat es dementsprechend bisher nie beanstandet, dass Art. 228 Abs. 1 E(W)GV, Art. 300 Abs. 1 EGV oder Art. 216 Abs. 1 AEUV nicht zusätzlich als Rechtsgrundlagen in den betreffenden Ratsbeschlüssen angeführt wurden.

---

gust 2011), Rn. 5; *Lachmayer/von Förster*, in: GSH, Europäisches Unionsrecht, Art. 216 AEUV, Rn. 2.

[181]Vgl. z.B. Beschluss des Rates vom 26.11.2009 betr. Übereinkommen über die Rechte von Menschen mit Behinderungen – Art. 13, 95 EGV (jetzt Art. 19, 114 AEUV (ABl. 2010, L 23/35); Beschluss des Rates vom 10.5.2010 betr. Genfer Übereinkommen über den Bananenhandel zwischen der EU und einigen lateinamerikanischen Staaten sowie den USA – Art. 207 Abs. 4 UAbs. 1 AEUV (ABl. 2010, L 141/1); Beschluss des Rates vom 9.3.2011 betr. Abkommen zwischen der EG und der Regierung Japans über wissenschaftliche und technologische Zusammenarbeit – Art. 186 AEUV (ABl. 2011, L 90/1); Beschluss des Rates vom 31.3.2011 betr. Rahmenabkommen zwischen den USA und der EU über die Beteiligung der USA an Krisenbewältigungsoperationen der EU – Art. 37 EUV (ABl. 2011, L 143/1); Beschluss des Rates vom 16.6.2011 betr. Vereinbarung zwischen der EU und der Zwischenstaatlichen Organisation für den Internationalen Eisenbahnverkehr – Art. 91 AEUV (ABl. 2013, L 51/1); Beschluss des Rates vom 10.5.2012 betr. Abkommen zwischen der EU und der Regierung der Sonderverwaltungsregion Macau der Volksrepublik China über bestimmte Aspekte von Luftverkehrsdiensten – Art. 100 Abs. 2 AEUV (ABl. 2014, L 21/1); Beschluss des Rates vom 22.10.2013 betr. Abkommen zwischen der EU und Armenien zur Erleichterung der Visaerteilung – Art. 77 Abs. 2 Buchst. a AEUV (ABl. 2013, L 289/1); Beschluss des Rates vom 25.11.2013 betr. Kooperationsabkommen über ein globales ziviles Satellitennavigationssystem zwischen der EG und ihren Mitgliedstaaten und der Ukraine – Art. 172 AEUV (ABl. 2014, L 125/1); Beschluss des Rates vom 17 März 2014 betr. Assoziierungsabkommen mit der Ukraine: Art. 31 Abs. 1 und Art. 37 EUV sowie Art. 217 AEUV (ABl. 2014, L 161/1); Beschluss des Rates vom 14.4.2014 betr. Rahmenabkommen über umfassende Partnerschaft und Zusammenarbeit zwischen der EG und ihren Mitgliedstaaten einerseits und Indonesien andererseits mit Ausnahme von Rückübernahmeangelegenheiten – Art. 91, 100, 191 Abs. 4, 207 und 209 AEUV (ABl. 2014, L 125/44); Beschluss des Rates vom 14.4.2014 zum vorstehenden Rahmenabkommen hinsichtlich Rückübernahmeangelegenheiten – Art. 79 Abs. 3 AEUV (ABl. 2014, L 125/46); Beschluss des Rates vom 14.4.2014 betr. Abkommen über politischen Dialog und Zusammenarbeit zwischen der EG und ihren Mitgliedstaaten und den zentralamerikanischen Staaten – Art. 209 Abs. 2 AEUV (ABl. 2014, L 111/4); Beschluss des Rates vom 14.4.2014 betr. Protokoll von Nagoya zum Übereinkommen über die biologische Vielfalt – Art. 192 Abs. 1 AEUV (ABl. 2014, L 150/231); Beschluss des Rates vom 23.7.2014 betr. Abkommen zwischen der EU und Norwegen über den gegenseitigen Zugang zum Fischfang im Skagerrak – Art. 43 Abs. 2 AEUV (ABl. 2014, L 224/1).

[182]Anders Schlussanträge der GA *Kokott* zu Rs. C–137/12 (Kommission/Rat), ECLI:EU:C:2013: 441, Rn. 44.

[183]EuGH, Urt. v. 9.8.1994, Rs. C–327/91 (Frankreich/Kommission), Slg. 1994, I–3641, Rn. 36; Urt. v. 1.10.2009, Rs. C–370/07 (CITES), Slg. 2009, I–8917, Rn. 54.

76   Bei **Abkommen von Euratom** verfährt die Praxis übrigens anders. In den diesbezüglichen Ratsbeschlüssen wird die dem Art. 216 AEUV entsprechende Bestimmung des
Art. 101 EAGV genannt.[184]

2.   Wahl der Rechtsgrundlage und richterliche Kontrolle

77   Der EuGH hat unterstrichen, dass auch bei den Ratsbeschlüssen nach Art. 218 Abs. 5
und Abs. 6 AEUV über die Unterzeichnung und den Abschluss von Übereinkünften die
Wahl der richtigen Rechtsgrundlage »verfassungsrechtliche Bedeutung« hat. Sie müsse
dort – wie auch sonst – »auf objektiven und gerichtlich nachprüfbaren Umständen beruhen, zu denen insbesondere das Ziel und der Inhalt des Rechtsakts gehören«.[185] Habe
das Übereinkommen mehrere Zielrichtungen oder Komponenten, von denen eine die
hauptsächliche oder überwiegende sei, während die andere(n) nur nebensächliche Bedeutung habe/hätten, so sei der Beschluss nach Art. 218 Abs. 5 oder Abs. 6 AEUV nur
auf die der hauptsächlichen oder überwiegenden Zielsetzung oder Komponente entsprechenden Rechtsgrundlage zu stützen. Bei mehreren gleichrangigen Zielrichtungen
oder Komponenten seien hingegen sämtliche einschlägigen Rechtsgrundlagen heranzuziehen.[186] Die **Kumulierung von mehreren Rechtsgrundlagen** sei jedoch ausgeschlossen, wenn die für sie jeweils vorgesehenen Verfahren miteinander unvereinbar seien.[187]

78   Besondere Probleme werfen »**säulenübergreifende**« Übereinkünfte auf, die ihrem
Inhalt nach teils in die supranationalen Zuständigkeiten der EU, teils in ihre intergouvernementalen Zuständigkeiten im Rahmen der Gemeinsamen Außen- und Sicherheitspolitik fallen (sog. cross-pillar mixity).[188] Der Vertrag von Lissabon hat die Säulenstruktur der EU zwar der Form nach aufgegeben, der Sache nach aber in Bezug auf die
fortbestehenden strukturellen Besonderheiten der GASP beibehalten, so dass auch die
nach früherer Vertragslage bekannten säulenübergreifenden Übereinkünfte der Sache
nach weiter vorkommen können. Man sollte sie heute besser »verträgeübergreifende
Übereinkünfte« nennen und von »**cross-treaty mixity**« sprechen, weil sie ihre Grundlage sowohl im EUV (betr. den GASP-Anteil) als auch im AEUV (betr. den Nicht-GASP-
Anteil) finden.[189]

79   Bei Rechtsakten, die nicht internationale Übereinkünfte betreffen, hatte der EuGH
nach dem Rechtszustand aufgrund des Vertrages von Nizza eine **Kombination von Kompetenzgrundlagen aus dem GASP-Bereich mit solchen aus dem Integrationsbereich** ausgeschlossen.[190] Vielmehr sei die Kompetenzgrundlage aus dem GASP-Bereich nur (und
zwar allein) heranzuziehen, wenn dies der hauptsächlichen Zielsetzung oder Komponente des betr. Rechtsakts entspreche. Trete hingegen eine außerhalb der GASP liegende Zielsetzung oder Komponente des Rechtsakts gleichrangig neben die GASP-Zielset-
zung oder -komponente, dann scheide die in solchen Fällen üblicherweise gebotene
Lösung – parallele Heranziehung aller einschlägigen Kompetenzgrundlagen – aus, weil
Art. 47 EUV a. F. (jetzt Art. 40 Abs. 1 EUV) die supranationalen Kompetenzen vor

---

[184] Vgl. z. B. Beschluss des Rates vom 22.10.2013 betr. Protokoll zum Stabilisierungs- und Assoziierungsabkommen zwischen den Europäischen Gemeinschaften und ihren Mitgliedstaaten einerseits und Montenegro andererseits anlässlich des Beitritts von Kroatien zur EU (ABl. 2014, L 165/1).
[185] EuGH, Urt. v. 11.9.2003, Rs. C–211/01 (Kommission/Rat), Slg. 2003, I–8913, Rn. 38.
[186] Ebd., Rn. 39 f.
[187] EuGH, Urt. v. 11.6.2014, Rs. C–377/12 (Kommission/Rat), ECLI:EU:C:2014:1903, Rn. 34.
[188] *Wessel*, Cross-pillar Mixity, 38 ff., 49 ff.
[189] *Gatti/Manzini*, CMLRev. 49 (2012), 1707, 1720.
[190] EuGH, Urt. v. 20.5.2008, Rs. C–91/05 (Kommission/Rat), Slg. 2008, I–3651.

Übergriffen aus dem intergouvernementalen Bereich abschirme. Als Lösung ist in einem solchen Fall wohl die supranationale Kompetenzgrundlage heranzuziehen, soweit sie reicht; die dadurch nicht gedeckten übrigen Teile des Rechtsakts müssen von den im Rat vereinigten Vertretern der Regierungen der Mitgliedstaaten autorisiert werden.

Dementsprechend wäre ein Ratsbeschluss nach Art. 218 Abs. 5 oder Abs. 6 AEUV zu **80** einem säulenübergreifenden völkerrechtlichen Vertrag allein auf die **Kompetenzgrundlage aus dem Integrationsbereich** zu stützen. Der Vertrag müsste aber als gemischtes Abkommen unter Beteiligung aller Mitgliedstaaten abgeschlossen werden, soweit er auch GASP-Aspekte enthält, die nicht nur nebensächlich sind. Jüngst hat der Rat indessen Beschlüsse über die Unterzeichnung und vorläufige Anwendung gemischter Assoziierungs-Abkommen erlassen, die als Ermächtigungsgrundlage neben Art. 217 AEUV jeweils Art. 31 Abs. 1 und Art. 37 EUV nennen.[191] Es bleibt abzuwarten, wie der EuGH dies angesichts der Ersetzung des Art. 47 EUV a. F. durch Art. 40 EUV bewertet. Denn während Art. 47 EUV a. F. (jetzt Art. 40 Abs. 1 EUV) einseitig den Integrationsbereich vor der GASP schützte, schützt der durch den Vertrag von Lissabon eingefügte Art. 40 Abs. 2 EUV umgekehrt auch die GASP vor dem Integrationsbereich. Dies könnte den Gerichtshof zu einer Änderung seiner Rechtsprechung veranlassen, die bisher dem Integrationsbereich Vorrang vor der GASP einräumte.[192] Dafür spricht auch, dass Art. 218 Abs. 3 AEUV jetzt besondere Verfahrensvorschriften für Übereinkünfte vorsieht, die sich hauptsächlich auf die GASP, aber gleichzeitig (nicht nur völlig nebensächlich) auch auf andere Materien beziehen.[193]

Wird ein Ratsbeschluss im Sinne von Art. 218 Abs. 5 oder Abs. 6 AEUV nach den **81** vorstehenden Kriterien **auf eine falsche Rechtsgrundlage gestützt**, führt dies zu seiner Ungültigerklärung durch den EuGH, regelmäßig aufgrund einer Nichtigkeitsklage der Kommission.[194] Dies gilt insbesondere dann, wenn die Übereinkunft die Verbandskompetenz der EU überschreitet[195] oder die eigentlich zutreffende Rechtsgrundlage ein anderes als das tatsächlich durchgeführte Rechtsetzungsverfahren vorsieht.[196] Der Ratsbeschluss wird – wie es auch für sonstige Rechtsakte gilt – nicht nur dann für nichtig erklärt, wenn seine Begründungserwägungen anstelle der richtigen eine falsche Rechtsgrundlage[197] oder nicht alle notwendigen Rechtsgrundlagen angeben, sondern auch dann, wenn dort zu viele Vertragsnormen genannt werden, also neben der oder den korrekten auch nicht einschlägige.[198] Wenn die fehlerhafte Heranziehung eines Vertragsartikels als Rechtsgrundlage nämlich zur Folge hat, dass der Ratsbeschluss statt mit qualifizierter Mehrheit einstimmig erlassen werden[199] oder dass noch der Wirtschafts-

---

[191] Beschluss des Rates vom 17.3.2014 betr. das Assoziierungsabkommen mit der Ukraine (ABl. 2014, L 161/1); Beschluss des Rates vom 16.6.2014 betr. das Assoziierungsabkommen mit der Republik Moldau (ABl. 2014, L 260/1); Beschluss des Rates vom 16.6.2014 betr. das Assoziierungsabkommen mit Georgien (ABl. 2014, L 261/1).

[192] *Wessel*, (Fn. 188), S. 52. Zurückhaltender *Eeckhout*, EU External Relations Law, S. 181 ff.; *Passos*, S. 288 f.

[193] Für eine Kombination der GASP- und Nicht-GASP-Rechtsgrundlage auch *Adam*, S. 79 ff.

[194] Nichtigkeitsklagen des Europäischen Parlaments führten aber zur Entscheidung des EuGH, Urt. v. 30.5.2006, verb. Rs. C–317/04 u. C–318/04 (Parlament/Rat), Slg. 2006, I–4721.

[195] Siehe noch unten Rn. 156 ff. zu den gemischten Abkommen.

[196] EuGH, Gutachten 1/08 vom 30.11.2009 (GATS), Slg. 2009, I–11129, Rn. 110; Urt. v. 11.9.2003, Rs. C–211/01 (Kommission/Rat), Slg. 2003, I–8913, Rn. 52.

[197] Vgl. z. B. EuGH, Urt. v. 22.10.2013, Rs. C–137/12 (Kommission/Rat), ECLI:EU:C:2013:675.

[198] Vgl. z. B. EuGH, Urt. v. 11.6.2014, Rs. C–377/12 (Kommission/Rat), ECLI:EU:C:2014:1903.

[199] EuGH, Urt. v. 11.9.2003, Rs. C–211/01 (Kommission/Rat), Slg. 2003, I–8913, Rn. 52.

und Sozialausschuss und/oder der Ausschuss der Regionen angehört werden musste,[200] kann sie nicht als rein formaler Fehler angesehen werden. Denn eine solche Verfahrensänderung wirkt sich möglicherweise auf den Inhalt des erlassenen Rechtsakts aus.[201] Unschädlich ist die Heranziehung einer falschen Rechtsgrundlage lediglich dann, wenn sie keine Auswirkungen auf den Inhalt des Rechtsakts oder das Erlassverfahren haben konnte, so dass es sich um einen rein formalen Fehler handelt.[202]

82   Von der Möglichkeit des Art. 264 Abs. 2 AEUV, die **Rechtswirkungen fehlerhafter Ratsbeschlüsse** nach Art. 218 Abs. 5 oder Abs. 6 AEUV bis zum Erlass fehlerfreier Ratsbeschlüsse **aufrecht zu erhalten**, macht der EuGH regelmäßig auf Antrag der Parteien Gebrauch, wenn ein solcher Erlass rechtlich möglich[203] und politisch in absehbarer Zeit zu erwarten ist. Dies geschieht vor allem dann, wenn die EU die betreffende Übereinkunft bereits ratifiziert hat, so dass die völkerrechtliche Bindung nach außen eingetreten ist. Dann gilt es nämlich, »jede Rechtsunsicherheit über die Anwendbarkeit der von der [Union] eingegangenen internationalen Verpflichtungen in der [Unionsrechtsordnung] zu verhindern«.[204] Der EuGH hat aus Rechtssicherheitsgründen auch die Wirkungen eines fehlerhaften Ratsbeschlusses nach Art. 218 Abs. 5 AEUV aufrechterhalten, nachdem die Union den betr. Vertrag zwischenzeitlich unterzeichnet hatte, weil kein Zweifel an der Verbandskompetenz der Union bestand.[205] Im letztgenannten Fall setzte er für den Neuerlass eine Frist von sechs Monaten. Der EuGH folgt jedoch gemeinsamen Anträgen von Kommission und Rat auf Anwendung des Art. 264 Abs. 2 AEUV selbst dann nicht automatisch, wenn auch der Generalanwalt die Aufrechterhaltung der Rechtswirkungen des fehlerhaften Ratsbeschlusses befürwortet.[206]

83   Erklärt der EuGH einen Ratsbeschluss nach Art. 218 Abs. 6 AEUV, der bereits durch Abschluss der betreffenden Übereinkunft vollzogen ist, für nichtig, ohne dessen Rechtswirkungen aufrechtzuerhalten, so ändert dies in aller Regel nichts am **Fortbestehen der völkerrechtlichen Bindung der EU an die Übereinkunft**.[207] Die EU ist dann aber intern an der Erfüllung ihrer Vertragspflichten gegenüber den dritten Vertragspartnern gehindert. Ein solches Auseinanderfallen von völkerrechtlichen Verpflichtungen nach außen und Möglichkeiten zu ihrer Erfüllung innerhalb der Unionsrechtsordnung muss schnellstmöglich beendet werden. Dies kann entweder durch Erlass eines nunmehr fehlerfreien neuen Ratsbeschlusses nach Art. 218 Abs. 6 AEUV oder durch Kündigung der Übereinkunft geschehen, falls diese (wie regelmäßig) kündbar ist.[208]

---

[200] So im Fall EuGH, Urt. v. 11.6.2014, Rs. C–377/12 (Kommission/Rat), ECLI:EU:C:2014:1903 infolge der unberechtigten Hinzufügung von Art. 91 und Art. 191 Abs. 4 AEUV als Rechtsgrundlage.

[201] Vgl. EuGH, Urt. v. 11.9.2003, Rs. C–211/01 (Kommission/Rat), Slg. 2003, I–8913, Rn. 52.

[202] GA *Kokott*, Schlussanträge zu Rs. C–81/13 (Vereinigtes Königreich/Rat), ECLI:EU:C:2014:2114, Rn. 122 ff. m. w. N.; EuGH, Urt. v. 18.12.2014, Rs. C–81/13 (Vereinigtes Königreich/Rat), ECLI:EU:C:2014:2449, Rn. 65 ff.

[203] D.h. wenn die Verbandskompetenz der EU den Vertragsschluss deckt.

[204] EuGH, Urt. v. 11.9.2003, Rs. C–211/01 (Kommission/Rat), Slg. 2003, I–8913, Rn. 57. Ähnlich EuGH, Urt. v. 30.5.2006, verb. Rs. C–317/04 u. C–318/04 (Parlament/Rat), Slg. 2006, I–4721, Rn. 73.

[205] EuGH, Urt. v. 22.10.2013, Rs. C–137/12 (Kommission/Rat), ECLI:EU:C:2014:1903, Rn. 78 ff. Die GA *Kokott* hatte als weiteren Grund für die Aufrechterhaltung das Interesse an der Vermeidung von Verzögerungen im Ratifikationsverfahren angeführt (ECLI:EU:C:2013:441, Rn. 125).

[206] Vgl. z.B. EuGH, Urt. v. 11.6.2014, Rs. C–377/12 (Kommission/Rat), ECLI:EU:C:2014:1903, Rn. 62. Der Grund dafür wird vom EuGH nicht hinreichend deutlich gemacht.

[207] *Schmalenbach*, in: Calliess/Ruffert, EUV/AEUV, Art. 216 AEUV, Rn. 24, 27 (unter Hinweis auf den Völkerrechtsgrundsatz, der in Art. 27 und Art. 46 des noch nicht in Kraft getretenen Wiener Übereinkommens über das Recht der Verträge zwischen Staaten und internationalen Organisationen oder zwischen internationalen Organisationen vom 21.3.1986 (BGBl. 1990 II S. 1415).

3. Die vier Varianten der EU-Vertragsschließungskompetenzen

a) Verhältnis zueinander und zu Art. 352 AEUV

Die 3. und 4. Variante von Art. 216 Abs. 1 AEUV betreffen Fälle, in denen die EU   84
Vertragsschließungskompetenzen nach außen durch die Ausübung von vorhandenen
Innenkompetenzen erwirbt. Damit sollen konkret erlassene interne Rechtsakte vor Störungen durch unvereinbare mitgliedstaatliche Verträge geschützt werden. Deshalb erklärt Art. 3 Abs. 2 AEUV die entsprechenden EU-Außenkompetenzen auch konsequenterweise für ausschließlich.[209] Die Vertragsschließungskompetenz der 2. Variante
entsteht demgegenüber durch das bloße Vorhandensein von noch ungenutzten EU-
Innenkompetenzen, wenn deren Ausübung notwendigerweise gleichzeitig mit dem Abschluss einer Übereinkunft mit Drittländern erfolgen muss, um die Erreichung des an-
gesteuerten Ziels zu gewährleisten. Die 1. Variante schließlich verweist auf die in anderen Vertragsvorschriften der EU ausdrücklich erteilten Abschlusskompetenzen. In
manchen Fällen wird der **Abschluss einer Übereinkunft gleichzeitig von mehreren Varianten** in dem Sinne getragen, dass jede für sich genommen eine ausreichende Grundlage für den gesamten Vertrag bildet. Dann genügt es, wenn die Entscheidung über den
Vertragsschluss in ihrer Begründung nach Art. 296 Abs. 2 AEUV eine dieser Grundlagen – die nächstliegende – nennt.[210]

Wie bei allen vertraglichen Ermächtigungsgrundlagen können auch im Anwendungs-   85
bereich des Art. 216 Abs. 1 AEUV auftretende Kompetenzlücken durch Heranziehung
der Flexibilitätsklausel des Art. 352 AEUV geschlossen werden, soweit dies nicht auf
eine Vertragsänderung unter Umgehung des dafür in Art. 48 EUV vorgeschriebenen
Verfahrens hinausliefe.[211] In der Tat sind dessen Vorgängerbestimmungen in Art. 235
E(W)GV und Art. 308 EGV öfter als Grundlage für den Abschluss von Übereinkünften
mit Drittländern herangezogen worden.[212] Allerdings hat der Vertrag von Lissabon auch
in Bezug auf die Außenkompetenzen bisher bestehende Lücken geschlossen, so dass
Rückgriffe auf die Flexibilitätsklausel hier wie auch in anderen Bereichen zukünftig
seltener werden dürften.[213] Ob sie gar nicht mehr notwendig sein wird,[214] erscheint aber
fraglich, weil man die zukünftigen Herausforderungen an das auswärtige Handeln der
EU nicht sicher voraussehen kann. Allerdings ziehen es die Mitgliedstaaten vor, in Fällen von Lücken in der EU-Abschlusskompetenz auf die **Technik des gemischten Abkommens** zurückzugreifen, mit dessen Hilfe sie ihre Präsenz auf internationaler Ebene beibehalten können.

---

[208] S. meine Kommentierung zu Art. 218, Rn. 120 f.

[209] S. näher u. Rn. 133 ff., 139 ff.

[210] Z. B. verweist das von der Kommission geschlossene Abkommen zwischen der EU und Israel
über die Beteiligung Israels am EU-Rahmenprogramm für Forschung und Innovation Horizont 2020
vom 8. 6. 2014 sowohl auf das Protokoll zum Europa-Mittelmeer-Abkommen zwischen der EG und
ihren Mitgliedstaaten und Israel von 2008 als auch auf Art. 7 VO (EU) Nr. 1291/2013, erwähnt jedoch
Art. 186 AEUV nicht.

[211] *Müller-Ibold*, in: Lenz/Borchardt, EU-Verträge, Art. 216 AEUV, Rn. 11, unter Hinweis auf
EuGH, Gutachten 2/94 vom 28. 3. 1996 (EMRK), Slg. 1996, I–1759, Rn. 29 f.

[212] Vgl. die Beispiele bei *Streinz*, in: Streinz, EUV/AEUV, Art. 352 AEUV, Rn. 59 f. und 66. Auch
der Ratsbeschluss vom 22. 12. 1994 zum WTO-Übereinkommen beruht zusätzlich auf Art. 235 EGV
(ABl. 1994, L 336/1). Vgl. auch *Hoffmeister*, The Contribution of EU Practice to International Law,
S. 41 f.

[213] *Streinz*, in: Streinz, EUV/AEUV, Art. 352 AEUV, Rn. 68.

[214] So z. B. *Terhechte*, in: Schwarze, EU-Kommentar, Art. 216 AEUV, Rn. 2; *Frenz*, Handbuch
Europarecht, Bd. 5, Rn. 606 («voraussichtlich»).

b)   Der Abschluss einer Übereinkunft ist in den Verträgen vorgesehen (Hinweisvariante)

86   Diese erste Variante ist (wie seine Vorgänger in Art. 228 Abs. 1 E(W)GV und Art. 300 Abs. 1 EGV) ein für Zwecke des Prinzips der begrenzten Einzelermächtigung (Art. 5 Abs. 2 EUV) eigentlich unnötiger, für Zwecke der Vervollständigung des Art. 216 Abs. 1 AEUV im Interesse der Transparenz und Verständlichkeit der Kompetenzlage aber **nützlicher deklaratorischer Hinweis** auf die vielen über die Verträge hin verstreuten expliziten oder quasi-expliziten Ermächtigungen der EU zum Abschluss völkerrechtlicher Übereinkünfte. Der Vertrag von Lissabon hat diese Ermächtigungen weiter vermehrt und ausgebaut.[215] Angesichts der heute zahlreich vorhandenen ausdrücklichen Vertragsschließungskompetenzen der EU hat die praktische Bedeutung ihrer diesbezüglichen impliziten Kompetenzen entsprechend abgenommen.

87   Im **EU-Vertrag** ist der Beitritt der Union zur EMRK (Art. 6 Abs. 2 EUV)[216], der Abschluss spezieller Übereinkünfte mit Nachbarländern zur Entwicklung besonderer gutnachbarlicher Beziehungen (Art. 8 Abs. 2 AEUV) und allgemein von Übereinkünften mit einem oder mehreren Staaten oder internationalen Organisationen im gesamten Bereich der GASP (Art. 37 EUV)[217] eigens vorgesehen. Die beiden erstgenannten Ermächtigungsgrundlagen sind durch den Vertrag von Lissabon neu eingefügt worden.

88   Im Vertrag über die Arbeitsweise der EU finden sich folgende **ausdrückliche Ermächtigungen zum Abschluss völkerrechtlicher Verträge:** Art. 79 Abs. 3 AEUV (Übereinkünfte über die Rückübernahme illegaler Einwanderer),[218] Art. 180 Buchst. b und Art. 186 AEUV (Abkommen auf dem Gebiet der Forschung, technologischen Entwicklung und Demonstration), Art. 191 Abs. 4 UAbs. 1 Satz 2 AEUV (Abkommen im Bereich der Umweltpolitik)[219], Art. 207 Abs. 3 UAbs. 1 AEUV (Handelsabkommen), Art. 209 Abs. 2 AEUV (Übereinkünfte auf dem Gebiet der Entwicklungszusammenarbeit), Art. 212 Abs. 3 AEUV (Abkommen über wirtschaftliche, finanzielle und technische Zusammenarbeit mit Nichtentwicklungsländern), Art. 214 Abs. 4 AEUV (Übereinkünfte über humanitäre Hilfe), Art. 217 AEUV (Assoziierungsabkommen), Art. 219 Abs. 1 AEUV (förmliche Wechselkursvereinbarungen) und Art. 219 Abs. 3 AEUV (Vereinbarungen über Währungsfragen und Devisenregelungen).

---

[215] Siehe die ausführlich erläuterte Liste bei *Mögele*, in: Streinz, EUV/AEUV, Art. 216 AEUV, Rn. 15 ff., an der sich die Ausführungen in den nachfolgenden Randnummern orientieren.

[216] Es handelt sich um die einzige Vertragsbestimmung, welche die EU zum Abschluss einer Übereinkunft nicht nur ermächtigt, sondern verpflichtet.

[217] Art. 37 EUV ersetzt Art. 24 Abs. 1 EUV a. F.

[218] Bisher Art. 24, 38 EUV a. F. Im Hinblick auf das Protokoll Nr. 21 über die Position des Vereinigten Königreichs und Irlands hinsichtlich des Raums der Freiheit, der Sicherheit und des Rechts und das Protokoll Nr. 22 über die Position Dänemarks (beide von 1997) beteiligen sich die drei genannten Mitgliedstaaten nicht an Ratsbeschlüssen zum Abschluss von Rückübernahmeabkommen (vgl. z. B. Beschluss des Rates vom 22. 10. 2013 über den Abschluss des Abkommens zwischen der EU und Armenien über die Rückübernahme von Personen mit unbefugtem Aufenthalt [ABl. 2013, L 289/12]). Falls ein umfassendes Kooperationsabkommen als Teilaspekt eine Rückübernahme vorsieht, erlässt der Rat am selben Tag zwei getrennte Beschlüsse, einen über den Abschluss des Abkommens insgesamt ohne die Rückübernahmevorschrift und einen über den Abschluss des Abkommens hinsichtlich der Rückübernahme (vgl. z. B. die beiden Ratsbeschlüsse vom 14. 4. 2014 betr. das Rahmenabkommen über umfassende Partnerschaft und Zusammenarbeit zwischen der EG und ihren Mitgliedstaaten einerseits und Indonesien andererseits [ABl. 2014, L 125/44 und 2010, L 125/46]).

[219] Vgl. aber *Klamert*, CLEER Working Papers 2011/6, 19 ff.

Einige weitere Vertragsbestimmungen sehen zwar die Förderung der Zusammenar- **89** beit mit Drittländern und internationalen Organisationen[220] oder die Herstellung zweckdienlicher Verbindungen bzw. die Unterhaltung zweckdienlicher Beziehungen zu internationalen Organisationen vor,[221] ermächtigen die EU aber – anders als die in der vorausgehenden Randnummer zitierten Vertragsartikel – **nicht ausdrücklich, zu diesen Zwecken auch völkerrechtliche Verträge abzuschließen**. Allerdings ist diese Möglichkeit von den zumeist als Aufträgen formulierten Vertragsvorschriften offensichtlich mitumfasst, weil die vorgesehene Zusammenarbeit bzw. Verbindung in naheliegender Weise (wenngleich nicht zwingend) auf der Grundlage eines völkerrechtlichen Vertrages erfolgt. Dies sollte genügen, um auch sie unter Art. 216 Abs. 1, 1. Variante AEUV zu subsumieren.[222]

Eine weitere Spielart der ersten Variante von Art. 216 Abs. 1 AEUV besteht darin, **90** dass die eigentliche vertragliche Ermächtigungsgrundlage den Abschluss internationaler Übereinkünfte zwar selbst nicht ausdrücklich vorsieht, aber eine **andere Primärrechtsnorm explizit** deutlich macht, dass die erstgenannte Norm auch zur Vertragsschließung ermächtigen soll. So verhält es sich z. B. bei Art. 81 AEUV über die justizielle Zusammenarbeit in Zivilsachen mit grenzüberschreitendem Bezug, der seinerseits den Abschluss internationaler Übereinkünfte durch die Union nicht eigens vorsieht. Art. 2 Satz 1 des Protokolls (Nr. 22) über die Position Dänemarks,[223] der nach Art. 51 EUV einen Bestandteil der Verträge bildet, erwähnt jedoch ausdrücklich internationale Übereinkünfte, die von der Union nach Titel V des Dritten Teils des AEUV (Raum der Freiheit, der Sicherheit und des Rechts) geschlossen werden. Diese sollen für Dänemark nicht bindend oder anwendbar sein.[224]

c) Der Abschluss einer Übereinkunft ist im Rahmen der Politik der Union erforderlich zur Verwirklichung eines Vertragsziels (Zielvariante)
aa) Formulierungsschwäche
Die deutsche Fassung dieser gewöhnlich Zielvariante genannten 2. Alternative von **91** Art. 216 Abs. 1 AEUV[225] ist vor allem **in ihrer Satzstellung verunglückt**. Wie ein Vergleich mit anderen authentischen Vertragsfassungen zeigt,[226] müsste sie folgendermaßen

---

[220] Art. 165 Abs. 3 AEUV (Bildung, Jugend und Sport); Art. 166 Abs. 3 AEUV (berufliche Bildung); Art. 167 Abs. 3 AEUV (Kultur); Art. 168 Abs. 3 AEUV (Gesundheitswesen); Art. 171 Abs. 3 AEUV (transeuropäische Netze).

[221] Art. 189 Abs. 3 AEUV (Europäische Weltraumorganisation); Art. 220 (internationale Organisationen allgemein – unter besonderer Hervorhebung bestimmter besonders wichtiger Organisationen).

[222] Für Art. 220 AEUV wird dies teilweise bestritten, z. B. von *Hummer*, in: Vedder/Heintschel von Heinegg, Europäisches Unionsrecht, Art. 216 AEUV, Rn. 17: Nur Anbahnung von Beziehungen zu internationalen Organisationen unterhalb der Ebene des Vertragsschlusses; weniger streng *Obwexer*, EuR-Beiheft 2/2012, 49 (56): Nur Abschluss von Verwaltungsabkommen unterhalb der Vollmitgliedschaft. Siehe näher die Kommentierung zu Art. 220 AEUV; ebenso *Müller-Ibold*, in: Lenz/Borchardt, EU-Verträge, Art. 216 AEUV, Rn. 11. Vgl. auch *Mögele*, in: Streinz, EUV/AEUV, Art. 216 AEUV, Rn. 26.

[223] ABl. 2012, C 326/299.

[224] Vgl. zu diesem Beispiel GA *Jääskinen*, Stellungnahme zu Gutachtenverfahren 1/13 (Haager Übereinkommen von 1980 über Kindesentführungen), ECLI:EU:C:2014:2292, Rn. 55 mit Fußnote 68.

[225] Vgl. z. B. *Mögele*, in: Streinz, EUV/AEUV, Art. 216 AEUV, Rn. 30.

[226] Ich habe die insoweit gleichlautende englische, französische, italienische, niederländische und spanische Fassung herangezogen.

formuliert sein: »[W]enn der Abschluss einer Übereinkunft entweder im Rahmen der Politiken der Union zur Verwirklichung eines der in den Verträgen festgesetzten Ziele erforderlich ... ist«. Das Tatbestandsmerkmal »im Rahmen der Politiken [nicht: Politik][227] der Union« bildet also keine gemeinsame Klammer um alle drei nachfolgenden Varianten, wie die deutsche Fassung dies nahelegt, sondern ist ein spezifisches Tatbestandsmerkmal allein der ersten Variante. Seine Aufgabe besteht darin, entsprechend der Klausel »im Rahmen der in den Verträgen festgelegten Politikbereiche« in Art. 352 Abs. 1 AEUV (Flexibilitätsklausel) den ansonsten übermäßig weiten Zielbezug jener Variante jedenfalls in gewissem Maße einzuschränken.

bb) Missglückte Kodifikation des Stilllegungsfonds-Gutachtens des EuGH

92   Die Zielvariante wird zutreffend als freilich misslungener Versuch einer Kodifikation des Stilllegungsfonds-Gutachtens des EuGH[228] angesehen. Dort hatte der Gerichtshof – wie bereits dargelegt[229] – ausgeführt, dass eine Vertragsschließungskompetenz der EWG nicht nur aus einer ausdrücklichen, sondern auch einer bloß impliziten Zuweisung durch den EWG-Vertrag erwachsen könne. Derartige implizite Zuweisungen seien in Ermächtigungsgrundlagen zum Erlass interner Rechtsakte zwecks Erreichung eines spezifischen Zieles insoweit mitenthalten, als die **Eingehung eines völkerrechtlichen Vertrages durch die Gemeinschaft erforderlich** sei, damit sie jenes Ziel erreichen könne. Im konkreten Fall ging es um die Verwirklichung von Zielen der Gemeinsamen Verkehrspolitik in Bezug auf die Rheinschifffahrt durch Abbau von Überkapazitäten, die ohne entsprechende Vereinbarungen mit der Schweiz nicht erreichbar waren.

93   Die Herleitung **impliziter Vertragsschließungskompetenzen** der E(W)G/EU aus binnengerichteten Ermächtigungsgrundlagen hängt nach dieser Rechtsprechung von zwei Voraussetzungen ab: Erstens dient die Inanspruchnahme der Ermächtigungsgrundlage einem spezifischen Vertragsziel, und zweitens kann dieses Ziel durch einen binnengerichteten Sekundärrechtsakt allein nicht erreicht werden, sondern nur, wenn gleichzeitig ein Vertrag mit einem Drittstaat abgeschlossen wird.

94   Von diesen beiden gerichtlich herausgearbeiteten Voraussetzungen der Zielvariante kommen im Text von Art. 216 Abs. 1, 2. Variante AEUV zwar die Notwendigkeit der Verfolgung eines spezifischen Vertragsziels im Rahmen einer gemeinsamen Politik und die Erforderlichkeit eines Vertragsschlusses zur Erreichung dieses spezifischen Ziels zum Ausdruck. Dass die selbstverständliche Grundlage dieser Rechtsprechung zur impliziten Außenkompetenz der EU in der (zwar regelmäßig, aber nicht notwendig) expliziten **vertraglichen Zuweisung einer parallelen Innenkompetenz** liegt, wird aber jedenfalls nicht deutlich genug gesagt. Die Wortfassung der Zielvariante erinnert auf den ersten Blick eher an eine freie Kompetenzergänzungsbefugnis entsprechend der Flexibilitätsklausel (Art. 352 Abs. 1 AEUV) als an die bloß textlich sichtbar gemachte Ableitung impliziter Außenkompetenzen aus vorhandenen Innenkompetenzen.

cc) Notwendigkeit und Angemessenheit einer restriktiven Auslegung

95   Dem Wortlaut nach wäre es möglich, die Zielvariante extensiv zu interpretieren im Sinne einer Blankoermächtigung zum Abschluss von Übereinkommen, welche als er-

---

[227] Die niederländische Fassung spricht allerdings auch von »Politik« (»beleid«) in der Einzahl.
[228] EuGH, Gutachten 1/76 vom 26.4.1977 (Stilllegungsfonds für die Binnenschiffahrt), Slg. 1976, 741, Rn. 3 f.; bestätigt u.a. im EuGH, Gutachten 1/03 vom 7.2.2006 (Übereinkommen von Lugano), Slg. 2006, I–1145, Rn. 114.
[229] S.o. Rn. 33.

forderlich erscheinen, um ein vertraglich festgelegtes Ziel zu erreichen. Dadurch würde sich diese Variante des Art. 216 Abs. 1 AEUV teilweise mit der Flexibilitätsklausel des Art. 352 Abs. 1 AEUV überschneiden – ohne erkennbare Notwendigkeit und ohne die der Flexibilitätsklausel in Art. 352 Abs. 2 bis 4 AEUV beigefügten Sicherungen[230] gegen eine zu extensive Nutzung.[231] Damit könnte sich die EU ganz entsprechend der Doktrin eines Parallelismus der Innen- und Außenkompetenzen auf dem Umweg über den Abschluss einer Übereinkunft eine entsprechende Regelungskompetenz nach innen verschaffen, ohne alle Vorgaben des Art. 352 AEUV einhalten zu müssen.[232] Dementsprechend dürfte etwa der deutsche Vertreter im Rat dem Abschluss der Übereinkunft auch zustimmen, ohne dass zuvor eine parlamentsgesetzliche Ermächtigung nach § 8 IntVG in Verbindung mit Art. 23 Abs. 1 GG in Kraft getreten ist.[233] Eine solche extensive Interpretation würde die Zielvariante zum »**Fremdkörper im Vertragsgefüge**« und alle sonstigen Varianten des Art. 216 Abs. 1 AEUV letztlich überflüssig machen.[234] Sie wäre auch mit den offensichtlichen Bemühungen des Vertrages von Lissabon unvereinbar, den Grundsatz der begrenzten Einzelermächtigung zu stärken.[235] Deshalb wird zumeist eine **einengende Auslegung der Zielvariante** versucht.[236]

Immerhin findet sich ein Anklang jener zweiten Voraussetzung des Stilllegungsfonds- **96** Gutachtens – Existenz einer (zwar regelmäßig, aber nicht notwendig expliziten) Innenkompetenz – im Vertragstext wieder. Die Verwirklichung eines Vertragsziels durch den Abschluss einer völkerrechtlichen Übereinkunft ist der EU nach der Zielvariante des Art. 216 Abs. 1 AEUV nämlich nur gestattet, wenn dieser Vertragsschluss zur Verwirklichung eines Unionsziels erforderlich ist »im Rahmen der Politik[en] der Union«. Für die Verfolgung von Zielen mittels der Durchführung von Unionspolitiken gilt indessen durchweg der Grundsatz der begrenzten Einzelermächtigung (Art. 5 Abs. 2 EUV). Dementsprechend verfolgt die Union nach Art. 3 Abs. 6 EUV ihre Ziele mit geeigneten Mitteln (im konkreten Fall mittels Übereinkünften) »entsprechend den Zuständigkeiten, die ihr in den Verträgen übertragen sind«. Der Umfang der Zuständigkeiten zu den einzelnen Politikbereichen ergibt sich aus den jeweils einschlägigen Vertragsbestimmungen (Art. 2 Abs. 6 AEUV). Indem die Zielvariante des Art. 216 Abs. 1 AEUV die EU-Vertragsschließungskompetenz in den Rahmen der Unionspolitiken einfügt, rezipiert sie das bei diesen allen **unabdingbare Erfordernis einer Binnenkompetenz** als Grundlage für die Verfolgung von Unionszielen und projiziert es in den Bereich der Außenkompetenzen.[237]

Für die hier vorgeschlagene **einengende Interpretation der Zielvariante** spricht auch **97** ihr sorgfältiger Vergleich mit der Flexibilitätsklausel in Art. 352 Abs. 1 AEUV, mit der

---

[230] Auch die einschränkenden Erklärungen Nr. 41 und Nr. 42 der Regierungskonferenz im Annex zur Schlussakte von Lissabon (ABl. 2007, C 306/262 f.) beziehen sich ausdrücklich nur auf Art. 352 AEUV.

[231] Immerhin würden Art. 218 Abs. 6 UAbs. 1, UAbs. 2 Buchst. a Ziffer v., Abs. 8 UAbs. 2 Satz 1 AEUV sicherstellen, dass der Rat den Beschluss über den Abschluss der Übereinkunft einstimmig und mit Zustimmung des Europäischen Parlaments erlassen müsste, entsprechend seinen Beschlüssen aufgrund von Art. 352 Abs. 1 AEUV, auf den allein ein entsprechender interner Rechtsakt gestützt werden könnte (anders offenbar *Pechstein*, S. 625 f.

[232] Vgl. auch *Pechstein*, S. 625 f.

[233] Allerdings wäre an eine analoge Anwendung des § 8 IntVG zu denken.

[234] *Mögele*, in: Streinz, EUV/AEUV, Art. 216 AEUV, Rn. 31; *Pechstein*, S. 625 ff.

[235] *Pechstein*, S. 626.

[236] Vgl. z. B. *Vöneky/Beylage-Haarmann*, in: Grabitz/Hilf/Nettesheim, EU, Art. 216 AEUV (August 2011), Rn. 9 ff. Siehe noch unten dd) am Ende.

[237] So auch *Mögele*, in: Streinz, EUV/AEUV, Art. 216 AEUV, Rn. 31; *Pechstein*, S. 626 f.

sie sich im Tatbestandsmerkmal »Unionszielverwirklichung im Rahmen der Unionspolitiken« überschneidet. Während die Flexibilitätsklausel aber im unmittelbaren Anschluss an dieses Tatbestandsmerkmal eine Lösung für den Ausnahmefall sucht, dass die zur Zielverwirklichung erforderlichen Kompetenzen der EU nicht vertraglich zugewiesen sind, schweigt die Zielvariante des Art. 216 Abs. 1 AEUV und nimmt damit auf den Normalfall einer vertraglich erfolgten (Binnen-) Kompetenzzuweisung Bezug. Nur in dieser restriktiven Interpretation lässt sich die Zielvariante auch bruchlos in die übrigen Varianten des Art. 216 Abs. 1 AEUV einordnen, die allesamt die Zuweisung einer (Binnen-) Kompetenz an die EU verlangen. Die 1. Variante tut dies ausdrücklich. Die beiden letzten Varianten setzen die Existenz eines verbindlichen Rechtsakts der Union (3. Variante) bzw. von gemeinsamen Vorschriften (4. Variante) voraus, die jeweils nur auf der Grundlage einer ausreichenden Binnenkompetenz wirksam erlassen worden sein können. Ansonsten wären sie wegen Missachtung des Grundsatzes der begrenzten Einzelermächtigung (Art. 5 Abs. 2 EUV) nichtig und könnten daher weder den Abschluss einer Übereinkunft seitens der EU anordnen (3. Variante) noch durch eine solche beeinträchtigt oder in ihrem Anwendungsbereich verändert werden (4. Variante).

98   Diese restriktive Interpretation der Zielvariante wird nicht zuletzt nahegelegt von der erkennbaren **Absicht** ihrer Urheber, das **Stilllegungsfonds-Gutachten des EuGH** mit seinen beiden Voraussetzungen zu **kodifizieren.**[238]

dd) Erforderlichkeit des Abschlusses der Übereinkunft zur Erreichung eines Ziels der Verträge

99   Aufgrund der Zielvariante des Art. 216 Abs. 1 AEUV darf die EU Übereinkünfte nur »zur Verwirklichung eines der in den Verträgen festgesetzten Ziele« schließen. Diese Zweckrichtung teilt die Kompetenzausübung nach dieser Vorschrift mit einer Kompetenzausübung aufgrund der Flexibilitätsklausel in Art. 352 Abs. 1 AEUV. Die **Erklärung Nr. 41 der Regierungskonferenz** im Annex zur Schlussakte von Lissabon interpretiert den Begriff der »Ziele der Verträge« in Art. 352 AEUV restriktiv.[239] Sie macht deutlich, dass die Kompetenzausübung nur zur Verwirklichung der in Art. 3 Abs. 2, 3 und 5 EUV aufgelisteten spezifischen Ziele, nicht aber der sehr allgemeinen Ziele des Art. 3 Abs. 1 EUV zulässig ist. Es liegt nahe, jene Erklärung zur näheren Eingrenzung des Tatbestandsmerkmals der »in den Verträgen festgesetzten Ziele« in der Zielvariante des Art. 216 Abs. 1 AEUV analog heranzuziehen.

100   Das wichtigste Tatbestandsmerkmal der Zielvariante besteht in dem Erforderlichkeitskriterium, das im Lichte des Stilllegungsfonds-Gutachtens Folgendes besagt: Die EU darf ohne vorherige Ausübung ihrer Innenkompetenz[240] eine völkerrechtliche Übereinkunft zur Verwirklichung eines spezifischen Vertragsziels nur schließen, wenn dieses durch einen rein binnengerichteten Sekundärrechtsakt nicht erreicht werden kann, weil notwendigerweise Drittländer oder internationale Organisationen einbezogen werden müssen, die ein Sekundärrechtsakt nicht binden würde.[241] So verstanden hat das **Erforderlichkeitskriterium** in der Zielvariante des Art. 216 Abs. 1 AEUV eine **deutlich restriktivere Wirkung** als in der Flexibilitätsklausel des Art. 352 Abs. 1 AEUV, wo

---

[238] So auch *Epiney*, ZaöRV 74 (2014), 465 (481 ff.).
[239] ABl. 2007, C 306/262.
[240] Hat die EU ihre Innenkompetenz bereits ausgeübt, so richtet sich ihre Vertragsschließungskompetenz in diesem Bereich nach der 4. Variante von Art. 216 Abs. 1 AEUV.
[241] S. o. Rn. 33.

es im Wesentlichen dem politischen Ermessen der Entscheidungsträger, insbesondere dem einstimmig beschließenden Rat überantwortet wird, selbst wenn man es als frühe Reflexion des Subsidiaritätsprinzips (Art. 5 Abs. 3 EUV) deuten will.[242] Deshalb wird das Erforderlichkeitskriterium in Art. 216 Abs. 1 AEUV teilweise auch dazu benutzt, die Zielvariante einengend zu interpretieren.[243]

Andererseits wird aus der EuGH-Rechtsprechung, die dem Stilllegungsfonds-Gutachten nachfolgt, deutlich, dass das Erforderlichkeitskriterium in der Zielvariante nur dann so streng zu verstehen ist, wenn es darum geht, die Ausschließlichkeit der EU-Außenkompetenz zu begründen, also im Rahmen des Art. 3 Abs. 2, 2. Variante AEUV,[244] nicht aber, wenn es um das bloße Bestehen einer EU-Außenkompetenz geht, wie bei Art. 216 Abs. 1, 2. Variante AEUV.[245] Im letzteren Kontext sollte das **Erforderlichkeitskriterium im Einklang mit dem effet-utile-Grundsatz** weiter verstanden werden. Erforderlich ist der Abschluss einer Übereinkunft durch die EU im Sinne der Zielvariante des Art. 216 Abs. 1 AEUV danach schon dann, wenn er der effektiven Ausübung der Innenkompetenz dient und diese sinnvoll ergänzt, um das angesteuerte Vertragsziel vollständig zu erreichen.[246] Auch für diese (nunmehr extensive) Interpretation spricht die Absicht, die einschlägige EuGH-Rechtsprechung zu kodifizieren.[247]   **101**

d) Der Abschluss einer Übereinkunft ist in einem verbindlichen Rechtsakt der EU vorgesehen (Rechtsaktvariante)

Bereits im AETR-Urteil hatte der EuGH dargelegt, dass sich »aus anderen [als der E(W)G/EU ausdrücklich Vertragsschließungsbefugnisse einräumenden] Vertragsbestimmungen und aus in ihrem Rahmen ergangenen Rechtsakten der Gemeinschaftsorgane« implizite Kompetenzen zum Abschluss von Übereinkünften ergeben können.[248] Die 2. Alternative dieser Aussage wird in der 3. Variante von Art. 216 Abs. 1 AEUV (sog. Rechtsaktvariante[249]) kodifiziert; das **AETR-Urteil bildet deren Interpretationshintergrund.** Aus der nachfolgenden Rechtsprechung wird deutlich, dass der interne Rechtsakt den Abschluss einer Übereinkunft nicht notwendig ausdrücklich vorsehen muss. Es genügt beispielsweise, dass er Klauseln über die Behandlung von Drittstaatsangehörigen[250] oder von Unternehmen unter ausländischer Kontrolle[251] enthält, deren Anwendung Vereinbarungen mit den betreffenden Heimatstaaten nahelegt.   **102**

Schon aus der Formulierung der vorstehenden Passage des AETR-Urteils[252] wird ohne weiteres deutlich, dass sich die EU natürlich nicht selbst im Sekundärrechtswege nach   **103**

---

[242] Vgl. *Geiss*, in: Schwarze, EU-Kommentar, Art. 352 AEUV, Rn. 17; *Vedder*, in: Vedder/Heintschel von Heinegg, Europäisches Unionsrecht, Art. 352 AEUV, Rn. 12.

[243] Vgl. z. B. *Terhechte*, in: Schwarze, EU-Kommentar, Art. 216 AEUV, Rn. 7.

[244] S. dazu u. Rn. 138.

[245] GA *Tizzano*, Schlussanträge zu Rs. C–466/98 (Kommission/Vereinigtes Königreich), Slg. 2002, I–9427, Rn. 49 ff. unter Hinweis auf EuGH, Gutachten 2/92 vom 24.3.1995 (OECD), Slg. 1995, I–521, Rn. 32; Gutachten 1/94 vom 15.11.1994 (WTO), Slg. 1994, I–5267, Rn. 85.

[246] Vgl. *Vöneky/Beylage-Haarmann*, Grabitz/Hilf/Nettesheim, EU, Art. 216 AEUV (August 2011), Rn. 11.

[247] *Epiney*, ZaöRV 74 (2014), 465 (482 f.).

[248] Fn. 61, Rn. 15/19. Aufgenommen in EuGH, Gutachten 1/94 vom 15.11.1994 (WTO), Slg. 1994, I–5267, Rn. 95; Gutachten 2/92 vom 24.3.1995 (OECD), Slg. 1995, I–521, Rn. 33.

[249] Vgl. etwa *Mögele*, in: Streinz, EUV/AEUV, Art. 216 AEUV, Rn. 34.

[250] EuGH, Gutachten 1/94 vom 15.11.1994 (WTO), Slg. 1994, I–5267, Rn. 95.

[251] EuGH, Gutachten 2/92 vom 24.3.1995 (OECD), Slg. 1995, I–521, Rn. 33.

[252] »… aus *in ihrem Rahmen* ergangenen Rechtsakten« (Hervorhebung ergänzt).

Gutdünken Vertragsschließungskompetenzen zuweisen kann. Sie hat in diesem Kontext ebenso wenig eine Kompetenzkompetenz wie sonst. Vielmehr bleibt Grundlage der impliziten Außenkompetenzen auch in der 3. Variante des Art. 216 Abs. 1 AEUV letztlich die der EU **vertraglich zugewiesene Innenkompetenz**, auf der auch der »verbindliche Rechtsakt der Union« fußt, welcher den Abschluss der Übereinkunft dann konkret vorsieht. Primärrechtliche Basisnorm und konkretisierende sekundärrechtliche Ausführungsnorm tragen den Vertragsschluss durch die EU aber nur gemeinsam; denn die Basisnorm als solche gewährt der Union noch keine Außenkompetenz.[253]

104   Durch Interpretation der infolgedessen stets erforderlichen vertraglichen Ermächtigungsgrundlage für das Handeln nach innen ist jeweils zu klären, ob diese den Sekundärrechtsetzer auch dazu ermächtigt, den Abschluss einer Übereinkunft nach außen vorzusehen.[254] Sollte dies zu verneinen sein, wäre der Sekundärrechtsakt insoweit nichtig und könnte dann den Abschluss der Übereinkunft nicht autorisieren. Folglich wäre der entsprechende Ratsbeschluss nach Art. 218 Abs. 6 AEUV wegen Verstoßes gegen das Prinzip der begrenzten Einzelermächtigung (Art. 5 Abs. 2 EUV) ebenfalls nichtig. Ebenso ist es eine Frage der **Interpretation der einschlägigen Vertragsvorschrift**, ob sie bereits von sich aus die EU zur Vertragsschließung berechtigt (so dass die 1. Variante des Art. 216 Abs. 1 AEUV einschlägig ist) oder nur dazu, einen Sekundärrechtsakt zu erlassen, der dann im Sinne der 3. Variante seinerseits eine solche Außenkompetenz begründet.[255]

105   Nur **verbindliche Rechtsakte der Union** auf in diesem Sinne ausreichender vertraglicher Kompetenzgrundlage vermögen die erforderlichen Außenkompetenzen der EU zu begründen, also vor allem Verordnungen,[256] Richtlinien und Beschlüsse, nicht jedoch Empfehlungen und Stellungnahmen.[257] Zu den verbindlichen Rechtsakten zählen auch Ratsbeschlüsse nach Art. 218 Abs. 6 AEUV über den Abschluss bindender Übereinkünfte, die ihrerseits im Sinne eines pactum de contrahendo oder auch nur eines pactum de negotiando den Abschluss weiterer Übereinkünfte etwa zur Regelung von Details der Basisübereinkunft vorsehen.[258]

[253] EuGH, Urt. v. 5.11.2002, Rs. C–475/98 (Kommission/Österreich), Slg. 2002, I–9797, Rn. 65 f.; *Vöneky/Beylage-Haarmann*, in: Grabitz/Hilf/Nettesheim, EU, Art. 216 AEUV (August 2011), Rn. 12.

[254] Vgl. auch *Pechstein*, S. 627 f.

[255] Vgl. EuGH, Urt. v. 5.11.2002, Rs. C–476/98 (Open Skies), Slg. 2002, I–9855, Rn. 80 ff.: Art. 84 Abs. 2 EGV (jetzt Art. 100 Abs. 2 AEUV) verleihe selbst der EG keine Kompetenz zum Abschluss von Luftverkehrsübereinkommen; eine solche könne aber durch den in dieser Bestimmung vorgesehenen Sekundärrechtsakt begründet werden.

[256] Bsp.: Art. 7 Abs. 2 der VO (EU) Nr. 1291/2013 vom 11.12.2013 (ABl. 2013, L 347/104).

[257] Art. 288 AEUV.

[258] Vgl. als Beispiel Art. 5 ff. des Protokolls zum Europa-Mittelmeer-Abkommen zwischen der EG und ihren Mitgliedstaaten und Israel über ein Rahmenabkommen zwischen der EG und Israel über die allgemeinen Grundsätze für die Teilnahme Israels an den Programmen der Gemeinschaft vom 15.4.2008 (ABl. 2008, L 129/40). Siehe allgemein *Owada*, Pactum de contrahendo, pactum de negotiando, in: Wolfrum (ed.), MPEPIL, online edition.

e) Der Abschluss einer Übereinkunft könnte gemeinsame Vorschriften beeinträchtigen oder deren Anwendungsbereich ändern (Beeinträchtigungsvariante)[259]

Auch diese 4. Variante versucht, eine Aussage des AETR-Urteils zu kodifizieren, die im **106** unmittelbaren Anschluss an die vorstehend zur 3. Variante zitierte[260] folgt: Wo die Gemeinschaft gemeinsame Rechtsnormen erlassen habe, seien die Mitgliedstaaten weder einzeln noch gemeinsam handelnd berechtigt, mit dritten Staaten Übereinkünfte abzuschließen, welche diese Normen beeinträchtigen könnten. Nur die Gemeinschaft könne in diesen Bereichen noch vertragliche Verpflichtungen nach außen übernehmen und erfüllen.[261] Diese Schlussfolgerung stützte der EuGH auf den Grundsatz der loyalen Zusammenarbeit in Art. 5 EWGV (jetzt Art. 4 Abs. 3 EUV). Er zielt letztlich auf den **Schutz der Wirksamkeit (effet utile) des Sekundärrechts** vor mitgliedstaatlichen Störmanövern im Völkerrechtsraum ab.[262]

Später machte der Gerichtshof deutlich, dass diese (ausschließliche) Außenzustän- **107** digkeit der EU nicht nur dann entsteht, wenn die beeinträchtigten gemeinsamen Vorschriften zur Verwirklichung einer vertraglich vorgesehenen gemeinsamen Politik erlassen worden sind,[263] sondern ebenso bei Sekundärrecht auf anderen Gebieten.[264] Überdies stellte er klar, dass eine Beeinträchtigung von E(W)G/EU-Vorschriften auch in der **Änderung ihrer Tragweite** liegen könne.[265]

Vor diesem Hintergrund ist die 4. Variante des Art. 216 Abs. 1 AEUV **offenkundig** **108** **falsch formuliert, so dass sie berichtigend ausgelegt werden muss.** Denn die Kompetenz der EU zum Abschluss einer Übereinkunft soll selbstverständlich nicht entstehen, wenn ebendieser Abschluss seinerseits gemeinsame Vorschriften beeinträchtigen oder deren Anwendungsbereich ändern könnte. Vielmehr soll der EU eine (ausschließliche) Vertragsschließungskompetenz immer dann zuwachsen, wenn der Abschluss eines entsprechenden Vertrages durch die Mitgliedstaaten derartige abträgliche Auswirkungen auf vorhandenes Sekundärrecht hätte.[266]

Im »**Open Skies**«-**Urteil** hat der EuGH seine bisherige Rechtsprechung, die der 4. **109** Variante des Art. 216 Abs. 1 AEUV zugrunde liegt, folgendermaßen zusammengefasst: Die EU erwirbt aufgrund der Ausübung ihrer internen Zuständigkeit eine (ausschließliche) Außenkompetenz, »wenn die völkerrechtlichen Verpflichtungen in den Anwendungsbereich der gemeinsamen Rechtsnormen fallen … oder jedenfalls ein Gebiet erfassen, das bereits weitgehend von solchen Rechtsnormen erfasst ist … Im letztgenannten Fall hat der Gerichtshof entschieden, dass die Mitgliedstaaten außerhalb des Rahmens der Gemeinschaftsorgane völkerrechtliche Verpflichtungen nicht eingehen können, auch wenn kein Widerspruch zwischen diesen Verpflichtungen und den Gemeinschaftsvorschriften besteht … Dies gilt … auch dann, wenn die Gemein-

---

[259] In der Literatur wird stattdessen regelmäßig von »AETR-Variante« gesprochen (z.B. von *Mögele*, in: Streinz, EUV/AEUV, Art. 216 AEUV, Rn. 35; *Pechstein*, S. 619, 628), doch könnte man diese Bezeichnung auch für die 3. Variante verwenden. Sie erscheint deshalb nicht unterscheidungskräftig genug.

[260] S. o. Rn. 102.

[261] EuGH, Urt. v. 31.3.1971, Rs. 22/70 (AETR), Slg. 1971, 263, Rn. 15 ff. Aufgenommen in EuGH, Gutachten 1/94 vom 15.11.1994 (WTO), Slg. 1994, I–5267, Rn. 96.

[262] Vgl. *Mögele*, in: Streinz, EUV/AEUV, Art. 216 AEUV, Rn. 35.

[263] So noch EuGH, Urt. v. 31.3.1971, Rs. 22/70 (AETR), Slg. 1971, 263, Rn. 15/19.

[264] EuGH, Gutachten 2/91 vom 19.3.1993 (ILO-Konvention Nr. 170), Slg. 1993, I–1061, Rn. 11.

[265] Ebd.

[266] So die allg. Meinung (vgl. nur *Mögele*, in: Streinz, EUV/AEUV, Art. 216 AEUV, Rn. 36; *Pechstein*, S. 628; *Lachmayer/von Förster*, in: GSH, Europäisches Unionsrecht, Art. 216 AEUV, Rn. 11).

schaft eine vollständige Harmonisierung auf einem bestimmten Gebiet verwirklicht hat …«[267]

110   In zwei Fallkonstellationen hat der EuGH eine ausschließliche Zuständigkeit der EG/EU zum Vertragsschluss definitiv abgelehnt: Die erste Fallkonstellation liegt vor, wenn sowohl die Sekundärrechtsbestimmungen als auch die Bestimmungen des völkerrechtlichen Überkommens nur den Charakter von Mindestvorschriften haben. Denn dann kann weder das Übereinkommen der vollen Anwendung des Gemeinschafts-/Unionsrechts durch die Mitgliedstaaten entgegenstehen noch das Sekundärrecht der Anwendung evtl. strengerer Standards des Übereinkommens.[268] Die zweite Fallkonstellation liegt vor, wenn bilaterale Abkommen der Mitgliedstaaten lediglich die Gefahr von Verzerrungen des Dienstleistungsflusses im Binnenmarkt hervorrufen. Denn dagegen können die Organe in Sekundärrechtsakten konzertierte Aktionen gegenüber Drittstaaten vorsehen oder den Mitgliedstaaten ein bestimmtes Verhalten in ihren Außenbeziehungen vorschreiben.[269] Die EU kann in diesen Fällen also **Beeinträchtigungen ihrer internen Rechtsakte** aus eigener Kraft **abwehren**, ohne dass die völkerrechtliche Handlungsfreiheit der Mitgliedstaaten beschränkt werden müsste. In Bezug auf Luftverkehrsabkommen hat die EG dies im Nachgang zu den Open-Skies-Entscheidungen des EuGH im Verordnungswege getan.[270]

4. Die EU als Funktionsnachfolgerin ihrer Mitgliedstaaten

111   Da die Vertragsschließungskompetenzen der EU zum Teil von der Ausübung von Innenkompetenzen durch die Organe abhängen,[271] können sie sich auch ohne Änderung des Primärrechts ausweiten und zu ausschließlichen Zuständigkeiten erstarken. Dies bedeutet, dass die Mitgliedstaaten gestern in einem Bereich völlig rechtmäßig völkerrechtliche Verträge geschlossen haben, für den heute die EU ausschließlich zuständig ist, so dass fortan auch allein diese die Vertragspflichten erfüllen kann. Teilweise wird auf solche **nachträglichen Kompetenzzuwächse der EU** Art. 351 AEUV analog angewendet.[272]

112   Davon abgesehen lässt sich aus der **Grundpflicht zur loyalen Zusammenarbeit** in Art. 4 Abs. 3 EUV ableiten, dass EU und Mitgliedstaaten mit vereinten Kräften darauf hinwirken müssen, die völkerrechtliche Bindung nach außen mit der aktuellen internen Zuständigkeitsverteilung zur Deckung zu bringen. Dies kann die Pflicht beinhalten, sich gemeinsam für die Einbeziehung der Union in völkerrechtliche Verträge oder ihren Beitritt zu internationalen Organisationen einzusetzen. Häufig müssen zunächst entsprechende Öffnungsklauseln in die Verträge bzw. Satzungen der internationalen Organisationen eingefügt werden, um den Beitritt einer Organisation wie der EU zu ermöglichen. All dies lässt sich nur im Konsens mit den übrigen Vertragsparteien erreichen.[273]

---

[267]EuGH, Urt. v. 5.11.2002, Rs. C–476/98 (Open Skies), Slg. 2002, I–9855, Rn. 108, 110.

[268]EuGH, Gutachten 2/91 vom 19.3.1993 (ILO-Übereinkommen Nr. 170), Slg. 1993, I–1061, Rn. 18; Gutachten 1/03 vom 7.2.2006 (Übereinkommen von Lugano), Slg. 2006, I–1145, Rn. 123.

[269]EuGH, Urt. v. 5.11.2002, Rs. C–476/98 (Open Skies), Slg. 2002, I–9855, Rn. 111f.; Gutachten 1/03 vom 7.2.2006 (Übereinkommen von Lugano), Slg. 2006, I–1145, Rn. 123.

[270]Verordnung (EG) Nr. 854/2004 vom 29.4.2004 über die Aushandlung und Durchführung von Luftverkehrsabkommen zwischen Mitgliedstaaten und Drittstaaten (ABl. 2004, L 157/7).

[271]Dies gilt für die Rechtsaktvariante (3. Variante) und die Beeinträchtigungsvariante (4. Variante) des Art. 216 Abs. 1 AEUV.

[272]Siehe dazu die Kommentierung von Art. 351 AEUV, Rn. 93 ff.

[273]*Kokott*, in: Streinz, EUV/AEUV, Art. 220 AEUV, Rn. 5 ff.

a) Übernahme mitgliedstaatlicher Verträge durch die EU

Der beste Weg zur Erreichung einer solchen Kongruenz besteht darin, **die EU als Funk-**   **113**
tionsnachfolgerin ihrer Mitgliedstaaten an deren Stelle in den Vertrag eintreten zu lassen.[274] Dies kann durch förmliche Vertragsänderung bewerkstelligt werden, an der die
Mitgliedstaaten, die EU und die dritten Parteien der Übereinkunft gemeinsam mitwirken müssen. Dadurch entsteht von einem näher zu definierenden Zeitpunkt an die
völkervertragliche Verpflichtung der EU nach außen, während gleichzeitig die völkervertraglichen Verpflichtungen der Mitgliedstaaten beendet werden.

Aber auch ein **informeller Eintritt** ist denkbar: So ist die EWG in den sechziger Jahren   **114**
anstelle ihrer Mitgliedstaaten kraft Funktionsnachfolge de facto GATT-Mitglied geworden, und zwar im Konsens aller Beteiligten.[275] Mit dem Inkrafttreten des Vertrages von
Lissabon am 1.12.2009 ist die Zuständigkeit für das WTO-Übereinkommen, das noch
als gemischtes Abkommen abgeschlossen werden musste,[276] nahezu vollständig auf die
EU übergegangen.[277] Die eigenständige WTO-Mitgliedschaft der Mitgliedstaaten ist seither eine weitestgehend leere Hülse,[278] wenngleich sie formal fortbesteht.[279] Eine völker-
oder unionsrechtliche Verpflichtung der Mitgliedstaaten zur Aufgabe ihrer Mitgliedschaft besteht nicht.[280]

Demgegenüber ist die Gemeinschaft nicht kraft Funktionsnachfolge in das MARPOL-   **115**
Übereinkommen 73/78 eingetreten, weil sie die **diesbezüglichen Zuständigkeiten der**
Mitgliedstaaten nicht vollständig übernommen hatte.[281] Aus demselben Grund ist die EU
auch nicht anstelle ihrer Mitgliedstaaten an das Chicagoer Abkommen über die Internationale Zivilluftfahrt[282] gebunden,[283] und ebenso wenig an das Abkommen vom
12.10.1929 zur Vereinheitlichung von Regeln über die Beförderung im internationalen
Luftverkehr in der durch die vier Zusatzprotokolle von Montreal vom 25. September
1975 geänderten Fassung (Warschauer Abkommen).[284]

Ausnahmsweise kann eine Übereinkunft zwischen einigen, aber nicht allen Mitglied-   **116**
staaten, der die EU nicht direkt beigetreten und in die sie auch nicht als Funktionsnachfolgerin ihrer Mitgliedstaaten eingetreten ist, **in der Union mittelbare Wirkungen ent-**
falten, obwohl sie als solche keinen Bestandteil der Unionsrechtsordnung bildet. Das gilt
dann, wenn ein völkerrechtlicher Vertrag der EU auf jene Übereinkunft in dem Sinne

---

[274] Eingehend *Schütze*, The ›Succession Doctrine‹ and the European Union, in: Arnull et al. (eds.),
A Constitutional Order of States? Essays in EU Law in Honour of Alan Dashwood, 2011, S. 459
(475 ff.).

[275] EuGH, Urt. v. 12.12.1972, verb. Rs. 21/72–24/72 (International Fruit Company), Slg. 1972,
1219, Rn. 10 ff.; *Oppermann/Classen/Nettesheim*, Europarecht, § 40 Rn. 36.

[276] EuGH, Gutachten 1/94 vom 15.11.1994 (WTO), Slg. 1994, I–5267.

[277] *Hahn*, in: Calliess/Ruffert, EUV/AEUV, Art. 207 AEUV, Rn. 76 f., 122; *Wölker*, EuR-Beiheft
2/2012, 125 (126 f.).

[278] Zur praktischen Wahrnehmung der Mitgliedschaftsrechte vgl. *Kadelbach*, EnzEuR, Bd. 10, § 4,
Rn. 69.

[279] Vgl. aber BVerfGE 123, 267 (418 f.): Verhandlungen über multilaterale Handelsbeziehungen
nach Art. III:2 WTO könnten zukünftig dazu führen, dass wieder Bereiche, die noch in mitgliedstaatlicher Zuständigkeit liegen, in die WTO einbezogen werden und deren WTO-Mitgliedschaft wieder
materiellen Inhalt gewinnt.

[280] *Wölker*, EuR-Beiheft 2/2012, 125 (127 ff.).

[281] EuGH, Urt. v. 3.6.2008, Rs. C–308/06 (Intertanko), Slg. 2008, I–4057, Rn. 48 f. m.w.N.

[282] Vom 7.12.1944 (konsolidierte Fassung in Sartorius II Nr. 399).

[283] EuGH, Urt. v. 21.12.2011, Rs. C–366/10 (Air Transport Association of America), Slg. 2011,
I–13755, Rn. 62 ff.

[284] EuGH, Urt. v. 22.10.2009, Rs. C–301/08 (Bogiatzi), Slg. 2009, I–10185, Rn. 25 ff.

Bezug nimmt, dass er die aus ihr erwachsenden mitgliedstaatlichen Verpflichtungen nicht beeinträchtigen soll. In einem solchen Fall sind Sekundärrechtsakte auch im Lichte jener Übereinkunft zu interpretieren.[285]

b) Bilaterale Investitionsschutzabkommen der Mitgliedstaaten

117   Der aktuell wichtigste Bereich der Funktionsnachfolgeproblematik betrifft die zahlreichen bilateralen Investitionsschutzabkommen (BITs), welche die Mitgliedstaaten teils vor ihrem EU-Beitritt, teils danach mit Drittstaaten abgeschlossen haben. Die entsprechende Kompetenz lag vor dem Inkrafttreten des Vertrags von Lissabon am 1.12.2009 großenteils bei den Mitgliedstaaten.[286] Seither jedoch erstreckt sich die gemeinsame Handelspolitik der EU, die gemäß Art. 3 Abs. 1 Buchst. e AEUV in die ausschließliche Zuständigkeit der Union fällt und gemäß Art. 207 Abs. 3 AEUV auch die vertragliche Handelspolitik umfasst, nach der ausdrücklichen Anordnung in Art. 207 Abs. 1 Satz 1 AEUV auf die ausländischen Direktinvestitionen.[287] Seither ist daher **ausschließlich die Union befugt, mit Drittstaaten Verträge über Direktinvestitionen einzugehen**. Enthalten solche Verträge außerdem Bestimmungen jenseits der EU-Zuständigkeit, müssen sie als gemischte Abkommen unter Mitbeteiligung der Mitgliedstaaten abgeschlossen werden. Ob dies schon dann gilt, wenn der Vertrag (wie regelmäßig) auch Portfolioinvestitionen umfasst, ist umstritten.[288]

118   Soweit daher die vorgenannten bilateralen Investitionsschutzabkommen der Mitgliedstaaten Regelungen über Direktinvestitionen enthalten, liegt ein Fall der Funktionsnachfolge seitens der EU vor. Aus völkerrechtlicher Perspektive gelten diese Abkommen fort, weil den dritten Vertragspartnern der Zuständigkeitsübergang auf die EU als res inter alios acta nicht entgegengehalten werden kann.[289] Die EU tritt also nicht automatisch in alle diese BITs ein. Eine Funktionsnachfolge im oben beschriebenen Sinne[290] scheidet aus, weil eine solche nur in Bezug auf einen Vertrag in Frage kommt, an dem alle Mitgliedstaaten beteiligt sind.[291] Die EU plant indessen, **mitgliedstaatliche BITs schrittweise durch EU-Übereinkünfte zu ersetzen**.[292] Jedenfalls wenn das EU-BIT als

---

[285] *Kuijper*, S. 589 (606) unter Hinweis auf EuGH, Urt. v. 15.3.2012, Rs. C–135/10 (SCF), ECLI: EU:C:2012:140, Rn. 49 f.

[286] *Hahn*, in: Calliess/Ruffert, EUV/AEUV, Art. 207 AEUV, Rn. 23.

[287] Zur restriktiven Interpretation dieses Begriffs im Sinne von Investitionen zwecks Ausübung maßgeblichen Einflusses auf die Geschäftsführung des Investitionsobjekts unter Ausklammerung von Portfolioinvestitionen zwecks bloßer Geldanlage vgl. *Hahn* (vorige Fn.), Art. 207 AEUV, Rn. 24 f.; vgl. aber auch *Hoffmeister/Ünüvar*, From BITS and Pieces towards European Investment Agreements, in: Bungenberg/Reinisch/Tietje (eds.), EU and Investment Agreements, 2013, S. 57 (66 f.); *Hoffmeister*, ZEuS 16 (2013), 385 (390).

[288] Dafür *Tietje*, Die Außenwirtschaftsverfassung der EU nach dem Vertrag von Lissabon, 2009, S. 16 f., http://www.wirtschaftsrecht.uni-halle.de/sites/default/files/altbestand/Heft83.pdf (19.9. 2016). Dagegen *Bings*, Neuordnung der Außenhandelskompetenzen der Europäischen Union durch den Reformvertrag von Lissabon, 2014, S. 63 ff.; *Pernice*, Study on International Investment Protection Agreements and EU Law, in: European Parliament, Directorate-General for External Policies – Policy Department, Investor-State Dispute Settlement (ISDS) Provisions in the EU's International Investment Agreements, Vol. 2, S. 132 (135), http://www.europarl.europa.eu/RegData/etudes/ STUD/2014/534979/EXPO_STU%282014%29534979%28ANN01%29_EN.pdf (19.9.2016).

[289] *Hahn*, in: Calliess/Ruffert, EUV/AEUV, Art. 207 AEUV, Rn. 83 unter Hinweis auf die (analoge) Anwendbarkeit des Art. 351 AEUV bei Kompetenzverschiebungen auf die EU.

[290] S. o. Rn. 113 ff.

[291] EuGH, Urt. v. 24.6.2008, Rs. C–188/07 (Commune de Mesquer), Slg. 2008, I–4501, Rn. 85.

[292] Zu den dabei zu überwindenden EU-rechtlichen Problemen siehe im Einzelnen *Pernice*, Study on International Investment Protection Agreements and EU Law, in: Directorate-General for External

gemischtes Abkommen unter Beteiligung auch sämtlicher Mitgliedstaaten abgeschlossen wird, kann es das Erlöschen der vorausliegenden mitgliedstaatlichen BITs mit dem jeweiligen Drittstaat anordnen.[293] Möglicherweise könnte dies auch ein reines EU-Abkommen tun, weil die EU den betreffenden Mitgliedstaaten gegenüber nunmehr ausschließlich zuständig ist und der Zuständigkeitswechsel dem Drittstaat gegenüber offengelegt wird.

Zur Überbrückung der Zwischenphase ist auf der Grundlage von Art. 207 Abs. 2 AEUV die **Verordnung (EU) Nr. 1219/2012 zur Einführung einer Übergangsregelung für bilaterale Investitionsschutzabkommen zwischen den Mitgliedstaaten und Drittländern** erlassen worden,[294] die für Rechtssicherheit sorgen soll. Darin ist im Wesentlichen vorgesehen, dass die Mitgliedstaaten der Kommission alle ihre vor dem 1. 12. 2009 bzw. vor ihrem späteren EU-Beitritt unterzeichneten BITs mit Drittländern notifizieren, die sie aufrechterhalten oder in Kraft treten lassen möchten (Art. 2).[295] So notifizierte BITs dürfen aufrechterhalten werden oder in Kraft treten, bis ein BIT der EU mit demselben Drittland in Kraft tritt (Art. 3). **119**

Die Kommission überprüft allerdings nicht die inhaltliche Vereinbarkeit aller notifizierten mitgliedstaatlichen BITs mit dem EU-Recht. Dementsprechend weist Art. 3 der Verordnung auch ausdrücklich darauf hin, dass die Befugnis der Mitgliedstaaten zur Aufrechterhaltung oder Inkraftsetzung von BITs nur »nach Maßgabe des AEUV« besteht. Soweit ein mitgliedstaatliches BIT daher Bestimmungen enthält, die mit dem EU-Recht inhaltlich unvereinbar sind, muss der betreffende Mitgliedstaat nach Art. 4 Abs. 3 EUV für die umgehende Bereinigung der Unvereinbarkeit sorgen. Die Mitgliedstaaten und die Kommission müssen zusammenarbeiten, um schwerwiegende **Hindernisse zu beseitigen, die sich aus vorhandenen mitgliedstaatlichen BITs für die Aushandlung oder den Abschluss eines EU-BIT** ergeben (Art. 5, 6 der Verordnung). Vorgesehen ist weiterhin, dass die Kommission unter bestimmten Bedingungen Mitgliedstaaten ermächtigen kann, Verhandlungen mit einem Drittland aufzunehmen, um ein bestehendes BIT zu ändern oder ein neues abzuschließen (Art. 8–11 der Verordnung).[296] **120**

5. Actus-Contrarius-Grundsatz

Der Actus-Contrarius-Grundsatz gilt in Bezug auf die Außenkompetenzen dergestalt, dass die Zuständigkeit zum Eingehen von vertraglichen Verpflichtungen spiegelbildlich die Zuständigkeit zur Aufgabe oder Einschränkung solcher Verpflichtungen einschließt.[297] Kann daher die **EU nur gemeinsam mit den Mitgliedstaaten einen bestimmten Vertrag abschließen**, so erstreckt sich die gemischte Zuständigkeit auch auf solche Änderungen dieses Vertrages, die zu Einschränkungen der Vertragspflichten führen. Dies gilt selbst dann, wenn die Übereinkunft hierfür ein besonderes (evtl. vereinfachtes) Verfahren vorsieht. Die EU kann folglich die Mitgliedstaaten ohne deren Mitwirkung **121**

Policies of the Union, Directorate B – Policy Department, Investor-State Dispute Settlement (ISDS) Provisions in the EU's International Investment Agreements, Volume 2, September 2014, S. 132 ff., http://www.whi-berlin.eu/tl_files/documents/CETA%20und%20TTIP/ISDS%20Volume%202%20Studies.pdf (19. 9. 2016).

[293] Vgl. Art. 54 Buchst. b WÜRV I.

[294] Vom 12. 12. 2012, ABl. 2012, L 351/40.

[295] Die Notifikation musste bis zum 8. 2. 2013 bzw. innerhalb von 30 Tagen nach dem späteren EU-Beitritt des Mitgliedstaats eingehen.

[296] Näher *Strik*, S. 166 ff.

[297] EuGH, Gutachten 1/08 vom 30. 11. 2009 (GATS), Slg. 2009, I–11129, Rn. 129.

auch nicht von Vertragspflichten »entlasten«, obwohl dies möglicherweise in deren objektiven Interesse liegt.

E. Ausschließliche Zuständigkeit der EU zur Vertragsschließung

I. Grundsätze der Zuständigkeitsverteilung

122 Nach der Grundregel des Art. 4 Abs. 1 AEUV teilt die Union ihre Zuständigkeit mit den Mitgliedstaaten, wenn die Verträge ihr nicht eine ausschließliche Zuständigkeit nach Art. 3 AEUV oder eine Unterstützungs-, Koordinierungs- oder Ergänzungszuständigkeit nach Art. 6 AEUV übertragen. Dementsprechend **teilt die EU auch ihre Außenkompetenzen grundsätzlich mit den Mitgliedstaaten**. Allerdings charakterisieren die Verträge die EU-Vertragsschließungskompetenzen bereitwilliger als ausschließlich denn sonstige Kompetenzen; dafür gibt es die spezielle Vorschrift des Art. 3 Abs. 2 AEUV.

123 Zumeist geht es auch in der einschlägigen EuGH-Rechtsprechung nicht um die Vertragsschließungskompetenz der EU als solche, sondern um deren Exklusivität. In den Entscheidungen des Gerichtshofs steht also nicht die Frage im Vordergrund, ob die EU überhaupt Übereinkommen auf einem bestimmten Gebiet abschließen darf, sondern ob sie dafür unter Ausschluss der Mitgliedstaaten allein zuständig ist. **Die Abschlusskompetenz der EU bildet daher für den EuGH regelmäßig nur eine Vorfrage zur eigentlichen Frage ihrer ausschließlichen Außenzuständigkeit**, wobei sich die Verfahrensbeteiligten über die bejahende Antwort auf die Vorfrage oft sogar einig sind.

124 Besteht eine ausschließliche Außenkompetenz der EU, dürfen die Mitgliedstaaten Übereinkünfte mit Drittstaaten nur abschließen, wenn sie von der Union hierzu ermächtigt werden. Anderenfalls verstoßen sie gegen ihre Pflichten aus den Verträgen und setzen sich einem Vertragsverletzungsverfahren (Art. 258 AEUV) aus.[298] Im Gegensatz zum E(W)GV/AEUV sieht der **EAG-Vertrag in Art. 103** seit jeher vor, dass die Mitgliedstaaten der Kommission ihre Entwürfe von Abkommen und Vereinbarungen mit einem dritten Staat, einer zwischenstaatlichen Einrichtung oder einem Drittstaatsangehörigen mitzuteilen haben, soweit diese Abkommen und Vereinbarungen den Anwendungsbereich des EAGV berühren. Erhebt die Kommission Einwände, die sowohl kompetenzieller als auch inhaltlicher Art sein können, kann der Mitgliedstaat das beabsichtigte Abkommen oder die beabsichtigte Vereinbarung erst schließen, wenn er diese Bedenken entweder beseitigt hat oder wenn er eine Dringlichkeitsentscheidung des EuGH herbeigeführt und dieser entsprochen hat.[299]

125 Der AEUV regelt die Ausschließlichkeitsfrage nicht in Art. 216 AEUV mit, sondern im Allgemeinen Teil über die Grundsätze der Zuständigkeitsverteilung zwischen Union und Mitgliedstaaten (Verbandskompetenz), nämlich in Art. 3 AEUV. Die dortige **Liste der ausschließlichen Unionszuständigkeiten gilt als abschließend**.[300] Da Art. 216 Abs. 1 AEUV und Art. 3 AEUV nicht gut aufeinander abgestimmt sind, wirft ihr Verhältnis etliche Probleme auf.

---

[298] Vgl. z. B. EuGH, Urt. v. 5. 11. 2002, Rs. C–476/98 (Open Skies), Slg. 2002, I–9855.

[299] Beispiel für eine solche Dringlichkeitsentscheidung: EuGH, Beschl. vom 14. 11. 1978, 1/78, Slg. 1978, 2151.

[300] *Streinz/Mögele*, in: Streinz, EUV/AEUV, Art. 3 AEUV, Rn. 1.

In der Erklärung (Nr. 36) zu Art. 218 AEUV über die Aushandlung und den Abschluss internationaler Übereinkünfte betreffend den Raum der Freiheit, der Sicherheit und des Rechts durch die Mitgliedstaaten betätigt die Konferenz, dass die Mitgliedstaaten in den Bereichen des Dritten Teils Titel V Kapitel 3, 4 und 5 AEUV Übereinkünfte mit Drittländern oder internationalen Organisationen schließen können, »sofern diese Übereinkünfte mit dem Unionsrecht im Einklang stehen.«[301] Diese Erklärung bringt damit die Selbstverständlichkeit zum Ausdruck, dass die Mitgliedstaaten die Grundsätze über die Zuweisung der ausschließlichen Abschlusskompetenz an die EU, wie sie sich aus dem AEUV und der einschlägigen Rechtsprechung ergeben, beachten müssen.[302]   **126**

Liest man Art. 3 Abs. 2 AEUV im Zusammenhang des Art. 216 Abs. 1 AEUV, so kann die dort angeordnete ausschließliche Unionszuständigkeit nur für den Abschluss von Verträgen mit Drittstaaten bestehen. Die Mitgliedstaaten werden dann durch Art. 3 Abs. 2 AEUV von vornherein nicht gehindert, untereinander Verträge einzugehen, wie etwa den ESM-Vertrag.[303] Der EuGH hat diese Vorschrift allerdings extensiver in dem Sinne interpretiert, dass er die **Mitgliedstaaten auch am Abschluss völkerrechtlicher Verträge untereinander hindert**, die gemeinsame Regeln beeinträchtigen oder deren Tragweite verändern könnten.[304] Diese sicherlich zutreffende Rechtsfolge sollte besser aus Art. 4 Abs. 3 AEUV abgeleitet werden. Man kann auch aus Art. 350 AEUV den Umkehrschluss ziehen, dass die Mitgliedstaaten im Anwendungsbereich der Verträge abgesehen vom BENELUX-Zusammenschluss keine Inter-se-Vereinbarungen abschließen können.[305] Es gibt allerdings Bereiche, in denen solche Inter-se-Vereinbarungen notwendig erscheinen.[306]   **127**

II. Ausschließliche Vertragsschließungskompetenzen der EU nach Art. 3 Abs. 1 AEUV

Art. 3 Abs. 1 AEUV legt zunächst fünf Politikbereiche fest, in denen die EU zumeist schon nach der vorhandenen EuGH-Rechtsprechung ausschließlich zuständig ist: Zollunion, Wettbewerbsregeln, Währungspolitik für Euro-Staaten, Erhaltung der biologischen Meeresschätze und gemeinsame Handelspolitik. In diesen Bereichen kann nach Art. 2 Abs. 1 AEUV allein sie Legislativakte und sonstige verbindliche Rechtsakte erlassen. Die Mitgliedstaaten dürfen dort hingegen nur tätig werden, wenn sie von der Union hierzu ermächtigt sind oder Rechtsakte der Union ausführen oder wenn es dafür eine spezielle primärrechtliche Ermächtigungsgrundlage gibt (z. B. der eng auszulegende Art. 347 AEUV). Da der Abschluss von Übereinkünften einen verbindlichen Rechtsakt in diesem Sinne darstellt, liegt ganz im Einklang mit dem Grundsatz des Parallelismus auch **die entsprechende Außenzuständigkeit in jenen fünf Politikbereichen allein bei der EU**.[307] Zwar regelt Art. 3 Abs. 2 AEUV die ausschließliche Vertragsschließungs-   **128**

---

[301] ABl. 2012, C 326/351.

[302] Vgl. GA *Jääskinen*, Stellungnahme zu Gutachtenverfahren 1/13 (Haager Übereinkommen von 1980 über Kindesentführungen), ECLI:EU:C:2014:2292, Rn. 56, Fn. 69.

[303] So GA *Kokott*, Stellungnahme zu Rs. C–370/12 (Pringle), ECLI:EU:C:2012:675, Rn. 98 f.

[304] EuGH, Urt. v. 27. 11. 2012, Rs. C–370/12 (Pringle), ECLI:EU:C:2012:756, Rn. 101.

[305] *Kuijper*, S. 589 (591).

[306] Vgl. z. B. das Übereinkommen zwischen den im Rat vereinigten Mitgliedstaaten der EU über den Schutz von Verschlusssachen, die im Interesse der EU ausgetauscht werden vom 25. 5. 2011 (BGBl. 2016 II, S. 151). Eingehend *Heesen*, Interne Abkommen.

[307] Kritisch *Mögele*, in: Streinz, EUV/AEUV, Art. 216 AEUV, Rn. 37. Vgl. zur ausschließlichen Zuständigkeit der EWG zum Abschluss von Handelsübereinkommen bereits EuGH, Gutachten 1/75 vom 11. 11. 1975 (Stilllegungsfonds), Slg. 1975, 1355.

kompetenz der EU gesondert und eingehend, doch wird diese Regelung durch ein »ferner« eingeleitet, was gegen ihren abschließenden Charakter spricht.

129   Eine Ausnahme gilt insoweit aber für die Außenkompetenz in Bezug auf die Währungspolitik für den Euroraum. Denn zwar ist die diesbezügliche Innenkompetenz der EU nach Art. 3 Abs. 1 Buchst. c AEUV ausschließlich, doch können die Mitgliedstaaten nach der ausdrücklichen Bestimmung in **Art. 219 Abs. 4 AEUV** dort weiterhin in internationalen Gremien Verhandlungen führen und internationale Vereinbarungen treffen. Dies gilt freilich nur unbeschadet der Unionszuständigkeit und der Unionsvereinbarungen in diesem Bereich. Weiterhin macht eine Erklärung der Regierungskonferenz von Maastricht, auf der die Vorgängerbestimmung (Art. 109 Abs. 5 EGV) beschlossen wurde, deutlich, dass die Grundsätze des AETR-Urteils des EuGH unberührt bleiben sollen.[308] Folglich bleibt für eine Außenkompetenz der Mitgliedstaaten in diesem Bereich praktisch kein Raum mehr. Zumindest legt Art. 219 Abs. 4 AEUV den Schluss nah, dass jedenfalls für die übrigen Fälle des Art. 3 Abs. 1 AEUV auch die parallelen Außenkompetenzen der EU ausschließlich sind.

130   Wie weit die Ausschließlichkeit der in Art. 3 Abs. 1 AEUV genannten EU-Kompetenzen nach innen und außen jeweils reicht, ergibt sich aus den **einschlägigen Ermächtigungsgrundlagen**,[309] für die gemeinsame Handelspolitik nach Art. 3 Abs. 1 Buchst. e AEUV demnach also etwa aus Art. 207 Abs. 1 AEUV.[310] Schwierigkeiten bereitet aber die Bestimmung des genauen Zeitpunkts, von dem ab die jeweiligen EU-Außenkompetenzen ausschließlich werden.[311]

III. Ausschließliche Vertragsschließungskompetenzen der EU nach Art. 3 Abs. 2 AEUV

131   Neben die ausschließlichen EU-Außenkompetenzen nach Maßgabe von Art. 3 Abs. 1 AEUV treten die drei weiteren exklusiven Vertragsschließungskompetenzen in Art. 3 Abs. 2 AEUV (»ferner«), deren Aufzählung insgesamt abschließend ist.[312] Die Kompetenzen nach Art. 3 Abs. 2 AEUV nehmen auf die der EU in Art. 216 Abs. 1 Varianten 2–4 AEUV verliehenen Abschlusskompetenzen Bezug, allerdings teilweise in anderer Formulierung, so dass Interpretationsprobleme zu lösen sind. Diese sprachlichen Unterschiede dürften freilich auf eine **unsorgfältige Endredaktion des Vertragstextes** und nicht auf bewusste Entscheidungen zurückzuführen sein.[313] Dafür spricht nicht zuletzt, dass auch die Reihenfolge der in beiden Vorschriften geregelten Varianten ohne erkennbaren Grund voneinander abweicht. Nach dem in Art. 2 Abs. 6 AEUV festgelegten Grundsatz der Maßgeblichkeit der jeweiligen Einzelermächtigungen legt allein die Kompetenznorm des Art. 216 Abs. 1 AEUV die Grenzen der EU-Außenkompetenzen fest, und die Ausschließlichkeit reicht in der Regel ebenso weit. Da Art. 3 Abs. 2 AEUV

---

[308] ABl. 1992, C 191/100.

[309] Vgl. Art. 2 Abs. 6 AEUV.

[310] Vgl. GA *Kokott*, Schlussanträge zu Rs. C–137/12 (Kommission/Rat), ECLI:EU:C:2013:441, Rn. 96 ff.

[311] S. näher u. Rn. 147 ff.

[312] GA *Sharpston*, Schlussanträge zu Rs. C–114/12 (Kommission/Rat), ECLI:EU:C:2014:224, Rn. 91.

[313] Auch in den anderen authentischen Sprachfassungen (Art. 358 AEUV i. V. m. Art. 55 EUV) tauchen zumindest teilweise Formulierungsunterschiede zwischen Art. 3 Abs. 2 und Art. 216 Abs. 1 AEUV auf. Vgl. auch GA *Sharpston*, Schlussanträge zu Rs. C–114/12 (Kommission/Rat), ECLI:EU: C:2014:224, Rn. 88.

außerdem die einschlägige EuGH-Rechtsprechung kodifizieren will, bietet diese in Zweifelsfällen Anhaltspunkte für die korrekte Auslegung der Vorschrift.[314]

Für die Anwendung des Art. 3 Abs. 2 AEUV hat die **Erklärung (Nr. 36) der Regie-   132 rungskonferenz von Lissabon zu Art. 218 AEUV** über die Aushandlung und den Abschluss internationaler Übereinkünfte betreffend den Raum der Freiheit, der Sicherheit und des Rechts durch die Mitgliedstaaten Bedeutung.[315] Darin bestätigt die Konferenz das Recht der Mitgliedstaaten, Übereinkünfte mit Drittländern oder internationalen Organisationen in den Bereichen des Dritten Teils Titel V Kapitel 3 (justizielle Zusammenarbeit in Zivilsachen), 4 (justizielle Zusammenarbeit in Strafsachen) und 5 (polizeiliche Zusammenarbeit) auszuhandeln und zu schließen, sofern diese Übereinkünfte mit dem Unionsrecht im Einklang stehen. Man kann der Erklärung entnehmen, dass die EU-Außenkompetenzen in diesen Bereichen im Zweifel nicht ausschließlich sein sollen, doch hängt die Zulässigkeit mitgliedstaatlicher Übereinkünfte auch dort stets und uneingeschränkt von ihrer Vereinbarkeit mit dem Unionsrecht ab.[316]

1. Der Abschluss einer Übereinkunft ist in einem Gesetzgebungsakt der EU vorgesehen (Gesetzgebungsaktvariante)

Der erste Fall einer ausschließlichen Außenkompetenz der EU nach Art. 3 Abs. 2 AEUV   133 (»in einem Gesetzgebungsakt der Union vorgesehen«) erfasst die 3. Variante des Art. 216 Abs. 1 AEUV (»in einem verbindlichen Rechtsakt der Union vorgesehen«). Die Formulierung in Art. 3 Abs. 2 AEUV ist freilich enger, weil Gesetzgebungsakte nach Art. 289 Abs. 3 AEUV bloß solche (verbindlichen) Rechtsakte sind, die in einem Gesetzgebungsverfahren angenommen werden. Das setzt voraus, dass die konkrete vertragliche Ermächtigungsgrundlage für den jeweiligen Rechtsakt die **Durchführung des ordentlichen oder eines besonderen Gesetzgebungsverfahrens ausdrücklich anordnet**.[317] Ein Beispiel für Art. 3 Abs. 2, 1. Var. AEUV findet sich in Art. 184 Abs. 2 Buchst. b der nach Art. 322 AEUV im ordentlichen Gesetzgebungsverfahren erlassenen Haushaltsordnung,[318] wo der Abschluss einer Finanzierungsvereinbarung zwischen der Kommission und einem Drittland als Grundlage für die Durchführung von Maßnahmen im Außenbereich vorgesehen ist.

Sieht aber beispielsweise ein nach Art. 28 oder Art. 29 EUV verbindlicher GASP-   134 Beschluss, der nach Art. 24 Abs. 1 UAbs. 2 Satz 3, Art. 31 Abs. 1 UAbs. 1 Satz 2 EUV von vornherein kein Gesetzgebungsakt sein kann, vor, dass die Union eine internationale Übereinkunft eingehen soll (was ihr Art. 37 EUV ausdrücklich erlaubt), so entstünde dadurch nach dem Wortlaut des Art. 3 Abs. 2 AEUV keine ausschließliche EU-Außenkompetenz. Ebenso verhält es sich, wenn eine Übereinkunft der EU (Basisübereinkunft) den Abschluss weiterer Übereinkünfte durch die Kommission zur Regelung

---

[314] GA *Kokott*, Schlussanträge zu Rs. C–137/12 (Kommission/Rat), ECLI:EU:C:2013:441, Rn. 111 ff.; *Calliess*, in: Calliess/Ruffert, EUV/AEUV, Art. 3 AEUV, Rn. 18; *Pelka*, in: Schwarze, EU-Kommentar, Art. 3 AEUV, Rn. 18.

[315] ABl. 2007, C 306/261. Diese Erklärung betrifft nicht die Organ-, sondern die Verbandskompetenz und wird daher zu Unrecht Art. 218 AEUV zugeordnet.

[316] Relativierend allerdings *Lorenzmeier*, in: Grabitz/Hilf/Nettesheim, EU, Art. 218 AEUV (März 2011), Rn. 5, 28.

[317] *Gellermann*, in: Streinz, EUV/AEUV, Art. 289 AEUV, Rn. 3 f.

[318] Verordnung (EU, Euratom) Nr. 966/2012 des Europäischen Parlaments und des Rates vom 25. 10. 2012 über die Haushaltsordnung für den Gesamthaushaltsplan der Union, ABl. 2012, L 298/1. Vgl. auch *Mögele*, in: Streinz, EUV/AEUV, Art. 216 AEUV, Rn. 34.

von Details der Durchführung der Basisübereinkunft vorsieht.[319] Denn der **Beschluss des Rates nach Art. 218 Abs. 6 AEUV** über den Abschluss der Basisübereinkunft ergeht zwar in einem gesetzgebungsähnlichen Verfahren, das aber nicht ausdrücklich als Gesetzgebungsverfahren ausgeflaggt ist.[320]

135   Gleiches würde schließlich gelten, wenn delegierte oder Durchführungs-Rechtsakte der Kommission nach Art. 290 oder Art. 291 AEUV (Tertiärrecht) den Abschluss von Übereinkünften vorsähen. Vorstellbar ist dies jedoch allenfalls für **delegierte Rechtsakte (Art. 290 AEUV)**,[321] weil es zur Sicherung der einheitlichen Durchführung von Sekundärrecht in der EU im Sinne von Art. 291 Abs. 2–4 AEUV kaum erforderlich sein wird, dass die Kommission völkerrechtliche Verträge mit Drittstaaten abschließt.[322]

136   Der **Sinn und Zweck der Gesetzgebungsvariante** verlangt jedoch deren Erstreckung auf alle Fälle, in denen ein verbindlicher Rechtsakt der EU den Abschluss einer internationalen Übereinkunft durch die Union vorsieht, selbst wenn es sich dabei nicht um einen Gesetzgebungsakt handelt. Denn durch den Erlass eines solchen Rechtsakts unter Inanspruchnahme einer Innenkompetenz ist über das Ob der Vertragsschließung seitens der EU bereits definitiv entschieden. Jeglicher Vertragsschluss durch Mitgliedstaaten würde diese Entscheidung beeinträchtigen. Ein im selben Bereich bereits völkervertraglich gebundener Mitgliedstaat wird nämlich dazu neigen, den Abschluss einer EU-intern vorrangigen EU-Übereinkunft zu verhindern. Ganz entsprechend macht die vorliegende EuGH-Rechtsprechung die Entstehung ausschließlicher Außenkompetenzen in Fällen der 3. Variante des Art. 216 Abs. 1 AEUV nicht davon abhängig, dass der Abschluss einer Übereinkunft durch die EU in einem »Gesetzgebungsakt« vorgesehen ist.[323] Dies verwundert schon deswegen nicht, weil die Kategorie des Gesetzgebungsakts überhaupt erst durch den Vertrag von Lissabon eingeführt worden ist.

137   Ein »**verbindlicher**« Rechtsakt im vorgenannten Sinne kann eine exklusive Außenkompetenz der EU selbstverständlich nur begründen, wenn er seinerseits wirksam, insbesondere also kompetenzgemäß, erlassen wurde. Handelt es sich um einen delegierten Rechtsakt der Kommission nach Art. 290 AEUV, so muss die sekundärrechtliche Ermächtigungsgrundlage (Basisrechtsakt) dieses Tertiärrechtsakts ihrerseits die Grundentscheidung für den Abschluss von Übereinkünften treffen, denn es geht um einen wesentlichen Aspekt, der dem Gesetzgebungsakt vorbehalten und für den eine Befugnisübertragung auf die Kommission ausgeschlossen ist.[324] So gesehen ist dann aber sogar ein Gesetzgebungsakt vorhanden, der im Sinne des Art. 3 Abs. 2, 1. Var. AEUV den Abschluss einer internationalen Übereinkunft vorsieht. Die oben vorgeschlagene be-

---

[319] Vgl. z. B. Art. 5 ff. des Protokolls zum Europa-Mittelmeer-Abkommen zwischen der EG und ihren Mitgliedstaaten und Israel über ein Rahmenabkommen zwischen der EG und Israel über die allgemeinen Grundsätze für die Teilnahme Israels an den Programmen der Gemeinschaft vom 15.4.2008 (ABl. 2008, L 129/40).

[320] Anders zu Unrecht EuG, Urt. v. 10.12.2015, Rs. T–512/12 (Polidario/Rat), ECLI:EU:T:2015:953, Rn. 69 ff.; dagegen *Giegerich/Küchler*, Darf ein Abkommen der EU mit Marokko auf das umstrittene Gebiet der Westsahara angewendet werden?, http://jean-monnet-saar.eu/?p=1146 (5.4.2016), unter II.2.

[321] S. dazu aber noch unten Rn. 137.

[322] Vgl. *Vöneky/Beylage-Haarmann*, in: Grabitz/Hilf/Nettesheim, EU, Art. 216 AEUV (August 2011), Rn. 13.

[323] EuGH, Urt. v. 31.3.1971, Rs. 22/70 (AETR), Slg. 1971, 263, Rn. 15/19; Gutachten 1/94 vom 15.11.1994 (WTO), Slg. 1994, I–5267, Rn. 95.

[324] Art. 290 Abs. 1 UAbs. 2 AEUV. Vgl. *Vöneky/Beylage-Haarmann*, in: Grabitz/Hilf/Nettesheim, EU, Art. 216 AEUV (August 2011), Rn. 13.

richtigende Auslegung der Gesetzgebungsvariante kann folglich nur für Fälle praktisch relevant werden, in denen verbindliche GASP-Beschlüsse oder Übereinkünfte der EU Vertragsschlüsse vorsehen.[325]

2. Der Abschluss einer Übereinkunft ist notwendig zur Ausübung interner Zuständigkeiten (Notwendigkeitsvariante)

Ausschließlich ist nach dem zweiten in Art. 3 Abs. 2 AEUV geregelten Fall die Vertrags-	**138**
schließungskompetenz der EU auch dann, wenn der Abschluss einer Übereinkunft notwendig ist, damit die Union ihre interne Zuständigkeit ausüben kann. Dieser Fall spiegelt die 2. Variante des Art. 216 Abs. 1 AEUV und soll gleich jener das Stilllegungsfonds-Gutachten des EuGH kodifizieren. Wie der EuGH später klargestellt hat, hängt die ausschließliche Außenkompetenz der EU in diesen Fällen, in denen sie ihre parallele Innenkompetenz noch nicht ausgeübt hat, davon ab, dass sie die **interne Zuständigkeit wirksam nur zugleich mit dem Abschluss einer Übereinkunft ausüben** kann, weil sich die Ziele der E(W)G/EU durch die Inkraftsetzung autonomer Vorschriften wegen der notwendigen Beteiligung von Drittstaaten an einer Regelung nicht erreichen lassen.[326] Nur unter dieser Bedingung verlieren die Mitgliedstaaten ihre Abschlusskompetenz ausnahmsweise schon, bevor die EU gemeinsame Regeln erlassen hat, die durch mitgliedstaatliche Verträge beeinträchtigt werden könnten.[327]

3. Der Abschluss einer Übereinkunft könnte gemeinsame Regeln beeinträchtigen oder deren Tragweite verändern (Beeinträchtigungsvariante)

Der letzte Fall ausschließlicher Außenzuständigkeiten der EU nach Art. 3 Abs. 2 AEUV	**139**
(»gemeinsame Regeln beeinträchtigen oder deren Tragweite verändern«) kodifiziert die AETR-Entscheidung des EuGH.[328] Er bezieht sich auf die 4. Variante des Art. 216 Abs. 1 AEUV (»gemeinsame Vorschriften beeinträchtigen oder deren Anwendungsbereich ändern«). Auch hier sind die Formulierungsunterschiede in der deutschen Fassung nicht intendiert, sondern auf **unsorgfältige Redaktionierung** zurückzuführen.[329] Es gibt indessen eine Abweichung zwischen beiden Bestimmungen, die sich auch in der englischen und französischen Fassung findet: Wo es in Art. 216 Abs. 1, 4. Var. AEUV in Bezug auf die Beeinträchtigung oder Tragweitenänderung der gemeinsamen Vorschriften durch eine Übereinkunft »wenn« heißt, steht in Art. 3 Abs. 2, 3. Variante AEUV ein »soweit«. Ob die EU-Abschlusskompetenz in dieser Variante deshalb nicht stets zur Gänze, sondern ggf. nur teilweise ausschließlich ist, so dass für andere Bereiche der Übereinkunft

---

[325] S. o. Rn. 108.

[326] EuGH, Urt. v. 5.11.2002, Rs. C–476/98 (Open Skies), Slg. 2002, I–9855, Rn. 83 ff. Siehe bereits oben Rn. 33.

[327] Zur Grundregel, die eine vorherige Ausübung der EU-Innenkompetenz für die Entstehung einer ausschließlichen EU-Außenkompetenz verlangt, vgl. nur EuGH, Gutachten 1/94 vom 15.11.1994 (WTO), Slg. 1994, I–5267, Rn. 77.

[328] EuGH, Urt. v. 31.3.1971, Rs. 22/70 (AETR), Slg. 1971, 263. Vgl. GA *Sharpston*, Schlussanträge zu Rs. C–114/12 (Kommission/Rat), ECLI:EU:C:2014:224, Rn. 95 f.; Urt. v. 4.9.2014, Rs. C–114/12 (Kommission/Rat), ECLI:EU:C:2014:2151, Rn. 66 f. *Nowak/Masuhr*, EuR 2015, 199 ff.; *Bieber/Maiani*, SchwJEuR 2014/2015, 301 ff. Siehe auch den Überblick über die Entwicklung der einschlägigen EuGH-Rechtsprechung bei GA *Bot*, Schlussanträge zu Rs. C–66/13 (Green Network SpA), ECLI:EU:C:2014:156, Rn. 40 ff.

[329] In der englischen und französischen Fassung ist der Wortlaut von Art. 3 Abs. 2, 3. Variante und Art. 216 Abs. 1, 4. Variante AEUV identisch, soweit es um die im Text zitierten Passagen geht.

eine geteilte Zuständigkeit bestehen kann, ist fraglich.[330] Denn dass man auf die exakte Fassung hier nichts geben kann, bestätigt nicht zuletzt der Umstand, dass Art. 3 Abs. 2, 3. Variante AEUV am selben Formulierungsfehler leidet wie Art. 216 Abs. 1, 4. Var. AEUV.[331]

140   Für beide Vorschriften ist jedenfalls stets im Einzelnen zu prüfen und darzulegen, ob ein von Mitgliedstaaten abgeschlossener Vertrag gemeinsame Regeln beeinträchtigen oder in ihrer Tragweite verändern könnte. Dazu ist ein **konkreter und umfassender Vergleich zwischen den von der Übereinkunft und den vom EU-Recht erfassten Bereichen** vorzunehmen.[332] In den Worten des Gerichtshofs kommt es letztlich darauf an, »eine einheitliche und kohärente Anwendung der Gemeinschaftsvorschriften und ein reibungsloses Funktionieren des von ihnen errichteten Systems sicherzustellen, um die volle Wirksamkeit des Gemeinschaftsrechts zu wahren.«[333] Ob die gemeinsamen Regeln der Union in einem oder mehreren unionsrechtlichen Instrumenten enthalten sind, ist unerheblich.[334] Völkerrechtliche Verpflichtungen der Mitgliedstaaten »können die Tragweite der Unionsregeln insbesondere dann beeinträchtigen oder verändern, wenn die Verpflichtungen einen Bereich betreffen, der bereits weitgehend von solchen Regeln erfasst ist«.[335]

141   In diesem Zusammenhang ist nicht entscheidend, ob ein konkreter Widerspruch zwischen Sekundärrechtsvorschriften und Bestimmungen eines völkerrechtlichen Übereinkommens von Mitgliedstaaten belegbar ist. Vielmehr **genügt deren thematische Überschneidung**. Bereits dann *können* Verpflichtungen aus dem Übereinkommen das geltende Sekundärrecht beeinträchtigen.[336] Entscheidend ist, dass das Übereinkommen *geeignet ist*, solche Wirkungen auszulösen, d. h. mit der Übereinkunft muss die konkrete Gefahr einer solchen Beeinträchtigung oder Veränderung der Tragweite gemeinsamer Regeln einhergehen.«[337] Dies ist selbst bei inhaltlicher Übereinstimmung von Übereinkommen und Sekundärrecht nicht ausgeschlossen, weil völkerrechtliche Bindungen (von Mitgliedstaaten) gegenüber Drittstaaten den Handlungsspielraum des Unionsgesetzgebers (jedenfalls praktisch) reduzieren.[338] Der EuGH hat dies sogar dann angenommen, wenn der betreffende Sekundärrechtsakt die Übereinkunft ausdrücklich in Bezug nimmt und für alle Fälle inhaltlicher Überschneidungen seinen eigenen Vorrang anordnet. Denn trotz dieses Vorrangs bestehe die Gefahr, dass die Tragweite und Wirksamkeit der mit dem Sekundärrechtsakt (im konkreten Fall einer Verordnung)

---

[330] Vgl. *Mögele*, in: Streinz, EUV/AEUV, Art. 216 AEUV, Rn. 35. Dafür z. B. GA *Sharpston*, Schlussanträge zu Rs. C–114/12 (Kommission/Rat), ECLI:EU:C:2014:224, Rn. 90; GA *Jääskinen*, Stellungnahme zu Gutachtenverfahren 1/13 (Haager Übereinkommen von 1980 über Kindesentführungen), ECLI:EU:C:2014:2292, Rn. 78.
[331] S. o. Rn. 108.
[332] GA *Sharpston*, Schlussanträge zu Rs. C–114/12 (Kommission/Rat), ECLI:EU:C:2014:224, Rn. 109 ff.
[333] EuGH, Gutachten 1/03 vom 7.2.2006 (Übereinkommen von Lugano), Slg. 2006, I–1145, Rn. 128. S. bereits o. Rn. 39.
[334] EuGH, Urt. v. 4.9.2014, Rs. C–114/12 (Kommission/Rat), ECLI:EU:C:2014:2151, Rn. 81 ff.
[335] EuGH, Gutachten 1/13 vom 14.10.2014 (Haager Übereinkommen von 1980 über Kindesentführungen), ECLI:EU:C:2014:2303, Rn. 73 m. w. N.
[336] EuGH, Gutachten 2/91 vom 19.3.1993 (ILO-Übereinkommen Nr. 170), Slg. 1993, I–1061, Rn. 25 f.
[337] GA *Kokott*, Schlussanträge zu Rs. C–137/12 (Kommission/Rat), ECLI:EU:C:2013:441, Rn. 100 (Hervorhebung im Original).
[338] Ebd., Rn. 101.

geschaffenen gemeinsamen Regeln durch eine uneinheitliche Praxis der Mitgliedstaaten in Bezug auf die Übereinkunft beeinträchtigt würden.[339]

Daher sind auch Versuche von Mitgliedstaaten, durch Vertragsbestimmungen zu ver- **142** hindern, dass ihre Abkommen in Widerspruch zum EU-Recht geraten, für die Beantwortung der Frage irrelevant, ob die EU in dem betreffenden Bereich eine ausschließliche Kompetenz zur Eingehung völkerrechtlicher Verträge besitzt. Denn solche Bestimmungen könnten erst bei der Durchführung der Abkommen relevant werden und dort Anwendungskonflikten vorbeugen, während die Kompetenzfrage schon vor dem Vertragsschluss geklärt werden muss. Die Antwort darauf lässt sich nicht aufschieben, bis die tatsächliche Durchführung des Übereinkommens in ihren Auswirkungen auf das Sekundärrecht beurteilt werden kann. Deshalb hat der EuGH trotz einer sog. **Trennungsklausel in einem mitgliedstaatlichen Abkommen**, nach der dieses die Anwendung der einschlägigen Bestimmungen des EU-Rechts durch die Mitgliedstaaten unberührt lassen sollte, eine ausschließliche Zuständigkeit der EU zum Abschluss des betr. Vertrages angenommen. Im Gegenteil sei eine Trennungsklausel geradezu ein Indiz dafür, dass das Abkommen Unionsrecht zu beeinträchtigen drohe.[340]

Im Hintergrund dieser EuGH-Rechtsprechung steht die Befürchtung, dass völkerver- **143** traglich gebundene Mitgliedstaaten geneigt sein werden, die EU-interne Rechtsetzung im Einklang mit ihren Verpflichtungen nach außen zu halten und ihr Stimmgewicht im Rat entsprechend einzusetzen. Solche **mitgliedstaatlichen Sonderinteressen würden die autonome Fortentwicklung des einschlägigen Sekundärrechts im Einklang mit den EU-Interessen zumindest praktisch erschweren**. Im Hinblick darauf genügt es nicht, auf den unzweifelhaften Anwendungsvorrang des EU-Rechts vor mitgliedstaatlichen Vertragspflichten zu verweisen.[341] Vielmehr sind die Mitgliedstaaten schon von vornherein kraft Art. 4 Abs. 3 EUV verpflichtet, auch im Bereich der bisher nicht ausgeübten konkurrierenden EU-Kompetenzen völkervertragliche Verpflichtungen nur in einer Weise zu übernehmen, dass späteres Sekundärrecht nicht behindert wird.[342]

In der Beeinträchtigungsvariante verwandelt sich eine zunächst geteilte Vertrags- **144** schließungsbefugnis der EU normalerweise dadurch in eine ausschließliche, dass die EU unter Inanspruchnahme einer Innenkompetenz gemeinsame Regeln erlässt, die anschließend vor Beeinträchtigungen durch völkerrechtliche Verträge der Mitgliedstaaten geschützt werden müssen.[343] Es ist jedoch durchaus denkbar, dass schutzbedürftige gemeinsame Regeln auch dadurch zustande kommen, dass die **EU selbst eine Außenkompetenz wahrnimmt**: Denn mit dem Abschluss einer EU-Übereinkunft werden deren Regeln nach Art. 216 Abs. 2 AEUV zu integrierenden/integralen Bestandteile der EU-Rechtsordnung.[344] Die Mitgliedstaaten sind dann fortan gehindert, diese im Völkerrecht wurzelnden gemeinsamen Regeln durch den Abschluss eigener völkerrechtlicher Verträge zu beeinträchtigen oder in ihrer Tragweite zu verändern.[345]

---

[339] EuGH, Gutachten 1/13 vom 14.10.2014 (Haager Übereinkommen von 1980 über Kindesentführungen), ECLI:EU:C:2014:2303, Rn. 87 ff.

[340] EuGH, Urt. v. 5.11.2002, Rs. C–467/98 (Open Skies), Slg. 2002, I–9528, Rn. 101, 105; Gutachten 1/03 vom 7.2.2006 (Übereinkommen von Lugano), Slg. 2006, I–1145, Rn. 129 f., 154 ff. *Cremona*, Disconnection Clauses in EU Law and Practice, S. 181 ff.

[341] *Pechstein*, S. 623 f.

[342] S. o. B. III.

[343] Vgl. z.B. EuGH, Urt. v. 5.11.2002, Rs. C–476/98 (Open Skies), Slg. 2002, I–9855, Rn. 103 ff.

[344] Siehe näher unten Rn. 206 ff.

[345] Vgl. GA *Kokott*, Stellungnahme vom 13.6.2014 zu Gutachtenverfahren 2/13 (EMRK-Beitritt der EU II), ECLI:EU:C:2014:2475, Rn. 54 zur Frage, ob die EU durch ihren geplanten EMRK-Beitritt

145   Abschließend lässt folgende Stellungnahme des **EuGH** erkennen, dass er die Voraussetzungen für das Vorliegen einer **ausschließlichen EU-Außenkompetenz streng prüfen** und nur zurückhaltend bejahen will: »In diesem Zusammenhang ist daran zu erinnern, dass die Gemeinschaft nur über begrenzte Ermächtigungen verfügt und deshalb das Bestehen einer zumal vom EG-Vertrag nicht ausdrücklich vorgesehenen ausschließlichen Zuständigkeit nur auf der Grundlage von Schlussfolgerungen angenommen werden kann, die aus einer konkreten Analyse des Verhältnisses zwischen dem geplanten Abkommen und dem geltenden Gemeinschaftsrecht gezogen werden, aus der sich ergibt, dass der Abschluss eines solchen Abkommens die Gemeinschaftsvorschriften beeinträchtigen kann.«[346]

146   Trotz des Umstandes, dass die ausschließlichen Außenkompetenzen der EU jetzt in Art. 3 AEUV offengelegt worden sind, verbleiben noch genügend Unklarheiten, so dass die vorstehende Mahnung zur Vorsicht bei der Anwendung der Beeinträchtigungsvariante ihre Bedeutung auch nach dem Inkrafttreten des Vertrags von Lissabon behalten hat. Dies hat der EuGH inzwischen bestätigt[347] und die **Beweislast für das Bestehen einer ausschließlichen EU-Außenkompetenz** ausdrücklich derjenigen Partei auferlegt, die sich darauf berufen möchte, also in der Regel der Kommission.[348] Andererseits liegt das Hauptinteresse des EuGH darin, die Effektivität des Sekundärrechts zu gewährleisten. Sobald dieses Interesse tangiert wird, nimmt er sehr bereitwillig eine ausschließliche EU-Außenkompetenz an.

IV.   Zeitpunkt der Entstehung ausschließlicher Vertragsschließungskompetenzen der EU

147   Zu klären ist noch der Zeitpunkt, zu dem die EU-Außenkompetenzen ausschließlich werden. In denjenigen Bereichen des Art. 3 Abs. 1 AEUV, in denen die Mitgliedstaaten keine Innenkompetenzen besitzen und der EU zudem die Vertragsschließungskompetenzen im Sinne von Art. 216 Abs. 1, 1. Var. AEUV ausdrücklich gewährt werden,[349] besteht die **Ausschließlichkeit der EU-Kompetenzen auch nach außen von Anfang an**, ohne dass die EU zunächst interne Rechtsakte erlassen müsste. Dort dürfen die Mitgliedstaaten daher zu keiner Zeit völkerrechtliche Verträge eingehen.

148   In denjenigen Bereichen des **Art. 3 Abs. 1 AEUV**, in denen die Mitgliedstaaten zwar keine Innenkompetenzen besitzen, der EU aber Vertragsschließungskompetenzen nicht ausdrücklich gewährt werden, ist der Zeitpunkt, zu dem die EU-Außenzuständigkeiten ausschließlich werden, schwieriger zu beantworten.[350] Denn die diesbezüglich seit langem von der EuGH-Rechtsprechung anerkannten und nunmehr in Art. 216 Abs. 1, 4.

---

eine ausschließliche Zuständigkeit zum Abschluss weiterer Menschenrechtsverträge erwerben würde. Diese Frage wird unter Hinweis auf die lex specialis in Art. 6 Abs. 2 Satz 2 EUV verneint.

[346] EuGH, Gutachten 1/03 vom 7.2.2006 (Übereinkommen von Lugano), Slg. 2006, I–1145, Rn. 124.

[347] EuGH, Urt. v. 4.9.2014, Rs. C–114/12 (Kommission/Rat), ECLI:EU:C:2014:2151, Rn. 74; Gutachten 1/13 vom 14.10.2014 (Haager Übereinkommen von 1980 über Kindesentführungen), ECLI: EU:C:2014:2303, Rn. 74.

[348] EuGH, Urt. v. 4.9.2014, Rs. C–114/12 (Kommission/Rat), ECLI:EU:C:2014:2151, Rn. 75.

[349] Art. 3 Abs. 1 Buchst. a i.V.m. Art. 207 AEUV; Art. 3 Abs. 1 Buchst. c i.V.m. Art. 219 AEUV (aber unter Berücksichtigung des Art. 219 Abs. 4 AEUV – vgl. Rn. 129); Art. 3 Abs. 1 Buchst. e i.V.m. Art. 207 AEUV.

[350] Art. 3 Abs. 1 Buchst. b und Buchst. d AEUV. Vgl. *Mögele*, in: Streinz, EUV/AEUV, Art. 216 AEUV, Rn. 37.

Var. AEUV kodifizierten impliziten EU-Abschlusskompetenzen entstehen in aller Regel
überhaupt erst mit der Ausübung der entsprechenden ausschließlichen Innenkompetenzen durch die EU.[351] Deshalb ist vorgeschlagen worden, dass bis zu diesem Moment
allein die Mitgliedstaaten, auch wenn sie in jenen Bereichen über keine eigenen Innenkompetenzen verfügen, völkerrechtliche Verträge abschließen können.[352] Diese **Modifikation des Prinzips der Parallelität von Innen- und Außenkompetenzen** ist allerdings
konsequent. Unzuträglichkeiten können mit Hilfe der mitgliedstaatlichen Loyalitätspflicht aus Art. 4 Abs. 3 EUV vermieden werden, der zufolge diese in ihre Verträge
Kündigungsklauseln aufnehmen müssen.[353] So ließe sich gewährleisten, dass mit später
erlassenen Rechtsakten oder abgeschlossenen Verträgen der EU unvereinbare mitgliedstaatliche Vertragsbindungen ausgeräumt werden können, bevor Pflichtenkollisionen
entstehen.

Es mutet freilich merkwürdig an, dass die Mitgliedstaaten in Politikbereichen, in **149**
denen sie selbst keine Innenkompetenzen mehr besitzen, Verträge sollen abschließen
dürfen, nur weil die EU von ihren ausschließlichen Innenkompetenzen noch keinen
Gebrauch gemacht hat. Weniger umständlich erscheint es, in diesen Fällen **der EU schon
vorab auch die parallelen Außenkompetenzen zumindest als konkurrierende zuzuweisen.** Am einfachsten wäre es natürlich, die impliziten EU-Außenkompetenzen ebenfalls
von Anfang an als ausschließliche zu konstruieren, doch lässt dies die EuGH-Rechtsprechung nicht zu. Es muss deshalb dabei bleiben, dass die impliziten EU-Außenkompetenzen in Fällen ausschließlicher EU-Innenkompetenzen zwar von Anfang an als
konkurrierende bestehen, aber erst mit der wirklichen Ausübung der Innenkompetenzen zu ausschließlichen werden. Die Mitgliedstaaten dürfen in der Zwischenzeit von
ihrer fortbestehenden konkurrierenden Vertragsschließungskompetenz nur unter Beachtung ihrer Loyalitätspflichten aus Art. 4 Abs. 3 EUV Gebrauch machen.[354]

In allen **Fällen des Art. 3 Abs. 2 AEUV** besteht die **ausschließliche Außenkompetenz** **150**
der EU von Anfang an. Konkret heißt das für die 1. Variante vom Inkrafttreten des
Gesetzgebungsakts an, der den Vertragsschluss vorsieht; für die 2. Variante von dem
Moment an, in dem der Vertragsschluss notwendig wird, um der EU die effektive Ausübung ihrer Innenkompetenz zu ermöglichen; für die 3. Variante von dem Moment an,
in dem ein mitgliedstaatlicher Vertrag gemeinsame Regeln beeinträchtigen oder deren
Tragweite verändern könnte.

V. Unterstützungs-, Koordinierungs- oder Ergänzungszuständigkeit oder geteilte Zuständigkeit in Bezug auf Vertragsschlüsse

Ergibt sich, dass eine EU-Außenkompetenz nicht nach Maßgabe des Art. 3 AEUV zu **151**
ihren ausschließlichen Zuständigkeiten gehört, muss zunächst geprüft werden, ob sie
den Unterstützungs-, Koordinierungs- oder Ergänzungszuständigkeiten der Union nach
Art. 6 AEUV zuzurechnen ist. Da sich in den Bereichen, die Art. 6 AEUV auflistet, keine
ausdrückliche Vertragsschließungskompetenz der Union findet, hängt dies davon ab, ob
ihre entsprechende Innenkompetenz unter die Bestimmung fällt. Dann unterliegt die
EU auch bei der Wahrnehmung der parallelen Außenkompetenz den Schranken des

[351] S. o. Rn. 32 ff.
[352] *Pechstein*, S. 628 ff.
[353] Ebd., S. 630 f.
[354] S. u. Rn. 193.

Art. 2 Abs. 5 AEUV. Insbesondere behalten die Mitgliedstaaten in solchen Fällen ihre eigene parallele Vertragsschließungskompetenz.[355] Fällt die Außenkompetenz auch nicht unter Art. 6 AEUV, handelt es sich um eine zwischen Union und Mitgliedstaaten geteilte Zuständigkeit nach Art. 4 AEUV.

152   Bei einer zwischen den Mitgliedstaaten und der EU **geteilten Vertragsschließungskompetenz** dürfen die Mitgliedstaaten im Regelfall Übereinkünfte nur schließen, sofern und soweit die EU ihre Zuständigkeit nicht ausgeübt hat.[356] Daher genießt die Unionszuständigkeit nach außen Vorrang, sobald und soweit sie ausgeübt wird. Freilich muss die Union ihren Zugriff auf eine geteilte Zuständigkeit nach Maßgabe des **Subsidiaritätsprinzips** stets besonders rechtfertigen.[357] Dies gilt unabhängig davon, ob sie eine solche geteilte Zuständigkeit nach innen oder nach außen ausübt. Misslingt diese Rechtfertigung, ist der betreffende EU-Rechtsakt primärrechtswidrig und übt auch keine Sperrwirkung zulasten der Mitgliedstaaten aus.

153   Dabei kann die EU ihre Mitgliedstaaten nicht nur durch Inanspruchnahme ihrer eigenen Vertragsschließungskompetenz von der internationalen Ebene verdrängen, sondern ebenso durch Ausübung ihrer parallelen Innenkompetenz, soweit ihre Außenkompetenz dadurch nach Art. 3 Abs. 2 AEUV im Lichte der EuGH-Rechtsprechung in eine ausschließliche umgewandelt wird. Auch insoweit ist der einzige Artikel des **Protokolls (Nr. 25) über die Ausübung der geteilten Zuständigkeit** zu beachten:[358] Danach nimmt die Union, wenn sie einen Rechtsakt zu einer Materie der geteilten Zuständigkeit erlässt, ihre Zuständigkeit nur in dessen konkreten Regelungsbereich war und schließt die Mitgliedstaaten auch nur insoweit von der Wahrnehmung ihrer konkurrierenden Zuständigkeit aus; die EU besetzt also nicht das gesamte Feld. Dies gilt beim Abschluss eines Übereinkommens in gleicher Weise wie beim Erlass eines internen Rechtsakts. Andererseits ändert das Protokoll Nr. 25, das nur die Ausübung der geteilten Zuständigkeit betrifft, nichts an der in Art. 3 Abs. 2, 3. Var. AEUV kodifizierten AETR-Rechtsprechung, wonach die nur teilweise Inanspruchnahme einer geteilten Innenkompetenz durch die EU dann, wenn die gemeinsamen Rechtsnormen das Gebiet eines völkerrechtlichen Vertrages der Mitgliedstaaten bereits weitgehend erfassen, zur Umwandlung der entsprechenden EU-Außenkompetenz in eine ausschließliche Kompetenz der Union führt, um die Effektivität der erlassenen Sekundärrechtsregeln zu gewährleisten.[359]

154   Von dem Grundsatz, dass die Ausübung einer geteilten Zuständigkeit durch die EU die Ausübung der entsprechenden Zuständigkeit durch die Mitgliedstaaten sperrt, macht der AEUV einige Ausnahmen zugunsten der Mitgliedstaaten. In all diesen Fällen handelt es sich um **parallele Zuständigkeiten, die von der EU und den Mitgliedstaaten gleichzeitig ausgeübt werden können**.[360] So hindert nach den Art. 4 Abs. 3 und Abs. 4 AEUV die Ausübung der dort genannten geteilten Zuständigkeiten durch die EU (gleichviel ob nach innen oder nach außen) die Mitgliedstaaten nicht an der Ausübung ihrer eigenen Zuständigkeiten (nach innen oder nach außen). Einige weitere Vertrags-

---

[355] Art. 2 Abs. 5 UAbs. 1 AEUV.

[356] Art. 2 Abs. 2 AEUV.

[357] Art. 5 Abs. 3 EUV; Protokoll (Nr. 2) über die Anwendung der Grundsätze der Subsidiarität und der Verhältnismäßigkeit vom 13. 12. 2007 (ABl. 2012, C 326/206).

[358] Vom 13. 12. 2007 (ABl. 2012, C 326/307).

[359] GA *Kokott*, Schlussanträge zu Rs. C–137/12 (Kommission/Rat), ECLI:EU:C:2013:441, Rn. 111 ff.; GA *Sharpston*, Schlussanträge zu Rs. C–114/12 (Kommission/Rat), ECLI:EU:C:2014:224, Rn. 93; EuGH, Urt. v. 4. 9. 2014, Rs. C–114/12 (Kommission/Rat), ECLI:EU:C:2014:2151, Rn. 73.

[360] Vgl. *Müller-Ibold*, in: Lenz/Borchardt, EU-Verträge, Art. 216 AEUV, Rn. 19.

bestimmungen legen fest, dass speziell die Wahrnehmung einer EU-Außenkompetenz die Zuständigkeit der Mitgliedstaaten zur Verhandlung in internationalen Gremien und zum Abschluss internationaler Abkommen unberührt lässt: Art. 191 Abs. 4 AEUV (umweltpolitische Zusammenarbeit); Art. 212 Abs. 3 AEUV (wirtschaftliche, finanzielle und technische Zusammenarbeit mit Nicht-Entwicklungsländern); Art. 219 Abs. 4 AEUV (Wirtschafts- und Währungsunion).[361]

Die vorgenannten Ausnahmen zugunsten mitgliedstaatlicher Zuständigkeiten gelten **155** freilich nur so weit und so lange, wie die EU-Zuständigkeit eine geteilte ist. Das ergibt sich für die in Art. 4 Abs. 3 und Abs. 4 AEUV genannten Fälle aus dem Regelungszusammenhang des Art. 4 AEUV. Sobald also die **EU-Zuständigkeit** nach Maßgabe des Art. 3 AEUV und der einschlägigen EuGH-Rechtsprechung **zur ausschließlichen wird, verlieren die Mitgliedstaaten ihre parallele Zuständigkeit.** Für die oben genannten drei Fälle paralleler Außenzuständigkeiten der Mitgliedstaaten gilt dasselbe. Dies lässt sich aus einer Erklärung der Regierungskonferenz von Maastricht ableiten. Darin vertrat die Konferenz die Auffassung, dass die durch den Vertrag von Maastricht eingefügten Art. 109 Abs. 5 EGV (jetzt Art. 219 Abs. 4 AEUV), Art. 130r Abs. 4 UAbs. 2 AEUV (jetzt Art. 191 Abs. 4 UAbs. 2 AEUV) und Art. 130y EGV[362] »nicht die Grundsätze berühren, die sich aus dem Urteil des Gerichtshofs in der AETR-Rechtssache ergeben«.[363] In diesem Urteil hat der EuGH entschieden, dass die Ausübung einer Innenkompetenz durch die E(W)G/EU zur Entstehung einer parallelen ausschließlichen Außenkompetenz der E(W)G/EU führt.

F. Gemischte Verträge der EU und ihrer Mitgliedstaaten mit dritten Partnern

I. Zulässigkeit und Notwendigkeit gemischter Verträge im europäischen Kompetenzgeflecht

1. Vertragsschließungskompetenzen bei ausschließlichen und geteilten Zuständigkeiten von EU und Mitgliedstaaten

Die Rechtsfigur des gemischten Vertrages ist frühzeitig durch die Praxis entwickelt und **156** vom EuGH anerkannt worden[364] und wird dementsprechend seit langem wissenschaftlich erforscht.[365] Es handelt sich um ein **pragmatisches Instrument** »zur Lösung von Problemen, die sich aus dem Bedarf an völkerrechtlichen Verträgen in einem vielschich-

---

[361] Zu Art. 219 Abs. 4 AEUV siehe noch oben Rn. 129.

[362] In der Nachfolgebestimmung in Art. 211 AEUV (Entwicklungszusammenarbeit) findet sich der Vorbehalt paralleler mitgliedstaatlicher Außenkompetenzen seit dem Vertrag von Lissabon nicht mehr. Ein solcher Vorbehalt erscheint aber in dem durch den Vertrag von Nizza als Art. 181a Abs. 3 EGV neu eingeführten Art. 212 Abs. 3 AEUV (wirtschaftliche, finanzielle und technische Zusammenarbeit mit Nicht-Entwicklungsländern).

[363] ABl. 1992, C 191/100.

[364] Das erste Beispiel bildet das Abkommen zur Gründung einer Assoziation zwischen der EWG und Griechenland vom 9.7.1961 (ABl. 1963, S. 294). Vgl. EuGH, Urt. v. 30.4.1974, Rs. 181/73 (Haegeman II), Slg. 1974, 449.

[365] Vgl. z.B. O'Keeffe/Schermers (eds.), Mixed Agreements, 1983; *Dolmans*, Problems of Mixed Agreements, 1985; Hillion/Koutrakos (eds.), Mixed Agreements Revisited: The EU Member States in the World, 2010.

tigen System ergeben.«[366] Gemischte Verträge sollen dem Sui-generis-Gebilde »Europäische Gemeinschaft«/»Europäische Union« die Beteiligung auch an solchen internationalen Übereinkünften ermöglichen, deren Gegenstände die Außenkompetenzen der E(W)G/EU teilweise übersteigen. Dies geschieht in der Weise, dass dem/den dritten Partner/n auf der »europäischen« Seite der Übereinkunft die E(W)G/EU und alle ihre Mitgliedstaaten gemeinsam gegenübertreten. Nur zusammen verfügen diese über sämtliche Kompetenzen, welche für die Erfüllung aller Vertragspflichten notwendig sind. Ein solcher gemischter Vertrag kann nur in Kraft treten, wenn ihn neben dem/n dritten Partner/n sowohl die E(W)G/EU als auch jeder ihrer Mitgliedstaaten ratifiziert. Auch seine Änderung sowie Kündigung verlangen jeweils die Herstellung eines entsprechenden Konsenses zwischen der EU und allen Mitgliedstaaten.

157   Obwohl in der E(W)G/EU seit Jahrzehnten gemischte Abkommen geschlossen werden und immer wieder schwierige Fragen rechtlicher und politischer Art aufwerfen, ist dieses Instrument bisher nicht in den Verträgen näher geregelt worden.[367] Daher liegen deren Zulässigkeit, Abschlussverfahren und Wirkungen immer noch in einer **rechtlichen Grauzone**.[368] Demgegenüber gibt es in **Art. 102 EAGV** seit jeher eine Vertragsgrundlage für gemischte Abkommen. Es entspricht im Übrigen der ständigen Praxis seit der ersten Erweiterungsrunde von 1972/73, dass sich die neu in die E(W)G/EU aufgenommenen Mitgliedstaaten in der Beitrittsakte verpflichten, ihrerseits den bereits bestehenden gemischten Verträgen beizutreten, die alle zum Acquis gehören.[369]

158   Während im Normalfall eines gemischten Vertrages alle Mitgliedstaaten neben der E(W)G/EU an diesem teilnehmen, kann es auch vorkommen, dass aus besonderen Gründen nur einige der Mitgliedstaaten einbezogen werden.[370] Dies war etwa der Fall bei der geplanten Übereinkunft zur Errichtung eines Stilllegungsfonds für die Binnenschifffahrt, die neben der EWG nur diejenigen ihrer Mitgliedstaaten abschließen sollten, die schon Parteien zweier völkerrechtlicher Verträge zur Regelung der Schifffahrt auf Rhein und Mosel waren, welche infolge der geplanten Übereinkunft hätten geändert werden müssen. Der EuGH hat im vorgenannten Fall den Abschluss eines derartigen **gemischten Vertrages mit beschränkter Teilnehmerzahl** für zulässig gehalten, obwohl sein Gegenstand eigentlich in die ausschließliche Außenkompetenz der Gemeinschaft fiel.[371] Eine solche Situation kann sich auch ergeben, wenn eine Übereinkunft Gegenstände betrifft, in Bezug auf die nicht alle Mitgliedstaaten am Acquis teilnehmen, wie etwa beim Euro, beim Schengen-Besitzstand oder in sonstigen Bereichen des Raumes der Freiheit, der Sicherheit und des Rechts.[372] Wird im Falle einer solchen »partial mi-

---

[366] GA *Sharpston*, Schlussanträge zu Rs. C–240/09 (Aarhus-Konvention), ECLI:EU:C:2010:436, Rn. 56.

[367] Es wurde nur vorübergehend für einen Spezialfall (Abkommen im Bereich des Handels mit kulturellen und audiovisuellen Dienstleistungen, Dienstleistungen im Bereich Bildung sowie in den Bereichen Soziales und Gesundheitswesen) in Art. 133 Abs. 6 UAbs. 2 EGV i.d.F. des Vertrages von Nizza vom 26.2.2001 erwähnt. Diese Vorschrift ist infolge der Erweiterung der EU-Außenhandelskompetenzen durch den Vertrag von Lissabon (Art. 207 Abs. 1 und 4 AEUV) wieder entfallen.

[368] *Mögele*, in: Streinz, EUV/AEUV, Art. 216 AEUV, Rn. 44.

[369] Vgl. als erstes Beispiel Art. 4 Abs. 2 der Beitrittsakte vom 22.1.1972 (ABl. 1972, L 73/14) und als letztes Beispiel Art. 6 Abs. 2 der Beitrittsakte vom 9.12.2011 (ABl. 2012, L 112/21).

[370] Vgl. die Beispiele bei *Koutrakos*, EU External Relations Law, S. 163f.

[371] EuGH, Gutachten 1/76 vom 26.4.1977 (Stilllegungsfonds für die Binnenschifffahrt), Slg. 1977, 741, Rn. 6f. Der EuGH hielt das geplante Übereinkommen jedoch aus anderen Gründen für unvereinbar mit dem EWGV.

[372] Vgl. *Müller-Ibold*, in: Lenz/Borchardt, EU-Verträge, Art. 216 AEUV, Rn. 15.

xity« dem dritten Vertragspartner gegenüber nicht offengelegt, wie weit die völker-rechtliche Bindung der EU und ihrer Mitgliedstaaten jeweils reichen soll, ist die EU nach außen vollumfänglich verpflichtet.[373] Aus Art. 216 Abs. 2 AEUV folgt dann, dass die-jenigen EU-Mitgliedstaaten, die dem gemischten Abkommen nicht angehören, dennoch unionsrechtlich auch insoweit an dieses gebunden sind, wie es Materien in der mitglied-staatlichen Zuständigkeit regelt.[374]

Der Abschluss eines gemischten Vertrages kommt dann nicht in Betracht, wenn ent- **159** weder die E(W)G/EU oder die Mitgliedstaaten jeweils eine ausschließliche Zuständig-keit für sämtliche Vertragsgegenstände besitzen. Falls die E(W)G/EU bloß für einen Teil der Vertragsgegenstände überhaupt (sei es ausschließlich oder konkurrierend) zustän-dig ist, während andere in die ausschließliche Zuständigkeit der Mitgliedstaaten fallen, dann kann sie sich nur an einem gemischten Abkommen beteiligen, das dann ein **obli-gatorischer gemischter Vertrag** ist.[375] Nach der EuGH-Rechtsprechung muss ein gemisch-ter Vertrag auch dann abgeschlossen werden, wenn eine Übereinkunft als zentrales Element einen Finanzmechanismus enthält, dessen Ausstattung zu erheblichen Finan-zierungsverpflichtungen der Mitgliedstaaten führt.[376] Demgegenüber kann nur die EU allein eine Übereinkunft schließen, die zwei untrennbar miteinander verbundene und im Wesentlichen gleichrangige Komponenten enthält, von denen eine in die ausschließ-liche und die andere in die geteilte Außenkompetenz der Union fällt, z.B. die Außen-handels- und die Umweltkompetenz. Der Ratsbeschluss nach Art. 218 Abs. 6 AEUV ist dann auf die beiden einschlägigen vertraglichen Ermächtigungsgrundlagen zu stützen.[377]

Der Umstand, dass der inhaltliche Schwerpunkt einer Übereinkunft im Bereich der **160** EU-Außenkompetenz liegt, dispensiert nicht von der Notwendigkeit, ein gemischtes Abkommen zu schließen. Denn die EU darf nicht in einem reinen EU-Übereinkommen gewissermaßen Nebenabreden über Gegenstände im Bereich der ausschließlichen na-tionalen Zuständigkeit treffen. Vielmehr muss das **gesamte Übereinkommen schon dann als gemischtes geschlossen werden, wenn nur eine einzige Bestimmung in die ausschließliche Zuständigkeit der Mitgliedstaaten fällt**.[378] In Handelsabkommen mit Drittstaaten, die nach Art. 207 Abs. 3, Art. 3 Abs. 1 Buchst. e AEUV in die ausschließ-liche EU-Zuständigkeit fallen, werden deshalb systematisch Bestimmungen eingefügt, die darüber hinausreichen (z.B. Bestimmungen über den politischen Dialog), um einen

---

[373] S. näher u. Rn. 225, 248.

[374] *Eeckhout*, EU External Relations Law, S. 264.

[375] Vgl. *Kaiser*, Gemischte Abkommen im Lichte bundesstaatlicher Erfahrungen, 2009, S. 40 f.

[376] EuGH, Gutachten 1/78 vom 4.10.1979 (Internationales Naturkautschuk-Übereinkommen), Slg. 1979, 2871, Rn. 57 ff. (finanzielle Ausstattung eines Ausgleichslagers, um den Kautschukpreis bei Angebotsschwankungen innerhalb einer gewissen Bandbreite zu halten). Der Umstand, dass die EU einer internationalen Organisation beitritt, die nicht über ein Instrument für finanzielles Handeln, sondern nur einen Verwaltungshaushalt verfügt, der von den Mitgliedstaaten mitfinanziert wird, ge-nügt hierfür allein aber nicht (EuGH, Gutachten 1/94 vom 15.11.1994 (WTO), Slg. 1994, I–5267, Rn. 21).

[377] *Eeckhout*, The Court of Justice and the Construction of Europe, S. 613 (620 ff.) unter Hinweis auf EuGH, Urt. v. 10.1.2006, Rs. C–94/03 (Rotterdamer Übereinkommen), Slg. 2006, I–1 und EuGH, Urt. v. 10.1.2006, Rs. C–178/03 (Verordnung zur Umsetzung des Rotterdamer Übereinkommens), Slg. 2006, I–107.

[378] So *Mayer*, S. 7 f., unter Hinweis auf EuGH, Gutachten 1/08 vom 30.11.2009 (GATS), Slg. 2009, I–11129 Rn. 139 ff., und *GA Kokott*, Schlussanträge zu Rs. C–13/07 (Kommission/Rat), ECLI:EU:C:2009:190, Rn. 121 f.

Weg zum Abschluss der von den Mitgliedstaaten bevorzugten gemischten Verträge zu eröffnen.[379]

161   Allerdings kann die einschlägige EU-Innenkompetenz und dementsprechend die parallele EU-Außenkompetenz oder auch die originäre **EU-Außenkompetenz breit genug** sein, um Gegenstände eines Übereinkommens noch zu erfassen, die gewissermaßen über den Rand der Ermächtigungsgrundlage hinausblicken.[380] Denn der EuGH hat seine Rechtsprechung, wonach ein Rechtsakt dann, wenn er mehrere Zielsetzungen hat, von denen eine als die hauptsächliche identifizierbar ist, nur auf eine Rechtsgrundlage zu stützen sei, und zwar diejenige, welche der Hauptzielsetzung entspricht, auch auf Beschlüsse nach Art. 218 Abs. 6 AEUV angewandt.[381] Andererseits hat der EuGH in Bezug auf die nicht mehr fortgeltende Sonderregelung des Art. 133 Abs. 6 UAbs. 2 EGV[382] unterstrichen, dass durch Zusammenfassung unterschiedlicher Materien in einer Übereinkunft unter Bildung eines Schwerpunkts nicht frei über Verbandskompetenzen und Verfahren disponiert werden dürfe.[383] Hier besteht folglich noch weiterer Klärungsbedarf durch die Rechtsprechung.[384]

162   Fällt kein Gegenstand eines Vertrages in die ausschließliche mitgliedstaatliche Zuständigkeit, liegen jedoch einige oder sogar alle **Vertragsgegenstände in der geteilten Zuständigkeit der E(W)G/EU und ihrer Mitgliedstaaten**, dann darf die E(W)G/EU den betreffenden Vertrag an sich ganz allein abschließen, weil sie im Hinblick auf ihre parallelen Innenzuständigkeiten sämtliche Vertragspflichten erfüllen kann. Auch durch die Inanspruchnahme dieser geteilten Zuständigkeiten seitens der E(W)G/EU in Form eines Vertragsschlusses nach außen tritt die Sperrwirkung des Art. 2 Abs. 2 Satz 2 AEUV ein. D.h. die Mitgliedstaaten können nun ihrerseits in Bezug auf keinen der Vertragsgegenstände mehr Rechtsakte nach innen setzen oder völkerrechtliche Verträge nach außen abschließen.

163   Im Fall einer geteilten Zuständigkeit für einige oder alle Vertragsgegenstände kann indessen auch auf das Instrument eines (fakultativen) gemischten Vertrags zurückge-

---

[379] *Hahn*, in: Calliess/Ruffert, EUV/AEUV, Art. 207 AEUV, Rn. 67.

[380] Vgl. als Beispiele EuGH, Urt. v. 3.12.1996, Rs. C–268/94 (Portugal/Rat – Kooperationsabkommen mit Indien), Slg. 1996, I–6177; Urt. v. 11.6.2014, Rs. C–377/12 (Kommission/Rat), ECLI:EU:C:2014:1903.

[381] EuGH, Urt. v. 12.12.2002, Rs. C–281/01 (Energy Star), Slg. 2002, I–12049; Urt. v. 22.10.2013, Rs. C–137/12 (Kommission/Rat), ECLI:EU:C:2013:675: Art. 207 Abs. 4 i.V.m. Art. 218 Abs. 5 AEUV als alleinige Rechtsgrundlage für den Abschluss des Europäischen Übereinkommens über den rechtlichen Schutz von zugangskontrollierten Diensten und von Zugangskontrolldiensten vom 24.1.2001 (SEV-Nr. 178) als reine EU-Übereinkunft trotz einzelner Regelungen über die Beschlagnahme und Einziehung illegaler Vorrichtungen und die internationale Zusammenarbeit im straf- und verwaltungsrechtlichen Bereich. Vgl. auch EuGH, Urt. v. 19.3.1996, Rs. C–25/94 (FAO), Slg. 1996, I–1469, Rn. 47: Die ausschließliche EG-Zuständigkeit deckt auch einzelne Vertragsbestimmungen mit ab, welche die Verhängung strafrechtlicher Sanktionen vorsehen, soweit diese nur nachrangige Bedeutung haben. Siehe bereits oben Rn. 77ff.

[382] Dort waren Abkommen über für die Mitgliedstaaten besonders sensible Dienstleistungen ausdrücklich der gemischten Zuständigkeit der EG und ihrer Mitgliedstaaten zugewiesen. Diese Anordnung sollte nicht durch Aufnahme derartiger Regelungen in ein zur ausschließlichen Zuständigkeit der EG gehörendes Abkommen, das im Schwerpunkt Dienstleistungen im Allgemeinen betraf, überspielt werden.

[383] *Müller-Ibold*, in: Lenz/Borchardt, EU-Verträge, Vorb. Art. 206–207 AEUV, Rn. 12 und Art. 216 AEUV, Rn. 12 unter Hinweis auf EuGH, Gutachten 1/08 vom 30.11.2009 (GATS), Slg. 2009, I–11129, Rn. 138ff.

[384] Vgl. *Kuijper/Wouters/Hoffmeister/Baere/Ramopoulos*, S. 105f.

griffen werden:[385] Die EU nähme dann ihre geteilte Zuständigkeit nicht umfassend, sondern nur teilweise wahr und überließe den Mitgliedstaaten den restlichen Bereich zur Ausübung von deren eigenen Außenkompetenzen. Auf diese Weise können auch **Unklarheiten oder Streitigkeiten über die genaue Kompetenzabgrenzung zwischen der EU und den Mitgliedstaaten kompromisshaft überwunden** werden.[386] Dies gilt jedoch nicht für Streitigkeiten darüber, ob eine Übereinkunft vollständig in die ausschließliche Zuständigkeit der EU oder der Mitgliedstaaten fällt. Denn die EU darf die Mitgliedstaaten an keinem Abkommen beteiligen, für das sie allein zuständig ist,[387] und sie darf sich ihrerseits nicht an Abkommen beteiligen, für die allein die Mitgliedstaaten zuständig sind. In beiden Fällen wäre der Ratsbeschluss nach Art. 218 Abs. 6 AEUV primärrechtswidrig. Deshalb müssen derartige Streitigkeiten vor dem Vertragsschluss durch ein Gutachten des EuGH geklärt werden (Art. 218 Abs. 11 AEUV), anderenfalls droht die spätere Nichtigerklärung des Ratsbeschlusses.[388]

2. Rechtspflicht möglichst gemischte Abkommen abzuschließen?

In der Praxis bestehen die Mitgliedstaaten in aller Regel darauf, bei geteilten Außen- **164** kompetenzen in ein gemischtes Abkommen einbezogen zu werden, weil sie auf völkerrechtlicher Ebene im weitest möglichen Umfang präsent bleiben und sich damit zugleich ein **Vetorecht über den Inhalt von Übereinkünften der Union sichern** wollen.[389] Dementsprechend wird sich dann zumindest im Rat bei der Beschlussfassung nach Art. 218 Abs. 6 und Abs. 8 AEUV keine qualifizierte Mehrheit (und erst recht keine Einstimmigkeit, wo diese verlangt ist) für den Abschluss eines reinen EU-Übereinkommens finden.

Diese praktische Bevorzugung gemischter Abkommen aus politischen Gründen ge- **165** genüber an sich zulässigen reinen EU-Abkommen führt zur Notwendigkeit einer Ratifikation durch jeden einzelnen Mitgliedstaat zusätzlich zur Ratifikation durch die EU, in der Regel unter Einbeziehung des nationalen Parlaments, ggf. auch nach Durchführung einer Volksabstimmung. Das erhöht einerseits die demokratische Legitimation des Vertragsschlusses und seine Akzeptanz in der Öffentlichkeit, andererseits aber auch das **Risiko seines Scheiterns**, wenn sich nur ein einziges mitgliedstaatliches Parlament ver-

---

[385] Vgl. *Kaiser*, (Fn. 375), S. 40 f.

[386] *Mayer*, S. 24; *Kadelbach*, EnzEuR, Bd. 10, § 4, Rn. 57. Siehe noch unten Abschn. 2.

[387] Aus Art. 2 Abs. 1, 2. HS AEUV ergibt sich nichts anderes. Dieser gestattet mitgliedstaatliches Tätigwerden im Bereich ausschließlicher Unionskompetenzen nur aufgrund einer förmlichen Ermächtigung seitens der EU an deren Stelle. Vgl. GA *Kokott*, Schlussanträge zu Rs. C–137/12 (Kommission/Rat), ECLI:EU:C:2013:441, Rn. 96.

[388] Vgl. GA *Kokott*, Schlussanträge zu Rs. C–137/12 (Kommission/Rat), ECLI:EU:C:2013:441, Rn. 89 ff.: Ein Ratsbeschluss nach Art. 218 Abs. 5 AEUV ist für nichtig zu erklären, wenn er zu Unrecht annimmt, dass die betr. Übereinkunft als gemischtes Abkommen auch von den Mitgliedstaaten unterzeichnet werden müsse, während in Wirklichkeit eine ausschließliche Abschlusskompetenz der EU besteht. Vgl. entsprechend die Nichtigerklärung eines Ratsbeschlusses, der die Ausübung des Stimmrechts in der FAO-Konferenz durch die Mitgliedstaaten in Bezug auf die Annahme eines Übereinkommens vorsah, obwohl die EG für den Abschluss dieses Übereinkommens ausschließlich zuständig war, in EuGH, Urt. v. 19.3.1996, Rs. C–25/94 (FAO), Slg. 1996, I–1469.

[389] *Mögele*, in: Streinz, EUV/AEUV, Art. 216 AEUV, Rn. 40 ff.; *Müller-Ibold*, in: Lenz/Borchardt, EU-Verträge, Art. 216 AEUV, Rn. 14; *Eeckhout*, EU External Relations Law, S. 220 f.; *Kuijper/Wouters/Hoffmeister/Baere/Ramopoulos*, S. 105. Vgl. als Gegenbeispiel aber den Beschluss (EU) 2016/342 des Rates vom 12.2.2016 über den Abschluss des Stabilisierungs- und Assoziierungsabkommens der EU und der EAG einerseits und dem Kosovo andererseits im Namen der Union (ABl. L 71/1). Das Abkommen wurde als reines EU-Abkommen geschlossen, weil einige Mitgliedstaaten den Kosovo bisher nicht als souveränen Staat anerkannt haben.

weigert[390] oder die Volksabstimmung ein negatives Ergebnis erbringt.[391] Auf jeden Fall verzögern 28 zusätzliche Ratifikationsverfahren das Inkrafttreten einer Übereinkunft erheblich,[392] was durch einen verstärkten Rückgriff auf die vorläufige Anwendung nach Art. 218 Abs. 5 AEUV nur teilweise ausgeglichen werden kann.[393] Deswegen versucht insbesondere die Europäische Kommission, gemischte Abkommen möglichst zu vermeiden.[394] Das »grundlose« Streben der Mitgliedstaaten nach gemischten Abkommen wird wegen der damit verbundenen zusätzlichen Schwierigkeiten sowohl beim Abschluss als auch bei der späteren Durchführung teilweise als Verstoß gegen die Unionstreue (Art. 4 Abs. 3 UAbs. 3 EUV) eingestuft.[395]

166   Es fragt sich, ob die **üblicherweise praktizierte kompetenzielle Zurückhaltung der EU** ganz im politischen Ermessen der zuständigen EU-Organe liegt[396] oder ob die EU dazu sogar rechtlich verpflichtet ist. Sollte eine entsprechende primärrechtliche Pflicht bestehen, könnte der Beschluss des Rates, dennoch eine reine EU-Übereinkunft abzuschließen, z.B. von einem überstimmten Mitgliedstaat mittels Nichtigkeitsklage (Art. 263 AEUV) zu Fall gebracht werden. Die in Art. 8 Abs. 1 des Protokolls (Nr. 2) über die Anwendung der Grundsätze der Subsidiarität und der Verhältnismäßigkeit[397] vorgesehene Möglichkeit nationaler Parlamente oder Parlamentskammern zur Erhebung von Nichtigkeitsklagen betrifft jedoch nur subsidiaritätswidrige »Gesetzgebungsakte« der EU.[398] Daher können nationale Parlamente oder deren Kammern den EuGH nicht gegen Ratsbeschlüsse gemäß Art. 218 Abs. 6 AEUV anrufen.[399]

167   Eine Rechtspflicht der EU zum Abschluss von nur gemischten Abkommen, obwohl die ausschließlichen und geteilten EU-Außenkompetenzen zusammengenommen auch ein reines EU-Abkommen tragen würden, kann man ggf. aus dem **Subsidiaritätsprinzip** (Art. 5 Abs. 3 EUV) ableiten, das allgemein für alle Unionstätigkeiten und somit auch für das auswärtige Handeln gilt. Danach übt die EU im Interesse größtmöglicher Bürgernähe ihre geteilten Zuständigkeiten nur aus, sofern und soweit die Ziele der in Betracht gezogenen Maßnahmen (hier: des Vertragsschlusses) von den Mitgliedstaaten nicht ausreichend verwirklicht werden können, sondern wegen ihres Umfangs oder ihrer Wirkungen auf Unionsebene besser zu verwirklichen sind.

168   Man wird in Bezug auf völkerrechtliche Verträge häufig darlegen können, dass sich

---

[390] Vgl. *Engel*, integration 38 (2015), 81 ff.

[391] Vgl. *van Elsuwege*, What will happen if the Dutch vote ›No‹ in the Referendum on the EU-Ukraine Association Agreement?, Verfassungsblog.de 10.2.2016, http://verfassungsblog.de/what-will-happen-if-the-dutch-vote-no-in-the-referendum-on-the-eu-ukraine-association-agreement/ (19.9.2016). Vgl. Schlussfolgerungen des Europ. Rates v. 28.6..2016 (EUCO 26/16), Abschn. III.22.

[392] Vgl. *Mayer*, S. 24 ff.

[393] Vgl. *Engel*, integration 38 (2015), 81. Der Ratsbeschluss nach Art. 218 Abs. 5 AEUV kann die vorläufige Anwendung nur für den Unionsteil eines gemischten Abkommens genehmigen (s. meine Kommentierung zu Art. 218 AEUV Rn. 74).

[394] *Mayer*, S. 1.

[395] Vgl. *Engel*, integration 38 (2015), 82 f.

[396] So offenbar *Mögele*, in: Streinz, EUV/AEUV, Art. 216 AEUV, Rn. 40 f.; *Nettesheim*, in: v. Bogdandy/Bast, Europäisches Verfassungsrecht, S. 433 f.

[397] ABl. 2007, C 306/150.

[398] Vgl. zur entsprechenden Problematik bei Art. 3 Abs. 2 AEUV oben Rn. 133 ff., wo vor dem Hintergrund des weiter gefassten Art. 216 Abs. 1, 3. Var. AEUV – anders als hier – eine erweiterte Anwendung vorgeschlagen wird.

[399] Art. 8 des Protokolls (Nr. 2) macht die parlamentarische Klagemöglichkeit zudem abhängig von ihrer Eröffnung durch das nationale Recht. Art. 23 Abs. 1a GG beschränkt seinerseits die Klagemöglichkeiten von Bundestag und Bundesrat auch auf Gesetzgebungsakte der EU.

deren Ziele für die europäische Seite nur effektiv realisieren lassen, wenn die EU als einheitlicher Vertragspartner auftritt und sich nicht ständig mit 28 Mitgliedstaaten abstimmen muss, von denen jeder einzelne eine Vetoposition besitzt. Der EuGH hat das entsprechende Argument indessen nicht genügen lassen, um durch eine entsprechende Auswahl der Kompetenzgrundlage für den Vertragsschluss die ausschließliche Abschlusszuständigkeit der EU herbeizuführen. Denn **Schwierigkeiten bei der Durchführung einer Übereinkunft** könnten die Antwort auf die Zuständigkeitsfrage nicht bedingen, die eine Vorfrage sei.[400] Diese auf das Prinzip der begrenzten Einzelermächtigung bezogene Rechtsprechung lässt sich zwar möglicherweise auf das Subsidiaritätsprinzip übertragen. Zwingend erscheint dies aber nicht, weil das für die Subsidiarität maßgebliche Kriterium der Zielerreichung die effektive Durchführung der betreffenden Maßnahme mit in den Blick nehmen muss. Außerdem prüft der EuGH die Wahl der richtigen Kompetenzgrundlage für einen Sekundärrechtsakt seit jeher strikt,[401] während er beim Subsidiaritätsprinzip bereit zu sein scheint, den Organen einen politischen Entscheidungsspielraum zu gewähren.

Teilweise wird sogar umgekehrt eine **Rechtspflicht der EU erwogen, von ihren vorhandenen Außenkompetenzen Gebrauch zu machen** und das Feld nicht (teilweise) den Mitgliedstaaten zu überlassen oder zumindest den Rückgriff auf das Instrument des gemischten Vertrages zu rechtfertigen, wenn stattdessen eine reine EU-Übereinkunft möglich gewesen wäre.[402] Denn dass ein vertragliches Handeln nach außen von der EU und den Mitgliedstaaten für erforderlich gehalten wird, belegt der Abschluss eines solchen gemischten Vertrages. In einem rein unionsinternen Vergleichsfall bestünde kein Zweifel daran, dass es unzulässig wäre, im Anwendungsbereich der Verträge anstelle eines aufgrund einer geteilten EU-Kompetenz möglichen EU-Sekundärrechtsakts einen völkerrechtlichen Vertrag gleichen Inhalts zwischen den Mitgliedstaaten abzuschließen. **169**

Aus deutscher Sicht sollte bei alledem einkalkuliert werden, dass das **Bundesverfassungsgericht** in seinem Urteil zur Verfassungsmäßigkeit des Vertrags von Lissabon von 2009 eine deutliche Präferenz für kooperativ gemischte und parallel wahrgenommene Mitgliedschaften ähnlich der bisher gemeinsamen WTO-Mitgliedschaft der EU und ihrer Mitgliedstaaten erkennen ließ, deren Modellfunktion es hervorhob.[403] In diesem Zusammenhang heißt es weiter: »Die Vorstellung eines allmählichen Zurücktretens der Rechtssubjektivität der Mitgliedstaaten in den auswärtigen Beziehungen zugunsten einer immer deutlicher staatsanalog auftretenden Europäischen Union entspricht auch keineswegs einem voraussehbaren und durch den Vertrag von Lissabon unumkehrbar gemachten Trend im Sinne einer jedenfalls faktisch notwendigen Bundesstaatsbildung. … Sofern jedoch auf der Grundlage des insofern entwicklungsoffenen Vertrags von Lissabon die staatsanaloge Entwicklung der Europäischen Union fortgesetzt würde, geriete dies in Widerspruch zu verfassungsrechtlichen Grundlagen.«[404] **170**

Daraus lässt sich entnehmen, dass das BVerfG auf die **fortdauernde Präsenz des deutschen Staates als Vertragspartei auf internationaler Ebene** Wert legt, um dem Eindruck **171**

---

[400] EuGH, Gutachten 1/94 vom 15.11.1994 (WTO), Slg. 1994, I–5267, Rn. 106 ff.; Gutachten 2/00 vom 6.12.2001 (Protokoll von Cartagena), Slg. 2001, I–9713, Rn. 41.

[401] Vgl. z.B. EuGH, Gutachten 2/00 vom 6.12.2001 (Protokoll von Cartagena), Slg. 2001, I–9713, Rn. 22; Urt. v. 22.10.2013, Rs. C–137/12 (Kommission/Rat), ECLI:EU:C:2013:675, Rn. 52 ff.; Urt. v. 11.6.2014, Rs. C–377/12 (Kommission/Rat), ECLI:EU:C:2014:1903, Rn. 34 ff.

[402] *Timmermans*, S. 665 f.

[403] BVerfGE 123, 267 (420).

[404] Ebd.

einer Umgestaltung der EU zum international allein agierenden Bundesstaat entgegenzuwirken, die seiner Auffassung nach mit Art. 79 Abs. 3 GG unvereinbar wäre.[405] Um verfassungsrechtliche und verfassungsprozessuale Schwierigkeiten zu vermeiden, könnte es daher für die Bundesregierung empfehlenswert sein, sich im Rat für den Abschluss von gemischten Abkommen anstatt reinen EU-Abkommen einzusetzen, wo immer diese rechtlich möglich sind.[406]

172   Nachdem die Außenhandelskompetenzen der Union durch den Vertrag von Lissabon deutlich ausgeweitet worden sind,[407] herrscht derzeit **Streit zwischen Kommission und Rat darüber, ob Freihandels- und Investitionsschutzabkommen als reine EU-Abkommen oder nach wie vor als gemischte Abkommen abzuschließen** sind. Dieser Streit erfasst derzeit CETA, TTIP und das paraphierte Freihandelsabkommen mit Singapur. Die Barroso-Kommission hatte am 30.10.2014 beschlossen, dazu ein Gutachten des EuGH nach Art. 218 Abs. 11 AEUV einzuholen. Die Juncker-Kommission hat diesen Beschluss am 4.3.2015 bestätigt.[408] Inzwischen ist das Verfahren unter dem Az. Gutachten 2/15 anhängig. Die Kommission fragt, ob die Union über die Zuständigkeit verfügt, die erforderlich ist, um das letztgenannte Freihandelsabkommen allein zu unterzeichnen und abzuschließen, welche Bestimmungen in die ausschließliche und welche in die geteilte Zuständigkeit der Union fallen und ob es Bestimmungen des Abkommens gibt, die in die ausschließliche Zuständigkeit der Mitgliedstaaten fallen.[409]

3. Kontrahierungszwang für die Mitgliedstaaten

173   Liegt der Abschluss einer Übereinkunft nach Auffassung der Unionsorgane im EU-Interesse, kann die EU aber nur gemeinsam mit ihren Mitgliedstaaten Vertragspartei werden, etwa weil die betreffende Übereinkunft eine entsprechende Voraussetzung aufstellt[410] oder weil die vertraglichen Rechte und Pflichten der EU und der Mitgliedstaaten nicht trennbar sind, kann sich aus Art. 4 Abs. 3 EUV eine **unionsrechtliche Verpflichtung der Mitgliedstaaten ergeben, die Übereinkunft ungeachtet entgegenstehender nationaler Interessen ihrerseits abzuschließen.**[411]

II.   Reichweite der Bindungswirkung gemischter Verträge und Offenlegung der Verteilung der Verbandkompetenz

174   Wenn die EU und alle Mitgliedstaaten gemeinsam auf derselben Seite in ein gemischtes Abkommen eintreten, übernehmen sie dem/n dritten Vertragspartner/n gegenüber grundsätzlich je einzeln die Verpflichtung zur Erfüllung sämtlicher Vertragspflichten.[412]

---

[405] Ebd., S. 331f., 347f. Kritisch *Giegerich*, Zur Einführung: Die »europäische Föderation« – unendliche Annäherung an eine Utopie, S. 12f.

[406] Vgl. ähnlich *Mayer*, S. 26.

[407] Art. 207 Abs. 1 AEUV.

[408] Vgl. http://trade.ec.europa.eu/doclib/press/index.cfm?id=1269 (19.9.2016).

[409] http://eur-lex.europa.eu/legal-content/DE/TXT/?uni=unisew%3AOJ.C_.2015.3634.01.0018.02.DEU (19.9.2016).

[410] Nach Art. 2 der Anlage IX zum UN-Seerechtsübereinkommen kann eine internationale Organisation dem Übereinkommen nur beitreten, wenn die Mehrheit ihrer Mitgliedstaaten diesem bereits angehört.

[411] *Kumin/Bittner*, EuR-Beiheft 2/2012, 75 (82f.).

[412] *Kadelbach*, EnzEuR, Bd. 10, § 4, Rn. 85; Bungenberg, in: GSH, Europäisches Unionsrecht, Art. 218 AEUV, Rn. 91. Vgl. EuGH, Urt. v. 2.3.1994, Rs. C–316/91 (Europäisches Parlament/Rat), Slg. 1994, I–625, Rn. 29.

Diese **gesamtschuldnerische Verpflichtung nach außen** besteht unabhängig von der internen Verteilung der Verbandskompetenzen, die nicht selten EU-intern umstritten und für den/die dritten Vertragspartner nur schwer durchschaubar ist. Die EU kann sich diesen gegenüber daher in aller Regel nicht darauf berufen, dass sie zur eingeforderten Erfüllung einer bestimmten Vertragspflicht intern nicht zuständig und in diesem außerhalb ihrer Kompetenzen liegenden Bereich nicht einmal völkerrechtsfähig sei.[413]

Allerdings ist es für dritte Vertragspartner beim Abschluss eines gemischten Vertrages **175** von vornherein klar, dass weder die EU noch die Mitgliedstaaten für sich allein den gesamten Vertragsbereich kompetenziell abdecken; unklar bleibt zumeist nur die genaue Kompetenzabgrenzung. Dritte Vertragspartner sind also vorgewarnt. Man wird jedoch aus dem **einverständlichen Zusammenwirken aller Akteure** – der Unionsorgane, der Mitgliedstaaten und der Vertragspartner – den Willen ableiten können, den betreffenden Vertrag mit den oben beschriebenen gesamtschuldnerischen Wirkungen abzuschließen und auf EU-Seite nach Treu und Glauben im loyalen Zusammenwirken der EU und ihrer Mitgliedstaaten zu erfüllen.[414] Es besteht letztlich auch deshalb kein Zweifel an der Zulässigkeit und Wirksamkeit einer solchen Willenseinigung, welche die notwendigen wechselseitigen Ermächtigungen einschließt,[415] weil es ein entsprechendes praktisches Bedürfnis gibt. Ernsthafte Probleme bei der Erfüllung solcher gemischten Verträge, die in deren Struktur begründet waren, sind bisher nicht publik geworden. Das Modell hat sich offensichtlich praktisch bewährt.[416]

Keine gesamtschuldnerische Verpflichtung der EU und der Mitgliedstaaten für den **176** gesamten Vertragsbereich tritt ein, wenn die Übereinkunft etwas anderes regelt, insbesondere wenn **EU und Mitgliedstaaten ihre jeweiligen Zuständigkeiten beim Abschluss der Übereinkunft dem/n dritten Vertragspartner/n gegenüber offengelegt** haben.[417] Dann muss dieser/müssen diese den jeweils zuständigen Verband auf Erfüllung der betreffenden Vertragspflicht in Anspruch nehmen.[418] Derartige Offenlegungen erfolgen allerdings keinesfalls durchgängig, weil die genaue Kompetenzabgrenzung häufig zwischen der EU und den Mitgliedstaaten umstritten ist.[419] Sie fehlt etwa in Bezug auf das WTO-Übereinkommen, für das die Zuständigkeit ursprünglich geteilt war.[420] Art. 1 Abs. 1 des zugehörigen Ratsbeschlusses vom 22.12.1994 genehmigte dieses Überein-

---

[413] *Schmalenbach*, in: Calliess/Ruffert, EUV/AEUV, Art. 216 AEUV, Rn. 7 unter Hinweis auf den in Art. 27 Abs. 2, Art. 46 Abs. 2 und Abs. 3 des noch nicht in Kraft getretenen Wiener Übereinkommens über das Recht der Verträge zwischen Staaten und internationalen Organisationen oder zwischen internationalen Organisationen vom 21.3.1986 (BGBl. 1990 II S. 1415) verankerten Rechtsgrundsatz. Ebenso *Rensmann*, Art. 46 Vienna Convention on the Law of Treaties, Rn. 75. Anders *Nettesheim*, in: v. Bogdandy/Bast, Europäisches Verfassungsrecht, S. 433: Nur die Mitgliedstaaten seien vollumfänglich gebunden, nicht aber die EU.
[414] Vgl. *Arnold/Meindl*, in: Dauses, Handbuch des EU-Wirtschaftsrechts, Abschn. K.I., 2014, Rn. 79 ff.
[415] *Ohler*, EuR-Beiheft 2/2012, 137 (138).
[416] *Kuijper*, International Responsibility, S. 208 ff.
[417] *Hoffmeister*, Curse or Blessing, S. 263.
[418] Vgl. *Rensmann*, Art. 46 Vienna Convention on the Law of Treaties, Rn. 76.
[419] Die Vertragsabteilung (Treaties Office) des Europäischen Auswärtigen Dienstes stellt unter dem Namen »Agreements with a Declaration of Competence by the EU« eine laufend aktualisierte englischsprachige Übersicht über alle Übereinkünfte mit Kompetenzerklärung seitens der EU zur Verfügung, http://ec.europa.eu/world/agreements/viewCollection.do?fileID=76198 (19.9.2016).
[420] EuGH, Gutachten 1/94 vom 15.11.1994 (WTO), Slg. 1994, I–5267. Die Neufassung des Art. 207 AEUV durch den Vertrag von Lissabon hat die bisher lückenhafte EU-Außenkompetenz in diesem Bereich komplettiert.

kommen und die zugehörigen multilateralen Übereinkünfte und Erklärungen im Namen der EG »hinsichtlich des in ihre Zuständigkeit fallenden Teils«, ohne dass eine nähere Erklärung beigefügt worden wäre.[421]

177   Teilweise schreiben Übereinkünfte jedoch vor, dass ihnen internationale Organisationen nur beitreten können, wenn sie ihre im Regelungsbereich der jeweiligen Übereinkunft bestehenden Zuständigkeiten im Verhältnis zu denjenigen ihrer Mitgliedstaaten klarstellen. Die EU ist dann den Vertragspartnern gegenüber **völkerrechtlich verpflichtet, eine zutreffende und vollständige Erklärung abzugeben** und diese auch zukünftig im Einklang mit eventuellen Integrationsfortschritten zu halten – eine Verpflichtung, die nach Art. 216 Abs. 2 AEUV in das Unionsrecht inkorporiert wird. Als Annex der Abschlusskompetenz liegt die interne Zuständigkeit für die Abgabe der Erklärung nach Art. 218 Abs. 6 AEUV beim Rat. Eine unzutreffende Erklärung macht den Beschluss über den Abschluss der Übereinkunft primärrechtswidrig und mit der Nichtigkeitsklage angreifbar.[422]

178   Ein Beispiel für eine solchermaßen erzwungene Offenlegung der EU-internen Zuständigkeitsverteilung bildet hingegen das **UN-Seerechtsübereinkommen (UNCLOS)** mit Durchführungsübereinkommen,[423] dem die EG und ihre Mitgliedstaaten beigetreten sind. Nach Art. 305 Abs. 1 Buchst. f UNCLOS in Verbindung mit Anlage IX zum Übereinkommen ist die Teilnahme internationaler Organisationen daran ausdrücklich vorgesehen, aber an bestimmte Bedingungen geknüpft. Dazu gehört es nach Art. 5 der Anlage IX und Art. 4 des Durchführungsübereinkommens, dass eine solche Organisation ebenso wie ihre Mitgliedstaaten mit der Ratifikations- bzw. Beitrittsurkunde jeweils eine Erklärung hinterlegen, in der die durch UNCLOS geregelten Angelegenheiten im Einzelnen aufgeführt werden, für die der Organisation von ihren Mitgliedstaaten Zuständigkeit übertragen wurde. Spätere Änderungen in der Zuständigkeitsverteilung sind dem Depositar umgehend zu notifizieren. Die EG und ihre Mitgliedstaaten haben die verlangten gleichlautenden Erklärungen abgegeben.[424]

179   Ein weiteres Beispiel stellt das Übereinkommen über den Zugang zu Informationen, die Öffentlichkeitsbeteiligung an Entscheidungsverfahren und den Zugang zu Gerichten in Umweltangelegenheiten **(Aarhus-Konvention)** vom 25. 6.1998 dar.[425] Dessen Art. 19 Abs. 5 verlangt ebenfalls, dass Organisationen der regionalen Wirtschaftsintegration beim Beitritt den Umfang ihrer Zuständigkeiten erklären und dann später wesentliche Änderungen mitteilen. Eine solche Erklärung hat die EG abgegeben.[426]

180   Ein neueres Beispiel bildet schließlich das **Übereinkommen über die Rechte von Menschen mit Behinderungen** (ÜRB),[427] dem die EU und alle Mitgliedstaaten angehören. Art. 44 Abs. 1 ÜRB sieht vor, dass eine Organisation der regionalen Integration[428] beim Beitritt dem Verwahrer den Umfang ihrer Zuständigkeiten in Bezug auf die durch das

---

[421] ABl. 2009, L 336/1.

[422] Vgl. EuGH, Urt. v. 10.12.2002, Rs. C–29/99 (Übereinkommen über nukleare Sicherheit), Slg. 2002, I–11221, Rn. 67 ff. (zu Art. 101 Abs. 2 EAGV).

[423] UNCLOS vom 10. 12.1982 mit Durchführungsübereinkommen zu Teil XI vom 28. 7.1994, ABl. 1998, L 179/1.

[424] Die Erklärung der EG ist abgedruckt in ABl. 1998, L 179/129.

[425] ABl. 2005, L 124/4.

[426] ABl. 2005, L 124/3.

[427] Vom 13. 12.2006, ABl. 2010, L 23/37.

[428] Neuerdings ist nicht mehr von »Wirtschaftsintegration« die Rede, um der zunehmenden politischen Integration in der EU Rechnung zu tragen.

ÜRB erfassten Angelegenheiten erklärt. Spätere erhebliche Änderungen des Umfangs ihrer Zuständigkeiten sind dem Verwahrer mitzuteilen. Die EU hat die verlangte Erklärung zusammen mit ihrer Ratifikationsurkunde hinterlegt.[429]

Trotz derartiger Erklärungen, die ihrerseits nicht immer klar sind, kann die genaue Abgrenzung der Zuständigkeiten zwischen EU und Mitgliedstaaten im Einzelfall schwierig sein.[430] Deshalb hat die Anlage IX zum UN-Seerechtsübereinkommen einen **Schutzmechanismus für die übrigen Vertragsparteien** eingeführt. Dieser ist von den anderen gemischten Abkommen nicht übernommen worden, vielleicht weil sich die darin zum Ausdruck kommende Skepsis gegenüber der europäischen Integrationsgemeinschaft als Vertragspartner seither zerstreut hat. Nach Art. 6 Abs. 1 der Anlage IX sind die Vertragsparteien im Rahmen ihrer jeweils deklarierten Zuständigkeit für die Nichterfüllung von Verpflichtungen und alle sonstigen Verstöße gegen UNCLOS verantwortlich. Art. 6 Abs. 2 der Anlage IX lautet folgendermaßen: »Jeder Vertragsstaat kann eine internationale Organisation oder ihre Mitgliedstaaten, die Vertragsparteien dieses Übereinkommens sind, um Auskunft ersuchen, wem für eine bestimmte Angelegenheit die Verantwortlichkeit zukommt. Die Organisation und die betreffenden Mitgliedstaaten müssen diese Auskunft erteilen. Das Nichterteilen der Auskunft innerhalb einer angemessenen Frist oder das Erteilen widersprüchlicher Auskünfte hat gesamtschuldnerische Haftung zur Folge.« **181**

In einem **Gutachten hat der Internationale Seegerichtshof**[431] zur Verantwortlichkeitsverteilung zwischen der EU und ihren Mitgliedstaaten in Bezug auf die Verletzung von Fischereischutzregeln eines Drittstaats durch Schiffe, welche die Flagge eines Mitgliedstaats führen und eine Fischereierlaubnis besitzen, die der Drittstaat im Rahmen eines Fischereiabkommens mit der EU ausgestellt hat, Folgendes festgestellt:[432] Wenn eine internationale Organisation wie die EU, in Ausübung ihrer ausschließlichen Zuständigkeit in Fischereiangelegenheiten, ein Fischereiabkommen mit einem Mitgliedstaat einer subregionalen Fischereikommission (SRFC) abschließt, das den Fischereibooten der EU-Mitgliedstaaten Zugang zum Fischfang in der Ausschließlichen Wirtschaftszone des SRFC-Mitglieds gewährt, gelten vorrangig eventuelle Haftungsregeln, die in dem Fischereiabkommen festgelegt sind. Fehlen solche vertraglichen Regeln, gelten die allgemeinen Regeln des Völkerrechts. Danach werden die Verpflichtungen des Flaggenstaats zu Verpflichtungen der EU. Die EU muss als einzige Vertragspartei des Fischereiabkommens im Sinne eines »Due-Diligence«-Standards gewährleisten, dass private Fischereiboote, welche die Flagge ihrer Mitgliedstaaten führen, die Fischereischutzregeln des SRFC-Mitgliedstaats einhalten. Wird der »Due-Diligence«-Standard verletzt, entsteht eine internationale Verantwortlichkeit allein der EU, und nicht ihrer Mitgliedstaaten. Etwaige Zweifel über die Zuständigkeitsverteilung zwischen der EU und ihren Mitgliedstaaten kann das SRFC-Mitglied mit Hilfe der in der vorangehenden Randnummer zitierten Regel in Art. 6 Abs. 2 der Anlage IX klären. **182**

---

[429] ABl. 2010, L 23/55. Weitere Beispiele bei *Schmalenbach*, in: Calliess/Ruffert, EUV/AEUV, Art. 216 AEUV, Rn. 7, Fn. 14.

[430] Kritisch zur Erklärungspraxis etwa *Olson*, Mixity from the Outside: the Perspective of a Treaty Partner, in: Hillion/Koutrakos (eds.), Mixed Agreements Revisited: The EU Member States in the World, 2010, S. 331 (335 ff.); *Timmermans*, S. 663.

[431] Vgl. das Statut des Internationalen Seegerichtshofs in Anlage VI zum Seerechtsübereinkommen der Vereinten Nationen vom 10. 12. 1982 (Fn. 423).

[432] ITLOS Advisory Opinion of 2 April 2015 (Request for an Advisory Opinion Submitted by the Sub-Regional Fisheries Commission [SRFC]), Case No. 21, Rn. 151 ff., https://www.itlos.org/en/cases/list-of-cases/case-no-21/ (19. 9. 2016).

183   Geklärt werden muss die Abgrenzung der Zuständigkeiten/Verantwortlichkeiten zwischen Union und Mitgliedstaaten auch im Vorfeld von **Investitionsschiedsstreitigkeiten mit privaten Investoren aus Drittstaaten** auf der Grundlage eines (gemischten) Investitionsschutzabkommens. Hierzu enthält der Entwurf des EU-Canada Comprehensive Economic and Trade Agreement (CETA) eine Regelung in Art. X.20 (Determination of the respondent for disputes with the European Union or its Member States).[433]

III.   Trennungsklauseln zur Sicherung der Autonomie des Unionsrechts

184   Sind neben der EU auch ihre Mitgliedstaaten Parteien eines gemischten Vertrages mit dritten Partnern, der sich mit dem Unionsrecht thematisch überschneidet, so muss sichergestellt werden, dass der Vertrag die Autonomie des Unionsrechts gegenüber dem Völkerrecht nicht beeinträchtigt. Das Primärrecht erlaubt der EU nur unter dieser Bedingung, überhaupt Vertragspartei zu werden.[434] Zur Wahrung der vorgenannten Autonomie ist auszuschließen, dass der Vertrag zwischen den EU-Mitgliedstaaten und der Union oder zwischen den EU-Mitgliedstaaten anwendbar ist, soweit diese Verhältnisse unionsrechtlich geregelt sind. Seit langem hat die Praxis zu diesem Zweck sog. **Trennungsklauseln**[435] in die gemischten Verträge (aber teilweise auch in reine EU-Übereinkünfte) eingefügt, welche die vorrangige Anwendung vorhandenen Unionsrechts auf die unionsinternen Rechtsbeziehungen anordnen.[436]

185   Ein neueres Beispiel dafür findet sich in Art. 26 Abs. 3 des **Übereinkommens des Europarats zur Verhütung des Terrorismus** vom 16. 5. 2005: »Unbeschadet des Ziels und Zwecks dieses Übereinkommens und seiner uneingeschränkten Anwendung gegenüber anderen Vertragsparteien wenden Vertragsparteien, die Mitglieder der Europäischen Union sind, in ihren Beziehungen untereinander die Vorschriften der Gemeinschaft und der Europäischen Union an, soweit es für die betreffende Frage Vorschriften der Gemeinschaft und der Europäischen Union gibt und diese auf den konkreten Fall anwendbar sind.«[437]

186   Zur Erläuterung der vorgenannten Klausel haben die EG und ihre Mitgliedstaaten anlässlich der Annahme des Abkommenstexts durch das Ministerkomitee des Europarats am 3. 5. 2005 folgende Erklärung abgegeben:
»The European Community/European Union and its Member States reaffirm that their objective in requesting the inclusion of a ›**disconnection clause**‹ is to take account of the institutional structure of the Union when acceding to international conventions, in particular in case of transfer of sovereign powers from the Member States to the Community.

This clause is not aimed at reducing the rights or increasing the obligations of a non-European Union Party vis-à-vis the European Community/European Union and its Member States, inasmuch as the latter are also parties to this Convention.

---

[433] http://trade.ec.europa.eu/doclib/docs/2014/september/tradoc_152806.pdf (19.9.2016); vgl. auch Art. 9.15 des paraphierten EU-Singapore Free Trade Agreement, http://trade.ec.europa.eu/doclib/press/index.cfm?id=961 (19.9.2016).

[434] EuGH, Gutachten 2/13 vom 18.12.2014 (EMRK-Beitritt der EU II), ECLI:EU:C:2014:2454, Rn. 170 ff.

[435] Teilweise ist von Entkoppelungsklauseln die Rede; der englische Begriff lautet »disconnection clauses«.

[436] Umfassend *Cremona*, Disconnection Clauses in EU Law and Practice, S. 160 ff.; *Kolliopoulos/ Economides*, RGDIP 110 (2006), 273 ff. Zu Trennungsklauseln in Verträgen der Mitgliedstaaten, an denen die Union nicht beteiligt ist, s. o. Rn. 142.

[437] CETS No. 196. Die EU hat das Übereinkommen noch nicht ratifiziert.

The disconnection clause is necessary for those parts of the Convention which fall within the competence of the Community/Union, in order to indicate that European Union Member States cannot invoke and apply the rights and obligations deriving from the Convention directly among themselves (or between themselves and the European Community/Union). This does not detract from the fact that the Convention applies fully between the European Community/European Union and its Member States on the one hand, and the other Parties to the Convention, on the other; the Community and the European Union Members States will be bound by the Convention and will apply it like any Party to the Convention, if necessary, through Community/Union legislation. They will thus guarantee the full respect of the Convention's provisions vis-à-vis non-European Union Parties.«[438]

Die vorstehend wiedergegebene beschwichtigende Erklärung lässt erkennen, dass **187** solche **Trennungsklauseln bei den Vertragspartnern der EU und ihrer Mitgliedstaaten keine ungeteilte Zustimmung** finden.[439] Denn sie räumen in einem Teilbereich des Vertrages dem internen Recht eines Vertragspartners in seinem jeweiligen Entwicklungsstand Vorrang vor den völkervertraglichen Regeln ein.[440] Da der Gebrauch solcher Trennungsklauseln vom Konsens aller Vertragsparteien abhängt, mindert das ihre Einsetzbarkeit.

IV. Pflicht zur Zusammenarbeit der EU und der Mitgliedstaaten

Der EuGH hat schon frühzeitig klargestellt, dass dann, wenn die Zuständigkeit zum **188** Abschluss einer Übereinkunft mit einem oder mehreren Drittstaaten zwischen der E(W)G/EU und ihren Mitgliedstaaten geteilt ist und diese daher als gemischtes Abkommen abgeschlossen werden muss, deren Aushandlung, Abschluss und Durchführung ein gemeinsames Vorgehen der E(W)G/EU und der Mitgliedstaaten erfordert.[441] Die EU-Organe und die Mitgliedstaaten »müssen alle erforderlichen Maßnahmen treffen, um eine solche **Zusammenarbeit in bestmöglicher Weise** zu gewährleisten«.[442] Dies gilt insbesondere dann, wenn die EU und die Mitgliedstaaten gemeinsam Mitglieder einer internationalen Organisation sind, wie etwa der Welternährungsorganisation (FAO) oder der Welthandelsorganisation (WTO).[443]

Diese Pflicht zur Zusammenarbeit leitet der EuGH aus der Notwendigkeit einer ge- **189** schlossenen völkerrechtlichen Vertretung der E(W)G/EU[444] bzw. der Einheitlichkeit und

---

[438] Wiedergegeben in Abschnitt 272 des Explanatory Report zum Übereinkommen, https://rm.coe.int/COERMPublicCommonSearchServices/DisplayDCTUContent?documentid=0900 0016800d3811 (20.9.2016). Die Erklärung wird dort als Urkunde im Sinne von Art. 31 Abs. 2 Buchst. b WÜRV I eingestuft. Hervorhebung ergänzt.

[439] Vgl. nur *Grabenwarter*, ZaöRV 74 (2014), 419 (434 ff.).

[440] *Olson*, (Fn. 430), S. 337.

[441] EuGH, Urt. v. 14.7.1976, verb. Rs. 3/76, 4/76 u. 6/76 (Kramer), Slg. 1976, 1279, Rn. 39 ff.; Gutachten 1/78 vom 4.10.1979 (Internationales Naturkautschuk-Übereinkommen), Slg. 1979, 2871, Rn. 60; Gutachten 2/91 vom 19.3.1993 (ILO-Konvention Nr. 170), Slg. 1993, I–1061, Rn. 12, 36; Urt. v. 20.4.2010, Rs. C–246/07 (Stockholmer Übereinkommen), Slg. 2010, I–3317, Rn. 73. Eingehend *Hillion*, Mixity and Coherence in EU External Relations, S. 87 ff.; *Schwichtenberg*, Die Kooperationsverpflichtung der Mitgliedstaaten der EU.

[442] EuGH, Urt. v. 19.3.1996, Rs. C–25/94 (FAO), Slg. 1996, I–1469, Rn. 48 (unter Berufung auf EuGH, Gutachten 2/91 vom 19.3.1993 (ILO-Konvention Nr. 170), Slg. 1993, I–1061, Rn. 38). Hervorhebung ergänzt.

[443] *Timmermans*, S. 670.

[444] EuGH, Gutachten 1/94 vom 15.11.1994 (WTO), Slg. 1994, I–5267, Rn. 108 m.w.N.

Kohärenz ihres völkerrechtlichen Handelns und ihrer völkerrechtlichen Vertretung ab.[445] Sie findet ihre Grundlage in Art. 4 Abs. 3 EUV und kann durch eine verbindliche und mittels Nichtigkeitsklage durchsetzbaren **Vereinbarung zwischen Rat und Kommission konkretisiert** werden, in der z. B. näher festgelegt wird, in welchen Fällen die Kommission und in welchen Fällen die Mitgliedstaaten die auf die EU entfallenden Stimmen in der Generalversammlung einer internationalen Organisation abgeben.[446] Der Gerichtshof hat es jedoch abgelehnt, der E(W)G/EU allein deswegen eine ausschließliche Vertragsschließungskompetenz zuzubilligen, weil dies die mit der Notwendigkeit gemeinsamen Auftretens der E(W)G/EU und ihrer Mitgliedstaaten nach außen verbundenen Schwierigkeiten beseitigen, ein geschlosseneres und zügigeres Handeln nach außen ermöglichen und die Durchführung des betreffenden Vertrages erleichtern würde.[447]

190   Die vorgenannte Kooperationspflicht, die eine Konkretisierung des allgemeinen Grundsatzes der loyalen Zusammenarbeit zwischen der Union und den Mitgliedstaaten darstellt,[448] verstärkt sich, wenn die **Rechte und Pflichten der E(W)G/EU und ihrer Mitgliedstaaten aus einem gemischten Abkommen in einem unauflöslichen Zusammenhang** stehen, was der EuGH etwa für das WTO-Abkommen und die multilateralen Handelsübereinkommen in seinen Anlagen angenommen hat.[449] Denn für die EU und ihre Mitgliedstaaten könnten sich u. U. sektorübergreifende Handelssanktionen (»Aussetzung von Zugeständnissen«) nach Art. 22 DSU als notwendig erweisen, um einen Drittstaat zur Einhaltung seiner WTO-Verpflichtungen ihnen gegenüber zu veranlassen. Vor dem Inkrafttreten des Vertrags von Lissabon fielen jedoch die verschiedenen Sektoren teils in die Zuständigkeit der EU, teils in die Zuständigkeit der Mitgliedstaaten, so dass nur eine enge Kooperation die wirksame Durchsetzung ihrer gemeinsamen Interessen sicherstellen konnte.[450]

191   Wie der EuGH hervorgehoben hat, ist die Pflicht zur loyalen Zusammenarbeit unabhängig davon, ob die Außenzuständigkeit der EG/EU eine ausschließliche oder eine geteilte ist. Selbst wenn die Mitgliedstaaten grundsätzlich befugt seien, gegenüber Drittländern vertragliche Verpflichtungen einzugehen, dürften sie jedenfalls von dem Moment an keine Alleingänge mehr unternehmen, zu dem die Kommission dem Rat Empfehlungen für die Aufnahme von Verhandlungen nach Art. 218 Abs. 3 AEUV unterbreitet habe. Selbst wenn der Kommissionsvorschlag vom Rat nicht angenommen worden sei, stelle er den Ausgangspunkt eines abgestimmten gemeinschaftlichen Vorgehens auf internationaler Ebene dar. Die **mitgliedstaatliche Loyalitätspflicht beginne sogar schon vor der Unterbreitung eines Kommissionsvorschlags**, falls es bereits eine gemeinsame Strategie gebe. Sobald der Rat die Ermächtigung zur Aufnahme von Verhandlungen erteilt habe, müsse ein abgestimmtes gemeinschaftliches Vorgehen auf internationaler Ebene beginnen. In diesem Moment entstehe eine Verpflichtung zur engen Zusammenarbeit zwischen den Mitgliedstaaten und den Organen, u. U. verbunden mit einer Unterlassungspflicht der Mitgliedstaaten, damit der E(W)G/EU die Erfüllung ihrer

---

[445] EuGH, Urt. v. 14.7.2005, Rs. C–433/03 (Binnenschifffahrtsabkommen), Slg. 2005, I–6985, Rn. 66.

[446] EuGH, Urt. v. 19.3.1996, Rs. C–25/94 (FAO), Slg. 1996, I–1469, Rn. 48 ff.

[447] EuGH, Gutachten 1/08 vom 30.11.2009 (WTO), Slg. 2009, I–11129, Rn. 127.

[448] Art. 4 Abs. 3 EUV.

[449] EuGH, Gutachten 1/94 vom 15.11.1994 (WTO), Slg. 1994, I–5267, Rn. 109.

[450] Nach Art. 207 AEUV i. d. F. des Vertrags von Lissabon besitzt die EU inzwischen für den WTO-Bereich eine umfassende Alleinzuständigkeit.

Aufgabe erleichtert werde und die Einheitlichkeit und Kohärenz des europäischen Handelns im Völkerrechtsraum und der völkerrechtlichen Vertretung der E(W)G/EU gewährleistet seien.[451]

Die Grenze zwischen den ausschließlichen Außenkompetenzen der EU und den Außenkompetenzen ihrer Mitgliedstaaten ist auch ohne Vertragsänderungen nach Art. 48 EUV insoweit beweglich, als die erstgenannten sich mit zunehmender Ausübung der EU-Innenkompetenzen erweitern.[452] Unter Umständen ordnet auch das Primärrecht an, dass bestimmte EU-Innenkompetenzen erst von einem in der Zukunft liegenden Zeitpunkt an ausgeübt werden sollen oder bis zu einem solchen Zeitpunkt ausgeübt werden müssen.[453] In allen diesen Fällen hat die **Außenzuständigkeit der Mitgliedstaaten in den betreffenden Bereichen Übergangscharakter**; sie erlischt, sobald die EU ihre Innenkompetenz wahrgenommen hat.   **192**

Wenn die Mitgliedstaaten in der Zwischenzeit ihre vorübergehende Außenkompetenz ausüben, sind sie kraft ihrer Unionsloyalität gehalten, keine Verpflichtungen zu übernehmen, welche die EU bei der späteren Ausführung ihrer Innen- oder Außenkompetenzen behindern könnten. Vielmehr sind sie zu gemeinsamem Vorgehen verpflichtet und müssen zusammen mit der EU auch alle zur Verfügung stehenden rechtlichen und politischen Mittel einsetzen, um die Teilnahme der EU an in dem Bereich bereits bestehenden Übereinkommen sicherzustellen.[454] Außerdem müssen die Mitgliedstaaten in zwischenzeitlich mit dritten Partnern abgeschlossene Verträge **Kündigungsklauseln aufnehmen**, um ihre Bindung beenden zu können, sobald die EU ihre Innen- oder Außenkompetenz in dem betreffenden Bereich ausübt.[455]   **193**

Bei der Durchführung gemischter Verträge sind die EU und ihre Mitgliedstaaten zur Kooperation verpflichtet. Sie schulden einander unionsrechtlich die Erfüllung der jeweils in ihren Kompetenzbereich fallenden Vertragspflichten. Die **Einzelheiten der Kooperation können durch interne Abkommen geregelt** werden.[456] Wichtige Beispiele stellen das Interne Abkommen zwischen den im Rat vereinigten Vertretern der Regierungen der Mitgliedstaaten über die zur Durchführung des AKP-EG-Partnerschaftsabkommens zu treffenden Maßnahmen und die dabei anzuwendenden Verfahren vom 18. 9. 2000,[457] das Interne Änderungsabkommen vom 10. 4. 2006[458] und das Interne Abkommen vom 17. 7. 2006 zwischen den im Rat vereinigten Vertretern der Regierungen der Mitgliedstaaten über die Finanzierung der im mehrjährigen Finanzrahmen für den Zeitraum 2008–2013 bereitgestellten Gemeinschaftshilfe im Rahmen des AKP-EG-Partnerschaftsabkommens und über die Bereitstellung von Finanzhilfe für die über-   **194**

---

[451] EuGH, Urt. v. 14.7.2005, Rs. C–433/03 (Binnenschifffahrtsabkommen), Slg. 2005, I–6985, Rn. 64 ff.; Urt. v. 20.4.2010, Rs. C–246/07 (Stockholmer Übereinkommen), Slg. 2010, I–3317, Rn. 73 ff. Zur letztgenannten Entscheidung *Heliskoski*, The Obligation of Member States to Foresee, in the Conclusion and Application of their International Agreements, Eventual Future Measures of the European Union, in: Arnull et al. (eds.), A Constitutional Order of States? Essays in EU Law in Honour of Alan Dashwood, 2011, S. 545 (559 ff.).

[452] Vgl. Art. 3 Abs. 2, 3. Var. AEUV. S. o. Rn. 139 ff.

[453] Letzteres galt z. B. für Art. 102 der Beitrittsakte im Falle Kramer (EuGH, Urt. v. 14.7.1976, verb. Rs. 3/76, 4/76 u. 6/76, Slg. 1976, 1279, Rn. 40).

[454] EuGH, Urt. v. 14.7.1976, verb. Rs. 3/76, 4/76 u. 6/76 (Kramer), Slg. 1976, 1279, Rn. 39 ff.

[455] *Pechstein*, S. 630 f.

[456] *Khan*, in: Geiger/Khan/Kotzur, EUV/AEUV, Art. 216 AEUV, Rn. 16.

[457] ABl. 2000, L 317/375.

[458] ABl. 2006, L 247/46.

seeischen Länder und Gebiete, auf die der vierte Teil des EG-Vertrags Anwendung findet,[459] dar.

195   Es gibt außerdem zwischen dem Rat und der Kommission vereinbarte **Verhaltenskodizes zur Festlegung des Verfahrens für die Findung gemeinsamer Positionen in Fällen geteilter Zuständigkeit**, z.B. in Bezug auf die FAO und die Codex-Alimentarius-Kommission.[460] Verstößt der Rat gegen eine solche Vereinbarung, wird der EuGH den entsprechenden Ratsbeschluss auf eine Nichtigkeitsklage der Kommission hin für nichtig erklären, weil die Vereinbarung als Konkretisierung des Art. 4 Abs. 3 EUV rechtsverbindlich ist.[461]

V. Zuständigkeit zur Änderung gemischter Verträge

196   Für die Änderung gemischter Verträge gelten dieselben Grundsätze wie für ihren ursprünglichen Abschluss. Betrifft die Änderung sowohl Bereiche in der EU-Zuständigkeit als auch Bereiche in der mitgliedstaatlichen Zuständigkeit, muss der Änderungsvertrag selbstverständlich seinerseits als gemischtes Abkommen abgeschlossen werden. Betrifft die Änderung hingegen nur in der Zuständigkeit der Union bzw. der Mitgliedstaaten liegende Bereiche des ursprünglichen Vertrages, wäre sie an sich als reine EU-Übereinkunft bzw. reine mitgliedstaatliche Übereinkunft vorstellbar. Falls die EU und ihre Mitgliedstaaten jedoch die Abgrenzung ihrer Zuständigkeiten den dritten Vertragspartnern nicht offengelegt haben und deshalb nach außen gesamtschuldnerisch jeweils für die Erfüllung sämtlicher Vertragspflichten einstehen müssen, wird im Hinblick auf Art. 4 Abs. 3 EUV gefordert, **Änderungsverträge generell als gemischte Verträge abzuschließen**, damit kein Verband für einen Vertragsinhalt in Haftung genommen werden könne, dem er nicht zugestimmt habe.[462]

197   Die **Praxis der EU** verfährt indessen anders: Wenn eine bisher geteilte Außenzuständigkeit sich zu einer ausschließlichen EU-Zuständigkeit konsolidiert hat, dann ratifiziert allein die EU Änderungen der bisherigen gemischten Verträge. Obwohl beispielsweise in Bezug auf das Übereinkommen über handelsbezogene Aspekte der Rechte des geistigen Eigentums (TRIPS) in der Anlage 1 C des WTO-Übereinkommens eine geteilte Zuständigkeit bestand und demzufolge das WTO-Übereinkommen als gemischtes Abkommen geschlossen werden musste,[463] hat nur die EG 2007 das TRIPS-Änderungsabkommen ratifiziert, nachdem der Vertrag von Nizza der EG insoweit die ausschließliche Außenkompetenz eingeräumt hatte.[464]

198   In Wirklichkeit werden durch diese Praxis den Mitgliedstaaten keine neuen Haftungsrisiken aufgebürdet. Zunächst ist die EU ihrerseits gemäß Art. 4 Abs. 3 EUV den Mitgliedstaaten gegenüber verpflichtet, ihre Vertragspflichten den dritten Partnern gegenüber getreulich zu erfüllen und dadurch zu verhindern, dass Mitgliedstaaten nach außen in die Haftung genommen werden. Vor allem aber dokumentiert die **alleinige Ratifikation der Vertragsänderung durch die EU** unmissverständlich, dass nur sie völkerrechtliche Verpflichtungen aus den geänderten Vertragsbestimmungen übernimmt. Dementsprechend hat auch der EuGH aus dem Umstand allein, dass eine Übereinkunft ur-

---

[459] ABl. 2011, L 247/32.
[460] *Hoffmeister*, The Contribution of EU Practice to International Law, S. 53.
[461] EuGH, Urt. v. 19.3.1996, Rs. C–25/94 (FAO), Slg. 1996, I–1469.
[462] So *Steinbach*, EuZW 2007, 109 ff. Anders *Wölker*, EuR-Beiheft 2/2012, 125 (128).
[463] EuGH, Gutachten 1/94 vom 15.11.1994 (WTO), Slg. 1994, I–5267, Rn. 54 ff.
[464] *Hoffmeister*, ZEuS 16 (2013), 389.

sprünglich als gemischter Vertrag geschlossen wurde, nicht abgeleitet, dass auch alle ihre späteren Änderungen ungeachtet zwischenzeitlicher Kompetenzzuwächse der EU stets in Form gemischter Verträge vorgenommen werden müssten.[465]

G. Einseitige Erklärungen der EU mit völkerrechtlicher Bindungswirkung

Die Verträge enthalten keinen Hinweis darauf, dass die EU befugt ist, völkerrechtliche   **199** Verpflichtungen statt durch Abschluss von Übereinkünften auch durch Abgabe einseitiger Erklärungen zu übernehmen. Während das Völkerrecht eine solche Möglichkeit für Staaten seit langem vorsieht,[466] gibt es bisher keine entsprechende Praxis internationaler oder supranationaler Organisationen. Es besteht jedoch kein Grund zu der Annahme, dass das Völkerrecht der EU diese Möglichkeit verwehrt.[467] Unionsrechtlich bietet sich in Bezug auf die Verbandskompetenz der EU und unionsinterne Rechtswirkungen eine **Analogie zu Art. 216 AEUV** und zur einschlägigen EuGH-Rechtsprechung[468] und in Bezug auf das Entscheidungsverfahren eine Analogie zu Art. 218 AEUV an.[469] Der EuGH hat sich zu dieser Problematik noch nicht geäußert.[470]

H. Unionsinterne Wirkungen der EU-Übereinkünfte nach Art. 216 Abs. 2 AEUV

I. Bindung der EU an die Übereinkunft als Grundvoraussetzung

Die von Art. 216 Abs. 2 AEUV angeordneten Rechtsfolgen innerhalb der EU-Rechts-   **200** ordnung treten selbstverständlich nur für solche Übereinkünfte ein, welche die Union binden. Im Regelfall muss sie dafür selbst als Partei der betreffenden Übereinkunft angehören und diese entweder bereits in Kraft getreten sein oder nach Art. 218 Abs. 5 AEUV vorläufig angewendet werden.[471] In Ausnahmefällen kann sie aber auch an Verträge ihrer Mitgliedstaaten gebunden sein, wenn sie im Wege einer **Funktionsnachfolge** an deren Stelle getreten ist.[472] Allein infolge von Art. 351 Abs. 1 AEUV entsteht für die

---

[465] EuGH, Gutachten 1/08 vom 30. 11. 2009 (GATS), Slg. 2009, I–11129, Rn. 114 ff.; *Hoffmeister*, ZEuS 16 (2013), 385 (392 mit Fn. 29).

[466] IGH, Nuclear Test Cases (Australia v. France), Urt. v. 20.12.1974, ICJ Reports 1974, 253, §§ 43 ff.; International Law Commission, Guiding Principles applicable to unilateral declarations of States capable of creating legal obligations, http://legal.un.org/ilc/texts/instruments/english/draftarticles/9_9_2006.pdf (19.9.2016).

[467] GA *Sharpston*, Schlussanträge zu den verb. Rs. C–103/12 u. C–165/12 (Parlament und Kommission/Rat), ECLI:EU:C:2014:334, Rn. 70, 85 ff.

[468] Vgl. *Hoffmeister*, The Contribution of EU Practice to International Law, S. 39 zu den auch impliziten Kompetenzen der EG/EU zum Erlass einseitiger internationaler Akte verbindlicher und unverbindlicher Art.

[469] Vgl. eingehend die vorstehend zitierten Schlussanträge, Rn. 94 ff. Vgl. auch *Terhechte*, in: Schwarze, EU-Kommentar, Art. 216 AEUV, Rn. 12.

[470] In den verb. Rs. C–103/12 u. C–165/12 nahm der EuGH – anders als die GA *Sharpston* (Fn. 467) – an, dass die EU eine internationale Übereinkunft geschlossen hatte (EuGH, Urt. v. 26.11.2014 (Parlament und Kommission/Rat), ECLI:EU:C:2014:2400).

[471] *Flaesch-Mougin/Bosse-Platière*, S. 319 f.

[472] EuGH, Urt. v. 3. 6. 2008, Rs. C–308/06 (Intertanko), Slg. 2008, I–4057, Rn. 47 ff.; Urt. v.

Union aber keine Bindung gegenüber Drittländern; diese Vorschrift hat nur unionsinterne Rechtswirkungen.[473]

201   Ist die EU weder direkt noch qua Funktionsnachfolge anstelle ihrer Mitgliedstaaten an eine Übereinkunft gebunden, kodifizieren deren Bestimmungen aber Regeln des Völkergewohnheitsrecht, so ist Art. 216 Abs. 2 AEUV auf die Übereinkunft analog anwendbar.[474] Sollte sich auch auf diesem Umweg keine Bindung der EU begründen lassen, besteht dennoch eine **Verpflichtung zur übereinkommenskonformen Interpretation des EU-Rechts** dann, wenn alle Mitgliedstaaten dem Übereinkommen beigetreten sind. Diese Verpflichtung begründet der EuGH mit Hinweisen auf den völkergewohnheitsrechtlichen Grundsatz von Treu und Glauben sowie auf die Pflicht zur loyalen Zusammenarbeit nach Art. 4 Abs. 3 EUV.[475] In einer neueren Entscheidung hat sich der Gerichtshof jedoch für unzuständig erklärt, Vorlagefragen zur Interpretation von Art. 31 der Genfer Flüchtlingskonvention von 1951[476] zu beantworten, obzwar sowohl Primärrecht als auch Sekundärrecht auf die Konvention Bezug nähmen, weil diese dennoch nicht zum Unionsrecht gehöre, wie dies von Art. 267 Abs. 1 AEUV verlangt werde.[477]

202   Völkerrechtliche Verträge, welche zwar die EU als solche nicht binden, aber alle Mitgliedstaaten, und damit diesen gemeinsame Rechtsgrundsätze kodifizieren, können als Erkenntnisquelle für die Identifikation **ungeschriebener allgemeiner Rechtsgrundsätze des Primärrechts** herangezogen werden. Auf diesem Wege kann dann eine allerdings nicht völkerrechtliche, sondern nur unionsrechtliche Bindung auch der EU entstehen.[478] Das Hauptbeispiel bilden die EMRK und ihre Protokolle Nr. 1 und 6.[479]

203   Für EU-Übereinkünfte gilt der völkergewohnheitsrechtliche **Grundsatz der beweglichen Vertragsgrenzen**, d. h. die EU ist territorial in ihrem jeweiligen Mitgliederbestand an sie gebunden.[480] Typischerweise findet sich in den Übereinkünften eine Regelung über deren territoriale Anwendbarkeit, die auf den räumlichen Geltungsbereich der Verträge (Art. 52 EUV, Art. 355 AEUV) Bezug nimmt.[481] Bei gemischten Abkommen gilt das Vorstehende nur für ihren EU-Anteil; ihr nationaler Anteil bindet neue Mitgliedstaaten der EU erst nach ihrem Beitritt zu dem Abkommen selbst. Das Beitrittsabkommen (regelmäßig die Beitrittsakte als dessen Bestandteil) nach Art. 49 Abs. 2 EUV enthält stets Bestimmungen über die Erstreckung der EU-Übereinkünfte auf den neuen Mitgliedstaat sowie dessen Verpflichtung zum Beitritt zu den gemischten Abkommen.[482]

21.12.2011, Rs. C–366/10 (Air Transport Association of America), Slg. 2011, I–13755, Rn. 60 ff.; *Cremona*, Member States Agreements as Union Law, S. 303 ff. Zur Funktionsnachfolge s. o. Rn. 111 ff.

[473] EuGH, Urt. v. 21.12.2011, Rs. C–366/10 (Air Transport Association of America), Slg. 2011, I–13755, Rn. 61.

[474] Vgl. EuGH, Urt. v. 3.6.2008, Rs. C–308/06 (Intertanko), Slg. 2008, I–4057, Rn. 51. Zum Völkergewohnheitsrecht siehe näher unten Rn. 251 ff.

[475] EuGH, Urt. v. 3.6.2008, Rs. C–308/06 (Intertanko), Slg. 2008, I–4057, Rn. 52. Zur völkerrechtskonformen Interpretation von EU-Recht siehe noch Rn. 216.

[476] Abkommen über die Rechtsstellung der Flüchtlinge vom 28.7.1951, BGBl. 1953 II S. 560.

[477] EuGH, Urt. v. 17.7.2014, Rs. C–481/13 (Qurbani), ECLI:EU:C:2014:2101.

[478] *Terhechte*, in: Schwarze, EU-Kommentar, Art. 216 AEUV, Rn. 16. Vgl. EuGH, Urt. v. 3.9.2015, Rs. C–398/13 P (Inuit II), ECLI:EU:C:2015:535, Rn. 45 ff.

[479] Vgl. Art. 6 Abs. 3 EUV.

[480] *Terhechte*, in: Schwarze, EU-Kommentar, Art. 216 AEUV, Rn. 14; *Vöneky/Beylage-Haarmann*, in: Grabitz/Hilf/Nettesheim, EU, Art. 216 AEUV (August 2011), Rn. 49.

[481] Vgl. z. B. Art. 126 des EWR-Abkommens vom 2.5.1992 (ABl. 1994, L 1/3); Art. 483 des Assoziierungsabkommens mit der Ukraine vom 21.3.2014 (ABl. 2014, L 161/3 – noch nicht in Kraft).

[482] Vgl. zuletzt Art. 6 der Beitrittsakte Kroatien vom 9.12.2011 (ABl. 2012, L 112/21).

II. Inkorporation und Rang im EU-Recht

1. Inkorporation (nicht Transformation) der Übereinkünfte

Art. 216 Abs. 2 AEUV über die Wirkungen der von der Union geschlossenen (oder im **204** Wege der Funktionsnachfolge von den Mitgliedstaaten übernommenen) Übereinkünfte in der EU-Rechtsordnung führt in redaktionell angepasster Form, aber inhaltlich unverändert die Regelung fort, die von Anfang an in Art. 228 Abs. 2 EWGV und später in Art. 228 Abs. 7 bzw. Art. 300 Abs. 7 EGV verankert war. Um eine **klare begriffliche Unterscheidung** von »den Verträgen« im Sinne des Art. 1 Abs. 3 Satz 1 EUV (d. h. dem Vertrag über die Europäische Union und dem Vertrag über die Arbeitsweise der Europäischen Union) einzuführen, die den Kern des EU-Primärrechts ausmachen, nennt Art. 216 AEUV in seinen beiden Absätzen die völkerrechtlichen Verträge der EU mit Drittländern oder internationalen Organisationen »Übereinkünfte«.[483] Art. 228 E(W)GV bzw. Art. 300 EGV sprachen aus demselben Grunde von »Abkommen«. Dass der Vertrag von Lissabon diesen Begriff durch »Übereinkünfte« ersetzte, gibt dem Art. 216 Abs. 2 AEUV im Vergleich zu Art. 300 Abs. 7 EGV keinen anderen Inhalt.[484]

Art. 216 Abs. 2 AEUV gilt für alle von der Union geschlossenen Übereinkünfte, auch **205** diejenigen im Bereich der GASP (Art. 37 EUV).[485] Er ordnet die Bindungswirkung der von der Union geschlossenen Übereinkünfte zunächst für die EU-Organe an. Der **Begriff des Organs ist hier weiter als in der Legaldefinition des Art. 13 Abs. 1 UAbs. 2 EUV**, wo nur sieben Institutionen als Organe im förmlichen Sinne identifiziert werden. Daher erstreckt sich die Bindungswirkung der Übereinkünfte auch auf die Einrichtungen und sonstigen Stellen der EU, wie z. B. den Wirtschafts- und Sozialausschuss, den Ausschuss der Regionen und die Agenturen. Alle Stellen, die für die EU handeln bzw. deren Handeln der EU zuzurechnen ist, sind an jene Übereinkünfte ebenso gebunden wie an das sonstige EU-Recht.

Aus Art. 216 Abs. 2 AEUV leitet der EuGH den Grundsatz ab, dass Übereinkünfte **206** der EU vom Augenblick ihres Inkrafttretens an (erst dann sind sie im förmlichen Sinne »geschlossen«) integrierende/integrale Bestandteile der EU-Rechtsordnung bilden.[486] Gleiches gilt, wenn, soweit und solange Übereinkünfte der Union nach Art. 218 Abs. 5 AEUV vorläufig angewendet werden.[487] Demzufolge findet keine Transformation der Bestimmungen einer Übereinkunft in EU-Recht statt. Art. 216 Abs. 2 AEUV erteilt auch keinen Vollzugsbefehl, durch den die EU-Organe gehalten würden, externe Rechtsvorschriften anzuwenden, die innerhalb der EU-Rechtsordnung keine Geltung haben.[488] Stattdessen bewirkt Art. 216 Abs. 2 AEUV, gemeinsam mit dem Beschluss des Rates über den Abschluss der betr. Übereinkunft nach Art. 218 Abs. 6 AEUV, die **Inkorporation des Völkervertragsrechts, d. h. seinen Einbau in die EU-Rechtsordnung**

---

[483] Die direkt vor Art. 216 AEUV stehende Überschrift des Titels V des AEUV lautet »Internationale Übereinkünfte«.

[484] *Terhechte*, in: Schwarze, EU-Kommentar, Art. 216 AEUV, Rn. 11.

[485] *Schütze*, (Fn. 179), Rn. 35.

[486] EuGH, Urt. v. 30.4.1974, Rs. 181/73 (Haegeman II), Slg. 1974, 449, Rn. 2/6; Urt. v. 8.3.2011, Rs. C–240/09 (Aarhus-Konvention), Slg. 2011, I–1255, Rn. 30; Urt. v. 21.12.2011, Rs. C–366/10 (Air Transport Association of America), Slg. 2011, I–13755, Rn. 73, 79. Die Terminologie schwankt zwischen »integrierend« und »integral«.

[487] *Flaesch-Mougin/Bosse-Platière*, S. 319 f.

[488] Demgegenüber stuft *Khan* Art. 216 Abs. 2 AEUV als generellen Vollzugsbefehl ein (in: Geiger/Khan/Kotzur, EUV/AEUV, Art. 216 AEUV, Rn. 18). Ebenso *Bungenberg*, in: GSH, Europäisches Unionsrecht, Art. 218 AEUV, Rn. 123.

ohne Änderung seines völkerrechtlichen Charakters.[489] Ganz entsprechend interpretiert der EuGH die Übereinkünfte der EU nach den in der Wiener Vertragsrechtskonvention kodifizierten Auslegungsstandards des Völkerrechts und nicht nach den stärker verfassungsrechtlichen Auslegungsstandards, die er auf unionsrechtliche Bestimmungen anwendet.[490]

207   Soweit zwischen den Parteien vereinbart wurde, dass eine Übereinkunft schon vor ihrem Inkrafttreten im Sinne von **Art. 25 Abs. 1 WÜRV II** vorläufig angewendet werden soll und der Rat dies zusammen mit der Unterzeichnung nach Art. 218 Abs. 5 AEUV genehmigt hat, tritt die Inkorporationswirkung des Art. 216 Abs. 2 AEUV bereits zu dem im Ratsbeschluss unter Bezugnahme auf die einschlägige Bestimmung der Übereinkunft festgelegten Zeitpunkt ein.[491] Aus Gründen der Rechtssicherheit wird dann in dem Ratsbeschluss nach Art. 218 Abs. 5 AEUV neuerdings angeordnet, den Zeitpunkt, ab dem eine Übereinkunft vorläufig angewendet wird, auf Veranlassung des Generalsekretariats des Rates im Amtsblatt der EU zu veröffentlichen.[492] Diese **vorgezogene Inkorporation** endet entweder mit dem Inkrafttreten der Übereinkunft und seiner dann endgültigen Inkorporation oder mit der Aufhebung des betreffenden Ratsbeschlusses und der entsprechenden Notifikation im Sinne von Art. 25 Abs. 2 WÜRV II an die andere(n) Vertragspartei(en), falls der Abschluss der Übereinkunft endgültig gescheitert ist, z. B. weil das Europäische Parlament die nach Art. 218 Abs. 6 Buchst. a AEUV erforderliche Zustimmung verweigert hat.[493]

208   In Fällen, in denen die Mitgliedstaaten als Sachwalter des gemeinsamen Interesses anstelle der eigentlich ausschließlich zuständigen EU eine Übereinkunft abschließen, wird die betreffende **Übereinkunft in eine Verordnung inkorporiert** und damit in sekundäres Unionsrecht transformiert.[494] Art. 216 Abs. 2 AEUV gilt für sie nicht. Die neben ihre völkervertragliche Bindung tretende unionsrechtliche Verpflichtung der Mitgliedstaaten zur Einhaltung der Übereinkunft ergibt sich jedoch auch aus Art. 4 Abs. 3 EUV und hat damit Primärrechtsrang. Die intern ausschließlich zuständige EU ist ihrerseits

---

[489] *Terhechte*, in: Schwarze, EU-Kommentar, Art. 216 AEUV, Rn. 15; *van Rossem*, S. 64 ff.; *Kuijper*, S. 589 (592 ff.); *Epiney*, ZaöRV 74 (2014), 465 (487 f.); *Lachmayer/von Förster*, in: GSH, Europäisches Unionsrecht, Art. 216 AEUV, Rn. 17. Teilweise abweichend *Mögele*, in: Streinz, EUV/AEUV, Art. 216 AEUV, Rn. 45 f. Ausführlich *Schmalenbach*, in: Calliess/Ruffert, EUV/AEUV, Art. 216 AEUV, Rn. 28 ff. m. w. N.; *Vöneky/Beylage-Haarmann*, in: Grabitz/Hilf/Nettesheim, EU, Art. 216 AEUV (August 2011), Rn. 27 m. w. N.

[490] *Schmalenbach*, in: Calliess/Ruffert, EUV/AEUV, Art. 216 AEUV, Rn. 55 ff. m. w. N.

[491] Vgl. *Kadelbach*, EnzEuR, Bd. 10, § 4, Rn. 53.

[492] Vgl. z. B. Art. 3 des Beschlusses des Rates vom 10. 5. 2012 über die Unterzeichnung, im Namen der Union, und über die vorläufige Anwendung des Abkommens zwischen der EU und der Regierung der Sonderverwaltungsregion Macau der Volksrepublik China über bestimmte Aspekte von Luftverkehrsdiensten (ABl. 2014, L21/1); Art. 3 des Beschlusses des Rates vom 16. 6. 2014 über die Unterzeichnung des Assoziierungsabkommens zwischen der EU und der EAG und ihren Mitgliedstaaten einerseits und der Republik Moldau andererseits im Namen der EU und über die vorläufige Anwendung dieses Abkommens (ABl. 2014, L 260/1); Art. 3 des Beschlusses des Rates vom 23. 7. 2014 über die Unterzeichnung im Namen der Union und die vorläufige Anwendung des Abkommens zwischen der EU und dem Königreich Norwegen über den gegenseitigen Zugang zum Fischfang im Skagerrak für Schiffe unter der Flagge Dänemarks, Norwegens und Schwedens (ABl. 2014, L 224/1).

[493] Vgl. z. B. den Beschluss des Rates vom 20. 12. 2011 zur Aufhebung des Beschlusses 2011/491/EU über die Unterzeichnung, im Namen der EU, und vorläufige Anwendung des Protokolls zwischen der EU und dem Königreich Marokko zur Festlegung der Fangmöglichkeiten und der finanziellen Gegenleistung nach dem partnerschaftlichen Fischereiabkommen zwischen der EG und dem Königreich Marokko (ABl. 2012, L 6/1).

[494] Dazu *Cremona*, Member States Agreements as Union Law, S. 305 f. am Beispiel von CITES.

den völkervertraglich gebundenen Mitgliedstaaten aus Art. 4 Abs. 3 EUV zur Durchführung der Übereinkunft verpflichtet.[495]

Während der EuGH das Verhältnis von EU-Recht und Völkerrecht zunächst im Sinne   **209** des Monismus zu verstehen schien,[496] hat er sich in jüngerer Zeit vor allem mit der Kadi-Rechtsprechung dem Dualismus angenähert.[497] Aber nur ein einziges Mal und ganz in der Anfangsphase der europäischen Integration hatte der Gerichtshof die damalige EWG ausdrücklich als »eine Rechtsordnung des Völkerrechts« bezeichnet.[498] Seither und letzthin verstärkt betont der Gerichtshof den ganz eigenen Charakter des Unionsrechts und seine Unterschiede zum Völkerrecht und besteht dementsprechend auf dessen **Autonomie gegenüber dem Völkerrecht**.[499]

Als Bestandteile des EU-Rechts unterliegen die Übereinkünfte in Verbindung mit   **210** dem Ratsbeschluss nach Art. 218 Abs. 6 AEUV als »Handlungen der Organe« der Gerichtsbarkeit des EuGH hinsichtlich ihrer Gültigkeit und Auslegung. Insbesondere fallen sie unter Art. 267 AEUV, so dass der EuGH ihre **unionsweite einheitliche Interpretation** sicherstellen kann.[500] Anderes gilt wegen Art. 275 AEUV für die auf Art. 37 EUV beruhenden Übereinkünfte im Bereich der GASP. Rechtsschutzlücken, die sich infolge des Ausschlusses der EuGH-Gerichtsbarkeit dort auftun, sind durch die nationalen Gerichte zu schließen.[501]

2. Rang der Übereinkünfte und ihre Interpretation

a) Anwendungsvorrang vor mitgliedstaatlichem Recht

Kraft ihrer Inkorporation in die EU-Rechtsordnung nehmen die Übereinkünfte – unge-   **211** achtet ihres fortbestehenden völkerrechtlichen Charakters – im Anwendungsbereich des EU-Rechts automatisch an dessen Anwendungsvorrang vor dem Recht der Mitgliedstaaten teil, soweit sie unmittelbar wirksame Bestimmungen enthalten.[502] Dies kann man zusätzlich unter Hinweis darauf begründen, dass nach Art. 216 Abs. 2 AEUV auch die Mitgliedstaaten an die EU-Übereinkünfte gebunden sein sollen.[503] Da die nationalen

---

[495] Ebd., S. 306 ff.

[496] *Schmalenbach*, in: Calliess/Ruffert, EUV/AEUV, Art. 216 AEUV, Rn. 28 ff. m. w. N.; *Vöneky/Beylage-Haarmann*, in: Grabitz/Hilf/Nettesheim, EU, Art. 216 AEUV (August 2011), Rn. 27. Vgl. auch *Cannizzaro*, The Neo-Monism of the European Legal Order, in: Cannizzaro/Palchetti/Wessel (eds.), International Law as Law of the European Union, 2012, S. 35 ff.

[497] *Fassbender*, DÖV 2010, 333 ff.; *Gianelli*, S. 99 ff. Vgl. auch *Krenzler/Landwehr*, S. 1004.

[498] EuGH, Urt. v. 5.2.1963, Rs. 26/62 (van Gend & Loos), Slg. 1963, 1 (25).

[499] Grundlegend EuGH, Urt. v. 15.7.1964, Rs. 6/64 (Costa/ENEL), Slg. 1964, 1251, zur Autonomie des E(W)G/EU-Rechts gegenüber dem Recht der Mitgliedstaaten. Zu seiner Autonomie gegenüber dem Völkerrecht markant vor allem EuGH, Gutachten 2/13 vom 18.12.2014 (EMRK-Beitritt der EU II), ECLI:EU:C:2014:2454, Rn. 170 ff. Vgl. auch EuGH, Urt. v. 28.4.2015, Rs. C–28/12 (Kommission/Rat), ECLI:EU:C:2015:282, Rn. 39 f. Näher *Thym*, in: v. Bogdandy/Bast, Europäisches Verfassungsrecht, S. 456 ff.; *van Rossem*, S. 59 (60 ff.).

[500] *Jacobs*, The Internal Legal Effects of the EU's International Agreements and the Protection of Fundamental Rights, in: Arnull et al. (eds.), A Constitutional Order of States? Essays in EU Law in Honour of Alan Dashwood, 2011, S. 529 (531).

[501] So GA *Kokott*, Stellungnahme vom 13.6.2014 zu Gutachtenverfahren 2/13 (EMRK-Beitritt der EU II), ECLI:EU:C:2014:2475, Rn. 96 ff. unter Hinweis auf Art. 19 Abs. 1 UAbs. 2 EUV, Art. 274 AEUV.

[502] *Hummer*, in: Vedder/Heintschel von Heinegg, Europäisches Unionsrecht, Art. 216 AEUV, Rn. 19; *Terhechte*, in: Schwarze, EU-Kommentar, Art. 216 AEUV, Rn. 22; *Kuijper*, S. 589 (599 f.); *Epiney*, ZaöRV 74 (2014), 465 (488 f.). Vgl. EuGH, Urt. v. 10.7.2014, Rs. C–138/13 (Dogan), ECLI:EU:C:2014:2066.

[503] So GA *Kokott*, Stellungnahme vom 13.6.2014 zu Gutachtenverfahren 2/13 (EMRK-Beitritt der EU II), ECLI:EU:C:2014:2475, Rn. 199, 266. S. noch unten III.

Rechtsanwender verpflichtet sind, Rechtsvorschriften ihres Mitgliedstaats möglichst unionsrechtskonform auszulegen, müssen sie diese auch im Einklang mit den EU-Übereinkünften interpretieren.[504] Der **Anwendungsvorrang von EU-Übereinkünften** vor dem nationalen Recht erstreckt sich auf die bindenden Entscheidungen von Gremien, die von diesen Übereinkünften eingerichtet worden sind (z. B. Assoziationsräte).[505]

212   Dass auch nach Art. 37 EUV im Bereich der GASP geschlossene EU-Übereinkünfte einen solchen Anwendungsvorrang beanspruchen könnten, wird teilweise bestritten, weil der Vorrang ein supranationales Element darstelle, die GASP jedoch intergouvernemental und gerade nicht supranational organisiert sei.[506] Andererseits gelten auch für die GASP-Übereinkünfte nach der Aufhebung der Säulenstruktur durch den Vertrag von Lissabon die Art. 216 ff. AEUV, soweit die Art. 21 ff. EUV keine Spezialvorschriften enthalten. Das spricht dafür, sie rangmäßig den übrigen EU-Übereinkünften gleichzustellen.[507] Da **EU-Übereinkünfte im Bereich der GASP** aber kaum je unmittelbar wirksame Bestimmungen enthalten,[508] dürfte die Frage praktisch irrelevant bleiben. Vom EuGH könnte sie im Hinblick auf Art. 275 AEUV jedenfalls nicht beantwortet werden, es sei denn, man stuft die Vereinbarung unmittelbar wirksamer Bestimmungen in einer GASP-Übereinkunft ebenso wie den unzulässigen Erlass von Gesetzgebungsakten in der GASP als Verstoß gegen Art. 40 Abs. 1 AEUV ein und wendet dementsprechend Art. 275 Abs. 2 AEUV an, wofür Manches spricht.[509]

b) Zwischenrang in der Unionsrechtsordnung

213   Was den Rang von Übereinkünften innerhalb der EU-Rechtsordnung angeht, folgt aus ihrer Bindungswirkung für die Organe, einschließlich dem EU-Gesetzgeber, dass sie allesamt (einschließlich der GASP-Übereinkünfte[510]) Vorrang vor dem Sekundärrecht haben.[511] Art. 218 Abs. 11 Satz 2 AEUV lässt hingegen erkennen, dass Übereinkünfte dem Primärrecht untergeordnet sind.[512] Dies entspricht im Übrigen dem Umstand, dass die Aushandlung und die Entscheidung über den Abschluss von EU-Übereinkünften nach Art. 218 AEUV den Unionsorganen anvertraut ist, so dass auch diese selbst in Verbindung mit den jeweiligen Ratsbeschlüssen nach Art. 218 Abs. 6 AEUV als Organhandlungen nach Art. 263 Abs. 1 und Art. 267 Abs. 1 Buchst. b AEUV der Gültigkeitskontrolle des EuGH anhand des Primärrechts unterstehen.[513] Darüber hinaus vertraut Art. 48 EUV die vertragsändernde Gewalt den Mitgliedstaaten zur gesamten Hand an

---

[504] *Mögele*, in: Streinz, EUV/AEUV, Art. 216 AEUV, Rn. 52.

[505] *Kuijper*, S. 589 (599 f.).

[506] *Mögele*, in: Streinz, EUV/AEUV, Art. 216 AEUV, Rn. 53.

[507] *Hummer*, in: Vedder/Heintschel von Heinegg, Europäisches Unionsrecht, Art. 216 AEUV, Rn. 25. Zustimmend *Khan*, in: Geiger/Khan/Kotzur, EUV/AEUV, Art. 216 AEUV, Rn. 22.

[508] S. u. Rn. 229.

[509] So *Eeckhout*, EU External Relations Law, S. 183 f.

[510] *Hummer*, in: Vedder/Heintschel von Heinegg, Europäisches Unionsrecht, Art. 216 AEUV, Rn. 25. Vgl. meine Ausführungen in der voranstehenden Randnummer.

[511] EuGH, Urt. v. 3.6.2008, Rs. C–308/06 (Intertanko), Slg. 2008, I–4057, Rn. 42; Urt. v. 21.12.2011, Rs. C–366/10 (Air Transport Association of America), Slg. 2011, I–13755, Rn. 50. Zur Frage, inwieweit der EuGH zur Prüfung der Vereinbarkeit von Sekundärrechtsakten mit Übereinkünften befugt ist, s. u. Rn. 226 ff.

[512] Vgl. EuGH, Urt. v. 3.9.2008, verb. Rs. C–402/05 P u. C–415/05 P (Kadi I), Slg. 2008, I–6351, Rn. 308 f.

[513] GA *Kokott*, Stellungnahme zu Gutachtenverfahren 2/13 (EMRK-Beitritt der EU II), ECLI:EU: C:2014:2475, Rn. 201.

und schließt es damit aus, dass die EU durch den Abschluss von Übereinkünften ihre eigene Verfassungsgrundlage ändert.[514] Die Übereinkünfte erwerben daher mit ihrem Inkrafttreten innerhalb der Unionsrechtsordnung einen **Zwischenrang zwischen dem Primär- und dem Sekundärrecht**.[515] In der Zeit zwischen dem Inkrafttreten des Vertrags von Maastricht 1993 und des Vertrags von Lissabon 2009 wurde dies durch Art. 228 Abs. 5/Art. 300 Abs. 5 EGV verdeutlicht: »Beabsichtigt der Rat, ein Abkommen zu schließen, das Änderungen dieses Vertrags bedingt, so sind diese Änderungen zuvor nach dem Verfahren des Artikels 48 des Vertrags über die Europäische Union anzunehmen.«

Infolge ihres Zwischenrangs vernichten Übereinkünfte unvereinbare Sekundär-   **214** rechtsakte, während sie ihrerseits von unvereinbaren Primärrechtsnormen vernichtet werden. Technisch korrekt ist es der **Beschluss des Rates nach Art. 218 Abs. 6 AEUV** über den Abschluss der Übereinkunft, der diese nach Maßgabe des Art. 216 Abs. 2 AEUV zum Bestandteil des EU-Rechts machen soll, den ein Primärrechtsverstoß nichtig macht.[516] Wird dieser vom EuGH für nichtig erklärt, entfällt rückwirkend die unionsinterne Inkorporationsrechtsfolge des Art. 216 Abs. 2 AEUV, während die EU nach außen weiterhin völkerrechtlich gebunden bleibt.

Wie für alle anderen EU-Rechtsakte wird aber auch für Übereinkünfte vermutet, dass   **215** sie rechtswirksame Bestandteile des EU-Rechts sind, solange der Ratsbeschluss über ihren Abschluss nicht (z. B. infolge einer Nichtigkeitsklage nach Art. 263 AEUV) rechtskräftig für nichtig erklärt wurde. Der **EuGH besitzt hierfür ein Verwerfungsmonopol**, so dass die mitgliedstaatlichen Gerichte aller Instanzen ihm ggf. die Frage der Gültigkeit einer Übereinkunft, deren Vereinbarkeit mit dem Primärrecht fraglich ist, nach Art. 267 AEUV vorlegen müssen.[517] Ebenso verhält es sich, wenn mitgliedstaatliche Gerichte einen Sekundärrechtsakt wegen seiner Unvereinbarkeit mit einer Übereinkunft für unwirksam halten.[518]

Der EuGH hat weiterhin anerkannt, dass sowohl das Primärrecht als auch das Sekun-   **216** därrecht nach Möglichkeit im Einklang mit den völkerrechtlichen Verpflichtungen der EU, also **völkerrechtskonform, auszulegen** sind.[519] Für das Sekundärrecht lässt sich das mit dem unionsinternen Vorrang des Völkerrechts begründen,[520] und zwar auch dann, wenn die Bestimmungen der Übereinkunft nicht zur unmittelbaren Anwendung geeignet sind.[521] Für das Primärrecht muss hingegen auf dessen Völkerrechtsfreundlichkeit als allgemeines, seit jeher in den Verträgen angelegtes und neuerdings in Art. 3 Abs. 5 Satz 2 EUV zum Ausdruck gebrachtes Strukturprinzip verwiesen werden.

---

[514] *Schmalenbach*, in: Calliess/Ruffert, EUV/AEUV, Art. 216 AEUV, Rn. 50.

[515] *Mögele*, in: Streinz, EUV/AEUV, Art. 216 AEUV, Rn. 52 m. w. N.

[516] Vgl. EuGH, Urt. v. 10.3.1998, Rs. C–122/95 (Deutschland/Rat), Slg. 1998, I–973. Vgl. auch *van Rossem*, S. 59 (81 f.); *v. Bogdandy/Smrkolj*, European Community and Union Law and International Law, in: Wolfrum (ed.), MPEPIL (online edition), Rn. 8.

[517] EuGH, Urt. v. 21.12.2011, Rs. C–366/10 (Air Transport Association of America), Slg. 2011, I–13755, Rn. 47 f. m. w. N.

[518] Vgl. EuGH, Urt. v. 3.6.2008, Rs. C–308/06 (Intertanko), Slg. 2008, I–4057, Rn. 43.

[519] EuGH, Urt. v. 10.9.1996, Rs. C–61/94 (Kommission/Deutschland), Slg. 1996, I–3989, Rn. 52; Urt. v. 19.2.2009, Rs. C–228/06 (Soysal), Slg. 2009, I–1031, Rn. 59; Urt. v. 16.10.2012, Rs. C–364/10 (Ungarn/Slowakei), ECLI:EU:C:2012:630, Rn. 44 ff. Eingehend *Casolari*, S. 402 ff.

[520] EuGH, Urt. v. 11.4.2013, verb. Rs. C–335/11 u. C–337/11 (HK Danmark), ECLI:EU:C:2013:222, Rn. 29.

[521] EuGH, Urt. v. 22.5.2014, Rs. C–356/12 (Glatzel), ECLI:EU:C:2014:350, Rn. 69 f.

217   Zwar ist der EMRK-Beitritt der EU durch das negative Gutachten des EuGH nach
Art. 218 Abs. 11 AEUV in weite Ferne gerückt,[522] er bleibt jedoch eine der Union durch
Art. 6 Abs. 2 Satz 1 EUV auferlegte Vertragspflicht.[523] Wenn dieser Beitritt einmal erfolgt, wird die Konvention in der EU-Rechtsordnung nicht den gleichen Zwischenrang
einnehmen wie andere EU-Übereinkünfte. Vielmehr genießen die **Konventionsrechte**
als Mindeststandards bereits heute infolge von Art. 6 Abs. 3 EUV und Art. 52 Abs. 3
Satz 1 GRCh i. V. m. Art. 6 Abs. 1 UAbs. 1 EUV **in indirekter Weise Primärrechtsrang**.
Denn sowohl die aus der EMRK rezipierten ungeschriebenen als auch die in der Grundrechte-Charta verschriftlichten Grundrechte des EU-Rechts sind, soweit sie sich mit den
Konventionsrechten decken, konventionskonform auszulegen. Sollten Kollisionen zwischen diesen Grundrechten und anderen Bestimmungen des Primärrechts auftreten, ist
ein schonender Ausgleich zu suchen. An dieser Rechtslage wird der künftige EMRK-
Beitritt der EU nichts Grundlegendes ändern.[524] Er wird allerdings zu einer bisher nicht
bestehenden völkerrechtlichen Bindung der EU[525] und europarechtlichen Bindung ihrer
Organe, einschließlich des EuGH, an die Rechtsprechung des EGMR führen.[526]

218   Umstritten ist, ob das **Beitrittsabkommen** nach Art. 218 Abs. 8 UAbs. 2 Satz 2 AEUV
im Unterschied zu sonstigen Übereinkünften der EU sogar als solches – und mit ihm die
EMRK – **Primärrechtsrang** haben wird.[527] Dafür spricht nicht zuletzt das Verfahren zur
Annahme des Ratsbeschlusses zum Abschluss der Übereinkunft, der wie Vertragsänderungen nach Art. 48 EUV der Ratifikation durch alle Mitgliedstaaten bedarf. Dagegen
spricht indessen, dass dieses Ratifikationserfordernis keine Rangerhöhung bewirken,
sondern den Beitritt der EU zur EMRK im Interesse der Mitgliedstaaten erschweren
soll.[528]

219   Der **EuGH** hat sich im vorerwähnten Gutachten indirekt **gegen einen Primärrechtsrang** des Beitrittsabkommens ausgesprochen: Das Ratifikationserfordernis bedeute keineswegs, dass die Abkommensbestimmungen vom Primärrecht abweichen könnten.
Vielmehr dürfe die Union das Beitrittsabkommen nur schließen, wenn und soweit es mit
den Verträgen im Einklang stehe. Anderenfalls sei eine vorherige ausdrückliche Änderung der Verträge notwendig. Eine stillschweigende Durchbrechung des Primärrechts
sei den Unionsorganen auch mit Zustimmung der Mitgliedstaaten keinesfalls gestattet.[529]

---

[522] EuGH, Gutachten 2/13 vom 18. 12. 2014 (EMRK-Beitritt der EU II), ECLI:EU:C:2014:2454.

[523] *Jacobs*, (Fn. 500), S. 529 (539 f.).

[524] GA *Kokott*, Stellungnahme zu Gutachtenverfahren 2/13 (EMRK-Beitritt der EU II), ECLI:EU:
C:2014:2475, Rn. 200 ff.

[525] Vgl. Art. 46 Abs. 1 EMRK. Darüber hinaus entfalten EGMR-Entscheidungen für die nicht unmittelbar verfahrensbeteiligten Vertragsparteien der Konvention eine »jedenfalls faktische … Ori-
entierungs- und Leitfunktion« im Sinne einer »faktischen Präzedenzwirkung« (BVerfGE 128, 326
[368]).

[526] GA *Kokott*, Stellungnahme zu Gutachtenverfahren 2/13 (EMRK-Beitritt der EU II), ECLI:EU:
C:2014:2475, Rn. 206.

[527] Dafür etwa *Uerpmann-Wittzack*, in: von Bogdandy/Bast, Europäisches Verfassungsrecht,
S. 223; *Obwexer*, EuR 2012, 115 (144); *Kadelbach*, EnzEuR, Bd. 10, § 4, Rn. 83; *Bungenberg*, in:
GSH, Europäisches Unionsrecht, Art. 218 AEUV, Rn. 86. Dagegen etwa *Kingreen*, in: Calliess/Ruf-
fert, EUV/AEUV, Art. 6 EUV, Rn. 27; *Streinz/Michl*, in: Streinz, EUV/AEUV, Art. 6 Abs. 2 EUV,
Rn. 21; *Hatje*, in: Schwarze, EU-Kommentar, Art. 6 EUV, Rn. 11.

[528] *Giegerich*, in: Dörr/Grote/Marauhn, EMRK/GG, Kap. 2, Rn. 35.

[529] EuGH, Gutachten 2/13 vom 18. 12. 2014 (EMRK-Beitritt der EU II), ECLI:EU:C:2014:2454,
Rn. 36.

c) Interpretation der Übereinkünfte

Übereinkünfte der EU interpretiert der EuGH in ständiger Rechtsprechung **nach Maß-**   **220**
gabe der Völkerrechtsregeln über die Vertragsinterpretation, die im Wiener Übereinkommen über das Recht der Verträge[530] kodifiziert worden sind.[531] Selbst wenn Bestimmungen in solchen Übereinkünften ähnlich gefasst sind wie unionsrechtliche Regeln
über den Binnenmarkt, kann die Auslegung der letzteren nicht automatisch auf die
Auslegung der ersteren übertragen werden, sofern dies nicht in der Übereinkunft selbst
ausdrücklich vorgesehen ist.[532] Denn der Binnenmarkt beruht auf einer wesentlich engeren Integration der Mitgliedstaaten und führt zu einer wesentlich besseren Rechtsstellung der Unionsbürger, als dies für EU-Übereinkünfte mit Drittstaaten und für deren
Staatsangehörige gilt.

Dementsprechend macht der EuGH die **Übertragung der Auslegung einer primär-**   **221**
rechtlichen Bestimmung auf eine vergleichbar, ähnlich oder sogar übereinstimmend
gefasste Bestimmung einer Übereinkunft zwischen der Union und einem Drittstaat insbesondere davon abhängig, welchen Zweck jede dieser Bestimmungen in ihrem jeweiligen Rahmen verfolgt. Insoweit komme dem Vergleich der Ziele und des Kontexts der
Übereinkunft einerseits und des Primärrechts andererseits erhebliche Bedeutung zu.[533]

III. Bindung der Mitgliedstaaten an reine EU-Übereinkünfte und gemischte Abkommen

Nach Art. 216 Abs. 2 AEUV binden die (reinen) EU-Übereinkünfte – einschließlich der   **222**
GASP-Übereinkünfte nach Art. 37 EUV[534] – neben den EU-Organen stets auch die Mitgliedstaaten. Damit wird für diese keine völkerrechtliche Bindung gegenüber den Vertragspartnern der EU begründet, da (reine) EU-Übereinkünfte für die Mitgliedstaaten
res inter alios acta darstellen, die sie weder belasten noch begünstigen.[535] Vielmehr
werden die **Mitgliedstaaten nur intern der Union gegenüber primärrechtlich verpflich-**
tet, das Ihrige zur Erfüllung der Übereinkünfte beizutragen. Art. 216 Abs. 2 AEUV
konkretisiert insoweit die allgemeine Pflicht zur loyalen Zusammenarbeit aus Art. 4
Abs. 3 EUV. Gemeinsam müssen Unionsorgane und Mitgliedstaaten dafür sorgen, dass
die Verpflichtungen aus den Übereinkünften erfüllt werden. Relevant wird dies dann,
wenn für die notwendigen Maßnahmen zur Durchführung einer Übereinkunft intern die
Mitgliedstaaten zuständig sind, was vor allem für den Verwaltungsvollzug gilt.[536] Denn
in solchen Fällen haftet die EU ihren dritten Vertragspartnern gegenüber dafür, dass die
Mitgliedstaaten die Übereinkunft ordnungsgemäß durchführen.[537] Zur Durchsetzung
der mitgliedstaatlichen Pflichten aus Art. 216 Abs. 2 AEUV steht das Vertragsverletzungsverfahren nach Art. 258 AEUV zur Verfügung.

---

[530] S. o. Rn. 206.
[531] EuGH, Urt. v. 15.7.2010, Rs. C–70/09 (Hengartner und Gasser), Slg. 2010, I–7233, Rn. 36.
[532] EuGH, Urt. v. 15.7.2010, Rs. C–70/09 (Hengartner und Gasser), Slg. 2010, I–7233, Rn. 40 ff.;
Urt. v. 24.9.2013, Rs. C–221/11 (Demirkan), ECLI:EU:C:2013:583, Rn. 43 ff.
[533] EuGH, Urt. v. 24.9.2013, Rs. C–221/11 (Demirkan), ECLI:EU:C:2013:583, Rn. 47 (zum Assoziationsabkommen mit der Türkei und seinem Zusatzprotokoll).
[534] Nach Art. 24 Abs. 6 EUV i. d. F. des Vertrags von Nizza banden die GASP-Übereinkünfte demgegenüber nur die Organe der Union.
[535] *Schmalenbach*, in: Calliess/Ruffert, EUV/AEUV, Art. 216 AEUV, Rn. 26.
[536] EuGH, Urt. v. 26.10.1982, Rs. 104/81 (Kupferberg I), Slg. 1982, 3641, Rn. 11 ff.; Urt. v. 30.9.
1987, Rs. 12/86 (Demirel), Slg. 1987, 3719, Rn. 11.
[537] *Mögele*, in: Streinz, EUV/AEUV, Art. 216 AEUV, Rn. 47.

223   Die International Law Commission hatte in ihren Entwurf von Artikeln über das Recht der Verträge zwischen Staaten und internationalen Organisationen oder zwischen internationalen Organisationen von 1982[538] vorgeschlagen, einen **Art. 36 bis zur Entstehung von völkerrechtlichen Rechten und Pflichten der Mitgliedstaaten einer internationalen Organisation aus Verträgen allein dieser Organisation** mit dritten Partnern aufzunehmen. Diese Bestimmung sollte von den strikten Grundregeln über die Einbeziehung von Drittstaaten in Vertragsregime abweichen.[539] Die ILC hatte dabei in erster Linie die damalige EWG im Auge. Die Absicht der ILC, die Mitgliedstaaten unter erleichterten Voraussetzungen an den Rechten und Pflichten aus Verträgen ihrer Organisation teilhaben zu lassen, wurde jedoch von der anschließenden Staatenkonferenz nicht übernommen, so dass jener Art. 36bis im WÜRV II vom 21. 3. 1986[540] keinen Niederschlag gefunden hat.

224   Wenn die EU im Wege der **Funktionsnachfolge** anstelle ihrer Mitgliedstaaten in eine Übereinkunft eingetreten ist,[541] dann übernimmt sie deren völkerrechtliche Verpflichtungen nach außen. Die Mitgliedstaaten bleiben entsprechend Art. 216 Abs. 2 AEUV, zumindest aber nach Art. 4 Abs. 3 EUV unionsrechtlich der EU gegenüber zur Durchführung der Übereinkunft verpflichtet.[542]

225   Bei **gemischten Abkommen** unterliegen die Mitgliedstaaten für den Teil des Abkommens, der in die Zuständigkeit der EU fällt, der Union gegenüber der Verpflichtung aus Art. 216 Abs. 2 AEUV. Auch diese kann mit Hilfe des Vertragsverletzungsverfahrens nach Art. 258 AEUV durchgesetzt werden.[543] Im Gegensatz zu den reinen EU-Übereinkünften sind die Mitgliedstaaten hier jedoch kraft ihrer eigenen Vertragsbeteiligung den dritten Vertragspartnern gegenüber selbst völkerrechtlich gebunden, und zwar an den gesamten Vertrag, wenn die unionsinterne Zuständigkeitsverteilung dem dritten Vertragspartner gegenüber nicht offengelegt wird, ansonsten an diejenigen Vertragsteile, bezüglich derer sie in Ausübung ihrer (publizierten) eigenen Vertragsschließungskompetenz selbst kontrahiert haben.

IV.   Unmittelbare Wirkung von EU-Übereinkünften

1.   Kriterien für die unmittelbare Wirkung

226   Die Verträge enthalten weder in Art. 216 Abs. 2 AEUV noch an anderer Stelle eine Regelung dazu, ob und unter welchen Voraussetzungen EU-Übereinkünfte im Unions-

---

[538] Draft articles on the law of treaties between States and international organizations or between organizations with commentaries, http://legal.un.org/ilc/texts/instruments/english/commentaries/1_ 2_1982.pdf (19. 9. 2016).

[539] »Article 36 bis. Obligations and rights arising for States members of an international organization from a treaty to which it is a party: Obligations and rights arise for States members of an international organization from the provisions of a treaty to which that organization is a party when the parties to the treaty intend those provisions to be the means of establishing such obligations and according such rights and have defined their conditions and effects in the treaty or have otherwise agreed thereon, and if: (a) the States members of the organization, by virtue of the constituent instrument of that organization or otherwise, have unanimously agreed to be bound by the said provisions of the treaty; and (b) the assent of the States members of the organization to be bound by the relevant provisions of the treaty has been duly brought to the knowledge of the negotiating States and negotiating organizations.«

[540] S. o. Fn. 23. Die Art. 34–38 WÜRV II entsprechen den Art. 34–38 WÜRV I.

[541] S. o. Rn. 111 ff.

[542] Vgl. *Cremona*, Member States Agreements as Union Law, S. 294 f.

[543] Vgl. z. B. EuGH, Urt. v. 19. 3. 2002, Rs. C–13/00 (Kommission/Irland), Slg. 2002, I–2943.

recht unmittelbare Wirkungen entfalten. Die Anerkennung einer solchen Möglichkeit und ihre Voraussetzungen ergeben sich allein aus der **reichlich kasuistischen Rechtsprechung der EuGH.**[544]

Unmittelbare Wirkung von Übereinkünften bedeutet, dass deren Bestimmungen (zumeist sind es nur einzelne dieser Bestimmungen) von den nationalen Gerichten und vom EuGH zur Entscheidung konkreter Fälle heranzuziehen sind und dass Mitgliedstaaten oder Privatpersonen sich auf sie berufen können, um ihre prozessualen Interessen durchzusetzen. Manchmal findet man dafür auch den Begriff der unmittelbaren Anwendbarkeit.[545] Es geht mit anderen Worten darum, unter welchen Voraussetzungen Übereinkünfte **Mitgliedstaaten oder Privatpersonen einklagbare Rechte verleihen.**[546] Ist dies der Fall, dann können die Mitgliedstaaten als privilegierte Kläger im Nichtigkeitsklageverfahren nach Art. 263 AEUV geltend machen, ein Sekundärrechtsakt sei mit einer unmittelbar wirkenden Bestimmung in einem EU-Übereinkommen unvereinbar und verletze infolgedessen die Verträge bzw. eine bei seiner Durchführung anzuwendende Rechtsnorm. Privatpersonen können sich vor dem zuständigen nationalen Gericht auf eine solche unmittelbar wirkende Bestimmung berufen, um die Rechtswidrigkeit eines nationalen Hoheitsakts oder auch eines Sekundärrechtsakts geltend zu machen, wenn im letztgenannten Fall keine Direktklage nach Art. 263 Abs. 4 AEUV zulässig ist. Das nationale Gericht muss dann ggf. eine Vorabentscheidung des EuGH einholen, der das Verwerfungsmonopol über EU-Rechtsakte besitzt.[547]

Es gibt Anhaltspunkte dafür, dass der EuGH einen Unterschied macht zwischen einer weiteren unmittelbaren Wirkung der Bestimmung einer EU-Übereinkunft im objektiven Sinne (d.h. ihrer Heranziehung als Prüfungsmaßstab für Sekundärrechtsakte) und einer **engeren unmittelbaren Wirkung im subjektiven Sinne** (d.h. der Ableitung von einklagbaren subjektiven Rechten durch Privatpersonen aus einer solchen Bestimmung).[548]

Bestimmungen in EU-Übereinkommen können grundsätzlich sowohl zugunsten als auch zulasten von Privatpersonen unmittelbare Wirkung entfalten, wenngleich sich die EuGH-Rechtsprechung in aller Regel auf die Begünstigungsvariante bezieht. Immerhin hat der Gerichtshof angedeutet, dass eine **unmittelbare Verpflichtung Privater** nur in Frage kommt, wenn der betreffende Rechtsakt amtlich veröffentlicht worden ist.[549] Da im Rahmen der GASP der Erlass von Gesetzgebungsakten ausdrücklich ausgeschlossen ist,[550] dürfen Übereinkünfte aufgrund von Art. 37 EUV keine unmittelbar wirksamen Bestimmungen enthalten, die der Sache nach gesetzgeberische Wirkung hätten, also Private verpflichteten.[551] Dem stünden auch rechtsstaatliche Gründe entgegen, weil

---

[544] *Dutheil de la Rochère*, S. 639 ff.

[545] Vgl. z. B. EuGH, Urt. v. 12.4.2005, Rs. C–265/03 (Simutenkov), Slg. 2005, I–2579, Rn. 21.

[546] Vgl. GA *Maduro*, Schlussanträge zu den verb. Rs. C–120/06 P u. C–121/06 P (FIAMM), Slg. 2008, I–6513, Rn. 28.

[547] EuGH, Urt. v. 22.10.1987, Rs. 314/85 (Foto-Frost), Slg. 1987, 4199, Rn. 15 ff.; Urt. v. 10.1.2006, Rs. C–344/04 (IATA und ELFAA), Slg. 2006, I–403, Rn. 27 ff.

[548] Vgl. in diesem Sinne etwa EuGH, Urt. v. 9.10.2001, Rs. C–377/98 (Niederlande/Parlament und Rat), Slg. 2001, I–7079, Rn. 54 m. w. N.

[549] EuGH, Urt. v. 20.9.1990, Rs. C–192/89 (Sevince), Slg. 1990, I–3461, Rn. 24 (betr. Assoziationsratsbeschlüsse – dazu näher unten V.). Vgl. *Schmalenbach*, in: Calliess/Ruffert, EUV/AEUV, Art. 216 AEUV, Rn. 37.

[550] Art. 24 Abs. 1 UAbs. 2 Satz 3, Art. 31 Abs. 1 UAbs. 1 Satz 2 EUV.

[551] Dieser Ausschluss von Gesetzgebungsakten ist materiell und nicht formell (d.h. im Sinne von Art. 289 Abs. 3 AEUV) zu verstehen. Da es im Bereich der GASP ohnehin keine einzige Ermächti-

GASP-Übereinkünfte nach Art. 275 AEUV der Gerichtsbarkeit des EuGH weitgehend entzogen sind.[552]

230   Eine andere Frage ist es, ob sich die **unmittelbare Wirkung von EU-Übereinkommen auch im Horizontalverhältnis** entfaltet, also eine Privatperson gegen eine andere aus ihren Bestimmungen einklagbare Rechte ableiten kann. Die Rechtsprechung des EuGH spricht dafür, eine solche Horizontalwirkung jedenfalls gegenüber Verbänden anzunehmen.[553]

231   Nach der st. Rspr. des EuGH kann eine Bestimmung in einem EU-Übereinkommen nur unmittelbare Wirkung haben, »wenn sie unter Berücksichtigung ihres Wortlauts und im Hinblick auf den Zweck und die Natur dieses Übereinkommens eine **klare und präzise Verpflichtung** enthält, deren Erfüllung und deren Wirkungen nicht vom Erlass eines weiteren Rechtsakts abhängen«.[554] Unter Anlegung dieser Kriterien hat der EuGH z.B. die unmittelbare Wirkung des Verbots der Diskriminierung aus Gründen der Staatsangehörigkeit in Art. 23 Abs. 1 des Partnerschaftsabkommens zwischen den Europäischen Gemeinschaften und ihren Mitgliedstaaten und der Russischen Föderation[555] sowie der Stillhalteklausel in Art. 41 Abs. 1 des Zusatzprotokolls zum Assoziationsabkommen mit der Türkei[556] bejaht, diejenige von Art. 4 Abs. 1 und 4 sowie Art. 9 Abs. 3 der Aarhus-Konvention[557] (Verfahrenszugang von Mitgliedern der Öffentlichkeit) und der Bestimmungen des Kyoto-Protokolls[558] jedoch verneint.[559]

232   Die vorgenannten Kriterien entsprechen denjenigen, die zur Feststellung der unmittelbaren Wirkung von unionsrechtlichen Bestimmungen verwendet werden. Im Unterschied zum Unionsrecht ist die Rechtssubjektivität von Individuen im Völkervertragsrecht aber keineswegs selbstverständlich.[560] Ebenso wenig selbstverständlich ist die ge-

---

gungsgrundlage gibt, die ein Gesetzgebungsverfahren vorsieht, wären Art. 24 Abs. 1 UAbs. 2 Satz 3, Art. 31 Abs. 1 UAbs. 1 Satz 2 EUV bei einer formellen Interpretation im Sinne von Art. 289 Abs. 3 AEUV bedeutungslos (vgl. *Eeckhout*, EU External Relations Law, S. 183f.).

[552] Vgl. *Eeckhout*, EU External Relations Law, S. 183f. Zur Schließung von Rechtsschutzlücken durch die nationalen Gerichte s. o. Rn. 210.

[553] Vgl. z. B. EuGH, Urt. v. 12.4.2005, Rs. C–265/03 (Simutenkov), Slg. 2005, I–2579. Für eine allgemeine Privatwirkung *Schütze*, (Fn. 179), Rn. 39.

[554] EuGH, Urt. v. 8.3.2011, Rs. C–240/09 (Aarhus-Konvention), Slg. 2011, I–1255, Rn. 44 m. w. N., Hervorhebung ergänzt; Urt. v. 21.12.2011, Rs. C–366/10 (Air Transport Association of America), Slg. 2011, I–13755, Rn. 54f. (wo die inhaltliche Unbedingtheit und hinreichende Genauigkeit der Abkommensbestimmungen als synonymes Kriterium verwendet wird).

[555] Vom 24.6.1994, ABl. 1997, L 327/1.

[556] Vom 23.11.1970, ABl. 1972, L 293/3. Vgl. nur EuGH, Urt. v. 10.7.2014, Rs. C–138/13 (Dogan), ECLI:EU:C:2014:2066.

[557] S. o. Fn. 425.

[558] Protokoll zum Rahmenübereinkommen der Vereinten Nationen über Klimaänderungen vom 11.12.1997 (BGBl. 2002 II S. 967).

[559] Zur Aarhus-Konvention: EuGH, Urt. v. 8.3.2011, Rs. C–240/09 (Aarhus-Konvention), Slg. 2011, I–1255, Rn. 45; Urt. v. 13.1.2015, verb. Rs. C–401/12 P C–403/12 P (Vereniging Milieudefensie), ECLI:EU:C:2015:4, Rn. 52ff.; Urt. v. 13.1.2015, verb. Rs. C–404/12 P u. C–405/12 P (Stichting Natuur en Milieu), ECLI:EU:C:2015:5, Rn. 44ff. (kritisch zu den beiden letztgenannten Urteilen *Pirker*, Cases C–401 to C–403/12 and C–404 to C–405/12: No review of legality in light of the Aarhus Convention, January 29, 2015, http://europeanlawblog.eu/?p=2674 (19.9.2016); Urt. v. 16.7.2015, Rs. C–612/13 P (ClientEarth), ECLI:EU:C:2015:486, Rn. 25ff. (kritisch *Ankersmit/Pirker*, Review of EU legislation under EU international agreements revisited: Aarhus receives another blow, November 17, 2015, http://europeanlawblog.eu/?p=2999 (19.9.2016). Zum Kyoto-Protokoll: EuGH, Urt. v. 21.12.2011, Rs. C–366/10 (Air Transport Association of America), Slg. 2011, I–13755, Rn. 73ff.

[560] *Martines*, EJIL 25 (2014), 129ff.

richtliche Durchsetzbarkeit völkervertraglicher Verpflichtungen im Gerichtssystem der Vertragsparteien. Demgemäß können die **Parteien einer EU-Übereinkunft frei und mit bindender Wirkung für die Gerichte darüber entscheiden** können, ob deren Bestimmungen unmittelbare Wirkung in ihren jeweiligen Rechtsordnungen haben sollen oder nicht.[561] Infolgedessen kann eine solche auch dann zu verneinen sein, wenn Bestimmungen einer Übereinkunft an sich geeignet wären, unmittelbare Wirkung zu entfalten. Die Entscheidung der Parteien der EU-Übereinkunft kann explizit getroffen werden, aber auch implizit, so dass sie durch eine Interpretation der Übereinkunft herausgearbeitet werden muss, die letztlich dem EuGH zukommt.[562]

Dementsprechend prüft der EuGH neben der Klarheit, Genauigkeit und Unbedingt-   **233** heit von Abkommensbestimmungen stets zusätzlich und sogar vorrangig, ob ihrer Heranziehung als Prüfungsmaßstab für Sekundärrechtsakte nicht **Rechtsnatur und Systematik bzw. Art und Struktur der betreffenden EU-Übereinkunft entgegenstehen**.[563] Dafür genügt es freilich nicht allein, dass die Parteien ein eigenes Streitbeilegungsverfahren vereinbart haben.[564] Eine der unmittelbaren Wirkung entgegenstehende Art und Struktur hat der EuGH für das Übereinkommen über biologische Vielfalt und für das Partnerschaftsabkommen zwischen den Europäischen Gemeinschaften und ihren Mitgliedstaaten und der Russischen Föderation abgelehnt,[565] indessen für das UN-Seerechtsübereinkommen[566] und insbesondere für das WTO-Übereinkommen und die multilateralen Handelsübereinkommen in seinen Anlagen[567] angenommen.

Die EuGH-Rechtsprechung zur unmittelbaren Wirkung und Prüfungsmaßstäblich-   **234** keit von EU-Übereinkünften (und auch die Gleichsetzung beider Aspekte) wird kritisiert, weil sie die klare Regelung des Art. 216 Abs. 2 AEUV unterlaufe.[568] Eingewandt wird teilweise auch, dass der Gerichtshof die Prüfungsmaßstäblichkeit von EU-Übereinkünften bereitwilliger bejahe, wenn es um Konflikte mit nationalen Vorschriften gehe, als wenn es kollidierendes Sekundärrecht der Union zu überprüfen gelte.[569] Indessen zeigt gerade das letztgenannte **Phänomen unterschiedlicher Prüfungsstrenge**, dass die EuGH-Rechtsprechung eine implizite unionsverfassungsrechtliche Grundlage im

---

[561] Vgl. GA *Maduro*, Schlussanträge zu den verb. Rs. C–120/06 P u. C–121/06 P (FIAMM), Slg. 2008, I–6513, Rn. 27; EuGH, Urt. v. 21.12.2011, Rs. C–366/10 (Air Transport Association of America), Rn. 49. In diesem Sinne bereits EuGH, Urt. v. 26.10.1982, Rs. 104/81 (Kupferberg I), Slg. 1982, 3641, Rn. 17.

[562] Vgl. *Lenaerts*, Direct Applicability and Direct Effect of International Law in the EU Legal Order, in: Govaere et al. (eds.), The European Union in the World. Essays in Honour of Marc Maresceau, 2014, S. 45 (56ff.), der insoweit zwischen »direct applicability« und »direct effect« unterscheidet.

[563] EuGH, Urt. v. 26.10.1982, Rs. 104/81 (Kupferberg I), Slg. 1982, 3641, Rn. 22; Urt. v. 3.6.2008, Rs. C–308/06 (Intertanko), Slg. 2008, I–4057, Rn. 45; Urt. v. 21.12.2011, Rs. C–366/10 (Air Transport Association of America), Slg. 2011, I–13755, Rn. 53.

[564] EuGH, Urt. v. 21.12.2011, Rs. C–366/10 (Air Transport Association of America), Slg. 2011, I–13755, Rn. 83.

[565] EuGH, Urt. v. 9.10.2001, Rs. C–377/98 (Niederlande/Parlament und Rat), Slg. 2001, I–7079, Rn. 52f.; Urt. v. 12.4.2005, Rs. C–265/03 (Simutenkov), Slg. 2005, I–2579, Rn. 26ff.

[566] EuGH, Urt. v. 3.6.2008, Rs. C–308/06 (Intertanko), Slg. 2008, I–4057, Rn. 54ff. Kritisch z.B. *Mendez*, EJIL 21 (2010), 83 (99ff.) sowie ausführlicher *ders.*, The Legal Effects of EU Agreements: Maximalist Treaty Enforcement and Judicial Avoidance Techniques, 2013.

[567] EuGH, Urt. v. 12.12.1972, verb. Rs. 21/72–24/72 (International Fruit Company), Slg. 1972, 1219, Rn. 19f.; Urt. v. 5.10.1994, Rs. C–280/93 (Deutschland/Rat), Slg. 1994, I–4973, Rn. 103ff.; Urt. v. 23.11.1999, C–149/96 (Portugal/Rat), Slg. 1999, I–8395, Rn. 34ff.; Urt. v. 1.3.2005, C–377/02 (van Parys), Slg. 2005, I–1465, Rn. 37ff.

[568] *Cremer*, in: Niedobitek (Hrsg.), Europarecht – Politiken der Union, 2014, S. 1207 (1269f.).

[569] *Kuijper*, S. 589 (605) m.w.N.

Grundsatz des institutionellen Gleichgewichts (d. h. in der adäquaten Funktionentei-lung) zwischen den politischen und den judiziellen Unionsorganen besitzt, das in ähn-licher Form auch in Verfassungsstaaten gilt (political question doctrine).

235   Da die Inkorporation einer von der EU geschlossenen Übereinkunft in das Unions-recht mittels des **Ratsbeschlusses nach Art. 218 Abs. 6 AEUV** erfolgt,[570] kann dieser Beschluss die Inkorporation kanalisieren. Er kann insbesondere die **unmittelbare Wir-kung** auch dazu eigentlich geeigneter Bestimmungen der Übereinkunft **ausschließen**.[571] Neuerdings werden entsprechende Klauseln nach folgendem Muster in den operativen Teil der Ratsbeschlüsse zu Assoziierungsabkommen[572] aufgenommen: »Das Abkommen darf nicht so ausgelegt werden, als begründe es Rechte oder Pflichten, die vor Gerichten der Union oder der Mitgliedstaaten unmittelbar geltend gemacht werden können.«[573] Bereits der Ratsbeschluss zur Genehmigung des WTO-Übereinkommens enthielt eine entsprechende Aussage, aber nur in den einleitenden Begründungserwägungen.[574] Für die Gerichte der Union und der Mitgliedstaaten sind derartige Klauseln verbindlich. Ein Konflikt mit der betreffenden Übereinkunft entsteht durch sie nicht, weil völkerrecht-liche Verträge in aller Regel ihrerseits keine unmittelbare Wirkung beanspruchen.

2. Insbesondere: Unmittelbare Wirkung von WTO-Recht

236   Die Rechtsprechung des EuGH gegen die unmittelbare Wirkung des WTO-Rechts und seine Heranziehung als Prüfungsmaßstab für Sekundärrechtsakte begann noch unter dem GATT 1947. Sie wurde aber nach dem Inkrafttreten des WTO-Übereinkommens beibehalten, obwohl dieses das Welthandelsrecht deutlich verrechtlicht und mit einem effektiven Streitbeilegungsmechanismus ausgestattet hat, so dass Rechtsverstöße nun-mehr in jedem Fall verbindlich festgestellt werden können.[575] Der **EuGH** billigt trotz dieser Änderungen aber auch **dem WTO-Recht keine unmittelbare Wirkung zu**, weil er den Verhandlungsspielraum der Unionsorgane zur Erzielung einvernehmlicher Lösun-gen in Streitfällen mit anderen WTO-Mitgliedern nicht einschränken will, zumal letztere dem WTO-Recht ihrerseits in aller Regel keine unmittelbare Wirkung geben (Gegen-

---

[570] S. o. Rn. 206.

[571] Anders *Uerpmann-Wittzack*, in: v. Bogdandy/Bast, Europäisches Verfassungsrecht, S. 195 f.

[572] Der EuGH hatte insbesondere in Assoziierungsabkommen enthaltene Diskriminierungsver-bote bisher bereitwillig für unmittelbar anwendbar erklärt. Vgl. *Jacobs*, (Fn. 500), S. 529 (532 ff.); *Dutheil de la Rochère*, S. 643 f.

[573] Art. 6 des Beschlusses des Rates vom 16. 6. 2014 über die Unterzeichnung des Assoziierungs-abkommens zwischen der Europäischen Union und der Europäischen Atomgemeinschaft und ihren Mitgliedstaaten einerseits und der Republik Moldau andererseits im Namen der Europäischen Union und über die vorläufige Anwendung dieses Abkommens (ABl. L 260/1). Entsprechende Bestimmun-gen finden sich in den Ratsbeschlüssen zu den Assoziierungsabkommen mit Georgien (ABl. 2014, L 261/1) und der Ukraine (ABl. 2014, L 161/1) und zu den Freihandelsabkommen mit Korea (ABl. 2011, L 127/1) sowie Kolumbien und Peru (ABl. 2012, L 354/1). Alle vorgenannten Beschlüsse beruhen auf Art. 218 Abs. 5 AEUV; die Beschlüsse nach Art. 218 Abs. 6 AEUV stehen (außer demjenigen in Bezug auf das Abkommen mit Korea [ABl. 2015, L 307/2], der in Art. 7 die vorgenannte Regelung enthält) noch aus. Vgl. eingehend *Semertzi*, CMLRev. 51 (2014), 1125 ff.

[574] S. u. Rn. 237.

[575] Deshalb hatten etwa GA *Tesauro*, Schlussanträge zu Rs. C–53/96 (Hermès), Slg. 1998, I–3603, Rn. 26 ff., GA *Saggio*, Schlussanträge zu Rs. C–149/96 (Portugal/Rat), Slg. 1999, I–8395, Rn. 14 ff. und GA *Tizzano* in der Rs. C–377/02 (van Parys), Slg. 2005, I–1468, Rn. 46 ff., (allerdings vergeblich) für eine Rechtsprechungsänderung plädiert.

seitigkeitsproblem).[576] Zur Begründung verweist der Gerichtshof auf Art. 22 der Streitbeilegungsvereinbarung,[577] der jedoch die im Streitbeilegungsverfahren unterlegenen WTO-Mitglieder gerade nicht von der Pflicht entbindet, ihre Maßnahmen letztendlich mit dem WTO-Recht in Einklang zu bringen, sondern nur vorübergehende Zwischenlösungen gestattet. Diese EuGH-Rechtsprechung wird deshalb viel kritisiert,[578] findet aber auch Zustimmung.[579]

Die Haltung des EuGH wurde von den **Begründungserwägungen im Ratsbeschluss**   237
zur Genehmigung des WTO-Übereinkommens namens der EG beeinflusst. Deren letzter Satz lautet: »Das Übereinkommen zur Errichtung der Welthandelsorganisation einschließlich seiner Anhänge ist nicht so angelegt, daß es unmittelbar vor den Rechtsprechungsorganen der Gemeinschaft und der Mitgliedstaaten angeführt werden kann«.[580] Darin spiegelt sich zwar nur die Interpretationsauffassung der Organe einer der Vertragsparteien des WTO-Übereinkommens wieder. Diese wird allerdings von den wichtigsten Handelspartnern der EU geteilt.[581]

Da der EuGH im Interesse der Rechtssicherheit und europaweiten Rechtseinheit ein   238
Verwerfungsmonopol über Sekundärrechtsakte besitzt, sind nationale Gerichte gehindert, eigenmächtig – d.h. ohne Vorlage an den EuGH nach Art. 267 AEUV – einen Rechtsakt der EU unter direktem Rückgriff auf eine entsprechende Entscheidung des Dispute Settlement Body für WTO-rechtswidrig zu erklären.[582]

Der EuGH erkennt jedoch seit langem **zwei Ausnahmen** von dem Grundsatz an, dass   239
Sekundärrechtsakte nicht am Maßstab des WTO-Rechts gemessen werden können: Erstens wenn der Sekundärrechtsakt ausdrücklich auf Bestimmungen des WTO-Rechts verweist[583] und zweitens wenn der Sekundärrechtsakt eine bestimmte, im Rahmen der WTO übernommene Verpflichtung umsetzen soll.[584] In diesen beiden Fällen kann man annehmen, dass der Unionsgesetzgeber selbst dem EuGH die Kontrolle darüber eröffnen wollte, ob sein Akt seiner eigenen Intention gemäß das WTO-Recht getreulich umsetzt. Der EuGH wendet diese Ausnahmen aber restriktiv an.[585] Er hat sich insbesondere geweigert, sie auf andere Übereinkünfte zu erstrecken, die für sich keine unmittelbare Wirkung haben.[586]

---

[576] EuGH, Urt. v. 1.3.2005, Rs. C–377/02 (van Parys), Slg. 2005, I–1465, Rn. 48. Anders noch EuGH, Urt. v. 26.10.1982, Rs. 104/81 (Kupferberg I), Slg. 1982, 3641, Rn. 18.

[577] ABl. 1994, L 336/234.

[578] *Tietje*, in: Tietje (Hrsg.), Internationales Wirtschaftsrecht, 2009, § 15, Rn. 43 ff.; *Vöneky/Beylage-Haarmann*, in: Grabitz/Hilf/Nettesheim, EU, Art. 216 AEUV (August 2011), Rn. 29; *Eeckhout*, EU External Relations Law, S. 375 ff. (insoweit, als der EuGH die unmittelbare Wirkung von WTO-Recht auch dort verneint, wo das Streitbeilegungsgremium dessen Verletzung verbindlich festgestellt hat).

[579] Z.B. bei *Mögele*, in: Streinz, EUV/AEUV, Art. 216 AEUV, Rn. 62 ff. m.w.N.; *Hilpold*, S. 507 ff.; *Ohler*, EuR-Beiheft 2/2012, 137 (147 ff.); im Ergebnis auch bei *Fabri*, EJIL 25 (2014), 151 ff.

[580] ABl. 1994, L 336/1.

[581] Zur Verbindlichkeit solcher Klauseln für die Gerichte der EU und der Mitgliedstaaten s.o. Rn. 235.

[582] EuGH, Urt. v. 14.6.2012, Rs. C–533/10 (CIVAD), ECLI:EU:C:2012:347, Rn. 36 ff.

[583] EuGH, Urt. v. 22.6.1989, Rs. 70/87 (Fediol), Slg. 1989, 1781.

[584] EuGH, Urt. v. 7.5.1991, Rs. C–69/89 (Nakajima), Slg. 1991, I–2069.

[585] Vgl. EuGH, Urt. 1.3.2005, Rs. C–377/02 (van Parys), Slg. 2005, I–1465, Rn. 40 ff.; Urt. v. 27.9.2007, Rs. C–351/04 (Ikea), Slg. 2007, I–7723, Rn. 30 ff.; Urt. v. 16.7.2015, Rs. C–21/14 P (Rusal Armenal), ECLI:EU:C:2015:494.

[586] EuGH, Urt. v. 13.1.2015, verb. Rs. C–401/12 P bis C–403/12 P (Vereniging Milieudefensie), ECLI:EU:C:2015:4, Rn. 57 ff.; Urt. v. 13.1.2015, verb. Rs. C–404/12 P u. C–405/12 P (Stichting Natuur en Milieu), ECLI:EU:C:2015:5, Rn. 49 ff. (beide betr. die Aarhus-Konvention).

240   Selbst wenn die Bestimmungen einer EU-Übereinkunft keine unmittelbare Wirkung haben, so sind doch ihr Wortlaut und Zweck bei der Anwendung von Vorschriften des nationalen Rechts oder des Unionsrechts im Rahmen des Möglichen zu berücksichtigen.[587] M. a. W. besteht auch jenseits der unmittelbaren Wirkung von Vertragsbestimmungen eine **Pflicht zur völkervertragskonformen Interpretation des EU-Rechts und des nationalen Rechts**.[588] Dieser völkerrechtsfreundliche Ansatz des EuGH entspricht dem Sinn und Zweck von Art. 216 Abs. 2 AEUV und Art. 3 Abs. 5 Satz 2 EUV.

V. Beschlüsse von vertraglich eingesetzten Organen (insbesondere Ausschüssen)

241   Setzt eine Übereinkunft ein Organ/einen Ausschuss ein, das/der sie durchführen oder fortentwickeln soll, so werden dessen Beschlüsse aufgrund ihres unmittelbaren Zusammenhangs mit der Übereinkunft von ihrem Inkrafttreten an in gleicher Weise **integrierende Bestandteile des Unionsrechts wie die Übereinkunft** selbst.[589] Dies gilt selbst dann, wenn die Beschlüsse nicht rechtlich bindend sind, sondern nur empfehlenden Charakter haben, als solche aber für die Auslegung der Übereinkunft nützlich sind.[590] Rechtsverbindliche Beschlüsse teilen EU-intern den Rang der Übereinkunft, auf der sie beruhen, stehen also zwischen dem Primär- und dem Sekundärrecht.[591]

242   Sind solche Beschlüsse rechtsverbindlich, kommt ihren Bestimmungen unter denselben Voraussetzungen unmittelbare Wirkung zu wie den Bestimmungen von Übereinkünften. Wenn sie also ihrerseits klare und eindeutige Verpflichtungen enthalten, deren Erfüllung oder deren Wirkungen nicht vom Erlass eines weiteren Aktes abhängen, so können sie **einklagbare Rechte für Privatpersonen** begründen.[592] Dies hat der EuGH insbesondere für etliche Bestimmungen von Assoziationsratsbeschlüssen angenommen, die zur Konkretisierung des seinerseits nicht unmittelbar wirksamen Abkommens zur Gründung einer Assoziation zwischen der Europäischen Wirtschaftsgemeinschaft und der Türkei[593] erlassen wurden.[594] Solche unmittelbar wirksamen rechtsverbindlichen Beschlüsse teilen EU-intern den Zwischenrang der Übereinkunft,[595] auf der sie beruhen.[596]

243   Zutreffend ist aber darauf hingewiesen worden, dass Beschlüsse vertraglich eingesetzter Organe/Ausschüsse unmittelbare Wirkungen in der Unionsrechtsordnung nur

---

[587] EuGH, Urt. v. 16.6.1998, Rs. C–53/96 (Hermès), Slg. 1998, I–3603, Rn. 28 und 35 m. w. N.; Urt. v. 11.9.2007, Rs. C–431/05 (Merck Genéricos), Slg. 2007, I–7001, Rn. 35; Urt. v. 8.3.2011, Rs. C–240/09 (Aarhus-Konvention), Slg. 2011, I–1255, Rn. 45 ff.

[588] Vgl. *Mögele*, in: Streinz, EUV/AEUV, Art. 216 AEUV, Rn. 66.

[589] EuGH, Urt. v. 20.9.1990, Rs. C–192/89 (Sevince), Slg. 1990, I–3461, Rn. 9; *Kokott*, in: Streinz, EUV/AEUV, Art. 220 AEUV, Rn. 18 f.

[590] EuGH, Urt. v. 21.1.1993, Rs. C–188/91 (Deutsche Shell), Slg. 1993, I–363, Rn. 16 ff.

[591] *Kokott*, in: Streinz, EUV/AEUV, Art. 220 AEUV, Rn. 34. Vgl. für Entscheidungen des Dispute Settlement Body der WTO *Tancredi*, On the Absence of Direct Effect of the WTO Dispute Settlement Body's Decisions in the EU Legal Order, in: Cannizzaro/Palchetti/Wessel (eds.), International Law as Law of the European Union, 2012, S. 249 (250).

[592] EuGH, Urt. v. 20.9.1990, Rs. C–192/89 (Sevince), Slg. 1990, I–3461, Rn. 9.

[593] Vom 12.9.1963, ABl. 1964, 217, S. 3687.

[594] Die Leitentscheidung ist EuGH, Urt. v. 20.9.1990, Rs. C–192/89 (Sevince), Slg. 1990, I–3461. *Kadelbach*, EnzEuR, Bd. 10, § 4, Rn. 79 m. w. N. aus der Rspr. Näher *Groenendijk/Hoffmann/Luiten*, Das Assoziationsrecht EWG/Türkei, 2013.

[595] S. o. Rn. 213.

[596] *Schmalenbach*, in: Calliess/Ruffert, EUV/AEUV, Art. 216 AEUV, Rn. 51; *Kuijper*, S. 589 (599 f.).

entfalten können, wenn und soweit die EU vertraglich dazu ermächtigt ist, **Hoheitsrechte auf derartige Einrichtungen** zu übertragen.[597] Eine solche Ermächtigung existiert derzeit allein in Art. 217 AEUV.[598] Jenseits des Art. 217 AEUV können Beschlüsse von Organen/Ausschüssen daher nur kraft eines Umsetzungsakts der EU Rechtswirkungen im Unionsrecht entfalten.[599] Schon aus diesem Grund haben Entscheidungen des Dispute Settlement Body der WTO keine unmittelbaren Wirkungen in der EU-Rechtsordnung.[600]

Aber auch wenn Beschlüsse eines Organs/Ausschusses nach dem Vorstehenden nicht **244** unmittelbar wirken, ja nicht einmal rechtsverbindlich sind, müssen die **nationalen Gerichte** sie insbesondere bei der Auslegung der Bestimmungen der Übereinkunft berücksichtigen.[601]

VI. Gemischte Abkommen: Unionsinterne Wirkung und Reichweite der Gerichtsbarkeit des EuGH

Gemischte Abkommen haben in der Unionsrechtsordnung denselben Status **wie reine** **245** **Unionsabkommen, soweit es um Bestimmungen geht, die in die Zuständigkeit der EU fallen:** Sie werden als völkerrechtliche Normen integrale Bestandteile des EU-Rechts mit unmittelbarer Wirkung nach unionsrechtlichen Grundsätzen, Anwendungsvorrang vor allem mitgliedstaatlichen Recht und Geltungsvorrang vor dem Sekundärrecht.[602] Daraus folgt weiterhin, dass die Mitgliedstaaten, wenn sie für die Einhaltung solcher Bestimmungen sorgen, ihrerseits eine Pflicht gegenüber der Union aus Art. 216 Abs. 2 a.E. AEUV erfüllen, welche insoweit die Verantwortung für die ordnungsgemäße Durchführung des Abkommens nach außen übernommen hat.[603] Soweit Bestimmungen eines gemischten Abkommens hingegen in die Zuständigkeit der Mitgliedstaaten fallen, sind diese zwar den Drittstaaten gegenüber völkerrechtlich gebunden, nicht aber unionsrechtlich gegenüber der EU.[604]

Die in der vorstehenden Randnummer wiedergegebene Grundregel ist im Bereich der **246** ausschließlichen Zuständigkeiten der EU und der Mitgliedstaaten jeweils einfach zu handhaben. Soweit jedoch die **Zuständigkeit für den Abschluss einer Übereinkunft zwischen der EU und den Mitgliedstaaten geteilt** ist, hängt die Zuordnung ihrer Bestimmungen zum Unionsrecht davon ab, inwieweit die EU von ihrer dann nach Art. 2 Abs. 2 Satz 2 AEUV vorrangigen Zuständigkeit Gebrauch gemacht hat. Bleibt dies – wie häufig

---

[597] *Schmalenbach*, in: Calliess/Ruffert, EUV/AEUV, Art. 216 AEUV, Rn. 48 f.

[598] *Schmalenbach*, in: Calliess/Ruffert, EUV/AEUV, Art. 216 AEUV, Rn. 48; *Lachmayer/von Förster*, in: GSH, Europäisches Unionsrecht, Art. 216 AEUV, Rn. 22. Siehe oben Rn. 70.

[599] *Vöneky/Beylage-Haarmann*, in: Grabitz/Hilf/Nettesheim, EU, Art. 216 AEUV (August 2011), Rn. 31. Vgl. speziell zur bloß indirekten EU-internen Wirkung von Beschlüssen des UN-Sicherheitsrats, welche die EU selbst mangels UN-Mitgliedschaft nicht völkerrechtlich binden, sondern nur die Mitgliedstaaten, *Gattini*, Effects of Decisions of the UN Security Council in the EU Legal Order, in: Cannizzaro/Palchetti/Wessel (eds.), International Law as Law of the European Union, 2012, S. 215 ff.

[600] Vgl. mit anderer Begründung EuGH, Urt. v. 1.3.2005, Rs. C–377/02 (van Parys), Slg. 2005, I–1465, Rn. 38 ff.; *Tancredi*, (Fn. 591), S. 250 ff.

[601] EuGH, Urt. v. 21.1.1993, Rs. C–188/91 (Deutsche Shell), Slg. 1993, I–363, Rn. 18.

[602] EuGH, Urt. v. 7.10.2004, Rs. C–239/03 (Étang de Berre), Slg. 2004, I–9325, Rn. 25; GA *Sharpston*, Schlussanträge zu Rs. C–240/09 (Aarhus-Konvention), ECLI:EU:C:2010:436, Rn. 51; *Epiney*, ZaöRV 74 (2014), 465 (490 f.). Kritisch aber *van Rossem*, S. 59 (S. 69 ff.).

[603] EuGH, Urt. v. 7.10.2004, Rs. C–239/03 (Étang de Berre), Slg. 2004, I–9325, Rn. 26 m. w. N.

[604] *Mögele*, in: Streinz, EUV/AEUV, Art. 216 AEUV, Rn. 68. Teilweise anders *Neframi*, S. 343 ff.

– unklar,[605] sollte angenommen werden, dass die EU ihre geteilte Zuständigkeit ausgeschöpft hat, so dass alle überhaupt im EU-Zuständigkeitsbereich liegenden Bestimmungen der Übereinkunft einen integralen Bestandteil des vorrangigen Unionsrechts bilden und die Mitgliedstaaten nach Art. 216 Abs. 2 AEUV binden.[606] Diese Annahme fördert die Einhaltung der eingegangenen völkerrechtlichen Verpflichtungen, weil sie ihnen unionsintern einen besseren Rang sichert.

247   Andererseits scheint das **Protokoll (Nr. 25) über die Ausübung der geteilten Zuständigkeit**[607] für die gegenteilige Annahme zu stehen – dass die EU nämlich ihre geteilten Zuständigkeiten im Zweifel nicht ausgeschöpft hat. Richtig verstanden meint das Protokoll jedoch etwas anderes: Die EU kodifiziert einen ganzen Rechtsbereich nicht insgesamt dadurch, dass sie einzelne seiner Elemente regelt. Letzteres genügt nicht, um die Mitgliedstaaten nach Art. 2 Abs. 2 AEUV von der Regelung anderer Elemente dieses Rechtsbereichs auszuschließen. Das Protokoll enthält aber keine Aussage dazu, welche Elemente die EU in Ausübung ihrer geteilten Zuständigkeit überhaupt geregelt hat. Das ist vielmehr eine Frage der Interpretation der betreffenden EU-Rechtsakte.[608]

248   Insbesondere in Fällen, in denen die EU-interne Verbandskompetenzverteilung den dritten Vertragspartnern gegenüber nicht offengelegt wurde, sind die Union und die Mitgliedstaaten im Verhältnis zueinander nach **Art. 4 Abs. 3 EUV** zur ordnungsgemäßen Vertragserfüllung im Rahmen ihrer jeweiligen Zuständigkeit verpflichtet.[609]

249   Soweit Bestimmungen eines gemischten Abkommens in die EU-Zuständigkeit fallen und demzufolge integrale Bestandteile der EU-Rechtsordnung bilden, werden deren **unmittelbare Wirkung und deren Rang vom EU-Recht** festgelegt. Soweit sie jedoch zur Zuständigkeit der Mitgliedstaaten gehören, hängen ihre interne Geltung, unmittelbare Wirkung und ihr Rang davon ab, wie die jeweilige nationale Rechtsordnung Bestimmungen in völkerrechtlichen Verträgen behandelt. Das EU-Recht macht den Mitgliedstaaten in dieser Hinsicht keine Vorgaben.[610]

250   Da die in die mitgliedstaatliche Zuständigkeit fallenden Bestimmungen gemischter Abkommen keine Bestandteile der Unionsrechtsordnung sind, unterliegen sie nicht der Gerichtsbarkeit des EuGH, weder in Vertragsverletzungsverfahren gegen Mitgliedstaaten (Art. 258 AEUV)[611] noch in Nichtigkeitsklageverfahren (Art. 263 AEUV) oder in Vorabentscheidungsverfahren (Art. 267 AEUV).[612] Erst recht außerhalb der EuGH-Zuständigkeit bleiben die Wirkungen eines gemischten Abkommens zwischen Drittstaaten inter se, auch wenn einer von diesen später der EU beigetreten ist.[613] Die Jurisdiktion des Gerichtshofs über gemischte Abkommen ist dennoch breit: Sie erstreckt sich

---

[605] Vgl. *Timmermans*, S. 668 f.

[606] *Mögele*, in: Streinz, EUV/AEUV, Art. 216 AEUV, Rn. 69. Vgl. auch *Neframi*, S. 331 ff.

[607] Vom 13.12.2007 (ABl. 2012, C 326/307).

[608] Streitig ist beispielsweise, ob die EU die Bereiche Visapolitik und Grenzkontrollen erschöpfend durchreguliert und damit eigenständige mitgliedstaatliche Regelungen in vertraglicher oder anderer Form vollständig präkludiert hat (*Martenczuk*, Migration Policy and EU External Relations, in: Azoulai/de Vries [eds.], EU Migration Law – Legal Complexities and Political Rationales, 2014, S. 69 [81 ff.]).

[609] *Khan*, in: Geiger/Khan/Kotzur, EUV/AEUV, Art. 216 AEUV, Rn. 16.

[610] EuGH, Urt. v. 14.12.200, verb. Rs. C–300/98 u. C–392/98 (Dior), Slg. 2000, I–11307, Rn. 47 ff. Vgl. *Schmalenbach*, in: Calliess/Ruffert, EUV/AEUV, Art. 216 AEUV, Rn. 42 ff., 52.

[611] EuGH, Urt. v. 7.10.2004, Rs. C–239/03 (Étang de Berre), Slg. 2004, I–9325, Rn. 22 ff.

[612] Vgl. EuGH, Urt. v. 30.5.2006, Rs. C–459/03 (Mox Plant), Slg. 2006, I–4635, Rn. 121.

[613] EuGH, Urt. v. 15.5.2003, Rs. C–300/01 (Doris Salzmann), Slg. 2003, I–4899 Rn. 65 ff. (betr. das EWR-Abkommen für den Zeitraum vor dem EU-Beitritt Österreichs).

zunächst darauf festzustellen, welche Teile eines gemischten Abkommens in den Zuständigkeitsbereich der EU fallen und welche nicht.[614] Außerdem ist der EuGH im Vorabentscheidungsverfahren für die Interpretation solcher Bestimmungen zuständig, die sowohl auf Sachverhalte anwendbar sind, die dem innerstaatlichen Recht unterfallen, als auch auf solche, die dem Unionsrecht unterfallen. Dies gilt selbst dann, wenn der Sachverhalt des konkreten Vorlagefalls dem nationalen Recht unterfällt. Denn die Union hat ein klares Interesse daran, dass diese Bestimmungen einheitlich ausgelegt werden, um **zukünftige Rechtsprechungsdivergenzen zwischen den mitgliedstaatlichen Gerichten und dem EuGH zu verhindern**.[615] Schließlich erstreckt sich die Interpretationszuständigkeit des EuGH nach Art. 267 AEUV auf alle diejenigen Teile eines gemischten Abkommens, die erst infolge einer späteren Erweiterung der EU-Zuständigkeiten im Entscheidungszeitpunkt in die ausschließliche Außenkompetenz der Union fallen.[616]

VII. EU-interner Status von Völkergewohnheitsrecht und allgemeinen Rechtsgrundsätzen

Der Status von Völkergewohnheitsrecht und allgemeinen Rechtsgrundsätzen, also dem allgemeinen Völkerrecht, im Unionsrecht ist in den Verträgen nach wie vor nicht ausdrücklich geregelt.[617] Der EuGH hat den aus diesen Völkerrechtsquellen fließenden Normen, soweit sie bestehen und die EU binden,[618] dessen ungeachtet in gleicher Weise wie die Normen von EU-Übereinkünften unter Wahrung ihres völkerrechtlichen Charakters in das EU-Recht inkorporiert und ihnen unionsintern denselben Rang zuerkannt, den die Bestimmungen einer EU-Übereinkunft nach Art. 216 Abs. 2 und Art. 218 Abs. 1 AEUV einnehmen, nämlich einen **Zwischenrang oberhalb des Sekundärrechts und unterhalb des Primärrechts**.[619] Sekundärrechtsakte sind dementsprechend im Lichte der einschlägigen Regeln des Völkergewohnheitsrechts auszulegen.[620] Diese unionsrechtsinterne Gleichstellung der allgemeinen Völkerrechtsregeln mit den EU-Übereinkünften nimmt der Gerichtshof vor, ohne in Erwägung zu ziehen, dass die demokratische Legitimität der Übereinkünfte angesichts ihrer ausdrücklichen Billigung durch den Rat und regelmäßig auch durch das Europäische Parlament nach Art. 218 Abs. 6 AEUV stärker ist.[621]   **251**

Dementsprechend zieht der **EuGH bei der Gültigkeitskontrolle von Sekundärrechtsakten auch Völkergewohnheitsrechtsregeln als Maßstäbe** heran.[622] Natürliche oder ju-   **252**

---

[614] EuGH, Urt. v. 8.3.2011, Rs. C–240/09 (Aarhus-Konvention), Slg. 2011, 1255, Rn. 31.

[615] EuGH, Urt. v. 16.6.1998, Rs. C–53/96 (Hermès), Slg. 1998, I–3603, Rn. 32. Zustimmend *Mögele*, in: Streinz, EUV/AEUV, Art. 216 AEUV, Rn. 70. Ausführlich *Koutrakos*, Interpretation of Mixed Agreements, S. 116 ff.

[616] EuGH, Urt. v. 18.7.2013, Rs. C–414/11 (Daiichi Sankyo), ECLI:EU:C:2013:520, Rn. 45 ff.

[617] *Gianelli*, S. 94 f.

[618] S. o. Rn. 200 ff.

[619] EuGH, Urt. v. 24.11.1992, Rs. C–286/90 (Poulsen und Diva), Slg. 1992, I–6019, Rn. 9 ff.; Urt. v. 16.6.1998, Rs. C–162/96 (Racke), Slg. 1998, I–3655, Rn. 44 ff.; Urt. v. 25.2.2010, Rs. C–386/08 (Brita GmbH), Slg. 2010, I–1289, Rn. 42 ff.; *Epiney*, EuR-Beiheft 2/2012, 25 (29 ff.). Demgegenüber will *Gianelli* dem Völkergewohnheitsrecht unter Berufung auf die primärrechtlich verankerte Beachtungspflicht (Art. 3, 21 EUV) selbst Primärrechtsrang zuweisen (*Gianelli*, S. 101 ff.). Vgl. auch *Kuijper*, S. 589 (600 f.).

[620] EuGH, Urt. v. 24.11.1992, Rs. C–286/90 (Poulsen und Diva), Slg. 1992, I–6019, Rn. 9 f.; Urt. v. 21.12.2011, Rs. C–366/10 (Air Transport Association of America), Slg. 2011, I–13755, Rn. 123.

[621] *Kuijper*, S. 589 (603).

[622] EuGH, Urt. v. 16.6.1998, Rs. C–162/96 (Racke), Slg. 1998, I–3655, Rn. 25 ff.

ristische Personen des Privatrechts können sich zur Initiierung einer solchen Kontrolle auf Völkergewohnheitsrechtsregeln insoweit berufen, als durch diese die Zuständigkeit der EU zum Erlass des Rechtsakts in Frage gestellt werden kann und durch den Rechtsakt Rechte des Klägers aus dem Unionsrecht beeinträchtigt oder Verpflichtungen des Bürgers aus dem Unionsrecht begründet werden können. Dies gilt auch dann, wenn die Völkergewohnheitsrechtsregeln nur Verpflichtungen zwischen Staaten begründen.[623]

253   Allerdings verwendet der Gerichtshof insoweit einen **abgeschwächten Prüfungsmaßstab**: »Da ein Grundsatz des Völkergewohnheitsrechts aber nicht dieselbe Bestimmtheit aufweist wie eine Bestimmung einer internationalen Übereinkunft, muss sich die gerichtliche Kontrolle zwangsläufig auf die Frage beschränken, ob den Organen der Union beim Erlass des betreffenden Rechtsakts offensichtliche Fehler bei der Beurteilung der Voraussetzungen für die Anwendung dieser Grundsätze unterlaufen sind ...«[624]

254   Die **zwingenden Normen des Völkergewohnheitsrechts (jus cogens)**, in denen sich die Grundwerte der internationalen Gemeinschaft in ihrer Gesamtheit widerspiegeln, nehmen in der Völkerrechtsordnung Geltungsvorrang vor den völkerrechtlichen Verträgen in Anspruch.[625] Ob sie deshalb auch EU-intern einen höheren Rang einnehmen, ist fraglich,[626] nicht weniger fraglich als ein teilweise angenommener staatsinterner Vorrang völkerrechtlicher Jus-cogens-Normen vor nationalem Verfassungsrecht.[627] Der EuGH ist mit dieser Frage bislang nicht konfrontiert worden. Da der Gerichtshof seit langem die Autonomie des Unionsrechts auch gegenüber der Völkerrechtsordnung betont, ist schwer vorstellbar, dass er die Verträge (Art. 1 Abs. 3 EUV) unionsintern als völkerrechtliche Verträge behandelt und sie dementsprechend der in Art. 53, 64 WÜRV I kodifizierten Geltungsvorrangregel unterwirft.

VIII. EU-interner Status des UN-Rechts

255   Die EU ist kein Mitglied der UNO und deshalb selbst nicht völkerrechtlich an das UN-Recht – d.h. insbesondere die UN-Charta und die nach deren Art. 25 verbindlichen Entscheidungen des UN-Sicherheitsrats – gebunden. Demzufolge **fällt das UN-Recht nicht unter Art. 216 Abs. 2 AEUV**; erst recht gilt dies für Deklarationen der UN-Generalversammlung, die selbst nicht rechtsverbindlich sind.[628] Andererseits sind alle EU-Mitgliedstaaten auch UNO-Mitglieder. Zwar ist die EU nicht im Wege der Funktionsnachfolge an deren Stelle in die Charta-Verpflichtungen eingetreten, da sie nur einen Teil der UN-bezogenen Kompetenzen der Mitgliedstaaten übernommen hat.[629] Die

---

[623]EuGH, Urt. v. 21.12.2011, Rs. C–366/10 (Air Transport Association of America), Slg. 2011, I–13755, Rn. 107 ff.

[624]EuGH, Urt. v. 21.12.2011, Rs. C–366/10 (Air Transport Association of America), Slg. 2011, I–13755, Rn. 110 (unter Berufung auf EuGH, Urt. v. 16.6.1998, Rs. C–162/96 (Racke), Slg. 1998, I–3655, Rn. 52). Kritisch *Konstadinides*, GLJ 13 (2012), 1187 ff.

[625]Vgl. Art. 53 und Art. 64 WÜRV I (Fn. 20) sowie Art. 53 und Art. 64 WÜRV II (Fn. 23).

[626]Dafür beispielsweise *Schmalenbach*, in: Calliess/Ruffert, EUV/AEUV, Art. 216 AEUV, Rn. 50: Mit völkerrechtlichem jus cogens unvereinbares Primär- oder Sekundärrecht sei nichtig. Ähnlich *Epiney*, EuR-Beiheft 2/2012, 25 (41 f.); *Gianelli*, S. 107 f.; *Lachmayer/von Förster*, in: GSH, Europäisches Unionsrecht, Art. 216 AEUV, Rn. 24.

[627]Vgl. *Herdegen*, in: Maunz/Dürig, GG, Art. 25, Rn. 78 m.w.N. (der diese Auffassung allerdings ablehnt).

[628]EuG, Urt. v. 25.4.2013, Rs. T–526/10 (Inuit II), ECLI:EU:T:2013:215, Rn. 112, und EuGH, Urt. v. 3.9.2015, Rs. C–398/13 P (Inuit II), ECLI:EU:C:2015:535, Rn. 64 ff. betr. die UN-Erklärung über die Rechte der indigenen Völker von 2007.

[629]Für eine teilweise Funktionsnachfolge der EG/EU in die Verpflichtungen der Mitgliedstaaten

Union hat aber die völkerrechtlichen Verpflichtungen ihrer Mitglieder aus der UN-Charta nach dem Grundsatz der loyalen Zusammenarbeit (Art. 4 Abs. 3 EUV) zu achten, was durch Art. 347 und Art. 351 AEUV bestätigt wird.[630]

Die Mitgliedstaaten müssen ihrerseits nach **Art. 103 UN-Charta** den Vorrang ihrer   **256** Charta-Verpflichtungen (einschließlich derjenigen, die der UN-Sicherheitsrat nach Art. 25 UN-Charta auferlegen kann)[631] vor ihren anderen völkerrechtlichen Verpflichtungen anerkennen. Ob allerdings die unionsrechtlichen Verpflichtungen der Mitgliedstaaten noch als völkerrechtliche in jenem Sinne einzustufen sind, erscheint fraglich.[632] Denn der EuGH hat das EU-Recht (damals noch: Gemeinschaftsrecht) nur ein einziges Mal als »neue Rechtsordnung des Völkerrechts« eingestuft,[633] danach aber stets die spezielle verfassungsrechtliche Natur des E(W)G/EU-Rechts als eine von den Mitgliedstaaten und Unionsbürgern getragene Rechtsordnung und deren Autonomie auch gegenüber dem Völkerrecht betont.[634]

In seiner **Kadi-Rechtsprechung** hat der Gerichtshof dann das EU-Recht dem UN-   **257** Recht im Sinne einer dualistischen Konzeption gegenübergestellt und deutlich gemacht, dass die EU-internen Auswirkungen des UN-Rechts vom EU-Recht (und nicht von Art. 103 UN-Charta) determiniert werden.[635] Danach sind die EU-Organe zwar verpflichtet, die UN-Charta und die Resolutionen des UN-Sicherheitsrats gebührend zu berücksichtigen, wenn sie die letzteren – insbesondere individualisierte Sanktionsbeschlüsse – umsetzen.[636] Derartige Umsetzungsakte der EU unterliegen jedoch einer strikten Rechtmäßigkeitskontrolle durch den Gerichtshof der EU am Maßstab der Grundrechte des Unionsrechts, auch wenn dies dazu führen kann, dass eine UN-rechtliche Umsetzungspflicht der Mitgliedstaaten unerfüllt bleibt. Wegen der besonderen Bedeutung des Grundrechtsschutzes im Unionsverfassungsrecht sollen weder Art. 347 noch Art. 351 AEUV daran etwas ändern.[637]

Das Primärrecht nimmt mehrfach ausdrücklich oder implizit auf die UN-Charta Be-   **258** zug. Die EU verspricht, in ihren Beziehungen zur übrigen Welt einen Beitrag zur Wahrung der Grundsätze der UN-Charta zu leisten (Art. 3 Abs. 5 Satz 2 EUV). Eines der Ziele der GASP besteht darin, der Achtung der Grundsätze der UN-Charta weltweit zu

---

aus der UN-Charta aber EuG, Urt. v. 21. 9. 2005, Rs. T–315/01 (Kadi), Slg. 2005, II–3649, Rn. 203. Kritisch *Koutrakos*, EU International Relations Law, S. 216.

[630] Im letzten Absatz der Erklärung (Nr. 13) zur Gemeinsamen Außen- und Sicherheitspolitik der Regierungskonferenz von Lissabon hebt die Konferenz hervor, »dass die Europäische Union und ihre Mitgliedstaaten nach wie vor durch die Bestimmungen der Charta der Vereinten Nationen … gebunden sind.«

[631] *Paulus/Leiß*, in: Simma/Khan/Nolte/Paulus, The Charter of the United Nations – A Commentary, 2012, vol. II, Art. 103 UNCh, Rn. 38.

[632] Vgl. *Paulus/Leiß* (Fn. 631), Art. 103 UNCh, Rn. 62 ff.

[633] EuGH, Urt. v. 5. 2. 1963, Rs. 26/62 (van Gend & Loos), Slg. 1963, 1 (25).

[634] So schon EuGH, Urt. v. 15. 7. 1964, Rs. 6/64 (Costa/ENEL), Slg. 1964, 1251 (1269 ff.). Besonders deutlich EuGH, Urt. v. 3. 9. 2008, verb. Rs. C–402/05 P u. C–415/05 P (Kadi I), Slg. 2008, I–6351, Rn. 282, 285, 316; Gutachten 2/13 vom 18. 12. 2014 (EMRK-Beitritt der EU II), ECLI:EU:C:2014: 2454, Rn. 157 f., 163, 166 und 170.

[635] EuGH, Urt. v. 3. 9. 2008, verb. Rs. C–402/05 P u. C–415/05 P (Kadi I), Slg. 2008, I–6351, Rn. 299 f. Bestätigt in EuGH, Urt. v. 18. 7. 2013 verb. Rs. C–584/10 P, C–593/10 P u. C–595/10 P (Kadi II), ECLI:EU:C:2013:518. S. o. Rn. 209.

[636] EuGH, Urt. v. 3. 9. 2008, verb. Rs. C–402/05 P u. C–415/05 P (Kadi I), Slg. 2008, I–6351, Rn. 293 ff. Vgl. *Griller*, EuR-Beiheft 2/2012, 103 (105 ff.).

[637] EuGH, Urt. v. 3. 9. 2008, verb. Rs. C–402/05 P u. C–415/05 P (Kadi I), Slg. 2008, I–6351, Rn. 281 ff.

stärkerer Geltung zu verhelfen (Art. 21 Abs. 1 UAbs. 1 EUV). Die **EU** ist m. a. W. zwar **nicht völkerrechtlich, aber primärrechtlich an die Grundsätze der UN-Charta gebunden**. Freilich stellt der EU-Vertrag diese Grundsätze in den beiden vorgenannten Bestimmungen jeweils neben das Völkerrecht bzw. die Grundsätze des Völkerrechts insgesamt. Deshalb kann man den Grundsätzen der UN-Charta unionsintern keinen höheren Rang zubilligen als dem Völkerrecht insgesamt, das der EuGH in ständiger Rechtsprechung auf eine Zwischenstufe zwischen Primär- und Sekundärrecht stellt.[638] Andererseits könnte der Vertrag von Lissabon mit der dezidierten zweimaligen Festlegung der EU auf die Einhaltung (der Grundsätze) des Völkerrechts und der Grundsätze der UN-Charta zumindest diese grundlegenden internationalen Normen EU-intern auf die Stufe des Primärrechts gehoben haben. Selbst wenn man dies annimmt, blieben sie jedoch den in Art. 2 EUV verankerten Grundwerten der Union nachgeordnet.[639]

259   Nach dem Souveränitätsvorbehalt in Art. 347 AEUV dürfen die Mitgliedstaaten Verpflichtungen, die sie auf der Grundlage der UN-Charta »im Hinblick auf die Aufrechterhaltung des Friedens und der internationalen Sicherheit übernommen« haben, sogar erfüllen, wenn dies dem Primärrecht widerspricht.[640] Damit **akzeptieren die Verträge zumindest der Sache nach den in Art. 103 UN-Charta formulierten Vorranganspruch** der UN-Verpflichtungen der Mitgliedstaaten, deren UN-Mitgliedschaft ihrer E(W)G/EU-Mitgliedschaft – vom Sonderfall Deutschlands abgesehen[641] – jeweils im Sinne von Art. 351 AEUV vorausging. Die Mitgliedstaaten haben also bei der Formulierung schon des EWG-Vertrags[642] darauf geachtet, keine rechtlichen Hindernisse gegen die Erfüllung ihrer Verpflichtungen aus der UN-Charta zu schaffen. Der EuGH hat jedoch unterstrichen, dass Art. 347 und Art. 351 AEUV nicht dahin verstanden werden könnten, dass sie eine Abweichung von den in Art. 2 EUV verankerten Grundwerten der Union zuließen.[643] In der Tat erlaubt Art. 347 AEUV seinem Wortlaut nach nur Maßnahmen, die das Funktionieren des Binnenmarktes beeinträchtigen.

260   Nach alledem ist **in der Unionsrechtsordnung der vom UN-Recht gemäß Art. 103 UN-Charta beanspruchte Vorrang nicht gesichert**. Vielmehr tritt das EU-Recht dem UN-Recht in ähnlicher Weise wie eine bundesstaatliche Verfassung gegenüber, die sich selbst das Recht vorbehält, über die internen Wirkungen der UN-Charta als Teil des Völkerrechts zu entscheiden.

---

[638] Siehe oben Rn. 251 ff. Vgl. zur UN-Charta noch EuGH, Urt. v. 3. 9. 2008, verb. Rs. C–402/05 P u. C–415/05 P (Kadi I), Slg. 2008, I–6351, Rn. 305 ff. (Rechtslage vor dem Inkrafttreten des Vertrags von Lissabon).

[639] Vgl. EuGH, Urt. v. 3. 9. 2008, verb. Rs. C–402/05 P u. C–415/05 P (Kadi I), Slg. 2008, I–6351, Rn. 302 ff. Vgl. meine Ausführungen in der nachfolgenden Rn.

[640] Vgl. *Kokott*, in: Streinz, EUV/AEUV, Art. 347 AEUV, Rn. 3, 5 ff., 18 ff.

[641] Die Bundesrepublik Deutschland trat der UNO gemeinsam mit der Deutschen Demokratischen Republik erst 1973 bei. Grund waren die schwierige Rechtslage Deutschlands nach 1945 und die damit zusammenhängenden Rechte und Verantwortlichkeiten der vier Hauptsiegermächte des Zweiten Weltkriegs (und ständigen Mitgliedern des UN-Sicherheitsrats) für Berlin und Deutschland als Ganzes.

[642] Vgl. bereits Art. 224 EWGV.

[643] EuGH, Urt. v. 3. 9. 2008, verb. Rs. C–402/05 P u. C–415/05 P (Kadi I), Slg. 2008, I–6351, Rn. 302 ff.

Artikel 217 AEUV [Assoziierungsabkommen]

Die Union kann mit einem oder mehreren Drittländern oder einer oder mehreren internationalen Organisationen Abkommen schließen, die eine Assoziierung mit gegenseitigen Rechten und Pflichten, gemeinsamem Vorgehen und besonderen Verfahren herstellen.

Literaturübersicht

Bast, European Community and Union, Association Agreements, Max Planck Encyclopedia of Public International Law, 2009; *Bendiek/Kramer* (Hrsg.), Globale Außenpolitik der Europäischen Union. Interregionale Beziehungen und »Strategische Partnerschaften«, 2009; *Blockmans*, Tough Love: The European Union's Relations with the Western Balkans, 2007; *Blockmans/Lazowski* (Hrsg.), The European Union and its Neighbours – A Legal Appraisal of the EU's Policies of Stabilisation, Partnership and Integration, 2006; *Boysen*, Regionale Handelsabkommen, in: Hilf/Oeter, WTO-Recht, 2. Aufl., 2010, § 31, S. 662; *Breitenmoser*, Sectoral Agreements between the EC and Switzerland, CMLRev. 40 (2003), 1137; *Cremona*, The European Neighbourhood Policy: More than a Partnership?, in: dies. (Hrsg.), Developments of EU External Relations Law, 2008, S. 244; *Cremona/Hillion*, L'Union fait la force? Potential and Limitations of the European Neighbourhood Policy as an Integrated EU Foreign and Security Policy, EUI Law Working Paper 2006/49; *Cremona/Meloni*, The European Neighbourhood Policy: A Framework for Modernisation?, EUI Law Working Paper 2007/21; *dies.*, The ›Dynamic and Homogeneous‹ EEA: Byzantine Structures and Variable Geometry, E. L.Rev. 19 (1994), 508; *Dann*, Entwicklungsverwaltungsrecht, 2012; *Dannreuther*, Developing the Alternative to Enlargement: The European Neighbourhood Policy, European Foreign Affairs Review 11 (2006), 183; *Dialer*, Die EU-Entwicklungspolitik im Brennpunkt, 2007; *Dashwood/Maresceau* (Hrsg.), Law and Practice of EU External Relations – Salient Features of a Changing Landscape, 2008; *De Baere*, Constitutional Principles of EU External Relations, 2008; *Deitz/Stirton/Wright*, South East Europe's electricity sector: Attractions, obstacles and challenges of Europeanisation, Utilities Policy 17 (2009), 4; *Elbasani*, The European Integration and Transformation in the Western Balkans: Europeanization or Business as Usual? 2013; *ders.*, The Stabilisation and Association Process in the Balkans: Overloaded Agenda and Weak Incentives?, EUI Working Paper, 2008/03; *Elsuwege/Petrov*, Article 8 TEU: Towards a New Generation of Agreements with the Neighbouring Countries of the European Union?, E. L.Rev. 36 (2011), 688; *Emmert*, Switzerland and the EU: Partners, for Better or for Worse, European Foreign Affairs Review 3 (1998), 367 ff.; *Evans*, Voluntary Harmonization in Integration between the European Community and Eastern Europe, E. L.Rev. 22 (1997), 201; *Gieg*, Great Game um Afrika? Europa, China und die USA auf dem Schwarzen Kontinent, 2010; *Goetschel*, Switzerland and European Integration: Change Through Distance, European Foreign Affairs Review 8 (2003), 313; *Hillion*, Mapping-Out the New Contractual Relations between the European Union and its Neighbours: Learning from the EU-Ukraine »Enhanced Agreement«, European Foreign Affairs Review 12 (2007), 169; *Kaiser,* EWG und Freihandelszone, 1963; *Kloss*, Die Assoziation: Eine von der UNO begünstigte neue Institution des Völkerrechts, VN 1963, 168; *Kux/Sverdrup*, Fuzzy Borders and Adaptive Outsiders: Norway, Switzerland and the EU, Journal of European Integration 2000, 237; *Lazowski*, Enhanced Multilateralism and Enhanced Bilateralism: Integration without Membership in the European Union, CMLRev. 45 (2008), 1433; *ders.*, EEA Countries (Iceland, Liechtenstein and Norway), in: Blockmans/Lazowski (Hrsg.), The European Union and its Neighbours. A Legal Appraisal of the EU's Policies of Stabilisation, Partnership and Integration, 2006, S. 95; *ders.*, Switzerland, in: Blockmans/Lazowski (Hrsg.), The European Union and its Neighbours. A Legal Appraisal of the EU's Policies of Stabilisation, Partnership and Integration, 2006, S. 147; *ders.*, Box of Chocolates Integration: The European Economic Area and the Swiss Model Revisited, in: Blockmans/Prechal (Hrsg.), Reconciling the Deepening and Widening of the European Union, 2007, S. 87; *ders.*, Approximation of Laws, in: Ott/Inglis (Hrsg.), Handbook on European Enlargement, 2002, S. 631; *Leino/Petrov*, Between ›Common Values‹ and Competing Universals – The Promotion of the EU's Common Values through the European Neighbourhood Policy, ELJ 15 (2009), 654; *Ley*, Zur Politisierung des Völkerrechts: Parlamentarische Versammlungen im Außenverhältnis, AVR 50 (2012), 191; *Maiani*, Legal Europeanization as Legal Transformation – Some insights from Swiss »Outer Europe«, EUI Working Paper MWP 2008/32; *Marwedel*, Die Stabilisierungs- und Assoziierungsabkommen der EU mit den Staaten des Westlichen Balkans, 2012; *Norberg/Hökborg u. a.*, EEA Law. A Commentary on the EEA Agreement, 1993; *Nowak*, Multilaterale und bilaterale Elemente der EU-Assoziations-, Partnerschafts- und Nachbarschaftspolitik, EuR 2010, 746; *Ott*, The ›Principle‹ of Differentiation in an Enlarged European Union. Unity in Diversity?, in: Inglis/Ott (Hrsg.), The Constitution for Europe and an Enlarging Union: Unity in Diversity?, 2005, S. 103; *dies.*, A flexible future for the European Union: the way forward or a way out?, in: Blockmans/Prechal (Hrsg.), Reconciling the Deepening and Widening of the European Union, 2007, S. 133; *Paasivirta*, Human rights, diplomacy and sanctions: Aspects to »human rights clauses« in the external agreements of the European Union, in: Petman/Klabbers (Hrsg.), Nordic Cosmopolitanism: Essays in International Law for Martti Koskenniemi, 2003, S. 155; *Petrov*, Exporting the Acquis Communautaire into the Legal Systems of Third Countries, European Foreign Affairs Review 13 (2008), 33; *Schimmelfennig*, Europeanization beyond Europe, Living Reviews in European Government 2 (2007), 1; *Skouris*, The ECJ and the EFTA Court under the EEA Agreement: A Paradigm for International Cooperation between Judicial Institutions, in: Baudenbacher/Tresselt/Örlygsson (Hrsg.), The EFTA Court: Ten Years on, 2005, S. 123; *Tiede/Schirmer*, Die Östliche Partnerschaft der Europäischen Union im Rahmen des Gemeinschaftsrechts, Osteuropa-Recht 55 (2009), 184; *Ungerer*, Die Assoziierungspolitik der EWG, Außenpolitik 1964, 685; *Vahl/Grolimund*, Integration without Membership. Switzerland's Bilateral Agreements with the European Union, 2006; *Van Vooren*, EU External Relations Law and the European Neighbourhood Policy: A Paradigm for Coherence, 2012; *Van Vooren/Wessel*, EU External Relations Law, 2014; *Vranes*, Gemischte Abkommen und die Zuständigkeit des EuGH, EuR 2009, 44; *Zimmermann*, Die neuen Wirtschaftspartnerschaftsabkommen der EU: WTO-Konformität versus Entwicklungsorientierung?, EuZW 2009, 1.

Leitentscheidungen des EuGH

EuGH, Urt. v. 30.4.1974, Rs. 181/73 (Haegemann), Slg. 1974, 449
EUGH, Urt. v. 26.10.1982, Rs. 104/81 (Kupferberg), Slg. 1982, 3641
EuGH, Urt. v. 30.9.1987, Rs. 12/86 (Demirel), Slg. 1987, 3719
EuGH, Urt. v. 14.11.1989, Rs. 30/88 (Griechenland/Kommission), Slg. 1989, 3711
EuGH, Urt. v. 20.9.1990, Rs. C–192/89 (Sevince), Slg. 1990, I–3497
EuGH, Gutachten 1/91 v. 14.12.1991 (EWR I), Slg. 1991, I–6079
EuGH, Urt. v. 21.1.1993, Rs. C–188/91 (Deutsche Shell), Slg. 1993, I–363
EuGH, Urt. v. 16.12.1992, Rs. C–237/91 (Kus), Slg. 1992, I–6781
EuGH, Gutachten 1/92 v. 10.4.1992 (EWR II), Slg. 1992, I–2825
EuGH, Urt. v. 5.10.1994, Rs. C–355/93 (Eroglu), Slg. 1994, I–5113
EuGH, Urt. v. 6.6.1995, Rs. C–434/93 (Bozkurt), Slg. 1995, I–1475
EuGH, Urt. v. 12.12.1995, Rs. C–469/93 (Chiquita Italia), Slg. 1995, I–4533
EuGH, Urt. v. 10.9.1996, Rs. C–277/94 (Taflan-Met), Slg. 1996, I–4085
EuGH, Urt. v. 23.1.1997, Rs. C–171/95 (Tetik), Slg. 1997, I–329
EuGH, Urt. v. 17.4.1997, Rs. C–351/95 (Kadiman), Slg. 1997, I–2133
EuGH, Urt. v. 19.11.1998, Rs. C–210/97 (Akman), Slg. 1998, I–7519
EuGH, Urt. v. 15.6.1999, Rs. C–321/97 (Ulla-Brith Andersson und Susanne Wåkerås-Andersson), Slg. 1999, I–3551
EuGH, Urt. v. 11.5.2000, Rs. C–37/98 (Savas), Slg. 2000, I–2927
EuGH, Urt. v. 22.6.2000, Rs. C–65/98 (Eyüp), Slg. 2000, I–4747
EuGH, Urt. v. 29.1.2002, Rs. C–162/00 (Pokrzeptowicz/Meyer), Slg 2002, I–1049
EuGH, Urt. v. 8.5.2003, Rs. C–438/00 (Deutscher Handballbund/Maros Kolpak), Slg. 2003, I–4135
EuGH, Urt. v. 8.5.2003, Rs. C–171/01 (Wählergruppe Gemeinsam), Slg. 2003, I–4301
EuGH, Urt. v. 21.10.2003, verb. Rs. C–317/01 und C–369/01 (Abatay), Slg. 2003, I–12301
EuGH, Urt. v. 30.9.2004, Rs. C–275/02 (Ayaz), Slg. 2004, I–8765
EuGH, Urt. v. 11.11.2004, Rs. C–467/02 (Inan Cetinkaya), Slg. 2004, I–10895
EuGH, Urt. v. 16.11.2004, Rs. C–327/02 (Panayotova), Slg. 2004, I–11055
EuGH, Urt. v. 2.6.2005, Rs. C–136/03 (Dörr/Ünal), Slg. 2005, I–4759
EuGH, Urt. v. 7.7.2005, Rs. C–374/03 (Gürol), Slg. 2005, I–6199
EuGH, Urt. v. 10.1.2006, Rs. C–230/03 (Sedef), Slg. 2006, I–157
EuG, Urt. v. 30.3.2006, Rs. T–367/03 (Yedas Tarim), Slg. 2006, II–873
EuGH, Urt. v. 25.9.2008, Rs. C–453/07 (Hakan), Slg. 2008, I–7299
EuGH, Urt. v. 29.10.2009, Rs. C–462/08 (Bekleyen), Slg. 2010, I–563
EuGH, Urt. v. 4.2.2010, Rs. C–14/09 (Genc), Slg. 2010, I–931
EuGH, Urt. v. 25.2.2010, Rs. C–386/08 (Brita), Slg. 2010, I–1289

EuGH, Urt. v. 29. 9. 2011, Rs. C–187/10 (Unal), Slg. 2011, I–9045
EuGH, Urt. v. 8. 12. 2011, Rs. C–371/08 (Ziebell), Slg. 2011, I–12735
EuGH, Urt. v. 29. 3. 2012, verb. Rs. C–7/10 und C–9/10 (Kahveci und Inan), ECLI:EU:C:2012:180
EuGH, Urt. v. 19. 7. 2012, Rs. C–451/11 (Dülger), ECLI:EU:C:2012:504
EuGH, Urt. v. 8. 11. 2012, Rs. C–268/11 (Gülbahce), ECLI:EU:C:2012:695
EuGH, Urt. v. 29. 11. 2012, Rs. C–262/11 (Kremikovtzi), ECLI:EU:C:2012:760
EuGH, Urt. v. 24. 9. 2013, Rs. C–221/11 (Demirkan), ECLI:EU:C:2013:583
EuGH, Urt. v. 26. 9. 2013, Rs. C–431/11, (Vereinigtes Königreich/Rat), ECLI:EU:C:2013:589
EuGH, Urt. v. 7. 11. 2013, Rs. C–225/12 (Demir), ECLI:EU:C:2013:725
EuGH, Urt. v. 6. 2. 2014, Rs. C–613/12 (Helm Düngemittel), ECLI:EU:C:2014:52
EuGH, Urt. v. 27. 2. 2014, Rs. C–656/11 (Vereinigtes Königreich/Rat), ECLI:EU:C:2014:97
EuGH, Urt. v. 10. 7. 2014, Rs. C–138/13 (Dogan), ECLI:EU:C:2014:2066
EuGH, Urt. v. 11. 9. 2014, Rs. C–91/13 (Essent Energie Productie), ECLI:EU:C:2014:2206
EuGH, Urt. v. 18. 12. 2014, Rs. C–81/13 (Vereinigtes Königreich/Rat), ECLI:EU:C:2014:2449
EuGH, Urt. v. 14. 1. 2015, Rs. C–171/13 (Demirci), ECLI:EU:C:2015:8
EuG, Urt. v. 10. 12. 2015, Rs. T–512/12 (Front Polisario/Rat), ECLI:EU:T:2015:953

Wesentliche sekundärrechtliche Vorschriften

VO (EU) Nr. 230/2014 vom 11. 3. 2014 zur Schaffung eines Instruments, das zu Stabilität und Frieden beiträgt, ABl. 2014, L 77/1
VO (EU) Nr. 231/2014 vom 11. 3. 2014 zur Schaffung eines Instruments für Heranführungshilfe (IPA II), ABl. 2014, L 77/11
VO (EU) Nr. 232/2014 vom 11. 3. 2014 zur Schaffung eines Europäischen Nachbarschaftsinstruments, ABl. 2014, L 77/27
VO (EU) Nr. 233/2014 vom 11. 3. 2014 zur Schaffung eines Finanzierungsinstruments für die Entwicklungszusammenarbeit für den Zeitraum 2014–2020, ABl. 2014, L 77/44
VO (EU) Nr. 234/2014 vom 11. 3. 2014 zur Schaffung eines Partnerschaftsinstruments für die Zusammenarbeit mit Drittstaaten, ABl. 2014, L 77/77
VO (EU) Nr. 235/2014 vom 11. 3. 2014 zur Schaffung eines Finanzierungsinstruments für weltweite Demokratie und Menschenrechte, ABl. 2014, L 77/85
VO (EU) Nr. 236/2014 vom 11. 3. 2014 zur Festlegung gemeinsamer Vorschriften und Verfahren für die Anwendung der Instrumente der Union für die Finanzierung des auswärtigen Handelns, ABl. 2014, L 77/95

Sonstige Rechtsakte

Mitteilung der Kommission, Größeres Europa – Nachbarschaft: Ein neuer Rahmen für die Beziehungen der EU zu ihren östlichen und südlichen Nachbarn, KOM(2003) 104
Mitteilung der Kommission, European Neighbourhood Policy Strategy Paper, KOM(2004) 373
Mitteilung der Kommission, Unsere gemeinsame Zukunft aufbauen: politische Herausforderungen und Haushaltsmittel der erweiterten Union – 2007–2013, KOM(2004) 101, und KOM(2004) 487
Mitteilung der Kommission, Über die Stärkung der Europäischen Nachbarschaftspolitik, KOM(2006) 726
Mitteilung der Kommission, Die Schwarzmeersynergie – Eine neue Initiative der regionalen Zusammenarbeit, KOM(2007) 160
Mitteilung der Kommission, Östliche Partnerschaft, KOM(2008) 823
Mitteilung der Kommission an das Europäische Parlament und den Rat, Umsetzung der Europäischen Nachbarschaftspolitik im Jahr 2008, KOM(2009) 188
Gemeinsame Mitteilung der Kommission und der Hohen Vertreterin der Europäischen Union für Außen- und Sicherheitspolitik, Delivering on a new European Neighbourhood Policy, JOIN(2012) 14
Europäisches Nachbarschafts- und Partnerschaftsinstrument (ENPI), ABl. 2006, L 310/1
Der Europäische Konsens für die Entwicklung, Gemeinsame Erklärung des Rates und der im Rat vereinigten Vertreter der Regierungen der Mitgliedstaaten, des Europäischen Parlaments und der Kommission zur Entwicklungspolitik der Europäischen Union: »Der Europäische Konsens«, ABl. 2006, C 46/1
Europäischer Konsensus über die humanitäre Hilfe, Gemeinsame Erklärung des Rates und der im Rat vereinigten Vertreter der Regierungen der Mitgliedstaaten, des Europäischen Parlaments und der Europäischen Kommission, ABl. 2008, C 25/1

Inhaltsübersicht   Rn.

A. Einleitung

1 Art. 217 AEUV sieht wie seine Vorläuferregelungen Art. 310 EGV und Art. 238 EWGV die Assoziierung als besondere Form vertraglicher Beziehungen zu Drittstaaten und internationalen Organisationen vor, die über reine Handelsbeziehungen im Sinne von Art. 207 AEUV hinausgehen.[1] Die vertragliche Assoziierung nach Art. 217 AEUV soll Drittstaaten oder internationale Organisationen materiell an die EU heranführen. Assoziierungsabkommen werden auch **primäres Assoziationsrecht** genannt und begründen als **Rahmenabkommen** eine enge Zusammenarbeit zwischen der Union und den jeweiligen Vertragsstaaten in einer Vielzahl von Politikbereichen. Ein Assoziierungsabkommen schafft »besondere privilegierte Beziehungen mit einem Drittstaat […], der zumindest teilweise am Gemeinschaftssystem teilhaben muss«.[2] Die Zielsetzungen der Assoziierungsabkommen können dabei durchaus unterschiedlich sein. Man unterscheidet die Beitrittsassoziierung als Vorstufe zur späteren Mitgliedschaft in der EU von der Freihandelsassoziierung und der Entwicklungsassoziierung als Teil der Entwicklungszusammenarbeit der Union. Sonderformen stellen daneben die entsprechend den in Art. 8 Abs. 2 EUV formulierten Zielsetzungen der »Europäischen Nachbarschaftspolitik« mit den Staaten des Mittelmeerraums geschlossenen Assoziierungsabkommen dar. Das gleiche gilt für die (einseitige) sog. konstitutionelle Assoziierung ehemaliger Kolonien der Mitgliedstaaten nach Art. 198 ff. AEUV. Assoziierungsabkommen sind heute ein zentrales Instrument, mit dem sich die Union als mächtiger Akteur im globalen Handelsrecht und darüber hinaus zur Geltung bringt.

---

[1] Ausführlich zu präferenziellen Handelsabkommen nach Art. 217 AEUV im Kontext der gemeinsamen Handelspolitik *Boysen*, EnzEuR, Bd. 10, § 9, Rn. 103 ff.
[2] EuGH, Urt. v. 30. 9. 1987, Rs. 12/86 (Demirel), Slg. 1987, 3719, Rn. 9; hierzu *Nolte*, ZaöRV 47 (1987), 755.

I. Zur Entwicklung der vertraglichen Assoziierungspolitik seit den Gründungsverträgen

Seinen Ursprung hat das Konzept der Assoziierung im Recht der Europäischen Integration in der 1951 gegründeten **Europäischen Gemeinschaft für Kohle und Stahl** (EGKS). Ohne explizite Rechtsgrundlage im EGKS-Vertrag betrieb hier die Hohe Behörde die Assoziierung von Drittstaaten durch völkerrechtlichen Vertrag.[3] Dies zunächst mit dem Ziel, Drittstaaten und namentlich das Vereinigte Königreich in das kontinentaleuropäische Integrationsprojekt einzubinden.[4] So war das erste solche Assoziierungsabkommen das »Abkommen über die Beziehungen zwischen dem Vereinigten Königreich von Großbritannien und Nordirland und der Europäischen Gemeinschaft für Kohle und Stahl«.[5] Es wurde am 1.12.1954 von der Hohen Behörde, den sechs EGKS-Mitgliedstaaten und dem Vereinigten Königreich in London unterzeichnet und regelte eine institutionalisierte Zusammenarbeit von EGKS und Vereinigtem Königreich außerhalb des durch den EGKSV gesteckten Rahmens. Die institutionelle Lösung für dieses Unterfangen war ein aus jeweils vier Vertretern der Hohen Behörde und des Vereinigten Königreichs bestehender Assoziationsrat (Art. 1 Abs. 1).

Auf Grundlage dieser Erfahrungen setzte das Vereinigte Königreich auch der nach dem Scheitern der Europäischen Verteidigungsgemeinschaft (EVG) sowie der Europäischen Politischen Gemeinschaft (EPG) im Jahr 1957 gegründeten Europäischen Wirtschaftsgemeinschaft (EWG) ein Freihandelszonenkonzept auf Grundlage einer multilateralen Assoziierung entgegen, das im Rahmen der Organisation für europäische wirtschaftliche Zusammenarbeit (Organization for European Economic Co-operation, OEEC) als Vorgängerorganisation der OECD verwirklicht werden sollte. Die Assoziierungsverhandlungen zwischen den sechs EWG-Gründungsmitgliedern und den verbleibenden zwölf Mitgliedstaaten der OEEC scheiterten. Der EWG-Vertrag schuf dagegen bereits in seiner ursprünglichen Fassung mit **Art. 238 EWGV** eine Rechtsgrundlage für Assoziierungsabkommen der EWG.[6] Die Norm wurde in der Folge nur wenig geändert. Die Änderungen betrafen die Rolle des Europäischen Parlaments und das Verfahren beim Abschluss von Assoziierungsabkommen. Seit der Einheitlichen Europäischen Akte bedürfen Assoziierungsabkommen der Zustimmung des Europäischen Parlaments (nunmehr Art. 218 Abs. 6 UAbs. 2 Buchst. a Ziff. i AEUV). Der Vertrag von Maastricht schuf die allgemeine Verfahrensregelung des Art. 300 EGV (nunmehr Art. 218 AEUV). Der Bereich der Assoziierungspolitik gehört damit zu den ersten Bereichen der Europäischen Außenbeziehungen, die parlamentarisiert wurden.[7]

Die Heranführung insbesondere des Vereinigten Königreichs, aber auch anderer potentieller Beitrittskandidaten an die EWG im Wege einer sog. **Beitrittsassoziierung** blieb ein zentrales Motiv der Assoziierung unter der neu geschaffenen Vorschrift des Art. 238 EWG. Das erste von der Europäischen Wirtschaftsgemeinschaft überhaupt abgeschlossene Assoziierungsabkommen aus dem Jahr 1961 sollte den Beitritt Griechenlands[8]

---

[3] Als Rechtsgrundlage wurde seinerzeit Art. 14 EGKSV herangezogen. Ausführlich hierzu *Schmalenbach*, EnzEuR, Bd. 10, § 6, Rn. 17; *Kaiser*, S. 29 ff.

[4] *Bungenberg*, in: GSH, Europäisches Unionsrecht, Art. 217 AEUV, Rn. 105.

[5] BGBl. 1955 II S. 838, abrufbar unter: www.cvce.eu (6.7.2015).

[6] Ausführlich hierzu *Schmalenbach*, EnzEuR, Bd. 10, § 6, Rn. 16 ff.; *Ungerer*, Außenpolitik 1964, 685, 695.

[7] S. hierzu auch *Bast*, MPEPIL 2009, Rn. 9.

[8] Abkommen zur Gründung einer Assoziation zwischen der Europäischen Wirtschaftsgemeinschaft und Griechenland, ABl. 1963, 26/294. Hierzu *Oppermann*, ZaöRV 22 (1962), 486.

vorbereiten, der zwanzig Jahre später vollzogen wurde. Es folgte das 1963 geschlossene Assoziierungsabkommen der EWG mit der Türkei.[9] Das Scheitern der OEEC-Assoziierung führte zunächst zur Gründung der Europäischen Freihandelsassoziation (European Free Trade Association, **EFTA**) durch das Vereinigte Königreich, Dänemark, Norwegen, Schweden, die Schweiz, Österreich und Portugal im Jahr 1960. Ursprünglich durchaus als Konkurrenzorganisation zur EWG konzipiert, führte der bereits im Jahr 1961 gestellte Beitrittsantrag des Vereinigten Königreichs zur EWG zu einer ganzen Reihe von Assoziierungsgesuchen aus dem Kreis der EFTA-Mitglieder (Österreich, Schweden, Schweiz, Portugal). Nach dem Veto des französischen Präsidenten Charles de Gaulle zum Beitritt des Vereinigten Königreiches im Jahr 1963 erfolgte der Beitritt der ersten EFTA-Staaten zur EWG im Jahr 1973 (Vereinigtes Königreich, Dänemark und Irland).

5   Die frühe Konzeption der Assoziierungspolitik der Gemeinschaft wurde indes schnell durch drei nachfolgende Entwicklungen überlagert. Für die ersten beiden Entwicklungen war die Rechtsprechung des **EuGH** die treibende Kraft. Zunächst sprach der Gerichtshof unter Berufung auf die **implied-powers-Doktrin** der Gemeinschaft eine Außenkompetenz zu, wo sie eine Innenkompetenz besaß. Aus den ausschließlichen Gesetzgebungskompetenzen der Gemeinschaft leitete der EuGH so ihre Befugnis ab, Verträge mit Drittstaaten auf den jeweiligen Sachgebieten zu schließen.[10] Dies relativierte die ursprünglich besondere, ja einzigartige Stellung der Assoziierungsabkommen nach den Gründungsverträgen in erheblichem Maße.[11] Die stetig anwachsenden Kompetenzen der Gemeinschaft machten der Querschnittskompetenz des Art. 238 EWGV so schon früh ihre herausgehobene Stellung streitig und nahmen der Frage, ob die Norm der Gemeinschaft und heute der Union neben der förmlichen Vertragsschlusskompetenz im Bereich der Assoziierungspolitik auch eine originäre Sachkompetenz zuweist,[12] jede praktische Relevanz. Darüber hinaus und zweitens übertrug der EuGH auch die **institutionellen Besonderheiten** der Assoziierungsabkommen der Gemeinschaft **auf andere (sektorale) Abkommen**. Die entscheidenden Merkmale, die Assoziierungsabkommen von anderen Abkommen der Gemeinschaft bzw. der Union abgrenzen, waren und sind insoweit das »gemeinsame Vorgehen« durch »besondere Verfahren«. Die Ausgestaltung dieser Merkmale führte unter den Assoziierungsabkommen zur Einsetzung paritätisch besetzter Organe (i.d.R. Assoziationsrat und Assoziationsausschuss), die durch ihre Beschlüsse (sog. sekundäres Assoziationsrecht) nicht nur die Vertragsparteien binden, sondern auch die Abkommen selbst ändern und ergänzen können. Der EuGH ließ indes auch diese Besonderheit von Assoziierungsabkommen nicht unangetastet, sondern übertrug seine Rechtsprechung zur Stellung der Beschlüsse von Assoziationsräten im Gemeinschaftsrecht auch auf die Beschlüsse von Organen bilateraler Handelsabkommen.[13]

---

[9] Abkommen zur Gründung einer Assoziation zwischen der Europäischen Wirtschaftsgemeinschaft und der Republik Türkei vom 12.9.1963, ABl. 1964, 217/3687; hierzu *Vöneky/Beylage-Haarmann*, in: Grabitz/Hilf/Nettesheim, EU, Art. 217 AEUV (April 2015), Rn. 79f.

[10] EuGH, Urt. v. 31.3.1971, Rs. 22/70 (AETR), Slg. 1971, 263, Rn. 15ff.; Urt. v. 14.7.1976, verb. Rs. 3/76, 4/76 u. 6/76 (Kramer), Slg. 1976, 1279, Rn. 19ff.

[11] *Bast*, MPEPIL 2009, Rn. 6.

[12] In diesem Sinne: *Vöneky/Beylage-Haarmann*, in: Grabitz/Hilf/Nettesheim, EU, Art. 217 AEUV (April 2015), Art. 217 AEUV, Rn. 17; *Khan*, in: Geiger/Khan/Kotzur, EUV/AEUV, Art. 217 AEUV, Rn. 5; *Herrnfeld*, in: Schwarze, EU-Kommentar, Art. 217 AEUV, Rn. 1, 5; *Mögele*, in: Streinz, EUV/AEUV, Art. 217 AEUV, Rn. 8, 18; a.A. *Schmalenbach*, EnzEuR, Bd. 10, § 6, Rn. 23; *dies.*, in: Calliess/Ruffert, EUV/AEUV, Art. 217 AEUV, Rn. 13.

[13] Vgl. etwa EuGH, Urt. v. 21.1.1993, Rs. C–188/91 (Deutsche Shell AG/Hauptzollamt Hamburg

Der dritte, für die weitere Entwicklung der Assoziierungspolitik der Gemeinschaft   **6** noch zentralere Einschnitt war die **Dekolonisation**, die vor allem die Assoziierung mit den afrikanischen, karibischen und pazifischen Staaten (sog. AKP-Staaten) formte.[14] Hier liegen die historischen Ursprünge der **Entwicklungsassoziierung**. Die AKP-Staaten waren der Europäischen Wirtschaftsgemeinschaft vor ihrer Unabhängigkeit zunächst einseitig als »außereuropäische Länder und Hoheitsgebiete« im Rahmen der **konstitutionellen Assoziierung** (ursprünglich Art. 131 ff. EWGV, nunmehr Art. 198 ff. AEUV) verbunden, die zunächst mit Belgien, Frankreich, Italien, den Niederlanden, später auch mit Dänemark und dem Vereinigten Königreich besondere Beziehungen unterhielten. Seit der Dekolonisierung in den 1960er Jahren sind nur wenige dieser Gebiete im System der konstitutionellen Assoziierung verblieben. Anhang II zum AEUV nennt noch 20 überseeische Länder und Hoheitsgebiete, auf welche der Vierte Teil des Vertrags (Art. 198 bis 204 AEUV) Anwendung findet. Der Begriff der konstitutionellen Assoziierung nach Art. 198 ff. AEUV ist irreführend, da es hier weniger um Annäherung, als vielmehr um Distanzierung geht. Das Regime der Art. 198 ff. AEUV greift da, wo Assoziierung dem Grunde nach nicht erforderlich ist. Die in Anhang II zum AEUV genannten Gebiete unterstehen der territorialen Souveränität eines Mitgliedstaats der Europäischen Union und sind nach dem Grundsatz des Art. 52 Abs. 1 EUV damit zunächst auch Teil der Europäischen Union. Nach der Spezialregelung des Art. 355 AEUV über den räumlichen Geltungsbereich der Verträge gelten die Verträge nach Art. 355 Abs. 1 i. V. m. Art. 349 AEUV indes nur für Guadeloupe, Französisch-Guayana, Martinique, Réunion, Saint-Barthélemy, Saint-Martin, die Azoren, Madeira und die Kanarischen Inseln. Die in Anhang II zum AEUV aufgeführten Länder und Hoheitsgebiete werden demgegenüber durch Art. 52 Abs. 2 EUV i. V. m. Art. 355 Abs. 2 AEUV zunächst aus dem Geltungsbereich der Verträge ausgeschlossen und erst in einem zweiten Schritt über die Regelungen der Art. 198 ff. AEUV in ausgewählten Bereichen (Verbot von Zöllen, Freizügigkeit der Arbeitskräfte) der Union wieder angenähert.

Am 20. 7. 1963 wurde in Yaoundé das erste Assoziierungsabkommen zwischen der   **7** Europäischen Wirtschaftsgemeinschaft und den 18 afrikanischen AASM-Staaten (Associated African States and Madagascar) unterzeichnet. Ziel des **Yaoundé I**-Abkommens waren neben dem Aufbau einer Freihandelszone auch entwicklungspolitische Zielsetzungen. Es trat am 1. 6. 1964 zunächst für einen Zeitraum von fünf Jahren in Kraft.[15] Die Vereinbarungen wurden durch das zweite Yaoundé-Abkommen für weitere fünf Jahre verlängert.[16] Über die mehrheitlich frankophonen AASM-Staaten hinaus intensivierte sich in diesem Zeitraum durch den Beitritt des Vereinigten Königreichs zur EWG im Jahr 1973 auch die Kooperation mit anglophonen afrikanischen Staaten. Das Vereinigte Königreich drang insoweit darauf, dass seinen ehemaligen Kolonien ähnliche

---

Harburg), Slg. 1993, I–363, Rn. 17: Absprachen des Gemischten Ausschusses unter dem Abkommen zwischen der EWG und den EFTA-Ländern zum gemeinsamen Versandverfahren (ABl. 1986, L 226/2) als »Teil des Gemeinschaftsrechts« (unter Verweis auf EuGH, Urt. v. 20. 9. 1990, Rs. C–192/89 [Sevince], Slg. 1990, I–3497, Rn. 10).

[14] *Bast*, MPEPIL 2009, Rn. 6.

[15] Abkommen über die Assoziation zwischen der Europäischen Wirtschaftsgemeinschaft und den mit dieser Gemeinschaft assoziierten afrikanischen Staaten und Madagaskar vom 20. 7. 1963, ABl. 1964 Nr. 93/1431 (Yaoundé I, 1964–1969).

[16] Abkommen über die Assoziation zwischen der Europäischen Wirtschaftsgemeinschaft und den mit dieser Gemeinschaft assoziierten afrikanischen Staaten und Madagaskar vom 29. 6. 1969, ABl. 1970, L 282/2 (Yaoundé II, 1971–1975).

Vergünstigungen gewährt würden wie den übrigen nun größtenteils unabhängig gewordenen »außereuropäischen Ländern und Hoheitsgebieten«. In der Folge wurde das **Yaoundé II**-Abkommen durch die Abkommen von Lomé ersetzt. Das erste der vier auf Art. 238 EWGV als Vorgängernorm von Art. 217 AEUV gestützten **Lomé-Abkommen** wurde am 28. 2.1975 mit 46 AKP-Staaten unterzeichnet[17] und anschließend immer wieder ersetzt: 1979 durch Lomé II,[18] 1984 durch Lomé III,[19] 1989 durch Lomé IV.[20] Die Lomé-Abkommen schufen ein komplexes System einseitiger Handelspräferenzen für bestimmte Agrarerzeugnisse und Bergbauprodukte sowie entwicklungspolitischer Maßnahmen in Form von Zuschüssen und vergünstigten Krediten aus dem Europäischen Entwicklungsfonds. Einen Lösungsansatz für die Konflikte mit den Grundsätzen der 1995 errichteten Welthandelsorganisation (WTO)[21] sucht das im Jahr 2000 unterzeichnete **Abkommen von Cotonou**.[22] Hiernach sind die unilateralen Handelspräferenzen der Lomé-Abkommen durch wirtschaftliche Partnerschafts-Abkommen (**Economic Partnership Agreements**, EPA) mit gegenseitigen Handelspräferenzen zu ersetzen.[23] Unter dem Cotonou-Abkommen sind heute 79 Staaten mit der EU assoziiert, darunter 48 afrikanische Staaten, 16 Staaten im karibischen Raum und weitere 15 Staaten im Pazifischen Ozean.

8   Eine **Freihandelsassoziierung** zwischen den EFTA-Staaten mit Ausnahme der Schweiz und den seinerzeit 12 Mitgliedstaaten der EG erfolgte erst 1994 mit dem Abkommen über den **Europäischen Wirtschaftsraum (EWR)**.[24] Bis heute sind noch Norwegen, Liechtenstein und Island über das EWR-Abkommen mit der EU assoziiert. Mit der Schweiz, die aufgrund eines Referendums im Jahr 1992 nicht Vertragspartei des EWR-Abkommens wurde, bestehen eine ganze Reihe von Assoziierungsabkommen,[25] die neben Inhalten einer fortgeschrittenen Freihandelsassoziierung auch den Bereich der polizeilichen und justiziellen Zusammenarbeit, den Umweltschutz oder die Teilnahme der Schweiz an den Jugend- und Bildungsprogrammen der EU betreffen.[26] Ebenfalls

---

[17] AKP-EWG-Abkommen von Lomé vom 28.2.1975, ABl. 1976, L 25/2 (Lomé I). Ausführlich hierzu *Dann*, Entwicklungsverwaltungsrecht, 2012, S. 65 ff., 84.

[18] Zweites AKP-EWG-Abkommen vom 31. 10.1979, ABl. 1980, L 347/2 (Lomé II).

[19] Drittes AKP-EWG-Abkommen vom 8. 12.1984, ABl. 1986, L 86/3 (Lomé III).

[20] Viertes AKP-EWG-Abkommen vom 15. 12.1989, ABl. 1991, L 229/3 (Lomé IV).

[21] Vgl. allgemein zur Problematik regionaler Handelsabkommen unter dem WTO-Recht: *Boysen*, § 31; *dies.*, EnzEuR, Bd. 10, § 9, Rn. 104. Zur Vereinbarkeit der Lomé-Abkommen und des Cotonou-Abkommens mit dem WTO-Recht *Vöneky/Beylage-Haarmann*, in: Grabitz/Hilf/Nettesheim, EU, Art. 217 AEUV (April 2015), Art. 217 AEUV, Rn. 60.

[22] Partnerschaftsabkommen zwischen den Mitgliedern der Gruppe der Staaten in Afrika, im Karibischen Raum und im Pazifischen Ozean einerseits und der Europäischen Gemeinschaft und ihren Mitgliedstaaten andererseits vom 23. 6.2000, ABl. 2000, L 317/3, hierzu, *Vöneky/Beylage-Haarmann*, in: Grabitz/Hilf/Nettesheim, EU, Art. 217 AEUV (April 2015), Rn. 113 ff.

[23] Bislang hat indes nur die Karibische Gruppe (CARIFORUM) ein umfassendes EPA mit der EU abgeschlossen: Wirtschaftspartnerschaftsabkommen zwischen den CARIFORUM-Staaten einerseits und der Europäischen Gemeinschaft und ihren Mitgliedstaaten andererseits, ABl. 2008, L 289/3. Vgl. auch *Friesen*, ZEuS 12 (2009), 419 ff.

[24] Abkommen über den Europäischen Wirtschaftsraum vom 2. 5.1992, ABl. 1994, L 1/3. S. hierzu *Cremona*, E.L.Rev. 19 (1994), 508; *Norberg/Hökborg u. a.*, EEA Law, 1993.

[25] Einzelheiten bei *Maiani*, EUI Working Paper MWP 2008/32, S. 3 ff.; *Lazowski*, Switzerland, S. 147; *Vahl/Grolimund*, Integration without Membership. Switzerland's Bilateral Agreements with the European Union, 2006; *Goetschel*, EFAR 8 (2003), 313; *Breitenmoser*, CMLRev. 40 (2003), 1137. Siehe auch *Emmert*, EFAR 3 (1998), 367.

[26] Es handelt sich um sieben sektorielle Abkommen, die am 21. 6.1999 unterzeichnet wurden (sog. **Bilaterale I**): Abkommen vom 21. 6.1999 zwischen der Schweiz und der EG über die Freizügigkeit,

als Freihandelsassoziierungen konzipiert und nicht von vornherein auf den späteren Beitritt ausgelegt waren die Assoziierungsabkommen mit Malta[27] und Zypern[28] aus den Jahren 1970 und 1972.

In der Tradition der ersten Assoziierungsabkommen mit den EFTA-Staaten zielte **9** auch in der Folge eine ganze Reihe von Assoziierungsabkommen mit europäischen Staaten auf einen späteren Beitritt zur Union. Im Anschluss an das erste Assoziierungsabkommen mit Griechenland (1961) und den späteren Beitritt (1981)[29] bildeten die seit 1991 zwischen der EU und den Staaten Mittel- und Osteuropas geschlossen **Europa-Abkommen**[30] den Rechtsrahmen für den Prozess des Beitritts dieser Länder zur EU in den Jahren 2004 (Estland, Lettland, Litauen, Polen, Tschechien, Slowakei, Ungarn, Slowenien) und 2007 (Rumänien und Bulgarien). Auf den Gipfeltreffen in Zagreb (2000) und Thessaloniki (2003) wurde sodann der sog. Stabilisierungs- und Assoziierungsprozess eingerichtet, mit dem die Staaten des westlichen Balkans (Albanien, Bosnien-Herzegowina, Kosovo, Kroatien, Mazedonien, Montenegro und Serbien) an die Union herangeführt werden sollen.[31] Die **Stabilisierungs- und Assoziierungsabkommen** (Stabilisation and Association Agreements, SAA)[32] sollen die rechtlichen und wirt-

---

ABl. 2002, L 114/6; über den Luftverkehr, ABl. 2002, L 114/73; über den Güter- und Personenverkehr auf Schiene und Straße, ABl. 2002, L 114/91; über den Handel mit landwirtschaftlichen Erzeugnissen, ABl. 2002, L 114/132; über die gegenseitige Anerkennung von Konformitätsbewertungen, ABl. 2002, L 114/369; über bestimmte Aspekte des öffentlichen Beschaffungswesens, ABl. 2002, L 114/430; über die wissenschaftliche und technologische Zusammenarbeit, ABl. 2002, L 114/468. Weitere acht Abkommen wurden am 26.10.2004, ein weiteres (Bildung) am 15.2.2010 abgeschlossen (sog. **Bilaterale II**): Abkommen vom 26.10.2004 über Assoziierung an den Schengen/Dublin-Raum, ABl. 2008, L 53/52; Zuständigkeiten bei Asylanträgen, ABl. 2008, L 53/5; Zinsbesteuerung, ABl. 2004, L 385/30; Betrugsbekämpfung, ABl. 2009, L 46/8; verarbeitete Landwirtschaftsprodukte, ABl. 2005, L 23/19; Statistik, ABl. 2006, L 90/2; Ruhegehälter, Amtliche Sammlung des Schweizer Bundesrechts (AS) 2005, S. 2187; Umwelt, ABl. 2006, L 90/37; Media-Programm, ABl. 2006, L 90/23; Güterverkehrsabkommen, ABl. 2009, L 199/24; Abkommen über die Teilnahme der Schweiz an den EU Jugend- und Bildungsprogrammen, ABl. 2010, L 87/9.

[27] Abkommen zur Gründung einer Assoziation zwischen der Europäischen Wirtschaftsgemeinschaft und Malta vom 5.12.1970, ABl. 1971, L 61/2.

[28] Abkommen zur Gründung einer Assoziation zwischen der Europäischen Wirtschaftsgemeinschaft und der Republik Zypern vom 19.12.1972, ABl. 1973, L 133/2.

[29] S. oben, Fn. 8.

[30] Ungarn: ABl. 1993, L 347/2; Polen: ABl. 1993, L 348/2; Rumänien: ABl. 1994, L 357/2; Bulgarien: ABl. 1994, L 358/2; Slowakei: ABl. 1994, L 359/2; Tschechien: ABl. 1994, L 360/2; Ungarn: ABl. 1998, L 347/2; Lettland: ABl. 1998, L 26/3; Litauen: ABl. 1998, L 51/3; Estland: ABl. 1998, L 68/3.

[31] *Blockmans*, Tough Love: The European Union's Relations with the Western Balkans, 2007.

[32] **Albanien**: Stabilisierungs- und Assoziierungsabkommen zwischen den Europäischen Gemeinschaften und ihren Mitgliedstaaten einerseits und der Republik Albanien andererseits vom 12.6.2006, in Kraft getreten am 1.4.2009, ABl. 2009, L 107/166; **Bosnien und Herzegowina**: Stabilisierungs- und Assoziierungsabkommen zwischen den Europäischen Gemeinschaften und ihren Mitgliedstaaten einerseits und Bosnien und Herzegowina andererseits, vom 16.6.2008, in Kraft getreten am 1.6.2015, ABl. 2015, L 164/2; **Kosovo**: Stabilisierungs- und Assoziierungsabkommen zwischen der Europäischen Union und der Europäischen Atomgemeinschaft einerseits und dem Kosovo andererseits vom 27.10.2015; **Kroatien** (Beitritt 2013): Stabilisierungs- und Assoziierungsabkommen zwischen den Europäischen Gemeinschaften und ihren Mitgliedstaaten einerseits und der Republik Kroatien andererseits vom 29.10.2001, in Kraft getreten am 1.2.2005, ABl. 2005, L 26/3; **Mazedonien**: Stabilisierungs- und Assoziierungsabkommen zwischen den Europäischen Gemeinschaften und ihren Mitgliedstaaten einerseits und der ehemaligen jugoslawischen Republik Mazedonien andererseits vom 9.4.2001, in Kraft getreten am 1.4.2004, ABl. 2004, L 84/13; **Montenegro**: Stabilisierungs- und Assoziierungsabkommen zwischen den Europäischen Gemeinschaften und ihren Mitgliedstaaten ei-

schaftlichen Rahmenbedingungen der Vertragspartner den Standards der EU angleichen und so die Voraussetzung für die Aufnahme von Gesprächen über den Beitritt schaffen, der im Falle Kroatiens (2013) auch schon vollzogen wurde. Neben der Einrichtung einer Zollunion erlangen insoweit bereits auf der Stufe der SAA die sog. **Kopenhagener Kriterien**[33] Bedeutung, die Beitrittskandidaten erfüllen müssen, um Vollmitglied der EU zu werden. Neben einer funktionsfähigen Marktwirtschaft und Wettbewerbsfähigkeit in der EU fordern sie Rahmenbedingungen der demokratischen und rechtsstaatlichen Ordnung, die Wahrung der Menschenrechte sowie die Achtung und den Schutz von Minderheiten ein.[34] Der gesamte Stabilisierungs- und Assoziierungsprozess umfasst neben der Umsetzung der SAA auch die regionale Zusammenarbeit sowie die Kooperation mit dem Internationalen Strafgerichtshof für das ehemalige Jugoslawien (ICTY).[35] Hieran scheiterte lange Zeit der Abschluss des SAA mit Serbien. Das im April 2008 unterzeichnete SAA erklärt in seinem Art. 1 »die Wahrung der Grundsätze des Völkerrechts, einschließlich der uneingeschränkten Zusammenarbeit mit dem Internationalen Strafgerichtshof für das ehemalige Jugoslawien (ICTY)« als »Grundlage der Innen- und der Außenpolitik der Vertragsparteien« und »wesentliche Elemente« des Abkommens. Nach der teilweise zögerlichen Ratifikation durch die Mitgliedstaaten trat das Abkommen im September 2013 in Kraft.

10   Eine Sonderform der Assoziierung stellt die sog. **Nachbarschaftsassoziierung** dar, die durch die Aufnahme der **Europäischen Nachbarschaftspolitik** (ENP) in Art. 8 EUV[36] mit einer neuen Rechtsgrundlage ausgestattet wurde (Art. 8 Abs. 2 EUV).[37] Die Nachbarschaftsassoziierungsabkommen sind wie die Stabilisierungs- und Assoziierungsabkommen mit den Staaten des westlichen Balkans[38] ursprünglich bilateral ausgestaltet, wurden aber in jüngerer Zeit durch multilaterale Kooperationsformen ergänzt. Den Anfang bildeten die mit den Staaten des Mittelmeerraums zwischen 1998 und 2006 in Kraft getretenen **Europa-Mittelmeer-Assoziationsabkommen** (EMA) mit Jordanien (1997),[39]

---

nerseits und der Republik Montenegro andererseits vom 15.10.2007, in Kraft getreten am 1.5.2010, ABl. 2010, L 108/3; **Serbien**: Stabilisierungs- und Assoziierungsabkommen zwischen den Europäischen Gemeinschaften und ihren Mitgliedstaaten einerseits und der Republik Serbien andererseits vom 29.4.2008, in Kraft getreten am 1.9.2013, ABl. 2013, L 278/16.

[33] Siehe hierzu Europäischer Rat Kopenhagen 21.–22.6.1993: Schlußfolgerungen des Vorsitzes, S. 13, SN 180/1/93.

[34] Europäischer Rat Kopenhagen 21.–22.6.1993: Schlußfolgerungen des Vorsitzes, S. 13, SN 180/1/93.

[35] Vgl. ausführlich *Marwedel*, Die Stabilisierungs- und Assoziierungsabkommen der EU mit den Staaten des Westlichen Balkans, 2012; *Elbasani*, The European Integration and Transformation in the Western Balkans: Europeanization or Business as Usual? 2013; *ders.*, EUI Working Paper 2008/03; *Blockmans*, Tough Love: The European Union's Relations with the Western Balkans, 2007.

[36] Ausführlich zur Europäischen Nachbarschaftspolitik *Cremona*, The European Neighbourhood Policy, in: Cremona (Hrsg.), Developments of EU External Relations Law, 2008, S. 244; *Cremona/Hillion*, L'Union fait la force?, EUI Law Working Paper 2006/49; *Cremona/Meloni*, The European Neighbourhood Policy: A Framework for Modernisation?, EUI Law Working Paper 2007/21; *Kotzur*, EnzEuR, Bd. 10, § 7. S. auch VO (EG) Nr. 1638/2006 vom 24.10.2006 zur Festlegung allgemeiner Bestimmungen zur Schaffung eines Europäischen Nachbarschafts- und Partnerschaftsinstruments, ABl. 2006, L 310/1.

[37] Zum Verhältnis zwischen Art. 8 Abs. 2 EUV und Art. 217 AEUV: Rn. 18; siehe hierzu auch *Schmalenbach*, in: Calliess/Ruffert, EUV/AEUV, Art. 8 EUV, Rn. 11f.; *dies.*, EnzEuR, Bd. 10, § 6, Rn. 11.

[38] Hierzu *Elbasani*, The European Integration and Transformation in the Western Balkans: Europeanization or Business as Usual?, 2013; *ders.*, EUI Working Paper 2008/03; *Blockmans*, Tough Love: The European Union's Relations with the Western Balkans, 2007. S. auch oben, Rn. 8.

[39] Europa-Mittelmeer-Abkommen zur Gründung einer Assoziation zwischen den Europäischen

der Palästinensischen Autonomiebehörde (1997),[40] Tunesien (1998),[41] Marokko (2000),[42] Israel (2000),[43] Ägypten (2001)[44] und Libanon (2006).[45] Im Rahmen der ENP sollen nunmehr ältere Kooperationsabkommen mit den östlichen Nachbarstaaten[46] durch Assoziierungsabkommen ersetzt werden. Das erste dieser neuen Assoziierungsabkommen unter dem Dach der ENP war das Assoziierungsabkommen mit der Ukraine.[47] Das Abkommen wurde am 27.6.2014 zusammen mit entsprechenden Assoziierungsabkommen mit Moldawien[48] und Georgien[49] in Brüssel unterzeichnet. Ergänzend zu den bilateralen Abkommen wurden in jüngerer Zeit auch **multilaterale Abkommen** geschlossen. Neben der Schwarzmeer-Synergie (2007)[50] zählen hierzu die Union für das Mittelmeer (2008)[51] und die Östliche Partnerschaft (2009).[52]

Gemeinschaften und ihren Mitgliedstaaten einerseits und dem Haschemitischen Königreich Jordanien andererseits vom 24.11.1997, in Kraft getreten am 1.5.2002, ABl. 2002, L 129/3.

[40] Europa-Mittelmeer-Interimsabkommen über Handel und Zusammenarbeit zwischen der Europäischen Gemeinschaft einerseits und der Palästinensischen Befreiungsorganisation (PLO) zugunsten der Palästinensischen Behörde für das Westjordanland und den Gaza-Streifen andererseits vom 24.2.1997, in Kraft getreten am 1.7.1997, ABl. 1997, L 187/3.

[41] Europa-Mittelmeer-Abkommen zur Gründung einer Assoziation zwischen der Europäischen Gemeinschaft und ihren Mitgliedstaaten einerseits und der Tunesischen Republik andererseits vom 17.7.1995, in Kraft getreten am 1.3.1998, ABl. 1998, L 97/2.

[42] Europa-Mittelmeer-Abkommen zur Gründung einer Assoziation zwischen den Europäischen Gemeinschaften und ihren Mitgliedstaaten einerseits und dem Königreich Marokko andererseits vom 26.2.1996, in Kraft getreten am 1.3.2000, ABl. 2000, L 70/2. Das Abkommen wurde vom EuGH in seiner Entscheidung vom 10.12.2015 für nichtig erklärt. Die Frente POLISARIO, deutsch Volksfront zur Befreiung von Saguia el Hamra und Río de Oro), eine militärische und politische Organisation in der Westsahara, hatte 2012 Klage gegen das Abkommen eingereicht, weil es das Territorium der besetzten Westsahara und deren Ressourcen einbezieht. Der EuGH folgte diesem Argument. Weder die Vereinten Nationen noch die EU oder ihre Mitgliedstaaten – so der Gerichtshof – hätten jemals Marokkos Souveränität über die Westsahara anerkannt.

[43] Europa-Mittelmeer-Abkommen zur Gründung einer Assoziation zwischen den Europäischen Gemeinschaften und ihren Mitgliedstaaten einerseits und dem Staat Israel andererseits vom 20.11.1995, in Kraft getreten am 1.6.2000, ABl. 2000, L 147/3.

[44] Europa-Mittelmeer-Abkommen zur Gründung einer Assoziation zwischen den Europäischen Gemeinschaften und ihren Mitgliedstaaten einerseits und der Arabischen Republik Ägypten andererseits vom 25.6.2001, in Kraft getreten am 1.6.2004, ABl. 2004, L 304/39.

[45] Libanon: Europa-Mittelmeer-Assoziationsabkommen zwischen der Europäischen Gemeinschaft und ihren Mitgliedstaaten einerseits und der Libanesischen Republik andererseits vom 17.6.2002, in Kraft getreten am 1.6.2006, ABl. 2006, L 143/2.

[46] Abkommen über Partnerschaft und Zusammenarbeit zur Gründung einer Partnerschaft zwischen den Europäischen Gemeinschaften und ihren Mitgliedstaaten einerseits und der Ukraine andererseits, ABl. 1998, L 49/3; Republik Moldau, ABl. 1998, L 181/3; Aserbaidschan, ABl. 1999, L 246/3; Georgien, ABl. 1999, L 205/3; Armenien, ABl. 1999, L 239/3. Vgl. hierzu *Evans*, E.L.Rev. 22 (1997), 201 ff. S. auch *Hillion*, EFAR 12 (2007), 169.

[47] Assoziierungsabkommen zwischen der Europäischen Union und ihren Mitgliedstaaten einerseits und der Ukraine andererseits vom 27.6.2014, ABl. 2014, L 161/3. Vgl. auch *Petrov*, EFAR 8 (2003), 125.

[48] Assoziierungsabkommen zwischen der Europäischen Union und ihren Mitgliedstaaten einerseits und der Republik Moldau andererseits vom 27.6.2014, ABl. 2014, L 260/4.

[49] Assoziierungsabkommen zwischen der Europäischen Union und ihren Mitgliedstaaten einerseits und Georgien andererseits vom 27.6.2014, ABl. 2014, L 261/4.

[50] Mitteilung der Kommission an den Rat und an das Europäische Parlament: Die Schwarzmeersynergie – Eine neue Initiative der regionalen Zusammenarbeit, KOM(2007) 160 endg. vom 11.4.2007.

[51] Vgl. die Mitteilung der Kommission an das EP und den Rat vom 20.5.2008 »Barcelona Prozess: Union für den Mittelmeerraum«, KOM(2008) 319 endg.

[52] Gemeinsame Erklärung des Prager Gipfeltreffens zur Östlichen Partnerschaft, vom 7.5.2009,

11   Kein in diesem Sinne umfassendes Netz an Assoziierungsabkommen verbindet die Europäische Union mit den **Staaten Lateinamerikas**.[53] Hier sind die Beziehungen nach wie vor im Wesentlichen durch Rahmenabkommen geprägt,[54] die gerade keine Assoziierungsabkommen unter Art. 217 AEUV sind.[55] Das erste bilaterale Assoziierungsabkommen wurde im Jahr 2002 mit Chile geschlossen. Es trat am 1.3.2005 in Kraft.[56] Es folgten Abkommen mit Peru und Kolumbien[57] sowie Zentralamerika[58] im Jahr 2012.

12   Eine Ausweitung der im Rahmen der Assoziierungspolitik der Union aufgebauten Dialogstrukturen auf weltpolitisch wichtige Staaten erfolgt im Rahmen der Gemeinsamen Außen- und Sicherheitspolitik durch sog. **strategische Partnerschaften**.[59] Sie zielen darauf ab, die außen- und sicherheitspolitische Handlungsfähigkeit der Union zu verbessern. Die erste strategische Partnerschaft schloss die EU bereits im Jahr 1995 mit den USA.[60] Im Kontext der Europäischen Sicherheits- und Verteidigungspolitik (ESVP) wurde diese transatlantische Partnerschaft im Jahr 2003 durch eine strategische Partnerschaft zwischen Union und NATO[61] erweitert. Es folgten strategische Partnerschaften mit Kanada[62] und Japan (2004)[63] sowie Vereinbarungen mit wichtigen Schwellenländern, namentlich Indien (2004),[64] China (2006),[65] Südafrika (2006),[66] Brasilien (2007)[67]

8435/09; Ausführlich hierzu *Tiede/Schirmer*, Osteuropa-Recht 55 (2009), 184; *Nowak*, EuR 2010, 746 (759 ff.).

[53] S. hierzu *Dann* (Fn. 17), S. 84 ff.

[54] Rahmenabkommen über die Zusammenarbeit zwischen der Union und Zentralamerika vom 22.2.1993, ABl. 1999, L 63/39; Rahmenabkommen über die Zusammenarbeit zwischen der Union und der Andengemeinschaft vom 23.4.1993, ABl. 1998, L 127/11; Rahmenabkommen über die Zusammenarbeit zwischen der Union und dem Mercosur vom 15.12.1995, ABl. 1996, L 69/4. Darüber hinaus besteht ein Kooperationsabkommen mit Mexiko vom 8.12.1997, ABl. 2000, L 276/45.

[55] *Vöneky/Beylage-Haarmann*, in: Grabitz/Hilf/Nettesheim, EU, Art. 217 AEUV (April 2015), Rn. 131.

[56] Abkommen zur Gründung einer Assoziation zwischen der Europäischen Gemeinschaft und ihren Mitgliedstaaten einerseits und der Republik Chile andererseits vom 18.11.2002, ABl. 2002, L 352/3.

[57] Handelsübereinkommen zwischen der Europäischen Union und ihren Mitgliedstaaten einerseits sowie Kolumbien und Peru andererseits vom 26.6.2012, ABl. 2012, L 354/3.

[58] Abkommen zur Gründung einer Assoziation zwischen der Europäischen Union und ihren Mitgliedstaaten einerseits und Zentralamerika andererseits vom 29.6.2012, ABl. 2012, L 346/3.

[59] Ausführlich hierzu Bendiek/Kramer (Hrsg.), Globale Außenpolitik der Europäischen Union. Interregionale Beziehungen und »Strategische Partnerschaften«, 2009.

[60] The New Transatlantic Agenda, http://eeas.europa.eu/us/docs/new_transatlantic_agenda_en.pdf (2.2.2017).

[61] Die Grundlagendokumente der strategischen Partnerschaft EU-NATO sind die »Erklärung der Europäischen Union und der NATO über die Europäische Sicherheits- und Verteidigungspolitik« und die »Berlin-Plus-Vereinbarungen«, abrufbar unter: http://europa.eu/legislation_summaries/foreign_and_security_policy/cfsp_and_esdp_implementation/l33243_de.htm (9.1.2016).

[62] Canada Partnership Agenda, EU-Canada Summit, Ottawa 18.3.2004, http://ec.europa.eu/external_relations/canada/docs/partnership_agenda_en.pdf (9.1.2016).

[63] Siehe hierzu Factsheet EU-Japan relations and the 23rd EU-Japan Summit Tokyo, 29 May 2015, http://www.eeas.europa.eu/factsheets/docs/150527_eu-japan_factsheet_en.pdf (2/2016).

[64] Mitteilung der Kommission an den Rat, an das Europäische Parlament und an den Europäischen Wirtschafts- und Sozialausschuss: Eine strategische Partnerschaft zwischen der EU und Indien, KOM(2004) 430 endg. vom 16.6.2004.

[65] Mitteilung der Kommission an den Rat und das Europäische Parlament »Die Beziehungen zwischen EU und China: Mit der engeren Partnerschaft wächst die Verantwortung, KOM(2006) 361 endg. vom 5.7.2006.

[66] Mitteilung der Kommission an den Rat und das Europäische Parlament: Auf dem Weg zu einer strategischen Partnerschaft zwischen der EU und Südafrika, KOM(2006) 347 endg. vom 28.6.2006.

[67] Mitteilung der Kommission an das Europäische Parlament und den Rat: Auf dem Weg zu einer

und Mexiko (2008).[68] Gegenstand der Vereinbarungen ist ein intensivierter Dialog über Fragen der internationalen Sicherheit, des Klimaschutzes und des Abbaus von Handelshemmnissen sowie regionalspezifische Anliegen.

II. Ziele der Assoziierungspolitik der EU

Über die ursprüngliche Motivation hinaus, weitere europäische Staaten und insbesondere das Vereinigte Königreich an die Europäische Wirtschaftsgemeinschaft heranzuführen, hat die Europäische Union ein weit gespanntes Netz von Assoziierungsabkommen aufgebaut, deren Zielrichtung durchaus nicht immer ein späterer Beitritt oder der Aufbau proto-mitgliedschaftlicher Beziehungen ist. Neben der Herstellung bevorzugter Handelsbeziehungen stehen vor allem die Begleitung **politischer und ökonomischer Stabilisierungs- und Transformationsprozesse** im Mittelpunkt der Assoziierungspolitik der Union. Die ersten explizit nicht beitrittsvorbereitenden Abkommen betrafen die postkoloniale vertragliche Assoziierung der AKP-Staaten.[69] Sie perpetuierten die engen Handelsbeziehungen zwischen den Mitgliedstaaten und ihren ehemaligen Kolonien und stellten zunehmend auch Belange der Entwicklungszusammenarbeit und humanitären Hilfe[70] in den Mittelpunkt. Wesentliche Bestandteile der im Rahmen der Erweiterungspolitik, der Entwicklungszusammenarbeit und der Nachbarschaftspolitik geschlossenen Abkommen der Union sind die Wahrung der Grundsätze der Demokratie, der Rechtsstaatlichkeit, der Menschenrechte[71] und des Völkerrechts sowie die Wahrung der Grundätze der Marktwirtschaft.[72]

Insgesamt zeichnen sich die Assoziierungsabkommen durch ein **breitgefächertes Spektrum an Zielbestimmungen** aus, die von handels-, sicherheits- und entwicklungspolitischen hin zu Erwägungen aus dem Bereich der Energie- und Umweltpolitik sowie Demokratie, Rechtsstaatlichkeit und Menschenrechten reichen.[73] Jenseits aller terminologischen Unterschiede im Einzelnen lassen sich einige Gemeinsamkeiten ausmachen. Regelmäßige Zielsetzungen der Abkommen sind insoweit

- die Schaffung eines geeigneten Rahmens für einen politischen Dialog zwischen den Vertragsparteien,[74]
- die Ausweitung der Handelsbeziehungen und die Schaffung der Voraussetzungen für eine schrittweise Liberalisierung des Waren-, Dienstleistungs- und Kapitalverkehrs,[75]
- die Wahrung der Grundsätze der Demokratie, der Rechtsstaatlichkeit, der Menschenrechte,[76] des Völkerrechts[77] und der Marktwirtschaft[78]

---

strategischen Partnerschaft zwischen der Europäischen Union und Brasilien, KOM(2007) 281 endg. vom 30.5.2007.

[68] Mitteilung der Kommission an den Rat und das Europäische Parlament: Für eine strategische Partnerschaft EU-Mexiko, KOM(2008) 447 vom 15.7.2008.

[69] S. oben, Rn. 6f.

[70] Ausführlich hierzu *Dann/Wortmann*, EnzEuR, Bd. 10, § 8.

[71] *Dann* (Fn. 17), S. 93ff., 233ff.

[72] Vgl. etwa Art. 9 und Art. 96 des Cotonou-Abkommens (Fn. 22); Art. 2 SAA-Montenegro (Fn. 32); Art. 2 Israel-Abkommen (Fn. 44) sowie zum Ganzen *Nowak*, EuR 2010, 746 (750ff.)

[73] *Nowak*, EuR 2010, 746 (770).

[74] Vgl. die jeweiligen Art. 1 Abs. 2 in den EMA-Abkommen mit Israel (Fn. 44), Jordanien (Fn. 40) und Ägypten (Fn. 45).

[75] Vgl. die jeweiligen Art. 1 Abs. 2, 2. Spiegelstrich der genannten EMA-Abkommen (Fn. 75).

[76] *Paasivirta*, S. 155ff.; *Dann* (Fn. 17), S. 93ff., 233ff.

[77] Vgl. die jeweiligen Art. 2 der genannten EMA-Abkommen (Fn. 75).

[78] S. hierzu *Nowak*, EuR 2010, 746 (753) m.w.N.

– sowie schließlich in vielen Fällen die Unterstützung der wirtschaftlichen und sozialen Entwicklung des jeweiligen Vertragsstaates.[79]

15   Ebenfalls in neueren Assoziierungsabkommen verankert – wenngleich kein wesentlicher Bestandteil in dem Sinne, dass eine Verletzung die Aussetzung des Abkommens selbst auslösen würde[80] – sind die Prinzipien der **nachhaltigen Entwicklung** und der **Good Governance**, d. h. der verantwortungsvollen Staatsführung.[81] Ein gutes Beispiel für eine solche Klausel bietet Art. 9 des Cotonou-Abkommens:

(1) Ziel der Zusammenarbeit ist eine auf den Menschen als ihren hauptsächlichen Betreiber und Nutznießer ausgerichtete nachhaltige Entwicklung; dies setzt die Achtung und Förderung sämtlicher Menschenrechte voraus.

Die Achtung sämtlicher Menschenrechte und Grundfreiheiten, einschließlich der Achtung der sozialen Grundrechte, Demokratie auf der Grundlage des Rechtsstaatsprinzips und eine transparente und verantwortungsvolle Staatsführung sind fester Bestandteil einer nachhaltigen Entwicklung.

(2) Die Vertragsparteien nehmen auf ihre internationalen Verpflichtungen zur Achtung der Menschenrechte Bezug. Sie bekräftigen, wie sehr sie der Würde des Menschen und den Menschenrechten verpflichtet sind, auf deren Wahrung der einzelne und die Völker einen legitimen Anspruch haben. Die Menschenrechte haben universellen Charakter, sind unteilbar und stehen untereinander in engem Zusammenhang. Die Vertragsparteien verpflichten sich, sämtliche Grundfreiheiten und Menschenrechte zu fördern und zu schützen, und zwar sowohl die wirtschaftlichen, sozialen und kulturellen als auch die bürgerlichen und politischen Rechte. In diesem Zusammenhang bestätigen die Vertragsparteien erneut die Gleichstellung von Mann und Frau.

Die Vertragsparteien bestätigen erneut, dass Demokratisierung, Entwicklung und Schutz der Grundfreiheiten und Menschenrechte in engem Zusammenhang stehen und sich gegenseitig verstärken. Die demokratischen Grundsätze sind weltweit anerkannte Grundsätze, auf die sich die Organisation des Staates stützt, um die Legitimität der Staatsgewalt, die Legalität des staatlichen Handelns, die sich in seinem Verfassungs-, Rechts- und Verwaltungssystem widerspiegelt, und das Vorhandensein von Partizipationsmechanismen zu gewährleisten. Auf der Basis der weltweit anerkannten Grundsätze entwickelt jedes Land seine eigene demokratische Kultur.

Die Struktur des Staatswesens und die Kompetenzen der einzelnen Gewalten beruhen auf dem Rechtsstaatsprinzip, das vor allem ein funktionierendes und allen zugängliches Rechtsschutzsystem, unabhängige Gerichte, die die Gleichheit vor dem Gesetz gewährleisten, und eine uneingeschränkt an das Gesetz gebundene Exekutive verlangt.

Die Achtung der Menschenrechte, die demokratischen Grundsätze und das Rechtsstaatsprinzip, auf denen die AKP-EU-Partnerschaft beruht und von denen sich die Vertragsparteien in ihrer Innen- und Außenpolitik leiten lassen, sind wesentliche Elemente dieses Abkommens.

(3) In einem politischen und institutionellen Umfeld, in dem die Menschenrechte, die demokratischen Grundsätze und das Rechtsstaatsprinzip geachtet werden, ist verantwortungsvolle Staatsführung die transparente und verantwortungsbewusste Verwaltung der menschlichen, natürlichen, wirtschaftlichen und finanziellen Ressourcen und ihr Einsatz für eine ausgewogene und nachhaltige Entwicklung. Sie beinhaltet klare Beschlussfassungsverfahren für Behörden, transparente und verantwortungsvolle Institutionen, den Vorrang des Gesetzes bei der Verwaltung und Verteilung der Ressourcen und Qualifizierung zur Ausarbeitung und Durchführung von Maßnahmen insbesondere zur Verhinderung und Bekämpfung der Korruption.

Die verantwortungsvolle Staatsführung, auf der die AKP-EU-Partnerschaft beruht und von der sich die Vertragsparteien in ihrer Innen- und Außenpolitik leiten lassen, ist ein fundamentales Element dieses Abkommens. Die Vertragsparteien kommen überein, dass nur bei schweren Fällen von Korruption, einschließlich Bestechungshandlungen, die zu schweren Fällen von Korruption führen, ein Verstoß gegen dieses Element im Sinne des Artikels 97 vorliegt.

---

[79] Vgl. wiederum Art. 1 Abs. 2 in den EMA-Abkommen mit Israel (Fn. 44), Jordanien (Fn. 40) und Ägypten (Fn. 45).

[80] Ausnahmen gelten z. T. für schwere Verstöße wie z. B. Korruption, vgl. etwa Art. 97 Cotonou-Abkommens.

[81] Ausführlich hierzu *Dann* (Fn. 17), S. 100 ff.

(4) Die Partnerschaft unterstützt aktiv die Förderung der Menschenrechte, die Demokratisierung, die Festigung des Rechtsstaates und die verantwortungsvolle Staatsführung.

Diese Bereiche sind wichtige Themen des politischen Dialogs. Im Rahmen dieses Dialogs messen die Vertragsparteien den derzeitigen Veränderungen und der Kontinuität der erzielten Fortschritte besondere Bedeutung bei. Bei dieser regelmäßigen Bewertung wird der wirtschaftliche, soziale, kulturelle und historische Hintergrund des einzelnen Landes berücksichtigt.

Auf diese Bereiche wird auch das Schwergewicht bei der Unterstützung der Entwicklungsstrategien gelegt. Im Rahmen der zwischen dem betreffenden Staat und der Gemeinschaft vereinbarten Strategien leistet die Gemeinschaft Unterstützung bei politischen, institutionellen und Rechtsreformen und bei der Qualifizierung der öffentlichen und privaten Akteure sowie der Zivilgesellschaft.

Die Zielvorstellungen der Vertragsparteien können dabei durchaus unterschiedliche sein.[82] Insbesondere die Vorgaben an Staatsstruktur und Regierungsführung, unter dem Cotonou-Abkommen Teil eines »politischen Dialogs«, werden von den AKP-Staaten häufig weniger als Dialog, als vielmehr als neokoloniales Diktat empfunden. Diese Kritik kann sich richtigerweise weniger auf die im engeren Sinne politischen Klauseln beziehen, die Vorgaben hinsichtlich der Regierungsform und des Menschenrechtsschutzes aufrichten, sondern auf den Gebrauch jener Abkommen zur Durchsetzung einer primär administrativen wirtschaftsliberalen Agenda[83] von »Good Governance«.

B. Vertragliche Assoziierung

I. Gegenstand und Anwendungsbereich

Wenngleich die Assoziierung durch einen völkerrechtlichen Vertrag erfolgt, handelt es **16** sich insoweit um ein spezifisch europarechtliches Konzept.[84] Das Völkerrecht verbindet mit dem **Begriff der Assoziierung** kein festes Regelungsprogramm. Ausgehend von technischen Verwaltungsunionen und einer uneinheitlichen Verwendung des Begriffs im Zuge der Dekolonisierung entwickelte sich die Assoziierung im Kontext der steigenden Anzahl internationaler Organisationen zum Leitbild der Kooperation mit Nichtmitgliedern, d. h. einer Art außerordentlichen Mitgliedschaft (associate members/membres associés).[85] Durch Assoziationen schafft sich eine Internationale Organisation also gewissermaßen ein Trabantensystem. Auch die Verträge der Europäischen Union enthalten keine Legaldefinition der Assoziierung, dies weder in Art. 217 AEUV noch in Art. 198 AEUV im Hinblick auf die konstitutionelle Assoziierung. Art. 217 AEUV nennt gleichwohl Tatbestandsmerkmale, die das Wesen der vertraglichen Assoziierung bestimmen: gegenseitige Rechte und Pflichten, gemeinsames Vorgehen und besondere Verfahren. Es geht hiernach um völkerrechtliche Abkommen der Europäischen Union mit Drittländern oder internationalen Organisationen, die durch auf Dauer angelegte gegenseitige Rechte und Pflichten, gemeinsames Vorgehen und besondere Verfahren einschließlich **eigener, paritätisch besetzter und zur verbindlichen Beschlussfassung ermächtigten Organe** eine **besondere völkervertragliche Beziehung** begründen.[86] Die auf Grundlage von

---

[82] Zur Institutionen- und Ideengeschichte der Entwicklungszusammenarbeit *Dann* (Fn. 17), S. 27 ff.; *Schmalenbach*, EnzEuR, Bd. 10, § 6, Rn. 6 m. w. N.; *Dialer*, S. 93 ff.; *Gieg*, S. 90 f.

[83] Siehe hierzu nur *Pahuja*, Decolonising International Law, 2011, S. 10 ff.

[84] *Bast*, MPEPIL 2009, Rn. 2.

[85] *Schmalenbach*, EnzEuR, Bd. 10, § 6, Rn. 12.

[86] Vgl. *Vöneky/Beylage-Haarmann* in: Grabitz/Hilf/Nettesheim, EU, Art. 217 AEUV (April

Art. 217 AEUV geschaffene Assoziation ist damit auf **Dauer sowie auf prozesshafte Weiterentwicklung** ausgerichtet und kann materiell die gesamte Bandbreite wirtschaftlicher, politischer und kultureller Kooperation umfassen.[87] Assoziierungsabkommen sind insoweit immer **Rahmenabkommen**, die ganz verschiedene Politikbereiche in den Blick nehmen.

17   Durchaus **uneinheitlich** ist dabei die **Bezeichnung** der unter Art. 217 AEUV geschlossenen Abkommen. Während zahlreiche Abkommen bis heute ausdrücklich die Gründung einer »Assoziation« im Titel führen, hierunter auch die ersten Assoziierungsabkommen zwischen der Europäischen Wirtschaftsgemeinschaft und den assoziierten afrikanischen Staaten und Madagaskar (Yaoundé-Abkommen),[88] verzichteten insbesondere die späteren Abkommen mit den Staaten des globalen Südens auf diese explizite Bezeichnung,[89] dies ganz offensichtlich mit dem Ziel, den Eindruck einer Abhängigkeit der durch das Abkommen assoziierten Staaten zu vermeiden. Das Abkommen von Cotonou aus dem Jahr 2000 etwa wählt den Begriff »Partnerschaftsabkommen«.[90]

18   Eine Besonderheit stellen die sog. **Nachbarschaftsabkommen** im Rahmen der **Europäischen Nachbarschaftspolitik** (ENP) dar.[91] Nach Art. 8 Abs. 1 EUV entwickelt die Union »besondere Beziehungen zu den Ländern in ihrer Nachbarschaft, um einen Raum des Wohlstands und der guten Nachbarschaft zu schaffen, der auf den Werten der Union aufbaut und sich durch enge, friedliche Beziehungen auf der Grundlage der Zusammenarbeit auszeichnet«. Art. 8 Abs. 2 EUV enthält eine explizite Ermächtigung zum Abschluss entsprechender Verträge. Ungeachtet dieser neuen Rechtsgrundlage werden jedoch auch geographisch unter Art. 8 EUV fallende Abkommen in der bisherigen Praxis als Assoziierungsabkommen auf Grundlage von Art. 217 AEUV abgeschlossen.[92] Die Nachbarschaftsassoziierungen weisen dabei auch deutliche entwicklungspolitische Zielsetzungen auf, unterscheiden sich von den Entwicklungsassoziierungen durch die besondere – politische und finanzielle – Nachbarschaftsprivilegierung.[93] Als Rahmen für

---

2015), Rn. 12; *Schmalenbach*, in: Calliess/Ruffert, EUV/AEUV, Art. 217 AEUV, Rn. 1; *Mögele*, in: Streinz, EUV/AEUV, Art. 217 AEUV, Rn. 1; *Booß*, in: Lenz/Borchardt, EU-Verträge, Art. 217 AEUV, Rn. 1; *Hummer*, in: Vedder/Heintschel v. Heinegg, Europäisches Unionsrecht, Art. 217 AEUV, Rn. 3; *Herrnfeld*, in: Schwarze, EU-Kommentar, Art. 217 AEUV, Rn. 1; *Khan*, in: Geiger/Khan/Kotzur, EUV/AEUV, Art. 217 AEUV, Rn. 3.

[87] *Schmalenbach*, EnzEuR, Bd. 10, § 6, Rn. 14.

[88] Vgl. Abkommen über die Gründung einer Assoziation zwischen der Europäischen Wirtschaftsgemeinschaft und der Türkei vom 12. 9.1963, ABl. 1964, 217/3687; Abkommen über die Assoziation zwischen der Europäischen Wirtschaftsgemeinschaft und den mit dieser Gemeinschaft assoziierten afrikanischen Staaten und Madagaskar vom 20.7.1963 (Yaoundé I), ABl. 1964, 93/1431 und vom 29.6.1969, ABl. 1970, L 282/2 (Yaoundé II); Abkommen zur Gründung einer Assoziation zwischen der Europäischen Wirtschaftsgemeinschaft und Malta vom 5.12.1970, ABl. 1971, L 61/2; Abkommen zur Gründung einer Assoziation zwischen der Europäischen Wirtschaftsgemeinschaft und der Republik Zypern vom 19.12.1972, ABl. 1973, L 133/2. Gleiches gilt für die Europa-Mittelmeer-Abkommen (Fn. 40 ff.) und die Stabilisierungs- und Assoziierungsabkommen (SAA) mit den Staaten des westlichen Balkans (Fn. 32).

[89] So die vier AKP-EWG-Abkommen von Lomé, ABl. 1976, L 25/2 (Lomé I); ABl. 1980, L 347/2 (Lomé II); ABl. 1986, L 86/3 (Lomé III); ABl. 1991, L 229/3 (Lomé IV).

[90] Partnerschaftsabkommen zwischen den Mitgliedern der Gruppe der Staaten in Afrika, im Karibischen Raum und im Pazifischen Ozean einerseits und der Europäischen Gemeinschaft und ihren Mitgliedstaaten andererseits vom 23. 6.2000 ABl. 2000, L 317/3.

[91] Ausführlich hierzu *Cremona* (Fn. 37), S. 244; *dies./Hillion*, EUI Law Working Paper 2006/49; *dies./Meloni*, EUI Law Working Paper 2007/21; *Kotzur*, EnzEuR, Bd. 10, § 7. S. auch oben, Rn. 9.

[92] Siehe hierzu die Nachweise in Fn. 48 ff.

[93] *Schmalenbach*, EnzEuR, Bd. 10, § 6, Rn. 34.

die Planung und Abwicklung von Hilfsmaßnahmen wurde unter anderem das sog. Europäische Nachbarschafts- und Partnerschaftsinstrument geschaffen.[94] All dies aber sind terminologische Variationen, keine Unterschiede in der Sache.

Dagegen stehen der Europäischen Union für die Gestaltung ihrer internationalen **19** Zusammenarbeit mit Drittstaaten und internationalen Organisationen neben Assoziierungsabkommen durchaus auch **andere Rechtsgrundlagen** und Vertragsarten zur Verfügung. Eine besondere Vertragsschlusskompetenz im Rahmen der Entwicklungszusammenarbeit der Union gewährt **Art. 209 Abs. 2 AEUV.** Auf seiner Grundlage hat die Union die **Kooperationsabkommen** mit Schwellen- und Entwicklungsländern in Asien und Lateinamerika abgeschlossen,[95] die hinsichtlich ihres Inhalts und ihrer institutionellen Ausgestaltung deutlich hinter der Assoziierung zurückbleiben. Im lateinamerikanischen Raum werden diese Abkommen nunmehr durch »privilegierte« Assoziierungsabkommen ersetzt.[96] Eine allgemeine Rechtsgrundlage für Kooperationsabkommen mit Industriestaaten bietet **Art. 212 AEUV.**[97]

Ebenfalls nicht auf Art. 217 AEUV gestützt werden Änderungen an bestehenden **20** Assoziierungsabkommen, die nur bestimmte Politikbereiche betreffen. Solche **Vertragsänderungen** werden in der Regel auf die **speziellen Rechtsgrundlagen** der betroffenen Politikbereiche, bei Handelsregelungen etwa auf Art. 207 AEUV gestützt.[98]

Das **Recht der Welthandelsorganisation** unterscheidet im Hinblick auf Abkommen **21** mit handelspolitischer Zielsetzung zwischen präferenziellen und nichtpräferenziellen Abkommen. Während erstere auf die Schaffung »besonderer Beziehungen« zu bestimmten Ländern oder Ländergruppen abzielen, beschränken sich letztere allgemein auf den Abbau von Handelshemmnissen. Da die Vereinbarung präferenzieller, das heißt im Vergleich zu anderen Staaten günstigerer Handelsregelungen gegen den im Rahmen der WTO geltenden Meistbegünstigungsgrundsatz (Art. I GATT; Art. II GATS; Art. 4 TRIPS) verstößt, können handelsbezogene Präferenzabkommen nur unter bestimmten Voraussetzungen geschlossen werden (Art. XXIV:4 bis 8 GATT; Art. V und

---

[94] Verordnung (EG) Nr. 1638/2006 vom 24.10.2006 zur Festlegung allgemeiner Bestimmungen zur Schaffung eines Europäischen Nachbarschafts- und Partnerschaftsinstruments, ABl. 2006, L 310/1.

[95] Kooperationsabkommen mit den ASEAN-Staaten (Indonesien, Malaysia, Philippinen, Singapur und Thailand) ABl. 1980, L 144/2; ausgeweitet auf Brunei-Darussalam, ABl. 1985, L 81/1; ausgeweitet auf Vietnam, ABl. 1999, L 117/30; ausgeweitet auf Kambodscha, ABl. 2000, C 337/11; Kooperationsabkommen mit Indien, ABl. 1994, L 223/23; Kambodscha, ABl. 1999, L 269/18; Laos, ABl. 1997, L 334/15; Macau, ABl. 1992, L 404/26; Mongolei, ABl. 1993, L 41/46; Nepal, ABl. 1996, L 137/14; Pakistan, ABl. 1986, L 108/1; Sri Lanka, ABl. 1995, L 85/32; Vietnam, ABl. 1996 L 136/28; Multilaterales Rahmenabkommen mit Costa Rica, El Salvador, Guatemala, Honduras, Nicaragua und Panama, ABl. 1999, L 63/39; mit dem Andenpakt und seinen Mitgliedstaaten (Bolivien, Kolumbien, Ecuador, Peru und Venezuela), ABl. 1998, L 127/11; mit dem Mercosur und seinen Teilnehmerstaaten (Argentinien, Brasilien, Paraguay, Uruguay), ABl. 1996, L 69/4; Abkommen mit Brasilien, ABl. 1995, L 262/54; Chile, ABl. 1991, L 79/1; Mexiko, ABl. 2000, L 276/45; Paraguay, ABl. 1992, L 313/72; Uruguay, ABl. 1992, L 94/2.

[96] So das Assoziierungsabkommen mit Chile (Fn. 57); mit Peru und Kolumbien (Fn. 58); mit Costa Rica, Guatemala, Honduras, Nicaragua und Panama (Zentralamerika) (Fn. 59).

[97] Rahmenabkommen mit Kanada, ABl. 1976, L 260/1; Republik Korea, ABl. 2001, L 90/45; Russische Föderation, ABl. 1997, L 327/1.

[98] Vgl. etwa den Beschluss des Rates vom 29.11.2012 über die Änderung der Anhänge zu den Protokollen 1 und 2 des Assoziierungsabkommens zwischen der Europäischen Gemeinschaften und ihren Mitgliedstaaten und Israel, ABl. 2013, L 31/2. Dagegen: GA *Kokott*, Schlussanträge zu Rs. C–431/11, (Vereinigtes Königreich/Rat). S. ferner *Schmalenbach*, EnzEuR, Bd. 10, § 6, Rn. 13.

V[bis]GATS).[99] Probleme warfen vor diesem Hintergrund die Assoziierungsabkommen mit den AKP-Staaten auf.[100] Die Abkommen sahen nicht-reziproke Handelspräferenzen vor, die indes wegen Verstoßes gegen den Grundsatz der Meistbegünstigung zum Gegenstand von Klagen nicht begünstigter Entwicklungsländer bei der WTO wurden. Das Abkommen von Cotonou[101] leitete einen Paradigmenwechsel ein. Grundlage des Handelsregimes mit den AKP-Staaten sollen nunmehr Wirtschaftspartnerschaftsabkommen werden, die auf eine vollständige Handelsliberalisierung zwischen der EU und den AKP-Staaten zielen.[102]

II. Die vertragliche Assoziierung als Teil des auswärtigen Handelns der Union

22   Durch ihre Aufnahme in den fünften Teil des AEUV ist die Assoziierungspolitik in das auswärtige Handeln der Union eingebettet. Art. 205 AEUV bestimmt, dass »[d]as Handeln der Union auf internationaler Ebene im Rahmen dieses Teils […] von den Grundsätzen bestimmt, von den Zielen geleitet und an den allgemeinen Bestimmungen ausgerichtet [wird], die in Titel V Kapitel 1 des Vertrags über die Europäische Union niedergelegt sind.« Diese Grundsätze und Ziele werden in **Art. 21 EUV und Art. 22 EUV** formuliert. Hierzu gehören »Demokratie, Rechtsstaatlichkeit, die universelle Gültigkeit und Unteilbarkeit der Menschenrechte und Grundfreiheiten, die Achtung der Menschenwürde, der Grundsatz der Gleichheit und der Grundsatz der Solidarität sowie die Achtung der Grundsätze der Charta der Vereinten Nationen und des Völkerrechts« (Art. 21 Abs. 1 EUV). Zu den weiteren, in Art. 21 Abs. 2 EUV genannten Zielen gehören:

»d) die nachhaltige Entwicklung in Bezug auf Wirtschaft, Gesellschaft und Umwelt in den Entwicklungsländern zu fördern mit dem vorrangigen Ziel, die Armut zu beseitigen;

e) die Integration aller Länder in die Weltwirtschaft zu fördern, unter anderem auch durch den schrittweisen Abbau internationaler Handelshemmnisse;

f) zur Entwicklung von internationalen Maßnahmen zur Erhaltung und Verbesserung der Qualität der Umwelt und der nachhaltigen Bewirtschaftung der weltweiten natürlichen Ressourcen beizutragen, um eine nachhaltige Entwicklung sicherzustellen«.

23   Die Assoziierungspolitik ist nicht Teil der **Gemeinsamen Außen- und Sicherheitspolitik** (GASP, Art. 23 ff. EUV).[103] Die Abgrenzung ist bisweilen schwierig, vor allem deshalb, weil der Wortlaut des Art. 217 AEUV den Inhalten von Assoziierungsabkommen keine Grenzen setzt. Praktische Relevanz erlangt eine Grenzziehung dadurch, dass für den Abschluss von Assoziierungsabkommen die speziellen Regelungen des Art. 218 AEUV gelten. Tatsächlich enthalten eine Reihe von Assoziierungsabkommen auch Inhalte aus dem Bereich der GASP, namentlich Vorschriften zur Zusammenarbeit im Bereich der Außen- und Sicherheitspolitik.[104] Das entscheidende Abgrenzungskriterium ist wieder-

---

[99] Ausführlich hierzu *Boysen*, § 31, Rn. 15 ff. S. auch *Rigod*, CJEL 18 (2012), 277 ff.

[100] S. oben, Rn. 7.

[101] Partnerschaftsabkommen zwischen den Mitgliedern der Staatengruppe der Afrikanischen, Karibischen und Pazifischen Staaten einerseits und der EG und ihren Mitgliedstaaten andererseits vom 23.6.2000, ABl. 2000, L 317/3, in Kraft seit dem 1.4.2003.

[102] S. oben, Rn. 7. Ausführlich zur Vereinbarkeit der neuen Abkommen mit dem WTO-Recht sowie zur Frage entwicklungsorientierter Alternativen *Zimmermann*, EuZW 2009, 1 ff.

[103] Hierzu *Thym*, EnzEuR, Bd. 10, § 16; *ders.*, in: v. Bogdandy/Bast, Europäisches Verfassungsrecht, S. 451 ff., 469 ff.

[104] Vgl. hierzu etwa Art. 14 (Zusammenarbeit im Bereich der Außen- und Sicherheitspolitik) und Art. 15 (Zusammenarbeit im Bereich der Terrorismusbekämpfung) des Assoziierungsabkommens mit Chile (Fn. 57). Allgemein hierzu *De Baere*, S. 297: »cross-pillar mixity«.

um der inhaltliche Schwerpunkt des jeweiligen Abkommens.[105] Für Abkommen, die sich ausschließlich oder hauptsächlich auf die Gemeinsame Außen- und Sicherheitspolitik beziehen, sieht Art. 218 Abs. 3 AEUV eine spezielle Verfahrensregelung vor. In diesem Fall legt der Hohe Vertreter der Union für Außen- und Sicherheitspolitik (anstelle der Kommission) dem Rat Empfehlungen zum Abschluss eines Assoziierungsabkommens vor. Nach Art. 218 Abs. 6 AEUV dürfte ein solches Abkommen indes nur mit Zustimmung des Europäischen Parlaments abgeschlossen werden.

Art. 21 Abs. 3 UAbs. 2 Satz 1 EUV verpflichtet die Union, auf die Kohärenz zwischen den einzelnen Bereichen ihres auswärtigen Handelns sowie zwischen diesen und ihren übrigen Politikbereichen zu achten. Das **Kohärenzgebot** soll insbesondere Konflikte zwischen der Assoziierungspolitik und der GASP vermeiden, gibt jedoch keine inhaltlichen Maßstäbe für die Auflösung möglicher Konflikte, etwa zwischen handelspolitischen Zielen (Art. 3 Abs. 3 EUV) und allgemeinen politischen Absichten (Art. 3 Abs. 5 EUV, Art. 21 Abs. 2 EUV). Keine der divergierenden primärrechtlich normierten Zielsetzungen hat dabei allgemein Vorrang vor anderen.[106]

24

III. Typologie

Entsprechend den unterschiedlichen Zielsetzungen der Assoziierungspolitik der EU lassen sich **drei Grundtypen von Assoziierungsabkommen** unterscheiden. Dies ist neben der Beitrittsassoziierung zunächst die Freihandelsassoziierung, wie sie etwa durch die bilateralen Abkommen mit der Schweiz[107] und durch das EWR-Abkommen[108] begründet wurde. Hinzu tritt die Entwicklungsassoziierung, insbesondere mit den AKP-Staaten. Die Unterscheidung ist dabei idealtypisch, die Übergänge sind fließend, dies insbesondere vor dem Hintergrund, dass letztlich alle Assoziierungsabkommen starke handelspolitische Komponenten aufweisen. Die Zuordnung zu einem der genannten Grundtypen erfolgt nach dem Schwerpunkt der vertraglichen Beziehungen und ist im Unterschied zur Abgrenzung zur gemeinsamen Handelspolitik ohne praktische Relevanz. Die Frage, ob ein Abkommen als Assoziierungsabkommen (in Form einer Freihandelsassoziierung) nach Art. 217 AEUV oder als Freihandelsabkommen unter Art. 207 Abs. 3 AEUV abgeschlossen wird, hängt vom Inhalt sowie von der Intensität und den Zielen der geplanten Kooperation mit dem jeweiligen Vertragspartner ab.[109] Unabhängig von einer Typisierung weisen alle Assoziierungsabkommen eine Reihe von Gemeinsamkeiten auf. Kern der Assoziierung ist in aller Regel eine Vertiefung der Wirtschafts- und Handelsbeziehungen mit den assoziierten Staaten.[110] Darüber hinaus verfolgen Assoziierungsabkommen grundsätzlich weitere Ziele und etablieren hierzu auf Dauer angelegte besonders enge vertragliche Beziehungen in ganz unterschiedlichen Bereichen.

25

---

[105] Vgl. hierzu auch *Schmalenbach*, EnzEuR, Bd. 10, § 6, Rn. 9; *Booß*, in: Lenz/Borchardt, EU-Verträge, Art. 217 AEUV, Rn. 5.

[106] *Boysen* EnzEuR, Bd. 10, § 9, Rn. 32 m. w. N.

[107] S. oben, Fn. 26.

[108] S. oben, Fn. 24.

[109] *Schmalenbach*, EnzEuR, Bd. 10, § 6, Rn. 7; *Mögele*, in: Streinz, EUV/AEUV, Art. 217 AEUV, Rn. 15.

[110] *Vöneky/Beylage-Haarmann*, in: Grabitz/Hilf/Nettesheim, EU, Art. 217 AEUV (April 2015), Rn. 71; *Mögele*, in: Streinz, EUV/AEUV, Art. 217 AEUV, Rn. 4.

1. Beitrittsassoziierung

26   Gegenstand des ersten Assoziierungsabkommens überhaupt (mit Griechenland)[111] und Grund für die Schaffung der Vorschrift des Art. 238 EWGV (nunmehr Art. 217 AEUV) war die Heranführung potentieller Beitrittskandidaten an die Europäische Wirtschaftsgemeinschaft.[112] Weitere Beitrittsassoziierungen betreffen die Türkei,[113] die sog. **Europa-Abkommen** mit den Mittel- und Osteuropäischen Ländern (MOEL)[114] und die **Stabilisierungs- und Assoziierungsabkommen** mit den Staaten des westlichen Balkans (SAA).[115] Mit dem Ziel der Stabilisierung der Staaten der Region im Anschluss an den in einer ganzen Serie von Kriegen herbeigeführten Zerfall Jugoslawiens sollen die SAA die Nachfolgestaaten sukzessive an die Unionsrechtsordnung heranführen. Die SAA verfolgen – im Unterschied zu den Europa-Abkommen – einen regionalen Ansatz. Die Staaten verpflichten sich insoweit zur regionalen Kooperation und zu guten nachbarschaftlichen Beziehungen. Ein Fokus der Abkommen liegt auf dem EU-Binnenmarkt. Hier sind die SAA im Vergleich zu den Europa-Abkommen restriktiver ausgestaltet. Insbesondere die Erstreckung der Niederlassungsfreiheit auf natürliche Personen wurde von entsprechenden Assoziierungsratsbeschlüssen abhängig gemacht, die bislang nicht vorliegen.[116]

27   Dass die Assoziierung **keinesfalls notwendige Vorstufe eines Beitritts** ist, zeigen zahlreiche Erweiterungen der EWG, die ohne vorangegangene Assoziierungsabkommen vollzogen wurden. Die erste Erweiterungsrunde (Dänemark, Irland, Vereinigtes Königreich) erfolgte im Jahr 1973 ebenso wenig auf Grundlage vorheriger Assoziierungen wie die dritte Erweiterung, die 1986 zum Beitritt Portugals und Spaniens führte. Finnland, Österreich und Schweden traten der Europäischen Gemeinschaft 1995 als EFTA-Staaten bei und hatten bereits durch das EWR-Abkommen[117] und damit im Wege der Freihandelsassoziierung wesentliche Teile des acquis communautaire übernommen. Auch die Assoziierungsabkommen mit Malta[118] und Zypern,[119] die der Europäischen Gemeinschaft 2004 beitraten, waren als Freihandelsassoziierungen konzipiert.

28   Umgekehrt zeigt das Beispiel der in Form von SAA vollzogenen Beitrittsassoziierungen mit Albanien[120] und Bosnien-Herzegowina,[121] dass der Abschluss entsprechender Abkommen nicht automatisch den **förmlichen Status als Beitrittskandidat** nach sich zieht. Wie schwierig sich beitrittsvorbereitende Assoziierungen gestalten können, zeigt auch das Beispiel des bereits im Jahr 1963 abgeschlossenen Assoziierungsabkommens mit der Türkei.[122] Die Türkei stellte auf Grundlage der Assoziierung bereits im Jahr 1987

---

[111] S. oben, Fn. 8.

[112] S. oben, Rn. 3, 4.

[113] S. oben, Fn. 9.

[114] S. oben, Fn. 30.

[115] S. oben, Fn. 32. Vgl. auch *Elbasani*, The European Integration and Transformation in the Western Balkans: Europeanization or Business as Usual? 2013; *ders.*, EUI Working Paper 2008/03; *Blockmans*, Tough Love: The European Union's Relations with the Western Balkans, 2007.

[116] Vgl. Art. 45 des SAA-Mazdonien (Fn. 32); Art. 57 SAA-Montenegro (Fn. 32).

[117] S. oben, Fn. 24.

[118] Abkommen zur Gründung einer Assoziation zwischen der Europäischen Wirtschaftsgemeinschaft und Malta vom 5.12.1970, ABl. 1971, L 61/2.

[119] Abkommen zur Gründung einer Assoziation zwischen der Europäischen Wirtschaftsgemeinschaft und der Republik Zypern vom 19.12.1972, ABl. 1973, L 133/2.

[120] S. oben, Fn. 32.

[121] S. oben, Fn. 32.

[122] S. oben, Fn. 9.

einen Antrag auf Beitritt zur Europäischen Wirtschaftsgemeinschaft.[123] Der Europäische Rat beschloss allerdings erst im Dezember 2004 auf Empfehlung der Kommission,[124] zum 3.10.2005 Beitrittsverhandlungen mit der Türkei aufzunehmen.[125]

Das Beispiel der Türkei verdeutlicht indes nicht nur die Schwierigkeiten, die im Rah- **29** men einer Beitrittsassoziierung auftreten können. In seiner **Rechtsprechung**[126] zu der seit nunmehr über fünfzig Jahren bestehenden **Assoziation mit der Türkei** hat der **EuGH** die Voraussetzungen von Assoziierungsabkommen nach Art. 217 AEUV und insbesondere die nach wie vor gültigen Grundsätze zur unmittelbaren Anwendbarkeit des primären und sekundären Assoziierungsrechts, d.h. der Abkommen selbst und der Beschlüsse von Assoziierungsräten, entwickelt.[127]

2. Freihandelsassoziierung

Alle Assoziierungsabkommen haben starke handelspolitische Inhalte und sind in aller **30** Regel auf die Errichtung einer Freihandelszone gerichtet. Auch wenn die Freihandelsassoziierung insofern eine problematische Kategorie darstellt, steht sie bei manchen Abkommen gleichwohl deutlich im Vordergrund. Dies gilt in besonderem Maße für das EWR-Abkommen[128] und die daneben in den Jahren 1999, 2004 und 2010 geschlossenen Abkommen mit der Schweiz.[129] Hier geht es um **Integration ohne Mitgliedschaft**.[130] Die praktische Umsetzung dieser explizit nicht auf einen späteren Beitritt ausgerichteten Assoziierung birgt nun einige Schwierigkeiten, insbesondere erhebliche Herausforderungen an die **Kohärenz des Unionsrechts**.[131] Ohne den Automatismus der Mitglied-

---

[123] BullEG 4/1987, Ziff. 1.3.1.

[124] Mitteilung der Kommission an den Rat und das Europäische Parlament, Empfehlung der Europäischen Kommission zu den Fortschritten der Türkei auf dem Weg zum Beitritt vom 6.10.2004, KOM(2004) 656 endg.

[125] Europäischer Rat, Schlussfolgerungen des Vorsitzes Brüssel 16./17.12.2004, 16238/1/04, Ziff. 17ff., 22.

[126] Vgl. EuGH, Urt. v. 30.9.1987, Rs. 12/86 (Demirel/Stadt Schwäbisch Gmünd), Slg. 1987, 3719; Urt. v. 20.9.1990, Rs. C–192/89 (Sevince), Slg. 1990, I–3497; Urt. v. 5.10.1994, Rs. C–355/93 (Eroglu), Slg. 1994, I–5113; Urt. v. 6.6.1995, Rs. C–434/93 (Bozkurt), Slg. 1995, I–1475; Urt. v. 10.9.1996, Rs. C–277/94 (Taflan-Met), Slg. 1996, I–4085; Urt. v. 23.1.1997, Rs. C–171/95 (Tetik), Slg. 1997, I–329; Urt. v. 17.4.1997, Rs. C–351/95 (Kadiman), Slg. 1997, I–2133; Urt. v. 19.11.1998, Rs. C–210/97 (Akman), Slg. 1998, I–7519; Urt. v. 11.5.2000, Rs. C–37/98 (Savas), Slg. 2000, I–2927; Urt. v. 22.6.2000, Rs. C–65/98 (Eyüp), Slg. 2000, I–4747; Urt. v. 8.5.2003, Rs. C–171/01 (Wählergruppe Gemeinsam), Slg. 2003, I–4301; Urt. v. 21.10.2003, verb. Rs. C–317/01 u. C–369/01 (Abatay), Slg. 2003, I–12301; Urt. v. 30.9.2004, Rs. C–275/02 (Ayaz), Slg. 2004, I–8765; Urt. v. 2.6.2005, Rs. C–136/03 (Dörr/Ünal), Slg. 2005, I–4759; Urt. v. 7.7.2005, Rs. C–374/03 (Gürol), Slg. 2005, I–6199; Urt. v. 10.1.2006, Rs. C–230/03 (Sedef), Slg. 2006, I–157; Urt. v. 25.9.2008, Rs. C–453/07 (Hakan), Slg. 2008, I–7299; Urt. v. 4.2.2010, Rs. C–14/09 (Genc), Slg. 2010, I–931; Urt. v. 29.3.2012, verb. Rs. C–7/10 u. C–9/10 (Kahveci und Inan), ECLI:EU:C:2012:180; Urt. v. 19.7.2012, Rs. C–451/11 (Dülger), ECLI:EU:C:2012:504; Urt. v. 8.11.2012, Rs. C–268/11 (Gülbahce), ECLI:EU:C:2012:695; Urt. v. 24.9.2013, Rs. C–221/11 (Demirkan), ECLI:EU:C:2013:583; Urt. v. 7.11.2013, Rs. C–225/12 (Demir), ECLI:EU:C:2013:725; Urt. v. 14.1.2015, Rs. C–171/13 (Demirci), ECLI:EU:C:2015:8.

[127] Ausführlich hierzu *Schmalenbach*, EnzEuR, Bd. 10, § 6, Rn. 38ff.

[128] S. oben, Fn. 24. Einzelheiten bei *Lazowski*, CMLRev. 45 (2008), 1433 (1446, 1448ff.).

[129] S. oben, Fn. 26. Einzelheiten bei *Maiani*, EUI Working Paper MWP 2008/32, S. 3ff.; *Lazowski*, CMLRev. 45 (2008), 1433 (1439ff., 1448f., 1456f.). Überblick bei *Vöneky/Beylage-Haarmann*, in: Grabitz/Hilf/Nettesheim, EU, Art. 217 AEUV (April 2015), Rn. 74f.

[130] *Vahl/Grolimund* (Fn. 25). Vgl. auch *Magen*, European Journal of Law Reform IX (2007), 361.

[131] Vgl. *Petrov*, EFAR 13 (2008), 33; *Ott*, The ›Principle‹ of Differentiation in an Enlarged European Union. Unity in Diversity?, in: Inglis/dies. (Hrsg.), The Constitution for Europe and Enlarging Union:

schaft stellt sich zunächst vor allem das Problem der dynamischen Anpassung der Assoziierungsabkommen an den jeweiligen Stand des acquis. Darüber hinaus gilt es auch im Verhältnis zu den integrierten Nichtmitgliedern, die einheitliche Auslegung des Unionsrechts zu sichern.

31   Ein anschauliches Beispiel für eine gelungene Umsetzung dieser Ansprüche bietet das **EWR-Abkommen**,[132] dessen institutioneller Rahmen den beschriebenen Anforderungen gewachsen ist.[133] Der durch Art. 92 i. V. m. Art. 105 EWR-Abkommen eingesetzte Gemeinsame EWR-Ausschuss überwacht die Umsetzung des Abkommens durch die Mitgliedstaaten[134] und wirkt in der Praxis als konstanter Transformationsmechanismus[135] zur Umsetzung von Rechtsakten der EU.[136] Mit der Beilegung von Streitigkeiten unter dem EWR-Abkommen wurden die sog. Überwachungsbehörde[137] und der EFTA-Gerichtshof[138] betraut. Letzterer hat nicht zuletzt auf Grundlage der von der Überwachungsbehörde eingeleiteten Vertragsverletzungsverfahren[139] eine beispielhafte Kooperation mit dem EuGH etabliert.[140] Das Verfahren der Streitbeilegung unter dem

---

Union in Diversity?, 2005, S. 103 ff.; *dies.*, A flexible future for the European Union: the way forward or a way out?, in: Blockmans/Prechal (Hrsg.), Reconciling the Deepening and Widening of the European Union, 2007, S. 133 ff.

[132] Abkommen über den Europäischen Wirtschaftsraum vom 2. 5. 1992, ABl. 1994, L 1/3.

[133] Ausführlich *Lazowski*, CMLRev. 45 (2008), 1433 (1446, 1448 ff.); *Cremona*, E.L.Rev. 19 (1994), 508.

[134] Artikel 105 EWR-Abkommen: »(1) In Verfolgung des Ziels der Vertragsparteien, eine möglichst einheitliche Auslegung des Abkommens und der gemeinschaftsrechtlichen Bestimmungen, die in ihrem wesentlichen Gehalt in das Abkommen übernommen werden, zu erreichen, wird der Gemeinsame EWR-Ausschuß nach Maßgabe dieses Artikels tätig. (2) Der Gemeinsame EWR-Ausschuß verfolgt ständig die Entwicklung der Rechtsprechung des Gerichtshofs der Europäischen Gemeinschaften und des in Artikel 108 Absatz 2 genannten EFTA-Gerichtshofs. Zu diesem Zweck werden die Urteile dieser Gerichte dem Gemeinsamen EWR-Ausschuß übermittelt; dieser setzt sich dafür ein, dass die homogene Auslegung des Abkommens gewahrt bleibt. (3) Gelingt es dem Gemeinsamen EWR-Ausschuss nicht, innerhalb von zwei Monaten, nachdem eine Abweichung in der Rechtsprechung der beiden Gerichte vorgelegt wurde, die homogene Auslegung des Abkommens zu wahren, so können die Verfahren des Artikels 111 [Streitbeilegung] angewendet werden.«

[135] EFTA-Gerichtshof, Rs. E–6/01 (CIBA Speciality Chemical Waters Treatment Ltd. u. a./Norwegen), EFTA Court Reports 2002, 281: »the EEA Joint Committee is designed to function as an institution working in the pursuit of the common interest of the Community side and the EFTA side.«

[136] Vgl. hierzu die Jahresberichte des Gemeinsamen Ausschusses, abrufbar unter: http://www.efta.int/eea/eea-institutions/eea-joint-committee/eea-joint-committee-annual-reports (9.1.2016). Im Jahr 2013 verabschiedete der Gemeinsame EWR-Ausschuss 235 Beschlüsse zur Umsetzung von Rechtsakten der EU (EEA Joint Committee Annual Reports on the functioning of the EEA Agreement 2013).

[137] Einzelheiten bei *Lazowski*, CMLRev. 45 (2008), 1433 (1450 f.).

[138] Vgl. hierzu Abkommen zwischen den EFTA-Staaten zur Errichtung einer Überwachungsbehörde und eines Gerichtshofs vom 2. 5. 1992, ABl. 1994, L 344/1, insbesondere Art. 27 ff. Der Einrichtung eines eigenen EWR-Gerichtshofs hatte sich der EuGH entgegengestellt, der sein Auslegungsmonopol über das Unionsrecht gefährdet sah: EuGH, Gutachten 1/91 v. 14.12.1991 (EWR), Slg. 1991, I–6079.

[139] Zum Ganzen EFTA-Court, Legal framework, case law and composition 1994–2003, 2004 sowie beispielhaft zur Rechtsprechung EFTA-Court, Case E–1/02 (EFTA Surveillance Authority/The Kingdom of Norway), EFTA Court Rep. 2003, 1; Case E–1/03 (EFTA Surveillance Authority/The Republic of Iceland), EFTA Court Rep. 2003, 143; Case E–8/04 (EFTA Surveillance Authority/The Principality of Liechtenstein), EFTA Court Rep. 2005, 86; Case E–3/05 (EFTA Surveillance Authority/The Kingdom of Norway), EFTA Court Rep. 2006, 102; zuletzt: Case E–3/14 (EFTA Surveillance Authority/The Kingdom of Norway) v. 24.9.2014; Case E–21/14 (EFTA Surveillance Authority/Iceland), v. 31.3.2015, Urteile abrufbar unter: http://www.eftacourt.int (2/2016).

[140] S. hierzu nur *Skouris*, S. 123 ff.

EWR-Abkommen ist in wesentlichen Punkten an das Rechtsschutzsystem unter dem AEUV angelehnt und kennt neben einem Vertragsverletzungsverfahren durch die Überwachungsbehörde insbesondere auch ein Vorlageverfahren, das es mitgliedstaatlichen Gerichten ermöglicht, den EFTA-Gerichtshof oder den EuGH mit der Bitte um Vorabentscheidung anzurufen.[141]

Ein in vielen Punkten unterschiedliches Konzept der Integration ohne Mitgliedschaft **32** liegt den in den Jahren 1999 (sog. Bilaterale I) und 2004 bzw. 2010 (sog. Bilaterale II) geschlossenen Abkommen mit der **Schweiz** zugrunde.[142] Die durch die Abkommen vollzogene Integration der Schweiz wählt einen deutlich fragmentierteren Ansatz, bestehend aus derzeit insgesamt 16 Einzelabkommen mit ganz unterschiedlichen Regelungsbereichen. Während die ersten sieben Abkommen der Bilateralen I vor allem binnenmarktbezogene Regelungen enthalten, dehnen die neun weiteren Abkommen der Bilateralen II die Kooperation mit der Schweiz auf weitere Politikbereiche aus. Zuvörderst zu nennen ist insoweit die Assoziierung an den Schengen-Besitzstand und das Dubliner Übereinkommen (DÜ) über die Bestimmung des zuständigen Staates für die Prüfung eines in einem EU-Mitgliedstaat gestellten Asylantrages. Die sog. **Schengen-Assoziierung** ist dabei keine eigenständige vertragliche Assoziierung im Sinne des Art. 217 AEUV, sondern eine vertraglich vereinbarte engere Kooperation im Bereich der Grenzschutzpolitik.[143] Weitere von den Bilateralen II erfasste Bereiche sind die Zinsbesteuerung, Betrugsbekämpfung, Umwelt, Statistik und der Zugang zu den EU-Filmförderprogrammen sowie Jugend- und Bildungsprogrammen.

Im Sinne der oben formulierten Erfordernisse einer dynamischen Anpassung der As- **33** soziierungsabkommen an den jeweiligen Stand des Unionsrechts und seiner einheitlichen Auslegung gestaltet sich das Konzept der Integration ohne Mitgliedschaft im Fall der Schweiz deutlich schwieriger. Die verschiedenen Abkommen der Bilateralen I und II enthalten insoweit **ganz unterschiedliche Anpassungs- und Transformationsmechanismen**, eine generelle Regelung wie unter dem EWR-Abkommen existiert nicht. Tatsächlich war es gerade der dynamische Charakter des EWR-Abkommens, der das Schweizer Referendum über das Abkommen im Jahr 1992 scheitern ließ.[144] In Reaktion auf die Ablehnung des dynamischen Modells des EWR-Abkommens entschied man sich für ein deutlich statischeres Modell. Es bindet die Schweiz in der Regel nur an den Stand des aquis zum Zeitpunkt des Vertragsschlusses und überantwortet die weitere Anpassung an Entwicklungen des Unionsrechts den sog. Gemischten Ausschüssen. Die Abkommen folgen insoweit allerdings keinem einheitlichen Schema. Während etwa die Abkommen der Bilateralen I und das Abkommen über die Zusammenarbeit im Bereich der Statistik ein **statisches Verfahren der Anpassung** an neue Rechtsvorschriften vorsehen,[145] sieht das

---

[141] Vgl. hierzu Protokoll 34 zum EWR-Abkommen (Fn. 133). Der EuGH verlangt für die Zulässigkeit einer solchen Vorlage allerdings die Zustimmung des jeweiligen EFTA-Mitgliedstaats, s. hierzu EuGH, Urt. v. 15.6.1999, Rs. C–321/97 (Ulla-Brith Andersson und Susanne Wåkerås-Andersson/ Svenska staten), Slg. 1999, I–3551.

[142] S. oben, Fn. 26. Einzelheiten bei *Maiani*, EUI Working Paper MWP 2008/32, S. 3 ff.; *Lazowski* CMLRev. 45 (2008), 1433, (1439 ff., 1448 f., 1456 f.); *ders.*, Switzerland, S. 147; *Vahl/Grolimund* (Fn. 25); *Goetschel*, EFAR 8 (2003), 313 ff.; *Breitenmoser*, CMLRev. 40 (2003), 1137; *Emmert*, EFAR 3 (1998), 367 ff.

[143] *Schmalenbach*, EnzEuR, Bd. 10, § 6, Rn. 28.

[144] *Breitenmoser*, CMLRev. 40 (2003), 1137 (1159). Vgl. auch *Cremona*, E.L.Rev. 19 (1994), 508.

[145] Vgl. etwa Art. 4 des Abkommens über Statistik (Fn. 26): »(1) Dieses Abkommen lässt das Recht jeder Vertragspartei unberührt, unter Beachtung der Bestimmungen dieses Abkommens ihre Rechtsvorschriften zu einem von diesem Abkommen geregelten Sachverhalt einseitig zu ändern. (2) Vor der

Abkommen über die Assoziierung an den Schengen/Dublin-Raum in Art. 7 eine **dynamische Inkorporation** neuer Rechtsvorschriften vor.[146]

34   Ebenfalls dem Bereich der Freihandelsassoziierung zuzurechnen sind schließlich die Assoziierungsabkommen mit **Malta**[147] und **Zypern**.[148] Ziel der 1970 und 1972 geschlossenen Abkommen war die in zwei Stufen zu vollziehende Errichtung einer Zollunion. Inhaltlich regelten beide Abkommen jedoch jeweils nur die erste der beiden auf jeweils fünf Jahre angesetzten Stufen. Sie wurden in der Folge durch Zusatz- und Finanzprotokolle ergänzt,[149] die insbesondere Regelungen über finanzielle und technische Zusammenarbeit enthielten und der Assoziierung einen entwicklungspolitischen Schwerpunkt gaben.[150] Nach den Beitrittsanträgen Maltas und Zyperns wurden die Assoziierungsabkommen nebst Protokollen zur Grundlage der Beitrittsvorbereitung.

3. Entwicklungsassoziierung

35   Im Zentrum der Entwicklungsassoziierung der Union steht die Verbindung der Europäischen Union mit mittlerweile 79 Staaten des afrikanischen, karibischen und pazifischen Raumes, den sog. **AKP-Staaten**. Hervorgegangen aus der konstitutionellen Assoziierung nach Art. 198 ff. AEUV, ist die Entwicklungsassoziierung nach wie vor stark durch ihren postkolonialen Kontext geprägt.[151] Der Schwerpunkt der Assoziierung mit den zwischenzeitlich unabhängigen Staaten des globalen Südens liegt heute in der **Entwicklungszusammenarbeit und humanitären Hilfe**.[152] Diese Ziele werden indes nach wie vor mit handelspolitischen Instrumenten verfolgt. Es war insoweit das Recht der WTO, das eine Neuordnung der Assoziierungsgrundlagen mit den AKP-Staaten erforderlich machte.[153] Dies führte nach Ablauf der WTO-Ausnahmeregelungen für das bislang unter

---

förmlichen Verabschiedung neuer Rechtsvorschriften informieren und konsultieren die Vertragsparteien einander so umfassend wie möglich. Auf Verlangen einer der Vertragsparteien kann ein vorläufiger Meinungsaustausch im Gemischten Ausschuss erfolgen. (3) Sobald eine Vertragspartei eine Änderung ihrer Rechtsvorschriften verabschiedet hat, informiert sie die andere Vertragspartei. (4) Der Gemischte Ausschuss – fasst entweder einen Beschluss zur Änderung des Anhangs A und/oder des Anhangs B oder schlägt gegebenenfalls eine Änderung der Bestimmungen dieses Abkommens vor, um darin – falls erforderlich auf der Grundlage der Gegenseitigkeit – die Änderungen der betreffenden Rechtsvorschriften aufzunehmen, – oder beschließt, dass die Änderungen der betreffenden Rechtsvorschriften als mit dem ordnungsgemäßen Funktionieren des Abkommens vereinbar anzusehen sind, – oder beschließt andere Maßnahmen, um das ordnungsgemäße Funktionieren dieses Abkommens sicherzustellen.«

[146] Abkommen zwischen der Europäischen Union, der Europäischen Gemeinschaft und der Schweizerischen Eidgenossenschaft über die Assoziierung dieses Staates bei der Umsetzung, Anwendung und Entwicklung des Schengen-Besitzstands, ABl. 2008, L 53/52. Vgl. Art. 7 Abs. 1 S. 2: »Vorbehaltlich des Absatzes 2 treten diese Rechtsakte oder Maßnahmen für die Europäische Union, die Europäische Gemeinschaft und ihre betroffenen Mitgliedstaaten sowie für die Schweiz gleichzeitig in Kraft, es sei denn, dass in diesen Rechtsakten oder Maßnahmen ausdrücklich etwas anderes bestimmt ist.«

[147] S. oben, Fn. 27.
[148] S. oben, Fn. 28.
[149] ABl. 1976, L 111/67; ABl. 1977, L 304/1; ABl. 1977, L 339/1; ABl. 1978, L 332/1; ABl. 1978, L 172/1.
[150] *Vöneky/Beylage-Haarmann*, in: Grabitz/Hilf/Nettesheim, EU, Art. 217 AEUV (April 2015), Rn. 76.
[151] S. oben, Rn. 6 f.
[152] S. hierzu *Dann/Wortmann*, EnzEuR, Bd. 10, § 8; *Herrnfeld*, in: Schwarze, EU-Kommentar, Art. 217 AEUV, Rn. 11.
[153] *Schmalenbach*, EnzEuR, Bd. 10, § 6, Rn. 18.

den Abkommen von Yaoundé[154] und Lomé[155] etablierte Präferenzsystem zu einem Paradigmenwechsel. Das im Jahr 2000 abgeschlossene und 2002 in Kraft getretene Cotonou-Abkommen[156] sieht vor, die unilateralen Handelspräferenzen der Lomé-Abkommen durch wirtschaftliche Partnerschafts-Abkommen (**Economic Partnership Agreements**, EPA) zu ersetzen, die reziproke Handelspräferenzen vorsehen und im Übrigen die Diskriminierung von nicht zur AKP-Gruppe gehörenden Staaten beenden. Im Mittelpunkt der Abkommen soll freilich allein die Handelskooperation und gerade keine umfassende Assoziierung stehen. Die Abkommen werden deshalb in der Regel nicht auf Art. 217 AEUV gestützt. Bislang hat indes nur die Karibische Gruppe (CARIFORUM) ein umfassendes EPA mit der EU abgeschlossen.[157]

Untrennbar mit den AKP-Abkommen verbunden ist das auf das Generalized System **36** of Preferences (GSP) der Konferenz der Vereinten Nationen für Handel und Entwicklung (UNCTAD) zurückgehende **Allgemeine Präferenzsystem (APS)**, unter dem die Union seit 1971[158] jenseits der Grundsätze der Reziprozität und der Meistbegünstigung einseitige Zollvergünstigungen für bestimmte Entwicklungsländer gewährt. Auf Grundlage des APS erhalten von den Entwicklungsländern ausgeführte Industrieerzeugnisse und bestimmte landwirtschaftliche Produkte vollständig oder teilweise zollfreien Zugang zum Binnenmarkt. Das APS stellt damit sowohl ein autonomes Zollinstrument in Ergänzung zur multilateralen Liberalisierung im Rahmen des GATT als auch ein Instrument der Handels- und Entwicklungspolitik der Union dar.[159] Die Vereinbarkeit der entsprechenden APS-Verordnungen und damit zuletzt der VO (EG) Nr. 732/2008[160] i. V. m. VO (EU) Nr. 512/2011[161] mit dem Welthandelsrecht ermöglicht seit 1979 die durch Entscheidung der GATT-Vertragsparteien im Rahmen der Tokio-Runde eingeführte enabling clause.[162] Hiernach sind allgemeine Präferenzen zugunsten der Entwicklungsländer zulässig, müssen jedoch allen Entwicklungsländern gewährt werden.[163]

Lange Zeit hat sich die Assoziierungspolitik der Gemeinschaft bzw. der Union auf die **37** AKP-Staaten konzentriert. Den **Staaten Lateinamerikas** und Asiens stand nur die Mög-

---

[154] S. oben, Fn. 15, 16.

[155] S. oben, Fn. 17 ff. und Rn. 7.

[156] S. oben, Fn. 22 und Rn. 7.

[157] Wirtschaftspartnerschaftsabkommen zwischen den CARIFORUM-Staaten einerseits und der Europäischen Gemeinschaft und ihren Mitgliedstaaten andererseits, ABl. 2008, L 289/3.

[158] Einzelheiten bei *Weiß*, in: Grabitz/Hilf/Nettesheim, EU, Art. 207 AEUV (August 2015), Rn. 143.

[159] Die politischen Richtlinien für den Zeitraum von 2006 bis 2015 enthält die Mitteilung der Kommission vom 7.7.2004, Entwicklungsländer, internationaler Handel und nachhaltige Entwicklung: Die Rolle des Allgemeinen Präferenzsystems (APS) der Gemeinschaft im Jahrzehnt 2006/2015, KOM(2004) 461 endg.

[160] VO (EG) Nr. 732/2008 vom 22.7.2008 über ein Schema allgemeiner Zollpräferenzen für den Zeitraum vom 1.1.2009 bis 31.12.2011 und zur Änderung der Verordnungen (EG) Nr. 552/97 und (EG) Nr. 1933/2006 sowie der Verordnungen (EG) Nr. 1100/2006 und (EG) Nr. 964/2007 der Kommission, ABl. 2008, L 211/1, zuletzt geändert durch VO (EU) Nr. 607/2013 des Europäischen Parlaments und des Rates vom 12.6.2013, ABl. 2013, L 181/13.

[161] VO (EG) Nr. 732/2008 vom 22.7.2008 über ein Schema allgemeiner Zollpräferenzen für den Zeitraum vom 1.1.2009 bis 31.12.2011 und zur Änderung der Verordnungen (EG) Nr. 552/97 und (EG) Nr. 1933/2006 sowie der Verordnungen (EG) Nr. 1100/2006 und (EG) Nr. 964/2007 der Kommission, ABl. 2008, L 211/1, zuletzt geändert durch VO (EU) Nr. 607/2013 des Europäischen Parlaments und des Rates vom 12.6.2013, ABl. 2013, L 181/13.

[162] GATT, Decision on Differential and More Favourable Treatment, Reciprocity and Fuller Participation of Developing Countries vom 28.11.1979.

[163] Appellate Body, EC-Conditions for the Granting of Tariff Preferences to Developing Countries, Report vom 7.4.2004, WT/DS 246/AB/R.

lichkeit der weniger privilegierten Kooperationsabkommen nach Art. 209 Abs. 2 AEUV offen. Mit dem durch das Cotonou-Abkommen eingeläuteten Paradigmenwechsel ändert sich nun auch diese Politik. Es ist insoweit explizites Ziel des Abkommens, die durch das jahrzehntelange Präferenzsystem mit den AKP-Staaten bewirkte Diskriminierung anderer Entwicklungsländer zu beenden. Ein erstes bilaterales Assoziierungsabkommen wurde im Jahr 2002 mit Chile geschlossen.[164] Im Jahr 2012 folgte ein Assoziierungsabkommen mit Zentralamerika[165] sowie Handelsabkommen mit Peru und Kolumbien.[166] Rechtsgrundlage der letztgenannten Handelsabkommen ist nicht Art. 217 AEUV, sondern die Gemeinsame Handelspolitik (Art. 207 Abs. 3 AEUV).[167]

38   Einen deutlichen entwicklungspolitischen Schwerpunkt haben schließlich auch die sog. **Europa-Mittelmeer-Abkommen** mit den südlichen und südöstlichen Anrainerstaaten des Mittelmeers (Ägypten, Algerien, Israel, Jordanien, Libanon, Libyen, Marokko, Palästinensische Autonomiebehörde, Tunesien).[168] Sie unterfallen nach dem Vertrag von Lissabon nunmehr der Europäischen Nachbarschaftspolitik.[169]

IV. Komplementäre Multilateralisierung

39   Anfänglich wurde die Assoziierungspolitik der Gemeinschaft und später der Union fast ausschließlich auf Grundlage bilateraler Abkommen betrieben. Dieser Bilateralismus wurde nun in jüngerer Zeit wie gezeigt durch einige multilaterale Abkommen ergänzt. Das Ergebnis ist ein komplexes Netzwerk bi- und multilateraler Kooperationsformen. Zu den multilateralen Kooperationen gehören die auf der bereits 1995 eingeleiteten Euro-mediterranen Partnerschaft (»Barcelona-Prozess«) aufbauende **Union für den Mittelmeerraum** (Union for the Mediterranean, UfM),[170] die **Schwarzmeer-Synergie** (2007)[171] sowie die **Östliche Partnerschaft** (2009).[172] Jenseits der Assoziierungspolitik zeigen sich Multilateralisierungstendenzen auch in Kooperationsformen wie der Energiegemeinschaft.[173] Sie erweitert den Binnenmarkt für Elektrizität und Gas auf die Staaten des westlichen Balkans. Ebenfalls in diesem Zusammenhang gehört der Vertrag über die Energiecharta (Energy Charter Treaty, ECT),[174] dessen Gegenstand ursprünglich die Integration der Energiesektoren der Nachfolgestaaten der Sowjetunion und Osteuropas in die europäischen und globalen Märkte war.[175]

---

[164] Abkommen zur Gründung einer Assoziation zwischen der Europäischen Gemeinschaft und ihren Mitgliedstaaten einerseits und der Republik Chile andererseits vom 18.11.2002, ABl. 2002, L 352/3.

[165] S. oben, Fn. 59.

[166] Handelsübereinkommen zwischen der Europäischen Union und ihren Mitgliedstaaten einerseits sowie Kolumbien und Peru andererseits vom 26.6.2012, ABl. 2012, L 354/3.

[167] Ausführlich hierzu *Boysen*, EnzEuR, Bd. 10, § 9, Rn. 59 ff., 103 ff., 108.

[168] S. oben, Rn. 10 und Fn. 40 ff.

[169] S. oben, Rn. 10.

[170] Vgl. die Mitteilung der Kommission an das EP und den Rat vom 20.5.2008 »Barcelona Prozess: Union für den Mittelmeerraum«, KOM(2008) 319 endg.

[171] Mitteilung der Kommission an den Rat und an das Europäische Parlament: Die Schwarzmeersynergie – Eine neue Initiative der regionalen Zusammenarbeit, KOM(2007) 160 endg. vom 11.4.2007.

[172] Gemeinsame Erklärung des Prager Gipfeltreffens zur Östlichen Partnerschaft 7.5.2009, 8435/09. Ausführlich hierzu *Nowak*, EuR 2010, 746 (759 ff.); *Tiede/Schirmer*, Osteuropa-Recht 55 (2009), 184.

[173] Beschluss 2006/500/EG vom 29.5.2006 über den Abschluss des Vertrags zur Gründung der Energiegemeinschaft durch die Europäische Gemeinschaft, ABl. 2006, L 198/15. S. hierzu *Deitz/Stirton/Wright*, Utilities Policy 17 (2009), 4; *Nowak*, EuR 2010, 746 (767 ff.).

[174] Vertrag über die Energiecharta vom 17.12.1994, ABl. 1998, L 69/93.

V. Assoziierungsabkommen

Assoziierungsabkommen (sog. **primäres Assoziationsrecht**) begründen als **Rahmenab-**   **40**
kommen eine enge Zusammenarbeit in verschiedenen Politikbereichen und unterscheiden sich damit von sog. sektoralen Abkommen, die sich – wie etwa Handelsabkommen unter der Gemeinsamen Handelspolitik – nur auf bestimmte Politikbereiche beziehen. Von den Kooperationsabkommen nach Art. 209 AEUV unterscheiden sie sich
durch ihren Regelungsgegenstand einer engen Zusammenarbeit und die zu diesem
Zweck geschaffenen gemeinsamen Institutionen. Neben handelspolitischen Regelungen
finden sich in neueren Assoziierungsabkommen in der Regel Menschenrechts- und Demokratieklauseln.[176] Sie sind kein spezifisches Instrument der Assoziierungspolitik, sondern werden von der Union nunmehr allgemein in ihren Abkommen mit Drittstaaten
verwendet. Sie eröffnen bei schweren Verstößen die Möglichkeit, das jeweilige Abkommen gemäß Art. 60 Abs. 2 der Wiener Vertragsrechtskonvention zu suspendieren.[177]
Angesichts des weiten Spektrums der adressierten Politikbereiche werden Assozii-
rungsabkommen regelmäßig als **gemischte Abkommen**[178] abgeschlossen. Vertragsparteien sind insoweit die Union und ihre Mitgliedstaaten einerseits und der assoziierte
Drittstaat andererseits. Auf Grundlage entsprechender Gebietsklauseln in den Assoziierungsabkommen und nach dem Grundsatz der beweglichen Vertragsgrenzen gelten
die Assoziierungsabkommen in der Regel für das jeweilige Unionsgebiet.[179]

1. Abschlussverfahren

Das Verfahren für die Aushandlung und den Abschluss von Assoziierungsabkommen   **41**
richtet sich nach Art. 218 AEUV, der allgemeinen Verfahrensvorschrift für Übereinkünfte zwischen der Union und Drittländern oder internationalen Organisationen. Für
Assoziierungsabkommen sehen Art. 218 Abs. 6 Buchst. a i und Abs. 8 Satz 1 AEUV
zudem einige Sonderregelungen vor.

Die Initiative zur Eröffnung von Verhandlungen liegt nach Art. 218 Abs. 3 AEUV bei   **42**
der Kommission. Sie legt dem Rat Empfehlungen vor. Der Rat erlässt dann nach Art. 218
Abs. 2 AEUV einen Beschluss über die Ermächtigung zur Aufnahme von Verhandlun-
gen, legt Verhandlungsrichtlinien fest, genehmigt die Unterzeichnung und schließt die
Übereinkünfte. Bei Assoziierungsabkommen entscheidet er dabei gemäß Art. 218
Abs. 8 Satz 2 AEUV stets **einstimmig** (sonst: qualifizierte Mehrheit). Nach Art. 218
Abs. 6 Buchst. a i AEUV ist für den Abschluss von Assoziierungsabkommen zudem die
Zustimmung des Europäischen Parlaments erforderlich. Auf Grundlage dieses durch die
Einheitliche Europäische Akte eingeführten Vetorechts hat das Parlament seine Zustim-
mung auch schon mehrfach verweigert. Es ging dabei jeweils um Zusatzprotokolle zu
Assoziierungsabkommen.[180] Die **völkerrechtliche Verbindlichkeit** tritt nicht bereits mit
der Unterzeichnung des Assoziierungsabkommens ein, sondern ist im zusammenge-

---

[175] Ausführlich hierzu *Nowak*, EuR 2010, 746 (767 ff.).
[176] *Dann* (Fn. 17), S. 93 ff., 100 ff., 233 ff.
[177] Vgl. *Schmalenbach*, EnzEuR, Bd. 10, § 6, Rn. 13 m. w. N.
[178] Ausführlich *Kadelbach*, EnzEuR, Bd. 10, § 4, Rn. 55 ff. S. auch *Vranes*, EuR 2009, 44 ff.
[179] S. hierzu *Vöneky/Beylage-Haarmann*, in: Grabitz/Hilf/Nettesheim, EU, Art. 217 AEUV (April 2015), Rn. 35 m. w. N.
[180] Vgl. etwa den Streit um das schlussendlich im Europäischen Parlament verabschiedete Zusatz-protokoll zum Israel-Abkommen (Fn. 44) über die Konformitätsbewertung und Anerkennung ge-werblicher Produkte (ACAA). S. auch KOM(2009) 559 endg.

setzten Verfahren von einem der Unterzeichnung nachfolgenden Willensakt abhängig. Erforderlich ist insoweit die Durchführung der unionsinternen und in den jeweiligen nationalen Verfassungen vorgesehenen Verfahren. Auf der Ebene der EU ist dies in der Regel ein Beschluss, teilweise auch eine Verordnung[181] über den Abschluss des Assoziierungsabkommens. Bei gemischten Abkommen ist neben einer Ratifikation durch die EU auch die Ratifikation durch die Mitgliedstaaten erforderlich.[182]

2. Institutioneller Rahmen

43 Art. 217 AEUV kennzeichnet die Assoziierung durch gegenseitige Rechte und Pflichten, gemeinsames Vorgehen und besondere Verfahren. Die unter Art. 217 AEUV geschlossenen Abkommen setzen diese Anforderungen durch einen besonderen institutionellen Rahmen mit verschiedenen Organen um. Dies ist in der Regel als höchstes Gremium ein Assoziationsrat, der auf der Arbeitsebene durch einen sog. Assoziationsausschuss und ggf. weitere Sonderausschüsse unterstützt wird. Regelmäßig wird darüber hinaus ein Parlamentarischer Assoziationsausschuss eingesetzt, in dem Mitglieder des Europäischen Parlaments und der jeweiligen nationalen Parlamente zusammenkommen. Eine diesem Muster folgende typische Ausgestaltung des institutionellen Rahmens sehen z. B. die Regelungen der Art. 5 ff. des Assoziierungsabkommens mit Zentralamerika[183] vor.

a) Assoziationsrat

44 Höchstes politisches Organ der Assoziation ist regelmäßig der Assoziationsrat. Die **Bezeichnungen variieren**, die Konzeption ist stets dieselbe. Die Stabilisierungs- und Assoziierungsabkommen (SAA)[184] mit den Staaten des westlichen Balkans bezeichnen dieses Organ als Stabilitäts- und Assoziationsrat.[185] Das EWR-Abkommen setzt einen EWR-Rat ein,[186] die Abkommen mit der Schweiz einen Gemischten Ausschuss,[187] das Cotonou-Abkommen einen Ministerrat.[188] Als oberstes Organ beaufsichtigt der Assoziationsrat die Verwirklichung der Ziele des Abkommens und überwacht seine Durchführung. Er ist **paritätisch besetzt**, die Repräsentation der Union hängt davon ab, ob es sich um ein gemischtes Abkommen handelt oder die Union alleinige Vertragspartnerin des assoziierten Drittstaates ist. Regelmäßig handelt es sich um gemischte Abkom-

---

[181] Vgl. etwa VO (EWG) Nr. 1246/73 vom 14.5.1973 über den Abschluß eines Abkommens zur Gründung einer Assoziation zwischen der Europäischen Wirtschaftsgemeinschaft und der Republik Zypern, ABl. 1973, L 133/1.

[182] Ausführlich hierzu *Kadelbach*, EnzEuR, Bd. 10, § 4, Rn. 55 ff. S. auch *Vranes*, EuR 2009, 44.

[183] S. oben, Fn. 59.

[184] S. oben, Rn. 9 und Fn. 32.

[185] Vgl. Art. 108 SAA-Mazedonien; Art. 119 SAA-Montenegro (Fn. 32).

[186] Art. 89 ff. EWR-Abkommen (Fn. 133).

[187] Vgl. etwa Art. 3 des Abkommens über Statistik sowie Art. 3 des Abkommens über den Schengen-Raum (Fn. 26). Auch hier ist die Terminologie indes nicht einheitlich: Art. 3 des Abkommens über Zuständigkeiten bei Asylanträgen (Fn. 26) spricht etwa von einem »Gemeinsamen Ausschuss«.

[188] Art. 14 f. Cotonou-Abkommen (Fn. 22).

men,[189] d. h. die Union wird im Assoziationsrat durch den Hohen Vertreter, die Mitglieder des Rates und die Mitglieder der Kommission vertreten.[190]

Zur Verwirklichung der Ziele des Assoziierungsabkommens wird der Assoziationsrat **45** ermächtigt, **Beschlüsse** zu fassen. Diese Beschlüsse sind für die Vertragsparteien **verbindlich**[191] und nach innerstaatlichem Recht umzusetzen. Bei dynamisch konzipierten Abkommen kann der Assoziationsrat auch dazu ermächtigt werden, das primäre Assoziationsrecht, d. h. die Abkommen selbst nebst Protokollen, zu ändern.[192] Neben verbindlichen Beschlüssen können Assoziationsräte auch Empfehlungen[193] oder Stellungnahmen[194] abgeben. Für alle Entscheidungen des Assoziationsrates gilt dabei entsprechend seinem völkerrechtlichen Gepräge das **Einstimmigkeitserfordernis**.[195] Jede Vertragspartei, d. h. die Union und ihre Mitgliedstaaten einerseits und der bzw. die Assoziierungspartner andererseits, hat damit ein Vetorecht. Union und Mitgliedstaaten müssen sich deshalb im Regelfall gemischter Abkommen im Vorfeld auf eine Position im Assoziationsrat einigen. Hierbei kommt das nach **Art. 218 Abs. 9 AEUV** vorgesehene Verfahren zur Anwendung. Der Rat erlässt insoweit auf Vorschlag der Kommission und ohne Beteiligung des Europäischen Parlaments einen Beschluss zur Festlegung der Standpunkte, die im Namen der Union im Assoziationsrat zu vertreten sind. Die Mehrheitserfordernisse richten sich dabei nach den für den Erlass eines EU-Rechtsaktes vorgesehenen Abstimmungsregeln.[196]

b) Assoziationsausschuss

Auf der Arbeitsebene wird der Assoziationsrat durch einen Assoziationsausschuss und **46** ggf. weitere Sonderausschüsse unterstützt. Auch hier variieren die Bezeichnungen.[197] Entsprechend den unterschiedlichen Bezeichnungen des Assoziationsrats heißt der Assoziationsausschuss unter den SAA[198] »Stabilitäts- und Assoziationsausschuss«. Art. 14 Cotonou-Abkommen[199] spricht insoweit vom Botschafterausschuss, das EWR-Abkommen vom Gemeinsamen EWR-Ausschuss.[200] Die Ausschüsse sind für die **allgemeine Durchführung** des Assoziierungsabkommens zuständig und arbeiten auf Grundlage der vom Assoziationsrat im Wege der Selbstorganisation beschlossenen Verfahrensregeln. Im Rahmen ihrer Ermächtigung durch die Assoziationsräte sind auch die Ausschüsse

---

[189] S. oben, Fn. 179.

[190] S. hierzu *Bast*, MPEPIL 2009, Rn. 2.

[191] Vgl. Art. 6 des Assoziierungsabkommens mit Zentralamerika (Fn. 59); Art. 108, 119 SAA-Mazedonien; Art. 121 SAA-Montenegro (Fn. 32). S. auch *Vöneky/Beylage-Haarmann*, in: Grabitz/ Hilf/Nettesheim, EU, Art. 217 AEUV (April 2015), Rn. 41 m. w. N.

[192] Vgl. Art. 98 EWR-Abkommen (Fn. 133). S. auch oben, Rn. 33.

[193] Vgl. Art. 6 Abs. 3 des Assoziierungsabkommens mit Zentralamerika (Fn. 59); Art. 110 Abs. 4 SAA-Mazedonien; Art. 121 SAA-Montenegro (Fn. 32).

[194] Vgl. Art. 15 Abs. 3 Cotonou-Abkommen (Fn. 22).

[195] S. wiederum Art. 6 des Assoziierungsabkommens mit Zentralamerika (Fn. 59); Art. 108, 119 SAA-Mazedonien (Fn. 32); Art. 121 SAA-Montenegro (Fn. 32) sowie Art. 15 Abs. 3 Cotonou-Abkommen (Fn. 22) und Art. 69 des Assoziierungsabkommens mit Israel (Fn. 44).

[196] Vgl. etwa den Beschluss des Rates vom 23. 1. 2012 über die im Sonderausschuss EU-Chile für Zusammenarbeit im Zollbereich und Ursprungsregeln einzunehmende Position, ABl. 2012, L 35/2. Hier entschied der Rat auf Grundlage von Art. 207 Abs. 4 UAbs. 1 i. V. m. Art. 218 Abs. 9 AEUV mit qualifizierter Mehrheit. Hierzu auch *Schmalenbach*, EnzEuR, Bd. 10, § 6, Rn. 19.

[197] S. oben, Rn. 44.

[198] S. oben, Fn. 32.

[199] S. oben, Fn. 22.

[200] Art. 92 ff. EWR-Abkommen (Fn. 133).

regelmäßig befugt, **verbindliche Beschlüsse** zu treffen. Sie fallen damit ebenso wie die Assoziationsräte unter Art. 218 Abs. 9 AEUV. Hiernach erlässt der Rat auf Vorschlag der Kommission oder des Hohen Vertreters einen Beschluss zur Festlegung der Standpunkte, die im Namen der Union in einem durch eine Übereinkunft eingesetzten Gremium zu vertreten sind. Dies aber eben nur, sofern das jeweilige Gremium rechtswirksame Akte zu erlassen hat.

c) Parlamentarische Versammlung

47 Das Europäische Parlament muss dem Abschluss von Assoziierungsabkommen und späteren Zusatzprotokollen gemäß Art. 218 Abs. 6 UAbs. 2 Buchst. a i AEUV zustimmen. Seine kontinuierliche Befassung mit der Anwendung und Weiterentwicklung des primären und sekundären Assoziationsrechts sichern in vielen Abkommen sog. Parlamentarische Versammlungen bzw. Parlamentarische Assoziierungsausschüsse,[201] die sich wiederum paritätisch aus Mitgliedern des Europäischen Parlaments und der nationalen Parlamente der Vertragsstaaten zusammensetzen.[202]

d) Streitbeilegung

48 Die Assoziierungsabkommen sehen regelmäßig **zweistufige Streitbeilegungsverfahren** vor.[203] Mit einer Rechtsstreitigkeit unter den Abkommen ist insoweit grundsätzlich zunächst der **Assoziationsrat** zu befassen.[204] Scheitert die Streitbeilegung, so sehen viele Abkommen als zweite Stufe die Einschaltung eines **Schiedsgerichts** vor.[205] Das Abkommen verpflichtet die Parteien, die erforderlichen Maßnahmen zur Durchsetzung der Schiedssprüche zu treffen.[206] Eine Sonderregelung trifft das Assoziierungsabkommen mit der **Türkei**.[207] Nach Art. 25 Abs. 2 kann der Assoziationsrat beschließen, den Rechtsstreit dem **EuGH** oder einem anderen Gericht vorzulegen.[208] Der unter dem Assoziierungsabkommen mit der Türkei eingesetzte Assoziationsrat hat von dieser Möglichkeit regen Gebrauch gemacht und dem EuGH so Gelegenheit gegeben, die Voraussetzungen von Assoziierungsabkommen nach Art. 217 AEUV und insbesondere die nach wie vor gültigen Grundsätze zur unmittelbaren Anwendbarkeit des primären und sekundären Assoziierungsrechts zu entwickeln.[209]

---

[201] Allgemein zur Rolle Parlamentarischer Versammlungen für die Politisierung des Völkerrechts *Ley*, AVR 50 (2012), 191 ff.

[202] Vgl. etwa Art. 17 Abs. 1 Cotonou-Abkommen (Fn. 22); Art. 114 SAA-Mazedonien (Fn. 32); Art. 125 SAA-Montenegro (Fn. 32).

[203] *Vöneky/Beylage-Haarmann*, in: Grabitz/Hilf/Nettesheim, EU, Art. 217 AEUV (April 2015), Rn. 47.

[204] Vgl. etwa Art. 98 Abs. 1 S. 1 Cotonou-Abkommen (Fn. 22): befasst wird hier der Ministerrat, in der Zeit zwischen den Tagungen des Ministerrates der Botschafterausschuss (Art. 98 Abs. 1 S. 2); Art. 129 Abs. 3 SAA-Montenegro (Fn. 32); Art. 25 Türkei-Abkommen (Fn. 9); Art. 86 Abs. 1 und 2 Marokko-Abkommen (Fn. 43).

[205] Vgl. etwa Art. 98 Abs. 2 Cotonou-Abkommen (Fn. 22); Art. 86 Abs. 4 Marokko-Abkommen (Fn. 43); Art. 75 Abs. 4 Israel-Abkommen (Fn. 44).

[206] Vgl. etwa Art. 98 Abs. 2 lit. d) Cotonou-Abkommen (Fn. 22); Art. 25 Abs. 3 Türkei-Abkommen (Fn. 9); Art. 86 Abs. 3 Marokko-Abkommen (Fn. 43).

[207] S. oben, Fn. 9.

[208] Art. 25 Abs. 2 Türkei-Abkommen (Fn. 9): »Der Assoziationsrat kann die Streitigkeit durch Beschluss beilegen; er kann ferner beschließen, die Beilegung der Streitigkeit dem Gerichtshof der Europäischen Gemeinschaften oder irgendeinem anderen bestehenden Gericht zu unterbreiten.«

[209] S. hierzu die Nachweise oben in Fn. 127 sowie zum Ganzen *Schmalenbach*, EnzEuR, Bd. 10, § 6, Rn. 38 ff.

3. Völkerrechtssubjektivität

Eigene Völkerrechtssubjektivität kommt den durch die Abkommen begründeten As-   **49**
soziationen nicht zu.[210] Der Grund hierfür liegt zunächst nicht in dem Umstand, dass die
Assoziierungsabkommen hierzu schweigen. Das entspricht der gängigen Praxis auch bei
Satzungen anerkannter internationaler Organisationen. Im Hinblick auf die Organstruktur der Assoziierungsabkommen und v. a. die dort vorgesehene Möglichkeit bestimmter Organe, verbindliche Beschlüsse zu treffen, liegt die Frage nach der Völkerrechtssubjektivität auch alles andere als fern. Sie entscheidet über die Einordnung der
Organe der Assoziation entweder als **völkerrechtlich unselbständige Vertragsorgane**
oder aber als Träger von eigenen völkerrechtlichen Rechten und Pflichten, die es ihnen
ermöglichen, einen von den Vertragsparteien unabhängigen eigenen Willen zu generieren.[211] Die vergleichende Betrachtung der verschiedenen Assoziierungsabkommen der
Union zeigt jedoch, dass die klassischen Indizien einer Völkerrechtssubjektivität – hierzu zählen insbesondere Mehrheitsentscheidungsverfahren und ein mit supranationalen
Elementen ausgestattetes Rechtsschutzsystem – sich hier nicht finden. Damit ist dann
allerdings auch kein impliziter Wille zu erkennen, die Assoziationen zu eigenständigen
Rechtssubjekten zu machen.[212] Zwischen den einzelnen Abkommen bestehen dabei
aber durchaus Unterschiede: Insbesondere das EWR-Abkommen[213] zeigt in seinem ela-
borierten Rechtsschutzsystem mit Vertragsverletzungs- und Vorabentscheidungsverfahren durchaus Tendenzen, die in Richtung einer Völkerrechtsfähigkeit weisen.[214]

4. Normenhierarchie und unmittelbare Anwendbarkeit

Ab Inkrafttreten werden Assoziierungsabkommen als völkerrechtliche Abkommen **in-**   **50**
tegrale Bestandteile der Unionsrechtsordnung.[215] Dass die Assoziierungsabkommen in
der Regel als gemischte Abkommen[216] abgeschlossen werden, ändert hieran nach der
Rechtsprechung des EuGH nichts.[217] Dies rührt an der Frage, ob Art. 217 AEUV der
Union neben der förmlichen Vertragsschlusskompetenz auch eine **originäre materielle
Regelungskompetenz** zuweist.[218] Die zur Begründung dieser Auffassung herangezogene
Feststellung des EuGH in der Rechtssache Demirel, dass Art. 238 EWGV (nunmehr

---

[210] *Schmalenbach*, EnzEuR, Bd. 10, § 6, Rn. 22; *dies.*, in: Calliess/Ruffert, EUV/AEUV, Art. 217
AEUV, Rn. 19 ff.; Vöneky/*Beylage-Haarmann*, in: Grabitz/Hilf/Nettesheim, EU, Art. 217 AEUV
(April 2015), Rn. 52.

[211] *Schmalenbach*, EnzEuR, Bd. 10, § 6, Rn. 22.

[212] Ausführlich hierzu *Schmalenbach*, EnzEuR, Bd. 10, § 6, Rn. 22.

[213] S. oben, Fn. 133.

[214] Zum Rechtsschutz unter dem EWR-Abkommen s. *Lazowski*, CMLRev. 45 (2008), 1433
(1449 ff.)

[215] St. Rspr., vgl. EuGH, Urt. v. 30.4.1974, Rs. 181/73 (Haegemann), Slg. 1974, 449, Rn. 2, 6; Urt.
v. 26.10.1982, Rs. 104/81 (Kupferberg), Slg. 1982, 3641, Rn. 13; Urt. v. 30.9.1987, Rs. 12/86 (Demirel), Slg. 1987, 3719, Rn. 5 ff.; Urt. v. 20.9.1990, Rs. C–192/89 (Sevince), Slg. 1990, I–3497, Rn. 8;
Gutachten 1/91 v. 14.12.1991 (EWR I), Slg. 1991, I–6079, Rn. 37.

[216] Ausführlich *Kadelbach*, EnzEuR, Bd. 10, § 4, Rn. 55 ff. S. auch *Vranes*, EuR 2009, 44 ff.

[217] Vgl. EuGH, Urt. v. 26.10.1982, Rs. 104/81 (Kupferberg), Slg. 1982, 3641, Rn. 13. Kritisch
Meessen, EuR 1980, 40 ff.

[218] In diesem Sinne: Vöneky/*Beylage-Haarmann*, in: Grabitz/Hilf/Nettesheim, EU, Art. 217
AEUV (April 2015), Rn. 17; *Khan*, in: Geiger/Khan/Kotzur, EUV/AEUV, Art. 217 AEUV, Rn. 5;
Herrnfeld, in: Schwarze, EU-Kommentar, Art. 217 AEUV, Rn. 1, 4 f.; *Mögele*, in: Streinz,
EUV/AEUV, Art. 217 AEUV, Rn. 8, 18; a. A. *Schmalenbach*, EnzEuR, Bd. 10, § 6, Rn. 23; *dies.*, in:
Calliess/Ruffert, EUV/AEUV, Art. 217 AEUV, Rn. 13. S. hierzu auch oben, Rn. 5.

Art. 217 AEUV) der Gemeinschaft »notwendigerweise die Zuständigkeit dafür einräume, die Erfüllung der Verpflichtungen gegenüber Drittstaaten in allen vom EWG-Vertrag erfassten Bereichen sicherzustellen«,[219] lässt allerdings Auslegungsspielraum zu und wurde auch in der Folge nicht mehr eindeutig aufgegriffen.[220] Die Vertragspraxis der Gemeinschaft und heute der Union, die Assoziierungsabkommen in aller Regel als **gemischte Abkommen** schließt, lässt jedoch erkennen, dass der Rat bzw. die Mitgliedstaaten Art. 217 AEUV lediglich als formelle Vertragsschlusskompetenz von Abkommen begreifen, die auf den ausdrücklichen (insbesondere Art. 207 AEUV) und impliziten Außenzuständigkeiten der EU beruhen.[221] Die Frage ist mittlerweile allerdings auch ohne praktische Relevanz, weil die materiellen Vertragsschlusskompetenzen der Union alle Bereiche potentieller Assoziierungsabkommen abdecken.

51   In der **Normenhierarchie** sind Assoziierungsabkommen als völkerrechtliche Verträge zwischen Primär- und Sekundärrecht einzuordnen. Sie haben damit Vorrang vor dem Sekundärrecht der Union und dem Recht der Mitgliedstaaten. Gleiches gilt nach der Rechtsprechung des EuGH für das sog. **sekundäre Assoziationsrecht**, d. h. die verbindlichen Entscheidungen der Assoziationsräte und -ausschüsse. Sie stehen in einem »unmittelbaren Zusammenhang« mit dem jeweiligen Assoziierungsabkommen und haben deshalb an dessen normenhierarchischer Einordnung teil.[222] Nach ständiger Rechtsprechung des EuGH[223] ist eine Bestimmung eines Assoziierungsabkommens als unmittelbar anwendbar anzusehen, »wenn sie unter Berücksichtigung ihres Wortlauts und im Hinblick auf den Sinn und Zweck des Abkommens eine klare und eindeutige Verpflichtung enthält, deren Erfüllung oder Wirkungen nicht vom Erlass eines weiteren Aktes abhängen.«[224] Die **unmittelbare Anwendbarkeit** des sekundären Assoziationsrechts bemisst sich nach den gleichen Kriterien.[225] Eine in diesem Sinne nicht hinreichend bestimmte Norm eines Assoziierungsabkommens kann dabei durch den Beschluss eines Assoziierungsrats dergestalt konkretisiert werden, dass jedenfalls der Beschluss unmittelbar anwendbar ist. Eine unmittelbare Anwendbarkeit des primären oder sekundären Assoziationsrechts scheidet dagegen trotz hinreichender Bestimmtheit aus, wenn die Auslegung des Abkommens oder des Beschlusses ergibt, dass die Vertragsparteien die Wirkung von einem Durchführungsrechtsakt abhängig machen wollten.[226]

C. Ausblick

52   Die Europäische Union ist in ein über Jahrzehnte gewachsenes, immer weiter gespanntes Netz an Assoziierungsabkommen eingebunden, die in der Vergangenheit häufig auch den späteren Beitritt der assoziierten Drittstaaten vorbereiten sollten. Jenseits der Beitrittsassoziierung schaffen in neuerer Zeit zahlreiche bi- und multilaterale Abkom-

---

[219] EuGH, Urt. v. 30. 9.1987, Rs. 12/86 (Demirel), Slg. 1987, 3719, Rn. 9.
[220] Vgl. EuGH, Urt. v. 20. 9.1990, Rs. C–192/89 (Sevince), Slg. 1990, I–3497.
[221] S. hierzu *Mögele*, in: Streinz, EUV/AEUV, Art. 217 AEUV, Rn. 17, 20.
[222] EuGH, Urt. v. 20. 9.1990, Rs. C–192/89 (Sevince), Slg. 1990, I–3497, Rn. 9.
[223] Vgl. EuGH, Urt. v. 30. 9.1987, Rs. 12/86 (Demirel), Slg. 1987, 3719, Rn. 14; Urt. v. 10. 9.1996, Rs. C–277/94 (Taflan-Met), Slg. 1996, I–4085, Rn. 24 f.
[224] EuGH, Urt. v. 10. 9.1996, Rs. C–277/94 (Taflan-Met), Slg. 1996, I–4085, Rn. 24.
[225] EuGH, Urt. v. 20. 9.1990, Rs. C–192/89 (Sevince), Slg. 1990, I–3497, Rn. 14 f.; Urt. v. 10. 9. 1996, Rs. C–277/94 (Taflan-Met), Slg. 1996, I–4085, Rn. 25.
[226] EuGH, Urt. v. 10. 9.1996, Rs. C–277/94 (Taflan-Met), Slg. 1996, I–4085, Rn. 33, 37.

men der Union einen »Europäischen Rechtsraum«,[227] der einzelne Teile des acquis communautaire in Drittstaaten und internationalen Organisationen zur Anwendung bringt und dabei explizit auf eine Integration ohne Mitgliedschaft abzielt; eine politikfeldbezogene Preisgabe der klaren Unterscheidung von Innen und Außen, wie sie für die Union als supranationalen Herrschaftsverband überhaupt typisch ist.

Die immer weiter ausgreifenden vertraglichen Beziehungen jenseits konkreter Erweiterungsprojekte werden nicht länger nur in bilateralen, sondern zunehmend auch in multilateralen Abkommen ausgebaut[228] und dabei häufig generalisierend als »Europäisierung« (»Europeanization«)[229] beschrieben. Der Einfluss der Unionsrechtsordnung kann dabei so weit gehen, dass – wie etwa im Falle der Schweiz – von Quasi-Mitgliedstaaten gesprochen wird.[230] Der Begriff der Europäisierung verdeckt dabei allerdings zumeist mehr als er offenbart: Es geht insbesondere nicht um einen »Export« von Unionsrecht in Drittstaaten, sondern um ein vielgestaltiges Phänomen, das ganz verschiedene Formen der Anpassung an das Recht der Europäischen Union beinhaltet.[231] Das Ergebnis ist ein Europäischer Rechtsraum, ist »europäisiertes« Recht, das dem Unionsrecht ähnlich, aber gleichzeitig von ihm qualitativ zu unterscheiden ist.

Die Vorteile einer solchen Assoziierungspraxis liegen – nicht zuletzt angesichts der stagnierenden Entwicklung auf der globalen Ebene der WTO – auf der Hand. Gleichzeitig sollten die mit den hierdurch ins Werk gesetzten Transformationsprozessen verbundenen Schwierigkeiten nicht unterschätzt werden. Im Zuge der unter dem Konzept »Integration ohne Mitgliedschaft« versammelten vertraglichen Assoziierungen verwandelt sich das Projekt der Europäischen Integration in eine komplizierte Matrix unterschiedlicher Verbindlichkeiten und Geschwindigkeiten und damit zu einer Herausforderung für die Kohärenz des Rechts der Europäischen Union. Neben dem Problem der einheitlichen Auslegung der Rechtsakte der EU stellt sich vor allem auch die weit mehr als rein technische Frage, wie die vertraglichen Grundlagen der Assoziierungen dem sich in ständiger Entwicklung befindlichen acquis communautaire stetig angepasst werden können. Insofern hat das Assoziierungsrecht eine eminent verfassungsrechtliche Dimension, primärrechtlich und aus Sicht der Mitgliedstaaten. In gewisser Hinsicht handelt es sich jedenfalls bei der Frage der einheitlichen Auslegung und Geltung von Unionsrechtsakten auch um ein bekanntes Problem in neuem Gewand. Hier steht nun nicht allein die einheitliche Anwendung des supranationalen Rechts in den Mitgliedstaaten in Rede, wie sie vom EuGH in einer langen Reihe von Entscheidungen mit eigenem Verwerfungsmonopol sichergestellt wurde. Dieses Mal geht es um die einheitliche Anwendung eines Rechtsakts der Europäischen Union innerhalb und außerhalb der supranationalen Ordnung. Dies stellt nicht nur hohe Anforderungen an die Flexibilität und Anpassungsfähigkeit der zur Anwendung in Drittstaaten vorgesehen Unionsrechtsakte. Großen Erwartungen sieht sich gleichzeitig die Judikative ausgesetzt, auf

---

[227] *Lazowski*, CMLRev. 45 (2008), 1433 (1434 ff.).

[228] *Lazowski*, CMLRev. 45 (2008), 1433 (1434). Vgl. auch *Van Vooren/Wessel*, S. 64.

[229] Vgl. nur *Schimmelfennig*, S. 1 ff. und *Maiani*, EUI Working Paper MWP 2008/32, S. 1 ff. m. w. N. Vgl. auch *Petrov*, EFAR 13 (2008), 33; *Magen*, European Journal of Law Reform IX (2007), 361.

[230] *Maiani*, EUI Working Paper MWP 2008/32, S. 1.

[231] S. hierzu *Lazowski*, Approximation of Laws, in: Ott/Inglis (Hrsg.), Handbook on European Enlargement, 2002, S. 631 ff.; *Petrov*, EFAR 13 (2008), 33; *Ott* (Fn. 130), The ›Principle‹ of Differentiation in an Enlarged European Union. Unity in Diversity?, S. 103 ff.; *dies.* (Fn. 130), A flexible future for the European Union: the way forward or a way out?, S. 133 ff.

Seiten der Union der EuGH und ihm gegenüber die nationalen Gerichte. Die unterschiedliche Auslegung und Anwendung der Rechtsakte der Union durch den EuGH einerseits und Gerichten von Drittstaaten oder Spruchkörpern internationaler Organisationen andererseits können zu asymmetrischen und gegenläufigen Rechten und Verbindlichkeiten führen. Da die meisten Assoziierungsabkommen keine eigenen Spruchkörper vorsehen, sind es zumeist die nationalen Gerichte in den assoziierten Staaten, die mit der Auslegung des durch das Abkommen in die nationale Rechtsordnung integrierten Sekundärrechts befasst werden. Das Beispiel etwa der Assoziierungsabkommen zwischen der EU und der Schweiz[232] zeigt dabei, dass nationale Gerichte dazu neigen können, die bilateralen Assoziierungsabkommen sehr statisch und damit in einer deutlich mehr dem Völkerrecht als dem Recht der Europäischen Union entsprechenden Weise auszulegen.[233]

Die skizzierten Vorzüge des EWR-Abkommens lenken den Blick schließlich auf die Vorzüge multilateraler Vereinbarungen in einem Bereich, der wie die Assoziierungspolitik der Union traditionell durch bilaterale Übereinkünfte geprägt ist. Der Prozess der fortschreitenden Multilateralisierung, wie er sich in der Union für den Mittelmeerraum,[234] der Schwarzmeer-Synergie[235] und der Östlichen Partnerschaft[236] manifestiert, knüpft an diese Erfahrungen an. Es handelt sich hierbei nicht um eine Abkehr vom bisherigen Paradigma der bilateralen Struktur der Assoziierungspolitik der Union, sondern um eine komplementäre Form der Assoziierung, die die bilateralen Vertragsbeziehungen nicht ersetzt, sondern in ihrem Rahmen fortentwickelt.[237]

Die konkreten Vorzüge, Herausforderungen und Pathologien des in diesem Sinne europäisierten Rechts lassen sich nicht generalisierend für alle Abkommen beschreiben. Die vergleichende Betrachtung offenbart gleichwohl Faktoren für das Gelingen der Transformationsprozesse. Ein anschauliches Beispiel für eine gelungene Umsetzung der Ziele der einheitlichen Auslegung des gemeinsamen Rechts sowie der stetigen Anpassung an den fortschreitenden acquis communautaire bietet das EWR-Abkommen,[238] dessen institutioneller Rahmen den Anforderungen der Transformationsprozesse[239] gewachsen ist.[240] Der Gemeinsame EWR-Ausschuss überwacht insoweit nicht nur die Umsetzung des Vertrags durch die Mitgliedstaaten, sondern funktioniert de facto als konstanter Transformationsmechanismus zur Umsetzung von Rechtsakten der EU. Allein im Jahr 2013 verabschiedete der Gemeinsame EWR-Ausschuss 235 Beschlüsse zur Umsetzung von Unionsrechtsakten.[241] Gleichzeitig hat der EFTA-Gerichtshof eine sehr erfolgreiche Kooperation mit dem EuGH etabliert.[242] Andere Assoziierungen haben in dieser Hinsicht weitaus größere Schwierigkeiten zu bewältigen.[243] Auch hier verbietet es

---

[232] S. oben, Fn. 26.

[233] Ausführlich zur Rechtsprechung der schweizerischen Gerichte *Maiani*, EUI Working Paper MWP 2008/32, S. 14ff.

[234] S. oben, Fn. 171.

[235] S. oben, Fn. 172.

[236] S. oben, Fn. 173.

[237] *Nowak*, EuR 2010, 746 (773).

[238] Abkommen über den Europäischen Wirtschaftsraum vom 2.5.1992, ABl. 1994, L 1/3.

[239] S. hierzu *Lazowski* (Fn. 232), S. 631ff.

[240] S. hierzu schon *Cremona*, E.L.Rev. 19 (1994), 508ff.

[241] EEA Joint Committee Annual Report on the functioning of the EEA Agreement 2015 vom 14.10.2015, abrufbar unter: http://www.efta.int/eea/eea-institutions/eea-joint-committee (2/2016).

[242] S. hierzu nur *Skouris*, S. 123ff.

[243] Vgl. zum Beispiel der Assoziierungsabkommen mit der Schweiz *Maiani*, EUI Working Paper MWP 2008/32, S. 1ff. und *Lazowski*, CMLRev. 45 (2008), 1433 (1448ff.).

sich, multilaterale mit bilateralen Assoziierungsabkommen, proto-mitgliedschaftliche mit auf Stabilisierung und erste Annäherung zielenden rudimentären Assoziationen gleichzusetzen. Diese Vorbehalte machen indes die Entwicklung dogmatischer Erklärungsmuster der jedenfalls dem Grunde nach vergleichbaren Transformationsprozesse und ihre Verbindung mit dem Konzept der »Europäisierung« keinesfalls entbehrlich.

Artikel 218 AEUV [Aushandlung und Abschluss von Abkommen, Zuständigkeiten des Gerichtshofs für Gutachten über Vereinbarkeit von Abkommen mit Unionsprimärrecht]

(1) Unbeschadet der besonderen Bestimmungen des Artikels 207 werden Übereinkünfte zwischen der Union und Drittländern oder internationalen Organisationen nach dem im Folgenden beschriebenen Verfahren ausgehandelt und geschlossen.

(2) Der Rat erteilt eine Ermächtigung zur Aufnahme von Verhandlungen, legt Verhandlungsrichtlinien fest, genehmigt die Unterzeichnung und schließt die Übereinkünfte.

(3) Die Kommission oder, wenn sich die geplante Übereinkunft ausschließlich oder hauptsächlich auf die Gemeinsame Außen- und Sicherheitspolitik bezieht, der Hohe Vertreter der Union für Außen- und Sicherheitspolitik legt dem Rat Empfehlungen vor; dieser erlässt einen Beschluss über die Ermächtigung zur Aufnahme von Verhandlungen und über die Benennung, je nach dem Gegenstand der geplanten Übereinkunft, des Verhandlungsführers oder des Leiters des Verhandlungsteams der Union.

(4) Der Rat kann dem Verhandlungsführer Richtlinien erteilen und einen Sonderausschuss bestellen; die Verhandlungen sind im Benehmen mit diesem Ausschuss zu führen.

(5) Der Rat erlässt auf Vorschlag des Verhandlungsführers einen Beschluss, mit dem die Unterzeichnung der Übereinkunft und gegebenenfalls deren vorläufige Anwendung vor dem Inkrafttreten genehmigt werden.

(6) [1] Der Rat erlässt auf Vorschlag des Verhandlungsführers einen Beschluss über den Abschluss der Übereinkunft.

[2] ¹Mit Ausnahme der Übereinkünfte, die ausschließlich die Gemeinsame Außen- und Sicherheitspolitik betreffen, erlässt der Rat den Beschluss über den Abschluss der Übereinkunft

a) nach Zustimmung des Europäischen Parlaments in folgenden Fällen:

i) Assoziierungsabkommen;

ii) Übereinkunft über den Beitritt der Union zur Europäischen Konvention zum Schutz der Menschenrechte und Grundfreiheiten;

iii) Übereinkünfte, die durch die Einführung von Zusammenarbeitsverfahren einen besonderen institutionellen Rahmen schaffen;

iv) Übereinkünfte mit erheblichen finanziellen Folgen für die Union;

v) Übereinkünfte in Bereichen, für die entweder das ordentliche Gesetzgebungsverfahren oder, wenn die Zustimmung des Europäischen Parlaments erforderlich ist, das besondere Gesetzgebungsverfahren gilt.

²Das Europäische Parlament und der Rat können in dringenden Fällen eine Frist für die Zustimmung vereinbaren.

b) nach Anhörung des Europäischen Parlaments in den übrigen Fällen. ³Das Europäische Parlament gibt seine Stellungnahme innerhalb einer Frist ab, die der Rat entsprechend der Dringlichkeit festlegen kann. ⁴Ergeht innerhalb dieser Frist keine Stellungnahme, so kann der Rat einen Beschluss fassen.

(7) ¹Abweichend von den Absätzen 5, 6 und 9 kann der Rat den Verhandlungsführer bei Abschluss einer Übereinkunft ermächtigen, im Namen der Union Änderungen der Übereinkunft zu billigen, wenn die Übereinkunft vorsieht, dass diese Änderungen im Wege eines vereinfachten Verfahrens oder durch ein durch die Übereinkunft eingesetztes Gremium anzunehmen sind. ²Der Rat kann diese Ermächtigung gegebenenfalls mit besonderen Bedingungen verbinden.

(8) [1] Der Rat beschließt während des gesamten Verfahrens mit qualifizierter Mehrheit.

[2] ¹Er beschließt jedoch einstimmig, wenn die Übereinkunft einen Bereich betrifft, in dem für den Erlass eines Rechtsakts der Union Einstimmigkeit erforderlich ist, sowie bei Assoziierungsabkommen und Übereinkünften nach Artikel 212 mit beitrittswilligen Staaten. ²Auch über die Übereinkunft über den Beitritt der Union zur Europäischen Konvention zum Schutz der Menschenrechte und Grundfreiheiten beschließt der Rat einstimmig; der Beschluss zum Abschluss dieser Übereinkunft tritt in Kraft, nachdem die Mitgliedstaaten im Einklang mit ihren jeweiligen verfassungsrechtlichen Vorschriften zugestimmt haben.

(9) Der Rat erlässt auf Vorschlag der Kommission oder des Hohen Vertreters der Union für Außen- und Sicherheitspolitik einen Beschluss über die Aussetzung der Anwendung einer Übereinkunft und zur Festlegung der Standpunkte, die im Namen der Union in einem durch eine Übereinkunft eingesetzten Gremium zu vertreten sind, sofern dieses Gremium rechtswirksame Akte, mit Ausnahme von Rechtsakten zur Ergänzung oder Änderung des institutionellen Rahmens der betreffenden Übereinkunft, zu erlassen hat.

(10) Das Europäische Parlament wird in allen Phasen des Verfahrens unverzüglich und umfassend unterrichtet.

(11) ¹Ein Mitgliedstaat, das Europäische Parlament, der Rat oder die Kommission können ein Gutachten des Gerichtshofs über die Vereinbarkeit einer geplanten Übereinkunft mit den Verträgen einholen. ²Ist das Gutachten des Gerichtshofs ablehnend, so kann die geplante Übereinkunft nur in Kraft treten, wenn sie oder die Verträge geändert werden.

Literaturübersicht

Ankersmit, Requiring ›unity first‹ in relations with third states, European Law Blog, Oct. 20, 2014, http://europeanlawblog.eu/?p=2574 (20.9.2016); *Cremona*, Member States Agreements as Union Law, in: Cannizzaro/Palchetti/Wessel (eds.), International Law as Law of the European Union, 2012, S. 291; *Czuczai*, Mixity in Practice. Some Problems and Their (Real or Possible) Solution, in: Hillion/Koutrakos (eds.), Mixed Agreements Revisited: The EU Member States in the World, 2010, S. 231; *Dashwood*, Mixity in the Era of the Treaty of Lisbon, in: Hillion/Koutrakos (eds.), Mixed Agreements Revisited: The EU Member States in the World, 2010, S. 351; *Eeckhout*, EU External Relations Law, 2. Aufl., 2011; *Flaesch-Mougin,/Bosse-Platière*, L'application provisoire des accords de l'Union européenne, in: Govaere et al. (eds.), The European Union in the World. Essays in Honour of Marc Maresceau, 2014, S. 293; *Gatti/Manzini*, External Representation of the European Union in the Conclusion of International Agreements, CMLRev. 49 (2012), 1703; *Giegerich*, Internationale Standards – aus völkerrechtlicher Perspektive, in: Paulus u.a., Internationales, nationales und privates Recht: Hybridisierung der Rechtsordnungen?, 2014, S. 101; *ders.*, in: Dörr/Schmalenbach (eds.), Vienna Convention on the Law of Treaties, 2012, Art. 54; *ders.*, Wege zu einer vertieften Gemeinsamen Außen- und Sicherheitspolitik: Reparatur von Defiziten als »kleine Lösung«, in: Kadelbach (Hrsg.), Die Europäische Union am Scheideweg: mehr oder weniger Europa?, 2015, S. 135; *Heliskoski*, Adoption of Positions under Mixed Agreements (Implementation), in: Hillion/Koutrakos (eds.), Mixed Agreements Revisited: The EU Member States in the World, 2010, S. 138; *Hoffmeister*, Aktuelle Rechtsfragen in der Praxis der europäischen Außenhandelspolitik, ZEuS 16 (2013), 385; *ders.*, The Contribution of EU Practice to International Law, in: Cremona (ed.), New Developments in EU External Relations Law, 2008, S. 37; *ders.*, Curse or Blessing? Mixed Agreements in the Recent Practice of the European Union and its Member States, in: Hillion/Koutrakos (eds.), Mixed Agreements Revisited: The EU Member States in the World, 2010, S. 249; *Kerkemeyer*, Unionsrecht und internationales Investitionsschutzrecht auf Kollisionskurs, EuZW 2016, 10; *Koutrakos*, EU International Relations Law, 2nd ed. 2015; *ders.*, International Agreements in the Area of the EU's Common Security and Defence Policy, in: Cannizzaro/Palchetti/Wessel (eds.), International Law as Law of the European Union, 2012, S. 157; *Kuijper/Wouters/Hoffmeister/de Baere/Ramopoulos*, The Law of EU

External Relations, 2013; *Kumin/Bittner*, Die »gemischten« Abkommen zwischen der Europäischen Union und ihren Mitgliedstaaten einerseits und dritten Völkerrechtssubjekten andererseits, EuR-Beiheft 2/2012, 75; *MacLeod/Henry/Hyett*, The External Relations of the European Communities, 1996; *Möldner*, European Community and Union, Mixed Agreements, in: Wolfrum (ed.), MPEPIL, (online edition); *Monar*, The Rejection of the EU-US SWIFT Interim Agreement by the European Parliament, EFAR 15 (2010), 143; *Nowak/Masuhr*, »EU only«: Die ausschließlichen impliziten Außenkompetenzen der Europäischen Union, EuR 2015, 189; *Obwexer*, Die Vertragsschlusskompetenzen und die vertragsschlussbefugten Organe der Europäischen Union, EuR-Beiheft 2/2012, 49; *Olson*, Mixity from the Outside: the Perspective of a Treaty Partner, in: Hillion/Koutrakos (eds.), Mixed Agreements Revisited: The EU Member States in the World, 2010, S. 331; *Pautsch*, Der Abschluss des Comprehensive Economic and Trade Agreement (CETA) als »gemischtes Abkommen«, NVwZ 2016, 1294; *Ruffert*, Europarecht: Mitwirkung der EU in internationalen Organisationen, JuS 2015, 84; *Schütze*, European Community and Union, Party to International Agreements, in: Wolfrum (ed.), MPEPIL (online edition); *Schwichtenberg*, Die Kooperationsverpflichtung der Mitgliedstaaten der Europäischen Union bei Abschluss und Anwendung gemischter Verträge, 2014; *Verellen*, On hybrid decisions, mixed agreements and the limits of the new legal order, CMLRev. 53 (2016), 741; *Weiß*, Verfassungsanforderungen und Integrationsverantwortung bei beschließenden Vertragsorganen in Freihandelsabkommen, EuZW 2016, 286; *Wessel*, Cross-pillar Mixity: Combining Competences in the Conclusion of EU International Agreements, in: Hillion/Koutrakos (eds.), Mixed Agreements Revisited: The EU Member States in the World, 2010, S. 30

Leitentscheidungen

EuGH, Gutachten 1/75 vom 11.11.1975 (Stilllegungsfonds), Slg. 1975, 1355

EuGH, Urt. v. 14.7.1976, verb. Rs. 3/76, 4/76 u. 6/76 (Kramer), Slg. 1976, 1279

EuGH, Gutachten 1/78 vom 4.10.1979 (Naturkautschuk-Übereinkommen), Slg. 1979, 2871

EuGH, Urt. v. 5.5.1981, Rs. 804/79 (Kommission/Vereinigtes Königreich), Slg. 1981, 1045

EuGH, Urt. v. 30.9.1987, Rs. 12/86 (Demirel), Slg. 1987, 3719

EuGH, Urt. v. 22.10.1987, Rs. 314/85 (Foto-Frost), Slg. 1987, 4199

EuGH, Gutachten 1/91 vom 14.12.1991 (EWR I), Slg. 1991, I–6079

EuGH, Gutachten 1/92 vom 10.4.1992 (EWR II), Slg. 1992, I–2821

EuGH, Gutachten 2/91 vom 19.3.1993 (ILO-Konvention Nr. 170), Slg. 1992, I–1061

EuGH, Urt. v. 9.8.1994, Rs. C–327/91 (Frankreich/Kommission), Slg. 1994, I–3641

EuGH, Gutachten 1/94 vom 15.11.1994 (WTO), Slg. 1994, I–5267

EuGH, Gutachten 2/92 vom 24.3.1995 (OECD), Slg. 1995, I–521

EuGH, Urt. v. 30.3.1995, Rs. C–65/93 (Parlament/Rat), Slg. 1995, I–643

EuGH, Gutachten 3/94 vom 13.12.1995 (Rahmenübereinkommen über Bananen), Slg. 1995, I–4577

EuGH, Urt. v. 7.3.1996, Rs. C–360/93 (Vereinbarung über öffentliches Beschaffungswesen), Slg. 1996, I–1195

EuGH, Urt. v. 19.3.1996, Rs. C–25/94 (FAO), Slg. 1996, I–1469

EuGH, Gutachten 2/94 vom 28.3.1996 (EMRK-Beitritt I), Slg. 1996, I–1759

EuG, Urt. v. 22.1.1997, Rs. T–115/94 (Opel Austria), Slg. 1997, II–39

EuGH, Urt. v. 16.6.1998, Rs. C–162/96 (Racke), Slg. 1998, I–3655

EuGH, Urt. v. 8.7.1999, Rs. C–189/97 (Fischereiabkommen mit Mauretanien), Slg. 1999, I–4741

EuGH, Gutachten 2/00 vom 6.12.2001 (Protokoll von Cartagena), Slg. 2001, I–9713

EuGH, Urt. v. 23.3.2004, Rs. C–233/02 (Frankreich/Kommission), Slg. 2004, I–2759

EuGH, Urt. v. 14.7.2005, Rs. C–433/03 (Binnenschifffahrtsabkommen), Slg. 2005, I–9543

EuGH, Urt. v. 8.12.2005, Rs. C–220/03 (EZB/Deutschland), Slg. 2005, I–10595

EuGH, Urt. v. 10.1.2006, Rs. C–344/04 (IATA und ELFAA), Slg. 2006, I–403

EuGH, Gutachten 1/03 vom 7.2.2006 (Übereinkommen von Lugano), Slg. 2006, I–1145

EuGH, Urt. v. 30.5.2006, verb. Rs. C–317/04 u. C–318/04 (Fluggastdatensätze), Slg. 2006, I–4721

EuGH, Urt. v. 20.5.2008, Rs. C–91/05 (ECOWAS), Slg. 2008, I–3651

EuGH, Urt. v. 1.10.2009, Rs. C–370/07 (CITES), Slg. 2009, I–8917

EuGH, Urt. v. 12.2.2009, Rs. C–45/07 (Kommission/Griechenland), Slg. 2009, I–701

EuGH, Gutachten 1/08 vom 30.11.2009 (GATS), Slg. 2009, I–11129

EuGH, Urt. v. 20.4.2010, Rs. C–246/07 (Kommission/Schweden), Slg. 2010, I–3317

EuGH, Gutachten 1/09 vom 8.11.2011 (Übereinkommen zum einheitlichen Patentgerichtssystem), Slg. 2011, I–1137

EuGH, Urt. v. 19.7.2012, Rs. C–130/10 (Parlament/Rat), ECLI:EU:C:2012:472

EuG, Urt. v. 12. 9. 2013, Rs. T–331/11 (Besselink/Rat), ECLI:EU:T:2013:419
EuGH, Urt. v. 22. 10. 2013, Rs. C–137/12 (Kommission/Rat), ECLI:EU:C:2013:675
EuGH, Urt. v. 24. 6. 2014, Rs. C–658/11 (Seeräuberüberstellung I), ECLI:EU:C:2014:2025
EuGH, Urt. v. 3. 7. 2014, Rs. C–350/12 P (Rat/in't Veld), ECLI:EU:C:2014:2039
EuGH, Urt. v. 4. 9. 2014, Rs. C–114/12 (Kommission/Rat), ECLI:EU:C:2014:2151
EuGH, Urt. v. 7. 10. 2014, Rs. C–399/12 (Internationale Organisation für Rebe und Wein), ECLI:EU:C: 2014:2258
EuGH, Gutachten 1/13 vom 14. 10. 2014 (Haager Übereinkommen von 1980 über Kindesentführungen), ECLI:EU:C:2014:2303
EuGH, Gutachten 2/13 vom 18. 12. 2014 (EMRK-Beitritt II), ECLI:EU:C:2014:2454
EuGH, Urt. v. 18. 12. 2014, Rs. C–81/13 (Vereinigtes Königreich/Rat), ECLI:EU:C:2014:2449
EuGH, Urt. v. 28. 4. 2015, Rs. C–28/12 (Kommission/Rat), ECLI:EU:C:2015:282
EuGH, Urt. v. 16. 7. 2015, Rs. C–425/13 (Kommission/Rat), ECLI:EU:C:2015:483
EuGH, Urt. v. 14. 6. 2016, Rs. C–263/14 (Seeräuberüberstellung II), ECLI:EU:C:2016:435

Inhaltsübersicht

A. Horizontale Gewaltenteilung in der EU in Bezug auf Übereinkünfte

I. Einordnung und Textstufenentwicklung

Art. 216 AEUV regelt zusammen mit Art. 3 Abs. 2 AEUV die Verteilung der Verbands-   **1**
kompetenz auf (bzw. die vertikale Gewaltenteilung zwischen) EU und Mitgliedstaaten
in Bezug auf die Vertragsschließungsgewalt. Soweit die Union nach diesen Vorschriften
Übereinkünfte mit Drittländern oder internationalen Organisationen schließen kann,
legt der heutige Art. 218 AEUV dafür die Organzuständigkeit und das unionsinterne
Entscheidungsverfahren fest.

Im Verhältnis zu den zukünftigen Vertragspartnern richtet sich das Vertragsschlie-   **2**
ßungsverfahren nach den in den beiden Wiener Übereinkommen über das Recht der
Verträge von 1969 (WÜRV I)[1] und 1986 (WÜRV II)[2] kodifizierten Regeln des Völkergewohnheitsrechts.[3] Aus diesen ergibt sich auch, dass Verstöße gegen die Organzustän-
digkeiten die Wirksamkeit einer einmal geschlossenen Übereinkunft unberührt lassen,
falls sie nicht ausnahmsweise offenkundig gewesen sein sollte.[4] In der Unionspraxis
werden unter Verstoß gegen Art. 218 AEUV geschlossene Übereinkünfte daher als völkerrechtlich verbindlich behandelt; ggf. wird ihre Änderung bzw. Kündigung in Angriff
genommen.[5]

Die Organzuständigkeits- und Verfahrensregeln des Art. 218 AEUV sind sehr detail-   **3**
liert. Daran kann man die politische Bedeutung der Bestimmungen erkennen. Diese sind
für das institutionelle Gleichgewicht zwischen den Organen und mittelbar auch das
föderale Gleichgewicht zwischen Union (vertreten durch die Kommission und das Europäische Parlament) und Mitgliedstaaten (vertreten durch den Rat) in dem besonders
souveränitätsrelevanten Bereich der auswärtigen Gewalt wesentlich. Zugleich entscheiden sie den Grad der demokratischen Legitimität von EU-Übereinkünften, die ja
unionsintern nach Art. 216 Abs. 2 AEUV einen besonderen Rang einnehmen.[6] Ganz
entsprechend hat der EuGH Art. 218 AEUV als eine »allgemeine Bestimmung von
verfassungsmäßiger Bedeutung« bezeichnet.[7]

Art. 218 AEUV geht zurück auf Art. 228 Abs. 1 EWGV, der in seinem UAbs. 1 in   **4**
aller Kürze der Kommission die Befugnis zur Aushandlung von internationalen Abkommen zuwies. Die Abschlusskompetenz lag hingegen beim Rat, wenn auch »vorbehaltlich der Zuständigkeiten, welche die Kommission auf diesem Gebiet besitzt«. In allen
vertraglich eigens vorgesehenen Fällen hatte der Rat zuvor die Versammlung anzuhören. Schon damals bestanden Sondervorschriften für den Abschluss von Zoll- und Handelsabkommen in Art. 111, 113 und 114 EWGV. Art. 228 Abs. 1 UAbs. 2 EWGV führte
das nunmehr in Art. 218 Abs. 11 AEUV geregelte Gutachtenverfahren vor dem EuGH
ein, bei dem allerdings die Versammlung zunächst noch nicht antragsberechtigt war.

Der Vertrag von Maastricht von 1992 dehnte die Regelungen über die Organzustän-   **5**
digkeit und das unionsinterne Entscheidungsverfahren von einem auf sechs Absätze mit

---

[1] Wiener Übereinkommen über das Recht der Verträge vom 23.5.1969, BGBl. 1985 II S. 926.
[2] Wiener Übereinkommen über das Recht der Verträge zwischen Staaten und internationalen
Organisationen oder zwischen internationalen Organisationen vom 21.3.1986, BGBl. 1990 II S. 1414
(noch nicht in Kraft).
[3] *Schmalenbach*, in: Calliess/Ruffert, EUV/AEUV, Art. 218 AEUV, Rn. 3 ff.
[4] Vgl. den im WÜRV I und II weitgehend wortgleichen Art. 46.
[5] *Schmalenbach*, in: Calliess/Ruffert, EUV/AEUV, Art. 218 AEUV, Rn. 9 m. w. N.
[6] Vgl. *Eeckhout*, S. 193 f.
[7] EuGH, Urt. v. 16.7.2015, Rs. C–425/13 (Kommission/Rat), ECLI:EU:C:2015:483, Rn. 62.

teils mehreren Unterabsätzen aus. Die Grundzüge des heutigen Art. 218 AEUV wurden damit erkennbar. Der Vertrag von Amsterdam von 1997 erweiterte die Regelungen nochmals und verschob sie in Art. 300 Abs. 1–6 EGV. Der Vertrag von Nizza von 2001 brachte einzelne zusätzliche Änderungen und Ergänzungen. Der Entwurf eines Vertrages über eine Verfassung für Europa von 2004[8] enthielt in Art. III–325 dann bereits das Modell des heutigen Art. 218 AEUV, das mit wenigen Änderungen in den Vertrag von Lissabon übernommen wurde.[9]

6   Insbesondere die Beteiligungsrechte des Europäischen Parlaments an der Vertragsschließungsgewalt wurden im Laufe dieser Vertragsreformen kontinuierlich ausgeweitet,[10] so dass die auswärtige Gewalt der Union inzwischen in einem Maße parlamentarisiert ist, das demjenigen in den Mitgliedstaaten entspricht. Defizitär ist freilich nach wie vor die Beteiligung des Europäischen Parlaments an Übereinkünften, die ausschließlich die GASP betreffen. Dort wird es nicht einmal angehört, sondern nur kontinuierlich, unverzüglich und umfassend unterrichtet.[11] Diesen Bereich wollen die Regierungen der Mitgliedstaaten über den Rat weiterhin möglichst vollständig unter eigener Kontrolle halten.

7   Ergänzend tritt die Erklärung (Nr. 36) der Regierungskonferenz von Lissabon zu Artikel 218 des Vertrags über die Arbeitsweise der Europäischen Union über die Aushandlung und den Abschluss internationaler Übereinkünfte betreffend den Raum der Freiheit, der Sicherheit und des Rechts durch die Mitgliedstaaten hinzu.[12] Darin bestätigt die Konferenz das Recht der Mitgliedstaaten, Übereinkünfte mit Drittländern oder internationalen Organisationen in den Bereichen des Dritten Teils, Titel V, Kapitel 3 (justizielle Zusammenarbeit in Zivilsachen), 4 (justizielle Zusammenarbeit in Strafsachen) und 5 (polizeiliche Zusammenarbeit) auszuhandeln und zu schließen, sofern diese Übereinkünfte mit dem Unionsrecht im Einklang stehen. Diese Erklärung betrifft indessen die Verbandskompetenz und gehört daher eigentlich zu Art. 216 AEUV.

II.   Kodifikation mit Lex-generalis-Charakter (Abs. 1)

8   Schon aus dem Wortlaut seines Abs. 1 wird deutlich, dass Art. 218 AEUV nicht abschließend ist, sondern für Handelsabkommen durch die spezielleren Vorschriften in Art. 207 Abs. 3 und 4 AEUV und für Verkehrsabkommen durch Art. 207 Abs. 5 i. V. m. Art. 90 ff. AEUV teilweise überlagert wird. Soweit Art. 207 AEUV keine besonderen Bestimmungen enthält, ist Art. 218 AEUV aber auch auf Handels- und Verkehrsabkommen anwendbar. Weiterhin enthält Art. 219 AEUV Sondervorschriften für internationale Vereinbarungen über Wechselkurse, Währungs- und Devisenfragen. Von diesen ausdrücklich vorgesehenen Ausnahmen abgesehen vereinheitlicht der Artikel jedoch die Organzuständigkeits- und Verfahrensregeln für sämtliche Übereinkünfte der EU, einschließlich derjenigen im Bereich der GASP (Art. 37 EUV). Bis zum Inkrafttreten des Vertrags von Lissabon galten für GASP-Übereinkünfte diesbezüglich noch eigenständige Regelungen (Art. 24 a. F. EUV).[13]

---

[8] ABl. 2004, C 310.
[9] Eine wesentliche Änderung ist aber im Hinblick auf den EMRK-Beitritt der EU erfolgt (s. u. Rn. 103, 149 ff.).
[10] *Khan*, in: Geiger/Khan/Kotzur, EUV/AEUV, Art. 218 AEUV, Rn. 2.
[11] Art. 218 Abs. 6 UAbs. 2 Satz 1, Abs. 10 AEUV.
[12] ABl. 2007, C 306/261.
[13] *Terhechte*, in: Schwarze, EU-Kommentar, Art. 218 AEUV, Rn. 6.

In Bezug auf die Ziele des Art. 218 AEUV hat der EuGH darauf hingewiesen, »dass **9** dieser Artikel nach dem Inkrafttreten des Vertrags von Lissabon nunmehr, um Erfordernissen der Klarheit, der Kohärenz und der Rationalisierung zu genügen, ein einheitliches Verfahren von allgemeiner Geltung für die Aushandlung und den Abschluss internationaler Übereinkünfte vorsieht, für deren Abschluss die Union in ihren Tätigkeitsbereichen, einschließlich der GASP, zuständig ist, es sei denn, die Verträge sehen besondere Verfahren vor.«[14]

III. Anwendungsbereich

Der Anwendungsbereich von Art. 218 AEUV entspricht demjenigen von Art. 216 **10** AEUV: Beide Bestimmungen erfassen nur völkerrechtlich bindende Übereinkünfte mit dritten staatlichen und nichtstaatlichen Völkerrechtssubjekten ungeachtet der Vertragsart, des Vertragsinhalts und der Abschlussform, einschließlich des Beitritts zu internationalen Organisationen und der vertraglichen Einsetzung von Entscheidungsgremien und der Vereinbarung verbindlicher Streitbeilegungsmechanismen.[15] Soweit die EU mit einzelnen Mitgliedstaaten völkerrechtliche Verträge schließen kann, ist Art. 218 AEUV analog anzuwenden.[16] In Bezug auf einseitige Erklärungen der EU mit völkerrechtlicher Bindungswirkung bietet sich ebenfalls eine analoge Anwendung auch des Art. 218 AEUV an.[17]

Die klaren und detaillierten Verfahrensregeln des Art. 218 AEUV gelten für zum **11** internationalen Soft Law zählende politische Absprachen der EU mit dritten Völkerrechtssubjekten nicht direkt. Trotz der stetig wachsenden Bedeutung des internationalen Soft Law[18] wird dieses vom EU-Primärrecht ebenso stiefmütterlich behandelt wie von den meisten nationalen Verfassungen. Zu erwägen wäre eine analoge Anwendung des Art. 218 AEUV auf politische Absprachen, um das institutionelle Gleichgewicht zwischen den Organen auch insoweit zu wahren.[19] Im Beispielsfall des Kimberley-Prozesses zur Zertifizierung von Rohdiamanten (sog. »Konfliktdiamanten«) für Zwecke des internationalen Handels[20] war die EG über die Kommission an der zugrunde liegenden Interlaken Declaration von 2002[21] beteiligt, doch hatte die Kommission einen Vorbehalt eingelegt, um der für notwendig gehaltenen Entscheidung des Rats nicht vorzugreifen. Der Europäische Rat hatte schon 2001 seine Zustimmung zum Kimberley-Prozess signalisiert. Man mag in dem Verfahren eine Anlehnung an die damaligen Vorgaben für den Abschluss von Handelsabkommen (Art. 133 EGV) erblicken.[22] Noch

---

[14] EuGH, Urt. v. 24.6.2014, Rs. C–658/11 (Seeräuberüberstellung), ECLI:EU:C:2014:2025, Rn. 52.

[15] Siehe im Einzelnen meine Kommentierung zu Art. 216 AEUV, Rn. 52 ff. Weiterhin *Lorenzmeier*, in: Grabitz/Hilf/Nettesheim, EU, Art. 218 AEUV (März 2011), Rn. 10 f.

[16] Siehe im Einzelnen meine Kommentierung zu Art. 216 AEUV, Rn. 57 ff.

[17] Siehe im Einzelnen meine Kommentierung zu Art. 216 AEUV, Rn. 199 ff. Demgegenüber verneint das BVerfG eine analoge Anwendung des Art. 59 Abs. 2 GG auf nichtvertragliche Akte der Bundesregierung gegenüber fremden Völkerrechtssubjekten (BVerfGE 68, 1 [87 ff.]; 90, 286 [358]).

[18] Vgl. *Giegerich*, Internationale Standards, S. 101 ff.

[19] Ablehnend *Gatti/Manzini*, CMLRev. 49 (2012), 1732 f., die aus Art. 16 Abs. 1, Art. 17 Abs. 1 (und Art. 27 Abs. 2) EUV eine Entscheidungsbefugnis des Rates und eine Vertretungsbefugnis der Kommission bzw. des Hohen Vertreters, je nach GASP-Gehalt, ableiten.

[20] *Heilmann*, Kimberley Process, in: Wolfrum (ed.), MPEPIL, (online edition).

[21] Vom 5.11.2002, www.diamonds.net/Docs/MoralClarity/KP-InterlakenDeclaration-KPCS–1102.pdf (20.9.2016).

[22] *Arribas*, The European Union and the Kimberley Process, CLEER Working Papers 2014/3, S. 20 f., http://www.asser.nl/media/1645/cleer14-3_web.pdf (20.9.2016).

2002 erließ dann der Rat eine Verordnung zur Umsetzung des vereinbarten Zertifikationssystems.[23]

IV. Übergreifende Steuerungsfunktion des Rates (Abs. 2)?

12   Art. 218 Abs. 2 AEUV, der in den früheren Vertragsfassungen kein Vorbild hat, sondern erstmals in Art. III–227 Abs. 2 des Konventsentwurfs eines Vertrages über eine Verfassung für Europa[24] auftaucht, ist eigentlich überflüssig. Er hat keine andere Funktion, als gewissermaßen vor die Klammer gezogen zu unterstreichen, dass der Rat das Vertragsschließungsverfahren von der Aufnahme der Verhandlungen (vgl. im Einzelnen Art. 218 Abs. 3 AEUV) über die Festlegung von Verhandlungsrichtlinien (vgl. im Einzelnen Art. 218 Abs. 4 AEUV) und die Unterzeichnung (vgl. im Einzelnen Art. 218 Abs. 5 AEUV) bis zum Abschluss der Übereinkünfte (vgl. im Einzelnen Art. 218 Abs. 6 AEUV) dominiert. Dies entspricht dem aus der mitgliedstaatlichen Verfassungspraxis bekannten traditionellen Modell, nach dem die auswärtige Gewalt eine Domäne der Exekutive bildet. Indessen sind allenthalben Tendenzen zu einer stärkeren Parlamentarisierung des außenpolitischen Entscheidungsprozesses erkennbar und werden in jüngster Zeit auch zunehmend Forderungen nach Bürgerbeteiligung erhoben, insbesondere in Bezug auf die Verhandlungen mit Kanada und den USA über umfassende Freihandels- und Investitionsschutzabkommen (CETA und TTIP).

13   Auf Unionsebene entscheidet der Rat jedenfalls, wie die Detailregelungen in Art. 218 Abs. 3–6 AEUV zeigen, regelmäßig nicht allein, sondern im Zusammenwirken mit der Kommission, dem Hohen Vertreter der Union für Außen- und Sicherheitspolitik und/oder dem Europäischen Parlament. Ohne entsprechende Empfehlungen bzw. Vorschläge der Kommission bzw. des Hohen Vertreters kann der Rat auch in diesem Bereich nicht tätig werden und ohne Einbeziehung des Europäischen Parlaments in Form der Anhörung oder sogar Zustimmung in aller Regel nicht entscheiden. Im Hinblick darauf weckt Art. 218 Abs. 2 AEUV geradezu falsche Erwartungen, die in den folgenden Absätzen dann sogleich richtiggestellt werden. Er sollte auch deshalb gestrichen werden, weil er einen Ansatzpunkt für die unzeitgemäße Vorstellung bieten könnte, in Bezug auf internationale Übereinkünfte der EU sei im Zweifel der Rat zuständig bzw. hätten seine Vorstellungen Vorrang.

V. Institutionelles Gleichgewicht und Pflicht der Organe zur loyalen Zusammenarbeit (Art. 13 Abs. 2 EUV)

14   Das in Art. 13 Abs. 2 Satz 1 EUV festgelegte allgemeine Prinzip des institutionellen Gleichgewichts wird durch Art. 218 AEUV für den Bereich der Vertragsschließung zwischen den beteiligten Organen[25] in besonderer Weise austariert.[26] Entsprechend dem Grundsatz des Parallelismus der Innen- und Außenkompetenzen auf Verbandsebene, der Art. 216 AEUV prägt,[27] ist die Organbeteiligung an der Vertragsschließung in

---

[23] Verordnung (EG) Nr. 2368/2002 vom 20. 12. 2002 zur Umsetzung des Zertifikationssystems des Kimberley-Prozesses für den internationalen Handel mit Rohdiamanten (ABl. 2014, L 358/28).

[24] Vom 18. 7. 2003 (CONV 850/03).

[25] Dieser Begriff soll hier über die Definition des Art. 13 Abs. 1 Satz 2 EUV hinaus auch den Hohen Vertreter (Art. 18 EUV) einbeziehen.

[26] Vgl. GA *Sharpston*, Schlussanträge zu den verb. Rs. C–103/12 u. C–165/12 (Parlament und Kommission/Rat), ECLI:EU:C:2014:334, Rn. 116.

[27] Siehe meine Kommentierung zu Art. 216 AEUV, Rn. 3, 19, 29, 95, 128.

Art. 218 AEUV weitgehend (wenn auch nicht vollständig) parallel zur Organbeteiligung an der Beschlussfassung in unionsinternen Angelegenheiten ausgestaltet. Das gilt für die Initiativrechte der Kommission und des Hohen Vertreters, die Mehrheitsregeln im Rat und die Einbeziehung des Europäischen Parlaments.[28]

Der die vertikale Gewaltenteilung auch im Bereich der auswärtigen Gewalt bestim-   **15** mende Grundsatz der loyalen Zusammenarbeit zwischen Union und Mitgliedstaaten nach Art. 4 Abs. 3 EUV wird für Zwecke der horizontalen Gewaltenteilung zwischen den Organen in das Prinzip der loyalen Zusammenarbeit nach Art. 13 Abs. 2 Satz 2 EUV transformiert. Dieses allgemeine Prinzip beeinflusst als Hintergrundfolie auch die Interpretation der Zuständigkeits- und Verfahrensregeln des Art. 218 AEUV. Es darf jedoch nicht dazu missbraucht werden, dessen detaillierten Vorgaben zugunsten einer angeblich noch besseren Zusammenarbeit beiseite zu schieben.[29]

VI. Intertemporäres Recht

Das Verfahren von der Vorbereitung von Vertragsverhandlungen bis zum endgültigen   **16** Abschluss einer Übereinkunft durch die Union kann mehrere Jahre dauern. Wenn sich in dieser Zeit die primärrechtlichen Regelungen über die Verteilung der Verbands- und/oder Organkompetenz ändern, sind die nach dem Inkrafttreten dieser Änderung erfolgenden weiteren Schritte nach Maßgabe der neuen Rechtslage vorzunehmen.[30] Dies kann z. B. dazu führen, dass eine ursprünglich als gemischtes Abkommen geplante Übereinkunft letztlich als reine EU-Übereinkunft abgeschlossen werden muss, weil der EU die ausschließliche Verbandskompetenz in diesem Bereich übertragen worden ist. Ebenso kann sich ergeben, dass der Abschluss einer Übereinkunft nunmehr von der Zustimmung des Parlaments abhängt. Schließlich kann sich die Notwendigkeit ergeben, die in den Begründungserwägungen eines Ratsbeschlusses nach Art. 218 Abs. 5 AEUV aufgezählten vertraglichen Ermächtigungsgrundlagen im späteren Ratsbeschluss nach Art. 218 Abs. 6 AEUV durch die nunmehr einschlägigen zu ersetzen.[31]

B. Phase 1 (Vorbereitung der Verhandlungen): Verhandlungsmandat und Verhandlungsführer (Abs. 3)

I. Initiative durch Empfehlung statt Vorschlag

Die Verhandlungsphase beginnt damit, dass entweder die Kommission oder der Hohe   **17** Vertreter die Aufnahme von Verhandlungen empfiehlt, um zu einer geplanten Überein-kunft mit dritten Vertragspartnern zu gelangen (Art. 218 Abs. 3, 1. HS AEUV). Als

---

[28] Vgl. *Thym*, in: v. Bogdandy/Bast, Europäisches Verfassungsrecht, S. 460, der allerdings die Rolle des Europäischen Parlaments als abgeschwächt ansieht. Dies gilt nach Art. 218 Abs. 6 UAbs. 2 AEUV indessen nur für Übereinkünfte, die ausschließlich die GASP betreffen. An GASP-Beschlüssen ist das Parlament aber auch sonst nicht beteiligt (vgl. Art. 36 EUV, der von Art. 218 Abs. 10 AEUV für den Bereich der Übereinkünfte sogar noch übertroffen wird). Dazu jetzt EuGH, Urt. v. 24. 6. 2014, Rs. C–658/11 (Seeräuberüberstellung), ECLI:EU:C:2014:2025, Rn. 56.

[29] GA *Sharpston*, Schlussanträge zu Rs. C–114/12 (Kommission/Rat), ECLI:EU:C:2014:224, Rn. 195.

[30] *Obwexer*, EuR-Beiheft 2/2012, 65 ff.

[31] Vgl. z. B. den Ratsbeschluss vom 27. 10. 2009 (ABl. 2014, L 125/16) mit den beiden Beschlüssen vom 14. 4. 2014 (ABl. 2014, L 125/44 u. 2010, L 125/46).

Empfehlung ist eine solche Initiative der Kommission und/oder des Hohen Vertreters nach Art. 288 Abs. 5 AEUV[32] für den Rat nicht verbindlich. Vielmehr liegt es im politischen Ermessen des Rates, ob er zur Aufnahme von Verhandlungen ermächtigt.[33] Regelmäßig gehen ihr informelle Kontakte mit dem potentiellen Vertragspartner voraus, um dessen Kontrahierungsbereitschaft zu erkunden.[34] Derartige Sondierungsgespräche werden je nach der Materie von der Kommission oder dem Hohen Vertreter im eigenen Ermessen geführt, ohne dass dafür eine Ermächtigung seitens des Rates erforderlich wäre.[35]

18   Die Initiative erfolgt bei Art. 218 AEUV in Form einer Empfehlung der Kommission oder des Hohen Vertreters, nicht – wie sonst üblich – eines Vorschlags,[36] wie ihn im Übrigen auch Art. 218 Abs. 5, 6 und 9 AEUV im weiteren Verlauf des Vertragsschließungsverfahrens vorsehen. Die Wortwahl erfolgte also offensichtlich bewusst. Deshalb ist fraglich, ob eine solche Empfehlung der Kommission den Regeln des Art. 293 AEUV unterliegt.[37] Danach kann der Rat, wenn er auf Vorschlag der Kommission tätig wird, diesen nur einstimmig abändern (Art. 293 Abs. 1 AEUV). Umgekehrt kann die Kommission ihren Vorschlag solange ändern und auch zurücknehmen,[38] bis ein Ratsbeschluss ergangen ist (Art. 293 Abs. 2 AEUV). Für Initiativen des Hohen Vertreters existieren keine entsprechenden Vorschriften.

19   Einerseits würde das dem institutionellen Gleichgewicht dienende Initiativrecht illusorisch, wenn der Rat sich ohne weiteres über den Inhalt solcher Empfehlungen hinwegsetzen könnte. Andererseits wäre es eigenartig, wenn der Rat im Rahmen des Art. 218 Abs. 3 AEUV an Kommissionsempfehlungen infolge einer direkten oder analogen Anwendung des Art. 293 Abs. 1 AEUV stärker gebunden wäre als an Empfehlungen des Hohen Vertreters. Es spricht in diesem frühen Verfahrensstadium also mehr gegen die (analoge) Anwendung des Art. 293 AEUV und für ein Höchstmaß an Freiheit des Rates, zumal dieser ja im weiteren Verfahrensverlauf gemäß Art. 218 Abs. 5, 6 AEUV auf Vorschläge des Verhandlungsführers angewiesen bleibt. In der Praxis behält sich die Kommission allerdings vor, ihre Empfehlungen zurückzunehmen, um den Rat an der Verabschiedung eines Verhandlungsmandats mit unwillkommenem Inhalt zu hindern.[39]

20   Während nach Art. 241 AEUV der Rat und nach Art. 225 AEUV das Europäische Parlament die Kommission zur Unterbreitung erwünschter Vorschläge auffordern können, sehen die Verträge eine entsprechende Befugnis gegenüber dem Hohen Vertreter nicht vor. Für die in Art. 218 Abs. 3 AEUV vorgeschriebenen Empfehlungen gelten Art. 241, 225 AEUV ohnedies nicht unmittelbar. Der Rat ist hier infolgedessen von den Empfehlungen der Kommission oder des Hohen Vertreters abhängig, ohne auf vertraglich ausdrücklich vorgesehene Weise dazu einen Anstoß geben zu können. Auch dem

---

[32] Demgegenüber stuft *Mögele*, in: Streinz, EUV/AEUV, Art. 218 AEUV, Rn. 3, Fn. 4, die Empfehlungen als einen Verfahrensakt und keinen Rechtsakt im Sinne von Art. 288 AEUV ein.

[33] Eine Verpflichtung des Rates ergibt sich auch nicht aus der englischen Fassung von Art. 218 Abs. 3 AEUV (»shall«): *Eeckhout*, S. 197.

[34] *Mögele*, in: Streinz, EUV/AEUV, Art. 218 AEUV, Rn. 3.

[35] *Bungenberg*, in: GSH, Europäisches Unionsrecht, Art. 218 AEUV, Rn. 35.

[36] Art. 17 Abs. 2, Art. 27 Abs. 1 und Art. 30 Abs. 1 EUV.

[37] Dafür GA *Sharpston*, Schlussanträge zu den verb. Rs. C–103/12 u. C–165/12 (Parlament und Kommission/Rat), ECLI:EU:C:2014:334, Rn. 193 ff.; dagegen *Mögele*, in: Streinz, EUV/AEUV, Art. 218 AEUV, Rn. 5.

[38] *Gellermann*, in: Streinz, EUV/AEUV, Art. 293 AEUV, Rn. 17.

[39] Vgl. *Koutrakos*, EU International Relations Law, S. 141 f.

Parlament fehlt eine derartige geschriebene Kompetenz allgemeiner Art.[40] Es hat allerdings im Bereich der GASP die Möglichkeit, Empfehlungen an den Hohen Vertreter zu richten (Art. 36 Abs. 2 EUV); diese könnten sich auch auf den zukünftigen Abschluss von GASP-Übereinkünften (Art. 37 EUV) beziehen. Davon abgesehen sind dem Rat und dem Parlament im Einklang mit dem Grundsatz der begrenzten Einzelermächtigung (Art. 5 Abs. 2 EUV) mehr als informelle Fingerzeige an die zuständigen Initiatoren nach alledem nicht gestattet.

II. Empfehlungszuständigkeiten

Zuständig zur Vorlage einer Empfehlung zur Aufnahme von Vertragsverhandlungen ist **21** in erster Linie die Kommission. Wenn sich die geplante Übereinkunft allerdings ausschließlich oder hauptsächlich auf die GASP bezieht, so muss der Hohe Vertreter die Empfehlung machen. Bei einem bloß erheblichen, aber nicht überwiegenden GASP-Anteil bleibt es bei der Zuständigkeit der Kommission.[41] Ob sich eine geplante Übereinkunft ausschließlich oder hauptsächlich auf die GASP bezieht, kann schwierig zu bestimmen und dementsprechend umstritten sein.[42] Allerdings wird die Stellung des Hohen Vertreters als Vizepräsident der Kommission, der für die Kohärenz des auswärtigen Handelns der Kommission zu sorgen hat,[43] in der Praxis gewährleisten, dass entsprechende Schwierigkeiten frühzeitig intern bereinigt werden.[44]

Hat die Übereinkunft GASP- und Nicht-GASP-Anteile, ohne dass die ersteren über- **22** wiegen, müsste die Empfehlung konsequenter Weise von der Kommission und dem Hohen Vertreter gemeinsam ausgehen.[45] Ein in den Europäischen Konvent eingebrachter Vorschlag des Präsidiums zur auswärtigen Gewalt zum Vertrag über eine Verfassung für Europa hatte diese Möglichkeit in der Tat vorgesehen.[46] Dieser Vorschlag war aber in Art. III–227 Abs. 3 des Konventsentwurfs, dem Urbild des heutigen Art. 218 Abs. 3 AEUV, nicht übernommen worden. Deshalb spricht mehr dafür, dass eine gemeinsame Empfehlung von Kommission und Hohem Vertreter nach heutiger Vertragslage nicht zulässig ist.[47] Die Konsequenz besteht darin, dass der Kommission in allen Fällen, in denen nicht der Hohe Vertreter zuständig ist, die Initiative zusteht, also auch dann, wenn die geplante Übereinkunft erhebliche, aber keine überwiegenden GASP-Anteile hat.

---

[40] Es erscheint angesichts des auch für die Organe geltenden Prinzips der begrenzten Einzelermächtigung (Art. 13 Abs. 2 Satz 1 EUV) zweifelhaft, ob man darüber unter Berufung auf ein ungeschriebenes allgemeines Selbstbefassungsrecht des Parlaments hinwegkommt (in diese Richtung geht *Lorenzmeier*, in: Grabitz/Hilf/Nettesheim, EU, Art. 218 AEUV(März 2011) Rn. 50).

[41] *Dashwood*, Mixed Agreements Revisited, S. 354: »presumably«.

[42] *Koutrakos*, International Agreements in the Area of the EU's Common Security and Defence policy, S. 157 (162 ff.). Vgl. als Beispiel EuGH, Urt. v. 20. 5. 2008, Rs. C–91/05 (ECOWAS), Slg. 2008, I–3651, Rn. 64 ff.

[43] Art. 18 Abs. 4 EUV.

[44] *Koutrakos*, International Agreements in the Area of the EU's Common Security and Defence policy, S. 163 f.; *Hummer*, in: Vedder/Heintschel v. Heinegg, Europäisches Unionsrecht, Art. 218 AEUV, Rn. 14.

[45] Vgl. die Parallele bei der GASP in Art. 22 Abs. 2, Art. 30 Abs. 1, 3. Var. EUV. Diese Bestimmungen sind wegen der insoweit abschließenden Kodifikation des Vertragsschließungsverfahrens durch Art. 218 AEUV (s. o. Rn. 9) hier aber nicht anwendbar.

[46] Art. 33 Abs. 3 Satz 2 des Documents du Praesidium: projet d'articles du traité constitutionnel sur l'action extérieure (CONV 685/03 vom 23. 4. 2003, S. 66) http://www.cvce.eu/content/publication/2013/8/2/e7b32f76–e714-453b–89c2-d40cc1eb3c9d/publishable_fr.pdf (20. 9. 2016).

[47] So *Koutrakos*, International Agreements in the Area of the EU's Common Security and Defence policy, S. 164. Anders *Schütze*, in: MPEPIL, Rn. 21.

23   Als Vizepräsident der Kommission ist der Hohe Vertreter aber in jedem Fall an der Empfehlung beteiligt. Auch wenn er kein eigenständiges Unionsorgan ist und daher in seinem Verhältnis zur Kommission keine unmittelbare Pflicht zur loyalen Zusammenarbeit nach Art. 13 Abs. 2 Satz 2 EUV besteht, unterliegt es im Hinblick auf Art. 18 Abs. 4, Art. 21 Abs. 3 UAbs. 2 EUV keinem Zweifel, dass Hoher Vertreter und Kommission im Verfahren des Art. 218 AEUV loyal miteinander und mit dem Rat und dem Europäischen Parlament zusammenarbeiten müssen.[48]

III.   Ratsentscheidung über Verhandlungsermächtigung ohne Parlamentsbeteiligung

24   Der von Art. 218 Abs. 3 AEUV verlangte förmliche Beschluss des Rates,[49] der üblicherweise nicht veröffentlicht wird,[50] stellt eine Entscheidung im Sinne von Art. 288 Abs. 4 AEUV dar.[51] Allein der Rat ist zur Erteilung einer Verhandlungsermächtigung etc. für die EU befugt. Dies gilt auch insoweit, als es um die Aushandlung des EU-Teils eines gemischten Abkommens geht. In diesem Fall ist es daher unzulässig, die Ermächtigung in einem gemischten (hybriden) Beschluss des Rates und der im Rat vereinigten Vertreter der Regierungen der Mitgliedstaaten gleichzeitig der Kommission für die EU und dem Ratsvorsitz für die Mitgliedstaaten zu geben.[52]

25   Nach Art. 218 Abs. 8 AEUV, der für alle Ratsentscheidungen im Laufe des Vertragsschließungsverfahrens gilt, ist schon für den Ratsbeschluss über die Verhandlungsermächtigung dieselbe Mehrheit erforderlich wie für den endgültigen Vertragsschluss.[53] Das bedeutet zugleich, dass schon in diesem allerersten Verfahrensabschnitt die vertragliche Ermächtigungsgrundlage für das Tätigwerden der Union identifiziert werden muss, welche die Mehrheitserfordernisse festlegt.[54]

26   Das Europäische Parlament wirkt in diesem Verfahrensstadium nicht mit, selbst wenn es um eine Übereinkunft geht, die letztlich seiner Zustimmung bedarf.[55] Allerdings muss es nach Art. 218 Abs. 10 AEUV, der ausdrücklich für alle Phasen des Vertragsschließungsverfahrens gilt, schon über die Empfehlung der Kommission bzw. des Hohen Vertreters und dann über die daraufhin ergehende Ratsentscheidung betreffend die Aufnahme von Verhandlungen informiert werden.[56]

---

[48] *Mögele*, in: Streinz, EUV/AEUV, Art. 218 AEUV, Rn. 4.

[49] Vgl. *Bungenberg*, in: GSH, Europäisches Unionsrecht, Art. 218 AEUV, Rn. 37.

[50] Beispiel eines solchen Ratsbeschlusses vom 6. 3. 2012 bei *Kuijper/Wouters/Hoffmeister/de Baere/Ramopoulos*, S. 75 f.

[51] GA *Sharpston*, Schlussanträge zu Rs. C–114/12 (Kommission/Rat), ECLI:EU:C:2014:224, Rn. 173. Vgl. auch *Lorenzmeier*, in: Grabitz/Hilf/Nettesheim, EU, Art. 218 AEUV (März 2011), Rn. 25.

[52] GA *Sharpston*, Schlussanträge zu Rs. C–114/12 (Kommission/Rat), ECLI:EU:C:2014:224, Rn. 170 ff. Der EuGH hat den gemischten Beschluss wegen Verstoßes gegen Art. 3 Abs. 2 AEUV für nichtig erklärt, ohne auf die ebenfalls gerügten Verstöße gegen Art. 218 AEUV einzugehen (ECLI:EU:C:2014:2151). Zur entsprechenden Frage bei Art. 218 Abs. 5 AEUV s. u. Rn. 60 ff.

[53] *Müller-Ibold*, in: Lenz/Borchardt, EU-Verträge, Art. 218 AEUV, Rn. 2; *Eeckhout*, S. 197.

[54] *Schmalenbach*, in: Calliess/Ruffert, EUV/AEUV, Art. 218 AEUV, Rn. 12.

[55] *Müller-Ibold*, in: Lenz/Borchardt, EU-Verträge, Art. 218 AEUV, Rn. 2.

[56] In der Rahmenvereinbarung über die Beziehungen zwischen dem Europäischen Parlament und der Europäischen Kommission vom 20. 10. 2010 (ABl. 2010, L 304/47) ist ausdrücklich vorgesehen, dass die Kommission das Parlament über ihre Absicht, die Einleitung von Verhandlungen zu internationalen Übereinkünften vorzuschlagen, gleichzeitig mit dem Rat unterrichtet (Ziff. 23 i. V. m. Anhang III Ziff. 1).

Das Parlament hat inzwischen deutlich gemacht, dass es eine Übereinkunft nicht **27** einfach »durchwinken« wird, wenn es deren Inhalt nicht gutheißt.[57] Deshalb empfiehlt es sich, die parlamentarischen Vorstellungen schon bei den Verhandlungen gebührend zu berücksichtigen. Beispielsweise erzwang das Parlament die Neuverhandlung eines Abkommens der EU mit den USA über die Verarbeitung von Zahlungsverkehrsdaten und deren Übermittlung aus der EU an die USA für die Zwecke des Programms zum Aufspüren der Finanzierung des Terrorismus[58] und eines Abkommens zwischen den USA und der EU über die Verwendung von Fluggastdatensätzen und deren Übermittlung an das U. S. Department of Homeland Security.[59]

Gegen einen auf Art. 218 Abs. 3 AEUV gestützten Ermächtigungsbeschluss des Rates **28** kann nach Maßgabe des Art. 263 AEUV Nichtigkeitsklage erhoben werden, da er u. a. wegen der Identifikation der materiellen Ermächtigungsgrundlage für den zukünftigen Vertragsschluss Rechtswirkungen im Verhältnis zwischen der Union und den Mitgliedstaaten sowie zwischen den Organen entfaltet.[60]

IV. Benennung des Verhandlungsführers oder Leiters des Verhandlungsteams

Wem das Verhandlungsmandat erteilt (d. h. die Verhandlungsführung übertragen) wird, **29** hängt nach dem Wortlaut des Art. 218 Abs. 3 AEUV vom »Gegenstand der geplanten Übereinkunft« ab. Der Regelungszusammenhang des Absatzes legt nahe, darauf abzustellen, wer die Kompetenz hat, die Aufnahme von Verhandlungen zu empfehlen.[61] Die vorausliegende Empfehlung enthält auch einen Vorschlag zur Übertragung der Verhandlungsführung bzw. zur Bestimmung des Leiters des Verhandlungsteams.

Mandatiert wird danach in der Regel die Kommission (1. Variante), wenn die geplante **30** Übereinkunft sich nicht ausschließlich oder hauptsächlich auf die GASP bezieht.[62] Die konkreten Verhandlungen werden dann von einer Delegation hoher Kommissionsbeamter geführt.[63] Bezieht sich die Übereinkunft hingegen ausschließlich oder hauptsächlich auf die GASP (2. Variante), überträgt der Rat die Verhandlungsführung auf den Hohen Vertreter. Für diesen verhandelt dann eine Delegation des Europäischen Auswärtigen Dienstes (EAD).[64] Bezieht sich die Übereinkunft gar nicht auf die GASP, kann der Rat die Verhandlungsführung nur der Kommission übertragen; bezieht sie sich ausschließlich auf die GASP, nur auf den Hohen Vertreter. Alles andere wäre in diesen eindeutigen Fällen unvertretbar.

---

[57] *Eeckhout*, S. 199.

[58] Vgl. den Ratsbeschluss über die Unterzeichnung der ersten Version des Abkommens vom 30.11.2009 (ABl. 2010, L 8/9) und die Ratsbeschlüsse über die Unterzeichnung und den Abschluss der endgültigen Version des Abkommens vom 28.6./13.7.2010 (ABl. 2013, L 195/1). Siehe *Eeckhout*, S. 199).

[59] Vgl. den Ratsbeschluss über die Unterzeichnung der ersten Version des Abkommens vom 23.7.2007 (ABl. 2007, L 204/18) und die Ratsbeschlüsse über die Unterzeichnung und den Abschluss der endgültigen Version des Abkommens vom 13.12.2011./26.4.2012 (ABl. 2012, L 215/1).

[60] EuGH, Urt. v. 4.9.2014, Rs. C–114/12 (Kommission/Rat), ECLI:EU:C:2014:2151, Rn. 38 ff.

[61] *Dashwood*, Mixed Agreements Revisited, S. 351 (354 f.); *Koutrakos*, International Agreements in the Area of the EU's Common Security and Defence policy, S. 164; *Mögele*, in: Streinz, EUV/AEUV, Art. 218 AEUV, Rn. 6.

[62] Nach der Sonderregelung in Art. 207 Abs. 3 UAbs. 2 AEUV ist für Aushandlung von Handelsabkommen stets die Kommission zu ermächtigen.

[63] *Lorenzmeier*, in: Grabitz/Hilf/Nettesheim, EU, Art. 218 AEUV (März 2011), Rn. 27 m.w.N.

[64] Vgl. Art. 27 Abs. 3 EUV.

31   Ansonsten ist der Rat aber nicht strikt festgelegt, sondern hat einen Ermessensspielraum, den ihm insbesondere die 3. Variante gewährt. Danach kann auch ein Verhandlungsteam aus Kommission und Hohem Vertreter gebildet werden.[65] Diese Variante ist immer dann einschlägig, wenn die geplante Übereinkunft GASP- und Nicht-GASP-Anteile enthält. In einem solchen Fall hat der Rat ein Ermessen darüber, ob ein Verhandlungsteam gebildet und wer zu dessen Leiter bestimmt wird. Dafür kommen nur die Kommission oder der Hohe Vertreter in Frage, da allein diese mit der Verhandlungsführung betraut werden dürfen.[66] Die Teamleitung richtet sich naheliegender Weise danach, wo der Schwerpunkt der Übereinkunft liegt: Hat sie einen GASP-Schwerpunkt, so ist (im Einklang mit Art. 27 Abs. 2 EUV) der Hohe Vertreter zum Leiter zu bestimmen; hat sie einen Nicht-GASP-Schwerpunkt, die Kommission (im Einklang mit Art. 17 Abs. 1 Satz 6 EUV).[67]

32   Der Rat kann nach seinem Ermessen aber auch in diesen Fällen das Verhandlungsmandat entweder nur der Kommission oder nur dem Hohen Vertreter erteilen, wenn der jeweilige GASP-Anteil oder Nicht-GASP-Anteil als so wenig bedeutsam erscheint, dass er die Bildung eines Verhandlungsteams nicht rechtfertigt.[68] Zu beachten ist jedenfalls, dass nach Art. 207 Abs. 3 UAbs. 2 AEUV immer dann, wenn die Übereinkunft einen Handelsteil aufweist, jedenfalls dieser durch die Kommission ausgehandelt werden muss.[69]

33   Richtet der Rat ein Verhandlungsteam mit einem Leiter ein, so fragt sich, wer für die Zwecke der folgenden Absätze des Art. 218 AEUV der »Verhandlungsführer« und damit etwa zuständig ist, die dort verlangten Vorschläge zu machen: das Verhandlungsteam insgesamt oder nur sein Leiter? Der Vertrag regelt dies nicht und enthält auch keine Bestimmungen zur internen Zusammenarbeit zwischen der Kommissionsseite und der EAD-Seite des Verhandlungsteams. Angesichts der Stellung des Hohen Vertreters als Vizepräsident der Kommission, der für die Kohärenz des auswärtigen Handelns der Union zu sorgen hat[70] und auch den Kommissionsanteil der auswärtigen Gewalt der EU betreut,[71] sowie des Umstandes, dass auch der Europäische Auswärtige Dienst teilweise aus Kommissionsbediensteten besteht, dürfte die praktische Kooperation innerhalb eines Verhandlungsteams gut funktionieren. Es steht daher nichts entgegen, den jeweiligen Leiter eines solchen Teams als den »Verhandlungsführer« einzustufen, der stellvertretend für das Verhandlungsteam die Befugnisse der Abs. 5–7 wahrnimmt.

---

[65] Dieser Variante würde eigentlich eine gemeinsame Empfehlung der Kommission und des Hohen Vertreters entsprechen, die jedoch nicht zulässig ist (s. o. Rn. 22).

[66] *Gatti/Manzini*, CMLRev. 49 (2012), 1708 f. Anders *Kadelbach*, EnzEuR, Bd. 10, § 4, Rn. 49, der es auch für zulässig hält, den EAD, den Ratsvorsitz oder Mitgliedstaaten zu betrauen. Auch *Bungenberg*, in: GSH, Europäisches Unionsrecht, Art. 218 AEUV, Rn. 52, meint, der Verhandlungsführer der Union könne frei bestimmt werden.

[67] *Koutrakos*, International Agreements in the Area of the EU's Common Security and Defence policy, S. 165.

[68] Vgl. als Beispiel den Beschluss des Rates vom 17. 3. 2014 über die Unterzeichnung und die vorläufige Anwendung des Assoziierungsabkommens zwischen der EU, der EAG und ihren Mitgliedstaaten einerseits und der Ukraine andererseits im Namen der EU hinsichtlich der Präambel, Art. 1 und der Titel I, II und VII des Abkommens (ABl. 2015, L 161/1): Aus Ziff. 1 der Begründungserwägungen geht hervor, dass der Rat das Verhandlungsmandat allein der Kommission erteilt hatte. Dennoch beruht der Ratsbeschluss sowohl auf einer GASP-Grundlage (Art. 31 Abs. 1, Art. 37 EUV) als auch einer Nicht-GASP-Grundlage (Art. 217 AEUV).

[69] *Eeckhout*, S. 197.

[70] Art. 17 Abs. 4 EUV.

[71] Vgl. *Schmalenbach*, in: Calliess/Ruffert, EUV/AEUV, Art. 218 AEUV, Rn. 10.

V. Ermächtigung zur Paraphierung als Teil des Verhandlungsmandats

Im völkerrechtlichen Vertragsschließungsverfahren kann es vor der endgültigen Fest-   **34**
legung des Vertragstextes durch die Unterzeichnung zu seiner vorläufigen Festlegung
durch die Paraphierung seitens der Verhandlungsführer kommen.[72] Die Paraphierung,
bei der die Verhandlungsführer jede Seite des ausgehandelten Vertragstextes mit ihrer
Paraphe authentifizieren, ist allerdings fakultativ.[73] Sie begründet auch noch keinerlei
völkerrechtliche Bindung der Verhandlungspartner.[74] Wenn diese Zwischenstage in Bezug auf eine Übereinkunft der EU stattfinden soll, umfasst das Verhandlungsmandat der
Kommission oder des Hohen Vertreters die Befugnis zur Paraphierung mit.[75] Das Europäische Parlament wird nach Art. 218 Abs. 10 AEUV auch über eine bevorstehende
Paraphierung »unverzüglich und umfassend unterrichtet«.[76]

VI. Sonderfall gemischte Verträge

Bei gemischten Verträgen muss eine Doppelmandatierung durch einen Ratsbeschluss   **35**
nach Art. 218 Abs. 3 AEUV und einen gleichzeitigen (aber getrennten)[77] Beschluss der
im Rat vereinigten Vertreter der Regierungen der Mitgliedstaaten auf völkerrechtlicher
Grundlage erfolgen.[78] In einigen Fällen ist aber bis zum Abschluss der Verhandlungen
unklar und/oder umstritten, ob eine geplante Übereinkunft als gemischtes Abkommen
geschlossen werden darf oder soll, vor allem weil dies von ihrem konkreten Inhalt
abhängt.[79] Für Zwecke des Unionsrechts muss die EU auf jeden Fall über die Kommission und/oder den Hohen Vertreter ständig in die Verhandlungsführung einbezogen
sein. Die Mitgliedstaaten können ihrerseits, wenn der Unionsanteil überwiegt, der Kommission ein Verhandlungsmandat erteilen. Um ihre indirekte Einbeziehung von Anfang
an zu gewährleisten, kann der Rat einen Sonderausschuss nach Art. 218 Abs. 4 AEUV
bestellen, mit dem die Kommission sich ins Benehmen zu setzen hat.[80]

Ob eine solche indirekte Beteiligung der Mitgliedstaaten genügt, ist allerdings frag-   **36**
lich, und zwar nicht nur aus Sicht des jeweiligen mitgliedstaatlichen Verfassungsrechts,
sondern auch des Unionsrechts. Der EuGH hat nämlich schon früh festgestellt, dass die

---

[72] Vgl. Art. 10 Buchst. b WÜRV I, Art. 10 Abs. 1 Buchst. b, Abs. 2 Buchst. b WÜRV II.

[73] *Dahm/Delbrück/Wolfrum*, Völkerrecht, Band I/3, 2002, S. 550.

[74] *Gatti/Manzini*, CMLRev. 49 (2012), 1723 f.

[75] *Lorenzmeier*, in: Grabitz/Hilf/Nettesheim, EU, Art. 218 AEUV (März 2011), Rn. 33; *Eeckhout*,
S. 199. Beispiel bei *Hoffmeister*, in: Dörr/Schmalenbach (eds.), Vienna Convention on the Law of
Treaties, 2012, Art. 10, Rn. 9.

[76] Vgl. Ziff. 23, 24 der Rahmenvereinbarung über die Beziehungen zwischen dem Europäischen
Parlament und der Kommission vom 20.10.2010 i.V.m. Ziff. 4–7 des Anhangs III (ABl. 2010, L
304/47).

[77] Zur Unzulässigkeit gemischter Mandatierungsbeschlüsse des Rates und der im Rat vereinigten
Vertreter der Regierungen der Mitgliedstaaten s.o. Rn. 24.

[78] *Mayer*, Stellt das geplante Freihandelsabkommen der EU mit Kanada (Comprehensive Economic and Trade Agreement, CETA) ein gemischtes Abkommen dar? Rechtsgutachten vom
28.8.2014, S. 25, http://www.bmwi.de/BMWi/Redaktion/PDF/C-D/ceta-gutachten-einstufung-als-
gemischtes-abkommen,property=pdf,bereich=bmwi2012,sprache=de,rwb=true.pdf (20.9.2016).

[79] Ein solcher Streit bestand z.B. lange in Bezug auf CETA und TTIP. Vgl. *Pautsch*, NVwZ 2016,
1294.

[80] *Lorenzmeier*, in: Grabitz/Hilf/Nettesheim, EU, Art. 218 AEUV (März 2011), Rn. 30. Ausgehandelt wurde CETA und wird TTIP von der Kommission, allerdings in enger Zusammenarbeit mit
dem sog. »207er-Ausschuss« (Trade Policy Committee) des Rates nach Art. 207 Abs. 3 UAbs. 3
AEUV, so dass die Mitgliedstaaten indirekt kontinuierlich beteiligt waren und sind.

E(W)G/EU europarechtlich verpflichtet sei, die Beteiligung der Mitgliedstaaten an der Aushandlung einer Übereinkunft so lange zuzulassen, bis definitiv feststeht, dass diese den Charakter einer reinen EU-Übereinkunft haben wird.[81] Gemeint ist damit offenbar eine direkte Verhandlungsbeteiligung.

37   Das Verhandlungsmandat für den Unionsanteil an geplanten gemischten Abkommen richtet sich nach den für reine EU-Übereinkünfte geltenden Regeln.[82] Sind also GASP- und Nicht-GASP-Materien enthalten, muss der Rat auch hier eine Entscheidung darüber treffen, ob die Kommission oder der Hohe Vertreter zum Verhandlungsführer bzw. Leiter eines Verhandlungsteams bestellt wird.

38   Für den mitgliedstaatlichen Anteil geht das durch die Vertreter der Regierungen der Mitgliedstaaten erteilte Mandat teilweise an den Ratsvorsitz.[83] Teilweise werden getrennte Delegationen zu den Verhandlungen entsandt. Es kommt auch vor, dass die Mitgliedstaaten die Kommission auf der Grundlage eines Beschlusses der im Rat vereinigten Vertreter der Regierungen der Mitgliedstaaten für sich mitverhandeln lassen, in deren Delegation dann regelmäßig ein Vertreter des Ratsvorsitzes oder mehrere Mitgliedstaatenvertreter aufgenommen wird/werden.[84] Schließlich kann nach der Rom-Formel eine gemeinsame Verhandlungsdelegation aus Vertretern der Kommission und der Mitgliedstaaten unter Leitung der Kommission gebildet werden.[85] In solchen Fällen werden zuvor Verhaltensregeln festgelegt, um die von Art. 4 Abs. 3 EUV vorgeschriebene loyale Zusammenarbeit[86] innerhalb der gemischten Verhandlungsdelegation und die Einheitlichkeit der völkerrechtlichen Vertretung der Union zu gewährleisten.[87] Aber wenn die Kommission für die EU und der jeweilige (rotierende) Ratsvorsitz für die Mitgliedstaaten nebeneinander verhandeln,[88] besteht noch größerer Koordinierungsbedarf, der mitunter ausdrücklich artikuliert wird.[89]

---

[81] EuGH, Gutachten 1/78 vom 4.10.1979 (Naturkautschuk-Übereinkommen), Slg. 1979, 2871 Ziff. 2 und 3 der gutachtlichen Aussage (Tenor).

[82] S. o. Rn. 24.

[83] *Krajewski*, EnzEuR, Bd. 10, § 3, Rn. 119.Vgl. z.B. den Beschluss der im Rat vereinigten Vertreter der Regierungen der Mitgliedstaaten vom 10.6.2011 zur Ermächtigung des Vorsitzes des Rates, im Namen der Mitgliedstaaten über die in die Zuständigkeit der Mitgliedstaaten fallenden Bestimmungen eines rechtsverbindlichen Abkommens über Wälder in Europa zu verhandeln (ABl. 2015, L 285/1).

[84] *Gatti/Manzini*, CMLRev. 49 (2012), 1717 ff. Vgl. zur Praxis auch *Schwichtenberg*, S. 140 ff.

[85] Siehe im Einzelnen *Lorenzmeier*, in: Grabitz/Hilf/Nettesheim, EU, Art. 218 AEUV (März 2011), Rn. 55; *Hoffmeister*, Curse or Blessing? Mixed Agreements in the Recent Practice of the European Union and its Member States, S. 253 ff.; *Bungenberg*, in: GSH, Europäisches Unionsrecht, Art. 218 AEUV, Rn. 51 f.

[86] Zur Kooperationspflicht der EU und der Mitgliedstaaten siehe näher meine Kommentierung zu Art. 216 AEUV, Rn. 41 ff.

[87] Vgl. als Beispiel das in EuGH, Urt. v. 14.7.2005, Rs. C–433/03 (Binnenschifffahrtsabkommen), Slg. 2005, I–9543, Rn. 70, wiedergegebene Gentleman's Agreement zwischen Rat und Kommission. *Lorenzmeier*, in: Grabitz/Hilf/Nettesheim, EU, Art. 218 AEUV (März 2011), Rn. 30. Ein weiteres Beispiel bildet PROBA 20, ein Arrangement zur gemeinsamen Aushandlung von Rohstoffabkommen (näher *Koutrakos*, EU International Relations Law, S. 171 ff.).

[88] Dies war etwa der Fall bei den Verhandlungen zum letztlich gescheiterten gemischten Abkommen zur Bekämpfung von Produkt- und Markenpiraterie (ACTA). S. u. Rn. 108.

[89] Vgl. Art. 2 Abs. 3 des Beschlusses der im Rat vereinigten Vertreter der Regierungen der Mitgliedstaaten vom 10.6.2011 (s. o. Fn. 83): »Der Vorsitz arbeitet während der Verhandlungen im Namen der Mitgliedstaaten, im Sinne eines möglichst geschlossenen Auftretens der Union und ihrer Mitgliedstaaten auf internationaler Ebene, eng mit der Kommission zusammen.« Vgl. *Gatti/Manzini*, CMLRev. 49 (2012), 1713 ff.

Neuere Beispiele zeigen die konkrete Vorgehensweise bei gemischten Verträgen, die **39** zudem auf Unionsseite untergeordnete GASP- und dominierende Nicht-GASP-Elemente enthalten:[90]

Am 13. 4. 2011 erließ der Rat auf der Grundlage von Art. 218 Abs. 3 und 4 AEUV auf **40** Empfehlung der Kommission einen Beschluss zur Ermächtigung zur Aufnahme von Verhandlungen mit der Republik Kasachstan über ein vertieftes Partnerschafts- und Kooperationsabkommen zwischen der EU und ihren Mitgliedstaaten einerseits und der Republik Kasachstan andererseits.[91] Adressaten der Ermächtigung sind die Kommission und die Hohe Vertreterin. Die Kommission wird zur Leiterin des Verhandlungsteams der Union bestimmt. Ihr wird aufgegeben, gemäß den im Addendum zum Ratsbeschluss festgelegten Verhandlungsrichtlinien über diejenigen Abkommensbestimmungen zu verhandeln, »die nach den Verträgen in die Zuständigkeit der Union fallen, und zwar entweder als Angelegenheiten, die in die ausschließliche Zuständigkeit der Union fallen, oder als Angelegenheiten in Bezug auf Bereiche der ergänzenden oder geteilten Zuständigkeit, soweit die Union ihre Zuständigkeit ausgeübt hat, mit Ausnahme der Angelegenheiten in Bezug auf das Gebiet der Gemeinsamen Außen- und Sicherheitspolitik.« (Art. 2 Abs. 1 UAbs. 2).[92]

Nach Art. 2 Abs. 2 des Ratsbeschlusses verhandelt in Angelegenheiten der GASP die **41** Hohe Vertreterin gemäß den Verhandlungsrichtlinien »über die Bestimmungen des Abkommens, die die allgemeinen Grundsätze und wesentlichen Bestandteile des Abkommens betreffen, sowie über die Bestimmungen bezüglich des politischen Dialogs und der Zusammenarbeit.« Die Verhandlungen sind im Benehmen mit der Gruppe »Osteuropa und Zentralasien« des Rats als Sonderausschuss im Sinne von Art. 218 Abs. 4 AEUV und, was die Handelsbestimmungen angeht, überdies im Benehmen mit dem Ausschuss für Handelspolitik[93] zu führen.

Ebenfalls am 13. 4. 2011 erging ein Beschluss der im Rat vereinigten Vertreter der **42** Regierungen der Mitgliedstaaten zur Ermächtigung der Europäischen Kommission, im Namen der Mitgliedstaaten über die in die Zuständigkeit der Mitgliedstaaten fallenden Bestimmungen eines vertieften Partnerschafts- und Kooperationsabkommens zwischen der Europäischen Union und ihren Mitgliedstaaten einerseits und der Republik Kasachstan andererseits zu verhandeln.[94] Nach Art. 1 Abs. 2 dieses Beschlusses begleitet ein Vertreter des Ratsvorsitzes die Kommission bei Verhandlungen über Angelegenheiten, die in die mitgliedstaatliche Zuständigkeit fallen. Art. 2 Abs. 1 des Ratsbeschlusses ordnet darüber hinaus an, dass die in der Gruppe »Osteuropa und Zentralasien« des Rates vereinigten Vertreter der Regierungen der Mitgliedstaaten und gegebenenfalls der Ausschuss für Handelspolitik vor jeder Verhandlungsrunde zu den vorgeschlagenen Grundlinien der Verhandlungsführung umfassend konsultiert und nach jeder Verhandlungssitzung über den Fortgang der Verhandlungen unterrichtet wird.

---

[90] *Gatti/Manzini*, CMLRev. 49 (2012), 1721 ff. mit mehreren Beispielen.

[91] Ratsdokument Nr. 8282/11, abrufbar unter http://data.consilium.europa.eu/doc/document/ST-8282-2011-INIT/de/pdf (20. 9. 2016). Die Verhandlungsrichtlinien sind nicht abrufbar.

[92] Nach Art. 2 Abs. 1 UAbs. 3 des Ratsbeschlusses umfasst die ausgeübte geteilte Zuständigkeit auch Maßnahmen, die von der Union ab dem Zeitpunkt der Annahme dieses Beschlusses bis zum Abschluss der Verhandlung durch die Paraphierung des Textes, der das Ergebnis der Verhandlungen ist, erlassen werden.

[93] Art. 207 Abs. 3 UAbs. 3 AEUV.

[94] Ratsdokument Nr. 8283/11, http://data.consilium.europa.eu/doc/document/ST-8283–2011–INIT/de/pdf (20. 9. 2016).

43   Ein über die Vertragsaushandlungs- und -schließungsphase hinausgehender andauernder Koordinationsbedarf besteht, wenn die Union und ihre Mitgliedstaaten gemeinsam einer internationalen Organisation angehören. Dann muss im Interesse der einheitlichen Außenvertretung auf Dauer geklärt werden, wann die EU und wann die Mitgliedstaaten Erklärungen und Stimmen abgeben können. Vorzugsweise geschieht dies im Wege einer Vereinbarung;[95] wenn eine Einigung darauf nicht gelingt, wie im Bereich der WTO, müssen jeweils Ad-hoc-Lösungen gefunden werden.[96]

VII. Transparenz und Bürgerbeteiligung

44   Das Verhandlungsmandat der Kommission und/oder des Hohen Vertreters bleibt traditionell ebenso vertraulich wie die damit evtl. nach Art. 218 Abs. 4 AEUV verbundenen Verhandlungsrichtlinien. Nicht anderes gilt für entsprechende Mandate und Richtlinien, welche die Mitgliedstaaten nationalen Verhandlungsführern erteilen. Internationale (Vertrags-) Verhandlungen finden dementsprechend bislang allgemein in vertraulicher Form statt. Die einzelnen Verhandlungspartner legen ihre Ziele, Verhandlungsstrategien und Mindesterwartungen nicht im Voraus offen, um ihre Chancen auf bestmögliche Ergebnisse zu wahren. Sie müssen sich auch im Verhältnis zueinander auf Vertraulichkeit verlassen können; nur dann sind sie zur Eingehung der notwendigen Kompromisse bereit. Schließlich sind Übereinkünfte in aller Regel Paketlösungen, bei denen die verschiedenen Parteien ihre Interessen in einigen Bereichen besser und in anderen weniger gut durchsetzen können. Kein Teilergebnis ist endgültig, bevor nicht das Gesamtpaket konsentiert ist. Deshalb müssen bei den Verhandlungen erzielte Zwischenergebnisse vertraulich bleiben, um keine falschen Erwartungen zu wecken.[97] Auf der anderen Seite wird zunehmend erkannt, dass die demokratische Legitimation einer Übereinkunft problematisch ist, die ohne begleitende öffentliche Diskussion hinter verschlossenen Türen fertig ausgehandelt wurde und deren Ratifikation die Parlamente dann kaum mehr verweigern können.

45   Die seit 2013 zunächst in der bisher üblichen Weise geführten Verhandlungen noch der Barroso-Kommission mit den USA über eine Transatlantic Trade and Investment Partnership (TTIP) haben in der Öffentlichkeit in einigen Mitgliedstaaten, darunter in Deutschland, eine so erhebliche Unruhe hervorgerufen, dass die EU, verstärkt seit dem Amtsantritt der Juncker-Kommission, geradezu eine Transparenz-Offensive gestartet hat, um die Akzeptanz von TTIP nicht aufs Spiel zu setzen. In diesem Kontext sind auch die ursprünglich vertraulichen Verhandlungsdirektiven des Rates für die Kommission vom 17.6.2013 am 9.10.2014 publiziert worden.[98] Auch ansonsten bemüht sich die

---

[95] Vgl. als Beispiel die Vereinbarung zwischen Rat und Kommission über die Vorbereitung der Codex-Alimentarius-Sitzungen, -Erklärungen und die Ausübung von Abstimmungsrechten im Anhang III zum Beschluss des Rates vom 17.11.2003 über den Beitritt der EG zur Codex-Alimentarius-Kommission (ABl. 2007, L 309/14). Art. 2 dieses Ratsbeschlusses lautet folgendermaßen: »Die Vereinbarung zwischen Rat und Kommission über die Vorbereitung von Codex-Alimentarius-Sitzungen, -Erklärungen und -Abstimmungen, die diesem Beschluss als Anhang III beiliegt, ist für die Kommission, den Rat und die Mitgliedstaaten verbindlich.« Zu einer entsprechenden Vereinbarung in Bezug auf die FAO vgl. EuGH, Urt. v. 19.3.1996, Rs. C–25/94 (FAO), Slg. 1996, I–1469.

[96] Vgl. *Mögele*, in: Streinz, EUV/AEUV, Art. 218 AEUV, Rn. 33 f.

[97] So speziell für Verhandlungen über Handelsabkommen: European Commission, Factsheet »Transparency in EU trade negotiations«, S. 4, http://trade.ec.europa.eu/doclib/docs/2013/june/tradoc_151381.pdf (20.9.2016).

[98] Ratsdokument 11103/13, abrufbar unter http://data.consilium.europa.eu/doc/document/ST-11103-2013-DCL-1/de/pdf (20.9.2016).

Kommission inzwischen um größtmögliche Transparenz und Aufklärung, damit Fehlvorstellungen über den geplanten Abkommensinhalt ausgeräumt und eine darauf beruhende Gegnerschaft entschärft wird. Dazu veröffentlicht sie sogar ihre Verhandlungspositionen.[99]

Der grundsätzliche Anspruch der Unionsbürger auf Zugang zu Dokumenten der Organe aus Art. 15 Abs. 3 AEUV und Art. 42 GRC findet nach Art. 4 Abs. 1 Buchst. a, 3. Spiegelstrich der VO (EG) Nr. 1049/2001[100] seine Grenze dort, wo das öffentliche Interesse im Hinblick auf die internationalen Beziehungen beeinträchtigt würde.[101] Auf dieser Grundlage verweigerte der Rat einem Unionsbürger den Zugang zu einem Dokument mit den Richtlinien für die Kommission, die diese bei den Verhandlungen über den Beitritt der EU zur EMRK einhalten sollte. Diesen Ratsbeschluss erklärte das Gericht teilweise für nichtig, weil es die vollständige Zugangsverweigerung für unverhältnismäßig hielt.[102]   **46**

Wenn der Rat aufgrund von Art. 4 Abs. 1 Buchst. a, 3. Spiegelstrich der VO (EG) Nr. 1049/2001 den Zugang zu einem Dokument verweigert, muss er darlegen, dass anderenfalls das öffentliche Interesse im Hinblick auf die internationalen Beziehungen konkret und tatsächlich beeinträchtigen werden könnte und eine solche Gefahr bei vernünftiger Betrachtung absehbar und nicht rein hypothetisch ist. Weil es daran fehlte, wurde ein Ratsbeschluss, mit dem der Antrag einer Europaparlamentarierin auf Zugang zu einem Gutachten des Juristischen Dienstes des Rates abgelehnt wurde, teilweise für nichtig erklärt: Der Umstand allein, dass eine Meinungsverschiedenheit zwischen den Organen über die Wahl der Rechtsgrundlage für die Ermächtigung zur Aufnahme von Vertragsverhandlungen offengelegt werde, lasse nicht ohne weiteres auf eine Beeinträchtigung des Interesses der Union im Bereich internationaler Beziehungen schließen.[103]   **47**

Eine unmittelbare Bürgerbeteiligung am Vertragsschließungsverfahren sehen die Verträge nicht vor. Die Kommission hat es abgelehnt, eine beabsichtigte Bürgerinitiative »STOP TTIP« zu registrieren. Diese wollte die Kommission unter Berufung auf Art. 11 Abs. 4 EUV und die VO (EU) Nr. 211/2011 dazu veranlassen, dem Rat zu empfehlen, das Verhandlungsmandat für TTIP zu widerrufen und CETA nicht abzuschließen.[104] Die ablehnende Entscheidung der Kommission[105] stützt sich darauf, dass der Ratsbeschluss zur Erteilung des Verhandlungsmandats für TTIP als bloß vorbereitende Maßnahme ohne Außenwirkung sei kein »Rechtsakt« und die erstrebte Kommissionsempfehlung daher auch kein geeigneter Vorschlag im Sinne von Art. 2 Ziff. 1, Art. 4 Abs. 2 Buchst. b VO (EU) Nr. 211/2011. In Bezug auf CETA meint die Kommission, eine Bürgerinitiative könne zwar einen Kommissionsvorschlag zur Unterzeichnung und zum Abschluss einer Übereinkunft zum Gegenstand haben, nicht aber die Unterlassung eines   **48**

---

[99] Vgl. z. B. den Unionsvorschlag für die regulatorische Zusammenarbeit mit den USA, der in der 8. Verhandlungsrunde vom 2.– 6.2.2015 diskutiert und am 10.2.2015 veröffentlicht wurde, http://trade.ec.europa.eu/doclib/docs/2015/february/tradoc_153120.pdf (20.9.2016).

[100] VO (EG) Nr. 1049/2001 vom 30.5.2001 über den Zugang der Öffentlichkeit zu Dokumenten des Europäischen Parlaments, des Rates und der Kommission (ABl. 2001, L 145/43).

[101] Vgl. auch *Müller-Ibold*, in: Lenz/Borchardt, EU-Verträge, Art. 218 AEUV, Rn. 3.

[102] EuG, Urt. v. 12.9.2013, Rs. T–331/11 (Besselink/Rat), ECLI:EU:T:2013:419.

[103] EuGH, Urt. v. 3.7.2014, Rs. C–350/12 P (Rat/in't Veld), ECLI:EU:C:2014:2039.

[104] VO (EU) Nr. 211/2011 über die Bürgerinitiative vom 16.2.2011, ABl. 2011, L 65/1, mit späteren Berichtigungen und Änderungen in Sartorius II Nr. 230.

[105] C(2014) 6501 final vom 10.9.2014.

Vorschlags oder einen Vorschlag an den Rat, einen bestimmten Beschluss nicht zu fassen. Die Bürgerinitiative hat gegen den ablehnenden Kommissionsbeschluss am 10. 11. 2014 Nichtigkeitsklage erhoben.[106]

49   Demgegenüber erscheint eine Bürgerinitiative, mit der die Kommission aufgefordert werden soll, den Abschluss einer Übereinkunft durch die Union vorzuschlagen, statthaft.[107]

C. Phase 2 (Durchführung der Verhandlungen): Richtlinien und Sonderausschuss (Abs. 4)

I. Verhandlungsrichtlinien des Rates

50   Mit der Erteilung des Verhandlungsmandats durch den Rat nach Art. 218 Abs. 3 AEUV einher geht typischerweise die Festlegung von Richtlinien für den Verhandlungsführer nach Art. 218 Abs. 4 AEUV.[108] Sie finden sich regelmäßig im Anhang zum Ermächtigungsbeschluss des Rates nach Art. 218 Abs. 3 AEUV, der in diesem Fall zugleich auf Art. 218 Abs. 4 AEUV gestützt wird.[109] Es handelt sich dabei nicht um Richtlinien im Sinne von Art. 288 Abs. 3 AEUV, die nur an Mitgliedstaaten gerichtet werden können.[110]

51   Obwohl der Vertragstext dies nicht ausdrücklich sagt, liegt es nahe, dass solche Verhandlungsrichtlinien vom Rat regelmäßig aufgrund von Entwürfen der Kommission oder des Hohen Vertreters erlassen werden, die diese ihren Empfehlungen zur Aufnahme von Vertragsverhandlungen beifügen. Dass die Praxis entsprechend verfährt, zeigt Ziff. 2 des Anhangs III der Rahmenvereinbarung zwischen Parlament und Kommission von 2010.[111] Danach »legt die Kommission bei der Vorlage von Entwürfen von Verhandlungsleitlinien mit Blick auf ihre Annahme durch den Rat diese Leitlinien gleichzeitig dem Parlament vor«. Da der Rat andererseits – wie dargelegt – die ihm vorgelegten Empfehlungen ohne weiteres abändern kann,[112] steht es ihm letztlich frei, den Verhandlungsinhalt ganz nach seinen Vorstellungen durch Richtlinien zu bestimmen, ggf. auch ohne eine entsprechende Empfehlung der Kommission oder des Hohen Vertreters.[113]

52   Die Verhandlungsrichtlinien des Rats sind für den Verhandlungsführer zwar verbindlich, allerdings nicht im strikten Rechtssinn. Denn Verhandlungen können erfolgreich nur geführt werden, wenn alle Beteiligten kompromissbereit sind. Sollte es der Verhandlungsführer der Union für erforderlich halten, kann er ohne vorherige Erlaubnis des Rates von den Richtlinien abweichen. Er muss dem Rat dafür aber gute Gründe angeben, um zu vermeiden, dass dieser das gefundene Verhandlungsergebnis ablehnt. Der Rat ist

---

[106] Anhängig als Rs. T–754/14.

[107] *Krajewski*, EnzEuR, Bd. 10, § 3, Rn. 181.

[108] Vgl. als Beispiel die inzwischen veröffentlichten Verhandlungsleitlinien des Rates in Bezug auf TTIP (s. o. Fn. 98).

[109] Vgl. die Beispiele in EuGH, Urt. v. 4. 9. 2014, Rs. C–114/12 (Kommission/Rat), ECLI:EU: C:2014:2151, Rn. 32 f., und in *Kuijper/Wouters/Hoffmeister/de Baere/Ramopoulos*, S. 75 f.

[110] *Eeckhout*, S. 197.

[111] S. o. Fn. 56, 76.

[112] S. o. Rn. 18 f.

[113] *Mögele*, in: Streinz, EUV/AEUV, Art. 218 AEUV, Rn. 8; *Gatti/Manzini*, CMLRev. 49 (2012), 1710.

selbst nicht an seine Richtlinien gebunden, sondern frei, auch einen davon abweichenden Übereinkommensinhalt nach Art. 218 Abs. 5, 6 AEUV gutzuheißen.[114]

Der EuGH hat eine Nichtigkeitsklage der Kommission gegen einen Ratsbeschluss **53** nach Art. 218 Abs. 3 und 4 AEUV für zulässig gehalten, weil er der Kommission ein genaues und detailliertes Verfahren zur Aushandlung einer geplanten Übereinkunft vorschreiben wolle und deshalb geeignet sei, Rechtswirkungen zu entfalten.[115] Zur Begründetheit dieser Klage hat der EuGH klargestellt, dass es mit Art. 218 Abs. 4 AEUV, Art. 13 Abs. 2 EUV und dem Grundsatz des institutionellen Gleichgewichts unvereinbar sei, wenn der Rat über die Aufstellung von Verhandlungsrichtlinien hinaus dem Verhandlungsführer die Verhandlungspositionen im Einzelnen vorschreibe.[116]

Die Ausführungen zur Transparenz und Bürgerbeteiligung in Bezug auf das Verhand- **54** lungsmandat (Art. 218 Abs. 3 AEUV)[117] gelten in gleicher Weise auch für die Richtlinien nach Art. 218 Abs. 4 AEUV.

II. Bestellung von Sonderausschüssen

Will der Rat sich eine noch stärkere Kontrolle über den Gang der Verhandlungen si- **55** chern, kann er einen Sonderausschuss bestellen.[118] Dabei wird in der Praxis auf das fachlich zuständige der zahlreichen Vorbereitungsgremien des Rates auf Beamtenebene im Sinne von Art. 19 Abs. 3 der Geschäftsordnung[119] zurückgegriffen,[120] die aus mitgliedstaatlichen Funktionären bestehen.[121] Eine schon vorher bestehende entsprechende Ratspraxis wurde erstmals durch den Vertrag von Maastricht in Art. 228 Abs. 1 UAbs. 1 Satz 2 EGV kodifiziert.[122] Nach der ursprünglich etwas euphemistischen und erst durch den Vertrag von Lissabon eliminierten Wortfassung dienten solche Ausschüsse der Unterstützung der Kommission.

Der Verhandlungsführer muss die Verhandlungen im Benehmen[123] mit einem solchen **56** (fakultativen, aber praktisch häufig eingesetzten) Ausschuss führen.[124] Schon der Wortlaut macht deutlich, dass der Ausschuss keine verbindlichen Weisungen erteilen kann.[125] Sein Einfluss ist nicht zuletzt dadurch begrenzt, dass er die Verhandlungsrichtlinien des Rates nicht modifizieren kann und außerdem mangels unmittelbaren Zugangs zu den Verhandlungen von den Informationen des Verhandlungsführers abhängig ist.[126]

---

[114] *Mögele*, in: Streinz, EUV/AEUV, Art. 218 AEUV, Rn. 8.

[115] EuGH, Urt. v. 16.7.2015, Rs. C–425/13 (Kommission/Rat), ECLI:EU:C:2015:483, Rn. 26 ff.

[116] Ebd., Rn. 90.

[117] S. o. Rn. 44 ff.

[118] Für Verhandlungen über Handelsabkommen schreibt Art. 207 Abs. 3 UAbs. 3 AEUV einen solchen Sonderausschuss zwingend vor.

[119] Geschäftsordnung des Rates in der Fassung vom 1.12.2009, mit späteren Änderungen in Sartorius II Nr. 237. Aktuelle Liste abrufbar unter http://www.consilium.europa.eu/de/council-eu/preparatory-bodies/ (20.9.2016).

[120] *Mögele*, in: Streinz, EUV/AEUV, Art. 218 AEUV, Rn. 8.

[121] *Eeckhout*, S. 197.

[122] *Lorenzmeier*, in: Grabitz/Hilf/Nettesheim, EU, Art. 218 AEUV (März 2011), Rn. 29.

[123] Die englische Fassung verwendet »in consultation with«, die französische von »en consultation avec«, die italienische »deve essere consultato« und die spanische »deberá consultarse«.

[124] *Müller-Ibold*, in: Lenz/Borchardt, EU-Verträge, Art. 218 AEUV, Rn. 3.

[125] Demgegenüber versteht *Lorenzmeier* das Benehmen im Sinne von Einvernehmen (in: Grabitz/Hilf/Nettesheim, EU, Art. 218 AEUV (März 2011), Rn. 29).

[126] *Gatti/Manzini*, CMLRev. 49 (2012), 1710.

57   Im vorstehend erwähnten Nichtigkeitsklageverfahren[127] hat der EuGH unterstrichen, dass ein Sonderausschuss nur beratende Funktion habe. Zwar sei die Kommission verpflichtet, ihm alle Informationen zur Verfügung zu stellen, die er zur Verfolgung des Ablaufs der Verhandlungen benötige. Denn nur dadurch werde der Ausschuss in die Lage versetzt, sich zu den Verhandlungen eine Meinung zu bilden und zu äußern. Dafür könne der Rat in seinem Beschluss nach Art. 218 Abs. 4 AEUV auch detaillierte Vorgaben hinsichtlich der Berichtspflichten der Kommission machen.[128] Es sei jedoch mit Art. 218 Abs. 4 AEUV, Art. 13 Abs. 2 EUV und dem Grundsatz des institutionellen Gleichgewichts unvereinbar, wenn der Rat dem Sonderausschuss die detaillierte Festlegung der Verhandlungspositionen der Union übertrage.[129]

58   Alle Entscheidungen über das Verhandlungsergebnis müssen aber letztlich vom Rat getroffen werden, was den Vorstellungen des Ausschusses erhebliches Gewicht verleiht.[130] Es gibt freilich Beispiele dafür, dass die Kommission durch eigenmächtige Ausdehnung ihrer Verhandlungskompetenz praktische Ergebnisse erzielte, die am Ende vom Rat und den Mitgliedstaaten teils widerwillig akzeptiert wurden.[131]

59   Anders als Art. 207 Abs. 3 UAbs. 3 Satz 2 EUV erlegt Art. 218 Abs. 4 AEUV dem Verhandlungsführer keine ausdrückliche Verpflichtung auf, dem Sonderausschuss oder – falls ein solcher nicht bestellt worden ist – unmittelbar dem Rat regelmäßig Bericht über den Stand der Verhandlungen zu erstatten. Man kann eine kontinuierliche Informationspflicht aber unschwer als Bestandteil der Verhandlungsführung »im Benehmen« mit dem Ausschuss ansehen.[132] Art. 207 Abs. 3 UAbs. 3 Satz 2 EUV wäre dann in dieser Hinsicht als bloß deklaratorische Erläuterung zu Art. 207 Abs. 3 UAbs. 3 Satz 1 EUV zu klassifizieren. Falls es keinen Sonderausschuss gibt, ließe sich eine Pflicht zur Information unmittelbar des Rates aus Art. 13 Abs. 2 Satz 2 EUV ableiten. Die politische Klugheit gebietet es dem Verhandlungsführer ohnehin, einen stetigen Informationsfluss zum Rat aufrechtzuerhalten, der ja am Ende das Verhandlungsergebnis billigen muss.[133]

D. Phase 3 (Abschluss der Verhandlungen): Unterzeichnung und vorläufige Anwendung (Abs. 5)

I. Unterzeichnung von Übereinkünften

1. Einfaches und zusammengesetztes Verfahren zum Abschluss völkerrechtlicher Verträge

60   Nach erfolgreichem Abschluss von Verhandlungen über völkerrechtliche Verträge wird der endgültige authentische Vertragstext – eventuell nach vorheriger Paraphierung[134] – zumeist durch die Unterzeichnung seitens aller Verhandlungsparteien festgelegt.[135] In

---

[127] S. o. Rn. 53.
[128] EuGH, Urt. v. 16.7.2015, Rs. C–425/13 (Kommission/Rat), ECLI:EU:C:2015:483, Rn. 66 ff.
[129] Ebd., Rn. 85 ff.
[130] *Mögele*, in: Streinz, EUV/AEUV, Art. 218 AEUV, Rn. 8.
[131] *Eeckhout*, S. 197 ff.
[132] So der Sache nach der EuGH (s. o. Rn. 53).
[133] Vgl. dazu auch *Lorenzmeier*, in: Grabitz/Hilf/Nettesheim, EU, Art. 218 AEUV (März 2011), Rn. 31.
[134] S. o. Rn. 34.
[135] *Heintschel von Heinegg*, in: Ipsen (Hrsg.), Völkerrecht, 2014, § 11, Rn. 16. Vgl. Art. 10 Buchst. b WÜRV I; Art. 10 Abs. 1 Buchst. b, Abs. 2 Buchst. b WÜRV II.

der Völkerrechtspraxis bewirkt diese Unterzeichnung in der Regel aber noch keine endgültige völkerrechtliche Bindung an den Vertrag,[136] sondern verbietet den Signataren nur Handlungen, die Ziel und Zweck des Vertrages vereiteln würden.[137] Lediglich diejenigen Vertragsbestimmungen, die notwendigerweise vor dem Inkrafttreten eines Vertrages sich ergebende Fragen regeln, gelten bereits von dem Zeitpunkt an, zu dem der Vertragstext angenommen wird.[138] Im zusammengesetzten Abschlussverfahren, das für bedeutsamere Verträge üblich ist, folgt der Unterzeichnung – nach Abschluss des internen Zustimmungsverfahrens gemäß der Verfassung der jeweiligen Vertragspartei – noch die völkerrechtliche Ratifikation nach. Darunter versteht man die regelmäßig dem Staatsoberhaupt vorbehaltene feierliche Erklärung, an den Vertrag völkerrechtlich gebunden sein zu wollen, die bei multilateralen Verträgen üblicherweise durch Hinterlegung einer entsprechenden Urkunde beim Verwahrer (Depositar) erfolgt.[139]

Das Primärrecht setzt voraus, dass die EU ihre Übereinkünfte normalerweise in einem zusammengesetzten Verfahren abschließt. Denn Art. 218 AEUV unterscheidet den Ratsbeschluss über die Unterzeichnung im Sinne der Authentifizierung der endgültigen Textfassung, ggf. verbunden mit der Genehmigung der vorläufigen Anwendung einer Übereinkunft (Abs. 5), klar von dem weiteren Ratsbeschluss über den verbindlichen Abschluss einer Übereinkunft (Abs. 6 UAbs. 1). Diese Streckung des Abschlussverfahrens ist gewöhnlich erforderlich, um die in Abs. 6 UAbs. 2 für die allermeisten Fälle – mit Ausnahme der reinen GASP-Übereinkünfte – vorgesehene Beteiligung des Europäischen Parlaments am Vertragsschluss in Form der Zustimmung oder zumindest der Anhörung zu gewährleisten. **61**

Bei reinen GASP-Übereinkünften kann die EU ohne Beteiligung des Europäischen Parlaments an einem einfachen Abschlussverfahren mitwirken, in dem bereits die Unterschrift zur endgültigen völkerrechtlichen Bindung an den Vertrag führt. Der betreffende gewissermaßen doppelvalente Ratsbeschluss wird dann auf Vorschlag des Hohen Vertreters (neben der einschlägigen materiellen Ermächtigungsgrundlage in Art. 37 EUV) auf Art. 218 Abs. 5 und 6 AEUV gestützt und macht bereits im Titel deutlich, dass er sowohl um die Unterzeichnung wie den Abschluss der Übereinkunft betrifft.[140] Bei **62**

---

[136] Zwar kann nach Art. 12 WÜRV I und II vereinbart werden, dass schon mit der Unterzeichnung die völkerrechtliche Bindung eintritt (sog. einfaches Verfahren), doch geschieht das regelmäßig nur in Bezug auf weniger bedeutsame völkerrechtliche Verträge wie Verwaltungsabkommen (*Heintschel von Heinegg*, (Fn. 135), § 11, Rn. 8).

[137] Vgl. Art. 18 Buchst. a WÜRV I und II; *Hummer*, in: Vedder/Heintschel v. Heinegg, Europäisches Unionsrecht, Art. 218 AEUV, Rn. 17.

[138] Vgl. Art. 24 Abs. 4 WÜRV I und II.

[139] *Heintschel von Heinegg*, (Fn. 135), § 11, Rn. 18 f. Vgl. Art. 14, 16 WÜRV I und II.

[140] Beispiele: Beschluss des Rates 2010/404/GASP vom 14.6.2010 über die Unterzeichnung und den Abschluss des Abkommens zwischen der EU und dem Fürstentum Liechtenstein über die Sicherheitsverfahren für den Austausch von Verschlusssachen (ABl. 2010, L 187/1); Beschluss 2011/318/GASP vom 31.3.2011 über die Unterzeichnung und den Abschluss des Rahmenabkommens zwischen den Vereinigten Staaten von Amerika und der EU über die Beteiligung der Vereinigten Staaten von Amerika an Krisenbewältigungsoperationen der EU (ABl. 2011, L 143/1); Beschluss 2014/198/GASP des Rates vom 10.2.2014 über die Unterzeichnung und den Abschluss des Abkommens zwischen der EU und der Vereinigten Republik Tansania über die Bedingungen für die Überstellung mutmaßlicher Seeräuber sowie die Übergabe von damit in Verbindung stehenden beschlagnahmten Gütern durch die EU-geführte Seestreitkraft an die Vereinigte Republik Tansania (ABl. 2014, L 108/1). Den letztgenannten Beschluss hat der EuGH wegen Verletzung von Art. 218 Abs. 10 (nicht: Abs. 6) AEUV für nichtig erklärt (Urt. v. 14.6.2016, Rs. C–263/14 [Seeräuberüberstellung II], ECLI: EU:C:2016:435). Gleiches gilt für den entsprechenden Beschluss 2011/640/GASP vom 12.7.2011 betr. Mauritius (ABl. 2011, L 254/1), EuGH, Urt. v. 24.6.2014, Rs. C–658/11 [Seeräuberüberstellung I], ECLI:EU:C:2014:2025.

sonstigen Übereinkünften muss die erforderliche Anhörung bzw. Zustimmung des Europäischen Parlaments auf diesen (dann von der Kommission vorzuschlagenden) doppelvalenten Ratsbeschluss bezogen werden.[141]

2. Ratszuständigkeit

63   Innerhalb der Union liegt die Entscheidung über die Unterzeichnung im Sinne der endgültigen Festlegung des authentischen Textes einer Übereinkunft nach Art. 218 Abs. 5 AEUV beim Rat, der seinen Beschluss auf Vorschlag des Verhandlungsführers bzw. des Leiters des Verhandlungsteams fasst.[142] Soweit die Kommission für diesen Vorschlag zuständig ist, kann der Rat sie nach Art. 241 AEUV auffordern, einen solchen zu unterbreiten. Ein vergleichbares indirektes Initiativrecht steht dem Rat gegenüber dem Hohen Vertreter allerdings nicht zu. An diesen kann er allenfalls ein entsprechendes indirektes Ersuchen richten. Die zur Annahme des Ratsbeschlusses erforderliche Mehrheit ergibt sich auch hier aus Art. 218 Abs. 8 AEUV. Das Europäische Parlament wirkt auch in diesem Stadium des Verfahrens noch nicht einmal bei Übereinkünften mit, deren endgültiger Abschluss von seiner Zustimmung abhängt,[143] sondern wird nur nach Maßgabe des Art. 218 Abs. 10 AEUV über den Vorschlag des Verhandlungsführers und den daraufhin ergehenden Ratsbeschluss informiert.[144]

64   Der von Art. 218 Abs. 5 AEUV vorgeschriebene Beschluss des Rates fällt unter Art. 288 Abs. 4 AEUV. Allein der Rat ist zur Genehmigung der Unterzeichnung einer Übereinkunft für die EU befugt, auch wenn es sich um ein gemischtes Abkommen handelt. Wie schon bei Art. 218 Abs. 3 AEUV dargelegt, ist es auch bei Art. 218 Abs. 5 AEUV unzulässig, die Ermächtigung in einem gemischten (hybriden) Beschluss des Rates und der im Rat vereinigten Vertreter der Regierungen der Mitgliedstaaten gleichzeitig der Kommission für die EU und dem Ratsvorsitz für die Mitgliedstaaten zu geben.[145]

65   Ein Ratsbeschluss nach Art. 218 Abs. 5 AEUV hat folgenden Standardinhalt:[146] In den Begründungserwägungen werden u. a. die vorschlagende Stelle (Kommission oder Hoher Vertreter) und die materielle Rechtsgrundlage (z. B. Art. 37 EUV; Art. 114, Art. 207 Abs. 4 UAbs. 1 oder Art. 217 AEUV) in Verbindung mit Art. 218 Abs. 5 AEUV angegeben.[147] Im operativen Teil genehmigt der Rat die Unterzeichnung einer bestimmten im Anhang zu dem Beschluss abgedruckten Übereinkunft – vorbehaltlich des (späteren) Abschlusses – im Namen der EU. Der Präsident des Rates wird ermächtigt, die Person(en) zu bestellen, die befugt ist (sind), die Übereinkunft im Namen der Union zu unterzeichnen. In der Praxis unterzeichnet regelmäßig der amtierende Ratspräsident

---

[141] Beispiel: Beschluss des Rates vom 16. 6. 2011 über die Unterzeichnung und den Abschluss der Vereinbarung zwischen der EU und der Zwischenstaatlichen Organisation für den Internationalen Eisenbahnverkehr über den Beitritt der EU zum Übereinkommen über den Internationalen Eisenbahnverkehr (COTIF) vom 9. 5. 1980 etc. (ABl. 2013, L 51/1).

[142] Siehe dazu oben Rn. 33.

[143] *Hoffmeister*, ZEuS 16 (2013), 398.

[144] Siehe entsprechend oben Rn. 26 zu Art. 218 Abs. 3 AEUV.

[145] S. o. Rn. 24.

[146] Vgl. als Beispiele: Beschlüsse des Rates vom 10. 5. 2010 (ABl. 2013, L 20/1) und vom 29. 11. 2011 (ABl. 2011, L 336/1).

[147] Die Nennung der Rechtsgrundlage ist nach Art. 296 Abs. 2 AEUV unerlässlich; fehlt sie, erklärt der EuGH den Beschluss für nichtig (vgl. EuGH, Urt. v. 1. 10. 2009, Rs. C–370/07 (CITES), Slg. 2009, I–8917, Rn. 52).

gemeinsam mit dem für den Regelungsbereich der Übereinkunft zuständigen Kommissar.[148]

Hat der Rat die Unterzeichnung einer Übereinkunft nach Art. 218 Abs. 5 AEUV   **66** vorbehaltlich des späteren Abschlusses genehmigt und stellt sich später heraus, dass der dazu erforderliche Ratsbeschluss nach Art. 218 Abs. 6 AEUV nicht gefasst werden kann, etwa weil das Europäische Parlament seine erforderliche Zustimmung verweigert, oder nicht gefasst werden wird, weil ein hinreichend großer Teil der Ratsmitglieder die Übereinkunft nunmehr ablehnt, liegt es nahe, die völkerrechtlichen Vorwirkungen der Unterzeichnung seitens der Union[149] zu beseitigen. Dazu kann der Rat seinen früheren Unterzeichnungsbeschluss aufheben und den Ratspräsidenten ermächtigen, die Person/en zu benennen, die befugt ist/sind, den anderen Unterzeichnern zu notifizieren, dass die EU nicht mehr die Absicht hat, Vertragspartei der Übereinkunft zu werden.[150]

In einem doppelvalenten Ratsbeschluss[151] wird hingegen die betr. Übereinkunft im   **67** Namen der Union gleich genehmigt und der Präsident des Rates ermächtigt, die Person(en) zu bestellen, die befugt ist (sind), sie rechtsverbindlich für die Union zu unterzeichnen.[152] Die Formulierung »rechtsverbindlich … zu unterzeichnen« taucht allerdings mitunter auch in nur auf Art. 218 Abs. 5 AEUV beruhenden Ratsbeschlüssen auf, die ausdrücklich einen weiteren Ratsbeschluss nach Art. 218 Abs. 6 AEUV vorbehalten.[153]

Nach Art. 297 Abs. 2 UAbs. 2 AEUV werden Beschlüsse, die an keinen bestimmten   **68** Adressaten gerichtet sind, im Amtsblatt der EU veröffentlicht. Darunter fallen auch die Ratsbeschlüsse nach Art. 218 Abs. 5 AEUV, einschließlich des ihnen beigefügten Textes der jeweiligen Übereinkunft, aus denen sich ihr materieller Inhalt ergibt.[154] Diese Publikationspflicht besteht erst seit dem Inkrafttreten des Vertrags von Lissabon am 1.12.2009. Die frühere Publikationsbestimmung des Art. 254 EGV erfasste nämlich nicht die Ratsbeschlüsse aufgrund von Art. 300 Abs. 2 EGV, der Vorgängerbestimmung zu Art. 218 Abs. 5 AEUV. In manchen Fällen kommt es aber immer noch zu erheblichen Verzögerungen bei der Veröffentlichung.[155] Zumindest in Fällen, in denen der Rat zugleich die vorläufige Anwendung einer Übereinkunft genehmigt hat, erfolgt deren Publikation aber relativ zügig. Entscheidend ist hier, dass dies auf jeden Fall vor dem Tag geschieht, von dem an das Abkommen vorläufig angewendet wird.

Ein Ratsbeschluss nach Art. 218 Abs. 5 AEUV ist mit der Nichtigkeitsklage (Art. 263   **69** AEUV) angreifbar. Gleiches gilt für einen unzulässigen hybriden Beschluss des Rates

---

[148] *Hoffmeister*, The Contribution of EU Practice to International Law, S. 49 f. Kritisch *Gatti/Manzini*, CMLRev. 49 (2012), 1723 ff. (unter Hinweis auf Art. 17 Abs. 1 Satz 6, Art. 27 Abs. 2 EUV).

[149] S. o. Rn. 60.

[150] Vgl. den entsprechenden Ratsbeschluss vom 20.12.2011 (ABl. 2012, L 6/1).

[151] S. o. Rn. 62.

[152] Vgl. z. B. Beschlüsse des Rates vom 14.6.2010 (ABl. 2010, L 187/1) und vom 16.6.2011 (ABl. 2013, L 51/1).

[153] Beispiel: Beschluss des Rates vom 27.10.2009 (ABl. 2014, L 125/16).

[154] Zur entsprechenden Problematik bei Art. 218 Abs. 6 AEUV s. u. Rn. 82.

[155] Der vor dem Inkrafttreten des Vertrags von Lissabon gefasste Ratsbeschluss vom 27.10.2009 über die Unterzeichnung des Rahmenabkommens mit Indonesien wurde erst gemeinsam mit dem Ratsbeschluss vom 14.4.2014 über den Abschluss dieses Übereinkommens veröffentlicht (ABl. 2014, L 125/16 u. L 125/44). Der Ratsbeschluss vom 14.4.2011 über die Unterzeichnung des Regionalen Übereinkommens über Pan-Europa-Mittelmeer-Präferenzursprungsregeln wurde ebenfalls erst mit dem Ratsbeschluss vom 26.3.2012 über den Abschluss dieses Übereinkommens veröffentlicht, und auch das noch mit einer nahezu einjährigen Verzögerung (ABl. 2013, L 54/1 u. L 54/3).

und der im Rat vereinigten Vertreter der Regierungen der Mitgliedstaaten betr. die Unterzeichnung im Namen der Union und vorläufige Anwendung eines gemischten Abkommens in seiner Gesamtheit.[156] Die privilegierten Kläger im Sinne von Art. 263 Abs. 2 AEUV brauchen kein besonderes Rechtsschutzinteresse darzutun.[157]

70   Erklärt der EuGH einen fehlerhaften Ratsbeschluss nach Art. 218 Abs. 5 AEUV für nichtig, erhält er dessen Wirkungen nach Art. 264 Abs. 2 AEUV aus Rechtssicherheitsgründen zumindest dann regelmäßig aufrecht, wenn die Union die betr. Übereinkunft zwischenzeitlich unterzeichnet hat und kein Zweifel daran besteht, dass ein fehlerfreier Ratsbeschluss in absehbarer Zeit (teilweise innerhalb einer vom Gerichtshof gesetzten Frist) ergehen wird.[158] Der EuGH folgt jedoch gemeinsamen Anträgen beider Parteien (regelmäßig Kommission und Rat) auf Anwendung des Art. 264 Abs. 2 AEUV selbst dann nicht automatisch, wenn auch der Generalanwalt die Aufrechterhaltung der Rechtswirkungen des fehlerhaften Ratsbeschlusses befürwortet.[159] Wenn der Ratsbeschluss neben der Unterzeichnung die vorläufige Anwendung der Übereinkunft vorsieht, ist der Gerichtshof umso eher bereit, dessen Wirkungen aufrechtzuerhalten. Denn die Nichtigerklärung eines solchen Beschlusses kann schwerwiegende Folgen für die Beziehungen der Union mit den betreffenden Drittstaaten sowie für die Wirtschaftsteilnehmer haben, denen die vorläufige Anwendung zugutekommt.[160]

71   Die Unterzeichnung von gemischten Verträgen richtet sich für den Unionsanteil nach den vorstehend erläuterten Grundsätzen. Für den mitgliedstaatlichen Anteil entsendet jeder Mitgliedstaat üblicherweise einen eigenen Repräsentanten, weil sie die Unterzeichnungszeremonie als internationales Ereignis einstufen, das ihre Präsenz erfordert.[161]

II. Vorläufige Anwendung von Übereinkünften

72   Die Phase zwischen der Unterzeichnung einer Übereinkunft und ihrem völkerrechtlichen Inkrafttreten kann etliche Jahre in Anspruch nehmen, weil die im zusammengesetzten Verfahren vor der völkerrechtlichen Ratifikation durchzuführenden internen Zustimmungsverfahren[162] oft lange dauern. Dies gilt insbesondere bei gemischten Abkommen, bei denen solche Verfahren noch in sämtlichen Mitgliedstaaten erforderlich sind. Zur Überbrückung gibt das Völkerrecht die Möglichkeit, Verträge vorläufig anzuwenden, wenn und soweit die Verhandlungsteilnehmer dies vereinbart haben.[163] Reine und gemischte Übereinkünfte der EU enthalten recht häufig Vorabanwendungsklauseln. Entsprechend ihrem Zweck endet die vorläufige Anwendung einer Übereinkunft

---

[156] EuGH, Urt. v. 4.9.2014, Rs. C–114/12 (Kommission/Rat), ECLI:EU:C:2014:2151, Rn. 38 ff. (betr. Beschluss nach Art. 218 Abs. 3 und Abs. 4 AEUV); Urt. v. 28.4.2015, Rs. C–28/12 (Kommission/Rat), ECLI:EU:C:2015:282, Rn. 14 ff.

[157] EuGH, Urt. v. 28.4.2015, Rs. C–28/12 (Kommission/Rat), ECLI:EU:C:2015:282, Rn. 18.

[158] EuGH, Urt. v. 22.10.2013, Rs. C–137/12 (Kommission/Rat), ECLI:EU:C:2013:675, Rn. 78 ff. (Setzung einer Sechsmonatsfrist für den Neuerlass). GA *Kokott* hatte als weiteren Grund für eine Anwendung des Art. 264 Abs. 2 AEUV das Interesse an der Vermeidung von Verzögerungen im Ratifikationsverfahren angeführt (ECLI:EU:C:2013:441, Rn. 125).

[159] Vgl. z.B. EuGH, Urt. v. 11.6.2014, Rs. C–377/12 (Kommission/Rat), ECLI:EU:C:2014:1903, Rn. 62. Der Grund dafür wird vom EuGH nicht hinreichend deutlich gemacht.

[160] EuGH, Urt. v. 28.4.2015, Rs. C–28/12 (Kommission/Rat), ECLI:EU:C:2015:282, Rn. 58 ff.

[161] *Gatti/Manzini*, CMLRev. 49 (2012), 1728 f.

[162] Hier kann je nach dem Verfassungsrecht der Vertragsparteien eine parlamentarische Zustimmung, ein Gesetzgebungsverfahren oder sogar eine Volksabstimmung notwendig sein.

[163] Vgl. Art. 25 Abs. 1 WÜRV I und II.

entweder mit dem Inkrafttreten, oder sie entfällt, wenn die EU oder andere Verhandlungsteilnehmer notifizieren, dass sie nicht Vertragspartei werden wollen.[164] Erst der Vertrag von Amsterdam führte eine ausdrückliche Ermächtigung zur vorläufigen Anwendung von Übereinkünften der EG ein,[165] obwohl der Rat bereits seit 1976 derartige Anordnungen getroffen hatte.[166]

Art. 218 Abs. 5 AEUV weist die Kompetenz, die vorläufige Anwendung einer Übereinkunft vor deren Inkrafttreten zu genehmigen, ebenfalls dem Rat zu, der auch in dieser Hinsicht auf einen Vorschlag des Verhandlungsführers angewiesen ist.[167] Typischerweise erteilt der Rat die Genehmigung in demselben Beschluss, mit dem er die Unterzeichnung der Übereinkunft genehmigt. Schon der Titel des Beschlusses legt dessen doppelten Gehalt dann jeweils offen.[168] Zu dem oben skizzierten Standardinhalt[169] tritt ein weiterer Artikel über die vorläufige Anwendung der Übereinkunft hinzu, der – im Einklang mit der einschlägigen Bestimmung der Übereinkunft und vorgezeichnet vom Vorschlag des Verhandlungsführers – Näheres insbesondere über den Umfang, die Bedingungen sowie Beginn und Ende der vorläufigen Anwendung festlegt.[170] Legt der Ratsbeschluss selbst den Beginn der vorläufigen Anwendung nicht auf ein definitives Datum, sondern ein zukünftiges Ereignis fest, dessen genauer Eintritt noch unbestimmt ist (wie z. B. die spätere Unterzeichnung der Übereinkunft), wird neuerdings angeordnet, dass dieser Zeitpunkt auf Veranlassung des Generalsekretärs des Rates im Amtsblatt mitzuteilen ist.[171]

73

Die vorläufige Anwendung eines gemischten Abkommens kann der Rat nur insoweit anordnen, als dieses in die EU-Zuständigkeit fällt.[172] Das wird in dem einschlägigen Artikel des Ratsbeschlusses teilweise ausdrücklich ausgesprochen,[173] teilweise aber auch

74

---

[164] Vgl. Art. 25 Abs. 2 WÜRV I und II.

[165] Art. 300 Abs. 2 UAbs. 1 EGV.

[166] *Hoffmeister*, Curse or Blessing? Mixed Agreements in the Recent Practice of the European Union and its Member States, S. 257 f.

[167] Vgl. *Hoffmeister*, ZEuS 16 (2013), 385 (399). Anders *Flaesch-Mougin/Bosse-Platière*, L'application provisoire des accords de l'Union européenne, S. 300 ff.: Der Rat könne auf einen Vorschlag der Kommission zur bloßen Unterzeichnung die vorläufige Anwendung aus eigener Machtvollkommenheit vorsehen.

[168] Vgl. z. B. Beschluss des Rates vom 23. 7. 2014 über die Unterzeichnung im Namen der Union und die vorläufige Anwendung des Abkommens zwischen der EU und dem Königreich Norwegen über den gegenseitigen Zugang zum Fischfang im Skagerrak für Schiffe unter der Flagge Dänemarks, Norwegens und Schwedens (ABl. 2014, L 224/1).

[169] S. o. Rn. 65.

[170] Vgl. z. B. Art. 2 des Ratsbeschlusses vom 10. 5. 2010 (ABl. 2010, L 141/1); Art. 3 des Ratsbeschlusses vom 16. 9. 2010 (ABl. 2011, L 127/1); Art. 4 des Ratsbeschlusses vom 17. 3. 2014 (ABl. 2014, L 161/1); Art. 3 des Ratsbeschlusses vom 23. 7. 2014 (ABl. 2014, L 224/1); Art. 3 des Ratsbeschlusses vom 10. 11. 2014 (ABl. 2015, L 35/1).

[171] Vgl. z. B. Fn. 1 zu Art. 3 Abs. 1 des Ratsbeschlusses vom 10. 5. 2012 (ABl. 2014, L 21/1); Fn. 1 zu Art. 3 des Ratsbeschlusses vom 23. 7. 2014 (ABl. 2014, L 224/1). Im Ratsbeschluss vom 10. 5. 2010 (ABl. 2013, L 20/1) fehlt eine solche Anordnung noch. Beispiele für eine entsprechende Mitteilung: ABl. 2013, L 56/1; ABl. 2014, L 170/1; ABl. 2015, L 19/1.

[172] *Möldner*, in: Wolfrum (ed.), MPEPIL, Rn. 26.

[173] Art. 3 Abs. 1 sowie die 6. Begründungserwägung des Ratsbeschlusses vom 31. 5. 2012 (ABl. 2012, L 354/1); Art. 3 des Ratsbeschlusses vom 23. 9. 2013 i. V. m. Art. 27 Abs. 2 der Übereinkunft (ABl. 2014, L 15/1); Art. 4 des Ratsbeschlusses vom 17. 3. 2014 (ABl. 2014, L 161/1).

nicht.[174] Gegebenenfalls bestimmt das Abkommen selbst, dass die vorläufige Anwendung nur zwischen der Union und dem Drittstaat stattfinden soll.[175]

75   Der Versuch, in einem gemischten Beschluss des Rates und der im Rat vereinigten Vertreter der Regierungen der Mitgliedstaaten in dieser Hinsicht eine umfassende Anordnung sowohl für die Union als auch die Mitgliedstaaten zu treffen,[176] muss als gescheitert gelten. Denn weder dürfen sich die Mitgliedstaaten an einem diesbezüglichen Ratsbeschluss nach Art. 218 Abs. 5 AEUV beteiligen, noch der Rat an einem entsprechenden Beschluss der Mitgliedstaaten.[177]

76   Die vorläufige Anwendung nimmt nicht nur nach außen gegenüber dem Vertragspartner, sondern auch nach innen für Zwecke des Art. 216 Abs. 2 AEUV[178] einen Rechtszustand vorweg, wie er erst nach dem Inkrafttreten der Übereinkunft infolge des Ratsbeschlusses nach Art. 218 Abs. 6 AEUV eintreten soll. Falls dieser Beschluss von der Zustimmung des Europäischen Parlaments abhängt, hat dieses ein offenkundiges Interesse, schon in die Entscheidung über die vorläufige Anwendung einbezogen zu werden. Art. 218 Abs. 5 AEUV sieht dies indessen nicht vor.[179]

77   Der Zweck des Erfordernisses parlamentarischer Zustimmung nach Art. 218 Abs. 6 UAbs. 2 Buchst. a AEUV liegt darin, eine Umgehung der Gesetzgebungsbefugnisse des Europäischen Parlaments mittels Übereinkünften auszuschließen. Angesichts der wegen Art. 216 Abs. 2 AEUV vergleichbaren internen Wirkung des Ratsbeschlusses nach Art. 218 Abs. 5 AEUV spricht manches für eine analoge Anwendung des Art. 218 Abs. 6 UAbs. 2 Buchst. a AEUV auf Ratsbeschlüsse über die vorläufige Anwendung einer Übereinkunft.[180] Der entscheidende Unterschied zwischen den Ratsbeschlüssen nach Art. 218 Abs. 5 und Abs. 6 AEUV liegt jedoch darin, dass der erstere nur eine vorläufige, der letztere hingegen eine endgültige Bindung nach außen und Rechtsänderung innerhalb der Union bewirkt. Dies kann auch einen unterschiedlichen Grad parlamentarischer Beteiligung rechtfertigen. In der Praxis wird Art. 218 Abs. 6 UAbs. 2 Buchst. a AEUV auf Ratsbeschlüsse über die vorläufige Anwendung einer Übereinkunft bisher nicht analog angewandt. Die Suche nach pragmatischen Auswegen aus dieser in demokratischer Hinsicht unbefriedigenden Lage hat aber noch zu keiner definitiven Lösung geführt.[181]

78   Eine gewisse Abhilfe schafft die umfassende Unterrichtung des Parlaments nach Art. 218 Abs. 10 AEUV. In der zugehörigen Rahmenvereinbarung über die Beziehungen zwischen dem Europäischen Parlament und der Europäischen Kommission vom

---

[174]Vgl. z. B. Art. 2 des Ratsbeschlusses vom 10. 5. 2010 (ABl. 2013, L 20/1); Art. 3 des Ratsbeschlusses vom 14. 4. 2014 (ABl. 2015, L 19/2). Vgl. auch *Flaesch-Mougin/Boss-Platière*, L'application provisoire des accords de l'Union européenne, S. 311 ff.

[175]Vgl. z. B. Art. 353 Abs. 4 des Abkommens zur Gründung einer Assoziation zwischen der EU und ihren Mitgliedstaaten einerseits und Zentralamerika andererseits (ABl. 2012, L 346/3); Art. 486 Abs. 3 des Assoziierungsabkommens zwischen der EU und der EAG und ihren Mitgliedstaaten einerseits und der Ukraine andererseits (ABl. 2014, L 161/3).

[176]Vgl. Art. 3 des Beschlusses vom 16. 6. 2011 (ABl. 2011, L 283/1); Art. 4 des Beschlusses vom 20. 12. 2012 (ABl. 2013, L 208/1).

[177]So ausdrücklich EuGH, Urt. v. 28. 4. 2015, Rs. C–28/12 (Kommission/Rat), ECLI:EU:C:2015: 282, Rn. 50. S. o. Rn. 69.

[178]Siehe meine Kommentierung zu Art. 216 AEUV Rn. 200.

[179]Siehe bereits oben Rn. 63. Vgl. noch *Hoffmeister*, ZEuS 16 (2013), 385 (398 f.).

[180]So *Müller-Ibold*, in: Lenz/Borchardt, EU-Verträge, Art. 218 AEUV, Rn. 16.

[181]*Flaesch-Mougin/Boss-Platière*, L'application provisoire des accords de l'Union européenne, S. 306 ff.

20.10.2010[182] wird spezifisch angeordnet, dass die Kommission das Parlament so früh wie möglich unterrichtet, wenn sie beabsichtigt, dem Rat die vorläufige Anwendung einer Übereinkunft vorzuschlagen, sowie über die Gründe dafür, sofern sie nicht aus Gründen der Dringlichkeit daran gehindert wird.[183] Darüber kann dann gem. Art. 109 der Geschäftsordnung des Europäischen Parlaments eine Plenardebatte stattfinden. Das Parlament erhält dadurch die Möglichkeit, seinen Standpunkt durch Empfehlungen so frühzeitig zum Ausdruck zu bringen, dass die Kommission ihm im Rahmen des Möglichen Rechnung tragen kann. Der Rat hat insbesondere die Bestimmungen der Rahmenvereinbarung in Bezug auf internationale Übereinkünfte kritisiert, weil sie dahin tendierten, das vertraglich eingerichtete institutionelle Gleichgewicht zwischen den Organen zugunsten des Europäischen Parlaments zu verändern.[184]

E. Phase 4: Eigentlicher Vertragsschluss (Abs. 6)

I. Zuständigkeit des Rates

1. Vertragsschluss durch die EU

Im zumeist praktizierten zusammengesetzten Verfahren folgt dem Ratsbeschluss zur Genehmigung der Unterzeichnung einer Übereinkunft (Art. 218 Abs. 5 AEUV) der Ratsbeschluss über deren eigentlichen Abschluss (Art. 218 Abs. 6 AEUV) nach. Auch dieser ergeht stets auf Vorschlag des Verhandlungsführers bzw. des Leiters des Verhandlungsteams. Falls die Europäische Atomgemeinschaft neben der EU Vertragspartei werden soll, wird dazu ein gesonderter Zustimmungsbeschluss des Rates aufgrund von Art. 101 Abs. 2 EAGV erlassen.[185] Es gibt aber auch Beispiele für einen gemeinsamen Beschluss des Rates und der Kommission (mit Zustimmung des Rates) über den Abschluss einer Übereinkunft durch EG und EAG.[186] Wie der Gerichtshof hervorgehoben hat, sind die Ratsbeschlüsse nach Absatz 5 und nach Absatz 6 des Art. 218 AEUV »zwei verschiedene Rechtsakte …, die für die Betroffenen ganz unterschiedliche Verpflichtungen begründen, wobei der zweite Akt keineswegs die Bestätigung des ersten darstellt.«[187] **79**

Allein zulässige Handlungsform für den Rat ist der Beschluss im Sinne von Art. 288 Abs. 4 AEUV. Die Vorgängerbestimmungen von Art. 218 Abs. 6 AEUV waren in dieser Beziehung nicht eindeutig, zumal der heute »Beschluss« genannte Einzelakt nach Art. 249 Abs. 4 EGV bis zum Inkrafttreten des Vertrags von Lissabon »Entscheidung« hieß. Deshalb kam es früher vor, dass der Rat über den Abschluss von Verträgen in Form einer Verordnung entschied, in der dann zugleich Durchführungsbestimmungen festgelegt wurden.[188] Diese Vorgehensweise schließt Art. 296 **80**

---

[182] ABl. 2010, L 304/47.
[183] Ziff. 23, 24 i.V.m. Ziff. 7 des Anhangs III.
[184] Undatierte Erklärung des Rates (ABl. 2010, C 287/1).
[185] Beispiel: Ratsbeschluss vom 22.10.2013 (ABl. 2014, L 165/1).
[186] Vgl. etwa den Beschluss des Rates und der Kommission vom 17.11.2009 über den Abschluss des Partnerschafts- und Kooperationsabkommens zur Gründung einer Partnerschaft zwischen den Europäischen Gemeinschaften und ihren Mitgliedstaaten einerseits und der Republik Tadschikistan andererseits (ABl. 2009, L 350/1).
[187] EuGH, Gutachten 2/00 vom 6.12.2001 (Protokoll von Cartagena), Slg. 2001, I–9713, Rn. 11. Zu den prozessualen Konsequenzen s. u. Rn. 177ff.
[188] Beispiel: VO (EG) Nr. 408/97 vom 24.2.1997 über den Abschluss des Abkommens über die

Abs. 1 AEUV jetzt aus.[189] Soweit heute Durchführungsbestimmungen zu abgeschlossenen Übereinkünften notwendig erscheinen, müssen sie in einer separaten Verordnung festgelegt werden.[190]

81   Der Standardinhalt eines Ratsbeschlusses nach Art. 218 Abs. 6 AEUV besteht aus einer Präambel mit den Begründungserwägungen, der Nennung der Rechtsgrundlagen,[191] einem Hinweis darauf, wer den Vorschlag gemacht hat,[192] sowie in aller Regel[193] auf die Art der Beteiligung des Europäischen Parlaments. Im operativen Teil folgen die Genehmigung der betr. Übereinkunft im Namen der Union und eine Regelung darüber, wer die völkerrechtliche Verbindlichkeit für die Union praktisch (z. B. durch Hinterlegung der Ratifikationsurkunde oder Vornahme einer vertraglich vorgesehenen Notifikation) herbeiführt[194] sowie gegebenenfalls über die bei dieser Gelegenheit einzulegenden Vorbehalte.[195] Falls notwendig, wird weiterhin festgelegt, wer die Union in einem von der Übereinkunft eingesetzten Gremium vertritt (Art. 218 Abs. 9 AEUV); insbesondere bei gemischten Abkommen finden sich auch Aussagen über die Mitwirkung der Mitgliedstaaten.[196] Eine Ermächtigung zur vereinfachten Vertragsänderung nach Art. 218 Abs. 7 AEUV gehört ebenfalls in diesen Ratsbeschluss.[197] Ggf. folgt noch eine Bestimmung darüber, dass die Übereinkunft nicht unmittelbar anwendbar sein soll.[198] Neuerdings wird schließlich angeordnet, dass das Datum des Inkrafttretens der Übereinkunft auf Veranlassung des Generalsekretariats des Rates im Amtsblatt der EU veröffentlicht wird.[199]

Zusammenarbeit in der Seefischerei zwischen der EG und Mauretanien und zur Festlegung von Durchführungsbestimmungen zu diesem Abkommen (ABl. 1997, L 62/1); VO (EG) Nr. 450/2007 vom 16.4.2007 über den Abschluss des partnerschaftlichen Fischereiabkommens zwischen der Gabunischen Republik und der EG (ABl. 2007, L 109/1).

[189] *Bungenberg*, in: GSH, Europäisches Unionsrecht, Art. 218 AEUV, Rn. 61.

[190] Dies entspricht der neueren Praxis. Vgl. z. B. den Ratsbeschluss vom 22.7.2013 über die Unterzeichnung und vorläufige Anwendung des Protokolls zur Festlegung der Fangmöglichkeiten und der finanziellen Gegenleistung nach dem partnerschaftlichen Fischereiabkommen zwischen der EU und Gabun (ABl. 2013, L 250/1) und die zugehörige VO (EU) Nr. 897/2013 vom selben Tag (ABl. 2013, L 250/24).

[191] Hier wird neben der/n materiellen Rechtsgrundlage/n immer Art. 218 Abs. 6 AEUV zitiert.

[192] Kam der Vorschlag von der Kommission, ergeht ein »EU«-Beschluss (und zwar auch dann, wenn die Übereinkunft einen GASP-Anteil hat), kam er vom Hohen Vertreter, ergeht ein GASP-Beschluss.

[193] Das Parlament wird nur an Übereinkünften, die ausschließlich die GASP betroffen, überhaupt nicht beteiligt (Art. 218 Abs. 6 UAbs. 2 AEUV). S. u. Rn. 92 ff.

[194] Üblicherweise wird der Präsident des Rates ermächtigt, die konkrete Person zu bestimmen (*Eeckhout*, S. 201 f.). Vgl. zur Praxis auch *Müller-Ibold*, in: Lenz/Borchardt, EU-Verträge, Art. 218 AEUV, Rn. 7.

[195] Art. 2 Abs. 2 des Ratsbeschlusses vom 26.11.2009 (ABl. 2010, L 23/35).

[196] Vgl. z. B. Art. 4 des Ratsbeschlusses vom 26.11.2009 (ABl. 2010, L 23/35); Art. 3 des Ratsbeschlusses vom 26.3.2012 (ABl. 2013, L 54/3); Art. 4 des Ratsbeschlusses vom 29.10.2012 (ABl. 2013, L 16/1); Art. 3 des Ratsbeschlusses vom 25.11.2013 (ABl. 2014, L 125/1); Art. 2 des Ratsbeschlusses vom 14.4.2014 (ABl. 2014, L 125/44); Art. 3 des Ratsbeschlusses vom 14.4.2014 (ABl. 2014, L 150/250).

[197] Siehe näher unten Rn. 133 ff.

[198] Vgl. z. B. Art. 3 des Ratsbeschlusses vom 2.12.2013 über den Abschluss des Protokolls zur Änderung des Übereinkommens über das öffentliche Beschaffungswesen (ABl. 2014, L 68/1).

[199] So auch Art. 17 Abs. 1 Buchst. d und e der Geschäftsordnung des Rates. Bsp.: Mitteilung über den Zeitpunkt des Inkrafttretens des partnerschaftlichen Fischereiabkommens zwischen der EU und Mauritius (ABl. 2014, L 79/1).

Dem Ratsbeschluss wird stets der Text der Übereinkunft beigefügt, aus dem allein sich **82** sein materieller Inhalt ergibt. Beide sind erst seit dem Inkrafttreten des Vertrags von Lissabon gemäß Art. 297 Abs. 2 UAbs. 2 AEUV gemeinsam im Amtsblatt der EU zu veröffentlichen.[200] Dementsprechend ordnet auch Art. 17 Abs. 1 Buchst. d der Geschäftsordnung des Rates[201] die Veröffentlichung der von der Union geschlossenen Übereinkünfte an. Art. 17 Abs. 1 Buchst. e dieser Geschäftsordnung sieht hingegen vor, dass von der Union geschlossene Übereinkünfte im Bereich der GASP nur veröffentlicht werden, wenn nicht der Rat aufgrund der Art. 4 und 9 der VO (EG) Nr. 1049/2001 über den Zugang der Öffentlichkeit zu Dokumenten[202] etwas anderes beschließt. Die letztgenannte Bestimmung ist mit Art. 297 Abs. 2 UAbs. 2 AEUV unvereinbar. Im Übrigen zeigt Art. 102 UN-Charta, dass auch die heutige Völkerrechtsordnung Geheimverträge missbilligt.

2. Autorisierung der Mitgliedstaaten zum Vertragsschluss

In einigen Fällen kann die EU ungeachtet ihrer nach dem Primärrecht bestehenden, **83** möglicherweise sogar ausschließlichen Außenzuständigkeit aus völkerrechtlichen Gründen eine Übereinkunft nicht abschließen, weil diese nur (bestimmten) Staaten, nicht aber regionalen Organisationen zum Beitritt offensteht. Dies gilt etwa für die ILO-Übereinkommen, an denen sich nur ILO-Mitglieder beteiligen können; die ILO-Mitgliedschaft ist Staaten vorbehalten. Dann bleibt nichts anderes übrig, als dass die EU den betreffenden Vertrag »durch die Mitgliedstaaten« abschließt, wobei diese in allen Phasen von den Vertragsverhandlungen bis zur Vertragsdurchführung eng mit den Unionsorganen zusammenarbeiten müssen.[203] Der Sache nach übt die EU dann ihre auswärtige Zuständigkeit über die Mitgliedstaaten aus, die im Interesse der Union gemeinsam handeln,[204] also als Sachwalter des gemeinsamen Interesses tätig werden, weil die Union dieses nicht selbst wahrnehmen kann.[205] Eine solche Sachwalterschaft der Mitgliedstaaten findet auch im Internationalen Währungsfonds statt, dem die EU mangels Staatlichkeit nicht selbst beitreten kann.[206]

In der Praxis erlässt der Rat in derartigen Fällen anstelle des in Art. 218 Abs. 6 **84** UAbs. 1 AEUV vorgesehenen Beschlusses über den Abschluss des betr. Übereinkom-

---

[200] *Schmalenbach*, in: Calliess/Ruffert, EUV/AEUV, Art. 218 AEUV, Rn. 15, *Hummer*, in: Vedder/Heintschel v. Heinegg, Europäisches Unionsrecht, Art. 218 AEUV, Rn. 18; und *Kadelbach*, EnzEuR, Bd. 10, § 4, Rn. 51, wollen die Veröffentlichungspflicht auf den inhaltsleeren Ratsbeschluss beschränken, was dem Sinn und Zweck der Publikationspflicht zuwiderläuft. Vgl. auch *Bungenberg*, in: GSH, Europäisches Unionsrecht, Art. 218 AEUV, Rn. 80. Siehe noch oben Rn. 68.
[201] Konsolidierte Fassung in Sartorius II Nr. 237.
[202] ABl. 2001, L 145/43.
[203] EuGH, Urt. v. 14.7.1976, verb. Rs. 3/76, 4/76 u. 6/76 (Kramer), Slg. 1976, 1279, Rn. 44, 45; Gutachten 2/91 vom 19.3.1993 (ILO-Konvention Nr. 170), Slg. 1992, I–1061, Rn. 36 ff. Vgl. auch Art. 34 EUV zur Zusammenarbeit der Mitgliedstaaten in internationalen Organisationen und auf internationalen Konferenzen, insbesondere auch im UN-Sicherheitsrat.
[204] EuGH, Gutachten 2/91 vom 19.3.1993 (ILO-Konvention Nr. 170), Slg. 1992, I–1061, Rn. 5; Gutachten 1/13 vom 14.10.2014 (Haager Übereinkommen von 1980 über Kindesentführungen), ECLI:EU:C:2014:2303, Rn. 44.
[205] Vgl. EuGH, Urt. v. 5.5.1981, Rs. 804/79 (Kommission/Vereinigtes Königreich), Slg. 1981, 1045, Rn. 30. Ausführlich zu dieser Rechtsfigur *Pechstein*, Die Mitgliedstaaten der EG als »Sachwalter des gemeinsamen Interesses« – Gesetzgebungsnotstand im Gemeinschaftsrecht, 1987.
[206] *Kadelbach*, EnzEuR, Bd. 10, § 4, Rn. 60, 69. Vgl. auch *Koedooder*, Will the Juncker Commission initiate unified Eurozone external representation?, European Law Blog, Nov. 13, 2014, http://europeanlawblog.eu/?p=2592 (20.9.2016).

mens seitens der EU einen Beschluss zur Ermächtigung der Mitgliedstaaten, dieses zu ratifizieren oder ihm beizutreten.[207] Dies gilt selbst dann, wenn das Übereinkommen ganz oder teilweise in die ausschließliche Außenkompetenz der EU fällt. Solche Ermächtigungsbeschlüsse werden auf die Vertragsvorschrift gestützt, die der EU die entsprechende Sachkompetenz verleiht, jeweils in Verbindung mit Art. 218 Abs. 6 AEUV.[208] Sie werden im selben Verfahren erlassen wie ein gewöhnlicher Ratsbeschluss nach Art. 218 Abs. 6 AEUV.[209] Es spricht viel dafür, dass die Mitgliedstaaten dann kraft Art. 4 Abs. 3 EUV verpflichtet sind, allesamt dem Übereinkommen beizutreten, um die Einheit der eigentlich ausschließlich zuständigen EU nach außen bestmöglich zu wahren.[210]

85   In Ausnahmefällen erteilt der Rat die o. g. Ermächtigung nur einem Mitgliedstaat, der mit der dritten Vertragspartei in besonders enger Verbindung steht und das Übereinkommen dann allein schließt. Dies gilt etwa für Währungsvereinbarungen Frankreichs, Italiens bzw. Portugals aufgrund von Art. 219 AEUV mit Drittstaaten, die den Euro benutzen wollen.[211]

3. Abschlusskompetenzen der Kommission oder anderer Organe?

86   Art. 228 Abs. 1 UAbs. 1 Satz 2 E(W)GV bzw. Art. 300 Abs. 2 UAbs. 1 Satz 1 EGV sah bis zum Inkrafttreten des Vertrags von Lissabon vor, dass die Abschlusskompetenz des Rates unter dem Vorbehalt »der Zuständigkeiten, welche die Kommission auf diesem Gebiet besitzt«, stand. Wesentlich deutlicher war und ist die Regelung in Art. 101 Abs. 3 EAGV. Danach wurden und werden Abkommen und Vereinbarungen im Rahmen der Euratom, deren Durchführung keine Mitwirkung des Rates erfordert und im Rahmen des betreffenden Haushaltsplans möglich ist, von der Kommission allein ausgehandelt und geschlossen. Die Kommission muss lediglich den Rat darüber ständig unterrichten. Auch alle übrigen EAG-Abkommen und Vereinbarungen werden von der Kommission geschlossen, die dafür aber die Zustimmung des Rates benötigt.

87   Nicht zuletzt nach einem Vergleich mit Art. 101 Abs. 3 EAGV hatte der EuGH die autonome Kompetenz der Kommission, auf der Grundlage des insoweit viel unbestimmteren Art. 228 Abs. 1 UAbs. 1 Satz 2 EWGV für die EWG selbstständig Verwaltungsabkommen abzuschließen, der Sache nach auf Fälle beschränkt, in denen das Pri-

---

[207] *Cremona*, Member States Agreements as Union Law, S. 298 ff.

[208] Vgl. z. B. Beschluss des Rates vom 15. 7. 2013 zur Ermächtigung bestimmter Mitgliedstaaten, das Protokoll zur Änderung des Wiener Übereinkommens vom 21. 5. 1963 über die zivilrechtliche Haftung für nukleare Schäden im Interesse der EU zu ratifizieren oder ihm beizutreten und eine Erklärung über die Anwendung der einschlägigen internen Vorschriften des Unionsrechts abzugeben (ABl. 2013, L 220/1); Beschluss des Rates vom 28. 1. 2014 zur Ermächtigung der Mitgliedstaaten, das Übereinkommen über menschenwürdige Arbeit für Hausangestellte der Internationalen Arbeitsorganisation von 2011 (Übereinkommen Nr. 189) im Interesse der EU zu ratifizieren (ABl. 2014, L 32/32); Beschluss des Rates vom 28. 1. 2014 zur Ermächtigung der Mitgliedstaaten, das Übereinkommen über Sicherheit bei der Verwendung chemischer Stoffe bei der Arbeit der Internationalen Arbeitsorganisation von 1990 (Übereinkommen Nr. 170), im Interesse der EU zu ratifizieren (ABl. 2014, L 32/33). Für die Zeit vor Inkrafttreten des Vertrags von Lissabon vgl. z. B. Entscheidung des Rates vom 14. 4. 2005 zur Ermächtigung der Mitgliedstaaten, das Übereinkommen der Internationalen Arbeitsorganisation über Ausweise für Seeleute (Übereinkommen Nr. 185) im Interesse der EG zu ratifizieren (ABl. 2005, L 136/1).

[209] Vgl. *Cremona*, Member States Agreements as Union Law, S. 298 ff.

[210] Ebd., S. 301 f.

[211] Ebd., S. 300 f.

märrecht der Kommission anderweitig eine entsprechende ausdrückliche Befugnis verlieh.[212] Damit war die betr. Passage in Art. 228 Abs. 1 UAbs. 1 Satz 2 E(W)GV bzw.
Art. 300 Abs. 2 UAbs. 1 Satz 1 EGV auf eine rein deklaratorische Funktion reduziert, so
dass der Vertrag von Lissabon sie ohne inhaltliche Änderung des Primärrechts eliminie-
ren konnte. Einen Parallelismus zwischen Innen- und Außenkompetenzen gibt es für die
Organe damit nicht.[213]

Eine ausdrückliche Vertragsschließungskompetenz wird der Kommission im Uni- **88**
onsrecht nur durch Art. 6 Abs. 2 des Protokolls (Nr. 7) über die Vorrechte und Befreiungen der EU[214] und möglicherweise auch durch Art. 220 AEUV verliehen.[215] Ihre Außenvertretungsbefugnis nach Art. 17 Abs. 1 Satz 6 EUV schließt hingegen keine allgemeine Kompetenz zur Schließung völkerrechtlicher Verträge ein.[216]

Darüber hinaus kann die Kommission aufgrund besonderer Ermächtigung des Rates **89**
Übereinkünfte für die EU schließen. Eine solche Ermächtigung findet sich zum Beispiel
in Art. 5 des Protokolls zum Europa-Mittelmeer-Abkommen zur Gründung einer Assoziation zwischen den Europäischen Gemeinschaften und ihren Mitgliedstaaten einerseits und dem Staat Israel andererseits über ein Rahmenabkommen zwischen der Europäischen Gemeinschaft und dem Staat Israel über die allgemeinen Grundsätze für die
Teilnahme des Staates Israel an den Programmen der Gemeinschaft.[217] Dort ist vorgesehen, dass die Voraussetzungen und Bedingungen für die Teilnahme Israels an jedem
Programm »im Einvernehmen zwischen der Kommission, die im Namen der Gemeinschaft handelt, und den zuständigen Behörden Israels« in einem Vereinbarungsproto-
koll festgelegt werden. Auf dieser Grundlage hat die Kommission im Namen der EU mit
der Regierung des Staates Israel ein Abkommen über die Beteiligung Israels am EU-
Rahmenprogramm für Forschung und Innovation Horizont 2020 (2014–2020) abgeschlossen.[218] Gegen diese Delegation von Vertragsschließungsbefugnissen durch den
eigentlich zuständigen Rat auf die Kommission in einem eindeutig abgegrenzten Bereich, in dem es nicht um die Ausübung politischen Ermessens geht, bestehen keine
Bedenken.[219]

Da Art. 218 AEUV nur für völkerrechtliche Verträge gilt,[220] hindert er die Kommis- **90**
sion nicht daran, im Rahmen ihrer Verwaltungszuständigkeit liegende rechtlich unverbindliche Vereinbarungen mit Drittstaaten oder internationalen Organisationen abzuschließen.[221] Solche Absprachen kommen in der Praxis immer wieder vor.[222] Im GASP-

---

[212] EuGH, Urt. v. 9. 8. 1994, Rs. C–327/91 (Frankreich/Kommission), Slg. 1994, I–3641, Rn. 26 ff.;
Tomuschat, in: GS, EUV/EGV, Art. 300 EG, Rn. 21.

[213] *Eeckhout*, S. 207.

[214] ABl. 2012, C 326/266.

[215] Zu Art. 220 AEUV siehe meine dortige Kommentierung Rn. 21 ff.

[216] Anders offenbar *Lorenzmeier*, in: Grabitz/Hilf/Nettesheim, EU, Art. 218 AEUV (März 2011),
Rn. 41.

[217] ABl. 2008, L 129/40. Weitere Beispiele: Art. 5 des entsprechenden Protokolls mit Aserbaidschan (ABl. 2015, L 19/4); Art. 5 des entsprechenden Protokolls mit dem Libanon (ABl. 2015, L 47/3).

[218] ABl. 2014, L 177/1.

[219] Zu den auf die Meroni-Urteile des EuGH zurückgehenden Grenzen der Delegation von Or-
ganbefugnissen vgl. nur *Streinz*, in: Streinz, EUV/AEUV, Art. 13 EUV, Rn. 36 ff.

[220] S. o. Rn. 10.

[221] Die Kommission bleibt befugt, innerhalb ihrer Zuständigkeit liegende völkerrechtlich nicht
verbindliche politische Absprachen mit Drittländern zu treffen, die gar nicht unter Art. 218 AEUV
fallen: EuGH, Urt. v. 23. 3. 2004, Rs. C–233/02 (Frankreich/Kommission), Slg. 2004, I–2759,
Rn. 38 ff.

[222] Vgl. die Beispiele bei *Kuijper/Wouters/Hoffmeister/de Baere/Ramopoulos*, S. 97 ff.

Bereich ist der Hohe Vertreter für den Abschluss solcher Verwaltungsvereinbarungen zuständig.[223]

91   Die EZB hat mit Deutschland ein völkerrechtliches Sitzabkommen geschlossen, das nicht die EU, sondern die Bank als eigenständiges Völkerrechtssubjekt bindet.[224] Dazu ist in Deutschland ein Vertragsgesetz nach Maßgabe des Art. 59 Abs. 2 GG erlassen worden.[225] Dieses Sitzabkommen hat der EuGH ohne weiteres als wirksam behandelt.[226] Demgegenüber gibt es kein Sitzabkommen der EU mit irgendeinem Mitgliedstaat.[227] Die Union selbst hat auch keinen Sitz, sondern nur ihre Organe, und zwar in verschiedenen Mitgliedstaaten.[228] Denkbar wäre indessen, dass die Union mit den betroffenen Mitgliedstaaten zugunsten ihrer Organe ein solches Sitzabkommen im Verfahren des Art. 218 AEUV abschließt.[229]

II. Beteiligung des Europäischen Parlaments

1. Überblick

92   Nach der ursprünglichen Fassung von Art. 228 Abs. 1 UAbs. 1 Satz 2 EWGV musste der über den Abschluss von Übereinkünften entscheidende Rat die Versammlung zuvor lediglich in den vom Vertrag vorgesehenen Fällen anhören.[230] Ein Mitentscheidungsrecht hatte die Versammlung gar nicht.

93   Auch im Bereich des Vertragsschließungsverfahrens ist das Europäische Parlament der große Gewinner der zahlreichen Vertragsreformen: Seine Beteiligungsrechte sind sehr stark ausgeweitet worden.[231] Es ist jedoch auch beim Abschluss internationaler Übereinkünfte dem Rat gegenüber immer noch nicht gleichberechtigt. Vielmehr sieht Art. 218 Abs. 6 UAbs. 2 AEUV drei verschiedene Abschlussverfahren mit abgestufter Beteiligung des Parlaments vor. Diese unterschiedlich intensiven Beteiligungsformen spiegeln nach außen die nach innen geltende Aufteilung der Organbefugnisse wider, wie sich insbesondere aus Art. 218 Abs. 6 UAbs. 2 Buchst. a Ziff. v AEUV ableiten lässt.[232] Durch die Symmetrie zwischen dem Entscheidungsverfahren bei unionsinternen Maßnahmen und dem Verfahren zur Eingehung völkervertraglicher Verpflichtungen soll gewährleistet werden, dass das Parlament und der Rat in Bezug auf einen bestimmten Sachbereich in beiden Sphären die gleichen Befugnisse haben, im Einklang mit dem

---

[223] *Gatti/Manzini*, CMLRev. 49 (2012), 1732.

[224] Vgl. Art. 282 Abs. 3 Satz 1 AEUV.

[225] Gesetz vom 19.12.1998 zu dem Abkommen zwischen der Regierung der Bundesrepublik Deutschland und der Europäischen Zentralbank über den Sitz der Europäischen Zentralbank vom 18.9.1998 (BGBl. II S. 2995).

[226] EuGH, Urt. v. 8.12.2005, Rs. C–220/03 (EZB/Deutschland), Slg. 2005, I–10595. Vgl. auch die Schlussanträge des GA *Jääskinen* zu Rs. C–62/11 (Feyerbacher), ECLI:EU:C:2012:305, Rn. 40 (der EuGH ging in seiner Entscheidung auf diesen Aspekt nicht ein).

[227] *Lorenzmeier*, in: Grabitz/Hilf/Nettesheim, EU, Art. 218 AEUV (März 2011), Rn. 11.

[228] Vgl. Art. 341 AEUV, Art. 189 EAGV und das Protokoll (Nr. 6) über die Festlegung der Sitze der Organe und bestimmter Einrichtungen, sonstiger Stellen und Dienststellen der EU vom 2.10.1997 (ABl. 2012, C 326/265).

[229] Vgl. *Bungenberg*, in: GSH, Europäisches Unionsrecht, Art. 218 AEUV, Rn. 31.

[230] S. u. Rn. 192.

[231] Vgl. zunächst Art. 228 Abs. 3 EGV i. d. F. des Vertrages von Maastricht, sodann Art. 300 Abs. 3 EGV i. d. F. der Verträge von Amsterdam und von Nizza.

[232] EuGH, Urt. v. 24.6.2014, Rs. C–658/11 (Seeräuberüberstellung I), ECLI:EU:C:2014:2025, Rn. 55.

durch die Verträge eingerichteten institutionellen Gleichgewicht.[233] Art. 218 Abs. 6 AEUV beruht auf einem Parallelismus zwischen den Befugnissen des Parlaments im Innenbereich und im Außenbereich.[234]

An Ratsbeschlüssen über den Abschluss von Übereinkünften, die ausschließlich die **94** GASP betreffen, ist das Parlament nach Art. 218 Abs. 6 UAbs. 2 AEUV überhaupt nicht beteiligt. Gleiches gilt übrigens für Vereinbarungen im Zusammenhang mit Währungsfragen oder Devisenregelungen gemäß Art. 219 Abs. 3 AEUV.[235] Den in Art. 218 Abs. 6 UAbs. 2 Buchst. a AEUV aufgelisteten fünf besonders wichtigen Kategorien von Übereinkünften muss das Parlament sogar zustimmen. Bei allen sonstigen Vertragsschlüssen wird das Parlament nach Art. 218 Abs. 6 UAbs. 2 Buchst. b AEUV angehört, ebenso bei Vereinbarungen über ein Wechselkurssystem für den Euro nach Art. 219 Abs. 1 Satz 2 AEUV. Entsprechende Beschlüsse des Parlaments werden nach der Grundregel des Art. 231 Abs. 1 AEUV mit der Mehrheit der abgegebenen Stimmen gefasst.

Der Ratsbeschluss nach Art. 218 Abs. 6 AEUV legt in der Präambel jeweils offen, ob **95** er ohne das Parlament oder nach seiner Anhörung bzw. mit seiner Zustimmung ergangen ist, und weist unter den Rechtsgrundlagen dementsprechend (zumindest regelmäßig) auf Art. 218 Abs. 6 UAbs. 1, UAbs. 2 Buchst. b oder Buchst. a AEUV hin.[236] Manchmal wird in den Fällen der Buchst. a noch die genaue Kategorie mit der einschlägigen Ziffer (i – v) identifiziert, insbesondere in Fällen der Ziff. v.[237]

2. Fernhaltung des Parlaments von »reinen« GASP-Übereinkünften

Das Parlament spielt gemäß Art. 36 EUV in der GASP allgemein eine untergeordnete **96** Rolle. Insbesondere ist seine Einbeziehung in den Entscheidungsprozess über konkrete GASP-Maßnahmen nicht vorgesehen. Dies »resultiert ... aus einer Entscheidung der Verfasser des Vertrags von Lissabon, dem Parlament in Bezug auf das Handeln der Union im Rahmen der GASP eine begrenztere Rolle zu übertragen«.[238] Dementsprechend hält der einleitende Halbsatz von Art. 218 Abs. 6 UAbs. 2 AEUV das Parlament auch vom Verfahren über den Abschluss von solchen Übereinkünften fern, die ausschließlich die GASP betreffen und die der Rat durch einen GASP-Beschluss auf Vorschlag des Hohen Vertreters genehmigt.[239] Dies gilt, obwohl gerade GASP-Übereinkünfte große politische Bedeutung haben können.

Es hat nicht an Versuchen gefehlt, diese im Hinblick auf das Demokratieprinzip inak- **97** zeptable Regel des Art. 218 Abs. 6 UAbs. 2, 1. Halbsatz AEUV[240] einzuengen, um dem

---

[233] Ebd., Rn. 56.

[234] GA *Bot*, Schlussanträge zu Rs. C–658/11 (Seeräuberüberstellung I), ECLI:EU:C:2014:41, Rn. 30.

[235] Vgl. z. B. den Ratsbeschluss vom 12. 7. 2011 (ABl. 2011, L 189/1).

[236] Vgl. zu Art. 218 Abs. 6 UAbs. 1 AEUV z. B. Ratsbeschluss vom 14. 6. 2010 (ABl. 2010, L 187/1); zu Art. 218 Abs. 6 UAbs. 2 Buchst. a AEUV z. B. Ratsbeschluss vom 25. 11. 2013 (ABl. 2014, L 125/1); Ratsbeschlüsse vom 14. 4. 2014 (ABl. 2014, L 125/44 u. L 125/46); zu Art. 218 Abs. 6 UAbs. 2 Buchst. b AEUV z. B. Ratsbeschluss vom 26. 11. 2009 (ABl. 2010, L 23/35 – noch zu Art. 300 Abs. 3 UAbs. 1 EGV); Ratsbeschluss vom 7. 11. 2014 (ABl. 2014, L 330/10).

[237] So z. B. Ratsbeschluss vom 9. 3. 2011 (ABl. 2011, L 90/1); Ratsbeschluss vom 2. 12. 2013 (ABl. 2014, L 68/1); Ratsbeschluss vom 14. 4. 2014 (ABl. 2014, L 150/231) – jeweils Ziff. v.

[238] EuGH, Urt. v. 19. 7. 2012, Rs. C–130/10 (Parlament/Rat), ECLI:EU:C:2012:472, Rn. 82.

[239] Vgl. z. B. den Ratsbeschluss 2010/404/GASP vom 14. 6. 2010 (ABl. Nr. L 187/1); Ratsbeschluss 2012/768/GASP vom 9. 3. 2012 (ABl. 2012, L 338/1), Ratsbeschluss 2014/198/GASP vom 10. 3. 2014 (ABl. 2014, L 108/1).

[240] Vgl. *Eeckhout*, S. 211: »clearly untenable«.

Parlament eine möglichst breite Beteiligung zu sichern. Tatsächlich scheint der Textvergleich mit Art. 218 Abs. 3, 1. Halbsatz AEUV zu ergeben, dass der Ausschluss für diejenigen Übereinkünfte nicht gilt, die nur hauptsächlich GASP-Materien betreffen; bei diesen müsste das Parlament dann gemäß Art. 218 Abs. 6 UAbs. 2 Buchst. b AEUV angehört werden.[241] Die Tragfähigkeit dieser Schlussfolgerung aus dem Regelungszusammenhang ist aber schon deshalb zweifelhaft, weil die Absätze 3 und 6 des Art. 218 AEUV die Organzuständigkeit in ganz unterschiedlichen Phasen des Vertragsschließungsverfahrens betreffen – in der Vorschlagsphase und der Abschlussphase.[242]

98   Die vorgeschlagene textbasierte restriktive Interpretation des von Art. 218 Abs. 6 UAbs. 2, 1. Halbsatz AEUV angeordneten Parlamentsausschlusses hat der EuGH inzwischen auch verworfen. Der Gerichtshof stellt demgegenüber darauf ab, ob der Ratsbeschluss zur Genehmigung der fraglichen Übereinkunft nach den allgemeinen Regeln über die Identifikation der einschlägigen vertraglichen Ermächtigungsgrundlage für Unionsakte mit mehreren Zielsetzungen oder Komponenten[243] in zutreffender Weise ausschließlich auf Art. 37 EUV gestützt wurde, weil das GASP-Ziel bzw. die GASP-Komponente ganz im Vordergrund stehen.[244] Dass die Übereinkunft weitere Elemente enthält, die zu anderen Unionspolitiken gehören, ist so lange auch für die Beteiligung des Parlaments unerheblich, als diese wegen ihrer bloß untergeordneten Bedeutung nicht bewirken, dass dem Art. 37 EUV eine oder mehrere weitere Rechtsgrundlagen aus dem AEUV beigefügt werden müssen.[245] M. a. W. betreffen alle diejenigen Übereinkünfte für Zwecke des Art. 218 Abs. 6 UAbs. 2, 1. Halbsatz AEUV »ausschließlich« die GASP, deren Grundlage allein Art. 37 EUV bildet. Nur auf diese Weise wird im Interesse der Rechtssicherheit gewährleistet, dass unionsrechtliche Akte mit derselben materiellen Rechtsgrundlage unter gleicher Beteiligung derselben Organe im selben Verfahren erlassen werden, unabhängig davon, ob sie sich nach innen oder nach außen richten.[246]

99   Als ein teilweiser Ausgleich für Zwecke des Demokratieprinzips dient die Pflicht zur unverzüglichen und umfassenden Unterrichtung nach Art. 218 Abs. 10 AEUV: Diese erfasst selbst reine GASP-Übereinkünfte, und der EuGH nimmt sie dementsprechend genau.[247]

3. Zustimmungspflichtige Übereinkünfte (Art. 218 Abs. 6 UAbs. 2 Buchst. a AEUV)

100   Die wichtigsten Vertragskategorien unterliegen heute der Zustimmung des Parlaments. Da die Union kein parlamentarisches System hat, in dem eine außenpolitische Entscheidungen treffende Regierung über eine gesicherte parlamentarische Mehrheit ver-

---

[241] So z. B. *Schmalenbach*, in: Calliess/Ruffert, EUV/AEUV, Art. 218 AEUV, Rn. 19; *Schütze*, in: MPEPIL, Rn. 23.

[242] EuGH, Urt. v. 24.6.2014, Rs. C–658/11 (Seeräuberüberstellung I), ECLI:EU:C:2014:2025, Rn. 61.

[243] Vgl. nur EuGH, Urt. v. 19.7.2012, Rs. C–130/10 (Parlament/Rat), ECLI:EU:C:2012:472, Rn. 42 ff.

[244] EuGH, Urt. v. 24.6.2014, Rs. C–658/11 (Seeräuberüberstellung I), ECLI:EU:C:2014:2025, Rn. 59.

[245] GA *Bot*, Schlussanträge zu Rs. C–658/11 (Seeräuberüberstellung I), ECLI:EU:C:2014:41, Rn. 19 ff.

[246] EuGH, Urt. v. 24.6.2014, Rs. C–658/11 (Seeräuberüberstellung I), ECLI:EU:C:2014:2025, Rn. 60.

[247] Ebd., Rn. 75 ff. S. näher u. Rn. 195 ff.

fügt, müssen sich Kommission und Rat stets viel stärker um eine parlamentarische Zustimmung zum Abschluss der von ihnen gewünschten Übereinkünfte bemühen, als man das aus den Mitgliedstaaten kennt.[248]

Den Abschluss von folgenden fünf in Art. 218 Abs. 6 UAbs. 2 Buchst. a AEUV ab- **101** schließend aufgelisteten Arten von Übereinkünften kann der Rat nur mit Zustimmung des Parlaments genehmigen. Wird eine demgemäß zustimmungspflichtige Übereinkunft später durch Änderungsvertrag geändert, so ist die Zustimmung des Europäischen Parlaments nur erforderlich, falls der Änderungsvertrag seinerseits die Kriterien des Art. 218 Abs. 6 UAbs. 2 Buchst. a AEUV erfüllt.[249]

a) Assoziierungsabkommen (Ziff. i)

Ziff. i: Assoziierungsabkommen (Art. 217 AEUV). Dieses Zustimmungserfordernis **102** wurde bereits durch den Vertrag von Maastricht (1992) eingeführt. Es beruht auf der politischen Bedeutung der Assoziierungsabkommen, welche die EU besonders intensiv an die jeweiligen Vertragspartner binden.[250] Übereinkünfte im Rahmen der Nachbarschaftspolitik aufgrund von Art. 8 Abs. 2 EUV werden wegen ihres ähnlichen Charakters ebenfalls von Ziff. i erfasst, selbst wenn sie nicht zugleich Art. 217 AEUV unterfallen.[251] Stattdessen kann man sie je nach Ausgestaltung auch unter Ziff. iii subsumieren.[252]

b) EMRK-Beitritt (Ziff. ii)

Ziff. ii: Übereinkunft über den EMRK-Beitritt der Union (Art. 6 Abs. 2 EUV). Dieses **103** Zustimmungserfordernis wurde gemeinsam mit der entsprechenden Beitrittspflicht durch den Vertrag von Lissabon (2007) eingeführt. Es spiegelt die verfassungsrechtliche Bedeutung des Konventionsbeitritts und seiner institutionellen Folgen wider.[253] Auf Beitritte der Union zu Zusatz- und Änderungsprotokollen zur EMRK ist Ziff. ii analog anwendbar, wenn es sich nicht nur um marginale Änderungen handelt.[254]

c) Übereinkünfte zur Zusammenarbeit in besonderem institutionellem Rahmen (Ziff. iii)

Ziff. iii: Übereinkünfte, die durch die Einführung von Zusammenarbeitsverfahren einen **104** besonderen institutionellen Rahmen schaffen. Derartige Übereinkünfte hat der Vertrag von Maastricht (1992) ebenso wie die Assoziierungsabkommen der parlamentarischen Zustimmung unterstellt, weil sie ähnliche Konsequenzen haben.[255] Welche Anforderungen an den institutionellen Rahmen zu stellen sind, ist allerdings unklar: Kommt es darauf an, ob Institutionen eingesetzt werden, die verbindliche Entscheidungen treffen können, oder eher darauf, dass deren Beschlussfassungskompetenz breit ist, auch wenn

---

[248] *Krajewski*, EnzEuR, Bd. 10, § 3, Rn. 162; *Monar*, EFAR 15 (2010), 147 f.

[249] *Bungenberg*, in: GSH, Europäisches Unionsrecht, Art. 218 AEUV, Rn. 72.

[250] Vgl. *Schütze*, in: MPEPIL, Rn. 24.

[251] *Schmalenbach*, in: Calliess/Ruffert, EUV/AEUV, Art. 218 AEUV, Rn. 21; *Müller-Ibold*, in: Lenz/Borchardt, EU-Verträge, Art. 218 AEUV, Rn. 11.

[252] So *Mögele*, in: Streinz, EUV/AEUV, Art. 218 AEUV, Rn. 18.

[253] Vgl. EuGH, Gutachten 2/94 vom 28. 3. 1996 (EMRK-Beitritt I), Slg. 1996, I–1759, Rn. 30 ff.

[254] *Schmalenbach*, in: Calliess/Ruffert, EUV/AEUV, Art. 218 AEUV, Rn. 22; *Müller-Ibold*, in: Lenz/Borchardt, EU-Verträge, Art. 218 AEUV, Rn. 14.

[255] In Art. 228 Abs. 3 UAbs. 2 EGV i. d. F. des Vertrags von Maastricht heißt es dementsprechend: »… bedarf der Abschluss von [Assoziierungsabkommen] sowie sonstiger Abkommen, die durch Einführung von Zusammenarbeitsverfahren einen besonderen institutionellen Rahmen schaffen, … der Zustimmung des Europäischen Parlaments.«.

sie nur Empfehlungen verabschieden können? Die bisherige Praxis neigt zur Engführung der Ziff. iii.[256] Es bleibt abzuwarten, ob das Parlament seine Zustimmungsbefugnisse in Zukunft auszuweiten versucht. Die praktische Bedeutung der Ziff. iii ist bislang nicht sonderlich groß gewesen, weil es vor allem die bereits von Ziff. i erfassten Assoziierungsabkommen sind, die einen besonderen institutionellen Rahmen einrichten. Das könnte sich ändern, wenn die EU verstärkt internationalen Organisationen beitritt.[257]

d) Übereinkünfte mit erheblichen finanziellen Folgen (Ziff. iv)

105 Ziff. iv: Übereinkünfte mit erheblichen finanziellen Folgen für die Union. Auch dieses Zustimmungserfordernis geht auf den Vertrag von Maastricht (1992) zurück. Es trägt der Budgetverantwortung des Parlaments dadurch Rechnung, dass es sie in konsequenter Weise auf budgetrelevante Vorentscheidungen erstreckt.[258] Die Interpretation der unbestimmten Begriffe »erhebliche finanzielle Folgen« musste zum Streit zwischen Parlament und Rat führen.

106 Der EuGH hat hierzu Folgendes klargestellt: Da der Anteil der für außenpolitische Maßnahmen insgesamt vorgesehenen Mittel am Gesamthaushalt der EU verhältnismäßig gering ist, würde die Regelung in Ziff. iv praktisch leerlaufen, wenn man auf das Verhältnis der durch ein Abkommen verursachten jährlichen finanziellen Belastungen zum Gesamthaushalt abstellte. Stattdessen sind die abkommensbedingten Ausgaben mit dem Gesamtbetrag der zur Finanzierung der außenpolitischen Maßnahmen der Union vorgesehenen Mittel zu vergleichen. Bei einem sektorbezogenen Abkommen kann zusätzlich ein Vergleich mit den für den betreffenden Sektor (z.B. Fischerei) insgesamt – also für sektorspezifische interne wie externe Maßnahmen – eingesetzten Mitteln angestellt werden. Entscheidend bleibt aber letztlich, ob die Durchführung des Abkommens einen wesentlichen Teil der zur Finanzierung außenpolitischer Maßnahmen vorgesehenen Haushaltsmittel beansprucht wird.[259] Bei welchem genauen Prozentsatz man einen »wesentlichen Teil« annehmen kann, ist offen.[260] Der einengende Interpretationsansatz des EuGH hat Zustimmung, aber auch Kritik hervorgerufen.[261] Ob die notwendigen Klärungen durch weitere Gerichtsverfahren oder eher eine interinstitutionelle Vereinbarung zwischen Kommission, Rat und Parlament herbeigeführt werden, bleibt abzuwarten.[262]

e) Parallelität parlamentarischer Zustimmungserfordernisse bei internen Rechtsakten und Übereinkünften (Ziff. v)

107 Ziff. v: Übereinkünfte in Bereichen, in denen interne Maßnahmen entweder im ordentlichen Gesetzgebungsverfahren oder in einem besonderen Gesetzgebungsverfahren mit Zustimmung des Parlaments erlassen werden müssten. Der Vertrag von Lissabon hat mit dieser Regelung die Parlamentsbeteiligung bei internen und externen Maßnahmen der

[256] *Schmalenbach*, in: Calliess/Ruffert, EUV/AEUV, Art. 218 AEUV, Rn. 23.
[257] Vgl. *Mögele*, in: Streinz, EUV/AEUV, Art. 218 AEUV, Rn. 18.
[258] Vgl. *Schütze*, in: MPEPIL, Rn. 24.
[259] EuGH, Urt. v. 8.7.1999, Rs. C–189/97 (Fischereiabkommen mit Mauretanien), Slg. 1999, I–4759, Rn. 26 ff.
[260] Die vorstehende EuGH-Entscheidung hat 1% dafür nicht ausreichen lassen.
[261] Vgl. einerseits *Eeckhout*, S. 204 f., andererseits *Müller-Ibold*, in: Lenz/Borchardt, EU-Verträge, Art. 218 AEUV, Rn. 13.
[262] Vgl. *Eeckhout*, S. 205.

Union endlich vollständig parallelisiert. Die frühere Vertragslage (Art. 300 Abs. 3 EGV) war in dieser Hinsicht unbefriedigend. Zunächst wurde das Parlament damals von Handelsabkommen, die heute wegen Art. 207 Abs. 2 AEUV durchweg von Ziff. v erfasst werden, vollständig ferngehalten.[263] Darüber hinaus wurde es an sonstigen Abkommen auch dann, wenn interne Maßnahmen dem Mitentscheidungsverfahren[264] unterlagen, nur im Wege der Anhörung beteiligt, es sei denn, ein solches Abkommen bedingte die Änderung eines bereits zuvor im Mitentscheidungsverfahren erlassenen Sekundärrechtsakts. Diese Regelung war unlogisch, weil eine Übereinkunft stärkere unionsinterne Rechtswirkungen entfaltete als ein Sekundärrechtsakt, dem das Parlament hätte zustimmen müssen.[265] Heute hingegen ist gemäß Ziff. v die Zustimmung des Parlaments sinnvollerweise stets erforderlich für den Abschluss von Abkommen in allen Sachbereichen, in denen interne Rechtsetzungsakte seiner Zustimmung unterliegen, unabhängig davon, ob eine interne Regelung bereits vorliegt.

Der bisher spektakulärste Fall, in dem das Parlament einer unter Ziff. v fallenden **108** Übereinkunft mit großer Mehrheit seine Zustimmung verweigerte und diese damit zum Scheitern brachte, obwohl sie von der Kommission, dem Rat und den Mitgliedstaaten befürwortet wurde, betraf das gemischte Abkommen zur Bekämpfung von Produkt- und Markenpiraterie (Anti-Counterfeiting Trade Agreement – ACTA).[266] Das Parlament reagierte damit auf öffentliche Proteste in weiten Teilen der Union, die in ihrem Ausmaß bisher einmalig waren.

f) Fristvereinbarung in dringenden Fällen

Art. 218 Abs. 6 UAbs. 2 Satz 2 AEUV sieht vor, dass das Europäische Parlament und **109** der Rat in dringenden Fällen eine Frist für die Zustimmung vereinbaren können. Eine solche Vereinbarung konkretisiert die ohnehin aufgrund von Art. 13 Abs. 2 Satz 2 EUV bestehende Verpflichtung des Parlaments zur loyalen Zusammenarbeit mit dem Rat im Gesamtinteresse der Union. Aus dieser Loyalitätspflicht heraus ist das Parlament gehalten, auf ein Ersuchen des Rates mit diesem eine den Umständen nach angemessene Frist zu vereinbaren.[267]

Sollte das Parlament die vereinbarte Frist dann nicht einhalten, würde es nicht nur die **110** Vereinbarung, sondern zugleich Art. 13 Abs. 2 Satz 2 EUV verletzen. Der Rat könnte dies ggf. mittels einer Untätigkeitsklage (Art. 265 AEUV) durch den EuGH feststellen lassen und vielleicht sogar eine einstweilige Anordnung (Art. 279 AEUV) erwirken, damit das Parlament die Angelegenheit zügig auf seine Tagesordnung setzt. Weitere Rechtsfolgen ergeben sich indessen nicht: Weder entfällt mit dem Fristablauf die Notwendigkeit der parlamentarischen Zustimmung, so dass der Rat die Übereinkunft nunmehr allein abzuschließen könnte,[268] noch begründet die Vereinbarung (anders als es der

---

[263] *Mögele*, in: Streinz, EUV/AEUV, Art. 218 AEUV, Rn. 18. Die gleichberechtigte Mitentscheidung des Europäischen Parlaments über Handelsabkommen gilt als sein wichtigster Machtzugewinn (*Eeckhout*, S. 203 f.).

[264] Art. 251 EGV – Vorläufer des ordentlichen Gesetzgebungsverfahrens nach Art. 294 AEUV.

[265] Vgl. Art. 300 Abs. 7 EGV, der dem heutigen Art. 216 AEUV entsprach. Kritisch etwa *Eeckhout*, S. 203.

[266] Legislative Entschließung vom 4. 7. 2012 zu einem Beschlussentwurf des Rates nach Art. 218 Abs. 6 AEUV (ABl. 2013, C 349 E/552).

[267] *Bungenberg*, in: GSH, Europäisches Unionsrecht, Art. 218 AEUV, Rn. 74.

[268] Anderes gilt insoweit nach Art. 218 Abs. 6 UAbs. 2 Buchst. b AEUV, wenn das Parlament nur anzuhören ist und die Frist zur Abgabe seiner Stellungnahme versäumt.

Wortlaut anzudeuten scheint) eine Verpflichtung für das Parlament, seine Zustimmung zu erteilen.

4. Anhörungspflicht bei sonstigen Übereinkünften (Art. 218 Abs. 6 UAbs. 2 Buchst. b AEUV)

111   Zu allen sonstigen Übereinkünften, die also weder ausschließlich die GASP betreffen noch zu den abschließend aufgelisteten zustimmungspflichtigen Abkommen zählen, wird das Parlament nach Art. 218 Abs. 6 UAbs. 2 Buchst. b AEUV angehört. Dies gilt etwa für Übereinkünfte in einem Bereich, in dem interne Rechtsakte in einem besonderen Gesetzgebungsverfahren nach bloßer Anhörung des Parlaments ergehen.[269] Es gilt auch für Übereinkünfte, die zwar vorrangig, aber eben nicht ausschließlich die GASP betreffen, so dass der zugehörige Ratsbeschluss neben Art. 37 EUV noch zumindest eine weitere Grundlage im AEUV hat, ohne dass diese Übereinkünfte aber unter den Katalog von Art. 218 Abs. 6 UAbs. 2 Buchst. a AEUV fallen.[270]

112   Nach den allgemeinen Regeln über das Anhörungserfordernis, die auf dem Grundsatz der Organloyalität (Art. 13 Abs. 2 Satz 2 EUV) beruhen, gilt Folgendes: Die Stellungnahme des Parlaments ist für den Rat inhaltlich nicht verbindlich (Art. 288 Abs. 5 AEUV); er muss sie allerdings zwingend abwarten und bei seiner Entscheidung gebührend berücksichtigen. Als Ausdruck des Demokratieprinzips stellt das Anhörungserfordernis nämlich ein für die Wahrung des institutionellen Gleichgewichts wesentliches Formerfordernis im Sinne von Art. 263 Abs. 2 AEUV dar.[271] Das Parlament ist seinerseits verpflichtet, innerhalb einer angemessenen Zeitspanne Beschluss zu fassen. Verletzt es seine diesbezügliche Verpflichtung zur redlichen Zusammenarbeit mit dem Rat, kann es diesem nicht zum Vorwurf machen, die parlamentarische Stellungnahme vor seiner eigenen Beschlussfassung nicht abgewartet zu haben.[272]

113   Diese allgemeinen Regeln werden jedoch durch Art. 218 Abs. 6 UAbs. 2 Buchst. b Satz 2 AEUV konkretisiert und zugleich zugunsten des Parlaments modifiziert: Danach kann der Rat dem Parlament eine Frist zur Stellungnahme setzen, die er entsprechend der Dringlichkeit festlegt. Anders als in den Fällen von Buchst. a (Zustimmungsverfahren) entscheidet der Rat im Anhörungsverfahren des Buchst. b einseitig über die Fristsetzung. Das Demokratieprinzip und der Grundsatz der Organloyalität ziehen dem Ermessen des Rates bei der Bemessung der Frist Grenzen. Nur wenn das Parlament innerhalb einer in diesem Sinne zulässiger Weise determinierten Frist keine Stellungnahme beschließt, kann der Rat über den Abschluss der Übereinkunft allein entscheiden. Ohne vorherige Setzung einer den Umständen nach angemessenen Frist darf der Rat das Parlament hier demnach nicht übergehen.

III.   Beteiligung sonstiger Organe und Einrichtungen der Union

114   Nach dem Vorstehenden sind am Abschluss von Übereinkünften der EU stets die Kommission bzw. der Hohe Vertreter in ihrer Eigenschaft als Verhandlungsführer durch ihren Vorschlag, zumeist (außer bei reinen GASP-Übereinkünften) das Europäische Parlament zumindest durch Anhörung, in der Regel hingegen durch Zustimmung, und

---

[269] *Mögele*, in: Streinz, EUV/AEUV, Art. 218 AEUV, Rn. 18 a. E.
[270] S. o. Rn. 98. Siehe auch *Wessel*, S. 52 f.
[271] Vgl. EuGH, Urt. v. 30.3.1995, Rs. C–65/93 (Parlament/Rat), Slg. 1995, I–643, Rn. 21 f.
[272] Vgl. EuGH, Urt. v. 30.3.1995, Rs. C–65/93 (Parlament/Rat), Slg. 1995, I–643, Rn. 23 ff.

letztentscheidend der Rat durch Erlass des Beschlusses nach Art. 218 Abs. 6 AEUV beteiligt. Eine direkte Beteiligung weiterer Organe oder Einrichtungen der Union am eigentlichen Vertragsschlussverfahren ist nicht vorgesehen.

Vorrangige Sonderregeln in anderen Vertragsbestimmungen können weitere Beteiligungsrechte vorsehen. Dies gilt etwa für Art. 219 AEUV betr. die Beteiligung der EZB in Gestalt der Empfehlung oder Anhörung an Vereinbarungen über Wechselkurssysteme. Art. 207 Abs. 5 AEUV klammert Verkehrsabkommen aus der Gemeinsamen Handelspolitik aus und nimmt für deren Abschluss den Dritten Teil Titel VI (Art. 90 ff. AEUV) sowie Art. 218 AEUV in Bezug. Der Hinweis auf Art. 90 ff. AEUV betrifft dabei die Verbandskompetenz, der Hinweis auf Art. 218 AEUV die Organkompetenz. Deshalb rechtfertigt der Umstand, dass der Wirtschafts- und Sozialausschuss und der Ausschuss der Regionen gem. Art. 91 Abs. 1 AEUV vor dem Erlass interner Rechtsakte zur Durchführung der gemeinsamen Verkehrspolitik angehört werden müssen, nicht die Annahme, dass Gleiches auch vor dem Abschluss von Verkehrsabkommen mit Drittstaaten gilt.[273] Auch sonst schlagen die Regeln über das interne Rechtsetzungsverfahren nicht auf das in Art. 218 AEUV geregelte Vertragsschließungsverfahren durch. Dementsprechend hört der Rat vor dem Abschluss von Verkehrsabkommen in der Praxis weder den Wirtschafts- und Sozialausschuss noch den Ausschuss der Regionen an.[274]   **115**

Vorstellbar ist eine indirekte Beteiligung weiterer Stellen an der Vertragsschließung. Beispielsweise kann der Europäische Rat in Wahrnehmung seiner Impuls- und Leitfunktion[275] den Abschluss von strategisch wichtigen Übereinkünften vorgeben. Dies gilt insbesondere im Bereich der GASP.[276] Der Wirtschafts- und Sozialausschuss und der Ausschuss der Regionen können alle ihnen als zweckdienlich erscheinende Stellungnahmen abgeben und darin auch den Abschluss von Übereinkünften anregen.[277] Darüber hinaus können das Europäische Parlament, der Rat und die Kommission diese beiden Ausschüsse anhören, wann immer sie es für zweckmäßig erachten.[278] Art. 218 AEUV ist nicht zu entnehmen, dass er solche freiwilligen Anhörungen im Vertragsschließungsverfahren verböte.   **116**

IV. Gerichtliche Kontrolle von Ratsbeschlüssen nach Art. 218 Abs. 6 AEUV

Ratsbeschlüsse nach Art. 218 Abs. 6 AEUV unterliegen der Gültigkeitskontrolle des EuGH im Nichtigkeitsklageverfahren (Art. 263 AEUV) und Vorabentscheidungsverfahren (Art. 267 AEUV). Das in Art. 218 Abs. 11 AEUV vorgesehene Gutachtenverfahren entfaltet in dieser Hinsicht keine Sperrwirkung, zumal es nur geplante Übereinkünfte erfasst.[279] Demgegenüber können auch bereits abgeschlossene Übereinkünfte   **117**

---

[273] Anders für den WSA *Bungenberg*, in: GSH, Europäisches Unionsrecht, Art. 218 AEUV, Rn. 87.

[274] Vgl. z. B. den Ratsbeschluss vom 16. 6. 2011 über die Unterzeichnung und den Abschluss der Vereinbarung zwischen der EU und OTIF über den Beitritt der EU zum COTIF-Übereinkommen, der auf Art. 91 i. V. m. Art. 218 Abs. 5, Abs. 6 Buchst. a AEUV beruht (ABl. 2013, L 51/1); Ratsbeschluss vom 20. 10. 2011 über den Abschluss des Abkommens zwischen der EU und den Vereinigten Mexikanischen Staaten über bestimmte Aspekte von Luftverkehrsdiensten, der auf Art. 100 Abs. 2 i. V. m. Art. 218 Abs. 6 Buchst. a, Abs. 8 UAbs. 1 AEUV beruht (ABl. 2011, L 283/25).

[275] Art. 15 Abs. 1 EUV.

[276] Art. 26 Abs. 1 EUV.

[277] Art. 304 Abs. 1 Satz 3, Art. 307 Abs. 4 AEUV.

[278] Art. 304 Abs. 1 Satz 2, Art. 307 Abs. 1 AEUV. So für den WSA auch *Bungenberg*, in: GSH, Europäisches Unionsrecht, Art. 218 AEUV, Rn. 87.

[279] *Terhechte*, in: Schwarze, EU-Kommentar, Art. 218 AEUV, Rn. 37. Vgl. EuGH, Gutachten 1/75 vom 11. 11. 1975 (Stilllegungsfonds), Slg. 1975, 1355 (1361).

der Union mittels einer Nichtigkeitsklage gegen den Genehmigungsbeschluss des Rates angegriffen bzw. durch Vorlage eines nationalen Gerichts dem EuGH zur Überprüfung gestellt werden. Dies gilt selbst dann, wenn der Gerichtshof in einem vorausgegangenen Gutachtenverfahren die Vereinbarkeit einer bestimmten Übereinkunft bereits bejaht, dabei aber nicht alle Vereinbarkeitsprobleme abschließend geklärt hatte.[280] Der Zulässigkeit einer Nichtigkeitsklage gegen den Ratsbeschluss nach Art. 218 Abs. 6 AEUV steht es nicht entgegen, dass gegen den vorangegangenen Ratsbeschluss nach Art. 218 Abs. 5 AEUV keine Nichtigkeitsklage erhoben worden ist.[281]

118   Auch Ratsbeschlüsse zu GASP-Übereinkünften sind von der Gerichtsbarkeit des EuGH nicht gänzlich ausgenommen. Zwar ist der Gerichtshof nach Art. 24 Abs. 1 UAbs. 2 Satz 6 EUV und Art. 275 AEUV in Bezug auf die GASP-Bestimmungen und die auf ihrer Grundlage erlassenen Rechtsakte grundsätzlich unzuständig. Diese rechtsstaatlich bedenkliche Ausnahme von der allgemeinen Zuständigkeitsregel in Art. 19 EUV ist aber einschränkend auszulegen.[282] Bei Ratsbeschlüssen, die außer auf Art. 37 EUV auch auf Art. 218 AEUV beruhen, der nicht zu den GASP-Bestimmungen zählt, sondern für Vertragsschließungsverfahren der Union allgemein gilt, überwacht der EuGH daher die Einhaltung der dort festgelegten Verfahrensregeln.[283]

119   Da eine Nichtigkeitsklage keine aufschiebende Wirkung hat (Art. 278 Satz 1 AEUV), würde der Rat durch die Anhängigkeit einer solchen nicht gehindert, die völkerrechtliche Bindung der Union nach außen herbeizuführen. Dies könnte nur durch eine einstweilige Anordnung des Gerichtshofs nach Art. 278 Satz 2 AEUV verhindert werden. Dafür gibt es bisher keine Beispiele, weil Zweifel an der Vereinbarkeit einer Übereinkunft mit dem Primärrecht regelmäßig vorab im Wege des Gutachtenverfahrens nach Art. 218 Abs. 11 AEUV geklärt werden.[284]

120   Stellt der Gerichtshof fest, dass ein Ratsbeschluss nach Art. 218 Abs. 6 AEUV mit dem Primärrecht unvereinbar ist, so kann die internationale Glaubwürdigkeit der Union in Gefahr geraten. Dies gilt insbesondere dann, wenn die betreffende Übereinkunft für die Union bereits in Kraft getreten ist und von dieser nun nicht mehr ausgeführt werden kann, so dass Völkerrechtsverletzungen drohen. Deshalb ist der EuGH regelmäßig bereit, die Wirkungen des für nichtig zu erklärenden Ratsbeschlusses gemäß Art. 264 Abs. 2 AEUV aufrechtzuerhalten, bis er durch einen fehlerfreien Beschluss ersetzt worden ist. Dies gilt dann, wenn feststeht, dass dies rechtlich möglich ist und auch die entsprechende politische Bereitschaft dazu bei den beteiligten Organen besteht. Häufig beantragen die Parteien des Nichtigkeitsklageverfahrens übereinstimmend, der Gerichtshof möge von Art. 264 Abs. 2 AEUV Gebrauch machen, und der Gerichtshof trifft die gewünschte Anordnung.[285]

121   Beruht der Primärrechtsverstoß indessen auf dem Inhalt der Übereinkunft, so dass eine Reparatur nur durch deren Neuaushandlung erfolgen kann, bleibt dem EuGH keine

---

[280] *Müller-Ibold*, in: Lenz/Borchardt, EU-Verträge, Art. 218 AEUV, Rn. 26.

[281] EuGH, Gutachten 2/00 vom 6. 12. 2001 (Protokoll von Cartagena), Slg. 2001, I–9713, Rn. 11. S. bereits o. Rn. 69.

[282] Vgl. EuGH, Urt. v. 24. 6. 2014, Rs. C–658/11 (Seeräuberüberstellung I), ECLI:EU:C:2014:2025, Rn. 69 f.

[283] EuGH, Urt. v. 24. 6. 2014, Rs. C–658/11 (Seeräuberüberstellung I), ECLI:EU:C:2014:2025, Rn. 71 ff.

[284] S. u. Rn. 206 ff.

[285] Vgl. als Beispiele EuGH, Urt. v. 7. 3. 1996, Rs. C–360/93 (Vereinbarung über öffentliches Beschaffungswesen), Slg. 1996, I–1195, Rn. 32 ff.; Urt. v. 24. 6. 2014, Rs. C–658/11 (Seeräuberüberstellung I), ECLI:EU:C:2014:2025, Rn. 88 ff.

andere Möglichkeit, als den Ratsbeschluss für nichtig zu erklären. Die Union muss die betreffende Übereinkunft dann schnellstmöglich kündigen[286] und versuchen, sie gemeinsam mit dem/n Vertragspartner/n durch eine neue primärrechtskonforme Übereinkunft zu ersetzen. In einem derartigen Fall hat sich der EuGH im Einklang mit der Völkerrechtsfreundlichkeit des Unionsrechts bereit gezeigt, die Wirkungen eines für nichtig erklärten Ratsbeschlusses bis zum Ablauf der Kündigungsfrist aufrechtzuerhalten, um die Union nicht zur Völkerrechtsverletzung zu zwingen.[287]

V. Völkerrechtliche Folgen der Vertragsschließung

Hat die EU in Vollzug des Ratsbeschlusses nach Art. 218 Abs. 6 AEUV ihrem/n Vertragspartner/n gegenüber ihren Willen zur völkerrechtlichen Bindung an eine bestimmte Übereinkunft z.B. durch Hinterlegung einer Ratifikationsurkunde definitiv erklärt, so tritt diese Bindung mit dem Inkrafttreten der Übereinkunft für die Union ein. Eventuelle Mängel beim Zustandekommen der Bindungserklärung der Union – insbesondere Mängel der Verbands- oder Organkompetenz oder Verfahrensfehler – sind völkerrechtlich regelmäßig unerheblich, da sie für den/die Vertragspartner/n kaum je offenkundig sein werden.[288]   **122**

Falls zwischen der Abgabe dieser Bindungserklärung durch die Union und dem Inkrafttreten der Übereinkunft für die Union eine Zeitspanne zu überbrücken ist, unterliegt die Union währenddessen einem auf dem Grundsatz von Treu und Glauben beruhenden völkerrechtlichen Frustrationsverbot: Sie muss sich aller Handlungen enthalten, die Ziel und Zweck der Übereinkunft vereiteln könnten. Diese Verpflichtung endet entweder mit dem Inkrafttreten oder dann, wenn sich dieses ungebührlich verzögert hat.[289] Die Wirtschaftsteilnehmer genießen entsprechenden Vertrauensschutz: Privatpersonen können gegen Rechtsakte der Union mit Aussicht auf Erfolg Nichtigkeitsklage (Art. 263 AEUV) erheben, soweit diese gegen Bestimmungen einer Übereinkunft verstoßen, die mit deren Inkrafttreten unmittelbare Wirkung entfalten werden.[290]   **123**

VI. Besonderheiten beim Abschluss gemischter Abkommen

Der Abschluss gemischter Abkommen muss zwischen der Union und den Mitgliedstaaten koordiniert werden, weil sie nur alle gemeinsam in der Lage sind, die entsprechenden Vertragspflichten zu erfüllen. Dies gilt insbesondere, wenn das Abkommen einen Gesamtkompromiss aus nicht trennbaren Rechten und Pflichten bildet.[291] Um die Koordinierung zwischen beiden Ebenen sicherzustellen, bestimmt Art. 102 EAGV, dass gemischte Verträge für die Europäische Atomgemeinschaft erst in Kraft treten können, wenn die beteiligten Mitgliedstaaten der Kommission mitgeteilt haben, dass sie nach den Vorschriften ihrer innerstaatlichen Rechtsordnung anwendbar geworden sind. Eine vergleichbare Vorschrift gab es weder E(W)GV, noch gibt es sie im AEUV.   **124**

---

[286] Vgl. als Beispiel die Mitteilung im ABl. 2006, C 219/1.

[287] EuGH, Urt. v. 30.5.2006, verb. Rs. C–317/04 u. C–318/04 (Fluggastdatensätze), Slg. 2006, I–4721, Rn. 71 ff. Vorübergehend aufrechterhalten wurden dort allerdings nicht die Wirkungen des Ratsbeschlusses nach Art. 218 Abs. 6 AEUV selbst, sondern einer zugehörigen Kommissionsentscheidung, die eine wesentliche Voraussetzung für die weitere Übermittlung der Fluggastdatensätze an die USA darstellte.

[288] Vgl. Art. 27, 46 WÜRV I und II.

[289] Vgl. Art. 18 Buchst. b WÜRV I und II.

[290] EuG, Urt. v. 22.1.1997, Rs. T–115/94 (Opel Austria), Slg. 1997, II–39, Rn. 89 ff.

[291] Vgl. *Lorenzmeier*, in: Grabitz/Hilf/Nettesheim, EU, Art. 218 AEUV (März 2011), Rn. 51.

125   Allerdings hat der EuGH aus Art. 4 Abs. 3 EUV eine Verpflichtung der Union und der Mitgliedstaaten zum gemeinsamen Vorgehen gerade in Bezug auf gemischte Abkommen hergeleitet, welche auch die Ratifikationsphase umfasst.[292] Diese kann dadurch erfüllt werden, dass sie alle gemeinsam und gleichzeitig ihre Ratifikationsurkunden hinterlegen.[293] Als Alternative bietet sich ein Vorgehen entsprechend Art. 102 EAGV an, so dass die Union mit ihrer Ratifikation wartet, bis alle Mitgliedstaaten ratifiziert haben.[294] Die Praxis ist uneinheitlich; es kommt auch vor, dass die Union bereits ratifiziert, bevor alle mitgliedstaatlichen Ratifikationen vorliegen.[295] Durch diese Komplexität des Abschlussverfahrens unionsintern verursachte Verzögerungen und Unsicherheiten werden aus drittstaatlicher Sicht kritisch vermerkt.[296] Deshalb ist beispielsweise vorgeschlagen worden, die Union möge den Mitgliedstaaten eine Frist zum Abschluss ihrer Ratifikationsverfahren setzen, was jedoch letztlich nur als Mahnung wirken kann.[297]

126   Ein Vereinfachungsvorschlag[298] geht dahin, die separaten nationalen Ratifikationsverfahren durch einen einstimmigen Beschluss der im Rat vereinigten Vertreter der Regierungen der Mitgliedstaaten zu ersetzen und etwaigen nationalverfassungsrechtlichen Problemen durch eine Vorschrift Rechnung zu tragen, die dem früheren Art. 24 Abs. 5 EUV i. d. F. des Vertrages von Nizza nachgebildet sein könnte: »Ein Mitgliedstaat, dessen Vertreter im Rat erklärt, dass in seinem Land bestimmte verfassungsrechtliche Vorschriften eingehalten werden müssen, ist durch eine solche Übereinkunft nicht gebunden; die anderen Mitglieder des Rates können übereinkommen, dass die Übereinkunft dennoch vorläufig gilt.« Ob dieser Vorschlag eine große Vereinfachung bewirken würde, erscheint fraglich. Deutschland jedenfalls müsste eine solche Erklärung in Bezug auf alle Übereinkünfte abgeben, die von Art. 59 Abs. 2 Satz 1 GG erfasst werden. Für zahlreiche andere Mitgliedstaaten dürfte Ähnliches gelten.

127   In einem besonderen Bereich hat die Praxis ein vereinfachtes Verfahren zum Abschluss gemischter Verträge entwickelt, nämlich in Bezug auf den Beitritt neuer Mitgliedstaaten zu bereits bestehenden gemischten Verträgen, die zum Acquis gehören und deshalb mit übernommen werden müssen. Hier sahen die Beitrittsakte von 1972 (Art. 4 Abs. 2 – betr. Dänemark, Irland und Vereinigtes Königreich), von 1979 (Art. 4 Abs. 2 – betr. Griechenland), von 1985 (Art. 4 Abs. 2 – betr. Portugal und Spanien) und von 1994 (Art. 5 Abs. 1 – betr. Finnland, Österreich und Schweden) schlicht vor, dass die neuen Mitgliedstaaten sich verpflichteten, jenen gemischten Verträgen beizutreten, und die Gemeinschaft sowie die derzeitigen Mitgliedstaaten ihnen hierbei Hilfe leisten wür-

---

[292] EuGH, Gutachten 1/94 vom 15.11.1994 (WTO), Slg. 1994, I–5267, Rn. 108. Vgl. *Kumin/Bittner*, EuR-Beiheft 2/2012, 83 f. Siehe näher meine Kommentierung zu Art. 216 AEUV Rn. 188 ff.

[293] *Czuczai*, S. 233 f.

[294] *Mögele*, in: Streinz, EUV/AEUV, Art. 218 AEUV, Rn. 30.

[295] *Müller-Ibold*, in: Lenz/Borchardt, EU-Verträge, Art. 216 AEUV, Rn. 15; *Czuczai*, S. 241 ff.; *Hoffmeister*, Curse or Blessing? Mixed Agreements in the Recent Practice of the European Union and its Member States, S. 256 f.; *Schwichtenberg*, S. 151 ff. Vgl. auch *Bungenberg*, in: GSH, Europäisches Unionsrecht, Art. 218 AEUV, Rn. 77, der auf die Richtlinien für die Behandlung völkerrechtlicher Verträge des Auswärtigen Amtes von 2014 verweist.

[296] *Olson*, S. 345 f.

[297] Kritisch deshalb *Czuczai*, S. 243 ff.

[298] *Dashwood*, Mixed Agreements Revisited, S. 351.

den.[299] Die entsprechenden Protokolle über den Beitritt der neuen Mitgliedstaaten mussten infolgedessen im aufwendigen und langwierigen Normalverfahren von der E(W)G, allen Mitgliedstaaten und den dritten Vertragspartnern ratifiziert werden. Beginnend mit der Beitrittsakte von 2003 (Art. 6 Abs. 2 – betr. die Osterweiterung),[300] fortgesetzt mit der Beitrittsakte von 2005 (Art. 6 Abs. 2 – betr. Bulgarien und Rumänien)[301] und zuletzt der Beitrittsakte von 2011 (Art. 6 Abs. 2 – betr. Kroatien)[302] wird ein vereinfachtes ganz auf den Rat konzentriertes Verfahren durchgeführt.

Art. 6 Abs. 2 der Beitrittsakte betr. Kroatien hat folgenden Wortlaut:

»Kroatien verpflichtet sich, den von den derzeitigen Mitgliedstaaten und der Union mit einem Drittland oder mehreren Drittländern oder mit einer internationalen Organisation geschlossenen oder unterzeichneten Abkommen nach Maßgabe dieser Akte beizutreten.

Soweit in spezifischen in Unterabsatz 1 genannten Abkommen nichts anderes festgelegt ist, wird dem Beitritt Kroatiens zu diesen Abkommen durch den Abschluss eines Protokolls zu diesen Abkommen zwischen dem Rat, der im Namen der Mitgliedstaaten handelt und einstimmig beschließt, und dem betreffenden Drittland oder den betreffenden Drittländern bzw. der betreffenden internationalen Organisation, zugestimmt. Die Kommission oder, wenn sich das Abkommen ausschließlich oder hauptsächlich auf die Gemeinsame Außen- und Sicherheitspolitik bezieht, der Hohe Vertreter …, handelt diese Protokolle im Namen der Mitgliedstaaten auf der Grundlage der vom Rat einstimmig gebilligten Verhandlungsrichtlinien in Abstimmung mit einem aus den Vertretern der Mitgliedstaaten zusammengesetzten Ausschuss aus. Die Kommission bzw. der Hohe Vertreter, je nachdem, was angemessen ist, unterbreitet dem Rat einen Entwurf der Protokolle für deren Abschluss.

Dieses Verfahren gilt unbeschadet der Ausübung der eigenen Zuständigkeiten der Union und berührt nicht die Verteilung der Zuständigkeiten zwischen der Union und den Mitgliedstaaten in Bezug auf den künftigen Abschluss derartiger Abkommen oder in Bezug auf andere nicht mit dem Beitritt zusammenhängende Änderungen.«[303]

Auf der Grundlage der vorstehenden Regelung, die auf Art. 49 EUV beruht und Primärrechtsrang einnimmt, hat der Rat inzwischen mehrere Beschlüsse über den Abschluss solcher Protokolle im Namen der EU und ihrer Mitgliedstaaten erlassen. Diese nehmen – neben der materiellen Ermächtigungsgrundlage in Verbindung mit Art. 218 AEUV – jeweils auch auf Art. 6 Abs. 2 UAbs. 2 der Beitrittsakte Bezug.[304]

128

---

[299] ABl. 1972, L 73/14; ABl. 1979, L 291/17; ABl. 1985, L 302/23; ABl. 1994, C 241/21.

[300] ABl. 2003, L 236/33.

[301] ABl. 2005, L 157/203.

[302] ABl. 2012, L 112/21.

[303] Nach Art. 6 Abs. 4 und 5 der Beitrittsakte gilt dieses vereinfachte Verfahren nicht für den Beitritt Kroatiens zum AKP-EG-Partnerschaftsabkommen von Cotonou sowie zum EWR-Abkommen.

[304] Vgl. z. B. die Ratsbeschlüsse vom 12. 5. 2014 und vom 13. 5. 2014 (ABl. L 165/18 u. 165/30), die Assoziierungsabkommen gem. Art. 217 AEUV betrafen und deshalb auf Vorschlag der Kommission und mit Zustimmung des Europäischen Parlaments ergingen.

F.   Exkurs: Organzuständigkeit zur Vertragsbeendigung

129   Ebenso wenig wie das Grundgesetz enthält der AEUV eine Regelung über die Organzuständigkeit für die Beendigung von Übereinkünften (»treaty termination power«). Aus völkerrechtlicher Sicht ist eine Vertragsbeendigung im Interesse der Rechtssicherheit und Stabilität der internationalen Beziehungen (»pacta sunt servanda«) nur unter bestimmten Voraussetzungen zulässig, die in Art. 54 ff. WÜRV I und II kodifiziert sind und auch eine völkergewohnheitsrechtliche Grundlage haben.[305] Nur in diesem Rahmen ist die Union zur Beendigung ihrer Übereinkünfte befugt.[306]

130   Hinsichtlich der Organzuständigkeit für die Beendigungsentscheidung ist vor allem die Frage relevant, ob bei Übereinkünften, die mit Zustimmung des Europäischen Parlaments geschlossen wurden, auch die Kündigung nur mit parlamentarischer Zustimmung zulässig ist. Das Bundesverfassungsgericht hat unter Zustimmung der h. M. in einem obiter dictum die Auffassung vertreten, Art. 59 Abs. 2 S. 1 GG gelte nur für den Vertragsschluss, der actus contrarius einer Vertragskündigung falle indessen in die Domäne der Bundesregierung.[307] Ein Vergleich der Verfassungssituation in den Mitgliedstaaten ergibt, dass in einigen von ihnen das Parlament die Kündigung von Verträgen, deren Abschluss seiner Zustimmung unterlag, billigen muss, während in anderen die Exekutive allein darüber entscheiden kann. Es gibt folglich in dieser Hinsicht kein allen Mitgliedstaaten gemeinsames Verfassungsprinzip, aus dem man einen entsprechenden allgemeinen Verfassungsgrundsatz des Unionsrechts ableiten könnte.[308]

131   Ob Art. 218 Abs. 6 AEUV auf eine Kündigung von EU-Übereinkünften analog anwendbar sei, ist umstritten.[309] Bejahendenfalls ist der Rat auch für den actus contrarius der Kündigung auf einen Vorschlag des jeweiligen Verhandlungsführers angewiesen und hat das Europäische Parlament nach Maßgabe des UAbs. 2 zu beteiligen.[310] Die erforderliche Ratsmehrheit richtet sich nach Art. 218 Abs. 8 AEUV. Die Praxis der Union geht offenbar von einer solchen Analogie aus.[311] Dafür spricht auch die Regelung in Art. 218 Abs. 9 AEUV, nach der die bloß vorübergehende Aussetzung der Anwendung einer Übereinkunft vom Rat auf Vorschlag von Kommission oder Hohem Vertreter ohne Beteiligung des Parlaments entschieden werden kann. Die einschneidendere Entscheidung über die vollständige Vertragsbeendigung sollte demgegenüber auch vom Parlament legitimiert sein, wo es dem Abschluss zugestimmt hat.[312] Art. 218 Abs. 9 AEUV

---

[305] Vgl. dazu im Einzelnen *Giegerich*, in: Dörr/Schmalenbach, Art. 54, Rn. 1 ff.

[306] EuGH, Urt. v. 16.6.1998, Rs. C–162/96 (Racke), Slg. 1998, I–3655, Rn. 45 ff.

[307] BVerfGE 68, 1 (83 ff.). Vgl. auch BVerfGE 90, 286 (357 ff.); 131, 152 (195 f.). Vgl. *Streinz*, in: Sachs, GG, Art. 59, Rn. 46 m. w. N. auch zur Gegenansicht.

[308] *Kuijper/Wouters/Hoffmeister/de Baere/Ramopoulos*, S. 93 ff. m. w. N.

[309] *Schütze*, in: MPEPIL, Rn. 27.

[310] Vgl. *Schmalenbach*, in: Calliess/Ruffert, EUV/AEUV, Art. 218 AEUV, Rn. 16; *Lorenzmeier*, in: Grabitz/Hilf/Nettesheim, EU, Art. 218 AEUV (März 2011), Rn. 61; *Müller-Ibold*, in: Lenz/Borchardt, EU-Verträge, Art. 218 AEUV, Rn. 19.

[311] Vgl. die von *Schmalenbach*, in: Calliess/Ruffert, EUV/AEUV, Art. 218 AEUV, Rn. 17, erwähnten Beispiele in ABl. 1991, L 325/23 und ABl. 2007, L 255/8 und das von *Mögele*, in: Streinz, EUV/AEUV, Art. 218 AEUV, Rn. 23, Fn. 50 angeführte weitere Beispiel in ABl. 2006, L 214/10. Schwer einzuordnen ist hingegen die Mitteilung in ABl. 2006, C 219/1. Weitere Beispiele bei *Kuijper/Wouters/Hoffmeister/de Baere/Ramopoulos*, S. 95 f.

[312] Demgegenüber wollen *Kuijper/Wouters/Hoffmeister/de Baere/Ramopoulos*, S. 96 f., die Frage nach den jeweiligen Vertragsumständen entscheiden, ohne ein allgemeines Actus-contrarius-Prinzip anzuerkennen.

stellt zugleich sicher, dass auf politische Ereignisse ggf. schnell reagiert werden kann, ohne dass dafür das Parlament von der endgültigen Entscheidung über die Vertragskündigung ausgeschlossen sein müsste.[313]

Die Kündigung eines gemischten Abkommens kann im Einklang mit Art. 4 Abs. 3   **132**
EUV nur koordiniert durch Union und Mitgliedstaaten erfolgen. Denn eine Kündigung allein durch die Union entzieht dem mitgliedstaatlichen Anteil des Abkommens in aller Regel die Grundlage, während einseitige Kündigungen seitens einzelner Mitgliedstaaten deren interne Bindung an den Unionsteil nach Art. 216 Abs. 2 AEUV bestehen lässt.[314]

G. Vereinfachte Vertragsänderungen (Abs. 7)

Soll eine von der EU abgeschlossene Übereinkunft geändert werden, so geschieht dies   **133**
normalerweise durch einen Änderungsvertrag,[315] der nach Maßgabe der regulären Zuständigkeits- und Verfahrensvorschriften des Art. 218 AEUV zu schließen ist. Auch die Änderung älterer Übereinkünfte aus der Zeit vor dem Inkrafttreten des Vertrags von Lissabon erfolgt nach Maßgabe des heute geltenden Art. 218 AEUV, so dass beispielsweise die Zustimmung des Europäischen Parlaments zur Änderung einer Übereinkunft notwendig sein kann, die ihrerseits ohne parlamentarische Beteiligung abgeschlossen wurde.[316] Bei gemischten Abkommen müssen außerdem alle Mitgliedstaaten die Änderung ratifizieren, es sei denn, diese bezieht sich allein auf solche Bestimmungen, die in die ausschließliche Abschlusskompetenz der Union fallen.[317]

Einige Übereinkünfte sehen jedoch vor, dass die Parteien bestimmte weniger bedeut-   **134**
same Änderungen in einem vereinfachten Verfahren vornehmen können oder diese Befugnis einem durch die Übereinkunft eingesetzten Gremium übertragen wird. In solchen Fällen gestattet der ursprünglich durch den Vertrag von Maastricht eingefügte Art. 218 Abs. 7 AEUV[318] auch unionsintern ein vereinfachtes Annahmeverfahren in Abweichung von den Regelungen in Abs. 5, 6 und 9. Gerechtfertigt erscheint dies deshalb, weil die Änderungen in der Übereinkunft vorgezeichnet und daher im ordentlichen Verfahren des Art. 218 Abs. 6 AEUV grundsätzlich sowohl ihrem Inhalt als auch hinsichtlich ihres vereinfachten Annahmeverfahrens bereits gebilligt worden sind. Aus demokratischen Erwägungen, die sowohl im Unionsrecht (Art. 2 EUV) als auch im Art. 23 Abs. 1 GG radiziert sind, ist ein solches Verfahren aber nur für nicht wesentliche Änderungen der jeweiligen Übereinkunft zulässig, die dort hinreichend genau vorgezeichnet sind.

Die Vereinfachung des Abs. 7 im Vergleich zu den Abs. 5 und 6 besteht darin, dass der   **135**
Rat den Verhandlungsführer[319] ermächtigen kann, derartige Änderungen der Übereinkunft im Namen der Union allein und ohne weitere Verfahrensschritte zu billigen.

---

[313] *Terhechte*, in: Schwarze, EU-Kommentar, Art. 218 AEUV, Rn. 30; *Bungenberg*, in: GSH, Europäisches Unionsrecht, Art. 218 AEUV, Rn. 83.

[314] *Bungenberg*, in: GSH, Europäisches Unionsrecht, Art. 218 AEUV, Rn. 84.

[315] Vgl. die einschlägigen Völkerrechtsregeln in Art. 39 ff. WÜRV I und II.

[316] *Bungenberg*, in: GSH, Europäisches Unionsrecht, Art. 218 AEUV, Rn. 81.

[317] *Mögele*, in: Streinz, EUV/AEUV, Art. 218 AEUV, Rn. 31.

[318] Ursprünglich Art. 228 Abs. 4 EWGV.

[319] Das ist entweder die Kommission, der Hohe Vertreter oder ggf. der Leiter des Verhandlungsteams der Union (s. o. Rn. 29 ff.).

136   Auch im Vergleich mit Art. 218 Abs. 9 AEUV ist das Verfahren des Abs. 7 nochmals deutlich einfacher. Abs. 7 erlaubt Abweichungen von Abs. 9 nur in Bezug auf das Entscheidungsverfahren. Keinesfalls darf der Rat den Verhandlungsführer auf der Grundlage von Art. 218 Abs. 7 AEUV zur Billigung von Änderungen des institutionellen Rahmens der Übereinkunft ermächtigen, die auch im komplexeren Verfahren des Art. 218 Abs. 9 AEUV nicht zulässig sind. Vielmehr bleiben derartig gravierende strukturelle Eingriffe der förmlichen Änderung der Übereinkunft vorbehalten, über die nach Art. 218 Abs. 6 AEUV zu beschließen ist.

137   Nach Art. 218 Abs. 7 Satz 2 AEUV kann der Rat seine Ermächtigung gegebenenfalls mit besonderen Bedingungen verknüpfen. Beispielsweise verweist der diese Ermächtigung aussprechende Art. 3 des Ratsbeschlusses vom 14. 4. 2014 die Kommission auf die im Anhang aufgeführten Bestimmungen und Bedingungen.[320] Art. 4 des weiteren Ratsbeschlusses vom 14. 4. 2014[321] unterwirft die Kommission in dieser Hinsicht dem Verfahren in Art. 11 Abs. 3 VO (EG) Nr. 2173/2005.[322]

138   Die Ermächtigung nimmt der Rat bei Abschluss der betreffenden Übereinkunft vor, d. h. in dem diesbezüglichen Beschluss nach Art. 218 Abs. 6 AEUV. Dementsprechend beruht sie stets auf einem Vorschlag des Verhandlungsführers und unterliegt je nach dem Inhalt der Übereinkunft ggf. der Zustimmung des Europäischen Parlaments. Dieses erklärt sich dann im Vorhinein auch damit einverstanden, dass die spätere vereinfachte Vertragsänderung ohne seine Beteiligung erfolgen kann.[323] Derartige Ratsbeschlüsse werden auf die jeweilige/n sachliche/n Ermächtigungsgrundlage/n in den Verträgen in Verbindung mit Art. 218 Abs. 6 und Abs. 7 AEUV gestützt.[324] Es kommt aber auch vor, dass der Rat eine Ermächtigung im Sinne von Art. 218 Abs. 7 AEUV schon in seinem Beschluss nach Art. 218 Abs. 5 AEUV zur Unterzeichnung und vorläufigen Anwendung einer Übereinkunft erteilt.[325] Gegen diese Erweiterung des Art. 218 Abs. 7 AEUV bestehen insoweit keine durchgreifenden Bedenken, als sie zur ordnungsgemäßen Durchführung der Übereinkunft erforderlich ist, insbesondere wenn ein Vertragsgremium schon während der Dauer der vorläufigen Anwendung in Funktion treten soll.

H. Notwendige Mehrheit im Rat (Abs. 8)

I. Qualifizierte Mehrheit als Grundregel (UAbs. 1)

139   Wie auch in sonstigen Fällen,[326] so beschließt der Rat während des gesamten Vertragsschließungsverfahrens gemäß Art. 218 Abs. 8 UAbs. 1 AEUV grundsätzlich mit qualifizierter Mehrheit.[327] Die Modalitäten für Abstimmungen mit qualifizierter Mehrheit sind in Art. 16 Abs. 4 und Abs. 5 EUV, Art. 238 AEUV, Art. 3 des Protokolls (Nr. 36)

---

[320] ABl. 2014, L 125/48.

[321] ABl. 2014, L 150/250.

[322] ABl. 2005, L 347/1.

[323] Für eine Unterrichtung des Parlaments spricht sich *Bungenberg*, in: GSH, Europäisches Unionsrecht, Art. 218 AEUV, Rn. 82, aus.

[324] Vgl. z. B. die bereits erwähnten Ratsbeschlüsse vom 14. 4. 2014 (ABl. 2014, L 125/48 u. L 150/250).

[325] Vgl. z. B. Art. 4 i. V. m. Begründungserwägung 6 des Ratsbeschlusses vom 16. 9. 2010 (ABl. 2011, L 127/1).

[326] Art. 16 Abs. 3 EUV.

[327] Gleiches gilt für Handelsabkommen nach der Grundregel in Art. 207 Abs. 4 UAbs. 1 AEUV.

über die Übergangsbestimmungen[328] und im Protokoll (Nr. 9) über den Beschluss des Rates über die Anwendung des Art. 16 Abs. 4 EUV usw.[329] in Verbindung mit diesem Ratsbeschluss[330] festgelegt.

Zwar ist der Rat in keinem Fall gehindert, von der Annahme eines Beschlusses mit **140** qualifizierter Mehrheit abzusehen, weil es ihm aus politischen Gründen vorzugswürdig erscheint, dass der Beschluss von allen Ratsmitgliedern getragen wird, auch wenn dieses Ziel nur um den Preis einer inhaltlichen Modifikation erreicht werden kann. Der qualifizierten Mehrheit bleibt nämlich stets die Möglichkeit, den Beschluss in der ursprünglich geplanten Fassung zu erlassen, wenn ihr die als Preis für einen Konsens von einzelnen Mitgliedern verlangten Inhaltsänderungen als inakzeptabel erscheinen. Unzulässig ist es jedoch, wenn der Rat im Anwendungsbereich des Art. 218 Abs. 8 UAbs. 1 AEUV eine Konstruktion wählt, mit der die einstimmige Beschlussfassung für ihn rechtlich unumgänglich wird. Damit liefert sich die qualifizierte Mehrheit nämlich einzelnen Vetospielern aus und gibt diesen unverhältnismäßig großen Einfluss auf den Inhalt des Beschlusses.

Einen derartigen Missbrauch nahm die GA *Sharpston* an, als der Rat und die im Rat **141** vereinigten Vertreter der Regierungen der Mitgliedstaaten einen hybriden Beschluss über ein gemischtes Abkommen fassten, weil sie durch ihre einheitliche Abstimmung die Wirksamkeit der Grundregel des Art. 218 Abs. 8 UAbs. 1 AEUV zwangsläufig beeinträchtigten.[331] Der EuGH ging auf diesen Einwand nicht ein, weil er den gemischten Beschluss schon wegen der ausschließlichen Zuständigkeit der EU für nichtig erklärte.[332]

In den Begründungserwägungen eines weiteren hybriden Beschlusses des Rates und **142** der im Rat vereinigten Vertreter der Regierungen der Mitgliedstaaten der EU vom 16. 6. 2011[333] wird Art. 218 Abs. 8 UAbs. 1 AEUV ausdrücklich in Bezug genommen.[334] Damit soll offenbar behauptet werden, dass der EU-Anteil dieses Beschlusses trotz dessen hybrider Natur im korrekten Verfahren erlassen wurde. Dennoch hat der EuGH diesen Beschluss inzwischen wegen Verstoßes gegen Art. 218 Abs. 2, 5 und 8 AEUV und damit Art. 13 Abs. 2 EUV für nichtig erklärt.[335] Auch die Verpflichtung der Union und der Mitgliedstaaten zur engen Zusammenarbeit bei Aushandlung, Abschluss und Erfüllung gemischter Verträge könne es nicht rechtfertigen, dass der Rat die Verfahrensregeln und Abstimmungsmodalitäten nach Art. 218 AEUV außer Acht lasse.[336] Daraus lässt sich entnehmen, dass Ratsbeschlüsse nach Art. 218 Abs. 5 und 6 AEUV in Bezug auf den Unionsanteil an gemischten Verträgen im Einklang mit Art. 218 Abs. 8 AEUV grundsätzlich mit qualifizierter Mehrheit angenommen werden können.

---

[328] ABl. 2012, C 326/322.

[329] ABl. 2012, C 326/274.

[330] Ratsbeschluss vom 13. 12. 2007 (ABl. 2009, L 314/73).

[331] GA *Sharpston*, Schlussanträge zu Rs. C–114/12 (Kommission/Rat), ECLI:EU:C:2014:224, Rn. 179 ff. S. o. Rn. 24 zu Abs. 3.

[332] EuGH, Urt. v. 4. 9. 2014, Rs. C–114/12 (Kommission/Rat), ECLI:EU:C:2014:2151; *Nowak/ Masuhr*, EuR 2015, 189 ff.

[333] ABl. 2011, L 283/1.

[334] Ebenso im gemischten Beschluss vom 20. 12. 2012 (ABl. 2013, L 208/1).

[335] EuGH, Urt. v. 28. 4. 2015, Rs. C–28/12 (Kommission/Rat), ECLI:EU:C:2015:282, Rn. 38 ff.

[336] Ebd., Rn. 55. Kritisch *Verellen*, CMLRev. 53 (2016), 741.

II.   Drei allgemeine Regeln zum Einstimmigkeitserfordernis (UAbs. 2 Satz 1)

143   In Art. 218 Abs. 8 UAbs. 2 AEUV finden sich in zwei Sätzen abschließende Regelungen über die Kategorien von Übereinkünften, in Bezug auf die der Rat – ebenfalls während des gesamten Vertragsschließungsverfahrens, also schon bei der Ermächtigung zur Aufnahme von Vertragsverhandlungen nach Art. 218 Abs. 3 AEUV – einstimmig beschließen muss.[337] In der Praxis nehmen Ratsbeschlüsse gemäß Art. 218 Abs. 5 oder Abs. 6 AEUV bei der Nennung der Rechtsgrundlagen nur unregelmäßig auch Bezug auf Art. 218 Abs. 8 UAbs. 2 AEUV.[338]

144   Einstimmige Ratsbeschlüsse sind – im Einklang mit Parallelismusvorstellungen – erstens vorgeschrieben für Übereinkünfte in Bereichen, in denen interne Rechtsakte vom Rat einstimmig erlassen werden müssen. Diese Variante hat bloß deklaratorische Bedeutung, weil alle in Bezug auf Übereinkünfte zu fassenden Ratsbeschlüsse im Einklang mit dem Grundsatz der begrenzten Einzelermächtigung (Art. 5 Abs. 2 EUV) ohnehin auf eine vertragliche Ermächtigungsgrundlage gestützt werden müssen. Aus dieser ergibt sich jeweils auch, ob der Rat einstimmig zu entscheiden hat.[339]

145   Daher muss der Rat insbesondere über GASP-Übereinkünfte in aller Regel einstimmig beschließen.[340] Ob in diesem Fall die Möglichkeit einer qualifizierten Enthaltung nach Art. 31 Abs. 1 UAbs. 2 EUV[341] für einzelne Ratsmitglieder besteht, ist unklar.[342] Dagegen spricht, dass Art. 218 AEUV das Vertragsschließungsverfahren, von den ausdrücklichen Ausnahmen abgesehen, abschließend kodifizieren will. Art. 218 AEUV verweist auch – anders als Art. 222 Abs. 3 UAbs. 1 Satz 2 AEUV – nicht auf Art. 31 Abs. 1 EUV. Schließlich läuft die qualifizierte Enthaltung für den betreffenden Mitgliedstaat nach Art. 31 Abs. 1 UAbs. 2 Sätze 2 und 3 AEUV auf ein Opt-out hinaus, das sich mit der Bindung der Mitgliedstaaten auch an GASP-Übereinkünfte gemäß Art. 216 Abs. 2 AEUV kaum in Einklang bringen ließe.

146   Zweitens werden in Bezug auf Assoziierungsabkommen nach Art. 217 AEUV, der seinerseits dazu nichts sagt, einstimmige Ratsbeschlüsse konstitutiv vorgeschrieben. Dasselbe gilt drittens für Übereinkünfte nach Art. 212 AEUV mit beitrittswilligen Staaten. Die vorgenannten beiden Vertragskategorien erklären sich mit ihrer politischen Bedeutung.[343] Denn ein Assoziationsverhältnis begründet nach der Rechtsprechung des EuGH besondere und privilegierte Beziehungen mit einem Drittstaat, der zumindest teilweise in das Unionssystem eingebunden wird.[344]

147   Soweit es sich um eine Beitrittsassoziierung oder eine damit verwandte Übereinkunft nach Art. 212 AEUV mit einem Beitrittskandidaten handelt, entfaltet Art. 49 Abs. 2 Satz 2 EUV bereits Vorwirkungen, denn der sich abzeichnende spätere Beitrittsvertrag muss von allen Mitgliedstaaten ratifiziert werden. Deshalb erscheint es als notwendig und angemessen, dass sie alle über ihre Ratsvertreter schon mit der vorbereitenden Annäherung des betreffenden Drittstaats an die Union einverstanden sind. Aber auch

---

[337] Vgl. zur Definition der Einstimmigkeit Art. 238 Abs. 4 AEUV.

[338] Vgl. z. B. Ratsbeschluss vom 17. 3. 2014 (ABl. 2014, L 161/1); Ratsbeschluss vom 24. 3. 2014 (ABl. 2014, L 170/3); Ratsbeschluss vom 7. 11. 2014 (ABl. 2014, L 330/10).

[339] Dies gilt z. B. für Art. 19 Abs. 1, Art. 113, Art. 115 und Art. 352 AEUV.

[340] Art. 37 i. V. m. Art. 31 EUV. Etwas anderes gilt nur, wenn die GASP-Übereinkunft unter die Varianten des Art. 31 Abs. 2 EUV fällt.

[341] Meist wird hier von »konstruktiver Enthaltung« gesprochen.

[342] *Schütze*, in: MPEPIL, Rn. 19.

[343] *Eeckhout*, S. 202.

[344] EuGH, Urt. v. 30. 9. 1987, Rs. 12/86 (Demirel), Slg. 1987, 3719, Rn. 9.

die Freihandels- und die Entwicklungsassoziierung begründen ein besonderes Näheverhältnis zur Union, das von allen Mitgliedstaaten mitgetragen werden muss. Nicht von ungefähr werden die entsprechenden Übereinkünfte ohnehin stets als gemischte Abkommen geschlossen. Man braucht in dieser Beziehung nur das EWR-Abkommen,[345] das Partnerschaftsabkommen von *Cotonou* mit den AKP-Staaten[346] und die zahlreichen Europa-Mittelmeer-Abkommen zu erwähnen.

Ergänzend ist darauf hinzuweisen, dass auch für bestimmte Handelsabkommen nach **148** den Sonderregeln in Art. 207 Abs. 4 UAbs. 2 und UAbs. 3 AEUV einstimmig zu fassende Ratsbeschlüsse vorgeschrieben werden.

III. Sonderregel für die Übereinkunft über den EMRK-Beitritt der EU (UAbs. 2 Satz 2)

Eine weitere Einstimmigkeitsregel legt Art. 218 Abs. 8 UAbs. 2 Satz 2 AEUV für eine **149** bestimmte Übereinkunft fest – diejenige über den Beitritt der Union zur EMRK. Auch diese Regel ist konstitutiv, weil die vertragliche Ermächtigungsgrundlage in Art. 6 Abs. 2 Satz 1 EUV zu den Mehrheitserfordernissen im Rat nichts sagt, ebenso wenig wie das ergänzende Protokoll (Nr. 8) zu Art. 6 Abs. 2 EUV.[347]

Für den ebenfalls einstimmig zu fassenden Beschluss des Rates nach Art. 218 Abs. 6 **150** AEUV über den Abschluss dieser Übereinkunft gelten weiter verschärfte Anforderungen: Er tritt erst in Kraft, nachdem er von allen Mitgliedstaaten im Einklang mit ihren jeweiligen verfassungsrechtlichen Vorschriften ratifiziert worden ist; vorher darf er nicht ausgeführt werden. Verlangt wird eine förmliche Zustimmungserklärung jedes Mitgliedstaats gegenüber dem Rat, dass die nationalen verfassungsrechtlichen Voraussetzungen erfüllt sind.[348] Dieses Zusatzerfordernis unterstreicht die verfassungsrechtliche Bedeutung eines EMRK-Beitritts der EU mit seinen institutionellen Konsequenzen auch für die Mitgliedstaaten, welche die Kontrolle über die zu vereinbarenden Beitrittsbedingungen ihren mitgliedstaatsintern zuständigen Organen (i.d.R. die Parlamente) erhalten wollten.[349] Dies erscheint übertrieben, weil der EMRK-Beitritt keine Kompetenzverschiebungen von den Mitgliedstaaten auf die Union bewirken darf,[350] und ist nur psychologisch zu erklären.[351]

[345] Konsolidierte Fassung in Sartorius II Nr. 310.
[346] ABl. 2000, L 317.
[347] ABl. 2012, C 326/273.
[348] In Deutschland ist dafür nach § 3 Abs. 1 IntVG ein Gesetz gem. Art. 23 Abs. 1 GG erforderlich. Ob dieses den Anforderungen des Art. 23 Abs. 1 Satz 3 GG unterliegt, also verfassungsändernder Mehrheiten in Bundestag und Bundesrat bedarf (Art. 79 Abs. 2 GG), ist unklar. Das BVerfG hat u. a. in Bezug auf Art. 218 Abs. 8 UAbs. 2 Satz 2 AEUV den vorherigen Erlass »eines Zustimmungsgesetzes nach Art. 23 Abs. 1 Satz 2 und gegebenenfalls Satz 3 GG« verlangt (BVerfGE 123, 267 [434]). Wenn man für eine Anwendung des Art. 23 Abs. 1 Satz 3 GG darauf abstellt, ob eine materielle Vertragsänderung in der bisherigen Vertragsfassung bereits erkennbar angelegt ist, so dass sie von den verfassungsändernden Mehrheiten bereits vorab gebilligt worden sind (so etwa *Scholz*, in: Maunz/Dürig, GG Art. 23, Rn. 119 [Stand: Okt. 2009]), reicht im vorliegenden Fall ein Gesetz i. S. v. Art. 23 Abs. 1 Satz 2 GG. Denn der EMRK-Beitritt der EU ist in Art. 6 Abs. 2 Satz 1 EUV definitiv angeordnet, und dieser Anordnung hat der deutsche Gesetzgeber bei der Billigung des Vertrages von Lissabon bereits mit verfassungsändernden Mehrheiten zugestimmt.
[349] Vgl. *Lorenzmeier*, in: Grabitz/Hilf/Nettesheim, EU, Art. 218 AEUV (März 2011), Rn. 39.
[350] Art. 6 Abs. 2 Satz 2 EUV, Art. 2 Protokoll (Nr. 8) zu Art. 6 Abs. 2 EUV.
[351] *Schmalenbach*, in: Calliess/Ruffert, EUV/AEUV, Art. 218 AEUV, Rn. 27.

151   Keine einzige andere Übereinkunft der EU muss eine so hohe Hürde überwinden wie das Beitrittsabkommen, obwohl die EU kraft der ausdrücklichen Anordnung in Art. 6 Abs. 2 Satz 1 EUV zu dessen Abschluss sogar verpflichtet ist. Wenn man allerdings berücksichtigt, dass die Mitgliedstaaten dieses Beitrittsabkommen in ihrer Eigenschaft als Vertragsparteien der EMRK ohnehin nach ihren jeweiligen verfassungsrechtlichen Vorschriften ratifizieren müssen und die innerstaatliche Zustimmung zum Abkommen und zum Ratsbeschluss in einem Akt erfolgen kann, erscheint das Ratifikationserfordernis in Art. 218 Abs. 8 UAbs. 2 Satz 2, 2. Halbsatz AEUV als weniger dramatisch.

152   Wie umstritten es war, ob man der Union den EMRK-Beitritt eher erleichtern oder erschweren sollte, lässt sich an einem Textstufenvergleich der Sonderregel ablesen: Ihre erste Fassung in Art. III–227 Abs. 9 S. 2 des Konvent-Entwurfs des Vertrages über eine Verfassung für Europa (EVV) schrieb bloß einen einstimmigen Ratsbeschluss vor. In Art. III–325 Abs. 8 EVV in der Fassung der Regierungskonferenz war für den EMRK-Beitritt keine Sonderregel mehr vorgesehen, so dass nunmehr eine qualifizierte Mehrheit ausreichte. Die Regierungskonferenz von Lissabon ist dann zur Einstimmigkeit zurückgekehrt und hat diese noch um das Ratifikationserfordernis gesteigert. Die Zustimmung des Europäischen Parlaments ist übrigens in allen drei Textstufen vorgeschrieben.

J.   Aussetzung der Anwendung von Übereinkünften und Festlegung von Standpunkten für Vertragsgremien (Abs. 9)

153   Die Regelung in Art. 218 Abs. 9 AEUV fasst seit ihrer Einfügung durch den Vertrag von Amsterdam[352] zwei Gegenstände zusammen, die nichts miteinander zu tun haben: die Aussetzung der Anwendung einer Übereinkunft und die Festlegung der Standpunkte, die im Namen der Union in einem durch eine Übereinkunft eingesetzten Gremium zu vertreten sind. Ihre Verbindung besteht allein darin, dass sie demselben unionsinternen Entscheidungsverfahren unterliegen sollen und ihre Regelung in zwei verschiedenen Absätzen den ohnehin schon umfänglichen Art. 218 AEUV weiter verlängert hätte. Das Entscheidungsverfahren des Absatzes 9 ist einfacher als die Verfahren nach den Absätzen 5 und 6.[353] Das ist deshalb wichtig, weil entsprechende Entscheidungen ggf. schnell getroffen und auch wieder geändert werden müssen.

154   Das Europäische Parlament ist in Entscheidungen nach Art. 218 Abs. 9 AEUV nur durch Unterrichtung gem. Art. 218 Abs. 10 AEUV einbezogen. In der Rahmenvereinbarung vom 20.10.2010[354] verspricht die Kommission, das Parlament gleichzeitig mit dem Rat und rechtzeitig über ihre Absicht zu unterrichten, dem Rat die Aussetzung einer internationalen Übereinkunft vorzuschlagen, sowie über die Gründe dafür. Ggf. findet darüber eine Plenardebatte statt, und das Parlament kann Empfehlungen dazu abgeben.[355] Gleiches gilt, wenn die Kommission das Parlament über einen Vorschlag in Bezug auf die im Namen der Union festzulegenden Standpunkte in einem Vertragsgremium unterrichtet.[356]

---

[352] Art. 300 Abs. 2 UAbs. 2 EGV. Zur Entstehungsgeschichte des Art. 218 Abs. 9 AEUV eingehend GA *Cruz Villalón*, Schlussanträge zu Rs. C–399/12 (Internationale Organisation für Rebe und Wein), ECLI:EU:C:2014:289, Rn. 39 ff.
[353] Siehe im Einzelnen u. Rn. 173 ff.
[354] Anhang III, Ziff. 8 (s. o. Fn. 56).
[355] Art. 109 der Geschäftsordnung des Europäischen Parlaments.
[356] Ebd.

I. Aussetzung der Anwendung (1. Variante)

1. Völkerrechtlicher Hintergrund

Damit ist die in Art. 57 ff. und Art. 72 WÜRV I und II geregelte und auch völkergewohn **155** heitsrechtlich anerkannte Möglichkeit der Vertragsparteien gemeint, ihren Vertrag ganz oder teilweise für einen vorübergehenden Zeitraum zu suspendieren. Eine solche Suspendierung ist ein gegenüber der endgültigen Vertragsbeendigung durch Kündigung milderes Mittel, um auf behebbare Schwierigkeiten bei der Vertragsanwendung zu reagieren. Sie ist völkerrechtlich ebenso wie die Kündigung nur unter bestimmten Voraussetzungen zulässig; die einschlägigen Völkerrechtsregeln binden auch die EU.[357]

Um völkerrechtliche Wirksamkeit zu erlangen, müssen Beschlüsse zur Aussetzung **156** der Anwendung von Übereinkünften den übrigen Vertragsparteien notifiziert werden. Die aufgrund von Art. 218 Abs. 9 AEUV erlassenen Ratsbeschlüsse ordnen eine solche Notifikation ausdrücklich an.[358]

Inzwischen sorgt die Union generell für die Aufnahme von Suspendierungsklauseln **157** in EU-Übereinkünfte, um völkerrechtliche Hindernisse für deren spätere Aussetzung zu vermeiden.[359] Nachdem die EG in den neunziger Jahren dazu übergegangen war, in ihre Handels- und Kooperationsverträge routinemäßig Menschenrechts- und Demokratieklauseln aufzunehmen,[360] zu deren Durchsetzung die Suspendierungssanktion dienen sollte, erschien es den Verfassern des Vertrages von Amsterdam notwendig, die gemeinschafts-/unionsinterne Zuständigkeit für die Sanktionsverhängung im Primärrecht klarzustellen (Art. 300 Abs. 2 UAbs. 2 und 3 EGV).[361]

2. Aussetzung als Sanktion für vertragsexternes Fehlverhalten des Vertragspartners

Soll die Anwendung einer wirtschafts- oder finanzbezogenen Übereinkunft ausgesetzt **158** werden, um damit Sanktionsdruck auf einen Drittstaat wegen vertragsexternen Fehlverhaltens auszuüben, so müssen die Voraussetzungen der Spezialvorschrift des Art. 215 Abs. 1 AEUV eingehalten werden.[362] Neben einem zuvor zu erlassenden GASP-Beschluss gemäß Art. 29, Art. 31 Abs. 1 EUV sind dann besondere Zuständigkeitsvorschriften zu beachten.

Dementsprechend ist der auf Art. 207 i. V. m. Art. 218 Abs. 9 AEUV gestützte Be **159** schluss des Rates vom 2. 9. 2011 zur teilweisen Aussetzung des Kooperationsabkommens zwischen der EWG und Syrien,[363] der nur Rohöl und Erdölerzeugnisse sowie damit zusammenhängende Finanzierungen betrifft, eng verzahnt mit der am selben Tag erlassenen VO (EU) Nr. 878/2011 zur Änderung der VO (EU) Nr. 442/2011 über restriktive Maßnahmen angesichts der Lage in Syrien,[364] die ihrerseits die Einfuhr und den Kauf dieser Produkte sowie deren Finanzierung verbietet und auf Art. 215 AEUV und dem

---

[357] Zur Kündigung s. o. Rn. 130 ff.

[358] Vgl. jeweils Art. 2 des Ratsbeschlusses vom 2. 9. 2011 (ABl. 2011, L 228/19) und des Ratsbeschlusses vom 27. 2. 2012 (ABl. 2012, L 54/18).

[359] *Eeckhout*, S. 209.

[360] Vgl. im Einzelnen *Hoffmeister*, Menschenrechts- und Demokratieklauseln in den vertraglichen Außenbeziehungen der Europäischen Gemeinschaft, 1998.

[361] GA *Cruz Villalón*, Schlussanträge zu Rs. C–399/12 (Internationale Organisation für Rebe und Wein), ECLI:EU:C:2014:289, Rn. 64.

[362] Vgl. *Mögele*, in: Streinz, EUV/AEUV, Art. 218 AEUV, Rn. 22.

[363] ABl. 2011, L 228/19.

[364] ABl. 2011, L 228/1.

Ratsbeschluss 2011/273/GASP vom 9.5.2011 über restriktive Maßnahmen gegen Syrien[365] beruht. Auch die Ausdehnung des Syrien-Embargos auf Gold, Edelmetalle und Diamanten erfolgte durch einen GASP-Beschluss, eine Änderungsverordnung und einen Änderungsbeschluss des Rates nach Art. 218 Abs. 9 AEUV, die parallel am selben Tag (27.2.2012) erlassen wurden und in derselben Ausgabe des Amtsblatts veröffentlicht sind.[366] Erstaunlicherweise handelte es sich bei dem Ausgangsbeschluss vom 2.9.2011 um einen einfachen Ratsbeschluss, während der Änderungsbeschluss vom 27.2.2012 als GASP-Beschluss ergangen ist, obwohl er ebenso wie der Ausgangsbeschluss auf Art. 207 i.V.m. Art. 218 Abs. 9 AEUV gestützt wird, auf einen Vorschlag der Kommission zurückgeht und ebenfalls ausschließlich Außenhandels- und diesbezügliche Finanzierungsfragen betrifft.[367]

3. Aussetzung von gemischten Abkommen

160   Der Rat kann nach Art. 218 Abs. 9 AEUV die Anwendung nur des Unionsteils eines gemischten Abkommens aussetzen. Im Hinblick auf Art. 4 Abs. 3 EUV darf er dies nur in Koordination mit den Mitgliedstaaten beschließen.[368]

II.   Festlegung von Standpunkten für Vertragsgremien (2. Variante)

161   Nach dem Vertrag von Amsterdam galt die 2. Variante des Absatzes 9 nur für Gremien, die durch Assoziierungsabkommen eingesetzt wurden; der Vertrag von Nizza hat sie auch auf alle anderen Vertragsgremien erstreckt, gleichgültig ob diese Organe einer internationalen Organisation sind oder nicht.[369] Absatz 9 sieht der Sache nach ein Verfahren zur vereinfachten Fortbildung von Übereinkünften vor, die ansonsten nur im Wege förmlicher Änderungen im Verfahren des Art. 218 Abs. 6 AEUV bewerkstelligt werden könnten. Der EuGH hatte in der Tat zuvor mehrfach deutlich gemacht, dass die Aushandlung rechtsverbindlicher Beschlüsse internationaler Organisationen im Zuständigkeitsbereich der Gemeinschaft bzw. Union gemeinschafts-/unionsintern analog zum Abschluss von Übereinkünften zwischen der Gemeinschaft bzw. Union und Drittstaaten zu behandeln seien.[370] Infolgedessen lag es nahe, die neue lex specialis für derartige Fälle in den EGV-/AEUV-Artikel über das Vertragsschließungsverfahren aufzunehmen.[371]

1.   Abgrenzung zu Art. 34 EUV

162   Zu klären bleibt das Verhältnis von Art. 218 Abs. 9, 2. Var. AEUV zu Art. 34 EUV. Art. 40 EUV schreibt eine klare Trennung des Anwendungsbereichs beider Bestimmungen vor. Da beide Bestimmungen sowohl für Organisationen und Vertragssysteme, denen die Union selbst angehört, als auch für solche Organisationen und Vertragssysteme

---

[365] ABl. 2011, L 121/11.

[366] ABl. 2012, L 54/1, 14 u. 18.

[367] ABl. 2012, L 54/18.

[368] *Bungenberg*, in: GSH, Europäisches Unionsrecht, Art. 218 AEUV, Rn. 85.

[369] Vgl. Art. 300 Abs. 2 UAbs. 2 EGV in der jeweiligen Fassung.

[370] Vgl. GA *Cruz Villalón*, Schlussanträge zu Rs. C–399/12 (Internationale Organisation für Rebe und Wein), ECLI:EU:C:2014:289, Rn. 44 f.

[371] GA *Cruz Villalón*, Schlussanträge zu Rs. C–399/12 (Internationale Organisation für Rebe und Wein), ECLI:EU:C:2014:289, Rn. 46 ff., 79 ff.

gelten, denen nur die Mitgliedstaaten angehören,[372] muss die Abgrenzung nach inhaltlichen Kriterien vorgenommen werden. Demnach beschränkt sich die Festlegung von
Standpunkten im Verfahren nach Art. 218 Abs. 9, 2. Var. AEUV auf innerhalb und
außerhalb von internationalen Organisationen etablierte Vertragsgremien, deren Tätigkeit sich auf eine Unionszuständigkeit nach Maßgabe der Art. 3 bis Art. 6 AEUV bezieht
(Art. 40 Abs. 1 EUV), die also im Integrationsbereich agieren. Die mitgliedstaatliche
Koordinierung gemäß Art. 34 EUV findet hingegen in Bezug auf internationale Organisationen und Konferenzen im GASP-Bereich statt (Art. 40 Abs. 2 EUV).

Ist die Union selbst Partei der zugrundeliegenden Übereinkunft, greift allein Art. 34   **163**
EUV, wenn der Ratsbeschluss nach Art. 218 Abs. 6 AEUV über deren Abschluss in
objektiv zutreffender Weise ausschließlich auf die Kompetenzgrundlage in Art. 37 EUV
gestützt ist. Beruht er daneben noch auf einer Kompetenzgrundlage aus dem AEUV,
hängt die Anwendbarkeit des Art. 34 EUV bzw. des Art. 218 Abs. 9, 2. Var. AEUV
davon ab, ob die konkrete Beschlussfassung des internationalen Gremiums ausschließlich oder schwerpunktmäßig den GASP- oder den Integrationsbereich betrifft. Beruht
der Ratsbeschluss nach Art. 218 Abs. 6 AEUV schließlich allein auf einer AEUV-Grund-
lage, gilt nur Art. 218 Abs. 9, 2. Var. AEUV.

Ist die Union nicht selbst Partei der zugrundeliegenden Übereinkunft, hängt die An-   **164**
wendbarkeit von Art. 34 EUV bzw. Art. 218 Abs. 9, 2. Var. AEUV davon ab, ob die
Festlegung des Unionsstandpunkts ausschließlich oder schwerpunktmäßig den GASP-
oder den Integrationsbereich betrifft.

2. Keine Geltung für institutionelle Änderungen der Übereinkunft

Der Anwendungsbereich von Art. 218 Abs. 9 AEUV ist seinem Wortlaut nach in dop-   **165**
pelter Hinsicht eingeschränkt. Zunächst gilt er nicht für Rechtsakte zur Ergänzung oder
Änderung des institutionellen Rahmens der betreffenden Übereinkunft. Solche verfas-
sungsrechtlich relevanten Rechtsakte bleiben dem Verfahren nach Art. 218 Abs. 6
AEUV vorbehalten. Daher darf die EU sich an keinem Vertragsregime beteiligen, in dem
ein Vertragsgremium Änderungseingriffe in die institutionelle Struktur dieses Regimes
selbstständig vornehmen kann. Sonstige Änderungen der Übereinkunft dürfen solchen
Gremien hingegen anvertraut werden, wie auch Art. 218 Abs. 7 AEUV erkennen lässt.
Im Interesse des Demokratieprinzips ist Art. 218 Abs. 9 AEUV aber in Anlehnung an
Art. 290 Abs. 1 AEUV dahingehend auszulegen, dass einem Vertragsgremium nur un-
wesentliche Änderungen übertragen werden dürfen.[373]

3. Beschränkung auf rechtswirksame Akte

Die zweite im Wortlaut angelegte Einschränkung besteht darin, dass sich Art. 218   **166**
Abs. 9 AEUV nur auf rechtswirksame Akte von Vertragsgremien bezieht. Dies bedeutet
zunächst Folgendes: Soweit Vertragsgremien (wie häufig) lediglich Empfehlungen ohne
rechtliche Bindungswirkung aussprechen dürfen, können die diesbezüglichen Standpunkte der EU von derjenigen Stelle selbstständig festgelegt werden, welche die Union
in dem Gremium vertritt, also in der Regel der Kommission[374] bzw. dem Hohen Ver-

---

[372] Vgl. *Paczolay*, in: Blanke/Mangiameli, TEU, 2013, Art. 34 Rn. 2.
[373] *Weiß*, EuZW 2016, 287.
[374] Art. 17 Abs. 1 Satz 6 EUV.

treter.[375] Der EU-Vertreter braucht dann vor der Sitzung des Gremiums nicht den in Art. 218 Abs. 9 AEUV vorgesehenen Ratsbeschluss zu erwirken.[376]

167   Fraglich ist allerdings, ob »rechtswirksame Akte« eines Vertragsgremiums nur solche sind, die völkerrechtliche Bindungswirkung entfalten, oder ob auch völkerrechtlich unverbindliche Resolutionen erfasst werden, deren Rechtswirksamkeit sich aber daraus ergibt, dass Sekundärrechtsakte der EU dynamisch auf sie verweisen und ihnen damit unionsrechtliche Rechtswirksamkeit verleihen. In einem Grundsatzurteil hat sich der EuGH kürzlich entgegen den Schlussanträgen des Generalanwalts dafür entschieden, die indirekte Rechtswirksamkeit der Gremiumsbeschlüsse kraft Rezeption durch das Unionsrecht für die Anwendung von Art. 218 Abs. 9, 2. Var. AEUV genügen zu lassen.[377] Anderenfalls könnten die EU-Vertreter in einem solchen Gremium aus eigener Machtvollkommenheit über den Inhalt von Sekundärrechtsakten entscheiden, ohne an den Unionsgesetzgeber rückgebunden zu sein. Will man dynamische Verweisungen in Sekundärrechtsakten auf Empfehlungen von Vertragsgremien nicht ausschließen, kann nur der Rückgriff auf Art. 218 Abs. 9, 2. Var. AEUV ein einigermaßen adäquates Verfahren für deren Rezeption sicherstellen.[378]

4. Die Union muss nicht selbst Mitglied des Gremiums sein

168   Im vorerwähnten Grundsatzurteil zur Internationalen Organisation für Rebe und Wein musste der EuGH außerdem entscheiden, ob der Anwendungsbereich des Art. 218 Abs. 9 AEUV noch in einer dritten Hinsicht eingeschränkt sei, und zwar in dem Sinne, dass er nur gelte, wenn die Union selbst Mitglied des betreffenden Vertragsgremiums (und ggf. der dieses tragenden internationalen Organisation) sei.[379] Zwar ergibt sich dies nicht ausdrücklich aus dem Wortlaut, denn es geht um die Koordinierung von Standpunkten, die »im Namen der Union« (nicht: von der Union) in einem Vertragsgremium zu vertreten sind. Möglicherweise verlangt aber der Kontext der Regelung eine Unionsmitgliedschaft, da sie in einen Vertragsartikel aufgenommen wurde, der in allen sonstigen Absätzen und sogar noch in der 1. Variante des Absatzes 9 selbst internationale Übereinkünfte der EU betrifft. Dem würde es entsprechen, dass auch die 2. Variante von Absatz 9 nur anwendbar ist, wenn die EU als Partei der Übereinkunft angehört, die das nämliche Gremium eingesetzt hat.[380]

169   Dennoch hat der EuGH, in einer weiteren Abweichung von den Schlussanträgen des Generalanwalts, entschieden, dass die 2. Variante von Absatz 9 auch dann (und zwar anscheinend direkt, nicht nur analog) gilt, wenn die Union der Übereinkunft, auf der das Gremium beruht, zwar nicht selbst angehört, sondern nur alle oder einige Mitgliedstaaten, dieses Gremium aber Beschlüsse in einem Bereich fasst, den der Unionsgesetzgeber

---

[375] Art. 27 Abs. 2 Satz 1 EUV.

[376] Vgl. *Hoffmeister*, The Contribution of EU Practice to International Law, S. 48. Vgl. als Beispiel Art. 4 Abs. 2 und 4 des gemischten Beschlusses vom 20.12.2012 (ABl. 2013, L 208/1).

[377] EuGH, Urt. v. 7.10.2014, Rs. C–399/12 (Internationale Organisation für Rebe und Wein), ECLI:EU:C:2014:2258, Rn. 56 ff. Sehr kritisch *Ruffert*, JuS 2015, 84 ff.

[378] Das Verfahren des Art. 218 Abs. 9 AEUV ist wegen der unterentwickelten Beteiligung des Europäischen Parlaments (s. Rn. 183 ff.) nur »einigermaßen« adäquat, immerhin aber dem Gesetzgebungsverfahren der Union stärker angenähert als eine eigenmächtige Entscheidung der Unionsvertreter in dem jeweiligen Vertragsgremium.

[379] S. o. Rn. 167.

[380] Siehe in diesem Sinne eingehend GA *Cruz Villalón*, Schlussanträge zu Rs. C–399/12 (Internationale Organisation für Rebe und Wein), ECLI:EU:C:2014:289, Rn. 62 ff.

in sehr weiten Teilen geregelt hat.[381] Dann ergibt sich nämlich aus der Rechtsprechung des Gerichtshofs, dass die Union ihre eigene (nach der Beeinträchtigungsvariante von Art. 3 Abs. 2 AEUV[382] regelmäßig ausschließliche) auswärtige Zuständigkeit tatsächlich nur über die Mitgliedstaaten ausüben kann, die im Interesse der Union gemeinsam handeln.[383] Unerheblich ist dabei, ob die Union der Übereinkunft nicht angehört, weil diese den Beitritt von Regionalorganisationen nicht zulässt[384] oder weil die für einen solchen Beitritt nach Art. 218 Abs. 8 AEUV erforderliche Ratsmehrheit nicht zustande kam.[385]

Eine solche sachwalterische Wahrnehmung der Unionskompetenzen durch die Mit-   **170** gliedstaaten, die dann in besonderem Maße zur loyalen Zusammenarbeit mit der Union verpflichtet sind,[386] setzt aber eine Koordinierung über die Unionsorgane voraus. Nur auf diese Weise – und nicht durch eine bloß informelle Koordination der Mitgliedstaaten untereinander außerhalb der Unionsorgane – ist gewährleistet, dass die Mitgliedstaaten in dem Vertragsgremium tatsächlich die Unionsinteressen vertreten.[387] Da allein Art. 218 Abs. 9, 2. Var. AEUV ein dafür geeignetes Verfahren vorsieht, kann letztlich nur fraglich sein, ob man diese Vorschrift unmittelbar oder analog heranzieht.[388] Als weitere Alternative bliebe sonst bloß die Herleitung einer impliziten Koordinierungs-kompetenz der Unionsorgane aus Art. 4 Abs. 3 EUV. Vor diesem Hintergrund hat der EuGH zu Recht auf Art. 218 Abs. 9, 2. Var. AEUV zurückgegriffen.[389]

Ein weiterer Rechtfertigungsgrund dafür, die Heranziehung des Art. 218 Abs. 9, 2.   **171** Var. AEUV zu billigen, ergibt sich im konkreten Fall aus folgendem Umstand: Nach Art. 4 Abs. 3 EUV sind die Mitgliedstaaten eigentlich verpflichtet, alle ihnen zur Verfügung stehenden rechtlichen und politischen Mittel einsetzen, um die Teilnahme der EU an einem völkerrechtlichen Vertrag sicherzustellen, sobald die entsprechende Unionsaußenkompetenz zu einer ausschließlichen erstarkt ist.[390] Die Verpflichtung wurde verletzt, als der Rat im Jahre 2008 eine Empfehlung der Kommission ablehnte, sie zur Aushandlung des Beitritts der EG zur Internationalen Organisation für Rebe und Wein (OIV) zu ermächtigen.[391] Hätten alle Mitgliedstaatenvertreter sich pflichtgemäß verhal-

---

[381] EuGH, Urt. v. 7.10.2014, Rs. C–399/12 (Internationale Organisation für Rebe und Wein), ECLI:EU:C:2014:2258, Rn. 48 ff. Auch insoweit sehr kritisch *Ruffert*, JuS 2015, 84 ff.

[382] Siehe meine Kommentierung zu Art. 216 AEUV, Rn. 139 ff.

[383] EuGH, Gutachten 2/91 vom 19.3.1993 (ILO-Übereinkommen Nr. 170), Slg. 1993, I–1061, Rn. 5; Urt. v. 12.2.2009, Rs. C–45/07 (Kommission/Griechenland), Slg. 2009, I–701, Rn. 31.

[384] Dies gilt z. B. für die ILO-Übereinkommen.

[385] So war es bei der Internationalen Organisation für Rebe und Wein (vgl. GA *Cruz Villalón*, Schlussanträge zu Rs. C–399/12 (Internationale Organisation für Rebe und Wein), ECLI:EU:C:2014:289, Rn. 34).

[386] Art. 4 Abs. 3 EUV. Siehe meine Kommentierung von Art. 216 AEUV, Rn. 42.

[387] Ob eine solche informelle Koordination der Mitgliedstaaten untereinander außerhalb der Unionsorgane in einem Bereich ausschließlicher Unionszuständigkeit, in dem die Mitgliedstaaten in einer internationalen Organisation als Sachwalter des Unionsinteresses agieren müssen, eine Vertragsverletzung darstellt, ist Gegenstand mehrerer Vertragsverletzungsverfahren der Kommission gegen die beteiligten Mitgliedstaaten. Vgl. GA *Cruz Villalón*, Schlussanträge zu Rs. C–399/12 (Internationale Organisation für Rebe und Wein), ECLI:EU:C:2014:289, Rn. 35.

[388] Für eine analoge Anwendung des Art. 218 Abs. 9 AEUV in solchen Fällen *Lorenzmeier*, in: Grabitz/Hilf/Nettesheim, EU, Art. 218 AEUV (März 2011), Rn. 64 f.

[389] Vgl. auch *Obwexer*, EuR-Beiheft 2/2012, 69 ff.

[390] Vgl. EuGH, Urt. v. 14.7.1976, verb. Rs. 3/76, 4/76 u. 6/76 (Kramer), Slg. 1976, 1279, Rn. 44/45; Urt. v. 14.7.2005, Rs. C–433/03 (Binnenschifffahrtsabkommen), Slg. 2005, I–9543, Rn. 63 ff. Siehe näher meine Kommentierung zu Art. 216 AEUV, Rn. 41 ff.

[391] Vgl. GA *Cruz Villalón*, Schlussanträge zu Rs. C–399/12 (Internationale Organisation für Rebe und Wein), ECLI:EU:C:2014:289, Rn. 34.

ten und dieser Empfehlung Folge geleistet, wäre Art. 218 Abs. 9, 2. Var. AEUV unproblematisch anwendbar gewesen. Hätte der EuGH den Unionsorganen im vorliegenden Fall die Kompetenz abgesprochen, auf der Grundlage dieser Bestimmung die durch die mitgliedstaatlichen Vertreter in der OIV zu vertretenden Standpunkte zu koordinieren, so hätte er die vorgenannte Pflichtverletzung der Mitgliedstaaten letztlich prämiert. Die Entscheidungsgründe enthalten jedoch keinen Hinweis darauf, dass diese Erwägung den Gerichtshof geleitet hat.

172   Aber selbst wenn der Rat keinen Standpunkt nach Art. 218 Abs. 9, 2. Var. AEUV festgelegt hat, dürfen die Mitgliedstaaten in einer internationalen Organisation, der nur sie, nicht aber die EG/EU selbst angehören, in Bereichen, die nach Art. 3 Abs. 2, 3. Var. AEUV in die ausschließliche Unionszuständigkeit fallen, keine einseitigen Initiativen ergreifen, die zu einer Beeinträchtigung oder Veränderung der Tragweite geltender Sekundärrechtsakte führen könnte.[392] Diese Pflicht ergibt sich aus Art. 4 Abs. 3 EUV, ebenso wie die weitere Pflicht, auch bei einer geteilten Zuständigkeit einseitige Initiativen dann zu unterlassen, wenn es diesbezüglich eine im Rat abgestimmte gemeinsame Strategie gibt.[393]

5. Der Ratsbeschluss und sein Umfeld

173   Der Rat regelt in seinem Beschluss nach Art. 218 Abs. 6 AEUV über den Abschluss einer Übereinkunft normalerweise die Vertretung der Union in etwaigen Vertragsgremien und kann in dieser Hinsicht auch prozedurale oder inhaltliche Vorgaben machen. Gleiches gilt für den Ratsbeschluss gemäß Art. 218 Abs. 5 AEUV, soweit darin die vorläufige Anwendung der Übereinkunft vorgesehen ist.[394] Darin liegt zugleich die Ermächtigung der benannten Unionsvertreter, ggf. in den Grenzen solcher prozeduralen oder inhaltlichen Vorgaben die Unionsposition festzulegen.

174   Stattdessen kann der Rat die zukünftige Festlegung des Unionsstandpunkts in einem Vertragsgremium sich selbst vorbehalten und in Ausführung dessen dann später aufgrund von Art. 218 Abs. 9 AEUV jeweils ad hoc Beschlüsse fassen.[395] Aber auch ohne einen solchen ausdrücklichen Vorbehalt in seinen Beschlüssen nach Art. 218 Abs. 5 oder Abs. 6 AEUV bleibt der Rat gemäß Art. 218 Abs. 9 AEUV befugt, die Festlegung des Unionsstandpunkts aufgrund entsprechender Vorschläge später in Einzelfällen jeweils wieder an sich zu ziehen.

175   Der Ratsbeschluss wird teilweise an diejenige Stelle adressiert, welche die Union in dem betreffenden Vertragsgremium vertritt, und bindet diese nach Art. 288 Abs. 4 Satz 2 AEUV. Je nach Sachbereich ist dies entweder die Kommission (nicht-GASP) oder der Hohe Vertreter (GASP); entsprechend ist auch das Vorschlagsrecht verteilt. Der Rat kann dem Adressaten mehr oder weniger große Entscheidungsspielräume belassen,

---

[392] EuGH, Urt. v. 12.2.2009, Rs. C–45/07 (Kommission/Griechenland), Slg. 2009, I–701 betr. die IMO.

[393] EuGH, Urt. v. 20.4.2010, Rs. C–246/07 (Kommission/Schweden), Slg. 2010, I–3317.

[394] Vgl. z.B. Art. 4 des Ratsbeschlusses vom 29.10.2012 (ABl. 2013, L 16/1). Inhaltliche Vorgaben enthält dieser Beschluss freilich nicht.

[395] Vgl. z.B. Art. 6 des Ratsbeschlusses vom 16.9.2010 über die Unterzeichnung – im Namen der EU – und vorläufige Anwendung des Freihandelsabkommens zwischen der EU und ihren Mitgliedstaaten einerseits und der Republik Korea andererseits (ABl. 2011, L 127/1) und in Ausführung dessen den ausdrücklich auf Art. 167 Abs. 3 i.V.m. Art. 218 Abs. 9 AEUV gestützten Ratsbeschluss vom 7.11.2014 (ABl. 2014, L 330/40). Vgl. auch Art. 4 des gemischten Beschlusses vom 20.12.2012 (ABl. 2013, L 208/1).

damit er flexibel auf die Verhandlungssituation im Vertragsgremium reagieren kann.[396] Nach Art. 296 Abs. 2 AEUV muss auch dieser Ratsbeschluss, da er verbindliche Rechtswirkungen erzeugt, seine Rechtsgrundlage ausdrücklich nennen.[397] Ist der Beschluss an einen bestimmten Adressaten gerichtet, wird er mit seiner Bekanntgabe an diesen wirksam. Eine Veröffentlichung im Amtsblatt muss nur erfolgen, wenn kein Adressat genannt ist.[398]

Wichtige Anwendungsfälle des Art. 218 Abs. 9, 2. Var. AEUV bilden die Festlegung **176** des Unionsstandpunkts für die nach Art. XII WTO über den Beitritt neuer Mitglieder entscheidende Ministerkonferenz der Welthandelsorganisation, in der die EU durch die Kommission vertreten wird,[399] und die Festlegung des Unionsstandpunkts im AKP-EG-Ministerrat.[400]

III. Gemeinsame Regeln für das Entscheidungsverfahren in beiden Varianten

1. Vorschlagsrecht

Die Entscheidung ist jeweils dem Rat anvertraut, der aber nur auf Vorschlag der Kom- **177** mission oder des Hohen Vertreters beschließen kann. In Abweichung von den Absätzen 5, 6 und 7 liegt die Vorschlagszuständigkeit hier nicht beim Verhandlungsführer, soll sich also offenbar nicht unbedingt nach dem ursprünglichen Verhandlungsmandat (Art. 218 Abs. 3 AEUV) richten.[401] Vielmehr gilt Folgendes: Handelt es sich um eine reine GASP-Übereinkunft, liegt die Vorschlagszuständigkeit für beide Varianten des Abs. 9 beim Hohen Vertreter, hat die Übereinkunft dagegen kein GASP-Element, bei der Kommission. Abgesehen von diesen eindeutigen Fällen kommt es auf die Umstände an.

Soll eine Übereinkunft mit GASP- und anderen Elementen vollständig suspendiert **178** werden, liegt es nahe, eine Vorschlagszuständigkeit des Verhandlungsführers anzunehmen.[402] Geht es indessen um eine bloß teilweise Suspendierung einer solchen »gemischten« Übereinkunft, kommt es darauf an, in welche Politikbereiche die zu suspendierenden Bestimmungen der Übereinkunft fallen: Sollen die Anwendung von GASP-Elementen ausgesetzt werden, muss der Vorschlag vom Hohen Vertreter kommen, bei Nicht-GASP-Elementen hingegen von der Kommission, selbst wenn das Verhandlungsmandat ursprünglich bei der jeweils anderen Stelle lag.

Bei der Festlegung von Standpunkten für Vertragsgremien kommt es darauf an, ob **179** der Standpunkt eine Angelegenheit der GASP oder eines sonstigen Politikbereichs betrifft. Ersteren Falls ist der Hohe Vertreter vorschlagsberechtigt, letzteren Falls die Kommission. Enthält der Standpunkt sowohl GASP- als auch andere Elemente, ist auf den Schwerpunkt abzustellen. Die Vorschlagsberechtigung entspricht stets der Vertretungskompetenz in dem jeweiligen Vertragsgremium.

---

[396] Vgl. z. B. den Ratsbeschluss vom 18.6.2012, mitgeteilt in EuGH, Urt. v. 7.10.2014, Rs. C–399/12 (Internationale Organisation für Rebe und Wein), ECLI:EU:C:2014:2258, Rn. 17 ff.

[397] Vgl. EuGH, Urt. v. 1.10.2009, Rs. C–370/07 (CITES), Slg. 2009, I–8917, Rn. 45 ff.

[398] Art. 297 Abs. 2 UAbs. 2 und 3 AEUV. Der in Fn. 395 erwähnte Ratsbeschluss vom 18.6.2012 ist z. B. nicht im Amtsblatt veröffentlicht worden; anders dagegen die Ratsbeschlüsse vom 7.11.2014 (ABl. 2014, L 330/40) 17.6.2016 (ABl. 2016, L 187/9) und 18.7.2016 (ABl. 2016, L 198/43).

[399] *Hoffmeister*, ZEuS 16 (2013), 392 f. Beispiel: Ratsbeschluss vom 14.12.2011 zur Festlegung des von der EU in der Ministerkonferenz der Welthandelsorganisation zum Beitritt der Russischen Föderation zu vertretenden Standpunkts (ABl. 2012, L 6/6).

[400] Vgl. z. B. Ratsbeschluss vom 14.6.2010 (ABl. 2010, L 269/1).

[401] Anders *Dashwood*, Mixed Agreements Revisited, S. 355.

[402] S. o. Rn. 29 ff. zur Verhandlungszuständigkeit in solchen Fällen.

2. Notwendige Mehrheit im Rat

180 Welche Mehrheitserfordernisse für den Ratsbeschluss gelten, hängt davon ab, ob man Art. 218 Abs. 8 AEUV (teilweise Einstimmigkeit) oder die Grundregel des Art. 16 Abs. 3 EUV (stets qualifizierte Mehrheit) für anwendbar hält.[403] Art. 218 Abs. 8 AEUV will insgesamt, nicht nur mit seinem UAbs. 1, »während des gesamten Verfahrens« gelten, meint damit aber möglicherweise nur das in den voranstehenden Absätzen geregelte Verfahren bis zum endgültigen Abschluss der Übereinkunft. Weder die Aussetzung der Anwendung, noch die Einzelfragen betreffende Festlegung von Standpunkten für Vertragsgremien reicht in ihrer Bedeutung an den Vertragsschluss selbst heran, so dass eine dafür vorgeschriebene Einstimmigkeit nicht unbedingt auch für Entscheidungen nach Art. 218 Abs. 9 AEUV als notwendig erscheint.

181 Andererseits liegt es näher, die unmittelbar auf das Vertragsschließungsverfahren abgestimmten Mehrheitserfordernisse des Art. 218 Abs. 8 AEUV, die nicht nur für den eigentlich Abschluss nach Art. 218 Abs. 6 AEUV, sondern unzweifelhaft auch für die weniger gravierenden (Vor-) Entscheidungen nach Art. 218 Abs. 3, 4, 5 und 7 AEUV gelten, auf die eng damit zusammenhängenden Entscheidungen im Sinne von Art. 218 Abs. 9 AEUV anzuwenden.[404] Dafür spricht auch die Textstufenentwicklung des Abs. 9. Dessen Ursprungsfassung in Art. 300 Abs. 2 UAbs. 2 EGV nach dem Vertrag von Amsterdam nahm die damals in Art. 300 Abs. 2 UAbs. 1 EGV geregelten Mehrheitserfordernisse im Rat ausdrücklich in Bezug. Der Vertrag von Nizza behielt dieses Arrangement bei. Erst der Vertrag von Lissabon hat durch die Reihenfolge der Absätze ein gewisses Maß an Unklarheit verursacht. Im Einklang mit der hier vertretenen Auffassung hat der EuGH Art. 218 Abs. 8 UAbs. 1 AEUV auf einen Beschluss nach Art. 218 Abs. 9, 2. Var. AEUV angewendet.[405]

182 Wie der Rat die Mehrheitserfordernisse praktisch handhabt, ist anhand der veröffentlichten Beschlüsse, die auf Art. 218 Abs. 9 AEUV beruhen, nicht erkennbar. Allerdings bestimmt der Ratsbeschluss vom 29.4.2008 zum AKP-EG-Partnerschaftsabkommen von *Cotonou*, dass Entscheidungen über die teilweise Suspendierung dieses Assoziierungsabkommens vom Rat mit qualifizierter Mehrheit, und nur Entscheidungen über dessen vollständige Suspendierung einstimmig getroffen werden.[406] Damals galt noch die mit Art. 218 Abs. 8 UAbs. 2 AEUV insoweit inhaltsgleiche Vorgängerbestimmung in Art. 300 Abs. 2 UAbs. 2 EGV. Selbst eine ständige Organpraxis kann Vertragsbestimmungen mit eindeutigem Inhalt nicht überspielen.[407] Wo Auslegungsspielräume bestehen, vermag sie Anhaltspunkte für die korrekte Interpretation zu liefern. Ein einzelner Ratsbeschluss wie hier genügt dafür aber nicht.

3. Beteiligung des Europäischen Parlaments

183 Das Europäische Parlament wird am Entscheidungsprozess nach Art. 218 Abs. 9 AEUV nicht einmal im Wege der Anhörung beteiligt, sondern nur nach Maßgabe des Art. 218

---

[403] Dazu eingehend *Mögele*, in: Streinz, EUV/AEUV, Art. 218 AEUV, Rn. 29.
[404] So etwa *Cremona*, Member States Agreements as Union Law, S. 314, Fn. 74.
[405] EuGH, Urt. v. 18.12.2014, Rs. C–81/13 (Vereinigtes Königreich/Rat), ECLI:EU:C:2014:2449, Rn. 63. GA *Kokott* hatte in ihren Schlussanträgen demgegenüber auf Art. 16 Abs. 3 EUV verwiesen (ECLI:EU:C:2014:2114, Rn. 97).
[406] S. u. Rn. 185.
[407] EuGH, Urt. v. 9.8.1994, Rs. C–327/91 (Frankreich/Kommission), Slg. 1994, I–3641, Rn. 36; Urt. v. 1.10.2009, Rs. C–370/07 (CITES), Slg. 2009, I–8917, Rn. 54.

Abs. 10 AEUV unterrichtet. Diese Marginalisierung ist in Bezug auf Übereinkünfte, an deren Abschluss das Parlament durch Anhörung oder gar Zustimmung beteiligt war, im Hinblick auf das Demokratieprinzip nicht zu rechtfertigen. Denn die Aussetzung der Anwendung einer Übereinkunft ist ein hochrelevanter außenpolitischer Akt, und Vertragsgremien (wie z.B. die Assoziationsräte) haben nicht selten erhebliche Befugnisse zur Fortbildung des internen Rechts der jeweiligen Vertragsgemeinschaft.[408] Dies hindert das Parlament jedoch nicht daran, in einer unverbindlichen Resolution die Aussetzung der Anwendung einer bestimmten Übereinkunft zu verlangen.[409]

IV. Besonderheiten bei gemischten Verträgen

1. Aussetzung der Anwendung

Wichtige Beispiele für völkerrechtliche Suspendierungsklauseln finden sich in Art. 96 und Art. 97 des gemischten AKP-EG-Partnerschaftsabkommens von *Cotonou* vom 23.6.2000.[410] Dort ist die Aussetzung der Anwendung des Abkommens durch die Union und die Mitgliedstaaten als letztes Mittel vorgesehen, wenn ein AKP-Staat seine Verpflichtungen in Bezug auf die Achtung der Menschenrechte, die demokratischen Grundsätze und das Rechtsstaatsprinzip bzw. die Korruptionsbekämpfung nicht erfüllt und auch Konsultationen zu nichts geführt haben. Eine solche Aussetzungsentscheidung kann von der Union und allen Mitgliedstaaten sinnvollerweise nur einheitlich getroffen werden. Weder der damalige Art. 300 Abs. 2 UAbs. 2 und 3 EGV noch der heutige Art. 218 Abs. 9, 1. Var. AEUV regeln jedoch die Suspendierung der mitgliedstaatlichen Anteile an gemischten Abkommen.   **184**

Vor diesem Hintergrund legt Art. 3 Abs. 2 des einstimmig gefassten Beschlusses des Rates vom 29.4.2008 über den Abschluss des Änderungsabkommens vom 25.6.2005 zum *Cotonou*-Abkommen[411] folgende einheitliche Regeln für die gemeinsame Aussetzungsentscheidung der Union und der Mitgliedstaaten fest: **185**

»Ist bei Ablauf der Fristen … für die Konsultationen trotz aller Anstrengungen keine Lösung gefunden worden, liegt ein dringender Fall vor oder werden Konsultationen abgelehnt, so kann der Rat … auf Vorschlag der Kommission mit qualifizierter Mehrheit geeignete Maßnahmen beschließen, zu denen auch die teilweise Aussetzung gehört.

Für eine vollständige Aussetzung der Anwendung des Partnerschaftsabkommens auf den betreffenden AKP-Staat ist ein einstimmiger Beschluss des Rates erforderlich.

Die Maßnahmen bleiben in Kraft, bis der Rat nach dem Verfahren des Unterabsatzes 1 einen Beschluss zu ihrer Änderung oder Aufhebung fasst, oder gegebenenfalls bis zum Ende des in dem Beschluss angegebenen Zeitraums.

Zu diesem Zweck überprüft der Rat die Maßnahmen regelmäßig, mindestens jedoch alle sechs Monate.

Der Präsident des Rates notifiziert die getroffenen Maßnahmen vor ihrem Inkrafttreten dem betreffenden AKP-Staat und dem AKP-EG-Ministerrat. …«

---

[408] *Eeckhout*, S. 209 ff.; sehr kritisch auch aus Sicht des deutschen Verfassungsrechts *Weiß*, EuZW 2016, 286 ff.

[409] Vgl. *Koutrakos*, EU International Relations Law, S. 155.

[410] ABl. 2000, L 317/3.

[411] ABl. 2008, L 29/44, ber. ABl. L 132/22. Das Einstimmigkeitserfordernis ergab sich aus Art. 300 Abs. 2 UAbs. 1 Satz 2 EGV (heute Art. 218 Abs. 8 UAbs. 2 Satz 1 AEUV), weil es sich um ein Assoziierungsabkommen im Sinne von Art. 310 EGV (heute Art. 217 AEUV) handelt.

Nach Art. 3 Abs. 3 des Ratsbeschlusses vom 29. 4. 2008 wird das Europäische Parlament unverzüglich und umfassend über die vom Rat gefassten Beschlüsse unterrichtet.

186   Die vorstehende Regelung gibt also dem Rat die Befugnis, Entscheidungen über die teilweise oder vollständige Suspendierung des gemischten Abkommens zugleich mit Wirkung für die Mitgliedstaaten zu treffen, selbst wenn ausschließliche nationale Zuständigkeiten betroffen sind.[412] Sie zeichnet die primärrechtliche Regelung in Art. 300 Abs. 2 UAbs. 2 und 3 EGV bzw. Art. 218 Abs. 9, 1. Var. AEUV nach.[413] Sie könnte als Modell für andere gemischte Abkommen dienen, weil sie eine einheitliche und zugleich schnelle Suspendierungsentscheidung ermöglicht.

2. Festlegung von Standpunkten für Vertragsgremien

187   Ein Ratsbeschluss nach Art. 218 Abs. 6 AEUV[414] über den Beitritt der Union zu einer internationalen Organisation, der auch die Mitgliedstaaten angehören, bestimmt typischerweise, wie die Vertretung der Union in deren Organen, die Abgabe von Erklärungen und die Abstimmung unter Berücksichtigung der Zuständigkeiten der Mitgliedstaaten gestaltet wird.[415] Gleiches gilt, wenn ein gemischtes Abkommen ein Vertragsgremium einsetzt.[416] In solchen Fällen wird mitunter festgelegt, dass die Union durch Beamte der Kommission und der Mitgliedstaaten vertreten wird.[417] Die betreffenden Ratsbeschlüsse führen Art. 218 Abs. 9, 2. Var. AEUV ohne erkennbaren Grund als Ermächtigungsgrundlage nicht durchgängig an, selbst wenn es auch um rechtswirksame Beschlüsse solcher Organe bzw. Gremien geht. Außer Zweifel steht jedenfalls, dass Art. 218 Abs. 9, 2. Var. AEUV allein als Grundlage für den Erlass von Ratsbeschlüssen, mit denen der im Namen der Union in einem Vertragsgremium zu vertretende Standpunkt festgelegt wird, nicht ausreicht, sondern dass dafür eine materielle Rechtsgrundlage in den Verträgen herangezogen werden muss.[418]

188   Die Übereinkünfte selbst enthalten des Öfteren Regelungen über die jeweilige Stimmenzahl in Organen bzw. Vertragsgremien, wenn sie dem gleichzeitigen Beitritt der Union und ihrer Mitgliedstaaten offenstehen. Art. IX:1 WTO-Übereinkommen legt fest, dass die Europäischen Gemeinschaften, wenn sie ihr Stimmrecht in der Ministerkonferenz oder im Allgemeinen Rat ausüben, über eine Anzahl von Stimmen verfügen, die der Anzahl ihrer Mitgliedstaaten entspricht, die WTO-Mitglieder sind. Die Anzahl der

---

[412] *Czuczai*, S. 245 ff.

[413] Siehe noch u. Fn. 452.

[414] Oder ein Ratsbeschluss nach Art. 218 Abs. 5 AEUV über die Unterzeichnung und vorläufige Anwendung.

[415] Vgl. Art. 4 und Art. 5 i. V. m. Anhang III des Ratsbeschlusses vom 16. 6. 2011 über die Unterzeichnung und den Abschluss der Vereinbarung zwischen der EU und der Zwischenstaatlichen Organisation für den Internationalen Eisenbahnverkehr über den Beitritt der EU zum Übereinkommen über den Internationalen Eisenbahnverkehr (COTIF), ABl. 2013, L 51/1.

[416] Vgl. Art. 4 des Beschluss des Rates und der im Rat vereinigten Vertreter der Regierungen der Mitgliedstaaten vom 20. 12. 2012 über die Unterzeichnung des Europa-Mittelmeer-Luftverkehrsabkommens zwischen der EU und ihren Mitgliedstaaten einerseits und der Regierung des Staates Israel andererseits im Namen der EU und über die vorläufige Anwendung dieses Abkommens (ABl. 2013, L 208/1); Art. 6 des Ratsbeschlusses vom 16. 9. 2010 über die Unterzeichnung – im Namen der EU – und vorläufige Anwendung des Freihandelsabkommens zwischen der EU und ihren Mitgliedstaaten einerseits und der Republik Korea andererseits (ABl. 2011, L 127/1).

[417] So der in der vorigen Fn. zitierte Art. 6 des Ratsbeschlusses vom 16. 9. 2010.

[418] Vgl. EuGH, Urt. v. 18. 12. 2014, Rs. C–81/13 (Vereinigtes Königreich/Rat), ECLI:EU:C:2014: 2449, Rn. 35 ff. m. w. N.

Stimmen der Europäischen Gemeinschaften und ihrer Mitgliedstaaten darf in keinem Fall die Anzahl der Mitgliedstaaten übersteigen. Eine vergleichbare Regel gilt für die Konferenz der Vertragsstaaten des Übereinkommens über die Rechte von Menschen mit Behinderungen.[419] Die Union und die Mitgliedstaaten müssen sich daher jeweils im Vorfeld einigen, wer die nunmehr 28 Stimmen gebündelt abgibt.

Der AEUV verleiht den Unionsorganen keine Kompetenz, die Positionen der Mit- **189** gliedstaaten in internationalen Organisationen oder Vertragsgremien zu koordinieren, soweit es um Angelegenheiten geht, die in die mitgliedstaatliche Zuständigkeit fallen. Bis zum Inkrafttreten des Vertrages von Maastricht gab es hierfür Art. 116 Abs. 1 EWGV. Danach durften die Mitgliedstaaten nach Ablauf der Übergangszeit in den internationalen Organisationen mit wirtschaftlichem Charakter bei allen Fragen, die für den Gemeinsamen Markt von besonderem Interesse sind, nur noch gemeinsam vorgehen. Der Rat konnte auf Vorschlag der Kommission mit qualifizierter Mehrheit über das Ausmaß und die Durchführung des gemeinsamen Vorgehens beschließen.[420] Eine entsprechende Vorschrift gibt es heute mit Art. 34 Abs. 1 UAbs. 1 EUV nur noch im GASP-Bereich. Danach koordinieren die Mitgliedstaaten ihr Handeln in internationalen Organisationen und auf internationalen Konferenzen und treten dort für die Standpunkte der Union ein. Der Hohe Vertreter trägt für die Organisation dieser Koordinierung Sorge.

Teilweise schließen die Mitgliedstaaten durch die im Rat vereinigten Vertreter ihrer **190** Regierungen untereinander sogenannte Interne Abkommen, um die in ihre Zuständigkeit fallenden Durchführungsmaßnahmen zu koordinieren. Diese Praxis gibt es insbesondere im Bereich des gemischten AKP-EG-Partnerschaftsabkommens.[421] Teilweise einigen sich auch Rat, Kommission und Mitgliedstaaten auf Verhaltenskodizes (Codes of Conduct).[422] Der Gerichtshof hat einen Verhaltenskodex von 1991 betreffend die Stimmabgabe in FAO-Sitzungen als Konkretisierung der primärrechtlichen Kooperationspflicht[423] für rechtsverbindlich gehalten und einen damit unvereinbaren Ratsbeschluss auf die Klage der Kommission hin für nichtig erklärt.[424] Teilweise gibt es schließlich entsprechende Beschlüsse des Rates,[425] die mitunter eine zwischen Rat und Kommission getroffene Vereinbarung über die Teilnahme an Sitzungen, Abgabe von

---

[419] Vom 13.12.2006 (ABl. 2010, L 23/37): Art. 44 Abs. 4.

[420] Vgl. *Heliskoski*, S. 143 f.

[421] Internes Abkommen zwischen den im Rat vereinigten Vertretern der Regierungen der Mitgliedstaaten über die zur Durchführung des AKP-EG-Partnerschaftsabkommens zu treffenden Maßnahmen und die dabei anzuwendenden Verfahren vom 18.9.2000 mit Beschluss zur vorläufigen Anwendung (ABl. 2000, L 317/375) sowie Änderungsabkommen vom 10.4.2006 mit Beschluss zur vorläufigen Anwendung (ABl. 2006, L 247/46). Weiteres Internes Abkommen über Finanzierungsfragen mit Beschluss über die vorläufige Anwendung in ABl. 2000, L 317/354. Dem weiteren Internen Abkommen über Finanzierungsfragen vom 24.6.2013 hat der Bundestag durch Gesetz nach Art. 59 Abs. 2 GG zugestimmt (BGBl. 2014 II S. 1104), und Deutschland hat es dann förmlich ratifiziert (BGBl. 2015 II S. 348).

[422] Vgl. Verhaltenskodex zwischen dem Rat, den Mitgliedstaaten und der Kommission über die Teilnahme der Gemeinschaft und ihrer Mitgliedstaaten an Tagungen über die Umsetzung des Übereinkommens zum Schutz und zur Förderung der Vielfalt kultureller Ausdrucksformen vom 1.2.2007 (Ratsdokument 5914/07).

[423] Damals Art. 5 EGV, heute Art. 4 Abs. 3 EUV.

[424] EuGH, Urt. v. 19.3.1996, Rs. C–25/94 (FAO), Slg. 1996, I–1469.

[425] Dies gilt seit 1981 für die Beteiligung der EG/EU und der Mitgliedstaaten an Rohstoffabkommen (PROBA 6 – Ratsdokumente 7207/02, 7207/02 COR 1 und 7207/02 COR 2 vom März 2002).

Erklärungen und Ausübung von Stimmrechten als Annex enthalten.[426] In Art. 6 des Protokolls über den Beitritt der EG zu Eurocontrol ist vorgesehen, dass bei Beschlüssen in Angelegenheiten, in denen die EG die ausschließliche Zuständigkeit besitzt, diese die Stimmrechte ihrer Mitgliedstaaten wahrnimmt, während in allen anderen Fällen die Mitgliedstaaten abstimmen.[427] Liegt die betreffende Angelegenheit in der geteilten Zuständigkeit, so legt der Rat den Standpunkt fest, der von den Mitgliedstaaten gemeinsam im Interesse der Union in der Ständigen Kommission von Eurocontrol einzunehmen ist.[428] Alle diese Arrangements sind auf eine ganz spezifische Situation bezogen und nicht verallgemeinerungsfähig.[429] Inzwischen hat der Rat eine ergänzende Allgemeine Regelung zu Erklärungen der EU in multilateralen Organisationen beschlossen.[430]

191   Stets unterliegen die Mitgliedstaaten in diesen Fällen aber der Verpflichtung zur engen Zusammenarbeit mit der Union (insbesondere mit der Kommission).[431] Diese Verpflichtung gilt insbesondere bei gemischten Abkommen und dort für die Vertragsverhandlungen, den Abschluss und die Vertragserfüllung. Sie beruht auf Art. 4 Abs. 3 EUV und ergibt sich aus der Notwendigkeit einer geschlossenen völkerrechtlichen Vertretung der Union.[432] Aber auch dann, wenn nur die Mitgliedstaaten einer internationalen Organisation angehören, nicht aber die EG/EU selbst, dürfen sie innerhalb der Organisation in Bereichen, die nach Art. 3 Abs. 2, 3. Var. AEUV in die ausschließliche Unionszuständigkeit fallen, keine einseitigen Initiativen ergreifen, die zu einer Beeinträchtigung oder Veränderung der Tragweite geltender Sekundärrechtsakte führen könnten.[433]

K.   Unterrichtung des Europäischen Parlaments (Abs. 10)

I.   Informelle Verfahren zur Unterrichtung und Beteiligung des Parlaments bis 1992

192   Nach der Urfassung von Art. 228 Abs. 1 UAbs. 1 Satz 2 a. E. EWGV musste die Versammlung vor dem Abschluss von Übereinkünften nur dann angehört werden, wenn der EWGV dies eigens vorsah, also nach Art. 238 Abs. 2 EWGV allein bei Assoziierungsabkommen.[434] Schon bald verlangte die Versammlung, die damals noch aus Vertretern der nationalen Parlamente bestand, nicht nur zu bereits fertig ausgehandelten Assoziierungsabkommen Stellung nehmen zu können, sondern frühzeitig in den Verhandlungs- und Entscheidungsprozess über diese und andere Übereinkünfte einbezogen zu werden. Denn nur so konnten parlamentarische Vorstellungen den Vertragsin-

---

[426] Ratsbeschluss vom 17. 11. 2003 über den Beitritt der EG zur Codex-Alimentarius-Kommission, Anhang III: Vereinbarung zwischen Rat und Kommission über die Vorbereitung von Codex-Alimentarius-Sitzungen, -Erklärungen und die Ausübung von Stimmrechten (ABl. 2003, L 309/14).

[427] ABl. 2004, L 304/210.

[428] Vgl. z. B. Beschluss (EU) 2016/1124 des Rates vom 24. 6. 2016, der auf Art. 100 Abs. 2 i. V. m. Art. 218 Abs. 9 AEUV gestützt ist (ABl. 2016, L 187/13).

[429] *Heliskoski*, S. 144 ff.; *Hoffmeister*, Curse or Blessing? Mixed Agreements in the Recent Practice of the European Union and its Member States, S. 260 ff.

[430] Ratsbeschluss vom 22. 10. 2011 (Ratsdokument 15901/11 vom 24. 10. 2011).

[431] *Heliskoski*, S. 154 ff.

[432] EuGH, Gutachten 1/94 vom 15. 11. 1994 (WTO), Slg. 1994, I–5267, Rn. 108.

[433] EuGH, Urt. v. 12. 2. 2009, Rs. C–45/07 (Kommission/Griechenland), Slg. 2009, I–701 betr. die IMO.

[434] *MacLeod/Henry/Hyett*, S. 98.

halt wirksam beeinflussen. Zu diesem Zweck wurden aufgrund von politischen Absprachen mit dem Rat und der Kommission im Laufe der Zeit verschiedene informelle Verfahren zur Einbeziehung der Versammlung eingerichtet und ausgebaut.

Das sog. Luns-Verfahren von 1964 sah vor, dass bereits vor der Eröffnung von Ver- **193** handlungen zu Assoziierungsabkommen eine Debatte in der Versammlung stattfinden konnte, dass die Kommission dann während der Verhandlungen engen Kontakt mit den zuständigen Ausschüssen halten und dass der Präsident des Rates nach dem Abschluss der Verhandlungen, aber noch vor der Unterzeichnung eines Assoziierungsabkommens diese Ausschüsse informell und vertraulich über dessen Inhalt informieren würde.[435]

1973 richtete der Rat das sog. Westerterp-Verfahren ein, mit dem die Versammlung in **194** ähnlicher Weise an dem Verfahren zur Aushandlung von Handelsabkommen beteiligt wurde.[436] 1982 ging daraus das Luns-Westerterp-Verfahren hervor, das für alle Abkommen der EWG galt. Der Rat erklärte sich nunmehr bereit, das Parlament nach der Unterzeichnung, aber vor dem Abschluss von allen Abkommen zu konsultieren, die für die Gemeinschaftspolitiken relevant waren, selbst wenn der EWGV keine Anhörung vorschrieb.[437] Dieses Verfahren wurde ständig weiterentwickelt, insbesondere was die fortlaufende Information und Konsultation des Parlaments durch Kommission und Rat während der Vertragsverhandlungen anging. Wenngleich das Parlament dadurch keine einklagbaren Beteiligungsrechte erhielt, so konnte es doch nicht unerheblichen praktischen Einfluss auf die Vertragsschließungsgewalt der E(W)G ausüben.[438]

II. Der Ausbau der Unterrichtungs- und Beteiligungsrechte des Parlaments seit 1992

Seit dem Vertrag von Maastricht von 1992 wurden zunehmend stärkere Beteiligungs- **195** rechte des Parlaments an der Vertragsschließungsgewalt der EG/EU primärrechtlich verankert. Nicht nur dessen Anhörungs- und Zustimmungsrechte in Bezug auf den Abschluss von Übereinkünften wurden erheblich ausgedehnt,[439] sondern auch seine Unterrichtung über sonstige abkommensbezogene Entscheidungen wurde ebenso vorgeschrieben wie die bisher nur informell zugestandene Einbeziehung in die eigentliche Verhandlungsphase. Nach Art. 300 Abs. 2 UAbs. 3 EGV i. d. F. des Vertrages von Amsterdam musste das Parlament über Ratsbeschlüsse über die vorläufige Anwendung oder die Aussetzung eines Abkommens oder die Festlegung des Standpunkts, den die Gemeinschaft in einem Vertragsgremium vertrat,[440] unverzüglich und umfassend unterrichtet werden. Dies war als eine Art Entschädigung speziell für diejenigen Partien des Vertragsschließungsverfahrens gedacht, in denen das Parlament keine wirklichen Mitwirkungsrechte haben sollte.

Art. 218 Abs. 10 AEUV verallgemeinert nunmehr das Recht des Parlaments auf un- **196** verzügliche und umfassende Unterrichtung, indem er dieses ausdrücklich auf alle Phasen des in Art. 218 AEUV geregelten Verfahrens bezieht, beginnend mit den Empfehlungen der Kommission oder des Hohen Vertreters zur Aufnahme von Vertragsverhand-

---

[435] Ebd., S. 98.
[436] Ebd., S. 98 f.
[437] Ebd., S. 99.
[438] Ebd., S. 99 f.
[439] S. o. Rn. 92 ff.
[440] Der Vertrag von Amsterdam hatte zunächst nur durch Assoziierungsabkommen eingesetzte Gremien einbezogen, doch wurde die Bestimmung durch den Vertrag von Nizza auf alle Vertragsgremien erweitert.

lungen (Art. 218 Abs. 3 AEUV). Die korrespondierende Pflicht obliegt allen übrigen am Verfahren des Art. 218 AEUV beteiligten Organen und Stellen, also der Kommission, dem Hohen Vertreter und dem Rat, je nach dem von ihnen gespielten Part. Art. 207 Abs. 3 UAbs. 3 Satz 2 AEUV verpflichtet die Kommission in Bezug auf Handelsabkommen noch gesondert, dem Parlament regelmäßig über den Stand der Verhandlungen zu berichten.

197   Die Pflicht zur Unterrichtung des Parlaments erfüllt eine unterschiedliche Funktion, je nachdem ob (und wie) dieses an der Entscheidung über den endgültigen Abschluss der Übereinkunft beteiligt ist oder nicht. Wird das Parlament dabei nicht einmal angehört (bei den Übereinkünften, die ausschließlich die GASP betreffen),[441] so gleicht die Pflicht zu seiner unverzüglichen, umfassenden und kontinuierlichen Unterrichtung dieses parlamentarisch-demokratische Defizit bis zu einem gewissen Grade aus. Denn selbstverständlich kann das Parlament aufgrund der erhaltenen Information seinerseits Empfehlungen etwa zum Inhalt der Übereinkunft beschließen[442] und auf diese Weise indirekt einen gewissen politischen Einfluss ausüben. Im Hinblick darauf hat der Gerichtshof die parlamentarischen Rechte aus Art. 218 Abs. 10 AEUV, die Ausdruck der demokratischen Grundsätze sind, auf denen die Union beruht, gerade bei reinen GASP-Übereinkünften strikt durchgesetzt.[443]

198   Wird das Parlament vor dem Abschluss einer Übereinkunft angehört, so stärkt die frühzeitige Information seine Einflussmöglichkeiten auf deren Inhalt. Dasselbe gilt aber auch dann, wenn eine Übereinkunft sogar seiner Zustimmung unterliegt. Denn zur Zustimmung wird ihm der fertig ausgehandelte Vertragstext unterbreitet. Das Parlament kann diesen nur insgesamt akzeptieren oder ablehnen, nicht jedoch einzelne Änderungen vornehmen oder vorschlagen.[444] Eine Ablehnung wird es wegen der nachteiligen außenpolitischen Folgen für die Union nur erwägen, falls es grundlegende Einwände hat. Deshalb ist es für das Parlament wichtig, seine inhaltlichen Vorstellungen so frühzeitig in die Verhandlungen einzubringen, dass sie in den Gesamtkompromiss mit dem/n Vertragspartner/n der Union einbezogen werden können.[445]

199   Bei Übereinkünften, die seiner Zustimmung unterliegen, kann das Parlament mithilfe des Art. 218 Abs. 10 AEUV einen Einfluss auf den Vertragsinhalt ausüben, der größer ist, als man das von nationalen Parlamenten kennt. Denn auf Unionsebene ist es schwieriger als in den Mitgliedstaaten, eine parlamentarische Mehrheit zur Unterstützung einer Übereinkunft zu bewegen, weil die Union über keine Regierung verfügt, die eine gesicherte Parlamentsmehrheit hinter sich weiß. Vielmehr wird in der Union stets mit wechselnden Mehrheiten regiert. Wollen Kommission und Rat also erreichen, dass das Parlament einer von ihnen erstrebten Übereinkunft zustimmt, so tun sie gut daran, die parlamentarischen Vorstellungen so weit wie möglich in ihre Verhandlungsziele zu integrieren und dem/n Vertragspartner/n gegenüber durchzusetzen.[446] Schon mehrfach hat das Parlament eine Übereinkunft durch Verweigerung seiner Zustimmung scheitern lassen bzw. Nachverhandlungen durchgesetzt.[447]

---

[441] Art. 218 Abs. 6 UAbs. 1 AEUV. S. o. Rn. 96 ff.

[442] Vgl. Art. 108 Abs. 4 der Geschäftsordnung des Europäischen Parlaments.

[443] EuGH, Urt. v. 24.6.2014, Rs. C–658/11 (Seeräuberüberstellung), ECLI:EU:C:2014:2025, Rn. 75 ff.; Urt. v. 14.6.2016, Rs. C–263/14 (Seeräuberüberstellung II), ECLI:EU:C:2016:435, Rn. 68 ff.

[444] Vgl. Art. 108 Abs. 7 der Geschäftsordnung des Europäischen Parlaments.

[445] *Mögele*, in: Streinz, EUV/AEUV, Art. 218 AEUV, Rn. 20.

[446] Vgl. *Monar*, EFAR 15 (2010), 147 f.

[447] Siehe das Beispiel oben Rn. 108. Vgl. auch *Koutrakos*, EU International Relations Law, S. 153 f.

III. Rahmenvereinbarung über die Beziehungen zwischen dem Europäischen Parlament und der Europäischen Kommission vom 20. 10. 2010

Art. 218 Abs. 10 AEUV wird nicht nur durch Art. 108 und 109 der Geschäftsordnung **200** des Europäischen Parlaments[448] konkretisiert, sondern insbesondere durch Ziff. 23 ff. und Anhang III der in der Überschrift genannten auf Art. 295 AEUV gestützten Rahmenvereinbarung.[449] Diese Bestimmungen der interinstitutionellen Vereinbarung, die augenscheinlich rechtlich bindenden Charakter haben soll, zielen erkennbar darauf ab, Lücken und Unklarheiten in Bezug auf die parlamentarische Beteiligung am Vertragsschließungsverfahren auf der Grundlage einer extensiven Interpretation von Art. 218 Abs. 10 AEUV zu bereinigen, damit das Parlament seine diesbezüglichen Befugnisse und Zuständigkeiten wirksam wahrnehmen kann.

Der Rat hat die Rahmenvereinbarung, und zwar gerade auch ihre Bestimmungen zu **201** internationalen Übereinkünften, in einer Erklärung kritisiert.[450] Seiner Ansicht nach tendieren diese dazu, das vertraglich festgelegte institutionelle Gleichgewicht zwischen den Organen zu verändern, dem Europäischen Parlament Befugnisse einzuräumen, die in den Verträgen nicht vorgesehen sind, und die Autonomie der Kommission einzuschränken. Der Rat hat angekündigt, dass er den Gerichtshof anrufen werde, falls das Parlament oder die Kommission in Anwendung der Rahmenvereinbarung Rechtsakte erließen oder in sonstiger Weise tätig würden und dabei die Interessen des Rates oder die ihm gemäß den Verträgen zustehenden Rechte beeinträchtigten. Zu berücksichtigen ist allerdings auch, dass die Rahmenvereinbarung der Effektivierung des Prinzips der parlamentarischen Demokratie (Art. 10 EUV) dient.[451]

Der Rat hat in seiner Stellungnahme außerdem zutreffend darauf hingewiesen, dass **202** er selbst an die Rahmenvereinbarung nicht gebunden ist. Weniger eindeutig erscheint dies für den Hohen Vertreter, welcher der Kommission als Vizepräsident angehört. Der Hohe Vertreter wird aber nirgends erwähnt, sondern die Kommission macht Zusagen allein für sich selbst. Im Einklang mit Art. 18 Abs. 4 Satz 4 EUV ist der Hohe Vertreter nur bei der Wahrnehmung seiner Zuständigkeiten innerhalb der Kommission an die Verfahren gebunden, die für die Arbeitsweise der Kommission gelten, wozu auch die Rahmenvereinbarung zählt. Seine Zuständigkeiten im Rahmen des Art. 218 AEUV nimmt er indessen außerhalb der Kommission wahr. Dementsprechend gilt die Rahmenvereinbarung ganz im Einklang mit ihrem Wortlaut für den Hohen Vertreter nicht. Über die Regelungen in Art. 218 AEUV hinausgehende Rechte, welche die Rahmenvereinbarung dem Parlament der Kommission gegenüber möglicherweise in einigen Fällen einräumt, könnte sie also dem Hohen Vertreter gegenüber nicht geltend machen. Allerdings ist der Hohe Vertreter seinerseits nicht gehindert, seine eigene Praxis aufgrund einer extensiven Interpretation des Art. 218 Abs. 10 AEUV der Rahmenvereinbarung anzunähern.

Über die bereits weiter oben erwähnten Passagen der Rahmenvereinbarung[452] hinaus **203** erscheinen folgende Aspekte berichtenswert: Die Kommission sagt zu, den Anmerkun-

---

[448] Fassung für die 8. Wahlperiode von April 2015, http://www.europarl.europa.eu/sides/getLastRules.do?language=DE&reference=TOC (20. 9. 2016).

[449] ABl. L 304/47. Vorausgegangen war bereits die Rahmenvereinbarung vom 5. 7. 2000 (ABl. 2001, C 121/122); vgl. *Tomuschat*, in: GS, EUV/EGV, Art. 300 EG, Rn. 45 ff.

[450] ABl. 2010, C 287/1.

[451] *Eeckhout*, S. 200.

[452] S. o. insb. Rn. 51, 78, 154.

gen des Parlaments im gesamten Verhandlungsprozess gebührend Rechnung zu tragen und zu erläutern, ob und wie diese Anmerkungen in die Texte, die Gegenstand der Verhandlungen waren, aufgenommen wurden bzw. warum dies nicht geschehen ist.[453] Die Kommission verspricht außerdem, das Parlament so früh wie möglich zu unterrichten, wenn sie beabsichtigt, dem Rat die vorläufige Anwendung einer Übereinkunft vorzuschlagen, sowie über die Gründe dafür, sofern sie daran nicht wegen der Dringlichkeit gehindert ist.[454] Desgleichen unterrichtet die Kommission das Parlament gleichzeitig mit dem Rat und rechtzeitig über ihre Absicht, dem Rat die Aussetzung einer Übereinkunft vorzuschlagen, sowie über die Gründe dafür.[455] Schließlich hält die Kommission in Bezug auf Übereinkünfte, die der parlamentarischen Zustimmung unterliegen, das Parlament uneingeschränkt unterrichtet, ehe sie Änderungen nach Art. 218 Abs. 7 AEUV mit Ermächtigung des Rates billigt.[456]

204   Weiterhin erleichtert die Kommission, wenn sie die Union auf internationalen Konferenzen vertritt, auf Ersuchen des Parlaments die Aufnahme einer Delegation von Europaabgeordneten als Beobachter in die Delegationen der Union. Zwar dürfen die Parlamentarier nicht unmittelbar an den Verhandlungen teilnehmen, doch kann ihnen die Kommission nach Maßgabe der rechtlichen, technischen und diplomatischen Möglichkeiten einen Beobachterstatus gewähren. Falls die Kommission dies verweigert, teilt sie dem Parlament die Gründe dafür mit.[457]

205   Schließlich unterrichtet die Kommission das Parlament systematisch über Sitzungen von Gremien, die aufgrund multilateraler Übereinkünfte unter Einbeziehung der Union eingesetzt werden. Sie erleichtert Europaabgeordneten, die Teil von Delegationen der Union sind, den Zugang zu diesen Sitzungen als Beobachter, wenn diese Gremien aufgerufen sind, Beschlüsse zu fassen, die die Zustimmung des Parlaments erfordern, oder deren Umsetzung Rechtsakte erfordert, die gemäß dem ordentlichen Gesetzgebungsverfahren beschlossen werden müssen.[458]

L. Gutachtenverfahren (Abs. 11)

I. Antragsberechtigung und Pflicht des EuGH zur Gutachtenerstattung

206   Art. 228 Abs. 1 UAbs. 2 EWGV sah von Anfang an ein Gutachtenverfahren vor, damit der Gerichtshof die Vereinbarkeit eines beabsichtigten Abkommens mit dem EWGV vorbeugend verbindlich klären konnte. Antragsberechtigt waren ursprünglich der Rat, die Kommission oder ein Mitgliedstaat. Der Vertrag von Nizza erweiterte die Antragsbefugnis auf das Europäische Parlament,[459] das fortan sogar an erster Stelle genannt

---

[453] Ziff. 3 und 4 des Anhangs III. Vgl. auch Ziff. 24 Satz 1 der Rahmenvereinbarung.

[454] Ziff. 7 des Anhangs III. Art. 218 Abs. 5 AEUV räumt dem Parlament diesbezüglich keine Beteiligungsrechte ein.

[455] Ziff. 8 des Anhangs III. In Art. 218 Abs. 9, 1. Var. AEUV ist diesbezüglich keine Beteiligung des Parlaments vorgesehen.

[456] Ziff. 9 des Anhangs III. Auch Art. 218 Abs. 7 AEUV sieht keine Beteiligung des Parlaments vor.

[457] Ziff. 25 Abs. 2 und 3 der Rahmenvereinbarung.

[458] Ziff. 26 der Rahmenvereinbarung. Auch Art. 218 Abs. 9, 2. Var. AEUV sieht eine Beteiligung des Parlaments in dieser Hinsicht nicht vor.

[459] Vgl. Art. 108 Abs. 6 der Geschäftsordnung des Europäischen Parlaments.

wurde.[460] Der Vertrag von Lissabon zieht den seit 1957 an letzter Stelle der Antragsberechtigten aufgeführten Mitgliedstaat jetzt ganz nach vorn. Jeder dieser abschließend
aufgelisteten Berechtigten[461] stellt seinen Antrag gegebenenfalls im objektiven Interesse
an der Wahrung des Rechts,[462] so dass er kein besonderes subjektives Antragsinteresse
darlegen muss.[463]

Im Hinblick auf die Rolle der Kommission als Hüterin des Unionsrechts (Art. 17 **207**
Abs. 1 Satz 3 EUV) ist anzunehmen, dass diese zur Einholung eines Gutachtens immer
dann verpflichtet ist, wenn ernsthafte Zweifel an der Vereinbarkeit einer geplanten
Übereinkunft mit dem Primärrecht bestehen.[464] Dementsprechend darf die Kommission
auch ihre Gutachtenfrage(n) nicht so eng formulieren, dass objektiv klärungsbedürftige
Aspekte der Vereinbarkeitsproblematik ausgeklammert bleiben. Von einem objektiven
Klärungsbedarf ist jedenfalls dann auszugehen, wenn zwischen am Abschlussverfahren
beteiligten Unionsorganen oder zwischen einem Unionsorgan und Mitgliedstaaten darüber Meinungsverschiedenheiten bestehen. Diese müssen vor dem endgültigen Abschluss der geplanten Übereinkunft geklärt werden. Die Kommission wird ihrer Aufgabe nicht gerecht, wenn sie einen solchen Klärungsbedarf übergeht und damit riskiert,
dass die Union völkerrechtliche Bindungen eingeht, die primärrechtswidrig und deshalb
unionsintern undurchführbar sind.[465]

Die Kommission hat einen Gutachtenantrag in Bezug auf das fertig ausgehandelte **208**
und paraphierte Freihandelsabkommen mit Singapur[466] eingereicht.[467] Dieser stellt vor
allem die zwischen der Kommission und dem Rat bzw. den Mitgliedstaaten streitige
Frage, ob dieses Abkommen als reine Unionsübereinkunft oder als gemischtes Abkommen abzuschließen ist.[468] Nicht ersucht worden ist der EuGH aber, die ebenfalls streitige
Vereinbarkeit der Investor-Staat-Streitbeilegungsregeln in dem Freihandelsabkommen
mit dem Primärrecht zu prüfen.[469]

Jeder der nach Art. 218 Abs. 11 Satz 1 AEUV Antragsberechtigten übt sein Antrags- **209**
recht individuell aus, ohne dass eine Abstimmung untereinander erforderlich wäre oder
das endgültige Ergebnis eines mit der geplanten Übereinkunft zusammenhängenden
Gesetzgebungsverfahrens abgewartet werden müsste. Deshalb kann z. B. der Rat ein
Gutachten anfordern, bevor das Parlament nach Art. 218 Abs. 6 UAbs. 2 Buchst. b
AEUV zu der Übereinkunft angehört oder nach Art. 218 Abs. 6 UAbs. 2 Buchst. a
AEUV um seine Zustimmung ersucht worden ist.[470]

---

[460] Art. 300 Abs. 6 EGV.
[461] *Pechstein*, EU-Prozessrecht, Rn. 999.
[462] Vgl. Art. 19 Abs. 1 UAbs. 1 Satz 2 EUV.
[463] *Mögele*, in: Streinz, EUV/AEUV, Art. 218 AEUV, Rn. 35.
[464] *Bungenberg*, in: GSH, Europäisches Unionsrecht, Art. 218 AEUV, Rn. 93.
[465] S. u. Rn. 212 f.
[466] Free Trade Agreement between the European Union and Singapore (authentic text as of May
2015), http://trade.ec.europa.eu/doclib/press/index.cfm?id=961 (20.9.2016).
[467] Anhängig unter dem Az. Gutachten 2/15.
[468] Vgl. meine Kommentierung zu Art. 216 AEUV, Rn. 172. Vgl. auch die Antwort der Bundesregierung vom 21.11.2014 auf die schriftliche Frage einer Bundestagsabgeordneten (BT Drs.
18/3361, S. 2 f., http://dipbt.bundestag.de/dip21/btd/18/033/1803361.pdf (20.9.2016).
[469] Vgl. *Kerkemeyer*, EuZW 2016, 10 ff. Zur Bindung des EuGH an die vorgelegten Fragen s. u.
Rn. 222.
[470] EuGH, Gutachten 1/09 vom 8.11.2011 (Übereinkommen zum einheitlichen Patentgerichtssystem), Slg. 2011, I–1137, Rn. 55 f.

210   Anders als der Internationale Gerichtshof nach Maßgabe des Art. 65 Abs. 1 IGH-Statut[471] und der Europäische Gerichtshof für Menschenrechte nach Maßgabe des Art. 47 Abs. 1 EMRK[472] sowie Art. 2 Abs. 1 des Protokolls Nr. 16 zur EMRK[473] darf der EuGH ein zulässiges Gutachtenersuchen nicht mit Ermessenserwägungen ablehnen. Vielmehr gehört auch das Verfahren des Art. 218 Abs. 11 AEUV im Hinblick auf seinen sogleich zu erläuternden Zweck zu den nach Art. 19 Abs. 1 UAbs. 1 Satz 2 EUV verpflichtenden Rechtsprechungsaufgaben des Gerichtshofs.

211   Der EAGV kennt kein Gutachtenverfahren in Bezug auf geplante Übereinkünfte der Europäischen Atomgemeinschaft. Stattdessen sieht Art. 103 EAGV vor, dass die Mitgliedstaaten, wenn sie Abkommen oder Vereinbarungen mit dritten Staaten, zwischenstaatlichen Einrichtungen oder Drittstaatsangehörigen schließen wollen, die den Anwendungsbereich des EAGV berühren, die entsprechenden Entwürfe vorab der Kommission zuleiten müssen. Hat diese Bedenken, dass die Anwendung des EAGV dadurch beeinträchtigt werden könnte, kann der Mitgliedstaat das beabsichtigte Abkommen oder die beabsichtigte Vereinbarung erst schließen, wenn er jene Bedenken entweder beseitigt oder durch Antrag im Dringlichkeitsverfahren einen Beschluss des EuGH über die Vereinbarkeit der beabsichtigten Bestimmungen mit dem EAGV herbeigeführt und diesem Beschluss entsprochen hat.[474]

II.   Verfahrenszweck und -gegenstand

212   Der Zweck des Art. 218 Abs. 11 AEUV besteht darin, Komplikationen zu vermeiden, die entstehen könnten, wenn die Vereinbarkeit mit »den Verträgen«[475] von Übereinkünften der Union, deren völkerrechtliche Verbindlichkeit bereits eingetreten ist, im Nachhinein vor Gericht bestritten würde. Denn würde der EuGH, der in Bezug auf solche Übereinkünfte nicht weniger als in Bezug auf sonstige Rechtsakte der Union das Verwerfungsmonopol besitzt,[476] eine bereits abgeschlossene Übereinkunft der Union wegen ihres Inhalts oder des Verfahrens ihres Zustandekommens nachträglich für mit dem vorrangigen Primärrecht unvereinbar erklären, käme es nicht nur unionsintern, sondern auch auf dem Gebiet der internationalen Beziehungen zu ernsten Schwierigkeiten. Dies könnte für alle Beteiligten einschließlich der Drittstaaten Nachteile mit sich bringen.[477] Erklärte nämlich der EuGH den zugrundeliegenden Ratsbeschluss nach Art. 218 Abs. 6 AEUV für nichtig, dürfte die Übereinkunft unionsintern nicht durch-

---

[471] *Frowein/Oellers-Frahm*, in: Zimmermann u. a. (eds.), The Statute of the International Court of Justice, 2. A. 2012, Art. 65 Rn. 31 ff.

[472] Die authentischen Sprachfassungen des Art. 47 Abs. 1 EMRK (»may«, »peut«) lassen eindeutig erkennen, dass in der deutschen Übersetzung kein Kompetenz-Kann, sondern ein Ermessens-Kann verwendet wird.

[473] Vom 2. 10. 2013 (CETS No. 214) – noch nicht in Kraft. Vgl. Abschn. 14 des Explanatory Report, http://www.echr.coe.int/Documents/Protocol_16_explanatory_report_ENG.pdf (20. 9. 2016).

[474] Eine nachträgliche Kontrolle mitgliedstaatlicher Abkommen sieht Art. 104 EAGV vor.

[475] Art. 1 Abs. 3 EUV. Damit ist die Gesamtheit des dem Ratsbeschluss nach Art. 218 Abs. 6 AEUV übergeordneten Primärrechts gemeint, einschließlich der ungeschriebenen allgemeinen Rechtsgrundsätze (*Pechstein*, EU-Prozessrecht, Rn. 1001).

[476] EuGH, Urt. v. 22. 10. 1987, Rs. 314/85 (Foto-Frost), Slg. 1987, 4199, Rn. 15 ff.; Urt. v. 10. 1. 2006, Rs. C–344/04 (IATA und ELFAA), Slg. 2006, I–403, Rn. 27 ff.

[477] EuGH, Gutachten 2/13 vom 18. 12. 2014 (EMRK-Beitritt II), ECLI:EU:C:2014:2454, Rn. 145 f. m. w. N.

geführt werden, ihre völkerrechtliche Verbindlichkeit für die Union bliebe davon jedoch in aller Regel unberührt.[478]

Obwohl das Gutachtenverfahren somit als präventives Prüfungsverfahren ausgestaltet ist, entfaltet es keinen Suspensiveffekt.[479] Folglich hindert ein anhängiger Gutachtenantrag die zuständigen Unionsorgane weder, den Vertragsschließungsprozess durch weitere Beschlüsse etwa nach Art. 218 Abs. 5 oder Abs. 6 AEUV voranzutreiben, noch die definitive völkerrechtliche Bindung der Union gegenüber dem/n Vertragspartner/n herbeizuführen, obwohl sich das Gutachtenverfahren damit erledigt.[480] Einerseits wäre die Überspielung eines schwebenden Gerichtsverfahrens im Hinblick auf die vom Rat dem Antragsteller geschuldete Organloyalität[481] bzw. Unionsloyalität[482] problematisch.[483] Dementsprechend wird das Gutachten des EuGH auch regelmäßig abgewartet. Andererseits bleibt es dem Antragsteller unbenommen, gegen den Ratsbeschluss nach Art. 218 Abs. 6 AEUV Nichtigkeitsklage (Art. 263 AEUV) zu erheben.[484] Zwar hat auch diese keine aufschiebende Wirkung, doch kann der Gerichtshof dann auf Antrag des Klägers nach Art. 160 ff. EuGH-Verfahrensordnung die Durchführung des Ratsbeschlusses aussetzen und so den endgültigen Vertragsschluss vor seiner Hauptsacheentscheidung verhindern (Art. 278 AEUV).[485] Es besteht folglich kein Bedürfnis, dem Gutachtenantrag aufschiebende Wirkung zuzubilligen; dies würde ihn gegenüber der Nichtigkeitsklage in nicht gerechtfertigter Weise privilegieren. Deshalb hat auch der Gerichtshof ohne weiteres angenommen, dass sich ein anhängiger Gutachtenantrag mit dem endgültigen völkerrechtlichen Abschluss der betreffenden Übereinkunft erledigt.[486]

Die Erledigung eines anhängigen Gutachtenantrags tritt ein bzw. die Stellung eines Gutachtenantrags wird unzulässig, sobald die definitive völkerrechtliche Bindung der Union an die Übereinkunft herbeigeführt wurde. Das kann bereits mit der Unterzeichnung geschehen, erfolgt zumeist aber erst mit der Hinterlegung der Ratifikations- oder Beitrittsurkunde im Gefolge des Ratsbeschlusses nach Art. 218 Abs. 6 AEUV.[487] Das Inkrafttreten der Übereinkunft ist hingegen unerheblich, weil und soweit die Union nach den in den beiden Wiener Übereinkommen über das Recht der Verträge kodifizierten Regeln des Völkergewohnheitsrechts schon vorher definitiv gebunden ist.[488]

213

214

---

[478] S. o. Rn. 122. Vgl. *Schwarz*, in: Rengeling/Middeke/Gellermann, Rechtsschutz in der EU, § 16 Rn. 11.

[479] *Mögele*, in: Streinz, EUV/AEUV, Art. 218 AEUV, Rn. 43; *Frenz*, Handbuch Europarecht, Band. 5, Rn. 3200 f. Anders *Pechstein*, EU-Prozessrecht, Rn. 1002; *Schwarz*, in: Rengeling/Middeke/Gellermann, Rechtsschutz in der EU, § 16 Rn. 12.

[480] *Müller-Ibold*, in: Lenz/Borchardt, EU-Verträge, Art. 218 AEUV, Rn. 26. Zur Erledigung s. näher u. Rn. 224.

[481] Art. 13 Abs. 2 Satz 2 EUV (falls Kommission oder Parlament den Gutachtenantrag gestellt haben).

[482] Art. 4 Abs. 3 EUV (falls ein Mitgliedstaat den Gutachtenantrag gestellt hat).

[483] So *Bungenberg*, in: GSH, Europäisches Unionsrecht, Art. 218 AEUV, Rn. 94. Zu erwägen ist auch eine Loyalitätspflicht des EuGH zur Beschleunigung des Gutachtenverfahrens (vgl. *Eeckhout*, S. 272 f.).

[484] Zum Verhältnis des Gutachtenverfahrens zu den Klageverfahren s. näher u. Rn. 231 f.

[485] Vgl. EuGH, Gutachten 3/94 vom 13.12.1995 (Rahmenübereinkommen über Bananen), Slg. 1995, I–4577, Rn. 22.

[486] EuGH, Gutachten 3/94 vom 13.12.1995 (Rahmenübereinkommen über Bananen), Slg. 1995, I–4577. Vgl. *Terhechte*, in: Schwarze, EU-Kommentar, Art. 218 AEUV, Rn. 35.

[487] *Bungenberg*, in: GSH, Europäisches Unionsrecht, Art. 218 AEUV, Rn. 100.

[488] Vgl. Art. 18 Buchst. b WÜRV I und II.

215   Gegenstand eines Gutachtenverfahrens können nach dem Wortlaut des Art. 218 Abs. 11 AEUV nur von der Union geplante Übereinkünfte sein, also völkerrechtliche Verträge. Dieses ungewöhnliche Verfahren ist keiner Ausweitung oder analogen Anwendung zugänglich. Unstatthaft ist ein Gutachtenantrag daher in Bezug auf bloß politisch bindende Absprachen oder auf völkerrechtlich verbindliche einseitige Versprechen der Union.[489] Verletzungen des Primärrechts durch solche Akte können ggf. mittels Nichtigkeitsklage in Verbindung mit einem Aussetzungsantrag nach Art. 278 AEUV verhindert werden.

III.   Statthafte Gutachtenfragen

1.   Fragen zur materiellen oder formellen Vereinbarkeit mit Primärrecht

216   Die im Einklang mit dem Verfahrenszweck statthaften Gutachtenfragen fasst Art. 196 Abs. 2 EuGH-Verfahrensordnung folgendermaßen zusammen: die inhaltliche Vereinbarkeit der beabsichtigten Übereinkunft mit den Verträgen (d. h. mit dem gesamten geschriebenen und ungeschriebenen Primärrecht);[490] die Zuständigkeit der Union für den Vertragsschluss (Verbandskompetenz im Sinne von Art. 5 Abs. 2 EUV); schließlich die Organzuständigkeit (Art. 13 Abs. 2 Satz 1 EUV), also z. B. die Fragen, mit welcher Mehrheit der Rat Beschluss fassen muss und ob die geplante Übereinkunft der Zustimmung des Europäischen Parlaments unterliegt.

217   Der Gerichtshof hat noch allgemeiner formuliert, für das Gutachtenverfahren sei »jede Frage zuzulassen, die Zweifel an der materiellen oder formellen Vereinbarkeit des Abkommens mit dem [EG]-Vertrag hervorrufen kann«.[491] Dazu gehöre auch die Frage, auf welche Rechtsgrundlage der Unionsakt zum Abschluss der Übereinkunft (d. h. der Ratsbeschluss nach Art. 218 Abs. 6 AEUV) zu stützen ist. Denn die Heranziehung der falschen Rechtsgrundlage könne zur Ungültigkeit des Abschlussakts und damit der Zustimmung der Union führen, durch die Übereinkunft gebunden zu sein. Dies sei insbesondere dann der Fall, wenn die Verträge der Union keine ausreichende Zuständigkeit zur Ratifikation der gesamten Übereinkunft verliehen, so dass die Verteilung der Verbandskompetenz zwischen der Union und den Mitgliedstaaten zu prüfen sei, oder wenn die korrekte Rechtsgrundlage für den Abschlussakt ein anderes als das von den Unionsorganen tatsächlich angewandte Rechtsetzungsverfahren vorsehe.[492]

218   Unzulässig sind hingegen Fragen, die nicht die Verteilung der Kompetenzen zum Abschluss einer Übereinkunft zwischen der Union und ihren Mitgliedstaaten, sondern zu deren Umsetzung betreffen. Denn das Gutachtenverfahren dient nicht dazu, Schwierigkeiten zu beheben, die mit der Umsetzung einer geplanten Übereinkunft verbunden sind, die in der geteilten Zuständigkeit der Union und der Mitgliedstaaten liegt.[493] Nicht zulässig sind weiterhin Fragen zur Vereinbarkeit einer Übereinkunft mit dem geltenden Sekundärrecht, weil dieses nach Art. 216 Abs. 2 AEUV durch abweichende Regelungen einer Übereinkunft überlagert würde und deshalb kein Hindernis für die ordnungsge-

---

[489] Vgl. *Bungenberg*, in: GSH, Europäisches Unionsrecht, Art. 218 AEUV, Rn. 97.

[490] *Bungenberg*, in: GSH, Europäisches Unionsrecht, Art. 218 AEUV, Rn. 102.

[491] EuGH, Gutachten 1/08 vom 30. 11. 2009 (GATS), Slg. 2009, I–11129, Rn. 108.

[492] EuGH, Gutachten 1/08 vom 30. 11. 2009 (GATS), Slg. 2009, I–11129, Rn. 110 (die wiedergegebene Passage wurde von mir an die Rechtslage nach dem Inkrafttreten des Vertrags von Lissabon angepasst).

[493] EuGH, Gutachten 2/00 vom 6. 12. 2001 (Protokoll von Cartagena), Slg. 2001, I–9713, Rn. 16 ff.

mäße Vertragsdurchführung darstellen könnte.[494] Deshalb sind in dieser Hinsicht keine rechtlichen Komplikationen zu erwarten, die das Gutachtenverfahren verhindern soll.

Wie der EuGH klargestellt hat, kann sich die inhaltliche Unvereinbarkeit einer Übereinkunft mit den Verträgen nicht nur daraus ergeben, dass sie Regelungen enthält, die gegen Bestimmungen des Primärrechts verstoßen, sondern auch daraus, dass sie nicht alle primärrechtlich erforderlichen Regelungen enthält. Demgegenüber darf sich der Gerichtshof nicht zum Inhalt von zukünftigen sekundärrechtlichen Regelungen äußern, mit denen eine geplante Übereinkunft umgesetzt werden soll, weil er sonst in die Zuständigkeit des Unionsgesetzgebers eingreifen würde. Deshalb muss die Vereinbarkeit der Übereinkunft mit dem Primärrecht auch aus sich heraus bestehen und können eventuelle sekundärrechtliche Nachjustierungen im Gutachten nicht berücksichtigt werden.[495] **219**

Um die Verteilung der Verbandskompetenz zwischen Union und Mitgliedstaaten in Bezug auf eine Übereinkunft zu klären, erfasst das Gutachtenverfahren auch gemischte Abkommen.[496] Ein Gutachten des Gerichtshofs kann sogar dann angefordert werden, wenn sich die Union an der in Rede stehenden Übereinkunft aus völkerrechtlichen Gründen gar nicht selbst beteiligen kann. Denn ein berechtigtes Klärungsinteresse besteht in solche Fällen dahingehend, ob die Mitgliedstaaten ihrerseits eine bestimmte Übereinkunft aus eigener Machtvollkommenheit abschließen können oder nur noch als Sachwalter der Union aufgrund einer entsprechenden Ermächtigung des Rates gemäß Art. 218 Abs. 6 AEUV.[497] **220**

Das Gutachtenverfahren soll nämlich auch diejenigen rechtlichen Komplikationen vermeiden helfen, die entstehen, wenn die Mitgliedstaaten ihrerseits völkerrechtliche Verpflichtungen eigenmächtig eingehen, die sie wegen ausschließlicher interner Gesetzgebungszuständigkeit der Union nicht erfüllen können und die wegen der parallelen ausschließlichen Außenkompetenz der Union nach Art. 3 Abs. 2 (Beeinträchtigungsvariante) AEUV zudem primärrechtswidrig sind.[498] Mit anderen Worten kann eine geplante Übereinkunft im Sinne von Art. 218 Abs. 11 AEUV auch eine solche aller oder einzelner Mitgliedstaaten sein, wenn es darum geht festzustellen, ob diese in die ausschließliche Zuständigkeit der Union fällt und deshalb von den Mitgliedstaaten nicht eigenmächtig abgeschlossen werden darf.[499] **221**

Es fragt sich, ob der Gerichtshof an die ihm vom Antragsteller unterbreitete(n) Fragestellung(en) gebunden ist oder darüber hinausgehen und seine Kontrolle von Amts wegen auf andere mögliche Primärrechtsverstöße der geplanten Übereinkunft erstrecken darf. Der Verfahrenszweck würde für eine möglichst umfassende präventive ge- **222**

---

[494] *Hummer*, in: Vedder/Heintschel v. Heinegg, Europäisches Unionsrecht, Art. 218 AEUV, Rn. 34; *Bungenberg*, in: GSH, Europäisches Unionsrecht, Art. 218 AEUV, Rn. 102.

[495] EuGH, Gutachten 2/13 vom 18.12.2014 (EMRK-Beitritt II), ECLI:EU:C:2014:2454, Rn. 149 f. Abweichend GA *Kokott*, Stellungnahme zu Gutachtenverfahren 2/13 (EMRK-Beitritt II), ECLI:EU:C:2014:2475, Rn. 22 f.

[496] *Frenz*, Handbuch Europarecht, Band 5, Rn. 3191.

[497] EuGH, 14.10.2014, Gutachten 1/13 vom 14.10.2014 (Haager Übereinkommen von 1980 über Kindesentführungen), ECLI:EU:C:2014:2303, Rn. 43 f.

[498] EuGH, Gutachten 1/13 vom 14.10.2014 (Haager Übereinkommen von 1980 über Kindesentführungen), ECLI:EU:C:2014:2303, Rn. 47 ff.

[499] EuGH, Gutachten 2/91 vom 19.3.1993 (ILO-Konvention Nr. 170), Slg. 1993, I–1061, Rn. 3 ff. Ablehnend *Schmalenbach*, in: Calliess/Ruffert, EUV/AEUV, Art. 218 AEUV, Rn. 40. Kritisch, aber im Ergebnis zustimmend *Lorenzmeier*, in: Grabitz/Hilf/Nettesheim, EU, Art. 218 AEUV (März 2011), Rn. 76.

richtliche Kontrolle sprechen, damit die Union keine völkervertraglichen Verpflichtungen übernimmt, an deren Erfüllung sie primärrechtlich gehindert ist. Art. 218 Abs. 11 AEUV sagt nichts über eine etwaige Antragsbindung des EuGH. Andererseits lässt Art. 196 Abs. 2 EuGH-Verfahrensordnung erkennen, dass einem Gutachtenantrag konkrete Fragen zugrunde liegen müssen. Eine völlige Freistellung des EuGH von den vorgelegten Fragen wäre mit seiner grundsätzlichen Zurückhaltung bei der Ex-Officio-Prüfung von Nichtigkeitsgründen kaum vereinbar. Allerdings nimmt der Gerichtshof sowohl im Nichtigkeitsklage- als auch im Vorabentscheidungsverfahren solche Ex-Officio-Prüfungen immer wieder vor.[500] Daher sollte er auch im Gutachtenverfahren die Möglichkeit haben, naheliegende Nichtigkeitsgründe aufzugreifen, insbesondere wenn diese von einem der nach Art. 196 Abs. 3 Verfahrensordnung zur schriftlichen Stellungnahme Berechtigten ins Verfahren eingebracht werden.

2. Insbesondere: Gutachtenkompetenz über GASP-Übereinkünfte

223   Fraglich erscheint, ob sich die Gutachtenkompetenz des EuGH auch auf GASP-Übereinkünfte erstreckt. Denn Art. 275 Abs. 1 AEUV ordnet an, dass der Gerichtshof nicht zuständig sein soll für die GASP-Bestimmungen des EUV und die auf deren Grundlage erlassenen Rechtsakte. Soweit ein Ratsbeschluss zum Abschluss einer Übereinkunft also auf Art. 37 EUV gestützt wird und/oder es um ihre Vereinbarkeit mit den Art. 21 ff. EUV geht, darf der EuGH nicht judizieren. Möglicherweise darf er aber Gutachten erstatten. Denn Art. 218 AEUV erfasst, anders als sein Vorgänger in Art. 300 EGV, auch GASP-Übereinkünfte. Überdies enthält Art. 218 Abs. 6 UAbs. 2 AEUV eine Sonderregel für die GASP, aber gerade nicht Art. 218 Abs. 11 AEUV. Auch Art. 275 Abs. 1 AEUV bezieht die Gutachtenzuständigkeit des EuGH nicht ausdrücklich in den Jurisdiktionsausschluss ein, so dass man Art. 218 Abs. 11 AEUV als vorrangige Spezialbestimmung einstufen könnte.[501]

224   Andererseits ist der Zuständigkeitsausschluss in Art. 275 Abs. 1 AEUV so allgemein formuliert, dass er die Gutachten nach Art. 218 Abs. 11 AEUV ohne weiteres erfasst. Es wäre auch systemwidrig, wenn der Gerichtshof rechtsverbindliche Gutachten zu geplanten GASP-Übereinkünften erstatten dürfte, definitiv abgeschlossene GASP-Übereinkünfte seiner Gerichtsbarkeit dann aber entzogen wären. Da der EuGH die unionsinterne Durchführung von völkerrechtlich bindend gewordenen GASP-Übereinkünften also gar nicht untersagen kann, drohen auch keine Komplikationen, deren Vermeidung den eigentlichen Zweck des präventiven Gutachtenverfahrens bildet. Dementsprechend wäre es konsequent, wenn der EuGH sich zu GASP-Übereinkünften auch nicht gutachtlich äußern dürfte.[502] Dies widerspricht zwar eklatant dem rechtsstaatlichen Anliegen des Art. 19 Abs. 1 UAbs. 1 Satz 2 EUV, doch haben die Mitglied-

---

[500] *Pechstein*, EU-Prozessrecht, Rn. 524, 541 ff., 848.

[501] Aus diesen Gründen will *Hummer*, in: Vedder/Heintschel v. Heinegg, Europäisches Unionsrecht, Art. 218 AEUV, Rn. 34 f., die Gutachtenzuständigkeit nach Art. 218 Abs. 11 AEUV nicht der Schranke des Art. 275 Abs. 1 AEUV unterwerfen. Ihm folgend *Lorenzmeier*, in: Grabitz/Hilf/Nettesheim, EU, Art. 218 AEUV (März 2011), Rn. 70; *Khan*, in: Geiger/Kotzur/Khan, EUV/AEUV, Art. 218 AEUV, Rn. 11. Ähnlich *Frenz*, Handbuch Europarecht, Band 5, Rn. 3190; *Bungenberg*, in: GSH, Europäisches Unionsrecht, Art. 218 AEUV, Rn. 93. Dahin tendierend auch *Giegerich*, Wege zu einer vertieften Gemeinsamen Außen- und Sicherheitspolitik: Reparatur von Defiziten als »kleine Lösung«, S. 179.

[502] *Mögele*, in: Streinz, EUV/AEUV, Art. 218 AEUV, Rn. 37; *Pechstein*, EU-Prozessrecht, Rn. 1001.

staaten als »Herren der Verträge« diesen Widerspruch mittels Art. 275 AEUV bewusst in das Primärrecht eingeschleust.[503]

Zu beachten ist indessen, dass der Jurisdiktionsausschluss in Art. 275 AEUV im Lichte des Art. 19 Abs. 1 UAbs. 1 Satz 2 EUV restriktiv interpretiert werden muss. Dessen Zweck liegt, wie sich aus Art. 24 Abs. 1 UAbs. 2 Satz 6 EUV ergibt, darin, dem EuGH im Interesse der politischen Unionsorgane die Interpretationsherrschaft über die eigentlichen GASP-Bestimmungen in Titel V Kapitel 2 des EUV vorzuenthalten. Daraus folgt zum einen, dass der Gerichtshof zuständig bleibt, die Einhaltung der Verfahrensregeln des Art. 218 AEUV zu gewährleisten, die ihrerseits nicht unter die GASP fallen, und zwar auch dann, wenn der Abschluss der Übereinkunft ausschließlich auf Art. 37 EUV beruht.[504] Deshalb kann er im Gutachtenverfahren entsprechende Fragen etwa zur Einbeziehung des Europäischen Parlaments in den Entscheidungsprozess beantworten. Zum anderen muss es dem EuGH möglich sein, im Gutachten die Verteilung der Verbandskompetenz zwischen der EU und den Mitgliedstaaten auch für GASP-Übereinkünfte zu klären. Ob er darüber hinaus auch eine Prüfungskompetenz hinsichtlich der Einhaltung der allgemeinen Bestimmungen der Art. 21 und Art. 22 EUV hat, erscheint in Bezug auf Übereinkünfte, die weder ausschließlich noch hauptsächlich die GASP betreffen, vorstellbar, in Bezug auf GASP-Übereinkünfte aber ausgeschlossen.[505] Zweifelsfrei ausgeschlossen ist die Heranziehung der Art. 23–46 EUV als Prüfungsmaßstäbe.[506]

225

Die Ausnahme in Art. 275 Abs. 2, 1. Var. AEUV gilt in jedem Fall für das Verfahren des Art. 218 Abs. 11 AEUV: Demnach kann der Gerichtshof die Einhaltung des Art. 40 EUV auch präventiv durch Gutachten sicherstellen.[507]

226

IV. Gutachten nur zu geplanten Übereinkünften

Ein zulässiger Gutachtenantrag muss sich – dem Sinn und Zweck des Verfahrens entsprechend – auf eine geplante Übereinkunft beziehen. Das bedeutet zunächst, dass die definitive völkerrechtliche Bindung der EU an die Übereinkunft noch nicht eingetreten sein darf. Besteht diese schon in dem Moment, in dem der Gutachtenantrag gestellt wird, so ist dieser unzulässig. Tritt die definitive völkerrechtliche Bindung während des anhängigen Gutachtenverfahrens ein, so erledigt sich der Antrag auf Abgabe eines Gutachtens.[508] In der Sachwalterkonstellation wird der Gutachtenantrag in Bezug auf geplante mitgliedstaatliche Abkommen erst dann gegenstandslos, wenn alle betroffenen Mitgliedstaaten definitiv völkerrechtlich gebunden sind.[509]

227

---

[503] Zur Frage, ob es sich dabei um primärrechtswidriges Primärrecht handelt, vgl. *Giegerich*, Wege zu einer vertieften Gemeinsamen Außen- und Sicherheitspolitik, S. 145 f., 156 ff.

[504] EuGH, Urt. v. 24.6.2014, Rs. C–658/11 (Seeräuberüberstellung), ECLI:EU:C:2014:2025, Rn. 69 ff. Diese in Bezug auf das Nichtigkeitsklageverfahren entwickelte Rechtsprechung lässt sich auf das Gutachtenverfahren übertragen, da beide ja konsequent aufeinander abgestimmt sein sollen.

[505] Weitergehend *Krajewski*, EnzEuR, Bd. 10, § 3, Rn. 174.

[506] *Krajewski*, EnzEuR, Bd. 10, § 3, Rn. 174; *Frenz*, Handbuch Europarecht, Band 5, Rn. 3198.

[507] *Mögele*, in: Streinz, EUV/AEUV, Art. 218 AEUV, Rn. 37.

[508] EuGH, 13.12.1995, Gutachten 3/94 vom 13.12.1995 (Rahmenübereinkommen über Bananen), Slg. 1995, I–4577, Rn. 14 ff. Der EuGH gibt dann kein Gutachten ab, sondern stellt die Erledigung in einer Stellungnahme fest.

[509] EuGH, Gutachten 1/13 vom 14.10.2014 (Haager Übereinkommen von 1980 über Kindesentführungen), ECLI:EU:C:2014:2303, Rn. 51. Demgegenüber hatte GA *Jääskinen* in seiner Stellungnahme dafür plädiert, den Gutachtenantrag insoweit für unzulässig zu erklären, als die Bindung für einige Mitgliedstaaten zum Zeitpunkt der Antragstellung bereits eingetreten war (ECLI:EU:C:2014:2292, Rn. 42 ff.). Dem ist der EuGH nicht gefolgt, vgl. *Ankersmit*, European Law Blog, Oct. 20, 2014.

228   Zum anderen muss in Bezug auf die Übereinkunft schon eine Planung existieren – welcher Art, hängt von der Gutachtenfrage ab. Geht es darum, die Abschlusskompetenz der Union zu klären, so braucht bloß der Gegenstand der Übereinkunft hinlänglich bekannt zu sein. Ein Gutachtenantrag kann dann sogar schon vor dem Ratsbeschluss über die Ermächtigung zur Aufnahme von Verhandlungen (Art. 218 Abs. 3 AEUV) gestellt werden, wenn die Möglichkeit des Abschlusses dieser Übereinkunft konkret in Aussicht genommen wurde. Denn ein berechtigtes Interesse daran, die Existenz der Verbandskompetenz der Union festzustellen, besteht schon zu diesem frühen Zeitpunkt, weil der Ratsbeschluss nach Art. 218 Abs. 3 AEUV sonst primärrechtswidrig wäre.[510] Geht es hingegen darum, die inhaltliche Vereinbarkeit einer Übereinkunft mit dem Primärrecht zu klären, so muss sich der Inhalt der Übereinkunft schon so deutlich abzeichnen, dass ihre Primärrechtskonformität sinnvollerweise beurteilt werden kann. Der Gerichtshof benötigt dazu »hinreichende Angaben«, auch zum Kontext eines Übereinkommensentwurfs.[511]

V. Das Gutachten und seine Rechtsfolgen

229   Während die Gutachten des Internationalen Gerichtshofs und des Europäischen Gerichtshofs für Menschenrechte nur unverbindliche Rechtsratschläge erteilen,[512] geben die Gutachten des EuGH rechtlich bindende Antworten auf die gestellten Fragen. Dies lässt sich der Folgenregelung in Art. 218 Abs. 11 Satz 2 AEUV entnehmen. Deshalb erscheint die deutsche Terminologie, die für alle diese Fälle denselben Begriff verwendet, als unglücklich, zumal das deutsche Recht keine verbindlichen »Gutachten« eines Gerichts kennt.[513] Demgegenüber unterscheiden die englischen und französischen Fassungen der UN-Charta, der EMRK und des Protokolls Nr. 16 zur EMRK einerseits und des AEUV andererseits klar zwischen den unverbindlichen »advisory opinions«/»avis consultatifs« von IGH und EGMR und den verbindlichen »opinions«/»avis« des EuGH.[514]

230   Die Gutachten des EuGH stellen beispielsweise definitiv fest, dass eine geplante Übereinkunft in die ausschließliche Zuständigkeit der Union fällt[515] oder dass die entsprechende Zuständigkeit zwischen der Union und den Mitgliedstaaten geteilt ist;[516] dass

---

[510] EuGH, Gutachten 2/94 vom 28.3.1996 (EMRK-Beitritt I), Slg. 1996, I–1759, Rn. 8 ff.

[511] EuGH, Gutachten 2/94 vom 28.3.1996 (EMRK-Beitritt I), Slg. 1996, I–1759, Rn. 20 ff.; Gutachten 1/09 vom 8.11.2011 (Übereinkommen zum einheitlichen Patentgerichtssystem), Slg. 2011, I–1137, Rn. 49 ff.

[512] Nach Art. 94 Abs. 1 UN-Charta, Art. 59 IGH-Statut binden nur die streitigen Entscheidungen des IGH sowie nach Art. 46 Abs. 1 EMRK nur die endgültigen Urteile des EGMR die Parteien. Nach Art. 5 Protokoll Nr. 16 zur EMRK sind die Gutachten des EGMR ausdrücklich unverbindlich.

[513] In § 97 BVerfGG in der Ursprungsfassung vom 12.3.1951 (BGBl. I S. 243) war eine Kompetenz des Plenums des BVerfG zur Erstattung von Rechtsgutachten über bestimmte verfassungsrechtliche Fragen vorgesehen, die aber bereits 1956 wieder abgeschafft wurde. Dies geschah nicht zuletzt deshalb, weil das BVerfG entschieden hatte, dass Gutachten des Plenums die beiden Senate in Urteilsverfahren binden (BVerfGE 2, 79; 3, 406).

[514] Vgl. auch *Eeckhout*, S. 268 f.

[515] EuGH, Gutachten 1/03 vom 7.2.2006 (Übereinkommen von Lugano), Slg. 2006, I–1145; Gutachten 1/13 vom 14.10.2014 (Haager Übereinkommen von 1980 über Kindesentführungen), ECLI: EU:C:2014:2303.

[516] EuGH, Gutachten 2/91 vom 19.3.1993 (ILO-Übereinkommen Nr. 170), Slg. 1993, I–1061; Gutachten 2/00 vom 6.12.2001 (Protokoll von Cartagena), Slg. 2001, I–9713; Gutachten 1/08 vom 30.11.2009 (GATS), Slg. 2009, I–11129.

die Übereinkunft mit den Verträgen vereinbar[517] oder unvereinbar ist;[518] dass der Rechtsakt der Union über ihren Abschluss (d. h. der Ratsbeschluss nach Art. 218 Abs. 6 AEUV) auf bestimmte Vertragsartikel zu stützen ist.

Art. 218 Abs. 11 Satz 2 AEUV regelt die Rechtsfolgen, »wenn das Gutachten des **231** Gerichtshofs ablehnend« ist, d. h. wenn der EuGH festgestellt hat, dass die geplante Übereinkunft nicht primärrechtskonform ist: Dann kann diese nur in Kraft treten, wenn zuvor entweder sie (im Konsens mit den übrigen Verhandlungsparteien) oder die Verträge (Art. 1 Abs. 3 EUV) nach Maßgabe des Art. 48 EUV geändert worden sind.[519] Beide Handlungsalternativen lassen sich zumeist nur schwer verwirklichen, wie zuletzt wieder das negative Gutachten des EuGH zum Entwurf eines Abkommens über den Beitritt der Union zur EMRK deutlich gemacht hat: Es wird schwer werden, die zahlreichen Einwände des Gerichtshof durch Neuverhandlung des Beitrittsabkommens mit den anderen Konventionsstaaten oder Änderungen des Primärrechts zu entkräften.[520]

In Bezug auf die anderen statthaften Gutachtenfragen nach der Verbandskompetenz, **232** Organkompetenz bzw. adäquaten Rechtsgrundlage für den Ratsbeschluss nach Art. 218 Abs. 6 AEUV[521] findet sich keine dem Absatz 11 Satz 2 entsprechende ausdrückliche Regelung, aber auch insoweit sind Bindungswirkung und Rechtsfolgen unzweifelhaft. So musste beispielsweise die Beteiligung der EG an der WTO nach Maßgabe des noch zur Rechtslage nach dem Vertrag von Maastricht ergangenen EuGH-Gutachtens[522] als gemischtes Abkommen konstruiert werden.

Ein negatives Gutachten des EuGH entfaltet auch auf der Völkerrechtsebene Wir- **233** kungen insoweit, als es die Verbands- und Organkompetenzen auf der Unionsseite definitiv klärt und für die prospektiven Vertragspartner offenlegt. Es zerstört gegebenenfalls deren Vertrauen in die Einhaltung der Zuständigkeitsregeln des Unionsrechts und verhindert damit, dass die geplante Übereinkunft noch völkerrechtlich unanfechtbar abgeschlossen werden kann.[523]

VI. Verhältnis zu anderen Verfahren

Das Gutachtenverfahren ist unabhängig von den sonstigen EuGH-Verfahren. Der Um- **234** stand, dass bestimmte Fragen auch im Rahmen anderer Verfahren, insbesondere von Vertragsverletzungsverfahren (Art. 258, 259 AEUV),[524] Nichtigkeitsklageverfahren (Art. 263 AEUV) oder Vorabentscheidungsverfahren (Art. 267 AEUV), behandelt werden können, schließt ihre Statthaftigkeit im Verfahren des Art. 218 Abs. 11 AEUV nicht

---

[517] EuGH, Gutachten 1/92 vom 10. 4.1992 (EWR II), Slg. 1992, I–2821.

[518] EuGH, Gutachten 1/09 vom 8.11.2011 (Übereinkommen zum einheitlichen Patentgerichtssystem), Slg. 2011, I–1137; Gutachten 2/13 vom 18.12.2014 (EMRK-Beitritt II), ECLI:EU:C:2014:2454.

[519] Bis zum Inkrafttreten des Vertrags von Lissabon war nur die Abhilfemöglichkeit einer Vertragsänderung nach Art. 48 EUV ausdrücklich vorgesehen (vgl. zuletzt Art. 300 Abs. 5, Abs. 6 Satz 2 EGV i. d. F. des Vertrages von Nizza).

[520] EuGH, Gutachten 2/13 vom 18.12.2014 (EMRK-Beitritt II), ECLI:EU:C:2014:2454.

[521] S. o. Rn. 214 ff.

[522] EuGH, Gutachten 1/94 vom 15.11.1994 (WTO), Slg. 1994, I–5267.

[523] *Frenz*, Handbuch Europarecht, Band 5, Rn. 3203. Vgl. Art. 46 WÜRV I und II.

[524] Vertragsverletzungsverfahren kommen in Betracht, wenn ein Mitgliedstaat einen völkerrechtlichen Vertrag unter Missachtung der Verbandskompetenz der Union schließt oder eine Übereinkunft der Union entgegen Art. 216 Abs. 2 AEUV nicht durchführt (*Schmalenbach*, in: Calliess/Ruffert, EUV/AEUV, Art. 218 AEUV, Rn. 42).

aus.[525] So ist beispielsweise die Kommission nicht deshalb gehindert, ein Gutachten über die korrekte Rechtsgrundlage für den Ratsbeschluss nach Art. 218 Abs. 6 AEUV zu beantragen, bevor sie dem Rat einen entsprechenden Vorschlag unterbreitet, weil sie keine Klage gegen den bereits erlassenen Ratsbeschluss nach Art. 218 Abs. 5 AEUV erhoben und die dort angegebene Rechtsgrundlage nicht in Frage gestellt hatte.[526] Umgekehrt sind die Antragsberechtigten nicht verpflichtet, präventiv ein Gutachten anzufordern, sondern können stattdessen ohne weiteres erst auf die vorgenannten repressiven Rechtsbehelfe zurückgreifen.[527] Diese ergänzen das Gutachtenverfahren auch insoweit, als sie die Möglichkeit bieten, der Schaffung vollendeter Tatsachen durch Herbeiführung der völkerrechtlichen Verbindlichkeit von Übereinkünften entgegenzuwirken, bevor deren Vereinbarkeit mit dem Primärrecht geklärt ist.[528]

235   Sollte der Gerichtshof in einem Gutachten die Vereinbarkeit einer geplanten Übereinkunft mit dem Primärrecht bejaht haben, so kann dieselbe Frage später in einem Nichtigkeitsklage- oder Vorabentscheidungsverfahren durchaus nochmals aufgeworfen werden.[529] Wenn man annimmt, dass auch ein Gutachten in Rechtskraft erwachsen kann,[530] so hätte eine Vertragsverletzungsklage, Nichtigkeitsklage oder ein Vorabentscheidungsersuchen doch wegen der Verschiedenheit der Prozessbeteiligten einen anderen (Streit-) Gegenstand, so dass sie nicht unzulässig wären. Im Übrigen klärt sich der wirkliche Inhalt einer Übereinkunft möglicherweise erst mit ihrer Durchführung durch die Unionsorgane und die anderen Vertragsparteien.[531] Bei der Nichtigkeitsklage ist die Klagefrist des Art. 263 Abs. 6 AEUV zu beachten.

---

[525] EuGH, Gutachten 1/75 vom 11. 11. 1975 (Stilllegungsfonds), Slg. 1975, 1355 (1361); Gutachten 2/92 vom 24. 3. 1995 (OECD), Slg. 1995, I–521, Rn. 14; Gutachten 1/13 vom 14. 10. 2014 (Haager Übereinkommen von 1980 über Kindesentführungen), ECLI:EU:C:2014:2303, Rn. 52 ff.

[526] EuGH, Gutachten 2/00 vom 6. 12. 2001 (Protokoll von Cartagena), Slg. 2001, I–9713, Rn. 11.

[527] *Schwarz*, in: Rengeling/Middeke/Gellermann, Rechtsschutz in der EU, § 16 Rn. 15. Vgl. EuGH, Gutachten 1/91 vom 14. 12. 1991 (EWR I), Slg. 1991, I–6079, Rn. 38.

[528] S. o. Rn. 117 ff.

[529] Vgl. *Müller-Ibold*, in: Lenz/Borchardt, EU-Verträge, Art. 218 AEUV, Rn. 26; *Frenz*, Handbuch Europarecht, Band 5, 2010, Rn. 3184 f.

[530] Dagegen *Frenz*, Handbuch Europarecht, Band 5, Rn. 3205.

[531] *Terhechte*, in: Schwarze, EU-Kommentar, Art. 218 AEUV, Rn. 37. Vgl. Art. 31 Abs. 3 Buchst. b WÜRV I und II.

Artikel 219 AEUV (Wechselkursfestlegung nach außen; internationale Vereinbarungen)

(1) [1]Abweichend von Artikel 218 kann der Rat entweder auf Empfehlung der Europäischen Zentralbank oder auf Empfehlung der Kommission und nach Anhörung der Europäischen Zentralbank in dem Bemühen, zu einem mit dem Ziel der Preisstabilität im Einklang stehenden Konsens zu gelangen, förmliche Vereinbarungen über ein Wechselkurssystem für den Euro gegenüber den Währungen von Drittstaaten treffen. [2]Der Rat beschließt nach dem Verfahren des Absatzes 3 einstimmig nach Anhörung des Europäischen Parlaments.

[1]Der Rat kann entweder auf Empfehlung der Europäischen Zentralbank oder auf Empfehlung der Kommission und nach Anhörung der Europäischen Zentralbank in dem Bemühen, zu einem mit dem Ziel der Preisstabilität im Einklang stehenden Konsens zu gelangen, die Euro-Leitkurse innerhalb des Wechselkurssystems festlegen, ändern oder aufgeben. [2]Der Präsident des Rates unterrichtet das Europäische Parlament von der Festlegung, Änderung oder Aufgabe der Euro-Leitkurse.

(2) [1]Besteht gegenüber einer oder mehreren Währungen von Drittstaaten kein Wechselkurssystem nach Absatz 1, so kann der Rat entweder auf Empfehlung der Kommission und nach Anhörung der Europäischen Zentralbank oder auf Empfehlung der Europäischen Zentralbank allgemeine Orientierungen für die Wechselkurspolitik gegenüber diesen Währungen aufstellen. [2]Diese allgemeinen Orientierungen dürfen das vorrangige Ziel des ESZB, die Preisstabilität zu gewährleisten, nicht beeinträchtigen.

(3) [1]Wenn von der Union mit einem oder mehreren Drittstaaten oder internationalen Organisationen Vereinbarungen im Zusammenhang mit Währungsfragen oder Devisenregelungen auszuhandeln sind, beschließt der Rat abweichend von Artikel 218 auf Empfehlung der Kommission und nach Anhörung der Europäischen Zentralbank die Modalitäten für die Aushandlung und den Abschluss solcher Vereinbarungen. [2]Mit diesen Modalitäten wird gewährleistet, dass die Union einen einheitlichen Standpunkt vertritt. [3]Die Kommission wird an den Verhandlungen in vollem Umfang beteiligt.

(4) Die Mitgliedstaaten haben das Recht, unbeschadet der Unionszuständigkeit und der Unionsvereinbarungen über die Wirtschafts- und Währungsunion in internationalen Gremien Verhandlungen zu führen und internationale Vereinbarungen zu treffen.

Literaturübersicht

Ausschuss der Präsidenten der Zentralbanken der Mitgliedstaaten der Europäischen Wirtschaftsgemeinschaft/Europäischer Fonds für währungspolitische Zusammenarbeit, Textsammlung zum Europäischen Währungssystem, 1985; Deutsche Bundesbank, Wirtschaftspolitische Koordinierung, Wechselkurspolitik und Außenvertretung der Europäischen Gemeinschaft, Informationsbrief zur Europäischen Wirtschafts- und Währungsunion Nr. 10, Febr. 1998, 13; dies., Die Beziehungen Deutschlands zum Internationalen Währungsfonds nach Einführung des Euro, Monatsbericht Sept. 1999, 15; dies., Finanzierung und Repräsentanz im Internationalen Währungsfonds, Monatsbericht März 2010, 53; dies., Der Internationale Währungsfonds in einem veränderten globalen Umfeld, Monatsbericht Sept. 2012, 63; European Central Bank, The external representation of the EU and EMU, ECB Monthly Bulletin Mai 2011, 87; dies., The international role of the Euro, Juli 2015; *Gaitanides*, Intervention des IWF in der Eurozone – mandatswidrig?, NVwZ 2011, 848; *Hafke*, Rechtliche Aspekte der Währungsbeziehungen zwischen der Europäischen Währungsunion und Territorien außerhalb des Geltungsbereichs des EGV, ZEuS 2000, 25; *Hahn*, Elemente einer neuen Weltwährungsordnung, in: Kewenig (Hrsg.), Völkerrecht und internationale Zusammenarbeit, 1978, 215; *ders.*, Das Europäische Währungssystem – Systemvergleich und Funktionsweise, EuR 1979, 337; *ders.*, »Allgemeine Orientierungen« oder »allgemeine Leitlinien« für die Wechselkurspolitik der Europäischen Währungsunion?,

BayVBl. 1999, 741; *Hasse*, Ansätze zur Neuordnung des internationalen Währungssystems, APuZ B 20–21/1989, 33; *ders.*, Europäische Zentralbank, APuZ B 7–8/1992, 23; *Heun*, Eine verfassungswidrige Verfassungsgerichtsentscheidung – der Vorlagebeschluss des BVerfG vom 14.1.2014, JZ 2014, 331; *Kramer/Hinrichsen*, Die Europäische Zentralbank, JuS 2015, 673; *Klement*, Der geldpolitische Kompetenzmechanismus, JZ 2015, 754; *Krauskopf/Steven*, Einführung des Euro in außereuropäischen Territorien und währungsrechtliche Regelungen im Verhältnis zu Drittstaaten EuZW 1999, 650; *Lamine*, Monetary and exchange-rate agreements between the European Community and Third Countries, European Commission, Economic Papers No. 255, Sept. 2006; *Martenczuk*, Die Außenvertretung der Europäischen Gemeinschaft auf dem Gebiet der Währungspolitik, ZaöRV 59 (1999), 93; *R. Schmidt*, Die entfesselte EZB, JZ 2015, 317; *Steinel*, Das Europäische Währungssystem, APuZ B 20–21/1989, 3; Task Force on IMF Issues of the International Relations Committee of the ESCB, IMF Surveillance in Europe, ECB Occasional Paper No. 158, Jan. 2015; *Weiß*, Kompetenzverteilung in der Währungspolitik und Außenvertretung des Euro, EuR 2002, 165.

Leitentscheidungen

GA *Jacobs*, Schlussanträge zu Rs. C–11/00 (Kommission(EZB), Slg. 2002, I.7155
GA *Kokott*, Stellungnahme zu Rs. C–370/12 (Pringle/Irland), ECLI:EU:C:2012:675
EuGH, Urt. v. 27.11.2012, Rs. C–370/12 (Pringle/Irland), ECLI:EU:C:2012:756
GA *Cruz Villalón*, Schlussanträge zu Rs. C–62/14 (Gauweiler u.a./Bundestag), ECLI:EU:C:2015:7
GA *Mengozzi*, Schlussanträge zu Rs. C–28/12 (Kommission/Rat), ECLI:EU:C:2015:43

Wesentliche sekundärrechtliche Vorschriften

Entschließung des Europäischen Rates vom 5.12.1978 über die Errichtung des Europäischen Währungssystems (EWS) und damit zusammenhängende Fragen
Verordnung (EWG) Nr. 3181/78 des Rates vom 18.12.1978 über das Europäische Währungssystem, ABl. 1978, L 379/2
Abkommen vom 13.3.1979 zwischen den Zentralbanken der Mitgliedstaaten der Europäischen Wirtschaftsgemeinschaft über die Funktionsweise des Europäischen Währungssystems
Entschließung des Europäischen Rates vom 13.12.1997 über die wirtschaftspolitische Koordinierung in der dritten Stufe der WWU zu den Artikeln 109 und 109n des EG-Vertrages, ABl. 1998, C 35/1
Entscheidung des Rates vom 11.5.2004 über den von der Gemeinschaft zu vertretenden Standpunkt zu einer Vereinbarung über die Währungsbeziehungen zum Fürstentum Andorra (2004/548/EG), ABl. 2004, L 244/47

Inhaltsübersicht

A. Entwicklung der Vorschrift, Vorläuferregelungen

I. Primärrecht

Nach Art. 107 Abs. 1 EWGV war jeder Mitgliedstaat verpflichtet, seine »**Politik** auf   1
dem Gebiet der **Wechselkurse**« als eine »Angelegenheit von gemeinsamem Interesse«
zu behandeln. Art. 107 Abs. 2 verlieh der Kommission die Befugnis, Mitgliedstaaten zu
temporären erforderlichen Maßnahmen (im Rahmen von ihr festgelegter Bedingungen
und Einzelheiten) zu ermächtigen, um den Folgen zu begegnen, die daraus resultierten,
dass ein (anderer) Mitgliedstaat eine Änderung des Wechselkurses seiner Währung (im
Kontext des »alten« IWF-Systems)[1] vorgenommen hatte, die den Zielen des Art. 104
EWGV (u. a. Wahrung eines »stabilen Preisniveaus«, Aufrechterhaltung des »Vertrauens in seine Währung«) nicht entsprach und die »Wettbewerbsbedingungen schwerwiegend« verfälschte. Bevor von der Ermächtigung Gebrauch gemacht wurde, war der
»Beratende Währungsausschuss« (Art. 105 Abs. 2 EWGV) anzuhören. Die Zusammen-
arbeit der Mitgliedstaaten in der Wirtschafts- und Währungspolitik wurde später in der
Einheitlichen Europäischen Akte[2] bekräftigt, durch Einfügung von Art. 102a in den
(EWG-)Vertrag.

Erst im Titel »Wirtschafts- und Währungspolitik« in dem der letzteren Materie ge-   2
widmeten Kapitel 2 findet sich, eingefügt durch die Vertragsänderung von **Maastricht**[3],
eine Vorschrift, die weithin Struktur und Inhalt der heutigen Bestimmung vorwegnimmt
– **Art. 109 EGV**. Lediglich Abs. 4 ist nunmehr (seit 2009)[4] an anderer Stelle, in Art. 138
(Abs. 1) AEUV platziert, jedoch ohne sachliche Änderung. Zudem wurde jedoch auch
Art. 102a EWGV für den Zeitraum bis zum Beginn der dritten und Endstufe der (Wirt-
schafts- und) Währungsunion (s. Art. 3a Abs. 2 und 109e ff. EGV) beibehalten, in
Art. 109m Abs. 1, ab diesem Datum jedoch nur noch für die EU-Mitgliedstaaten, für die
eine Ausnahmeregelung gilt (Art. 109m Abs. 2 i. V. m. Art. 109k Abs. 1 EGV; heute:
Art. 142 AEUV)[5]. Mit dem Vertrag von Nizza[6] erfolgte nicht nur eine Neunummerie-
rung (jetzt Art. 111 EG), sondern wurde überdies der damalige Absatz 4 bezüglich der
Mehrheitserfordernisse im Rat modifiziert. Durch den Lissabon-Vertrag[7] schließlich
wurde mittels redaktioneller Korrektur Abs. 5 a. F. zum heutigen Abs. 4.

II. Sekundärrecht

Sowohl der 1973 durch Rats-Verordnung, basierend auf Art. 235 EWGV (heute: 3
Art. 352 AEUV) errichtete Europäische Fonds für währungspolitische Zusammenarbeit
(**EFWZ**)[8] als auch das Europäische Währungssystem (**EWS**) von 1979[9] zielten auf die

---

[1] Vgl. Art. IV des Übereinkommens i. d. F. v. 1./22. 7. 1944, BGBl. 1952 II, 638; dazu *Hahn*,
S. 216 f.
[2] Vom 28. 2. 1986, ABl. 1987, L 169/1.
[3] Vom 7. 2. 1992, ABl. 1992, C 191/1.
[4] Mit Inkrafttreten der Änderungen von Lissabon zum 1. 12. 2009; vgl. näher Art. 138 AEUV,
Rn. 7, 11.
[5] Vgl. Art. 142 AEUV, Rn. 1.
[6] Vom 26. 2. 2001, ABl. 2003, C 80/1.
[7] Vom 13. 12. 2007, ABl. 2007, C 306/1.
[8] Verordnung vom 3. 4. 1973, ABl. 1973, L 89/2.
[9] Relevante Dokumente in: Ausschuss der Präsidenten der Zentralbanken, 9 ff. (insbes. Ratsver-
ordnungen [EWG] Nr. 3180 und 3181/78 v. 18. 12. 1978, a. a. O., 75 ff., 79 ff., ABl. 1978, L 379/1, 2).

Schaffung einer »stabilen Währungszone in Europa«. Die Entschließung des Europäischen Rates vom 5.12.1978[10] befasste sich aber auch mit »Drittländern und internationalen Organisationen« (Ziff. 5). Neben einem Bezug zum IWF-Abkommen (IWFÜ),[11] mit dessen einschlägigen Vorschriften das EWS »uneingeschränkt« vereinbar sei und bleibe, wurde postuliert, die Dauerhaftigkeit des Systems und seine internationalen Auswirkungen erforderten eine »**Koordinierung der Wechselkurspolitiken** gegenüber Drittstaaten und soweit wie möglich eine **Konzertierung** mit den **Währungsbehörden** dieser Länder«. Auch könnten sich »europäische Länder mit besonders engen wirtschaftlichen und finanziellen Bindungen zu den Europäischen Gemeinschaften« an dem »Wechselkurs- und Interventionsmechanismus« (Ziff. 3 der Entschließung) beteiligen, auf der Grundlage von Vereinbarungen zwischen den jeweiligen nationalen Zentralbanken. Für die Beteiligung von Nicht-EG-Staaten war jedoch noch ein flankierender völkerrechtlicher Vertrag mit diesen erforderlich.

4   Im Rahmen des EWS hatte die (nationale) Währung jedes hieran teilnehmenden Mitgliedstaates einen ECU-bezogenen **Leitkurs**; die Leitkurse dienten zur Festlegung eines Gitters bilateraler Wechselkurse, um die Bandbreiten von (im Normalfall) plus/minus 2,25% festgelegt wurden (Ziff. 3.1. der Entschließung 1978). »Anpassungen« dieser Leitkurse sollten nach Ziff. 3.2 »im gegenseitigen Einvernehmen« nach einem »gemeinsamen Verfahren« unter Einbeziehung aller an diesem Wechselkursmechanismus (**WKM I**)[12] beteiligten Länder sowie der Kommission erfolgen,[13] während »Änderungen« des Leitkurses durch ein Teilnehmerland dann als angemessene Option in Betracht kamen, wenn dessen Währung eine »Abweichungsschwelle« überschritt (Ziff. 3.5, 3.6; Art. 3.2 des zur Durchführung getroffenen Zentralbanken-Abkommens)[14]. Im Ansatz folgen die in Art. 219 Abs. 1 UAbs. 2 AEUV behandelten (Euro-)Leitkurse innerhalb eines (anderen) Wechselkurssystems (Rn. 8) diesem Mechanismus, der noch heute eine Fortsetzung zwischen nicht der Eurozone angehörenden EU-Staaten im **WKM II** findet.[15]

B. Kontext der Regelung

5   Art. 219 AEUV wurde bei der Reform von Lissabon in einen veränderten **Regelungszusammenhang** gestellt, nämlich in den Teil über das »auswärtige Handeln der Union« einbezogen; über Art. 206 AEUV werden damit auch hierfür die generellen Grundsätze, Ziele und allgemeinen Bestimmungen bedeutsam, die in Art. 21, 22 EUV niedergelegt sind.[16] Als letzte Vorschrift des Titels über »Internationale Übereinkünfte« knüpft sie an Art. 216 und 218 AEUV an, sieht aber explizit (in Abs. 1 und 3) Abweichungen von der Regel des Art. 218 beim Vertragsschlussverfahren vor. Institutionell und prozedural ergeben sich für die Anwendung wesentliche Ergänzungen des Art. 219 aus Art. 237 ff. AEUV/Art. 16 EUV (Rat), Art. 244 ff. AEUV/Art. 17 EUV (Kommission)

---

[10] Ausschuss der Präsidenten der Zentralbanken, S. 13 ff.

[11] I.d.F. der Änderung vom 30.4.1976, BGBl. 1978 II S. 15.

[12] Vgl. *Hahn*, EuR 1979, 343 ff.; Art. 142 AEUV, Rn. 4.

[13] Vgl. *Steinel*, APuZ 1089, 5.

[14] Vom 13.3.1979, Ausschuss der Präsidenten der Zentralbanken, S. 25 ff.; dazu *Hahn*, EuR 1979, 347 f.

[15] Vgl. Art. 142 AEUV, Rn. 5, sowie unten, Rn. 10.

[16] *Kadelbach*, in: Siekmann, EWU, Art. 219 AEUV, Rn. 83.

und Art. 282 ff. AEUV/Art. 13 Abs. 3 EUV (EZB). Maßgeblich sind schließlich die spezifischeren Grundsätze für die Tätigkeit von Union und Mitgliedstaaten (i.S.v. Art. 3 EUV) nach Art. 119 AEUV, soweit sich diese auch auf die Festlegung und Durchführung einer »einheitlichen Wechselkurspolitik« bezieht, die (wie bei der »Geldpolitik«)[17] »vorrangig« das Ziel der »Preisstabilität«[18] verfolgen und dabei auch die »allgemeine Wirtschaftspolitik« der Union unter Beachtung des Grundsatzes einer »offenen Marktwirtschaft mit freiem Wettbewerb« unterstützen soll (Art. 119 Abs. 2).[19] Speziell für die Währungs(– und damit auch die Wechselkurs)politik des ESZB (und von dessen Komponenten, vorab die EZB, Rn. 21) wird diese Vorgabe in Art. 127 Abs. 1 AEUV erneuert.[20] Schließlich zählt es zu den »grundlegenden Aufgaben« des ESZB auch, Devisengeschäfte (»foreign exchange operations«) im Einklang mit Art. 219[21] durchzuführen (Art. 127 Abs. 2, Gedstr. 2 AEUV; s. Rn. 16), was freilich bislang keine spezifischen Bindungen auslöst.

Für »**Mitgliedstaaten mit Ausnahmeregelung**« (Art. 139 Abs. 1 AEUV) findet   6
Art. 219 **keine Anwendung** (Art. 139 Abs. 2 Satz 1 Buchst. g), ebenso wenig wie Art. 138 Abs. 1 und 2 (Art. 139 Abs. 2 Satz 1 Buchst. i, j). Der **Wirtschafts- und Finanzausschuss** (Art. 134 Abs. 1 AEUV) wirkt auch (u. a.) an den Arbeiten des Rates im Rahmen von Art. 219 AEUV (und Art. 138 AEUV) mit (Art. 134 Abs. 2 AEUV, Gedstr. 3), und in Bezug auf beide zuvor genannten Bestimmungen sieht Art. 135 AEUV eine Befugnis des Rates oder eines Mitgliedstaates vor, die Kommission (und nur diese) zu ersuchen, je nach Zweckmäßigkeit eine Empfehlung oder einen Vorschlag zu unterbreiten (Satz 1), um damit das betr. Verfahren in Gang zu setzen. Daraus resultiert aber lediglich eine Prüfungspflicht, als deren Ergebnis sich auch ablehnende »Schlussfolgerungen« (Art. 135 Satz 2 AEUV) ergeben können.

C.   Wechselkurssystem im Verhältnis von Euro und Drittlandswährungen (Abs. 1)

I.   Förmliche Vereinbarungen über ein System im Verhältnis von Euro- und anderen Währungen

Die EU oder die EZB sind bis auf Weiteres im Hinblick auf Art. II Abschn. 2 IWFÜ **keine**   7
Vertragsparteien des IWF-Übereinkommens (Rn. 3).[22] Insoweit bestehen zudem keine

---

[17] Als grundlegender Aufgabe des ESZB nach Art. 127 Abs. 2, Gedstr. 1 AEUV; dazu *Kramer/ Hinrichsen*, JuS 2015, 677.

[18] Vgl. GA *Cruz Villalón*, Schlussanträge zu Rs. C–62/14 (Gauweiler u. a./Bundestag), ECLI:EU: C:2015:7, Rn. 107 f., 127; EuGH, Urt. v. 16. 6. 2015, Rs. C–62/14 (Gauweiler u. a.), ECLI:EU:C:2015: 400, Rn. 42 f., 46, zur primären Relevanz von Zielen und Mittel, zum richtungsweisenden Grundsatz nach Art. 119 Abs. 3 AEUV vgl. EuGH, Urt. v. 16.6.2015, Rs. C–62/14 (Gauweiler u. a.), ECLI:EU: C:2015:400, Rn. 61.

[19] *Smits*, in: GSH, Europäisches Unionsrecht, Art. 219 AEUV, Rn. 24, 52.

[20] Fraglich ist jedoch, ob es sich hier um »eindeutige Aussagen zur Wirtschaftsordnung« (so *Hasse*, APuZ 1992, 27) handelt. S. demgegenüber GA *Kokott*, Stellungnahme zu Rs. C–370/12 (Pringle), Rn. 85; EuGH, Urt. v. 27.11.2012, Rs. C–370/12 (Pringle), Rn. 53 f.; BVerfGE 134, 366, Rn. 39; *Heun*, JZ 2014, 333; *Klement*, JZ 2015, 757 f.; *R. Schmidt*, JZ 2015, 320 f.

[21] Auch in Bezug auf allgemeine Orientierungen nach Abs. 2; so schon *Martenczuk*, ZaöRV 1999, 99.

[22] European Central Bank, ECB Monthly Bulletin, 2011, 91; *Gaitanides*, NVwZ 2011, 851. Zur

konkreten »Ziele« bzw. außenpolitischen »Grundsätze« (Art. 3, 21 EUV), so dass –
eher schwache – Selbstbindungen (und Vorgaben an die zuständigen Organe) bezüglich
einer soliden Wechselkurspolitik nur aus Art. 119 Abs. 2 AEUV herrühren. Diese decken sich jedoch allenfalls teilweise mit den Mitgliedspflichten der EU-Staaten aus Art.
IV Abschn. 1 IWFÜ. Bis auf Weiteres erlaubt aber Art. IV Abschn. 2 IWFÜ sowohl
(völkervertraglich vereinbarte oder informell praktizierte) Gemeinschaftsregelungen
(wie im früheren EWS, Rn. 4) als auch andere **Wechselkursregelungen** »nach Wahl«,
solange die »allgemeinen Verpflichtungen« nach Abschn. 1 gewahrt werden, die durch
den Beitritt zum ESZB bzw. die Einführung der Euro für IWF-Mitgliedstaaten keineswegs obsolet geworden sind. Insofern sind alle Mitglieder der Währungsunion gehalten,
diesen Vorgaben im Rahmen der Willensbildung in je geeigneten EU-Organen so weit
wie möglich Rechnung zu tragen, vor allem, angesichts dessen Zusammensetzung, im
Rat, aber auch im EZB-Rat. Bislang sind freilich keine Vereinbarungen nach Art. 219
Abs. 1 AEUV zustande gekommen. Jedoch erfolgt auch in Bezug auf die EU und die
»Eurozone« regelmäßig eine »surveillance« durch den IWF.[23]

8   Ihr Gegenstand müsste ein »**Wechselkurssystem**« sein, wofür Art. IV Abschn. 2 IWFÜ
beispielhaft Gestaltungen nennt.[24] Erst aus einer Zusammenschau von Art. 219 Abs. 1
und Abs. 2 AEUV ergibt sich, dass sowohl eine einzige als auch mehrere Währungen
von **Drittstaaten** (Rn. 17) als zweiter Pfeiler eines solchen Systems in Betracht kommen,
bilaterale Festlegungen also durchaus zulässig wären. »**Förmliche**« **Vereinbarungen**
werden weniger durch eine bestimmte Art der Fixierung des Textes gekennzeichnet als
durch eine mittels Rechtsförmlichkeit herbeigeführte und manifestierte Rechtsverbindlichkeit auf internationaler, völkerrechtlicher Ebene (vgl. Art. 9 ff. WVRK)[25]. Auf Seite
der Union zeigt sich dies durch die Verwendung des – wenn auch modifizierten
(Rn. 14 ff.) – Vertragsschlussverfahrens nach Art. 218 AEUV. Konsens über das für
Unionsorgane und -einrichtungen (Art. 13 EUV) bereits anderweit vorgegebene Ziel
der **Preisstabilität** muss so weit, wie bei Verhandlungen möglich, mit der/den (künftigen)
anderen Vertragspartei/en angestrebt werden; jedoch ist diese Anforderung minder
strikt als in Bezug auf die binnenorientierte Geldpolitik (Art. 127 Abs. 1 Satz 1 AEUV)
und auch auf andere, autonom zu treffende Maßnahmen hinsichtlich der Währungsaußenpolitik (wie »allgemeine Orientierungen« nach Abs. 2, Rn. 12 f.).[26]

II. Festlegung von Euro-Leitkursen innerhalb des Systems

9   Nur wenn und soweit ein System nach Abs. 1 UAbs. 1 in Kraft ist, sind die Voraussetzungen für eine Anwendung des zweiten Unterabsatzes gegeben. Dazu muss allerdings
das konkret vereinbarte Wechselkurssystem den vertraglichen Vorgaben entsprechend
konzipiert sein, also Euro-»**Leitkurse**« überhaupt vorsehen – und gerade **nicht Paritäten**

Vertretung der EU-Interessen im IWF bei nicht-geldpolitischen Fragen s. Deutsche Bundesbank, Monatsbericht 1999, 21 f.; zum Beobachterstatus der EZB s. https://www.imf.org/exter-
nal/np/sec/pr/1998/pr9864.htm (20. 9. 2016). Zur Frage einer einheitlichen Vertretung der Eurozone
s. Deutsche Bundesbank, Monatsbericht 2010, 65 ff.; eingehend auch *Kadelbach*, in: Siekmann, EWU,
Art. 219 AEUV, Rn. 69 ff.
    [23] Vgl. Task Force, 9 ff.; vgl. etwa Euro Area Policies – 2013 Article IV Consultation, Juli 2013,
https://www.imf.org/external/pubs/ft/scr/2013/cr13231.pdf (20. 9. 2016).
    [24] Vgl. *Lamine*, S. 10 ff.
    [25] Vgl. *Hahn*, 216 f.; *Häde*, in: Calliess/Ruffert, EUV/AEUV, Art. 219 AEUV, Rn. 6; *Kadelbach*, in:
Siekmann, EWU, Art. 219 AEUV, Rn. 15; *Kempen*, in: Streinz, EUV/AEUV, Art. 219 AEUV, Rn. 5.
    [26] Ähnlich *Häde*, in: Calliess/Ruffert, EUV/AEUV, Art. 219 AEUV, Rn. 11.

(feste bzw. fixe Wechselkurse) wie im ursprünglichen IWF-Übereinkommen[27] (bis zum Inkrafttreten der zweiten Satzungsreform[28]). Ein Modell hierfür war das »Smithsonian Agreement« der G10 von 1971,[29] welches zwar an einer »central rate« (bezogen auf neue bilaterale »exchange rates«) festhielt, aber zeitweilig Fluktuationen bis zu 2,25% nach oben wie nach unten duldete. Ähnliche »Leitkurse« waren kennzeichnend auch für das EWS (Rn. 4).

Mehrere Umstände, nämlich die »Berücksichtigung der Erfahrungen«, die bei der   **10** Zusammenarbeit im Rahmen des EWS gesammelt worden sind (Art. 102a EWGV/ Art. 109m EGV/Art. 124 EG), die problemlose **Teilnahme** an dessen Wechselkursmechanismus als für den Beitritt zur Währungsunion wesentliches **Konvergenzkriterium** (Art. 109j Abs. 1 EGV/Art. 121 Abs. 1 EG/140 Abs. 1 AEUV) und die für Mitgliedstaaten mit Ausnahmeregelung (nach Art. 142 Satz 2 AEUV) weiter geltende Maßgabe des (novellierten) Wechselkursmechanismus (WKM II),[30] verdeutlichen, dass eben diese Bedeutung von Leitkursen innerhalb eines – hier konkret: des nach Abs. 1 UAbs. 1 errichteten – Wechselkurssystems auch Art. 219 AEUV zugrunde liegt[31]. Nachdem jedoch jedes solche System auf (völker)vertraglicher Basis beruht, bleibt es auch bei der Konkretisierung auf Unionsseite bei der Relativierung des Ziels der Preisstabilität, weil ungeachtet der einseitig erfolgenden (erstmaligen) Festlegung, späteren Änderung oder gar völligen Aufgabe der Euro-Leitkurse die berechtigten Interessen und Erwartungen der anderen Beteiligten des Systems nicht gänzlich negiert werden dürfen (vgl. Art. 26 WVRK).

Leitkurse lassen im Unterschied zu Fixkursen gewisse Schwankungen des Wechsel-   **11** kurses im Rahmen von **Bandbreiten** (»margins«) zu und sind daher stets mit Kompetenzen der Währungsbehörden (Zentralbanken) verknüpft, ihre währungspolitischen Instrumente (insbesondere über **Interventionen an Devisenmärkten**) einzusetzen, damit formelle Leitkursänderungen auf atypische bzw. besondere Situationen beschränkt bleiben. Weil in diesem Rahmen autonome Zentralbankpolitik möglich und nötig ist, gilt insoweit für das ESZB die striktere Ausrichtung an Preisstabilität nach Art. 127 Abs. 1 AEUV.[32]

D. »Allgemeine Orientierungen« für Wechselkurspolitik gegenüber Drittstaaten (Abs. 2)

Die ebenfalls als Ermächtigung, nicht als Verpflichtung ausgestaltete Regelung des   **12** Art. 219 Abs. 2 AEUV ist eindeutig als zweitbeste Lösung konzipiert und betrifft allein den Fall, dass (bzw. soweit) kein völkervertragliches System nach Abs. 1 zustande kommt. Die zur Vorgängerregelung (Art. 109 Abs. 2 EGV) getroffene **Entschließung** des Europäischen Rates vom Dezember 1997[33] scheint bis heute den Weg zu weisen:

---

[27] Vgl. oben, Rn. 1. Nur sprachlich anders wohl *Häde*, in: Calliess/Ruffert, Art. 219 AEUV, Rn. 5.
[28] Am 1.4.1978; vgl. oben, Rn. 3.
[29] Vgl. *Hahn*, 218. Wie hier *Smits*, in: GSH, Europäisches Unionsrecht, Art. 219 AEUV, Rn. 65 f.
[30] Dazu auch GA Geelhoed, Schlussanträge zu Rs. C–452/01 (Ospelt u. a.), ECLI:EU:C:2003:493, Rn. 38.
[31] Vgl. *Hasse*, APuZ 1989, 41 f. und 44.
[32] Vgl. *Kramer/Hinrichsen*, JuS 2015, 677.
[33] ABl. 1998, C 35/1; abgedruckt auch in: Deutsche Bundesbank, Informationsbrief zur Europäischen Wirtschafts- und Währungsunion Nr. 10 1998, 18 ff.; zur Erläuterung a. a. O., 16; dazu *Martenczuk*, ZaöRV 1999, 99.

Wechselkurse seien »generell als das Ergebnis der Wirtschaftspolitik in allen anderen Bereichen« zu sehen, so dass der Rat nur »unter außergewöhnlichen Umständen, beispielsweise im Fall eindeutiger Wechselkursverzerrungen«, allgemeine Orientierungen aufstellen solle (und dürfe). Der **Ausnahmecharakter** wird noch dadurch unterstrichen, dass betont wird, dabei sei »stets« die **Unabhängigkeit** des ESZB (heute: Art. 130 AEUV) zu »respektieren«; auch wurde der damalige und heutige Abs. 2 Satz 2 nicht wörtlich zitiert, sondern abweichend formuliert: Aus einem strikten Beeinträchtigungsverbot wird ein Vereinbarkeitsgebot (als Soll), freilich weiterhin bezogen auf Preisstabilität als »vorrangiges« Ziel nur des ESZB, nicht der Union als Ganzer – obgleich schon damals Art. 3a Abs. 2 EGV eine generelle Maßgabe (wie jetzt Art. 119 Abs. 2, Rn. 7) normierte. Angesichts derart hoher Hürden ist es jedenfalls kaum verwunderlich, dass bislang auch keine Maßnahmen nach Abs. 2 getroffen worden sind.

13   »Allgemeine Orientierungen« werden bei den Rechtsakten nach Art. 288 AEUV nicht ausdrücklich erwähnt. Als **rechtserhebliche**, aber nicht strikt verbindliche[34] **abstrakt-generelle Maßnahmen** ähneln sie »Leitlinien« des EZB-Rats nach Art. 12.1 des Protokolls über die Satzung des ESZB und der EZB;[35] anders als diese haben sie jedoch nicht das Direktorium der EZB (Art. 11 ESZB-Satzung) und die nationalen Zentralbanken zu Adressaten, sondern beinhalten gerade umgekehrt gewisse Bindungen für die beiden EZB-Beschlussorgane (Art. 129 Abs. 3 AEUV, Art. 9.3 ESZB-Satzung), die aber inhaltlich den Anforderungen des Art. 130 AEUV, Art. 7 ESZB-Satzung gerecht werden müssen.[36] Bei ihrer Aufstellung ist daher auch stets die EZB zu beteiligen; zuständig ist deren Rat, da es sich nicht um ein »laufendes Geschäft« (Art. 11.6 ESZB-Satzung) handelt.[37]

E.   Zuständigkeiten und Verfahren auf Unionsebene (Abs. 1–3)

I.   Vereinbarungen

14   Das **Zusammenwirken der Unionsorgane** bei Aushandlung und Abschluss internationaler Übereinkünfte ergibt sich allgemein aus Art. 218 AEUV;[38] ähnlich wie bei Art. 207 (Gemeinsame Handelspolitik) gelten aber auch für die vertragliche Gestaltung einer Euro-Wechselkurspolitik partielle **Sonderregelungen**, die zudem (für einzelne Aspekte) durch Art. 138 abgerundet werden. Dabei bringt Art. 219 Abs. 3 Satz 1 AEUV eine Modifikation von Art. 218 Abs. 2–4, indem dem Rat mehr Einfluss zugewiesen wird, zulasten der Kommission, die zwar »in vollem Umfang« an den Verhandlungen beteiligt bleibt (Abs. 3 Satz 3), aber diese nicht (vorrangig) führt, so dass sich dann auch diesbezüglich »Verhandlungsrichtlinien« erübrigen. Stattdessen ist bereits in dieser frühen Phase – ebenso wie bei Art. 218 auf »Empfehlung« (Rn. 19) der Kommission – die Festlegung von »**Modalitäten**« sinnvoll um sicherzustellen, dass »die Union« einen ein-

---

[34] So bereits *Hahn*, BayVBl. 1999, 744 f.; anders *Weiß*, EuR 2002, 184 f.

[35] Vom 7.2.1992, ABl. 1992, C 191/68, zuletzt geändert durch Art. 1 des Protokolls zum Lissabon-Vertrag, ABl. 2007, C 306/165.

[36] Sehr weit gehend *Hasse*, APuZ 1992, 29; ferner *Kempen*, in: Streinz, EUV/AEUV, Art. 219 AEUV, Rn. 10; *Smits*, in: GSH, Europäisches Unionsrecht, Art. 219 AEUV, Rn. 91, 93.

[37] *Kadelbach*, in: Siekmann, EWU, Art. 219 AEUV, Rn. 27. 49.

[38] Vgl. GA Mengozzi, Schlussanträge zu Rs. C–28/12 (Kommission/Rat), ECLI:EU:C:2015:282, Rn. 43 ff.

heitlichen Standpunkt (Abs. 3 Satz 2)[39] nach außen vertritt, bei dem auch die Belange der EZB angemessen berücksichtigt werden, welche daher vor dem **Ratsbeschluss** angehört werden muss; für diesen Rechtsakt ist nach Art. 218 Abs. 8 UAbs. 1 AEUV qualifizierte Mehrheit (nach Art. 238 Abs. 3 Buchst. a AEUV)[40] im Rat erforderlich. Soweit es bei Übereinkünften zugleich um die »Gewährleistung der Stellung des Euro« im (allgemeiner zu verstehenden) »internationalen Währungssystem« geht, sieht Art. 138 Abs. 1 AEUV als Grundlage bzw. Rahmen für nachfolgend zu konkretisierende »Modalitäten« einen eigenen Rechtsakt des Rates (ebenfalls Beschluss i. S. v. Art. 288 Abs. 4)[41] vor, allerdings nur in Bezug auf Fragen von »besonderer Bedeutung für die Wirtschafts- und Währungsunion«.

Abweichend von Art. 218 Abs. 6 (und 8) AEUV und nach Maßgabe der Modalitäten **15** gem. Art. 219 Abs. 3 befindet der Rat über den **Abschluss** förmlicher Übereinkünfte nach Art. 219 Abs. 1 stets einstimmig;[42] Stimmenthaltungen sind auch hier unbeachtlich (Art. 238 Abs. 4 AEUV). Das **Europäische Parlament** hat nur ein Anhörungsrecht – und auch allein in dieser verfahrensabschließenden Phase. Daneben steht jedoch das Recht aus Art. 218 Abs. 10 AEUV, während aller Stadien des Vertragsschlusses »unverzüglich und umfassend unterrichtet« zu werden,[43] wozu im Kontext des Art. 219 der hier federführende Rat verpflichtet ist und auch diesbezügliche nähere »Modalitäten« treffen kann.

Art. 219 Abs. 3 AEUV betrifft nicht allein förmliche Vereinbarungen mit Dritt-Län- **16** dern (im Hinblick auf die EU)[44] nach Abs. 1 UAbs. 1, wie dies dort in Satz 2 eigens angeordnet ist. Vielmehr bildet Abs. 3 auch die Grundlage für Vereinbarungen mit nicht-staatlichen, derivativen Völkerrechtssubjekten, nämlich »**internationalen**« Organisationen. Aus dem Zusammenhang mit Art. 218 AEUV ergibt sich, dass hier lediglich intergouvernementale (»zwischenstaatliche«) Einrichtungen (wie insbesondere **IWF**,[45] aber auch **OECD**)[46] adressiert werden. Gegenstand von völkerrechtlichen Verträgen nach Abs. 3 können sowohl allgemein »**Währungsfragen**« (»monetary matters«) jenseits der Wechselkurspolitik[47] sowie daneben bzw. speziell[48] »**Devisenregelungen**« (»foreign exchange regime matters«) sein. So stützten sich die »Währungsvereinbarungen« mit vier europäischen Kleinstaaten ohne eigene nationale Währung[49] meist »insbesondere« auf Abs. 3 des Art. 219 AEUV (bzw. zuvor Art. 111 EG);[50] dabei geht es um

---

[39] Vgl. GA Mengozzi, Schlussanträge zu Rs. C–28/12 (Kommission/Rat), ECLI:EU:C:2015:282, Rn. 60 f.; zur loyalen Zusammenarbeit nach Art. 13 Abs. 2 Satz 2 EUV vgl. *Chevallier-Govers*, in: Blanke/Mangiameli, TEU, Art. 13 EUV, Rn. 41 ff.; *Kadelbach*, in: Siekmann, EWU, Art. 219 AEUV, Rn. 83.

[40] Und Art. 16 Abs. 3 EUV; s. *Kadelbach*, in: Siekmann, EWU, Art. 219 AEUV, Rn. 25.

[41] Vgl. *Kadelbach*, in: Siekmann, EWU, Art. 138 AEUV, Rn. 34, 49.

[42] Vgl. *Kempen*, in. Streinz, EUV/AEUV, Art. 219 AEUV, Rn. 8.

[43] Vgl. schon *Martenczuk*, ZaöRV 1999, 95.

[44] *Kempen*, in: Streinz, EUV/AEUV, Art. 219 AEUV, Rn. 6.

[45] Vgl. EZB-Jahresbericht 2014, 109; *Kadelbach*, in: Siekmann, EWU, Art. 219 AEUV, Rn. 55; Smits, Rn. 126.

[46] Vgl. European Central Bank, ECB Monthly Bulletin 2011, 92 f.; *Kadelbach*, in: Siekmann, EWU, Art. 219 AEUV, Rn. 78.

[47] Ebenso wohl *Kempen*, in: Streinz, EUV/AEUV, Art. 219 AEUV, Rn. 2.

[48] Insoweit vage *Kadelbach*, in: Siekmann, EWU, Art. 219 AEUV, Rn. 54; wohl wie hier *Smits*, in: GSH, Europäisches Unionsrecht, Art. 219 AEUV, Rn. 118.

[49] Dazu auch Erklärung Nr. 3 zu Art. 8 EUV (Teil der Schlussakte von Lissabon vom 13. 12. 2007, ABl. 2007, C 306/1); *Jimena Quesada*, in: Blanke/Mangiameli, TEU, Art. 52 EUV, Rn. 6.

[50] Monaco: ABl. 2002, L 142/59; San Marino: ABl. 2001, C 209/1; Vatikanstadt: ABl. 2001, C

die Verwendung des Euro als offizielle Währung einschließlich dessen Anerkennung als gesetzliches Zahlungsmittel sowie Einzelheiten der Ausgabe von Euro-Bargeld durch die jeweilige Nicht-EU-Partei.

17   Art. 219 Abs. 3 betrifft wie Abs. 1 und 2 nur »**Drittstaaten**«; im Hinblick auf die Verknüpfung mit Art. 216 und 218 (Rn. 5) ist insoweit eine einheitliche Auslegung geboten, die sich primär am **räumlichen Anwendungsbereich** des EU-(Vertrags-)Rechts gem. Art. 52 EUV, 355 AEUV ausrichtet. Rats-Entscheidungen bezüglich der Aufrechterhaltung von Verträgen **Frankreichs** mit der West- und der Zentralafrikanischen Wirtschafts- und Währungsunion (UEMOA,[51] CEMAC)[52] sowie den Komoren[53] und **Portugals** im Hinblick auf Kap Verde[54] weisen einerseits im Text auf den heutigen Art. 219 Abs. 4 AEUV hin; der (als Grundlage explizit genannte) Art. 109 Abs. 3 EGV passt hierfür aber kaum, auch wenn es thematisch um »Wechselkursfragen« (»foreign exchange rate matters«) geht.[55] Für diverse französische überseeische Länder und Gebiete (ÜLG) gelten nach Art. 355 AEUV i.V.m. Anhang II nicht Art. 205 ff., sondern das spezielle Regime der Art. 198 ff.: Einige nutzen weiter den CFP-Franc,[56] für andere (wie Saint-Pierre-et-Miquelon und Saint-Barthélemy)[57] wurde die Einführung des Euro auf Art. 109l Abs. 4 Satz 3 EGV[58] bzw. dessen Beibehaltung durch Frankreich auf Art. 219 Abs. 3 AEUV[59] gestützt. Mayotte hingegen wurde ab 2014 in ein Gebiet in äußerster Randlage umgestuft,[60] **Frankreich** hatte aber dort schon 1999 die Euro-Währung durch nationale Rechtsvorschriften eingeführt[61]. Für die Niederländischen Antillen existieren

---

299/1, ABl. 2003, L 267/27; ohne Angabe einer spezifischen Rechtsgrundlage die Vereinbarung mit Andorra, ABl. 2011, C 369/1, anders die zugrunde liegende Rats-Entscheidung, ABl. 2004, L 244/47, ebenso jetzt die neue Vereinbarung mit Monaco, ABl. 2012, C 23/13 (und dazu Art. 219 Abs. 3 nennend Rats-Entscheidung, ABl. 2011, L 81/3). Dazu auch *Smits*, in: GSH, Europäisches Unionsrecht, Art. 219 AEUV, Rn. 139.

[51] Union Économique et Monétaire Ouest Africaine; Vertrag vom 29.1.2003 verfügbar unter: http://www.uemoa.int/fr/sydtem/files/fichier_article/TraitReviseUEMOA.pdf (20.9.2016); vgl. *Lamine*, S. 21.

[52] Communauté Èconomique et Monétaire de l'Afrique Centrale; Vertrag vom 16.3.1994 verfügbar unter: http://www.cemac.int/sites/default/files/documents/files/Traite_reviseCEMAC.pdf (20.9.2016); vgl. *Lamine*, S. 22.

[53] CFA-Franc, Komoren-Franc: 98/683/EG, 23.11.1998, ABl. 1998, L 320/58; vgl. *Krauskopf/Steven*, EuZW 1999, 653 f.

[54] Kap-Verde-Escudo: 87/744/EG, 21.12.1998, ABl. 1998, L 358/111; vgl. *Krauskopf/Steven*, EuZW 1999, 654; *Lamine*, S. 30 ff.

[55] Krit. auch *Krauskopf/Steven*, EuZW 1999, 653; *Hafke*, ZEuS 2000, 35 f.; *Weiß*, EuR 2002, 181; *Häde*, in: Calliess/Ruffert, EUV/AEUV, Art. 219 AEUV, Rn. 17; *Smits*, in: GSH, Europäisches Unionsrecht, Art. 219 AEUV, Rn. 128 ff.

[56] Vgl. Protokoll Nr. 18 betreffend Frankreich (1992), aufrechterhalten durch die Schlussakte von Lissabon, ABl. 2007, C 306/163; *Krauskopf/Steven*, EuZW 1999, 652.

[57] Zur Statusänderung von Art. 349, 355 Abs. 1 zu Art. 355 Abs. 2 aufgrund von Art. 355 Abs. 6 AEUV s. Beschluss des Europäischen Rates vom 29.10.2010, ABl. 2010, L 325/4; *Jimena Quesada*, in: Blanke/Mangiameli, TEU, Art. 52 EUV, Rn. 12, 18.

[58] Saint-Pierre-et-Miquelon (und zunächst auch Mayotte), ABl. 1999, L 30/29.

[59] Währungsvereinbarung zwischen der EU und Frankreich vom 12.7.2011, ABl. 2011, L 189/3; dazu Kommissions-Empfehlung, SEC(2011) 249 final vom 2.3.2011; krit. *Smits*, in: GSH, Europäisches Unionsrecht, Art. 219 AEUV, Rn. 140.

[60] Beschluss des Europäischen Rates vom 11.7.2012, ABl. 2012, L 204/131, im Einklang mit Erklärung Nr. 43 zu Art. 355 Abs. 6 AEUV.

[61] Krit. Stellungnahme des EZB-Rats vom 11.3.2011, ABl. 2011, C 213/16.

keine Vereinbarungen mit der EU oder dem Eurozonen-Mitglied **Niederlande**.[62] Für Grönland bliebe Art. 204 AEUV[63] relevant, wenn **Dänemark** eine Aufhebung der derzeitigen Freistellung nach Protokoll Nr. 16[64] beantragte, auf die Färöer finden EUV und AEUV bis auf weiteres ohnehin keine Anwendung (Art. 355 Abs. 5 Buchst a AEUV); zudem besteht ein Vorbehalt zugunsten des Rechts der Nationalbank Dänemarks, ihre »derzeitigen« Aufgaben (Stand 1992) hinsichtlich nicht der EU angehörenden Landesteile wahrzunehmen.[65]

Die beiden Balkanländer **Kosovo** und **Montenegro** verwenden bislang den Euro **de**   **18**
facto als eigene Währung,[66] wofür ebenso wenig eine vertragliche Regelung (mit der EU) besteht wie früher in bzw. mit Deutschland (hinsichtlich der DM); dieses Verhalten verstößt weder gegen IWF-[67] noch gegen sonstiges Völker- oder gegen Unionsrecht.

II. Einseitige Maßnahmen

1. Allgemeine Orientierungen

Abs. 2 stimmt insoweit mit Abs. 1 (UAbs. 1) überein, als Maßnahmen des Rates auch   **19**
allein von der EZB – deren Rat – initiiert bzw. »empfohlen« werden können. Geht hingegen ein Vorschlag von der Kommission aus (»Empfehlung« i. S. v. Art. 288 Abs. 5 AEUV), muss die EZB hierzu angehört werden. Die erste Variante stärkt die Unabhängigkeit der Zentralbank, bei beiden wird dieser rechtzeitig Gelegenheit gegeben darauf hinzuwirken, dass keine Beeinträchtigung des Ziels stabiler Preise erfolgt. Darüber hinaus enthält das EU-Primärrecht keine weiteren speziellen Verfahrensregeln. Der Rat entscheidet auch hier durch **Beschluss** (Art. 288 Abs. 4), wenngleich dies nicht explizit normiert ist;[68] eine Wahl zwischen Handlungsformen (Art. 296 Abs. 1) besteht daher nicht, hingegen die Notwendigkeit einer Begründung (Art. 296 Abs. 2)[69] sowie der Veröffentlichung (Art. 297 Abs. 2 UAbs. 2).[70] Erforderlich ist eine **qualifizierte Mehrheit** (Art. 16 Abs. 3 EUV) im Hinblick auf die Mitglieder des Rats, für die keine Ausnahmeregelung gilt (Art. 139 Abs. 4 Satz 2 i. V. m. Art. 238 Abs. 3 [a] AEUV). Eine Beteiligung des Europäischen Parlaments ist nicht vorgesehen.

2. Festlegung von Leitkursen

Bei Abs. 1 UAbs. 2 sind als Anstoß für Maßnahmen des Rates ebenfalls die zwei auch   **20**
sonst in dieser Vorschrift normierten verschiedenen Verfahrensweisen vorgesehen. Da hier (wie bei Abs. 2) kein Fall des Art. 218 (Abs. 10) AEUV vorliegt, wird explizit eine

---

[62] *Krauskopf/Steven*, EuZW 1999, 652.

[63] D.h. der Status eines spezifischen ÜLG; vgl. *Tietje*, in: Grabitz/Hilf/Nettesheim, EU, Art. 204 AEUV (Oktober 2011), Rn. 4.

[64] Über einige Bestimmungen betr. Dänemark, ABl.2007, C 306/163.

[65] Protokoll (Nr. 17) betr. Dänemark (1992), ABl. 2012, C 326/288.

[66] Vgl. näher European Central Bank, 2015, 34 ff.; *Lamine*, S. 43 ff.

[67] Zum IWF-Beitritt von Kosovo Pressemitteilung vom 29. 6. 2009, https://www.imf.org/ en/ News/Articles/09/14/01/49/pr9240.htm (8. 12. 2015); zum Beitritt von Montenegro Pressemitteilung vom 18. 1. 2007, https://www.imf.org/external/np/sec/pr/2007/pr077.htm (20. 9. 2016).

[68] Dafür spricht u. a. der Wortlaut (»aufstellen«, »formulate«); wie hier *Kadelbach*, in: Siekmann, EWU, Art. 219 AEUV, Rn. 45; wohl auch *Hahn*, BayVBl. 1999, 746.

[69] Vgl. GA *Cruz Villalón*, Schlussanträge zu Rs. C–62/14 (Gauweiler u. a.), ECLI:EU:C:2015:7, Rn. 165, EuGH, Urt. v. 16. 6. 2015, Rs. 62/14 (Gauweiler u. a.) (ECLI:EU:C:2015:400, Rn. 70.

[70] Eine Basis für Vertraulichkeit ist anders als bei Art. 126 Abs. 7 Satz 2 und Abs. 8 AEUV nicht ersichtlich (vgl. *Hahn*, BayVBl. 1999, 745 f.).

Pflicht zur **Information des Europäischen Parlaments** statuiert, die nicht zwingend im Vorhinein erfolgen muss, und hier ausdrücklich dem Präsidenten des Rats (s. Art. 16 Abs. 9 EUV) auferlegt ist. Wie bei Abs. 2 und zudem klarer formuliert ist als Handlungsform des Rates der Beschluss; für diesen Rechtsakt gilt im Übrigen das zuvor (Rn. 19) Gesagte.

III. Rolle der EZB

21   Auch bei der »**Währungsaußenpolitik**« kommt der EZB eine erhebliche Bedeutung zu. Sie hat zum einen (nach Art. 219 Abs. 1 und 2 AEUV) ein **Initiativrecht**, das (wie im alternativen Fall der Kommission, Rn. 19) als »Empfehlung« (i.S.v. Art. 288 Abs. 5[71]) und damit stärker als ein bloßer »Vorschlag« ausgestaltet ist. Wenn hingegen eine Maßnahme von der Kommission angestoßen wird, muss die EZB stets (auch nach Abs. 3) zumindest angehört werden. Damit soll ihr spezifischer währungspolitischer Sachverstand angemessen zur Geltung kommen können[72]. Institutionell besteht insoweit ein eigenes »International Relations Committee«[73]. Allerdings soll die internationale Rolle des Euro in erster Linie durch Kräfte des Marktes bestimmt werden; »the Eurosystem neither hinders nor promotes the international use of the Euro«[74]. Die EZB beobachtet aber regelmäßig diesbezügliche Entwicklungen, auch wegen der Auswirkungen auf die Geldpolitik im Innern.

F. Mitgliedstaatliche Kompetenzen im Bereich der Währungspolitik (Abs. 4)

22   Entsprechend dem Ziel, dass die Union eine Wirtschafts- und Währungsunion errichtet, deren Währung der Euro ist (Art. 3 Abs. 4 EUV), weist Art. 3 Abs. 1 Buchst. c AEUV der Union eine **ausschließliche Zuständigkeit** (gem. Art. 2 Abs. 1 AEUV) in Bezug auf die »Währungspolitik« insgesamt zu für alle Mitgliedstaaten, welche die Euro-Währung eingeführt haben (s. Art. 139 Abs. 2 Satz 2 AEUV). Hierunter fallen nicht nur autonome Rechtsakte, sondern auch völkerrechtliche Verträge (»internationale Übereinkünfte«) und sonstige rechtserhebliche (»zweckdienliche«) Beziehungen zu Drittstaaten und/oder Internationalen Organisationen (Art. 220 AEUV). Insoweit kann eine etwa nötige ergänzende Unionszuständigkeit auf Art. 3 Abs. 2 AEUV gestützt werden. Das (nach Art. 51 EUV) einen Bestandteil der Verträge bildende **Protokoll über die ESZB-/EZB-Satzung** verlautet in Art. 6 Abs. 2, die Europäische Zentralbank[75] und, soweit der EZB-Rat (Art. 12.5) zustimmt, die nationalen Zentralbanken (NZBen) seien befugt, sich an internationalen »Währungseinrichtungen« (»monetary institutions«) zu beteiligen. Hierauf nimmt § 4 BBankG Bezug, fordert aber zudem, außer im Falle der BIZ, eine Zustimmung der Bundesregierung (Art. 62 GG). Für die Außenvertretung des »Euro-

---

[71] *Kadelbach*, in: Siekmann, EWU, Art. 219 AEUV, Rn. 24.

[72] Ähnlich GA *Jacobs*, Schlussanträge zu Rs. 11/00 (Kommission/EZB), Slg. 2002, I–7155, Rn. 157 f.

[73] Vgl. European Central Bank 2011, 91.

[74] *Draghi*, in: European Central Bank 2015, 4.

[75] Vgl. EuGH, Urt. v. 27. 11. 2012, Rs. C–370/12 (Pringle), ECLI:EU:C:2012:9557, Rn. 165. Zum Beobachterstatus beim Exekutivdirektorium des IWF s. Deutsche Bundesbank, Monatsbericht 1999, 19; ferner *Martenczuk*, ZaöRV 1999, 101 ff.

systems« (Art. 1 Abs. 1 Satz 2 ESZB-Satzung) ergänzt Art. 6.1. dieser Satzung die auf einheitliches Vorgehen abzielende Regelung des Art. 138 (Abs. 2) AEUV (s. Art. 6.3.)[76].

Für einige Staaten der »Eurozone« bestehen aber vor Beitritt zur EU bzw. vor Auf-   **23** nahme in die Währungsunion getroffene und noch **fortgeltende völkerrechtliche Verträge** (Rn. 17), aus denen sich (auch) im Bereich der Wechselkurspolitik Rechte und Pflichten ergeben können. Diese bleiben zunächst, wie Art. 351 Abs. 1 AEUV in Bezug auf Drittstaaten[77] klarstellt, durch das Inkrafttreten von EU-Primärrecht unberührt; daher bleiben auch nationale Zentralbanken im ESZB befugt, mit Internationalen Organisationen (wie dem IWF)[78] »Beziehungen aufzunehmen« (Art. 23)[79] bzw. insoweit »Geschäfte abzuschließen« (Art. 31.1. ESZB-Satzung) – etwa bei einer Quotenerhöhung nach Art. III Abschn. 2, 3 des IWF-Übereinkommens[80] oder der Finanzierung von dessen Notfallreserven[81]. Unvereinbarkeiten zwischen internationalem und Unions-Recht müssen jedoch nach Art. 351 Abs. 2 AEUV so gut und rasch wie möglich behoben werden, obgleich nur in dem dafür je konkret bzw. allgemein (durch Völkergewohnheitsrecht) eröffneten Rahmen. Darüber hinaus befassen sich diverse nicht auf förmlichen (Gründungs-)Vereinbarungen basierende »**Gremien**« (»bodies«) mit staatlicher Beteiligung (etwa Group of Ten/G10;[82] Intergovernmental Group of Twenty-Four/G–24;[83] G 7/G 8,[84] G 20, FSB)[85] auch mit monetären Themen, so dass – ggf. neben einer Mitwirkung von Organen/Stellen der Union[86] – sowohl EU-Mitgliedsländer ohne als auch (da für diese Art. 219 AEUV ohnehin nicht gilt, Rn. 6) solche mit Ausnahmeregelung auch hier selbst aktiv bleiben dürfen.

Problematisch ist freilich, ob Art. 219 Abs. 4 AEUV mehr beinhaltet als eine (letztlich   **24** schon in Art. 351 Abs. 1 normierte) Gewährleistung »alter« Rechtspositionen. Eine explizite Beschränkung auf bloßen Bestandsschutz lässt der Wortlaut nicht erkennen. Andererseits steht selbst bei Fehlen von Regelungen nach Art. 219 Abs. 1 oder Abs. 2 **Mitgliedstaaten** der Eurozone **keine Zuständigkeit für »Währungspolitik«** mehr zu, Art. 4 Abs. 1, Art. 5 Abs. 2 EUV führen angesichts von Art. 3 Abs. 1 Buchst. c AEUV (Rn. 21) zu keinem abweichenden Ergebnis, sie gestatten keine nationale Wechselkurs-

---

[76] Zu im Herbst 2015 vorgelegten Reformplänen der Kommission s. Mitteilung zu einer »roadmap«, COM(2015) 602 final vom 21.10.2015, 6 ff.; Vorschlag für einen Ratsbeschluss zur schrittweisen Einrichtung einer einheitlichen Vertretung des Euro-Währungsgebiets im IWF, COM(2015) 603 final vom 21.10.2015; dazu EZB-Stellungnahme vom 6.4.2016, ABl. 2016, C 216/1.

[77] Deutsche Bundesbank, Monatsbericht 1999, 18.

[78] *Kadelbach*, in: Siekmann, EUW, Art. 219 AEUV, Rn. 68; *Kempen*, in: Streinz, EUV/AEUV, Art. 219 AEUV, Rn. 13; *Weiß*, EuR 2002, 180.

[79] Vgl. EuGH, Urt. v. 27.11.2012, Rs. C–370/12 (Pringle), ECLI:EU:C:2012:9557, Rn. 165; *Weiß*, EuR 2002, 170, 171, 187.

[80] Vgl. Factsheet IMF Quotas, https://www.imf.org/en/About/Factsheets/Sheets/2016/07/14/12/21/IMF-Quotas (20.9.2016).

[81] Deutsche Bundesbank, Monatsbericht 2012, 72 f.

[82] Überblick über diverse »committees, groups and clubs« verfügbar unter: https://www.imf.org/en/About/Factsheets/A-Guide-to-Committees-Groups-and-Clubs (20.9.2016).

[83] http://g24.org/ (20.9.2016).

[84] Vgl. European Central Bank, ECB Monthly Bulletin 2011, 93, sowie schon *Martenczuk*, ZaöRV 1999, 103.

[85] Zum Financial Stability Board (http://www.fsb.org/) Europäische Zentralbank, 93.

[86] Zur G20 vgl. European Central Bank, ECB Monthly Bulletin 2011, S. 93; EZB-Jahresberichte 2013, S. 173 f., 2014, S. 108 f.; zur Mitgliedschaft in der Bank für Internationalen Zahlungsausgleich vgl. European Central Bank, ECB Monthly Bulletin 2011, S. 93 f.; http://www.bis.org/about/profile_de.pdf (20.9.2016).

politik. Damit stellt Art. 219 Abs. 4 lediglich klar, dass häufig vorhandene Schnittstellen zum Währungswesen allein nicht verhindern, dass Mitgliedstaaten der Währungsunion auf internationaler Ebene wirtschafts- oder finanzpolitisch agieren und mit dritten Akteuren kooperieren (Rn. 22).[87]

---

[87] Ähnlich *Martenczuk*, ZaöRV 1999, 105; *Weiß*, EuR 2002, 171, 176; *Häde*, in: Calliess/Ruffert, EUV/AEUV, Art. 219 AEUV, Rn. 19; *Smits*, in: GSH, Europäisches Unionsrecht, Art. 219 AEUV, Rn. 156, Rn. 158.

Titel VI
Beziehungen der Union zu internationalen Organisationen und Drittländern sowie Delegationen der Union

Artikel 220 AEUV [Beziehungen zu internationalen Organisationen]

(1) Die Union betreibt jede zweckdienliche Zusammenarbeit mit den Organen der Vereinten Nationen und ihrer Sonderorganisationen, dem Europarat, der Organisation für Sicherheit und Zusammenarbeit in Europa und der Organisation für wirtschaftliche Zusammenarbeit und Entwicklung.

Die Union unterhält ferner, soweit zweckdienlich, Beziehungen zu anderen internationalen Organisationen.

(2) Die Durchführung dieses Artikels obliegt dem Hohen Vertreter der Union für Außen- und Sicherheitspolitik und der Kommission.

Literaturübersicht

v. Arnauld, Der Weg zu einem »Solange I ½«, EuR 2013, 236; *Eeckhout*, EU External Relations Law, 2. Aufl., 2011, S. 401 ff; *Fastenrath/Weigelt*, Organization for Security and Cooperation in Europe (OSCE), in: Wolfrum (ed.), The Max Planck Encyclopedia of Public International Law (online edition); *Forteau*, United Nations, Regional Commissions, in: Rüdiger Wolfrum (ed.), The Max Planck Encyclopedia of Public International Law (online edition); *Frid*, The European Economic Community – A Member of a Specialized Agency of the United Nations, EJIL 4 (1993), 239; *Frid de Vries*, European Community, Membership in International Organizations or Institutions, in: Wolfrum (ed.), The Max Planck Encyclopedia of Public International Law (online edition); *Grabenwarter*, Rechtliche Rahmenbedingungen des Verhältnisses zwischen EU und Europarat aus der Perspektive des Europarates und die Rolle der Mitgliedstaaten, ZaöRV 2014, 419; *Griller*, Die Bindung der Europäischen Union an das Recht der Vereinten Nationen unter besonderer Berücksichtigung der Rechtswirkungen von Beschlüssen des Sicherheitsrates im Unionsrecht, EuR-Beiheft 2/2012, 103; *Hoffmeister*, The Contribution of EU Practice to International Law, in: Cremona (ed.), New Developments in EU External Relations Law, 2008, S. 37 ff.; *ders.*, Outsider or Frontrunner? Recent Developments under International and European Law on the Status of the European Union in International Organizations and Treaty Bodies, CMLRev. 44 (2007), 41; *Kloth*, Die Zusammenarbeit zwischen Europäischer Union und Europarat, EuR-Beiheft 2/2012, 155; *Mayr-Singer/Villotti*, Die Stellung der Europäischen Union in den Vereinten Nationen, EuR-Beiheft 2/2012, 91; *Nawparwar*, Die Außenbeziehungen der Europäischen Union zu internationalen Organisationen nach dem Vertrag von Lissabon, 2009 (abrufbar unter http://www2.jura.uni-halle.de/telc/Heft4.pdf [19.9.2016]); *Polakiewicz*, Accession to the European Convention on Human Rights (ECHR) – An Insider's View Addressing One by One the CJEU's Objections in Opinion 2/13, HRLJ 36 (2016), 10; *Ruffert/Walter*, Institutionalisiertes Völkerrecht, 2. Aufl., 2015; *Sack*, Die Europäische Union in den Internationalen Organisationen, ZEuS 2001, 267; *Sander*, Codex Alimentarius Commission (CAC), in: Wolfrum (ed.), The Max Planck Encyclopedia of Public International Law (online edition); *Scheffler*, Die Europäische Union als rechtlich-institutioneller Akteur im System der Vereinten Nationen, 2011; *ders.*, Mittendrin statt nur dabei? Die Beteiligungsrechte der EU in den Sonderorganisationen und nachgeordneten Gremien der UN, VN 2010, 51; *Tietje*, WTO und Recht des Weltwarenhandels, in: *ders.* (Hrsg.), Internationales Wirtschaftsrecht, 2009, § 3; *Vara*, EU Representation to International Organisations: A Challenging Task for the EEAS, in: González Alonso (ed.), Between autonomy and cooperation: shaping the institutional profile of the European External Action Service, CLEER Working Papers 2014/6, S. 65 ff. (abrufbar unter http://www.asser.nl/media/2441/cleer-wp-2014-6.pdf [19.9.2016]); *Weiß*, Praktische Konsequenzen der Kadi-Rechtsprechung, EuR 2014, 231; *Wölker*, Die Stellung der Europäischen Union in den Organen der Welthandelsorganisation, EuR-Beiheft 2/2012, 125; *Wouters/Chané*, Brussels Meets Westphalia: The European Union and the United Nations, Leuven Centre for Global Studies Working Paper No. 144 – August 2014 (http://ghum.kuleuven.be/ggs/publications/working_papers/new_series/wp141–150/wp144-wouters-chane.pdf [19. 9. 2016]); *Wouters/Van Kerckhoven/Odermatt,* The EU's External Representation at the G20 and the G20's Impact on the European Union, in: Blockmans/Wessel (eds.), Principles and practices of EU external representation, CLEER Working Papers 2012/5, S. 127 ff. (abrufbar unter http://www.asser.nl/media/1634/cleer2012-5book_web.pdf [19. 9. 2016]); *Wouters/Meuwissen,* The European Union at the UN Human Rights Council: Multilateral Human Rights Protection Coming of Age?, European Journal of Human Rights 2014, 135; *Wouters/Odermatt/Ramopoulos,* The Status of the European Union at the United Nations General Assembly, FS Maresceau, 2014, S. 211 ff.

Leitentscheidungen

EuGH, Urt. 14. 5.1974, Rs. 4/73 (Nold), Slg. 1974, 491
EuGH, Gutachten 1/75 vom 11. 11.1975 (Lokale Kosten), Slg. 1975, 1355
EuGH, Urt. 14. 7.1976, verb. Rs. 3/76, 4/76 u. 6/76 (Kramer), Slg. 1976, 1279
EuGH, Urt. v. 9. 8.1991, Rs. C–327/91 (Französische Republik/Kommission), Slg. 1994, I–3641
EuGH, Gutachten 1/94 vom 11. 8.1994 (WTO/GATT/GATS), Slg. 1994, I–5267
EuGH, Gutachten 2/92 vom 24. 3.1995 (OECD-Beschluss über Inländerbehandlung), Slg. 1995, I–521
EuGH, Urt. v. 19. 3.1996, Rs. C–25/94 (FAO), Slg. 1996, I–1469
EuGH, Urt. v. 3. 9.2008, verb. Rs. C–402/05 P u. C–415/05 P (Kadi I), Slg. 2008, I–6351
EuGH, Urt. v. 12. 2.2009, Rs. C–45/07 (IMO), Slg. 2009, I–701
EuGH, Urt. v. 20. 4.2010, Rs. C–246/07 (Stockholmer Übereinkommen), Slg. 2010, I–3317
EuGH, Urt. v. 4. 9.2012, Rs. C–114/12 (Übereinkommen des Europarats zum Schutz der Rechte von Rundfunkveranstaltern), ECLI:EU:C:2014:2151
EuGH, Urt. v. 18. 7.2013, verb. Rs. C–584/10 P, C–593/10 P u. C–595/10 P (Kadi II), ECLI:EU:C:2013:518
EuGH, Urt. v. 7. 10.2014, Rs. C–399/12 (Internationale Organisation für Rebe und Wein), ECLI:EU:C:2014:2258
EuGH, Gutachten 2/13 vom 18. 12.2014 (EMRK-Beitritt II), ECLI:EU:C:2014:2454

Inhaltsübersicht   Rn.

A. Textstufenentwicklung

Der EWG-Vertrag regelte nach dem Vorbild der Art. 93, 94 EGKSV[1] und parallel zu   **1**
Art. 199–201 EAGV bereits in seiner ursprünglichen Fassung die Zusammenarbeit mit
bestimmten internationalen Organisationen. Dies geschah in **drei aufeinander folgenden Artikeln (Art. 229–231 EWGV)**, die unmittelbar an Art. 228 EWGV anschlossen,
der seinerseits die Keimzelle der späteren Art. 216, 218 AEUV bildete.

Nach Art. 229 EWGV sollte die Kommission alle zweckdienlichen Beziehungen zu   **2**
den Organen der Vereinten Nationen, ihrer Fachorganisationen und des Allgemeinen
Zoll- und Handelsabkommens unterhalten (Abs. 1) und ferner, soweit zweckdienlich,
Beziehungen zu allen internationalen Organisationen (Abs. 2). Art. 230 EWGV sah vor,
dass die Gemeinschaft jede zweckdienliche Zusammenarbeit mit dem Europarat her-
beiführte. Art. 231 EWGV ordnete schließlich an, dass die Gemeinschaft ein enges Zusammenwirken mit der Europäischen Organisation für Wirtschaftliche Zusammenarbeit (OEEC) herbeiführen solle, wobei die Einzelheiten gemeinsam festzulegen seien.
Dass danach die **Kooperation der Europäischen Wirtschaftsgemeinschaft mit der OEEC**
als europäischer Wirtschaftsorganisation besonders eng sein sollte, war selbstverständlich.[2]

Bei dieser Vertragslage blieb es im Wesentlichen, bis die Art. 302–304 EGV in ihrer   **3**
letzten Fassung (Vertrag von Nizza) **durch den Vertrag von Lissabon in Art. 220 AEUV
zusammengefasst** wurden. Zwischendurch war – nach der Gründung der WTO und erst
lange, nachdem die EWG die Funktionsnachfolge für ihre Mitgliedstaaten im GATT
angetreten hatte[3] – die obsolete Bezugnahme auf das GATT durch den Vertrag von
Amsterdam ersatzlos gestrichen worden. Bereits der Vertrag von Maastricht hatte die
Umbenennung der OEEC in OECD, die schon 1960 erfolgt war, endlich nachvollzogen.
Doch erst der Vertrag von Lissabon fügte die ausdrückliche Nennung der (seit 1995
bestehenden) OSZE hinzu (Art. 220 Abs. 1 UAbs. 1 AEUV) und stellte der bisher allein
– und nur im Kontext der Zusammenarbeit mit den Organen der UNO und ihrer Sonderorganisationen – ausdrücklich mit der Durchführung betrauten Kommission den
Hohen Vertreter an die Seite (Art. 220 Abs. 2 AEUV).

---

[1] Siehe auch Protocole sur les relations avec le Conseil de l'Europe der sechs Gründungsstaaten im
Anhang zum EGKSV.
[2] *Tietje*, in: Grabitz/Hilf/Nettesheim, EU, Art. 220 AEUV (April 2012), Rn. 2.
[3] Siehe Kommentierung zu Art. 216 AEUV, Rn. 114.

4   Der Vertrag von Maastricht hatte schließlich in verschiedenen neu in den Vertrag aufgenommenen Politikbereichen **besondere Bestimmungen über die Zusammenarbeit der Gemeinschaft und ihrer Mitgliedstaaten im Rahmen ihrer jeweiligen Befugnisse mit Drittländern und den zuständigen internationalen Organisationen** eingefügt: Art. 129 Abs. 3 EGV (Gesundheitswesen), Art. 130m EGV (Forschung und technologische Entwicklung); Art. 130r Abs. 4 EGV (Umwelt); Art. 130y EGV (Entwicklungszusammenarbeit). In den drei letztgenannten Fällen war ausdrücklich vorgesehen, dass die Einzelheiten dieser Zusammenarbeit Gegenstand von völkerrechtlichen Verträgen sein konnten, die nach Art. 228 EGV auszuhandeln und abzuschließen waren. Diese drei spezifischen Ermächtigungen zum Abschluss von Verträgen sind durch den Vertrag von Lissabon zu Art. 186, Art. 191 Abs. 4 und Art. 211 AEUV geworden.[4]

5   Die **Zusammenfassung** der bisher auf drei Artikel verteilten Kooperationsbestimmungen in einem einzigen durch den Vertrag von Lissabon hat allein **redaktionelle Gründe** und ist als solche nicht mit Inhaltsänderungen verbunden.[5] Neben zahlreichen weiteren Vertragsbestimmungen (z. B. Art. 34 EUV, Art. 216, 218 AEUV, vor allem aber Art. 21 Abs. 1 UAbs. 2 EUV) kommt auch in Art. 220 AEUV die Entscheidung der europäischen verfassungsgebenden Gewalt für eine internationale Zusammenarbeit der Union deutlich zum Ausdruck.[6] Dass dabei die Kooperation gerade mit internationalen Organisationen eine wichtige Rolle spielen soll, entspricht der Präferenz der Union für eine multilaterale Weltordnung.[7]

B.   Die Beziehungen der Union zu internationalen Organisationen

I.   Konkurrenzverhältnis zwischen Union und Mitgliedstaaten

6   Art. 220 AEUV weist der Union in Abs. 1 gewisse Aufgaben zu und bestimmt in Abs. 2 die Organzuständigkeit zur Aufgabenerfüllung.[8] Die auferlegte Kooperation mit internationalen Organisationen[9] gehört zum Teil in den Bereich der Gemeinsamen Außen- und Sicherheitspolitik, für welche die Außenvertretung beim Hohen Vertreter liegt,[10] zum Teil in den Integrationsbereich, der in die Vertretungszuständigkeit der Kommission fällt.[11] Neben der Notwendigkeit zur Koordinierung der GASP und der sonstigen Politikbereiche stellt die **Abstimmung zwischen der Union und ihren Mitgliedstaaten eine große Herausforderung** dar.

7   Denn typischerweise gehören alle oder zumindest einige EU-Mitgliedstaaten den betreffenden Organisationen als Vollmitglieder an, so dass die Beziehungen der Union

---

[4] In Bezug auf die Entwicklungszusammenarbeit ist der ursprüngliche Art. 130y EGV aufgespalten worden in eine allgemeine Bestimmung über die Zusammenarbeit mit Drittländern und internationalen Organisationen (Art. 209 Abs. 2 UAbs. 1 AEUV) und eine gesonderte Ermächtigungsgrundlage zur Vertragsschließung (Art. 211 AEUV).

[5] *Tietje*, in: Grabitz/Hilf/Nettesheim, EU, Art. 220 AEUV (April 2012), Rn. 1.

[6] Ebd., Rn. 4. Vgl. auch *Schröder*, in: GSH, Europäisches Unionsrecht, Art. 220 AEUV, Rn. 1: Bekräftigung des Grundsatzes der völkerrechtsfreundlichen Integration.

[7] Art. 21 Abs. 1 UAbs. 2 Satz 2, Abs. 2 Buchst. h EUV.

[8] *Kokott*, in: Streinz, EUV/AEUV, Art. 220 AEUV, Rn. 1.

[9] Unter diesen Begriff fallen auch internationale Konferenzen wie etwa die UN-Konferenz zum Klimawandel in Kopenhagen (s. u. Rn. 18).

[10] Art. 27 Abs. 2 EUV.

[11] Art. 17 Abs. 1 Satz 6 EUV.

zu diesen Organisationen in ein Konkurrenzverhältnis mit den Mitgliedschaftsrechten der Mitgliedstaaten treten können.[12] Dabei entspricht die Stellung der EU und der Mitgliedstaaten in internationalen Organisationen häufig nicht der unionsinternen Verteilung der Verbandskompetenz: Selbst wenn der Aufgabenbereich einer internationalen Organisation in die ausschließliche Zuständigkeit der Union fällt, haben die Mitgliedstaaten nicht selten den Status von Vollmitgliedern, während die EU nur als zusätzliches Mitglied fungiert[13] oder sogar auf einen Beobachterstatus beschränkt bleibt.[14] Dies verstärkt die **Notwendigkeit enger Zusammenarbeit zwischen Union und Mitgliedstaaten im Interesse einer geschlossenen völkerrechtlichen Vertretung** noch weiter.[15]

Die geeignete Abhilfe läge darin, das Verhältnis der Union und der Mitgliedstaaten zu internationalen Organisationen parallel zur unionsinternen Kompetenzverteilung zu gestalten. Eigentlich sind die Mitgliedstaaten und die Unionsorgane primärrechtlich verpflichtet, innerhalb der Organisationen dafür »alle zu ihrer Verfügung stehenden rechtlichen und politischen Mittel einzusetzen«.[16] **Doch bleibt diese Pflicht aus Gründen des nationalen Eigeninteresses allzu oft unerfüllt.**[17] Außerdem würde die Herbeiführung der unionsrechtlich geschuldeten Parallelität häufig eine Änderung des Gründungsvertrags der internationalen Organisationen voraussetzen, um eine Vollmitgliedschaft der EU zu ermöglichen. Der dazu erforderliche Konsens aller Mitgliedstaaten der jeweiligen Organisation ist jedoch häufig kaum zu erreichen.   **8**

Das Europäische Parlament ist ausdrücklich für eine **Parallelität der internen Unionszuständigkeiten und ihrem externen Rechtsstatus in internationalen Organisationen** eingetreten: Die EU sollte in Fällen ausschließlicher Zuständigkeiten als Vollmitglied der betreffenden internationalen Organisation vorrangiger Akteur sein. Demgegenüber könnten die Mitgliedstaaten dort zwar weiterhin (allerdings nicht notwendigerweise) als Mitglieder präsent bleiben, sollten aber keine unabhängige Rolle spielen, sondern die EU-Position unterstützen. Wo in Fällen geteilter Zuständigkeit die Unionszuständigkeit dominiere, sollten sowohl die EU als auch die Mitgliedstaaten in den betreffenden internationalen Organisationen als Mitglieder fungieren, wobei unterschiedliche Stimmabgaben zu vermeiden seien.[18] Die Verwirklichung dieses vernünftigen Ansatzes scheitert bisher oft nicht nur am Widerstand von EU-Mitgliedstaaten, sondern auch anderer Mitgliedstaaten der betreffenden internationalen Organisationen, die kein Interesse an einer allzu großen europäischen Geschlossenheit haben.[19]   **9**

Ein geschlossenes europäisches Auftreten in internationalen Organisationen soll auch durch enge Kooperation zwischen den Delegationen der Union und den Vertretungen der Mitgliedstaaten bei den internationalen Organisationen erreicht werden (Art. 32 Abs. 3 EUV, Art. 221 Abs. 2 Satz 2 AEUV). Hindernisse aus Souveränitätsvorstellungen der Mitgliedstaaten, die eifersüchtig darauf beharren, ihre eigene internationale   **10**

---

[12] In ihrer Erklärung Nr. 14 betont die Regierungskonferenz von Lissabon, dass die GASP-Bestimmungen die Beteiligung der Mitgliedstaaten an internationalen Organisationen, einschließlich ihrer Mitgliedschaft im UN-Sicherheitsrat, nicht berührten.
[13] Dies gilt etwa für die WTO.
[14] Dies gilt etwa für den IWF und die OECD.
[15] S. u. Rn. 94.
[16] EuGH, Urt. 14.7.1976, verb. Rs. 3/76, 4/76 u. 6/76 (Kramer), Slg. 1976, 1279, Rn. 44/45. *Scheffler*, VN 2010, S. 51 (54) zitiert dafür Art. 351 AEUV.
[17] *Scheffler*, VN 2010, S. 51 (54).
[18] Resolution des Europäischen Parlaments vom 11.5.2011 »The EU as global actor: its role in multilateral organisations« (P7_TA(2011)0229), Ziff. 10.
[19] *Scheffler* spricht insoweit von einer »unheiligen Allianz« (VN 2010, 55 Fn. 30).

Sichtbarkeit zu wahren, können aber nur allmählich überwunden werden. Sie führen immer wieder zu einer Schwächung der Repräsentation europäischer Interessen nach außen.[20] Diesbezügliche **Streitigkeiten zwischen der Union und den Mitgliedstaaten** haben auch schon mehrfach den EuGH beschäftigt, der bislang regelmäßig zugunsten der Union und damit der einheitlichen und effektiven Außenvertretung Europas entschieden hat.[21]

11   Am 22.10.2011 einigte sich der Rat auf das vom COREPER ausgearbeitete Dokument **»EU Statements in multilateral organisations – General Arrangements«**.[22] Es soll bereits für einzelne Bereiche (z.B. WTO, FAO) vorhandene »practical arrangements« ergänzen. Daraus ergibt sich u.a., dass Stellungnahmen, die ausschließlich den Zuständigkeitsbereich der Union (einschließlich GASP) betreffen, »on behalf of the European Union« abgegeben werden, und zwar, wenn es nach dem internen Recht der betreffenden Organisation möglich ist, durch einen »EU actor«.[23] Wenn die Stellungnahme in einem Bereich geteilter Zuständigkeiten die gemeinsame Position von Union und Mitgliedstaaten widerspiegelt, wird sie »on behalf of the EU and its Member States« abgegeben. Wenn die Stellungnahme in Ausübung der mitgliedstaatlichen Zuständigkeiten abgegeben wird und die Mitgliedstaaten sich auf eine kollektive Vertretung durch einen EU-Akteur geeinigt haben, wird sie »on behalf of the Member States« abgegeben. Ein von den Mitgliedstaaten, dem Rat, der Kommission und dem Europäischen Auswärtigen Dienst im COREPER gemeinsam zu Protokoll gegebener Disclaimer lautet: »The adoption and representation of statements does not affect the distribution of competences or the allocation of powers between the institutions under the Treaties. Moreover, it does not affect the decision-making procedures for the adoption of EU positions by the Council as provided in the Treaties.«

12   Am 20.12.2012 verabschiedeten der frühere Kommissionspräsident und die frühere Hohe Vertreterin eine **»Barroso-Ashton Strategy«**, um den Status der Union in internationalen Organisationen und anderen Foren fortschreitend zu verbessern.[24] Damit sollen Statusschranken überwunden werden, welche die Fähigkeit der Union beschränken, auf internationaler Ebene effektiv repräsentiert zu werden und an Entscheidungsprozessen teilzunehmen. Das Dokument identifiziert einige Organisationen, in denen in dieser Hinsicht konkrete Schritte unternommen werden sollten.[25] Während mir dieses Dokument auf Anfrage übermittelt wurde, hat man die darin formulierten Empfehlun-

---

[20] *Vara*, S. 65 (72 ff.).

[21] EuGH, Urt. v. 19.3.1996, Rs. C–25/94 (FAO), Slg. 1996, I–1469; Urt. v. 12.2.2009, Rs. C–45/07 (IMO), Slg. 2009, I–701; Urt. v. 20.4.2010, Rs. C–246/07 (Stockholmer Übereinkommen), Slg. 2010, I–3317; Urt. v. 4.9.2012, Rs. C–114/12 (Übereinkommen des Europarats zum Schutz der Rechte von Rundfunkveranstaltern), ECLI:EU:C:2014:2151; Urt. v. 7.10.2014, Rs. C–399/12 (Internationale Organisation für Rebe und Wein), ECLI:EU:C:2014:2258. *Vara*, S. 65 (76 ff.).

[22] Ratsdokumente 15901/11 vom 24.10.2011 sowie 15901/11 COR 1 vom 8.11.2011.

[23] Darunter versteht das Dokument die nach den Verträgen zur Außenvertretung der Union berufenen Akteure: den Präsidenten des Europäischen Rats, die Kommission, den Hohen Vertreter und die EU-Delegationen.

[24] Communication to the Commission from the President in agreement with Vice-President Ashton – ›Strategy for the progressive improvement of the EU status in international organisations and other fora in line with the objectives of the Treaty of Lisbon‹, C (2012) 9420 final. Das Dokument wird zitiert von *Vara*, S. 65 (69 f.).

[25] Der Annex zu dem Dokument nennt: Arctic Council, Commission on the Protection of the Black Sea against Pollution, International Organisation of Vine and Wine, European Mediterranean Plant Protection Organisation, International Maritime Organisation (IMO), International Atomic Energy Agency (IAEA), International Civil Aviation Organisation (ICAO) und Office of the United Nations High Commissioner for Refugees (UNHCR).

gen unter Berufung auf Art. 4 Abs. 1 lit. a, 3. Spstr. der VO Nr. 1049/2001[26] im Hinblick auf noch laufende Verhandlungen mit den Organisationen unkenntlich gemacht.

II. Verhältnis der beiden Unterabsätze von Art. 220 Abs. 1 AEUV zueinander

Die beiden Unterabsätze von Art. 220 Abs. 1 AEUV unterscheiden bestimmte namentlich benannte Organisationen auf Weltebene und europäischer Ebene (gewissermaßen **privilegierte Organisationen**) und andere **(nicht-privilegierte) internationale Organisationen**. Mit den ersteren betreibt die Union jede zweckdienliche Zusammenarbeit (als besonders enge Form der Beziehungen), zu den letzteren unterhält sie, soweit zweckdienlich, Beziehungen im allgemeinen eher losen Sinne. Ein Vergleich mit Art. 302–304 EGV ergibt, dass das Verhältnis der Union zur UNO durch den Vertrag von Lissabon aufgewertet wurde: Statt nur »zweckdienlichen Beziehungen« soll jetzt mit den UN-Organen (wie bisher nur mit dem Europarat) »jede zweckdienliche Zusammenarbeit« betrieben werden.[27] **13**

III. Zweckdienliche Zusammenarbeit mit bestimmten Organisationen (Abs. 1 UAbs. 1)

1. Rechtspflicht zur Zusammenarbeit und Vermutung der Zweckdienlichkeit

Die Aufgabe der Herstellung und des Betreibens jeder zweckdienlichen Zusammenarbeit[28] mit den in Abs. 1 UAbs. 1 aufgelisteten privilegierten Organisationen bzw. deren Organen ist als Rechtspflicht formuliert. Diese Rechtspflicht wird zwar durch das recht **unbestimmte Tatbestandsmerkmal der Zweckdienlichkeit** abgeschwächt. Andererseits käme die Union in Begründungsnot, wenn sie mit einer der privilegierten Organisationen gar nicht zusammenarbeitete oder ihre Zusammenarbeit mit einer solchen einschränkte oder ganz beendete. Denn der Vertrag formuliert die Vermutung, dass eine Zusammenarbeit als Beziehungsform gesteigerter Dichte und Intensität mit allen aufgezählten Organisationen grundsätzlich zweckdienlich ist. Ein Ermessen räumt er nicht über das Ob, sondern nur noch über den genauen Umfang der Zusammenarbeit ein.[29] Die Union trägt danach die Beweislast für das Fehlen der Zweckdienlichkeit, wenn sie sich der Zusammenarbeit nach UAbs. 1 mit einer der dort genannten Organisationen ganz verweigern will. **14**

2. Partner der Zusammenarbeit

Alle in UAbs. 1 ausdrücklich genannten Organisationen bis auf die OSZE sind **intergouvernementale internationale Organisationen im Sinne des Völkerrechts** (inter-governmental organizations – IGOs) – also auf einem völkerrechtlichen Vertrag beruhende mitgliedschaftlich strukturierte und auf Dauer angelegte Zusammenschlüsse von zwei **15**

---

[26] VO (EG) Nr. 1049/2001 vom 30.5.2001 über den Zugang der Öffentlichkeit zu Dokumenten des Europäischen Parlaments, des Rates und der Kommission, ABl. 2001, L 145/43.

[27] *Kokott*, in: Streinz, EUV/AEUV, Art. 220 AEUV, Rn. 2.

[28] Die englische, französische, niederländische und spanische Fassung der Bestimmung stellen ganz auf die Herstellung, die deutsche und italienische ganz auf das Betreiben solcher Beziehungen ab. Sinnvollerweise verlangt Art. 220 Abs. 1 UAbs. 1 AEUV beides.

[29] *Tietje*, in: Grabitz/Hilf/Nettesheim, EU, Art. 220 AEUV (April 2012), Rn. 8; *Kokott*, in: Streinz, EUV/AEUV, Art. 220 AEUV, Rn. 3.

oder mehr Völkerrechtssubjekten (hier jeweils nur Staaten), die mit einem oder mehreren eigenen Organen im Gründungsvertrag definierte Angelegenheiten von gemeinsamem Interesse besorgen.[30] Trotz ihres Namens und ihrer Organstruktur zählt die OSZE nicht hinzu, weil sie nicht auf einem völkerrechtlichen Gründungsvertrag, sondern nur auf politischen Absprachen beruht.[31]

16 Art. 220 Abs. 1 UAbs. 1 AEUV hebt die Vereinten Nationen und ihre Sonderorganisationen[32] von den sonstigen Organisationen dadurch ab, dass die Zusammenarbeit der Union bei den **Organisationen der sog. »UN-Familie«** mit den Organen erfolgen soll, bei den letzteren mit den Organisationen als solchen. Der Grund für diese Unterscheidung liegt wohl darin, dass die Zusammenarbeit mit universellen (weltweit agierenden) Organisationen in Art. 229 EWGV gesondert geregelt war und diese Bestimmung die UNO, ihre Sonderorganisationen und das GATT 1947 zusammenfasste. Anders als die Organisationen der UN-Familie bildete das GATT aber keine eigenständige Organisation,[33] verfügte indessen mit der Konferenz der Vertragsparteien der Sache nach über ein Organ. Zur Wahrung des Gleichklangs im Text ordnete Art. 229 EWGV allgemein die Zusammenarbeit mit den Organen auch der echten Organisationen an, zumal dies auch den praktischen Abläufen bei der UNO entsprach.[34] Diese Textfassung wurde beibehalten, nachdem die Bezugnahme auf das GATT mit dem Vertrag von Amsterdam gestrichen worden war. Der im Text des Art. 220 Abs. 1 UAbs. 1 AEUV weiter aufrechterhaltene Unterschied in Bezug auf den Kooperationspartner der Union – Organe bzw. Organisationen als solche – hat also obsolet gewordene historische Gründe.

17 Als Partner von Beziehungen im Sinne von Art. 220 Abs. 1 UAbs. 2 AEUV kommen alle in UAbs. 1 nicht gesondert aufgeführten internationalen Organisationen in Betracht, **deren Aufgabenbereich irgendeinen Bezug zu den Zuständigkeiten der EU aufweist**, so dass bilaterale Beziehungen als zweckdienlich erscheinen können. Dies wird im Hinblick auf den weiten Zuständigkeitsbereich der Union praktisch immer der Fall sein.[35]

18 Es spricht nichts dagegen, dass die Union auf der Grundlage der Generalklausel in UAbs. 2 (»Beziehungen zu anderen internationalen Organisationen«), soweit zweckdienlich, auch in Beziehung zu international agierenden Organisationen, Gremien, Foren, Gruppen etc. tritt, welche die o. g. Merkmale einer IGO nicht aufweisen.[36] Dazu gehören insbesondere die **Nichtregierungsorganisationen (NGOs)**,[37] aber auch internationale Konferenzen[38] und intergouvernementale Gremien, denen die hinreichende

---

[30] *Ruffert/Walter*, § 1, Rn. 9.

[31] *Ruffert/Walter*, § 1, Rn. 10; *Fastenrath/Weigelt*, in: MPEPIL, Rn. 37 f.

[32] Erst der Vertrag von Lissabon ersetzte den in der UN-Terminologie unüblichen Begriff »Fachorganisationen« durch den in der deutschen Fassung von Art. 57, 63 UN-Charta seit jeher verwendeten Begriff »Sonderorganisationen«. In der englischen und französischen Fassung des EWGV bestand hingegen von Anfang an ein Gleichklang mit der Terminologie der UN-Charta.

[33] Die geplante Gründung einer International Trade Organisation (ITO), deren Teil das GATT werden sollte, scheiterte allerdings. Einigen konnte man sich nur über eine vorläufige Anwendung des GATT 1947. Dabei blieb es bis zum Inkrafttreten des WTO-Übereinkommens. Dazu näher *Krajewski*, Wirtschaftsvölkerrecht, 3. Aufl. 2012, Rn. 174 ff.

[34] Der in erster Linie in Betracht kommende Beobachterstatus und seine nähere Ausgestaltung ist Angelegenheit der einzelnen Organe und kann daher von Organ zu Organ durchaus unterschiedlich ausfallen (*Mayr-Singer/Villotti*, EuR-Beiheft 2/2012, 93).

[35] *Osteneck*, in: Schwarze, EU-Kommentar, Art. 220 AEUV, Rn. 12.

[36] *Schmalenbach*, in: Calliess/Ruffert, EUV/AEUV, Art. 220 AEUV, Rn. 3 f.

[37] Vgl. *Khan*, in: Geiger/Khan/Kotzur, EUV/AEUV, Art. 220 AEUV, Rn. 11.

[38] A.A. *Schröder*, in: GSH, Europäisches Unionsrecht, Art. 220 AEUV, Rn. 7.

Thomas Giegerich

organisatorische Verfestigung fehlt und die deshalb insbesondere über kein eigenständiges Organ verfügen (z. B. G7 und G20).[39] Denn derartige Akteure gewinnen für die Gestaltung (auch im Sinne von Ordnung und Regulierung) der internationalen Beziehungen ständig an Bedeutung. Zumindest ist Art. 220 Abs. 1 UAbs. 2 AEUV auf NGOs analog anwendbar.[40]

3. Formen der Zusammenarbeit

Die Formen der Zusammenarbeit werden nicht näher festgelegt, sondern nur sehr allgemein durch den Begriff der Zweckdienlichkeit charakterisiert. Dies lässt der Union einen kaum eingeschränkten **Spielraum, dessen äußerste Grenzen von Art. 205 AEUV gezogen** werden. Nach dieser Bestimmung wird das gesamte Handeln der Union auf internationaler Ebene im Rahmen des Fünften Teils des AEUV (also auch das Handeln aufgrund von Art. 220 AEUV) von den Grundsätzen bestimmt, von den Zielen geleitet und an den allgemeinen Bestimmungen ausgerichtet, die in Titel V Kapitel 1 des EUV (also Art. 21, 22 EUV) niedergelegt sind. Es ist allerdings schwer vorstellbar, dass die Aufnahme oder Unterhaltung von Beziehungen zu internationalen Organisationen als solche bereits die in Art. 21 EUV vorgegebenen Grundsätze und Ziele des auswärtigen Handelns der Union verletzen könnten.[41]   **19**

In der **Praxis** beruht die **Zusammenarbeit** entweder auf entsprechenden Bestimmungen in den Geschäftsordnungen einzelner Organe, auf Organbeschlüssen oder auf Absprachen zwischen EU und der internationalen Organisation.[42]   **20**

a) Abschluss von Verwaltungsabkommen

Die Frage ist, ob »Zusammenarbeit« im Sinne des Art. 220 Abs. 1 UAbs. 1 AEUV über die technische und politische Kooperation hinaus auch völkerrechtlich verbindliche Kooperationsformen einschließt, also **völkervertragliche Beziehungen der Union zu den genannten internationalen Organisationen**, die (abgesehen von der OSZE) ihrerseits beschränkt völkerrechtsfähig sind, bis hin zu einer Mitgliedschaft der EU. Je nach den Umständen könnten solche völkerrechtlich verfestigten Beziehungen durchaus als zweckdienlich bewertet werden, wenn und soweit die Organisationen ihrerseits dazu bereit und nach Maßgabe ihres Gründungsvertrags völkerrechtlich in der Lage sind.   **21**

Nach Art. 216 Abs. 1, 1. Var. AEUV kann die Union zwar mit einer oder mehreren internationalen Organisationen Übereinkünfte schließen, wenn dies in den Verträgen vorgesehen ist. Es ginge aber zu weit, in Art. 220 Abs. 1 UAbs. 1 AEUV eine **generalklauselartig weite vertragliche Ermächtigung zum Abschluss völkerrechtlicher Verträge** beliebigen (solange nur zweckdienlichen) Inhalts mit den dort genannten Organisationen zu sehen. Dies wäre mit dem Grundsatz der »begrenzten« Einzelermächtigung (Art. 5 Abs. 2 EUV) nicht vereinbar, zumal die Zuständigkeiten jener Organisationen Bereiche mit erfassen, die außerhalb der Verbandskompetenz der Union liegen. Dagegen spricht auch, dass sich die Regelung der Durchführungszuständigkeit in Art. 220 Abs. 2 AEUV sehr weit vom Vertragsschließungsverfahren in Art. 218 AEUV entfernt.   **22**

---

[39] *Kokott*, in: Streinz, EUV/AEUV, Art. 220 AEUV, Rn. 91 f. S. weiter u. Rn. 79.

[40] Vgl. *Tietje*, in: Grabitz/Hilf/Nettesheim, EU, Art. 220 AEUV (April 2012), Rn. 45; *Kokott*, in: Streinz, EUV/AEUV, Art. 220 AEUV, Rn. 10. Nicht auf Art. 220 AEUV, sondern auf die jeweilige Sachkompetenz der EU abstellend dagegen *Schröder*, in: GSH, Europäisches Unionsrecht, Art. 220 AEUV, Rn. 7 f.

[41] *Schröder*, in: GSH, Europäisches Unionsrecht, Art. 220 AEUV, Rn. 11.

[42] Vgl. *Schmalenbach*, in: Calliess/Ruffert, EUV/AEUV, Art. 220 AEUV, Rn. 7.

Schließlich zeigen die besonderen Bestimmungen im Bereich der Forschung und technologischen Entwicklung, der Umwelt und der Entwicklungszusammenarbeit,[43] dass der Vertrag zwischen der bloßen Zusammenarbeit der Union mit internationalen Organisationen und dem Abschluss völkerrechtlicher Verträge mit diesen unterscheidet und er die Union ggf. zur Vertragsschließung eigens und gesondert ermächtigt.

23   Auf der Grundlage von Art. 220 Abs. 1 UAbs. 1 AEUV allein kann die Union daher mit den genannten Organisationen nur Formen der **Zusammenarbeit unterhalb der Schwelle völkerrechtlicher Verträge** entwickeln.[44] Politische Absprachen sind zulässig.[45] Wenn die Zusammenarbeit aber völkervertraglich verankert oder wenn unter der Schirmherrschaft einer Organisation eine vertragliche Vereinbarung mit anderen Staaten getroffen werden soll, muss dafür eine weitere inhaltlich spezifischere Kompetenzgrundlage im Sinne einer der vier Varianten des Art. 216 Abs. 1 AEUV hinzugezogen werden. Darüber hinaus ist dann das in Art. 218 AEUV vorgeschriebene Abschlussverfahren einzuhalten, in dem die Entscheidungszuständigkeit beim Rat und ggf. dem Europäischen Parlament liegt und die Kommission und der Hohe Vertreter nur Empfehlungen aussprechen können. Schließlich muss das Übereinkommen dann im Amtsblatt veröffentlicht werden.[46]

24   Nach überwiegender Ansicht soll die Union, nach Art. 220 Abs. 2 AEUV vertreten entweder durch die Kommission oder den Hohen Vertreter, jedoch aufgrund von Art. 220 Abs. 1 AEUV befugt sein, **Arbeitsabkommen (Verwaltungsabkommen) technisch-administrativen Inhalts** mit anderen Organisationen auch in Form von völkerrechtlichen Verträgen abzuschließen.[47]

25   Dass der Abschluss völkerrechtlicher Verträge für die EU, auch sog. Verwaltungsabkommen, **nicht in die Zuständigkeit der Kommission fällt**, entspricht aber der Rechtsprechung des EuGH[48] und folglich auch der Praxis der Union. Soweit die Kommission aus eigener Machtvollkommenheit für die Union Vereinbarungen mit internationalen Organisationen abgeschlossen hat, sind diese unterhalb der Schwelle völkerrechtlicher Verbindlichkeit verblieben.[49] Dies gilt etwa für das Financial and Administrative Frame-

---

[43] S. o. Rn. 4 sowie u. Rn. 93.

[44] *Khan*, in: Geiger/Khan/Kotzur, EUV/AEUV, Art. 220 AEUV, Rn. 4; *Breier*, in: Lenz/Borchardt, EU-Verträge, Art. 220 AEUV, Rn. 3, 8.

[45] Vgl. z. B. den auf Art. 302 EGV (jetzt Art. 220 AEUV) gestützten Beschluss der Kommission vom 27. 10. 2004 zur Genehmigung des Briefwechsels zwischen dem Büro der Vereinten Nationen zur Koordinierung der humanitären Hilfe (UNOCHA) und der Kommission der Europäischen Gemeinschaften über ihre Zusammenarbeit im Rahmen der Intervention im Katastrophenfall (ABl. 2005, L 52/42).

[46] Art. 297 Abs. 2 UAbs. 2 AEUV.

[47] So *Tietje*, in: Grabitz/Hilf/Nettesheim, EU, Art. 220 AEUV (April 2012), Rn. 11 ff.; zustimmend *Kokott*, in: Streinz, EUV/AEUV, Art. 220 AEUV, Rn. 12; *Osteneck*, in: Schwarze, EU-Kommentar, Art. 220 AEUV, Rn. 9 f.; *Kadelbach*, EnzEuR, Bd. 10, § 4, Rn. 74; Schröder, in: GSH, Europäisches Unionsrecht, Art. 220 AEUV, Rn. 13 ff. Vgl. auch *Nawparwar*, S. 34 f.

[48] EuGH, Gutachten 1/75 vom 11. 11. 1975 (Lokale Kosten), Slg. 1975, 1355, Heranziehung von Art. 112 und Art. 113 EWGV zur Begründung der ausschließlichen Zuständigkeit der EWG zum Abschluss einer Vereinbarung in Gestalt einer Entschließung des OECD-Rats; Gutachten 2/92 vom 24. 3. 1995 (OECD-Beschluss über Inländerbehandlung), Slg. 1995, I–521: Heranziehung u. a. von Art. 113 EGV zur Begründung der (geteilten) Zuständigkeit der EG zu einem Beschluss des OECD-Rats über Inländerbehandlung. Gegen eine Kompetenz der Kommission zum Abschluss völkerrechtlich bindender Verwaltungsabkommen insbesondere EuGH, Urt. v. 9. 8. 1991, Rs. C–327/91 (Französische Republik/Kommission), Slg. 1994, I–3641.

[49] A. A. *Schmalenbach*, in: Calliess/Ruffert, EUV/AEUV, Art. 220 AEUV, Rn. 9; *Ott/Vos/Coman-Kund*, EU agencies and their international mandate: A new category of global actors?, CLEER Wor-

work Agreement between the European Union represented by the European Commission and the United Nations von 2003[50] und das Framework Administrative Agreement for Capacity Development Cooperation der EU mit dem Internationalen Währungsfonds vom 20.5.2015.[51]

b) Mitgliedschaft oder Beobachterstatus der Union

Auch alle Formen einer assoziierten oder sogar vollen Mitgliedschaft der Union, die ja **26** den Abschluss eines völkerrechtlichen Vertrags mit der Organisation bzw. ihren Mitgliedstaaten voraussetzen, bedürfen einer **Ermächtigungsgrundlage jenseits von Art. 220 AEUV.**[52] Die Literatur unterscheidet zumeist zwei, teilweise auch drei verschiedene Mitgliedschaftsarten: Die alleinige Mitgliedschaft der EU, die komplementäre Mitgliedschaft der Union und der Mitgliedstaaten und als seltenen Fall teilweise noch die zusätzliche Mitgliedschaft der Union und der Mitgliedstaaten.[53]

Die **Zulassung der EU als Beobachter** ist indessen in der Regel ohne Vertragsschluss **27** möglich, so dass Art. 220 Abs. 1 UAbs. 1 AEUV hierfür eine ausreichende Ermächtigungsgrundlage bietet. Freilich kommt es auf die Ausgestaltung im Einzelnen an:[54] Eine Beobachterposition, die einer De-facto-Mitgliedschaft gleichkommt oder sich in absehbarer Zeit zu einer solchen entwickeln wird und entsprechende völkerrechtliche Pflichten der Union beinhaltet, setzt eine völkerrechtliche Vereinbarung nach Art. 216, 218 AEUV auf der Grundlage einer materiellen vertraglichen Ermächtigung voraus.[55]

In den folgenden **Überblick über die Zusammenarbeit der EU** mit und ihre Beziehun- **28** gen zu Internationalen Organisationen und Gremien auf Weltebene und europäischer Ebene werden des Zusammenhangs wegen auch diejenigen Organisationen und Gremien einbezogen, denen die Union auf völkervertraglicher Grundlage als Mitglied angehört, obgleich dafür Art. 220 Abs. 1 AEUV allein keine hinreichende Ermächtigungsgrundlage bietet.

4. Die Zusammenarbeit im Einzelnen

a) Zusammenarbeit mit den Organen der Uno und ihrer Sonderorganisationen

Neben Art. 220 Abs. 1 UAbs. 1 AEUV ist die Kooperation der Union mit der UNO und **29** ihren Sonderorganisationen Gegenstand weiterer Vertragsbestimmungen.[56] Die **Formen der Zusammenarbeit** der Union mit den Organen der UNO und ihrer Sonderorganisationen sind ausgesprochen **vielfältig**. Dabei ergibt sich das jeweilige Beteiligungs-

---

king Papers 2013/7, S. 14 ff. (abrufbar unter http://www.asser.nl/upload/documents/20140106T113002-cleer_13-7_web.pdf [19.9.2016]).

[50] Abrufbar unter http://ec.europa.eu/echo/files/partners/humanitarian_aid/fafa/agreement_en.pdf [19.9.2016]).

[51] Vgl. http://ec.europa.eu/europeaid/sites/devco/files/press-release-for-signing-ceremony-faa-05-20-2015_en.pdf [23.9.2016].

[52] So auch *Tietje*, in: Grabitz/Hilf/Nettesheim, Art. 220 AEUV (April 2012), Rn. 11 f.; *Schmalenbach*, in: Calliess/Ruffert, EUV/AEUV, Art. 220 AEUV, Rn. 8.

[53] Vgl. im Einzelnen *Scheffler*, Die Europäische Union als rechtlich-institutioneller Akteur im System der Vereinten Nationen, S. 318 ff., und ihm folgend *Odendahl*, EnzEuR, Bd. 10, § 5, Rn. 52 ff.

[54] Zum verstärkten Beobachter- und vollen Teilnehmer-Status s. u. Rn. 53.

[55] *Kokott*, in: Streinz, EUV/AEUV, Art. 220 AEUV, Rn. 15.

[56] Art. 208 Abs. 2, Art. 214 Abs. 7 AEUV; 8. Erwägung der Präambel des Protokolls (Nr. 10) über die Ständige Strukturierte Zusammenarbeit.

modell nicht notwendig aus der Sachlogik, sondern häufig aus politischen Gegebenheiten bzw. Empfindlichkeiten.[57]

aa) UN-Generalversammlung

30 Die UN-Generalversammlung billigte der damaligen EWG erstmals 1974 einen Beobachterstatus zu.[58] Die gegenwärtige Grundlage für die Beteiligung der EU an der Arbeit der UNO bildet die **Resolution 65/276 vom 3.5.2011**.[59] In einem Annex zu dieser Resolution werden die Modalitäten der Beteiligung von Repräsentanten der EU als Beobachter an den Sitzungen und der Arbeit der Generalversammlung, ihrer Ausschüsse und Arbeitsgruppen, an internationalen Treffen und Konferenzen, die unter der Schirmherrschaft der Generalversammlung einberufen werden, sowie an UN-Konferenzen aufgeführt. Die EU-Repräsentanten (zumeist der Hohe Vertreter) erhalten danach u.a. ein Rederecht und das Recht, mündlich Vorschläge und Änderungsanträge zu machen, soweit die Mitgliedstaaten der EU damit einverstanden sind. Solche Vorschläge und Änderungsanträge werden aber nur auf Antrag eines Mitgliedstaats zur Abstimmung gestellt. Die Repräsentanten der EU erhalten auch kein Stimmrecht sowie kein Recht, Resolutions- oder Entscheidungsentwürfe mit zu beantragen (»co-sponsor«) oder Kandidaten vorzuschlagen.[60] Da der UNO nach Art. 4 UN-Charta nur Staaten beitreten können, scheidet eine Mitgliedschaft der EU von vornherein aus.

31 Die **praktische Umsetzung der Resolution 65/276** ist allerdings auf Schwierigkeiten gestoßen.[61] Dies liegt zum Teil an Befürchtungen von Drittstaaten, eine Aufwertung der EU-Rolle werde die UNO von einer Organisation souveräner Staaten in eine Organisation von internationalen Organisationen verwandeln und die Staaten langfristig mediatisieren. Nicht weniger hinderlich ist indessen unionsinterner Widerstand insbesondere seitens des Vereinigten Königreichs.[62]

32 Das **Europäische Parlament** richtet auf der Grundlage von Art. 34, 36 Abs. 2 Satz 1 EUV regelmäßig umfängliche Empfehlungen an den Rat, für welche Anliegen die Union sich auf einer Tagung der UN-Generalversammlung einsetzen soll.[63]

bb) UN-Sicherheitsrat
(1) Verhältnis im Allgemeinen

33 Zur Zusammenarbeit mit dem UN-Sicherheitsrat finden sich nähere Regelungen in Art. 24 Abs. 3 UAbs. 2 und 3 EUV, die allerdings **nur das Verhältnis der Mitgliedstaaten untereinander und zur Union** betreffen. Danach stimmen die Mitgliedstaaten, die auch Mitglieder des UN-Sicherheitsrats sind,[64] sich ab und unterrichten die übrigen Mitglied-

---

[57] *Scheffler*, VN 2010, S. 56.

[58] Resolution 3208 (XXIX) vom 11.10.1974. Einen Überblick über die Kooperation zwischen UN-Organen und EU vor dem Inkrafttreten des Vertrags von Lissabon bieten Wouters/Hoffmeister/Ruys (eds.), The United Nations and the European Union: An Ever Stronger Partnership, 2006.

[59] A/RES/65/276. Diese Resolution wurde mit 180:0 Stimmen bei zwei Enthaltungen (Syrien und Zimbabwe) angenommen. Eingehend dazu *Pedro Antonio Serrano de Haro*, Participation of the EU in the work of the UN: General Assembly Resolution 65/276, CLEER Working Papers 2012/4 (abrufbar unter http://www.asser.nl/media/1633/cleer2012-4web.pdf [19.9.2016]).

[60] Näher *Mayr-Singer/Villotti*, EuR-Beiheft 2/2012, S. 97 ff.

[61] Vgl. *Vara*, S. 72.

[62] *Wouters/Odermatt/Ramopoulos*, S. 219 ff.

[63] Vgl. z.B. Empfehlung des Europäischen Parlaments vom 2.4.2014 an den Rat zur 69. Tagung der Generalversammlung der Vereinten Nationen (P7_TA(2014)0259).

[64] Neben Frankreich und dem Vereinigten Königreich als ständigen Mitgliedern des Sicherheitsrats

staaten sowie den Hohen Vertreter in vollem Umfang. Die Mitgliedstaaten setzen sich als Mitglieder des UN-Sicherheitsrats bei der Wahrnehmung ihrer Aufgaben unbeschadet ihrer Verantwortung aufgrund der UN-Charta für die Standpunkte und Interessen der Union ein. Wenn die Union einen Standpunkt zu einem Thema festgelegt hat, das auf der Tagesordnung des UN-Sicherheitsrats steht, beantragen die dort vertretenen Mitgliedstaaten, dass der Hohe Vertreter den Standpunkt der Union vortragen darf.

Seit Anfang 2010 haben EU-Delegationen immer wieder an Sitzungen des UN-Si- **34** cherheitsrats teilgenommen und Stellungnahmen abgegeben.[65] Der **Hohe Vertreter der Union für Außen- und Sicherheitspolitik** wird inzwischen regelmäßig zum Tagesordnungspunkt »Cooperation between the United Nations and regional and subregional organizations in maintaining international peace and security« gehört. Im Anschluss an eine Stellungnahme der damaligen Hohen Vertreterin am 14. 2. 2014 gab der Präsident des UN-Sicherheitsrats eine Stellungnahme ab, in der er den bedeutsamen Beitrag der Union zur Wahrung des Weltfriedens und der internationalen Sicherheit lobte. Er hob die Beteiligung der EU an internationalen Verhandlungen und Vermittlungen hervor, begrüßte ihren Einsatz etwa in Afrika, im Nahen Osten und Afghanistan und unterstrich ihren Beitrag zum Schutz der Zivilbevölkerung in bewaffneten Konflikten sowie beim Aufbau von Rechtsstaatlichkeit. Der Sicherheitsrat erkenne eine strategische Partnerschaft zwischen der UNO und der EU.[66]

Das Europäische Parlament hat im Hinblick auf die vielerorts für notwendig erachtete **35** umfassende Reform des UN-Sicherheitsrat mehrfach seine Auffassung bestätigt, dass ein **EU-Sitz in einem erweiterten Sicherheitsrat** ein zentrales langfristiges Ziel der Union bleibe. Es hat den Hohen Vertreter aufgefordert, die Initiative zur Entwicklung einer gemeinsamen Position der Mitgliedstaaten im Hinblick auf dieses Ziel zu ergreifen.[67]

(2) Belastung durch die Kadi-Rechtsprechung des EuGH

Die Zusammenarbeit der Union und ihrer Mitgliedstaaten mit dem UN-Sicherheitsrat **36** wird durch die Kadi-Rechtsprechung des EuGH[68] zur **gerichtlichen Kontrolle individualisierter UN-Sanktionen anhand der europäischen Grundrechte** nicht unerheblich erschwert. Denn diese Rechtsprechung stellt den Ausgleich zwischen zwei zentralen gemeinsamen Anliegen – der Wahrung des Weltfriedens und der internationalen Sicherheit einerseits sowie der Achtung vor den Menschenrechten und Grundfreiheiten andererseits – anders her als der Sicherheitsrat.

Aus der Kadi-Rechtsprechung ergibt sich Folgendes: Die nach Art. 25 UN-Charta für **37** die UN-Mitglieder rechtsverbindlichen Entscheidungen des UN-Sicherheitsrats binden nur die Mitgliedstaaten, nicht aber die Union selbst unmittelbar. Die **Union muss ihre Befugnisse jedoch unter Beachtung** des Völkerrechts einschließlich **der im Rahmen der Vereinten Nationen von den Mitgliedstaaten übernommenen Verpflichtungen ausüben.**

---

gehören diesem zusätzlich ein bis zwei von der UN-Generalversammlung gewählte regelmäßig wechselnde EU-Mitgliedstaaten jeweils für die Dauer von zwei Jahren an (im Mai 2015 waren dies Litauen und Spanien, im September 2016 nur noch Spanien).

[65] *Osteneck*, in: Schwarze, EU-Kommentar, Art. 220 AEUV, Rn. 17.

[66] S/PRST/2014/4.

[67] Resolution des Europäischen Parlaments vom 11.5.2011 »The EU as global actor: its role in multilateral organisations« (P7_TA(2011)0229), Ziff. 21.

[68] EuGH, Urt. v. 3.9.2008, verb. Rs. C–402/05 P u. C–415/05 P (Kadi I), Slg. 2008, I–6351, Rn. 280 ff.; Urt. v. 18.7.2013, verb. Rs. C–584/10 P, C–593/10 P u. C–595/10 P (Kadi II), ECLI:EU:C:2013:518, Rn. 103, 115, 125 ff. *Eeckhout*, S. 401 ff.; *Weiß*, EuR 2014, 231 ff. m. w. N.

Dies gilt insbesondere, wenn sie auf der Grundlage von Art. 215 AEUV Sanktionsbeschlüsse des UN-Sicherheitsrats nach dem VII. Kapitel der UN-Charta in Unionsrecht umsetzt. Dabei muss die Union dem Umstand besondere Bedeutung beimessen, dass der UN-Sicherheitsrat mit solchen Sanktionsbeschlüssen nach Art. 24 UN-Charta seine Hauptverantwortung für die Wahrung des Weltfriedens und der internationalen Sicherheit wahrnimmt.

38   Der Sache nach geht der Gerichtshof also von einer indirekten Bindung der EU an für die Mitgliedstaaten völkerrechtlich verbindliche Sicherheitsratsbeschlüsse aus.[69] Das bedeutet aber nicht, dass **Verpflichtungen aus der UN-Charta die Verfassungsgrundsätze der Union beeinträchtigen** können. Deshalb prüft der EuGH Verordnungen der EU, die ohne Spielraum individualisierte Sanktionsbeschlüsse des UN-Sicherheitsrats umsetzen, streng am Maßstab der EU-Grundrechte und erklärt sie ggf. für nichtig, obwohl die EU-Mitgliedstaaten damit unausweichlich ihre völkerrechtlichen Verpflichtungen aus der UN-Charta verletzen.[70]

39   Seit dem Vertrag von Lissabon wird die Union nunmehr primärrechtlich durch Art. 3 Abs. 1 und 5, Art. 21 Abs. 1 und 2 Buchst. a und c EUV ausdrücklich auf die Wahrung und Förderung des Friedens und die Achtung der Grundsätze der UN-Charta verpflichtet. Dessen ungeachtet verlangt der EuGH, dass den Adressaten von individualisierten Sanktionsbeschlüssen des UN-Sicherheitsrats (insbesondere in Gestalt des Einfrierens von Geldern) Zugang zu belastenden Informationen und Beweisen gegeben wird, damit sie **ihre Verteidigungsrechte und ihr Recht auf effektiven gerichtlichen Rechtsschutz[71] wirksam ausüben** können. Die Kommission muss dazu nach Art. 220 Abs. 1 AEUV ggf. den Sanktionsausschuss des UN-Sicherheitsrats und über diesen den UN-Mitgliedstaat, der die Aufnahme der betroffenen Person in die Sanktionsliste vorgeschlagen hat, um Zusammenarbeit bitten, damit ihr die einschlägigen – vertraulichen oder nicht vertraulichen – Informationen oder Beweise übermittelt werden.

40   Wenn zwingende Erwägungen der Sicherheit oder der Gestaltung der internationalen Beziehungen der Union oder ihrer Mitgliedstaaten der Übermittlung solcher Informationen oder Beweise an die betroffene Person entgegenstehen, muss der **Unionsrichter einen angemessenen Ausgleich zwischen deren Grundrechten und den entgegenstehenden politischen Interessen herstellen.** Werden dem Unionsrichter selbst solche Informationen oder Beweise vorenthalten, so dass er die Stichhaltigkeit der Gründe für die Verhängung von individualisierten Sanktionen gegen eine bestimmte Person nicht prüfen kann, so muss er die entsprechende VO insoweit für nichtig erklären.[72]

41   Einerseits erschwert es die Kadi-Rechtsprechung dem UN-Sicherheitsrat erheblich, seine Hauptverantwortung für die Wahrung des Weltfriedens und der internationalen Sicherheit effektiv wahrzunehmen.[73] Der Sache nach setzt sie sich auch über den Vorrang hinweg, den die UN-Charta gegenüber allen Verpflichtungen der EU-Mitgliedstaaten als UN-Mitglieder aus anderen internationalen Übereinkünften beansprucht.[74] Andererseits hat das **Bestehen des EuGH auf einem angemessenen Menschenrechtsschutz-**

---

[69] Vgl. *Kokott*, in: Streinz, EUV/AEUV, Art. 220 AEUV, Rn. 29 ff., die insoweit eine partielle Funktionsnachfolge der EU annimmt. Vgl. auch *Griller*, EuR-Beiheft 2/2012, 105 ff.

[70] *Griller*, EuR-Beiheft 2/2012, 112 ff.

[71] Art. 41 Abs. 2, Art. 47 GRC.

[72] EuGH, Urt. v. 18.7.2013, verb. Rs. C–584/10 P, C–593/10 P u. C–595/10 P (Kadi II), ECLI:EU:C:2013:518, Rn. 103, 115, 125 ff.

[73] Art. 24 Abs. 1 UN-Charta.

[74] Art. 103 UN-Charta.

niveau in Bezug auf individualisierte Maßnahmen zur Bekämpfung des internationalen Terrorismus positive Auswirkungen gehabt: Der UN-Sicherheitsrat hat daraufhin nämlich 2009 das Amt einer Ombudsperson eingerichtet und seither fortentwickelt.[75] Gelistete Personen können dort unabhängigen einen Antrag auf Entfernung ihres Namens von der Al-Qaida-Sanktionsliste des Sicherheitsrats stellen.[76] Wenn die Ombudsperson dem Sanktionsausschuss des Sicherheitsrats[77] die Streichung eines Namens empfiehlt, erfolgt diese automatisch, wenn der Sanktionsausschuss nicht innerhalb von 60 Tagen im Konsens gegenteilig entscheidet. Kommt ein solcher Konsens nicht zustande, kann allerdings jedes Ausschussmitglied veranlassen, dass die Angelegenheit an den Sicherheitsrat verwiesen wird. Die Listung bleibt dann solange bestehen, bis der Sicherheitsrat die Streichung des Namens positiv angeordnet hat.[78] Zwar erhalten gelistete Personen damit keinen gerichtlichen Rechtsschutz, doch hat sich ihre Lage immerhin nicht unerheblich verbessert.[79]

cc) Sonstige Bereiche

Da die EU über einen dauerhaften Beobachterstatus bei der Generalversammlung ver-   **42**
fügt, kann sie auch **als Beobachter zu den Sitzungen des Wirtschafts- und Sozialrats (ECOSOC)** der Vereinten Nationen zugelassen werden, soweit es um Fragen geht, die in ihrer Zuständigkeit liegen.[80]

Die EU wirkt darüber hinaus als **Beobachter an den fünf regionalen UN-Wirtschafts-**   **43**
kommissionen (Unterorganen des ECOSOC) mit, der Economic Commission for Europe (UNECE), der Economic and Social Commission for Asia and the Pacific (UNESCAP), der Economic Commission for Latin America and the Caribbean (UNECLAC), der Economic Commission for Africa (UNECA) und der Economic and Social Commission for Western Asia (UNESCWA).[81] Weiterhin hatte die EG/EU »full participant status« bei einer ganzen Reihe von UN-Konferenzen.[82]

Die Union leistet als Nichtmitglied keine regulären Beiträge zum UN-Haushalt, **be-**   **44**
teiligt sich aber freiwillig in erheblicher Weise finanziell an zahlreichen UN-Programmen.[83] Dies geschieht auf der Grundlage des bereits erwähnten Rahmenübereinkommens von 2003.[84]

---

[75] *v. Arnauld*, EuR 2013, 240ff.

[76] Resolution 2161 (2014) des UN-Sicherheitsrats vom 17.6.2014, Abschn. 41ff. i.V.m. Anhang II. Die Ombudsperson ist nur für die Al-Qaida-Sanktionsliste zuständig.

[77] Es handelt sich um ein Nebenorgan des Sicherheitsrats nach Art. 29 UN-Charta, dem alle Mitglieder des Sicherheitsrats angehören.

[78] Ein Beschluss des Sicherheitsrats bedarf der Zustimmung von neun seiner fünfzehn Mitglieder, einschließlich sämtlicher ständigen Mitglieder (Art. 27 Abs. 3 UN-Charta).

[79] Vgl. dazu auch EGMR (GK), Urt. v. 21.6.2016, Beschwerde-Nr. 5809/08, (Al-Dulimi u.a./Schweiz): Verletzung von Art. 6 Abs. 1 EMRK, wenn nationales Gericht nicht mindestens prüft, ob die Listung willkürlich erfolgte.

[80] Vgl. Rule 79 der Rules of Procedure of the Economic and Social Council (abrufbar unter http://www.un.org/en/ecosoc/about/pdf/rules.pdf [19.9.2016]).

[81] *Forteau*, in: MPEPIL, Rn. 21.

[82] *Wouters/Chané*, S. 7.

[83] Im Jahre 2013 beliefen sich die freiwilligen Beiträge der EU auf mehr als € 1,6 Mrd. (Partnership between the United Nations and the European Union in 2013, abrufbar unter http://www.undp.org/content/dam/brussels/docs/Reports/UN-EU%20Annual%20Report%202013.pdf [19.9.2016]). Vgl. auch *Wouters/Chané*, S. 18ff.

[84] S.o. Fn. 48.

dd) Sonderorganisationen
(1) Vollmitgliedschaft in der Welternährungsorganisation (FAO)

45   Die EWG wurde 1991 zum Vollmitglied der Welternährungsorganisation (Food and Agriculture Organization – FAO), einer Sonderorganisation der UNO. Zuvor war die FAO-Verfassung dahingehend geändert worden, dass ihr neben Staaten auch regionale Wirtschaftsorganisationen beitreten konnten.[85] Diesem Beitritt liegt ein völkerrechtlicher Vertrag zugrunde.[86] Die EU-Mitgliedstaaten sind FAO-Mitglieder geblieben. Für die Wahrnehmung der Rechte aus dieser **gemeinsamen (komplementären) Mitgliedschaft der Union und ihrer Mitgliedstaaten** hat die FAO-Verfassung[87] in Art. II Abs. 3 bis 10 Regeln entwickelt, die als Modell für weitere internationale Organisationen gelten können, ggf. aber modifiziert werden, um den jeweiligen Gegebenheiten Rechnung zu tragen.[88]

46   Nach Art. II der FAO-Verfassung setzt die Mitgliedschaft einer regionalen wirtschaftlichen Integrations-Organisation (regional economic integration organization – REIO) zunächst voraus, dass die Mehrheit ihrer Mitgliedstaaten ihrerseits FAO-Mitglieder sind[89] und der REIO Befugnisse über Angelegenheiten im Kompetenzbereich der FAO übertragen haben, einschließlich der Befugnis, in diesen Angelegenheiten für ihre Mitgliedstaaten verbindliche Entscheidungen zu treffen. Zusammen mit ihrem Aufnahmeantrag muss die REIO eine **Erklärung darüber abgeben, welche Zuständigkeiten ihr von ihren Mitgliedstaaten übertragen worden sind**. Es wird vermutet, dass die REIO-Mitgliedstaaten für alle Angelegenheiten zuständig geblieben sind, deren Übertragung auf die Mitgliedsorganisation nicht ausdrücklich erklärt worden ist. Jede spätere Änderung der Zuständigkeitsverteilung zwischen der Mitgliedsorganisation und ihren Mitgliedstaaten muss von der Organisation oder den Mitgliedstaaten dem Generaldirektor der FAO mitgeteilt und von diesem den FAO-Mitgliedstaaten weitergeleitet werden.[90]

47   Die Mitgliedschaftsrechte werden von einer Mitgliedsorganisation (also der EU) und ihren Mitgliedstaaten in ihren jeweiligen Zuständigkeitsbereichen alternativ ausgeübt, und zwar nach Maßgabe von Regeln, welche die Konferenz (d. h. das allgemeine Vertretungsorgan aller Mitglieder) festsetzt.[91] Mitgliedsorganisationen führen in Angelegenheiten, die in ihre Zuständigkeit fallen, eine **Zahl von Stimmen, die derjenigen ihrer Mitgliedstaaten entspricht, die in dem betreffenden Gremium stimmberechtigt** sind. Wenn die Mitgliedsorganisation das Stimmrecht ausübt, dürfen deren Mitgliedstaaten das ihre nicht ausüben, und umgekehrt. Damit wird sichergestellt, dass sich das »europäische« Stimmgewicht nach außen nicht je nach der unionsinternen Zuständigkeits-

---

[85] *Frid*, EJIL 4 (1993), 239 ff. Der einschlägige Ratsbeschluss vom 25. 11. 1991 ist nicht veröffentlicht, aber in Bull.EG 1991/11, Ziff. 1.3.64 erwähnt worden. Der ihm zugrundeliegende Vorschlag der Kommission vom 18. 10. 1991 (KOM(91) 387 endg., ABl. 1991, C 292/8) stützte sich auf Art. 43, 113 und 235 EGV, nicht aber Art. 302 EGV als Vorgängervorschrift von Art. 220 Abs. 1 UAbs. 1 AEUV.

[86] S. meine Kommentierung zu Art. 216 AEUV, Rn. 67.

[87] Abrufbar unter http://www.fao.org/docrep/meeting/022/k8024e.pdf [19. 9. 2016].

[88] Zu Modifikationen in Bezug auf die EU-Mitgliedschaft in der Haager Konferenz für Internationales Privatrecht siehe näher *Frid de Vries*, in: MPEPIL, Rn. 51 ff.

[89] *Frid de Vries*, in: MPEPIL, Rn. 41, spricht deshalb von »abhängiger Mitgliedschaft (dependent membership)« der EU.

[90] Die Kommission hat vor einiger Zeit vorgeschlagen, die von 1994 stammende Zuständigkeitsabgrenzungserklärung zu aktualisieren (Mitteilung der Kommission an den Rat vom 29. 5. 2013 (KOM(2013) 333 final), Anhang 1).

[91] Vgl. Rules XLI – XLVI der General Rules of the Organization (abrufbar unter http://www.fao.org/docrep/meeting/022/k8024e.pdf [19. 9. 2016]).

verteilung ändert. Der tatsächliche Einfluss hängt allerdings nur teilweise von der geführten Stimmenzahl ab, zumal ohnehin regelmäßig im Konsens entschieden wird.[92]

Vollständig **gleichberechtigt mit den Mitgliedstaaten sind Mitgliedsorganisationen**   **48**
wie die EU aber insbesondere in institutioneller Hinsicht nicht. Beispielsweise können sie nach Art. II (9) der FAO-Verfassung nicht in Gremien mit begrenzter Mitgliederzahl gewählt werden, unabhängig davon, ob dort Angelegenheiten beraten werden, die in ihre Zuständigkeit fallen.[93]

Kurz nach dem FAO-Beitritt der EG schlossen Rat und Kommission eine **interinsti-**   **49**
tutionelle Vereinbarung über die Vorbereitungen von FAO-Sitzungen, die Abgabe von Stellungnahmen sowie die Stimmabgabe.[94] Der EuGH stufte diese als rechtsverbindlich ein und erklärte infolgedessen einen Ratsbeschluss, der von ihr abwich, für nichtig.[95] Die Kommission hat vor einiger Zeit ihre Auffassung deutlich gemacht, dass diese Vereinbarung geändert werden müsse, weil sie impraktikabel sei und mit den Bestimmungen des Vertrages von Lissabon nicht im Einklang stehe. Sie hat dementsprechend dem Rat den Entwurf einer neuen Vereinbarung vorgelegt.[96] Ob diese abgeschlossen werden kann, ist angesichts des Widerstandes einiger Mitgliedstaaten (vor allem des Vereinigten Königreichs) allerdings fraglich.[97]

(2) Sonstige Sonderorganisationen

Im Jahre 2003 ist die EG der Codex-Alimentarius-Kommission beigetreten, der eben-   **50**
falls alle Mitgliedstaaten weiter angehören.[98] Diese Kommission ist ein gemeinsames Nebenorgan der FAO und der Weltgesundheitsorganisation (WHO) ohne eigene Rechtspersönlichkeit. Sie soll die Gesundheit der Verbraucher schützen, faire Wettbewerbsbedingungen im Lebensmittelhandel gewährleisten und die Koordinierung aller national und international gesetzten Standards zur Lebensmittelsicherheit fördern.[99] Die Koordination zwischen der Europäischen Kommission und den Mitgliedstaaten in der **Codex-Alimentarius-Kommission** richtet sich nach einer Vereinbarung zwischen Rat und Kommission über die Vorbereitung von Codex-Alimentarius-Sitzungen, -Erklärungen und die Ausübung von Abstimmungsrechten.[100] Wenn die Union das Stimmrecht ausübt, richtet sich die Zahl ihrer Stimmen nach der Anzahl ihrer bei der Abstimmung anwesenden Mitgliedstaaten, ist also – anders als in der FAO – variabel und kann von den Mitgliedstaaten geradezu manipuliert werden.[101]

Am 8. 10. 2012 haben der für Entwicklung zuständige Kommissar und die Hohe Ver-   **51**
treterin der Union für Außen- und Sicherheitspolitik mit der **UNESCO** ein Memorandum of Understanding concerning the establishment of a partnership between the United Nations Educational, Scientific and Cultural Organisation Secretariat and its subsi-

---

[92] *Sack*, ZEuS 2001, 267 (278).
[93] *Frid de Vries*, in: MPEPIL, Rn. 46.
[94] Dokument 10478/91 des Rates vom 18. 12. 1991.
[95] EuGH, Urt. v. 19. 3. 1996, Rs. C–25/94 (FAO), Slg. 1996, I–1469.
[96] Mitteilung der Kommission an den Rat vom 29. 5. 2013 (KOM(2013) 333 final), Anhang 2.
[97] *Wouters/Chané*, S. 22 f.
[98] Beschluss des Rates vom 17. 11. 2003, ABl. 2003, L 309/14, mit einer Kompetenzabgrenzungserklärung in Anhang II. Der Beschluss stützte sich auf Art. 37, 95, 133 und 152 Abs. 4 i. V. m. Artikel 300 Abs. 3 UAbs. 1 EGV. Art. 302 EGV als Vorgängervorschrift von Art. 220 Abs. 1 UAbs. 1 AEUV wurde nicht zitiert.
[99] *Sander*, in: MPEPIL, Rn. 2 ff.
[100] Diese ist als Anhang III Bestandteil des o. g. Ratsbeschlusses (Fn. 96).
[101] Kritisch *Mayr-Singer/Villotti*, EuR-Beiheft 2/2012, 93.

diary bodies and the European Union unterzeichnet.[102] Die EU hat seit langem einen Beobachterstatus in der UNESCO und beteiligt sich finanziell an zahlreichen Projekten dieser Organisation.

52   Die EU hat weiterhin einen **Beobachterstatus** in der Internationalen Arbeitsorganisation (ILO),[103] der Internationalen Seeschifffahrts-Organisation (IMO),[104] der Internationalen Zivilluftfahrtorganisation (ICAO),[105] der Weltgesundheitsorganisation (WHO)[106] und der Welturheberrechtsorganisation (WIPO). Der Internationale Währungsfonds (IWF) hat der Europäischen Zentralbank (nicht aber der EU als solchen) Beobachterstatus eingeräumt.[107] Im Verwaltungsrat der Weltbank hat die Union keinen Beobachterstatus, sondern nur in einem Ausschuss (ministerial policy committee).[108]

53   Teilweise hat die Union einen gesteigerten Status vom »active observer« (verstärkter Beobachter) bis zum »full participant« (vollberechtigter Teilnehmer) inne. **Die vollberechtigte Teilnahme kommt einer Mitgliedschaft ohne Stimmrecht gleich.**[109] Sollte diese mit völkerrechtlichen Verpflichtungen der Union verbunden sein, ginge sie über Art. 220 Abs. 1 AEUV hinaus und es müsste mit der betr. internationalen Organisation ein völkerrechtlicher Vertrag nach Maßgabe der Art. 216, 218 AEUV abgeschlossen werden.[110] Soweit die vorgenannten Organisationen sich mit Fragen befassen, für die EU-intern inzwischen die Union ausschließlich zuständig ist, ohne aber Vollmitglied geworden zu sein, üben die Mitgliedstaaten ihre fortbestehenden Mitgliedschaftsrechte als Sachwalter des gemeinsamen Interesses aus. Sie sind dabei an Beschlüsse der zuständigen Unionsorgane gebunden.[111]

54   Darüber hinaus wirkt die EU als **Beobachter an Gremien im Umfeld der UNO** mit, die nicht den Status von Sonderorganisationen besitzen. Dazu zählen etwa das Umweltprogramm der Vereinten Nationen (UNEP),[112] die United Nations Commission on International Trade Law (UNCITRAL) als Unterorgan der UN-Generalversammlung und

---

[102] Abrufbar unter en.unesco.org/sites/default/files/unesco-eu_mou_8_October_2012.pdf (23.9. 2016).

[103] Vgl. den zugrundeliegenden Briefwechsel im ABl. 2001 Nr. C 165/23. Vgl. dazu auch *Kokott*, in: Streinz, Art. 220 AEUV, Rn. 57 ff.

[104] Zu vergeblichen Versuchen der EU, ihren Status in der IMO zu verbessern, vgl. *Vara*, S. 65 (71).

[105] Vgl. die Kooperationsvereinbarung zwischen der EU und der Internationalen Zivilluftfahrt-Organisation zur Schaffung eines Rahmens für eine verstärkte Zusammenarbeit und zur Festlegung von Verfahrensregeln (ABl. 2011, L 232/1), deren Abschluss der Rat, gestützt auf Art. 100 Abs. 2 i. V. m. Art. 218 Abs. 6 Buchst. a, Abs. 7 und Abs. 8 UAbs. 1 AEUV am 8.3.2012 beschlossen hat (ABl. 2012, L 121/16). Zum Widerstand des Vereinigten Königreichs dagegen *van Vooren/Wessel*, EU External Relations Law, 2014, S. 261 ff.; *Vara*, S. 65 (71 f.).

[106] Vgl. hierzu das im Wege eines Briefwechsels zwischen einem Kommissionsmitglied und der Generaldirektorin der WHO abgeschlossene Memorandum (ABl. 2001, C 1/7).

[107] *Hoffmeister*, CMLRev. 44 (2007), 48. Vgl. auch *Kokott*, in: Streinz, EUV/AEUV, Art. 220 AEUV, Rn. 61; *Schröder*, in: GSH, Europäisches Unionsrecht, Art. 220 AEUV, Rn. 23. Kritisch die Resolution des Europäischen Parlaments vom 11.5.2011 »The EU as global actor: its role in multilateral organisations« (P7_TA(2011)0229), Ziff. 25 ff.

[108] Kritisch die Resolution des Europäischen Parlaments vom 11.5.2011 »The EU as global actor: its role in multilateral organisations« (P7_TA(2011)0229), Ziff. 30.

[109] *Hoffmeister*, CMLRev. 44 (2007), 54 ff.; *Frid de Vries*, in: MPEPIL, Rn. 26 f.; *Scheffler*, Die Europäische Union als rechtlich-institutioneller Akteur, S. 377 ff., 533 ff. Vgl. auch den tabellarischen Überblick bei *Scheffler*, VN 2010, 54.

[110] S. o. Rn. 23.

[111] *Kokott*, in: Streinz, EUV/AEUV, Art. 220 AEUV, Rn. 58 ff.

[112] Vgl. hierzu die im Wege eines Briefwechsels zwischen dem Kommissionspräsidenten und dem Exekutivdirektor von UNEP abgeschlossene Vereinbarung, die ausdrücklich Art. 229 EWGV in Bezug nimmt (ABl. 1983, C 248/2).

die United Nations Conference on Trade and Development (UNCTAD). Art. 220 Abs. 1 UAbs. 1 AEUV ist weit genug formuliert, um auch diese Zusammenarbeit zu autorisieren.[113] Die EAG wiederum nimmt auf der Grundlage von Art. 199 Abs. 1 EAGV als Beobachter an der Arbeit der Internationalen Atomenergie-Organisation (IAEA) teil.[114]

b) Zusammenarbeit mit dem Europarat

Die Zusammenarbeit der Union mit dem Europarat wird nicht nur in Art. 220 Abs. 1   **55**
UAbs. 1 AEUV allgemein, sondern **im Sinne einer Förderpflicht** nochmals gesondert in Art. 165 Abs. 3 AEUV für die Bereiche Bildung und Sport und in Art. 167 Abs. 3 AEUV für den Kulturbereich angeordnet.

aa) Der Europarat als Vorhof der EU

Alle 28 EU-Mitgliedstaaten sind zugleich Mitglieder des Europarats, dem 19 weitere   **56**
europäische Staaten angehören. Europarat und Europäische Union streben beide auf unterschiedliche – internationale oder supranationale – Weise die europäische Einigung an.[115] Sie teilen fundamentale Werte, übernehmen jedoch unterschiedliche, wenngleich komplementäre Rollen bei deren Verwirklichung.[116] Seit jeher ist die **Mitgliedschaft im Europarat politische Voraussetzung für den Beitritt eines Staates zur EU** gewesen. »Europäisch« und damit nach Art. 49 Abs. 1 Satz 1 EUV potentielle Beitrittskandidaten sind nur Mitgliedstaaten des Europarats. Umgekehrt sind aber auch alle Europaratsmitglieder für Zwecke dieses Artikels »europäische« Staaten, selbst wenn sie in Asien liegen. Inzwischen verlangt die EU von Kandidatenländern, dass sie vor ihrem EU-Beitritt 25 Europaratsübereinkommen beitreten.[117]

bb) Memorandum of Understanding von 2007

Die Zusammenarbeit beider Organisationen ist als »[v]ersuchte Koordinierung und **vor-**   **57**
sichtige Rivalität« gekennzeichnet worden.[118] Sie hat eine lange Tradition bis auf die höchste Ebene.[119] Beispielsweise gibt es seit 1989 zweimal im Jahr ein Vierertreffen, an dem auf Europaratsseite der Generalsekretär und der Vorsitzende des Ministerkomitees und auf Unionsseite die Präsidenten der Kommission und des Europäischen Rates teilnehmen.[120] Auf Arbeitsebene unterhalten der Europarat in Brüssel und die Union in Straßburg jeweils eine Ständige Vertretung, deren Leitung Botschafterrang besitzt.[121]

Heute fußt die Kooperation auf einem Memorandum of Understanding between the   **58**
Council of Europe and the European Union (MoU), das für den Europarat am 11.5.2007 vom Vorsitzenden des Ministerkomitees und vom Generalsekretär, für die EU am 23.5.2007 vom Präsidenten des Rates und einer Kommissarin unterzeichnet wurde.[122]

---

[113] Vgl. *Breier*, in: Lenz/Borchardt, EU-Verträge, Art. 220 AEUV, Rn. 10.

[114] *Frid de Vries*, in: MPEPIL, Rn. 20 ff.

[115] Vgl. *Grabenwarter*, ZaöRV 2014, 419 ff.

[116] Vgl. http://www.coe.int/en/web/portal/european-union (19.9.2016).

[117] *Kloth*, EuR-Beiheft 2/2012, 160.

[118] *Link*, Europarat und EG – Arbeitsteilung oder Konkurrenz?, in: Schmuck (Hrsg.), Vierzig Jahre Europarat, 1990, S. 99 (Hervorhebung ergänzt).

[119] Vgl. zur Entwicklung *Uerpmann-Wittzack*, EnzEuR, Bd. 1, § 25, Rn. 73 ff.

[120] *Kloth*, EuR-Beiheft 2/2012, 156.

[121] Ebd., 157.

[122] Abrufbar unter http://ec.europa.eu/justice/international-relations/files/mou_2007_en.pdf (19.9.2016). Zu Vorläufern *Nawparwar*, S. 37. Vgl. auch Compendium of Texts Governing the Relations between the Council of Europe and the European Union, 4. Aufl., 2001 (abrufbar unter http://www.coe.int/t/der/docs/MoU_compendium_en.pdf (19.9.2016)).

Dieses legt einen neuen **Rahmen für verstärkte Zusammenarbeit und politischen Dialog** fest und geht auf einen Bericht zurück, den der damalige luxemburgische Premierminister Juncker in seiner persönlichen Eigenschaft auf Bitten der Staats- und Regierungschefs der Mitgliedstaaten des Europarats angefertigt hatte.[123]

59   Nach dem MoU, das keinen völkerrechtlichen Vertrag, sondern eine **politische Absprache** darstellt und deshalb auf EU-Seite nicht nach dem Verfahren des Art. 218 AEUV abgeschlossen wurde,[124] soll die verstärkte Partnerschaft beider Organisationen auf dem Prinzip der Komplementarität beruhen. Durch angemessene Berücksichtigung des komparativen Vorteils, der jeweiligen Kompetenzen und Expertise des Europarats und der EU sollen Doppelarbeit vermieden und Synergieeffekte erzielt, Mehrwert geschaffen und vorhandene Ressourcen besser genutzt werden. Beide Organisationen wollen die Erfahrungen und Standards der jeweils anderen in ihrer eigenen Arbeit anerkennen. Als Gebiete gemeinsamer Interessen identifiziert werden: die Förderung und der Schutz der pluralistischen Demokratie, die Achtung vor den Menschenrechten und Grundfreiheiten, die Rechtsstaatlichkeit, die politische und rechtliche Zusammenarbeit, der soziale Zusammenhalt und der kulturelle Austausch. Dabei wird der Europarat als Maßstab für Menschenrechte, Rechtsstaatlichkeit und Demokratie in Europa bezeichnet, und die EU erkennt ihn als europaweite Referenzquelle für Menschenrechte an.[125]

60   Auf dieser Grundlage führen Europarat und EU **zahlreiche gemeinsame Programme** durch, um die vorgenannten gemeinsamen Werte vor allem in den europäischen Transformationsstaaten zu stärken. Den Großteil der Kosten trägt die EU.[126]

cc) Die EMRK als Bindeglied

61   Ganz im Einklang mit der Leitfunktion des Europarats im Menschenrechtsbereich zählen die in der EMRK – dem wichtigsten Menschenrechtsvertrag des Europarats – gewährleisteten Rechte seit langem zu den **ungeschriebenen allgemeinen Rechtsgrundsätzen des Primärrechts**.[127] Weiterhin haben diejenigen in der Charta der Grundrechte der EU kodifizierten Rechte, die Konventionsrechten entsprechen, die gleiche Bedeutung wie letztere.[128]

62   Schließlich ermächtigt und verpflichtet Art. 6 Abs. 2 Satz 1 EUV die Union jetzt, ihrerseits der EMRK beizutreten. Die Erfüllung dieser durch den Vertrag von Lissabon eingefügten Verpflichtung ist allerdings durch das **negative Gutachten des EuGH** über den mühsam ausgehandelten Entwurf eines Beitrittsvertrags erheblich erschwert worden.[129] Der Europarat hat seinerseits durch Einfügung von Art. 59 Abs. 2 EMRK die Konvention einem Beitritt seitens der EU geöffnet. Entsprechende Öffnungsklauseln finden sich in zahlreichen weiteren Verträgen des Europarats, doch hat die Union von den dadurch eröffneten Möglichkeiten nur spärlich Gebrauch gemacht.[130]

---

[123] Council of Europe, European Union: »A sole ambition for the European continent« vom 11.4.2006, abrufbar unter http://www.coe.int/t/der/docs/RapJuncker_E.pdf (19.9.2016).

[124] Das MoU ist auch nicht im Amtsblatt der EU veröffentlicht worden.

[125] Zur Komplementarität auch *Uerpmann-Wittzack*, EnzEuR, Bd. 1, § 25, Rn. 79 ff.

[126] *Kloth*, EuR-Beiheft 2/2012, 157 f.

[127] Art. 6 Abs. 3 EUV kodifiziert die ständige Rechtsprechung des EuGH seit EuGH, Urt. v. 14.5.1973, Rs. 4/73 (Nold), Slg. 1974, 491, Rn. 12 f.

[128] Art. 52 Abs. 3 GRC.

[129] EuGH, Gutachten 2/13 vom 18.12.2014 (EMRK-Beitritt II), ECLI:EU:C:2014:2454. Kritisch u. a. *Polakiewicz*, HRLJ 36 (2016), 10 ff.

[130] *Grabenwarter*, ZaöRV 2014, 430 f.; *Kloth*, EuR-Beiheft 2/2012, 161 ff. Zum Problem der Trennungsklauseln s. meine Kommentierung zu Art. 216 AEUV, Rn. 184 ff.

Vor ihrem förmlichen Beitritt zur EMRK unterliegt die Union selbst nicht der Ge-   **63**
richtsbarkeit des Europäischen Gerichtshofs für Menschenrechte. Folglich sind unmittelbar gegen die EU gerichtete Individualbeschwerden unzulässig. Allerdings können
Rechtsakte und Maßnahmen der Union indirekt dadurch zur Prüfung gestellt werden,
dass derjenige Mitgliedstaat als Beschwerdegegner bezeichnet wird, der den Rechtsakt
ausgeführt hat,[131] u. U. auch alle Mitgliedstaaten, wenn ein EU-Akt unmittelbar in Konventionsrechte eingreift, ohne dass es einer mitgliedstaatlichen Durchführung bedürfte.
In derartigen Fällen beteiligt sich die Kommission für die EU als Beobachter an dem
Verfahren.[132]

dd) Institutionelle Ausgestaltung der Zusammenarbeit

Im Abschnitt über interinstitutionelle Kooperation des MoU von 2007 werden das **Eu-**   **64**
ropäische Parlament und die Parlamentarische Versammlung des Europarats, der Ausschuss der Regionen der EU und der Kongress der lokalen und regionalen Behörden des
Europarats sowie der Menschenrechtskommissar des Europarats, der Ausschuss zur
Verhütung von Folter und die Europäische Kommission gegen Rassismus und Intoleranz
einerseits und die entsprechenden sachlich zuständigen Stellen der EU andererseits
besonders zur Zusammenarbeit aufgefordert. Die beiden Parlamente treten einmal
jährlich zu einer gemeinsamen Sitzung in Straßburg zusammen.[133] Sie haben ihre Zusammenarbeit in einer eigenen Übereinkunft geregelt.[134]

Der Europarat kennt zwar einen Beobachterstatus, hat diesen aber Staaten vorbe-   **65**
halten.[135] Dementsprechend hat die **Union beim Europarat keinen Beobachterstatus**.
Allerdings kann sie auf eigene Kosten Vertreter in die Sitzungen zahlreicher intergouvernementaler Ausschüsse des Ministerkomitees entsenden, die dort aber kein Stimmrecht haben.[136] An der Europäischen Kommission für Demokratie durch Recht (Vene-
dig-Kommission) nimmt die Union, vertreten durch die Kommission, mit einem Sonderstatus teil. Die zweimal jährlich stattfindenden Gipfeltreffen (Vierertreffen) wurden
bereits erwähnt.[137]

Seit 2012 legt der Rat der EU die Prioritäten der Union für die Zusammenarbeit mit   **66**
dem Europarat jeweils für Zweijahresperioden fest.[138] Die Parlamentarische Versammlung des Europarats hat ihrerseits am 27.1.2015 in ihrer Resolution 2029(2015) und
ihrer Empfehlung 2060(2015), die beide den Titel »**The implementation of the Memo-**
randum of Understanding between the Council of Europe and the European Union«

---

[131] Vgl. z. B. EGMR, Urt. v. 30.6.2005, Beschwerde-Nr. 45036/98 (Bosphorus).

[132] *Hoffmeister*, The Contribution of EU Practice to International Law, S. 49.

[133] *Breier*, in: Lenz/Borchardt, EU-Verträge, Art. 220 AEUV, Rn. 13.

[134] Agreement on the strengthening of cooperation between the Parliamentary Assembly of the
Council of Europe and the European Parliament of 28.11.2011, zitiert nach *Kloth*, EuR-Beiheft
2/2012, 159.

[135] Statutory Resolution (93) 26 on Observer Status des Ministerkomitees vom 14.5.1993. Beobachterstatus haben derzeit einige außereuropäische Staaten und der Heilige Stuhl.

[136] Die Teilnahme der EU beruht auf der Resolution CM/RES(2011)24 des Ministerkomitees vom
9.11.2011 (abrufbar unter http://www.coe.int/t/dghl/standardsetting/cdcj/CM%20Res_ q+2011_
24%20E.pdf (19.9.2016)). Eine Liste der betr. Ausschüsse ist unter http://www.coe.int/en/web/
portal/european-union abrufbar (19.9.2016).

[137] S. o. Rn. 57.

[138] Vgl. EU priorities for cooperation with the Council of Europe in 2014–2015, Beschluss des Rates
(Auswärtige Angelegenheiten) vom 18.11.2013 (16444/13), abrufbar unter http://fra.europa.eu/
sites/default/files/eu-priorities-cooperation-coe-2014-2015_en.pdf (19.9.2016).

tragen, vornehmlich drei Forderungen erhoben: Erstens sollten die Verhandlungen über den Beitritt der Union zur EMRK im Lichte des negativen Gutachtens 2/13 des EuGH unverzüglich wieder aufgenommen und ihnen hohe politische Priorität eingeräumt werden. Zweitens solle die Möglichkeit eines Beitritts der EU zu weiteren Europarats-Übereinkommen, einschließlich der revidierten Europäischen Sozialcharta, geprüft werden.[139] Drittens solle die Kooperation der beiden Organisationen letztlich dazu führen, dass die EU dem Statut des Europarats beitrete, wie dies bereits der Juncker-Bericht von 2006 empfohlen habe. Dazu müsste allerdings zuvor die Satzung des Europarats[140] geändert werden, die in Art. 4 derzeit nur europäischen Staaten die Vollmitgliedschaft und in Art. 5 europäischen Ländern die assoziierte Mitgliedschaft eröffnet. Fraglich erscheint, ob man schon Art. 220 Abs. 1 UAbs. 1 AEUV in der gegenwärtigen Fassung eine entsprechende Beitrittskompetenz der Union entnehmen kann.[141]

67   Zu erwähnen ist noch das **Abkommen zwischen der EG und dem Europarat über die Zusammenarbeit zwischen der Agentur der EU für Grundrechte und dem Europarat.**[142] Anders als beim MoU wurde dort das förmliche Vertragsschließungsverfahren nach Art. 300 Abs. 2 UAbs. 1 und Abs. 3 EGV durchgeführt.[143] Dieser Umstand und die Formulierung des Abkommenstextes deuten darauf hin, dass es den Charakter eines völkerrechtlichen Vertrages besitzt. Vereinbart wurden u. a. die Beteiligung von Beobachtern der einen an den Sitzungen von Gremien der jeweils anderen Seite sowie der Informations- und Datenaustausch. Ziel ist es, Doppelarbeit zu vermeiden und die Komplementarität der jeweiligen Grundrechtsschutzaktivitäten zu gewährleisten.[144] Die EU ist als Rechtsnachfolgerin der EG (Art. 1 Abs. 3 Satz 3 EUV) in diesen Vertrag eingetreten.

c)   Zusammenarbeit mit der Organisation für wirtschaftliche Zusammenarbeit und Entwicklung (OECD)

68   Die OECD ist eine über Europa hinausreichende Organisation von Industriestaaten mit demokratisch-marktwirtschaftlichen Systemen. Ihre Hauptaufgabe besteht darin, die Regierungen durch Vermittlung von Wissen und Beratung bei der Generation von Wohlstand und Bekämpfung der Armut durch Wirtschaftswachstum und finanzielle Stabilität zu unterstützen.[145] **Ihre Ziele deckten sich in erheblichem Maße mit den Zielen der europäischen Integrationsgemeinschaften.** Deshalb war eine Zusammenarbeit mit diesen von Anfang an vorgesehen.

69   Dementsprechend unterzeichneten die Vertragsstaaten gemeinsam mit dem Übereinkommen über die Organisation für Wirtschaftliche Zusammenarbeit und Entwicklung am 14.12.1960 ein Zusatzprotokoll Nr. 1.[146] Dieses sieht in Ausfüllung von Art. 13 des

---

[139] Obwohl über 50 Europaratsübereinkommen eine Öffnungsklausel zugunsten der EU enthalten, ist die Union nur einigen weniger wichtigen beigetreten (*Uerpmann-Wittzack*, EnzEuR, Bd. 1, § 25, Rn. 76).

[140] Vom 5.5.1949, ETS No. 1 (konsolidierte Fassung in deutscher Übersetzung in: Sartorius II Nr. 110).

[141] Dafür *Uerpmann-Wittzack*, EnzEuR, Bd. 1, § 25, Rn. 72; vgl. aber auch ebd., Rn. 78 zu den Fragen, die vor einem Beitritt der EU zu klären wären. S. aber o. Rn. 21 ff., 26.

[142] Vom 18. 6. 2008, ABl. 2008, L 186/7.

[143] Vgl. den Ratsbeschluss vom 28. 2. 2008, ABl. 2008, L 186/6, der materiell auf Art. 308 EGV (jetzt nach Änderung Art. 352 AEUV) beruht.

[144] *Kloth*, EuR-Beiheft 2/2012, 158.

[145] *Reindl*, EnzEuR, Bd. 1, § 33, Rn. 2 ff.

[146] BGBl. 1961 II S. 1151, 1159.

OECD-Übereinkommens vor, dass die Vertretung der drei Europäischen Gemeinschaften in der OECD nach den in deren Gründungsverträgen enthaltenen Vorschriften über die Organe geregelt wird. Die Kommissionen der EWG und EAG sowie die Hohe Behörde der EGKS sollten an den Arbeiten der OECD teilnehmen. Umgekehrt sah Art. 231 EWGV von Anfang an vor, dass ein enges Zusammenwirken mit der OECD herbeiführen sollte, wobei die Einzelheiten gemeinsam festzulegen waren. Dennoch wurde das **vorgesehene Abkommen nie geschlossen.**[147]

Die Beteiligung der EU an den Arbeiten der OECD, der 21 EU-Mitgliedstaaten als Vollmitglieder angehören,[148] geht über einen Beobachterstatus hinaus und kommt einer **Quasi-Mitgliedschaft** gleich. Die Union wird im Einklang mit Art. 17 Abs. 1 Satz 6 EUV in allen Gremien und Ausschüssen der OECD durch die Kommission vertreten.[149] Wie die Vollmitglieder unterhält sie eine ständige Vertretung bei der OECD und trägt freiwillig in erheblichem Maße zum Haushalt der Organisation bei.[150] Obwohl die OECD sich Wirtschaftsfragen widmet, hat die EU – anders als dies für das GATT 1947 galt – ihre Mitgliedstaaten, die zugleich OECD-Mitglieder sind, bisher nicht im Wege der Funktionsnachfolge abgelöst.[151] Das Europäische Parlament hat sich dafür ausgesprochen, dass der formaliter noch bestehende Beobachterstatus der EU zur Vollmitgliedschaft aufgewertet wird.[152] Auch wenn es dazu auf absehbare Zeit nicht kommt, besteht kein Zweifel daran, dass eine intensive Zusammenarbeit für OECD und Union vorteilhaft ist.[153]

70

d) Zusammenarbeit mit der Organisation für Sicherheit und Zusammenarbeit in Europa (OSZE)

Die OSZE[154] gehört nicht nur zu den in Art. 220 Abs. 1 UAbs. 1 AEUV als Kooperationspartner der EU hervorgehobenen Organisationen. Vielmehr werden auch die Prinzipien der KSZE-Schlussakte von Helsinki von 1975 und die Ziele der Charta von Paris für ein neues Europa von 1990 bei den Zielen des auswärtigen Handelns der EU ausdrücklich in Bezug genommen (Art. 21 Abs. 2 Buchst. c EUV). Alle EU-Mitgliedstaaten sind »teilnehmende Staaten« der OSZE. Die **Mitwirkung der Europäischen Kommission an Zusammenkünften der Entscheidungsorgane der OSZE,**[155] die im Konsenswege politisch bindende Beschlüsse fassen können, beruht auf keiner förmlichen Übereinkunft. Grundlage ist vielmehr Abschn. IV.1. (C) 11. der Geschäftsordnung (Rules of Procedure) der OSZE von 2006. Diese Bestimmung gibt der Kommission bei allen Zusam-

71

---

[147] *Tietje*, in: Grabitz/Hilf/Nettesheim, Art. 220 AEUV (April 2012), Rn. 40.

[148] Damit stellen die EU-Staaten die Mehrheit der 34 OECD-Mitglieder.

[149] *Tietje*, in: Grabitz/Hilf/Nettesheim, Art. 220 AEUV (April 2012), Rn. 41; *Reindl*, EnzEuR Bd. 1, § 33, Rn. 53.

[150] Nach den Informationen des Europäischen Auswärtigen Dienstes (http://eeas.europa.eu/ delegations/oecd_unesco/oecd_eu/political_relations/institutional_framework/index_en.htm (19.9. 2016)). Vgl. auch *Nawparwar*, S. 39 f.

[151] *Nawparwar*, S. 40 f.

[152] Resolution des Europäischen Parlaments vom 11.5.2011 »The EU as global actor: its role in multilateral organisations« (P7_TA(2011)0229), Ziff. 37.

[153] *Reindl*, EnzEuR Bd. 1, § 33, Rn. 53.

[154] Vgl. den Überblick über Entwicklung, Aufbau und Aufgaben von *Epping/Brunner*, EnzEuR, Bd. 1, § 34.

[155] Dazu gehören die Gipfeltreffen der Staats- und Regierungschefs, der Ministerrat, der Ständige Rat und das Forum für Sicherheitskooperation (Abschnitt II (A) und (B) der Rules of Procedure of the OSCE vom 1.11.2006, abrufbar unter http://www.osce.org/mc/22775?download=true (19.9.2016).

menkünften der Entscheidungsorgane der OSZE einen Sitz neben dem Staat, der die »EU Presidency« innehat.[156]

72   Doch schon zuvor hatte die Kommission an wichtigen Sitzungen teilgenommen. Die von den Staats- und Regierungschefs der KSZE-Teilnehmerstaaten angenommene **Charta von Paris für ein neues Europa von 1990** etwa unterzeichneten der damalige italienische Ministerpräsident zugleich als amtierender Präsident des Rates der Europäischen Gemeinschaften und direkt nach ihm der damalige Präsident der Kommission der Europäischen Gemeinschaften. Bei der Charter for European Security vom 19. 11. 1999 stehen die Unterschriften des finnischen Präsidenten, der zugleich als amtierender Präsident des Rates der EU zeichnete, und des Kommissionspräsidenten nebeneinander.[157] Auch an der Vorbereitung der KSZE-Schlussakte von 1975 war die Kommission beteiligt, unterzeichnet hatte sie aber nur der damalige italienische Ministerpräsident zugleich in seiner Eigenschaft als Präsident des Rates der Europäischen Gemeinschaften.[158]

73   Für die **praktische Gestaltung der EU-Teilnahme an der OSZE** gilt seit dem Inkrafttreten des Vertrages von Lissabon Folgendes: Die Union verfügt über einen eigenen, bei der OSZE akkreditierten Ständigen Vertreter, der im Prinzip wie die Vertreter der OSZE-Teilnehmerstaaten behandelt wird. An den Verhandlungen nimmt die EU-Delegation (Art. 221 AEUV) als Teil der Delegation desjenigen Mitgliedstaats teil, der die Ratspräsidentschaft jeweils innehat, falls der Verhandlungsgegenstand nicht eindeutig außerhalb der Unionszuständigkeit liegt. Fällt der Verhandlungsgegenstand hauptsächlich in die Unionszuständigkeit, so wirkt die EU-Delegation in gleicher Weise mit wie ein teilnehmender Staat. Während die Sitzordnung in den Entscheidungsorganen der OSZE in der Geschäftsordnung festgelegt ist,[159] gilt bei Nichtentscheidungsgremien eine freie Sitzwahl auch für die EU-Delegation. Wenn die Union in Entscheidungsorganen mit einer Stimme spricht, kann die EU-Delegation für alle Mitgliedstaaten sprechen. In den Nichtentscheidungsgremien koordiniert die EU-Delegation gewöhnlich die Position aller Mitgliedstaaten und vertritt diese dann in den Sitzungen. Auf den Gipfeltreffen der Staats- und Regierungschefs ergreifen je nach der Thematik der Hohe Vertreter der Union für Außen- und Sicherheitspolitik oder die Präsidenten des Rates oder der Kommission das Wort.[160]

74   Die EU ist am regulären Haushalt der OSZE nicht beteiligt, leistet aber **freiwillig erhebliche finanzielle Beiträge zu einer Reihe von OSZE-Projekten**. Insbesondere unterstützt sie das Office for Democratic Institutions and Human Rights (ODIHR).[161]

---

[156] Damit ist die halbjährlich wechselnde Ratspräsidentschaft gemeint.

[157] Die Charter ist Teil des Istanbul Document 1999, abrufbar unter http://www.osce.org/mc/39569?download=true (19. 9. 2016).

[158] Vgl. die Darstellung der Beziehungen zwischen OSZE und EU unter http://eeas.europa.eu/delegations/vienna/eu_osce/index_en.htm (19. 9. 2016).

[159] S. o. Rn. 71.

[160] Näher   dazu   unter   http://eeas.europa.eu/delegations/vienna/eu_osce/index_en.htm (19. 9. 2016). Vgl. auch *Frid de Vries*, in: MPEPIL, Rn. 36.

[161] *Breier*, in: Lenz/Borchardt, EU-Verträge, Art. 220 AEUV, Rn. 16.

IV. Zweckdienliche Beziehungen zu anderen internationalen Organisationen (Abs. 1 UAbs. 2)

1. Grundlagen

Während Art. 220 Abs. 1 UAbs. 1 AEUV die Zweckdienlichkeit der Zusammenarbeit 75
mit den aufgelisteten Organisationen als gesteigerter Beziehungsform vermutet, muss
die Zweckdienlichkeit von Beziehungen zu allen anderen internationalen Organisationen und ihres Intensitätsgrades jeweils im Einzelfall begründet werden. Die Union trägt
hier die **positive Beweislast für das Vorliegen der Zweckdienlichkeit** auch in Bezug auf
das »Ob« und nicht nur das »Wie« solcher Beziehungen.[162] Zwar sind bloße Beziehungen grundsätzlich weniger intensiv als eine Zusammenarbeit, doch kann es durchaus
zweckdienlich sein, dass die Union auch mit einer nichtprivilegierten Organisation sogar
eng zusammenarbeitet.[163]

Auch die Unterhaltung von Beziehungen zu anderen internationalen Organisationen 76
nach UAbs. 2 wird **der Union grundsätzlich als Rechtspflicht** aufgegeben. Diese ist freilich im Hinblick auf die vorgenannte »positive Beweislast« noch etwas schwächer als die
ihrerseits schon nicht intensive Rechtspflicht nach UAbs. 1.[164] Angesichts des weiten
Aufgabenbereichs der Union ist es kaum vorstellbar, dass die Unterhaltung von Beziehungen zu irgendeiner internationalen Organisation nicht zweckdienlich sein könnte.[165]

Für die Ausgestaltung und Intensität der Beziehungen zu den nichtprivilegierten anderen internationalen Organisationen nach UAbs. 2 gilt das zu UAbs. 1 Gesagte[166] erst 77
recht: Art. 220 Abs. 1 AEUV ermächtigt als solcher **nur zu Beziehungen unterhalb der
Schwelle eines völkerrechtlichen Vertrages**. Wenn die Union mit einer internationalen
Organisation völkervertragliche Beziehungen auch etwa in Form eines Beitritts als assoziiertes oder volles Mitglied aufnehmen will, bedarf sie dafür einer anderen materiellen Ermächtigungsgrundlage im Primärrecht.

Auch dies entspricht der **Praxis der Union**. So ist beispielsweise der Beschluss des 78
Rates vom 29.10.2012 über die Unterzeichnung im Namen der Europäischen Union
und die vorläufige Anwendung der Vereinbarung zur Schaffung eines allgemeinen Rahmens für eine verstärkte Zusammenarbeit zwischen der Europäischen Union und der
Europäischen Organisation zur Sicherung der Luftfahrt auf Art. 100 Abs. 2 i.V.m.
Art. 218 Abs. 5 AEUV gestützt, während Art. 220 AEUV nicht erwähnt wird.[167] Der
Text der angehängten Vereinbarung selbst nennt in der Präambel hingegen Art. 218 und
Art. 220 AEUV als Grundlage.

Nicht zu den IGOs gehören informelle internationale Diskussionsforen wie die Gruppe der Sieben **(G7 – Weltwirtschaftsgipfel)** oder die Gruppe der 20 **(G20 – Weltfinanz-** 79
gipfel), an denen die EU teilweise mit dem Kommissionspräsidenten und dem Präsidenten des Europäischen Rats (G7 und G20-Treffen der Führungsebene), teilweise mit dem
Währungskommissar, dem Ratsvorsitz und dem EZB-Präsidenten (G20-Treffen auf der
Ebene der Finanzminister und Notenbankchefs) im Wesentlichen gleichberechtigt teil-

---

[162] *Breier*, in: Lenz/Borchardt, EU-Verträge, Art. 220 AEUV, Rn. 6. Vgl. *Kokott*, in: Streinz, EUV/AEUV, Art. 220 AEUV, Rn. 3.
[163] Vgl. *Osteneck*, in: Schwarze, EU-Kommentar, Art. 220 AEUV, Rn. 1.
[164] S. o. Rn. 14.
[165] *Schröder*, in: GSH, Europäisches Unionsrecht, Art. 220 AEUV, Rn. 9. S. o. Rn. 14.
[166] S. o. Rn. 23, 53.
[167] ABl. 2013, L 16/1.

nimmt.[168] Sie werden jedoch von dem weiteren Begriff der internationalen Organisationen erfasst, wie ihn Art. 220 Abs. 1 UAbs. 2 AEUV verwendet.[169] Gleiches gilt für Nichtregierungsorganisationen,[170] mit denen die EU u. a. durch Kofinanzierung von Maßnahmen zusammenwirkt, die im Arbeitsbereich der jeweiligen Organisation liegen.[171]

2. Beziehungen zu ausgewählten Organisationen im Überblick

a) Welthandelsorganisation (WTO)

80   Anders als das GATT, dessen Organe bis zum Inkrafttreten des Vertrages von Amsterdam noch zu den ausdrücklich genannten Kooperationspartnern gehörten,[172] lässt sich die heutige WTO, die keine UN-Sonderorganisation ist,[173] nun den anderen internationalen Organisationen zuordnen. Da die EU durch ihre Rechtsvorgängerin EG neben ihren damaligen Mitgliedstaaten ein Gründungsmitglied der WTO von 1994 ist, hat Art. 220 Abs. 1 UAbs. 2 AEUV aber für ihr Verhältnis zur Welthandelsorganisation keine Bedeutung. Die **parallele WTO-Mitgliedschaft der Union und ihrer Mitgliedstaaten besteht formaliter fort**, obwohl sämtliche einschlägigen Kompetenzen durch den Vertrag von Lissabon auf die erstgenannte übergegangen sind.[174] Auch in der Praxis wird die WTO-Mitgliedschaft durch die Kommission allein wahrgenommen.[175] Nach Art. 199 Abs. 1 EAGV unterhält übrigens die Kommission für die EAG alle zweckdienlichen Beziehungen auch zu den Organen der Welthandelsorganisation, die dort gleichberechtigt neben der UNO und ihren Fachorganisationen[176] genannt wird.

b) Weltzollorganisation (WCO)

81   Die Aufgabe der Weltzollorganisation (World Customs Organization – WCO) besteht darin, die Effektivität und Effizienz der Zollverwaltungen zu verbessern. Obwohl die EU schon seit Jahrzehnten eine Zollunion mit entsprechender ausschließlicher Unionszuständigkeit bildet,[177] gehören der WCO nach wie vor sämtliche EU-Mitgliedstaa-

---

[168] Vgl. *Frid de Vries*, in: MPEPIL, Rn. 62 ff.; *Schmidt/Schmitt von Sydow*, in: GSH, Europäisches Unionsrecht, Art. 17 EUV, Rn. 74; *Louis*, The Euro Area and Multilateral Financial Institutions and Bodies: An Update, in: Govaere et al. (eds.), The European Union in the World. Essay in Honour of Marc Maresceau, 2014, S. 191 (201 ff.); *Wouters/Van Kerckhoven/Odermatt*, S. 129. Vgl. auch die Resolution des Europäischen Parlaments vom 11. 5. 2011 »The EU as global actor: its role in multilateral organisations« (P7_TA(2011)0229), Ziff. 43 ff.

[169] S. o. Rn. 18.

[170] S. o. Rn. 18.

[171] Vgl. VO (EG) Nr. 1658/98 vom 17. 7. 1998 über die Kofinanzierung von Maßnahmen mit in der Entwicklungszusammenarbeit tätigen europäischen Nichtregierungsorganisationen (NRO) in den für die Entwicklungsländer wichtigen Bereichen (ABl. 1998, L 213/1); Beschluss Nr. 466/2002/EG des Europäischen Parlaments und des Rates vom 1. 3. 2002 über ein Aktionsprogramm der Gemeinschaft zur Förderung von hauptsächlich im Umweltschutz tätigen Nichtregierungsorganisationen (ABl. 2002, L 75/1). Die beiden vorgenannten Rechtsakte beruhen auf der jeweils einschlägigen Sachkompetenz (Art. 130w EGV bzw. Art. 175 Abs. 1 EGV) und nicht auf der Vorgängervorschrift von Art. 220 Abs. 1 UAbs. 2 AEUV.

[172] S. o. Rn. 16.

[173] *Tietje*, § 3, Rn. 36.

[174] S. dazu meine Kommentierung zu Art. 216 AEUV, Rn. 114.

[175] *Frid de Vries*, in: MPEPIL, Rn. 57 f. Zu Restproblemen in dieser Hinsicht *Wölker*, EuR-Beiheft 2/2012, 129 ff.

[176] In Art. 199 Abs. 1 EAGV ist dieser alte Begriff anders als in Art. 220 Abs. 1 UAbs. 1 AEUV nicht durch den angemesseneren der Sonderorganisationen ersetzt worden. S. o. Fn. 30.

[177] Art. 3 Abs. 1 Buchst. a, Art. 30 ff. AEUV.

ten an. Die **Union ist hingegen nur aktiver Beobachter** mit einem »status akin to WCO membership«. Ein förmlicher Beitritt ist trotz entsprechender Anläufe bisher nicht erfolgt.[178]

c) Fischereischutzorganisationen

Die EU gehört mehreren Fischereischutzorganisationen an, und zwar aufgrund **aus-**   **82** **schließlicher Unionszuständigkeit** allein ohne ihre Mitgliedstaaten. Dies gilt etwa für die North-West Atlantic Fisheries Organization (NAFO), die North-East Atlantic Fisheries Organization und die South East Atlantic Fisheries Organization.[179]

d) Rohstofforganisationen

Die EU gehört teilweise allein, teilweise zusammen mit ihren Mitgliedstaaten, einer   **83** ganzen Reihe von Rohstofforganisationen an.[180] Alleiniges Mitglied ist die Union in denjenigen Organisationen, für deren Rohstoffe unionsintern eine **gemeinsame Marktorganisation** besteht; an den anderen Rohstofforganisationen nehmen auch die Mitgliedstaaten teil.[181]

e) Regionale Organisationen

Die Union unterhält auch Beziehungen zu internationalen Organisationen auf regio-   **84** naler Ebene, z. B. zur Afrikanischen Union, zur ASEAN,[182] zur Andengemeinschaft und zum Arktischen Rat.[183] Mit der **NATO gibt es zwar regelmäßige gemeinsame Treffen auf allen Ebenen**, doch haben sich die beiden Organisationen bislang wechselseitig noch keinen Beobachterstatus eingeräumt.[184] Der Aufbau von Beziehungen zur NATO wird dadurch erschwert, dass nur einige Mitgliedstaaten zugleich NATO-Mitglieder sind und andere eine dezidierte Neutralitätspolitik betreiben.[185] Der Europäischen Organisation zur Sicherung der Luftfahrt (Eurocontrol) gehört die EG/EU seit 2004 neben ihren Mitgliedstaaten als Vollmitglied an.[186] 2011 ist die Union auch der Zwischenstaatlichen Organisation für den Internationalen Eisenbahnverkehr (OTIF) beigetreten, der die Mitgliedstaaten ebenfalls weiterhin angehören.[187]

---

[178] *Frid de Vries*, in: MPEPIL, Rn. 59 ff.

[179] *Frid de Vries*, in: MPEPIL, Rn. 66 m. w. N.

[180] *Sack*, ZEuS 2001, 281; *Hoffmeister*, CMLRev. 44 (2007), 43.

[181] *Kokott*, in: Streinz, EUV/AEUV, Art. 220 AEUV, Rn. 82 ff.

[182] Vgl. Gemeinsame Mitteilung der Kommission und der Hohen Vertreterin an das Europäische Parlament und den Rat – EU und ASEAN: eine strategisch ausgerichtete Partnerschaft, JOIN(2015) 22 final vom 18. 5. 2015, abrufbar unter http://eur-lex.europa.eu/legal-content/DE/TXT/PDF/?uri=CELEX:52015JC0022&from=EN (19. 9. 2016).

[183] Zu neueren (zunächst vergeblichen) Versuchen der EU, ihren Status im Arktischen Rat zu verbessern, vgl. *Vara*, S. 65 (70 f.).

[184] Kritisch die Resolution des Europäischen Parlaments vom 11. 5. 2011 »The EU as global actor: its role in multilateral organisations« (P7_TA(2011)0229), Ziff. 32 f.

[185] Vgl. Art. 42 Abs. 2 UAbs. 2, Abs. 7 UAbs. 2 EUV. Vgl. jetzt aber Joint Declaration by the President of the European Council, the President of the European Commission, and the Sectratary General of the North Atlantic Treaty Organization vom 8. 7. 2016 zur Störung der strategischen Partnerschaft zwischen NATO und EU, abrufbar unter http://europa.ei/rapid/press-releade_Statement-16-2459_en.htm (28. 9. 2016).

[186] Vgl. den Ratsbeschluss 2004/636/EG vom 29. 4. 2004 über den Abschluss des Beitrittsprotokolls (ABl. Nr. L 304/209). Näher *Hobe*, EnzEuR Bd. 1, § 31, Rn. 13, 38 ff.

[187] ABl. 2011, L 183/1; 2013 Nr. L 51/1 (die Beitrittsvereinbarung wurde mit zweijähriger Verspätung veröffentlicht).

V. Durchführungskompetenzen (Abs. 2)

85   Vor dem Inkrafttreten des Vertrags von Lissabon war die Pflege der Beziehungen zu den Organen der UN und ihrer Sonderorganisationen der Kommission anvertraut, während die Organzuständigkeit in Bezug auf Europarat und OECD nicht ausdrücklich festgelegt wurde. Nunmehr wird die Durchführung der Zusammenarbeits- und Beziehungspflege von Art. 220 Abs. 2 AEUV **dem Hohen Vertreter und der Kommission** auferlegt. Die Durchführungszuständigkeit liegt aber nicht bei beiden gemeinsam, sondern regelmäßig je nach dem im Einzelfall betroffenen Politikbereich entweder beim Hohen Vertreter (GASP) oder der Kommission (sonstige Bereiche).[188] Um die Kohärenz des Außenhandelns der Union zu gewährleisten, müssen Hoher Vertreter und Kommission allerdings eng zusammenarbeiten, was durch den Umstand gefördert wird, dass der Hohe Vertreter zugleich als Vizepräsident der Kommission fungiert.[189]

86   Der Rat ist in die Pflege der Beziehungen zu internationalen Organisationen nicht einbezogen. Seine früheren Einflussnahmeversuche in Gestalt des Luxemburger Kompromisses[190] sind überholt.[191] Auch der halbjährlich rotierende **Ratsvorsitz**,[192] der vor dem Inkrafttreten des Vertrages von Lissabon häufig gemeinsam mit der Kommission eine »bicephale Vertretung« der Union bildete,[193] kann im unionalen Kompetenzbereich künftig keine Rolle mehr spielen. Weiterhin möglich bleibt jedoch eine gebündelte Vertretung der Mitgliedstaaten durch den Ratsvorsitz in Angelegenheiten gemischter Zuständigkeit, und zwar neben der Vertretung der Union durch den Hohen Vertreter oder die Kommission.[194]

87   Obwohl der Rat danach von der eigentlichen Außenvertretung der Union gegenüber internationalen Organisationen ausgeschlossen ist, kann die unionsinterne Entscheidungszuständigkeit über den Inhalt der Kooperation bei ihm liegen. Insbesondere legt er nach **Art. 218 Abs. 9 AEUV** auf Vorschlag der Kommission oder des Hohen Vertreters die Standpunkte fest, die von diesen im Namen der Union in den Organen einer internationalen Organisation zu vertreten sind, soweit es um den Erlass rechtswirksamer Akte geht. Dies gilt auch, wenn die Union kein Mitglied der betr. internationalen Organisation ist und sich die Rechtswirksamkeit des Organbeschlusses nur aus seiner Rezeption durch einen EU-Sekundärrechtsakt ergibt.[195] Vorbereitet werden diese Ratsent-

---

[188] *Kokott*, in: Streinz, EUV/AEUV, Art. 220 AEUV, Rn. 96; *Tietje*, in: Grabitz/Hilf/Nettesheim, Art. 220 AEUV (April 2012), Rn. 46 f.; *Schröder*, in: GSH, Europäisches Unionsrecht, Art. 220 AEUV, Rn. 17.

[189] Art. 18 Abs. 4, Art. 21 Abs. 3 UAbs. 2 EUV. Vgl. *Osteneck*, in: Schwarze, EU-Kommentar, Art. 220 AEUV, Rn. 5; *Kokott*, in: Streinz, EUV/AEUV, Art. 220 AEUV, Rn. 96.

[190] Der Rat hatte unter der Geltung von Art. 229 EWGV verlangt, dass die Kommission ihn konsultiere »über die Zweckmäßigkeit, die Modalitäten und die Art der Beziehungen …, welche die Kommission … zu den internationalen Organisationen herstellen könnte« (Schlusskommuniqué der außerordentlichen Tagung des Ministerrats [29. 1. 1966], 2. Teil a) 5, abrufbar unter http://www.cvce. eu/obj/schlu%DFkommunique_der_au%DFerordentlichen_tagung_des_ministerrats_luxemburg_29 _januar_1966-de-abe9e77d-9bf9-4e0a-90a9-b80cb48efb47.html (19. 9. 2016).

[191] *Schmalenbach*, in: Calliess/Ruffert, EUV/AEUV, Art. 220 AEUV, Rn. 14; *Schröder*, in: GSH, Europäisches Unionsrecht, Art. 220 AEUV, Rn. 18. Vgl. dazu auch *Tietje*, in: Grabitz/Hilf/Nettesheim, Art. 220 AEUV (April 2012), Rn. 9.

[192] Art. 16 Abs. 9 EUV.

[193] *Osteneck*, in: Schwarze, EU-Kommentar, Art. 220 AEUV (April 2012), Rn. 6.

[194] Vgl. auch unten Rn. 89.

[195] EuGH, Urt. v. 7. 10. 2014, Rs. C–399/12 (Internationale Organisation für Rebe und Wein), ECLI:EU:C:2014:2258. S. näher dazu meine Kommentierung zu Art. 218 AEUV, Rn. 167 ff.

scheidungen in zahlreichen Arbeitsgruppen und Ausschüssen, etwa der United Nations Working Party (CONUN).[196]

Nach Art. 27 Abs. 2 EUV vertritt der **Hohe Vertreter** die Union in der GASP, deren **88** integraler Bestandteil auch die Gemeinsame Sicherheits- und Verteidigungspolitik ist.[197] In diesen Bereichen führt er im Namen der Union auch den politischen Dialog mit Dritten und vertritt den Standpunkt der Union in internationalen Organisationen und auf internationalen Konferenzen. Unterstützt wird er dabei durch den Europäischen Auswärtigen Dienst (Art. 27 Abs. 3 EUV, Art. 221 AEUV).

Zu beachten ist insoweit die Spezialregelung in Art. 15 Abs. 6 UAbs. 2 EUV, wonach **89** der Präsident des Europäischen Rates auf seiner Ebene (d. h. auf der Ebene der Staats- und Regierungschefs), unbeschadet der Befugnisse des Hohen Vertreters, die Außenvertretung der Union in GASP-Angelegenheiten wahrnimmt. Auf dieser Grundlage nimmt der **Präsident des Europäischen Rates** beispielsweise an Gipfeltreffen der G7 und G20 teil, soweit dort GASP-Fragen behandelt werden. Er vertritt die Union auch in der UN-Generalversammlung, wenn dort zu Beginn der regulären Sitzungsperiode eine Debatte auf Ebene der Staats- und Regierungschefs stattfindet.[198] Demgegenüber hat der halbjährlich wechselnde Ratsvorsitz (Art. 16 Abs. 9 EUV) keine Außenvertretungsbe-fugnis.[199] Dessen ungeachtet gibt er aus Praktikabilitätsgründen nach wie vor Stellung-nahmen im Namen der Union ab, etwa im UN-Menschenrechtsrat.[200]

In allen Politikbereichen außerhalb der GASP ist die Kommission zur Außenvertre- **90** tung der Union berufen (Art. 17 Abs. 1 Satz 6 EUV).[201] Eine Ausnahme gilt gemäß der Spezialbestimmung des Art. 6 des Protokolls (Nr. 4) über die Satzung des Europäischen Systems der Zentralbanken und der **Europäischen Zentralbank** für den Bereich der internationalen Währungspolitik. Dort liegt – vorbehaltlich einer abweichenden Rege-lung nach Art. 138 Abs. 2 AEUV – die Entscheidung über die Außenvertretung bei der EZB.[202]

Die jeweils für die Durchführung zuständige Stelle muss insbesondere auch die Ent- **91** scheidung darüber treffen, ob und welche Beziehungen oder Formen der Zusammenar-beit mit einer bestimmten Organisation im Lichte der **Art. 205 AEUV und Art. 21, 22 EUV** als zweckmäßig erscheinen. Aus diesen Bestimmungen dürften sich aber kaum je rechtliche Grenzen für die Beziehungen der Union zu internationalen Organisationen ergeben.[203]

Bei den für die Union wichtigsten internationalen Organisationen unterhält sie, wie **92** bei Drittstaaten, **Delegationen (Art. 221 Abs. 1 AEUV)**, die zum Teil für mehrere Or-ganisationen gleichzeitig zuständig sind: Bei der UNO in New York; bei der UNO in Genf; bei der WTO in Genf; bei UNO, IAEA und OSZE in Wien; bei der FAO in Rom; beim Europarat in Straßburg; bei OECD und UNESCO in Paris und bei der Afrikani-schen Union in Addis Abeba.[204]

---

[196] Näher *Wouters/Chané*, S. 15 f.

[197] Art. 42 Abs. 1 Satz 1, Art. 18 Abs. 2 EUV.

[198] *Wouters/Chané*, S. 13.

[199] Vgl. *Schmalenbach*, in: Calliess/Ruffert, EUV/AEUV, Art. 220 AEUV, Rn. 12.

[200] *Wouters/Meuwissen*, European Journal of Human Rights 2014, 161.

[201] Die »übrigen Fälle«, die Art. 17 Abs. 1 Satz 6 EUV von der Außenvertretung durch die Kom-mission ausnimmt, meint die internationale Finanz- und Währungspolitik (Art. 138 Abs. 2, Art. 219 AEUV): *Schmidt/Schmitt von Sydow*, in: GSH, Europäisches Unionsrecht, Art. 17 EUV, Rn. 73.

[202] Näher *Smits*, in: GSH, Europäisches Unionsrecht, Art. 138 AEUV, Rn. 31 ff.

[203] *Schröder*, in: GSH, Europäisches Unionsrecht, Art. 220 AEUV, Rn. 11.

[204] Vgl. *Vara*, S. 65 (66).

C. Verhältnis zu anderen Vertragsbestimmungen

93 Für einige Politikbereiche ist die Zusammenarbeit der Union (und teilweise auch der Mitgliedstaaten) mit den thematisch jeweils zuständigen internationalen Organisationen in **vorrangigen Spezialvorschriften** geregelt. Dies gilt für die GASP (Art. 34 EUV), die Bildung (Art. 165 Abs. 3 AEUV), die berufliche Bildung (Art. 166 Abs. 3 AEUV), die Kultur (Art. 167 Abs. 3 AEUV), das Gesundheitswesen (Art. 168 Abs. 3 AEUV), die Forschung (Art. 180 Buchst. b, 186 AEUV), die Umwelt (Art. 191 Abs. 4 AEUV), die Entwicklungszusammenarbeit (Art. 211 AEUV) und die wirtschaftliche, finanzielle und technische Zusammenarbeit mit Nicht-Entwicklungsländern (Art. 212 Abs. 3 AEUV).[205] Durch die Textfassung einiger dieser Bestimmungen wird die Kooperationsbereitschaft der Union stärker eingefordert als von Art. 220 Abs. 1 UAbs. 2 AEUV.

94 Soweit die Union (wie meist) neben den Mitgliedstaaten mit internationalen Organisationen kooperiert, ist der vom EuGH herausgearbeitete **Grundsatz der geschlossenen völkerrechtlichen Vertretung** zu beachten.[206] Danach sind die Union und die Mitgliedstaaten als Ausfluss ihrer Pflicht zur loyalen Zusammenarbeit (Art. 4 Abs. 3 EVU) gehalten, für ein kohärentes Auftreten gegenüber anderen internationalen Akteuren zu sorgen.[207] Für die GASP wird dies durch Art. 32 EUV bestätigt. Dies gelingt zwar immer noch nicht durchgehend,[208] doch ist die Tendenz positiv.[209]

---

[205] *Breier*, in: Lenz/Borchardt, EU-Verträge, Art. 220 AEUV, Rn. 23.

[206] EuGH, Gutachten 1/94 vom 15.11.1994 (WTO/GATT/GATS), Slg. 1994, I–5267, Rn. 108.

[207] Vgl. Art. 21 Abs. 3 UAbs. 2, 24 Abs. 3, 26 Abs. 2 UAbs. 2, 32, 34 EUV. Dazu auch *Tietje*, in: Grabitz/Hilf/Nettesheim, Art. 220 AEUV (April 2012), Rn. 4 f.; *Nawparwar*, S. 42 f.

[208] Vgl. *Mayr-Singer/Villotti*, EuR-Beiheft 2/2012, 91 f.: Bei der Abstimmung in der UNESCO-Generalkonferenz über die Aufnahme Palästinas als Mitglied stimmten elf Mitgliedstaaten dafür, fünf dagegen und elf enthielten sich. Die Hohe Vertreterin hatte den Mitgliedstaaten zuvor empfohlen, sich geschlossen zu enthalten.

[209] *Wouters/Chané*, S. 21 ff.

Thomas Giegerich

Artikel 221 AEUV [Delegationen der Union]

(1) Die Delegationen der Union in Drittländern und bei internationalen Organisationen sorgen für die Vertretung der Union.

(2) [1]Die Delegationen der Union unterstehen der Leitung des Hohen Vertreters der Union für Außen- und Sicherheitspolitik. [2]Sie werden in enger Zusammenarbeit mit den diplomatischen und konsularischen Vertretungen der Mitgliedstaaten tätig.

Literaturübersicht

Blockmans/Hillion (eds.), EEAS 2.0. A legal commentary on Council Decision 2010/427/EU establishing the organisation and functioning of the European External Action Service, Leuven Centre for Global Governance Studies Working Paper No. 99 (February 2013) (http://ghum.kuleuven.be/ggs/publications/working_papers/new_series/wp91-100/wp-99-blockmans-hillion.pdf, (20.9.2016)); *Europäische Kommission* (Hrsg.), Taking Europe to the world: 50 years of the European Commission's External Service, 2004 (abrufbar unter http://www.eeas.europa.eu/delegations/docs/50_years_brochure_en.pdf (20.9.2016)); *Gatti/Manzini*, External Representation of the European Union in the Conclusion of International Agreements, CMLRev. 49 (2012), S. 1703 ff.; *Hummer*, Vom »Außendienst« der Gemeinschaften zum »Europäischen Auswärtigen Dienst« im Vertrag über eine Verfassung für Europa, FS Bieber, 2007, S. 493 ff.; *Kerres/Wessel*, Apples and Oranges? Comparing the European Union Delegations to National Embassies, CLEER Working Papers 2015/2 (abrufbar unter http://www.asser.nl/media/2847/cleer15-2_web.pdf (20.9.2016)); *Kruse*, Der Europäische Auswärtige Dienst zwischen intergouvernementaler Koordination und supranationaler Repräsentation, 2014; *Kuijper/Wouters/Hoffmeister/de Baere/Ramopoulos*, The Law of EU External Relations, 2013; *Martenczuk*, Der Europäische Auswärtige Dienst, EuR-Beiheft 2/2012, 189 ff.; *Müller-Graff*, The European External Action Service: Challenges in a Complex Institutional Framework, FS Marescau, 2014, S. 117 ff.; *Petersen*, Europäisierung der Diplomatie, 2011; *Ramopoulos/Wouters*, Charting the Legal Landscape of EU External Relations Post-Lisbon, Leuven Centre for Global Governance Studies Working Paper No. 156 (March 2015) (abrufbar unter http://ghum.kuleuven.be/ggs/publications/working_papers/new_series/wp151-160/wp156-ramopoulos-wouters.pdf (20.9.2016)); *Ruffert/Walter*, Institutionalisiertes Völkerrecht, 2. Aufl., 2015; *Schmalenbach*, Die Delegationen der Europäischen Union in Drittländern und bei internationalen Organisationen, EuR-Beiheft 2/2012, 205; *Sydow*, Der Europäische Auswärtige Dienst, Juristen Zeitung 2011, 6; *Vermeer-Künzli*, Where the Law Becomes Irrelevant: Consular Assistance and the European Union, ICLQ 60 (2011), 965 ff.; *Wessel*, Can the EU Replace Its Member States in International Affairs? An International Law Perspective, FS Marescau, 2014, S. 128 ff.; *Wouters/Chané*, Brussels Meets Westphalia: The European Union and the United Nations, Leuven Centre for Global Studies Working Paper No. 144 (August 2014) (abrufbar unter http://ghum.kuleuven.be/ggs/publications/working_papers/new_series/wp141-150/wp144-wouters-chane.pdf (20.9.2016)); *Wouters/Duquet*, The EU, the EEAS and Union Delegations and International Diplomatic Law: New Horizons, Leuven Centre for Global Governance Studies Working Paper No. 62 (May 2011) (http://ghum.kuleuven.be/ggs/publications/working_papers/new_series/wp61-70/wp62.pdf (20.9.2016)); *dies.*, Unus Inter Plures? The EEAS, the Vienna Convention and International Diplomatic Practice, Leuven Centre for Global Governance Studies Working Paper No. 139 (May 2014/updated in September 2014), (http://ghum.kuleuven.be/ggs/publications/wp139-duquet-woutersupdateseptember2014.pdf (20.9.2016)).

Leitentscheidung

EuG, Urt. v. 4.6.2011, Rs. T–395/11 (Elti/Delegation der EU in Montenegro), ECLI:EU:T:2012:274

Inhaltsübersicht

A. Entwicklung der Außenvertretung der EU

1   Die Vorschrift geht auf den Vertrag von Lissabon zurück und hatte keine Entsprechung in den früheren Verträgen bzw. Vertragsfassungen. Ihr Vorbild liegt vielmehr in **Art. III–328 des Verfassungsvertrags**. Allerdings wurden bereits im Art. J.6 Abs. 1 EUV i. d. F. des Vertrags von Maastricht »die Delegationen der Kommission in dritten Ländern und auf internationalen Konferenzen sowie ihre Vertretungen bei internationalen Organisationen« erwähnt und zur Kooperation mit den diplomatischen und konsularischen Vertretungen der Mitgliedstaaten verpflichtet.[1] Dies nahm die Regelung in Art. 221 Abs. 2 Satz 2 AEUV vorweg.

2   Art. 221 AEUV steht im Zusammenhang mit Art. 27 Abs. 3 EUV, der einen Europäischen Auswärtigen Dienst (EAD) zur Unterstützung des Hohen Vertreters der Union für die Außen- und Sicherheitspolitik vorsieht. Dessen Einrichtung erfolgte nach Maßgabe des Art. 27 Abs. 3 Sätze 3 und 4 EUV durch den Beschluss des Rates vom 26.7.2010 über die Organisation und Arbeitsweise des Europäischen Auswärtigen Dienstes.[2] Dieser Beschluss beruht zwar auf einer Ermächtigungsgrundlage im Bereich der GASP, ist aber wegen seiner Bedeutung auch für den Integrationsbereich nicht als GASP-, sondern als **EU-Beschluss (2010/427/EU)** ergangen.[3] Denn es steht außer Frage, dass der EAD den Hohen Vertreter im gesamten Spektrum seiner Zuständigkeiten unterstützen soll.[4] Der EAD bildet eine funktional eigenständige (d. h. weder dem Rat noch der Kommission zugeordnete) Einrichtung der Union mit Sitz in Brüssel, die dem Hohen Vertreter untersteht.[5] Die Delegationen der Union in Drittländern und bei internationalen Organisationen sind dem EAD zugeordnet und sind dessen Zentralverwaltung in Brüssel nachgeordnet.[6]

3   Vor dem Inkrafttreten des Vertrags von Lissabon gab es keine institutionalisierte Außenvertretung der E(W)G/EU als solcher. Doch unterhielt die **Kommission** zur Erfüllung ihrer Aufgaben z. B. im Rahmen der Entwicklungszusammenarbeit, aber auch zur Pflege politischer Beziehungen insbesondere mit den USA und dem Vereinigten Königreich vor dessen Beitritt, schon seit 1954 eigene Delegationen in einer wachsenden Zahl von Drittländern und bei internationalen Organisationen, die auch die Interessen der E(W)G/EU insgesamt wahrnahmen.[7] Allerdings war für diesen Zweck daneben die diplomatische Vertretung desjenigen Mitgliedstaats zuständig, der jeweils den

---

[1] Vgl. heute entsprechend Art. 35 Abs. 1 EUV.
[2] ABl. 2010, L 201/30.
[3] *Blockmans/Hillion*, EEAS 2.0, S. 3 f.
[4] *Martenczuk*, EuR-Beiheft 2/2012, 195.
[5] Art. 1 Abs. 2, 3 des Ratsbeschlusses vom 26.7.2010 (Fn. 2).
[6] Art. 1 Abs. 4, Art. 5 Abs. 3 des Ratsbeschlusses vom 26.7.2010 (Fn. 2).
[7] Europäische Kommission, Taking Europe to the world. Überblick über die Entwicklung bei *Hummer*, S. 500 ff.; *Tietje*, in: Grabitz/Hilf/Nettesheim, EU, Art. 221 AEUV (April 2012), Rn. 1 ff.

Ratsvorsitz innehatte.[8] Auch der Rat[9] und das Europäische Parlament unterhielten teilweise eigenständige Delegationen neben denjenigen der Kommission.[10]

Die Einrichtung des EAD hat die bisher doppelgleisige Vertretung der E(W)G/EU- **4** Interessen auf internationaler Ebene unter einem institutionellen Dach gebündelt,[11] ebenso wie der Hohe Vertreter die intergouvernementale GASP und die supranationalen sonstigen auswärtigen Politiken der Union unter einem »Doppelhut« zusammenfasst.[12] Hinter dieser neuen **einheitlichen institutionellen Fassade** bestehen die alten Unterschiede der Sache nach aber fort.[13] Deshalb wird der Hohe Vertreter, der in einer Person Vorsitzender des Rates »Auswärtige Angelegenheiten« und einer der Vizepräsidenten der Kommission ist, in besonderer Weise für die Kohärenz des auswärtigen Handelns der Union verantwortlich gemacht.[14] Dementsprechend wurden Verwaltungseinheiten und Aufgabenbereiche mitsamt dem zugehörigen Personal sowohl aus dem Generalsekretariat des Rates als auch aus der Kommission in den EAD überführt.[15] Der EAD und seine Delegationen unterstützen den Hohen Vertreter in seinen beiden Eigenschaften, die er nach Maßgabe unterschiedlicher Vertragsbestimmungen und in unterschiedlichen Verfahren wahrnimmt, und insbesondere auch bei seiner Sorge für die Wahrung der Kohärenz.[16]

Darüber hinaus unterstützt der EAD auch durch seine Delegationen den Präsidenten **5** des Europäischen Rats, den Präsidenten der Kommission und die Kommission bei der Wahrnehmung ihrer jeweiligen Aufgaben im Bereich der Außenbeziehungen.[17] Dies hat u. a. Bedeutung für die **Europäische Atomgemeinschaft**, die in der Begründungserwägung (18) (aber nicht im operativen Teil) des vorgenannten Ratsbeschlusses vom 26. 10. 2010 ausdrücklich erwähnt wird.[18] Die Begründungserwägung (18) lautet: »Die Europäische Union und die Europäische Atomgemeinschaft verfügen weiterhin über einen einheitlichen institutionellen Rahmen. Daher ist es unbedingt erforderlich, die Kohärenz in den Außenbeziehungen von Union und Euratom zu gewährleisten und es den Delegationen der Union zu ermöglichen, die Vertretung der Europäischen Atomgemeinschaft in Drittländern und bei internationalen Organisationen wahrzunehmen.«

---

[8] *Kokott*, in: Streinz, EUV/AEUV, Art. 221 AEUV, Rn. 7 f.

[9] Der Rat unterhielt zwei Verbindungsbüros bei der UNO in New York und in Genf (*Kruse*, S. 241, Fn. 263).

[10] *Tietje*, in: Grabitz/Hilf/Nettesheim, EU, Art. 221 AEUV (April 2012), Rn. 5.

[11] Vgl. *Terhechte*, in: Schwarze, EU-Kommentar, Art. 221 AEUV, Rn. 1.

[12] Man kann auch von einer Dreifachfunktion sprechen (triple-hatted role – so Buchst. D der Empfehlung des Europäischen Parlaments vom 13. 6. 2013 an die Hohe Vertreterin [P7_TA(2013)0278]), weil der Hohe Vertreter nach Art. 18, 27 EUV drei Aufgaben hat: Die GASP zu leiten, den Vorsitz im Rat Auswärtige Angelegenheiten zu führen und als Vizepräsident der Kommission deren Außenzuständigkeiten wahrzunehmen (vgl. Art. 2 Abs. 1 des Ratsbeschlusses vom 26. 7. 2010 [Fn. 2]).

[13] *Müller-Graff*, S. 121 ff.

[14] Art. 18 Abs. 2–4 EUV.

[15] Art. 7 Abs. 1 des Ratsbeschlusses vom 26. 7. 2010 (Fn. 2). S. auch Art. 27 Abs. 2 Satz 3 EUV.

[16] Begründungserwägung (3) und Art. 2 des Ratsbeschlusses vom 26. 7. 2010 (Fn. 2).

[17] Art. 2 Abs. 2 des Ratsbeschlusses vom 26. 7. 2010 (Fn. 2).

[18] S. o. Fn. 2.

B. Völkerrechtliches Gesandtschaftsrecht als Hintergrund

6   Das aktive und passive Gesandtschaftsrecht ist ein klassisches Souveränitätsrecht von Staaten. Internationalen und supranationalen Organisationen steht es nur kraft Verleihung durch ihre Mitgliedstaaten zu. Es ist wesentliche Voraussetzung für die effektive Ausübung einer diesen Organisationen ggf. (so auch der EGKS gemäß Art. 6 Abs. 2 EGKSV, der E[W]G gemäß Art. 210 E[W]GV und der EAG gemäß Art. 184 EAGV) verliehenen **partiellen Völkerrechtssubjektivität**. Im Hinblick darauf hat das Europäische Parlament bereits in einer Entschließung vom 19. 11. 1960 die Meinung geäußert, »daß die europäischen Gemeinschaften durch ihre internationale Rechtspersönlichkeit das aktive und passive Gesandtschaftsrecht genießen«.[19] Dementsprechend ist mit der Verleihung der partiellen Völkerrechtsfähigkeit an eine internationale Organisation regelmäßig auch zumindest implizit die Einräumung des Gesandtschaftsrechts im gleichen Umfang verbunden.[20]

7   Folglich wurde das **passive Gesandtschaftsrecht** der EWG indirekt bereits durch Art. 16 des Protokolls über die Vorrechte und Befreiungen vom 17. 4. 1957 anerkannt, der dem Art. 16 der heute geltenden Fassung des Protokolls (Nr. 7) über die Vorrechte und Befreiungen der Europäischen Union vom 8. 4. 1965 entspricht. Danach ist der Mitgliedstaat, in dessen Hoheitsgebiet sich der Sitz der Gemeinschaft/Union befindet (Belgien), seit jeher verpflichtet gewesen, den bei der Gemeinschaft/Union beglaubigten Vertretungen dritter Länder die üblichen diplomatischen Vorrechte und Befreiungen zu gewähren.[21] Gegenwärtig unterhalten mehr als 160 Drittstaaten diplomatische Vertretungen bei der Union und der EAG in Brüssel.[22] Hinzukommen zahlreiche Vertretungen internationaler Organisationen und sonstiger Gebilde.[23] Allein die UNO unterhält in Brüssel 27 verschiedene Liaison-Büros.[24] Die offiziellen Beglaubigungsschreiben der Botschafter bzw. Vertreter nimmt der Präsident des Europäischen Rates entgegen.[25]

8   Ein **aktives Gesandtschaftsrecht** erkannte hingegen erst der Vertrag von Lissabon durch Art. 221 AEUV der Gemeinschaft/Union ausdrücklich zu.[26] Dies erstaunt deshalb, weil zu diesem Zeitpunkt die E(W)G über die Kommission bereits jahrzehntelang Delegationen unterhalten hatte. Offensichtlich taten sich die Mitgliedstaaten deshalb schwer damit, weil sie die Außenvertretung nicht aus ihrer eigenen Kontrolle entlassen wollten. Allerdings ist von einer impliziten Verleihung des aktiven Gesandtschaftsrechts schon an die EWG auszugehen, die ja von Anfang an den Auftrag hatte, Beziehungen zu internationalen Organisationen zu unterhalten.[27] Ansonsten wäre die jahrzehntelange Praxis der Kommissions-Delegationen primärrechtswidrig gewesen.[28]

---

[19] ABl. 1960, L 496/60.

[20] Vgl. *Tietje*, in: Grabitz/Hilf/Nettesheim, EU, Art. 221 AEUV (April 2012), Rn. 6; *Petersen*, S. 52 ff.

[21] Vgl. *Kokott*, in: Streinz, EUV/AEUV, Art. 221 AEUV, Rn. 2 f.

[22] Eine aktuelle Liste ist abrufbar unter http://ec.europa.eu/dgs/secretariat_general/corps/view/cdSearch/act_showPDF.cfm?RepID=10002&DocType=1 (20. 9. 2016).

[23] Eine aktuelle Liste ist abrufbar unter http://ec.europa.eu/dgs/secretariat_general/corps/view/cdSearch/act_showPDF.cfm?RepID=10001&DocType=0 (20. 9. 2016).

[24] *Wouters/Chané*, S. 17.

[25] *Wessel*, S. 137.

[26] *Kokott*, in: Streinz, EUV/AEUV, Art. 221 AEUV, Rn. 5. Zur bloß deklaratorischen Funktion der Vorschrift *Hofstötter*, in: GSH, Europäisches Unionsrecht, Art. 221 AEUV, Rn. 2.

[27] Vgl. bereits Art. 229 EWGV (nach Änderung jetzt Art. 220 AEUV).

[28] Vgl. auch *Tietje*, in: Grabitz/Hilf/Nettesheim, EU, Art. 221 AEUV (April 2012), Rn. 5.

Die staatszentrierte Perspektive auf das Gesandtschaftsrecht zeigt sich auch daran, **9**
dass das **Wiener Übereinkommen über diplomatische Beziehungen** vom 18.4.1961
(WÜD),[29] das die einschlägigen Regeln des Völkergewohnheitsrechts insbesondere über
die Immunitäten kodifiziert, nur diplomatische Beziehungen zwischen Staaten erfasst
und nach seinem Art. 50 auch nur Staaten zum Beitritt offensteht. Es ist deshalb auf die
Delegationen der Union nicht anwendbar. Völkergewohnheitsrechtliche Regeln speziell zur Immunität von Gesandtschaften internationaler und supranationaler Organisationen in Drittstaaten[30] entwickeln sich nur zögernd und bleiben hinter den Regeln des
WÜD zurück.

Im Hinblick darauf schreibt der vorerwähnte Ratsbeschluss vom 26.7.2010 in Art. 5 **10**
Abs. 6 vor, dass der Hohe Vertreter, wenn eine neue Delegation eröffnet wird, die
erforderlichen Vereinbarungen mit dem betreffenden Aufnahmeland, der betreffenden
internationalen Organisation oder dem betreffenden Drittland (d. h. dem Sitzstaat einer
internationalen Organisation) abschließt (sog. establishment agreement). Ein solches
Einrichtungsabkommen ist angesichts seines rechtserheblichen Inhalts ein völkerrechtlicher Vertrag, der zwar in einem verbindlichen Rechtsakt der Union vorgesehenen ist.[31]
Fraglich ist aber, ob dessen Abschluss jeweils in einem mit Art. 218 AEUV vereinbaren
Verfahren erfolgt. Denn die Delegation vertritt die Union nicht nur im GASP-Bereich,
sondern insgesamt, so dass auch die Außenvertretungsbefugnis der Kommission nach
Art. 17 Abs. 1 Satz 6 EUV betroffen ist.[32]

Der Hohe Vertreter trifft in diesen Einrichtungsabkommen insbesondere die erfor- **11**
derlichen Maßnahmen, um sicherzustellen, dass die Aufnahmeländer den Delegationen
der Union sowie ihrem Personal und ihrem Besitz **Vorrechte und Immunitäten einräumen, die den im vorerwähnten WÜD genannten gleichwertig** sind.[33] Damit ist die reziproke Verpflichtung der Union verbunden, ihrerseits die Verpflichtungen eines Entsendestaats nach dem WÜD einzuhalten.[34] Praktisch geschieht das durch die Einbeziehung
Belgiens als des Sitzstaats, in dem die Vertretungen von Drittstaaten bei der EU errichtet
werden; Belgien gewährt diesen die üblichen diplomatischen Privilegien und Immunitäten.[35] In dem von der Union solchen Verhandlungen zugrunde gelegten Musterabkommen werden die Bestimmungen des WÜD für mutatis mutandis anwendbar erklärt.[36] Im
Ergebnis erhalten die Delegationen der EU auf diese Weise einen Status, der den Botschaften von Staaten deutlich näher kommt als den Vertretungen von internationalen
Organisationen.[37]

---

[29] BGBl. 1964 II, S. 147.

[30] Diese sind von den Regeln zur funktionalen Immunität solcher Organisationen gegenüber ihren
Mitgliedstaaten und insbesondere den Sitzstaaten (dazu *Ruffert/Walter*, Rn. 181 ff.) zu unterscheiden.

[31] Vgl. Art. 216 Abs. 1, 3. Var. AEUV.

[32] *Gatti/Manzini*, CMLRev. 49 (2012), 1731, die diese rechtliche Anomalität für gerechtfertigt
halten.

[33] Näheres bei *Wouters/Duquet*, The EU, EEAS, S. 15 ff.

[34] *Wouters/Duquet*, The EU, EEAS, S. 17.

[35] *Kerres/Wessel*, S. 16. S. o. Rn. 7.

[36] Abgedruckt in: *Kuijper/Wouters/Hoffmeister/de Baere/Ramopoulos*, S. 51 f. Vgl. auch *Petersen*, S. 93 ff. (der eine frühere Version des Musterabkommens zugrunde legt, in dem noch die Kommission als vertragsschließende Partei ausgewiesen war, während die aktuelle Version in dieser Hinsicht die Union identifiziert).

[37] *Schmalenbach*, EuR-Beiheft 2/2012, 213. Zum Umfang der Vorrechte und Befreiungen der EU-Delegationen eingehend *Petersen*, S. 121 ff.

12   Im Hinblick auf die vertraglich regelmäßig vereinbarte Unverletzlichkeit der Räumlichkeiten der Delegationen entsprechend Art. 22 Abs. 1 WÜD besteht die Möglichkeit, dass ein Delegationsleiter einer dorthin geflüchteten Person **diplomatisches Asyl** gewährt, um sie vor menschenrechtswidrigen Verfolgungsmaßnahmen des Aufnahmestaats zu bewahren.[38] Soweit ersichtlich, ist dies allerdings bisher nicht vorgekommen.

C.   Außenvertretung der Union durch die Delegationen

I.   Exkurs: Interne Beziehungen zwischen Union und Mitgliedstaaten

13   Im Einklang mit seiner systematischen Stellung im Fünften Teil des AEUV über das auswärtige Handeln der Union bezieht sich Art. 221 AEUV nur auf die Vertretung der Union durch Delegationen in Drittländern und bei internationalen Organisationen.[39] Die **internen (intraföderalen) Beziehungen zwischen der Union und ihren Mitgliedstaaten** werden demgegenüber nicht erfasst. Die Union unterhält daher auch keine Delegationen in den Mitgliedstaaten, die für die Pflege der Beziehungen auf »Regierungsebene« zuständig wären; vielmehr existieren dort nur für die Allgemeinheit zugängliche Informationsbüros der Kommission und des Europäischen Parlaments.[40]

14   Umgekehrt verfügen **sämtliche Mitgliedstaaten über Ständige Vertretungen bei der Union in Brüssel**, die von einem Botschafter geleitet werden.[41] Gemeinsam bilden diese Leiter den Ausschuss der Ständigen Vertreter der Regierungen der Mitgliedstaaten (COREPER) gemäß Art. 16 Abs. 7 EUV, Art. 240 Abs. 1 AEUV, der die Arbeiten des Rates vorbereitet. Auch regionale Untergliederungen der Mitgliedstaaten (z. B. die deutschen Länder) haben Verbindungsbüros in Brüssel ohne diplomatischen Status.[42]

II.   Bilaterale, regionale und multilaterale Delegationen der Union

15   Mit Bedacht übernimmt Art. 221 AEUV als Bezeichnung für die »permanent missions« der EU den **Begriff »Delegationen«** von den bisherigen Vertretungen der Kommission und benennt diese nicht in »Botschaften« um: Auf diese Weise vermeidet das Primärrecht eine Verletzung nationaler Empfindlichkeiten der Empfangsstaaten, aber auch der Mitgliedstaaten.[43] Selbst der Verfassungsvertrag hatte von »Delegationen der Union« gesprochen, gleichzeitig aber den Hohen Vertretern zum »Außenminister der Union« gemacht.[44]

16   Zurzeit unterhält die Union weltweit 103 bilaterale Delegationen mit Zuständigkeit für ein bestimmtes Drittland, zwölf bilaterale Delegationen mit Zuständigkeit für mehrere Drittländer, sieben regionale Delegationen mit übergeordneter Verantwortung für

---

[38] Näher *Schmalenbach*, EuR-Beiheft 2/2012, 213 ff. m. w. N.

[39] Vgl. Art. 220 AEUV zu den Beziehungen der Union zu internationalen Organsationen.

[40] *Kokott*, in: Streinz, EUV/AEUV, Art. 221 AEUV, Rn. 6.

[41] Ebd., Rn. 4.

[42] Vgl. *Kokott*, in: Streinz, EUV/AEUV, Art. 221 AEUV, Rn. 4. Gesetzliche Grundlage der Länderbüros in Brüssel ist § 8 des Gesetzes über die Zusammenarbeit von Bund und Ländern in Angelegenheiten der Europäischen Union vom 12. 3. 1993 (konsolidierte Fassung mit späteren Änderungen in Sartorius I Nr. 97).

[43] Vgl. *Kruse*, S. 241 Fn. 260.

[44] Art. I–28, Art. III–328 des Vertrags über eine Verfassung für Europa vom 29. 10. 2004 (ABl. 2004, C 310).

eine nachgeordnete Delegation, vier Repräsentationsbüros[45] und acht multilaterale Delegationen zu internationalen Organisationen.[46] Mehr als 1.800 Personen sind bei diesen Delegationen beschäftigt.[47] Es handelt sich dabei um Bedienstete des EAD und der Kommission, um Diplomaten und Experten aus den Mitgliedstaaten sowie um Ortskräfte.

Als Aufgaben gibt Art. 221 Abs. 1 AEUV diesen Delegationen die **Vertretung der** **17** **Union vor, und zwar im ganzen Spektrum der Unionspolitiken**, einschließlich der GASP (Art. 32 Abs. 3, Art. 35 Abs. 1 EUV).[48] Konkreter beinhaltet dies die weltweite Repräsentation der Union und ihrer Bürger; die Wahrnehmung der Unionsinteressen durch Darstellung, Erläuterung und Umsetzung aller Politiken der EU; die Aufrechterhaltung des politischen Dialogs, die Verwaltung von Entwicklungshilfe und die Betreuung des EU-Handels; schließlich die Durchführung von Verhandlungen auf der Grundlage eines gesondert erteilten Mandats.[49] Hierzu übermitteln die Delegationen Demarchen und Verbalnoten an den Empfangsstaat oder die internationale Organisation.[50] Hinzu kommen die Analyse der Politik und der Entwicklungen im Aufnahmeland sowie die Erstellung von Berichten darüber.[51] Der Sache nach besteht kein Unterschied zu den üblichen Aufgaben von Botschaften der Staaten, die in Art. 3 WÜD umschrieben werden.[52]

Die Delegationen unterstützen nicht nur diejenigen Unionsorgane, die konkrete Au- **18** ßenzuständigkeiten haben,[53] sondern auch alle anderen, insbesondere das **Europäische** **Parlament**,[54] bei ihren Kontakten mit den jeweiligen internationalen Organisationen oder den Drittstaaten, bei denen sie akkreditiert sind.[55]

Die **Ausübung diplomatischen und konsularischen Schutzes für die Unionsbürger** im **19** Hoheitsgebiet von Drittländern behalten Art. 20 Abs. 2 UAbs. 1 Buchst. c, Art. 23 AEUV und Art. 46 GRC zwar den Mitgliedstaaten vor. Zur Verwirklichung dieses Schutzes tragen nach Art. 35 Abs. 3 EUV aber auch die Delegationen der Union bei. Dies steht im Einklang mit dem außenpolitischen Ziel der Union, die in ihren Beziehungen zur übrigen Welt zum Schutz ihrer Bürgerinnen und Bürger beitragen soll.[56] Dazu bestimmt Art. 5 Abs. 10 des Ratsbeschlusses vom 26. 7. 2010,[57] dass die Delegationen

---

[45] In Hongkong, Kosovo, Taiwan sowie im Westjordanland und Gazastreifen.

[46] Nähere Informationen abrufbar unter http://eeas.europa.eu/top_stories/2015/infographic_eu_delegation_en.htm (20. 9. 2016).

[47] European External Action Service, 2013 Annual Activity Report (Ref. Ares(2014)1114497–09/04/2014), S. 49 (abrufbar unter http://eeas.europa.eu/background/docs/annual_activity_report_2013_en.pdf (20. 9. 2016)).

[48] *Odendahl*, EnzEuR Bd. 10, § 5, Rn. 123.

[49] So die Zusammenfassung auf der Webseite des EAD (http://eeas.europa.eu/top_stories/2015/infographic_eu_delegation_en.htm (20. 9. 2016)).

[50] Vgl. *Kuijper/Wouters/Hoffmeister/de Baere/Ramopoulos*, S. 57 ff.

[51] http://eeas.europa.eu/delegations/index_en.htm (20. 9. 2016).

[52] *Tietje*, in: Grabitz/Hilf/Nettesheim, EU, Art. 221 AEUV (April 2012), Rn. 7.

[53] Vgl. Art. 2 Abs. 1 und 2 des Ratsbeschlusses vom 26. 7. 2010 (Fn. 2). Der jeweilige Ratsvorsitz zählt hierzu nicht (*Schmalenbach*, EuR-Beiheft 2/2012, 210).

[54] Das Europäische Parlament hat auf der Grundlage von Art. 212 – Art. 214 seiner Geschäftsordnung zahlreiche interparlamentarische Delegationen gebildet, welche die Beziehungen des Parlaments zu den Parlamenten von Drittländern oder multilateralen parlamentarischen Versammlungen pflegen. Diese unterhalten aber keine eigenen Vertretungen im Ausland. (Nähere Informationen abrufbar unter http://www.europarl.europa.eu/delegations/de/home.html (20. 9. 2016)).

[55] Art. 5 Abs. 7 des Ratsbeschlusses vom 26. 7. 2010 (Fn. 2).

[56] Art. 3 Abs. 5 Satz 1 EUV.

[57] Fn. 2.

die Mitgliedstaaten »auf Verlangen und ressourcenneutral in ihren diplomatischen Beziehungen und bei ihrer Rolle, konsularischen Schutz für Bürger der Union in Drittländern bereitzustellen«, unterstützen.[58] Allenfalls in ferner Zukunft werden die EU-Delegationen für Unionsbürgerinnen und -bürger in Drittstaaten Schutzfunktionen ausüben können.[59] Allerdings leisten EU-Delegationen schon seit einigen Jahren wichtige Unterstützung in Krisensituationen, u. a. bei der Evakuierung von Unionsbürgern.[60] Die Ausübung diplomatischen Schutzes im klassischen völkerrechtlichen Sinne[61] durch die EU kommt nach derzeitiger Rechtslage nicht in Frage, von dem möglichen Ausnahmefall abgesehen, dass sich die von dem Drittstaat verletzten Individualrechte aus einem völkerrechtlichen Vertrag zwischen diesem und der EU ergeben.[62]

20 In Drittländern, in denen es (noch) keine Delegation der Union gibt, nimmt entsprechend den Arrangements der Zeit vor dem Inkrafttreten des Vertrags von Lissabon die **jeweilige Ratspräsidentschaft die Vertretung der Unionsinteressen** wahr. Falls der betreffende Mitgliedstaat dort ebenfalls keine Botschaft unterhält, tritt derjenige Mitgliedstaat ein, der als nächster die Ratspräsidentschaft übernehmen wird, und ganz hilfsweise ein sonstiger Mitgliedstaat entsprechend der Reihenfolge der halbjährlichen Rotation bei der Ratspräsidentschaft.[63] Vergleichbares gilt für die Vertretung der Unionsinteressen gegenüber internationalen Organisationen.[64]

21 Eine Delegation der Union in einem Drittland ist als solche keine Einrichtung oder sonstige Stelle der Union, gegen die in zulässiger Weise eine **Nichtigkeitsklage** erhoben werden könnte.[65]

D. Leitungsfunktion des Hohen Vertreters

I. Personal der Delegationen

22 Nach Art. 221 Abs. 2 Satz 1 AEUV unterstehen die Delegationen – wie nach Art. 27 Abs. 3 Satz 1 EUV der EAD insgesamt – der Leitung des Hohen Vertreters. Daher teilen sie auch dessen **Brückenfunktion zwischen der intergouvernementalen GASP und den Außenaspekten der supranationalen Unionszuständigkeiten.** Das Personal der Delegationen setzt sich aus Personal des EAD und Personal der Kommission zusammen, soweit dies für die Ausführung des Haushaltsplans der Union und für die Durchführung der Politik der Union in Bereichen, die nicht in die EAD-Zuständigkeit fallen, zweck-

---

[58] Vgl. jetzt Art. 11 der RL (EU) 2015/637 des Rates vom 20.4.2015 über Koordinierungs- und Kooperationsmaßnahmen zur Erleichterung des konsularischen Schutzes von nicht vertretenen Unionsbürgern in Drittländern und zur Aufhebung des Beschlusses und zur Aufhebung des Beschlusses 95/553/EG, ABl. 2015, L 106/1. Praktische Beispiele bei *Schmalenbach*, EuR-Beiheft 2/2012, 210. Siehe auch *Vermeer-Künzli*, S. 968 ff.

[59] *Wessel*, S. 144 ff.; *Kerres/Wessel*, S. 23 f., 31 ff.

[60] *Kerres/Wessel*, S. 14 f. (betr. die EU-Delegationen in Syrien, Libyen, Ägypten, Tunesien, Gaza und Japan).

[61] Vgl. International Law Commission, Draft articles on Diplomatic Protection with commentaries (2006), abrufbar unter http://legal.un.org/docs/?path=../ilc/texts/instruments/english/commentaries/ 9_8_2006.pdf&lang=EF (20.9.2016).

[62] Vgl. *Kerres/Wessel*, S. 24 f., 34.

[63] *Ramopoulos/Wouters*, S. 36.

[64] Ebd., S. 36 f.

[65] EuG, Urt. v. 4.6.2010, Rs. T–395/11 (Elti/Delegation der EU in Montenegro), ECLI:EU:T:2012: 274.

mäßig ist.[66] Hinzu kommt eine erhebliche Zahl von Ortskräften. Das gesamte entsandte Personal der Delegationen einschließlich der Delegationsleiter wird einem regelmäßigen Ortswechsel unterworfen, um der Herausbildung missbräuchlicher Strukturen vorzubeugen (Rotation).[67]

II. Eröffnung und Schließung von Delegationen

Die hochpolitische Entscheidung über die Eröffnung oder Schließung einer Delegation – **23** d. h. über die Aufnahme oder den Abbruch diplomatischer Beziehungen der Union – trifft der **Hohe Vertreter im Einvernehmen mit dem Rat und der Kommission** durch Beschluss i. S. v. Art. 288 Abs. 4 AEUV.[68] Entsprechend den allgemeinen Regeln beschließt der Rat über die Erteilung des Einvernehmens mit qualifizierter Mehrheit,[69] die Kommission mit der Mehrheit ihrer Mitglieder.[70] Das Europäische Parlament ist an dieser Entscheidung nicht beteiligt, kann aber über seine Haushaltsbefugnisse indirekten Einfluss ausüben.[71] Sollte das vorgeschriebene Einvernehmen vom Rat und/oder der Kommission verweigert werden, würde sich die Frage stellen, ob der Hohe Vertreter aus eigener Machtvollkommenheit eine Unionsrepräsentanz minderen Ranges, etwa ein bloßes Büro, eröffnen könnte.[72]

Soweit es um die Eröffnung einer Delegation in einem Drittland geht, muss dieses **24** zunächst **als gesandtschaftsfähiger Staat anerkannt** sein – eine Maßnahme, welche nicht die Union vornehmen kann, sondern nur die Mitgliedstaaten.[73] Es ist politisch kaum vorstellbar, dass der Rat mit qualifizierter Mehrheit die Eröffnung einer EU-Delegation in einem Staat billigt, den nicht alle Mitgliedstaaten als solchen anerkannt haben (wie z. B. Kosovo).[74]

III. Delegationsleiter

1. Rang und Weisungsbefugnisse

Jede Delegation untersteht nach Art. 5 Abs. 2 des Ratsbeschlusses vom 26.7.2010[75] **25** einem »Delegationsleiter«. Dass der Titel »Botschafter« nicht verwendet wurde, geht auf britischen Widerstand zurück.[76] Die Delegationsleiter der Union haben zwar **Botschafterrang**.[77] Sie werden jedoch in der Rangfolge der Missionschefs nach Art. 16 WÜD üblicherweise wegen des Sui-Generis-Charakters der Union dauerhaft nach allen von Staaten entsandten Missionschefs im Botschafterrang, aber vor den Missionschefs niedrigeren Rangs eingruppiert.[78] In letzter Zeit versucht die Union allerdings vorsichtig,

---

[66] Art. 5 Abs. 2 UAbs. 3 des Ratsbeschlusses vom 26.7.2010 (Fn. 2).
[67] *Kruse*, S. 243.
[68] Art. 5 Abs. 1 des Ratsbeschlusses vom 26.7.2010 (Fn. 2).
[69] Art. 16 Abs. 3 EUV.
[70] Art. 250 Abs. 1 AEUV.
[71] *Schmalenbach*, EuR-Beiheft 2/2012, 207.
[72] *Blockmans/Hillion*, S. 32.
[73] *Wouters/Duquet*, The EU, EEAS, S. 4, 9.
[74] Vgl. *Kerres/Wessel*, S. 15.
[75] Fn. 2.
[76] *Kruse*, S. 242 Fn. 269 m. w. N.
[77] *Breier*, in: Lenz/Borchardt, EU-Verträge, Art. 221 AEUV, Rn. 2.
[78] *Wouters/Duquet*, The EU, EEAS, S. 14 f.

eine Gleichbehandlung ihrer Botschafter mit staatlichen Botschaftern in Bezug auf die Rangfolge zu erreichen.[79]

26 Der Delegationsleiter ist dem gesamten Personal (also auch den in der Delegation arbeitenden Kommissionsbeamten) gegenüber weisungsberechtigt[80] und dabei seinerseits an die Weisungen des Hohen Vertreters und des EAD gebunden.[81] Im Rahmen ihrer vertraglichen Befugnisse etwa für den Außenhandel oder die Entwicklungshilfe kann auch die Kommission den Delegationen im Einklang mit Art. 221 Abs. 2 AEUV Weisungen erteilen, die unter der **Gesamtverantwortung des Delegationsleiters** ausgeführt werden.[82] Ihre Weisungen richtet die zuständige Kommissionsdienststelle aber direkt (und nicht etwa indirekt über den Delegationsleiter) an den zuständigen Kommissionsbediensteten in der jeweiligen Delegation.[83] Für diese Kommissionsbediensteten fungiert der zuständige Kommissar als Fachvorgesetzter, während der Delegationsleiter Dienstvorgesetzter ist.[84] In den betreffenden Bereichen arbeiten die Delegationen eng mit den zuständigen Diensten der Kommission zusammen.[85] Allgemein gilt zumindest der Sache nach auch zwischen Kommission und EAD die Verpflichtung zur loyalen Zusammenarbeit entsprechend Art. 13 Abs. 2 Satz 2 EUV.[86]

27 Die Vorschrift, welche der Kommission ein Weisungsrecht gibt, nimmt Bezug auf die Gesamtverantwortung des Delegationsleiters, der seinerseits gegenüber dem Hohen Vertreter für die Gewährleistung der Koordinierung aller Maßnahmen der Union rechenschaftspflichtig ist,[87] und die Leitungsbefugnis des Hohen Vertreters in Art. 221 Abs. 2 (Satz 1) AEUV. Damit will sie sicherstellen, dass die Delegationen durchgängig kohärent agieren. Um dies praktisch zu gewährleisten, sieht der neue Art. 96 Abs. 3 des Statuts der Beamten der EU vor, dass die **Kommission und der EAD darüber Vereinbarungen treffen**.[88] Auch der 13. Erwägungsgrund des Ratsbeschlusses vom 26.7.2010 über den EAD sieht eine solche Vereinbarung vor, in der geregelt werden soll, »dass die Kommission, wenn sie den Delegationen Weisungen erteilt, gleichzeitig dem Delegationsleiter und der Zentralverwaltung des EAD eine Kopie dieser Weisungen übermittelt.«[89] Durch gemeinsamen Beschluss der Hohen Vertreterin und der Kommission vom 28.3.2012 ist ein Lenkungsausschuss für die Delegationen (EUDEL) mit beratender Funktion zur Verbesserung der Zusammenarbeit eingerichtet worden.[90]

28 Falls dennoch widersprüchliche Weisungen des Hohen Vertreters bzw. des EAD einerseits und einer Generaldirektion der Kommission andererseits ergehen, obliegt die Lösung des Konflikts letztlich dem Hohen Vertreter, der ja zugleich einer der Vizeprä-

---

[79] *Wouters/Duquet*, The EU, EEAS, S. 15 f.
[80] Art. 5 Abs. 2 UAbs. 2 des Ratsbeschlusses vom 26.7.2010 (Fn. 2); Art. 96 Abs. 1 des Beamtenstatuts in der Fassung von Ziff. 9 der VO (EU, EURATOM) Nr. 1080/2010 vom 24.11.2010 zur Änderung des Statuts der Beamten der Europäischen Gemeinschaften und den Beschäftigungsbedingungen für die sonstigen Bediensteten der Europäischen Gemeinschaften, ABl. 2010, L 311/1.
[81] Art. 5 Abs. 2 und Abs. 3 UAbs. 1 des Ratsbeschlusses vom 26.7.2010 (Fn. 2).
[82] Art. 5 Abs. 3 UAbs. 2 des Ratsbeschlusses vom 26.7.2010 (Fn. 2).
[83] *Schmalenbach*, EuR-Beiheft 2/2012, 208. Das Europäische Parlament hat in seiner Empfehlung vom 13.6.2013 an die Hohe Vertreterin (P7_TA(2013)0278) verlangt sicherzustellen, dass der Delegationsleiter der Empfänger aller Anweisungen aus den Zentralen ist (Ziff. 26).
[84] *Kruse*, S. 249.
[85] *Breier*, in: Lenz/Borchardt, EU-Verträge, Art. 221 AEUV, Rn. 2.
[86] Vgl. *Schmalenbach*, EuR-Beiheft 2/2012, 209.
[87] Art. 5 Abs. 2 UAbs. 2 Satz 2 des Ratsbeschlusses vom 26.7.2010 (Fn. 2).
[88] Eingefügt durch Ziff. 9 der VO (EU, EURATOM) Nr. 1080/2010, ABl. 2010, L 311/1.
[89] Fn. 2.
[90] *Kruse*, S. 251.

sidenten der Kommission ist.[91] Sollte es diesem nicht gelingen, mit dem der betreffenden Generaldirektion übergeordneten Kommissar eine Lösung zu finden, hat nach Auffassung des Europäischen Parlaments »das Kollegium der Kommissionsmitglieder ... eine endgültige Entscheidung zu fällen«.[92] Diese **Streitentscheidungskompetenz der Kommission** besteht freilich nur insoweit, als der Streit die Außenzuständigkeit des Hohen Vertreters innerhalb der Kommission betrifft, nicht hingegen, wenn seine GASP-Zuständigkeit betroffen ist.[93] Letzteren Falls sind der Rat, in dessen Auftrag der Hohe Vertreter die GASP durchführt,[94] und die Kommission gehalten, im Einklang mit dem Grundsatz der Organloyalität (Art. 13 Abs. 2 Satz 2 EUV) den Streit beizulegen.

2. Bestellung und Befugnisse der Delegationsleiter

Da die Delegationsleiter nach dem Voranstehenden sowohl für den Hohen Vertreter als auch für die Kommission tätig sind, ist es folgerichtig, **für deren Bestellung beider Zusammenwirken** vorzuschreiben: Der als Anstellungsbehörde dafür zuständige Hohe Vertreter übt seine Befugnisse zur Ernennung von Delegationsleitern auf der Grundlage einer Bewerberliste aus, der die Kommission im Rahmen der ihr durch die Verträge zugewiesenen Befugnisse zugestimmt hat.[95]   **29**

Das Europäische Parlament ist an der Bestellung der Delegationsleiter insoweit beteiligt, als ihm die Hohe Vertreterin Folgendes versprochen hat: »Die Hohe Vertreterin wird Anträge des Europäischen Parlaments, wonach neu ernannte Delegationsleiter für Länder und Organisationen, die das Parlament für strategisch wichtig hält, vor Antritt ihres Amtes vor dem AFET-Ausschuss zu einem Meinungsaustausch (nicht zu einer Anhörung) erscheinen sollen, positiv bescheiden. Dasselbe gilt für die Sonderbeauftragten der Europäischen Union. Dieser Austausch von Meinungen wird in einem Format stattfinden, das mit der Hohen Vertreterin vereinbart wurde und das der Sensibilität und der Vertraulichkeit der angesprochenen Themen gerecht wird.«[96] Dieses Versprechen ist eines der Ergebnisse des sog. **Quadrilogs** zwischen Rat, Kommission, Hoher Vertreterin und Europäischem Parlament im Vorfeld der Verabschiedung des Ratsbeschlusses vom 26.7.2010 über die Organisation und Arbeitsweise des EAD. Nach Art. 27 Abs. 3 Satz 4 EUV war das Europäische Parlament dazu zwar nur anzuhören. Wegen seiner Haushaltsbefugnisse nach Art. 314 AEUV und der Notwendigkeit, im Zusammenhang mit dem EAD-Beschluss Änderungen im Beamtenstatut vorzunehmen,[97] hatten die Auffassungen des Parlaments indessen ein erhebliches Gewicht.[98] Das Europäische Parlament hat in seiner Empfehlung vom 13.6.2013 an die Hohe Vertreterin verlangt sicherzustellen, dass die von ihr benannten neuen Delegationsleiter vom   **30**

---

[91] Vgl. *Tietje*, in: Grabitz/Hilf/Nettesheim, EU, Art. 221 AEUV (April 2012), Rn. 9. Für ungelöst hält die Konfliktlage *Sydow*, JZ 2011, 10.

[92] Legislative Entschließung des Europäischen Parlaments vom 8.7.2010 zu dem Vorschlag für einen Beschluss des Rates über die Organisation und die Arbeitsweise des Europäischen Auswärtigen Dienstes, Ziff. 5, ABl. 2011, C 351 E/454.

[93] Art. 18 Abs. 4 Satz 4 EUV, Art. 250 AEUV.

[94] Art. 18 Abs. 2 Sätze 2 und 3 EUV.

[95] Art. 95 Abs. 2 des Beamtenstatuts in der Fassung von Ziff. 9 der VO (EU, EURATOM) Nr. 1080/2010, ABl. 2010, L 311/1.

[96] Erklärung der Hohen Vertreterin über die politische Rechenschaftspflicht im Anhang zur Legislativen Entschließung des Europäischen Parlaments vom 8.7.2010 (Fn. 87), ABl. 2011, C 351 E/470.

[97] Nach Art. 336 AEUV unterlagen diese Änderungen dem ordentlichen Gesetzgebungsverfahren nach Art. 294 AEUV.

[98] *Sydow*, JZ 2011, 6f.

zuständigen Ausschuss des Parlaments offiziell bestätigt werden, bevor sie ihr Amt antreten.[99]

31   Das **offizielle Beglaubigungsschreiben für Delegationsleiter** wird nicht vom Hohen Vertreter, sondern – offenbar aus protokollarischen Gründen – von den Präsidenten des Europäischen Rats und der Europäischen Kommission gemeinsam unterzeichnet, also denjenigen, die am ehesten als europäisches Äquivalent eines Staatsoberhaupts qualifiziert werden könnten.[100] Der Delegationsleiter präsentiert sein Beglaubigungsschreiben dem Staatsoberhaupt des Empfangsstaats bzw. der zuständigen Stelle der internationalen Organisation dann aber im Auftrag der beiden Präsidenten und nach Maßgabe der Kompetenzen des Hohen Vertreters.[101]

32   Der Delegationsleiter ist befugt, die Union in dem Land, in dem die Delegation akkreditiert ist, insbesondere beim **Abschluss von Verträgen** und als Partei bei Gerichtsverfahren zu vertreten.[102] Wie die englische Fassung der zitierten Bestimmung deutlich macht, sind die angesprochenen Verträge nur solche, die nach dem nationalen Recht des Aufnahmestaats geschlossen werden (»contracts«), nicht etwa völkerrechtliche Verträge (»treaties«), deren Abschlussverfahren sich nach Art. 218 AEUV richtet.[103]

E. Zusammenarbeit mit den Mitgliedstaaten

33   Nach Art. 221 Abs. 2 Satz 2 AEUV werden die Delegationen der EU in enger Zusammenarbeit mit den diplomatischen und konsularischen Vertretungen der Mitgliedstaaten tätig. Für den GASP-Bereich ergänzen Art. 32 Abs. 3, Art. 35 EUV diese Vorgabe u. a. durch die Verpflichtung, die Zusammenarbeit durch Informationsaustausch und gemeinsame Bewertungen zu intensivieren. Art. 5 Abs. 9 des Ratsbeschlusses vom 26. 7. 2010 greift dies auf.[104] Die **Pflicht zur Zusammenarbeit** beruht entsprechend dem allgemeinen Loyalitätsgrundsatz in Art. 4 Abs. 3 EUV auf Gegenseitigkeit und dient letztlich dem nach der Rechtsprechung des EuGH primärrechtlich gebotenen einheitlichen Auftreten der Union nach außen.[105]

---

[99] P7_TA(2013)0278, Ziff. 36.
[100] *Wouters/Duquet*, The EU, EEAS, S. 10. Muster abgedruckt in: *Kuijper/Wouters/Hoffmeister/de Baere/Ramopoulos*, S. 56.
[101] *Schmalenbach*, EuR-Beiheft 2/2012, 212.
[102] Art. 5 Abs. 8 des Ratsbeschlusses vom 26. 7. 2010 (Fn. 2).
[103] Vgl. *Blockmans/Hillion*, S. 34.
[104] Fn. 2.
[105] *Tietje*, in: Grabitz/Hilf/Nettesheim, EU, Art. 221 AEUV (April 2012), Rn. 10. Vgl. auch *Blockmans/Hillion*, S. 33.

Titel VII
Solidaritätsklausel

Artikel 222 AEUV [Gegenseitige Unterstützung bei Terroranschlägen und Katastrophen]

(1) Die Union und ihre Mitgliedstaaten handeln gemeinsam im Geiste der Solidarität, wenn ein Mitgliedstaat von einem Terroranschlag, einer Naturkatastrophe oder einer vom Menschen verursachten Katastrophe betroffen ist. Die Union mobilisiert alle ihr zur Verfügung stehenden Mittel, einschließlich der ihr von den Mitgliedstaaten bereitgestellten militärischen Mittel, um
- terroristische Bedrohungen im Hoheitsgebiet von Mitgliedstaaten abzuwenden;
- die demokratischen Institutionen und die Zivilbevölkerung vor etwaigen Terroranschlägen zu schützen;
- im Falle eines Terroranschlags einen Mitgliedstaat auf Ersuchen seiner politischen Organe innerhalb seines Hoheitsgebiets zu unterstützen;
- im Falle einer Naturkatastrophe oder einer vom Menschen verursachten Katastrophe einen Mitgliedstaat auf Ersuchen seiner politischen Organe innerhalb seines Hoheitsgebiets zu unterstützen.

(2) Ist ein Mitgliedstaat von einem Terroranschlag, einer Naturkatastrophe oder einer vom Menschen verursachten Katastrophe betroffen, so leisten die anderen Mitgliedstaaten ihm auf Ersuchen seiner politischen Organe Unterstützung. Zu diesem Zweck sprechen die Mitgliedstaaten sich im Rat ab.

(3) ¹Die Einzelheiten für die Anwendung dieser Solidaritätsklausel durch die Union werden durch einen Beschluss festgelegt, den der Rat aufgrund eines gemeinsamen Vorschlags der Kommission und des Hohen Vertreters der Union für Außen- und Sicherheitspolitik erlässt. ²Hat dieser Beschluss Auswirkungen im Bereich der Verteidigung, so beschließt der Rat nach Artikel 31 Absatz 1 des Vertrags über die Europäische Union. ³Das Europäische Parlament wird darüber unterrichtet.
Für die Zwecke dieses Absatzes unterstützen den Rat unbeschadet des Artikels 240 das Politische und Sicherheitspolitische Komitee, das sich hierbei auf die im Rahmen der Gemeinsamen Sicherheits- und Verteidigungspolitik entwickelten Strukturen stützt, sowie der Ausschuss nach Artikel 71, die dem Rat gegebenenfalls gemeinsame Stellungnahmen vorlegen.

(4) Damit die Union und ihre Mitgliedstaaten auf effiziente Weise tätig werden können, nimmt der Europäische Rat regelmäßig eine Einschätzung der Bedrohungen vor, denen die Union ausgesetzt ist.

Literaturübersicht

Calliess, Subsidiaritäts- und Solidaritätsprinzip in der Europäischen Union, 2. Aufl., 1999; *Hafner*, Beistands- und Solidaritätsklausel, in: Hummer/Obwexer, Vertrag von Lissabon, 2009, S. 375; *Heimeshoff*, Beistands- und Solidaritätsklausel im Vertrag über eine Verfassung für Europa, in: Niedobitek/Ruth, Die neue Union, 2007, S. 75; *Kingreen*, Das Sozialstaatsprinzip im europäischen Verfassungsverbund, 2003; *Kielmannsegg*, Die Verteidigungspolitik der europäischen Union, 2005; *Lais*, Das Solidaritätsprinzip im europäischen Verfassungsverbund, 2007; *Meyer/Hölscheidt*, Die Europäische Verfassung des Europäischen Konvents, EuZW 2003, 613; *Metz*, Die Außenbeziehungen der Europäischen Union nach dem Vertrag über eine Verfassung für Europa, 2007; *Ramsperger*, Die

Terrorismusbekämpfung im Rahmen der Europäischen Sicherheits- und Verteidigungspolitik (ESVP), 2009; *Reichard*, The Madrid terrorist attacks: a midwife for EU mutual defence?, ZEuS 2004, 313; *Schmidt-Radefeldt*, Der europäische Verfassungsvertrag und die militärische Terrorismusbekämpfung, UBWV 2005, 1.

Leitentscheidung

BVerfGE 115, 118 – Luftsicherheitsgesetz

Inhaltsübersicht

A. Bedeutung und Abgrenzung

I. Reaktion auf Terroranschläge

1   Art. 222 AEUV wurde durch den Lissabonner Vertrag neu geschaffen und reagierte vor allem auf die Terroranschläge, die im Vorfeld stattfanden; daraus resultiert auch die systematische Stellung.[1] Die Solidaritätsklausel des Art. 222 AEUV ist zwar im fünften Teil über das auswärtige Handeln der Union platziert, betrifft aber in der Sache die gegenseitige Solidarität der Mitgliedstaaten und der Union.[2] Sie reagiert auf die Betroffenheit eines oder mehrerer Mitgliedstaaten durch Terroranschläge sowie Katastrophen, ist mithin auf eine Bedrohung innerhalb der Union (s. deutlich Art. 222 Buchst. a, 1. Spstr. AEUV) bezogen und steht daher in engem Zusammenhang zum – allerdings auf diese Zielrichtung beschränkten – Katastrophenschutz nach Art. 196 AEUV, weniger zur Terrorabwehr im Rahmen der justiziellen Zusammenarbeit in Strafsachen (vgl. Art. 83 Abs. 1 UAbs. 2 AEUV), die sich auf die Verfolgung bezieht.[3]

2   Damit bildet Art. 222 AEUV entsprechend seinem Entstehungshintergrund den **zentralen Ansatzpunkt für die allgemeine Terrorbekämpfung** im Rahmen des Unionsrechts – repressiv und vor allem helfend bei eingetretenen Terroranschlägen (Abs. 1 Buchst. a, 3. Spstr. durch die Union, Abs. 2 durch die Mitgliedstaaten) sowie präventiv zur Abwendung terroristischer Bedrohungen (Abs. 1 Buchst. a, 1. Spstr. durch die Union). Allerdings verleiht er keine kraftvollen Handlungsmöglichkeiten, bleibt er doch **auf Unterstützungsleistungen beschränkt.**

---

[1] *Becker*, in: Schwarze, EU-Kommentar, Art. 222 AEUV, Rn. 2.
[2] Vgl. hierzu *Schmidt-Radefeldt*, UBWV 2005, 1 (2 f.), der insofern von einem Redaktionsversehen spricht.
[3] *Frenz*, Handbuch Europarecht, Band 6, Rn. 5225.

II. Ausdruck der Solidarität

Art. 222 AEUV wurde eigens in Titel VII aufgenommen und dort mit Solidaritätsklausel 3
überschrieben. Entsprechend dem Artikelinhalt geht es um die gegenseitige Unterstützung bei Terroranschlägen und Katastrophen. Damit wird die Solidarität in einem Teilbereich näher ausgeformt, die als Leitgedanke der Verträge eine zentrale Bedeutung
hat: Die Unionsziele lassen sich nur erreichen, wenn alle Unionsglieder zusammenwirken und in dieser »qualifizierten Verbundenheit«[4] allgemeine wie spezielle Vornahme-
und Unterlassungspflichten erfüllen.[5] Eine dieser **speziellen Handlungspflichten** ist
Art. 222 AEUV. Sie bildet mithin eine spezifische Ausformung des allgemeinen Solidaritätsprinzips.[6] Dabei ist sie mit eigenen Voraussetzungen und Rechtsfolgen versehen.
Diese sind daher im Einzelfall zugrunde zu legen. Eine davon losgelöste erweiternde
Auslegung, die gar nicht genannte Tatbestände einbezieht, kommt nicht in Betracht.[7]

Es bedarf daher eigentlich keines Rückgriffs auf den allgemeinen europäischen Soli- 4
daritätsgedanken bzw. auf das Solidaritätsprinzip. Dieses war als fundamentaler Wert
der europäischen Integration von vornherein immanent und ist für sie konstitutiv.[8] Indes
handelt es sich dabei um einen Grundpfeiler und zugleich Ausdruck des EU-Einigungs-
prozesses schlechthin, während es bei Art. 222 AEUV um konkrete Unterstützungspflichten in einem bestimmten Bereich geht. Dort wird aber der Geist der Solidarität
ausdrücklich benannt. Die normativ geforderten Unterstützungspflichten können damit
durch den allgemeinen Solidaritätsgedanken verstärkt werden, wenn etwa zweifelhaft
ist, ob im Einzelfall eine Handlungspflicht besteht. Der »Geist der Solidarität« begründet freilich für sich selbst keine Verpflichtung zu einem konkreten, vorab feststehenden
Handeln.[9]

Grundsätzlich haben sich Mitgliedstaaten untereinander zu unterstützen, ohne dass 5
dies aber durch einen von ihnen zulasten der anderen ausgenutzt werden darf. Hier geht
es aber um die Bewältigung von Notsituationen, ohne dass diese selbst verschuldet sind.
Je stärker diese im Einzelfall auftreten, sei es bei einem Terroranschlag, sei es bei einer
Katastrophe, desto stärker greift eine Hilfspflicht der anderen Mitgliedstaaten bzw. der
Union ein.

III. Faktischer Bezug zum auswärtigen Handeln

Trotz dieses Bezugs auf die gegenseitige Solidarität von Union und Mitgliedstaaten und 6
damit die innenpolitische Solidarität besteht doch insofern ein zumindest faktischer
Außenbezug, als die terroristischen Bedrohungen vielfach von außen kommen. Korrespondierend könnten die Maßnahmen zur Terrorprävention zumindest auch darauf
auszurichten sein, dass keine Bedrohungen mehr von außerhalb der Union und so etwa
von islamistisch geprägten Gebieten kommen. Indes ist Art. 222 AEUV auf das Gebiet

[4] *Kingreen*, Das Sozialstaatsprinzip im europäischen Verfassungsverbund, 2003, S. 244.
[5] *Lais*, Das Solidaritätsprinzip im europäischen Verfassungsverbund, 2007, S. 46; *Calliess*, in: Cal-
liess/Ruffert, EUV/AEUV, Art. 222 AEUV, Rn. 2.
[6] *Calliess*, in: Calliess/Ruffert, EUV/AEUV, Art. 222 AEUV, Rn. 11 unter Verweis auf Schlussbericht CONV 461/02, S. 20; bereits *Meyer/Hölscheidt*, EuZW 2003, 613 (616).
[7] *Becker*, in: Schwarze, EU-Kommentar, Art. 222 AEUV, Rn. 2 a. E.
[8] *Calliess*, in: Calliess/Ruffert, EUV/AEUV, Art. 222 AEUV, Rn. 5 a. E.; näher bereits *ders.*, Sub-
sidiaritäts- und Solidaritätsprinzip in der Europäischen Union, 2. Aufl., 1999, S. 188 f.
[9] *Ohler*, in: Streinz, EUV/AEUV, Art. 222 AEUV, Rn. 4.

von EU-Staaten bezogen.[10] Daher ist eher eine Vernetzung mit außenpolitischen Aktivitäten der Union denkbar, die damit auch in den Dienst der Terrorprävention gestellt werden können. Daraus ergibt sich dann eine enge **Verbindung zur EU-Außenpolitik und damit zur außenpolitischen Solidarität**, welche in Art. 21 Abs. 2 EUV (auswärtiges Handeln), Art. 24 Abs. 2 und Abs. 3 EUV, Art. 31 Abs. 1 UAbs. 2 EUV, Art. 32 Abs. 1 EUV (GASP), Art. 67 Abs. 2 AEUV (Raum der Freiheit, der Sicherheit und des Rechts) sowie Art. 80 AEUV (Asyl und Einwanderung) Ausdruck gefunden hat.[11]

7   Art. 21 Abs. 2 Buchst. a EUV benennt ausdrücklich die Sicherheit sowie die Unversehrtheit, welche bei den internationalen Beziehungen zu wahren sind. Zwar bezieht sich dies entsprechend dem Kontext des auswärtigen Handelns und der Trennung zum Raum der Freiheit, der Sicherheit und des Rechts in Art. 3 Abs. 2 sowie Abs. 5 EUV nur auf die **Außensicherheit**.[12] Indes stellt sich insoweit die Frage, ob dann die Außensicherheit nicht so verfolgt werden muss, dass keine negativen **Rückwirkungen auf die innere Sicherheit** und die ausdrücklich genannte Unversehrtheit eintreten. So kann die Stabilisierung eines instabilen Staates wie Somalia dazu führen, dass die Rahmenbedingungen für die Entstehung von Terrorismus entfallen und so zugleich die Gefahren für die innere Sicherheit in der Union reduziert werden. Dies kann erfolgen, indem rechtsstaatliche Strukturen gestärkt bzw. hergestellt, zivile Verwaltungen aufgebaut und erhalten, Versorgungseinrichtungen gegründet und unterhalten sowie auch demokratische Wahlen gefördert werden.[13]

8   **Äußere und innere Sicherheit** können so **parallel** laufen. Jedenfalls die in Art. 21 Abs. 2 EUV aufgeführten grundlegenden Interessen können auch darin bestehen, dass keine Terroranschläge auftreten. Entsprechend ist das auswärtige Handeln dahin zu steuern, dass die Terrorgefahren für die EU und dabei namentlich deren tiefere Ursachen vermindert werden. Dieses erfüllt gleichsam eine Vorhof- bzw. Filterfunktion, dass terroristische Bedrohungen in anderen Teilen der Welt erst gar nicht entstehen und dann auf die EU zurückfallen.

IV. Rechtliche Verknüpfung auch mit der Verteidigung

9   Ohnehin besteht eine institutionelle Verknüpfung sowie ein mögliches Ausgreifen in den militärischen Bereich. Art. 222 Abs. 1 Satz 2 AEUV bezieht eigens militärische Mittel ein.[14] Nach Art. 222 Abs. 3 AEUV ist der **Hohe Vertreter der Union für Außen- und Sicherheitspolitik** eingebunden und sind Auswirkungen im Bereich der Verteidigung möglich, die gem. Art. 42 Abs. 1 Satz 3 EUV auf Missionen außerhalb der Union zielt. Das in Art. 222 Abs. 3 UAbs. 2 AEUV angesprochene **Politische und Sicherheitspolitische Komitee** ist gem. Art. 38 Abs. 2 EUV für Krisenbewältigungsoperationen nach Art. 43 EUV vorgesehen, die zur Terrorismusbekämpfung beitragen können und aufgrund des Verweises auf Art. 42 Abs. 1 EUV gleichfalls Missionen außerhalb der EU bilden.

10   Vor diesem Hintergrund schlägt die Solidaritätsklausel auch rechtlich die Brücke zum auswärtigen Handeln. Die Solidarität jedenfalls der Union kann sich mithin auch in

---

[10] Näher u. Rn. 22 ff.

[11] *Calliess*, in: Calliess/Ruffert, EUV/AEUV, Art. 222 AEUV, Rn. 6.

[12] *Regelsberger/Kugelmann*, in: Streinz, EUV/AEUV, Art. 21 EUV, Rn. 8; *Frenz*, Handbuch Europarecht, Band 6, Rn. 4996.

[13] *Regelsberger/Kugelmann*, in: Streinz, EUV/AEUV, Art. 21 EUV, Rn. 7.

[14] Zur Dominanz der Mitgliedstaaten u. Rn. 22 ff.

einem nach außen bezogenen Handeln niederschlagen, sogar mit möglichen Auswirkungen im Bereich der **Verteidigung** (s. Art. 222 Abs. 3 UAbs. 1 Satz 2 AEUV).[15]

V. Raum der Freiheit, der Sicherheit und des Rechts

Als Bestandteil der inneren Sicherheit steht Art. 222 AEUV in direktem Bezug zur **11** Solidarität im **Raum der Freiheit, der Sicherheit und des Rechts** nach Art. 67 Abs. 2 AEUV. Die dort genannten Kontrollen an den Außengrenzen dienen auch der Terrorprävention, so wenn auffällige Personenmerkmale, welche vielfach auf mögliche terroristische Aktivitäten deuten, gewählt und ggf. im Rahmen der in Art. 67 Abs. 2 AEUV vorgesehenen gemeinsamen Politik festgelegt werden. Eine andere Frage sind dann die datenschutzrechtlichen Grenzen einer Speicherung und systematischen Abfrage.[16]

VI. Katastrophenschutz

Der Katastrophenschutz des Art. 222 AEUV umfasst nur die Reaktion auf eingetretene **12** Katastrophen. Art. 196 AEUV sieht demgegenüber die von der Union geförderte Zusammenarbeit der Mitgliedstaaten zur Verhütung von Katastrophen vor und damit den präventiven Katastrophenschutz. Art. 222 AEUV beinhaltet demgegenüber den **repressiven Katastrophenschutz**, die Katastrophenbekämpfung. Dazu gehört auch der in Art. 196 AEUV angesprochene (reaktive) Schutz, zu dem die Verhinderung und Minimierung von Schäden bei bereits eingetretenen Katastrophen gehört.[17]

Von daher sind beide Vorschriften als Einheit zu sehen. In beiden wird deutlich, dass **13** die Mitgliedstaaten die Kompetenz behalten haben und die Union nur fördernd (Art. 196 AEUV) bzw. unterstützend (Art. 222 Abs. 1 Buchst. b AEUV) eingreifen kann.

Aus einem Vergleich beider Vorschriften ergibt sich zugleich eine Begrenzung von **14** Art. 196 AEUV: Zu den Katastrophen gehören nicht Terroranschläge; diese bilden nicht etwa vom Menschen verursachte Katastrophen und fallen damit nur in den Anwendungsbereich von Art. 222 AEUV, der insoweit lex specialis ist – nicht von Art. 196 AEUV.[18]

In Bezug auf Katastrophenfälle regelt Art. 222 AEUV in Abgrenzung zur Katastro- **15** phenschutzkompetenz des Art. 196 AEUV mithin nicht die Förderung einer wirksamen Gestaltung der mitgliedstaatlichen Katastrophenschutzsysteme durch die Union im Vorfeld, sondern die konkrete Unterstützung durch Union und Mitgliedstaaten für den Fall, dass ein Mitgliedstaat von einer Naturkatastrophe oder einer vom Menschen verursachten Katastrophe auf seinem Hoheitsgebiet betroffen ist.

---

[15] *Frenz*, Handbuch Europarecht, Band 6, Rn. 5228.
[16] Zur Vorratsdatenspeicherung EuGH, Urt. v. 8. 4. 2014, Rs. C–293/12 u. 594/12 (Digital Rights Ireland und Seitlinger), ECLI:EU:C:2014:238.
[17] *Kotzur*, in: Geiger/Khan/Kotzur, EUV/AEUV, Art. 196 AEUV, Rn. 4; *Vedder*, in: Vedder/Heintschel v. Heinegg, Europäisches Unionsrecht, Art. 196 AEUV, Rn. 3.
[18] *Vedder*, in: Vedder/Heintschel v. Heinegg, Europäisches Unionsrecht, Art. 196 AEUV, Rn. 3; a. A. *Weerth*, in: Lenz/Borchardt, EU-Verträge, Art. 196 AEUV, Rn. 4.

B. Katastrophen und Terror

16   Ansatzpunkte sind wie im Rahmen von Art. 196 AEUV gleichermaßen Naturkatastrophen und vom Menschen verursachte Katastrophen sowie darüber hinaus Terroranschläge bzw. terroristische Bedrohungen, die an erster Stelle genannt sind.

I. Terroranschläge und -bedrohungen

17   Durch die Nennung von terroristischen Bedrohungen ist insbesondere auch die Terrorprävention abgedeckt.[19] Dieser dient auch der Schutz vor etwaigen Terroranschlägen nach Art. 222 Abs. 1 Buchst. a, 2. Spstr. AEUV. Bedrohungen klingt dabei weiter als Anschläge, sind doch diese auf einen bestimmten Punkt bezogen. Indes kann vielfach nicht abgesehen werden, wo die Anschläge erfolgen. Daher wird darin sogar ein noch weiterer Anwendungsbereich gesehen, eine nähere Auslegung für unmöglich gehalten und die sicherheitsbehördliche Einschätzung der jeweiligen Bedrohungslage nach Art. 222 Abs. 4 AEUV für maßgeblich erachtet.[20] Jedenfalls wird man tatsächliche Anhaltspunkte fordern müssen. Insbesondere eine Bedrohungslage setzt solche voraus. Indes werden solche Indizien angesichts der zahlreichen Terrorgefahren weltweit und des plötzlichen Auftretens von Anschlägen wie etwa in Paris Anfang 2015 regelmäßig bejaht werden können.

18   Terroranschläge haben ausweislich der NATO-Debatte nach den Anschlägen in New York am 11. 9. 2001 einen fließenden Übergang zu bewaffneten Angriffen.[21] In Abgrenzung zu Art. 42 Abs. 7 UAbs. 1 Satz 1 EUV, der eine kollektive Beistandspflicht für den Fall eines bewaffneten Angriffs i. S. v. Art. 51 UN-Charta normiert, geht Art. 222 AEUV allerdings von einem Begriff des Terrorismus aus, der als eine **Bedrohung durch nichtstaatliche Einheiten** zu verstehen ist.[22] Im Unterschied zu einer Beistandspflicht ist Art. 222 AEUV also nicht im Fall eines bewaffneten Angriffs anderer Staaten, sondern bei terroristischen Bedrohungen nichtstaatlicher Akteure, sog. asymmetrischen Bedrohungen,[23] einschlägig.[24]

19   Dabei unterscheidet die Solidaritätsklausel nicht zwischen inneren und äußeren Bedrohungen, ob mithin die terroristische Organisation aus der EU oder einem anderen Staat kommt. Allerdings muss der Auslöser entsprechend dem Wortlaut auf dem Territorium eines Mitgliedstaates erfolgen, so dass etwa ein **Terroranschlag auf eine Auslandsvertretung** oder einen eigenen Staatsangehörigen in einem anderen Land **nicht** umfasst wird.[25]

20   Immer wieder erfolgt eine Anlehnung an Art. 1 Abs. 1 des Rahmenbeschlusses des Rates zur Terrorbekämpfung.[26] Danach sind terroristische Taten nationalrechtlich straf-

---

[19] Näher zu denkbaren Präventionsmaßnahmen *Ramsperger*, Die Terrorismusbekämpfung im Rahmen der Europäischen Sicherheits- und Verteidigungspolitik (ESVP), 2009, S. 311 ff.

[20] *Becker*, in: Schwarze, EU-Kommentar, Art. 222 AEUV Rn. 7.

[21] *Bitterlich*, in: Lenz/Borchardt, EU-Verträge, Art. 222 AEUV, Rn. 1.

[22] Schlussbericht der Gruppe VIII »Verteidigung«, CONV 461/02, S. 20; so auch etwa *Schmidt-Radefeldt*, UBWV 2005, 1 (2); *Calliess*, in: Calliess/Ruffert, EUV/AEUV, Art. 222 AEUV, Rn. 18.

[23] Bzw. asymmetrische Gefahrenlagen, *Thym*, in: Grabitz/Hilf/Nettesheim, EU, Art. 222 AEUV (Oktober 2011), Rn. 3.

[24] *Vedder*, in: Vedder/Heintschel v. Heinegg, Europäisches Unionsrecht, Art. 222 AEUV, Rn. 9; *Frenz*, Handbuch Europarecht, Band 6, Rn. 5227.

[25] *Vedder*, in: Vedder/Heintschel v. Heinegg, Europäisches Unionsrecht, Art. 222 AEUV, Rn. 9.

[26] Beschluss 2002/475/JI des Rates vom 13. 6. 2002 zur Terrorismusbekämpfung, ABl. 2002, L

bewehrte Handlungen, begangen mit dem Ziel, »die Bevölkerung auf schwerwiegende Weise einzuschüchtern«, öffentliche Stellen oder internationale Organisationen zu erpressen oder »die politischen, verfassungsrechtlichen, wirtschaftlichen oder sozialen Grundstrukturen eines Landes oder einer internationalen Organisation ernsthaft zu destabilisieren oder zu zerstören«. Damit würde indes die Reichweite von der mitgliedstaatlichen Strafgesetzgebung abhängen. Diese ist unterschiedlich weit; so wurde sie in Deutschland erst jüngst auch auf Vorbereitungshandlungen ausgeweitet. Die Prävention wird somit nicht durchgehend gleichermaßen erfasst. Die Zielrichtung ist zudem eine andere, nämlich die gegenseitige Hilfestellung von öffentlichen Stellen; sie kann schwerlich mit einer strafrechtlich orientierten Definition in ihrer Reichweite bestimmt werden.[27] Die dabei genannten Zielsetzungen müssen damit nicht in dieser Schärfe vorliegen. Entscheidend ist das Ausmaß der eingetretenen oder zu erwartenden Folgen.

II. Katastrophen

Auch für Katastrophen wird auf eine andere Definition rekurriert, nämlich die in Art. 2 **21** Abs. 1 VO (EG) Nr. 2012/2002,[28] die Ereignisse umfasst, »die gravierende Folgen für die Lebensbedingungen der Bürger, die Umwelt oder die Wirtschaft einer oder mehrerer Regionen bzw. eines oder mehrerer Länder« haben.[29] Damit wird die notwendige Schwere der Auswirkungen deutlich,[30] die auch bei Terroranschlägen maßgeblich sein muss. Gemeinhin fallen darunter Naturereignisse wie Stürme, Überschwemmungen, Waldbrände etc.[31] Gleichgestellt sind von Menschen verursachte Katastrophen wie Tankerunglücke, Industrie- sowie auch Atomunfälle; diese müssen ebenfalls ein größeres Ausmaß erreichen.[32] Durch die Benennung dieser Ereignisse ist der Anwendungsbereich abschließend bestimmt, so dass keine Ausdehnung auf weitere Fallgruppen und dabei namentlich sonstige schwerwiegende innerstaatliche Störungen in Betracht kommt; insoweit ist Art. 122 AEUV spezieller.[33]

C. Mobilisierung durch die Union (Abs. 1)

Art. 222 Abs. 1 Satz 2 AEUV sieht vor, dass die Union alle ihr zur Verfügung stehenden **22** Mittel mobilisiert. Die Mobilisierung verlangt ein Auftreiben und Bereithalten, nicht automatisch einen Einsatz; vielmehr werden die Einzelheiten **erst durch einen Ratsbeschluss** nach Art. 222 Abs. 3 AEUV festgelegt. Erst daraus erwächst eine Einsatz-

---

164/3. Darauf verweisen *Becker*, in: Schwarze, EU-Kommentar, Art. 222 AEUV, Rn. 3; *Calliess*, in: Calliess/Ruffert, EUV/AEUV, Art. 222 AEUV, Rn. 18; *Hafner*, Beistands- und Solidaritätsklausel, in: Hummer/Obwexer, Vertrag von Lissabon, 2009, S. 375 (399).

[27] ABl. auch *Vedder*, in: Vedder/Heintschel v. Heinegg, Europäisches Unionsrecht, Art. 222 AEUV, Rn. 9.

[28] VO (EG) Nr. 2012/2002 vom 11.11.2002 zur Errichtung des Solidaritätsfonds der Europäischen Union, ABl. 2002, L 311/3.

[29] *Becker*, in: Schwarze, EU-Kommentar, Art. 222 AEUV, Rn. 5 ohne Übernahme der darin auch festgelegten Schadenssummen.

[30] *Calliess*, in: Calliess/Ruffert, EUV/AEUV, Art. 222 AEUV, Rn. 20: »Katastrophen größeren Ausmaßes«.

[31] *Calliess*, in: Calliess/Ruffert, EUV/AEUV, Art. 222 AEUV, Rn. 20.

[32] *Calliess*, in: Calliess/Ruffert, EUV/AEUV, Art. 222 AEUV, Rn. 21.

[33] *Calliess*, in: Calliess/Ruffert, EUV/AEUV Art. 222 AEUV, Rn. 22.

pflicht,[34] nicht schon aus Art. 222 Abs. 1 Satz 2 AEUV. Eine **Handlungsverpflichtung** der Union ist erst nach Fassung eines solchen Beschlusses durchsetzbar, vorher nicht.[35]

23   A priori sind alle möglichen Mittel erfasst. Dazu gehören logistische sowie finanzielle Mittel; auch nachrichtendienstliche werden dazu gerechnet.[36] Indes bleibt die Vorschrift auf eine Aufgabenzuweisung beschränkt und begründet keine Kompetenz etwa zum Aufbau eines EU-Geheimdienstes, sondern **knüpft an die bestehenden Gesetzgebungs- und Verwaltungszuständigkeiten der Union an** – so **Europol** nach Art. 88 AEUV.[37]

24   Grundsätzlich muss die Union über die benutzten Mittel verfügen. Es geht also nicht um eine Ausweitung der der Union zur Verfügung stehenden Mittel. Allerdings wird sie aufgrund der in Art. 222 AEUV vorgesehenen Mobilisierung von Mitteln solche in einem Mindestumfang vorhalten müssen, damit sie im konkreten Fall überhaupt reagieren kann. Insoweit benötigt sie freilich entsprechende Finanzmittel, die ihr erst einmal zugewiesen werden müssen.

25   Insbesondere werden nicht die Zuständigkeiten und Befugnisse der Union erweitert. In Art. 222 AEUV kann daher auch keine Rechtsetzungsermächtigung gesehen werden. Der Erlass von **Rechtsnormen** kommt **nicht** in Betracht.[38] Nur ein Beschluss zur Festlegung der Einzelheiten für die Anwendung dieser Solidaritätsklausel ist in Art. 222 Abs. 3 AEUV vorgesehen.

26   Damit kann die Union vor allem **koordinierend helfen**, indem sie Mittel zusammentrommelt, die benötigt werden, insbesondere wenn es sich um kleine Mitgliedstaaten handelt, die selbst nicht über die notwendigen Mittel verfügen, um einer gravierenden Katastrophe oder einer massiven Terrorbedrohung zu begegnen – so nach einem verheerenden Anschlag wie im belgischen Verviers Anfang 2015, dem weitere zu folgen drohten. Hieran zeigt sich zugleich, wann die Union vor allem aktiv wird: wenn die Mitgliedstaaten überfordert sind.

27   Dieses Anknüpfen an eine Überforderung eines oder der Mitgliedstaaten ist auch Ausdruck des **Subsidiaritätsprinzips nach Art. 5 Abs. 3 EUV**, welches damit auch die Reichweite des Solidaritätsprinzips begrenzt: Art. 222 AEUV greift nur ein, wenn sich die Mitgliedstaaten nicht selbst helfen können bzw. gerade das Handeln einer übergreifenden Ebene in Gestalt der Union erforderlich ist, mithin nicht umgekehrt die dezentralere Ebene durch ihre Vorortkenntnisse vorzugswürdig ist. Von daher wird von einem Vorrang der dezentraleren Ebene gesprochen.[39] Indes kann auch diese noch eine Unterstützung durch die Union gebrauchen, indem finanzielle oder logistische Hilfe gewährt wird. Dann lässt sich das mit der ergriffenen Maßnahme verfolgte Ziel zumindest nicht vollständig und damit nicht ausreichend verwirklichen und die Hilfe der Union sichert in besserem Maße den Eintritt der angestrebten Wirkungen. Jedenfalls bedarf es im Einzelfall einer Prüfung unter Hinzunahme des Subsidiaritätsprinzips nach Art. 5 Abs. 3 EUV; auch unter diesem Blickwinkel kommt eine automatische Anwendung der Solidaritätsklausel nicht in Betracht.[40]

---

[34] *Ohler*, in: Streinz, EUV/AEUV, Art. 222 AEUV, Rn. 5.

[35] *Becker*, in: Schwarze, Art. 222 AEUV, Rn. 9.

[36] *Calliess*, in: Calliess/Ruffert, EUV/AEUV, Art. 222 AEUV, Rn. 34.

[37] *Ohler*, in: Streinz, EUV/AEUV, Art. 222 AEUV, Rn. 6.

[38] *Becker*, in: Schwarze, Art. 222 AEUV, Rn. 9; a. A. im Hinblick auf die Prävention *Ramsperger*, Die Terrorismusbekämpfung im Rahmen der Europäischen Sicherheits- und Verteidigungspolitik (ESVP), 2009, S. 311, S. 313.

[39] *Calliess*, in: Calliess/Ruffert, EUV/AEUV, Art. 222 AEUV, Rn. 39.

[40] Unter Verweis auf das notwendige Ersuchen der Mitgliedstaaten *Calliess*, in: Calliess/Ruffert,

Einen Weg weist Art. 222 Abs. 1 Satz 2 AEUV spezifisch für die militärischen Mittel. **28** Sie müssen von den Mitgliedstaaten bereitgestellt werden. Auch **Polizeikräfte** haben im Wesentlichen nur die EU-Länder. Europol hat dementsprechend nach Art. 88 AEUV nur einen Auftrag zur Unterstützung und Verstärkung der nationalen Stellen sowie von deren Zusammenarbeit und darf operativ nur in Verbindung und in Absprache mit den Mitgliedstaaten bzw. deren Behörden tätig werden.

Trotz des ausdrücklichen Verweises auf militärische Mittel folgt aus Art. 222 AEUV **29** keine neue bzw. zusätzliche Verteidigungspolitik. Insoweit gelten die Grenzen und Bedingungen nach Art. 42 ff. EUV. Zudem bezieht sich Art. 222 Abs. 1 AEUV auf das Hoheitsgebiet der EU-Mitgliedstaaten; darauf sind die Mittel in ihrer Reichweite beschränkt.[41] Allerdings kommt ein faktisches Ineinandergreifen der Gemeinsamen Verteidigungs- und Sicherheitspolitik sowie der Solidaritätsklausel in Betracht, indem Erstere sich vor allem auf Staaten und Gebiete konzentriert, von denen terroristische Aktivitäten ausgehen, um solchermaßen die Grundlagen dafür zu entziehen.

Zwar gehören **militärische Mittel** vom Wortlaut her zu den umfassten Ressourcen **30** nach Art. 222 Abs. 1 Satz 2 AEUV. Indes hat die Union keine eigenen militärischen Mittel und ist daher darauf angewiesen, dass die Mitgliedstaaten entsprechende Mittel zur Verfügung stellen. Dementsprechend verweist Art. 222 Abs. 1 Satz 2 AEUV eigens darauf. Die nationalverfassungsrechtlichen Parlamentsvorbehalte greifen daher weiterhin. So muss in Deutschland der Bundestag zustimmen; auch die Grenzen des Streitkräfteeinsatzes im Inland werden nicht etwa durch Art. 222 AEUV überspielt.[42] Zwar umfasst Art. 222 Abs. 1 Satz 2 AEUV auch einen Streitkräfteeinsatz im Inland.[43] Inwieweit dieser Weg gegangen werden kann, richtet sich indes jeweils nach der nationalrechtlichen Ausgestaltung. Für Deutschland gelten daher die Regeln, die das BVerfG in seinem Urteil zum Luftsicherheitsgesetz aufgestellt hat, in dem es den Einsatz von Streitkräften mit typisch militärischen Waffen nicht erlaubte.[44] Die Bundesregierung darf demzufolge auch nicht an Beschlüssen mitwirken, die den innerstaatlichen Einsatz von Streitkräften vorsehen, jedenfalls wenn das Territorium Deutschlands betroffen ist; Art. 35 Abs. 2 und Abs. 3 GG dürfen nicht umgangen werden.[45]

Nach der Erklärung Nr. 37 zu Art. 222 AEUV zur Schlussakte der Regierungskon- **31** ferenz[46] wird nicht das Recht eines Mitgliedstaats beeinträchtigt, die nach seiner Auffassung am besten geeigneten Mittel zu wählen; er kann also Mittel schon bei angenommener Ungeeignetheit verweigern.[47] Damit ist der Rahmen unionsrechtlich weit gezogen, die nähere Ausgestaltung und das Anforderungsprofil im Einzelfall richten sich freilich nach den mitgliedstaatlichen Regelungen. Die **Mitgliedstaaten** behalten mithin die **Entscheidungsgewalt** über das Wie im konkreten Fall.[48]

EUV/AEUV, Art. 222 AEUV, Rn. 39 gegen *Metz*, Die Außenbeziehungen der Europäischen Union nach dem Vertrag über eine Verfassung für Europa, 2007, S. 286.

[41] *Reichard*, ZEuS 2004, 313 (324).

[42] *Calliess*, in: Calliess/Ruffert, EUV/AEUV, Art. 222 AEUV, Rn. 36 unter Verweis auf die Antwort der Bundesregierung, BT-Drucks. 16/8726, S. 4 f.

[43] *Kielmannsegg*, Die Verteidigungspolitik der Europäischen Union, 2005, S. 166.

[44] BVerfGE 115, 118 (150).

[45] *Thym*, in: Grabitz/Hilf/Nettesheim, EU, Art. 222 AEUV (Oktober 2011), Rn. 14.

[46] ABl. 2010, C 83/349.

[47] *Calliess*, in: Calliess/Ruffert, EUV/AEUV, Art. 222 AEUV, Rn. 36, unter Verweis auf *Heimeshoff*, Beistands- und Solidaritätsklausel im Vertrag über eine Verfassung für Europa, in: Niedobitek/Ruth, Die neue Union, 2007, S. 75 (90).

[48] *Lais*, Das Solidaritätsprinzip im europäischen Verfassungsverbund, S. 317; *Calliess*, in: Calliess/Ruffert, EUV/AEUV, Art. 222 AEUV, Rn. 36.

32   Auch der Empfang der Unterstützungsleistungen von Seiten der Union ist nicht verpflichtend. Bei einem Terroranschlag verlangt Art. 222 Abs. 1 Buchst. a, 2. Spstr. AEUV ein – in der Form nicht festgelegtes – **Ersuchen der politischen Organe** des Mitgliedstaates, mithin regelmäßig der für die Außenvertretung zuständigen Regierung.[49] Hingegen ist ein solches Ersuchen in den anderen Fällen des Art. 222 Abs. 1 Satz 2 AEUV nicht vorgesehen. Es kann daher auch nicht in Analogie verlangt werden. Indes ist für ein konkretes Handeln der Union ohnehin nach Art. 222 Abs. 3 AEUV ein Ratsbeschluss erforderlich, der bei Auswirkungen auf den Bereich der Verteidigung nach Art. 31 Abs. 1 EUV einstimmig ausfallen muss. Weil das Handeln der Union die Mitgliedstaaten unterstützen soll, wird es ohnehin kaum zu einem Aufdrängen kommen. Die grundsätzliche nationale Souveränität im Bereich der inneren Sicherheit ist daher zu wahren. Deshalb können nur grenzüberschreitende Bedrohungen einen geeigneten Anknüpfungspunkt bilden,[50] der aber angesichts der Internationalität des Terrorismus regelmäßig gegeben sein wird.

D.   Unterstützung durch die Mitgliedstaaten (Abs. 2)

33   Die vorgenannten Grundsätze für eine Unterstützung durch die Union gelten vielfach auch für eine solche durch die Mitgliedstaaten.[51] Das gilt insbesondere für das notwendige Ersuchen des Empfangsstaates[52] sowie für die Wahl der zu ergreifenden Mittel, die den Mitgliedstaaten obliegt. Auch dabei ist nämlich die »Erklärung zu Artikel 222 des Vertrags über die Arbeitsweise der Europäischen Union«[53] zu beachten, wonach keinesfalls das Recht eines Mitgliedstaats beeinträchtigt wird, die am besten geeigneten Mittel zur Erfüllung seiner Verpflichtung zur Solidarität gegenüber dem betreffenden Mitgliedstaat zu wählen.

34   Gleichwohl sind die Maßnahmen im **Geiste gegenseitiger Solidarität** zu treffen.[54] Hier kann dann durchschlagen, dass Art. 222 AEUV Ausdruck des allgemeinen Subsidiaritätsprinzips ist, welches die EU-Länder zu gegenseitiger Unterstützung und Rücksichtnahme verpflichtet.[55] Damit müssen Maßnahmen gewählt werden, die eine tatsächliche Bewältigung der jeweiligen Problemlage versprechen.

35   Welche Maßnahmen im Einzelnen getroffen werden, sprechen die Mitgliedstaaten nach Art. 222 Abs. 3 Satz 2 AEUV im Rat ab. Darüber erfolgt dann eine Koordinierung, die überdies nur interne Verbindlichkeit hat.[56] Die Unterstützungsleistung bleibt eine mitgliedstaatliche.

36   Die mitgliedstaatliche Unterstützung bezieht sich vom Wortlaut her nur auf bereits eingetretene Terroranschläge, Naturkatastrophen und vom Menschen verursachte Katastrophen, mithin nicht die **Prävention**. Damit bleibt sie hinter der Unterstützung durch die Union zurück. Dabei spricht Art. 222 Abs. 4 AEUV gleichermaßen von der Tätigkeit der Union und ihrer Mitgliedstaaten, wenn von der Einschätzung der Bedrohungen

---

[49] *Ohler*, in: Streinz, EUV/AEUV, Art. 222 AEUV, Rn. 8.
[50] *Ohler*, in: Streinz, EUV/AEUV, Art. 222 AEUV, Rn. 10.
[51] S. bereits o. Rn. 31.
[52] Vorstehend Rn. 32.
[53] Erklärung Nr. 37 zum EUV/AEUV, ABl. 2010, C 83/349.
[54] *Schmidt-Radefeldt*, UBWV 2005, 1 (3).
[55] S. o. Rn. 4.
[56] *Ohler*, in: Streinz, EUV/AEUV, Art. 222 AEUV, Rn. 7.

durch die Union die Rede ist. Zudem kann eine Gefahrenabwehr auch nur dann wirksam durchgeführt werden, wenn schon im Vorfeld Gegenmaßnahmen ergriffen werden können. Damit muss jedenfalls eine völkerrechtliche Vereinbarung der Mitgliedstaaten zur präventiven Unterstützung möglich sein.[57]

E. Anwendung durch die Union (Abs. 3)

Während die nationalen Unterstützungen nur im Rat intern abgesprochen werden, sieht Art. 222 Abs. 3 UAbs. 1 eine Festlegung der Einzelheiten vor, wie die Union die Solidaritätsklausel handhabt. Eine Art **Rahmenbeschluss** soll alle wesentlichen Eckpunkte enthalten, um Verfahren und Entscheidungen zu beschleunigen.[58] Dies betrifft den allgemeinen Rahmen der EU-Unterstützungstätigkeit, so dass im eiligen Einzelfall keine nähere Festlegung mehr erfolgen muss.[59] Dieser Beschluss legt daher die Mittel und die näheren Modalitäten fest, ohne aber eine Rechtsgrundlage dafür zu bilden, weitere Unionseinrichtungen wie eine Polizei oder einen Geheimdienst aufzubauen.[60] Soweit ein solcher Rahmenbeschluss nicht genügt, mithin die situationswesentlichen Umstände nicht berücksichtigt sind, müssen auch **einzelfallbezogene Beschlüsse** möglich sein.[61] Konkrete Unterstützungspflichten der Union im Einzelfall erwachsen erst aus einem Beschluss nach Art. 222 Abs. 3 AEUV.   37

Einen solchen Beschluss erlässt der Rat auf gemeinsamen Vorschlag der Kommission und des Hohen Vertreters der Union für Außen- und Sicherheitspolitik. Bei Auswirkungen auf die Verteidigung beschließt der Rat gem. Art. 31 Abs. 1 EUV und damit einstimmig ohne Abweichungsmöglichkeit (s. Art. 31 Abs. 4 EUV),[62] sonst mit qualifizierter Mehrheit nach Art. 16 Abs. 3 EUV. Das Europäische Parlament wird darüber gem. Art. 222 Abs. 3 UAbs. 1 Satz 3 AEUV lediglich unterrichtet.[63]   38

Unterstützt wird der Rat gem. Art. 222 Abs. 3 UAbs. 2 AEUV vom **Politischen und Sicherheitspolitischen Komitee**, und zwar in dessen Strukturen im Rahmen der Gemeinsamen Sicherheits- und Verteidigungspolitik (s. Art. 38 Abs. 2, 3 EUV). Hinzu kommt der speziell auch für die innere Sicherheit gem. Art. 71 AEUV eingesetzte ständige Ausschuss, das **Comité Securité Interieur** (COSI), das weder an der Ausarbeitung von Rechtsakten mitwirkt noch gar Operationen durchführt.[64] Beide legen dem Rat gegebenenfalls eine gemeinsame Stellungnahme vor. Diese muss kohärent und aufeinander abgestimmt sein.[65]   39

---

[57] *Ohler*, in: Streinz, EUV/AEUV, Art. 222 AEUV, Rn. 11.
[58] *Bitterlich*, in: Lenz/Borchardt, EU-Verträge, Art. 222 AEUV, Rn. 3.
[59] *Vedder*, in: Vedder/Heintschel von Heinegg, Europäisches Unionsrecht, Art. 222 AEUV, Rn. 14.
[60] *Ohler*, in: Streinz, EUV/AEUV, Art. 222 AEUV, Rn. 15.
[61] Generell *Calliess*, in: Calliess/Ruffert, EUV/AEUV, Art. 222 AEUV, Rn. 33; *Thym*, in: Grabitz/Hilf/Nettesheim, EU, Art. 222 AEUV (Oktober 2011), Rn. 24.
[62] Wobei Dänemark nach seinem Opting-out nicht mitwirkt, *Thym*, in: Grabitz/Hilf/Nettesheim, EU, Art. 222 AEUV (Oktober 2011), Rn. 24 unter Verweis auf die Erklärung Nr. 48 zu dem Protokoll über die Position Dänemarks, ABl. 2007, C 206/265.
[63] Krit. *Thym*, in: Grabitz/Hilf/Nettesheim, EU, Art. 222 AEUV (Oktober 2011), Rn. 24.
[64] *Calliess*, in: Calliess/Ruffert, EUV/AEUV, Art. 222 AEUV, Rn. 37.
[65] *Calliess*, in: Calliess/Ruffert, EUV/AEUV, Art. 222 AEUV, Rn. 37.

F. Bedrohungseinschätzung (Abs. 4)

40 Art. 222 Abs. 4 AEUV sieht eine Einschätzung der Bedrohungen durch den Europäischen Rat vor. Dies hat regelmäßig und damit fortlaufend ohne allzu große Abstände zu erfolgen. Die Intensität der Einschätzung muss der Union und den Mitgliedstaaten eine effiziente Tätigkeit im Rahmen der Solidaritätsklausel erlauben. Dies betrifft vor allem die Bedrohung durch den Terrorismus, kann sich aber auch auf Katastrophen beziehen, seien sie natürlich wie Vulkanausbrüche, seien sie vom Menschen verursacht wie bei gefährlichen Anlagen.[66]

41 Dadurch erfolgt lediglich eine **Beurteilung der Lage**; auch daraus kann keine Kompetenzgrundlage für weitere Einrichtungen der Union wie einen EU-Geheimdienst oder eine Harmonisierung der Nachrichtendienste abgeleitet werden.[67]

42 Sowohl auf die Tätigkeit der Union als auch auf die der Mitgliedstaaten bezogen, die beide auf Terroranschläge bzw. Katastrophen in einzelnen Mitgliedstaaten reagieren, geht es nicht nur um Bedrohungen für die Union als Ganze, sondern ebenso **für einzelne Mitgliedstaaten**.[68] Wegen der notwendigen Schwere der Bedrohungen dürfte es sich aber regelmäßig zugleich um Bedrohungen für die Union als Ganzes handeln.

---

[66] *Vedder*, in: Vedder/Heintschel von Heinegg, Europäisches Unionsrecht, Art. 222 AEUV, Rn. 16.
[67] *Thym*, in: Grabitz/Hilf/Nettesheim, Art. 222 AEUV (Oktober 2011), Rn. 30.
[68] *Calliess*, in: Calliess/Ruffert, EUV/AEUV, Art. 222 AEUV, Rn. 43.

Sechster Teil

Institutionelle Bestimmungen und Finanzvorschriften

Titel I
Vorschriften über die Organe

Kapitel 1
Die Organe

Abschnitt 1
Das Europäische Parlament

Artikel 223 AEUV [Einheitliches Wahlverfahren; Abgeordneten-Statut]

(1) Das Europäische Parlament erstellt einen Entwurf der erforderlichen Bestimmungen für die allgemeine unmittelbare Wahl seiner Mitglieder nach einem einheitlichen Verfahren in allen Mitgliedstaaten oder im Einklang mit den allen Mitgliedstaaten gemeinsamen Grundsätzen.

[1]Der Rat erlässt die erforderlichen Bestimmungen einstimmig gemäß einem besonderen Gesetzgebungsverfahren und nach Zustimmung des Europäischen Parlaments, die mit der Mehrheit seiner Mitglieder erteilt wird. [2]Diese Bestimmungen treten nach Zustimmung der Mitgliedstaaten im Einklang mit ihren jeweiligen verfassungsrechtlichen Vorschriften in Kraft.

(2) [1]Das Europäische Parlament legt aus eigener Initiative gemäß einem besonderen Gesetzgebungsverfahren durch Verordnungen nach Anhörung der Kommission und mit Zustimmung des Rates die Regelungen und allgemeinen Bedingungen für die Wahrnehmung der Aufgaben seiner Mitglieder fest. [2]Alle Vorschriften und Bedingungen, die die Steuerregelung für die Mitglieder oder ehemaligen Mitglieder betreffen, sind vom Rat einstimmig festzulegen.

Literaturübersicht

Arnim, Abgeordnetengesetz ohne Kontrolle – Zur Diätennovelle der großen Koalition, DVBl 2014, 605; *ders.*, Das Europa-Komplott, 2006; *ders.*, 9053 Euro Gehalt für Europaabgeordnete?, 2004; *Bieber*, Der Abgeordnetenstatus im Europäischen Parlament, EuR 1981, 124; *Böttger*, Die Rechtsstellung des Abgeordneten des Europäischen Parlaments, EuR 2002, 898; *Ehlers*, Sicherung der Funktionsfähigkeit des Europäischen Parlaments mittels einer fragwürdigen Sperrklausel im deutschen Wahlrecht. Zur Entscheidung des Bundesverfassungsgerichts vom 9. November 2011, ZG 2012, 188; *Flaig*, Die Mehrheitsentscheidung. Entstehung und kulturelle Dynamik, 2013; *Fleuter*, Mandat und Status des Abgeordneten im Europäischen Parlament, 1991; *Frenz*, Europäisches Parlament, VR 2011, 193, *Frommer/Engelbrecht/Bätge*, Europawahlrecht. Kommentar für die Praxis, Loseblatt; *Gerhardt*, Europäisches Parlament und Bundesverfassungsgericht, NVwZ-Beilage 1/2013, 53; *Habermas*, Zur Prinzipienkonkurrenz von Bürgergleichheit und Staatengleichheit im supranationalen Gemeinwesen. Eine Notiz aus Anlass der Frage nach der Legitimität der ungleichen Repräsentation der Bürger im Europäischen Parlament, Der Staat 53 (2014), 167; *Hatje*, Demokratie in der Europäischen Union. Plädoyer für eine parlamentarisch verantwortliche Regierung der EU, EuR Beiheft 2/2015, 39; *Kahl/Bews*, Die Verfassungswidrigkeit der Drei-Prozent-Sperrklausel bei Europawahlen, DVBl 2014, 737; *Lenz, C.*, Einheitliches Verfahren für die Wahl des Europäischen Parlaments. Unverwirklichte Vorgabe der Gemeinschaftsverträge, 1995; *Nohlen*, Wahlrecht und Parteiensystem. Zur Theorie und Empirie der Wahlsysteme, 7. Aufl., 2014; *Schoo*, Das Europäische Parlament im Institutionsgefüge der Europäischen Union, EuR Beiheft 2/2015, 55; *Schultz-Bleis*, Die parlamentarische Immunität der Mitglieder des Europäischen Parlaments, 1995; *Uppenbrink*, Das Europäische Mandat – Status der Abgeordneten des Europäischen Parlaments, 2004; *Welti*, Die soziale Sicherung der Abgeordneten des Deutschen Bundestages, der Landtage und der deutschen Abgeordneten im Europäischen Parlament, 1998.

Leitentscheidungen

EuGH, Beschl. v. 10.6.1993, Rs. C–41/92 (The Liberal Democrats/EP), Slg. 1993, I–3153
EuGH, Urt. v. 7.7.2005, Rs. C–208/03 P (Le Pen/EP), Slg. 2005, I–6051
EuGH, Beschl. v. 13.1.2009, verb. Rs. C–512/07 P(R) u. C–15/08 P(R) (Occhetto und EP/Donnici), Slg. 2009, I–1
EuGH, Urt. v. 30.4.2009, verb. Rs. C–393/07 u. C–9/08 (Italien und Donnici/EP), Slg. 2009, I–3679
EuGH, Beschl. v. 19.1.2012, Rs. C–496/10 (Patriciello), ECLI:EU:C:2012:24
EuGH, Beschl. v. 3.4.2014, Rs. C–281/13 P (Lord Inglewood u. a./EP), ECLI:EU:C:2014:227
EuG, Beschl. v. 21.5.2008, Rs. T–18/07 (Kronberger/EP), Slg. 2008, II–77
EuG, Urt. v. 13.3.2013, verb. Rs. T–229/11 u. T–276/11 (Lord Inglewood u. a./EP), ECLI:EU:T:2013:127

Wesentliche sekundärrechtliche Vorschriften

Art. 7 bis 9 des Protokolls (Nr. 7) über die Vorrechte und Befreiungen der Europäischen Union, ABl. 2012, C 326/266
Beschluss 76/787/EGKS, EWG, Euratom der im Rat vereinigten Vertreter der Mitgliedstaaten über den Akt und der Akt zur Einführung allgemeiner unmittelbarer Wahlen der Abgeordneten der Versammlung v. 20.9.1976, ABl. 1976, L 278/1 – Direktwahlakt (geändert durch Beschluss 93/81/Euratom, EGKS, EWG des Rates v. 1.2.1993, ABl. 1993, L 33/15, und Beschluss 2002/772/EG, Euratom des Rates v. 25.6.2002, ABl. 2002, L 283/1)
Artikel 19 der EU-Beitrittsakte 2013 Kroatien v. 9.12.2011, ABl. 2012, L 112/21
RL 93/109/EG des Rates v. 6.12.1993 über die Einzelheiten der Ausübung des aktiven und passiven Wahlrechts bei den Wahlen zum Europäischen Parlament für Unionsbürger mit Wohnsitz in einem Mitgliedstaat, dessen Staatsangehörigkeit sie nicht besitzen, ABl. 1993, L 329/34 (zuletzt geändert durch Art. 1 der RL 2013/1/EU des Rates v. 20.12.2012, ABl. 2013, L 26/27)
Beschluss 2005/684/EG, Euratom des EP v. 28.9.2005 zur Annahme des Abgeordnetenstatuts des Europäischen Parlaments, ABl. 2005, L 262/1 – Abgeordnetenstatut
Beschluss des Präsidiums des EP v. 19.5. und 9.7.2008 mit Durchführungsbestimmungen zum Abgeordnetenstatut des Europäischen Parlaments, ABl. 2009, C 159/1 (zuletzt geändert durch Beschluss des Präsidiums des EP v. 1.7.2013, ABl. 2013, C 194/6)
Geschäftsordnung des Europäischen Parlaments vom 1.3.2011, ABl. 2011, L 116/1 (zuletzt geändert durch Beschl. v. 16.1.2013, ABl. 2013, C 440/116, abrufbar unter http://www.europarl.europa.eu/ [8. Wahlperiode – September 2015])

Inhaltsübersicht

A. Allgemeines

Hauptfunktion von Artikel 223 Abs. 1 AEUV ist eine Ergänzung der Absätze 2 und 3 **1** von Artikel 14 EUV mit seinen Regelungen über die Zusammensetzung und die Wahlrechtsgrundsätze.[1] Bis heute ist der **vertragliche Auftrag** an das Europäische Parlament **unerfüllt** geblieben, einen Entwurf der erforderlichen Bestimmungen für die **allgemeine unmittelbare Wahl** seiner Mitglieder nach einem einheitlichen Verfahren in allen Mitgliedstaaten oder im Einklang mit den allen Mitgliedstaaten gemeinsamen Grundsätzen zu erstellen (s. Art. 14 EUV, Rn. 37).[2] Zuletzt hat das deutsche Bundesverfassungsgericht deshalb nach deutschem Verfassungsrecht entschieden, dass eine Drei-Prozent-Klausel für die Wahl zum EP im Jahr 2014 unzulässig ist.[3]

Nicht gehört wurde mit dieser Entscheidung das Verlangen des EP von den noch **2** zuständigen Mitgliedstaaten für die Europawahl 2014, »in ihrem Wahlrecht gemäß Artikel 3 des Aktes zur Einführung allgemeiner unmittelbarer Wahlen der Abgeordneten der Versammlung geeignete und angemessene **Mindestschwellen** für die Zuteilung der Sitze festzulegen, um dem in den Wahlen zum Ausdruck gekommenen Wählerwillen gebührend Rechnung zu tragen, bei gleichzeitiger Wahrung der Funktionalität des Parlaments«.[4] Für die **96** deutschen **Abgeordneten** des Europäischen Parlaments gilt damit

---

[1] So auch *Hölscheidt*, in: Grabitz/Hilf/Nettesheim, EU, Art. 223 AEUV (August 2011), Rn. 7. Zur Vorgeschichte s. *Bieber/Haag*, in: GSH, Europäisches Unionsrecht, Art. 223 AEUV, Rn. 2f.; *Kluth*, in: Calliess/Ruffert, EUV/AEUV, Art. 223 AEUV, Rn. 1f.; *Schoo*, in: Schwarze, EU-Kommentar, Art. 223 AEUV, Rn. 2ff.; *dens.*, EuR Beiheft 2/2015, 55ff.

[2] Vgl. *Huber*, in: Streinz, EUV/AEUV, Art. 223 AEUV, Rn. 2ff.

[3] S. BVerfGE 135, 259 = DVBl 2014, 507 mit krit. Anm. *Frenz* – Drei-Prozent-Klausel: Schwerwiegender Eingriff in die Grundsätze der Wahlrechtsgleichheit und Chancengleichheit der politischen Parteien aus Art. 3 Abs. 1 und Art. 21 Abs. 1 GG (i.E. zust. *Kahl/Bews*, DVBl 2014, 737, [740ff.]). Ende 2011 war die Fünf-Prozent-Klausel für verfassungswidrig gehalten worden: BVerfGE 129, 300. Zu neueren Perspektiven s. *Hatje*, EuR Beiheft 2/2015, 39ff. Aus philosophischer Sicht *Habermas*, Der Staat 53 (2014), 167ff.

[4] Entschließung 2012/2829 (RSP) des EP v. 22.11.2012 zu den Wahlen zum Europäischen Par-

in der Europawahl 2014 eine **faktische Sperrklausel** von etwas weniger als **einem Prozent** der Stimmen für einen Sitz.

3   Neben dem einheitlichen Wahlverfahren in Art. 223 Abs. 1 AEUV geht es in Absatz 2 der Vorschrift um die **Rechtsstellung der Mitglieder des Europäischen Parlaments** (MdEP). Damit ist das **Abgeordneten-Statut** gemeint.

B.   Einheitliches Wahlverfahren (Absatz 1)

I.   Rechtsgrundlagen

4   Gegenwärtig ist das Wahlverfahren für die fast vierhundert Millionen Wahlberechtigten in ganz Europa und für die 751 Mitglieder des Europäischen Parlaments nach verschiedenen Bestimmungen geregelt: Primärrechtlich entscheidend sind die Art. 10 und Art. 14 EUV sowie Art. 22 AEUV. Neben dem **Direktwahlakt**[5] und der sekundärrechtlichen **Richtlinie 93/109/EG**[6] spielen die nationalen ergänzenden Bestimmungen, in Deutschland insbesondere das **Europaabgeordnetengesetz,**[7] das **Europawahlgesetz**[8] und die **Europawahlordnung,**[9] eine Rolle. Die letztgenannten Vorschriften sollen hier für die 27 weiteren mitgliedstaatlichen Regelungen im Mittelpunkt der Erörterung stehen.[10]

5   Diese Vorschriften und ihre Anwendung müssen den **grundrechtlichen Garantien** für die Wahlen zum Europaparlament genügen, namentlich **Art. 39 GRC** bzw. **allgemeinen Rechtsgrundsätzen**. Grundrechte stehen in der Normenpyramide der Union jedenfalls mindestens auf der Ebene des Primärrechts.[11] Konflikte mit Primärrecht gilt es grundrechtskonform aufzulösen.[12] Im Ergebnis gibt es solche Konflikte mit den Grundrechtsgarantien nicht (s. Art. 14 EUV, Rn. 47 ff. zu den Wahlrechtsgrundsätzen).

---

lament im Jahr 2014. S. jetzt auch zu neueren Bestrebungen des EP die Entschließung v. 11.11.2015 zu der Reform des Wahlrechts der EU (2015/2035(INL)), EP, angenommene Texte P8_TA-PROV(2015)0395, sowie den Bericht über die Reform des Wahlrechts der EU (2015/2035(INL)), Ko-Berichterstatter D. M. *Hübner/J. Leinen*, A8–0286/2015, alles unter http://www.europarl.europa.eu (15.3.2016). Ausf. dazu *Heinig*, DVBl 2016, 1141 ff., der Deutschland nicht durch die BVerfG-Entscheidungen (Fn. 3) gehindert sieht, die in Art. 3 vorgesehene 3– bis 5-Prozent-Klausel einzuführen.
   [5] Beschluss 76/787/EGKS, EWG, Euratom der im Rat vereinigten Vertreter der Mitgliedstaaten über den Akt und den Akt zur Einführung allgemeiner unmittelbarer Wahlen der Abgeordneten der Versammlung vom 20.9.1976, Abdruck z.B. in BGBl. 1977 II S. 733.
   [6] RL 93/109/EG des Rates v. 6.12.1993 über die Einzelheiten der Ausübung des aktiven und passiven Wahlrechts bei den Wahlen zum Europäischen Parlament für Unionsbürger mit Wohnsitz in einem Mitgliedstaat, dessen Staatsangehörigkeit sie nicht besitzen, ABl. 1993, L 329/34 (zuletzt geändert durch Art. 1 der RL 2013/1/EU des Rates v. 20.12.2012, ABl. 2013, L 26/27).
   [7] Gesetz über die Rechtsverhältnisse der Mitglieder des Europäischen Parlaments aus der Bundesrepublik Deutschland (Europaabgeordnetengesetz – EuAbgG) v. 6.4.1979, BGBl. I 1979, S. 413 (zuletzt geändert durch Art. 2 des Gesetzes v. 11.7.2014, BGBl. I 2014, S. 906).
   [8] Gesetz über die Wahl der Abgeordneten des Europäischen Parlaments aus der Bundesrepublik Deutschland (Europawahlgesetz – EuWG) i.d.F. der Bekanntmachung v. 8.3.1994, BGBl. I 1994, S. 423, 555 (zuletzt geändert durch Art. 1 des Gesetzes v. 7.10.2013, BGBl. I 2013, S. 3749).
   [9] Europawahlordnung (EuWO) i.d.F. der Bekanntmachung v. 2.5.1994, BGBl. I 1994, S. 957 (zuletzt geändert durch Art. 1 der VO v. 16.12.2013, BGBl. I 2013, S. 4335).
   [10] S. etwa den vergleichenden Überblick bei *Nohlen*, S. 319 ff., 441 ff. Vgl. auch die aktualisierte Studie für den AFCO-Ausschuss des EP v. *Lehmann*, Die Europawahlen. EU-Rechtsvorschriften, einzelstaatliche Bestimmungen und Bürgerbeteiligung (2014), S. 20 ff. (PE 493.047, http://www.europarl.europa.eu [15.3.2016]).
   [11] S. *Jarass*, GRCh, Einl., Rn. 9.
   [12] Vgl. *Rengeling/Szczekalla*, Grundrechte, § 4, Rn. 274 f. Etwas abweichend *Jarass*, GRCh, Einl., Rn. 10. S. a. *Pache*, in: Heselhaus/Nowak, Handbuch der Europäischen Grundrechte, § 4 Rn. 120 ff.

1. Primärrecht

a) Art. 10 und 14 EUV

Nach Art. 10 Abs. 1 EUV ist die **repräsentative Demokratie** die Arbeitsweise, auf der   **6**
die Union beruht. Art. 14 Abs. 2 Satz 3 EUV schreibt demgegenüber die **Mindestzahl**
von **sechs** Mitgliedern des Europäischen Parlaments für jeden Mitgliedstaat fest. Außerdem soll sich die Zahl der Abgeordneten **degressiv proportional** verhalten. Degres-
sive Proportionalität in diesem Sinne meint, dass die Anzahl zusätzlicher Sitze mit der
zunehmenden Bevölkerungszahl abnimmt (s. oben Art. 14 EUV, Rn. 43). Dementsprechend liegt die **Höchstzahl** von Abgeordneten nach Art. 14 Abs. 2 Satz 4 EUV bei
96.

Der durch dieses Primärrecht festgelegte Konflikt mit dem Wahlrechtsgrundsatz der   **7**
Gleichheit (one man, one vote) ist verfassungsrechtlich noch hinnehmbar. Denn die
Abhängigkeit des Gewichts einer Wahlentscheidung von der Größe der Bevölkerung ist
auch in anderen Wahlrechtssystemen feststellbar (Deutscher Bundesrat, USA als außereuropäische Rechtsordnung[13]).[14]

b) Art. 22 Abs. 2 AEUV

Gemäß Art. 22 Abs. 2 Satz 1 AEUV besitzt jeder Unionsbürger mit Wohnsitz in einem   **8**
Mitgliedstaat, dessen Staatsangehörigkeit er nicht besitzt, in seinem **Wohnsitz-Mitglied-
staat** das **aktive und passive Wahlrecht** bei den Wahlen zum Europäischen Parlament.
Dieses Wahlrecht steht einerseits unter dem Vorbehalt der Regelung des **Art. 223 Abs. 1
AEUV** und dessen **Durchführungsbestimmungen**. Andererseits besteht hier ein **besonderes Gleichbehandlungsgebot** dergestalt, dass für den Unionsbürger dieselben Bedingungen gelten wie für Staatsangehörige des Wohnsitz-Mitgliedstaates auch.

Die besonderen Regelungen zur Ausübung des Wahlrechts ergeben sich nach Art. 22   **9**
Abs. 2 Satz 2 AEUV aus den Regelungen, die der Rat einstimmig gemäß einem besonderen Gesetzgebungsverfahren und nach Anhörung des Europäischen Parlaments erlässt. Ausnahmeregelungen aufgrund besonderer Probleme eines Mitgliedstaats sind
dabei zulässig. Hierzu ist die **Richtlinie 93/109/EG**[15] ergangen (s. unten Rn. 26 ff.).

2. Direktwahlakt

Hinzu kommt der inzwischen mehrfach geänderte **Direktwahlakt**.[16] Hierbei handelt es   **10**
sich um einen **gemischten Rechtsakt**, welcher durch Rat und Mitgliedstaaten gemeinsam
erlassen und von den Mitgliedstaaten ratifiziert wird.[17]

Die Existenz dieses gemischten Rechtsakts ist vor dem Hintergrund von Art. 223   **11**
Abs. 1 AEUV weiterhin rechtfertigungsbedürftig:[18] Denn diese Vorschrift ordnet in ihrem ersten Unterabsatz an, dass das Europäische Parlament einen Entwurf der erforderlichen Bestimmungen für die allgemeine unmittelbare Wahl seiner Mitglieder nach
einem einheitlichen Verfahren in allen Mitgliedstaaten oder im Einklang mit den allen
Mitgliedstaaten gemeinsamen Grundsätzen erstellt, welches nach seinem zweiten Un-

---

[13] Zu diesen Beispielen *Frenz*, VR 2011, 193 (195). Zur Schweiz s. *Heselhaus*, Art. 39 GRC Rn. 33.
[14] S. oben Art. 14 EUV, Rn. 42 ff. (44).
[15] Fn. 6.
[16] Fn. 5.
[17] Vgl. *Kluth*, in: Calliess/Ruffert, EUV/AEUV, Art. 223 AEUV, Rn. 4.
[18] Ausführlich zu Vorgängervorschriften (u. a. Art. 138 Abs. 3 EGV) *C. Lenz*, S. 43 ff.

terabsatz vom Rat einstimmig erlassen wird. Dieser **Auftrag** ist bislang indes **unerfüllt** geblieben. Zwar gab es einige Entwürfe durch das EP.[19] Diesen ist bislang allerdings die Zustimmung durch den Rat versagt geblieben.[20]

a)   Unionsrechtskonformes Unterlassen

12   Dieses Unterlassen ist indes noch unionsrechtskonform. Immerhin hat es ja Versuche durch das Europäische Parlament gegeben, denen indes der Rat bislang wegen des Einstimmigkeitserfordernisses nicht gefolgt ist.[21] Der EuGH hat jedenfalls auch entscheidend auf diese Vorschläge des EP hingewiesen, als er eine Untätigkeitsklage für erledigt erklärt hat.[22] Im Sinne einer **Näherungs-**[23] **oder Stufen-Rechtsprechung**[24] ist der jetzige Zustand jedenfalls rechtmäßiger als es eine judikative Setzung sein könnte, welche dem Gerichthof ohnehin prozessual verwehrt wäre.[25] Das Unterlassen als solches ist also noch nicht unionsrechtswidrig.

b)   Unionsrechtskonformität des Direktwahlakts

13   Einzelne Vorschriften des Direktwahlakts könnten indes unionsrechtswidrig sein. Der Direktwahlakt besteht gegenwärtig aus den grundlegenden Regeln für die Wahlen zum Europäischen Parlament:

aa)   Verhältniswahlsystem

14   In seinem Art. 1 Abs. 1 legt er das Verhältniswahlsystem fest (s. auch Art. 8 DWA). Dieses Wahlsystem findet entweder auf der Grundlage von Listen oder von übertragbaren Einzelstimmen statt. Nach seinem Abs. 2 ist den Mitgliedstaaten die Zulassung von Vorzugsstimmen auf der Grundlage von Listen nach den von ihnen festgelegten Modalitäten gestattet.

bb)   Wahlrechtsgrundsätze

15   Art. 1 Abs. 3 DWA enthält die allgemeinen Wahlrechtsgrundsätze der Allgemeinheit, Unmittelbarkeit, Freiheit und Geheimheit der Wahlen,[26] wie sie sich bereits aus Art. 14 Abs. 3 EUV ergeben.[27] Aus Art. 9 DWA folgt eine europaweite **Beschränkung auf einen Wahlakt** eines jeden Unionsbürgers. Bedenken gegen die Einhaltung der Wahlrechtsgrundsätze einschließlich der Wahlrechtsgleichheit (s. oben Rn. 6f.) bestehen nicht,[28] und zwar auch nicht nach dem Bekenntnis eines unzulässigen Doppelwahlakts eines deutsch-italienischen Fernsehmoderators bzw. Wochenzeitungschefs bei den Europawahlen 2014 (s. unten, Rn. 31) mit Fn. 41).

---

[19] S. den Vorschlag für einen Akt zur Annahme verschiedener Bestimmungen eines einheitlichen Wahlverfahrens für die Wahl der Mitglieder des Europäischen Parlaments sowie die Entschließung Dok. 1–988/81 des EP v. 10.3.1982, ABl. 1982, C 87/56 (61); Entschließung A3/0381/92 des EP v. 10.3.1993 zum Entwurf eines einheitlichen Wahlverfahrens für die Wahl der Mitglieder des Europäischen Parlaments, ABl. 1993, C 115/67 (121). S. auch oben, Fn. 4.

[20] S. *Kluth*, in: Calliess/Ruffert, EUV/AEUV, Art. 223 AEUV, Rn. 4ff.

[21] Fn. 19.

[22] EuGH, Beschl. v. 10.6.1993, Rs. C–41/92 (The Liberal Democrats/EP), Slg. 1993, I–3153, Rn. 2, 4, zur Entschließung A3/0381/92 (Fn. 19 a.E.).

[23] Vgl. BVerfGE 4, 157 Ls. 4, 169f.

[24] S. *Haag/Bieber*, in: GS, EUV/EGV, Art. 190 EGV, Rn. 34.

[25] Vgl. Rengeling/Middeke/Gellermann, Rechtsschutz in der EU, § 8, Rn. 53.

[26] Zur Wahlrechtsgleichheit s. oben Art. 14 EUV, Rn. 42ff.

[27] S. oben Art. 14 EUV, Rn. 47ff.

[28] Fn. 27.

cc) Wahlkreise

Nach Art. 2 DWA können die Mitgliedstaaten nach ihren nationalen Besonderheiten für **16** die Wahl des Europäischen Parlaments Wahlkreise einrichten oder ihre Wahlgebiete auf andere Weise unterteilen. Dabei dürfen sie das Verhältniswahlsystem indes nicht insgesamt in Frage zu stellen.

dd) Mindestschwelle

Den Mitgliedstaaten ist es nach Art. 3 DWA gestattet, eine Mindestschwelle für die **17** Sitzvergabe festzulegen. Diese Schwelle darf indes landesweit nicht mehr als **fünf Prozent** der abgegebenen Stimmen betragen. In diese den Mitgliedstaaten überlassene Freiheit der Folge-Gesetzgebung ist das deutsche Bundesverfassungsgericht dem deutschen Wahlgesetzgeber indes zweimal hineingegrätscht: Sowohl die übliche Fünf- als auch die als Nachbesserung verstandene Drei-Prozent-Klausel für die Wahl zum EP im Jahr 2014 ist vom BVerfG jeweils für verfassungswidrig gehalten worden.[29] Dass Art. 3 DWA die Mindestschwellen ausdrücklich zulässt, ist jedenfalls nicht unionsrechtswidrig. Vielmehr sollte auch auf Ebene der Mitgliedstaaten die Geschichte der Entwicklung von der Europäischen Versammlung zum Parlament mit einer deutlichen Ausweitung seiner Befugnisse im Rahmen der Gesetzgebung zu denken geben: Die heute gegebenen Kompetenzen sollten für ausreichend erachtet werden, um eine Sperrklausel nach dem Einschätzungsspielraum des Gesetzgebers zu rechtfertigen. Für Deutschland besteht indes erst vor den nächsten Europawahlen im Jahr 2019 dazu eine Chance.[30]

ee) Wahlkampfkosten

Art. 4 DWA beschäftigt sich mit einer Regelung der Wahlkampfkostenerstattung: Jeder **18** Mitgliedstaat kann danach eine **Obergrenze** festlegen (zum Europäischen Parteienrecht s. unten Art. 224 AEUV). Im Regelfall ist diese Obergrenze so hoch, dass die mitgliedstaatlichen Parteien aus jedem Europawahlkampf erhebliche Einnahmen nach den nationalen Vorschriften übrig haben.[31] Der Einsatz von weniger Geld für den Stimmenfang im Vergleich zu einer (deutschen) Bundestagswahl lässt sich indes auch mit dem Weniger an aufgestellten Kandidaten rechtfertigen. Jedenfalls kann Art. 4 DWA wegen seiner offenen Formulierung kein Unionsrechtswidrigkeitsvorwurf gemacht werden.

ff) Rechtsstellung des Parlamentariers

Die weiteren Vorschriften des Direktwahlakts betreffen den Fünfjahreszeitraum des **19** Mandats (Art. 5) sowie die Rechtsstellung des Parlamentariers (Art. 6). Nach Art. 6 Abs. 1 geben die Abgeordneten ihre Stimmen einzeln und persönlich ab. Sie sind dabei weder an Aufträge noch an Weisungen gebunden. In Art. 6 Abs. 2 werden die Vorrechte und Befreiungen aus dem Protokoll (Nr. 7) über die Vorrechte und Befreiungen der Europäischen Union[32] für anwendbar erklärt. Hier sind die Art. 7 bis 9 gemeint, also Vorschriften über die Reisefreiheit (Art. 7), die Immunität (Art. 8) und die Unverletzlichkeit (Art. 9). Mit diesem Verweis wird nur auf die bestehende primärrechtliche Lage hingewiesen.

---

[29] Fn. 3.
[30] S. Art. 14 EUV, Rn. 74.
[31] Vgl. *Carstens*, Bei der Europawahl gewinnen alle Parteien, F.A.S. Nr. 16 v. 20. 4. 2014, S. 7.
[32] ABl. 2012, C 326/266, eine Neufassung des Protokolls über die Vorrechte und Befreiungen der Europäischen Gemeinschaften als Anhang des Fusionsvertrages v. 8. 4. 1965, ABl. 1967, Nr. 152/2.

20   Zur Immunität hat der EuGH die Praxis des Parlaments ein wenig gestutzt:[33] Die Vorschrift sei dahin auszulegen, dass eine von einem Europaabgeordneten außerhalb des Europäischen Parlaments abgegebene Erklärung, die in seinem Herkunftsmitgliedstaat zu einer strafrechtlichen Verfolgung wegen Beleidigung geführt habe, nur dann eine in Ausübung seines parlamentarischen Amtes erfolgte Äußerung darstelle, welche unter die in dieser Vorschrift vorgesehene Immunität falle, wenn sie einer subjektiven Beurteilung entspreche, die in einem unmittelbaren und offensichtlichen Zusammenhang mit der Ausübung eines solchen Amtes stehe. Das festzustellen sei Sache des vorlegenden mitgliedstaatlichen Gerichts.

gg) Unvereinbarkeitsregelungen
21   Art. 7 DWA enthält Unvereinbarkeitsregelungen für Abgeordnete. Kein Abgeordneter darf Mitglied eines Unionsorgans im weiteren Sinne sein (Abs. 1). Auch sind Parallelmitgliedschaften im Europäischen und in mitgliedstaatlichen Parlamenten unzulässig (Abs. 2).

hh) Wahltermin
22   In Art. 10 und 11 DWA finden sich Regelungen zum zulässigen Wahltermin: Entsprechend den mitgliedstaatlichen Gepflogenheiten finden die Wahlen von einem Donnerstag bis zum folgenden Sonntag statt (Art. 10 Abs. 1 DWA). Die Wahlergebnisse dürfen indes – zu Vermeidung von Beeinflussungen der Wahlfreiheit in den erst später wählenden Mitgliedstaaten – erst nach dem Schluss des Wahlakts des letzten Mitgliedstaats, also an dem Sonntag, amtlich bekannt gemacht werden (Art. 10 Abs. 2 DWA).

23   Regelmäßig beginnen die Europawahlen an dem durch **Beschluss** des Rates festgelegten **Donnerstag** in den Ländern Niederlande und Großbritannien.[34] In den Niederlanden sind 2014 sogar **Prognosen** über den Wahlausgang am Abend des Donnerstags möglich.[35] In dieser Befragung von Wählern und der Veröffentlichung eines Näherungsergebnisses nur in einem Mitgliedstaat mit 26 Abgeordneten im Europäischen Parlament dürfte noch keine Beeinträchtigung der Wahlfreiheit in den später wählenden Mitgliedstaaten liegen. Am Freitag wählt Irland, am Freitag und Samstag Tschechien. Am Samstag folgen Lettland, Malta, die Slowakei und Zypern. Die übrigen Mitgliedstaaten wählen am **Sonntag**, wobei für Italien die Wahlen am Samstag und Sonntag folgen. Schließlich erfolgt die Wahl in den französischen Überseegebieten am Samstag, im Hauptland am Sonntag. Viel wäre also auch beim Wahltermin gewonnen, wenn es irgendwann einmal zu einer unionsrechtlichen Festlegung von maximal zwei Tagen käme. Denn dann könnte es auch nicht zu einer Beeinträchtigung der Wahlfreiheit durch vorzeitige Prognosen in einzelnen Mitgliedstaaten kommen, welche sich möglicherweise am niederländischen Beispiel orientieren.

---

[33] EuGH, Beschl. v. 19.1.2012, Rs. C–496/10 (Patriciello), ECLI:EU:C:2012:24, Rn. 19.

[34] Für die letzten Wahlen im Jahr 2014, also die achte Direktwahl des EP, wurde die Frist vom 22. bis zum 25.5.2014 festgelegt, s. Beschluss 2013/299/EU, Euratom des Rates vom 14.6.2013 zur Festsetzung des Zeitraums für die achte allgemeine unmittelbare Wahl der Abgeordneten des Europäischen Parlaments, ABl. 2013, L 169/69.

[35] Noch problematischer war Bekanntgabe der Ergebnisse durch die einzelnen Gemeinden bei der Europawahl 2009 am Abend des Wahltages, was die Errechnung der Ergebnisse durch die Medien mit Ausnahme der Briefwahlstimmen ermöglichte.

ii) Wahlprüfung

Art. 12 DWA enthält eine wahlprüfungsrechtliche Bestimmung. Die Kompetenzen des 24
Europäischen Parlaments sind dabei indes sehr begrenzt: Abweichend vom ersten Satz
der Vorschrift nimmt das EP die von den Mitgliedstaaten amtlich bekannt gegebenen
Wahlergebnisse lediglich »zur Kenntnis« (Satz 2). Dabei können Anfechtungen nur aufgrund von Vorschriften des Direktwahlakts selbst geprüft werden, nicht aber solche, die
sich auf die mitgliedstaatlichen Rechtsvorschriften beziehen. Der EuGH hat die bloße
Kenntnisnahmefunktion bereits in seiner Rechtsprechung bestätigt.[36] Die eigentlichen
Entscheidungen beruhen auf mitgliedstaatlichem Recht und sind von einem entsprechenden mitgliedstaatlichen Rechtsschutz abhängig.

Ganz ähnlich ist die Lage bei einem Verlust des Mandats durch Rücktritt, Tod oder 25
Entzug in Art. 13 DWA geregelt: Auch hier wird der Sitz jeweils nach Absatz 1 frei.
Nach Absatz 2 legen die Mitgliedstaaten die geeigneten Verfahren fest, um für den Rest
der fünfjährigen Legislaturperiode (Art. 5 DWA) den Sitz neu zu besetzen. Der Präsi-
dent des Europäischen Parlaments ist bei Rücktritt oder Tod gehalten, die zuständigen
Behörden des Mitgliedstaats unverzüglich in Kenntnis zu setzen (Abs. 4). In einem Ent-
zugsfall nimmt das EP nach Absatz 3 wieder nur Kenntnis von einem entsprechenden
Vortrag der mitgliedstaatlichen Behörden. Eine Prüfungspflicht besteht hier nicht. Diese
Auslegung haben EuGH und EuG bestätigt.[37]

3. Sekundärrecht

a) Richtlinie 93/109/EG

Richtlinie 93/109/EG. Für die sekundärrechtliche Regelung zur Ausübung des Wahl- 26
rechts zum Europäischen Parlament schreibt Art. 22 Abs. 2 Satz 2 AEUV eine einstimmige Entscheidung des Rates nach Anhörung des Europäischen Parlaments vor (s. oben
Rn. 8 f.). Diesen Rechtsakt gibt es seit 1993 mit der Richtlinie 93/109/EG.[38]

Nach Art. 3 der RL 93/109/EG hat jeder das **aktive und passive Wahlrecht** bei den 27
Wahlen zum Europäischen Parlament im Wohnsitzmitgliedstaat, der gemäß Buchstabe a **Unionsbürger** ist und nach Buchstabe b ohne die Staatsangehörigkeit des Wohnsitz-
mitgliedstaates zu besitzen im Übrigen die Bedingungen erfüllt, an die das Recht des
Wohnsitzmitgliedstaates das aktive und das passive Wahlrecht seiner Staatsangehörigen
knüpft. Begrenzt wird dieses Recht durch einen Verlust des aktiven oder passiven Wahlrechts gemäß Art. 6 und 7 der RL 93/109/EG. Art. 6 betrifft das passive Wahlrecht, das
durch Einzelfallentscheidungen einer Justizbehörde oder einer Verwaltungsbehörde
verloren gegangen sein kann, wobei hiergegen auch ein entsprechender gerichtlicher
Schutz möglich sein kann. Der Verlust des aktiven Wahlrechts durch eine zivil- oder
strafrechtliche Einzelfallentscheidung ist in Art. 7 geregelt.

Art. 4 der RL 93/109/EG beschränkt in seinem ersten Absatz die aktive Wahlfreiheit 28
auf das **Gebiet eines Mitgliedstaats** und entspricht insoweit Art. 9 DWA (s. oben Rn. 15
a.E.). Er untersagt in seinem zweiten Absatz auch die passive Wahlfreiheit in mehr als
einem Mitgliedstaat.

---

[36] EuGH, Beschl. v. 13.1.2009, verb. Rs. C–512/07 P(R) u. C–15/08 P(R) (Occhetto und EP/Don-
nici), Slg. 2009, I–1, Rn. 29 ff.; Urt. v. 30.4.2009, verb. Rs. C–393/07 u. C–9/08 (Italien und Donnici/
EP), Slg. 2009, I–3679, Rn. 50 ff.

[37] EuGH, Urt. v. 7.7.2005, Rs. C–208/03 P (Le Pen/EP), Slg. 2005, I–6051, Rn. 46 ff.; EuG, Beschl.
v. 21.5.2008, Rs. T–18/07 (Kronberger/EP), Slg. 2008, II–77, Rn. 36 ff.

[38] Fn. 6.

29   Bei einer entsprechenden **Wahlpflicht** gilt diese auch für diejenigen Unionsbürger, welche den Wunsch geäußert haben, das aktive Wahlrecht in dem entsprechenden Mitgliedstaat auszuüben (Art. 8 Abs. 2), also etwa in Belgien, Griechenland, Luxemburg oder Zypern. Die Wahlpflicht als solche stellt jedenfalls keinen Verstoß gegen den Wahlrechtsgrundsatz der – negativen – Wahlfreiheit dar (s. oben Art. 14 EUV, Rn. 54).

30   Die Art. 9 f. der RL 93/109/EG betreffen das Recht der Unionsbürger, rechtzeitig vor den Europawahlen in das **Wählerverzeichnis** eingetragen werden zu können, sowie die Einreichung einer Kandidaturerklärung. Bei einer Ablehnung des Antrags auf Eintragung in das Wählerverzeichnis oder bei Ablehnung der Kandidatur, welche dem Betreffenden nach Art. 11 Abs. 1 der RL 93/109/EG mitzuteilen ist, kann der Unionsbürger gemäß Art. 11 Abs. 2 der RL 93/109/EG den entsprechenden Rechtsbehelf einlegen. In Luxemburg gibt es Beschränkungen des aktiven und passiven Wahlrechts, die in Art. 14 der RL 93/109/EG vorgesehen sind.

b) Praktische Relevanz

31   Was die praktische Relevanz der Regelungen anbelangt, so ist die Ausübung des **passiven Wahlrechts** im Wohnsitzmitgliedstaat eher selten, wenn auch mit steigender Tendenz: Bei den Europawahlen 2009 wurden fünf Mitglieder des Europäischen Parlaments in anderen Mitgliedstaaten gewählt, 2004 nur drei, 1999 immerhin vier.[39] Erkenntnisse zur Ausübung des **aktiven Wahlrechts** sind schon aus datenschutzrechtlichen Gründen schwer ermittelbar. Jedenfalls waren im Jahr 2009 2,1 Millionen EU-Ausländer in Deutschland wahlberechtigt.[40] Mitunter kommt es durchaus vor, dass manche Unionsbürger statt einer gleich zwei Stimmen oder mehr abgeben. Diese Verletzung des Grundsatzes »one man one vote« aus Art. 4 Abs. 1 Satz 2 der RL 93/109/EG ist indes in allen Mitgliedstaaten strafbar und wird verfolgt.[41] Trotz aller Schwierigkeiten mit den unterschiedlichen Regelungen über die Wahl in den Mitgliedstaaten hat sich die Richtlinie jedenfalls bewährt. Weitere Schritte funktionieren nur dann, wenn das Europäische Parlament das einheitliche Wahlverfahren nach Art. 223 Abs. 1 AEUV gemeinsam mit dem Rat auf den Weg bringt. Dann kann auch eine Steigerung der immer niedriger werdenden Wahlbeteiligung in Deutschland erwartet werden.[42]

4. Mitgliedstaatliches Recht

32   Entscheidend ist nach wie vor das mitgliedstaatliche Recht, welches die Wahlen zum Europäischen Parlament in Ausführung des Primär- und Sekundärrechts sowie des Direktwahlakts erst ermöglicht.[43] In Deutschland ist das **Europaabgeordnetengesetz**, das **Europawahlgesetz** und die **Europawahlordnung**[44] von Bedeutung.

---

[39] *Lehmann* (Fn. 10), S. 18.

[40] Informationen des Bundeswahlleiters. Europawahl 2009, Heft 5, S. 17, http://www.bundeswahlleiter.de/de/europawahlen/EU_BUND_09/veroeffentlichungen/heft5.pdf (30.4.2014).

[41] So im Fall des Chefredakteurs der deutschen Wochenzeitung »ZEIT« bei den Europawahlen 2014, s. NOZ v. 27.5.2014, S. 1. Hier ging es indes um einen Doppelstaatsangehörigen. Die mögliche Strafbarkeit folgt in Deutschland aus § 107a Abs. 1 StGB in Verbindung mit § 6 Abs. 4 EuWG. Der Chefredakteur hat seinen »Irrtum« inzwischen bedauert (s. F.A.Z. Nr. 122 v. 27.5.2014, S. 5).

[42] 2009 etwa im Mittel aller Mitgliedstaaten mit 43,3 Prozent (s. Fn. 40, S. 14).

[43] Vgl. die tabellarische Übersicht bei *Hölscheidt*, in: Grabitz/Hilf/Nettesheim, EU, Art. 223 AEUV (August 2011), Rn. 40.

[44] S. Fn. 7 ff.

a) Wahlergebnisse

Bei der letzten Europawahl vom 22. bis 25.5.**2014** gab es nach Wegfall jeglicher nor-   **33** mativer Sperrklausel in der Bundesrepublik Deutschland (s. oben, Rn. 1 f., 17) folgende Ergebnisse: Bei einer Wahlbeteiligung von 48,1 Prozent (**2009: 43,3 Prozent**) hat die Christlich Demokratische Union (CDU) 30,0 Prozent (2009: 30,7 Prozent) aller gülti- gen Stimmen erhalten,[45] die Sozialdemokratische Partei Deutschlands (SPD) 27,3 Pro- zent (2009: 20,8 Prozent), BÜNDNIS 90/DIE GRÜNEN (GRÜNE) 10,7 Prozent (2009: 12,1 Prozent), die Freie Demokratische Partei (FDP) 3,4 Prozent (2009: 11,0 Prozent), DIE LINKE 7,4 Prozent (2009: 7,5 Prozent), die Christlich-Soziale Union (CSU) 5,3 Prozent (2009: 7,2 Prozent), die FREIEN WÄHLER 1,5 Prozent (2009: 1,7 Prozent), die REPUBLIKANER (REP) 0,4 Prozent (2009: 1,3 Prozent), die PARTEI MENSCH UM- WELT TIERSCHUTZ (Tierschutzpartei) 1,2 Prozent (2009: 1,1 Prozent), die Familien- Partei Deutschlands (FAMILIE) 0,7 Prozent (2009: 1,0 Prozent), die Piratenpartei Deutschland (PIRATEN) 1,4 Prozent (2009: 0,9 Prozent), Ökologisch-Demokratische Partei (ÖDP) 0,6 Prozent (2009: 0,5 Prozent), die Partei Bibeltreuer Christen (PBC) 0,2 Prozent (2009: 0,3 Prozent), die Partei »Ab jetzt [...] Demokratie durch Volksabstim- mung – Politik für die Menschen« (Volksabstimmung) 0,3 Prozent (2009: 0,3 Prozent), die Bayernpartei (BP) 0,2 Prozent (2009: 0,2 Prozent), die »CHRISTLICHE MITTE – Für ein Deutschland nach GOTTES Geboten« (CM) 0,1 Prozent (2009: 0,2 Prozent), die »AUF – Partei für Arbeit, Umwelt und Familie, Christen für Deutschland« (AUF) 0,2 Prozent (2009: 0,1 Prozent), die Deutsche Kommunistische Partei (DKP) 0,1 Prozent (2009: 0,1 Prozent), die Bürgerrechtsbewegung Solidarität (BüSo) 0,0 Prozent (2009: 0,0 Prozent), die Partei für Soziale Gleichheit, Sektion der Vierten Internationalen (PSG) 0,0 Prozent (2009: 0,0 Prozent), die Alternative für Deutschland (AfD) 7,0 Pro- zent (2009: keine Teilnahme), die Bürgerbewegung PRO NRW (PRO NRW) 0,2 Prozent (2009: keine Teilnahme), die Marxistisch-Leninistische Partei Deutschlands (MLPD) 0,1 Prozent (2009: keine Teilnahme), die Nationaldemokratische Partei Deutschlands NPD 1,0 Prozent (2009: keine Teilnahme) und die »Partei für Arbeit, Rechtsstaat, Tierschutz, Elitenförderung und basisdemokratische Initiative« (Die PARTEI) 0,6 Prozent (2009: keine Teilnahme).

Der Anteil der **ungültigen Stimmen** betrug bei der Europawahl 2014 1,7 Prozent   **34** (2009: 2,2 Prozent). Auf die Bundesrepublik Deutschland entfallen 96 der insgesamt 751 Sitze des Europäischen Parlaments. Im 8. Europäischen Parlament werden nach dem vorläufigen amtlichen Ergebnis die folgenden Parteien beziehungsweise sonstigen politischen Vereinigungen mit den nachstehenden **Mandatszahlen** vertreten sein: CDU 29 Sitze (2009: 34 Sitze), SPD 27 Sitze (2009: 23 Sitze), GRÜNE 11 Sitze (2009: 14 Sitze), FDP 3 Sitze (2009: 12 Sitze), DIE LINKE 7 Sitze (2009: 8 Sitze), CSU 5 Sitze (2009: 8 Sitze), FREIE WÄHLER 1 Sitz (2009: keinen Sitz), Tierschutzpartei 1 Sitz (2009: keinen Sitz), FAMILIE 1 Sitz (2009: keinen Sitz), PIRATEN 1 Sitz (2009: keinen Sitz), ÖDP 1 Sitz (2009: keinen Sitz), AfD 7 Sitze (2009: keine Teilnahme), NPD 1 Sitz (2009: keine Teilnahme), Die PARTEI 1 Sitz (2009: keine Teilnahme). Die **faktische Sperrklausel** hat in Deutschland also bei **0,6 Prozent** der Stimmen gelegen.

Schon das deutsche Teil-Wahlergebnis hat gezeigt, dass die jüngere **Klausel-Recht-**   **35** **sprechung des BVerfG** dem Europäischen Parlament nicht gut getan hat. Es wird sehr viel schwerer, die Aufgaben dieses eigenständigen Parlaments zu erfüllen, welches nicht

---

[45] Vorläufiges amtliches Endergebnis des Bundeswahlleiters vom 26.5.2014 um 2.30 Uhr, www. bundeswahlleiter.de (26.5.2014).

mit einem herkömmlichen nationalen Parlament, das Regierung und Opposition bildet, zu vergleichen ist. Für die nächsten Wahlen im Jahr 2019 sollte also von den Politikern erwogen werden, dass »hinreichend belastbare[...] tatsächliche [...] Anhaltspunkte«[46] für eine Änderung des deutschen Europawahlrechts vorliegen, selbst wenn diese Formulierung als solche schon zu stark in den **Einschätzungsspielraum des Gesetzgebers** eingreift (s. oben Art. 14 EUV, Rn. 74). Hoffentlich war die jedenfalls in Deutschland[47] gestiegene **Wahlbeteiligung** im Jahr 2014 (s. oben Rn. 33) nicht nur den gleichzeitigen Kommunalwahlen und örtlichen bzw. regionalen Volksabstimmungen bzw. -befragungen geschuldet, sondern auch durch die Personalisierung der Spitzenkandidaten verursacht, so ähnlich sich die beiden Spitzenkandidaten der Europäischen Volkspartei und der Sozialisten in ihrem Profil jedoch waren. Denn auch die gesamteuropäische Wahlbeteiligung ist im Jahr 2014 jedenfalls im Vergleich zu den Vorjahren nicht zurückgegangen, sondern hat sich um 0,1 Prozent auf 43,1 Prozent sogar erhöht.[48]

b) Deutsches Wahlverfahren

36   Das deutsche Europawahlgesetz (EuWG)[49] besteht aus drei Abschnitten: Der erste Abschnitt (§§ 1 bis 20 EuWG) beschäftigt sich mit der Wahl der Abgeordneten des Europäischen Parlaments aus der Bundesrepublik Deutschland. Der zweite Abschnitt (§§ 21 bis 24) betrifft den Erwerb und Verlust der Mitgliedschaft im Europäischen Parlament. Die Schlussbestimmungen des dritten Abschnitts (§§ 26 bis 28) betreffen die Wahlkosten und die Wahlordnung[50] (§ 26), die Wahlprüfung und Anfechtung (§ 27) sowie die staatlichen Mittel für sonstige politische Vereinigungen (§ 28).

37   In seinem ersten Paragrafen legt das EuWG die Zahl der zu wählenden **Abgeordneten** auf **96** fest (§ 1 Satz 1). Außerdem benennt es danach die zu beachtenden **Wahlrechtsgrundsätze**[51] der allgemeinen, unmittelbaren, freien, gleichen[52] und geheimen Wahl der Mitglieder des Europäischen Parlaments für die Dauer von **fünf Jahren** (§ 1 Satz 2 EuWG). § 2 EuWG beschäftigt sich mit dem Wahlsystem und der Sitzverteilung: Es handelt sich um eine Verhältniswahl mit Listenwahlvorschlägen (Abs. 1 Satz 1), welche für ein Land oder als gemeinsame Liste für alle Länder aufgestellt werden (Satz 2). Nach § 2 Abs. 1 Satz 3 EuWG hat jeder Wähler nur eine Stimme. Diese Stimmenzahl verdoppelt sich auch nicht im Fall einer mehrfachen Staatsangehörigkeit.[53] Seit der Europawahl 2009 erfolgt die Sitzzuteilung nach der Methode »Sainte-Laguë/Schepers« (§ 2 Abs. 3 EuWG).[54] § 2 Abs. 7 EuWG enthielt bis zum Urteil des BVerfG die Drei-Prozent-Klausel, die zur Wahl im Jahr 2014 wegen Nichtigkeit weggefallen ist.[55] Das aktive wie das passive Wahlrecht in der Bundesrepublik Deutschland liegt bei allen Deutschen,

---

[46] BVerfGE 135, 259, Ls. 2.

[47] Abgeschlagen war jedenfalls Slowenien, wo die Beteiligungsquote nur 13 Prozent betrug, s. F.A.Z. Nr. 121 v. 26.5.2012, S. 4.

[48] Vgl. F.A.Z. Nr. 122 v. 27.5.2012, S. 3.

[49] Fn. 8.

[50] S. oben Fn. 9.

[51] Vgl. oben Art. 14 EUV, Rn. 47 ff.

[52] S. oben Art. 14 EUV, Rn. 42 ff.

[53] Vgl. oben Fn. 41.

[54] Bsp.: http://www.bundeswahlleiter.de/de/aktuelle_mitteilungen/downloads/Kurzdarst_Sitz-zuteilung.pdf (16.7.2014). Für eine Änderung aus politikwissenschaftlicher Sicht *Strohmeier*, ZfP 2014, 346 (366 f.).

[55] S. Fn. 3.

welche am Wahltag das **achtzehnte Lebensjahr** vollendet haben (§§ 6 Abs. 1 Nr. 1, 6b Abs. 1 Nr. 2 EuWG[56]).

Das deutsche Wahlrecht entspricht den unionsrechtlichen Anforderungen (s. oben   **38** Rn. 4 ff.). Es bleibt natürlich der Umstand, dass eine Einheitlichkeit in Sachen **Sperrklausel** nach der Rechtsprechung des BVerfG und der im Übrigen teilweise abweichenden Regelungen in den anderen Mitgliedstaaten nicht gegeben ist. Eine solche Einheitlichkeit kann nur durch eine unionsrechtliche Regelung hergestellt werden (s. unten Rn. 41 ff. [43]).

II. Europäisches Wahlergebnis

Seit 1979 sind acht Europäische Parlamente gewählt worden. Bei der letzten **Europa-**   **39** **wahl 2014** haben sich folgende **Sitzverteilungen** der 751 Sitze ergeben: Die Christdemokraten, die Europäische Volkspartei (EVP), erhielt 213 (28,4 Prozent der Stimmen, 2009: 36 Prozent) und die Sozialisten und Sozialdemokraten 190 Mandate (25,3 Prozent der Stimmen, 2009: 25 Prozent). Neben diesen beiden größten Parteigruppierungen kommen die Liberalen und Demokraten für Europa (ALDE) auf 64 Mandate (8,5 Prozent der Stimmen, 2009: 11,4 Prozent), die Grünen und die Freie Europäische Allianz (GRÜNE/EFA) auf 53 Mandate (7,1 Prozent der Stimmen, 2009: 7,5 Prozent), die Konservativen und Reformisten (ECR) auf 46 Mandate (6,1 Prozent der Stimmen, 2009: 7,3 Prozent), das Europa der Freiheit und Demokratie (EFD) auf 38 Mandate (5,1 Prozent der Stimmen, 2009: 4,3 Prozent) und die Europäische Linke/Nordische Grüne Linke (GUE/NGL) auf 42 Mandate (5,6 Prozent der Stimmen, 2009: 4,8 Prozent). 41 Abgeordnete sind fraktionslos[57] (5,5 Prozent der Stimmen, 2009: 3,7 Prozent). Und bei 64 Abgeordneten steht noch nicht fest, welcher Fraktion sie angehören werden (8,5 Prozent der Stimmen).[58]

Das Wahlergebnis hat im Jahr 2014 eine Reihe von – »linken« und »rechten« –   **40** »euroskeptischen« Parteigruppierungen in das Europäische Parlament gebracht (s. auch unten Rn. 47). Die »Volksparteien« haben gerade einmal ein Drittel der Wähler für sich erreichen können. Aber immer noch gehen über 80 Prozent der Mandate an Parteigruppierungen, die mehr oder weniger als der Union positiv gegenüber stehend anzusehen sind. Und diese »Mehrheit« wird in Zukunft die Parlamentsarbeit effektiv gestalten müssen.

III. Begrenzte Einheitlichkeit

Zusammenfassend lässt sich sagen, dass alle Mitgliedstaaten ein **Verhältniswahlsystem**   **41** anwenden (s. Rn. 14 zu Art. 1 Abs. 1 sowie Art. 2 und 8 DWA). Das gilt auch für das Vereinigte Königreich, welches für sein eigenes Parlament bekanntlich ein Mehrheitswahlsystem anwendet.

Soweit reicht die Einheitlichkeit indes bis heute. Zwar dürfen alle Unionsbürger ab   **42** dem Alter von **18 Jahren** wählen. Nur in **Österreich** ist die Wahl ab **16 Jahren** zulässig (**aktives Wahlrecht**). Beim **passiven Wahlrecht** schwanken die Zahlen zwischen 18 und 25 Jahren. In einigen Mitgliedstaaten gibt es **Sperrklauseln** von drei, vier oder fünf Prozent. In manchen Mitgliedstaaten kann der Wähler die Reihenfolge der Kandidaten

---

[56] Die deutschen Vorschriften sind ergänzt durch die Umsetzung der Richtlinie 93/109/EG (Fn. 6).
[57] S. Art. 14 EUV, Rn. 61 ff.
[58] Alle Zahlen nach dem Stand vom 26.5.2014, s. F.A.Z. (Fn. 48).

auf der **Liste** beeinflussen. Und in Belgien, Griechenland, Luxemburg oder Zypern gibt es eine **Wahlpflicht**. [59]

43   Ein wirklich einheitliches Wahlverfahren gibt es damit nicht. Trotz diverser Vorschläge in der Vergangenheit[60] ist eine Ausarbeitung auch nicht wahrscheinlich. Art. 10 und 14 EUV sowie Art. 22 AEUV, der Direktwahlakt[61] und die Richtlinie 93/109/EG[62] sowie die mitgliedstaatlichen Bestimmungen (pars pro toto das deutsche EuAbgG, das EuWG und die EuWO[63]) bleiben nach wie vor die Rechtsgrundlagen der Europawahlen (s. oben Rn. 1 f.).

IV.   Verfahren und Inhalt

44   Wenn es in Zukunft doch noch einmal zu einem neuen Wahlverfahren kommen sollte, so handelt es sich um ein **vereinfachtes Vertragsänderungsverfahren**.[64] In einem ersten Schritt arbeitet das Europäische Parlament einen Entwurf aus (Art. 223 Abs. 1 UAbs. 1 AEUV). In einem zweiten Schritt beschießt der Rat einstimmig gemäß einem besonderen Gesetzgebungsverfahren und nach Zustimmung des EP mit der Mehrheit seiner Mitglieder, also mit derzeit 376 Stimmen (Art. 223 Abs. 1 UAbs. 2 AEUV). Und in einem dritten Schritt müssen die Mitgliedstaaten die Bestimmungen entsprechend ihren verfassungsrechtlichen Anforderungen annehmen.

45   Inhaltlich besteht für das Europäische Parlament eine Pflicht, sich bei seinem Entwurf für ein einheitliches Wahlverfahren nicht nur an den Wahlrechtsgrundsätzen der Allgemeinheit und der Unmittelbarkeit zu orientieren, die Art. 223 Abs. 1 UAbs. 1 AEUV ausdrücklich nennt. Die schon jetzt bestehenden Wahlrechtsgrundsätze der Freiheit und Geheimheit der Wahl kommen hinzu (s. oben Rn. 15). Für die Alternative einer Wahlverfahrensregelung, nämlich der Orientierung an allen Mitgliedstaaten gemeinsamen Grundsätzen, gilt dies ebenso. Dies folgt bereits aus Art. 14 Abs. 3 EUV.

C.   Abgeordnetenstatut (Absatz 2)

46   Der **Abgeordneten-Status** wurde lange Zeit lediglich durch den **Direktwahlakt**[65] und die ergänzenden Bestimmungen der Mitgliedstaaten, in Deutschland durch das (deutsche) **Europaabgeordnetengesetz**,[66] geregelt. Im Jahr 2005 hat sich die Rechtsquellenlage durch den Erlass des **Abgeordnetenstatuts** durch das Europäische Parlament geändert.[67]

47   Das deutsche Europaabgeordnetengesetz gilt nach seinem § 1 lediglich, »soweit nicht die Vorschriften des Abgeordnetenstatuts des Europäischen Parlaments Anwendung finden«.[68] Die Regelungstechnik führt zu vielen Doppelungen des nicht auf das europäische Abgeordneten-Statut angepassten Textes. Nach der Wahl im Jahr 2014 sind in

---

[59] S. Art. 14 EUV, Rn. 54.

[60] Vgl. oben, Fn. 19 ff.

[61] Fn. 5.

[62] Fn. 6.

[63] Fn. 7 ff.

[64] *Schoo*, in: Schwarze, EU-Kommentar, Art. 223 AEUV, Rn. 8.

[65] Fn. 5.

[66] Fn. 7.

[67] Beschluss 2005/684/EG, Euratom des EP v. 28. 9. 2005 zur Annahme des Abgeordnetenstatuts des Europäischen Parlaments, ABl. 2005, L 262/1 – Abgeordneten-Statut.

[68] Weitere Verweise finden sich in den §§ 9, 10b, 11, 13 Abs. 3 EuAbgG.

politischen Kreisen verschiedentlich Anpassungen des EuAbgG erörtert worden. Dazu zählen vor allem das Recht auf **freie Benutzung aller Verkehrsmittel** der Deutschen Bahn AG in § 10 Satz 1 EuAbgG sowie die **Inanspruchnahme von Leistungen des Deutschen Bundestages** in § 10a EuAbG. Dafür sprechen die Umstände zur Zeit der ersten Direktwahl 1979, einer Zeit, zu der das Europäische Parlament noch nicht über hinreichende Strukturen verfügte. Heute sieht die Lage indes schon anders aus. Insbesondere gibt es eine dem Wissenschaftlichen Dienst des Bundestags vergleichbare Einrichtung des EP. Die Kritik indes am letzten Wahlergebnis festzumachen, würde die Bedeutung der einzelnen Sitze »euroskeptischer« Parteien aus Deutschland zu sehr betonen.

Das **Europäische Parlament** hat nach Art. 223 Abs. 2 AEUV die **alleinige Kompetenz**   **48** zum Erlass der Regelungen und allgemeinen Bedingungen für die Wahrnehmung der Aufgaben seiner Mitglieder.[69] Beschränkt wird dieses besondere Gesetzgebungsverfahren nach Art. 289 Abs. 2 AEUV durch eine vorherige **Anhörung der Kommission** und durch die **Zustimmung des Rates**. Dieses Zustimmungserfordernis wird durch Satz 2 des Art. 223 Abs. 2 AEUV für die steuerlichen Regelungen auf **Einstimmigkeit** im Rat verschärft. Für alle anderen Fälle reicht die **einfache Mehrheit** nach Art. 238 Abs. 1 AEUV, also die Mehrheit seiner Mitglieder, aus. Denkbar bleibt eine Aufspaltung der Regelung in zwei Teile, einen steuerunabhängigen Abgeordneten- und einen steuerlichen Teil mit entsprechend unterschiedlichen Ratsmehrheiten.[70] Dafür spricht schon der Wortlaut des Art. 223 Abs. 2 Satz 1 AEUV, der sich nicht auf eine, sondern auf »Verordnungen« bezieht. Mit der konstituierenden Sitzung des EP am 14.7.2009 ist die jetzige Verordnung nach ihrem Art. 30 in Kraft getreten.

I. Freiheit und Unabhängigkeit

Das Statut legt nach seinem Art. 1 die allgemeinen Bedingungen für die Wahrnehmung   **49** der Aufgaben der Abgeordneten des Europäischen Parlaments fest. Die Abgeordneten sind nach Art. 2 Abs. 1 **frei und unabhängig**. Aus einschlägigen Erfahrungen abgeleitet ist die Vorschrift des Art. 2 Abs. 2, demzufolge Vereinbarungen über die Niederlegung des Mandats vor Ablauf oder zum Ende einer Wahlperiode nichtig sind. Das alte **Rotationsprinzip** ist jüngst erst wieder ins Gespräch gekommen, weil eine deutsche satirische »Partei« sich dazu bekannt hat. Die Nichtigkeit betrifft indes nur Vereinbarungen. Die freie Entscheidung des Abgeordneten zur Niederlegung seines Mandats kann sie nicht verhindern.[71]

Ein Ausdruck der Freiheit und Unabhängigkeit ist Art. 3 des Statuts: Nach Absatz 1   **50** geben die Abgeordneten ihre **Stimmen einzeln und persönlich** ab und sind dabei **weder an Aufträge noch** an **Weisungen** gebunden. Und nach Absatz 2 sind Vereinbarungen über die Art und Weise der Ausübung des Mandats nichtig. Mit diesen Vorschriften wird direkt in das jeweilige mitgliedstaatliche Zivilrecht eingegriffen (s. auch unten Rn. 55).

---

[69] *Huber*, in: Streinz, EUV/AEUV, Art. 223 AEUV, Rn. 14, spricht insoweit von der »Rolle einer 1. Kammer«.

[70] Vgl. *Hölscheidt*, in: Grabitz/Hilf/Nettesheim, EU, Art. 223 AEUV,(August 2011) Rn. 41.

[71] Zweifel an der Rotation (etwa der jährlichen seitens der Fraktion der »Europäische Demokraten für den Fortschritt« während der ersten Wahlperiode [»Tourniquet-System«] sowie der von den deutschen Grünen im EP erstmals im Februar 1987 durchgeführten Rotation zur Hälfte der Wahlperiode) äußert indes *Hölscheidt*, in: Grabitz/Hilf/Nettesheim, EU, Art. 223 AEUV (August 2011), Rn. 34. Das MdEP der deutschen »Spaßpartei« hat von seiner Rotationsabsicht indes vorläufig Abstand genommen.

II.   Initiativrecht

51   Nach Art. 5 Abs. 1 des Statuts hat jeder Abgeordnete das Recht, im Rahmen des **Initiativrechts des Parlaments** einen Vorschlag für einen Gemeinschaftsakt einzubringen. Die Voraussetzungen dieses Rechts sind in der **Geschäftsordnung** des Europäischen Parlaments[72] näher geregelt. Dies betrifft im Wesentlichen das **indirekte** Initiativrecht des Parlaments nach Art. 225 EUV (s. ebenda sowie Art. 14 EUV, Rn. 13). Einzelheiten dazu enthält Art. 46 GO-EP.

III.   Akteneinsicht und Amtssprachen

52   Nach Art. 4 des Statuts sind Schriftstücke und elektronische Aufzeichnungen, die ein Abgeordneter empfangen, verfasst oder verschickt hat, Dokumenten des Parlaments nicht gleichgestellt. Werden sie indes nach der Geschäftsordnung des Parlaments eingereicht, sind sie Dokumente des Parlaments. Gemäß Art. 6 Abs. 1 des Statuts haben die Abgeordneten das Recht auf Einsicht in alle Akten, die sich im Besitz des Parlaments befinden. Das gilt nach Absatz 2 nicht für persönliche Akten oder Abrechnungen. Diese sind nur für eine Einsichtnahme der betroffenen Mitglieder zugänglich (Art. 5 Abs. 4 Satz 1 GO-EP).

53   Nach Art. 7 Abs. 1 des Statuts werden die Dokumente des Parlaments in alle Amtssprachen übersetzt. Für mündliche Beiträge findet nach Art. 7 Abs. 2 des Statuts eine Simultandolmetschung in alle Amtssprachen statt. Gerade die Kosten für die Dolmetschung machen eines der Hauptprobleme des Parlaments wegen der **Vielfalt der Sprachen** aus. Sie sind indes nicht zu vermeiden und müssen hingenommen werden, damit die Parlamentsarbeit weiter verwirklicht werden kann (s. oben Art. 14 EUV, Rn. 69). Insbesondere dürfen die Amtssprachen nicht auf zwei oder drei Hauptsprachen reduziert werden.

IV.   Einheitliche Diäten

54   Das in der (Fach-) Öffentlichkeit vor und nach Erlass des Statuts am intensivsten diskutierte Problem ist das der Bezahlung der Abgeordneten. Gerade aus deutscher Sicht wird erstens der inzwischen gewählte einheitliche Diätensatz und zweitens dessen Koppelung an das Gehalt europäischer **Richter** kritisiert,[73] Gesichtspunkte, die inzwischen auch im deutschen Recht eine Rolle spielen:[74]

1.   Entschädigung, Übergangsgeld, Ruhegehalt, Hinterbliebenenversorgung und Beihilfe

55   Art. 9 Abs. 1 des Statuts legt jedenfalls den Anspruch eines Abgeordneten auf eine angemessene Entschädigung fest, welche ihre Unabhängigkeit sichert. Gemäß Absatz 2 haben die Abgeordneten nach Ende des Mandats Anspruch auf ein **Übergangsgeld** (s. Art. 13 des Statuts) und ein **Ruhegehalt** ab dem 63. Lebensjahr (vgl. Art. 14 des Statuts: 3,5 Prozent pro Jahr der Mitgliedschaft, maximal 70 Prozent der Entschädigung; zur Invalidität s. Art. 15 des Statuts). Nach Art. 9 Abs. 3 des Statuts sind Vereinbarungen

---

[72] Dieser Bearbeitung liegt die GO der 8. Wahlperiode aus dem September 2015 zu Grunde, im Internet abrufbar unterhttp://www.europarl.europa.eu/.

[73] Vgl. *v. Arnim*, Das Europa-Komplott, S. 263 ff., 312 ff.

[74] S. *v. Arnim*, DVBl 2014, 605.

über die Verwendung der Entschädigung, des Übergangsgeldes und des Ruhegehaltes zu anderen als privaten Zwecken unwirksam. Die üblichen Zahlungen von Beträgen an (nationale oder europäische) Parteien durch Abgeordnete sind deswegen nicht ausgeschlossen, selbst wenn sie nicht zivilrechtlich wirksam vereinbart werden können (s. auch oben, Rn. 50). Absatz 4 bezieht sich auf die **Hinterbliebenenversorgung** (ehemaliger) Abgeordneter (s. zu den Details Art. 17 des Statuts).

Während nach den gegenwärtigen deutschen Entschädigungsregelungen eine Anlehnung an das volle Gehalt eines Bundesrichters besteht, beläuft sich die Entschädigung von Abgeordneten des EP auf **38,5 Prozent der Grundbezüge eines Richters** am Gerichtshof der Europäischen Gemeinschaften (Art. 10 des Statuts). Gegenwärtig sind das 8.020,53 Euro. Art. 11 und 12 des Statuts enthalten Anrechnungs- und gemeinschafts- sowie mitgliedstaatliche Steuerregelungen.   **56**

Einen **Beihilfeanspruch** gewährt Art. 18 des Statuts: (Ehemalige) Abgeordnete und versorgungsberechtigte Hinterbliebene haben einen Anspruch auf Erstattung von zwei Dritteln der Kosten, welche durch Krankheit, Schwangerschaft oder Geburt eines Kindes entstehen. Für das verbleibende Drittel ist der Abschluss einer (privaten) Krankenversicherung erforderlich.   **57**

2. Mandatsausübungskosten

Neben den Regelungen zur Entschädigung gibt es auch im weiteren Sinne mandatsbedingte Kosten, die ebenfalls auszugleichen sind, teilweise sogar durch Pauschalen: Nach Art. 19 Abs. 1 des Statuts besteht zunächst ein Anspruch der Abgeordneten auf **Versicherungsschutz** zur Deckung der Risiken, die mit der Ausübung des Mandats verbunden sind. Nach Absatz 2 Satz 1 legt das Parlament die Bedingungen für die Wahrnehmung dieses Anspruchs fest.[75] Da es sich hierbei nur teilweise um Mandatsausübungskosten handeln dürfte, tragen die Abgeordneten ein Drittel der anfallenden Versicherungsprämien. Im Jahr 2014 betragen die Diäten der Abgeordneten abzüglich der Unionssteuer (s. oben Rn. 56) und des Versicherungsbeitrags 6.250,37 Euro.   **58**

Die eigentlich wichtigste Regelung zu den **Mandatsausübungskosten** ist Art. 20 des Statuts: Nach seinem Absatz 1 gibt es einen **Grundanspruch** der Abgeordneten auf Erstattung der Kosten, die ihnen durch die Ausübung des Mandats entstehen. Das gilt nach Absatz 2 für die **Reisen** zu und von den Arbeitsorten und für sonstige Dienstreisen, bei denen das Parlament die tatsächlich entstandenen Kosten erstattet. In Absatz 3 versteckt sich eine pauschalierende Ersatzregelung: Alle nicht reisebezogenen **mandatsbedingten Aufwendungen** können **pauschal** erstattet werden. Gegenwärtig beträgt die allgemeine Kostenpauschale monatlich 4.299 Euro.[76] Außerdem gibt es ein Tagegeld von 304 Euro pro Sitzungstag.[77]   **59**

3. Mitarbeiter und Infrastruktur

Nach Art. 21 Abs. 1 des Statuts haben die Abgeordneten Anspruch auf Unterstützung durch persönliche Mitarbeiter, die frei von ihnen ausgewählt werden. Die dabei tat-   **60**

---

[75] S. dazu den Beschluss des Präsidiums des EP v. 19.5. und 9.7.2008 mit Durchführungsbestimmungen zum Abgeordnetenstatut des Europäischen Parlaments, ABl. 2009, C 159/1 (zuletzt geändert durch Beschluss des Präsidiums des EP v. 1.7.2013, ABl. 2013, C 194/6).

[76] Vgl. Art. 26 der Durchführungsbestimmungen (Fn. 75).

[77] S. Art. 25 der Durchführungsbestimmungen (Fn. 75).

sächlich anfallenden Kosten werden gemäß Art. 21 Abs. 2 des Statuts vom Parlament getragen. Gegenwärtig sind dies 21.209 Euro monatlich.[78]

61   Dieser und der Anspruch auf Nutzung der **Büro- und Kommunikationseinrichtungen** sowie der **Dienstfahrzeuge** des Parlaments aus Art. 22 Abs. 1 des Statuts wird vom Parlament durch Bedingungen für die Wahrnehmung festgelegt (Abs. 2 bzw. Abs. 3).

V. Sonstige Regelungen

62   Art. 8 des Statuts enthält eine ausfüllungsbedürftige Regelung zu den Fraktionen: Nach Absatz 1 können sich Abgeordnete zu **Fraktionen** zusammenschließen. Das Nähere bestimmt gemäß Absatz 2 die Geschäftsordnung (s. oben Art. 14 EUV, Rn. 62 ff.). Die Voraussetzungen für die Bildung von Fraktionen sind jedenfalls recht eng: Die Art. 32 ff. GO-EP verlangen für eine Fraktion Abgeordnete, welche in mindestens einem Viertel der Mitgliedstaaten gewählt wurden. Außerdem müssen es mindestens 25 Mitglieder sein, die sich zur Fraktion zusammenschließen (Art. 32 Abs. 2 GO-EP). Dies führt jedenfalls zu einer Vielzahl fraktionsloser Abgeordneter im Sinne von Art. 35 GO-EP. Und dafür ist auch die Rechtsprechung des BVerfG mitverantwortlich, welche eine (normative) **Sperrklausel** verworfen hatte.[79]

VI. Übergangsregelungen

63   Der Zweite Titel des Abgeordneten-Statuts beschäftigt sich mit den Übergangsregelungen für solche Abgeordnete, die bereits vor Inkrafttreten des Statuts dem Parlament angehörten und wiedergewählt wurden. Diese können nach Art. 25 Abs. 1 des Statuts sich hinsichtlich der Entschädigung, des Übergangsgeldes, des Ruhegehaltes und der Hinterbliebenenversorgung für die gesamte Dauer ihrer Tätigkeit für das bisherige nationale System entscheiden. Von dieser auslaufenden Regelung – auch hinsichtlich des freiwilligen Pensionsfonds (Art. 27 des Statuts) – haben nur ganz wenige Parlamentarier Gebrauch gemacht.[80] Was den Pensionsfonds anbelangt, hat es zwar Versuche gegeben, die Praxis gerichtlich zu hinterfragen. Sowohl das EuG[81] als auch der EuGH[82] haben diese Versuche indes zurückgewiesen.

VII. Bewertung

64   Im Wesentlichen geht es den vor allem deutschen Kritikern um die Höhe der einheitlichen Entschädigung: Während vor Inkrafttreten des Abgeordneten-Statuts in manchen Mitgliedstaaten die Diäten ein Fünftel bis ein Drittel des heutigen Betrags ausmachten, sei die Neuregelung unsinnig. Denn das Gehalt sei für die Verwendung im Heimatland bestimmt. Diese Kritik ist zurückzuweisen: **Ein Parlament für eine Union** kommt um eine **einheitliche Regelung der Diäten** nicht umhin. Die Union zahlt für jeden Abgeordneten einen einheitlichen Betrag. Alles andere wäre ein Verstoß gegen den Gleichheitssatz.

---

[78] Vgl. die Durchführungsbestimmungen (Fn. 75).

[79] S. oben Fn. 3, sowie Rn. 1 f., 17, 33 ff.

[80] Vgl. *Hölscheidt*, in: Grabitz/Hilf/Nettesheim, EU, Art. 223 AEUV (August 2011), Rn. 82, 84.

[81] EuG, Urt. v. 13. 3. 2013, verb. Rs. T–229/11 u. T–276/11 (Lord Inglewood u. a./EP), ECLI:EU: T:2013:127, Rn. 60 ff. (Grundsätze der Rechtssicherheit und des Vertrauensschutzes angesichts der Erhöhung des Renteneintrittsalters), Rn. 68 ff. (Grundsätze der Verhältnismäßigkeit und der Gleichbehandlung).

[82] EuGH, Beschl. v. 3. 4. 2014, Rs. C–281/13 P (Lord Inglewood u. a./EP), ECLI:EU:C:2014:227.

Dass manche Abgeordnete ganze Scharen von einheimischen Mitarbeitern neben ein **65** oder zwei in Brüssel ansässigen haben, lässt sich mit der **einheitlichen Gewährung von Mandatsausübungskosten** nicht verhindern. Dass die Kosten derzeit in manchen Mitgliedstaaten weitaus günstiger sind als in anderen, kann sich im Laufe der Zeit auch wieder ändern. Jedenfalls zielt die Union auf einen Binnenmarkt und eine nachhaltige Entwicklung Europas (Art. 3 Abs. 3 Satz 1 und 2 EUV). Und auf dem Weg dorthin müssen manche Ungleichheiten ohne Verstoß gegen Art. 2 EUV hingenommen werden, ohne dass hier eine Zuständigkeit der Mitgliedstaaten nach dem Subsidiaritätsprinzip aus Art. 5 Abs. 3 EUV erwächst.

Artikel 224 AEUV [Politische Parteien]

Das Europäische Parlament und der Rat legen gemäß dem ordentlichen Gesetzgebungsverfahren durch Verordnungen die Regelung für die politischen Parteien auf europäischer Ebene nach Artikel 10 Absatz 4 des Vertrags über die Europäische Union und insbesondere die Vorschriften über ihre Finanzierung fest.

Literaturübersicht

v. Arnim, Das Europa-Komplott, 2006; *ders.*, Die neue EU-Parteienfinanzierungsverordnung, NJW 2005, 247; *T. Koch*, Die europäischen politischen Parteien und ihre Finanzierung, FS Rengeling, 2008, S. 307; *H. Merten*, Neue Impulse im europäischen Parteienrecht, MIP 2013, 30; *Papadopoulou*, Politische Parteien auf europäischer Ebene, 1999; *Poguntke/Morlok/Merten* (Hrsg.), Auf dem Weg zu einer europäischen Parteiendemokratie, 2013; *Shirvani*, Neuere Entwicklungen im europäischen Parteienfinanzierungsrecht, EuZW 2008, 364; *Zotti*, Politische Parteien auf europäischer Ebene, 2010.

Leitentscheidungen

EuGH, Beschl. v. 13. 7. 2006, Rs. C–338/05 P (Front national u. a./Parlament und Rat), Slg. 2006, I–88
EuG, Beschl. v. 11. 7. 2005, Rs. T–17/04 (Front national u. a./Parlament und Rat), nicht veröffentlicht

Wesentliche sekundärrechtliche Vorschriften

Erklärung Nr. 11 zur Schlussakte der Konferenz von Nizza v. 26. 2. 2001, ABl. 2001, C 80/70
Erklärung zu Artikel 191 des Vertrags zur Gründung der Europäischen Gemeinschaft
VO (EG) Nr. 2004/2003 vom 4. 11. 2003 über die Regelungen für die politischen Parteien auf europäischer Ebene und ihre Finanzierung, ABl. 2003, L 297/1, zuletzt geändert durch VO (EG) Nr. 1524/2007 des EP und des Rates v. 18. 12. 2007, ABl. 2007, L 343/5
VO (EG) Nr. 1525/2007 vom 17. 12. 2007 zur Änderung der VO (EG, Euratom) Nr. 1605/2002 über die Haushaltsordnung für den Gesamthaushaltsplan der Europäischen Gemeinschaften, ABl. 2007, L 343/9

Inhaltsübersicht

A. Allgemeines

1 Parteien spielen auch auf europäischer Ebene eine **große Rolle**. Art. 224 AEUV ist eine der Vorschriften, welche auf die Parteien abzielt. Indes sind auch andere Bestimmungen des Primär- und Sekundärrechts von Bedeutung. Beispielsweise lässt sich auf das **Abgeordneten-Statut** verweisen, das in seinen Begründungserwägungen an zwei Stellen auf die – nationalen – Parteien Bezug nimmt: Die Abgeordneten sind nach Art. 2 Abs. **1 frei und unabhängig**. Diese Freiheit und Unabhängigkeit ist in keinem Text des Primärrechts erwähnt. Erklärungen, in denen sich Abgeordnete verpflichten, ihr Mandat zu einem bestimmten Zeitpunkt niederzulegen, oder Blanko-Erklärungen über die Niederlegung des Mandats, deren sich eine Partei nach Belieben bedienen kann, sind nach der 4. Begründungserwägung mit der Freiheit und Unabhängigkeit des Abgeordneten unverein-

bar und können daher rechtlich nicht verbindlich sein (zur Rotation s. oben Art. 223 AEUV, Rn. 49).

Nach Art. 9 Abs. 3 des Statuts sind **Vereinbarungen** über die Verwendung der Ent- **2** schädigung, des Übergangsgeldes und des Ruhegehaltes zu anderen als privaten Zwecken **unwirksam**. Auch dahinter steckt eine parteipolitische Absicht: Da nationale Parteien häufig erwarten, dass ein Teil der Leistungen für ihre Zwecke verwendet werden, wird diese Form der Parteienfinanzierung durch die 11. Begründungserwägung (bloß) verurteilt.

Diese Fragen sind indes gar nicht Thema des Art. 224 AEUV. Denn in dieser Vor- **3** schrift geht es um die Regelung der politischen **Parteien auf europäischer Ebene**. Unter Hinweis auf Art. 10 Abs. 4 EUV, welcher den politischen Parteien auf europäischer Ebene eine **Rolle bei der Herausbildung eines europäischen politischen Bewusstseins** zuschreibt und demzufolge sie **zum Ausdruck des Willens der Bürgerinnen und Bürger** beitragen, soll Art. 224 AEUV insbesondere bei der **Parteienfinanzierung** eine Rolle spielen. Dazu erlassen das Europäische Parlament und der Rat gemäß dem ordentlichen Gesetzgebungsverfahren durch **Verordnungen** Regelungen. Eine Verordnung ist im Jahr 2003 erlassen worden und hat insbesondere von manchen deutschen Autoren bis heute heftige Kritik erfahren:[1] Es geht um die Parteien-Verordnung (EG) Nr. 2004/2003 des EP und des Rates über die Regelungen für die politischen Parteien auf europäischer Ebene und ihre Finanzierung.[2]

Die besondere Betonung der Rolle der Parteien bei der Herausbildung eines euro- **4** päischen politischen Bewusstseins macht diese Parteien indes nicht zu den alleinigen Trägern jenes Bewusstseins.[3] Schon Art. 10 Abs. 2 EUV zeigt die **Bedeutung des einzelnen Bürgers** auf, der unmittelbar im Europäischen Parlament vertreten ist. Art. 10 Abs. 3 Satz 1 EUV gibt den Bürgern darüber hinaus das Recht, am demokratischen Leben der Union teilzunehmen. Die Entscheidungen der Union werden zudem so offen und bürgernah wie möglich getroffen (Art. 10 Abs. 3 Satz 1 EUV). Art. 11 EUV führt sogar einen **Dialog mit** den **repräsentativen Verbänden** ein. Solche Verbände können zwar auch Parteien sein, aber hinter der »Zivilgesellschaft« des Art. 11 Abs. 2 EUV steckt mehr: Hier geht es der Union um Bürgerbewegungen, welche sich ausweislich von Absatz 4 sogar in einer **Europäischen Bürgerinitiative** von mehr als einer Million Bürger aus einer erheblichen Anzahl von Mitgliedstaaten niederschlagen können.

B. Regelungen

Art. 224 AEUV ist im Zusammenhang mit der Erklärung zu Artikel 191 des Vertrags zur **5** Gründung der Europäischen Gemeinschaft zu sehen.[4] Danach gibt es beim Europäischen

---

[1] S. insbes. *v. Arnim*, NJW 2005, 247; *dens.*, Europa-Komplott, S. 157 ff. Zurückhaltendere Kritik lediglich am Verteilungsmaßstab bei *T. Koch*, S. 313 ff. Zur Geschichte s. *Papadopoulou*, S. 71 ff., 113 ff.

[2] VO (EG) Nr. 2004/2003 vom 4.11.2003 über die Regelungen für die politischen Parteien auf europäischer Ebene und ihre Finanzierung, ABl. 2003, L 297/1, zuletzt geändert durch VO (EG) Nr. 1524/2007 vom 18.12.2007, ABl. 2007, L 343/5. Eine wichtige Ergänzung enthält die VO (EG) Nr. 1525/2007 vom 17.12.2007 zur Änderung der VO (EG, Euratom) Nr. 1605/2002 über die Haushaltsordnung für den Gesamthaushaltsplan der Europäischen Gemeinschaften, ABl. 2007, L 343/9. S. dazu *Shirvani*, EuZW 2008, 364; *Zotti*, S. 61 ff., 81 ff. Zu Neuerungen vgl. *H. Merten*, MPI 2013, 30.

[3] S. auch *Kluth*, in: Calliess/Ruffert, EUV/AEUV, Art. 224 AEUV, Rn. 1.

[4] S. *Huber*, in: Streinz, EUV/AEUV, Art. 224 AEUV, Rn. 2.

Parteienrecht keine Übertragung von Zuständigkeiten auf die Europäische Union. Die Anwendung der einschlägigen einzelstaatlichen Verfassungsbestimmungen wird nicht berührt (Abs. 1). Außerdem wird ein **mittelbares Parteienfinanzierungsverbot** statuiert: Nach Absatz 2 darf die Finanzierung der politischen Parteien auf europäischer Ebene aus dem Haushalt der Europäischen Gemeinschaften nicht zur unmittelbaren oder mittelbaren Finanzierung der politischen Parteien auf einzelstaatlicher Ebene verwendet werden. Schließlich gelten die Bestimmungen über die Finanzierung der politischen Parteien auf ein und derselben Grundlage für alle im Europäischen Parlament vertretenen politischen Kräfte (Abs. 3).

I. Begriff der Partei

6   Ausgangspunkt jeglicher Regelung war der damals – entweder zu Beginn der Europäischen Gemeinschaft für Kohle und Stahl im Jahr 1952 im Rahmen der Versammlung oder zur Zeit der ersten Direktwahl des Parlaments im Jahr 1979 oder zur Zeit der Gültigkeit der Parteien-VO (Art. 13) im Jahre 2004[5] – gegebene Stand der politischen Parteien auf europäischer Ebene: Es handelte sich dabei fast ausschließlich um **Bündnisse nationaler politischer Parteien**, welche nach einer Europawahl eine Fraktion im Europäischen Parlament gebildet hatten bzw. haben (s. Art. 223 AEUV, Rn. 39). Natürliche Personen können danach grundsätzlich nur Mitglied nationaler politischer Parteien sein. Und für diese nationalen politischen Parteien gilt der einfach- und verfassungsgesetzliche Parteibegriff, bspw. aus § 2 des deutschen Parteiengesetzes[6] und aus Art. 21 Abs. 1 Satz 1 GG.[7] Danach sind politische Parteien Vereinigungen von Bürgern, welche andauernd oder für längere Zeit auf die politische Willensbildung Einfluss nehmen, wenn sie nach dem Gesamtbild der tatsächlichen Verhältnisse, insbesondere nach Umfang und Festigkeit ihrer Organisation, nach der Zahl ihrer Mitglieder und nach ihrem Hervortreten in der Öffentlichkeit eine ausreichende Gewähr für die Ernsthaftigkeit dieser Zielsetzung bieten. Den einfachrechtlichen Parteienbegriff des deutschen Rechts müsste neben der ausdrücklich in § 2 Abs. 1 Satz 1 ParteienG genannten Bundestags- oder Landtagswahl ausdrücklich um die Kommunal- und die Europawahl[8] ergänzt werden.[9] Denn auch für Europawahlen gibt es eine Entschädigung der nationalen Parteien nach § 18 Abs. 1 des deutschen ParteienG.[10]

7   Man kann natürlich erörtern, ob es einen **eigenständigen Begriff** europäischer Parteien gibt und ob er als Organisationsmodell ein konföderiertes, ein föderatives oder ein supranationales Modell verfolgt.[11] Der Begriff knüpft indes an einen **empirischen Befund**[12] spätestens im Jahr 2004 an (s. Rn. 6), an dem sich bislang auch nichts geändert hat.

---

[5] 15.2.2004 (Satz 1) bzw. 20.7.2004 (Satz 2).
[6] In der Fassung der Bekanntmachung vom 31.1.1994 (BGBl. I 1994, S. 149), zuletzt geändert durch Art. 1 des Gesetzes vom 23.8.2011 (BGBl. I 2011, S. 1748).
[7] S. *Ipsen*, in: Ipsen, ParteienG, 2008, § 2, Rn. 12 ff.
[8] Dazu *Morlok*, DVBl 1989, 393 (396 ff.).
[9] So *Ipsen* (Fn. 7), Rn. 6, 16.
[10] S. Art. 223 AEUV, Rn. 18.
[11] Vgl. *Kluth*, in: Calliess/Ruffert, EUV/AEUV, Art. 224 AEUV, Rn. 3.
[12] S. *Kluth*, in: Calliess/Ruffert, EUV/AEUV, Art. 224 AEUV, Rn. 2.

II. Regelungen der Verordnung

Die Parteien-VO definiert zu Beginn die Begriffe der »Parteien« und legt Regelungen 8
für ihre Förderung durch den Unionshaushalt fest. Nach Art. 2 Nr. 1 Parteien-VO ist
eine »**politische Partei**« eine Vereinigung von Bürgern, die politische Ziele verfolgt und
die nach der Rechtsordnung mindestens eines Mitgliedstaats anerkannt ist oder in
Übereinstimmung mit dieser Rechtsordnung gegründet wurde. Dieser politischen Partei
mit natürlichen Personen als Mitgliedern wird gleichgestellt das »**Bündnis politischer
Parteien**«, eine strukturierte Zusammenarbeit mindestens zweier politischer Parteien
nach Art. 2 Nr. 2 Parteien-VO. Eine »**politische Partei auf europäischer Ebene**« ist nach
Art. 2 Nr. 3 Parteien-VO eine politische Partei oder ein Bündnis politischer Parteien, die
bzw. das die in Art. 3 der Parteien-VO genannten Voraussetzungen erfüllt. Diese Voraussetzungen sind nach Art. 3 Abs. 1 Parteien-VO die Rechtspersönlichkeit in dem Mitgliedstaat, in dem sie ihren Sitz hat, entweder die Vertretung in mindestens einem Viertel
der Mitgliedstaaten durch Mitglieder des Europäischen Parlaments oder in den nationalen Parlamenten oder regionalen Parlamenten oder Regionalversammlungen oder
die Teilnahme in mindestens einem Viertel der Mitgliedstaaten bei der letzten Wahl zum
Europäischen Parlament mit mindestens drei Prozent der abgegebenen Stimmen in
jedem dieser Mitgliedstaaten, die Beachtung insbesondere in ihrem Programm und in
ihrer Tätigkeit der Grundsätze, auf denen die Europäische Union beruht, das heißt die
Grundsätze der Freiheit, der Demokratie, der Achtung der Menschenrechte und Grundfreiheiten sowie der Rechtsstaatlichkeit (s. Art. 2 EUV) und die Teilnahme an Wahlen
zum Europäischen Parlament oder die Absichtsbekundung dazu. Gegen diese Bestimmungen wird teilweise der **Einwand unzulässiger transnationaler Ausrichtung und
Struktur** erhoben.[13] Dieser besondere Status der politischen Parteien auf europäischer
Ebene dürfte indes noch im Rahmen des **gesetzgeberischen Spielraums** liegen, ohne dass
daraus ein Verstoß gegen die Parteienfreiheit aus Art. 12 Abs. 1 GRC folgt.

»**Politische Stiftungen auf europäischer Ebene**« sind Einrichtungen oder ein Netz von 9
Einrichtungen, die in einem Mitgliedstaat über Rechtspersönlichkeit verfügen, einer
politischen Partei auf europäischer Ebene angeschlossen sind und durch ihre Arbeit – im
Rahmen der von der Europäischen Union angestrebten Ziele und Grundwerte – die
Ziele dieser politischen Partei auf europäischer Ebene unterstützen und ergänzen
(Art. 2 Nr. 4 Parteien-VO).[14] Ihre Aufgaben bestehen in der Beobachtung, Analyse und
Bereicherung von Diskussionen über Themen der europäischen Politik und den Prozess
der europäischen Integration, in der Entwicklung von Tätigkeiten in Verbindung mit
europapolitischen Themen wie z.B. die Durchführung oder Unterstützung von Semi-
naren, Fortbildungsmaßnahmen, Konferenzen und Studien zu diesen Themen unter
Mitwirkung einschlägiger Akteure einschließlich Jugendorganisationen und sonstiger
Vertreter der »Zivilgesellschaft«, in der Entwicklung der Zusammenarbeit mit gleichar-
tigen Einrichtungen, um die Demokratie zu fördern, und in der Schaffung einer Plattform für die Zusammenarbeit auf europäischer Ebene von nationalen politischen Stiftungen, Wissenschaftlern und anderen einschlägigen Akteuren. Voraussetzung für eine

---

[13] S. *Huber*, in: Streinz, EUV/AEUV, Art. 224 AEUV, Rn. 10. Kritisch auch *Hölscheidt*, in: Gra-
bitz/Hilf/Nettesheim, EU, Art. 224 AEUV (August 2011), Rn. 24 f., dessen Kritik indes nur »rechtspolitisch[…]« bleibt (Rn. 51).

[14] Eingefügt in die Parteien-VO mit Wirkung vom 28. 12. 2007 durch VO (EG) Nr. 1524/2007 des
EP und des Rates v. 18. 12. 2007 zur Änderung der VO (EG) Nr. 2004/2003 über die Regelungen für
die politischen Parteien auf europäischer Ebene und ihre Finanzierung, ABl. 2007, L 343/5 (s. o. Fn. 2).

politische Stiftung auf europäischer Ebene ist nach Art. 3 Abs. 2 Parteien-VO der von der Partei bestätigte Anschluss an eine anerkannte politische Partei auf europäischer Ebene im Sinne von Absatz 1, die Rechtspersönlichkeit in dem Mitgliedstaat, in dem sie ihren Sitz hat, unter Trennung von der politischen Partei auf europäischer Ebene, der sie angeschlossen ist, die Beachtung insbesondere in ihrem Programm und bei ihrer Tätigkeit der Grundsätze, auf denen die Europäische Union beruht, d. h. die Grundsätze der Freiheit, der Demokratie, der Achtung der Menschenrechte und Grundfreiheiten sowie der Rechtsstaatlichkeit (vgl. Art. 2 EUV), das Fehlen einer Gewinnerzielungsabsicht und ein leitendes Gremium mit geografisch ausgewogener Zusammensetzung.

10   Derartige Voraussetzungen kann grundsätzlich jeder politische Verband zeigen, selbst die insbesondere bei den letzten Europawahlen erfolgreich gewesenen »linken« und »rechten« »euroskeptischen« Parteigruppierungen (s. oben Art. 223 AEUV, Rn. 40, 47). Insbesondere darf eine »politische Partei auf europäischer Ebene« auch für eine in Teilbereichen weniger starke Union oder gar für einen Austritt aus derselben sein (s. Art. 50 EUV), ohne dabei ihren Status »europäisch« zu verlieren.[15] Voraussetzung ist allerdings jeweils ein Bekenntnis zu den **grundlegenden Werten** im Sinne von Art. 2 EUV.

11   Die **Finanzierung aus dem Gesamthaushaltsplan** der Europäischen Union meint eine Finanzhilfe nach Maßgabe des Art. 108 Abs. 1 der VO (EG, Euratom) Nr. 1605/2002 über die Haushaltsordnung.[16] Die **Ausführung und Kontrolle** sowie die **Transparenz** sind in den Art. 9 und 9a geregelt. Dem (erstmaligen) Antrag auf Finanzierung sind umfangreiche Unterlagen nach Art. 4 der Parteien-VO beizufügen. Das Europäische Parlament prüft jedenfalls die Voraussetzungen des Art. 3 der Parteien-VO regelmäßig bzw. nach Antrag eines Viertels seiner Mitglieder nach (Art. 5 Parteien-VO). Die politischen Parteien auf europäischer Ebene und die etwaigen Stiftungen haben nach Art. 6 der Parteien-VO eine Reihe von Pflichten: Nach Absatz 1 veröffentlichen sie jährlich ihre **Einnahmen und Ausgaben** sowie eine Aufstellung ihrer Aktiva und Passiva (Buchstabe a) und geben Auskunft über ihre Finanzierungsquellen durch Vorlage eines Verzeichnisses, in dem die Spender und ihre jeweiligen Spenden – bis auf diejenigen **Spenden**, die 500 Euro pro Jahr und Spender nicht überschreiten – aufgeführt sind (Buchstabe b).[17] Absatz 2 enthält ausdrücklich (Spenden-) **Finanzierungsverbote**: Anonyme Spenden, Spenden aus dem Budget einer Fraktion des Europäischen Parlaments, Spenden von Unternehmen, auf welche die öffentliche Hand aufgrund der Eigentumsverhältnisse, der finanziellen Beteiligung oder der für das Unternehmen geltenden Regeln unmittelbar oder mittelbar einen beherrschenden Einfluss ausüben kann, im Übrigen Spenden von über 12.000 Euro pro Jahr und Spender von jeder natürlichen oder juristischen Person sowie Spenden einer öffentlichen Hand eines Drittlandes, einschließlich von jedem Unternehmen, auf das die öffentliche Hand aufgrund der Eigentumsverhältnisse, der finanziellen Beteiligung oder der für das Unternehmen geltenden Regeln unmittelbar oder mittelbar einen beherrschenden Einfluss ausüben kann. Dem Verhältnis nationaler und europäischer politischer Parteien ist Absatz 3 gewidmet: Danach sind Bei-

---

[15] Ebenso *Kluth*, in: Calliess/Ruffert, EUV/AEUV, Art. 224 AEUV, Rn. 4.

[16] VO (EG, Euratom) Nr. 1605/2002 vom 25. 6. 2002 über die Haushaltsordnung für den Gesamthaushaltsplan der Europäischen Gemeinschaften, ABl. 2002, L 248/1 (zuletzt geändert durch VO [EG] Nr. 1525/2007, ABl. 2007, L 343/9).

[17] Kritik zur fehlenden Definition des Spendenbegriffs in der Parteien-VO übt *Hölscheidt*, in: Grabitz/Hilf/Nettesheim, EU, Art. 224 AEUV (August 2011), Rn. 41, 51. Der Begriff soll aber möglichst offen bleiben, um auch manche Arten von Sponsoring (s. ebd., Rn. 43) zu erfassen.

träge nationaler politischer Parteien, die einer politischen Partei auf europäischer Ebene angehören, oder einer natürlichen Person, die einer politischen Partei auf europäischer Ebene angehört, an eine politische Partei auf europäischer Ebene zulässig, sofern sie nicht 40 Prozent Jahresbudgets der Partei auf europäischer Ebene übersteigen. Absatz 4 enthält eine vergleichbare Regelung für die politischen Stiftungen auf europäischer Ebene.

Art. 7 der Parteien-VO enthält weitere **Finanzierungsverbote** in Bezug auf die **natio-** 12 **nalen** politischen Parteien: Nach Absatz 1 dürfen Mittel, die politische Parteien auf europäischer Ebene aus dem Gesamthaushaltsplan der Europäischen Union oder aus anderen Quellen erhalten, nicht der unmittelbaren oder mittelbaren Finanzierung anderer politischer Parteien und insbesondere nicht von nationalen politischen Parteien oder Kandidaten dienen. Denn auf diese nationalen politischen Parteien und Kandidaten finden weiterhin die nationalen Regelungen Anwendung. Absatz 2 enthält eine vergleichbare Regelung für die politischen Stiftungen auf europäischer Ebene. Art. 8 der Parteien-VO enthält die zulässigen Ausgaben für die politischen Parteien auf europäischer Ebene: Verwaltungsausgaben sowie Ausgaben für technische Unterstützung, Sitzungen, Forschung, grenzüberschreitende Veranstaltungen, Studien, Information und Veröffentlichungen. Eingeschlossen in die Ausgaben sind auch Mittel zur **Finanzierung von Wahlkämpfen** der politischen Parteien auf europäischer Ebene im Zusammenhang mit den Wahlen zum Europäischen Parlament, zu denen sie sich gemäß Art. 3 Abs. 1 Buchst. d der Parteien-VO stellen müssen. Gemäß Art. 7 der Parteien-VO dürfen indes mit diesen Mitteln keine nationalen politischen Parteien oder Kandidaten unmittelbar oder mittelbar finanziert werden. Außerdem dürfen diese Mittel nicht zur Finanzierung von Kampagnen für Referenden verwendet werden. Für die Europawahlen wird schließlich auf Art. 8 des Direktwahlakts[18] verwiesen, welcher auch die Finanzierung und die Beschränkung von Wahlausgaben für alle Parteien und Kandidaten für die Wahlen zum Europäischen Parlament in jedem Mitgliedstaat durch nationale Bestimmungen regelt. Wie sich aus der 6. Begründungserwägung der Änderungs-Verordnung (EG) Nr. 1524/2007[19] ergibt, sind die Wahlkampfaufwendungen von Parteien auf europäischer Ebene im Wesentlichen **europaweite** und gerade nicht personenbezogene **Informationskampagnen** vor den jeweiligen Europawahlen.[20]

Die entscheidende und insbesondere im deutschen Schrifttum vielfach kritisierte Be- 13 stimmung enthält Art. 10 der Parteien-VO, nämlich die Regelung zur **Aufteilung der Mittel.** Unter denjenigen politischen Parteien auf europäischer Ebene, deren Antrag nach Art. 4 der Parteien-VO stattgegeben worden ist, werden 15 Prozent der Mittel gleichmäßig aufgeteilt (Abs. 1 Buchst. a). Die übrigen 85 Prozent der Mittel werden unter denjenigen aufgeteilt, die durch gewählte Mitglieder im Europäischen Parlament vertreten sind, wobei die Aufteilung im Verhältnis zur Zahl ihrer gewählten Mitglieder erfolgt (Buchst. b). Nach Absatz 2 darf die Unionsfinanzierung nicht mehr als 85 Prozent der Kosten betragen.

Gerade an dieser Bestimmung zeigt sich, dass das bisherige **europäische Parteienfi-** 14 **nanzierungssystem** eine für viele zu einseitige **Bevorzugung der erfolgreich Gewählten**

---

[18] Beschluss 76/787/EGKS, EWG, Euratom der im Rat vereinigten Vertreter der Mitgliedstaaten über den Akt und den Akt zur Einführung allgemeiner unmittelbarer Wahlen der Abgeordneten der Versammlung vom 20.9.1976.

[19] Fn. 14.

[20] S. *Schoo*, in: Schwarze, EU-Kommentar, Art. 224 AEUV, Rn. 18.

ist: Nur 15 Prozent der Mittel kommen in den allgemeinen Topf aller zur Wahl stehenden Parteien, während 85 Prozent nur an die gewählten Parteien gehen. Bislang steht dazu indes eine Sachentscheidung der europäischen Gerichte aus.[21]

III. Reformüberlegungen

15 Art. 12 der Parteien-VO sieht eine Bewertung der Anwendung dieser Verordnung sowie über die finanzierten Tätigkeiten bis zum 15. 2. 2011 vor. Auf Basis dieses **Berichts** vom 6. 4. 2011[22] und dem von der Europäischen Kommission vorgelegten **Entwurf** vom 12. 9. 2012 für eine **neue Parteien-Verordnung**[23] lassen sich an dieser Stelle einige wenige Gesichtspunkte betonen:[24] Neben der Ersetzung der Parteien-VO durch einen neuen Rechtsakt möchte die Kommission auch im Anschluss an den Bericht des EP die **Haushaltsordnung** ändern. Wie das Parlament zu Recht ausgeführt hat, sind die Anforderungen an die Erlangung der Mittel nach dem bisher geltenden System zu schwierig für Parteien. Diesem Entschluss kann nur zugestimmt werden angesichts der Liste von Dokumenten, die jede Partei auf europäischer Ebene einzureichen hat. Die neue Verordnung soll demgegenüber ein **europäisches Statut** einführen mit der Möglichkeit einer Eintragung als europäische politische Partei oder europäische politische Stiftung und damit der Erlangung eines Rechtsstatus auf der Grundlage des Unionsrechts. Auch dieser Vorschlag ist ebenso grundsätzlich zu begrüßen (s. Rn. 18).

C. Bewertung

16 Die deutliche Kritik mancher, insbesondere deutscher Autoren am europäischen Parteienrecht ist zu überzeichnet. Die **Sonderrolle** der bisher im Europäischen **Parlament** vertretenen **Parteien** bei der europäischen **Mittelvergabe** verkennt, dass auch der Gleichheitssatz eine stärkere Gewichtung dieser Parteien aufgrund der bisherigen Wahlergebnisse rechtfertigen kann. Ob die konkrete prozentuale Festlegung hingegen grundrechtskonform ist, darf indes bezweifelt werden. Auch der Neuvorschlag der Kommission weicht hiervon nicht ab.

17 Je nach Ausgangsbasis wird darüber hinaus kritisiert, dass die Parteien auf europäischer Ebene noch immer nicht in der Lage seien, die ihnen in einer echten europäischen supranationalen Demokratie zukommenden Aufgaben als **Transmissionsriemen** zwischen Bürgern und den europäischen Institutionen zu übernehmen.[25] Diese Kritik verkennt den nach wie vor zu verzeichnenden nationalen Europadiskurs, der selbst durch die Benennung von Spitzenkandidaten mit TV-Fernsehdiskussionsrunden im Vorfeld der Europawahlen 2014 noch nicht durchbrochen werden konnte (s. Art. 14 EUV, Rn. 71, 74; Art. 223 AEUV, Rn. 35). Auch heute ist der Wahlerfolg im Wesentlichen

---

[21] Die erhobene Klage war unzulässig, s. EuG, Beschl. v. 11.7.2005, Rs. T–17/04 (Front national u. a./Parlament und Rat), nicht veröffentlicht, bestätigt durch EuGH, Beschl. v. 13.7.2006, Rs. C–338/05 P (Front national u. a./Parlament und Rat), Slg. 2006, I–88.

[22] Bericht über die Anwendung der VO (EG) Nr. 2004/2003 über die Regelungen für politische Parteien auf europäischer Ebene und ihre Finanzierung, A7–0062/2011 (2010/2201 [INI]), Berichterstatterin: Marietta Giannakou.

[23] KOM (2012) 499 endg.

[24] Ausführlich dazu *H. Merten*, MPI 2013, 30.

[25] So etwa *H. Merten*, MPI 2013, 30 (36).

durch die mitgliedstaatliche Darstellung ihrer (nicht nur: Europa-) Politik zu erklären, trotz der zulässigen Informationskampagnen vor den Europawahlen (s. oben Rn. 12). Erst mit der so genannten »Flüchtlingskrise« ab 2015 deuten sich hier gewisse Änderungen an, selbst wenn die Ansichten nach wie vor häufig in mitgliedstaatlichen Bahnen verlaufen.

Eine wirkliche **Reformmöglichkeit** besteht indes in der **unionsrechtlichen Wahlgesetzgebung**, die die Mitgliedstaaten aus ihrer Verantwortung entlässt (zum vereinfachten Vertragsänderungsverfahren s. Art. 223 AEUV, Rn. 44 f.) . Die Union selbst muss die Wahl ihres Parlaments regeln. Erst im Anschluss daran ist eine wirkliche Reform der Parteien auf europäischer Ebene möglich.   **18**

Artikel 225 AEUV [Indirektes Initiativrecht]

[1]Das Europäische Parlament kann mit der Mehrheit seiner Mitglieder die Kommission auffordern, geeignete Vorschläge zu Fragen zu unterbreiten, die nach seiner Auffassung die Ausarbeitung eines Unionsakts zur Durchführung der Verträge erfordern. [2]Legt die Kommission keinen Vorschlag vor, so teilt sie dem Europäischen Parlament die Gründe dafür mit.

Literaturübersicht

Buttlar, Das Initiativrecht der Europäischen Kommission, 2006; *Frenz*, Europäisches Parlament, VR 2011, 193; *Nickel*, Das Europäische Parlament als Legislativorgan, Integration 2003, 501; *Ress*, Das Europäische Parlament als Gesetzgeber, ZEuS 1999, 219.

Wesentliche sekundärrechtliche Vorschriften

Rahmenvereinbarung über die Beziehungen zwischen dem Europäisches Parlament und der Europäische Kommission v. 20.10.2010, ABl. 2010, L 304/47
Art. 46, 52 Geschäftsordnung des Europäischen Parlaments vom 1.3.2011, ABl. 2011, L 116/1 (zuletzt geändert durch Beschl. v. 16.1.2013, ABl. 2013, C 440/116, http://www.europarl.europa.eu [8. Wahlperiode – September 2015])

Inhaltsübersicht

A. Allgemeines

1 Ein **direktes Initiativrecht** kommt dem Europäischen Parlament im Regelfall **nicht** zu (s. oben Art. 14 EUV, Rn. 13, 30). Grundsätzlich ist es nämlich die Kommission, die einen Vorschlag zur Rechtsetzung vorlegt (s. Art. 17 Abs. 2 EUV, Art. 294 Abs. 2 AEUV).[1] Nur das **indirekte Initiativrecht** steht dem EP nach Art. 225 AEUV zu. Nach Satz 1 dieser Vorschrift kann das Parlament mit der Mehrheit seiner Mitglieder die Kommission auffordern, »geeignete Vorschläge« zu unterbreiten. Aber die Kommission kann hierzu auch gar keinen Vorschlag vorlegen, wofür sie dem EP indes die Gründe mitteilen muss (Satz 2).

2 **Weitere Initiativrechte** hat das Europäische Parlament aus Art. 223 Abs. 1 AEUV, von dem bislang allerdings kein Gebrauch gemacht worden ist (s. oben Art. 223 AEUV, Rn. 1, sowie Art. 14 EUV, Rn. 37). Hinzu kommen die beiden Initiativrechte aus Art. 226 AEUV für die Einzelheiten der Ausübung des Untersuchungsrechts sowie aus Art. 228 Abs. 4 AEUV für die allgemeinen Bedingungen für den Bürgerbeauftragten.

---

[1] S. *Buttlar*, S. 22 ff.; *Haag*, in: GSH, Europäisches Unionsrecht, Art. 225 AEUV, Rn. 1

Peter Szczekalla

B. Regelungen

Nach Satz 1 des Art. 225 AEUV kann das EP mit der **Mehrheit** seiner Mitglieder die   3
Kommission auffordern, geeignete Vorschlägen zu Fragen zu unterbreiten, die nach
seiner Auffassung die Ausarbeitung eines **Unionsakts** zu Durchführung der Verträge
erfordern. Nähere Einzelheiten finden sich in der **Rahmenvereinbarung** zwischen Parlament und Kommission aus dem Jahr 2010,[2] einer interinstitutionellen Vereinbarung
nach Art. 295 AEUV, sowie in Art. 46 und 52 der Geschäftsordnung des Europäischen
Parlaments (GO-EP).

   Legt die Kommission keinen Vorschlag vor, so verlangt Satz 2 des Art. 225 AEUV   4
eine Mitteilung an das EP mit den Gründen für diese Unterlassung. Eine (Untätigkeits-)
Klage wäre nur insoweit gegen das Unterlassen jeglicher **Begründung** möglich (Art. 265
AEUV).[3] Gezwungen werden kann die Kommission jedenfalls nicht zur Ausarbeitung
einer ganz bestimmten Unionsgesetzgebung.

I. Geschäftsordnung des EP

Nach Art. 46 Abs. 1 GO-EP kann das Parlament die Kommission durch Annahme einer   5
Entschließung auf der Grundlage eines gemäß Art. 52 GO-EP ausgearbeiteten Initiativ-
berichts des zuständigen Ausschusses gemäß Art. 225 AEUV auffordern, ihm geeignete
Vorschläge für den Erlass **neuer** oder die **Änderung bestehender Unionsakte** zu unterbreiten. Diese Entschließung wird mit der Mehrheit der Mitglieder des EP angenommen
(Satz 2) und kann zugleich eine **Frist** für die Vorlage eines solchen Vorschlags festlegen
(Satz 3). Das Recht steht nach Art. 46 Abs. 2 GO-EP jedem Mitglied zu. Absätze 3 bis 5
enthalten **verfahrensrechtliche Anforderungen** (Überweisung an den zuständigen Ausschuss, Übersetzung in die für erforderlich gehaltenen Amtssprachen, Beschlussfassung
innerhalb von drei Monaten nach Anhörung des Vorschlagsverfassers [Abs. 3], angemessene Rechtsgrundlage, Wahrung der Grundrechte und des Grundsatzes der Subsidiarität [Abs. 4], ausreichende finanzielle Deckung bei finanziellen Auswirkungen
[Abs. 5]).

   Die besondere Bedeutung des Verfassers des Vorschlags kommt darin zum Ausdruck,   6
dass er im Titel des Berichts nach Art. 52 GO-EP namentlich genannt wird (Art. 46
Abs. 3 UAbs. 6 GO-EP). Diese **namentliche Nennung** ist ein Anreiz für eine sorgfältige
Arbeit jedes einzelnen Parlamentariers. Denn nur dadurch wird aus einem »gewöhnlichen« MdEP ein in der Fachpolitik ausgewiesener Kenner der Materie. Diese Art von
Arbeit zeichnet das Europäische Parlament immer wieder aus und zeigt die Unterschiede zu manch nationalem Parlament auf. Hätte etwa das Bundesverfassungsgericht nicht
das deutsche Parlaments-Modell seiner Klausel-Rechtsprechung zugrunde gelegt, sondern wäre nach den spezifischen unionsrechtlichen Vorgaben vorgegangen, dann hätte
zumindest die Drei-Prozent-Klausel auch verfassungsrechtlich gehalten.[4] Zuzugeben ist

---

   [2] Rahmenvereinbarung über die Beziehungen zwischen dem EP und der Kommission v.
20.10.2010, ABl. 2010, L 304/47.
   [3] S. *Schoo*, in: Schwarze, EU-Kommentar, Art. 225 AEUV, Rn. 4; *Huber*, in: Streinz, EUV/AEUV,
Art. 225 AEUV, Rn. 5.
   [4] Vgl. indes BVerfGE 135, 259 = DVBl 2014, 507 mit krit. Anm. *Frenz* – Drei-Prozent-Klausel. S.
dazu etwa Art. 223 AEUV, Rn. 1, 17.

indes, dass parlamentarische Initiativen eher aus den Ausschüssen als von einzelnen Abgeordneten herrühren.[5]

7   Art. 52 GO-EP enthält Einzelheiten zu den Arbeiten der Ausschüsse betreffend **Initiativberichte**. Grundsätzlich ist eine Genehmigung der Konferenz der Präsidenten (s. Art. 14 EUV, Rn. 59 f.) erforderlich.

II. Rahmenvereinbarung des EP mit der Kommission

8   Nach den Bestimmungen zum konstruktiven Dialog und Informationsfluss der Rahmenvereinbarung verpflichtet sich die Kommission, über die konkrete Weiterbehandlung einer Aufforderung zur Vorlage eines Vorschlags gemäß Art. 225 AEUV, einem legislativen Initiativbericht, innerhalb von **drei Monaten** nach Annahme der entsprechenden Entschließung im Plenum zu **berichten**. Die Kommission legt spätestens nach einem Jahr einen »Gesetzgebungsvorschlag« vor oder nimmt diesen Vorschlag in das jährliche Arbeitsprogramm des Folgejahres auf. Legt die Kommission keinen Vorschlag vor, so teilt sie dem Europäischen Parlament die Gründe dafür mit (Nr. 16). Mit dieser schlichten Wiederholung der Vertragsformulierung bleibt es allenfalls beim Ausbleiben jeglicher Begründung bei der Möglichkeit für das EP, eine **Untätigkeitsklage** zu erheben.

C. Bewertung

9   Im Großen und Ganzen ist die Ausübung des indirekten Initiativrechts aus Art. 225 AEUV **unproblematisch**: Es gab einige Vorhaben, die zu Gesetzgebungsvorschlägen der Kommission geführt haben,[6] unter anderem als **Beispiel** der Entwurf zu einer **neuen Parteien-Verordnung** (s. oben Art. 224 AEUV, Rn. 15).[7] Das beabsichtigte System funktioniert in seinem Zusammenspiel zwischen Geschäftsordnung und Rahmenvereinbarung im Regelfall recht **geräuschlos**. Parlament und Kommission wissen also, was sie aneinander haben und scheuen sich vor atmosphärischen Störungen.

---

[5] S. *Hölscheidt*, in: Grabitz/Hilf/Nettesheim, EU, Art. 225 AEUV (August 2011), Rn. 10.

[6] S. die Liste bei *Schoo*, in: Schwarze, EU- Kommentar, Art. 225 AEUV, Rn. 6.

[7] Auf den Bericht über die Anwendung der VO (EG) Nr. 2004/2003 über die Regelungen für politische Parteien auf europäischer Ebene und ihre Finanzierung, A7–0062/2011 (2010/2201 [INI]), Berichterstatterin: Marietta Giannakou, angenommen am 6. 4. 2011, gab es am 12. 9. 2012 den Kommissionsentwurf KOM (2012) 499 endg.

Artikel 226 AEUV [Untersuchungsausschuss]

Das Europäische Parlament kann bei der Erfüllung seiner Aufgaben auf Antrag eines Viertels seiner Mitglieder die Einsetzung eines nichtständigen Untersuchungsausschusses beschließen, der unbeschadet der Befugnisse, die anderen Organen oder Einrichtungen durch die Verträge übertragen sind, behauptete Verstöße gegen das Unionsrecht oder Missstände bei der Anwendung desselben prüft; dies gilt nicht, wenn ein Gericht mit den behaupteten Sachverhalten befasst ist, solange das Gerichtsverfahren nicht abgeschlossen ist.

Mit der Vorlage seines Berichts hört der nichtständige Untersuchungsausschuss auf zu bestehen.

Die Einzelheiten der Ausübung des Untersuchungsrechts werden vom Europäischen Parlament festgelegt, das aus eigener Initiative gemäß einem besonderen Gesetzgebungsverfahren durch Verordnungen nach Zustimmung des Rates und der Kommission beschließt.

Literaturübersicht

Beckedorf, Das Untersuchungsrecht des Europäischen Parlaments, 1995; *Höpfner*, Parlamentarische Kontrolle in Deutschland und in der Europäischen Union, 2004; *Frenz*, Europäisches Parlament, VR 2011, 193; *Rossi*, Zur Entlastungsbefugnis des Europäischen Parlaments, EuR 2013, 170; *U. Seibold*, Die Kontrolle der Europäischen Kommission durch das Europäische Parlament, 2004.

Leitentscheidung

EuGH, Beschl. v. 4.6.1986, Rs. 78/85 (Gruppe der Europäischen Rechten/EP), Slg. 1986, 1753

Wesentliche sekundärrechtliche Vorschriften

Art. 197 ff. Geschäftsordnung des Europäischen Parlaments vom 1.3.2011, ABl. 2011, L 116/1 (zuletzt geändert durch Beschl. v. 16.1.2013, ABl. 2013, C 440/116, http://www.europarl.europa.eu [8. Wahlperiode – September 2015])

Anlage VIII. Einzelheiten der Ausübung des Untersuchungsrechts des EP. Beschluss des EP, des Rates und der Kommission vom 19.4.1995 über Einzelheiten der Ausübung des Untersuchungsrechts des EP, ABl. 1995, L 113/1

Vorschlag des EP v. 23.5.2012 für eine VO des EP über Einzelheiten der Ausübung des Untersuchungsrechts des EP und zur Aufhebung des Beschlusses 95/167/EG, Euratom, EGKS des EP, des Rates und der Kommission (2009/2212(INI)), EP P7_TA-PROV(2012)0219, ABl. 2013, C 264E/41

Inhaltsübersicht

A. Allgemeines

1   Dem Europäischen Parlament obliegen eine Reihe von **Kontrollmaßnahmen** (s. oben Art. 14 EUV, Rn. 19 ff.).[1] Dazu gehört unter anderem die **informatorische** Kontrolle, welche sich über **Frage- und Informationsrechte** sowie durch entsprechende **Berichtspflichten** ausüben lässt.

2   Eine besondere Art umfassender Kontrolle ist durch einen nichtständigen **Untersuchungsausschuss** nach Art. 226 AEUV vorgesehen. Einzelheiten sieht dazu Art. 198 GO-EP nebst Anlage VIII vor. Diese Anlage stellt einen Beschluss des EP, des Rates und der Kommission über Einzelheiten der Ausübung des Untersuchungsrechts des Europäischen Parlaments vom 19. 4. 1995 dar.[2]

B. Regelungen

3   Nach Art. 226 AEUV kann das Europäische Parlament bei der Erfüllung seiner (Kontroll-) Aufgaben auf Antrag eines **Viertels** seiner Mitglieder, gegenwärtig also mit 188 Abgeordneten, die Einsetzung eines (nichtständigen) Untersuchungsausschusses beschließen. Dieser Ausschuss untersucht behauptete Verstöße gegen das Unionsrecht oder Missstände bei der Anwendung desselben. Dieses Untersuchungsrecht gilt unbeschadet der Befugnisse anderer Organe und Einrichtungen. Es handelt sich um eine potentiell **minderheitenschützende Kann-Vorschrift**. Eine Verpflichtung zur Einsetzung besteht nicht.[3]

4   Von diesem Untersuchungsrecht ausgenommen ist indes eine gerichtliche Befassung mit den behaupteten Sachverhalten. Diese Ausnahme gilt jedenfalls, solange das **Gerichtsverfahren** nicht abgeschlossen ist. Im Übrigen gibt es keine wirklichen Begrenzungen des Untersuchungsrechts des Parlaments, weder in Bezug auf die Adressaten noch auf den Umfang.[4] Der **Einsetzungsbeschluss** ist jedenfalls **nicht** mit der Nichtigkeitsklage nach Art. 263 AEUV **anfechtbar**, weil er keine Wirkungen gegenüber Dritten entfaltet.[5]

5   Regelmäßig endet ein Untersuchungsausschuss mit der Vorlage eines Berichts. An diese Vorlage des Berichts knüpft Art. 226 AEUV die Existenz des nichtständigen Untersuchungsausschusses: Denn mit der **Vorlage des Berichts** hört er auf zu bestehen.

6   Die **Einzelheiten** der Ausübung des Untersuchungsrechts werden nach Art. 226 Abs. 3 AEUV durch eine **Verordnung** des EP mit Zustimmung sowohl des Rates als auch der Kommission geregelt. Hinter dieser Lissabonner Änderung des Vertrages könnte eine Weiterführung des bislang durch eine interinstitutionelle Vereinbarung Geregelten liegen: Die allgemeine Geltung nach Art. 288 Abs. 2 AEUV wird als vorteilhaft angesehen. Im Übrigen könnte eine Verordnung auch Erweiterungen der Befugnisse des EP

---

[1] S. *Kluth*, in: Calliess/Ruffert, EUV/AEUV, Art. 226 AEUV, Rn. 2. Ausführlich zur Kontrollbefugnis *U. Seibold*, S. 15 ff.

[2] ABl. 1995, L 113/1.

[3] Vgl. *Hölscheidt*, in: Grabitz/Hilf/Nettesheim, EU, Art. 223 AEUV (August 2011), Rn. 9.

[4] Anders *Huber*, in: Streinz, EUV/AEUV, Art. 226 AEUV, Rn. 1 (unter Hinweis auf den Grundsatz begrenzter Einzelermächtigung aus Art. 5 Absätze 1 und 2 EUV) und 7 (wegen des institutionellen Gleichgewichts).

[5] EuGH, Beschl. v. 4. 6. 1986, Rs. 78/85 (Gruppe der Europäischen Rechten/EP), Slg. 1986, 1753 Rn. 10 f.

bei der Ladung und Vernehmung von Zeugen und dergleichen mehr haben (s. unten Rn. 11, 19 ff.).[6]

I. Geschäftsordnung des EP

Die wesentlichen Regelungen zum Untersuchungsausschuss enthält zunächst Art. 198   **7** GO-EP nebst Anlage VIII, der interinstitutionellen Vereinbarung (s. unten Rn. 13). Absatz 1 Satz 1 von Art. 198 GO-EP wiederholt zunächst Teile des Art. 226 AEUV, wenn er zur Prüfung von behaupteten Verstößen gegen das Unionsrecht oder Missständen bei der Anwendung desselben, die einem **Organ** oder einer **Einrichtung** der Europäischen Union, einer **Behörde eines Mitgliedstaates** oder **Personen, die durch das Unionsrecht mit dessen Anwendung beauftragt wurden**, zur Last gelegt werden, dem Parlament auf Antrag eines Viertels seiner Mitglieder die Einsetzung eines Untersuchungsausschuss erlaubt. Mit der Formulierung »Personen, die durch das Unionsrecht mit dessen Anwendung beauftragt wurden«, lassen sich auch ausländische Behörden bzw. Privatpersonen in die Untersuchung einbeziehen.

Der Beschluss zur Einsetzung eines Untersuchungsausschusses wird innerhalb eines   **8** Monats im Amtsblatt der Europäischen Union veröffentlicht. Darüber hinaus ergreift das EP alle notwendigen Maßnahmen, um diesen Beschluss **möglichst umfassend bekannt** zu machen. Diese Bekanntmachung ist Teil des Öffentlichkeitsgrundsatzes des Parlaments (s. Art. 14 EUV, Rn. 18, 28).

Der Antrag auf Einsetzung eines Untersuchungsausschusses muss außerdem nach   **9** Art. 198 Abs. 3 GO-EP die **genaue Angabe des Gegenstands** der Untersuchung und eine **ausführliche Begründung** enthalten. Die **Lebensdauer** eines Untersuchungsausschusses wird durch Art. 198 Abs. 4 GO-EP begrenzt: Der Untersuchungsausschuss schließt seine Arbeiten durch Vorlage eines **Berichts** innerhalb eines Zeitraums ab, der **zwölf Monate** nicht überschreiten darf. Eine Verlängerung um zweimal jeweils drei Monate, also auf insgesamt eineinhalb Jahre, ist indes möglich.

Im Übrigen enthalten die Absätze 2 bis 5 des Art. 198 GO-EP einige Vorschriften zur   **10** **Besetzung** und zur **Arbeitsweise** des Untersuchungsausschusses. Weder zum Gegenstand der Untersuchung, so wie er von dem Viertel der Mitglieder des Parlaments definiert wurde (Absatz 3), noch zu dem in Absatz 4 festgelegten Zeitraum von 12, 15 oder 18 Monaten sind Änderungsanträge nach Art. 199 GO-EP zulässig. Art. 198 Abs. 6 GO-EP ist ein **Rechtsbehelf** besonderer Art: Ist ein Untersuchungsausschuss der Auffassung, dass gegen eines seiner Rechte verstoßen wurde, so schlägt er dem Präsidenten vor, geeignete Schritte zu unternehmen, also etwa beim sich weigernden Organ oder einer opponierenden Einrichtung oder einem zurückhaltenden Mitgliedstaat vorstellig zu werden.

Nach Art. 198 Abs. 7 GO-EP kann sich der Untersuchungsausschuss an bestimmte   **11** Organe oder Personen wenden. »Person« meint hier sowohl natürliche als auch juristische Personen nach dem Recht der Union, eines Mitgliedstaats oder ausländischer Staaten.[7] Diese sollen an **Anhörungen** teilnehmen oder **Dokumente** aushändigen. **Reisekosten und Tagegelder** für die Anhörungen der Mitglieder oder Beamten der Organe und Einrichtungen der Union gehen zu Lasten dieser Organe und Einrichtungen. Bei anderen Personen, die von einem Untersuchungsausschuss angehört werden, erstattet

---

[6] So die Einschätzung von *Schoo*, in: Schwarze, EU-Kommentar, Art. 226 AEUV, Rn. 16 f.
[7] S. Art. 3 Abs. 7 Anlage VIII.

das EP die Kosten nach den für die **Anhörung von Sachverständigen** geltenden Bestimmungen. Personen, die zu einer Anhörung vor einem Untersuchungsausschuss erscheinen, können sich auf die **Rechte** berufen, die ihnen als **Zeugen** vor einer **Gerichtsinstanz ihres Herkunftslandes** zustehen würden. Vor ihrer Aussage sind sie über diese Rechte aufzuklären. Diese Aufklärung setzt jedenfalls hinreichenden juristischen Sachverstand voraus. Eine Vereinheitlichung in einem eigenständigen Dokument, nämlich der jetzt vorgesehen Verordnung, wäre sinnvoll (s. oben Rn. 6, und unten Rn. 17, 19 ff.). Hinsichtlich der Amtssprachen ist eine sinnvolle **Verdolmetschung** der Aussagen und **Übersetzung** der Dokumente aus Gründen der Geheimhaltung und der Vertraulichkeit möglich. Geheimhaltung und Vertraulichkeit werden in Absätzen 8 und 9 des Art. 198 GO-EP noch einmal ausdrücklich thematisiert. Nach Absatz 9 finden etwa die Sitzungen in Räumen statt, welche so ausgestattet sind, dass ein Mithören durch unbefugte Personen unmöglich ist.

12 Der abschließende **Bericht** und die **Weiterbehandlung** des Themas des Untersuchungsausschusses sind Gegenstand der Absätze 10 und 11 der GO-EP: Der Untersuchungsausschuss unterbreitet dem Parlament einen – **veröffentlichten** – Bericht über die Ergebnisse, gegebenenfalls zusammen mit den etwaigen **Minderheitenansichten** nach Art. 56 Abs. 3 GO-EP. Auf Antrag des Untersuchungsausschusses hält das Parlament eine **Aussprache** nach der Vorlage des Berichts ab. Schließlich kann der Untersuchungsausschuss einen Entwurf für eine an die Organe und Einrichtungen der Union oder der Mitgliedstaaten gerichtete **Empfehlung** vorlegen. Nach Art. 198 Abs. 11 GO-EP beauftragt der **Präsident** den nach Anlage VI zuständigen (ständigen) **Ausschuss**, die Weiterbehandlung der Ergebnisse des Untersuchungsausschusses zu überwachen und gegebenenfalls darüber Bericht zu erstatten. Außerdem trifft er alle weiteren für zweckmäßig erachteten Vorkehrungen im Hinblick auf die konkrete Umsetzung der Ergebnisse der Untersuchungen. Diese »Nachsorgepflichten« können unter Umständen sehr wichtig sein, gerade angesichts der begrenzten Dauer des nichtständigen Untersuchungsausschusses.[8]

II. Rahmenvereinbarung des EP mit Rat und Kommission

13 Anlage VIII ist der Geschäftsordnung des EP beigefügt. Diese Anlage stellt einen Beschluss des EP, des Rates und der Kommission über Einzelheiten der Ausübung des Untersuchungsrechts des Europäischen Parlaments vom 19.4.1995 dar.[9] Diese interinstitutionelle Vereinbarung hat nach Art. 295 AEUV auch bindenden Charakter. Teilweise wiederholt der Beschluss die vertraglichen Grundlagen oder die Bestimmungen der Geschäftsordnung des EP (s. oben Rn. 2 ff., 7 ff.).

14 Hinzuweisen ist indes auf Art. 2 Abs. 2 Anlage VIII, in dem es um **Geheimhaltung** und **Vertraulichkeit** geht. Die entsprechenden Geheimhaltungspflichten gelten auch nach Beendigung der Amtstätigkeiten der jeweiligen Personen. Die Anhörungen und Aussagen finden zwar in öffentlicher Sitzung statt. Auf Antrag eines Viertels der Mitglieder des Untersuchungsausschusses oder der gemeinschaftlichen oder nationalen Behörden oder wenn der nichtständige Untersuchungsausschuss mit Informationen befasst wird, die der Geheimhaltung unterliegen, wird die **Öffentlichkeit** indes **ausgeschlossen**. Außerdem hat jeder Zeuge und jeder Sachverständige das Recht, unter Ausschluss der Öffentlichkeit auszusagen.

[8] S. unten, Text bei und Fn. 13.
[9] ABl. 1995, L 113/1.

Absatz 3 des Art. 2 Anlage VIII betrifft **Unions- oder mitgliedstaatliche Gerichtsver-**   **15**
fahren, welche die Sachverhaltsprüfung durch nichtständige Untersuchungsausschüsse
bis zum Abschluss dieses Verfahrens ausschließen. Die Möglichkeit eines Vertragsverletzungsverfahrens nach Art. 258 AEUV wird durch Information der Kommission über
den Sachverhalt und ihre Mitteilung, ob es sich um einen Gegenstand eines vorgerichtlichen Unionsverfahrens handelt, gleichsam »ausgehandelt«. Jedenfalls hat der Untersuchungsausschuss alle erforderlichen Maßnahmen zu treffen, die es der Kommission
ermöglichen, ihre Zuständigkeiten gemäß Art. 258 AEUV in vollem Umfang wahrzunehmen.

Einer **Doppelung** von Untersuchungsausschüssen steht Absatz 5 des Art. 2 Anla-   **16**
ge VIII entgegen: Hier werden erstens ein Verstreichen von **zwölf Monaten** und zweitens **neue Tatsachen** verlangt, damit ein neuer (nichtständiger) Untersuchungsausschuss
eingesetzt werden kann.

Art. 3 Anlage VIII beschäftigt sich mit der **Durchführung der Untersuchungen** durch   **17**
den Untersuchungsausschuss: Beamte oder sonstige Bedienstete dürfen sich nur im Namen und entsprechend den Weisungen ihrer Regierung oder ihres Organs äußern. Sie
bleiben an die Verpflichtungen aufgrund ihres jeweiligen Dienstrechts gebunden. Auch
diese Klärung der jeweiligen Dienstrechte setzt einen hinreichenden juristischen Sachverstand voraus. Eine Vereinheitlichung in einem eigenständigen Dokument, nämlich
der vorgesehen **Verordnung**, wäre auch hier sinnvoll (s. oben Rn. 6, 11, und unten
Rn. 19 ff.).

Nach Art. 3 Abs. 5 Anlage VIII gibt es einen weiteren **Vorbehalt** insbesondere **mit-**   **18**
gliedstaatlichen Rechts: Sonstige in den Mitgliedstaaten geltende Bestimmungen, die
einem Erscheinen von Beamten oder der Übermittlung von Dokumenten entgegenstehen, bleiben unberührt. Ein sich aus Gründen der Geheimhaltung oder der öffentlichen
oder nationalen Sicherheit oder den sonstigen Bestimmungen ergebendes Hindernis
wird dem Parlament von einem Vertreter notifiziert, der befugt ist, für die Regierung des
betreffenden Mitgliedstaats oder das Organ verbindlich zu handeln. Gemäß Art. 3
Abs. 7 Anlage VIII gelten die genannten Vorbehalte auch für natürliche oder juristische
Personen, welche durch das Unionsrecht mit dessen Anwendung beauftragt sind. Nach
Art. 3 Abs. 8 Anlage VIII werden Personen, welche durch ihre Nennung in einer laufenden Untersuchung Nachteile erleiden können, vor ihrer Aussage als Zeuge vom
nichtständigen Untersuchungsausschuss hierüber unterrichtet. Eine Zeugenaussage
kann nur auf ihren Antrag hin statt finden.

III. Verordnung nach Art. 226 Abs. 3 AEUV

Das Europäische Parlament hat am 23. 5. 2012 einen Vorschlag für eine Verordnung   **19**
nach Art. 226 Abs. 3 AEUV gemacht.[10] Eine solche Verordnung ist bereits aus mehreren
Gründen für sinnvoll gehalten worden (s. oben Rn. 6, 11, 17). Sie geht indes nicht so
weit, als dass sie alle bestehenden Probleme beseitigt. Es sind weiterhin nationale Vorschriften vom Untersuchungsausschuss zu prüfen (s. etwa Art. 17 Untersuchungsrechts-
VO-Entwurf). Immerhin ist diese Verordnung ein Weg, die bisherige doppelte rechtliche
Basis für die Ausübung des Untersuchungsrechts ein wenig abzukürzen und neuere

---

[10] Vorschlag des Europäischen Parlaments v. 23. 5. 2012 für eine VO des EP über Einzelheiten der
Ausübung des Untersuchungsrechts des EP und zur Aufhebung des Beschlusses 95/167/EG, Euratom,
EGKS des EP, des Rates und der Kommission (2009/2212(INI)), EP P7_TA-PROV(2012)0219,
ABl. 2013, C 264E/41.

Ideen in den Text einfließen zu lassen, insbesondere datenschutzrechtliche Themen. Eine **Zustimmung** zum Entwurf durch den Rat und durch die Kommission steht indes noch aus.

20   Im Einzelnen baut man in dem Entwurf auf den bekannten Regelungen der Geschäftsordnung EP und der Rahmenvereinbarung auf: Die Artikel 1 bis 4 Untersuchungsrechts-VO-Entwurf wiederholen den Text von Art. 226 AEUV sowie Teile der oben dargelegten Art. 198 GO-EP nebst Anlage VIII. Dieser Abschnitt 1 betrifft den **Regelungsgegenstand** und **allgemeine Bestimmungen über die Einsetzung** von Untersuchungsausschüssen.

21   Abschnitt 2 mit seinen Artikeln 5 bis 11 Untersuchungsrechts-VO-Entwurf beschäftigt sich mit allgemeinen Verfahrensvorschriften. Nach Art. 5 Abs. 2 Untersuchungsrechts-VO-Entwurf prüft das EP, wenn nach der Einsetzung eines Untersuchungsausschusses ein **gerichtliches Verfahren** eingeleitet wird, welches eine Verbindung zu dem behaupteten Sachverhalt aufweist, ob es notwendig ist, für die Dauer dieses Verfahrens gemäß Art. 226 AEUV die Ermittlungen des Ausschusses auszusetzen. Die Dauer der Aussetzung wird nicht auf die in Art. 2 Abs. 3 Buchst. c genannte Frist angerechnet. Gemäß Art. 9 Untersuchungsrechts-VO-Entwurf unterstützen die Organe und Einrichtungen der Union sowie die nationalen Behörden der Mitgliedstaaten den Untersuchungsausschuss im Einklang mit den Rechtsvorschriften der Union und den nationalen Rechtsvorschriften bei der Erfüllung seiner Aufgaben nach dem Grundsatz der loyalen Zusammenarbeit.

22   Die eigentliche **Untersuchung** ist Gegenstand des letzten (Sach-) Abschnitt 3 mit seinen Artikeln 12 bis 20 Untersuchungsrechts-VO-Entwurf. Nach Art. 12 Abs. 1 Untersuchungsrechts-VO-Entwurf kann der Untersuchungsausschuss Mitglieder der Organe der Union und Mitglieder der Regierungen der Mitgliedstaaten anhören, von Beamten und sonstigen Bediensteten der Union oder der Mitgliedstaaten Beweismittel erhalten, von jeder anderen in der Union ansässigen Einzelperson Beweismittel erhalten, Sachverständigengutachten einholen, Unterlagen anfordern und **sogar Untersuchungen vor Ort** durchführen. Diese Ortstermine werden gegebenenfalls in Zusammenarbeit mit den nationalen Behörden unter Einhaltung des maßgeblichen nationalen Rechts vorgenommen (Art. 13 Untersuchungsrechts-VO-Entwurf). Im Laufe seiner Ermittlungen kann er nationale Behörden nach Art. 12 Abs. 2 Untersuchungsrechts-VO-Entwurf ohnehin um Hilfe ersuchen. Im Einzelnen gibt es die Möglichkeit interparlamentarische Vereinbarungen mit den Parlamenten der Mitgliedstaaten gemäß Art. 12 Abs. 3 Untersuchungsrechts-VO-Entwurf (s. dazu Art. 14 EUV, Rn. 36). Das gilt jedenfalls in den Fällen, in denen behauptete Verstöße gegen das Unionsrecht oder Missstände bei dessen Umsetzung eine mögliche Verantwortlichkeit einer Einrichtung oder einer Behörde eines Mitgliedstaats berühren. Weitere Vorschriften betreffen die Anforderung von **Unterlagen** (Art. 14 Untersuchungsrechts-VO-Entwurf), die Ladung von **Zeugen**, **Organmitgliedern** und **Regierungsmitgliedern** der Mitgliedstaaten, **Beamten** und sonstigen **Bediensteten** der EU und der Mitgliedstaaten (Art. 15 bis 17 Untersuchungsrechts-VO-Entwurf) und die Einholung von **Sachverständigengutachten** (Art. 18 Untersuchungsrechts-VO-Entwurf). Art. 19 Untersuchungsrechts-VO-Entwurf betrifft **Sanktionen**, zu denen nach Absatz 1 ein formeller Vermerk erstellt wird, der gegebenenfalls ganz oder teilweise bekannt gegeben wird, unter Umständen sogar im Amtsblatt veröffentlicht werden kann. Absatz 2 verlangt von den Mitgliedstaaten wirksame, verhältnismäßige und abschreckende sowie nationalen Untersuchungsausschüssen vergleichbare Sanktionen.

C. Bewertung

Generell betrachtet haben sich die gegenwärtig bestehenden Regelungen zum Unter-   **23** suchungsausschuss **in der Praxis bewährt**. Regelmäßig gab es Ausschüsse, die auch nach nationalem Recht als Untersuchungsausschuss gestaltet worden wären, weil sie konkreten Missständen nachgingen. Indes gab es mitunter auch Ausschüsse, die sich genereller mit Themen wie Rassismus und Ausländerfeindlichkeit oder Drogenhandel befassten, also mit Gegenständen, die nach deutschem Verständnis eher als Enquete-Kommissionen anzusehen gewesen wären.[11] Solche Ausschüsse sind heute **Sonderausschüsse**, deren Regelung sich in Art. 197 GO-EP findet.

Jedenfalls hat die jüngste Vergangenheit bzw. der nahende Wahltermin im Jahr   **24** 2014[12] gezeigt, dass das EP bei seiner Aufarbeitung von möglichem Fehlverhalten ausländischer Regierungen und Behörden schneller war als der Deutsche Bundestag. Ein entsprechender Bericht zu den datenschutzrechtlichen Problemen liegt schon vor,[13] während sich der **NSA-Untersuchungsausschuss** des Bundestages erst kreieren musste und über Einzelheiten nach wie vor streitet. Zwar hat sich der EP-Untersuchungsausschuss im Wesentlichen mit Aussagen von Journalisten beschäftigt. Aber manchmal ist Schnelligkeit doch besser als langes Abwarten. Das hat jedenfalls auch der zwölf Jahre ältere **Echelon-Bericht**[14] des Sonderausschusses nach Art. 197 GO-EP gezeigt.

Auch in Sachen **Emissionsmessungen in der Automobilindustrie** zeigt sich die euro-   **25** päische Regelung schneller als die vergleichbare deutsche: Während in Deutschland strafrechtliche Ermittlungen eingeleitet und zivilgerichtliche Klagen anhängig gemacht wurden, hat sich im Rahmen des EP bereits ein eigener Untersuchungsausschuss gebildet.[15] Man wird sehen, was dieser Ausschuss in der begrenzten Dauer seines Bestehens zu Tage fördern wird.[16] Noch schneller war übrigens die US-amerikanische parlamentarische Untersuchung, vor der der lokale Vertreter des deutschen Konzerns bereits Rede und Antwort stehen musste, bevor er sein Unternehmen danach verlassen musste.

---

[11] Vgl. *Schoo*, in: Schwarze, EU- Kommentar, Art. 226 AEUV, Rn. 3; *Kluth*, in: Calliess/Ruffert, EUV/AEUV, Art. 226 AEUV, Rn. 2.

[12] Mit dem nichtständige Untersuchungsausschuss endet, s. Art. 2 Abs. 4 Anlage VIII GO-EP bzw. Art. 3 Buchst. c Untersuchungsrechts-VO Entwurf.

[13] S. Entschließung des EP v. 12. 3. 2014 zu dem Überwachungsprogramm der Nationalen Sicherheitsagentur der Vereinigten Staaten, die Überwachungsbehörden in mehreren Mitgliedstaaten und die entsprechenden Auswirkungen auf die Grundrechte der EU-Bürger und die transatlantische Zusammenarbeit im Bereich Justiz und Inneres (2013/2188[INI]).

[14] Vgl. den Bericht v. 11. 7. 2001 über die Existenz eines globalen Abhörsystems für private und wirtschaftliche Kommunikation (Abhörsystem ECHELON), A5–0264/2001 (2001/2098 [INI]), Berichterstatter: Gerhard Schmid.

[15] Beschluss des EP v. 17. 12. 2015 über die Einsetzung, die Zuständigkeiten, die zahlenmäßige Zusammensetzung und die Mandatszeit des Untersuchungsausschusses zu Emissionsmessungen in der Automobilindustrie (2015/3037(RSO)), P8_TA-PROV(2015)0462 (abrufbar unter http://www.europarl.europa.eu [15. 3. 2016]).

[16] Mit dem nichtständige Untersuchungsausschuss endet, s. Art. 2 Abs. 4 Anlage VIII GO-EP bzw. Art. 3 Buchst. c Untersuchungsrechts-VO Entwurf.

Artikel 227 AEUV [Petitionsrecht]

Jeder Bürger der Union sowie jede natürliche oder juristische Person mit Wohnort oder satzungsmäßigem Sitz in einem Mitgliedstaat kann allein oder zusammen mit anderen Bürgern oder Personen in Angelegenheiten, die in die Tätigkeitsbereiche der Union fallen und die ihn oder sie unmittelbar betreffen, eine Petition an das Europäische Parlament richten.

Literaturübersicht

Goerlich/Assenbrunner, Das Europäische »Bürgerbegehren« als Element eines supranationalen Demokratieverständnisses nach dem Vertrag von Lissabon, ZG 2011, 268; *Guckelberger*, Das Petitionsrecht zum Europäischen Parlament sowie das Recht auf Anrufung des Europäischen Bürgerbeauftragten im Europa der Bürger, DÖV 2003, 829; *dies.*, Der Europäische Bürgerbeauftragte und die Petitionen zum Europäischen Parlament, 2004; *dies.*, Neue Erscheinungen des Petitionsrechts: E-Petitionen und öffentliche Petitionen, DÖV 2008, 85; *Gundel*, Anmerkung zu EuG, Urt. v. 7.3.2013, Rs. T–186/11 (Schönberger/EP), EuZW 2013, 360 *Hölscheidt*, Die Ausgestaltung des Petitionsrechts in der EU-Grundrechtecharta, EuR 2002, 440; *Mader*, Die Petition zum Europäischen Parlament und die Justiziabilität von Entscheidungen des Petitionsausschusses, ZParl 2012, 854; *Mader*, Bürgerinitiative, Petitionsrecht, Beschwerde zum Bürgerbeauftragten. Unionsrechtliche Formen direktdemokratischer Partizipation und ihre gerichtliche Durchsetzbarkeit, EuR 2013, 348; *Peers/Hervey/Kenner/Ward* (Hrsg.), The EU Charter of Fundamental Rights. A Commentary, 2014; *A.R. Schneider*, Petitionen zum Europäischen Parlament mit Berücksichtigung des Bürgerbeauftragten, 2009.

Leitentscheidungen

EuGH, Beschl. v. 14.11.2013, Rs. C–550/12 P (J/EP)
EuGH, Urt. v. 9.12.2014, Rs. C–261/13 P (Schönberger/EP), ECLI:EU:C:2014:2423
EuG, Urt. v. 14.9.2011, Rs. T–308/07 (Tegebauer/EP), Slg. 2011, II–279
EuG, Urt. v. 27.9.2012, Rs. T–160/10 (J/EP), ECLI:EU:T:2012:503
EuG, Urt. v. 7.3.2013, Rs. T–186/11 (Schönberger/EP), ECLI:EU:T:2013:111

Wesentliche sekundärrechtliche Vorschriften

Art. 23 der Erklärung der Grundrechte und Grundfreiheiten des EP v. 12.4.1989, EuGRZ 1989, 204
Art. 215ff. Geschäftsordnung des Europäischen Parlaments vom 1.3.2011, ABl. 2011, L 116/1 (zuletzt geändert durch Beschl. v. 16.1.2013, ABl. 2013, C 440/116, http://www.europarl.europa.eu [8. Wahlperiode – September 2015])

Inhaltsübersicht

Peter Szczekalla

A. Allgemeines

Das Petitionsrecht ist ein in nahezu allen Rechtsordnungen ausgeprägtes echtes **Grund-** **1** **recht**.[1] Es ist im Gemeinschaftsrecht in Art. 44 GRC enthalten, eine zu Art. 227 AEUV fast wortgleiche Bestimmung.[2] Einzelheiten zur Ausübung sind in den Art. 215 ff. GO-EP geregelt. Ursprünglich gab es das Petitionsrecht nur in der Geschäftsordnung, ab 1989 dann auch im Rahmen einer interinstitutionellen Vereinbarung zwischen EP, Rat und Kommission.[3] Der Sache nach geht es bei einer Petition um eine Beschwerde oder ein sonstiges Anliegen in Angelegenheiten, die in die Tätigkeitsbereiche der Union fallen und den Petenten unmittelbar betreffen.[4]

Das Petitionsrecht hat zwei wesentliche Funktionen: Neben seiner grundrechtlichen **2** Bedeutung (s. Rn. 1) kommt ihm eine weitere Funktion im Rahmen der **parlamentarischen Kontrolle** zu (s. oben Art. 14 EUV, Rn. 16 ff.).[5] Dieser Umstand folgt aus einer Zusammenfassung mit dem Recht auf Bürgerinitiative, dem Recht auf Bürgerbeauftragtenbefassung und dem Recht auf Antwort in der gewählten Sprache in Art. 24 AEUV.

Die Befassung eines Parlaments mit Grundrechtsfragen ist ein Mittel zum Schutz der **3** Grundrechte und Grundfreiheiten des Einzelnen neben dem Rechtsschutz durch die Gerichte. Ganz allgemein lässt sich sagen, dass die Repräsentation des Einzelnen im und durch das Europäische Parlament dem Grundrechtsschutz dient (**Schutz durch Repräsentation**).[6]

B. Regelungen

Da es sich beim Petitionsrecht um ein echtes **Grundrecht** handelt, ist grundsätzlich die **4** dreistufige **Prüfung** vorzunehmen.[7] Da dieses Grundrecht zwar einen Schutzbereich aufweist und eine Rechtsfolge zeitigt, ist von den Begriffen des Eingriffs und der Rechtfertigung indes abzusehen: Es geht vielmehr um die (subjektive) Petitionsfähigkeit, die Petitionsbefugnis, den Petitionsgegenstand, den Petitionsadressaten und das Petitionsverfahren:[8]

I. Petitionsfähigkeit

Petitionsfähig ist nach Art. 227 AEUV zunächst jeder **Unionsbürger**. Diese Petitions- **5** fähigkeit ist nicht beschränkt auf die körperliche Anwesenheit der Unionsbürger im Unionsgebiet. Das heißt, dass Unionsbürger auch dann petitionsfähig sind, wenn sie sich im Nicht-EU-Ausland aufhalten.

Weiter sind petitionsfähig **natürliche oder juristische Personen** mit Wohnort oder **6**

---

[1] Vgl. den Überblick bei *Rengeling/Szczekalla*, Grundrechte, § 40, Rn. 1124 f.
[2] Zu den über Art. 52 Abs. 2 GRC aufzulösenden Abweichungen s. unten Rn. 9.
[3] S. den Briefwechsel in ABl. 1989, C 120/90. Vgl. *Hölscheidt*, in: Grabitz/Hilf/Nettesheim, EU, Art. 227 AEUV (August 2011), Rn. 1.
[4] Vgl. *Hölscheidt*, in: Grabitz/Hilf/Nettesheim, EU, Art. 227 AEUV (August 2011), Rn. 7.
[5] Vgl. *Jarass*, GRCh, Art. 44 GRC, Rn. 2.
[6] So schon *Rengeling/Szczekalla*, Grundrechte, § 2, Rn. 111.
[7] So etwa *Gaitanides*, in: Heselhaus/Nowak, Handbuch der Europäischen Grundrechte, § 49, Rn. 9 ff., 39 f., 41.
[8] S. *Rengeling/Szczekalla*, Grundrechte, § 40, Rn. 1124 ff.

satzungsmäßigem Sitz in einem Mitgliedstaat. Der Begriff »juristische« Person verweist auf das mitgliedstaatliche Gesellschaftsrecht. Nicht alle zivilrechtlichen Zusammenschlüsse sind danach so gestaltet, dass sie juristische Personen sind. Wenn man nicht so weit gehen will, dass man sich wie die mitgliedstaatlichen Obergerichte zu einer teilrechtsfähigen Struktur durchringt, bleibt nur der Rückgriff auf die hinter der nicht-juristischen Person stehenden natürlichen Personen, die entweder Unionsbürger und jederzeit petitionsfähig sind oder Ausländer, die nur bei einem Wohnort in einem Mitgliedstaat eine Petition einlegen können.[9]

7   In Art. 227 AEUV angelegt ist die **Massen- oder Sammel-Petition**: Denn neben der Petitionserhebung durch eine einzelne Person (»allein«) ist auch die Petition auch »zusammen mit anderen [Unions-] Bürgern oder Personen« möglich. Solche Sammel-Petitionen werden mitunter gewählt, um in der (Tages-) Presse einen besonders großen Eindruck zu machen. Die Zahl der Urheber einer Petition verändert indes nicht die Sorgfalt bei der Bearbeitung derselben im Petitionsausschuss bzw. sollte es nicht.

8   Nach der Prüfung der Petitionsfähigkeit danach **unzulässige Petitionen** bewahrt das Europäischen Parlament indes vor ihrer Nutzlosigkeit: Sie werden nämlich getrennt erfasst sowie **nach Ermessen** geprüft (Art. 215 Abs. 13 GO-EP).[10]

II.   Petitionsbefugnis

9   Art. 227 AEUV verlangt eine **unmittelbare Betroffenheit** von der Angelegenheit. Diese Petitionsbefugnis unterscheidet das vertragliche Petitionsrecht vom Recht aus Art. 44 GRC. Da aber nach Art. 52 Abs. 2 GRC die vertraglich festgelegten Bedingungen und Grenzen gelten, bleibt es aber bei der Petitionsbefugnis auch für Art. 44 GRC.[11]

10   Die unmittelbare Betroffenheit meint **nicht rechtliche** Betroffenheit. **Ausreichend** kann eine **faktische oder ideelle Berührung** sein. Das Kriterium dient jedenfalls der Ausscheidung von **Popular-Petitionen**.

III. Petitionsgegenstand

11   Der **Petitionsgegenstand** ist in der Europäischen Union nach dem Vertrag von Lissabon vereinfacht worden: Es geht um **Tätigkeitsbereiche der EU**. Darunter fallen auch solche **mitgliedstaatlichen Handlungen**, die in den **Anwendungsbereich des Unionsrechts** fallen (s. unten Rn. 17).[12] Dafür spricht die Erwähnung von Ortsterminen in den Mitgliedstaaten in Art. 216 Abs. 5 GO-EP (»Informationsbesuche«). Ausgeschlossen bleiben indes Rechtsprechungsakte.[13]

IV. Petitionsadressat

12   **Adressat der Petition** ist grundsätzlich (nur) das **Europäische Parlament**. Nichtadressaten in der Unionsverwaltung sind aber im Falle der Fehladressierung zur **Weiterleitung**

---

[9] Zu Zulässigkeit von Petitionen öffentlich-rechtlicher Personen, etwa der Gemeinden, mit Ausnahme der Mitgliedstaaten selbst s. *Krings*, in: Tettinger/Stern, EuGRCh, Art. 44, Rn. 6.

[10] S. unten Rn. 19.

[11] Vgl. *Jarass*, GRCh, Art. 44 GRC, Rn. 1.

[12] Vgl. *Rengeling/Szczekalla*, Grundrechte, § 40, Rn. 1133; *Jarass*, GRCh, Art. 44 GRC, Rn. 5; *Magiera*, in: Meyer, GRCh, Art. 44 GRC, Rn. 10. Anders *Huber*, in: Streinz, EUV/AEUV, Art. 227 AEUV, Rn. 14.

[13] *Jarass*, GRCh, Art. 44 GRC, Rn. 5.

verpflichtet, zumindest im Sinne eines Grundsatzes ordnungsgemäßer bzw. des »Rechts auf gute Verwaltung« nach Art. 41 GRC. Der Kodex des Europäischen Bürgerbeauftragten sieht dies sogar ausdrücklich vor.[14] Im Übrigen folgt eine solche Pflicht zur Weiterleitung durch andere Organe bzw. Organwalter aus der **Organ-** (Art. 13 Abs. 2 Satz 2 EUV) und für die Mitgliedstaaten und ihre Organe und Organwalter aus der **Unionstreue** (Pflicht zur loyalen Zusammenarbeit, Art. 4 Abs. 3 EUV). Noch näher liegend und weniger umständlich ist es, die Weiterleitungspflicht bereits in den Schutzbereich der Petitionsfreiheit selbst aufzunehmen und damit auch andere Träger öffentlicher Gewalt jedenfalls insoweit zu (Hilfs-, Mit- oder sekundären) Adressaten zu machen.[15]

Problematisch ist vor diesem Hintergrund die **Befugnis des Petitionsausschusses**, die **13** Angelegenheit an den **Europäischen Bürgerbeauftragten** weiterzuleiten, wenn er dies für zweckmäßig hält (Art. 215 Abs. 12 GO-EP). Dieses Verfahren darf jedenfalls nicht zu einem Hinundherschieben einer Petition führen.[16]

V. Petitionsverfahren und Petitionsform

Das **Petitionsverfahrensrecht** folgt aus den Art. 215 ff. GO-EP: Nach Wiederholung des **14** Normtextes von Art. 227 AEUV in Art. 215 Abs. 1 GO-EP verlangt Absatz 2 den **Namen**, die **Staatsangehörigkeit** und den **Wohnsitz** des bzw. aller Petenten. Eine anonyme Petition soll es danach grundsätzlich nicht geben. Indes ist nach Art. 215 Abs. 10 GO-EP zum Schutz der Privatsphäre des jeweiligen Petenten eine Geheimhaltung des Namens möglich. Bei einer Sammel-Petition soll nach Art. 215 Abs. 3 GO-EP ein Stellvertreter angegeben werden. Gemäß Absatz 5 ist die Abfassung in einer Amtssprache der Europäischen Union erforderlich. Nach Art. 215 Abs. 6 GO-EP gibt es ein chronologisches Verzeichnis. Die weiteren Absätze beschäftigen sich mit der Arbeit des Petitionsausschusses. Eine Einlegung der Petition durch **E-Mail** oder über das Internet ist jedenfalls grundsätzlich möglich, soweit die Vorgaben der Geschäftsordnung erfüllt werden.[17]

Art. 216 GO-EP beschäftigt sich mit der Prüfung zulässiger Petitionen. Nach Absatz 4 wird ein **elektronisches Register** eingerichtet, in dem sich Bürger dem oder den Petenten anschließen oder ihre Unterstützung zurückziehen können, indem sie ihre elektronische Unterschrift unter die für zulässig erklärte und ins Register eingetragene Petition setzen. Das Ende des Petitionsverfahrens kann vielgestaltig sein: Der Petitionsausschuss kann in Bezug auf eine für zulässig erklärte Petition etwa beschließen, einen Initiativbericht gemäß Art. 52 Abs. 1 GO-EP auszuarbeiten oder dem Parlament einen kurzen Entschließungsantrag vorzulegen (Art. 216 Abs. 2 GO-EP). In jedem Fall wird der Petent über den vom Ausschuss gefassten Beschluss und über dessen Begründung unterrichtet. Ist die Prüfung einer zulässigen Petition beendet, wird sie für abgeschlossen erklärt und der Petent darüber unterrichtet (Art. 216 Abs. 9 GO-EP). Art. 217 GO-EP beschäftigt sich mit der Bekanntgabe der Petitionen. Nach dem neueren Art. 218 GO-EP wird eine Überprüfung von Petitionen im Zusammenhang mit Bürgerinitiativen vorgenommen.

---

[14] S. Art. 12 Nr. 2 des »Europäischen Kodex für gute Verwaltungspraxis« mit einem ausdrücklichen allgemeinen Weiterleitungsgebot, sowie Art. 15 mit einem speziellen, organbezogenen Weiterleitungsgebot (aktuelle Fassung aus 2015 unter http://www.ombudsman.europa.eu [2.2.2017]).

[15] Vgl. zum Vorstehenden *Rengeling/Szczekalla*, Grundrechte, § 40, Rn. 1127.

[16] *Rengeling/Szczekalla*, Grundrechte, § 40, Rn. 1128.

[17] S. *Gaitanides*, in: Heselhaus/Nowak, Handbuch der Europäischen Grundrechte, § 49, Rn. 25.

VI. Rechtsschutz

16   Die Frage nach Rechtsschutz im Petitionsverfahren ist zunächst natürlich merkwürdig. Denn die Petition ist geradezu ein **Weg, ohne Gericht und** möglicherweise **schneller** zu seinem Ziel zu gelangen. Gleichwohl kann es im Petitionsverfahren immer Probleme geben, die einen Petenten nach Rechtsschutz suchen lassen.

17   **Rechtsschutz** gegen eine Entscheidung über den Abschluss eines Petitionsverfahrens gibt es indes im Regelfall nicht: Die **Nichtigkeitsklage** nach Art. 263 Abs. 4 AEUV ist **grundsätzlich ausgeschlossen**.[18] Jedenfalls ist eine gerichtliche Kontrolle des Inhalts einer Petitionsverfahrensentscheidung nicht möglich. Zulässig ist allenfalls die Kontrolle der nach Art. 296 AEUV erforderlichen **Begründung**, mit welcher eine Petition ohne weitere Bearbeitung abgelegt wird,[19] etwa weil sie nicht im Anwendungsbereich des Unionsrechts (s. oben Rn. 11) liegt.[20]

C. Bewertung

18   Im Großen und Ganzen ist die Petition im Unionsrecht **zufrieden stellend** geregelt. Lediglich im **institutionellen Bereich** gibt es **Schwächen**:[21] **Denn der Petitionsausschuss des Europäischen Parlaments** ist lediglich in der Geschäftsordnung geregelt.[22] Indes gibt es auch über das Petitionsrecht hinaus verschiedene Regelungen, die sich nur in der Geschäftsordnung als Ausdruck des Selbstorganisationsrechts[23] befinden.

19   Dieses Selbstorganisationsrecht hat zudem weitere **Vorteile**: Beispielsweise können von anderen Personen als den in Art. 227 AEUV eingereichte Petitionen vom Europäischen Parlament getrennt erfasst sowie nach Ermessen geprüft werden (Art. 215 Abs. 13 GO-EP). Ohne eine solche Regelung in der Geschäftsordnung wären solche »Petitionen« von vornherein verloren.[24]

20   Außerdem ist zu berücksichtigen, dass der aus Deutschland bekannte **Diskontinuitätsgrundsatz** nach Art. 229 GO-EP **nicht** gilt.[25] Gerade Petitionen, die bei Ende der Wahlperiode noch nicht erledigt sind, unterliegen nicht der sog. Diskontinuität, sondern bleiben auf der Agenda des neu gewählten Parlaments.[26]

---

[18] EuG, Urt. v. 7.3.2013, Rs. T–186/11 (Schönberger/EP), ECLI:EU:T:2013:111 = EuZW 2013, 358 m. Anm. *Gundel*, EuZW 2013, 360. Die Rechtsmittelentscheidung ist für den Kläger ebenfalls negativ ausgegangen: EuGH, Urt. v. 9.12.2014, Rs. C–261/13 P (Schönberger/EP), ECLI:EU:C:2014:2423, Rn. 12 ff.

[19] EuG, Urt. v. 14.9.2011, Rs. T–308/07 (Tegebauer/EP), Slg. 2011, II–279, Rn. 22 ff.

[20] EuG, Urt. v. 27.9.2012, Rs. T–160/10 (J/EP), ECLI:EU:T:2012:503, Rn. 19 ff. Bestätigt durch den EuGH, Beschl. v. 14.11.2013, Rs. C–550/12 P (J/EP), Rn. 19 ff.

[21] S. *Gaitanides*, in: Heselhaus/Nowak, Handbuch der Europäischen Grundrechte, § 49, Rn. 46.

[22] Anders etwa im deutschen Recht nach Art. 45c GG.

[23] S. oben Art. 14 EUV, Rn. 6, 12, 56.

[24] Vgl. oben Rn. 8.

[25] S. oben Art. 14 EUV, Rn. 46.

[26] Vgl. *Magiera*, in: Meyer, GRCh, Art. 44 GRC, Rn. 6.

Artikel 228 AEUV [Bürgerbeauftragter]

(1) ¹Ein vom Europäischen Parlament gewählter Europäischer Bürgerbeauftragter ist befugt, Beschwerden von jedem Bürger der Union oder von jeder natürlichen oder juristischen Person mit Wohnort oder satzungsmäßigem Sitz in einem Mitgliedstaat über Missstände bei der Tätigkeit der Organe, Einrichtungen oder sonstigen Stellen der Union, mit Ausnahme des Gerichtshofs der Europäischen Union in Ausübung seiner Rechtsprechungsbefugnisse, entgegenzunehmen. ²Er untersucht diese Beschwerden und erstattet darüber Bericht.

¹Der Bürgerbeauftragte führt im Rahmen seines Auftrags von sich aus oder aufgrund von Beschwerden, die ihm unmittelbar oder über ein Mitglied des Europäischen Parlaments zugehen, Untersuchungen durch, die er für gerechtfertigt hält; dies gilt nicht, wenn die behaupteten Sachverhalte Gegenstand eines Gerichtsverfahrens sind oder waren. ²Hat der Bürgerbeauftragte einen Missstand festgestellt, so befasst er das betreffende Organ, die betreffende Einrichtung oder sonstige Stelle, das bzw. die über eine Frist von drei Monaten verfügt, um ihm seine bzw. ihre Stellungnahme zu übermitteln. ³Der Bürgerbeauftragte legt anschließend dem Europäischen Parlament und dem betreffenden Organ, der betreffenden Einrichtung oder sonstigen Stelle einen Bericht vor. ⁴Der Beschwerdeführer wird über das Ergebnis dieser Untersuchungen unterrichtet.

Der Bürgerbeauftragte legt dem Europäischen Parlament jährlich einen Bericht über die Ergebnisse seiner Untersuchungen vor.

(2) ¹Der Bürgerbeauftragte wird nach jeder Wahl des Europäischen Parlaments für die Dauer der Wahlperiode gewählt. ²Wiederwahl ist zulässig.

Der Bürgerbeauftragte kann auf Antrag des Europäischen Parlaments vom Gerichtshof seines Amtes enthoben werden, wenn er die Voraussetzungen für die Ausübung seines Amtes nicht mehr erfüllt oder eine schwere Verfehlung begangen hat.

(3) ¹Der Bürgerbeauftragte übt sein Amt in völliger Unabhängigkeit aus. ²Er darf bei der Erfüllung seiner Pflichten von keiner Regierung, keinem Organ, keiner Einrichtung oder sonstigen Stelle Weisungen einholen oder entgegennehmen. ³Der Bürgerbeauftragte darf während seiner Amtszeit keine andere entgeltliche oder unentgeltliche Berufstätigkeit ausüben.

(4) Das Europäische Parlament legt aus eigener Initiative gemäß einem besonderen Gesetzgebungsverfahren durch Verordnungen nach Stellungnahme der Kommission und nach Zustimmung des Rates die Regelungen und allgemeinen Bedingungen für die Ausübung der Aufgaben des Bürgerbeauftragten fest.

Literatur

Guckelberger, Das Petitionsrecht zum Europäischen Parlament sowie das Recht auf Anrufung des Europäischen Bürgerbeauftragten im Europa der Bürger, DÖV 2003, 829; *dies.*, Der Europäische Bürgerbeauftragte und die Petitionen zum Europäischen Parlament, 2004; *dies.*, Argumente für und gegen einen parlamentarischen Ombudsmann aus heutiger Sicht, DÖV 2013, 613; *Mader*, Bürgerinitiative, Petitionsrecht, Beschwerde zum Bürgerbeauftragten. Unionsrechtliche Formen direktdemokratischer Partizipation und ihre gerichtliche Durchsetzbarkeit, EuR 2013, 348; *Peers/Hervey/Kenner/Ward* (Hrsg.), The EU Charter of Fundamental Rights. A Commentary, 2014; *A.R. Schneider*, Petitionen zum Europäischen Parlament mit Berücksichtigung des Bürgerbeauftragten, 2009.

Leitentscheidungen

EuGH, Urt. v. 22.3.2004, Rs. C–234/02 P (Lamberts/Bürgerbeauftragter), Slg. 2004, I–2803
EuGH, Beschl. v. 25.6.2009, Rs. C–580/08 P (Srinivasan/Bürgerbeauftragter), Slg. 2009, I–110
EuGH, Beschl. v. 6.6.2013, Rs. C–535/12 P (Faet Oltra/Bürgerbeauftragter), ECLI:EU:C:2013:373
EuG, Beschl. v. 22.5.2000, Rs. T–103/99 (Associazione delle Cantine Sociali Venete/Bürgerbeauftragter und EP), Slg. 2000, II–4165
EuG, Urt. v. 10.4.2002, Rs. T–209/09 (Lamberts/Bürgerbeauftragter), Slg. 2002, II–2203
EuG, Urt. v. 24.9.2008, Rs. T–412/05 (M/Bürgerbeauftragter), Slg. 2008 II–197

Wesentliche sekundärrechtliche Vorschriften

Art. 219 ff. Geschäftsordnung des Europäischen Parlaments vom 1.3.2011, ABl. 2011, L 116/1 (zuletzt geändert durch Beschl. v. 16.1.2013, ABl. 2013, C 440/116, http://www.europarl.europa.eu [8. Wahlperiode – September 2015])
Beschluss des EP über die Regelungen und allgemeinen Bedingungen für die Ausübung der Aufgaben des Bürgerbeauftragten v. 9.3.1994, ABl. 1994, L 113/15, geändert durch Beschlüsse v. 14.3.2002, ABl. 2002, L 92/13, und v. 18.6.2008, ABl. 2008, L 189/25 – Bürgerbeauftragten-Statut
»Europäischer Kodex für gute Verwaltungspraxis« (März 2002 – aktuelle Fassung aus 2015 unter http://www.ombudsman.europa.eu [15.3.2016])
http://www.ombudsman.europa.eu (15.3.2016)

Inhaltsübersicht

A. Allgemeines

1   Der Europäische Bürgerbeauftragte ist eine Institution, welche auf **skandinavische Einflüsse** zurückgeführt werden kann.[1] Die Regelung des Art. 43 GRC ist wesentlich kürzer als die des Art. 228 AEUV. Das liegt daran, dass der Bürgerbeauftragte durch diese Norm erst kreiert werden musste. Nach anfänglicher Ablehnung durch das Europäische Parlament ist die Institution mittlerweile von diesem akzeptiert worden, weil seine enge Bindung an das Parlament die eigene **Kontrolltätigkeit** (s. oben Art. 14 EUV, Rn. 16 ff.) verstärkt.[2]

2   Wie beim Petitionsrecht auch ist das Recht auf Befassung des Europäischen Bürgerbeauftragten ein echtes **Grundrecht**. Und auch dieser Umstand folgt aus der Zusammenfassung mit dem Petitionsrecht, dem Recht auf Bürgerinitiative und dem Recht auf Antwort in der gewählten Sprache in Art. 24 AEUV.

---

[1] S. den Überblick bei *Rengeling/Szczekalla*, Grundrechte, § 39, Rn. 1105 (insbes. Rn. 1106). Zur (Rechts-) Geschichte *Haag*, in: GSH, Europäisches Unionsrecht, Art. 228 AEUV, Rn. 1 ff.
[2] Vgl. *Kluth*, in: Calliess/Ruffert, EUV/AEUV, Art. 228 AEUV, Rn. 1.

Darüber hinaus dient die Beschwerde beim Bürgerbeauftragten auch der **Leistungs-** 3
fähigkeit der **Organe**, Einrichtungen und Stellen der Union.³ Dieser doppelte Gehalt, Grundrechtsschutz auf der einen und Leistungsfähigkeit der Organe und Unions-Stellen auf der anderen Seite, macht den Kern des Beschwerderechts beim Bürgerbeauftragten aus.⁴

B. Regelungen

I. Abgrenzungen

Eine Abgrenzung des Befassungsrechts des Bürgerbeauftragten vom **Petitionsrecht** ist 4
denkbar schwierig. Klar ist jedenfalls, dass das Mandat des Bürgerbeauftragten weniger weit reicht als das des Petitionsrechts: Denn bei Art. 228 AEUV es ausschließlich um »Missstände«, welche »bei der Tätigkeit der Organe, Einrichtungen oder sonstigen Stelle der Union« auftreten. Die Rechtsprechungsbefugnisse des Europäischen Gerichtshofs sind davon ausgenommen. Mitgliedstaatliches Verhalten, das im Anwendungsbereich des Unionsrechts sehr wohl Gegenstand einer Petition sein kann (s. oben Art. 227 AEUV, Rn. 11, 17), ist vom Befassungsrecht des Bürgerbeauftragten ausgenommen.⁵ Für den Bereich der Deckungsgleichheit gibt es die wechselseitigen Befugnisse des Petitionsausschusses und des Bürgerbeauftragten, die Angelegenheit zwischen den Institutionen hin- und herzuschieben (Art. 215 Abs. 12 GO-EP).⁶

Es gibt im Übrigen eine ganze Reihe von Möglichkeiten, sich mit Organen, Einrich- 5
tungen oder sonstigen Stellen der Union sowie mit Behörden der Mitgliedstaaten auseinanderzusetzen, ohne dazu nationale oder europäische Gerichte einzuschalten: An erster Stelle steht die **Beschwerde** an die Europäische **Kommission** als der »Hüterin der Verträge«.⁷ Eine solche Beschwerde kann der Kommission Anlass genug sein, ein Vertragsverletzungsverfahren nach Art. 258 AEUV einzuleiten. Ein Anspruch darauf besteht indes nicht. Jedenfalls erhält jeder Nachricht über den Ausgang seiner Beschwerde. Geht es um das **Verhalten von Beamten der Union oder sonstigen Bediensteten**, kann eine Beschwerde wegen Verstoßes gegen den »Kodex für gute Verwaltungspraxis« eingelegt werden.⁸ Seit Juli 2002 gibt es darüber hinaus ein Online-Netzwerk der mitgliedstaatlichen Behörden, welches u.a. für die fehlerhafte Anwendung von Unionsrecht zuständig ist, das **SOLVIT**.⁹ Diese Hauptbeispiele mögen an dieser Stelle reichen.¹⁰ Es

---

³ S. *Jarass*, GRCh, Art. 43 GRC, Rn. 2.
⁴ Vgl. EuG, Urt. v. 10.4.2002, Rs. T–209/09 (Lamberts/Bürgerbeauftragter), Slg. 2002, II–2203 Rn. 50, 56f.
⁵ Insoweit zutreffend *Huber*, in: Streinz, EUV/AEUV, Art. 228 AEUV, Rn. 8.
⁶ Zur Kritik s. oben Art. 227 AEUV, Rn. 13.
⁷ S. ABl. 1999, C 119/5. Ein Formular kann im Internet u.a. unter http://ec.europa.eu/community_law/docs/docs_your_rights/complaint_form_de.rtf (23.7.2014) heruntergeladen werden. Die E-Mail-Adresse (trotz nachdrücklicher Empfehlung nicht zwingend) lautet SG-PLAINTES@ec.europa.eu.
⁸ Internetfassung unter http://ec.europa.eu/civil_society/code/_docs/code_de.pdf (15.3.2016), pdf-Formular unter http://ec.europa.eu/civil_society/code/_docs/formulaire_de.pdf (15.3.2016).
⁹ Im Internet unter http://ec.europa.eu/solvit/index_de.htm (15.3.2016). Für Deutschland ist das BMWi zuständig (E-Mail: solvit@bmwi.bund.de).
¹⁰ Hinzuweisen ist noch auf die Beschwerde an den Eur. Datenschutzbeauftragten nach Art. 32 Abs. 2 der DatenschutzVO (VO [EG] Nr. 45/2001 des EP und des Rates v. 18.12.2000 zum Schutz natürlicher Personen bei der Verarbeitung personenbezogener Daten durch die Organe und Einrich-

gibt also viele Wege nach Brüssel oder anderswo ohne gerichtliche Hilfe. Der Weg zum Bürgerbeauftragten ist nur einer davon, immerhin aber ein grundrechtlicher.

II. Institutionelles

6 Aus Art. 228 Abs. 1 Satz 1 AEUV geht hervor, dass der Bürgerbeauftragte vom Europäischen Parlament gewählt wird. Nach Absatz 2 ist die **Wahl** gekoppelt an die Wahlperiode des Europäischen Parlaments. Gemäß Art. 228 Abs. 2 UAbs. 1 Satz 2 ist die Wiederwahl zulässig. Einzelheiten regelt Art. 219 GO-EP.

7 Wie seine Wahl ist auch das Ende der Tätigkeit des Bürgerbeauftragten aus anderen Gründen als durch das Ende der jeweiligen Wahlperiode möglich. Nach Art. 228 Abs. 2 UAbs. 2 AEUV kann der Bürgerbeauftrage auf **Antrag des Parlaments** seines Amtes enthoben werden, wenn er die Voraussetzungen für die Ausübung seines Amtes nicht mehr erfüllt oder eine schwere Verfehlung begangen hat. Darüber entscheidet der Europäische **Gerichtshof**. Das Parlamentsverfahren ist in Art. 221 GO-EP geregelt. Außer im Falle der Amtsenthebung oder des Todes bleibt der Bürgerbeauftragte gemäß Art. 219 Abs. 8 GO-EP bis zum Amtsantritt seines Nachfolgers im Amt.[11]

8 Art. 228 Abs. 3 AEUV widmet sich der **Unabhängigkeit** des Bürgerbeauftragten: Nach Satz 2 darf er bei Erfüllung seiner Pflichten von keiner Regierung, keinem Organ, keiner Einrichtung oder sonstigen Stelle **Weisungen** einholen oder entgegennehmen. Außerdem darf er nach Art. 228 Abs. 3 Satz 3 AEUV während seiner Amtszeit keine andere entgeltliche oder unentgeltliche **Berufstätigkeit** ausüben.

9 Nach der besonderen **Gesetzgebungsbefugnis** aus Art. 228 Abs. 4 AEUV legt das Europäische **Parlament** aus eigener Initiative durch **Verordnungen** nach Stellungnahme der Kommission und nach Zustimmung des Rates die Regelungen und allgemeinen Bedingungen für die Aufgaben des Bürgerbeauftragten fest, das Bürgerbeauftragten-Statut.[12]

10 Die **Hauptaufgabe** des Bürgerbeauftragten folgt aus Art. 228 Abs. 1 UAbs. 1 Satz 2 AEUV: Er **untersucht** die nach Satz 1 eingereichten Beschwerde und erstattet darüber **Bericht** (s. unten Rn. 12 ff. [19 f.]). Diese Berichtspflicht wird durch Unterabsatz 3 abstrahiert in die Pflicht, dem Parlament jährlich einen (Tätigkeits-) Bericht über die Ergebnisse seiner Untersuchungen vorzulegen. In diesen **Jahresbericht** gehen auch die eigenen oder von Mitgliedern des Parlaments angestoßenen Untersuchungen nach Unterabsatz 2 in. Die Aufgaben des Bürgerbeauftragten machen also nicht vor den Einzelfällen aus Art. 228 Abs. 1 UAbs. 1 Satz 1 AEUV halt. Er ist vielmehr berechtigt und auf Grundlage von Beschwerden durch MdEP auch verpflichtet, möglicherweise allgemeinere Themen zu untersuchen. **Ausgeschlossen** sind nach Art. 228 Abs. 1 UAbs. 2 Satz 1 a. E. AEUV Sachverhalte, die Gegenstand eines **Gerichtsverfahrens** sind oder waren.

---

tungen der Gemeinschaft und zum freien Datenverkehr, ABl. 2001, L 8/1). Interaktive Beschwerdeerhebung unter https://secure.edps.europa.eu/EDPSWEB/edps/Supervision/Complaints (15. 3. 2016). Zur Zusammenarbeit beider Institutionen s. die »Gemeinsame Absichtserklärung« des Bürger- und des Datenschutzbeauftragten v. 30. 11. 2006, ABl. 2007, C 27/21.

[11] Fast gleich lautend Art. 7 Abs. 2 des Bürgerbeauftragten-Statuts (Beschluss des EP über die Regelungen und allgemeinen Bedingungen für die Ausübung der Aufgaben des Bürgerbeauftragten v. 9. 3. 1994, ABl. 1994, L 113/15, geändert durch Beschlüsse v. 14. 3. 2002, ABl. 2002, L 92/13, und v. 18. 6. 2008, ABl. 2008, L 189/25).

[12] S. oben Fn. 11.

Hat der Bürgerbeauftragte bei seiner Untersuchung einen **Missstand** festgestellt, so **11**
befasst er das betreffende **Organ**, die betreffende Einrichtung oder sonstige Stelle
(Art. 228 Abs. 1 UAbs. 2 Satz 2 AEUV). Die vom Bürgerbeauftragten Befassten haben
dann eine Frist von **drei Monaten** zur **Stellungnahme**. Im Anschluss an diesen Bericht
legt der Bürgerbeauftragte dem **Parlament** und dem von ihm Befassten seinen **Bericht**
vor (Art. 228 Abs. 1 UAbs. 2 Satz 3 AEUV). Außerdem wird der **Beschwerdeführer**
über das **Ergebnis** seiner Untersuchung informiert (Art. 228 Abs. 1 UAbs. 2 Satz 4
AEUV).

III. Grundrecht

Da es sich beim Recht auf Beschwerde an einen Bürgerbeauftragten um ein echtes **12**
Grundrecht handelt, ist grundsätzlich die dreistufige **Prüfung** vorzunehmen.[13] Da dieses
Grundrecht zwar einen Schutzbereich aufweist und eine Rechtsfolge zeitigt, ist von den
Begriffen des Eingriffs und der Rechtfertigung indes abzusehen: Es geht vielmehr um die
(subjektive) Beschwerdefähigkeit, die mögliche Beschwerdebefugnis, den Beschwer-
degegenstand, den Beschwerdeadressaten und das Beschwerdeverfahren:[14]

1. Beschwerdefähigkeit

Die Beschwerdefähigkeit setzt nach Art. 228 Abs. 1 UAbs. 1 Satz 1 AEUV voraus, dass **13**
es sich um einen **Unionsbürger** handelt oder um eine **natürliche oder juristische Person**
mit **Wohnort** oder **satzungsmäßigem Sitz** in einem **Mitgliedstaat**. Wie beim Petitionsrecht[15] bleibt bei einer teilrechtsfähigen Struktur nur der Rückgriff auf die hinter der
nicht-juristischen Person stehenden natürlichen Personen, die entweder Unionsbürger
und jederzeit beschwerdefähig sind oder Ausländer, die nur bei einem Wohnort in einem Mitgliedstaat eine Beschwerde beim Bürgerbeauftragten einlegen können.[16]

Auch wenn Art. 228 AEUV – anders als das Petitionsrecht in Art. 227 AEUV (s. oben **14**
Art. 227 AEUV, Rn. 7) – Massen- oder **Sammel-Beschwerden** nicht vorsieht, ist eine
solche Bündelung auch bei der Beschwerde zum Bürgerbeauftragten zulässig.[17]

2. Beschwerdebefugnis

Eine Beschwerdebefugnis ist **nicht erforderlich**. Es reicht aus, dass der Unionsbürger **15**
oder die Person auf einen Missstand hinweist, der eine Untersuchung seitens des Bürgerbeauftragten erforderlich macht. Eine konkrete Berührung durch den Sachverhalt ist
jedenfalls nicht erforderlich.[18]

3. Beschwerdegegenstand

Dieser **Missstand** ist der Beschwerdegegenstand. Dieser Begriff geht über die bloße **16**
Rechtswidrigkeit eines Verhaltens hinaus. Gerügt werden können zwar Verstöße gegen

---

[13] So etwa *Gaitanides*, in: Heselhaus/Nowak, Handbuch der Europäischen Grundrechte, § 50,
Rn. 15 ff., 40 f., 42.

[14] S. *Rengeling/Szczekalla*, Grundrechte, § 39,. Rn. 1116 ff.

[15] S. Art. 227 AEUV, Rn. 6.

[16] Zur Zulässigkeit von Beschwerden öffentlich-rechtlicher Personen, etwa der Gemeinden, mit
Ausnahme der Mitgliedstaaten selbst s. *Krings*, in: Tettinger/Stern, EuGRCh, Art. 43 GRC, Rn. 12.

[17] Vgl. *Gaitanides*, in: Heselhaus/Nowak, Handbuch der Europäischen Grundrechte, § 50, Rn. 26.

[18] S. *Jarass*, GRCh, Art. 43 GRC, Rn. 6.

Grundrechte, (allgemeine) **Rechtsgrundsätze** oder **Rechtsvorschriften**. Darüber hinaus geht es auch um die Verletzung der **Grundsätze einer guten Verwaltungspraxis**.[19] Der Bürgerbeauftragte selbst hat den Begriff »gute Verwaltungspraxis« und seine Abgrenzung von der »Rechtswidrigkeit« beschrieben als das **vorausschauende Suchen nach alternativen Lösungen**, die ebenfalls rechtmäßig, aber **bürgerorientierter** sind.[20]

17   Es geht um mögliche **Vorfälle in der Verwaltungstätigkeit** von Institutionen, nicht um das Verhalten einzelner Bediensteter. Das Verfahren stellt auch keine disziplinarische oder vordisziplinarische Untersuchung dar. Es unterscheidet sich von beamtenrechtlichen Reaktionen jeglicher Art. Vorbild der Grundsätze guter Verwaltungspraxis ist auch das Recht auf eine gute Verwaltung aus Art. 41 der GR-Charta.

4. Beschwerdeadressat

18   Beschwerdeadressat ist der Europäische Bürgerbeauftragte. Auch hier gibt es nach wie vor Fehladressierungen, welche durch Weiterleitung an ihn behoben werden können (s. zum Petitionsrecht oben Art. 227, Rn. 12). Dies betrifft auch die mitgliedstaatliche Verwaltung.

5. Beschwerdeverfahren, Beschwerdeformfreiheit und Beschwerdefrist

19   Das Beschwerdeverfahren ist teilweise in Art. 228 AEUV niedergelegt. Der Bürgerbeauftragte ist nach Unterabsatz 1 Satz 2 gehalten, die Beschwerde zu **untersuchen** und darüber **Bericht** zu erstatten. Hat der Bürgerbeauftragte gemäß Art. 228 Abs. 1 UAbs. 2 Satz 2 AEUV einen Missstand festgestellt, so befasst er das Organ oder die sonstige Stelle. Innerhalb von einer Frist von drei Monaten kann das Organ oder die sonstige Stelle ihre Stellungnahme übermitteln. Der Bürgerbeauftragte legt anschließend dem Parlament und dem Organ oder der sonstigen Stelle einen Bericht vor (Art. 228 Abs. 1 UAbs. 2 Satz 3 AEUV). Über das Ergebnis dieser Untersuchungen wird der Beschwerdeführer unterrichtet (Art. 228 Abs. 1 UAbs. 2 Satz 4 AEUV).

20   Eine **bestimmte Form** ist für die Einleitung einer Beschwerde **nicht** vorgesehen. Allerdings gibt es eine Internet-Anwendung mit Vorauswahlantworten und der Möglichkeit, direkt oder per **E-Mail** eine Beschwerde einzulegen.[21]

21   Auch wenn eine **Beschwerdefrist** nicht im Primärrecht vorgegeben ist, liegen dem Bürgerbeauftragten bei der täglichen Arbeit möglichst aktuelle Fälle. Aus diesem Grund sieht Art. 2 Abs. 4 Satz 1 des Bürgerbeauftragten-Statuts eine Frist von **zwei Jahren** vor.[22] Zwar kann der Bürgerbeauftragte die Beschwerde deshalb für unzulässig erklären. Er kann indes aus eigener Befugnis die verfristete Beschwerde auch weiter untersuchen. Da das Statut nur Sekundärrecht darstellt, ist diese Fristsetzung vor dem Hintergrund von Art. 43 GRC[23] und Art. 228 Abs. 1 UAbs. 1 Satz 1 AEUV unzulässig.[24]

---

[19] Vgl. den »Europäischer Kodex für gute Verwaltungspraxis« (März 2002 – aktuelle Fassung aus 2015 unter http://www.ombudsman.europa.eu (2. 2. 2017). S. auch *Hölscheidt*, in: Grabitz/Hilf/Nettesheim, EU, Art. 228 AEUV(August 2011), Rn. 14.

[20] Leitfaden für Beschwerden beim Europäischen Bürgerbeauftragten, 2011, S. 9 f. (im Internet u. a. unter http://www.ombudsman.europa.eu [15. 3. 2016]).

[21] S. den »interaktiven Leitfaden« unter http://www.ombudsman.europa.eu/atyourservice/interactiveguide.faces (15. 3. 2016).

[22] S. oben Fn. 11.

[23] S. *Jarass*, GRCh, Art. 43 GRC, Rn. 4.

[24] Anders *Jarass*, GRCh, Art. 43, Rn. 11; *Magiera*, in: Meyer, GRCh, Art. 43 GRC, Rn. 13; *Schoo*, in: Schwarze, EU-Kommentar, Art. 228 EUV, Rn. 16. Wie hier *Heselhaus*, Art. 43 GRC, Rn. 20;

Gleiches dürfte für die Anforderung aus Satz 2 des Art. 2 Abs. 4 gelten, nämlich der **vorherigen** geeigneten **administrativen Schritte** bei dem betroffenen Organ oder der betroffenen Institution. Ein solches Subsidiaritätsprinzip kann dem Vertrag einschließlich der Grundrechtecharta nicht entnommen werden.

6. Rechtsschutz

Ein **Rechtsschutz** gegen Entscheidungen des Bürgerbeauftragten kommt nur ausnahmsweise in Betracht.[25] Denn die Anrufung des Bürgerbeauftragten stellt eine von dieser unabhängige **Alternative** zur Klageerhebung beim Unionsrichter dar.[26] Insbesondere kann gegen eine **behauptete Vertragsverletzung** eines Mitgliedstaats keine zulässige Klage gegen den Bürgerbeauftragten erhoben werden, weil er nicht eingeschritten ist.[27] Denn für eine Klage nach Art. 258 AEUV besteht ein Ermessen der Kommission.

Zulässig ist allerdings eine **Amtshaftungsklage** nach Art. 268 AEUV.[28] Eine solche Klage setzt indes voraus, dass ein hinreichend qualifizierter Verstoß des Bürgerbeauftragten angesichts der Besonderheiten seiner Funktionen vorliegt.[29] Denn der Bürgerbeauftragte verfügt über ein weites Ermessen.[30]

C. Bewertung

Der Europäische Bürgerbeauftragte hat in der Zeit seit seiner Einführung im Jahr 1995 mit seinen bislang drei Amtsinhabern gute Dienste geleistet. Manches Mal hat er neue Akzente im Kampf gegen bislang akzeptierte Gemeinschafts- bzw. Unionspraktiken gesetzt, etwa bei den (europäischen) Altersgrenzen.[31] Wenn man der Institution Vorwürfe machen kann, dann liegen sie eher in seiner **begrenzten Zuständigkeit**, insbesondere was mitgliedstaatliche Verwaltungen betrifft.[32] Diese Begrenzung wird indes durch das weiter gehende Petitionsrecht (s. oben Art. 227 AEUV) ausgeglichen.

Krings, in: Tettinger/Stern, EuGRCh, Art. 43 GRC, Rn. 21; *Rengeling/Szczekalla*, Grundrechte, § 39, Rn. 1122.

[25] EuGH, Beschl. v. 6. 6. 2013, Rs. C–535/12 P (Faet Oltra/Bürgerbeauftragter), ECLI:EU:C:2013: 373, Rn. 15 ff.; EuG, Beschl. v. 22. 5. 2000, Rs. T–103/99 (Associazione delle Cantine Sociali Venete/Bürgerbeauftragter und EP), Slg. 2000, II–4165, Rn. 41 ff.; Beschl. v. 11. 7. 2008, Rs. T–168/08 AJ (Meister/Kommission und Bürgerbeauftragter) nicht veröffentlicht.

[26] So ausdrücklich EuG, Urt. v. 10. 4. 2002, Rs. T–209/09 (Lamberts/Bürgerbeauftragter), Slg. 2002, II–2203, Rn. 65.

[27] EuGH, Beschl. v. 25. 6. 2009, Rs. C–580/08 P (Srinivasan/Bürgerbeauftragter), Slg. 2009, I–110, Rn. 13 ff.

[28] S. EuG, Urt. v. 10. 4. 2002, Rs. T–209/09 (Lamberts/Bürgerbeauftragter), Slg. 2002, II–2203, Rn. 48; EuGH, Urt. v. 22. 3. 2004, Rs. C–234/02 P (Lamberts/Bürgerbeauftragter), Slg. 2004, I–2803, Rn. 44 ff.

[29] EuG, Urt. v. 24. 9. 2008, Rs. T–412/05 (M/Bürgerbeauftragter), Slg. 2008, II–197, Rn. 101 ff.

[30] S. EuGH, Urt. v. 22. 3. 2004, Rs. C–234/02 P (Lamberts/Bürgerbeauftragter), Slg. 2004, I–2803, Rn. 50.

[31] Vgl. *Rengeling/Szczekalla*, Grundrechte, § 39, Rn. 1114 f.

[32] So etwa *Gaitanides*, in: Heselhaus/Nowak, Handbuch der Europäischen Grundrechte, § 50, Rn. 46.

Artikel 229 AEUV [Ordentliche und außerordentliche Sitzungsperiode]

[1]Das Europäische Parlament hält jährlich eine Sitzungsperiode ab. [2]Es tritt, ohne dass es einer Einberufung bedarf, am zweiten Dienstag des Monats März zusammen.

Das Europäische Parlament kann auf Antrag der Mehrheit seiner Mitglieder sowie auf Antrag des Rates oder der Kommission zu einer außerordentlichen Sitzungsperiode zusammentreten.

Literaturübersicht

Rutschmann, Sitzbeschwerden in Europa, EuR 1999, 664.

Leitentscheidungen

EuGH, Urt. v. 1.10.1997, Rs. C–345/95 (Frankreich/EP), Slg. 1995, I–5235
EuGH, Urt. v. 13.12.2012, verb. Rs. C–237/11 u. C–238/11 (Frankreich/EP), ECLI:EU:C:2012:796

Wesentliche sekundärrechtliche Vorschriften

Titel VII. Sitzungsperioden. Art. 145 ff. der Geschäftsordnung des Europäischen Parlaments vom 1.3.2011, ABl. 2011, L 116/1 (zuletzt geändert durch Beschl. v. 16.1.2013, ABl. 2013, C 440/116, http://www.europarl.europa.eu [8. Wahlperiode – September 2015])

Inhaltsübersicht

A. Allgemeines

1 Art. 229 AEUV regelt die ordentliche und die außerordentliche Sitzungsperiode. Nach Art. 145 Abs. 2 GO-EP ist die **Sitzungsperiode** die jährliche Periode, wie sie sich aus dem Direktwahlakt[1] und aus den Verträgen ergibt.

B. Regelungen

I. Ordentliche Sitzungsperiode

2 Art. 229 Abs. 1 AEUV betrifft die **ordentliche Sitzungsperiode**. Sitzungsperiode ist der Zeitraum, in dem Sitzungen zulässigerweise stattfinden können.[2] Nach Art. 145 Abs. 2 GO-EP wird deren Dauer auf **jährlich** festgelegt.

---

[1] Beschluss 76/787/EGKS, EWG, Euratom der im Rat vereinigten Vertreter der Mitgliedstaaten über den Akt und der Akt zur Einführung allgemeiner unmittelbarer Wahlen der Abgeordneten der Versammlung vom 20.9.1976, ABl. 1976, L 278/1 (geändert durch Beschluss 93/81/Euratom, EGKS, EWG des Rates v. 1.2.1993, ABl. 1993, L 33/15, und Beschluss 2002/772/EG, Euratom des Rates v. 25.6.2002, ABl. 2002, L 283/1).

[2] S. *Kluth*, in: Calliess/Ruffert, EUV/AEUV, Art. 229 AEUV, Rn. 1.

Innerhalb dieser jährlichen Periode finden die einzelnen **Sitzungen** statt. Bei diesen 3
Sitzungen kann man zwischen Zeiten effektiver Plenarsitzung, der sog. **Tagung** und
einzelnen Tagen der Sitzung, den sog. **Sitzungstagen**, unterscheiden.[3]

An die Sitzungsperiode knüpfen andere Vorschriften mit ihren Rechtsfolgen an. Das 4
gilt beispielsweise für die **Immunität** der Abgeordneten.[4] Danach befindet sich das EP in
einer Sitzungsperiode, selbst wenn es tatsächlich nicht tagt.

II. Außerordentliche Sitzungsperiode

Art. 229 Abs. 2 AEUV sieht darüber hinaus **außerordentliche Sitzungsperioden** vor. 5
Diese Perioden können auf Antrag der Mehrheit seiner Mitglieder sowie auf Antrag des
Rates oder der Kommission stattfinden. Eine solche außerordentliche Periode ist indes
praktisch nicht vorstellbar.[5] Denn das EP hält jährlich zwölf Tagungen ab (mit Ausnahme des August regelmäßig jeden Monat).

III. Sitzbeschwerden

Eines der Probleme des Europäischen Parlaments sind seine wechselnden **Arbeitsorte** (s. 6
oben Art. 14 EUV, Rn. 69). Das EP hat mehrfach in den letzten Jahren versucht, dieses
Problem in den Griff zu bekommen, zuletzt betreffend den Kalender der Plenartagungen des Europäischen Parlaments für die Jahre 2012 und 2013. In Buchstabe a des
Protokolls Nr. 6 zum AEUV über die Festlegung der Sitze der Organe und bestimmter
Einrichtungen, sonstiger Stellen und Dienststellen der Europäischen Union ist geregelt,
dass das EP seinen **Sitz in Straßburg** hat. Dort finden die zwölf monatlichen Plenartagungen einschließlich der Haushaltstagung statt. (Nur) **Zusätzliche Plenartagungen** können in **Brüssel** stattfinden. Die **Ausschüsse** des EP treten außerdem in Brüssel zusammen. Das **Generalsekretariat** des EP und dessen Dienststellen verbleiben in **Luxemburg**.

Das EP hat zuletzt versucht, **zwei Plenartagungen** des Monats Oktober **in ein und** 7
derselben Woche stattfinden zu lassen. Der EuGH hat dieses Unterfangen indes zurückgewiesen:[6] Zunächst war die Nichtigkeitsklage Frankreichs nicht schon deshalb unzulässig, weil sie einen nach Art. 263 AEUV unanfechtbaren Akt der internen Organisation darstellte.[7] Unter Hinweis auf ein fünfzehn Jahre älteres Urteil[8] hält der Gerichtshof
die Praxis des EP für **rechtswidrig**. Selbst wenn die **Pluralität** seiner **Arbeitsorte** tatsächlich die vom Parlament geschilderten Nachteile und Kosten verursachen sollte, könne es
weder Sache des Parlaments noch des EuGH sein, insoweit Abhilfe zu schaffen. Vielmehr ist es gegebenenfalls **Sache der Mitgliedstaaten** in Ausübung ihrer Zuständigkeit,
den Sitz der Organe festzulegen.[9]

---

[3] Vgl. *Kluth*, in: Calliess/Ruffert, EUV/AEUV, Art. 229 AEUV, Rn. 1.

[4] EuGH, Urt. v. 10.7.1986, Rs. 149/85 (Wybot/Faure), Slg. 1986, 2391, Rn. 13 ff.

[5] S. *Schoo*, in: Schwarze, EU-Kommentar, Art. 229 AEUV, Rn. 2; *Huber*, in: Streinz, EUV/AEUV,
Art. 229 AEUV, Rn. 4; *Hölscheidt*, in: Grabitz/Hilf/Nettesheim, EU, Art. 229 AEUV (August 2011),
Rn. 9.

[6] EuGH, Urt. v. 13.12.2012, verb. Rs. C–237/11 u. C–238/11 (Frankreich/EP), ECLI:EU:C:2012:
796, Rn. 20, 36 (48 ff.).

[7] EuGH, Urt. v. 13.12.2012, verb. Rs. C–237/11 u. C–238/11 (Frankreich/EP), Rn. 20, 41, 60.

[8] EuGH, Urt. v. 1.10.1997, Rs. C–345/95 (Frankreich/EP), Slg. 1995, I–5235 Rn. 24 ff. Dies Urt.
bespricht *Rutschmann*, EuR 1999, 664.

[9] EuGH, Urt. v. 13.12.2012, verb. Rs. C–237/11 u. C–238/11 (Frankreich/EP), Rn. 70.

C. Bewertung

8   Die Problematik der sog. **Sitzbeschwerden** hat zu einer Belastung des Europäischen Parlaments geführt bzw. seine Entlastung vermieden. Solange aber die Mitgliedstaaten von ihrem Protokoll Nr. 6 zum AEUV nicht abweichen, lässt sich dieses Problem der Vielfalt der Arbeitsorte nicht allein durch die Sitzungskalender des EP ändern.

Artikel 230 AEUV [Anhörungsrecht von Kommission; Rat und Europäischem Rat]

Die Kommission kann an allen Sitzungen des Europäischen Parlaments teilnehmen und wird auf ihren Antrag gehört.

Die Kommission antwortet mündlich oder schriftlich auf die ihr vom Europäischen Parlament oder von dessen Mitgliedern gestellten Fragen.

Der Europäische Rat und der Rat werden vom Europäischen Parlament nach Maßgabe der Geschäftsordnung des Europäischen Rates und der Geschäftsordnung des Rates gehört.

Literaturübersicht

Frenz, Europäisches Parlament, VR 2011, 193; *U. Seibold*, Die Kontrolle der Europäischen Kommission durch das Europäische Parlament, 2004; s. im Übrigen die vorigen Hinweise, insbesondere bei Art. 14 EUV.

Leitentscheidung

EuGH, Urt. v. 17.9.2013, Rs. C–77/11 (Rat/EP), ECLI:EU:C:2013:559

Wesentliche sekundärrechtliche Vorschriften

Titel V. Beziehungen zu den anderen Organen, Einrichtungen und sonstigen Stellen. Art. 117 ff., 128 ff. der Geschäftsordnung des Europäischen Parlaments vom 1.3.2011, ABl. 2011, L 116/1 (zuletzt geändert durch Beschl. v. 16.1.2013, ABl. 2013, C 440/116, http://www.europarl.europa.eu [8. Wahlperiode – September 2015])

Inhaltsübersicht

A. Allgemeines

Art. 230 AEUV betrifft Regelungen des Verhältnisses zwischen Europäischem Parlament und **Kommission** (Abs. 1 und 2) sowie zum **Europäischen Rat** und zum **Rat** (Abs. 3).[1] Die nähere Ausgestaltung dieser Beziehungen erfolgt durch interinstitutionelle Vereinbarungen nach Art. 295 AEUV[2] und durch Art. 117 ff. GO-EP. Art. 230 AEUV betrifft nur **Plenarsitzungen**. Bei Ausschusssitzungen werden indes ähnliche Regelungen angewendet (s. Art. 206 Abs. 2 GO-EP).[3]   1

---

[1] S. *Kluth*, in: Calliess/Ruffert, EUV/AEUV, Art. 230 AEUV, Rn. 1.

[2] Vgl. *Schoo*, in: Schwarze, EU-Kommentar, Art. 230 AEUV, Rn. 2 f., 5 ff.

[3] S. *Schoo*, in: Schwarze, EU- Kommentar, Art. 230 AEUV, Rn. 4.

2   Die Aufnahme des **Europäischen Rates** in Art. 230 Abs. 3 AEUV resultiert aus seiner Organstellung im Unionsrecht (Art. 13 Abs. 1 EUV). Die Anfragen oder Empfehlungen des EP an den **Hohen Vertreter der Union** und den **Rat** sind in Art. 36 EUV geregelt.[4]

3   Art. 324 AEUV betrifft besondere Konsultationen der am **Haushaltsverfahren** beteiligten Organe auf Initiative der Kommission. Diese Konsultationen ändern aber nichts an der Befugnis des Präsidenten des EP, nach Art. 314 Abs. 9 AEUV festzustellen, dass der Haushaltsplan endgültig erlassen ist. Dies verstößt insbesondere nicht gegen den Grundsatz des institutionellen Gleichgewichts, den Grundsatz der Zuweisung der Befugnisse, die Pflicht zur loyalen Zusammenarbeit oder die Einhaltung wesentlicher Formvorschriften.[5]

B.   Regelungen

I.   Anhörungsrecht der Kommission

4   Die Kommission kann **an allen Sitzungen** des Europäischen Parlaments teilnehmen und wird auf ihren Antrag gehört. Dieses Recht aus Art. 230 Abs. 1 AEUV wird in Absatz 2 näher ausformuliert: Danach antwortet die Kommission mündlich oder schriftlich auf die ihr vom Europäischen Parlament oder von dessen Mitgliedern gestellten **Fragen**.

1.   Teilnahme und Anhörung

5   Es gibt ein vertragliches und unbedingtes **Teilnahmerecht** der Kommission an allen Sitzungen des Parlaments. Ergänzt wird dieses Recht durch **Anhörung** auf Antrag. Damit ist schon vertraglich das **Konzept des wechselseitigen Miteinanders** von EP und Kommission beschrieben.[6] In diesem Konzept sind Störungen jedenfalls nicht normal. Am Ende einer solchen Störung könnte jedenfalls ein Misstrauensantrag nach Art. 234 AEUV stehen.

2.   Mündliche und schriftliche Antworten

6   Das Europäische Parlament kann als solches oder durch seine Mitglieder **Fragen** an die Kommission stellen. Diese Fragen werden **mündlich oder schriftlich beantwortet.** Es gab einmal Zeiten, in denen manche Fragen von MdEP eher zur Belustigung dienten denn der politischen Arbeit.[7] Dagegen ist inzwischen grundsätzlich mehr Sacharbeit bei Anfragen (und Antworten darauf) eingetreten.[8] Denn grundsätzlich gilt nach wie vor, dass mit diesen Fragen **»weiche« parlamentarische (Kontroll-) Funktionen** wahrgenommen werden, deren Rolle im Zusammenhang mit dem viel beschworenen, angeblichen

---

[4] Vgl. *Schoo*, in: Schwarze, EU- Kommentar, Art. 230 AEUV, Rn. 1.

[5] S. EuGH, Urt. v. 17.9.2013, Rs. C–77/11 (Rat/EP), ECLI:EU:C:2013:559, Rn. 46 ff.

[6] Deshalb wird hier auch nicht von »Interpellations- und Zitierrecht« gesprochen wie bei *Huber*, in: Streinz, EUV/AEUV, Art. 230 AEUV, Rn. 5 ff. (8 ff.).

[7] Beispiele bei *Szczekalla*, Die sogenannten grundrechtlichen Schutzpflichten im deutschen und europäischen Recht, 2002, S. 91 (etwa über 100 Anfragen im Jahr, davon 46 an einem Tag, oder Fragen über das Anschwemmverhalten von Schuhen an der schottischen bzw. niederländerischen Küste etc.).

[8] S. unten Rn. 8.

Demokratiedefizit der Union zu sehen ist (s. auch oben Art. 14 EUV, Rn. 3, 9, 16 ff., u. a. zum EP als Kontrollparlament).[9]

II. Rat und Europäischer Rat

Der **Europäische Rat** und der **Rat** vom EP nach Maßgabe der **Geschäftsordnungen** beider **7**
Organe gehört. Insbesondere Art. 26 der Geschäftsordnung des Rates[10] spielt hier eine Rolle, geht es dort doch um die Vertretung des Rates vor dem EP. Diese **Vertretung** übernimmt der **Vorsitz** oder mit Zustimmung des Vorsitzes ein Mitglied der zuvor festgelegten Gruppe von drei Mitgliedstaaten im Sinne des Art. 1 Abs. 4, der nächste Vorsitz oder der Generalsekretär. Daneben spielt Art. 5 der Geschäftsordnung des Europäischen Rates mit der Vertretung vor dem EP eine Rolle.[11] **Vertretungsberechtigt** ist der **Präsident** des Europäischen Rates.

III. Einzelheiten

Einzelheiten zum Fragerecht der Parlamentarier sind in den Art. 128 ff. der GO-EP **8**
geregelt: Nach Art. 128 Abs. 2 GO-EP sind **Anfragen** an die Kommission mindestens eine Woche, Anfragen an den Rat mindestens drei Wochen vor der Sitzung, auf deren Tagesordnung sie stehen sollen, dem Organ zu übermitteln. Gemäß Art. 128 Abs. 4 GO-EP stehen dem frage stellenden MdEP zur Erläuterung fünf Minuten **Redezeit** zur Verfügung. Der Verfasser der Anfrage hat das Recht, die gesamte Dauer der angegebenen Redezeit zu nutzen. Ein Mitglied des befragten Organs beantwortet die Anfrage.

Art. 129 GO-EP beschäftigt sich mit **Fragestunden** des Europäischen Parlaments. **9**
Nach Absatz 2 kann jedes Mitglied während einer Tagung nur eine Anfrage an die Kommission richten. Gemäß Art. 129 Abs. 3 GO-EP sind die Anfragen **schriftlich** beim **Präsidenten** einzureichen, der über **Zulässigkeit und Reihenfolge** ihrer Behandlung entscheidet. Diese Entscheidung ist dem frage stellenden Mitglied unverzüglich mitzuteilen. Einzelheiten regeln **Leitlinien** in einer Anlage zur Geschäftsordnung (Art. 129 Abs. 4 GO-EP in Verbindung mit Anlage II). Nach dieser Anlage sind unter anderem **eine Zusatzfrage** zulässig (Nr. 2 Anlage II). Die Fragen müssen überdies kurz gefasst und so formuliert sein, dass sie eine kurze Beantwortung ermöglichen (Nr. 1 Anlage II). Bei einer sinnvollen Anwendung dieser Anlage kann jedenfalls heute nicht mehr wie früher verfahren werden, als Anfragen manchmal eher belustigend erschienen.[12]

Anfragen zur schriftlichen Beantwortung sind Gegenstand von Art. 130 f. GO-EP. **10**
Nach Art. 130 Abs. 1 Satz 1 GO-EP kann jeder MdEP gemäß den in der Anlage III der Geschäftsordnung festgelegten **Leitlinien** an den Präsidenten des Europäischen Rates, den Rat, die Kommission oder die Vizepräsidentin der Kommission/Hohe Vertreterin der Union für Außen- und Sicherheitspolitik Anfragen zur schriftlichen Beantwortung richten. Vorsichtshalber fügt Satz 2 die rechtspolitische Bemerkung an, dass der Inhalt der Anfragen in der alleinigen **Verantwortung der Fragesteller** liegt. **Rechtlich** sind solche Fragen natürlich immer durch die **Immunität** der Abgeordneten (Art. 8 des Proto-

---

[9] So *Szczekalla* (Fn. 7). Krit. unter Überbetonung der legislatorischen Befugnisse *Beutel*, NJ 2014, 282 (285 f.).
[10] GO-Rat v. 1. 12. 2009, ABl. 2009, L 325/35 (ber. ABl. 2010, L 55/83), zuletzt geändert durch Art. 1 ÄndB 2013/746/EU v. 10. 12. 2013, ABl. 2013, L 333/77.
[11] GO-Eur. Rat v. 1. 12. 2009, ABl. 2009, L 315/51.
[12] S. oben Fn. 7.

kolls [Nr. 7] über die Vorrechte und Befreiungen der Europäischen Union[13]) geschützt. Dies gilt erst Recht angesichts des Umstands, dass Zweifel an der Zulässigkeit einer Anfrage vom Präsidenten entschieden werden (Art. 130 Abs. 2 Satz 2 GO-EP), der seine Entscheidung dem frage stellenden Mitglied mitteilt (Satz 3). »**Anfragen mit Vorrang**« sind nach Art. 130 Abs. 5 UAbs. 1 GO-EP solche Anfragen, die eine umgehende Beantwortung, aber keine eingehenden Nachforschungen erfordern. Sie müssen innerhalb von drei Wochen nach Übermittlung an die Adressaten beantwortet werden. Jeder MdEP kann eine solche Anfrage mit Vorrang nur einmal im Monat stellen (Satz 2). Sonstige Fragen (ohne Vorrang) müssen innerhalb von sechs Wochen nach Übermittlung beantwortet werden. Obwohl die MdEP angeben, um welche Art von Anfrage es sich handelt, trifft die endgültige Entscheidung der Präsident des EP (Art. 130 Abs. 2 GO-EP). Nach der Vorgängerfassung des Art. 117 Absatz 5 wurden Anfragen und Antworten im **Amtsblatt** der EU veröffentlicht. Dieses **Publizitätsgebot** konnte wiederum als Ausdruck des Demokratieprinzips verstanden werden. Es entspricht einem **Öffentlichkeitsgrundsatz**,[14] welcher teilweise auch als Ausfluss einer eigenständigen Öffentlichkeitsfunktion des europäischen Parlamentsrechts angesehen wird (s. oben Art. 14 EUV, Rn. 18).[15] Mit der jetzt vorgesehenen Veröffentlichung auf der **Heimatseite des EP** nach Art. 130 Abs. 6 GO-EP ist diesem Ziel aber auch (noch) gedient. Art. 131 GO-EP beschäftigt sich mit Anfragen an die **Europäische Zentralbank** zur schriftlichen Beantwortung. Das Anhörungsrecht der EZB vor den Ausschüssen des EP regelt im Übrigen Art. 284 Abs. 3 UAbs. 2 AEUV.[16]

C. Bewertung

11 Die **Zusammenarbeit** von Parlament und Kommission, Rat und Europäischem Rat wird durch Art. 230 AEUV und durch die Geschäftsordnungen ausführlich geregelt. Die Anfragen der MdEP, früher häufiger ein Grund zur Belustigung,[17] sind inzwischen deutlich sachlicher geworden. Der Zusammenarbeit ist damit sehr gedient worden. Die **Kompetenzen des Präsidenten des EP,** etwa bei der Auswahl von Fragen oder der Zurückweisung,[18] muss man deshalb wohl hinnehmen.

---

[13] ABl. 2012, C 326/266, eine Neufassung des Protokolls über die Vorrechte und Befreiungen der Europäischen Gemeinschaften als Anhang des Fusionsvertrages v. 8.4.1965, ABl. 1967, Nr. 152/2. S. oben Art. 223 AEUV, Rn. 19 f.
[14] S. *Hölscheidt*, in: Grabitz/Hilf/Nettesheim, EU, Art. 14 EUV(Juli 2010), Rn. 22, 37.
[15] Vgl. *Hölscheidt*, in: Grabitz/Hilf/Nettesheim, EU, Art. 232 AEUV(August 2011), Rn. 7.
[16] Vgl. *Hölscheidt*, in: Grabitz/Hilf/Nettesheim, EU, Art. 230 AEUV (August 2011), Rn. 5.
[17] S. oben, Text bei und Fn. 7 ff. (12).
[18] Vgl. oben, Rn. 9 f.

Artikel 231 AEUV [Abstimmung; Beschlussfähigkeit]

Soweit die Verträge nicht etwas anderes bestimmen, beschließt das Europäische Parlament mit der Mehrheit der abgegebenen Stimmen.
Die Geschäftsordnung legt die Beschlussfähigkeit fest.

Literaturübersicht

Bieber, Das Verfahrensrecht von Verfassungsorganen, 1992; *Frenz*, Europäisches Parlament, VR 2011, 193; s. im Übrigen die vorigen Hinweise, insbesondere bei Art. 14 EUV.

Wesentliche sekundärrechtliche Vorschriften

Art. 168 ff. der Geschäftsordnung des Europäischen Parlaments vom 1. 3. 2011, ABl. 2011, L 116/1 (zuletzt geändert durch Beschl. v. 16. 1. 2013, ABl. 2013, C 440/116, http://www.europarl.europa.eu [8. Wahlperiode – September 2015])

Inhaltsübersicht

A. Allgemeines

Art. 231 AEUV regelt die Beschlussfassung durch das Europäische Parlament. Sie geht **1** dabei von der **allgemeinen Mehrheitsregel** aus. Für jede Beschlussfassung reicht danach die »absolute« Mehrheit der abgegeben Stimmen aus.[1] Absolute Mehrheit bedeutet indes nicht »Mehrheit der Mitglieder« wie beispielsweise im deutschen Recht (Art. 121 GG mit seiner »Mehrheit ihrer gesetzlichen Mitgliederzahl«).[2] Die Änderung im Lissabonner Vertrag, welche die »absolute (…) Mehrheit« gestrichen hatte, ist also nur eine redaktionelle.[3]

Abweichungen von der allgemeinen Mehrheitsregel, also die **qualifizierte Mehrheit** **2** (Mehrheit der gesetzlichen Mitglieder) und die **doppelt qualifizierten Mehrheit** (zwei Drittel Mehrheit der abgegebenen Stimmen und Mehrheit der gesetzlichen Mitglieder) finden sich an zahlreichen Stellen des Vertrages, insbesondere bei Rechtsetzungsverfahren (s. unten Rn. 5 f.). Für den Selbstorganisationsbereich können sie auch in der Geschäftsordnung geregelt werden (Rn. 8).

---

[1] S. *Kluth*, in: Calliess/Ruffert, EUV/AEUV, Art. 231 AEUV, Rn. 1.
[2] Vgl. *Hölscheidt*, in: Grabitz/Hilf/Nettesheim, EU, Art. 231 AEUV (August 2011), Rn. 4.
[3] S. Art. 198 Abs. 1 EGV Nizza.

B. Regelungen

I. Abstimmung

1. Begriff der Mehrheit

3   Soweit die Verträge nichts anderes bestimmen, beschließt das Europäische Parlament gemäß Art. 231 Abs. 1 AEUV mit der **Mehrheit der abgegebenen Stimmen**. Diese allgemeine Mehrheit bedeutet die absolute Mehrheit der abgegebenen Stimmen.[4] Die Zahl der Ja-Stimmen muss die der Nein-Stimmen überwiegen. Nicht mitgezählt werden Stimmenthaltungen und ungültige Stimmen. Es spielt grundsätzlich keine Rolle, wie viele Abgeordnete bei der Abstimmung anwesend waren (zu Beschlussfähigkeit s. unten Rn. 9 f.).[5]

4   Die Abstimmung muss nach Art. 177 Abs. 2 GO-EP **einzeln** und **persönlich** erfolgen. Bei Verstößen sind Sanktionen nach Art. 166 GO-EP vorgesehen.[6] Regelmäßig wird gemäß Art. 178 Abs. 1 GO-EP per **Handzeichen** abgestimmt. Entscheidet der Präsident nach Art. 178 Abs. 2 GO-EP, dass das Ergebnis unklar ist, so wird elektronisch und im Falle einer Störung der Abstimmungsanlage durch Aufstehen oder Sitzen bleiben abgestimmt. Das Ergebnis wird gemäß Absatz 3 festgehalten. Eine **namentliche** Abstimmung ist nach Art. 180 GO-EP möglich, eine **geheime Abstimmung** (bei Ernennungen oder auf Antrag von 40 Mitgliedern) nach Art. 182 GO-EP.

2. Qualifizierte Mehrheit

5   Die **qualifizierte Mehrheit**, d. h. die Mehrheit der gesetzlichen Mitglieder, bedeutet bei einer Zahl von 751 Mitgliedern **376 Stimmen**. Diese Zahl stellt indes nur den abstrakten **Höchstwert** dar. Denn im Regelfall fehlen Abgeordnete, welche dem EP wegen eines **Mandatsverlusts** konkret nicht mehr angehören. Da das Nachbesetzungsverfahren eine Zeitlang dauert (s. oben Art. 223 AEUV, Rn. 25, 49), ist die Mitgliederzahl immer **konkret** zu ermitteln.[7]

6   Vorgesehen ist die **qualifizierte Mehrheit** durch die Art. 17 Abs. 7 UAbs. 2 Satz 2 EUV (Wahl des Kommissionspräsidenten), Art. 48 Abs. 7 UAbs. 4 EUV (Vertragsänderung) und Art. 49 Abs. 1 Satz 3 EUV (Beitritt zur Union), Art. 223 Abs. 1 UAbs. 2 Satz 1 AEUV (Einheitliches Wahlverfahren), Art. 225 Satz 1 AEUV (Indirektes Initiativrecht), Art. 229 Abs. 2 AEUV (Außerordentliche Sitzungsperiode), Art. 232 Abs. 1 AEUV (Geschäftsordnung), Art. 290 Abs. 2 AEUV (Delegation von Rechtsetzungsbefugnissen auf die Kommission), Art. 294 Abs. 7 Buchst. a und b, Abs. 13 AEUV (Standpunkt des Rates und Vorschläge zur Änderung des Standpunkts des Rates), Art. 312 Abs. 2 AEUV (Mehrjähriger Finanzrahmen), Art. 314 Abs. 4 Buchst. c AEUV (Abänderungen am Standpunkt des Rates zum Entwurf des Haushaltsplans), Art. 314 Abs. 7 Buchst. b und c AEUV (Ablehnung des gemeinsamen Entwurfs des Haushaltsplans) und Art. 315 Abs. 4 AEUV (Nothaushalt).

---

[4] *Schoo*, in: Schwarze, EU-Kommentar, Art. 231 AEUV, Rn. 2.
[5] *Hölscheidt*, in: Grabitz/Hilf/Nettesheim, EU, Art. 231 AEUV (August 2011), Rn. 5.
[6] *Huber*, in: Streinz, EUV/AEUV, Art. 231 AEUV, Rn. 2.
[7] *Hölscheidt*, in: Grabitz/Hilf/Nettesheim, EU, Art. 231 AEUV (August 2011), Rn. 11.

3. Doppelt qualifizierte Mehrheit

Die **doppelt qualifizierte Mehrheit** (grundsätzlich zwei Drittel Mehrheit der abgegebe-   **7**
nen Stimmen und Mehrheit der gesetzlichen Mitglieder) findet sich in den Art. 7 Abs. 5
(Verletzung fundamentaler Grundsätze durch einen Mitgliedstaat) i. V. m. Art. 354
AEUV (Stimmrechtsaussetzung) sowie in Art. 234 AEUV (Misstrauensvotum). In
Art. 314 Abs. 7 Buchst. d AEUV benötigt das EP neben der Mehrheit der gesetzlichen
Mitglieder eine Mehrheit von drei Fünfteln zur Bestätigung der Abänderungen am
Haushaltsplan nach Ablehnung des gemeinsamen Entwurfs durch den Rat.[8]

4. Selbstorganisationsrecht

Im Selbstorganisationsbereich sieht die **Geschäftsordnung** des Parlaments nach Art. 168   **8**
Abs. 1 vor, dass das Parlament ungeachtet der Zahl der Anwesenden jederzeit beraten,
die Tagesordnung festsetzen und das Sitzungsprotokoll genehmigen kann, jeweils mit
der Mehrheit der abgegebenen Stimmen, also mit der absoluten Mehrheit. Damit wird
die tägliche Arbeit des Parlaments vor Beschlussfähigkeits-Anträgen gesichert (s. sogleich Rn. 9 f.).[9] Unter anderem im Fall der Anordnung einer außerordentlichen Sitzung
des EP verlangt Art. 146 Abs. 4 GO-EP indes die qualifizierte Mehrheit, also die Mehrheit der Mitglieder des EP.

II. Beschlussfähigkeit

Nach Absatz 2 des Art. 231 AEUV legt die **Geschäftsordnung** des Parlaments die Be-   **9**
schlussfähigkeit fest. Gemäß Art. 168 Abs. 2 GO-EP ist das EP beschlussfähig, wenn ein
Drittel seiner Mitglieder im Plenarsaal anwesend ist, bei 751 MdEP also **251** Abgeordnete. Jede Abstimmung ist ungeachtet der Zahl der Abstimmenden gültig, sofern nicht
der Präsident in Verbindung mit der Abstimmung auf einen zuvor **von mindestens 40
Mitgliedern gestellten Antrag** hin feststellt, dass die Beschlussfähigkeit nicht gegeben ist
(Art. 168 Abs. 3 Satz 1 GO-EP). Zeigt diese Abstimmung dann, dass die Beschlussfähigkeit nicht gegeben ist, so wird die Abstimmung nach Satz 2 auf die Tagesordnung der
nächsten Sitzung gesetzt.

    Die **Auslegungsbestimmungen** im Sinne von Art. 226 GO-EP (s. unten Art. 232   **10**
AEUV, Rn. 5) sind insoweit aufschlussreich: Danach reicht etwa ein im Namen einer
Fraktion gestellter Antrag nicht, es müssen die 40 MdEP sein. Gibt es so viele nicht im
Plenarsaal, so kann der Präsident gemäß Art. 168 Abs. 5 GO-EP allein die Beschlussunfähigkeit feststellen. Die elektronische Abstimmungsanlage darf nicht verwendet werden. Das Schließen der Türen des Plenarsaals ist nicht statthaft. Nach Art. 168 Abs. 4
GO-EP werden die Mitglieder, welche die Feststellung der Beschlussfähigkeit beantragt
haben, bei der Ermittlung der Anwesenheit im Sinne von Absatz 2 auch dann hinzu-
gerechnet, wenn sie im Plenarsaal nicht mehr anwesend sind. Nach der Auslegungsbe-
stimmung müssen diese aber bei der Antragstellung selbst anwesend sein.

    Die Beschlussfähigkeit von **Ausschüssen** liegt gemäß Art. 208 Abs. 2 GO-EP dann   **11**
vor, wenn ein **Viertel** seiner Mitglieder tatsächlich anwesend ist. Falls jedoch ein **Sech-**

---

[8] S. die jeweiligen Aufzählungen bei *Bieber*, in: GSH, Europäisches Unionsrecht, Art. 231 AEUV,
Rn. 5 ff., *Hölscheidt*, in: Grabitz/Hilf/Nettesheim, EU, Art. 231 AEUV (August 2011), Rn. 8 f., *Huber*,
in: Streinz, EUV/AEUV, Art. 231 AEUV, Rn. 3 f., und *Schoo*, in: Schwarze, EU-Kommentar, Art. 231
AEUV, Rn. 4 f.
[9] So *Schoo*, in: Schwarze, EU-Kommentar, Art. 231 AEUV, Rn. 8.

stel der Mitglieder des Ausschusses vor Beginn einer Abstimmung einen entsprechenden **Antrag** stellt, ist die Abstimmung nur gültig, wenn an ihr die Mehrheit der Mitglieder des Ausschusses teilnimmt.

III. Wirksamkeit

12   Wirksam wird der Beschluss des Europäischen Parlaments mit der **Verkündung des Abstimmungsergebnisses durch den Präsidenten.**[10] Eine Amtsblatt-Veröffentlichung ist nicht erforderlich. Die Entscheidung des Präsidenten über die Gültigkeit des verkündeten Ergebnisses ist – gegebenenfalls nach Überprüfung der elektronischen Abstimmungsanlage nach Art. 184 Abs. 4 GO-EP – gemäß Art. 184 Abs. 5 GO-EP **unanfechtbar.**[11]

C.   Bewertung

13   Parlamentsrecht ist mitunter schwer verständlich. Das gilt für das europäische Abstimmungsverfahren und die Beschlussfähigkeit ebenso. Anders als in den Mitgliedstaaten gibt es **keine aussagekräftige Rechtsprechung** zur Abstimmung oder Beschlussfähigkeit. Es darf mithin davon ausgegangen werden, dass die oben beschriebenen Regelungen in der Praxis allesamt eingehalten werden. Die wichtigsten Regelungen stehen ohnehin nicht in den Verträgen, sondern finden sich in den Art. 168 ff. der GO-EP. Diese Vorschriften einschließlich ihre Auslegungsbestimmungen zeigen, wo in der parlamentarischen Praxis die Probleme lagen bzw. liegen.

---

[10] *Schoo*, in: Schwarze, EU-Kommentar, Art. 231 AEUV, Rn. 2. Skeptisch *Hölscheidt*, in: Grabitz/Hilf/Nettesheim, EU, Art. 231 AEUV (August 2011).
[11] *Hölscheidt*, in: Grabitz/Hilf/Nettesheim, EU, Art. 231 AEUV (August 2011), Rn. 6.

Artikel 232 AEUV [Geschäftsordnung; Verhandlungsniederschriften]

Das Europäische Parlament gibt sich seine Geschäftsordnung; hierzu sind die Stimmen der Mehrheit seiner Mitglieder erforderlich.

Die Verhandlungsniederschriften des Europäischen Parlaments werden nach Maßgabe der Verträge und seiner Geschäftsordnung veröffentlicht.

Literaturübersicht

F. von Alemann, Die Handlungsform der interinstitutionellen Vereinbarung, 2006; *Bieber*, Das Verfahrensrecht von Verfassungsorganen, 1992; *Bobbert*, Interinstitutionelle Vereinbarungen im Europäischen Gemeinschaftsrecht, 2001; *J.P. Eickhoff*, Das Funktionsrecht des Europäischen Parlaments, 2008; *Frenz*, Europäisches Parlament, VR 2011, 193; *Neßler*, Die Fraktionen im Europäischen Parlament, EuR 1997, 311; *ders.*, Willensbildung im Europäischen Parlament – Abgeordnete und Fraktionen zwischen Konsens und Dissens, ZEuS 1999, 157; *Thym*, Europaabgeordnete gegen Europaparlament, EuR 2000, 990; *Trautwein*, Zur Zulässigkeit von Abgeordnetenklagen gegen Beschlüsse des Europäischen Parlaments (OLAF), JA 2002, 758.

Leitentscheidungen

EuGH, Urt. v. 15.9.1981, Rs. 208/80 (Lord Bruce), Slg. 1981, 2205
EuGH, Urt. v. 10.2.1983, Rs. 230/81 (Luxemburg/EP), Slg. 1983, 255
EuGH, Urt. v. 23.4.1986, Rs. 294/83 (Les Verts/EP), Slg. 1986. 1339
EuGH, Urt. v. 23.3.1993, Rs. C–314/91 (Weber/EP), Slg. 1993, I–1093
EuGH, Urt. v. 30.3.2004, Rs. C–167/02 P (Rothley u.a./EP), Slg. 2004, I–3149
EuGH, Beschl. v. 13.1.2009, verb. Rs. C–512/07 P(R) u. C–15/08 P(R) (Occhetto und EP/Donnici), Slg. 2009, I–1
EuG, Urt. v. 26.2.2002, Rs. T–17/00 (Rothley u.a./EP), Slg. 2002, II–579

Wesentliche sekundärrechtliche Vorschriften

Art. 115, 157, 192 ff. und 226 f. und 231 der Geschäftsordnung des Europäischen Parlaments vom 1.3.2011, ABl. 2011, L 116/1 (zuletzt geändert durch Beschl. v. 16.1.2013, ABl. 2013, C 440/116, http://www.europarl.europa.eu [8. Wahlperiode – September 2015])

Inhaltsübersicht

A. Allgemeines

Art. 232 AEUV ist zunächst Ausdruck des **Selbstorganisationsrechts** des Parlaments. **1** Absatz 1 ermächtigt zum Erlass einer **Geschäftsordnung**.[1] Im Rahmen der primärrecht-

---

[1] S. *Kluth*, in: Calliess/Ruffert, EUV/AEUV, Art. 232 AEUV, Rn. 1.

lichen Vorgaben (s. unten Rn. 6) darf das EP nach seiner **Geschäftsordnungsautonomie** alle für seine Funktionsfähigkeit erforderlichen Maßnahmen erlassen.[2] Dieses Selbstorganisationsrecht hat der EuGH seit langem anerkannt.[3]

2   Absatz 2 begründet ein **Publizitätsgebot**. Er ordnet die Veröffentlichung der Verhandlungsniederschriften nach Maßgabe der Verträge und der Geschäftsordnung an. Als Ausdruck des Demokratieprinzips wird diese Regelung durch verschiedene Bestimmungen der Geschäftsordnung konkretisiert.[4] Dies entspricht einem **Öffentlichkeitsgrundsatz**,[5] welcher teilweise auch als Ausfluss einer eigenständigen Öffentlichkeitsfunktion des europäischen Parlamentsrechts angesehen wird (s. oben Art. 14 EUV, Rn. 18).[6]

B. Regelungen

I. Organisationsgewalt und Geschäftsordnung

1. Organisationsgewalt

3   Es gibt – anders als bei der Kommission in Art. 249 AEUV – keine vertraglich vorgesehen »Dienststellen« des Parlaments. Gleichwohl wird man auch beim EP von einer entsprechenden **Organisationsgewalt** ausgehen dürfen.[7] Das bedeutet, dass die Geschäftsordnung zum Beispiel Ausschüsse, Fraktionen und das Generalsekretariat einrichten darf. Nur sein Präsident und sein Präsidium sind beispielsweise im Unionsvertrag vorgesehen (s. Art. 14 Abs. 4 EUV), bedürfen aber weiterer Ausgestaltung durch die Geschäftsordnung (s. oben Art. 14 EUV, Rn. 31, 56 ff.).

2. Geschäftsordnungsmehrheit

4   Die Norm des Art. 232 Abs. 1 AEUV spricht lediglich die Geschäftsordnung und die Abstimmungsmehrheit an. Es ist die **qualifizierte Mehrheit**, d. h. die Mehrheit der gesetzlichen Mitglieder, erforderlich. Bei einer Höchstzahl von 751 Mitgliedern sind dies **376 Stimmen**. Abgezogen werden müssen die verlorenen und noch nicht wiederbesetzten Mandate (s. oben Art. 231 AEUV, Rn. 5).

5   Diese Mehrheit für den Erlass gilt selbstverständlich auch für **Änderungen** der einmal erlassenen Geschäftsordnung. Dies bestätigt Art. 227 Abs. 2 GO EP. Die **Auslegungsbestimmungen** *in Kursivsatz* sind demgegenüber nur dann bei der künftigen Anwendung und Auslegung der betreffenden Artikel zu berücksichtigen, wenn gegen die kein Einspruch erhoben wurde (Art. 226 Abs. 5 f. GO EP).

---

[2] Vgl. *Huber*, in: Streinz, EUV/AEUV, Art. 232 AEUV, Rn. 1.

[3] S. EuGH, Urt. v. 15.9.1981, Rs. 208/80 (Lord Bruce), Slg. 1981, 2205 Rn. 15 ff.; Urt. v. 10.2.1983, Rs. 230/81 (Luxemburg/EP), Slg. 1983, 255 Rn. 37 f., 56; Urt. v. 23.4.1986, Rs. 294/83 (Les Verts/EP), Slg. 1986. 1339, Rn. 44.

[4] *Kluth*, in: Calliess/Ruffert, EUV/AEUV, Art. 232 AEUV, Rn. 4.

[5] S. *Hölscheidt*, in: Grabitz/Hilf/Nettesheim, EU, Art. 14 EUV (Juli 2010), Rn. 22, 37.

[6] Vgl. *Hölscheidt*, in: Grabitz/Hilf/Nettesheim, EU, Art. 232 AEUV (August 2011), Rn. 7.

[7] S. *Huber*, in: Streinz, EUV/AEUV, Art. 232 AEUV, Rn. 2.

3. Grenzen der Binnenregelungen

Die Norm des Art. 232 Abs. 1 AEUV lässt nur im Rahmen der primärrechtlichen Vor- **6** gaben Regelungen der Geschäftsordnung zu (s. oben Rn. 1). Zu diesen Vorgaben gehören der **EUV** und der **AEUV**, der **Direktwahlakt**,[8] die **allgemeinen Rechtsgrundsätze** (einschließlich der Grundsätze der Gesetz- bzw. **Vertragsmäßigkeit** und des Gesetzesbzw. **Vertragsvorbehalts**[9]), die ordentlichen und die besonderen **Rechtsetzungsbestimmungen** (Art. 289 Abs. 1 i. V. m. Art. 294 und Art. 289 Abs. 2 AEUV), der **Grundsatz der begrenzten Ermächtigung** (Art. 5 Absätze 1 und 2 EUV), das **institutionelle Gleichgewicht** und die jeweiligen **Geschäftsordnungsautonomien** der anderen Organe und Unterorgane, welche mit der des EP auszutarieren sind. Die Regelungen der Geschäftsordnung des EP stellen danach ausschließlich **Binnenrecht** dar. Eine **Verpflichtung Dritter** ist **nicht** gegeben (zu Rechtsbehelfen von MdEP s. unten Rn. 10).[10] Sie kann sich allenfalls aus einer nach dem übrigen Primärrecht zulässigen **interinstitutionellen Vereinbarung** nach Art. 295 AEUV ergeben (s. oben Art. 14 EUV, Rn. 14, sowie unten Rn. 9).[11]

Der Binnencharakter schließt es allerdings nicht aus, dass aus Verstößen gegen Vor- **7** schriften der Geschäftsordnung im Rechtsschutz vor der Gemeinschaftsgerichtsbarkeit nach Art. 263 Abs. 2 AEUV ein **Verstoß gegen wesentliche Verfahrensvorschriften** gesehen wird. Beim Rat hat der EuGH dies bereits einmal so gesehen.[12] Dass beim EP anderes gelten sollte, ist nicht ersichtlich.

In der Literatur finden sich Erörterungen zu der Frage, ob das Europäische Parlament **8** eine **Bürgerbefragung** durchführen könnte.[13] Eine solche konsultative Befragung der Unionsbürger verpflichtet zwar keine Dritte. Sie hat aber Auswirkungen auf das **institutionelle Gleichgewicht** und dürfte auch gegen die **Bürgerinitiative** aus Art. 11 Abs. 4 EUV verstoßen. Denn die dortigen Voraussetzungen sind erheblich höher und würden im Erfolgsfall zu einem Rechtsaktsvorschlag der Kommission führen, ganz ähnlich wie das indirekte Initiativrecht des EP aus Art. 225 AEUV.

4. Aufbau der Geschäftsordnung

Die **Geschäftsordnung** des Parlaments, welche dieser Bearbeitung zugrunde gelegt wur- **9** de, stammt aus der 8. Wahlperiode vom September 2015.[14] Sie hat 14 Titel, 231 Artikel (einschließlich gestrichener und hinzugefügter Bestimmungen) und 21 Anlagen. In die

---

[8] Beschluss 76/787/EGKS, EWG, Euratom der im Rat vereinigten Vertreter der Mitgliedstaaten über den Akt und der Akt zur Einführung allgemeiner unmittelbarer Wahlen der Abgeordneten der Versammlung vom 20. 9. 1976, ABl. 1976, L 278/1 (geändert durch Beschluss 93/81/Euratom, EGKS, EWG des Rates v. 1. 2. 1993, ABl. 1993, L 33/15, und Beschluss 2002/772/EG, Euratom des Rates v. 25. 6. 2002, ABl. 2002, L 283/1) – s. dazu EuGH, Beschl. v. 13. 1. 2009, verb. Rs. C–512/07 P(R) u. C–15/08 P(R) (Occhetto und EP/Donnici), Slg. 2009, I–1 Rn. 32, 34, 45.

[9] EuGH, Urt. v. 21. 9. 1989, verb. Rs. 46/87 u. 227/88 (Hoechst/Kommisson), Slg. 1989, 2859 Rn. 19.

[10] Vgl. *Huber*, in: Streinz, EUV/AEUV, Art. 232 AEUV, Rn. 3. Beispiel: EuGH, Urt. 23. 3. 1993, Rs. C–314/91 (Weber/EP), Slg. 1993, I–1093 Rn. 22.

[11] S. *Schoo*, in: Schwarze, EU-Kommentar, Art. 232 AEUV, Rn. 4.

[12] Vgl. EuGH, Urt. v. 23. 2. 1988, Rs. 68/86 (Vereinigtes Königreich/Rat), Slg. 1988, 855, Rn. 41 ff. (48).

[13] Vgl. *Huber*, in: Streinz, EUV/AEUV, Art. 232 AEUV, Rn. 4.

[14] ABl. 2011, L 116/1 (zuletzt geändert durch Beschl. v. 16. 1. 2013, ABl. 2013, C 440/116, http://www.europarl.europa.eu [8. Wahlperiode – September 2015]).

Anlagen sind häufig die **interinstitutionellen Vereinbarungen** eingearbeitet, die nach Art. 295 AEUV bindenden Charakter haben können. Auch die für Art. 230 AEUV wichtigen **Leitlinien** für die Fragestunde nach Art. 129 GO EP als Anlage II oder für Anfragen zur schriftlichen Beantwortung nach den Art. 130 und 131 GO EP als Anlage III sind hier zu nennen (s. Art. 230 AEUV, Rn. 9 f.).

5. Rechtsbehelfe

10 Die Mitglieder des Parlaments können bei **Nichteinhaltung der Verhaltensregeln** zunächst **Sofortmaßnahmen** (Art. 165 GO EP) und **Sanktionen** (Art. 166 GO EP) ausgesetzt sein. Dagegen ist nach Art. 167 GO EP ein **internes Beschwerdeverfahren** statthaft.

11 Unabhängig von diesem internen Beschwerdeverfahren gibt es die **herkömmlichen Klagen** von (ehemaligen) Parlamentariern.[15] Klagen direkt gegen die Geschäftsordnung sind indes unzulässig.[16] Die Nichtigkeitsklage setzt insbesondere die unmittelbare und individuelle Betroffenheit voraus.[17]

II. Verhandlungsniederschriften

12 Art. 232 Abs. 2 AEUV ordnet die Veröffentlichung der **Verhandlungsniederschriften** nach Maßgabe der Verträge und der Geschäftsordnung an. Er begründet ein **Publizitätsgebot**.

13 Nach Art. 115 Abs. 1 GO EP gewährleistet das Parlament die »größtmögliche **Transparenz**« der Tätigkeiten (s. oben Art. 14 EUV, Rn. 67). Seine **Aussprachen** sind nach Absatz 2 **öffentlich**. Bei seinen **Ausschuss-Sitzungen** gibt es die Möglichkeit, gemäß Art. 115 Abs. 3 GO EP unter **Ausschluss** der Öffentlichkeit zu tagen. Der **Zutritt zum Plenarsaal** und zu seinen **Tribünen** ist in Art. 157 GO EP geregelt.

14 Die konkrete Veröffentlichung der Verhandlungen ist in den Art. 192 ff. GO EP geregelt. Das **Sitzungsprotokoll** wird nach Art. 192 Abs. 4 GO EP im **Amtsblatt** der Europäischen Union veröffentlicht. Gemäß Art. 193 Abs. 5 GO EP werden die – gegebenenfalls nach Absatz 2 und nach Art. 231 GO EP überarbeiteten – **angenommenen Texte** im Amtsblatt veröffentlicht. Die Veröffentlichung der **ausführlichen Sitzungsberichte** als Anhang zum Amtsblatt ist in Art. 194 Abs. 3 GO EP geregelt.

15 Es gibt nach Art. 195 GO EP sogar eine **audiovisuelle Aufzeichnung** der Verhandlungen, welche unmittelbar nach der Sitzung einschließlich der Tonspur aus allen Dolmetscherkabinen produziert und über das **Internet** zugänglich gemacht wird. Über das Internet sind heute schon alle Amtsblatt-Dokumente erhältlich.

C. Bewertung

16 Die Regelungen zur Geschäftsordnung und zu den Verhandlungsniederschriften bereiten in der praktischen Anwendung kaum Probleme. Auch hier hat das **Internet** seinen **Siegeszug** angetreten. Es gibt quasi nichts mehr über das Europäische Parlament, was nicht öffentlich zugänglich ist, mit **Ausnahme** natürlich der Dokumente, die nach Art. 4

---

[15] S. EuGH, Urt. 23.3.1993, Rs. C–314/91 (Weber/EP), Slg. 1993, I–1093, Rn. 22.

[16] Vgl. EuG, Urt. v. 26.2.2002, Rs. T–17/00 (Rothley u. a./EP), Slg. 2002, II–579, Rn. 53 ff.; EuGH, Urt. v. 30.3.2004, Rs. C–167/02 P (Rothley u. a./EP), Slg. 2004, I–3149, Rn. 25 ff., 46 ff.

[17] S. EuGH, Urt. v. 30.3.2004, Rs. C–167/02 P (Rothley u. a./EP), Slg. 2004, I–3149, Rn. 47.

der VO (EG) Nr. 1049/2001[18] aus Gründen des Schutzes des öffentlichen Interesses oder aus Gründen des Schutzes der Privatsphäre und der Integrität des Einzelnen, insbesondere gemäß den Rechtsvorschriften der Gemeinschaft über den Schutz personenbezogener Daten, **geheim** bleiben (s. Art. 8 und 42 GRC).

---

[18] Des EP und des Rates vom 30.5.2001 über den Zugang der Öffentlichkeit zu Dokumenten des EP, des Rates und der Kommission, ABl. 2001, L 145/43 = GO EP Anlage XIV.

Artikel 233 AEUV [Jährlicher Gesamtbericht]

Das Europäische Parlament erörtert in öffentlicher Sitzung den jährlichen Gesamtbericht, der ihm von der Kommission vorgelegt wird.

Literaturübersicht

Frenz, Europäisches Parlament, VR 2011, 193; s. im Übrigen die vorigen Hinweise, insbesondere bei Art. 14 EUV.

Wesentliche sekundärrechtliche Vorschriften

Art. 37 Abs. 3, Art. 132, Anlage XIII der Geschäftsordnung des Europäischen Parlaments vom 1.3.2011, ABl. 2011, L 116/1 (zuletzt geändert durch Beschl. v. 16.1.2013, ABl. 2013, C 440/116, http://www.europarl.europa.eu [8. Wahlperiode – September 2015])
Gesamtbericht der Kommission v. 1.2.2016 über die Tätigkeit der Europäischen Union 2015, KOM (2016) 38 (http://europa.eu/general-report/de)

Inhaltsübersicht

A. Allgemeines

1 Nach Art. 249 Abs. 2 AEUV veröffentlicht die Kommission jährlich einen **Gesamtbericht** über die Tätigkeit der Union. Der Veröffentlichung soll spätestens einen Monat vor Beginn der Sitzungsperiode des Europäischen Parlaments erfolgen. Dieser Gesamtbericht wird vom EP nach Art. 233 AEUV in öffentlicher Sitzung erörtert. Auch diese Erörterung entspricht dem **Öffentlichkeitsgrundsatz,**[1] welcher teilweise als Ausfluss einer eigenständigen Öffentlichkeitsfunktion des europäischen Parlamentsrechts angesehen wird (s. oben Art. 14 EUV, Rn. 18).[2]

2 Die Erörterung dient zum einen der besonderen **parlamentarischen Kontrolle** der europäischen Kommission. Zum andern wird die **Transparenz** des Handelns der Organe gestärkt.[3]

---

[1] S. *Hölscheidt*, in: Grabitz/Hilf/Nettesheim, EU, Art. 14 EUV (Juli 2010), Rn. 22, 37.

[2] Vgl. *Hölscheidt*, in: Grabitz/Hilf/Nettesheim, EU, Art. 233 AEUV (August 2011), Rn. 1.

[3] S. *Bieber*, in: GSH, Europäisches Unionsrecht, Art. 233, Rn. 1; *Kluth*, in: Calliess/Ruffert, EUV/AEUV, Art. 234 AEUV, Rn. 1.

B. Regelungen

Ursprünglich war die Erörterung des **Gesamtberichts** der Kommission das wichtigste   **3** Kontrollinstrument des Parlaments.[4] Dieser Bericht erscheint **jährlich** spätestens einen Monat vor Beginn der Sitzungsperiode des Parlaments (Art. 249 Abs. 2 AEUV), das heißt nach Art. 229 Abs. 1 Satz 2 AEUV einen Monat vor dem zweiten Dienstag des Monats März, also jeweils im **Februar** eines jeden Jahres.

I. Inhalt des Berichts

Der konkrete **Inhalt** des Jahresberichts wird grundsätzlich **nicht** mehr vom Primärrecht   **4** **vorgegeben**. Bis zu seiner Aufhebung durch den Vertrag von Maastricht sah Art. 18 des Fusionsvertrages vor, dass die »Tätigkeit der **Gemeinschaften**« Gegenstand des Berichts sind. Daraus folgern manche, dass nicht nur die Positionen der Kommission, sondern auch die der anderen Organe zum Ausdruck kommen sollen.[5] Demgegenüber handelt es sich bei dieser Bestimmung lediglich um ein Abstellen auf die damaligen Gemeinschaften. Die korrekte Übertragung auf heute lautet, wie in Art. 249 Abs. 2 AEUV ausgeführt, »Gesamtbericht über die Tätigkeit der **Union**«.

Eine Vorgabe des Jahresberichts lässt sich indes dem AEUV entnehmen: Die Kommission hat nach Art. 161 Abs. 1 AEUV ein besonderes Kapitel über die **Entwicklung**   **5** **der sozialen Lage** in der Union aufzunehmen. Das Parlament kann die Kommission auch auffordern, Berichte über besondere, die soziale Lage betreffende Fragen auszuarbeiten (Art. 161 Abs. 2 AEUV).

Der gegenwärtige Bericht betrifft das Jahr 2015 und ist am 1.2.2016 von der Kommission angenommen worden.[6] Er wird regelmäßig über das Internet veröffentlicht und   **6** ist jedermann zugänglich (http://europa.eu/general-report/de [28.9.2016]). In zehn Kapiteln wird eine für die breite Öffentlichkeit gut lesbare Zusammenfassung des Jahres aus der Sicht der Kommission und der sonstigen Organe[7] dargeboten. Dabei legt die Kommission schon Wert darauf, dass neben dem Vergangenen auch ein Ausblick auf die neuen Herausforderungen (2016 und Folgejahre) geworfen wird (s. unten Rn. 11).[8]

II. Erörterung des Berichts

Der Bericht wird nach Art. 132 Abs. 2 GO EP in Form eines **Berichts** behandelt, der dem   **7** **Plenum** unterbreitet wird.

III. Konkurrierende Berichte

Der Jahresbericht ist natürlich nicht der einzige Bericht, mit dem sich das Parlament zu   **8** beschäftigen hat. Hauptlieferant für diese Berichte ist die **Kommission** (s. oben Art. 14 EUV, Rn. 22). Sie hat beispielsweise jährlich einen Bericht zur **sozialen und demogra-**

---

[4] Vgl. *Schoo*, in: Schwarze, EU-Kommentar, Art. 233 AEUV, Rn. 1.

[5] S. *Schoo*, in: Schwarze, EU-Kommentar, Art. 233 AEUV, Rn. 2; *Huber*, in: Streinz, EUV/AEUV, Art. 233 AEUV, Rn. 2.

[6] Gesamtbericht der Kommission v. 1.2.2016 über die Tätigkeit der Europäischen Union 2015, KOM (2016) 38.

[7] Fn. 6, S. 48 ff. – zum Bericht der fünf Präsidenten (EP, Rat, Kommission, EZB, Eurogruppe) über die Vertiefung der Wirtschafts- und Währungsunion ab Juli 2015.

[8] Fn. 6; *Juncker*, Vorwort, S. 6 ff. – insbes. zur Flüchtlingskrise.

phischen Lage zu erstellen (Art. 159 AEUV). Außerdem muss sie nach Art. 175 Abs. 2 AEUV alle drei Jahre einen Bericht über Fortschritte bei der Verwirklichung des wirtschaftlichen, sozialen und territorialen **Zusammenhalts** erstatten. Ferner muss die Kommission zum **Haushaltsplan** und zum **Vermögen** und zu den **Schulden** der Union nach Art. 318 UAbs. 1 AEUV berichten. Hinzu kommt ein **Evaluierungsbericht** gemäß Art. 318 UAbs. 2 AEUV.

9   Alle drei Jahre hat die Kommission eine Berichtspflicht über die Fortentwicklung der **Unionsbürgerschaft** nach Art. 25 Abs. 1 AEUV. Gemäß Art. 36 Abs. 1 EUV wird das Parlament regelmäßig vom **Hohen Vertreter** über die Entwicklung in der **Außen- und Sicherheits- und Verteidigungspolitik** unterrichtet. Der **Präsident des Europäischen Rates** legt dem Parlament nach Art. 15 Abs. 6 Buchst. d EUV im Anschluss an jede **Tagung** einen Bericht vor.

10   Neben diesen wichtigsten Berichtspflichten aus dem Primärrecht[9] gibt es auch und gerade im Sekundärrecht zahlreiche weitere Berichtspflichten, von denen große Teile den **Mitgliedstaaten** obliegen. Ausgehend von solchen Berichten der Mitgliedstaaten, etwa aus konkreten Richtlinien, erstellt die Kommission sodann einen speziellen Gesamtbericht, im Regelfall über mehrere Jahre nach den Erfahrungen mit einer Richtlinie.

IV.   Praxis von Gesamtbericht und Arbeitsprogramm: Das Jahres-Gesetzgebungsprogramm von EP und Kommission

11   Die Erörterung des jährlichen Gesamtberichts in einer Sitzung allein ergibt für das Parlament und die Kommission wenig Sinn. Das gilt ungeachtet des Umstands, dass die Kommission regelmäßig auch einen Ausblick auf die **künftige Entwicklung** gibt (s. oben Rn. 6). Viel näher liegt es, beide Bereiche, also die Vergangenheit im **Gesamtbericht** und die Zukunft im **Arbeitsprogramm**,[10] zu verbinden. Diese gemeinsame Debatte wird regelmäßig durch eine **gemeinsame Entschließung** von Parlament und Kommission über ein **Jahres-Gesetzgebungsprogramm** beendet (s. Art. 37 Abs. 1 GO EP i. V. m. Anlage XIII[11]).[12] Hier ist insbesondere der Anhang 4 zum Zeitplan für das Arbeitsprogramm der Kommission von Interesse.

12   Nach Art. 37 Abs. 3 GO EP übermittelt der Präsident des Parlaments die vom EP angenommene Entschließung den **übrigen Organen**, die im Rahmen der Legislativverfahren der Europäischen Union zusammenarbeiten, und den **Parlamenten der Mitgliedstaaten**. Außerdem ersucht er den **Rat** um eine **Stellungnahme** zum Arbeitsprogramm der Kommission und zu der Entschließung des Parlaments.

---

[9] Vgl. auch noch aus der WWU Art. 121 Abs. 5 AEUV und Art. 70 und 71 AEUV zum Raum der Freiheit, der Sicherheit und des Rechts, s. *Schoo*, in: Schwarze, EU-Kommentar, Art. 233 AEUV, Rn. 6. Weitere Bsp. bei *Bieber*, in: GSH, Europäisches Unionsrecht, Art. 233, Rn. 7.

[10] S. etwa Mitteilung der Kommission v. 22.10.2013 an das EP, den Rat, den WSA und den AdR. Arbeitsprogramm der Kommission 2014, KOM(2013) 739 endg.

[11] Beschluss des EP v. 20.10.2010 zur Rahmenvereinbarung über die Beziehungen zwischen dem EP und der Eur. Kommission.

[12] *Schoo*, in: Schwarze, EU-Kommentar, Art. 233 AEUV, Rn. 5.

C. Bewertung

Die Bestimmung ist, so wie sie heute ihre vertragliche Regelung gefunden hat, über-   **13**
flüssig.[13] Denn der Gesamtbericht der Kommission ist nur einer unter vielen primär- und
sekundärrechtlichen Berichten, die dem Parlament (und anderen Organen) vorgelegt
werden (s. oben Rn. 8 ff.). Gleichwohl ist er **Ausdruck** eines Beispiels einer möglichst
offenen und **transparenten Union**. Das EP kommt diesem dadurch nach, dass es die
Diskussion über die Vergangenheit (Gesamtbericht) mit der der Zukunft (Arbeitsprogramm) verbindet.

---

[13] Ähnlich *Hölscheidt*, in: Grabitz/Hilf/Nettesheim, EU, Art. 233 AEUV (August 2011), Rn. 1.

Artikel 234 AEUV [Misstrauensantrag gegen die Kommission]

Wird wegen der Tätigkeit der Kommission ein Misstrauensantrag eingebracht, so darf das Europäische Parlament nicht vor Ablauf von drei Tagen nach seiner Einbringung und nur in offener Abstimmung darüber entscheiden.

[1]Wird der Misstrauensantrag mit der Mehrheit von zwei Dritteln der abgegebenen Stimmen und mit der Mehrheit der Mitglieder des Europäischen Parlaments angenommen, so legen die Mitglieder der Kommission geschlossen ihr Amt nieder, und der Hohe Vertreter der Union für Außen- und Sicherheitspolitik legt sein im Rahmen der Kommission ausgeübtes Amt nieder. [2]Sie bleiben im Amt und führen die laufenden Geschäfte bis zu ihrer Ersetzung nach Artikel 17 des Vertrags über die Europäische Union weiter. [3]In diesem Fall endet die Amtszeit der zu ihrer Ersetzung ernannten Mitglieder der Kommission zu dem Zeitpunkt, zu dem die Amtszeit der Mitglieder der Kommission, die ihr Amt geschlossen niederlegen mussten, geendet hätte.

Literaturübersicht

Bieber, Das Parlamentarische Mißtrauensvotum in den Europäischen Gemeinschaften, NJW 1973, 405; *Hummer/Obwexer*, Der geschlossene Rücktritt der Europäischen Kommission, integration 1999, 77; *Rossi*, Zur Entlastungsbefugnis des Europäischen Parlaments, EuR 2013, 170.

Leitentscheidung des EuG

EuG, Urt. v. 12.5.2015, Rs. T–562/12 (Dalli/Kommission), ECLI:EU:T:2015:270 (Rechtsmittel anhängig unter Rs. C–394/15 P)

Wesentliche sekundärrechtliche Vorschriften

Art. 93 i.V.m. Anlage V, Art. 118, 119, Anlage XVI der Geschäftsordnung des Europäischen Parlaments vom 1.3.2011, ABl. 2011, L 116/1 (zuletzt geändert durch Beschl. v. 16.1.2013, ABl. 2013, C 440/116, http://www.europarl.europa.eu [8. Wahlperiode – September 2015])

Inhaltsübersicht

Peter Szczekalla

A. Allgemeines

Die Befugnisse des Europäischen Parlaments bei der Auswahl der Mitglieder der Kom- **1** mission sind im Laufe der Zeit immer weiter gestiegen.[1] Jetzt gelten die Regelungen des Art. 17 Abs. 7 EUV (Wahl des Präsidenten der Kommission mit der Mehrheit seiner Mitglieder gemäß Art. 17 Abs. 7 UAbs. 1 EUV und Zustimmungsvotum zur Kommission als Kollegium nach Unterabsatz 3). Neben diesem Einfluss auf die **Ernennung** gibt Art. 234 AEUV dem Parlament die Gelegenheit, eine bestehende Kommission durch ein **Misstrauensantrag** abzulösen. Diese Befugnis, die sich gegen das gesamte Kollegium richten muss, konkretisiert das **institutionelle Gleichgewicht** zwischen Kommission und Parlament.[2]

B. Regelungen

I. Abgrenzungen

Der Misstrauensantrag gegen das Kollegium der Kommission nach Art. 234 AEUV ist **2** von anderen Möglichkeiten abzugrenzen, die ebenfalls auf die Besetzung der Kommission Auswirkungen haben: Da gibt es zunächst die **Amtsenthebung einzelner Mitglieder** nach Art. 247 AEUV. Bei einer inzwischen fehlenden Voraussetzung für die Ausübung des Amtes nach Art. 17 Abs. 3 UAbs. 2 EUV (allgemeine Befähigung, Einsatz für Europa, volle Gewähr für Unabhängigkeit) oder bei Begehung einer schweren Verfehlung kann das einzelne Mitglied der Kommission **auf Antrag des Rates** mit einfacher Mehrheit **oder** der **Kommission** durch den **EuGH** seines Amtes enthoben werden.

    In der jüngsten Vergangenheit hat es den **Rücktritt** eines Kommissars nach einer Un- **3** terredung mit dem Kommissionspräsidenten gegeben. Der Ex-Kommissar macht indes eine Nichtigkeit dieses Rücktritts, genauer: die »mündliche Entscheidung« des Präsidenten ihm gegenüber vom 16.10.2012, nebst Schadensersatz gerichtlich geltend. Die Entscheidung beruhe auf in einem rechtswidrigen Verfahren getroffenen Feststellungen von Olaf.[3]

    Dieser Fall führt zur nächsten Möglichkeit, auf die Zusammensetzung der Kommis- **4** sion Einfluss zu nehmen: Die **Amtspflichten** der Kommissare, die in Art. 245 Abs. 1 AEUV geregelt sind, können im Fall ihrer Verletzung (Unterlassung jeder Aufgaben unvereinbaren Handlung) nach Absatz 2 Satz 3 wiederum gemäß Art. 247 AEUV ein Amtsenthebungsverfahren zur Folge haben.

    Ferner kann der **Präsident** der Kommission nach Art. 17 Abs. 6 EUV **jedes Mitglied** **5** der Kommission dazu auffordern, sein Amt niederzulegen. Auf dieses Verfahren beruft sich der ehemalige Kommissar in seinem bislang erfolglosen Gerichtsverfahren. (s. auch unten Rn. 16).

    Das Parlament kann im **Haushaltsverfahren** schließlich der Kommission nach **6** Art. 319 AEUV die **Entlastung verweigern**.[4] Die in Art. 93 GO EP i.V.m. Anlage V

---

[1] Vgl. *Schoo*, in: Schwarze, EU-Kommentar, Art. 234 AEUV, Rn. 1ff.
[2] S. *Kluth*, in: Calliess/Ruffert, EUV/AEUV, Art. 234 AEUV, Rn. 1.
[3] S. EuG, Urt. v. 12.5.2015, Rs. T–562/12 (Dalli/Kommission), ECLI:EU:T:2015:270, Rn. 126ff. (158): Abweisung aufgrund der langen politischen Erfahrung des Klägers (das Rechtsmittel ist durch EuGH Beschl. v. 14.4.2016, Rs. C–394/15 P, ECLI:EU:C:2016:26 zurückgewiesen worden).
[4] Vgl. *Rossi*, EuR 2013, 170.

vorgesehene Möglichkeit ist zwar keine Sanktion mit der Rechtsfolge des Art. 234 AEUV. Sie kann indes Anlass für das Parlament sein, einen Misstrauensantrag zu stellen. Dies war bisher zweimal der Fall.

II. Misstrauensantrag

7   Der Misstrauensantrag richtet sich gegen die »**Tätigkeit** der Kommission«. Damit ist das Gesamtverhalten des Organs gemeint, sein **amtliches Handeln oder Unterlassen**.[5] Erfasst wird jegliches Verhalten auf Grundlage des EUV oder des AEUV unter Einschluss eines Verhaltens im Wege der »Organleihe« für die Mitgliedstaaten[6].[7]

8   Die **Amtlichkeit** der Tätigkeit der Kommission ist vom **Privatverhalten** einzelner Mitglieder oder ihrer Beamter und Bediensteter abzugrenzen. Denn nur das amtliche Verhalten einzelner Kommissionsmitglieder oder ihrer Beamten und Bediensteten ist der Kommission zuzurechnen. Privates Handeln stellt jedenfalls keine Tätigkeit im Sinne von Art. 234 AEUV dar.[8]

9   **Nicht** erforderlich ist eine **besondere Natur** der Tätigkeit der Kommission. Anders als Art. 247 AEUV, der von einer »schweren« Verfehlung spricht, reicht jede Tätigkeit, jedes Verhalten für einen Misstrauensantrag aus. Es gibt keine weitere Prüfung von Voraussetzungen als den hier Dargelegten (s. unten Rn. 19).

III. Abstimmung

10   Die Abstimmung ist von den richtigen Antragsberechtigten in der korrekten Form mit den zutreffenden Fristen durchzuführen.[9] Von den bisher gestellten **elf Misstrauensanträge** ist über acht abgestimmt worden. Die erforderliche **Mehrheit** ist dabei bislang **nie** erreicht werden. Ein Misstrauensantrag hat hingegen bei einem knapperen Ergebnis zugunsten der damaligen Kommission im Jahr 1999 zu einem **Kollektiv-Rücktritt** geführt.[10]

1. Antragsberechtigung

11   Art. 234 AEUV schweigt sich zu den Antragsberechtigten aus. Nach Art. 119 Abs. 1 GO EP können **ein Zehntel** der Mitglieder beim Präsidenten einen Misstrauensantrag gegen die Kommission einreichen. Bei voller Besetzung mit 751 Abgeordneten sind dies 76 MdEP (s. oben Art. 231 AEUV, Rn. 5).[11]

2. Antragsform

12   Gemäß Art. 119 Abs. 2 GO EP muss der **schriftliche** Antrag die Bezeichnung »**Misstrauensantrag**« tragen und ist zu **begründen**. In der Literatur wird teilweise ein **Vertrauensantrag** befürwortet, also ein Misstrauensantrag, welcher auf einen Vertrauensbeweis

---

[5] S. *Schoo*, in: Schwarze, EU-Kommentar, Art. 234 AEUV, Rn. 5.
[6] Vgl. EuGH, Urt. v. 30.6.1993, verb. Rs. C–181/91 u. C–248/91 (EP/Rat und Kommission), Slg. 1993, I–3685 Rn. 11 ff., 28 ff.
[7] In diesem Sinne *Schoo*, in: Schwarze, EU-Kommentar, Art. 234 AEUV, Rn. 5.
[8] *Schoo*, in: Schwarze, EU-Kommentar, Art. 234 AEUV, Rn. 5.
[9] S. dazu *Bieber*, NJW 1973, 405.
[10] Vgl. *Hummer/Obwexer*, integration 1999, 77. S. auch die Liste bei *Bieber*, in: GSH, Europäisches Unionsrecht, Art. 234 AEUV, Rn. 13.
[11] S. *Hölscheidt*, in: Grabitz/Hilf/Nettesheim, EU, Art. 234 AEUV (August 2011), Rn. 5.

für die Kommission ausgerichtet ist.[12] Diese Ansicht ist indes abzulehnen. Es gibt im AEUV und in der Geschäftsordnung nur die Möglichkeit, der Kommission das Misstrauen auszusprechen. Eine Begründung, die das Gegenteil ergibt, ist geschäftsordnungswidrig und muss vom Präsidenten zurückgewiesen werden. Es gibt auch andere Möglichkeiten für das EP, sich ein Meinungsbild über sein Verhältnis zur Kommission zu machen.

3. Antragsfristen

Nach Art. 119 Abs. 4 GO EP findet die Aussprache über den Misstrauensantrag frühe-   **13**
stens vierundzwanzig Stunden nach der Mitteilung an die Mitglieder über den Eingang eines Misstrauensantrags gemäß Art. 119 Abs. 3 GO EP statt. Nach Art. 119 Abs. 5 GO EP findet die Abstimmung über den Antrag namentlich und frühestens achtundvierzig Stunden nach dem Beginn der Aussprache statt. Diese Frist von **drei Tagen** (zweiundsiebzig Stunden) entspricht der Bestimmung des Art. 234 Abs. 1 AEUV.

4. Antragsmehrheit

Gemäß Art. 234 Abs. 2 AEUV hat der Misstrauensantrag dann Erfolg, wenn ihm erstens   **14**
die **Mehrheit der Mitglieder** des Parlaments **und** zweitens **zwei Drittel** der abgegebenen Stimmen zustimmen. Hierbei handelt es sich um eine **doppelt qualifizierte Mehrheit** (s. oben Art. 231 AEUV, Rn. 7). Sollten alle 751 Mitglieder abstimmen, müssen 501 MdEP zustimmen, damit der Misstrauensantrag Erfolg hat.

IV. Folgen

Die Folge eines begründeten Misstrauensantrags ist die **geschlossene Niederlegung ihrer**   **15**
Ämter durch alle Mitglieder der Kommission (Art. 234 Abs. 2 Satz 1 Halbsatz 1 AEUV). Außerdem muss der **Hohe Vertreter** der Union für Außen- und Sicherheitspolitik sein im Rahmen der **Kommission** ausgeübtes **Amt** des Vizepräsidenten (Art. 18 Abs. 4 EUV) niederlegen (Halbsatz 2).[13] Nach Satz 2 bleiben die Mitglieder indes im Amt und führen die **laufenden Geschäfte** bis zu ihrer Ersetzung nach Art. 17 EUV weiter. Schließlich **koppelt** Art. 234 Abs. 2 Satz 3 AEUV die **Amtszeit** der neu ernannten mit der Amtszeit der zurückgetretenen Mitglieder der Kommission: Jene Amtszeit endet mit derjenigen der zurückgetretenen Kommissionsmitglieder. Diese Vorschrift dient der Abgleichung der Wahlperiode von Parlament mit der Amtszeit der Kommission.

In der Literatur ist die Frage aufgeworfen worden, ob nicht eine **Individualisierung**   **16**
des Misstrauensverfahrens möglich sein sollte.[14] In der geschlossenen Niederlegung der Ämter liege eine gewisse Inkohärenz zum Ernennungsverfahren, bei welchem das EP ja nach Art. 118 Abs. 3 GO EP auch Anhörungen der einzelnen Mitglieder durchführe und gelegentlich sogar zu ablehnenden Voten komme. Dieser rechtspolitische Vorschlag ist indes abzulehnen. Gegenwärtig sieht die Rahmenvereinbarung zwischen EP und Kommission als Anlage XVI zu Geschäftsordnung des EP[15] in Ziffer 5 zwar vor, dass bei

---

[12] So *Schoo*, in: Schwarze, EU-Kommentar, Art. 234 AEUV, Rn. 7.

[13] Für »[p]olitisch [...] irreparabel beschädigt« hält ihn *Hölscheidt*, in: Grabitz/Hilf/Nettesheim, EU, Art. 234 AEUV (August 2011), Rn. 11.

[14] *Schoo*, in: Schwarze, EU-Kommentar, Art. 234 AEUV, Rn. 10 f.

[15] Beschluss des EP v. 20. 10. 2010 zur Rahmenvereinbarung über die Beziehungen zwischen dem EP und der Eur. Kommission.

Aufforderung des Präsidenten der Kommission, einem Mitglied der Kommission das Vertrauen zu entziehen, dieser sorgfältig zu prüfen hat, ob er dieses Mitglied gemäß Art. 17 Abs. 6 EUV auffordern sollte, sein Amt niederzulegen (s. oben Rn. 5). Im verneinenden Fall muss er in der nächsten Tagung vor dem Parlament erklären, warum er dies ablehnt. Diese Bindung reicht aus. Die Entscheidungsfreiheit des Präsidenten bleibt jedenfalls noch bestehen.[16] Eine Änderung des Misstrauensantrags in Richtung einer Personalisierung führte möglicherweise zu einer zu starken Polarisierung der Tätigkeit der Kommission.

17   Der **Hohe Vertreter** bleibt auch nach Niederlegung seines Amtes als Vizepräsident der Kommission weiterhin Vorsitzender des Rates für auswärtige Angelegenheiten. Diese Funktion bleibt ausdrücklich unberührt (Art. 17 Abs. 8 und Art. 18 Abs. 1 bis 3 EUV).

18   Mit der **Führung der laufenden Geschäfte** sind die vertraglichen Pflichten gemeint, etwa der Vorschlag mit dem **Entwurf des Haushaltsplans** nach Art. 314 Abs. 2 AEUV.[17] Jedes neue **Rechtsetzungsvorhaben** bleibt den gewesenen Kommissionsmitgliedern indes **untersagt**. Dies gilt auch angesichts des Umstands, dass weder der Vertrag noch die Geschäftsordnung eine **Frist** für das Verfahren zu Ernennung der Kommission nennt. Man wird indes aus verschiedenen Bestimmungen, insbesondere aus der **Organtreue** nach Art. 13 Abs. 2 Satz 2 EUV, ableiten dürfen, dass die Frist nicht ohne schuldhaftes Zögern laufen darf, dass die Ernennung folglich **unverzüglich** zu erfolgen hat.[18]

V. Rechtsschutz

19   Gegen einen begründeten Misstrauensantrag ist eine **Nichtigkeitsklage** beim EuGH nach Art. 263 AEUV zumindest denkbar (s. oben, Rn. 7 ff. [9]).[19] Gerügt werden kann aber allenfalls, dass das Verhalten eine private Tätigkeit betraf oder das Vorschriften der Geschäftsordnung des EP als wesentliche Formvorschriften nicht eingehalten worden sind (s. oben Rn. 10 ff.). Dass es zu einer gerichtlichen Klärung kommt, ist jedenfalls mehr als unwahrscheinlich.

C. Bewertung

20   Der Misstrauensantrag gegen die Kommission ist das **härteste Kontrollmittel**, welches dem Parlament zur Verfügung steht.[20] Es gab bislang **keinen erfolgreichen Antrag**.[21] Nur einmal ist die Kommission unter Eindruck eines zuvor erfolglosen Misstrauensantrags zurückgetreten. Diese Bewertung zeigt, dass die **Kommission auf das Parlament** ebenso **angewiesen ist wie** im **umgekehrten** Fall.[22] Die mögliche Erweiterung des Misstrauens-

---

[16] Für »vertragswidrig« hält *Huber*, in: Streinz, EUV/AEUV, Art. 234 AEUV, Rn. 4, diese Praxis.
[17] *Schoo*, in: Schwarze, EU-Kommentar, Art. 234 AEUV(August 2011), Rn. 13.
[18] So auch *Schoo*, in: Schwarze, EU-Kommentar, Art. 234 AEUV, Rn. 13.
[19] Vgl. *Hölscheidt*, in: Grabitz/Hilf/Nettesheim, EU, Art. 234 AEUV (August 2011), Rn. 16.
[20] S. *Schoo*, in: Schwarze, EU-Kommentar, Art. 234 AEUV (August 2011), Rn. 1 (»stärkste Sanktionsmöglichkeit«); *Huber*, in: Streinz, EUV/AEUV, Art. 234 AEUV, Rn. 1 (»schärfste Waffe«), *Hölscheidt*, in: Grabitz/Hilf/Nettesheim, EU, Art. 234 AEUV (August 2011), Rn. 3 (»stärkste Instrument«).
[21] S. die Liste vorgelegter und abgestimmter Fälle bei *Bieber*, in: GSH, Europäisches Unionsrecht, Art. 234 AEUV, Rn. 13.
[22] Ob dafür »zentripedale« Interessen verantwortlich sind, wie *Huber*, in: Streinz, EUV/AEUV,

antrags auf einzelne Mitglieder der Kommission würde unter den gegebenen Voraussetzungen wahrscheinlich auch nichts daran ändern.

Art. 234 AEUV, Rn. 1, meint, darf bezweifelt werden. Es gilt für alle Organe jedenfalls die Beachtung des Subsidiaritätsgrundsatzes aus Art. 5 Abs. 3 EUV.

Abschnitt 2
Der Europäische Rat

Artikel 235 AEUV [Verfahren im Europäischen Rat]

(1) Jedes Mitglied des Europäischen Rates kann sich das Stimmrecht höchstens eines anderen Mitglieds übertragen lassen.

[1]Beschließt der Europäische Rat mit qualifizierter Mehrheit, so gelten für ihn Artikel 16 Absatz 4 des Vertrags über die Europäische Union und Artikel 238 Absatz 2 dieses Vertrags. [2]An Abstimmungen im Europäischen Rat nehmen dessen Präsident und der Präsident der Kommission nicht teil.

Die Stimmenthaltung von anwesenden oder vertretenen Mitgliedern steht dem Zustandekommen von Beschlüssen des Europäischen Rates, zu denen Einstimmigkeit erforderlich ist, nicht entgegen.

(2) Der Präsident des Europäischen Parlaments kann vom Europäischen Rat gehört werden.

(3) Der Europäische Rat beschließt mit einfacher Mehrheit über Verfahrensfragen sowie über den Erlass seiner Geschäftsordnung.

(4) Der Europäische Rat wird vom Generalsekretariat des Rates unterstützt.

Literaturübersicht

Bribosia, The Main Institutional Innovations in the Lisbon Treaty, in: Griller/Ziller (Hrsg.), The Lisbon Treaty, 2008, S. 57; *Bulmer/Wessels*, The European Council: Decision-making in European Politics, 1987; *Glaesner*, Der Europäische Rat, EuR 1994, S. 22; *Isak*, Institutionelle Ausgestaltung der Europäischen Union, in: Hummer/Obwexer (Hrsg.), Der Vertrag von Lissabon, 2009, S. 133; *Lenski*, Rat und Europäischer Rat nach dem Vertrag von Lissabon (Reformvertrag), in: Pernice (Hrsg.), Der Vertrag von Lissabon: Reform der EU ohne Verfassung?, 2008, S. 99; *Lindner*, Der Vertrag von Lissabon zur Reform der EU, BayVBl. 2008, 421.

Wesentliche sekundärrechtliche Vorschrift

Beschluss 2009/882/EU des Europäischen Rates vom 1. 12. 2009 zur Festlegung seiner Geschäftsordnung, ABl. 2009, L 315/51

Inhaltsübersicht

Andreas Haratsch

A. Allgemeines

Da der Vertrag von Lissabon den Europäischen Rat erstmals in den förmlichen Rang **1**
eines Organs der Europäischen Union erhoben hat, gab es für Art. 235 AEUV keine
Vorläuferregelung. Da im Europäischen Rat zuvor die Anwendung des consensus-Ver-
fahrens die gängige Praxis war,[1] bei welchem auf eine förmliche Abstimmung verzichtet
wurde, mussten nach Einführung von förmlichen Abstimmungen im Europäischen Rat
mit einfacher oder qualifizierter Mehrheit oder mit Einstimmigkeit entsprechende Regelungen hierfür bereitgehalten werden. Dies geschieht in Art. 235 Abs. 1 AEUV, der
Vorschriften enthält über die Modalitäten für eine einstimmige Beschlussfassung
(Art. 235 Abs. 1 UAbs. 3 AEUV) sowie eine Beschlussfassung mit qualifizierter Mehrheit (Art. 235 Abs. 1 UAbs. 2 Satz 1 AEUV). Beide Regelungen erfolgen in **Anlehnung
an die Abstimmungsmodalitäten im Rat**. Darüber hinaus finden sich Bestimmungen
über die Möglichkeit einer Stimmrechtsübertragung auf andere Mitglieder (Art. 235
Abs. 1 UAbs. 1 AEUV) sowie in Bezug auf den Ausschluss der Stimmberechtigung des
Präsidenten des Europäischen Rates sowie des Präsidenten der Kommission (Art. 235
Abs. 1 UAbs. 2 Satz 2 AEUV). Weiterhin sind Regelungen enthalten über die Beschlussfassung in Verfahrensfragen und über eine Geschäftsordnung des Europäischen Rates
(Art. 235 Abs. 3 AEUV) sowie über die organisatorische Unterstützung des Europäischen Rates durch das Generalsekretariat des Rates (Art. 235 Abs. 4 AEUV). Systematisch steht die Vorschrift über die Anhörung des Präsidenten des Europäischen Parlaments durch den Europäischen Rat (Art. 235 Abs. 2 AEUV) in einem engen Zusammenhang mit den Regelungen des Art. 15 EUV über die Teilnehmer an Tagungen des
Europäischen Rates und wäre daher eher dort zu verorten gewesen.

B. Abstimmungsregelungen

I. Stimmrechtsübertragung

Die Regelung des Art. 235 Abs. 1 UAbs. 1 AEUV setzt voraus, dass Mitglieder des **2**
Europäischen Rates ihr Stimmrecht auf ein anderes Mitglied übertragen können.[2] Die
Bestimmung regelt die Möglichkeit der Stimmrechtsübertragung nicht unmittelbar, sondern normiert hierfür lediglich eine Schranke, indem vorgeschrieben wird, dass jedem
Mitglied des Europäischen Rates das Stimmrecht höchstens eines anderen Mitglieds
übertragen werden darf. Nach ihrem Sinn und Zweck dient die Vorschrift der **Erhaltung
der Funktionsfähigkeit** des Europäischen Rates für den Fall der Verhinderung eines
Mitglieds, da bei einer vorgeschriebenen Einstimmigkeit alle Mitglieder des Europäischen Rates entweder anwesend oder vertreten sein müssen.[3] Eine Stimmrechtsübertragung wird jedoch nur äußerst selten zur Anwendung gelangen, da im Falle der Verhinderung des Staats- oder Regierungschefs eines Mitgliedstaates sich dieser durch seinen nach innerstaatlichem Recht zu bestimmenden Stellvertreter vertreten lassen

---

[1] *Lindner*, BayVBl. 2008, 421 (430); *Bribosia*, S. 66.
[2] *Kumin*, in: Grabitz/Hilf/Nettesheim, EU, Art. 235 AEUV (September 2014), Rn. 2.
[3] *Biervert*, in: Schwarze, EU-Kommentar, Art. 235 AEUV, Rn. 2; *Pechstein*, in: Streinz,
EUV/AEUV, Art. 235 AEUV, Rn. 2; *Epping*, in: Vedder/Heintschel v. Heinegg, Europäisches Unionsrecht, Art. 235 AEUV, Rn. 2; *Kotzur*, in: Geiger/Khan/Kotzur, EUV/AEUV, Art. 235 AEUV,
Rn. 2.

kann.[4] Wenn nach innerstaatlichem Recht vorgesehen ist, dass eine andere Person im Falle der Verhinderung des Staats- oder Regierungschefs die Amtsgeschäfte an dessen Stelle wahrnimmt, übt der Vertreter vorübergehend diese Funktion aus und kann daher als Mitglied im Europäischen Rat auftreten. Eine Stimmrechtsübertragung gemäß Art. 235 Abs. 1 UAbs. 1 AEUV kommt daher nur in Betracht, wenn sowohl der Staats- oder Regierungschef eines Mitgliedstaates als auch dessen Stellvertreter an der Teilnahme an einer Tagung des Europäischen Rates verhindert sind.

3   Eine Stimmrechtsübertragung kommt nur durch Mitglieder des Europäischen Rates in Betracht, die ihrerseits stimmberechtigt sind. Der Präsident des Europäischen Rates und der Präsident der Kommission scheiden als **Adressanten einer Stimmrechtsübertragung** aus. **Adressaten einer Stimmrechtsübertragung** können ebenfalls nur die Staats- oder Regierungschefs der anderen Mitgliedstaaten sein. Da die Präsidenten des Europäischen Rates und der Kommission nicht stimmberechtigt sind, ist umgekehrt auch eine Stimmrechtsübertragung auf sie nicht möglich.[5] Der weitgefasste Wortlaut des Art. 235 Abs. 1 UAbs. 1 AEUV, der pauschal nur von Mitgliedern spricht, ist mithin teleologisch zu reduzieren. Stimmrechtsübertragungen sind nur von stimmberechtigten Mitgliedern auf andere stimmberechtigte Mitglieder des Europäischen Rates zulässig.

4   Jedes stimmberechtigte Mitglied des Europäischen Rates kann sich das Stimmrecht **höchstens eines anderen stimmberechtigten Mitgliedes** übertragen lassen. Die Regelung bezweckt daher wohl auch, dass eine Dominanz von Mitgliedern des Europäischen Rates verhindert werden soll, die dadurch entstehen könnte, dass sie die Stimmrechte mehrerer anderer Mitglieder auf sich vereinen.[6] Art. 235 Abs. 1 UAbs. 1 AEUV dient daher auch in gewisser Weise der Aufrechterhaltung eines Gleichgewichts bei Abstimmungen im Europäischen Rat und einer Machtverteilung. Nicht geregelt ist jedoch, ob eine inhaltliche Festlegung durch das sein Stimmrecht übertragende Mitglied hinsichtlich des erwünschten Abstimmungsverhaltens erfolgen darf.[7] Gründe, warum eine Weisungsbefugnis des übertragenden Mitgliedes ausscheiden sollte, sind allerdings nicht ersichtlich. Eine inhaltliche Festlegung des Abstimmungsverhaltens dürfte daher bei bereits vorab in der Tagesordnung vorgesehenen feststehenden Entscheidungsfindungen zulässig sein. Im Hinblick auf im Vorfeld nicht absehbare Entscheidungen des Europäischen Rates erscheint eine kurzfristige informelle Rückkopplung mit dem vertretenen Mitglied ebenso unbedenklich.[8]

5   Der inhaltliche Anwendungsbereich des Art. 235 Abs. 1 UAbs. 1 AEUV erstreckt sich auf die Fälle, in denen ein Mitglied des Rates an der Ausübung seines Stimmrechts gehindert ist. Unproblematisch erfasst sind hiervon die Fälle, in denen im Europäischen Rat ausnahmsweise **förmliche Abstimmungen** stattfinden. Der Regelfall ist freilich die Entscheidungsfindung im Konsens, wobei im Europäischen Rat auf eine förmliche Abstimmung verzichtet wird.[9] Es fragt sich, ob Art. 235 Abs. 1 UAbs. 1 AEUV auch auf diese Konstellation Anwendung findet. Dagegen könnte sprechen, dass die Bestimmung ausdrücklich auf das »Stimmrecht« abstellt und somit auf die Stimmabgabe bei Abstimmungen. Dieses Argument trägt jedoch nicht, da bei der Anwendung des consensus-

---

[4] Zu dieser Möglichkeit s. Art. 15 EUV, Rn. 9.
[5] *Pechstein*, in: Streinz, EUV/AEUV, Art. 235 AEUV, Rn. 2.
[6] *Kumin*, in: Grabitz/Hilf/Nettesheim, EU, Art. 235 AEUV (September 2014), Rn. 3; *Lenski*, in: GSH, Europäisches Unionsrecht, Art. 235 AEUV, Rn. 5.
[7] *Epping*, in: Vedder/Heintschel v. Heinegg, Europäisches Unionsrecht, Art. 235 AEUV, Rn. 3.
[8] So auch *Kumin*, in: Grabitz/Hilf/Nettesheim, EU, Art. 235 AEUV (September 2014), Rn. 3.
[9] Zu diesem Verfahren vgl. Art. 15 EUV, Rn. 25.

Verfahrens der Vorsitzende des Europäischen Rates am Ende einer Beratung das Fehlen von Gegenstimmen feststellt. Jedes stimmberechtigte Mitglied hat daher die Möglichkeit, eine Entscheidung durch ausdrücklichen Widerspruch zu verhindern. Dieser Möglichkeit wäre ein Mitglied des Europäischen Rates beraubt, wenn die Möglichkeit der Stimmrechtsübertragung nicht auch die Fälle der **Entscheidung im Konsens** erfassen würde. Es träte dann nämlich das nicht gewollte Ergebnis ein, dass ein Mitglied entgegen seiner eigenen Interessenlage an eine Entscheidung des Europäischen Rates (politisch) gebunden wäre.[10] Eine Stimmrechtsübertragung ist daher auch für die Fälle möglich, in denen der Europäische Rat im Konsens ohne förmliche Abstimmung entscheidet.[11]

II. Abstimmungsmodalitäten bei qualifizierter Mehrheit

Ist in den Unionsverträgen vorgeschrieben, dass Beschlüsse des Europäischen Rates mit einer qualifizierten Mehrheit zustande kommen, galt **bis zum 31. 10. 2014** die Regelung des Art. 3 Abs. 3 UAbs. 2 des Lissabonner Protokolls Nr. 36 über die Übergangsbestimmungen.[12] Danach fand eine **Stimmenwägung** (Ponderierung) statt, wobei die Mitglieder des Europäischen Rates gestaffelt nach der Größe der Mitgliedstaaten über unterschiedliche Stimmenkontingente verfügten. Die Gesamtstimmenzahl im Europäischen Rat betrug seit der letzten Erweiterung der Europäischen Union 352 Stimmen. Für die Annahme eines Beschlusses bedurfte es einer Mindestzahl von 260 Stimmen. Art. 3 Abs. 3 UAbs. 4 des Protokolls Nr. 36 sah zusätzlich vor, dass ein Mitglied des Europäischen Rates beantragen konnte, bei dem Erlass eines Rechtsaktes mit qualifizierter Mehrheit überprüfen zu lassen, ob die Mitgliedstaaten, die diese qualifizierte Mehrheit bilden, mindestens 62 % der Gesamtbevölkerung der Union repräsentieren. Falls sich erwies, dass diese Bedingung nicht erfüllt war, wurde der betreffende Rechtsakt nicht erlassen. Um dieses Quorum von 62 % der Gesamtbevölkerung der Europäischen Union berechnen zu können, war gemäß Art. 11 Abs. 3 Satz 1 GO Rat die im Anhang III der Geschäftsordnung zu findende Aufstellung der Bevölkerungszahlen der Mitgliedstaaten heranzuziehen.[13] Die dort genannten Bevölkerungszahlen ergeben sich aus den Daten, die die Mitgliedstaaten dem Statistischen Amt der Europäischen Union jeweils übermittelt hatten.

6

Seit dem 1. 11. 2014 gelten die Vorgaben des Art. 235 Abs. 1 UAbs. 2 Satz 1 AEUV. Er erklärt Art. 16 Abs. 4 EUV und Art. 238 Abs. 2 AEUV, die Regelungen für Abstimmungen im Rat enthalten, für entsprechend anwendbar. Eine Stimmenwägung findet danach nicht mehr statt. Während Art. 16 Abs. 4 UAbs. 1 EUV Regelungen über das Erreichen einer qualifizierten Mehrheit enthält bei Rechtsakten, die auf Vorschlag der Kommission oder des Hohen Vertreters der Union für Außen- und Sicherheitspolitik erlassen werden, regelt Art. 238 Abs. 2 AEUV die Anforderungen an eine qualifizierte Mehrheit bei Rechtsakten, die nicht auf einen entsprechenden Vorschlag hin erlassen werden. Da in den Verträgen kein Fall geregelt ist, in dem der Europäische Rat nach

7

---

[10] Zur Bindungswirkung von Entscheidungen des Europäischen Rates s. Art. 15 EUV, Rn. 34.

[11] So auch *Kumin*, in: Grabitz/Hilf/Nettesheim, EU, Art. 235 AEUV (September 2014), Rn. 2.

[12] ABl. 2012, C 326/322; geändert durch Art. 20 der Akte über die Bedingungen des Beitritts der Republik Kroatien und die Anpassungen des Vertrags über die Europäische Union, des Vertrags über die Arbeitsweise der Europäischen Union und des Vertrags zur Gründung der Europäischen Atomgemeinschaft, ABl. 2012, L 112/21.

[13] Vgl. die Aktualisierung der Aufstellung durch Beschluss (EU/Euratom) 2015/2393 des Rates vom 8. 12. 2015, ABl. 2015, L 332/133.

einem Vorschlag der Kommission oder des Hohen Vertreters mit qualifizierter Mehrheit zu entscheiden hätte, läuft der Verweis auf Art. 16 Abs. 4 UAbs. 1 EUV insoweit leer. Die Anforderungen bestimmen sich vielmehr nach Art. 238 Abs. 2 AEUV. Gemäß dieser Bestimmung gilt als qualifizierte Mehrheit eine Mehrheit von mindestens **72 % der Mitglieder des Rates,** sofern die von diesen vertretenen Mitgliedstaaten zusammen mindestens **65 % der Bevölkerung der Union** ausmachen. Bei nunmehr 28 stimmberechtigten Mitgliedern des Europäischen Rates – nur diese können bei der Bestimmung des Quorums Berücksichtigung finden – ist also die Zustimmung von mindestens 21 Mitgliedern erforderlich, um eine qualifizierte Mehrheit zu erreichen. Im Hinblick auf das Bevölkerungsquorum von 65 % gilt gemäß Art. 16 Abs. 4 UAbs. 2 EUV, dass das Zustandekommen eines Beschlusses nur verhindert wird, wenn die Zahl der nicht zustimmenden Mitglieder, die mehr als 35 % der Bevölkerung der Union repräsentieren, mindestens vier beträgt (Sperrminorität). Auch hier ist für die Berechnung des Bevölkerungsquorums die im Anhang III der Geschäftsordnung des Rates zu findende Aufstellung der Bevölkerungszahlen der Mitgliedstaaten entsprechend heranzuziehen.[14]

8   Da die Regelungen des Art. 238 Abs. 2 AEUV, die Art. 235 Abs. 1 UAbs. 2 AEUV für entsprechend anwendbar erklärt, jedoch ihrerseits nur vorbehaltlich der Vorschriften des Protokolls Nr. 36 über die Übergangsbestimmungen gelten, fragt es sich, ob hierüber auch die Regelung des Art. 3 Abs. 2 des Protokolls Nr. 36 zum Tragen kommt. Danach kann im **Zeitraum vom 1.11.2014 bis zum 31.3.2017** ein Mitglied des Rates beantragen, dass weiterhin nach dem bis zum 31.10.2014 geltenden Modus abgestimmt wird, also weiterhin eine Stimmenwägung stattfindet. Dies ist jedoch abzulehnen. Zwar könnte für die Anwendbarkeit von Art. 3 Abs. 2 des Protokolls Nr. 36 der Wortlaut von Art. 238 Abs. 2 AEUV sprechen, wonach dessen Regelungen nur »vorbehaltlich der Vorschriften des Protokolls« gelten. Das Protokoll über die Übergangsbestimmungen differenziert jedoch seinerseits ausdrücklich zwischen der Regelung des Art. 3 Abs. 2 und derjenigen des Art. 3 Abs. 3. Während in Art. 3 Abs. 3 Protokoll Nr. 36 für die Zeit bis zum 31.10.2014 expressis verbis auch eine Regelung für den Europäischen Rat getroffen wird, erfasst Art. 3 Abs. 2 Protokoll Nr. 2 nur den Rat. Hätten die Mitgliedstaaten eine Regelung gewollt, die auch dem Europäischen Rat ein befristetes Zurückkehren zum alten Abstimmungsmodus erlaubt, hätten sie dies im Wortlaut des Art. 3 Abs. 2 Protokoll Nr. 36 zum Ausdruck bringen müssen. Art. 3 Abs. 2 Protokoll Nr. 36 gilt daher nicht für den Europäischen Rat.[15]

III. Abstimmungsmodalitäten bei Einstimmigkeit

9   Art. 235 Abs. 1 UAbs. 3 AEUV regelt den **Grundsatz der konstruktiven Stimmenthaltung** bei einstimmig zu fassenden Beschlüssen des Europäischen Rates.[16] Eine Stimmenthaltung von anwesenden oder vertretenen Mitgliedern des Europäischen Rates steht danach dem Zustandekommen eines einstimmigen Beschlusses nicht entgegen. Dies gibt dem Europäischen Rat die Möglichkeit, sich über ein gewisses Unbehagen einzelner Mitglieder, welches sich lediglich in einer Stimmenthaltung, nicht jedoch in einer Ge-

---

[14] Vgl. die Aktualisierung der Aufstellung durch Beschluss (EU/Euratom) 2015/2393 des Rates vom 8.12.2015, ABl. 2015, L 332/133.

[15] Im Ergebnis ebenso, wenn auch mit anderer Begründung, *Kumin,* in: Grabitz/Hilf/Nettesheim, EU, Art. 235 AEUV (August 2011), Rn. 7.

[16] *Epping,* in: Vedder/Heintschel v. Heinegg, Europäisches Unionsrecht, Art. 235 AEUV, Rn. 6.

genstimme äußert, hinwegzusetzen und gleichwohl zu Entscheidungen zu gelangen.[17] Diese Regelung gilt nur bei Beschlussfassungen, die Einstimmigkeit erfordern. Sie gilt nicht für die Entscheidungsfindung im Konsens-Verfahren, bei welchem keine förmliche Abstimmung stattfindet und lediglich das Fehlen von Gegenstimmen durch den Vorsitz festgestellt wird.

IV. Stimmrechtsausschluss der Präsidenten von Europäischem Rat und Kommission

Gemäß Art. 235 Abs. 1 UAbs. 2 Satz 2 AEUV nehmen der Präsident des Europäischen **10** Rates und der Präsident der Kommission an **Abstimmungen im Europäischen Rat** nicht teil, obwohl sie Mitglieder des Europäischen Rates sind und nicht lediglich Teilnehmer an dessen Tagungen.[18] Für beide Präsidenten hat diese Regelung keine Vorbilder in früheren Fassungen der Verträge. Für den Präsidenten des Europäischen Rates musste eine Neuregelung im Hinblick auf die Stimmberechtigung geschaffen werden, da dieses Amt durch den Vertrag von Lissabon neu installiert wurde und zuvor der Vorsitz im Europäischen Rat zwischen den Staats- und Regierungschefs der Mitgliedstaaten in einem Halbjahresrhythmus gewechselt hatte, wobei der Staats- oder Regierungschef des Mitgliedstaates dem Europäischen Rat vorgesessen hatte, der gerade die Präsidentschaft in der Europäischen Union innehatte.[19] Für den Präsidenten der Kommission, dessen Teilnahme an den Tagungen des Europäischen Rates bereits zuvor vorgesehen war, existierte bislang keine ausdrückliche Regelung über die Stimmberechtigung. Da die Frage, ob der Kommissionspräsident an Abstimmungen im Europäischen Rat teilnehmen kann, zuvor umstritten war, hat die Klausel insofern eine klarstellende Funktion.[20]

Aufgrund ihrer systematischen Stellung in Art. 235 Abs. 1 UAbs. 2 AEUV im un- **11** mittelbaren Zusammenhang mit der Vorschrift über die Abstimmungsmodalitäten bei qualifizierter Mehrheit könnte man zu dem Schluss gelangen, dass sich der Stimmrechtsausschluss für die Präsidenten des Europäischen Rates und der Kommission nur auf diese Konstellation bezieht.[21] Ein solcher Befund wird jedoch durch die Geschäftsordnung des Europäischen Rates[22] nicht bestätigt. In Art. 6 Abs. 4 UAbs. 2 GO-ER wird dieser Zusammenhang nicht hergestellt. Zudem wird in Art. 6 Abs. 3 Satz 3 GO-ER ausgeführt, dass generell bei der Ermittlung der Beschlussfähigkeit des Europäischen Rates dessen Präsident sowie der Präsident der Kommission nicht mit eingerechnet werden. Zudem ist ein sachlicher Grund für eine differenzierte Regelung im Hinblick auf Abstimmungen mit qualifizierter Mehrheit, mit einfacher Mehrheit oder mit Einstimmigkeit nicht ersichtlich. Der **Stimmrechtsausschluss** der Präsidenten bezieht sich daher auf **alle Formen der Abstimmung** im Europäischen Rat.[23] Lediglich im Falle der Anwendung des Konsens-Verfahrens wirkt sich diese Regelung nicht aus, da dann keine förmliche Abstimmung stattfindet.[24]

---

[17] *Kumin*, in: Grabitz/Hilf/Nettesheim, EU, Art. 235 AEUV (September 2014), Rn. 10.
[18] Zu dieser Unterscheidung vgl. Art. 15 EUV, Rn. 2 ff. und 12 ff.
[19] S. dazu Art. 15 EUV, Rn. 4.
[20] *Epping*, in: Vedder/Heintschel v. Heinegg, Europäisches Unionsrecht, Art. 235 AEUV, Rn. 5.
[21] Vgl. *Bribosia*, S. 66.
[22] Beschluss 2009/882/EU des Europäischen Rates vom 1.12.2009 zur Festlegung seiner Geschäftsordnung, ABl. 2009, L 315/51.
[23] *Kumin*, in: Grabitz/Hilf/Nettesheim, EU, Art. 235 AEUV (September 2014), Rn. 9.
[24] *Pechstein*, in: Streinz, EUV/AEUV, Art. 235 AEUV, Rn. 4; a. A. *Isak*, S. 143.

C. Anhörung des Präsidenten des Europäischen Parlaments

12   Art. 235 Abs. 2 AEUV gibt dem Europäischen Rat die Möglichkeit, den Präsidenten des Europäischen Parlaments zu hören. Eine entsprechende Regelung findet sich auch in Art. 4 Abs. 2 UAbs. 1 GO-ER. Es ist gängige Praxis des Europäischen Rates, dass zu Beginn seiner Tagungen ein **Gedankenaustausch** mit dem Präsidenten des Europäischen Parlaments stattfindet.[25] Für gewöhnlich erhält dieser Gelegenheit, den Standpunkt des Parlaments zu wesentlichen Tagesordnungspunkten des Europäischen Rates darzulegen. Im Anschluss findet eine kurze **Aussprache** statt.[26] Eine Teilnahme des Präsidenten des Europäischen Parlaments an den weiteren Beratungen des Europäischen Rates ist jedoch nicht statthaft.[27] Die Vorschrift des Art. 235 Abs. 2 AEUV begründet keine Anhörungspflicht. Vielmehr steht es im Ermessen des Europäischen Rates, ob er den Parlamentspräsidenten anhören will.[28]

D. Geschäftsordnung und Verfahrensfragen

13   Vordergründig regelt Art. 235 Abs. 3 EUV lediglich die Abstimmungsmodalitäten bei Beschlüssen des Europäischen Rates über Verfahrensfragen und den Erlass seiner Geschäftsordnung. Die Bestimmung bringt damit zugleich aber auch die **Geschäftsordnungsautonomie** des Europäischen Rates zum Ausdruck.[29] Diese ist Ausfluss der jedem Organ der Europäischen Union zukommenden Organisationsgewalt in eigenen Angelegenheiten.[30]

14   Über Verfahrensfragen und den Erlass seiner Geschäftsordnung entscheidet der Europäische Rat gemäß Art. 235 Abs. 3 AEUV in Abweichung vom Konsens-Erfordernis des Art. 15 Abs. 4 EUV[31] mit **einfacher Mehrheit**. Gemeint ist damit eine einfache absolute Mehrheit der Mitglieder des Europäischen Rates.[32] Bei einer Mitgliederzahl von derzeit 28 bedarf es für das Zustandekommen eines Beschlusses über Verfahrensfragen daher mindestens 15 Stimmen. Obwohl die vom Europäischen Rat erlassene Geschäftsordnung ihrerseits das Erfordernis der einfachen Mehrheit bei Verfahrensfragen in Art. 6 Abs. 5 GO-ER wiederholt, sind in der Geschäftsordnung vier Fälle vorgesehen, in denen der Europäische Rat mit Einstimmigkeit zu entscheiden hat. Dies gilt für die Bestimmung eines anderen Tagungsortes als Brüssel gemäß Art. 1 Abs. 2 UAbs. 2 GO-ER, für die Bestimmung des Zeitpunkts der Anhörung des Präsidenten des Europäischen Parlaments gemäß Art. 4 Abs. 2 UAbs. 1 Satz 2 GO-ER, für die Anberaumung von Treffen mit Vertretern von Drittstaaten oder von anderen internationalen Organisationen

---

[25] *Glaesner*, EuR 1994, 22 (33).

[26] *Bitterlich*, in: Lenz/Borchardt, EU-Verträge, Art. 235 AEUV, Rn. 5.

[27] *Lenski*, S. 104.

[28] *Calliess*, in: Calliess/Ruffert, EUV/AEUV, Art. 235 AEUV, Rn. 2; *Epping*, in: Vedder/Heintschel v. Heinegg, Europäisches Unionsrecht, Art. 235 AEUV, Rn. 7; *Biervert*, in: Schwarze, EU-Kommentar, Art. 235 AEUV, Rn. 3.

[29] *Calliess*, in: Calliess/Ruffert, EUV/AEUV, Art. 235 AEUV, Rn. 3.

[30] *Epping*, in: Vedder/Heintschel v. Heinegg, Europäisches Unionsrecht, Art. 235 AEUV, Rn. 9; *Biervert*, in: Schwarze, EU-Kommentar, Art. 235 AEUV, Rn. 4.

[31] S. dazu Art. 15 EUV, Rn. 25.

[32] *Pechstein*, in: Streinz, EUV/AEUV, Art. 235 AEUV, Rn. 7; *Biervert*, in: Schwarze, EU-Kommentar, Art. 235 AEUV, Rn. 4.

am Rande von Tagungen des Europäischen Rates gemäß Art. 4 Abs. 2 UAbs. 2 GO-ER sowie für eine abweichende Sprachenregelung gemäß Art. 9 Abs. 1 GO-ER. Es fragt sich, ob darin eine unzulässige sekundärrechtliche Abweichung von den primärrechtlichen Vorgaben des Art. 235 Abs. 3 AEUV zu sehen ist. Als rechtlich unbedenklich lassen sich die Geschäftsordnungsbestimmungen, welche Einstimmigkeit bei Abstimmungen vorschreiben, letztlich nur ansehen, wenn man davon ausgeht, dass der Europäische Rat in Ausübung seines Ermessens diese einstimmig zu regelnden Fragen als so bedeutsam erachtet hat, dass sie seiner Auffassung zufolge nicht mehr nur Verfahrensregelungen sind, sondern ihnen eine substanzielle materiell-rechtliche Bedeutung zukommt.[33]

Art. 235 Abs. 3 AEUV schreibt eine Mehrheitsbeschlussfassung für **Verfahrensfragen**   **15** sowie für den Erlass der Geschäftsordnung vor, wobei davon auszugehen ist, dass der Begriff der Verfahrensfragen den Erlass einer Geschäftsordnung erfasst. Das Mehrheitsquorum für Verfahrensfragen hat daher nur insoweit Bedeutung, als es sich um Fragen handelt, die nicht oder noch nicht in der Geschäftsordnung geregelt sind.[34] Beim Streit darüber, ob es sich um eine Verfahrensfrage handelt, kommt allerdings die allgemeine Konsens-Regel des Art. 15 Abs. 4 EUV im Europäischen Rat zur Anwendung.[35]

Von seiner Geschäftsordnungsautonomie hat der Europäische Rat mit dem Beschluss   **16** 2009/882/EU vom 1.12.2009 Gebrauch gemacht.[36] Die Annahme dieser **Geschäftsordnung** am Tag des Inkrafttretens des Vertrags von Lissabon und damit des Art. 235 Abs. 3 EUV erfolgte im schriftlichen Verfahren. Dies sollte eine Vorbereitung bereits der ersten Tagung des Europäischen Rates nach dem Inkrafttreten des Vertrags von Lissabon nach den Vorgaben dieser Geschäftsordnung ermöglichen.[37] Ein Zuwarten mit dem Geschäftsordnungserlass war untunlich angesichts der Tatsache, dass es zuvor keine in Geltung stehende Verfahrens- oder Geschäftsordnung des Europäischen Rates gab.

E. Unterstützung durch das Generalsekretariat des Rates

Art. 235 Abs. 4 AEUV sieht vor, dass der Europäische Rat vom Generalsekretariat des   **17** Rates unterstützt wird. Damit ist die seit der Institutionalisierung der Treffen des Europäischen Rates schwebende Frage, ob der Europäische Rat eines eigenen Verwaltungsunterbaus für die **Vorbereitung und Organisation** seiner Tagungen bedarf,[38] abschlägig beschieden worden. Der Europäische Rat besitzt keinen eigenständigen Unterbau. Der Grund für diese Entscheidung mag darin zu sehen sein, dass eine zu starke Machtkonzentration in der Hand des Präsidenten des Europäischen Rates nicht gewollt war.[39]

---

[33] In diesem Sinne *Kumin*, in: Grabitz/Hilf/Nettesheim, EU, Art. 235 AEUV (September 2014), Rn. 13.

[34] *Pechstein*, in: Streinz, EUV/AEUV, Art. 235 AEUV, Rn. 7; *Epping*, in: Vedder/Heintschel v. Heinegg, Europäisches Unionsrecht, Art. 235 AEUV, Rn. 9.

[35] *Pechstein*, in: Streinz, EUV/AEUV, Art. 235 AEUV, Rn. 7.

[36] Beschluss 2009/882/EU des Europäischen Rates vom 1.12.2009 zur Festlegung seiner Geschäftsordnung, ABl. 2009, L 315/51.

[37] *Kumin*, in: Grabitz/Hilf/Nettesheim, EU, Art. 235 AEUV (September 2014), Rn. 16.

[38] Vgl. dazu *Bulmer/Wessels*, S. 51.

[39] *Epping*, in: Vedder/Heintschel v. Heinegg, Europäisches Unionsrecht, Art. 235 AEUV, Rn. 10.

18   Einzelheiten der unterstützenden Tätigkeit des Generalsekretariats des Rates sind in der Geschäftsordnung des Europäischen Rates geregelt. In Art. 13 Abs. 2 GO-ER ist vorgesehen, dass der Generalsekretär des Rates an den Tagungen des Europäischen Rates teilnimmt. Er trifft alle erforderlichen Maßnahmen für die Organisation der Arbeiten des Europäischen Rates. So erstellt das Generalsekretariat etwa gemäß Art. 8 Abs. 1 Satz 1 GO-ER die Entwürfe der Protokolle der Tagungen des Europäischen Rates. Die vom Europäischen Rat genehmigten Tagungsprotokolle werden vom Generalsekretär des Rates unterzeichnet (Art. 8 Abs. 1 Satz 2 GO-ER). Dieser unterzeichnet auch gemeinsam mit dem Präsidenten des Europäischen Rates die vom Europäischen Rat angenommenen Beschlüsse (Art. 12 Abs. 1 Satz 1 GO-ER).

Artikel 236 AEUV [Beschlüsse zu den Zusammensetzungen und zum Vorsitz des Rates]

Der Europäische Rat erlässt mit qualifizierter Mehrheit
a) einen Beschluss zur Festlegung der Zusammensetzungen des Rates, mit Ausnahme des Rates »Allgemeine Angelegenheiten« und des Rates »Auswärtige Angelegenheiten« nach Artikel 16 Absatz 6 des Vertrags über die Europäische Union;
b) einen Beschluss nach Artikel 16 Absatz 9 des Vertrags über die Europäische Union zur Festlegung des Vorsitzes im Rat in allen seinen Zusammensetzungen mit Ausnahme des Rates »Auswärtige Angelegenheiten«.

Literaturübersicht

Bribosia, The Main Institutional Innovations in the Lisbon Treaty, in: Griller/Ziller (Hrsg.), The Lisbon Treaty, 2008, S. 57; *Calliess*, Die neue Europäische Union nach dem Vertrag von Lissabon, 2010; *Isak*, Institutionelle Ausgestaltung der Europäischen Union, in: Hummer/Obwexer (Hrsg.), Der Vertrag von Lissabon, 2009, S. 133; *Pache/Rösch*, Der Vertrag von Lissabon, NVwZ 2008, 473.

Wesentliche sekundärrechtliche Vorschriften

Beschluss 2009/878/EU des Rates (Allgemeine Angelegenheiten) vom 1.12.2009 zur Festlegung der Liste der Zusammensetzungen des Rates, die zu den in Artikel 16 Abs. 6 Unterabsätze 2 und 3 des Vertrags über die Europäische Union genannten Zusammensetzungen hinzukommen, ABl. 2009, L 315/46; geändert durch Beschluss 2010/594/EU des Europäischen Rates vom 16.9.2010, ABl. 2010, L 263/12
Beschluss 2009/881/EU des Europäischen Rates vom 1.12.2009 über die Ausübung des Vorsitzes im Rat, ABl. 2009, L 315/50
Beschluss 2009/908/EU des Rates vom 1.12.2009 zur Festlegung von Maßnahmen für die Durchführung des Beschlusses des Europäischen Rates über die Ausübung des Vorsitzes im Rat und über den Vorsitz in den Vorbereitungsgremien des Rates, ABl. 2009, L 322/28, geändert durch Beschluss (EU) 2016/1316 des Rates vom 26.7.2016, ABl. 2016, L 208/42

Inhaltsübersicht

A. Festlegung der Zusammensetzungen des Rates

Bereits nach alter Rechtslage vor dem Inkrafttreten des Vertrags von Lissabon war es **1** dem Rat möglich, in **verschiedenen fachlichen Zusammensetzungen** (z.B. Außenminister, Landwirtschaftsminister oder Wirtschaftsminister etc.) – unter Umständen sogar gleichzeitig – zusammenzutreten und sich mit unterschiedlichen Materien zu befassen. Vertraglich verankert waren diese unterschiedlichen Ratsformationen nicht. Lediglich eine besondere Konfiguration des Rates war zuvor in den Verträgen ausdrücklich vorgesehen. Es handelte sich um den Rat in der Zusammensetzung der Staats- und Regierungschefs (vgl. Art. 7 Abs. 2 EUV a.F., Art. 121 Abs. 2, 3 und 4 EGV, Art. 122 Abs. 2 Satz 2 EGV sowie Art. 214 Abs. 2 UAbs. 1 EGV). Diese Ratsformation ist in den derzeitigen Unionsverträgen nicht mehr vorgesehen, was damit erklärt werden kann, dass der Europäische Rat durch den Vertrag von Lissabon formell in den Rang eines Organs der Europäischen Union aufgestiegen ist und nunmehr die früheren Aufgaben des Rates in seiner höchstrangigen Zusammensetzung übernommen hat (vgl. etwa früher Art. 214 Abs. 2 UAbs. 1 EGV sowie jetzt Art. 17 Abs. 7 UAbs. 1 Satz 1 EUV).[1]

2   Die derzeit geltenden Unionsverträge erkennen die Existenz verschiedener Ratsformationen in Art. 16 Abs. 6 UAbs. 1 EUV ausdrücklich an. Danach tagt der Rat in verschiedenen Zusammensetzungen. Zwei Formationen des Rates werden durch Art. 16 Abs. 6 UAbs. 2 und 3 EUV sogar primärrechtlich eingerichtet, nämlich der **Rat »Allgemeine Angelegenheiten«** sowie der **Rat »Auswärtige Angelegenheiten«.**

3   Die Liste aller **übrigen Zusammensetzungen des Rates** soll vom Europäischen Rat auf der Grundlage von Art. 236 AEUV angenommen werden. Nach Art. 236 Buchst. a AEUV beschließt der Europäische Rat über die Zusammensetzungen des Rates, mit Ausnahme des Rates »Allgemeine Angelegenheiten« und des Rates »Auswärtige Angelegenheit«. Von dieser Kompetenz hat der Europäische Rat bislang allerdings noch nicht in vollständiger Weise Gebrauch gemacht. Daher kommt derzeit noch Art. 4 des Lissabonner Protokolls Nr. 36 über die Übergangsbestimmungen[2] zur Anwendung. Danach kann der Rat »Allgemeine Angelegenheiten« bis zu einer Regelung durch den Europäischen Rat die Liste der verschiedenen Zusammensetzungen des Rates mit einfacher Mehrheit beschließen. Von dieser Möglichkeit hat der Rat »Allgemeine Angelegenheiten« mit dem Beschluss 2009/878/EU vom 1. 12. 2009[3] Gebrauch gemacht, wobei er die beiden in Art. 16 Abs. 6 UAbs. 2 und 3 EUV genannten Ratsformationen deklaratorisch in seine Liste aufgenommen hat. Der Europäische Rat seinerseits hat auf der Grundlage von Art. 16 Abs. 6 UAbs. 1 EUV und Art. 236 Buchst. a AEUV diese Liste durch Beschluss vom 16. 9. 2010[4] geringfügig geändert und einzelnen Ratsformationen klarstellend weitere Sachbereiche zugeordnet. Danach kann der Rat in folgenden Zusammensetzungen zusammentreten: 1. Allgemeine Angelegenheiten, 2. Auswärtige Angelegenheiten, 3. Wirtschaft und Finanzen, 4. Justiz und Inneres, 5. Beschäftigung, Sozialpolitik, Gesundheit und Verbraucherschutz, 6. Wettbewerbsfähigkeit (Binnenmarkt, Industrie, Forschung und Raumfahrt), 7. Verkehr, Telekommunikation und Energie, 8. Landwirtschaft und Fischerei, 9. Umwelt sowie 10. Bildung, Jugend, Kultur und Sport. Im Anhang I zur Geschäftsordnung des Rates[5] ist diese Liste nochmals abgedruckt, wobei es dort heißt, dass jeder Mitgliedstaat selbst darüber entscheidet, auf welche Weise er sich gemäß Art. 16 Abs. 2 EUV vertreten lässt. Zudem ist es danach möglich, dass an derselben Ratsformation mehrere Minister als Amtsinhaber teilnehmen können. Dies führt etwa dazu, dass im Rat »Wirtschaft und Finanzen« die Wirtschafts- und Finanzminister der Mitgliedstaaten zusammentreten können (sogenannter »ECOFIN«).

---

[1] *Kumin*, in: Grabitz/Hilf/Nettesheim, EU, Art. 236 AEUV (September 2014), Rn. 9.

[2] ABl. 2012, C 326/322.

[3] Beschluss 2009/878/EU des Rates (Allgemeine Angelegenheiten) vom 1. 12. 2009 zur Festlegung der Liste der Zusammensetzungen des Rates, die zu den in Artikel 16 Abs. 6 Unterabsätze 2 und 3 des Vertrags über die Europäische Union genannten Zusammensetzungen hinzukommen, ABl. 2009, L 315/46; geändert durch Beschluss 2010/594/EU des Europäischen Rates vom 16. 9. 2010, ABl. 2010, L 263/12.

[4] Beschluss 2010/594/EU des Europäischen Rates vom 16. 9. 2010 zur Änderung der Liste der Zusammensetzungen des Rates, ABl. 2010, L 263/12.

[5] Beschluss 2009/937/EU des Rates vom 1. 12. 2009 zur Annahme seiner Geschäftsordnung, ABl. 2009, L 325/35.

B. Festlegung des Vorsitzes im Rat

Auch die Festlegung des Vorsitzes im Rat fällt in die Zuständigkeit des Europäischen   **4**
Rates. Dies betrifft gemäß Art. 16 Abs. 9 EUV und Art. 236 Buchst. b AEUV alle Ratsformationen mit Ausnahme des Rates »Auswärtige Angelegenheiten«. Für diese Zusammensetzung des Rates ist in Art. 18 Abs. 3 EUV und Art. 27 Abs. 1 EUV primärrechtlich festgelegt, dass der Hohe Vertreter der Union für Außen- und Sicherheitspolitik den Vorsitz führt. Für alle übrigen Ratsformationen schreibt das Primärrecht in
Art. 16 Abs. 9 EUV lediglich vor, dass der Vorsitz nach einem **System der gleichberechtigten Rotation der Mitgliedstaaten** wahrgenommen werden soll. Im Rahmen dieser
Vorgaben ist der Europäische Rat frei, eine Regelung zu treffen.

Von seiner Kompetenz gemäß Art. 16 Abs. 9 EUV und Art. 236 Buchst. b AEUV hat   **5**
der Europäische Rat durch den Beschluss 2009/881/EU vom 1. 12. 2009[6] Gebrauch gemacht. Der Erlass dieses Beschlusses war dem Europäischen Rat durch die dem Vertrag
von Lissabon beigefügte Erklärung Nr. 9[7] aufgegeben. Diese Erklärung enthält den Entwurf dieses Beschlusses, der vom Europäischen Rat am Tag des Inkrafttretens des Vertrags von Lissabon anzunehmen war. In Art. 1 Abs. 1 des Beschlusses 2009/881/EU hat
der Europäische Rat bestimmt, dass der Vorsitz im Rat – mit Ausnahme der Formation
»Auswärtige Angelegenheiten« – von zuvor festgelegten **Gruppen von drei Mitgliedstaaten** für einen **Zeitraum von jeweils 18 Monaten** wahrgenommen wird. Bei der Besetzung dieser Gruppen muss das System der gleichberechtigten Rotation ebenso berücksichtigt werden wie die Verschiedenheit der Mitgliedstaaten und das geografische
Gleichgewicht innerhalb der Europäischen Union. Weiter ist in Art. 1 Abs. 2 des Beschlusses vorgeben, dass jedes Mitglied der Dreiergruppe den Vorsitz für sechs Monate
wahrnehmen soll, wobei er von den anderen Mitgliedern der Dreiergruppe unterstützt
werden soll. Den Dreiergruppen soll es möglich sein, untereinander eine abweichende
Regelung zu treffen. Mit dieser Regelung weicht der Europäische Rat leicht von der
früheren Rechtslage gemäß Art. 203 Abs. 2 EGV ab, wonach der Vorsitz im Rat von den
Mitgliedstaaten nacheinander für je sechs Monate wahrgenommen werden musste. Die
Neuregelung bezweckt mit dieser »Teampräsidentschaft«[8], der Arbeit des Rates mehr
Kontinuität zu verliehen und zu gewährleisten, dass auch längerfristige, die Periode des
Vorsitzes eines Mitgliedstaates überdauernde Projekte nach einheitlichen programma-
tischen Grundsätzen fortgeführt werden.[9]

Die Festlegung der Reihenfolge des Vorsitzes und die Einteilung der Dreiergruppen   **6**
hat der Europäische Rat nicht selbst getroffen. Die Entscheidungen hierüber hat er
gemäß Art. 4 des Beschlusses 2009/881/EU an den Rat delegiert, der die entsprechenden Durchführungsbestimmungen erlassen soll. Von dieser Ermächtigung hat der Rat
durch den Beschluss 2009/908/EU vom 1. 12. 2009[10] Gebrauch gemacht. Danach beließ

---

[6] Beschluss 2009/881/EU des Europäischen Rates vom 1. 12. 2009 über die Ausübung des Vorsitzes im Rat, ABl. 2009, L 315/50.

[7] Erklärung Nr. 9 zu Artikel 16 Absatz 9 des Vertrags über die Europäische Union betreffend den
Beschluss des Europäischen Rates über die Ausübung des Vorsitzes im Rat, ABl. 2012, C 326/343.

[8] *Pache/Rösch*, NVwZ 2008, 473 (477); *Calliess*, S. 129; *Bribosia*, S. 69.

[9] *Pache/Rösch*, NVwZ 2008, 473 (477); *Haratsch/Koenig/Pechstein*, Europarecht, Rn. 247.

[10] Beschluss 2009/908/EU des Rates vom 1. 12. 2009 zur Festlegung von Maßnahmen für die
Durchführung des Beschlusses des Europäischen Rates über die Ausübung des Vorsitzes im Rat und
über den Vorsitz in den Vorbereitungsgremien des Rates, ABl. 2009, L 322/28; berichtigt ABl. 2009, L
344/56.

es der Rat gemäß Art. 1 des Beschlusses 2009/908/EU zunächst bei der noch nach alter Rechtslage bis in das Jahr 2020 festgelegten **Reihenfolge**, in welcher die Mitgliedstaaten den Vorsitz im Rat wahrnehmen sollen und verwies insoweit auf seinen Beschluss aus dem Jahr 2007[11]. Großbritannien sollte danach eigentlich den Vorsitz in der zweiten Jahreshälfte 2017 übernehmen. Es hat in der Folge des sog. »Brexit«-Referendums vom 23.6.2016 jedoch seinen Austritt aus der Europäischen Union angekündigt und zugleich darum gebeten, den Vorsitz während der anstehenden Austrittsverhandlungen nicht übernehmen zu müssen. Daher hat der Rat am 26.7.2016 die Reihenfolge des Vorsitzes und die Einteilung der Dreiergruppen geändert. Im modifizierten Anhang I des Beschlusses 2009/908/EU werden nunmehr die Reihenfolge des Vorsitzes und die Einteilung in die vom Europäischen Rat geforderten Dreiergruppen bis in das Jahr 2030 vorgenommen.[12] Der Vorsitz und die Dreiergruppen sind wie folgt festgelegt:

– Niederlande (Januar bis Juni 2016), Slowakei (Juli bis Dezember 2016), Malta (Januar bis Juni 2017)
– Estland (Juli bis Dezember 2017), Bulgarien (Januar – Juni 2018), Österreich (Juli – Dezember 2018)
– Rumänien (Januar – Juni 2019), Finnland (Juli – Dezember 2019), Kroatien (Januar – Juni 2020)
– Deutschland (Juli – Dezember 2020), Portugal (Januar – Juni 2021), Slowenien (Juli – Dezember 2021)
– Frankreich (Januar – Juni 2022), Tschechien (Juli – Dezember 2022), Schweden (Januar – Juni 2023)
– Spanien (Juli – Dezember 2023), Belgien (Januar – Juni 2024), Ungarn (Juli – Dezember 2024)
– Polen (Januar – Juni 2025), Dänemark (Juli – Dezember 2025), Zypern (Januar – Juni 2026)
– Irland (Juli – Dezember 2026), Litauen (Januar – Juni 2027), Griechenland (Juli – Dezember 2027)
– Italien (Januar – Juni 2028), Lettland (Juli – Dezember 2028), Luxemburg (Januar – Juni 2029)
– Niederlande (Juli – Dezember 2029), Slowakei (Januar – Juni 2030), Malta (Juli – Dezember 2030)

7   Sowohl im Beschluss des Europäischen Rates (Art. 1 Abs. 2 Satz 3 Beschluss 2009/881/EU) als auch im Durchführungsbeschluss des Rates (Art. 2 Abs. 2 Beschluss 2009/908/EU) ist vorgesehen, dass die Mitglieder der jeweiligen Dreiergruppen untereinander **alternative Regelungen** beschließen können. Offen bleibt, ob sich dies allein auf die Frage der Unterstützung des jeweils vorsitzführenden Staates bezieht oder auch auf die Dauer der Vorsitzperiode von sechs Monaten. Bereits der Wortlaut von Art. 2 Abs. 3 Beschluss 2009/881/EU spricht für eine Beschränkung auf die Frage der gegenseitigen Unterstützung, da es dort heißt, man könne die praktischen Modalitäten der Zusammenarbeit regeln. Zudem würde eine abweichende Regelung der Dreiergruppe

---

[11] Beschluss 2007/5/EG, Euratom des Rates vom 1.1.2007 zur Festlegung der Reihenfolge für die Wahrnehmung des Vorsitzes im Rat, ABl. 2007, L 1/11.
[12] Beschluss (EU) 2016/1316 des Rates vom 26.7.2016 zur Änderung des Beschlusses 2009/908/EU des Rates vom 1.12.2009 zur Festlegung von Maßnahmen für die Durchführung des Beschlusses des Europäischen Rates über die Ausübung des Vorsitzes im Rat und über den Vorsitz in den Vorbereitungsgremien des Rates, ABl. 2016, L 208/42.

in Bezug auf die sechsmonatige Wahrnehmung des Vorsitzes eine Abweichung von dem primärrechtlich vorgegebenen System der gleichberechtigten Rotation zwischen den Mitgliedstaaten bedeuten. Dass Art. 2 Abs. 3 Beschluss 2009/881/EU nur eine einvernehmliche abweichende Regelung in Bezug auf die Zusammenarbeit der Dreiergruppe gestattet, spricht auch gegen die Möglichkeit, eine sektorale Aufteilung des Vorsitzes unter den Mitgliedern der jeweiligen Dreiergruppe einzuführen, etwa dergestalt, dass die Vorsitzführung in den verschiedenen Ratsformationen auf diese drei Mitgliedstaaten verteilt werden.[13] Von anderer Seite wird erwogen, ob nicht möglicherweise eine Delegation des Vorsitzes für einzelne Ratsformationen durch den Vorsitzstaat auf andere Mitgliedstaaten in Betracht kommt.[14] Da allerdings kaum davon auszugehen sein dürfte, dass sich innerhalb der verschiedenen Dreiergruppen eine einheitliche Praxis etablieren würde, wäre auch hier ein Konflikt mit dem System der gleichberechtigten Rotation des Vorsitzes zwischen den Mitgliedstaaten vorprogrammiert. Zudem könnten bei derartigen Überlegungen kleinere Mitgliedstaaten unter Druck geraten, einer Delegation zustimmen zu müssen.[15]

C. Beschlussfassung mit qualifizierter Mehrheit

Sowohl für die Beschlüsse über die Festlegung der Zusammensetzungen des Rates als auch über den Vorsitz im Rat schreibt Art. 236 AEUV eine **qualifizierte Mehrheit im Europäischen Rat** vor. Insoweit gilt die Regelung des Art. 235 Abs. 1 UAbs. 2 Satz 1 AEUV. Seit dem 1.11.2014 sind danach Art. 16 Abs. 4 EUV und Art. 238 Abs. 2 AEUV, die Regelungen für Abstimmungen im Rat enthalten, entsprechend anwendbar.[16] Der Präsident des Europäischen Rates und der Präsident der Kommission sind dabei gemäß Art. 235 Abs. 1 UAbs. 2 Satz 2 AEUV nicht stimmberechtigt.[17]

8

---

[13] Dies hält aber *Kumin*, in: Grabitz/Hilf/Nettesheim, EU, Art. 236 AEUV (September 2014), Rn. 21, für möglich.
[14] Vgl. *Bribosia*, S. 69; *Isak*, S. 151.
[15] So zutreffend *Isak*, S. 152.
[16] S. Art. 235 AEUV, Rn. 7.
[17] S. Art. 235 AEUV, Rn. 10 f.

Abschnitt 3
Der Rat

Artikel 237 AEUV [Einberufung des Rates]

Der Rat wird von seinem Präsidenten aus eigenem Entschluss oder auf Antrag eines seiner Mitglieder oder der Kommission einberufen.

Literaturübersicht

Bostock, Coreper Revisited, JCMSt 40 (2002), 215; *Hayes-Renshaw/Wallace*, The Council of Ministers, 2. Aufl., 2006; *Mentler*, Der Ausschuß der Ständigen Vertreter bei den Europäischen Gemeinschaften, 1996; *Noël*, Der Ausschuß der Ständigen Vertreter, EuR 1967, 24; *Wedemeyer*, Mehrheitsbeschlussfassung im Rat der Europäischen Union, 2008; *Westlake/Galloway*, The Council of the European Union, 3. Aufl. 2006.

Wesentliche sekundärrechtliche Vorschrift

Beschluss 2009/882/EU des Europäischen Rates vom 1.12.2009 zur Festlegung seiner Geschäftsordnung, ABl. 2009, L 315/51

Leitentscheidung

EuGH, Urt. v. 30.6.1988, Rs. 297/88 (CIDA/Rat), Slg. 1988, 3531

Inhaltsübersicht

A. Allgemeines

1 Art. 237 AEUV ergänzt Art. 16 EUV und behandelt aus dem Bereich der **Organisation der Tagungen des Rates** die Einberufung von Ratstagungen. Die weiterführenden Bestimmungen bleiben der Geschäftsordnung des Rates (GO-Rat)[1] vorbehalten. Diese Regelungen gelten allerdings nur für den Rat als Organ der Europäischen Union, nicht hingegen für sonstige Ministerkonferenzen außerhalb der Organstruktur, obgleich diese

---

[1] Beschluss 2009/937/EU des Rates vom 1.12.2009 zur Annahme seiner Geschäftsordnung, ABl. 2009, L 325/35; zuletzt geändert durch Beschluss (EU/Euratom) 2015/2393 des Rates vom 8.12.2015, ABl. 2015, L 332/133.

Treffen auch als »**informelle Ratstagungen**« bezeichnet werden.[2] Um eine Umgehung der unionsrechtlichen Vorschriften über Tagungen des Rates zu verhindern, hat der Europäische Rat von Helsinki vom 10./11. 12.1999 Empfehlungen für informelle Ministertagungen beschlossen. Danach sollen für derartige Tagungen u. a. keine offiziellen Tagesordnungen aufgestellt werden. Die Erörterungen dürfen auf keinen Fall die Erstellung von Ratsdokumenten vor oder nach der Tagung erforderlich machen. Und bei derartigen Tagungen darf es nicht zu förmlichen Schlussfolgerungen oder gar Beschlüssen kommen.[3]

B. Sitz und Tagungsorte des Rates

Der Rat hat seinen Sitz in **Brüssel**. Dies ist im Einzigen Artikel Buchst. b Satz 1 des   2
Protokolls Nr. 6 zum Vertrag von Lissabon festgelegt.[4] Vom Sitz des Rates zu unterscheiden sind dessen Tagungsorte. Regelmäßig finden die Ratstagungen an seinem Sitz in Brüssel statt. Lediglich in den Monaten April, Juni und Oktober ist **Luxemburg** Tagungsort des Rates (Einziger Artikel Buchst. c Satz 2 Protokoll Nr. 6). Unter außergewöhnlichen Umständen und in hinreichend begründeten Fällen kann der Rat oder der Ausschuss der Ständigen Vertreter der Regierungen der Mitgliedstaaten (AStV) gemäß Art. 1 Abs. 3 UAbs. 3 GO-Rat einstimmig beschließen, dass eine Tagung des Rates an einem anderen Ort abgehalten wird. Dies kann etwa am Rande internationaler Verhandlungen geschehen, wenn es dem Rat darauf ankommt, vor Ort präsent zu sein, um seine Position kurzfristig abstimmen zu können.[5]

C. Tagungsplanung

Die Tagungsplanung des Rates erfolgt durch den **Vorsitz des Rates.**[6] Dieser teilt nach den   3
entsprechenden Konsultationen sieben Monate vor dem Beginn des betreffenden Halbjahres **für alle Zusammensetzungen des Rates** die Termine mit, die er für die Tagungen vorsieht, zu denen der Rat zusammentreten muss, um seine Aufgabe als Gesetzgeber zu erfüllen oder operative Entscheidungen zu treffen. Diese Termine werden in einem einheitlichen Dokument zusammengefasst, das für alle Zusammensetzungen des Rates gilt (Art. 1 Abs. 2 GO-Rat). Die Tagungsplanung beruht auf einem Achtzehnmonatsprogramm für die Tätigkeiten Rates, dessen Entwurf in enger Zusammenarbeit mit der Kommission und dem Präsidenten des Europäischen Rates die Gruppe von drei Mitgliedstaaten erstellt, die den Vorsitz des Rates während eines Zeitraums von 18 Monaten wahrnimmt.[7] Dieses Achtzehnmonatsprogramm ist vom Rat »Allgemeine Angelegen-

---

[2] *Obwexer/Hummer*, in: Streinz, EUV/AEUV, Art. 237 AEUV, Rn. 2; *Hix*, in: Schwarze, EU-Kommentar, Art. 237 AEUV, Rn. 3.

[3] Vgl. Anlage III der Schlussfolgerungen des Vorsitzes des Europäischen Rates von Helsinki vom 10./11. 12.1999, Bull.EU 12–1999, 22.

[4] Protokoll Nr. 6 über die Festlegung der Sitze der Organe und Bestimmter Einrichtungen, sonstiger Stellen und Dienststellen der Europäischen Union, ABl. 2012, C 326/267.

[5] *Hix*, in: Schwarze, EU-Kommentar, Art. 237 AEUV, Rn. 4.

[6] Dazu Art. 16 EUV, Rn. 22 ff.

[7] Vgl. Art. 16 EUV, Rn. 25.

heiten« zu billigen (Art. 2 Abs. 6 GO-Rat). Die Planung der Tagungstermine ist freilich nur vorläufig und kann aus aktuellem Anlass später angepasst werden.[8]

D. Vorbereitung und Einberufung der Tagungen

I. Indikative Tagesordnung

4   Auf der Grundlage des Achtzehnmonatsprogramms und der Tagungsplanung erstellt der Vorsitz gemäß Art. 2 Abs. 7 GO-Rat für jede Zusammensetzung des Rates und nach entsprechenden Konsultationen **indikative Tagesordnungsentwürfe** für die im kommenden Halbjahr vorgesehenen Tagungen des Rates unter Angabe der geplanten Rechtsetzungsschritte und operativen Entscheidungen. Diese Entwürfe werden spätestens eine Woche vor dem Beginn des betreffenden Halbjahres in Absprache mit der Kommission erstellt. Sie werden in einem einheitlichen Dokument zusammengefasst, das für alle Zusammensetzungen des Rates gilt.

II. Vorläufige Tagesordnung

5   Für jede Tagung erstellt der Präsident, d.h., die Person, die den Vorsitz in einer der Zusammensetzungen des Rates wahrnimmt, eine **vorläufige Tagesordnung** (Art. 3 Abs. 1 Satz 1 GO-Rat). In die vorläufige Tagesordnung sind alle Punkte aufzunehmen, für die der Antrag eines Ratsmitglieds oder der Kommission sowie die zugehörigen Unterlagen dem Generalsekretariat des Rates spätestens 16 Tage vor Beginn der betreffenden Tagung zugegangen sind (Art. 3 Abs. 2 GO-Rat). Ebenso müssen die gemäß Protokoll Nr. 1 über die Rolle der nationalen Parlamente in der Europäischen Union[9] und gemäß Protokoll Nr. 2 über die Anwendung der Grundsätze der Subsidiarität und der Verhältnismäßigkeit[10] abzuwartenden Fristen abgelaufen sein (Art. 3 Abs. 3 GO-Rat). Die vorläufige Tagesordnung einschließlich der zugehörigen Unterlagen werden den Ratsmitgliedern und der Kommission spätestens 14 Tage vor Beginn der Tagung übersandt (Art. 3 Abs. 1 Satz 2 und Abs. 4 GO-Rat) und sind gleichzeitig den nationalen Parlamenten der Mitgliedstaaten zuzuleiten (Art. 3 Abs. 1 Satz 3 GO-Rat).

6   Die vorläufige Tagesordnung besteht, wie auch später die endgültige Tagesordnung aus den beiden Teilen **»Beratungen über Gesetzgebungsakte«** sowie **»Nicht die Gesetzgebung betreffende Tätigkeiten«**. Diese Aufteilung geschieht vor dem Hintergrund der Regelung des Art. 16 Abs. 8 EUV, wonach Beratungen und Abstimmungen über Gesetzgebungsakte öffentlich stattzufinden haben.[11] Ergänzt werden kann die Tagesordnung gegebenenfalls um einen Punkt »Sonstiges« (Art. 3 Abs. 9 GO-Rat).

7   Beide Teile der Tagesordnung sind ihrerseits wieder in **A-Punkte** und **B-Punkte** zu untergliedern (Art. 3 Abs. 6 UAbs. 2 GO-Rat). Als A-Punkte werden diejenigen Tagesordnungspunkte geführt, bei denen es im Ausschuss der Ständigen Vertreter, der die Tagung vorbereitet hat, gelungen ist, Einvernehmen zwischen den Mitgliedstaaten her-

---

[8] *Hix*, in: Schwarze, EU-Kommentar, Art. 237 AEUV, Rn. 6.

[9] Vgl. Art. 4 des Protokolls Nr. 1 über die Rolle der nationalen Parlamente in der Europäischen Union, ABl. 2012, C 326/203.

[10] Vgl. Art. 6 des Protokolls Nr. 2 über die Anwendung der Grundsätze der Subsidiarität und der Verhältnismäßigkeit, ABl. 2012, C 326/206.

[11] Vgl. Art. 16 EUV, Rn. 42 ff.

zustellen, so dass erwartet werden kann, dass der Rat diese Punkte ohne Aussprache genehmigt. Der Rat verhandelt regelmäßig selbst dann nur noch über die strittig gebliebenen sogenannten »B-Punkte« der Tagesordnung.

III. Einberufung des Rates

Die Einberufung des Rates erfolgt gemäß Art. 237 AEUV durch den Präsidenten des   8
Rates, d. h., durch die Person, die den Vorsitz in der jeweiligen Zusammensetzung des Rates wahrnimmt. Dies ist für den Rat »Auswärtige Angelegenheiten« der Hohe Vertreter der Union für Außen- und Sicherheitspolitik (Art. 18 Abs. 3 EUV), im Übrigen der Fachminister des jeweiligen Vorsitzstaates. Die **Initiative** für die Einberufung kann entweder vom **Präsidenten** selbst ausgehen oder von einem **Ratsmitglied** oder von der **Kommission**. Liegt ein Antrag eines Ratsmitglieds oder der Kommission vor, ist der Präsident zur Einberufung des Rates verpflichtet.[12] Im Übrigen steht die Einberufung, im Rahmen der vorgegebenen Tagungsplanung, im Ermessen des Präsidenten. Dabei können zusätzliche Tagungen einberufen werden, aber auch zunächst vorgesehene Termine, deren Wahrnehmung nicht länger gerechtfertigt erscheint, gemäß Art. 2 Abs. 7 UAbs. 2 GO-Rat abgesetzt werden. Die Einberufung wird vom Präsidenten des Rates vorbereitet und vom Generalsekretariat des Rates an die Delegationen und die Kommission übermittelt.[13]

Eine **speziellere Regelung** gilt gemäß Art. 30 Abs. 2 EUV für den **Rat »Auswärtige**   9
Angelegenheiten«, den der Hohe Vertreter der Union für Außen- und Sicherheitspolitik von sich aus oder auf Antrag eines Mitgliedstaates innerhalb von 48 Stunden oder bei absoluter Notwendigkeit in kürzerer Zeit zu einer außerordentlichen Tagung einberufen kann. Art. 30 Abs. 2 EUV ist lex specialis zu Art. 237 AEUV.[14]

E. Durchführung der Tagungen

I. Zugang zu den Ratstagungen

Zugelassen zu den Tagungen des Rates sind die **Mitglieder des Rates**, d. h. die zustän-   10
digen Ressortminister der Mitgliedstaaten oder deren Stellvertreter. An den Tagungen des Rates »Auswärtige Angelegenheiten« nimmt zudem der **Hohe Vertreter der Union für die Außen- und Sicherheitspolitik** teil, der dieser Ratsformation auch vorsitzt. Die Ratsmitglieder können zu ihrer Unterstützung Beamte hinzuziehen (Art. 5 Abs. 3 Satz 1 GO-Rat). Die **Kommission** ist gemäß Art. 5 Abs. 2 Satz 1 GO-Rat zur Teilnahme an den Tagungen eingeladen und wird regelmäßig durch den zuständigen Kommissar vertreten. Auch er kann zu seiner Unterstützung Beamte hinzuziehen. Zu den Tagungen des Rates ist gemäß Art. 284 Abs. 2 AEUV der **Präsident der Europäischen Zentralbank** einzuladen, wenn der Rat Fragen im Zusammenhang mit den Zielen und Aufgaben des Europäischen Zentralbanksystems (ESZB) erörtert. Der Rat kann beschließen, auch **andere Organe und Einrichtungen** zur Teilnahme an einer Tagung einzuladen, sofern

---

[12] *Obwexer/Hummer*, in: Streinz, EUV/AEUV, Art. 237 AEUV, Rn. 17; *Hix*, in: Schwarze, EU-Kommentar, Art. 237 AEUV, Rn. 7; *Breier*, in: Lenz/Borchardt, EU-Verträge, Art. 237 AEUV, Rn. 1; *Jacqué*, in: GSH, Europäisches Unionsrecht, Art. 237 AEUV, Rn. 1.

[13] *Obwexer/Hummer*, in: Streinz, EUV/AEUV, Art. 237 AEUV, Rn. 16.

[14] *Ziegenhorn*, in: Grabitz/Hilf/Nettesheim, EU, Art. 237 AEUV (Januar 2015), Rn. 3.

deren Anwesenheit bei der Beratung eines bestimmten Tagesordnungspunktes sinnvoll erscheint.[15] Auch das **Generalsekretariat** des Rates nimmt an den Tagungen teil und berät den jeweiligen Vorsitz bei organisatorischen und inhaltlichen Fragen.[16]

II. Endgültige Tagesordnung

11   Die endgültige Tagesordnung stellt der Rat zu Beginn seiner Tagung mit **einfacher Mehrheit** fest (vgl. Art. 240 Abs. 3 AEUV), wobei auch neue Punkte, die nicht in der vorläufigen Tagesordnung enthalten waren, einstimmig in sie aufgenommen werden können (Art. 3 Abs. 7 GO-Rat). Wie die vorläufige Tagesordnung gliedert sich die endgültige in die beiden Teile »**Beratungen über Gesetzgebungsakte**« und »**Nicht die Gesetzgebung betreffende Tätigkeiten**« sowie gegebenenfalls in einen Teil »**Sonstiges**«. In den beiden Hauptteilen wird zwischen **A-Punkten**, bei deren Behandlung keine Aussprache zu erwarten ist, und **B-Punkten** unterschieden.[17] Stellt sich heraus, dass aufgrund der Stellungnahme eines Ratsmitglieds zu einem A-Punkt eine Aussprache erforderlich ist, wird dieser Punkt von der Tagesordnung abgesetzt, es sei denn, der Rat beschließt, ihn als B-Punkt auf der gleichen Tagung zu behandeln (Art. 3 Abs. 8 GO-Rat).[18] Als B-Punkte werden die Punkte behandelt, über die noch keine Einigkeit besteht, so dass eine vorherige Aussprache im Rat erforderlich ist.[19]

12   Da über A-Punkte regelmäßig ohne Aussprache im Rat entschieden wird, stellt sich die Frage, ob hierin nicht ein Verstoß gegen das **Demokratieprinzip** zu sehen sein könnte. Nach der Rechtsprechung des EuGH ist eine Beschlussfassung ohne vorherige Aussprache im Rat rechtsfehlerfrei.[20] Anführen kann man insofern, dass zuvor im Ausschuss der Ständigen Vertreter eine inhaltliche Diskussion stattgefunden hat und die Behandlung der A-Punkte im Rat, über die in der Praxis im Block abgestimmt wird,[21] der effizienten Verfahrensgestaltung im Rat dient.[22] Zudem kann ein A-Punkt in einem früheren Stadium als B-Punkt behandelt worden sein,[23] so dass eine Aussprache im Rat bereits früher stattgefunden hat.

III. Öffentlichkeit der Ratstagungen

13   Nach Art. 16 Abs. 8 Satz 1 EUV tagt der Rat öffentlich, soweit er über Entwürfe zu Gesetzgebungsakten berät oder abstimmt.[24] Öffentlich sind daher die Tagesordnungspunkte, die im Teil »**Beratungen über Gesetzgebungsakte**« behandelt werden. Soweit es den Teil »Nicht die Gesetzgebung betreffende Tätigkeiten« betrifft, sieht Art. 8 GO-Rat vor, dass Beratungen über wichtige Rechtsakte ohne Gesetzescharakter, über wichtige Fragen von allgemeinem Interesse sowie erste programmatische Orientierungsaussprachen in den Ratsformationen öffentlich sein sollen.[25]

---

[15] *Hix*, in: Schwarze, EU-Kommentar, Art. 237 AEUV, Rn. 12.

[16] *Obwexer/Hummer*, in: Streinz, EUV/AEUV, Art. 237 AEUV, Rn. 40.

[17] S. dazu Rn. 7.

[18] *Westlake/Galloway*, S. 38; *Hayes-Renshaw/Wallace*, S. 79.

[19] Dazu *Wedemeyer*, S. 43 ff.; *Mentler*, S. 117.

[20] EuGH, Urt. v. 30.6.1988, Rs. 297/88 (CIDA/Rat), Slg. 1988, 3531, Rn. 25 ff.

[21] *Obwexer/Hummer*, in: Streinz, EUV/AEUV, Art. 237 AEUV, Rn. 57.

[22] *Ziegenhorn*, in: Grabitz/Hilf/Nettesheim, EU, Art. 237 AEUV (Januar 2015), Rn. 11; *Noël*, EuR 1967, 24 (48 f.).

[23] *Bostock*, JCMSt. 40 (2002), 215 (226).

[24] Vgl. dazu Art. 16 EUV, Rn. 42 f.

[25] Zu den Einzelheiten s. Art. 16 EUV, Rn. 44 f.

IV. Sprachenregime

Der Rat berät und beschließt auf der Grundlage von Schriftstücken und Entwürfen, die   **14**
in **allen Sprachen der geltenden Sprachenregelung** vorliegen. Die Amtssprachen sind in
der Verordnung Nr. 1 vom 6.10.1958 festgelegt.[26] Derzeit sind es 24 Sprachen.[27] Eine
Ausnahme ist nach der Geschäftsordnung des Rates nur aus Dringlichkeitsgründen möglich (Art. 14 Abs. 1 GO-Rat). Alle Beratungen im Rat werden simultan in alle Amtssprachen der Europäischen Union übersetzt.

V. Protokolle

Über **jede Ratstagung** wird gemäß Art. 13 Abs. 1 GO Rat ein **Protokoll** erstellt, worin die   **15**
dem Rat vorgelegten Schriftstücke, die gefassten Beschlüsse oder die Schlussfolgerungen, zu denen der Rat gelangt ist, sowie die vom Rat abgegebenen Erklärungen und die
Erklärungen, deren Aufnahme von einem Ratsmitglied oder der Kommission beantragt
worden ist, verzeichnet sind. Der Entwurf des Protokolls wird vom Generalsekretariat
des Rates binnen fünfzehn Tagen erstellt und dem Rat oder dem AStV zur Genehmigung
vorgelegt (Art. 13 Abs. 2 GO-Rat). Das genehmigte Protokoll wird vom Generalsekretär des Rates unterzeichnet (Art. 13 Abs. 1 UAbs. 1 Satz 2 GO-Rat).

---

[26] Verordnung Nr. 1 vom 6.10.1958 zur Regelung der Sprachenfrage für die Europäische Wirtschaftsgemeinschaft, ABl. 1958, 17/385, zuletzt geändert durch Verordnung (EU) Nr. 517/2013 vom
13.5.2013, ABl. 2013, L 158/1.
[27] Vgl. Art. 1 Verordnung Nr. 1.

Artikel 238 AEUV [Beschlussfassung des Rates]

(1) Ist zu einem Beschluss des Rates die einfache Mehrheit erforderlich, so beschließt der Rat mit der Mehrheit seiner Mitglieder.

(2) Beschließt der Rat nicht auf Vorschlag der Kommission oder des Hohen Vertreters der Union für Außen- und Sicherheitspolitik, so gilt ab dem 1. November 2014 abweichend von Artikel 16 Absatz 4 des Vertrags über die Europäische Union und vorbehaltlich der Vorschriften des Protokolls über die Übergangsbestimmungen als qualifizierte Mehrheit eine Mehrheit von mindestens 72% der Mitglieder des Rates, sofern die von ihnen vertretenen Mitgliedstaaten zusammen mindestens 65% der Bevölkerung der Union ausmachen.

(3) In den Fällen, in denen in Anwendung der Verträge nicht alle Mitglieder des Rates stimmberechtigt sind, gilt ab dem 1. November 2014 vorbehaltlich der Vorschriften des Protokolls über die Übergangsbestimmungen für die qualifizierte Mehrheit Folgendes:

a) Als qualifizierte Mehrheit gilt eine Mehrheit von mindestens 55% derjenigen Mitglieder des Rates, die die beteiligten Mitgliedstaaten vertreten, sofern die von ihnen vertretenen Mitgliedstaaten zusammen mindestens 65% der Bevölkerung der beteiligten Mitgliedstaaten ausmachen.

Für eine Sperrminorität bedarf es mindestens der Mindestzahl von Mitgliedern des Rates, die zusammen mehr als 35% der Bevölkerung der beteiligten Mitgliedstaaten vertreten, zuzüglich eines Mitglieds; andernfalls gilt die qualifizierte Mehrheit als erreicht.

b) Beschließt der Rat nicht auf Vorschlag der Kommission oder des Hohen Vertreters der Union für Außen- und Sicherheitspolitik, so gilt abweichend von Buchstabe a als qualifizierte Mehrheit eine Mehrheit von mindestens 72% derjenigen Mitglieder des Rates, die die beteiligten Mitgliedstaaten vertreten, sofern die von ihnen vertretenen Mitgliedstaaten zusammen mindestens 65% der Bevölkerung der beteiligten Mitgliedstaaten ausmachen.

(4) Die Stimmenthaltung von anwesenden oder vertretenen Mitgliedern steht dem Zustandekommen von Beschlüssen des Rates, zu denen Einstimmigkeit erforderlich ist, nicht entgegen.

Literaturübersicht

Calliess, Die neue Europäische Union nach dem Vertrag von Lissabon, 2010; *Hayes-Renshaw/Wallace*, The Council of Ministers, 2. Aufl., 2006; *Hofmann/Wessels*, Der Vertrag von Lissabon – eine tragfähige und abschließende Antwort auf konstitutionelle Grundfragen?, integration 2008, 3; *Isak*, Institutionelle Ausgestaltung der Europäischen Union, in: Hummer/Obwexer (Hrsg.), Der Vertrag von Lissabon, 2009, S. 133; *Lenski*, Rat und Europäischer Rat nach dem Vertrag von Lissabon (Reformvertrag), in: Pernice (Hrsg.), Der Vertrag von Lissabon: Reform der EU ohne Verfassung?, 2008, S. 99; *Piris*, The Lisbon Treaty, 2010; *Streinz*, Die Luxemburger Vereinbarung, 1984; *Thiele*, Änderungen im Abstimmungsmodus des Rates der Europäischen Union nach dem Vertrag von Lissabon; ZEuS 2010, 451; *Wedemeyer*, Mehrheitsbeschlussfassung im Rat der Europäischen Union, 2008; *Westlake/Galloway*, The Council of the European Union, 3. Aufl., 2006.

Wesentliche sekundärrechtliche Vorschriften

Beschluss 2009/857/EU vom 13.12.2007 über die Anwendung des Artikels 16 Absatz 4 des Vertrags über die Europäische Union und des Artikels 238 Absatz 2 des Vertrags über die Arbeitsweise der Europäischen Union zwischen dem 1. November 2014 und dem 31. März 2017 einerseits und ab dem 1. April 2017 andererseits, ABl. 2009, L 314/73

Andreas Haratsch

Beschluss 2009/937/EU des Rates vom 1.12.2009 zur Annahme seiner Geschäftsordnung, ABl. 2009, L 325/35; zuletzt geändert durch Beschluss (EU/Euratom) 2015/2393 des Rates vom 8.12.2015, ABl. 2015, L 332/133

A. Allgemeines

Art. 238 AEUV regelt die **Modalitäten der Abstimmung im Rat** und ergänzt insoweit   **1** Art. 16 Abs. 3 bis 5 EUV. Art. 16 Abs. 4 UAbs. 3 EUV verweist für die Abstimmung mit qualifizierter Mehrheit sogar ausdrücklich auf Art. 238 Abs. 2 AEUV. Unterschieden wird zwischen einer Beschlussfassung mit einfacher Mehrheit (Art. 238 Abs. 1 AEUV), mit qualifizierter Mehrheit (Art. 238 Abs. 2 und 3 AEUV) sowie mit Einstimmigkeit (Art. 238 Abs. 4 AEUV). Innerhalb der Abstimmungen mit qualifizierter Mehrheit erfolgt eine weitere Unterscheidung danach, ob eine Beschlussfassung im Rat auf Vorschlag oder ohne Vorschlag der Kommission oder des Hohen Vertreters der Union für Außen- und Sicherheitspolitik erfolgt. Im ersten Fall kommt Art. 16 Abs. 4 EUV zu Anwendung und es genügt die (schlichte) qualifizierte Mehrheit, im zweiten Fall ist gemäß Art. 238 Abs. 2 AEUV eine besonders qualifizierte Mehrheit im Rat erforderlich. Art. 238 Abs. 3 AEUV enthält zudem Sonderregeln für die Fälle, in denen nicht alle Mitglieder des Rates stimmberechtigt sind.

2   Ergänzt werden die Regelungen des Art. 238 Abs. 2 und 3 AEUV ihrerseits durch die Bestimmungen des **Protokolls Nr. 36 über die Übergangsbestimmungen,**[1] das in seinem Art. 3 Abs. 2, 3 und 4 Protokoll Nr. 36 seinerseits **Sonderregelungen** für Abstimmungen mit qualifizierter und besonders qualifizierter Mehrheit für die Zeiträume vom 1. 12. 2009 bis zum 31. 10. 2014 sowie vom 1. 11. 2014 bis zum 31. 3. 2017 enthält.

B.   Mehrheitserfordernisse

I.   Einfache Mehrheit

3   Da Art. 16 Abs. 3 EUV die qualifizierte Mehrheit bei Beschlüssen des Rates zum Regelfall erklärt,[2] kommt die einfache Mehrheit nur zur Anwendung, wenn dies in den konkret anzuwendenden Rechtsgrundlagen vorgeschrieben ist. Dies ist für bestimmte vom Rat zu treffende **Organisations- und Verfahrensregelungen** der Fall, wie etwa in Art. 150 Abs. 1 Satz 1 AEUV (Einsetzung des Beschäftigungsausschusses), Art. 160 Abs. 1 Satz 1 AEUV (Einsetzung des Ausschusses für Sozialschutz), Art. 240 Abs. 2 UAbs. 2 AEUV (Organisation des Generalsekretariats), Art. 240 Abs. 3 AEUV (Beschlüsse über Geschäftsordnung und Verfahrensfragen), Art. 241 Satz 1 AEUV (Aufforderungsrecht gegenüber der Kommission), Art. 242 AEUV (Rechtsstellung der vertraglich vorgesehenen Ausschüsse), Art. 245 Abs. 2 und Art. 247 AEUV (Amtsenthebung eines Kommissionsmitglieds) und in Art. 337 AEUV (Rahmen für Ausübung der Auskunfts- und Nachprüfungsbefugnisse der Kommission).

4   Ist eine einfache Mehrheit vorgeschrieben, beschließt der Rat gemäß Art. 238 Abs. 1 AEUV mit der Mehrheit seiner Mitglieder. Erforderlich ist also keine relative Mehrheit der abgegebenen Stimmen, sondern eine **absolute Mehrheit der Mitglieder.**[3] Bei derzeit 28 Ratsmitgliedern kommt ein Beschluss mit einfacher Mehrheit bei einer Zustimmung von 15 Mitgliedern des Rates zustande. Eine Stimmenthaltung wirkt dabei wie eine Gegenstimme.[4]

II.   Beschlussfassung mit besonders qualifizierter Mehrheit

1.   Unterscheidung zwischen qualifizierter und besonders qualifizierter Mehrheit

5   Ist eine Abstimmung im Rat mit qualifizierter Mehrheit vorgeschrieben, ist zwischen zwei Konstellationen zu unterscheiden, und zwar zwischen einerseits einer Beschlussfassung auf Vorschlag der Kommission oder des Hohen Vertreters der Union für Außen- und Sicherheitspolitik und andererseits einer Beschlussfassung, die **nicht auf Vorschlag der Kommission oder des Hohen Vertreters der Union für Außen- und Sicherheitspolitik** erfolgt. Der erste Fall der Beschlussfassung auf Vorschlag ist in Art. 16 Abs. 4 UAbs. 1 und 2 EUV geregelt. Dort finden sich die Vorschriften über die Voraussetzungen der

---

[1] ABl. 2012, C 326/322; geändert durch Art. 20 der Akte über die Bedingungen des Beitritts der Republik Kroatien und die Anpassungen des Vertrags über die Europäische Union, des Vertrags über die Arbeitsweise der Europäischen Union und des Vertrags zur Gründung der Europäischen Atomgemeinschaft, ABl. 2012, L 112/21.

[2] Vgl. Art. 16 EUV, Rn. 31.

[3] *Thiele*, ZEuS 2010, 451 (466 f.).

[4] *Wedemeyer*, S. 52; *Obwexer/Hummer*, in: Streinz, EUV/AEUV, Art. 238 AEUV, Rn. 12; *Epping*, in: Vedder/Heintschel v. Heinegg, Europäisches Unionsrecht, Art. 238 AEUV, Rn. 3.

qualifizierten Mehrheit. Der zweite Fall, die Beschlussfassung ohne Vorschlag, ist in Art. 238 Abs. 2 AEUV geregelt, auf den in Art. 16 Abs. 4 UAbs. 3 EUV ausdrücklich verwiesen wird. Erfolgt eine Beschlussfassung nicht auf Vorschlag der Kommission oder des Hohen Vertreters, gelten erhöhte Anforderungen für das Zustandekommen einer qualifizierten Mehrheit, so dass von einer doppelt oder besonders qualifizierten Mehrheit gesprochen werden kann.

2. Definition der besonders qualifizierten Mehrheit

Bis zum Inkrafttreten des Vertrags von Lissabon fand bei einer Abstimmung im Rat mit qualifizierter oder besonders qualifizierter Mehrheit stets eine **Stimmenwägung** (Ponderierung) statt, bei der den Mitgliedstaaten abhängig von ihrer Bevölkerungszahl und ihrer wirtschaftlichen und politischen Bedeutung unterschiedlich viele Stimmen zustanden, die von jedem Mitgliedstaat nur einheitlich abgegeben werden konnten. Die qualifizierte oder besonders qualifizierte Mehrheit war durch das Erreichen einer bestimmten Stimmenzahl definiert. Dieses Verfahren war zunehmend als unbefriedigend empfunden worden, da die Stimmenkontingente vertraglich ausgehandelt werden mussten und es so zu unproportionalen Stimmengewichtungen gekommen war.[5] Im Lissabonner Reformvertrag ist es – nach überaus kontroversem Ringen[6] – gelungen, die Definition der qualifizierten und der besonders qualifizierten Mehrheit auch von einem objektiven Kriterium, nämlich von einem **Bevölkerungsquorum** abhängig zu machen und damit von politischen Einflüssen zu lösen. Die Regelungen über Definition und Verfahrensweise bei Beschlüssen, die mit qualifizierter und besonders qualifizierter Mehrheit zu fassen sind, sind allerdings sehr komplex und ausdifferenziert. Die Regelungen sehen **drei zeitliche Phasen** vor: (1) den Zeitraum vom Inkrafttreten des Vertrags von Lissabon bis zum 31.10.2014, (2) die Übergangsphase vom 1.11.2014 bis zum 31.3.2017 und schließlich (3) den Zeitraum ab dem 1.4.2017.

a) Zeitraum vom 1.12.2009 bis zum 31.10.2014

Bis zum 31.10.2014 galt gemäß Art. 238 Abs. 2 AEUV i.V.m. Art. 3 Abs. 3 des Protokolls Nr. 36 über die Übergangsbestimmungen[7] die alte Regelung gemäß Art. 205 Abs. 2 EGV weiter. War eine qualifizierte oder besonders qualifizierte Mehrheit erforderlich, fand eine **Stimmenwägung** statt. Die Mitgliedstaaten verfügten bei einem Beschluss, der eine qualifizierte oder besonders qualifizierte Mehrheit erforderte, über folgende Stimmenzahlen: Deutschland, Frankreich, Italien, Vereinigtes Königreich je 29 Stimmen, Polen, Spanien je 27 Stimmen, Rumänien 14 Stimmen, Niederlande 13 Stimmen, Belgien, Griechenland, Portugal, Tschechien, Ungarn je 12 Stimmen, Bulgarien, Österreich, Schweden je 10 Stimmen, Dänemark, Finnland, Irland, Kroatien, Litauen, Slowakei je 7 Stimmen, Estland, Lettland, Luxemburg, Slowenien, Zypern je 4 Stimmen und Malta 3 Stimmen. Die Gesamtstimmenzahl im Rat betrug somit seit der letzten Erweiterung der Europäischen Union 352 Stimmen. Für die Annahme eines Beschlusses des Rates mit besonders qualifizierter Mehrheit war eine **Mindestzahl von 260 Stimmen**

6

7

---

[5] Vgl. dazu Art. 16 EUV, Rn. 32.

[6] Vgl. *Isak*, S. 152 f.; *Lenski*, S. 110 ff.; *Piris*, S. 213 ff.

[7] ABl. 2012, C 326/322; geändert durch Art. 20 der Akte über die Bedingungen des Beitritts der Republik Kroatien und die Anpassungen des Vertrags über die Europäische Union, des Vertrags über die Arbeitsweise der Europäischen Union und des Vertrags zur Gründung der Europäischen Atomgemeinschaft, ABl. 2012, L 112/21.

erforderlich.[8] Erging ein Ratsbeschluss nicht auf Vorschlag der Kommission, mussten die für eine besonders qualifizierte Mehrheit erforderlichen Stimmen die Zustimmung von mindestens **zwei Dritteln der Mitgliedstaaten** umfassen. Dieses Zweidrittelquorum anstelle des sonst geltenden schlichten Mehrheitsquorums[9] galt auch für Beschlüsse, die auf Vorschlag des Hohen Vertreters der Union für Außen- und Sicherheitspolitik ergangen waren, da diese Konstellation in Art. 3 UAbs. 3 des Protokolls Nr. 36 über die Übergangsbestimmungen nicht von der besonders qualifizierten Mehrheit ausgenommen war.[10]

8   Art. 3 Abs. 3 UAbs. 4 des Protokolls Nr. 36 über die Übergangsbestimmungen schrieb zusätzlich vor, dass ein Mitglied des Europäischen Rates oder des Rates beantragen konnte, bei dem Erlass eines Rechtsaktes des Europäischen Rates oder des Rates mit besonders qualifizierter Mehrheit überprüfen zu lassen, ob die Mitgliedstaaten, die diese besonders qualifizierte Mehrheit bilden, mindestens 62% der Gesamtbevölkerung der Union repräsentieren. Falls sich erwies, dass diese Bedingung nicht erfüllt war, wurde der entsprechende Rechtsakt nicht erlassen. Um dieses **Quorum von 62% der Gesamtbevölkerung** der Europäischen Union berechnen zu können, ist gemäß Art. 11 Abs. 3 Satz 1 GO-Rat die im Anhang III der Geschäftsordnung zu findende Aufstellung der Bevölkerungszahlen der Mitgliedstaaten heranzuziehen.[11] Die Bevölkerungszahlen ergeben sich aus den Daten, die die Mitgliedstaaten dem Statistischen Amt der Europäischen Union jeweils übermittelt haben.

b)   Zeitraum vom 1.11.2014 bis zum 31.3.2017
aa)   Stimmenwägung auf Antrag eines Mitgliedstaates
9   Ab dem 1.11.2014 gilt bis zum 31.3.2017 gemäß Art. 238 Abs. 2 AEUV i.V.m. Art. 3 Abs. 2 des Protokolls Nr. 36 über die Übergangsbestimmungen der bisherige Abstimmungsmodus weiter, sofern ein Mitgliedstaat dies für eine Abstimmung beantragt.

bb)   Prinzip der doppelten Mehrheit
10   Wird ein Antrag auf Anwendung des alten Abstimmungsmodus nicht gestellt, findet ab dem 1.11.2014 keine Stimmenwägung mehr statt, d.h., jeder Mitgliedstaat soll über eine Stimme verfügen. Als besonders qualifiziert gilt gemäß Art. 238 Abs. 2 EUV eine doppelte Mehrheit, also eine Mehrheit von mindestens 72% der Mitglieder des Rates, die zugleich zusammen mindestens 65% der Bevölkerung der Union vertreten müssen. Das 72%-Quorum wird bei derzeit 28 Mitgliedstaaten erreicht, wenn 21 Ratsmitglieder einer Beschlussvorlage zustimmen. Bei einem lediglich mit qualifizierter Mehrheit zu fassenden Beschluss beträgt das Stimmenquorum nicht 72%, sondern gemäß Art. 16 Abs. 4 UAbs. 1 EUV nur 55 %, also 16 Ratsmitglieder. Die bei einer doppelt qualifizierten Mehrheit erhöhten Anforderungen erklären sich damit, dass in diesem Fällen keine Vorprüfung des Rechtsaktes durch ein dem Unionsinteresse besonders verpflichtetes Organ (Kommission oder Hoher Vertreter der Union für die Außen- und Sicherheitspolitik) stattgefunden hat.[12]

---

[8] Art. 20 der Beitrittsakte Kroatien, ABl. 2012, L 112/21.
[9] Vgl. dazu Art. 16 EUV, Rn. 33.
[10] *Obwexer/Hummer*, in: Streinz, EUV/AEUV, Art. 238 AEUV, Rn. 15.
[11] Vgl. die Aktualisierung der Aufstellung durch Beschluss (EU/Euratom) 2015/2393 des Rates vom 8.12.2015, ABl. 2015, L 332/133.
[12] *Obwexer/Hummer*, in: Streinz, EUV/AEUV, Art. 238 AEUV, Rn. 15.

Für die Berechnung des **Bevölkerungsquorums** ist die im Anhang III der Geschäfts-   **11**
ordnung des Rates zu findende Aufstellung der Bevölkerungszahlen der Mitgliedstaaten
heranzuziehen.[13] Nach diesen Daten wäre es möglich, dass drei große Mitgliedstaaten,
die gemeinsam mehr als 35% der Bevölkerung der Europäischen Union repräsentieren,
das Zustandekommen eines Ratsbeschlusses mit qualifizierter oder besonders qualifizierter Mehrheit verhindern könnten. Um diese Schwelle anzuheben und damit das
Blockadepotential der großen Mitgliedstaaten zu verringern, sieht Art. 16 Abs. 4
UAbs. 2 EUV vor, dass für das Erreichen einer **Sperrminorität** mindestens **vier Ratsmitglieder** erforderlich sind.[14] Ein Beschluss kommt daher auch dann zustande, wenn
drei Mitgliedstaaten, die zusammen mehr als 35% der Gesamtbevölkerung der Union
repräsentieren, nicht für einen Beschluss stimmen, obwohl in einem solchen Fall das
Bevölkerungsquorum von 65 % an sich verfehlt wird.

cc) »Ioannina-Mechanismus«

Um den polnischen Widerstand gegen diese Abstimmungsregeln zu überwinden,[15] hat   **12**
die Regierungskonferenz dem Vertrag von Lissabon eine Erklärung beigefügt,[16] wonach
der Rat einen Beschluss über die Anwendung von Art. 16 Abs. 4 EUV und Art. 238
Abs. 2 AEUV zu fassen und anzunehmen hatte. Dieser Beschluss ist gemeinsam mit dem
Vertrag von Lissabon in Kraft getreten.[17] Danach wird **in Anlehnung an die Kompromisse von Luxemburg**[18] **und von Ioannina**[19] für die Übergangsphase vom 1.11.2014 bis
zum 31.3.2017 zum Zwecke eines verstärkten Minderheitenschutzes eine **Pflicht zur
Neuverhandlung** im Rat unter bestimmten Voraussetzungen festgeschrieben. Gemäß
dem sogenannten »Ioannina-Mechanismus«[20], der inhaltlich an den »Kompromiss von
Ioannina« aus dem Jahr 1994 erinnert, hat der Rat nach Art. 2 des Beschlusses
2009/857/EU »alles in seiner Macht Stehende zu tun, um innerhalb einer angemessenen
Zeit und unbeschadet der durch das Unionsrecht vorgegebenen Fristen eine zufriedenstellende Lösung« für die von den jeweiligen Mitgliedern vorgebrachten Anliegen zu
finden. Eine solche Neuverhandlungspflicht besteht gemäß Art. 1 des Beschlusses
2009/857/EU, wenn Mitglieder des Rates, die mindestens drei Viertel der Sperrminoritätsbevölkerung von 35,1%, also mindestens 26,32% der Bevölkerung der Union
vertreten, oder Mitglieder, die mindestens drei Viertel der für eine Sperrminorität erforderlichen Anzahl von Mitgliedstaaten bilden, also derzeit mindestens zehn Mitgliedstaaten, die Annahme eines Rechtsakts ablehnen, der mit qualifizierter oder besonders
qualifizierter Mehrheit zu fassen ist.

---

[13] Vgl. Beschluss (EU/Euratom) 2015/2393 des Rates vom 8.12.2015, ABl. 2015, L 332/133.

[14] *Isak*, S. 154; *Hofmann/Wessels*, integration 2008, 3 (15).

[15] Vgl. *Hofmann/Wessels*, integration 2008, 3 (16).

[16] Erklärung Nr. 7 zu Artikel 16 Abs. 4 des Vertrags über die Europäische Union und zu Artikel 238 Abs. 2 des Vertrags über die Arbeitsweise der Europäischen Union, ABl. 2008, C 115/338.

[17] Beschluss 2009/857/EU vom 13.12.2007 über die Anwendung des Artikels 16 Absatz 4 des
Vertrags über die Europäische Union und des Artikels 238 Absatz 2 des Vertrags über die Arbeitsweise der Europäischen Union zwischen dem 1.11.2014 und dem 31.3.2017 einerseits und ab dem
1.4.2017 andererseits, ABl. 2009, L 314/73.

[18] Text abgedruckt in: EuR 1966, 73 ff.

[19] Beschluss 94/C 105/01 des Rates vom 29.3.1994 über die Beschlussfassung mit qualifizierter
Mehrheit, ABl. 1994, C 105/1; dazu *Calliess*, S. 135.

[20] Zur Rechtsnatur des »Ioannina-Mechanismus« und zu den Aufhebungs- und Änderungsmöglichkeiten vgl. Art. 16 EUV, Rn. 39 f.

c) Zeitraum ab dem 1.4.2017

13 Ab dem 1.4.2017 besteht die Möglichkeit, eine Abstimmung mit Stimmenwägung zu beantragen, für die Mitgliedstaaten nicht mehr. Es gelten dann **zwingend die Regelungen gemäß Art. 238 Abs. 2 AEUV** im Fall einer besonders qualifizierten Mehrheit. Allerdings wird der im Beschluss 2009/857/EU[21] geregelte »**Ioannina-Mechanismus**« mit seiner Pflicht zur Neuverhandlung im Gegenzug an erleichterte Voraussetzungen geknüpft. Eine Neuverhandlungspflicht soll gemäß Art. 4 des Beschlusses 2009/857/EU bereits bestehen, wenn Mitglieder des Rates, die mindestens 55% der Sperrminoritätsbevölkerung von 35,1%, also mindestens 19,3% der Bevölkerung der Union vertreten, oder die mindestens 55% der für eine Sperrminorität erforderlichen Anzahl von Mitgliedstaaten bilden, also derzeit acht Mitgliedstaaten, die Annahme eines Rechtsakts, der mit qualifizierter oder besonders qualifizierter Mehrheit zu fassen ist, ablehnen.

3. Qualifizierte und besonders qualifizierte Mehrheit bei Einschränkung des Stimmrechts einzelner Mitgliedstaaten

a) Anwendungsbereich

14 Art. 238 Abs. 3 AEUV ergänzt sowohl Art. 16 Abs. 4 EUV als auch Art. 238 Abs. 2 AEUV um eine Regelung für Beschlussfassungen im Rat, bei denen **nicht alle Mitglieder des Rates stimmberechtigt** sind. Auch diese Regelung differenziert zwischen einer qualifizierten Mehrheit (Art. 238 Abs. 3 Buchst. a AEUV) und einer besonders qualifizierten Mehrheit (Art. 238 Abs. 3 Buchst. b AEUV).

15 Die Verträge sehen eine Reihe von Fällen vor, in denen einzelne Mitgliedstaaten vom Stimmrecht im Rat ausgeschlossen sind. Es kann sich dabei um Konstellationen handeln, in denen Mitgliedstaaten aufgrund der **eigenen Betroffenheit** von einer Abstimmung ausgeschlossen sind. Hierunter fallen Sanktionsbeschlüsse nach Art. 7 Abs. 3 und Abs. 4 EUV, an denen der betroffene Mitgliedstaat gemäß Art. 7 Abs. 5 EUV i.V.m. Art. 354 AEUV nicht mitwirken darf. Auch an Beschlüssen über den Austritt eines Mitgliedstaates aus der Europäischen Union darf der austrittswillige Staat gemäß Art. 50 Abs. 4 EUV nicht mitwirken. Im Rahmen der Währungsunion sind die betroffenen Staaten ebenso von der Abstimmung ausgeschlossen, soweit es sich um Feststellungen gemäß Art. 121 Abs. 4 AEUV (vgl. Art. 121 Abs. 4 UAbs. 2 AEUV) oder um Maßnahmen gemäß Art. 126 Abs. 6 bis 9, 11 und 12 AEUV bei einem übermäßigen Defizit handelt (vgl. Art. 126 Abs. 13 UAbs. 2 AEUV).

16 Daneben treten Fälle **abgestufter Integration**, die dazu führen, dass nicht alle Mitglieder des Rates Stimmrecht besitzen. Dies betrifft etwa die Währungspolitik bei Abstimmungen, an denen nur die Euro-Staaten teilnehmen. Dies ist etwa in Art. 136 Abs. 2 AEUV und Art. 138 Abs. 3 AEUV vorgesehen. Weiterhin zählen zu dieser Kategorie Abstimmungen über Rechtsakte, die im Wege einer Verstärkten Zusammenarbeit gemäß Art. 20 Abs. 3 EUV i.V.m. Art. 330 Abs. 1 AEUV erlassen werden. Entsprechendes gilt für Abstimmungen über Maßnahmen im Rahmen einer Ständigen Strukturierten Zusammenarbeit in der Gemeinsamen Sicherheits- und Verteidigungspolitik gemäß Art. 46 Abs. 3 UAbs. 2 und Abs. 4 EUV.

17 Letztlich nehmen einzelne Mitglieder an Abstimmungen im Rat aufgrund von **Ausnahme- und Sonderregelungen** nicht teil. Dies gilt beispielsweise für Maßnahmen nach dem Dritten Teil, Titel V AEUV im Bereich des Raums der Freiheit, der Sicherheit und

---

[21] S. Rn. 38.

des Rechts für das Vereinigte Königreich und Irland gemäß Art. 1 des Protokolls Nr. 21 über die Positionen des Vereinigten Königreichs und Irlands[22] sowie für Dänemark gemäß Art. 1 des Protokolls Nr. 22 über die Position Dänemarks[23]. Dänemark beteiligt sich auch nicht an der Ausarbeitung und Durchführung von Beschlüssen im Rahmen der Gemeinsamen Sicherheits- und Verteidigungspolitik gemäß Art. 5 des Protokolls Nr. 22 über die Position Dänemarks.

b) Definition der qualifizierten und besonders qualifizierten Mehrheit bei eingeschränktem Stimmrecht

Auch wenn nicht alle Mitglieder des Rates bei Abstimmungen stimmberechtigt sind, **18** unterscheidet das Unionsrecht zwischen den obengenannten drei Zeitphasen,[24] wobei Art. 238 Abs. 3 AEUV und das Protokoll Nr. 36 über die Übergangsbestimmungen[25] Sonderregelungen für die unterschiedlichen Abstimmungsmodi enthalten.

aa) Zeitraum vom 1. 12. 2009 bis zum 31. 10. 2014

Bis zum 31. 10. 2014 fand, sofern eine Abstimmung mit qualifizierter oder besonders **19** qualifizierter Mehrheit vorgeschrieben war, gemäß Art. 238 Abs. 2 AEUV i.V. m. Art. 3 Abs. 4 des Protokolls Nr. 36 über die Übergangsbestimmungen eine **Stimmenwägung** statt.[26] Waren nicht alle Mitglieder des Rates stimmberechtigt, galten als qualifizierte oder als besonders qualifizierte Mehrheit dieselben Anteile der gewogenen Stimmen und dieselben Anteile der Anzahl der Mitglieder des Rates sowie derselbe Prozentsatz der Bevölkerung der Mitgliedstaaten, wobei sich diese Quoren aber nicht auf die Gesamtzahl der Mitglieder des Rates bezogen, sondern nur auf die jeweils stimmberechtigten Mitglieder. Waren alle Mitglieder stimmberechtigt, musste eine Mindestzahl von 260 Stimmen von insgesamt 352 Stimmen erreicht werden. Das entsprach einem **Anteil von 73,87% der Stimmen im Rat**. Dieses Quorum musste gemäß Art. 3 Abs. 4 des Protokolls Nr. 36 über die Übergangsbestimmungen bezogen auf die Gesamtstimmenzahl aller stimmberechtigten Ratsmitglieder erreicht werden. Hinzu kam, dass diese Stimmen bei einer qualifizierten Mehrheit die Zustimmung von mindestens der **Mehrheit der stimmberechtigten Mitgliedstaaten** umfassen mussten, bei einer besonders qualifizierten Mehrheit die Zustimmung von mindestens **zwei Dritteln der Mitgliedstaaten** (Art. 3 Abs. 3 UAbs. 3 Protokoll Nr. 36). Wurde die Überprüfung beantragt, musste gemäß Art. 3 Abs. 3 UAbs. 4 des Protokolls Nr. 36 das Quorum von **62% der Bevölkerung der Mitgliedstaaten** erfüllt sein, deren Mitglieder im Rat stimmberechtigt waren.

---

[22] Protokoll Nr. 21 über die Positionen des Vereinigten Königreichs und Irlands hinsichtlich des Raums der Freiheit, der Sicherheit und des Rechts, ABl. 2012, C 326/295.

[23] Protokoll Nr. 22 über die Position Dänemarks, ABl. 2012, C 326/299.

[24] S. Rn. 6.

[25] ABl. 2012, C 326/322; geändert durch Art. 20 der Akte über die Bedingungen des Beitritts der Republik Kroatien und die Anpassungen des Vertrags über die Europäische Union, des Vertrags über die Arbeitsweise der Europäischen Union und des Vertrags zur Gründung der Europäischen Atomgemeinschaft, ABl. 2012, L 112/21.

[26] Zur Größe der Stimmenkontingente vgl. o. Rn. 7.

bb) Zeitraum vom 1.11.2014 bis zum 31.3.2017
(1) Stimmenwägung auf Antrag eines Mitgliedstaates

20 Ab dem 1.11.2014 gilt bis zum 31.3.2017 gemäß Art. 238 Abs. 2 AEUV i. V. m. Art. 3 Abs. 2 des Protokolls Nr. 36 über die Übergangsbestimmungen der **bisherige Abstimmungsmodus** weiter, sofern ein Mitgliedstaat dies für eine Abstimmung beantragt. Dies gilt auch für die Fälle, in denen nicht alle Mitglieder im Rat stimmberechtigt sind.

(2) Prinzip der doppelten Mehrheit

21 Wird kein Antrag auf Anwendung des alten Abstimmungsmodus gestellt, findet ab dem 1.11.2014 keine Stimmenwägung mehr statt, d. h., jeder Mitgliedstaat verfügt über eine Stimme. Als **qualifizierte Mehrheit** gilt gemäß Art. 238 Abs. 3 Buchst. a UAbs. 1 AEUV eine doppelte Mehrheit. Erreicht werden muss eine Mehrheit von mindestens **55% der stimmberechtigten Mitglieder des Rates**, die zugleich zusammen mindestens **65% der Bevölkerung der stimmberechtigten Mitgliedstaaten** vertreten müssen.

22 Ist eine **besonders qualifizierte Mehrheit** erforderlich, da nicht auf Vorschlag der Kommission oder des Hohen Vertreters der Union für Außen- und Sicherheitspolitik abgestimmt wird, muss eine Mehrheit von mindestens **72% der stimmberechtigten Mitglieder des Rates** erreicht werden, die zugleich zusammen mindestens **65% der Bevölkerung der stimmberechtigten Mitgliedstaaten** vertreten müssen.

23 Die nach Art. 16 Abs. 4 UAbs. 2 EUV ansonsten geltenden **Sperrminoritätsregelung** wird für Abstimmungen, bei denen nicht alle Ratsmitglieder stimmberechtigt sind, durch die Regelung des Art. 238 Abs. 3 Buchst. a UAbs. 2 AEUV ersetzt. Um auch hier das Vetopotenzial der großen, bevölkerungsstarken Mitgliedstaaten zu reduzieren, ist vorgesehen, dass zunächst die Mindestzahl der Mitgliedstaaten errechnet werden muss, die zusammen einen Bevölkerungsanteil von mehr als 35% der stimmberechtigten Mitgliedstaaten besitzen. Die Bevölkerungsanteile der bevölkerungsstärksten Mitgliedstaaten werden also aufaddiert, bis die Summe mehr als 35% der Bevölkerung aller stimmberechtigten Mitgliederstaaten ausmacht Diese Anzahl kann von Konstellation zu Konstellation unterschiedlich sein[27] und ist abhängig davon, welche Mitgliedstaaten jeweils kein Stimmrecht besitzen. Zu der so berechneten Anzahl von Mitgliedstaaten muss ein weiter Mitgliedstaat hinzukommen. Diese Anzahl von Staaten besitzt dann eine Sperrminorität, selbst wenn das Bevölkerungsquorum einer qualifizierten oder besonders qualifizierten Mehrheit von 65% eigentlich erreicht wäre.

(3) Keine Anwendung des »Ioannina-Mechanismus«

24 Der im Beschluss 2009/857/EU niedergelegte **»Ioannina-Mechanismus«**,[28] wonach unter bestimmten Voraussetzungen eine Neuverhandlungspflicht besteht und der Rat alles in seiner Macht Stehende zu tun hat, um innerhalb einer angemessenen Zeit und unbeschadet der durch das Unionsrecht vorgegebenen Fristen eine zufriedenstellende Lösung für die von den jeweiligen Mitgliedern vorgebrachten Anliegen zu finden, gilt nicht für Abstimmungen, bei denen nicht alle Mitglieder des Rates stimmberechtigt sind. Der Beschluss nimmt nur Bezug auf Abstimmungen mit qualifizierter oder besonders qualifizierter Mehrheit gemäß Art. 16 Abs. 4 EUV und Art. 238 Abs. 2 AEUV. Die Regelung des Art. 238 Abs. 3 AEUV für Beschlussfassungen, bei denen einzelne Ratsmitglieder nicht stimmberechtigt sind, wird nicht erfasst.

---

[27] *Ziegenhorn*, in: Grabitz/Hilf/Nettesheim, EU, Art. 238 AEUV (Januar 2015), Rn. 20.
[28] Vgl. o. Rn. 12.

cc) Zeitraum ab dem 1.4.2017

Ab dem 1.4.2017 besteht die Möglichkeit, eine Abstimmung mit Stimmenwägung zu   **25**
beantragen, für die Mitgliedstaaten nicht mehr. Es gelten dann **zwingend die Regelungen gemäß Art. 238 Abs. 3 AEUV.**[29] Auch hier kommt der »Ioannina-Mechanismus« nicht zur Anwendung.

III. Einstimmigkeit

Art. 238 Abs. 4 AEUV regelt den **Grundsatz der konstruktiven Stimmenthaltung** bei   **26**
einstimmig zu fassenden Beschlüssen des Rates.[30] Eine Stimmenthaltung von anwesenden oder vertretenen Mitgliedern des Rates steht danach dem Zustandekommen eines einstimmigen Beschlusses nicht entgegen. Damit kann ein einstimmiger Beschluss des Rates vorliegen, wenn nur ein Ratsmitglied einem Vorschlag zustimmt, während alle übrigen Mitglieder sich der Stimme enthalten. Da nur die Stimmenthaltung von anwesenden oder vertretenen Mitgliedern einem einstimmigen Beschluss nicht entgegensteht, ist entweder die **Anwesenheit aller Ratsmitglieder** erforderlich oder, sofern nicht alle Ratsmitglieder anwesend sind, dass die Nichtanwesenden ihr Stimmrecht gemäß Art. 239 AEUV auf einen Vertreter übertragen haben.[31] Einem einstimmigen Beschluss steht es jedoch nicht entgegen, dass einzelne Ratsmitglieder nicht stimmberechtigt sind.[32]

Da Art. 16 Abs. 3 EUV die qualifizierte Mehrheit bei Entscheidungen des Rates zum   **27**
Regelfall erklärt, besteht die Notwendigkeit einer einstimmigen Beschlussfassung im Rat nur, sofern dies vertraglich vorgeschrieben ist. Dies betrifft etwa eine Reihe von **institutionellen Beschlüssen** wie in Art. 49 Abs. 1 Satz 3 EUV (Aufnahme von Beitrittsverhandlungen), Art. 252 Abs. 1 AEUV (Anzahl der Generalanwälte), Art. 257 Abs. 4 AEUV (Ernennung der Mitglieder der Fachgerichte), Art. 301 Abs. 2 AEUV (Zusammensetzung des Wirtschafts- und Sozialausschusses), Art. 305 Abs. 2 AEUV (Zusammensetzung des Ausschusses der Regionen), Art. 308 Abs. 3 AEUV (Änderung der Satzung der Europäischen Investitionsbank), Art. 311 Abs. 2 AEUV (Festlegung des Systems der Eigenmittel) und Art. 342 AEUV (Regelung der Sprachenfrage). Darüber hinaus ist Einstimmigkeit vorgeschrieben bei Entscheidungen in **besonders sensiblen oder wichtigen Politikbereichen**, wie z.B. in Art. 19 Abs. 1 AEUV (Bekämpfung von Diskriminierungen), Art. 21 Abs. 3 Satz 2 AEUV (Maßnahmen betreffend die soziale Sicherheit und den sozialen Schutz), Art. 22 Abs. 1 Satz 2, Abs. 2 Satz 2 AEUV (Regelungen betreffend das unionale Kommunal- und Europawahlrecht) und in Art. 352 AEUV (Anwendung der Flexibilitätsklausel). Auch im Bereich der **Gemeinsamen Außen- und Sicherheitspolitik** ist Einstimmigkeit im Rat vorgeschrieben (vgl. Art. 24 Abs. 1 UAbs. 2 Satz 2, EUV, Art. 31 Abs. 1 UAbs. 1 Satz 1 EUV).

Einstimmigkeit im Rat ist gemäß Art. 293 Abs. 1 AEUV auch vorgeschrieben, wenn   **28**
der Rat auf Vorschlag der Kommission tätig wird, von einem Kommissionsvorschlag jedoch abweichen will. Sieht die an sich einschlägige Rechtsgrundlage das Erfordernis einer qualifizierten Mehrheit vor, ist nicht geregelt, ob bei einer **Abweichung von einem**

---

[29] S.o. Rn. 21 ff.
[30] *Epping*, in: Vedder/Heintschel v. Heinegg, Europäisches Unionsrecht, Art. 238 AEUV, Rn. 11.
[31] *Ziegenhorn*, in: Grabitz/Hilf/Nettesheim, EU, Art. 238 AEUV (Januar 2015), Rn. 38; *Kotzur*, in: Geiger/Khan/Kotzur, EUV/AEUV, Art. 238 AEUV, Rn. 23; *Hix*, in: Schwarze, EU-Kommentar, Art. 238 AEUV, Rn. 12; *Obwexer/Hummer*, in: Streinz, EUV/AEUV, Art. 238 AEUV, Rn. 27.
[32] *Ziegenhorn*, in: Grabitz/Hilf/Nettesheim, EU, Art. 238 AEUV (Januar 2015), Rn. 37.

Kommissionsvorschlag zusätzlich zur Einstimmigkeit auch eine qualifizierte Mehrheit vorliegen muss. Dies kann problematisch sein, wenn bei einer einstimmigen Beschlussfassung zahlreiche Enthaltungen vorliegen, die dazu führen könnten, dass eine qualifizierte Mehrheit nicht erreicht wird. Da das Einstimmigkeitserfordernis des Art. 293 Abs. 1 AEUV die Mehrheitserfordernisse nicht abschwächen, sondern verstärken will, ist davon auszugehen, dass in einem solchen Fall sowohl Einstimmigkeit als auch eine qualifizierte Mehrheit erreicht sein müssen.[33]

29   Die Notwendigkeit einer einstimmigen Beschlussfassung im Rat ergibt sich nicht mehr aus dem sogenannten »**Luxemburger Kompromiss**« (auch »Luxemburger Vereinbarung« genannt) aus dem Jahr 1966.[34] Der Kompromiss war anlässlich eines Vorschlags zur Regelung der Finanzierung der gemeinsamen Agrarpolitik, dem Frankreich nicht zustimmen wollte, gefunden worden. Frankreich hatte daraufhin die Arbeit des Rates mehrere Monate lang durch sein Fernbleiben von den Ratstagungen blockiert (sogenannte »Politik des leeren Stuhls«). Über die im Vertragstext ausdrücklich vorgesehenen Fälle einer einstimmigen Beschlussfassung hinaus hatten die Mitgliedstaaten im »Luxemburger Kompromiss« vom 29.1.1966 vereinbart, sich in Fragen, bei denen »sehr wichtige Interessen eines oder mehrerer Partner« auf dem Spiel stehen, zu bemühen, zu Lösungen zu gelangen, die von allen Mitgliedern des Rates angenommen werden können.[35] Obgleich die rechtliche Verbindlichkeit der »Luxemburger Vereinbarung« stets heftig umstritten war,[36] überlagerte diese Absprache tatsächlich das Verfahren der Mehrheitsbeschlussfassung.[37] Wurde im Rat keine Einigkeit erzielt, fand keine Abstimmung statt.

30   In der Praxis wird heute auf die »Luxemburger Vereinbarung« nicht mehr zurückgegriffen, auch wenn sie formal nie aufgehoben wurde. Anders als der »**Kompromiss von Ioannina**«,[38] der – wenn auch in veränderter Form – seinen unionsrechtlichen Niederschlag im Beschluss 2009/857/EU[39] gefunden hat,[40] ist der Leitgedanke des Luxemburger Kompromisses lediglich bei den im Rahmen der Gemeinsamen Außen- und Sicherheitspolitik nach Art. 31 Abs. 2 EUV für bestimmte Durchführungsmaßnahmen möglichen Mehrheitsentscheidungen in das Unionsrecht eingegangen. Nach Art. 31 Abs. 2 UAbs. 2 EUV besteht im Falle der Berufung auf wichtige Gründe der nationalen Politik die Möglichkeit, den Rekurs auf eine einstimmige Abstimmung im Europäischen Rat zu erzwingen. Im Übrigen ermöglicht Art. 11 Abs. 1 UAbs. 2 GO-Rat seit 1987 die Erzwingung einer Abstimmung durch Mehrheitsbeschluss. Daher ist davon auszugehen, dass die »Luxemburger Vereinbarung« aufgrund der bestehenden ausdifferenzierten Regelungen **mittlerweile obsolet** geworden ist.[41]

---

[33] So auch *Obwexer/Hummer*, in: Streinz, EUV/AEUV, Art. 238 AEUV, Rn. 28; *Hix*, in: Schwarze, EU-Kommentar, Art. 238 AEUV, Rn. 13; *Ziegenhorn*, in: Grabitz/Hilf/Nettesheim, EU, Art. 238 AEUV (Januar 2015), Rn. 40.

[34] Text abgedruckt in: EuR 1966, 73 ff.

[35] Vgl. dazu eingehend *Wedemeyer*, S. 123 ff.; *Streinz*, S. 1 ff.

[36] Dazu Streinz, S. 31 ff.; *Obwexer/Hummer*, in: Streinz, EUV/AEUV, Art. 238 AEUV, Rn. 47 ff.

[37] *Obwexer/Hummer*, in: Streinz, EUV/AEUV, Art. 238 AEUV, Rn. 44.

[38] Beschluss 94/C 105/01 des Rates vom 29.3.1994 über die Beschlussfassung mit qualifizierter Mehrheit, ABl. 1994, C 105/1; dazu *Calliess*, S. 135.

[39] S. Rn. 38.

[40] S. Rn. 12.

[41] *Kotzur*, in: Geiger/Khan/Kotzur, EUV/AEUV, Art. 238 AEUV, Rn. 8; *Isak*, S. 156; a. A. *Obwexer/Hummer*, in: Streinz, EUV/AEUV, Art. 238 AEUV, Rn. 49.

C. Abstimmungsverfahren

I. Beschlussfähigkeit des Rates

Art. 238 AEUV enthält Vorgaben über die Beschlussfähigkeit des Rates. Eine Regelung,   **31**
wie viele Ratsmitglieder anwesend sein müssen, damit der Rat einen gültigen Beschluss
fassen kann, enthält allein die Geschäftsordnung des Rates.[42] Art. 11 Abs. 4 Satz 2 GO-
Rat verlangt die **Anwesenheit der Mehrheit** der gemäß den Verträgen **stimmberechtigten Ratsmitglieder**.[43] Bei derzeit 28 Mitgliedern des Rates bedeutet dies regelmäßig ein
Quorum von 15 Ratsmitgliedern. Sind nicht alle Mitglieder stimmberechtigt,[44] reduziert
sich die erforderliche Anzahl entsprechend. Der Präsident des Rates, d. h. der Minister
des jeweils vorsitzführenden Mitgliedstaates bzw. für den Rat »Auswärtige Angelegenheiten« der Hohe Vertreter der Union für Außen- und Sicherheitspolitik, hat sich mit
Unterstützung des Generalsekretärs des Rates zu vergewissern, dass die Beschlussfähigkeit gegeben ist (Art. 11 Abs. 4 Satz 2 GO-Rat).

II. Einleitung der Abstimmung

Die Abstimmung im Rat erfolgt gemäß Art. 11 Abs. 1 UAbs. 1 GO-Rat auf **Veranlassung**   **32**
des Präsidenten der jeweiligen Ratsformation.[45] Es steht dabei in seinem Ermessen, ob er
die Beratungen zu einem Tagesordnungspunkt fortsetzen oder zur Abstimmung schrei-
ten will. Der Präsident ist jedoch verpflichtet, eine Abstimmung durchzuführen, wenn
der Rat sich mehrheitlich auf Antrag eines Ratsmitglieds oder der Kommission dafür
ausspricht (Art. 11 Abs. 1 UAbs. 2 GO-Rat).

III. Durchführung der Abstimmung

1. Regelfall der mündlichen Abstimmung

Im Regelfall erfolgt die Abstimmung im Rahmen einer Ratstagung mündlich, wobei die   **33**
Ratsmitglieder in der **Reihenfolge** abstimmen, in welcher sie den **Vorsitz im Rat** wahrnehmen,[46] und das Ratsmitglied beginnt, das den nächsten Vorsitz im Rat übernehmen
wird (Art. 11 Abs. 2 GO-Rat).[47] Möglich ist dabei eine »Stimmabgabe ad referendum«,
d. h. unter dem Vorbehalt der Genehmigung durch eine nationale Instanz. Wird dieser
Vorbehalt nicht bis zum Ende der Ratstagung aufgehoben und fehlt es an der erforderlichen Mehrheit, wird der betreffende Tagesordnungspunkt vertagt.[48] Um die Auffassungen der Ratsmitglieder bereits vor einer förmlichen Abstimmung abzufragen, sind

---

[42] Beschluss 2009/937/EU des Rates vom 1.12.2009 zur Annahme seiner Geschäftsordnung, ABl.
2009, L 325/35; zuletzt geändert durch Beschluss (EU/Euratom) 2015/2393 des Rates vom
8.12.2015, ABl. 2015, L 332/133.

[43] S. dazu Art. 16 EUV, Rn. 7 ff.

[44] Dazu s. Rn. 14 ff.

[45] Vgl. Art. 16 EUV, Rn. 22 ff.

[46] Zur Reihenfolge vgl. den Beschluss 2009/908/EU des Rates vom 1.12.2009 zur Festlegung von
Maßnahmen für die Durchführung des Beschlusses des Europäischen Rates über die Ausübung des
Vorsitzes im Rat und über den Vorsitz in den Vorbereitungsgremien des Rates, ABl. 2009, L 322/28,
berichtigt ABl. 2009, L 344/56.

[47] Dazu näher *Westlake/Galloway*, S. 233; *Hayes-Renshaw/Wallace*, S. 295.

[48] *Hix*, in: Schwarze, EU-Kommentar, Art. 238 AEUV, Rn. 20; *Obwexer/Hummer*, in: Streinz,
EUV/AEUV, Art. 238 AEUV, Rn. 55.

sogenannte Probeabstimmungen oder Indikativabstimmungen üblich, die jedoch rechtlich unverbindlich sind.[49]

2. Ausnahmefall der schriftlichen Abstimmung

34   Ausnahmsweise kann im Rat eine schriftliche Abstimmung erfolgen, wobei Art. 12 GO-
Rat **zwei Varianten** unterscheidet. Das **gewöhnliche schriftliche Verfahren** gemäß
Art. 12 Abs. 1 GO-Rat gelangt in dringenden Angelegenheiten zur Anwendung, wenn
der Rat oder der Ausschuss der Ständigen Vertreter dies einstimmig beschließt, oder
unter besonderen Umständen, wenn alle Mitgliedstaaten sich damit einverstanden erklären. Erfolgt die Beschlussfassung des Rates auf Vorschlag der Kommission muss auch
sie mit dem schriftlichen Verfahren einverstanden sein (Art. 12 Abs. 1 UAbs. 2 GO-
Rat). Ein Beschluss im gewöhnlichen schriftlichen Verfahren kommt zustande, wenn die
Delegationen der Mitgliedstaaten auf die ihnen vom Generalsekretär des Rates übermittelte Abstimmungsfrage hin, mit der jeweils erforderlichen Mehrheit schriftlich zugestimmt haben. Das Abstimmungsergebnis wird vom Generalsekretär des Rates gemäß
Art. 12 Abs. 3 GO-Rat festgestellt.

35   Im vereinfachten schriftlichen Verfahren, dem »**Verfahren der stillschweigenden Zustimmung**«, das nur in den in Art. 12 Abs. 2 UAbs. 1 GO-Rat enumerativ aufgezählten
Fällen auf Veranlassung des Vorsitzes zur Anwendung gelangt, kommt ein Beschluss
zustande, wenn gegen den betreffenden Text innerhalb der vom Vorsitz entsprechend
der Dringlichkeit der Angelegenheit festgesetzten Frist kein Mitgliedstaat einen Einwand erhoben hat. Dieses Verfahren kommt zur Anwendung bei einer Antwort auf eine
schriftliche oder mündliche Anfrage von einem Mitglied des Europäischen Parlaments
(Art. 12 Abs. 2 UAbs. 1 Buchst. a GO-Rat), bei der Ernennung von Mitgliedern des
Wirtschafts- und Sozialausschusses und bei der Ernennung von Mitgliedern und stellvertretenden Mitgliedern des Ausschusses der Regionen (Art. 12 Abs. 2 UAbs. 1
Buchst. b GO-Rat), bei Beschlüssen über die Konsultierung anderer Organe oder Einrichtungen (Art. 12 Abs. 2 UAbs. 1 Buchst. c GO-Rat) sowie zur Durchführung der gemeinsamen Außen- und Sicherheitspolitik über das für Krisensituationen eingerichtete
»COREU«-Netz[50] (Art. 12 Abs. 2 UAbs. 1 Buchst. d GO-Rat).

---

[49] *Ziegenhorn*, in: Grabitz/Hilf/Nettesheim, EU, Art. 238 AEUV (Januar 2015), Rn. 50; *Hix*, in:
Schwarze, EU-Kommentar, Art. 238 AEUV, Rn. 20.
[50] Dazu *v. Ondarza*, COREU (Correspondance Européenne), in: Bergmann (Hrsg.), Handlexikon
der Europäischen Union, 5. Aufl., 2015.

Artikel 239 AEUV [Stimmrechtsübertragung im Rat]

Jedes Mitglied kann sich das Stimmrecht höchstens eines anderen Mitglieds übertragen lassen.

Literaturübersicht

Siehe Art. 16 EUV und Art. 238 AEUV.

Wesentliche sekundärrechtliche Vorschrift

Beschluss 2009/937/EU des Rates vom 1. 12. 2009 zur Annahme seiner Geschäftsordnung, ABl. 2009, L 325/35; zuletzt geändert durch Beschluss (EU/Euratom) 2015/2393 des Rates vom 8. 12. 2015, ABl. 2015, L 332/133

Inhaltsübersicht

A. Allgemeines

Die Regelung des Art. 239 AEUV setzt voraus, dass Mitglieder des Rates ihr Stimmrecht **1** auf ein anderes Ratsmitglied übertragen können. Die Bestimmung regelt die Möglichkeit der Stimmrechtsübertragung nur implizit, indem sie eine Schranke errichtet, wonach jedem Mitglied des Rates das Stimmrecht höchstens eines anderen Mitglieds übertragen werden darf. Nach ihrem Sinn und Zweck dient die Vorschrift der **Erhaltung der Funktionsfähigkeit** des Rates für den Fall der Verhinderung eines Mitglieds.[1] Ist Einstimmigkeit im Rat vorgeschrieben, steht nur eine Enthaltung eines anwesenden Ratsmitglieds oder eines Mitglieds, welches sein Stimmrecht auf ein anderes Mitglied übertragen hat, gemäß Art. 238 Abs. 4 AEUV einer Beschlussfassung nicht entgegen. Ist ein Ratsmitglied abwesend, ohne sein Stimmrecht übertragen zu haben, kann ein einstimmiger Beschluss nicht gefasst werden.[2] Ist eine einfache oder qualifizierte Mehrheit im Rat vorgeschrieben, wirkt sich eine fehlende Stimmabgabe praktisch wie eine Gegenstimme aus.[3]

Eine Stimmrechtsübertragung muss sinnvollerweise nur dann in Betracht gezogen **2** werden, wenn ein Mitgliedstaat nicht selbst stimmberechtigt im Rat durch einen Minister vertreten ist. Eine Stimmrechtsübertragung ist daher vom Fall einer **Vertretung** zu unterscheiden.[4] Ist der zuständige Fachminister verhindert, an einer Ratssitzung teil-

---

[1] *Kotzur*, in: Geiger/Khan/Kotzur, EUV/AEUV, Art. 239 AEUV, Rn. 1; *Breier*, in: Lenz/Borchardt, EU-Verträge, Art. 239 AEUV, Rn. 1.

[2] Vgl. Art. 238 AEUV, Rn. 26.

[3] *Obwexer/Hummer*, in: Streinz, EUV/AEUV, Art. 239 AEUV, Rn. 2; *Epping*, in: Vedder/Heintschel v. Heinegg, Europäisches Unionsrecht, Art. 239 AEUV, Rn. 1.

[4] *Ziegenhorn*, in: Grabitz/Hilf/Nettesheim, EU, Art. 239 AEUV (Januar 2015), Rn. 8; *Obwexer/Hummer*, in: Streinz, EUV/AEUV, Art. 239 AEUV, Rn. 3.

zunehmen, ist es dem Mitgliedstaat unbenommen, sich durch ein **anderes Regierungs-mitglied** im Ministerrang vertreten zu lassen. In Anhang I der Geschäftsordnung des Rates[5] heißt es, dass jeder Mitgliedstaat selbst darüber entscheidet, auf welche Weise er sich gemäß Art. 16 Abs. 2 EUV im Rat vertreten lässt. Gewohnheitsrechtlich anerkannt ist zudem die Möglichkeit, dass sich ein Mitgliedstaat im Rat auch durch einen **Staats-sekretär** vertreten lassen kann, selbst wenn Staatssekretäre, wie nach deutschem Recht,[6] nicht Mitglieder der Regierung und damit nicht Minister sind.[7] Ein Staatssekretär, der anstelle des Ministers auftritt, ist im Rat stimmberechtigt, so dass auch in diesem Fall keine Stimmrechtsübertragung auf ein anderes Ratsmitglied notwendig ist. In der Praxis ist die Möglichkeit anerkannt, dass sich ein Ratsmitglied durch einen Ministerialbeamten oder durch den Ständigen Vertreter des betreffenden Mitgliedstaates vertreten lassen kann, wenn es verhindert ist, an einer Ratstagung teilzunehmen. Der **Ministerialbeamte** oder der **Ständige Vertreter** rückt jedoch nicht in die Stellung eines Mitgliedes des Rates ein. Das bedeutet, dass sich ein Ministerialbeamter oder ein Ständiger Vertreter zwar an den Aussprachen im Rat beteiligen kann, er besitzt aber kein Stimmrecht.[8] Sein Stimm-recht im Rat kann ein Mitgliedstaat in einem solchen Fall jedoch auf ein anderes Rats-mitglied gemäß Art. 239 AEUV übertragen. Die nicht stimmberechtigte Vertretung zeigt in der Praxis dem Ratsmitglied, auf das das Stimmrecht übertragen ist, das Stimm-verhalten an.[9]

B. Adressanten und Adressaten einer Stimmrechtsübertragung

3   Eine Stimmrechtsübertragung kommt nur durch Mitglieder des Rates in Betracht, die ihrerseits stimmberechtigt sind. Mitgliedstaaten, denen im konkreten Fall kein Stimm-recht zusteht,[10] sowie der Hohe Vertreter der Union für Außen- und Sicherheitspolitik im Rat »Auswärtige Angelegenheiten«, der ebenfalls nicht stimmberechtigt ist,[11] schei-den als **Adressanten einer Stimmrechtsübertragung** daher aus.[12] Auch auf einen Minis-terialbeamten oder den Ständigen Vertreter eines Mitgliedstaates kann das Stimmrecht nicht wirksam übertragen werden.[13] Umgekehrt ist auch eine Stimmrechtsübertragung auf nicht stimmberechtigte Ratsmitglieder oder den Hohen Vertreter nicht möglich. **Adressaten einer Stimmrechtsübertragung** können nur stimmberechtigte Mitglieder des Rates sein.

---

[5] Beschluss 2009/937/EU des Rates vom 1. 12. 2009 zur Annahme seiner Geschäftsordnung, ABl. 2009, L 325/35; zuletzt geändert durch Beschluss (EU/Euratom) 2015/2393 des Rates vom 8.12.2015, ABl. 2015, L 332/133.

[6] Vgl. Art. 62 GG.

[7] S. dazu Art. 16 EUV, Rn. 12.

[8] S. Art. 16 EUV, Rn. 13; vgl. auch *Obwexer/Hummer*, in: Streinz, EUV/AEUV, Art. 239 AEUV, Rn. 3; *Hix*, in: Schwarze, EU-Kommentar, Art. 239 AEUV, Rn. 2; *Kotzur*, in: Geiger/Khan/Kotzur, EUV/AEUV, Art. 239 AEUV, Rn. 1.

[9] *Ziegenhorn*, in: Grabitz/Hilf/Nettesheim, EU, Art. 239 AEUV (Januar 2015), Rn. 8.

[10] Vgl. Art. 238 AEUV, Rn. 14 ff.

[11] Vgl. Art. 16 EUV, Rn. 18.

[12] *Ruffert*, in: Calliess/Ruffert, EUV/AEUV, Art. 239 AEUV; *Ziegenhorn*, in: Grabitz/Hilf/Net-tesheim, EU, Art. 239 AEUV (Januar 2015), Rn. 4; *Hix*, in: Schwarze, EU-Kommentar, Art. 239 AEUV, Rn. 2.

[13] *Obwexer/Hummer*, in: Streinz, EUV/AEUV, Art. 239 AEUV, Rn. 5.

C.   Grenzen der Stimmrechtsübertragung

Jedes stimmberechtigte Mitglied des Rates kann sich das Stimmrecht **höchstens eines**   **4**
anderen stimmberechtigten Mitgliedes übertragen lassen. Die Regelung bezweckt daher
wohl auch, dass eine Dominanz von Mitgliedern des Rates verhindert werden soll, die
dadurch entstehen könnte, dass eine Stimmhäufung bei einzelnen Ratsmitgliedern eintritt.[14] Es soll auch sichergestellt werden, dass sich möglichst viele Ratsmitglieder an der
Arbeit des Rates beteiligen.[15] Ein Mitglied des Rates kann daher höchstens zwei Stimmrechte ausüben, nämlich sein eigenes und ein übertragenes.

D.   Form der Stimmrechtsübertragung

Weder in den Verträgen noch in der Geschäftsordnung des Rates ist eine bestimmte Form   **5**
für eine Stimmrechtsübertragung vorgeschrieben. Insbesondere ist keine schriftliche
Vollmacht vonnöten.[16] Eine Stimmrechtsübertragung unterliegt mithin **keinen Former-**
fordernissen. Es muss jedoch – in welcher Form auch immer – die **Bevollmächtigung**
eines anderen Ratsmitglieds erfolgt sein. Eine bloße Anscheinsvollmacht, die auf einem
bloßen Rechtsschein basiert, genügt nicht.[17] Mit einer Anscheinsvollmacht lässt sich
daher auch nicht die Stimmabgabe durch einen nicht stimmberechtigten Ministerialbeamten oder Ständigen Vertreter erklären, die als Stimmabgabe eines anwesenden
stimmberechtigten Ratsmitglieds gelten soll, ohne dass zuvor eine Bevollmächtigung
erfolgt wäre.[18]

E.   Rechtswirkung einer Stimmrechtsübertragung

Eine Stimmrechtsübertragung bewirkt, dass das Stimmrecht eines Ratsmitglieds auf ein   **6**
anderes Ratsmitglied übergeht, und zwar einschließlich des jeweiligen **Stimmgewichts**
für den Fall einen Stimmenwägung.[19] Ist bei einer Abstimmung mit qualifizierter oder
besonders qualifizierter Mehrheit die Bevölkerungsgröße maßgeblich,[20] ist auch die **Be-**
völkerungsgröße des von dem übertragenden Ratsmitglied vertretenen Mitgliedstaates
zu berücksichtigen.[21]

    Nicht geregelt ist jedoch, ob eine inhaltliche Festlegung durch das sein Stimmrecht   **7**
übertragende Mitglied hinsichtlich des erwünschten Abstimmungsverhaltens erfolgen

---

[14] *Obwexer/Hummer*, in: Streinz, EUV/AEUV, Art. 239 AEUV, Rn. 7; *Epping*, in: Vedder/Heint-
schel v. Heinegg, Europäisches Unionsrecht, Art. 239 AEUV, Rn. 1.

[15] *Ziegenhorn*, in: Grabitz/Hilf/Nettesheim, EU, Art. 239 AEUV (August 2015), Rn. 3.

[16] *Ziegenhorn*, in: Grabitz/Hilf/Nettesheim, EU, Art. 239 AEUV (August 2015), Rn. 5.

[17] Anders aber *Obwexer/Hummer*, in: Streinz, EUV/AEUV, Art. 239 AEUV, Rn. 9; *Hix*, in:
Schwarze, EU-Kommentar, Art. 239 AEUV, Rn. 3.

[18] So aber *Hix*, in: Schwarze, EU-Kommentar, Art. 239 AEUV, Rn. 3; vgl. auch *Obwexer/Hum-*
mer, in: Streinz, EUV/AEUV, Art. 239 AEUV, Rn. 10.

[19] *Obwexer/Hummer*, in: Streinz, EUV/AEUV, Art. 239 AEUV, Rn. 6; *Ziegenhorn*, in: Grabitz/
Hilf/Nettesheim, EU, Art. 239 AEUV (Januar 2015), Rn. 2; zur Stimmenwägung vgl. Art. 16 EUV,
Rn. 33, 35; Art. 238 AEUV, Rn. 7, 9, 19 f.

[20] S. dazu Art. 16 EUV, Rn. 36 ff., 41; Art. 238 AEUV, Rn. 8, 10 ff., 19, 21 ff.

[21] *Ziegenhorn*, in: Grabitz/Hilf/Nettesheim, EU, Art. 239 AEUV (Januar 2015), Rn. 2.

darf.[22] Gründe, warum eine **Weisungsbefugnis** des übertragenden Ratsmitglieds ausscheiden sollte, sind allerdings nicht ersichtlich. Anders als etwa die Mitglieder der Kommission gemäß Art. 17 Abs. 3 UAbs. 3 Satz 2 EUV, ist es Mitgliedern des Rates nicht untersagt, Weisungen entgegenzunehmen. Eine inhaltliche Festlegung des Abstimmungsverhaltens dürfte daher bei bereits vorab in der Tagesordnung vorgesehenen feststehenden Entscheidungsfindungen zulässig sein.[23] Im Hinblick auf im Vorfeld nicht absehbare Entscheidungen des Rates erscheint eine kurzfristige informelle Rückkopplung mit dem vertretenen Mitglied ebenso unbedenklich.

---

[22] *Ziegenhorn*, in: Grabitz/Hilf/Nettesheim, EU, Art. 239 AEUV (Januar 2015), Rn. 7.
[23] *Kotzur*, in: Geiger/Khan/Kotzur, EUV/AEUV, Art. 239 AEUV, Rn. 1; *Ruffert*, in: Calliess/Ruffert, EUV/AEUV, Art. 239 AEUV.

Artikel 240 AEUV [Ausschuss der Ständigen Vertreter, Generalsekretariat, Geschäftsordnung]

(1) ¹ Ein Ausschuss, der sich aus den Ständigen Vertretern der Regierungen der Mitgliedstaaten zusammensetzt, trägt die Verantwortung, die Arbeiten des Rates vorzubereiten und die ihm vom Rat übertragenen Aufträge auszuführen. ² Der Ausschuss kann in Fällen, die in der Geschäftsordnung des Rates vorgesehen sind, Verfahrensbeschlüsse fassen.

(2) Der Rat wird von einem Generalsekretariat unterstützt, das einem vom Rat ernannten Generalsekretär untersteht.

Der Rat beschließt mit einfacher Mehrheit über die Organisation des Generalsekretariats.

(3) Der Rat beschließt mit einfacher Mehrheit über Verfahrensfragen sowie über den Erlass seiner Geschäftsordnung.

Literaturübersicht

von Alemann, Der Rat der Europäischen Union, 2009; *Bostock*, Coreper Revisited, JCMSt. 40 (2002), 215; *Hayes-Renshaw/Wallace*, The Council of Ministers, 2. Aufl., 2006; *Mentler*, Der Ausschuß der Ständigen Vertreter bei den Europäischen Gemeinschaften, 1996; *Wedemeyer*, Mehrheitsbeschlussfassung im Rat der Europäischen Union, 2008; *Westlake/Galloway*, The Council of the European Union, 3. Aufl., 2006; *Zwaan*, The Permanent Representatives Committee, 1995.

Wesentliche sekundärrechtliche Vorschrift

Beschluss 2009/937/EU des Rates vom 1. 12. 2009 zur Annahme seiner Geschäftsordnung, ABl. 2009, L 325/35; zuletzt geändert durch Beschluss (EU/Euratom) 2015/2393 des Rates vom 8. 12. 2015, ABl. 2015, L 332/133

Leitentscheidungen

EuGH, Urt. v. 23. 2. 1988, Rs. 68/86 (Vereinigtes Königreich/Rat), Slg. 1988, 855
EuGH, Urt. v. 7. 5. 1991, Rs. C–69/89 (Nakajima/Rat), Slg. 1991, I–2069
EuGH, Urt. v. 19. 3. 1996, Rs. C–25/94 (Kommission/Rat), Slg. 1996, I–1469
EuGH, Urt. v. 30. 4. 1996, Rs. C–58/94 (Niederlande/Rat), Slg. 1996, I–2169

Inhaltsübersicht

A. Allgemeines

1   Art. 240 AEUV enthält Regelungen für die **interne Organisation des Rates**. Art. 240 Abs. 1 AEUV regelt den Ausschuss der Ständigen Vertreter der Regierung der Mitgliedstaaten, der die Arbeit des Rates unterstützt und vorbereitet. Art. 240 Abs. 2 AEUV sieht ein von einem Generalsekretär geführtes Generalsekretariat vor, das den Verwaltungsunterbau des Rates bildet. Art. 240 Abs. 3 AEUV enthält Bestimmungen über Beschlüsse über Verfahrensfragen und den Erlass einer Geschäftsordnung.

B. Ausschuss der Ständigen Vertreter

I. Zusammensetzung

2   Art. 240 Abs. 1 Satz 1 AEUV regelt die Zusammensetzung des Ausschusses der Ständigen Vertreter der Regierungen der Mitgliedstaaten. Der Ausschuss der Ständigen Vertreter besteht, wie seine Bezeichnung bereits aussagt, aus den **Leitern der Vertretungen der Mitgliedstaaten bei der Europäischen Union**.[1] Es handelt sich dabei um hochrangige Beamte der Mitgliedstaaten, die im Rang von Botschaftern der Mitgliedstaaten stehen. Die für den Ausschuss – neben »AStV« – häufig gebrauchte Abkürzung »COREPER« steht für die französische Bezeichnung »Comité des représentants permanents«. Der AStV tritt in der Praxis in zwei Zusammensetzungen mit fachlich unterschiedlichen Aufgaben zusammen. Den **AStV II** bilden die Ständigen Vertreter der Regierungen der Mitgliedstaaten. Als **AStV I** tagen die Stellvertreter der Ständigen Vertreter. Eine Hierarchie zwischen beiden Besetzungen besteht jedoch nicht.[2] Die Ständigen Vertreter der Regierungen der Mitgliedstaaten und ihre Stellvertreter sind weisungsgebunden und unterstehen dem innerstaatlich zuständigen Ministerium.[3] Die Ernennung der Ständigen Vertreter sowie ihrer Stellvertreter erfolgt durch die Regierung des jeweiligen Mitgliedstaates, die auch deren Amtsdauer festlegt.[4] Den **Vorsitz im AStV** führt der Mitgliedstaat, der den Ratsvorsitz im Rat »Allgemeine Angelegenheiten« innehat (Art. 19 Abs. 4 UAbs. 1 GO-Rat).[5]

II. Aufgaben und Befugnisse

1. Vorbereitung der Arbeiten des Rates

3   Der Ausschuss der Ständigen Vertreter der Regierungen der Mitgliedstaaten (AStV) ist ein **Hilfsorgan des Rates**.[6] Ihm kommt gemäß Art. 240 Abs. 1 Satz 1 AEUV die Aufgabe

---

[1] *Breier*, in: Lenz/Borchardt, EU-Verträge, Art. 240 AEUV, Rn. 1; *Hix*, in: Schwarze, EU-Kommentar, Art. 240 AEUV, Rn. 4.

[2] *Mentler*, S. 52; *Ziegenhorn*, in: Grabitz/Hilf/Nettesheim, EU, Art. 240 AEUV (Januar 2015), Rn. 11.

[3] *Ziegenhorn*, in: Grabitz/Hilf/Nettesheim, EU, Art. 240 AEUV (Januar 2015), Rn. 5; *Breier*, in: Lenz/Borchardt, EU-Verträge, Art. 240 AEUV, Rn. 1.

[4] *Hix*, in: Schwarze, EU-Kommentar, Art. 240 AEUV, Rn. 4.

[5] Beschluss 2009/937/EU des Rates vom 1.12.2009 zur Annahme seiner Geschäftsordnung, ABl. 2009, L 325/35; zuletzt geändert durch Beschluss (EU/Euratom) 2015/2393 des Rates vom 8.12.2015, ABl. L 332/133.

[6] *Epping*, in: Vedder/Heintschel v. Heinegg, Europäisches Unionsrecht, Art. 240 AEUV, Rn. 2; *Hix*, in: Schwarze, EU-Kommentar, Art. 240 AEUV, Rn. 6.

zu, die **Arbeiten des Rates vorzubereiten**. Insoweit entspricht die Regelung des Art. 240 Abs. 1 Satz 1 AEUV der Bestimmung des Art. 16 Abs. 7 EUV. Der AStV tagt seinen beiden Zusammensetzungen mindestens einmal wöchentlich.[7] Die Aufgaben sind zur Beschleunigung der Arbeitsabläufe zwischen dem AStV I und dem AStV II fachlich aufgeteilt.[8] Der AStV I ist zuständig für die Ratsformationen, die sich mit allgemeinen Angelegenheiten, auswärtigen Angelegenheiten, mit Wirtschaft und Finanzen, mit Justiz- und Innenpolitik, mit Haushaltspolitik und Entwicklungsfragen sowie mit allgemeinen institutionellen Fragen befassen. Der AStV II ist zuständig für die Bereiche Wettbewerbsfähigkeit, Beschäftigung, Sozialpolitik, Gesundheit und Verbraucherschutz, Telekommunikation und Energie, Landwirtschaft und Fischerei, Umwelt sowie Bildung, Jugend und Kultur.[9]

Für den Bereich der Landwirtschaftspolitik besteht neben dem AStV ein »**Sonderaus-** **4** **schuss Landwirtschaft**« der die Tagungen des Rates »Landwirtschaft und Fischerei« vorbereitet.[10] Seine Einsetzung geht auf einen Beschluss der im Rat vereinigten Vertreter der Regierungen der Mitgliedstaaten der Europäischen Wirtschaftsgemeinschaft über die beschleunigte Verwirklichung der Vertragsziele vom 12.5.1960[11] zurück, der in seinem Art. 5 Abs. 4 UAbs. 2 die Errichtung dieses Ausschusses vorsieht. Es handelt sich dabei nicht um eine dritte Formation des Ausschusses der Ständigen Vertreter,[12] sondern um ein eigenständiges Gremium, das sich aus hohen Beamten der Landwirtschaftsministerien oder den Leitern der Abteilung Landwirtschaft der Ständigen Vertretungen der Mitgliedstaaten zusammensetzt.[13] Über die Notwendigkeit dieses Gremiums, das Aufgaben des AStV wahrnimmt, besteht weithin Einigkeit aufgrund der Komplexität der Landwirtschaftspolitik.[14] Aufgrund des klaren Wortlautes von Art. 16 Abs. 7 EUV und Art. 240 Abs. 1 Satz 1 AEUV, der dem AStV die Aufgabe zuweist, die Ratstagungen vorzubereiten, wäre es dem Ausschuss der Ständigen Vertreter allerdings möglich, die Vorbereitung der Tagungen der Rates »Landwirtschaft und Fischerei« auch insoweit an sich zu ziehen.[15]

Vom Bereich der Landwirtschaft abgesehen, müssen alle Tagesordnungspunkte, über **5** die der Rat verhandeln und abstimmen soll, im Ausschuss der Ständigen Vertreter vorab geprüft werden (Art. 19 Abs. 2 GO-Rat). Der AStV hat dabei insbesondere die Aufgabe, soweit wie möglich bereits **Einigkeit zwischen den Mitgliedstaaten herzustellen**. Gelingt dies, so werden diese Tagesordnungspunkte als sogenannte »A-Punkte« auf die Tagesordnung des Rates gesetzt und können vom Rat ohne Aussprache beschlossen werden. Der Rat verhandelt regelmäßig selbst dann nur noch über die im AStV strittig gebliebenen sogenannten »B-Punkte« der Tagesordnung (vgl. Art. 3 Abs. 6 UAbs. 2 GO-Rat). Ist im AStV keine Einigung erzielt worden, dient seine vorbereitende Arbeit dazu, die

---

[7] *Ziegenhorn*, in: Grabitz/Hilf/Nettesheim, EU, Art. 240 AEUV (Januar 2015), Rn. 13.

[8] Vgl. dazu *Mentler*, S. 51.

[9] *Ziegenhorn*, in: Grabitz/Hilf/Nettesheim, EU, Art. 240 AEUV (Januar 2015), Rn. 11; *Hix*, in: Schwarze, EU-Kommentar, Art. 240 AEUV, Rn. 4.

[10] *Westlake/Galloway*, S. 153.

[11] ABl. 1960, 58/1217.

[12] *Ziegenhorn*, in: Grabitz/Hilf/Nettesheim, EU, Art. 240 AEUV (Januar 2015), Rn. 21.

[13] *Hix*, in: Schwarze, EU-Kommentar, Art. 240 AEUV, Rn. 4.

[14] *Wedemeyer*, S. 38.

[15] *Zwaan*, S. 157 f.; *Ziegenhorn*, in: Grabitz/Hilf/Nettesheim, EU, Art. 240 AEUV (Januar 2015), Rn. 21.

Problemfelder einzugrenzen und dem Rat die offen gebliebenen Fragen übersichtlich zu präsentieren.[16]

6   Gemäß Art. 19 Abs. 3 UAbs. 1 GO-Rat können vom AStV oder mit dessen Zustimmung Ausschüsse und Arbeitsgruppen eingesetzt werden, um bestimmte vorbereitende Arbeiten oder Untersuchungen durchzuführen.[17] Das Generalsekretariat des Rates führt eine Liste, in welcher alle **Vorbereitungsgremien** aufgeführt sind (Art. 19 Abs. 3 UAbs. 2 GO-Rat).[18]

2. Übertragene Aufgaben

7   Gemäß Art. 240 Abs. 1 Satz 1 AEUV hat der AStV die ihm vom Rat übertragenen Aufgaben auszuführen. So vertreten Mitglieder des AStV den Rat etwa bei Verhandlungen zwischen Rat, Europäischem Parlament und Kommission im »informellen Trilog«, der in der Praxis das ordentliche Gesetzgebungsverfahren ergänzt.[19] Auch im Vermittlungsverfahren nehmen Mitglieder des AStV übertragene Aufgaben des Rates wahr. Die eigentliche Beschlussfassung bleibt jedoch dem Rat vorbehalten, der insoweit keine Befugnisse delegieren darf.[20] Insbesondere der Erlass von Rechtsakten ist dem AStV lediglich im Rahmen von Art. 240 Abs. 1 Satz 2 AEUV gestattet.

3. Verfahrensbeschlüsse des AStV

8   Art. 240 Abs. 1 Satz 2 AEUV ermöglicht dem Ausschuss der Ständigen Vertreter die Verfahrensbeschlüsse zu fassen, die in der Geschäftsordnung des Rates vorgesehen sind. Diese Verfahrensbeschlüsse sind in Art. 19 Abs. 7 GO-Rat enumerativ aufgeführt. Es handelt sich um Regelungen, die die **organisatorischen Aspekte** der Arbeit des Rates betreffen, wie etwa die Verlegung des Tagungsortes, die Genehmigung der Vorlage eines Ratsdokuments bei Gericht, die Öffentlichkeit der Ratssitzungen, die Anwendung des schriftlichen Abstimmungsverfahrens oder die Anhörung eines anderen Organs oder einer anderen Einrichtung.

C.   Generalsekretariat

I.   Errichtung und Organisation

9   Der Rat wird nach Art. 240 Abs. 2 UAbs. 1 AEUV von einem Generalsekretariat unterstützt. Das Generalsekretariat ist anders als der Ausschuss der Ständigen Vertreter der Regierungen der Mitgliedstaaten kein Hilfsorgan des Rates, sondern dessen **Verwaltungsunterbau**.[21] Errichtet wurde das Generalsekretariat bereits im Jahre 1952,[22] ohne dass es dafür zunächst eine ausdrückliche primärrechtliche Grundlage gegeben hätte. Die Errichtung des Generalsekretariats des Rates war Ausdruck der Organisati-

---

[16] *Hix*, in: Schwarze, EU-Kommentar, Art. 240 AEUV, Rn. 5.

[17] Vgl. dazu *v. Alemann*, S. 26 f.

[18] Vgl. die am 18. 1. 2016 veröffentlichte Liste, Ratsdok. 5183/16 POLGEN 3.

[19] *Hayes-Renshaw/Wallace*, S. 76; *Bostock*, JCMSt 40 (2002), 215 (220 ff.).

[20] EuGH, Urt. v. 19. 3. 1996, Rs. C–25/94 (Kommission/Rat), Slg. 1996, I–1469, Rn. 27.

[21] *v. Alemann*, S. 18; *Ziegenhorn*, in: Grabitz/Hilf/Nettesheim, EU, Art. 240 AEUV (Januar 2015), Rn. 24.

[22] Dazu eingehend *Westlake/Galloway*, S. 340.

onshoheit und des Selbstorganisationsrechts des Rates.[23] Primärrechtlich erstmals verankert wurde das Generalsekretariat durch den Vertrag von Maastricht.

Über die **Organisation des Generalsekretariats** beschließt der Rat gemäß Art. 240   **10**
Abs. 2 UAbs. 2 AEUV mit einfacher Mehrheit. Geleitet wird das Generalsekretariat von einem Generalsekretär, der vom Rat ernannt wird.[24] Es gliedert sich in das Kabinett des Generalsekretärs, den Juristischen Dienst sowie sieben Generaldirektionen mit unterschiedlichen fachlichen Aufgabenbereichen.

II. Aufgaben

Das Generalsekretariat des Rates soll über die halbjährlich wechselnden Vorsitze im Rat   **11**
hinweg für die Kontinuität der Ratsarbeit sorgen.[25] Seine Hauptaufgabe ist die **Unterstützung**, **Beratung** und Mithilfe bei der **Koordinierung** der Arbeiten des Rates (Art. 240 Abs. 2 UAbs. 1 AEUV) und des Europäischen Rates (Art. 235 Abs. 4 AEUV), einschließlich der Durchführung der Achtzehnmonatsprogramme der jeweiligen Vorsitzstaaten. Das Generalsekretariat leistet logistische Unterstützung im Hinblick auf die Durchführung der Tagungen von Rat und Europäischem Rat, arbeitet Tagesordnungsentwürfe, Berichte, Vermerke und Tagungsprotokolle auf allen Ebenen aus. Zudem unterstützt es den Ratsvorsitz bei den Verhandlungen im Rat und mit den anderen Organen der Europäischen Union. Der **Juristische Dienst des Generalsekretariats** überprüft die redaktionelle Qualität der Entwürfe von Rechtsakten und erstellt Rechtsgutachten für den Rat und seine Ausschüsse, um die Rechtmäßigkeit des Ratshandelns sicherzustellen. Der Juristische Dienst vertritt den Rat auch in Verfahren vor dem Gerichtshof der Europäischen Union.[26]

III. Generalsekretär

Der Generalsekretär wird vom Rat mit qualifizierter Mehrheit ernannt (vgl. Art. 16   **12**
Abs. 3 EUV und Art. 23 Abs. 1 UAbs. 1 GO-Rat).[27] Da die Ernennung nicht auf Vorschlag der Kommission oder des Hohen Vertreters der Union für Außen- und Sicherheitspolitik erfolgt, ist eine **besonders qualifizierte Mehrheit** gemäß Art. 238 Abs. 2 AEUV erforderlich.[28] Der Generalsekretär leitet das Generalsekretariat. Nach den Verträgen von Amsterdam und Nizza war der Generalsekretär des Rates zugleich »Hoher Vertreter für die Gemeinsame Außen- und Sicherheitspolitik«. Diese Personalunion ist durch den Vertrag von Lissabon in Art. 18 EUV aufgelöst worden.

Zu seinen Aufgaben gehört es nach Art. 23 Abs. 3 GO-Rat an der **Gestaltung**, der   **13**
Koordinierung und der **Überwachung der Kohärenz** der Arbeiten des Rates und der Durchführung seines Achtzehnmonatsprogramms mitzuwirken. Er unterstützt und be-

---

[23] Vgl. EuGH, Urt. v. 12.7.1957, Rs. 7/56, 3/57 bis 7/57 (Algera u. a./Gemeinsame Versammlung), Slg. 1957, 85, (121).

[24] Vgl. den Beschluss (EU) 2015/654 des Rates vom 21.4.2015 zur Ernennung des Generalsekretärs des Rates der Europäischen Union für die Zeit vom 1.7.2015 bis zum 30.6.2020, ABl. 2015, L 107/74.

[25] *Epping*, in: Vedder/Heintschel v. Heinegg, Europäisches Unionsrecht, Art. 240 AEUV, Rn. 6; *Ruffert*, in: Calliess/Ruffert, EUV/AEUV, Art. 240 AEUV, Rn. 4.

[26] *Bishop*, in: *Westlake/Galloway*, S. 357 ff.; *Obwexer/Hummer*, in: Streinz, EUV/AEUV, Art. 240 AEUV, Rn. 40.

[27] *Obwexer/Hummer*, in: Streinz, EUV/AEUV, Art. 240 AEUV, Rn. 49.

[28] *Ziegenhorn*, in: Grabitz/Hilf/Nettesheim, EU, Art. 240 AEUV (Januar 2015), Rn. 34.

rät den Vorsitz bei der Suche nach Lösungen. Er kann gemäß Art. 26 GO-Rat den Rat vor dem Europäischen Parlament und seinen Ausschüssen vertreten. Weiterhin legt er dem Rat den Entwurf eines **Haushaltsvoranschlags** für die Ausgaben des Rates vor (Art. 23 Abs. 4 GO-Rat). Und er trägt die Verantwortung für die Durchführung des Haushaltseinzelplans für den Rat und den Europäischen Rat und die ordnungsgemäße **Mittelverwendung** (Art. 23 Abs. 5 GO-Rat).

14   Daneben kommen dem Generalsekretär **notarielle Aufgaben** zu. Er unterzeichnet nach Art. 13 Abs. 1 UAbs. 1 GO-Rat die Protokolle der Ratstagungen sowie nach Art. 15 GO-Rat die vom Rat und vom Parlament im ordentlichen Gesetzgebungsverfahren zustande gekommenen sowie die vom Rat erlassenen Rechtsakte. Er veranlasst auch nach Art. 17 GO-Rat die Veröffentlichung von Rechtsakten im Amtsblatt, wobei ihm die Befugnis zusteht, orthographische oder grammatikalische Fehler zu korrigieren.[29] Er notifiziert Richtlinien und Beschlüsse ihren Adressaten (Art. 18 GO-Rat). Zudem ist er die Hinterlegungsstelle für von der Europäischen Union geschlossene Abkommen (Art. 25 Abs. 1 GO-Rat).

D. Verfahrensfragen und Geschäftsordnung

I. Beschlüsse über Verfahrensfragen

15   Gemäß Art. 240 Abs. 3 AEUV beschließt der Rat über Verfahrensfragen mit **einfacher Mehrheit**. Diese Bestimmung ist Ausdruck der jedem Organ der Europäischen Union zukommenden Organisationsgewalt in eigenen Angelegenheiten.[30] Die Bestimmung stellt klar, dass der Rat auch außerhalb seiner Geschäftsordnung Verfahrensbeschlüsse fassen kann.[31] Eine Definition des Begriffs der Verfahrensfragen liefert die Bestimmung nicht. Darunter zu verstehen sind aber **verfahrensleitende Beschlüsse**, die das reibungslose Arbeiten im Interesse einer ordnungsgemäßen Verwaltung gewährleisten sollen.[32]

II. Erlass einer Geschäftsordnung

16   Art. 240 Abs. 3 AEUV sieht den Erlass einer Geschäftsordnung des Rates vor und kodifiziert damit die dem Rat als Organ zustehende Geschäftsordnungsgewalt. Dem Rat kommt dabei ein weites **Organisationsermessen** zu, welches er aber innerhalb der Vorgaben des Primärrechts ausüben muss.[33] Der Erlass der Geschäftsordnung erfolgt mit **einfacher Mehrheit**. Seine derzeit geltende Geschäftsordnung hat der Rat am 1. 12. 2009 erlassen.[34] Aufgabe der Geschäftsordnung ist es, den Ablauf des internen Dienstbetriebs zu regeln.[35]

---

[29] EuGH, Urt. 23. 2.1988, Rs. 131/86 (Vereinigtes Königreich/Rat), Slg. 1988, 905, Rn. 35 ff.

[30] EuGH, Urt. 30. 4.1996, Rs. C–58/94 (Niederlande/Rat), Slg. 1996, I–2169, Rn. 37.

[31] *Epping*, in: Vedder/Heintschel v. Heinegg, Europäisches Unionsrecht, Art. 240 AEUV, Rn. 8; *Ziegenhorn*, in: Grabitz/Hilf/Nettesheim, EU, Art. 240 AEUV (Januar 2015), Rn. 42.

[32] EuGH, Urt. 30. 4.1996, Rs. C–58/94 (Niederlande/Rat), Slg. 1996, I–2169, Rn. 37.

[33] *Obwexer/Hummer*, in: Streinz, EUV/AEUV, Art. 240 AEUV, Rn. 58; *Hix*, in: Schwarze, EU-Kommentar, Art. 240 AEUV, Rn. 18.

[34] Beschluss 2009/937/EU des Rates vom 1. 12. 2009 zur Annahme seiner Geschäftsordnung, ABl. 2009, L 325/35; zuletzt geändert durch Beschluss (EU/Euratom) 2015/2393 des Rates vom 8. 12. 2015, ABl. 2015, L 332/133.

[35] EuGH, Urt. v. 7. 5.1991, Rs. C–69/89 (Nakajima/Rat), Slg. 1991, I–2069, Rn. 49; EuG, Urt. v. 19. 10.1995, Rs. T–194/94 (Carvel und Guardian Newspapers/Rat), Slg. 1995, II–2765, Rn. 62.

Die Geschäftsordnung ist verbindliches **Binnenrecht** des Rates, der von den Bestim-   **17**
mungen der Geschäftsordnung nur nach deren förmlicher Änderung abweichen darf.[36]
Die Nichtbeachtung der Regelungen der Geschäftsordnung stellt eine Verletzung **wesentlicher Formvorschriften** dar, die von den privilegiert Klagebefugten im Wege einer
Nichtigkeitsklage geltend gemacht werden kann.[37] Nicht privilegiert klagebefugte Privatpersonen können eine Verletzung von Geschäftsordnungsbestimmungen allerdings
nur geltend machen, wenn es sich um Vorschriften handelt, die dem Schutz Einzelner
dienen.[38]

---

[36] EuGH, Urt. v. 23.2.1988, Rs. 68/86 (Vereinigtes Königreich/Rat), Slg. 1988, 855, Rn. 48.
[37] EuGH, Urt. v. 23.2.1988, Rs. 68/86 (Vereinigtes Königreich/Rat), Slg. 1988, 855, Rn. 49.
[38] EuGH, Urt. v. 7.5.1991, Rs. C–69/89 (Nakajima/Rat), Slg. 1991, I–2069, Rn. 50.

Artikel 241 AEUV [Aufforderung der Kommission]

¹Der Rat, der mit einfacher Mehrheit beschließt, kann die Kommission auffordern, die nach seiner Ansicht zur Verwirklichung der gemeinsamen Ziele geeigneten Untersuchungen vorzunehmen und ihm entsprechende Vorschläge zu unterbreiten. ²Legt die Kommission keinen Vorschlag vor, so teilt sie dem Rat die Gründe dafür mit.

Literaturübersicht

von Alemann, Der Rat der Europäischen Union, 2009; *von Buttlar*, Das Initiativrecht der Europäischen Kommission, 2003; *Jaenicke*, Der übernationale Charakter der Europäischen Wirtschaftsgemeinschaft, ZaöRV 19 (1958), 153.

Wesentliche sekundärrechtliche Vorschrift

Interinstitutionelle Vereinbarung »Bessere Rechtsetzung« vom 16.12.2003 zwischen dem Europäischen Parlament, dem Rat und der Kommission, ABl. 2003, C 321/1

Leitentscheidung

EuG, Urt. v. 26.11.1996, Rs. T–167/95 (Kuchlenz-Winter/Rat), Slg. 1996, II–1607

Inhaltsübersicht

A. Allgemeines

1   Art. 241 AEUV nimmt Rücksicht auf das Institutionengefüge der Europäischen Union und die Rollenverteilung zwischen den Unionsorganen Rat und Kommission. Die Bestimmung stellt eine wichtige **Ergänzung des Initiativrechts der Kommission** in der Unionsrechtsetzung dar.[1] Nach Art. 17 Abs. 2 EUV darf ein Gesetzgebungsakt der Europäischen Union nur auf Vorschlag der Kommission erlassen werden. Andere Rechtsakte werden auf der Grundlage eines Kommissionsvorschlages erlassen, sofern dies in den Verträgen vorgesehen ist. Ist es dem Rat verwehrt, selbst rechtsetzend initiativ zu werden, ist er auf einen Kommissionsvorschlag angewiesen. Das in Art. 241 AEUV niedergelegte Aufforderungsrecht des Rates soll diese Abhängigkeit von einem Tätigwerden der Kommission verringern.[2] Da es sich nicht um ein eigenständiges Initiativrecht des Rates handelt,[3] wird teilweise von einem »indirekten Initiativrecht« gesprochen.[4] Das Aufforderungsrecht gegenüber der Kommission erstreckt sich darüber hin-

---

[1] *Hix*, in: Schwarze, EU-Kommentar, Art. 241 AEUV, Rn. 2.
[2] *Obwexer/Hummer*, in: Streinz, EUV/AEUV, Art. 241 AEUV, Rn. 2.
[3] *v. Buttlar*, S. 157.
[4] *Epping*, in: Vedder/Heintschel v. Heinegg, Europäisches Unionsrecht, Art. 241 AEUV, Rn. 1.

aus auch auf die Einleitung von Untersuchungen durch die Kommission, die aufgrund ihres besser ausgestatteten Verwaltungsunterbaus hierzu besser in der Lage scheint.

B. Aufforderungsrecht des Rates

Nach Art. 241 Satz 1 AEUV kann der Rat die Kommission auffordern, Untersuchungen   **2** durchzuführen oder einen Vorschlag zu unterbreiten. Dem Rat kommt dabei ein **weites Ermessen** zu, ob er von seinem Aufforderungsrecht Gebrauch macht.[5] Eine Rechtspflicht zur Aufforderung der Kommission, die gerichtlich im Wege der Untätigkeitsklage gemäß Art. 265 AEUV durchsetzbar wäre, könnte nur im seltenen Ausnahmefall einer Ermessensreduzierung auf Null anzunehmen sein.[6]

Der Rat beschließt nach Art. 241 Satz 1 AEUV mit **einfacher Mehrheit**. Eine be-   **3** stimmte **Form der Aufforderung** ist nicht vorgeschrieben. Auch die Wahl der Form steht daher im Ermessen des Rates, wobei aus Gründen der Rechtssicherheit die Aufforderung zumindest in Schriftform erfolgen muss. Der Rat kann sich eines förmlichen an die Kommission gerichteten Beschlusses i. S. v. Art. 288 Abs. 4 AEUV bedienen, kann aber eine Aufforderung auch in Form von Schlussfolgerungen oder Entschließungen formulieren.[7]

C. Gegenstand der Aufforderung

I. Verwirklichung der gemeinsamen Ziele

Die vom Rat beschlossene Aufforderung zur Vornahme einer Untersuchung oder zur   **4** Vorlage eines Vorschlags durch die Kommission muss nach Auffassung des Rates zur Verwirklichung der gemeinsamen Ziele geeignet sein. Gemeint sind nicht die gemeinsamen Ziele von Rat und Kommission, sondern die **Ziele der Europäischen Union**.[8] Diese sind etwa in den Präambeln von EU- und AEU-Vertrag sowie in Art. 3 EUV formuliert.[9] Es kann auch aber auch um sektorale Ziele der Europäischen Union handeln (vgl. etwa Art. 11 AEUV, Art. 147 AEUV).[10]

II. Vornahme von Untersuchungen

Gegenstand einer Aufforderung der Kommission durch den Rat kann die Vornahme   **5** einer Untersuchung sein. Es kann sich dabei z. B. um wissenschaftliche Studien, Informations- und Datensammlungen oder -auswertungen oder um die Prüfung der Auswir-

---

[5] *Ziegenhorn*, in: Grabitz/Hilf/Nettesheim, EU, Art. 241 AEUV (Januar 2015), Rn. 10; *Hix*, in: Schwarze, EU-Kommentar, Art. 241 AEUV, Rn. 9; *Kotzur*, in: Geiger/Khan/Kotzur, EUV/AEUV, Art. 241 AEUV, Rn. 3.

[6] EuG, Urt. v. 26.11.1996, Rs. T–167/95 (Kuchlenz-Winter/Rat), Slg. 1996, II–1607, Rn. 25.

[7] *Obwexer/Hummer*, in: Streinz, EUV/AEUV, Art. 241 AEUV, Rn. 9; *Breier*, in: Lenz/Borchardt, EU-Verträge, Art. 241 AEUV, Rn. 2.

[8] *Ziegenhorn*, in: Grabitz/Hilf/Nettesheim, EU, Art. 241 AEUV (Januar 2015), Rn. 5; *Obwexer/ Hummer*, in: Streinz, EUV/AEUV, Art. 241 AEUV, Rn. 6.

[9] *Obwexer/Hummer*, in: Streinz, EUV/AEUV, Art. 241 AEUV, Rn. 6; *Epping*, in: Vedder/Heintschel v. Heinegg, Europäisches Unionsrecht, Art. 241 AEUV, Rn. 3.

[10] *Ziegenhorn*, in: Grabitz/Hilf/Nettesheim, EU, Art. 241 AEUV (Januar 2015), Rn. 5.

kungen bestehender oder ins Auge gefasster Rechtsvorschriften handeln.[11] Eine Untersuchung kann sich auf wirtschaftliche, soziale, rechtliche oder sonstige Umstände beziehen.[12] Es dürfte sich bei derartigen Untersuchungen häufig um **Vorbereitungshandlungen** für einen späteren Erlass von Rechtsvorschriften handeln. Mittels einer solchen Aufforderung kann sich der Rat den gegenüber seinem Generalsekretariat deutlich besser ausgestatteten Beamtenapparat der Kommission zu Nutze machen.[13] Zudem stehen der Kommission gemäß Art. 337 AEUV Zuständigkeiten für die Einholung von Auskünften und für erforderliche Nachprüfungen zu. Aufgrund dessen kann es für den Rat sinnvoll erscheinen, eine Untersuchung durch die Kommission einer eigenen Untersuchung vorzuziehen. Die Ergebnisse einer Untersuchung der Kommission werden im Regelfall in Form von Mitteilungen oder Berichten veröffentlicht.

III. Vorlage eines Vorschlags

6   Der Rat kann die Kommission gemäß Art. 241 Satz 1 AEUV auch auffordern, einen Vorschlag zu unterbreiten und ihr **Initiativrecht** in Bezug auf Rechtsakte auszuüben. Es kann sich dabei um einen Gesetzgebungsakt oder einen Rechtsakt ohne Gesetzescharakter handeln.[14] Es kann sich dabei um den Erlass eines neuen Rechtsakts, die Änderung eines Rechtsaktes oder um die Aufhebung eines Rechtsakts handeln.[15] Letztere Möglichkeit wird in der Erklärung Nr. 18 zur Schlussakte der Lissabonner Regierungskonferenz ausdrücklich bestätigt.[16]

D. Grenzen des Aufforderungsrechts

7   Das Aufforderungsrecht des Rates ist inhaltlich begrenzt. Es steht ihm nur im Rahmen seiner eigenen Kompetenzen zu. Fehlt es gemäß dem **Prinzip der begrenzten Einzelermächtigung** (Art. 5 Abs. 1 EUV) an der Zuständigkeit der Europäischen Union (Verbandskompetenz, Art. 5 Abs. 2 EUV) oder fehlt dem Rat als Organ die Zuständigkeit, in einem bestimmten Politikbereich tätig zu werden (Organkompetenz, Art. 13 Abs. 2 Satz 1 EUV), kommt eine Aufforderung der Kommission nicht in Betracht. Für den Rat folgt aus einer Weigerung der Kommission, einen Rechtsetzungsvorschlag zu unterbreiten, insbesondere keine Befugnis, seinerseits einen entsprechenden Vorschlag vorzulegen.[17] Umgekehrt tritt durch eine Aufforderung des Rates auf Seiten der Kommission keine Kompetenzerweiterung ein. Die Kommission kann einer Aufforderung des Rates nur im Rahmen ihrer Kompetenzen nachkommen.

---

[11] *Obwexer/Hummer*, in: Streinz, EUV/AEUV, Art. 241 AEUV, Rn. 7.

[12] *Hix*, in: Schwarze, EU-Kommentar, Art. 241 AEUV, Rn. 3.

[13] *Hix*, in: Schwarze, EU-Kommentar, Art. 241 AEUV, Rn. 3; *Ziegenhorn*, in: Grabitz/Hilf/Nettesheim, EU, Art. 241 AEUV (Januar 2015), Rn. 6.

[14] *Obwexer/Hummer*, in: Streinz, EUV/AEUV, Art. 241 AEUV, Rn. 8.

[15] *Hix*, in: Schwarze, EU-Kommentar, Art. 241 AEUV, Rn. 4.

[16] Abs. 2 Satz 3 der Erklärung Nr. 18 zur Abgrenzung der Zuständigkeiten, ABl. 2012, C 326/346.

[17] *Jaenicke*, ZaöRV 19 (1958), 153 (176 f.).

E. Rechtswirkungen der Aufforderung

Die Rechtswirkungen einer Aufforderung sind umstritten. Teilweise wird von der recht- **8**
lichen Verbindlichkeit solcher Aufforderungen ausgegangen, da das Aufforderungsrecht des Rates ansonsten überflüssig wäre[18] oder da die Verbindlichkeit aus der Pflicht
zur Organtreue folge.[19] Gegen diese Auffassung spricht allerdings deutlich Art. 241
Satz 2 AEUV, der zum Ausdruck bringt, dass sich die Kommission trotz Aufforderung
durch den Rat weigern kann, einen Vorschlag zu unterbreiten. In einem solchen Fall
muss sie dem Rat die Gründe hierfür darlegen. Eine völlige rechtliche Unverbindlichkeit
ist im Gegenzug aber auch nicht anzunehmen, da die Bestimmung des Art. 241 AEUV
ansonsten gleichfalls leerliefe.[20] Zutreffend ist davon auszugehen, dass die Kommission
eine **Pflicht zur ermessensfehlerfreien Entscheidung** trifft, ob sie einer Aufforderung des
Rates nachkommt.[21] Diese Auffassung entspricht auch der von der Kommission in einer
Interinstitutionellen Vereinbarung mit dem Europäischen Parlament und dem Rat eingegangenen Verpflichtung, die Aufforderungen des Rates zur Vorlage von Rechtsetzungsvorschlägen zu berücksichtigen und gegenüber den Vorbereitungsgremien des
Rates rasch in geeigneter Weise Stellung zu nehmen.[22]

Das Ermessen der Kommission hinsichtlich des »Ob« ist allerdings deutlich reduziert, **9**
da nach Art. 241 Satz 1 AEUV die Einschätzung des Rates maßgeblich sein soll, ob eine
Maßnahme zur Erreichung der Ziele der Europäischen Union geeignet ist.[23] Die Kommission wird daher bei fehlerfreier Ausübung ihres Ermessens regelmäßig die Pflicht
treffen, die geforderten Untersuchungen einzuleiten. Im Hinblick auf die Vorlage von
Rechtsetzungsvorschlägen wird die Kommission **gewichtige Gründe** vorbringen müssen, um die Aufforderung des Rates zurückzuweisen.[24] Hinsichtlich des »Wie« besitzt
die Kommission hingegen ein weites Ermessen.[25]

Kommt die Kommission einer Aufforderung durch den Rat, einen Rechtsetzungs- **10**
vorschlag zu unterbreiten, nicht nach, trifft sie gemäß Art. 241 Satz 2 AEUV die Pflicht,
dem Rat die **Gründe mitzuteilen**. Diese Pflicht erstreckt sich nach dem Wortlaut der
Bestimmung nur auf die Weigerung, einen Vorschlag vorzulegen, nicht hingegen auf die
Weigerung, eine Untersuchung durchzuführen. Teilweise wird aus dem Grundsatz der
loyalen Zusammenarbeit der Organe gemäß Art. 13 Abs. 2 Satz 2 EUV hergeleitet, dass
die Begründungspflicht auch für den Fall der Weigerung, eine Untersuchung durchzuführen gelten soll.[26] Diese Auffassung ignoriert jedoch den klaren Wortlaut von Art. 241
Satz 2 AEUV und die dahinterstehende Überlegung, die Kommission im Hinblick auf
die Nichtvorlage eines Rechtsetzungsaktes einer stärkeren Kontrolle zu unterwerfen.

---

[18] So *Kotzur*, in: Geiger/Khan/Kotzur, EUV/AEUV, Art. 241 AEUV, Rn. 3.
[19] *Ruffert*, in: Calliess/Ruffert, EUV/AEUV, Art. 241 AEUV, Rn. 2.
[20] *Ziegenhorn*, in: Grabitz/Hilf/Nettesheim, EU, Art. 241 AEUV (Januar 2015), Rn. 10.
[21] *Breier*, in: Lenz/Borchardt, EU-Verträge, Art. 241 AEUV, Rn. 3; *Obwexer/Hummer*, in:
Streinz, EUV/AEUV, Art. 241 AEUV, Rn. 14.
[22] Vgl. Ziff. 9 der Interinstitutionellen Vereinbarung »Bessere Rechtsetzung« vom 16.12.2003
zwischen dem Europäischen Parlament, dem Rat und der Kommission, ABl. 2003, C 321/1.
[23] *Epping*, in: Vedder/Heintschel v. Heinegg, Europäisches Unionsrecht, Art. 241 AEUV, Rn. 4.
[24] *Ziegenhorn*, in: Grabitz/Hilf/Nettesheim, EU, Art. 241 AEUV (Januar 2015), Rn. 10; *Obwexer/
Hummer*, in: Streinz, EUV/AEUV, Art. 241 AEUV, Rn. 14.
[25] *v. Alemann*, S. 39; *v. Buttlar*, S. 164, 179 f.
[26] *Ziegenhorn*, in: Grabitz/Hilf/Nettesheim, EU, Art. 241 AEUV (Januar 2015), Rn. 12; *Epping*,
in: Vedder/Heintschel v. Heinegg, Europäisches Unionsrecht, Art. 241 AEUV, Rn. 5; *Breier*, in: Lenz/
Borchardt, EU-Verträge, Art. 241 AEUV, Rn. 3.

Artikel 242 AEUV [Regelung der Stellung der Ausschüsse]

Der Rat, der mit einfacher Mehrheit beschließt, regelt nach Anhörung der Kommission die rechtliche Stellung der in den Verträgen vorgesehenen Ausschüsse.

Literaturübersicht

Strohmaier, Die Befugnis von Rat und Kommission der Europäischen Gemeinschaften zur Einsetzung von Ausschüssen, Diss. jur., Saarbrücken, 1972.

Inhaltsübersicht

A. Allgemeines

1 Art. 242 AEUV überträgt dem Rat die **Kompetenz** die Rechtsstellung der in den Verträgen ausdrücklich vorgesehenen Ausschüsse zu regeln. Es handelt sich dabei um einen **subsidiären Auffangtatbestand**, der nur zur Anwendung gelangt, wenn für den jeweiligen Ausschuss keine speziellere vertragliche Grundlage zur Regelung der Rechtsstellung eines Ausschusses ersichtlich ist.

2 **Primärrechtliche Sonderregelungen** bestehen, die Art. 242 AEUV als leges speciales verdrängen, etwa für den Wirtschafts- und Sozialausschuss sowie den Ausschuss der Regionen, die in Art. 300 ff. AEUV detaillierte Regelungen erfahren und die als beratende Einrichtungen der Europäischen Union zudem über eine eigene Geschäftsordnungsautonomie verfügen (vgl. Art. 303 Abs. 2 AEUV, Art. 306 Abs. 2 AEUV). Auch für den Eignungsbeurteilungsausschuss für Bewerber beim EuGH besteht mit Art. 255 Abs. 1 und 2 AEUV eine Art. 242 AEUV verdrängende Sonderregelung. Die Regelungen betreffend die Rechtsstellung anderer Ausschüsse sind ebenfalls nicht auf Art. 242 AEUV gestützt worden, sondern unmittelbar auf die zur Einsetzung des jeweiligen Ausschusses ermächtigenden Normen. Dies betrifft etwa den Beschäftigungsausschuss[1] sowie den Ausschuss für Sozialschutz.[2] Teilweise ist die Rechtsstellung von Ausschüssen durch den Rat auch auf der Grundlage seiner Organisationsgewalt nach Art. 240 Abs. 3 AEUV geregelt worden. Zu nennen sind hier etwa der Ausschuss der Ständigen Vertreter der Regierungen der Mitgliedstaaten, der seine Regelung in der Geschäftsordnung des Rates gefunden hat,[3] sowie der Ständige Ausschuss für die operative Zusammen-

---

[1] Beschluss 2000/98/EG des Rates vom 24. 1. 2000 zur Einsetzung des Beschäftigungsausschusses, ABl. 2000, L 29/21.

[2] Beschluss 2004/689/EG des Rates vom 4. 10. 2004 zur Einsetzung eines Ausschusses für Sozialschutz und zur Aufhebung des Beschlusses 2000/436/EG, ABl. 2004, L 314/8.

[3] Beschluss 2009/937/EU des Rates vom 1. 12. 2009 zur Annahme seiner Geschäftsordnung, ABl. 2009, L 325/35; zuletzt geändert durch Beschluss (EU/Euratom) 2015/2393 des Rates vom 8. 12. 2015, ABl. 2015, L 332/133.

arbeit im Bereich der inneren Sicherheit.[4] Die Regelung der Rechtsstellung des Politischen und Sicherheitspolitischen Komitees ist sowohl auf die Art. 38 Abs. 1 Satz 1 EUV als auch auf Art. 240 Abs. 3 AEUV gestützt worden.[5]

B. Ausschüsse

I. Vertraglich vorgesehene Ausschüsse

Die Kompetenz des Rates zur Regelung der Rechtsstellung bezieht sich gemäß Art. 242   **3**
AEUV auf die in den Verträgen vorgesehenen Ausschüsse. Gemeint sind die **im EU- und im AEU-Vertrag** primärrechtlich vorgesehenen Ausschüsse,[6] wobei es nicht darauf ankommt, dass sie in den Verträgen als Ausschuss bezeichnet werden.[7] Im EU-Vertrag vorgesehen ist das Politische und Sicherheitspolitische Komitee (Art. 38 Abs. 1 Satz 1 EUV). Im AEU-Vertrag sind dies der Ständige Ausschuss für die operative Zusammenarbeit im Bereich der inneren Sicherheit (Art. 71 Satz 1 AEUV), der Verkehrsausschuss (Art. 99 Satz 1 AEUV), der Wirtschafts- und Finanzausschuss (Art. 134 Abs. 1 AEUV), der Beschäftigungsausschuss (Art. 150 Abs. 1 Satz 1 AEUV), der Ausschuss für Sozialschutz (Art. 160 Abs. 1 Satz 1 AEUV), der Ausschuss des Europäischen Sozialfonds (Art. 163 Abs. 2 AEUV), der Sonderausschuss für die gemeinsame Handelspolitik (Art. 207 Abs. 3 UAbs. 3 Satz 1 AEUV), die Sonderausschüsse bei der Aushandlung völkerrechtlicher Abkommen (Art. 218 Abs. 4 AEUV), der Ausschuss der Ständigen Vertreter der Regierungen der Mitgliedstaaten (Art. 240 Abs. 1 Satz 1 AEUV) sowie der Ausschuss zur Eignungsbeurteilung der Bewerber beim EuGH (Art. 255 Abs. 1 AEUV).

Der Rat hat von der ihm nach Art. 242 AEUV zustehenden Kompetenz nur in einigen   **4**
Fällen Gebrauch gemacht. Dies betrifft etwa den Verkehrsausschuss[8] sowie den Wirtschafts- und Finanzausschuss.[9] Andere vertraglich vorgesehene Ausschüsse haben keine sekundärrechtliche Regelung ihrer Rechtsstellung erfahren, da der Rat davon ausgehen konnte, dass die vorhandenen vertraglichen Regelungen bereits ausreichen.[10] Dies betrifft etwa den Sonderausschuss für die gemeinsame Handelspolitik gemäß Art. 207 Abs. 3 UAbs. 3 AEUV.

II. Vertraglich nicht vorgesehene Ausschüsse

Art. 242 AEUV gilt nicht für die nicht in den Verträgen vorgesehen Ausschüsse. Auch   **5**
eine analoge Anwendung kommt angesichts des klaren Wortlauts der Bestimmung nicht

---

[4] Beschluss 2010/131/EU des Rates vom 25.2.2010 zur Einsetzung des Ständigen Ausschusses für die operative Zusammenarbeit im Bereich der inneren Sicherheit, ABl. 2010, L 52/50.

[5] Beschluss 2001/78/GASP des Rates vom 22.1.2001 zur Einsetzung des Politischen und Sicherheitspolitischen Komitees, ABl. 2001, L 27/1.

[6] *Obwexer/Hummer*, in: Streinz, EUV/AEUV, Art. 242 AEUV, Rn. 2; *Hix*, in: Schwarze, EU-Kommentar, Art. 242 AEUV, Rn. 1.

[7] *Ziegenhorn*, in: Grabitz/Hilf/Nettesheim, EU, Art. 242 AEUV (Januar 2015), Rn. 2.

[8] Satzung des Verkehrsausschusses vom 15.9.1958, ABl. 1958, 25/509; zuletzt geändert durch Beschluss 64/390/EWG des Rates vom 22.6.1964, ABl. 1964, 102/1602.

[9] Beschluss 1999/8/EG des Rates vom 31.12.1998 über die Satzung des Wirtschafts- und Finanzausschusses, ABl. 1999, L 5/71; zuletzt geändert durch Beschluss 2012/245/EU vom 26.4.2012, ABl. 2012, L 121/22.

[10] *Obwexer/Hummer*, in: Streinz, EUV/AEUV, Art. 242 AEUV, Rn. 7.

in Betracht.[11] Art. 242 AEUV schließt es freilich nicht aus, dass **andere vertragliche Kompetenznormen** herangezogen werden, um Ausschüsse einzusetzen und um deren Rechtsstellung zu regeln. In Betracht kommen dabei sektorielle Rechtsgrundlagen für bestimmte Politikbereiche oder Art. 352 AEUV.[12] Die Einrichtung interner beratender Ausschüsse kann zudem auf die Organisationsgewalt des betreffenden Unionsorgans gestützt werden.[13] Die Regelungen betreffend den Sicherheitsausschuss des Rates hat dieser daher auf Art. 240 Abs. 3 AEUV gestützt.[14] Bedenklich erscheint es hingegen, wenn für die Einsetzung von Ausschüssen keine Rechtsgrundlage angegeben wird,[15] wie etwa beim Ausschuss für Finanzdienstleitungen.[16]

C. Rechtsstellung der Ausschüsse

6   Der Rat ist nach Art. 242 AEUV befugt, die rechtliche Stellung der Ausschüsse zu regeln. Dies umfasst die **Einsetzung und die Organisation** der Ausschüsse, d. h. ihre Zusammensetzung, ihre Aufgaben, das anzuwendende Verfahren einschließlich der Beschlussfassung, den Vorsitz und seine Rolle sowie die Zusammenarbeit mit anderen Organen oder Gremien.[17] Dem Rat bleibt es dabei unbenommen, selbst lediglich die Grundsätze festzulegen und die Regelung von Einzelfragen einer vom Ausschuss selbst zu erlassenden **Geschäftsordnung** zu überlassen.[18]

D. Verfahren und Form der Beschlussfassung

7   Art. 242 AEUV schreibt vor, dass vor der Beschlussfassung durch den Rat eine **Anhörung der Kommission** zu erfolgen hat. Ihr ist innerhalb angemessener Frist Gelegenheit zur Stellungnahme zu geben. Die Stellungnahme der Kommission ist für den Rat nicht verbindlich. Die Kommission kann die ihr gesetzte Frist allerdings auch ohne Äußerung verstreichen lassen.[19] Unterbleibt die Anhörung jedoch, liegt darin die Verletzung einer wesentlichen Formvorschrift im Sinne von Art. 263 Abs. 2 AEUV.[20]

---

[11] *Strohmaier*, S. 91; a. A. *Harnier/Jacqué*, in: GS, EUV/EGV, Art. 209 EGV, Rn. 4.

[12] *Obwexer/Hummer*, in: Streinz, EUV/AEUV, Art. 242 AEUV, Rn. 8; *Epping*, in: Vedder/Heintschel v. Heinegg, Europäisches Unionsrecht, Art. 242 AEUV, Rn. 1; *Ruffert*, in: Calliess/Ruffert, EUV/AEUV, Art. 242 AEUV, Rn. 2.

[13] *Kotzur*, in: Geiger/Khan/Kotzur, EUV/AEUV, Art. 242 AEUV, Rn. 3.

[14] Beschluss 2001/264/EG vom 19.3.2001 über die Annahme der Sicherheitsvorschriften des Rates, ABl. 2001, L 101/1; zuletzt geändert durch Beschluss 2007/438/EG des Rates vom 18.6.2007, ABl. 2007, L 164/24.

[15] *Obwexer/Hummer*, in: Streinz, EUV/AEUV, Art. 242 AEUV, Rn. 9.

[16] Beschluss 2003/165/EG des Rates vom 18.2.2003 betreffend die Einsetzung des Ausschusses für Finanzdienstleistungen, ABl. 2003, L 67/17.

[17] *Hix*, in: Schwarze, EU-Kommentar, Art. 242 AEUV, Rn. 4; *Obwexer/Hummer*, in: Streinz, EUV/AEUV, Art. 242 AEUV, Rn. 10; *Epping*, in: Vedder/Heintschel v. Heinegg, Europäisches Unionsrecht, Art. 242 AEUV, Rn. 2.

[18] *Ziegenhorn*, in: Grabitz/Hilf/Nettesheim, EU, Art. 242 AEUV (Januar 2015), Rn. 4; *Epping*, in: Vedder/Heintschel v. Heinegg, Europäisches Unionsrecht, Art. 242 AEUV, Rn. 2.

[19] *Obwexer/Hummer*, in: Streinz, EUV/AEUV, Art. 242 AEUV, Rn. 13; *Ruffert*, in: Calliess/Ruffert, EUV/AEUV, Art. 242 AEUV, Rn. 1.

[20] *Ziegenhorn*, in: Grabitz/Hilf/Nettesheim, EU, Art. 242 AEUV (Januar 2015), Rn. 5; *Hix*, in: Schwarze, EU-Kommentar, Art. 242 AEUV, Rn. 5.

Der Rat beschließt gemäß Art. 242 AEUV mit **einfacher Mehrheit seiner Mitglieder** (vgl. Art. 238 Abs. 1 AEUV). Eine bestimmte Rechtsaktform ist dem Rat nicht aufgegeben. Vielmehr liegt die **Wahl der Form** in seinem Ermessen.[21] In der Praxis greift der Rat vielfach zur Beschlussform.

---

[21] *Obwexer/Hummer*, in: Streinz, EUV/AEUV, Art. 242 AEUV, Rn. 15.

Artikel 243 AEUV [Gehälter, Vergütungen, Ruhegehälter]

[1]Der Rat setzt die Gehälter, Vergütungen und Ruhegehälter für den Präsidenten des Europäischen Rates, den Präsidenten der Kommission, den Hohen Vertreter der Union für Außen- und Sicherheitspolitik, die Mitglieder der Kommission, die Präsidenten, die Mitglieder und die Kanzler des Gerichtshofs der Europäischen Union sowie den Generalsekretär des Rates fest. [2]Er setzt ebenfalls alle als Entgelt gezahlten Vergütungen fest.

Wesentliche sekundärrechtliche Vorschrift

Verordnung (EU) 2016/300 des Rates vom 29.2.2016 über die Regelung der Amtsbezüge für hochrangige Amtsträger in der EU, ABl. 2016, L 58/1

Inhaltsübersicht

A. Allgemeines

1 Art. 243 AEUV überträgt dem Rat die Kompetenz zur **Festsetzung der Amtsbezüge** von Mitgliedern bestimmter Organe und von bestimmten Amtsinhabern der Europäischen Union. Von dieser Kompetenz hat der Rat Gebrauch gemacht mit der **Verordnung (EU) 2016/300** des Rates vom 29.2.2016 über die Regelung der Amtsbezüge für hochrangige Amtsträger in der EU.[1]

B. Personenkreis

2 Die Kompetenz des Rates gemäß Art. 243 Satz 1 AEUV zur Festsetzung von Gehältern, Vergütungen und Ruhegehältern erstreckt sich auf den dort ausdrücklich genannten Personenkreis. Es handelt sich um den **Präsidenten des Europäischen Rates**, den **Präsidenten der Kommission**, den **Hohen Vertreter der Union für Außen- und Sicherheitspolitik**, die **Mitglieder der Kommission**, die **Präsidenten**, die **Mitglieder und** die **Kanzler des Gerichtshofs der Europäischen Union** sowie den **Generalsekretär des Rates**.

3 Umstritten ist, ob eine Ausweitung des Personenkreises über **Art. 243 Satz 2 AEUV** möglich ist. Dort wird dem Rat die Kompetenz eingeräumt, alle als Entgelt gezahlten Vergütungen festzusetzen. Da die Festsetzung von Vergütungen für den in Art. 243 Satz 1 AEUV ausdrücklichen genannten Personenkreis dort bereits geregelt sei, wird teilweise vertreten, Art. 243 Satz 2 AEUV könne nur eine Ausweitung des Personenkreises bezwecken.[2] Tatsächlich hat der Rat auf der Grundlage der Vorläuferbestimmung Vergütungen nicht in Satz 1 genannter Personen festgesetzt, nämlich der Mitglieder des Wirtschafts- und Sozialausschusses.[3] Anderer Auffassung zufolge erweitert

---

[1] ABl. 2016, L 58/1.

[2] So *Obwexer/Hummer*, in: Streinz, EUV/AEUV, Art. 243 AEUV, Rn. 4.

[3] Vgl. Beschluss 81/121/EWG des Rates vom 3.3.1981 über die Gewährung der Tagegelder und die

Andreas Haratsch

Art. 243 Satz 2 AEUV nicht den Personenkreis, sondern ermöglicht die Festsetzung anderer Arten von Vergütung für den in Satz 1 aufgeführten Personenkreis.[4] Der letztgenannten Auffassung ist zuzugestehen, dass in der englischen Sprachfassung in Satz 1 und Satz 2 von Art. 243 AEUV unterschiedliche Begrifflichkeiten verwendet werden. Während die englische Fassung von Art. 243 AEUV einmal von »allowance« (Satz 1) und das andere Mal von »any payment to be made instead of remuneration« (Satz 2) spricht, verwendet der deutsche Text immer das Wort »Vergütung«. Hier wird deutlich, dass **keine Ausweitung des Personenkreises** bezweckt wird, sondern unterschiedliche Arten von »Vergütung« gemeint sind und Art. 243 Satz 2 AEUV nur insoweit als Auffangtatbestand fungiert. Für diese Auffassung streitet auch, dass eine Reihe anderer Spezialermächtigungen zur Festsetzung von Vergütungen anderer Personenkreise vertraglich normiert sind, wie etwa Art. 286 Abs. 7 AEUV für die Mitglieder des Rechnungshofs, Art. 301 Abs. 3 AEUV für die Mitglieder des Wirtschafts- und Sozialausschusses sowie Art. 336 AEUV für die Beamten und sonstigen Bediensteten der Europäischen Union.

C. Festsetzung von Gehältern, Vergütungen, Ruhegehältern

Festsetzen darf der Rat Gehälter, Vergütungen und Ruhegehälter. Der Begriff der Vergütung wird dabei als Oberbegriff verstanden und ist – insbesondere unter Hinzuziehung von Art. 243 Satz 2 AEUV – **weit auszulegen**.[5] Er umfasst alle entgeltlichen Gegenleistungen für geleistete Dienste sowie die Erstattung von Auslagen.[6] Dazu zählen neben den Grundgehältern auch Ruhegehälter, die Zahlung von Leistungen im Rahmen der Hinterbliebenenversordnung, Familien- und Residenzzulagen, Tagegelder, Übergangsgelder sowie die Erstattung von Reise- und Aufenthaltskosten.[7]   **4**

Wenn Art. 243 AEUV von Festsetzung spricht, ist damit nicht lediglich die Bestimmung der Höhe der Vergütungen. Die Befugnis umfasst auch die Regelung der **Anspruchsvoraussetzungen** und der **Berechnungsmodalitäten**.[8]   **5**

Erstattung der Reisekosten der Mitglieder des Wirtschafts- und Sozialausschusses sowie der Stellvertreter und der Sachverständigen, ABl. 1981, L 67/29; zuletzt geändert durch Beschluss 2008/845/EG, Euratom des Rates vom 24.10.2008, ABl. 2008, L 301/11.

[4] So *Ziegenhorn*, in: Grabitz/Hilf/Nettesheim, EU, Art. 243 AEUV (Januar 2015), Rn. 5; *Epping*, in: Vedder/Heintschel v. Heinegg, Europäisches Unionsrecht, Art. 243 AEUV, Rn. 4; *Breier*, in: Lenz/Borchardt, EU-Verträge, Art. 243 AEUV, Rn. 3.

[5] *Hix*, in: Schwarze, EU-Kommentar, Art. 243 AEUV, Rn. 5; *Obwexer/Hummer*, in: Streinz, EUV/AEUV, Art. 243 AEUV, Rn. 7.

[6] *Ziegenhorn*, in: Grabitz/Hilf/Nettesheim, EU, Art. 243 AEUV (Januar 2015), Rn. 2; *Epping*, in: Vedder/Heintschel v. Heinegg, Europäisches Unionsrecht, Art. 243 AEUV, Rn. 4; *Breier*, in: Lenz/Borchardt, EU-Verträge, Art. 243 AEUV, Rn. 3.

[7] *Ziegenhorn*, in: Grabitz/Hilf/Nettesheim, EU, Art. 243 AEUV (Januar 2015), Rn. 2; *Hix*, in: Schwarze, EU-Kommentar, Art. 243 AEUV, Rn. 5.

[8] *Hix*, in: Schwarze, EU-Kommentar, Art. 243 AEUV, Rn. 6; *Obwexer/Hummer*, in: Streinz, EUV/AEUV, Art. 243 AEUV, Rn. 8; *Breier*, in: Lenz/Borchardt, EU-Verträge, Art. 243 AEUV, Rn. 4.

D. Verfahren und Form der Festsetzung

6   Der Rat setzt, mangels anderweitiger Regelung, die Vergütungen für den in Art. 243 AEUV genannten Personenkreis gemäß Art. 16 Abs. 3 EUV mit qualifizierter Mehrheit fest. Da die Festsetzung nicht auf Vorschlag der Kommission oder des Hohen Vertreters der Union für Außen- und Sicherheitspolitik erfolgt, ist eine **besonders qualifizierte Mehrheit** gemäß Art. 238 Abs. 2 AEUV erforderlich. Dabei sind auch die im Protokoll Nr. 36 über die Übergangsbestimmungen[9] niedergelegten Übergangsregelungen zu beachten.[10] Eine bestimmte Form für die Festsetzung der Amtsbezüge gibt Art. 243 AEUV nicht vor. In der Praxis hat sich der Rat bislang der Rechtsaktformen der **Verordnung** und des **Beschlusses** bedient.

---

[9] ABl. 2012, C 326/322; geändert durch Art. 20 der Akte über die Bedingungen des Beitritts der Republik Kroatien und die Anpassungen des Vertrags über die Europäische Union, des Vertrags über die Arbeitsweise der Europäischen Union und des Vertrags zur Gründung der Europäischen Atomgemeinschaft, ABl. 2012, L 112/21.
[10] Vgl. dazu Art. 238 AEUV, Rn. 5 ff.

Abschnitt 4
Die Kommission

Artikel 244 AEUV [Rotationsprinzip]

Gemäß Artikel 17 Absatz 5 des Vertrags über die Europäische Union werden die Kommissionsmitglieder in einem vom Europäischen Rat einstimmig festgelegten System der Rotation ausgewählt, das auf folgenden Grundsätzen beruht:

a) Die Mitgliedstaaten werden bei der Festlegung der Reihenfolge und der Dauer der Amtszeiten ihrer Staatsangehörigen in der Kommission vollkommen gleich behandelt; demzufolge kann die Gesamtzahl der Mandate, welche Staatsangehörige zweier beliebiger Mitgliedstaaten innehaben, niemals um mehr als eines voneinander abweichen.

b) Vorbehaltlich des Buchstabens a ist jede der aufeinander folgenden Kommissionen so zusammengesetzt, dass das demografische und geografische Spektrum der Gesamtheit der Mitgliedstaaten auf zufrieden stellende Weise zum Ausdruck kommt.

Literaturübersicht

Bribosia, The Main Institutional Innovations in the Lisbon Treaty, in: Griller/Ziller (Hrsg.), The Lisbon Treaty, 2008, S. 57; *Calliess*, Die neue Europäische Union nach dem Vertrag von Lissabon, 2010; *Curtin*, Executive Power of the European Union, 2009; *Müller-Graff*, Der Vertrag von Lissabon auf der Systemspur des Europäischen Primärrechts, integration 2008, 123; *Schima*, Organisation und Arbeitsweise der Europäischen Kommission, in: Eilmansberger/Griller/Obwexer (Hrsg.), Rechtsfragen der Implementierung des Vertrags von Lissabon, 2011, S. 251; *Schoo*, Das neue institutionelle Gefüge der EU, EuR-Beiheft 1/2009, 51.

A. Allgemeines

Art. 244 AEUV ergänzt Art. 17 Abs. 3 EUV, der eine Reduzierung der Zahl der Mitglieder der Kommission vorsieht.[1] Bis zum 31.10.2014 hatte die Kommission aus 28 Mitgliedern bestanden, da Art. 17 Abs. 4 EUV vorschrieb, dass sie aus je einem Staatsangehörigen jedes Mitgliedstaates bestehen musste. Da die große Zahl der Kommission es schwierig erscheinen ließ, eine sinnvolle Arbeitsteilung zwischen den Kommissaren vorzunehmen, ohne eine Zersplitterung von Ressorts in Kauf nehmen zu müssen,[2] strebt der Vertrag von Lissabon eine **Reduzierung der Anzahl der Kommissionsmitglieder** an, um die Arbeits- und Funktionsfähigkeit des Organs zu erhöhen.[3] Ab dem 1.11.2014 soll

    1

---

[1] Vgl. Art. 17 EUV, Rn. 31 f.

[2] *Calliess*, S. 143.

[3] *Bribosia*, S. 74; *Calliess*, S. 143; *Müller-Graff*, integration 2008, 123 (129); *Kotzur*, in: Geiger/Khan/Kotzur, EUV/AEUV, Art. 244 AEUV, Rn. 2.

die Kommission daher gemäß Art. 17 Abs. 5 UAbs. 1 EUV, einschließlich des Präsidenten und des Hohen Vertreters der Union für Außen- und Sicherheitspolitik, aus einer Anzahl von Mitgliedern bestehen, die zwei Dritteln der Zahl der Mitgliedstaaten entspricht. Bei 28 Mitgliedstaaten sind dies 19 Kommissare. Da in dieser Konstellation nicht jeder Mitgliedstaat ein Kommissionsmitglied stellt, sieht Art. 17 Abs. 5 UAbs. 2 Satz 1 EUV vor, dass die Kommissionsmitglieder unter den Staatsangehörigen der Mitgliedstaaten in einem **System der strikt gleichberechtigten Rotation** zwischen den Mitgliedstaaten so ausgewählt werden, dass das demografische und geografische Spektrum der Gesamtheit der Mitgliedstaaten zum Ausdruck kommt.

2   Der Europäische Rat kann allerdings einstimmig eine **Änderung der Anzahl der Kommissare** beschließen (Art. 17 Abs. 5 UAbs. 1 EUV). Nachdem ein erstes Referendum in Irland über eine die Ratifikation des Vertrags von Lissabon ermöglichende Verfassungsänderung am 12. 6. 2008 einen negativen Ausgang hatte, ist der Europäische Rat in der Folge Irland in mehreren Punkten entgegengekommen.[4] Eines dieser Zugeständnisse ist, dass Irland auch künftig ein Kommissionsmitglied stellen soll. Dies wird dadurch erreicht, dass der Europäische Rat nach Inkrafttreten des Vertrags von Lissabon einen Beschluss gemäß Art. 17 Abs. 5 UAbs. 1 EUV fasst, wonach weiterhin ein Staatsangehöriger jedes Mitgliedstaats der Kommission angehört.[5] Einen entsprechenden Beschluss hat der Europäische Rat am 22. Mai 2013 gefasst.[6] Die Absicht, die Arbeitsfähigkeit der Kommission durch ihre Verkleinerung zu verbessern, ist dadurch bis auf Weiteres durchkreuzt worden.[7] Es daher zu erwarten, dass der Europäische Rat von der Ermächtigung nach Art. 244 AEUV, ein konkretes System der Rotation festzulegen, auf absehbare Zeit keinen Gebrauch machen muss und machen wird.[8]

B. Anwendungsbereich

3   Art. 17 Abs. 5 UAbs. 2 EUV i. V. m. Art. 244 AEUV kommt zur Anwendung, wenn die Anzahl der Mitglieder der Kommission nicht mit der Anzahl der Mitgliedstaaten übereinstimmt. Den Bestimmungen liegt dabei zunächst die Konstellation zugrunde, dass die Anzahl der Kommissionsmitglieder zwei Dritteln der Zahl der Mitgliedstaaten entspricht, wie Art. 17 Abs. 5 UAbs. 1 EUV dies vorsieht. Der Anwendungsbereich von Art. 17 Abs. 5 UAbs. 2 EUV i. V. m. Art. 244 AEUV erfasst aber auch jede andere **Abweichung der Anzahl der Kommissionsmitglieder von der Zahl der Mitgliedstaaten**, die der Europäische Rat gemäß Art. 17 Abs. 5 UAbs. 1 EUV beschließt. Das System der gleichberechtigten Rotation, das Art. 17 Abs. 5 UAbs. 2 EUV vorgibt und Art. 244 AEUV näher bestimmt, kommt daher auch zur Anwendung, wenn der Europäische Rat die Zahl der Kommissionsmitglieder stärker verkleinern oder gar erhöhen würde.

---

[4] Dazu *Haratsch/Koenig/Pechstein*, Europarecht, Rn. 35.

[5] Schlussfolgerungen des Vorsitzes des Europäischen Rates vom 11./12.2008, Dok. 17271/1/08, REV 1, CONCL 5, Ziff. I.2.

[6] Beschluss 2013/272/EU des Europäischen Rates vom 22. 5. 2013 über die Anzahl der Mitglieder der Kommission, ABl. 2013, L 165/98.

[7] *Curtin*, S. 98; *Calliess*, S. 143 f.

[8] *Schima*, S. 253; *Martenczuk*, in: Grabitz/Hilf/Nettesheim, EU, Art. 244 AEUV (August 2011), Rn. 3; *Nemitz*, in: Schwarze, EU-Kommentar, Art. 244 AEUV, Rn. 1.

C. System der gleichberechtigten Rotation

I. Grundsatz der strikten Gleichbehandlung der Mitgliedstaaten

Art. 244 Buchst. a AEUV konkretisiert den Grundsatz der strikten Gleichbehandlung   **4**
der Mitgliedstaaten, der bereits durch Art. 17 Abs. 5 UAbs. 2 EUV vorgegeben ist.
Danach müssen die Mitgliedstaaten bei der Festlegung der **Reihenfolge und der Dauer
der Amtszeiten** ihrer Staatsangehörigen in der Kommission vollkommen gleich behandelt werden (Art. 244 Buchst. a 1. Halbsatz AEUV). Weiter ausgeführt wird dies durch
die Maßgabe von Art. 244 Buchst. a 2. Halbsatz AEUV, wonach die Gesamtzahlen der
Mandate, welche Staatsangehörige zweier beliebiger Mitgliedstaaten innehaben, niemals um mehr als eines voneinander abweichen. Bei einer Kommission, deren Größe
zwei Drittel der Zahl der Mitgliedstaaten entspricht, bedeutet dies rechnerisch, dass
jeder Mitgliedstaat bei drei aufeinanderfolgenden Kommissionen mindestens zweimal
mit einem Kommissar vertreten sein muss.[9] Würde die Anzahl der Kommissionsmitglieder aber beispielsweise drei Vierteln der Zahl der Mitgliedstaaten entsprechen,
müsste jeder Mitgliedstaat in vier aufeinanderfolgenden Kommissionen mindestens
dreimal mit einem Kommissar vertreten sein.

Nicht nur die Gleichheit der Anzahl der von den Mitgliedstaaten gestellten Kommis-   **5**
sionsmitglieder muss durch das Rotationssystem gewährleistet werden, sondern auch
die Gleichbehandlung im Hinblick auf die Amtsdauer. Dies bedeutet, dass im Falle des
vorzeitigen Ausscheidens eines Kommissionsmitglieds dieses durch einen Staatsangehörigen desselben Mitgliedstaats zu ersetzen ist.[10]

Liegt die Anzahl der Kommissionsmitglieder unterhalb der Zahl der Mitgliedstaaten,   **6**
bedeutet dies, dass es immer Mitgliedstaaten gibt, die zeitweilig nicht in der Kommission
vertreten sind. Um der Gefahr zu begegnen, dass diese Mitgliedstaaten, nicht ausreichend über Handlungen der Kommission informiert werden, ist die Kommission durch
die Erklärung Nr. 10 der Lissabonner Regierungskonferenz dazu verpflichtet worden,
in den Beziehungen zu allen Mitgliedstaaten **vollständige Transparenz** zu gewährleisten.[11] Dies soll dadurch sichergestellt werden, dass die Kommission enge Verbindungen
zu allen Mitgliedstaaten unterhält, unabhängig davon, ob einer ihrer Staatsangehörigen
Mitglied der Kommission ist.[12] Überdies hat die Kommission alle notwenigen Maßnahmen zu ergreifen, um sicherzustellen, dass die politischen, sozialen und wirtschaftlichen
Gegebenheiten in allen Mitgliedstaaten, auch in Mitgliedstaaten, die kein Kommissionsmitglied stellen, in vollem Umfang berücksichtigt werden.[13] Durch geeignete organisatorische Maßnahmen soll schließlich gewährleistet werden, dass auch der Standpunkt dieser Mitgliedstaaten Berücksichtigung findet.

---

[9] *Martenczuk*, in: Grabitz/Hilf/Nettesheim, EU, Art. 244 AEUV (August 2011), Rn. 4; *Breier*, in:
Lenz/Borchardt, EU-Verträge, Art. 244 AEUV, Rn. 3; *Epping*, in: Vedder/Heintschel v. Heinegg, Europäisches Unionsrecht, Art. 244 AEUV, Rn. 3.

[10] *Martenczuk*, in: Grabitz/Hilf/Nettesheim, EU, Art. 244 AEUV (August 2011), Rn. 4.

[11] Vgl. Erklärung Nr. 10 zu Artikel 17 des Vertrags über die Europäische Union, ABl. 2008, C
115/342.

[12] Vgl. Abs. 1 der Erklärung Nr. 10, ABl. 2008, C 115/342.

[13] Abs. 2 der Erklärung Nr. 10, ABl. 2008, C 115/342.

II. Grundsatz der repräsentativen Abbildung der Gesamtheit der Mitgliedstaaten

7   Art. 244 AEUV strebt einen Ausgleich zwischen der Sicherstellung der Funktionsfähigkeit der Kommission und dem in Art. 244 Buchst. b AEUV niedergelegten Grundsatz der **repräsentativen Abbildung der Gesamtheit der Mitgliedstaaten** an.[14] Art. 244 Buchst. b AEUV schreibt vor, dass jede Kommission so zusammengesetzt sein muss, dass das demografische und geografische Spektrum der Gesamtheit der Mitgliedstaaten auf zufriedenstellende Weise zum Ausdruck kommt. Die Abbildung des demografischen Spektrums der Gesamtheit der Mitgliedstaaten bedeutet nicht etwa, dass ein möglichst großer Anteil an der Gesamtbevölkerung der Europäischen Union in der Kommission repräsentiert sein muss und daher eine Vertretung der bevölkerungsstärksten Mitgliedstaaten verlangt wird.[15] Da Art. 244 Buchst. b AEUV vom Spektrum spricht, kann damit nur gemeint sein, dass die gesamte demografische **Bandbreite von großen, mittleren und kleinen Mitgliedstaaten** in der Kommission zu finden sein muss.[16] Eine Kommission, in der kein Staatsangehöriger eines der großen Mitgliedstaaten vertreten wäre, wäre daher ebenso fehlerhaft besetzt, wie eine Kommission ohne einen Staatsangehörigen eines kleinen Mitgliedstaates. Andere Kriterien sind in der Berücksichtigung des demografischen Spektrums nicht angelegt. Insbesondere ist keine Auswahl der Mitgliedstaaten nach dem Kriterium der Alters- und Sozialstruktur ihrer Bevölkerung gemeint.[17]

8   Demgegenüber verlangt die Abbildung des **geografischen Spektrums** keineswegs, dass Staatsangehörige kleinerer Mitgliedstaaten in der Kommission vertreten sein müssen,[18] sondern dass Staatsangehörige von Mitgliedstaaten aus **unterschiedlichen geografischen Regionen** der Kommission angehören müssen.[19] Anzustreben ist daher, dass nord-, mittel-, süd- und osteuropäische Mitgliedstaaten Kommissionsmitglieder stellen.[20] Eine Mischung als alten und neuen Mitgliedstaaten, wie dies teilweise verstanden wird,[21] ist in Art. 244 Buchst. b AEUV hingegen nicht angelegt. Da Art. 244 Buchst. b AEUV nur verlangt, dass eine zufriedenstellende Verteilung erfolgt, besitzt der Europäische Rat bei seiner Entscheidung einen **Beurteilungsspielraum**.[22] Angesichts der Heterogenität der Mitgliedstaaten kann eine vollkommen repräsentative demografische und geografische Abbildung der Gesamtheit der Mitgliedstaaten ohnehin nicht gelingen. Zudem geht das Kriterium der strikten Gleichbehandlung der Mitgliedstaaten gemäß Art. 244 Buchst. a AEUV dem Kriterium der repräsentativen Abbildung der Mitglied-

---

[14] *Kugelmann*, in: Streinz, EUV/AEUV, Art. 244 AEUV, Rn. 14.

[15] So aber *Breier*, in: Lenz/Borchardt, EU-Verträge, Art. 244 AEUV, Rn. 4; *Kugelmann*, in: Streinz, EUV/AEUV, Art. 244 AEUV, Rn. 16; *Epping*, in: Vedder/Heintschel v. Heinegg, Europäisches Unionsrecht, Art. 244 AEUV, Rn. 3.

[16] So zutreffend *Martenczuk*, in: Grabitz/Hilf/Nettesheim, EU, Art. 244 AEUV (August 2011), Rn. 6; *Ruffert*, in: Calliess/Ruffert, EUV/AEUV, Art. 244 AEUV, Rn. 2.

[17] So aber *Frenz*, Handbuch Europarecht, Band 6, Rn. 1106.

[18] So aber *Breier*, in: Lenz/Borchardt, EU-Verträge, Art. 244 AEUV, Rn. 4; *Kugelmann*, in: Streinz, EUV/AEUV, Art. 244 AEUV, Rn. 16; *Epping*, in: Vedder/Heintschel v. Heinegg, Europäisches Unionsrecht, Art. 244 AEUV, Rn. 3.

[19] Zutreffend *Martenczuk*, in: Grabitz/Hilf/Nettesheim, EU, Art. 244 AEUV (August 2011), Rn. 7; *Ruffert*, in: Calliess/Ruffert, EUV/AEUV, Art. 244 AEUV, Rn. 2.

[20] *Frenz*, Handbuch Europarecht, Band 6, Rn. 1106.

[21] *Schoo*, EuR-Beiheft 1/2009, 51 (65).

[22] *Martenczuk*, in: Grabitz/Hilf/Nettesheim, EU, Art. 244 AEUV (August 2011), Rn. 8.

staaten nach Art. 244 Buchst. b AEUV vor.[23] Das Kriterium des Art. 244 Buchst. b AEUV gilt nur »vorbehaltlich des Buchstabens a«. Daher sind auch insoweit Abweichungen vom Grundsatz der repräsentativen Abbildung der Mitgliedstaaten möglich.

D. Festlegung durch den Europäischen Rat

Die Festlegung der Einzelheiten des Rotationssystems erfolgt gemäß Art. 244 AEUV   **9** durch den **Europäischen Rat**. Dieser hat dabei **einstimmig** zu entscheiden. Es gilt nicht das Konsensverfahren gemäß Art. 15 Abs. 4 EUV.[24]

---

[23] *Ruffert*, in: Calliess/Ruffert, EUV/AEUV, Art. 244 AEUV, Rn. 2.
[24] S. dazu Art. 15 EUV, Rn. 25.

Artikel 245 AEUV [Amtspflichten]

[1]Die Mitglieder der Kommission haben jede Handlung zu unterlassen, die mit ihren Aufgaben unvereinbar ist. [2]Die Mitgliedstaaten achten ihre Unabhängigkeit und versuchen nicht, sie bei der Erfüllung ihrer Aufgaben zu beeinflussen.

[1]Die Mitglieder der Kommission dürfen während ihrer Amtszeit keine andere entgeltliche oder unentgeltliche Berufstätigkeit ausüben. [2]Bei der Aufnahme ihrer Tätigkeit übernehmen sie die feierliche Verpflichtung, während der Ausübung und nach Ablauf ihrer Amtstätigkeit die sich aus ihrem Amt ergebenden Pflichten zu erfüllen, insbesondere die Pflicht, bei der Annahme gewisser Tätigkeiten oder Vorteile nach Ablauf dieser Tätigkeit ehrenhaft und zurückhaltend zu sein. [3]Werden diese Pflichten verletzt, so kann der Gerichtshof auf Antrag des Rates, der mit einfacher Mehrheit beschließt, oder der Kommission das Mitglied je nach Lage des Falles gemäß Artikel 247 seines Amtes entheben oder ihm seine Ruhegehaltsansprüche oder andere an ihrer Stelle gewährte Vergünstigungen aberkennen.

Literaturübersicht

van Gerven, Ethical and political responsibility of EU Commissioners, CMLRev. 37 (2000), 1; *Hummer/Obwexer*, Der »Fall Bangemann« – Amtspflichten der Kommissionsmitglieder: Inhalt, Umfang und Sanktionierung, europa blätter 1999, 119; *Kurth*, Der Fall Bangemann – ein möglicher Präzedenzfall für Art. 213 II EGV?, ZRP 2010, 251; *Mastroianni/Arena*, Case note, Case C–432/04, Commission of the European Communities v. Édith Cresson, Judgement of the Court (Full Court) of 11 July 2006, [2006] ECR I–6387, CMLRev. 45 (2008), 1207; *Tomkins*, Responsibility and Resignation in the European Commission, MLRev. 62 (1999), 744.

Wesentliche sekundärrechtliche Vorschrift

Verhaltenskodex für Kommissionsmitglieder, K (2011) 2904 vom 20. 4. 2011

Leitentscheidung

EuGH, Urt. v. 11. 7. 2006, Rs. C–432/04 (Kommission/Cresson), Slg. 2006, I–6426

Inhaltsübersicht

A. Allgemeines

1 Art. 245 AEUV detailliert die Amtspflichten der Mitglieder der Kommission und ergänzt damit Art. 17 Abs. 3 Satz 3 und 4 EUV. Geregelt werden die **individuellen Pflichten** und **die individuelle Verantwortung der Kommissionsmitglieder**, nicht hingegen

Andreas Haratsch

die Verantwortung der Kommission insgesamt.[1] Als Kollegium kann die Kommission nicht über Art. 245 AEUV zur Verantwortung gezogen werden. Dies bleibt einem Misstrauensvotum des Europäischen Parlaments gemäß Art. 234 AEUV vorbehalten. Neben den Amtspflichten, die in Art. 245 AEUV angesprochen sind, normiert die Vorschrift zugleich einen **Sanktionsmechanismus** für den Fall der Verletzung der Amtspflichten.

B. Achtung der Unabhängigkeit der Kommissionsmitglieder durch die Mitgliedstaaten

Art. 245 Abs. 1 Satz 2 AEUV normiert ein an die Mitgliedstaaten gerichtetes **Gebot**, die   2
Unabhängigkeit der Mitglieder der Kommission zu achten, und ein **Verbot**, die Kommissionsmitglieder bei der Erfüllung ihrer Aufgaben zu beeinflussen. Art. 245 Abs. 1 Satz 2 AEUV, der sich an die Mitgliedstaaten richtet, ergänzt Art. 17 Abs. 3 UAbs. 3 Satz 1 und 2 EUV, der an die Kommission und ihre Mitglieder gerichtet ist. Nach Art. 17 Abs. 3 UAbs. 3 Satz 1 und 2 EUV hat die Kommission ihre Tätigkeit in voller Unabhängigkeit auszuüben, und die Kommissionsmitglieder dürfen keine Weisungen von einer Regierung einholen oder entgegennehmen.[2] Die geforderte Unabhängigkeit folgt aus ihrer Aufgabe, die Interessen der Europäischen Union zu fördern (Art. 17 Abs. 1 Satz 1 EUV) und über die Anwendung des Unionsrechts zu wachen (Art. 17 Abs. 1 Satz 3 EUV).

Art. 245 Abs. 1 Satz 2 AEUV enthält seinem Wortlaut nach zwar ein sehr weit gefasstes Beeinflussungsverbot. Dies kann jedoch nicht bedeuten, dass es den Mitgliedstaaten verwehrt wäre, auf die Kommissionsmitglieder mit sachlichen Argumenten einzuwirken.[3] Untersagt ist lediglich eine **unlautere Beeinflussung**, etwa indem Nachteile angedroht oder Vorteile in Aussicht gestellt werden.[4] So darf beispielsweise auch das Inaussichtstellen einer erneuten Nominierung für ein Kommissionsamt nicht mit dem Ansinnen verknüpft werden, eine dem betreffenden Mitgliedstaat genehme Haltung in einer bestimmten Frage innerhalb der Kommission einzunehmen.

C. Amtspflichten der Kommissionsmitglieder

I. Pflichten während der Amtszeit

Nach Art. 245 Abs. 2 Satz 2 AEUV haben die Kommissionsmitglieder bei der Aufnah-   3
me ihrer Tätigkeit feierlich die Verpflichtung zu übernehmen, während der Ausübung und nach Ablauf ihrer Amtstätigkeit die sich **aus ihrem Amt ergebenden Pflichten** zu erfüllen. Die **feierliche Erklärung** wird vor dem Europäischen Gerichtshof abgegeben. Die Erklärung, die eng an den Wortlaut von Art. 245 AEUV angelehnt ist, lautet: »Vom Europäischen Rat nach dem Zustimmungsvotum des Europäischen Parlaments zum

---

[1] *van Gerven*, CMLRev. 37 (2000), 1 (2).
[2] S. Art. 17 EUV, Rn. 25 ff.
[3] *Breier*, in: Lenz/Borchardt, EU-Verträge, Art. 245 AEUV, Rn. 2; *Martenczuk*, in: Grabitz/Hilf/Nettesheim, EU, Art. 245 AEUV (August 2011), Rn. 3.
[4] *Martenczuk*, in: Grabitz/Hilf/Nettesheim, EU, Art. 245 AEUV (August 2011), Rn. 3.

Mitglied der Europäischen Kommission ernannt verpflichte ich mich feierlich, bei der Erfüllung aller meiner Pflichten die Verträge und die Charta der Grundrechte der Europäischen Union zu achten; meine Tätigkeit in voller Unabhängigkeit im allgemeinen Interesse der Union auszuüben; bei der Erfüllung meiner Aufgaben Weisungen von einer Regierung, einem Organ, einer Einrichtung oder jeder anderen Stelle weder einzuholen noch entgegenzunehmen; mich jeder Handlung zu enthalten, die mit meinem Amt oder der Erfüllung meiner Aufgaben unvereinbar ist. Ich nehme zur Kenntnis, dass sich jeder Mitgliedstaat verpflichtet, diesen Grundsatz zu achten und nicht zu versuchen, die Mitglieder der Kommission bei der Erfüllung ihrer Aufgaben zu beeinflussen. Ich verpflichte mich außerdem, während der Ausübung und nach Ablauf meiner Amtstätigkeit die sich aus meinem Amt ergebenden Pflichten zu erfüllen, insbesondere die Pflicht, bei der Annahme gewisser Tätigkeiten oder Vorteile nach Ablauf dieser Tätigkeit ehrenhaft und zurückhaltend zu sein«.[5]

4   Der **Begriff der Amtspflichten**, auf deren Einhaltung sich die Mitglieder der Kommission verpflichten, ist nach der Rechtsprechung des Europäischen Gerichtshofs weit zu verstehen.[6] Er umfasst die Pflicht, das allgemeine Wohl zu fördern, wobei die Kommissionsmitglieder dem allgemeinen Wohl der Union jederzeit Vorrang nicht nur vor nationalen Interessen, sondern auch vor persönlichen Interessen einzuräumen haben.[7] Generalklauselartig gebietet Art. 245 Abs. 1 Satz 1 AEUV den Kommissionsmitgliedern – in Übereinstimmung mit Art. 17 Abs. 3 UAbs. 3 Satz 3 EUV – das Unterlassen jeder Handlung, die mit der Aufgabenerfüllung eines Kommissionsmitglieds unvereinbar ist.

5   Zu den Amtspflichten gehört es gemäß Art. 245 Abs. 2 Satz 1 AEUV, dass die Mitglieder der Kommission während ihrer Amtszeit **keine andere entgeltliche oder unentgeltliche Berufstätigkeit** ausüben. Insbesondere ist die Mitgliedschaft im Europäischen Parlament gemäß Art. 7 Abs. 1, 2. Gedstr. des Direktwahlakts[8] mit dem Amt eines Kommissionsmitglieds unvereinbar. Auch bei der Annahme anderer als beruflicher Tätigkeiten müssen die Mitglieder der Kommission nach Art. 245 Abs. 2 Satz 2 AEUV ehrenhaft und zurückhaltend sein.

6   Eine Konkretisierung der Amtspflichten der Kommissionsmitglieder nimmt der **Verhaltenskodex** vor, der im Jahr 1999 erstmals von der Kommission beschlossen wurde[9] und der derzeit in der Fassung aus dem Jahr 2011 gilt.[10] Es handelt sich dabei um eine Selbstverpflichtung der Kommission,[11] die zur Auslegung von Art. 245 Abs. 1 und 2 AEUV herangezogen werden kann.[12] Nach Ziff. 1.1. Abs. 4 des Verhaltenskodexes dürfen Kommissionsmitglieder Ehrenämter in Stiftungen oder ähnlichen Einrichtungen des politischen, kulturellen, künstlerischen oder karitativen Bereichs annehmen und unentgeltlich ausüben. Auch unentgeltliche Lehrveranstaltungen im Interesse der Europäischen Union dürfen gelegentlich durchgeführt werden (Ziff. 1.1. Abs. 1 Verhaltensko-

---

[5] Vgl. die Presseerklärung der Kommission vom 3.5.2010, IP/10/487.
[6] EuGH, Urt. v. 11.7.2006, Rs. C–432/04 (Kommission/Cresson), Slg. 2006, I–6426, Rn. 70.
[7] EuGH, Urt. v. 11.7.2006, Rs. C–432/04 (Kommission/Cresson), Slg. 2006, I–6426, Rn. 71.
[8] Beschluss und Akt zur Einführung allgemeiner unmittelbarer Wahlen der Abgeordneten des Europäischen Parlaments vom 20.9.1976, BGBl. 1977 II S. 733; zuletzt geändert durch Beschluss des Rates vom 25.6.2002 und 23.9.2002, BGBl. 2003 II S. 810 und BGBl. 2004 II S. 520.
[9] S. dazu *Tomkins*, MLRev. 62 (1999), 744 (762 ff.).
[10] Vgl. Verhaltenskodex für Kommissionsmitglieder, K (2011) 2904 vom 20.4.2011.
[11] *Martenczuk*, in: Grabitz/Hilf/Nettesheim, EU, Art. 245 AEUV (August 2011), Rn. 8; *Epping*, in: Vedder/Heintschel v. Heinegg, Europäisches Unionsrecht, Art. 245 AEUV, Rn. 1.
[12] *Kurth*, ZRP 2000, 251 (252); *Epping*, in: Vedder/Heintschel v. Heinegg, Europäisches Unionsrecht, Art. 245 AEUV, Rn. 1; *Kugelmann*, in: Streinz, EUV/AEUV, Art. 245 AEUV, Rn. 9.

dex). Ein Honorar für Artikel, Reden oder Vorträge darf nicht entgegengenommen werden (Ziff. 1.1. Abs. 3 Verhaltenskodex). Die aktive Mitgliedschaft in politischen Parteien und Gewerkschaften ist gestattet, sofern die Unabhängigkeit im Amt darunter nicht leidet (Ziff. 1.1. Abs. 6 Verhaltenskodex).[13] Wollen Kommissionsmitglieder aktiv an einem Wahlkampf teilnehmen, müssen sie den Kommissionspräsidenten über diese Absicht informieren und ihr Amt für die Dauer des der aktiven Teilnahme am Wahlkampf ruhen lassen. Sie erhalten zu diesem Zweck unbezahlten Urlaub (Ziff. 1.1. Abs. 8 Verhaltenskodex).

Der Verhaltenskodex sieht weiter vor, dass die Kommissionsmitglieder zu Beginn   7
ihrer Amtstätigkeit eine jährlich zu aktualisierende **Erklärung über ihre früheren und
aktuellen Tätigkeiten, finanziellen Interessen und Vermögenswerte** abzugeben haben
(Ziff. 1.3. Verhaltenskodex). Auch die Interessenkonflikte von Ehepartnern sind in diese Erklärung aufzunehmen (Ziff. 1.4. Verhaltenskodex). Die Erklärung ist zu veröffentlichen.

II. Nachwirkende Amtspflichten

Auch nach ihrer Amtszeit müssen Kommissionsmitglieder gemäß Art. 245 Abs. 2 Satz 2   8
AEUV bei der Annahme gewisser Tätigkeiten oder Vorteile ehrenhaft und zurückhaltend sein. Die Unabhängigkeit eines Kommissars kann dadurch gefährdet sein, dass eine sachliche Nähe von **Folgebeschäftigungen** zu den aktuellen Zuständigkeiten innerhalb der Kommission besteht.[14] Eine **Kandidatur für ein Abgeordnetenmandat** im Europäischen Parlament oder für ein politisches Amt, um dieses nach Ende der Amtszeit als Kommissionsmitglied anzutreten, gefährdet die Unabhängigkeit hingegen nicht, sofern sich das Kommissionsmitglied nicht aktiv im Wahlkampf engagiert.[15]

Beabsichtigen ehemalige Kommissionsmitglieder innerhalb von 18 Monaten nach   9
Beendigung ihres Amtes eine berufliche Tätigkeit aufzunehmen, haben sie die Kommission hiervon rechtzeitig in Kenntnis zu setzen (Ziff. 1.2. Abs. 1 Verhaltenskodex). Die Kommission prüft – unter Umständen unter Hinzuziehung einer Ethikkommission –, ob die geplante Tätigkeit mit Art. 245 AEUV vereinbar ist (Ziff. 1.2. Abs. 2 Verhaltenskodex).[16] **Lobbyarbeit** bei der Kommission im Rahmen einer Folgebeschäftigung ist ehemaligen Kommissionsmitglieder während der ersten 18 Monate nach ihrem Ausscheiden in jedem Fall untersagt (Ziff. 1.2. Abs. 3 Verhaltenskodex).

---

[13] Vgl. auch EuG, Urt. v. 28.2.2002, verb. Rs. T–227/99 u. T–134/00 (Kvaerner Warnow Werft/ Kommission), Slg. 2002, II–1205, Rn. 75.

[14] Vgl. die Auffassung der Kommission im Fall des Kommissars Bangemann, EuG, Urt. v. 28.2.2002, verb. Rs. T–227/99 u. T–134/00 (Kvaerner Warnow Werft/Kommission), Slg. 2002, II– 1205, Rn. 65. Dazu auch *Kurth*, ZRP 2000, 251 ff.

[15] EuG, Urt. v. 28.2.2002, verb. Rs. T–227/99 u. T–134/00 (Kvaerner Warnow Werft/Kommission), Slg. 2002, II–1205, Rn. 75; *Nemitz*, in: Schwarze, EU-Kommentar, Art. 245 AEUV, Rn. 4.

[16] *Schmidt/Schmitt v. Sydow*, in: GSH, Europäisches Unionsrecht, Art. 245 AEUV, Rn. 17 f.

D. Sanktionsverfahren vor dem Europäischen Gerichtshof

I. Zulässigkeit

10   Art. 245 Abs. 2 Satz 3 AEUV sieht ein **Sanktionsverfahren** vor dem Europäischen Gerichtshof für den Fall eines Verstoßes gegen die Amtspflichten eines Kommissionsmitglieds vor. Bislang ist ein Sanktionsverfahren erst zweimal angestrengt worden, und zwar gegen die Kommissionsmitglieder Bangemann[17] und Cresson,[18] wobei es nur im letzteren Fall zu einem Urteil kam. Im Fall Bangemann wurde die Klage nach außergerichtlicher Einigung zurückgenommen.[19] Die **Zuständigkeit** für Verfahren nach Art. 245 Abs. 2 Satz 3 AEUV liegt beim Europäischen Gerichtshof.

11   **Antragsberechtigt** sind der Rat und die Kommission. In beiden Fällen genügt ein Beschluss mit einfacher Mehrheit. Für den Rat ergibt sich dies unmittelbar aus Art. 245 Abs. 2 Satz 3 AEUV, für die Kommission folgt dies aus Art. 250 Abs. 1 AEUV. Da der Präsident der Kommission gemäß Art. 17 Abs. 6 UAbs. 2 Satz 1 EUV jedes Mitglied der Kommission zum Rücktritt zwingen kann,[20] besteht insoweit eine einfachere Möglichkeit, einen Kommissar aus seinem Amt zu entfernen. Ein Kommissionsantrag wird daher nur in Betracht kommen, wenn sich die Vorwürfe der Amtspflichtverletzung gegen den Kommissionspräsidenten selbst richten, etwa wenn der Kommissionspräsident von einem Mitglied der Kommission trotz schwerer Verfehlungen keinen Rücktritt verlangt, oder wenn es sich um ein bereits ausgeschiedenes Mitglied der Kommission handelt.[21]

12   Nach der Rechtsprechung des Europäischen Gerichtshofs hat vor Klageerhebung eine **Anhörung** des betroffenen Kommissionsmitglieds stattzufinden. Hier ist ihm Gelegenheit zur Stellungnahme zu den gegen ihn erhobenen Vorwürfen zu geben.[22]

13   Eine **Klagefrist** sieht Art. 245 Abs. 2 Satz 3 AEUV nicht vor. Nach der Rechtsprechung des Europäischen Gerichtshofs muss die Klageerhebung aus Gründen der Rechtssicherheit jedoch innerhalb einer angemessenen Frist erfolgen.[23] Ansonsten ist von einer Verwirkung der Klagemöglichkeit auszugehen.

II. Begründetheit

14   Das Sanktionsverfahren vor dem Europäischen Gerichtshof ist begründet, wenn dem betroffenen Kommissionsmitglied eine **schwere Verfehlung** zur Last fällt. Dies ergibt sich für die Rechtsfolge der Amtsenthebung aus Art. 247 AEUV, auf den Art. 245 Abs. 2 Satz 3 AEUV insoweit verweist. Auch im Übrigen, also für die Aberkennung der Ruhegehaltsansprüche oder sonstiger Vergünstigungen, verlangt der Europäische Gerichtshof eine »Pflichtverletzung von gewissem Schweregrad«.[24]

---

[17] Beschluss 1999/494/EG, EGKS, Euratom des Rates vom 9.7.1999 über eine Befassung des Gerichtshofs mit dem Fall von Martin Bangemann, ABl. 1999, L 192/55; vgl. auch die Mitteilung des Gerichtshofs, ABl. 1999, C 304/2; zu diesem Fall *Kurth*, ZRP 2000, 251 ff.; *Hummer/Obwexer*, europa blätter 1999, 119 ff.

[18] EuGH, Urt. v. 11.7.2006, Rs. C–432/04 (Kommission/Cresson), Slg. 2006, I–6426.

[19] *Mastroianni/Arena*, CMLRev. 45 (2008), 1207 (1207); *Nemitz*, in: Schwarze, EU-Kommentar, Art. 245 AEUV, Rn. 9.

[20] S. dazu Art. 17 EUV, Rn. 38 ff.

[21] *Martenczuk*, in: Grabitz/Hilf/Nettesheim, EU, Art. 245 AEUV (August 2011), Rn. 18.

[22] EuGH, Urt. v. 11.7.2006, Rs. C–432/04 (Kommission/Cresson), Slg. 2006, I–6426, Rn. 104 f.

[23] EuGH, Urt. v. 11.7.2006, Rs. C–432/04 (Kommission/Cresson), Slg. 2006, I–6426, Rn. 90.

[24] EuGH, Urt. v. 11.7.2006, Rs. C–432/04 (Kommission/Cresson), Slg. 2006, I–6426, Rn. 72.

Als Sanktionen sieht Art. 245 Abs. 2 Satz 3 AEUV die **Amtsenthebung** gemäß 15
Art. 247 AEUV sowie die **Aberkennung der Ruhegehaltsansprüche** oder anderer an
ihrer Stelle gewährter Vergünstigungen vor. Wird ein Mitglied der Kommission wegen
einer schweren Verfehlung seines Amtes enthoben, geht damit zwangsläufig der Verlust
von Ruhegehalts- und Übergangsgeldansprüchen einher.[25] Als eigenständige Sanktion
kommt die Aberkennung der Ruhegehaltsansprüche daher nur in Betracht, wenn ein
Kommissionsmitglied, dem schwere Verfehlungen zu Last fallen, nach Aufforderung
durch den Kommissionspräsidenten oder freiwillig zurückgetreten ist.[26] In der Rechtssache »Cresson« hat der Europäische Gerichtshof über den Wortlaut des damaligen
Art. 213 Abs. 2 UAbs. 3 Satz 3 EGV, der dem heutigen Art. 245 Abs. 2 Satz 3 AEUV
entspricht, hinaus, als Sanktion lediglich die **Feststellung der Pflichtverletzung** ausgesprochen. Insoweit bewegt sich der Europäische Gerichtshof noch innerhalb des ihm
von Art. 245 Abs. 2 Satz 3 AEUV gesteckten Rahmen, da ihm bei seiner Entscheidung
ein gewisses Ermessen zukommt. Der Gerichtshof »kann« gemäß Art. 245 Abs. 2 Satz 3
AEUV »je nach Lage des Falles« eine Sanktion aussprechen.[27] Die bloße Feststellung
einer Pflichtverletzung dürfte insbesondere dann in Betracht kommen, wenn die in
Art. 245 Abs. 2 Satz 3 AEUV ausdrücklich vorgesehenen Sanktionen als unverhältnismäßig erscheinen. Eine teilweise Aberkennung von Ruhegehaltsansprüchen, je nach
dem Schweregrad der Verfehlung, ist hingegen nicht im Wortlaut von Art. 245 Abs. 2
Satz 3 AEUV angelegt.[28]

---

[25] Vgl. Art. 23 der Verordnung (EU) 2016/300 des Rates vom 29.2.2016 über die Regelung der
Amtsbezüge für hochrangige Amtsträger in der EU, ABl. 2016, L 58/1.

[26] Vgl. EuGH, Urt. v. 11.7.2006, Rs. C–432/04 (Kommission/Cresson), Slg. 2006, I–6426,
Rn. 74f.; *Martenczuk*, in: Grabitz/Hilf/Nettesheim, EU, Art. 245 AEUV (August 2011), Rn. 22;
Mastroianni/Arena, CMLRev. 45 (2008), 1207 (1217).

[27] *Mastroianni/Arena*, CMLRev. 45 (2008), 1207 (1224); *Martenczuk*, in: Grabitz/Hilf/Nettes-
heim, EU, Art. 245 AEUV (August 2011), Rn. 23.

[28] So aber *Nemitz*, in: Schwarze, EU-Kommentar, Art. 245 AEUV, Rn. 9.

Artikel 246 AEUV [Amtszeit der Kommissionsmitglieder]

Abgesehen von den regelmäßigen Neubesetzungen und von Todesfällen endet das Amt eines Mitglieds der Kommission durch Rücktritt oder Amtsenthebung.

Für ein zurückgetretenes, seines Amtes enthobenes oder verstorbenes Mitglied wird für die verbleibende Amtszeit vom Rat mit Zustimmung des Präsidenten der Kommission nach Anhörung des Europäischen Parlaments und nach den Anforderungen des Artikels 17 Absatz 3 Unterabsatz 2 des Vertrags über die Europäische Union ein neues Mitglied derselben Staatsangehörigkeit ernannt.

Der Rat kann auf Vorschlag des Präsidenten der Kommission einstimmig beschließen, dass ein ausscheidendes Mitglied der Kommission für die verbleibende Amtszeit nicht ersetzt werden muss, insbesondere wenn es sich um eine kurze Zeitspanne handelt.

¹Bei Rücktritt, Amtsenthebung oder Tod des Präsidenten wird für die verbleibende Amtszeit ein Nachfolger ernannt. ²Für die Ersetzung findet das Verfahren des Artikels 17 Absatz 7 Unterabsatz 1 des Vertrags über die Europäische Union Anwendung.

Bei Rücktritt, Amtsenthebung oder Tod des Hohen Vertreters der Union für die Außen- und Sicherheitspolitik wird für die verbleibende Amtszeit nach Artikel 18 Absatz 1 des Vertrags über die Europäische Union ein Nachfolger ernannt.

Bei Rücktritt aller Mitglieder der Kommission bleiben diese bis zur Neubesetzung ihres Sitzes nach Artikel 17 des Vertrags über die Europäische Union für die verbleibende Amtszeit im Amt und führen die laufenden Geschäfte weiter.

Literaturübersicht

Hummer/Obwexer, Der »kollektive« Rücktritt der Europäischen Kommission – Ein Rechtsirrtum?, EWS 1999, 161; *Hummer/Obwexer*, Der »geschlossene« Rücktritt der Europäischen Kommission – Von der Nichtentlastung für die Haushaltsführung zur Neuernennung der Kommission, integration 1999, 77; *Tomkins*, Responsibility and Resignation in the European Commission, MLRev. 62 (1999), 744.

Wesentliche sekundärrechtliche Vorschrift

Rahmenvereinbarung über die Beziehungen zwischen dem Europäischen Parlament und der Europäischen Kommission vom 20. 10. 2010, ABl. 2010, L 304/47

Inhaltsübersicht

Andreas Haratsch

A. Allgemeines

Art. 246 AEUV enthält Regelungen über die **individuelle Beendigung der Amtszeit** von   **1**
Mitgliedern der Kommission. Selbst Art. 246 Abs. 6 AEUV ist individuell konzipiert
und stellt auf das individuelle Rücktrittsrecht der Kommissionsmitglieder ab.[1] Art. 246
AEUV unterscheidet sich hierin von Art. 17 Abs. 3 UAbs. 1 EUV und Art. 234 Abs. 2
AEUV, deren Regelungen die Amtszeit der Kommission als Kollegium betreffen. Während Art. 246 Abs. 1 AEUV die Gründe für eine Amtszeitbeendigung aufführt, treffen
Art. 246 Abs. 2 bis Abs. 5 AEUV Vorkehrungen für die Nachbesetzung der Kommission. Art. 246 Abs. 6 AEUV schließlich bestimmt, dass eine geschlossen zurückgetretene
Kommission die laufenden Geschäfte bis zur Ernennung der Nachfolger weiterzuführen
hat. Diese Regelungen dienen der **Erhaltung der** Funktionsfähigkeit der Kommission.[2]

B. Beendigung der Amtszeit

Art. 246 Abs. 1 AEUV benennt die **Gründe für die Beendigung der Amtszeit** der Kom-   **2**
missionsmitglieder. Die Beendigung der Amtszeit der Mitglieder der Kommission durch
Ablauf der regulären Amtszeit des Kollegiums gemäß Art. 17 Abs. 3 UAbs. 1 EUV ist in
Art. 246 Abs. 1 AEUV zwar erwähnt, ausdrückliche Regelungen trifft Art. 246 AEUV
für diesen Fall jedoch nicht. Neben dem Ablauf der regulären Amtszeit nennt Art. 246
Abs. 1 AEUV drei Beendigungsgründe, nämlich den Todesfall, den Rücktritt und die
Amtsenthebung gemäß Art. 247 AEUV.

Seit 1958 haben sich vier **Todesfälle** von amtierenden Kommissionsmitgliedern ereig-   **3**
net.[3] Eine **Amtsenthebung** durch den Europäischen Gerichtshof hat es bislang einmal
gegeben, da ein Kommissar aufgrund eines Schlaganfalls in ein Koma gefallen war und
er sein Amt ebenso wenig ausüben konnte, wie seinen Rücktritt erklären.[4] Im Hinblick
auf den **Rücktritt** kann unterschieden werden zwischen einem freiwilligen Rücktritt und
einem unfreiwilligen Rücktritt gemäß Art. 17 Abs. 6 EUV nach einer entsprechenden
Aufforderung durch den Kommissionspräsidenten.[5] Ein Rücktritt bedarf keiner Annahme, d. h., er wird sofort wirksam.[6] Bei allen drei Beendigungsgründen gemäß Art. 246
Abs. 1 AEUV endet das Amt sofort mit deren Eintritt.

Es ist nicht vorgesehen, dass ein zurückgetretenes Kommissionsmitglied geschäfts-   **4**
führend bis zur Ernennung eines Nachfolgers im Amt bleibt.[7] Gestützt wird diese Auffassung durch einen Umkehrschluss zu Art. 246 Abs. 6 AEUV, der die geschäftsführende Amtsführung bis zur Ernennung von Nachfolgern nur für den Fall eines kollektiven
Rücktritts regelt. Die gegenteilige Auffassung, die aus Art. 246 Abs. 6 AEUV einen

---

[1] *Kugelmann*, in: Streinz, EUV/AEUV, Art. 246 AEUV, Rn. 8.
[2] *Kugelmann*, in: Streinz, EUV/AEUV, Art. 246 AEUV, Rn. 1.
[3] Vgl. *Martenczuk*, in: Grabitz/Hilf/Nettesheim, EU, Art. 246 AEUV (August 2011), Rn. 2.
[4] S. den Beschluss 76/619/EGKS, EWG, Euratom der Vertreter der Regierungen der Mitgliedstaaten der Europäischen Gemeinschaften vom 19.7.1976, ABl. 1976, L 201/31, der die Amtsenthebung
am 14.7.1976 durch den Europäischen Gerichtshof erwähnt.
[5] Dazu Art. 17 EUV, Rn. 38 ff.
[6] *Martenczuk*, in: Grabitz/Hilf/Nettesheim, EU, Art. 246 AEUV (August 2011), Rn. 3.
[7] *Epping*, in: Vedder/Heintschel v. Heinegg, Europäisches Unionsrecht, Art. 246 AEUV, Rn. 2.

Erst-recht-Schluss ziehen will,[8] vermag nicht zu überzeugen. Hatte die frühere Regelung des Art. 215 Abs. 4 EGV noch eine entsprechende Regelung über die Weiterführung der laufenden Geschäfte im Falle eines individuellen Rücktritts noch enthalten, hat der Vertrag von Lissabon von einer derartigen Regelung abgesehen.

C. Ersetzung ausgeschiedener Kommissionsmitglieder

I. Nachfolge anderer Kommissionsmitglieder

1. Ersetzung durch einen Nachfolger

5   Scheidet ein »einfaches« Kommissionsmitglied gemäß Art. 246 Abs. 1 AEUV aus seinem Amt aus, hat gemäß Art. 246 Abs. 2 AEUV eine **Nachbesetzung** für die verbleibende Amtszeit der Kommission stattzufinden. Dem neuen Kommissionsmitglied ist nicht zwingend derselbe Zuständigkeitsbereich zuzuweisen, den sein Vorgänger innehatte. Dem Kommissionspräsidenten steht es gemäß Art. 248 AEUV frei, eine Neuverteilung vorzunehmen.[9] Auch rückt ein nachfolgendes Kommissionsmitglied nicht zwangsläufig in eine etwaige Vizepräsidentenstellung seines Vorgängers ein. Auch insoweit liegt die Entscheidung beim Präsidenten der Kommission (vgl. Art. 17 Abs. 6 Buchst. c EUV).[10]

6   Nachrückende Kommissionsmitglieder müssen gemäß Art. 246 Abs. 2 AEUV i. V. m. Art. 17 Abs. 3 UAbs. 2 EUV die **Qualifikationen** für das Kommissionsamt aufweisen, wie ihre ausgeschiedenen Vorgänger. Zudem schreibt Art. 246 Abs. 2 AEUV vor, dass jedes ausgeschiedene Kommissionsmitglied durch ein neues Mitglied **derselben Staatsangehörigkeit** zu ersetzen ist.

7   Für die Nachbesetzung von »einfachen« Kommissionsmitgliedern gilt gemäß Art. 246 Abs. 2 AEUV ein **vereinfachtes Verfahren.** Der Rat ernennt die neuen Mitglieder nach Anhörung des Europäischen Parlaments mit Zustimmung des Kommissionspräsidenten. Dies bedeutet, dass weder ein Zustimmungsvotum des Europäischen Parlaments gemäß Art. 17 Abs. 7 UAbs. 3 Satz 1 EUV noch ein Beschluss des Europäischen Rates gemäß Art. 17 Abs. 7 UAbs. 3 Satz 2 EUV erforderlich ist.[11] Gemäß der Rahmenvereinbarung über die Beziehungen zwischen dem Europäischen Parlament und der Europäischen Kommission hat der Kommissionspräsident das Ergebnis der Konsultation des Parlaments jedoch sorgfältig zu prüfen, bevor er seine Zustimmung zur Ernennung eines nachrückenden Kommissars gemäß Art. 246 Abs. 2 AEUV erteilt.[12]

---

[8] So aber *Ruffert*, in: Calliess/Ruffert, EUV/AEUV, Art. 246 AEUV, Rn. 6.

[9] *Schmidt/Schmitt v. Sydow*, in: GSH, Europäisches Unionsrecht, Art. 246 AEUV, Rn. 12; *Martenczuk*, in: Grabitz/Hilf/Nettesheim, EU, Art. 246 AEUV (August 2011), Rn. 7.

[10] *Martenczuk*, in: Grabitz/Hilf/Nettesheim, EU, Art. 246 AEUV (August 2011), Rn. 7.

[11] *Martenczuk*, in: Grabitz/Hilf/Nettesheim, EU, Art. 246 AEUV (August 2011), Rn. 7; *Schmidt/Schmitt v. Sydow*, in: GSH, Europäisches Unionsrecht, Art. 246 AEUV, Rn. 10; kritisch *Nemitz*, in: Schwarze, EU-Kommentar, Art. 246 AEUV, Rn. 3.

[12] Vgl. Ziff. 6 Abs. 1 der Rahmenvereinbarung über die Beziehungen zwischen dem Europäischen Parlament und der Europäischen Kommission vom 20. 10. 2010, ABl. 2010, L 304/47.

2. Nichtersetzung von Kommissionsmitgliedern

Möglich ist gemäß Art. 246 Abs. 3 AEUV die **Nichtersetzung eines ausgeschiedenen** **8**
Mitglieds der Kommission bis zum Ende der regulären Amtszeit der Kommission. Eine
entsprechende Praxis ist durchaus nicht unüblich, wie bisherige Fälle zeigen.[13] Umgekehrt hat es aber auch Ernennungen von Mitgliedern für sehr kurze Restamtszeiten
gegeben.[14] Es handelt sich dabei um eine **Ermessensentscheidung**. Ein Absehen von
einer Nachbesetzung soll nach Art. 246 Abs. 3 AEUV insbesondere dann möglich sein,
wenn es sich um eine kurze Zeitspanne handelt. Ist nur ein einziger Kommissar ausge-
schieden, kann ebenfalls eine Nichtersetzung in Betracht gezogen werden. Haben hingegen mehrere Kommissionsmitglieder ihre Amtszeit beendet, dürfte ein Absehen von
einem Nachrücken kaum erwogen werden können.

Im Hinblick auf das **Verfahren** sieht Art. 246 Abs. 3 AEUV vor, dass die Entscheidung **9**
über die Nichtersetzung auf Vorschlag des Kommissionspräsidenten vom Rat getroffen
wird, der einstimmig beschließt. Eine Anhörung des Europäischen Parlaments ist zwar
primärrechtlich nicht vorgeschrieben, in der Rahmenvereinbarung zwischen dem Europäischen Parlament und der Kommission hat sich die Kommission jedoch verpflichtet,
dass der Kommissionspräsident den Standpunkt des Europäischen Parlaments vor einem entsprechenden Vorschlag an den Rat sorgfältig prüft.[15]

II. Nachfolge des Präsidenten

Art. 246 Abs. 4 AEUV trifft Regelungen für den Fall der Amtsbeendigung des Präsi- **10**
denten der Kommission infolge seines Rücktritts, seines Todes oder einer Amtsenthebung. Vorgesehen ist, dass für den Rest der fünfjährigen Amtszeit der Kommission gemäß Art. 17 Abs. 3 UAbs. 1 EUV ein Nachfolger zu ernennen ist (Art. 246 Abs. 4 Satz 1
AEUV). Die Möglichkeit des Absehens von einer **Nachbesetzung**, wie Art. 246 Abs. 3
AEUV dies im Hinblick auf andere Kommissionsmitglieder vorsieht, eröffnet Art. 246
Abs. 4 AEUV nicht.[16] Allerdings kann der Fall eintreten, dass die verbleibende Amtszeit
so kurz bemessen wäre, dass die Durchführung des Ersetzungsverfahrens gemäß
Art. 246 Abs. 4 Satz 2 AEUV i. V. m. Art. 17 Abs. 7 UAbs. 1 EUV nicht mehr möglich ist
oder nicht mehr sinnvoll erscheint.[17]

Besteht die Kommission aufgrund eines Beschlusses des Europäischen Rates gemäß **11**
Art. 17 Abs. 5 UAbs. 1 EUV auch weiterhin aus je einem Staatsangehörigen jedes Mit-
gliedstaates, muss der nachfolgende Kommissionspräsident **dieselbe Staatsangehörig-**
keit wie sein Vorgänger besitzen. Wird die Kommission gemäß Art. 17 Abs. 5 UAbs. 2
Satz 1 EUV i. V. m. Art. 244 AEUV im Wege einer strikt gleichberechtigten Rotation
besetzt, hat auch hier eine Nachbesetzung durch einen Staatsangehörigen desselben
Mitgliedstaats zu erfolgen.[18] Dies folgt auch für den Kommissionspräsidenten aus
Art. 246 Abs. 2 AEUV, der dies für alle Nachbesetzungen von Kommissionsmitgliedern

---

[13] Vgl. etwa den Beschluss 1999/493/EG, EGKS, Euratom des Rates vom 9. 7. 1999 über die Zusammensetzung der Kommission, ABl. 1999, L 192/53.
[14] Vgl. den Beschluss 2009/725/EG, Euratom des Rates vom 30. 9. 2009 zur Ernennung eines neuen
Mitglieds der Kommission der Europäischen Gemeinschaften, ABl. 2009, L 258/26.
[15] Vgl. Ziff. 6 Abs. 3 der Rahmenvereinbarung über die Beziehungen zwischen dem Europäischen
Parlament und der Europäischen Kommission vom 20. 10. 2010, ABl. 2010, L 304/47.
[16] *Martenczuk*, in: Grabitz/Hilf/Nettesheim, EU, Art. 246 AEUV (August 2011), Rn. 11.
[17] *Martenczuk*, in: Grabitz/Hilf/Nettesheim, EU, Art. 246 AEUV (August 2011), Rn. 11.
[18] Vgl. Art. 244 AEUV, Rn. 5.

vorschreibt. Art. 246 Abs. 4 AEUV enthält insofern keine speziellere Regelung für das Amt des Kommissionspräsidenten. Auch die von allen Kommissionsmitgliedern gemäß Art. 246 Abs. 2 AEUV i. V. m. Art. 17 Abs. 3 UAbs. 2 EUV zu fordernden **Qualifikationen** müssen im Fall einer Nachbesetzung des Präsidentenamtes vorliegen. Auch insofern wird Art. 246 Abs. 2 AEUV nicht durch Art. 246 Abs. 4 AEUV verdrängt.

12   Art. 246 Abs. 4 Satz 2 AEUV bestimmt, dass die Ersetzung des Kommissionspräsidenten gemäß dem in Art. 17 Abs. 7 UAbs. 1 EUV geregelten **Verfahren** vorzunehmen ist. Nach Art. 17 Abs. 7 UAbs. 1 Satz 1 EUV schlägt zunächst der Europäische Rat dem Europäischen Parlament mit qualifizierter Mehrheit die Persönlichkeit vor, die zum Kommissionspräsidenten gewählt werden soll. Vor einem Vorschlag des Europäischen Rates sind Konsultationen mit dem Europäischen Parlament durchzuführen. Hat der Europäische Rat eine Person für das Amt des Präsidenten der Kommission vorgeschlagen, hat sich der Kandidat dem Europäischen Parlament vorzustellen. Im Anschluss wird der Präsident der Kommission gemäß Art. 17 Abs. 7 UAbs. 1 Satz 2 EUV vom Europäischen Parlament mit der Mehrheit seiner Mitglieder gewählt.[19] Da Art. 246 Abs. 4 Satz 2 AEUV nur auf Art. 17 Abs. 7 UAbs. 1 EUV verweist, ist ein weiteres Zustimmungsvotum des Parlaments gemäß Art. 17 Abs. 7 UAbs. 3 EUV nicht erforderlich.[20]

III.   Nachfolge des Hohen Vertreters der Union für Außen- und Sicherheitspolitik

13   Wie bei einer vorzeitigen Amtsbeendigung des Präsidenten der Kommission schreibt auch Art. 246 Abs. 5 AEUV für den Fall des Ausscheidens des Hohen Vertreters der Union für Außen- und Sicherheitspolitik vor, dass für die verbleibende reguläre Amtszeit ein Nachfolger zu ernennen ist. Auch hier besteht keine Möglichkeit, von einer **Nachbesetzung** abzusehen. Art. 246 Abs. 5 AEUV gilt seinem Wortlaut nach für die Beendigungsgründe des Todes, des Rücktritts und der Amtsenthebung. Nicht ausdrücklich genannt ist die Beendigung des Amtes gemäß Art. 18 Abs. 1 Satz 2 EUV durch Beschluss des Europäischen Rates mit Zustimmung durch den Kommissionspräsidenten. Art. 246 Abs. 5 AEUV muss auf diesen Fall allerdings entsprechende Anwendung finden.

14   Auch der nachfolgende Hohe Vertreter der Union für Außen- und Sicherheitspolitik muss **dieselbe Staatsangehörigkeit wie sein Vorgänger** besitzen. Art. 246 Abs. 5 AEUV enthält insoweit keine gegenüber der allgemeinen Regelung des Art. 246 Abs. 2 AEUV speziellere Regelung. Auch die von allen Kommissionsmitgliedern gemäß Art. 246 Abs. 2 AEUV i. V. m. Art. 17 Abs. 3 UAbs. 2 EUV zu fordernden **Qualifikationen** müssen im Fall einer Nachbesetzung vorliegen. Auch insofern wird Art. 246 Abs. 2 AEUV nicht durch Art. 246 Abs. 5 AEUV verdrängt.[21]

15   Die Ersetzung des Hohen Vertreters der Union für Außen- und Sicherheitspolitik erfolgt nach Art. 246 Abs. 5 AEUV in dem **Verfahren** gemäß Art. 18 Abs. 1 Satz 1 EUV. Der Europäische Rat, der mit qualifizierter Mehrheit beschließt, ernennt mit Zustimmung des Präsidenten der Kommission einen Nachfolger für den ausgeschiedenen Ho-

---

[19] Vgl. hierzu im Einzelnen Art. 17 EUV, Rn. 43.
[20] *Breier*, in: Lenz/Borchardt, EU-Verträge, Art. 246 AEUV, Rn. 4; *Epping*, in: Vedder/Heintschel v. Heinegg, Europäisches Unionsrecht, Art. 246 AEUV, Rn. 8.
[21] Vgl. auch o. Rn. 11.

hen Vertreter. Der Nachfolger ist kraft Amtes gemäß Art. 18 Abs. 4 Satz 1 EUV einer der Vizepräsidenten der Kommission.

D. Weiterführung der laufenden Geschäfte

I. Kollektiver Rücktritt aller Mitglieder der Kommission

Art. 246 Abs. 6 AEUV enthält eine Regelung des kollektiven Rücktritts aller Kommis- **16** sionsmitglieder. Die Möglichkeit war vor Inkrafttreten des Vertrags von Lissabon in den Verträgen nicht vorgesehen. Der **gemeinsame Rücktritt aller Mitglieder der Kommission** im März 1999 wurde daher teilweise für rechtswidrig gehalten.[22] Die Zulässigkeit eines geschlossenen Rücktritts aller Kommissionsmitglieder ist durch Art. 246 Abs. 6 AEUV nunmehr außer Streit gestellt.

Anders als im Fall von einzelnen individuellen Rücktritten von Kommissionsmitglie- **17** dern kommt ein Absehen von einer Nachbesetzung nicht in Betracht, da dies den vollständigen Ausfall eines Unionsorgans bedeuten würde. Art. 246 Abs. 6 AEUV schreibt daher vor, dass die zurückgetretenen Kommissionsmitglieder bis zur **Neubesetzung** ihres Sitzes die laufenden Geschäfte für die verbleibende Amtszeit weiter führen. Die Neubesetzung erfolgt im **Verfahren gemäß Art. 17 EUV.**

Unter den **Begriff der laufenden Geschäfte** fallen die normalen Aufgaben der Kom- **18** mission im Rahmen der Umsetzung des Unionsrechts und der Durchführung der Programme der Union.[23] Nicht umfasst sind hingegen neue politische Initiativen, insbesondere Rechtsetzungsvorschläge, die über die Umsetzung bereits beschlossener Politiken hinausgehen.[24] Ebenso kann die Kommission nach Art. 246 Abs. 6 AEUV dringliche Maßnahmen ergreifen, die keinen Aufschub dulden und die erforderlich sind, um Schaden von der Europäischen Union oder ihren Mitgliedstaaten abzuwenden.[25]

II. Ende der regulären Amtszeit der Kommission

Keine Regelung erfahren hat allerdings die Konstellation, dass sich die Neueinsetzung **19** einer Kommission nach dem regulären Ende der Amtszeit der Vorgängerkommission verzögert. Da die Amtszeit nach Ablauf der fünfjährigen Amtszeit gemäß Art. 17 Abs. 3 UAbs. 1 EUV automatisch endet, ist Art. 246 Abs. 6 AEUV nicht unmittelbar anwendbar. Damit es aufgrund dieser **Regelungslücke** nicht zu einem vollständigen Ausfall des Unionsorgans Kommission kommt, muss insoweit **Art. 246 Abs. 6 AEUV analog anwendbar** sein.[26] Eine Kommission bleibt daher auch nach Ablauf ihrer fünfjährigen Amtszeit geschäftsführend im Amt.

---

[22] So etwa *Tomkins*, MLRev. 62 (1999), 744 (747); *Hummer/Obwexer*, EWS 1999, 161 (163 f.); *Hummer/Obwexer*, integration 1999, 77 (85); *Ruffert*, in: Calliess/Ruffert, EUV/AEUV, Art. 246 AEUV, Rn. 5.

[23] *Martenczuk*, in: Grabitz/Hilf/Nettesheim, EU, Art. 246 AEUV (August 2011), Rn. 17.

[24] EuG, Urt. v. 6.3.2003, verb. Rs. T–228/99 u. T–233/99 (Westdeutsche Landesbank Girozentrale und Land Nordrhein-Westfalen/Kommission), Slg. 2003, II–445, Rn. 96 ff.

[25] *Martenczuk*, in: Grabitz/Hilf/Nettesheim, EU, Art. 246 AEUV (August 2011), Rn. 17; *Ruffert*, in: Calliess/Ruffert, EUV/AEUV, Art. 246 AEUV, Rn. 7.

[26] *Nemitz*, in: Schwarze, EU-Kommentar, Art. 246 AEUV, Rn. 8; *Epping*, in: Vedder/Heintschel v. Heinegg, Europäisches Unionsrecht, Art. 246 AEUV, Rn. 11; *Martenczuk*, in: Grabitz/Hilf/Nettesheim, EU, Art. 246 AEUV (August 2011), Rn. 18; zum gleichen Ergebnis gelangt *Ruffert*, in: Calliess/Ruffert, EUV/AEUV, Art. 246 AEUV, Rn. 7, der allerdings eine entsprechende Anwendung des insoweit parallel laufenden Art. 234 Abs. 2 Satz 2 AEUV befürwortet.

Artikel 247 AEUV [Amtsenthebung]

Jedes Mitglied der Kommission, das die Voraussetzungen für die Ausübung seines Amtes nicht mehr erfüllt oder eine schwere Verfehlung begangen hat, kann auf Antrag des Rates, der mit einfacher Mehrheit beschließt, oder der Kommission durch den Gerichtshof seines Amtes enthoben werden.

Literaturübersicht

van Gerven, Ethical and political responsibility of EU Commissioners, CMLRev. 37 (2000), 1; *Kurth*, Der Fall Bangemann – ein möglicher Präzedenzfall für Art. 213 II EGV?, ZRP 2010, 251; *Mastroianni/ Arena*, Case note, Case C–432/04, Commission of the European Communities v. Édith Cresson, Judgement of the Court (Full Court) of 11 July 2006, [2006] ECR I–6387, CMLRev. 45 (2008), 1207.

Leitentscheidung

EuGH, Urt. v. 11.7.2006, Rs. C–432/04 (Kommission/Cresson), Slg. 2006, I–6426

Inhaltsübersicht

A. Allgemeines

1   Art. 247 AEUV regelt die **individuelle Amtsenthebung** von Mitgliedern der Kommission. Er unterscheidet sich dadurch von Art. 234 AEUV, der die Amtsniederlegung der Kommission als Kollegium infolge eines Misstrauensvotums vorsieht. Im Gegensatz zu einem Misstrauensantrag des Europäischen Parlaments nach Art. 234 AEUV ist eine Amtsenthebung aus politischen Gründen auf der Grundlage von Art. 247 AEUV nicht möglich. Gründe für eine Amtsenthebung können nur der Wegfall von Amtsvoraussetzungen in der Person eines Kommissionsmitglieds oder schwere Verfehlungen, also schwere Verstöße gegen Amtspflichten, sein.

B. Amtsenthebungsgründe

I. Wegfall der Amtsvoraussetzungen

2   Ein Grund für eine Amtsenthebung ist der Wegfall der Voraussetzungen für die Ausübung des Amtes eines Kommissionsmitglieds. Art. 247 AEUV verweist damit auf die von Art. 17 Abs. 3 UAbs. 2 EUV sowie Art. 17 Abs. 4 und Abs. 5 UAbs. 2 Satz 1 EUV postulierten Qualifikationen, die ein Kommissionsmitglied besitzen muss. Dazu gehört die von Art. 17 Abs. 4 und Abs. 5 UAbs. 2 Satz 1 EUV geforderte **Staatsangehörigkeit eines Mitgliedstaates.**[1] Auch der Wegfall der **allgemeinen Befähigung für das Amt**, die

---

[1] *Nemitz*, in: Schwarze, EU-Kommentar, Art. 247 AEUV, Rn. 3.

Andreas Haratsch

Beendigung des **Einsatzes für Europa** sowie der Wegfall der **vollen Gewähr für die Unabhängigkeit** eines Kommissionsmitglieds gemäß Art. 17 Abs. 3 UAbs. 2 EUV können eine Amtsenthebung begründen.[2]

Im Hinblick auf die Beendigung des Einsatzes für Europa sowie des Wegfalls der **3** vollen Gewähr für die Unabhängigkeit eines Mitglieds der Kommission ist der **Grund der schweren Verfehlung** allerdings **lex specialis** und geht dem Wegfall der Amtsvoraussetzungen insoweit vor.[3]

In der **Praxis** ist der Verlust der Staatsangehörigkeit eines Kommissionsmitglieds wäh- **4** rend der Amtszeit bislang noch nie eingetreten. Eine Amtsenthebung wegen des Wegfalls der allgemeinen Befähigung für das Amt hat im Jahr 1976 stattgefunden im Fall des luxemburgischen Kommissars Albert Borschette, der einen Schlaganfall erlitten hatte und in ein irreversibles Koma gefallen war. Er wurde am 14.7.1976 vom Europäischen Gerichtshof seines Amtes enthoben.[4] Er verstarb wenige Monate später.

II. Schwere Verfehlung

Der Grund der schweren Verfehlung ist in seinem Anwendungsbereich **spezieller als der** **5** **Wegfall der Amtsvoraussetzungen** und verdrängt diesen im Hinblick auf den Wegfall des Einsatzes für Europa und der Gewähr einer unabhängigen Amtsführung.[5] Bestehen erhebliche Zweifel an der Unabhängigkeit eines Kommissionsmitglieds oder ist ein Einsatz für die Sache Europa nicht mehr erkennbar, liegen darin schwere Verletzungen der Amtspflichten.[6] Art. 247 AEUV läuft insoweit parallel mit Art. 245 Abs. 2 Satz 3 AEUV,[7] der auf Art. 247 AEUV verweist.

Eine **schwere Verfehlung** bedeutet eine schwere Verletzung der Amtspflichten eines **6** Kommissionsmitglieds gemäß Art. 17 Abs. 3 UAbs. 3 EUV und Art. 245 Abs. 1 und Abs. 2 AEUV.[8] Konkretisiert werden diese Amtspflichten durch den von der Kommission beschlossenen Verhaltenskodex für Kommissionsmitglieder.[9] Die Verfehlung muss schuldhaft sein[10] und einen Schweregrad aufweisen, der ein Verbleiben im Amt unmöglich macht.[11] Maßgebliche Kriterien für die Beurteilung des Schweregrads einer Verfehlung sind die Bedeutung der verletzten Amtspflicht, die Intensität und Dauer einer Amtspflichtverletzung sowie das Vorliegen von Vorsatz.[12]

---

[2] *Schmidt/Schmitt v. Sydow*, in: GSH, Europäisches Unionsrecht, Art. 247 AEUV, Rn. 4; *Kugelmann*, in: Streinz, EUV/AEUV, Art. 247 AEUV, Rn. 1; *Nemitz*, in: Schwarze, EU-Kommentar, Art. 247 AEUV, Rn. 3; anders aber *Martenczuk*, in: Grabitz/Hilf/Nettesheim, EU, Art. 247 AEUV (August 2011), Rn. 2, der meint diese Voraussetzungen seien »zu subjektiv«, als dass daran eine Amtsenthebung anknüpfen könne.

[3] Vgl. unten Rn. 5.

[4] Vgl. den Beschluss 76/619/EGKS, EWG, Euratom der Vertreter der Regierungen der Mitgliedstaaten der Europäischen Gemeinschaften vom 19.7.1976, ABl. 1976, L 201/31, der die Amtsenthebung am 14.7.1976 durch den Europäischen Gerichtshof erwähnt.

[5] S. Rn. 3.

[6] Ähnlich insoweit *Martenczuk*, in: Grabitz/Hilf/Nettesheim, EU, Art. 247 AEUV (August 2011), Rn. 2.

[7] A. A. *Martenczuk*, in: Grabitz/Hilf/Nettesheim, EU, Art. 247 AEUV (August 2011), Rn. 3.

[8] Vgl. Art. 17 EUV, Rn. 27 ff., Art. 245 AEUV, Rn. 3 ff.

[9] Verhaltenskodex für Kommissionsmitglieder, K (2011) 2904 vom 20.4.2011.

[10] *Schmidt/Schmitt v. Sydow*, in: GSH, Europäisches Unionsrecht, Art. 247 AEUV, Rn. 6.

[11] *Martenczuk*, in: Grabitz/Hilf/Nettesheim, EU, Art. 247 AEUV (August 2011), Rn. 3.

[12] Vgl. dazu *Schmidt/Schmitt v. Sydow*, in: GSH, Europäisches Unionsrecht, Art. 247 AEUV, Rn. 7 ff.

7   In der **Praxis** ist ein Amtsenthebungsverfahren wegen einer schweren Verfehlung eines Kommissionsmitglieds ist bislang noch nicht angestrengt worden. Zwar gab es eine Anklage gegen den deutschen Kommissar Martin Bangemann[13] wegen Verstöße gegen nachwirkende Amtspflichten.[14] Es handelt sich dabei aber nicht um ein Amtsenthebungsverfahren, sondern um ein Sanktionsverfahren nach Art. 245 Abs. 2 Satz 3 AEUV, da die Kommission, der Bangemann angehört hatte, bereits zuvor geschlossen zurückgetreten war. Da es zu einer außergerichtlichen Einigung kam, wurde die Klage zurückgenommen.[15] Im Fall der französischen Kommissarin Édith Cresson, der schwere Verfehlungen im Amt vorgeworfen wurden, handelte es sich ebenfalls um ein Sanktionsverfahren nach Art. 245 Abs. 2 Satz 3 AEUV zur Aberkennung der Ruhegehaltsansprüche.[16]

C. Verfahren vor dem Europäischen Gerichtshof

8   Die **Zuständigkeit** für Verfahren nach Art. 247 liegt beim Europäischen Gerichtshof. Aufgrund der Bedeutung solcher Verfahren entscheidet der Europäische Gerichtshof über Amtsenthebungsanträge gemäß Art. 16 Abs. 4 der Satzung des Gerichtshofs der Europäischen Union[17] im Plenum.

9   **Antragsberechtigt** sind der Rat und die Kommission. In beiden Fällen genügt ein Beschluss mit einfacher Mehrheit. Für den Rat ergibt sich dies unmittelbar aus Art. 247 AEUV, für die Kommission folgt dies aus Art. 250 Abs. 1 AEUV. Da der Präsident der Kommission gemäß Art. 17 Abs. 6 UAbs. 2 Satz 1 EUV jedes Mitglied der Kommission zum Rücktritt zwingen kann,[18] besteht insoweit eine einfache Möglichkeit, einen Kommissar aus seinem Amt zu entfernen. Ein Kommissionsantrag wird daher nur in Betracht kommen, wenn sich die Vorwürfe der Amtspflichtverletzung gegen den Kommissionspräsidenten selbst richten, wenn der Kommissionspräsident von einem Mitglied der Kommission trotz schwerer Verfehlungen keinen Rücktritt verlangt oder wenn es sich um ein bereits ausgeschiedenes Mitglied der Kommission handelt.

10   Nach der Rechtsprechung des Europäischen Gerichtshofs hat vor Klageerhebung eine **Anhörung** des betroffenen Kommissionsmitglieds stattzufinden. Hier ist ihm Gelegenheit zur Stellungnahme zu den gegen ihn erhobenen Vorwürfen zu geben.[19]

11   Eine **Klagefrist** sieht Art. 247 AEUV nicht vor. Nach der Rechtsprechung des Europäischen Gerichtshofs muss die Klageerhebung aus Gründen der Rechtssicherheit jedoch innerhalb einer angemessenen Frist erfolgen.[20] Ansonsten ist von einer Verwirkung der Klagemöglichkeit auszugehen.

---

[13] Beschluss 1999/494/EG, EGKS, Euratom des Rates vom 9.7.1999 über eine Befassung des Gerichtshofs mit dem Fall von Martin Bangemann, ABl. 1999, L 192/55; vgl. auch die Mitteilung des Gerichtshofs, ABl. 1999, C 304/2; zu diesem Fall *Kurth*, ZRP 2000, 251 ff.; *van Gerven*, CMLRev. 37 (2000), 1.

[14] Vgl. dazu Art. 245 AEUV, Rn. 8 f.

[15] *Mastroianni/Arena*, CMLRev. 45 (2008), 1207 (1207); *Nemitz*, in: Schwarze, EU-Kommentar, Art. 245 AEUV, Rn. 9.

[16] EuGH, Urt. v. 11.7.2006, Rs. C–432/04 (Kommission/Cresson), Slg. 2006, I–6426.

[17] Protokoll Nr. 3 über die Satzung des Gerichtshofs der Europäischen Union, ABl. 2010, C 83/210.

[18] S. dazu Art. 17 EUV, Rn. 38 ff.

[19] Vgl. EuGH, Urt. v. 11.7.2006, Rs. C–432/04 (Kommission/Cresson), Slg. 2006, I–6426, Rn. 104 f.; *Martenczuk*, in: Grabitz/Hilf/Nettesheim, EU, Art. 247 AEUV (August 2011), Rn. 4.

[20] Vgl. EuGH, Urt. v. 11.7.2006, Rs. C–432/04 (Kommission/Cresson), Slg. 2006, I–6426, Rn. 90; *Martenczuk*, in: Grabitz/Hilf/Nettesheim, EU, Art. 247 AEUV (August 2011), Rn. 4.

Ist ein Amtsenthebungsantrag begründet und somit erfolgreich, tritt der **Amtsverlust** **12**
ex nunc ein.[21] Eine Fortführung der laufenden Geschäfte bis zur Ernennung eines Nachfolgers gemäß Art. 246 Abs. 2, Abs. 4 oder Abs. 5 AEUV ist nicht vorgesehen.[22] Wird
ein Mitglied der Kommission wegen einer schweren Verfehlung seines Amtes enthoben,
geht damit gemäß Art. 23 der Verordnung (EU) 2016/300 vom 29. 2. 2016 zwangsläufig
der Verlust von Ruhegehalts- und Übergangsgeldansprüchen einher.[23] Diese Rechtsfolge tritt jedoch nicht ein, wenn eine Amtsenthebung wegen des Wegfalls der Amtsvoraussetzungen erfolgt.[24]

---

[21] *Breier*, in: Lenz/Borchardt, EU-Verträge, Art. 247 AEUV, Rn. 4; *Epping*, in: Vedder/Heintschel
v. Heinegg, Europäisches Unionsrecht, Art. 247 AEUV, Rn. 3.
[22] Vgl. Art. 246 AEUV, Rn. 4.
[23] Vgl. Art. 23 der Verordnung (EU) 2016/300 des Rates vom 29. 2. 2016 über die Regelung der
Amtsbezüge für hochrangige Amtsträger in der EU, ABl. 2016, L 58/1.
[24] *Martenczuk*, in: Grabitz/Hilf/Nettesheim, EU, Art. 247 AEUV (August 2011), Rn. 5.

Artikel 248 AEUV [Zuständigkeitsverteilung innerhalb der Kommission]

[1]Die Zuständigkeiten der Kommission werden unbeschadet des Artikels 18 Absatz 4 des Vertrags über die Europäische Union von ihrem Präsidenten nach Artikel 17 Absatz 6 des genannten Vertrags gegliedert und zwischen ihren Mitgliedern aufgeteilt. [2]Der Präsident kann diese Zuständigkeitsverteilung im Laufe der Amtszeit ändern. [3]Die Mitglieder der Kommission üben die ihnen vom Präsidenten übertragenen Aufgaben unter dessen Leitung aus.

Literaturübersicht

Brauneck, EU-Kommission: Ist die neue Macht der Vizepräsidenten unionsrechtswidrig?, DÖV 2015, 904; *Epiney/Abt/Mosters*, Der Vertrag von Nizza, DVBl 2001, 941; *Monar*, Die Kommission nach dem Vertrag von Nizza: ein gestärkter Präsident und ein geschwächtes Organ?, integration 2001, 114; *Nemitz*, Europäische Kommission. Vom Kollegialprinzip zur Präsidialregime?, EuR 1999, 678; *Schima*, Organisation und Arbeitsweise der Europäischen Kommission, in: Eilmansberger/Griller/Obwexer (Hrsg.), Rechtsfragen der Implementierung des Vertrags von Lissabon, 2011, 251; *Staeglich*, Der Kommissionspräsident als Oberhaupt der Europäischen Union, 2007.

Wesentliche sekundärrechtliche Vorschriften

Geschäftsordnung der Kommission (K(2000) 3614), ABl. 2000, L 308/26; zuletzt geändert durch Beschluss 2011/737/EU, Euratom der Kommission vom 9. 11. 2011, ABl. 2011, L 296/58
Rahmenvereinbarung über die Beziehungen zwischen dem Europäischen Parlament und der Europäischen Kommission vom 20. 10. 2010, ABl. 2010, L 304/47

Inhaltsübersicht

A. Allgemeines

1   Art. 248 AEUV präzisiert und ergänzt die in Art. 17 Abs. 6 UAbs. 1 EUV angelegte Organisationsgewalt und politische Leitungsbefugnis des Präsidenten der Kommission. Aufgabe des Präsidenten ist es, eine funktionierende organisatorische Struktur der Kommission herzustellen.[1] Zugleich stärkt Art. 248 AEUV die Stellung des Präsidenten,[2] der zur politischen **Führungsfigur innerhalb der Kommission** wird.[3]

---

[1] *Kugelmann*, in: Streinz, EUV/AEUV, Art. 248 AEUV, Rn. 1; *Epping*, in: Vedder/Heintschel v. Heinegg, Europäisches Unionsrecht, Art. 248 AEUV, Rn. 1.

[2] *Epiney/Abt/Mosters*, DVBl 2001, 941 (943).

[3] *Monar*, integration 2001, 114; *Martenczuk*, in: Grabitz/Hilf/Nettesheim, EU, Art. 248 AEUV (August 2011), Rn. 1; *Nemitz*, EuR 1999, 678 (681 ff.).

B. Zuständigkeitsverteilung durch den Präsidenten der Kommission

Art. 248 Satz 1 AEUV weist dem Präsidenten der Kommission die Befugnis zu, die   **2**
Zuständigkeiten der Kommission zu gliedern und zwischen den Mitgliedern der Kommission aufzuteilen. Dies ist Ausdruck der **internen Organisationsgewalt** des Präsidenten der Kommission,[4] die ihm durch Art. 17 Abs. 6 UAbs. 1 EUV zugewiesen ist.[5]
Art. 248 Satz 1 muss daher im Zusammenhang mit Art. 17 Abs. 6 UAbs. 1 Buchst. b
EUV ausgelegt werden.[6] Der Präsident muss von seiner Organisationsgewalt bei der
Zuständigkeitsverteilung in einer Weise Gebrauch machen, die die Kohärenz und Effizienz des Kommissionshandelns sowie die Wahrung des Kollegialitätsprinzips sicherstellt.[7] Begrenzt wird die Organisationsgewalt zusätzlich durch Art. 18 Abs. 4 EUV, der
die Zuständigkeiten des Hohen Vertreters der Union für Außen- und Sicherheitspolitik
festlegt. Auch die Koordinierung der Zuständigkeiten innerhalb der Kommission im
Bereich der Außenbeziehungen mit den übrigen Aspekten des auswärtigen Handelns
obliegt dem Hohen Vertreter (Art. 18 Abs. 4 Satz 3 AEUV). Diese primärrechtlich zugewiesenen Zuständigkeiten kann der Präsident der Kommission nicht durch Organisationsbeschluss ändern.[8]

Im Übrigen besitzt der Kommissionspräsident bei der Aufteilung der Zuständigkeiten   **3**
auf die Mitglieder der Kommission einen **politischen Beurteilungsspielraum**. Möglich ist
es daher, dass der Kommissionspräsident innerhalb der Kommission bestimmte Projektteams mit mehreren Kommissaren bildet, die ihrerseits von einem der Vizepräsidenten
der Kommission geleitet werden.[9] Solange hierdurch das Kollegialitätsprinzip nicht in
Frage gestellt wird, ist eine derartige Zuständigkeitsverteilung innerhalb der Kommission rechtlich unbedenklich.

Die geplante Zuständigkeitsverteilung zwischen den Kommissionsmitgliedern ist in   **4**
der Praxis bereits Grundlage der **Anhörungen der Kandidaten** für die Kommission durch
das Europäische Parlament gemäß Art. 118 GO-EP. Der Präsident des Europäischen
Parlaments fordert den gewählten Präsidenten der Kommission auf, das Parlament über
die Aufteilung der Geschäftsbereiche im vorgeschlagenen Kollegium der Kommissionsmitglieder gemäß seinen politischen Leitlinien zu unterrichten. Solchermaßen informiert finden Anhörungen der Kandidaten durch die Parlamentsausschüsse statt, die für
die in Aussicht genommenen Zuständigkeitsbereiche der Kommissionsmitglieder zuständig sind. Auf der Grundlage dieser Anhörungen kann ein Neuzuschnitt der Zuständigkeitsbereiche durch den Kommissionspräsidenten erfolgen. Die Zuständigkeitsverteilung, die der Kommissionspräsident nach dem Zustimmungsvotum des Parlaments
gemäß Art. 17 Abs. 7 UAbs. 3 Satz 1 EUV vornimmt, entspricht in der Praxis derjenigen, die sich nach den Anhörungen ergeben hat.[10]

Gemäß Art. 248 Satz 2 AEUV kann der Präsident der Kommission die Zuständig-   **5**
keitsverteilung im Laufe seiner Amtszeit jederzeit ändern. Dies kann notwendig wer-

---

[4] *Epping*, in: Vedder/Heintschel v. Heinegg, Europäisches Unionsrecht, Art. 248 AEUV, Rn. 1;
Schmidt/Schmitt v. Sydow, in: GSH, Europäisches Unionsrecht, Art. 248 AEUV, Rn. 2.

[5] Vgl. Art. 17 EUV, Rn. 35 f.

[6] *Nemitz*, in: Schwarze, EU-Kommentar, Art. 248 AEUV, Rn. 1.

[7] *Martenczuk*, in: Grabitz/Hilf/Nettesheim, EU, Art. 248 AEUV (August 2011), Rn. 2.

[8] *Kugelmann*, in: Streinz, EUV/AEUV, Art. 248 AEUV, Rn. 4.

[9] Vgl. die Pressemitteilung der Kommission vom 10. 9. 2014, IP/14/984.

[10] Vgl. für die 2010 eingesetzte Kommission den Beschluss des Präsidenten der Kommission vom
10. 2. 2010 über die Aufgabenverteilung der Kommissionsmitglieder, K (2010) 1000 endg.

den, wenn sich die Anzahl der Kommissionsmitglieder ändert, etwa infolge einer Erweiterung der Europäischen Union oder infolge eines Ausscheidens eines Kommissionsmitglieds, wenn dessen Sitz vorübergehend nicht besetzt wird. Der Kommissionspräsident besitzt auch bei nachträglichen **Änderungen der Zuständigkeitsverteilung** einen politischen Beurteilungsspielraum. Allerdings muss er auch hier die Vorgaben des Art. 17 Abs. 6 UAbs. 1 Buchst. b EUV beachten, wonach die Kohärenz und Effizienz des Kommissionshandelns sowie die Geltung des Kollegialitätsprinzips sicherzustellen sind.[11] Ebenso wenig kann sich der Kommissionspräsident bei einer nachträglichen Änderung der Zuständigkeitsverteilung über Art. 18 Abs. 4 EUV hinwegsetzen.[12] In einer interinstitutionellen Vereinbarung zwischen dem Europäischen Parlament und der Kommission hat sich der Kommissionspräsident auch dazu verpflichtet, das Europäische Parlament von einer Änderungsabsicht zu informieren, um anschließend in Konsultationen mit dem Parlament einzutreten.[13]

C. Ressortprinzip

6   Mit der Regelung der Befugnis des Kommissionspräsidenten die Zuständigkeiten innerhalb der Kommission auf ihre Mitglieder zu verteilen, normiert Art. 248 AEUV zugleich das Ressortprinzip.[14] Die Mitglieder der Kommission nehmen eigenständig die ihnen übertragenen Aufgaben wahr.[15] Jeder Kommissar ist **eigenverantwortlicher Leiter seines Geschäftsbereichsbereichs**. Nach Art. 3 Abs. 2 UAbs. 2 GO-Kommission[16] ist jedes Mitglied der Kommission in seinem Aufgabenbereich für die vorbereitenden Arbeiten und die Durchführung der Beschlüsse der Kommission in besonderem Maße verantwortlich.[17] Verstärkt wird dies durch Ziff. 4 der Rahmenvereinbarung über die Beziehungen zwischen dem Europäischen Parlament und der Europäischen Kommission vom 20.10.2010.[18] Danach übernimmt jedes Mitglied der Kommission die politische Verantwortung für das Handeln in dem Bereich, für den es zuständig ist.

7   Seine **Grenzen** findet das Ressortprinzip einerseits in der **Leitungsbefugnis** des Kommissionspräsidenten. Nach Art. 248 Satz 3 AEUV nimmt jedes Mitglied der Kommission die ihm übertragenen Aufgaben unter der Leitung des Kommissionspräsidenten wahr.[19] Andererseits stößt das Ressortprinzip auf das **Kollegialitätsprinzip** gemäß Art. 17 Abs. 6 UAbs. 1 Buchst. b EUV.[20] Danach trifft die Kommission ihre Entscheidungen gemäß Art. 250 Abs. 1 AEUV grundsätzlich mit der Mehrheit ihrer Mitglieder,[21] was bedeutet, dass ein Mitglied vom Kollegium überstimmt werden kann.

---

[11] *Nemitz*, in: Schwarze, EU-Kommentar, Art. 248 AEUV, Rn. 3.

[12] *Nemitz*, in: Schwarze, EU-Kommentar, Art. 248 AEUV, Rn. 3.

[13] Vgl. Ziff. 7 der Rahmenvereinbarung über die Beziehungen zwischen dem Europäischen Parlament und der Europäischen Kommission vom 20.10.2010, ABl. 2010, L 304/47.

[14] *Ruffert*, in: Calliess/Ruffert, EUV/AEUV, Art. 248 AEUV, Rn. 3; *Epping*, in: Vedder/Heintschel v. Heinegg, Europäisches Unionsrecht, Art. 248 AEUV, Rn. 2; *Kugelmann*, in: Streinz, EUV/AEUV, Art. 248 AEUV, Rn. 5; ablehnend *Martenczuk*, in: Grabitz/Hilf/Nettesheim, EU, Art. 248 AEUV (August 2011), Rn. 9; *Brauneck*, DÖV 2015, 904 (907).

[15] *Epping*, in: Vedder/Heintschel v. Heinegg, Europäisches Unionsrecht, Art. 248 AEUV, Rn. 2; *Kugelmann*, in: Streinz, EUV/AEUV, Art. 248 AEUV, Rn. 5.

[16] Geschäftsordnung der Kommission (K(2000) 3614), ABl. 2000, L 308/26.

[17] *Brauneck*, DÖV 2015, 904 (907).

[18] ABl. 2010, L 304/47.

[19] Dazu Rn. 8f.

[20] *Epping*, in: Vedder/Heintschel v. Heinegg, Europäisches Unionsrecht, Art. 248 AEUV, Rn. 2.

[21] S. Art. 250 AEUV, Rn. 2f.

D. Politische Leitungsbefugnis des Präsidenten der Kommission

Art. 246 Satz 3 AEUV weist dem Präsidenten der Kommission eine Leitungsfunktion   **8**
gegenüber den übrigen Kommissionsmitgliedern zu. Die Bestimmung ergänzt Art. 16
Abs. 6 UAbs. 1 Buchst. a EUV, der bestimmt, dass der Kommissionspräsident die Leitlinien festlegt, nach denen die Kommission ihre Aufgaben ausübt. Art. 246 Satz 3
AEUV gibt dem Präsidenten das Mittel an die Hand, die von ihm festgelegten Leitlinien
durchzusetzen. Die Leitungsbefugnis umfasst ein **Weisungsrecht** des Präsidenten gegenüber den übrigen Mitgliedern der Kommission in Bezug auf ihre Aufgabenerfüllung.[22]
Auch die Geschäftsordnung der Kommission sieht vor, dass der Präsident die Kommissionsmitglieder bitten kann, besondere Maßnahmen durchzuführen, um die Umsetzung
der von ihm festgelegten politischen Leitlinien und der von der Kommission formulierten Prioritäten zu gewährleisten.[23]

Ihre **Grenze** findet die Leitungsbefugnis des Kommissionspräsidenten im **Kollegiali-**   **9**
tätsprinzip.[24] Entscheidet die Kommission als Kollegium, geschieht dies gemäß Art. 250
Abs. 1 AEUV grundsätzlich mit der Mehrheit ihrer Stimmen. Dem Kommissionspräsidenten kommt dabei kein Vetorecht zu.[25] Auch schließt das Kollegialitätsprinzip es aus,
dass der Präsident einzelne Kommissionsmitglieder anweist, von ihrem Stimmrecht bei
Abstimmungen innerhalb der Kommission in einer Weise Gebrauch zu machen.[26] Dies
bedeutet, dass der Kommissionspräsident ungeachtet seiner politischen Leitungsbefugnis überstimmt werden kann.

---

[22] *Ruffert*, in: Calliess/Ruffert, EUV/AEUV, Art. 248 AEUV, Rn. 4; *Epping*, in: Vedder/Heintschel
v. Heinegg, Europäisches Unionsrecht, Art. 248 AEUV, Rn. 2; *Nemitz*, in: Schwarze, EU-Kommentar,
Art. 248 AEUV, Rn. 3; *Staeglich*, S. 162; zurückhaltend *Martenczuk*, in: Grabitz/Hilf/Nettesheim,
EU, Art. 248 AEUV (August 2011), Rn. 9.

[23] Art. 3 Abs. 2 UAbs. 3 der Geschäftsordnung der Kommission (K(2000) 3614), ABl. 2000, L
308/26; vgl. dazu *Schima*, 261 f.

[24] *Breier*, in: Lenz/Borchardt, EU-Verträge, Art. 248 AEUV, Rn. 2; *Martenczuk*, in: Grabitz/Hilf/
Nettesheim, EU, Art. 248 AEUV (August 2011), Rn. 10; *Epping*, in: Vedder/Heintschel v. Heinegg,
Europäisches Unionsrecht, Art. 248 AEUV, Rn. 2; *Staeglich*, S. 169 ff.

[25] *Martenczuk*, in: Grabitz/Hilf/Nettesheim, EU, Art. 248 AEUV (August 2011), Rn. 10.

[26] *Breier*, in: Lenz/Borchardt, EU-Verträge, Art. 248 AEUV, Rn. 2.

Artikel 249   AEUV [Geschäftsordnung und Gesamtbericht]

(1) ¹Die Kommission gibt sich eine Geschäftsordnung, um ihr ordnungsgemäßes Arbeiten und das ihrer Dienststellen zu gewährleisten. ²Sie sorgt für die Veröffentlichung dieser Geschäftsordnung.

(2) Die Kommission veröffentlicht jährlich, und zwar spätestens einen Monat vor Beginn der Sitzungsperiode des Europäischen Parlaments, einen Gesamtbericht über die Tätigkeit der Union.

Literaturübersicht

Krenzler, Die Rolle der Kabinette in der Kommission der Europäischen Gemeinschaften, EuR 1974, 75; *Ritchie*, The model of the French ministerial cabinet in the early European Commission, in: Morgan/Wright (Hrsg.), The Administrative Origins of the European Community, 1992, S. 95; *Schmidt/Wonka*, European Commission, in: Jones/Menon/Weatherhill (Hrsg.), The Oxford Handbook of the European Union, 2012, S. 336; *Spence*, The President, the College and the Cabinets, in: Spence/Edwards (Hrsg.), The European Commission, 3. Aufl., 2006, S. 25; *Spence*, The Directorates General and the Services: Structures, Functions and Procedures, in: Spence/Edwards, The European Commission, 3. Aufl., 2006, S. 128.

Wesentliche sekundärrechtliche Vorschrift

Geschäftsordnung der Kommission (K(2000) 3614), ABl. 2000, L 308/26; zuletzt geändert durch Beschluss 2011/737/EU, Euratom der Kommission vom 9. 11. 2011, ABl. 2011, L 296/58

Inhaltsübersicht

A.   Allgemeines

1 Art. 249 AEUV fasst zwei **unterschiedliche Regelungsmaterien** in einer Bestimmung zusammen. Während Art. 249 Abs. 1 AEUV die Geschäftsordnungsautonomie der Kommission als Ausdruck ihrer Organisationsgewalt in eigenen Angelegenheiten regelt, enthält Art. 249 Abs. 2 AEUV Vorgaben für die Erstellung und Veröffentlichung des Gesamtberichts über die Tätigkeit der Europäischen Union.

B.   Organisationsgewalt in eigenen Angelegenheiten

I.   Geschäftsordnungsautonomie der Kommission

2 Art. 249 Abs. 1 AEUV regelt den Erlass einer Geschäftsordnung durch die Kommission. Diese Geschäftsordnungsautonomie ist Ausdruck der jedem Organ der Europäischen Union zukommenden Organisationsgewalt in eigenen Angelegenheiten. Die Kommission beschließt ihre Geschäftsordnung gemäß Art. 250 Abs. 1 AEUV mit der Mehrheit

ihrer Mitglieder. Die Geschäftsordnung ist ein **interner Organisationsakt** der Kommission.[1] In erster Linie dient die Geschäftsordnung der internen Organisation, um ihr ordnungsgemäßes und effizientes Arbeiten zu gewährleisten. Geschäftsordnungsbestimmungen können jedoch auch **Rechtswirkungen nach außen** entfalten. Dies betrifft etwa Verfahrensvorschriften, die dazu bestimmt sind, Rechtssicherheit zu gewährleisten.[2] Es handelt sich in diesen Fällen um wesentliche Formvorschriften, deren Verletzung im Rahmen einer Nichtigkeitsklage vor dem Gerichtshof der Europäischen Union gemäß Art. 263 Abs. 2 AEUV gerügt werden kann.[3]

Art. 249 Abs. 1 Satz 2 AEUV schreibt vor, dass die Geschäftsordnung der Kommission zu veröffentlichen ist. Dieses Veröffentlichungsgebot bezieht sich auch auf alle nachfolgenden Änderungen der Geschäftsordnung. Die derzeitig geltende Geschäftsordnung datiert aus dem Jahr 2010. Die **Veröffentlichung** ist im Amtsblatt der Europäischen Union erfolgt.[4]   3

II. Organisationsstruktur der Kommission

1. Kabinette der Mitglieder der Kommission

Die Kommissionsmitglieder verfügen jeweils über einen **eigenen Mitarbeiterstab**, ihr   4
sogenanntes »Kabinett«. Dieser Stab aus engen Mitarbeitern unterstützt sie bei der Wahrnehmung ihrer Aufgaben und der Vorbereitung der Kommissionsbeschlüsse (Art. 19 Abs. 1 GO-Kommission).[5] Die Regeln für die Zusammensetzung und die Arbeitsweise der Kabinette werden vom Präsidenten erlassen. Für die von 2010 bis 2014 amtierende Kommission waren die Einzelheiten in Anhang 2 der Mitteilung des Präsidenten über die Arbeitsmethoden der Kommission 2010–2014 niedergelegt.[6]

2. Dienststellen der Kommission

Ziel der Geschäftsordnung ist, das ordnungsgemäße Arbeiten nicht nur der Kommission, sondern auch ihrer Dienststellen zu gewährleisten. Regelungen über die Dienststellen der Kommission enthält der II. Abschnitt der Geschäftsordnung (Art. 21 bis Art. 23 GO-Kommission). Im Rahmen ihrer Organisationsgewalt kann die Kommission gemäß Art. 21 Abs. 1 GO-Kommission zur Vorbereitung und zur Durchführung ihrer Amtstätigkeit und zur Verwirklichung der vom Präsidenten festgelegten Prioritäten und politischen Leitlinien Dienststellen einrichten. **Begriff der Dienststelle** umfasst Generaldirektionen und gleichgestellte Dienste. Sie bilden den exekutiven Unterbau der Kommission.[7]   5

---

[1] *Martenczuk*, in: Grabitz/Hilf/Nettesheim, EU, Art. 249 AEUV (August 2011), Rn. 3; *Breier*, in: Lenz/Borchardt, EU-Verträge, Art. 249 AEUV, Rn. 1.
[2] EuGH, Urt. v. 15. 6. 1994, Rs. C–137/92 P (Kommission/BASF u. a.), Slg. 1994, I–2555, Rn. 75.
[3] EuGH, Urt. v. 15. 6. 1994, Rs. C–137/92 P (Kommission/BASF u. a.), Slg. 1994, I–2555, Rn. 76 ff.
[4] Geschäftsordnung der Kommission (K(2000) 3614), ABl. 2000, L 308/26; zuletzt geändert durch Beschluss 2011/737/EU, Euratom der Kommission vom 9. 11. 2011, ABl. 2011, L 296/58.
[5] Vgl. dazu *Spence*, The President, the College and the Cabinets, S. 60 ff.; *Krenzler*, EuR 1974, 75 ff.; *Ritchie*, S. 95 ff.
[6] Anhang 2 der Mitteilung des Präsidenten vom 10. 2. 2010, Arbeitsmethoden der Kommission 2010–2014, K(2010) 1100, S. 12.
[7] Vgl. dazu *Spence*, Directorates General, S. 128 ff.; *Schmidt/Wonka*, S. 338 ff.

6   **Generaldirektionen** sind Verwaltungseinheiten der Kommission, die für bestimmte Politikbereiche zuständig sind.[8] **Dienste** nehmen dagegen in der Regel Querschnittsaufgaben wahr, wie z. B. der Juristische Dienst der Kommission.[9] Die Abgrenzung ist jedoch nicht trennscharf möglich, da der frühere Übersetzungsdienst mittlerweile als Generaldirektion Übersetzung geführt wird.[10] Nach Art. 22 GO-Kommission kann der Präsident der Kommission für genau zu beschreibende Aufgaben besondere Verwaltungsstrukturen, sogenannte ad hoc-Dienststellen oder Task Forces, errichten und mit einem sachlich oder zeitlich begrenzten Auftrag ausstatten (z. B. die frühere Task Force Erweiterung). In der Regel sind die Generaldirektionen und die gleichgestellten Dienste in Direktionen, die Direktionen in Referate gegliedert (Art. 21 Abs. 2 GO-Kommission).

7   Eine der zentralen Dienststellen der Kommission ist das **Generalsekretariat**. Es untersteht gemäß Art. 19 Abs. 1 GO-Kommission unmittelbar dem Kommissionspräsidenten. Der Generalsekretär unterstützt den Präsidenten bei der Vorbereitung der Arbeiten und bei der Abhaltung der Sitzungen der Kommission (Art. 19 Abs. 3 GO-Kommission), erfüllt darüber hinaus aber auch Aufgaben für das Kommissionskollegium und die einzelnen Dienststellen und gewährleistet durch seine koordinierende Tätigkeit die Kohärenz der Arbeiten der Kommission. Die **übrigen Dienststellen** der Kommission (Generaldirektionen und Dienste) unterstehen dem jeweils fachlich zuständigen Mitglied der Kommission, das den Dienststellen gegenüber weisungsbefugt ist (Art. 19 Abs. 2 GO-Kommission).

C. Gesamtbericht über die Tätigkeit der Union

8   Art. 249 Abs. 2 AEUV verpflichtet die Kommission jährlich einen Gesamtbericht über die Tätigkeit der Union zu erstellen.[11] Der Gesamtbericht wird von den Dienststellen der Kommission vorbereitet und vom Kollegium der Kommission angenommen. Er ist spätestens einen Monat vor Beginn der Sitzungsperiode des Europäischen Parlaments zu **veröffentlichen**. Die jährliche Sitzungsperiode des Parlaments beginnt gemäß Art. 229 Abs. 1 Satz 2 AEUV in jedem Jahr am zweiten Dienstag des Monats März, sodass der Gesamtbericht spätestens am zweiten Dienstag des Monats Februar vorliegen muss.

9   Der Inhalt des Berichts bezieht sich auf die gesamte Tätigkeit der Europäischen Union während des abgelaufenen Kalenderjahres, so dass es sich gleichsam um einen Rechenschaftsbericht handelt.[12] **Adressat des Berichts** ist zum einen das **Europäische Parlament**, das den Bericht gemäß Art. 233 AEUV in öffentlicher Sitzung zu erörtern hat. Art. 132 Abs. 1 GO-EP schreibt vor, dass die Behandlung des Berichts im Plenum zu erfolgen hat. Es hat sich die Praxis herausgebildet, dass der Präsident der Kommission den Gesamtbericht über die Tätigkeit der Union in der Praxis gemeinsam dem jährlichen Arbeitsprogramm der Kommission dem Europäischen Parlament vorstellt.[13] Der Gesamtbe-

---

[8] *Epping*, in: Vedder/Heintschel v. Heinegg, Europäisches Unionsrecht, Art. 249 AEUV, Rn. 1.

[9] *Kugelmann*, in: Streinz, EUV/AEUV, Art. 249 AEUV, Rn. 9.

[10] Vgl. die Übersicht über die Dienststellen auf der Internetseite der Kommission: http://ec.europa.eu/about/ds_de.htm (1.3.16).

[11] Vgl. den Gesamtbericht für das Jahr 2014: http://europa.eu/publications/reports-booklets/general-report/index_de.htm (1.3.2016).

[12] *Breier*, in: Lenz/Borchardt, EU-Verträge, Art. 249 AEUV, Rn. 2.

[13] *Martenczuk*, in: Grabitz/Hilf/Nettesheim, EU, Art. 249 AEUV (August 2011), Rn. 10.

richt soll das Europäische Parlament in die Lage versetzen, seine Kontrollfunktion gegenüber der Kommission, aber auch gegenüber allen anderen Organen und Einrichtungen der Union wahrzunehmen.[14] Zum anderen ist der Gesamtbericht an die **Öffentlichkeit** gerichtet, weswegen er gemäß Art. 249 Abs. 2 AEUV zu veröffentlichen ist. Er trägt damit zur Transparenz des Handelns der Europäischen Union gemäß Art. 15 Abs. 1 AEUV bei.[15]

---

[14] *Kugelmann*, in: Streinz, EUV/AEUV, Art. 249 AEUV, Rn. 19; *Epping*, in: Vedder/Heintschel v. Heinegg, Europäisches Unionsrecht, Art. 249 AEUV, Rn. 2.

[15] *Epping*, in: Vedder/Heintschel v. Heinegg, Europäisches Unionsrecht, Art. 249 AEUV, Rn. 2.

Artikel 250 AEUV [Beschlussfassung]

Die Beschlüsse der Kommission werden mit der Mehrheit ihrer Mitglieder gefasst. Die Beschlussfähigkeit wird in ihrer Geschäftsordnung festgelegt.

Literaturübersicht

Coutron, Le principe de collégialité au sein de la Commission européenne après le Traité de Nice, RTDE 2003, 247; *Hatje*, Die institutionelle Reform der Europäischen Union – der Vertrag von Nizza auf dem Prüfstand, EuR 2001, 143; *Nemitz*, Europäische Kommission: Vom Kollegialprinzip zum Präsidialregime?, EuR 1999, 678; *Staeglich*, Der Kommissionspräsident als Oberhaupt der Europäischen Union, 2007.

Wesentliche sekundärrechtliche Vorschriften

Geschäftsordnung der Kommission (K(2000) 3614), ABl. 2000, L 308/26; zuletzt geändert durch Beschluss 2011/737/EU, Euratom der Kommission vom 9.11.2011, ABl. 2011, L 296/58

Leitentscheidungen

EuGH, Urt. v. 23.9.1986, Rs. 5/85 (AKZO Chemie/Kommission), Slg. 1986, 2585
EuG, Urt. v. 30.11.2009, verb. Rs. T–427/04 u. T–17/05 (Frankreich/Kommission), Slg. 2009, II–4315

Inhaltsübersicht

A. Allgemeines

1 Art. 250 AEUV regelt die Beschlussfassung der Kommission. Beschlüsse sind grundsätzlich mit der Mehrheit der Kommissionsmitglieder zu fassen, womit die Kommission als kollegiales Entscheidungsorgan konstituiert wird.[1] Dies gilt trotz der Stärkung der Stellung des Präsidenten innerhalb der Kommission.[2] Die Bestimmung des Art. 250 AEUV ist eine Ausprägung des Kollegialitätsprinzips,[3] welches in Art. 17 Abs. 6 UAbs. 1 Buchst. b EUV ausdrücklich niedergelegt ist. Das **Kollegialitätsprinzip** beruht auf der Gleichheit der Mitglieder der Kommission bei der Teilnahme an der Entscheidungsfindung und setzt voraus, dass die Entscheidungen gemeinsam beraten werden und dass

---

[1] *Martenczuk*, in: Grabitz/Hilf/Nettesheim, EU, Art. 250 AEUV (August 2011), Rn. 2.
[2] *Hatje*, EuR 2001, 143 (151).
[3] *Coutron*, RTDE 2003, 247 (249); *Schmidt/Schmitt v. Sydow*, in: GSH, Europäisches Unionsrecht, Art. 250 AEUV, Rn. 2.

alle Mitglieder des Kollegiums für sämtliche erlassenen Entscheidungen politisch gemeinsam verantwortlich sind.[4]

B. Mehrheitsprinzip

Art. 250 Abs. 1 AEUV schreibt vor, dass Beschlüsse von der Kommission als **Kollegi-** **alorgan** mit den Stimmen der Mehrheit der Mitglieder zu fassen sind. Jedes Mitglied der Kommission verfügt dabei über eine Stimme. Die Stimme des Kommissionspräsidenten gibt bei Stimmengleichheit nicht den Ausschlag.[5] Ebenso wenig besitzt er ein Vetorecht. Da die Mehrheit der Stimmen der Mitglieder gefordert ist, also eine **einfache absolute Mehrheit**, wirkt sich eine Stimmenthaltung wie eine Gegenstimme aus. Bei derzeit 28 Kommissionsmitgliedern ist die absolute Mehrheit mit 15 Stimmen erreicht. Dies gilt selbst dann, wenn ein Kommissionssitz nach dem Ausscheiden eines Mitglieds vorübergehend nicht nachbesetzt wird,[6] da Art. 8 Abs. 3 der Geschäftsordnung der Kommission[7] auf die im Vertrag vorgesehene Mitgliederzahl abstellt.

Der **Begriff des Beschlusses** meint jede Abstimmung über eine relevante Willensäußerung der Kommission.[8] Er darf nicht mit dem Begriff des Beschlusses gemäß Art. 288 Abs. 4 AEUV gleichgesetzt werden.[9] Entscheidet die Kommission über die Annahme einer Mitteilung, eines Grün- oder Weißbuchs oder eines Berichts findet Art. 250 Abs. 1 AEUV ebenso Anwendung wie bei Abstimmungen über die Verabschiedung von Verordnungen, Richtlinien, Beschlüssen, Empfehlungen und Stellungnahmen gemäß Art. 288 AEUV.

C. Beschlussverfahren

I. Mündliches Verfahren als Regelbeschlussverfahren

Das mündliche Verfahren gemäß Art. 4 Buchst. a i. V. m. Art. 8 GO-Kommission ist rechtlich der Regelfall der Beschlussfassung der Kommission.[10] Das Verfahren der mündlichen Abstimmung kommt in den **Sitzungen der Kommission** zur Anwendung. Die Sitzungen werden gemäß Art. 5 Abs. 1 GO-Kommission vom Präsidenten einberufen. Die Kommission tagt in der Regel mindestens einmal wöchentlich (Art. 5 Abs. 2 Satz 1 GO-Kommission). Die Mitglieder sind verpflichtet, an allen Sitzungen der Kommission teilzunehmen (Art. 5 Abs. 3 GO-Kommission). Im Falle der Verhinderung können sich Kommissionsmitglieder vom Präsidenten von der Anwesenheitspflicht entbin-

---

[4] EuGH, Urt. v. 23. 9.1986, Rs. 5/85 (AKZO Chemie/Kommission), Slg. 1986, 2585, Rn. 30; EuG, Urt. v. 30. 11. 2009, verb. Rs. T–427/04 u. T–17/05 (Frankreich/Kommission), Slg. 2009, II–4315, Rn. 116; vgl. auch *Nemitz*, EuR 1999, 678 (678 ff.); *Staeglich*, S. 171.

[5] *Kugelmann*, in: Streinz, EUV/AEUV, Art. 250 AEUV, Rn. 2; *Epping*, in: Vedder/Heintschel v. Heinegg, Europäisches Unionsrecht, Art. 250 AEUV, Rn. 1.

[6] Vgl. Art. 246 AEUV, Rn. 8 f.

[7] Geschäftsordnung der Kommission (K(2000) 3614), ABl. 2000, L 308/26; zuletzt geändert durch Beschluss 2011/737/EU, Euratom der Kommission vom 9. 11. 2011, ABl. 2011, L 296/58.

[8] *Breier*, in: Lenz/Borchardt, EU-Verträge, Art. 250 AEUV, Rn. 1.

[9] So aber *Kugelmann*, in: Streinz, EUV/AEUV, Art. 250 AEUV, Rn. 1.

[10] *Martenczuk*, in: Grabitz/Hilf/Nettesheim, EU, Art. 250 AEUV (August 2011), Rn. 4.

den lassen und bei den Beratungen von ihrem Kabinettschef[11] vertreten lassen, nicht jedoch bei den Abstimmungen (Art. 10 Abs. 2 GO-Kommission).[12] Eine Stimmrechtsübertragung auf ein anderes Kommissionsmitglied ist nicht vorgesehen.[13] Die Sitzungen der Kommission werden durch Treffen der Kabinettschefs vorbereitet, wobei hier bereits die Tagesordnungspunkte identifiziert werden, über die Einigkeit besteht (sogenannte A-Punkte)[14] und über die in der Kommissionssitzung keine Aussprache mehr stattfinden muss.[15] Die Sitzungen der Kommission sind nicht öffentlich und ihre Beratungen vertraulich (Art. 9 GO-Kommission). Die Kommission beschließt in der Sitzung auf Antrag eines oder mehrerer ihre Mitglieder (Art. 8 Abs. 1 GO-Kommission). Über jede Sitzung der Kommission wird ein Protokoll angefertigt (Art. 11 GO-Kommission).

II. Vereinfachte Beschlussverfahren

1. Schriftliches Verfahren

5   Ausnahmsweise kann ein Beschluss im schriftlichen Verfahren gemäß Art. 4 Buchst. b i. V. m. Art. 12 GO-Kommission gefasst werden. Dieses Verfahren kommt zur Anwendung, wenn alle beteiligten Dienste sowie der Juristische Dienst einer Beschlussvorlage zugestimmt haben (Art. 12 Abs. 1 GO-Kommission). Es handelt sich um ein **Umlaufverfahren**, bei welchem die Beschlussvorlage allen Kommissionsmitgliedern zugeleitet wird (Art. 12 Abs. 2 GO-Kommission). Jedes Kommissionsmitglied kann dabei beantragen, die Vorlage in einer Sitzung zu erörtern und so zum regulären mündlichen Verfahren zurückzukehren (Art. 12 Abs. 3 GO-Kommission). Eine Vorlage gilt im schriftlichen Verfahren als angenommen, sofern kein Kommissionsmitglied bis zum Ablauf der gesetzten Frist einen Antrag auf Aussetzung des Verfahrens gestellt hat (Art. 12 Abs. 4 GO-Kommission).

2. Ermächtigungsverfahren

6   Angesicht der großen Vielzahl nicht zuletzt rein technischer Entscheidungen, die von der Kommission zu treffen sind, ermöglicht Art. 4 Buchst. c i. V. m. Art. 13 GO-Kommission eine Entlastung der Kommission als Kollegium.[16] Sie kann **eines oder mehrere Kommissionsmitglieder** ermächtigen, innerhalb der zuvor festgelegten Grenzen und Bedingungen Maßnahmen der Geschäftsführung und der Verwaltung zu treffen. Da gemäß Art. 13 Abs. 1 GO-Kommission der Grundsatz der kollegialen Verantwortung voll gewahrt bleiben muss, kann eine **Ermächtigung durch das Kollegium** nur im mündlichen Verfahren erteilt werden.[17] Das Erfordernis der Beteiligung der betroffenen Dienststellen bleibt auch im Ermächtigungsverfahren unberührt.[18] Der Juristische Dienst muss vor einer Entscheidung im Ermächtigungsverfahren gehört werden (vgl.

---

[11] Vgl. dazu Art. 249 AEUV, Rn. 4.

[12] *Kugelmann*, in: Streinz, EUV/AEUV, Art. 250 AEUV, Rn. 2; *Nemitz*, in: Schwarze, EU-Kommentar, Art. 250 AEUV, Rn. 4.

[13] *Epping*, in: Vedder/Heintschel v. Heinegg, Europäisches Unionsrecht, Art. 250 AEUV, Rn. 2.

[14] Vgl. die ähnliche Praxis im Rat, Art. 16 EUV, Rn. 30; Art. 240 AEUV, Rn. 5.

[15] *Schmidt/Schmitt v. Sydow*, in: GSH, Europäisches Unionsrecht, Art. 250 AEUV, Rn. 5; *Nemitz*, in: Schwarze, EU-Kommentar, Art. 250 AEUV, Rn. 3.

[16] Vgl. EuGH, Urt. v. 23. 9. 1989, Rs. 5/85 (AKZO Chemie/Kommission), Slg. 1986, 2586, Rn. 37.

[17] EuGH, Urt. v. 23. 9. 1989, Rs. 5/85 (AKZO Chemie/Kommission), Slg. 1986, 2586, Rn. 36; *Martenczuk*, in: Grabitz/Hilf/Nettesheim, EU, Art. 250 AEUV (August 2011), Rn. 10.

[18] *Nemitz*, in: Schwarze, EU-Kommentar, Art. 250 AEUV, Rn. 7.

Art. 23 Abs. 4 GO-Kommission). Dem ermächtigten Kommissionsmitglied ist eine **Subdelegation** auf die ihm unterstehenden Generaldirektoren und Dienststellenleiter möglich, sofern der Ermächtigungsakt dies nicht ausdrücklich ausschließt (Art. 13 Abs. 3 GO-Kommission). Eine weitere Subdelegation auf den zuständigen Referatsleiter ist bei Finanzierungsbeschlüssen gemäß Art. 15 GO-Kommission zulässig.

Im Ermächtigungsverfahren dürfen nur **Maßnahmen der Geschäftsführung und der**   7
Verwaltung beschlossen werden. In diesem Verfahren dürfen daher **keine politischen Grundsatzentscheidungen** getroffen werden oder Maßnahmen, die die Ausübung eines politischen Ermessens erfordern.[19] So kann die Annahme eines Vorschlags für einen Gesetzgebungsakt nur durch das Kollegium der Kommission erfolgen.[20] Gleiches gilt für die Entscheidung über die Einleitung eines Vertragsverletzungsverfahrens.[21] Auch wenn eine Entscheidung die **Prüfung komplexer Sach- und Rechtsfragen** verlangt, kann nicht von einer Maßnahme der Geschäftsführung oder Verwaltung ausgegangen werden.[22]

3. Verfahren der Befugnisübertragung

Eine weitere Ausnahme vom regulären mündlichen Verfahren stellt das Verfahren der   8
Befugnisübertragung oder Delegation gemäß Art. 4 Buchst. d i. V. m. Art. 14 GO-Kommission dar. Danach kann die Kommission den **Generaldirektoren oder Dienststellenleitern** die Befugnis übertragen, in ihrem Namen innerhalb der Grenzen und gemäß den Bedingungen, die sie festlegt, **Maßnahmen der Geschäftsführung und der Verwaltung**[23] zu treffen. Auch hier muss, um den Grundsatz der Kollegialität zu wahren, die Entscheidung über die **Befugnisübertragung durch das Kollegium** der Kommission getroffen werden. Der Juristische Dienst muss vor einer Entscheidung im Befugnisübertragungsverfahren gehört werden (vgl. Art. 23 Abs. 4 GO-Kommission). Eine Subdelegation auf den zuständigen Referatsleiter ist bei Finanzierungsbeschlüssen gemäß Art. 15 GO-Kommission zulässig.

D. Beschlussfähigkeit

Um wirksam einen Beschluss fassen zu können, muss die Kommission beschlussfähig   9
sein. Nach Art. 250 Abs. 2 AEUV wird die Beschlussfähigkeit in der Geschäftsordnung der Kommission festgelegt. Entsprechend regelt Art. 7 GO-Kommission, dass die Kommission beschlussfähig ist, wenn die **Mehrheit der im Vertrag vorgesehenen Mitglieder** anwesend ist. Bei derzeit 28 Mitgliedern, bedeutet dies eine Anwesenheit von mindestens 15 Kommissaren. Dies ist auch die Stimmenzahl, die gemäß Art. 250 Abs. 1 AEUV für eine Beschlussfassung erforderlich ist. Die Regelung über die Beschlussfähigkeit betrifft nur die Beschlussfassung in den Sitzungen der Kommission, also das mündliche

---

[19] *Martenczuk*, in: Grabitz/Hilf/Nettesheim, EU, Art. 250 AEUV (August 2011), Rn. 11; ähnlich *Schmidt/Schmitt v. Sydow*, in: GSH, Europäisches Unionsrecht, Art. 250 AEUV, Rn. 35.
[20] *Martenczuk*, in: Grabitz/Hilf/Nettesheim, EU, Art. 250 AEUV (August 2011), Rn. 13.
[21] EuGH, Urt. v. 29.9.1998, Rs. C–191/95 (Kommission/Deutschland), Slg. 1998, I–5449, Rn. 48; Urt. v. 13.12.2001, Rs. C–1/00 (Kommission/Frankreich), Slg. 2001, I–9989, Rn. 80.
[22] EuG, Urt. v. 27.4.1995, Rs. T–435/93 (ASPEC u.a./Kommission), Slg., 1995, II–1281, Rn. 106 f.; Urt. v. 30.11.2009, verb. Rs. T–427/04 u. T–17/05 (Frankreich/Kommission), Slg. 2009, II–4315, Rn. 117.
[23] S. o. Rn. 7.

Verfahren.[24] Ein verhindertes Mitglied kann sich zwar bei den Beratungen von seinem Kabinettschef[25] vertreten lassen, nicht jedoch bei der Beschlussfassung. Eine Stimmrechtsübertragung ist nicht vorgesehen, so dass das betreffende Mitglied als abwesend gilt.[26]

---

[24] *Martenczuk*, in: Grabitz/Hilf/Nettesheim, EU, Art. 250 AEUV (August 2011), Rn. 16.
[25] Vgl. dazu Art. 249 AEUV, Rn. 4.
[26] *Martenczuk*, in: Grabitz/Hilf/Nettesheim, EU, Art. 250 AEUV (August 2011), Rn. 17.

Abschnitt 5
Der Gerichtshof der Europäischen Union

Artikel 251 AEUV [Spruchkörper des Gerichtshofs]

Der Gerichtshof tagt in Kammern oder als Große Kammer entsprechend den hierfür in der Satzung des Gerichtshofs der Europäischen Union vorgesehenen Regeln. Wenn die Satzung es vorsieht, kann der Gerichtshof auch als Plenum tagen.

Literaturübersicht

Dittert, Die neue Verfahrensordnung des EuGH, EuZW 2013, 726; *Gundel*, Gemeinschaftsrichter und Generalanwälte als Akteure des Rechtsschutzes im Lichte des gemeinschaftsrechtlichen Rechtsstaatprinzip, EuR-Beiheft 3/2008, 23; *Haase*, Die Anforderungen an ein faires Gerichtsverfahren auf europäischer Ebene, 2006; *Kokott/Sobotta*, Der EuGH – Blick in eine Werkstatt der Integration, EuGRZ 2013, 465; *Puttler*, Binnendifferenzierung der Gemeinschaftsgerichtsbarkeit und das Recht auf den gesetzlichen Richter, EuR-Beiheft 3/2008, 133.

Leitentscheidung

EuGH, Urt. v. 4.5.1995, Rs. C–7/94 (Landesamt für Ausbildungsförderung NRW/Gaal), Slg. 1995, I–1031

Inhaltsübersicht

A. Allgemeines

Die frühere Regelung des Art. 221 EGV-Nizza wurde durch den Vertrag von Lissabon in 1 zwei Teile zerlegt: Die Bestimmung der Zahl der Richter des Gerichtshofs nach Art. 221 Abs. 1 EGV-Nizza findet sich nun – zusammen mit der Aufgabenzuweisung des früheren Art. 220 EGV-Nizza – in Art. 19 EUV als der organisatorischen Grundnorm betreffend den Gerichtshof der Europäischen Union. Art. 251 AEUV führt dagegen wortgleich die Regelungen des Art. 221 Abs. 2 und 3 EGV-Nizza fort.

Erst die Vertragsreform von Nizza hat in rechtlicher Hinsicht die Entscheidung in 2 Kammern zur Regel, die in Vollsitzungen zur Ausnahme gemacht. Zuvor galt das Gegenteil. Eine der neuen Regel entsprechende Praxis hatte sich allerdings schon zuvor – wenn auch gegen den Vertragswortlaut – aus Gründen der steigenden Arbeitsbelastung des EuGH entwickelt. Neben den ausdrücklich vorgesehenen Kammern mit drei, fünf oder sieben Richtern hatte sich das sog. »kleine Plenum« gebildet, das sich nach der in der Satzung vorgesehenen Mindestzahl der Richter für die Beschlussfähigkeit des Vollplenums richtete (zunächst neun, dann elf Richter). Mit der Einrichtung der »Großen Kammer« (jetzt 15 Richter, Art. 16 Abs. 2 Satz 1 EuGH-Satzung) durch den Vertrag von Nizza ist das »kleine Plenum« obsolet geworden. Das (echte) Plenum, also die

»Tagung in Vollsitzung«, ist nur noch in wenigen Ausnahmefällen vorgesehen. Bei mittlerweile 28 Richtern ist dies aus vielen Gründen heraus sinnvoll.

3   Die Möglichkeit der **Entscheidung durch Einzelrichter** besteht nur beim Gericht (Art. 50 Abs. 2 Satz 2 EuGH-Satzung; Art. 14 Abs. 3 VerfO-EuG). Beim Gerichtshof herrscht dagegen uneingeschränkt das **Kollegialprinzip** (Art. 17 EuGH-Satzung).

4   Art. 251 AEUV wird ergänzt durch Bestimmungen der EuGH-Satzung (Art. 16 f.) und der Verfahrensordnungen (Art. 11 f. VerfO-EuGH, Art. 13 ff. VerfO-EuG). Damit sind wichtige gerichtsverfassungsrechtliche Bestimmungen wesentlich einfacheren Anpassungsmöglichkeiten als der Vertragsänderung nach Art. 48 EUV überantwortet: Die Satzung kann trotz ihres primärrechtlichen Charakters – mit Ausnahme ihres Titels I und ihres Art. 64 – gemäß Art. 281 AEUV im ordentlichen Gesetzgebungsverfahren, also gemäß Art. 16 Abs. 3 EUV mit qualifizierter Mehrheit im Rat, geändert werden.[1] Bis zum Inkrafttreten des Vertrags von Lissabon war insoweit noch Einstimmigkeit erforderlich (Art. 245 Abs. 2 EGV-Nizza). Die Verfahrensordnung des Gerichtshofs wird nach Art. 253 Abs. 6 AEUV vom Gerichtshof selbst mit Genehmigung des Rates beschlossen. Diejenige des Gerichts wird nach Art. 254 Abs. 5 AEUV von diesem im Einvernehmen mit dem Gerichtshof und ebenfalls mit Genehmigung des Rates beschlossen. Damit besteht ein abgestuftes System der gerichtsverfassungsrechtlichen Normen, das auch für den Regelungsgegenstand des Art. 251 AEUV mittlerweile eine beträchtliche Flexibilität ermöglicht. Die EuGH-Satzung wurde zuletzt durch Verordnung des Europäischen Parlaments und des Rates vom 6. 7. 2016 geändert.[2] Die VerfO-EuGH wurde am 25. 9. 2012 vollständig neu gefasst.[3]

B.   Die Kammern (Abs. 1)

I.   Struktur der Kammern

5   Bei den Kammern wird gemäß Art. 251 Abs. 1 AEUV in Verbindung mit Art. 16 Abs. 1–3 EuGH-Satzung zwischen Kammern mit drei oder fünf Richtern sowie der Großen Kammer, die mit fünfzehn Richtern besetzt ist, unterschieden. Dies gilt in gleicher Weise für das Gericht wie für den Gerichtshof. Derzeit gibt es beim Gerichtshof zehn Kammern, beim Gericht neun Kammern (jeweils in regulärer und erweiterter Besetzung [s. Rn. 7]).

6   Die **ungerade Zahl der Richter** ist für die Entscheidungsfähigkeit des Gerichtshofs in seiner jeweiligen Besetzung notwendig (Art. 17 Abs. 1 EuGH-Satzung). Die Mindestzahlen der Besetzung sind daher ebenfalls ungerade (drei Richter für die Dreier- fünf für die Fünfer-Kammern, elf Richter für die Große Kammer, Art. 17 Abs. 2, 3 EuGH-Satzung). Kommt es durch Verhinderung zu einer geraden Richterzahl, so scheidet der

---

[1] In die Kommentierung der prozessrechtlichen Vorschriften ist die Substanz meines Lehrbuchs »EU-Prozessrecht«, 4. Aufl., 2011, eingegangen, das nicht neu aufgelegt wird. Meinem wissenschaftlichen Mitarbeiter, Herrn *Christopher Kämper* danke ich für vielfältige Unterstützung.
     Zutreffend *Pache*, in: Vedder/Heintschel v. Heinegg, Europäisches Unionsrecht, Art. 281 AEUV, Rn. 7; unzutreffend dagegen *Ehricke*, in: Streinz, EUV/AEUV, Art. 281 AEUV, Rn. 5.
[2] VO (EU, EURATOM) 2016/1192 vom 6. 7. 2016 über die Übertragung der Zuständigkeit für die Entscheidung im ersten Rechtszug über die Rechtsstreitigkeiten zwischen der Europäischen Union und ihren Bediensteten auf das Gericht, ABl. 2016, L 200/137.
[3] Verfahrensordnung des Gerichtshofs, ABl. 2012, L 265/1.

Richter mit dem niedrigsten Dienstalter bei den Beratungen und der Entscheidungsfindung aus, es sei denn, er ist der Berichterstatter. In diesem Fall scheidet der Richter mit dem nächst niedrigeren Dienstaltersrang aus (Art. 33 VerfO-EuGH).

Die vom Vertragswortlaut des Art. 251 Abs. 1 AEUV genannten Kammern werden in   7
der Praxis des Gerichtshofs zuweilen durch einen zusätzlichen Richter erweitert (erweiterte Kammer; vgl. Art. 26 Abs. 3 VerfO-EuG). Die Übereinstimmung mit dem Wortlaut des Art. 16 Abs. 1–3 EuGH-Satzung wird dadurch erreicht, dass der zusätzliche Richter als »sabbatical judge« an der Urteilsfindung nicht mitwirkt. Zu Beginn des jeweiligen Geschäftsjahres wird der »sabbatical judge« im Rotationssystem bestimmt. Nur in Rechtssachen, in denen er Berichterstatter ist, nimmt er an der Urteilsfindung teil. In diesen Fällen scheidet das jüngste Kammermitglied aus,[4] damit die Anzahl von drei/fünf beratenden und entscheidenden Richtern in der Kammer in Übereinstimmung mit Art. 251 Abs. 1 AEUV gewahrt bleibt.

Die Große Kammer tagt in den Fällen, in denen ein am Verfahren beteiligter Mitglied-   8
staat oder ein beteiligtes Organ dies beantragt (Art. 16 Abs. 3 EuGH-Satzung). In diesem Sinne beteiligt ist ein Mitgliedstaat oder Organ als Kläger, Beklagter oder Streithelfer. In Vorabentscheidungsverfahren begründet die Einreichung schriftlicher oder die Ankündigung mündlicher Erklärungen den Beteiligtenstatus. Der Antrag nach Art. 16 Abs. 3 EuGH-Satzung muss nicht begründet werden und die Entscheidung hierüber steht nicht im Ermessen des Gerichtshofes.[5]

II. Besetzung der Kammern, Präsidenten

Die **Große Kammer des Gerichtshofs** ist für jede Rechtssache mit dem Präsidenten und   9
dem Vizepräsidenten des Gerichtshofs, drei Präsidenten einer Kammer mit fünf Richtern (bis zur letzten Änderung der Satzung: sämtliche Präsidenten der Fünfer-Kammern) und der für die Erreichung der Zahl fünfzehn erforderlichen Zahl von Richtern besetzt (Art. 27 Abs. 1 VerfO-EuGH; für die Besetzung beim Gericht vgl. Art. 23 VerfO-EuG). Letztere werden anhand verschiedener im Amtsblatt zu veröffentlichender Listen bestimmt (Art. 27 Abs. 2–5 VerfO-EuGH). Trotz ihrer Publikation ist für die Verfahrensbeteiligten aufgrund der komplizierten Regelungen und ihrer Handhabung die Besetzung der Kammern nicht wirklich vorhersehbar.[6]

Die Kammern mit drei und fünf Richtern sind für jede Rechtssache mit dem Kam-   10
merpräsidenten, dem Berichterstatter und der für die Erreichung der Kammergröße erforderlichen Zahl von Richtern besetzt. Die Ergänzung erfolgt hier ebenfalls anhand bestimmter Listen (Art. 28 Abs. 2, 3 VerfO-EuGH). Der Präsident gehört keiner dieser Kammern an.

Gemäß Art. 16 Abs. 1 EuGH-Satzung wählen die Richter aus ihrer Mitte die Präsi-   11
denten der Kammern. Die **Präsidenten der Kammern** mit fünf Richtern werden dabei zwingend für drei Jahre mit einmaliger Wiederwahlmöglichkeit gewählt. Die Amtszeit der Präsidenten der Dreier-Kammern regeln dagegen die Verfahrensordnungen. Beim Gerichtshof werden sie nach Art. 12 Abs. 2 VerfO-EuGH für die Dauer eines Jahres

---

[4] *Dauses*, Empfiehlt es sich, das System des Rechtsschutzes und der Gerichtsbarkeit in der Europäischen Gemeinschaft, insbesondere die Aufgaben der Gemeinschaftsgerichte und der nationalen Gerichte, weiterzuentwickeln?, Gutachten zum 60. DJT 1994, Bd. 1, S. D 1 (64).

[5] *Dittert*, EuZW 2013, 726 (727).

[6] Kritisch hierzu *Karpenstein*, in: Grabitz/Hilf/Nettesheim, EU, Art. 251 AEUV (September 2013), Rn. 15.

gewählt, beim Gericht werden sie »für einen bestimmten Zeitraum« gewählt (Art. 18 Abs. 3 VerfO-EuG).

C. Geschäftsverteilung, gesetzlicher Richter

12 Die Entscheidung in Kammern verlangt Regeln der Geschäftsverteilung. Da die Zuständigkeit der Großen Kammer explizit geregelt ist, beziehen sich die folgenden Ausführungen nur auf die Dreier- und Fünfer-Kammern. Zugleich wird mit der Geschäftsverteilung das **Recht auf den »gesetzlichen Richter« berührt**, das in der deutschen Rechtsordnung eine besonders strenge Ausformung erfahren hat.[7] Beim Gericht werden die Kriterien, nach denen sich die Verteilung der Rechtssachen auf die Kammern richtet, vorab festgelegt; diese Entscheidung wird im Amtsblatt der EU veröffentlicht (Art. 25 VerfO-EuG). Die aus der deutschen Rechtsordnung auch an das Unionsrecht herangetragenen Erwartungen einer abstrakt-generellen Vorausbestimmung der Zuweisungskriterien werden hier ersichtlich erfüllt.

13 Anders ist die Rechtslage beim Gerichtshof. Hier bestimmt der Präsident nach Eingang des verfahrenseinleitenden Schriftstücks so bald wie möglich den Berichterstatter für die Rechtssache (Art. 15 Abs. 1 VerfO-EuGH). Dessen Kammerzugehörigkeit präjudiziert jedoch nicht rechtlich zwingend die endgültige Zuweisung zu einer Kammer. Bei der Bestimmung des Berichterstatters, der einen »Vorbericht« zu verfassen hat (Art. 59 VerfO-EuGH) hat der Präsident des Gerichtshofs ein weites und bislang nicht justiziables Ermessen. Er kann dabei der Arbeitsbelastung, der besonderen Kompetenz, Sprachkenntnissen oder anderen Aspekten Rechnung tragen.[8] Nach Vorlage des Vorberichts vor der Generalversammlung (Art. 25 VerfO-EuGH; stimmberechtigte Teilnahme aller Richter und Generalanwälte), wobei der Berichterstatter den Sach- und Streitstand darlegt, prozessleitende Maßnahmen, Beweisaufnahmen und die Zuweisung an eine bestimmte Kammer vorschlägt, entscheidet der Gerichtshof hierüber (Art. 59 Abs. 2, 3 VerfO-EuGH). In der Praxis spielt bei der Zuweisung zu einem Spruchkörper naheliegenderweise die Zugehörigkeit des Berichterstatters zu einer bestimmten Kammer faktisch doch eine maßgebliche Rolle.[9] Damit kommt im Ergebnis der Auswahlentscheidung des Präsidenten bzgl. des Berichterstatters eine ausschlaggebende Rolle zu.[10]

14 Ob die aus der deutschen Rechtstradition z.T. an das Unionsrecht herangetragenen Erwartungen an den gesetzlichen Richter berechtigt sind, ist umstritten.[11] Das Problem wird freilich durch die undurchsichtige Praxis der Benennung der Richter anhand verschiedener Listen noch deutlich verschärft. Der Gerichtshof hat aber bislang für das

---

[7] *Degenhart*, in: Sachs, GG, Art. 101 GG, Rn. 5; *Morgenthaler*, in: Epping/Hillgruber (Hrsg.), Beck'scher Online-Kommentar Grundgesetz, 2016, Art. 101 GG, Rn. 11; BVerfGE 95, 322 (325 ff.).

[8] Vgl. *Kokott/Sobotta*, EuGRZ 2013, 465 (469), die davon ausgehen, dass das System der Zuteilung auch anhand des Kriteriums der Arbeitsbelastung zur Verkürzung der durchschnittlichen Verfahrensdauer am EuGH beigetragen hat.

[9] *Karpenstein*, in: Grabitz/Hilf/Nettesheim, EU, Art. 251 AEUV (September 2013), Rn. 17.

[10] Beim Gericht weist dagegen der Präsident anhand des Geschäftsverteilungsplans die Rechtssache einer Kammer zu; deren Präsident schlägt dem Präsidenten des Gerichts sodann einen Berichterstatter vor, Art. 26 Abs. 1 und 2 VerfO-EuG.

[11] *Gundel*, EuR-Beiheft 3/2008, 23 (32 f.); *Haase*, S. 304 f.; *Kokott/Sobotta*, EuGRZ 2013, 465 (469 f.); *Puttler*, EuR-Beiheft 3/2008, 133; *Schwarze*, in: Schwarze, EU-Kommentar, Art. 251 AEUV, Rn. 6 f.

Problem kein Verständnis gezeigt. In der Rs. C–7/94 hat er auf eine von der Bundesregierung erhobene Besetzungsrüge ausgeführt, dass die betroffene Kammer nicht habe feststellen können, »inwiefern ihre Besetzung [...] die Rechte der Beteiligten beeinträchtigen könnte.«[12] Dies greift jedenfalls mittlerweile mit Blick auf die nunmehr verbindliche Grundrechte-Charta zu kurz, deren Art. 47 Abs. 2 einen Anspruch auf ein »zuvor durch Gesetz errichtetes Gericht« vorsieht. Dies wird sich nach dem Sinn der Bestimmung nicht nur auf das institutionelle Vorhandensein eines Gerichts beschränken können. Auch hat der EGMR bereits wiederholt die **Aufstellung und Einhaltung abstrakt-genereller Regelungen für die Zusammensetzung eines Gerichts** gefordert.[13] Die Neufassung der Verfahrensordnung im Herbst 2012 schreibt die Fortführung des bisherigen Prozederes jedoch fort.

D. Das Plenum (Abs. 2)

Nur wenn die Satzung dies vorsieht, kann der Gerichtshof auch in **Vollsitzung** (Plenum)   **15** tagen (Art. 251 Abs. 2 AEUV), wobei der Vertrag von Lissabon die Anzahl dieser Fälle reduziert hat. Als Plenum entscheidet der EuGH zum einen nach Art. 16 Abs. 4 EuGH-Satzung, wenn er gemäß Art. 228 Abs. 2 AEUV mit der Amtsenthebung des Bürgerbeauftragten befasst wird, wenn er gemäß Art. 245 Abs. 2, Art. 247 AEUV mit der Amtsenthebung eines Kommissars oder wenn er gemäß Art. 286 Abs. 6 AEUV mit der Amtsenthebung eines Mitglieds des Rechnungshofs befasst wird. Zum anderen kann der Gerichtshof **Rechtssachen von außergewöhnlicher Bedeutung** nach Anhörung des Generalanwalts an die Vollsitzung verweisen (Art. 16 Abs. 5 EuGH-Satzung), wobei der Begriff der »außergewöhnlichen Bedeutung« noch einer Konturierung bedarf.[14] Ein derartiger Fall lag etwa vor bei der Entscheidung in der bedeutsamen Rechtssache Pringle betreffend die Unionsrechtskonformität des ESM-Vertrags.[15] Für eine gültige Plenarentscheidung ist die Anwesenheit von mindestens siebzehn Richtern erforderlich (Art. 17 Abs. 4 EuGH-Satzung).

Da auch das Plenum zur Entscheidung nur bei einer ungeraden Richterzahl fähig ist,   **16** diese aber abhängig von der Anzahl der Mitgliedstaaten auch einmal gerade sein kann, wäre insoweit ein Korrektiv erforderlich. Hierfür fehlt es jedoch an einer einschlägigen Regelung, da die auf den Verhinderungsfall zugeschnittene Regelung des Art. 33 VerfO-EuGH, wonach zur Sicherung einer ungeraden Richterzahl ggf. der dienstjüngste Richter ausscheidet, hier nicht passt. Insofern ist eine (vorsorgende) Neuregelung geboten.

---

[12] EuGH, Urt. v. 4.5.1995, Rs. C–7/94 (Landesamt für Ausbildungsförderung NRW/Gaal), Slg. 1995, I–1031, Rn. 15, m. Anm. *Szczekalla*, EuZW 1995, 671; *Wichard*, EuR 1995, 260.

[13] EGMR, Urt. v. 4.5.2000, Beschwerde-Nr. 31657/96 (Buscarini/San Marino), Rep. 1999-I, 605; Urt. v. 4.3.2003, Beschwerde-Nr. 63486/00 (Posokhov/Russland) (im Internet abrufbar unter: http://www.echr.coe.int).

[14] *Hatje*, EuR 2001, 143 (169); *Sack*, EuZW 2001, 77 (79).

[15] EuGH, Urt. v. 27.11.2012, Rs. C–370/12 (Pringle), ECLI:EU:C:2012:756.

Artikel 252 AEUV [Generalanwälte]

¹Der Gerichtshof wird von acht Generalanwälten unterstützt. ²Auf Antrag des Gerichtshofs kann der Rat einstimmig die Zahl der Generalanwälte erhöhen.

Der Generalanwalt hat öffentlich in völliger Unparteilichkeit und Unabhängigkeit begründete Schlussanträge zu den Rechtssachen zu stellen, in denen nach der Satzung des Gerichtshofs der Europäischen Union seine Mitwirkung erforderlich ist.

Literaturübersicht

Alber, Die Generalanwälte beim Gerichtshof der Europäischen Gemeinschaften, DRiZ 2006, 168; *Kovács*, Der Generalanwalt am Gerichtshof der Europäischen Union, JA 2010, 625; *Marsch/Sanders.*, Gibt es ein Recht der Parteien auf Stellungnahme zu den Schlussanträgen des Generalanwalts? Zur Vereinbarkeit des Verfahrens vor dem EuGH mit Art. 6 I EMRK, EuR 2008, 345; *Schilling*, Zum Recht der Parteien, zu den Schlußanträgen der Generalanwälte beim EuGH Stellung zu nehmen, ZaöRV 60 (2000), 395.

Leitentscheidung

EuGH, Urt. v. 8.2.2000, Rs. C–17/98 (Emesa Sugar), Slg. 2000, I–675

Inhaltsübersicht

A. Allgemeines

I. Kontinuität des Regelungskerns und Zahl der Generalanwälte

1 Die Bestimmung des Art. 252 AEUV übernimmt wortgleich die Regelung des Art. 222 EGV-Nizza betreffend die Generalanwälte. Zuvor wurde die Vorschrift jedoch mehrfach geändert, die Substanz ist freilich durchweg identisch geblieben. Angepasst wurde jedoch insbesondere mehrfach die Zahl der Generalanwälte. Von ursprünglich zwei Generalanwälten (einem Deutschen und einem Franzosen) stieg die Zahl mit der ersten Erweiterung auf vier (zusätzlich ein italienischer und ein britischer Generalanwalt), mit dem Beitritt Griechenlands auf fünf, dem Spaniens und Portugals auf sechs und mit der Erweiterung um Schweden, Finnland und Österreich auf acht Generalanwälte.[1] Einen ständigen Generalanwalt hat seither neben Deutschland, Frankreich, Großbritannien, Italien auch Spanien. Die weiteren drei Posten rotieren jeweils für eine Amtsdauer zwischen den kleineren Mitgliedstaaten. Anlässlich des Vertrags von Lissabon gaben die Mitgliedstaaten eine »Erklärung Nr. 38 zu Art. 252 AEUV«[2] ab, wonach der Rat sich

---

[1] Darstellung im Einzelnen bei *Hackspiel*, in: GS, EUV/EGV, Art. 222 EGV, Rn. 2f.
[2] Erklärungen zur Schlussakte der Regierungskonferenz, ABl. 2008, C 115/335.

verpflichtet, auf einen Antrag des Gerichtshofs gemäß Art. 252 Abs. 1 Satz 2 AEUV hin die Zahl der Generalanwälte um drei zu erhöhen und dabei Polen einen weiteren ständigen Generalanwalt zubilligt. Dies war Teil des Kompromisses mit dem damaligen polnischen Präsidenten *Lech Kaczyński* über die Ratifizierung des Vertrags von Lissabon. Rechtlich verpflichtend für den EuGH ist diese nur politische Absprache allerdings nicht. Gleichwohl wird sich der Gerichtshof dem schwerlich entziehen können. So hat der Gerichtshof am 16.1.2013 die Erhöhung der Zahl der Generalanwälte um drei weitere Generalanwälte beantragt. Der Rat hat mit Beschluss vom 25.6.2013 festgelegt, dass die Zahl der Generalanwälte mit Wirkung vom 1.7.2013 auf neun und mit Wirkung vom 7.10.2015 auf elf erhöht wird.[3] Derzeit sind folglich **11 Generalanwälte** beim Gerichtshof tätig.

Bereits der Vertrag von Nizza hatte auch die Regelung eingeführt, dass nicht mehr in jeder Rechtssache ein Schlussantrag des Generalanwalts erforderlich ist, sondern nur noch in den von der Satzung bestimmten Fällen (s. Rn. 11). Weitere Änderungen der Norm waren lediglich redaktioneller Natur.[4]

Hinzuweisen ist noch darauf, dass beim Gericht – anders als beim Gerichtshof – die   2 Bestellung eines Generalanwalts grundsätzlich optional ist und von der rechtlichen Schwierigkeit oder dem tatsächlich komplizierten Sachverhalt abhängt (Art. 30 VerfO-EuG). Über die Bestellung eines Generalanwalts entscheidet auf Antrag der Kammer die Vollversammlung (Art. 31 Abs. 1 VerfO-EuG). Der Präsident des Gerichts bestimmt sodann einen Richter, der in dieser Rechtssache die Funktion des Generalanwalts ausübt – ohne seinen Status als Richter zu verlieren (Art. 31 Abs. 2 VerfO-EuG).

II. Funktion der Generalanwälte

Der Generalanwalt hat »öffentlich in völliger Unparteilichkeit und Unabhängigkeit be-   3 gründete Schlussanträge zu den Rechtssachen zu stellen«. Er ist damit keiner Partei des Verfahrens verpflichtet, sondern nimmt gewissermaßen eine **Gutachterfunktion** ein.[5] Verpflichtet ist der Generalanwalt dabei lediglich dem Unionsrecht und seiner eigenen begründeten Auffassung von dessen Bedeutung im konkreten Fall. Für die Befangenheit des Generalanwalts gelten daher die gleichen Regeln wie für die Richter (Art. 18 EuGH-Satzung).

Im deutschen Prozessrecht fehlt eine mit den Generalanwälten vergleichbare Insti-   4 tution. Die Funktion des Generalanwalts ist weder mit der des Staatsanwalts (§ 122 DRiG, §§ 160 f. StPO) noch mit der des Vertreters des öffentlichen Interesses (§§ 35 bis 37 VwGO) vergleichbar.[6] Die Generalanwälte verfolgen – im Gegensatz zu den Vertretern des öffentlichen Interesses im deutschen Verwaltungsprozess (vgl. § 35 Abs. 1 Satz 3 VwGO) – nämlich nicht das im konkreten Verfahren bestehende öffentliche Interesse ihrer Anstellungskörperschaft bei regelmäßig bestehender Weisungsabhängigkeit. Vielmehr unterstützen sie »in völliger **Unparteilichkeit** und **Unabhängigkeit**« ausschließlich den richterlichen Spruchkörper des EuGH bei der Erfüllung seiner in Art. 19 EUV, Art. 251 ff. AEUV bestimmten Aufgaben, indem sie vor der (vertraulichen) Schlussberatung der Richter durch begründete Schlussanträge ihre Auffassung zum

---

[3] Beschluss des Rates vom 25.6.2013 zur Erhöhung der Zahl der Generalanwälte des Gerichtshofs der Europäischen Union, ABl. 2013, L 179/92.
[4] *Karpenstein*, in: Grabitz/Hilf/Nettesheim, EU, Art. 252 AEUV (Mai 2013), Rn. 7.
[5] So auch BVerfGK 16, 328.
[6] Vgl. auch *Karpenstein*, in: Grabitz/Hilf/Nettesheim, EU, Art. 252 AEUV (Mai 2013), Rn. 3.

unionsrechtlichen Streit- bzw. Verfahrensgegenstand »öffentlich« darlegen (Art. 252 Abs. 2 AEUV).

5   Die Institution des Generalanwalts entstammt der französischen Rechtstradition und ist auch in anderen Mitgliedstaaten und in anderen Internationalen Organisationen bekannt.[7] Ursprünglich sollte sie in dem über lange Zeit hin einstufigen Aufbau der Unionsgerichtsbarkeit ein gewisses Substitut für den Mangel des Instanzenzugs mit seinen Korrekturmöglichkeiten schaffen, indem im Rahmen eines arbeitsteiligen Rechtsschutzsystems[8] eine gerichtsinterne Pluralität der Rechtsauffassungen organisiert werden sollte. Mit dem später zwei- und zwischenzeitlich dreistufigen Aufbau der Unionsgerichtsbarkeit hat diese Funktion an Bedeutung verloren. Die Kontrollmöglichkeit von Urteilen der unteren Ebenen durch Rechtsmittelentscheidungen erklärt jedoch, weshalb es bei den Fachgerichten gar keine und beim Gericht nur im Einzelfall zu bestellende Generalanwälte gibt.

B. Die Generalanwälte als Mitglieder des Gerichtshofs (Abs. 1)

6   Laut Vertrag »unterstützt« der Generalanwalt den Gerichtshof (Art. 252 Abs. 2 AEUV). Diese Formulierung wirft die Frage auf, ob die Generalanwälte – ohne Richter zu sein – als Mitglieder des Gerichtshofs agieren. Art. 3 des – aufgehobenen – Abkommens über gemeinsame Organe der Europäischen Gemeinschaften verwies jedenfalls hinsichtlich der »Mitglieder« des Gerichtshofs auch auf diejenigen Bestimmungen des EG-Vertrags, die sich mit den Generalanwälten befassen. Auch steht den Generalanwälten wie den Richtern ein **Anhörungs- und Fragerecht** zu.[9] Überdies spricht der Wortlaut von Art. 8 EuGH-Satzung dafür, die Generalanwälte institutionell zu den Mitgliedern zu zählen. Auch die Homepage des Gerichtshofs weist die Generalanwälte als Mitglieder des Gerichtshofs aus.[10] Weiterhin sind die Generalanwälte gleichberechtigt mit den Richtern in der Generalversammlung des Gerichtshofs vertreten (Art. 25 VerfO-EuGH). Eine gegenläufige Betrachtung legt allerdings Art. 19 Abs. 2 Satz 1 EUV nahe, wonach der Gerichtshof nur aus den Richtern »besteht«. Trotzdem hat der EuGH die Mitgliedsstellung der Generalanwälte ausdrücklich bejaht.[11] In ihrer Rechtsstellung sind sie jedenfalls den Richtern völlig gleichgestellt. Mitglieder der Spruchkörper sind sie jedoch nicht[12] und nehmen an den Urteilsberatungen und Abstimmungen nicht teil. Auch wirken sie gemäß Art. 8 Abs. 1 VerfO-EuGH nicht an der Wahl des Präsidenten des Gerichtshofs mit – dies bleibt den Richtern vorbehalten.[13] In der mündlichen Verhandlung können sie jedoch ebenso wie die Richter Fragen an die Bevollmächtigten, Anwälte und bei Vorabentscheidungsverfahren an die Parteien des Ausgangsrechtsstreits stellen (Art. 80 VerfO-EuGH). Zuvor steht ihnen dieses Recht ebenfalls neben dem Berichterstatter zu (Art. 62 VerfO-EuGH).

[7] Vgl. *Borgsmidt*, EuR 1987, 162.
[8] *Huber*, in: Streinz, EUV/AEUV, Art. 252 AEUV, Rn. 3; *Ipsen*, EuR 1966, 58 (60).
[9] *Borgsmidt*, EuR 1987, 162 ff.
[10] Vorstellung der Mitglieder, http://curia.europa.eu/jcms/jcms/Jo2_7026/ (14. 9. 2016).
[11] EuGH, Urt. v. 8. 2. 2000, Rs. C–17/98 (Emesa Sugar), Slg. 2000, I–665, Rn. 14.
[12] Vgl. *Karpenstein*, in: Grabitz/Hilf/Nettesheim, EU, Art. 252 AEUV (Mai 2013), Rn. 9.
[13] Vgl. hierzu *Lenz*, Das Amt des Generalanwalts am Europäischen Gerichtshof, FS Everling, 1995, S. 719 (721).

C. Die Schlussanträge der Generalanwälte (Abs. 2)

I. Charakter der Schlussanträge

Die von den Generalanwälten anzufertigenden Schlussanträge ähneln in ihrer Begrün- 7
dungsmethode eher Rechtsgutachten als (linear) ergebnisorientierten Anträgen. Allerdings dürfen sich die Schlussanträge nicht auf allgemeine Rechtsbetrachtungen beschränken. Vielmehr muss die Begründung gerade den konkreten Entscheidungsvor-
schlag tragen.[14] Der zuständige Generalanwalt fasst am Ende der mündlichen
Verhandlung den Tatbestand noch einmal zusammen, trägt eine detaillierte Analyse der
Rechtslage vor und schließt mit einem **begründeten, konkreten Entscheidungsvor-
schlag**, der sich auf die Zulässigkeit und die Begründetheit des Rechtsstreits bezieht
(Art. 82 VerfO-EuGH). Zu einem hohen Prozentsatz folgt der EuGH den Schlussanträgen, obwohl er auch abweichend entscheiden kann.[15]

Findet eine mündliche Verhandlung statt, so werden die Schlussanträge nach deren 8
Schließung gestellt – vorgetragen wird allerdings nur der Tenor, die schriftliche Fassung
wird bei der Kanzlei hinterlegt. Damit ist das mündliche Verfahren abgeschlossen
(Art. 82 VerfO-EuGH). Die Schlussanträge werden noch vor den Urteilen, unmittelbar
nach ihrer Verkündung auf der Homepage des Gerichtshofs (www.curia.europa.eu) veröffentlicht. Weichen Schlussantrag und Urteil voneinander ab, so kommt dem Schlussantrag für das Verständnis des Urteils eine der **dissenting opinion vergleichbare Rolle** zu
– ohne dass der Schlussantrag explizit diese Aufgabe zu erfüllen hätte.[16] Stimmen beide
hingegen im Ergebnis überein, so können die ausführlichen, auf den konkreten Tatbestand eingehenden Schlussanträge als kommentierende Erläuterungen der häufig recht
apodiktisch – manchmal passagenweise sogar im Textbausteinmuster – verfassten Urteile des EuGH herangezogen werden. Die Schlussanträge der Generalanwälte dienen
vor allem der Kohärenz und Kontinuität der Rechtsprechung.[17] In manchen Bereichen
des Unionsrechts müssen rechtsdogmatische Kohärenz und Kontinuität der Kasuistik
des Gerichtshofs – nicht zuletzt vor dem Hintergrund unterschiedlicher juristischer Ar-
beitsweisen der aus unterschiedlichen Rechtskulturen stammenden Richter – durch die
Generalanwälte besonders herausgearbeitet werden.[18] Die Generalanwälte erweisen
sich in diesem Zusammenhang als beständige **Hüter unionaler Rechtssicherheit**. Sie sind
in gleicher Weise wie der EuGH selbst der Wahrung des Rechts bei der Auslegung und
Anwendung der Verträge gemäß Art. 19 Abs. 1 Satz 2 EUV verpflichtet.[19]

II. Fehlende Erwiderungsmöglichkeit

Gleichwohl ist es aufgrund der offenbar starken Wirkung der Schlussanträge auf die 9
Urteilsfindung sehr problematisch, dass es den Parteien nach der Praxis des Gerichts-
hofs verwehrt ist, zu den ihnen in der mündlichen Verhandlung noch nicht bekannten
(Art. 82 VerfO-EuGH) Schlussanträgen Stellung zu nehmen, zumindest offensichtliche

---

[14] *Karpenstein*, in: Grabitz/Hilf/Nettesheim, EU, Art. 252 AEUV (Mai 2013), Rn. 13.
[15] Vgl. EuGH, Urt. v. 11.11.2010, Rs. C–229/09 (Hogan Lovells/Bayer CropScience), Slg. 2010,
I–11335, Rn. 26; Urt. v. 17.3.2011, Rs. C–221/09 (AJD Tuna), Slg. 2011, I–1655, Rn. 45.
[16] *Alber*, DRiZ 2006, 168 (170); *Karpenstein*, in: Grabitz/Hilf/Nettesheim, EU, Art. 252 AEUV
(Mai 2013), Rn. 14 m. w. N.
[17] *Rengeling/Middeke/Gellermann*, Rechtsschutz in der EU, § 3, Rn. 13.
[18] Vgl. *Streinz/Leible*, EWS 2001, 1 (8).
[19] EuGH, Urt. v. 8.2.2000, Rs. C–17/98 (Emesa Sugar), Slg. 2000, I–675, Rn. 13.

Irrtümer bei der Sachverhaltsdarstellung klarzustellen, soweit dies für die rechtlichen Schlussfolgerungen erheblich ist.[20] In Bezug auf die mit dem Generalanwalt am EuGH vergleichbaren Institutionen in den Rechtsordnungen Belgiens, Portugals, der Niederlande und Frankreichs hat der EGMR in seiner früheren Rechtsprechung in der fehlenden Möglichkeit der beklagten Parteien auf die Schlussanträge zu erwidern, einen Verstoß gegen den aus Art. 6 Abs. 1 EMRK herrührenden Grundsatz der Waffengleichheit gesehen.[21] Dies führte u. a. dazu, dass Frankreich eine Erwiderungsmöglichkeit auf die Schlussanträge des commissaire du gouvernement in Form der note au délibéré einführte.[22] Der EuGH lehnt jedoch eine Übertragbarkeit dieser Rechtsprechung auf seine Generalanwälte ab.[23] In der Zulässigkeitsentscheidung zu der Sache Kokkelvisserij[24] hat der EGMR seine bisherige Rechtsprechungslinie dahingehend geändert, dass die fehlende Gelegenheit zur Äußerung zu den Schlussanträgen der Generalanwälte **nicht zwingend einen Verstoß gegen den Grundsatz der Waffengleichheit aus Art. 6 Abs. 1 EMRK** darstellt. Der EGMR verweist insoweit auf die schon statuierte Vermutung der Gleichwertigkeit der Konventionsrechte mit den Gewährleistungen des Unionsrechts. Diese Vermutung kann danach nur dann widerlegt werden, wenn nach den Umständen des Einzelfalls der Schutz der Konventionsrechte als offensichtlich unzureichend anzusehen ist. Da im vorliegenden Fall die Beschwerdeführerin die Erforderlichkeit der Wiederaufnahme des Verfahrens nach Art. 159 VerfO-EuGH nicht nachweisen konnte, hat der EGMR entschieden, dass ein Verstoß gegen den Grundsatz der Waffengleichheit außer Betracht bleibt. Grundsätzlich muss jedoch ein Antrag auf Wiedereröffnung des Verfahrens »wirklich und nicht nur theoretisch« Erfolg versprechen.

10　　Gleichwohl überzeugt die gegenwärtige Rechtslage nicht. Ob der Vorschlag, den Verfahrensbeteiligten noch vor der mündlichen Verhandlung zumindest einen Entwurf der Stellungnahme zu übermitteln, damit er in der mündlichen Verhandlung erörtert werden kann,[25] die ideale Lösung ist, mag mit Blick auf den evtl. unfertigen Charakter eines Entwurfs der Schlussanträge fraglich sein. Immerhin ist der Hinweis auf eine absehbare Belebung der mündlichen Verhandlung unter dieser Prämisse sicherlich zutreffend.

III.　Erforderlichkeit der Schlussanträge; sonstige Aufgaben

11　　Seit dem Inkrafttreten des Vertrags von Nizza sind Schlussanträge des Generalanwalts nicht mehr in den Rechtssachen erforderlich, die keine neue Rechtsfrage aufwerfen (Art. 252 Abs. 2 AEUV i. V. m. Art. 20 Abs. 6 EuGH-Satzung).[26] Der Gerichtshof kann

---

[20] Vgl. etwa EuGH, Urt. v. 9.6.2016, Rs. C–78/16 (Pesce u. a.), ECLI:EU:C:2016:428, Rn. 23 ff. m. w. N.

[21] Vgl. nur EGMR, Urt. v. 30.10.1991, Beschwerde-Nr. 12005/86 (Borgers/Belgien), EuGRZ 1991, 519, Rn. 24 ff.; Urt. v. 20.2.1996, Beschwerde-Nr. 19075/91 (Vermeulen/Belgien), Rep. 1996-I, 224, Rn. 33; Urt. v. 20.2.1996, Beschwerde-Nr. 15764/89 (Machado/Portugal), Rn. 31 (im Internet abrufbar unter: http://www.echr.coe.int); Urt. von 7.6.2001, Beschwerde-Nr. 39594/98 (Kress/Frankreich), Rn. 64 f. (im Internet abrufbar unter: http://www.echr.coe.int).

[22] *Ress*, Der EGMR und die Grenzen seiner Judikatur, in: Hilf/Kämmerer/König (Hrsg.), Höchste Gerichte an ihren Grenzen, 2007, S. 82.

[23] EuGH, Urt. v. 8.2.2000, Rs. C–17/98 (Emesa Sugar), Slg. 2000, I–675, Rn. 14 ff.; kritisch dazu: *Schilling*, ZaöRV 60 (2000), 395; vgl. auch *Marsch/Sanders.*, EuR 2008, 345.

[24] EGMR, Entsch. v. 20.1.2009, Beschwerde-Nr. 13645/05 (Cooperatieve Producentenorganisatie van de Nederlandse Kokkelvisserij/Niederlande), EuGRZ 2011, 11.

[25] Hierzu *Karpenstein*, in: Grabitz/Hilf/Nettesheim, EU, Art. 252 AEUV (Mai 2013), Rn. 29 m. w. N.

[26] Vgl. *Kovács*, JA 2010, 625 (630).

in solchen Rechtssachen nach Anhörung des Generalanwalts beschließen, dass ohne Schlussanträge des Generalanwalts über die Sache entschieden wird. Mit dieser Regelung, die der Entlastung der Generalanwaltschaft bei sog. **Routinefällen** dienen soll, wird die Rolle des Generalanwalts als Hüter der gemeinschaftlichen Rechtssicherheit eingeschränkt. Kritikwürdig ist insbesondere, dass dem Generalanwalt, dem die Rechtssache durch den (jährlich wechselnden) Ersten Generalanwalt zugewiesen wurde,[27] bei der Entscheidung lediglich ein Anhörungsrecht – statt einer Zustimmungspflicht – zusteht.[28] Immerhin wird diese Entscheidung von der Generalversammlung (Art. 25 VerfO-EuGH), also unter Mitwirkung der Generalanwälte getroffen. Ein **Anspruch auf Beteiligung eines Generalanwalts** steht auch den Verfahrensbeteiligten nicht zu.

Nicht erforderlich sind Schlussanträge auch bei einer Entscheidung bei **offensichtlicher Unzuständigkeit** des Gerichtshofs oder bei einer **offensichtlich unzulässigen Klage** (Art. 53 Abs. 2 VerfO-EuGH) oder bei einem **offensichtlich unzulässigen oder unbegründeten Rechtsmittel** (Art. 181 VerfO-EuGH) – hier genügt die Anhörung des Generalanwalts. Bei Anträgen auf einstweiligen Rechtsschutz wird der Generalanwalt im Falle einer Entscheidung durch den Gerichtshof ebenfalls nur angehört; entscheidet der Präsident, entfällt auch dies (Art. 161 VerfO-EuGH). Auch in einem Eilvorabentscheidungsverfahren wird der Generalanwalt nur angehört (Art. 105 Abs. 1, Art. 108 Abs. 1 VerfO-EuGH). Ähnliches gilt in weiteren Konstellationen. Dies umreißt zugleich die weiteren Aufgaben der Generalanwälte neben der Stellung der Schlussanträge. **12**

Besonders bedeutsam ist insoweit die Aufgabe des Ersten Generalanwalts, gemäß Art. 62 EuGH-Satzung i. V. m. Art. 191 ff. VerfO-EuGH zu überprüfen, ob eine Entscheidung des Gerichts die Einheit oder die Kohärenz des Unionsrechts beeinträchtigt oder gefährdet. Der Erste Generalanwalt hat insoweit innerhalb eines Monats nach Verkündung der Entscheidung des Gerichts einen Vorschlag zu machen. Der Gerichtshof entscheidet innerhalb eines weiteren Monats, ob eine Überprüfung der Entscheidung stattzufinden hat. In der Sache selbst wird in einem Eilverfahren entschieden (Art. 62a EuGH-Satzung). Bei seinem Vorschlag hat der Erste Generalanwalt ein nicht justiziables Ermessen.[29] **13**

---

[27] Zur Zuweisungspraxis vgl. *Karpenstein*, in: Grabitz/Hilf/Nettesheim, EU, Art. 252 AEUV (Mai 2013), Rn. 22.
[28] *Hatje*, EuZW 2001, 143 (171).
[29] *Karpenstein*, in: Grabitz/Hilf/Nettesheim, EU, Art. 252 AEUV (Mai 2013), Rn. 34.

Artikel 253 AEUV [Gerichtshof, Ernennung; Präsident; Kanzler; Verfahrensordnung]

Zu Richtern und Generalanwälten des Gerichtshofs sind Persönlichkeiten auszuwählen, die jede Gewähr für Unabhängigkeit bieten und in ihrem Staat die für die höchsten richterlichen Ämter erforderlichen Voraussetzungen erfüllen oder Juristen von anerkannt hervorragender Befähigung sind; sie werden von den Regierungen der Mitgliedstaaten im gegenseitigen Einvernehmen nach Anhörung des in Artikel 255 vorgesehenen Ausschusses auf sechs Jahre ernannt.

Alle drei Jahre findet nach Maßgabe der Satzung des Gerichtshofs der Europäischen Union eine teilweise Neubesetzung der Stellen der Richter und Generalanwälte statt.

¹Die Richter wählen aus ihrer Mitte den Präsidenten des Gerichtshofs für die Dauer von drei Jahren. ²Wiederwahl ist zulässig.

Die Wiederernennung ausscheidender Richter und Generalanwälte ist zulässig.

Der Gerichtshof ernennt seinen Kanzler und bestimmt dessen Stellung.

¹Der Gerichtshof erlässt seine Verfahrensordnung. ²Sie bedarf der Genehmigung des Rates.

Wesentliche sekundärrechtliche Vorschriften

Verfahrensordnung des Gerichtshofs, ABl. 2012, L 265/1, zuletzt geändert durch die Änderung der Verfahrensordnung des Gerichtshofs vom 18. 6. 2013, ABl. 2013, L 173/65
Zusätzliche Verfahrensordnung des Gerichtshofes, ABl. 2014, L 32/37

Inhaltsübersicht

A. Allgemeines

1 Art. 253 AEUV übernimmt nahezu unverändert die Regelungen des Art. 223 und 224 EGV über die innere Organisation des Gerichtshofs der Europäischen Union. Integriert wurde mit dem Vertrag von Lissabon aber auch die Regelung des Art. 245 Abs. 3 EGV über die Ermächtigung zum Erlass der Verfahrensordnung. Auch wird das Verfahren der Ernennung der Richter und Generalanwälte aufgrund vielfältiger Kritik an seiner Intransparenz durch die Anhörung des in Art. 255 AEUV vorgesehenen Ausschusses modifiziert. Art. 253 Abs. 1 AEUV verweist nunmehr auf diesen Artikel.

Matthias Pechstein

B. Die Auswahl und Ernennung der Richter und Generalanwälte

I. Das Verfahren der Auswahl und Ernennung

Das Verfahren der Richterernennung ist in Art. 253 AEUV i. V. m. Art. 255 AEUV ge-   2
regelt. Danach werden die Richter »von den Regierungen der Mitgliedstaaten im gegenseitigen Einvernehmen nach Anhörung des in Artikel 255 vorgesehenen Ausschusses auf sechs Jahre ernannt« (Art. 253 Abs. 1 AEUV). Diese **einvernehmliche Richter-**
bestellung kann durch die Regierungen der Mitgliedstaaten sowohl im Rat – wobei
insoweit die »im Rat vereinigten Regierungen der Mitgliedstaaten« handeln – als auch
im Europäischen Rat erfolgen. Die Einschaltung anderer Unionsorgane ist nicht vorgesehen. Neben der Sicherung des Eigeninteresses der Mitgliedstaaten an dieser Perso-
nalie dient dies wohl auch der Vermeidung des Eindrucks einer Hierarchie zwischen den
Unionsorganen.[1] De facto haben sich die Mitgliedstaaten bei der Ernennung ihrer Kandidaten wechselseitig bislang ersichtlich noch nie Schwierigkeiten bereitet, so dass das
»Einvernehmen« letztlich **keine Kontrollfunktion** übernahm, sondern eine **bloße For-**
malie darstellt (zur Praxis s. Art. 255 AEUV, Rn. 5).[2]

   Das Verfahren der Auswahl der Kandidaten für das Richteramt – in gleicher Weise gilt   3
dies für die Generalanwälte – ist daher weitestgehend in die Hände der Mitgliedstaaten
gelegt. Zwar müssen die Richter und Generalanwälte nicht die Staatsangehörigkeit »ihres« Mitgliedstaats haben (Art. 19 Abs. 2 UAbs. 2 EUV: »ein Richter je Mitgliedstaat«),
doch dürfte dies weitgehend hypothetisch bleiben. Die Richter sollen zwar nicht ihren
Heimatmitgliedstaat vertreten, jedoch tragen sie in tatsächlicher Hinsicht dafür Sorge,
dass die Identitäten und Eigenheiten »ihrer« Heimatrechtsordnungen und -kulturen
berücksichtigt werden.[3] Aus diesem Grunde legen die Mitgliedstaaten jedenfalls bislang
ausnahmslos Wert auf die jeweils eigene Staatsangehörigkeit »ihrer« Richter.

   Das vorgelagerte **innerstaatliche Verfahren** der Kandidatenauswahl (Benennung)   4
wird unionsrechtlich nicht geregelt, sondern ganz den Mitgliedstaaten überlassen. Zumeist ist dies mithin eine politische Entscheidung der Exekutive, die eher informell und
intransparent ist.[4] Hierbei spielen unionsweit auch parteipolitische Erwägungen eine
wichtige Rolle. In der Bundesrepublik hat insoweit allerdings eine Änderung im Lichte
des Lissabon-Urteils des BVerfG[5] stattgefunden. Die verfassungsgerichtliche Betonung
des Topos der »**Integrationsverantwortung**«[6] hat auch zur Einführung des § 1 Abs. 3
RiWG geführt. Danach ist für die Auswahl der von der Bundesregierung als EuGH-
Richter oder Generalanwalt vorzuschlagenden Persönlichkeiten die Einschaltung des
Richterwahlausschusses und die Herbeiführung des Einvernehmens mit ihm erforderlich.[7] Ob und eventuell inwieweit sich dadurch die Kandidatenauswahl entpolitisiert,
bleibt freilich abzuwarten.

---

[1] So *Karpenstein*, in: Grabitz/Hilf/Nettesheim, EU, Art. 253 AEUV (Mai 2013), Rn. 9.
[2] *Karpenstein*, in: Grabitz/Hilf/Nettesheim, EU, Art. 253 AEUV (Mai 2013), Rn. 10.
[3] *Everling*, DRiZ 1993, 5 (6); *Rengeling/Middeke/Gellermann*, Rechtsschutz in der EU, § 3,
Rn. 10.
[4] *Epping*, Der Staat 1997, 349 (361 ff.); *Wegener*, in: Calliess/Ruffert, EUV/AEUV, Art. 253
AEUV, Rn. 1.
[5] BVerfGE 123, 267.
[6] Hierzu allgemein Pechstein (Hrsg.), Integrationsverantwortung, 2012.
[7] *Thiele*, EuR 2010, 30 (33).

5   Alle drei Jahre wird ein Teil der Richterstellen neu besetzt (Art. 253 Abs. 2 Satz 1 AEUV). Bei der **turnusmäßigen Neubesetzung** des EuGH »wird die Hälfte der Richterstellen neu besetzt« (Art. 9 Abs. 1 EuGH-Satzung). Wiederernennungen ausscheidender Richter sind zulässig (Art. 253 Abs. 2 Satz 2 AEUV). Diese sind auch sinnvoll, um die Kontinuität der Rechtsprechung zu gewährleisten und als Korrektiv zur – gemessen an der Aufgabenkomplexität – verhältnismäßig kurzen Amtsdauer von sechs Jahren zu dienen. Auf der anderen Seite gibt die relativ kurze Amtszeit von sechs Jahren verbunden mit der Wiederernennungsmöglichkeit immer wieder Anlass zur Sorge um die Unabhängigkeit der Richter.[8] Jedem Richter sind zur Unterstützung drei persönliche Referenten seiner Wahl beigeordnet. Der Richter und seine Referenten bilden jeweils ein Kabinett.

6   Die **Ernennung der Generalanwälte** erfolgt durch die Regierungen der Mitgliedstaaten und entspricht den Bedingungen der Richterernennung. Alle drei Jahre findet eine teilweise Stellenneubesetzung statt (Art. 9 Abs. 2 EuGH-Satzung). Eine Wiederernennung der Generalanwälte ist wie bei den Richtern zulässig (Art. 253 Abs. 4 AEUV). Alljährlich bestimmt der Gerichtshof den Ersten Generalanwalt, der die Rechtssachen den einzelnen Generalanwälten zuweist (Art. 16 Abs. 1 VerfO-EuGH).

II.   Voraussetzungen der Ernennung

7   Nach welchen tatsächlichen Auswahlkriterien die Mitgliedstaaten im internen (einvernehmlichen) Nominierungsverfahren die zu ernennenden Richter bestimmen, steht ihnen frei, soweit sie dabei den zwingenden Ernennungsvoraussetzungen des Art. 253 Abs. 1 AEUV genügen. Danach sind zu Richtern (und Generalanwälten) »Persönlichkeiten auszuwählen, die jede Gewähr für Unabhängigkeit bieten und in ihrem Staat die für die höchsten richterlichen Ämter erforderlichen Voraussetzungen erfüllen oder Juristen von anerkannt hervorragender Befähigung sind.«[9] Zu Mitgliedern des Gerichts sind dagegen »Personen (!) auszuwählen, die jede Gewähr für Unabhängigkeit bieten und über die Befähigung zur Ausübung hoher richterlicher Tätigkeiten verfügen.« (Art. 254 Abs. 2 Satz 1 AEUV, Hervorhebung durch den Verfasser; s. Art. 254 AEUV, Rn. 5).

8   Damit sind nach Art. 253 Abs. 1 AEUV sowohl ethische als auch beruflich-fachliche Ansprüche an die Richter und Generalanwälte zu stellen.[10] Die **ethischen Anforderungen** beziehen sich zum einen auf die Gewähr für eine umfassende persönlich unabhängige Haltung des Richters gegenüber sachfremden Erwägungen, zum anderen auf das unabhängige Verhältnis des Richters zu den staatlichen Organen seines Herkunftslandes. Nicht die Interessen seines Heimatlandes, sondern allein die Wahrung des Unionsrechts muss dem Richter Maßstab der Entscheidungsfindung sein. Dieser richterlichen Unabhängigkeit ist es nicht abträglich, wenn die nationale und kulturelle Identität des einzelnen Richters, insbesondere die Rechtstraditionen seines Heimatstaates, die Herangehensweise an die Beurteilung von Rechtsfragen und Lebenssachverhalten tatsächlich prägt. Im Gegenteil: Der spezifisch europäische Charakter des Gerichtshofs der Europäischen Union wird durch die Integration der Vielfalt dieser Rechtskulturen bei der organspezifischen Ausrichtung der Tätigkeit auf die allen Mitgliedstaaten gemein-

---

[8] Vgl. *Karpenstein*, in: Grabitz/Hilf/Nettesheim, EU, Art. 253 AEUV (Mai 2013), Rn. 25.

[9] *Hackspiel*, in: GS, EUV/EGV, Art. 223 EGV, Rn. 3 f.

[10] So die zutreffende Charakterisierung durch *Hackspiel*, in: GS, EUV/EGV, Art. 223 EGV, Rn. 3 f.

same Rechtsordnung des Unionsrechts gesichert. Die Unabhängigkeit bezieht sich aber nicht nur auf das Verhältnis zu der Regierung, sondern auch auf das Verhältnis zu gesellschaftlichen oder politischen Gruppierungen des Heimatstaats.[11] Weiterhin ist damit die Unparteilichkeit im konkreten Verfahren gemeint.

Die Unabhängigkeit der Richter wird durch verschiedene Bestimmungen in der   **9** EuGH-Satzung sowie durch das Protokoll über Vorrechte und Befreiungen der Europäischen Union[12] gesichert. Die Richter genießen **Immunität**, d. h. sie sind keiner Gerichtsbarkeit unterworfen. Wird im Falle der Befreiung von dieser Immunität ein Strafverfahren gegen sie eingeleitet, so dürfen sie nur vor ein Gericht gestellt werden, das für Verfahren gegen Richter der höchsten Gerichte des betreffenden Mitgliedstaats zuständig ist (Art. 3 Abs. 3 EuGH-Satzung). Die Richter dürfen keine politischen Ämter oder Berufstätigkeiten ausüben; nur ausnahmsweise kann der Rat eine Befreiung von dieser Inkompatibilitätsregelung erteilen. Zudem sind die Richter noch nach Beendigung ihres Amtes zur angemessenen Ehrenhaftigkeit und Zurückhaltung bei der Annahme von Tätigkeiten oder Vorteilen verpflichtet (Art. 4 EuGH-Satzung). Zusätzlich wird die Unabhängigkeit der Richter, insbesondere gegenüber ihren Heimatstaaten, durch die Geheimhaltung der Beratungen sowie – im Falle der Mehrheitsbeschlussfassung im Richterkollegium – des Abstimmungsverhaltens abgesichert. Weder das Abstimmungsverhalten noch abweichende Meinungen (dissenting opinions) werden der Öffentlichkeit preisgegeben. Weiterhin wird die Unabhängigkeit durch **Befangenheitsregeln** gesichert (Art. 18 EuGH-Satzung). Die Richter sind grundsätzlich unabsetzbar. Ihres Amtes enthoben werden oder ihrer Ruhegehaltsansprüche bzw. sonstigen Vergünstigungen verlustig erklärt werden, können die Richter nur durch einstimmiges Urteil aller Richter und Generalanwälte, wenn sie nicht mehr die erforderlichen Voraussetzungen erfüllen oder den sich aus ihren Ämtern ergebenden Verpflichtungen nicht mehr nachkommen (Art. 6 EuGH-Satzung). Für Generalanwälte gelten diese Regelungen entsprechend (Art. 8 EuGH-Satzung).

In **beruflich-fachlicher Hinsicht** müssen die zu Ernennenden die für die höchsten   **10** richterlichen Ämter erforderlichen Voraussetzungen erfüllen oder Juristen von anerkannt hervorragender Befähigung sein. Bei der ersten Variante entscheidet die jeweilige nationale Rechtsordnung über diese Voraussetzungen, die zweite Variante lässt zwar auch den nationalen Kontext der Anerkennung genügen, entbindet aber von strikten formalen Voraussetzungen. Nicht zu den Ernennungsvoraussetzungen gehört leider ein Mindestmaß an Vertrautheit mit dem EU-Recht. In der Praxis sind Juristen aus den Berufssparten Anwaltschaft, Justiz, Wissenschaft, Verwaltung und Regierung zu EuGH-Richtern oder Generalanwälten geworden.[13]

C. Der Präsident des Gerichtshofs

Die Tätigkeit des Gerichtshofs untersteht der Leitung seines Präsidenten (Art. 9 VerfO-   **11** EuGH). EuGH und EuG verfügen über zwei voneinander unabhängige Kanzleien, denen jeweils ein Kanzler vorsteht, der die Verwaltungsgeschäfte des Gerichtshofs bzw.

---

[11] *Schwarze*, in: Schwarze, EU-Kommentar, Art. 253 AEUV, Rn. 3.
[12] Protokoll Nr. 7 über die Vorrechte und Befreiungen der Europäischen Union, ABl. 2010, C 83/266.
[13] *Hackspiel*, in: GS, EUV/EGV, Art. 223 EGV, Rn. 4.

des Gerichts unter der Aufsicht des entsprechenden Präsidenten führt. Die Aufgaben des Präsidenten sind darüber hinaus insbesondere die Bestimmung der Berichterstatter (Art. 15 Abs. 1 VerfO-EuGH) und seine bedeutenden Befugnissen im Rahmen des vorläufigen Rechtsschutzes (grundsätzliche Zuständigkeit des Präsidenten, Art. 161 VerfO-EuGH). Er ist der höchste Dienstvorgesetzte aller Beamten und sonstigen Bediensteten des Gerichtshofs (Art. 12 EuGH-Satzung) – dies gilt jedoch nicht für die Richter und Generalanwälte.

12   Der Präsident des EuGH wird von den Richtern aus ihrer Mitte auf drei Jahre gewählt; eine Wiederwahl ist zulässig (Art. 253 Abs. 3 AEUV, Art. 8 VerfO-EuGH). Die Generalanwälte sind insoweit nicht aktiv wahlberechtigt. Dies ist letztlich der Tatsache geschuldet, dass bei elf Generalanwälten ansonsten die kleineren Mitgliedstaaten bei der Wahl weniger Einfluss hätten als die großen, denen ein ständiger Generalanwalt zusteht (s. Art. 252 AEUV, Rn. 1).[14] Dem Präsidenten sind in der Gerichtsverwaltung nach Maßgabe der Verfahrensordnung **umfassende Leitungsbefugnisse** zugewiesen. Er leitet alle Verwaltungsgeschäfte des EuGH. So obliegt ihm beispielsweise die Anberaumung der Termine. Darüber hinaus führt er den Vorsitz in den mündlichen Verhandlungen im Plenum und in der Großen Kammer sowie bei den entsprechenden Beratungen (Art. 9 VerfO-EuGH). Dabei ist er aber nur primus inter pares und hat auch nur eine Stimme. Für den Präsidenten des Gerichts gilt Entsprechendes (Art. 9 ff. VerfO-EuG).

D. Der Kanzler

13   Der Kanzler des EuGH wird vom Gerichtshof nach dem für die Präsidentenwahl vorgesehenen Verfahren für die Dauer von sechs Jahren mit Wiederwahlmöglichkeit gewählt und ernannt (Art. 253 Abs. 5 AEUV; Art. 18 VerfO-EuGH; für das Gericht vgl. entsprechend Art. 32 VerfO-EuG). Diese **personelle Verwaltungsautonomie** ist primärrechtlich abgesichert, da Art. 253 AEUV vorsieht, dass der Gerichtshof nicht nur seinen Kanzler ernennt, sondern darüber hinaus seine Stellung bestimmt. Der Kanzler trägt gegenüber dem Präsidenten des EuGH die Verantwortung für die Unterhaltung der technisch-administrativen Voraussetzungen einer funktionierenden Gerichtsverwaltung (Art. 20 Abs. 4 VerfO-EuGH) sowie für den reibungslosen Ablauf der allgemeinen Verwaltungsgeschäfte des Gerichtshofs (Art. 20 f. VerfO-EuGH). Neben der Wahrnehmung der Aufgaben eines **obersten Urkundsbeamten** (u. a. Zustellungen und Abwicklung des Schriftsatzverkehrs) erfüllt der Kanzler somit die Funktionen eines **Personal- und Verwaltungschefs**.[15] Die Bestellung eines Beigeordneten Kanzlers ist möglich (Art. 19 VerfO-EuGH; beim Gericht: Art. 33 VerfO-EuG). Bei seiner Tätigkeit untersteht der Kanzler der Aufsicht des Präsidenten.[16]

E. Verfahrensordnung

14   Der Erlass bzw. die Änderung der Verfahrensordnung durch den Gerichtshof bedarf der Genehmigung des Rates. Mit dem Vertrag von Lissabon wurde das insoweit geltende

---

[14] Vgl. *Hackspiel*, in: GS, EGV/EUV, Art. 223 EGV, Rn. 18.
[15] *Rengeling/Middeke/Gellermann*, Rechtsschutz in der EU, § 3, Rn. 21.
[16] *Rengeling/Middeke/Gellermann*, Rechtsschutz in der EU, § 3, Rn. 21.

Einstimmigkeitserfordernis im Rat durch die gemäß Art. 16 Abs. 3 EUV geltende Entscheidung mit qualifizierter Mehrheit abgelöst. Damit sind Änderungen der Verfahrensordnung leichter möglich als vorher. Da die Gleichberechtigung der Sprachen vor dem Gerichtshof indes politisch besonders sensibel ist, wurde das Mehrheitsprinzip insoweit ausgeschlossen. Die Sprachenregelung wurde aus der VerfO in die Satzung verlagert und dort gemäß Art. 281 Abs. 2 AEUV i. V. m. Art. 64 EuGH-Satzung einem Einstimmigkeitserfordernis im Rat unterworfen.

Die Stellung der Verfahrensordnungen in der Unionsrechtsordnung ist folgender- **15** maßen zu bestimmen: Wiewohl nicht die ansonsten zur Rechtsetzung aufgerufenen Unionsorgane in den üblichen Verfahren tätig werden, handelt es sich unstreitig um Akte des **Sekundärrechts**.[17] Ohne die Rechtsform der Verordnung zu haben, handelt es sich doch um Normativakte – insoweit aber um Rechtsakte sui generis. Im Rang stehen sie unter der Satzung, die als Protokoll Primärrecht darstellt, wenngleich sie einem erleichterten Änderungsverfahren unterliegt (Art. 281 AEUV). Dementsprechend müssten die Verfahrensordnungen grundsätzlich auch der gerichtlichen Kontrolle im Wege der Inzidentrüge zugänglich sein, zumal Art. 277 AEUV nunmehr nur noch von einem »Rechtsakt mit allgemeiner Geltung« spricht.[18] Eine Überprüfung durch den Gerichtshof wäre zwar insofern problematisch, als der Gerichtshof damit zum Richter in eigener Sache würde.[19] Trotzdem kann diese Kontrollmöglichkeit nicht a limine ausgeschlossen werden.

Die Verfahrensordnungen des Gerichtshofs, des Gerichts und des damals noch be- **16** stehenden EuGöD wurden nach dem Inkrafttreten des Vertrags von Lissabon im Jahr 2010 im Amtsblatt C neu veröffentlicht;[20] diejenige des Gerichtshofs wurde im September 2012 noch einmal vollständig neu gefasst.[21] Eine Zusätzliche Verfahrensordnung (ZVerfO-EuGH)[22] enthält Regelungen über Rechtshilfeersuchen, Prozesskostenhilfe, Anzeigen wegen Eidesverletzungen von Zeugen und Sachverständigen. Sie beruht auf einer Ermächtigung in Art. 207 VerfO-EuGH. Die Verfahrensordnung des Gerichts wurde im Juni 2015 vollständig neu gefasst.[23]

---

[17] *Karpenstein*, in: Grabitz/Hilf/Nettesheim, EU, Art. 253 AEUV (Mai 2013), Rn. 33.
[18] *Hackspiel*, in: GS, EUV/EGV, Art. 223 EGV, Rn. 37.
[19] Vgl. hierzu *Hackspiel*, in: GS, EUV/EGV, Art. 223 EGV, Rn. 38 f.
[20] Konsolidierte Fassung der Verfahrensordnung des Gerichthofs vom 19.6.1991, ABl. 2010, C 177/1; konsolidierte Fassung der Verfahrensordnung des Gerichts vom 2.5.1991, ABl. 2010, C 177/37; konsolidierte Fassung der Verfahrensordnung des Gerichts für den öffentlichen Dienst, ABl. 2010, C 177/71.
[21] Verfahrensordnung des Gerichtshofs, ABl. 2012, L 265/1.
[22] Zusätzliche Verfahrensordnung des Gerichtshofes, ABl. 2014, L 32/37.
[23] Verfahrensordnung des Gerichts, ABl. 2015, L 105/1, zuletzt geändert durch die Änderung der Verfahrensordnung des Gerichts vom 13.7.2016, ABl. 2016, L 217/73.

Artikel 254 AEUV [Zusammensetzung des Gerichts; interne Organisation]

¹Die Zahl der Richter des Gerichts wird in der Satzung des Gerichtshofs der Europäischen Union festgelegt. ²In der Satzung kann vorgesehen werden, dass das Gericht von Generalanwälten unterstützt wird.

¹Zu Mitgliedern des Gerichts sind Personen auszuwählen, die jede Gewähr für Unabhängigkeit bieten und über die Befähigung zur Ausübung hoher richterlicher Tätigkeiten verfügen. ²Sie werden von den Regierungen der Mitgliedstaaten im gegenseitigen Einvernehmen nach Anhörung des in Artikel 255 vorgesehenen Ausschusses für sechs Jahre ernannt. ³Alle drei Jahre wird das Gericht teilweise neu besetzt. ⁴Die Wiederernennung ausscheidender Mitglieder ist zulässig.

¹Die Richter wählen aus ihrer Mitte den Präsidenten des Gerichts für die Dauer von drei Jahren. ²Wiederwahl ist zulässig.

Das Gericht ernennt seinen Kanzler und bestimmt dessen Stellung.

¹Das Gericht erlässt seine Verfahrensordnung im Einvernehmen mit dem Gerichtshof. ²Sie bedarf der Genehmigung des Rates.

Soweit die Satzung des Gerichtshofs der Europäischen Union nichts anderes vorsieht, finden die den Gerichtshof betreffenden Bestimmungen der Verträge auf das Gericht Anwendung.

Wesentliche sekundärrechtliche Vorschrift

Verfahrensordnung des Gerichts, ABl. 2015, L 105/1, zuletzt geändert durch die Änderung der Verfahrensordnung des Gerichts vom 13. 7. 2016, ABl. 2016, L 217/73

Inhaltsübersicht

A. Entstehungsgeschichte des EuG

1   Mit der steigenden Arbeitsbelastung des EuGH in den 70er und 80er Jahren des 20. Jahrhunderts gingen berechtigte Forderungen nach seiner Entlastung einher. Zu Recht wurde dabei auch darauf hingewiesen, dass der EuGH in seiner damaligen Gestalt (grundsätzlich Plenumsentscheidungen) für die Aufklärung komplexer Sachverhalte ungeeignet sei.[1] Mit der Einheitlichen Europäischen Akte aus dem Jahre 1987 erhielt der

---

[1] *Nicolaysen*, EuR 1972, 375.

Rat die Befugnis, durch einstimmigen Beschluss ein »Gericht erster Instanz« zu errichten (Art. 168a EWGV). Dieser Beschluss wurde am 24.10.1988 gefasst.[2] Mit ihm wurde dem Gerichtshof das Gericht erster Instanz »beigeordnet«. Beschränkt war das Gericht gemäß Art. 168a EWGV auf »Entscheidungen über bestimmte Gruppen von Klagen natürlicher und juristischer Personen im ersten Rechtszuge«. Die Zuständigkeit für Klagen der Mitgliedstaaten und der EG-Organe sowie für Vorabentscheidungsverfahren wurde vertraglich ausdrücklich ausgeschlossen. Beabsichtigt war insbesondere die Entlastung des EuGH von schwierigen Tatsachenfeststellungen in wettbewerbsrechtlichen und dienstrechtlichen Verfahren, was sich auch darin ausdrückte, dass Art. 168a EWGV Rechtsmittel gegen die Entscheidungen des EuG ausdrücklich auf Rechtsfragen beschränkte. Auf die entsprechenden Rechtsbereiche blieb die Zuständigkeit des EuG zunächst beschränkt. Der Vertrag von Maastricht erweiterte die Kompetenzen des EuG durch die Erstreckung seiner Zuständigkeit auf die Direktklagen natürlicher und juristischer Personen in allen Rechtsbereichen.

Weitreichende Änderungen bezüglich Stellung und Organisation des Gerichtshofs **2** und des Gerichts erster Instanz haben dann im Vertrag von Nizza ihre Grundlage gefunden.[3] Ziel der Reform war es, die zeitliche Dauer der Verfahren zu begrenzen, sowie die Sachkompetenz der europäischen Gerichtsbarkeit zu stärken, um die Akzeptanz ihrer Urteile bei den streitenden Parteien angesichts eines sich stetig weiter entwickelnden und zunehmend spezialisierten damaligen Gemeinschaftsrechts zu erhalten.[4] Obwohl der Vertrag von Nizza hinter den verschiedenen Vorschlägen für eine Gerichtsreform zurückgeblieben ist, sind einige bedeutende Änderungen, wie die Aufwertung des Gerichts erster Instanz durch die Zuweisung weiterer Zuständigkeiten – auch die optionale, wenn auch bislang nicht realisierte Zuständigkeit für Vorabentscheidungen in bestimmten Sachgebieten –, Änderungen in der Zusammensetzung und Arbeitsweise der Gerichte sowie die Schaffung einer größeren Flexibilität des Organisations- und Verfahrensrechts, vorgenommen worden. Mit dem Vertrag von Nizza wurde auch die bloße »Beiordnung« zum Gerichtshof beendet – ohne dass das Gericht dadurch freilich zu einem eigenständigen Organ der Gemeinschaft geworden wäre. Darüber hinaus wurde das Gericht erster Instanz auch zum Rechtsmittelgericht für Entscheidungen der gemäß Art. 225a EGV optional einzurichtenden »gerichtlichen Kammern«. Die vertragliche Bezeichnung »Gericht erster Instanz« war bereits ab diesem Zeitpunkt unzutreffend, da damit eine Gerichtsstruktur in drei Instanzen etabliert war und die »gerichtlichen Kammern« im Rahmen ihrer Zuständigkeiten erste Instanz sein sollten. Der Vertrag von Lissabon hat an der Zuständigkeitsausstattung des EuG keine grundlegenden Änderungen vorgenommen, sondern lediglich einzelne Aspekte modifiziert.[5] Insbesondere wurde seine Bezeichnung sachangemessen verändert – es heißt nun »Gericht«.

---

[2] Beschluss des Rates vom 24.10.1988 zur Errichtung eines Gerichts erster Instanz der Europäischen Gemeinschaften, ABl. 1988, L 319/1.

[3] Im Vorfeld der Regierungskonferenz gab es eine Reihe von Vorschlägen einer Reform der Gerichtsbarkeit, von denen insbesondere der Bericht der Reflexionsgruppe über die Zukunft des Gerichtssystems der Europäischen Gemeinschaften vom Januar 2000, abgedruckt in einer gemeinsamen Sonderbeilage zu NJW Heft 19/2000 und EuZW Heft 9/2000, das Reflexionspapier des EuGH und EuG (mit eigenen Vorschlägen), abgedruckt in EuGRZ 2000, 10, sowie der ergänzende Beitrag der Kommission zur Regierungskonferenz über die institutionellen Reformen – Reform des Gerichtssystems der Gemeinschaft, KOM (2000) 109 endg. vom 1.3.2000, hervorzuheben sind. Vgl. dazu *Streinz/Leible*, EWS 2001, 1.

[4] *Hatje*, EuR 2001, 143 (164).

[5] Zu den Änderungen durch die Lissabonner Vertragsreform siehe *Barents*, CMLRev. 47 (2010), 709.

B. Zuständigkeit des Gerichts

3   Der gemäß Art. 256 Abs. 1 Satz 1 AEUV bestehende Grundsatz der Zuständigkeitszuweisung an das EuG lautet: Es ist für alle **Direktklagen** zuständig, soweit keine Sonderzuweisungen an den Gerichtshof oder ein Fachgericht bestehen. Die Abgrenzung seiner Zuständigkeiten von denen des EuGH richtet sich nach Art. 51 EuGH-Satzung. Dieser weist weitgehend die von Mitgliedstaaten oder Unionsorganen erhobenen Direktklagen dem EuGH zu. Art. 256 Abs. 1 Satz 2 AEUV sieht vor, dass die Satzung weitere Kategorien von Klagen in die Zuständigkeit des EuG verweisen kann.

4   Art. 256 Abs. 2 AEUV erklärt das Gericht zur **Rechtsmittelinstanz** für Entscheidungen der Fachgerichte. Nach Art. 256 Abs. 3 AEUV kann dem EuG durch die Satzung für bestimmte Sachgebiete die Zuständigkeit für Vorabentscheidungsverfahren zugewiesen werden. Davon ist bislang kein Gebrauch gemacht worden. Zuletzt ist auf Zuständigkeitsbegründungen für das EuG durch Verordnung hinzuweisen.[6] Auf die Verfahren wird im Einzelnen bei den jeweiligen Artikeln näher eingegangen.

C. Die Richter am EuG (Abs. 1 und Abs. 2)

I. Zahl der Richter

5   Während Art. 19 Abs. 2 UAbs. 1 Satz 1 EUV die Zahl der Richter am Gerichtshof an die Zahl der Mitgliedstaaten bindet (»einem Richter je Mitgliedstaat«), fixiert Art. 19 Abs. 2 UAbs. 2 EUV für die Zahl der Richter am EuG nur eine **Mindestzahl**: »mindestens einem Richter je Mitgliedstaat«. Dies greift Art. 254 Abs. 1 Satz 1 AEUV auf, indem er vorsieht, dass die Zahl der Richter des Gerichts von der Satzung festgelegt wird. Bis zum 24. Dezember 2015 bestand das EuG aus 28 Richtern. Mit Inkrafttreten der Verordnung 2015/2422[7] zum 25. Dezember 2015 wurde ein dreistufiger Prozess eingeleitet, an dessen Ende die Zahl der Richter des EuG 56 betragen soll. Demgemäß besteht das Gericht ab dem 25. Dezember 2015 aus 40 Richtern, ab dem 1. September 2016 aus 47 Mitgliedern (Übertragung der sieben Richterstellen des EuGöD) und ab dem 1. September 2019 aus 56 Richtern (zwei Richter je Mitgliedstaat). Die Konsequenzen des »Brexit« für die Richterwahl sind derzeit noch offen – eine entsprechende Reduzierung ist wahrscheinlich. Die nähere Ausgestaltung der Amtszeit der zusätzlich zu ernennenden Richter ergibt sich aus Art. 2 der VO 2015/2422.

II. Ernennung und Qualifikation

6   Ein (bislang nur theoretischer) Unterschied besteht bei den Ernennungsvoraussetzungen insofern, als die Kandidaten für das Richteramt beim EuG neben der Gewähr für ihre Unabhängigkeit lediglich »über die Befähigung zur Ausübung hoher richterlicher Tätigkeiten verfügen« (Art. 254 Abs. 2 Satz 1 AEUV), nicht aber wie für das Richteramt beim EuGH »in ihrem Staat die für die höchsten richterlichen Ämter erforderlichen

---

[6] Vgl. etwa Art. 65 der VO (EG) Nr. 207/2009 vom 26. 2. 2009 über die Gemeinschaftsmarke, ABl. 2009, L 78/1.

[7] Verordnung (EU, Euratom) 2015/2422 vom 16. 12. 2015 des Europäischen Parlaments und des Rates zur Änderung des Protokolls Nr. 3 über die Satzung des Gerichtshofs der Europäischen Union, ABl. 2015, L 341/14.

Voraussetzungen erfüllen« müssen (Art. 253 Abs. 1 AEUV). In diesem Zusammenhang ist die Frage zu stellen, ob auch Nichtjuristen, die in manchen Mitgliedstaaten zu Richterämtern zugelassen sind, zu Richtern am EuG ernannt werden können.[8] Für deutsche Kandidaten ist diese Frage ohne Belang: Die »Befähigung zur Ausübung richterlicher Tätigkeiten« im Sinne des Art. 254 Abs. 2 Satz 1 AEUV setzt nämlich hierzulande gemäß § 5 DRiG (»Befähigung zum Richteramt«) den Abschluss eines rechtswissenschaftlichen Universitätsstudiums mit der Ersten Juristischen Prüfung sowie des juristischen Vorbereitungsdienstes mit der Zweiten Juristischen Staatsprüfung voraus. Das Verfahren der Ernennung entspricht demjenigen für die Ernennung von Richtern am Gerichtshof und verlangt ebenfalls die Einschaltung des in Art. 255 AEUV vorgesehenen Ausschusses. Auch die Bestimmungen über Amtszeit, Unabhängigkeit und Status der Richter entsprechen denjenigen der Richter am EuGH (Art. 47 EuGH-Satzung).

D. Die Spruchkörper des Gerichts

I. Kammern des Gerichts

Die Regelungen zur Kammerbildung werden für das EuG nicht primärrechtlich wie für den Gerichtshof in Art. 251 AEUV im Ansatz vorgegeben. Sie entsprechen inhaltlich jedoch völlig denen für den EuGH (vgl. bei Art. 251 AEUV). Art. 50 EuGH-Satzung sieht dementsprechend die Bildung von Kammern mit drei oder fünf Richtern vor (Abs. 1). Nach Art. 50 Abs. 3 EuGH-Satzung i. V. m. Art. 15 Abs. 1 VerfO-EuG ist vorgesehen, dass das Gericht auch als »**Große Kammer**« mit fünfzehn Richtern tagen kann. Derzeit bestehen neun Kammern mit drei Richtern und neun erweiterte Kammern mit fünf Richtern. Die Parteien haben gemäß Art. 18 Abs. 4 EuGH-Satzung keinen Anspruch darauf, dass ein Richter ihrer Staatsangehörigkeit in der zuständigen Kammer vertreten ist. Die Richter wählen aus ihrer Mitte die **Präsidenten der Kammern** (Art. 50 Abs. 1 Satz 2 EuGH-Satzung). Die Präsidenten der Kammern mit fünf Richtern werden dabei auf drei Jahre gewählt, diejenigen der Kammern mit drei Richtern dagegen »für einen bestimmten Zeitraum« (Art. 18 Abs. 2 und Abs. 3 VerfO-EuG). 7

II. Vollversammlung

In der Vollversammlung des EuG werden die **Entscheidungen der gerichtlichen Selbstverwaltung** getroffen, insbesondere werden hier Kammern mit drei oder fünf Richtern oder die Große Kammer gebildet (Art. 13 Abs. 1 bzw. Art. 15 Abs. 1 VerfO-EuG). Die Zuweisung von Rechtssachen an die Kammern erfolgt durch den Präsidenten nach Maßgabe der von der Vollversammlung hierfür beschlossenen Kriterien (Art. 26 Abs. 1, Art. 25 Abs. 1 VerfO-EuG).[9] Aus Gründen des Zusammenhangs zwischen Rechtssachen oder der gleichmäßigen Verteilung der Arbeitsbelastung auf die verschiedenen Kammern kann der Präsident mit einer Plenarermächtigung eine von den aufgestellten Kriterien abweichende Zuweisung vornehmen.[10] Nach der Zuweisung einer Rechtssache an 8

---

[8] *Kirschner/Klüpfel*, Das Gericht erster Instanz der Europäischen Gemeinschaften, 2. Aufl., 1998, Rn. 12.
[9] Vgl. hierzu die Veröffentlichung der Kriterien für die Zuweisung der Rechtssachen an die Kammern vom 11. 5. 2016 (ABl. 2016, C 296/2).
[10] *Kirschner/Klüpfel* (Fn. 8), Rn. 18.

eine Kammer bestimmt der Präsident auf Vorschlag des zuständigen Kammerpräsidenten einen **Berichterstatter** (Art. 26 Abs. 2 VerfO-EuG), wobei sowohl die speziellen Kenntnisse als auch die Arbeitsbelastung des hierzu bestimmten Richters berücksichtigt werden. Auch beim EuG erfolgt keine exklusive normative Vorherbestimmung des zuständigen, gesetzlichen Richters aufgrund von (dem deutschen GVG entsprechenden) abstrakt-generell festgesetzten Geschäftsverteilungsplänen. Gleichwohl ist das Verfahren dem deutschen Modell näher als die Verfahrensweise beim Gerichtshof (s. Art. 251 AEUV, Rn. 12).

III. Einzelrichter

9   Art. 29 Abs. 1 VerfO-EuG sieht die Möglichkeit der Übertragung von Rechtssachen zur Entscheidung auf einen Einzelrichter vor. Dies betrifft insbesondere die den Dreier-Kammern zugewiesenen Verfahren. Hierzu bedarf es nach Art. 29 Abs. 3 VerfO-EuG einer einstimmigen Entscheidung der Kammer nach Anhörung der Hauptparteien. Ausgeschlossen ist gemäß Art. 29 Abs. 2 VerfO-EuG die Übertragung auf einen Einzelrichter bei Nichtigkeitsklagen gegen Handlungen mit allgemeiner Geltung oder bei Rechtssachen, in denen ausdrücklich eine Einrede der Rechtswidrigkeit gegen eine Handlung mit allgemeiner Geltung erhoben worden ist, sowie bei bestimmten Sachgebieten. Darüber hinaus unterbleibt die Übertragung, sofern ein am Verfahren beteiligter Mitgliedstaat oder ein am Verfahren beteiligtes Unionsorgan dem widerspricht (Art. 29 Abs. 3 VerfO-EuG). In der Praxis kommt es angesichts dieser Einschränkungen **sehr selten** zu einer entsprechenden Übertragung.

E. Der Präsident des Gerichts (Abs. 3)

10   Das Gericht verfügt über eine unabhängige Kanzlei und wählt einen eigenen Präsidenten. Damit wird die **Unabhängigkeit seiner gerichtlichen Selbstverwaltung gegenüber dem EuGH** unterstrichen.[11] Präsident, Kammerpräsidenten und Kanzler des EuG werden in den Verwaltungssitzungen der Vollversammlung gewählt (Art. 254 Abs. 3 und 4 AEUV). Die Präsidenten des EuG und des EuGH bestimmen »einvernehmlich«, in welcher Weise die Bediensteten des Gerichtshofs, insbesondere aus dem wissenschaftlichen und dem Sprachendienst, auch das EuG unterstützen (Art. 52 EuGH-Satzung).

11   Dem Präsidenten des EuG kommt neben seinen Befugnissen bei der Zuweisung der Rechtssachen an die Kammern vor allem die Zuständigkeit für alle Verfahren des einstweiligen Rechtsschutzes zu (Art. 39 EuGH-Satzung, Art. 156 ff. VerfO-EuG).

F. Generalanwälte beim Gericht

12   Im Gegensatz zum EuGH verfügt das EuG nicht über eigene ständige Generalanwälte. Allerdings sieht Art. 49 Abs. 1 EuGH-Satzung die Möglichkeit vor, dass einzelne Richter des Gerichts bestellt werden können, um die Tätigkeit eines Generalanwalts auszuüben. Ein Generalanwalt kann auf Antrag der Kammer, der die Rechtssache zugewiesen ist oder an die diese verwiesen worden ist, von der Vollversammlung bestellt

---

[11] *Kirschner/Klüpfel* (Fn. 8), Rn. 16.

werden (Art. 31 Abs. 1 VerfO-EuG), wenn die rechtliche Schwierigkeit oder die Komplexität des Sachverhalts der Rechtssache dies gebieten (Art. 30 VerfO-EuG). Angesichts der gestiegenen Belastung des Gerichts wird hierbei ein strenger Maßstab an die Bestellung von Richtern zu Generalanwälten in Kammersachen angelegt, zumal diese an den Entscheidungen in den betreffenden Rechtssachen nicht mehr mitwirken dürfen.[12] Der **Verzicht auf ständige Generalanwälte** findet seine Rechtfertigung vor allem in dem Charakter des Gerichts als Tatsacheninstanz und dem Bestehen einer Rechtsmittelkontrolle durch den EuGH.[13] Damit wird die unterschiedliche rechtliche Betrachtung eines Falles durch zwei Institutionen in gleichwertiger Weise sichergestellt.

G. Der Kanzler des Gerichts (Abs. 4)

Die Selbständigkeit des Gerichts gegenüber dem EuGH wird unterstrichen durch die   **13**
Existenz einer eigenständigen Kanzlei. Für die Stellung des Kanzlers gelten grundsätzlich die gleichen Regeln wie beim EuGH (Art. 32 ff. VerfO-EuG).

H. Verfahren und Verfahrensordnung

Gemäß Art. 53 EuGH-Satzung richtet sich das Verfahren vor dem Gericht nach Titel III   **14**
der EuGH-Satzung und der Verfahrensordnung des EuG. Das Verfahren unterteilt sich grundsätzlich in ein schriftliches Verfahren, ein mündliches Verfahren und die Entscheidung des Gerichts. Seit der Novellierung der VerfO-EuG im Jahr 2015 ist das mündliche Verfahren jedoch nicht mehr obligatorisch; das Gericht kann vielmehr ohne mündliches Verfahren entscheiden, wenn keine Hauptpartei die Durchführung einer mündlichen Verhandlung beantragt und es eine mündliche Verhandlung auch von Amts wegen nicht durchführt (Art. 106 VerfO-EuG). In dem bei besonderer Dringlichkeit anwendbaren sog. beschleunigten Verfahren nach Art. 151 ff. VerfO-EuG beschränkt sich der Schriftwechsel zwischen den Parteien auf je einmalige Stellungnahmen (keine Replik und Duplik).

Das Gericht erlässt seine Verfahrensordnung im Einvernehmen mit dem Gerichtshof.   **15**
Sie bedarf der Genehmigung des Rates; dieser entscheidet gemäß Art. 16 Abs. 2 EUV mit qualifizierter Mehrheit. Die Verfahrensordnung des Gerichts wurde zuletzt im Juli 2015 neu gefasst.[14]

I. Verhältnis zum EuGH

Art. 13 Abs. 1 UAbs. 2 EUV benennt die Organe der Union und führt dabei den Ge-   **16**
richtshof der Europäischen Union, nicht aber das Gericht oder die Fachgerichte an. Art. 19 Abs. 1 Satz 1 EUV stellt insoweit nunmehr klar, dass es in organschaftlicher Hinsicht nur ein Gericht gibt – den Gerichtshof der Europäischen Union i. S. d. Art. 13

---

[12] *Kirschner/Klüpfel* (Fn. 8), Rn. 23.
[13] Vgl. *Huber*, in: Streinz EUV/AEUV, Art. 254 AEUV, Rn. 4.
[14] Verfahrensordnung des Gerichts, ABl. 2015, L 105/1, zuletzt geändert durch die Änderung der Verfahrensordnung des Gerichts vom 13. 7. 2016, ABl. 2016, L 217/73.

Abs. 1 UAbs. 2 EUV. Gemäß Art. 19 Abs. 1 Satz 1 EUV umfasst das Organ »Gerichtshof der Europäischen Union« »den Gerichtshof, das Gericht und die Fachgerichte.« Die eingebürgerten Abkürzungen »EuGH« und »EuG« werden in diesem Sinne weiter für den Gerichtshof und das Gericht i. S. d. Art. 19 Abs. 1 Satz 2 EUV verwendet. In der Literatur ist die Bezeichnung »EuGH« darüber hinaus in Zusammenhängen gebräuchlich, in denen korrekterweise vom »Gerichtshof der Europäischen Union« die Rede sein müsste, beispielsweise in »EuGH-Satzung«.

17   EuGH und EuG sind daher als **Teilorgane**[15] **des einheitlichen Gerichtshofs der Europäischen Union** und nicht etwa als selbständige Organe anzusehen. Der Begriff »Gerichtshof der Europäischen Union« im Sinne von Art. 13 Abs. 1 UAbs. 2 EUV steht somit für das einheitliche Unionsorgan, welches unter seinem Dach den EuGH und das EuG sowie künftig evtl. weitere Fachgerichte beherbergt.[16] Dementsprechend sind der EuGH und das EuG als instanziell eigenständige Spruchkörper des Organs Gerichtshof der Europäischen Union zu qualifizieren.[17] Mithin besteht ein »**Intra-Organ-Verhältnis**«, nicht aber ein »Inter-Organ-Verhältnis« zwischen EuGH, EuG und evtl. Fachgerichten. Das Intra-Organ-Verhältnis wird dabei durch differenzierte Rechtsmittelmöglichkeiten operationalisiert.

18   Art. 54 EuGH-Satzung regelt Fragen der Abgrenzung der Zuständigkeiten zwischen dem Gerichtshof und dem Gericht durch Übermittlungs-, Verweisungs- und Aussetzungsmöglichkeiten.[18]

---

[15] So zutreffend *Wegener*, DVBl 2001, 1258 (1260).
[16] *Kirschner/Klüpfel* (Fn. 8), Rn. 16; *Rabe*, NJW 1989, 3041 (3042); *Schweitzer/Hummer/Obwexer*, Europarecht, S. 201; *Streinz*, Europarecht, Rn. 378.
[17] Vgl. *Decker*, JuS 1995, 1072 (1074); *Müller-Huschke*, EuGRZ 1989, 213.
[18] Vgl. zur gleichzeitigen Anhängigkeit verwandter Rechtssachen vor EuG und EuGH *Dauses/Henkel*, EuZW 1999, 325.

Artikel 255   AEUV [Eignungsprüfungsausschuss]

Es wird ein Ausschuss eingerichtet, der die Aufgabe hat, vor einer Ernennung durch die Regierungen der Mitgliedstaaten nach den Artikeln 253 und 254 eine Stellungnahme zur Eignung der Bewerber für die Ausübung des Amts eines Richters oder Generalanwalts beim Gerichtshof oder beim Gericht abzugeben.

¹Der Ausschuss setzt sich aus sieben Persönlichkeiten zusammen, die aus dem Kreis ehemaliger Mitglieder des Gerichtshofs und des Gerichts, der Mitglieder der höchsten einzelstaatlichen Gerichte und der Juristen von anerkannt hervorragender Befähigung ausgewählt werden, von denen einer vom Europäischen Parlament vorgeschlagen wird. ²Der Rat erlässt einen Beschluss zur Festlegung der Vorschriften für die Arbeitsweise und einen Beschluss zur Ernennung der Mitglieder dieses Ausschusses. ³Er beschließt auf Initiative des Präsidenten des Gerichtshofs.

Literaturübersicht

Hakenberg/Schilhan, Die Architektur der EU-Gerichtsbarkeit – Aktualität und Perspektiven im Lichte von Lissabon, ZfRV 2008, 104; *Kokott/Sobotta*, Der EuGH – Blick in eine Werkstatt der Integration, EuGRZ 2013, 465.

Wesentliche sekundärrechtliche Vorschrift

Beschluss des Rates vom 25. 2. 2010 über die Arbeitsweise des in Artikel 255 des Vertrags über die Arbeitsweise der Europäischen Union vorgesehenen Ausschusses (2010/124/EU), ABl. 2010, L 50/18

Inhaltsübersicht

A. Allgemeines

Durch den Vertrag von Lissabon ist der in Art. 255 AEUV vorgesehene Ausschuss neu   **1** geschaffen worden, welcher der **Optimierung und Objektivierung der Auswahlentscheidung** der Richter und Generalanwälte am Gerichtshof und dem Gericht dienen soll. Dieser Ausschuss aus sieben Persönlichkeiten, »die aus dem Kreis ehemaliger Mitglieder des Gerichtshofs und des Gerichts, der Mitglieder der höchsten einzelstaatlichen Gerichte und der Juristen von anerkannt hervorragender Befähigung ausgewählt werden« (Art. 255 Abs. 2 Satz 1 AEUV), hat die Aufgabe, »vor einer Ernennung durch die Regierungen der Mitgliedstaaten [...] eine Stellungnahme zur Eignung der Bewerber für die Ausübung des Amts eines Richters oder Generalanwalts beim Gerichtshof oder beim Gericht abzugeben.« Damit soll der vielfach kritisierten Intransparenz der Benennung der Kandidaten für diese besonders wichtigen Ämter begegnet werden. Die innerstaatlich vielfach dem parteipolitischen Proporzdenken und der Regierungsnähe verhafteten und unionsrechtlich ungeregelten Auswahlmechanismen sollen derart ein gewisses unionales Korrektiv erhalten – ohne freilich die Entscheidungsgewalt der Mitgliedstaaten in Frage zu stellen.

2   Die Anregung für einen entsprechenden Ausschuss war ein Vorschlag des Arbeitskreises »Gerichtshof« im Konvent für den Verfassungsvertrag.[1] Art. III–357 EVV bzw. Art. III–262 des Konventsentwurfs[2] sahen denn auch eine derartige Regelung vor. Hierfür gab es zum einen das Vorbild des Conseil de la magistrature in verschiedenen Mitgliedstaaten,[3] zum anderen den in Art. 3 des Anhangs I zur EuGH-Satzung vorgesehenen Ausschuss für die Besetzung der Richter am EuGöD. Dieser war in gleicher Weise zusammengesetzt wie der in Art. 255 AEUV geregelte Ausschuss und gab ebenfalls eine Stellungnahme zu der Eignung der Richter ab. Allerdings musste der Ausschuss für die Besetzung des EuGöD seiner Stellungnahme eine Liste von Bewerbern beifügen, die aufgrund ihrer Erfahrung auf hoher Ebene am geeignetsten erschienen; diese Liste enthielt mindestens doppelt so viele Bewerber wie die Zahl der vom Rat zu ernennenden Richter (Art. 3 Abs. 4 Anhang EuGH-Satzung). Dies bedeutet, dass dieser Ausschuss – anders als der Ausschuss nach Art. 255 AEUV – eine eigenständige Auswahl aus den eingegangenen Bewerbungen vorgenommen hat.[4] Da Art. 255 AEUV die Auswahl der Richter der Fachgerichte nicht regelt, dürfte die Bestimmung für das ehemalige EuGöD im Falle der Errichtung weiterer Fachgerichte maßstabsbildende Bedeutung besitzen.[5]

B.   Aufgabe des Ausschusses: Stellungnahme zur Eignung der Bewerber (Abs. 1)

3   Die einzige Aufgabe des Ausschusses ist gemäß Art. 255 Abs. 1 AEUV die Abgabe einer Stellungnahme zur Eignung der Bewerber für die Ausübung des Amts eines Richters oder Generalanwalts beim Gerichtshof oder beim Gericht. Es handelt sich mithin nur um eine **Eignungskontrolle**, nicht dagegen um eine Auswahlentscheidung.[6] Beurteilungsmaßstäbe hierfür nennt Art. 255 AEUV selbst nicht. Die (fachlichen und charakterlichen) Ernennungsvoraussetzungen werden jedoch in den Art. 253 Abs. 1 und Art. 254 Abs. 2 AEUV angeführt (s. Art. 253 AEUV, Rn. 7 ff. und Art. 254 AEUV, Rn. 5). Sie sind freilich von hohem Abstraktionsgrad. Kenntnisse des Unionsrechts gehören im Übrigen nicht zu den Voraussetzungen. Trotz vereinzelter Forderungen nach einer Veröffentlichung der Stellungnahmen des Ausschusses[7] bleiben diese unveröffentlicht. Mit Blick auf die Persönlichkeitsrechte der Kandidaten erscheint eine solche Veröffentlichung auch nicht geboten.[8] Der Ausschuss gibt jedoch öffentlich Berichte über seine Tätigkeit ab, die Anhaltspunkte hinsichtlich der Anwendung der primärrechtlichen Vorgaben durch den Ausschuss geben.[9]

---

[1] Schlussbericht des Arbeitskreises über die Arbeitsweise des Gerichtshofs vom 25.3.2003, CONV 636/03, Rn. 6.

[2] Entwurf eines Vertrags über eine Verfassung für Europa, CONV 850/03.

[3] *Everling*, in: Schwarze, Verfassungsentwurf, S. 369.

[4] *Wegener*, in: Calliess/Ruffert, EUV/AEUV, Art. 255 AEUV, Rn. 3.

[5] *Hakenberg/Schilhan*, ZfRV 2008, 104 (107).

[6] *Schwarze*, in: Schwarze, EU-Kommentar, Art. 255 AEUV, Rn. 6.

[7] *Wegener*, in: Calliess/Ruffert, EUV/AEUV, Art. 255 AEUV, Rn. 6, unter Verweis auf Art. 42 GRC und die Informationszugangsverordnung.

[8] So *Karpenstein*, in: Grabitz/Hilf/Nettesheim, EU, Art. 255 AEUV (Mai 2013), Rn. 9.

[9] Activity report of the panel provided for by Article 255 of the Treaty on the Functioning of the

Eine **rechtlich verbindliche Wirkung** der Stellungnahme wird zu Recht weit überwie- 4
gend verneint.[10] Dagegen spricht zunächst eindeutig der Wortlaut von Art. 253 Abs. 1
und Art. 254 Abs. 2 AEUV, der eine bloße Anhörung des Ausschusses im Ernennungsverfahren vorsieht. Außerdem würde durch eine rechtsverbindliche Wirkung das in
Art. 19 Abs. 2 UAbs. 3 Satz 2 EUV statuierte und nur an das gegenseitige Einvernehmen gebundene Ernennungsrecht der Regierungen der Mitgliedstaaten beeinträchtigt.

Wenn eine negative Stellungnahme des Ausschusses mithin die Ernennbarkeit des 5
Kandidaten nicht auszuschließen vermag, so bedeutet sie für eine mitgliedstaatliche
Regierung, die gleichwohl an ihrem Kandidaten festhalten will, doch eine erhöhte
Rechtfertigungslast.[11] So hat der Ausschuss in seiner bisherigen Tätigkeit sieben ableh-
nende Stellungnahmen abgegeben, denen die Mitgliedstaaten immer gefolgt sind.[12] Das
Risiko einer negativen Stellungnahme vermag darüber hinaus Vorwirkung auf den in-
nerstaatlichen Auswahlprozess zu entfalten und die Kandidatenauswahl auf dieser Verfahrensstufe zu optimieren helfen.

C. Zusammensetzung, Arbeitsweise und rechtliche Stellung des Ausschusses (Abs. 2)

I. Zusammensetzung

Der Ausschuss soll gemäß Art. 255 Abs. 2 Satz 1 AEUV aus sieben Persönlichkeiten, 6
»die aus dem Kreis ehemaliger Mitglieder des Gerichtshofs und des Gerichts, der Mitglieder der höchsten einzelstaatlichen Gerichte und der Juristen von anerkannt hervorragender Befähigung ausgewählt werden« bestehen. Da der Begriff der »Mitglieder«
auch die Generalanwälte umfasst (vgl. Art. 19 Abs. 2 UAbs. 1 EUV, s. Art. 252 AEUV,
Rn. 6), können auch ehemalige Generalanwälte des Gerichtshofs zu Ausschussmitglie-
dern ernannt werden.[13] Die Stellung als »Mitglieder der höchsten einzelstaatlichen Gerichte« beurteilt sich nach nationalem Recht.

Nach Satz 2 erlässt der Rat zwei Beschlüsse, einen zur Festlegung der Vorschriften für 7
die Arbeitsweise des Ausschusses (s. Rn. 8) und einen zur Ernennung der Mitglieder des
Ausschusses. Dabei beschließt er gemäß Satz 3 auf Initiative des Präsidenten des Gerichtshofs. Am 25. 2. 2010 hat der Rat einen ersten Beschluss zur Ernennung der gegenwärtigen Mitglieder des Ausschusses gefasst und deren Amtszeit auf vier Jahre festge-

---

European Union, Ratsdok. 6509/11; Second activity report of the panel provided for by Article 255 of
the Treaty of the Functioning of the European Union, Ratsdok. 5091/13; Third activity report of the
panel provided for by Article 255 of the Treaty of the Funcitioning of the European Union, SN
1118/2014. Vgl. hierzu *Kokott/Sobotta*, EuGRZ 2013, 466 (467).

[10] *Borchardt*, in: Lenz/Borchardt, EU-Verträge, Art. 255 AEUV, Rn. 1; *Karpenstein*, in: Grabitz/
Hilf/Nettesheim, EU, Art. 255 AEUV (Mai 2013), Rn. 4; *Huber*, in: Streinz, EUV/AEUV, Art. 255
AEUV, Rn. 6; *Wegener*, in: Calliess/Ruffert, EUV/AEUV, Art. 255 AEUV, Rn. 7 m. w. N. Hingegen für
eine rechtlich verbindliche Wirkung: *Kotzur*, in: Geiger/Khan/Kotzur, EUV/AEUV, Art. 255 AEUV,
Rn. 4; *Pache*, in: Vedder/Heintschel v. Heinegg, EVV, Art. III–357 EVV, Rn. 4; *Terhechte*, EuR 2008,
143 (165).

[11] *Huber*, in: Streinz, EUV/AEUV, Art. 255 AEUV, Rn. 7.

[12] Third Activity Report of the panel provided for by Article 255 of the Treaty on the Functioning of
the European Union, SN 1118/2014, Abschnitt I. 3.

[13] So zutreffend *Schwarze*, in: Schwarze, EU-Kommentar, Art. 255 AEUV, Rn. 10; anders *Karpenstein*, in: Grabitz/Hilf/Nettesheim, EU, Art. 255 AEUV (Mai 2013), Rn. 6.

legt.[14] In den Erwägungsgründen wird dabei hervorgehoben, es solle darauf geachtet werden, dass die Zusammensetzung des Ausschusses in geografischer Hinsicht ausgewogen und zudem repräsentativ für die Rechtsordnungen der Mitgliedstaaten ist (Erwägungsgrund Nr. 3). Diesem Ernennungsbeschluss lag ein entsprechender Vorschlag des Präsidenten des EuGH zugrunde.[15] Mit Beschluss vom 11. 2. 2014 hat der Rat die Ausschussmitglieder für den Zeitraum von März 2014 bis März 2018 ernannt.[16] Das Initiativrecht bedeutet ein **weitgehendes Mitbestimmungsrecht des Gerichtshofs bei der Ausschussbesetzung.**[17] Das Vorschlagsrecht für eines der Ausschussmitglieder liegt gemäß Art. 255 Abs. 2 Satz 1 a. E. beim Europäischen Parlament. Dies bedeutet jedoch keine Parlamentarisierung der Richterauswahl.

II. Arbeitsweise

8   Art. 255 AEUV regelt die Arbeitsweise des Ausschusses nicht selbst, sondern überlässt die Entscheidung hierüber einem Beschluss des Rates. Dieser wurde am 25. 2. 2010 gefasst und geht ebenfalls auf eine Initiative des Präsidenten des Gerichtshofs zurück.[18] Die Vorschriften über die Arbeitsweise finden sich im Anhang zu dem Beschluss. Hervorzuheben ist insoweit, dass der Ausschuss **unter Ausschluss der Öffentlichkeit** berät. Seine Beschlussfähigkeit ist bei Anwesenheit von mindestens fünf Mitgliedern gegeben. Er kann erforderlichenfalls den vorschlagenden Mitgliedstaat um ergänzende Unterlagen ersuchen. Außer im Falle der Wiederernennung werden die Kandidaten von dem Ausschuss angehört. Die Stellungnahmen sind zu begründen und werden den Vertretern der Regierungen der Mitgliedstaaten übermittelt. Seine Entscheidungen fällt er mit einfacher Mehrheit. Im Falle der Stimmengleichheit entscheidet die Stimme des Vorsitzenden. Dieser wird aus dem Kreis der Mitglieder vom Rat ernannt. Das Generalsekretariat des Rates nimmt die Sekretariatsgeschäfte des Ausschusses wahr.

III. Rechtliche Stellung des Ausschusses

9   In Anbetracht des Art. 13 Abs. 1 EUV ist zunächst eindeutig, dass der Ausschuss **kein Organ der Union** ist. Es ist jedoch umstritten, ob er eine »Einrichtung der Union« ist[19] oder institutionell zum Gerichtshof gehört.[20] Diese Frage dürfte jedoch über die klassifikatorische Dimension hinaus ohne rechtliche Bedeutung sein. Eine gerichtliche Geltendmachung seines Stellungnahmerechts ist dem Ausschuss jedenfalls verwehrt. Zu einer inzidenten Überprüfung im Rahmen von Konkurrentenklagen kann es allerdings prinzipiell kommen.[21]

---

[14] Beschluss des Rates vom 25. 2. 2010 zur Ernennung der Mitglieder des in Art. 255 des Vertrages über die Arbeitsweise der Europäischen Union vorgesehenen Ausschusses (2010/125/EU), ABl. 2010, L 50/20.

[15] Empfehlung des Präsidenten des Gerichtshofs der Europäischen Union in Bezug auf die Zusammensetzung des in Artikel 255 AEUV vorgesehenen Ausschusses vom 2. 2. 2010, Ratsdok. 5932/10.

[16] Beschluss des Rates vom 11.2.2014 zur Ernennung der Mitglieder des in Artikel 255 des Vertrags über die Arbeitsweise der Europäischen Union vorgesehenen Ausschusses (2014/76/EU), ABl. 2014, L 41/18.

[17] *Karpenstein*, in: Grabitz/Hilf/Nettesheim, EU, Art. 255 AEUV (Mai 2013), Rn. 11.

[18] Beschluss des Rates vom 25. 2. 2010 über die Arbeitsweise des in Artikel 255 des Vertrags über die Arbeitsweise der Europäischen Union vorgesehenen Ausschusses, ABl. 2010, L 50/18; vgl. auch *Schwarze*, in: Schwarze, EU-Kommentar, Art. 255 AEUV, Rn. 17 m. w. N. 50/18; vgl. auch *Schwarze*, in: Schwarze, EU-Kommentar, Art. 255 AEUV, Rn. 17 m. w. N.

[19] So *Wegener*, in: Calliess/Ruffert, EUV/AEUV, Art. 255 AEUV, Rn. 6.

[20] So *Schwarze*, in: Schwarze, EU-Kommentar, Art. 255 AEUV, Rn. 21.

D. Bedeutung des Ausschusses

Die Einrichtung des Ausschusses trägt trotz der fehlenden Verbindlichkeit seiner Stel-   **10**
lungnahme zur **Stärkung der Legitimation der Richter** bei. Die über lange Zeit hin völlig
undurchsichtige Auswahl durch die Mitgliedstaaten wird mit einem unionsrechtlich vor-
geformten Filter versehen. Dies dürfte der **Entpolitisierung der Auswahlentscheidung**
dienlich sein[22] und die fachlichen Qualifikationen der Kandidaten stärker in den Vordergrund rücken.

---

[21] Hierzu *Karpenstein*, in: Grabitz/Hilf/Nettesheim, EU, Art. 255 AEUV (Mai 2013), Rn. 5.
[22] *Karpenstein*, in: Grabitz/Hilf/Nettesheim, EU, Art. 255 AEUV (Mai 2013), Rn. 14; *Terhechte*,
EuR 2008, 143 (165).

Artikel 256 AEUV [Gericht, Zuständigkeiten]

(1) ¹Das Gericht ist für Entscheidungen im ersten Rechtszug über die in den Artikeln 263, 265, 268, 270 und 272 genannten Klagen zuständig, mit Ausnahme derjenigen Klagen, die einem nach Artikel 257 gebildeten Fachgericht übertragen werden, und der Klagen, die gemäß der Satzung dem Gerichtshof vorbehalten sind. ²In der Satzung kann vorgesehen werden, dass das Gericht für andere Kategorien von Klagen zuständig ist.

Gegen die Entscheidungen des Gerichts aufgrund dieses Absatzes kann nach Maßgabe der Bedingungen und innerhalb der Grenzen, die in der Satzung vorgesehen sind, beim Gerichtshof ein auf Rechtsfragen beschränktes Rechtsmittel eingelegt werden.

(2) Das Gericht ist für Entscheidungen über Rechtsmittel gegen die Entscheidungen der Fachgerichte zuständig.

Die Entscheidungen des Gerichts aufgrund dieses Absatzes können nach Maßgabe der Bedingungen und innerhalb der Grenzen, die in der Satzung vorgesehen sind, in Ausnahmefällen vom Gerichtshof überprüft werden, wenn die ernste Gefahr besteht, dass die Einheit oder Kohärenz des Unionsrechts berührt wird.

(3) Das Gericht ist in besonderen in der Satzung festgelegten Sachgebieten für Vorabentscheidungen nach Artikel 267 zuständig.

Wenn das Gericht der Auffassung ist, dass eine Rechtssache eine Grundsatzentscheidung erfordert, die die Einheit oder die Kohärenz des Unionsrechts berühren könnte, kann es die Rechtssache zur Entscheidung an den Gerichtshof verweisen.

Die Entscheidungen des Gerichts über Anträge auf Vorabentscheidung können nach Maßgabe der Bedingungen und innerhalb der Grenzen, die in der Satzung vorgesehen sind, in Ausnahmefällen vom Gerichtshof überprüft werden, wenn die ernste Gefahr besteht, dass die Einheit oder die Kohärenz des Unionsrechts berührt wird.

Literaturübersicht

Lenz, Die Gerichtsbarkeit in der Europäischen Gemeinschaft nach dem Vertrag von Nizza, EuGRZ 2001, 433; *Sack*, Zur künftigen europäischen Gerichtsbarkeit nach Nizza, EuZW 2001, 77.

Inhaltsübersicht

A. Allgemeines

Art. 256 AEUV ist die zentrale Norm für die Bestimmung der Zuständigkeiten des **1**
Gerichtshofs, des Gerichts und der Fachgerichte. Dabei übernimmt Art. 256 AEUV mit
einigen begrifflichen Anpassungen den Normbestand des Art. 225 EGV (»Fachgerichte« statt »gerichtliche Kammern«, »Gericht« statt »Gericht erster Instanz«, »festgelegt«
statt »vorgesehen«). Ergänzt wird die Grundregel des Art. 256 AEUV zum einen durch
Art. 51 EuGH-Satzung, der die Abgrenzung der Zuständigkeiten zwischen dem Gerichtshof und dem Gericht ausdifferenziert. Dessen aktuelle Fassung entlastet den
EuGH sehr weitgehend im Bereich der Direktklagen, für die in großem Umfang das
Gericht zuständig ist. Zum anderen sind die Bestimmungen über die Zuständigkeiten
der Fachgerichte maßgeblich, insoweit ist das Gericht nur Rechtmittelgericht. Grundsätzlich besteht somit ein dreistufiger Aufbau der Unionsgerichtsbarkeit;[1] nach Abschaffung des EuGöD im September 2016 besteht hingegen derzeit faktisch ein zwei-
stufiger Aufbau, da aktuell keine Fachgerichte eingerichtet sind. Dabei handelt es sich
jedoch innerhalb des einheitlichen Organs »Europäischer Gerichtshof« (Art. 13 Abs. 1
EUV) um eine organschaftlich nicht verselbständigte Spruchkörperdiversikation mit
instanzieller Zuordnung (reine Intra-, keine Interorganbeziehung, vgl. Art. 254 AEUV,
Rn. 17).

Der Prozess der **Entlastung des EuGH von Direktklagen** und ihre Überführung in die **2**
Zuständigkeit des Gerichts geht darauf zurück, dass die europäische Gerichtsbarkeit im
Bereich des Individualrechtsschutzes mit immer komplizierteren und langwierigeren
Verfahren befasst worden ist. Diese Entwicklung ist nicht zuletzt durch die Flut von
Rechtsakten der Gemeinschaften und nun der Union sowie die – insbesondere innerhalb
der Rechtsanwaltschaft – zunehmende Bereitschaft begünstigt worden, die vorhandenen Verfahren des Individualrechtsschutzes der jetzigen Union zu nutzen. Die daraus
resultierende Überlastung des EuGH wirkte auch außerhalb des unmittelbaren Individualrechtsschutzes (Art. 263 Abs. 4 und 5, Art. 265 Abs. 3, Art. 268 i. V. m. Art. 340
Abs. 2, Art. 270 AEUV) negativ auf eine zunehmende Verfahrensdauer vor den nationalen Gerichten zurück, wenn diese ihrerseits dem überlasteten EuGH eine unionsrechtliche Auslegungsfrage vorgelegt haben und während der Dauer des Vorabentscheidungsverfahrens (Art. 267 AEUV) nicht entscheiden können.[2] Zur Entlastung ist
daher im Jahre 1989 das EuG dem EuGH »beigeordnet« worden, das für Entscheidungen über einzelne Gruppen von Klagen zuständig ist und gegen dessen Entscheidungen
ein auf Rechtsfragen beschränktes Rechtsmittel beim Gerichtshof nach Maßgabe der
EuGH-Satzung eingelegt werden kann (Art. 256 Abs. 1 UAbs. 2 AEUV).

Die möglichen Zuständigkeiten des EuG wurden durch den Vertrag von Nizza deut- **3**
lich erweitert. Gleichwohl beschränkt sich die sachliche Zuständigkeit des EuG trotz
vertraglich eingeräumter Optionen für weitere Zuständigkeiten bislang im Wesentlichen auf den unmittelbaren Individualrechtsschutz durch Direktklagen. *Huber*[3] weist zu
Recht darauf hin, dass die bereits für das Jahr 2003 gemäß einer entsprechenden Erklärung der Regierungskonferenz zum Vertrag von Nizza[4] geplante Evaluierung der
Regelungen über die Rechtsmittelentscheidungen des EuG und die Übertragung von

---

[1] *Schwarze*, in: Schwarze, EU-Kommentar, Art. 256 AEUV, Rn. 2.
[2] *Everling*, DRiZ 1993, 5 (7); *Lenz*, EuGRZ 2001, 433 (436).
[3] *Huber*, in: Streinz, EUV/AEUV, Art. 256 AEUV, Rn. 4.
[4] Erklärung Nr. 14 zu Art. 225 Abs. 2 und 3 EGV.

Vorabentscheidungsverfahren auf das Gericht gemäß Art. 256 Abs. 3 AEUV ersichtlich noch aussteht. In Anbetracht der hohen Zahl anhängiger Rechtssachen und der langen Verfahrensdauer vor dem EuG wurde im Jahr 2015 eine Änderung der EuGH-Satzung beschlossen[5], nach der in einem dreistufigen Prozess die Zahl der Richter am EuG erhöht wird bzw. wurde. So erhöhte sich zum 25. Dezember 2015 die Richterzahl um zwölf zusätzliche Richter auf 40 und zum 1. September 2016 wurden die bisherigen 7 Richterstellen des EuGöD dem EuG übertragen, das gleichzeitig die zuvor beim EuGöD liegende erstinstanzliche Zuständigkeit für dienstrechtliche Streitigkeiten übertragen bekam. In einem letzten Schritt ist schließlich vorgesehen, dass sich die Zahl der Richter am EuG zum 1. September 2019 auf 56 Richter, also zwei Richter je Mitgliedstaat, erhöht – vorbehaltlich aus dem »Brexit« zu ziehender Konsequenzen.

4   Der Aufbau des Art. 256 AEUV ist in sich schlüssig. Absatz 1 regelt die erstinstanzlichen Zuständigkeiten des EuG im Bereich der Direktklagen und die dazugehörigen Rechtsmittelfragen, Absatz 2 regelt die Zuständigkeit des Gerichts als Rechtsmittelgericht für Entscheidungen der Fachgerichte. Auch hier wird die (ausnahmsweise) Überprüfung der Entscheidungen des EuG durch den Gerichtshof mit geregelt. Und Absatz 3 regelt die Zuständigkeiten des EuG für Vorabentscheidungsverfahren und ihre (ausnahmsweise) Kontrolle durch den Gerichtshof.

B.   Zuständigkeit des EuG für Direktklagen (Abs. 1)

I.   Grundregel

5   Art. 256 Abs. 1 AEUV nimmt eine Abgrenzung der Zuständigkeiten zwischen dem Gerichtshof und dem Gericht vor. Danach ist das Gericht für Entscheidungen im ersten Rechtszug über Klagen der Art. 263 (Nichtigkeitsklage), 265 (Untätigkeitsklage), 268 (Amtshaftungsklage), 270 (Dienstrechtsstreitigkeiten) und 272 AEUV (Streitigkeiten aufgrund einer Schiedsklausel) zuständig, ausgenommen die Klagen, die den Fachgerichten übertragen oder gemäß Satzung dem Gerichtshof vorbehalten sind. Die Abgrenzung der Zuständigkeiten zwischen Gerichtshof und Gericht nimmt Art. 51 EuGH-Satzung vor. Nach Art. 51 EuGH-Satzung sind dem Gerichtshof sämtliche Interorganklagen nach Art. 263 und Art. 265 AEUV zugewiesen sowie die wichtigsten Klagen der Mitgliedstaaten gegen Handlungen und Unterlassungen von Rat und Parlament (einzeln oder gemeinsam handelnd). Dagegen ist das EuG zuständig für die meisten Klagen der Mitgliedstaaten gegen Handlungen und Unterlassungen der Kommission – Ausnahme: Klagen bzgl. Art. 331 Abs. 1 AEUV – sowie für sämtliche Klagen der Mitgliedstaaten gegen die Europäische Zentralbank und einzelne Klagen der Mitgliedstaaten gegen Entscheidungen des Rates.

6   Im Einzelnen ist das EuG damit derzeit im ersten Rechtszug zuständig für alle
– Nichtigkeitsklagen natürlicher und juristischer Personen (Art. 263 Abs. 4 AEUV),
– Untätigkeitsklagen natürlicher und juristischer Personen (Art. 265 Abs. 3 AEUV),
– Schadensersatzklagen natürlicher und juristischer Personen wegen außervertraglicher Haftung der Union (Art. 268 i. V. m. Art. 340 Abs. 2 AEUV),

---

[5] Verordnung (EU, Euratom) 2015/2422 vom 16. 12. 2015 des Europäischen Parlaments und des Rates zur Änderung des Protokolls Nr. 3 über die Satzung des Gerichtshofs der Europäischen Union, ABl. 2015, L 341/14.

– Rechtsstreitigkeiten zwischen der Union und deren Bediensteten (Art. 270 AEUV), einschließlich der Rechtsstreitigkeiten zwischen den Organen, Einrichtungen und sonstigen Stellen und deren Bediensteten (Art. 50a EuGH-Satzung),
– Schiedsklagen natürlicher und juristischer Personen (Art. 272 AEUV),
– Anträge natürlicher und juristischer Personen auf Erlass einer einstweiligen Anordnung (Art. 279 AEUV) und auf Aussetzung der Vollziehung von Maßnahmen eines Unionsorgans (Art. 278 AEUV),
– folgende Klagen der Mitgliedstaaten: gegen Beschlüsse des Rates gemäß Art. 108 Abs. 2 UAbs. 3 AEUV; gegen Rechtsakte, die der Rat aufgrund einer Verordnung des Rates über handelspolitische Schutzmaßnahmen im Sinne von Art. 207 AEUV erlässt; gegen Handlungen des Rates, mit denen dieser gemäß Art. 291 Abs. 2 AEUV Durchführungsbefugnisse ausübt (Art. 256 Abs. 1 AEUV i. V. m. Art. 51 EuGH-Satzung).

Art. 256 Abs. 1 Satz 2 AEUV sieht ergänzend vor, dass das Gericht durch Satzungs- **7** bestimmung auch für andere Kategorien von Klagen für zuständig erklärt werden kann. Neben den Direktklagen und den in Art. 256 Abs. 3 AEUV geregelten Fragen des Vorabentscheidungsverfahrens bleiben insoweit insbesondere Vertragsverletzungsverfahren und Verfahren nach Art. 271 und 273 AEUV übrig. Hierzu ist es bislang noch nicht gekommen.

II. Verweisung bei Unzuständigkeit und Aussetzung des Verfahrens

Stellt das Gericht fest, dass es für ein bei ihm anhängig gemachtes Verfahren nicht **8** zuständig ist, verweist es die Rechtssache an den Gerichtshof (Art. 54 Abs. 2 EuGH-Satzung). Dieser prüft dann abschließend seine Zuständigkeit und weist gegebenenfalls den Rechtsstreit an das EuG zurück. Dagegen ist das EuG stets an eine Verweisung durch den EuGH gebunden. Ein **negativer Kompetenzkonflikt zwischen den Unionsgerichten** ist durch diese Regelung ausgeschlossen.[6] Sind beim EuGH und beim EuG Rechtssachen anhängig, die
– den gleichen Streitgegenstand,
– die gleiche Auslegungsfrage oder
– die Gültigkeit desselben Rechtsaktes betreffen,
so kann das Gericht nach Anhörung der Parteien das Verfahren bis zum Erlass des Urteils des Gerichtshofs aussetzen oder, wenn es sich um Nichtigkeitsklagen handelt, sich für nicht zuständig erklären, damit der EuGH über diese Klagen entscheidet. Gleichfalls kann der EuGH die Aussetzung des bei ihm anhängigen Verfahrens beschließen, so dass das Verfahren vor dem EuG fortgeführt wird (Art. 54 Abs. 3 EuGH-Satzung). Fechten ein Mitgliedstaat (vor dem Gericht) und ein Unionsorgan (vor dem Gerichtshof) denselben Rechtsakt an, so erklärt sich das Gericht für unzuständig, damit der Gerichtshof über diese Klagen entscheiden kann (Art. 54 Abs. 4 EuGH-Satzung).

---

[6] *Jung*, Das Gericht erster Instanz der Europäischen Gemeinschaften, 1991, S. 50, Rn. 113.

C. Rechtsmittel gegen erstinstanzliche Entscheidungen des EuG

I. Allgemeines

9 Die Möglichkeit, Urteile des Gerichts im Rechtsmittelwege überprüfen zu lassen, dient sowohl dem **Individualrechtsschutz der unterlegenen Partei** als auch der **objektiven Rechtmäßigkeit der Gerichtsentscheidungen**, also dem Allgemeininteresse.[7] Letzteres spielt insbesondere bei der privilegierten Rechtsmittelberechtigung der Mitgliedstaaten und Unionsorgane eine ausschlaggebende Rolle. Rund 27 % der Entscheidungen des EuG wurden 2015 im Rechtsmittelverfahren angegriffen; ihre Bedeutung in der Rechtsprechung des EuGH ist mithin erheblich.[8] Rechtsmittel sind in differenzierter Weise gegen alle drei in Art. 256 AEUV vorgesehenen Entscheidungstypen des Gerichts möglich (s. Rn. 11).

10 Gegen erstinstanzliche Endentscheidungen, also gegen Urteile und Beschlüsse des Gerichts, die das Verfahren ganz oder teilweise endgültig beenden, kann ein auf Rechtsfragen beschränktes Rechtsmittel zum EuGH eingelegt werden (Art. 256 Abs. 1 UAbs. 2 AEUV; Art. 56 ff. EuGH-Satzung; Art. 167 ff. VerfO-EuGH). Bei Rechtsmitteln gegen erstinstanzliche Entscheidungen des EuG gibt es keinerlei »Filterverfahren«[9] durch eine Art der Rechtsmittelzulassung oder der Streitwertvorgabe.[10]

II. Zulässigkeit des Rechtsmittels

1. Gegenstand

11 Art. 56 Abs. 1 EuGH-Satzung führt folgende Rechtsmittelgegenstände bzgl. erstinstanzlicher EuG-Entscheidungen auf:
   (1) Endentscheidungen des EuG,
   (2) Entscheidungen des EuG, die über einen Teil des Streitgegenstands ergangen sind oder die einen Zwischenstreit beebdeb,
   (3) Entscheidungen des EuG über eine Einrede der Unzuständigkeit oder Unzulässigkeit.
   Weiterhin ermöglicht die Sondervorschrift des Art. 57 Abs. 1 EuGH-Satzung ein Vorgehen gegen die (nicht verfahrensbeendende) Ablehnung als Streithelfer durch das EuG. Gegen EuG-Entscheidungen im Verfahren des einstweiligen Rechtsschutzes kann binnen zwei Monaten ein Rechtsmittel zum EuGH eingelegt werden, über das der Präsident des Gerichtshofs im abgekürzten Verfahren entscheidet (Art. 39 EuGH-Satzung).

12 **Statthafte Rechtsmittelgegenstände** sind daher mit Ausnahme der in Art. 57 Abs. 1 EuGH-Satzung sowie dem Überprüfungsverfahren nach Art. 62b EuGH-Satzung geregelten Sonderfälle nur Entscheidungen des EuG, die ein Verfahren ganz oder teilweise beenden. Unbeachtlich ist dabei, ob die Entscheidung als Urteil oder Beschluss ergangen ist. Rechtsmittelfähig, weil verfahrensbeendend, sind somit auch die Erledigung in der Hauptsache, Versäumnisurteile, Urteilsauslegung, Wiederaufnahme des Verfahrens sowie die nach einer Drittwiderspruchsklage ergehenden Entscheidungen des

---

[7] Vgl. *Karpenstein*, in: Grabitz/Hilf/Nettesheim, EU, Art. 256 AEUV (Mai 2013), Rn. 10.
[8] Rechtsprechungsstatistik des EuGH – Jahresbericht 2015, http://curia.europa.eu/jcms/upload/docs/application/pdf/2016–08/de_rapport_annuel_2015_activite_judiciaire_de.pdf   (15.9.2016); *Böhm*, JA 2009, 679.
[9] Begriff bei *Karpenstein*, in: Grabitz/Hilf/Nettesheim, EU, Art. 256 AEUV (Mai 2013), Rn. 13.
[10] *Karpenstein*, in: Grabitz/Hilf/Nettesheim, EU, Art. 256 AEUV (Mai 2013), Rn. 13.

EuG.[11] Rechtsmittel gegen lediglich prozessleitende Verfügungen (z. B. Fristverlängerungen, Beweiserhebungsbeschlüsse, Verbindung von Rechtssachen) sind hingegen nicht statthaft.[12] Ebenso wenig kann ein Rechtsmittel »nur gegen die Kostenentscheidung oder gegen die Kostenfestsetzung« eingelegt werden (Art. 58 Abs. 2 EuGH-Satzung). Als Teil einer umfassend angegriffenen EuG-Entscheidung kann sie jedoch gerügt werden.[13] Auch gegen Streichungsbeschlüsse nach einer Klagerücknahme oder einer außergerichtlichen Einigung sind keine Rechtsmittel möglich.[14]

Gemäß Art. 176 VerfO-EuGH ist auch ein **Anschlussrechtsmittel** zulässig. Dies ist den **13** Parteien möglich, die befugt sind, eine Rechtsmittelbeantwortung einzureichen und die ihrerseits durch die Entscheidung formell beschwert sind. Das mit gesondertem Schriftsatz einzulegende Anschlussrechtsmittel setzt die Erhebung eines Rechtsmittels voraus.[15]

2. Rechtsmittelberechtigung

Art. 56 Abs. 2 und 3 EuGH-Satzung regeln die Berechtigung zur Einlegung eines **14** Rechtsmittels. Zu unterscheiden sind privilegierte und nicht-privilegierte Rechtsmittelführer. Uneingeschränkt rechtsmittelberechtigt sind nur die Prozessparteien des erstinstanzlichen Verfahrens, die beschwert sind. Eine Beschwer liegt vor, wenn der Rechtsmittelführer mit seinen Klageanträgen ganz oder teilweise unterlegen ist (Art. 56 Abs. 2 Satz 1 EuGH-Satzung).[16] Der Begriff »Parteien« umfasst dabei sowohl die Hauptparteien als auch die Streithelfer in einem Prozess. Weiterhin sind auch nicht am erstinstanzlichen Verfahren beteiligte Mitgliedstaaten und Unionsorgane rechtsmittelberechtigt.

Die Rechtsmittelberechtigung des Rechtsmittelführers knüpft im Falle eines Hauptbeteiligten (Kläger oder Beklagter) an der »**formellen Beschwer**« an.[17] Das Vorliegen einer Beschwer ist dabei anhand des Klageantrags zu ermitteln.[18] Daher ist ein derartiger Rechtsmittelführer auch dann durch die Zurückweisung seiner Einrede der Unzulässigkeit durch das Gericht beschwert, wenn die Klage im Übrigen auch als unbegründet abgewiesen wurde, und kann infolgedessen sein Rechtsmittel allein auf die Zurückweisung dieser Einrede stützen.[19] Einen Sonderfall der Beschwer stellt die Entscheidung des EuGH in der Rs. C–137/92 P[20] dar, bei der das Gericht eine Nichtigkeitsklage gegen eine Kommissionsentscheidung zwar abgewiesen hatte – die Kommission also obsiegte –, sie

---

[11] *Kirschner/Klüpfel*, Das Gericht erster Instanz der Europäischen Gemeinschaften, 2. Aufl., 1998, S. 159, Rn. 147; *Schwarze*, in: Schwarze, EU-Kommentar, Art. 256 AEUV, Rn. 9.

[12] *Borchardt*, in: Lenz/Borchardt, EU-Verträge, Art. 256 AEUV, Rn. 10; vgl. EuGH, Beschl. v. 27. 2. 1991, Rs. C–126/90 P (Bocos Viciano/Kommission), Slg. 1991, I–781, Rn. 6; Urt. v. 8. 1. 2002, Rs. C–248/99 P (Frankreich/Monsanto u. a.), Slg. 2002, I–1, Rn. 46. Für die Überprüfbarkeit von Ermessensvorschriften, vgl. GA *Alber*, Schlussanträge zu Rs. C–248/99 P (Frankreich/Monsanto u. a.), Slg. 2002, S. I–1, Rn. 56.

[13] Vgl. *Karpenstein*, in: Grabitz/Hilf/Nettesheim, EU, Art. 256 AEUV (Mai 2013), Rn. 16.

[14] *Karpenstein*, in: Grabitz/Hilf/Nettesheim, EU, Art. 256 AEUV (Mai 2013), Rn. 15.

[15] *Karpenstein*, in: Grabitz/Hilf/Nettesheim, EU, Art. 256 AEUV (Mai 2013), Rn. 21.

[16] EuGH, Urt. v. 20. 9. 2001, Rs. C–383/99 P (Procter&Gamble/HABM), Slg. 2001, I–6251, Rn. 13 ff.

[17] *Jung*, in: GS, EUV/EGV, Art. 224 bis 225a EGV, Rn. 146; *Schwarze*, in: Schwarze, EU-Kommentar, Art. 256 AEUV, Rn. 12.

[18] *Schwarze*, in: Schwarze, EU-Kommentar, Art. 225 EGV, Rn. 26.

[19] EuGH, Urt. v. 26. 2. 2002, Rs. C–23/00 P (Rat/Boehringer), Slg. 2002, I–1873, Rn. 50 f.

[20] EuGH, Urt. v. 15. 6. 1994, Rs. C–137/92 P (Kommission/BASF u. a.), Slg. 1994, I–2555.

aber auf die unterstellte Nichtigkeit der Entscheidung stützte. Die Kommission war mithin zwar nicht formell, aber materiell beschwert und wurde als rechtsmittelbefugt angesehen. Dies ist nachvollziehbar.

16   Während für die Hauptpartei das Vorliegen einer formellen Beschwer ausreicht, muss ein Streithelfer, der kein Mitgliedstaat oder ein Unionsorgan ist, zusätzlich **durch die Entscheidung des EuG »unmittelbar berührt«** sein (Art. 56 Abs. 2 Satz 2 EuGH-Satzung). Es ist strittig, ob diese Beschränkung der Rechtsmittelberechtigung identisch ist mit dem Kriterium der individuellen Betroffenheit im Sinne von Art. 263 Abs. 4 AEUV.[21] Der (nicht-privilegierte) Streithelfer ist nur dann rechtsmittelbefugt, wenn er – als unmittelbar Betroffener – eigene Rechte und nicht lediglich ein »berechtigtes Interesse« am Ausgang des Rechtsstreits verfolgt.[22]

17   Für Mitgliedstaaten und Unionsorgane als privilegierte Streithelfer gelten diese Anforderungen dagegen nicht. Mitgliedstaaten und Unionsorgane sind wegen ihrer »Hüterfunktion« im Rechtsmittelverfahren – außer in Beamtensachen[23] – besonders privilegiert. Sie sind daher auch in den Fällen rechtsmittelberechtigt, in denen sie am erstinstanzlichen Verfahren nicht beteiligt waren (Art. 56 Abs. 3 EuGH-Satzung). Insoweit kann es zu Benachteiligungen der obsiegenden Prozesspartei des erstinstanzlichen Verfahrens kommen, denen Art. 61 Abs. 3 EuGH-Satzung entgegen zu wirken sucht. Danach kann der EuGH, falls er dies für notwendig hält, diejenigen Wirkungen der aufgehobenen EuG-Entscheidung bezeichnen, die für die Parteien des Rechtsstreits als fortgeltend zu betrachten sind.

3. Rechtsmittelgründe

18   Art. 256 Abs. 1 UAbs. 2 AEUV stellt klar, dass gegen Entscheidungen des EuG (nur) **»ein auf Rechtsfragen[24] beschränktes Rechtsmittel** beim Gerichtshof nach Maßgabe der Satzung eingelegt werden kann«. Art. 58 EuGH-Satzung konkretisiert den Begriff der »Rechtsfragen«. Die rechtsmittelfähigen Fragen beschränken sich daher auf folgende Rügen:

(1) Unzuständigkeit (sachliche Unzuständigkeit des EuG oder Fehlen der verbandskompetenzrechtlichen Unionsgerichtsbarkeit),

(2) Verfahrensfehler, durch die Interessen der Rechtsmittelführer beeinträchtigt werden, und

(3) Verletzung des Unionsrechts durch das EuG.

19   Der EuGH überprüft die vom EuG vorgenommene rechtliche Qualifizierung, also die **Rechtsanwendung, Auslegung und Subsumtion**[25] ohne Beschränkung und kann diese ggf. durch seine Entscheidung korrigieren. Die Begründung des Gerichts wird darauf hin kontrolliert, ob sie ausreichend und genau ist und ob das Gericht die Gründe, aus denen sich seine Feststellungen ergeben, hinreichend dargelegt hat.[26] Auch die Widerspruchsfreiheit der Begründung eines Urteils des EuG ist eine Rechtsfrage, die der EuGH voll-

---

[21] Vgl. *Karpenstein*, in: Grabitz/Hilf/Nettesheim, EU, Art. 256 AEUV (Mai 2013), Rn. 24 m. w. N.

[22] *Rengeling/Middeke/Gellermann*, Rechtsschutz in der EU, § 28, Rn. 16.

[23] Zum Begriff der Beamtensachen EuGH, Urt. v. 5.10.2000, Rs. C–434/98 P (Rat/Busacca), Slg. 2000, I–8577, Rn. 18 ff.

[24] Zur Abgrenzung zwischen Rechtsfragen und Tatsachenfragen *Wägenbaur*, EuZW 1995, 199 (200 ff.).

[25] EuGH, Urt. v. 17.12.1998, Rs. C–185/95 P (Baustahlgewerbe/Kommission), Slg. 1998, I–8417, Rn. 102 ff.

[26] Näher hierzu *Karpenstein*, in: Grabitz/Hilf/Nettesheim, EU, Art. 256 AEUV (Mai 2013), Rn. 48.

umfänglich überprüfen kann.[27] Rechtmittelgründe, welche rechtliche Begründungsmängel rügen, die sich nicht auf den Tenor der angegriffenen Entscheidung ausgewirkt haben, sind vom EuGH nicht zu überprüfen.[28] Die Verhältnismäßigkeit der vom Gericht gebilligten Höhe von Geldbußen überprüft der EuGH ebenfalls nicht.[29]

Vom EuG vorgenommene **Tatsachenfeststellungen und Beweiswürdigungen**[30] darf **20** der EuGH im Rahmen des Rechtsmittelverfahrens grundsätzlich nicht überprüfen.[31] Anders steht es hinsichtlich der Beweislastverteilung – dies ist eine überprüfbare Rechtsfrage.[32] Zu beachten ist auch, dass Fragen des nationalen Rechts vor den Unionsgerichten als Tatsachenfragen eingeordnet werden.[33] Der EuGH muss sich im Rahmen des Rechtsmittelverfahrens auf den Inhalt der erstinstanzlichen Akten stützen. Anderes gilt nur für den Fall, dass die vorgelegten Beweismittel vom EuG verfälscht wurden, sofern sich dies aus den Akten offensichtlich ergibt.[34] Jeder weitere Tatsachenvortrag durch die Parteien ist unzulässig und wird deshalb vom EuGH zurückgewiesen. Im Rahmen des Rechtsmittels können Klagegrund[35] und Klageanträge[36] nicht mehr verändert werden (vgl. Art. 170 Abs. 1 Satz 1 VerfO-EuGH). Ein entsprechendes, den Streitgegenstand veränderndes Vorbringen wäre unzulässig (Art. 170 Abs. 1 Satz 2 VerfO-EuGH).[37] Das Vorbringen neuer Argumente ist dagegen zulässig.[38]

Hinsichtlich des Rechtsmittelgrundes des Verfahrensfehlers gilt, dass die als verletzt **21** gerügte Verfahrensnorm den Interessen des Rechtsmittelführers dienen muss, dass sie also sein rechtliches Gehör sichert oder sich unmittelbar auf den Entscheidungsprozess bezieht.[39] Die Rüge der Verletzung reiner Form- oder Ordnungsvorschriften ist unzulässig. Der Verfahrensfehler muss auch schon in der ersten Instanz gerügt worden

---

[27] EuGH, Urt. v. 13.12.2001, Rs. C–446/00 P (Vermurie/Kommission), Slg. 2001, I–10315, Rn. 20.

[28] EuGH, Urt. v. 12.7.2001, Rs. C–302/99 P (Kommission und Frankreich/TF1), Slg. 2001, I–5603, Rn. 27.

[29] EuGH, Urt. v. 28.6.2005, Rs. C–189/02 P (Dansk Rørindustri u. a. /Kommission), Slg. 2005, I–5425, Rn. 244 f.

[30] *Wägenbaur*, EuZW 1995, 199 (201). EuGH, Urt. v. 17.6.2010, Rs. C–413/08 P (Lafarge/Kommission), Slg. 2010, I–5361, Rn. 15.

[31] EuGH, Beschl. v. 6.10.1997, Rs. C–55/97 P (AIUFFASS u. AKT/Kommission), Slg. 1997, I–5383, Rn. 13; Urt. v. 2.10.2001, Rs. C–449/99 P (EIB/Hautem), Slg. 2001, I–6733, Rn. 44; Urt. v. 21.6.2001, Rs. C–280/99 P – 282/99 P (Moccia Irme u. a./Kommission), Slg. 2001, I–4717, Rn. 78; GA *Stix-Hackl*, Schlussanträge zu Rs. C–446/00 P (Cubero Vermurie/Kommission), Slg. 2001, I–10315, Rn. 14; GA *Jacobs*, Schlussanträge zu Rs. C–274/00 P (Simon/Kommission), Slg. 2002, I–5999, Rn. 36.

[32] EuGH, Beschl. v. 16.10.1997, Rs. C–140/96 (Dimitriadis/Rechnungshof), Slg. 1997, I–5635, Rn. 26 f.; näher hierzu *Karpenstein*, in: Grabitz/Hilf/Nettesheim, EU, Art. 256 AEUV (Mai 2013), Rn. 50 f.

[33] EuGH, Urt. v. 24.10.2002, Rs. C–82/01 P (Aéroports de Paris/Kommission), Slg. 2002, I–9297, Rn. 56, 63.

[34] EuGH, Urt. v. 2.10.2001, Rs. C–449/99 P (EIB/Hautem), Slg. 2001, I–6733, Rn. 44.

[35] EuGH, Urt. v. 8.7.1999, Rs. C–49/92 (Kommission/Anic Partecipazioni), Slg. 1999, I–4125, Rn. 68; Urt. v. 19.6.1992, Rs. C–18/91 P (V./Parlament), Slg. 1992, I–3997, Rn. 21.

[36] EuGH, Urt. v. 1.10.1991, Rs. C–283/90 P (Vidrányi/Kommission), Slg. 1991, I–4339, Rn. 8.

[37] Vgl. GA *Jacobs*, Schlussanträge zu Rs. C–274/00 P (Simon/Kommission), Slg. 2002, I–5999, Rn. 31.

[38] Zur Abgrenzung vgl. *Karpenstein*, in: Grabitz/Hilf/Nettesheim, EU, Art. 256 AEUV (Mai 2013), Rn. 30.

[39] EuGH, Beschl. v. 17.9.1996 (San Marco/Kommission), Rs. C–19/95 P, Slg. 1996, I–4435, Rn. 40; *Wegener*, in: Calliess/Ruffert, EUV/AEUV, Art. 256 AEUV, Rn. 11.

sein.[40] Ein rügefähiger Verfahrensfehler ist auch die unangemessen lange Verfahrensdauer vor dem EuG.[41]

22   Der Rechtsmittelgrund der Verletzung des Unionsrechts hat Auffangcharakter und
erfasst alle von den beiden anderen Rechtsmittelgründen nicht getragenen Rechtsfragen.

4. Rechtsmittelform

23   Die Rechtsmittelschrift muss den Anforderungen der Art. 168 ff. VerfO-EuGH in Verbindung mit Art. 119, 121 und 122 Abs. 1 VerfO-EuGH genügen. Die von einem bevollmächtigten Prozessvertreter mit fünf beglaubigten Kopien für den Gerichtshof und
je einer beglaubigten Kopie für jede am Rechtsstreit beteiligte Partei an den Kanzler des
EuG oder des EuGH eingereichte Rechtsmittelschrift muss folgende Angaben enthalten:
   (1) Namen und Wohnsitz des Rechtsmittelführers,
   (2) Zustellungsanschrift des Rechtsmittelführers oder Einverständnis, dass Zustel-
       lungen mittels Telefax oder sonstiger technischer Kommunikationsmittel erfol-
       gen können,
   (3) Bezeichnung der anderen Parteien des Rechtsstreits,
   (4) Datum der Rechtsmittelschrift,
   (5) Rechtsmittelanträge einschließlich Kostenantrag,
   (6) Darstellung der Rechtsmittelgründe = die beanstandeten Teile des Urteils, des-
       sen Aufhebung beantragt wird, sowie die rechtlichen Argumente, die diesen
       Antrag stützen,[42]
   (7) gegebenenfalls die Kopien der Urkunden und Anlagen,[43] auf die sich der Rechts-
       mittelvortrag bezieht,
   (8) Prozessvollmacht,
   (9) Bescheinigung über die Zulassung des vertretenden Anwalts in einem Mitglied-
       staat,
   (10) Kopie der mit dem Rechtsmittel angefochtenen EuG-Entscheidung,
   (11) Datum der Zustellung der angefochtenen EuG-Entscheidung an den Rechtsmit-
       telführer,
   (12) Unterschrift des bevollmächtigten Prozessvertreters.

---

[40] EuGH, Beschl. v. 26.4.1993, Rs. C–244/92 P (Kupka Floridi/WSA), Slg. 1993, I–2041, Rn. 15 ff.
[41] EuGH, Urt. v. 17.12.1998, Rs. C–185/95 P (Baustahlgewebe/Kommission), Slg. 1998, I–8417,
Rn. 115 (117 ff.).
[42] EuGH, Beschl. v. 20.9.2001, Rs. C–1/01 P (Asia Motor Franc u. a./Kommission), Slg. 2001,
I–6349, Rn. 44. Gegen Art. 168 VerfO-EuGH verstößt wer: in seiner Rechtsmittelschrift keine Rechtsmittelgründe aufführt (EuGH, Beschl. v. 1.2.1993, Rs. C–318/92 P [Moat/Kommission], Slg. 1993,
I–481, Rn. 14); lediglich vorträgt, das EuG habe ein bestimmtes EuGH-Urteil anders auslegen müssen,
ohne für diese Auffassung ein rechtliches Argument anzuführen (EuGH, Beschl. v. 7.3.1994, Rs.
C–338/93 P [de Hoe/Kommission], Slg. 1994, I–819, Rn. 26); oder lediglich erklärt, er halte sämtliche
erstinstanzlichen Rechtsausführungen und Argumente aufrecht (EuGH, Beschl. v. 26.4.1993, Rs.
C–244/92 P [Kupka Floridi/WSA], Slg. 1993, I–2041, Rn. 10).
[43] Mangels einer ausdrücklichen Regelung für den Fall, dass eine der im Rechtsmittelschriftsatz
erwähnten Anlagen nicht beigefügt ist, führt dieser Verstoß gegen Art. 168 Abs. 1 i. V. m. Art. 57
VerfO-EuGH jedenfalls dann nicht zur Unzulässigkeit des Rechtsmittels, wenn die übrigen Parteien
bereits anderweitig Kenntnis vom Inhalt der Anlagen haben, EuGH, Urt. v. 24.10.2002, Rs. C–82/01
P (Aéroports de Paris/Kommission), Slg. 2002, I–9297, Rn. 9 ff.

Es ist dabei insbesondere darauf zu achten, dass   **24**
- in der Rechtsmittelschrift die Rechtsmittelgründe und die Anträge aufgeführt werden,[44]
- der beanstandete Teil des Urteils, auf dessen Aufhebung das Rechtsmittel zielt, genau bezeichnet wird,[45]
- der vorgebliche Fehler des Gerichts erläutert wird, indem die rechtlichen Argumente, die diesen Antrag speziell stützen, genau bezeichnet werden,[46]
- eine lediglich wörtliche Wiedergabe oder Wiederholung der bereits vor dem Gericht dargelegten Klagegründe, sofern sie in Wirklichkeit auf eine neue Verhandlung der Rechtssache abzielen, vermieden wird,[47]
- keine neuen Anträge oder Streitgegenstände eingeführt werden oder im erstinstanzlichen Verfahren schon präkludierte Klagegründe vorgebracht werden.[48]

Bei **Formmängeln der Rechtsmittelschrift** ist zu differenzieren: Fehlt es an einem der   **25**
in Art. 168 Abs. 1 oder Art. 57 f. VerfO-EuGH vorgesehenen konstitutiven Elemente, so liegt keine Rechtsmittelschrift im verfahrensrechtlichen Sinne vor. Eine fristwahrende Wirkung tritt nicht ein. Entspricht die Rechtsmittelschrift hingegen nicht Art. 168 Abs. 1 bis 3 VerfO-EuGH, so setzt der Kanzler dem Rechtsmittelführer eine Frist zur Behebung des Mangels (Art. 168 Abs. 4 VerfO-EuGH). Wird der Mangel nicht innerhalb der gesetzten Frist beseitigt, so verwirft der EuGH das Rechtsmittel.

5. Rechtsmittelfrist

»Die Rechtsmittelfrist beträgt zwei Monate und beginnt mit der Zustellung der ange-   **26**
fochtenen Entscheidung« (Art. 56 Abs. 1 Hs. 2 EuGH-Satzung). Hierbei handelt es sich um eine **Ausschlussfrist**, die zwingend vom EuGH zu prüfen ist. Verlängert wird sie gemäß Art. 51 VerfO-EuGH um eine einheitliche Entfernungsfrist von zehn Tagen. Die Einreichung des Schriftsatzes bei der Kanzlei sowohl des Gerichtshofes als auch des Gerichts ist fristwahrend (Art. 167 Abs. 1 VerfO-EuGH). Es reicht – wie im Klageverfahren – aus, dass eine Kopie der unterzeichneten Urschrift eines Schriftsatzes mittels Telefax oder sonstiger beim Gerichtshof vorhandener technischer Kommunikations-

---

[44] EuGH, Beschl. v. 1.2.2001, verb. Rs. C–300/99 P u. 388/99 P (Area Cova u. a./Rat), Slg. 2001, I–983, Rn. 36, 37; Urt. v. 4.7.2000, Rs. C–352/98 P (Bergaderm und Goupil/Kommission), Slg. 2000, I–5291 f., Leitsatz 1 und Rn. 34, 35; Urt. v. 25.5.2000, Rs. C–82/98 P (Kögler/Gerichtshof), Slg. 2000, I–3855, Rn. 18 ff.

[45] GA *Geelhoed*, Schlussanträge zu Rs. C–321/99 P (ARAP u. a./Kommission), Slg. 2002, I–4287, Rn. 40; EuGH, Beschl. v. 17.9.1996, Rs. C–19/95 P (San Marco/Kommission), Slg. 1996, I–4435, Rn. 36 ff.; Urt. v. 8.1.2002, Rs. C–248/99 P (Frankreich/Monsanto), Slg. 2002, I–1, Rn. 68. Dies gilt freilich nicht, wenn mit dem Rechtsmittel gerügt wird, dass Gericht sei in seinem Urteil auf einen Klagegrund überhaupt nicht eingegangen, EuGH, Urt. v. 15.10.2002, verb. Rs. C–238/99 P u. a. (Limburgse Vinyl Maatschappij u. a./Kommission), Slg. 2002, I–8375, Rn. 423.

[46] EuGH, Urt. v. 4.7.2000, Rs. C–352/98 P (Bergaderm und Goupil/Kommission), Slg. 2000, I–5291, Rn. 34; Urt. v. 8.1.2002, Rs. C–248/99 P (Frankreich/Monsanto), Slg. 2002, I–1, Rn. 68; Urt. v. 17.5.2001, Rs. C–450/98 P (IECC/Kommission), Slg. 2001, I–3947, Rn. 37.

[47] EuGH, Beschl. v. 14.12.1995, Rs. C–173/95 P (Hogan/Gerichtshof), Slg. 1995, I–4905, Rn. 20; Beschl. v. 25.3.1998, Rs. C–174/97 P (FFSA u. a./Kommission), Slg. 1998, I–1303, Rn. 24; GA *Jacobs*, Schlussanträge zu Rs. C–210/98 P (Salzgitter/Kommission), Slg. 2000, I–5843, Rn. 49; GA *Mischo*, Schlussanträge zu Rs. C–245/99 P (Montedison/Kommission), Slg. 2002, I–8375, Rn. 83 ff.; EuGH, Urt. v. 24.9.2009, Rs. C–125/07 P (Erste Bank Group u. a./Kommission), Slg. 2009, I–8681, Rn. 131; Urt. v. 29.7.2010, Rs. C–54/09 P (Griechenland/Kommission), Slg. 2010, I–7537, Rn. 42 f.

[48] EuGH, Urt. v. 1.6.1994, Rs. C–136/92 P (Kommission/Brazelli Lualdi), Slg. 1994, I–1981, Rn. 57 ff.

mittel bei der Kanzlei eingeht, sofern die unterzeichnete Urschrift des Schriftsatzes und die Anlagen und Abschriften spätestens zehn Tage danach bei der Kanzlei eingereicht werden (Art. 57 Abs. 7 VerfO-EuGH). Die Frist kann nicht verlängert werden.[49] Das verfristete Rechtsmittel ist als unzulässig zurückzuweisen. Für die Einlegung eines Rechtsmittels gegen die Ablehnung der Zulassung als Streithelfer (Art. 57 Abs. 1 EuGH-Satzung) gilt eine Frist von zwei Wochen ab Zustellung der Ablehnungsentscheidung.

6. Rechtsschutzinteresse

27 Die zulässige Rechtsmitteleinlegung setzt schließlich ein bestehendes Rechtsschutzinteresse voraus.[50] Der Gerichtshof kann »von Amts wegen prüfen, ob eine Partei kein Interesse mehr an der Einlegung oder Aufrechterhaltung eines Rechtsmittels aufgrund einer nach dem Urteil des Gerichts eingetretenen Tatsache hat, die dem Urteil seinen für den Rechtsmittelführer beeinträchtigenden Charakter nehmen kann«.[51] Wird durch die neue Tatsache dem Urteil des EuG jedoch der beeinträchtigende Charakter genommen, so käme der (Rechtsmittel-) Entscheidung des Gerichtshofs »keine praktische Wirksamkeit« mehr zu.[52] Ein Rechtsschutzinteresse besteht daher nur, wenn das Rechtsmittel der Partei, die das Rechtsmittel eingelegt hat, »im Ergebnis einen Vorteil verschaffen kann«.[53]

III. Rechtsmittelverfahren

28 Das Rechtsmittel ist mit **Devolutiveffekt** ausgestattet, das heißt, es hebt das Verfahren in die höhere Instanz des EuGH. Entscheidungen des EuG werden folglich erst mit Ablauf der Rechtsmittelfrist oder mit der Verkündung des das Rechtsmittel zurückweisenden Urteils rechtskräftig.[54] Eine Besonderheit besteht allerdings insoweit, als das Rechtsmittel nach Art. 60 Abs. 1 EuGH-Satzung grundsätzlich »keine aufschiebende Wirkung«, also **keinen Suspensiveffekt**, entfaltet. Dabei ist in diesem Zusammenhang der Suspensivbegriff der »aufschiebenden Wirkung« nicht im Sinne einer Rechtskrafthemmung zu verstehen, die freilich bei jeder wirksamen Rechtsmitteleinlegung begriffsnotwendig eintritt. Nach Art. 60 Abs. 1 EuGH-Satzung entfaltet das Rechtsmittel keine Vollziehungs- und Vollstreckungshemmung. Art. 60 Abs. 1 EuGH-Satzung verwendet insoweit den entsprechenden Suspensivbegriff des Art. 278 AEUV. Allerdings bezieht sich Art. 278 AEUV nicht auf die aufschiebende Wirkung von Gerichtsentscheidungen, sondern auf die Durchführung der klageweise angefochtenen Handlungen (Art. 278 Satz 2 AEUV). »Aufschiebende Wirkung« bedeutet danach, dass sich weder ein Unionsorgan noch ein mitgliedstaatliches Organ im Rahmen einer hoheitlichen Maßnahme auf die angegriffene Entscheidung des EuG stützen darf. Umgekehrt ist die Wendung

[49] *Kirschner/Klüpfel* (Fn. 11), S. 162, Rn. 150; *Schwarze*, in: Schwarze, EU-Kommentar, Art. 256 AEUV, Rn. 19.
[50] Allgemein zur Voraussetzung des Rechtsschutzinteresses, EuGH, Beschl. v. 24.9.1987, Rs. C–134/87 (Vlachou/Rechnungshof), Slg. 1987, 3633, Rn. 8.
[51] EuGH, Urt. v. 19.10.1995, Rs. C–19/93 P (Rendo u.a./Kommission), Slg. 1995, I–3319, Leitsätze und Rn. 13.
[52] GA *Tesauro*, Schlussanträge zu Rs. C–19/93 P (Rendo u.a./Kommission), Slg. 1995, I–3319, Rn. 19.
[53] EuGH, Urt. v. 19.10.1995, Rs. C–19/93 P (Rendo u.a./Kommission), Slg. 1995, I–3319, Rn. 13; Urt. v. 17.9.2009, Rs. C–519/07 P (Kommission/Koninklijke FrieslandCampina), Slg. 2009, I–8495, Rn. 63.
[54] *Reiling*, EuZW 2002, 136 (137).

»keine aufschiebende Wirkung« nach Art. 60 Abs. 1 EuGH-Satzung dahingehend zu verstehen, dass die Einlegung eines Rechtsmittels zum EuGH weder die Unionsorgane noch die mitgliedstaatlichen Organe rechtlich daran hindert, sich im Rahmen ihres hoheitlichen Verhaltens auf die erstinstanzliche Entscheidung des EuG zu stützen.

Aus Gründen der Rechtssicherheit[55] wird in den Fällen der Nichtigerklärung einer **29** Verordnung durch das Gericht ausnahmsweise der Suspensiveffekt des Rechtsmittels bejaht. In einem solchen Fall werden – als Ausnahme zu der Regelung des Art. 60 Abs. 1 EuGH-Satzung – »die Entscheidungen des Gerichts, mit denen eine Verordnung für nichtig erklärt wird, erst nach Ablauf der [Rechtsmittel-]Frist oder, wenn innerhalb dieser Frist ein Rechtsmittel eingelegt worden ist, nach dessen Zurückweisung wirksam« (Art. 60 Abs. 2 EuGH-Satzung). Durch diese Regelung soll der Rechtsunsicherheit vorgebeugt werden, die dadurch entstehen könnte, dass die Verordnung mit dem erstinstanzlichen Urteil aufhört zu existieren, um gegebenenfalls später nach dem Rechtsmittelverfahren wiederaufzuleben.[56] Die Regelung des Art. 60 Abs. 2 EuGH-Satzung ist nach Sinn und Zweck auf andere Normativakte zu erstrecken.[57]

Das Rechtsmittelverfahren besteht aus einem schriftlichen und einem mündlichen **30** Teil (Art. 59 EuGH-Satzung). Ggf. kann ohne mündliche Verhandlung entschieden werden. Neben den besonderen Bestimmungen der Art. 167 ff. VerfO-EuGH gelten insoweit die allgemeinen Verfahrensbestimmungen.

IV. Begründetheit des Rechtsmittels

Das Rechtsmittel ist begründet, wenn die angefochtene Entscheidung des EuG mit mindestens einem Rechtsfehler behaftet ist, der einen der in Art. 58 Abs. 1 EuGH-Satzung genannten und vom Rechtsmittelführer geltend gemachten Rechtsmittelgründe verwirklicht, und sich dieser Rechtsfehler zu Ungunsten des Rechtsmittelführers beschwerend ausgewirkt hat. Das Rechtsmittel wird jedoch als unbegründet zurückgewiesen, wenn zwar die Urteilsgründe des EuG auf einer unzutreffenden Anwendung des Unionsrechts beruhen, sich die Urteilsentscheidung und der Urteilstenor aber aus anderen als vom EuG angegebenen Rechtsgründen als richtig erweist.[58] Geht das Gericht jedoch rechtsirrig von der Zulässigkeit der Klage aus, hebt der Gerichtshof die Entscheidung auch dann auf, wenn das Gericht die Klage als unbegründet zurückgewiesen hat.[59] Für offensichtlich unzulässige oder unbegründete Rechtsmittel oder Anschlussrechtsmittel sieht die VerfO-EuGH genauso wie für offensichtlich begründete (Anschluss-)Rechtsmittel ein vereinfachtes Verfahren vor (Art. 181 f. VerfO-EuGH). **31**

---

[55] *Jung*, in: GS, EUV/EGV, Art. 224 bis 225a EGV, Rn. 175.
[56] *Wägenbaur*, EuGH-VerfO, 2008, Art. 60 EuGH-Satzung, Rn. 3.
[57] So zu Recht *Wegener*, in: Calliess/Ruffert, EUV/AEUV, Art. 256 AEUV, Rn. 20.
[58] EuGH, Urt. v. 13.7.2000, Rs. C–210/98 P (Salzgitter/Kommission), Slg. 2000, I–5843 f., Leitsätze und Rn. 58; Urt. v. 9.6.1992, Rs. C–30/91 P (Lestelle/Kommission), Slg. 1992, I–3755, Rn. 28; Beschl. v. 3.12.1992, Rs. C–32/92 (Moat/Kommission), Slg. 1992, I–6379, Rn. 11; Urt. v. 11.1.1996, Rs. C–480/93 P (Zunis Holding u.a./Kommission), Slg. 1996, I–1, Rn. 14 f.
[59] EuGH, Urt. v. 29.11.2007, Rs. C–176/06 P (Stadtwerke Schwäbisch Hall/Kommission), Slg. 2007, I–170, Rn. 24 ff.

V. Rechtsmittelentscheidung

32   Ist das Rechtsmittel unzulässig oder unbegründet, so wird es zurückgewiesen und über die Kosten entschieden (Art. 184 VerfO-EuGH).[60] Wird das Rechtsmittel als unzulässig verworfen, so kann der Rechtsmittelführer allerdings nach Erfüllung der Zulässigkeitsvoraussetzungen innerhalb der noch laufenden Zweimonatsfrist (Art. 56 Abs. 1 Hs. 2 EuGH-Satzung) erneut Rechtsmittel einlegen. Wird das Rechtsmittel als unbegründet zurückgewiesen, so wird die angefochtene Entscheidung rechtskräftig. Diese Rechtskraft steht dann der erneuten Einlegung eines Rechtsmittels gegen die gleiche Entscheidung entgegen. Bei offensichtlicher Unzulässigkeit oder Unbegründetheit gilt Art. 181 VerfO-EuGH, wonach auf eine mündliche Verhandlung verzichtet werden kann.

33   Erweist sich das Rechtsmittel hingegen als zulässig und begründet, so »hebt der EuGH die Entscheidung des EuG auf« (Art. 61 Abs. 1 Satz 1 EuGH-Satzung). Ist der Rechtsstreit entscheidungsreif, so kann der Gerichtshof selbst über den Rechtsstreit und die Kosten (Art. 184 VerfO-EuGH) endgültig entscheiden.[61] Die Rechtskraft erstreckt sich in einem solchen Fall nur auf die Klagegründe, die der EuGH tatsächlich für begründet hält, eine rechtskräftige Entscheidung über andere, ebenfalls geltend gemachte rechtliche und tatsächliche Fragen enthält sie dagegen nicht.[62] Bei fehlender Entscheidungsreife verweist der Gerichtshof die Sache mit einer Kassationsentscheidung[63] zur Entscheidung an das Gericht zurück (Art. 61 Abs. 1 Satz 2 EuGH-Satzung).[64] Soweit der EuGH eine Entscheidung des EuG aufhebt, richtet sich das nachfolgende Verfahren vor dem EuG nach den Art. 215 ff. VerfO-EuG.[65] Das EuG ist bei der erneuten Verhandlung der Sache an die »rechtliche Beurteilung in der Entscheidung des Gerichtshofs gebunden« (Art. 61 Abs. 2 EuGH-Satzung). Eine Zurückverweisung an das EuG erfolgt vor allem, wenn noch weitere tatsächliche Fragen aufgeklärt werden müssen,[66] wenn es das EuG also z. B. versäumt hat, Beweise zu erheben, die für die Entscheidung des Rechtsstreits erheblich sind.[67]

D. Zuständigkeit des EuG für Rechtsmittel gegen Entscheidungen der Fachgerichte (Abs. 2)

34   Gemäß Art. 256 Abs. 2 UAbs. 1 AEUV ist das EuG Rechtsmittelinstanz für Entscheidungen der nach Art. 257 AEUV gebildeten Fachgerichte. Dies betraf bislang die Entscheidungen des EuGöD. Das Rechtsmittelverfahren selbst ist in Art. 257 AEUV geregelt, Art. 256 Abs. 2 UAbs. 1 AEUV regelt insoweit nur die Zuständigkeit des Gerichts.

---

[60] EuGH, Beschl. v. 13. 11. 2001, Rs. C–430/00 P (Dürbeck/Kommission), Slg. 2001, I–8547, Rn. 39.

[61] Vgl. EuGH, Urt. v. 25. 5. 2000, Rs. C–359/98 P (Ca'Pasta/Kommission), Slg. 2000, I–3977, Leitsätze und Rn. 39; Urt. v. 8. 1. 2002, Rs. C–248/99 P (Frankreich/Monsanto), Slg. 2002, I–1, Leitsätze.

[62] EuGH, Urt. v. 15. 10. 2002, verb. Rs. C–238/99 P u. a. (Limburgse Vinyl Maatschappij u. a./Kommission), Slg. 2002, I–8375, Rn. 47.

[63] *Karpenstein*, in: Grabitz/Hilf/Nettesheim, EU, Art. 256 AEUV (Mai 2013), Rn. 57.

[64] EuGH, Urt. v. 10. 1. 2002, Rs. C–480/99 P (Plant u. a./Kommission u. a.), Slg. 2002, I–265, Leitsätze; *Wägenbaur*, EuZW 1995, 199 (203), weist darauf hin, dass der EuGH in der Regel selbst entscheidet.

[65] Zum genauen Ablauf des Verfahrens vgl. *Kirschner/Klüpfel* (Fn. 11), S. 169 ff., Rn. 160 ff.

[66] *Kirschner/Klüpfel* (Fn. 11), S. 168, Rn. 158.

[67] *Karpenstein*, in: Grabitz/Hilf/Nettesheim, EU, Art. 256 AEUV (Mai 2013), Rn. 55.

Gegen die Rechtsmittelentscheidungen des EuG hinsichtlich fachgerichtlicher Ent- **35**
scheidungen nach Art. 257 Abs. 3 AEUV ist gemäß Art. 256 Abs. 2 UAbs. 2 AEUV in
Ausnahmefällen ein Rechtsmittel zum Gerichtshof möglich (»**Überprüfungsverfah-**
ren«). Voraussetzung hierfür ist, dass »die ernste Gefahr besteht, dass die Einheit oder
Kohärenz des Unionsrechts berührt wird.« Eine solche Situation hat der Gerichtshof
unter folgenden vier Voraussetzungen angenommen:[68]

   (1) die EuG-Entscheidung kann einen Präzedenzfall für spätere Entscheidungen tref-
       fen,
   (2) das EuG weicht mit seiner Entscheidung von der Rechtsprechung des Gerichts-
       hofs ab,
   (3) die EuG-Entscheidung beruht auf Verfahrensverletzungen, insbesondere einer
       Verletzung des Rechts auf ein faires Verfahren, vor allem der Wahrung der Ver-
       teidigungsrechte,
   (4) die fehlerhafte Rechtsanwendung hat große Bedeutung, weil die verletzten
       Rechtsregeln im Range des Primärrechts stehen.

Das Verfahren bestimmt sich nach Art. 62 EuGH-Satzung, wonach der Erste Gene- **36**
ralanwalt eine Überprüfung durch den EuGH vorschlagen kann. Obwohl er insoweit
allein genannt ist, ist umstritten, ob das Antragsrecht in dieser Weise exklusiv ist.[69] Der
Gerichtshof muss diesem Vorschlag aber nicht folgen (Art. 62 Abs. 2 EuGH-Satzung).[70]
Aufschiebende Wirkung hat ein entsprechendes (weiteres) Rechtsmittel gemäß Art. 62b
Abs. 1 Satz 1 EuGH-Satzung nicht.

Das Verfahren beim Gerichtshof wird vor einer besonderen, mit fünf Richtern besetz- **37**
ten »**Überprüfungskammer**« geführt (Art. 191 VerfO-EuGH). Das Verfahren selbst ist in
Art. 193 VerfO-EuGH geregelt. Art. 62b Abs. 1 Satz 2 EuGH-Satzung bestimmt die
Wirkungen der Entscheidung der Überprüfungskammer: Bei festgestellter Beeinträchtigung von Einheit oder Kohärenz des Unionsrechts durch das EuG-Urteil entscheidet
der Gerichtshof bei Entscheidungsreife selbst, andernfalls verweist er die Sache an das
Gericht zurück, das an die rechtliche Beurteilung durch den EuGH gebunden ist.

E.   Zuständigkeit des EuG für Vorabentscheidungsverfahren (Abs. 3)

Zur weiteren Entlastung des EuGH sieht Art. 256 Abs. 3 UAbs. 1 AEUV seit Inkraft- **38**
treten des Vertrags von Nizza auch die Möglichkeit vor, dass das Gericht die Zuständigkeit für Vorabentscheidungsverfahren nach Art. 267 AEUV für bestimmte Sachgebiete
erhalten soll. Diese primärrechtliche Option für eine Zuständigkeitserweiterung des
EuG soll durch eine noch vorzunehmende Änderung der Satzung des Gerichtshofs gegenständlich konkretisiert werden. Im Auge hatte man mit dieser Regelung ersichtlich
das Recht des geistigen Eigentums, das Warenzeichen- und Markenrecht.[71] Sinnvollerweise sollte es sich jedenfalls um Materien handeln, bei denen das EuG bereits im Rah-

---

[68] EuGH, Urt. v. 17.12.2009, Rs. C–197/09 (M/Europäische Arzneimittel-Agentur), Slg. 2009,
I–12033, Rn. 61ff.
[69] Vgl. *Karpenstein*, in: Grabitz/Hilf/Nettesheim, EU, Art. 256 AEUV (Mai 2013), Rn. 64. Für ein
ausschließliches Antragsrechts des Ersten Generalanwalts: *Sack*, EuZW 2001, 77 (78).
[70] *Epiney/Abt/Mosters*, DVBl 2001, 941 (950).
[71] *Huber*, in: Streinz, EUV/AEUV, Art. 256 AEUV, Rn. 12 m. w. N.

men seiner bisherigen, dominant auf Direktklagen bezogenen Rechtsprechungstätigkeit umfassende Expertise erworben hat.[72]

39   Gemäß Art. 256 Abs. 3 UAbs. 2 AEUV soll das EuG bei Grundsatzentscheidungen, welche die Einheit oder die Kohärenz des Unionsrechts berühren könnten, die Möglichkeit haben, die Rechtssache an den EuGH zu verweisen. Eine Verpflichtung besteht insoweit indes nicht. Weiterhin ist in Art. 256 Abs. 3 UAbs. 3 AEUV die Möglichkeit vorgesehen, Entscheidungen des EuG über Anträge auf Vorabentscheidungen durch den Gerichtshof zu überprüfen, »wenn die ernste Gefahr besteht, dass die Einheit oder die Kohärenz des Unionsrechts berührt wird.«[73] Insoweit gilt das Verfahren nach Art. 62 EuGH-Satzung i.V.m. Art. 194 VerfO-EuGH. So nachvollziehbar diese Regelung aus rechtspolitischen Gründen ist, sie dürfte zugleich einer der Gründe für die bisherige Zurückhaltung bei der Übertragung von Vorabentscheidungszuständigkeiten auf das Gericht sein. Die Autorität des Gerichts im dadurch installierten Dialog mit den nationalen Gerichten wäre nämlich von vornherein fragil.[74] Des Weiteren dürfte die Auslastung des Gerichts mit den derzeit bei ihm möglichen Verfahren einer Ausweitung seiner Inanspruchnahme im Wege stehen. Und nicht zuletzt würde sich durch die – wenn auch auf Ausnahmen beschränkte – Kontrollmöglichkeit seiner Vorabentscheidungsurteile durch den EuGH die Verfahrensdauer in schwer erträglicher Weise erhöhen. Vor dem Hintergrund der Gewähr effektiven und zeitnahen Rechtsschutzes durch Art. 6 EMRK erscheint dies besonders problematisch.[75] Die Regelungen über kurze Fristen für Annahme- oder Ablehnungsentscheidungen durch den EuGH (Art. 62 Abs. 2 EuGH-Satzung) können insoweit nur sehr begrenzt korrigierend wirken, da sie die eigentliche Dauer des Verfahrens nicht betreffen.

---

[72] Hierzu *Wegener*, in: Calliess/Ruffert, EUV/AEUV, Art. 256 AEUV, Rn. 29.
[73] Kritisch zu dieser »Zweistufigkeit« des Vorlageverfahrens *Sack*, EuZW 2001, 77 (78).
[74] *Huber*, in: Streinz EUV/AEUV, Art. 256 AEUV, Rn. 13.
[75] Vgl. *Sack*, EuZW 2001, 77 (78).

Artikel 257 AEUV [Fachgerichte]

¹Das Europäische Parlament und der Rat können gemäß dem ordentlichen Gesetzgebungsverfahren dem Gericht beigeordnete Fachgerichte bilden, die für Entscheidungen im ersten Rechtszug über bestimmte Kategorien von Klagen zuständig sind, die auf besonderen Sachgebieten erhoben werden. ²Das Europäische Parlament und der Rat beschließen durch Verordnungen entweder auf Vorschlag der Kommission nach Anhörung des Gerichtshofs oder auf Antrag des Gerichtshofs nach Anhörung der Kommission.

In der Verordnung über die Bildung eines Fachgerichts werden die Regeln für die Zusammensetzung dieses Gerichts und der ihm übertragene Zuständigkeitsbereich festgelegt.

Gegen die Entscheidungen der Fachgerichte kann vor dem Gericht ein auf Rechtsfragen beschränktes Rechtsmittel oder, wenn die Verordnung über die Bildung des Fachgerichts dies vorsieht, ein auch Sachfragen betreffendes Rechtsmittel eingelegt werden.

¹Zu Mitgliedern der Fachgerichte sind Personen auszuwählen, die jede Gewähr für Unabhängigkeit bieten und über die Befähigung zur Ausübung richterlicher Tätigkeiten verfügen. ²Sie werden einstimmig vom Rat ernannt.

¹Die Fachgerichte erlassen ihre Verfahrensordnung im Einvernehmen mit dem Gerichtshof. ²Diese Verfahrensordnung bedarf der Genehmigung des Rates.

¹Soweit die Verordnung über die Bildung der Fachgerichte nichts anderes vorsieht, finden die den Gerichtshof der Europäischen Union betreffenden Bestimmungen der Verträge und die Satzung des Gerichtshofs der Europäischen Union auf die Fachgerichte Anwendung. ²Titel I und Artikel 64 der Satzung gelten auf jeden Fall für die Fachgerichte.

Inhaltsübersicht

A. Allgemeines

Art. 257 AEUV ist die Nachfolgebestimmung zu Art. 225a EGV, der mit dem Vertrag **1** von Nizza geschaffen wurde. Diese Bestimmung sah erstmals die Möglichkeit vor, »gerichtliche Kammern« zu bilden, »die für Entscheidungen im ersten Rechtszug über bestimmte Kategorien von Klagen zuständig sind, die in besonderen Sachgebieten erhoben werden.« So wie das EuG zur Entlastung des EuGH ins Leben gerufen worden war, sollte der mittlerweile eingetretenen Arbeitsüberlastung des Gerichts nunmehr mit der Einrichtung einer noch darunter angesiedelten Eingangsinstanz begegnet werden. Mittelbar dient dies allerdings auch der Entlastung des Gerichtshofs. Folgerichtig sah auch der Vertrag von Nizza vor, dass das Gericht zur Rechtsmittelinstanz für die Entscheidungen der gerichtlichen Kammern werden sollte (Art. 225a Abs. 3 EGV). Hiermit wurde der abstrakt **dreistufige Aufbau der Unionsgerichtsbarkeit** etabliert.

2   Der Vertrag von Lissabon hat insbesondere die Bezeichnung »gerichtliche Kammern« durch den treffenderen Begriff »Fachgerichte« ersetzt. Damit wird deutlicher zum Ausdruck gebracht, dass es sich um eine echte erste Instanz handelt, zugleich wird der intendierten Spezialisierung Rechnung getragen, die ihrerseits auf die kontinuierliche Ausdifferenzierung des Unionsrechts reagiert.[1] Diese ausdrücklich beabsichtigte **judikative Spezialisierung** steht im Übrigen im Gegensatz zu der vorsätzlichen Vermeidung besonderer Spezialisierungen beim Gerichtshof und dem Gericht.[2] Auch deshalb ist der neue Begriff zu begrüßen.

3   Gemäß Art. 257 Abs. 1 Satz 1 AEUV sind die Fachgerichte dem Gericht »beigeordnet«. Dieser Begriff wurde ursprünglich auch für die Stellung des EuG im Verhältnis zum Gerichtshof verwendet und war in seiner Bedeutung schon damals unklar. Da es im organschaftlichen Sinne gemäß Art. 13 Abs. 1 EUV ohnehin nur den »Gerichtshof der Europäischen Union« gibt, handelt es sich bei den instanziell einander zugeordneten Ausformungen »Gerichtshof«, »Gericht« und »Fachgerichte« jeweils um Elemente dieses einheitlichen Organs, also um eine **Spruchkörperdiversifikation mit instanzieller Zuordnung**. Eine sinnvolle organisatorische Ausdifferenzierung steht dem nicht entgegen. Die Fachgerichte stehen dem Gericht zwar insofern näher, als dieses die zugehörige (erste) Rechtsmittelinstanz ist. Der institutionell gemeinte Begriff der »Beiordnung« drückt dies jedoch nicht sinnvoll aus.[3] So wie dieser Begriff im Verhältnis zwischen Gericht und Gerichtshof gestrichen wurde, empfiehlt sich seine künftige Entfernung auch im Verhältnis zwischen Fachgerichten und Gericht.

B.   Fachgerichte in der EU (Abs. 1)

4   Als erstes Fachgericht wurde – noch unter der Geltung des Vertrags von Nizza und damit ursprünglich als »gerichtliche Kammer« – das **Gericht für den öffentlichen Dienst der Europäischen Union (EuGöD)** geschaffen.[4] Diesem wurden im ersten Rechtszug die Streitsachen zwischen der Union und ihren Bediensteten gemäß Art. 270 AEUV einschließlich der Streitsachen zwischen den Einrichtungen sowie Ämtern und Agenturen und deren Bediensteten, für die der Gerichtshof der Europäischen Union zuständig ist, zugewiesen. Das EuGöD bestand aus sieben Richtern und stützte sich hinsichtlich seiner Verwaltung auf die Dienste des Gerichtshofs und des Gerichts. Es hatte jedoch einen eigenen Kanzler. Zum September 2016 wurden die sieben Richterstellen des EuGöD sowie die erstinstanzliche Zuständigkeit über dienstrechtliche Streitsachen dem EuG übertragen.

5   Die Errichtung anderer Fachgerichte, die dem vertraglichen Spezialisierungsauftrag entsprechend für je besondere Sachgebiete einzurichten wären, wird zwar diskutiert, ist jedoch noch nicht konkret absehbar. In Betracht kommen insoweit alle deutlich abgrenzbaren Materien, bei denen ein Entlastungsbedarf für das Gericht besteht.[5] Genannt werden insoweit etwa das Markenrecht, das Lebensmittelrecht, das Arzneimit-

---

[1] *Karpenstein/Eggers*, in: Grabitz/Hilf/Nettesheim, EU, Art. 257 AEUV (Mai 2013), Rn. 4.
[2] *Huber*, in: Streinz, EUV/AEUV, Art. 257 AEUV, Rn. 3.
[3] Kritisch auch *Wegener*, in: Calliess/Ruffert, EUV/AEUV, Art. 257 AEUV, Rn. 9.
[4] Beschluss des Rates vom 2. 11. 2004 zur Errichtung des Gerichts für den öffentlichen Dienst der Europäischen Union (2004/752/EG, Euratom), ABl. 2004, L 333/7.
[5] Vgl. auch *Karpenstein/Eggers*, in: Grabitz/Hilf/Nettesheim, EU, Art. 257 AEUV (Mai 2013), Rn. 8.

telrecht, das unionale Wettbewerbsrecht, das Recht der justiziellen Zusammenarbeit in Zivilsachen, das Asylrecht und Einwanderungsrecht.[6] Ob es zu einer Aufwertung der in Alicante ansässigen Beschwerdekammern des Harmonisierungsamtes für den Binnenmarkt zu eigenständigen Fachgerichten kommt ist ebenfalls ungewiss.[7] Gleiches gilt für die Einrichtung einer europäischen Patentgerichtsbarkeit in Form eines entsprechenden Fachgerichts.[8]

C. Errichtung der Fachgerichte (Abs. 2)

Die Errichtung neuer Fachgerichte ist gemäß Art. 257 Abs. 1 AEUV **im Wege des ordentlichen Gesetzgebungsverfahrens** (Art. 295 AEUV) möglich. Das Europäische Parlament und der Rat beschließen durch Verordnung entweder auf Vorschlag der Kommission nach Anhörung des Gerichtshofs oder auf Antrag desselben und nach Anhörung der Kommission. Die letztgenannte Variante stellt eine atypische Ausgestaltung des ordentlichen Gesetzgebungsverfahrens dar, die dem besonderen Gewicht eines Antrags des Gerichtshofs Rechnung trägt. Die Einrichtung von Fachgerichten im Wege des ordentlichen Gesetzgebungsverfahrens anstelle einer Vertragsänderung ermöglicht eine flexible Reaktion auf steigende Arbeitsbelastungen der Unionsgerichtsbarkeit.[9]   **6**

In der **Errichtungsverordnung** sind nach Art. 257 Abs. 2 AEUV die Regeln für die Zusammensetzung des neuen Fachgerichts und der ihm übertragene Zuständigkeitsbereich festzulegen. Dies bedeutet auch, dass die Zusammensetzung der einzelnen Fachgerichte unterschiedlich sein kann, womit vor allem auch der Arbeitsbelastung Rechnung getragen werden kann.[10] Die Errichtungsverordnung hat auch zu regeln, ob die gegen die Entscheidungen des Fachgerichts möglichen Rechtsmittel zum Gericht auf Rechtsfragen beschränkt sind (Revision) oder ob sie auch auf Sachfragen erstreckt werden sollen (Berufung). Die Errichtungsverordnung entscheidet mithin auch über den Umfang der Rechtsmittelbefugnisse des Gerichts. Auch hier sind wiederum Unterschiede bei verschiedenen Fachgerichten möglich. Die Rechtsmittel gegen Entscheidungen des EuGöD waren jedoch auf Rechtsfragen beschränkt. Die Errichtungsverordnung hat ebenfalls die Intensität der organisatorischen Anbindung an das Gericht zu regeln.[11] Ergänzungen der EuGH-Satzung sind bei der Errichtung neuer Fachgerichte nicht erforderlich.   **7**

D. Rechtsmittel gegen die Entscheidungen der Fachgerichte (Abs. 3)

Wie soeben dargestellt, ist das Gericht zuständig für Rechtsmittel gegen die Entscheidungen der Fachgerichte. Seine Zuständigkeit hierfür ergibt sich jedoch primär aus Art. 256 Abs. 2 AEUV (vgl. die Kommentierung dort). Das Rechtsmittelverfahren vor   **8**

---

[6] Hierzu *Huber*, in: Streinz, EUV/AEUV, Art. 257 AEUV, Rn. 7, *Kamann*, ZEuS 2001, 627 (640); *Peers*, EJML 7 (2005), 263 (272).

[7] Vgl. hierzu *Karpenstein/Eggers*, in: Grabitz/Hilf/Nettesheim, EU, Art. 257 AEUV (Mai 2013), Rn. 7; *Wegener*, in: Calliess/Ruffert, EUV/AEUV, Art. 257 AEUV, Rn. 5.

[8] Vgl. hierzu *Lavranos*, E.L.Rev. 30 (2005), 261 (265 ff.); *Luginbühl*, GRUR-Int. 2004, 357.

[9] Vgl. *Wegener*, in: Calliess/Ruffert, EUV/AEUV, Art. 257 AEUV, Rn. 1.

[10] *Karpenstein/Eggers*, in: Grabitz/Hilf/Nettesheim, EU, Art. 257 AEUV (Mai 2013), Rn. 10.

[11] *Karpenstein/Eggers*, in: Grabitz/Hilf/Nettesheim, EU, Art. 257 AEUV (Mai 2013), Rn. 9.

dem EuG ist geregelt in Art. 192 ff. VerfO-EuG.[12] Gemäß Art. 256 Abs. 2 UAbs. 2 AEUV soll der EuGH in Ausnahmefällen die Rechtsmittelentscheidungen des EuG noch einmal überprüfen können, »wenn die ernste Gefahr besteht, dass die Einheit oder Kohärenz des Unionsrechts berührt wird«. Das Verfahren bestimmt sich insoweit nach Art. 62 ff. EuGH-Satzung i. V. m. Art. 191 ff. VerfO-EuGH (s. Art. 256 AEUV, Rn. 34 ff.).

E. Auswahl und Ernennung der Richter (Abs. 4)

9   Zwar müssen die Richter in allen drei Instanzen der Unionsgerichtsbarkeit »jede Gewähr für Unabhängigkeit bieten« (Art. 253 Abs. 1, Art. 254 Abs. 2 Satz 1, Art. 257 Abs. 4 Satz 1 AEUV), so dass die moralischen Anforderungen an die Richter sich entsprechen. In kritikwürdiger Weise stuft der AEUV jedoch die fachlichen Anforderungen an die Richter von Gerichtshof, Gericht und Fachgerichten ab. Während beim Gerichtshof »Persönlichkeiten« auszuwählen sind, die »in ihrem Staat die für die höchsten richterlichen Ämter erforderlichen Voraussetzungen erfüllen«, genügen beim Gericht und den Fachgerichten zunächst »Personen«. Beim Gericht müssen diese »über die Befähigung zur Ausübung hoher richterlicher Tätigkeiten verfügen«, bei den Fachgerichten ist nur die »Befähigung zur Ausübung richterlicher Tätigkeiten« erforderlich. Hiermit wird ohne Not eine **abgestufte fachliche Deklassierung** vorgenommen, die der besonderen Bedeutung der Unionsgerichtsbarkeit nicht angemessen ist.[13] Für die deutsche Rechtslage ist dies freilich unerheblich, da es insofern einheitlich auf die »Befähigung zum Richteramt« gemäß § 5 DRiG ankommt – die Zweite Juristische Staatsprüfung genügt mithin für alle drei Ebenen der Unionsgerichtsbarkeit.

10   Die Richter der Fachgerichte werden gemäß Art. 257 Abs. 4 Satz 2 AEUV einstimmig vom Rat durch Beschluss ernannt. Damit unterscheidet sich ihre Ernennung von derjenigen der Richter am Gerichtshof und am Gericht. Diese werden von den Regierungen der Mitgliedstaaten ernannt, also nicht von einem Unionsorgan. Zur Zahl und Nationalität der Richter an den Fachgerichten gibt es keine vertraglichen Vorgaben.

11   Die sieben Richterstellen am EuGöD wurden europaweit ausgeschrieben. Der in Art. 3 Abs. 3 des Anhangs I EuGH-Satzung vorgesehene Eignungsprüfungsausschuss hatte aus den eingegangenen Bewerbungen eine Liste mit 14 Kandidaten erstellt, aus denen sieben vom Rat ausgewählt wurden. Damit gingen die Befugnisse dieses Ausschusses über diejenigen des in Art. 255 AEUV vorgesehenen Ausschusses hinaus. Für andere Fachgerichte muss nicht zwingend das gleiche Verfahren gewählt werden, auch Art. 255 AEUV ist insoweit nicht einschlägig. Eine Orientierung an dem EuGöD-Ausschuss liegt indes nahe.

12   Mit der Entkoppelung der Richterzahl am EuGöD von der Zahl der Mitgliedstaaten wurde ebenfalls ein Präjudiz für künftige Fachgerichte geschaffen. Das Verfahren einer eigenständigen Bewerbungsmöglichkeit mit anschließender Bestenauswahl stellt insoweit eine sinnvolle Möglichkeit dar, Fragen der nationalen Eitelkeit beiseite zu stellen.

---

[12] Vgl. zu statistischen Aspekten *Karpenstein/Eggers*, in: Grabitz/Hilf/Nettesheim, EU, Art. 257 AEUV (Mai 2013), Rn. 13.
[13] Ablehnend auch *Huber*, in: Streinz, EUV/AEUV, Art. 257 AEUV, Rn. 10.

F. Verfahrensordnung und anwendbare Vorschriften (Abs. 5 und Abs. 6)

Gemäß Art. 257 Abs. 5 AEUV erlassen die Fachgerichte jeweils ihre eigenen Verfah- **13** rensordnungen. Hierzu bedarf es des Einvernehmens mit dem Gerichtshof und der Genehmigung des Rates. Soweit die Errichtungsverordnungen nichts anderes vorsehen, finden die vertraglichen Vorschriften bzgl. des Gerichtshofs der Europäischen Union und die EuGH-Satzung auf die Fachgerichte Anwendung.

Artikel 258 AEUV [Vertragsverletzungsverfahren, Aufsichtsklage]

Hat nach Auffassung der Kommission ein Mitgliedstaat gegen eine Verpflichtung aus den Verträgen verstoßen, so gibt sie eine mit Gründen versehene Stellungnahme hierzu ab; sie hat dem Staat zuvor Gelegenheit zur Äußerung zu geben.

Kommt der Staat dieser Stellungnahme innerhalb der von der Kommission gesetzten Frist nicht nach, so kann die Kommission den Gerichtshof der Europäischen Union anrufen.

Literaturübersicht

Breuer, Urteile mitgliedstaatlicher Gerichte als möglicher Gegenstand eines Vertragsverletzungsverfahrens gem. Art. 226 EG?, EuZW 2004, 199; *Ehlers*, Vertragsverletzungsklage des Europäischen Gemeinschaftsrechts, Jura 2007, 684; *ders.*, Geltendmachung der Primärrechtswidrigkeit von Richtlinien der Europäischen Union im Vertragsverletzungsverfahren, FS Jarass, 2015, S. 27; *Kremer*, Gemeinschaftsrechtliche Grenzen der Rechtskraft, EuR 2007, 470.

Leitentscheidungen

EuGH, Urt. v. 17.2.1981, Rs. 133/80 (Kommission/Italien), Slg. 1981, 457
EuGH, Urt. v. 24.11.1982, Rs. 249/81 (Kommission/Irland – »Buy Irish«), Slg. 1982, 4005
EuGH, Urt. v. 21.5.1987, verb. Rs. 133/85 bis 136/85 (Rau u.a./BALM), Slg. 1987, 2289
EuGH, Urt. v. 14.2.1989, Rs. C–247/87 (Star Fruit/Kommission), Slg. 1989, 291
EuGH, Urt. v. 6.12.1989, Rs. 329/88 (Kommission/Griechenland), Slg. 1989, 4159
EuGH, Urt. v. 1.6.1994, Rs. C–317/92 (Kommission/Deutschland), Slg. 1994, I–2039
EuGH, Urt. v. 10.5.1995, Rs. C–422/92 (Kommission/Deutschland), Slg. 1995, I–1097
EuGH, Urt. v. 11.8.1995, Rs. C–431/92 (Kommission/Deutschland – »Großkrotzenburg«), Slg. 1995, I–2189
EuGH, Urt. v. 9.12.1997, Rs. C–265/95 (Kommission/Frankreich), Slg. 1997, I–6959
EuGH, Urt. v. 29.9.1998, Rs. C–191/95 (Kommission/Deutschland), Slg. 1998, I–5449
EuGH, Urt. v. 9.12.2003, Rs. C–129/00 (Kommission/Italien), Slg. 2003, I–14637

Inhaltsübersicht

Matthias Pechstein

A. Überblick

Mit dem Vertragsverletzungsverfahren nach Art. 258 AEUV – auch Aufsichtsklage ge- **1**
nannt – ist der Kommission das entscheidende Instrument an die Hand gegeben worden,
um ihre Aufgabe der Überwachung der Anwendung des Unionsrechts aus Art. 17
Abs. 1 Satz 3 EUV zu erfüllen. Damit nimmt sie die ihr zugedachte Rolle als »**Hüterin
der Verträge**« wahr, die ebenso wichtig ist wie ihr weitgehendes Initiativmonopol beim
Erlass der Rechtsakte der Union. Die Kommission steht damit nicht nur am Anfang der
Rechtsaktproduktion der Union, sie kontrolliert auch die Umsetzung und Einhaltung
des (gesamten) Unionsrechts durch die Mitgliedstaaten.

    Mit dem Vertrag von Lissabon wurde das bewährte und insgesamt sehr wirkungsvolle **2**
Instrument der Aufsichtsklage nur wenig verändert. Sah Art. 226 EGV noch vor, dass
lediglich das Recht des EG-Vertrags Kontrollmaßstab sein sollte, so geht es nach Art. 258
AEUV um Verpflichtungen »aus den Verträgen«, also um EUV und AEUV. Dies trägt
der (weitgehenden[1]) Abschaffung der Säulenstruktur der Union und der Gleichrangigkeit der Verträge nach Art. 1 Abs. 3 Satz 2 EUV Rechnung (näher zum Prüfungsmaßstab
Rn. 34). Darüber hinaus wurde durch den Vertrag von Lissabon die Effizienz des Verfahrens in dem besonders problematischen Bereich der unzulänglichen Richtlinienumsetzung verbessert, indem in Art. 260 Abs. 3 AEUV ein vereinfachtes Sanktionsverfahren vorgesehen wurde (s. Art. 260 AEUV, Rn. 18 f.).

    Die **Bedeutung des Aufsichtsklageverfahrens** hat im Laufe der Jahrzehnte ständig **3**
zugenommen. Wurden bis 1980 nur 116 Verfahren von der Kommission anhängig gemacht, so kam es in den 80er Jahren zu rund 90 Klageerhebungen jährlich. Seit 2003
wurden jährlich über 200 Klagen erhoben.[2] Die Gründe für diese Zunahme sind multi-
pel: Zum einen hat die Zahl der Mitgliedstaaten deutlich zugenommen, zum anderen hat
sich der Umfang der Rechtsetzung erheblich erweitert und die Gesamtzahl der unionsrechtlichen Normen als mögliche Verletzungstatbestände ist deutlich gestiegen. Ob auch
der Rechtsbefolgungswille der Mitgliedstaaten nachgelassen hat, ist naturgemäß schwer
zu beurteilen. Immerhin liegt der Schwerpunkt der Verfahren bei der Richtlinienumsetzung, deren Unzulänglichkeit regelmäßig vorwerfbar ist. Die Kommission hatte freilich im Jahr 2007 bekundet, dass sie den Rückgriff auf das Vertragsverletzungsverfahren
reduzieren wollte.[3] Während im Jahr 2010 noch 128 Vertragsverletzungsklagen beim
Gerichtshof neu eingegangen waren, hat sich diese Zahl bis zum Jahr 2015 mit 37 neu
eingegangen Vertragsverletzungsklagen deutlich reduziert.[4]

    Die Anrufung des Gerichtshofs erfolgt allerdings nur in einem kleinen Teil der von der **4**
Kommission aufgegriffenen Fälle. In beträchtlichem Umfang werden bereits im informellen und im formellen Vorverfahren (s. Rn. 12 und Rn. 13 f.) Auseinandersetzungen

---

[1] Zum intergouvernementalen Charakter der GASP nach dem Vertrag von Lissabon vgl. *Pechstein*, JZ 2010, 425.

[2] Exakte Zahlen bei *Cremer*, in: Calliess/Ruffert, EUV/AEUV, Art. 258 AEUV, Rn. 3.

[3] Mitteilung der Kommission. Ein Europa der Ergebnisse – Anwendung des Gemeinschaftsrechts,
KOM (2007) 502 endg., S. 9.

[4] Rechtsprechungsstatistik des EuGH – Jahresbericht 2015, http//curia.europa.eu/jcms/upload/docs/
application/pdf/2016–08/de_rapport_annuel_2015_activite_judicaire_de.pdf (16. 9. 2016), S. 82.

zwischen der Kommission und den Mitgliedstaaten um die korrekte Anwendung des Unionsrechts beigelegt.[5] Dies belegt die Effektivität der Filterfunktion des Vorverfahrens und die Drohwirkung einer Verurteilung durch den EuGH. Unbeschadet der Schwerfälligkeit und Langwierigkeit des Verfahrens – von der ersten Beschäftigung der Kommission mit einem entsprechenden Problem bis zur Entscheidung des EuGH vergehen in der Regel rund 35 Monate[6] – ist die Aufsichtsklage als erfolgreiches und unverzichtbares Element zur Sicherung der gemeinsamen Rechtsgrundlagen der Union zu qualifizieren.

B. Die Funktion der Aufsichtsklage

5   Der Kommission wird durch Art. 258 AEUV sowie Art. 108 Abs. 2 UAbs. 2, Art. 114 Abs. 9 und Art. 348 Abs. 2 AEUV die Möglichkeit eingeräumt, mitgliedstaatliche Vertragsverstöße zu rügen und der gerichtlichen Kontrolle zu unterwerfen. Eine Klagemöglichkeit natürlicher oder juristischer Personen zur Feststellung von (staatlichen) Vertragsverletzungen durch die Unionsgerichte ist dagegen in den Verträgen nicht vorgesehen. Ebenso wenig können Verletzungtatbestände Privater Gegenstand dieser Verfahren sein, selbst wenn sie direkt aus der betreffenden Norm heraus verpflichtet sind. Ist privates Handeln dem betreffenden Mitgliedstaat dagegen zuzurechnen (vgl. Rn. 47), so liegt ein eigenständiger mitgliedstaatlicher Verletzungtatbestand vor. Davon zu unterscheiden ist der Fall der Verletzung einer Schutzpflicht der Mitgliedstaaten hinsichtlich der Unterbindung der Beeinträchtigung der Grundfreiheiten durch Private, der ebenfalls Gegenstand eines Vertragsverletzungsverfahrens sein kann.

6   Die Unionsrechtsverstöße Privater sanktionieren dagegen grundsätzlich die nationalen Gerichte. Treten dabei unionsrechtliche Auslegungsprobleme auf, so kann das streitentscheidende Gericht die Auslegungsfragen dem EuGH nach Art. 267 AEUV vorlegen. In anderen Bereichen wie dem Wettbewerbsrecht gelten für die Verfolgung privater Verletzungshandlungen allerdings primär- und sekundärrechtliche Sonderbestimmungen des Unionsrechts, die auch eine Sanktionierung durch die Kommission beinhalten.[7] Soweit keine Spezialregelungen eingreifen, richtet sich jedoch die Ahndung privater Unionsrechtsverletzungen nach dem nationalen Recht der Mitgliedstaaten.[8] Die nationalen Gerichte sind auf der anderen Seite auch zuständig für die Klagen Privater wegen Unionsrechtsverstößen der Mitgliedstaaten. Aufgrund des unionsrechtlichen Anwendungsvorrangs unmittelbar anwendbarer Unionsrechtsnormen[9] müssen sie – wie auch die nationalen Behörden – eine dementsprechend unionsrechtswidrige nationale Norm unangewendet lassen. Von der Erhebung einer Aufsichtsklage durch die Kommission und den Rechtsfolgen eines daraufhin ergehenden EuGH-Urteils ist dies völlig unabhängig. Eine Klage vor einem einzelstaatlichen Gericht gegen einen innerstaatlichen Vollzugsakt in Durchführung des Unionsrechts schließt die Erhebung einer

---

[5] *Karpenstein*, in: Grabitz/Hilf/Nettesheim, EU, Art. 258 AEUV (Mai 2013), Rn. 9. Vgl. auch den Jahresbericht der Kommission 2015 über die Kontrolle der Anwendung des EU-Rechts, KOM (2016) 463 endg., S. 28.

[6] Vgl. näher *Karpenstein*, in: Grabitz/Hilf/Nettesheim, EU, Art. 258 AEUV (Mai 2013), Rn. 13.

[7] *Gaitanides*, in: GS, EUV/EGV, Art. 226 EGV, Rn. 5.

[8] EuGH, Urt. v. 27.10.1992, Rs. C–240/90 (Deutschland/Kommission), Slg. 1992, I–5383, Rn. 21.

[9] Vgl. hierzu *Haratsch/Koenig/Pechstein*, Europarecht, Rn. 179 ff.

Aufsichtsklage durch die Kommission in gleicher Sache nicht aus.[10] Gleiches gilt im umgekehrten Verhältnis: Keine Vorschrift des Unionsrechts steht der Erhebung einer Klage vor einem einzelstaatlichen Gericht gegen eine nationale Vollzugsmaßnahme entgegen, wenn die Voraussetzungen des innerstaatlichen Verwaltungsprozessrechts hierfür erfüllt sind.

Mit dem Vertragsverletzungsverfahren wird der Kommission die Kompetenz zuge-   7
wiesen, vertragsbrüchige Mitgliedstaaten zur Rechenschaft zu ziehen, sie vor einem unabhängigen Gericht anzuklagen und – im Falle der Verurteilung – zur Vornahme von vertraglich gebotenen Maßnahmen auch gegen ihren Willen anzuhalten.[11] Die Vertragsverletzungsklage erfüllt eine ausschließlich objektiv-rechtliche Funktion, nämlich die der **gleichförmigen Durchsetzung und Sicherstellung des Unionsrechts**. Sie dient also dem Allgemeininteresse und grundsätzlich geht die Kommission dabei von Amts wegen vor.[12] Auf die Verletzung subjektiver Rechte der Unionsbürger kommt es daher im Rahmen des Vertragsverletzungsverfahrens nicht an – gleichwohl kann eine entsprechende Verletzung von der Kommission gerügt werden. Das Vertragsverletzungsverfahren intendiert auch **keine »Abstrafung« oder »Anprangerung«**[13] des betreffenden Mitgliedstaates, sondern es soll ausschließlich der Feststellung und – im Wege der von Art. 260 AEUV vorgesehenen Sanktionen – der Behebung von Vertragsverstößen dienen. Dies hat im Detail Konsequenzen bei der Ausgestaltung des Verfahrens. Bei prinzipiell irreparablen Verstößen gegen das Unionsrecht – etwa durch einmalige Akte ohne Folgewirkung[14] – ist eine Klage nur bei Vorliegen einer Wiederholungsgefahr zulässig.[15]

Gleichwohl kommt dem Vertragsverletzungsverfahren auch eine **individualrechtli-**   8
che Bedeutung zu. Die Kommission kann nämlich im Wege einer Beschwerde von interessierten Privaten auf eine mitgliedstaatliche Vertragsverletzung aufmerksam gemacht werden. Derart wird sowohl ein Interesse des Einzelnen an der Rüge vertragswidriger Zustände anerkannt, als auch der Kommission eine bedeutende Informationsquelle für mitgliedstaatliche Verstöße gegen das Unionsrecht eröffnet. Die Kommission hält zur Verfahrenserleichterung im Internet abrufbare Beschwerdeformulare vor.[16] Das Beschwerdeverfahren ist gebührenfrei und unterliegt (auf Wunsch) dem Grundsatz der Vertraulichkeit.[17] Die Beschwerdeerhebung setzt eine schriftliche Eingabe[18] voraus, in welcher die Verletzung einer unionsrechtlichen Verpflichtung durch staatliches Verhalten glaubhaft zu machen ist. Darüber hinaus muss die Beschwerde die Aufforderung an die Kommission enthalten, für die Wiederherstellung eines vertrags-

---

[10] EuGH, Urt. v. 21.5.1987, verb. Rs. 133–136/85 (Walter Rau u. a./Bundesanstalt für landwirtschaftliche Marktordnung), Slg. 1987, 2334, Rn. 12.

[11] *Everling*, EuR 1983, 101 (103).

[12] *Thiele*, Europäisches Prozessrecht, 2. Aufl., 2014, § 5, Rn. 1.

[13] *Cremer*, in: Calliess/Ruffert, EUV/AEUV, Art. 258 AEUV, Rn. 3.

[14] Näher *Karpenstein*, in: Grabitz/Hilf/Nettesheim, EU, Art. 258 AEUV (Mai 2013), Rn. 3.

[15] Vgl. EuGH, Urt. v. 25.10.2001, Rs. C–276/99 (Deutschland/Kommission), Slg. 2001, I–8055, Rn. 24f. (32).

[16] http://ec.europa.eu/atwork/applying-eu-law/make_a_complaint_de.htm (16.9.2016).

[17] *Ehlers*, in: Ehlers/Schoch (Hrsg.), Rechtsschutz im Öffentlichen Recht, 2009, § 7, Rn. 12.

[18] Das von der Europäischen Kommission zur Verfügung gestellte Beschwerdeformular wird für das Einreichen einer Beschwerde empfohlen, muss jedoch nicht zwingend verwendet werden. Eine Beschwerde kann der Kommission auch in Form eines einfachen Briefs oder einer E-Mail-Nachricht übermittelt werden. Es liegt jedoch im Interesse des Beschwerdeführers, möglichst viele relevante Angaben zu machen. http://ec.europa.eu/atwork/applying-eu-law/make_a_complaint_de.htm (16.9.2016).

gemäßen Zustandes zu sorgen. Nach Eingang der Beschwerde beim Generalsekretariat der Kommission erhält der Beschwerdeführer eine Empfangsbestätigung. Er wird auch in der Folgezeit über den weiteren Verlauf des Verfahrens unterrichtet, insbesondere über die bei den zuständigen nationalen Behörden unternommenen Schritte und gegebenenfalls über die Einleitung eines Vertragsverletzungsverfahrens sowie über dessen jeweiliges Verfahrensstadium (Mahnschreiben, Abgabe einer Stellungnahme durch die Kommission, Anrufung des EuGH).[19]

9   Die Individualbeschwerde bringt der Kommission allerdings nur das (angeblich) vertragswidrige Verhalten eines Mitgliedstaates zur Kenntnis. Ein **subjektives Recht des Beschwerdeführers auf Einleitung und Durchführung einer Aufsichtsklage** beinhaltet das Beschwerderecht nicht,[20] auch wenn die Kommission sich gegenüber dem Europäischen Parlament und dem Bürgerbeauftragten politisch verpflichtet hat, entsprechenden Beschwerden nachzugehen und bestimmte Verfahrensweisen einzuhalten.[21] Deren Missachtung – insbesondere betreffend die Informationspflichten über den Verfahrensstand – kann der Beschwerdeführer jedoch gegenüber dem Europäischen Bürgerbeauftragten rügen.[22] Der Antrag eines privaten Beschwerdeführers, ein Aufsichtsverfahren einzuleiten, kann jedoch weder mit der Untätigkeitsklage (Art. 265 Abs. 3 AEUV) noch mit der Nichtigkeitsklage (Art. 263 Abs. 4 AEUV) gegen einen Nichteröffnungsbescheid der Kommission durchgesetzt werden.[23] Auch die Informationen über den Verfahrensstand können jedenfalls im laufenden Prozess[24] nicht eingeklagt werden.[25] Da die Aufsichtspflichten der Kommission keinen drittschützenden Charakter haben, lässt sich hierauf auch kein Schadensersatzanspruch nach Art. 340 Abs. 2 AEUV gegen die Kommission wegen einer nicht erhobenen Aufsichtsklage stützen.[26] Ein Urteil des EuGH, mit dem die Vertragsverletzung bestätigt wird, kann für durch dieses mitgliedstaatliche Verhalten geschädigte Private jedoch einen Staatshaftungsanspruch wegen Verletzung des Unionsrechts erleichtern, da damit der »hinreichend qualifizierte Verstoß« indiziert wird.[27]

10   Um die Einschaltung der interessierten Privaten noch effizienter zu gestalten und um zugleich die Kommission zu entlasten, wurde im Jahr 2008 das Projekt »**EU-Pilot**«

---

[19] *Borchardt*, in: Lenz/Borchardt, EU-Verträge, Art. 258 AEUV, Rn. 13.

[20] EuGH, Urt. v. 14.2.1989, Rs. 247/87 (Star Fruit Company SA/Kommission), Slg. 1989, 291, Rn. 11 ff.; EuG, Beschl. v. 29.11.1994, verb. Rs. T–479/93 u. 559/93 (Bernardi/Kommission), Slg. 1994, II–1115, Rn. 31.

[21] Mitteilung der Kommission an den Rat und das Europäische Parlament, KOM (2012) 154 endg.; vgl. *Karpenstein*, Grabitz/Hilf/Nettesheim, EU, Art. 258 AEUV (Mai 2013), Rn. 15.

[22] KOM (2012) 154 endg., S. 9.

[23] *Borchardt*, in: Lenz/Borchardt, EU-Verträge, Art. 258 AEUV, Rn. 13; EuGH, Beschl. v. 15.1. 1998, Rs. C–196/97 P (Intertronic/Kommission), Slg. 1998, I–199, Rn. 12; EuG Beschl. v. 10.3.2014, Rs. T–518/12 (Spirlea/Lommission), ECLI:EU:T:2014:131, Rn. 18 ff. Individualnichtigkeitsklagen (Art. 263 Abs. 4 AEUV) gegen Nichteröffnungsbescheide sind unzulässig, weil ein entsprechender Nichteröffnungsbescheid lediglich eine rechtlich unverbindliche Mitteilung der Kommission darüber, wie sie ihr weites Ermessen nach Art. 258 Abs. AEUV ausgeübt hat, darstellt.

[24] Nach Abschluss des Verfahrens besteht ein solcher Anspruch jedoch für Interessierte, vgl. EuG, Urt. v. 12.9.2007, Rs. T–36/04 (API/Kommission), Slg. 2007, II–3201, bestätigt durch EuGH, Urt. v. 21.9.2010. Rs. C–514/07 P (Schweden u.a./API und Kommission), Slg. 2010, I–8533. Vgl. näher *Karpenstein*, in: Grabitz/Hilf/Nettesheim, EU, Art. 258 AEUV (Mai 2013), Rn. 18.

[25] EuGH, Beschl. v. 17.7.1998, Rs. C–422/97 (Sabeta/Kommission), Slg. 1998, I–4913, Rn. 42; EuG, Beschl. v. 11.7.2008, Rs. T–168/08 AJ (Meister/Kommission), ECLI:EU:T:2008:281.

[26] *Karpenstein*, in: Grabitz/Hilf/Nettesheim, EU, Art. 258 AEUV (Mai 2013), Rn. 19.

[27] Vgl. näher *Karpenstein*, in: Grabitz/Hilf/Nettesheim, EU, Art. 258 AEUV (Mai 2013), Rn. 20.

etabliert.[28] Damit sollen der Sachverhalt und die rechtlichen Positionen schneller aufgeklärt werden. In den meisten Mitgliedstaaten wurden hierzu »Kontaktstellen«[29] eingerichtet, die innerhalb von 10 Wochen die ihnen von der Kommission zugeleiteten Beschwerden beantworten. Die Kommission kontrolliert im Anschluss, ob damit das Problem unionsrechtskonform gelöst worden ist.

Zwischen der von der Kommission zu erhebenden Aufsichtsklage (Art. 258 AEUV) **11** und der **Staatenklage** (Art. 259 AEUV) kann es zu Überschneidungen kommen. Dies ist der Fall, wenn die Kommission nach Eingang des staatlichen Befassungsschreibens (Art. 259 Abs. 2 AEUV) ein eigenes Verfahren zu demselben Sachverhalt einleitet. Beide Verfahren stehen jedoch selbständig nebeneinander, da der AEUV sowohl der Kommission als auch den Mitgliedstaaten eine voneinander unabhängige Hüterfunktion gegenüber Vertragsverletzungen überträgt. Ein Staatenklageverfahren (Art. 259 AEUV) hindert die Kommission daher nicht, wegen desselben Verstoßes im Wege der Aufsichtsklage vorzugehen. Wegen der Selbständigkeit der beiden Verfahren kann die Kommission nicht auf die Durchführung eines kontradiktorischen Anhörungsverfahrens (Art. 259 Abs. 3 AEUV) mit dem Hinweis auf ein von ihr bereits eingeleitetes Verfahren nach Art. 258 AEUV verzichten. Ebenso wenig darf ein antragstellender Mitgliedstaat von der Durchführung des Vorverfahrens nach Art. 259 Abs. 2 AEUV freigestellt werden, wenn die Kommission zum gleichen Verfahrensgegenstand bereits eine abschließende Stellungnahme nach Art. 258 AEUV abgegeben hat.[30]

C. Das Vorverfahren

I. Das informelle Vorverfahren

Der förmlichen Eröffnung des Verfahrens geht regelmäßig eine informelle Vorklärung **12** zwischen der Kommission und dem betreffenden Mitgliedstaat voraus. Dies ist **rechtlich nicht verpflichtend**, erfüllt aber eine eigene Filterfunktion. Erlangt die Kommission Kenntnis von einem angeblichen Verstoß gegen das Unionsrecht, so versucht sie in Gesprächen mit den zuständigen nationalen Stellen, das Problem auszuräumen.[31] Gelingt dies nicht, wird das förmliche Vorverfahren eingeleitet. Auf die Festlegung des Verfahrensgegenstandes wirkt sich dieser informelle Austausch von Standpunkten nicht aus. Maßgebend hierfür bleibt allein das vertraglich festgelegte formelle Vorverfahren nach Art. 258 Abs. 1 AEUV.

---

[28] Resultierend aus der Mitteilung der Kommission: Ein Europa der Ergebnisse – Anwendung des Gemeinschaftsrechts, KOM (2007) 502 endg.

[29] In Deutschland das Bundesministerium für Wirtschaft und Technologie, vgl. *Karpenstein*, in: Grabitz/Hilf/Nettesheim, EU, Art. 258 AEUV (Mai 2013), Rn. 16; *Schwarze*, in: Schwarze, EU-Kommentar, Art. 258 AEUV, Rn. 3.

[30] *Gaitanides*, in: GS, EUV/EGV, Art. 227 EGV, Rn. 22 ff.

[31] Vgl. *Cremer*, in: Calliess/Ruffert, EUV/AEUV, Art. 258 AEUV, Rn. 1; *Ehricke*, in: Streinz, EUV/AEUV, Art. 258 AEUV, Rn. 16; *Schwarze*, in: Schwarze, EU-Kommentar, Art. 258 AEUV, Rn. 14.

II. Das formelle Vorverfahren

1. Funktionen des Vorverfahrens

13   Das vom Vertrag vorgesehene Vorverfahren wird zum Teil als zweistufig,[32] zum Teil als dreistufig[33] beschrieben. Dabei geht es um die Qualifizierung der Erwiderungsmöglichkeit des Mitgliedstaates auf das Mahnschreiben als eigenem Abschnitt. In der Sache macht dies keinen Unterschied; hier wird von drei Abschnitten ausgegangen. Das Vorverfahren soll die einvernehmliche Beseitigung des beanstandeten Verhaltens unter möglichster **Schonung der Souveränität der Mitgliedstaaten** und Vermeidung ihrer »Anprangerung«[34] sowie von gerichtlichen Auseinandersetzungen ermöglichen. Neben der Souveränitätsschonung der Mitgliedstaaten kommt dem Vorverfahren die wichtige Funktion der Eingrenzung des gerichtlichen Streitgegenstandes zu: Scheitert eine einvernehmliche Streitbeilegung, so bestimmt der Gegenstand des Vorverfahrens den Streitgegenstand des anschließenden Gerichtsverfahrens. Beide Verfahrensabschnitte sind also über die Identität des vorgerichtlichen Verfahrensgegenstandes mit dem späteren gerichtlichen Streitgegenstand[35] verbunden (»**Kontinuitätsgebot**«[36]). Allerdings gilt dieser Grundsatz nur für spätere Erweiterungen, nicht aber für Einschränkungen der tatsächlichen und rechtlichen Vorwürfe im Laufe des Vor- oder des Klageverfahrens. Korrigiert etwa der betroffene Mitgliedstaat im Laufe des Vorverfahrens das beanstandete Verhalten teilweise, so ist es zulässig, die Vorwürfe und damit den Streitgegenstand im anschließenden gerichtlichen Verfahren entsprechend zu beschränken. Die Gelegenheit zur Stellungnahme im Vorverfahren dient dem rechtlichen Gehör des Mitgliedstaates, dessen unionsrechtswidriges Verhalten gerügt wird. Dieser Grundsatz würde durchbrochen, wenn im gerichtlichen Verfahren gegen den Mitgliedstaat Vorwürfe erhoben werden könnten, die nicht schon Gegenstand des Vorverfahrens waren.[37]

14   Umstritten ist, ob die Kommission jeden ihr bekannt werdenden mitgliedstaatlichen Verstoß gegen den Vertrag durch Einleitung eines Vorverfahrens verfolgen muss. In der Literatur wird teilweise die Auffassung vertreten, dass der Kommission grundsätzlich keine Verfolgungspflicht zukommt.[38] Dies wird insbesondere mit dem sehr hohen Aufkommen an Beschwerden und dem damit zusammenhängenden Arbeitsaufkommen für die Kommission und den Gerichtshof begründet. Dem Gerichtshof zufolge wird der Kommission entsprechend dem Wortlaut des Art. 258 Abs. 2 AEUV sowohl für das »Ob«[39] als auch für das »Wann«[40] der Klageerhebung vor dem EuGH ein **Entschließungsermessen** zugestanden.[41] Eine **Pflicht zur Verfahrenseinleitung** besteht damit grundsätz-

---

[32] So etwa *Cremer*, in: Calliess/Ruffert, EUV/AEUV, Art. 258 AEUV, Rn. 5 ff.

[33] So z. B. *Ehricke*, in: Streinz, EUV/AEUV, Art. 258 AEUV, Rn. 17 ff.

[34] *Karpenstein*, in: Grabitz/Hilf/Nettesheim, EU, Art. 258 AEUV (Mai 2013), Rn. 2.

[35] *Rengeling/Middeke/Gellermann*, Rechtsschutz in der EU, § 6, Rn. 34.

[36] *Cremer*, in: Calliess/Ruffert, EUV/AEUV, Art. 258 AEUV, Rn. 16.

[37] EuGH, Urt. v. 15.12.1982, Rs. 211/81 (Kommission/Dänemark), Slg. 1982, 4547, Rn. 8; *Kotzur*, in: Geiger/Khan/Kotzur, EUV/AEUV, Art. 258 AEUV, Rn. 13 f.; die Funktionen des Aufsichtsklageverfahrens zusammenfassend EuGH, Urt. v. 10.12.2002, Rs. C–362/01 (Kommission/Irland), Slg. 2002, I–11433, Rn. 16 ff.

[38] *Rengeling/Middeke/Gellermann*, Rechtschutz in der EU, § 6, Rn. 25.

[39] EuGH, Urt. v. 6.12.1989, Rs. C–329/88 (Kommission/Griechenland), Slg. 1989, 4159, Leitsatz 1, in der Literatur hingegen überwiegend eine Verfolgungspflicht für die Kommission angenommen; vgl. *Karpenstein*, in: Grabitz/Hilf/Nettesheim, EU, Art. 258 AEUV (Mai 2013), Rn. 33 f.

[40] EuGH, Urt. v. 1.6.1994, Rs. C–317/92 (Kommission/Deutschland), Slg. 1994, I–2039, Rn. 4.

[41] EuGH, Urt. v. 10.5.1995, Rs. C–422/92 (Kommission/Deutschland), Slg. 1995, I–1097, Rn. 18.

lich nicht.[42] Dies gilt umso mehr für die Erhebung der Klage. Die Verdichtung des Entschließungsermessens zu einer Rechtspflicht ist damit allerdings nicht völlig ausgeschlossen.[43]

Die Einhaltung der Verfahrensvoraussetzungen durch die Kommission prüft der Gerichtshof von Amts wegen.[44]   **15**

2. Ablauf des Vorverfahrens

Das förmliche Vorverfahren nach Art. 258 Abs. 1 AEUV gliedert sich in drei Abschnitte: **16**
- das Mahnschreiben der Kommission,
- die Gegendarstellung des betroffenen Mitgliedstaates und
- die begründete Stellungnahme der Kommission.

Die Zulässigkeit der Klageerhebung nach Art. 258 AEUV setzt lediglich die Zustellung eines substantiierten, das heißt die ordnungsgemäße Verteidigung des betroffenen Mitgliedstaates ermöglichenden, Mahnschreibens und die abschließende Stellungnahme der Kommission voraus. Dagegen bleibt es dem Mitgliedstaat freigestellt, zu den erhobenen Vorwürfen Stellung zu nehmen. Die Gegendarstellung des Mitgliedstaates ist daher keine Zulässigkeitsvoraussetzung der Klage – andernfalls hätte er es in der Hand, durch deren Verweigerung die Unzulässigkeit der Klage zu bewirken. Die Mitgliedstaaten sind jedoch nach Art. 4 Abs. 3 EUV verpflichtet, an den Untersuchungen der Kommission im Rahmen des Verfahrens nach Art. 258 AEUV mitzuwirken und ihr die geforderten Auskünfte zu erteilen.[45]   **17**

In einigen Bereichen sieht der AEUV Abweichungen vom regulären Vertragsverletzungsverfahren vor. So gestatten Art. 114 Abs. 9 sowie Art. 348 Abs. 2 AEUV der Kommission und den Mitgliedstaaten eine **direkte Klageerhebung** ohne vorherige Durchführung des Vorverfahrens, wenn ein Mitgliedstaat die in Art. 114 AEUV bzw. Art. 348 und Art. 347 AEUV eingeräumten Ausnahmebefugnisse missbraucht. Im Bereich staatlicher Beihilfen ordnet Art. 108 Abs. 2 UAbs. 2 AEUV i.V.m. der VO 2015/1589[46] die Durchführung eines gegenüber Art. 258 AEUV modifizierten Vorverfahrens an: Stellt die Kommission nach Anhörung der Parteien fest, dass eine staatliche Beihilfe mit dem Binnenmarkt unvereinbar ist, so trifft sie bei angemeldeten Beihilfen einen Negativbeschluss (Art. 9 Abs. 5 bis 7 VO 2015/1589), bei rechtswidrigen Beihilfen beschließt sie, dass der betreffende Staat die Maßnahme aufzuheben hat (Art. 15 VO 2015/1598). Kommt der betreffende Staat diesem Beschluss nicht nach, so kann die Kommission oder jeder von der Beihilfenmaßnahme nachteilig betroffene Mitgliedstaat in Abweichung von Art. 258 und 259 AEUV unmittelbar den EuGH anrufen[47] (Art. 108 Abs. 2 UAbs. 2 AEUV, allein bezogen auf die Kommission: Art. 28 Abs. 1, Art. 14 VO   **18**

---

[42] EuGH, Beschl. v. 23.5.1990, Rs. C–72/90 (Asia Motor France/Kommission), Slg. 1990, I–2181, Rn. 13; Urt. v. 29.9.1998, Rs. C–191/95 (Kommission/Bundesrepublik Deutschland), Slg. 1998, I–5449, Rn. 46.

[43] *Cremer*, in: Calliess/Ruffert, EUV/AEUV, Art. 258 AEUV, Rn. 43, m.w.N.

[44] Z.B. EuGH, Urt. v. 29.4.2010, Rs. C–160/08 (Kommission/Deutschland), Slg. 2010, I–3713, Rn. 40; Urt. v. 26.4.2007, Rs. C–195/04 (Kommission/Finnland), Slg. 2007, I–3351, Rn. 21.

[45] EuGH, Urt. v. 11.12.1985, Rs. 192/84 (Kommission/Griechenland), Slg. 1985, 3967, Rn. 19: Urt. v. 11.6.2015, Rs. C–29/14 (Kommission/Polen). ECLI:EU:C:2015:379, Rn. 33.

[46] Verordnung (EU) Nr. 2015/1589 vom 13.7.2015 über besondere Vorschriften für die Anwendung von Artikel 108 des Vertrags über die Arbeitsweise der Europäischen Union, ABl. 2015, L 248/9.

[47] Vgl. dazu EuGH, Urt. v. 12.12.2002, Rs. C–209/00 (Kommission/Deutschland), Slg. 2002, I–11695, Rn. 37: »Variante der Vertragsverletzungsklage«.

2015/1598). Auf das Vorverfahren wird in diesem Zusammenhang verzichtet, da allen Beteiligten bereits im Rahmen des Beihilfenverfahrens vor der Kommission Gelegenheit zur Stellungnahme gewährt wird.

a) Das Mahnschreiben der Kommission

19   Hat »nach Auffassung der Kommission ein Mitgliedstaat gegen eine Verpflichtung aus den Verträgen verstoßen«, gibt sie hierzu »eine mit Gründen versehene Stellungnahme« ab. Zuvor muss sie »dem Staat Gelegenheit zur Äußerung geben« (Art. 258 Abs. 1 AEUV). Da sich der betroffene Mitgliedstaat nur äußern kann, wenn ihm zuvor das beanstandete Verhalten substantiiert mitgeteilt wurde, ist das einleitende Mahnschreiben (»lettre de mise en demeure«) ein **zwingendes Zulässigkeitserfordernis**. Das Mahnschreiben grenzt den Kreis der tatsächlichen und rechtlichen Vorwürfe für den späteren, erst mit dem Klageantrag entstehenden Streitgegenstand des Vertragsverletzungsverfahrens ein. Der Zweck dieser Eingrenzung besteht in der Wahrung einer ordnungsgemäßen Verteidigung des Mitgliedstaates entsprechend dem Grundsatz des rechtlichen Gehörs. Um diese Aufgaben erfüllen zu können, müssen im Mahnschreiben folgende Mindestangaben enthalten sein:[48]
– Ankündigung über die Einleitung des formalen Anhörungsverfahrens,
– Mitteilung der Tatsachen, die nach Ansicht der Kommission den Vertragsverstoß begründen sowie der verletzten Bestimmungen des Unionsrechts,
– die Aufforderung, sich im Rahmen einer von der Kommission bestimmten, angemessenen Frist zu den Vorwürfen zu äußern.[49]

20   Eine Gleichsetzung der vorgenannten Elemente des Mahnschreibens mit dem Streitgegenstand des späteren Klageverfahrens wäre irreführend. Der Streitgegenstand entsteht erst mit dem Klageantrag, der das Klagebegehren in eine für die spätere Rechtskraft des Beschlusses maßgebliche prozessuale Gestalt gießt. Dieses den Streitgegenstand bestimmende, durch den Klageantrag prozessual festgelegte Begehren ist aber nicht zwingender Bestandteil eines Mahnschreibens. Die Aufgabe des Mahnschreibens liegt gerade darin, dem Mitgliedstaat zunächst Gelegenheit zur Darstellung seiner Gegenposition zu geben. Erst wenn der Mitgliedstaat seine Stellungnahme abgegeben hat, beschließt die Kommission endgültig, ob das gerügte Verhalten einen Vertragsverstoß begründet. Erst in der Stellungnahme wird die Kommission schließlich den Mitgliedstaat auffordern, das gerügte Verhalten abzustellen und einen unionsrechtmäßigen Zustand herzustellen. Daher formt nicht das einleitende Mahnschreiben, sondern die auf der Grundlage der mitgliedstaatlichen Gegendarstellung ergehende abschließende Stellungnahme der Kommission das spätere Klagebegehren. Letzteres steht also zum Zeitpunkt des einleitenden Mahnschreibens noch nicht abschließend fest, da es von der Bewertung der mitgliedstaatlichen Gegendarstellung durch die Kommission abhängt.

21   Jede Erweiterung des Verfahrens um zusätzliche Verletzungstatbestände (Sachverhalte) bedarf eines neuen Mahnschreibens. Schwieriger zu beurteilen ist dagegen die Frage, ob die erhobenen Vorwürfe in einem späteren Verfahrensstadium bei unverändertem Tatbestand in rechtlicher Hinsicht erweitert werden können. Nach teilweise vertretener Auffassung dürfen die Vorwürfe in der begründeten Stellungnahme nicht

---

[48] *Karpenstein*, in: Grabitz/Hilf/Nettesheim, EU, Art. 258 AEUV (Mai 2013), Rn. 29.
[49] Vgl. *Cremer*, in: Calliess/Ruffert, EUV/AEUV, Art. 258 AEUV, Rn. 12 ff.; *Schwarze*, in: Schwarze, EU-Kommentar, Art. 258 AEUV, Rn. 16.

über den Vortrag im einleitenden Mahnschreiben hinausgehen.[50] Sofern also die Kommission den im ersten Mahnschreiben umrissenen Sachverhalt erweiternd bewertet, das heißt, zusätzlich zu den bereits genannten Regeln eine weitere Bestimmung des Unionsrechts als verletzt ansieht, muss sie ein ergänzendes Mahnschreiben versenden. Eine andere Ansicht will demgegenüber im ersten Mahnschreiben nur die Einleitung eines Dialoges sehen, in dessen Verlauf der Mitgliedstaat die Überzeugung der Kommission entkräften oder verstärken könne.[51] Eine endgültige Festlegung des Verfahrensgegenstandes muss nach dieser Auffassung erst in der begründeten Stellungnahme erfolgen.

Der Gerichtshof lehnt sowohl die Einbeziehung neuer Lebenssachverhalte[52] als auch **22** die Erstreckung der Klage auf neue Rechtsverstöße ab, wenn die Kommission einen entsprechenden Vortrag nicht schon in das einleitende Mahnschreiben aufgenommen hatte.[53] Auf eine zwischenzeitliche Änderung der einschlägigen unionsrechtlichen Rechtslage muss daher mit einem **neuen Mahnschreiben** reagiert werden.[54] Der Gerichtshof hat aber auch ausgeführt, dass »an die Genauigkeit des Mahnschreibens, das zwangsläufig nur in einer ersten knappen Zusammenfassung der Vorwürfe bestehen kann, [...] jedoch keine so strengen Anforderungen gestellt werden [können] [...].«[55] Insoweit ist also nicht eine völlige Übereinstimmung zwischen den im Mahnschreiben erhobenen Rügen, dem Tenor der mit Gründen versehenen Stellungnahme und den Anträgen in der Klageschrift zu fordern.[56] Häufig findet sich in Urteilen die Wendung, dass »die mit Gründen versehene Stellungnahme und die Klage [...] auf die gleichen Gründe und das gleiche Vorbringen gestützt sein« müssen.[57] Damit schließt der Gerichtshof aus, dass die Klage auf ein Vorbringen gestützt wird, welches zwar Gegenstand des Mahnschreibens, nicht aber – weil der Vertragsverstoß durch den Mitgliedstaat zwischenzeitlich ausgeräumt schien – Gegenstand der begründeten Stellungnahme war. Eine bloße Umformulierung der Rüge ist jedoch unschädlich.[58]

Die Verpflichtung zur hinreichend genauen Bezeichnung der erhobenen Vorwürfe **23** und der Mitteilung jedenfalls der wesentlichen Erwägungen[59] schließt es nicht aus, dass die Kommission im späteren Verfahrensverlauf die rechtliche Begründung für ihren Angriff substantiiert.[60] Die kontradiktorische Natur der Vertragsverletzungsklage, insbesondere die Möglichkeit von Replik und Duplik, bedingt geradezu Ergänzungen und Präzisierungen der erhobenen Vorwürfe während des gerichtlichen Verfahrens. Auch die Vorlage neuer Beweismittel durch die Kommission ist zulässig, sofern sie sich auf die erhobenen Rügen beziehen.[61] Ein neues Mahnschreiben wird nur dann nötig, wenn die rechtlichen Vorwürfe qualitativ um neue Normverstöße erweitert werden, selbst wenn

---

[50] *Däubler*, NJW 1968, 325 (327).

[51] *Ahlt*, Europarecht, 2003, S. 54.

[52] EuGH, Urt. v. 10.3.1970, Rs. 7/69 (Kommission/Italien), Slg. 1970, 111, Rn. 4f.; Urt. v. 11.7.1984, Rs. 51/83 (Kommission/Italien), Slg. 1984, 2793, Rn. 6.

[53] EuGH, Urt. v. 9.12.1981, Rs. 193/80 (Kommission/Italien), Slg. 1981, 3019, Rn. 12.

[54] EuGH, Urt. v. 5.6.2003, Rs. C–145/01, (Kommission/Italien), Slg. 2003, I–5581, Rn. 16ff.

[55] EuGH, Urt. v. 5.11.2002, Rs. C–476/98, (Kommission/Deutschland), Slg. 2002, I–9855, Rn. 48; vgl. auch schon Urt. v. 17.9.1996, Rs. C–289/94 (Kommission/Italien), Slg. 1996, I–4405, Rn. 16.

[56] EuGH, Urt. v. 29.9.1998, Rs. C–191/95 (Kommission/Deutschland), Slg. 1998, I–5449, Rn. 56.

[57] EuGH, Urt. v. 24.11.1992, Rs. C–237/90 (Kommission/Deutschland), Slg. 1992, I–5973, Rn. 20; Urt. v. 4.9.2014, Rs. C–211/13 (Kommission/Deutschland), ECLI:EU:C:2014:2148, Rn. 23.

[58] EuGH, Urt. v. 11.7.2002, Rs. C–139/00 (Kommission/Spanien), Slg. 2002, I–6407, Rn. 18ff.

[59] *Cremer*, in: Calliess/Ruffert, EUV/AEUV, Art. 258 AEUV, Rn. 9.

[60] EuGH, Urt. v. 17.9.1996, Rs. C–289/94 (Kommission/Italien), Slg. 1996, I–4405, Rn. 16.

[61] EuGH, Urt. v. 26.4.2005, Rs. C–494/01 (Kommission/Irland), Slg. 2005, I–3331, Rn. 38.

sich der Mitgliedstaat rügelos auf die neuen Vorwürfe einlässt.[62] Sofern Tatsachen jedoch erst nach der Übermittlung des Mahnschreibens eingetreten sind und von »derselben Art« sind, wie die bereits vorgetragenen, ist ein neues Mahnschreiben nicht erforderlich – diese Tatsachen können in der begründeten Stellungnahme Aufnahme finden.[63] Ein neues Mahnschreiben ist ebenfalls nicht erforderlich, wenn der Mitgliedstaat die beanstandete Regelung durch eine im Wesentlichen inhaltsgleiche Normierung ersetzt.[64] Ansonsten könnte der Mitgliedstaat mit jeweils minimalen Modifikationen der beanstandeten Maßnahme kontinuierlich die Klageerhebung verhindern.

24   Das Mahnschreiben muss stets eine **Fristsetzung zur Gegendarstellung** enthalten. Damit können die Mitgliedstaaten im Interesse ihrer ordnungsgemäßen Verteidigung erkennen, ab welchem Zeitpunkt sie frühestens mit der Versendung einer begründeten Stellungnahme zu rechnen haben. Die Fristsetzung muss angemessen sein,[65] sie beträgt **im Regelfall zwei Monate**. Aufgrund der besonderen Brisanz von Vertragsverletzungsverstößen im Bereich des freien Warenverkehrs wurde von der Kommission in einem Verordnungsentwurf in diesem Bereich eine Verkürzung der Frist vorgeschlagen,[66] verabschiedet wurde dieser Entwurf jedoch nicht.[67] Die Frist kann jedoch in besonders dringlichen Vertragsverletzungsfällen auf wenige Tage reduziert werden.[68] Der verspätete Eingang einer mitgliedstaatlichen Äußerung führt jedoch nicht zu deren Unzulässigkeit, sondern eine derartige Äußerung ist – sofern die Kommission ihre begründete Stellungnahme noch nicht abgegeben hat – von der Kommission immer noch zu berücksichtigen.[69] Die Nichtberücksichtigung muss aber nicht zwingend einen wesentlichen Fehler darstellen, der zur Unzulässigkeit der Vertragsverletzungsklage führt.[70]

b) Die begründete Stellungnahme der Kommission

25   Nach Ablauf der im einleitenden Mahnschreiben gesetzten Frist zur Äußerung beschließt die Kommission über den weiteren Verlauf des Verfahrens. In Betracht kommen die **Fortführung**, die **Aussetzung** oder die **Einstellung des Verfahrens**.[71] Eine Einstellung des Verfahrens erfolgt nur dann, wenn der Mitgliedstaat die Kommission von seinem vertragsgemäßen Verhalten überzeugt. Sofern der Mitgliedstaat die Vertragsverletzung einräumt und die Bereitschaft erkennen lässt, unverzüglich einen unionsrechtmäßigen Zustand herzustellen, wird das Verfahren bis zur Ausräumung des Verstoßes ausgesetzt.[72] Bestreitet der Mitgliedstaat die ihm vorgeworfene Vertragsverletzung oder lässt

---

[62] EuGH, Urt. v. 11.7.1984, Rs. 51/83 (Kommission/Italien), Slg. 1984, 2793, Rn. 7.

[63] EuGH, Urt. v. 7.2.1984, Rs. 166/82 (Kommission/Italien), Slg. 1984, 459, Rn. 19 f.

[64] Z.B. EuGH, Urt. v. 17.11.1992, Rs. C–105/91(Kommission/Griechenland), Slg. 1992, I–5871, Rn. 13; Urt. v. 1.2.2005, Rs. C–203/03(Kommission/Österreich), Slg. 2005, I–935, Rn. 30; näher hierzu *Cremer*, in: Calliess/Ruffert, EUV/AEUV, Art. 258 AEUV, Rn. 19 ff.

[65] EuGH, Urt. v. 2.2.1988, Rs. 293/85 (Kommission/Belgien), Slg. 1988, 305, Rn. 14.

[66] Vorschlag für eine Verordnung des Rates zur Einführung eines Mechanismus für ein Einschreiten der Kommission zur Beseitigung bestimmter Handelsbehinderungen, vorgelegt von der Kommission am 26.11.1997, KOM (97) 619 endg., ABl. 1998, C 10/14; *Schorkopf*, EuZW 1998, 237.

[67] Vgl. hierzu *Karpenstein*, in: Grabitz/Hilf/Nettesheim, EU, Art. 258 AEUV (Mai 2013), Rn. 85.

[68] Zu den Folgen einer unangemessen kurzen Fristsetzung *Cremer*, in: Calliess/Ruffert, EUV/AEUV, Art. 258 AEUV, Rn. 13.

[69] EuGH, Urt. v. 10.12.2002, Rs. C–362/01 (Kommission/Irland), Slg. 2002, I–11433, Rn. 19 ff.

[70] EuGH, Urt. v. 10.12.2002, Rs. C–362/01 (Kommission/Irland), Slg. 2002, I–11433, Rn. 20 f.; Urt. v. 14.4.2005, Rs. C–519/03 (Kommission/Luxemburg), Slg. 2005, I–3067, Rn. 21.

[71] *Borchardt*, in: Lenz/Borchardt, EU-Verträge, Art. 258 AEUV, Rn. 17.

[72] *Borchardt*, in: Lenz/Borchardt, EU-Verträge, Art. 258 AEUV, Rn. 17.

er sich überhaupt nicht zur Sache ein, gibt die Kommission eine mit Gründen versehene Stellungnahme (»avis motivé«) ab. Verschiedene Verstöße, zu denen die Kommission jeweils eigene Mahnschreiben versandt hat, können in einer mit Gründen versehenen Stellungnahme zusammengefasst werden.[73]

Anders als im Mahnschreiben ist es erforderlich, dass die Kommission ihre Position **26** ausführlich begründet und im Einzelnen darlegt, auf welche unionsrechtlichen Regelungen sie ihre Auffassung stützt.[74] Somit fasst die begründete Stellungnahme die **Tatsachen, Rechtsgründe, Beweismittel** und die **Bewertung des konkreten Vertragsverstoßes in zusammenhängender Weise** zusammen.[75] Dabei ist jedoch davon auszugehen, dass die Kommission nicht auf jeden Einwand des Mitgliedstaates eingehen muss.[76] Sie muss dem Mitgliedstaat auch keine Mittel benennen, um den Vertragsverstoß zu beheben.[77] Von dem Vertragsverstoß muss sie aber überzeugt sein; bloße Zweifel genügen nicht.[78] Die Stellungnahme ist mit einer Fristsetzung zu verbinden (Art. 258 Abs. 2 AEUV), welche dem betroffenen Staat letztmalig Gelegenheit zur Herstellung eines vertragsgemäßen Zustandes gibt. Auch diese ist im Regelfall mit zwei Monaten zu bemessen.[79] Kommt der Mitgliedstaat der Aufforderung innerhalb der gesetzten Frist nicht nach, so beschließt die Kommission über die Anrufung des EuGH und damit über den Eintritt in das gerichtliche Verfahren.

Der Gerichtshof hat festgestellt, dass der Beschluss der Kommission, eine mit Grün- **27** den versehene Stellungnahme abzugeben und der Beschluss, Klage vor dem Gerichtshof einzureichen, von der Kommission als Kollegialorgan gefasst werden muss.[80] Dies bedeutet, dass es einer gemeinschaftlichen Beratung der Kommission bedarf. Alle Kommissionsmitglieder müssen über die Tatsachen informiert sein und alle Materialien zur Verfügung haben, um sich ein eigenes Bild machen zu können. Jedes einzelne Mitglied der Kommission wirkt gleichberechtigt an der Entscheidung mit und alle Mitglieder sind gemeinsam verantwortlich.[81] Nicht notwendig ist hingegen, dass alle Kommissionsmitglieder den Wortlaut der Rechtsakte in ihrer endgültigen Fassung beschließen.[82]

Im Übrigen ist die begründete Stellungnahme nicht anfechtbar, da sie als Stellung- **28** nahme i. S. d. Art. 288 Abs. 5 AEUV rechtlich unverbindlich ist und somit keine rechtlich bindende Wirkung gegenüber dem Adressaten entfaltet.[83]

---

[73] Hierzu *Schwarze*, in: Schwarze, EU-Kommentar, Art. 258 AEUV, Rn. 20.

[74] *Thiele* (Fn. 12), § 5, Rn. 22.

[75] EuGH, Urt. v. 19.12.1961, Rs. 7/61 (Kommission/Italien), Slg. 1961, 695, 716.

[76] Hierzu *Cremer*, in: Calliess/Ruffert, EUV/AEUV, Art. 258 AEUV, Rn. 18. Vgl. aber auch EuGH, Urt. v. 16.9.2015, Rs. C–433/13 (Kommission/Slowakei), ECLI:EU:C:2015:602, Rn. 41.

[77] EuGH, Urt. v. 11.7.1991, Rs. C–247/89 (Kommission/Portugal), Slg. 1991, I–3659, Rn. 22.

[78] *Schwarze*, in: Schwarze, EU-Kommentar, Art. 258 AEUV, Rn. 19 m. w. N.

[79] *Cremer*, in: Calliess/Ruffert, EUV/AEUV, Art. 258 AEUV, Rn. 24; vgl. auch *Karpenstein*, in: Grabitz/Hilf/Nettesheim, EU, Art. 258 AEUV (Mai 2013), Rn. 45 f.

[80] EuGH, Urt. v. 29.9.1998, Rs. C–191/95 (Kommission/Deutschland), Slg. 1998, I–5449, Rn. 27, 34.

[81] *Frenz*, Handbuch Europarecht, Band 5, Rn. 2569.

[82] EuGH, Urt. v. 29.9.1998, Rs. C–191/95 (Kommission/Deutschland), Slg. 1998, I–5449, Rn. 48.

[83] *Frenz*, Handbuch Europarecht, Band 5, Rn. 2575; *Thiele* (Fn. 12), § 5, Rn. 26.

D. Das Klageverfahren

I. Die Zulässigkeit der Aufsichtsklage

1. Sachliche Zuständigkeit

29 Gemäß der in Art. 256 Abs. 1 UAbs. 1 AEUV i. V. m. Art. 51 EuGH-Satzung geregelten Verteilung der Zuständigkeiten zwischen EuG und EuGH fällt das Vertragsverletzungsverfahren in die **ausschließliche sachliche Zuständigkeit des EuGH**.

2. Parteifähigkeit

30 Parteifähig im Verfahren der Aufsichtsklage sind die **Kommission** als Klägerin nach Art. 258 Abs. 2 AEUV (= aktive Parteifähigkeit) sowie die **Mitgliedstaaten**, deren Verhalten gerügt wird, als Beklagte (= passive Parteifähigkeit). Damit werden diejenigen abschließend aufgeführt, die am Verfahren mit eigenen Rechten beteiligt sein können. Im Rahmen der Währungsunion gibt es allerdings ein »atypisches« Vertragsverletzungsverfahren, in welchem der **Rat der Europäischen Zentralbank** (EZB) gegenüber den passiv parteifähigen **nationalen Zentralbanken** »die Befugnisse [besitzt], die der Kommission in Artikel 258 AEUV gegenüber den Mitgliedstaaten eingeräumt werden« (Art. 271 Buchst. d Satz 2 AEUV). Der Klageantrag des EZB-Rates ist dann nicht gegen einen Mitgliedstaat, sondern ausnahmsweise gegen diejenige nationale Zentralbank zu richten, der die entsprechende Vertragsverletzung vorgeworfen wird (Art. 271 Buchst. d AEUV i. V. m. Art. 35 Ziff. 6 des Protokolls über die Satzung des Europäischen Systems der Zentralbanken und der Europäischen Zentralbank).[84] Eine ähnliche Regelung findet sich für die Europäische Investitionsbank (EIB) in Art. 271 Buchst. a AEUV.

31   Nach Art. 258 AEUV sind die Verfahrensgegner der Kommission weder die staatlichen Organe (Behörden, Beliehene, Gerichte etc.) noch die einzelnen Gebietskörperschaften (Länder, Kreise, Gemeinden etc.), deren Verhalten gerügt wird. Vielmehr trifft die passive Parteifähigkeit ausschließlich den Mitgliedstaat, dem dieses Verhalten als EU-Vertragsstaat zugerechnet wird. Diese Zurechnung von Fehlverhalten ist sehr umfassend. Der passiv parteifähige Mitgliedstaat wird durch seine Regierung organschaftlich vertreten.

3. Klagegegenstand

32 Die **Festlegung des Verfahrensgegenstandes im Vorverfahren** grenzt den statthaften Klagegegenstand des gerichtlichen Verfahrens verbindlich ein. Im Gegensatz zu den anderen Klagearten muss die Prüfung des Klagegegenstandes beim vorgerichtlichen Verfahrensgegenstand ansetzen. Zunächst ist daher im ersten Schritt festzustellen, ob die Kommission in ihrer Klageschrift nicht über den ursprünglichen, im Vorverfahren festgelegten Verfahrensgegenstand hinausgeht.[85] Erst im zweiten Schritt wird dann geprüft, ob die Kommission einen statthaften Klagegegenstand, also einen mitgliedstaatlichen Verstoß gegen primäres oder sekundäres Unionsrecht, rügt. Nur diejenigen Verhaltensweisen, die bereits Gegenstand des Vorverfahrens waren, können mit der Klage angegriffen werden. Eine Erweiterung der Vorwürfe in der Klage gegenüber dem Vor-

---

[84] Vgl. *Koenig*, EuZW 1993, 661 (663).
[85] So geschehen in EuGH, Urt. v. 24. 6. 2004, Rs. C–350/02 (Kommission/Niederlande), Slg. 2004, I–6213, Rn. 28.

trag des Mahnschreibens sowie der begründeten Stellungnahme ist unzulässig. Der prozessuale Streitgegenstand darf allenfalls präzisiert werden.[86] Werden weitere Verstöße festgestellt oder soll die Klage auf die Verletzung bisher im Mahnschreiben nicht aufgeführter Bestimmungen gestützt werden, so muss die Kommission ein neues Vertragsverletzungsverfahren – mit neuem Verfahrensgegenstand – einleiten. Auch der Gerichtshof dürfte – anders als bei der Nichtigkeitsklage (Art. 263 AEUV) – nicht selbständig die verletzte Unionsrechtsnorm »austauschen«. Wenn ein Mitgliedstaat zwischenzeitlich jedoch nur geringfügig seine angegriffenen Rechtsnormen ändert, ohne dass die problematische Regelung inhaltlich aufgegeben wurde, so führt dies nicht zur Unzulässigkeit der Klage, da andernfalls die Mitgliedstaaten jedes Vertragsverletzungsverfahren durch marginale Rechtsänderungen »aushebeln« könnten.[87]

Vor dem Inkrafttreten des Lissabonner Vertrags sprach der Wortlaut des damaligen   33
Art. 226 Abs. 1 EGV von einem Verstoß gegen eine Verpflichtung »aus diesem Vertrag«. Somit war gemäß Art. 226 EGV nur ein Verstoß gegen den EGV und nicht gegen den EUV Gegenstand der Aufsichtsklage. Der heutige Art. 258 Abs. 1 AEUV enthält die Formulierung »aus den Verträgen«. Nunmehr können **sowohl Verstöße gegen den AEUV als auch gegen den EUV** gerügt werden, was auch der rechtlichen Gleichstellung beider Verträge (Art. 1 Abs. 3 Satz 2 EUV, Art. 1 Abs. 2 Satz 2 AEUV) entspricht. Art. 275 AEUV ist jedoch auch im Vertragsverletzungsverfahren zu beachten, mitgliedstaatliche **Verstöße gegen GASP-Bestimmungen** können mithin grundsätzlich nicht überprüft werden. Für **Verstöße gegen die Grundsätze in Art. 2 EUV** ist allein das gegenüber dem Vertragsverletzungsverfahren speziellere Sanktionsverfahren nach Art. 7 EUV einschlägig.[88] Die Formulierung »aus den Verträgen« bedeutet jedoch nicht, dass allein das primäre Unionsrecht (EUV und AEUV, Protokolle, Grundrechte-Charta, allgemeine Rechtsgrundsätze) den Prüfungsmaßstab für das staatliche Verhalten bildet. Vielmehr werden Verstöße gegen das gesamte Unionsrecht, d. h. **sowohl Primär- als auch Sekundär- und Tertiärrecht** erfasst.[89] Da die Kommission als Hüterin des Unionsrechts »für die Anwendung der Verträge sowie der von den Organen kraft der Verträge erlassenen Maßnahmen« Sorge zu tragen hat (Art. 17 Abs. 1 EUV), verfolgt sie gleichermaßen Verletzungen des primären und des abgeleiteten Unionsrechts. Ohnehin lässt sich jeder Verstoß gegen eine Verordnung, eine Richtlinie oder einen Beschluss als Verstoß gegen Art. 288 AEUV i. V. m. Art. 4 Abs. 3 EUV, also als primärrechtliche Vertragsverletzung, auffassen. Zudem sind auch Verstöße gegen Bestimmungen des Völkerrechts erfasst, soweit diese im Rahmen des Unionsrechts anwendbar und für die Mitgliedstaaten bindend sind. Verstöße gegen intergouvernementale Beschlüsse der »im Rat vereinigten Vertreter der Regierungen der Mitgliedstaaten« hingegen unterliegen nicht dem Vertragsverletzungsverfahren, da sie im völkerrechtlichen Raum[90] außerhalb des Unionsrechts begangen werden.

---

[86] *Thiele* (Fn. 12), § 5, Rn. 22.
[87] EuGH, Urt. v. 1.2.2005, Rs. C–203/03 (Kommission/Österreich), Slg. 2005, I–935, Rn. 29 ff.; ebenso Urt. v. 10.1.2006, Rs. C–98/03 (Kommission/Deutschland), Slg. 2006, I–53, Rn. 27.
[88] *Murswiek*, NVwZ 2009, 481 (482).
[89] *Ipsen*, Europäisches Gemeinschaftsrecht, 1972, S. 222; *Ortlepp*, Das Vertragsverletzungsverfahren als Instrument zur Sicherung der Legalität im Europäischen Gemeinschaftsrecht, 1987, S. 103; *Schwarze*, in: Schwarze, EU-Kommentar, Art. 258 AEUV, Rn. 7.
[90] *Haratsch/Koenig/Pechstein*, Europarecht, Rn. 445.

34 Den Prüfungsmaßstab im Vertragsverletzungsverfahren bildet mit der Ausnahme des Art. 275 AEUV somit das gesamte Unionsrecht:[91]
- das primäre Unionsrecht einschließlich seiner allgemeinen Rechtsgrundsätze
- das sekundäre und tertiäre (organgeschaffene) Unionsrecht und
- das in die Unionsrechtsordnung integrierte Völkerrecht:

  (1) die von der Union abgeschlossenen völkerrechtlichen Verträge[92] (Art. 216 Abs. 2 AEUV), wozu auch die unionsrechtlichen Bestandteile gemischter Abkommen[93] gehören[94] sowie auch für die Union verbindliche Sanktionsbeschlüsse des UN-Sicherheitsrates nach Art. 25 UN-Charta,[95]

  (2) die in Bezug auf solche Verträge anzuwendenden allgemeinen Rechtsgrundsätze des Völkervertragsrechts (z.B. Suspendierungsregelungen bei Vertragsbruch)[96] sowie

  (3) das in Bezug auf solche Verträge anzuwendende Gewohnheitsrecht.[97]

4. Klageberechtigung

35 Das Vertragsverletzungsverfahren dient der objektiv-rechtlichen Durchsetzung und Sicherstellung des Unionsrechts. Die Kommission ist daher ohne weiteres klageberechtigt, wenn nach ihrer »Auffassung ein Mitgliedstaat gegen eine Verpflichtung aus den Verträgen verstoßen« hat, sie also vom Vorliegen eines Vertragsverstoßes in rechtlicher und tatsächlicher Hinsicht überzeugt ist, bloße Vermutungen oder Zweifel genügen nicht.[98]

---

[91] An sich ist der Prüfungsmaßstab unerheblich für den Prüfungsgegenstand, denn er ist eine Frage der Begründetheit. Der EuGH würde jedoch eine Klage, deren Prüfung nicht auf das Unionsrecht gerichtet ist, für unzulässig erklären, daher wird der Prüfungsmaßstab als Erklärung schon an dieser Stelle dargestellt.

[92] Der EuGH hat im Rahmen von Vorabentscheidungsverfahren betont, dass von der Union abgeschlossene völkerrechtliche Verträge (vgl. Art. 216 Abs. 2 AEUV) als Handlungen der am Vertragsabschluss beteiligten Unionsorgane im Sinne von Art. 263 Abs. 1 Buchst. b AEUV zu qualifizieren sind und insoweit einen integrierenden Bestandteil der Unionsrechtsordnung bilden; EuGH, Urt. v. 26.10. 1982, Rs. 104/81 (Hauptzollamt Mainz/Kupferberg), Slg. 1982, 3641, Rn. 13; Urt. v. 30.9.1987, Rs. 12/86 (Demirel/Stadt Schwäbisch Gmünd), Slg. 1987, 3719, Rn. 7. Entsprechendes gilt für den Prüfungsmaßstab des Vertragsverletzungsverfahrens.

[93] Vgl. dazu *Haratsch/Koenig/Pechstein*, Europarecht, Rn. 447.

[94] EuGH, Urt. v. 7.10.2004, Rs. C-239/03 (Kommission/Frankreich), Slg. 2004, I-9325, Rn. 25 ff.

[95] EuG, Urt. v. 21.9.2005, Rs. T-306/01 (Yusuf), Slg. 2005, II-3533, Rn. 231 ff.

[96] Das Wiener Übereinkommen über das Recht der Verträge zwischen Staaten und internationalen Organisationen oder zwischen internationalen Organisationen ist mangels der erforderlichen Anzahl staatlicher Ratifikation bis heute nicht in Kraft getreten; grundlegend *Klein/Pechstein*, Das Vertragsrecht internationaler Organisationen, 1985, S. 12 ff.; zum Konventionsentwurf in Bezug auf die Europäische Union vgl. *Pechstein/Koenig*, Die Europäische Union, 2000, Rn. 107 f.

[97] Die von der Union abgeschlossenen völkerrechtlichen Verträge müssen nach Art. 218 Abs. 11 AEUV mit dem Primärrecht einerseits vereinbar sein. Andererseits sind diese Verträge sowohl für die Mitgliedstaaten als auch für die Unionsorgane gemäß Art. 216 Abs. 2 AEUV verbindlich. Hieraus ist zu schließen, dass die in die Unionsrechtsordnung – über die von der Union abgeschlossenen völkerrechtlichen Verträge – integrierten Völkerrechtssätze zwar Vorrang vor dem sekundären Unionsrecht genießen, sie dem primären Unionsrecht aber nachgehen, vgl. dazu *Tomuschat*, in: GS, EUV/EGV, Art. 300 EGV, Rn. 65 ff.

[98] EuGH, Urt. v. 5.10.1989, Rs. 290/87 (Kommission/Niederlande), Slg. 1989, 3083, Rn. 11; Urt. v. 16.7.2009, Rs. C-427/07 (Kommission/Irland), Slg. 2009, I-6277, Rn. 105; *Schwarze*, in: Schwarze, EU-Kommentar, Art. 258, Rn. 19.

5. Form und Zeitpunkt der Klageerhebung

Die Klageschrift muss den Vorschriften der Art. 21 Abs. 1 Satz 2 EuGH-Satzung sowie   **36**
Art. 120 ff. VerfO-EuGH genügen. Danach muss die Klage schriftlich beim EuGH ein-
gereicht werden und durch einen Bevollmächtigten des Klägers unterzeichnet sein. Die
Klageschrift muss die konkreten Vorwürfe klar erkennen lassen, Unklarheiten gehen zu
Lasten der Kommission und können zur Klageabweisung als unzulässig führen.[99] Der
Klageantrag zielt auf die Feststellung, der beklagte Staat habe durch ein bestimmtes
Verhalten gegen bestimmte Normen des Unionsrechts verstoßen.[100] Ob die Kommission
Klage erhebt, steht in ihrem Ermessen. Dabei kann die Kommission sich auch darauf
beschränken, trotz gleichförmiger Vertragsverletzung in mehreren Mitgliedstaaten nur
gegen einzelne Mitgliedstaaten vorzugehen.[101]

Der AEUV sieht für die Kommission nach Abgabe der begründeten Stellungnahme   **37**
keine Frist zur Anrufung des EuGH vor. Das Entschließungsermessen[102] der Kommission, ob sie ein Vertragsverletzungsverfahren einleitet, erstreckt sich damit auch auf den
Zeitpunkt der Klageerhebung.[103] Der frühestmögliche Zeitpunkt für die Erhebung einer
Vertragsverletzungsklage ist jedoch durch den fruchtlosen Ablauf der in der begründeten Stellungnahme gesetzten Frist festgelegt.[104] Der betroffene Mitgliedstaat kann
nicht etwa darauf vertrauen, dass mit einer Klageerhebung nicht mehr zu rechnen sei,
wenn der Stellungnahme der Kommission nicht binnen kurzer Zeit die Klageerhebung
folgt.[105] Ausnahmsweise kommt eine **Verwirkung des Klagerechts** in Betracht, wenn die
Kommission nach Abschluss des Vorverfahrens unangemessen lange, das heißt rechtsmissbräuchlich, mit der Klageerhebung wartet, ohne dass ein sachlicher Grund, insbesondere die Suche nach einer diplomatischen Lösung, die Verzögerung der Klageerhebung rechtfertigt.[106]

6. Rechtsschutzbedürfnis

Die Anforderungen an das Rechtsschutzbedürfnis werden vom objektiven Aufsichts-   **38**
zweck des Vertragsverletzungsverfahrens bestimmt. So besteht Einigkeit darüber, dass
diese Zulässigkeitsvoraussetzung erfüllt ist, wenn die gegen den Mitgliedstaat erhobenen Vorwürfe weder bei Klageerhebung noch zum Zeitpunkt der letzten mündlichen
Verhandlung vollständig ausgeräumt sind.[107] In diesen Fällen liegt das Rechtsschutzbe-

---

[99] *Karpenstein*, in: Grabitz/Hilf/Nettesheim, Art. 258 AEUV (Mai 2013), Rn. 55; EuGH, Urt. v.
1. 2. 2007, Rs. C–199/04 (Kommission/Vereinigtes Königreich), Slg. 2007, I–1221, Rn. 20 ff.
[100] *Gaitanides*, in: GS, EUV/EGV, Art. 226 EGV, Rn. 46.
[101] EuGH, Urt. v. 19. 5. 2009, Rs. C–531/06 (Kommission/Italien), Slg. 2009, I–4103, Rn. 24; Urt.
v. 3. 3. 2016, Rs. C–12/14 (Kommission/Malta), ECLI:EU:C:2016:135, Rn. 25; kritisch dazu *Schwar-*
ze, in: Schwarze, EU-Kommentar, Art. 258 AEUV, Rn. 23.
[102] Die Kommission gibt in der Praxis häufig Erklärungen zu Protokoll des Rates, in denen sie ihr
Verständnis eines bestimmten Rechtsaktes dokumentiert. In diesem Zusammenhang stellt sich die
Frage, ob die Kommission durch entsprechende Protokollerklärungen in späteren Vertragsverletzungsverfahren gebunden ist. Zum Problem der (politischen) Selbstbindung durch Protokollerklärungen, welche das (rechtliche) Ermessen der Kommission nicht einschränken vgl. *Pechstein*, EuR 1990,
249; *Streinz*, Europarecht, Rn. 471 f.
[103] EuGH, Urt. v. 10. 12. 1968, Rs. 7/68 (Kommission/Italien), Slg. 1968, 634, 642; Urt. v.
16. 4. 2015, Rs. C–591/13 (Kommission/Deutschland), ECLI:EU:C:2015:230, Rn. 14.
[104] *Frenz*, Handbuch Europarecht, Band 5, Rn. 2605.
[105] EuGH, Urt. v. 1. 6. 1994, Rs. C–317/92 (Kommission/Deutschland), Slg. 1994, I–2039, Rn. 4.
[106] Vgl. *Karpenstein*, in: Grabitz/Hilf/Nettesheim, EU, Art. 258 AEUV (Mai 2013), Rn. 50 m. w. N.
[107] EuGH, Urt. v. 7. 2. 1973, Rs. 39/72 (Kommission/Italien), Slg. 1973, 101, Rn. 9; zu Besonder-

dürfnis ohne weiteren Nachweis durch die Kommission vor. Insbesondere entfällt es nicht, wenn der beklagte Mitgliedstaat die Vertragsverletzung lediglich einräumt.[108] Vorbehaltlich der übrigen Sachurteilsvoraussetzungen ist die Klage zulässig. Zweifel über die vollständige Ausräumung des Vertragsverstoßes gehen zu Lasten des betroffenen Mitgliedstaates.

39   Schwieriger zu beurteilen sind die Fälle, in denen der Mitgliedstaat der begründeten Stellungnahme der Kommission nachkommt und einen vertragsgemäßen Zustand herstellt. Hier bieten sich im Hinblick auf den Zeitpunkt der Ausräumung der Verletzung Differenzierungen an: Sofern der Vertragsverstoß vor Ablauf der in der begründeten Stellungnahme gesetzten Frist vollständig beseitigt wurde, ist das Ziel des Verfahrens erreicht. Die Kommission muss das Verfahren mangels eines Rechtsschutzbedürfnisses einstellen. Nur in Ausnahmefällen erscheint es zulässig, das Verfahren dann doch noch weiter zu verfolgen. Die Kommission müsste hierfür wohl ein **besonderes Rechtsschutzinteresse** nachweisen.[109] Erfolgt die (behauptete) Beseitigung des Vertragsverstoßes jedoch erst nach Ablauf der in der Stellungnahme genannten Frist, so hat der Gerichtshof früher ein Fortbestehen des Rechtsschutzbedürfnisses unterstellt, wenn die Verurteilung des Mitgliedstaates die Grundlage für seine Haftung gegenüber einem anderen Mitgliedstaat, der Union oder Einzelnen bilden kann, Wiederholungsgefahr bestehen könnte oder die zu klärenden Rechtsfragen grundsätzliche Bedeutung haben können.[110] In seiner späteren Rechtsprechung hat der Gerichtshof jedoch klargestellt, dass maßgeblich für das Vorliegen einer Vertragsverletzung stets die Lage ist, in der sich der Mitgliedstaat bei Ablauf der in der Stellungnahme genannten Frist befand, später eingetretene Veränderungen können vom Gerichtshof nicht berücksichtigt werden.[111] Hiernach kann es auf Veränderungen nach diesem Zeitpunkt nicht mehr ankommen, so dass sich die Frage nach einem besonderen Rechtsschutzbedürfnis für Klagen trotz Abhilfe nach Fristablauf nicht mehr stellt.[112]

II. Begründetheit der Aufsichtsklage

40   Die Aufsichtsklage ist begründet, wenn die von der Kommission behaupteten Tatsachen zutreffen, das angegriffene Verhalten dem beklagten Mitgliedstaat rechtlich zuzurechnen ist und sich hieraus ein Verstoß gegen eine Bestimmung des Unionsrechts ergibt. Entscheidungsgegenstand ist die Frage, ob der beklagte Mitgliedstaat die ihm vorgeworfene Vertragsverletzung objektiv begangen und innerhalb der gesetzten Frist nicht abgestellt hat.[113] Der Mitgliedstaat kann sich durch Bestreiten des ihm zur Last gelegten

---

heiten bzgl. des Fortbestehens öffentlich-rechtlicher Verträge, die unter Verstoß gegen vergaberechtliche Bestimmungen geschlossen wurden vgl. EuGH, Urt. v. 9.9.2004, Rs. C–125/03 (Kommission/Deutschland), ZfBR 2004, 809, Rn. 12.

[108] EuGH, Urt. v. 3.3.2005, Rs. C–414/03 (Kommission/Deutschland), EuZW 2005, 320, Rn. 9.

[109] So auch *Karpenstein*, in: Grabitz/Hilf/Nettesheim, EU, Art. 258 AEUV (Mai 2013), Rn. 52.

[110] EuGH, Urt. v. 9.7.1970, Rs. 26/69 (Kommission/Frankreich), Slg. 1970, 565, Rn. 9/10; Urt. v. 5.6.1986, Rs. 103/84 (Kommission/Italien), Slg. 1986, 1759, Rn. 6f.; Urt. v. 24.3.1988, Rs. 240/86 (Kommission/Griechenland), Slg. 1988, 1835, Rn. 14; hierzu auch *Cremer*, in: Calliess/Ruffert, EUV/AEUV, Art. 258 AEUV, Rn. 31; *Karpenstein*, in: Grabitz/Hilf/Nettesheim, EU, Art. 258 AEUV (Mai 2013), Rn. 51.

[111] EuGH, Urt. v. 3.10.2002, Rs. C–47/01 (Kommission/Spanien), Slg. 2002, I–8231, Rn. 15; Urt. v. 14.4.2005, Rs. C–519/03(Kommission/Luxemburg), Slg. 2005, I–3067, Rn. 18.

[112] So auch *Cremer*, in: Calliess/Ruffert, EUV/AEUV, Art. 258 AEUV, Rn. 31; *Karpenstein*, in: Grabitz/Hilf/Nettesheim, EU, Art. 258 AEUV (Mai 2013), Rn. 52.

[113] *Karpenstein*, in: Grabitz/Hilf/Nettesheim, EU, Art. 258 AEUV (Mai 2013), Rn. 58.

Sachverhalts oder mit Rechtsansichten verteidigen,[114] wonach sein Verhalten keinen Vertragsverstoß begründet. Verschuldensfragen stellen sich im Vertragsverletzungsverfahren nicht.[115]

Der Kommission obliegen dabei **strenge Nachweispflichten** hinsichtlich des mitglied-staatlichen Vertragsverstoßes. Insoweit ist sie beweispflichtig und kann sich auf keine Vermutungen stützen. Erforderlich ist insoweit ein »hinreichend dokumentierte[r] und detaillierte[r] Nachweis der der nationalen Verwaltung und/oder den nationalen Gerichten vorgeworfenen und dem betreffenden Mitgliedstaat zuzurechnenden Praxis«.[116] Eine mitgliedstaatliche Verwaltungspraxis muss, um einen Verstoß darstellen zu können, auch in bestimmtem Grade verfestigt und allgemein sein. Eine Art Umkehr der Beweislast kann jedoch eintreten, wenn die Kommission genügend Tatsachen vorgetragen hat, aus denen der Vertragsverstoß hervorgeht.[117] Der Mitgliedstaat muss dann die vorgetragenen Tatsachen substantiiert bestreiten.[118] Zulässig ist auch das Vorgehen gegen administrative Einzelmaßnahmen,[119] selbst wenn daneben ein genereller Verstoß, etwa durch Nichtumsetzung der einschlägigen Richtlinie besteht und seinerseits nicht geahndet wird. **41**

Maßgeblicher Zeitpunkt für die Beurteilung der Rechtslage ist der Ablauf der mit der begründeten Stellungnahme gesetzten Frist.[120] Weder Änderungen des mitgliedstaatlichen Rechts[121] (als Prüfungsgegenstand) noch solche des Unionsrechts[122] (als Prüfungsmaßstab) nach diesem Zeitpunkt finden Berücksichtigung. **42**

1. Zurechenbares Verhalten mitgliedstaatlicher Organe, Körperschaften und Institutionen

Art. 258 AEUV erfasst nur den Mitgliedstaaten zurechenbare Vertragsverstöße. Die Zurechnung von Vertragsverletzungen durch das Verhalten mitgliedstaatlicher Organe, Institutionen und Körperschaften wird allerdings recht weit gefasst. Die Mitgliedstaaten, die als **unionsrechtliche Handlungseinheiten** gelten,[123] haben aufgrund ihrer Verpflichtung zur Unionstreue (Art. 4 Abs. 3 EUV) dafür Sorge zu tragen, dass sich ihre innerstaatlichen Untergliederungen und Organe unionsrechtmäßig verhalten. Die Zurechnung von Vertragsverletzungen durch das Verhalten mitgliedstaatlicher Organe, **43**

[114] *Karpenstein*, in: Grabitz/Hilf/Nettesheim, EU, Art. 258 AEUV (Mai 2013), Rn. 59.
[115] *Rengeling/Middeke/Gellermann*, Rechtsschutz in der EU, § 6, Rn. 48; dagegen können sich Exkulpationsfragen im Rahmen des unionsrechtlichen Staatshaftungsanspruchs wegen einer Verletzung unionsrechtlich begründeter Rechte stellen; so bspw. EuGH, Urt. v. 5.3.1996, verb. Rs. C–46/93 u. 48/93 (Brasserie du Pêcheur/Bundesrepublik Deutschland), Slg. 1996, I–1029.
[116] EuGH, Urt. v. 27.4.2006, Rs. C–441/02 (Kommission/Deutschland), Slg. 2006, I–33449, Rn. 49; vgl. hierzu auch *Karpenstein*, in: Grabitz/Hilf/Nettesheim, EU, Art. 258 AEUV (Mai 2013), Rn. 76 ff.
[117] *Frenz*, Handbuch Europarecht, Band 5, Rn. 2618.
[118] Vgl. hierzu *Karpenstein*, in: Grabitz/Hilf/Nettesheim, EU, Art. 258 AEUV (Mai 2013), Rn. 77 f.
[119] EuGH, Urt. v. 11.8.1995, Rs. C–31/92 (Kommission/Deutschland; »Großkrotzenburg«), Slg. 1995, I–2189, Rn. 21 ff. mit Anm. *Pechstein*, EWS 1996, 261.
[120] EuGH, Urt. v. 6.3.2008, Rs. C–196/07 (Kommission/Spanien), Slg. 2008, I–41, Rn. 25; Urt. v. 11.1.2007, Rs. C–183/05 (Kommission/Irland), Slg. 2007, I–137, Rn. 17; Urt. v. 12.12.200, Rs. C–435/99 (Kommission/Portugal), Slg. 2000, I–11179, Rn. 16; Urt. v. 8.4.2014, Rs. C–288/12 (Kommission/Ungarn), ECLI:EU:C:2014:237, Rn. 29.
[121] EuGH, Urt. v. 11.1.2007, Rs. C–183/05 (Kommission/Irland), Slg. 2007, I–137, Rn. 17.
[122] EuGH, Urt. v. 1.6.1995, Rs. C–182/94 (Kommission/Italien), Slg. 1995, I–1465, Rn. 6; Urt. v. 10.9.1996, Rs. C–61/94 (Kommission/Deutschland), Slg. 1996, I–3989, Rn. 42.
[123] *Rengeling/Middeke/Gellermann*, Rechtsschutz in der EU, § 6, Rn. 40.

Institutionen und Körperschaften ergibt sich danach aus den seitens der Mitgliedstaaten (innerstaatlich) zu gewährleistenden Bindungen an das Unionsrecht. Nach ständiger Rechtsprechung des EuGH[124] erstrecken sich diese nicht nur auf die Mitgliedstaaten als Vertragsparteien, sondern auf sämtliche Körperschaften des öffentlichen Rechts (insbesondere die Länder und Kommunen), öffentlich-rechtliche Anstalten sowie auf alle – selbst nicht rechtsfähigen – Organe der Legislative, Exekutive und Judikative, gleich welcher körperschaftlichen Gliederungsebene sie in den Mitgliedstaaten angehören. Bundes-, Landes- und Kommunalbehörden sind demnach im gleichen Umfang wie die Parlamente und Gerichte unionsrechtlich unmittelbar verpflichtet, im Rahmen ihrer Zuständigkeiten Unionsrecht zu beachten und anzuwenden. Entgegenstehendes nationales Recht darf wegen des unionsrechtlichen Anwendungsvorrangs nicht angewendet werden. Kommen die innerstaatlichen Organe und Gliedkörperschaften dem nicht oder nur fehlerhaft nach, so steht der Mitgliedstaat als unionsrechtliches Zurechnungsendsubjekt für die Vertragsverletzung ein. In diesem Zusammenhang gelten die allgemeinen organschaftlichen Zurechnungslehren. Die mitgliedstaatliche Verantwortlichkeit gilt entsprechend den allgemeinen völkerrechtlichen Regeln auch für die Organe, welche – wie die Gerichte – nach innerstaatlichem Recht unabhängig sind und auf welche die Zentralregierungen keinen Einfluss nehmen können.

44   **Vertragsverstöße durch mitgliedstaatliche Gerichte** sind gleichwohl problematisch.[125] Die einzelstaatlichen Gerichte verhalten sich unionsrechtswidrig, wenn sie
- unmittelbar anwendbares Unionsrecht,
- ihre Vorlagepflicht nach Art. 267 AEUV oder
- eine von ihnen beantragte Vorabentscheidung des EuGH nicht beachten.

45   Vor Eintritt der Rechtskraft können die Betroffenen gegen die unionsrechtswidrige Entscheidung eines unterinstanzlichen Gerichts mittels innerstaatlicher Rechtsmittel vorgehen. Kommt ein vorlagepflichtiges letztinstanzliches Gericht seiner Vorlagepflicht nicht nach (Art. 267 Abs. 3 AEUV), so liegt nach ständiger Rechtsprechung des BVerfG zugleich ein Verstoß gegen das Recht auf den gesetzlichen Richter[126] – den EuGH – vor (Art. 101 Abs. 1 Satz 2 GG).[127] Diese verfassungsrechtlich begründete Möglichkeit, eine willkürliche Verletzung der Vorlagepflicht mit einer Verfassungsbeschwerde, gestützt auf die Verletzung des Rechts auf den gesetzlichen Richter, zu sanktionieren, besteht nicht in allen Mitgliedstaaten und ist in dieser Ausprägung unionsrechtlich auch nicht gefordert. Nach Eintritt der Rechtskraft kann die gerichtliche Entscheidung weder durch die Regierung des verurteilten Mitgliedstaates noch durch ein (oberinstanzliches) Gericht aufgehoben werden.[128] Auch eine Wiederaufnahme des Verfahrens ist an bestimmte Restitutionsgründe (vgl. z.B. § 580 ZPO) gebunden, die jedoch in diesem Zusammenhang nicht eingreifen.

46   Die Kommission hat sich aufgrund der Unabhängigkeit der Gerichte mit Vertragsverletzungsverfahren bezüglich gerichtlicher Verstöße gegen das Unionsrecht auch lange Zeit zurückgehalten. In der Rs. C–129/00 hat sie jedoch eine maßgeblich durch eine

---

[124] EuGH, Urt. v. 12.6.1990, Rs. C–8/88 (Deutschland/Kommission), Slg. 1990, I–2321, Rn. 13; Urt. v. 3.7.1974, Rs. 9/74 (Casagrande/Landeshauptstadt München), Slg. 1974, 773, Rn. 6.

[125] Vgl. hierzu auch ausführlich *Karpenstein*, in: Grabitz/Hilf/Nettesheim, EU, Art. 258 AEUV (Mai 2013), Rn. 69 ff.; *Kremer*, EuR 2007, 470 (477 ff.).

[126] Dazu näher *Pechstein*, Jura 1998, 197.

[127] Vgl. nur BVerfGE 73, 330; vgl. dazu auch *Mößlang*, EuZW 1996, 69; dagegen *Wichard*, EuZW 1996, 305.

[128] *Gaitanides*, in: GS, EUV/EGV, Art. 228 EGV, Rn. 7 f.

gerichtliche Auslegung des nationalen Rechts verursachte Verletzung des damaligen EG-Rechts mit der Aufsichtsklage angegriffen, auch wenn das zugrundeliegende nationale Gesetz, das diese Auslegung zuließ, formal Klagegegenstand war. Der Gerichtshof hat dazu ausgeführt, dass »isolierte gerichtliche Entscheidungen oder solche, die in einem durch eine andere Ausrichtung gekennzeichneten Rechtsprechungskontext deutlich in der Minderheit sind, oder auch eine vom obersten Gericht verworfene Auslegung nicht berücksichtigt werden (können). Dies gilt nicht für eine signifikante richterliche Auslegung, die vom obersten Gericht nicht verworfen oder sogar bestätigt worden ist.«[129] Italien wurde in diesem Fall wegen der Aufrechterhaltung der diese Auslegung ermöglichenden nationalen Regelung verurteilt – eine Verurteilung wegen der Rechtsprechung selbst hätte den italienischen Staat auch vor kaum zu bewältigende Probleme hinsichtlich der Abstellung des vertragswidrigen Zustands gestellt.

Schwierige Zurechnungsprobleme entstehen, wenn sich ein Mitgliedstaat zur Verwirklichung seiner Ziele privater Rechtspersonen bedient oder der Vertragsverstoß von einem privaten Verband – wie in der Rechtssache Bosman[130] von einem Fußballverband ausgeht. Dabei ist die Frage der Zurechenbarkeit mit Hilfe des Kriteriums der mitgliedstaatlichen Beherrschbarkeit des privatrechtlichen Verbandsverhaltens zu beantworten. Zum einen kann an mitgliedschaftliche Lenkungs- und Leitungsbefugnisse[131] angeknüpft werden, wenn sich mitgliedstaatliche Körperschaften oder Anstalten des öffentlichen Rechts in einem Verband des Privatrechts organisieren und die Beherrschbarkeit von Verbandshandlungen über die organschaftliche Verbandsvertretung zumindest mittelbar in mitgliedstaatlicher Hand liegt. Zum anderen ist das Zurechnungskriterium mitgliedstaatlicher Beherrschbarkeit zu bejahen, wenn der Mitgliedstaat eine Unternehmung, wie eine private Werbeagentur für die Kampagne »Buy Irish«, mit der Vornahme unionsrechtswidriger Maßnahmen beauftragt oder durch ein von ihm personell bestimmtes Gremium, z. B. den vom irischen Handelsministerium eingesetzten »Irish Goods Council«,[132] lenkt.

2. Verstoß gegen Unionsrecht

Eine Vertragsverletzung ist gegeben, wenn ein Mitgliedstaat durch sein Verhalten gegen eine Norm des Unionsrechts verstoßen hat. Prüfungsmaßstab des mitgliedstaatlichen Verhaltens ist – mit den Ausnahmen gemäß Art. 275 und 276 AEUV – das gesamte Unionsrecht (s. Rn. 34). Mit dem Vertragsverletzungsverfahren wird sowohl unionsrechtswidriges Handeln als auch Untätigbleiben trotz Bestehens einer unionsrechtlichen Handlungspflicht verfolgt.[133] Auf die Rechtsnatur der angegriffenen nationalen Maßnahme kommt es nicht an. In normativer Hinsicht sind nicht nur innerstaatliche Gesetze und Verordnungen, sondern auch interne Verwaltungsvorschriften unter dem Gesichtspunkt einer Vertragsverletzung zu überprüfen, zumal letztere in Verbindung

47

48

---

[129] EuGH, Urt. v. 9.12.2003, Rs. C–129/00 (Kommission/Italien), Slg. 2003, I–14637, Rn. 29 ff., 32; vgl. dazu *Breuer*, EuZW 2004, 199 sowie die Anmerkung von *Schäfer*, JA 2004, 525; *Cremer*, in: Calliess/Ruffert, EUV/AEUV, Art. 258 AEUV, Rn. 28.

[130] EuGH, Urt. v. 15.12.1995, Rs. C–415/93 (Union royale belge des Sociétés de football association ASBL u. a./Jean Marc Bosman u. a.), Slg. 1995, I–4921.

[131] *Karpenstein*, in: Grabitz/Hilf/Nettesheim, EU, Art. 258 AEUV (Mai 2013), Rn. 63.

[132] EuGH, Urt. v. 24.11.1982, Rs. 249/81 (Kommission/Irland; »Buy Irish«), Slg. 1982, 4005, Rn. 21 ff.

[133] EuGH, Urt. v. 17.2.1970, Rs. 31/69 (Kommission/Italien), Slg. 1970, 25, Rn. 9; *Schwarze*, EuR 1998, 47 (54).

mit einer Verwaltungspraxis Außenwirkung erlangen. Auch behördliche Übungen können eine Vertragsverletzung darstellen.[134] Unionsrechtswidrige Absichten oder Pläne bilden für sich alleine noch keinen Vertragsverstoß, erlauben aber formlose Warnungen.[135] Andererseits braucht die Kommission nicht abzuwarten, bis die in Frage stehende Absicht vollständig verwirklicht worden ist. So begründet bereits die Einbringung eines unionsrechtswidrigen Gesetzesvorschlages im Parlament einen Verstoß gegen die Pflicht zur Unionstreue (Art. 4 Abs. 3 EUV).[136]

3. Rechtfertigung des Vertragsverstoßes

49   Alle aus der nationalen Rechtsordnung abgeleiteten Verteidigungsmöglichkeiten, vor allem der Einwand, die Durchführung einer Unionsrechtsnorm stoße auf verfassungsrechtliche Hindernisse – z. B. sei er auf die innerstaatliche Kompetenzverteilung in einem Bundesstaat zurückzuführen[137] –, sind den Mitgliedstaaten nach ständiger Rechtsprechung des EuGH abgeschnitten.[138] Ebenso ist es den Staaten verwehrt, die eigene Vertragsbrüchigkeit mit dem vertragswidrigen Verhalten anderer Mitgliedstaaten zu rechtfertigen[139] oder sich darauf zu berufen, dass die Umsetzungsfristen einer Richtlinie angesichts der Schwierigkeit der Materie zu kurz seien,[140] die Richtlinie Auslegungsschwierigkeiten aufweise[141] oder die Umsetzung kurz bevorstehe.[142] Dem Argument, eine Änderung von unionsrechtswidrigen innerstaatlichen Vorschriften sei wegen des ohnehin eingreifenden Anwendungsvorrangs des Unionsrechts oder der unmittelbaren Wirkung von Richtlinien[143] nicht erforderlich, hat der EuGH aus Gründen der Rechtsklarheit ebenfalls eine Absage erteilt.[144] Mithin stehen den Mitgliedstaaten – abgesehen vom tatsächlichen Bestreiten – ausschließlich die **aus dem Unionsrecht selbst entwickelten Verteidigungsmöglichkeiten aus Rechtsgründen** zur Verfügung (z. B. nach Maßgabe der Cassis de Dijon-Formel). Lediglich im Falle absoluter Unmöglichkeit der Durchführung der Unionsnorm – woran sehr hohe Anforderungen zu stellen sind[145] – kommt eine Rechtfertigung in Betracht. Einen entschuldbaren Irrtum hinsichtlich der Vertragspflichten erkennt der EuGH dagegen nicht an.[146] Auch das Argument, der Verstoß wiege nicht schwer, ist unerheblich.[147]

---

[134] *Borchardt*, in: Lenz/Borchardt, EU-Verträge, Art. 258 AEUV, Rn. 6.

[135] *Karpenstein*, in: Grabitz/Hilf/Nettesheim, EU, Art. 258 AEUV (Mai 2013), Rn. 68.

[136] *Karpenstein*, in: Grabitz/Hilf/Nettesheim, EU, Art. 258 AEUV (Mai 2013), Rn. 68.

[137] Deutsche Länder: EuGH, Urt. v. 12.12.1996, Rs. C–297/95 (Kommission/Deutschland), Slg. 1996, I–6739, Rn. 6 ff.

[138] Vgl. beispielhaft: EuGH, Urt. v. 8.4.2014, Rs. C–288/12 (Kommission/Ungarn), ECLI:EU:C: 2014:237, Rn. 25; EuGH, Urt. v. 27.11.2003, Rs. C–66/03 (Kommission/Frankreich), Slg. 2003, I–14439, Rn. 12; EuGH, Urt. v. 12.12.1996, Rs. C–298/95 (Kommission/Deutschland), Slg. 1996, I–6747, Rn. 18; ausführlich hierzu *Karpenstein*, in: Grabitz/Hilf/Nettesheim, EU, Art. 258 AEUV (Mai 2013), Rn. 60.

[139] EuGH, Urt. v. 26.2.1976, Rs. 52/75 (Kommission/Italien), Slg. 1976, 277, Rn. 11/13.

[140] EuGH, Urt. v. 7.11.1991, Rs. C–313/89 (Kommission/Spanien), Slg. 1991, I–5231, Rn. 9 f.

[141] EuGH, Urt. v. 20.3.2003, Rs. C–135/01 (Kommission/Deutschland), Slg. 2003, I–2837, Rn. 25.

[142] EuGH, Urt. v. 25.9.2003, Rs. C–74/02 (Kommission/Deutschland), Slg. 2003, I–9877, Rn. 17.

[143] Vgl. dazu *Haratsch/Koenig/Pechstein*, Europarecht, Rn. 387 ff.

[144] EuGH, Urt. v. 15.10.1986, Rs. 168/85 (Kommission/Italien), Slg. 1986, 2945, Rn. 11.

[145] EuGH, Urt. v. 29.1.1998, Rs. C–280/95 (Kommission/Italien), Slg. 1998, I–259, Rn. 13.

[146] EuGH, Urt. v. 14.9.2004, Rs. C–385/02 (Kommission/Italien), Slg. 2004, I–8121, Rn. 40.

[147] EuGH, Urt. v. 18.12.1997, Rs. C–263/96 (Kommission/Belgien), Slg. 1997, I–7453, Rn. 30.

Ein Mitgliedstaat kann sich jedoch mit Erfolg darauf berufen, dass er sich an Anfor- **50**
derungen des einschlägigen – eine primärrechtliche Vorschrift konkretisierenden – Sekundärrechts gehalten hat, wenn die Kommission gegen ihn ausschließlich den Vorwurf
einer Verletzung des fraglichen Primärrechts erhebt. In diesem Fall bestreitet die Kommission nämlich die Rechtmäßigkeit des Sekundärrechts, gegen das sie in diesem Fall
eine Nichtigkeitsklage hätte erheben müssen. Der sekundärrechtskonform handelnde
Mitgliedstaat kann sich insoweit auf eine Vermutung der Rechtmäßigkeit von Sekundärrecht stützen. Nur dann, wenn der Sekundärrechtsakt an einem derart gravierenden
Fehler leidet, dass er als »Nicht-Akt« angesehen werden muss, ist die Rüge des Verstoßes
gegen das Primärrecht zulässig.[148] Das Gleiche gilt umgekehrt auch für die Mitgliedstaaten: Bestreitet ein Mitgliedstaat die Rechtmäßigkeit einer Sekundärrechtsregelung, deren Verletzung ihm vorgeworfen wird, so scheidet eine entsprechende Rechtfertigung
grundsätzlich aus.[149] Auch der Mitgliedstaat wird insoweit auf die Nichtigkeitsklage
verwiesen.[150]

Ein **Versäumnisurteil** kann ergehen, wenn der Mitgliedstaat den Vorwurf weder tat- **51**
sächlich noch rechtlich bestreitet.[151] Geprüft wird dann nur die Schlüssigkeit des Vortrags der Kommission.

III. Das Urteil im Vertragsverletzungsverfahren und seine Wirkungen

Erweist sich die Vertragsverletzungsklage als zulässig und begründet, so stellt der EuGH **52**
fest, dass der beklagte Mitgliedstaat gegen eine Verpflichtung aus dem Unionsrecht
verstoßen hat (Art. 260 Abs. 1 AEUV). Das Verfahren nach Art. 258 AEUV ist als Feststellungsklage ausgestaltet. Wie im deutschen Verwaltungsprozessrecht verleiht das
Feststellungsurteil weder einen Vollstreckungstitel noch gestaltet es die Rechtslage. Wegen des Prinzips der begrenzten Einzelermächtigung (Art. 5 Abs. 1, 2 EUV; Art. 13
Abs. 2 EUV) ist der EuGH weder befugt, die mit dem Vertragsverletzungsverfahren
angegriffene Maßnahme für rechtswidrig zu erklären oder aufzuheben, noch den Mitgliedstaat förmlich zur Beseitigung des rechtswidrigen Zustands zu verurteilen.[152] Der
Grund für diese beschränkte Tenorierung des Vertragsverletzungsurteils liegt vor allem
in der Souveränitätsschonung des beklagten Mitgliedstaates. Zwar ist dieser unionsrechtlich verpflichtet, die Maßnahmen zu ergreifen, die sich aus dem stattgebenden
Urteil ergeben (Art. 260 Abs. 1 AEUV, Art. 4 Abs. 3 EUV). Dem EuGH kommt jedoch
keine Kassationsbefugnis für nationale Maßnahmen zu. Nach einem Feststellungsurteil
behält der Mitgliedstaat grundsätzlich die Gestaltungsmöglichkeiten zur Ausräumung
der Vertragsverletzung in Händen. Allerdings nimmt der EuGH den Klageantrag der
Kommission zuweilen zum Anlass, die vom Mitgliedstaat zu treffenden Maßnahmen in
der Sache einzugrenzen. Stellt die Kommission in ihrem Klageantrag nämlich darauf ab,
dass der Staat nicht nur einen bestimmten Verstoß begangen, sondern es auch unterlas-

---

[148] EuGH, Urt. v. 5.10.2004, Rs. C–475/01 (Kommission/Griechenland), Slg. 2004, I–8923,
Rn. 12 ff.
[149] Ausführlich hierzu *Ehlers*, FS Jarass, S. 27.
[150] EuGH, Urt. v. 29.4.2004, Rs. C–194/01, (Kommission/Österreich), Slg. 2004, I–4579, Rn. 41.
[151] EuGH, Urt. v. 21.9.1989, Rs. 68/88 (Kommission/Griechenland), Slg. 1989, I–2965, Rn. 7 ff.
[152] EuGH, Urt. v. 14.4.2005, Rs. C–104/02 (Kommission/Deutschland), Slg. 2005, I–2689,
Rn. 49 f.; *Karpenstein*, in: Grabitz/Hilf/Nettesheim, EU, Art. 258 AEUV (Mai 2013), Rn. 11 ff.; *Nicolaysen*, Europarecht, 1991, S. 244; GA *Reischl*, Schlussanträge zu Rs. 141/78 (Frankreich/Verei-
nigtes Königreich), Slg. 1979, 2923, 2946.

sen habe, die zu dessen Beseitigung notwendigen Maßnahmen zu treffen, so lassen sich in der Regel dem Feststellungstenor, zumindest aber den Urteilsgründen, die unionsrechtlich gebotenen Maßnahmen eindeutig entnehmen.

53   Gibt der EuGH der Vertragsverletzungsklage dagegen nicht statt, so ist zu differenzieren: Wird die Klage durch Prozessurteil als unzulässig abgewiesen, kann die Kommission nach Erfüllung der Sachurteilsvoraussetzungen erneut Klage erheben. Erklärt der EuGH die Klage hingegen durch Sachurteil für unbegründet, so kann die Kommission im Rahmen desselben Streitgegenstandes – Klageantrag und Klagegrund – nur dann erneut gegen den Mitgliedstaat vorgehen, wenn die Voraussetzungen der Wiederaufnahme vorliegen (Art. 44 EuGH-Satzung).

54   Der verurteilte Mitgliedstaat ist verpflichtet, den unionsrechtswidrigen Zustand unverzüglich durch einen vertragsgemäßen Zustand mit Wirkung für die Zukunft zu ersetzen. Fraglich ist, ob der Staat über die ex nunc-Beseitigung des festgestellten Rechtsverstoßes hinaus die verletzungsbedingten Folgen in tatsächlicher, wirtschaftlicher oder ideeller Hinsicht ex tunc ausräumen muss. Ein Folgenbeseitigungsanspruch wäre auf die tatsächlich wirksame Beseitigung der durch die Vertragsverletzung eingetretenen und fortwirkenden Nachteilsfolgen gerichtet. Solange jedenfalls eine Tenorierung des Folgenbeseitigungsanspruchs weder in den Verträgen (vgl. Art. 260 AEUV) noch in der EuGH-Satzung vorgesehen ist, spricht das Prinzip der organschaftlichen Einzelermächtigung (Art. 13 Abs. 2 EUV) gegen eine mit einschneidenden Wiedergutmachungslasten für die Mitgliedstaaten verbundene Spruchkompetenz des Gerichtshofs.

IV.   Einstweilige Feststellungsanordnungen im Aufsichtsverfahren

55   Die Mehrstufigkeit des Vertragsverletzungsverfahrens (Mahnschreiben, begründete Stellungnahme, Anrufung des EuGH) führt zu langen Verfahrensdauern und damit möglicherweise zu kaum wiedergutzumachenden Schadenslagen. In der Literatur umstritten ist daher, ob Art. 279 AEUV im Rahmen des Vertragsverletzungsverfahrens den Erlass »einstweiliger Anordnungen« erlaubt.[153] Der EuGH darf sich im vorläufigen Verfahren nach Art. 279 AEUV nicht an die Stelle des zur Ausräumung der Vertragsverletzung allein berufenen Mitgliedstaates stellen. Daher kommt eine Aussetzung der mitgliedstaatlichen Maßnahme durch (gestaltenden) Beschluss des EuGH grundsätzlich nicht in Betracht.

56   Die vorläufige gerichtliche »Anordnung« darf in ihrer Spruchwirkung nicht weiter gehen als das im Vertragsverletzungsverfahren ergehende Feststellungsurteil.[154] Anderenfalls würde sie gestaltend über die bloße Feststellung in der Hauptsache hinausgehen. Da dies nicht möglich ist, kann eine vorläufige gerichtliche »Anordnung« im Vertragsverletzungsverfahren nur mit einer beschränkten Spruchwirkung ergehen, die hinter der in Art. 279 AEUV vorgesehenen zurückbleibt. Der Gerichtshof darf ausschließlich einstweilige Feststellungen mit dem Ausspruch treffen, der Mitgliedstaat sei verpflichtet, diejenigen Maßnahmen vorläufig auszusetzen, deren vertragsverletzende Wirkung für den Gerichtshof nach summarischer Prüfung feststeht. Der aus Art. 4 Abs. 3 EUV abzuleitenden »vorläufigen« Abhilfepflicht, »alle geeigneten Maßnahmen […] besonderer Art zur Erfüllung der Verpflichtungen« zu ergreifen, entsprechen die betreffenden

---

[153] Vgl. hierzu *Karpenstein*, in: Grabitz/Hilf/Nettesheim, EU, Art. 258 AEUV (Mai 2013), Rn. 86 ff.; *Kort*, DB 1996, 1323 (1326).
[154] *Cremer*, in: Calliess/Ruffert, EUV/AEUV, Art. 258 AEUV, Rn. 37.

Mitgliedstaaten dann nach Maßgabe ihres Auswahlermessens. Aufgrund der einstweiligen Feststellung im Rahmen der anhängigen Vertragsverletzungsklage bleiben den Mitgliedstaaten verschiedene Handlungsoptionen zur vorläufigen Aussetzung der vertragsverletzenden Maßnahme erhalten.

Der Gerichtshof erachtet den Erlass »einstweiliger Anordnungen« im Rahmen an-   **57**
hängiger Vertragsverletzungsklagen trotz dieser Einwände offenbar als unproblematisch, ohne auf die zuvor dargestellten prozessualen Besonderheiten nach Art. 258ff. AEUV sowie auf die daraus folgenden Tenorierungsschranken einzugehen.[155] Um den Besonderheiten des Vertragsverletzungsverfahrens gerecht zu werden, erscheint es im Gegensatz zur Praxis des EuGH treffender, diese nach Art. 279 AEUV gefassten Beschlüsse – statt als einstweilige Anordnungen – als **einstweilige Feststellungen** zu bezeichnen.

---

[155] EuGH, Urt. v. 16.2.1978, Rs. 61/77 (Kommission/Irland), Slg. 1978, 417, Rn. 23/24f.; Beschl. v. 4.3.1982, Rs. 42/82 R (Kommission/Frankreich), Slg. 1982, 841, Rn. 4f.; Beschl. v. 25.10.1985, Rs. 293/85 R (Kommission/Belgien), Slg. 1985, 3521, Rn. 1.

Artikel 259 AEUV [Vertragsverletzungsverfahren, Staatenklage]

Jeder Mitgliedstaat kann den Gerichtshof der Europäischen Union anrufen, wenn er der Auffassung ist, dass ein anderer Mitgliedstaat gegen eine Verpflichtung aus den Verträgen verstoßen hat.

Bevor ein Mitgliedstaat wegen einer angeblichen Verletzung der Verpflichtungen aus den Verträgen gegen einen anderen Staat Klage erhebt, muss er die Kommission damit befassen.

Die Kommission erlässt eine mit Gründen versehene Stellungnahme; sie gibt den beteiligten Staaten zuvor Gelegenheit zu schriftlicher und mündlicher Äußerung in einem kontradiktorischen Verfahren.

Gibt die Kommission binnen drei Monaten nach dem Zeitpunkt, in dem ein entsprechender Antrag gestellt wurde, keine Stellungnahme ab, so kann ungeachtet des Fehlens der Stellungnahme vor dem Gerichtshof geklagt werden.

Literaturübersicht

vgl. Art. 258 AEUV.

Leitentscheidungen

EuGH, Urt. v. 4.10.1979, Rs. 141/78 (Frankreich/Großbritannien und Nordirland), Slg. 1979, 2923
EuGH, Urt. v. 16.5.2000, Rs. C–388/95 (Belgien/Spanien), Slg. 2000, I–3123
EuGH, Urt. v. 12.9.2006, Rs. C–145/04 (Spanien/Großbritannien und Nordirland), Slg. 2006, I–7917
EuGH, Urt. v. 16.10.2012, Rs. C–364/10 (Ungarn/Slowakei), ECLI:EU:C:2012:630

Inhaltsübersicht

A. Überblick

1 Die Vertragsverletzungsklage nach Art. 259 AEUV, auch Staatenklage genannt, gibt auch den Mitgliedstaaten die Möglichkeit, die Einhaltung des Unionsrechts durch andere Mitgliedstaaten vom Gerichtshof überprüfen zu lassen. Die Bedeutung dieser Verfahrensart liegt aber nicht in ihrer tatsächlichen Inanspruchnahme – bislang gibt es nur vier Urteile auf dieser Grundlage[1] – sondern in den verschiedenen rechtlichen Konsequenzen ihrer bloßen Existenz.

---

[1] EuGH, Urt. v. 4.10.1979, Rs. 141/78 (Frankreich/Großbritannien und Nordirland), Slg. 1979, 2923; Urt. v. 16.5.2000, Rs. C–388/95 (Belgien/Spanien), Slg. 2000, I–3123; Urt. v. 12.9.2006, Rs. C–145/04 (Spanien/Großbritannien und Nordirland), Slg. 2006, I–7917; EuGH, Urt. v. 16.10.2012, Rs. C–364/10 (Ungarn/Slowakei), ECLI:EU:C:2012:630.

Zunächst folgt hieraus der **Ausschluss des völkerrechtlichen Repressalieninstruments**   2
im Verhältnis der EU-Mitgliedstaaten zueinander bei Verletzungen des Unionsrechts, da
insoweit ein gerichtliches Streitschlichtungsverfahren eingerichtet ist. Weiterhin folgt
aus der Existenz dieses Verfahrens, dass die Mitgliedstaaten sich bei Aufsichtsklagen der
Kommission nicht damit rechtfertigen können, dass andere Mitgliedstaaten das Unionsrechts ebenfalls verletzen – hiergegen können sie nämlich gemäß Art. 259 AEUV
vorgehen. Darüber hinaus folgt aus Art. 259 AEUV i. V. m. Art. 344 AEUV, dass die
Mitgliedstaaten Streitigkeiten untereinander über das Unionsrecht nur vor dem EuGH
austragen dürfen und diese nicht anderen völkerrechtlichen Gerichten oder Schiedsgerichten vorlegen dürfen.[2] Zuletzt hat der Gerichtshof unter Verweis auf die Möglichkeit der Inanspruchnahme des Verfahrens nach Art. 259 AEUV die Verpflichtung zur
gegenseitigen Anerkennung von Genehmigungen oder Bescheinigungen hervorgehoben, selbst wenn der zur Anerkennung verpflichtete Mitgliedstaat bezweifelt, dass diese
unionsrechtskonform erteilt worden sind.[3]

Unbeschadet dessen können die Mitgliedstaaten mit der Staatenklage eine eigenstän-   3
dige Hüterfunktion für das Unionsrecht wahrnehmen. Auch wenn die **Hemmschwelle**
für die Nutzung dieses Instruments aus Gründen politischer Rücksichtnahme hoch ist[4]
und tatsächlich das Bestehen massiver bilateraler Schwierigkeiten voraussetzt, ist die
Staatenklage doch ein objektives Verfahren, das eine eigene Rechts- oder Interessen-
verletzung im Sinne einer Klagebefugnis oder eines Rechtsschutzbedürfnisses des klagenden Staats nicht voraussetzt. Während jedoch der Kommission in Art. 17 Abs. 1 Satz
3 EUV ausdrücklich eine Wächterfunktion aufgetragen ist, steht die Anwendung des
Art. 259 AEUV völlig im freien Belieben der Mitgliedstaaten. Aufgrund des objektiven
Charakters des Verfahrens kann die Beschreitung des Klagewegs nach Art. 259 AEUV
innerstaatlich auch nicht eingeklagt werden – insoweit fehlt der drittschützende Charakter der Norm.[5]

Die Mitgliedstaaten ziehen es zur Vermeidung einer gerichtlichen Konfrontation re-   4
gelmäßig vor, die Kommission auf ein entsprechendes Problem hinzuweisen und setzen
darauf, dass diese mit der Aufsichtsklage tätig wird. Erzwingen können sie ein derartiges
Vorgehen mit der Untätigkeitsklage aber nicht.[6] Gegebenenfalls unterstützen sie die
Kommission dann jedoch im Wege der Streithilfe.

Der Vertrag von Lissabon hat die Norm nur insoweit geändert, als die Klagemöglich-   5
keit auf »die Verträge« erweitert wurde, der EUV also mit einbezogen wurde. Dies
entspricht der Änderung in Art. 258 AEUV – auf die Kommentierung hierzu wird verwiesen (s. Art. 258 AEUV, Rn. 33).

B.   Außergerichtliches Vorverfahren

Art. 259 AEUV schreibt vor Klageerhebung zwingend die Durchführung eines kon-   6
tradiktorischen Anhörungsverfahrens zwischen den beteiligten Mitgliedstaaten vor.

---

[2] EuGH, Urt. v. 30. 5. 2006, Rs. C–459/03 (Kommission/Irland), Slg. 2006, I–4635, Rn. 152; hierzu u. a. *Pechstein*, EuR-Beiheft 2/2013, 71.
[3] EuGH, Urt. v. 10. 9. 1996, Rs. C–11/95 (Kommission/Belgien), Slg. 1996, I–4115, Rn. 39; Urt. v.
26. 1. 2006, Rs. C–2/05 (Herbosch Kiere NV), Slg. 2006, I–1079, Rn. 29.
[4] Vgl. *Karpenstein*, in: Grabitz/Hilf/Nettesheim, EU, Art. 259 AEUV (Mai 2013), Rn. 2.
[5] *Karpenstein*, in: Grabitz/Hilf/Nettesheim, EU, Art. 259 AEUV (Mai 2013), Rn. 4.
[6] *Karpenstein*, in: Grabitz/Hilf/Nettesheim, EU, Art. 259 AEUV (Mai 2013), Rn. 2.

Der Kommission fällt in diesem Vorverfahren die Aufgabe einer Schieds- und Puffer-stelle zu.[7] Wenn es ihr gelingt, die Streitigkeit im Vorverfahren beizulegen, so entlastet dies den Gerichtshof und vermeidet politisch eventuell problematische gerichtliche Auseinandersetzungen zwischen den Mitgliedstaaten.

7   Formell gliedert sich das vorgerichtliche Verfahren in drei Abschnitte:
– die Befassung der Kommission durch Antrag eines Mitgliedstaates,
– das kontradiktorische Verfahren vor der Kommission, welches sich in einen mündlichen und einen schriftlichen Abschnitt gliedert sowie
– die abschließende Stellungnahme der Kommission.

I. Befassung der Kommission

8   Art. 259 Abs. 2 und Abs. 4 AEUV bestimmt, dass die Einleitung des Vorverfahrens durch einen mitgliedstaatlichen Antrag erfolgt. Besondere Formerfordernisse werden an den Antrag nicht gestellt. Inhaltlich muss dieser zumindest den Gegenstand des Vor-wurfs, das heißt sowohl die Tatsachen als auch die nach Meinung des antragstellenden Staates verletzten Bestimmungen des Unionsrechts, angeben. Darüber hinaus muss der Antrag das Begehren zum Ausdruck bringen, ein Verfahren nach Art. 259 AEUV ein-zuleiten.[8] Der Antrag darf also nicht nur als Anregung aufzufassen sein, die Kommission möge ein Aufsichtsverfahren nach Art. 258 AEUV betreiben. Mit Antragseingang bei der Kommission beginnt die in Absatz 4 festgelegte Dreimonatsfrist zu laufen. Art. 259 Abs. 4 AEUV räumt dem betreffenden Mitgliedstaat allerdings ein Klagerecht ein, ohne dass dieses nach Ablauf der Dreimonatsfrist von der Abgabe einer Stellungnahme durch die Kommission abhängt.

II. Anhörungsverfahren vor der Kommission

9   Nach Eingang des Antrags bei der Kommission gibt diese »den beteiligten Staaten [...] Gelegenheit zu schriftlicher und mündlicher Äußerung in einem kontradiktorischen Verfahren« (Art. 259 Abs. 3 AEUV). Die Organisation dieses Anhörungsverfahrens ob-liegt der Kommission. Sie hat den beteiligten Staaten sowohl schriftlich als auch münd-lich Gelegenheit zur Äußerung zu geben. Hierbei ist sie zur Gewährleistung der Chan-cengleichheit verpflichtet.[9] Den Mitgliedstaaten bleibt es jedoch überlassen, ob sie von der Möglichkeit, Stellung zu nehmen, Gebrauch machen. Wie im Verfahren nach Art. 258 AEUV gilt auch hier der Grundsatz, dass sich die nachfolgenden Abschnitte nur auf diejenigen Vorwürfe beziehen dürfen, mit denen der antragstellende Staat die Kom-mission im einleitenden Antrag befasst hat. Da die Mitgliedstaaten nicht verpflichtet sind, als Hüter des Unionsrechts aufzutreten, können sie die Streitgegenstände nach ihren Vorstellungen beschränken. Der Kommission bleibt es vorbehalten, evtl. weitere durch den Vorwurf des Mitgliedstaats aufgeworfene Rechtsfragen mit einer Aufsichts-klage zu verfolgen. Dem Vorverfahren kommt daher auch eine wichtige Hinweisfunk-tion für die Kommission zu.[10] Die Kommission kann im Laufe des Verfahrens – unbe-

---

[7] *Karpenstein*, in: Grabitz/Hilf/Nettesheim, EU, Art. 259 AEUV (Mai 2013), Rn. 6; *Ortlepp*, Das Vertragsverletzungsverfahren als Instrument zur Sicherung der Legalität im Europäischen Gemein-schaftsrecht, 1987, S. 66.
[8] *Gaitanides*, in: GS, EUV/EGV, Art. 227 EGV, Rn. 10; *Karpenstein*, in: Grabitz/Hilf/Nettesheim, EU, Art. 259 AEUV (Mai 2013), Rn. 8.
[9] *Karpenstein*, in: Grabitz/Hilf/Nettesheim, EU, Art. 259 AEUV (Mai 2013), Rn. 11.
[10] *Karpenstein*, in: Grabitz/Hilf/Nettesheim, EU, Art. 259 AEUV (Mai 2013), Rn. 6.

schadet der Verpflichtung zur formellen Chancengleichheit – jedoch zu erkennen geben, welche Rechtsauffassung sie teilt und darf sich ihrerseits in einem eventuell nachfolgenden Rechtsstreit als Streithelfer auf einer Seite betätigen.[11] Von der Kommission zu vertretende Mängel des Vorverfahrens beeinträchtigen nicht die Zulässigkeit der Klage.

III. Abschließende Stellungnahme der Kommission

Art. 259 Abs. 4 AEUV legt fest, dass nach Ablauf der Dreimonatsfrist »ungeachtet des   **10** Fehlens der Stellungnahme vor dem Gerichtshof geklagt werden« kann. Die abschließende Stellungnahme stellt daher nach Ablauf der Dreimonatsfrist – anders als die begründete Stellungnahme im Rahmen des Aufsichtsklageverfahrens nach Art. 258 AEUV – keine Sachurteilsvoraussetzung der Klage dar. Da der Stellungnahme der Kommission im Verfahren nach Art. 259 AEUV lediglich der Stellenwert einer gutachterlichen Äußerung zukommt,[12] wirkt sie sich nicht auf den Streitgegenstand aus. Der Streitgegenstand der Klage wird allein durch den mitgliedstaatlichen Antrag bestimmt. Eine **Fristsetzung durch die Kommission** zur Abhilfe ist rechtlich nicht gefordert, wäre aber zulässig, ohne jedoch den klagewilligen Staat zu verpflichten, den erfolglosen Fristablauf abwarten zu müssen.[13]

C. Gerichtliches Verfahren

Die Erhebung der Staatenklage ist an keine Frist gebunden. Allerdings muss der klagen-   **11** de Staat die begründete Stellungnahme der Kommission oder den Ablauf der Dreimonatsfrist abwarten. Über den im Vorverfahren gegenständlichen Streitgegenstand darf der klagende Staat nicht hinausgehen; er darf jedoch einzelne dort erhobene Vorwürfe fallen lassen.

Da die Staatenklage – genau wie die Aufsichtsklage – als Feststellungsklage ausge-   **12** staltet ist, darf der Gerichtshof eine unionsrechtswidrige nationale Maßnahme nicht aufheben, sondern nur deren Unvereinbarkeit mit dem Unionsrecht feststellen. Als relevanten Zeitpunkt wird man auch hier auf die begründete Stellungnahme der Kommission (s. Art. 258 AEUV, Rn. 42) oder auf den Ablauf der Dreimonatsfrist abstellen müssen. Sollte der Vertragsverstoß jedoch schon vorher von dem beklagten Mitgliedstaat behoben worden sein, wird bei der Staatenklage ebenso wie bei der Aufsichtsklage ausnahmsweise ein besonderes Rechtsschutzbedürfnis zu fordern sein müssen.[14] Die Frage, ob die Rechtsprechung des Gerichtshofes zum Vorliegen des Rechtsschutzbedürfnisses bei der Aufsichtsklage gemäß Art. 258 AEUV auf die Staatenklage übertragen werden kann, wird im Schrifttum nicht einheitlich beantwortet und ist in der unionsgerichtlichen Rechtsprechung noch nicht geklärt.[15]

---

[11] *Karpenstein*, in: Grabitz/Hilf/Nettesheim, EU, Art. 259 AEUV (Mai 2013), Rn. 12.

[12] *Gaitanides*, in: GS, EUV/EGV, Art. 227 EGV, Rn. 16; *Kotzur*, in: Geiger/Khan/Kotzur, EUV/AEUV, Art. 259 AEUV, Rn. 7.

[13] *Karpenstein*, in: Grabitz/Hilf/Nettesheim, EU, Art. 259 AEUV (Mai 2013), Rn. 15.

[14] *Karpenstein*, in: Grabitz/Hilf/Nettesheim, EU, Art. 259 AEUV (Mai 2013), Rn. 20.

[15] Für eine solche Übertragbarkeit *Karpenstein*, in: Grabitz/Hilf/Nettesheim, EU, Art. 259 AEUV (Mai 2013), Rn. 20. *Ehricke*, in: Streinz, EUV/AEUV, Art. 259 AEUV, Rn. 10, spricht sich hingegen dafür aus, an den klagenden Mitgliedstaat hinsichtlich des Nachweises des Rechtsschutzbedürfnisses strengere Anforderungen als an die Kommission im Aufsichtsklageverfahren zu stellen.

13   Hinsichtlich der Begründetheit der Staatenklage gilt das Gleiche wie bei der Aufsichtsklage (s. Art. 258 AEUV, Rn. 40 ff.). Für die Durchsetzung eines stattgebenden Urteils stehen dem obsiegenden Mitgliedstaat indes nicht die Möglichkeiten des Art. 260 Abs. 2 f. AEUV zu. Diese Möglichkeiten hat nur die Kommission. Das Verfahren nach Art. 260 Abs. 3 AEUV steht ihr jedoch im Falle eines nach Art. 259 AEUV ergangenen Urteils nicht zu, vorausgesetzt wird insoweit – anders als bei Art. 260 Abs. 2 AEUV – eine Klage nach Art. 258 AEUV.

D.   Verhältnis zu Art. 258 AEUV

14   Staatenklage und Aufsichtsklage sind rechtlich **voneinander völlig unabhängig**. Die Einleitung eines der beiden Verfahren schließt die Einleitung des anderen Verfahrens bezüglich des gleichen Rechtsverstoßes nicht aus. Die Kommission kann daher die Durchführung eines Vorverfahrens nicht mit dem Hinweis auf ihr eigenes entsprechendes Tätigwerden nach Art. 258 AEUV ablehnen.[16] Umgekehrt wird der Mitgliedstaat auch nicht von der Pflicht zur Durchführung eines Vorverfahrens entbunden, weil die Kommission bereits Aufsichtsklage in der gleichen Sache erhoben hat.

---

[16] *Karpenstein*, in: Grabitz/Hilf/Nettesheim, EU, Art. 259 AEUV (Mai 2013), Rn. 23.

Matthias Pechstein

Artikel 260 AEUV [Wirkung und Durchsetzung des Feststellungsurteils]

(1) Stellt der Gerichtshof der Europäischen Union fest, dass ein Mitgliedstaat gegen eine Verpflichtung aus den Verträgen verstoßen hat, so hat dieser Staat die Maßnahmen zu ergreifen, die sich aus dem Urteil des Gerichtshofs ergeben.

(2) ¹Hat der betreffende Mitgliedstaat die Maßnahmen, die sich aus dem Urteil des Gerichtshofs ergeben, nach Auffassung der Kommission nicht getroffen, so kann die Kommission den Gerichtshof anrufen, nachdem sie diesem Staat zuvor Gelegenheit zur Äußerung gegeben hat. ²Hierbei benennt sie die Höhe des von dem betreffenden Mitgliedstaat zu zahlenden Pauschalbetrags oder Zwangsgelds, die sie den Umständen nach für angemessen hält.

Stellt der Gerichtshof fest, dass der betreffende Mitgliedstaat seinem Urteil nicht nachgekommen ist, so kann er die Zahlung eines Pauschalbetrags oder Zwangsgelds verhängen.

Dieses Verfahren lässt den Artikel 259 unberührt.

(3) Erhebt die Kommission beim Gerichtshof Klage nach Artikel 258, weil sie der Auffassung ist, dass der betreffende Mitgliedstaat gegen seine Verpflichtung verstoßen hat, Maßnahmen zur Umsetzung einer gemäß einem Gesetzgebungsverfahren erlassenen Richtlinie mitzuteilen, so kann sie, wenn sie dies für zweckmäßig hält, die Höhe des von dem betreffenden Mitgliedstaat zu zahlenden Pauschalbetrags oder Zwangsgelds benennen, die sie den Umständen nach für angemessen hält.

¹Stellt der Gerichtshof einen Verstoß fest, so kann er gegen den betreffenden Mitgliedstaat die Zahlung eines Pauschalbetrags oder eines Zwangsgelds bis zur Höhe des von der Kommission genannten Betrags verhängen. ²Die Zahlungsverpflichtung gilt ab dem vom Gerichtshof in seinem Urteil festgelegten Zeitpunkt.

Literaturübersicht

Hakenberg/Schilhan, Die Architektur der EU-Gerichtsbarkeit – Aktualität und Perspektiven im Lichte von Lissabon, ZfRV 2008, 104; *Huck/Klieve*, Neue Auslegung des Art. 228 Abs. 2 EG und ein Zeichen gesteigerter Autorität des EuGH: Erstmalige Verhängung von Zwangsgeld und Pauschalbetrag gegen einen Mitgliedstaat, EuR 2006, 413.

Leitentscheidung

EuGH, Urt. v. 12.7.2005, Rs. C–304/02 (Kommission/Frankreich), Slg. 2005, I–6263

Inhaltsübersicht

A. Überblick

1   Die Europäische Union versteht sich als Rechtsgemeinschaft. Dies verlangt unabweisbar die Befolgung der Urteile des Gerichtshofs der Europäischen Union zu mitgliedstaatlichen Vertragsverletzungen.[1] Gleichwohl ist die Union kein Bundesstaat, in dem die Durchsetzung von Gerichtsurteilen mit einem hoheitlichen Zwangsvollstreckungsapparat gesichert wird. Die (verbliebene) mitgliedstaatliche Souveränität und der völkerrechtliche Grundcharakter der Union müssen vielmehr in einen Ausgleich mit dem Anspruch des Unionsrechts auf mitgliedstaatlichen Rechtsgehorsam gebracht werden, den zu definieren den Mitgliedstaaten als Vertragssouveränen obliegt. Art. 260 AEUV regelt die Durchsetzung von Urteilen in Vertragsverletzungsverfahren und dokumentiert, dass die Mitgliedstaaten mittlerweile bei der Autodomestikation beträchtlich weit gegangen sind.

2   Bis zum Inkrafttreten des Vertrags von Maastricht bestand bei Nichtbefolgung eines EuGH-Urteils in einem Vertragsverletzungsverfahren lediglich die Möglichkeit, ein weiteres Vertragsverletzungsverfahren wegen Nichtumsetzung des ersten Urteils einzuleiten. Weitere Sanktionen waren nicht möglich. Mit dem Vertrag von Maastricht wurde Absatz 2 neu eingefügt und erlaubte dem Gerichtshof erstmals, neben der Feststellung der Nichtbefolgung des ersten Urteils auch einen Pauschalbetrag oder Zwangsgeld zu verhängen.

3   Der Vertrag von Lissabon hat diese Möglichkeit verfahrensmäßig erleichtert und ausgebaut. Bei der der Kommission vorbehaltenen Anrufung des Gerichtshofs nach Absatz 2 wurde das Vorverfahren insofern verkürzt, als die Kommission zwar dem Mitgliedstaat weiterhin noch Gelegenheit zur Äußerung zu dem Vorwurf der Nichtbefolgung des Ersturteils geben muss. Sie muss nunmehr aber ihrerseits keine begründete Stellungnahme mehr abgeben, sondern kann nach Ablauf der dem Mitgliedstaat zur Stellungnahme gesetzten Frist unmittelbar Klage zum EuGH erheben. Deutlich einschneidender ist die vollständig neue Regelung in Absatz 3, die für den Fall der fehlenden oder fehlerhaften Richtlinienumsetzung, welche in der Praxis in knapp 70% der Aufsichtsklagen Verfahrensgegenstand sind, die Verhängung finanzieller Sanktionen bereits im ersten Vertragsverletzungsverfahren ermöglicht – ein zweiter Prozess, wie er bei Absatz 2 noch erforderlich ist, entfällt daher. Hiermit haben die Mitgliedstaaten in besonderer Weise Einsicht in ihre eigene Unzulänglichkeit und Korrekturbedürftigkeit gezeigt. Die Kommission hat diese Regelung inzwischen auch zu einem empfindlichen Sanktionsinstrument ausgebaut.

B. Die Pflicht zur Urteilsbefolgung (Abs. 1)

4   Nach Art. 260 Abs. 1 AEUV hat der Staat im Falle eines eine Vertragsverletzung feststellenden Urteils die primäre Pflicht, »die Maßnahmen zu ergreifen, die sich aus dem Urteil des Gerichtshofs ergeben.« Bei dem vorausgesetzten Urteil kann es sich sowohl um ein nach Art. 258 AEUV (Aufsichtsklage) als auch nach Art. 259 AEUV (Staatenklage) ergangenes Urteil handeln.[2] Die Verfahren nach Art. 258 und 259 AEUV sind als

---

[1] Zu den verfassungsrechtlichen Vorbehalten vgl. BVerfGE 73, 339; 123, 267; 126, 286.
[2] *Karpenstein*, in: Grabitz/Hilf/Nettesheim, EU, Art. 260 AEUV (Mai 2013), Rn. 2.

Feststellungsklagen ausgestaltet. Das Feststellungsurteil verleiht weder einen Vollstreckungstitel noch gestaltet es die Rechtslage. Wegen des Prinzips der begrenzten Einzelermächtigung (Art. 13 Abs. 2 EUV) ist der EuGH weder befugt, die mit dem Vertragsverletzungsverfahren angegriffene Maßnahme für rechtswidrig zu erklären oder aufzuheben, noch den Mitgliedstaat förmlich zur Beseitigung des rechtswidrigen Zustands zu verurteilen. Der Grund für diese beschränkte Tenorierung des Vertragsverletzungsurteils liegt vor allem in der Souveränitätsschonung des beklagten Mitgliedstaates. Dieser ist unionsrechtlich verpflichtet, die Maßnahmen zu ergreifen, die sich aus dem stattgebenden Urteil ergeben (Art. 260 Abs. 1 AEUV, Art. 4 Abs. 3 EUV).

Es soll jedoch vermieden werden, dass der betroffene Mitgliedstaat »überfahren« **5** wird, indem der EuGH die als vertragswidrig beurteilte nationale Maßnahme durch Gestaltungsurteil »kassiert«. Nach einem Feststellungsurteil behält der Mitgliedstaat grundsätzlich die Gestaltungsmöglichkeiten zur Ausräumung der Vertragsverletzung in Händen. Allerdings nimmt der EuGH den Klageantrag der Kommission zuweilen zum Anlass, die vom Mitgliedstaat zu treffenden Maßnahmen in der Sache einzugrenzen oder **(unverbindliche) Hinweise für die Behebung des Vertragsverstoßes** zu geben.[3] Stellt die Kommission in ihrem Klageantrag nämlich darauf ab, dass der Staat nicht nur einen bestimmten Verstoß begangen, sondern es auch unterlassen habe, die zu dessen Beseitigung notwendigen Maßnahmen zu treffen, so lassen sich in der Regel dem Feststellungstenor, zumindest aber den Urteilsgründen die unionsrechtlich gebotenen Maßnahmen eindeutig entnehmen. Mit dem Urteil steht der Vertragsverstoß des Mitgliedstaats fest; dies kann in Schadensersatzprozessen vor nationalen Gerichten eine ausschlaggebende Rolle spielen.[4]

Gibt der EuGH der Vertragsverletzungsklage dagegen nicht statt, so ist zu differen- **6** zieren: Wird die Klage durch Prozessurteil als unzulässig abgewiesen, kann die Kommission oder der klagende Mitgliedstaat nach Erfüllung der Sachurteilsvoraussetzungen erneut Klage erheben. Erklärt der EuGH die Klage hingegen durch Sachurteil für unbegründet, so kann die Kommission oder der klagende Mitgliedstaat im Rahmen desselben Streitgegenstandes – Klageantrag und Klagegrund – nur dann erneut gegen den Mitgliedstaat vorgehen, wenn die Voraussetzungen der Wiederaufnahme vorliegen (Art. 44 EuGH-Satzung).[5]

Der verurteilte Mitgliedstaat ist verpflichtet, den unionsrechtswidrigen Zustand un- **7** verzüglich durch einen vertragsgemäßen Zustand mit Wirkung für die Zukunft zu ersetzen.[6] Diese Verpflichtung gilt für alle staatlichen Stellen – Gesetzgebung, Verwaltung, Rechtsprechung, zentrale Ebene und staatliche Untergliederungen. Die Verpflichtungen zur Urteilsumsetzung können sowohl in einem Handeln als auch in einem Unterlassen bestehen.[7] Eine Frist für die Herstellung eines vertragsgemäßen Zustands nennt der Vertrag nicht. Der Gerichtshof verlangt aber, dass die Mitgliedstaaten die erforderlichen Maßnahmen unverzüglich einleiten und innerhalb kürzestmöglicher Frist abschließen.[8]

---

[3] *Karpenstein*, in: Grabitz/Hilf/Nettesheim, EU, Art. 260 AEUV (Mai 2013), Rn. 6.

[4] Vgl. *Karpenstein*, in: Grabitz/Hilf/Nettesheim, EU, Art. 260 AEUV (Mai 2013), Rn. 8.

[5] Vgl. hierzu näher *Karpenstein*, in: Grabitz/Hilf/Nettesheim, EU, Art. 260 AEUV (Mai 2013), Rn. 3.

[6] EuGH, Urt. v. 4.7.2000, Rs. C–387/97 (Kommission/Griechenland), Slg. 2000, I–5047, Rn. 82; Urt. v. 7.3.1996, Rs. C–334/94 (Kommission/Frankreich), Slg. 1996, I–1307, Rn. 31.

[7] Vgl. *Cremer*, in: Calliess/Ruffert, EUV/AEUV, Art. 260 AEUV, Rn. 4f.

[8] EuGH, Urt. v. 25.11.2003, Rs. C–278/01 (Kommission/Spanien), Slg. 2003, I–14141, Rn. 27; Urt. v. 4.7.2000, Rs. C–387/97 (Kommission/Griechenland), Slg. 2000, I–5047, Rn. 82; Urt. v. 30.1.

Ggf. sind vorläufige Maßnahmen geboten, sofern die formgerechte Behebung des Verstoßes längere Zeit in Anspruch nimmt.[9] Eine Frist für die Durchführung seines Urteils setzen darf der EuGH aber nicht.[10]

8   Umstritten ist, ob der Staat über die ex nunc-Beseitigung des festgestellten Rechtsverstoßes hinaus die verletzungsbedingten Folgen in tatsächlicher, wirtschaftlicher oder ideeller Hinsicht ex tunc ausräumen muss.[11] Ein **Folgenbeseitigungsanspruch** wäre auf die tatsächlich wirksame Beseitigung der durch die Vertragsverletzung bereits eingetretenen und fortwirkenden Nachteilsfolgen gerichtet. Solange jedenfalls eine Tenorierung des Folgenbeseitigungsanspruchs weder in den Verträgen (vgl. Art. 260 AEUV) noch in der EuGH-Satzung vorgesehen ist, spricht das Prinzip der organschaftlichen Einzelermächtigung (Art. 13 Abs. 2 EUV) gegen eine mit einschneidenden Wiedergutmachungslasten für die Mitgliedstaaten verbundene Spruchkompetenz des Gerichtshofs. Der EuGH hat eine entsprechende Folgenbeseitigungspflicht bislang auch nicht ausgesprochen, sondern insoweit regelmäßig auf die mitgliedstaatliche Verwaltungsautonomie verwiesen.[12]

9   Sofern jedoch der Klageantrag gerade die Unionsrechtswidrigkeit der Verstoßfolgen umfasst, so wie dies regelmäßig in Beihilfesachen der Fall ist, wenn die Kommission die Feststellung begehrt, dass die Nichtrückforderung unionsrechtswidriger Beihilfen den Vertrag verletzt, dann ist auch die Beseitigung dieser Folgen – insoweit die Rückforderung der Beihilfen – geboten. Der EuGH kann jedoch auf begründeten Antrag hin die zeitlichen Wirkungen seiner Urteile begrenzen.[13]

C. Reguläres Sanktionsverfahren bei Nichtbefolgung eines EuGH-Urteils (Abs. 2)

I. Bedeutung

10   Mit dem in Abs. 2 vorgesehenen, durch den Vertrag von Maastricht eingeführten Verfahren der finanziellen Sanktionierung der Nichtbefolgung von EuGH-Urteilen im Vertragsverletzungsverfahren haben die Mitgliedstaaten ihrer eigenen steigenden Säumnis Rechnung getragen. Seit den 1980er Jahren hat die Zahl der nichtbefolgten EuGH-Urteile nahezu kontinuierlich und mit steigender Beschleunigung zugenommen (1980: zwei Urteile; 1983: 30 Urteile; 1990: 86 Urteile; 2002: 129 Urteile; 2004: 207 Urteile; 2009: 195 Urteile; 2013: 113).[14]

1992, Rs. C–328/90 (Kommission/Griechenland), Slg. 1992, I–425, Rn. 6; Urt. v. 7.3.1996, Rs. C–334/94 (Kommission/Frankreich), Slg. 1996, I–1307, Rn. 31; Urt. v. 4.6.2009, Rs. C–568/07 (Kommission/Griechenland), Slg. 2009, I–4505, Rn. 51.

[9] Vgl. *Karpenstein*, in: Grabitz/Hilf/Nettesheim, EU, Art. 260 AEUV (Mai 2013), Rn. 10.

[10] EuGH, Urt. v. 2.7.1996, Rs. C–473/93 (Kommission/Luxemburg), Slg. 1996, I–3207, Rn. 52.

[11] Ablehnend die h. M., vgl. etwa *Cremer*, in: Calliess/Ruffert, EUV/AEUV, Art. 260 AEUV, Rn. 7; differenzierend zwischen objektiver Folgenbeseitigungspflicht und subjektivem Wiedergutmachungsanspruch *Karpenstein*, in: Grabitz/Hilf/Nettesheim, EU, Art. 260 AEUV (Mai 2013), Rn. 15 ff.; bejahend *Schwarze*, in: Schwarze, EU-Kommentar, Art. 260 AEUV, Rn. 7.

[12] Z. B. EuGH, Urt. v. 7.1.2004, Rs. C–201/02 (Wells), Slg. 2004, I–723, Rn. 64; *Karpenstein*, in: Grabitz/Hilf/Nettesheim, EU, Art. 260 AEUV (Mai 2013), Rn. 14.

[13] Hierzu *Forsthoff*, DStR 2005, 1840; *Karpenstein*; in: Grabitz/Hilf/Nettesheim, EU, Art. 260 AEUV (Mai 2013), Rn. 21; *Kokott/Henze*, NJW 2006, 177.

[14] Zahlen bei *Cremer*, in: Calliess/Ruffert, EUV/AEUV, Art. 260 AEUV, Rn. 9.

Der Gerichtshof hat das in Art. 260 Abs. 2 AEUV geregelte Verfahren »als ein be-   **11**
sonderes gerichtliches Verfahren der Durchführung von Urteilen, mit anderen Worten
als ein **Vollstreckungsverfahren**«,[15] das »**Überzeugungsdruck**«[16] und **Abschreckungs-**
wirkung entfalten soll[17] charakterisiert – allerdings nur im spezialpräventiven, nicht im
generalpräventiven Sinn.[18] Das Verfahren hat die ihm zugedachten Wirkungen durchaus entfaltet: Die Mitgliedstaaten bemühen sich überwiegend nach seiner Einleitung
dem Ersturteil möglichst rasch nachzukommen, um der Sanktion zu entgehen. Im Hinblick auf den punitiven Charakter des Pauschalbetrags, mit dem der in der Vergangenheit liegende Vertragsverstoß »gesühnt« werden soll, ist dies nachvollziehbar. Die Anzahl der Verfahren nach Art. 260 Abs. 2 AEUV hat denn auch kontinuierlich zugenommen. Wurden im Jahr 2002 62 Verfahren eingeleitet, so waren es 2008 schon 85
Verfahren, im Jahr 2015 waren es 85 Verfahren.[19] Während für das Vorverfahren nach
Absatz 2 (Anhörung des Mitgliedstaats) eine Verfolgungspflicht besteht,[20] steht die Klageerhebung selbst im pflichtgemäßen Ermessen der Kommission.[21] Den Mitgliedstaaten
steht die Möglichkeit der Einleitung eines Verfahrens nach Art. 260 Abs. 2 AEUV nicht
zu, auch dann nicht, wenn sie als Kläger gemäß Art. 259 AEUV das Ersturteil erstritten
haben.[22]

II. Sanktionspraxis der Kommission

Sowohl in Art. 260 Abs. 2 als auch Abs. 3 AEUV ist die Rede von Pauschalbetrag oder   **12**
Zwangsgeld. Trotz des Wortlauts (»oder«), der eine alternative Anwendung von
Zwangsgeld und Pauschalbetrag nahelegt, kann der EuGH **Zwangsgeld und Pauschal-**
betrag kumulativ anwenden, denn beide verfolgen unterschiedliche Ziele.[23] Den Pauschalbetrag verhängt er ggf. auch ohne entsprechenden Antrag der Kommission.[24] Die
Kommission hat diese Rechtsprechung aufgegriffen und verhängt nunmehr regelmäßig
beides.[25] Dies geht dem Gerichtshof allerdings zu weit (s. Rn. 16 f.).

Das Zwangsgeld[26] zielt als Beugemittel auf die künftige, möglichst rasche Befolgung   **13**
eines Vertragsverletzungsurteils. Der Pauschalbetrag[27] hingegen hat repressiven Cha-

---

[15] EuGH, Urt. v. 12. 7. 2005, Rs. C–304/02 (Kommission/Frankreich), Slg. 2005, I–6263, Rn. 92;
Urt. v. 2.12.2014, Rs. C–196/13 (Kommission/Italien), ECLI:EU:C:2014:2407. Rn. 32.

[16] EuGH, Urt. v. 12. 7. 2005, Rs. C–304/02 (Kommission/Frankreich), Slg. 2005, I–6263, Rn. 91.

[17] EuGH, Urt. v. 12. 7. 2005, Rs. C–304/02 (Kommission/Frankreich), Slg. 2005, I–6263, Rn. 97.

[18] *Karpenstein*, in: Grabitz/Hilf/Nettesheim, EU, Art. 260 AEUV (Mai 2013), Rn. 43.

[19] Kommission, 20. Jahresbericht über die Anwendung des Gemeinschaftsrechts (2002), KOM
(2003) 669 endg., Anhang II Tabelle 2.3; 26. Jahresbericht über die Anwendung des Gemeinschaftsrechts (2008), KOM (2009) 675 endg., Anhang II Tabelle 2.3; 29. Jahresbericht über die Kontrolle der
Anwendung des EU-Rechts (2011), KOM (2012) 714 endg., S. 11; Kontrolle der Anwendung des
EU-Rechts-Jahresbericht 2015, KOM (2016) 463 endg., S. 28.

[20] *Karpenstein*, in: Grabitz/Hilf/Nettesheim, EU, Art. 260 AEUV (Mai 2013), Rn. 29.

[21] Vgl. *Schwarze*, in: Schwarze, EU-Kommentar, Art. 260 AEUV, Rn. 8.

[22] *Karpenstein*, in: Grabitz/Hilf/Nettesheim, EU, Art. 260 AEUV (Mai 2013), Rn. 2.

[23] So EuGH, Urt. v. 12. 7. 2005, Rs. C–304/02 (Kommission/Frankreich), Slg. 2005, I–6263,
Rn. 80 ff.; Urt. v. 7. 9. 2016, Rs. C–548/14 (Kommission/Griechenland), ECLI:EU:C:2016:636,
Rn. 97. Vgl. hierzu *Huck/Klieve*, EuR 2006, 413.

[24] EuGH, Urt. v. 25. 11. 2003, Rs. C–278/01 (Kommission/Spanien), Slg. 2003, I–14141, Rn. 47 ff.

[25] Mitteilung der Kommission zur Anwendung von Art. 228 EG-Vertrag, SEK (2005) 1658,
Rn. 10.3.

[26] Eine grundsätzlich in Tagessätzen zu berechnende Summe.

[27] Eine einmalig zu zahlende Summe.

rakter und stellt damit auf die Folgen der Nichterfüllung ab.[28] Die Kommission hat Kriterien für die Berechnungsmethode der Höhe des Pauschalbetrages oder des Zwangsgeldes festgelegt und veröffentlicht.[29] Danach ist auf die Schwere und Dauer des Verstoßes und auf die erforderliche Abschreckungswirkung abzustellen. Bei der Berechnung des Zwangsgeldes stellt die Kommission zunächst auf einen für alle Mitgliedstaaten einheitlichen Grundbetrag (G) in Höhe von derzeit 680 Euro ab. Dieser Betrag wird mit dem sogenannten Schwere- (Sk= von 1 bis 20) und Dauerkoeffizienten (Dk= von 1 bis 3) multipliziert. Zuletzt muss die individuelle Zahlungsfähigkeit der einzelnen Mitgliedstaaten in die Höhe des zu zahlenden Zwangsgeldes einfließen: das im vorherigen Schritt erlangte Ergebnis wird nunmehr mit einem festen, jedem Land gesondert zugeordneten Länderfaktor (n) multipliziert.[30] Zur Berechnung des Länderfaktors greift die Kommission auf das jeweilige Bruttoinlandsprodukt sowie die Stimmenverteilung im Rat zurück. Dieser Faktor variiert zwischen 0,35 für Malta und 20,79 für die Bundesrepublik Deutschland. Die Berechnung des Tagessatzes (Tz) des Zwangsgeldes erfolgt somit nach folgender Gesamtformel: Tz = (G x Sk x Dk) x n.

14   Bei der Festsetzung des Pauschalbetrages (Pb) zieht die Kommission eine Berechnung heran, die auf zwei Komponenten beruht: Die erste Komponente bildet ein für jeden Mitgliedstaat zu bestimmender Mindestpauschalbetrag (von 197 000 Euro für Malta bis 11 721 000 Euro für Deutschland). Die zweite Komponente bildet eine eigenständige Berechnungsmethode, bei dem ein Tagessatz mit der Anzahl der Tage, an denen der Verstoß nicht abgestellt worden ist (Vd), multipliziert wird. Die Ermittlung des Tagessatzes entspricht im Wesentlichen der Berechnungsmethode des Zwangsgeldes. Allerdings geht die Kommission von einem verminderten Grundbetrag (GbPb) in Höhe von 230 Euro aus. Im Unterschied zur Berechnung des Zwangsgeldes wird kein Dauerkoeffizient herangezogen, da die Dauer des Verstoßes bereits durch die Multiplizierung eines Tagessatzes mit der Anzahl der Tage, an denen der Verstoß anhält, berücksichtigt wird. Somit kann der Pauschalbetrag nach folgender Gesamtformel berechnet werden: Pb = GbPb × Sk × n × Vd. Diese eigenständige Berechnungsmethode kommt dann zur Anwendung, wenn sich aus ihr ein höherer Betrag als der Mindestpauschalbetrag ergibt. Sie wird also alternativ und nicht kumulativ zum Mindestpauschalbetrag verwendet. Die Kommission nimmt jährlich eine Inflationsanpassung der Berechnungsparameter vor. *Karpenstein* bewertet diese Kriterien als scheinrational, politisch und willkürlich.[31]

15   Für die 28 Mitgliedstaaten ergibt sich jeweils folgender Faktor n und Mindestpauschalbetrag:[32]

Mitgliedstaat	Faktor n	Mindestpauschalbetrag (in 1000 EUR)
Belgien	4,96	2796
Bulgarien	1,48	834
Dänemark	3,05	1720

[28] EuGH, Urt. v. 12.7.2005, Rs. C–304/02 (Kommission/Frankreich), Slg. 2005, I–6263, Rn. 81 ff.
[29] SEK (2010) 923/3, jeweils aktualisiert zur jährlichen Anpassung der Wirtschaftsdaten durch SEK(2011) 1024 endg., C(2012) 6106 endg., C(2013) 8101 endg., C(2014) 6767 endg., C (2015) 5511 endg. sowie zuletzt C (2016) 5091 endg.
[30] Beispielhaft für die Republik Griechenland EuGH, Urt. v. 4.7.2000, Rs. C–387/97 (Kommission/Griechenland), Slg. 2000, I–5047, Rn. 79 ff.
[31] *Karpenstein*, in: Grabitz/Hilf/Nettesheim, EU, Art. 260 AEUV (Mai 2013), Rn. 45.
[32] Mitteilung der Kommission– Aktualisierung der Daten zur Berechnung der Pauschalbeträge und Zwangsgelder, die die Kommission dem Gerichtshof bei Vertragsverletzungsverfahren vorschlägt, C (2016) 5091 endg.

Mitgliedstaat	Faktor n	Mindestpauschalbetrag (in 1000 EUR)
Deutschland	**20,79**	**11721**
Estland	0,64	361
Finnland	2,71	1528
Frankreich	17,81	10041
Griechenland	3,30	1860
Irland	2,60	1466
Italien	15,46	8716
Kroatien	1,24	699
Lettland	0,69	389
Litauen	1,14	643
Luxemburg	1,00	564
Malta	0,35	197
Niederlande	6,64	3744
Österreich	4,10	2312
Polen	7,53	4245
Portugal	3,26	1838
Rumänien	3,28	1849
Schweden	4,69	2644
Slowenien	0,87	490
Slowakei	1,64	925
Spanien	11,99	6760
Tschechische Republik	3,08	1736
Ungarn	2,53	1426
Vereinigtes Königreich	18,28	10306
Zypern	0,60	338

III. Rechtsprechung des Gerichtshofs

An die von der Kommission aufgestellten Berechnungsparameter ist der EuGH im Sank-   **16**
tionsverfahren des Absatz 2 ebenso wenig gebunden wie an die von der Kommission
vorgeschlagene Höhe der Zahlungen.[33] Art. 260 Abs. 2 UAbs. 2 AEUV spricht ausdrücklich davon, dass der Gerichtshof die Zahlungspflichten »verhängt«. Trotz seiner
eigenen Ermessensbefugnis hat er allerdings die Kriterien der Kommission als »nützli-
chen Bezugspunkt« bezeichnet.[34] Der EuGH betont dabei die erforderliche Verhältnismäßigkeit des Zwangsgelds in Bezug auf den festgestellten Verstoß und die Zahlungsfähigkeit des betreffenden Staates.[35] Insoweit akzeptiert er zwar weitgehend die Kriterien der Kommission, weicht aber gleichwohl in der Höhe der Zahlungen zum Teil von
ihrem Antrag ab.[36] Das Zwangsgeld muss seiner Einschätzung nach auch nicht zwingend
in Tagessätzen bemessen sein, sondern muss ggf. auch auf Halbjahres- oder Jahresbasis
festgesetzt werden,[37] wenn die erforderlichen Maßnahmen zur Umsetzung des Erstur-

---

[33] So EuGH, Urt. v. 4.7.2000, Rs. C–387/97 (Kommission/Griechenland), Slg. 2000, I–5047,
Rn. 89; Urt. v. 7.9.2016, Rs. C–584/14 (Kommission/Griechenland), ECLI:EU:C:2016:636, Rn. 75.
Vgl. auch *Middeke/Szczekalla*, JZ 1993, 284 (287).

[34] EuGH, Urt. v. 4.7.2000, Rs. C–387/97 (Kommission/Griechenland), Slg. 2000, I–5047, Rn. 89;
vgl. ebenso Urt. v. 12.7.2005, Rs. C–304/02 (Kommission/Frankreich), Slg. 2005, I–6263, Rn. 103.

[35] EuGH, Urt. v. 4.7.2000, Rs. C–387/97 (Kommission/Griechenland), Slg. 2000, I–5047, Rn. 90;
Urt. v. 12.7.2005, Rs. C–304/02 (Kommission/Frankreich), Slg. 2005, I–6263, Rn. 103.

[36] Vgl. *Cremer*, in: Calliess/Ruffert, EUV/AEUV, Art. 260 AEUV, Rn. 17.

[37] EuGH, Urt. v. 25.11.2003, Rs. C–278/01 (Kommission/Spanien), Slg. 2003, I–14141, Rn. 43 ff.;
Urt. v. 12.7.2005, Rs. C–304/02 (Kommission/Frankreich), Slg. 2005, I–6263, Rn. 111 ff.

teils ihrer Natur nach nicht sofort umgesetzt werden könnten oder wenn die Auswirkungen der Maßnahmen nicht sofort festgestellt werden könnten. Das Zwangsgeld kann auch in Abhängigkeit von den Fortschritten bei der Erfüllung der Umsetzungspflichten festgesetzt werden.[38] In Einzelfällen verzichtet der EuGH auch trotz Verurteilung auf die Verhängung eines Zwangsgelds[39] oder eines Pauschalbetrags.[40]

17   Die **Darlegungs- und Beweislast** für die Nichtbefolgung des Ersturteils liegt bei der Kommission.[41] Hat die Kommission jedoch hinreichende Anhaltspunkte für den Fortbestand des Vertragsverstoßes geliefert, ist es »Sache des betroffenen Mitgliedstaats, die vorgelegten Angaben und deren Konsequenzen substantiiert und ausführlich zu bestreiten«[42] »sowie die Beendigung des Verstoßes zu beweisen.«[43] Neben dem Nachweis der tatsächlichen Befolgung des Ersturteils können die Mitgliedstaaten lediglich noch höhere Gewalt anführen, die sie an der Ausführung des Urteils gehindert habe oder die Höhe der von der Kommission verhängten Zahlungspflichten angreifen.[44] Der maßgebliche Zeitpunkt für die Beurteilung der Nichtbefolgung des Ersturteils ist der Ablauf der von der Kommission hierfür zuletzt gesetzten Frist.[45] Allerdings kann der Gerichtshof dem Mitgliedstaat auch noch selbst eine allerletzte Frist zur Abhilfe zu setzen.[46]

D.   Das besondere Sanktionsverfahren gemäß Art. 260 Abs. 3 AEUV bei unzulänglicher Richtlinienumsetzung

18   Der neu eingeführte Art. 260 Abs. 3 AEUV erlaubt es im Falle fehlerhafter Richtlinienumsetzung dem EuGH nunmehr, bereits im Rahmen des ersten Prozesses finanzielle Sanktionen (sog. sofortige bzw. unmittelbare Sanktionen) festzusetzen. Nach dieser Neuregelung kann die Kommission in einem Verfahren nach Art. 258 AEUV die Höhe eines von dem Mitgliedstaat zu zahlenden Pauschalbetrages oder Zwangsgeldes benennen, wenn sie der Meinung ist, dass der betreffende Mitgliedstaat gegen seine Verpflichtung verstoßen hat, Maßnahmen zur Umsetzung einer gemäß einem Gesetzgebungsverfahren erlassenen Richtlinie mitzuteilen. Bei anderen (tertiärrechtlichen) Richtlinien ist das Verfahren nach Absatz 3 nicht anwendbar; hier bedarf es des Verfahrens nach Absatz 2.[47] Liegen die Voraussetzungen nach Absatz 3 jedoch vor, so ist der EuGH – anders als bei dem Verfahren nach Absatz 2 – an den Vorschlag der Kommission bezüglich der Höhe der Sanktion gebunden, darf also jedenfalls nicht darüber hinausgehen, ohne allerdings an die Berechnungskoeffizienten gebunden zu sein.[48] Die Neuregelung

---

[38] EuGH, Urt. v. 25.11.2003, Rs. C–278/01 (Kommission/Spanien), Slg. 2003, I–14141, Rn. 47 ff.

[39] EuGH, Urt. v. 18.7.2006, Rs. C–119/04 (Kommission/Italien), Slg. 2006, I–6885.

[40] EuGH, Urt. v. 9.12.2008, Rs. C–121/07 (Kommission/Frankreich), Slg. 2008, I–9159, Rn. 63; vgl. hierzu auch *Karpenstein*, in: Grabitz/Hilf/Nettesheim, EU, Art. 260 AEUV (Mai 2013), Rn. 41.

[41] Z. B. EuGH, Urt. v. 18.7.2006, Rs. C–119/04 (Kommission/Italien), Slg. 2006, I–6885, Rn. 41; näher *Karpenstein*, in: Grabitz/Hilf/Nettesheim, EU, Art. 260 AEUV (Mai 2013), Rn. 50.

[42] EuGH, Urt. v. 18.7.2006, Rs. C–119/04 (Kommission/Italien), Slg. 2006, I–6885, Rn. 41.

[43] EuGH, Urt. v. 7.7.2009, Rs. C–369/07 (Kommission/Griechenland), Slg. 2009, I–5703, Rn. 75.

[44] *Karpenstein*, in: Grabitz/Hilf/Nettesheim, EU, Art. 260 AEUV (Mai 2013), Rn. 55.

[45] *Karpenstein*, in: Grabitz/Hilf/Nettesheim, EU, Art. 260 AEUV (Mai 2013), Rn. 51.

[46] EuGH, Urt. v. 25.11.2003, Rs. C–278/01, (Kommission/Spanien), Slg. 2003, I–14141, Rn. 51; vgl. *Karpenstein*, in: Grabitz/Hilf/Nettesheim, EU, Art. 260 AEUV (Mai 2013), Rn. 54.

[47] So auch Mitteilung der Kommission – Anwendung von Art. 260 Abs. 3 AEUV (2011/C 12/01), ABl. 2011, C 12/1, Rn. 18.

[48] Vgl. *Karpenstein*, in: Grabitz/Hilf/Nettesheim, EU, Art. 260 AEUV (Mai 2013), Rn. 67.

in Art. 260 Abs. 3 AEUV soll noch einmal den Druck auf die Mitgliedstaaten erhöhen, Richtlinien rechtzeitig in nationales Recht umzusetzen.[49] Die Neuerung des Art. 260 Abs. 3 AEUV betrifft einen ganz erheblichen Teil von Sachverhalten, für den die Kommission seit längerem eine stärkere Disziplin der Mitgliedstaaten fordert und für den sie nun das entsprechende Instrumentarium zur Verfügung gestellt bekommt.[50]

Nach dem Wortlaut des Art. 260 Abs. 3 AEUV soll die unmittelbare Sanktion nicht an   **19** die Unterlassung der Umsetzung der Richtlinie, sondern an die **Mitteilung der Umsetzung** anknüpfen.[51] Diese Formulierung ist problematisch. Letztlich kann sie nur so verstanden werden, dass sie sich eben auch und gerade auf die Fälle bezieht, in denen der Mitgliedstaat untätig bleibt, d. h. keinerlei Maßnahmen zur Umsetzung trifft und daher der Kommission zwangsläufig auch nichts mitteilen kann. Gleichwohl kann es nicht sinnvoll sein, dass allein das Fehlen einer Formalie in Form der Mitteilung sofortige Sanktionen trotz vollständiger und rechtzeitiger Umsetzung der Richtlinie auslösen kann. Zumindest sollte die Kommission in solchen Fällen von der Anwendung des Art. 260 Abs. 3 AEUV absehen. Eine entsprechende Ermessensoption hält sie sich auch offen.[52] Darüber hinaus ist zu klären, wie verfahren werden soll, wenn der Mitgliedstaat zwar Mitteilungen gemacht hat, die Kommission jedoch der Meinung ist, dass die Umsetzungsmaßnahmen unzureichend oder fehlerhaft sind. Die Kommission hat hierzu in ihrer Mitteilung vom 15. 1. 2011[53] Stellung genommen und ausgeführt: »Etwaige Meinungsverschiedenheiten darüber, ob die mitgeteilten Umsetzungsmaßnahmen oder die bestehenden innerstaatlichen Rechtsvorschriften ausreichend sind, sind im Verfahren nach Art. 258 AEUV über die ordnungsgemäße Umsetzung der Richtlinie zu klären.«[54]

E. Vollstreckbarkeit und innerstaatliche Verteilungsfragen

I. Vollstreckbarkeit

Zahlungspflichten können im Falle der Zahlungsweigerung des verurteilten Mitglied-   **20** staates aufgrund des Art. 280 i. V. m. Art. 299 AEUV nicht zwangsvollstreckt werden. Die **fehlende Vollstreckungsmöglichkeit** der Vertragsverletzungsurteile stößt zuweilen auf Kritik, da sie die einheitliche Durchsetzung des Unionsrechts gefährde.[55] Allerdings ist dieses »Vollstreckungsdefizit« des Unionsrechts seitens der Mitgliedstaaten als den »Vertragssouveränen« gewollt, sodass von einer plan- und systemwidrigen Regelungslücke nicht gesprochen werden kann. Die Mitgliedstaaten beharren hier auf der Schonung ihrer Souveränität bei der Befolgung von Gerichtsurteilen. So wird auch der unionale Integrationskonsens seitens der Mitgliedstaaten nicht durch – zu Gesichtsverlusten führenden – Zwangsmaßnahmen gegen verurteilte Mitgliedstaaten gefährdet. Auch **völkerrechtliche Zwangsmaßnahmen**, wie Repressalien o. ä. sind selbst bei anhaltender Nichtbefolgung der EuGH-Urteile nicht zulässig.[56] Gleichwohl wird in der Literatur[57]

---

[49] *Thiele*, EuR 2010, 30 (35).
[50] *Hakenberg/Schilhan*, ZfRV 2008, 108.
[51] *Everling*, EuR 2009, 71 (82).
[52] Mitteilung der Kommission, ABl. 2011, C 12/1, Rn. 17.
[53] Mitteilung der Kommission, ABl. 2011, C 12/1.
[54] Mitteilung der Kommission, ABl. 2011, C 12/1, Rn. 19; vgl. hierzu auch *Karpenstein*, in: Grabitz/Hilf/Nettesheim, EU, Art. 260 AEUV (Mai 2013), Rn. 62 f.
[55] Vgl. *Karl*, RIW 1991, 745; *ders.*, RIW 1992, 440; *Middeke/Szczekalla*, JZ 1993, 284 (288).
[56] *Herdegen*, Europarecht, § 10, Rn. 8; *Schwarze*, in: Schwarze, EU-Kommentar, Art. 260 AEUV,

angeführt, Art. 260 Abs. 3 AEUV sei durch den Vertrag von Lissabon gerade deshalb eingeführt worden, um die Durchsetzung der Vertragsverletzungsurteile gegenüber den Mitgliedstaaten zu effektivieren. Dass die Durchsetzung des Unionsrechts auch weiterhin lediglich auf Freiwilligkeit und dem Wohlwollen der jeweiligen Mitgliedstaaten gründen soll, sei somit zu bezweifeln. Bis jetzt ist es jedoch in der Praxis noch nicht zu einer zwangsweisen Vollstreckung des Urteils aus Art. 260 Abs. 2 und 3 AEUV gekommen. Immerhin besteht die Option einer Aufrechnung mit Zahlungen der Union an den Mitgliedstaat aus den verschiedenen Fonds der Union. Hiergegen könnte dieser sich mit der Nichtigkeitsklage wehren.[58] Ebenfalls mit der Nichtigkeitsklage können sich die Mitgliedstaaten gegen die Festsetzung des Zwangsgelds als geschuldeten Betrag durch die Kommission zugunsten des EU-Haushalts wehren.[59] Dies kann etwa bei einem Streit zwischen dem Mitgliedstaat und der Kommission über den Zeitpunkt der Beendigung des Vertragsverstoßes relevant werden. Ein entsprechender Streit, bei dem der Staat die Zahlung selbst aussetzt, kann aber auch zu einem neuen Vertragsverletzungsverfahren nach Art. 258 AEUV führen.[60]

II. Lastenverteilung in Deutschland

21   Für Deutschland stellt sich zudem die Frage, ob und nach welchen Maßstäben Pauschalbeträge oder Zwangsgelder, die auf der Nichtbeachtung eines Vertragsverletzungsurteils durch eines der Länder beruhen, im Innenverhältnis auf dieses Land umgelegt werden können. In Betracht kam zunächst eine Verteilung nach Maßgabe des Art. 104a Abs. 1 oder 5 GG, was angesichts des Wortlautes der Norm aber umstritten war.[61] Daher hat der verfassungsändernde Gesetzgeber im Rahmen der am 1.9.2006 in Kraft getretenen Grundgesetzänderung zur Föderalismusreform Art. 104a GG um einen neuen Abs. 6 ergänzt.[62] Danach sollen die aus einer Verletzung supranationaler oder völkerrechtlicher Pflichten resultierenden Lasten nach der innerstaatlichen Zuständigkeits- und Aufgabenverteilung auf Bund und Länder umgelegt werden. Das Nähere ist dem **Lastentragungsgesetz**[63] vorbehalten. Wird danach die Pflichtverletzung im innerstaatlichen Zuständigkeits- und Aufgabenbereich sowohl des Bundes als auch der Länder festgestellt, so tragen nach § 1 Abs. 2 LastG Bund und Länder die Lasten in dem Verhältnis des Umfangs, in dem ihre Pflichtverletzungen zur Entstehung der Leistungspflicht beigetragen haben. Wird die Bundesrepublik Deutschland vom EuGH zur Zahlung eines Pauschalbetrages oder Zwangsgeldes wegen gleichartiger Verstöße im Zuständigkeits- und Aufgabenbereich mehrerer Länder verurteilt, so bemisst sich nach § 3 LastG der Anteil der Lastentragung der betroffenen Länder nach deren Verhältnis zueinander gemäß dem sog. »Königsteiner Schlüssel«, der die Aufteilung des Länderan-

---

Rn. 14.

[57] *Frenz*, Handbuch Europarecht, Band 5, Rn. 2655.

[58] *Karpenstein*, in: Grabitz/Hilf/Nettesheim, EU, Art. 260 AEUV (Mai 2013), Rn. 74.

[59] EuGH, Urt. v. 15.1.2014, Rs. C–292/11, P (Kommission/Portugal), ECLI:EU:C:2014:3.; hierzu *Schwarze*, in: Schwarze, EU-Kommentar, Art. 260 AEUV, Rn. 12.

[60] *Karpenstein*, in: Grabitz/Hilf/Nettesheim, EU, Art. 260 AEUV (Mai 2013), Rn. 72.

[61] Vgl. einerseits *Häde*, Innerstaatliche Verteilung gemeinschaftsrechtlicher Zahlungspflichten: Anlastungen und Haushaltsdisziplin, 2006, S. 65 f., und andererseits *Huck/Klieve*, EuR 2006, 413 (422), beide m. w. N.

[62] BGBl. I 2006, S. 2034, 2036.

[63] Gesetz zur Lastentragung im Bund-Länder-Verhältnis bei Verletzung von supranationalen oder völkerrechtlichen Verpflichtungen vom 5.9.2006 (BGBl. I 2006, S. 2098, 2105)

teils bei gemeinsamen Finanzierungen regelt. Erfolgt die Verurteilung wegen einer Verletzung von Verpflichtungen durch die Gerichte, ist für die Lastenzuordnung das Gericht der Instanz maßgeblich, das die beanstandete Entscheidung getroffen hat. Hat ein Gericht des Bundes die Entscheidung des Gerichts eines Landes bestätigt, tragen der Bund und das betroffene Land die Lasten je zur Hälfte (§ 4 LastG).[64] § 5 LastG regelt das Innenverhältnis der Erstattung vonseiten des Bundes getragenen finanziellen Lasten durch die Länder.

---

[64] Siehe dazu BVerwGE 128, 342.

Artikel 261 AEUV [Ermessensnachprüfung von Zwangsmaßnahmen]

Aufgrund der Verträge vom Europäischen Parlament und vom Rat gemeinsam sowie vom Rat erlassene Verordnungen können hinsichtlich der darin vorgesehenen Zwangsmaßnahmen dem Gerichtshof der Europäischen Union eine Zuständigkeit übertragen, welche die Befugnis zu unbeschränkter Ermessensnachprüfung und zur Änderung oder Verhängung solcher Maßnahmen umfasst.

Leitentscheidungen

EuGH, Urt. v. 15.10.2002, verb. Rs. C–238/99 P u.a. (Limburgse Vinyl Maatschappij u.a./Kommission), Slg. 2002, I–8374

EuGH, Urt. v. 3.9.2010, Rs. C–534/07 P (Prym/Kommission), Slg. 2009, I–7415

EuGH, Beschl. v. 7.7.2016, Rs. C–523/15 P (Westfälische Drahtindustrie u.a./Kommission); ECLI: EU:C:2016:541

Inhaltsübersicht

A. Überblick

1 Art. 261 AEUV, der in der Substanz unverändert von Anbeginn im Vertrag enthalten war, stellt **keine eigenständige Verfahrensart** dar, sondern erweitert im Zusammenspiel mit einschlägigen Sekundärrechtsakten die Entscheidungsbefugnisse der Unionsgerichte im Rahmen der Nichtigkeitsklage. Diese Qualifizierung entspricht der Rechtsprechung des Gerichtshofs[1] und der herrschenden Meinung.[2] Regulär kann der Gerichtshof im Rahmen der Nichtigkeitsklage lediglich die Rechtmäßigkeit eines Rechtsakts überprüfen, also feststellen, ob ein Nichtigkeitsgrund gegeben ist. In der Folge erklärt er den angegriffenen Rechtsakt entweder für nichtig (Art. 264 AEUV) oder weist die Klage ab. Eine Kontrolle der Zweckmäßigkeit, Billigkeit, Angemessenheit, der sachlichen Richtigkeit wirtschaftlicher Prognosen als Grundlage des Rechtsakts ist ihm im Verfahren nach Art. 263 AEUV verwehrt. Abweichend hiervon gibt ihm Art. 261 AEUV die Möglichkeit, angegriffene Zwangsmaßnahmen in Form von Beschlüssen nach Art. 288 Abs. 4 AEUV auch auf ihre Zweckmäßigkeit und Billigkeit hin zu überprüfen und gegebenenfalls selbständig abzuändern.[3] Die angegriffene Maßnahme ist also nicht, wie im

---

[1] EuGH, Urt. v. 15.10.2002, verb. Rs. C–238/99 P u.a. (Limburgse Vinyl Maatschappij u.a./Kommission), Slg. 2002, I–8374, Rn. 692; EuGH, Urt. v. 10.7.2014, Rs. C–295/12 P (Telefonica und Telefonica de Espana/Kommission), ECLI:EU:C:2014:2062, Rn. 42; EuGH, Urt. v. 21.1.2016, Rs. C–603/13 P (Galp Energia Espana u.a./Kommission), ECLI:EU:C:2016:38, Rn. 71.

[2] Vgl. *Booß*, in: Grabitz/Hilf/Nettesheim, EU, Art. 261 AEUV (Mai 2011), Rn. 1 m.w.N.; *Cremer*, in: Calliess/Ruffert, EUV/AEUV, Art. 261 AEUV, Rn. 1; *Schwarze*, in: Schwarze, EU-Kommentar, Art. 261 AEUV, Rn. 4.

[3] Vgl. zur Bedeutung des Art. 261 AEUV mit Blick auf das Recht auf effektiven gerichtlichen

deutschen Verwaltungsprozessrecht, von der erlassenden Behörde unter Berücksichtigung der Rechtsauffassung des Gerichts neu zu erlassen bzw. zu ändern. Die Änderung nimmt der Gerichtshof vielmehr selbst vor, ohne freilich seinerseits den Rechtsakt neu zu erlassen.[4] Dies entspricht der aus dem französischen und belgischen Verwaltungsrecht bekannten Rechtsfigur der »**compétence de pleine juridiction**«.[5] Damit geht diese Regelung deutlich über die gewöhnlichen Wirkungen eines Nichtigkeitsurteils hinaus.

B. Voraussetzung: Ermächtigung durch Verordnung

Die zusätzlichen Prüfungs- und Entscheidungsbefugnisse des Gerichtshofs (EuG und EuGH) bedürfen konstitutiv der entsprechenden Regelung in Verordnungen des Rates oder des Rates und des Parlaments. Ohne eine entsprechende sekundärrechtliche Ermächtigung dürfen die Unionsgerichte die in Art. 261 AEUV vorgesehenen Befugnisse nicht in Anspruch nehmen. Der Unionsgesetzgeber hat es mithin in der Hand, welcher gerichtlichen Kontrolle er die in seinen Verordnungen vorgesehenen Zwangsmaßnahmen unterwerfen will. Dabei geht es lediglich um Zwangsmaßnahmen gegenüber natürlichen und juristischen Personen, nicht gegenüber den Mitgliedstaaten.[6] Keine Verordnung sieht allerdings bislang vor, dass der Gerichtshof entsprechende Maßnahmen selbst erstmalig verhängen kann. Vielmehr ist eine zuvor von der Kommission verhängte Zwangsmaßnahme stets Voraussetzung der Entscheidungsbefugnis nach Art. 261 AEUV. Primärrechtlich zulässig wäre eine entsprechende Sekundärrechtsregelung allerdings schon.[7] **2**

Als Zwangsmaßnahmen sind insofern Geldbußen und Zwangsgelder anzusehen.[8] Während Zwangsgelder eine Beugeintention verfolgen und den damit Belasteten dazu anhalten sollen, einer auferlegten Verpflichtung umgehend nachzukommen, haben Geldbußen eine punitive Wirkungsdimension. Ohne strafrechtlichen Charakter zu haben,[9] sollen sie doch einen in der Vergangenheit liegenden Rechtsverstoß ahnden. Sie haben daher sowohl eine Vergeltungsfunktion als auch eine spezial- und generalpräventive Funktion.[10] Sowohl Zwangsgeld als auch Ordnungsgeld setzen ein vorwerfbares, schuldhaftes Verhalten voraus,[11] das allerdings bei unvermeidbaren Irrtümern über die tatsächlichen oder rechtlichen Voraussetzungen der Tat fehlt.[12] **3**

Derartige Zwangsmaßnahmen finden sich in verschiedenen Verordnungen. Im Rahmen des Art. 261 AEUV geht es allerdings nur um Zwangsmaßnahmen, die von der EU und ihren Organen (regelmäßig der Kommission) selbst verhängt werden. Zwangsmaß- **4**

Rechtsschutz *Nehl*, Art. 47 GRC, Rn. 72; EuGH, Beschl. v. 7.7.2016, Rs. C–523/15 P (Westfälische Drahtindustrie u. a./Kommission); ECLI:EU:C:2016:541, Rn. 32.

[4] EuGH, Urt. v. 3.9.2009, Rs. C–534/07 (Prym/Kommission), Slg. 2009, I–7415, Rn. 54; EuG, Urt. v. 14.7.1995, Rs. T–275/94 (CB/Kommission), Slg. 1995, II–2169, Rn. 59f.

[5] Vgl. *Booß*, in: Grabitz/Hilf/Nettesheim, EU, Art. 261 AEUV (Mai 2011), Rn. 7; *Cremer*, in: Calliess/Ruffert, EUV/AEUV, Art. 261 AEUV, Rn. 3.

[6] *Schwarze*, in: Schwarze, EU-Kommentar, Art. 261 AEUV, Rn. 2.

[7] Vgl. *Booß*, in: Grabitz/Hilf/Nettesheim, EU, Art. 261 AEUV (Mai 2011), Rn. 8.

[8] Vgl. *Booß*, in: Grabitz/Hilf/Nettesheim, EU, Art. 261 AEUV (Mai 2011), Rn. 6.

[9] EuG, Urt. v. 6.10.1994, Rs. T–83/91 (Tetra Pak/Kommission), Slg. 1994, II–755, Rn. 235f.

[10] *Booß*, in: Grabitz/Hilf/Nettesheim, EU, Art. 261 AEUV (Mai 2011), Rn. 6.

[11] *Booß*, in: Grabitz/Hilf/Nettesheim, EU, Art. 261 AEUV (Mai 2011), Rn. 13.

[12] EuGH, Urt. v. 16.12.1975, verb. Rs. 40/73–48/73 u. a. (Suiker Unie u. a./Kommission), Slg. 1975, 1663.

nahmen nationaler Behörden, die auf unionsrechtlicher Grundlage verhängt werden, können nicht Verfahrensgegenstand sein, da hierfür die nationalen Gerichte zuständig sind.[13]

5   Wichtigster Anwendungsfall der Ermächtigung des Art. 261 AEUV ist bislang das **Wettbewerbsrecht**. So hat der Unionsgesetzgeber sowohl in der Kartellverordnung Nr. 1/2003[14] als auch in der Fusionskontrollverordnung Nr. 139/2004[15] von dieser ihm vom Vertrag eingeräumten Befugnis Gebrauch gemacht. Danach räumt etwa Art. 31 Satz 1 VO Nr. 1/2003 dem Gerichtshof die Möglichkeit ein, bei Klagen gegen Entscheidungen (nunmehr: Beschlüsse), mit denen die Kommission eine Geldbuße oder ein Zwangsgeld festgesetzt hat, diese unbeschränkt nachzuprüfen und ggf. die festgesetzte Geldbuße oder das festgesetzte Zwangsgeld aufzuheben, herabzusetzen oder zu erhöhen (s. insoweit auch Art. 47 GRC, Rn. 46 ff.). Im Kartellverfahren gilt deshalb, dass das EuG das von der Kommission ausgeübte Ermessen durch sein eigenes Ermessen ersetzen kann, so dass mithin auch Beschlüsse, die keinen Rechtsfehler im eigentlichen Sinne aufweisen, im Hinblick auf die Angemessenheit der verhängten Zwangsmaßnahmen im gerichtlichen Verfahren geändert werden können (Art. 261 AEUV i. V. m. Art. 31 VO [EG] Nr. 1/2003). Übt der EuGH seine Befugnisse zur unbeschränkten Nachprüfung einer Geldbuße im Rahmen eines Kartellprozesses aus, kann er alle für ihn als wesentlich erachteten tatsächlichen Umstände berücksichtigen, unabhängig davon, ob sie vor oder erst nach der Verhängung der Geldbuße eingetreten sind.[16]

6   Weiteres Anwendungsgebiet von Art. 261 AEUV neben dem Wettbewerbsrecht ist bisher insbesondere der Bereich der **Verkehrspolitik**, einschließlich der Luftfahrt.[17] Eine Erweiterung auf andere Rechtsbereiche ist möglich, bislang aber nicht vorgenommen worden. In der Literatur wird insoweit insbesondere auf das Umwelt- und Datenschutzrecht hingewiesen,[18] da auch diese Bereiche in besonderer Weise von umfassenden wirtschaftlichen und prognostischen Beurteilungen geprägt sind, die eine entsprechende Befugnis des Gerichtshofs als sachgerecht ansehen lassen.

C. Gerichtliche Entscheidungsbefugnisse

I. Uneingeschränkte Ermessensüberprüfung

7   Die Befugnis, die verhängten Zwangsmaßnahmen uneingeschränkt überprüfen zu können bedeutet zunächst, dass die Unionsgerichte die Zweckmäßigkeit, Angemessenheit

---

[13] EuGH, Urt. v. 27.10.1992, Rs. C–240/90 (Deutschland/Kommission), Slg. 1992, I–5383, Rn. 34.

[14] Vgl. Art. 31 der VO (EG) Nr. 1/2003 des Rates vom 16.12.2002 zur Durchführung der in den Artikeln 81 und 82 des Vertrags niedergelegten Wettbewerbsregeln; ausführlich zur Thematik *Dannecker/Biermann*, in: Immenga/Mestmäcker (Hrsg.), Wettbewerbsrecht, 2012, Art. 31 VO (EG) 1/2003.

[15] Art. 16 der VO (EG) Nr. 139/2004 vom 20.1.2004 über die Kontrolle von Unternehmenszusammenschlüssen, ABl. 2004, L 4/1, der Art. 31 der VO (EG) Nr. 1/2003 entspricht.

[16] EuGH, Beschl. v. 7.7.2016, Rs. C–523/15 P (Westfälische Drahtindustrie u. a./Kommission); ECLI:EU:C:2016:541, Rn. 29 ff.

[17] Vgl. dazu mit weiterführenden Hinweisen *Booß*, in: Grabitz/Hilf/Nettesheim, EU, Art. 261 AEUV (Mai 2011), Rn. 2 ff.

[18] *Booß*, in: Grabitz/Hilf/Nettesheim, EU, Art. 261 AEUV (Mai 2011), Rn. 3; *Schwarze*, in: Schwarze, EU-Kommentar, Art. 261 AEUV, Rn. 5.

etc. der Zwangsmaßnahme auch dann überprüfen und beanstanden können, wenn der Rechtsakt uneingeschränkt rechtmäßig ist, also auch kein Ermessensfehler vorliegt: Die Kontrolle nach Art. 261 AEUV ist gerade **keine Rechtmäßigkeitskontrolle**. Allerdings kann eine deutliche Neigung des Gerichtshofs zum judicial self-restraint im Hinblick auf die Wahrnehmung der gerichtlichen Kontrollbefugnisse verzeichnet werden.[19] So werden in der Regel die Ermessenserwägungen der Kommission in Bezug auf das »Ob« einer Sanktionsverhängung nicht in Frage gestellt, sondern lediglich die Höhe der verhängten Geldbuße überprüft und ggf. modifiziert. Dabei überprüft der Gerichtshof doch eher im Sinne einer Ermessensfehlersuche die Kommissionsentscheidungen, indem er die Einhaltung von Verfahrensvorschriften überprüft, das Vorliegen offensichtlicher Begründungsfehler oder eines Ermessensmissbrauchs.[20]

Bei der Überprüfung der Angemessenheit der Sanktionen sind insoweit viele Gesichtspunkte zu berücksichtigen. Im Vordergrund steht dabei die Schwere des Verstoßes.[21] Hier spielen die Größe des Unternehmens, seine Verflechtung mit anderen Unternehmen, sein Marktanteil, die Anzahl und Vielfalt der Zuwiderhandlungen, der aus dem Verstoß gezogene Vorteil eine wichtige Rolle.[22] Bei Geldbußen ist auch die Dauer des Verstoßes von großer Bedeutung.[23] Bei gemeinsam begangenen Verstößen kommt es auch auf die Bedeutung des Anteils des Betroffenen an.[24]

II. Eigenständige Festsetzungsbefugnis

Kommt das Gericht bei der Kontrolle der Ermessensausübung hinsichtlich der Höhe der Zwangsmaßnahmen zu dem Ergebnis, dass diese zu beanstanden sind, kann es deren Höhe eigenständig verändern, also herab- oder heraufsetzen. In diesem Zusammenhang findet mithin das Verbot der **reformatio in peius**[25] keine Anwendung. In seltenen Fällen wird die Sanktion auch völlig aufgehoben.[26] Für die Entscheidung kann auch die Heranziehung weiterer Informationen erforderlich sein.[27] Den Parteien ist insoweit aber rechtliches Gehör zu gewähren.

Bei der eigenen Entscheidung über die angemessene Höhe der Zwangsmaßnahmen ist der Gerichtshof nicht an die Beurteilungskriterien der Kommission gebunden, son-

---

[19] Vgl. ausführlich *Fritzsche*, CMLRev. 47 (2010), 361 (402); *Gerard*, E.L.Rev. 36 (2011), 457 (470 ff.).

[20] Vgl. EuG, Urt. v. 4. 2. 2009, Rs. T–145/06 (Omya/Kommission), Slg. 2009, II–145, Rn. 32; *Booß*, in: Grabitz/Hilf/Nettesheim, EU, Art. 261 AEUV (Mai 2011), Rn. 9.

[21] EuGH, Urt. v. 9. 11. 1983, Rs. 322/81 (Michelin/Kommission), Slg. 1983, 3461, Rn. 111.

[22] Vgl. insbesondere EuG, Urt. v. 10. 3. 1992, Rs. T–15/89 (Chemie Linz AG/Kommission), Slg. 1992, II–1275, Rn. 343 ff.; Urt. v. 15. 3. 2006, Rs. T–15/02 (BASF-Vitamine/Kommission), Slg. 2006, II–497, Rn. 233; Urt. v. 8. 9. 2010, Rs. T–29/05 (Deltafina/Kommission), Slg. 2010, II–4077, Rn. 331 ff., 411.

[23] EuGH, Urt. v. 21. 1. 2016, Rs. C–603/13 P (Galp Energia Espana u. a./Kommission), ECLI:EU:C: 2016:38, Rn. 90 f.

[24] EuGH, Urt. v. 7. 6. 1983, verb. Rs. 100/80–103/80 (Musique Diffusion Francaise/Kommission), Slg. 1983, 1825, Rn. 129 ff.

[25] Vgl. zur Frage des Verbots der reformatio in peius: EuGH, Urt. v. 25. 11. 2008, Rs. C–455/06 (Heemskerk BV und Fa. Schaap/Productschap Vee en Vlees), Slg. 2007, I–8763, Rn. 44 ff.

[26] Dazu ausführlich mit umfassenden Rechtsprechungsnachweisen *Dannecker/Biermann* (Fn. 13), Art. 31 VO (EG) 1/2003, Rn. 13–17; EuGH, Urt. v. 29. 9. 2011, Rs. C–521/09 P (Elf Aquitaine SA/ Kommission), Slg. 2011, I–8947.

[27] *Booß*, in: Grabitz/Hilf/Nettesheim, EU, Art. 261 AEUV (Mai 2011), Rn. 14, m. w. N.

dern hat eine eigenständige Abwägung vorzunehmen.[28] Tatsächlich orientiert sich die Rechtsprechung jedoch an den Vorgaben der Kommission.[29]

III. Besonderheiten im Rechtsmittelverfahren

11 Sofern der Gerichtshof im Rechtsmittelverfahren mit der Überprüfung von Entscheidungen des Gerichts befasst ist, obliegt ihm gemäß Art. 256 Abs. 1 UAbs. 2 AEUV ausschließlich eine Kontrolle der Rechtmäßigkeit der EuG-Entscheidungen. Dies schließt es von vornherein aus, dass er im Rechtsmittelverfahren seine eigene Einschätzung von der Angemessenheit einer Zwangsmaßnahme an die Stelle der vom Gericht nach Art. 261 AEUV vorgenommenen setzt.[30] Dies gilt sowohl für die Höhe der Festsetzungen des Gerichts wie auch für die von ihm insoweit herangezogenen Parameter.[31] Eine ungleiche Behandlung der Unternehmen durch das Gericht überprüft und korrigiert der Gerichtshof allerdings.[32] Wegen überlanger Dauer des Verfahrens vor dem EuG hat der Gerichtshof auch in einem Fall selbständig eine Geldbuße ermäßigt.[33]

IV. Ergänzende Entscheidungen

12 Noch nicht vollends geklärt ist der mögliche Umfang ergänzender Entscheidungen im Rahmen des Art. 261 AEUV. Der Gerichtshof hat jedenfalls für sich das Recht in Anspruch genommen, die Verzinsung rechtswidrig erhaltener oder zurückbehaltener Zahlungen anzuordnen.[34] Gleiches gilt für die Gewährung von Schadensersatzansprüchen für den erfolgreichen Kläger.[35] Ob auch eine Befugnis zur Anordnung einer Folgenbeseitigung in unterschiedlichster Gestalt aus Art. 261 AEUV folgt, ist noch nicht entschieden; in der Literatur wird dies befürwortet.[36]

---

[28] EuG, Urt. v. 11.3.1999, Rs. T–137/94 (ARBED/Kommission), Slg. 1999, II–303, Rn. 147; Urt. v. 17.12.2009, Rs. T–58/01 (Solvay/Kommission), Slg. 2009, II–4781, Rn. 269.

[29] *Booß*, in: Grabitz/Hilf/Nettesheim, EU, Art. 261 AEUV (Mai 2011), Rn. 14.

[30] EuGH, Urt. v. 6.4.1995, Rs. C–310/93 P (BPB Industries u. British Gypsum/Kommission), Slg. 1995, I–865, Rn. 34, Ls. 2; Urt. v. 3.9.2010, Rs. C–534/07 P (Prym/Kommission), Slg. 2009, I–7415, Rn. 112.

[31] EuGH, Urt. v. 12.11.2009, Rs. C–564/08 P (SGL Carbon/Kommission), Slg. 2009, I–191, Rn. 56.

[32] EuGH, Urt. v. 16.11.2000, Rs. C–291/98 P (Sarrió/Kommission), Slg. 2000, I–9991, Rn. 96 f.; EuGH, Urt. v. 12.11.2014, Rs. C–580/12 P (Guardian Industries Corp. u. Guardian Europe Sarl/Kommission), ECLI:EU:C:2014:2363, Rn. 75.

[33] EuGH, Urt. v. 17.12.1998, Rs. C–185/95 P (Baustahlgewebe/Kommission), Slg. 1998, I–8417, Rn. 48 f., 141 f.

[34] EuGH, Urt. v. 20.3.1984, verb. Rs. 75/82 u. 117/82 (Razzouk Beydoun/Kommission), Slg. 1984, 1509, Rn. 19.

[35] Vgl. EuGH, Urt. v. 4.7.1963, Rs. 32/62 (Alvis/Rat), Slg. 1963, 109 (124).

[36] Vgl. *Booß*, in: Grabitz/Hilf/Nettesheim, EU, Art. 261 AEUV (Mai 2011), Rn. 16.

Artikel 262 AEUV [Zuständigkeit auf dem Gebiet des geistigen Eigentums]

¹Unbeschadet der sonstigen Bestimmungen der Verträge kann der Rat gemäß einem besonderen Gesetzgebungsverfahren nach Anhörung des Europäischen Parlaments einstimmig Bestimmungen erlassen, mit denen dem Gerichtshof der Europäischen Union in dem vom Rat festgelegten Umfang die Zuständigkeit übertragen wird, über Rechtsstreitigkeiten im Zusammenhang mit der Anwendung von aufgrund der Verträge erlassenen Rechtsakten, mit denen europäische Rechtstitel für das geistige Eigentum geschaffen werden, zu entscheiden. ²Diese Bestimmungen treten nach Zustimmung der Mitgliedstaaten im Einklang mit ihren jeweiligen verfassungsrechtlichen Vorschriften in Kraft.

Literaturübersicht

Gaster, Das Gutachten des EuGH zum Entwurf eines Übereinkommens zur Schaffung eines Europäischen Patentgerichts, EuZW 2011, 394; *Müller*, Die Errichtung des Europäischen Patentgerichts – Herausforderung für die Autonomie des EU-Rechtssystems?, EuZW 2010, 851.

Leitentscheidungen

EuGH, Gutachten v. 8. 3. 2001, Gutachten 1/09, Slg. 2011, I–1137
EuGH, Urt. v. 16. 4. 2013, verb. Rs. C–274/11 u. C–295/11 (Spanien u. Italien/Rat), ECLI:EU:C:2013: 240

Inhaltsübersicht

A. Überblick

Art. 262 AEUV übernimmt und modifiziert die Regelung des mit dem Vertrag von Nizza **1** eingeführten Art. 229a EGV. Dieser hatte erstmals eine Regelung über die mögliche Erweiterung der Zuständigkeit des Gerichtshofs im Bereich des gewerblichen Eigentums vorgesehen. Der Vertrag von Lissabon hat diese Bestimmung in drei Punkten geändert: Erstens erweitert er den Anwendungsbereich auf das »geistige Eigentum«. Damit fällt neben dem Marken- und Patentrecht auch das Urheber- und Leistungsschutzrecht unter die Ermächtigung. Zweitens hat Art. 262 AEUV das Tätigwerden des Rates von einem Vorschlag der Kommission gelöst; deren Einfluss in diesem Bereich wird mithin zurückgedrängt. Und drittens ist die Empfehlung des Rates an die Mitgliedstaaten zur Annahme des Vorschlags in den mitgliedstaatlichen Ratifikationsverfahren entfallen, um jeden Ansatz zur Konstruktion einer Ratifikationspflicht zu vermeiden.

B. Charakter der Norm

2   Art. 262 AEUV schafft für sich genommen keine neue Zuständigkeit des Gerichtshofs. Die Bestimmung hält vielmehr lediglich eine Option hierfür bereit, die der Aktualisierung durch einen entsprechenden Gesetzgebungsakt des Rates und dessen Bestätigung durch die Ratifikation in allen Mitgliedstaaten bedarf. Es handelt sich daher um eine **Evolutivklausel**.[1] Der Charakter der Norm wird zudem dadurch bestimmt, dass es sich um ein **besonderes Vertragsänderungsverfahren** handelt, das gegenüber Art. 48 EUV spezieller ist.[2] Erforderlich ist die Regelung für den Bereich des geistigen Eigentums trotz der großen Reichweite des Art. 19 Abs. 1 Satz 2 EUV, da unbeschadet einzelner Rechtsakte der Union in diesem Bereich diese Materie immer noch weitgehend in nationaler Zuständigkeit liegt,[3] so dass hierfür dominant die nationalen Gerichte zuständig sind. Der EuGH bekommt bislang nur unter bestimmten Voraussetzungen und mit begrenzter Zielrichtung – insbesondere im Rahmen des Art. 36 AEUV – Zugriff auf diese Materie. Für eine Zuständigkeitserweiterung des Gerichtshofs bedarf es mithin einer entsprechenden Kompetenzübertragung seitens der Mitgliedstaaten. Art. 262 AEUV hält daher keinen zwingend zu beschreitenden Weg für die Lösung der Justiziabilitätsprobleme im Zusammenhang mit der Europäisierung des Immaterialgüterrechts bereit.

C. Vorarbeiten

3   Insbesondere für den umstrittenen Bereich des Patentrechts war Art. 262 AEUV als wichtiger Baustein gedacht.[4] Für die **Schaffung eines Gemeinschaftspatentgerichts** bzw. die **Übertragung der Zuständigkeit in Gemeinschaftspatentsachen auf den Gerichtshof** wurden im Jahr 2003 zwei Vorschläge der Kommission unterbreitet,[5] zu denen der EuGH Stellung genommen hat.[6] Am 24.3.2009 hat die Kommission dem Rat eine Empfehlung für die Schaffung einer neuen Institution – Unified Patent Litigation System (UPLS) – vorgelegt, welche durch einen Vertrag zwischen der EU und den Vertragsstaaten des Europäischen Patentübereinkommens gegründet werden sollte.[7] Vor dem Europäischen Patentgericht sollten künftig zivilrechtliche Streitigkeiten über die Erteilung und die Verletzung von europäischen Patenten und »EU-Patenten« beigelegt werden. Strittig war in diesem Zusammenhang, ob die neue Institution des Europäischen Patentgerichts das Verwerfungsmonopol des EuGH hinsichtlich ungültiger Uni-

---

[1] So zu Recht *Terhechte*, in: Grabitz/Hilf/Nettesheim, EU, Art. 262 AEUV (Mai 2014), Rn. 2.
[2] *Terhechte*, in: Grabitz/Hilf/Nettesheim, EU, Art. 262 AEUV (Mai 2014), Rn. 16.
[3] *Terhechte*, in: Grabitz/Hilf/Nettesheim, EU, Art. 262 AEUV (Mai 2014), Rn. 4.
[4] *Ehricke*, in: Streinz, EUV/AEUV, Art. 262 AEUV, Rn. 3.
[5] Vorschlag für einen Beschluss des Rates zur Übertragung der Zuständigkeit in Gemeinschaftspatentsachen auf den Gerichtshof, KOM (2003) 827 endg., v. 23.12.2003; Vorschlag für einen Beschluss des Rates zur Errichtung des Gemeinschaftspatentgerichts und betreffend das Rechtsmittel vor dem Gericht erster Instanz, KOM (2003) 828 endg., v. 23.12.2003.
[6] Vorschlag für einen Beschluss des Rates zur Errichtung des Gemeinschaftspatentgerichts und über das Rechtsmittel vor dem Gericht erster Instanz – Stellungnahme des Gerichtshofs, Interinstitutionelles Dossier 2003/0342(CNS) v. 8.11.2004.
[7] Empfehlung der Kommission an den Rat zur Ermächtigung der Kommission zur Aufnahme von Verhandlungen über ein Übereinkommen zur Schaffung eines einheitlichen Patentgerichtssystems, SEK(2009) 330 endg.

onsrechtsakte berührt.[8] Am 8.3.2011 hat sich der EuGH in dem Gutachten 1/09 zu dem Entwurf des Übereinkommens zu dieser Frage geäußert und den Entwurf als unvereinbar mit dem Primärrecht erklärt, insbesondere weil der Entwurf in dieser Form die Einheitlichkeit des Unionsrechts gefährdet.[9] Daraufhin beschlossen 25 EU-Mitgliedstaaten im März 2011 eine Verstärkte Zusammenarbeit (Art. 20 EUV, Art. 326 AEUV) zur Schaffung eines einheitlichen EU-Patents.[10] Die beiden Verordnungen zur Schaffung des EU-Patents (EU) Nr. 1257/2012 und Nr. 1260/2012[11] sind am 20.1.2013 in Kraft getreten. Von Spanien und Italien gegen den Ermächtigungsbeschluss zur Verstärkten Zusammenarbeit erhobene Nichtigkeitsklagen hat der EuGH im April 2013 als unbegründet abgewiesen.[12]

D. Perspektiven

Art. 262 AEUV lässt die Frage der Ausgestaltung des Rechtsschutzes im Bereich des **4** geistigen Eigentums letztlich offen. Ob es sich anbietet, insoweit gemäß Art. 257 AEUV ein eigenes Fachgericht zu schaffen oder ob der Gerichtshof – wie der Text des Art. 262 AEUV dies nahezulegen scheint – hierfür selbst zuständig wird,[13] oder ob die Bestimmung eine leere Hülle bleibt, lässt sich jedenfalls nicht aus der Norm selbst heraus beantworten.

Für den problematischsten Teil, die Frage nach der EU-Patentgerichtsbarkeit, ist je- **5** denfalls eine andere Lösung gefunden worden. Das **Übereinkommen über ein einheitliches Patentgericht**[14] sieht die Einrichtung eines eigenständigen Patentgerichts (»Einheitliches Patentgericht« oder EPG) mit der ausschließlichen gerichtlichen Zuständigkeit für Streitigkeiten in Bezug auf europäische Patente und europäische Patente mit einheitlicher Wirkung (einheitliche Patente) vor. Dieses Gericht ist ein gemeinsames Gericht der Vertragsparteien und unterliegt den gleichen unionsrechtlichen Verpflichtungen wie sonstige nationale Gerichte (Art. 1 ÜEP). Insoweit ist es gegenüber dem EuGH vorlageberechtigt und ggf. -verpflichtet. Das EPG umfasst ein Gericht erster Instanz, ein Berufungsgericht und eine Kanzlei. Das Gericht erster Instanz besteht aus einer Zentralkammer (mit Sitz in Paris und zwei Außenstellen in London und München) sowie mehreren örtlichen und regionalen Kammern in den Vertragsstaaten. Das Beru-

---

[8] Diese Frage verneinend *Müller*, EuZW 2010, 851 (856), mit Hinweis auf das Vorlagerecht der ersten Instanz bzw. die Vorlagepflicht der Rechtsmittelinstanz nach dem Übereinkommensentwurf.
[9] EuGH, Gutachten 1/09 v. 8.3.2011 (Patentgerichtssystem), Slg. 2011, I–1137.
[10] Beschluss des Rates vom 10.3.2011 über die Ermächtigung zu einer Verstärkten Zusammenarbeit im Bereich der Schaffung eines einheitlichen Patentschutzes (2011/167/EU), ABl. 2011, L 76/53; ausführlich zu der Geschichte des europäischen Patentwesens und zu den neuen Vorschlägen *Gaster*, EuZW 2011, 394.
[11] Verordnung (EU) Nr. 1257/2012 vom 17.12.2012 über die Umsetzung der Verstärkten Zusammenarbeit im Bereich der Schaffung eines einheitlichen Patentschutzes, ABl. 2012, L 361/1; Verordnung (EU) Nr. 1260/2012 vom 17.12.2012 über die Umsetzung der verstärkten Zusammenarbeit im Bereich der Schaffung eines einheitlichen Patentschutzes im Hinblick auf die anzuwendenden Übersetzungsregelungen, ABl. 2012, L 361/89.
[12] EuGH, Urt. v. 16.4.2013, verb. Rs. C–274/11 u. C–295/11 (Spanien u. Italien/Rat), ECLI:EU:C:2013:240.
[13] Vgl. hierzu die Erklärung Nr. 17 zum Vertrag von Nizza, worin die Mitgliedstaaten betonen, dass der Wahl des gerichtlichen Rahmens durch Art. 229a EGV nicht vorgegriffen wird; hierzu *Terhechte*, in: Grabitz/Hilf/Nettesheim, EU, Art. 262 AEUV (Mai 2014), Rn. 1.
[14] Ratsdokument v. 11.1.2013, Nr. 16351/12.

fungsgericht wird seinen Sitz in Luxemburg haben. Das Übereinkommen wurde am 19. 2. 2013 durch 24 EU-Mitgliedstaaten unterzeichnet. Am 5. 3. 2013 hat Bulgarien das Übereinkommen als 25. EU-Mitgliedstaat unterzeichnet. Es muss von mindestens 13 Staaten, darunter Deutschland, Frankreich und das Vereinigte Königreich, ratifiziert werden, um in Kraft treten zu können.

6   Mit diesem Schritt ist die Wahrscheinlichkeit einer Aktualisierung des Art. 262 AEUV deutlich gesunken. Ob für die verbliebenen Bereiche des Rechts des geistigen Eigentums die Inanspruchnahme der Norm in Betracht gezogen wird und welche Form dies evtl. annimmt, lässt sich derzeit nicht absehen.

Artikel 263 AEUV [Nichtigkeitsklage]

[1]Der Gerichtshof der Europäischen Union überwacht die Rechtmäßigkeit der Gesetzgebungsakte sowie der Handlungen des Rates, der Kommission und der Europäischen Zentralbank, soweit es sich nicht um Empfehlungen oder Stellungnahmen handelt, und der Handlungen des Europäischen Parlaments und des Europäischen Rates mit Rechtswirkung gegenüber Dritten. [2]Er überwacht ebenfalls die Rechtmäßigkeit der Handlungen der Einrichtungen oder sonstigen Stellen der Union mit Rechtswirkung gegenüber Dritten.

Zu diesem Zweck ist der Gerichtshof der Europäischen Union für Klagen zuständig, die ein Mitgliedstaat, das Europäische Parlament, der Rat oder die Kommission wegen Unzuständigkeit, Verletzung wesentlicher Formvorschriften, Verletzung der Verträge oder einer bei seiner Durchführung anzuwendenden Rechtsnorm oder wegen Ermessensmissbrauchs erhebt.

Der Gerichtshof der Europäischen Union ist unter den gleichen Voraussetzungen zuständig für Klagen des Rechnungshofs, der Europäischen Zentralbank und des Ausschusses der Regionen, die auf die Wahrung ihrer Rechte abzielen.

Jede natürliche oder juristische Person kann unter den Bedingungen nach den Absätzen 1 und 2 gegen die an sie gerichteten oder sie unmittelbar und individuell betreffenden Handlungen sowie gegen Rechtsakte mit Verordnungscharakter, die sie unmittelbar betreffen und keine Durchführungsmaßnahmen nach sich ziehen, Klage erheben.

In den Rechtsakten zur Gründung von Einrichtungen und sonstigen Stellen der Union können besondere Bedingungen und Einzelheiten für die Erhebung von Klagen von natürlichen oder juristischen Personen gegen Handlungen dieser Einrichtungen und sonstigen Stellen vorgesehen werden, die eine Rechtswirkung gegenüber diesen Personen haben.

Die in diesem Artikel vorgesehenen Klagen sind binnen zwei Monaten zu erheben; diese Frist läuft je nach Lage des Falles von der Bekanntgabe der betreffenden Handlung, ihrer Mitteilung an den Kläger oder in Ermangelung dessen von dem Zeitpunkt an, zu dem der Kläger von dieser Handlung Kenntnis erlangt hat.

Literaturübersicht

Arnull, Private Applicants and the Action for Annulment since Codorniu, CMLRev. 38 (2001), 7; *Barents*, The Court of Justice after the Treaty of Lisbon, CMLRev. 47 (2010), 709; *Baumeister*, Effektiver Individualrechtsschutz im Gemeinschaftsrecht, EuR 2005, 1; *Cremer*, Individualschutz gegen Richtlinien, EuZW 2001, 453; *ders.*, Zum Rechtsschutz des Einzelnen gegen abgeleitetes Unionsrecht nach dem Vertrag von Lissabon, DÖV 2010, 58; *Dauses*, Effektiver Rechtsschutz in Gefahr? Ein Nachtrag zum Klagerecht Privater gegen Gesetzgebungsakte, EuZW 2014, 121; *Everling*, Rechtsschutz in der Europäischen Union nach dem Vertrag von Lissabon, EuR-Beiheft 1/2009, 71; *ders.*, Lissabon-Vertrag regelt Dauerstreit über Nichtigkeitsklage Privater, EuZW 2010, 572; *ders.*, Klagerecht Privater gegen Rechtsakte der EU mit allgemeiner Geltung, EuZW 2012, 376; *Fredriksen*, Individualklagemöglichkeiten vor den Gerichten der EU nach dem Vertrag über eine Verfassung für Europa, ZEuS 2005, 99; *Frenz/Distelrath*, Klagegegenstand und Klagebefugnis von Individualnichtigkeitsklagen nach Art. 263 IV AEUV, NVwZ 2010, 162; *Gas*, Macht das Lissabon-Urteil des Bundesverfassungsgerichts die Option der De-facto-Subsidiaritätsklage durch ein Bundesland unmöglich?, DÖV 2010, 313; *Görlitz/Kubicki*, Rechtsakte »mit schwierigem Charakter« – Zum bislang unterschätzten, deutlich erweiterten Rechtsschutz des Individualklägers im Rahmen des Art. 263 IV AEUV, EuZW 2011, 248; *Gundel*, Der Rechtsschutz gegen Handlungen der EG-Agenturen – endlich geklärt?, EuR 2009, 383; *ders.*, Die neue Gestalt der Nichtigkeitsklage nach dem Vertrag von Lissabon: Die Weichenstellungen der ersten Urteile zu Direktklagen Einzelner gegen normative EU-Rechtsakte, EWS 2012, 65; *Hakenberg*, Die Befolgung und Durchsetzung der Urteile der Gemeinschaftsgerichte, EuR 2008, 163; *Herrmann*, Individualrechtsschutz gegen Rechtsakte der EU »mit Verordnungscharakter« nach dem Vertrag von Lissabon, NVwZ 2011, 1352; *Kamann/Weinzierl*, Erledigung und Fortsetzungsfeststellung im Europäischen Prozessrecht, EuR 2016, 569; *Köngeter*, Erweiterte Klageberechtigung bei Individualnichtigkeitsklagen gegen EG-Verordnungen?, NJW 2002, 2216; *Kokott/Henze/Dervisopoulou*, Aktuelle Fragen des effektiven Rechtsschutzes durch die Gemeinschaftsgerichte, EuGRZ 2008, 10; *Kottmann*, Plaumanns Ende: Ein Vorschlag zu Art. 263 Abs. 4 AEUV, ZaöRV 70 (2010), 547; *Kühling*, Die Zukunft des europäischen Agentur(un)wesens – oder: Wer hat Angst vor Meroni?, EuZW 2008, 129; *Last*, Garantie wirksamen Rechtsschutzes gegen Maßnahmen der Europäischen Union, 2008; *Leeb*, Wann kann Nichtigkeitsklage erhoben werden? Zur Auslegung der dritten Variante des Art. 263 Abs. 4 AEUV (Teil I), ZfRV 2014, 196; *Lenz/Staeglich*, Kein Rechtsschutz gegen EG-Verordnungen? – Europäische Rechtsschutzdefitite und ihr Ausgleich durch die Feststellungsklage nach § 43 I VwGO, NVwZ 2004, 1421; *Lindner*, Zur Klagebefugnis natürlicher und juristischer Personen für Nichtigkeitsklagen gem. Art. 230 IV EG gegen EG-Verordnungen, NVwZ 2003, 569; *Malferrari*, Zulässigkeit der Nichtigkeitsklage von Privatpersonen nach Art. 230 EGV – Niedergang und Wiederaufleben des Plaumann-Tests, EWS 2003, 254; *Nowak/Behrend*, Kein zentraler Individualrechtsschutz gegen Gesetzgebungsakte der Europäischen Union?, EuR 2014, S. 86; *Petzold*, Was sind »Rechtsakte mit Verordnungscharakter« (Art. 263 Abs. 4 AEUV)? – Zur Entscheidung des EuG in der Rechtssache Inuit, EuR 2012, S. 443; *Pötters/Werkmeister/Traut*, Rechtsakte mit Verordnungscharakter nach Art. 263 Abs. 4 AEUV – eine passgenaue Ausweitung des Individualrechtsschutzes?, EuR 2012, S. 546; *Rabe*, Zur Metamorphose des Europäischen Verfassungsvertrags, NJW 2007, 3153; *Sachs*, Die Ex-officio-Prüfung durch die Gemeinschaftsgerichte, 2008; *Saurer*, Der Rechtsschutz gegen Entscheidungen und Fachgutachten der Europäischen Agenturen nach dem Sogelma-Urteil des EuG, DVBl 2009, 1021; *ders.*, Individualrechtsschutz gegen das Handeln der Europäischen Agenturen, EuR 2010, 51; *Schröder*, Neuerungen im Rechtsschutz der Europäischen Union durch den Vertrag von Lissabon, DÖV 2009, 61; *Schulte*, Individualrechtsschutz gegen Normen im Gemeinschaftsrecht, 2005; *Schwendinger*, Rechtsschutz für begünstigte Unternehmen im Zusammenhang mit rechtswidrigen multisektoralen Beihilferegelungen, EuZW 2011, 746; *Shirvani*, Die europäische Subsidiaritätsklage und ihre Umsetzung ins deutsche Recht, JZ 2010, 753; *Streinz*, Individualrechtsschutz im Kooperationsverhältnis, EuZW 2014, 17; *Thalmann*, Zur Auslegung von Art. 263 Abs. 4 AEUV durch Rechtsprechung und Lehre – Zugleich ein Beitrag zur begrenzten Reichweite von Art. 47 Abs. 1 GRC wie auch zur Rolle der historischen Interpretation primären Unionsrechts, EuR 2012, S. 452; *Thiele*, Das Rechtsschutzsystem nach dem Vertrag von Lissabon – (K)ein Schritt nach vorn?, EuR 2010, 31; *ders.*, Europäisches Prozessrecht, 2. Auflage, 2014; *Weber*, Europäisches Parlament und nationale Parlamente im Europäischen Rechtsetzungsverbund, DÖV 2011, 497.; *Wegener*, Rechtsstaatliche Vorzüge und Mängel der Verfahren vor den Gemeinschaftsgerichten, EuR- Beiheft 3/2008, 45.

Leitentscheidungen

EuGH, Urt. v. 15. 7. 1963, Rs. 25/62 (Firma Plaumann/Kommission), Slg. 1963, 211
EuGH, Urt. v. 24. 2. 1987, Rs. 26/86 (Deutz und Geldermann/Rat), Slg. 1987, 941
EuGH, Urt. v. 18. 5. 1994, Rs. C–309/89 (Codorniu/Rat), Slg. 1994, I–1853
EuG, Urt. v. 15. 12. 1999, verb. Rs. T–132/96 u. T–143/96 (Freistaat Sachsen/Kommission), Slg. 1999, II–3663
EuGH, Urt. v. 14. 9. 1999, Rs. 310/97 P (Assi Domän Kraft Products AB u. a.), Slg. 1999, I–5363
EuG, Urt. v. 21. 3. 2001, Rs. T–69/96 (Hamburger Hafen- und Lagerhaus AG/Kommission), Slg. 2001, II–1037
EuG, Urt. v. 25. 10. 2011, Rs. T–262/10 (Microban/Kommission), Slg. 2011, II–7697
EuGH, Urt. v. 3. 10. 2013, Rs. C–583/11 P (Inuit Tapiriit Kanatami u. a./Parlament und Rat), ECLI:EU:C:2013:625
EuGH, Urt. v. 19. 12. 2013, Rs. C–274/12 P (Telefónica SA/Kommission), ECLI:EU:C:2013:852

Inhaltsübersicht

A. Funktion und Bedeutung der Nichtigkeitsklage

1   Die Nichtigkeitsklage des Art. 263 AEUV ist das wichtigste,[1] wenn auch nicht das einzige[2] Instrument zur justiziellen Sicherung der Primärrechtskonformität des Handelns der Organe, Einrichtungen oder sonstigen Stellen der Union. Da die Nichtigkeit nicht nur festgestellt wird, sondern die angegriffene Handlung für ganz oder teilweise nichtig erklärt wird, ist die Klage nach Art. 263 AEUV eine **Gestaltungs-, keine Verpflichtungsklage**.[3] Sie ist folglich kein geeignetes Instrument zur Durchsetzung von Schadensersatz- oder Feststellungsansprüchen,[4] sondern Ausdruck des Verwerfungsmonopols des EuGH im Hinblick auf primärrechtswidriges Handeln der Organe als Kehrseite der bis zu dessen Nichtigerklärung geltenden Gültigkeitsvermutung.[5] Der AEUV bezeichnet die in Art. 263 geregelte Klage allerdings nicht ausdrücklich als »Nichtigkeitsklage«.[6] Vor diesem Hintergrund wird im Schrifttum und in der Rechtsprechung statt von Nichtigkeitsklagen synonym auch von »Anfechtungs-« oder »Aufhebungsklagen« gesprochen.[7] Wegen der Nichtigkeitsfolge eines stattgebenden Urteils gem. Art. 264 Abs. 1 AEUV ist die Bezeichnung »Nichtigkeitsklage« jedoch durchaus berechtigt.

2   Ihr Vorbild findet diese Klage vor allem im französischen Verwaltungsprozessrecht. Insoweit hat der sog. **recours pour excès de pouvoir** bei der Unionsregelung Pate gestanden.[8] In Anlehnung an das französische Verwaltungsrecht sind die Tatbestände des fehlerhaften Verwaltungshandelns in die vier Alternativen der Unzuständigkeit, der Verletzung wesentlicher Formvorschriften, der Verletzung des materiellen Unionsrechts und des Ermessens eingeteilt.

3   Die Nichtigkeitsklage zielt auf die **Wiederherstellung des unionsrechtmäßigen Zustands durch Beseitigung des rechtswidrigen Unionsaktes.** Der Gerichtshof darf in seiner Urteilsformel folglich nur die Nichtigkeit der angegriffenen Rechtshandlung ausspre-

---

[1] *Ehricke*, in: Streinz, EUV/AEUV, Art. 263 AEUV, Rn. 1; *Dörr*, in: Grabitz/Hilf/Nettesheim, EU, Art. 263 AEUV (November 2012), Rn. 4.

[2] In diesem Zusammenhang ist insbesondere das Vorabentscheidungsverfahren nach Art. 267 AEUV zu nennen.

[3] *Cremer*, in: Calliess/Ruffert, EUV/AEUV, Art. 263 AEUV, Rn. 1; *Schwarze*, in: Schwarze, EU-Kommentar, Art. 263 AEUV, Rn. 9.

[4] EuGH, Urt. v. 17.12.1981, verb. Rs. 197/80 bis 200/80, 245/80 u. 247/80 (Ludwigshafener Walzmühle Erling KG u. a./Rat und Kommission), Slg. 1981, 3211, Rn. 4.

[5] Vgl. *Dörr*, in: Grabitz/Hilf/Nettesheim, EU, Art. 263 AEUV (November 2012), Rn. 3, m. w. N.

[6] Anders noch Art. 33 des vormaligen EGKS-Vertrages.

[7] Vgl. etwa *Dörr*, in: Grabitz/Hilf/Nettesheim, EU, Art. 263 AEUV (November 2012), Rn. 5; *Ehricke*, in: Streinz, EUV/AEUV, Art. 263 AEUV, Rn. 3.

[8] *Classen*, Nationales Verfassungsrecht in der europäischen Union, 2013, S. 57 ff.

chen. Andere Entscheidungsmöglichkeiten räumt Art. 264 AEUV – im Gegensatz zu Art. 261 AEUV – dem Gerichtshof nicht ein. Allerdings verpflichtet Art. 266 AEUV das betroffene Organ, die sich aus dem Urteil und der Nichtigerklärung ergebenden Maßnahmen zu ergreifen, so dass im Ergebnis dem primärrechtswidrigen Zustand in jederlei Hinsicht abgeholfen wird.

Der Gerichtshof hat nicht nur im Rahmen der Nichtigkeitsklage die Möglichkeit, die   **4** Fehlerhaftigkeit eines Gesetzgebungsaktes bzw. einer Handlung im Sinne des Art. 263 Abs. 1 AEUV auszusprechen. Er kann überdies:

(1) im Tenor eines Vorabentscheidungsurteils die Nichtigkeit einer solchen Handlung feststellen (Art. 267 AEUV);

(2) in den Entscheidungsgründen eines Urteils einer Schadensersatzklage mit der Begründung stattgeben, das schadensauslösende Ereignis liege in einem fehlerhaften Rechtsakt der Union (Art. 340 Abs. 2 und Abs. 3 i. V. m. Art. 268 AEUV);

(3) inzident die Rechtswidrigkeit eines Rechtsakts mit allgemeiner Geltung feststellen (Art. 277 AEUV).[9]

Keine unmittelbare Anwendung findet Art. 263 AEUV auf Klagen, die Streitsachen   **5** zwischen der Union und ihren Bediensteten im Rahmen des Beamtenstatuts betreffen. Hier stellt Art. 270 AEUV eine besondere Klageform zur Verfügung, die der allgemeinen Nichtigkeitsklage nach Art. 263 AEUV, aber auch allen übrigen Klagearten vorgeht.[10]

Die Regelung des Art. 263 AEUV hat im Laufe der Zeit verschiedene Änderungen   **6** erfahren. Insbesondere wurde der Kreis der aktiv und passiv Klageberechtigten, zum Teil unter Anpassung an die Rechtsprechung des EuGH etwa im Hinblick auf die Beteiligtenrechte des Europäischen Parlaments, wiederholt ausgeweitet. Auch die Vertragsrevision von Lissabon hat wichtige Neuerungen im Rahmen der Nichtigkeitsklage mit sich gebracht.[11] So sind Handlungen des Europäischen Rates mit Rechtswirkung gegenüber Dritten nunmehr voll justiziabel. Der Ausschuss der Regionen ist, obwohl kein EU-Organ, gemäß Art. 263 Abs. 3 AEUV in den Kreis der teilprivilegierten Klagebefugten aufgenommen worden. Als weitere zentrale Neuerung, nicht zuletzt als Folge der langjährigen Forderung nach einem direkten Rechtsschutz natürlicher und juristischer Personen gegen allgemein geltende Rechtsakte der Union,[12] ist im Sinne einer – bereits im gescheiterten EU-Verfassungsvertrag vorgesehenen – Kompromisslösung in Art. 263 Abs. 4 Alt. 3 AEUV nunmehr für natürliche und juristische Personen die Möglichkeit aufgenommen worden, eine Nichtigkeitsklage gegen »Rechtsakte mit Verordnungscharakter« zu erheben, »die sie unmittelbar betreffen und keine Durchführungsmaßnahmen nach sich ziehen«. Daneben wurden die bisherigen Varianten 1 und 2 des vormaligen Art. 230 Abs. 4 EGV dahingehend zusammengeführt, dass die Nichtigkeitsklage natürlicher und juristischer Personen sich nunmehr gegen die an sie gerichteten bzw. sie unmittelbar und individuell betreffenden »Handlungen« (und nicht, wie bislang, »Entscheidungen«) richtet.

---

[9] *Daig*, Nichtigkeits- und Ungültigkeitsklagen im Recht der Europäischen Gemeinschaften unter besonderer Berücksichtigung der Rechtsprechung des Gerichtshofs der Europäischen Gemeinschaften und der Schlussanträge der Generalanwälte, 1985, S. 24 f.

[10] Vgl. zur Gerichtspraxis des EuGöD bei Nichtigkeitsklagen *Hakenberg*, EuR 2008, 163 (169 f.).

[11] Zu den einschlägigen Übergangsregelungen vgl. *Dörr*, in: Grabitz/Hilf/Nettesheim, EU, Art. 263 AEUV (November 2012), Rn. 6.

[12] Vgl. zur damaligen Debatte um mögliche Defizite des Individualrechtsschutzes im Rechtsschutzsystem der EU etwa *Wegener*, EuR 2008, 45 ff.

7   Eine weitere wichtige Neuerung durch den Vertrag von Lissabon besteht in der Einbeziehung von »Maßnahmen von Einrichtungen oder sonstigen Stellen der Union mit Rechtswirkung für Dritte«, die nunmehr gemäß Art. 263 Abs. 1 AEUV der vollständigen Rechtmäßigkeitskontrolle durch die Unionsgerichte unterliegen. Hierdurch werden nicht nur Maßnahmen der zahlreichen Agenturen der EU justiziabel, sondern auch die Tätigkeit von Eurojust und Europol unterfällt nunmehr der Jurisdiktionsgewalt des EuGH. Im Hinblick auf die Klagebefugnis natürlicher und juristischer Personen bestimmt der neu gefasste Art. 263 Abs. 5 AEUV, dass insoweit die Rechtsakte zur Gründung derartiger Einrichtungen und Stellen der Union besondere Bedingungen und Einzelheiten für die Erhebung von derartigen Nichtigkeitsklagen vorsehen können. Der Vertrag von Lissabon schließt auf diese Weise eine erhebliche Rechtsschutzlücke des bisherigen primärrechtlichen Rechtsschutzsystems der Union, der in der bisherigen Praxis durch sekundärrechtliche Instrumente bzw. eine analoge Heranziehung des bisherigen Art. 230 Abs. 5 EGV begegnet wurde (s. Rn. 87 f.).

8   Nicht unmittelbar in Art. 263 AEUV Eingang gefunden hat die durch die Lissabonner Vertragsrevision neu eingeführte sog. **Subsidiaritätsklage**,[13] die es nunmehr auch den nationalen Parlamenten (wenn auch nur über den Umweg einer »Übermittlung« durch den betreffenden Mitgliedstaat) unter bestimmten Voraussetzungen erlaubt, »nach Maßgabe des Art. 263 AEUV« eine »Normenkontrolle« durch den EuGH wegen eines behaupteten Verstoßes eines Gesetzgebungsaktes gegen das Subsidiaritätsprinzip herbeizuführen (Rn. 33).

B.   Tatbestandliche Struktur – abgestufte Klageberechtigung

9   Die Abstufung der Klageberechtigungen im Rahmen der Nichtigkeitsklage folgt den **institutionellen Funktionen der Nichtigkeitsklage**. Da die privilegierten Kläger nach Art. 263 Abs. 2 AEUV keine Klageberechtigung nachweisen, sie also nicht die Verletzung eigener Rechte oder Interessen geltend machen müssen, können die Mitgliedstaaten, der Rat, die Kommission und das Europäische Parlament mit Hilfe der Nichtigkeitsklage eine **abstrakte Normenkontrolle von abgeleitetem Unionsrecht** erzwingen.[14] Die Kommission als Hüterin der Verträge, der Rat als bestimmendes EU-Rechtsetzungsorgan, das Parlament als durch den Vertrag von Lissabon erneut aufgewertetes Legislativorgan und die Mitgliedstaaten als Vertragssouveräne können wegen ihrer institutionellen Stellung im Unionsgefüge jede unionsrechtswidrige Organhandlung – mit Ausnahme der Entscheidungen des Gerichtshofs – einer objektiven richterlichen Kontrolle unterwerfen.

10   Erhebt der Rechnungshof, die EZB oder der Ausschuss der Regionen eine Nichtigkeitsklage (Art. 263 Abs. 3 AEUV), so muss sich die Klageberechtigung »auf die Wahrung ihrer Rechte« gründen. Die Nichtigkeitsklage dient zwar in diesen Fällen auch der Sicherung des institutionellen Gleichgewichts, indem sie als »**konkretes**« **Organstreitverfahren** die Kompetenzen der vorgenannten Unionsorgane sichert. Eine »abstrakte«

---

[13] Diese Klagemöglichkeit ist nunmehr außerhalb des AEUV in Art. 12 Buchst. b EUV i. V. m in Art. 8 des Protokolls über die Anwendung der Grundsätze der Subsidiarität und der Verhältnismäßigkeit geregelt.
[14] Vgl. aber EuGH, Urt. v. 18.6.2002, Rs. C–242/00 (Deutschland/Kommission), Slg. 2002, I–5603, Rn. 46; dazu *Cremer*, in: Calliess/Ruffert, EUV/AEUV, Art. 263 AEUV, Rn. 21.

(objektive) Normenkontrollberechtigung – unabhängig von subjektiven Rechten bzw. Kompetenzen der Antragsteller – steht dagegen weder dem Rechnungshof noch der EZB oder dem Ausschuss der Regionen zu.

Das Hinzutreten der subjektiven Zulässigkeitsvoraussetzungen »individueller und **11** unmittelbarer« bzw. »unmittelbarer« Betroffenheit (nicht gleichzusetzen mit einer möglichen Rechtsverletzung[15]) im Rahmen der Individualklage nach Art. 263 Abs. 4 und 5 AEUV macht deutlich, dass die von natürlichen und juristischen Personen erhobene Nichtigkeitsklage nicht nur der objektiven Legalitätskontrolle des abgeleiteten (organgeschaffenen) Unionsrechts, sondern auch dem Rechtsschutz gegenüber den sie individuell und unmittelbar betreffenden Rechtsakten der Union dient. Art. 263 Abs. 4 und 5 AEUV gewährleistet einerseits die **objektive Legalitätskontrolle des abgeleiteten Unionsrechts** am Maßstab des Primärrechts, andererseits jedoch auch den **Individualrechtsschutz**, wobei durch die eingeschränkte Klagebefugnis Popularklagen auch nach der Lissabonner Vertragsrevision generell ausgeschlossen werden (s. Rn. 96). Im Unterschied zur Anfechtungsklage im deutschen Verwaltungsrecht ist in diesem Zusammenhang aber eine mögliche Verletzung subjektiver Rechte des Individualklägers – insoweit dem Vorbild des französischen recours pour excès de pouvoir folgend – nicht maßgeblich.[16]

C. Zulässigkeit der Nichtigkeitsklage

Für die Beurteilung der Zulässigkeit der Klage stellen die Unionsgerichte regelmäßig auf **12** den Zeitpunkt der Klageerhebung ab.[17]

I. Sachliche Zuständigkeit

Die gerichtliche Zuständigkeit der Unionsgerichte im Rahmen des Art. 263 AEUV er- **13** streckt sich **grundsätzlich auf alle Bereiche des Unionsrechts**. Dies schließt seit der Lissabonner Vertragsreform – vorbehaltlich von Übergangsbestimmungen[18] – auch den Bereich der im Titel V des Dritten Teils des AEUV zusammengeführten Sachbereiche des »Raums der Freiheit, der Sicherheit und des Rechts« sowie der vor Lissabon im Rahmen der sog. »dritten Säule« geregelten polizeilichen und justiziellen Zusammenarbeit in Strafsachen ein.

---

[15] So aber die Klagebefugnis bei der deutschen Anfechtungsklage nach § 42 Abs. 2 VwGO; vgl. dazu auch *v. Danwitz*, NJW 1993, 1108 (1110).

[16] Hierauf weist zu Recht bereits *Schwarze*, in: Schwarze, EU-Kommentar, Art. 263 AEUV, Rn. 8, hin.

[17] St. Rspr., vgl. EuGH, Urt. v. 18.4.2002, Rs. C–61/96 u.a. (Spanien/Rat), Slg. 2002, I–3439, Rn. 23; EuG, Urt. v. 9.7.2002, Rs. T–301/01 (Alitalia/Kommission), Slg. 2008, II–1753, Rn. 37; EuG, Urt. v. 4.6.2016, Rs. T–620/11 (GFKL Financial Services/Kommission), ECLI:EU:T:2016:59, Rn. 77; zu Ausnahmen vgl. *Dörr*, in: Grabitz/Hilf/Nettesheim, EU, Art. 263 AEUV (November 2012), Rn. 8f.

[18] Ausführlich zu dieser Problematik *Dörr*, in: Grabitz/Hilf/Nettesheim, EU, Art. 263 AEUV (November 2012), Rn. 6. So bestimmt Art. 10 Abs. 1 des Protokolls Nr. 36 über die Übergangsbestimmungen, dass die Befugnisse des Gerichtshofs in Bezug auf Rechtsakte unverändert bleiben, die vor dem Inkrafttreten des Vertrags von Lissabon im Bereich der polizeilichen und justiziellen Zusammenarbeit angenommen wurden. Gemäß Art. 10 Abs. 3 des Protokolls Nr. 36 tritt diese Übergangsmaßnahme auf jeden Fall fünf Jahre nach dem Inkrafttreten des Lissabon-Vertrags außer Kraft. Vgl. zu den Besonderheiten im Hinblick auf das Vereinigte Königreich Absatz 4 dieser Bestimmung.

14   Allerdings schließt **Art. 276 AEUV** eine Zuständigkeit des Gerichtshofes aus, soweit
es im Rahmen der Bestimmungen über den Raum der Freiheit, der Sicherheit und des
Rechts um die Überprüfung der Gültigkeit oder Verhältnismäßigkeit von »Maßnahmen
der Polizei oder anderer Strafverfolgungsbehörden eines Mitgliedstaats oder der Wahrnehmung der Zuständigkeiten der Mitgliedstaaten für die Aufrechterhaltung der öffentlichen Ordnung und den Schutz der inneren Sicherheit« geht. Dieser Ausschluss entfaltet allerdings im Rahmen der Nichtigkeitsklage schon deshalb keine ersichtliche Relevanz, als Maßnahmen der Mitgliedstaaten per se kein tauglicher Klagegegenstand der
Nichtigkeitsklage sein können.

15   Grundsätzlich ausgenommen von der Jurisdiktionsgewalt des EuGH im Rahmen des
Art. 263 AEUV bleibt jedoch gemäß Art. 24 Abs. 1 UAbs. 2 letzter Satz EUV i. V. m.
Art. 275 AEUV die **Gemeinsame Außen- und Sicherheitspolitik.** Gleichwohl statuiert
Art. 24 Abs. 1 UAbs. 2 letzter Satz EUV sowie Art. 275 Abs. 2 AEUV auch hier eine
(begrenzte) Zuständigkeit des EuGH im Hinblick auf die Kontrolle der Einhaltung von
Artikel 40 EUV sowie bezüglich der Überwachung der Rechtmäßigkeit bestimmter
Beschlüsse nach Art. 275 Abs. 2 AEUV.

II. Aufteilung der erstinstanzlichen Zuständigkeit zwischen EuGH und EuG

16   Die sachliche Zuständigkeitsverteilung zwischen den Untergliederungen des Gerichts-
hofes der Europäischen Union (EuGH), bestehend aus dem Gerichtshof und dem Ge-
richt (EuG), die der EuGH von Amts wegen zu prüfen hat,[19] ergibt sich aus **Art. 256
Abs. 1 AEUV.** Danach ist für Nichtigkeitsklagen erstinstanzlich das EuG zuständig
(Grundsatz), soweit nicht eine Zuständigkeitsübertragung an Fachgerichte oder eine
Festlegung der Zuständigkeit des Gerichtshofes mittels der EuGH-Satzung erfolgt ist
(Ausnahme).

17   Die erstgenannte Ausnahme betraf bisher dienstrechtliche Streitigkeiten, für welche
das EuGöD als speziell eingerichtetes Fachgericht zuständig war. Die auf den Gerichtshof übertragene sachliche Zuständigkeit ist in Art. 51 EuGH-Satzung abschließend auf-
gelistet und erfasst zum einen **Nichtigkeitsklagen von Mitgliedstaaten**, die sich gegen
Handlungen des Europäischen Parlaments oder des Rates oder beider Organe bei gemeinsamer Beschlussfassung (v.a. Art. 294 AEUV) richten (vgl. Art. 51 Abs. 1 Buchst. a
und Abs. 2 EuGH-Satzung). Ausdrücklich ausgenommen hiervon sind Ratshandlungen
auf Grundlage von Art. 108 Abs. 3 UAbs. 3 AEUV (Beschlüsse im Beihilfenrecht) sowie
Maßnahmen nach Art. 207 in Bezug auf Verordnungen über handelspolitische Schutzmaßnahmen und Art. 291 Abs. 2 AEUV (Ausübung von Durchführungsbefugnissen).
Ferner ist der Gerichtshof für mitgliedstaatliche Nichtigkeitsklagen zuständig, die sich
gegen Kommissionshandlungen im Rahmen der Verstärkten Zusammenarbeit nach
Art. 331 Abs. 1 AEUV richten.

18   Zum anderen wird dem Gerichtshof auch die sachliche Zuständigkeit für **bestimmte
Klagen von Unionsorganen** übertragen (vgl. Art. 51 Abs. 2 Satzung-EuGH). Erfasst sind
zunächst – wie auch bei mitgliedstaatlichen Klagen – Verfahren gegen Handlungen des
Parlaments, des Rates oder beider Organe im Fall gemeinsamer Beschlussfassung und
ferner Verfahren gegen Handlungen der EZB.

---

[19] EuG, Urt. v. 15.3.2005, Rs. T–29/02 (GEF/Kommission), Slg. 2005, II–835, Rn. 72. Nach
Art. 54 EuGH-Satzung hat gegebenenfalls von Amts wegen eine entsprechende Verweisung der Klage
bei Klageerhebung vor der sachlich unzuständigen Untergliederung des EuGH zu erfolgen.

Im Ergebnis lässt sich festhalten, dass das EuG uneingeschränkt für alle **Nichtigkeits-** 19 **klagen natürlicher und juristischer Personen** und darüber hinaus nur insoweit zuständig ist, als Art. 51 EuGH-Satzung keine Spezialzuweisung an den Gerichtshof vornimmt. Insofern bleiben Streitigkeiten mit »verwaltungsrechtlichem« Einschlag ungeachtet des jeweiligen Klägers dem EuG zur erstinstanzlichen Entscheidung vorbehalten, wohingegen die erstinstanzliche Zuständigkeit von Nichtigkeitsklagen mit »verfassungsrechtlichem« Einschlag bzw. mit Organklagecharakter tendenziell eher dem Gerichtshof zugewiesen wird.

Problematisch ist eine erstinstanzliche Zuständigkeit des EuG jedoch im Hinblick auf 20 Nichtigkeitsklagen, die als Folge der Lissabonner Vertragsrevision nunmehr gemäß Art. 263 Abs. 3 AEUV auch vom **Ausschuss der Regionen** (AdR) erhoben werden können. Aus dem Wortlaut des Art. 51 Abs. 2 EuGH-Satzung, auf den Art. 256 Abs. 1 AEUV im Hinblick auf die dem Gerichtshof vorbehaltene Zuständigkeit verweist, folgt keine erstinstanzliche Zuständigkeit des Gerichtshofes für derartige Klagen, da es dem AdR gemäß Art. 13 Abs. 1 und 4 EUV nach wie vor an der Organeigenschaft mangelt. Dieser Befund steht allerdings in deutlichem Widerspruch zur ratio der nunmehr in Art. 263 Abs. 3 AEUV ausdrücklich statuierten aktiven Parteifähigkeit des AdR, die insoweit eine vollständige prozessrechtliche Gleichbehandlung mit den dort genannten Unionsorganen Rechnungshof und EZB verlangt. Die nach dem Wortlaut des Art. 51 Abs. 2 EuGH-Satzung vorgenommene Zuständigkeitsübertragung an das EuG ist deshalb systemwidrig. Vor diesem Hintergrund ist der AdR – entgegen der Regelung des Art. 13 Abs. 1 und 4 EUV – jedenfalls als »Unionsorgan« im Sinne des Art. 51 Abs. 2 EuGH-Satzung zu werten.

Auf einem offenkundigen Redaktionsfehler scheint auch die Nichterwähnung der 21 **Handlungen des Europäischen Rates** in Art. 51 EuGH-Satzung zu beruhen, die de lege lata zu einer entsprechenden erstinstanzlichen Zuständigkeit des EuG führt. Die hieraus resultierende prozessrechtliche Ungleichbehandlung von Handlungen des Rates auf der einen und von Handlungen des Europäischen Rates auf der anderen Seite lässt sich kaum begründen und ist auch systemwidrig. Eine Anpassung der EuGH-Satzung ist deshalb angezeigt.

III. Aktive Parteifähigkeit

1. Die privilegierten Kläger nach Art. 263 Abs. 2 AEUV

Die aktive Parteifähigkeit der privilegierten Kläger, nämlich der **Mitgliedstaaten** im 22 Sinne des jeweiligen Gesamtstaates als Völkerrechtssubjekt,[20] des **Parlaments**,[21] des **Rates** und der **Kommission** wird nach Art. 263 Abs. 2 AEUV begründet. Eine eigene rechtliche oder faktische Betroffenheit der privilegierten Kläger ist nicht erforderlich, wodurch der Nichtigkeitsklage im Hinblick auf diese Klägergruppe der Charakter eines objektiven Kontrollverfahrens[22] zukommt. Durch die Lissabonner Vertragsrevision ist

---

[20] Vgl. *Schwarze*, in: Schwarze, EU-Kommentar, Art. 263 AEUV, Rn. 12; ebenso *Dörr*, in: Grabitz/Hilf/Nettesheim, EU, Art. 263 AEUV (November 2012), Rn. 11.

[21] Der EuGH hatte schon im *Tschernobyl*-Urteil aus dem Jahre 1990 (Urt. v. 22.5.1990, Rs. C–70/88 [Parlament/Rat], Slg. 1990, I–2041, Rn. 22) die aktive Parteifähigkeit des Parlaments unter der Voraussetzung des Vorliegens einer eigenen Rechtsverletzung anerkannt. Ausführlich zur Historie der Entwicklung der Parteifähigkeit des Parlaments etwa *Schwarze*, in: Schwarze, EU-Kommentar, Art. 263 AEUV, Rn. 13.

[22] *Dörr*, in: Grabitz/Hilf/Nettesheim, EU, Art. 263 AEUV (November 2012), Rn. 10.

demgegenüber keine aktive Parteifähigkeit des – nunmehr lediglich passiv parteifähigen – **Europäischen Rates** begründet worden.

2. Die teilprivilegierten Kläger nach Art. 263 Abs. 3 AEUV

23 Gemäß Art. 263 Abs. 3 AEUV sind der **Rechnungshof**, die **Europäische Zentralbank** und – als Folge des Vertrags von Lissabon – nunmehr auch der **Ausschuss der Regionen** als teilprivilegierte Kläger parteifähig, soweit die von ihnen erhobene Nichtigkeitsklage »auf die Wahrung ihrer Rechte« abzielt. Während die aktive Parteifähigkeit der EZB bereits durch den Vertrag von Maastricht begründet worden war, wurde in der Folgezeit der Rechnungshof im Rahmen des Amsterdamer Vertrags miteinbezogen.[23]

24 Diese historische Entwicklung einer ständigen Erweiterung des Katalogs der nach Art. 263 Abs. 3 AEUV parteifähigen Organe und Einrichtungen hat durch die Lissabonner Vertragsrevision mit der Aufnahme des Ausschusses der Regionen[24] einen vorläufigen Abschluss gefunden. Vor diesem Hintergrund dürfte sich auch die bisherige Debatte um die Zulässigkeit einer (richterrechtlichen), über den Vertragswortlaut hinausgehenden Anerkennung der **Parteifähigkeit weiterer Einrichtungen der Union** erledigt haben, da vor dem Hintergrund dieser letzten, von den Mitgliedstaaten bewusst vorgenommenen Änderung der bisherigen Rechtslage nicht mehr von einer diesbezüglich planwidrigen Lücke des Vertragstextes ausgegangen werden kann.[25] Im Übrigen stellt sich diese Frage, anders als zuvor, ohnehin nur noch im Hinblick auf eine etwaige aktive Parteifähigkeit des Wirtschafts- und Sozialausschusses.[26]

25 Abzulehnen ist daneben – ebenfalls mangels planwidriger Regelungslücke – die im Schrifttum diskutierte analoge Anwendung von Art. 263 Abs. 3 AEUV auf **Untergliederungen des Europäischen Parlaments** wie etwa Abgeordnete und Fraktionen,[27] da deren Klagen – bei Vorliegen der entsprechenden tatbestandlichen Voraussetzungen – nach ständiger Rechtsprechung regelmäßig unter Abs. 4 dieser Bestimmung fallen.[28] Gleiches gilt für die aktive Parteifähigkeit von **Regionen**[29] oder **Bundesländern**,[30] die sich ebenfalls unter den dort festgelegten Voraussetzungen aus Art. 263 Abs. 4 AEUV ergibt (s. dazu Rn. 28).[31]

[23] Ausführlich zur historischen Entwicklung der Kategorie der teilprivilegierten Kläger *Dörr*, in: Grabitz/Hilf/Nettesheim, EU, Art. 263 AEUV (November 2012), Rn. 17 f.

[24] Diesem steht – über Art. 263 Abs. 3 AEUV hinausgehend, da nicht auf die Wahrung seiner Rechte zielend – daneben auch die Subsidiaritätsklage gegen Gesetzgebungsakte gemäß Art. 8 Subsidiaritätsprotokoll zu.

[25] Ebenso *Dörr*, in: Grabitz/Hilf/Nettesheim, EU, Art. 263 AEUV (November 2012), Rn. 19.

[26] Vgl. zum Streitstand *Schwarze*, in: Schwarze, EU-Kommentar, Art. 263 AEUV, Rn. 14.

[27] Vgl. dazu ausführlich *Thiele*, Prozessrecht, § 6, Rn. 13 m.w.N.

[28] EuGH, Beschl. v. 4.6.1986, Rs. 78/85 (Fraktion der Europäischen Rechten/Parlament), Slg. 1986, 1753, Rn. 10.

[29] Vgl. nur EuGH, Urt. v. 2.5.2006, Rs. C–417/04 P/87 (Regione Siciliana/Kommission), Slg. 2006, I–3881, Rn. 21. Vgl. auch Beschl. v. 1.10.1997, Rs. C–180/97 (Regione Toscana/Kommission), Slg. 1997, I–5245, Rn. 6 und 8, sowie Urt. v. 22.11.2001, Rs. C–452/98 (Nederlandse Antillen/Rat), Slg. 2001, I–8973, Rn. 50.

[30] Bezüglich der deutschen Bundesländer ist aber auf die innerstaatliche Regelung des § 7 Abs. 1 IntVG hinzuweisen, durch die dem Bundesrat die Möglichkeit eingeräumt wird, die Bundesregierung unter bestimmten Voraussetzungen zur Klageerhebung vor dem EuGH zu verpflichten. Kläger bleibt in diesem Falle jedoch Deutschland als Mitgliedstaat (dazu unten, Rn. 33 ff. ausführlich).

[31] Ausführlich zum Streitstand hinsichtlich einer möglichen prozessrechtlichen Aufwertung von Regionen und Gebietskörperschaften *Schwarze*, in: Schwarze, EU-Kommentar, Art. 263 AEUV, Rn. 12.

3. Natürliche und juristische Personen als nichtprivilegierte Kläger nach Art. 263 Abs. 4 und 5 AEUV

Art. 263 Abs. 4 und 5 AEUV erklärt jede natürliche Person im Verfahren einer Individualnichtigkeitsklage für aktiv parteifähig.[32] Die Fähigkeit, Kläger einer Individualnichtigkeitsklage zu sein, ist somit **nicht auf Unionsbürger beschränkt**. Ebenso wenig ist der Nachweis eines Wohnsitzes in einem der Mitgliedstaaten erforderlich. Auch Drittstaatsangehörige können daher unabhängig von ihrem Wohnsitz eine Nichtigkeitsklage beim EuG erheben.[33]   **26**

Im Verfahren nach Art. 263 Abs. 4 AEUV sind alle »**juristischen Personen**« parteifähig.[34] Der unionsrechtliche Begriff der »juristischen Person« stimmt jedoch »nicht notwendigerweise mit den Begriffen überein, die in den verschiedenen Rechtsordnungen der Mitgliedstaaten verwendet werden«.[35] Nach der Rechtsprechung des EuGH genügt zur Anerkennung der aktiven Parteifähigkeit, dass der Kläger »die Merkmale (aufweist), an welche die Rechtspersönlichkeit (typischerweise) anknüpft«. Hierzu rechnet er insbesondere »eine, wenn auch beschränkte, Autonomie und Verantwortlichkeit«.[36] So hat der Gerichtshof die Parteifähigkeit einer »Gelegenheitsvereinigung« mehrerer Unternehmen, die sich gemeinsam an einer Ausschreibung beteiligten, mit der Begründung anerkannt, dass die Kommission sie zur Teilnahme an der Ausschreibung zugelassen und eine ablehnende Entscheidung an sie gerichtet hatte.[37]   **27**

Juristische Personen im Sinne des Art. 263 Abs. 4 und 5 AEUV sind alle **öffentlich-rechtlichen Körperschaften** wie etwa Kirchen, Industrie- und Handelskammern, Unternehmensverbände,[38] Berufsvereinigungen,[39] Gewerkschaften,[40] Anstalten (z.B. Landesbanken, Sparkassen) sowie Stiftungen des öffentlichen Rechts (z.B. Stiftung Preußischer Kulturbesitz) sowie regionale und lokale Gebietskörperschaften[41] wie z.B. Bundesländer,[42] Kreise, Gemeinden,[43] Regionen[44] und andere Gebietskörper-   **28**

---

[32] Umfassende Analyse der Rechtsprechung zur Individualnichtigkeitsklage bei *Arnull*, CMLRev. 32 (1995), 7 und *ders.*, CMLRev. 38 (2001), 7.

[33] Vgl. beispielsweise EuG, Urt. v. 19.5.2010, Rs. T–181/08 (Pye Phyo Tay Za/Rat), Slg. 2010, II–1965.

[34] Anders noch der vormalige Art. 33 Abs. 2 EGKSV, der nur »Unternehmen und Verbänden« eine aktive Parteifähigkeit zuerkannte.

[35] EuGH, Urt. v. 28.10.1982, Rs. 135/81 (Groupement des Agences de Voyages/Kommission), Slg. 1982, 3799, Rn. 10.

[36] EuGH, Urt. v. 4.3.1964, Rs. 15/63 (Lasalle/Parlament), Slg. 1964, 109 (110 f.); vgl. auch EuG, Urt. v. 10.12.2015, Rs. T–512/12 (Front Polisario/Rat), ECLI:EU:T:2015:953, Rn. 51.

[37] EuGH, Urt. v. 28.10.1982, Rs. 135/81 (Groupement des Agences de Voyages/Kommission), Slg. 1982, 3799, Rn. 11; ähnlich auch EuGH, Urt. v. 18.1.2007 (Pkk und KNK/Rat), ECLI:EU:C:2007: 32, Rn. 109 f.; dies bestätigend EuGH, Urt. v. 10.12.2015, Rs. T–512/12 (Front Polisario/Rat), ECLI: EU:T:2015:953, Rn. 52.

[38] EuGH, Urt. v. 18.5.1994, Rs. C–309/89 (Codorniu SA/Rat), Slg. 1994, I–1853, Rn. 14 ff.

[39] EuGH, Urt. v. 30.6.1988, Rs. 297/86 (CIDA/Rat), Slg. 1988, 3531, Rn. 9.

[40] EuGH, Urt. v. 11.5.1989, verb. Rs. 193/87 u. 194/87 (Maurissen und Allg. Gewerkschaftsbund/ Rechnungshof), Slg. 1989, 1045, Rn. 18 ff.; EuGH, Urt. v. 8.10.1974, Rs. 175/73 (Gewerkschaftsbund/Rat), Slg. 1974, 917, Rn. 17/20.

[41] EuGH, Urt. v. 10.9.2009, verb. Rs. C–445/07 P u. C–455/07 P (Ente per le Ville Vesuviane/ Kommission), Slg. 2009, I–7993, Rn. 42.

[42] EuG, Urt. v. 15.12.1999, Rs. T–132/96 (Freistaat Sachsen/Kommission), Slg. 1999, II–3663, Rn. 81.

[43] EuGH, Urt. v. 11.7.1984, Rs. 222/83 (Differdange/Kommission), Slg. 1984, 2889, Rn. 9.

[44] EuGH, Urt. v. 22.5.1990, Rs. 72/87 (Exécutif régional wallon/Kommission), Slg. 1988, 1573, Rn. 8; Beschl. v. 1.10.1997, Rs. C–180/97 (Regione Toscana/Kommission), Slg. 1997, I–5245, Rn. 11.

schaften.[45] Als nichtprivilegierte Kläger können sie – jenseits der Möglichkeit des Art. 263 Abs. 4 Alt. 3 AEUV – keine echten Normativakte anfechten.[46] In der gerichtlichen Praxis spielen regionale Gebietskörperschaften als Individualkläger speziell im Kontext des Beihilfeverfahrens eine wichtige Rolle. Darüber hinaus sind Verbände und Einrichtungen, denen das Völkerrecht oder die Unionsrechtsordnung selbst die Rechtsfähigkeit zuerkennt, aktiv parteifähig. Hieraus folgt insbesondere eine **Parteifähigkeit von Drittstaaten**.[47]

29   Zum anderen umfasst Art. 263 Abs. 4 und 5 AEUV die **juristischen Personen des Privatrechts** (z. B. e. V., AG, GmbH, e. G.) sowie **Personengesellschaften**, denen die nationalen Rechtsordnungen Partei- und Rechtsfähigkeit zuerkennen (z. B. OHG, KG).[48]

30   Demgegenüber hat das EuG die aktive **Parteifähigkeit eines deutschen Landtags** als Verfassungsorgan eines Landes generell verneint.[49] Dieses Ergebnis folgerte das Gericht zutreffend aus dem einschlägigen nationalen (Landes-)Recht, welches dem Landtag nur im Falle der Wahrung eigener organschaftlicher Rechte auf nationaler Ebene ein Klagerecht vor dem Bundes- bzw. Landesverfassungsgericht einräumte, ansonsten aber lediglich dem betreffenden Bundesland Parteifähigkeit in den Landtag betreffenden Rechtsgeschäften und Rechtsstreitigkeiten zubilligte.

31   Ebenso wenig wie die Staatsangehörigkeit oder der Wohnsitz natürlicher Personen beeinflusst der Sitz bzw. der Standort der Hauptverwaltung juristischer Personen die Parteifähigkeit des Klägers. Bedeutung erlangt dies vor allem im Bereich des wettbewerbsrechtlichen Außenwirtschaftsrechts, wenn ein **Unternehmen aus einem Drittstaat** Schutzmaßnahmen der EU – beispielsweise die Verhängung eines Bußgeldes oder eines Antidumpingzolls durch die Kommission – vor dem EuG anficht.[50]

32   Die Ausführungen zu natürlichen und juristischen Personen als nichtprivilegierten Klägern nach Art. 263 Abs. 4 AEUV gelten im Grundsatz auch für Klagen nach Art. 263 Abs. 5 AEUV. Allerdings räumt diese Vorschrift den für den Erlass der Gründungsakte zuständigen Unionsorganen die Möglichkeit ein, besondere Bedingungen und Einzelheiten für die Erhebung von **Klagen gegen Einrichtungen und sonstige Stellen der Union** vorzusehen. Fraglich ist, ob insoweit auch Einschränkungen etwa hinsichtlich des Wohnsitzes natürlicher Personen oder des Sitzes juristischer Personen möglich sind. Rechtmäßigkeitsmaßstab für derartige Restriktionen hinsichtlich der Parteifähigkeit dürfte das Grundrecht auf effektiven Rechtsschutz nach Art. 47 GRC sein.[51]

---

[45] EuGH, Urt. v. 29.6.1993, Rs. C–298/89 (Government of Gibraltar/Rat), Slg. 1993, I–3605, Rn. 14.

[46] Vgl. EuGH, Urt. v. 29.6.1993, Rs. C–298/89 (Government of Gibraltar/Rat), Slg. 1993, I–3605, Rn. 14, hinsichtlich der fehlenden (privilegierten) Parteifähigkeit von Gibraltar. Vgl. auch die neueren Entscheidungen: EuG, Beschl. v. 23.10.1998, Rs. T–609/97 (Regione Puglia/Kommission), Slg. 1998, II–4051, Rn. 16; Urt. v. 15.12.1999, verb. Rs. T–132/96 u. T–143/96 (Freistaat Sachsen u. a./Kommission), Slg. 1999, II–3663, Rn. 81; EuG, Urt. v. 12.11.2015, Rs. T–499/12 (HSH Investment Holdings Coinvest-L und HSH Investment Holdings FSO/Kommission), ECLI:EU:T:2015:840, Rn. 29

[47] So auch *Dörr*, in: Grabitz/Hilf/Nettesheim, EU, Art. 263 AEUV (November 2012), Rn. 22.

[48] So auch *Schwarze*, in: Schwarze, EU-Kommentar, Art. 263 AEUV, Rn. 15.

[49] EuG, Beschl. v. 3.4.2008, Rs. T–236/06 (Landtag Schleswig-Holstein/Kommission), Slg. 2008, II–461, Rn. 22 ff.

[50] EuGH, Urt. v. 27.9.1988, verb. Rs. 89/85, 104/85, 114/85, 116/85, 117/85, 125/85 bis 129/85 (Ahlström u. a./Kommission), Slg. 1988, 5193, Rn. 12 ff.

[51] *Cremer*, in: Calliess/Ruffert, EUV/AEUV, Art. 263 AEUV, Rn. 71.

4. Neu geschaffenes Klagerecht der nationalen Parlamente (Subsidiaritätsklage)

Die mit dem Vertrag von Lissabon eingeführte sog. Subsidiaritätsklage zu Gunsten der **33** nationalen Parlamente hat als Sonderform der Nichtigkeitsklage keinen unmittelbaren Eingang in Art. 263 AEUV gefunden, sondern ist in Art. 12 Buchst. b EUV i. V. m. dem Protokoll über die Anwendung der Grundsätze der Subsidiarität und der Verhältnismäßigkeit (Subsidiaritätsprotokoll) geregelt.[52] Soweit ersichtlich ist auf dieses Instrument bislang in der gerichtlichen Praxis allerdings noch nicht zurückgegriffen worden. Das Subsidiaritätsprotokoll bestimmt in Art. 8 Abs. 1, dass der Gerichtshof für Klagen wegen Verstoßes eines Gesetzgebungsaktes gegen das Subsidiaritätsprinzip zuständig ist, die nach Maßgabe des Artikels 263 AEUV von einem Mitgliedstaat erhoben oder entsprechend der jeweiligen innerstaatlichen Rechtsordnung von einem Mitgliedstaat im Namen seines nationalen Parlaments oder einer Kammer dieses Parlaments »übermittelt« werden. Gemäß Art. 8 Abs. 2 Subsidiaritätsprotokoll steht dieses Klagerecht unter bestimmten Voraussetzungen auch dem Ausschuss der Regionen zu.[53]

Die Subsidiaritätsklage weicht insoweit von der allgemeinen Nichtigkeitsklage i. S. d. **34** Art. 263 AEUV ab, als sie lediglich auf den **Klagegrund »Verletzung des Subsidiaritätsprinzips«** als Spezialfall des Klagegrundes »Unzuständigkeit« gestützt werden kann. Abzulehnen sind in diesem Zusammenhang Bestrebungen, diesen speziellen, eng gefassten Klagegrund contra legem durch extensive Auslegung des Begriffs der Subsidiarität nachträglich zu einer auf eine allgemeine Kompetenzkontrolle gerichteten Klageform umzudeuten.[54] Dagegen spricht nicht zuletzt der eindeutige Wortlaut des Art. 8 in Verbindung mit dem auf Art. 5 EUV verweisenden Art. 1 des Subsidiaritätsprotokolls, der explizit (und ausschließlich!) auf das »Subsidiaritätsprinzip« bzw. den Grundsatz der »Subsidiarität«, nicht aber auf das – ebenfalls in Art. 5 EUV kodifizierte, Fragen der allgemeinen Verbandskompetenz der Union betreffende – Prinzip der begrenzten Einzelermächtigung abstellt.[55] Aus den gleichen Gründen kann die Subsidiaritätsklage im Übrigen auch nicht in eine »Verhältnismäßigkeitsklage« umgedeutet werden.[56] Gleichwohl wird es in der gerichtlichen Praxis im Rahmen künftiger Subsidiaritätsklagen vor dem Hintergrund der tatbestandlichen Voraussetzungen einer Anwendbarkeit des Subsidiaritätsprinzips gemäß Art. 5 Abs. 3 EUV für den EuGH faktisch unausweichlich sein, sich zumindest inzidenter zum Vorliegen einer nicht-ausschließlichen Zuständigkeit der Union zu äußern.[57]

»Erhoben« im prozessrechtlichen Sinne[58] wird die Klage von dem betreffenden Mit- 35 gliedstaat und nicht etwa von den nationalen Parlamenten,[59] auch wenn der diesbezüg-

---

[52] Vgl. allgemein zu dieser neuen Klageform *Pechstein*, Die neue Subsidiaritätsklage: Die Interessen nationaler Parlamente in der Hand des EuGH, in: Pechstein (Hrsg.), Integrationsverantwortung, 2012, S. 135; *Streinz/Ohler/Herrmann*, Der Vertrag von Lissabon zur Reform der EU, 2. Aufl., 2008, S. 75 f.; *Thiele*, EuR 2010, 31; *Shirvani*, JZ 2010, 753.

[53] Diese spezielle Klagebefugnis setzt voraus, dass die Anhörung des Ausschusses der Regionen im fraglichen Gesetzgebungsverfahren vorgeschrieben war.

[54] So aber etwa *Thiele*, EuR 2010, 31 (46 f.); ebenso *Schröder*, DÖV 2009, 61 (65) und wohl auch *Shirvani*, JZ 2010, 753 (757).

[55] Darauf weist zutreffend schon *Rabe*, NJW 2007, 3153 (3155) hin.

[56] Dies fordert etwa *Schröder*, DÖV 2009, 61 (65); zu Recht ablehnend *Thiele*, EuR 2010, 31 (47, dort Fn. 85).

[57] Vgl. auch *Pechstein* (Fn. 52), S. 135.

[58] Im Sinne von Art. 263 Abs. 2 AEUV.

[59] In diesem Sinne mit ausführlicher Begründung schon *Görlitz*, ZG 2004, 259 (260); im Ergebnis ebenso *Everling*, EuR-Beiheft 1/2009, 71 (75); *Rabe*, NJW 2007, 3153 (3155); *Thiele*, EuR 2010, 31

lich unionsrechtlich allein maßgebliche Wortlaut von Art. 8 Subsidiaritätsprotokoll hier nicht ganz eindeutig ist.[60] Zwar leitet eine andere Ansicht aus dieser Formulierung eine unmittelbare Klägereigenschaft der nationalen Parlamente kraft unionsrechtlicher Anordnung ab.[61] Dies gibt der Wortlaut des Art. 8 Abs. 1 Subsidiaritätsprotokoll aber nicht ohne Weiteres her, da nicht ersichtlich ist, warum die Regelung dann nicht auch im Zusammenhang mit den nationalen Parlamenten – so wie schon im Kontext des ersten Halbsatzes des Art. 8 Abs. 1 – von einer »Klageerhebung«, sondern lediglich von einer »Übermittlung« der Klage durch den betreffenden Mitgliedstaat spricht.[62] Nationale Parlamente sind deshalb – im Sinne der bisherigen Systematik des EU-Prozessrechts – nicht in ihrer Eigenschaft als nationale Verfassungsorgane kraft unionsrechtlicher Anordnung eigenständig klagebefugt. Vielmehr steht ihnen nach Maßgabe der jeweiligen Vorgaben des nationalen Rechts lediglich die Möglichkeit zu, eine entsprechende Klage des jeweiligen Mitgliedstaates zu initiieren und ggf. im Hinblick auf die konkrete Prozessvertretung zu organisieren.

36   Abzulehnen ist eine mögliche **Präklusionswirkung einer versäumten Subsidiaritätsrüge** gemäß Art. 6 Abs. 1 Subsidiaritätsprotokoll. Dies folgt u. a. bereits daraus, dass eine derart gravierende Rechtsfolge ausdrücklich im Subsidiaritätsprotokoll geregelt sein müsste.[63]

37   Da der betroffene Mitgliedstaat nach Art. 263 Abs. 2 AEUV – ohne die vorgenannten Beschränkungen hinsichtlich des Klagegegenstandes – allerdings ohnehin umfassend privilegiert parteifähig und klagebefugt ist besteht **der rechtliche Mehrwert dieser Klageform** darin, dass durch die unionsrechtlichen Vorgaben sichergestellt wird, dass nationale Parlamente im Ergebnis – auch gegen den Willen der jeweiligen nationalen Regierung – die Erhebung einer Subsidiaritätsklage durch ihren jeweiligen Mitgliedstaat nicht nur initiieren, sondern kraft unionsrechtlicher Anordnung auch erzwingen können.[64]

38   In Deutschland ist das Verfahren zur Erhebung der Subsidiaritätsklage auf verfassungsrechtlicher, einfachgesetzlicher sowie geschäftsordnungsrechtlicher[65] Ebene detailliert ausgestaltet worden. Gemäß Art. 23 Abs. 1a Satz 1 GG sind sowohl Bundestag als auch Bundesrat berechtigt, der Bundestag auf Antrag eines Viertels seiner Mitglieder

---

(46); *Calliess*, in: Calliess/Ruffert, VerfEU, Art. I.11, Rn. 75; a. A. *Schröder*, DÖV 2009, 61 (65), der in diesem Zusammenhang von einer bloßen Prozessstandschaft des betreffenden Mitgliedstaates für das nationale Parlament spricht.

[60] Vgl. auch *Dörr*, in: Grabitz/Hilf/Nettesheim, EU, Art. 263 AEUV (November 2012), Rn. 12, der von einer »Form der gesetzlichen Prozessstandschaft« spricht.

[61] Ausführlich zum Streitstand mit umfangreichen Quellennachweisen *Gas*, DÖV 2010, 313, (314, dort Fn. 6 u. 7).

[62] Gemäß Art. 8 Subsidiaritätsprotokoll werden Subsidiaritätsklagen »von einem Mitgliedstaat erhoben oder entsprechend der jeweiligen innerstaatlichen Rechtsordnung [...] im Namen seines nationalen Parlaments oder einer Kammer dieses Parlaments übermittelt [...]«. Eine derartige »Übermittlung« durch den betreffenden Mitgliedstaat wäre aber jedenfalls dann entbehrlich, wenn die Klage ausschließlich dem jeweiligen Parlament als eigenständigem Verfassungsorgan und Kläger, nicht aber dem Mitgliedstaat als solchem zurechenbar sein soll. Insoweit spricht der Wortlaut von Art. 8 letztlich für die Annahme einer ungeteilten Klägereigenschaft des betreffenden Mitgliedstaates.

[63] Ausführlich *Pechstein* (Fn. 52), S. 138. Ebenso *Weber*, DÖV 2011, 497 ff. (500) sowie zuletzt *Dörr*, in: Grabitz/Hilf/Nettesheim, EU, Art. 263 AEUV (November 2012), Rn. 14.

[64] Ausführlich *Pechstein* (Fn. 52), S. 137 f.

[65] Vgl. § 93d der Geschäftsordnung des Deutschen Bundestages in der Fassung der Bekanntmachung vom 2.7.1980 (BGBl. I 1980, S. 1237), zuletzt geändert laut Bekanntmachung vom 16.7.2010 (BGBl. I 2010, S. 1041 f.) Diese Bestimmung regelt insbesondere die Zuständigkeit des EU-Ausschusses für die Prozessführung vor dem EuGH sowie innerparlamentarische Fristen.

sogar verpflichtet,[66] vor dem EuGH eine Klage nach Art. 8 Subsidiaritätsprotokoll zu erheben. Gemäß § 12 Abs. 1 Satz 2 Integrationsverantwortungsgesetz (IntVG)[67] ist im Rahmen einer vom Bundestag initiierten Klage auf Antrag eines Viertels seiner Mitglieder, welche die Erhebung der Klage nicht stützen, deren Auffassung – im Sinne einer dissenting opinion – in der Klageschrift deutlich zu machen. Die Bundesregierung ist nach Absatz 3 dieser Bestimmung verpflichtet, die Klage »im Namen des Organs«, das über die Erhebung beschlossen hat, unverzüglich an den Gerichtshof zu übermitteln.[68] Daneben sieht Absatz 4 dieser Bestimmung vor, dass die Prozessführung vor dem EuGH durch dasjenige Verfassungsorgan (Bundestag oder Bundesrat) zu gewährleisten ist, das die Erhebung der Subsidiaritätsklage beschlossen hat.

IV. Klagegegenstand

Der Klagegegenstand in Gestalt der anzufechtenden Handlung ist vom Kläger in der **39** Klageschrift zu spezifizieren.[69] Art. 263 AEUV enthält einen umfangreichen **Katalog** der durch die Nichtigkeitsklage anfechtbaren Handlungen. Nach Art. 263 Abs. 1 AEUV ist die Nichtigkeitsklage statthaft gegen »Gesetzgebungsakte« (bislang: »gemeinsame Handlungen des Europäischen Parlaments und des Rates«),[70] gegen die »Handlungen des Rates, der Kommission und der Europäischen Zentralbank, soweit es sich nicht um Empfehlungen oder Stellungnahmen handelt«, sowie gegen die »Handlungen des Europäischen Parlaments und des Europäischen Rates mit Rechtswirkungen gegenüber Dritten«. Daneben unterliegen nunmehr gemäß Art. 263 Abs. 1 Satz 2 AEUV auch »Handlungen der Einrichtungen oder sonstigen Stellen der Union mit Rechtswirkung gegenüber Dritten« einer Legalitätskontrolle durch den EuGH. Handlungen der Mitgliedstaaten als »Herren der Verträge« wie etwa Bestimmungen des Primärrechts sind hingegen nicht über Art. 263 AEUV anfechtbar. Art. 263 Abs. 4 AEUV, der sich deutlich von der Vorgängerregelung des vormaligen Art. 230 Abs. 4 EGV unterscheidet, beschränkt den Kreis der durch natürliche und juristische Personen angreifbaren Handlungen nunmehr auf »die an sie gerichteten Handlungen«, die »sie unmittelbar und individuell betreffenden Handlungen« sowie »Rechtsakte mit Verordnungscharakter, die sie unmittelbar betreffen und keine Durchführungsmaßnahmen nach sich ziehen«. Gemäß Art. 271 Buchst. b und c AEUV, der insoweit auf Art. 263 AEUV verweist, können auch Beschlüsse des Rates der Gouverneure bzw. des Verwaltungsrats der Europäischen Investitionsbank unter den dort festgelegten Bedingungen mit der Nichtigkeitsklage angefochten werden.

---

[66] Ausführlich zur Problematik der Abweichung vom Mehrheitsprinzip *Shirvani*, JZ 2010, 753 (754 f.); ausführlich zum Problemkreis einer etwaigen innerstaatlichen Verpflichtung des Bundesrates zur Klageerhebung durch ein einzelnes Bundesland und zu den entsprechenden unions- bzw. verfassungsrechtlichen Grenzen einer derartigen Annahme *Gas*, DÖV 2010, 313 (315 ff).

[67] Gesetz über die Wahrnehmung der Integrationsverantwortung des Bundestages und des Bundesrates in Angelegenheiten der Europäischen Union (Integrationsverantwortungsgesetz – IntVG) vom 22.9.2009, BGBl. I 2009, S. 3022, zuletzt geändert durch Art. 1 des Gesetzes zur Umsetzung der Grundgesetzänderungen für die Ratifizierung des Vertrags von Lissabon vom 1.12.2009, BGBl. I 2009, S. 3822.

[68] Diese Formulierung des § 12 Abs. 1 Satz 2 IntVG bzgl. der Übermittlung der Klage durch die Bundesregierung steht im Übrigen der obigen Annahme einer Klageerhebung durch den Mitgliedstaat Deutschland (und nicht durch das Verfassungsorgan Bundestag bzw. Bundesrat) nicht entgegen.

[69] EuGH, Urt. v. 14.2.1989, Rs. 247/87 (Star Fruit/Kommission), Slg. 1989, 291, Rn. 9.

[70] Insoweit hat der Vertrag von Lissabon lediglich eine begriffliche Klarstellung mit sich gebracht, da die »gemeinsamen Handlungen« schon bisher als Rechtsakte, die im Rechtsetzungsverfahren (nunmehr: Gesetzgebungsverfahren) nach Art. 294 AEUV ergangen sind, verstanden wurden.

1. Gegenstand von Klagen der Organe und der Mitgliedstaaten

40 Gemäß Art. 263 Abs. 1 Satz 1 Alt. 1 AEUV sind zunächst »**Gesetzgebungsakte**« (früher: »gemeinsame Handlungen des Parlaments und des Rates«) im Sinne von Art. 289 Abs. 3 AEUV ohne Weiteres tauglicher Klagegegenstand im Rahmen der Nichtigkeitsklage. Art. 263 Abs. 1 Satz 1 Alt. 2 AEUV grenzt den Kreis der übrigen anfechtbaren Rechtshandlungen von Rat, Kommission und Europäischer Zentralbank hingegen lediglich negativ gegenüber Empfehlungen und Stellungnahmen im Sinne von Art. 288 Abs. 5 AEUV ein. Empfehlungen und Stellungnahmen sind mangels Bindungswirkung nicht anfechtbar. Damit ist der Kreis der mit der Nichtigkeitsklage angreifbaren »Handlungen« allerdings nicht auf die in Art. 288 Abs. 2 bis 4 AEUV aufgeführten verbindlichen Rechtsaktformen »Verordnung«, »Richtlinie« und »Beschluss« beschränkt. Der Klagegegenstand der Nichtigkeitsklage umfasst vielmehr auch solche verbindlichen Rechtsakte, die nicht die nach Art. 288 AEUV definierten Merkmale der vorgenannten Rechtsakte aufweisen. Auch sogenannte atypische Rechtsakte unterliegen als statthafte Klagegegenstände der Nichtigkeitsklage.[71] Der Gerichtshof begründet die **weite Auslegung des Handlungsbegriffs** nach Art. 263 Abs. 1 AEUV mit Sinn und Zweck der Nichtigkeitsklage. Diese soll dazu dienen, gemäß der Vorschrift des vormaligen Art. 220 EGV (nunmehr überführt in Art. 19 Abs. 1 EUV) die Wahrung des Rechts bei der Auslegung und Anwendung der Verträge zu sichern. Eine die Zulässigkeitsvoraussetzungen dahin einschränkende Auslegung, dass die Klage nur gegen die in Art. 288 Abs. 1 bis 4 AEUV genannten Arten von Handlungen gegeben wäre, würde diesem Ziel zuwiderlaufen. Die Nichtigkeitsklage ist daher nach ständiger Rechtsprechung gegen **alle Handlungen der Organe, die dazu bestimmt sind, Rechtswirkungen zu erzeugen, ohne Unterschied ihrer Rechtsnatur oder Form** zulässig.[72] Insoweit verfolgt der Gerichtshof einen einheitlichen Ansatz im Hinblick auf den Handlungsbegriff der zweiten (»Handlungen […], soweit es sich nicht um Empfehlungen oder Stellungnahmen handelt«) und dritten Alternative (»Handlungen […] mit Rechtswirkung gegenüber Dritten«) von Art. 263 Abs. 1 Satz 1 AEUV.

a) »Handlung« im Sinne von Art. 263 Abs. 1 Satz 1 und 2 AEUV

41 Der Nichtigkeitsklage unterliegen nur Handlungen der Unionsorgane bzw. der Einrichtungen oder sonstigen Stellen der Union. Hierunter fallen, neben den von Parlament und Rat verabschiedeten Gesetzgebungsakten (Art. 263 Abs. 1 Satz 1 Alt. 1 AEUV), alle (sonstigen) Rechtshandlungen von Rat, Kommission und Europäischer Zentralbank (Art. 263 Abs. 1 Satz 1 Alt. 2 AEUV) sowie Europäischem Parlament und nunmehr auch Europäischem Rat (Art. 263 Abs. 1 Satz 1 Alt. 3 AEUV). Daneben hat der Vertrag von Lissabon nunmehr auch »Handlungen mit Rechtswirkung gegenüber Dritten« von »Einrichtungen oder sonstigen Stellen der Union« der Nichtigkeitsklage unterworfen (Art. 263 Abs. 1 Satz 2 AEUV). Damit sind nunmehr auch Handlungen der durch abgeleitetes Unionsrecht gegründeten EU-Agenturen bzw. von Europol und Eurojust im Rahmen der Nichtigkeitsklage justiziabel.

42 Nach ständiger Rechtsprechung des EuGH[73] liegt eine anfechtbare Handlung vor, wenn sie

---

[71] EuGH, Urt. v. 31.3.1971, Rs. 22/70 (Kommission/Rat), Slg. 1971, 263, Rn. 38/42; EuGH, Urt. v. 30.5.1989, Rs. 242/87 (Kommission/Rat), Slg. 1989, 1425, Rn. 1.

[72] EuGH, Urt. v. 31.3.1971, Rs. 22/70 (Kommission/Rat), Slg. 1971, 263, Rn. 38/42; EuGH, Urt. v. 2.3.1994, Rs. C–316/91 (Parlament/Rat der Europäischen Union), Slg. 1994, I–625, Rn. 8.

[73] EuGH, Urt. v. 16.6.1966, Rs. 54/65 (Compagnie des Forges de Châtillon, Commentry et Neves Maisons S. A./Hohe Behörde der EGKS), Slg. 1966, 530 (544 f.)

(1) als **Verlautbarung** (»Handlung«)
(2) eines **Unionsorgans**
(3) **verbindliche**, also entweder rechtsgestaltende oder feststellende Rechtswirkungen
    (= abstrakt-generelle oder konkret-individuelle Regelungswirkungen) hervorruft,
(4) die **nach außen wirken**.

Organhandlungen bzw. nunmehr auch Handlungen der »Einrichtungen oder sonsti- **43**
gen Stellen der Union« sind von sogenannten »**Nicht-Akten**«[74] abzugrenzen. Grundsätzlich können fehlerhafte Unionsrechtsakte nur durch Entscheidung des Gerichtshofs
beseitigt werden. Bis zu ihrer rechtsgestaltenden Nichtigerklärung gilt sowohl eine
Rechtmäßigkeits- als auch eine Wirksamkeitsvermutung. Ausnahmsweise können
Handlungen in einem derart krassen Widerspruch zur Unionsrechtsordnung stehen,
dass sie ipso iure inexistent sind. Solche Nicht-Akte entfalten weder rechtsgestaltende
noch feststellende Regelungswirkungen, juristisch gelten sie als nicht existent. Dies setzt
allerdings voraus, dass die in Rede stehende Handlung mit besonders schweren und
offensichtlichen Fehlern behaftet ist, wobei aus Gründen der Rechtssicherheit nach der
Rechtsprechung des EuGH eine derartige Klassifizierung auf ganz außergewöhnliche
Fälle beschränkt bleiben muss.[75] Die Fehlerhaftigkeit der betroffenen Maßnahme muss
folglich in dem Maße über das »normale« Maß hinausgehen,[76] dass die Unionsrechtsordnung diesen Mangel nicht tolerieren kann.[77] Eine »einfache« Unvereinbarkeit mit abgeleitetem Unionsrecht kann folglich nicht ausreichen.[78] Bei Vorliegen eines Nicht-Aktes
steht die Fehlerhaftigkeit der Maßnahme deren Zustandekommen von vornherein entgegen und führt mangels Klagegegenstands zur Abweisung der Nichtigkeitsklage als
unzulässig.[79]

Das bloße **Schweigen eines Unionsorgans** kann grundsätzlich nicht als angreifbare **44**
Ablehnungsentscheidung angesehen werden, es sei denn, dass eine Bestimmung des
Unionsrechts dem Schweigen ausdrücklich Erklärungswert beimisst.[80] Derartige Rege-
lungen existieren auf der Grundlage des abgeleiteten Unionsrechts etwa im Bereich des
Wettbewerbsrechts[81] oder aber im Kontext der Dokumentenzugangsverordnung (EG)
Nr. 1049/2001.[82]

---

[74] *Dörr*, in: Grabitz/Hilf/Nettesheim, EU, Art. 263 AEUV (November 2012), Rn. 13 ff.; *Daig*,
(Fn. 9), S. 23, versteht hingegen unter den Nicht-Akten »Verlautbarungen, die Rechtswirkungen nicht
nur nicht hervorrufen, sondern auch gar nicht hervorrufen wollen«; vgl. auch *Ehricke*, in: Streinz,
EUV/AEUV, Art. 263 AEUV, Rn. 13; *Schwarze*, in: Schwarze, EU-Kommentar, Art. 263 AEUV,
Rn. 23 ff.

[75] EuGH, Urt. v. 26.2.1987, Rs. 15/85 (Consorzio Cooperative d'Abruzzo/Kommission),
Slg. 1987, 1005, Rn. 10; ein derartiger Fall wurde etwa in EuG, Urt. v. 27.2.1992, verb. Rs. T–79/89
u. a. (BASF u. a./Kommission), Slg. 1992, II–315, Rn. 68 u. 101, angenommen.

[76] EuG, Urt. v. 27.6.1991, Rs. T–156/89 (Valverde Mordt/Gerichtshof), Slg. 1991, II–407, Rn. 84;
vgl. dazu *Cremer*, in: Calliess/Ruffert, EUV/AEUV, Art. 263 AEUV, Rn. 9.

[77] EuGH, Urt. v. 15.6.1994, Rs. C–137/92 P (Kommission/BASF), Slg. 1994, I–2555, Rn. 49 f.

[78] EuG, Urt. v. 27.6.1991, Rs. T–156/89 (Valverde/Gerichtshof), Slg. 1991, II–407, Rn. 84 f.

[79] Diese Unzulässigkeit mit der Folge der Klageabweisung schließt allerdings nicht die Feststellung
der Inexistenz im Urteilstenor durch den Gerichtshof aus (vgl. EuG, Urt. v. 27.2.1992, verb. Rs.
T–79/89 u. a. [BASF u. a./Kommission], Slg. 1992, II–315, Rn. 68 u. 101).

[80] EuGH, Urt. v. 9.12.2004, Rs. C–123/03 P (Kommission/Greencore Group plc.), Slg. 2004,
I–11647, Rn. 44 f.

[81] Vgl. etwa Art. 4 Abs. 6 VO (EU) Nr. 1589/2015 über besondere Vorschriften für die Anwendung
von Artikel 108 des Vertrags über die Arbeitsweise der Europäischen Union, der hinsichtlich der
Genehmigung staatlicher Beihilfen eine entsprechende Genehmigungsfiktion statuiert.

[82] Vgl. insbes. Art. 8 Abs. 3 der VO (EG) Nr. 1049/2001, demzufolge das Schweigen des Organs als
Ablehnungsbescheid gewertet wird.

45   Keine »Handlung« im Sinne des Art. 263 Abs. 1 AEUV kann schließlich in dem Tätigwerden der Organe gesehen werden, welches sich »untrennbar in einen **rein vertraglichen Rahmen** einfüg[t]«, da der Gerichtshof andernfalls seine Befugnisse nach Art. 272 AEUV überschreiten würde.[83] Demgegenüber sind **Entscheidungen der Organe und Einrichtungen im Zusammenhang mit der Vergabe öffentlicher Aufträge** im Wege der Nichtigkeitsklage angreifbare Akte.[84]

b) Zurechenbarkeit der Handlung

46   Der EuGH hat eine Zulässigkeit der Nichtigkeitsklage unabhängig von der Frage bejaht, ob die angefochtene Handlung von dem Organ aufgrund von Bestimmungen des Unionsrechts vorgenommen worden ist oder nicht.[85] Die Feststellung einer Organhandlung im Sinne des Art. 263 Abs. 1 Satz 1 AEUV (bzw. nunmehr auch einer Handlung einer Einrichtung oder sonstigen Stelle der Union, Art. 263 Abs. 1 Satz 2 AEUV)[86] setzt folglich nicht ihre körperschaftliche Zurechnung an die Union als Zurechnungsendsubjekt voraus.[87] Vielmehr genügt die eindeutige Zuordnung der Handlung als rechtswirksame Verlautbarung eines Unionsorgans. In der **Unbeachtlichkeit der körperschaftlichen Zurechnungs**frage liegt letztlich der Grund für die von Art. 263 AEUV vorausgesetzte passive Parteifähigkeit des handelnden Organs selbst (und nicht der Union). Das Organ, welches die angefochtene Handlung vorgenommen hat, muss deshalb zwar als Unionsorgan im Sinne von Art. 13 Abs. 1 EUV, nicht jedoch für das Zurechnungsendsubjekt EU gehandelt haben.

47   Praktische Bedeutung erlangen diese Feststellungen im Hinblick auf die Justiziabilität von **Handlungen der EU-Organe**, die **außerhalb des EU-Vertragsrahmens** – etwa im Wege der Organleihe im Rahmen anderer, von den Mitgliedstaaten geschlossener völkerrechtlicher Vertragssysteme – erfolgen.[88] Die bisherige Rechtsprechung bezieht sich hier allerdings auf den sehr speziellen Kontext von Maßnahmen im Bereich der vormaligen zweiten und dritten Säule der EU, die nach dem vormaligen EU-Vertrag nicht der Jurisdiktionsgewalt des EuGH unterlagen.[89] Der Gerichtshof begründete in diesem

---

[83] St. Rspr., vgl. etwa EuG, Urt. v. 9.6.2005, Rs. T–265/03 (Helm Düngemittel/Kommission), Slg. 2005, II–2009, Rn. 39 f.; Urt. v. 8.2.2010, Rs. T–481/08 (Alisei/Kommission), Slg. 2010, II–117, Rn. 50; Urt. v. 24.10.2014, Rs. T–29/11 (Technische Universität Dresden/Kommission), ECLI:EU:T: 2015:912, Rn. 49.

[84] Vgl. *Dörr*, in: Grabitz/Hilf/Nettesheim, EU, Art. 263 AEUV (November 2012), Rn. 33.

[85] Vgl. etwa EuGH, Urt. v. 2.3.1994, Rs. C–316/91 (Parlament) Rat, Slg. 1994, I–625, Rn. 9. In dieser Entscheidung ging es um die Nichtigerklärung der Finanzregelung 91/491/EWG des Rates vom 29.7.1991 für die Zusammenarbeit bei der Entwicklungsfinanzierung im Rahmen des Vierten AKP-EWG-Abkommens. Die angefochtene Regelung stützte sich materiell auf eine aus einer internationalen Übereinkunft resultierende Ermächtigung.

[86] Im Folgenden in den Begriff der »Organhandlung« einbezogen, da sich insoweit keine Besonderheiten für die Rechtshandlungen von Einrichtungen und sonstigen Stellen der EU ergeben.

[87] Ebenso *Dörr*, in: Grabitz/Hilf/Nettesheim, EU, Art. 263 AEUV (November 2012), Rn. 34.

[88] Vgl. zu einer möglichen Relevanz dieser Rechtsprechung für die Justiziabilität vom Maßnahmen von EU-Organen unter dem ESM-Vertrag bzw. dem Fiskalpakt *Dörr*, in: Grabitz/Hilf/Nettesheim, EU, Art. 263 AEUV (November 2012), Rn. 34.

[89] EuGH, Urt. v. 12.5.1998, Rs. C–170/96 (Kommission/Rat – »Flughafentransit«), Slg. 1998, I–2763, Rn. 12–17. In dieser Entscheidung stellte der EuGH fest, dass er trotz fehlender Jurisdiktionsbefugnis im Bereich der Dritten Säule »darüber zu wachen [hat], daß die Handlungen, von denen der Rat behauptet, sie fielen unter Artikel K.3 Absatz 2 des Vertrages über die Europäische Union, nicht in die Zuständigkeiten übergreifen, die die Bestimmungen des EG-Vertrags der Gemeinschaft zuweisen.« (Rn. 16); Vgl. auch EuGH, Urt. v. 20.5.2008, Rs. C–91/05 (Kommission/Rat), Slg. 2008, I–3651, Rn. 33, bezüglich einer Maßnahme im Bereich der GASP.

konkreten Zusammenhang die Ausweitung seiner gerichtlichen Kassationsbefugnis insbesondere unter Verweis auf den vormaligen Art. 47 EUV, nach dem der vormalige EU-Vertrag den vormaligen EG-Vertrag unberührt ließ.

Die Einbeziehung von Organhandlungen in das Verfahren nach Art. 263 AEUV, die **48** nicht auf der Grundlage des EU-Vertrags bzw. des AEU-Vertrags erlassen worden sind, ist über die Frage nach der Konsistenz der Rechtsprechung hinaus in dogmatischer Hinsicht problematisch. Zum einen stellt die Ausweitung des Art. 263 AEUV auf nicht der EU zurechenbare Akte ein Problem der Verbandskompetenz der EU dar. Überprüft der Gerichtshof die Rechtmäßigkeit von Handlungen der Organe, die etwa im Wege der Organleihe für die Mitgliedstaaten tätig werden, so nimmt er letztlich eine **Kassationsbefugnis für den Mitgliedstaaten zurechenbare Handlungen** in Anspruch. Dies erscheint im Hinblick auf die grundsätzliche Abgrenzung der Kompetenzen des Gerichtshofs gegenüber der nationalen Rechtssphäre der Mitgliedstaaten – und damit bezüglich der Verbandskompetenz der EU – als nicht hinnehmbar. Dem entspricht die Art. 258 f. AEUV zu entnehmende Wertung des EU-Vertrags, dass der Gerichtshof im Rahmen des EU- bzw. AEU-Vertrags hinsichtlich unionsrechtswidriger nationaler Maßnahmen lediglich eine Feststellungsbefugnis, aber keine Kassationsbefugnis besitzt. Zum anderen besteht auch keine Rechtsschutzlücke, da in Bezug auf den Mitgliedstaaten zurechenbares Handeln in jedem Falle das auf Feststellung einer möglichen Rechtsverletzung gerichtete Vertragsverletzungsverfahren zur Verfügung stünde. Dieses Instrument ermöglicht die Wahrung der Kohärenz des in Rede stehenden Handelns mit den Vorgaben des Unionsrechts, ohne dabei die Kontrollbefugnisse des EuGH im oben beschriebenen Maße zu überdehnen.

Maßnahmen, die **ausschließlich innerstaatlichen Behörden** zurechenbar sind, fallen **49** nicht in den Anwendungsbereich von Art. 263 AEUV.[90] Schwierig gestaltet sich allerdings die Frage der Zurechnung einer Handlung, bei der mitgliedstaatliche Behörden und Unionsorgane zusammenwirken. Hier soll nach der Rechtsprechung eine Zurechenbarkeit an die Unionsorgane (und damit eine Zulässigkeit der Nichtigkeitsklage) auch dann gegeben sein, wenn in diesem Zusammenhang kein eigener Entscheidungsspielraum der mitgliedstaatlichen Behörden besteht (**agency-Situation**).[91] Ein derartiges Ergebnis widerspricht aber der Aufteilung der Jurisdiktionsbefugnisse zwischen EuGH und mitgliedstaatlichen Gerichten, bei der an die formale Urheberschaft im Hinblick auf die anzufechtende Handlung angeknüpft wird. Vor diesem Hintergrund kann allein die formale Zurechnung des anzufechtenden Rechtsakts im Hinblick auf dessen jeweilige Urheberschaft an eine mitgliedstaatliche Behörde ausschlaggebend sein, unabhängig von der Frage, inwieweit die Handlung möglicherweise materiell durch unionsrechtliche Vorgaben determiniert ist.[92]

Keine Handlung im Sinne von Art. 263 AEUV stellt das Tätigwerden der Mitglied- **50** staaten in Ausübung ihrer Zuständigkeiten **außerhalb der Strukturen der Union** – etwa bei einem Akt der im Rat vereinigten Vertreter der Regierungen der Mitgliedstaaten – dar.[93] Einem Unionsorgan wurde jedoch von der Rechtsprechung eine Handlung zuge-

---

[90] EuGH, Urt. v. 5.10.1983, Rs. 142/83 (Nevas/Juristenkasse), Slg. 1983, 2969, Rn. 4.
[91] EuGH, Urt. v. 10.5.1978, Rs. 132/77 (Exportation des Sucres/Kommission), Slg. 1978, 1061, Rn. 23–27.
[92] Ebenso *Dörr*, in: Grabitz/Hilf/Nettesheim, EU, Art. 263 AEUV (November 2012), Rn. 37; a. A. *Rengeling/Middeke/Gellermann*, Rechtsschutz in der EU, § 7, Rn. 36.
[93] EuGH, Urt. v. 30.6.1993, verb. Rs. C–181/91 u. C–248/91 (Parlament/Rat und Kommission), Slg. 1993, I–3685, Rn. 12.

rechnet, die von einer privaten Einrichtung getroffen wurde, mit der ein Vertragsverhältnis zum Zwecke der Unterstützung bestand.[94]

c) Rechtsverbindlichkeit

51 Das entscheidende Kriterium für die Anfechtbarkeit einer Unionshandlung ist ihre Rechtsverbindlichkeit. Durch dieses Merkmal unterscheiden sich anfechtbare Rechtsakte von – nicht anfechtbaren – unverbindlichen Organverlautbarungen, wie z. B. Empfehlungen und Stellungnahmen oder bloßen Meinungsäußerungen. Fließende Übergänge können sich dabei vor allem bei der Abgrenzung zwischen unverbindlichen Äußerungen, die insbesondere nicht eindeutig als Empfehlungen und Stellungnahmen im Sinne von Art. 288 Abs. 5 AEUV zu qualifizieren sind, und rechtsverbindlichen Beschlüssen sowie anderen verbindlichen einzelfallorientierten Rechtsakten, die sich nicht in die Handlungstypologie des Art. 288 AEUV einfügen, ergeben.

52 Eine Handlung ist als rechtsverbindlich zu klassifizieren, soweit sie materiell dazu bestimmt ist, verbindliche Rechtswirkungen – und **nicht lediglich rein tatsächliche Folgen** – zu erzeugen, welche die Interessen des Klägers durch einen Eingriff in seine Rechtsstellung beeinträchtigen[95] oder die dazu bestimmt sind, diese Wirkungen zu erzeugen.[96] Eine Organhandlung ist somit insbesondere dann als rechtsverbindlich zu klassifizieren, wenn sie **die Rechtsstellung des Adressaten entweder rechtsgestaltend oder durch rechtsverbindliche Feststellung ändert**. Die Rechtsprechung verlangt in diesem Zusammenhang, dass die Rechtsstellung des Klägers »in qualifizierter Weise« geändert werden müsse.[97] Dies setzt voraus, dass die Organhandlung Rechte gewährt bzw. entzieht, dem Adressaten Pflichten auferlegt, ihn von Pflichten befreit oder das Bestehen bzw. Nichtbestehen eines Rechtsverhältnisses verbindlich feststellt. Insoweit ist nach ständiger Rechtsprechung des EuGH nicht die Form, sondern die Rechtsnatur der betreffenden Handlung maßgeblich,[98] die entsprechend – auf der Grundlage ihres jeweiligen Gegenstandes – auf ihre objektive Bedeutung hin zu untersuchen ist.[99]

53 Keine Handlung mit verbindlicher Rechtswirkung stellen folglich **bloße Ankündigungen** oder **Absichtserklärungen** über künftige Maßnahmen[100] oder die **bloße Wiederho-**

---

[94] EuG, Urt. v. 19.2.1998, verb. Rs. T–369/94 u. T–85/95 (DIR International Film u. a./Kommission), Slg. 1998, II–357, Rn. 52 ff.

[95] St. Rspr. vgl. etwa EuGH, Urt. v. 11.11.1981, Rs. 60/81 (IBM/Kommission), Slg. 1981, 2639, Rn. 9; Urt. v. 9.9.2015, Rs. C–506/13 P (Lito Maieftiko Gynaikologiko kai Cheirourgiko Kentro/Kommission), ECLI:EU:C:2015:562, Rn. 16; Urt. v. 20.9.2016, Rs. C–105/15 P bis C–109/15 P (Mallis und Malli/Kommission und EZB), ECLI:EU:C:2016:702, Rn. 51.

[96] St. Rspr. vgl. bspw. EuG, Beschl. v. 27.10.2015, Rs. T–721/14 (Belgien/Kommission), ECLI:EU:T:2015:829, Rn. 18; EuGH, Urt. v. 26.1.2010, Rs. C–362/08 P (Internationaler Hilfsfonds/Kommission), Slg. 2010, I–669, Rn. 51; Urt. v. 17.7.2008, Rs. C–521/06 P (Athinaiki techniki/Kommission), Slg. 2008, I–5829, Rn. 29; Urt. v. 6.4.2000, Rs. C–443/97 (Spanien/Kommission), Slg. 2000, I–2415, Rn. 27.

[97] St. Rspr. vgl. bspw. EuGH, Urt. v. 26.1.2010, Rs. C–362/08 P (Internationaler Hilfsfonds/Kommission), Slg. 2010, I–669, Rn. 51.

[98] St. Rspr., vgl. etwa EuGH, Urt. v. 28.11.1991, verb. Rs. C–213/88 u. C–39/89 (Luxemburg/Parlament), Slg. 1991, I–5643, Rn. 15; Urt. v. 20.3.1997, Rs. C–57/95 (Frankreich/Kommission), Slg. 1997, I–1627, Rn. 7; Urt. v. 18.11.2010, Rs. C–322/09 P (NDSHT/Kommission), Slg. 2010 I–11911, Rn. 45; EuG, Beschl. v. 27.10.2015, Rs. T–721/14 (Belgien/Kommission), ECLI:EU:T:2015:829, Rn. 40.

[99] Vgl. bspw. EuG, Urt. v. 5.4.2006, Rs. T–351/02 (Deutsche Bahn/Kommission), Slg. 2006, II–1047, Rn. 39 ff.

[100] Vgl. z. B. EuG, Urt. v. 27.9.1988, Rs. 114/86 (Vereinigtes Königreich/Kommission), Slg. 1988,

lung oder Bestätigung früherer Beschlüsse[101] oder deren **nachträgliche Erläuterung**[102] dar. Das gleiche gilt für einen rechtlich unverbindlichen **innerdienstlichen Verhaltenskodex,**[103] für **faktisches Verwaltungshandeln**[104] sowie für sonstiges Handeln, mit welchem keine rechtliche Bindungswirkung erzeugt werden soll. Auf dieser Grundlage hat die Rechtsprechung mit – aus rechtsstaatlicher Sicht vor dem Hintergrund der Grundrechtsrelevanz der durchgeführten Untersuchungen höchst problematischer Begründung – eine eigenständige **Anfechtbarkeit von Untersuchungsberichten von OLAF** abgelehnt, da die angefochtene Maßnahme nicht in »qualifizierter Weise« die Rechtsstellung des Klägers ändere.[105]

Anfechtbar über die Nichtigkeitsklage sind **grundsätzlich nur verfahrensabschließen**   **54** **de Maßnahmen**, da nur diese in der Regel geeignet sind, Rechtswirkungen zu erzeugen.[106] Der Gerichtshof hat mittlerweile in diesem Sinne einige Grenzfälle anfechtbarer Rechtsakte entschieden.[107] Maßnahmen, die in einem mehrstufigen Verfahren ergehen, sind deshalb grundsätzlich nur dann anfechtbar, wenn sie abschließende und nicht nur die endgültige Entscheidung vorbereitende Zwischenmaßnahmen darstellen.[108] Bindet sich jedoch ein Organ durch eine derartige Zwischenmaßnahme unzweideutig für sein künftiges Verhalten oder wird die Rechtsstellung des Klägers in sonstiger Weise unmittelbar und irreversibel berührt[109], so liegt hierin kein vorbereitender, sondern ein verbindliche Rechtswirkungen erzeugender Willensakt.[110] Im Rahmen des Dokumentenzugangsverfahrens nach VO (EG) Nr. 1049/2001 etwa hat das EuG einen anfechtbaren Rechtsakt – mit sehr fragwürdiger Begründung vor dem Hintergrund einer versäumten Rechtsbehelfsbelehrung – ausnahmsweise auch in einem eindeutig als solchem gekennzeichneten Zwischenbescheid (Erstbescheid) eines Organs gesehen, obwohl letzteres sich gerade nicht endgültig festlegen wollte.[111]

Hinsichtlich der »**Handlungen der Einrichtungen oder sonstigen Stellen der Union** mit   **55**

5289, Rn. 13; EuG, Urt. v. 20.11.2008, Rs. T–185/05 (Italien/Kommission), Slg. 2008, II–3207, Rn. 41; EuG, Urt. v. 15.7.2015, Rs. T–393/10 (Westfälische Drahtindustrie u.a./Kommission); ECLI:EU:T:2015:515, Rn. 96.
[101] EuGH, Urt. v. 9.12.2004, Rs. C–123/03 P (Kommission/Greencore), Slg. 2004, I–11647, Rn. 39; Urt. v. 5.5.1998, Rs. C–180/96 (Vereinigtes Königreich/Kommission), Slg. 1998, I–2265, Rn. 28f.; Urt. v. 3.4.2014, Rs. C–224/12 P (Kommission/Niederlande und INS Groep); ECLI:EU:C:2014:213, Rn. 69.
[102] Vgl. bspw. EuG, Beschl. v. 19.3.2014, Rs. T–57/13 (Club Hotel Loutraki u.a./Kommission), Rn. 24f., ECLI:EU:T:2014:183.
[103] EuGH, Urt. v. 30.4.1996, Rs. C–58/94 (Niederlande/Rat), Slg. 1996, I–2169, Rn. 23ff.
[104] Vgl. etwa *Dörr*, in: Grabitz/Hilf/Nettesheim, EU, Art. 263 AEUV (November 2012), Rn. 44.
[105] Vgl. nur EuG, Urt. v. 4.10.2006, Rs. T–193/04 (Tillack/Kommission), Slg. 2006, II–3995, Rn. 68–70.
[106] Vgl. etwa EuGH, Urt. v. 18.3.1997, Rs. C–282/95 P (Guérin automobiles/Kommission), Slg. 1997, I–1503, Rn. 35; EuG, Beschl. v. 3.9.2015, Rs. T–676/14 P (Spanien/Kommission); ECLI:EU:T:2015:602, Rn. 13..
[107] Beispiele nach *Dörr*, in: Grabitz/Hilf/Nettesheim, EU, Art. 263 AEUV (November 2012), Rn. 39ff.
[108] EuGH, Urt. v. 11.11.1981, Rs. 60/81 (IBM/Kommission), Slg. 1981, 2639, Rn. 10; EuG, Beschl. v. 21.11.2005, Rs. T–426/04 (Tramarine/Kommission), Slg. 2005, II–4765, Rn. 35 f.
[109] Vgl. etwa EuG, Urt. v. 15.1.2003, verb. Rs. T–377/00 u.a. (Philip Morris u.a./Kommission), Slg. 2003, II–1, Rn. 95ff.
[110] Ausführlich zu Fällen von Zwischenbescheiden, die derartige Rechtswirkungen erzeugen, *Schwarze*, in: Schwarze, EU-Kommentar, Art. 263 AEUV, Rn. 27.
[111] EuG, Urt. v. 28.3.2012, Rs. T–190/10 (Egan und Hackett/Parlament), ECLI:EU:T:2012:165, Rn. 46.

Rechtswirkung gegenüber Dritten« sind jedenfalls deren verfahrensabschließende Beschlüsse zulässiger Gegenstand einer Nichtigkeitsklage, sofern sie Rechtswirkungen gegenüber Dritten entfalten, nicht hingegen die regelmäßig keine derartigen Rechtswirkungen entfaltenden verfahrensstützenden Maßnahmen wie etwa die Erstellung von wissenschaftlich-technischen Fachgutachten im Vorfeld einer endgültigen Entscheidung.[112] Insoweit stellt das neue Kriterium der »Rechtswirkung gegenüber Dritten« das zentrale tatbestandliche Merkmal zum Ausschluss der nicht unmittelbar rechtsbelastenden Beurteilungs- und Gutachtentätigkeit der Agenturen dar.[113]

d) Außenwirkung der angefochtenen Maßnahme

56   Die Rechtswirkung der angefochtenen Handlung muss sich nach außen richten. Eine **innerdienstliche Weisung** entfaltet dann Außenrechtswirkungen, wenn das Unionsorgan durch diese Verlautbarung sich selbst und die untergeordneten Stellen Dritten gegenüber auf eine bestimmte Haltung verbindlich festlegt. Dementsprechend darf die fragliche Handlung sich nicht darauf beschränken, bestehende Regelungen zu erläutern, sondern muss darauf abzielen, darüber hinausgehende (neue) Rechtswirkungen zu erzeugen.[114] Demgegenüber stellen rein **innerdienstliche Organisationsakte** keine Organhandlungen mit Außenrechtswirkung im Sinne des Art. 263 Abs. 1 AEUV dar.[115]

2. Gegenstand von Individualklagen

57   Natürliche und juristische Personen konnten nach den Vorgaben des vormaligen Art. 230 Abs. 4 EGV nur dann eine Nichtigkeitsklage erheben, wenn die Klage auf die Aufhebung von Entscheidungen zielte, die an sie ergangen sind oder die, obwohl als Verordnung ergangen, sie unmittelbar und individuell betreffen oder die, obwohl sie an eine andere Person ergangen sind, sie unmittelbar und individuell betreffen.

58   Die Vertragsrevision von Lissabon hat hinsichtlich des zulässigen Gegenstandes von Individualnichtigkeitsklagen wichtige Neuerungen mit sich gebracht. Nach den Vorgaben des insoweit modifizierten Art. 263 Abs. 4 AEUV kann eine Nichtigkeitsklage natürlicher und juristischer Personen nunmehr erhoben werden
(1) gegen die an sie gerichteten Handlungen oder
(2) gegen die sie unmittelbar und individuell betreffenden Handlungen oder
(3) gegen Rechtsakte mit Verordnungscharakter, die sie unmittelbar betreffen und keine Durchführungsmaßnahmen nach sich ziehen.

---

[112] Ausführlich zum Sonderproblem eines etwaigen separaten Rechtsschutzes gegen die von den Agenturen bzw. ihren wissenschaftlich-technischen Fachausschüssen erstellten Fachgutachten *Saurer*, EuR 2010, 51 (61 f.); davor schon *ders.*, DVBl 2009, 1021 (1026 f.).

[113] *Saurer*, DVBl 2009, 1021 (1026 f.).

[114] In diesem Sinne etwa EuGH, Urt. v. 9.10.1990, Rs. C–366/88 (Frankreich/Kommission), Slg. 1990, I–3571, Rn. 9 ff.; Ausführlich zur Problematik *Gaitanides*, in: GS, EUV/EGV, Art. 230 EGV, Rn. 31 ff.

[115] Folglich können innerparlamentarische Organisationsakte des Europäischen Parlaments nur dann mit der Nichtigkeitsklage angefochten werden, wenn sie etwa in die Rechtsstellung der Abgeordneten eingreifen (in diesem Sinne etwa EuG, Urt. v. 15.10.2008, Rs. T–345/05 [Mote/Parlament], Slg. 2008, II–2849, Rn. 25 ff.). Bejaht wurde von der Rechtsprechung – vor dem Hintergrund der Befugnisse der Mitgliedstaaten, den Ort des Sitzes des Parlaments festzulegen, auch die Anfechtbarkeit des jährlichen Sitzungskalenders des Europäischen Parlaments (vgl. EuGH, Urt. v. 13.12.2012, verb. Rs. C–237/11 u. 238/11 [Frankreich/Parlament] ECLI:EU:C:2012:796, [Rn. 20 ff.]). Keine anfechtbare Handlung stellt demgegenüber der Beschluss zur Einsetzung eines Untersuchungsausschusses dar (vgl. EuGH, Urt. v. 4.6.1986, Rs. 78/85 [Fraktion der Europäischen Rechten/Parlament] Slg. 1986, 1753, Rn. 11).

Prüfungsgegenstand im Rahmen des Art. 263 Abs. 4 AEUV ist – genau wie bei den   **59**
privilegierten und teilprivilegierten Klageberechtigten – immer nur die einzelne streitgegenständliche Regelung, nicht der Rechtsakt als formales Ganzes.[116]

a) An den Kläger gerichtete Handlung (Art. 263 Abs. 4 Alt. 1 AEUV)

Durch den Vertrag von Lissabon wurde der bislang zulässige Klagegegenstand der ers-   **60**
ten Alternative des vormaligen Art. 230 Abs. 4 EGV (an den Kläger gerichtete Entscheidung) durch den Klagegegenstand der an den Kläger gerichteten Handlung ersetzt.
Damit hat sich die um die tatbestandlichen Konturen des bisherigen Entscheidungsbe-
griffs geführte Debatte auf den ersten Blick erledigt. Schon bislang kam es freilich auf die
formelle Bezeichnung des Klagegegenstandes als Entscheidung i. S. d. vormaligen
Art. 249 Abs. 4 EGV nach der Rechtsprechung des Gerichtshofes nicht entscheidend
an.[117] Vielmehr waren, unabhängig von ihrer Form, auch sonstige Maßnahmen im Rahmen der Nichtigkeitsklage zulässiger Klagegegenstand, sofern sie Rechtswirkungen er-
zeugten und die Interessen des Klägers beeinträchtigten.

Dadurch jedoch, dass dieser Rechtsakt an den Kläger gerichtet sein muss und damit,   **61**
wie schon die Vorgängerregelung, dessen Adressateneigenschaft voraussetzt, erfasst die
Regelung im Ergebnis schon per definitionem nur **adressatenbezogene Beschlüsse gemäß Art. 288 Abs. 4 Satz 2 AEUV**, welche die bisherigen »Entscheidungen« im Sinne
des vormaligen Art. 249 Abs. 4 EGV ersetzt haben.[118] Im Ergebnis bringt die Neufassung des Art. 263 Abs. 4 AEUV deshalb keine Erweiterung der Klagebefugnis mit
sich.[119] Klagebefugt nach Art. 263 Abs. 4 Alt. 1 AEUV ist im Übrigen, wie schon bisher,
auch der Rechtsnachfolger des Adressaten.[120]

b) Den Kläger unmittelbar und individuell betreffende Handlungen (Art. 263 Abs. 4 Alt. 2 AEUV)

Die bisherige zweite Variante des vormaligen Art. 230 Abs. 4 EGV, die »als Verordnung   **62**
ergangene Entscheidungen« betraf, ist mit dem Vertrag von Lissabon ebenso wie die
bisherige dritte Variante dieser Vorschrift (»an einen Dritten ergangene Entscheidungen«), hinfällig geworden und durch den Klagegegenstand der den Kläger unmittelbar
und individuell betreffenden Handlungen (Art. 263 Abs. 4 Alt. 2 AEUV) ersetzt worden, der insoweit diese beiden bisherigen Klagegründe zusammenführt und in dem
einheitlichen Handlungsbegriff aufgehen lässt. Gegenstand einer von einem nichtprivilegierten Kläger auf der Grundlage von Art. 263 Abs. 4 Alt. 2 AEUV erhobenen Klage
kann deshalb zunächst einmal **jeder Rechtsakt des abgeleiteten Unionsrechts sein, soweit er Rechtswirkungen entfaltet.**[121] Insbesondere erfasst werden von dieser Alternative nunmehr sowohl adressatenunabhängige als auch an Dritte gerichtete Beschlüsse.

Damit entfallen bezüglich der Bestimmung des Klagegegenstands auch die bislang im   **63**
Rahmen der zweiten Variante des vormaligen Art. 230 Abs. 4 EGV existierenden dif-

---

[116] EuGH, Urt. v. 14.12.1962, verb. Rs. 16/62 u. 17/62 (Confédération nationale des producteurs
de fruits et légumes/Rat), Slg. 1962, 963 (978).

[117] EuGH, Urt. v. 14.12.1962, verb. Rs. 16/62 u. 17/62 (Confédération nationale des producteurs
de fruits et légumes/Rat), Slg. 1962, 963 (978).

[118] Darauf weist zu Recht schon *Cremer*, DÖV 2010, 58 (59 f.), hin.

[119] So auch *Frenz/Distelrath*, NVwZ 2010, 162.

[120] EuG, Urt. v. 8.7.2004, Rs. T–67/00 u. a. (JFE Engineering Corp. u. a./Kommission),
Slg. 2004, II–2501, Rn. 46.

[121] So wie hier schon *Cremer*, DÖV 2010, 58 (59); *Fredriksen*, ZEuS 2005, 99 (113).

fizilen **Abgrenzungsprobleme** zwischen (grundsätzlich nicht anfechtbaren) »echten« (abstrakt-generellen) Verordnungen auf der einen Seite sowie den anfechtbaren (konkret-individuellen) **Scheinverordnungen** bzw. den **Verordnungen mit Hybridcharakter,** die als echte Verordnungen zugleich Einzelne im Sinne einer Entscheidung im materiellen Sinn unmittelbar und individuell betreffen und damit ebenfalls ein zulässiger Gegenstand der Individualnichtigkeitsklage sein konnten, auf der anderen Seite. Diese Fallgruppen hatten sich zum Zwecke der tatbestandlichen Präzisierung des Klagegegenstands der »als Verordnung ergangenen Entscheidungen« in der Rechtsprechung herausgebildet, um eine (materielle) Abgrenzung der mit der Individualnichtigkeitsklage anfechtbaren Rechtsakte zu den »echten« (in der Regel unanfechtbaren) Verordnungen zu ermöglichen.[122] Mit der Einführung der »Handlung« als neuem Klagegegenstand des Art. 263 Abs. 4 Alt. 2 AEUV ist diese Differenzierung allerdings zumindest bei der Bestimmung des zulässigen Klagegegenstandes im Rahmen der zweiten Alternative des Art. 263 Abs. 4 AEUV obsolet geworden.

64   Die **zentrale tatbestandliche Abgrenzung** zwischen der ersten und zweiten Alternative der Neuregelung des Art. 263 Abs. 4 AEUV erfolgt in der Weise, dass es bei letzterer an einer formellen Adressateneigenschaft des Klägers fehlen muss. Die Frage, ob und gegebenenfalls inwieweit der Kläger als Nichtadressat tatsächlich unmittelbar und individuell betroffen ist, stellt sich hingegen erst im Rahmen der Klageberechtigung.

65   Obsolet geworden ist damit – zumindest an dieser Stelle – auch die bislang geführte Debatte um die mögliche (analoge) Einbeziehung von als Richtlinien ergangenen Entscheidungen in den Anwendungsbereich des vormaligen Art. 230 Abs. 4 Alt. 2 EGV (»als Verordnung ergangene Entscheidungen«).[123] Da Richtlinien tatbestandlich jedenfalls den Handlungen im oben beschriebenen Sinne zuzuordnen sind, kommt es auf der Grundlage der Neufassung des Art. 263 Abs. 4 AEUV in diesem Zusammenhang nunmehr nur noch auf die unmittelbare und individuelle Betroffenheit des Klägers an.

c)   Rechtsakte mit Verordnungscharakter (Art. 263 Abs. 4 Alt. 3 AEUV)

66   Mit dem Vertrag von Lissabon ist für natürliche und juristische Personen eine neue Klagemöglichkeit gegen »Rechtsakte mit Verordnungscharakter, die sie unmittelbar betreffen und keine Durchführungsmaßnahmen nach sich ziehen«, eingeführt worden. Diese Erweiterung der Klagemöglichkeit Einzelner gegenüber Rechtsakten geht deutlich über das hinaus, was auf der Grundlage des vormaligen Art. 230 Abs. 4 EGV an Klagemöglichkeiten für natürliche und juristische Personen vorgesehen war, da nunmehr für diese Kategorie von Rechtsakten auf das Erfordernis der individuellen Betroffenheit verzichtet wird und mithin gegen »echte« Normen geklagt werden kann.

aa)   Historischer Hintergrund der Neuregelung

67   Die Neuregelung resultiert ganz wesentlich aus der im Vorfeld der Konventsberatungen geführten Debatte um eine mögliche **Ausweitung der Klagemöglichkeiten von Individualklägern gegen normative Rechtsakte,** die diese nur in gleicher Weise wie alle an-

---

[122] Da es sich sowohl bei den »als Verordnung ergangenen Entscheidungen« als auch bei den »echten« Verordnungen in der Regel um Rechtsakte handelte, die der Form nach als »Verordnungen« i. S. d. vormaligen Art. 249 Abs. 2 EGV ergangen waren, mussten hier materielle Abgrenzungskriterien entwickelt werden, um die Vorschrift des vormaligen Art. 230 Abs. 4 EGV handhabbar zu machen.

[123] Dazu ausführlich *Pechstein,* EU-/EG-Prozessrecht, 3. Aufl. 2007, Rn. 378 ff.; s. zu diesem Problemkreis (nach alter Rechtslage) auch *Schulte,* S. 36 ff.

deren Normbetroffenen – also nicht in herausgehobener Weise wie einen Adressaten und damit als Einzelakt – belasten.[124] In diesem Zusammenhang hatte es Ansätze in der Rechtsprechung des EuG gegeben, die strengen Anforderungen der Plaumann- bzw. Codorniu-Formel zugunsten eines umfassenderen Rechtsschutzes des Individualklägers aufzuweichen. So verfolgte das EuG in der Rechtssache Jégo-Quéré den Ansatz, eine Einzelperson bereits dann als »individuell betroffen« anzusehen, »wenn die fragliche Bestimmung ihre Rechtsposition unzweifelhaft und gegenwärtig beeinträchtigt, indem sie ihre Rechte einschränkt oder ihr Pflichten auferlegt«, wobei »[…] die Zahl oder die Lage anderer Personen, die von der Bestimmung gleichfalls betroffen sind oder betroffen sein können, […] für diese Beurteilung unmaßgeblich [ist].«[125] In eine ähnliche Richtung ging der Vorschlag von Generalanwalt *Jacobs*, der in seinen Schlussanträgen in der Rechtssache Unión de Pequeños Agricultores dafür plädiert hatte, »dass ein Einzelner als individuell von einer Gemeinschaftsmaßnahme betroffen zu betrachten ist, wenn die Handlung aufgrund seiner persönlichen Umstände erhebliche nachteilige Auswirkungen auf seine Interessen hat oder wahrscheinlich haben wird.«[126]

Beide Ansätze zur möglichen Revision der Plaumann- bzw. Codorniu-Formel haben **68** sich unter der Geltung des vormaligen EG-Vertrags nicht durchsetzen können. Dementsprechend hatte der EuGH mit seinem Urteil in der Rechtssache Unión de Pequeños Agricultores sowie im Berufungsverfahren in der Rechtssache Jégo-Quéré[127] an der Plaumann-Formel ausdrücklich festgehalten. Die schon im gescheiterten Verfassungsvertrag vorgesehene, der Neuregelung des Art. 263 Abs. 4 Alt. 3 AEUV entsprechende Regelung ist deshalb als **Reaktion auf die Urteile in den Rechtssachen Jégo-Quéré bzw. Unión de Pequeños Agricultores** und das daraus resultierende Bestreben zu werten, Individualnichtigkeitsklagen für eine bestimmte Kategorie von normativen Rechtsakten, die nunmehr als »Rechtsakte mit Verordnungscharakter« umschrieben werden, zu ermöglichen.

bb) Tatbestandliche Konturen des Art. 263 Abs. 4 Alt. 3 AEUV

Gemäß Art. 263 Abs. 4 Alt. 3 AEUV sind Individualnichtigkeitsklagen nunmehr auch **69** gegen »Rechtsakte mit Verordnungscharakter« zulässig, die den Kläger »unmittelbar betreffen« und »keine Durchführungsmaßnahmen nach sich ziehen«. Während sich das Kriterium der unmittelbaren Betroffenheit – wie schon im Kontext der zweiten Alternative – ausschließlich auf die nach den individuellen Gegebenheiten zu beurteilende Klageberechtigung des Individualklägers bezieht,[128] definiert der übrige Tatbestand des Art. 263 Abs. 4 Alt. 3 AEUV einheitlich den (objektiven) Tatbestand des Klagegegenstandes.[129]

---

[124] Vgl. zu dieser Problematik ausführlich *Görlitz/Kubicki*, EuZW 2011, 248; ausführlich zum historischen Hintergrund der Problematik zuletzt *Streinz*, EuZW 2014, 17 (18).

[125] EuG, Urt. 25.7.2002, Rs. T–177/01 (Jégo-Quéré et Cie SA/Kommission), Slg. 2002, II–2365, Rn. 51.

[126] GA *Jacobs*, Schlussanträge zu Rs. C–50/00 P (Unión de Pequeños Agricultores/Rat), Slg. 2002, I–6677, Rn. 60. Vgl. hierzu ausführlich *Köngeter*, NJW 2002, 2216; *Lindner*, NVwZ 2003, 569; *Baumeister*, EuR 2005, 1; *Malferrari*, EWS 2003, 254.

[127] EuGH, Urt. v. 1.4.2004, Rs. C–263/02 P (Jégo-Quéré), Slg. 2004, I–3425.

[128] Dazu ausführlich unten Rn. 100 ff.

[129] Anders aber wohl *Last*, S. 187 f., die beide Merkmale als Bestandteile der Klageberechtigung zu klassifizieren scheint; ebenso *Thalmann*, EuR 2012, 452 (465), der das Erfordernis der fehlenden Durchführungsmaßnahmen der Klagebefugnis zuordnet.

(1)   Begriff des »Rechtsakts mit Verordnungscharakter«

70   Speziell das Tatbestandsmerkmal der »Rechtsakte mit Verordnungscharakter« hat im Schrifttum erhebliche Diskussionen im Hinblick auf seine konkrete tatbestandliche Konturierung ausgelöst, da weder die Neufassung des EUV noch der nunmehrige AEUV an anderer Stelle »Rechtsakte mit Verordnungscharakter« als begriffliche Kategorie der Rechtsakte des Unionsrechts kennen. Eine zentrale, nunmehr vom Gerichtshof in seiner Rechtsmittelentscheidung in der Rechtssache Inuit[130] höchstrichterlich beantwortete Streitfrage bildete dabei die Ungewissheit, ob nach der Neuregelung auch Gesetzgebungsakte i.S.d. Art. 289 AEUV Gegenstand einer Individualnichtigkeitsklage sein können.

71   Die zuletzt wohl überwiegende Auffassung im deutschsprachigen Schrifttum, der sich die Unionsgerichte nunmehr im Ergebnis angeschlossen haben, sah in der Formulierung »Rechtsakte mit Verordnungscharakter« die **Übernahme der nur auf Tertiärrechtsakte bezogenen Regelung des Entwurfs des Verfassungsvertrags** (Art. III–365 Abs. 4), wobei sich dieses Resultat allerdings nur aus der nicht in den Vertrag von Lissabon übernommenen Neuqualifizierung der Rechtsakte ergab.[131] Die neue Klagemöglichkeit im Rahmen der Individualnichtigkeitsklage wird dementsprechend als »**Normenkontrollklage für untergesetzliche Rechtsnormen**« bezeichnet, die lediglich die von Art. 290, 291 AEUV erfassten »untergesetzlichen« Verordnungen und Beschlüsse sowie alle sonstigen Rechtsakte ohne Gesetzescharakter umfasse. Nach diesem Ansatz sind Rechtsakte mit Gesetzgebungscharakter i.S.d. Art. I–34 EVV schon per se von Art. 263 Abs. 4 Alt. 3 AEUV ausgeschlossen, da sie keine »Rechtsakte mit Verordnungscharakter« sein könnten.[132] Angeführt wird in diesem Zusammenhang insbesondere, dass in dem terminologischen Bezugsrahmen des gescheiterten Verfassungsvertrages lediglich »untergesetzliche« Europäische Verordnungen und Beschlüsse »Verordnungscharakter« hatten und folglich nur diesen Rechtsakten (bzw. den diesen Rechtsakten entsprechenden Rechtsakttypen des Art. 288 AEUV) »Verordnungscharakter« i.S.d. Art. 263 Abs. 4 Alt. 3 AEUV zukäme.[133] Im Ergebnis findet nach diesem Ansatz Art. 263 Abs. 4 Alt. 3 AEUV jedenfalls keine Anwendung auf Gesetzgebungsakte i.S.d. Art. 289 Abs. 3 AEUV, hier bleibt es beim (zusätzlichen) Erfordernis der durch die Plaumann-Formel definierten individuellen Betroffenheit im Rahmen der zweiten Alternative des Art. 263 Abs. 4 AEUV.

72   Eine weitergehende, in Methodik und Ergebnis wesentlich überzeugendere Auffassung sah in systematischer Hinsicht nur den normativen Rahmen des geltenden Lissabonner Rechts als erheblich an und wollte den Begriff daher auf **sämtliche normative**

---

[130] EuGH, Urt. v. 3.10.2013, Rs. C–583/11 P (Inuit Tapiriit Kanatami), ECLI:EU:C:2013:625.

[131] Vgl. statt vieler *Streinz/Ohler/Herrmann* (Fn. 54), S. 116 f.; im Ergebnis ebenso *Schröder*, DÖV 2009, 61 (63 f.); *Cremer*, DÖV 2010, 58 (61 ff.); *Ehricke*, in: Streinz, EUV/AEUV, Art. 263 AEUV, Rn. 53 ff.; *Dörr*, in: Grabitz/Hilf/Nettesheim, EU, Art. 263 AEUV (November 2012), Rn. 82; für eine Erfassung ausschließlich delegierter Rechtsetzung nach Art. 290 und 291 AEUV *Pötters/Werkmeister/Traut*, EuR 2012, 546.

[132] Vgl. etwa *Cremer*, in: Calliess/Ruffert, EUV/AEUV, Art. 263 AEUV, Rn. 56 ff.

[133] *Streinz/Ohler/Herrmann* (Fn. 54), S. 116; im Ergebnis ebenso *Thiele*, EuR 2010, 30, 43; *Last*, S. 155, 158, 178; *Gundel*, EWS 2012, 65 (68 ff.). Für dieses eher restriktive Verständnis von Art. 263 Abs. 4 Alt. 3 AEUV wird daneben auch das Mandat der Regierungskonferenz 2007 im Vorfeld zur Erarbeitung des Vertrags von Lissabon angeführt, welches eine Ausweitung der Individualnichtigkeitsklage – unter Abweichung von der ursprünglich im Verfassungsvertrag vorgesehenen Regelung des Art. III–365 Abs. 4 EVV – auf sämtliche normative Rechtsakte nicht zulasse (vgl. dazu *Herrmann*, NVwZ 2011, 1352 [1354 ff.]; *Streinz/Ohler/Herrmann* [Fn. 54], S. 116).

Akte, unabhängig von dem zugrundeliegenden Rechtsetzungsverfahren, angewendet sehen.[134] In einer vom effet utile-Grundsatz geleiteten Auslegung des Art. 263 Abs. 4 Alt. 3 AEUV sollen danach Gesetzgebungsakte aus dem Anwendungsbereich dieser Bestimmung nicht per se allein wegen der Herkunft dieser neuen Bestimmung aus dem gescheiterten Verfassungsvertrag ausgeschlossen werden. Begründet wird dies insbesondere mit der Tatsache, dass unabhängig von der unbestrittenen Entstehungsgeschichte dieser Vorschrift der neue AEUV – anders als der gescheiterte Verfassungsvertrag – keine entsprechende Differenzierung der Handlungsformen mehr vornehme und damit keinen terminologischen Anknüpfungspunkt dafür biete, Rechtsakte wie Verordnungen und Richtlinien, die im Gesetzgebungsverfahren zustande gekommen sind, von vornherein vom Anwendungsbereich des Art. 263 Abs. 4 Alt. 3 AEUV auszuschließen.[135] Insoweit mangelt es dem AEUV gerade an dem terminologischen Bezugsrahmen des Verfassungsvertrags, in welchen sich die nunmehr in Art. 263 Abs. 4 Alt. 3 AEUV gewählte Formulierung von den »Rechtsakten mit Verordnungscharakter« einfügen ließe.[136] Im Übrigen gewährleiste nur eine derartige Auslegung eine effektive Schließung der in den Rechtssachen Jégo-Quéré bzw. Unión de Pequeños Agricultores für den Individualkläger aufgezeigten Rechtsschutzlücke.[137]

In seiner Rechtsmittelentscheidung in der Rechtssache Inuit vom 3.10.2013[138] bestätigt die Große Kammer des Gerichtshofs auf der Grundlage eines gleichlautenden Votums von Generalanwältin *Kokott*[139] vollumfänglich einen Beschluss des EuG vom 6.9.2011 in der Rechtssache T–18/10,[140] in dem letzteres den Begriff des »Rechtsakts mit Verordnungscharakter« in restriktiver Weise dahingehend auslegt, dass dieser »mit Ausnahme der Gesetzgebungsakte jede Handlung mit allgemeiner Geltung« erfasse.[141] Diesen Ansatz hatte das EuG auch in seinem Urteil in der Rechtssache Microban[142] bestätigt.   **73**

---

[134] Grundlegend *Everling*, EuR-Beiheft 1/2009, 71 (74), der u. a. in pointierter Weise darauf hinweist, dass man Verordnungen auch dann, wenn sie im Gesetzgebungsverfahren erlassen worden seien, den »Verordnungscharakter« schlechterdings nicht absprechen könne; mit weiter gehender Begründung *Everling*, EuZW 2010, 572; *Görlitz/Kubicki*, EuZW 2011, 248; im Ergebnis ebenso *Frenz*, Handbuch Europarecht, Bd. 5, Rn. 2933 ff., sowie auch *Kottmann*, ZaöRV 70 (2010), 547; *Barents*, CMLRev. 47 (2010), 724; *Schwarze*, in: Schwarze, EU-Kommentar, Art. 263 AEUV, Rn. 51 ff.; *Bast*, in: von Bogdandy/Bast, Europäisches Verfassungsrecht, S. 556 f.

[135] *Frenz*, Handbuch Europarecht, Bd. 5, Rn. 2933 ff.; *Frenz/Distelrath*, NVwZ 2001, 162 (165).

[136] Vgl. dazu die ausführliche Darstellung etwa bei *Streinz/Ohler/Herrmann* (Fn. 52), S. 116, sowie bei *Cremer*, DÖV 2010, 58 (60 f.). Vgl. auch *Everling*, EuZW 2010, 572 (573 f.) sowie *Görlitz/Kubicki*, EuZW 2011, 248.

[137] *Görlitz/Kubicki*, EuZW 2011, 248.

[138] EuGH, Urt. v. 3.10.2013, Rs. C–583/11 P (Inuit Tapiriit Kanatami u. a./Parlament und Rat), EuZW 2014, 22; vgl. dazu auch die Urteilsbesprechung von *Streinz*, EuZW 2014, 17.

[139] GA *Kokott*, Schlussanträge zu Rs. C–583/11 P (Inuit Tapiriit Kanatami u. a./Parlament und Rat), ECLI:EU:C:2013:625.

[140] EuG, Beschl. v. 6.9.2011, Rs. T–18/10 (Inuit Tapiriit Kanatami u. a./Parlament und Rat), Slg. 2011, II–5599. Die Nichtigkeitsklage betraf die Verordnung (EG) Nr. 1007/2009 vom 16.9.2009 über den Handel mit Robbenerzeugnissen, die Beschränkungen für das Inverkehrbringen von Robbenerzeugnissen in die Europäische Union vorsieht.

[141] EuG, Beschl. v. 6.9.2011, Rs. T–18/10 (Inuit Tapiriit Kanatami u. a./Parlament und Rat), Slg. 2011, II–5599, Rn. 56. Vgl. dazu auch die kritische Anmerkung von *Everling*, EuZW 2012, 376; im Ergebnis zustimmend *Thalmann*, EuR 2012, 452; vgl. auch die Urteilsbesprechung bei *Petzold*, EuR 2012, 443.

[142] EuG, Beschl. v. 25.10.2011, Rs. T–262/10 (Microban International und Microban Europe/Kommission), Slg. 2011, II–7697; kritisch dazu *Everling*, EuZW 2012, 376.

74 Der Gerichtshof stützt sich in seiner Rechtsmittelentscheidung – ebenso wie die vorzitierte überwiegende Meinung im deutschen Schrifttum – in erster Linie auf den (gescheiterten) Entwurf des Verfassungsvertrags und dessen Regelungskonzept, aus dem sich ein Ausschluss von Gesetzgebungsakten aus dem Anwendungsbereich der Neuregelung des Art. 263 Abs. 4 Alt. 3 AEUV ergebe. Eine Heranziehung des Grundrechts auf effektiven Rechtsschutz gemäß Art. 47 GRC lehnt er ab.[143] Dabei verweist der Gerichtshof auf die gemäß Art. 6 Abs. 1 UAbs. 5 EUV zu berücksichtigenden Erläuterungen zur GRC, wonach Art. 47 GRC nicht darauf abziele, die Bestimmungen über die Zulässigkeit von Klagen bei den EU-Gerichten zu ändern. Im Übrigen unterstreicht der Gerichtshof die Verpflichtung der Mitgliedstaaten nach Art. 19 Abs. 1 UAbs. 2 EUV, »ein System von Rechtsbehelfen und Verfahren vorzusehen, mit dem die Einhaltung des Grundrechts auf effektiven gerichtlichen Rechtsschutz gewährleistet werden kann«.[144] Dementsprechend obliegt es den Mitgliedstaaten, »die zuständigen Gerichte zu bestimmen und die Verfahrensmodalitäten für Klagen zu regeln, die den Schutz der dem Einzelnen aus dem Unionsrecht erwachsenden Rechte gewährleisten soll«.[145] Mit diesem Hinweis begegnet der Gerichtshof insbesondere dem Argument der Rechtsmittelführer, die vom EuG vorgenommene restriktive Auslegung des Art. 263 Abs. 4 Alt. 3 AEUV führe zu Rechtsschutzlücken des Einzelnen.

75 Im Ergebnis werden nach den nunmehr eindeutigen Vorgaben der Rechtsprechung **Normativakte des abgeleiteten Unionsrechts** von der neuen dritten Alternative erfasst, **soweit es sich nicht um Rechtsakte handelt, die im Rahmen eines Gesetzgebungsverfahrens gemäß Art. 289 Abs. 3 AEUV verabschiedet worden sind.** Letztere sind folglich nur i. R. d. zweiten Alternative angreifbar, soweit sie den Kläger unmittelbar und individuell betreffen.

76 Mit der Rechtsmittelentscheidung der Großen Kammer des Gerichtshofs in der Rechtsache Inuit ist eine für die Praxis begrüßenswerte Rechtssicherheit begründet worden. In der Sache selbst **kann das Urteil jedoch ebenso wenig wie die erstinstanzliche Entscheidung des EuG**[146] **überzeugen**. Es gelingt dem Gerichtshof weder, die gewichtigen Bedenken im Schrifttum hinsichtlich der von der überwiegenden Meinung vertretenen Lösung einer extensiven Auslegung des Art. 263 Abs. 4 Alt. 3 AEUV überzeugend auszuräumen noch das von ihm propagierte Auslegungsergebnis in methodisch unangreifbarer Weise argumentativ abzusichern.[147]

77 Insbesondere **der historische Begründungsansatz des EuGH**[148] **kann nicht überzeugen**. Er bezieht sich auf den Entwurf des Verfassungsvertrags und dessen Regelungskonzept. Dass sich die Rechtslage durch den Lissabonner Vertrag aber hinsichtlich des Bezugspunktes, der Definition der Rechtsakte gegenüber dem Verfassungsvertragsentwurf, substantiell geändert hat, erwähnt er mit keinem Wort. Als historische Auslegung

---

[143] EuGH, Urt. v. 3. 10. 2013, Rs. C–583/11 P (Inuit Tapiriit Kanatami u. a./Parlament und Rat), ECLI:EU:C:2013:625, Rn. 89 ff.
[144] EuGH, Urt. v. 3. 10. 2013, Rs. C–583/11 P (Inuit Tapiriit Kanatami u. a./Parlament und Rat), ECLI:EU:C:2013:625, Rn. 100.
[145] EuGH, Urt. v. 3. 10. 2013, Rs. C–583/11 P (Inuit Tapiriit Kanatami u. a./Parlament und Rat), ECLI:EU:C:2013:625, Rn. 102.
[146] Dazu bereits kritisch *Everling*, EuZW 2012, 376 (379 ff.).
[147] Ebenfalls kritisch bis ablehnend *Dauses*, EuZW 2014, 121, sowie *Nowak/Behrend*, EuR 2014, 86 (95 ff.).
[148] EuGH, Urt. v. 3. 10. 2013, Rs. C–583/11 P (Inuit Tapiriit Kanatami u. a./Parlament und Rat), ECLI:EU:C:2013:625, Rn. 59 ff.

ist es überdies wenig überzeugend, auf ein nie in Kraft getretenes Vertragsprojekt zurückzugreifen und auf eine Auslegung im Begriffsrahmen des tatsächlich geltenden Rechts völlig zu verzichten.[149]

Auch die Erwägungen zum Erfordernis eines effektiven Rechtsschutzes und der in **78** diesem Zusammenhang erfolgende Verweis auf die gemäß Art. 6 Abs. 1 UAbs. 5 EUV zu berücksichtigenden Erläuterungen zur GRC, wonach Art. 47 GRC nicht darauf abzielt, die Bestimmungen über die Zulässigkeit von Klagen bei den EU-Gerichten zu ändern, können im Ergebnis nicht überzeugen. Anders als noch im Kontext der Entscheidungen in den Rechtssachen Jégo-Quéré bzw. Unión de Pequeños Agricultores ging es hier nämlich nicht um eine richterrechtliche Fortentwicklung der Vertragsvorschriften zum Individualrechtsschutz, und schon gar nicht um die Herbeiführung eines »Wegfalls der in diesem Vertrag ausdrücklich vorgesehenen Voraussetzungen« im Hinblick auf die Zulässigkeit einer Individualnichtigkeitsklage,[150] sondern um eine vom Wortlaut der einschlägigen Bestimmung vollständig gedeckte rechtsschutzkonforme Auslegung von Art. 263 Abs. 4 Alt. 3 AEUV, die auch im Falle eines extensiveren Verständnisses in keinem Falle mit dem vorgenannten Verbot in Konflikt geraten wäre.[151] Art. 47 GRC hindert die Unionsgerichte nämlich nicht daran, bestehende Regelungen zum Rechtsschutz im Sinne der Gewährleistung eines effektiven Rechtsschutzes auszulegen, sofern hierdurch nicht deren Wortlaut überdehnt wird.

Die **methodisch angreifbare Vorgehensweise des Gerichtshofes** spricht für die An- **79** nahme, dass es in der Rechtsmittelentscheidung letztlich wohl primär darum ging, die Abgrenzung der Zuständigkeiten zwischen Gerichtshof und EuG in dem Sinne zu regeln, dass eine Übernahme der »verfassungsgerichtlichen« Aufgabe der Normenkontrolle durch das EuG nach der Lissabonner Vertragsreform auf das kleinstmögliche Maß beschränkt wird. Demgemäß soll das EuG im direkten Rechtsschutz neben der Prüfung von Einzelakten (Art. 263 Abs. 4 Alt. 1 und 2 AEUV) lediglich substantiell unerhebliche »echte« Normen (Rechtsakte ohne Gesetzgebungscharakter, mit denen nur »nicht wesentliche Vorschriften« erlassen werden dürfen, Art. 290 Abs. 1 UAbs. 1 AEUV) zur Prüfung erhalten.[152]

Im Ergebnis besteht **auch nach der Inuit-Entscheidung des EuGH grundsätzlich eine** **80** **Rechtsschutzlücke** für den Individualkläger bei Gesetzgebungsakten, die mangels nationaler Umsetzungs- bzw. Durchführungsmaßnahmen innerstaatlich grundsätzlich nicht über die Gültigkeitsvorlage nach Art. 267 Abs. 1 Buchst. b Alt. 1 AEUV angegriffen werden können.[153] Der Gerichtshof nimmt hier ausdrücklich die Mitgliedstaaten in die Pflicht, auf der Ebene des nationalen Rechtsschutzes die geeigneten Instrumente zu schaffen, um diesem Dilemma abzuhelfen. Die daraus folgenden Pflichten schränkt der Gerichtshof jedoch ein: Weder durch Art. 19 EUV noch durch den AEUV sollten »zusätzlich zu den nach nationalem Recht bestehenden Rechtsbehelfen neue Klagemöglich-

---

[149] *Pechstein*, Keine Individualnichtigkeitsklage gegen Gesetzgebungsakte, fireu-Newsletter Nr. 16/2013, abrufbar unter: http://www.europa-uni.de/de/forschung/institut/institut_fireu/newsletter/index.html (11.1.2016).
[150] EuGH, Urt. v. 3.10.2013, Rs. C–583/11 P (Inuit Tapiriit Kanatami u.a./Parlament und Rat), ECLI:EU:C:2013:625, Rn. 98 ff.
[151] Ähnlich kritisch bereits *Nowak/Behrend*, EuR 2014, 96 (98). In diesem Sinne – in Bezug auf die vergleichbare Argumentationsweise des EuG – bereits *Thalmann*, EuR 2012, 452 (465).
[152] *Pechstein*, (Fn. 149).
[153] In diesem Sinne – unter Bezugnahme auf die erstinstanzliche Entscheidung – bereits *Petzold*, EuR 2012, 443 (449).

keiten zur Wahrung des Unionsrechts vor den nationalen Gerichten geschaffen werden«.[154] Anders sei dies nur, wenn das bestehende System der nationalen Rechtsbehelfe keine Wahrung der dem Einzelnen aus dem Unionsrecht zustehenden Rechte erlaube,[155] insbesondere, wenn die einzige Möglichkeit für den Einzelnen, Zugang zu einem Gericht zu erlangen darin bestünde, eine Rechtsverletzung begehen zu müssen. Für die deutsche Rechtsordnung wird insoweit in erster Linie ein Rückgriff auf die allgemeine Feststellungsklage nach § 43 VwGO in Betracht kommen, über die ein Zugang zum Vorlageverfahren nach Art. 267 AEUV auch bei solchen Rechtsakten mit self-executing Charakter gewährleistet ist, die nach der Inuit-Rechtsprechung nunmehr nicht über Art. 263 Abs. 4 Alt. 3 AEUV unmittelbar vor den Unionsgerichten angreifbar sind.[156] Sofern die deutschen Verwaltungsgerichte diesen Weg in der gerichtlichen Praxis nicht gehen sollten, müsste der Gesetzgeber allerdings eine neue Verfahrensmöglichkeit schaffen.[157]

(2) »die [...] keine Durchführungsmaßnahmen nach sich ziehen«

81   Ein normativer, als »Rechtsakt mit Verordnungscharakter« zu klassifizierender Rechtsakt kann nur dann zulässiger Klagegegenstand der dritten Alternative sein, wenn er »keine Durchführungsmaßnahmen nach sich zieh[t]«. Dieses Merkmal stellt **das entscheidende Instrument zur tatbestandlichen Aussonderung von allgemein geltenden normativen Rechtsakten** dar, bei denen die in den Rechtssachen Jegó-Queré und Union de Pequeños Agricultores aufgezeigte Rechtsschutzlücke gerade nicht besteht.[158] Wie inzwischen von der Großen Kammer des Gerichtshofs in der Rechtsmittelentscheidung in der Rechtssache Telefónica auf der Grundlage eines gleichlautenden Votums der Generalanwältin *Kokott* höchstrichterlich bestätigt werden an dieser Stelle **diejenigen Rechtsakte mit normativem Charakter ausgesondert, die schon mittelbar über Durchführungsrechtsakte angreifbar wären** und bei denen folglich schon von vornherein kein Bedürfnis besteht, unmittelbaren Rechtsschutz über Art. 263 AEUV zu gewähren.[159] Die Frage, ob der angefochtene Rechtsakt mit Verordnungscharakter den nationalen Behörden beim Erlass von Durchführungsmaßnahmen einen Ermessensspielraum belässt oder nicht, ist von der Rechtsprechung in diesem Zusammenhang konsequenterweise als irrelevant eingestuft worden.[160] Insoweit kommt es im Ergebnis nur darauf an, ob der fragliche Rechtsakt in einem formalen Sinne einen self-executing Charakter hat oder nicht.

82   Dieses zusätzliche Tatbestandsmerkmal ist folglich auf die Intention der Vertragsverfasser zurückzuführen, durch Art. 263 Abs. 4 Alt. 3 AEUV nur diejenigen Fallkonstellationen zu erfassen, in denen eine Klage von Privatpersonen gegen einen (allgemein geltenden) normativen Rechtsakt, der eine Belastungswirkung gegenüber den Norm-

---

[154] EuGH, Urt. v. 3.10.2013, Rs. C–583/11 P (Inuit Tapiriit Kanatami u.a./Parlament und Rat), ECLI:EU:C:2013:625, Rn. 103.
[155] EuGH, Urt. v. 3.10.2013, Rs. C–583/11 P (Inuit Tapiriit Kanatami u.a./Parlament und Rat), ECLI:EU:C:2013:625, Rn. 104.
[156] Ausführlich zu den Einzelheiten *Lenz/Staeglich*, NVwZ 2004, 1421 (1425 ff.).
[157] *Pechstein*, (Fn. 149).
[158] In diesem Sinne schon *Cremer*, DÖV 2010, 58 (65); ebenso *Görlitz/Kubicki*, EuZW 2011, 248 (251 f.).
[159] EuGH, Urt. v. 19.12.2013, Rs. C–274/12 P (Telefónica SA/Kommission), ECLI:EU:C:2013: 852, Rn. 27–29; Vgl. dazu die krit. Anmerkung von *Berrisch*, EuZW 2014, 228 (231 f.).
[160] EuG, Urt. v. 6.6.2013, Rs. T–279/11 (T&L Sugars Ltd. u.a./Kommission), Rn. 53.

adressaten bewirken kann, mangels unmittelbar und individuell betreffender Durchführungsmaßnahme nach altem Recht nur bei einer bewussten Rechtsverletzung durch den Kläger möglich gewesen wäre.[161] Das Merkmal der fehlenden Durchführungsmaßnahme reduziert die von Art. 263 Abs. 4 Alt. 3 AEUV erfassten anfechtbaren Rechtsakte damit faktisch auf die Fallgruppe der formellen unmittelbar betreffenden Rechtsakte (vgl. hierzu Rn. 100) außerhalb der Gesetzgebungsakte.[162]

Das Kriterium der fehlenden Durchführungsmaßnahmen stellt nach hier vertretener **83** Auffassung keine überflüssige Wiederholung des im Rahmen der Klageberechtigung im Lichte der individuellen Situation des Klägers zu prüfenden »Unmittelbarkeitskriteriums« dar[163] (vgl. auch die Ausführungen unter Rn. 148 ff.), da ersteres – losgelöst von der individuellen Situation des Klägers – anhand der objektiven Eigenarten des jeweils in Rede stehenden Rechtsakts im Einzelfall zu verifizieren ist. Insofern geht es hier lediglich um den **self-executing-Charakter der angegriffenen Bestimmung(en)**, was im Ergebnis dazu führt, dass damit jedenfalls sowohl Richtlinien als auch staatenadressierte Beschlüsse mit eventuell normativem Umsetzungsgehalt als Klagegegenstände der dritten Alternative ausscheiden.[164]

Die Frage, ob der Kläger in seiner speziellen Situation auch unmittelbar betroffen ist, **84** bleibt hingegen der Prüfung der Klageberechtigung vorbehalten. In der Rechtsprechung des EuGH wird diese Grenze zur Klageberechtigung in jüngeren Judikaten jedoch verwischt.[165] So stellte der Gerichtshof in den Rechtssachen Telefónica[166] und Stichting Woonlinie[167] im Kontext des Klagegegenstandsbegriffs konkret auf die Stellung des Klägers ab. Es kommt danach »auf die Stellung der Person [an], die sich auf ihre Klageberechtigung nach Art. 263 Abs. 4 AEUV letzter Satzteil beruft. Die Frage, ob der fragliche Rechtsakt Durchführungsmaßnahmen im Hinblick auf andere Personen nach sich zieht, spielt deshalb keine Rolle.«[168]

V. Richtiger Beklagter (Klagegegner)

Die Nichtigkeitsklage ist gegen das Unionsorgan bzw. gegen diejenige Einrichtung oder **85** sonstige Stelle der Union zu richten, das bzw. die den streitgegenständlichen Rechtsakt

---

[161] EuGH, Urt. v. 19.12.2013, Rs. C–274/12 P (Telefónica SA/Kommission), ECLI:EU:C:2013: 852, Rn. 27 unter ausdrücklicher Bezugnahme auf die Schlussanträge von GA *Kokott*; In diesem Sinne zuvor bereits *Frenz*, Handbuch Europarecht, Bd. 5, Rn. 2937 m. w. N.; vgl. auch *Görlitz/Kubicki*, EuZW 2011, 248 (251); Auf den historischen Kontext der Konventsberatungen, in deren Rahmen speziell diese Fallgruppe der Rechtsnormen mit self-executing Charakter in Rede stand, weist zutreffend schon *Kottmann*, ZaöRV 70 (2010), 547 (563), hin.

[162] Darauf weist zutreffend schon *Thiele*, EuR 2010, 30 (44), hin; vgl. auch *Last*, S. 188, sowie *Görlitz/Kubicki*, EuZW 2011, 248 (252).

[163] So im Ergebnis aber wohl *Pötters/Werkmeister/Traut*, EuR 2012, 546 (559).

[164] *Dörr*, in: Grabitz/Hilf/Nettesheim, EU, Art. 263 AEUV (November 2012), Rn. 88; *Görlitz/Kubicki*, EuZW 2011, 248 (251 f.).

[165] Auch *Leeb*, ZfRV 2014, 196 (205), sowie *Mächtle*, JuS 2015, 28 (31), interpretieren die Aussagen des EuGH dahingehend, dass er im Rahmen des Klagegegenstands konkret auf die Stellung des Klägers abstellt.

[166] EuGH, Urt. v. 19.12.2013, Rs. C–247/12 P (Telefónica SA/Kommission), ECLI:EU:C:2013: 852, mit Anm. *Berrisch*, EuZW 2014, 231.

[167] EuGH, Urt. v. 27.2.2014, Rs. C–133/12 P (Stichting Woonlinie u. a./Kommission), ECLI:EU: C:2014:105, Rn. 37.

[168] EuGH, Urt. v. 19.12.2013, Rs. C–247/12 P (Telefónica SA/Kommission), ECLI:EU:C:2013: 852, Rn. 30.

erlassen hat. Der Kreis der zulässigen Klagegegner ist dabei in Art. 263 Abs. 1 AEUV abschließend definiert.

86   Der Katalog der schon bisher zulässigen Klagegegner **Rat, Kommission, Europäisches Parlament** und **Europäische Zentralbank** als mögliche Urheber der anzugreifenden Handlung ist durch die Vertragsrevision von Lissabon zum einen um das »neue« Unionsorgan **Europäischer Rat** (Art. 263 Abs. 1 Satz 1 AEUV) erweitert worden. Zum anderen ist primärrechtlich durch Schaffung eines entsprechenden Auffangtatbestands erstmals auch die passive Parteifähigkeit von sog. »**Einrichtungen oder sonstigen Stellen der Union**« (Art. 263 Abs. 1 Satz 2 AEUV) geregelt worden.

87   Durch die Aufnahme dieser – durch abgeleitetes Unionsrecht begründeten – Einrichtungen und Stellen, womit in erster Linie die zuvor im vergemeinschafteten Bereich der Union gegründeten sog. Agenturen sowie auch Eurojust und Europol gemeint sind, hat der Vertrag von Lissabon – nicht zuletzt vor dem Hintergrund des stetig wachsenden Umfangs der Verlagerung von Aufgaben der EU-Organe hin zu derartigen Einrichtungen[169] – **eine zentrale Rechtsschutzlücke des vormaligen EG-Vertrages geschlossen.** Damit werden nunmehr die von diesen Einrichtungen und Stellen ausgeübten erheblichen operativen Befugnisse, die originäre Entscheidungsbefugnisse auch mit Rechtswirkungen gegenüber natürlichen und juristischen Personen mit sich bringen, auf der Ebene des Primärrechts der Jurisdiktionsgewalt des EuGH unterstellt. Gleichzeitig wird auf diese Weise der bisherigen Praxis Rechnung getragen, die dieses Defizit u. a. durch Begründung einer Zulässigkeit von Nichtigkeitsklagen gegen rechtserhebliche Handlungen auf der Grundlage des vormaligen Art. 230 EGV durch entsprechende Vorkehrungen im jeweiligen Einrichtungsakt der vorgenannten Einrichtungen und Stellen auszugleichen suchte.[170] Daneben trägt die Neuregelung auch der Rechtsprechung des EuG in der Rechtssache Sogelma Rechnung, mit der das Gericht eine analoge Heranziehung des vormaligen Art. 230 Abs. 4 EGV im Sinne eines »Auffangrechtsbehelfs« für den Fall in Betracht gezogen hat, dass es einer Agentur an einem spezifischen, sekundärrechtlich ausgestalteten Rechtsschutzregime mangelt.[171] Gleichzeitig wird über die Öffnungsklausel des Art. 263 Abs. 5 AEUV die bisherige sektoral-agenturspezifische Ausgestaltung des Rechtsschutzes gegen rechtserhebliches Handeln der Agenturen fortgeführt.[172]

88   Eine besondere Bedeutung kommt dem vorgenannten Auffangtatbestand daneben im Hinblick auf die Erfassung des **Rechnungshofs** als weiterem Organ der Union sowie des **Wirtschafts- und Sozialausschusses** und des **Europäischen Auswärtigen Dienstes** zu.

89   Bei **Beteiligung mehrerer Organe oder Einrichtungen am Erlass der anzufechtenden Handlung** kann die Ermittlung des richtigen Klagegegners problematisch sein. Grund-

---

[169] Ausführlich dazu *Kühling*, EuZW 2008, 129; *Saurer*, EuR 2010, 51 (53 f.); *Gundel*, EuR 2009, 383.

[170] So bestehen bei einer Vielzahl der heute existierenden Agenturen auf der Grundlage des jeweiligen Gründungsrechtsakts sektoral ausdifferenzierte, gestufte Rechtsschutzsysteme, die im Anschluss an verwaltungs(agentur-)interne Beschwerdeverfahren Rechtsmittel zu den Unionsgerichten vorsehen. Daneben existieren auch Modelle ohne agenturinternes Vorverfahren, die ein unmittelbares Klagerecht von Betroffenen vor den Unionsgerichten vorsehen (vgl. dazu ausführlich *Saurer*, DVBl 2009, 1021 [1023 f.]).

[171] EuG, Urt. v. 8. 10. 2008, Rs. T–411/06 (Sogelma/Europäische Agentur für den Wiederaufbau), Slg. 2008, II–2771, Rn. 37 ff.; vgl. dazu auch die Urteilsbesprechungen von *Gundel*, EuR 2009, 383 und *Saurer*, DVBl 2009, 1021.

[172] *Saurer*, DVBl 2009, 1021 (1026 f); vgl. hierzu auch *Dörr*, in: Grabitz/Hilf/Nettesheim, EU, Art. 263 AEUV (November 2012), Rn. 111 ff.

sätzlich ist in diesem Zusammenhang nach zutreffender Ansicht darauf abzustellen, wem die anzufechtende Handlung letztverantwortlich zuzurechnen ist.[173]

Im Falle der Übertragung von Hoheitsbefugnissen durch ein Organ auf eine unter- **90** geordnete Behörde hat der Gerichtshof den Grundsatz geprägt, dass verbindliche Entscheidungen der untergeordneten Stelle als Handlungen des delegierenden Hauptorgans zu betrachten sind, sofern erstere ihre Befugnisse von letzterer herleiten und die anzufechtende Entscheidung sich in tatsächlicher Hinsicht als letztinstanzliche Verwaltungsentscheidung darstellt.[174]

Wendet sich der Kläger **gegen einen »Gesetzgebungsakt«** (Art. 289 Abs. 3 AEUV; **91** früher: »gemeinsame Handlung von Rat und Parlament«), so ist die Klage gegen diejenigen Organe (in der Regel Rat und Parlament) zu richten, die den Rechtsakt (gegebenenfalls gemeinsam) verabschiedet haben. Bei einem im Rahmen des ordentlichen Gesetzgebungsverfahrens nach Art. 294 AEUV verabschiedeten Gesetzgebungsakt ist die Klage vor dem Hintergrund der gleichberechtigten Mitwirkung von Rat und Parlament insofern gegen beide Organe zu richten.

VI. Klageberechtigung

Art. 263 AEUV regelt die Voraussetzungen, unter denen die Mitgliedstaaten, ausge- **92** wählte Unionsorgane sowie natürliche und juristische Personen die Nichtigerklärung von Rechtshandlungen der Unionsorgane herbeiführen können. Dabei gelten für die in den Absätzen 2 bis 5 genannten Klägergruppen unterschiedliche Sachurteilsvoraussetzungen einer Klageerhebung.

1. Die privilegierten Kläger nach Art. 263 Abs. 2 AEUV

Die **Mitgliedstaaten**, das **Europäische Parlament**, der **Rat** und die **Kommission** müssen **93** als privilegierte Kläger keine Klageberechtigung und damit keine Betroffenheit in eigenen Rechten oder Interessen nachweisen. Dies gilt gleichermaßen für den Fall, dass ein Mitgliedstaat gemäß Art. 8 Subsidiaritätsprotokoll – sei es im eigenen Namen, sei es auf Veranlassung des jeweiligen nationalen Parlaments – eine Subsidiaritätsklage erhebt bzw. »übermittelt« (s. dazu Rn. 33 ff.). Die Nichtigkeitsklage ermöglicht insoweit **ein rein objektives Beanstandungsverfahren zur unionsgerichtlichen Legalitätskontrolle organschaftlicher Handlungen**.[175] In diesem Zusammenhang wird den Mitgliedstaaten, dem Europäischen Parlament, dem Rat und der Kommission eine objektive Hüterstellung bei der Wahrung des Unionsrechts eingeräumt. Diese privilegiert Klageberechtigten können daher jede Rechtshandlung eines Unionsorgans mit der Nichtigkeitsklage anfechten, ohne eine besondere subjektive Betroffenheit geltend machen zu müssen. Das gilt selbst in den Fällen, in denen der Kläger am Rechtsetzungsverfahren mitgewirkt hat.[176] Den privilegiert Klageberechtigten kommt damit die Möglichkeit zur Einleitung eines objektiven Normenkontrollverfahrens zu.

---

[173] *Rengeling/Middeke/Gellermann*, Rechtsschutz in der EU, § 7, Rn. 22.
[174] EuGH, Urt. v. 17. 7. 1959, verb. Rs. 32/58 u. 33/58 (Société nouvelle des usines de Pontlieue/ Hohe Behörde der EGKS), Slg. 1959, 287.
[175] EuGH, Urt. v. 12. 7. 1979, Rs. 166/78 (Italien/Rat), Slg. 1979, 2575, Rn. 6.
[176] EuGH, Urt. v. 31. 3. 1971, Rs. 22/70 (Kommission/Rat), Slg. 1971, 263, Rn. 56/58.

2. Die teilprivilegierten Kläger nach Art. 263 Abs. 3 AEUV

94   Die Klageberechtigung des **Rechnungshofs**, der **EZB** sowie – seit Inkrafttreten des Vertrags von Lissabon – auch des **Ausschusses der Regionen** (teilprivilegierte Kläger) ist in Absatz 3 geregelt.[177] Dieser Klägergruppe steht eine Klageberechtigung nur unter der besonderen Voraussetzung zu, dass ihre Klage »auf die Wahrung ihrer Rechte« abzielt. Art. 263 Abs. 3 AEUV regelt daher **ein kombiniertes Organstreit-**[178] **und Normenkontrollverfahren.** Unter »Rechten« im Sinne von Art. 263 Abs. 3 AEUV sind nicht subjektiv-öffentliche Rechte, sondern **(supranational-hoheitliche, organschaftliche) Befugnisse aus eigenen Vertragskompetenzen** zu verstehen. Entsprechend können Klagen der teilprivilegierten Kläger nur auf solche Klagegründe im Sinne von Art. 263 Abs. 2 AEUV gestützt werden, aus denen sich eine Verletzung ihrer Befugnisse ergibt. Klagegründe und Klageberechtigung müssen also aufeinander bezogen sein. Die Klageberechtigung liegt nach ständiger Rechtsprechung[179] vor, wenn die vorgenannten Organe bzw. Institutionen den Gegenstand ihrer zu schützenden Befugnis und die behauptete Verletzung dieser Befugnis schlüssig, das heißt substantiiert für den konkreten Fall, darlegen.[180] In der Praxis betrifft dies regelmäßig die behauptete Verletzung von Anhörungs-, Beteiligungs- und Informationsrechten.[181] Im Hinblick auf die EZB kommt als mögliche Befugnisverletzung die Beeinträchtigung des in Art. 130 AEUV vorgesehenen Weisungs- und Beeinflussungsverbots durch die Unionsorgane in Betracht.

3. Natürliche und juristische Personen als nichtprivilegierte Kläger nach Art. 263 Abs. 4 AEUV

a) An den Kläger gerichtete Handlung (Art. 263 Abs. 4 Alt. 1 AEUV)

95   Natürliche und juristische Personen können an sie gerichtete Handlungen[182] nach Art. 263 Abs. 4 Alt. 1 AEUV anfechten, ohne dass besondere Feststellungen über ihre Betroffenheit erforderlich sind. Der Adressat einer Handlung, bei der es sich in aller Regel um einen adressatenbezogenen Beschluss[183] i. S. d. Art. 288 Abs. 4 Satz 2 AEUV handeln dürfte, braucht zur Begründung der Klageberechtigung **keine besonderen subjektiven Umstände** darzulegen, er ist also immer klageberechtigt, da in einem solchen Falle eine unmittelbare und individuelle Betroffenheit des Klägers vermutet werden kann. Wird eine Individualnichtigkeitsklage nach Art. 263 Abs. 4 Alt. 1 AEUV erhoben, erübrigen sich folglich Ausführungen zur Klageberechtigung. Hinsichtlich der Klageberechtigung von juristischen Personen können sich jedoch Besonderheiten dann

---

[177] Die Neuregelung in Absatz 5 wurde durch die Lissabonner Vertragsrevision eingefügt.

[178] Die Voraussetzungen der Klageberechtigung dieser Organe bzw. Institutionen sind mit denjenigen der Antragsberechtigung oberster Bundesorgane im Rahmen von Organstreitigkeiten vergleichbar. Auch Art. 93 Abs. 1 Nr. 1 GG setzt voraus, dass der Antragsteller »geltend macht, dass er […] durch eine Maßnahme in seinen […] Rechten [… verletzt […] ist« (§ 64 Abs. 1 BVerfGG).

[179] EuGH, Urt. v. 13.7.1995, Rs. C–156/93 (Parlament/Kommission), Slg. 1995, I–2019, Rn. 10.

[180] EuGH, Urt. 2.3.1994, Rs. C–316/91 (Parlament/Rat), Slg. 1994, I–625, Rn. 13; Urt. v. 13.7.1995, Rs. C–156/93 (Parlament/Kommission), Slg. 1995, I–2019, Rn. 10.

[181] Ausführlich zu den hier in Betracht kommenden jeweiligen Befugnisse der betroffenen Klägergruppe *Dörr*, in: Grabitz/Hilf/Nettesheim, EU, Art. 263 AEUV (November 2012), Rn. 54.

[182] Die Vorgängerregelung des Art. 230 Abs. 4 EGV sprach in diesem Zusammenhang noch von den »an sie ergangenen Entscheidungen«.

[183] Vgl. zur diesbezüglich neuen Terminologie nach der Vertragsrevision von Lissabon *Frenz*, Handbuch Europarecht, Bd. 5, Rn. 1209, der zwischen adressatenbezogenen (Art. 288 Abs. 4 Satz 2 AEUV) und adressatenunabhängigen Beschlüssen (Art. 288 Abs. 4 Satz 1 AEUV) unterscheidet.

ergeben, wenn eine Handlung an die Tochtergesellschaft eines Konzerns gerichtet wird.[184]

b) Den Kläger unmittelbar und individuell betreffende Handlungen (Art. 263 Abs. 4 Alt. 2 AEUV)

Anders stellt sich die Situation dann dar, wenn sich der Kläger gegen einen **nicht an ihn** **96** **adressierten Rechtsakt** wendet. Die Neuregelung des Art. 263 Abs. 4 AEUV unterscheidet nunmehr zwischen »Handlungen«, die vom Individualkläger anfechtbar sind, sofern er eine »unmittelbare und individuelle Betroffenheit« dartun kann (Art. 263 Abs. 4 Alt. 2 AEUV), und der Anfechtung von »Rechtsakten mit Verordnungscharakter, die keine Durchführungsmaßnahmen nach sich ziehen« und die den Kläger »unmittelbar« betreffen müssen (Art. 263 Abs. 4 Alt. 3 AEUV).[185] Insofern übernimmt die Neuregelung zumindest im Hinblick auf die vorgenannte zweite Alternative des Art. 263 Abs. 4 AEUV die bereits in Art. 230 Abs. 4 EGV normierten und von der Rechtsprechung näher ausgestalteten Kriterien für die Begründung einer Klageberechtigung, die den Zweck eines **Ausschlusses der Popularklage** verfolgen. Eine »Handlung« kann folglich durch den Individualkläger im Rahmen der zweiten Alternative nur dann angefochten werden, wenn dieser durch sie unmittelbar und individuell betroffen ist. Das sowohl auf die zweite als auch auf die dritte Alternative von Art. 263 Abs. 4 AEUV Anwendung findende Betroffenheitsmerkmal beantwortet dabei die Frage, ob die angefochtene Maßnahme sich überhaupt beschwerend auf die Rechtsstellung des Klägers auswirkt. Die Merkmale der individuellen und unmittelbaren Betroffenheit im Sinne der zweiten Alternative von Art. 263 Abs. 4 AEUV dienen hingegen der für die Klageberechtigung entscheidenden Konkretisierung, wie sich der Rechtsakt auf die Rechtsstellung des Klägers in tatsächlicher Hinsicht auswirkt.

aa) »Betroffenheit« i. S. d. Art. 263 Abs. 4 Alt. 2 AEUV

Das Betroffensein des Klägers wird durch seine aufgrund des Rechtsaktes bewirkte **97** rechtliche Beschwer ausgefüllt. Die Beschwer kann dabei in jeder denkbaren Art und Weise erfolgen, soweit sie nur individuell und unmittelbar auf den Kläger wirkt. Aus dem Begriff »Betroffenheit« selbst ergibt sich aber nicht unmittelbar, in welcher Weise diese Beeinträchtigung der klägerischen Position erfolgen muss, um die Klageberechtigung zu begründen. Der Gerichtshof legt den Begriff der Betroffenheit – nach deutschem Verständnis – in Anlehnung an das französische Verwaltungsprozessrecht weit aus. Zulässigkeitsvoraussetzung der praktisch wichtigsten verwaltungsgerichtlichen Klageart in Frankreich, des »recours pour excès de pouvoir«, ist eine hinreichende Geltendmachung des rechtlichen, wirtschaftlichen oder ideellen Interesses an der Legalitätskontrolle des Verwaltungshandelns (»interêt pour agir«).[186] Im Gegensatz zu § 42 Abs. 2 VwGO ist im französischen Verwaltungsprozessrecht nicht erforderlich, dass der Kläger in seinen subjektiven Rechten verletzt ist, sondern es genügt sein tatsächliches Interesse an der Aufhebung der gerügten Maßnahme. An dieses Verständnis knüpft der Gerichtshof bei seiner Auslegung der »Betroffenheit« an, wenn er – im

---

[184] Dazu ausführlich *Dörr*, in: Grabitz/Hilf/Nettesheim, EU, Art. 263 AEUV (November 2012), Rn. 58.

[185] Vgl. allgemein zur Restrukturierung des Individualrechtsschutzes nach der Lissaboner Vertragsrevision *Kottmann*, ZaöRV 70 (2010), 547.

[186] *Classen* (Fn. 8), S. 57 ff.

Gegensatz zum deutschen Recht – nicht auf eine mögliche subjektive Rechtsverletzung des Klägers abstellt, sondern darauf, ob die angegriffene Handlung geeignet ist, sich auf die Rechtsstellung des Klägers auszuwirken.[187] Der Nichtigkeitskläger muss somit zum Nachweis seiner Betroffenheit ein noch bestehendes Interesse an der Aufhebung des angefochtenen Rechtsaktes darlegen; die Aufhebung muss für ihn noch »vorteilhafte Rechtsfolgen« haben können.[188]

98   Zum Nachweis seiner Betroffenheit muss der Kläger darlegen, dass sich die im Wege der Nichtigkeitsklage angegriffene Maßnahme auf seine Rechtsstellung auswirkt.[189] Der Kläger hat bereits in der Zulässigkeitsstation den Nachweis seiner Betroffenheit zu erbringen, die Geltendmachung einer nur möglichen Beeinträchtigung genügt im Gegensatz zu § 42 Abs. 2 VwGO nicht. Dieser Nachweis dient dem Ausschluss derjenigen Personen aus dem Kreis der Klageberechtigten, für welche der betreffende Unionsrechtsakt rechtlich neutral ist.[190] Diesem Zweck wird entsprochen, wenn der Kläger durch den Nachweis der Beeinträchtigung seiner Rechtsstellung seine Zugehörigkeit zum Kreis der durch die Maßnahme materiell beschwerten Personen darlegt. Eine besondere Schutzwürdigkeit muss das beeinträchtigte Interesse dagegen nicht aufweisen.

99   Zur Annahme der Klageberechtigung genügt jedoch nicht, dass die Interessen des Klägers »irgendwie berührt« werden.[191] Vielmehr muss der angefochtene Rechtsakt durch seine Wirkungen den Interessenkreis des Klägers qualifiziert beeinträchtigen. Der Prüfungsmaßstab dieser qualifizierten Betroffenheit konkretisiert sich nach Maßgabe der in Bezug auf den Klagegegenstand »Handlungen« unverändert weiter geltenden Merkmale »unmittelbar« und »individuell« (Art. 263 Abs. 4 Alt. 2 AEUV) bzw. im Hinblick auf den Klagegegenstand »Rechtsakte mit Verordnungscharakter« lediglich nach Maßgabe des Merkmals »unmittelbar« (Art. 263 Abs. 4 Alt. 3 AEUV).

bb)   »Unmittelbarkeit« der Betroffenheit i. S. d. Art. 263 Abs. 4 Alt. 2 AEUV

100   Art. 263 Abs. 4 Alt. 2 AEUV setzt – wie schon die Vorgängerbestimmung des Art. 230 Abs. 4 Alt. 2 EGV – eine unmittelbare Betroffenheit des Klägers durch die anzufechtende Handlung voraus. An dieser prozessrechtlichen Anforderung hat sich auch durch die Lissabonner Vertragsrevision nichts geändert.[192] Der Nichtigkeitskläger ist durch eine Unionshandlung nach ständiger Rechtsprechung dann unmittelbar betroffen, wenn sich die beanstandete Maßnahme auf seine Rechtsstellung unmittelbar auswirkt und sie ihrem Adressaten keinerlei Ermessensspielraum lässt, ihre Umsetzung vielmehr rein automatisch erfolgt und sich allein aus der Unionsregelung ohne Anwendung anderer Durchführungsvorschriften ergibt.[193] Eine **formelle unmit-**

---

[187] Vgl. etwa EuG, Beschl. v. 10.12.2013, Rs. T–492/12 (von Storch u. a./EZB), ECLI:EU:T:2013: 702, Rn. 34.

[188] EuG, Beschl. v. 17.10.2005, Rs. T–28/02, (First Data Corp. u. a./Kommission), Slg. 2005, II– 4119, Rn. 39.

[189] EuG, Beschl. v. 10.12.2013, Rs. T–492/12 (von Storch u. a./EZB), ECLI:EU:T:2013:702, Rn. 32; Beschl. v. 21.9.2011, Rs. T–346/10 (Borax Europa Ltd/ECHA), Slg. 2011, II–6629, Rn. 22, jeweils m. w. N.

[190] v. Burchard, EuR 1991, 140 (146 f.).

[191] EuGH, Urt. v. 7.10.1982, Rs. 250/81 (Greek Canners/Kommission), Slg. 1982, 3535, Rn. 11.

[192] Vgl. etwa EuG, Beschl. v. 6.9.2011, Rs. T–18/10 (Inuit Tapiriit Kanatami u. a./Parlament und Rat), Slg. 2011, II–5599, Rn. 68, 71, wo das EuG ausdrücklich auf die bisherige Rechtsprechung Bezug nimmt.

[193] EuG, Beschl. v. 10.12.2013, Rs. T–492/12 (von Storch u. a./EZB), ECLI:EU:T:2013:702, Rn. 32 mit zahlreichen weiteren Nachweisen.

telbare Betroffenheit[194] des Klägers liegt folglich dann vor, wenn sich die Unionshandlung selbst und nicht erst ein ihrer Folge hinzutretende Durchführungsmaßnahme auf seine Rechtsstellung auswirkt. Eine unmittelbare Betroffenheit kann daher ohne Weiteres angenommen werden, wenn die belastende endgültige und erschöpfende Regelung bereits im Unionsrechtsakt enthalten ist und ein weiterer unionsrechtlicher oder mitgliedstaatlicher Vollzugsakt nicht erforderlich ist, z. B. wenn zwischen der Handlung und der Beeinträchtigung der Wettbewerbsstellung des Individualklägers ein unmittelbarer Kausalzusammenhang besteht.[195]

Ist dagegen zum Vollzug der in dem Rechtsakt vorgesehenen Rechtsfolge noch ein **101** weiterer Umsetzungs- oder Durchführungsakt auf nationaler Ebene bzw. auf der Ebene der Union erforderlich und wird den zuständigen Organen dabei ein eigener Ermessensspielraum eingeräumt, so liegt grundsätzlich keine Unmittelbarkeitsbeziehung zwischen Unionsrechtsakt und klägerischer Betroffenheit vor. Der Kläger kann in derartigen Fällen freilich den nationalen Umsetzungs- bzw. Durchführungsakt vor den innerstaatlichen Gerichten anfechten.

In der Unionsrechtspraxis ergeben sich jedoch häufig Konstellationen, in denen die **102** Unionsmaßnahme zur Verwirklichung ihrer Rechtsfolgen zwar eines weiteren Umsetzungsaktes bedarf, dieser jedoch entweder zwingend ergehen muss oder sich mit großer Wahrscheinlichkeit voraussehen lässt, dass und in welcher Weise sich der spätere Ausführungsakt auf die Rechtsstellung des Klägers auswirken wird (**materielle unmittelbare Betroffenheit**[196]). In diesen Fällen materieller Unmittelbarkeit hat der Gerichtshof in seiner bisherigen, auf den vormaligen Art. 230 Abs. 4 EGV bezogenen, aber gleichwohl weiterhin Geltung beanspruchenden Rechtsprechung eine Klageberechtigung natürlicher und juristischer Personen bejaht. Dieser Ansatz führt dazu, dass im Einzelfall auch solche Unionsrechtsakte angegriffen werden können, die keine formelle Unmittelbarkeitsbeziehung zwischen klägerischer Betroffenheit und Unionsmaßnahme aufweisen, weil der angefochtene Rechtsakt zur Umsetzung noch eines Zwischenaktes bedarf. Dies ist insbesondere der Fall, wenn:

– **die mitgliedstaatliche Maßnahme zwingende Folge des Unionsrechtsaktes** ist, da diese den nationalen Behörden bei der Umsetzung oder Durchführung keinen eigenen Ermessensspielraum einräumt und der Erlass der beanstandeten Maßnahme damit automatisch erfolgt[197] (**agency-Situation**[198]),

– ein **Abweichen des Mitgliedstaates von der unionsrechtlichen Maßnahme nicht zu erwarten ist** (z. B. wenn der Unionsrechtsakt erst aufgrund eines entsprechenden Antrags des Mitgliedstaates ergeht, weil der Mitgliedstaat sich bereits entsprechend festgelegt hat[199] oder die an den Dritten ergangene Entscheidung quasi zur Bedingung einer weiteren Maßnahme gegenüber dem Kläger gemacht wird[200])

– **der Mitgliedstaat den Durchführungsakt bereits erlassen hat** (z. B. formell rechtswidrige Beihilfe).

---

[194] *Allkemper*, Der Rechtsschutz des einzelnen nach dem EG-Vertrag, 1995, S. 77. *Löw*, Der Rechtsschutz des Konkurrenten gegenüber Subventionen aus gemeinschaftsrechtlicher Sicht, 1992, S. 160.

[195] EuG, Urt. v. 11.7.1996, Rs. T–528/93 u. a. (Métropole Télévision u. a./Kommission), Slg. 1996, II–649, Rn. 64.

[196] *Allkemper* (Fn. 194), S. 77.

[197] EuGH, Urt. v. 5.5.1998, Rs. C–386/96 P (Dreyfus/Kommission), Slg. 1998, I–2309, Rn. 43.

[198] EuGH, Urt. v. 26.6.1990, Rs. C–152/88 (Sofrimport/Kommission), Slg. 1990, I–2477, Rn. 9.

[199] EuGH, Urt. v. 17.1.1985, Rs. 11/82 (Piraiki-Patraiki/Kommission), Slg. 1985, 207, Rn. 9.

[200] EuGH, Urt. v. 5.5.1998, Rs. C–386/96 (Dreyfus/Kommission), Slg. 1998, I–2309, Rn. 51.

Dies hat das EuG in der Rechtssache Japan Tobacco[201] zusammenfassend ausdrücklich bestätigt. Derartige Konstellationen liegen besonders häufig bei Konkurrentenklagen vor (siehe unten Rn. 122 ff.). Der Kategorie der materiellen Unmittelbarkeit sind im Schrifttum daneben Maßnahmen zugeordnet worden, die zwar in formaler Hinsicht eines Durchführungsrechtsaktes bedürfen, faktisch aber bereits mit ihrem Erlass eine vergleichbare Wirkung wie die Umsetzungsmaßnahmen entfalten bzw. vorwegnehmen.[202]

103   In den Fällen der Anfechtung einer Verordnung stellt sich die **Frage nach dem Verhältnis zwischen der unmittelbaren Betroffenheit als prozessrechtlicher Kategorie und der unmittelbaren Geltung von Verordnungen** gemäß Art. 288 Abs. 2 AEUV als materiellrechtlicher Kategorie. Dabei gilt Folgendes: Aus der unmittelbaren Geltung einer Verordnung lässt sich nicht zwingend auf die unmittelbare Betroffenheit nach Art. 263 Abs. 4 Alt. 2 AEUV schließen.[203] Die unmittelbare Betroffenheit in Art. 263 Abs. 4 Alt. 2 AEUV liegt nämlich nur dann vor, wenn sich der Rechtsakt selbst und nicht nur ein nach Ermessen ergehender Durchführungsakt auf die Rechtsstellung des Klägers auswirkt (Rn. 100 ff.). Verordnungen können jedoch auch Durchführungsermächtigungen für die nationalen Verwaltungen zum Erlass konkretisierender Verwaltungsakte enthalten (sog. hinkende Verordnungen). In diesem Fall hat die Verordnung zwar ebenfalls unmittelbare Geltung,[204] es liegt jedoch nur dann eine unmittelbare Betroffenheit in Gestalt der materiellen unmittelbaren Betroffenheit vor, wenn der Verwaltungsakt als gebundene Entscheidung ergeht, also kein Ermessen der nationalen Verwaltung besteht (materielle unmittelbare Betroffenheit). Die unmittelbare Betroffenheit ist folglich jedenfalls in jenen Fällen zu prüfen, in denen sich die angegriffene Verordnungsbestimmung trotz ihrer unmittelbaren Geltung nicht selbst auf die Rechtsstellung des Klägers auswirkt, sondern lediglich die Möglichkeit zum Erlass von Durchführungsakten eröffnet. Steht jedoch unzweifelhaft eine Beeinträchtigung durch die Verordnung selbst in Streit, weil diese keinen Durchführungsakt vorsieht, sondern dem Kläger unmittelbar Pflichten auferlegt oder Rechte nimmt, so genügt zur Feststellung der unmittelbaren Betroffenheit in Gestalt der formellen unmittelbaren Betroffenheit der Hinweis auf die Wirkung nach Art. 288 Abs. 2 AEUV; die unmittelbare Betroffenheit folgt hier (ausnahmsweise) direkt aus der unmittelbaren Geltung.

104   Bei der unter dem neuen Handlungsbegriff des Art. 263 Abs. 4 Alt. 2 AEUV nunmehr grundsätzlich möglichen **Anfechtung von Richtlinien**, die nach altem Recht als Anfechtung von »Entscheidungen im Gewande einer Richtlinie« erfolgte, ergeben sich im Hinblick auf die unmittelbare Betroffenheit Besonderheiten gegenüber der Anfechtung von Verordnungsbestimmungen. Dies betrifft die Bedeutung der ausnahmsweisen unmittelbaren Wirkung von Richtlinienbestimmungen.[205] Anders als Verordnungen sind

---

[201] EuG, Beschl. v. 10. 9. 2002, Rs. T–223/01 (Japan Tobacco), Slg. 2002, II–3259, Rn. 45 f.

[202] In diesem Sinne etwa *Steinbach*, EuZW 2014, 159 (160) in Bezug auf gegen den sog. OMT-Beschluss der EZB gerichtete Direktklagen, die mit dem Hinweis auf eine fehlende unmittelbare Betroffenheit der Individualkläger vom EuG für unzulässig erklärt worden sind (EuG, Beschl. v. 10. 12. 2013, Rs. T–492/12 [von Storch u. a./EZB],). Die Besonderheit des angefochtenen, von den nationalen Zentralbanken umzusetzenden OMT-Beschlusses lag aber genau darin, dass bereits sein Erlass die gewünschte Beeinflussung der Finanzmärkte bewirkte, ohne dass es hierfür weiterer Umsetzungsmaßnahmen bedurft hätte.

[203] Diese Kategorien zu pauschal gleichsetzend aber wohl *Schwarze*, in: Schwarze, EU-Kommentar, Art. 263 AEUV, Rn. 45.

[204] Vgl. hierzu *Haratsch/Koenig/Pechstein*, Europarecht, Rn. 333.

[205] Vgl. dazu grundsätzlich *Haratsch/Koenig/Pechstein*, Europarecht, Rn. 388 ff.

Richtlinien durchgängig umsetzungsbedürftige Rechtsakte, sodass es sich von vornherein nicht um einen Fall der formellen, sondern allenfalls der materiellen unmittelbaren Betroffenheit handeln kann. Der Anfechtung mit der Individualnichtigkeitsklage zugänglich waren unter der Geltung von Art. 230 Abs. 4 EGV bislang nur solche Richtlinienbestimmungen, die sich entweder materiell ausschließlich als Entscheidungen darstellten (Scheinrichtlinien) oder Richtlinienbestimmungen, die trotz ihrer grundsätzlich allgemeinen Geltung ausnahmsweise zusätzlich den Kläger unmittelbar und individuell betrafen (Hybridrichtlinien). Diese unter der Geltung des vormaligen Art. 230 Abs. 4 EGV herausgearbeiteten Fallgruppen bilden auch unter der Geltung des neuen Art. 263 Abs. 4 Alt. 2 AEUV phänotypisch die wesentlichen Fallgruppen von Richtlinien ab, die eine unmittelbare Betroffenheit des Klägers begründen können.[206]

Demzufolge ist in entsprechenden Konstellationen zu prüfen, ob die ausnahmsweise **105** unmittelbare Wirkung des als Richtlinie ergangenen Rechtsaktes auch das Merkmal der unmittelbaren Betroffenheit ausfüllt. In der Rechtssache Salamander/EP u. Rat[207] bezog sich das EuG bei der Feststellung der unmittelbaren Wirkung von auf der Grundlage des vormaligen Art. 230 Abs. 4 EGV angefochtenen Richtlinienbestimmungen auf die zur unmittelbaren Anwendbarkeit von Richtlinien entwickelte Rechtsprechung.[208] Danach sind Richtlinien nur dann unmittelbar anwendbar, wenn die Umsetzungsfrist abgelaufen ist, die Bestimmungen einen hinreichenden Grad an Bestimmtheit aufweisen und dem Staat keinen Ermessensspielraum bei der Durchführung belassen. Auch dürfen durch entsprechende Richtlinienbestimmungen keine Rechtspflichten für den Einzelnen begründet werden. Da sich der Einzelne mit der Erhebung einer Nichtigkeitsklage jedoch regelmäßig gegen eine ihn belastende Richtlinienbestimmung zur Wehr setzen will und diese mangels unmittelbarer Anwendbarkeit gerade nicht der Anfechtung unterliegt, und darüber hinaus in den Fällen objektiver Richtlinienwirkung regelmäßig der Individualbezug fehlen wird,[209] wären unter dieser Prämisse letztlich kaum Konstellationen denkbar, in denen die Anfechtung einer Richtlinienbestimmung durch Individualkläger durchgreifen könnte.[210] Die unmittelbare Wirkung eines Rechtsaktes entspricht auch nicht der unmittelbaren Betroffenheit eines Einzelnen durch einen Rechtsakt (s. Rn. 103). Der Ansatz des Gerichts in der Rechtssache Salamander, die unmittelbare Betroffenheit anhand der Kriterien für die unmittelbare Anwendbarkeit von Richtlinien zu prüfen, ist daher abzulehnen.

Konsequenterweise sollte die Prüfung auch hier allein anhand der Frage vorgenom- **106** men werden, ob den nationalen Behörden bei der Umsetzung einer Richtlinienbestimmung und der Anwendung des Umsetzungsrechts noch ein eigener Ermessensspielraum verbleibt, **ob also bis in den administrativen Vollzugsakt hinein eine unionsrechtliche Determination besteht oder nicht.** Besteht diese Determination, so ist der Einzelne unmittelbar von der Richtlinie betroffen, andernfalls nicht.[211] In dieser Form hat das Ge-

---

[206] Unzutreffend deshalb *Dörr*, in: Grabitz/Hilf/Nettesheim, EU, Art. 263 AEUV (November 2012), Rn. 65, der Richtlinien in diesem Zusammenhang generell die Eignung zur Begründung einer unmittelbaren Betroffenheit des Individualklägers abzusprechen scheint.

[207] EuG, Urt. v. 27.6.2000, verb. Rs. T–172/98 u.a. (Salamander/EP u. Rat), Slg. 2000, II–2487, Rn. 54, 65; in Beschl. v. 28.11.2005, Rs. T–94/04 (EEB u.a./Kommission), Slg. 2005, II–4919, Rn. 33 ff., 69, wird die unmittelbare Betroffenheit wegen der Verneinung der individuellen Betroffenheit nicht geprüft; vgl. dazu auch *Schulte*, S. 47 ff.

[208] *Haratsch/Koenig/Pechstein*, Europarecht, Rn. 388 ff.

[209] *Haratsch/Koenig/Pechstein*, Europarecht, Rn. 397.

[210] In diesem Sinne auch *Cremer*, EuZW 2001, 453 (458).

[211] So auch *v. Burchard*, EuR 1991, 140 (163 f.).

richt auch in der Rechtssache Japan Tobacco,[212] die ebenfalls eine Richtlinie betraf, die unmittelbare Betroffenheit der Kläger durch eine Richtlinie geprüft. Völlig eindeutig ist die Linie der Rechtsprechung hier aber noch nicht.[213]

107   Im Ergebnis ist folglich über das Vorliegen einer unmittelbaren Betroffenheit in jedem Einzelfall unter Würdigung der (materiellen) Besonderheiten der jeweils in Rede stehenden Handlung zu entscheiden, Verallgemeinerungen verbieten sich deshalb. Die Figur der materiellen Unmittelbarkeit eröffnet nicht die Möglichkeit einer vorbeugenden Nichtigkeitsklage. Das Erfordernis formeller oder materieller unmittelbarer Betroffenheit des Klägers schließt vielmehr eine vorbeugende Nichtigkeitsklage aus.

cc) »Individuelle Betroffenheit« i. S. d. Art. 263 Abs. 4 Alt. 2 AEUV

108   Die Feststellung individueller Betroffenheit bereitet regelmäßig erhebliche Schwierigkeiten. Der Gerichtshof legt nämlich in seiner bisherigen Rechtsprechung in Abhängigkeit von der jeweiligen Sachverhaltskonstellation bei der Bestimmung der individuellen Betroffenheit unterschiedliche Maßstäbe zugrunde. Diese von der Rechtsprechung unter der Geltung des bisherigen Art. 230 Abs. 4 EGV entwickelten Vorgaben gelten auch unter dem neuen Art. 263 Abs. 4 Alt. 2 AEUV, nunmehr allerdings in Bezug auf den modifizierten Klagegegenstand der »Handlungen«, unverändert fort,[214] eine diesbezügliche Änderung der Rechtsprechung ist von der Großen Kammer des Gerichtshofs in der Rechtssache Inuit ausdrücklich abgelehnt worden.[215] Demgegenüber findet das Kriterium der »individuellen Betroffenheit« keine Anwendung auf die neue dritte Alternative des Art. 263 Abs. 4 AEUV; für die Anfechtung der »Rechtsakte mit Verordnungscharakter« genügt die »unmittelbare« Betroffenheit.

109   Grundsätzlich ist der Gerichtshof bei der Bestimmung der individuellen Betroffenheit – auch wenn es sich im Rahmen des vormaligen Art. 230 Abs. 4 EGV um einen Fall der Drittanfechtung oder der Anfechtung einer echten Verordnungsbestimmungen handelte – bislang von folgender, in der Rechtssache **Plaumann**[216] entwickelter Formel ausgegangen: Der Kläger kann nur geltend machen, individuell betroffen zu sein, »wenn die streitige Vorschrift ihn wegen bestimmter persönlicher Eigenschaften oder besonderer, ihn aus dem Kreis aller übrigen Personen heraushebender Umstände berührt und ihn daher in ähnlicher Weise individualisiert wie den Adressaten einer Entscheidung«.[217]

110   Diese Formel stellt maßgeblich auf einen doppelten Vergleich ab: Zum einen wird die Betroffenheit des Klägers der Betroffenheit aller übrigen Personen gegenübergestellt. Zum anderen wird unter der früheren Rechtslage ein Vergleich zum »Adressaten einer Entscheidung« gezogen. Vor dem Hintergrund der Neuformulierung von Art. 263 Abs. 4 Alt. 2 AEUV dürfte dieser Ansatz grundsätzlich übertragbar sein[218], müsste sich

---

[212] EuG, Beschl. v. 10.9.2002, Rs. T–223/01 (Japan Tobacco), Slg. 2002, II–3259, Rn. 45 f.; vgl. dazu *Schulte*, S. 52 ff.

[213] *Schulte*, S. 55.

[214] Die Berechtigung der *Plaumann*-Formel nach Lissabon in Frage stellend *Kottmann*, ZaöRV 70 (2010), 547.

[215] EuGH, Urt. v. 3.10.2013, Rs. C–583/11 P (Inuit Tapiriit Kanatami u. a./Parlament und Rat), ECLI:EU:C:2013:625, 22, Rn. 70 f.; Vgl. dazu auch *Streinz*, EuZW 2014, 17 (20 f.). Kritisch zur Beibehaltung der bisherigen Rechtsprechung *Nowak/Behrend*, EuR 2014, 86 (97 f.).

[216] EuGH, Urt. v. 15.7.1963, Rs. 25/62 (Plaumann/Kommission), Slg. 1963, 211 (238).

[217] Zuletzt EuG, Beschl. v. 26.9..2016, Rs. T–382/15 (Greenpeace Energy u. a./Kommission), ECLI:EU:T:2016:589, Rn. 35. Eine partielle Abkehr von dieser Formel schlägt GA *Jacobs*, Schlussanträge zu Rs. C–50/00 P (Unión de Pequeños Agricultores/Rat), Slg. 2002, I–6677.

[218] Ebenso *Dörr*, in: Grabitz/Hilf/Nettesheim, EU, Art. 263 AEUV (November 2012), Rn. 76, der die Plaumann-Formel auch weiterhin als das »Maß aller Dinge« ansieht.

aber nunmehr auf einen Vergleich mit der Situation des Adressaten eines individuell gerichteten Beschlusses beziehen (Art. 288 Abs. 4 Satz 2 AEUV).

Eine solch trennscharfe Unterscheidung nimmt der EuGH jedoch letztlich nicht vor, sondern belässt es bei einem Vergleich zwischen dem Kläger und den übrigen von dem Rechtsakt tangierten Personen. In der Mehrzahl seiner Entscheidungen beschränkt sich die Rechtsprechung auf die Prüfung von besonderen Umständen und führt diese notfalls zur Begründung des abstrakteren Merkmals »persönliche Eigenschaften« an.[219] Die Vergleichbarkeit mit dem Adressaten einer Entscheidung (bzw. nunmehr eines Beschlusses) sieht er in den Situationen, in denen sich der Kläger aus dem Kreise aller übrigen Betroffenen heraushebt, als indiziert an.   **111**

Eine allgemeingültige **Definition für das Merkmal »besondere Umstände«** lässt sich der Rechtsprechung bislang nicht entnehmen. So kann eine normierte Pflicht zur Berücksichtigung der Situation des Klägers die individuelle Betroffenheit auslösen.[220] Zu derartigen »Umständen« zählen jedoch vor allem Beteiligungs-, Informations- und Mitwirkungsrechte, welche Klägern im Rahmen unionaler Verwaltungsverfahren eingeräumt werden, die einem Rechtsakterlass (zumeist in Form adressatengerichteter Beschlüsse im Sinne von Art. 288 Abs. 4 AEUV) vorangehen.[221] Diese besonderen Umstände spielen im Wesentlichen in den von der Kommission verantworteten EU-Wettbewerbsverfahren eine Rolle und lassen sich insofern in typische Fallgruppen zusammenfassen (hierzu sogleich näher unter Rn. 120 ff.).   **112**

Ebenfalls außerordentlich schwierig war schon nach altem Recht die Feststellung der individuellen Betroffenheit im Falle der Anfechtung von echten Verordnungen bzw. von Scheinverordnungen und – in entsprechender Anwendung – im Falle der Anfechtung von echten Richtlinien bzw. Scheinrichtlinien.[222] Auch (und gerade) vor dem Hintergrund des neuen (einheitlichen) Klagegegenstandes der »Handlungen« stellt sich auch nach der Lissabonner Vertragsrevision die Frage nach der individuellen Betroffenheit speziell im Falle der **Anfechtung von Verordnungen und Richtlinien**, da diese nunmehr ohne Weiteres zulässiger Klagegegenstand des Art. 263 Abs. 4 Alt. 2 AEUV sein können.   **113**

In Anwendung der Plaumann-Formel ging der EuGH bislang in Fällen, in denen Anzahl und Identität aller betroffenen Personen bereits zum Zeitpunkt des Rechtsakterlasses feststehen, von einer als Entscheidung (bzw. nunmehr als Beschluss) im materiellen Sinne einzustufenden Scheinverordnung aus. Dies ist zum Beispiel anzunehmen, wenn der Kläger im Rechtsakt namentlich genannt ist, sich der Unionsrechtsakt auf bestimmte, bereits gestellte Anträge[223] oder erteilte Genehmigungen bezieht, ihm also ein konkreter »Lebensumstand zugrunde liegt, der sich als Auslöser der Regelung ermitteln lässt«.[224] Ferner ist ein Kläger nach dieser Rechtsprechung individuell betroffen, wenn die Maßnahme eine bereits bestehende Rechtsposition betrifft.[225] Dafür reicht   **114**

---

[219]Vgl. GA *Colomer*, Schlussanträge zu Rs. C–106/98 (Comité d'entreprise de la Société française de production u. a./Kommission), Slg. 2000, I–3659, Rn. 16.

[220]Vgl. dazu *Schulte*, S. 120 ff.

[221]Vgl. EuGH, Urt. v. 28.1.1986, Rs. 169/84 (Cofaz/Kommission), Slg. 1986, 391, Rn. 24 ff.; Urt. v. 11.10.1983, Rs. 210/81 (Demo-Studio Schmidt/Kommission), Slg. 1983, 3045, Rn. 14; Urt. v. 28.11.1989, Rs. 121/86 (Epicheiriseon/Rat), Slg. 1989, 3919, Rn. 8.

[222]Vgl. EuG, Beschl. v. 25.4.2006, Rs. T–310/03 (Kreuzer Medien/EP und Rat), Slg. 2006, II–36, Rn. 70 ff.

[223]EuGH, Urt. v. 3.5.1987, Rs. 112/77 (Töpfer u. a./Kommission), Slg. 1978, 1019, Rn. 9.

[224]*Allkemper* (Fn. 195), S. 72.

[225]EuGH, Urt. v. 18.5.1994, Rs. C–309/89 (Codorniu SA/Rat), Slg. 1994, 1853, Rn. 21.

nicht jedwede Rechtsposition aus. Vielmehr muss es sich um ein **»besonderes Recht«** handeln, also ein Recht, das den Kläger im Vergleich zu allen übrigen Adressaten der Regelung heraushebt.[226]

115   Diese Problematik wird vorzüglich durch die Gegenüberstellung der unterschiedlichen Fallkonstellationen in der Entscheidung **Deutz/Geldermann** bzw. der Entscheidung **Codorniu** illustriert. Hier lagen auf den ersten Blick sehr ähnliche Konstellationen vor. In beiden Fällen wurde den Klägern als Herstellern von Schaumweinen die weitere Bezugnahme auf ein bestimmtes Herstellungsverfahren (»méthode champenoise« und »crémant«) durch Verordnung untersagt. Während der EuGH aber die Individualnichtigkeitsklage der Firma Deutz/Geldermann mangels individueller Betroffenheit zurückwies,[227] erachtete er die Klage der Cordoniu SA für zulässig.[228] Zwar war auch hier die Klägerin in ihrer objektiven Eigenschaft als Herstellerin eines bestimmten Produkts betroffen. Dennoch betraf die Maßnahme die Klägerin individuell, da sie aufgrund ihres eingetragenen Markenzeichens aus dem Kreis aller anderen – nicht individuell – betroffenen Hersteller herausgehoben wurde. Entscheidend war insoweit, dass die Codorniu SA an der Ausübung einer von ihr eigens erworbenen Rechtsposition, ihrem eingetragenen Markenzeichen, durch die Verordnung gehindert wurde. An einer entsprechenden Herausgehobenheit fehlte es dagegen im Fall Deutz/Geldermann ebenso wie an der rechtlichen Abgeschlossenheit des Kreises der Betroffenen.

116   Die Rechtsprechung lehnt dagegen eine individuelle Betroffenheit des Klägers ab, wenn Zahl oder Identität der Personen, auf welche die Maßnahme zu einem bestimmten Zeitpunkt Anwendung findet, lediglich nach Maßgabe des Tatbestandes objektiv bestimmbar ist.[229] Knüpft der Tatbestand des angefochtenen Rechtsaktes bei der Bestimmung des betroffenen Personenkreises nur an allgemeine Merkmale (»die Hersteller von Schaumweinen«), nicht aber an einen konkret-individuellen Lebensumstand an (»diejenigen Importeure von Schaumweinen, die einen Einfuhrlizenzantrag bis zum 31.12.1996 gestellt haben«), so genügt die bloße Bestimmbarkeit nach Maßgabe des objektiven Tatbestandes nicht.[230]

117   In Anlehnung an diese Rechtsprechung entschied das EuG in den Rechtssachen La Conqueste SCEA[231] und Molkerei Großbraunshain,[232] dass unter einem »besonderen« Recht nur ausschließliche, Inhabern vorbehaltene Rechte zu verstehen sind. Demgegenüber erfüllen Ursprungsbezeichnungen wie beispielsweise »Altenburger Ziegenkäse« oder »Canard a foie gras de Sud-Oest«, die einer unbestimmten Zahl von Wirtschaftsteilnehmern zugutekommen, sofern die für ihre Verwendung erforderlichen Voraussetzungen vorliegen, die für sämtliche Hersteller gleich seien, nicht diese Voraussetzung. Das Kriterium der **Verletzung eines »spezifischen Rechts«** lässt sich

---

[226] EuG, Beschl. v. 30.1.2001, Rs. T–215/00 (La Conqueste SCEA/Kommission), Slg. 2001, II–181, Rn. 40.

[227] EuGH, Urt. v. 24.2.1987, Rs. 26/86 (Deutz und Geldermann/Rat), Slg. 1987, 941, Rn. 9 ff.

[228] EuGH, Urt. v. 18.5.1994, Rs. C–309/89 (Codorniu SA/Rat), Slg. 1994, I–1853, Rn. 21.

[229] EuGH, Urt. v. 6.10.1982, Rs. 307/81 (Alusuisse/Rat und Kommission), Slg. 1982, 3463, Rn. 11; vgl. auch EuGH, Urt. v. 30.3.2004, Rs. C–167/02 P (Rothley u. a./Parlament), Slg. 2004, I–3149, Rn. 27 ff.

[230] EuGH, Urt. v. 14.2.1989, Rs. 206/87 (Lefebvre Frère et Soeur/Rat), Slg. 1989, 275, Rn. 18.

[231] EuG, Beschl. v. 30.1.2001, Rs. T–215/00 (La Conqueste SCEA/Kommission), Slg. 2001, II–181, Rn. 39.

[232] EuG, Beschl. v. 15.9.1998, Rs. T–109/97 (Molkerei Großbraunshain GmbH u. a./Kommission), Slg. 1998, II–3533, Rn. 25 ff.

insofern als maßgeblich für die individuelle Betroffenheit durch Normativakte ansehen.[233]

Eine **Individualisierung durch besondere Umstände** kann auch dadurch eintreten, **118** dass dem Unionsorgan bei Erlass des Rechtsaktes durch eine höherrangige, unionsrechtliche Norm die Berücksichtigung spezifischer Interessen des Klägers auferlegt wird.[234] Gemeint sind Vorschriften, welche die Unionsorgane verpflichten, »die Konsequenzen einer von ihnen beabsichtigten Maßnahme für die Situation bestimmter Einzelpersonen zu berücksichtigen«.[235] Für die Individualisierung des Klägers reicht es indes – wie die Formulierung andeutet – nicht aus, dass genau seine Interessen zu berücksichtigen sind. Wie der Gerichtshof eindeutig klarstellt,[236] bedarf es zudem eines speziellen Umstandes, der den Kläger aus dem zu berücksichtigenden Kreis heraushebt. So stützte der EuGH in der Rechtssache Piraiki-Patraiki[237] die individuelle Betroffenheit des Klägers nicht allein auf das formelle Kriterium, dass es sich um ein betroffenes Unternehmen im Sinne der Schutzvorschrift handelte, sondern verlangte darüber hinaus die Herstellung eines individuellen Bezugs zur Klägerin dergestalt, dass die Klägerin den Beweis zu erbringen habe, dass sie im Falle der Nichtberücksichtigung ihrer Situation Nachteile erleide.

Die Erweiterung der Individualklagemöglichkeiten durch die neue dritte Alternative **119** des Art. 263 Abs. 4 AEUV führt freilich dazu, dass nach der hier vertretenen Auffassung zu den insoweit zulässigen Klagegegenständen (Rn. 66 ff.) die Entscheidung Deutz/Geldermann heute anders zu beurteilen wäre. Insoweit ging es um eine Verordnung ohne Durchführungsmaßnahmen im Sinne des Art. 263 Abs. 4 Alt. 3 AEUV. Danach käme es auf die individuelle Betroffenheit nicht mehr an. Auch in der Rechtssache Codorniu wäre die Klage heute zusätzlich für alle anderen unmittelbar Betroffenen zulässig. Für die – zwischenzeitlich durch die Inuit-Rechtsprechung[238] bestätigte – engere Auffassung, die nur außerhalb des Gesetzgebungsverfahrens erlassene Akte des abgeleiteten Unionsrechts als taugliche Klagegegenstände der dritten Alternative zulässt, käme es auf die entsprechende Qualifizierung an.

dd) Ausformung der unmittelbaren und individuellen Betroffenheit im EU-Wettbewerbsrecht

Von großer praktischer Relevanz sind Individualnichtigkeitsklagen nach Art. 263 **120** Abs. 4 Alt. 2 AEUV im Bereich des EU-Wettbewerbs- (Art. 101 bis 109 AEUV) und des Anti-Dumping-Rechts (Art. 207 AEUV). Der Vollzug dieses Politikbereichs erfolgt im Wesentlichen durch die Kommission, welche die primärrechtlichen Vorgaben v. a. im Wege individualgerichteter Beschlüsse im Sinne von Art. 288 Abs. 4 Satz 2 AEUV umsetzt und auf diese Weise direkt in die Interessens- und Rechtssphäre privater Wirtschaftssubjekte eingreift.

---

[233] So auch *Malferrari*, EWS 2003, 254 (263).
[234] EuGH, Urt. v. 17.1.1985, Rs. 11/82 (Piraiki-Patraiki/Kommission), Slg. 1985, 207, Rn. 28.
[235] EuGH, Urt. v. 22.11.2001, Rs. C–452/98 (Niederländische Antillen/Rat), Slg. 2001, I–8973, Rn. 67.
[236] EuGH, Urt. v. 22.11.2001, Rs. C–451/98 (Antillean Rice Mills/Rat), Slg. 2001, I–8949, Rn. 61.
[237] EuGH, Urt. v. 17.1.1985, Rs. 11/82 (Piraiki-Patraiki/Kommission), Slg. 1985, 207, Rn. 28.
[238] EuGH, Urt. v. 3.10.2013, Rs. C–583/11 P (Inuit Tapiriit Kanatami), ECLI:EU:C:2013:625, vgl. dazu oben Rn. 73 ff.

(1) Beihilfenrecht

121   Dem Beihilfenrecht (Art. 107 bis 109 AEUV), dessen verfahrensrechtliche Ausgestaltung auf Grundlage der Vorgaben des Art. 108 AEUV in der Verordnung Nr. 1589/2015 seinen Ausdruck gefunden hat,[239] liegt die vielschichtigste Ausprägung der wettbewerblichen Individualnichtigkeitsklagen zugrunde: Adressaten einschlägiger Kommissionsbeschlüsse sind nahezu ausschließlich Mitgliedstaaten, für zahlreiche drittbetroffene Subjekte ist ein Beihilfenverfahren aber oftmals von ebenso großer Relevanz: Konkurrenten, Beihilfenempfänger, Wirtschaftsverbände und oftmals auch nationale Gebietskörperschaften, die innerstaatlich für die Beihilfengewährung verantwortlich sind.

(a) Konkurrenten

122   Die **unmittelbare Betroffenheit** stellt nicht nur bei Konkurrentenklagen eine eher geringe prozessuale Hürde auf.[240] In Beihilfenfällen liegt **stets die sog. materielle Unmittelbarkeit** (s. Rn. 102) vor: nur nach positivem Kommissionsbeschluss darf der Mitgliedstaat die Beihilfe gewähren, so dass regelmäßig erst die allein mitgliedstaatlich veranlasste Gewährung als Umsetzungsakt die Interessen Dritter beeinträchtigen kann. Die Rechtsprechung stellt daher darauf ab, ob mit großer Wahrscheinlichkeit voraussehbar ist, dass und in welcher Weise der spätere Umsetzungsakt einen Konkurrenten in seinen Interessen beeinträchtigen wird. Ersteres ist regelmäßig voraussehbar, da die Gewährungsabsicht meist außer Zweifel steht[241] oder weil die Beihilfe entgegen Notifizierungspflicht und Stillhalteverbot (vgl. Art. 108 Abs. 3 AEUV) bereits ausgekehrt wurde.[242] Zweites folgt aus der Beihilfe selbst und richtet sich nach den Begünstigten sowie dem Umfang der Zuwendung. Dies gilt bei individualisierten Zuwendungen in Gestalt von Einzelbeihilfen und abstrakt-generellen Beihilfenregelungen,[243] obwohl letztere regelmäßig zwei mitgliedstaatliche Umsetzungsakte erfordern (Erlass der abstrakt-generellen Regelung und darauf gestützte individuelle Zuwendung) und die Begünstigten sowie das Ausmaß der Zuwendung zunächst nur abstrakt feststehen.[244]

---

[239] VO (EU) Nr. 1589/2015 vom 13.7.2015 über besondere Vorschriften für die Anwendung von Art. 108 des Vertrags über die Arbeitsweise der Europäischen Union, ABl. 2015, L 248/9. Ausführlich zum Beihilfeverfahren und der Verfahrensordnung vgl.; *Sinnaeve*, in: Heidenhain (Hrsg.), European State Aid Law, 2010, §§ 30–37; *Lübbig/Martín-Ehlers*, Beihilfenrecht der EU, 2. Aufl., 2009, Rn. 831 ff.; *Mederer*, in: GS, EUV/EGV, Art. 88 EGV, Rn. 1 f.; *Becker*, EWS 2007, 225.

[240] In einigen Urteilen wird diese Voraussetzung nicht gesondert geprüft, sondern allein die individuelle Betroffenheit; vgl. etwa EuG, Urt. v. 10.2.2009, Rs. T–388/03 (Deutsche Post und DHL International/Kommission), Slg. 2009, II–199, Rn. 39 ff.; Urt. v. 12.12.2006, Rs. T–95/03 (Asociación de Empresarios de Estaciones de Servicio de la Comunidad Autónoma de Madrid u. a./Kommission), Slg. 2006, II–4739, Rn. 41; Urt. v. 5.11.1997, Rs. T–149/95 (Ducros/Kommission), Slg. 1997, II–2031, Rn. 32.

[241] EuG, Urt. v. 12.2.2008, Rs. T–289/03 (BUPA/Kommission), Slg. 2008, II–81, Rn. 81 ff.; Urt. v. 22.10.1996, Rs. T–266/94 (Skipsværftsforeningen u. a./Kommission), Slg. 1996, II–1399, Rn. 49.

[242] Vgl. EuG, Urt. v. 18.11.2009, Rs. T–375/04 (Scheucher-Fleisch u. a./Kommission), Slg. 2009, II–4155, Rn. 37; Urt. v. 5.11.1997, Rs. T–149/95 (Ducros/Kommission), Slg. 1997, II–2031, Rn. 32; Urt. v. 15.9.1998, Rs. T–11/95 (BP Chemicals/Kommission), Slg. 1998, II–3235, Rn. 70; EuGH, Urt. v. 28.1.1986, Rs. 169/84 (Cofaz u. a./Kommission), Slg. 1986, 391, Rn. 30.

[243] Beide Kategorien werden in der VO (EG) Nr. 1589/2015 in Art. 1 Buchst. d und e legaldefiniert.

[244] Vgl. etwa EuG, Urt. v. 12.2.2008, Rs. T–289/03 (BUPA/Kommission), Slg. 2008, II–81, Rn. 83. Mit Hinweis auf die Notwendigkeit zweier Umsetzungsakte wird das Vorliegen der unmittelbaren Betroffenheit von der Kommission gelegentlich (erfolglos) bestritten, vgl. etwa EuG, Urt. v. 21.3.2001, Rs. T–69/96 (Hamburger Hafen- und Lagerhaus AG/Kommission), Slg. 2001, II–1037, Rn. 53.

Die Rechtsprechung zur **individuellen Betroffenheit** bei Konkurrentenklagen wird   **123**
maßgeblich durch das Beihilfenverfahren selbst bzw. die ihm zugrunde liegende Teilung
in zwei Verfahrensstufen – eine überschlägige vorläufige Prüfung und ein umfassendes
förmliches Prüfverfahren unter Beteiligung der eben erwähnten Drittbetroffenen[245] –
geprägt.[246] Zum Abschluss einer jeden Verfahrensstufe kann eine für den Konkurrenten
ungünstige Entscheidung erlassen werden, die Rechtsprechung stellt an die individuelle
Betroffenheit jedoch unterschiedliche Anforderungen. Von Bedeutung ist ferner die
Unterscheidung zwischen Einzelbeihilfen und Beihilfenregelungen.

Bei einem **Beschluss zum Abschluss der vorläufigen Prüfung**, wonach eine Beihilfe   **124**
nicht vorliegt oder mit dem Binnenmarkt als vereinbar anzusehen ist, kann der Wettbewerber seine individuelle Betroffenheit bereits durch seine Eigenschaft als Beteiligter
des Beihilfenverfahrens begründen.[247] Die hieraus folgenden Rechte können nämlich
nur im förmlichen Prüfverfahren wahrgenommen werden. Endet das Verfahren jedoch
schon auf der vorangehenden Stufe, kann die Einhaltung der Beteiligungsrechte nur
über ein gerichtliches Vorgehen gegen den Kommissionsbeschluss erreicht werden. Allerdings wird die Begründetheitsprüfung dann auf die Frage begrenzt, ob die Nichteinleitung des förmlichen Prüfverfahrens und damit der Entzug der Verfahrensrechte uni-
onsrechtsmäßig war.[248] Eine materielle Beurteilung der Beihilfe erfolgt nicht,[249] obgleich
dies der Nichtigkeitsklage als hinsichtlich der Begründetheit objektivem Kontrollverfahren dem Grunde nach widerspricht.[250] Zum Nachweis der Beteiligteneigenschaft
muss der Wettbewerber in Anknüpfung an die Beteiligtendefinition in der Verordnung
Nr. 1589/2015 eine **(potentielle) Beeinträchtigung seiner Wettbewerbsposition** nachweisen.[251] Diese wird jedenfalls dann angenommen, wenn ein direktes Wettbewerbsverhältnis zwischen Empfänger und Konkurrent besteht, d. h. beide auf demselben oder

---

[245] Eine Legaldefinition der Beteiligten im Sinne der VO (EG) Nr. 1589/2015 findet sich in Art. 1
Buchst. h. Danach sind Beteiligte neben den Mitgliedstaaten diejenigen Subjekte, deren Interessen
aufgrund der Gewährung der Beihilfe verletzt sein können, insbesondere Beihilfenempfänger, Wettbewerber und Berufsverbände.

[246] Vgl. EuGH, Urt. v. 2.4.1998, Rs. C–367/95 P (Kommission/Sytraval u. Brinks France),
Slg. 1998, I–1719, Rn. 33 ff.; Urt. v. 13.12.2005, Rs. C–78/03 P (Kommission/Aktionsgemeinschaft
Recht und Eigentum), Slg. 2005, I–10737, Rn. 34; EuG, Urt. v. 10.2.2009, Rs. T–388/03 (Deutsche
Post und DHL International/Kommission), Slg. 2009, II–199, Rn. 41 ff.

[247] St. Rspr. seit EuGH, Urt. v. 19.5.1993, Rs. C–198/91 (Cook/Kommission), Slg. 1993, I–2487,
Rn. 23; Urt. v. 2.4.1998, Rs. C–367/95 P (Sytraval u. Brinks France/Kommission), Slg. 1998, I–1719,
Rn. 40 f.; Urt. v. 13.12.2005, Rs. C–78/03 P (Kommission/Aktionsgemeinschaft Recht und Eigen-
tum), Slg. 2005, I–10737, Rn. 35; Urt. v. 22.12.2008, Rs. C–487/06 P (British Aggregates Associati-
on/Kommission), Slg. 2008, I–10515, Rn. 28; EuG, Beschl. v. 11.1.2012, Rs. T–58/10 (Phoenix-
Reisen und DRV/Kommission), ECLI:EU:T:2012:3, Rn. 32.

[248] Vgl. etwa EuG, Urt. v. 18.9.2009, Rs. T–375/04 (Scheucher-Fleisch u. a./Kommission),
Slg. 2009, II–4155, Rn. 64; Urt. v. 20.9.2007, Rs. T–375/03 (Fachvereinigung Mineralfaserindustrie/
Kommission), Slg. 2007, II–121, Rn. 60, 67.

[249] Dies gilt es bei der Formulierung der Nichtigkeitsgründe zu beachten, vgl. EuGH, Urt. v.
13.12.2005, Rs. C–78/03 P (Kommission/Aktionsgemeinschaft Recht und Eigentum), Slg. 2005, I–
10737, Rn. 35 ff.; Urt. v. 11.9.2008, verb. Rs. C–75/05 P u. C–80/05 P (Deutschland u. a./Kro-
nofrance SA), Slg. 2008, I–6619, Rn. 38 ff.

[250] In der Konsequenz wird die Individualnichtigkeitsklage in dieser Konstellation zu einer im
Lichte des Art. 263 AEUV systemwidrigen Drittanfechtungsklage im Sinne des deutschen Verwaltungsprozessrechts.

[251] EuG, Urt. v. 21.3.2001, T–69/96 (Hamburger Hafen- und Lagerhaus AG/Kommission),
Slg. 2001, II–1037, Rn. 41. Vgl. auch die Schlussanträge des GA *Jacobs*, Schlussanträge zu Rs. C–78/03
P (Kommission/Aktionsgemeinschaft Recht und Eigentum), Slg. 2005, I–10737, Rn. 107 f.

einem sich überschneidenden Markt die gleichen Produkte herstellen oder die gleichen Dienstleistungen anbieten.[252] Fehlt es hieran, muss der klagende Konkurrent einen direkten Zusammenhang zwischen der Art der Wettbewerbsbeeinträchtigung und der Beihilfe darlegen.[253] Mittlerweile gilt diese Rechtsprechung uneingeschränkt für Einzelbeihilfen und Beihilferegelungen.[254]

125 Will der Konkurrent zum Abschluss der vorläufigen Prüfung nicht nur die Einleitung des förmlichen Prüfverfahrens sondern auch die materielle Beurteilung der Beihilfe erzwingen, ist eine – über die Beteiligteneigenschaft hinausgehende – **spürbare Beeinträchtigung der Marktstellung** durch die dem Beschluss zugrunde liegende Beihilfe nachzuweisen.[255] Ein direktes Wettbewerbsverhältnis genügt hierfür nicht, es muss konkret der Grad einer entsprechenden Beeinträchtigung dargelegt werden.[256] Indizien hierfür können eine geringe Anzahl von Konkurrenten und eine infolge der Beihilfe zu erwartende erhebliche Steigerung von Produktionskapazitäten auf dem betreffenden Markt sein;[257] erhebliche Absatzrückgänge,[258] aber auch andere Umstände.[259] Auch diese Rechtsprechungslinie findet auf Einzelbeihilfen und Beihilfenregelungen Anwendung,[260] obgleich ihre Voraussetzungen bei letzteren schwieriger nachzuweisen sind, da Beihilfenregelungen zumeist niedrigere Zuwendungssummen aufweisen und regelmäßig eine Vielzahl von Begünstigten vorsehen.

126 Das Vorliegen einer spürbaren Beeinträchtigung der Marktstellung verlangt die Rechtsprechung auch im Falle von **Beschlüssen zum Abschluss des förmlichen Prüfver-**

---

[252] So z. B. in EuGH, Urt. v. 19.5.1993, Rs. C–198/91 (Cook/Kommission), Slg. 1993, I–2487, Rn. 23 (gleiche Produkte); Urt. v. 2.4.1998, Rs. C–367/95 P (Sytraval u. Brinks France/Kommission), Slg. 1998, I–1719 ff., und EuG, Urt. v. 18.11.2009, Rs. T–375/04 (Scheucher-Fleisch u. a./Kommission), Slg. 2009, II–4155, Rn. 53 (jeweils gleiche Dienstleistungen).

[253] EuG, Urt. v. 21.3.2001, Rs. T–69/96 (Hamburger Hafen- und Lagerhaus AG/Kommission), Slg. 2001, II–1037, Rn. 44.

[254] Die dogmatisch konsequente Erstreckung auf Beihilferegelungen wurde anfangs durch das EuG abgelehnt, vgl. etwa Urt. v. 5.6.1996, Rs. T–398/94 (Kahn Scheepvaart BV/Kommission), Slg. 1996, II–477, Rn. 48 f. Vgl. aber bereits EuG, Urt. v. 16.9.1998, Rs. T–188/95 (Waterleiding Maatschappij/Kommmission), Slg. 1998, II–3713, Rn. 53 u. 58. Aus neuerer Zeit EuGH, Urt. v. 22.12.2008, Rs. C–487/06 P (British Aggregates Association/Kommission), Slg. 2008, I–10505, Rn. 31 ff.; EuG, Urt. v. 20.9.2007, Rs. T–375/03 (Fachvereinigung Mineralfaserindustrie/Kommission), Slg. 2007, II–121, Rn. 61 f. Vgl. auch *Peytz/Mygind*, EStAL 2010, 331 u. 617 (620). Anders wohl noch *Bartosch*, in: Bartosch (Hrsg.), EU-Beihilfenrecht, 2009, Art. 4 VO 659/1999, Rn. 18.

[255] EuGH, Urt. v. 13.12.2005, Rs. C–78/03 P (Kommission/Aktionsgemeinschaft Recht und Eigentum), Slg. 2005, I–10737, Rn. 37; Urt. v. 11.9.2008, verb. Rs. C–75/05 P u. C–80/05 P (Deutschland u. a./Kronofrance SA), Slg. 2008, I–6619, Rn. 40; EuG, Urt. v. 12.12.2006, Rs. T–95/03 (Asociación de Empresarios de Estaciones de Servicio de la Comunidad Autónoma de Madrid u. a./Kommission), Slg. 2006, II–4739, Rn. 48 f.

[256] Vgl. etwa EuG, Urt. v. 10.2.2009, Rs. T–388/03 (Deutsche Post und DHL International/Kommission), Slg. 2009, II–199, Rn. 48; EuGH, Urt. v. 13.12.2005, Rs. C–78/03 P (Kommission/Aktionsgemeinschaft Recht und Eigentum), Slg. 2005, I–10737, Rn. 72.

[257] Vgl. EuG, Urt. v. 22.10.1996. Rs. T–266/94 (Skibsvaerftsforeningen u. a./Kommission), Slg. 1996, II–1399, Rn. 46.

[258] EuG, Urt. v. 12.12.2006, Rs. T–95/03 (Asociación de Empresarios de Estaciones de Servicio de la Comunidad Autónoma de Madrid u. a./Kommission), Slg. 2006, II–4739, Rn. 54.

[259] Vgl. etwa EuG, Urt. v. 12.2.2008, Rs. T–289/03 (BUPA/Kommission), Slg. 2008, II–81, Rn. 78, in welcher die Nettozahlereigenschaft des klagenden Konkurrenten in Bezug auf ein Risikoausgleichssystem im Gesundheitswesen für die Annahme einer spürbaren Beeinträchtigung mitentscheidend war.

[260] Siehe die Klarstellung in EuGH, Urt. v. 22.12.2008, Rs. C–487/06 P (British Aggregates Association/Kommission), Slg. 2008, I–10515, Rn. 35.

fahrens.[261] Der nach früherer Rechtsprechung daneben zusätzlich geforderte Nachweis einer aktiven Verfahrensbeteiligung in dieser Verfahrensstufe[262] stellt nach einem neueren Urteil des Gerichtshofs hingegen keine notwendige Voraussetzung dieser Fallgruppe der individuellen Betroffenheit mehr dar.[263] Hierdurch wird das Kriterium der aktiven Verfahrensbeteiligung der Sache nach jedoch entwertet, soweit es nicht (noch) als Kompensation eines gegebenenfalls weniger substantiierten Vortrags zur Spürbarkeit der Beeinträchtigung herangezogen wird. Die weitere Rechtsprechung bleibt insoweit abzuwarten. Nicht ausdrücklich entschieden ist schließlich, ob diese Fallgruppe der individuellen Betroffenheit auch auf Beihilfenregelungen Anwendung findet.[264] Da diese Frage durch den Gerichtshof in Bezug auf die spürbare Beeinträchtigung zum Abschluss der vorläufigen Prüfung ausdrücklich bejaht wurde,[265] ist nicht ersichtlich, warum dies nicht auch zum Abschluss des förmlichen Prüfverfahrens gelten sollte.

(b) Beihilfenempfänger

Untersagende Beschlüsse der Kommission, gegebenenfalls verbunden mit einer Rückforderungsanordnung, können zwar grundsätzlich erst zum Abschluss des förmlichen Prüfverfahrens ergehen. Nichtsdestotrotz ist die Zweiteilung des Beihilfenverfahrens auch für den Beihilfenempfänger von Bedeutung. Erlässt die Kommission nach Abschluss des Vorprüfverfahrens einen **Beschluss zur Eröffnung des förmlichen Prüfverfahrens**, in welchem sie die mitgliedstaatliche Maßnahme als Beihilfe qualifiziert, so sind nach der Rechtsprechung des Gerichtshofs nationale Gerichte insoweit an diesen Beschluss gebunden und müssen bspw. im Falle einer Konkurrentenklage vor dem nationalen Gericht die vermeintliche Beihilfe aussetzen bzw. einstweilig zurückfordern.[266] Vor diesem Hintergrund stellt der Eröffnungsbeschluss eine Rechtshandlung dar, die durch den Beihilfenempfänger im Wege der Nichtigkeitsklage angefochten werden kann.[267] **127**

Bei **Einzelbeihilfen**, die als mit dem Binnenmarkt unvereinbar angesehen und – bei bereits erfolgter Gewährung – rückgefordert werden, ist der (potentielle) Beihilfenempfänger unproblematisch sowohl unmittelbar als auch individuell betroffen.[268] Ersteres **128**

---

[261] EuGH, Urt. v. 22.11.2007, Rs. C–525/04 P (Spanien/Lenzing AG), Slg. 2007, I–9947, Rn. 31 ff.

[262] EuGH, Urt. v. 22.1.1986, Rs. 169/84 (Cofaz u.a./Kommission), Slg. 1986, 391, Rn. 23 f.; Beschl. v. 21.2.2005, Rs. C–367/04 P (Deutsche Post AG u.a./Kommission), Slg. 2006, I–26, Rn. 36 ff.; EuG, Urt. v. 27.9.2006, Rs. T–117/04 (Vereniging Werkgroep Commerciële Jachthavens Zuidelijke Randmeren u.a./Kommission), Slg. 2006, II–3861, Rn. 52 ff.; Urt. v. 18.9.1995, Rs. T–49/93 (SIDE/Kommission), Slg. 1995, II–2501, Rn. 34; Urt. 27.4.1995, Rs. T–435/93 (ASPEC/Kommission), Slg. 1995, II–1281, Rn. 63; Urt. v. 6.7.1995, verb. Rs. T–447/93–449/93 (AITEC u.a./Kommission), Slg. 1995, II–1971, Rn. 37; Urt. v. 5.11.1997, Rs. T–149/95 (Ducros/Kommission), Slg. 1997, II–2031, Rn. 34; Urt. v. 15.9.1998, Rs. T–11/95 (BP Chemicals/Kommission), Slg. 1998, II–3235, Rn. 72. Vgl. *Pechstein* (Fn. 123), Rn. 473.

[263] EuGH, Urt. v. 22.11.2007, Rs. C–260/05 P (Sniace SA/Kommission), Slg. 2007, I–10005, Rn. 57.

[264] Vgl. dazu ausführlich *Pechstein* (Fn. 123), Rn. 478 ff. Eine Klageberechtigung bei Beihilfenregelungen grundsätzlich ablehnend etwa *Bartosch* (Fn. 254), Art. 7 VO 659/1999, Rn. 7.

[265] EuGH, Urt. v. 22.12.2008, Rs. C–487/06 P (British Aggregates Association/Kommission), Slg. 2008, I–10515, Rn. 35.

[266] EuGH, Urt. v. 21.11.2013, Rs. C–284/12 (Deutsche Lufthansa), ECLI:EU:C:2013:755.

[267] Vgl. etwa EuG, Urt. v. 16.10.2014, Rs. T–129/13 (Alpiq u.a.), ECLI:EU:T:2014:895, Rn. 18, m. Anm. *Kämper/Funke*, EWS 2015, 107.

[268] *Bartosch* (Fn. 254), Art. 7 VO 659/1999, Rn. 6; *Soltész* (Fn. 266), § 40, Rn. 3, 9.

ergibt sich daraus, dass die Beihilfe nicht ausgekehrt werden kann bzw. zurückgefordert werden muss und der Mitgliedstaat insoweit kein Ermessen hat (sog. materielle Unmittelbarkeit); Letzteres folgt aus der Tatsache, dass der Empfänger durch die Beihilfe selbst und den darauf bezogenen Kommissionsbeschluss sowie die darin gegebenenfalls enthaltene Rückforderungsanordnung ausdrücklich individualisiert wird. Daher wird die Klageberechtigung oftmals gar nicht gesondert geprüft.[269]

129 Anders verhält es sich bei **Beihilfenregelungen.**[270] Während sich die unmittelbare Betroffenheit ebenfalls aufgrund der zwingenden Kommissionsvorgaben und des daraus folgenden Fehlens eines mitgliedstaatlichen Ermessens ergibt,[271] ist im Hinblick auf die individuelle Betroffenheit zu unterscheiden: Ist das klagende Unternehmen lediglich potenzieller Empfänger der in der Beihilfenregelung vorgesehenen Beihilfen, so ist es durch eine Untersagung nicht individuell betroffen. Begründet wird dies damit, dass sich der Beschluss über die Beihilfenregelung für ein solches Unternehmen als »generelle Rechtsnorm [darstellt], die für objektiv bestimmte Situationen gilt und Rechtswirkungen gegenüber einer allgemein und abstrakt umschriebenen Personengruppe erzeugt.«[272] Es fehlt demnach für solche Unternehmen an einem besonderen Umstand im Sinne der Plaumann-Formel. Dies ist insoweit problematisch, als der abstrakt-generelle Charakter hier nicht im Beschluss selbst liegt – dieser ist in Bezug auf Adressaten (Mitgliedstaat) und Gegenstand (bestimmte Beihilfenregelung) konkret-individuell. Die abstrakt-generelle Natur folgt aber aus der Beihilfenregelung und damit aus dem Gegenstand des Beschlusses. Geht die Position des Klägers hingegen über die eines bloß potenziell Begünstigten hinaus, weil er etwa auf Grundlage der untersagten Beihilfenregelung schon Einzelzuwendungen erhalten hat und diese rückgefordert werden[273] oder weil er bereits Anträge auf Beihilfengewährung gestellt und diese infolge des Kommissionsbeschlusses abgelehnt werden müssen,[274] dann sind dies nach der Rechtsprechung Umstände, die ihn aus dem Kreis aller übrigen Unternehmen herausheben und eine individuelle Betroffenheit begründen.

(c) Verbände

130 Eine Klageberechtigung von Unternehmensverbänden erkennt die Rechtsprechung in zwei Konstellationen an. Aus prozessökonomischen Gründen wird ein Verband zum einen dann als klageberechtigt angesehen, wenn es zumindest einzelne seiner Mitglieder wären (**abgeleitete Klageberechtigung**).[275] Insoweit kann auf die obigen Ausführungen

[269]Vgl. etwa EuG, Urt. v. 13.6.2000, verb. Rs. T–204/97 u. T–270/97 (EPAC/Kommission), Slg. II–2267, Rn. 26 ff.; Urt. v. 16.3.2000, Rs. T–72/98 (Astilleros Zamacona SA/Kommission), Slg. 2000, II–1683, Rn. 21 ff.
[270]Ausführlich zum Rechtsschutz für Beihilfenempfänger bei rechtswidrigen Beihilfen *Schwendinger*, EuZW 2011, 746; vgl. hierzu ebenfalls *Bartosch* (Fn. 254), Art. 7 VO 659/1999, Rn. 6; *Soltész* (Fn. 266), § 40, Rn. 4, 11.
[271]Vgl. etwa EuGH, Urt. v. 17.9.2009, Rs. C–519/07 P (Kommission/Koninklijke FrieslandCampina NV), Slg. 2009, I–8495, Rn. 48 f.; Urt. v. 22.6.2006, verb. Rs. C–182/03 u. C–217/03 (Belgien u. Forum 187 ASBL/Kommission), Slg. 2006, I–5479, Rn. 57.
[272]EuGH, Urt. v. 17.9.2009, Rs. C–519/07 P (Kommission/Koninklijke FrieslandCampina NV), Slg. 2009, I–8495, Rn. 53; Urt. v. 19.10.2000, verb. Rs. C–15/98 u. C–105/99 (Sardegna Lines/Kommission), Slg. 2000, I–8855, Rn. 33.
[273]EuGH, Urt. v. 19.10.2000, verb. Rs. C–15/98 u. C–105/99 (Sardegna Lines/Kommission), 2000, I–8855, Rn. 34.
[274]EuGH, Urt. v. 17.9.2009, Rs. C–519/07 P (Kommission/Koninklijke FrieslandCampina NV), Slg. 2009, I–8495, Rn. 55.
[275]EuGH, Urt. v. 17.9.2009, Rs. C–519/07 P (Kommission/Koninklijke FrieslandCampina NV),

zur Klageberechtigung von Wettbewerbern und Beihilfenempfängern verwiesen werden (vgl. Rn. 122 ff., 127 ff.). Von diesem Regelfall abgesehen können Verbände ausnahmsweise auch ein eigenes Klageinteresse geltend machen (**originäre Klageberechtigung**) und zwar unabhängig von Beihilfenform und Verfahrensstadium.[276] Soweit ersichtlich, wurde ein solches Interesse bisher nur in drei besonders gelagerten Fällen anerkannt,[277] in denen den betroffenen Verbänden gegenüber der Kommission die Position eines Verhandlungspartners zukam. In dem Leiturteil Van der Kooy war der klagende Verband zunächst am Zustandekommen der strittigen Beihilfen und anschließend auch aktiv am förmlichen Prüfverfahren beteiligt. Darüber hinaus wurde er in der angegriffenen Kommissionsentscheidung erwähnt und zudem verpflichtet, an der Ausarbeitung neuer und vertragskonformer Beihilfenmaßnahmen mitzuwirken.[278] Ähnlich verhielt es sich in der zweiten und dritten Entscheidung aus dieser Rechtsprechungslinie.[279] Diese besonderen Konstellationen dienen der Rechtsprechung seither als (im konkreten Fall kaum nachzuweisender) Maßstab.[280] Im Ergebnis bleibt dieses Kriterium der individuellen Betroffenheit von Verbänden auf Ausnahmefälle beschränkt,[281] entscheidend bleibt die abgeleitete Klagebefugnis.[282]

(d) Gebietskörperschaften

Das »Ob« und »Wie« der Beihilfengewährung liegt oftmals in der Zuständigkeit lokaler   **131** oder regionaler Gebietskörperschaften, deren Interessen insbesondere durch einen die Beihilfe untersagenden Beschluss beeinträchtigt sein können.[283] Soweit ihre eigenen und autonomen Befugnisse in Rede stehen, werden sie ungeachtet ihres öffentlich-rechtlichen Status als juristische Personen im Sinne des Art. 263 Abs. 4 AEUV betrachtet und nicht mit dem jeweiligen Mitgliedstaat, dem sie angehören, gleichgestellt.[284] Auch sie

---

Slg. 2009, I–8495, Rn. 55; Urt. v. 22.12.2008, Rs. C–487/06 P (British Aggregates Association/Kommission), Slg. 2008, I–10515, Rn. 39; Urt. v. 22.6.2006, verb. Rs. C–182/03 u. C–217/03 (Belgien u. Forum 187 ASBL/Kommission), Slg. 2006, I–5479, Rn. 56.

[276] Vgl. hierzu ausführlich *Pechstein* (Fn. 123), Rn. 484 ff.

[277] EuGH, Urt. v. 2.2.1988, verb. Rs. 67/85, 68/85 u. 70/85 (Van der Kooy/Kommission), Slg. 1988, 219, Rn. 22 f.; Urt. v. 24.3.1993, Rs. C–313/90 (CIRFS/Kommission), Slg. 1993, I–1125, Rn. 29; EuG, Urt. v. 12.12.1996, Rs. T–380/94 (AIUFASS und AKT/Kommission), Slg. 1996, II–2169, Rn. 48 f.

[278] EuGH, Urt. v. 2.2.1988, verb. Rs. 67/85, 68/85 u. 70/85 (Van der Kooy/Kommission), Slg. 1988, 219, Rn. 22 f.

[279] EuGH, Urt. v. 24.3.1993, Rs. C–313/90 (CIRFS/Kommission), Slg. 1993, I–1125, Rn. 29; EuG, Urt. v. 12.12.1996, Rs. T–380/94 (AIUFASS und AKT/Kommission), Slg. 1996, II–2169, Rn. 48 f.

[280] Vgl. EuGH, Urt. v. 13.12.2005, Rs. C–78/03 P (Kommission/Aktionsgemeinschaft Recht und Eigentum), Slg. 2005, I–10737, Rn. 58 ff.; EuG, Urt. v. 20.9.2007, Rs. T–375/03 (Fachvereinigung Mineralfaserindustrie/Kommission), Slg. 2007, II–121, Rn. 54 f.; Urt. v. 27.9.2006, Rs. T–117/04 (Vereniging Werkgroep Commerciële Jachthavens Zuidelijke Randmeren u.a./Kommission), Slg. 2006, II–3861, Rn. 65 ff.; Beschl. v. 29.3.2012, Rs. T–236/10 (Asociación España de Banca/Kommission), ECLI:EU:T:2012:176, Rn. 44.

[281] Vgl. hierzu auch *Soltész* (Fn. 266), § 42, Rn. 7 ff.

[282] EuGH, Beschl. v. 18.12.1997, Rs. C–409/96 P (Sveriges Betodlares u. Henrikson/Kommission), Slg. 1997, I–7531, Rn. 45; Urt. v. 2.4.1998, Rs. C–321/95 P (Greenpeace Council/Kommission), Slg. 1998, I–1651, Rn. 14, 27 f.

[283] Von praktischer Relevanz kann darüber hinaus auch eine Klage gegen den Beschluss über die Eröffnung des förmlichen Prüfverfahrens sein, EuG, Urt. v. 23.10.2002, verb. Rs. T–346/99 – T–348/99 (Territorio Histórico de Alava – Diputación Foral de Alava/Kommission), Slg. 2002, II–4259, Rn. 37.

[284] EuG, Urt. v. 30.4.1998, Rs. T–214/95 (Vlaamse Gewest/Kommission), Slg. 1998, II–717, Rn. 28 ff.; vgl. auch EuGH, Beschl. v. 21.3.1997, Rs. C–95/97 (Wallonische Region/Kommission),

müssen daher eine unmittelbare und individuelle Betroffenheit nachweisen, um selbst klagen zu können. Für ersteres kommt es darauf an, ob der Kommissionsbeschluss dem Mitgliedstaat hinsichtlich der Umsetzung (Nichtanwendung der fraglichen Rechtsvorschriften, gegebenenfalls Aufhebung ihrer Wirkungen und Betreiben der Rückforderung) und Weiterleitung an die verantwortlichen und zuständigen Gebietskörperschaften Ermessen belässt oder nicht.[285] Die individuelle Betroffenheit folgt hingegen daraus, dass ein untersagender Kommissionsbeschluss (beihilfenrechtliche) Handlungen der Gebietskörperschaft betrifft und sie daran hindert, ihre autonomen Befugnisse auszuüben.[286] Von dieser Rechtsprechung werden auch die deutschen Bundesländer umfasst.[287]

(2) Kartellrecht

132 Bei dem Kartellverbot in Art. 101 AEUV und dem ihn ergänzenden Verbot des Missbrauchs marktbeherrschender Stellungen in Art. 102 AEUV handelt es sich – anders als beim Beihilfenrecht – um unternehmensgerichtetes Wettbewerbsrecht. Das Verfahren zur Anwendung und Durchsetzung dieser Bestimmungen ist in der Kartellverordnung Nr. 1/2003[288] (im Folgenden: VO Nr. 1/2003) und der Verordnung Nr. 773/2004 über die Durchführung des Verfahrens[289] (im Folgenden: DurchführungsVO Nr. 773/2004) geregelt. Auf dieser Grundlage kann die Kommission auch Beschlüsse erlassen, gegen die Konkurrenten betroffener Unternehmen Rechtsschutz bedürfen. So vor allem gegen Nichtanwendbarkeitsbeschlüsse gemäß Art. 10 VO Nr. 1/2003. Belastende Wirkungen für Konkurrenten können aber auch Verpflichtungszusagen nach Art. 9 VO Nr. 1/2003 entfalten, wenn die für verbindlich erklärten Verpflichtungszusagen der gegen Art. 101 oder 102 AEUV verstoßenden Unternehmen untauglich waren, die Wettbewerbsverletzung zu Lasten des klagenden Konkurrenten zu beseitigen.

133 Keine Probleme bereitet insoweit die **unmittelbare Betroffenheit** einer Konkurrentenklage: Sowohl ein Beschluss über die Feststellung der Nichtanwendbarkeit der Art. 101, 102 AEUV als auch ein Beschluss über die Verbindlicherklärung einer Verpflichtungszusage bedürfen keiner weiteren Durchführungsakte, so dass jeweils ein Fall der formellen Unmittelbarkeit vorliegt (s. Rn. 100).

134 Die **individuelle Betroffenheit** ergibt sich im Kartellrecht insbesondere aus einer verfahrensrechtlichen Position, die wiederum an wirtschaftliche Aspekte anknüpft: Bereits

Slg. 1997, I–1787, Ls. 3. Ein eigenes Klageinteresse der öffentlichen Einrichtung im Verhältnis zum Mitgliedstaat aufgrund mangelnder Autonomie allerdings ablehnend, EuGH, Urt. v. 10.7.1986, Rs. 282/85 (DEFI/Kommission), Slg. 1986, 2469, Rn. 18.

[285] EuG, Urt. v. 15.6.1999, Rs. T–288/97 (Regione autonoma Friuli Venezia Giulia/Kommission), Slg. 1999, II–1871, Rn. 32; Urt. v. 15.12.1999, verb. Rs. T–132/96 u. T–143/96 (Freistaat Sachsen u. a./Kommission), Slg. 1999, II–3663, Rn. 89 f.

[286] EuG, Urt. v. 30.4.1998, Rs. T–214/95 (Vlaamse Gewest/Kommission), Slg. 1998, II–717, Rn. 29; Urt. v. 15.6.1999, Rs. T–288/97 (Regione autonoma Friuli Venezia Giulia/Kommission), Slg. 1999, II–1871, Rn. 31; Urt. v. 15.12.1999, verb. Rs. T–132/96 u. T–143/96 (Freistaat Sachsen u. a./Kommission), Slg. 1999, II–3663, Rn. 84; Urt. v. 23.10.2002, verb. Rs. T–346/99 – T–348/99 (Territorio Histórico de Alava – Diputación Foral de Alava/Kommission), Slg. 2002, II–4259, Rn. 37.

[287] Siehe EuG, Urt. v. 15.12.1999, verb. Rs. T–132/96 u. T–143/96 (Freistaat Sachsen u. a./Kommission), Slg. 1999, II–3663, Rn. 81 ff.

[288] VO (EG) Nr. 1/2003 vom 16.12.2002 zur Durchführung der in den Art. 81 und 82 des Vertrags niedergelegten Wettbewerbsregeln, ABl. 2003, L 1/1.

[289] VO (EG) Nr. 773/2004 vom 7.4.2004 über die Durchführung von Verfahren auf der Grundlage der Artikel 81 und 82 EG-Vertrag durch die Kommission, ABl. 2004, L 123/18.

nach früherer Rechtsprechung des EuGH wurde die individuelle Betroffenheit angenommen, wenn der Konkurrent einen Antrag auf Feststellung einer Zuwiderhandlung gegen die heutigen Art. 101, 102 AEUV gestellt und die Kommission diesen abgelehnt hatte, indem sie ein Negativattest oder eine Freistellungsentscheidung (heute: Nichtanwendbarkeitsbeschluss nach Art. 10 VO Nr. 1/2003) erließ.[290] Die zulässige Antragstellung war an den Nachweis berechtigter Interessen geknüpft (i.d.R. wirtschaftlicher Art), was von der Kommission überprüft wurde. Räumte die Kommission nach dieser Überprüfung dem Konkurrenten ein Antragsrecht ein, wurde er zugleich im Sinne der Plaumann-Formel individualisiert. Dieser Konstruktion entspricht das in Art. 7 Abs. 1 und 2 VO Nr. 1/2003 und Art. 5–8 DurchführungsVO Nr. 773/2004 geregelte Beschwerderecht, sodass von einer Fortgeltung der Rechtsprechung auch nach der 2004er-Reform des Kartellrechts ausgegangen werden kann.[291] Danach ist der jeweils anerkannte Beschwerdeführer klageberechtigt.[292]

Eine ähnliche Situation entsteht, wenn der Konkurrent zwar keine Beschwerde eingereicht hat, aber ein Anhörungsrecht nach Art. 27 Abs. 4 Satz 2 VO Nr. 1/2003 geltend gemacht hat. In diesem Fall setzt die Kommission eine Frist innerhalb welcher »interessierte Dritte« sich äußern können. Auch wenn alleine durch die Abgabe der Bemerkungen keine weitergehenden Verfahrensrechte erworben werden, kann dies dem Konkurrenten im weiteren Verlauf des Verfahrens zu einer Individualisierung und somit zur Klageberechtigung verhelfen.[293]　　　　　　　　　　　　　　**135**

(3) Fusionskontrollrecht

Auswirkungen auf den Wettbewerb haben auch Unternehmenszusammenschlüsse. Die　**136** Fusionskontrollverordnung (im Folgenden: FKVO[294]) stellt der Kommission ein Instrumentarium zur Kontrolle und Verhinderung wettbewerbsbeschränkender Unternehmensfusionen zur Verfügung. Auch die auf dieser Grundlage zu erlassenden Beschlüsse sind unternehmensgerichtet. Für den Rechtsschutz von Konkurrenten sind dabei solche Handlungen von Bedeutungen, mit denen die grundsätzlich anzumeldenden Unternehmenszusammenschlüsse im Ergebnis zugelassen (Art. 6, 8, 7 Abs. 3,[295] 10 Abs. 6[296] FKVO) oder auf Unionsebene zumindest nicht aufgehalten werden (Verweis an nationale Wettbewerbsbehörden gemäß Art. 4 Abs. 4 und Art. 9 FKVO).

---

[290] Vgl. *Pechstein* (Fn. 123), Rn. 507.

[291] So auch *de Bronett*, Art. 31 VO 1/2003, Rn. 7.

[292] *Ritter*, in: Immenga/Mestmäcker (Hrsg.), Wettbewerbsrecht, Band 1, 5. Aufl., 2012, Anhang 1, Rn. 31.

[293] *Miersch*, in: Grabitz/Hilf/Nettesheim, EU, Art. 27 VO 1/2003 (März 2005), Rn. 59; *Ritter* (Fn. 291), Art. 27 VO 1/2003, Rn. 46.

[294] Verordnung (EG) Nr. 139/2004 vom 20. 1. 2004 über die Kontrolle von Unternehmenszusammenschlüssen (»EG-Fusionskontrollverordnung«), ABl. 2004, L 24/1; vgl. dazu *Staebe*, EWS 2004, 194.

[295] Zur Tauglichkeit der Beschlüsse auf Grundlage dieser Bestimmungen als Klagegegenstände siehe *Körber*, in: Immenga/Mestmäcker (Hrsg.) (Fn. 291), Art. 16 FKVO, Rn. 32.

[296] Zur Tauglichkeit der Genehmigungsfiktion als Klagegegenstand vgl. EuGH, Urt. v. 10. 7. 2008, Rs. C–413/06 P (Bertelsmann AG u. a./Kommission), Slg. 2008, I–4951, Rn. 170 ff.; *Ablasser-Neuhuber*, in: Loewenheim/Meessen/Riesenkampff (Hrsg.), Kartellrecht, 2. Aufl., 2009, Art. 10 FKVO, Rn. 16; *Körber* (Fn. 294), Art. 16 FKVO, Rn. 22.

(a) Unmittelbare Betroffenheit

137 Bei der unmittelbaren Betroffenheit ist zwischen der **Genehmigung von Zusammenschlüssen** und Verweisungsbeschlüssen zu unterscheiden. Im ersten Fall bedarf es zwar keiner hoheitlichen Durchführungsmaßnahme mehr, notwendig ist aber ein Umsetzungsakt der an dem Zusammenschluss beteiligten Unternehmen. An deren Willen, den Zusammenschluss durchzuführen, bestehen jedoch regelmäßig keine Zweifel, sodass bereits aufgrund des genehmigenden Beschlusses der Kommission »die Lage auf dem oder den betroffenen Märkten unmittelbar verändert [wird]«,[297] so dass im Ergebnis ein Fall der materiellen unmittelbaren Betroffenheit vorliegt (s. Rn. 102). Bei **Verweisungsbeschlüssen** wird dagegen nicht auf materiellen Auswirkungen der Fusion abgestellt,[298] sondern auf den Umstand, dass die Rechtmäßigkeit des Zusammenschlusses dann nicht mehr durch die Kommission am Maßstab unionsrechtlicher Vorschriften geprüft wird und dem Wettbewerber hierdurch die in der FKVO enthaltenen Anhörungsrechte sowie seine auf Grundlage des AEU-Vertrags bestehenden Rechtsschutzmöglichkeiten entzogen werden.[299] Der Verweisungsbeschluss beeinträchtigt daher unmittelbar die Rechtsstellung des Wettbewerbers, so dass ein Fall der formellen unmittelbaren Betroffenheit vorliegt (s. Rn. 100). Allerdings sind auch in diesen Konstellationen letztlich materielle Aspekte zu berücksichtigen, da sich Wettbewerber als Dritte nur dann auf Anhörungsrechte nach Art. 18 Abs. 4 Satz 2 FKVO bzw. deren Entzug stützen können, wenn sie insoweit ein »hinreichendes«, d. h. wirtschaftliches Interesse geltend machen können.

(b) Individuelle Betroffenheit

138 Hinsichtlich der individuellen Betroffenheit kommt es bei **genehmigenden Beschlüssen** der Kommission auf den **Nachweis einer aktiven Verfahrensbeteiligung** und einer **Beeinträchtigung der Marktstellung** an.[300] Gleiches müsste im Hinblick auf die Befreiung vom Vollzugsverbot gemäß Art. 7 Abs. 3 FKVO gelten, sofern dieser Maßnahme eine Aufforderung zur Abgabe einer Stellungnahme vorausgegangen ist. Ist das nicht der Fall, genügt der Nachweis der Beeinträchtigung der Marktstellung. In Bezug auf die Voraussetzung einer aktiven Verfahrensbeteiligung stellt sich die Frage, inwieweit die bloße Abgabe einer Stellungnahme genügt.[301] In den einschlägigen Urteilen des EuG konnten die klagenden Unternehmen jeweils eine darüber hinausgehende Beteiligung nachweisen.[302] Gegen eine derartige Voraussetzung spricht allerdings, dass die Kom-

---

[297] EuG, Urt. v. 24.3.1994, Rs. T–3/93, (Air France/Kommission), Slg. 1994, II–121, Rn. 80; EuGH, Urt. v. 31.3.1998, verb. Rs. C–68/94 u. C–30/95 (SPCA u. EMC/Kommission) Slg. 1998, I–1375, Rn. 49; EuG, Urt. v. 4.7.2006, Rs. T–177/04 (easyJet/Kommission), Slg. 2006, II–1931, Rn. 32.
[298] Vgl. EuG, Urt. v. 3.4.2003, Rs. T–119/02 (Royal Philips/Kommission), Slg. 2003, II–1433, Rn. 275 f.
[299] Vgl. EuG, Urt. v. 3.4.2003, Rs. T–119/02 (Royal Philips/Kommission), Slg. 2003, II–1433, Rn. 280 ff. Bestätigt in EuG, Urt. v. 30.9.2003, verb. Rs. T–346/02 u. T–347/02 (Cableuropa u. a./Kommission), Slg. 2003, II–4251, Rn. 51 ff.
[300] EuG, Urt. v. 4.7.2006, Rs. T–177/04 (easyJet/Kommission), Slg. 2006, II–1931, Rn. 35; Urt. v. 30.9.2003, Rs. T–158/00 (ARD/Kommission), Slg. 2003, II–3825, Rn. 63.
[301] EuG, Urt. v. 3.4.2003, Rs. T–114/02 (BaByliss/Kommission), Slg. 2003, II–1279, Rn. 94; Urt. v. 30.9.2003, Rs. T–158/00 (ARD/Kommission), Slg. 2003, II–3825, Rn. 75.
[302] Zum Beispiel durch Antworten auf Auskunftsverlangen der Kommission, vgl. EuG, Urt. v. 4.7.2006, Rs. T–177/04 (easyJet/Kommission), Slg. 2006, II–1931, Rn. 36; Urt. v. 30.9.2003, Rs. T–158/00, (ARD/Kommission), Slg. 2003, II–3825, Rn. 64 ff.

mission dann durch entsprechende Ausgestaltung der Anhörung die Zulässigkeit von Klagen steuern könnte.

Eine **Beeinträchtigung der Marktstellung** ist anzunehmen, wenn der klagende Wett-   139
bewerber und die am Zusammenschluss beteiligten Unternehmen in einem direkten Konkurrenzverhältnis zueinander stehen.[303] Ausnahmsweise kann auch ein potentielles Konkurrenzverhältnis[304] sowie die Präsenz auf benachbarten oder vor- und nachgelagerten Märkten[305] genügen. Ob neben der Kombination von Verfahrensbeteiligung und Beeinträchtigung der Marktstellung andere Umstände die individuelle Betroffenheit von Konkurrenten begründen können, ist fraglich. In Betracht kämen lediglich besonders qualifizierte Auswirkungen des Zusammenschlusses auf die Wettbewerbsposition des Klägers.[306] Soweit ersichtlich wurde die diesem Ansatz zugrunde liegende Entscheidung aus dem Jahre 1994 bisher nicht bestätigt.

Auf den Nachweis einer Verfahrensbeteiligung und einer Beeinträchtigung der   139
Marktstellung wird im Ergebnis auch bei **Verweisungsbeschlüssen** zurückgegriffen.[307] Die Beeinträchtigung der Marktstellung ist dabei unabhängig von einer (erst durch nationale Behörden zu treffenden) Entscheidung über die Vereinbarkeit des Zusammenschlusses zu ermitteln. Die Voraussetzung einer aktiven Verfahrensbeteiligung kann dagegen nur für den Fall einer nach Anmeldung erfolgten Verweisung (Art. 9 FKVO) gelten, da lediglich in einem solchen Fall ein Verfahren unter Beteiligung Dritter der Verweisung vorangeht. Anders stellt sich die Situation hingegen in der durch die Neufassung der FKVO eingeführten Konstellation dar, in der eine Verweisung bereits vor Anmeldung erfolgt (Art. 4 Abs. 4 FKVO). Hier besteht keine Möglichkeit einer vorherigen Stellungnahme, so dass auch kein entsprechender Nachweis gefordert werden dürfte. Fraglich ist jedoch, ob allein die Beeinträchtigung der Marktstellung und damit letztlich das Vorliegen eines Wettbewerbsverhältnisses genügt. Möglich und dogmatisch konsequent wäre ein Rückgriff auf den Entzug der Anhörungsrechte nach Art. 18 Abs. 4 Satz 2 FKVO. Es wäre dann ein hinreichendes Interesse vonseiten des Konkurrenten darzulegen. Dieses könnte jedoch nur wirtschaftlicher Art sein und sich auf die Wettbewerbsstellung beziehen, sodass letztlich doch allein ein materielles Kriterium zur Begründung der individuellen Betroffenheit ausreichen würde. Mangels einschlägiger Rechtsprechung muss diese Frage jedoch einstweilen offen bleiben.

(4) Antidumpingrecht

Eine Verfälschung des Marktgefüges in der EU kann sich auch daraus ergeben, dass aus   140
Nichtmitgliedstaaten sog. gedumpte Waren in die Union eingeführt werden. Gegen die sich hieraus ergebenden Wettbewerbsverfälschungen kann die Kommission entsprechende Maßnahmen auf Grundlage der auf Art. 207 AEUV gestützten sog. Antidumpingverordnung treffen,[308] insbesondere Antidumpingzölle erlassen. Eingeleitet werden

---

[303] EuG, Urt. v. 4.7.2006, Rs. T–177/04 (easyJet/Kommission), Slg. 2006, II–1931, Rn. 37.

[304] Vgl. EuG, Urt. v. 3.4.2003, Rs. T–114/02 (BaByliss/Kommission), Slg. 2003, II–1279, Rn. 100 ff.

[305] Vgl. EuG, Urt. v. 30.9.2003, Rs. T–158/00 (ARD/Kommission), Slg. 2003, II–3825, Rn. 79 ff.

[306] EuG, Urt. v. 24.3.1994, Rs. T–3/93 (Air France/Kommission), Slg. 1994, II–121, Rn. 82.

[307] EuG, Urt. v. 30.9.2003, verb. Rs. T–346/02 u. T–347/02 (Cableuropa u. a./Kommission), Slg. 2003, II–4251, Rn. 70 ff.; Urt. v. 3.4.2003, Rs. T–119/02 (Royal Philips/Kommission), Slg. 2003, II–1433, Rn. 295 ff.

[308] VO (EG) Nr. 1225/2009 vom 30.11.2009 über den Schutz gegen Dumping-Einfuhren aus nicht zur Europäischen Gemeinschaft gehörenden Ländern, ABl. 2009, L 343/51 ff.

Antidumpingverfahren regelmäßig auf Antrag natürlicher oder juristischer Personen, welche im Namen eines Wirtschaftszweiges der Union handeln. Nach der Prüfung des Sachverhalts kann die Kommission entweder das Verfahren einstellen oder entsprechende Schutzmaßnahmen ergreifen. Zwischen diesen beiden Konstellationen ist hinsichtlich der unmittelbaren und individuellen Betroffenheit möglicher Kläger im Sinne des Art. 263 Abs. 4 AEUV zu unterscheiden.

(a) Verfahrenseinstellung

141 Grundsätzlich erfolgt die Verfahrenseinstellung durch Beschluss (vgl. Art. 5 Abs. 3, Art. 9 Abs. 2 AntidumpingVO) und damit durch einen tauglichen Klagegegenstand nach Art. 263 Abs. 4 AEUV. Im Rahmen der Klageberechtigung ist auch in diesem Zusammenhang zwischen unmittelbarer und individueller Betroffenheit zu unterscheiden. In der Rechtsprechung wird jedoch regelmäßig auf eine entsprechende Differenzierung verzichtet und die Klageberechtigung nur allgemein bejaht oder verneint. Während Beschlüsse keiner Umsetzung durch weitere Rechtsakte mehr bedürfen und die unmittelbare Betroffenheit somit regelmäßig keiner weiteren Begründung bedarf, ist die individuelle Betroffenheit entgegen dem Gerichtshof im Einzelfall konkret nachzuweisen. Hierfür bietet es sich an, auf die Gesichtspunkte abzustellen, die der Gerichtshof in der Rechtssache Fediol[309] herausgearbeitet hat. Danach sei das berechtigte Interesse an einer wirkungsvollen Anti-dumping- und Antisubventionskontrolle durch diejenigen Rechte geschützt, welche das Antidumpingverfahren den von Antidumpingpraktiken betroffenen Herstellern einräumt. Hierzu gehören auch nach geltender Rechtslage insbesondere die weitgehenden Informations-, Anhörungs- und Mitteilungsrechte.[310] Wird ein Antragsteller durch die Verfahrenseinstellung in diesen, ihm durch die Antidumping-VO eingeräumten Rechten betroffen, so ist grundsätzlich auch dessen individuelle Betroffenheit zu bejahen.

(b) Schutzmaßnahmen.

142 Schutzmaßnahmen ergehen anders als Verfahrenseinstellungen in Gestalt von Verordnungen im Sinne von 288 Abs. 2 AEUV, mit denen die Kommission vorläufige (vgl. Art. 7 AntidumpingVO) oder endgültige Antidumpingzölle (vgl. Art. 9 Antidumping-VO) festlegt. Seit der Neufassung des Art. 263 Abs. 4 AEUV stellt sich daher zunächst die Frage, ob Individualrechtsschutz gegen diese Verordnungen weiterhin auf Grundlage der 2. Alternative und durch Nachweis insbesondere der individuellen Betroffenheit erfolgen muss oder ob in Anwendung der neuen dritten Alternative auf dieses, in der Regel schwieriger nachzuweisende Merkmal verzichtet werden kann. Da es sich bei Antidumpingverordnungen unzweifelhaft nicht um Gesetzgebungsakte handelt und auch die unmittelbare Betroffenheit in der Regel nachgewiesen werden kann (dazu sogleich unter Rn. 143), kommt es entscheidend darauf, ob die Anwendung der Antidumpingzölle durch nationale Zollbehörden eine Durchführungsmaßnahme im Sinne des Art. 263 Abs. 4 Alt. 3 AEUV darstellt (vgl. hierzu oben Rn. 81 ff.) und diese Klagevariante vorliegend ausschließt. Das muss wohl bejaht werden, da die konkrete Belastungswirkungen erst durch die Maßnahmen der nationalen Zollbehörden eintritt,

---

[309] EuGH, Urt. v. 4.10.1983, Rs. C–191/82 (Féderation de l'industrie de l'huilerie de la CEE/Kommission [Fediol/I]), Slg. 1983, 2913, Rn. 28, 30.

[310] EuGH, Urt. v. 4.10.1983, Rs. C–191/82 (Féderation de l'industrie de l'huilerie de la CEE/Kommission [Fediol/I]), Slg. 1983, 2913, Rn. 25.

gegen diese mittels nationaler Rechtsbehelfe vorgegangen werden kann und daher keine Rechtsschutzlücke vorliegt.[311] Somit bleibt der Nachweis nicht nur der unmittelbaren sondern auch der individuellen Betroffenheit nach Art. 263 Abs. 4 Alt. 2 AEUV notwendig und die hierzu bisher ergangenen Rechtsprechung weiterhin anwendbar.

Die **unmittelbare Betroffenheit** wird regelmäßig zu bejahen sein, da Antidumping- **143** verordnungen die Zollbehörden der Mitgliedstaaten verpflichten, den festgesetzten Zoll auf alle Einfuhren in die Union zu erheben. Die Mitgliedstaaten haben hier kein Ermessen, und der Vollzug erfolgt automatisch, und wird direkt durch die unionsrechtlichen Vorschriften veranlasst[312] (sog. materielle Unmittelbarkeit, vgl. Rn. 102).

Weitaus problematischer ist die Prüfung der **individuellen Betroffenheit**. In der **144** Rechtsprechung wird hierbei zwischen abhängigen und unabhängigen Importeuren unterschieden.[313] **Abhängige Importeure** sind solche, die mit einem Hersteller verbunden sind. Der abhängige Importeur kann die Verordnung, mit der der Zoll eingeführt wurde, anfechten, wenn seine Wiederverkaufspreise zur Berechnung des Dumpings oder des Antidumpingzolls herangezogen worden sind[314].

Unabhängige Importeure unterhalten dagegen keine geschäftliche Verbindung zum **145** Hersteller. Sie können nur ausnahmsweise eine individuelle Betroffenheit nachweisen, da Antidumpingverordnungen ihnen gegenüber grundsätzlich nur Maßnahmen von allgemeiner Geltung darstellen.[315] Unabhängige Importeure werden daher in der Regel nur als Teil der allgemein betroffenen Gruppe von Adressaten angesprochen, die sich jederzeit ändern kann, sodass sie grundsätzlich nicht hinreichend individualisiert sind.[316] Von dieser Rechtsprechung hat der EuGH in der Rechtssache Extramet eine Ausnahme gemacht, da die klagende unabhängige Importeurin das Vorliegen einer Reihe von Umständen nachweisen konnte, die sie im Sinne der Plaumann-Formel individualisierte: Sie war der größte Importeur des Erzeugnisses, das Gegenstand des Antidumpingverfahrens war und zugleich Endverbraucher dieses Erzeugnisses. Zudem hingen ihre wirtschaftlichen Tätigkeiten sehr weitgehend von diesen Einfuhren ab und waren von der streitigen Verordnung schwer getroffen: Nur wenige Produzenten stellten das Erzeugnis überhaupt her, sodass die Klägerin Schwierigkeiten hatte, sich dieses bei dem einzigen Hersteller in der (damaligen) Gemeinschaft zu beschaffen, zudem war dieser auch ihr Hauptwettbewerber für das Verarbeitungserzeugnis.[317] Kann also ein unabhängiger Importeur solche besonderen Umstände nachweisen, ist ihm grundsätzlich die Möglichkeit gegeben, eine Verordnung, die einen Antidumpingzoll festsetzt, mit der Nichtigkeitsklage anzugreifen.[318]

---

[311] Anders wohl *Weiß*, in: Grabitz/Hilf/Nettesheim, EU, Art. 207 AEUV (August 2015), Rn. 175.

[312] *Berrisch/Kamann*, in: Grabitz/Hilf, Das Recht der Europäischen Union, E10 (Januar 2000), Rn. 14.

[313] Vgl. zu einer eingehenden Übersicht: GA *Jacobs*, Schlussanträge zu Rs. C–358/89 (Extramet Industrie/Rat), Slg. 1991, I–2501, Rn. 23 ff.

[314] EuGH, Beschl. v. 8.7.1987, Rs. 279/86 (Sermes/Kommission), Slg 1987, 3109, Rn. 16; Beschl. v. 8.7.1987, Rs. C–301/86 (Frimodt Pedersen/Kommission) Slg. 1987, 3123, Rn. 16; Beschl. v. 11.11. 1987, Rs. 205/87 (Nuova Cean/Kommission), Slg. 1987, 4427, Rn. 13. Vgl. auch EuG, Urt. v. 28.2.2002, Rs. T–598/97 (British Shoe Corporation u.a./Rat), Slg. 2002, II–1155, Rn. 46.

[315] EuGH, Urt. v. 6.10.1982, Rs. 307/81 (Alusuisse/Rat u. Kommission), Slg. 1982, 3463, Rn. 9; Urt. v. 11.7.1990, Rs. C–157/87 (Elektroimpex u.a./Rat), Slg. 1990, I–3021.

[316] EuGH, Urt. v. 6.10.1982, Rs. 307/81 (Alusuisse/Rat u. Kommission), Slg. 1982, 3463, Rn. 11.

[317] EuGH, Urt. v. 16.5.1991, Rs. C–358/89 (Extramet Industrie/Rat), Slg. 1991, I–2501, Rn. 17.

[318] Vgl. auch EuG, Urt. v. 28.2.2002, Rs. T–598/97 (British Shoe Corporation u.a./Rat), Slg. 2002, II–1155, Rn. 50 ff. In diesem Urteil hat das EuG die individuelle Betroffenheit der Kläger verneint.

c) Rechtsakte mit Verordnungscharakter, Art. 263 Abs. 4 Alt. 3 AEUV

146   Die Frage nach der Klageberechtigung von Individualklägern stellt sich auch bei den Rechtsakten mit Verordnungscharakter im Sinne des Art. 263 Abs. 4 Alt. 3 AEUV. Während hinsichtlich des Merkmals der »Betroffenheit« auf die Ausführungen zur zweiten Alternative des Art. 263 Abs. 4 AEUV verwiesen werden kann (vgl. Rn. 97 ff.), ist die Bedeutung des Kriteriums der »unmittelbaren Betroffenheit« im Rahmen der neuen dritten Alternative des Art. 263 Abs. 4 AEUV **umstritten**. Während Teile des Schrifttums hier keinen strukturellen Unterschied zum gleichlautenden Tatbestandsmerkmal der zweiten Alternative erkennen können,[319] wird von anderer Seite vorgeschlagen, dieses Merkmal im Rahmen des Art. 263 Abs. 4 Alt. 3 AEUV einer von der zweiten Alternative dieser Bestimmung abweichenden Auslegung zu unterwerfen. Vorgeschlagen wird in diesem Zusammenhang etwa eine stärkere Ausrichtung auf die mögliche Verletzung subjektiver Rechte.[320]

147   Nach hier vertretener Auffassung gibt es keinen Grund, im Rahmen des Art. 263 Abs. 4 Alt. 3 AEUV von dem herkömmlichen Verständnis der »unmittelbaren Betroffenheit«, so wie es schon im Rahmen des vormaligen Art. 230 Abs. 4 EGV vom Gerichtshof ausjudiziert worden ist, abzurücken. Danach ist der Nichtigkeitskläger durch eine Unionshandlung dann unmittelbar betroffen, **wenn der Rechtsakt selbst, und nicht erst eine in seiner Folge hinzutretende Durchführungsmaßnahme, in seinen Interessenkreis eingreift**. Dies ist immer dann der Fall, wenn ein weiterer unionsrechtlicher oder mitgliedstaatlicher Vollzugsakt nicht erforderlich ist (formelle unmittelbare Betroffenheit, s. Rn. 100 ff.). Diesem Ansatz folgt auch das EuG in der Rechtssache **Microban** insoweit, als es davon ausgeht, dass der Begriff der »unmittelbaren Betroffenheit« im Rahmen der neuen dritten Alternative des Art. 263 Abs. 4 AEUV »jedenfalls nicht enger ausgelegt werden [kann] als der Begriff des unmittelbaren Betroffenseins, wie er in Art. 230 Abs. 4 EG enthalten ist«.[321]

148   Das Unmittelbarkeitskriterium der dritten Alternative des Art. 263 Abs. 4 AEUV unterscheidet sich nach hier vertretener Auffassung strukturell von dem objektiv den Klagegegenstand bestimmenden Merkmal der »fehlenden Durchführungsmaßnahme«. Während ersteres die im Einzelfall unterschiedlich ausfallende Situation des jeweiligen Klägers zum Bezugspunkt hat, stellt das Kriterium der »fehlenden Durchführungsmaßnahme« auf die objektiv zu bestimmenden Besonderheiten des jeweils angegriffenen Rechtsakts ab. Danach ist losgelöst von der konkreten Situation des jeweiligen Klägers zu beurteilen, ob der in Rede stehende Rechtsakt »keine Durchführungsmaßnahmen nach sich zieht« (vgl. dazu im Einzelnen, insbesondere zur neueren Rechtsprechung des EuGH Rn. 81 ff.). Insoweit ergeben sich hier, zumindest tatbestandlich, keine Überschneidungen. Gleichwohl führt das der Prüfung der Klageberechtigung vorgeschaltete Merkmal der »fehlenden Durchführungsmaßnahmen« faktisch dazu, dass bereits an dieser Stelle die Fallgruppe der materiellen unmittelbaren Betroffenheit (vgl. dazu Rn. 102) ausgesondert wird, da dort in jedem Falle eine – wenn auch inhaltlich bereits zwingend vorgezeichnete – »Durchführungsmaßnahme« erforderlich ist. Im Ergebnis

---

[319] In diesem Sinne etwa *Frenz*, Europarecht, Band 5, Rn. 2940; *Görlitz/Kubicki*, EuZW 2011, 248 (252); ebenso zuletzt auch *Rengeling/Middeke/Gellermann*, Rechtsschutz in der EU, § 7, Rn. 86.

[320] So *Kokott/Henze/Dervisopoulou*, EuGRZ 2008, 10 (18); ebenso wohl auch *Schröder*, DÖV 2009, 61 (64); sowie zuletzt auch *Kottmann*, ZaöRV 70 (2010), 547 (564).

[321] EuG, Beschl. v. 25.10.2011, Rs. T–262/10 (Microban International und Microban Europe/Kommission), Slg. 2011, II–7697, Rn. 32.

hat das Unmittelbarkeitskriterium folglich **nur noch praktische Relevanz für Fälle der formellen unmittelbaren Betroffenheit.**[322] Insoweit werden im Ergebnis genau diejenigen Fälle erfasst, auf die bereits die im Rahmen der Rechtssachen Jegó-Quéré und Union de Pequeños Agricultores entwickelten sog. »neuen Formeln« ursprünglich abzielten (vgl. Rn. 67 ff.).

Darüber hinaus gewährleistet die unmittelbare Betroffenheit in dieser Alternative   **149**
der Individualklage eine **personale Einschränkung des Kreises möglicher Kläger** und damit den Ausschluss von Popularklagen. Denn auch die unmittelbare Betroffenheit erfordert das Vorliegen einer spezifischen Beziehung zwischen Kläger und Rechtsakt. Anders als bei der hier nicht relevanten Kategorie der individuellen Betroffenheit geht es dabei aber nicht um eine besondere Betroffenheit des Klägers durch den Rechtsakt, sondern um ein (in der Regel dahinter zurückbleibendes) direktes Behandeltwerden: danach können nur diejenigen Personen durch einen Rechtsakt mit Verordnungscharakter unmittelbar betroffen sein, die zu den Normadressaten der angegriffenen Bestimmung gehören.[323] Zu ermitteln ist der Kreis dieser Personen jeweils durch Auslegung des Rechtsaktes unter Berücksichtigung seines persönlichen und sachlichen Anwendungsbereichs.

VII. Geltendmachung eines Nichtigkeitsgrundes nach Art. 263 Abs. 2 AEUV

Die Nichtigkeitsklage ist nur zulässig, wenn in der Klageschrift die Verletzung mindes-   **150**
tens einer der in Art. 263 Abs. 2 AEUV enumerativ aufgezählten Nichtigkeitsgründe gerügt wird. Diese Nichtigkeitsgründe sind:
– Unzuständigkeit;
– Verletzung wesentlicher Formvorschriften;
– Verletzung der Verträge oder einer bei seiner[324] Durchführung anzuwendenden Rechtsnorm;
– Ermessensmissbrauch.
Der Kläger muss für die Zulässigkeit der Klage das Vorliegen der von ihm behaupteten Nichtigkeitsgründe schlüssig in der Klageschrift darlegen.[325]

Der EuGH kann nach Art. 150 VerfO-EuGH, Art. 113 VerfO-EuG jederzeit von Amts   **151**
wegen prüfen, ob unverzichtbare Prozessvoraussetzungen fehlen. Hinsichtlich des Vortrags der Nichtigkeitsgründe gilt insoweit jedoch, dass der Kläger alle von ihm für einschlägig gehaltenen Nichtigkeitsgründe anführen muss; eine umfassende ex-officio-Prüfung der Rechtmäßigkeit der angegriffenen Handlung, wie sie etwa das deutsche Verwaltungsprozessrecht vorsieht, kennt das Unionsprozessrecht nicht. Allerdings behält sich der EuGH auch insoweit vor, bestimmte Nichtigkeitsgründe von Amts wegen zu prüfen, bzw. den Sachvortrag der Kläger einzelnen Klagegründen selbständig zuzuordnen,[326] sodass insoweit ein unterbliebener oder fehlerhafter Vortrag unschädlich ist. Die **ex-officio-Prüfung** betrifft zunächst die Nichtigkeitsgründe der Unzuständigkeit

---

[322] In diesem Sinne schon *Schröder*, DÖV 2009, 61 (64).
[323] So zutreffend *Görlitz/Kubicki*, EuZW 2011, 248 (252).
[324] Vgl. zu dieser redaktionellen Unstimmigkeit der Neufassung des Art. 263 AEUV nach der Vertragsrevision von Lissabon unten, Rn. 187.
[325] Zu den Darlegungspflichten des Klägers ausführlich unten Rn. 152 ff.
[326] EuGH, Urt. v. 17.5.1984, Rs. 338/82 (Albertini und Montagnami/Kommission), Slg. 1984, 2123, Rn. 5 ff.

(Verbandszuständigkeit,[327] Organzuständigkeit,[328] funktionelle Zuständigkeit eines Organwalters[329]) und der Verletzung wesentlicher Formvorschriften.[330] Letzteres betrifft die ordnungsgemäße Ausfertigung von Rechtsakten, Anhörungs- und Beteiligungsrechte von Organen, Einrichtungen und Mitgliedstaaten, Verfahrens- und Verteidigungsrechte Einzelner und Verstöße gegen die Begründungspflicht. Auch die Frage der Inexistenz eines Rechtsaktes wird von Amts wegen geprüft.[331] Vereinzelt werden von Amts wegen auch Klagegründe des materiellen Rechts geprüft.[332] Die **mangelnde Vorhersehbarkeit im Hinblick auf den Umfang der ex-officio-Prüfung** wird in der Literatur zu Recht scharf gerügt.[333] Im Einzelnen ist hier vieles unklar, weshalb der Kläger sich auf eine ex-officio-Prüfung keinesfalls verlassen sollte.[334] Die Verweisung auf Ausführungen in parallel eingereichten Klagen genügt ebenfalls nicht; der Kläger muss die Klagegründe selbst anführen.[335] Erst in den Ausführungen zur Begründetheit der Klage ist dann die Frage zu klären, ob das klägerische Vorbringen in tatsächlicher und rechtlicher Hinsicht zutrifft.

VIII. Form der Klageerhebung

152   Die Klageschrift muss den Vorschriften des Art. 21 EuGH-Satzung sowie des Art. 120 VerfO-EuGH bzw. Art. 76 VerfO-EuG genügen.[336] Bei **Mängeln der Klageschrift** ist zu differenzieren: Fehlt es an einem der in Art. 21 Abs. 1 Satz 2 EuGH-Satzung genannten konstitutiven Elemente der Klageschrift (Parteienbezeichnung, Bezeichnung des Streitgegenstandes [= Klagegrund und Klageantrag], Beweisantritte), so liegt keine Klageschrift im Rechtssinne vor, die fristwahrende Wirkung der Klageerhebung tritt nicht ein. Verstößt die Klageschrift demgegenüber gegen eine der in Art. 120, 122 VerfO-EuGH bzw. Art. 78 Abs. 3 und Abs. 4 VerfO-EuG genannten Förmlichkeiten (fehlende Nachweise der anwaltschaftlichen Zulassung oder der Rechtspersönlichkeit juristischer Personen) bzw. gegen die in den Praktischen Anweisungen für die Parteien enthaltenen Formvorgaben für Schriftsätze,[337] so setzt der Kanzler dem Kläger eine Frist zur Behe-

---

[327] EuG, Urt. v. 28.1.2003, Rs. T–147/00 (Laboratoires Servier/Kommission), Slg. 2003, II–85, Rn. 45.

[328] EuGH, Urt. v. 13.7.2000, Rs. C–210/98 P (Salzgitter/Kommission), Slg. 2000, I–5843, Rn. 56 f.

[329] EuG, Urt. v. 27.2.1992, verb. Rs. T–79/89 u.a. (BASF u.a./Kommission), Slg. 1992, II–315, Rn. 31, 53.

[330] EuGH, Urt. v. 7.5.1991, Rs. C–291/89 (Interhotel/Kommission), Slg. 1991, I–2257, Rn. 14, mit Verweis auf frühere, gleichlautende Rechtsprechung; Urt. v. 2.4.1998, Rs. C–367/95 P (Kommission/Sytraval et Brink's France), Slg. 1998, I–1719, Rn. 67.

[331] EuG, Urt. v. 27.2.1992, verb. Rs. T–79/89 u.a. (BASF u.a./Kommission), Slg. 1992, II–315, Rn. 31.

[332] Vgl. etwa EuG, Urt. v. 10.3.1992, Rs. T–11/89 (Shell/Kommission), Slg. 1992, II–757, Rn. 323 ff.

[333] *Everling*, FS Rodríguez Iglesias, S 542 f.; vgl. auch GA *Jacobs*, Schlussanträge zu Rs. C–210/98 P (Salzgitter/Kommission), Slg. 2000, I–5843, Rn. 137; *Korsch*, Prozessmaximen, in: Institut für das Recht der Europäischen Gemeinschaften der Universität Köln, Zehn Jahre Rechtsprechung des Gerichtshofes der Europäischen Gemeinschaften, 1965, S. 122 (126, 128 f.).

[334] Vgl. dazu grundlegend *Sachs*, S. 8 ff., 103 ff.

[335] EuG, Urt. v. 14.12.2005, Rs. T–209/01 (Honeywell International/Kommission), Slg. 2005, II–5527, Rn. 57 ff.

[336] Ausführlich zu den formalen Anforderungen bei der Klageerhebung *Dörr*, in: Grabitz/Hilf/Nettesheim, EU, Art. 263 AEUV (November 2012), Rn. 146 ff.

[337] Vgl. »Praktische Anweisungen für die Parteien in den Rechtssachen vor dem Gerichtshof«, ABl.

bung des Mangels (Art. 122 Abs. 3 VerfO-EuGH bzw. Art. 78 Abs. 5 VerfO-EuG). Die Klage wird dennoch in das Register eingetragen und wahrt die Klagefrist. Wird der Mangel nicht innerhalb der gesetzten Frist beseitigt, so entscheidet der EuGH durch Beschluss über die Unzulässigkeit der Klage.

Die Klageschrift muss diejenigen Sachverhaltsbestandteile aufführen, auf welche der Kläger zumindest einen der Nichtigkeitsgründe nach Art. 263 Abs. 2 AEUV stützt. Unklarheiten gehen zu Lasten des Klägers und können zur Klageabweisung wegen Unzulässigkeit führen. Der Klageantrag in der Hauptsache ist darauf zu richten, den angefochtenen Rechtsakt, der als Streitgegenstand in der Klageschrift genau zu spezifizieren ist,[338] für nichtig zu erklären (aufzuheben).   **153**

IX. Klagefrist

1. Fristlänge

Die Nichtigkeitsklage ist **binnen zwei Monaten** zu erheben (Art. 263 Abs. 6 AEUV), wobei sich die Einzelheiten der Fristberechnung aus Art. 49 VerfO-EuGH bzw. aus Art. 58 VerfO-EuG ergeben. Bei dieser Frist handelt es sich um eine **Ausschlussfrist** im Sinne von zwingendem Recht, die nicht der Disposition der Parteien oder der Unionsgerichte unterliegt.[339] Ihre Einhaltung wird von den Unionsgerichten ex officio geprüft.[340] Diese Zwei-Monatsfrist wird jedoch durch die **pauschale Entfernungsfrist** um zehn Tage verlängert (Art. 51 VerfO-EuGH, Art. 60 VerfO-EuG).   **154**

2. Fristbeginn

Der Lauf der Klagefrist kann durch unterschiedliche Ereignisse in Gang gesetzt werden. Art. 263 Abs. 6 AEUV[341] unterscheidet im Hinblick auf fristauslösende Ereignisse zwischen   **155**

– der Bekanntgabe der betreffenden Handlung,
– deren Mitteilung an den Kläger
– bzw. der anderweitigen Kenntniserlangung i. S. eines Auffangtatbestands.

In seiner neueren Rechtsprechung hat der EuGH allerdings nunmehr auch im Hinblick auf Art. 263 Abs. 6 AEUV klargestellt, dass die **Veröffentlichung des anzufechtenden Rechtsakts und damit der Beginn des Laufs der Klagefrist keine conditio sine qua non für die Zulässigkeit einer vor Beginn des Laufs der Frist erhobenen Nichtigkeitsklage** darstellt. Denn auch wenn die Veröffentlichung eines nach den Unionsvorschriften veröffentlichungspflichtigen Rechtsaktes die Frist nach Art. 263 Abs. 6 AEUV auslöst, »stellt sie keine Bedingung für die Eröffnung des Klagerechts gegen diese Handlung dar«.[342] Der Gerichtshof begründet diese Feststellung u. a. damit, dass dieses (vorzeitige)   **156**

2014, L 31/1 bzw. »Praktische Durchführungsbestimmungen zur Verfahrensordnung des Gerichts«, ABl. 2015, L 152/1.

[338] Vgl. etwa EuG, Urt. v. 30.1.2007, Rs. T–340/03 (France Télécom/Kommission), Slg. 2007, II–107, Rn. 166.

[339] EuGH, Urt. v. 23.1.1997, Rs. C–246/95 (Coen), Slg. 1997, I–403, Rn. 21.

[340] St. Rspr. vgl. etwa EuG, Urt. v. 28.1.2004, verb. Rs. T–142/01 u. T–283/01 (OPTUC/Kommission), Slg. 2004, II–329, Rn. 30.

[341] Vgl. zur Berechnung des konkreten Fristbeginns Art. 49 Abs. 1 Buchst. a VerfO-EuGH bzw. Art. 58 Abs. 1 Buchst. a VerfO-EuG.

[342] EuGH, Urt. v. 26.9.2013, Rs. C–626/11 P (PPG u. a. ECHA), ECLI:EU:C:2013:595, Rn. 31–39, unter entsprechender Anwendung von EuGH, Urt. v. 19.9.85, Rs. 172/83 und 226/83 (Hoogovens Groep/Kommission), Slg. 1985, 2831, Rn. 8.

Klagerecht den Zweck der Klagefrist, der in der Wahrung der Rechtssicherheit dient, in keiner Weise gefährde. Damit sind Nichtigkeitsklagen gegen derartige Rechtsakte bereits dann möglich, sobald sie ergangen sind, ohne dass die fristauslösende Veröffentlichung abgewartet zu werden bräuchte.

a) Bekanntgabe durch Veröffentlichung

157   Der Begriff der Bekanntgabe in Art. 263 Abs. 6 AEUV ist missverständlich gewählt. Der Vergleich mit den anderen Sprachfassungen des AEUV ergibt, dass es sich bei der in Art. 263 Abs. 6 AEUV genannten Alternative der Bekanntgabe um die **Veröffentlichung im Amtsblatt** (»publication«) im Sinne des Art. 297 AEUV handelt.[343] Art. 263 Abs. 6 Alt 1 AEUV wird durch Art. 50 VerfO-EuGH bzw. Art. 59 VerfO-EuG dahingehend konkretisiert, dass die Klagefrist bei Veröffentlichung einer Maßnahme »vom Ablauf des vierzehnten Tages nach der Veröffentlichung der Maßnahme im Amtsblatt der Europäischen Union an zu berechnen« ist.[344] Maßgeblich ist das Datum der Amtsblattnummer, die den Text des angefochtenen Rechtsaktes enthält.[346]

158   Mit der vollständigen Veröffentlichung der Entscheidungen auf der **Internetseite** des betreffenden Organs ist eine Veröffentlichung i. S. d. Art. 263 Abs. 6 AEUV gegeben.[345] Allerdings entspricht es einem grundlegenden Prinzip des Unionsrechts, dass ein hoheitlicher Rechtsakt den Bürgern nicht entgegengehalten werden darf, bevor sie nicht die Möglichkeit hatten, von diesem Rechtsakt Kenntnis zu nehmen. Aus diesem Grund hat der EuGH für die Klagefrist den Gegenbeweis des Klägers zugelassen, dass das Amtsblatt tatsächlich erst zu einem späteren Zeitpunkt verfügbar war. In diesem Fall richtet sich der Fristbeginn nach dem Zeitpunkt der tatsächlichen Verfügbarkeit.[346]

159   Art. 50 VerfO-EuGH gilt für die zwingend zu veröffentlichenden Verordnungen, für die an alle Mitgliedstaaten gerichteten Richtlinien sowie für die Beschlüsse, die an keinen bestimmten Adressaten gerichtet sind (Art. 297 Abs. 2 UAbs. 2 AEUV). Die Veröffentlichung ist sowohl materielle Wirksamkeitsvoraussetzung als auch maßgebliches Datum für den Beginn der Klagefrist.[347] Probleme können in diesem Zusammenhang auftreten, wenn der **Zeitpunkt der Veröffentlichung als das für den Klagefristlauf maßgebliche Datum und der Zeitpunkt des materiellen Inkrafttretens auseinanderfallen.** In diesen Fällen wird der Lauf der Klagefrist bereits in Gang gesetzt, obwohl sich die Klage gegen eine Maßnahme richtet, die noch keine Rechtswirkungen entfaltet. Die Klage wäre daher eigentlich bis zum Zeitpunkt des materiellen Inkrafttretens mangels Aufhebungsinteresses (Beschwer) unzulässig.[348] Dieses Problem stellt sich, wenn der Verordnungsgeber das Inkrafttreten einer Verordnung auf einen Zeitpunkt nach Ablauf der Klagefrist festlegt. Der effektive Rechtsschutz gebietet in diesen Fällen, ein klägerisches Aufhebungsinteresse schon vor Inkrafttreten anzuerkennen, wenn ansonsten die dem Kläger nach Art. 263 Abs. 6 AEUV eingeräumte Klagefrist verkürzt oder gar vereitelt

---

[343] So auch *Schwarze*, in: Schwarze, EU-Kommentar, Art. 263 AEUV, Rn. 68.

[344] Die Frist beginnt allerdings bereits am 14. Tage nach dem Erscheinen des Amtsblattes zu laufen; vgl. etwa EuGH, Beschl. v. 17. 5. 2002, Rs. C–406/01 (Deutschland/Parlament u. Rat), Slg. 2002, I–4561, Rn. 12 ff.

[345] EuG, Beschl. v. 19. 9. 2005, Rs. T–321/04 (Bourbon SAS/Kommission), Slg. 2005, II–3469, Rn. 34.

[346] EuGH, Urt. v. 10. 12. 1969, verb. Rs. 10/68 u. 18/68 (Eridania/Kommission), Slg. 1969, 459 (489).

[347] EuGH, Urt. v. 29. 5. 1974, Rs. 185/73 (Hauptzollamt Bielefeld/König), Slg. 1974, 607, Rn. 6.

[348] EuGH, Urt. v. 31. 3. 1971, Rs. 22/70 (Kommission/Rat), Slg. 1971, 263 (267).

würde.[349] Anderenfalls könnten die Rechtsetzungsorgane den Rechtsschutz durch ihre Bestimmung des Inkrafttretens auf einen Zeitpunkt nach Ablauf der Klagefrist unterlaufen.[350]

b) Individuelle Bekanntgabe oder anderweitige Kenntniserlangung

Nach Art. 263 Abs. 6 AEUV wird die Klagefrist durch Kenntniserlangung des Klägers in **160** Gang gesetzt. Grundsätzlich gilt in diesem Zusammenhang, dass die Frist regelmäßig zu demjenigen Zeitpunkt zu laufen beginnt, zu dem der Kläger genaue Kenntnis vom Inhalt und der Begründung der anzufechtenden Maßnahme erlangt.[351] Dabei unterscheidet die Vorschrift zwischen der Mitteilung und der demgegenüber subsidiären anderweitigen Kenntniserlangung durch den Kläger. Wird der Rechtsakt weder veröffentlicht noch dem Kläger mitgeteilt, so beginnt die Klagefrist von dem Zeitpunkt an zu laufen, an dem er von der Maßnahme anderweitig Kenntnis erlangt. Die Kenntniserlangung kann aufgrund von **Veröffentlichungen in Gesetz- oder Verordnungsblättern der Mitgliedstaaten**, **einfacher Schreiben** oder sogar **mündlicher Mitteilungen** erfolgen.

Die Mitteilung, die der individuellen Bekanntgabe im Sinne des Art. 297 Abs. 2 **161** UAbs. 3 AEUV entspricht und deshalb für nicht an alle Mitgliedstaaten gerichtete Richtlinien sowie Beschlüsse, die an einen bestimmten Adressaten gerichtet sind, gilt, erfolgt **in der Regel schriftlich, ausnahmsweise auch mündlich** oder **durch schlüssiges Verhalten**. Eine formstrenge Zustellung, wie sie etwa die deutschen Verwaltungszustellungsgesetze des Bundes und der Länder vorsehen,[352] ist im Unionsrecht nicht vorgesehen. Ausschlaggebend ist allein, dass der Rechtsakt seinen Adressaten so erreicht, dass dieser in die Lage versetzt wird, tatsächlich und vollständig Kenntnis zu nehmen.[353] Davon ist bei juristischen Personen auszugehen, wenn die Bekanntgabe an ihrem Sitz erfolgt. Gleiches gilt auch dann, wenn eine örtliche Verlegung der Hauptverwaltung ohne eine registerrechtliche Sitzverlegung erfolgt. Ebenso ersetzt die Zustellung einer Entscheidung an eine zur Entgegennahme nicht bevollmächtigte Tochtergesellschaft die individuelle Bekanntgabe an die Muttergesellschaft, falls diese über die Tochter oder Dritte von der Maßnahme vollständig Kenntnis erlangt.[354] Eine schlichte Information oder tatsächliche Kenntniserlangung über das »Ob« eines Maßnahmeerlasses ohne Kenntnisnahme des Inhalts genügt diesen Anforderungen allerdings nicht.[355]

In diesem Zusammenhang verlangt der EuGH aber, dass sich der Kläger um eine **162** vollständige Kenntniserlangung über den Inhalt des Rechtsaktes bemüht, wenn er von dessen Erlass erfährt[356] (»**Anforderungsfrist**«). Kommt der Kläger dieser Obliegenheit nicht nach, so kann er sich nicht auf eine tatsächlich erst später erfolgende Kenntniserlangung berufen.[357] Werden Handlungen jedoch nach ständiger Praxis des betreffenden

---

[349] EuGH, Urt. v. 1.2.1979, Rs. 17/78 (Deshormes/Kommission), Slg. 1979, 189, Rn. 10 ff.
[350] Ebenso *Schwarze*, in: Schwarze, EU-Kommentar, Art. 263 AEUV, Rn. 68.
[351] St. Rspr. vgl. nur EuGH, Urt. v. 14.5.1998, Rs. C–48/96 P (Windpark Groothusen/Kommission), Slg. 1998, I–2873, Rn. 25.
[352] *Hufen*, Verwaltungsprozessrecht, 9. Aufl., 2013, § 9, Rn. 27 ff.
[353] EuGH, Urt. v. 26.11.1985, Rs. 42/85 (Cocherill-Sambre/Kommission), Slg. 1985, 3749, Rn. 10.
[354] *Happe*, EuZW 1992, 297 (299).
[355] EuGH, Urt. v. 5.3.1986, Rs. 59/84 (Tezi/Kommission), Slg. 1986, 887, Rn. 10.
[356] St. Rspr. vgl. etwa EuGH, Urt. v. 6.12.1990, Rs. C–180/88 (Wirtschaftsvereinigung Eisen- und Stahlindustrie/Kommission), Slg. 1990, I–4413, Rn. 22.
[357] EuGH, Urt. v. 10.12.1969, verb. Rs. 10/68 u. 18/68 (Eridania/Kommission), Slg. 1969, 459 (490).

Organs im Amtsblatt bekanntgegeben, obwohl diese Bekanntgabe keine Voraussetzung für ihre Anwendbarkeit ist, so ist das Kriterium des Zeitpunkts der Kenntnisnahme nicht anwendbar, sondern es kommt auf den Zeitpunkt der Bekanntgabe an; der betroffene Dritte kann unter solchen Umständen nämlich mit der Bekanntgabe der fraglichen Maßnahme rechnen.[358] Die Nichtveröffentlichung geht dann trotz faktischer Kenntnisnahme zu Lasten des betreffenden Organs. Die Beweislast bezüglich des genauen Zeitpunktes des fristauslösenden Ereignisses trifft diejenige Prozesspartei, die sich auf die Verfristung beruft.[359]

163   Eine **Rechtsbehelfsbelehrung** ist nach Ansicht des EuGH – vorbehaltlich abweichender Vorgaben des abgeleiteten Unionsrechts[360] – den individualgerichteten Entscheidungen nicht beizufügen.[361] Angesichts der Bindung der Union an rechtsstaatliche Grundsätze erscheint diese Entscheidung kaum nachvollziehbar, da in der Mehrzahl der Mitgliedstaaten eine derartige generelle Belehrungspflicht der Verwaltung besteht.[362] Eine unterlassene Rechtsbehelfsbelehrung hat aber selbst in denjenigen Fällen, in denen sie vom abgeleiteten Unionsrecht ausdrücklich verlangt wird, – anders als im deutschen Verwaltungsprozessrecht – in der Regel keine Auswirkungen auf den Lauf der Klagefrist.[363]

3. Fristende

164   Die Klageschrift muss innerhalb der zweimonatigen Klagefrist, **spätestens mit Ablauf der letzten Stunde des letzten Tages** (mithin bis 24.00 Uhr) bei der Kanzlei des EuGH oder des EuG eingehen. Gemäß Art. 49 Abs. 1 Buchst. b VerfO-EuGH bzw. Art. 58 Abs. 1 Buchst. b VerfO-EuG endet die Frist mit Ablauf des Tages, der im letzten Monat dieselbe Bezeichnung oder dieselbe Zahl wie der Tag trägt, auf den der Fristbeginn fällt.

165   Daneben eröffnet Art. 45 Abs. 2 EuGH-Satzung dem Kläger die **Möglichkeit des Nachweises von »Zufall« oder »höherer Gewalt«** mit der Folge eines Unterbleibens von »Rechtsnachteilen« für den Kläger im Falle eines Fristablaufs. Diese ausnahmsweise Durchbrechung des zwingenden Charakters von Art. 263 Abs. 6 AEUV wird von der Rechtsprechung allerdings **sehr restriktiv** gehandhabt.[364]

166   Mit Ablauf der Klagefrist tritt gegenüber dem Klageberechtigten **Bestandskraft** ein. Dies hat insbesondere Konsequenzen für die Gültigkeitskontrolle im Vorabentscheidungsverfahren nach Art. 267 AEUV (vgl. Art. 267 AEUV, Rn. 27 ff.), aber auch – nach Maßgabe der von der Rechtsprechung entwickelten Grenzen – im Rahmen der Einrede der Rechtswidrigkeit nach Art. 277 AEUV. Unzulässig ist aus diesem Grunde auch eine Nichtigkeitsklage, die sich gegen eine Entscheidung richtet, die lediglich eine frühere,

---

[358] EuG, Beschl. v. 21.11.2005, Rs. T–426/04 (Tramarin/Kommission), Slg. 2005, II–4765, Rn. 47 ff.

[359] EuGH, Urt. v. 11.5.1989, verb. Rs. 193/87 u. 194/87 (Maurissen u. a./Rechnungshof), Slg. 1989, 1045, Rn. 46.

[360] Vgl. etwa Art. 8 Abs. 1 VO (EG) Nr. 1049/2001 über den Zugang der Öffentlichkeit zu Dokumenten des Europäischen Parlaments, des Rates und der Kommission.

[361] EuGH, Beschl. v. 5.3.1999, Rs. C–154/98 (Guérin automobiles EURL/Kommission), Slg. 1999, I–1451, Rn. 13.

[362] EuGH, Beschl. v. 5.3.1999, Rs. C–154/98 (Guérin automobiles EURL/Kommission), Slg. 1999, I–1451, Rn. 13.

[363] Vgl. etwa Art. 8 Abs. 1 der VO (EG) Nr. 1049/2001.

[364] Vgl. zu diesbezüglichen Fallgruppen *Schwarze*, in: Schwarze, EU-Kommentar, Art. 263 AEUV, Rn. 66 sowie *Dörr*, in: Grabitz/Hilf/Nettesheim, EU, Art. 263 AEUV (November 2012), Rn. 135 f.

nicht fristgerecht angefochtene und damit bestandskräftig gewordene Entscheidung bestätigt. Dies ist dann der Fall, wenn sie kein neues Element gegenüber der früheren Handlung enthält und ihr keine erneute Prüfung der Lage des Adressaten dieser früheren Handlung vorausgegangen ist.[365]

Die **Beweislast für den Fristablauf** trifft im gerichtlichen Verfahren ebenfalls diejenige   **167** Partei, die sich auf die Verfristung beruft.[366]

X. Rechtsschutzbedürfnis

Europäisches Parlament, Rat, Kommission und Mitgliedstaaten erheben als privilegiert   **168** Klageberechtigte die Nichtigkeitsklage in Wahrnehmung ihrer institutionellen Verantwortung für die Wahrung des Unionsrechts.[367] Daher brauchen sie nach Art. 263 Abs. 2 AEUV – wie bei der Vertragsverletzungsklage – kein über das allgemeine Aufhebungsinteresse hinausgehendes Rechtsschutzbedürfnis geltend zu machen.[368] Das allgemeine Rechtsschutzinteresse stellt folglich in diesem Zusammenhang kein relevantes Zulässigkeitserfordernis dar.[369]

Im Hinblick auf Individualkläger hat sich das Rechtsschutzbedürfnis bereits im Rah-   **169** men der Klageberechtigung nach Art. 263 Abs. 4 AEUV als unmittelbare bzw. unmittelbare und individuelle Betroffenheit konkretisiert. Hieraus ergibt sich, dass sich auch in diesem Kontext regelmäßig eine Erörterung des Rechtsschutzbedürfnisses erübrigen dürfte.

Gleichwohl sind Fälle denkbar, in welchen das Fehlen eines Rechtsschutzbedürfnis-   **170** ses wegen Entfallens des Aufhebungsinteresses relevant werden kann.[370] Hierbei ist grundsätzlich auf den Zeitpunkt der Klageerhebung abzustellen.[371] So erscheint das Rechtsschutzbedürfnis etwa dann fraglich, wenn **der fehlerhafte Rechtsakt zum Zeitpunkt der Klageerhebung bereits aufgehoben oder der Mangel vollständig beseitigt** ist. Das allgemeine Aufhebungsinteresse der klageprivilegierten Unionsorgane und Mitgliedstaaten läuft dann leer. Bei den Individualklägern wirkt die Beeinträchtigung des Interessenkreises nicht mehr fort, eine mögliche Nichtigerklärung des angefochtene Rechtsakts läuft rechtlich und faktisch ins Leere, da sie keinerlei Rechtswirkung mehr haben kann und dem Individualkläger auch keinen tatsächlichen Vorteil mehr zu verschaffen in der Lage ist.[372] In derartigen Fällen ist grundsätzlich von einem **Entfallen des Rechtsschutzinteresses des Klägers** auszugehen.[373] Gleichwohl kann die Erhebung der Nichtigkeitsklage ausnahmsweise zulässig sein, wenn der Kläger trotz vollständiger

---

[365] EuG, Urt. v. 18.9.2003, Rs. T–321/01 (Internationaler Hilfsfonds eV/Kommission), Slg. 2003, II–3225, Rn. 31 ff.

[366] EuGH, Urt. v. 18.1.1990, Rs. 193/87 u. 194/87 (Maurissen u. a./Rechnungshof), Slg. 1989, 1045, Rn. 46.

[367] S. oben, Rn. 93 ff.

[368] Ebenso *Rengeling/Middeke/Gellermann*, Rechtsschutz in der EU, § 7, Rn. 100.

[369] St. Rspr. vgl. etwa EuGH, Urt. v. 23.2.1988, Rs. 131/86 (Vereinigtes Königreich/Rat), Slg. 1988, 905, Rn. 6.

[370] Ausführlich zu den relevanten Fallgruppen *Dörr*, in: Grabitz/Hilf/Nettesheim, EU, Art. 263 AEUV (November 2012), Rn. 105 ff.

[371] EuGH, Urt. v. 16.12.1963, Rs. 14/63 (Forges de Clabecq/Hohe Behörde), Slg. 1963, 767 (799).

[372] Vgl. *Dörr*, in: Grabitz/Hilf/Nettesheim, EU, Art. 263 AEUV (November 2012), Rn. 105 mit ausführlichen Rechtsprechungsnachweisen.

[373] Vgl. aus der neueren Rspr. etwa EuG, Beschl. v. 24.3.2011, Rs. T–36/10 (Internationaler Hilfsfonds/Kommission), Slg. 2011, II–1403, Rn. 50; zu den Ausnahmen vgl. auch *Kamann/Weinzierl*, EUR 2016, 569 (567).

Beseitigung des Rechtsaktmangels – und damit trotz grundsätzlichen Entfallens des allgemeinen Rechtsschutzinteresses – auf der Grundlage besonderer Umstände ein spezifisches Rechtsschutzbedürfnis nachweisen kann. Ein spezifisches Rechtsschutzbedürfnis ist anzunehmen, wenn

(1) eine konkrete Wiederholungsgefahr besteht[374] oder
(2) Rechtsfragen von wesentlicher Bedeutung für das Funktionieren der Union aufgeworfen werden oder
(3) die Verurteilung des rechtsetzenden Unionsorgans die Grundlage für einen Amtshaftungsanspruch des Klägers gegen die Union begründen kann (Art. 340 Abs. 2 AEUV)[375] oder
(4) eine für die Rechtsstellung des Klägers problematische Ungewissheit beseitigt werden muss.[376]

171   Das Rechtsschutzbedürfnis entfällt allerdings nicht dadurch, dass es dem beklagten Unionsorgan unmöglich ist, die Folgen seines Rechtsaktes im Falle der Nichtigerklärung nach Art. 266 AEUV zu beseitigen.[377]

D. Begründetheit der Nichtigkeitsklage nach Art. 263 AEUV

172   Die Nichtigkeitsklage ist begründet, wenn der angefochtene Rechtsakt des beklagten Unionsorgans nach dem insoweit schlüssigen Sachvortrag der Parteien mit mindestens einem der in Art. 263 Abs. 2 AEUV genannten Nichtigkeitsgründe »Unzuständigkeit«, »Verletzung wesentlicher Formvorschriften«, »Verletzung der Verträge oder einer bei seiner Durchführung anzuwendenden Rechtsnorm« oder »Ermessensmissbrauch« behaftet ist. Abzustellen ist hierbei auf den Zeitpunkt des Erlasses der angegriffenen Handlung.[378] Im Ergebnis bilden die vorgenannten Nichtigkeitsgründe die Gesamtheit des geltenden Unionsrechts ab und gewährleisten damit einen **umfassenden Rechtsschutz**.[379]

173   Anders als bei der deutschen Anfechtungsklage nach § 113 Abs. 1 Satz 1 VwGO kommt es bei der Nichtigkeitsklage nach Art. 263 AEUV auf einen Begründetheitsnachweis der Verletzung eines »subjektiv-öffentlichen Rechts«[380] des Klägers (subjektive Rechtsverletzung) nicht an. Im Rahmen der individuellen Betroffenheit einer Individualnichtigkeitsklage eventuell relevante Rechtsverletzungen sind daher nicht zwingend in der Begründetheitsprüfung ausschlaggebend oder erheblich. Anders verhält es sich nur bei Nichtigkeitsklagen teilprivilegierter Kläger nach Art. 263 Abs. 3 AEUV, die nur zur Wahrung ihrer Rechte klagen können. Hier fallen Klageberechtigung und Kla-

[374] Vgl. etwa EuG, Urt. v. 11.5.2010, Rs. T–121/08 (PC-Ware Information Technologies BV/ Kommission), Slg. 2010, II–1541, Rn. 39f.
[375] Grundlegend EuGH, Urt. v. 5.3.1989, Rs. 76/79 (Könnecke/Kommission), Slg. 1980, 665, Rn. 9; zuletzt bestätigt in EuGH, Urt. v. 28.5.2013, Rs. C–239/12 P (Abdulrahim/Rat und Kommission), ECLI:EU:C:2013:331, Rn. 64.
[376] EuG, Urt. v. 27.9.2002, Rs. T–211/02 (Tideland Signal Ltd./Kommission), Slg. 2002, II–3781, Rn. 48f.
[377] EuGH, Urt. v. 31.3.1998, verb. Rs. C–68/94 u. C–30/95 (Frankreich u.a./Kommission), Slg. 1998, I–1375, Rn. 74.
[378] EuGH, Urt. v. 7.2.1979, Rs. 15/76 u. 16/76 (Frankreich/Kommission), Slg. 1979, 321 (326).
[379] So bereits *Dörr*, in: Grabitz/Hilf/Nettesheim, EU, Art. 263 AEUV (November 2012), Rn. 160.
[380] Ausführlich zu diesem Themenkomplex *Jellinek*, System der subjektiv-öffentlichen Rechte, 1919, S. 51. Danach ist das subjektiv-öffentliche Recht nach deutschem Verständnis die einer Person verliehene Rechtsmacht, (Schutz-)Normen im individuellen Interesse in Bewegung zu setzen.

gegrund in materieller Hinsicht zusammen (vgl. oben Rn. 94) und begrenzen zugleich den Umfang der Begründetheitsprüfung.

Liegt einer der in Art. 263 Abs. 2 AEUV genannten Nichtigkeitsgründe vor, so verstößt der Rechtsakt gegen Unionsrecht und wird vom EuGH durch Gestaltungsurteil für nichtig erklärt und aufgehoben. **174**

Der **Umfang der gerichtlichen Kontrolldichte** umfasst sowohl die zutreffende Auslegung und Anwendung der angewandten Rechtsnormen als auch die umfassende Feststellung und Würdigung (gegebenenfalls Abwägung) der entscheidungserheblichen Tatsachen. Grundsätzlich erkennt der Gerichtshof, speziell bei der Würdigung komplexer wirtschaftlicher Zusammenhänge, jedoch eine **Einschätzungs- und Entscheidungsprärogative der Unionsorgane** an. Gleichsam im »Gegenzug« erfolgt dann allerdings eine strenge Nachprüfung des dem Erlass des Rechtsaktes zugrunde liegenden Verwaltungsverfahrens und insbesondere der in diesem Zusammenhang vorgenommenen Feststellung und Würdigung des Sachverhalts.[381] **175**

I. Unzuständigkeit

Die mögliche Unzuständigkeit wird vom Gerichtshof **von Amts wegen geprüft**,[382] da die Zuständigkeitsverteilung dem Schutz des institutionellen Gleichgewichts in der Union dient und damit zu ihrem ordre public gehört.[383] Der Gerichtshof hat vier Fallgruppen der Unzuständigkeit herausgearbeitet,[384] deren genaue Abgrenzung im Einzelfall schwierig sein kann: **176**
(1) äußere oder vertikale Unzuständigkeit (s. Rn. 177);
(2) innere oder horizontale Unzuständigkeit (s. Rn. 178);
(3) sachliche Unzuständigkeit (s. Rn. 179);
(4) räumliche Unzuständigkeit (s. Rn. 180).

1. Äußere oder vertikale Unzuständigkeit

Für die Union als Verband ist das Prinzip der begrenzten Einzelermächtigung in Art. 5 Abs. 2 EUV niedergelegt. Danach wird die Union nur innerhalb der Grenzen der Zuständigkeiten tätig, die die Mitgliedstaaten ihr in den Verträgen zur Verwirklichung der darin niedergelegten Ziele übertragen haben, wohingegen alle der Union nicht in den Verträgen übertragenen Zuständigkeiten bei den Mitgliedstaaten verbleiben. Art. 4 Abs. 1 EUV legt nunmehr ausdrücklich fest, dass die mitgliedstaatliche Zuständigkeit die Regel, die Unionszuständigkeit die Ausnahme ist. Wird die Union dennoch in einem Bereich tätig, für den die Verträge keine ausdrückliche oder zumindest im Wege der Auslegung nachweisbare Rechtsgrundlage bereitstellen, liegt der Nichtigkeitsgrund der äußeren Unzuständigkeit vor,[385] der angegriffene Rechtsakt ist nichtig[386] Die uni- **177**

---

[381] Vgl. zu diesem Problemkreis mit ausführlichen Rechtsprechungshinweisen – speziell aus dem Bereich des in diesem Kontext besonders relevanten Wettbewerbsrechts – *Schwarze*, in: Schwarze, EU-Kommentar, Art. 263 AEUV, Rn. 72.

[382] EuGH, Urt. v. 30. 9.1982, Rs. 110/81 (Roquette Frères/Rat), Slg. 1982, 3159, Rn. 34.

[383] *Dörr*, in: Grabitz/Hilf/Nettesheim, EU, Art. 263 AEUV (November 2012), Rn. 162 ff.

[384] *Gesser*, Die Nichtigkeitsklage nach Artikel 173 EGV, 1995, S. 232 f.

[385] Zum Teil wird in diesem Zusammenhang auch vom Klagegrund der unzureichenden Rechtsgrundlage gesprochen, vgl. dazu etwa *Dörr*, in: Grabitz/Hilf/Nettesheim, EU, Art. 263 AEUV (November 2012), Rn. 162 mit ausführlichen Rechtsprechungsnachweisen.

[386] Vgl. etwa EuGH, Urt. v. 5. 10. 2000, Rs. C–376/98 (Deutschland/Parlament u. Rat), Slg. 2000,

onsrechtlichen Prinzipien der Subsidiarität (Art. 5 Abs. 3 EUV) sowie der Verhältnismäßigkeit (Art. 5 Abs. 4 EUV) begrenzen hingegen die Ausübung der äußeren Unionszuständigkeit[387] und stellen damit strenggenommen kein Problem der äußeren Kompetenzwahrnehmung der Union dar. Ihre Verletzung ist deshalb gegebenenfalls im Rahmen der neugeschaffenen Subsidiaritätsklage bzw. als »Verletzung der Verträge« zu prüfen. Die weitere Entwicklung, speziell vor dem Hintergrund der dezidierten Verfahrensvorgaben des neuen Subsidiaritätsprotokolls,[388] bleibt hier aber abzuwarten.

2. Innere oder horizontale Unzuständigkeit

178 Das Prinzip der begrenzten Einzelermächtigung erschöpft sich nicht in der vertikalen Aufgabenverteilung zwischen der Union und den Mitgliedstaaten. Für die horizontale Organebene ist das Prinzip der begrenzten Einzelermächtigung in Art. 13 Abs. 2 EUV niedergelegt. Danach handelt jedes Unionsorgan nur nach Maßgabe der ihm zugewiesenen Befugnisse. Die Abstützung eines Rechtsakts auf eine von mehreren möglichen Rechtsgrundlagen sowie die Abstützung auf mehrere Ermächtigungsnormen können insofern Schwierigkeiten aufwerfen.[389] Innere Unzuständigkeit liegt vor, wenn ein Organ im Zuständigkeitsbereich eines anderen tätig wird, etwa die Kommission eine Verordnung erlässt, obwohl die Organkompetenz beim Rat liegt. In diesem Fall ist der fragliche Rechtsakt für nichtig zu erklären.[390]

3. Sachliche und räumliche Unzuständigkeit

179 Aus dem Prinzip der begrenzten Einzelermächtigung folgt auch, dass den Organen der Union keine Wahlfreiheit zwischen den verschiedenen Rechtsaktformen des Art. 288 AEUV zukommt, wenn ihnen der Gebrauch bestimmter Handlungsformen durch die jeweilige Einzelermächtigung vorgeschrieben wird (z. B. Art. 59 Abs. 1 AEUV: nur Richtlinien als zulässige Handlungsform zur Liberalisierung bestimmter Dienstleistungen). Ein Rechtsakt wird daher wegen sachlicher Unzuständigkeit für nichtig erklärt, wenn die gewählte Handlungsform dem tätig werdenden Organ in diesem Rechtsetzungsverfahren nicht zur Verfügung steht.[391]

180 Soll sich die Rechtsfolge der Organhandlung auf Hoheitsgebiete außerhalb der Union erstrecken und überschreitet die Union dabei ihre äußeren Rechtsetzungs- und Jurisdiktionsgrenzen, so greift der Nichtigkeitsgrund der räumlichen Unzuständigkeit. Eine extraterritoriale Anwendung von Rechtsakten der Union ist aber unter bestimmten Voraussetzungen – etwa im Rahmen des EU-Wettbewerbsrechts – durchaus möglich.[392]

I–8419, Rn. 115 ff. (Nichtigerklärung der Tabakwerberichtlinie wegen fehlender Kompetenz der vormaligen EG).

[387] *Haratsch/Koenig/Pechstein*, Europarecht, Rn. 167.

[388] Protokoll Nr. 2 über die Anwendung der Grundsätze der Subsidiarität und der Verhältnismäßigkeit.

[389] EuGH, Urt. v. 10. 1. 2006, Rs. C–178/03 (Kommission/Parlament und Rat), Slg. 2006, I–107, Rn. 41 ff.

[390] EuGH, Urt. v. 14. 11. 1989, verb. Rs. 6/88 u. 7/88 (Spanien u. Frankreich/Kommission), Slg. 1989, 3639, Rn. 24 f.

[391] EuGH, Urt. v. 28. 2. 1984, verb. Rs. 228/82 u. 229/82 (Ford/Kommission), Slg. 1984, 1129, Rn. 23.

[392] Vgl. zu den Einzelheiten *Dörr*, in: Grabitz/Hilf/Nettesheim, EU, Art. 263 AEUV (November 2012), Rn. 162.

II. Verletzung wesentlicher Formvorschriften

Die »Verletzung wesentlicher Formvorschriften« wird vom Gerichtshof – sofern es an einem entsprechenden Sachvortrag des Klägers mangelt – ebenfalls **von Amts wegen überprüft**.[393] Der Begriff der Formvorschriften erfasst sowohl Bestimmungen, die das Verfahren betreffen als auch »echte« Formvorschriften. Die Unionsorgane können somit Formvorschriften sowohl im Rechtsetzungsverfahren selbst als auch bei Bekanntgabe und Begründung des Rechtsaktes verletzen.

181

Art. 263 Abs. 2 AEUV ist richtigerweise so zu verstehen, dass eine Verletzung von Formvorschriften nur dann einen zureichenden Nichtigkeitsgrund darstellt, wenn sich diese Formverletzung und damit der Rechtsverstoß – und nicht etwa die in Rede stehende Vorschrift – als »wesentlich« darstellt.[394] Dies ergibt sich insoweit aus der Rechtsprechung des EuGH als dieser darauf abstellt, dass **der Rechtsverstoß geeignet sein muss, den Inhalt eines Rechtsaktes zu beeinflussen**.[395] Entscheidend ist daher im Hinblick auf den ersten Aspekt – Inhaltsbeeinflussung –, ob der Rechtsakt bei Beachtung der Formvorschriften einen anderen Inhalt haben könnte. Dies betrifft vor allem Vorschriften über das Beschlussverfahren, wobei auch interne Verfahrensregeln, wie sie etwa in Geschäftsordnungen niedergelegt sind, Berücksichtigung finden.[396] Die Wahl einer falschen Rechtsgrundlage stellt dementsprechend eine »Verletzung wesentlicher Formvorschriften« dar, sofern auf der Grundlage der korrekten Rechtsgrundlage nicht dasselbe Beschlussverfahren einschlägig gewesen wäre.[397]

182

Ein im Rahmen dieses Nichtigkeitsgrundes relevanter Rechtsverstoß liegt in der Regel auch dann vor, wenn die verletzte Vorschrift zum Schutz von dessen Adressaten ergangen ist.[398] Dies betrifft in erster Linie **Beteiligungs- und Anhörungsrechte**, wie etwa Formvorschriften, welche die Beteiligung anderer Unionsorgane oder -institutionen an der Willensbildung und der Beschlussfassung über einen Rechtsakt bzw. Beteiligungsrechte Dritter vorschreiben. Bei der Beteiligung des Parlaments im – nach der Lissabonner Vertragsrevision in seiner praktischen Bedeutung stark reduzierten – Anhörungsverfahren ist zu beachten, dass substantielle Änderungen des Rechtsaktes nach der Anhörung eine erneute Anhörung notwendig machen. Eine Ausnahme von diesem Grundsatz gilt nur, wenn die Änderungen dem Willen des anzuhörenden Organs entsprechen.[399] Kommt es wegen einer wesentlichen Änderung zu einer erneuten Anhörung außerhalb des formellen Verfahrens, so liegt nur dann ein wesentlicher Verfahrensfehler vor, wenn dem betroffenen Organ nicht die gleichen Möglichkeiten zur Stellungnahme eingeräumt worden sind wie dies im formellen Verfahren eigentlich vorgesehen ist.[400] Die Verletzung lediglich fakultativer Anhörungsrechte genügt dagegen nicht.[401]

183

---

[393] EuGH, Urt. v. 7.5.1991, Rs. C–304/89 (Oliveira/Kommission), Slg. 1991, I–2283, Rn. 18.

[394] So *Schwarze*, in: Schwarze, EU-Kommentar, Art. 263 AEUV, Rn. 76.; a. A. aber *Dörr*, in: Grabitz/Hilf/Nettesheim, EU, Art. 263 AEUV (November 2012), Rn. 171.

[395] Vgl. etwa EuGH, Urt. v. 15.11.2011, Rs. C–106/09 P u. C–107/09 P (Kommission u. a./Government of Gibraltar u. a.), Rn. 179.

[396] Bzgl. der Verletzung einer Geschäftsordnung im Verfahren der Beschlussfassung EuGH, Urt. v. 23.2.1988, Rs. C–68/86 (Vereinigtes Königreich/Rat), Slg. 1988, 855, Rn. 49.

[397] EuGH, Urt. v. 4.10.1991, Rs. C–70/88 (Parlament/Rat), Slg. 1991, I–4529, Rn. 6 ff.; Andernfalls läge lediglich ein formeller Fehler vor, der nicht zur Nichtigkeit des angefochtenen Rechtsakt führte; vgl. EuGH, Urt. v. 27.9.1988, Rs. 165/87 (Kommission/Rat), Slg. 1988, 5545, Rn. 19.

[398] *Gaitanides*, in: GS, EUV/EGV, Art. 230 EGV, Rn. 133 f.

[399] EuGH, Urt. v. 4.2.1982, Rs. 828/79 (Adam/Kommission), Slg. 1982, 269, Rn. 24.

[400] EuGH, Urt. v. 20.3.1984, Rs. 84/82 (Deutschland/Kommission), Slg. 1984, 1451, Rn. 18.

[401] EuGH, Urt. v. 27.9.1988, Rs. 165/87 (Kommission/Rat), Slg. 1988, 5545, Rn. 20.

184   Daneben kann die **Verletzung einer Begründungspflicht** durch das handelnde Unionsorgan, ein in der Praxis der Nichtigkeitsklage häufig gerügter Verfahrensfehler, die Verletzung einer Formvorschrift begründen, sofern der Begründungsmangel »wesentlich« ist. Die Einhaltung der Begründungspflicht ist vom Gerichthof von Amts wegen zu prüfen.[402] So sind Verordnungen, Richtlinien und Beschlüsse gemäß Art. 296 Abs. 2 AEUV zu begründen. Die Begründung muss dem Betroffenen die Wahrnehmung seiner Rechte, dem Gerichtshof die Ausübung seiner Rechtskontrolle sowie den Mitgliedstaaten und Dritten die Unterrichtung darüber ermöglichen, wie die Verträge von den Rechtsetzungsorganen angewendet werden.[403] Dabei stellt der Gerichtshof strenge Anforderungen an die Begründung von Beschlüssen. Sie muss eindeutig die Gründe erkennen lassen, auf denen diese beruhen, wie insbesondere die zugrunde gelegte Rechtsgrundlage,[404] um dem Adressaten zu ermöglichen, seine Rechte zu verteidigen und die Begründetheit des Beschlusses zu überprüfen.[405] Formelhafte Begründungen, bloße Hinweise auf bestehende Rechtsnormen oder deren bloße Wiederholung genügen nicht den Anforderungen des Art. 296 AEUV. Bei normativen Rechtsakten – Verordnungen und Richtlinien – genügt die Begründung den Voraussetzungen nach Art. 296 Abs. 2 AEUV, wenn sie die den Rechtsakt veranlassende Situation und die Ziele eindeutig angibt, die zum Rechtsakterlass geführt haben.[406] Ein Begründungsdefizit kann nicht durch ein Nachschieben von Begründungselementen im Zuge des gerichtlichen Verfahrens geheilt werden.[407]

185   Nicht unter den Nichtigkeitsgrund der Verletzung wesentlicher Formvorschriften fällt hingegen die **unterbliebene Bekanntgabe eines Rechtsaktes**. Art. 297 AEUV legt fest, dass die Veröffentlichung bzw. die Bekanntgabe zu den Wirksamkeitsvoraussetzungen eines Rechtsaktes gehört. Wird ein Unionsrechtsakt nicht bekanntgegeben, so entfaltet er weder rechtsgestaltende noch feststellende Regelungswirkungen. Im Übrigen beginnt in diesem Falle auch nicht die Klagefrist des Art. 263 Abs. 6 AEUV zu laufen. Juristisch gilt er als nicht existent (zum »Nicht-Akt« vgl. Rn. 43). Die Nichtigkeitsklage ist in diesen Fällen – mangels Klagegegenstand – als unzulässig abzuweisen.

186   Im Rahmen der neu geschaffenen Subsidiaritätsklage (vgl. Rn. 33) können formelle Verstöße gegen die Verfahrensvorgaben des Subsidiaritätsprotokolls eine Begründetheit der – isoliert auf die Subsidiaritätsverletzung abstellende – Klage herbeiführen. Dies ist etwas bei der Verletzung von Verfahrens-, Beteiligungs- oder Begründungsfehlern der Fall, die im Subsidiaritätsprotokoll näher definiert sind.[408]

---

[402] EuG, Urt. v. 2.7.1992, Rs. T–61/89 (Dansk Pelsdyravlerforening/Kommission), Slg. 1992, II–1931, Rn. 129.

[403] *Dörr*, in: Grabitz/Hilf/Nettesheim, EU, Art. 263 AEUV (November 2012), Rn. 169.

[404] Vgl. etwa EuGH, Urt. v. 1.10.2009, Rs. C–370/07 (Kommission/Rat), Slg. 2009, I–8917, Rn. 38.

[405] EuGH, Urt. v. 20.3.1957, Rs. 2/56 (Geitling/Hohe Behörde), Slg. 1957, 9 (37); Urt. v. 15.5.1997, Rs. C–278/95 P (Siemens/Kommission), Slg. 1997, I–2507, Rn. 17; EuG, Urt. v. 6.2.1998, Rs. T–124/96 (Interporc/Kommission), Slg. 1998, II–231, Rn. 53.

[406] EuGH, Urt. v. 30.11.1978, Rs. 87/78 (Welding/Hauptzollamt Hamburg-Waltershof), Slg. 1978, 2457, Rn. 11.

[407] Vgl. etwa EuG, Urt. v. 26.10.2012, Rs. T–63/12 (Oil Turbo Compressor Co./Rat), ECLI:EU:T:2012:579, Rn. 29.

[408] Ausführlich zu dieser Problematik (und der Abgrenzung zwischen zwingenden und nicht zwingenden Verfahrensvorschriften) *Shirvani*, JZ 2010, 753 (757).

III. Verletzung der Verträge

Der dritte, in der Praxis relevanteste Nichtigkeitsgrund liegt bei einer »Verletzung der   **187**
Verträge oder einer bei seiner Durchführung anzuwendenden Rechtsnorm« vor. Bei
diesem **Auffangtatbestand**[409] irritiert zunächst die Formulierung »bei seiner Durchführung«, der deutsche Vertragstext weist hier einen offensichtlichen redaktionellen (Über-
setzungs-)Fehler auf. Dieser Befund lässt sich insbesondere auf einen Vergleich mit
anderen Sprachfassungen des AEUV stützen, die sich mit den an dieser Stelle jeweils
gewählten Formulierungen allesamt auf die Verträge im Plural beziehen.[410]

Der dritte Nichtigkeitsgrund erfasst alle Verstöße gegen geschriebenes und unge-   **188**
schriebenes primäres und abgeleitetes (gegenüber dem Klagegenstand höherrangiges)
Unionsrecht, einschließlich der Grundrechtecharta und sonstiger Primärrechtsakte wie
der Beitrittsverträge, die nicht unter einen der spezielleren Nichtigkeitsgründe fallen.
Den Prüfungsmaßstab bildet folglich das gesamte Unionsrecht.[411]

Grundsätzlich kann auch das **in die Unionsrechtsordnung integrierte Völkerrecht**   **189**
tauglicher Prüfmaßstab sein. Hier besteht allerdings kein Automatismus, da die Rechtsprechung die Berufungsmöglichkeit auf derartige Normen sowohl im Rahmen des Verfahrens nach Art. 263 AEUV als auch im Rahmen der Gültigkeitskontrolle nach
Art. 267 AEUV an spezielle Voraussetzungen gekoppelt hat. So wird in diesem Zusammenhang insbesondere verlangt, dass die in Rede stehende Norm des Völkerrechts so
beschaffen sein muss, dass sie »inhaltlich unbedingt und hinreichend genau« erscheinen
muss.[412] Sehr differenziert stellt sich hier insbesondere die Rechtsprechung zu den Bestimmungen des GATT- bzw. WTO-Rechts dar.[413]

Grundsätzlich können die folgenden Akte des Völkerrechts einen zulässigen Prü-   **190**
fungsmaßstab bilden:

(1) die von der Union abgeschlossenen bzw. ihr als Rechtsnachfolgerin der vormaligen
   EG zuzurechnenden völkerrechtlichen Verträge (Art. 218 AEUV) sowie die unionsrechtlichen Bestandteile gemischter Abkommen, soweit sie vom Gerichtshof als
   höherrangiger Prüfungsmaßstab für abgeleitetes Unionsrecht anerkannt werden,
   sowie daneben für die Union verbindliche Sanktionsbeschlüsse des UN-Sicherheitsrates nach Art. 25 SVN,
(2) die in Bezug auf solche Verträge anzuwendenden allgemeinen Rechtsgrundsätze des
   Völkervertragsrechts sowie
(3) das in Bezug auf solche Verträge anzuwendende Völkergewohnheitsrecht. Im Falle
   gestufter Rechtsakte des abgeleiteten Unionsrechts kann die Rechtmäßigkeit der
   der angegriffenen EU-Maßnahmen zugrunde liegenden Norm des abgeleiteten
   Unionsrechts im Wege der Inzidentrüge nach Art. 277 AEUV überprüft werden.

---

[409] H.M. vgl. etwa *Schwarze*, in: Schwarze, EU-Kommentar, Art. 263 AEUV, Rn. 80.

[410] So spricht etwa die englische Sprachfassung des Art. 263 Abs. 2 AEUV vom »infringement of
the Treaties or of any rule of law relating to *their* application«, die französische Sprachfassung von der
»violation des traitées ou de toute règle de droit relative à *leur* application« (Hervorhebungen durch
den Verfasser).

[411] Vgl. zu den Besonderheiten im Hinblick auf den EAGV aber ausführlich *Schwarze*, in: Schwarze, EU-Kommentar, Art. 263 AEUV, Rn. 80.

[412] Vgl. aus der neueren Rspr. etwa EuGH, Urt. v. 9.9.2008, Rs. C–120/06 (FIAMM u.a./Rat),
Slg. 2008, I–6513, Rn. 110; EuG, Urt. v. 10.12.2015, Rs. T–512/12 (Front Polisario/Rat), ECLI:EU:T:
2015:953, Rn. 184 f.

[413] Vgl. ausführlich zu diesem Themenkomplex *Dörr*, in: Grabitz/Hilf/Nettesheim, EU, Art. 263
AEUV (November 2012), Rn. 176 mit ausführlichen Rechtsprechungsnachweisen.

IV. Ermessensmissbrauch

191   Der Gerichtshof definiert den Nichtigkeitsgrund des Ermessensmissbrauchs nach Art. 263 Abs. 2 AEUV »als Vornahme einer Rechtshandlung durch ein Gemeinschaftsorgan ausschließlich oder zumindest überwiegend zu anderen als den angegebenen Zwecken oder mit dem Ziel, ein Verfahren zu umgehen, das der Vertrag speziell vorsieht, um die konkrete Sachlage zu bewältigen«[414]. Dem auch **in der Praxis nur selten durchgreifenden Nichtigkeitsgrund** des Ermessensmissbrauchs kommt nach dieser Definition des Gerichtshofs nur **ein sehr eingeschränkter Anwendungsbereich** zu. Dabei findet nicht die in der deutschen Verwaltungsrechtslehre entwickelte differenzierte Ermessensfehlerlehre Anwendung. Nach der vom französischen Verständnis des Ermessensmissbrauchs geprägten, vom EuGH übernommenen[415] Lehre vom »**détournement de pouvoir**« wird die Nachprüfung des Ermessens vielmehr auf Fälle beschränkt, in denen aufgrund objektiver und schlüssiger Indizien anzunehmen ist, dass der Rechtsakt zu anderen als den in seiner Begründung angegebenen Zwecken erlassen wurde.[416] Im Ergebnis erfasst dieser Nichtigkeitsgrund folglich Fälle eines Missbrauchs hoheitlicher Befugnisse durch die handelnden Organe.[417]

---

[414] EuGH, Urt. v. 13.7.1995, Rs. C–156/93 (Parlament/Kommission), Slg. 1995, I–2019, Rn. 31.

[415] Dagegen will *Dervisopoulos*, in: Rengeling/Middeke/Gellermann, Rechtsschutz in der EU, § 7, Rn. 117 ff. Tendenzen in der Rechtsprechung erkennen, wonach der Gerichtshof Gesichtspunkte der deutschen Ermessensfehlerlehre (Ermessensüberschreitung, -unterschreitung, Ermessensfehlgebrauch) unter den Nichtigkeitsgrund des Ermessensmissbrauchs subsumiert. Dieser Befund lässt sich aber nach hier vertretener Auffassung nicht zweifelsfrei aus der zitierten Rechtsprechung entnehmen, obwohl diese durchaus Fragen eines möglichen Ermessensfehlgebrauchs im klassischen Sinne thematisiert.

[416] EuGH, Urt. v. 5.5.1966, Rs. 18/65 u. 35/65 (Gutmann/Kommission), Slg. 1966, 153 (176).

[417] Zutreffend *Dörr*, in: Grabitz/Hilf/Nettesheim, EU, Art. 263 AEUV (November 2012), Rn. 178.

Artikel 264 AEUV [Nichtigerklärung]

Ist die Klage begründet, so erklärt der Gerichtshof der Europäischen Union die angefochtene Handlung für nichtig.

Erklärt der Gerichtshof eine Handlung für nichtig, so bezeichnet er, falls er dies für notwendig hält, diejenigen ihrer Wirkungen, die als fortgeltend zu betrachten sind.

Inhaltsübersicht

A. Allgemeines

Art. 264 AEUV entspricht in der Substanz unverändert den entsprechenden Vorgängerregelungen zu den Wirkungen eines Nichtigkeitsurteils nach Art. 263 AEUV. Durch den Vertrag von Lissabon ist mit der Wahl des Begriffs »Handlung« anstelle des zuvor verwandten Begriffs »Verordnung« der Rechtsprechung des EuGH Rechnung getragen worden. Dieser hatte über den Wortlaut hinaus diese Bestimmung auch auf Richtlinien, Beschlüsse und Entscheidungen angewandt.[1] Auf die Rechtsform des für nichtig erklärten Aktes kommt es daher für die Anwendung des Art. 264 Abs. 2 AEUV nicht an. Darüber hinaus wurde der Begriff »Gerichtshof« durch »Gerichtshof der Europäischen Union« ersetzt. **1**

B. Inhalt und Wirkungen des Nichtigkeitsurteils (Abs. 1)

Die Nichtigkeitsklage zielt auf die Wiederherstellung des unionsrechtmäßigen Zustands durch Beseitigung des rechtswidrigen Unionsaktes. Mit der Nichtigerklärung wird daher grundsätzlich für die Parteien der Zustand vor Erlass des für nichtig erklärten Aktes wieder hergestellt.[2] Der Gerichtshof darf in seiner Urteilsformel nur die Nichtigkeit der angegriffenen Rechtshandlung aussprechen. Andere Entscheidungsmöglichkeiten räumt Art. 264 AEUV – im Gegensatz zu Art. 261 AEUV – dem Gerichtshof nicht ein. Der Gerichtshof darf also im Rahmen des Urteils nach Art. 264 AEUV nicht etwa eine Abänderung des beanstandeten Rechtsaktes oder eine bindende Anweisung an das im Verfahren unterlegene Unionsorgan vornehmen.[3] Ebenso wenig kommt im Rahmen eines Nichtigkeitsurteils eine Feststellung oder etwa die Zuerkennung von Schadenser- **2**

---

[1] EuGH, Urt. v. 7.7.1992, Rs. C–295/90 (Parlament/Rat), Slg. 1992, I–4193, Rn. 27; vgl. zur Frage der Auswirkungen der Nichtigerklärung einer Richtlinie auf den bereits erlassenen nationalen Umsetzungsakt *Thiele*, Europäisches Prozessrecht, 2. Aufl., 2014, § 6, Rn. 63; zur Anwendung auf Entscheidungen vgl. etwa EuGH, Urt. v. 12.5.1998, Rs. C–106/96 (Vereinigtes Königreich/Kommission), Slg. 1998, I–2729, Rn. 41; zu Beschlüssen EuGH, Urt. v. 26.3.1996, Rs. C–271/94 (Parlament/Rat), Slg. 1996, I–1689.

[2] EuGH, Urt. v. 31.3.1971, Rs. C–22/70 (Kommission/Rat), Slg. 1971, 263, Rn. 59.

[3] *Daig*, Nichtigkeits- und Untätigkeitsklagen im Recht der Europäischen Gemeinschaften, 1985, S. 22 f.

satzansprüchen an den Kläger in Betracht.[4] Auch die Anordnung einer Folgenbeseitigung durch das beklagte Unionsorgan kann er nicht aussprechen. Dem Gerichtshof ist es daher versagt, ein Verpflichtungsurteil zu erlassen. Diese Lücke schließt Art. 266 AEUV, indem er das verurteilte Unionsorgan verpflichtet, von sich aus die sich aus dem Urteil, insbesondere den Urteilsgründen, ergebenden Maßnahmen zu ergreifen. Daraus folgt die Pflicht für das verurteilte Unionsorgan, die erforderlichen Maßnahmen zu ergreifen, um den für den Kläger entstandenen Nachteil angemessen auszugleichen.[5] Dies hat innerhalb eines »angemessenen Zeitraums« zu geschehen.[6] In der Praxis ergeben sich diesbezüglich aber selten Probleme.[7]

3   Das stattgebende Gestaltungsurteil stellt nicht etwa eine ohnehin bestehende Nichtigkeit fest, sondern beseitigt einen – bis zum Eintritt der Rechtskraft des Urteils wirksamen – Rechtsakt. Für diese hat bis zu diesem Zeitpunkt eine Vermutung der Gültigkeit gestritten.[8] Bis zu ihrer Aufhebung sind angegriffene Akte auch vollzugsfähig; insoweit besteht jedoch die Möglichkeit, die vorläufige Aussetzung des Vollzugs zu beantragen (Art. 278 Satz 2 AEUV).[9] Eine Erweiterung der Entscheidungsmöglichkeiten nach Art. 264 AEUV hat der EuGH allerdings – sinnvollerweise – insoweit vorgenommen, als er bei Klagen gegen Rechtsakte, die sich im Verfahren als »Nicht-Akte« (hierzu näher Art. 263 AEUV, Rn. 43) herausstellen, die Befugnis zur Feststellung der bereits bestehenden Nichtigkeit in Anspruch nimmt.[10] Insoweit ergeht also kein Gestaltungs-, sondern ein Feststellungsurteil.

4   Die Nichtigerklärung erfolgt vorbehaltlich der Regelung in Absatz 2 mit rückwirkender Kraft (**ex tunc**).[11] Bei Rechtsakten mit allgemeiner Wirkung (Verordnungen, Richtlinien, allgemein geltende Beschlüsse) erfolgt sie auch unstrittig mit allgemeiner Wirkung (**erga omnes**).[12] Die für nichtig erklärte Rechtshandlung gilt als von Anfang an nicht existent und entfaltet für niemanden mehr Rechtswirkungen. Eine von den Unionsgerichten gelegentlich praktizierte Beschränkung der Wirkung auf den erfolgreichen Kläger[13] bzw. seine Ausnahme von einer Wirkungsbeschränkung nach Absatz 2 stellt sich der Sache nach als Sonderfall einer Entscheidung nach Absatz 2 dar.[14]

5   Umstritten ist die Wirkung der **Nichtigerklärung von individualadressierten Beschlüssen**. Hier wird zum Teil ebenfalls eine erga omnes-Wirkung vertreten,[15] überwie-

---

[4] *Schwarze*, in: Schwarze, EU-Kommentar, Art. 264 AEUV, Rn. 2.

[5] EuGH, Urt. v. 14.5.1998, Rs. C–259/96 P (Rat/De Nil und Impens), Slg. 1998, I–2915, Rn. 16.

[6] EuGH, Urt. v. 5.7.1995, Rs. C–21/94 (Parlament/Rat), Slg. 1995, I–1827, Rn. 33.

[7] *Hakenberg*, EuR-Beiheft 3/2008, 163 (168); andernfalls stünde dem obsiegenden Kläger die Untätigkeitsklage nach Art. 265 AEUV offen.

[8] EuGH, Urt. v. 15.6.1994, Rs. C–137/92 P, (Kommission/LVM u.a.), Slg. 1994, I–2555, Rn. 48.

[9] *Schwarze*, in: Schwarze, EU-Kommentar, Art. 264 AEUV, Rn. 3.

[10] EuGH, Urt. v. 26.2.1987, Rs. C–15/85 (Consorzio Cooperative d'Abruzzo/Kommission), Slg. 1987, 1005, Rn. 10; EuG, Urt. v. 27.2.1992, verb. Rs. T–79/89 u.a. (BASF u.a./Kommission), Slg. 1992, II–315, Rn. 101.

[11] EuG, Urt. v. 21.5.2010, Rs. T–425/04 u.a. (Frankreich u.a./Kommission), Slg. 2010, II–2099, Rn. 328.

[12] Gemäß Art. 60 Abs. 2 EuGH-Satzung werden jedoch – abweichend von Artikel 280 AEUV – die Entscheidungen des Gerichts, in denen eine Verordnung für nichtig erklärt wird, erst nach Ablauf der in Artikel 56 Abs. 1 dieser Satzung vorgesehenen Rechtsmittelfrist oder, wenn innerhalb dieser Frist ein Rechtsmittel eingelegt worden ist, nach dessen Zurückweisung wirksam.

[13] Vgl. EuGH, Urt. v. 6.3.1979, Rs. C–92/78 (Simmenthal/Kommission), Slg. 1979, 777, Rn. 107f.

[14] So zu Recht *Dörr*, in: Grabitz/Hilf/Nettesheim, EU, Art. 264 AEUV (November 2012), Rn. 8.

[15] So wohl, wenn auch ohne nähere Erläuterung, *Cremer*, in: Calliess/Ruffert, EUV/AEUV, Art. 264 AEUV, Rn. 2.

gend wird jedoch wegen der konkreten Adressierung eine inter partes-Wirkung vertreten, die auch im Falle der Drittanfechtung gelten soll.[16] Da parallele, gleichlautende oder auch nur ähnliche Rechtsakte an Dritte von der Nichtigerklärung ohnehin nicht erfasst werden,[17] ist der Auffassungsunterschied im Ergebnis nicht groß. Mit der Aufhebung des angegriffenen Rechtsakts wird dieser unstreitig im Verhältnis zum Adressaten beseitigt. Soweit aus ihm Wirkungen für Dritte resultierten, die etwa eine Drittanfechtung aufgrund einer mittelbaren Beschwer erst ermöglichen, entfallen auch diese Wirkungen mit der Aufhebung des Aktes. Greift z. B. ein Konkurrent einen Beihilfengenehmigungsbeschluss der Kommission erfolgreich an, so wird dieser im Verhältnis zum adressierten Mitgliedstaat aufgehoben. Zugleich werden damit die aus der unionsrechtswidrigen Beihilfe resultierenden Belastungen des Konkurrenten aus der Welt geschafft. Wenn also im streng formalen Sinn eine inter partes-Wirkung gegeben ist, so sind derartige drittbegünstigende Effekte damit je nach Konstellation dennoch automatisch verbunden. Bei Sammelrechtsakten, also einem Bündel von Einzelakten in einheitlicher Rechtsaktform, bleibt die stattgebende Wirkung ebenfalls auf den Kläger als Adressaten beschränkt.[18] Hier gibt es keine drittbegünstigenden Effekte, vielmehr müssen die anderen Adressaten die an sie (wenn auch gebündelt) ergangene Individualentscheidung selbst anfechten. Stets nur inter partes wirkt die Klageabweisung, da erneute Klagen gegen den betreffenden Rechtsakt durch Dritte uneingeschränkt zulässig bleiben.[19]

Auch eine teilweise Nichtigerklärung ist möglich. Die **Teilnichtigkeit** erklärt der Gerichtshof, wenn die Handlung aus mehreren, voneinander abtrennbaren Teilen besteht und nur einer dieser Teile wegen eines Verstoßes gegen Unionsrecht fehlerhaft ist.[20] Wenn die teilweise Nichtigerklärung jedoch »den Wesensgehalt« der Maßnahme verändern würde, so scheidet diese Möglichkeit aus.[21] Eine Klage, mit welcher ausschließlich die Nichtigerklärung eines nichtabtrennbaren Teils einer Regelung verfolgt wird, ist unzulässig, da die Unionsgerichte nicht über den Klageantrag hinausgehen dürfen (ne ultra petita).[22] Bei Untrennbarkeit ist dagegen bei entsprechendem Antrag der gesamte Rechtsakt für nichtig zu erklären.[23]   6

Auf der Grundlage eines für nichtig erklärten Rechtsaktes ergangene **Durchführungsakte der Unionsorgane oder Mitgliedstaaten** sind ihrerseits nicht automatisch ungültig. Sofern administrative Umsetzungsakte bereits bestandskräftig geworden sind, bleiben sie in Kraft bis sie gegebenenfalls vom jeweiligen Normsetzer aufgehoben werden. Andernfalls müssen sie gesondert angefochten werden – bei unionalen Umsetzungsakten   7

---

[16] So etwa *Ehricke*, in: Streinz, EUV/AEUV, Art. 264 AEUV, Rn. 3; *Schwarze*, in: Schwarze, EU-Kommentar, Art. 264 AEUV, Rn. 4.

[17] EuGH, Urt. v. 14. 6. 1988, Rs. C–161/87 (Muysers u. a./EuRH), Slg. 1988, 3037, Rn. 9 f.

[18] Dazu auch *Dörr*, in: Grabitz/Hilf/Nettesheim, EU, Art. 264 AEUV (November 2012), Rn. 6.

[19] So zutreffend *Schwarze*, in: Schwarze, EU- Kommentar, Art. 264 AEUV, Rn. 5.

[20] EuGH, Urt. v. 10. 12. 2002, Rs. C–29/99 (Kommission/Rat), Slg. 2002, I–11221, Rn. 45 f.; Urt. v. 30. 9. 2003, Rs. C–239/01 (Deutschland/Kommission), Slg. 2003, I–10333, Rn. 33 ff.; Urt. v. 24. 5. 2005, Rs. C–244/03 (Frankreich/Parlament und Rat), Slg. 2005, I–4021, Rn. 12 ff.

[21] EuGH, Urt. v. 3. 10. 1996. Rs. C–41/94 (Deutschland/Kommission), Slg. 1996, I–4733, Rn. 143; Urt. v. 27. 6. 2006, Rs. C–540/03 (Parlament/Rat), Slg. 2006, I–5769, Rn. 27; vgl. hierzu näher *Dörr*, in: Grabitz/Hilf/Nettesheim, EU, Art. 264 AEUV (November 2012), Rn. 5 f. m. w. N.

[22] EuGH, Urt. v. 24. 5. 2005, Rs. C–244/03 (Frankreich/Parlament und Rat), Slg. 2005, I–4021, Rn. 21.

[23] EuGH, Urt. v. 31. 5. 1998, verb. Rs. C–68/94 u. C–30/95 (Frankreich/Kommission), Slg. 1998, I–1375, Rn. 258.

nach Art. 263 AEUV, bei mitgliedstaatlichen Akten nach den jeweiligen prozessrechtlichen Bestimmungen. Legislative Umsetzungsmaßnahmen kommen auf nationaler Ebene insbesondere in Form mitgliedstaatlicher Richtlinienumsetzung vor. Wird eine Richtlinie für ungültig erklärt, wird zwar die unionale Veranlassung der entsprechenden mitgliedstaatlichen Rechtsetzung beseitigt. Ob ein Umsetzungsgesetz dann jedoch weiterhin rechtmäßig ist, hängt von den kompetenz- und materiellrechtlichen Bedingungen des jeweiligen nationalen Rechts ab. Unionsrechtlich ist in einer solchen Lage jedoch weder die Weitergeltung noch die Aufhebung des Umsetzungsgesetzes zu beanstanden.[24] Legislative Durchführungsakte auf Unionsebene sind als delegierte (Art. 290 AEUV) oder Durchführungsakte (Art. 291 AEUV; in beiden Fällen handelt es sich um Tertiärrecht) vorstellbar. Diese verlieren ihre Rechtsgrundlage und werden automatisch rechtswidrig, müssen aber ebenfalls eigens angegriffen werden, um ihre Gültigkeit zu verlieren.

C. Beschränkung der Wirkung des Nichtigkeitsurteils (Abs. 2)

8 Der Gerichtshof kann nach Art. 264 Abs. 2 AEUV die Fortgeltung bestimmter Wirkungen einer Handlung anordnen. Mit ihr soll der Widerstreit von Rechtmäßigkeit des unionalen Handelns und Rechtssicherheit aufgelöst werden.[25] Die Entscheidung erfolgt durch den EuGH von Amts wegen.[26] Inhaltlich hat er einen weiten Beurteilungsspielraum, sowohl bzgl. des »Ob« als auch des »Wie«.[27]

9 Eine Abweichung von der grundsätzlichen ex tunc-Wirkung kann sowohl beschränkt auf die Zeit vor Urteilserlass erfolgen als auch nur für die Zukunft. Der rechtfertigende Grund für den Ausspruch derartiger Wirkungsbeschränkungen ist entweder in schützenswerten Interessen des klagenden Einzelnen zu finden oder in der Begrenzung der Belastung der Mitgliedstaaten oder der Union.[28] Zusammengefasst wird dies in den Stichworten: Rechtssicherheit, Vertrauensschutz, Achtung wohlerworbener Rechte Dritter und sonstige überragende öffentliche Interessen.[29] So können Schadensersatzprozesse für in der Vergangenheit liegende Sachverhalte durch die Anordnung einer ex nunc-Wirkung ausgeschlossen werden. Grundsätzlich nimmt der Gerichtshof allerdings gegenüber dem insbesondere in Steuersachen oft vorgetragenen Argument der Mitgliedstaaten, ohne Wirkungsbegrenzung auf die Zukunft seien übermäßige finanzielle Belastungen zu besorgen, eine sehr zurückhaltende Position ein und verlangt insoweit die Gefahr schwerwiegender wirtschaftlicher Auswirkungen und das Vorliegen einer vertrauensschutzwürdigen Position.[30] Vorschläge verschiedener Generalanwälte zur Begrenzung der Belastungswirkung für die Mitgliedstaaten hat der Gerichtshof bislang nicht aufgegriffen.[31]

---

[24] *Ehricke*, in: Streinz, EUV/AEUV, Art. 264 AEUV, Rn. 4, hält dagegen mitgliedstaatliche Akte der Richtlinienumsetzung in dieser Situation für rechtswidrig.
[25] Vgl. *Cremer*, in: Calliess/Ruffert, EUV/AEUV, Art. 264 AEUV, Rn. 3.
[26] *Rengeling/Middeke/Gellermann*, Rechtsschutz in der EU, § 7, Rn. 123; vgl. aber ergänzend *Dörr*, in: Grabitz/Hilf/Nettesheim, EU, Art. 264 AEUV (November 2012), Rn. 17.
[27] *Dörr*, in: Grabitz/Hilf/Nettesheim, EU, Art. 264 AEUV (November 2012), Rn. 13.
[28] *Cremer*, in: Calliess/Ruffert, EUV/AEUV, Art. 264 AEUV, Rn. 4.
[29] *Schwarze*, in: Schwarze, EU-Kommentar, Art. 264 AEUV, Rn. 6.
[30] EuGH, Urt. v. 15.3.2005, Rs. C–209/03 (Bidar), Slg. 2005, I–2119, Rn. 69; Urt. v. 20.9.2001, Rs. C–184/99 (Grzelczyk), Slg. 2001, I–6193, Rn. 52 f.
[31] Vgl. *Cremer*, in: Calliess/Ruffert, EUV/AEUV, Art. 264 AEUV, Rn. 6, m. w. N.

Die vorübergehende Fortwirkung für nichtig erklärter Akte, insbesondere Verord-   **10**
nungen, wird vor allem dann angeordnet, wenn für diese lediglich die falsche Rechtsgrundlage gewählt wurde.[32] Insoweit stützt sich der Gerichtshof auf den Gedanken der
Rechtssicherheit. Möglich ist auch eine Beschränkung der Fortwirkung auf Teile der für
nichtig erklärten Maßnahme.[33] *Dörr* hat die Entscheidungsvarianten des Gerichtshofs
folgendermaßen zusammengefasst:
- Aufrechterhaltung ohne jede Einschränkung oder Befristung,
- Fortwirkung mit vager Befristung, bis in »angemessener Frist« ein neuer Rechtsakt
  erlassen worden ist,
- Aufrechterhaltung mit einer konkret bemessenen Laufzeit (Datum, bestimmtes Ereignis).[34]

Der Gerichtshof praktiziert zu Recht eine **analoge Anwendung des Art. 264 AEUV** in   **11**
den Fällen einer Gültigkeitsvorlage nach Art. 267 AEUV, da die Entscheidungslage
insoweit die Gleiche ist. Das Gericht verzichtet dagegen gelegentlich auf eine Fortgel-
tungsanordnung im Falle der Nichtigerklärung einer Verordnung, da seine Urteile erst
mit Ablauf der Rechtsmittelfrist oder Zurückweisung eines Rechtsmittels Rechtskraft
erlangen (Art. 60 Abs. 2 EuGH-Satzung) und somit eventuell genügend Zeit verbleibt.[35]

---

[32] EuGH, Urt. v. 6.10.1982, Rs. C–59/81 (Kommission/Rat), Slg. 1982, 3329, Rn. 39; hinsichtlich
der Verletzung wesentlicher Formvorschriften: EuGH, Urt. v. 16.7.1992, Rs. C–65/90 (Parlament/
Rat), Slg. 1992, I–4593, Rn. 23 hinsichtlich der vorübergehenden Fortwirkung für nichtig erklärter
Beschlüsse: EuGH, Urt. v. 22.9.2016, Rs. C–14/13 u. C–116/15 (Parlament/Rat), ECLI:EU:C:2016:
715, Rn. 76 ff.

[33] *Dörr*, in: Grabitz/Hilf/Nettesheim, EU, Art. 264 AEUV (November 2012), Rn. 15.

[34] *Dörr*, in: Grabitz/Hilf/Nettesheim, EU, Art. 264 AEUV (November 2012), Rn. 15, m. N. aus der
Rechtsprechung.

[35] Z. B. EuG, Urt. v. 11.6.2009, Rs. T–318/01 (Othman/Rat u. Kommission), Slg. 2009, II–1627,
Rn. 98 f.; vgl. auch *Dörr*, in: Grabitz/Hilf/Nettesheim, EU, Art. 264 AEUV (November 2012), Rn. 11.

Artikel 265 AEUV [Untätigkeitsklage]

¹Unterlässt es das Europäische Parlament, der Europäische Rat, der Rat, die Kommission oder die Europäische Zentralbank unter Verletzung der Verträge, einen Beschluss zu fassen, so können die Mitgliedstaaten und die anderen Organe der Union beim Gerichtshof der Europäischen Union Klage auf Feststellung dieser Vertragsverletzung erheben. ²Dieser Artikel gilt entsprechend für die Einrichtungen und sonstigen Stellen der Union, die es unterlassen, tätig zu werden.

¹Diese Klage ist nur zulässig, wenn das in Frage stehende Organ, die in Frage stehende Einrichtung oder sonstige Stelle zuvor aufgefordert worden ist, tätig zu werden. ²Hat es bzw. sie binnen zwei Monaten nach dieser Aufforderung nicht Stellung genommen, so kann die Klage innerhalb einer weiteren Frist von zwei Monaten erhoben werden.

Jede natürliche oder juristische Person kann nach Maßgabe der Absätze 1 und 2 vor dem Gerichtshof Beschwerde darüber führen, dass ein Organ oder eine Einrichtung oder sonstige Stelle der Union es unterlassen hat, einen anderen Akt als eine Empfehlung oder eine Stellungnahme an sie zu richten.

Leitentscheidungen

EuGH, Urt. v. 4.2.1959, Rs. 17/57 (De Gezamenlijke Steenkolenmijnen in Limburg/Hohe Behörde der EGKS), Slg. 1958/59, 9
EuGH, Urt. v. 22.5.1985, Rs. 13/83 (Parlament/Rat), Slg. 1985, 1513
EuG, Urt. v. 23.1.1991, Rs. T–3/90 (Prodifarma/Kommission), Slg. 1991, II–1
EuGH, Urt. v. 26.11.1996, Rs. C–68/95 (T. Port GmbH & Co. KG/Bundesanstalt für Landwirtschaft und Ernährung), Slg. 1996, I–6065
EuG, Urt. v. 15.9.1998, Rs. T–95/96 (Gestevisión Telecinco), Slg. 1998, II–3407

Inhaltsübersicht

　　　　　　　　　　　Matthias Pechstein

A. Allgemeines

Art. 265 AEUV beinhaltet gegenüber der Vorgängerregelung, Art. 232 EGV, verschie- **1**
dene Änderungen. Der Aufnahme des Europäischen Rats unter die Organe der nunmehr
rechtssubjektiven Union (Art. 13 Abs. 1 EUV) trägt Art. 265 AEUV dadurch Rechnung,
dass er diesen als aktiv- und passivlegitimiert ausweist. Auch die EZB hat eine Aufwertung ihrer Klagemöglichkeiten erfahren. Gegenüber »Einrichtungen und sonstigen Stellen der Union« ist nunmehr ebenfalls die Untätigkeitsklage eröffnet. Der Vertrag von
Lissabon hat die weitreichende Übereinstimmung mit der Nichtigkeitsklage indes in
verschiedener Hinsicht aufgegeben: Während der Ausschuss der Regionen nunmehr
Nichtigkeitsklagen erheben kann, ist dies bei der Untätigkeitsklage weiterhin ausgeschlossen. Die Klagemöglichkeiten der EZB weichen jetzt ebenfalls voneinander ab. Zu
der Möglichkeit natürlicher und juristischer Personen, nach Art. 263 Abs. 4 Alt. 3
AEUV unter bestimmten Voraussetzungen auch echte Normativakte angreifen zu können (s. Art. 263 AEUV, Rn 66 ff.), gibt es bei Art. 265 AEUV kein auf die entsprechende
Untätigkeit bezogenes Gegenstück. In der Praxis spielt die Untätigkeitsklage im Vergleich zur Nichtigkeitsklage eine deutlich untergeordnete Rolle.[1]

B. Zur Funktion der Untätigkeitsklage

Art. 265 AEUV fasst zwei Typen von Untätigkeitsklagen zusammen, deren Einteilung **2**
nach Maßgabe unterschiedlicher Anforderungen an den statthaften Klagegegenstand
vorgenommen wird (s. Rn. 36 ff.):
– die Staatenuntätigkeitsklage (erhoben durch die Mitgliedstaaten) und die Organun-
  tätigkeitsklage (erhoben durch die Unionsorgane mit Ausnahme des Gerichtshofes)
  nach Art. 265 Abs. 1 AEUV;
– die Individualuntätigkeitsklage (erhoben von natürlichen oder juristischen Personen)
  nach Art. 265 Abs. 3 AEUV.
Ebenso wie die Nichtigkeitsklage dient die Untätigkeitsklage sowohl der **objektiven** **3**
Legalitätskontrolle des organschaftlichen Verhaltens als auch dem **subjektiven Rechts-**

---

[1] Im Jahr 2015 sind beim EuG bspw. 5 Untätigkeitsklagen gegenüber 332 Nichtigkeitsklagen
eingegangen, Jahresbericht 2015, S. 175, abrufbar unter http://curia.europa.eu/jcms/upload/docs/
application/pdf/2016–08/de_rapport_annuel_2015_activite_/judiciaire_de.pdf (28.9.2016).

schutz gegen Vertragsverletzungen der Unionsorgane. Während die Nichtigkeitsklage ein unionsrechtswidriges Handeln angreift, wendet sich die Untätigkeitsklage gegen eine unionsrechtswidrige Untätigkeit eines Unionsorgans. Beide Klagearten regeln nach Ansicht des EuGH denselben Rechtsbehelf.[2]

4   Im Unterschied zur Nichtigkeitsklage, die als Gestaltungsklage auf die Beseitigung der angefochtenen Rechtshandlung zielt, ist die Untätigkeitsklage lediglich auf die »Feststellung dieser Vertragsverletzung« gerichtet (Art. 265 Abs. 1 AEUV) und ist daher – wie die Vertragsverletzungsklage (Art. 258 f. AEUV) – als **Feststellungsklage** ausgestaltet.[3] Der Gerichtshof darf in seiner Urteilsformel nur aussprechen, dass die Untätigkeit eines Unionsorgans in einer bestimmten Sache eine Vertragsverletzung darstellt. Andere Entscheidungsmöglichkeiten räumen Art. 265 f. AEUV dem Gerichtshof, der auch bei der Tenorierung seiner Entscheidungen an das Prinzip der begrenzten Einzelermächtigung in organschaftlicher Hinsicht (Art. 13 Abs. 2 Satz 1 EUV) gebunden bleibt, nicht ein. Er darf also im Rahmen des Urteils nach Art. 265 AEUV weder den vom Kläger begehrten Rechtsakt selbst erlassen noch eine bindende Anweisung an das im Verfahren unterlegene Unionsorgan vornehmen. Ein klagestattgebendes Untätigkeitsurteil beseitigt nicht rechtsgestaltend den vertragswidrigen Zustand, sondern trifft die Feststellung der Verletzung einer unionsrechtlichen Handlungspflicht durch ein Unionsorgan. Nach Art. 266 Abs. 1 AEUV haben jedoch die Unionsorgane, »[…] deren Untätigkeit als vertragswidrig erklärt worden ist, […] die sich aus dem Urteil des Gerichtshofs ergebenden Maßnahmen zu ergreifen.«

5   Eine Untätigkeitsklage kommt dabei nur in Betracht, wenn das betreffende Organ jedwede »Beschlussfassung«, also auch eine negative Bescheidung bzw. eine Prüfung, in der Angelegenheit unterlässt.[4] Ist die Untätigkeitsklage begründet, so beschränkt sich der EuGH auf die Feststellung der Verletzung der unionsrechtlichen Handlungspflicht (»Ob«), ohne seinen Ausspruch auf das inhaltliche oder formelle »Wie« der gebotenen Handlung zu erstrecken. Ein Klageantrag auf eine positive Entscheidung wird vom Gerichtshof regelmäßig als unzulässig zurückgewiesen.[5] Ein ablehnender Bescheid wäre mit der Nichtigkeitsklage anzufechten. Allerdings liegt in einer Abstimmung im Rat, bei der die erforderliche Mehrheit nicht zustande kommt, keine Entscheidung, die mit der Nichtigkeitsklage angefochten werden könnte; hier ist nur die Untätigkeitsklage statthaft.[6]

6   Die Absätze 1 und 3 des Art. 265 AEUV stellen für die dort genannten Klägergruppen (s. Rn. 12 ff.) unterschiedliche Sachurteilsvoraussetzungen auf. Wie im Rahmen der Nichtigkeitsklage ist auch bei der Untätigkeitsklage zwischen privilegierten und nicht-privilegierten Klägern zu unterscheiden. Nach Art. 265 Abs. 1 AEUV sind die Mitgliedstaaten und die Unionsorgane zur Klageerhebung berechtigt, wenn es das Europäische Parlament, der Europäische Rat, der Rat, die Kommission oder die Europäische Zentralbank »unter Verletzung der Verträge [unterlassen hat], einen Beschluss zu fassen«.

---

[2] EuGH, Urt. v. 18.11.1970, Rs. 15/70 (Chevalley/Kommission), Slg. 1970, 975, Rn. 5/7; Urt. v. 26.11.1996, Rs. C–68/95 (T. Port/Bundesanstalt für Landwirtschaft und Ernährung), Slg. 1996, I–6065, Rn. 59.

[3] *Dörr*, in: Grabitz/Hilf/Nettesheim, EU, Art. 265 AEUV (Mai 2013), Rn. 2.

[4] EuGH, Urt. v. 18.10.1979, Rs. 125/78 (GEMA/Kommission), Slg. 1979, 3173, Rn. 22; Urt. v. 8.3.1972, Rs. 42/71 (Nordgetreide/Kommission), Slg. 1972, 105, Rn. 4.

[5] EuGH, Urt. v. 25.3.1993, Rs. C–199/91 (Sart-Tilman/Kommission), Slg. 1993, I–2667, Rn. 17; Urt. v. 23.3.1993, Rs. C–314/91 (Weber/Parlament), Slg. 1993, I–1093, Rn. 13.

[6] EuGH, Urt. v. 13.7.2004, Rs. C–27/04 (Kommission/Rat), Slg. 2004, I–6649, Rn. 30.

Die Zulässigkeit einer Klage natürlicher und juristischer Personen wird hingegen auf die Fälle beschränkt, in denen es »ein Organ [...] unterlassen hat, einen anderen Akt als eine Empfehlung oder eine Stellungnahme an sie zu richten« (Art. 265 Abs. 3 AEUV).

Die Abstufung der statthaften Klagegegenstände und der Klageberechtigungen nach   7 den einzelnen Klägergruppen folgt den institutionellen Funktionen der Untätigkeitsklage. Die privilegierten Kläger können nach Art. 265 Abs. 1 AEUV jede unionsrechtswidrige Organuntätigkeit einer richterlichen Kontrolle unterwerfen. Ihnen steht mit Blick auf das institutionelle Gleichgewicht und die auf Unionsebene nach wie vor bestehenden parlamentarischen Kontrolllücken[7] eine umfassende gerichtliche Legalitätskontrolle des Organverhaltens zu. Zur Erhebung einer Untätigkeitsklage sind die Mitgliedstaaten unionsrechtlich aber nicht verpflichtet, auch dann nicht, wenn dadurch die Rechte von Individuen geschützt werden könnten.[8] Für die Organe der Union gilt fraglos das Gleiche. Für die Mitgliedstaaten kann jedoch im Einzelfall eine entsprechende Verpflichtung aus dem nationalen Recht folgen. Das Hinzutreten subjektiver Zulässigkeitsvoraussetzungen (Adressatenstellung, individuelle Betroffenheit) im Rahmen der Individualuntätigkeitsklage nach Art. 265 Abs. 3 AEUV macht deutlich, dass sie nicht nur der objektiven Legalitätskontrolle des Organverhaltens, sondern auch dem Individualrechtsschutz des Klägers dient.

Inhaltlich hat es neben der Ausweitung der Parteifähigkeit durch den Vertrag von   8 Lissabon keine bedeutenden Änderungen im Vergleich zur Vorgängervorschrift des Art. 232 EGV gegeben. Allerdings wurde in Art. 265 Abs. 1 Satz 2 AEUV hinzugefügt, dass die Untätigkeitsklage entsprechend für die Einrichtungen und sonstigen Stellen der Union gilt. Auf diese Weise wurde der Rechtsschutz gegen Agenturhandlungen nun auch primärrechtlich geregelt. Damit tragen die Unionsverträge der Ausweitung des unmittelbaren Verwaltungsvollzugs Rechnung.[9] Bis dahin hatten Betroffene Rechtsschutzmöglichkeiten auf Grundlage der Gründungsverordnungen von Agenturen, also nur auf sekundärrechtlicher Basis. Diese Regelungen wiesen jedoch Lücken auf, sodass schließlich das EuG in der Rechtssache Sogelma[10] richterrechtlich die Überprüfung von Akten der Agenturen entwickelte. Damit griff es der Vertragsänderung vor – im Sinne der Les Verts-Entscheidung[11] des EuGH, aus welcher der allgemeine Grundsatz abgeleitet werden kann, dass »jede Handlung einer Gemeinschaftseinrichtung, die dazu bestimmt ist, Rechtswirkungen gegenüber Dritten zu erzeugen, gerichtlich nachprüfbar sein muss.«[12]

---

[7] S. hierzu *Koenig*, DÖV 1998, 268 (273); *Rummer*, ZEuS 1999, 249 (264).

[8] So mit ausführlicher Begründung EuGH, Urt. v. 20.10.2005, Rs. C–511/03 (Ten Kate Holding Musselkanaal u.a.), Slg. 2005, I–8979, Rn. 27 ff.

[9] *Gundel*, EuR 2009, 383 (385).

[10] EuG, Urt. v. 8.10.2008, Rs. T–411/06 (Sogelma/Europ. Agentur für Wiederaufbau), Slg. 2008, II–2771.

[11] EuGH, Urt. v. 23.4.1986, Rs. 294/83 (Les Verts), Slg. 1986, 1339.

[12] EuG, Urt. v. 8.10.2008, Rs. T–411/06 (Sogelma/Europ. Agentur für Wiederaufbau), Slg. 2008, II–2771, Rn. 37.

C. Zulässigkeit der Untätigkeitsklage nach Art. 265 AEUV

I. Sachliche Zuständigkeit

9   Gemäß Art. 256 Abs. 1 AEUV ist grundsätzlich das EuG für Klagen nach Art. 265 AEUV zuständig. Von diesem Grundsatz sieht Art. 256 Abs. 1 AEUV allerdings zwei Ausnahmen vor: zum einen im Falle der Übertragung eines Rechtsbereichs auf ein Fachgericht im Sinne des Art. 257 AEUV und zum anderen hinsichtlich der dem EuGH in der EuGH-Satzung vorbehaltenen Untätigkeitsklagen.

10   Hinsichtlich der Übertragung von Untätigkeitsklagen auf den EuGH kann auf die Ausführungen zur Nichtigkeitsklage (s. Art. 263 AEUV, Rn. 16 ff.) verwiesen werden. In den Fällen, in denen der EuGH für mitgliedstaatliche und Organklagen nach Art. 263 AEUV erstinstanzlich zuständig wäre, ist er dies auch im Rahmen des Art. 265 AEUV, soweit die betreffenden Handlungen unterlassen werden. Hieraus folgt, dass das Gericht erstinstanzlich für alle Individualuntätigkeitsklagen zuständig ist und bei Klagen von Mitgliedsstaaten und Organen bzw. Einrichtungen und sonstigen Stellen der Union nur insoweit, als nach Art. 51 EuGH-Satzung keine (erstinstanzliche) Zuständigkeit des EuGH besteht. In der Sache betrifft dies vor allem Rechtsstreitigkeiten mit »verwaltungsrechtlichem« Einschlag (s. Art. 263 AEUV, Rn. 19).

11   Wie auch im Zusammenhang mit der Nichtigkeitsklage berücksichtigt Art. 51 EuGH-Satzung noch nicht die Zuständigkeit bei den durch den Vertrag von Lissabon neu eingeführten passiv Parteifähigen – dem Europäischen Rat sowie den Einrichtungen und sonstigen Stellen der Union. Insoweit wird aber weitgehend von einer erweiternden Auslegung des Art. 51 EuGH-Satzung ausgegangen und somit eine Gleichstellung zum Unterlassen der anderen Unionsorgane befürwortet.[13]

II. Parteifähigkeit

12   Im Rahmen der Untätigkeitsklage sind die Mitgliedstaaten, die Unionsorgane (mit Ausnahme des Gerichtshofes, gem. Art. 265 Abs. 1 AEUV) sowie »jede natürliche und juristische Person« (Art. 265 Abs. 3 AEUV) aktiv parteifähig. Das Europäische Parlament, der Europäische Rat, der Rat, die Kommission und die Europäische Zentralbank (Art. 265 Abs. 1 AEUV) sowie Einrichtungen und sonstige Stellen der Union (Art. 265 Abs. 1 Satz 2 AEUV) sind als Beklagte passiv parteifähig.

1. Mitgliedstaaten und Unionsorgane

13   Die Mitgliedstaaten und die Unionsorgane gehören nach Art. 265 Abs. 1 AEUV zu den privilegierten Untätigkeitsklägern. Art. 13 Abs. 1 EUV nennt als Unionsorgane das Europäische Parlament, den Europäischen Rat, den Rat, die Kommission, den Gerichtshof, die Europäische Zentralbank und den Rechnungshof. Obwohl Art. 265 Abs. 1 AEUV von den Organen der Union spricht, kann der **Gerichtshof** bzw. können seine drei Teilorgane (EuGH, EuG, gerichtliche Kammern) keine Untätigkeitsklage erheben.[14] Zwar besitzt der Gerichtshof als Ganzes Organqualität, er ist jedoch an der Erhebung einer Untätigkeitsklage gehindert, da er ansonsten Richter in eigener Sache wäre, also einen

---

[13] *Frenz*, Handbuch Europarecht, Band 5, Rn. 2953.

[14] *Borchardt*, in: Lenz/Borchardt, EU-Verträge, Art. 265 AEUV, Rn. 4; *Gaitanides*, in: GS, EUV/EGV, Art. 232 EGV, Rn. 5.

In-Sich-Prozess führen müsste. Er kann jedoch nicht gleichzeitig Rechtsschutz begehren und gewähren.[15]

Art. 265 Abs. 1 AEUV erkennt Parlament, Europäischem Rat, Rat, Kommission und EZB sowohl die aktive als auch die passive Parteifähigkeit zu. Dagegen ist der Rechnungshof nach dem Wortlaut des Art. 265 AEUV nur aktiv parteifähig. Demnach könnte dieser etwa gegen Verletzungen der Informationspflichten durch das Europäische Parlament, den Rat oder durch die Kommission mit der Untätigkeitsklage vorgehen (Art. 287 Abs. 3 UAbs. 1 AEUV). Denkbar erscheint eine erweiternde Auslegung betreffend seiner passiven Parteifähigkeit, da gegen den Rechnungshof als Unionsorgan gegebenenfalls Rechtsschutz möglich sein muss, etwa im Fall der Nichtvorlage des Jahresberichts (Art. 287 Abs. 4 AEUV).   **14**

Bei der Delegation von Befugnissen auf andere Einrichtungen bleiben die Unionsorgane Klagegegner, wenn die Untätigkeit dieser Einrichtungen ihnen zugerechnet werden kann.[16]   **15**

2. Natürliche und juristische Personen

Art. 265 Abs. 3 AEUV erklärt jede natürliche und juristische Person im Verfahren einer Untätigkeitsklage für aktiv parteifähig. Die Fähigkeit, Partei einer Individualuntätigkeitsklage zu sein, knüpft somit weder an die Staatsangehörigkeit noch an den Wohnort einer natürlichen Person bzw. den Sitz oder die Hauptniederlassung einer juristischen Person in einem der Mitgliedstaaten der Union an. Auch ist der Nachweis eines Wohnsitzes oder einer Niederlassung in einem der Mitgliedstaaten nicht erforderlich.   **16**

Der unionsrechtliche Begriff der »juristischen Person« stimmt »nicht notwendigerweise mit den Begriffen überein, die in den verschiedenen Rechtsordnungen der Mitgliedstaaten verwendet werden.«[17] Im Rahmen des Art. 265 Abs. 3 AEUV gelten für die Bestimmung der aktiven Parteifähigkeit natürlicher und juristischer Personen die gleichen Ausführungen wie im Rahmen der Individualnichtigkeitsklage nach Art. 263 Abs. 4 AEUV (s. Art. 263 AEUV, Rn. 22 ff.). Juristische Personen im Sinne des Art. 265 Abs. 3 AEUV sind folglich zum einen alle öffentlich-rechtlichen Körperschaften, Anstalten sowie Stiftungen des öffentlichen Rechts. Zum anderen umfasst Art. 265 Abs. 3 AEUV die juristischen Personen des Privatrechts sowie Personengesellschaften, denen die nationalen Rechtsordnungen Partei- und Rechtsfähigkeit zuerkennen. Darüber hinaus sind Verbände und Einrichtungen, denen das Völkerrecht oder die Unionsrechtsordnung selbst (z.B. Europäische Investitionsbank (EIB), Art. 308 Abs. 1 AEUV) die Rechtsfähigkeit zuerkennen, aktiv parteifähig.[18] Auch die aktive Parteifähigkeit von Unternehmensverbänden, Berufsvereinigungen und Gewerkschaften ist nach ständiger Rechtsprechung des Gerichtshofs gesichert.[19]   **17**

---

[15] *Borchardt*, in: Lenz/Borchardt, EU-Verträge, Art. 265 AEUV, Rn. 4; *Dörr*, in: Grabitz/Hilf/Nettesheim, EU, Art. 265 AEUV (Mai 2013), Rn. 10; *Gaitanides*, in: GS, EUV/EGV, Art. 232 EGV, Rn. 5.

[16] *Schwarze*, in: Schwarze, EU-Kommentar, Art. 265 AEUV, Rn. 9.

[17] EuGH, Urt. v. 28.10.1982, Rs. 135/81 (Groupement des Agences de Voyages/Kommission), Slg. 1982, 3799, Rn. 10.

[18] *Gesser*, Die Nichtigkeitsklage nach Artikel 173 EGV, 1995, S. 229; *Ule*, Empfiehlt es sich, die Bestimmungen des europäischen Gemeinschaftsrechts über den Rechtsschutz zu ändern und zu ergänzen?, 1996, S. 15.

[19] EuGH, Urt. v. 30.6.1988, Rs. 297/86 (CIDA u.a./Rat), Slg. 1988, 3531, Rn. 9 f.; Urt. v. 2.2.1988, verb. Rs. 67/85, 68/85 u. 70/85 (van der Kooy u.a./Kommission), Slg. 1988, 219, Rn. 18 ff.; Urt. v. 8.10.1974, Rs. 18/74 (Allgemeine Gewerkschaft der Europäischen Beamten/Kommission), Slg. 1974, 933, Rn. 5/9 ff.

3. EZB

18 Durch den Vertrag von Lissabon wurde der EZB gem. Art. 13 Abs. 1 EUV eine organschaftliche Stellung eingeräumt. Bezüglich der Parteifähigkeit der EZB im Rahmen der Untätigkeitsklage ändert sich hingegen materiell nichts, denn bereits zuvor hatte sie eine organähnliche Stellung und war gem. Art. 232 Abs. 4 EGV aktiv und passiv parteifähig. Im Unterschied zur Nichtigkeitsklage, in der die EZB nach Art. 263 Abs. 3 AEUV nur zu den teilprivilegierten Klägern gehört, reiht sie sich bei der Untätigkeitsklage bei den übrigen privilegierten Klägern ein.[20]

19   Unbeschadet dessen möchte *Ehricke* die EZB nicht uneingeschränkt zu den privilegierten Klägern zählen, sondern ihr nur – wie nach altem Recht und weiterhin im Rahmen der Nichtigkeitsklage – die Kontrolle von ihren Zuständigkeitsbereich betreffenden Untätigkeiten zubilligen.[21] Wiewohl konzeptuell viel dafür spricht, der EZB nicht die Rolle eines umfassendes Wächters der Einhaltung von Handlungspflichten anderer Unionsorgane zuzubilligen, so findet diese Einschränkung doch im Wortlaut des Art. 265 AEUV keinen Anhalt.

III.   Ordnungsgemäße Durchführung des Vorverfahrens (Art. 265 Abs. 2 AEUV)

20 Die Erhebung einer Untätigkeitsklage ist nur zulässig, wenn vor Klageerhebung ein Vorverfahren durchgeführt worden ist, das heißt, »wenn das in Frage stehende Organ [...] zuvor aufgefordert worden ist, tätig zu werden« (Art. 265 Abs. 2 Satz 1 AEUV). Hat das Organ binnen zwei Monaten nach dieser Aufforderung nicht Stellung genommen, so kann die Klage innerhalb einer weiteren Frist von zwei Monaten erhoben werden (Art. 265 Abs. 2 Satz 2 AEUV).

21   Das Vorverfahren soll die einvernehmliche Beseitigung des beanstandeten Verhaltens ermöglichen und damit gerichtliche Auseinandersetzungen vermeiden. Diesem Ziel dienen der Austausch der gegenseitigen Standpunkte und die Einräumung von Fristen zur Herstellung eines vertragsgemäßen Zustandes (Art. 265 Abs. 2 AEUV). Das Vorverfahren bei der Untätigkeitsklage dient der **Entlastung des Gerichtshofs** und der **Selbstkontrolle der Unionsorgane**. Daneben grenzt das Vorverfahren den späteren gerichtlichen Streitgegenstand ein: Scheitert eine einvernehmliche Streitbeilegung, so bestimmt der Gegenstand des Vorverfahrens den Streitgegenstand des anschließenden Gerichtsverfahrens. Beide Verfahrensabschnitte werden also durch die **Identität des vorgerichtlichen Verfahrensgegenstandes mit dem späteren gerichtlichen Streitgegenstand** verbunden.[22] Allerdings gilt dieser Grundsatz nur für spätere Erweiterungen, nicht aber für Einschränkungen der tatsächlichen und rechtlichen Vorwürfe im Laufe des Klageverfahrens. Korrigiert etwa das Unionsorgan im Laufe des Vorverfahrens das beanstandete Verhalten teilweise, so ist es zulässig, die Vorwürfe und damit den Streitgegenstand im anschließenden gerichtlichen Verfahren entsprechend zu beschränken.

22   Das Vorverfahren nach Art. 265 Abs. 2 AEUV gliedert sich in zwei Abschnitte:
– die Aufforderung, einen bestimmten Beschluss zu fassen (Art. 265 Abs. 1 AEUV) bzw. einen Rechtsakt an den Kläger zu richten (Art. 265 Abs. 3 AEUV) und

---

[20] *Frenz*, Handbuch Europarecht, Band 5, Rn. 2946; *Pache*, in: Vedder/Heintschel v. Heinegg, EVV, Art. III–367, Rn. 1.

[21] *Ehricke*, in: Streinz, EUV/AEUV, Art. 265 AEUV, Rn. 2.

[22] *Bleckmann*, Europarecht, 1997, Rn. 905; *Schwarze*, in: Schwarze, EU-Kommentar, Art. 265 AEUV, Rn. 10, 19.

– die Abgabe einer Stellungnahme des betroffenen Organs.

Hat das Unionsorgan nach der Aufforderung gemäß Art. 265 Abs. 1 bzw. Abs. 3 AEUV   **23** keine Stellungnahme im Sinne des Art. 265 Abs. 2 Satz 2 AEUV abgegeben, ist die Untätigkeitsklage zulässig. Nimmt das Unionsorgan hingegen innerhalb der in Art. 265 Abs. 2 Satz 2 AEUV vorgesehenen Frist Stellung, so führt dies zum Ausschluss des Klagerechts nach Art. 265 AEUV: Das Organ hat mit Abgabe der Stellungnahme tatsächlich gehandelt, mithin entfällt der klagebegründende Vorwurf der Untätigkeit. Die organschaftliche Stellungnahme im Rahmen des Vorverfahrens ist daher keine Zulässigkeitsvoraussetzung der Untätigkeitsklage, sondern ein Ausschlusstatbestand des Klagerechts. Der Adressat der Stellungnahme bleibt in diesen Fällen auf die Nichtigkeitsklage gemäß Art. 263 AEUV verwiesen. Eine Umdeutung der Klage kommt allerdings nicht in Betracht.

1. Aufforderung zum Tätigwerden

Die Untätigkeitsklage darf nur erhoben werden, »wenn das betreffende Organ zuvor   **24** aufgefordert worden ist, tätig zu werden« (Art. 265 Abs. 2 Satz 1 AEUV). Der EuGH sieht den Sinn dieser Bedingung darin, »den Betreffenden zu zwingen, die [...] Behörde davon in Kenntnis zu setzen, dass er gegen ihre etwaige Unterlassung rechtlich vorgehen würde, wodurch die [...] Behörde genötigt wird, innerhalb einer bestimmten Frist zu der Rechtmäßigkeit ihres Nichteingreifens Stellung zu nehmen.«[23] Dem betroffenen Unionsorgan soll also – schon im Vorfeld einer gerichtlichen Auseinandersetzung – die Vertragsrechtswidrigkeit seines Verhaltens bewusst gemacht und Gelegenheit zum Tätigwerden gegeben werden. Aus diesem Grunde kann die Klageschrift nicht als Aufforderung zum Tätigwerden angesehen werden.[24] Um diese Aufgaben zu erfüllen, müssen im Befassungsschreiben folgende Mindestangaben enthalten sein:
– Bezeichnung der Maßnahmen, welche das betreffende Organ ergreifen soll,
– Benennung der infolge der Untätigkeit verletzten primär- oder sekundärrechtlichen Handlungspflicht(en) und
– Hinweis auf die Klageerhebung für den Fall fortdauernder Untätigkeit.

Der Auffordernde muss eindeutig zum Ausdruck bringen, dass er den Erlass eines bestimmten   **25** Beschlusses (Art. 265 Abs. 1 AEUV) oder Rechtsaktes begehrt. Allerdings reicht es aus, wenn der Gegenstand des Verfahrens in tatsächlicher und rechtlicher Hinsicht so klar umrissen wird, dass das betroffene Unionsorgan erkennen kann, welche konkrete Tätigkeit von ihm verlangt wird.[25] Jedoch »muss diese Aufforderung so ausdrücklich und präzise sein, dass das Organ den Inhalt der Entscheidung, deren Erlass von ihm verlangt wird, konkret erkennen kann, und es muss außerdem aus ihr hervorgehen, dass das Organ mit ihr zu einer Stellungnahme gezwungen werden soll [...].«[26] Für die Festlegung des Verfahrensgegenstandes ist es weiterhin erforderlich, dass der spätere Kläger auch die nach seiner Ansicht infolge der Untätigkeit objektiv verletzte Handlungspflicht darlegt.

---

[23] EuGH, Urt. v. 4.2.1959, Rs. 17/57 (De Gezamenlijke Steenkolemijnen/Hohe Behörde der EGKS), Slg. 1959, 11 (27).

[24] EuGH, Urt. v. 3.6.2005, Rs. C–396/03 P (Magnus Killinger/Deutschland, Rat, Kommission), Slg. 2005, I–4967, Rn. 16.

[25] *Gaitanides*, in: GS, EUV/EGV, Art. 232 EGV, Rn. 18.

[26] EuG, Beschl. v. 27.4.2005, Rs. T–34/05 R (Makhteshim-Agan Holding BV u.a./Kommission), Slg. 2005, II–1465, Rn. 57.

26   Die in Art. 265 Abs. 2 Satz 2 AEUV dem betroffenen Unionsorgan eingeräumte Zweimonatsfrist zur Stellungnahme beginnt erst mit Zugang der Aufforderung zu laufen. Die Befassung des Organs selbst ist an keine ausdrückliche Frist gebunden. Ausnahmsweise kommt eine **Verwirkung des Klagerechts** in Betracht, wenn der Kläger unangemessen, das heißt rechtsmissbräuchlich, die Befassung des Unionsorgans hinauszögert, ohne dass ein sachlicher Grund die Verzögerung rechtfertigt.[27]

27   Nach Art. 21 Abs. 2 Satz 1 Alt. 2 EuGH-Satzung ist der Klageschrift schon bei Klageeinreichung eine »Unterlage« beizufügen, aus der sich der Zeitpunkt der Aufforderung zur Stellungnahme ergibt. Es ist daher jedenfalls aus Beweisgründen erforderlich, bei der Aufforderung des Unionsorgans zum Tätigwerden die Schriftform zu wahren, um bei einer späteren Klage der Verpflichtung aus Art. 21 Abs. 2 Satz 1 Alt. 2 EuGH-Satzung nachkommen zu können.[28]

2. Stellungnahme des Unionsorgans

28   Die Untätigkeitsklage ist nur zulässig, wenn das betreffende Unionsorgan nicht »binnen zwei Monaten nach dieser Aufforderung […] Stellung genommen« hat (Art. 265 Abs. 2 Satz 2 AEUV). Die Abgabe einer den Anforderungen von Art. 265 Abs. 2 Satz 1 AEUV entsprechenden fristgerechten Stellungnahme führt somit zur Unzulässigkeit der Klage. Rechtsschutz wird dann ggf. durch die Erhebung einer Nichtigkeitsklage gemäß Art. 263 AEUV gegen die Sachentscheidung gewährt. Allerdings erfüllt nicht jede »Reaktion« eines zum Tätigwerden aufgeforderten Unionsorgans die Voraussetzungen einer »Stellungnahme« im Sinne des Art. 265 Abs. 2 AEUV. So reicht zum Beispiel die bloße »Weigerung«, tätig zu werden, so ausdrücklich sie auch sein mag, nicht aus.[29] Die »Stellungnahme« muss bestimmte inhaltliche Mindestanforderungen erfüllen, um zu einem Ausschluss des Klagerechts zu führen.

29   Die Abgabe einer Stellungnahme im Sinne von Art. 265 Abs. 2 AEUV ist dabei nicht zwingend mit dem Erlass eines förmlichen Rechtsaktes gleichzusetzen. Das Unionsorgan muss dem Adressaten durch seine Stellungnahme jedoch eindeutig zu erkennen geben, welchen endgültigen Standpunkt es im Hinblick auf die begehrte Maßnahme einnimmt.[30] Es muss sich in seiner Stellungnahme inhaltlich zur begehrten Maßnahme äußern und eine verbindliche und endgültige Festlegung seines Standpunktes in der Sache treffen.[31] Eine Stellungnahme im Sinne von Art. 265 Abs. 2 Satz 2 AEUV liegt daher vor, wenn ein **Beschluss in der Sache** gefasst wird, mit dem sich das betreffende Unionsorgan konkret zu der gerügten Untätigkeit und den begehrten Maßnahmen im positiven oder negativen Sinne äußert (Ankündigung oder Ablehnung der verlangten Maßnahme). Auch wenn das Organ binnen zwei Monaten nach der Aufforderung die Vornahme der verlangten Rechtshandlung endgültig ablehnt (negative Stellungnahme), liegt eine zur Unzulässigkeit der Untätigkeitsklage führende Stellungnahme vor.[32] Auch

---

[27] S. EuGH, Rs. 59/70 (Niederlande/Kommission), Slg. 1971, 639, Rn. 15/19.

[28] S. auch *Cremer*, in: Calliess/Ruffert, EUV/AEUV, Art. 265 AEUV, Rn. 10.

[29] EuGH, Urt. v. 27.9.1988, Rs. 302/87 (Parlament/Rat), Slg. 1988, 5615, Rn. 17.

[30] EuGH, Urt. v. 18.10.1979, Rs. 125/78 (GEMA/Kommission), Slg. 1979, 3173, Rn. 19ff.

[31] *Daig*, Nichtigkeits- und Untätigkeitsklagen im Recht der Europäischen Gemeinschaften, 1985, S. 251; *Rengeling/Middeke/Gellermann*, Rechtsschutz in der EU, § 8, Rn. 39.

[32] EuG, Urt. v. 27.10.1994, Rs. T–32/93 (Ladbroke Racing/Kommission), Slg. 1994, II–1015, Rn. 21; EuGH, Urt. v. 13.7.1971, Rs. 8/71 (Komponistenverband/Kommission), Slg. 1971, 705, Rn. 2; Urt. v. 18.10.1979, Rs. 125/78 (GEMA/Kommission), Slg. 1979, 3173, Rn. 19ff.; EuG, Urt. v. 26.2.2006, verb., Rs. T–344/00 u. T–345/00 (Ceva und Pharmacia Enterprises/Kommission),

der Erlass eines anderen als des vom Kläger begehrten Rechtsakts, etwa der Erlass eines den Kläger belastenden Aktes in der Sache, beendet daher die Organuntätigkeit.[33] Eine Übereinstimmung des vom aufgeforderten Organ eingenommenen Standpunktes in der Sache und der Vorstellung des Auffordernden ist somit nicht notwendig.

Eine die Untätigkeitsklage ausschließende »Stellungnahme« i. S. d. Art. 265 Abs. 2 **30** AEUV kann allerdings auch dann vorliegen, wenn die Stellungnahme selbst – z. B. als rechtlich geforderter Verfahrens(zwischen)schritt – mangels Rechtsbindungswirkung nicht mit der Nichtigkeitsklage angefochten werden kann. Dies gilt insbesondere in den Fällen, in denen die »Stellungnahme« eine rechtlich geforderte Organäußerung in einem Verfahren darstellt, an dessen Ende jedenfalls ein gemäß Art. 263 AEUV anfechtbarer Rechtsakt stehen wird. Hierdurch wird der unionsrechtliche Rechtsschutz nicht in unzumutbarer Weise verkürzt. Vielmehr wird durch diese Einschränkung sichergestellt, dass nicht schon – dem Rechtsakt vorausgehende – bloß vorbereitende Verfahrensmaßnahmen gerichtlich überprüft werden müssen.[34]

Eine Stellungnahme fehlt demgegenüber in den Fällen, in denen das betroffene Uni- **31** onsorgan auf die Aufforderung überhaupt nicht reagiert. Anders als der frühere Art. 35 Abs. 3 EGKSV, der das auf eine Aufforderung folgende Schweigen der Hohen Behörde als ablehnende Stellungnahme qualifizierte, enthält Art. 265 AEUV keine entsprechende Fiktion. Dem **bloßen Schweigen eines Unionsorgans** fehlt grundsätzlich jeglicher Erklärungsinhalt. Eine Ausnahme gilt nur in den Fällen, in denen Sekundärrechtsakte dem Schweigen der Kommission einen bestimmten Erklärungsinhalt zuordnen (s. z. B. Art. 10 Abs. 6 FKVO[35]).

Eine Stellungnahme liegt auch dann nicht vor, wenn ein Unionsorgan die behauptete **32** Untätigkeit in seiner Antwort weder bestreitet noch zugibt und in keiner Weise erkennen lässt, welche Haltung es zu der vom Adressaten geforderten Maßnahme einnimmt.[36] Ebenso wenig erfüllen die Zusage der weiteren Prüfung[37] oder die Mitteilung über den Vorbereitungsstand einer Entscheidung in der Sache[38] oder sonst hinhaltende Äußerungen[39] die Anforderungen einer das Klagerecht ausschließenden Stellungnahme. Gleiches gilt für die Weigerung, den Antrag sachlich zu prüfen.[40]

Fraglich ist, welche Handlungsmöglichkeiten bestehen, wenn das Unionsorgan in **33** seiner Stellungnahme die Vornahme der begehrten Maßnahme zwar ankündigt, nachfolgend aber untätig bleibt. Da das Organ mit der durch die **Ankündigung** zum Ausdruck gebrachten Festlegung seines Standpunkts tätig geworden ist, mithin eine Stellungnah-

Slg. 2003, II–229, Rn. 83 ff. Die Stellungnahme nach Art. 265 Abs. 2 AEUV darf nicht mit der Stellungnahme im Sinne von Art. 288 Abs. 5 AEUV verwechselt werden.

[33] EuGH, Urt. v. 14.9.1962, verb. Rs. 5/62–11/62 u. 13/62–15/62 (San Michele/Hohe Behörde), Slg. 1962, 919, 941; Urt. v. 13.7.1971, Rs. 8/71 (Deutscher Komponistenverband/Kommission), Slg. 1971, 705, Rn. 3; *Schwarze*, in: Schwarze, EU-Kommentar, Art. 265 AEUV, Rn. 23.

[34] S. hierzu *aber Rengeling/Middeke/Gellermann*, Rechtsschutz in der EU, § 8, Rn. 36 ff.

[35] Verordnung (EG) Nr. 139/2004 des Rates vom 20.1.2004 über die Kontrolle von Unternehmenszusammenschlüssen (»EG-Fusionskontrollverordnung«), ABl. 2004, L 24/1.

[36] EuGH, Urt. v. 22.5.1985, Rs. 13/83 (Parlament/Rat), Slg. 1985, 1513, Rn. 25.

[37] EuGH, Urt. v. 22.3.1961, verb. Rs. 42/59 u. 49/59 (S. N. U. P. A. T./Hohe Behörde der EGKS), Slg. 1961, 111, 156; EuG, Urt. v. 7.3.2002, Rs. T–212/99 (Intervet International), Slg. 2002, II–1445, Rn. 61.

[38] EuGH, Urt. v. 9.4.1987, verb. Rs. 167/85 u. 212/85 (Assider und Italien/Kommission) Slg. 1987, 1701, Rn. 8.

[39] EuGH, Urt. v. 22.5.1985, Rs. 13/83 (Parlament/Rat), Slg. 1985, 1513, Rn. 25.

[40] EuGH, Urt. v. 27.9.1988, Rs. 302/87 (Parlament/Rat), Slg. 1988, 5615, Rn. 17.

me abgegeben hat, kommt die Erhebung einer Untätigkeitsklage in diesem Falle grundsätzlich nicht in Betracht. Dem Betroffenen bleibt nur die Möglichkeit, das Unionsorgan erneut zum Tätigwerden aufzufordern, wobei die organschaftliche Handlungspflicht nunmehr unmittelbar auf die organschaftliche Ankündigung der angestrebten Maßnahme im Sinne einer Zusage gestützt werden kann. Darüber hinaus muss dem Betroffenen die Befugnis zugesprochen werden, die Aufforderung zur Vornahme der Handlung mit einer angemessenen Fristsetzung zu verknüpfen, um nach Ablauf dieser Frist – unabhängig von weiteren »Ankündigungen« der Kommission – unmittelbar die Klage auf Feststellung der rechtswidrigen Untätigkeit erheben zu können.

3. Einhaltung der Zweimonatsfrist

34 Die Stellungnahme des Unionsorgans muss innerhalb von zwei Monaten nach der Aufforderung zum Tätigwerden erfolgen (Art. 265 Abs. 2 Satz 2 AEUV). Entscheidend für die Fristwahrung ist dabei nicht der Zeitpunkt des tatsächlichen Tätigwerdens des Organs, sondern der Zeitpunkt des Zugangs der Stellungnahme beim Adressaten.[41] Denn die Stellungnahme dient dem Zweck, die Entscheidung des Unionsorgans derjenigen Person zur Kenntnis zu bringen, von der die Aufforderung zum Tätigwerden ausgegangen ist. Sie muss in die Lage versetzt werden, von dem Inhalt der Stellungnahme Kenntnis zu erlangen, um ihre Rechte in dem auf die Stellungnahme des Organs folgenden Klageverfahren wahren zu können.

35 Nimmt das Organ nach Ablauf der Zweimonatsfrist, aber noch vor Klageerhebung Stellung, so führt dies nach der Rechtsprechung mangels Rechtsschutzinteresses zur Unzulässigkeit der Untätigkeitsklage. Ein die Untätigkeit feststellendes Urteil des Gerichtshofs bliebe ohne Konsequenzen für das Unionsorgan, da jenes mit der – wenn auch verspäteten – Stellungnahme tätig geworden ist, die festgestellte Untätigkeit im Zeitpunkt der Feststellung also tatsächlich nicht mehr besteht.[42] Vielmehr ist in diesem Falle einer nicht den Vorstellungen des Klägers entsprechenden Stellungnahme die Nichtigkeitsklage gemäß Art. 263 AEUV statthaft. Erfolgt die Stellungnahme erst nach Klageerhebung, so erklärt der Gerichtshof die zulässige Klage in der Hauptsache für erledigt.[43]

IV. Klagegegenstand

36 Art. 265 AEUV fasst den Kreis der Klagegegenstände für die in den Absätzen 1 und 3 genannten Klägergruppen unterschiedlich weit. Die Organ- und Staatenuntätigkeitsklage richtet sich nach Art. 265 Abs. 1 AEUV gegen die Unterlassung einer Beschlussfassung. Natürliche und juristische Personen können sich hingegen nur dagegen wenden, dass es ein »Organ […] unterlassen hat, einen anderen Akt als eine Empfehlung oder eine Stellungnahme an sie zu richten« (Art. 265 Abs. 3 AEUV). Art. 265 AEUV gewährt also den Mitgliedstaaten und Unionsorganen ein umfassenderes Klagerecht als natürlichen und juristischen Personen, da die erstgenannte Klägergruppe das Unterlas-

---

[41] EuG, Urt. v. 27. 1. 2000, verb. Rs. T–194/97 u. T–83/98 (Branco/Kommission), Slg. 2000, II–69, Rn. 55.

[42] EuG, Urt. v. 27. 1. 2000, verb. Rs. T–194/97 u. T–83/98 (Branco/Kommission), Slg. 2000, II–69, Rn. 57.

[43] EuG, Urt. v. 13. 12. 1999, verb. Rs. T–190/95 u. T–45/96 (Sodima/Kommission), Slg. 1999, II–3617, Rn. 48 f.

sen jedes »Beschlusses«, die letztgenannte nur das Ausbleiben eines an sie zu richtenden Rechtsaktes rügen kann (s. aber Rn. 45).[44]

Der Kläger muss zur Festlegung des Klagegegenstandes die begehrte Maßnahme be-   **37** zeichnen (vgl. aber Rn. 51). Dabei muss er den Klagegegenstand dergestalt substantiieren, dass dem Gerichtshof eine Rechtmäßigkeitsüberprüfung des Nichterlasses möglich ist.[45] In diesem Zusammenhang ist zu beachten, dass der vorgerichtliche Verfahrensgegenstand den statthaften Klagegegenstand des gerichtlichen Verfahrens eingrenzt (s. Rn. 31), so dass die Prüfung des Klagegegenstandes beim vorgerichtlichen Verfahrensgegenstand ansetzen muss. Im ersten Schritt ist zunächst festzustellen, ob der Kläger in seiner Klageschrift nicht über den ursprünglichen, im Vorverfahren festgelegten Verfahrensgegenstand hinausgeht. Nur diejenigen organschaftlichen Verhaltensweisen, die bereits Gegenstand des Vorverfahrens waren, können mit der Klage angegriffen werden. Ergeben sich im gerichtlichen Verfahren weitere unionsrechtswidrige Untätigkeiten, so muss der Kläger insoweit ein neues Vorverfahren mit neuem Verfahrensgegenstand einleiten.[46] Eine Erweiterung des Klagegegenstandes gegenüber dem ursprünglichen Verfahrensgegenstand ist zum Schutze der Warn- und Filterfunktion des Vorverfahrens nicht zulässig.[47] Im zweiten Schritt wird dann untersucht, ob der Kläger einen statthaften Klagegegenstand rügt.

1. Gegenstand von Untätigkeitsklagen der Organe und der Mitgliedstaaten

Die Organ- oder Staatenuntätigkeitsklage ist gegen eine unionsrechtswidrige Organun-   **38** tätigkeit gerichtet. Nach Art. 265 Abs. 1 AEUV betrifft der Klagegegenstand einen unter Verletzung der Verträge unterlassenen Organbeschluss. Der in Art. 265 Abs. 1 AEUV verwendete Begriff des »Beschlusses« weicht von den Formulierungen ab, mit denen andere Vorschriften dieses Vertragsabschnittes die Verlautbarungen der Unionsorgane bezeichnen (Art. 263 Abs. 1 und 3; Art. 266 Abs. 1; Art. 265 Abs. 3; Art. 267 AEUV). Aus der unterschiedlichen Begriffswahl wird überwiegend geschlossen, dass der Klagegegenstand nach Art. 265 Abs. 1 AEUV weit auszulegen ist.[48] Vor dem Lissabonner Vertrag war unstrittig, dass der Klagegegenstand nicht auf die Unterlassung eines der in Art. 249 EGV (jetzt 288 AEUV) typologisierten Rechtsakte beschränkt ist.[49] Allerdings ist seit dem Inkrafttreten des Vertrags von Lissabon der Beschluss als eigene Handlungsform im Rechtsaktkatalog gem. Art. 288 Abs. 4 AEUV aufgeführt. Dies wirft die Frage auf, ob der Beschluss i. S. d. Art. 265 AEUV identisch ist mit dem Beschluss gemäß Art. 288 Abs. 4 AEUV. Dies würde zu einer deutlichen Verengung des Klagegegenstandsbegriffs führen. Hiergegen spricht, dass die meisten anderen Sprachfassungen terminologisch bezüglich des Begriffs unterscheiden zwischen

---

[44] *Daig* (Fn. 31), S. 235.
[45] *Rengeling/Middeke/Gellermann*, Rechtsschutz in der EU, § 8, Rn. 37.
[46] *Schwarze*, in: Schwarze, EU-Kommentar, Art. 265 AEUV, Rn. 19.
[47] *Scherer/Zuleeg*, Verwaltungsgerichtsbarkeit, in: Schweitzer (Hrsg.), Europäisches Verwaltungsrecht, 1991, S. 197 (223).
[48] S. *Gaitanides*, in: GS, EUV/EGV, Art. 232 EGV, Rn. 8 ff.
[49] So auch *Borchardt*, in: Lenz/Borchardt, EU-Verträge, Art. 265 AEUV, Rn. 8; *Cremer*, in: Calliess/Ruffert, EUV/AEUV, Art. 265 AEUV, Rn. 5; *Gaitanides*, in: GS, EUV/EGV, Art. 232 EGV, Rn. 8; *Rengeling/Middeke/Gellermann*, Rechtsschutz in der EU, § 8, Rn. 21.

Art. 265 Abs. 1 AEUV und Art. 288 Abs. 4 AEUV.[50] So wird beispielsweise in der englischen Sprachfassung im Rechtsaktkatalog der Begriff »decisions« benutzt und bei der Untätigkeitsklage die Bezeichnung »fail to act«. Dies spricht gegen eine Übertragung der Definition des Beschlusses von Art. 288 Abs. 4 AEUV bei der Untätigkeitsklage, sodass es bei der weiten Bedeutung dieses Begriffes bleibt.[51] Dies ist auch unter Rechtsschutzgesichtspunkten richtig.

39   Unterschiedliche Auffassungen bestehen hinsichtlich der Rechtsverbindlichkeit der unter den **Begriff »Beschluss«** zu fassenden Organtätigkeiten. Während ein Teil der Literatur nur **verbindliche Rechtsakte** des Rates und der Kommission durch Art. 265 Abs. 1 AEUV erfasst sieht,[52] werden nach anderer Ansicht auch **unverbindliche Rechtshandlungen** wie Stellungnahmen und Empfehlungen in den Kreis statthafter Klagegegenstände einbezogen.[53] Im Gegensatz zu Art. 265 Abs. 3 und Art. 263 Abs. 1 AEUV, welche Stellungnahmen und Empfehlungen von der unionsgerichtlichen Legalitätskontrolle ausdrücklich ausnehmen, beschränkt der Wortlaut des Art. 265 Abs. 1 AEUV die statthaften Klagegegenstände gerade nicht auf rechtsverbindliche Maßnahmen. Dementsprechend legt die Rechtsprechung den Begriff »Beschluss« weit aus. Der Gerichtshof subsumiert hierunter auch »eine weniger deutlich umschriebene Untätigkeit«, sofern »deren Tragweite sich hinreichend bestimmen lässt, so daß sie konkretisiert [...] und Gegenstand eines Vollzugs im Sinne von Artikel 176 [jetzt Art. 266 AEUV] sein« kann.[54] Er stellt damit nicht auf die Rechtsverbindlichkeit der begehrten Maßnahme ab.[55]

40   Die Unterlassung eines Organbeschlusses kann nur Gegenstand einer Untätigkeitsklage sein, wenn sie eine »Verletzung der Verträge« (Art. 265 Abs. 1 AEUV) begründet. Aus dieser Formulierung ist nicht zu schließen, dass allein primäres Vertragsrecht den Pflichtenmaßstab für das organschaftliche Verhalten bildet. Vielmehr werden auch Verstöße gegen sekundärrechtliche Handlungspflichten erfasst.[56] Ohnehin lässt sich jeder Verstoß gegen eine aufgrund von sekundärrechtlichen Regelungen begründete Handlungspflicht auch als primärrechtliche Vertragsverletzung auffassen.[57] **Prüfungsmaßstab der organschaftlichen Handlungspflichten ist folglich das gesamte Unionsrecht** einschließlich des Gewohnheitsrechts, des integrierten Völkerrechts und der allgemeinen Rechtsgrundsätze (s. Rn. 65).

---

[50] *Frenz*, Handbuch Europarecht, Band 5, Rn. 2975.

[51] So auch *Schwarze*, in: Schwarze, EU-Kommentar, Art. 265 AEUV, Rn. 11.

[52] Unter Hinweis auf die Parallelen zwischen Nichtigkeits- und Untätigkeitsklage: *Nicolaysen*, Europarecht I, S. 384; *Waelbroeck/Louis/Vignes/Dewost*, Le Droit de la Communauté Economique Européenne, 1987, S. 228.

[53] *Borchardt*, in: Lenz/Borchardt, EU-Verträge, Art. 265 AEUV, Rn. 8; *Dörr*, in: Grabitz/Hilf/Nettesheim, EU, Art. 265 AEUV (Mai 2013), Rn. 14; *Gaitanides*, in: GS, EUV/EGV, Art. 232 EGV, Rn. 8; *Rengeling/Middeke/Gellermann*, Rechtsschutz in der EU, § 8, Rn. 21.

[54] EuGH, Urt. v. 22.5.1985, Rs. 13/83 (Parlament/Rat), Slg. 1985, 1513, Rn. 34 f. (37).

[55] EuGH, Urt. v. 22.5.1985, Rs. 13/83 (Parlament/Rat), Slg. 1985, 1513, Rn. 34.

[56] *Borchardt*, in: Lenz/Borchardt, EU-Verträge, Art. 265 AEUV, Rn. 8.

[57] S. z. B. *Schwarze*, in: Schwarze, EU-Kommentar, Art. 265 AEUV, Rn. 29. Die Untätigkeitsklage gemäß Art. 265 AEUV wird daher teilweise auch als ein »Sonderfall« des Vertragsverletzungsverfahrens gemäß Art. 258 AEUV angesehen; s. *Schorkopf*, EuR 2000, 365 (374).

2. Gegenstand von Individualuntätigkeitsklagen

a) »Anderen Akt als eine Empfehlung oder eine Stellungnahme«

Natürliche und juristische Personen können »Beschwerde darüber führen, dass ein Or- **41**
gan der Union es unterlassen hat, einen anderen Akt als eine Empfehlung oder eine
Stellungnahme an sie zu richten« (Art. 265 Abs. 3 AEUV). Die rechtlich unverbindlichen Handlungsformen der Unionsorgane »Empfehlungen« und »Stellungnahmen«
sind damit ausdrücklich als Gegenstand von Individualuntätigkeitsklagen ausgeschlossen (zum Begriff der Rechtsverbindlichkeit s. Art. 263 AEUV, Rn. 55 ff.).[58]

b) »An sie zu richten«

Eine weitere Einschränkung des statthaften Klagegegenstandes nach Art. 265 Abs. 3 **42**
AEUV ergibt sich aus der Formulierung »an sie zu richten«. Die natürliche oder juristische Person muss nachweisen, dass sie sich in der Rechtsstellung eines (potentiellen)
Adressaten des Rechtsaktes befindet,[59] der begehrte Rechtsakt also individuelle Geltung
entfalten würde. Maßnahmen mit allgemeiner Geltung, die zwar rechtsverbindlich, aber
»weder ihrer Form noch ihrer Rechtsnatur nach« an den Einzelnen gerichtet sind,[60]
werden danach ausgenommen. Die Untätigkeit im Hinblick auf Verordnungen und
Richtlinien scheidet daher als statthafter Klagegegenstand im Rahmen des Art. 265
Abs. 3 AEUV aus, da diese verbindlichen Rechtsakte den Einzelnen nicht individuell,
sondern nur in seiner Eigenschaft als Angehörigen einer nach allgemeinen Merkmalen
bestimmten Gruppe betreffen.[61] Gegenüber der nunmehr nach Art. 263 Abs. 4 Alt. 3
AEUV geschaffenen Möglichkeit einer begrenzten Nichtigkeitsklage gegen »Rechtsakte
mit Verordnungscharakter« besteht mithin eine konzeptuelle Divergenz im Rahmen der
Untätigkeitsklage.

Ebenso wenig wie der **Erlass einer Verordnung oder Richtlinie**[62] kann die **Einleitung** **43**
eines Vertragsverletzungsverfahrens durch die Kommission (Art. 258 AEUV) mit der
Individualuntätigkeitsklage erzwungen werden. Zwar kommt dem Vertragsverletzungsverfahren auch eine individualrechtliche Bedeutung zu, da die Kommission im
Wege einer Beschwerde auf eine mitgliedstaatliche Vertragsverletzung aufmerksam gemacht werden kann (s. Art. 258 AEUV, Rn. 8). In diesem Zusammenhang ist ein Interesse des Einzelnen an der Rüge vertragsrechtswidriger Zustände anerkannt. Allerdings
soll die Individualbeschwerde den im Vertragsverletzungsverfahren nicht klageberechtigten natürlichen und juristischen Personen lediglich die Möglichkeit eröffnen, der
Kommission ein vertragswidriges mitgliedstaatliches Verhalten zur Kenntnis zu bringen
und ist als Anregung zur Einleitung eines Verfahrens gemäß Art. 258 AEUV zu verstehen. Dagegen beinhaltet das Beschwerderecht kein subjektives Recht des Beschwer-

---

[58] EuGH, Urt. v. 18.11.1970, Rs. 15/70 (Chevalley/Kommission), Slg. 1970, 975, Rn. 11/14;
EuGH, Urt. v. 17.10.1984, verb. Rs. 83/84 u. 84/84 (N. M./Kommission und Rat), Slg. 1984, S. 3571,
Rn. 11; *Cremer*, in: Calliess/Ruffert, EUV/AEUV, Art. 265 AEUV, Rn. 6 m.w. N.
[59] EuG, Beschl. v. 23.1.1991, Rs. T–3/90 (Prodifarma/Kommission), Slg. 1991, II–1, Rn. 35; *Ren-
geling/Middeke/Gellermann*, Rechtsschutz in der EU, § 8, Rn. 34.
[60] EuGH, Urt. v. 28.3.1979, Rs. 90/78 (Granaria/Rat und Kommission), Slg. 1979, 1081, Rn. 14;
Beschl. v. 11.7.1979, Rs. 60/79 (Fédération Nationale des Producteurs de Vins de table et Vins de
pays/Kommission), Slg. 1979, 2429 (2433).
[61] EuGH, Urt. v. 15.1.1974, Rs. 134/73 (Holtz/Rat), Slg. 1974, 1, Rn. 5; *Schwarze*, in: Schwarze,
EU-Kommentar, Art. 265 AEUV, Rn. 16.
[62] S. hierzu mit ausführlicher Begründung *Allkemper*, Der Rechtsschutz des einzelnen nach dem
EG-Vertrag, 1955, S. 118 ff.

deführers auf Einleitung und Durchführung einer Aufsichtsklage gemäß Art. 258 AEUV.[63] Die Einleitung des Vorverfahrens sowie die Erhebung der Aufsichtsklage durch die Kommission gehören nicht zu den Rechtshandlungen, welche »an sie [die Beschwerdeführer] zu richten« wären (Art. 265 Abs. 3 AEUV). Vielmehr sind die im Verfahren nach Art. 258 Abs. 2 AEUV von der Kommission vorzunehmenden Handlungen ausschließlich an den betreffenden Mitgliedstaat zu richten. Der Antrag eines privaten Beschwerdeführers, ein Aufsichtsverfahren einzuleiten, kann daher nicht mit der Untätigkeitsklage (Art. 265 Abs. 3 AEUV) durchgesetzt werden.[64]

44   Lediglich an den Kläger zu richtende Beschlüsse werden eindeutig vom Wortlaut des Art. 265 Abs. 3 AEUV erfasst. Der Kläger muss hierbei im Rahmen der Statthaftigkeit des Klagegegenstandes seine (potentielle) Adressatenstellung im Hinblick auf den begehrten Rechtsakt nachweisen. Das EuG kann bei der Prüfung, ob der begehrte Rechtsakt im Falle seines Erlasses einen individuellen Bezug aufweisen würde, grundsätzlich die gleichen formellen oder materiellrechtlichen Kriterien wie im Rahmen der Nichtigkeitsklage heranziehen. Tatsächlich führt diese Klagekonstellation aber zu keinen besonderen Schwierigkeiten, da für die Prüfung regelmäßig auf formelle Kriterien, wie die notwendige Nennung eines individualisierten oder zumindest individualisierbaren Adressatenkreises im begehrten Rechtsakt, abgestellt werden kann.

45   Problematisch – weil nicht eindeutig vom Wortlaut des Art. 265 Abs. 3 AEUV erfasst – ist, ob Einzelne im Wege der Individualuntätigkeitsklage geltend machen können, dass es ein Unionorgan versäumt habe, einen **Rechtsakt gegenüber einem Dritten** zu erlassen. Mit Hinweis auf den Wortlaut des Art. 265 Abs. 3 AEUV wurde daher zum Teil die Zulässigkeit einer entsprechenden Individualuntätigkeitsklage abgelehnt:[65] Die Formulierung »an sie zu richten« bringe zum Ausdruck, dass nur an den Kläger selbst zu adressierende Rechtsakte als statthafte Klagegegenstände in Betracht kommen könnten.[66] Der Individualuntätigkeitsklage seien insoweit engere Grenzen gezogen als der Individualnichtigkeitsklage.

46   Die Zulassung von Individualuntätigkeitsklagen, die den Erlass eines Rechtsaktes gegenüber einem Dritten zum Gegenstand haben, bewegt sich jedoch nicht außerhalb einer am Wortlaut des Art. 265 Abs. 3 AEUV orientierten Auslegung. Soweit die Vorschrift festlegt, dass »jede natürliche und juristische Person […] Beschwerde darüber führen [kann], dass ein Organ der Union es unterlassen hat, einen anderen Akt als eine Empfehlung oder Stellungnahme an sie zu richten«, muss dies nicht im Sinne von »an sie selbst zu richten« verstanden werden. Es liegt vielmehr nahe, diese Formulierung im Sinne eines »an sie selbst oder an jede andere natürliche oder juristische Person« auszulegen. Das Tatbestandsmerkmal »an sie zu richten« stellt in dieser Auslegung durch die Forderung eines individuellen Elements allein die Ausgrenzung der allgemein verbindlichen Rechtsakte aus dem Kreis der statthaften Klagegegenstände nach Art. 265 Abs. 3 AEUV sicher.

47   Im Interesse eines umfassenden Individualrechtsschutzes ist daher das individuelle Klagerecht im Rahmen von Art. 265 Abs. 3 AEUV unter bestimmten Voraussetzungen

---

[63] EuGH, Urt. v. 14.2.1989, Rs. 247/87 (Star Fruit/Kommission), Slg. 1989, 291, Rn. 11; *Koenig/Sander*, WuW 2000, 975 (984f.).

[64] EuG, Beschl. v. 3.7.1997, Rs. T–201/96 (Smanor u.a./Kommission), Slg. 1997, II–1081, Rn. 3f.

[65] GA *Roemer*, Schlussanträge zu Rs. 103/63 (Rhenania/Kommission), Slg. 1964, 915 (934f.); *Barav*, RTDE 1975, 53 (66ff.).

[66] GA *Capotorti*, Schlussanträge zu Rs. 125/78 (GEMA/Kommission), Slg. 1979, 3173 (3193); GA *Slynn*, Schlussanträge zu Rs. 246/81 (Lord Bethell/Kommission), Slg. 1982, 2277 (2295f.).

auch auf drittgerichtete Untätigkeit zu erstrecken;[67] dies ist mittlerweile auch von der Rechtsprechung anerkannt worden. Im Hinblick auf die in ständiger Rechtsprechung betonte **Parallelität der Rechtsbehelfe**[68] **in Art. 263 AEUV (Nichtigkeitsklage) und Art. 265 AEUV (Untätigkeitsklage)** muss auch der Rechtsschutzumfang der Untätigkeitsklage »parallel« zur Nichtigkeitsklage ermittelt werden: Schließlich erlaubt es Art. 263 Abs. 4 Alt. 2 AEUV dem Einzelnen, Nichtigkeitsklage gegen einen drittgerichteten Rechtsakt zu erheben, wenn dieser ihn unmittelbar und individuell betrifft (s. Art. 263 AEUV, Rn. 96 ff.). Dieser Maßstab muss auch im Rahmen der Untätigkeitsklage gelten, das heißt, diese ist zulässig, wenn ein Unionsorgan trotz Aufforderung zur Vornahme eines drittgerichteten Rechtsaktes untätig geblieben und der Kläger durch diese Untätigkeit unmittelbar und individuell betroffen ist.[69] Im Rahmen der Nichtigkeitsklage wendet sich der Kläger gegen die Begünstigung des Rechtsaktadressaten, die sich nämlich als Kehrseite belastend auf ihn auswirkt. Diese Abhängigkeit zwischen Begünstigung auf Adressatenseite und Beschwer auf drittbetroffener Klägerseite füllt im Rahmen des Art. 263 AEUV die Klageberechtigung aus. Nichts Anderes kann für die Rüge einer Drittbegünstigung im Rahmen einer Untätigkeitsklage nach Art. 265 Abs. 3 AEUV gelten.[70] Hier wird der Kläger durch die Untätigkeit eines Unionsorgans beschwert. Die Untätigkeit der Kommission führt nämlich beispielsweise im EU-Wettbewerbsrecht dazu, dass ein Konkurrent des Klägers sein wettbewerbsrechtswidriges Verhalten fortsetzen kann. Als Kehrseite dieser Untätigkeit bleibt dann die Beeinträchtigung der klägerischen Marktposition bestehen.[71] Auch in dieser Konstellation verursacht das Verhalten eines Unionsorgans die Beschwer des Klägers. Der Unterschied zur Nichtigkeitsklage nach Art. 263 Abs. 4 AEUV besteht lediglich darin, dass die klägerische Beschwer nicht durch den Erlass eines Rechtsaktes, sondern durch die Untätigkeit eines Unionsorgans bewirkt wird. Um einen umfassenden und effektiven Individualrechtsschutz zu gewährleisten, dürfen die Klagemöglichkeiten natürlicher und juristischer Personen jedoch nicht davon abhängen, ob das betreffende Unionsorgan (in einer das Unionsrecht verletzenden Weise) tätig geworden ist oder (in einer das Unionsrecht verletzenden Weise) untätig geblieben ist.[72] Der EuGH hat dies erstmals in der Rechtssache T. Port bestätigt und ausgeführt, dass »die Möglichkeit für den einzelnen, seine Rechte geltend zu machen, [...] nicht davon abhängen [darf], ob das betreffende Gemeinschaftsorgan tätig geworden oder untätig geblieben ist.«[73]

Die Erhebung einer auf den unterbliebenen Erlass eines Rechtsaktes gegenüber einem Dritten gerichteten Individualuntätigkeitsklage wird insbesondere in den Fällen relevant, in denen es dem Kläger darum geht, dass die Kommission eine untersagende bzw. ablehnende Entscheidung gegenüber seinem Konkurrenten oder dem diesen begünstigenden Mitgliedstaat erlässt. Diese Konstellation findet sich zumeist im Rahmen des Wettbewerbsrechts, also z.B. im Beihilfen- und Kartellrecht. **48**

---

[67] *Borchardt*, in: Lenz/Borchardt, EU-Verträge, Art. 265 AEUV, Rn. 5; *Körber*, EuZW 1996, 267 (272); *Streinz*, Europarecht, Rn. 668.

[68] EuGH, Urt. v. 19.11.1970, Rs. C–15/70 (Chevalley/Kommission), Slg. 1970, 975, Rn. 5/7.

[69] EuGH, Urt. v. 26.11.1996, Rs. C–68/95 (T. Port GmbH & Co. KG/Bundesanstalt für Landwirtschaft und Ernährung), Slg. 1996, I–6065, Rn. 59; EuG, Urt. v. 15.9.1998, Rs. T–95/96 (Gestevisión Telecino/Kommission), Slg. 1998, II–3407, Rn. 58.

[70] *Allkemper* (Fn. 62), S. 116.

[71] *Allkemper* (Fn. 62), S. 116.

[72] GA *Dutheillet de Lamothe*, Schlussanträge zu Rs. 15/71 (Mackprang/Kommission), Slg. 1971, 797 (808).

[73] EuGH, Urt. v. 26.11.1996, Rs. C–68/95 (T. Port GmbH & Co. KG/Bundesanstalt für Landwirtschaft und Ernährung), Slg. 1996, I–6065, Rn. 59.

V. Richtiger Beklagter

49 Die Untätigkeitsklage ist gegen das Unionsorgan bzw. im Falle des ordentlichen Gesetzgebungsverfahrens (Art. 294 AEUV) gegen die Unionsorgane (Rat und Parlament) zu richten, welches bzw. welche den streitgegenständlichen Beschluss nach Maßgabe der in der Klageschrift genannten unionsrechtlichen Handlungspflichten erlassen müsste(n). Begehrt der Kläger eine in einem mehrstufigen Verfahren unter Beteiligung mehrerer Unionsorgane zu erlassende Maßnahme, so ist die Untätigkeitsklage gegen das Organ zu richten, welches seiner Verpflichtung zur Vornahme der Rechtshandlung bislang noch nicht nachgekommen ist und dadurch den Fortgang des Verfahrens blockiert.[74]

VI. Klageberechtigung

1. Mitgliedstaaten und Unionsorgane

50 Mitgliedstaaten und Unionsorgane müssen nach Art. 265 Abs. 1 AEUV keine Klageberechtigung nachweisen. Die Klageerhebung ist nicht an den Nachweis gebunden, dass der unterlassene Rechtsakt an sie zu richten wäre und sie unmittelbar betreffen würde. Vielmehr ermöglicht die Untätigkeitsklage nach Art. 265 Abs. 1 AEUV eine rein objektive unionsgerichtliche Legalitätskontrolle des organschaftlichen Verhaltens. In diesem Zusammenhang wird den Mitgliedstaaten und den Unionsorganen eine objektive Hüterstellung bei der Wahrung des Unionsrechts eingeräumt.[75]

2. Natürliche und juristische Personen

a) Allgemeines

51 Der Individualkläger ist zunächst stets klageberechtigt, wenn er vorträgt, dass der begehrte Rechtsakt an ihn zu richten gewesen wäre. Weiterhin kann der Kläger sich gegen das Unterlassen eines an einen Dritten zu richtenden Beschluss wenden. In diesen Konstellationen ist eine gesonderte Prüfung der Klageberechtigung anhand der Elemente individueller und unmittelbarer Betroffenheit erforderlich. Ausgehend von der Funktion der Untätigkeitsklage, wonach der Kläger nicht die gerichtliche Durchsetzung eines Anspruchs auf Vornahme eines bestimmten Unionsrechtsaktes begehren kann, sondern lediglich die Feststellung der unionsrechtswidrigen Organuntätigkeit verlangen darf (s. Rn. 4), müsste Anknüpfungspunkt für die Prüfung der unmittelbaren und individuellen Betroffenheit allein die Untätigkeit des Unionsorgans und nicht der vom Kläger begehrte Rechtsakt sein. Die Rechtsprechung knüpft gleichwohl formell an den unterlassenen Rechtsakt an, nimmt im Rahmen ihrer Prüfung materiell aber nur auf solche Beschlüsse Bezug, die den Kläger im Fall eines Erlasses unmittelbar und individuell betroffen hätten.[76] Diese dogmatisch inkonsequente Herangehensweise scheint zwei Umständen geschuldet zu sein. Zum einen wäre der Kläger von dem Rechtsakt, dessen Unterlassen er rügt, gar nicht unmittelbar und individuell betroffen, da dieser für ihn günstig wäre. Materiell maßgeblich können nach diesem Ansatz somit nur die für ihn nachteiligen

---

[74] *Rengeling/Middeke/Gellermann*, Rechtsschutz in der EU, § 8, Rn. 15.

[75] *Erichsen/Weiß*, Jura 1990, 528 (531).

[76] S. für das Beihilfenrecht die Formulierungen in EuG, Urt. v. 15.9.1998, Rs. T–95/96 (Gestevisión Telecinco/Kommission), Slg. 1998, II–3407, Rn. 60 ff.; Urt. v. 3.6.1999, Rs. T–17/96 (TF1/Kommission), Slg. 1999, II–1757, Rn. 27 ff.; Urt. v. 11.7.2007, Rs. T–167/04 (Asklepios Kliniken/Kommission), Slg. 2007, II–2379, Rn. 45 ff.

Beschlüsse sein, die er (nur) im Fall eines Erlasses hätte angreifen können (und wollen), aber nicht begehrt. Zum anderen wird durch eine solche Anknüpfung die Parallelität zu Drittkonstellationen der Individualnichtigkeitsklage herausgestellt, die eines der maßgeblichen Argumente für die Zulässigkeit dieser Konstellation der Untätigkeitsklage gewesen ist. Dieser Ansatz ermöglicht der Rechtsprechung zugleich auch den Rückgriff auf die entsprechenden bei der Nichtigkeitsklage entwickelten Kriterien zur Bestimmung der unmittelbaren und individuellen Betroffenheit, ohne für das eigentlich streitgegenständliche Unterlassen eigenständige Merkmale der Klageberechtigung entwickeln zu müssen. Es werden daher in dieser Konstellation der Individualuntätigkeitsklage im Rahmen der Prüfung der Klageberechtigung im Wesentlichen die gleichen Voraussetzungen angewendet wie bei der Nichtigkeitsklage.[77]

b) Zur Individualuntätigkeitsklage im EU-Wettbewerbsrecht

Die praktische Bedeutung von Individualuntätigkeitsklagen im Bereich des EU-Wettbewerbs- (Art. 101 bis 109 AEUV) und des Anti-Dumping-Rechts (Art. 207 AEUV) ist gegenüber den entsprechenden Konstellationen im Rahmen der Nichtigkeitsklage (s. Art. 263 AEUV, Rn. 120 ff.) um ein Vielfaches geringer. Einer der maßgeblichen Gründe hierfür dürfte in der Ausgestaltung der einschlägigen Verfahrensordnungen zu sehen sein, die etwa über Beschlussfiktionen[78] oder Bescheidungspflichten bei Beschwerden[79] bereits das Vorliegen untätigkeitsrelevanter Klagekonstellationen zum Teil ausschließen. Unterbleibt im letztgenannten Fall eine Beschwerdebescheidung, so handelt es sich zudem um das Unterlassen eines an den Kläger zu richtenden Aktes, der den Nachweis einer über die potentielle Adressatenstellung hinausgehenden Klageberechtigung nicht erfordert. Schließlich verfügt die Kommission etwa im Kartellrecht über ein weites Ermessen im Hinblick auf Verfahrenseinleitung und -abschluss, so dass mögliche Untätigkeitsklagen aufgrund der fehlenden Handlungspflicht jedenfalls unbegründet wären. **52**

Die für Individualuntätigkeitsklagen in diesem Bereich verbleibenden Konstellationen liegen vor allem im Beihilfenrecht und betreffen den Rechtsschutz von Konkurrenten. Hinsichtlich der Voraussetzungen der unmittelbaren und insbesondere der individuellen Betroffenheit knüpft die Rechtsprechung dabei an die bei der Nichtigkeitsklage entwickelten Kriterien an (s. Art. 263 AEUV, Rn. 122 ff.). So ist bei Nichteinleitung oder -abschluss der vorläufigen Prüfung für die individuelle Betroffenheit der Nachweis der Beteiligteneigenschaft zu erbringen,[80] die unmittelbare Betroffenheit ergibt sich dagegen regelmäßig daraus, dass die in diesen Fällen nicht notifizierten (rechtswidrigen) **53**

---

[77] Siehe die vorangehend angeführten Rechtssachen.

[78] S. etwa Art. 4 Abs. 6 VO (EG) Nr. 1589/2015 vom 13. 7. 2015 über besondere Vorschriften für die Anwendung von Art. 108 des Vertrags über die Arbeitsweise der Europäischen Union, ABl. 2015, L 248/9; Art. 10 Abs. 6 VO (EG) Nr. 139/2004 vom 20. 1. 2004 über die Kontrolle von Unternehmenszusammenschlüssen (»EG-Fusionskontrollverordnung«), ABl. 2004, L 24/1.

[79] Dies gilt etwa für das Beschwerderecht nach Art. 7 Abs. 2 VO (EG) Nr. 1/2003 vom 16. 12. 2002 zur Durchführung der in den Artikeln 81 und 82 des Vertrages niedergelegten Wettbewerbsregeln, ABl. 2003, L 1/1. Ausdrückliche Bescheidungspflicht dagegen in Art. 5 Abs. 9 Satz 2 VO (EG) Nr. 1225/2009 vom 30. 11. 2009 über den Schutz gegen gedumpte Einfuhren aus nicht zur Europäischen Gemeinschaft gehörenden Ländern, ABl. 2009, Nr. L 343/51.

[80] Ständige Rspr. seit EuG, Urt. v. 15. 9. 1998, Rs. T–95/96 (Gestevisión Telecinco/Kommission), Slg. 1998, II–3407, Rn. 64 f.; zuletzt bestätigt in Urt. v. 10. 5. 2006, Rs. T–395/04 (Air One SpA/Kommission), Slg. 2006, II–1343, Rn. 31; Urt. v. 11. 7. 2007, Rs. T–167/04 (Asklepios Kliniken/Kommission), Slg. 2007, II–2379, Rn. 47 ff.

Beihilfen bereits ausgekehrt sind.[81] Rechtsprechung zum Nichtabschluss eines förmlichen Prüfverfahrens liegt dagegen bisher nicht vor, in Betracht kommt indes auch hier ein Rückgriff auf die Kriterien bei der Individualnichtigkeitsklage.

VII. Geltendmachung einer Unionsrechtsverletzung als Folge der Untätigkeit

54 Während Art. 263 Abs. 2 AEUV die Klagegründe (»moyens«) abschließend benennt, auf die der Nichtigkeitskläger seinen Klageantrag stützen kann,[82] enthält Art. 265 AEUV keine Aufzählung der Verhaltensweisen, die den Tatbestand der unionsrechtswidrigen Untätigkeit erfüllen. Da die in Art. 263 Abs. 2 AEUV genannten Klagegründe »Unzuständigkeit« und »Verletzung wesentlicher Formvorschriften« bei einer schlichten Untätigkeit des zum Handeln aufgeforderten Unionsorgans von vornherein nicht in Betracht kommen, ist der Kreis der möglichen Klagegründe im Rahmen der Untätigkeitsklage enger zu fassen als im Rahmen der Nichtigkeitsklage. Der Wortlaut des Art. 265 AEUV scheint sogar darauf hinzudeuten, dass die Untätigkeitsklage nur auf die »Verletzung der Verträge« oder einer bei seiner Durchführung anzuwendenden Rechtsnorm, nicht aber auf einen Ermessensmissbrauch gestützt werden könnte. Während der frühere Art. 35 EGKS in Abs. 2 den »Ermessensmissbrauch« ausdrücklich erwähnte, fehlt ein entsprechender Hinweis in Art. 265 AEUV. Gleichwohl kann hieraus nicht geschlossen werden, dass der Ermessensmissbrauch im Rahmen des Art. 265 AEUV als Klagegrund ausgeschlossen ist.[83]

55 Der **Ermessensmissbrauch** ist von den **sonstigen Ermessensfehlern** zu unterscheiden.[84] Ein sonstiger Ermessensfehler liegt vor, wenn die Organuntätigkeit auf eine Ermessensüberschreitung oder einen Ermessensfehlgebrauch zurückzuführen ist. Ermessensfehler in Form des Ermessensfehlgebrauchs oder der Ermessensüberschreitung verletzen die den Ermessensspielraum einräumende Unionsrechtsnorm und sind daher unter den Tatbestand der »Verletzung der Verträge« zu subsumieren. Der Ermessensmissbrauch verlangt hingegen grundsätzlich den durch »objektive, schlüssige und übereinstimmende Indizien« zu erbringenden Nachweis, dass eine Organuntätigkeit – zumindest auch – der Verfolgung subjektiv rechtswidriger Zwecke dient (»détournement de pouvoir«,[85] s. Art. 263 AEUV, Rn. 191). Ein Ermessensmissbrauch führt im Falle seines Nachweises auch dann zur Unionsrechtswidrigkeit der organschaftlichen Untätigkeit, wenn diese die äußeren Ermessensgrenzen einhält und daher gerade keinen Verstoß gegen die das Ermessen einräumende Unionsrechtsnorm verwirklicht. Die Gewährung effektiven Rechtsschutzes gebietet es vor diesem Hintergrund, die Untätigkeit eines Unionsorgans infolge eines Ermessensmissbrauchs nicht anders zu behandeln als die Untätigkeit infolge einer unmittelbaren Verletzung des primären oder sekundären Unionsrechts.

---

[81] EuG, Urt. v. 15. 9. 1998, Rs. T–95/96 (Gestevisión Telecinco/Kommission), Slg. 1998, II–3407, Rn. 61; Urt. v. 3. 6. 1999, Rs. T–17/96 (TF1/Kommission), Slg. 1999, II–1757, Rn. 30.

[82] *Dauses/Henkel*, EuZW 1999, 325.

[83] *Gaitanides*, in: GS, EUV/EGV, Art. 232 EGV, Rn. 31.

[84] S. z. B. *Cremer*, in: Calliess/Ruffert, EUV/AEUV, Art. 263 AEUV, Rn. 90.

[85] In Anwendung der vom EuGH zum Ermessensmissbrauch im Rahmen des Art. 230 Abs. 2 EGV entwickelten Kriterien, s. EuGH, Urt. v. 5. 5. 1966, verb. Rs. 18/65 u. 35/65 (Gutmann/Kommission), Slg. 1967, 153 (176); Urt. v. 29. 9. 1976, Rs. 105/75 (Giuffrida/Rat), Slg. 1976, 1395, Rn. 10/11; Urt. v. 13. 11. 1990, Rs. C–331/88 (Fedesa), Slg. 1990, I–4023, Rn. 24. S. auch *Rupprecht*, Die Nachprüfungsbefugnis des Europäischen Gerichtshofes gegenüber Ermessenshandlungen der Exekutive in der Montanunion und der EWG, 1962, S. 51.

Der Untätigkeitskläger kann folglich im Rahmen des Art. 265 AEUV rügen, dass die   **56**
Untätigkeit des Unionsorgans eine Vertragsverletzung verursacht hat oder auf einem
Ermessensmissbrauch beruht. Für die Zulässigkeit einer auf den **Klagegrund der Ver-**
tragsverletzung gestützten Klage muss der Kläger die nach seiner Auffassung verletzte
Handlungspflicht, die sich sowohl aus dem geschriebenen – primären und sekundären –
Unionsrecht als auch aus dem unionalen Gewohnheitsrecht, dem in das Unionsrecht
integrierten Völkerrecht oder den allgemeinen Rechtsgrundsätzen ableiten kann, benennen und das von ihm behauptete Eingreifen der unionsrechtlichen Handlungspflicht
schlüssig darlegen. Spezielle Anforderungen gelten dabei, wenn der Kläger die Uni-
onsrechtsverletzung mit einer fehlerhaften Ermessensausübung durch das untätig gebliebene Organ zu rechtfertigen sucht. Der Kläger kann sich nämlich nur dann auf einen
Ermessensfehler berufen, wenn die einschlägige Unionsrechtsnorm dem Organ im konkreten Fall kein freies Ermessen einräumt. Soweit das Unionsorgan völlig frei über ein
Tätigwerden entscheiden kann – wie z. B. die Kommission im Hinblick auf die Einleitung
eines Vertragsverletzungsverfahrens gemäß Art. 258 AEUV –, ist das diesbezügliche
Organverhalten von vornherein der Rechtsaufsicht durch die Unionsgerichte entzogen
und die Klage daher als unzulässig abzuweisen.[86] Möchte der Kläger die Unionsrechts-
verletzung auf eine fehlerhafte Ermessensausübung durch das untätig gebliebene Organ
stützen, so muss er folglich im Rahmen der Zulässigkeit schlüssig darlegen, dass das dem
Unionsorgan eingeräumte Ermessen im konkreten Fall nicht frei, sondern eingeschränkt[87] und somit der gerichtlichen Kontrolle zugänglich ist. Erst in den Ausführungen zur Begründetheit der Klage ist dann die Frage zu klären, ob das klägerische Vorbringen in tatsächlicher und rechtlicher Hinsicht zutrifft. Im Rahmen der Prüfung der
Zulässigkeit ist daher nicht zu untersuchen, ob die vom Kläger angegriffene Untätigkeit
des Unionsorgans tatsächlich eine Vertragsverletzung darstellt oder auf einem Ermessensmissbrauch beruht.[88]

VIII. Form der Klageerhebung

Die Klageschrift muss den Vorschriften des Art. 21 Abs. 1 Satz 2 EuGH-Satzung sowie   **57**
des Art. 120, 122 VerfO-EuGH bzw. Art. 76 VerfO-EuG genügen (s. Art. 281 AEUV,
Rn. 10 f.). Hierzu muss sie insbesondere folgende Angaben enthalten: Name und Wohnsitz des Klägers, die Partei, gegen welche die Klage erhoben wird, den Streitgegenstand,
die Anträge und die Klagegründe. Außerdem ist der Klageschrift eine Unterlage beizufügen, aus der sich der Zeitpunkt der Aufforderung gemäß Art. 265 Abs. 2 AEUV
ergibt.[89] Der Klageantrag ist in der Hauptsache auf die Feststellung zu richten, dass die
behauptete Untätigkeit des beklagten Unionsorgans vertragsrechtswidrig ist.

---

[86] GA *Mischo*, Schlussanträge zu verb. Rs. C–302/99 P u. 308/99 P (Kommission u. Französische
Republik/TF1), Slg. 2001, I–5603, Rn. 96 ff.
[87] Dabei sind an den insoweit zu erbringenden Nachweis keine zu hohen Anforderungen zu stellen,
der Kläger muss insbesondere nicht darlegen, dass eine gebundene Entscheidung zu treffen war.
[88] Zum Unionsvertrag s. EuG, Beschl. v. 2. 4. 2004, Rs. T–337/03 (Bertelli Gálvez/Kommission),
Slg. 2004, II–1041, Rn. 15 f.
[89] Sind der Klageschrift diese Unterlagen nicht beigefügt, so fordert der Kanzler den Kläger auf, sie
innerhalb einer angemessenen Frist beizubringen; die Klage kann nicht deshalb zurückgewiesen werden, weil die Beibringung erst nach Ablauf der für die Klageerhebung vorgeschriebenen Frist erfolgt
(Art. 21 Abs. 2 Satz 2 EuGH-Satzung).

IX. Klagefrist

58 Hat das untätige Unionsorgan nach Ablauf der Zweimonatsfrist zur Aufforderung des Klägers (Art. 265 Abs. 2 Satz 1 AEUV) nicht Stellung genommen, so kann dieser innerhalb einer weiteren Zweimonatsfrist »Klage auf Feststellung dieser Vertragsverletzung erheben« (Art. 265 Abs. 2 Satz 2 AEUV). Die Zulässigkeit der Untätigkeitsklage setzt also die Beachtung von zwei Fristen – zum einen der Frist zur Stellungnahme und zum anderen derjenigen zur Klageerhebung – voraus.

59 Der Klagefristlauf beginnt mit Ablauf der Stellungnahmefrist, welche dem beklagten Unionsorgan im Vorverfahren eingeräumt worden ist (s. Rn. 34 f.). Im Interesse der Rechtssicherheit wird nicht darauf abgestellt, ob das Organ innerhalb dieser Frist tatsächlich Stellung genommen hat. Entscheidend ist vielmehr, ob die Stellungnahme dem Klageberechtigten innerhalb der Zweimonatsfrist zugegangen ist.[90] Bei der Bestimmung des Zugangszeitpunktes der Stellungnahme bzw. der Klageschrift ist die Entfernungsfrist zu berücksichtigen (s. Art. 281 AEUV, Rn. 51). Wenn das zur Tätigkeit aufgeforderte Unionsorgan durch sein Verhalten Verwirrung schafft, der Kläger gutgläubig war und alle erforderliche Sorgfalt aufgewendet hat, dann ist ein Irrtum über die Einhaltung der Klagefrist entschuldbar.[91]

X. Rechtsschutzbedürfnis

60 Eine von den Mitgliedstaaten oder den Unionsorganen erhobene Untätigkeitsklage (Art. 265 Abs. 1 AEUV) ermöglicht eine rein objektive unionsgerichtliche Legalitätskontrolle des organschaftlichen Verhaltens. Klagt eine natürliche oder juristische Person (Art. 265 Abs. 3 AEUV), so ergibt sich bereits aus der Statthaftigkeit des Klagegegenstandes bzw. der Klageberechtigung das Rechtsschutzinteresse an einer gerichtlichen Sachentscheidung. Der Kläger hat nämlich bereits im Rahmen dieser Zulässigkeitsvoraussetzungen entweder seine (potentielle) Adressatenstellung oder unmittelbare und individuelle Betroffenheit darzulegen (s. Rn. 44).

61 Ausnahmsweise fehlt aber ein Rechtsschutzbedürfnis des Klägers, wenn das aufgeforderte Unionsorgan nach Ablauf der Stellungnahmefrist, aber noch vor Verkündung des Urteils tätig geworden ist. Wird die begehrte Handlung nach Ablauf der Stellungnahmefrist, aber noch vor Urteilsverkündung vorgenommen, so »könnte eine die Rechtswidrigkeit der ursprünglichen Unterlassung feststellende Entscheidung des Gerichtshofes die in Art. 176 [Art. 266 AEUV] bezeichneten Rechtsfolgen nicht mehr auslösen. In einem solchen Fall ist der Rechtsstreit daher ebenso wie in dem Fall gegenstandslos geworden, in dem das beklagte Organ der Aufforderung, tätig zu werden, innerhalb der Zweimonatsfrist entsprochen hat.«[92] Die Zulässigkeit der Klage beurteilt sich dann nach dem **Zeitpunkt des Tätigwerdens**:

Erlässt das Unionsorgan die begehrte Maßnahme vor Klageerhebung, so weist der Gerichtshof die Klage mangels Rechtsschutzbedürfnis als unzulässig zurück.[93]

---

[90] *Dörr*, in: Grabitz/Hilf/Nettesheim, EU, Art. 265 AEUV (Mai 2013), Rn. 31.

[91] EuG, Beschl. v. 2.12.2003, Rs. T–334/02 (Viomichania/Kommission), Slg. 2003, II–5121, Rn. 35; EuGH, Urt. v. 15.5.2003, Rs. C–193/01 P (Pitsiorals/Rat und EZB), Slg. 2003, I–4837, Rn. 25.

[92] EuGH, Urt. v. 24.11.1992, verb. Rs. C–15/91 u. C–108/91 (Buckl & Söhne u. a./Kommission), Slg. 1992, I–6061, Rn. 15.

[93] EuGH, Urt. v. 14.12.1962, verb. Rs. 5/62–11/62 u. 13/62–15/62 (San Michele u. a./Hohe Behörde der EGKS), Slg. 1962, 919 (940).

Wird die begehrte Handlung erst nach Rechtshängigkeit, aber noch vor Urteilsverkündung vorgenommen, so erklärt der Gerichtshof den Rechtsstreit in der Hauptsache für erledigt[94] und entscheidet nach Art. 149 VerfO-EuGH bzw. Art. 137 VerfO-EuG über die Kosten nach freiem Ermessen.[95]

Die gleichen Grundsätze gelten, wenn das Unionsorgan die Vornahme der begehrten **62** Handlung nach Fristablauf, aber vor Klageerhebung endgültig ablehnt. Die Untätigkeitsklage wird als unzulässig zurückgewiesen und der Kläger muss die ablehnende Stellungnahme ggf. mit einer neu zu erhebenden Nichtigkeitsklage anfechten.[96] Lehnt das Unionsorgan die begehrte Handlung nach Klageerhebung ab, so erklärt der Gerichtshof den Rechtsstreit in der Hauptsache für erledigt.

D. Begründetheit der Untätigkeitsklage

Die Untätigkeitsklage ist begründet, wenn es das beklagte Unionsorgan unter Verlet- **63** zung einer sich aus dem primären oder sekundären Unionsrecht ergebenden Handlungspflicht bzw. infolge eines Ermessensmissbrauchs unterlassen hat, »einen Beschluss zu fassen« (Art. 265 Abs. 1 AEUV) bzw. einen Rechtsakt an den Kläger oder einen Dritten zu richten (Art. 265 Abs. 3 AEUV).

I. »Verletzung der Verträge«

1. Unionsrechtliche Handlungspflicht

Die Begründetheit der Untätigkeitsklage setzt zunächst das Bestehen einer hinreichend **64** konkretisierten Handlungspflicht für das betreffende Unionsorgan voraus. Der Gerichtshof ist im Rahmen der Begründetheitsprüfung nicht auf die vom Kläger zur Begründung der behaupteten Handlungspflicht genannten Rechtsnormen beschränkt. Im Rahmen des Sachvortrags der Parteien kommt ihm eine umfassende Kontrollbefugnis zu. Der Gerichtshof kann, soweit vom Sachvortrag der Parteien gedeckt, die Feststellung einer Handlungspflicht des Unionsorgans in der konkreten Sache auch auf solche unionsrechtlichen Handlungspflichten stützen, die nicht vom Kläger geltend gemacht wurden.[97]

Prüfungsmaßstab der organschaftlichen Handlungspflichten ist das gesamte Uni- **65** onsrecht. Hierzu zählen neben dem primären und sekundären Unionsrecht insbesondere auch das unionale Gewohnheitsrecht sowie die allgemeinen Rechtsgrundsätze und die von der Union abgeschlossenen völkerrechtlichen Verträge (s. Art. 258 AEUV, Rn. 33 f.).

---

[94] EuG, Urt. v. 13.12.1999, verb. Rs. T–190/95 u. T–45/96 (Sodima/Kommission), Slg. 1999, II–3617, Rn. 48 f.; Beschl. v. 15.3.2004, Rs. T–66/02 (Institouto N. Avgerinopoulou u. a./Kommission), Slg. 2004, II–855, Rn. 31 ff.

[95] EuG, Urt. v. 13.12.1999, Rs. T–9/96 u. 211/96 (Européenne automobile/Kommission), Slg. 1999, II–3639, Rn. 64.

[96] EuGH, Urt. v. 14.12.1962, verb. Rs. 5/62–11/62 u. 13/62–15/62 (San Michele u. a./Hohe Behörde der EGKS), Slg. 1962, 919 (941).

[97] Bisher vom Gerichtshof nur für die Nichtigkeitsgründe im Rahmen des Art. 230 EGV ausdrücklich entschieden, s. EuGH, Urt. v. 10.5.1960, Rs. 19/58 (Bundesrepublik Deutschland/Hohe Behörde), Slg. 1960, 483 (500); Urt. v. 21.12.1954, Rs. 1–54 (Frankreich/Hohe Behörde), Slg. 1954, 7 (33), hierzu näher Art. 263 AEUV, Rn. 151.

a) Bestimmung organschaftlicher Handlungspflichten bei Ermessensspielräumen

66 Lässt sich der Umfang der Rechtspflicht nicht genau bestimmen oder ist dem Unionsorgan – wie z. B. im Falle der generalklauselartig formulierten Überwachungsnormen im Wettbewerbs- und Beihilfenrecht – hinsichtlich des Tätigwerdens ein Ermessensspielraum eingeräumt,[98] so führt dies nicht zwangsläufig zur Unbegründetheit der Klage.[99] Vielmehr ist im Einzelnen zu untersuchen, ob sich im konkreten Fall eine Ermessensreduzierung ergibt, die das Unionsorgan bei korrekter Anwendung der Unionsnorm zu einer gebundenen Entscheidung geführt hätte.[100] Erweist sich unter den konkreten Bedingungen des zu untersuchenden Falls jedes andere Verhalten als der Erlass der begehrten Maßnahme als ermessensfehlerhaft, so ist das Organ unionsrechtlich verpflichtet, die begehrte Maßnahme zu erlassen. Auf mit der Handlungspflicht verbundene objektive Schwierigkeiten kann sich das Organ nicht berufen.[101] Allerdings liegt keine Vertragsverletzung vor, wenn das Organ bei vernünftiger Betrachtungsweise nicht in der Lage war, den erstrebten Beschluss zu fassen[102] oder eine Entscheidung des Gerichtshofs mit grundlegender Bedeutung abgewartet werden soll.[103]

b) Organschaftliche Handlungspflicht im Zeitpunkt der Aufforderung zum Tätigwerden

67 Um über die Begründetheit des Antrags auf Feststellung der Untätigkeit entscheiden zu können, ist weiterhin zu prüfen, ob im Zeitpunkt, in dem das Unionsorgan gemäß Art. 265 Abs. 2 AEUV zum Tätigwerden aufgefordert wurde, eine Verpflichtung zum Tätigwerden bestand.[104] Der Zeitpunkt, zu dem das Unionsorgan spätestens hätte tätig werden müssen, ist ohne Weiteres feststellbar, wenn die einschlägige Unionsrechtsnorm ein Tätigwerden des betroffenen Organs innerhalb bestimmter Fristen vorschreibt. Allerdings knüpfen das primäre und sekundäre Unionsrecht die organschaftlichen Handlungspflichten nur in seltenen Fällen an bestimmte oder bestimmbare Fristen. Häufig bedienen sich die Vorschriften auf der Tatbestandseite unbestimmter Rechtsbegriffe

---

[98] Bei der Beurteilung der Zwecke und Ziele der Kompetenzeinräumung sowie bei der Einschätzung der Sachgrundlagen kommt den Gemeinschaftsorganen ein Beurteilungs- und Ermessensspielraum zu. Dies gilt auch im Rahmen der Bestimmung des einzuschlagenden Verfahrens. Allerdings unterscheidet der Gerichtshof nicht – wie das deutsche Verwaltungsprozessrecht (*Hufen*, Verwaltungsprozessrecht, 2011, § 25, Rn. 34) – zwischen dem Beurteilungsspielraum auf Tatbestandsseite und dem Ermessensspielraum auf Rechtsfolgenseite der einschlägigen Rechtsgrundlage. Vielmehr spricht der Gerichtshof uneinheitlich von Ermessensbefugnis (EuGH, Urt. v. 5.10.1988, verb. Rs. 260/85 u. 106/86 [TEC/Rat], Slg. 1988, 5855, Rn. 13), Ermessensspielraum (EuGH, Urt. v. 1.4.1982, Rs. 11/81 [Dürbeck/Kommission], Slg. 1982, 1251, Rn. 10), Beurteilungsspielraum (EuGH, Urt. v. 21.5.1987 Rs. 249/85 [Albako/BALM], Slg. 1987, 2345, Rn. 12) und Beurteilungsermessen (EuGH, Urt. v. 8.7.1965, Rs. 110/63 [Willame/Kommission der EAG], Slg. 1965, 860 [878]). Der Gerichtshof unterstellt dem gemeinschaftsrechtlichen (nunmehr: unionsrechtlichen) Ermessen alle Entscheidungs- oder Beurteilungsspielräume, welche den Rechtsetzungsorganen aufgrund von Kompetenznormen eingeräumt werden, gleich ob diese Spielräume der Tatbestands- oder der Rechtsfolgenseite zuzuordnen sind (*Schwarze*, Europäisches Verwaltungsrecht, S. 281).

[99] *Rengeling/Middeke/Gellermann*, Rechtsschutz in der EU, § 8, Rn. 49.

[100] GA *Mischo*, Schlussanträge zu verb. Rs. C–302/99 P u. C–308/99 P (Kommission u. Französische Republik/TF1), Slg. 2001, I–5603, Rn. 95 ff.

[101] EuGH, Urt. v. 22.5.1985, Rs. 13/83 (Europäisches Parlament/Rat), Slg. 1985, 1513, Rn. 48.

[102] EuG, Beschl. v. 6.7.1998, Rs. T–286/97 (Goldstein/Kommission), Slg. 1998, II–2629, Rn. 29 f.

[103] EuG, Urt. v. 11.7.2007, Rs. T–167/04 (Asklepios Kliniken/Kommission), Slg. 2007, II–2379, Rn. 87.

[104] EuG, Urt. v. 15.9.1998, Rs. T–95/96 (Gestevisión Telecinco/Kommission), Slg. 1998, II–3407, Rn. 71; Urt. v. 9.9.1999, Rs. T–127/98 (UPS Europe/Kommission), Slg. 1999, II–2633, Rn. 34.

oder enthalten überhaupt keine zeitlichen Vorgaben für das Tätigwerden der Unionsorgane.

aa) Kalendarisch bestimmte oder bestimmbare Fristen

Keine besonderen Probleme bereitet die Bestimmung des Zeitpunkts, in dem das Unionsorgan spätestens hätte tätig werden müssen, in den Fällen, in denen die Unionsrechtsnorm die Vornahme einer Tätigkeit innerhalb einer ausdrücklich bestimmten Frist vorsieht.[105] Ist die unionsrechtliche Handlungspflicht an die Einhaltung einer bestimmten Frist gebunden, so muss jedoch stets geprüft werden, ob nicht ausnahmsweise eine Fristverlängerung oder Fristenhemmung zum Tragen kommt. **68**

bb) Unbestimmte Fristen

Schwierigkeiten ergeben sich, wenn die einschlägige Unionsrechtsnorm dem Organ durch die Nutzung unbestimmter Rechtsbegriffe einen Beurteilungs- oder Ermessensspielraum im Hinblick auf die Gestaltung des zeitlichen Verfahrensablaufs gewährt[106] oder überhaupt keine zeitlichen Vorgaben für das Tätigwerden der Unionsorgane enthält. In letzterem Falle leiten die Unionsgerichte in ständiger Rechtsprechung aus den Grundsätzen der ordnungsgemäßen Verwaltung die Pflicht der Unionsorgane ab, innerhalb einer angemessenen Frist tätig zu werden.[107] Die Angemessenheit der Dauer eines bestimmten Verfahrens beurteilt sich dabei nach den besonderen Umständen des jeweiligen Einzelfalls, den Verfahrensabschnitten, die das Unionsorgan zu durchlaufen hat, dem Verhalten der Beteiligten im Laufe des Verfahrens, der Komplexität der Angelegenheit[108] sowie ihrer Bedeutung für die Beteiligten.[109] Unter Berücksichtigung der konkreten Umstände des Einzelfalls ist folglich eine Abwägung vorzunehmen, die sich einerseits an den betroffenen Interessen der Beteiligten sowie an den Notwendigkeiten einer entsprechenden Maßnahme orientiert, andererseits von den mit der Maßnahme verbundenen Risiken und Schwierigkeiten bestimmt wird.[110] In Wettbewerbs- und Beihilfensachen räumen die Unionsgerichte der Kommission regelmäßig die Möglichkeit **69**

---

[105] So verpflichtet Art. 10 Abs. 1 UAbs. 1 Satz 1 der Fusionskontrollverordnung (FKVO, ABl. 2004, L 24/1 die Kommission im Falle der Anmeldung eines Unternehmenszusammenschlusses von unionsweiter Bedeutung (Art. 4 FKVO), »innerhalb von höchstens 25 Arbeitstagen« eine Entscheidung gemäß Art. 6 Abs. 1 FKVO zu treffen.

[106] Z.B. Art. 108 Abs. 3 Satz 2 AEUV, Art. 12 Abs. 1 der Verordnung (EU) Nr. 1589/2015 (ABl. 2015, L 248/9): »unverzüglich« bzw. »ohne ungebührliche Verzögerung«.

[107] EuGH, Urt. v. 18.3.1997, Rs. C–282/95 P (Guérin automobiles/Kommission), Slg. 1997, I–1503, Rn. 37; EuG, Urt. v. 9.9.1999, Rs. T–127/98 (UPS Europe/Kommission), Slg. 1999, II–2633, Rn. 37; Urt. v. 15.9.1998, Rs. T–95/96 (Gestevisión Telecino/Kommission), Slg. 1998, II–3407, Rn. 73; Urt. v. 22.10.1997, verb. Rs. T–213/95 u. T–18/96 (SCK und FNK/Kommission), Slg. 1997, II–1739, Rn. 55. Der Lauf der Frist wird dabei regelmäßig durch die Aufforderung zum Tätigwerden in Gang gesetzt, s. EuGH, Urt. v. 18.3.1997, Rs. C–282/95 P (Guérin automobiles/Kommission), Slg. 1997, I–1503, Rn. 37; siehe auch die Übersicht der Bearbeitungszeiten durch die Kommission bei verschiedenen Fällen in EuG, Urt. v. 10.5.2006, Rs. T–395/04 (Air One SpA/Kommission), Slg. 2006, II–1343, Rn. 66.

[108] EuGH, Urt. v. 18.11.1999, Rs. C–151/98 P (Pharos SA/Kommission), Slg. 1999, I–8157, Rn. 30 f.

[109] EuG, Urt. v. 19.3.1997, Rs. T–73/95 (Oliveira/Kommission) Slg. 1997, II–381, Rn. 45; Urt. v. 15.9.1998, Rs. T–95/96 (Gestevision Telecino/Kommission), Slg. 1998, II–3407, Rn. 75; Urt. v. 22.10.1997 verb. Rs. T–213/95 u. T–18/96 (SCK und FNK/Kommission), Slg. 1997, II–1739, Rn. 57; *Müller/Kamann*, EWS 1999, 332 (336); *Erlbacher*, ecolex 1999, 220 (221).

[110] GA *Lenz*, Schlussanträge zu Rs. 13/83 (Parlament/Rat), Slg. 1985, 1513 (1538).

ein, die Inanspruchnahme eines – für sich genommen – unangemessen langen Zeitraums bis zur Entscheidung durch »außergewöhnliche Umstände« zu rechtfertigen.[111] Dabei legen die Gerichte ihrer Beurteilung jedoch einen strengen Maßstab zugrunde: In der Regel rechtfertigen weder die besondere Komplexität der fraglichen Angelegenheit noch »der politisch heikle Charakter eines Bereichs« oder besondere Schwierigkeiten bei der tatbestandlichen Subsumtion eines bestimmten Verhaltens unter die Beihilfen- oder Wettbewerbsvorschriften eine erhebliche Verzögerung des Verfahrens.[112] Ebenso wenig kann sich das Unionsorgan auf interne Schwierigkeiten, die dem Erlass der beantragten Handlung entgegenstehen, zur Rechtfertigung der Verfahrensverzögerung berufen.[113]

2. Vertragsverletzung durch die Unterlassung der unionsrechtlich gebotenen Handlung

70   Der Begründetheitsnachweis setzt weiterhin voraus, dass das Unionsorgan in der zu entscheidenden Angelegenheit tatsächlich untätig geblieben ist, indem es objektiv jede Beschlussfassung oder Entscheidung in der Sache unterlassen hat. Regelmäßig sind in der Begründetheitsstation zu diesem Punkt keine besonderen Ausführungen erforderlich, da bereits bei der Prüfung der Stellungnahme (Art. 265 Abs. 2 AEUV) im Rahmen der Zulässigkeit die Untätigkeit des beklagten Unionsorgans festgestellt worden ist.

II. Ermessensmissbrauch

71   Der Gerichtshof definiert den Tatbestand des Ermessensmissbrauchs grundsätzlich »als Vornahme einer Rechtshandlung durch ein Unionsorgan ausschließlich oder zumindest überwiegend zu anderen als den angegebenen Zwecken oder mit dem Ziel, ein Verfahren zu umgehen, das der Vertrag speziell vorsieht, um die konkrete Sachlage zu bewältigen« (»détournement de pouvoir«).[114] Auf die Untätigkeitsklage übertragen bedeutet dies, dass der Ermessensmissbrauch den durch »objektive, schlüssige und übereinstimmende Indizien« zu erbringenden Nachweis verlangt, dass die Organuntätigkeit – zumindest auch – der Verfolgung subjektiv rechtswidriger Zwecke dient.[115] Da es sich in der Praxis als äußerst schwierig erweisen dürfte, dem untätig gebliebenen Unionsorgan eine fehlerhafte Zielvorstellung oder Zweckverfehlung nachzuweisen,[116] hat dieses Kriterium im Rahmen der Untätigkeitsklage bisher – soweit ersichtlich – **keine Anwendung** gefunden.

---

[111] EuG, Urt. v. 3.6.1999, Rs. T–17/96 (TF1/Kommission u. Französische Republik), Slg. 1999, II–1757, Rn. 77; Urt. v. 9.9.1999, Rs. T–127/98 (UPS Europe/Kommission), Slg. 1999, II–2633, Rn. 43.

[112] EuG, Urt. v. 15.9.1998, Rs. T–95/96 (Gestevisión Telecino/Kommission), Slg. 1998, II–3407, Rn. 82 ff.

[113] EuGH, Urt. v. 22.5.1985, Rs. 13/83 (Parlament/Rat), Slg. 1985, 1513, Rn. 48.

[114] EuGH, Urt. v. 13.7.1995, Rs. C–156/93 (Parlament/Kommission), Slg. 1995, I–2019, Rn. 31.

[115] EuGH, Urt. v. 12.1.1984, Rs. 266/82 (Turner/Kommission), Slg. 1984, 1, Rn. 19; *Cremer*, in: Calliess/Ruffert, EUV/AEUV, Art. 263 AEUV, Rn. 94.

[116] *Rengeling/Middeke/Gellermann*, Rechtsschutz in der EU, § 7, Rn. 120.

Artikel 266 AEUV [Verpflichtung aus dem Urteil]

Die Organe, Einrichtungen oder sonstigen Stellen, denen das für nichtig erklärte Handeln zur Last fällt oder deren Untätigkeit als vertragswidrig erklärt worden ist, haben die sich aus dem Urteil des Gerichtshofs der Europäischen Union ergebenden Maßnahmen zu ergreifen.

Diese Verpflichtung besteht unbeschadet der Verpflichtungen, die sich aus der Anwendung des Artikels 340 Absatz 2 ergeben.

Leitentscheidungen

EuGH, Urt. v. 5.3.1980, Rs. 76/79 (Könecke/Kommission), Slg. 1980, 665
EuGH, Urt. v. 14.9.1999, Rs. C–310/97 P (Kommission/AssiDomän Kraft Products u. a.), Slg. 1999, I–5363
EuGH, Urt. v. 8.11.2007, Rs. C–421/06 (Fratelli Martini und Cargill), Slg. 2007, I–152

Inhaltsübersicht

A. Allgemeines

Art. 266 AEUV führt die Regelung des Art. 233 EGV zu den Verpflichtungen der Unionsorgane und anderer Verpflichteter aus stattgebenden Nichtigkeits- und Untätigkeitsurteilen fort. Der Vertrag von Lissabon hat die Bestimmung insofern verändert, als neben den Organen auch »Einrichtungen und sonstige Stellen« in die Pflicht genommen werden. Da die EZB gemäß Art. 13 Abs. 1 EUV zu den Organen der Union gehört, konnte die sie betreffende Sonderregelung in Art. 233 Abs. 3 EGV entfallen. Die EZB ist nunmehr in gleicher Weise wie die anderen Unionsorgane verpflichtet, die von Art. 266 AEUV statuierten Urteilswirkungen sicherzustellen. Art. 266 AEUV stellt eine notwendige Ergänzung zu Art. 263 f. und Art. 265 AEUV dar, da sich die Folgen stattgebender Urteile in diesen beiden Verfahren nicht bereits abschließend aus diesen Normen ergeben. **1**

Art. 266 AEUV hat die Funktion einer **Zuständigkeitsabgrenzung zwischen den Unionsgerichten und den übrigen Organen der Union.**[1] Letztere haben im Rahmen ihrer Befugnisse die Verpflichtung, die Urteile der Unionsgerichte umzusetzen, in diese Zuständigkeit darf der Gerichtshof der EU nicht eingreifen. Weder darf er nach festgestellter Untätigkeit dem verurteilten Organ vorschreiben, wie es die Untätigkeit beendet, noch darf er ihm bei einem Nichtigkeitsurteil weitere Rechtsfolgen vorschreiben als Art. 264 Abs. 1 AEUV statuiert. Gleichwohl nehmen die Unionsgerichte das Recht für sich in Anspruch, insoweit Hinweise zu geben. Die Norm erfüllt mithin die gleiche Aufgabe für die Unionsorgane wie sie Art. 260 AEUV für die Mitgliedstaaten bei Ur- **2**

---

[1] Vgl. hierzu *Ehricke*, in: Streinz, EUV/AEUV, Art. 266 AEUV, Rn. 1.

teilen in Vertragsverletzungsverfahren hat.[2] Daneben kommt Art. 266 AEUV auch die Funktion einer **materiellen Rechtsgrundlage für Ansprüche gegen Unionsorgane** etc. zu, die ihren Pflichten aus der Norm nicht Genüge tun (s. dazu näher Rn. 14).[3] Art. 266 AEUV ist dagegen nicht die Ermächtigungsgrundlage für die von den unterlegenen Unionsorganen vorzunehmenden Handlungen.[4] Diese finden sich vielmehr in den entsprechenden Politikbereichen des Vertrags.

3   Im Falle der Ungültigerklärung von abgeleitetem Unionsrecht im Rahmen einer Gültigkeitsvorlage nach Art. 267 Abs. 1 Buchst. b AEUV hat der EuGH Art. 266 AEUV entsprechend angewandt.[5]

B.   Verpflichtungen aus Nichtigkeits- und Untätigkeitsurteilen (Abs. 1)

4   Art. 266 Abs. 1 AEUV sieht vor, dass die Verpflichteten »die sich aus dem Urteil des Gerichtshofs der Europäischen Union ergebenden Maßnahmen zu ergreifen« haben. Die Unionsgerichte haben den Inhalt dieser Verpflichtung in ihrer Rechtsprechung herausgearbeitet. Insoweit ist zunächst zwischen den Verpflichtungen aus einem Nichtigkeits- und den Verpflichtungen aus einem Untätigkeitsurteil zu unterscheiden. In beiden Fällen ergeben sich die Verpflichtungen nicht allein aus dem Tenor der Entscheidung, sondern die diesen tragenden Entscheidungsgründe müssen maßgeblich mit berücksichtigt werden.

I.   Verpflichtungen aus einem Nichtigkeitsurteil

5   In einem stattgebenden Nichtigkeitsklageurteil erklärt der Gerichtshof die »angefochtene Handlung für nichtig« (Art. 264 Abs. 1 AEUV). Dies geschieht regelmäßig ex tunc, wobei insoweit Ausnahmen nach Art. 264 Abs. 2 AEUV möglich sind (s. Art. 264 AEUV, Rn. 9). Wiewohl damit die Rechtsfolge klar geregelt ist, bleiben eine Reihe ergänzender Fragen offen – diese regelt Art. 266 Abs. 1 AEUV. Dies gilt für das Schicksal schon vorgenommener Vollzugsmaßnahmen, die Wirkung bei Rechtsakten mit allgemeiner Geltung, die Wirkungen für Dritte und Verbotswirkungen für die Zukunft. Lediglich bei der Nichtigerklärung von noch nicht vollzogenen Einzelmaßnahmen klärt Art. 264 Abs. 1 AEUV abschließend die Rechtslage, da hier weitere Handlungen nicht erforderlich sind, der Rechtsakt lediglich nicht wiederholt werden darf.

6   Ausgangspunkt ist die Feststellung, dass eine Lage wiederherzustellen ist, in der sich der Betroffene ohne den für nichtig erklärten Rechtsakt befände.[6] Damit ist zunächst klargestellt, dass die aufgehobene Maßnahme nicht mehr angewendet oder durchgeführt werden kann und dass eine lediglich bestätigende Entscheidung aus Gründen der Rechtsklarheit zurückzunehmen ist. Unionale Vollzugsmaßnahmen zu der aufgehobenen Regelung gegenüber dem erfolgreichen Kläger verlieren ihre Rechtsgrundlage, werden daher rechtswidrig und müssen aufgehoben werden.[7] Auch inhaltsgleiche, bei In-

---

[2] *Ehricke*, in: Streinz, EUV/AEUV, Art. 266 AEUV, Rn. 1.
[3] Dazu u. a. *Dörr*, in: Grabitz/Hilf/Nettesheim, EU, Art. 266 AEUV (Mai 2013), Rn. 3.
[4] *Booß*, in: Grabitz/Hilf, Das Recht der EU, Art. 233 EGV (Dezember 2005), Rn. 4.
[5] EuGH, Beschl. v. 8. 11. 2007, Rs. C–421/06 (Fratelli Martini und Cargill), Slg. 2007, I–152 m. Anm. *Germelmann*, EuR 2009, 254.
[6] EuG, Urt. v. 10. 10. 2001, Rs. T–171/99 (Corus/Kommission), Slg. 2001, II–2967, Rn. 50, 54.
[7] EuGH, Urt. v. 22. 3. 1961, Rs. C–42/59 u. 49/59 (SNUPAT/Hohe Behörde), Slg. 1961, 101, 174 f.

krafttreten des Nichtigkeitsurteils bereits erlassene Akte müssen aufgehoben werden.[8] Bei nationalen Vollzugsmaßnahmen beurteilt sich das rechtliche Schicksal nach nationalem Recht.[9] Ihre Aufhebung ist daher nur erforderlich, wenn dies nach nationalem Recht geboten ist. Insofern kann insbesondere die eingetretene Bestandskraft ein Rückabwicklungshindernis darstellen.

Werden Rechtsakte mit allgemeiner Geltung aufgehoben, so stellt sich insbesondere **7** die Frage nach ihrer rechtskonformen Wiederholbarkeit. Dies hängt davon ab, aus welchem Grund die Norm für nichtig erklärt wurde. Handelte es sich um formelle Fehler, insbesondere Verfahrensfehler im Rechtsetzungsverfahren, so ist der Rechtsakt inhaltsgleich wiederholbar, sofern der Rechtsetzungsvorgang erneut fehlerfrei durchgeführt wird.[10] Das Rechtsetzungsverfahren kann insoweit genau an dem Punkt wieder aufgenommen werden, an dem die Rechtswidrigkeit eingetreten ist.[11] Lag dagegen ein materiellrechtlicher Fehler vor, so darf der Rechtsakt inhaltsgleich nicht erneut erlassen werden.[12] Gerade zur Feststellung dieser Aspekte ist der Rückgriff auf die Urteilsgründe erforderlich.[13] Das zu unionalen Vollzugsmaßnahmen Ausgeführte gilt hier entsprechend. Allerdings begrenzen die Unionsgerichte bei Maßnahmen mit allgemeiner Geltung zur Vermeidung komplizierter Rückabwicklungen häufig die Urteilswirkungen nach Art. 264 Abs. 2 AEUV auf die Zukunft. Bei vom EuG für nichtig erklärten Rechtsakten mit allgemeiner Geltung tritt gemäß Art. 60 Abs. 2 EuGH-Satzung die Urteilswirkung – und damit die Verpflichtungen aus Art. 266 Abs. 1 AEUV – erst mit der Rechtskraft des Urteils oder der Zurückweisung des Rechtsmittels ein.

Gegenüber Dritten hat eine Aufhebungsentscheidung nach Art. 264 Abs. 1 AEUV **8** keine Wirkung (s. Art. 264 AEUV, Rn. 5), so dass diese auch nicht in den Genuss von Folgepflichten der unterliegenden Unionsorgane nach Art. 266 Abs. 1 AEUV kommen.[14] Dies ist insbesondere in den Konstellationen gebündelter Einzelentscheidungen von Bedeutung, aber auch bei sog. Hybridakten. Sofern begünstigende Effekte für Dritte jedoch unumgänglich sind, um die dem Kläger gebührende Behandlung sicherzustellen, kann sich das Organ hierauf nicht berufen, um sich den Pflichten aus Art. 266 Abs. 1 AEUV gegenüber Letzterem zu entziehen.[15]

II. Verpflichtungen aus einem Untätigkeitsurteil

Ist die Untätigkeitsklage zulässig und begründet, stellt der Gerichtshof fest, dass es das **9** beklagte Unionsorgan unter Verletzung des Vertrags unterlassen hat, eine Entscheidung oder einen Beschluss in der Sache zu treffen.[16] Im Gegensatz zur Nichtigkeitsklage, die

[8] EuGH, Urt. v. 26.5.1971, verb. Rs. C–45/70 u. C–49/70 (Bode/Kommission), Slg. 1971, 465, Rn. 12; Urt. v. 26.4.1988, verb. Rs. C–97, 193, 99/86 u. C–215/86 (Asteris u. a./Kommission), Slg. 1988, 2181, Rn. 30.
[9] EuG, Beschl. v. 18.9.1996, Rs. T–22/96 (Langdon/Kommission), Slg. 1996, II–1009, Rn. 17.
[10] *Ehricke*, in: Streinz, EUV/AEUV, Art. 266 AEUV, Rn. 7.
[11] Vgl. *Dörr*, in: Grabitz/Hilf/Nettesheim, EU, Art. 266 AEUV (Mai 2013), Rn. 19; EuGH, Urt. v. 3.7.1986, Rs. C–34/86 (Rat/Parlament), Slg. 1986, 2155, Rn. 47.
[12] *Ehricke*, in: Streinz, EUV/AEUV, Art. 266 AEUV, Rn. 7 m. w. N.
[13] *Dörr*, in: Grabitz/Hilf/Nettesheim, EU, Art. 266 AEUV (Mai 2013), Rn. 14.
[14] *Cremer*, in: Calliess/Ruffert, EUV/AEUV, Art. 266 AEUV, Rn. 5; *Dörr*, in: Grabitz/Hilf/Nettesheim, EU, Art. 266 AEUV (Mai 2013), Rn. 25.
[15] EuG, Beschl. v. 18.9.1996, Rs. T–22/96 (Langdon/Kommission), Slg. 1996, II–1009, Rn. 44.
[16] Der Tenor lautet: »Das Gemeinschaftsorgan (nunmehr: Unionsorgan) hat dadurch gegen seine Verpflichtung aus dem EG-Vertrag (nunmehr: aus den Verträgen) verstoßen, dass es auf die vom Kläger eingereichte Beschwerde keine Entscheidung (bzw. keinen Beschluss) erlassen hat.«

als Gestaltungsklage auf die Beseitigung der angefochtenen Rechtshandlung zielt, ist die Untätigkeitsklage lediglich auf die »Feststellung dieser Vertragsverletzung« gerichtet (Art. 265 Abs. 1 AEUV).[17] Art. 266 Abs. 1 AEUV begründet also für den Fall eines stattgebenden Untätigkeitsurteils eine **positive Handlungspflicht** für das unter Verstoß gegen das Unionsrecht untätig gebliebene Unionsorgan. Der Gerichtshof darf also nicht anstelle des wegen Untätigkeit verurteilten Organs selbst rechtsetzend tätig werden oder im Wege einer Verpflichtung, dem Unionsorgan aufgeben, die Untätigkeit zu beenden. Art. 266 Abs. 1 AEUV übernimmt diese Verpflichtungsfunktion.

10   Hinsichtlich der vorzunehmenden Handlungen dürfen mithin die Unionsgerichte nicht die Zuständigkeiten der im Verfahren unterlegenen Unionsorgane zur Bestimmung der notwendigen Maßnahmen verletzen. Gleichwohl geben sie in den Urteilsgründen vielfach Hinweise auf Möglichkeiten einer urteilskonformen Behebung der Untätigkeit.[18] Soweit diese Hinweise dazu tendieren Verbindlichkeit zu beanspruchen, sind sie rechtlich allerdings problematisch. Eine Handlungspflicht entfällt jedoch dann, wenn die Handlung zwischenzeitlich unmöglich oder sinnlos geworden ist.[19]

11   Handlungspflichten können auch für andere als das wegen Untätigkeit verurteilte Organ entstehen. So ist bei Rechtsakten mit allgemeiner Geltung die Mitwirkung aller am Rechtsetzungsprozess beteiligten Organe erforderlich, um die notwendigen Maßnahmen zu ergreifen.[20]

12   Im Gegensatz zu den Mitgliedstaaten, die im Rahmen einer Verurteilung nach Art. 258 f. AEUV die unionsrechtlich geforderte Maßnahme **unverzüglich** vorzunehmen haben,[21] muss das untätig gebliebene Unionsorgan nach der Rechtsprechung des Gerichtshofs die unterlassene Maßnahme **innerhalb eines angemessenen Zeitraums** nachholen.[22] Es ist allerdings schwer verständlich, warum die Unionsorgane bezüglich der eingeräumten Frist anders behandelt werden als die Mitgliedstaaten im Falle einer Verurteilung im Vertragsverletzungsverfahren.[23] Die Begründung des EuGH, dass »in Art. 176 [Art. 266 AEUV] keine Frist festgesetzt« sei,[24] vermag jedenfalls nicht zu überzeugen. Auch Art. 260 AEUV nennt keine Frist, innerhalb derer der verurteilte Mitgliedstaat den unionsrechtswidrigen Zustand zu beseitigen hat. Im Übrigen spricht gerade das Fehlen einer Frist für die Pflicht, die geforderte Maßnahme unverzüglich nachzuholen.[25]

III.   Rechtsschutz bei Nichtbeachtung des Art. 266 AEUV

13   Sofern die verurteilten Unionsorgane etc. die ihnen nach Art. 266 AEUV obliegenden Maßnahmen nicht ergreifen, muss der obsiegende Kläger erneut Rechtsschutz bei den Unionsgerichten suchen. Insofern ist bei fortgesetzter Untätigkeit erneut Untätigkeits-

---

[17] *Dörr*, in: Grabitz/Hilf/Nettesheim, EU, Art. 265 AEUV (Mai 2013), Rn. 2.

[18] Z. B. EuGH, Urt. v. 22.5.1985, Rs. C–13/83 (Parlament/Rat), Slg. 1985, 1513, Rn. 64–71; Urt. v. 15.12.1983, Rs. C–283/82 (Schöllershammer/Kommission), Slg. 1983, 4219, Rn. 9.

[19] *Ehricke*, in: Streinz, EUV/AEUV, Art. 266 AEUV, Rn. 9.

[20] Vgl. EuGH, Urt. v. 3.6.1986, Rs. C–34/86 (Rat/Parlament), Slg. 1986, 2155, Rn. 45 ff.; *Schwarze*, in: Schwarze, EU-Kommentar, Art. 266 AEUV, Rn. 7.

[21] EuGH, Urt. v. 30.1.1992, Rs. C–328/90 (Kommission/Griechenland), Slg. 1992, I–425, Rn. 6; Urt. v. 14.1.1988, verb. Rs. C–227/85–230/85 (Kommission/Belgien), Slg. 1988, 1, Rn. 11.

[22] EuGH, Urt. v. 22.5.1985, Rs. C–13/83 (Parlament/Rat), Slg. 1985, 1513, Rn. 69.

[23] *Cremer*, in: Calliess/Ruffert, EUV/AEUV, Art. 266 AEUV, Rn. 2.

[24] EuGH, Urt. v. 22.5.1985, Rs. C–13/83 (Parlament/Rat), Slg. 1985, 1513, Rn. 69.

[25] *Cremer*, in: Calliess/Ruffert, EUV/AEUV, Art. 266 AEUV, Rn. 2.

klage zu erheben – wobei die als verletzt gerügte Handlungspflicht nun die aus Art. 266 Abs. 1 AEUV ist –, bei Nichtaufhebung von Durchführungsmaßnahmen zu für nichtig erklärten Rechtsakten oder bei unzulässigem Neuerlass inhaltsgleicher Maßnahmen ist hiergegen Nichtigkeitsklage zu erheben.[26] Die Klageberechtigung des im ersten Verfahren erfolgreichen Klägers ist in beiden Fällen gegeben.[27] Ein Rechtsschutzinteresse des Nichtigkeitsklägers kann insoweit auch aus einem Haftungsinteresse folgen, selbst wenn das beklagte Organ die sich aus dem Urteil ergebenden Verpflichtungen objektiv nicht erfüllen kann.[28]

C. Sonstige Pflichten (Abs. 2)

Art. 266 Abs. 2 AEUV stellt klar, dass das Recht des obsiegenden Klägers wegen bereits   **14** eingetretener Schäden aufgrund des aufgehobenen Rechtsakts oder der beanstandeten Untätigkeit Schadensersatzklage nach Art. 268 i. V. m. Art. 340 Abs. 2 AEUV zu erheben, unberührt bleibt. Der Gerichtshof hat darüber hinaus angedeutet, dass Art. 266 Abs. 2 AEUV auch eine **selbständige Anspruchsgrundlage für einen Folgenbeseitigungsanspruch** sein kann, indem er ausgeführt hat, dass das unterlegene Organ aus Art. 266 AEUV heraus verpflichtet ist, »jede Entscheidung zu treffen, die geeignet ist, den Nachteil, der für die Klägerin aus der für nichtig erklärten Entscheidung entstanden ist, in angemessener Weise auszugleichen.«[29] Ein auf Art. 266 AEUV gestützter Folgenbeseitigungsanspruch ist insbesondere insoweit zu begrüßen, als unter Umständen die Voraussetzungen eines Schadensersatzanspruches (hinreichend qualifizierte Verletzung) nicht gegeben sind.[30] So folgt aus Art. 266 Abs. 2 AEUV etwa die Pflicht, aufgrund eines rechtswidrigen Beschlusses bereits gezahlte Geldbußen samt Verzugszinsen zurückzuzahlen.[31] Im Einzelnen ist der Umfang des auf Art. 266 AEUV gestützten Folgenbeseitigungsanspruchs aber noch ungeklärt.

---

[26] Vgl. *Schwarze*, in: Schwarze, EU-Kommentar, Art. 266 AEUV, Rn. 8 f.

[27] EuGH, Urt. v. 25.11.1976, Rs. C–30/76 (Küster/Parlament), Slg. 1976, 1719, Rn. 10; Urt. v. 28.2.1989, verb. Rs. C–341/85, 251, 258, 259, 262, 266/86 u. 222, 232/87 (Van der Stijl/Kommission), Slg. 1989, 511, Rn. 18.

[28] EuGH, Urt. v. 5.3.1980, Rs. C–76/79 (Könecke/Kommission), Slg. 1980, 665, Rn. 9; Urt. v. 31.3.1998, verb. Rs. C–68/94 u. C–30/95 (Frankreich u. a./Kommission), Slg. 1998, I–1375, Rn. 74.

[29] EuGH, Urt. v. 5.3.1980, Rs. 76/79 (Könecke/Kommission), Slg. 1980, 665, Rn. 15.

[30] Ebenso *Schwarze*, in: Schwarze, EU-Kommentar, Art. 266 AEUV, Rn. 12; vgl. auch EuGH, Urt. v. 14.7.1983, Rs. C–144/82 (Detti/Gerichtshof), Slg. 1983, 2421, Rn. 33; EuG, Urt. v. 8.10.1992, Rs. T–84/91 (Meskens/Parlament), Slg. 1992, II–2335, Rn. 80, bestätigt durch EuGH, Urt. v. 9.8.1994, Rs. C–412/92 P (Parlament/Meskens), Slg. 1994, I–3757, Rn. 28: Nachteil muss auf billige Weise ausgeglichen werden.

[31] EuG, Urt. v. 10.10.2001, Rs. T–171/99 (Corus/Kommission), Slg. 2001, II–2967, Rn. 49 ff.

Artikel 267 AEUV [Vorabentscheidung]

Der Gerichtshof der Europäischen Union entscheidet im Wege der Vorabentscheidung
a) über die Auslegung der Verträge,
b) über die Gültigkeit und die Auslegung der Handlungen der Organe, Einrichtungen oder sonstigen Stellen der Union.

Wird eine derartige Frage einem Gericht eines Mitgliedstaats gestellt und hält dieses Gericht eine Entscheidung darüber zum Erlass seines Urteils für erforderlich, so kann es diese Frage dem Gerichtshof zur Entscheidung vorlegen.

Wird eine derartige Frage in einem schwebenden Verfahren bei einem einzelstaatlichen Gericht gestellt, dessen Entscheidungen selbst nicht mehr mit Rechtsmitteln des innerstaatlichen Rechts angefochten werden können, so ist dieses Gericht zur Anrufung des Gerichtshofs verpflichtet.

Wird eine derartige Frage in einem schwebenden Verfahren, das eine inhaftierte Person betrifft, bei einem einzelstaatlichen Gericht gestellt, so entscheidet der Gerichtshof innerhalb kürzester Zeit.

Literaturübersicht

Arnull, The European Union and its Court of Justice, 2. Aufl., 2006; *Bartels*, Kooperation zwischen EU-Kommission und nationalen Gerichten im europäischen Wettbewerbsverfahren, ZfRV 2002, 83; *Britz*, Verfassungsrechtliche Effektuierung des Vorabentscheidungsverfahrens, NJW 2012, 1313; *Broberg/Fenger*, Das Vorabentscheidungsverfahren vor dem Gerichtshof der Europäischen Union, 2014; *Calliess*, Der EuGH als gesetzlicher Richter im Sinne des Grundgesetzes, NJW 2013, 1905; *Dauses*, Das Vorabentscheidungsverfahren nach Artikel 177 EG-Vertrag, 2. Aufl., 1995; *Düsterhaus*, Zwischen Rechts- und Vertrauensschutz: Die Zeitlichen Wirkungen von Auslegungsurteilen des EuGH nach Art. 267 AEUV, EuR 2017, 30; *Everling*, Richterliche Rechtsfortbildung in der Europäischen Gemeinschaft, JZ 2000, 217; *Fastenrath*, BVerfG verweigert willkürlich die Kooperation mit dem EuGH, NJW 2009, 272; *Füßer/Höher*, Das »parallele Vorabentscheidungsverfahren«: Zulässigkeit und Grenzen der Beweiserhebung während eines Verfahrens gemäß Art. 234 EGV, EuR 2001, 784; *Gardette*, EuGH: Einführung eines Eilverfahrens für Vorabentscheidungsersuchen zum Raum der Freiheit, der Sicherheit und des Rechts, EuZW 2008, 98; *Germelmann*, Wie weit reicht die Wirkung von Ungültigkeitserklärungen im Vorabentscheidungsverfahren?, EuR 2009, 254; *Görlitz/Kubicki*, Rechtsakte »mit schwierigem Charakter«, EuZW 2011, 248; *Gundel*, Die »question prioritaire de constitutionnalité« vor dem EuGH: Unionsrechtliche Vorgaben für die Koordination nationaler Vorlagepflichten mit Art. 267 AEUV und dem Vorranganspruch des EU-Rechts, EuR 2012, 213; *Hakenberg*, Der Dialog zwischen nationalen und europäischen Richtern: Das Vorabentscheidungsverfahren, DRiZ 2000, 345; *dies.*, Die Möglichkeit der Vorlage an den Europäischen Gerichtshof am Beispiel der Niederlassungsfreiheit für Ärzte, MedR 2001, 507; *dies.*, Die Befolgung und Durchsetzung der Urteile der Gemeinschaftsgerichte, EuR-Beiheft 3/2008, 163; *Haratsch*, Die kooperative Sicherung der Rechtsstaatlichkeit durch die mitgliedstaatlichen Gerichte und die Gemeinschaftsgerichte aus mitgliedstaatlicher Sicht, EuR-Beiheft 3/2008, 81; *Herrmann*, Die Reichweite der gemeinschaftsrechtlichen Vorlagepflicht in der neueren Rechtsprechung des EuGH, EuZW 2006, 231; *Koenig*, Vorabentscheidungswirkungen erga omnes – die Glücksspielurteile des EuGH als Lehrbuchbeispiele!, EWS 2010, 449; *Koenig/Schreiber*, Gewährung von Übergangsfristen à la Bundesverfassungsgericht durch den Europäischen Gerichtshof?, DÖV 2008, 450; *Kokott/Derrisopoulos/Henze*, Aktuelle Fragen des effektiven Rechtsschutzes durch die Gemeinschaftsgerichte, EuGRZ 2008, 10; *Kokott/Henze/Sobotta*, Die Pflicht zur Vorlage an den Europäischen Gerichtshof und die Folgen ihrer Verletzung, JZ 2006, 633; *Kraus*, Die kooperative Sicherung der Rechtsstaatlichkeit der Europäischen Union durch die mitgliedstaatlichen Gerichte und die Gemeinschaftsgerichte, EuR-Beiheft 3/2008, 109; *Latzel/Streinz*, Das richtige Vorabentscheidungsersuchen, NJOZ 2013, 97; *Malferrari*, Neues zur Kompetenzverteilung zwischen Kommission und nationaler Gerichtsbarkeit auf dem Gebiet des Wettbewerbsrechts und zum Verhältnis zwischen der Nichtigkeitsklage und dem Vorabentscheidungsverfahren, EuR 2001, 605; *Michael*, Grenzen einer verschärften Vorlagenkontrolle des Art. 267

Abs. 3 AEUV durch das BVerfG, JZ 2012, 870; *Pernice*, Die Zukunft der Unionsgerichtsbarkeit, EuR 2011, 151; *Piekenbrock*, Vorlagen an den EuGH nach Art. 267 AEUV im Privatrecht, EuR 2011, 317; *Rademacher*, Realakte im Rechtsschutzsystem der Europäischen Union, 2014; *Sachs*, Die Ex-officio-Prüfung durch die Gemeinschaftsgerichte, 2008; *Schilling*, Die Kontrolle von Nichtvorlagen letztinstanzlicher Gerichte an den EuGH/Überlegungen aus Anlass von EGMR, Ullens de Schooten, EuGRZ 2012, 133; *Schröder*, Die Vorlagepflicht zum EuGH aus europarechtlicher und nationaler Perspektive, EuR 2011, 808; *Vranes*, Gemischte Abkommen und die Zuständigkeit des EuGH – Grundfragen und neuere Entwicklungen in den Außenbeziehungen, EuR 2009, 44; *Wägenbaur*, Stolpersteine des Vorabentscheidungsverfahrens, EuZW 2000, 37; *Wagner*, Scheitern tut weh – Entzug des gesetzlichen Richters und die unterlassene Vorlage an den EuGH, RIW 2014, Heft 7, Die erste Seite; *Wiedmann*, Zeitlos wie ungeklärt: Die Beschränkung der zeitlichen Wirkung von Urteilen des EuGH im Vorabentscheidungsverfahren nach Art. 234 EG, EuZW 2007, 692.

Leitentscheidungen

EuGH, Urt. v. 16.1.1974, Rs. 166/73 (Rheinmühlen/Einfuhr- und Vorratstelle Getreide), Slg. 1974, 33
EuGH, Urt. v. 3.2.1977, Rs. 52/76 (Benedetti/Munari), Slg. 1977, 163
EuGH, Urt. v. 16.12.1981, Rs. 244/80 (Foglia/Novello II), Slg. 1981, 3045
EuGH, Urt. v. 23.3.1982, Rs. 102/81 (Nordsee/Reederei Mond), Slg. 1982, 1095
EuGH, Urt. v. 6.10.1982, Rs. 283/81 (C.I.L.F.I.T./Ministero della sanità), Slg. 1982, 3415
EuGH, Urt. v. 22.10.1987, Rs. 314/85 (Foto-Frost/Hauptzollamt Lübeck-Ost), Slg. 1987, 4199
EuGH, Urt. v. 30.9.1987, Rs. 12/86 (Demirel/Stadt Schwäbisch Gmünd), Slg. 1987, 3719
EuGH, Urt. v. 21.2.1991, verb. Rs. C–143/88 – C–92/89 (Zuckerfabrik Süderdithmarschen), Slg. 1991, I–415
EuGH, Urt. v. 16.7.1992, Rs. C–343/90 (Lourenço Dias), Slg. 1992, I–4673
EuGH, Urt. v. 30.3.1993, Rs. C–24/92 (Corbiau/Administration des Contributions), Slg. 1993, I–1277
EuGH, Urt. v. 9.3.1994, Rs. C–188/92 (TWD Textilwerke Deggendorf), Slg. 1994, I–833
EuGH, Urt. v. 12.12.1996, Rs. C–241/95 (Accrington Beef u. a.), Slg. 1996, I–6699
EuGH, Urt. v. 11.11.1997, Rs. C–408/95 (Eurotunnel u. a.), Slg. 1997, I–6315
EuGH, Urt. v. 25.6.1997, Rs. C–114/96 (Strafverfahren gegen René Kieffer und Romain Thill), Slg. 1997, I–3629
EuGH, Urt. v. 14.12.2000, Rs. C–344/98 (Masterfoods und HB), Slg. 2000, I–11369
EuGH, Urt. v. 15.2.2001, Rs. C–239/99 (Nachi Europe), Slg. 2001, I–1197
EuGH, Urt. v. 15.1.2002, Rs. C–182/00 (Lutz GmbH u. a.), Slg. 2002, I–547
EuGH, Urt. v. 13.6.2006, Rs. C–173/03 (Traghetti del Mediterraneo/Italien), Slg. 2006, I–5177
EuGH, Urt. v. 6.6.2005, Rs. C–461/03 (Gaston Schul Douane-Expediteur), Slg. 2005, I–10513
EuGH, Urt. v. 11.9.2007, Rs. C–431/05 (Merck Genéricos/Merck & Co), Slg. 2007, I–7001
EuGH, Urt. v. 16.12.2008, Rs. C–210/06 (Cartesio), Slg. 2008, I–9641
EuGH, Urt. v. 8.9.2010, Rs. C–409/06 (Winner Wetten GmbH/Bürgermeisterin der Stadt Bergheim), Slg. 2010, I–8015
EuGH, Urt. v. 8.3.2011, Rs. C–240/09 (Lesoochranárske zoskupenie VLK/Ministerstvo), Slg. 2011, I–1255
EuGH, Urt. v. 22.12.2010, Rs. C–279/09 (DEB/Deutschland), Slg. 2010, I–13880
EuGH, Urt. v. 21.12.2011, Rs. C–366/10 (Air Transport Association of America u. a.), Slg. 2011, I–13755
EuGH, Gutachten 1/09 v. 8.3.2011 (Patentgericht), Slg. 2011, I–1137
EuGH, Urt. v. 27.11.2012, Rs. C–370/12 (Pringle), ECLI:EU:C:2012:756

Inhaltsübersicht

A. Zu Funktion und Bedeutung des Vorabentscheidungsverfahrens

I. Grundsätze

Das Vorabentscheidungsverfahren gemäß Art. 267 AEUV wird zu Recht als die »mit **1** Abstand bedeutendste Möglichkeit zur Befassung des Gerichtshofes«[1] bezeichnet und nimmt eine herausragende Stellung im unionalen Rechtsschutzsystem ein.[2] Die Möglichkeit mitgliedstaatlicher Gerichte, sich mit Fragen zur Auslegung und Gültigkeit von Unionsrecht an den EuGH zu wenden, ist als Konsequenz aus ihrer Verpflichtung zur eigenständigen Auslegung und Anwendung von Unionsrecht unabdingbar zur Sicherstellung der einheitlichen Anwendung des Unionsrechts in allen Mitgliedstaaten. Zugleich dient das Vorabentscheidungsverfahren der Kontrolle der Gültigkeit von Unionsrechtsakten sowie, zumindest mittelbar, auch der Sicherung des individuellen Rechtsschutzes. Die Funktion des Vorabentscheidungsverfahrens geht über eine rein objektive Kontrolle der Anwendung und Auslegung des Unionsrechts hinaus,[3] indem es dem EuGH auch ermöglicht, zur Sicherung des effet utile des Unionsrechts bestehende Lücken in der Unionsrechtsordnung zu schließen.[4]

Im Gegensatz zu den Direktklagen bildet das Vorabentscheidungsverfahren kein **2** selbständiges Verfahren, sondern ein **Zwischenverfahren** im Rahmen eines vor mitgliedstaatlichen Gerichten bereits anhängigen Rechtsstreits.[5] Das Ausgangsgericht setzt das innerstaatliche Verfahren zum Zwecke der Vorlage so lange aus,[6] bis der EuGH die vorgelegte Frage beantwortet hat. Danach wird der Ausgangsrechtsstreit beim vorlegenden (innerstaatlichen) Gericht weitergeführt. Abhilfe in besonders dringenden Fällen, die Rechtsfragen zu dem von Titel V des Dritten Teils des AEUV erfassten Bereich des Raums der Freiheit, der Sicherheit und des Rechts aufwerfen, soll das Eilvorabentscheidungsverfahren schaffen (vgl. unten 107 ff.). Dessen Dauer beträgt durchschnittlich 1,9 Monate.[7]

---

[1] *Karpenstein*, in: Grabitz/Hilf/Nettesheim, EU, Art. 267 AEUV (Mai 2013), Rn. 4.
[2] Vgl. zu den prozessualen Verwerfungen auf nationaler Ebene im Falle von unterbliebenen bzw. verzögerten Vorlagen an den EuGH *Kühling*, EuZW 2013, 641 (641 f.).
[3] *Dauses*, Empfiehlt es sich, das System des Rechtsschutzes und der Gerichtsbarkeit in der Europäischen Gemeinschaft, insbesondere die Aufgaben der Gemeinschaftsgerichte und der nationalen Gerichte, weiterzuentwickeln?, in: Verhandlungen des Sechzigsten Deutschen Juristentages, 1994, Gutachten D, S. D 46, 52 f.
[4] Vgl. hierzu *Ukrow*, Richterliche Rechtsfortbildung durch den EuGH, 1994, S. 64 ff.; vgl. auch *Everling*, JZ 2000, 217.
[5] *Karpenstein*, in: Grabitz/Hilf/Nettesheim, EU, Art. 267 AEUV (Mai 2013), Rn. 5.
[6] Die Form der Vorlage richtet sich nach den Verfahrensregeln des innerstaatlichen Rechts, vgl. dazu unten, Rn. 79 f.
[7] EuGH, Jahresbericht 2015, S. 9.

3   Im Vorabentscheidungsverfahren wird – im Sinne eines »Interpretationsservices«[8] – für die mitgliedstaatlichen Gerichte über einzelne, für die Entscheidung des Ausgangsverfahrens erhebliche Auslegungs- oder Gültigkeitsfragen des Unionsrechts verbindlich entschieden (Art. 267 Abs. 1 Buchst. a, b AEUV). Dagegen darf der Gerichtshof im Vorabentscheidungsverfahren keine Aussagen zu Fragen der Gültigkeit oder der Auslegung des innerstaatlichen Rechts der Mitgliedstaaten treffen.

4   Die besondere Bedeutung des Vorabentscheidungsverfahrens im Rechtsschutzsystem der Union spiegelt sich in den Fallzahlen beim Gerichtshof wieder.[9] So betraf etwa im Jahre 2015 mehr als die Hälfte aller beim Gerichtshof neu eingegangenen Rechtssachen ein Vorabentscheidungsersuchen eines nationalen Gerichts, wobei die Zahl der im Jahre 2011 vorgelegten Vorabentscheidungsersuchen um mehr als 40 % gegenüber dem Jahr 2009 gestiegen ist.[10] Dabei nehmen deutsche Gerichte im Hinblick auf die Anzahl der eingereichten Vorlageersuchen mit großem Abstand den ersten Platz ein.[11] Im Jahre 2015 betrug die Verfahrensdauer durchschnittlich 15,3 Monate.[12]

II.   Sicherung der Rechtskohärenz innerhalb der Union

5   Das Vorabentscheidungsverfahren stellt sich als Instrument der **Zusammenarbeit** zwischen mitgliedstaatlichen Gerichten und dem Gerichtshof dar, mit welchem den Besonderheiten des Unionsrechtsvollzugs Rechnung getragen wird. Die Durchführung des Unionsrechts obliegt in der Regel den nationalen Behörden. Vollziehen diese das Unionsrecht, so ist gegen die nationalen Vollzugsakte Rechtsschutz vor den einzelstaatlichen Gerichten zu gewähren. Dem nationalen Richter kommt dabei die aus Art. 4 Abs. 3 EUV folgende Aufgabe zu, im Rahmen der gerichtlichen Kontrolle des (unmittelbaren und mittelbaren) indirekten Vollzugs dessen Vereinbarkeit mit den Vorgaben des primären und abgeleiteten Unionsrechts zu überwachen. Das Vorabentscheidungsverfahren soll der Gefahr einander widersprechender Entscheidungen der nationalen Gerichte entgegenwirken und verhindern, »daß sich in einem Mitgliedstaat eine nationale Rechtsprechung herausbildet, die mit den Normen des Gemeinschafts-[Unions-]rechts nicht im Einklang steht«.[13] Art. 267 AEUV begründet dabei keinen hierarchischen Instanzenzug zwischen den mitgliedstaatlichen Gerichten und dem Gerichtshof.[14] Vielmehr sichert Art. 267 AEUV nur die klare Abgrenzung zwischen unionsrechtlicher und mitgliedstaatlicher Gerichtsbarkeit in einem »**Kooperationsverhältnis**«:[15] Die mitgliedstaatlichen Gerichte bleiben »Herren« der bei ihnen anhängigen Verfahren und für deren Entscheidung allein zuständig.

---

[8] *Hakenberg*, EuR-Beiheft 3/2008, 163 (171).

[9] Vgl. zu einer statistischen Analyse der Nutzung des Vorabentscheidungsverfahrens etwa *Rösler*, EuR 2012, 392; vgl. speziell zur Vorlagepraxis der französischen, italienischen und deutschen Verfassungsgerichte *Poli*, NordÖR 2013, 284.

[10] Ausweislich des Jahresberichts 2015 des Europäischen Gerichtshofes (vgl. S. 80) betrafen im Jahre 2015 von 713 eingegangenen Rechtssachen 423 ein Vorabentscheidungsersuchen.

[11] EuGH, Jahresbericht 2015, S. 101–103.

[12] EuGH, Jahresbericht 2015, S. 9.

[13] EuGH, Urt. v. 24. 3. 1977, Rs. 107/76 (Hoffmann-La Roche/Centrafarm), Slg. 1977, 957, Rn. 5.

[14] Vgl. *Dauses*, S. 47.

[15] *Arnull*, The European Union and its Court of Justice, 1999, S. 51; vgl. auch *Kraus*, EuR-Beiheft 3/2008, 109 (113), der in diesem Zusammenhang den Gedanken der »kooperativen justiziellen Sicherung der Rechtsstaatlichkeit« anführt.

III. Vorabentscheidungsverfahren als Instrument des Individualrechtsschutzes

Das Vorabentscheidungsverfahren dient auch dem **Individualrechtsschutz**.[16] Durch die **6** Dezentralisierung des Vollzugs weiter Bereiche des Unionsrechts mittels nationaler Vollzugsakte, welche der gerichtlichen Kontrolle der nationalen Gerichte unterliegen, bildet das Vorabentscheidungsverfahren in der Regel das einzige prozessuale Instrument für Individualkläger, eine Rechtmäßigkeitskontrolle des jeweils zugrunde liegenden – nicht direkt vor der Unionsgerichtsbarkeit gemäß Art. 263 Abs. 4 AEUV anfechtbaren – Unionsrechtsaktes zu erwirken.[17] Auf diese Weise wird das Fehlen einer entsprechenden Klagemöglichkeit des Individualklägers auf der Unionsebene kompensiert.

Eingeschränkt ist diese Möglichkeit jedoch dadurch, dass den Parteien des Ausgangs- **7** verfahrens vor einem innerstaatlichen Gericht **kein förmliches Antragsrecht** zukommt.[18] Sie können eine Vorlage an den EuGH lediglich anregen, nicht aber durch eine Prozesshandlung (Antrag) selbst herbeiführen (zu den Rechtsbehelfen bei einer Verletzung einer Vorlagepflicht durch das nationale Gericht vgl. aber unten, Rn. 68 f.). Letztlich kommt es prozessual also darauf an, das nationale Gericht von der Erforderlichkeit einer Vorlage zu überzeugen.

B. Sachliche Zuständigkeit des Gerichtshofes

Die ausschließliche sachliche Zuständigkeit für Vorabentscheidungsersuchen liegt beim **8** **EuGH**. Von der durch Art. 256 Abs. 3 AEUV geschaffenen Möglichkeit, eine entsprechende Zuständigkeit des EuG zu begründen, wurde durch die geltende EuGH-Satzung bislang kein Gebrauch gemacht.

Im Hinblick auf die materielle Reichweite der gerichtlichen Zuständigkeit des EuGH **9** im Rahmen des Vorabentscheidungsverfahrens nach Art. 267 AEUV besteht eine umfassende Zuständigkeit für grundsätzlich **alle Bereiche des Unionsrechts**, einschließlich der im Titel V des Dritten Teils des AEUV mit der Lissabonner Vertragsrevision[19] zusammengeführten Sachbereiche des »Raums der Freiheit, der Sicherheit und des Rechts« – vorbehaltlich von Übergangsbestimmungen[20] – sowie der vor Lissabon im Rahmen der sog. »dritten Säule« geregelten polizeilichen und justiziellen Zusammenarbeit in Strafsachen.[21] Art. 276 AEUV schließt zwar die Zuständigkeit des Gerichtshofes für alle

---

[16] *Haratsch*, EuR-Beiheft 3/2008, 81 (92); kritisch zu dieser Funktion *Hakenberg*, EuR-Beiheft 3/2008, 163 (171).

[17] Vgl. auch *Indlekofer/Engel*, ZEuS 2015, 75 (79).

[18] *Gaitanides*, in: GSH, Europäisches Unionsrecht, Art. 267, Rn. 50.

[19] Vgl. zu den dortigen Änderungen ausführlich *Everling*, EuR-Beiheft 1/2009, 71 (78).

[20] So bestimmt Art. 10 Abs. 1 des Protokolls Nr. 36 über die Übergangsbestimmungen, dass die Befugnisse des Gerichtshofs in Bezug auf Rechtsakte unverändert bleiben, die vor dem Inkrafttreten des Vertrags von Lissabon im Bereich der polizeilichen und justiziellen Zusammenarbeit angenommen wurden. Gemäß Art. 10 Abs. 3 des Protokolls Nr. 36 tritt diese Übergangsmaßnahme auf jeden Fall fünf Jahre nach dem Inkrafttreten des Lissabon-Vertrags außer Kraft; vgl. zu den Besonderheiten im Hinblick auf das Vereinigte Königreich Absatz 4 dieser Bestimmung.

[21] Diese neue Rechtslage ergibt sich insbesondere aus dem Wegfall der vormaligen Art. 35 EUV-Nizza bzw. Art. 68 EGV. Insoweit ist seit Inkrafttreten des Lissabonner Vertrages das bislang in Art. 35 Abs. 2 EUV-Nizza hinsichtlich von Vorabentscheidungsersuchen im Hinblick auf die vorma-

Verfahrensarten aus, soweit es im Rahmen der Bestimmungen über den Raum der Freiheit, der Sicherheit und des Rechts[22] um die Überprüfung der Gültigkeit oder Verhältnismäßigkeit von bestimmten Maßnahmen der innerstaatlichen Strafverfolgungsorgane geht. Dieser Ausschluss entfaltet allerdings für das Vorabentscheidungsverfahren schon deshalb keine praktische Relevanz, weil in dessen Rahmen eine Überprüfung der Gültigkeit von nationalem Recht bzw. nationaler Vollzugsmaßnahmen durch den EuGH ohnehin nicht erfolgen kann. Grundsätzlich ausgenommen von der Jurisdiktionsgewalt des EuGH bleibt jedoch der Bereich der **Gemeinsamen Außen- und Sicherheitspolitik** (Art. 24 Abs. 1 UAbs. 2 Satz 6 EUV sowie Art. 275 AEUV). Gleichwohl statuiert Art. 275 Abs. 2 AEUV insoweit eine (begrenzte) Zuständigkeit des EuGH, als die Kontrolle der Einhaltung von Artikel 40 EUV in Rede steht.[23]

10   In **zeitlicher** Hinsicht gilt für die Zulässigkeit von Vorabentscheidungsersuchen, die vor Inkrafttreten des Lissabonner Vertrages am 1.12.2009 aus diesem Bereich von unterinstanzlichen Gerichten an den – zu diesem Zeitpunkt noch sachlich unzuständigen – EuGH gerichtet worden sind, dass aus Gründen der Prozessökonomie nicht der Zeitpunkt des Eingangs beim Gerichtshof, sondern der Zeitpunkt maßgeblich ist, an dem er ein Urteil erlässt.[24] Unzuständig ist der Gerichtshof, wenn sich der Sachverhalt des Ausgangsverfahrens in zeitlicher Hinsicht außerhalb des Geltungsbereichs des Unionsrechts ereignet hat. Dies betrifft »**Altfälle**«, die sich vor Beitritt eines betreffenden Mitgliedstaates zur EU zugetragen haben.[25]

C. Statthafter Vorlagegegenstand (Art. 267 Abs. 1 AEUV)

I. Überblick

12   Die statthaften Gegenstände eines Vorabentscheidungsverfahrens werden in Art. 267 Abs. 1 Buchst. a und b AEUV abschließend benannt. Der EuGH entscheidet danach über Vorlagefragen, die die »**Auslegung der Verträge**« (Art. 267 Abs. 1 Buchst. a AEUV) bzw. die »**Gültigkeit und die Auslegung** der Handlungen der Organe, Einrichtungen oder sonstigen Stellen der Union« (Art. 267 Abs. 1 Buchst. b AEUV) zum Gegenstand haben. Während sich Auslegungsfragen sowohl auf das primäre (EU-Vertrags-) als auch das abgeleitete (organgeschaffene) Recht beziehen können, dürfen sich Gültigkeitsvorlagen nur auf die Gültigkeit des abgeleiteten Unionsrechts beziehen.

lige PJSZ vorgesehene Erfordernis einer ausdrücklichen Unterwerfungserklärung der Mitgliedstaaten unter die Jurisdiktionsgewalt des EuGH ebenso wie die bislang in Art. 68 EGV vorgesehene Beschränkung der Vorlageberechtigung auf letztinstanzliche nationale Gerichte entfallen.
    [22] Im Rahmen der Bestimmungen des Dritten Teils Titel V Kapitel 4 und 5 über den Raum der Freiheit, der Sicherheit und des Rechts.
    [23] Daneben sieht Art. 275 Abs. 2 AEUV eine Zuständigkeit des EuGH im Bereich der GASP in Bezug auf Nichtigkeitsklagen im Zusammenhang mit der Überwachung der Rechtmäßigkeit von Beschlüssen über restriktive Maßnahmen gegenüber natürlichen oder juristischen Personen vor, die der Rat auf der Grundlage von Titel V Kapitel 2 des Vertrags über die Europäische Union erlassen hat (vgl. dazu Art. 275, Rn. 8f.).
    [24] EuGH, Urt. 17.2.2011, Rs. C–283/09 (Weryński/Mediatel 4B), Slg. 2011, I–601, Rn. 30f.
    [25] EuGH, Urt. v. 15.6.1999, Rs. C–321/97 (Andersson/Schweden), Slg. 1999, I–3551, Rn. 31; Urt. v. 10.1.2006, Rs. C–302/04 (Ynos kft/János Varga), Slg. 2006, I–371, Rn. 37; bestätigt in Beschl. v. 9.2.2006, Rs. C–261/05 (Lakép kft u. a./Komárom-Esztergom), Slg. 2006, I–20, Rn. 19. Der EuGH hat in diesem Zusammenhang klargestellt, dass er im Hinblick auf die Auslegung eines Unionsrechtsakts ausschließlich im Hinblick auf dessen Anwendung in einem neuen Mitgliedstaat vom Zeitpunkt des Beitritts zur Europäischen Union an zuständig ist.

Mangels einer entsprechenden Rechtsprechungskompetenz des EuGH (vgl. Art. 19 **13** EUV) können Fragen nach der Auslegung oder Gültigkeit nationalen Rechts nicht Gegenstand eines Vorabentscheidungsverfahrens sein.[26] Insofern darf der Gerichtshof im Rahmen des Vorabentscheidungsverfahrens nur Bestimmungen des Unionsrechts auslegen.[27] Einen Sonderfall stellen Vorabentscheidungsersuchen bezüglich der Auslegung solcher Unionsrechtsbestimmungen dar, auf die durch **das nationale Recht** eines Mitgliedstaats oder durch eine vertragliche Vereinbarung verwiesen wird, um einen rein internen Sachverhalt ohne weiteren unionsrechtlichen Bezug zu regeln.[28]

Die Anwendung der vom EuGH durch Vorabentscheidungsurteil ausgelegten Uni- **14** onsrechtsnorm auf den streitgegenständlichen Sachverhalt des Ausgangsverfahrens sowie die Prüfung der Vereinbarkeit nationaler Bestimmungen mit der Unionsrechtsnorm obliegt ausschließlich dem nationalen Richter. Dieser muss sich dabei der vom EuGH im Vorabentscheidungsurteil entwickelten Auslegungskriterien bedienen.[29] Dem EuGH ist es verwehrt, über die Subsumtion des streitgegenständlichen Sachverhalts des Ausgangsverfahrens unter eine Unionsrechtsbestimmung zu entscheiden[30] oder tatsächliche Sachverhaltsfragen zu klären bzw. zu würdigen.[31] Statthafter Vorlagegegenstand ist ausschließlich die vom nationalen Richter gestellte Frage nach der Gültigkeit oder Auslegung von Unionsrecht.[32] Dabei obliegt es allein dem vorlegenden Gericht, den genauen Gegenstand der Fragen festzulegen, die es dem Gerichtshof vorlegen will.[33] Zusätzliche, von den Parteien des Ausgangsverfahrens in ihren schriftlichen Erklärungen aufgeworfene Gültigkeitsfragen bleiben hingegen unbeantwortet.[34] Demgegenüber bleibt es dem EuGH unbenommen, sowohl ungenau formulierte Fragen zu präzisieren (s. Rn. 79 f.) als auch alle relevanten Bestimmungen des Unionsrechts zur Auslegung oder Gültigkeitsprüfung heranzuziehen,[35] unabhängig davon, ob sie in der Vorlage erwähnt worden sind oder nicht.[36]

II. »Auslegung der Verträge« (Art. 267 Abs. 1 Buchst. a AEUV)

»Der Gerichtshof entscheidet im Wege der Vorabentscheidung [...] über die Auslegung **15** der Verträge« (Art. 267 Abs. 1 Buchst. a AEUV). Mit dieser Formulierung sind Normen des primären Unionsrechts als statthafter Vorlagegegenstand bezeichnet. Hierzu zählt

---

[26] EuGH, Urt. v. 15.7.1964, Rs. 6/64 (Costa/E.N.E.L.), Slg. 1964, 1251 (1262).

[27] EuGH, Beschl. v. 16.1.2008, Rs. C–361/07 (Polier), ECLI:EU:C:2008:16, Rn. 9; Urt. v. 14.7.2016, Rs. C–458/14 (Promoimpiesa), ECLI:EU:C:2016:558, Rn. 29.

[28] Ausführlich zu dieser Thematik *Karpenstein*, in: Grabitz/Hilf/Nettesheim, EU, Art. 267 AEUV (Mai 2013), Rn. 21.

[29] *Rengeling/Middeke/Gellermann*, Rechtsschutz in der EU, § 10, Rn. 104.

[30] EuGH, Urt. v. 8.12.1970, Rs. 28/70 (Witt/Hauptzollamt Lüneburg), Slg. 1970, 1021, Rn. 2.

[31] EuGH, Urt. v. 23.1.1975, Rs. 51/74 (Hulst/Produktschap voor Siergewassen), Slg. 1975, 79, Rn. 11/12; Urt. v. 28.7.2016, Rs. C–423/15 (Kratzer), ECLI:EU:C:2016:604, Rn. 27.

[32] *Dauses*, S. 71 f.

[33] EuGH, Urt. v. 18.12.2007, Rs. C–62/06 (Pública/ZF Zefeser), Slg. 2007, I–1995, Rn. 14.

[34] EuGH, Urt. v. 30.11.2006, Rs. C–376/05 (Bruensteiner GmbH u. a./Bayerische Motorenwerke AG), Slg. 2006, I–11383, Rn. 28; Urt. v. 10.9.2015, Rs. C–687/13 (Fliesenzentrum Deutschland), ECLI:EU:C:2015:573, Rn. 42.

[35] Vgl. EuGH, Urt. v. 18.3.1993, Rs. C–280/91 (Viessmann/Finanzamt Kassel-Goethestraße), Slg. 1993, I–971, Rn. 17.

[36] *Bode/Ehle*, EWS 2001, 55 (57); *Sachs*, Die Ex-officio-Prüfung durch die Gemeinschaftsgerichte, 2008, S. 82 ff.; vgl. auch EuGH, Urt. v. 21.6.2016, Rs. C–15/15 (New Valmar), ECLI:EU:C:2016:464, Rn. 28 ff.

zum einen das geschriebene **Primärrecht** in Form des Vertrages über die Europäische Union und des Vertrages über die Arbeitsweise der Europäischen Union einschließlich ihrer Anlagen, Anhänge und Protokolle (Art. 51 EUV, Art. 31 Abs. 2 WVK) sowie deren spätere Ergänzungen und Änderungen durch völkerrechtliche Verträge. Auch die nach Gründung der vormaligen Europäischen Gemeinschaft bzw. der Europäischen Union mit Beitrittskandidaten geschlossenen Beitrittsverträge gehören zum vertraglich geregelten Primärrecht. Zum anderen ist auch ungeschriebenes Primärrecht in Form allgemeiner Rechtsgrundsätze erfasst.[37] Zu den im Rang des primären Unionsrechts stehenden allgemeinen Rechtsgrundsätzen gehören insbesondere die rechtsstaatlich gebotenen Garantien des Verwaltungsverfahrens[38] und die ebenfalls als allgemeine Rechtsgrundsätze eingeordneten vormaligen Gemeinschaftsgrundrechte. Zudem kann »Gewohnheitsprimärrecht« das vertraglich fixierte (geschriebene) Primärrecht ergänzen. Der **Charta der Grundrechte** der Europäischen Union kommt gemäß Art. 6 Abs. 1 EUV ebenfalls Primärrechtsqualität zu.[39] Sie ist damit tauglicher Auslegungsgegenstand im Rahmen des Vorabentscheidungsverfahrens. Allerdings hat der EuGH sich in seiner neueren Rechtsprechung verstärkt dann für unzuständig erklärt, wenn das im Ausgangsverfahren in Rede stehende nationale Recht nicht der »Durchführung des Unionsrechts« i. S. d. Art. 51 Abs. 1 GRC dient.[40]

III. »Gültigkeit und Auslegung der Handlungen der Organe, Einrichtungen oder sonstigen Stellen der Union« (Art. 267 Abs. 1 Buchst. b AEUV)

16   Statthafte Vorlagegegenstände einer Gültigkeits- oder Auslegungsfrage sind nach Art. 267 Abs. 1 Buchst. b AEUV die »Handlungen der Organe, Einrichtungen oder sonstigen Stellen der Union«. Durch die zusätzliche Aufnahme der »Einrichtungen oder sonstigen Stellen der Union« in den Vertragstext können darüber hinaus nunmehr – im Gleichklang mit Artikel 263 Abs. 1 AEUV – auch Handlungen der EIB, des Europäischen Wirtschafts- und Sozialausschusses, des Ausschusses der Regionen sowie der Ämter und Agenturen der Union Gegenstand einer Vorlage bilden.[41] Der durch die Lissabonner Vertragsrevision eingeführte Begriff der »**sonstigen Stellen der Union**« stellt dabei einen Auffangtatbestand dar, mit dem im Sinne eines umfassenden Rechtsschutzes gegenüber den Handlungen sämtlicher Einrichtungen alle nicht unter die erste oder zweite Alternative fallenden Einrichtungen erfasst werden sollen.[42]

17   Der Begriff »**Handlungen**«, der grundsätzlich weit zu verstehen ist, umfasst das gesamte organgeschaffene (abgeleitete) Unionsrecht.[43] Erfasst sind somit die in Art. 288

---

[37] Vgl. hierzu *Fischer*, Europarecht, 2008, S. 78.

[38] *Haratsch/Koenig/Pechstein*, Europarecht, Rn. 368; *Streinz*, Europarecht, Rn. 456 ff.

[39] Vgl. zur Grundrechtecharta als zulässigem Gegenstand des Vorabentscheidungsverfahrens etwa EuGH, Urt. v. 22.12.2010, Rs. C–279/09 (DEB/Deutschland), Slg. 2010, I–13880, Rn. 30 ff.

[40] EuGH, Urt. v. 30.5.2013, Rs. C–106/13 (Fierro u. a./Ronchi), ECLI:EU:C:2013:357, Rn. 11–15; Urt. v. 10.5.2012, Rs. C–134/12 (Corpul National al Politistilor), ECLI:EU:C:2012:288, Rn. 15; Urt. v. 30.6.2016, Rs. C–205/15 (Toma), ECLI:EU:C:2016:499, Rn. 22 ff.

[41] Der Begriff der »Einrichtungen und sonstigen Stellen der Union«, auf den die Verträge etwa in den Artikeln 9 EUV bzw. 15 AEUV Bezug nehmen, wird weder durch den EUV noch den AEUV näher definiert.

[42] *Karpenstein*, in: Grabitz/Hilf/Nettesheim, EU, Art. 267 AEUV (Mai 2013), Rn. 19.

[43] *Rengeling/Middeke/Gellermann*, Rechtsschutz in der EU, § 10, Rn. 34. Für eine – darüber hinausgehende – Einbeziehung von Rechts- oder Realakten der Unionsorgane, die nicht zum abgeleiteten Unionsrecht gehören, *Karpenstein*, in: Grabitz/Hilf/Nettesheim, EU, Art. 267 AEUV (Mai 2013), Rn. 24, *Schwarze*, in: Schwarze, EU-Kommentar, Art. 267 AEUV, Rn. 10.

Abs. 1 AEUV genannten Rechtsakte. Neben den rechtsverbindlichen Rechtsaktformen »Verordnungen«, »Richtlinien« und »Beschlüsse« können auch die nicht rechtsverbindlichen Handlungsformen »Empfehlungen« und »Stellungnahmen« Gegenstand eines Vorabentscheidungsverfahrens sein.[44] Vor dem Hintergrund des weit zu verstehenden Handlungsbegriffs des Art. 267 Abs. 1 Buchst. b AEUV werden deshalb zu Recht auch sonstige Kategorien außerrechtlicher Regelungsinstrumente und atypische Handlungsformen wie etwa Instrumente des sog. »soft law« dem Anwendungsbereich des Vorabentscheidungsverfahrens nicht von vornherein entzogen.[45] Gleiches gilt für sog. Realakte.[46] Fragen nach der Gültigkeit und Auslegung von Rechtsakten der Union können dem Gerichtshof deshalb auch dann vorgelegt werden, wenn ihnen eine unmittelbare Wirkung in dem Sinne, dass sich Einzelne auf sie berufen können, nach der Rechtsprechung des EuGH nicht zukommt.[47] Bloße Vorbereitungs- oder Mitwirkungshandlungen bleiben jedoch vom Vorabentscheidungsverfahren ausgeschlossen.[48]

Ebenso sind die **Entscheidungen der Unionsgerichtsbarkeit** selbst vom Anwendungs-   **18** bereich des Art. 267 AEUV ausgenommen, wobei der EuGH bislang, soweit ersichtlich, lediglich die Vorlagefähigkeit im Hinblick auf eine Gültigkeitsvorlage explizit verneint hat.[49] Die Zulässigkeit einer Auslegungsvorlage bzgl. eines Urteils dürfte jedoch ebenfalls ausgeschlossen sein.[50] Dies folgt bereits aus Artikel 104 Abs. 2 VerfO-EuGH, der für diesen Fall – mangels Einschlägigkeit des in Artikel 43 der Satzung bzw. 158 VerfO-EuGH vorgesehenen Verfahrens der Urteilsauslegung – eine erneute Vorlage der in Rede stehenden Rechtsfrage durch die nationalen Gerichte anspricht.[51] Vor dem Hintergrund dieser jederzeitigen erneuten Vorlagemöglichkeit besteht deshalb kein praktischer prozessualer Bedarf an einer Vorlage von Vorabentscheidungsentscheidungen des EuGH.

Zum Kreis der statthaften Vorlagegegenstände in Bezug auf Gültigkeits- und Ausle-   **19** gungsvorlagen gehören auch **Rechtsakte im Rahmen der Organisationsgewalt** der Unionsorgane. Organisationsgewalt bezeichnet dabei die Befugnis eines jeden Organs, seine innere Organisation durch Erlass von Geschäftsordnungen, Satzungen, Verfahrensordnungen[52] oder Personalstatuten zu regeln. Ebenso erfasst sind auch die sogenannten

---

[44] EuGH, Urt. v. 21.1.93, Rs. C–188/91 (Deutsche Shell/Hauptzollamt Hamburg-Harburg), Slg. 1993, I–363, Rn. 18; Urt. v. 15.6.1976, Rs. 113/75 (Frecassetti), Slg. 1976, 983; Urt. v. 9.6.77, Rs. 90/76 (Van Ameyde), Slg. 1977, 1091, und Urt. v. 13.12.89, Rs. C–322/88 (Grimaldi), Slg. 1989, 4407, Rn. 9; vgl. auch *Schwarze*, EuR 2011, 3.

[45] Für eine Einbeziehung europäischen soft laws in das Vorabentscheidungsverfahren grundlegend *Knauff*, EuR 2011, 735, der allerdings zu Recht auch auf die faktischen Schwierigkeiten im Hinblick auf die Erfüllung der weiteren prozessrechtlichen Anforderungen durch derartige Vorlageersuchen – etwa im Hinblick auf die in der Regel fehlende Entscheidungserheblichkeit für den Ausgangsrechtsfall und die Schwierigkeiten im Hinblick auf den zu wählenden rechtlichen Überprüfungsmaßstab – hinweist.

[46] *Karpenstein*, in: Grabitz/Hilf/Nettesheim, EU, Art. 267 AEUV (Mai 2013), Rn. 24.

[47] EuGH, Urt. v. 20.5.1976, Rs. 111/75 (Mazzalai/Ferrovia del Renon), Slg. 1976, 657, Rn. 7; Urt. v. 13.9.1990, Rs. C–106/89 (Marleasing/La Comercial Internacional de Alimentación SA), Slg. 1990, I–4135, Rn. 6 ff.; Urt. v. 10.7.1997, Rs. C–261/95 (Palmisani/INPS), Slg. 1997, I–4025, Rn. 21.

[48] EuGH, Urt. v. 3.2.1976, Rs. 59/75 (Staatsanwaltschaft/Manghera), Slg. 1976, 91, Rn. 19 ff.

[49] EuGH, Beschl. v. 5.3.1986, Rs. 69/85 (Wünsche/Deutschland), Slg. 1986, 947, Rn. 16.

[50] In diesem Sinne wohl auch *Schwarze*, in: Schwarze, EU-Kommentar, Art. 267 AEUV, Rn. 11; ebenso *Rengeling/Middeke/Gellermann*, Rechtsschutz in der EU, § 10, Rn. 37; a. A. aber *Thiele*, Europäisches Prozessrecht, 2. Aufl., 2014, § 9, Rn. 20 m.w.N., der eine Vorlagefähigkeit zumindest im Hinblick auf die Auslegung von Urteilen des EuGH bejaht.

[51] So auch *Dittert*, EuZW 2013, 726 (729).

[52] Vgl. im Hinblick auf die Verfahrensordnung des EuGH nur EuGH, Urt. v. 1.3.1972, Rs. 62/72 (Bollmann/Hauptzollamt Hamburg Waltershof), Slg. 1973, 269, Rn. 2.

Organisationsakte, die das institutionelle Zusammenwirken der Unionsorgane bei der Ausübung der ihnen vertraglich zugewiesenen Befugnisse regeln. Hierunter fallen auch bilaterale Abkommen zwischen EU-Organen und einzelnen Mitgliedstaaten wie etwa das Sitzabkommen zwischen der EZB und Deutschland.[53] Zu den in den Verträgen nicht näher gekennzeichneten Handlungen gehören schließlich auch Programme wie etwa das ERASMUS-Programm.

20   Im Hinblick auf die von der Union mit Drittstaaten bzw. internationalen Organisationen abgeschlossenen **völkerrechtlichen Vereinbarungen und Abkommen** ist zwischen der Zulässigkeit von Auslegungs- und Gültigkeitsvorlagen zu unterscheiden. **Auslegungsvorlagen** sind hinsichtlich dieser Rechtsakte grundsätzlich zulässig, da letztere nach ständiger Rechtsprechung einen »integrierenden Bestandteil« der Unionsrechtsordnung bilden.[54] Mit identischer Begründung hat der EuGH in diesem Rahmen auch eine Zuständigkeit für die Auslegung von Beschlüssen bejaht, die von Organen (wie etwa Assoziationsräten), welche durch ein derartiges Abkommen für dessen Durchführung geschaffen worden sind, gefasst wurden.[55]

21   Hinsichtlich der Vorlagefähigkeit von Fragen betreffend die Auslegung von Normen solcher völkerrechtlicher Verträge, in denen sowohl die Union als auch Mitgliedstaaten Parteien sind (sog. »**gemischte Abkommen**«), ergibt sich aus der aktuellen Rechtsprechung des EuGH folgendes Bild[56]: »Gemischte Abkommen« haben in der Unionsrechtsordnung grundsätzlich »denselben Status wie rein gemeinschafts[unions-]rechtliche Abkommen, soweit es um Bestimmungen geht, die in die Zuständigkeit der Gemeinschaft [Union] fallen«.[57] In diesem Zusammenhang hat der EuGH sich zunächst für zuständig erklärt, »die von der Union übernommenen Verpflichtungen von denjenigen abzugrenzen, für die allein die Mitgliedstaaten verantwortlich bleiben, und die Vorschriften des Übereinkommens [...] auszulegen«.[58] Insofern geht es in der Sache um eine Abgrenzungsbefugnis der Auslegungszuständigkeiten zwischen der Unionsgerichtsbar-

---

[53] EuGH, Urt. v. 19.7.2012, Rs. C–62/11 (Hessen/Feyerbacher), ECLI:EU:C:2012:486, Rn. 33 ff.
[54] Vgl. nur EuGH, Urt. v. 30.4.1974, Rs. 181/73 (Haegeman/Belgien), Slg. 1974, 449, Rn. 2/6; Urt. v. 14.9.1989, Rs. 30/88 (Griechenland/Kommission), Slg. 1989, 3711, Rn. 12, zuletzt bestätigt durch Urt. v. 11.4.2013, verb. Rs. C–335/11 u. C–337/11 (HK Danmark), ECLI:EU:C:2013:222, Rn. 30; Urt. v. 11.3.2015, Rs. C–464/13 (Oberto und O'Leary), ECLI:EU:C:2015:163, Rn. 29.
[55] Für Assoziationsratsbeschlüsse: EuGH, Urt. v. 20.9.1990, Rs. C–192/89 (Sevince/Staatssecretaris van Justitie), Slg. 1990, I–3461, Rn. 7 ff. (9–10); Urt. v. 16.12.1992, Rs. C–237/91 (Kus/Landeshauptstadt Wiesbaden), Slg. 1992, I–6781, Rn. 9; vgl. auch Urt. v. 21.1.1993, Rs. C–188/91 (Deutsche Shell), Slg. 1993, I–363, Rn. 17 (zur Überprüfbarkeit von Absprachen eines durch das Übereinkommen EWG/EFTA-Länder über ein gemeinsames Versandverfahren geschaffenen Gemischten Ausschusses).
[56] Vgl. zu dieser Thematik auch die äußerst instruktive Darstellung und Analyse der Entwicklung der Rechtsprechung zu den gemischten Übereinkommen durch GA *Sharpston*, Schlussanträge zu Rs. C–240/09 (Lesoochranárske zoskupenie VLK/Ministerstvo), Slg. 2011, I–1255, Rn. 43 ff.; Vgl. auch *Vranes*, EuR 2009, 44, sowie *Broberg/Fenger*, S. 119 ff.
[57] EuGH, Urt. v. 19.3.2002, Rs. C–13/00 (Kommission/Irland), Slg. 2002, I–2943, Rn. 14. Vgl. in diesem Sinne auch Urt. v. 30.9.1987, Rs. 12/86 (Demirel/Stadt Schwäbisch Gmünd), Slg. 1987, 3719, Rn. 9.
[58] Vgl. EuGH, Urt. v. 8.3.2011, Rs. C–240/09 (Lesoochranárske zoskupenie VLK/Ministerstvo), Slg. 2011, I–1255, Rn. 31; davor bereits Urt. v. 11.9.2007, Rs. C–431/05 (Merck Genéricos/Merck & Co.), Slg. 2007, I–7001, Rn. 33.

keit auf der einen und den nationalen Gerichten auf der anderen Seite, die der Gerichtshof sich selbst in umfassender Weise – da den gesamten völkerrechtlichen Rechtsakt erfassend – zuweist.[59] In einem weiteren Schritt prüft der Gerichtshof, ob die Union in dem von der jeweiligen Bestimmung des internationalen Abkommens erfassten Bereich »ihre Zuständigkeiten ausgeübt und Vorschriften über die Erfüllung der sich daraus ergebenden Verpflichtungen erlassen hat«.[60] Nur unter dieser Voraussetzung bejaht er seine eigene Zuständigkeit zur Auslegung der in Rede stehenden völkervertraglichen Norm,[61] andernfalls wird von einer Zuständigkeit der nationalen Gerichte ausgegangen.[62] Damit besteht im Ergebnis zumindest hinsichtlich der materiell-rechtlichen Auslegung der streitgegenständlichen Norm des »gemischten Abkommens« keine generelle Zuständigkeit des EuGH.[63] Inwiefern eine »Bestimmung eines gemischten Abkommens [...], die eine Verpflichtung enthält, die nur die Mitgliedstaaten im Bereich ihrer eigenen Zuständigkeiten übernehmen können«[64] Gegenstand eines auf die Auslegung der Norm zielenden Vorabentscheidungsersuchens sein kann, ist in der Rechtsprechung des Gerichtshofes hingegen, soweit ersichtlich, noch nicht geklärt.[65]

Der EuGH ist grundsätzlich nicht zuständig für die Auslegung von völkerrechtlichen **22** Verträgen, die durch die Mitgliedstaaten ohne Beteiligung der Union geschlossen worden sind.[66] Dies gilt selbst dann, wenn der Abschluss des völkerrechtlichen Abkommens in einer EU-Richtlinie vorgesehen ist[67] oder wenn diese Abkommen »Verbindungen« zur Union und zum Funktionieren ihrer Organe aufweisen.[68] Allerdings hat der EuGH nicht jegliche Auswirkungen eines lediglich von den Mitgliedstaaten abgeschlossenen völkerrechtlichen Abkommens auf die Auslegung des Unionsrechts abgelehnt, sondern vielmehr anerkannt, dass die Unionsgerichte dessen rechtliche Vorgaben – insbesondere bei der Auslegung von Bestimmungen des abgeleiteten Unionsrechts, die materiell in den

---

[59] In diesem Sinne schon GA *Sharpston*, Schlussanträge zu Rs. C–240/09 (Lesoochranárske zoskupenie VLK/Ministerstvo), Slg. 2011, I–1255, Rn. 43 ff., 54 f.

[60] EuGH, Urt. v. 8.3.2011, Rs. C–240/09 (Lesoochranárske zoskupenie VLK/Ministerstvo), Slg. 2011, I–1255, Rn. 32.

[61] EuGH, Urt. v. 8.3.2011, Rs. C–240/09 (Lesoochranárske zoskupenie VLK/Ministerstvo), Slg. 2011, I–1255, Rn. 33.

[62] EuGH, Urt. v. 8.3.2011, Rs. C–240/09 (Lesoochranárske zoskupenie VLK/Ministerstvo), Slg. 2011, I–1255, Rn. 32.

[63] EuGH, Urt. v. 11.9.2007, Rs. C–431/05 (Merck Genéricos/Merck & Co.), Slg. 2007, I–7001, Rn. 33. In diesem Sinne zuletzt auch Urt. v. 8.3.2011, Rs. C–240/09 (Lesoochranárske zoskupenie VLK/Ministerstvo), Slg. 2011, I–1255, Rn. 31. Gegen die Annahme einer generellen Jurisdiktionsgewalt des EuGH bezüglich gemischter Abkommen im Ergebnis auch *Vranes*, EuR 2009, 44 (61); a. A. aber etwa GA *Colomer*, Schlussanträge zu Rs. C–431/05 (Merck Genéricos/Merck & Co.), Slg. 2007, I–7001, Rn. 54–61, der im Hinblick auf die Auslegung des TRIPS-Abkommens für eine umfassende Zuständigkeit des EuGH eintritt; eine umfassende Auslegungszuständigkeit des EuGH zu pauschal bejahend *Rengeling/Middeke/Gellermann*, Rechtsschutz in der EU, § 10, Rn. 31.

[64] EuGH, Urt. v. 30.9.1987, Rs. 12/86 (Demirel/Stadt Schwäbisch Gmünd), Slg. 1987, 3719, Rn. 9.

[65] Vgl. auch *Schwarze*, in: Schwarze, EU-Kommentar, Art. 267 AEUV, Rn. 12.

[66] EuGH, Urt. v. 3.6.2008, Rs. C–308/06 (Intertanko), Slg. 2008, I–4057, Rn. 49 ff.; Urt. v. 17.7.2014, Rs. C–481/13 (Qurbani), ECLI:EU:C:2014:2101, Rn. 22.

[67] *Wägenbaur*, EuZW 2000, 37 (39).

[68] EuGH, Urt. v. 15.1.1986, Rs. 44/84 (Hurd/Jones), Slg. 1986, 29, Rn. 20, in Bezug auf die Auslegung des auf einer völkerrechtlichen Vereinbarung zwischen den EU-Mitgliedstaaten beruhenden Statuts der Europäischen Schulen.

Anwendungsbereich eines solchen Abkommens fallen – zu »berücksichtigen« hätten.[69] Dies gilt allerdings ausdrücklich nur für den Fall, dass sämtliche Mitgliedstaaten Vertragsstaaten des in Rede stehenden Abkommens sind.[70] Eine Zuständigkeit des EuGH insbesondere für die Auslegung völkerrechtlicher Abkommen, die die Mitgliedstaaten untereinander geschlossen haben, kann darüber hinaus auch im Wege der expliziten oder impliziten »Organleihe« durch die Union begründet werden.[71] Eine Auslegungszuständigkeit des EuGH ist im Übrigen auch dann anzuerkennen, wenn das Unionsrecht explizit auf bestimmte völkerrechtliche Abkommen verweist.[72]

23 Im Falle eines von den Mitgliedstaaten abgeschlossenen Abkommens (wie etwa des GATT-Abkommens), das gegenüber der vormaligen Gemeinschaft erst nachträglich eine Bindungswirkung entfaltet hat, geht der EuGH von einer umfassenden Auslegungsbefugnis aus.[73] Hinsichtlich der Auslegung des EWR-Abkommens hat der EuGH seine Zuständigkeit insoweit beschränkt, als er sich zur Auslegung dieses Abkommens im Hinblick auf dessen Anwendung in den EFTA-Staaten nicht befugt sieht.[74]

24 Die Zulässigkeit von **Gültigkeitsvorlagen** hinsichtlich der Vereinbarkeit von Handlungen der Unionsorgane mit **völkerrechtlichen Übereinkünften** stellt sich demgegenüber wie folgt dar: Nach Art. 216 Abs. 2 AEUV sind die Unionsorgane an die von der Union geschlossenen völkerrechtlichen Übereinkünfte, die Vorrang vor den Bestimmungen des abgeleiteten Unionsrechts haben, gebunden. Folglich muss im Rahmen eines nationalen Verfahrens grundsätzlich auch die Ungültigkeit eines Unionsrechtsakts wegen Unvereinbarkeit mit völkerrechtlichen Regeln geltend gemacht werden können. Allerdings muss hier auch den Besonderheiten des völkerrechtlichen Umfelds Rechnung getragen werden. Vor diesem Hintergrund hat der EuGH bestimmte Voraussetzungen entwickelt, unter denen die in Rede stehende völkerrechtliche Bestimmung als Prüfungsmaßstab für die Gültigkeit eines Unionsrechtsakts herangezogen werden kann.[75]

25 Bei der Heranziehung von Grundsätzen des **Völkergewohnheitsrechts** als Prüfungsmaßstab für die Beurteilung der Gültigkeit eines Unionsrechtsakts gilt die Besonderheit, dass die Kontrolle durch den Gerichtshof sich lediglich darauf beschränkt, ob den Unionsorganen beim Erlass des betreffenden Rechtsakts »offensichtliche Fehler« bei der Beurteilung der Voraussetzungen für die Anwendung der völkerrechtlichen Grundsätze

---

[69] EuGH, Urt. v. 3.6.2008, Rs. C–308/06 (Intertanko), Slg. 2008, I–4057, Rn. 52, zuletzt bestätigt durch EuGH, Urt. v. 23.1.2014, Rs. C–537/11 (Manzi u. a./Capitaneria di Porto di Genova), ECLI:EU:C:2014:19, Rn. 45.

[70] EuGH, Urt. v. 23.1.2014, Rs. C–537/11 (Manzi u. a./Capitaneria di Porto di Genova), ECLI:EU:C:2014:19, Rn. 46–49.

[71] Dazu ausführlich mit Fallbeispielen *Piekenbrock*, EuR 2010, 317 (320 f.).

[72] *Piekenbrock*, EuR 2010, 317 (322).

[73] EuGH, Urt. v. 12.12.1972, verb. Rs. 21/72–24/72 (International Fruit Company/Produktschap voor Groenten en Fruit), Slg. 1972, 1219, Rn. 4 ff.; Urt. v. 17.7.2014, Rs. C–481/13 (Qurbani), ECLI:EU:C:2014:2101, Rn. 23.

[74] EuGH, Urt. v. 15.7.1992, Rs. C–321/97 (Andersson u. a./Schweden), Slg. 1999, I–3551, Rn. 28; Urt. v. 15.3.2003, Rs. C–300/01 (Salzmann), Slg. 2003, I–4899, Rn. 66.

[75] EuGH, Urt. v. 21.12.2011, Rs. C–366/10 (Air Transport Association of America u.a.), Slg. 2011, I–13755, Rn. 51 ff. Vgl. zu den herangezogenen Kriterien auch die instruktive Darstellung von GA *Kokott*, Schlussanträge zu Rs. C–366/10 (Air Transport Association of America u.a.), Slg. 2011, I–13755, Rn. 49 f.

unterlaufen sind.[76] Der Gerichtshof begründet diesen Ansatz mit der geringeren Bestimmtheit von Grundsätzen des Völkergewohnheitsrechts.[77]

Ungeklärt, da durch die Rechtsprechung – soweit ersichtlich – noch nicht entschieden, ist die Frage, ob Beschlüsse, die von Organen (wie etwa Assoziationsräten) gefasst worden sind, zulässiger Gegenstand einer Gültigkeitsvorlage sein können. Diesbezüglich ist jedoch – ähnlich wie im Rahmen einer Gültigkeitsvorlage eines völkerrechtlichen Vertrages – problematisch, dass der Gerichtshof nur für die Union, nicht jedoch für den jeweiligen Vertragspartner bindend die Ungültigkeit eines derartigen Beschlusses feststellen könnte.[78] **26**

IV. Präklusionswirkung der Nichterhebung einer Nichtigkeitsklage gemäß Art. 263 AEUV

Nach Ablauf der Klagefrist gemäß Art. 263 Abs. 6 AEUV werden Unionsrechtsakte dem Grunde nach unanfechtbar und damit **bestandskräftig**.[79] Durch eine zeitlich später noch mögliche Gültigkeitskontrolle im Rahmen des Verfahrens nach Art. 267 Abs. 1 Buchst. b, Alt. 1 AEUV darf diese Bestandskraftwirkung nicht unterlaufen werden. Der Gerichtshof hat in seiner **Deggendorf**-Rechtsprechung[80] präzisiert, dass nach Eintritt der Bestandskraft eines Unionsrechtsaktes gegenüber einem nach Art. 263 Abs. 4 AEUV klagebefugten Nichtigkeitskläger diese Bestandskraft nicht mehr mittels eines von diesem angestrengten nationalen Verfahrens im Wege der Gültigkeitskontrolle über Art. 267 AEUV nachträglich in Frage gestellt werden kann. Insoweit wäre ein entsprechendes Vorabentscheidungsersuchen des mit der Sache befassten nationalen Gerichts unstatthaft. **27**

Dieser Rechtsprechung des EuGH liegt die Abwägung zwischen zwei Rechtsprinzipien zugrunde: der **Rechtssicherheit** und dem **effektiven Rechtsschutz**. Die Klagefrist und die bei deren Ablauf eintretende Bestandskraft sollen sicherstellen, dass die Rechtsakte der Union nicht »wieder und wieder in Frage gestellt« werden.[81] Dem steht der allgemeine Rechtsgrundsatz gegenüber, der auch in **Art. 277 AEUV** seinen Nieder- **28**

---

[76] EuGH, Urt. v. 16.6.1998, Rs. C–162/96 (Racke), Slg. 1998, I–3655, Rn. 52; Urt. v. 21.12.2011, Rs. C–366/10 (Air Transport Association of America u.a.), Slg. 2011, I–13755, Rn. 110; Demgegenüber hatte GA *Kokott* in ihren Schlussanträgen zu dieser Rechtssache (Slg. 2011, I–13755, Rn. 113) vorgeschlagen, ähnlich wie bei der Prüfung sonstiger völkerrechtlicher Bestimmungen zu verfahren und dementsprechend zu prüfen ob erstens ein Grundsatz des Völkerrechts existiert, an den die Union gebunden ist und zweitens zu prüfen, ob »Art und Struktur des jeweiligen Grundsatzes des Völkergewohnheitsrechts einer solchen Gültigkeitsprüfung nicht entgegenstehen, wobei der jeweilige Grundsatz außerdem inhaltlich unbedingt und hinreichend genau« erscheinen müsse.

[77] EuGH, Urt. v. 21.12.2011, Rs. C–366/10 (Air Transport Association of America u.a.), Slg. 2011, I–13755, Rn. 110.

[78] Vgl. EuGH, Gutachten 1/75 v. 11.11.1975 (Lokale Kosten), Slg. 1975, 1355 (1360 f.); Gutachten 3/94 v. 13.12.1995 (GATT/WTO/Rahmenabkommen über Bananen), Slg. 1995, I–4577, Rn. 17. Vgl. zur Gültigkeitsvorlage bei völkerrechtlichen Verträgen *Schwarze*, in: Schwarze, EU-Kommentar, Art. 267 AEUV, Rn. 20 m.w.N.

[79] Vgl. allgemein zur Bestandskraft von Unionsrechtsakten, *Vogt*, EuR 2004, 633. Grundlegend kritisch zur Verknüpfung von Fragen der Bestandskraft in der Rechtsprechungsdogmatik, *Röhl*, ZaöRV 60 (2000), 331 (358 ff.).

[80] EuGH, Urt. v. 9.3.1994, Rs. C–188/92 (TWD Textilwerke Deggendorf/Bundesrepublik Deutschland), Slg. 1994, I–833; vgl. dazu ferner *Broberg/Fenger*, S. 193 ff.

[81] EuGH, Urt. v. 9.3.1994, Rs. C–188/92 (TWD Textilwerke Deggendorf/Bundesrepublik Deutschland), Slg. 1994, I–833, Rn. 16.

schlag gefunden hat,[82] wonach die Möglichkeit eröffnet sein muss, diejenigen Rechtsakte der Union der gerichtlichen Kontrolle zuzuführen, welche die Grundlage für (nationale) belastende Vollzugsmaßnahmen darstellen.[83] Letzteres gilt nach der Rechtsprechung des EuGH freilich nur, soweit der hieran interessierte Betroffene nicht direkt gegen den entsprechenden höherrangigen Rechtsakt der Union vor den Unionsgerichten vorgehen kann.

29   Die **Präklusionswirkung** greift deshalb nur in denjenigen Fällen, in denen der Kläger des Ausgangsverfahrens »ohne jeden Zweifel« befugt gewesen wäre, nach Art. 263 AEUV eine Nichtigkeitsklage zu erheben.[84] Die Erhebung der Nichtigkeitsklage durch den Individualkläger hätte folglich »offensichtlich« zulässig sein müssen, um die Präklusionswirkung eintreten zu lassen. Stets eindeutig als klageberechtigt anzusehen sind die **unmittelbaren Adressaten der Handlung** eines Unionsorgans – ob Mitgliedstaat nach Art. 263 Abs. 2 AEUV[85] oder Individualkläger nach Art. 263 Abs. 4 Alt. 1 AEUV.[86] Unmittelbare Adressaten der fraglichen Handlung der Union können sich daher in Vollzugsrechtsstreitigkeiten vor den nationalen Gerichten nicht mehr auf die Ungültigkeit der EU-Regelung berufen, wenn sie nicht rechtzeitig Nichtigkeitsklage erhoben haben. Entsprechende Vorlagefragen nimmt der EuGH nicht an.

30   Schwieriger gestaltet sich hingegen die Situation hinsichtlich der von Art. 263 Abs. 4 Alt. 2 AEUV erfassten Klagegegenstände der den Kläger »**unmittelbar und individuell betreffenden Handlungen**«. Diesbezüglich hat die Vertragsrevision von Lissabon keine tatbestandlichen Veränderungen mit sich gebracht (s. Art. 263 AEUV, Rn. 96 ff.). Insoweit bleibt die bisherige einschlägige Judikatur für die Frage, ob eine »**Offensichtlichkeit**« der Möglichkeit einer Klageerhebung nach Art. 263 Abs. 4 Alt. 2 AEUV vorliegt, von Bedeutung.[87] Handelt es sich um eine echte Verordnung, die als Gesetzgebungsakt auch nicht der neuen Konstellation in Art. 263 Abs. 4 Alt. 3 AEUV unterliegt (s. Art. 263 AEUV, Rn. 66 ff.), so ist eine Nichtigkeitsklage Einzelner in der Regel mangels unmittelbarer und individueller Betroffenheit gemäß Art. 263 Abs. 4 Alt. 2 AEUV unzulässig.[88] Gleiches gilt für den Fall, dass die Gültigkeit einer Richtlinie in Frage steht.[89] Die wohl größte Relevanz der Offensichtlichkeits-Rechtsprechung besteht in dem von Art. 263 Abs. 4 Alt. 2 AEUV erfassten Fall, wonach mit der Nichtigkeitsklage auch drittgerichtete Beschlüsse angegriffen werden können, soweit diese den Individualkläger unmittelbar und individuell betreffen. So ist der Empfänger einer individuellen Beihilfe, der davon Kenntnis erhält, dass diese von der Kommission beanstandet wird,

---

[82] EuGH, Urt. v. 15.2.2001, Rs. C–239/99 (Nachi Europe), Slg. 2001, I–1197, Rn. 35.

[83] EuGH, Urt. v. 9.3.1994, Rs. C–188/92 (TWD Textilwerke Deggendorf/Bundesrepublik Deutschland), Slg. 1994, I–833, Rn. 23.

[84] St. Rspr., vgl. etwa EuGH, Urt. v. 28.4.2016, Rs. C–191/14 (Borealis Polyolefino), ECLI:EU:C:2016:311, Rn. 47; Urt. v. 12.12.1996, Rs. C–241/95 (Accrington Beef u. a.), Slg. 1996, I–6699, Rn. 15; Urt. v. 15.2.2001, Rs. C–239/99 (Nachi Europe), Slg. 2001, I–1197, Rn. 37 f.

[85] EuGH, Urt. v. 22.10.2002, Rs. C–241/01 (National Farmers Union), Slg. 2002, I–9097, Rn. 36.

[86] EuGH, Urt. v. 30.1.1997, Rs. C–178/95 (Wiljo NV/Belgien), Slg. 1997, I–585, Rn. 19 ff. insbesondere 20, 23.

[87] EuGH, Urt. v. 15.2.2001, Rs. C–239/99 (Nachi Europe), Slg. 2001, I–1197, Rn. 37.

[88] Vgl. EuGH, Urt. v. 12.12.1996, Rs. C–241/95 (Accrington Beef), Slg. 1996, I–6699, Rn. 15; vgl. aus der neueren Rspr. auch Urt. v. 27.11.2012, Rs. C–370/12 (Pringle), ECLI:EU:C:2012:756, bzgl. einer offensichtlich fehlenden individualrechtlichen Anfechtbarkeit eines Beschlusses nach Art. 48 Abs. 6 EUV.

[89] EuGH, Urt. v. 11.11.1997, Rs. C–408/95 (Eurotunnel u.a./SeaFrance), Slg. 1997, I–6315, Rn. 17 ff.

nach Verstreichen der Klagefrist nach Art. 263 Abs. 6 AEUV nicht mehr schutzwürdig.[90]

Ungeklärt sind hinsichtlich der Klageberechtigung nach Art. 263 Abs. 4 Alt. 2 AEUV   **31** jedoch zahlreiche weitere Fälle, insbesondere im Bereich der **Konkurrentenklagen** in allen Wettbewerbssachen (s. Art. 263 AEUV, Rn. 120 ff.). In der Praxis geht der Gerichtshof immer dann vom Fehlen der »Offensichtlichkeit« aus, wenn die Feststellungen im Vorabentscheidungsersuchen es dem Gerichtshof nicht ermöglichen, festzustellen, dass eine solche Direktklage ohne jeden Zweifel zulässig gewesen wäre.[91] Insoweit wird deutlich, dass der EuGH ersichtlich an dem Offensichtlichkeitskriterium festhält, freilich ohne abstrakte Definition. Vielmehr stellt der Gerichtshof wiederholt fest, dass der Kläger oder Beklagte eines Ausgangsverfahrens, der sich auf die Ungültigkeit der Unionsregelung beruft, »zweifellos«[92] oder »unzweifelhaft«[93] eine Nichtigkeitsklage hätte erheben können. Die Zweifellosigkeit der Zulässigkeit einer Nichtigkeitsklage muss sich folglich an dem Ausmaß der prozessualen oder materiell-rechtlichen Schwierigkeiten, die sich stellen, bemessen.

Auch hinsichtlich der durch den Lissabonner Vertrag neu eingeführten Konstellation   **32** nach Art. 263 Abs. 4 Alt. 3 AEUV, wonach auch »**Rechtsakte mit Verordnungscharakter**« Gegenstand einer Individualnichtigkeitsklage sein können, stellt sich die Präklusionsproblematik im Fall einer Gültigkeitsvorlage.[94] Da es im Fall des Art. 263 Abs. 4 Alt. 3 AEUV per definitionem in der Regel keine Vollzugsrechtsstreitigkeiten geben kann, wird die Umgehung der Klagefrist nach Art. 263 Abs. 6 AEUV nur dann relevant, wenn es aus anderen Gründen zu nationalen Rechtsstreitigkeit kommt. Das ist – wenngleich seltener – etwa dann möglich, wenn die Nichtbeachtung eines solchen Rechtsaktes durch nationale Organe sanktioniert werden soll oder der Rechtsakt unmittelbar mit Mitteln nationaler Prozessordnungen zum Verfahrensgegenstand gemacht wird (bspw. im Wege einer allgemeinen Feststellungsklage nach § 43 Abs. 1 Alt. 1 VwGO). Insoweit stellt sich die Frage, ob die bisherige Rechtsprechung zum Verhältnis von Nichtigkeitsklage und Gültigkeitsvorlage auch diese Neuerung der Individualnichtigkeitsklage erfassen soll. Gegen eine Ausdehnung der bisherigen Rechtsprechung auf die Fälle des Art. 263 Abs. 4 Alt. 3 AEUV spricht, dass dies gerade entgegen dem eigentlichen Anliegen dieser Erweiterung auf nationaler Ebene zu einer Verkürzung des effektiven Rechtsschutzes führen könnte. Angesichts der kurz bemessenen Klagefrist des Art. 263 Abs. 6 AEUV und des abstrakt-generellen Regelungsgehalts – letzteres unterscheidet diese Fallgruppe von den bisher durch die Rechtsprechung erfassten Konstellationen –, ist es nicht unwahrscheinlich, dass die durch einen solchen Rechtsakt betroffenen Personen erst infolge eines Verstoßes gegen dessen Bestimmungen im Wege der Sanktionierung durch nationale Behörden Kenntnis von ihm erlangen. Diesem Personenkreis in einem nationalen Rechtsstreit über die Rechtmäßigkeit der Sanktionierung die Gültigkeitsvorlage zum Gerichtshof mit Verweis auf die nicht wahrgenommene Klagemöglich-

---

[90] Im Fall einer abstrakt-generellen Beihilfenregelung hat der EuGH die offensichtliche Zulässigkeit einer gegen die einschlägige Kommissionsentscheidung gerichteten Individualnichtigkeitsklage hingegen verneint, vgl. EuGH, Urt. v. 23.2.2006, verb. Rs. C–346/03 – C–529/03 (Atzeni u. a.), Slg. 2006, I–1875, Rn. 33 ff.

[91] EuGH, Urt. v. 17.2.2011, Rs. C–494/09 (Bolton Alimentari/Agenzia delle Dogane), Slg. 2011, I–647, Rn. 23.

[92] EuGH, Urt. v. 15.2.2001, Rs. C–239/99 (Nachi Europe), Slg. 2001, I–1197, Rn. 37; Urt. v. 22.10.2002, Rs. C–241/01 (National Farmers Union), Slg. 2002, I–9097, Rn. 35.

[93] EuGH, Urt. v. 30.1.1997, Rs. C–178/95 (Wiljo NV/Belgien), Slg. 1997, I–585, Rn. 23.

[94] Vgl. hierzu *Görlitz/Kubicki*, EuZW 2011, 248 (252 f.); *Gundel*, EWS 2012, 65 (70).

keit nach Art. 263 Abs. 4 Alt. 3 AEUV zu verweigern, wäre im Lichte des effektiven Rechtsschutzes nicht hinnehmbar.

33   Nicht präkludiert ist die Gültigkeitsvorlage schließlich auch dann, wenn sie nicht auf Anregung oder Antrag einer der beteiligten und offensichtlich direkt klagebefugten Parteien erfolgt, sondern das vorlegende **Gericht diese Frage von sich aus stellt.**[95]

V. Parallelverfahren

34   Die Frage nach dem Verhältnis des Vorabentscheidungsverfahrens zur Nichtigkeitsklage stellt sich auch in jenen Fällen, in denen ein mitgliedstaatliches Gericht eine Gültigkeitsfrage nach Art. 267 AEUV dem EuGH vorlegen möchte, während gegen denselben Rechtsakt bereits eine Nichtigkeitsklage bei einem Unionsgericht anhängig ist. In dieser Konstellation sog. »Parallelverfahren« hat der Gerichtshof in der Rs. Masterfoods entschieden, dass das nationale Gericht prüfen muss, ob es das Verfahren aussetzen soll, um eine endgültige Entscheidung über diese Nichtigkeitsklage abzuwarten oder dem Gerichtshof eine Vorabentscheidungsfrage vorlegen soll.[96] Das nationale Gericht ist also auf jeden Fall unionsrechtlich verpflichtet, das bei ihm anhängige Verfahren auszusetzen. Das fakultative Element (»**soll**«) bezieht sich nur auf die Prüfung, ob das nationale Gericht eine Gültigkeitsvorlage an den EuGH richten darf oder die Entscheidung in der Nichtigkeitsklage abwarten muss.[97]

36   Gleichzeitig legt der EuGH damit eine **grundsätzliche Vorrangstellung des Nichtigkeitsklageverfahrens** vor einem möglichen Vorabentscheidungsverfahren nach Art. 267 Abs. 1 Buchst. b AEUV fest (»es sei denn«). Eine Gültigkeitsvorlage an den EuGH ist nur »unter den gegebenen Umständen« statthaft. Freilich hat sich der EuGH bislang nicht dazu geäußert, welche »**Umstände**« im Einzelnen eine Vorlage nach Art. 267 AEUV rechtfertigen können. Hierunter sind jedenfalls diejenigen Parallelverfahren zu subsumieren, in denen von dem nationalen Gericht in seinem Vorabentscheidungsersuchen neue rechtliche oder tatsächliche Gesichtspunkte vorgebracht werden können, die nicht Gegenstand des Nichtigkeitsverfahrens vor dem Unionsgericht sind.[98] Die weitere Entwicklung der Rechtsprechung bleibt hier abzuwarten.

D. Vorlageberechtigung mitgliedstaatlicher Gerichte (Art. 267 Abs. 2 AEUV)

I. Der unionsrechtliche Gerichtsbegriff – Überblick

37   Nur mitgliedstaatliche Gerichte sind nach Art. 267 Abs. 2 AEUV vorlageberechtigt. Unter »**Gericht eines Mitgliedstaates**« können auch von mehreren Mitgliedstaaten ge-

---

[95] EuGH, Urt. v. 10.1.2006, Rs. C–222/04 (Cassa di Risparmio di Firenze), Slg. 2006, I–289, Rn. 72 ff. Diese Differenzierung ist in praktischer Hinsicht nicht unproblematisch. Zum einen dürfte es nicht selten vom Zufall abhängen, ob das vorlegende Gericht auch ungeachtet des Vortrags der Parteien an der Gültigkeit der Unionsmaßnahme zweifeln und die Vorlage losgelöst von dem jeweiligen Parteibegehren an den Gerichtshof richten wird. Zum anderen stellt sich die Frage, wie zu verfahren ist, wenn sowohl das Gericht als auch eine der Parteien die Gültigkeit des Rechtsaktes unabhängig voneinander in Zweifel ziehen.

[96] EuGH, Urt. v. 14.12.2000, Rs. C–344/98 (Masterfoods und HB), Slg. 2000, I–11369, Rn. 55.

[97] *Bartels*, ZfRV 2002, 83 (86).

[98] *Bartels*, ZfRV 2002, 83 (92); *Malferrari*, EuR 2001, 605 (612).

meinsam errichtete Spruchkörper wie etwa der Benelux-Gerichtshof fallen.[99] Die Gerichte der EFTA-Staaten sind aufgrund völkerrechtlicher Vereinbarung im Hinblick auf Auslegungsfragen zum EWR-Recht vorlageberechtigt.[100] In vielen Mitgliedstaaten bestehen neben den Organen, die unabhängige Rechtsprechungsgewalt ausüben, Spruchkörper, deren Zugehörigkeit zu den Rechtsprechungsorganen im Sinne des Gerichtsbegriffs nach Art. 267 Abs. 2 AEUV zweifelhaft ist.[101] Abgrenzungsprobleme ergeben sich zum Beispiel bei Schiedsgerichten und solchen mitgliedstaatlichen Einrichtungen, die im Grenzbereich zwischen Verwaltung und Rechtspflege Entscheidungen treffen. Unzweifelhaft nicht zur Vorlage berechtigt sind allerdings die Verfahrensbeteiligten des nationalen Gerichtsverfahrens.[102]

Der Gerichtshof ist nicht an die innerstaatliche Einordnung eines Spruchkörpers als **38** »Gericht« gebunden. Der Begriff »**Gericht**« im Sinne von Art. 267 AEUV ist vielmehr rein unionsrechtlich zu verstehen und folglich **unionsautonom auszulegen**.[103] In der Rechtsprechung des Gerichtshofes haben sich insoweit verschiedene Parameter zur Bestimmung der Gerichtseigenschaft herausgebildet.[104] Diese lassen sich dahingehend zusammenfassen, dass es sich bei der vorlegenden mitgliedstaatlichen Einrichtung um eine unabhängige, durch oder aufgrund eines Gesetzes eingerichtete Instanz mit ständigem Charakter handeln muss, die im Rahmen einer obligatorischen – nicht bloß gewillkürten – Zuständigkeit in einem Verfahren, das auf eine Entscheidung mit Rechtsprechungscharakter zielt, bindend und unter Anwendung von Rechtsnormen entscheidet.

II. Die Kriterien im Einzelnen

In seiner Rechtsprechung stellt der EuGH zur Beurteilung der Gerichtseigenschaft des **39** vorlegenden Spruchkörpers regelmäßig auf die folgenden Gesichtspunkte ab:

1. »Unabhängigkeit und Unparteilichkeit« der vorlegenden Stelle

Ein zentrales Kriterium für die Bejahung der Gerichtseigenschaft i. S. d. Art. 267 Abs. 2 **40** AEUV stellt die **Unabhängigkeit** und **Unparteilichkeit** der vorlegenden Stelle dar,[105]

---

[99] EuGH, Urt. v. 4.11.1997, Rs. C–337/95 (Parfums Christian Dior/Evora BV), Slg. 1997, I–6013, Rn. 19–23.

[100] Vgl. Art. 107 des Abkommens über den Europäischen Wirtschaftsraum.

[101] *Dauses*, S. 85; vgl. auch EuGH, Urt. v. 14.6.2011, Rs. C–196/09 (Paul Miles u. a./Écoles européennes), Slg. 2011, I–5105, wonach eine Beschwerdekammer zu den Europäischen Schulen kein mitgliedstaatliches Gericht darstellt. Zusammenstellung bei *Wegener*, in: Calliess/Ruffert, EUV/AEUV, Art. 267 AEUV, Rn. 19 f.

[102] EuGH, Urt. v. 14.12.1962, verb. Rs. 31/62 u. 33/62 (Milchwerke Heinz Wöhrmann & Sohn KG u. a./Kommission), Slg. 1962, 1029 (1049).

[103] Vgl. etwa EuGH, Urt. v. 30.3.1993, Rs. C–24/92 (Corbiau/Administration des Contributions), Slg. 1993, I–1277, Rn. 15.

[104] Grundlegend EuGH, Urt. v. 30.6.1966, Rs. 61/65 (Vaassen-Göbbels/Vorstand des Beambtenfonds voor het Mijnbedrijf), Slg. 1966, 583, 602; Urt. v. 30.3.1993, Rs. C–24/92 (Corbiau/Administration des contributions), Slg. 1993, I–1277, Rn. 14 ff.; Urt. 27.4.1994, Rs. C–393/92 (Gemeente Almelo/Energiebedrijf Ijsselmij NV), Slg. 1994, I–1477, Rn. 22 ff.; zuletzt etwa Urt. v. 18.9.2014, Rs. C–549/13 (Bundesdruckerei), ECLI:EU:C:2014:2235, Rn. 21.

[105] Vgl. exemplarisch zur ständigen Rechtsprechung nur EuGH, Urt. v. 11.6.1987, Rs. 14/86 (Pretore di Salò/X), Slg. 1987, 2545, Rn. 7; Urt. v. 30.3.1993, Rs. C–24/92 (Corbiau/Administration des contributions), Slg. 1993, I–1277, 1304 f.; vgl. dazu auch Urt. v. 30.5.2002, Rs. C–516/99 (Walter Schmid), Slg. 2002, I–4573, Rn. 29 ff.; Urt. v. 24.5.2016, Rs. C–396/14 (MT Højgaard), ECLI:EU:C:2016:347, Rn. 23 ff.

deren Vorliegen grundsätzlich dann bejaht wird, wenn es u. a. verbindliche Regeln hinsichtlich der Zusammensetzung der vorlegenden Einrichtung sowie hinsichtlich der Ernennung und Amtsdauer ihrer Mitglieder gibt.[106] Der Gerichtshof definiert den Begriff der Unabhängigkeit in diesem Zusammenhang dergestalt, »dass die betreffende Stelle gegenüber der Stelle, die die mit einem Rechtsbehelf angefochtene Entscheidung erlassen hat, die Eigenschaft eines Dritten hat«.[107] Insoweit verlangt die Rechtsprechung zum einen, dass ein effektiver Schutz der betroffenen staatlichen Stelle vor äußerem Druck besteht, zum anderen muss die Unparteilichkeit gegenüber den Parteien des Rechtsstreits gewahrt sein.[108]

2. »Durch oder aufgrund eines Gesetzes eingerichtete Instanz mit ständigem Charakter«

41   In ständiger Rechtsprechung verlangt der EuGH, dass es sich bei der vorlegenden Stelle um eine **durch oder aufgrund eines Gesetzes** eingerichtete Instanz[109] mit **ständigem** Charakter[110] handelt.

3. »Obligatorische, nicht bloß gewillkürte Zuständigkeit«[111]

42   Die Zuständigkeit der vorlegenden Stelle muss daneben »**obligatorisch**« sein. Dieses Kriterium stellt das zentrale Abgrenzungskriterium etwa zu den Schiedsgerichten dar, deren Zuständigkeit regelmäßig auf privaten Vereinbarungen beruht und die vom EuGH in der Regel nicht als »Gerichte« i. S. d. Art. 267 Abs. 2 AEUV anerkannt werden (s. Rn. 48).

4. »Verfahren, das auf eine Entscheidung mit Rechtsprechungscharakter abzielt«

43   Als weitere Voraussetzung verlangt der EuGH in ständiger Rechtsprechung,[112] dass bei der vorlegenden Stelle ein Rechtsstreit anhängig ist, über den im Rahmen eines auf eine Entscheidung mit **Rechtsprechungscharakter** abzielenden Verfahrens zu entscheiden

---

[106] EuGH, Urt. v. 29.11.2001, Rs. C–17/00 (De Coster/Collège des bourgmestre et échevins de Watermael-Boitsfort), Slg. 2001, I–9445, Rn. 18–21; vgl. auch Urt. v. 19.9.2006, Rs. C–506/04 (Wilson), Slg. 2006, I–8613, Rn. 49–52.

[107] EuGH, Urt. v. 19.9.2006, Rs. C–506/04 (Wilson), Slg. 2006, I–8613, Rn. 49.

[108] EuGH, Urt. v. 19.9.2006, Rs. C–506/04 (Wilson), Slg. 2006, I–8613, Rn. 50–52; Urt. v. 9.10.2014, Rs. C–222/13 (TDC), ECLI:EU:C:2014:2265, Rn. 30 ff. Diesen Anforderungen genügt etwa der belgische »Conseil supérieur de l'audiovisuel«, eine Behörde zur Beaufsichtigung der Einhaltung der Bestimmungen im audiovisuellen Bereich, nicht (vgl. EuGH, Urt. v. 22.12.2010, Rs. C–517/09 [RTL Belgium SA], Slg. 2010, I–14093, Rn. 36 ff.).

[109] EuGH, Urt. v. 30.6.1966, Rs. 61/65 (Vaassen-Göbbels/Vorstand des Beambtenfonds voor het Mijnbedrijf), Slg. 1966, 583 (584); Urt. v. 11.6.1987, Rs. 14/86 (Pretore di Salò/X), Slg. 1987, 2545, Rn. 7; Urt. v. 27.4.1994, Rs. C–393/92 (Gemeente Almelo u. a./Energiebedrijf Ijsselmij NV), Slg. 1994, I–1477, Rn. 21 ff.; Urt. v. 29.11.2001, Rs. C–17/00 (De Coster/Collège des bourgmestre et échevins de Watermael-Boitsfort), Slg. 2001, I–9445, Rn. 10 u. 12.

[110] EuGH, Urt. v. 17.9.1997, Rs. C–54/96 (Dorsch Consult/Bundesbaugesellschaft Berlin mbH), Slg. 1997, I–4961, Rn. 23.

[111] EuGH, Urt. v. 21.3.2000, Rs. C–110/98 – C–147/98 (Gabalfrisa u. a./AEAT), Slg. 2000, I–1577, Rn. 33.

[112] Vgl. zuletzt etwa EuGH, Urt. v. 16.6.2016, Rs. C–511/14 (Pebros Servici), ECLI:EU:C:2016: 448, Rn. 24; Urt. v. 12.8.2008, Rs. C–296/08 PPU (Goicoechea), Slg. 2008, I–6307, Rn. 40; davor in ständiger Rechtsprechung schon EuGH, Urt. v. 28.6.1978, Rs. 70/77 (Simmenthal/Finanzverwaltung), Slg. 1978, 1453, Rn. 8/9; Urt. v. 20.10.1993, Rs. 10/92 (Balocchi/Ministero delle Finanze)

ist.[113] Dies ist regelmäßig bei Gerichten im Rahmen ihrer Rechtsprechungstätigkeit, nicht hingegen bei Verwaltungsbehörden[114] bzw. bei Gerichten, die als Verwaltungsbehörden agieren oder bei der freiwilligen Gerichtsbarkeit, der Fall. Letzterer mangelt es an einer rechtsprechenden Tätigkeit und damit an einer Gerichtseigenschaft i. S. v. Art. 267 Abs. 2 AEUV etwa in folgenden Fällen:

– Verfahren, die Handelsregistereintragungen zum Gegenstand haben;[115]
– Verfahren gemäß § 273 Abs. 4 AktG zur Ernennung eines sog. Nachtragsliquidators durch ein deutsches Amtsgericht;[116]
– Verfahren im Zusammenhang mit Eintragungen von Eigentumstiteln im Grundbuch;[117]
– Originäre Entscheidung des Familiengerichts hinsichtlich der Übertragung des Rechts zur Bestimmung des Nachnamens des Kindes auf einen seiner Elternteile.[118]

Demgegenüber wurden etwa die folgenden hoheitlichen Tätigkeiten vom EuGH als **44** Rechtsprechungstätigkeit anerkannt:[119]
– Zeugenvernehmung im Rahmen eines Gerichtsverfahrens;[120]
– Tätigkeit der österreichischen »Schienen-Control Kommission«;[121]
– Überprüfung von Asylanträgen durch das irische »Refugee Appeals Tribunal«.[122]

5. »Bindende Entscheidung unter Anwendung von Rechtsnormen«

Die (bindende) Entscheidung der vorlegenden Stelle muss unter Anwendung von **45** **Rechtsnormen** ergehen.[123] Insoweit werden Spruchkörper, die reine Billigkeitsentscheidungen treffen, vom unionsrechtlichen Gerichtsbegriff nicht erfasst.

Slg. 1993, I–5105, Rn. 13 f.; Urt. v. 3.3.1994, verb. Rs. 332/92, 333/92, 335/92 (Eurico Italia Srl u. a./Ente Nazionale Risi), Slg. 1994, I–711, Rn. 11; Urt. v. 29.11.2001, Rs. C–17/00 (De Coster/ Collège des bourgmestre et échevins de Watermael-Boitsfort), Slg. 2001, I–9445, Rn. 15; Urt. v. 27.4.2006, Rs. C–96/04 (Standesamt Stadt Niebuell), Slg. 2006, I–3561, Rn. 13.

[113] Eine ausführliche Rechtsprechungsanalyse zu diesem Kriterium leisten *Broberg/Fenger*, S. 82 ff.

[114] Vgl. z. B. EuGH, Urt. v. 31.5.2005, Rs. C–53/03 (Syfait), Slg. 2005, I–4609, Rn. 36; vgl. aus der neueren Rspr. etwa – im Hinblick auf die bulgarische »Kommission zum Schutz vor Diskriminierung« EuGH, Urt. v. 31.1.2013, Rs. C–394/11 (Belov/CHEZ Elektro Balgaria AD), ECLI:EU:C:2013:48, Rn. 51; vgl. – im Hinblick auf einen nationalen Rechnungshof – EuGH, Urt. v. 19.12.2012, Rs. C–363/11 (Epitropos tou Elegktikou Synedriou), ECLI:EU:C:2012:825, Rn. 18.

[115] So etwa EuGH, Urt. v. 19.10.1995, Rs. C–111/94 (Job Centre), Slg. 1995, I–3361, Rn. 9–11; in diesem Sinne auch Urt. v. 22.1.2002, Rs. C–447/00 (Holto Ltd.), Slg. 2002, I–735, Rn. 17, 20–22; Urt. v. 15.1.2002, Rs. C–182/00 (Lutz), Slg. 2002, I–547, Rn. 14; anders aber dann, wenn ein Handelsgericht mit einer Berufung gegen die Entscheidung eines mit der Führung des Handelsregisters betrauten (unterinstanzlichen) Gerichts befasst ist, das aus den vorgenannten Gründen selbst nicht vorlageberechtigt ist, vgl. EuGH, Urt. v. 16.12.2008, Rs. C–210/06 (Cartesio), Slg. 2008, I–9641.

[116] EuGH, Urt. v. 12.1.2010, Rs. C–497/08 (Amiraike Berlin GmbH), Slg. 2010, I–101, Rn. 18.

[117] EuGH, Urt. v. 15.3.2001, Rs. C–178/99 (Salzmann), Slg. 2001, I–4421, Rn. 15–17.

[118] EuGH, Urt. v. 27.4.2006, Rs. C–96/04 (Standesamt Stadt Niebüll), Slg. 2006, I–3561, Rn. 16–18.

[119] Vgl. aus der weiteren Rechtsprechung auch EuGH, Urt. v. 19.4.2012, Rs. C–443/09 (Camera di Commercio/Grillo Star), ECLI:EU:C:2012:213 (Vorlage durch den für Insolvenzsachen zuständigen Richter).

[120] EuGH, Urt. v. 17.2.2011, Rs. C–283/09 (Weryński/Mediatel 4B spółka), Slg. 2011, I–601.

[121] EuGH, Urt. v. 22.11.2012, Rs. C–136/11 (Westbahn Management), ECLI:EU:C:2012:740, Rn. 31.

[122] EuGH, Urt. v. 31.1.2013, Rs. C–175/11 (H. I. D./Refugee Applications Commissioner u. a.), ECLI:EU:C:2013:45, Rn. 83 ff.

[123] EuGH, Beschl. v. 18.6.1980, Rs. 138/80 (Borker), Slg. 1980, 1975, Rn. 4.

III. Anwendung der vorgenannten Kriterien in der gerichtlichen Praxis des EuGH

1. Grundsätze

46 Der EuGH ermittelt anhand dieser Kriterien insbesondere, ob der vorlegende Spruchkörper eine »**hinreichend enge Beziehung**« zur öffentlichen Gewalt des Mitgliedstaates aufweist. Die genannten Kriterien werden vom EuGH jedoch nicht schematisch geprüft, sondern können sich in Abhängigkeit von den Gegebenheiten des Ausgangsfalls verschieben.[124] Der EuGH blendet gelegentlich sogar einzelne Aspekte des unionsrechtlichen Gerichtsbegriffs vollständig aus der Prüfung aus.[125] So hat es der Gerichtshof etwa für unschädlich erachtet, dass ein vorlegender Spruchkörper nach Billigkeit entscheidet, soweit er nur aufgrund einer obligatorischen, durch Gesetz begründeten Zuständigkeit zur Entscheidung berufen ist.[126] Das Vorliegen eines »**streitigen Verfahrens**« stellt nach nunmehr ständiger Rechtsprechung des EuGH **keine zwingende Voraussetzung** für die Gerichtseigenschaft der vorlegenden Stelle dar. So stellte er in den Rechtssachen Corsica Ferries[127] und Job Centre[128] fest, dass das Vorliegen dieses Kriteriums für die Bejahung der Gerichtseigenschaft nicht (mehr) vorauszusetzen sei. In der Rechtssache Francois De Coster[129] nennt der EuGH hingegen unter den zu berücksichtigenden Kriterien auch das »streitige Verfahren«,[130] schränkt in der weiteren Prüfung allerdings ein, dass es sich hierbei nicht um ein »absolutes Kriterium« handele.[131] Entscheidend dürfte deshalb im Ergebnis sein, ob im konkreten Fall Merkmale der Ausübung einer Rechtsprechungstätigkeit[132] durch den vorlegenden Spruchkörper bestehen.[133] Das Vorliegen eines streitigen Verfahrens kann als Indiz hierfür herangezogen werden. Abzulehnen ist die Gerichtseigenschaft einer vorlegenden Stelle jedenfalls dann, wenn sie in der konkret in Rede stehenden Funktion als Verwaltungsbehörde handelt, ohne dabei zumindest gleichzeitig auch einen Rechtsstreit zu entscheiden.[134]

---

[124] Vgl. insoweit auch *Brober/Fenger*, S. 78 f.

[125] Umfassende Darstellung zur Entwicklung der Rspr. im Schlussantrag von GA *Colomer*, Schlussanträge zu Rs. C–17/00 (De Coster/Collège des bourgmestre et échevin de Watermael-Boitsfort), Slg. 2001, I–9445, Rn. 15.

[126] EuGH, Urt. v. 27.4.1994, Rs. C–329/92 (Gemeente Almelo u. a./Energiebedrijf Ijsselmij NV), Slg. 1994, I–1477, Rn. 22 ff.; *Everling*, Das Vorabentscheidungsverfahren vor dem Gerichtshof der Europäischen Gemeinschaften, 1986, S. 33 f.

[127] EuGH, Urt. v. 17.5.1994, Rs. C–18/93 (Corsica Ferries/Corpo dei pilati del porto di Genova), Slg. 1994, I–1783, Rn. 12.

[128] EuGH, Urt. v. 19.10.1995, Rs. C–111/94 (Job Centre), Slg. 1995, I–3361, Rn. 9.

[129] EuGH, Urt. v. 29.11.2001, Rs. C–17/00 (De Coster/Collège des bourgmestre et échevin de Watermael-Boitsfort), Slg. 2001, I–9445, Rn. 10 ff.

[130] EuGH, Urt. v. 29.11.2001, Rs. C–17/00 (De Coster/Collège des bourgmestre et échevin de Watermael-Boitsfort), Slg. 2001, I–9445, Rn. 10.

[131] EuGH, Urt. v. 29.11.2001, Rs. C–17/00 (De Coster/Collège des bourgmestre et échevin de Watermael-Boitsfort), Slg. 2001, I–9445, Rn. 14. Vgl. auch Urt. 21.3.2000, Rs. C–110/98 – C–147/98 (Gabalfrisa u. a./AEAT), Slg. 2000, I–1577, Rn. 33; Urt. v. 17.9.1997, Rs. C–54/96 (Dorsch Consult/Bundesbaugesellschaft Berlin mbH), Slg. 1997, I–4961, Rn. 23; vgl. auch Urt. v. 15.1.2002, Rs. C–182/00 (Lutz GmbH u. a.), Slg. 2002, I–547, Rn. 14.

[132] EuGH, Beschl. v. 10.7.2001, Rs. C–86/00 (HSB-Wohnbau GmbH), Slg. 2001, I–5353, Rn. 12 f.

[133] Das Kriterium einer Rechtsprechungstätigkeit hatte der EuGH bereits in seiner früheren Rechtsprechung verwandt, war hiervon jedoch zeitweise unter Hinweis auf die formelle Zugehörigkeit zur innerstaatlichen Gerichtsorganisation abgewichen EuGH, Urt. v. 16.10.1997, verb. Rs. C–69/96 – C–79/96 (Garofalo u. a./Ministero della Sanità u. a.), Slg. 1997, I–5603, Rn. 17 ff.

[134] EuGH, Urt. v. 15.1.2002, C–182/00 (Lutz GmbH u. a.), Slg. 2002, I–547, Rn. 14.

Im Ergebnis legt der EuGH im Sinne eines weiten Gerichtsverständnisses hier eine **47** **funktionale**, d.h. von der innerstaatlichen Klassifizierung der vorlegenden Stelle losgelöste **Betrachtungsweise** zugrunde, die auch dazu führen kann, dass vorlegende Stellen als »Gericht« i.S.d. Art. 267 AEUV qualifiziert werden, obwohl ihnen nach dem innerstaatlichen Recht diese Stellung nicht zukommt.[135]

2. Fallgruppe »Schiedsgerichte«

In der Rechtssache Nordsee[136] lehnte der EuGH die Gerichtseigenschaft privater – auf **48** gewillkürter Vereinbarung beruhender – **Schiedsgerichte**[137] (§§ 1025 ff. ZPO) ab. Zwar weisen Schiedsgerichte Züge eines echten Gerichts im Sinne von Art. 267 Abs. 2 AEUV insofern auf, als sie ihre Entscheidung nicht nach Billigkeit, sondern auf der Grundlage von Rechtsnormen treffen. Darüber hinaus entfalten die Entscheidungen für die Parteien die Wirkung rechtskräftiger Urteile (§ 1055 ZPO). Diese Merkmale reichen jedoch nach der Rechtsprechung des EuGH nicht aus, um Schiedsgerichten die Stellung eines »Gerichts eines Mitgliedstaates« im Sinne von Art. 267 Abs. 2 AEUV zu verleihen.[138] Entscheidend ist nach Auffassung des EuGH vielmehr, dass die Zuständigkeit dieser Schiedsgerichte auf privaten Vereinbarungen beruht und somit keine »**obligatorische Gerichtsbarkeit**«[139] vorliegt. Die Schiedsgerichte handeln also weder als »Beliehene« des Mitgliedstaates, noch ist ihnen eine Mitverantwortung an der öffentlichen Rechtspflege übertragen. Damit fehlt es an einem ausreichenden Bindeglied zur öffentlichen Gewalt des Mitgliedstaates.[140] Im Gegensatz hierzu bewertete der EuGH letztinstanzliche Entscheidungen von tarifvertraglichen Schiedsgerichten in Dänemark als gerichtliche Entscheidungen im Sinne von Art. 267 Abs. 2 AEUV.[141] Nach Auffassung des EuGH erfüllen diese Spruchkörper die Voraussetzungen eines »Gerichts« im unionsrechtlichen Sinne, da ihre Zuständigkeit nicht – wie im deutschen Fall Nordsee[142] – von der Zustimmung aller Parteien abhängig ist, sondern sie jederzeit von jeder Partei angerufen werden können. Darüber hinaus ist die Zusammensetzung dieser Schiedsgerichte gesetzlich festgelegt, sodass der EuGH die erforderliche Nähe zur öffentlichen rechtsprechenden Gewalt als gegeben ansah.[143]

---

[135] Dazu ausführlich mit zahlreichen Beispielen *Schwarze*, in: Schwarze, EU-Kommentar, Art. 267 AEUV, Rn. 27.

[136] EuGH, Urt. v. 23.3.1982, Rs. 102/81 (Nordsee/Reederei Mond), Slg. 1982, 1095, Rn. 10. Vgl. zu dieser Entscheidung auch die sehr instruktive Würdigung von *Haltern*, Europarecht, S. 211 ff.

[137] Zu unterscheiden sind auf Vereinbarung der Beteiligten oder auf privatrechtlicher Verfügung beruhende Schiedsgerichte (echte Schiedsgerichte) und durch Rechtsnormen (Gesetz, Verordnung, öffentlich-rechtliche Satzung) eingesetzte Schiedsgerichte (unechte Schiedsgerichte), vgl. Baumbach/Lauterbach/Albers/Hartmann (Hrsg.), ZPO, 72. Aufl., 2014, Grundz. § 1025, Rn. 2. Nur die Letztgenannten besitzen die Eigenschaft eines Gerichts im Sinne von Art. 267 Abs. 2 AEUV. Zur Neuregelung des Schiedsverfahrensrechts, vgl. *Voit*, JZ 1997, 120.

[138] Zuletzt bestätigt durch EuGH, Urt. v. 20.2.2014, Rs. C–555/13 (Merck Canada/Accord Healthcare Ltd.), ECLI:EU:C:2014:92.

[139] Vgl. dazu *Dauses*, in: Dauses, Handbuch des EU-Wirtschaftsrechts, Abschnitt P. II., April 2013, Rn. 119 f.

[140] EuGH, Urt. v. 1.6.1999, Rs. C–126/97 (Eco Swiss), Slg. 1999, I–3055, Rn. 3 f., 40.

[141] EuGH, Urt. v. 17.10.1989, Rs. 109/88 (Handels- og Kontorfunktionaererernes Forbund I Danmark/Danfoss), Slg. 1989, 3199, Rn. 7 f.

[142] EuGH, Urt. v. 23.3.1982, Rs. 102/81 (Nordsee/Reederei Mond), Slg. 1982, 1095, Rn. 10.

[143] Vgl. zur Gerichtseigenschaft des portugiesischen »Tribunal Arbitral necessário«, welches der Gerichtshof wegen dessen gesetzlich definierter Zuständigkeiten nicht als »vertragliches Schiedsgericht« einstuft, EuGH, Urt. v. 13.2.2014, Rs. C–555/13 (Merck Canada/Accord Healthcare Ltd.),

3. Fallgruppe »Berufskammern«

49 Der EuGH stellt bei der Beurteilung der Gerichtseigenschaft von Berufskammern entscheidend auf die Frage ab, ob das Ausgangsverfahren auf eine Entscheidung mit Rechtsprechungscharakter oder eine bloß beratende Stellungnahme abzielt.[144] In der Rechtssache Broeckmeulen[145] konkretisierte der EuGH seine Rechtsprechung zu den Berufskammern dahingehend, dass diese regelmäßig dann als »Gericht« im Sinne von Art. 267 AEUV zu werten sind, wenn die Entscheidungen eines Streitsachenausschusses de facto endgültig sind und auf einem Gebiet mit Unionsrechtsrelevanz keine weiteren Rechtsbehelfe zu den ordentlichen Gerichten bestehen.

4. Fallgruppe »Verbandsgerichte«

50 Zunehmend stellt sich die Frage, ob die **Verbandsgerichte für Berufssportler**, wie die Sportgerichte für Doping- oder Transferfragen des Deutschen Leichtathletikverbandes oder des Deutschen Fußballbundes, als mitgliedstaatliche Gerichte im Sinne von Art. 267 Abs. 2 AEUV einzuordnen sind. Bei der Beurteilung der Gerichtseigenschaft stellt der EuGH bisher in diesen Fällen – wie in den Fällen der Berufskammern – auf die Frage ab, ob das Ausgangsverfahren auf eine Entscheidung mit Rechtsprechungscharakter oder eine bloß beratende Stellungnahme abzielt.[146] Eine lediglich beratende Stellungnahme sei anzunehmen, wenn den Parteien – rechtlich und faktisch – der Rechtsweg zu den öffentlichen Gerichten auch nach Einschaltung der Verbandsgerichte offen steht.

E. Das Vorlagerecht der mitgliedstaatlichen Gerichte (Art. 267 Abs. 2 AEUV)

I. Grundsätze

51 Art. 267 Abs. 2 AEUV räumt jedem mitgliedstaatlichen Gericht ein **Vorlagerecht** ein, wenn es Zweifel an der Gültigkeit oder Auslegung einer unionsrechtlichen Bestimmung hat (s. Rn. 53) und die Klärung dieser Zweifel zum Erlass einer Entscheidung im Ausgangsverfahren für erforderlich hält (s. Rn. 54 f.). Die Entscheidung über die Vorlage einer Auslegungs- oder Gültigkeitsfrage zum EuGH wird von dem mitgliedstaatlichen Ausgangsgericht **von Amts wegen** getroffen.[147] Die Tatsache, dass die Parteien des Ausgangsrechtsstreits möglicherweise vor dem innerstaatlichen Gericht keine unionsrechtlichen Probleme aufgeworfen haben, steht der Anrufung des EuGH nicht entgegen.[148] Soweit das Ausgangsgericht im konkreten Fall keine Vorlagepflicht trifft, steht die Entscheidung, ob und in welchem Verfahrensstadium[149] der EuGH um eine Vorabentschei-

---

ECLI:EU:C:2014:92, sowie *Jukić*, EuZW 2014, 302. Ähnlich zum spanischen »Tribunal Arbital Tributário« EuGH, Urt. v. 12.6.2014 (Ascendi Beiras Litoral e Alta), ECLI:EU:C:2014:1754, Rn. 22 ff.

[144] EuGH, Beschl. v. 18.6.1980, Rs. 138/80 (Borker), Slg. 1980, 1975, Rn. 4 f.

[145] EuGH, Urt. v. 6.10.1981, Rs. 246/80 (Broeckmeulen/Huisarts Registratic Commissie), Slg. 1981, 2311, Rn. 17.

[146] *Dauses*, S. 89.

[147] *Dauses*, S. 94 f.; ausführlich zu dem »Pro« und »Contra« des instanzgerichtlichen Vorabentscheidungsersuchens in der gerichtlichen Praxis *Latzel/Streinz*, NJOZ 2013, 97 (97 f.).

[148] EuGH, Urt. v. 16.6.1981, Rs. 126/80 (Salonia), Slg. 1981, 1563, Rn. 7.

[149] Vgl. etwa EuGH, Urt. v. 11.6.1987, Rs. 14/86 (Pretore di Saló/X), Slg. 1987, 2545, Rn. 11, wonach die Wahl des Zeitpunkts, zu dem vorzulegen ist, von Gesichtspunkten der Prozessökonomie

dung ersucht wird, deshalb in dessen (vom EuGH grundsätzlich nicht überprüfbaren) **pflichtgemäßen Ermessen**.[150] Die Art des nationalen Verfahrens ist für die Vorlageberechtigung des nationalen Gerichts grundsätzlich unerheblich.[151] Allerdings setzt der EuGH in ständiger Rechtsprechung ein zumindest **anhängiges Ausgangsverfahren** voraus.[152] Ein Anspruch der Streitparteien auf Vorlage besteht nur insoweit, als die Vorlage nach Art. 267 Abs. 3 AEUV oder nach der Rechtsprechung des EuGH für nichtletztinstanzliche Gerichte[153] obligatorisch ist.[154] Allerdings steht den Parteien des Ausgangsverfahrens nach Maßgabe des anwendbaren nationalen Prozessrechts jederzeit die Möglichkeit offen, eine entsprechende Vorlage an den EuGH beim nationalen Richter anzuregen.

Das Vorlagerecht mitgliedstaatlicher Gerichte unterliegt lediglich den sich aus dem Unionsrecht ergebenden Einschränkungen (s. Rn. 54 f.). Mitgliedstaatliche Normen, durch die das Vorlagerecht eingeschränkt wird bzw. die der Durchführung des Vorlageverfahrens entgegenstehen, sind mithin unanwendbar.[155] Im Hinblick auf die Wahrnehmung des Vorlagerechts hat der EuGH in seiner neueren Rechtsprechung insbesondere erstinstanzliche Gerichte gegenüber innerstaatlichen Rechtsmittelinstanzen deutlich gestärkt. So hat er in der Rechtssache Cartesio[156] festgestellt, dass nach Art. 267 Abs. 2 AEUV die Beurteilung der Erheblichkeit und der Erforderlichkeit einer Vorlagefrage in der alleinigen Verantwortung des vorlegenden Gerichts liege, was im konkreten Fall zu einer deutlichen Begrenzung der Aufhebungs- oder Abänderungsbefugnisse der Rechtsmittelinstanz führte. Die **Autonomie nationaler Gerichte** im Hinblick auf die Wahrnehmung ihres Vorlagerechts wurde vom Gerichtshof daneben in der Rechtssache Melki[157] hervorgehoben. In dieser Rechtssache erklärte er eine prozessrechtliche Bestimmung, die eine prioritäre Pflicht unterinstanzlicher Gerichte zur Vorlage an das nationale Verfassungsgericht vorsah, nur unter der Maßgabe für mit dem Unionsrecht vereinbar, dass hierdurch nicht die freie Entscheidungsbefugnis des nationalen Richters im Hinblick auf eine mögliche Vorlage nach Art. 267 AEUV beeinträchtigt würde.[158] Gleiches gilt, wenn ein deutsches Gericht Zweifel sowohl an der Unions-

52

---

abhängt, über die allein das nationale Gericht zu befinden hat; diesen Grundsatz bestätigend EuGH, Urt. v. 7.1.2004, Rs. C–60/02 (Strafverfahren gegen X), Slg. 2004, I–651, Rn. 28; vgl. auch Urt. v. 21.4.1988, Rs. 338/85 (Pardini), Slg. 1988, 2041, Rn. 8.

[150] EuGH, Urt. v. 20.5.1976, Rs. 111/75 (Mazzalai), Slg. 1976, 657, Rn. 9; Urt. v. 30.11.1977, Rs. 52/77 (Cayrol), Slg. 1977, 2261, Rn. 32; *Ehricke*, in: Streinz, EUV/AEUV, Art. 267 AEUV, Rn. 38.

[151] Vgl. etwa EuGH, Urt. v. 22.12.2010, Rs. C–279/09 (DEB/Deutschland), Slg. 2010, I–13880, hinsichtlich der Vorlageberechtigung im Rahmen eines nationalen Prozesskostenhilfeverfahrens; vgl. zur Vorlageberechtigung im Rahmen eines Verfahrens des einstweiligen Rechtsschutzes etwa EuGH, Urt. v. 7.1.2004, Rs. C–60/02 (Strafverfahren gegen X), Slg. 2004, I–651, Rn. 26.

[152] EuGH, Urt. v. 4.10.1991, Rs. C–159/90 (Society for the Protection of Unborn Children Ireland), Slg. 1991, I–4685, Rn. 12; Urt. v. 4.10.1988, Rs. 338/85 (Pardini), Slg. 1988, 2041, Rn. 11.

[153] EuGH, Urt. v. 22.10.1987, Rs. 314/85 (Foto-Frost/Hauptzollamt Lübeck-Ost), Slg. 1987, 4199, Rn. 15.

[154] Vgl. etwa die Ablehnung des Aussetzungs- und Vorlageantrags der NPD im Parteienverbotsverfahrens durch das BVerfG, BVerfGE 104, 214.

[155] Vgl. etwa EuGH, Urt. v. 14.12.1995, Rs. C–312/93 (Peterbroeck u.a./Belgischer Staat), Slg. 1995, I–4599, Rn. 13 m.w.N.

[156] EuGH, Urt. v. 16.12.2008, Rs. C–210/06 (Cartesio), Slg. 2008, I–9641, Rn. 95–98.

[157] EuGH, Urt. v. 22.6.2010, verb. Rs. C–188 u. C–189/10 (Aziz Melki und Sélim Abdeli), Slg. 2010, I–5667, Rn. 57; vgl. dazu auch die Urteilsanmerkung von *Gundel*, EuR 2012, 213.

[158] Nach EuGH, Urt. v. 9.3.2010, Rs. C–378/08 (ERG u.a./Ministero dello Sviluppo economico u.a.), Slg. 2010, I–1919, Rn. 32, muss dem Instanzgericht eine Vorlage an den EuGH grundsätzlich auch dann möglich sein, »wenn es der Ansicht ist, dass es aufgrund der rechtlichen Beurteilung des

rechtskonformität als auch der Verfassungsmäßigkeit einer Norm hat. Auch bei Anhängigkeit eines Verfahrens nach Art. 100 Abs. 1 GG beim BVerfG, ist nach der Rechtsprechung des Gerichtshofs das Gericht zur Vorlage nach Art. 267 AEUV befugt bzw. ggf. verpflichtet.[159] Mit dem Gutachten 1/09 hat der EuGH den Übereinkommensentwurf für ein europäisches Patentgericht auch deshalb für unvereinbar mit den Verträgen erklärt, weil dadurch den mitgliedstaatlichen Gerichten ihr Vorlagerecht genommen werden sollte.[160]

II. Zweifel an der Auslegung oder Gültigkeit unionsrechtlicher Bestimmungen

53   Die Vorlage nach Art. 267 Abs. 2 AEUV setzt zunächst Zweifel des Ausgangsgerichts hinsichtlich der Auslegung oder der Gültigkeit des in Frage stehenden Unionsrechts voraus. Die Überzeugung des mitgliedstaatlichen Gerichts, dass die vorgelegte Organhandlung tatsächlich unionsrechtswidrig ist, ist nicht erforderlich.

III. Erforderlichkeit der Vorabentscheidung

54   Das mitgliedstaatliche Gericht ersucht den EuGH um eine Vorabentscheidung, wenn es eine gerichtliche Entscheidung über die Vorlagefrage »zum Erlass seines Urteils für erforderlich« hält (Art. 267 Abs. 2 AEUV). Die Erforderlichkeit einer Vorabentscheidung beurteilt sich grundsätzlich nach der **Entscheidungserheblichkeit** der vorgelegten Fragen im Ausgangsverfahren. In diesem Zusammenhang betont der EuGH in ständiger Rechtsprechung, dass im Rahmen der durch Art. 267 AEUV geschaffenen Zusammenarbeit zwischen den nationalen Gerichten und dem Gerichtshof die Beurteilung sowohl der Erforderlichkeit einer Vorabentscheidung zum Erlass eines Urteils als auch der Entscheidungserheblichkeit der dem Gerichtshof vorgelegten Fragen grundsätzlich den mitgliedstaatlichen Gerichten vorbehalten ist.[161] Die entsprechende Einschätzung der nationalen Gerichte unterliegt damit grundsätzlich nicht der Nachprüfung durch den EuGH.[162] Den mitgliedstaatlichen Gerichten wird in dieser Hinsicht vielmehr ein **weiter Beurteilungsspielraum** eingeräumt.[163]

übergeordneten Gerichts zu einem unionsrechtswidrigen Urteil gelangen könnte«. Insoweit wies der EuGH die Argumentation der italienischen Regierung zurück, dass es dem vorlegenden Gericht nicht darum gehe, den bei ihm anhängigen Rechtsstreit zu entscheiden, sondern die Rechtsprechung des ihm übergeordneten Gerichts in Frage zu stellen.

[159] EuGH, Urt. v. 4.6.2015, Rs. C–5/14 (Kernkraftwerk Lippe-Ems), ECLI:EU:C:2015:354, Rn. 29 ff.

[160] EuGH, Gutachten 1/09 v. 8.3.2011 (Patentgericht), Slg. 2011, I–1137.

[161] EuGH, Urt. v. 29.11.1978, Rs. 83/78 (Pigs Marketing Board/Redmond), Slg. 1978, 2347 (2347 f.); Urt. v. 18.6.1991, Rs. C–369/89 (Piageme/BVBA Peeters), Slg, 1991, I–2971, Rn. 7; Urt. v. 15.12.1995, Rs. C–415/93 (Union royale belge des sociétés des football association ASBL u. a./Bosman u. a.), Slg. 1995, I–4921, Rn. 59; Urt. v. 13.3.2001, Rs. C–379/98 (PreussenElektra/Schleswag AG), Slg. 2001, I–2099, Rn. 38; Urt. v. 19.2.2002, Rs. C–35/99 (Strafverfahren gegen Arduino), Slg. 2002, I–1529, Rn. 24.

[162] St. Rspr.; Vgl. etwa EuGH, Urt. v. 10.7.1997, Rs. C–373/95 (Maso u. a./INPS), Slg. 1997, I–4051, Rn. 26; Urt. v. 12.6.2003, Rs. C–112/00 (Schmidberger/Österreich), Slg. 2003, I–5659, Rn. 31.

[163] EuGH, Urt. v. 16.12.1981, Rs. 244/80 (Foglia/Novello), Slg. 1981, 3045, Rn. 20; Urt. v. 8.11.1990, Rs. C–231/89 (Gmurzynska-Bscher/Oberfinanzdirektion Köln), Slg. 1990, I–4003, Rn. 20; Urt. v. 11.10.2001, Rs. C–267/99 (Adam/Adminstration de l'enregistrement et des domaines) Slg. 2001, I–7467, Rn. 23; Urt. v. 19.2.2002, Rs. C–35/99 (Strafverfahren gegen Arduino), Slg. 2002, I–1529,

Lediglich in Ausnahmefällen sieht sich der EuGH befugt, zur Feststellung seiner Zu-   **55** ständigkeit die »Umstände zu überprüfen, unter denen er von dem innerstaatlichen Gericht angerufen wird«.[164] Der EuGH geht dabei im Hinblick auf die »Erheblichkeit« der von den nationalen Gerichten zur Vorabentscheidung vorgelegten Fragen von einer bejahenden Regelvermutung aus.[165] Eine mögliche Widerlegbarkeit der (vermuteten) Erheblichkeit der Vorlagefrage kommt regelmäßig nur bei Vorliegen konkreter Anhaltspunkte in Betracht, die auf einen Missbrauch des Vorabentscheidungsverfahrens zu anderen als den in Art. 267 AEUV vorgesehenen Zielen hindeuten und die der Gerichtshof in den folgenden Fallgruppen zusammengefasst hat:[166]

(1) **Offensichtlich fehlender Zusammenhang** zwischen Vorlagefrage und Realität oder Gegenstand des Ausgangsverfahrens;[167]
(2) Vorlagefrage **rein hypothetischer Natur;**[168]
(3) **Unzureichende tatsächliche oder rechtliche Angaben**, die für eine sachdienliche Beantwortung der Vorlagefragen erforderlich sind;[169]
(4) Vorlagefragen im Rahmen eines »**konstruierten**« **Ausgangsverfahrens;**[170]
(5) »**Offensichtliche Nichtanwendbarkeit**« der auszulegenden unionsrechtlichen Bestimmung.[171]

Rn. 24; Urt. v. 21.4.1988, Rs. 338/85 (Pardini/Ministero del commercio con l'estero u.a.), Slg. 1988, 2041 (2074).

[164] EuGH, Urt. v. 16.12.1981, Rs. 244/80 (Foglia/Novello), Slg. 1981, 3045, Rn. 21; Urt. v. 15.12. 1995, Rs. C–415/93 (Union royal belge des sociétés des football association ASBL u.a./Bosman), Slg. 1995, I–4921, Rn. 59; Urt. v. 19.2.2002, Rs. C–35/99 (Strafverfahren gegen Arduino), Slg. 2002, I–1529, Rn. 24; vgl. auch *Ress*, Die Entscheidungserheblichkeit im Vorlageverfahren nach Art. 177 EWG-Vertrag im Vergleich zu Vorlageverfahren nach Art. 100 Abs. 1 GG, FS Jahr, 1993, S. 339 (347, 365).

[165] EuGH, Urt. v. 1.4.2008, Rs. C–212/06 (Regierung der Communauté française u.a./Gouvernement flamand), Slg. 2008, I–1683, Rn. 29.

[166] EuGH, Urt. v. 28.6.2007, Rs. C–467/05 (Strafverfahren gegen Giovanni Dell'Orto), Slg. 2007, I–5557, Rn. 40; Urt. v. 6.9.2016, Rs. C–182/15 (Petruhhin), ECLI:EU:C:2016:630, Rn. 20.

[167] Vgl. etwa EuGH, Urt. v. 12.3.1998, Rs. C–319/94 (Dethier Equipement), Slg. 1998, I–1061, Rn. 19; Urt. v. 5.10.1995, Rs. C–96/94 (Centro Servizi Spediporto), Slg. 1995, I–2883, Rn. 45; Urt. v. 4.5.2016, Rs. C–547/14 (Philip Morris Brands u.a.), ECLI:EU:C:2016:325, Rn. 42ff.

[168] Vgl. etwa EuGH, Urt. v. 8.11.1990, Rs. C–231/89 (Gmurzynska-Bscher/Oberfinanzdirektion Berlin), Slg. 1990, I–4003, Rn. 15ff.; Urt. v. 6.12.2001, Rs. C–472/99 (Clean Car Autoservice GmbH/Stadt Wien u. Republik Österreich) Slg. 2001, I–9687, Rn. 12ff.; vgl. auch Urt. v. 7.1.2003, Rs. C–306/99 (BIAO/Finanzamt), Slg. 2003, I–1, Rn. 88ff., Urt. v. 11.9.2003, Rs. C–13/01, (Safalero), Slg. 2003, I–8679, Rn. 40.

[169] Vgl. etwa EuGH, Urt. 5.6.1997, Rs. C–105/94 (Celestini), Slg. 1997, I–2971, Rn. 23.

[170] EuGH, Urt. v. 5.9.1996, Rs. C–85/95 (Reisdorf/Finanzamt Köln-West), Slg. 1996, I–6257, Rn. 16; Urt. v. 3.6.2010, Rs. C–484/08 (Caja de Madrid/Ausbanc), Slg. 2010, I–4785, Rn. 19; Urt. v. 1.10.2009, Rs. C–567/07 (Minister voor Wonen/Wohnstichting), Slg. 2009, I–9021, Rn. 43–47, wo der EuGH die Zulässigkeit der in Rede stehenden Vorlagefrage aus diesen Gründen explizit verneint. Vgl. zu dieser Fallgruppe ferner die umfassende Rechtsprechungsanalyse bei *Broberg/Fenger*, S. 186ff.

[171] EuGH, Urt. v. 5.9.1996, Rs. C–85/95 (Reisdorf/Finanzamt Köln-West), Slg. 1996, I–6257, Rn. 16; Urt. v. 5.9.1996, Rs. C–85/95 (Reisdorf/Finanzamt Köln-West), Slg. 1996, I–6257, Rn. 16. Bejaht wurde eine Zulässigkeit des Vorabentscheidungsersuchens hingegen in folgenden Fällen: EuGH, Urt. v. 15.3.2003, Rs. C–300/01 (Salzmann), Slg. 2003, I–4899, Rn. 32; ebenso Urt. v. 25.3.2004, Rs. C–71/02 (Karner/Troostwijk GmbH), Slg. 2004, I–3025, Rn. 19ff.

F.   Vorlagepflicht mitgliedstaatlicher Gerichte

I.   Pflicht zur Vorlage durch »letztinstanzliche Gerichte« (Art. 267 Abs. 3 AEUV)

56   Während Art. 267 Abs. 2 AEUV mitgliedstaatlichen Gerichten ein Vorlagerecht einräumt, statuiert Art. 267 Abs. 3 AEUV unter den dort genannten Voraussetzungen eine für das Ausgangsgericht aus dem Unionsprimärrecht[172] resultierende **Vorlagepflicht**. Ein mitgliedstaatliches Gericht ist im Falle eines Zweifels über Gültigkeit oder richtige Auslegung[173] einer Bestimmung des Unionsrechts gemäß Art. 267 Abs. 3 AEUV zur Vorlage verpflichtet, wenn seine Entscheidung nicht mehr mit Rechtsmitteln des innerstaatlichen Rechts angegriffen werden kann.[174] Der Sinn und Zweck der unionsrechtlichen Vorlagepflicht besteht insbesondere darin zu verhindern, »dass sich in einem Mitgliedstaat eine nationale Rechtsprechung herausbildet, die mit den Normen des Gemeinschafts-[Unions-]rechts nicht in Einklang steht«.[175] Diese Vorlagepflicht greift allerdings nur bei Entscheidungserheblichkeit der in Rede stehenden Vorlagefrage ein.[176] Die institutionell letztinstanzlichen Gerichte (in Deutschland die obersten Gerichtshöfe des Bundes, das BVerfG[177] sowie die Landesverfassungsgerichte) sind stets vorlagepflichtig. Darüber hinaus sind auch diejenigen unterinstanzlichen Gerichte zur Vorlage verpflichtet, deren Entscheidungen – unabhängig von ihrer gerichtsverfassungsrechtlichen Stellung – im konkreten Verfahren nicht mehr mit Rechtsmitteln angegriffen werden können.[178] Mithin gilt die sog. **konkrete Betrachtungsweise**. Die in Teilen der Literatur diskutierte abstrakt-institutionelle Betrachtungsweise,[179] wonach nur letztinstanzliche Gerichte im gerichtsverfassungsrechtlichen Sinne vorlageverpflichtet seien, ist mit der Rechtsprechung des EuGH abzulehnen. Allein die konkrete Betrachtungsweise ist nämlich geeignet, dem Sinn und Zweck der Regelung – die Verhinderung der Verfestigung einer unionsrechtswidrigen nationalen Rechtsprechung – ausreichend Rechnung zu tragen. Darüber hinaus genügt sie am ehesten den Anforderungen des effektiven Individualrechtsschutzes.[180] Art. 267 Abs. 3 AEUV erfasst daher die funktionell letztinstanzlichen Gerichte.

---

[172] Zu der bislang ungeklärten Frage, inwieweit das freie Vorlagerecht der mitgliedstaatlichen Gerichte vor dem Hintergrund von Art. 267 Abs. 2 AEUV auf der Ebene des nationalen Prozessrechts zu einer generellen Vorlagepflicht verdichtet werden könnte, ausführlich *Thiele* (Fn. 49), § 9, Rn. 46.

[173] Vgl. zu den Schwierigkeiten der Abgrenzung von Zweifeln bzgl. der richtigen Auslegung (vorlagepflichtig) gegenüber (nicht vorlagepflichtigen) Subsumtionszweifeln der nationalen Gerichte und dem damit verbundenen Problem der »Flucht in die Anwendung« zur Vermeidung einer Vorlage an den EuGH *Knauff*, DÖV 2013, 375.

[174] Instruktiv zu den Einzelheiten der Vorlagepflicht und der existierenden Instrumente zu ihrer Durchsetzung zuletzt *Schröder*, EuR 2011, 808.

[175] Vgl. etwa EuGH, Urt. v. 4.11.1997, C–337/95 (Parfums Christian Dior), Slg. 1997, I–6013, Rn. 25.

[176] EuGH, Urt. v. 6.10.1982, Rs. 283/81 (CILFIT u. a./Ministero della Sanità), Slg. 1982, 3415, Rn. 10. Dazu ausführlich *Thiele* (Fn. 49), § 9, Rn. 70, m. w. N.

[177] Ausführlich zur Vorlageverpflichtung von Verfassungsgerichten und der jeweiligen gerichtlichen Praxis im länderübergreifenden Vergleich *Schwarze*, in: Schwarze, EU-Kommentar, Art. 267 AEUV, Rn. 45, m. w. N.; vgl. speziell zur Vorlagepraxis der französischen, italienischen und deutschen Verfassungsgerichte *Poli*, NordÖR 2013, 284. Das BVerfG hat erstmalig mit seinem Beschluss vom 14.1.2014 – BVerfGE 134, 366 – ein Vorabentscheidungsersuchen gemäß Art. 267 AEUV an den EuGH gerichtet.

[178] EuGH, Urt. v. 4.6.2002, Rs. C–99/00 (Strafverfahren gegen Lyckeskog), Slg. 2002, I–4839, Rn. 15.

[179] *Dauses*, S. 111.

[180] *Schwarze*, in: Schwarze, EU-Kommentar, Art. 267 AEUV, Rn. 43, m. w. N.

Unter »**Rechtsmitteln des innerstaatlichen Rechts**« i. S. d. Art. 267 Abs. 3 AEUV sind   57
alle »ordentlichen Rechtsbehelfe« zu verstehen, die das nationale Prozessrecht zur gerichtlichen Überprüfung einer gerichtlichen Entscheidung zur Verfügung stellt.[181] Keine
»Rechtsmittel« sind folglich die außerordentlichen Rechtsbehelfe, wie zum Beispiel die
Verfassungsbeschwerde und das Wiederaufnahmeverfahren wegen ihres grundsätzlich
beschränkten Gegenstands.[182] Das prozessrechtliche Erfordernis einer Zulassungserklärung eines Rechtsmittels durch das dadurch angerufene Gericht führt nach der Rechtsprechung des EuGH nicht dazu, dass den Parteien das Rechtsmittel entzogen wird.[183]
Eine Vorlagepflicht besteht in diesen Fällen deshalb nicht. Gleiches gilt für Gerichte,
deren Entscheidungen lediglich Gegenstand eines besonderen Zulässigkeitsvoraussetzungen unterliegenden Rechtsmittels sein können.[184] Aus diesem Grund ist die gerichtliche Entscheidung, die mit dem (zulassungsbedürftigen) Rechtsmittel angegriffen wird
bzw. angreifbar war, noch keine letztinstanzliche Entscheidung i. S. d. Art. 267 Abs. 3
AEUV. Dem entspricht es, dass nach der Rechtsprechung des BVerwG[185] neben Berufung und Revision auch die Beschwerdemöglichkeit gegen die Nichtzulassung der Revision (Nichtzulassungsbeschwerde) gemäß § 133 VwGO als »Rechtsmittel« einzuordnen ist und damit der Annahme einer Vorlagepflicht nach Art. 267 Abs. 3 AEUV entgegensteht.

II. Richterrechtlich entwickelte unionsrechtliche Vorlagepflichten für nicht-letztinstanzliche Gerichte

Nach der Rechtsprechung des EuGH besteht auch für nicht-letztinstanzliche Gerichte   58
grundsätzlich eine Vorlagepflicht, wenn sie **abgeleitetes Unionsrecht für unionsrechtswidrig erachten** und daher **unangewendet** lassen wollen. Diese Vorlagepflicht besteht
unabhängig vom Bestehen innerstaatlicher Rechtsmittel gegen die Entscheidung des
mitgliedstaatlichen Gerichts. So konkretisierte der EuGH in der Rechtssache **Foto
Frost**[186] seine Rechtsprechung zur Gültigkeitsvorlage abgeleiteten Unionsrechts dahingehend, dass mitgliedstaatliche Gerichte nur befugt sind, Gültigkeitsfragen hinsichtlich
entscheidungserheblicher Unionsrechtsakte positiv zu beantworten. Hält ein mitgliedstaatliches Gericht eine entscheidungserhebliche Vorschrift hingegen für ungültig, so
muss es diese Frage dem EuGH im Wege der Gültigkeitsvorlage unterbreiten.[187] Die

---

[181] In diesem Sinne auch *Schwarze*, in: Schwarze, EU-Kommentar, Art. 267 AEUV, Rn. 44; ausführlich zur Thematik mit zivilprozessrechtlichem Schwerpunkt auch *Piekenbrock*, EuR 2010, 317
(332 ff.).

[182] *Gündisch/Wienhues*, Rechtsschutz in der Europäischen Union, 2003, S. 104; *Kokott/Henze/
Sobotta*, JZ 2006, 634; *Karpenstein*, in: Grabitz/Hilf/Nettesheim, EU, Art. 267 AEUV (Mai 2013),
Rn. 53; a. A. aber *Piekenbrock*, EuR 2011, 317 (333).

[183] EuGH, Urt. v. 4.6.2002, Rs. C–99/00 (Strafverfahren gegen Lyckeskog), Slg. 2002, I–4839,
Rn. 16.

[184] EuGH, Urt. v. 16.12.2008, Rs. C–210/06 (Cartesio), Slg. 2008, I–9641, Rn. 75–78. Hier ging es
um ein Rechtsmittel im ungarischen Prozessrecht, welches zwar keine vorherige Zulassungserklärung
durch den obersten Gerichtshof voraussetzt, das aber besonderen Beschränkungen hinsichtlich der
Art der geltend zu machenden Rechtsmittelgründe unterworfen ist.

[185] BVerwG, NJW 1987, 601; NJW 1986, 1448; NJW 1996, 2945; EuZW 1993, 263.

[186] EuGH, Urt. v. 22.10.1987, Rs. 314/85 (Foto Frost/Hauptzollamt Lübeck-Ost), Slg. 1987, 4199,
Rn. 10 ff.

[187] In diesem Zusammenhang soll es genügen, wenn auf Seiten des nationalen Richters entsprechende Bedenken vorhanden sind, eine Überzeugung von der Nichtigkeit braucht hingegen nicht
dargelegt werden (in diesem Sinne *Thiele* [Fn. 49], § 9, Rn. 55 ff.). Ausführlich und sehr instruktiv zur
Dogmatik der *Foto Frost*-Rechtsprechung *Haltern*, Europarecht, S. 223 ff.

Befugnis mitgliedstaatlicher Gerichte zur eigenständigen Feststellung der Ungültigkeit eines Unionsrechtsaktes widerspräche dem Ziel einer einheitlichen Anwendung des Unionsrechts in allen Mitgliedstaaten. Folglich muss das Verwerfungsmonopol für Handlungen von Unionsorganen beim Gerichtshof liegen. Die Vorlagepflicht gilt auch dann, wenn der EuGH entsprechende Bestimmungen eines anderen, vergleichbaren Rechtsakts bereits für ungültig erklärt hat, da der Kontext der Normen verschieden sein kann.[188] Umgekehrt existiert allerdings dann keine unionsrechtliche Vorlagepflicht, wenn die mitgliedstaatlichen Gerichte nationales Recht wegen des Anwendungsvorrangs des Unionsrechts im Einzelfall unangewendet lassen wollen. Ihr Recht zur Befassung des EuGH bleibt hiervon aber unberührt.[189]

59   Eine gewisse Modifizierung hat die vorgenannte **Foto-Frost-Doktrin** im Hinblick auf nationale Verfahren des **einstweiligen Rechtsschutzes** erfahren. Der EuGH hat in diesem Zusammenhang insbesondere vor dem Hintergrund der Eilbedürftigkeit einer gerichtlichen Entscheidung im vorläufigen Rechtsschutzverfahren die grundsätzliche Berechtigung der nationalen Gerichte der Mitgliedstaaten anerkannt, den Vollzug des Unionsrechts auf nationaler Ebene vorläufig auszusetzen (Rechtssache **Zuckerfabrik Süderdithmarschen**[190]) bzw. die erforderlichen einstweiligen Anordnungen mit dem Ziel der vorläufigen Unanwendbarkeit der in Rede stehenden unionsrechtlichen Vorschrift zu treffen (Rechtssache **Atlanta Fruchthandelsgesellschaft**[191]), wenn ernsthafte Zweifel an der Gültigkeit des dem nationalen Verwaltungsakt zugrunde liegenden Unionsrechtsakts bestehen. Der EuGH knüpft diese Durchbrechung des Foto-Frost-Grundsatzes allerdings an strikte Voraussetzungen, die u. a. eine Pflicht des nationalen Gerichts zur Gültigkeitsvorlage umfassen. Danach darf das nationale Gericht derartigen einstweiligen Rechtsschutz nur gewähren, wenn

(1) es **erhebliche Zweifel an der Gültigkeit** der Unionshandlung hat und diese Zweifel zum Gegenstand einer sich unmittelbar anschließenden Vorlage an den EuGH im Hauptsacheverfahren macht;

(2) die Entscheidung **dringlich** ist, das heißt die einstweilige Maßnahme erforderlich ist, um schwere und nicht wiedergutzumachende Schäden des Antragstellers zu vermeiden;

(3) die Entscheidung **das Unionsinteresse angemessen berücksichtigt** und es bei der Prüfung dieser Voraussetzungen die Unionsrechtsprechung über die Rechtmäßigkeit der Verordnung oder einstweilige – auf Unionsebene ergangene – **Anordnungen beachtet**.[192]

60   Grundsätzlich sind nationale Gerichte im Rahmen des einstweiligen Rechtsschutzes jedoch nicht berechtigt, ohne entsprechende Rechtsgrundlage im Unionsrecht positive vorläufige Maßnahmen wie etwa Übergangsmaßnahmen zur Regelung eines Härtefalls

---

[188] EuGH, Urt. v. 6.12.2005, Rs. C–461/03 (Gaston Schul/Minister van Landbouw), Slg. 2005, I–10513.

[189] EuGH, Urt. v. 19.1.2010, Rs. C–555/07 (Kücükdeveci/Swedex), Slg. 2010, I–365, Rn. 54f., vgl. dazu *Piepenbrock*, EuR 2011, 317 (339f.), der sich in derartigen Fällen für eine innerstaatliche »Verdichtung« des unionsrechtlichen Vorlagerechts zu einer Vorlagepflicht ausspricht.

[190] Im Hinblick auf die vorläufige Aussetzung: EuGH, Urt. v. 21.2.1991, verb. Rs. C–143/88 – C–92/89 (Zuckerfabrik Süderdithmarschen), Slg. 1991, I–415, Rn. 24. Ausführlich zum dogmatischen Hintergrund dieser Rechtsprechung *Haltern*, Europarecht, S. 227f.

[191] EuGH, Urt. v. 9.11.1995, Rs. C–465/93 (Atlanta Fruchthandelsgesellschaft), Slg. 1995, I–3761, Rn. 35. Vgl. zu diesem Urteil auch *Haltern*, Europarecht, S. 230.

[192] EuGH, Urt. v. 9.11.1995, Rs. C–465/93 (Atlanta Fruchthandelsgesellschaft), Slg. 1995, I–3761, Rn. 51.

zu erlassen.[193] Insoweit ergibt sich aus der vorgenannten Rechtsprechung eine weitere, richterrechtlich entwickelte Vorlagepflicht auch für unterinstanzliche Gerichte. Von dieser Vorlagepflicht zur Sicherung des Verwerfungsmonopols des EuGH sind die unterinstanzlichen Gerichte auch nicht in Fällen entbunden, in denen bereits Rechtsprechung des EuGH zu ähnlich gelagerten Fällen im Sinne eines Präjudizes existiert.

III. Verfassungsrechtlich begründete Vorlagepflichten deutscher Fachgerichte

Eine vom BVerfG entwickelte – verfassungsrechtlich begründete – Vorlagepflicht für **61** nicht-letztinstanzliche deutsche Fachgerichte bezieht sich auf die Konstellation, in der ein deutsches Gericht ein das Unionsrecht umsetzendes deutsches Gesetz bei Zweifeln an dessen Grundrechtskonformität im Wege der **konkreten Normenkontrolle nach Art. 100 Abs. 1 GG** vorlegen möchte.[194] Danach ist die konkrete Normenkontrolle immer dann unzulässig, wenn nicht im Wege des Vorabentscheidungsverfahrens vorab geklärt wurde, ob das beanstandete nationale Gesetz in Umsetzung eines dem deutschen Gesetzgeber verbleibenden Gestaltungsspielraums ergangen ist oder nicht. Vor dem Hintergrund der Zurücknahme seiner Prüfkompetenz im Hinblick auf das Unionsrecht und das in dessen Umsetzung ergangene nationale Recht kann nur bei Existenz eines solchen Gestaltungsspielraums eine verfassungsrechtliche Prüfkompetenz des BVerfG bestehen.

Darüber hinaus hat das BVerfG in nunmehr ständiger Rechtsprechung eine Verpflich- **62** tung für deutsche Gerichte zur Gültigkeits- bzw. Auslegungsvorlage an den EuGH gemäß Art. 267 AEUV für den Fall angenommen, dass die Einordung eines Unionsrechtsaktes als **Ultra-vires-Akt** im Sinne der Rechtsprechung des BVerfG in Rede steht.[195]

IV. Ausnahmen von der Vorlagepflicht

Die in Art. 267 Abs. 3 AEUV statuierte Vorlagepflicht für letztinstanzliche Gerichte gilt **63** nach dem Vertragswortlaut uneingeschränkt. Gleichwohl hat der EuGH insbesondere im Rahmen seiner **CILFIT**-Rechtsprechung[196] wichtige Ausnahmen von dieser Vorlagepflicht entwickelt, die sich auch auf die vorgenannten Fälle der richterrechtlich begründeten Vorlagepflicht unterinstanzlicher Gerichte erstrecken. Ein Entfallen der Vorlagepflicht aus diesem Grund lässt jedoch das Vorlagerecht des betroffenen nationalen Gerichts unberührt. So weist der EuGH in diesem Kontext ausdrücklich darauf hin, dass es den mitgliedstaatlichen Gerichten auch in einem solchen Fall unbenommen bleibe, ein Vorabentscheidungsersuchen zu stellen, wenn sie es für angebracht halten.[197]

---

[193] EuGH, Urt. v. 26.11.1996, Rs. C–68/95 (T. Port/Bundesanstalt für Landwirtschaft und Ernährung), Slg. 1996, I–6065, Rn. 62.

[194] BVerfGE 129, 186; näher dazu *Foerster*, JZ 2012, 515 sowie *Karpenstein*, in: Grabitz/Hilf/Nettesheim, EU, Art. 267 AEUV (Mai 2013), Rn. 63; vgl. aber auch BVerfG, NZA 2015, 866 sowie BVerfG, NSW 2015, 2242. *Foerster*, EUR 2015, 602, sieht in diesen Beschlüssen des BVerfG eine Abkehr der Rechtsprechung aus BVerfGE 129, 186.

[195] BVerfGE 123, 267 (353); 126, 286 (304); bestätigt im Vorlagebeschluss des BVerfG an den EuGH vom 14.1.2014 – BVerfGE 134, 366.

[196] EuGH, Urt. v. 6.10.1982, Rs. 283/81 (CILFIT u.a./Ministero della Sanità), Slg. 1982, 3415. Grundlegend zur dogmatischen Einordnung der CILFIT-Rechtsprechung *Haltern*, Europarecht, S. 231.

[197] Vgl. insbesondere EuGH, Urt. v. 6.10.1982, Rs. 283/81 (CILFIT u.a./Ministero della Sanità), Slg. 1982, 3415, Rn. 6 ff.

64   Die vom EuGH in diesem Zusammenhang entwickelten Ausnahmetatbestände lassen sich in drei Fallgruppen zusammenfassen.[198] Danach ist ein mitgliedstaatliches Gericht, obwohl die Voraussetzungen einer Vorlagepflicht erfüllt sind, ausnahmsweise dann nicht zur Einleitung eines Vorabentscheidungsverfahrens verpflichtet,

(1) wenn die aufgeworfene Frage bereits in einem **gleichgelagerten Fall** vorgelegt und durch den EuGH beantwortet wurde[199] oder

(2) wenn eine **gesicherte unionsgerichtliche Rechtsprechung** zu dieser Frage vorliegt, durch welche die betreffende Rechtsfrage geklärt ist, selbst wenn die strittigen Fragen nicht vollkommen identisch sind und unabhängig davon, in welcher Art von Verfahren sich diese Rechtsprechung gebildet hat (»**acte éclairé**«)[200] oder

(3) wenn die richtige Auslegung des Unionsrechts so **offensichtlich** ist, dass kein Raum für vernünftige Zweifel an der Entscheidung der gestellten Frage bleibt und die Gerichte der übrigen Mitgliedstaaten und der EuGH keine Zweifel an dieser Auslegung haben würden (»**acte clair**«).[201]

65   Die beiden ersten Fallgruppen werden von *Haltern* zutreffend als Grundstein eines Präzedenzfall- bzw. Präjudiz-Systems gedeutet.[202] Insoweit stellt die zweite, im CILFIT-Urteil herausgearbeitete Fallgruppe lediglich eine Weiterentwicklung und Verfeinerung der ersten, im Urteil da Costa aus dem Jahre 1963 vom EuGH kreierten Fallgruppe dar.[203] Hiervon zu unterscheiden ist die sog. **acte clair-Doktrin**, die der dritten der vorgenannten Fallgruppen zugrunde liegt.[204] In diesem Kontext kann es, muss es aber nicht zwingend auf einen Präzedenzfall ankommen. Eine Überschneidung liegt nur dann vor, wenn sich die »Offenkundigkeit« der Auslegung der in Rede stehenden unionsrechtlichen Vorschrift aus Präzedenzfällen ergibt.[205]

66   Die Beurteilung der »**Offenkundigkeit**« obliegt in diesem Zusammenhang grundsätzlich dem mitgliedstaatlichen Gericht selbst.[206] Das nationale Gericht hat lediglich die Rechtsprechung der Gerichte der übrigen Mitgliedstaaten (und der Unionsgerichte) zu berücksichtigen, damit die einheitliche Anwendung des Unionsrechts gesichert wird.[207] Diese Kriterien der CILFIT-Rechtsprechung, die nach einer nicht von der Hand zu wei-

---

[198] Vgl. dazu auch ausführlich *Karpenstein*, in: Grabitz/Hilf/Nettesheim, EU, Art. 267 AEUV (Mai 2013), Rn. 54 ff.

[199] EuGH, Urt. v. 27.3.1963, verb. Rs. 28/62–30/62 (Da Costa u. a./Niederländische Finanzverwaltung), Slg. 1963, 63 (80); in diesen Fällen kann der EuGH nach Art. 99 VerfO-EuGH auch durch Beschluss entscheiden.

[200] EuGH, Urt. v. 6.10.1982, Rs. 283/81 (CILFIT u. a./Ministero della Sanitá), Slg. 1982, 3415, Rn. 14; vgl. dazu kritisch *Herrmann*, EuZW 2006, 231.

[201] EuGH, Urt. v. 6.10.1982, Rs. 283/81 (CILFIT u. a./Ministero della Sanitá), Slg. 1982, 3415, Rn. 16; in diesem Sinne auch Urt. v. 11.9.2008, verb. Rs. C–428–434/06 (UGT-Rioja u. a./Juntas Generales u. a.), Slg. 2008, I–6747. Vgl. ausführlich zu den Kriterien für das Vorliegen eines »acte clair« *Broberg/Fenger*, S. 211 ff.

[202] *Haltern*, Europarecht, S. 232.

[203] *Haltern*, Europarecht, S. 233.

[204] Grundlegend zu den dogmatischen und »rechtspolitischen« Hintergründen dieser Doktrin *Haltern*, Europarecht, S. 237 ff.

[205] *Haltern*, Europarecht, S. 237 ff.

[206] EuGH, Urt. v. 15.9.2005, Rs. C–495/03 (Intermodal Transports/Staatsecrataris), Slg. 2005, I–8151, Rn. 37; Vgl. zu den damit verbundenen praktischen Schwierigkeiten *Thiele* (Fn. 49), § 9, Rn. 74; ausführlich zur Vorgehensweise in der gerichtlichen Praxis hinsichtlich des erforderlichen Grades an Gewissheit *Schwarze*, in: Schwarze, EU-Kommentar, Art. 267 AEUV, Rn. 48.

[207] EuGH, Urt. v. 15.9.2005, Rs. C–495/03 (Intermodal Transports/Staatsecrataris), Slg. 2005, I–8151, Rn. 35 ff., (39). Vgl. zu dieser Entscheidung auch die ausführliche Urteilsanalyse von *Haltern*, Europarecht, S. 244 ff.

senden Einschätzung als in der Praxis »realistischerweise unerfüllbar« eingestuft werden,[208] gelten jedoch ausschließlich für **Auslegungsfragen**. Auf **Gültigkeitsfragen** sind sie vor dem Hintergrund des Verwerfungsmonopols des EuGH für Unionsrechtsakte nicht anwendbar. Soweit also ein mitgliedstaatliches Gericht vorlagepflichtig ist, muss es Gültigkeitsfragen ohne jede Ausnahme dem EuGH vorlegen.[209]

Eine weitere Ausnahme von der Vorlagepflicht bezüglich Auslegungsvorlagen besteht regelmäßig in **Verfahren des einstweiligen Rechtsschutzes** auch vor letztinstanzlichen Gerichten, soweit »es jeder Partei unbenommen bleibt [...] ein Hauptverfahren, in dem jede in summarischen Verfahren vorläufig entschiedene Frage des Gemeinschaftsrechts erneut geprüft werden und den Gegenstand einer Vorlage [...] bilden kann«, anzustrengen.[210] Entscheidend ist insoweit, dass auf diese Weise zumindest in diesem Verfahren die Möglichkeit einer Klärung der in Rede stehenden unionsrechtlichen Fragestellung durch den EuGH möglich bleibt. Noch ungeklärt ist bislang, ob die Vorlagepflicht bezüglich einer Gültigkeitsvorlage auch dann entfällt, wenn damit die Bestandskraft eines Unionsrechtsaktes umgangen werden soll, wenn also eine offensichtlich zulässige Nichtigkeitsklage gegen diesen Akt nicht erhoben wurde und die Gültigkeitsvorlage daher unzulässig wäre (vgl. Rn. 30). 67

V. Instrumente zur Durchsetzung einer Vorlageverpflichtung nationaler Gerichte

1. Verletzung der Vorlagepflicht und unionsrechtliche Schutzmechanismen

Auf der Ebene des Unionsrechts bestehen Möglichkeiten, auf die Nichtbeachtung der Vorlagepflicht zu reagieren. So kommt auf Unionsebene – zumindest theoretisch – die **Einleitung eines Vertragsverletzungsverfahrens** gegen den betroffenen Mitgliedstaat gemäß **Art. 258 AEUV** in Betracht. Von dieser Möglichkeit der Erhebung einer Aufsichtsklage wegen Verletzung der Vorlagepflicht durch ein nationales Gericht wurde von der Kommission bislang jedoch nicht Gebrauch gemacht. Auch besteht kein Anspruch des Einzelnen auf Einleitung eines Vertragsverletzungsverfahrens durch die Kommission (vgl. Art. 258 AEUV, Rn. 9).[211] Die praktischen Wirkungen eines Vertragsverletzungsverfahrens wären in diesem Zusammenhang im Übrigen beschränkt: Das stattgebende Vertragsverletzungsurteil kann das mitgliedstaatliche Urteil nicht aufheben, sondern stellt lediglich die Vertragsverletzung fest. Art. 260 Abs. 1 AEUV legt den verurteilten Mitgliedstaaten zwar die Pflicht auf, alle »Maßnahmen zu ergreifen, die sich aus dem Urteil des Gerichtshofs ergeben«. Wegen der Unabhängigkeit der Gerichte kann der Mitgliedstaat rechtskräftig gewordene Urteile jedoch weder selbst aufheben noch kann die Exekutive den Gerichten eine entsprechende Weisung erteilen. Außerdem erwächst die Entscheidung des nationalen Gerichts trotz einer etwaigen Verletzung der Vorlagepflicht in Rechtskraft (vgl. Rechtssache Kapferer). Allerdings könnte aus der 68

---

[208] *Haltern*, Europarecht, S. 240; *Schröder*, EuR 2011, 809; für eine großzügigere Formulierung *Wegener*, in: Calliess/Ruffert, EUV/AEUV, Art. 267 AEUV, Rn. 32.

[209] EuGH, Urt. v. 6.12.2005, Rs. C–461/03 (Gaston Schul), Slg. 2005, I–10513, Rn. 19. Zustimmend auch *Herrmann*, EuZW 2006, 231 (234).

[210] EuGH, Urt. v. 27.10.1982, verb. Rs. 35/82 u. 36/82 (Morson/Niederlande u.a.), Slg. 1982, 3723, Rn. 8 ff.

[211] *Schröder*, EuR 2011, 811.

vorgenannten Bestimmung ein Anspruch auf Folgenbeseitigung im Hinblick auf die sich aus dem in Rechtskraft erwachsenen Urteil ergebenden Folgen entstehen.[212]

69   Das Problem der fehlenden Berechtigung Einzelner zur prozessualen Geltendmachung einer Verletzung der Vorlagepflicht kann allerdings dadurch kompensiert werden, dass diese eine solche Verletzung im Wege des **unionsrechtlichen Staatshaftungsanspruchs** vor den mitgliedstaatlichen Gerichten geltend machen.[213] Der EuGH hat in der Rechtssache Köbler zwei Aspekte dieser Streitfrage geklärt. Zum einen ist nunmehr klargestellt, dass ein Staatshaftungsanspruch generell auch auf »**judikatives Unrecht**« in Gestalt einer Verletzung des Unionsrechts durch mitgliedstaatliche Gerichte gestützt werden kann.[214] Zum anderen hat der Gerichtshof auch spezifische Voraussetzungen benannt, unter denen ein solcher Verstoß eines mitgliedstaatlichen Gerichts gegen das Unionsrecht zur Grundlage eines Staatshaftungsanspruches gemacht werden kann. Danach muss – entsprechend den allgemeinen Voraussetzungen des Staatshaftungsanspruches[215] – insbesondere **ein qualifizierter Verstoß gegen Unionsrecht** vorliegen. Ein solcher ist in Bezug auf ein mitgliedstaatliches Gericht dann zu bejahen, wenn dieses offenkundig gegen das geltende Recht verstoßen hat.[216] Daraus wird man für die Verletzung der Vorlagepflicht folgern können, dass nicht jede beliebige Nichtbeachtung derselben einen Staatshaftungsanspruch auszulösen vermag. Ungelöst ist indes weiterhin die Frage, unter welchen Voraussetzungen ein Verstoß gegen die Vorlagepflicht »**offenkundig**« im Sinne dieser Voraussetzung ist und ob die Vorlagepflicht nach Art. 267 AEUV bezweckt, dem Einzelnen Rechte zu gewähren.[217] Auch im Hinblick auf die schwierigen Kausalitätsfragen – etwa wie der EuGH die nicht gestellte Vorlagefrage beantwortet hätte – und die Bestimmung des Schadens ist ein solcher Anspruch letztlich wohl nur schwer begründbar.[218] Folgenlos ist ein Verstoß gegen die Vorlagepflicht jedoch auch im Rahmen des unionsrechtlichen Staatshaftungsanspruches nicht. Der EuGH zieht die Verletzung derselben nämlich als einen Gesichtspunkt heran, anhand dessen die mitgliedstaatlichen Gerichte die Offenkundigkeit des verfahrensgegenständlichen Verstoßes gegen andere Vorschriften des Unionsrechts zu prüfen haben.[219] Tritt beispielsweise neben einen Verstoß gegen eine Grundfreiheit, welcher isoliert betrachtet (noch) keinen qualifizierten Verstoß im Sinne des unionsrechtlichen Staatshaftungsanspruchs darstellt, auch noch ein Verstoß gegen die Vorlagepflicht, so vermag dieser Umstand dazu führen, dass jener erste Verstoß als »offenkundig« zu qualifizieren ist.[220]

---

[212] Vgl. *Schwarze*, in: Schwarze, EU-Kommentar, Art. 267 AEUV, Rn. 52 m. w. N.

[213] Kritisch zur Effektivität eines solchen Anspruchs aber *Latzel/Streinz*, NJOZ 2013, 97 (99).

[214] EuGH, Urt. v. 30.9.2003, Rs. C–224/01 (Köbler), Slg. 2003, I–10239, Rn. 31 ff.; bestätigt durch Urt. v. 13.6.2006, Rs. C–173/03 (Traghetti del Mediterraneo/Italien), Slg. 2006, I–5177, Rn. 30.

[215] Vgl. allgemein zu den Voraussetzungen des unionsrechtlichen Staatshaftungsanspruches *Haratsch/Koenig/Pechstein*, Europarecht, Rn. 625 ff.

[216] EuGH, Urt. v. 30.9.2003, Rs. C–224/01 (Köbler), Slg. 2003, I–10239, Rn. 53.

[217] Offengelassen in EuGH, Urt. v. 13.6.2006, Rs. C–173/03 (Traghetti del Mediterraneo/Italien), Slg. 2006, I–5177, Rn. 45.

[218] Skeptisch auch *Kokott/Henze/Sobotta*, JZ 2006, 633 (637).

[219] EuGH, Urt. v. 30.9.2003, Rs. C–224/01 (Köbler), Slg. 2003, I–10239, Rn. 55; Urt. v. 13.6.2006, Rs. C–173/03 (Traghetti del Mediterraneo/Italien), Slg. 2006, I–5177, Rn. 43.

[220] *Kokott/Henze/Sobotta*, JZ 2006, 633 (638).

2. Verletzung der Vorlagepflicht und Schutzmechanismen des deutschen Verfassungsprozessrechts

Auf der innerstaatlichen Ebene ist nach deutschem Recht als Reaktion auf die Verlet-   **70**
zung der Vorlagepflicht durch ein innerstaatliches Gericht vor allem die Erhebung einer
Verfassungsbeschwerde möglich. Nach bisheriger ständiger Rechtsprechung des
BVerfG stellt die **»willkürliche«** Unterlassung einer gemäß Art. 267 Abs. 3 AEUV gebotenen Vorlage an den EuGH eine Verletzung des grundrechtsgleichen Rechts auf den
gesetzlichen Richter gemäß Art. 101 Abs. 1 Satz 2 GG dar.[221] Falls ein deutsches Gericht, dessen Entscheidung im konkreten Fall nicht mehr mit Rechtsmitteln des innerstaatlichen Rechts angefochten werden kann, seine Vorlagepflicht nach Art. 267 Abs. 3
AEUV verkennt oder verletzt, kann dessen Entscheidung folglich auf eine Verfassungsbeschwerde hin aufgehoben werden.[222] Das BVerfG betont jedoch ausdrücklich, dass es
nicht »zu einem Kontrollorgan, das jeden einem Gericht unterlaufenden Verfahrensfehler korrigieren müsste«,[223] werde, und fragt daher lediglich, ob das Gericht eine Vorlage
nach Art. 267 AEUV »objektiv willkürlich« unterlassen habe.[224] Eine im Wege der Verfassungsbeschwerde zu rügende Verletzung der Vorlagepflicht liegt nach einer auf dieser Grundlage entwickelten, **fallgruppengeleiteten Willkürprüfung** deshalb nur vor,[225]
(1) wenn das Ausgangsgericht seine Vorlagepflicht grundsätzlich verkennt, also trotz
    unionsrechtlicher Fragen und deren Entscheidungserheblichkeit eine Vorlage trotz
    eigener Zweifel überhaupt nicht in Betracht zieht (**grundsätzliche Verkennung der
    Pflicht zur Vorlage**),
(2) das Ausgangsgericht von der Rechtsprechung des EuGH bewusst abweicht und
    dennoch nicht vorlegt (**bewusstes Abweichen ohne Bereitschaft zur Vorlage**) oder
(3) wenn der EuGH auf die entscheidungserhebliche Frage des Unionsrechts bislang
    nicht oder nur unvollständig eingegangen ist (**unvollständige Rechtsprechung**) und
    das Ausgangsgericht dennoch nicht vorlegt,[226] sondern seine Entscheidung auf eine
    europarechtliche Auffassung stützt, obwohl mögliche Gegenauffassungen »eindeu-
    tig vorzuziehen« sind.

In jedem Falle ist das vorlagepflichtige Fachgericht dazu verpflichtet, sich mit der Vor-   **71**
lagepflicht sorgfältig auseinanderzusetzen und seine Entscheidung zur Nichtvorlage
entsprechend zu **begründen**. Allein schon das Fehlen dieser Begründung bzw. das Fehlen einer Auseinandersetzung mit der möglichen Vorlageverpflichtung nach Art. 267
Abs. 3 AEUV stellt regelmäßig einen Verstoß gegen Art. 101 Abs. 1 Satz 2 GG dar.[227]
Jedoch entschied die dritte Kammer des Ersten Senats des BVerfG, dass sich auch eine
unbegründete Nichtvorlage noch im Beurteilungsspielraum halten könne, »wenn die
richtige Anwendung des Unionsrechts als derart offenkundig anzusehen [ist], dass eine

---

[221] BVerfGE 73, 339 (366); 13, 572.

[222] BVerfGE 75, 223 (245).

[223] BVerfG, NVwZ 2001, 1148 (1149).

[224] Näher hierzu *Wegener*, in: Calliess/Ruffert, EUV/AEUV, Art. 267 AEUV, Rn. 36 ff.; kritisch im
Hinblick auf diese Zurücknahme der verfassungsgerichtlichen Prüfkompetenz durch das BVerfG auch
Fastenrath, NJW 2009, 272.

[225] Vgl. zusammenfassend BVerfGE 135, 155 (232 f.).

[226] BVerfGE 82, 159 (195); NJW 2001, 1267 (1268). Kritisch – insbesondere zur dritten Fallgruppe
der Willkürformel des BVerfG – *Kokott/Henze/Sobotta*, JZ 2006, 633 (636 f.).

[227] BVerfG, NJW 2001, 1267; dazu ausführlich: *Kokott/Henze/Sobotta*, JZ 2006, 636.

abweichende Auslegung durch den Gerichtshof der Europäischen Union lediglich als entfernte Möglichkeit erscheint.«[228]

72   Der Erste Senat des BVerfG scheint sich in seiner neueren Rechtsprechung jedoch von diesem Prüfungsmaßstab zu lösen,[229] während der Zweite Senat – zuletzt in seinem **Honeywell-Beschluss** – die herkömmliche Willkürprüfung zunächst ausdrücklich bestätigt hat.[230] Insoweit scheint hier die Rechtsprechung des Ersten Senats eine Verschiebung des relevanten Bezugspunktes der Willkürprüfung weg von der möglichen (willkürlichen) Verkennung des anzuwendenden materiellen Unionsrechts durch das Fachgericht hin zu einer möglichen unhaltbaren Handhabung der in Rede stehenden Zuständigkeitsnorm des Art. 267 Abs. 3 AEUV zu verfolgen. Bezugspunkt der verfassungsgerichtlichen Kontrolle ist damit die offensichtlich unhaltbare Auslegung der Zuständigkeitsnorm des Art. 267 Abs. 3 AEUV durch das Fachgericht.[231] Im Schrifttum ist umstritten, ob diese neueren Rechtsprechungstendenzen substanzielle Änderungen in der Sache mit sich bringen[232] oder lediglich eine »Konkretisierung« der bisherigen Rechtsprechung hinsichtlich der dritten vorgenannten Fallgruppe darstellen.[233] Unabhängig von der Beantwortung dieser Frage ist in jedem Falle an dem neuen Ansatz zu begrüßen, dass in kohärenterer Weise nunmehr ausdrücklich die Anwendung der in Rede stehenden Zuständigkeitsnorm des Art. 267 Abs. 3 AEUV durch das Fachgericht in den Mittelpunkt der verfassungsgerichtlichen Prüfung gerückt wird. Damit wird die Frage der Beachtung oder Missachtung der durch die CILFIT-Rechtsprechung des EuGH entwickelten Kriterien für die verfassungsrechtliche Bewertung maßgeblich, was im Ergebnis zu einer gesteigerten Kohärenz mit unionsrechtlichen Vorgaben und damit zu mehr Rechtssicherheit führen könnte.[234] In seinem Urteil zur Filmabgabe stellte zuletzt hingegen auch der Zweite Senat maßgebend darauf ab, dass »das Fachgericht unter Anwendung und Auslegung des materiellen Unionsrechts (…) die vertretbare Überzeugung bilden [müsse], dass die Rechtslage entweder von vornherein eindeutig (»acte clair«) oder durch Rechtsprechung in einer Weise geklärt ist, die keinen vernünftigen Zweifel offenlässt (»acte éclairé«; …).«[235] Anknüpfungspunkt ist also auch insofern für

---

[228] BVerfG, Beschl. v. 23. 12. 2013–1 BvR 512/11 –; kritisch hierzu *Wagner*, RIW 2014, Heft 7, Die erste Seite.

[229] BVerfG, NJW 2011, 1427; bestätigt durch BVerfG, NJW 2011, 3428. Ausführlich zur vorangehenden Kammerrechtsprechung des BVerfG *Calliess*, NJW 2013, 1905 (1908 ff.), *Schröder*, EuR 2011, 808 (815 ff.) sowie *Bäcker*, NJW 2011, 270.

[230] BVerfG, NJW 2010, 3422.

[231] Dazu ausführlich zuletzt *Calliess*, NJW 2013, 1905 (1907 ff., 1910), der in dem neuen Ansatz eine Annäherung an die CILFIT-Vorgaben des EuGH erkennt; vgl. auch *Britz*, NJW 2012, 1313 (1314 f.) sowie *Schröder*, EuR 2011, 808 (815 ff.) und *Michael*, JZ 2012, 870.

[232] So wohl *Schröder*, EuR 2011, 808 (818 ff.), der die neuere Rechtsprechung des Ersten Senats als Verschärfung des anzuwendenden Maßstabs wertet.

[233] In diesem Sinne etwa *Britz*, NJW 2012, 1313 (1314), die die neuere Rechtsprechung des BVerfG als weitere Konkretisierung des Bezugspunktes der Vertretbarkeitskontrolle sieht. Ebenso im Ergebnis wohl auch *Calliess*, NJW 2013, 1905 (1907 ff.), der ebenfalls von einer »Konkretisierung« des Willkürmaßstabs spricht.

[234] Es geht folglich darum, »ob das letztinstanzliche Hauptsachegericht vertretbar von einem ›acte éclairé‹ oder von einem ›acte clair‹ ausgegangen ist« (BVerfG, Beschluss der 3. Kammer des Ersten Senats vom 29. 5. 2012, ZIP 2012, 1876 [1878]). Damit wird die willkürliche Verletzung der Zuständigkeitsnorm des Art. 267 Abs. 3 AEUV in der Auslegung, die sie durch die CILFIT-Rechtsprechung des EuGH gefunden hat, zum Anknüpfungspunkt der verfassungsrechtlichen Prüfung gemacht.

[235] BVerfGE 135, 155 (233).

den Zweiten Senat, ob eine **nicht mehr verständliche oder unhaltbare Auslegung des Art. 267 Abs. 3 AEUV** vorliegt. Dies führt zu einer begrüßenswerten **Annäherung der Rechtsprechung der beiden Senate.**[236]

Als weitere verfassungsprozessrechtliche Instrumente zur innerstaatlichen Durch-   **73** setzung der Rechtsbehelfe der Vorlageverpflichtung nach Art. 267 Abs. 3 AEUV können – neben der vorgenannten möglichen Verletzung von Art. 101 Abs. 1 Satz 2 GG – unter bestimmten Umständen auch eine Verletzung des Gebots des effektiven Rechtsschutzes (Art. 19 Abs. 4 GG) bzw. eine Verletzung des im konkreten Fall jeweils betroffenen materiellen Grundrechts in Betracht kommen.[237]

3. Unterbliebene Vorlage und sonstige Rechtsbehelfe im deutschen Prozessrecht

Als Reaktion auf die Verletzung der Vorlagepflicht durch ein deutsches Gericht kommen   **74** mehrere Rechtsschutzmöglichkeiten in Betracht: außerordentliche Rechtsbehelfe (Einlegung von Rechtsmitteln im jeweiligen Instanzenzug), Rechtsbehelfe zur Wiederaufnahme des rechtskräftig abgeschlossenen Verfahrens sowie Schadensersatzklagen.[238] So ist etwa im **verwaltungsprozessualen Verfahren** die Revision als außerordentlicher Rechtsbehelf auf einen entsprechenden Antrag – gegebenenfalls im Wege der Nichtzulassungsbeschwerde gemäß § 133 VwGO – hin zuzulassen, wenn einer der in § 132 Abs. 2 VwGO genannten Gründe vorliegt. Rügt der Beschwerdeführer allein eine seiner Ansicht nach unterbliebene Vorlage an den EuGH, so kommt als möglicher Zulassungsgrund die **grundsätzliche Bedeutung der Rechtssache** (§ 132 Abs. 2 Nr. 1 VwGO) in Betracht. In der Regel wird dieser Zulassungsgrund zum Erfolg führen, da nach der Rechtsprechung des BVerwG[239] Rechtsfragen aus dem Bereich des Unionsrechts bereits dann grundsätzlich im Sinne des § 132 Abs. 2 Nr. 1 VwGO sind und damit den Revisionsrechtsweg eröffnen, wenn sich voraussichtlich in einem künftigen Revisionsverfahren eine Notwendigkeit ergeben würde, eine Vorabentscheidung des EuGH einzuholen.[240] Aus dieser Rechtsprechung ergibt sich auch unmittelbar, dass eine Vorlage an den EuGH nicht schon im Beschwerdeverfahren durchzuführen ist sondern erst im sich anschließenden Revisionsverfahren. Dies erscheint auch sinnvoll, denn ansonsten würde das kurze Beschwerdeverfahren unverhältnismäßig verlängert.

Als weiterer möglicher Zulassungsgrund kann § 132 Abs. 2 Nr. 3 VwGO in Betracht   **75** gezogen werden: Ein **Verfahrensmangel** könnte in dem Entzug des EuGH als gesetzlichem Richter und damit einer Verletzung des grundrechtsgleichen Rechts aus Art. 101 Abs. 1 Satz 2 GG liegen. Ein derartiger Verfahrensmangel wird jedoch selten vorliegen, denn der Entzug des gesetzlichen Richters ist bei einer unterbliebenen Vorlage nur dann möglich, wenn das betreffende Gericht eine es treffende Vorlagepflicht nicht beachtet hat. Bei nicht letztinstanzlichen Gerichten – letztinstanzlich ist das OVG wegen der Möglichkeit der Nichtzulassungsbeschwerde gerade nicht – besteht eine Vorlagepflicht

---

[236] Vgl. hierzu *Finck/Wagner*, NVwZ 2014, 1286.

[237] Dazu ausführlich *Britz*, NJW 2012, 1313 (1315 ff.).

[238] Vgl. *Schilling*, EuGRZ 2012, 133 (134 ff.).

[239] BVerwG, NJW 1988, 664; NJW 1996, 2945; zustimmend: BVerfGE 82, 159 (196).

[240] BVerfGE 82, 159 (196); *Pietzner/Buchheister*, in: Schoch/Schneider/Bier (Hrsg.), VwGO, § 132, Mai 2010, Rn. 49 m. w. N.; *Mutke*, DVBl 1987, 403; *Meier*, EuZW 1991, 11 (12 f.); *Petzold*, NJW 1998, 123 (124).

jedoch nur in den in Rechtsfortbildung definierten Fällen.[241] In der Regel wird daher die Zulassung der Revision auf § 132 Abs. 2 Nr. 1 VwGO zu stützen sein.[242]

76   Wurde die Revision zugelassen, dann ist in der Verletzung von Unionsrecht ein Revisionsgrund im Sinne von § 137 Abs. 1 Nr. 1 VwGO zu sehen, da Unionsrecht als Bundesrecht im Sinne dieser Vorschrift zu behandeln ist.[243] Im Hinblick auf das Berufungsverfahren gilt, dass die Berufung zuzulassen ist, wenn mindestens einer der in § 124 Abs. 2 VwGO genannten Zulassungsgründe vorliegt. In Betracht kommt im Falle einer unterlassenen Vorlage an den EuGH wiederum die grundsätzliche Bedeutung der Rechtssache (§ 124 Abs. 2 Nr. 3 VwGO).[244] Entsprechendes gilt in den anderen Gerichtszweigen. So besteht im **Zivilprozess** die Revisionsmöglichkeit nach § 543 Abs. 2 Satz 1 Nr. 1 ZPO wegen der »grundsätzlichen Bedeutung der Rechtssache«[245] bzw. gemäß § 543 Abs. 2 Satz 1 Nr. 2 Alt. 1 ZPO wegen der Erforderlichkeit der »Fortbildung des Rechts«.[246] Im **strafprozessualen Verfahren** kann eine unterlassene Vorlage einen Revisionsgrund im Sinne des § 337 StPO darstellen, soweit ein Strafurteil speziell auf der Verletzung der Vorlagepflicht beruht.

77   Im Zivilprozessrecht wird darüber hinaus die Möglichkeit der Wiederaufnahme des Verfahrens mittels der **Restitutionsklage** nach §§ 578 Abs. 1, 580 Nr. 6, 8 ZPO analog diskutiert, wenn die Vorlagepflicht durch ein deutsches Gericht verletzt wird. Aus Gründen der Rechtsicherheit sind die Restitutionsgründe des § 580 ZPO jedoch grundsätzlich eng auszulegen, sodass eine Analogie abzulehnen ist.[247] Ob auch die **Anhörungsrüge** gem. § 321a ZPO analog einen tauglichen Rechtsbehelf darstellt, ist ebenfalls umstritten.[248]

4.   Verletzung der Vorlagepflicht und Rechtsschutz vor dem EGMR

78   Eine weitere Rechtsschutzmöglichkeit, die bei Verletzung der Vorlagepflicht eines mitgliedstaatlichen Gerichts in Betracht kommt, ist die **Beschwerde vor dem Europäischen Gerichtshof für Menschenrechte** in Straßburg. Das Recht auf ein faires Verfahren ist nach Art. 6 EMRK geschützt und umfasst u. a. das Recht auf ein Gericht sowie das Recht auf Zugang zu Gericht.[249] Zwar begründet die Europäische Menschenrechtskonvention nach der Rechtsprechung des EGMR kein Recht auf Vorlage an den EuGH;[250] dennoch kann die Nichtvorlage durch ein letztinstanzliches mitgliedstaatliches Gericht an den EuGH in bestimmten Fällen einen Verstoß gegen das Recht auf ein faires Verfahren darstellen. Dies ist dann der Fall, wenn die Verweigerung einer Vorlage willkürlich erscheint.[251] Willkür liegt etwa dann vor, wenn das nationale Gericht seine Vorlage-

---

[241] Vgl. dazu oben Rn. 58.

[242] Vgl. BVerwG, NJW 1988, 664; NJW 1996, 2945; *Petzold*, NJW 1998, 123 (124); Analyse der Rechtsprechung bei *Mutke*, DVBl 1987, 403, (405).

[243] BVerfGE 82, 159 (196).

[244] Vgl. *Petzold*, NJW 1998, 123 (124 f.).

[245] Vgl. *Krüger*, in: Krüger/Rauscher (Hrsg.) Münchener Kommentar zur ZPO, 4. Aufl., 2012, § 543 ZPO, Rn. 6.

[246] Vgl. *Ball*, in: Musielak (Hrsg.), Kommentar zur ZPO, 10. Aufl., 2013, § 543 ZPO, Rn. 7.

[247] Vgl. *Ehricke*, in: Streinz, EUV/AEUV, Art. 267 AEUV, Rn. 48.

[248] Vgl. dazu *Karpenstein*, in: Grabitz/Hilf/Nettesheim, EU, Art. 267 AEUV (Mai 2013), Rn. 67.

[249] *Meyer-Ladewig*, EMRK, Art. 6, Rn. 32, 74 m. w. N.

[250] *Kokott/Henze/Sobotta*, JZ 2006, 637; *Meyer-Ladewig*, EMRK, Art. 6, Rn. 74.

[251] Vgl. etwa EGMR, Urt. v. 13. 2. 2007, Beschwerde-Nr. 15073/03 (John/Deutschland), EuGRZ 2008, 274; Urt. v. 8. 12. 2009, Beschwerde-Nr. 54193/07 (Herma/Deutschland), NJW 2010, 3207.

pflicht ignoriert bzw. die Vorlage ohne sachliche Gründe verweigert. Im Ergebnis nimmt der EGMR eine ähnliche Willkürprüfung wie das BVerfG für Verfassungsbeschwerden wegen Entzugs des gesetzlichen Richters bei Verletzung der Vorlagepflicht durch ein deutsches Gericht vor (s. Rn. 70). Darüber hinaus ist bei Verletzung der Vorlagepflicht auch ein Verstoß gegen Art. 13 EMRK denkbar, das Recht auf wirksame innerstaatliche Beschwerde. Nach der Rechtsprechung des EGMR kann ein Verstoß gegen Art. 13 EMRK sogar neben einem Verstoß von Art. 6 Abs. 1 EMRK vorliegen, solange ein über das Recht auf faires Verfahren hinausgehendes Verfahrensrecht betroffen ist, etwa bei unangemessen langer Verfahrensdauer.[252] Praktische Auswirkungen hat der Rechtsschutz durch den EGMR daher vor allem für Mitgliedstaaten, die bei Verletzung der Vorlagepflicht an den EuGH nationalrechtlich keinerlei Rechtsbehelf vorsehen.[253] Zu beachten ist allerdings, dass auch im Falle der Bejahung eines Verstoßes gegen Art. 6 Abs. 1 EMRK das Urteil des EGMR nicht zwingend zur Wiederaufnahme des Verfahrens vor dem nationalen Gericht führt.[254]

G. Abfassung des Vorabentscheidungsersuchens durch das nationale Gericht

Das korrekte Verfassen eines Vorlageersuchens durch das nationale Gericht stellt in der   **79** gerichtlichen Praxis des EuGH immer noch keine Selbstverständlichkeit dar.[255] Um das Auftreten entsprechender Fehler bei der Formulierung eines Vorabentscheidungsersuchens durch die mitgliedstaatlichen Gerichte zu vermeiden, sind mit der neuen Verfahrensordnung des EuGH (vgl. Art. 94 VerfO-EuGH) deshalb drei zentrale inhaltliche Elemente eines Vorabentscheidungsersuchens kodifiziert worden, deren Nichtbeachtung im Lichte der bisherigen Rechtsprechung des Gerichtshofes zur offensichtlichen Unzulässigkeit eines Vorabentscheidungsersuchens führen kann.[256] Danach muss das Vorabentscheidungsersuchen neben der eigentlichen Vorlagefrage folgende Grundelemente enthalten:

– eine **kurze Darstellung des Streitgegenstands und** des maßgeblichen **Sachverhalts**, wie er vom vorlegenden Gericht festgestellt worden ist, oder zumindest eine Darstellung der tatsächlichen Umstände, auf denen die Fragen beruhen (Art. 94 Buchst. a VerfO-EuGH);
– den Wortlaut der möglicherweise auf den Fall anwendbaren **nationalen Vorschriften** und gegebenenfalls die einschlägige nationale Rechtsprechung (Art. 94 Buchst. b VerfO-EuGH);

---

[252] EGMR, Urt. v. 26.10.2000, Beschwerde-Nr. 30210/96 (Kudła/Polen), NJW 2001, 2694; Urt. v. 20.9.2011, Beschwerde-Nr. 3989/07 und 38353/07 (Ullens de Schooten und Rezabek/Belgien), im Internet abrufbar unter:http://www.echr.coe.int.

[253] Ausführlich dazu *Schilling*, EuGRZ 2012, 133 (137).

[254] Vgl. EGMR, Beschl. v. 8.7.2003, Beschwerde-Nr. 15227/03 (Lyons/Vereinigtes Königreich), EuGRZ 2004, 777.

[255] Vgl. zum richtigen Vorgehen in dieser Frage die sehr instruktiven Praxishinweise von *Latzel/ Streinz*, NJOZ 2013, 97, sowie den Leitfaden für die Abfassung eines Vorabentscheidungsersuchens bei *Broberg/Fenger*, S. 269 ff.

[256] Derartige Versäumnisse des vorlegenden Gerichts führten schon nach bislang st. Rspr. zur offensichtlichen Unzulässigkeit des Vorabentscheidunsgersuchens, vgl. etwa EuGH, Urt. v. 8.11.2012, Rs. C–433/11 (SKP/Kveta Polhošová), ECLI:EU:C:2012:702, Rn. 25. Vgl. zuletzt etwa EuGH, Urt. v. 3.7.2014, Rs. C–19/14 (Ana-Maria Talasca u.a./Stadt Kevelaer), ECLI:EU:C:2014:2049, mit Anm. *Kämper/Funk*e, DVBl 2014, 1523.

– eine **Darstellung der Gründe**, aus denen das vorlegende Gericht Zweifel bezüglich der Auslegung oder der Gültigkeit bestimmter Vorschriften des Unionsrechts hat, und den Zusammenhang, den es zwischen diesen Vorschriften und dem auf den Ausgangs-rechtsstreit anwendbaren nationalen Recht herstellt (Art. 94 Buchst. c VerfO-EuGH).

80   Darüber hinaus hat der Gerichtshof in seinen aktualisierten praktischen Empfehlungen an die nationalen Gerichte zusätzliche Hinweise zur Abfassung eines Vorabentscheidungsersuchens niedergelegt.[257] Hieraus ergeben sich u. a. die folgenden zusätzlichen inhaltlichen Elemente, die ein Vorabentscheidungsersuchen neben den vorgenannten Punkten enthalten sollte:

– **Präzise Angaben** hinsichtlich des aus Sicht des vorlegenden Gerichts einschlägigen **Unionsrechts**, gegebenenfalls verbunden mit einem eigenen Auslegungsvorschlag;
– Gegebenenfalls das relevante **Vorbringen der Parteien** des Ausgangsverfahrens;
– Präsentation der **Vorlagefragen** in einem gesonderten und klar kenntlich gemachten Teil der Vorlageentscheidung, wobei erstere aus sich heraus verständlich sein müssen.

I. Formulierung der Vorlagefrage

81   Da der EuGH ausschließlich zur Beantwortung unionsrechtlicher Fragen berechtigt ist, darf ihm nicht die Subsumtion des streitgegenständlichen Sachverhalts unter die Unionsrechtsnorm vorgelegt werden. Vielmehr muss die Frage nach der Auslegung des EU-Rechts abstrakt formuliert sein. Im Ergebnis ist folglich das vorlegende Gericht gehalten, die relevante Vorlagefrage hinreichend abstrakt zu formulieren, dabei aber gleichzeitig »den Zusammenhang mit dem Ausgangsverfahren nicht gänzlich aus den Augen [zu] verlieren«. Andernfalls bestünde das Risiko einer möglichen Unzulässigkeit der Vorlage wegen einer »zu allgemeinen« oder »hypothetischen« Fragestellung (vgl. Rn. 55).[258]

82   Hinter dem Gebot der abstrakten und ausschließlich auf das Unionsrecht bezogenen Formulierung der Auslegungsfrage steht die strikte Kompetenzabgrenzung zwischen Unionsgerichtsbarkeit und nationaler Rechtsprechung (Prinzip der begrenzten Einzelermächtigung, Art. 5 Abs. 1 und 2 EUV). Da dem EuGH keine Rechtsprechungskompetenz über nationales Recht der Mitgliedstaaten zukommt, er insbesondere keine Prüfung mitgliedstaatlichen Rechts am Maßstab des Unionsrechts vornehmen darf, muss die Formulierung der Vorlagefrage auf die Auslegung von Unionsrecht beschränkt werden (»Ist Art. xy dahingehend auszulegen, dass …«).

83   Die Gültigkeitsfrage hingegen ist konkret zu formulieren und im Modus Indikativ zu halten. Die Frage ist konkret zu formulieren, da sie auf die Rechtswirksamkeit einer bestimmten Vorschrift des abgeleiteten Unionsrechts gerichtet ist. Bei der Gültigkeitsvorlage obliegt es zunächst dem vorlegenden Gericht, die von ihm für einschlägig erachteten Ungültigkeitsgründe bzw. die als verletzt angesehenen höherrangigen Vorschriften des EU-Rechts zu benennen. Allerdings überprüft der EuGH auch hier (vgl. zur parallelen Problematik bei der Nichtigkeitsklage Art. 263 AEUV, Rn. 151) zum Teil von Amts wegen weitere Nichtigkeitsgründe oder Bestimmungen[259] (zum Prüfungsmaßstab

---

[257] Empfehlungen an die nationalen Gerichte bezüglich der Vorlage von Vorabentscheidungsersuchen (2012/C 338/01), ABl. 2006, C 338/1.
[258] Vgl. *Schima*, Das Vorabentscheidungsverfahren vor dem EuGH unter besonderer Berücksichtigung der Rechtslage in Österreich und Deutschland, 2. Aufl., 2004, S. 86 f.
[259] Vgl. z. B. EuGH, Urt. v. 11. 7. 1990, Rs. C–323/88 (Sermes/Directeur des Services des Douanes), Slg. 1990, I–3027, Rn. 13; vgl. auch die Schlussanträge von GA *van Gerven*, der zunächst auf die von

bei der Gültigkeitsvorlage vgl. Rn. 90). Dies gilt sowohl dann, wenn das Gericht einzelne Ungültigkeitsgründe vorträgt als auch dann, wenn das vorlegende Gericht keinerlei Nichtigkeitsgründe benennt. Insgesamt scheint der EuGH hier großzügiger zu sein als bei der ex-officio-Prüfung im Rahmen der Nichtigkeitsklage.[260]

Vorlagefragen müssen präzise formuliert und aus sich selbst heraus, d. h. auch ohne   **84**
Kenntnis des Begründungsteils des Vorlagebeschlusses, verständlich sein. Allerdings führen ungenau formulierte Vorlagefragen nicht zwangsläufig zur Unzulässigkeit des Vorabentscheidungsersuchens. Vielmehr hält sich der EuGH im Interesse einer effektiven Handhabung des Vorlageverfahrens für befugt, ungenau formulierte Vorlagen durch Ausübung seines richterlichen Fragerechts sowie durch Auslegung der Fragen ggf. zu präzisieren.[261] In Einzelfällen ist es allerdings schon dazu gekommen, dass Vorabentscheidungsersuchen vom EuGH wegen fehlender Präzision der Vorlagefragen als unzulässig abgewiesen worden sind. Dies ist etwa der Fall bei Fragen, die von »zu allgemeiner Art (sind), als dass sie sinnvoll beantwortet werden könnten«,[262] oder bei Vorabentscheidungsersuchen, die sich darauf beschränken, »die von den Beklagten des Ausgangsverfahrens vorgeschlagenen Fragen wiederzugeben«.[263]

II. Hinreichend genaue Darstellung des tatsächlichen und rechtlichen Rahmens

Das vorlegende Gericht muss den tatsächlichen und rechtlichen Rahmen des Ausgangs-   **85**
rechtsstreits bereits im Vorlagebeschluss hinreichend genau beschreiben. Die Angaben sollen dem Gerichtshof nicht nur die sachdienliche Beantwortung der Vorlagefragen ermöglichen; vielmehr sollen die Regierungen der Mitgliedstaaten sowie die anderen Beteiligten (z. B. Rat oder Europäisches Parlament) hierdurch in die Lage versetzt werden, »Erklärungen« gemäß Art. 23 Abs. 2 EuGH-Satzung abzugeben.[264]

Neben einer Darstellung der tatsächlichen und rechtlichen Hintergründe des Vorab-   **86**
entscheidungsersuchens hat das mitgliedstaatliche Gericht die Gründe anzugeben, aus denen heraus es die Vorlage für erforderlich hält (Art. 267 Abs. 2 AEUV).[265] Der EuGH hat auch hier wiederholt Vorabentscheidungsersuchen als offensichtlich unzulässig abgewiesen, weil derartige Informationen von den vorlegenden Gerichten nur unzureichend zur Verfügung gestellt worden sind.[266] Auf eine lückenhafte Darstellung des tatsächlichen und rechtlichen Rahmens durch das vorlegende Gericht hat der Gerichtshof

---

der Klägerin in einem für unzulässig erklärten Nichtigkeitsverfahren zurückgreifen möchte, darüber hinaus aber auch auf ihre in der Erklärung an den Gerichtshof enthaltenen Ungültigkeitsgründe eingeht (Rn. 4); EuGH, Urt. v. 17.6.199, Rs. C–166/98 (Socridis/Receveur Principal des Douanes), Slg. 1999, I–3791, Rn. 22 ff.

[260] Vgl. dazu grundlegend *Sachs* (Fn. 36).

[261] EuGH, Urt. v. 15.7.1964, Rs. 6/64 (Costa/E. N. E. L.), Slg. 1964, 1251 (1268).

[262] EuGH, Urt. v. 28.3.1979, Rs. 222/78 (Beneventi), Slg. 1979, 1163, Rn. 20.

[263] EuGH, Beschl. v. 30.6.1997, Rs. C–66/97 (Banco de Fomento/Amandio Pechim u. a.), Slg. 1997, I–3757, Rn. 16, 19.

[264] EuGH, Urt. v. 21.9.1999, verb. Rs. C–115/97–117/97 (Brentjens' Handelsonderneming/Stichting Bedrijfspinsioenfondses voor de Handel in Bouwmaterialen), Slg. 1999, I–6025, Rn. 39 f.; Beschl. v. 6.11.2014, Rs. C–366/14 (Herrenknecht), ECLI:EU:C:2014:2353, Rn. 17.

[265] Beschl. v. 7.4.1995, Rs. C–167/94 (Strafverfahren gegen Grau Gomis u. a.), Slg. 1995, I–1023, 1024; Urt. v. 8.9.2016, (Politanò), ECLI:EU:C:2016:645, Rn. 23.

[266] Vgl. EuGH, Urt. v. 26.1.1993, Rs. C–320/90 – C–322/90 (Telemarsicabruzzo u. a./Circostel u. a.), Slg. 1993, I–393, Rn. 6; kritisch hierzu *O'Keeffe*, ELR 1998, 509 (532 f.); vgl. auch *Karpenstein*, in: Grabitz/Hilf/Nettesheim, EU, Art. 267 AEUV (Mai 2013), Rn. 34 ff. m. w. N.

jedoch auch schon in der Weise reagiert, dass er einige Aspekte der Vorlagefragen bei deren Beantwortung einfach offen ließ.[267]

H. Form der Vorlage

87   Art. 267 AEUV trifft keine Regelung zur Form, in der das mitgliedstaatliche Gericht sein Vorabentscheidungsersuchen dem EuGH vorlegen muss.[268] **Art. 23 Abs. 1 EuGH-Satzung** verlangt lediglich, dass die Vorlageentscheidung dem Gerichtshof übermittelt wird. Es bleibt daher dem vorlegenden Gericht und der mitgliedstaatlichen Verfahrensordnung überlassen, ob die Vorlageentscheidung als Beschluss oder Urteil ergeht und in welcher Form die Fragen vorgelegt werden.[269] Allerdings empfiehlt der EuGH, das Ersuchen einfach, klar und präzise abzufassen, um eine reibungslose Übersetzung zu gewährleisten.[270] Der Vorlageentscheidung sind gegebenenfalls die Akten des Ausgangsverfahrens, einschließlich der Abschriften vorinstanzlicher Entscheidungen, zumindest in Kopie beizufügen.[271] Die **Verfahrenssprache** ist diejenige des vorlegenden Gerichts (vgl. Art. 37 Abs. 3 Satz 1 VerfO-EuGH). Allerdings kann sich gem. Art. 38 Abs. 4 VerfO-EuGH jeder (andere) Mitgliedstaat in seiner eigenen Amtssprache am Verfahren beteiligen. Nach Übersetzung des Vorabentscheidungsersuchens beim Gerichtshof wird es den Parteien des Ausgangsverfahrens, den Mitgliedstaaten, der Kommission sowie gegebenenfalls den Organen, Einrichtungen oder sonstigen Stellen der Union, von denen die Handlung, deren Gültigkeit oder Auslegung streitig ist, ausgegangen ist, zugestellt (Art. 23 Abs. 1 EuGH-Satzung). Binnen zweier Monate nach Zustellung können die oben genannten Beteiligten schriftliche Erklärungen abgeben oder Schriftsätze einreichen (Art. 23 Abs. 2 EuGH-Satzung). Darüber hinaus wird im Amtsblatt der EU eine Mitteilung veröffentlicht, die neben den Parteien des Ausgangsverfahrens auch die vorgelegten Fragen enthält.

I. Beantwortung der Vorlagefrage

88   Der Gerichtshof entscheidet im Vorabentscheidungsverfahren in der Regel durch **Urteil**. Gem. Art. 99 VerfO-EuGH ist der Gerichtshof daneben befugt, im sog. »vereinfachten Verfahren« in einfach gelagerten Fällen durch begründeten **Beschluss** zu entscheiden.

---

[267] EuGH, Urt. v. 30.3.2000, Rs. C–236/98, (Jämställdhetsombudsmannen), Slg. 2000, I–2189 Rn. 34; EuGH, Urt. v. 18.6.1998, Rs. C–266/96, (Corsica Ferries), Slg. 1998, I–3949, Rn. 25.

[268] Diesen Befund hat der EuGH in seiner Rechtsprechung ausdrücklich bestätigt, vgl. etwa EuGH, Urt. v. 6.4.1962, Rs. 13/61 (De Geus en Uitdenbogerd), Slg. 1962, 89 (102); Urt. v. 12.8.2008, Rs. C–296/08 PPU (Goicoechea), Slg. 2008, I–6307, Rn. 38.

[269] Zu den diesbezüglichen Anforderungen des deutschen Prozessrechts vgl. *Pechstein*, EU-Prozessrecht, Rn. 878. Insoweit verweisen auch die Empfehlungen an die nationalen Gerichte bezüglich der Vorlage von Vorabentscheidungsersuchen in Rn. 20 auf die »Verfahrensregeln des nationalen Rechts«.

[270] Empfehlungen an die nationalen Gerichte bezüglich der Vorlage von Vorabentscheidungsersuchen, Rn. 21.

[271] Empfehlungen an die nationalen Gerichte bezüglich der Vorlage von Vorabentscheidungsersuchen, Rn. 33.

I. Beantwortung der Vorlagefrage durch Urteil des EuGH

Im Vorabentscheidungsurteil zu einer **Auslegungsvorlage** erläutert der EuGH in seiner **89** Antwort – soweit von der Auslegungsfrage gedeckt – knapp den Tatbestand bzw. die Rechtsfolge der Unionsrechtsnorm. In den Entscheidungsgründen des Urteils werden detaillierte Auslegungskriterien aufgestellt und erklärt, um dem vorlegenden nationalen Gericht die Prüfung der Vereinbarkeit der mitgliedstaatlichen mit der unionsrechtlichen Norm zu ermöglichen. Soweit die Vereinbarkeit eines nationalen Rechtsakts mit unionsrechtlichen Vorgaben in Frage steht beschränkt sich der Gerichtshof in seiner Antwort auf die Auslegung des Unionsrechts. Die Anwendung des ausgelegten Rechts auf den konkret zur Entscheidung stehenden Einzelfall ist allein Aufgabe des innerstaatlichen Gerichts.[272]

Legt das mitgliedstaatliche Gericht eine **Gültigkeitsfrage** vor (Art. 267 Abs. 1 Buchst. **90** b AEUV), so überprüft der EuGH die Rechtmäßigkeit der Unionshandlung im Hinblick auf ihre Vereinbarkeit mit höherrangigem Unionsrecht und stellt im Tenor des Vorabentscheidungsurteils die Gültigkeit oder Ungültigkeit des vorgelegten Rechtsaktes fest. Dabei überprüft der EuGH die Rechtmäßigkeit der Unionshandlung auf ihre Vereinbarkeit mit höherrangigem Unionsrecht am Maßstab des Art. 263 Abs. 2 AEUV, d. h. er prüft die bei der Nichtigkeitsklage einschlägigen Nichtigkeitsgründe (s. Art. 263 AEUV, Rn. 172 ff.).

II. Die Wirkungen des Vorabentscheidungsurteils

Bei der Darstellung der Wirkung des Vorabentscheidungsurteils ist rechtsdogmatisch **91** zwischen der **Rechtskraftwirkung**, welche die Bindung der Parteien an das ergangene Urteil bezeichnet (Wirkung inter partes) und der **Bindungswirkung**, die eine allgemeine Bindung an den Urteilsausspruch bezeichnet (Wirkung erga omnes), zu unterscheiden.

Art. 267 AEUV legt lediglich die statthaften Gegenstände einer Vorabentscheidung **92** verbindlich fest (Art. 267 Abs. 1 Buchst. a, b AEUV). Dagegen sind die Rechtswirkungen der Vorabentscheidung – im Gegensatz zu den anderen unionsgerichtlichen Verfahrensarten, deren Urteilsfolgen ausdrücklich geregelt sind (Art. 260, 264, 266 AEUV) – im AEUV nicht ausdrücklich geregelt.[273]

1. Wirkungen auf das mitgliedstaatliche Ausgangsverfahren

Das Vorabentscheidungsurteil erwächst in Rechtskraft (Art. 91 Abs. 1 VerfO-EuGH) **93** und ist somit für das vorlegende Gericht verbindlich[274] (Bindung **inter partes**). Der Urteilstenor ist »im Lichte der Entscheidungsgründe zu verstehen«[275] und auszulegen. Die Bindungswirkung erstreckt sich nicht nur auf das Ausgangsgericht, sondern auf sämtliche Instanzgerichte, die mit der gleichen Rechtssache befasst sind.[276] Nach ständiger Rechtsprechung ist eine erneute Vorlage in derselben Angelegenheit durch das nationale

---

[272] EuGH, Urt. v. 28.3.1979, Rs. 222/78 (ICAP/Benevanti), Slg. 1979, 1163, Rn. 10 ff.

[273] Im Rahmen der Zuständigkeitsübertragung für Vorabentscheidungen auf besonderen Sachgebieten auf das Gericht soll die Rechtskraft dieser Entscheidungen durch die EuGH-Satzung festgelegt werden; vgl. dazu auch *Hatje*, EuR 2001, 143 (166); *Pernice*, EuR 2011, 151 (163).

[274] EuGH, Urt. v. 3.2.1977, Rs. 52/76 (Benedetti/Munari), Slg. 1977, 163, Rn. 26/27.

[275] EuGH, Urt. v. 14.7.1977, Rs. 1/77 (Bosch/Hauptzollamt Hildesheim), Slg. 1977, 1473, Rn. 2 ff.

[276] EuGH, Urt. v. 24.6.1979, Rs. 29/68 (Milch-, Fett- und Eierkontor/Hauptzollamt Saarbrücken), Slg. 1969, 165, Rn. 3; siehe zu dieser Problematik auch *Schaub*, NJW 1994, 81 (84).

Gericht lediglich dann zulässig, wenn das nationale Gericht »beim Verständnis oder der Anwendung des Urteils Schwierigkeiten hat, wenn es dem Gerichtshof eine neue Rechtsfrage stellt oder wenn es ihm neue Gesichtspunkte unterbreitet, die ihn dazu veranlassen könnten, eine bereits gestellte Frage abweichend zu beantworten.«[277] Mit einer solchen erneuten Vorlage darf die Gültigkeit des früheren Urteils allerdings unter keinen Umständen in Zweifel gezogen werden.

2. Wirkungen in anderen Verfahren

94   Je nachdem, ob in dem in Rede stehenden Vorabentscheidungsverfahren eine Handlung vom Gerichtshof für ungültig oder gültig erklärt worden ist oder ob es sich um ein Auslegungsurteil handelt ergeben sich unterschiedliche Konsequenzen hinsichtlich der Wirkungen des Vorabentscheidungsurteils außerhalb des dem Vorabentscheidungsersuchen zugrunde liegenden Ausgangsverfahrens. Stellt der Gerichtshof die Ungültigkeit einer Organhandlung anhand der auch für die Nichtigkeitsklage geltenden Ungültigkeitsgründe fest, so entfaltet das Urteil Bindungswirkungen auch außerhalb des Ausgangsverfahrens (**erga omnes**).[278] Die umfassende und uneingeschränkte erga omnes-Wirkung der Ungültigkeitserklärung führt im Ergebnis zu einer Wirkungsgleichheit mit der Nichtigerklärung (vgl. Art. 264 AEUV). Die entsprechenden Unionsrechtsbestimmungen sind von den Gerichten der Mitgliedstaaten wie von anderen mitgliedstaatlichen Stellen und von den Unionsorganen nicht mehr anzuwenden. Die zuständigen Unionsorgane bzw. die betroffenen mitgliedstaatlichen Stellen haben dann in analoger Anwendung von Art. 266 AEUV die für die Bereinigung des bislang unionsrechtswidrigen Zustands erforderlichen Maßnahmen zu ergreifen bzw. die entsprechenden Konsequenzen für das innerstaatliche Recht zu ziehen.[279] Eine erneute Vorlage durch innerstaatliche Gerichte zur identischen Gültigkeitsfrage ist nur in dem Maße zulässig, wie sie die Gründe oder den Umfang der Ungültigkeitserklärung oder die Urteilsfolgen betrifft.[280]

95   Stellt der Gerichtshof dagegen die **Gültigkeit einer Organhandlung** fest, so entfaltet das Urteil **keine allgemeine Bindungswirkung** außerhalb des Ausgangsverfahrens (erga omnes).[281] Dies liegt insbesondere darin begründet, dass solche Aspekte, die in diesem Verfahren noch keine Rolle gespielt haben, zu einer anderen rechtlichen Beurteilung der streitgegenständlichen Organhandlung führen könnten. Insofern ist dann auch eine er-

---

[277] EuGH, Urt. v. 26.4.1983, Rs. 38/82 (Hauptzollamt Flensburg/Hansen), Slg. 1983, 1271, Rn. 7 ff.; Beschl. v. 5.3.1986, Rs. 69/85 (Wünsche/Deutschland), Slg. 1986, 947, Rn. 15; vgl. als Bsp. für eine Neuvorlage wegen Verständnisunsicherheiten hinsichtlich eines Urteils EuGH, Urt. v. 3.6.1992, Rs. C–45/90 (Paletta u. a./Brennet), Slg. 1992, I–3423; Urt. v. 2.5.1996, Rs. C–206/94 (Brennet/Paletta), Slg. 1996, I–2357; Beschl. v. 30.6.2016, Rs. C–634/15 (Sokoll-Seebacher u. a.) ECLI:EU:C:2016:510, Rn. 19 f.

[278] EuGH, Urt. v. 13.5.1981, Rs. 66/80 (International Chemical Corporation/Amministrazione delle Finanze delle Strato), Slg. 1981, 1191, Rn. 3; vgl. dazu im Schrifttum etwa *Rengeling/Middeke/Gellermann*, Rechtsschutz in der EU, § 10, Rn. 105; *Pietrek*, Verbindlichkeit von Vorabentscheidungen nach Art. 177 EWGV, 1989, S. 233.

[279] EuGH, Urt. v. 8.11.2007, Rs. C–421/06 (Fratelli Martini/Ministero delle Politiche agricole u. a.), Slg. 2007, I–157, Rn. 52 ff.; Vgl. dazu auch *Karpenstein*, in: Grabitz/Hilf/Nettesheim, EU, Art. 267 AEUV (Mai 2013), Rn. 107–108.

[280] EuGH, Urt. v. 13.5.1981, Rs. 66/80 (International Chemical Corporation/Amministrazione delle Finanze delle Strate), Slg. 1981, 1191, Rn. 14; Vgl. aus dem Schrifttum *Pietrek* (Fn. 276), S. 233; *Rengeling/Middeke/Gellermann*, § 10, Rn. 105.

[281] EuGH, Urt. v. 25.6.1997, Rs. C–114/96 (Strafverfahren gegen Kieffer u. Thill), Slg. 1997, I–3629, Rn. 39; Urt. v. 29.5.1997, Rs. C–26/96 (Rotexchemie/Hauptzollamt Hamburg-Waltershof), Slg. 1997, I–2817, Rn. 25.

neute Vorlage angezeigt. Konsequenterweise tenoriert der Gerichtshof in solchen Fällen dergestalt, dass »die Prüfung [der vorgelegten Organhandlung] nichts ergeben [habe], was ihre Gültigkeit in Frage stellen könnte«.[282]

Auslegungsurteile, deren Tenor nicht die Gestaltung eines Rechtszustands, sondern **96** die Beantwortung der Vorlagefrage zum Gegenstand hat, entfalten dagegen eine **eingeschränkte erga omnes-Bindungswirkung**. Die Gerichte der Mitgliedstaaten sind zwar verpflichtet, das Unionsrecht in der Auslegung des EuGH auch außerhalb des ursprünglichen Ausgangsverfahrens auf andere Rechtsverhältnisse und Rechtsstreitigkeiten anzuwenden oder aber bei Zweifeln an der Richtigkeit der Auslegung erneut vorzulegen.[283] Allerdings sperrt die Bindungswirkung nicht die künftige Vorlage der gleichen Auslegungsfragen, vielmehr verbietet sie lediglich ein eigenmächtiges Abweichen von der Vorabentscheidung durch das vorlegende Gericht. Möchte das Gericht hingegen von der Vorabentscheidung abweichen und entscheidet es letztinstanzlich, resultiert daraus eine Vorlagepflicht.[284] Inwiefern auch nichtletztinstanzlich entscheidende Gerichte in dieser Situation vorlagepflichtig sind, ist in der Rechtsprechung des Gerichtshofs, soweit ersichtlich, noch nicht entschieden.[285] Auch im Falle eines Auslegungsurteils sind sämtliche innerstaatlichen Organe vor dem Hintergrund der Unionstreue (Art. 4 Abs. 3 UAbs. 2 EUV) gehalten, die Beachtung des Unionsrechts auch innerhalb ihrer nationalen Rechtsordnung sicherzustellen.[286] Hieraus folgt eine unionsrechtliche Pflicht mitgliedstaatlicher Verwaltungsorgane, ggf. bereits im Vorfeld einer entsprechenden Maßnahme des Gesetzgebers für eine **unionsrechtskonforme Auslegung** des nationalen Rechts Sorge zu tragen[287] bzw. eine mit dem Unionsrecht unvereinbare nationale Vorschrift **unangewendet** zu lassen.[288]

3. Die zeitlichen Urteilswirkungen der Vorabentscheidung

Auslegungs- und Ungültigkeitsurteile im Vorabentscheidungsverfahren entfalten **97** grundsätzlich **Rückwirkung**. Daher müssen zum Beispiel mitgliedstaatliche Behörden, die auf der Grundlage einer für ungültig erklärten EU-Verordnung Abschöpfungen erhoben haben, für die Rückerstattung dieser – mangels Rechtsgrundlage rechtswidrigen – Abgaben sorgen.[289] Der Gerichtshof kann jedoch **ausnahmsweise** die Wirkungen seiner Auslegungs- und Ungültigkeitsentscheidungen **ex nunc** begrenzen.[290]

---

[282] Vgl. beispielhaft EuGH, Urt. v. 25. 6. 1997, Rs. C–114/96 (Strafverfahren gegen René Kieffer und Romain Thill), Slg. 1997, I–3629.

[283] Zu der Vorlagepraxis deutscher Gerichte bei parallelen Verfahren vgl. *Foerster*, EuZW 2011, 901.

[284] EuGH, Urt. v. 29. 5. 1997, Rs. C–26/96 (Rotexchemie/Hauptzollamt Hamburg-Waltershof), Slg. 1997, I–2817, Rn. 24. Zur möglichen unionsrechtlichen Staatshaftung eines Mitgliedstaates, dessen Gerichte diese Vorlagepflicht nicht beachten.

[285] Vgl. *Wegener*, in: Calliess/Ruffert, EUV/AEUV, Art. 267 AEUV, Rn. 49, der sich im Ergebnis gegen eine solche Vorlagepflicht nichtletztinstanzlich entscheidender Gerichte ausspricht.

[286] EuGH, Urt. v. 21. 6. 2007, verb. Rs. C–231/06, C–233/06 (Jonkman u. a.), Slg. 2007, I–5149, Rn. 38, 41.

[287] *Karpenstein*, in: Grabitz/Hilf/Nettesheim, EU, Art. 267 AEUV (Mai 2013), Rn. 101.

[288] Vgl. das Ausgangsverfahren zu EuGH, Urt. v. 29. 5. 2009, verb. Rs. C–171/07 u. C–172/07 (DocMorris II), Slg. 2009, I–4171, mit Anmerkung *Fuchs*, JZ 2009, 793.

[289] Davon zu unterscheiden ist das grundsätzliche Recht der Mitgliedstaaten, sich gegenüber Klagen auf Erstattung von Abgaben auf nationale Ausschlussfristen zu berufen, sofern diese Fristen in gleicher Weise auf sich aus dem Unionsrecht bzw. aus dem nationalen Recht ergebende Erstattungsansprüche angewendet werden (vgl. zu diesem Problemkreis ausführlich *Schwarze*, in: Schwarze, EU-Kommentar, Art. 267 AEUV, Rn. 73).

[290] EuGH, Urt. v. 8. 4. 1976, Rs. 43/75 (Defrenne/Sabena), Slg. 1976, 455, Rn. 74 f.; Urt. v. 2. 2.

a) Zeitliche Begrenzung von Ungültigkeitsentscheidungen

98   In analoger Anwendung von Art. 264 Abs. 2 AEUV kann der Gerichtshof die Wirkungen von **Ungültigkeitsentscheidungen** im Vorabentscheidungsverfahren zeitlich begrenzen.[291] In diesem Zusammenhang hat er die Möglichkeit, die Ungültigkeit nur für die Zukunft gelten zu lassen. Außerdem kommt ein übergangsweises Aufrechterhalten der Wirkungen des für ungültig erklärten Rechtsakts bis zum Erlass einer primärrechtskonformen Nachfolgeregelung in Betracht.[292]

99   Bei der Begrenzung der Wirkung eines Ungültigkeitsurteils hat der EuGH jedoch die allgemeinen Grundsätze des Unionsrechts zu beachten. Insbesondere der **Grundsatz des effektiven Rechtsschutzes** darf durch eine Begrenzung der Wirkungen eines Ungültigkeitsurteils nicht außer Acht gelassen werden. So darf die Begrenzung der Wirkung eines Urteils zunächst nicht auf den Kläger des mitgliedstaatlichen Ausgangsverfahrens erstreckt werden, da dieser sonst des Anspruchs auf effektiven Rechtsschutz beraubt würde.[293] Daneben gebietet dieser Grundsatz auch, dass all diejenigen von der Begrenzung ausgenommen werden, die vor dem Erlass des Ungültigkeitsurteils bereits einen außergerichtlichen Rechtsbehelf eingelegt hatten, mit dem sie sich gegen eine auf Grundlage der ungültigen Unionsrechtsregelung ergangene Maßnahme gewehrt haben.[294] Soweit der Gerichtshof keine Begrenzung der Wirkungen eines Ungültigkeitsurteils vornimmt, ist es Sache der Mitgliedstaaten, die Modalitäten zu regeln, unter denen Rechtsverhältnisse, die aufgrund der ungültigen Norm entstanden sind, rückabgewickelt werden. Daher ist zum Beispiel ein Erstattungsanspruch nach nationalem Recht geltend zu machen. Dabei haben die mitgliedstaatlichen Behörden jedoch den **Effektivitäts-** und **Äquivalenzgrundsatz** zu beachten.[295]

b) Zeitliche Begrenzung von Auslegungsurteilen

100   Für eine Begrenzung der zeitlichen Wirkung von **Auslegungsurteilen** hat der EuGH für absolute Ausnahmefälle strenge Kriterien entwickelt, die dazu dienen, »in gutem Glauben begründete Rechtsverhältnisse« zu schützen.[296] Nach der Rechtsprechung des Gerichtshofes »muss eine solche Beschränkung in dem Urteil selbst enthalten sein, durch das über das Auslegungsersuchen entschieden wird.«[297] Zwischen dem Auslegungsurteil

---

1988, Rs. 24/86 (Blaizot/Universität Lüttich u.a.), Slg. 1988, 379, Rn. 27; Urt. v. 17.5.1990, Rs. C–262/88 (Barber/Guardian Royal Exchange Assurance Group), Slg. 1990, I–1889, Rn. 44; Urt. v. 16.7.1992, Rs. C–163/90 (Administration des douanes et droits indirects/Legros u.a.), Slg. 1992, I–4625, Rn. 30.

[291] EuGH, Urt. v. 26.4.1994, Rs. C–228/92 (Roquette Frères SA/Hauptzollamt Geldern), Slg. 1994, I–1445, Rn. 19 f.; vgl. auch: Urt. v. 27.2.1985, Rs. 112/83 (Produits de mais/Administration des douanes et droits indirects), Slg. 1985, 719, Rn. 17; allgemein zur Problematik der Wirkung von Ungültigkeitserklärungen im Vorabentscheidungsverfahren *Germelmann*, EuR 2009, 254.

[292] Vgl. dazu *Karpenstein*, in: Grabitz/Hilf/Nettesheim, EU, Art. 267 AEUV (Mai 2013), Rn. 117 (mit ausführlichen Rechtsprechungsnachweisen).

[293] EuGH, Urt. v. 26.4.1994, Rs. C–228/92 (Roquette Frères SA/Hauptzollamt Geldern), Slg. 1994, I–1445, Rn. 27 f.

[294] EuGH, Urt. v. 26.4.1994, Rs. C–228/92 (Roquette Frères), Slg. 1994, I–1445, Rn. 29.

[295] EuGH, Urt. v. 8.2.1996, Rs. C–212/94 (FMC u.a.), Slg. 1996, I–389, Rn. 63 f.

[296] EuGH, Urt. v. 17.2.2005, verb. Rs. C–453/02, C–462/02 (Linneweber), Slg. 2005, I–1131, Rn. 42; Urt. v. 6.3.2007, Rs. C–292/04 (Meilicke/Finanzamt Bonn-Innenstadt), Slg. 2007, I–1835, Rn. 35; vgl. aus dem Schrifttum *Wiedmann*, EuZW 2007, 692; *Düsterhaus*, EuR 2017, 30.

[297] EuGH, Urt. v. 16.7.1992, Rs. C–163/90 (Administration des douanes et droits indirects/Léopold Legros u.a.), Slg. 1992, I–4625, Rn. 30; EuGH, Urt. v. 9.6.2016, Rs. C–586/14 (Budişan), ECLI:EU:C:2016:421, Rn. 47.

und dem Ausspruch der zeitlichen Beschränkung muss folglich **Konnexität** bestehen. Es tritt immer dann eine faktische Präklusionswirkung früherer Auslegungsverfahren ein, wenn in diesen über dieselbe Rechtsfrage bereits geurteilt wurde, ohne dass vom EuGH eine entsprechende zeitliche Beschränkung ausgesprochen wurde.[298] Weitere Voraussetzung ist das Vorliegen einer »Gefahr schwerwiegender Störungen«, wenn der Gerichtshof die Beschränkung der zeitlichen Wirkung nicht ausspricht.[299]

4. Zulässigkeit einer übergangsweisen Anwendung unionsrechtswidriger Bestimmungen des nationalen Rechts[300]

In der Rechtssache Winner Wetten[301] wurde die Frage problematisiert, ob und gegebe-   **101** nenfalls inwieweit nationale Regelungen, deren Unvereinbarkeit mit Unionsrecht sich aus einem Urteilsausspruch im Rahmen eines Vorabentscheidungsersuchens ergibt, trotz des grundsätzlichen Anwendungsvorrangs des (entgegenstehenden) Unionsrechts für eine Übergangszeit ausnahmsweise weiter Anwendung finden dürfen. Dieser Rechtsgedanke ist auch in Art. 264 Abs. 2 AEUV verankert, wonach der Gerichtshof die befristete Weitergeltung primärrechtswidriger Rechtsakte des abgeleiteten Unionsrechts anordnen kann, um auf diese Weise ein Tätigwerden des nationalen Gesetzgebers zur unionsrechtskonformen Korrektur der nationalen Rechtslage zu ermöglichen. Der Sache nach handelt es sich hier um eine zeitweise **Suspendierung des Anwendungsvorrangs** des Unionsrechts, die vom VG Köln in seiner Vorlageentscheidung im Zusammenhang mit landesrechtlichen Regelungen für ein staatliches Sportwettenmonopol des Landes Nordrhein-Westfalen thematisiert wurde. Das vorlegende Gericht ging dabei selbst davon aus, dass diese Bestimmungen eine unzulässige Beschränkung der unionsrechtlichen Niederlassungs- und Dienstleistungsfreiheit darstellten.

In seinem Urteil gibt der EuGH zwar zu erkennen, dass er eine vorübergehende   **102** Aussetzung der unionsrechtlichen Verdrängungswirkung gegenüber einer dem Unionsrecht entgegenstehenden nationalen Regelung unter analogen Voraussetzungen zu Art. 264 Abs. 2 AEUV nicht für grundsätzlich ausgeschlossen hält. Eine Entscheidung über eine derartige Aussetzung behält er sich jedoch ausdrücklich selbst vor. Insoweit sind nationale Stellen ebenso wie nationale Gerichte in jedem Falle daran gehindert, unionsrechtswidriges nationales Recht für eine Übergangszeit eigenmächtig weiter anzuwenden.[302]

---

[298] Dazu ausführlich *Wiedmann*, EuZW 2007, 692 (693).

[299] Vgl. EuGH, Urt. v. 3. 6. 2010 (Regionalna Mitnicheska Direktsia – Plovdiv/Petar Dimitrov Kalinchev), Slg. 2010, I–4939, Rn. 50 ff. m. w. N; vgl. hierzu auch *Düsterhaus*, EuR 2017, 30 (39 f.).

[300] Grundsätzlich zu dieser Problematik *Koenig/Schreiber*, DÖV 2008, 450.

[301] EuGH, Urt. v. 8. 9. 2010, Rs. C–409/06 (Winner Wetten GmbH/Bürgermeisterin der Stadt Bergheim), Slg. 2010, I–8015, Rn. 53 ff. (vgl. hierzu *Koenig*, EWS 2010, 449 [451 ff.]); zuletzt bestätigt in Urt. v. 24. 1. 2013, verb. Rs. C–186/11 u. C–209/11 (Stanleybet International Ltd u. a./Ypourgos Oikonomias kai Oikonomikon), ECLI:EU:C:2013:33, Rn. 38.

[302] EuGH, Urt. v. 8. 9. 2010, Rs. C–409/06 (Winner Wetten GmbH/Bürgermeisterin der Stadt Bergheim), Slg. 2010, I–8015, Rn. 66 f.

J. Vorabentscheidungsersuchen und das nationale Prozessrecht

I. Aussetzungsbeschluss durch das nationale Gericht

103　Das Statut des EuGH geht davon aus, dass das Verfahren vor dem nationalen Gericht in der Regel **ausgesetzt** wird.[303] Das nationale Gericht ist hierzu jedoch nicht verpflichtet,[304] sondern trifft diese Entscheidung im Einklang mit dem nationalen Prozessrecht, welches gegebenenfalls auch für die Rechtsform des Vorabentscheidungsersuchens maßgebend ist.[305] Es entspricht allerdings der gängigen Rechtspraxis, dass die mitgliedstaatlichen Gerichte mit der Vorlage das Verfahren durch Beschluss aussetzen. In Verfahren vor deutschen Gerichten ergeht daher regelmäßig ein »Aussetzungs- und Vorlagebeschluss«. Die Aussetzung erfolgt dabei in analoger Anwendung des § 148 ZPO bzw. des § 94 VwGO.[306] Eine unmittelbare Anwendung dieser Vorschriften kommt nicht in Betracht, da die Frage nach der Auslegung ebenso wie die Frage nach der Gültigkeit von EU-Rechtsnormen kein »Rechtsverhältnis« im Sinne dieser Vorschriften betrifft oder begründet.[307] Die Frage, ob es dabei einer vorherigen Anhörung der Parteien bzw. der Beteiligten bedarf, ist umstritten.[308] Eine »echte« Aussetzung in analoger Anwendung der einschlägigen prozessrechtlichen Bestimmungen kommt allerdings dann in Betracht, wenn das aussetzende Gericht nicht selbst vorlegen, sondern nur die Entscheidung des EuGH in einem Parallelverfahren mit identischer Rechtsfrage abwarten möchte.[309] Eine Verpflichtung hierzu besteht jedoch allenfalls in Ausnahmefällen.[310]

II. Angreifbarkeit des Vorlagebeschlusses mittels innerstaatlicher Rechtsmittel

104　Grundsätzlich hat der EuGH in der Vergangenheit anerkannt, dass sich die Frage, ob und gegebenenfalls unter welchen Voraussetzungen die Vorlageentscheidung eines vorlageberechtigten Gerichts angefochten werden kann, allein **nach nationalem Prozessrecht** bemisst.[311] Gleichwohl wird in der neueren Rechtsprechung zunehmend deutlicher, dass Art. 267 AEUV im Hinblick auf die mögliche nachträgliche Aufhebung oder Abänderung eines derartigen Beschlusses durch eine nationale Rechtsmittelinstanz schon von

---

[303] Dies ergibt sich bereits aus dem Wortlaut von Art. 23 Abs. 1 Satz1 EuGH-Satzung (»obliegt es dem Gericht des Mitgliedstaats, das ein Verfahren aussetzt und den Gerichtshof anruft«). Deutlicher formuliert wird dieser Umstand in Rn. 29 der Empfehlungen an die nationalen Gerichte bezüglich der Vorlage von Vorabentscheidungsersuchen (Fn. 254) («die Einreichung eines Vorabentscheidungsersuchens führt jedoch dazu, dass das nationale Verfahren bis zur Entscheidung des Gerichtshofs ausgesetzt wird«).

[304] *Füßer/Höher*, EuR 2001, 784; *Foerster*, EuZW 2011, 901.

[305] Vgl. etwa EuGH, Urt. v. 6.4.1962, Rs. 13/61 (De Geus), Slg. 1962, 97 (110).

[306] *Hakenberg*, DRiZ 2000, 345 (346); *dies.*, MedR 2001, 507 (510).

[307] OLG Hamm, FamRZ 1979, 167; OLG Düsseldorf, NJW 1993, 1661.

[308] Dazu ausführlich *Karpenstein*, in: Grabitz/Hilf/Nettesheim, EU, Art. 267 AEUV (Mai 2013), Rn. 30.

[309] Baumbach/Lauterbach/Albers/Hartmann (Hrsg.) (Fn. 137), ZPO, Einf § 148 ZPO, Rn. 7, ausführlich zum Streitstand m. w. N. *Karpenstein*, in: Grabitz/Hilf/Nettesheim, EU, Art. 267 AEUV (Mai 2013), Rn. 45 f.

[310] Vgl. *Karpenstein*, in: Grabitz/Hilf/Nettesheim, EU, Art. 267 AEUV (Mai 2013), Rn. 46, der sich für eine »Verdichtung« der Berechtigung zur Aussetzung zu einer Aussetzungsverpflichtung in bestimmten Fallkonstellationen ausspricht.

[311] EuGH, Beschl. v. 16.6.1970, Rs. 31/68 (Chanel/Cepeha), Slg. 1970, 404 (405); Urt. v. 17.7.1997, Rs. C–334/95 (Krüger/Hauptzollamt Hamburg), Slg. 1997, I–4517, Rn. 54.

vornherein unionsrechtliche Grenzen setzt, denen das nationale Prozessrecht, unabhängig von seiner konkreten Ausgestaltung, Rechnung zu tragen hat. Dies hat der EuGH insbesondere in der Rechtssache Cartesio[312] mit der Feststellung deutlich gemacht, dass nach Art. 267 Abs. 2 AEUV die Beurteilung der Erheblichkeit und der Erforderlichkeit einer Vorlagefrage in der alleinigen Verantwortung des vorlegenden Gerichts liege. Hieraus folgert der Gerichtshof, dass bei Anwendung nationaler Rechtsvorschriften, welche die Einlegung eines Rechtsmittels gegen eine auf die Einholung einer Vorabentscheidung gerichtete Entscheidung zum Gegenstand haben, das aus Art. 267 Abs. 2 AEUV resultierende Vorlagerecht des vorlegenden Gerichts in Frage gestellt würde, wenn die Rechtsmittelinstanz die Vorlageentscheidung im Nachhinein abändern oder außer Kraft setzen könnte.[313] Demzufolge ist nach Unionsrecht nur **das vorlegende Gericht** berechtigt, eine Aufhebung oder Änderung seiner Entscheidung zur Anrufung des EuGH im Wege des Vorabentscheidungsverfahrens zu beschließen.

Das deutsche Prozessrecht kennt keine speziellen Rechtsmittel gegen Vorlage- und   **105**
Aussetzungsbeschlüsse nationaler Gerichte. Vor diesem Hintergrund wird eine (analoge) Anwendbarkeit von § 252 ZPO (sofortige Beschwerde) bzw. von § 146 Abs. 1 VwGO (Beschwerde) in Betracht gezogen.[314] Gleichwohl lehnt die überwiegende Meinung in Rechtsprechung und Literatur eine derartige Vorgehensweise ab.[315] Insbesondere vor dem Hintergrund der vorgenannten restriktiven Vorgaben des Art. 267 AEUV in seiner Auslegung durch das Urteil in der Rechtssache Cartesio, der einer wirklichen inhaltlichen Überprüfung eines Vorlage- und Aussetzungsbeschlusses durch die Rechtsmittelinstanz faktisch keinerlei Raum mehr belässt, ist diesem Ansatz im Ergebnis zu folgen.

Eine **Rücknahme** des Vorlageersuchens durch das vorlegende Gericht, die bislang   **106**
jederzeit möglich war,[316] ist nach der Reform der VerfO des EuGH nunmehr nur noch bis zur Bekanntgabe des Temins für die Urteilsverkündung möglich (vgl. Art. 100 Abs. 1 Satz 2 VerfO-EuGH).[317]

K. Die Verpflichtung zur Entscheidung »innerhalb kürzester Zeit« im Hinblick auf Vorlagefragen im Zusammenhang mit Haftsachen (Art. 267 Abs. 4 AEUV)

I. Die primärrechtlichen Vorgaben

Gemäß Art. 267 Abs. 4 AEUV hat der Gerichtshof dafür Sorge zu tragen, dass über   **107**
Vorlagefragen, die in einem schwebenden Verfahren die Situation einer inhaftierten

---

[312] EuGH, Urt. v. 16.12.2008, Rs. C–210/06 (Cartesio), Slg. 2008, I–9641, Rn. 95–98; zuletzt bestätigt durch EuGH, Urt. v. 27.2.2014, Rs. C–470/12 (Pohotovost's.r.o./Vasuta), ECLI:EU:C:2014: 101, Rn. 31–33.

[313] EuGH, Urt. v. 16.12.2008, Rs. C–210/06 (Cartesio), Slg. 2008, I–9641, Rn. 95.

[314] In diesem Sinne etwa *Thiele* (Fn. 50), § 9, Rn. 85ff., mit ausführlicher Darstellung des Streitstandes.

[315] So zuletzt mit ausführlichen Nachweisen zur herrschenden Meinung etwa OLG Celle, EuZW 2009, 96 f.; a. A. allerdings *Karpenstein*, in: Grabitz/Hilf/Nettesheim, EU, Art. 268 AEUV (Mai 2013), Rn. 43, m. ausführlichen Nachweisen.

[316] *Karpenstein*, in: Grabitz/Hilf/Nettesheim, EU, Art. 267 AEUV (Mai 2013), Rn. 41.

[317] Vgl. zu den Hintergründen der Reform ausführlich *Dittert*, EuZW 2013, 726 (728f.).

Person betrifft, »**innerhalb kürzester Zeit**« entschieden wird. Die Ausgestaltung der entsprechenden unionsprozessrechtlichen Bestimmungen ist damit präzisen primärrechtlichen Vorgaben unterworfen, denen insbesondere die VerfO des EuGH ausreichend Rechnung zu tragen hat. Die Aufnahme dieser Bestimmung in den Vertrag im Zuge der Lissabonner Vertragsreform ist vor dem Hintergrund stetig wachsender Zuständigkeiten der Union auch in Bereichen mit erhöhter Grundrechtsrelevanz zu sehen.[318]

II.   Das Eilvorabentscheidungsverfahren gemäß Art. 107 ff. VerfO-EuGH

1.   Allgemeines

108   Schon vor Inkrafttreten des Lissabonner Vertrages, und in seiner sachlichen Anwendungsreichweite weitergehender als von Art. 267 Abs. 4 AEUV verlangt, wurde mit Wirkung zum 1.3.2008 ein **Eilvorabentscheidungsverfahren** in Art. 23a der Satzung des Gerichtshofes verankert und in Art. 107 ff. der Verfahrensordnung des EuGH näher ausgestaltet.[319] Dieses Verfahren, das nicht mit dem bereits vorhandenen sog. »beschleunigten Verfahren« zu verwechseln ist,[320] findet ausschließlich Anwendung auf Vorabentscheidungsersuchen zu Fragen im Kontext des Raums der Freiheit, der Sicherheit und des Rechts.[321] Es geht damit in seiner inhaltlichen Reichweite über das durch Art. 267 Abs. 4 AEUV definierte Anwendungsgebiet der Freiheitsbeschränkungen bzw. -entziehungen hinaus. Mittels des Eilvorabentscheidungsverfahrens kommt der Gerichtshof folglich seinen primärrechtlichen Verpflichtungen aus Art. 267 Abs. 4 AEUV in umfassender Weise nach.

109   In der gerichtlichen Praxis werden im Rahmen des Eilvorabentscheidungsverfahrens Vorlagefragen insbesondere zu **Haftsachen** im asyl- bzw. einwanderungsrechtlichen Kontext[322] sowie zu Fragen des elterlichen Erziehungs- und Sorgerechts beantwortet. Daneben betrafen bisherige PPU-Verfahren die Anerkennung und Vollstreckung von Entscheidungen in Ehesachen sowie die Auslegung der Bestimmungen über den europäischen Haftbefehl.[323]

110   Das Ziel, die übliche **Verfahrensdauer** von durchschnittlich eineinhalb Jahren im Rahmen des Eilvorabentscheidungsverfahrens auf rund drei Monate zu reduzieren, wird insbesondere durch einen im Vergleich zum regulären Vorabentscheidungsverfahren modifizierten Verfahrensablauf, speziell auch im Hinblick auf die internen Arbeitsabläufe beim Gerichtshof, erreicht. Die Verfahrensordnung lässt sich in diesem Zusam-

---

[318] Ausführlich *Schwarze*, in: Schwarze, EU-Kommentar, Art. 267 AEUV, Rn. 67. Für eine extensive Auslegung dieser Bestimmung *Karpenstein*, in: Grabitz/Hilf/Nettesheim, EU, Art. 267 AEUV (Mai 2013), Rn. 97.

[319] ABl. 2008, L 24/39 (39, 42). Vor dem Hintergrund der französischen Bezeichnung »procédure préjudicielle d'urgence« lautet die gerichtsintern übliche Abkürzung »PPU«. Dementsprechend werden im Rahmen dieses Eilvorlageverfahrens ergangene Entscheidungen des Gerichtshofes mit dem Kürzel »PPU« hinter der Rechtssachennummer gekennzeichnet.

[320] Vgl. Art. 105 ff. VerfO-EuGH.

[321] Vgl. Zu den bisherigen Erfahrungen des Gerichtshofes mit diesem Verfahren den Bericht über die Anwendung des Eilvorlageverfahrens durch den Gerichtshof, im Internet abrufbar unter http://curia.europa.eu/jcms/upload/docs/application/pdf/2012–07/de_rapport.pdf (21.9.2016).

[322] Vgl. etwa EuGH, Urt. v. 28.4.11, Rs. C–61/11 PPU (Strafverfahren gegen El Dridi), Slg. 2011, I–3015.

[323] Vgl. dazu ausführlich den Bericht über die Anwendung des Eilvorlageverfahrens durch den Gerichtshof, S. 4.

menhang von dem Bestreben leiten, »Effizienzgesichtspunkte mit der Wahrung der Beteiligtenrechte und der Aufrechterhaltung des Sprachenregimes des Gerichtshofes in Einklang zu bringen«.[324] Die in diesem Zusammenhang in der Verfahrensordnung verankerten Rahmenbedingungen haben es in der gerichtlichen Praxis ermöglicht, in der Regel innerhalb von acht Tagen nach Eingang der Rechtssache beim Gerichtshof eine Entscheidung über die Zulässigkeit der Eröffnung dieses Verfahrens herbeizuführen.[325] Eine gerichtliche Entscheidung im Hinblick auf die Vorlagefrage ist bislang innerhalb von durchschnittlich 66 Tagen, jedoch nie später als nach drei Monaten, ergangen.[326]

Diese Effizienzsteigerung wird durch einige erhebliche Abweichungen von den Verfahrensabläufen des regulären Vorabentscheidungsverfahrens erwirkt. Zu nennen ist in diesem Zusammenhang neben der Möglichkeit einer elektronisch erfolgenden Kommunikation zwischen Gerichtshof und Verfahrensbeteiligten insbesondere der generelle Verzicht auf Schlussanträge des Generalanwalts, der nur noch angehört wird. Daneben sind der – unter Abweichung von Art. 23 EuGH-Satzung vorgesehene – Verzicht auf gerichtliche Zustellungen an die übrigen Mitgliedstaaten in der Anfangsphase des Verfahrens sowie die Verweisung der nicht unmittelbar vom Ausgangsrechtsstreit betroffenen Mitgliedstaaten – im Hinblick auf die Abgabe eigener Erklärungen – auf die mündliche Phase von besonderer Bedeutung bei der zeitlichen Straffung des Verfahrens.[327] Insoweit musste hier das Gebot einer möglichst kurzen Verfahrensdauer mit dem eigentlichen Charakteristikum des Vorabentscheidungsverfahrens, eine möglichst breite Beteiligung aller Mitgliedstaaten zu gewährleisten, in Einklang gebracht werden.[328]

111

Auch die Modifizierung der verwaltungsinternen Abläufe beim Gerichtshof – wie etwa die Zuständigkeitsbündelung bei einem speziellen Spruchkörper, einer sog. »**PPU-Kammer**«,[329] sowie die absolute Priorisierung von »PPU-verdächtigen« Rechtssachen im Rahmen der internen Arbeitsabläufe von Kanzlei und übriger Gerichtsverwaltung – stellen eine wesentliche Voraussetzung für die mit der Einführung des Eilvorabentscheidungsverfahrens bezweckte erhebliche Verfahrensbeschleunigung dar.

112

Das Eilvorabentscheidungsverfahren ist ein **zweistufiges Verfahren**. Während der Gerichtshof in einem ersten Schritt auf der Grundlage der besonderen Zulässigkeitsvoraussetzungen dieses Verfahrens zunächst lediglich eine Entscheidung über dessen Einleitung trifft, wird erst im Rahmen der zweiten Verfahrensstufe über die Beantwortung der eigentlichen Vorlagefrage entschieden.

113

---

[324] Hierauf weist prägnant *Gardette*, EuZW 2008, 98, hin.

[325] EuGH, Urt. v. 23.12.2009, C–403/09 PPU (Detiček/Sgueglia), Slg. 2009, I–12193; Urt. v. 30.9.2009, C–357/09 PPU (Kadzoev), Slg. 2009, I–11189; Urt. v. 1.12.2008, C–388/08 PPU (Strafverfahren gegen Leymann und Pusovarov), Slg. 2008, I–8993; Urt. v. 12.8.2008, C–296/08 PPU (Goicoechea), Slg. 2008, I–6307; Urt. v. 11.7.2008, C–195/08 PPU (Rinau), Slg. 2008, I–5271; vgl. dazu auch die Statistiken im Bericht über die Anwendung des Eilvorlageverfahrens durch den Gerichtshof, S. 6.

[326] Vgl. den Bericht über die Anwendung des Eilvorlageverfahrens durch den Gerichtshof, S. 2.

[327] Diese zu Beginn des Verfahrens erfolgende Beschränkung auf Akteure, die der Verfahrenssprache mächtig sind, führt im Ergebnis auch zu einem deutlich verminderten Übersetzungsaufwand beim Gerichtshof (darauf weist schon *Kraus*, EuR-Beiheft 3/2008, 109 [121] hin). Ausführlich zu dieser Thematik auch *Kokott/Dervisopoulos/Henze*, EuGRZ 2008, 10 (12). Beachte aber die Neuerung unter Art. 109 Abs. 3 VerfO-EuGH, wonach unter bestimmten Umständen ein anderer Mitgliedstaat als derjenige des Ausgangsverfahrens nunmehr vom Gerichtshof aufgefordert werden kann, schriftlich oder in der mündlichen Verhandlung »alle sachdienlichen Angaben zu machen«.

[328] *Kokott/Dervisopoulos/Henze*, EuGRZ 2008, 10 (12).

[329] Vgl. zur Frage der Bestimmung der PPU-Kammern auch den Bericht über die Anwendung des Eilvorlageverfahrens durch den Gerichtshof, S. 5.

2. Die Voraussetzungen einer Verfahrenseinleitung im Einzelnen[330]

a) Überblick

114 Die tatbestandlichen Voraussetzungen für die Durchführung des Eilvorabentscheidungsverfahrens ergeben sich aus **Art. 107 VerfO-EuGH**. Danach ist dieses Verfahren durch den Gerichtshof einzuleiten, wenn die folgenden drei zentralen Voraussetzungen erfüllt sind:

– Das Vorabentscheidungsersuchen muss eine oder mehrere Fragen zu den von **Titel V des Dritten Teils des AEUV** (Raum der Freiheit, der Sicherheit und des Rechts) erfassten Bereichen aufwerfen (Art. 107 Abs. 1 VerfO-EuGH);

– Das vorlegende nationale Gericht muss einen ausdrücklichen **Antrag** auf Durchführung des Eilvorabentscheidungsverfahrens stellen bzw. der Präsident des Gerichtshofes hat die zuständige Kammer ausnahmsweise **von Amts wegen** um Einleitung ersucht (Art. 107 Abs. 1 und 3 VerfO-EuGH);

– Aus der Antragsbegründung (bzw. im Falle eines Tätigwerdens von Amts wegen aus dem Vorlageersuchen des nationalen Gerichts) muss sich die **Dringlichkeit** ergeben, die die Anwendung dieses abweichenden Verfahrens rechtfertigt (Art. 107 Abs. 2 VerfO-EuGH).

b) Sachlicher Anwendungsbereich des Eilvorabentscheidungsverfahrens

115 Gemäß Art. 107 Abs. 1 VerfO-EuGH findet das Eilvorabentscheidungsverfahren auf Vorabentscheidungsersuchen Anwendung, die »eine oder mehrere Fragen zu den von Titel V des Dritten Teils des Vertrags über die Arbeitsweise der Europäischen Union erfassten Bereichen« aufwerfen. Der sachliche Anwendungsbereich des PPU-Verfahrens erstreckt sich damit auf die durch die Vertragsreform von Lissabon zusammengeführten Sachbereiche der vormaligen PJZS sowie des vormaligen Titels IV des Dritten Teils des EG-Vertrags (Visa, Asyl, Einwanderung und andere Politiken betreffend den freien Personenverkehr unter Einschluss von Maßnahmen im Bereich der justiziellen Zusammenarbeit in Zivilsachen). Auch im Kontext des Eilvorabentscheidungsverfahrens finden die im Hinblick auf diese Sachbereiche geltenden Übergangsbestimmungen des Lissabonner Vertrags bezüglich der bisherigen Beschränkungen der Jurisdiktionsgewalt des EuGH bzw. der besonderen Voraussetzungen für die Vorlageberechtigung nationaler Gerichte Anwendung.[331]

c) Antragsbedürftigkeit bzw. Verfahrenseinleitung von Amts wegen

116 Art. 107 Abs. 1 VerfO-EuGH setzt des Weiteren einen ausdrücklichen **Antrag** des vorlegenden Gerichts auf Einleitung des Eilvorabentscheidungsverfahrens voraus, der **zusätzlich** zu dem üblichen, den regulären Form- und Inhaltserfordernissen unterliegenden Vorabentscheidungsersuchen bei der Kanzlei einzureichen ist. Ein derartiger Antrag unterliegt keinen speziellen Formerfordernissen.[332] Inhaltlich hat aber das nationale Gericht in diesem Zusammenhang die »rechtlichen und tatsächlichen Umstände« dar-

---

[330] Vgl. dazu auch die Empfehlungen an die nationalen Gerichte bezüglich der Vorlage von Vorabentscheidungsersuchen (Fn. 255), Rn. 37 ff.

[331] S. oben Rn. 9 f.

[332] Vgl. dazu auch die entsprechenden Praxistipps bei *Latzel/Streinz*, NJOZ 2013, 97 (106 f.). Vgl. zu den konkreten Anforderungen an die Antragsformulierung sowie den diesbezüglichen Schriftverkehr mit dem Gerichtshof auch die Empfehlungen an die nationalen Gerichte bezüglich der Vorlage von Vorabentscheidungsersuchen (Fn. 255), Rn. 41 ff.

zustellen, aus denen sich die Dringlichkeit der Beantwortung der Vorlagefrage ergibt und die damit die Anwendung dieses abweichenden Verfahrens rechtfertigen.[333]

Neben dem Antragsverfahren sieht Art. 107 Abs. 1 VerfO-EuGH ausnahmsweise die Möglichkeit einer Einleitung des Eilvorabentscheidungsverfahrens **von Amts wegen** vor. Danach **kann** der Präsident, »wenn die Anwendung dieses Verfahrens dem ersten Anschein nach geboten ist«, die zuständige PPU-Kammer um Prüfung der Frage ersuchen, ob ein bestimmtes Vorabentscheidungsersuchen ausnahmsweise im Wege des Eilverfahrens zu behandeln ist.   117

d) Das Kriterium der »Dringlichkeit«

Zentrale Voraussetzung für die Einleitung des Eilvorabentscheidungsverfahrens ist das Vorliegen einer »Dringlichkeit« i. S. d. Art. 107 Abs. 2 VerfO-EuGH. Mangels einer Legaldefinition dieses Kriteriums hat der Gerichtshof einige entsprechende Auslegungshinweise für die nationalen Gerichte zur Verfügung gestellt. Bezüglich des Merkmals der Dringlichkeit kann zunächst auf tatsächliche Erwägungen, nämlich die konkrete Gefährdung bzw. irreparable Schädigung wichtiger Rechtsgüter abgestellt werden.[334] Daneben spielen jedoch auch normative Ansatzpunkte im Hinblick auf eine mögliche Begründung der Dringlichkeit eine wichtige Rolle. Hierbei handelt es sich in erster Linie um zwingende gesetzliche Vorgaben hinsichtlich der von dem vorlegenden nationalen Gericht einzuhaltenden Fristen[335]. In der gerichtlichen Praxis spielt in diesem Zusammenhang insbesondere die Fallgruppe der Gefahr einer irreparablen Verschlechterung des Eltern-Kind-Verhältnisses sowie die Fallgruppe einer in Haft befindlichen Person, bei der die Fortführung der Haft von der Beantwortung der jeweiligen Vorlagefrage abhängt, eine zentrale Rolle.[336]   118

3. Erste Phase: Entscheidung über die Durchführung des Eilvorabentscheidungsverfahrens

Gemäß Art. 109 Abs. 1 VerfO-EuGH wird ein entsprechendes Vorabentscheidungsersuchen bei Vorliegen eines Antrags auf Durchführung des Eilvorabentscheidungsverfahrens bzw. eines entsprechenden Ersuchens des Präsidenten des Gerichtshofes im Rahmen der **ersten** Verfahrensphase vom Kanzler **sogleich**, d.h. in der Verfahrenssprache, zugestellt. Diese Zustellung erfolgt an einen im Vergleich zum regulären Vorabentscheidungsverfahren **eingeschränkten Adressatenkreis**, nämlich an die Parteien des nationalen Ausgangsverfahrens, an den Mitgliedstaat des vorlegenden Gerichts sowie, entsprechend den Vorgaben von Art. 23 Abs. 1 Satz 2 EuGH-Satzung, an die Kommission und ggf. weitere Organe, Einrichtungen oder sonstige Stellen der Union (im Folgenden: »**Zustellungsadressaten**«).[337]   119

---

[333] Vgl. Art. 107 Abs. 2 VerfO-EuGH.

[334] Vgl. dazu die Empfehlungen an die nationalen Gerichte bezüglich der Vorlage von Vorabentscheidungsersuchen (Fn. 255), Rn. 40. Danach können unter bestimmten Voraussetzungen etwa, ohne dass diese Aufzählung abschließend wäre, Fälle des Freiheitsentzuges oder der Freiheitsbeschränkung oder Rechtsstreitigkeiten über das elterliche Erziehungs- und Sorgerecht für das Eilvorlageverfahren in Betracht kommen.

[335] Ausführlich zur entsprechenden Kasuistik des EuGH seit Einführung dieses Eilvorlageverfahrens *Karpenstein*, in: Grabitz/Hilf/Nettesheim, EU, Art. 267 AEUV (Mai 2013), Rn. 92.

[336] Vgl. dazu ausführlich den Bericht über die Anwendung des Eilvorlageverfahrens durch den Gerichtshof (Fn. 319), S. 6.

[337] Danach erfolgt eine Zustellung an diejenigen Organe, Einrichtungen oder sonstigen Stellen der Union, von denen die Handlung, deren Gültigkeit oder Auslegung streitig ist, ausgegangen ist.

120   Für die Behandlung von Eilvorabentscheidungsverfahren wird beim Gerichtshof eine spezielle Kammer als »PPU-Kammer« betraut, die auf Bericht des Berichterstatters und nach Anhörung des Generalanwalts in dieser ersten Verfahrensphase die Entscheidung darüber trifft, ob ein Vorabentscheidungsersuchen dem Eilvorabentscheidungsverfahren zu unterwerfen ist oder nicht. Diese Entscheidung ergeht als Beschluss und setzt ggf. die Frist fest, innerhalb derer die Zustellungsadressaten Schriftsätze oder schriftliche Erklärungen einreichen können. Dieser Beschluss wird dem vorlegenden nationalen Gericht sowie den Zustellungsadressaten umgehend zugestellt.[338]

121   Im Zuge der Reform seiner VerfO ist der EuGH nunmehr auch berechtigt, in Fällen, in denen ein Vorabentscheidungsersuchen (auch) auf ein in einem anderen Mitgliedstaat geführtes Verwaltungs- oder Gerichtsverfahren Bezug nimmt, diesen Mitgliedstaat aufzufordern, schriftlich oder in der mündlichen Verhandlung alle sachdienlichen Angaben zu machen.[339] Diese Regelung gibt dem EuGH insbesondere in Fällen mit grenzüberschreitenden Bezügen ein Instrument zum besseren Fallverständnis an die Hand.

122   Im Falle einer **ablehnenden** Entscheidung im Hinblick auf die Einleitung eines Eilvorlageverfahrens bestimmt sich gemäß Art. 109 Abs. 6 VerfO-EuGH das weitere Verfahren nach Art. 23 EuGH-Satzung und wird dementsprechend als reguläres Vorabentscheidungsverfahren weitergeführt.

4. Zweite Phase: Durchführung des eigentlichen Eilvorabentscheidungsverfahrens

123   Auf der Grundlage eines entsprechenden Einleitungsbeschlusses wird das eigentliche Eilvorabentscheidungsverfahren nach Maßgabe des Art. 107 ff. VerfO-EuGH durchgeführt. Auch das Eilvorabentscheidungsverfahren besteht grundsätzlich aus einem schriftlichen und einem mündlichen Teil. Allerdings sieht Art. 111 VerfO-EuGH vor, dass die zuständige PPU-Kammer in Fällen »**äußerster Dringlichkeit**« beschließen kann, von der Durchführung des schriftlichen Verfahrens abzusehen.

---

[338] Vgl. Art. 109 Abs. 2 VerfO-EuGH. Vgl. zu den übrigen Zustellungen Art. 110 Abs. 1 VerfO-EuGH.

[339] Vgl. Art. 109 Abs. 3 VerfO-EuGH.

Artikel 268 AEUV [Schadensersatzklagen]

Der Gerichtshof der Europäischen Union ist für Streitsachen über den in Artikel 340 Absätze 2 und 3 vorgesehenen Schadensersatz zuständig.

Literaturübersicht

Ehlers, Die Schadensersatzklage des europäischen Gemeinschaftsrechts, Jura 2009, 187; *Ossenbühl/Cornils*, Staatshaftungsrecht, 6. Aufl., 2013; *Rademacher*, Realakte im Rechtsschutzsystem der Europäischen Union, 2014.

Leitentscheidungen

EuGH, Urt. v. 2.12.1971, Rs. 5/71 (Schöppenstedt/Rat), Slg. 1971, 975
EuGH, Urt. v. 12.4.1984, Rs. 281/82 (Unifrex/Kommission u. Rat), Slg. 1984, 1969
EuGH, Urt. v. 30.5.1989, Rs. 20/88 (Roquette Frères/Kommission), Slg. 1989, 1553

Inhaltsübersicht

A. Funktion der Amtshaftungsklage nach Art. 340 Abs. 2 i. V. m. Art. 268 AEUV

Art. 268 AEUV weist dem Gerichtshof die Zuständigkeit für Entscheidungen über die **1** **Schadensersatzansprüche aus außervertraglicher Haftung** zu. Im Gegensatz zu Art. 258 f., Art. 263 sowie Art. 265 AEUV, die neben der Zuständigkeit des Gerichtshofs auch auf die Sachurteilsvoraussetzungen der Klagen eingehen, regelt Art. 268 AEUV lediglich die Zuständigkeit des EuGH für Streitigkeiten über die außervertragliche Haftung. Art. 340 Abs. 2 AEUV regelt die materiellen, die Begründetheit von Amtshaftungsklagen ausfüllenden Voraussetzungen des Schadensersatzanspruchs (s. Art. 340, Rn. 16 ff.).

Die gerichtliche Durchsetzung von Amtshaftungsansprüchen dient dem **individuel-** **2** **len Rechtsschutz** gegen rechtswidriges, schädigendes Handeln der Union. Die Bedeutung der Amtshaftungsklage besteht u. a. darin, dass sie das eingeschränkte Klagerecht gegen echte Normativakte[1] (und gegen Realakte der Union) ausgleicht. Versagt Art. 263 Abs. 4 AEUV natürlichen und juristischen Personen eine Nichtigkeitsklage gegen uni-

---

[1] *v. Bogdandy*, JuS 1990, 872; *Gündisch*, Rechtsschutz in der Europäischen Gemeinschaft, 1994, S. 118; *Schwarze*, Rechtsschutz Privater gegenüber normativen Rechtsakten im Recht der EWG, FS Schlochauer, 1981, S. 927; *Ukrow*, Richterliche Rechtsfortbildung durch den EuGH, 1995, S. 66.

onsrechtswidriges normatives Handeln, indem er die Zulässigkeit einer Individualnichtigkeitsklage an das Erfordernis der unmittelbaren und individuellen Betroffenheit (bzw. seit dem Inkrafttreten des Vertrags von Lissabon der nur unmittelbaren Betroffenheit bei Rechtsakten mit Verordnungscharakter) knüpft, so soll ihnen zumindest Ersatz für hierdurch verursachte Schäden zuteil werden.[2] Folgerichtig hat der EuGH Amtshaftungsklagen natürlicher oder juristischer Personen gegen normative Maßnahmen der Union zugelassen.[3] Die Amtshaftungsklage bietet Individualklägern die Möglichkeit, normative Unionsrechtsakte einer gerichtlichen Rechtmäßigkeitskontrolle zu unterwerfen.

3   Allerdings führt eine erfolgreiche Amtshaftungsklage prozessual nicht zur (inzidenten) Beseitigung der rechtswidrigen Handlung.[4] Vielmehr unterliegt die Rechtmäßigkeitskontrolle der schadensstiftenden Maßnahme lediglich der »Vorfragenkompetenz« des Gerichtshofs. Die Rechtswidrigkeit der Handlung ist materiellrechtliche Voraussetzung für die Zuerkennung des Amtshaftungsanspruchs. Der Gerichtshof stellt diese Rechtswidrigkeit im Amtshaftungsverfahren fest, ohne dass dadurch die Gültigkeit des Unionsrechtsaktes mit erga-omnes-Wirkung berührt wird.[5]

4   Der AEUV sieht eine unmittelbare, von der persönlichen Haftung des Bediensteten unabhängige Haftung der Anstellungskörperschaft »Europäische Union« vor. Die **unmittelbare Haftung der Union** erleichtert dem Geschädigten die Prozessführung, indem die Klage gegen die Union selbst gerichtet werden kann.[6] Eine persönliche Haftung des einzelnen Bediensteten besteht hingegen für Schäden, welche außerhalb oder nur gelegentlich seiner Amtstätigkeit verursacht werden.[7] Die persönliche Haftung der Bediensteten gegenüber der Union bestimmt sich nach den Vorschriften ihres Statuts,[8] sowie den geltenden Beschäftigungsbedingungen (Art. 340 Abs. 4 AEUV). Soweit Beamte oder Bedienstete der Union Schadenersatzansprüche gegen die Union geltend machen, richtet sich die Zuständigkeit der Unionsgerichtsbarkeit nicht nach Art. 269 AEUV, sondern nach Art. 270 AEUV.[9]

B.   Zulässigkeitsvoraussetzungen der Schadenersatzklage

I.   Bloße Zuweisungsnorm

5   Art. 268 AEUV weist dem Gerichtshof der Europäischen Union die ausschließliche Zuständigkeit für Streitsachen über die außervertragliche Haftung der Union nach

---

[2] *Allkemper*, Der Rechtsschutz des Einzelnen nach dem EG-Vertrag, 1995, S. 129.

[3] Zuerst in EuGH, Urt. v. 2.12.1971, Rs. C–5/71 (Schöppenstedt/Rat), Slg. 1971, 975.

[4] EuGH, Urt. v. 2.12.1971, Rs. C–5/71 (Schöppenstedt/Rat), Slg. 1971, 975, Rn. 11.

[5] *Jacob/Kottmann*, in: Grabitz/Hilf/Nettesheim, EU, Art. 268 AEUV (Januar 2015), Rn. 5.

[6] *Ewert*, Die Funktion der allgemeinen Rechtsgrundsätze im Schadensersatzrecht der Europäischen Wirtschaftsgemeinschaft, 1994, S. 46f.

[7] Zum Merkmal des »Handelns in Ausübung einer Amtstätigkeit: *Ossenbühl/Cornils*, S. 693.

[8] VO (EWG, Euratom, EGKS) Nr. 259/68 vom 29.2.1968 zur Festlegung des Statuts der Beamten der Europäischen Gemeinschaften, Beschäftigungsbedingungen für die sonstigen Bediensteten der Europäischen Gemeinschaften sowie zur Einführung von Sondermaßnahmen, die vorübergehend auf die Beamten der Kommission anwendbar sind, ABl. 1968, Nr. 45/1385, zuletzt geändert durch VO (EU, Euratom) Nr. 577/2012 vom 26.6.2012.

[9] EuGH, Urt. v. 22.10.1975, Rs. 9/75 (Meyer-Burckhardt/Kommission), Slg. 1975, 1171, Rn. 7; Urt. v. 7.10.1982, Rs. 131/81 (Berti/Kommission), Slg. 1982, 3493, Rn. 13f.

Art. 340 Abs. 2 AEUV zu. Dagegen unterfallen Streitigkeiten über die vertragliche Haftung der Union (Art. 340 Abs. 1 AEUV) mangels entsprechender Zuständigkeitsnorm (Art. 13 Abs. 2 Satz 1 EUV) grundsätzlich den nationalen Gerichtsbarkeiten (Art. 274 AEUV). Im Einzelfall kann es auf eine **Abgrenzung zwischen vertraglichen von außervertraglichen Streitigkeiten** ankommen. Der Begriff der vertraglichen Haftung ist weit auszulegen. Erfasst werden nicht nur die Folgen der Nicht- oder Schlechterfüllung von Verträgen, sondern insbesondere Ansprüche aus culpa in contrahendo und Geschäftsführung ohne Auftrag.[10] Allerdings können die Union und ihre Vertragspartner für Streitigkeiten über vertragliche Ansprüche die Zuständigkeit des Gerichtshofs im Wege einer Schiedsklausel vereinbaren (s. Art. 272 AEUV, Rn. 1). Wird eine vermeintlich vertragliche Haftungsklage gegen die Union vor einem innerstaatlichen Gericht erhoben, muss dieses (im Zweifelsfall) zur Klärung seiner Zuständigkeit den EuGH um eine Auslegung des Art. 340 Abs. 2 AEUV und der darin festgelegten Reichweite der von nationalen Gerichten zu achtenden ausschließlichen Zuständigkeit des Gerichtshofs der Union für den Bereich der außervertraglichen Haftung der Union ersuchen.[11]

Die Zuständigkeit des Gerichtshofs der Europäischen Union ist darüber hinaus nach   **6** Art. 340 Abs. 2 i. V. m. Art. 268 AEUV auf Schadensersatzforderungen beschränkt, die auf einem rechtswidrigen Verhalten eines Unionsorgans beruhen, das für die Union handelt. Aufgrund der Auflösung der Säulenstruktur durch den Vertrag von Lissabon haben nunmehr auch Handlungen im Rahmen der ehemaligen dritten Säule (PJZS) supranationalen Charakter und sind daher der Union zuzurechnen.[12] Daraus folgt, dass der Gerichtshof auch über Schadensersatzforderungen entscheiden kann, welche auf einer Maßnahme im Rahmen der (ehemaligen) PJZS beruhen.

Die ehemalige zweite Säule (GASP) hat jedoch ihren intergouvernementalen Cha- **7** rakter behalten. Für Maßnahmen im Rahmen der Gemeinsamen Außen- und Sicherheitspolitik gelten gem. Art. 24 Abs. 1 EUV besondere Bestimmungen und Verfahren.[13] Der EuGH ist gem. Art. 275 Abs. 1 AEUV für die Bestimmungen der GASP und für die auf der Grundlage dieser Bestimmungen erlassenen Rechtsakte grundsätzlich nicht zuständig (s. Art. 275 AEUV, Rn. 1). Eine Ausnahme bilden hier lediglich **Sanktionsmaßnahmen gegenüber natürlichen und juristischen Personen** (Art. 275 Abs. 2 AEUV), welche im Wege der Individualnichtigkeitsklage überprüft werden können. In diesem Zusammenhang stellt sich freilich die Frage, ob die dem EuGH übertragene Rechtmäßigkeitskontrolle auch die Zuständigkeit für »Folgeamtshaftungsklagen« beinhaltet. Aus dem Wortlaut des Art. 275 Abs. 2 AEUV ergibt sich dies jedenfalls nicht, da hier nur auf Art. 263 Abs. 4 AEUV verwiesen wird. Natürliche und juristische Personen bekommen zwar die Möglichkeit, eine Sanktionsmaßnahme auf ihre Rechtmäßigkeit überprüfen zu lassen, können aber keinen durch selbige verursachten Schaden geltend machen. Durch die Aufhebung der Sanktionsmaßnahme werden nicht notwendigerweise auch die bereits entstandenen Schäden beseitigt. Es bleibt abzuwarten, ob der EuGH

---

[10] *Gilsdorf/Niejahr*, in: GS, EUV/EGV, Art. 288 EGV, Rn. 4.
[11] So etwa in EuGH, Urt. v. 29. 7. 2010, Rs. C–377/09 (Agenor SA/Europäische Gemeinschaft), Slg. 2010, I–7751.
[12] Zu den Übergangsbestimmungen vgl. Protokoll (EU) Nr. 36 über die Übergangsbestimmungen, ABl. 2008, C 115/322.
[13] *Haratsch/Koenig/Pechstein*, Europarecht, Rn. 1315 f.

diese **Rechtsschutzlücke** durch eine erweiternde Auslegung des Art. 275 Abs. 2 AEUV beheben wird.[14]

8   Für bestimmte Streitsachen betreffend die Europäische Investitionsbank und die Europäische Zentralbank besitzt der Gerichtshof der Europäischen Union nach Art. 271 AEUV ebenfalls eine nur eingeschränkte Zuständigkeit.

II. Abgrenzung der Zuständigkeit des EuGH und EuG

9   Die sachliche Zuständigkeitsverteilung zwischen EuGH und EuG erfolgt gemäß Art. 256 Abs. 1 Satz 1 AEUV i. V. m. Art. 51 EuGH-Satzung. Danach ist dem EuG die Zuständigkeit für Klagen nach Art. 268 AEUV übertragen worden, soweit es sich nicht um Klagen der Mitgliedstaaten oder der Organe handelt und soweit keine besondere gerichtliche Kammer zuständig ist. Die Amtshaftungsklagen von natürlichen oder juristischen Personen sind daher beim EuG zu erheben. Vor dem EuGH wären dagegen diejenigen Amtshaftungsklagen zu erheben, in denen ein Mitgliedstaat als Kläger auftritt. Allerdings ist die Zulässigkeit mitgliedstaatlicher Amtshaftungsklagen vom Gerichtshof noch nicht entschieden worden (s. Rn. 18).

III. Abgrenzung zur mitgliedstaatlichen Zuständigkeit

10   Durch die Einbindung mitgliedstaatlicher Verwaltungen beim Vollzug von Unionsrecht (indirekter Unionsrechtsvollzug; s. Rn. 13) kann dem Geschädigten parallel zu einer Amtshaftung der Union nach Art. 340 Abs. 2 AEUV auch innerstaatlicher Rechtsschutz offen stehen. Hierbei sind grundsätzlich zwei Anknüpfungspunkte zu unterscheiden:
(1) der dem Vollzug zugrunde liegende Unionsrechtsakt oder
(2) die konkrete Vollzugsmaßnahme der nationalen Behörde.

11   Im Verhältnis zwischen mitgliedstaatlicher und unionaler Amtshaftung können Subsidiaritätsprobleme auftreten, wenn der mitgliedstaatliche Vollzugsakt auf einer rechtswidrigen Unionsmaßnahme beruht. In diesen Fällen ist stets auch die nationale Durchführungsmaßnahme – wegen Fehlerhaftigkeit der Ermächtigungsgrundlage der Union – rechtswidrig.[15]

12   Im Falle paralleler – innerstaatlicher und unionsgerichtlicher – Rechtswege folgt der Gerichtshof dem **Grundsatz der Subsidiarität des unionalen Rechtsschutzes** gegenüber dem innerstaatlichen Rechtsschutz: Vor Schadenseintritt ist der Einzelne verpflichtet, mit nationalen Rechtsbehelfen gegen den innerstaatlichen Vollzugsakt die Schadensentstehung abzuwenden. Nach Schadenseintritt greift das EU-Amtshaftungsverfahren subsidiär erst dann ein, wenn der innerstaatliche Rechtsweg gegen die mitgliedstaatliche Vollzugsmaßnahme ausgeschöpft worden ist, auf nationaler Ebene aber kein (vollständiger) Ersatz erlangt werden konnte.[16]

13   Vollzieht ein Mitgliedstaat einen Unionsrechtsakt innerstaatlich, so ist der Geschädigte zunächst auf den Rechtsweg vor den mitgliedstaatlichen Gerichten verwiesen. Stellt sich diesen die Frage der Rechtswidrigkeit der unionalen Grundmaßnahme, so muss der nationale Richter dem EuGH nach Art. 267 AEUV vorlegen. Der nationale

---

[14] Dazu *Pechstein*, JZ 2010, 425 (431); *Brauneck*, EuR 2015, 498 (505).

[15] Vgl. EuGH, Urt. v. 14.7.1967, verb. Rs. 5/66,7/66 u. 13–24/66 (Kampffmeyer u. a./Kommission), Slg. 1967, 331; *Klein*, in: HK-EUV, Art. 215 EGV, August 1994, Rn. 36.

[16] *v. Bogdandy*, JuS 1990, 872; EuG, Urt. v. 10.4.2003, Rs. T–195/00 (Travelex Global u. a./Kommission), Slg. 2003, II–1681, Rn. 87.

Richter ist nicht befugt, über die Rechtmäßigkeit eines Unionsrechtsaktes zu befinden. Das mitgliedstaatliche Gericht kann lediglich den nationalen Vollzugsakt anhand der zugrunde liegenden Ermächtigungsgrundlage der Union daraufhin untersuchen, ob die staatliche Maßnahme den Anforderungen des Unionsrechts genügt oder ob er eigenständige,[17] haftungsbegründende Fehler aufweist.

Der Subsidiaritätsgrundsatz greift begriffslogisch nur im Falle der Parallelität zwi- **14** schen innerstaatlichem und unionalem Rechtsschutz ein. Subsidiarität der unionsrechtlichen gegenüber der innerstaatlichen Klagemöglichkeit setzt voraus, dass letztere den Rechtsschutz des Geschädigten wirksam sicherstellt, indem »sie zum Ersatz des geltend gemachten Schadens führen kann.«[18] Die Subsidiaritätsfrage stellt sich erst gar nicht, wenn der klägerische Schutz unionsrechtlich gewährter Positionen vor innerstaatlichen Gerichten nicht wirksam sichergestellt ist. Begehrt der Kläger etwa Ersatz für vorenthaltene, unionsrechtlich gewährte Leistungen, die ein Tätigwerden der Unionsorgane voraussetzen, so scheidet ein wirksamer innerstaatlicher Rechtsschutz – und damit die Subsidiaritätsfrage – von vornherein aus, da den innerstaatlichen Gerichten keine Jurisdiktionsgewalt über die Unionsorgane zukommt. In diesen Fällen können die mitgliedstaatlichen Gerichte dem Kläger die begehrte Leistung nicht zusprechen:[19] Gleiches gilt, wenn der Kläger eine Leistung verlangt, die ihm aufgrund einer rechtswidrigen Unionsverordnung vorenthalten wurde.[20] Die Aufhebung des nationalen Ablehnungsbescheids durch ein innerstaatliches Gericht hätte – mangels Jurisdiktionsgewalt über Unionsorgane und deren Rechtsakte – nicht zur Folge, dass der Kläger die begehrte Leistung sowie einen darüber hinausgehenden Schadensersatz erhielte.[21]

Soweit es um den fehlerhaften mitgliedstaatlichen Vollzug von rechtmäßigem Uni- **15** onsrecht geht, scheidet eine Amtshaftung der Union prinzipiell aus. Handelt eine nationale Behörde jedoch aufgrund einer bindenden Weisung eines Unionsorgans, regelmäßig der Kommission, so erfolgt die haftungsrechtliche Zurechnung trotz nationalen Organhandelns nicht an den betreffenden Mitgliedstaat, sondern an die Union.[22] In diesem Fall regelt das Organ nämlich selbst den Einzelfall und »bedient« sich der mitgliedstaatlichen Behörde lediglich als eines »Handlungswerkzeuges«. Sofern das innerstaatliche Recht dem Betroffenen keinen wirksamen Schutz ermöglichen kann, ist das Rechtsschutzbedürfnis zur Erhebung einer Amtshaftungsklage gegen die Union gegeben.

IV. Aktive Parteifähigkeit

»Im Bereich der außervertraglichen Haftung ersetzt die Union den durch ihre Organe **16** oder Bediensteten […] verursachten Schaden« (Art. 340 Abs. 2 AEUV). Im Gegensatz zu den Art. 258 f., Art. 263 sowie Art. 265 AEUV fehlt in Art. 340 Abs. 2 i. V. m. Art. 268 AEUV eine Bestimmung der aktiv parteifähigen Kläger. Nach ständiger Rechtsprechung ist jede natürliche oder juristische Person des öffentlichen und privaten

---

[17] Vgl. EuGH, Urt. v. 27. 9. 1988, verb. Rs. 106/87–120/87 (Asteris u. a./Griechische Republik), Slg. 1988, 5515, Rn. 20.

[18] EuGH, Urt. v. 12. 4. 1984, Rs. 281/82 (Unifrex/Kommission und Rat), Slg. 1984, 1969, Rn. 11; Urt. v. 30. 5. 1989, Rs. 20/88 (Roquette Frères/Kommission), Slg. 1989, 1553, Rn. 15.

[19] Vgl. *Ossenbühl/Cornils*, S. 672 ff.

[20] Vgl. *Ossenbühl/Cornils*, S. 672 ff.

[21] EuGH, Urt. v. 12. 4. 1984, Rs. 281/82 (Unifrex/Kommission und Rat), Slg. 1984, 1969, Rn. 12.

[22] EuGH, Urt. v. 26. 2. 1986, Rs. C–175/84 (Krohn & Co Import-Export/Kommission), Slg. 1986, 753, Rn. 19 ff.

Rechts aktiv parteifähig, die nach dem Klagevortrag durch ein Unionsorgan oder einen Unionsbediensteten einen Schaden erlitten hat. Partei des Rechtsstreits kann auf Klägerseite nur diejenige Person sein, die einen eigenen Schadensersatzanspruch geltend macht. Eine **gewillkürte Prozessstandschaft** ist im Rahmen der Amtshaftungsklage unzulässig, da der Kläger dann kein eigenes, sondern ein fremdes Recht im eigenen Namen geltend macht. Hingegen erachtet der Gerichtshof die Erhebung einer **Amtshaftungsklage aus abgetretenem Recht** durch den neuen Rechtsinhaber für zulässig, wenn die Abtretung nicht rechtsmissbräuchlich erfolgt ist.[23] Ein Missbrauch liegt nach Auffassung des EuGH beispielsweise nicht vor, wenn die Abtretung zwischen Unternehmen erfolgt, die zu einer Unternehmensgruppe gehören.[24]

17   Der Gerichtshof hat neben natürlichen und juristischen Personen auch nichtrechtsfähigen Verbänden die aktive Parteifähigkeit zuerkannt (z. B. gewerkschaftlich organisierten Berufsverbänden der Unionsbediensteten[25]). Auch die Parteifähigkeit nichtrechtsfähiger Verbände besteht nur im Rahmen der Geltendmachung eigener Schadensersatzansprüche. Persönliche Vermögensinteressen der Beamten und Bediensteten können daher nicht von ihren Berufsverbänden, sondern nur von den Betroffenen selbst geltend gemacht werden.[26]

18   Ob auch die Mitgliedstaaten eine Amtshaftungsklage anstrengen können, ist umstritten, vom EuGH bisher aber noch nicht entschieden. Die **Parteifähigkeit der Mitgliedstaaten** wird in der Literatur mit dem Argument in Zweifel gezogen, Amtshaftungsklagen der Mitgliedstaaten könnten das institutionelle Unionsgefüge stören.[27] Zutreffend ist, dass die Amtshaftungsklage dem individuellen Rechtsschutz dient und dabei das (nunmehr allerdings eingeschränkte) Fehlen eines individuellen Klagerechts gegen normative Rechtsakte im Rahmen der Nichtigkeitsklage ausgleicht: Versagt Art. 263 Abs. 4 AEUV natürlichen und juristischen Personen eine Nichtigkeitsklage gegen unionsrechtswidriges normatives Handeln, so soll ihnen zumindest Ersatz für die hierdurch verursachten Schäden zugestanden werden (s. Rn. 2). Diese Zweckrichtung der Amtshaftungsklage läuft bei den Mitgliedstaaten leer, da diese gerade privilegiert klageberechtigt sind und normative Unionsrechtsakte einer gerichtlichen Rechtmäßigkeitskontrolle unterwerfen können (Art. 263 Abs. 2 AEUV). Wollte man darüber hinaus den Mitgliedstaaten auch noch die – nach der Vertragsintention dem Individualrechtsschutz zugedachte – Amtshaftungsklage eröffnen, hieße dies, ihren Rechtsschutz »überzugewichten«.[28]

---

[23] EuGH, Urt. v. 4.10.1979, Rs. 238/78 (Ireks-Arkady/Rat und Kommission), Slg. 1979, 2955, Rn. 5.

[24] EuGH, Urt. v. 4.10.1979, Rs. 238/78 (Ireks-Arkady/Rat und Kommission), Slg. 1979, 2955, Rn. 5.

[25] EuGH, Urt. v. 8.10.1974, Rs. 18/74 (Allgemeine Gewerkschaft der Europäischen Beamten/Kommission), Slg. 1974, 933, Rn. 5/9.

[26] EuGH, Urt. v. 18.3.1975, Rs. 72/74 (Union syndicale/Rat), Slg. 1975, 401, Rn. 20/21; EuG, Urt. v. 30.9.1998, Rs. T–149/96 (Coldiretti u. a./Rat und Kommission), Slg. 1998, II–3841, Rn. 57.

[27] *Rengeling/Middeke/Gellermann*, Rechtsschutz in der EU, § 9, Rn. 9.

[28] Dem tritt *Rademacher*, Realakte im Rechtsschutzsystem der Europäischen Union, S. 262 f., zunächst für diejenigen Fälle entgegen, in denen es um Realakte geht, die aufgrund ihrer Rechtsunverbindlichkeit auch durch die Mitgliedstaaten nicht im Wege der Nichtigkeitsklage angegriffen werden können. Darüber hinaus könne die Aktivlegitimation der Mitgliedstaaten aber auch grundsätzlich nicht ausgeschlossen werden, da Nichtigkeitsklage und Amtshaftungsklage unterschiedliche Schutzrichtungen hätten.

Führt das Handeln der Union zu Souveränitätsbeeinträchtigungen im hoheitlichen **19**
Zuständigkeitsbereich der Mitgliedstaaten, so steht ihnen als privilegiert Klageberechtigten mithin nach Art. 263 Abs. 2 AEUV die Nichtigkeitsklage, nicht aber die Amtshaftungsklage zur Verfügung.[29] Handeln die Mitgliedstaaten dagegen privatwirtschaftlich, etwa in Form staatlicher Handelsgeschäfte oder durch staatliche Produktionseinrichtungen, so stehen sie den Handlungen der Union wie jede andere privatwirtschaftlich handelnde Person gegenüber.[30] Erleidet ein **privatwirtschaftlich handelnder Mitgliedstaat** durch eine rechtswidrige Unionsmaßnahme einen Schaden, so ist ihm die aktive Parteifähigkeit für eine Amtshaftungsklage selbst dann zuzuerkennen, wenn er die schadensstiftende Unionshandlung als privilegiert Klageberechtigter nach Art. 263 Abs. 2 AEUV anfechten kann. Insoweit wird ein als Marktteilnehmer handelnder Mitgliedstaat im Rahmen der Amtshaftungsklage dem Individualrechtsschutz begehrenden Kläger gleichgestellt.

V. Passive Parteifähigkeit

Die Art. 340 Abs. 2 und Abs. 3 AEUV regeln zunächst lediglich die materiellen Voraus- **20**
setzungen eines Schadenersatzanspruchs und bezeichnen hierbei den jeweils Ersatzpflichtigen.[31] Nach Abs. 2 ersetzt die Union einen durch ihre Organe und Bediensteten verursachten Schaden. In Abweichung hiervon sieht Abs. 3 vor, dass die Europäische Zentralbank für einen durch sie oder ihre Bediensteten verursachten Schaden aufkommt. Diese Regelung ist der Sonderrolle der EZB geschuldet, der zwar eine Rechtsstellung als Organ der Union zukommt (Art. 13 Abs. 1 UAbs. 2 EUV), die aber zugleich mit eigener Rechtspersönlichkeit ausgestattet ist (Art. 282 Abs. 3 Satz 1 AEUV).[32] Die in Art. 340 Abs. 2 und 3 AEUV getroffene Festlegung des Haftungssubjekts bedeutet, dass die Klage gegen die Union bzw. gegen die EZB zu richten ist. Für die Union ist gleichwohl dasjenige Organ Partei des Amtshaftungsverfahrens, welches nach dem klägerischen Vortrag den Schaden verursacht.

VI. Form der Klageerhebung

Die Klageschrift muss den Vorschriften des Art. 21 Abs. 1 Satz 2 EuGH-Satzung sowie **21**
des Art. 120 VerfO-EuGH bzw. Art. 76 VerfO-EuG genügen. Der Klageantrag in der Hauptsache ist auf den Ersatz des von einem Organ oder Bediensteten der Union verursachten Schadens zu richten.

Der Kläger muss die haftungsbegründenden Tatsachen in rechtlicher und tatsächli- **22**
cher Hinsicht darlegen. Er muss insofern Angaben machen, anhand derer sich das dem Organ vom Kläger vorgeworfene Verhalten und ein Kausalzusammenhang zwischen

---

[29] A.A. *v. Bogdandy*, in: Grabitz/Hilf, Das Recht der EU, Art. 288 EGV (Januar 2008), Rn. 36, der auf das völkerrechtliche Deliktsrecht und auf einen Vorrang der Rechtsschutzformen des EG-Vertrags verweist.
[30] *Schweitzer/Hummer/Obwexer*, Europarecht, Rn. 514, anders: *Ehlers*, Jura 2009, 187 (188), der keinen Anlass für diese Unterscheidung sieht und den Mitgliedstaaten immer eine aktive Parteifähigkeit zuspricht.
[31] Vor Inkrafttreten des Vertrages von Lissabon wurde die – mit der passiven Parteifähigkeit verknüpfte – Frage der Passivlegitimation in der Literatur unterschiedlich beantwortet, vgl. *Pechstein*, EU-/EG-Prozessrecht, 3. Aufl., 2007, Rn. 727. Dieser Diskussion wurde mit Blick auf die neuen Art. 340 Abs. 3 AEUV, Art. 13 Abs. 1, 47 EUV die Grundlage entzogen.
[32] Näher zur EZB nach dem Vertrag von Lissabon, *Häde*, EuR 2009, 200 (210).

dem Verhalten und dem angeblich erlittenen Schaden bestimmen lässt, und Art und Umfang dieses Schadens bezeichnen.[33] Der Gerichtshof gibt dem Kläger ggf. einen richterlichen Hinweis zur Umformulierung seines Klageantrags oder vervollständigt ungenau gestellte Klageanträge nach Ausübung des richterlichen Fragerechts. So erachtet der Gerichtshof auch **unbezifferte Klageanträge** für zulässig, wenn sich der Umfang des Schadens aus dem klägerischen Sachvortrag entnehmen lässt, sodass sich der Beklagte verteidigen kann.[34] Außerdem wird es als ausreichend erachtet, wenn aus der Klageschrift das Klageziel und die Klagegründe zu erkennen sind.[35]

23   Der Kläger kann zunächst die Feststellung der Unionshaftung dem Grunde nach beantragen, sofern die genaue Schadenshöhe bei Klageerhebung noch nicht feststeht, da der Schaden sich zum Beispiel noch nicht (vollständig) verwirklicht hat. Der Gerichtshof entscheidet dann in einem **Zwischenurteil über das Bestehen des Anspruchsgrundes**. Nach Bekanntwerden der tatsächlichen Schadenshöhe kann der Kläger noch vor Erlass des Zwischenurteils den Feststellungsantrag in einen Leistungsantrag umstellen.[36] Diese Umstellung vom Feststellungsantrag in einen Leistungsantrag ist bei gleichbleibendem Klagegrund nicht als Klageänderung zu behandeln. Unzulässig sind hingegen völlig unbestimmt gestellte Amtshaftungsanträge, etwa auf »irgendeine Schadensersatzleistung«.[37] So hat der EuGH mangels notwendiger Bestimmtheit den Hilfsantrag einer Klage abgewiesen, mit dem die Klägerin nur beantragte, »ihr den durch die Verordnung 769/68 verursachten Schaden in anderer Weise zu ersetzen«.[38]

VII.   Zeitpunkt der Klageerhebung

24   In Art. 340 Abs. 2 i. V. m. Art. 268 AEUV ist keine Klagefrist vorgesehen. Allerdings bestimmt Art. 46 EuGH-Satzung, dass »die aus außervertraglicher Haftung der Union hergeleiteten Ansprüche […] in fünf Jahren nach Eintritt des Ereignisses [verjähren], das ihnen zugrunde liegt«. Obwohl die Frist nach Art. 46 EuGH-Satzung als materiellrechtliche Verjährungsfrist des Amtshaftungsanspruchs formuliert ist, hat der Gerichtshof sie zeitweise als prozessuale Sachurteilsvoraussetzung[39] und nicht als vom Beklagten geltend zu machende Einrede behandelt. Sie erhielt dadurch die Funktion einer von Amts wegen zu prüfenden Klagefrist. Mittlerweile stuft der Gerichtshof die Frist nach Art. 46 EuGH-Satzung jedoch als **materiellrechtliche Verjährungsfrist** ein und prüft sie nicht mehr von Amts wegen.[40] Die Frist beginnt erst zu laufen, wenn die Voraussetzungen für die Schadensersatzpflicht eingetreten sind und sich der zu ersetzende Schaden kon-

---

[33] EuG, Urt. v. 10,04.2003, Rs. T–195/00 (Travelex Global u. a./Kommission), Slg. 2003, II–1681, Rn. 27.

[34] EuG, Urt. v. 29.10.1998, Rs. T–13/96 (Team/Kommission), Slg. 1998, II–4073, Rn. 29; vgl. auch Urt. v. 14.12.2005, Rs. T–69/00 (FIAMM u. a./Rat und Kommission), Slg. 2005, II–5393, Rn. 67 f.; Urt. v. 2.3.2010, Rs. T–16/04 (Arcelor SA), Slg. 2010, II–211, Rn. 135.

[35] EuG, Urt. v. 19.3.2010, Rs. T–42/06 (Gollnisch/Europäisches Parlament), Slg. 2010, II–1135, Rn. 77 f.

[36] v. Bogdandy (Fn. 28), Art. 288 EGV, Januar 2008, Rn. 34.

[37] EuGH, Urt. v. 2.12.1971, Rs. 5/71 (Schöppenstedt/Rat), Slg. 1971, 975, Rn. 9.

[38] EuGH, Urt. v. 2.12.1971, Rs. 5/71 (Schöppenstedt/Rat), Slg. 1971, 975.

[39] EuGH, Urt. v. 27.1.1982, verb. Rs. 256/80, 257/80, 265/80, 267/80 u. 5/81 (Birra Wührer u. a./Rat und Kommission), Slg. 1982, 85, Rn. 6 f.

[40] Vgl. EuGH, Urt. v. 30.5.1989, Rs. 20/88 (Roquette/Frères/Kommission), Slg. 1989, 1553, Rn. 11 ff. Dazu Cremer, in: Calliess/Ruffert, EUV/AEUV, Art. 268 AEUV, Rn. 3; Ehricke, in: Streinz, EUV/AEUV, Art. 268 AEUV, Rn. 12.

kretisiert hat, wenn also der Geschädigte davon weiß oder davon wissen müsste.[41] Durch eine bei einem nationalen Gericht erhobene Klage wird die Verjährungsfrist weder unterbrochen noch ändert sich dadurch ihr Anfangszeitpunkt.[42]

VIII. Rechtsschutzbedürfnis

Im Rahmen der Amtshaftungsklage kommt dem Rechtsschutzbedürfnis eine **erhebliche**   25
prozessuale Bedeutung zu. Dem Kläger darf weder im Wege der anderen unionalen noch innerstaatlicher Klagemöglichkeiten ein vorrangiger Rechtsbehelf zur Erreichung seines Klageziels zur Verfügung stehen.[43] Er muss aber zuvor keinen entsprechenden Antrag bei dem schadenverursachenden Unionsorgan stellen. Ein derartiger Antrag unterbricht jedoch die Verjährungsfrist.[44]

C. Verhältnis zu den anderen unionsrechtlichen Rechtsbehelfen

Die Gewährung von Schadensersatz ist eine Form sekundären Rechtsschutzes. Mit der   26
Amtshaftungsklage wird nicht die Schadensquelle (primär) bekämpft. Vielmehr wird mit ihr lediglich die Schadensfolge »liquidiert«.[45] In diesem Zusammenhang stellt sich die Frage, ob der Geschädigte zunächst alle Möglichkeiten des Primärrechtsschutzes durch Erhebung einer Nichtigkeits- oder Untätigkeitsklage ausschöpfen muss, bevor er eine Amtshaftungsklage erhebt. Jedenfalls führt die rechtsmissbräuchliche Strategie »Dulde und liquidiere« zur Ablehnung des klägerischen Rechtsschutzbedürfnisses, soweit aus dem Klagevortrag eine solche rechtsmissbräuchliche Intention ersichtlich wird.

Der Gerichtshof ging in seiner frühen Rechtsprechung von der Subsidiarität der   27
Amtshaftungsklage gegenüber der Nichtigkeits- und Untätigkeitsklage aus. Die Amtshaftungsklage könne nur auf die Fehlerhaftigkeit eines Aktes gestützt werden, der zuvor im Rahmen eines Nichtigkeitsverfahrens aufgehoben wurde.[46] Lag das schadensauslösende Verhalten in einem normativen Rechtsakt, so war die Geltendmachung von Amtshaftungsansprüchen vom gleichzeitigen Vorliegen der einschränkenden Voraussetzungen für Individualklagen nach Art. 263 Abs. 4 AEUV bzw. Art. 265 Abs. 3 AEUV abhängig.

In der Rechtssache Schöppenstedt/Rat[47] gab der Gerichtshof diese Rechtsprechung   28
auf. Seither betont er den **eigenständigen Charakter der Amtshaftungsklage**. Im Verhältnis zum Primärrechtsschutz der Union ist die Amtshaftungsklage ein eigenständiger Rechtsbehelf. Art. 340 Abs. 2 AEUV geht weiter als Art. 263 AEUV, welcher nur Rechtschutz gegen bestimmte Rechtsakte gewährt, während Art. 340 Abs. 2 AEUV Realhandlungen und Rechtsakte in weitem Umfang miterfasst.[48] Eine schädigende Handlung muss daher vor Erhebung der Amtshaftungsklage nicht mittels einer Nichtig-

---

[41] EuGH, Urt. v. 7.11.1985, Rs. 145/83 (Adams/Kommission), Slg. 1985, 3539, Rn. 50.
[42] EuGH, Urt. v. 17.7.2008, Rs. C–51/05 P (Kommission/Cantina sociale di Dolinova), Slg. 2008, S. I–5341, Rn. 69.
[43] *Rengeling/Middeke/Gellermann*, Rechtsschutz in der EU, § 9, Rn. 22.
[44] Art. 46 Abs. 1 Satz 2 EuGH-Satzung.
[45] *Ossenbühl/Cornils*, S. 668.
[46] EuGH, Urt. v. 15.7.1963, Rs. 25/62 (Plaumann/Kommission), Slg. 1963, 211.
[47] EuGH, Urt. v. 2.12.1971, Rs. 5/71 (Schöppenstedt/Rat), Slg. 1971, 975, Rn. 3.
[48] *v. Bogdandy* (Fn. 28), Art. 288 EGV, Januar 2008, Rn. 42.

keitsklage angefochten werden, sofern der Kläger nur den Ersatz des entstandenen Schadens begehrt.[49] Im administrativen Bereich fehlt der Amtshaftungsklage hingegen das Rechtsschutzbedürfnis, wenn sich der geltend gemachte Schadensersatz – mit dem Ziel der Naturalrestitution nach rechtswidrigem Organverhalten – in der Aufhebung bzw. Durchführung einer Unionsmaßnahme erschöpft. In diesen Fällen ist nur eine Nichtigkeits- bzw. Untätigkeitsklage gegen das rechtswidrige Organverhalten statthaft.[50] Mit der Amtshaftungsklage dürfen nicht die besonderen Sachurteilsvoraussetzungen nach Art. 263 Abs. 4 AEUV bzw. Art. 265 Abs. 3 AEUV umgangen werden.[51] In der Literatur wird dies auch als negatives Tatbestandsmerkmal verstanden. Der Kläger darf aber nur im Rahmen des Zumutbaren und Sinnvollen auf andere Rechtsbehelfe verwiesen werden.[52]

---

[49] EuGH, Urt. v. 2.12.1971, Rs. C–5/71 (Schöppenstedt/Rat), Slg. 1971, 975, Rn. 3; EuG, Urt. v. 15.9.1998, Rs. T–54/96 (Oleifici), Slg. 1998, II–3377, Rn. 62.

[50] Vgl. EuG, Beschl. v. 29.11.1994, verb. Rs. T–479/93 u. T–559/93 (Bernardi/Kommission), Slg. 1994, II–1115, Rn. 39; für eine Parallele zur Deggendorf-Rechtsprechung *Cremer*, in: Calliess/Ruffert, EUV/AEUV, Art. 268 AEUV, Rn. 6.

[51] EuGH, Urt. v. 15.12.1982, Rs. 543/79 (Birke/Kommission und Rat), Slg. 1981, 2669, Rn. 28; vgl. dazu auch *Ehlers*, Jura 2009, 187 (191); *Streinz*, VVDStRL 61 (2002), 300.

[52] EuGH, Urt. v. 26.11.1996, Rs. C–68/95 (T.Port), Slg. 1996, I–6065, Rn. 38.

Artikel 269 AEUV [Eingeschränkte Kontrolle der Rechtsakte nach Art. 7 EUV]

Der Gerichtshof ist für Entscheidungen über die Rechtmäßigkeit eines nach Artikel 7 des Vertrags über die Europäische Union erlassenen Rechtsakts des Europäischen Rates oder des Rates nur auf Antrag des von einer Feststellung des Europäischen Rates oder des Rates betroffenen Mitgliedstaats und lediglich im Hinblick auf die Einhaltung der in dem genannten Artikel vorgesehenen Verfahrensbestimmungen zuständig.

[1]Der Antrag muss binnen eines Monats nach der jeweiligen Feststellung gestellt werden. [2]Der Gerichtshof entscheidet binnen eines Monats nach Antragstellung.

Inhaltsübersicht

A. Allgemeines

Art. 269 AEUV übernimmt eine bereits nach alter Rechtslage in Art. 46 Buchst. e EUV **1** a. F. bestehende Regelung zur eingeschränkten Unionsgerichtsbarkeit im Zusammenhang mit dem Suspendierungsverfahren nach Art. 7 EUV bei mitgliedstaatlichen Verstößen gegen die Werte der Union (vgl. Art. 2 EUV). Danach kann der Gerichtshof in Bezug auf die einzelnen Verfahrensschritte allein die Einhaltung der Verfahrensbestimmungen kontrollieren, nicht aber die materiellen Voraussetzungen des Art. 7 EUV. Deren Vorliegen soll vielmehr allein der politischen Einschätzung unterliegen.

Ob Art. 269 AEUV eine **originäre Zuständigkeitsbegründung** darstellt[1] oder eine **Ein- 2 schränkung der Prüfungsdichte** im Rahmen der Nichtigkeits- und gegebenenfalls der Untätigkeitsklage[2] ist umstritten. Für letztere Ansicht spricht, dass der Gerichtshof nach der Lissabonner Vertragsreform – abgesehen von den GASP-bezogenen Einschränkungen nach Art. 275 AEUV – nach Art. 19 Abs. 1 Satz 1 EUV auch umfassend für den EUV zuständig ist. Auf der Grundlage des Maastrichter Rechts, wonach der EuGH nur die enumerativ in Art. 46 EUV a. F. aufgezählten Zuständigkeiten für diesen Vertrag besaß, war die entsprechende Regelung notwendig als Zuständigkeitsbegründung zu verstehen. Nach neuer Rechtslage ist sie dagegen trotz ihrer systematischen Stellung eine Einschränkung der prinzipiell für den gesamten EUV bestehenden Zuständigkeit. Die Sonderregelung des Art. 206 VerfO-EuGH betreffend den Verfahrensablauf gibt für diese Frage keinen Hinweis.

---

[1] So *Schorkopf*, in: Grabitz/Hilf/Nettesheim, EU, Art. 269 AEUV (August 2011), Rn. 6; tendenziell auch *Ehricke*, in: Streinz, EUV/AEUV, Art. 269 AEUV, Rn. 1.

[2] So *Schwarze*, in: Schwarze, EU-Kommentar, Art. 269 AEUV, Rn. 3 ff.

B. Modifikationen des Verfahrens

I. Beschränkung des Antragsrechts

3   Art. 269 AEUV beschränkt das Antragsrecht für die Einleitung einer gerichtlichen Kontrolle der Entscheidungen nach Art. 7 EUV bzgl. ihrer Verfahrenskonformität auf den von einer Feststellung des Europäischen Rates oder des Rates **betroffenen Mitgliedstaat**. Andere Mitgliedstaaten können diese Kontrolle nicht einleiten – für sie wirkt sich Art. 269 AEUV als Einschränkung ihrer Stellung als privilegiert Klageberechtigte im Rahmen des Nichtigkeitsklage- oder Untätigkeitsklageverfahrens aus. Dies gilt selbst dann, wenn sie von den Sanktionen mittelbar betroffen sein sollten.[3]

II. Beschränkung des Prüfungsmaßstabs

4   Die Entscheidungen im Sanktionsverfahren nach Art. 7 EUV können nur daraufhin überprüft werden, ob die Verfahrensbestimmungen eingehalten worden sind.[4] Beschränkt wird also nicht der Prüfungsgegenstand, sondern der Prüfungsmaßstab. Der Sache nach geht es um die vertraglich vorgeschriebenen Entscheidungsquoren, die Mitwirkungsregelungen und die Beteiligungsrechte des betreffenden Mitgliedstaats. Auch die Überprüfungspflicht des Rates bezüglich seiner Maßnahmen (Art. 7 Abs. 1 UAbs. 2 EUV) und die Begründungspflicht[5] gehören dazu. Die Beurteilung des Vorliegens einer schwerwiegenden Gefährdung oder Verletzung der Werte des Art. 2 EUV bzw. einer Änderung der entsprechenden Situation ist dem EuGH dagegen entzogen.

III. Verkürzung von Fristen

5   Der Antrag muss binnen eines Monats nach der jeweiligen Feststellung gestellt werden (Abs. 2). Damit wird die reguläre Klagefrist von zwei Monaten im Rahmen der Art. 263 und 265 AEUV verkürzt. Nach Art. 206 Abs. 2 VerfO-EuGH haben der Europäische Rat und der Rat nach Zustellung der Antragsschrift nur eine nicht verlängerbare Frist von 10 Tagen zur Stellungnahme. Der Gerichtshof entscheidet innerhalb von einem Monat.

---

[3] *Schorkopf*, in: Grabitz/Hilf/Nettesheim, EU, Art. 269 AEUV (August 2011), Rn. 2.
[4] Vgl. *Schorkopf*, DVBl 2000, 1036 (1043).
[5] *Schorkopf*, in: Grabitz/Hilf/Nettesheim, EU, Art. 269 AEUV (August 2011), Rn. 11.

Artikel 270 AEUV [Streitsachen zwischen der Union und den Bediensteten]*

Der Gerichtshof der Europäischen Union ist für alle Streitsachen zwischen der Union und deren Bediensteten innerhalb der Grenzen und nach Maßgabe der Bedingungen zuständig, die im Statut der Beamten der Union und in den Beschäftigungsbedingungen für die sonstigen Bediensteten der Union festgelegt sind.

Literaturübersicht

Hakenberg, Das Gericht für den öffentlichen Dienst der EU – Eine neue Ära in der Gemeinschaftsgerichtsbarkeit, EuZW 2006, 391; *dies.*, Zur Reform am Gerichtshof der Europäischen Union, ERA Forum, Journal of the Academy of European Law 2016, 1.

Wesentliche sekundärrechtliche Vorschriften

VO Nr. 31 (EWG), 11 (EAG) vom 18.12.1961 über das Statut der Beamten und über die Beschäftigungsbedingungen für die sonstigen Bediensteten der Europäischen Wirtschaftsgemeinschaft und der Europäischen Atomgemeinschaft, ABl. 1962, Nr. 45/1385
Beschluss 2004/752/EG, vom 2.11.2004 zur Schaffung des Gerichts für den öffentlichen Dienst der EU (2004/752/EG, Euratom), ABl. 2004, L 333/7
VO Nr. 2015/2422 vom 16.12.2015 zur Änderung des Protokolls Nr.3 über die Satzung des Gerichtshofs der Europäischen Union, ABl. 2015, L 341/14
VO Nr. 2016/1192 vom 6.7.2016 über die Übertragung der Zuständigkeit für die Entscheidung im ersten Rechtszug über die Rechts-Streitigkeiten zwischen der Europäischen Union und ihren Bediensteten auf das Gericht, ABl. 2016, L 200/137

A. Allgemeines

Ziel des Art. 270 AEUV ist es, auf Unionsebene eine ausschließliche Zuständigkeit für **1** die Streitsachen zwischen der Union und ihrem Personal zu schaffen. Die Beamten und sonstigen Bediensteten der Union unterliegen nämlich eigenen dienstrechtlichen Vorschriften, dem Statut der Beamten der Union (im folgenden »Beamtenstatut«) und den

---

* Die Kommentierung gibt ausschließlich die persönliche Auffassung der Verfasserin wieder.

Beschäftigungsbedingungen für die sonstigen Bediensteten (im folgenden BSB) (siehe Art. 336 AEUV), die durch Verordnung[1] geregelt sind.

2   Innerhalb der Unionsgerichte war zunächst jeweils das Gericht für die Beamtensachen zuständig, das auch die Zuständigkeit für Nichtigkeitsklagen Einzelner hatte. Bis 1989 war das der Gerichtshof selbst und ab diesem Zeitpunkt das neu geschaffene Gericht erster Instanz.[2] Aufgrund der steigenden Zahl der Beamtensachen und der damit einhergehenden Überlastung des Gerichts erster Instanz wurde mit Beschluss des Rates vom 2.11.2004[3] das Gericht für den öffentlichen Dienst der EU (im folgenden »EuGöD«) aus der Taufe gehoben, das bislang einzige, auf der Grundlage des mit dem Nizzaer Vertrag eingeführten Art. 257 AEUV (damals Art. 225a EGV) geschaffene Fachgericht.[4]

3   Um der stetigen Zunahme der Verfahren vor dem EuG Rechnung zu tragen und eine dauerhafte Verkürzung der Verfahrenszeiten zu gewährleisten, wurde im Jahre 2015 eine weitere Reform der Struktur der Unionsgerichtsbarkeit beschlossen, die zu einer Abschaffung des EuGÖD und seiner Integration in das EuG geführt hat.[5] Die Anzahl der Richter am EuG soll bis zum Jahre 2019 in drei Stufen auf 56 verdoppelt werden. Im Frühjahr 2016 wurden zunächst 12 neue Richterkabinette geschaffen, im September 2016 erfolgte die Integration der sieben Richterposten des EuGöD in das EuG und im September 2019 soll die Schaffung der restlichen 9 Richterkabinette die Reform abschließen.[6] Deshalb ist nun wieder das EuG im ersten Rechtszug für Streitsachen zwischen der Union und deren Bediensteten gemäß Artikel 270 AEUV zuständig, einschließlich der Streitsachen zwischen den Einrichtungen sowie Ämtern und Agenturen und deren Bediensteten, für die eine unionsgerichtliche Zuständigkeit besteht.

B.   Zuständigkeit und Klagearten

4   Gemäß Art. 270 AEUV besteht die Zuständigkeit des EuG für die Streitsachen zwischen der Union und deren Bediensteten »innerhalb der Grenzen und nach Maßgabe der Bedingungen […], die im Statut der Beamten der Union und in den Beschäftigungsbedingungen für die sonstigen Bediensteten der Union festgelegt sind.«

5   Im Beamtenstatut ist Art. 91, Abs. 1 die einschlägige Norm,[7] gemäß der die Zuständigkeit für »alle Streitsachen zwischen der Union und einer Person, auf die dieses Statut Anwendung findet, über die Rechtmäßigkeit einer diese Person beschwerenden Maß-

---

[1] VO (EWG) Nr. 31, (EAG) Nr. 11 vom 18.12.1961 über das Statut der Beamten und über die Beschäftigungsbedingungen für die sonstigen Bediensteten der Europäischen Wirtschaftsgemeinschaft und der Europäischen Atomgemeinschaft, ABl. 1962, Nr. 45 mit nachfolgenden Änderungen, zuletzt durch VO Nr. 1023/2013 vom 22.10.2013, ABl. 2013, L 287/15.

[2] Beschluss Nr. 88/591/EGKS vom 24.10.1988 zur Errichtung eines Gerichts erster Instanz der Europäischen Gemeinschaften, (88/591/EGKS, EWG, Euratom), ABl. 1988, L 319/1.

[3] Beschluss 2004/752/EG vom 2.11.2004 zur Schaffung des Gerichts für den öffentlichen Dienst der EU, (2004/752/EG, Euratom), ABl. 2004, L 333/7.

[4] Siehe ausführlich zur Gründung des EuGöD *Hakenberg*, EuZW 2006, 391.

[5] VO Nr. 2015/2422 vom 16.12.2015 zur Änderung des Protokolls Nr. 3 über die Satzung des Gerichtshofs der Europäischen Union, ABl. 2015, L341/14.

[6] Vgl. Art. 48 und 50a der Satzung des EuGH. Zur Genese der Reform siehe ausführlich *Hakenberg*, ERA Forum, Journal of the Academy of European Law 2016, 1ff.

[7] Art. 73 BSB verweist hinsichtlich des Beschwerdewegs und die Rechtsschutzmöglichkeiten auf Titel VII des Beamtenstatuts (Art. 90 und 91).

nahme im Sinne von Artikel 90 Absatz 2 des Beamtenstatuts besteht.« Art. 91 Abs. 1 Beamtenstatut sieht außerdem vor, dass das EuG in Streitsachen vermögensrechtlicher Art die Befugnis zu unbeschränkter Ermessensnachprüfung, einschließlich der Befugnis zur Aufhebung oder Änderung der getroffenen Maßnahmen hat. Daneben ist das EuG nach ständiger Rechtsprechung auch für dienstrechtliche Schadenersatzklagen zuständig.

Die **Rechtmäßigkeitskontrolle** übt das EuG im Rahmen einer Art. 263 AEUV nach- **6** gebildeten Nichtigkeitsklage aus. Diese ist bei ausdrücklicher und stillschweigender Ablehnung der Beschwerde des Beamten/Bediensteten eröffnet, weshalb keine separate Untätigkeitsklage vorgesehen ist.[8] Es handelt sich um eine reine Feststellungsklage hinsichtlich der Nichtigkeit der angefochtenen Handlung. Weil es dem Unionsrichter im Rahmen der Rechtsmäßigkeitskontrolle nach Art. 91 Beamtenstatut nicht zusteht, der Verwaltung Anordnungen zu erteilen, lehnen die Unionsgerichte in ständiger Rechtsprechung Anträge auf Verpflichtungen des beklagten Organs als unzulässig ab.[9] Die Maßnahmen, die sich aus der durch das Urteil festgestellten Nichtigkeit ergeben, hat nämlich gemäß Art. 266 AEUV das betroffene Organ zu ergreifen.

Die Befugnis des EuG zur **uneingeschränkten Ermessennachprüfung bei Streitigkei-** **7** **ten vermögensrechtlicher Art** besteht jedenfalls in den Fällen, in denen ein Rechtsstreit über die Rechtmäßigkeit einer beschwerenden Maßnahme im Sinne von Art. 90 Abs. 2 Beamtenstatut vorliegt.[10] Mit der Zuerkennung dieser Befugnis wird dem EuG die Aufgabe übertragen, die bei ihm anhängig gemachten Streitsachen abschließend zu entscheiden und über die Gesamtheit der Rechte und Pflichten des Beamten zu befinden (vorbehaltlich der Durchführung des entsprechenden Teils des Urteils unter den von ihm festgelegten Bedingungen durch das überprüfte Organ).[11] Ein Antrag, der darauf gerichtet ist, dass ein Organ einem Beamten einen Betrag zahlt, den dieser gemäß dem Beamtenstatut beanspruchen zu können glaubt, fällt gemäß der einschlägigen Rechtsprechung unter den Begriff »Streitsachen vermögensrechtlicher Art« im Sinne von Art. 91 Abs. 1 des Beamtenstatuts.[12]

Aus der Rechtsprechung geht allerdings nicht eindeutig hervor, ob auch Schadener- **8** satzklagen als »Streitigkeiten vermögensrechtlicher Art« im Sinne des Art. 91 Abs. 1 Satz 2 Beamtenstatut anzusehen sind.[13] In einigen Urteilen wird dies bejaht,[14] in anderen hingegen werden die Anträge auf Bezahlung einer im Beamtenstatut vorgesehenen Leistung als »Streitsachen vermögensrechtlicher Art« im Sinne von Art. 91 Abs. 1 des Beamtenstatuts **explizit** von den Klagen auf Gewährung von Schadenersatz **unterschie-** **den**.[15] In der neueren Rechtsprechung lässt sich eine Tendenz zur Abgrenzung erkennen.

---

[8] So auch *Borchardt*, in: Lenz/Borchardt, EU-Verträge, Art. 270 AEUV, Rn. 6.

[9] Siehe z.B. EuGöD, Urt. v. 19.3.2013, Rs. F–13/12 (BR/Kommission), ECLI:EU:F:2013:39, Rn. 24; Urt. v. 14.12.2010, Rs. F–80/09 (Lenz/Kommission), ECLI:EU:F:2010:165, Rn. 21.

[10] Vgl. z.B. EuG, Urt. v. 1.12.1994, Rs. T–54/92 (Schneider/Kommission), Slg. ÖD 1994, I-A–281 u. II–887, Rn. 49; oder Urt. v. 12.7.2011, Rs. T–80/09 P (Kommission/Q), Slg. 2011, II–4313, Rn. 58.

[11] EuGH, Urt. v. 18.12.2007, Rs. C–135/06 P (Weißenfels/Parlament), Slg. 2007, I–12041, Rn. 67; Urt. v. 17.12.2009, Rs. C–197/09 RX-II (M/EMEA), Slg. 2009, I–12033, Rn. 56; EuG, Urt. v. 2.7.2009, Rs. F–49/08 (Giannini/Kommission), Slg. ÖD 2009, I-A-1–217 u. II-A-1–1195, Rn. 39 bis 42.

[12] EuGöD, Urt. v. 13.4.2011, Rs. F–105/09 (Scheefer/Parlament), ECLI:EU:F:2011:41, Rn. 68.

[13] Auch *Schwarze*, in: Schwarze, EU-Kommentar, Art. 270 AEUV, Rn. 15, spricht davon, dass die Begriffsbestimmung der »Streitigkeiten vermögensrechtlicher Art« nicht unproblematisch ist.

[14] Z.B. EuG, Urt. v. 2.7.2009, Rs. F–49/08 (Giannini/Kommission), Slg. ÖD 2009, I-A-1–217 u. II-A-1–1195, Rn. 39.

[15] In diesem Sinne z.B. EuG, Urt. v. 12.7.2011, Rs. T–80/09 P (Kommission/Q), Slg. 2011, II–

Kein Zweifel besteht daran, dass das EuG bei Schadenersatzklagen ebenfalls ein uneingeschränktes Ermessen hat, dies ergibt sich aber nach der Rechtsprechung nicht unmittelbar aus Art. 91 Abs. 1 Beamtenstatut.

9   Durch die Befugnis zu uneingeschränkter Ermessensnachprüfung soll die praktische Wirksamkeit der in dienstrechtlichen Streitigkeiten ergangenen Urteile in der Weise gewährleistet werden, dass das EuG einer Person, auf die das Statut Anwendung findet, von Amts wegen Schadenersatz zusprechen kann, wenn es die Aufhebung einer rechtswidrigen beschwerenden Maßnahme für nicht ausreichend hält, um ihren Rechten zur Durchsetzung zu verhelfen oder ihre Interessen wirksam zu wahren. Dasselbe gilt für die Fälle, in denen die Aufhebung der Maßnahme eine im Hinblick auf die geschehene Rechtsverletzung übermäßige Strafe darstellen würde und die Zuerkennung einer Entschädigung für die betroffene Person eine Form der Wiedergutmachung darstellt, die ihren Interessen und zugleich den Erfordernissen der Dienststellen am besten entspricht.[16]

10   Die **Schadenersatzklage** ist eine speziell beamtenrechtliche. Nach ständiger Rechtsprechung fällt nämlich ein Schadenersatzprozess zwischen einem Beamten und dem Organ, dem er angehört, soweit er im Dienstverhältnis wurzelt, in den Anwendungsbereich der Artikel 270 AEUV sowie Art. 90 und 91 Beamtenstatut und nicht in denjenigen der allgemeinen Regelung über die außervertraglichen Haftung der Union nach Art. 340 AEUV.[17]

11   Die Haftungsklage stellt innerhalb des Systems der Rechtsbehelfe der Art. 90 und 91 Beamtenstatut einen eigenständigen neben der Nichtigkeitsklage dar. Sie ist nur dann zulässig ist, wenn ihr ein vorprozessuales Verfahren gemäß den Bestimmungen des Beamtenstatuts vorausgegangen ist. Dieses ist unterschiedlich, je nachdem ob der geltend gemachte Schaden auf einer beschwerenden Maßnahme im Sinne von Art. 90 Abs. 2 Beamtenstatut oder auf einem Verhalten der Verwaltung ohne Entscheidungscharakter beruht.

12   Im ersten Fall muss der Betroffene bei der Verwaltung fristgemäß eine Beschwerde gegen die fragliche Maßnahme einlegen und kann die Schadenersatzanträge direkt im Stadium der Beschwerde erheben. In diesem Fall besteht nämlich ein unmittelbarer Zusammenhang zwischen der Anfechtungsklage und der Schadensersatzklage, so dass die Schadensersatzklage als Zusatz zur Anfechtungsklage zulässig ist, ohne dass ihr notwendigerweise ein Antrag an die Anstellungsbehörde nach Art. 90 Abs. 1 Beamtenstatut auf Ersatz des behaupteten Schadens vorausgegangen sein muss.[18] Die von der Rechtsprechung in diesem Kontext entwickelte Regel, dass die Unzulässigkeit eines Aufhebungsantrags zur Unzulässigkeit des eng damit zusammenhängenden Schadensersatzantrags führt, soll ausdrücklich verhindern, dass ein Beamter, der eine ihn beschwerende Entscheidung der Anstellungsbehörde nicht rechtzeitig angefochten hat, die Präklusion dadurch umgeht, dass er eine auf die angebliche Rechtswidrigkeit dieser Entscheidung gestützte Haftungsklage erhebt.[19] Dies stellt eine Ausnahme zur grundsätzlichen Autonomie der Schadenersatzklage gegenüber der Nichtigkeitsklage dar.

4313, Rn. 35 oder EuGöD, Urt. v. 13. 4. 2011, Rs. F–105/09 (Scheefer/Parlament), ECLI:EU:F:2011: 41, Rn. 68.

[16] Vgl. z. B. EuG, Urt. v. 12. 7. 2011, Rs. T–80/09 P (Kommission/Q), Slg. 2011, II–4313, Rn. 57.

[17] S. z. B. EuGH, Beschl. v. 10. 6. 1987, Rs. 317/85 (Pomar/Kommission), Slg. 1987, 2467, Rn. 7.

[18] EuG, Urt. v. 11. 4. 2006, Rs. T–394/03 (Angeletti/Kommission), Slg. ÖD 2006, I-A–2–95 u. II-A–2–441, Rn. 47.

[19] EuG, Urt. v. 12. 9. 2007, Rs. T–250/04 (Combescot/Kommission), Slg. 2007, I-A–2–191 u. II-A–2–1251, Rn. 39.

Außer im Fall des unmittelbaren Zusammenhangs zwischen den beiden Klagen ist der Kläger nämlich frei, eine der beiden Klagen oder beide zusammen einzureichen.[20]

Im zweiten Fall, wenn der geltend gemachte Schaden auf einem Verhalten der Ver-   **13** waltung ohne Entscheidungscharakter beruht, muss das Verwaltungsverfahren zwingend mit einem Antrag nach Art. 90 Abs. 1 Beamtenstatut auf Schadensersatz eingeleitet und gegebenenfalls mit einer Beschwerde gegen die ablehnende Entscheidung über den Antrag fortgesetzt werden. Erst nachdem eine Entscheidung ergangen ist, mit der diese Beschwerde ausdrücklich oder stillschweigend zurückgewiesen wird, kann eine Schadensersatzklage beim Unionsrichter erhoben werden.[21] Der Antrag ist innerhalb einer angemessenen Frist zu stellen, die anhand der Umstände des Einzelfalls zu beurteilen ist, insbesondere angesichts der auf dem Spiel stehenden Interessen, der Komplexität der Rechtssache und des Verhaltens der Parteien. Außerdem ist zum Vergleich die in Art. 46 der Satzung des EuGH für die Klage aus außervertraglicher Haftung vorgesehene fünfjährige Verjährungsfrist heranzuziehen.[22]

Die Begründetheit des Schadenersatzanspruchs hängt nach ständiger Rechtspre-   **14** chung[23] vom kumulativen Vorliegen dreier Voraussetzungen ab, 1. der Rechtswidrigkeit des dem Organ vorgeworfenen Verhaltens, 2. dem Eintreten eines tatsächlichen Schadens und 3. dem Bestehen eines Kausalzusammenhangs zwischen dem Verhalten und dem geltend gemachten Schaden.

C. Verfahren

Es gelten die Bestimmungen der Satzung des Gerichtshofs der EU und die Verfahrens-   **15** ordnung des Gerichts der Union (im folgenden VerfO-EuG).

Ausschließlich für beamtenrechtliche Streitsachen gilt Kapitel 11a über die **gütliche**   **16** **Beilegung von Streitigkeiten** (Art. 125a bis 125d VerfO-EuG). Das Gericht kann in jedem Verfahrensstadium die Möglichkeit für eine gütliche Einigung prüfen, dazu verschiedene Lösungen vorschlagen und die Parteien zu Güteverhandlungen einladen. Wenn sich die Parteien auf eine Lösung zur Beendigung des Rechtsstreits geeinigt haben, kann der Inhalt dieser Vereinbarung gemäß Art. 125b Abs. 1 VerfO-EuG in einem vom Berichterstatter und dem Kanzler unterzeichneten Protokoll festgehalten werden, das eine öffentliche Urkunde darstellt. Die Streichung der Rechtssache im Register erfolgt sodann durch mit Gründen versehenen Beschluss des Präsidenten. Das Gericht und die Parteien dürfen die Ansichten, Vorschläge, Angebote, Zugeständnisse oder Unterlagen,

---

[20] S. z.B. EuG, Beschl. v. 28.6.2005, Rs. T–147/04 (Ross/Kommission), Slg. 2005, I-A–171 u. II–771, Rn. 38.

[21] Vgl. z.B. EuG, Urt. v. 28.6.1996, Rs. T–500/93 (Y/Gerichtshof), Slg. 1996, I-A–335 u. II–977, Rn. 64; EuGöD, Beschl. v. 15.4.2011, verb. Rs. F–72/09 u. F–17/10 (Daake/HABM), ECLI:EU:F:2011:47, Rn. 47 und Urt. v. 12.5.2011, Rs. F–50/09 (Livio Missir Mamachi di Lusignano/Kommission),. ECLI:EU:F:2011:55, Rn. 82; oder Beschl. v. 28.4.2008, Rs. F–133/07 (Hecq/Kommission), Slg. 2008, I-A–1–135 u. II-A–1–725, Rn. 18.

[22] S. z.B. EuGöD, Beschl. v. 13.7.2010, Rs. F–103/09 (Allen/Kommission), ECLI:EU:F:2010:88, Rn. 35 und Urt. v. 1.2.2007, Rs. F–125/05 (Tsarnavas/Kommission), Slg. ÖD 2007, I-A–1–43 u. II-A–1–231, Rn. 50, 71.

[23] S. z.B. EuGöD, Beschl. v. 6.12.2007, Rs. F–40/06 (Marcuccio/Kommission), Slg. ÖD 2007, I-A–1–403 u. II-A–1–2243, Rn. 44.

die für die Zwecke der gütlichen Beilegung geäußert, gemacht oder erstellt worden sind, im gerichtlichen Verfahren nicht verwerten. Die gütliche Beilegung von Streitigkeiten etabliert sich in der Praxis nur langsam, vor allem weil viele Rechtssachen die Rechtmäßigkeit des Verwaltungshandelns betreffen und eine Einigung darüber nur begrenzt möglich und schwer verwirklichbar ist. Geeigneter ist sie zur Beilegung von Rechtsstreitigkeiten über finanzielle Ansprüche.[24]

17   Hinsichtlich der **Kosten** gemäß Art. 134 VerfO-EuG ist die unterliegende Partei auf Antrag zur Tragung der Kosten der Gegenpartei zu verurteilen.[25] Aus Gründen der Billigkeit kann das EuG außerdem entscheiden, dass eine unterliegende Partei zur Tragung nur eines Teils der Kosten der Gegenpartei oder gar nicht zur Tragung dieser Kosten zu verurteilen ist (Art. 135 VerfO-EuG).[26]

18   Hinsichtlich der Gerichtskosten ist das Verfahren vor dem EuG zwar prinzipiell kostenfrei, Art. 139 Buchst. a VerfO-EuG gibt dem Gericht aber die Möglichkeit, im Falle von »offensichtlich missbräuchlichen« Klagen der Partei, die die vermeidbaren Kosten veranlasst hat, diese aufzuerlegen.[27]

D.   Zulässigkeit

I.   Klagebefugnis und Klagegegner

19   **Klageberechtigt** sind gemäß Art. 91 Beamtenstatut alle Personen, auf die das Statut Anwendung findet, gemäß den BSB Bedienstete auf Zeit,[28] Vertragsbedienstete,[29] akkreditierte parlamentarische Assistenten[30] und Sonderberater[31].

---

[24] Vgl. zu den Kategorien von Rechtsstreitigkeiten, die das EuGöD selbst für eine gütliche Einigung für geeignet hielt, Jahresbericht des Gerichtshofes 2007, S. 216 abrufbar unter: http://curia.europa.eu/jcms/jcms/Jo2_11035/rapports-annuels (2.2.2017). Bis Ende 2014 wurden 65 Rechtssachen durch gütliche Einigung erledigt.

[25] Mit dem Inkrafttreten der Verfahrensordnung des EuGöD wurde die Regel abgeschafft, gemäß der das Organ auch bei Obsiegen die eigenen Kosten zu tragen hat.

[26] Das EuGöD machte von dieser Möglichkeit regelmäßig Gebrauch. S. z.B. EuGöD, Urt. v. 16.9.2013, verb. Rs. F–20/12 u. F–43/12 (Wurster/Europäisches Institut für Gleichstellungsfragen), ECLI:EU:F:2013:129 (Rn. 103f.); Urt. v. 16.9.2013, Rs. F–92/11 (Faita/EWSA), ECLI:EU:F:2013: 130 (Rn. 113ff.); Urt. v. 26.6.2013, Rs. F–21/12 (Achab/EWSA), ECLI:EU:F:2013:95 (Rn. 51ff.); Urt. v. 12.6.2013, Rs. F–5/12 (Bogusz/Frontex), ECLI:EU:F:2013:75 (Rn. 99f.); Urt. v. 15.9.2011, Rs. F–62/10 (Esders/Kommission), ECLI:EU:F:2011:141, Rn. 99ff.; oder Urt. v. 14.7.2011, Rs. F–98/07 (Petrilli/Kommission), ECLI:EU:F:2009:7, Rn. 32f.

[27] Das EuGöD hat von dieser Möglichkeit in diversen Fällen Gebrauch gemacht, die alle denselben Kläger betrafen: vgl. z.B. EuGöD, Beschl. v. 12.12.2013, Rs. F–133/12 (Marcuccio/Kommission), ECLI:EU:F:2013:212, (2000 €); Beschl. v. 18.6.2013, Rs. F–100/11 (Marcuccio/Kommission), ECLI: EU:F:2013:79, (2000 €); Beschl. v. 6.2.2013, Rs. F–67/12 (Marcuccio/Kommission), ECLI:EU: F:2013:12, (2000€); Beschl. v. 3.8.2012, Rs. F–57/12 R (Marcuccio/Kommission), ECLI:EU:F:2013: 148, (1000 €); Beschl. v. 8.9.2011, Rs. F–69/10, (Marcuccio/Kommission), ECLI:EU:F:2011:128, (2000 €); Beschl. v. 30.6.2011, Rs. F–14/10 (Marcuccio/Kommission), ECLI:EU:F:2011:99, (1000 €); Beschl. v. 16.3.2011, Rs. F–21/10 (Marcuccio/Kommission), ECLI:EU:F:2011:24, (2000 €); Beschl. v. 6.10.2010, Rs. F–2/10 (Marcuccio/Kommission), ECLI:EU:F:2010:122, (1500 €); Beschl. v. 25.3.2010, Rs. F–102/08 (Marcuccio/Kommission), ECLI:EU:F:2013:110, (1500 €); Beschl. v. 7.10.2009, Rs. F–3/08 (Marcuccio/Kommission), Slg. ÖD 2009, I-A–1–00389 u. II-A–1–02083, (1000 €).

[28] Art. 46 BSB i.V.m. Art. 91 Beamtenstatut.

[29] Art. 117 BSB i.V.m. Art. 91 Beamtenstatut.

[30] Art. 138 BSB i.V.m. Art. 91 Beamtenstatut.

[31] Art. 124 BSB i.V.m. Art. 91 Beamtenstatut.

Klagebefugt sind auch die ehemaligen Beamten und Bediensteten bei Rechtsstreitig- **20** keiten aus dem früheren Dienstverhältnis,[32] die Hinterbliebenen ehemaliger Beamter und Bediensteter im Hinblick auf die Rechte, die ihnen das Beamtenstatut bzw. die BSB einräumen.[33] Klagebefugt sind überdies Bewerber eines Auswahlverfahrens,[34] in eine Reserveliste aufgenommene Teilnehmer[35] oder Bewerber für ein Amt.

Ausdrücklich ausgenommen sind nach Art. 122 BSB die örtlichen Bediensteten. Die **21** Streitigkeiten zwischen diesen und einem Organ der EU werden unter den Bedingun- gen, die in der im Vertrag des Bediensteten enthaltenen Schiedsklausel festgelegt sind, einer Schiedsinstanz unterbreitet.

Gewerkschaften und Berufsverbände sind nicht klageberechtigt, da das Verfahren **22** der Art. 90 und 91 Beamtenstatut ausschließlich auf individuelle Streitsachen zuge- schnitten ist und deshalb nur den Beamten und sonstigen Bediensteten offen steht.[36] Gewerkschaften und Berufsverbände können allerdings als Streithelfer beitreten[37] oder eine Nichtigkeitsklage gemäß Art. 263 AEUV einreichen.[38]

Richtiger **Klagegegner** ist nicht die Union als solche, sondern jeweils die Anstellungs- **23** behörde, der die beanstandete Maßnahme zuzurechnen ist.[39] Dazu zählen zunächst die in Art. 13 Abs. 1 EUV genannten EU-Organe Europäisches Parlament, Europäischer Rat, Rat, Kommission, EuGH und Rechnungshof. Gemäß Art. 1 Buchst. b Beamtensta- tut werden den Organen der Union, sofern im Beamtenstatut nichts anderes vorgesehen ist, der Europäische Auswärtige Dienst, der Wirtschafts- und Sozialausschuss, der Aus- schuss der Regionen, der Europäische Bürgerbeauftragter und der Europäische Daten- schutzbeauftragte[40] gleichgestellt. Auch Klagen gegen die Europäische Investitions- bank[41] und die Europäische Zentralbank sind möglich, für beide gelten aber eigene Personalstatute.[42]

---

[32] Z.B. EuGH, Urt. v. 29.10.1975, Rs. 81/74 bis 88/74 (Marenco/Kommission), Slg. 1975, 1247, Rn. 5/7; EuGöD, Urt. v. 11.2.2009, Rs. F–7/08 (Schönberger/Parlament), Slg. 2009, I-A–1–21 u. II-A–1–77.

[33] Z.B. EuGöD, Urt. v. 1.7.2010, Rs. F–45/07 (Mandt/Parlament), ECLI:EU:F:2010:72, zuletzt EuGH, Urt. v.10.9.2015, Rs. C–417/14 RX II (Missir Mamachi di Lusignano), EU:C:2015:588.

[34] Z.B. EuGöD, Urt. v. 15.6.2010, Rs. F–35/08 (Pachtitis/Kommission), ECLI:EU:F:2010:51.

[35] Vgl. z.B. EuG, Urt. v. 22.2.1990, Rs. T–72/89 (Bocos Viciano/Kommission), Slg. 1990, II–57.

[36] Z.B. EuGH, Urt. v. 11.5.1989, Rs. 193/87 u. 194/87 (Maurissen und Union syndicale/Rech- nungshof), Slg. 1989, I–1054, Rn. 29 oder Urt. v. 8.10.1974, Rs. 175/73 (Union syndicale u.a./Rat), Slg. 1974, 917, Rn. 17/20.

[37] Vgl. Art. 40 Abs. 2 EuGH-Satzung und z.B. EuGöD, Urt. v. 1.10.2013, Rs. F–82/11 (Loukakis u.a./Parlament), ECLI:EU:F:2013:139 (Rn. 37).

[38] Gemäß dem Wortlaut von Art. 270 AEUV wären auch Klagen der Union zulässig, allerdings schließt Art. 91 des Beamtenstatuts solche Klagen dadurch aus, dass er als Zulässigkeitsvoraussetzung zwingend das Einhalten eines verwaltungsinternen Vorverfahrens vorsieht, das nur von Beamten oder sonstigen Bediensteten eingeleitet werden kann.

[39] Vgl. z.B. EuGH, Urt. v. 9.6.1964, verb. Rs. 79/63 u. 82/63 (Reynier und Erba/Kommission), Slg. 1964, 511; Urt. v. 9.3.1964, Rs. 18/63 (Schmitz/Kommission), Slg. 1964, 163; Urt. v. 10.6.1987, Rs. 307/85 (Gavanas/EWSA und Rat), Slg. 1987, 2435, Rn. 7.

[40] Siehe auch Art. 90 b Beamtenstatut.

[41] Siehe Art. 41 der Personalordnung der Europäischen Investitionsbank (abrufbar unter http:// www.eib.org/attachments/general/eib_staff_regulations_2013_en.pdf [2.2.2017]) und grundlegend EuGH, Urt. vom 15.6.1976, Rs. 110/75 (Mills/EIB), Slg. 1976, 955, Rn. 14.

[42] Vgl. für die EIB: http://www.eib.org/attachments/general/eib_staff_regulations_2013_en.pdf (2.2.2017); Rechtsgrundlage für den Erlass des Personalstatuts ist Art. 11 Abs. 7 des Protokolls (Nr.5) über die Satzung der EIB. Vgl. für die EZB Beschluss vom 9.6.1998 über die Verabschiedung der Beschäftigungsbedingungen für das Personal der Europäischen Zentralbank in der geänderten Fas-

II. Einhaltung des verwaltungsinternen Vorverfahrens

24   Gemäß Art. 91 Abs. 2 Beamtenstatut ist eine Klage vor dem EuG nur dann zulässig, wenn bei der Anstellungsbehörde eine Beschwerde im Sinne von Art. 90 Abs. 2 Beamtenstatut innerhalb von 3 Monaten eingelegt und diese ausdrücklich oder stillschweigend abgelehnt wurde. Die 3-Monats-Frist berechnet sich nach Art. 90 Abs. 2 Beamtenstatut folgendermaßen: a) Handelt es sich um eine allgemeine Maßnahme, beginnt sie am Tag ihrer Bekanntmachung; b) handelt es sich um eine Einzelmaßnahme, beginnt sie am Tag der Mitteilung der Entscheidung an den Empfänger, spätestens aber an dem Tag, an dem er davon Kenntnis erhält; besteht die Möglichkeit, dass die Einzelmaßnahme einen Dritten beschwert, beginnt die Frist für diesen an dem Tag, an dem er Kenntnis von der Maßnahme erhält, spätestens am Tag der Bekanntgabe der Maßnahme; c) liegt eine stillschweigende Ablehnung eines Antrags einer in den Anwendungsbereichs des Statuts fallenden Person auf Erlass einer sie betreffenden Entscheidung vor,[43] beginnt die Frist an dem Tag, an dem die Beantwortungsfrist abläuft.

25   Von dem Erfordernis der zwingenden Einhaltung des Vorverfahrens gibt es Ausnahmen. So sieht Art. 91 Abs. 4 Beamtenstatut vor, dass nach Einreichung einer Beschwerde bei der Anstellungsbehörde unverzüglich Klage beim EuG erhoben werden kann, wenn der Klage ein Antrag auf Aussetzung des angefochtenen Verwaltungsaktes oder der vorläufigen Maßnahmen beigefügt wird. In diesem Fall wird das Hauptverfahren vor dem EuG bis zu dem Zeitpunkt ausgesetzt, zu dem die Beschwerde ausdrücklich oder stillschweigend abgelehnt wird.[44] Von der Durchführung des Vorverfahrens abgesehen werden kann außerdem in Fällen, in denen die Anstellungsbehörde keine Kompetenz zur Abänderung der angefochtenen Entscheidung hat, wie bei Entscheidungen von Prüfungsausschüssen in Auswahlverfahren[45] oder bei der Erstellung von Beurteilungsberichten.[46]

III. Klagegegenstand

26   Gegenstand der Klage kann jede **beschwerende Maßnahme** im Sinne von Art. 90 Abs. 2 Beamtenstatut sein. Der Begriff »Maßnahme« umfasst dabei sowohl Entscheidungen der Anstellungsbehörde als auch das Unterlassen einer im Statut vorgeschriebenen Maßnahme.[47] Das Fehlen einer Entscheidung beschwert den Betroffenen, wenn das Organ, dem er angehört, entweder eine in einer bestimmten Vorschrift des Statuts ausdrücklich vorgesehene Entscheidung oder eine im Statut zur Gewährleistung der Rechte der Beamten stillschweigend vorausgesetzte Entscheidung nicht getroffen hat.[48]

---

sung vom 31.3.1999, Rechtsgrundlage ist Art. 36 Abs. 1 des Protokolls (Nr. 4) der Satzung des Europäischen Systems der Zentralbanken und der Europäischen Zentralbank.

[43] Art. 90 Abs. 1 Beamtenstatut.

[44] Siehe z.B. EuGöD, Urt. v. 28.10.2010, Rs. F–92/09 (U/Parlament), ECLI:EU:F:2010:140, Rn. 37 ff.

[45] Vgl. z.B. EuGH, Urt. v. 16.3.1978, Rs. 7/77 (von Wüllerstorff und Urbair/Kommission), Slg. 1978, 769, Rn. 6/9.

[46] Vgl. z.B. EuGH, Urt. v. 3.7.1980, verb. Rs. 6/79 u. 97/79 (Grassi/Rat), Slg. 1980, 2141, Rn. 15.

[47] Vgl. EuG, Beschl. v. 25.10.1996, Rs. T–26/96 (Lopes/Gerichtshof), Slg. ÖD 1996, I-A–487 u. II–1357, Rn. 31.

[48] Vgl. EuG, Urt. v. 12.2.1992, Rs. T–6/91 (Pfloeschner/Kommission), Slg. 1992, II–141, Rn. 22.

Gemäß der ständigen Rechtsprechung gelten nur solche Maßnahmen der Anstel- 27
lungsbehörde als beschwerend, die verbindliche Rechtswirkungen erzeugen, welche die
Interessen des Klägers durch eine ausgeprägte Änderung seiner Rechtsstellung unmittelbar und sofort beeinträchtigen können.[49] Beispiele für beschwerende Maßnahmen
sind Entscheidungen über die Vergabe von Verdienstpunkten, Disziplinarmaßnahmen,
Gehaltsabrechnungen, Kündigungsentscheidungen oder Versetzungsentscheidungen.
Eine eine Beschwerde explizit oder implizit ablehnende Entscheidung stellt hingegen als
solche keine anfechtbare Maßnahme dar, da sie nur eine Bestätigung der vom Beschwerdeführer beanstandeten Entscheidung oder Unterlassung bedeutet.[50]

Maßnahmen zur **Vorbereitung** einer Entscheidung sind nicht im Klagewege anfecht- 28
bar. Sie können nur inzident angegriffen werden, und zwar im Rahmen einer Klage
gegen die das Verfahren abschließende Entscheidung, mit der der Kläger die Möglichkeit
hat, die Rechtswidrigkeit der dieser Entscheidung vorausgehenden und mit ihr in einem
engen Zusammenhang stehenden Maßnahmen geltend zu machen.[51]

Nach ständiger Rechtsprechung kann auch einer **rein bestätigenden** Maßnahme nicht 29
die Eigenschaft einer beschwerenden Maßnahme zuerkannt werden. Sie ist rein bestä-
tigender Natur, wenn sie gegenüber der früheren Maßnahme nichts Neues enthält und
ihr keine erneute Prüfung der Lage ihres Adressaten vorausgegangen ist.[52]

Allgemeine Maßnahmen zur **Organisation** des Dienstbetriebs, solche die ausschließ- 30
lich innerdienstliche Angelegenheiten und die Führung der Verwaltungsgeschäfte betreffen, können keine Beschwer im Sinne von Art. 91 Beamtenstatut enthalten.[53]

Der Klagegegenstand wird durch das Vorverfahren festgelegt. Dabei gilt der Grund- 31
satz der **inhaltlichen Konkordanz zwischen der Verwaltungsbeschwerde und der Klage**
vor dem EuG, der seine Rechtfertigung im Zweck des Vorverfahrens findet. Dieses soll
der Verwaltung Gelegenheit geben, ihre Entscheidung zu überprüfen und so eine außergerichtliche Beilegung des Streits ermöglichen.[54] Nach ständiger Rechtsprechung
müssen deshalb die beim EuG gestellten Anträge denselben Gegenstand haben wie
diejenigen in der Beschwerde und es können mit ihnen nur solche Rügen erhoben werden, die auf demselben Grund beruhen wie die in der Beschwerde genannten Rügen.
Diese Rügen können aber im gerichtlichen Verfahren durch Gründe und Argumente
weiterentwickelt werden, die nicht notwendigerweise in der Beschwerde enthalten
sind, sich aber eng an diese anlehnen[55]. Dies wird von der Rechtsprechung damit be-

---

[49] Vgl. z. B. EuG, Urt. v. 22.3.1995, Rs. T–586/93 (Kotzonis/EWSA), Slg. ÖD 1995, II–203, Rn. 28.
Die beschwerende Maßnahme bedarf nicht der Schriftform, sie kann auch mündlich erlassen werden,
vgl. EuG, Urt. v. 23.4.1996, Rs. T–113/95 (Mancini/Kommission), Slg. ÖD 1996, I-A–185 u. II–543,
Rn. 23 ff.

[50] Vgl. z. B. EuGH, Beschl. v. 16.6.1988, Rs. 371/87 (Progoulis/Kommission), Slg. 1988, 3081,
Rn. 17.

[51] Vgl. EuGH, Beschl. v. 24.5.1988, verb. Rs. 78/87 u. 220/87 (Santarelli/Kommission), Slg. 1988,
2699, Rn. 13 und EuG, Urt. v. 15.6.1994, Rs. T–6/93 (Pérez Jiménez/Kommission), Slg. ÖD 1994,
A–155 u. II–497, Rn. 35.

[52] EuG, Beschl. v. 15.1.2009, Rs. T–306/08 (Braun-Neumann/Parlament), Slg. ÖD 2009, I-B–1–1
u. II-B–1–1, Rn. 40.

[53] Vgl. EuGH, Urt. v. 16.12.1964, verb. Rs. 109/63 u. 13/64 (Muller/Kommission), Slg. 1964, 1293
(1439) u. Urt. v. 11.7.1968, Rs. 16/67 (Labeyrie/Kommission), Slg. 1968, 431.

[54] Vgl. z. B. EuGöD, Urt. v. 1.7.2010, Rs. F–45/07 (Mandt/Parlament), ECLI:EU:F:2010:72,
Rn. 110.

[55] Vgl. z. B. EuGH, Urt. v. 23.4.2002, Rs. C–62/01 P (Campogrande/Kommission), Slg. 2002,
I–3793, Rn. 34 oder EuGöD, Urt. v. 12.5.2011, Rs. F–50/09 (Livio Missir Mamachi di Lusignano/
Kommission), ECLI:EU:F:2011:55, Rn. 83.

Sibylle Seyr

gründet, dass das Vorverfahren aufgrund seiner informellen Natur und wegen des fehlenden Anwaltszwangs nicht von rechtlichem Formalismus geprägt ist. Deshalb darf die Verwaltung die Beschwerden nicht eng auslegen, sondern muss sie aufgeschlossen prüfen.[56]

32   Der Umstand, dass mit den in der Klageschrift oder in der Beschwerde geltend gemachten Gründen entweder die materielle oder die formelle Rechtmäßigkeit einer Handlung in Zweifel gezogen wird, läßt für sich allein genommen nicht den Schluss zu, dass die Gründe untereinander einen engen Zusammenhang aufweisen. Ansonsten hätte nämlich der Kläger die Möglichkeit, einen Klagegrund erstmals vor dem EuG geltend zu machen, wenn die vorgebrachten Gründe zusammengenommen entweder die materielle oder die formelle Rechtmäßigkeit betreffen. Die Anstellungsbehörde würde somit die Rügen des Betroffenen im Stadium der Beschwerde nicht mit hinreichender Genauigkeit kennen, wodurch eine gütliche Einigung unterbunden würde. Die Begriffe der materiellen und der formellen Rechtmäßigkeit sind nämlich viel zu weit und zu abstrakt, als dass gewährleistet ist, dass zwischen den ausschließlich der einen oder der anderen Rechtmäßigkeit zuzuordnenden Gründen ein enger Zusammenhang bestehe.[57]

IV. Klagefrist

33   Gemäß Art. 91 Abs. 3 Beamtenstatut muss die Klage innerhalb von 3 Monaten erhoben werden. Diese Frist beginnt entweder am Tag der Mitteilung der auf die Beschwerde hin ergangenen Entscheidung oder an dem Tag, an dem die Beantwortungsfrist (4 Monate) abläuft, wenn sich die Klage auf die stillschweigende Ablehnung einer nach Artikel 90 Abs. 2 eingereichten Beschwerde bezieht. Ergeht im zweiten Fall jedoch nach der stillschweigenden Ablehnung, aber innerhalb der Frist für die Klage eine ausdrückliche Entscheidung über die Ablehnung der Beschwerde, so beginnt die Frist für die Klage erneut zu laufen.[58,59]

34   Das Einhalten sowohl der Klage- als auch der Beschwerdefrist ist nach ständiger Rechtsprechung zwingendes Recht, das von Amts wegen zu prüfen ist.[60] Die Fristen stehen nicht zur Disposition der Parteien und des Gerichts, da sie zur Gewährleistung der Klarheit und Sicherheit der Rechtsverhältnisse eingeführt wurden.[61]

---

[56] Vgl. z. B. EuGH, Urt. v. 14.3.1989, Rs. 133/88 (Del Amo Martinez/Parlament), Slg. 1989, 689, Rn. 11 oder EuGöD, Urt. v. 1.7.2010, Rs. F–45/07 (Mandt/Parlament), ECLI:EU:F:2010:72, Rn. 113. Die vom EuGöD in seinem Mandt-Urteil aus dem Jahr 2010 entwickelte Rechtsprechungslinie, die zu einer deutlichen Reduzierung des Anwendungsbereich des Grundsatzes der Übereinstimmung führte, wurde vom Gericht der Union in seinem Urteil in der Rs. Moschniaki (EuG, Urt. v. 23.10.2013, Rs. T–476/11 P (Kommission/Moschniaki), ECLI:EU:T:2013:557, Rn. 70 ff.) korrigiert.

[57] Vgl. EuG, Urt. v. 23.10.2013, Rs. T–476/11 P (Kommission/Moschniaki), ECLI:EU:T:2013:557, Rn. 75 ff.

[58] Diese Ausnahme ist eng auszulegen und gilt ausschließlich für die Klagefrist hinsichtlich einer ablehnenden Entscheidung über eine Beschwerde. Sie ist nicht übertragbar auf die Frist zur Einreichung einer Beschwerde nach der Ablehnung eines Antrags. Klargestellt vom EuGöD, Beschl. v. 5.12.2012, Rs. F–109/12 (Scheidmann/Parlament), ECLI:EU:F:2012:176, Rn. 19.

[59] Hinsichtlich der EIB schreibt keine Rechtsvorschrift der Union vor, innerhalb welcher Frist ein Bediensteter eine Anfechtungsklage gegen eine ihn beschwerende Handlung der Bank erheben muss. Vgl. ausführlich zur Festsetzung einer in dieser Hinsicht angemessenen Frist EuG, Urt. v. 28.2.2013, Rs. C–334/12 RX-II (Arango Jaramillo u. a./EIB), ECLI:EU:C:2013:134, Rn. 25 ff.

[60] Vgl. z. B. EuGH, Urt. v. 7.7.1971, Rs. 79/70 (Müllers/WAS), Slg. 1971, 689, Rn. 6.

[61] Vgl. z. B. EuGH, Urt. v. 17.2.1972, Rs. 40/71 (Richez-Parise/Kommission), Slg. 1972, 73, Rn. 6/7 oder Urt. v. 12.7.1984, Rs. 227/83 (Moussis/Kommission), Slg. 1984, 3133, Rn. 12.

Eine Verlängerung der Klagefrist ist deshalb nur bei **entschuldbarem Irrtum** möglich. 35
Der Begriff ist eng auszulegen und kann sich nur auf Ausnahmefälle beziehen. Dazu
zählen insbesondere Situationen, in denen das betreffende Organ ein Verhalten an den
Tag gelegt hat, das für sich allein schon oder in entscheidendem Maß geeignet war, bei
einem gutgläubigen Rechtsbürger, der alle Sorgfalt anwendet, die von einer Person mit
normalem Kenntnisstand zu verlangen ist, eine verständliche Verwirrung hervorzuru-
fen. In einem solchen Fall kann sich nämlich die Verwaltung nicht auf ihren eigenen
Verstoß gegen die Grundsätze der Rechtssicherheit und des Vertrauensschutzes berufen, der für den Irrtum des Rechtsbürgers ursächlich war.[62] Die Unionsgerichte lehnen
einen entschuldbaren Irrtum grundsätzlich ab, wenn er auf das Verhalten des Anwalts
zurückgeht.[63]

Einen entschuldbaren Irrtum begeht z. B. ein Beamter, der sich nicht unmittelbar mit 36
einer Beschwerde gegen die ihn beschwerende Maßnahme an die Anstellungsbehörde
wendet, sondern entsprechend den Hinweisen des für Personalangelegenheiten zuständigen Generaldirektors beim Beförderungsausschuss Einspruch einlegt, obwohl die ihn
beschwerende Maßnahme nicht Teil des Beförderungsverfahrens ist, und nach Zurückweisung des Einspruchs verspätet Beschwerde einlegt.[64]

Zu erwähnen ist in diesem Zusammenhang die Rs. AG/Parlament, in der das EuGöD 37
hervorgehoben hat, dass die Zustellung einer Verwaltungsentscheidung durch Ein-
schreiben mit Rückschein sowohl für die Verwaltung als auch für den Betroffenen eine
besonders geeignete, weil sichere, Form der Zustellung darstellt. Die Regelmäßigkeit
der Zustellung richtet sich dabei nach den nationalen Regeln im betreffenden Mitgliedstaat. Wenn der eingeschriebene Brief von seinem Empfänger nicht entgegengenommen
wird und ihn dieser nicht innerhalb der Aufbewahrungsfrist durch die Post abholt, dann
gilt er am Ende der Aufbewahrungsfrist als ordnungsgemäß zugestellt. Diese Zustel-
lungsvermutung kann allerdings vom Empfänger widerlegt werden, indem er nachweist, dass er aufgrund von Krankheit oder aus Gründen höherer Gewalt, die von seinem Willen unabhängig waren, von der Zustellungsmitteilung keine Kenntnis nehmen
konnte.[65]

V. Rechtsschutzbedürfnis

Eine nach den Art. 90 und 91 Beamtenstatut erhobene Nichtigkeitsklage ist nur dann 38
zulässig, wenn der Kläger zum Zeitpunkt der Klageerhebung ein bestehendes und ge-
genwärtiges, hinreichend qualifiziertes Interesse an der Aufhebung der angefochtenen
Maßnahme hat. Ein solches Interesse setzt voraus, dass ihm die Klage im Ergebnis einen
Vorteil verschaffen kann.[66] Ein Beamter ist nicht befugt, im Interesse des Gesetzes oder

---

[62] EuGöD, Urt. v. 24.6.2008, Rs. F–84/07 (Islamaj/Kommission), Slg. ÖD 2008, I-A–1–201 u.
II-A–1–1117, Rn. 39.

[63] So auch *Eggers/Linder*, in: Grabitz/Hilf/Nettesheim, EU, Art. 270 AEUV (August 2015), Rn. 41;
vgl. EuGöD, Urt. v. 6.5.2009, Rs. F–137/07 (Sergio u. a./Kommission), Slg, ÖD 2009, I-A–1–123 u.
II-A–1–683, Rn. 139; Urt. v. 15.12.2009, Rs. F–8/09 (Apostolov/Kommission), Slg. ÖD 2009,
I-A–1–509 u. II-A–1–2763, Rn. 20 f.

[64] EuGöD, Urt. v. 24.6.2008, Rs. F–84/07 (Islamaj/Kommission), Slg. ÖD 2008, I-A–1–201 u.
II-A–1–1117, Rn. 44.

[65] EuGöD, Beschl. v. 16.12.2010, Rs. F–25/10 (AG/Parlament), ECLI:EU:F:2010:171, Rn. 32 ff.

[66] Vgl. z.B. EuG, Urt. v. 29.11.2006, verb. Rs. T–35/05, T–61/05, T–107/05, T–108/05 u.
T–139/05 (Agne-Dapper u. a./Kommission u. a.), Slg. ÖD 2006, I-A–2–291 u. II-A–2–1497, Rn. 35;
EuGöD, Urt. v. 11.7.2007, Rs. F–105/05 (Wils/Parlament), Slg. ÖD 2007, I-A–1–207 u. II-A–1–1187,
Rn. 38.

der Organe tätig zu werden, und kann zur Stützung einer Klage nur Rügen geltend machen, die ihn persönlich betreffen.[67] Damit eine Rüge als persönlich gilt, reicht es aus, dass die behauptete Rechtswidrigkeit Auswirkungen auf die rechtliche Situation des Klägers gehabt hätte.[68]

39   Da es sich beim Rechtsschutzinteresse des Klägers um eine Zulässigkeitsvoraussetzung handelt, ist für seine Beurteilung auf den Zeitpunkt der Klageerhebung abzustellen.[69] Das Rechtsschutzinteresse entfällt, wenn der Kläger zum Zeitpunkt der Klageerhebung bereits das Ziel erreicht hat, das ihn zur Einleitung des Vorverfahrens bewogen hatte.[70]

40   In bestimmten Fällen wurde von der Rechtsprechung allerdings das Fortbestehen eines Rechtsschutzinteresses anerkannt, so z. B. für einen an ein anderes Organ versetzten Beamten an der Aufhebung seiner jährlichen Beurteilung[71] oder einen vom Dienst suspendierten Beamten an der Aufhebung der Disziplinarmaßnahme, da sich diese Entscheidung nicht nur auf seine materielle Lage, sondern auch auf seine Ehrenhaftigkeit ausgewirkt hat[72] oder wenn der Kläger ein Interesse an der Aufhebung einer Handlung eines Gemeinschaftsorgans behält, um zu verhindern, dass sich der behauptete Rechtsverstoß in Zukunft wiederholt.[73]

E. Begründetheit

41   Eine Klage ist begründet, wenn die angefochtene Maßnahme gegen Unionsrecht verstößt. Dazu zählen neben dem Beamtenstatut und den BSB auch die allgemeinen Rechtsgrundsätze, die der EuGH in seiner Rechtsprechung entwickelt hat. In Beamtenstreitigkeiten spielen insbesondere der Grundsatz des Vertrauensschutzes[74], der Grundsatz der Wahrung wohlerworbener Rechte,[75] der Grundsatz des rechtlichen Gehörs[76]

---

[67] Vgl. z. B. EuG, Beschl. v. 7.7.1998, Rs. T–178/97 (Moncada/Kommission), Slg. ÖD 1998, I-A–339 u. II–989, Rn. 39 oder EuGöD, Beschl. v. 25.9.2012, Rs. F–41/10 (Bermejo Garde/EWSA), ECLI:EU:F:2012:135, Rn. 62.

[68] EuGöD, Urt. v. 10.11.2011, Rs. F–18/09 (Merhzaoui/Rat), ECLI:EU:F:2011:180, Rn. 63.

[69] EuG, Urt. v. 9.12.2010, T–526/08 P (Kommission/Strack), ECLI:EU:T:2010:506, Rn. 44.

[70] EuG, Beschl. v. 24.4.2001, Rs. T–172/00 (Pierard/Kommission), Slg. ÖD 2001, I-A–91 u. II–429, Rn. 27 und Beschl. v. 5.3.2004, Rs. T–281/03 (Liakoura/Rat), Slg. ÖD 2004, I-A–61 u. II–249, Rn. 37 und 38; bei Vorliegen einer Kollektivklage ist das Bestehen des Rechtsschutzinteresses für jeden einzelnen Kläger getrennt individuell zu prüfen, vgl. z. B. EuG, Beschl. v. 22.11.2006, Rs. T–434/04 (Milbert u. a./Kommission), Slg. ÖD 2006, I-A–2–273 u. II-A–2–1423, Rn. 30.

[71] EuGöD, Urt. v. 10.11.2009, Rs. F–93/08 (N/Parlament), Slg. ÖD 2009, I-A–1–433 u. II-A–1–2339, Rn. 47 oder EuGH, Urt. v. 22.12.2008, Rs. C–198/07 P (Gordon/Kommission), Slg. 2008, I–10701, Rn. 44 f., zum Rechtsschutzinteresse eines wegen Vollinvalidität in den Ruhestand versetzten Beamten an der Aufhebung seiner Beurteilung.

[72] EuGöD, Urt. v. 30.11.2009, Rs. F–80/08 (Wenig/Kommission), Slg. ÖD 2009, I-A–1–479 u. II-A–1–2609, Rn. 35.

[73] EuGH, Urt. v. 7.6.2007, Rs. C–362/05 P (Wunenburger/Kommission), Slg, 2007, I–4333, Rn. 50.

[74] Vgl. z. B. EuG, Urt. v. 27.2.1996, Rs. T–235/94 (Galtieri/Parlament), Slg. ÖD 1996, I-A–43 u. II–129, Rn. 61 ff.

[75] Vgl. z. B. EuGH, Urt. v. 22.12.2008, Rs. C–443/07 P (Centeno Mediavilla u. a./Kommission), Slg. 2008, I–10945, Rn. 60 ff.

[76] Vgl. z. B. EuG, Urt. v. 28.10.2004, Rs. T–76/03 (Meister/HABM), Slg. ÖD 2004, I-A–325 u. II–1477, Rn. 177 ff.

und derjenige der Fürsorgepflicht[77] eine Rolle. Geprüft wird außerdem ein Verstoß gegen die internen, in Umsetzung des Beamtenstatuts und der BSB von den Organen erlassenen Vorschriften.[78] Grundsätzlich sind die Klagegründe an diejenigen der allgemeinen Nichtigkeitsklage nach Art. 263 AEUV angelehnt, Unzuständigkeit, Verletzung wesentlicher Formvorschriften, Verletzung der Verträge oder einer bei ihrer Durchführung anzuwendenden Rechtsnorm und Ermessensmissbrauch.[79]

Bei Entscheidungen, bei denen das Organ über ein Ermessen verfügt, ist die Entscheidung vom Unionsrichter nur auf offensichtliche Fehler hin überprüfbar, bei Verfahrensfehlern und sonstigen Rechtsverletzungen hat er hingegen eine uneingeschränkte Überprüfungskompetenz.[80] Uneingeschränkte Ermessensnachprüfung besteht gemäß Art. 91 Abs. 1 Satz 2 Beamtenstatut außerdem bei Streitigkeiten vermögensrechtlicher Art (s. Rn. 6). **42**

Die Kontrolle durch den Unionsrichter beschränkt sich grundsätzlich auf die vom Kläger vorgetragenen Gründe, bestimmte können jedoch von Amts wegen geprüft werden.[81] Dazu zählen u. a. die Verletzung der Begründungspflicht,[82] die Unzuständigkeit,[83] die Konkordanz zwischen Klage und Beschwerde,[84] die Verletzung des Geltungsbereichs von Rechtsvorschriften,[85] die Einhaltung der vom Beamtenstatut vorgesehenen Beschwerde- und Klagefristen,[86] die Wahrung der Verteidigungsrechte[87] und die Nichtbeachtung der Verfahrensvorschriften über den Erlass einer beschwerenden Maßnahme.[88] **43**

---

[77] EuGöD, Urt. v. 14.12.2010, Rs. F–25/07 (Bleser/Gerichtshof), ECLI:EU:F:2010:163, Rn. 119 ff.

[78] Vgl. z.B. EuGöD, Urt. v. 1.10.2013, Rs. F–82/11 (Loukakis u. a./Parlament), ECLI:EU:F:2013: 139, Rn. 37.

[79] *Borchardt*, in: Lenz/Borchardt, EU-Verträge, Art. 270 AEUV, Rn. 6.

[80] *Schwarze*, in: Schwarze, EU-Kommentar, Art. 270 AEUV, Rn. 14.

[81] Vgl. *Eggers/Linder*, in: Grabitz/Hilf/Nettesheim, EU, Art. 270 AEUV (August 2015), Rn. 43.

[82] Vgl. z.B. EuGöD, Urt. v. 29.9.2011, F–74/10 (Kimman/Kommission), Rn. 44.

[83] Vgl. z.B. EuGöD, Urt. v. 18.9.2007, Rs. F–10/07 (Botos/Kommission), Slg. ÖD 2007, I-A–1–243 u. II-A–1–1345, Rn. 78.

[84] Vgl. z.B. EuGöD, Urt. v. 17.7.2012, Rs. F–54/11 (BG/Bürgerbeauftragter), ECLI:EU:F:2012: 114, Rn. 57.

[85] Vgl. z.B. EuGöD, Urt. v. 28.9.2011, Rs. F–65/06 (Pereira Sequeira/Kommission), ECLI:EU: F:2011:157, Rn. 54.

[86] Vgl. z.B. EuGöD, Urt. v. 10.5.2011, Rs. F–59/10 (Barthel u. a./Gerichtshof), ECLI:EU:F:2011: 51, Rn. 22.

[87] Vgl. z.B. EuGöD, Urt. v. 29.6.2010, Rs. F–27/09 (Hanschmann/Europol), ECLI:EU:F:2010:58, Rn. 53.

[88] EuG, Urt. v. 8.7.2010, Rs. T–160/08 P (Kommission/Putterie-De-Beukelaer), Slg. 2010, II–3751, Rn. 63. Ein Verfahrensfehler kann nur dann zur Aufhebung der angefochtenen Entscheidung führen, wenn das Verfahren ohne diesen Fehler möglicherweise zu einem anderen Ergebnis geführt hätte. Dies ist bereits dann der Fall, wenn nicht völlig ausgeschlossen werden kann, dass die Verwaltung eine andere Entscheidung erlassen hätte; vgl. EuGöD, Urt. v. 23.10.2012, Rs. F–44/05 RENV (Strack/Kommission), ECLI:EU:F:2012:144, Rn. 114. Die ursprüngliche Rechtsprechung, nach der nur sogenannte Gründe der externen Rechtmäßigkeit der Maßnahme von Amts wegen geprüft werden können, wurde zusehends aufgeweicht und auch Gründe der internen Rechtmäßigkeit werden nun von Amts wegen geprüft, s. z.B. EuGöD, Urt. v. 28.4.2011, Rs. F–38/10 (Vakalis/Kommission), ECLI: EU:F:2011:43, Rn. 38. Vgl. auch *Eggers/Linder*, in: Grabitz/Hilf/Nettesheim, EU, Art. 270 AEUV (August 2015), Rn. 43.

F. Entscheidung des EuG und Rechtsmittel

I. Entscheidung des EuG

44 Ist eine **Schadenersatzklage** begründet, dann wird das Organ zur Zahlung einer bestimmten Summe an den Kläger verurteilt.

45   Ist eine **Nichtigkeitsklage** begründet, wird die angefochtene Maßnahme durch das Urteil ganz oder teilweise aufgehoben. Das EuG kann der Verwaltung keine Anordnungen erteilen. Das Organ ist aber gemäß Art. 266 AEUV verpflichtet, die sich aus dem Urteil ergebenden Maßnahmen zu ergreifen und unter der Kontrolle des Unionsrichters das ihm insoweit zustehende Ermessen unter Beachtung sowohl des Tenors und der Gründe des durchzuführenden Urteils als auch der Vorschriften des Unionsrechts auszuüben.[89] Die Gründe für die festgestellte Rechtswidrigkeit hat das betreffende Organ bei der Ersetzung der für nichtig erklärten Handlung zu beachten.[90]

46   Die Aufhebung der angefochtenen Maßnahme durch den Richter hat zur Folge, dass sie rückwirkend aus der Rechtsordnung entfernt wird. Überdies muss das betroffene Organ, falls der Rechtsakt bereits vollzogen wurde, dessen Wirkungen beseitigen, damit die Rechtsposition des Klägers, in der er sich vor Erlass des Rechtsakts befand, wiederhergestellt wird.[91]

47   Hinsichtlich der Rechtskraft des Urteils gilt das allgemeine Prinzip, dass sie sich nur zwischen den Parteien entfaltet. Außer auf die Prozessparteien erstreckt sie sich nur noch auf diejenigen Personen, die von dem Verwaltungsakt selbst unmittelbar betroffen sind.[92]

48   Da das Ergreifen der zur Umsetzung des Urteils notwendigen Verwaltungsmaßnahmen normalerweise nicht sofort erfolgen kann, verfügt das Organ gemäß der ständigen Rechtsprechung diesbezüglich über eine angemessene Frist, selbst wenn dies im Vertrag nicht ausdrücklich vorgesehen ist.[93] Ist die Durchführung des Aufhebungsurteils mit besonderen Schwierigkeiten verbunden, so kann das betreffende Organ seiner Verpflichtung aus Artikel 266 AEUV durch jede Entscheidung nachkommen, die geeignet ist, den Nachteil, der sich für die Betroffenen aus der aufgehobenen Entscheidung ergibt, in angemessener Weise auszugleichen.[94] Die Behörde kann auch mit den Betroffenen verhandeln, um einen billigen Ausgleich des ihnen zugefügten Unrechts zu vereinbaren.[95]

59   Da Rechtsmittel gegen Urteile des EuG gemäß Art. 60 der Satzung des EuGH grundsätzlich keine aufschiebende Wirkung haben, besteht die Umsetzungspflicht unabhängig von einem anhängigen Rechtsmittel.[96] Es obliegt nämlich ausschließlich der Rechts-

---

[89] EuG, Urt. v. 6.10.2004, Rs. T–294/02 (Vicente-Nuñez/Kommission), Slg. ÖD 2004, I-A–283 u. II–1279, Rn. 46.

[90] EuG, Urt. v. 2.2.1995, Rs. T–106/92 (Frederiksen/Parlament), Slg. ÖD 1995, I-A–29 u. II–99, Rn. 31.

[91] EuGöD, Urt. v. 26.10.2006, F–1/05 (Landgren/ETF), Slg. ÖD 2006, I-A–1–123 u. II-A–1–459, Rn. 92 oder EuGöD, Urt. v. 13.4.2011, F–105/09 (Scheefer/Parlament), ECLI:EU:F:2011:41, Rn. 69.

[92] Vgl. z. B. EuGH, Urt. v. 17.6.1965, Rs. 43/64 (Müller/Rat), Slg. 1965, 520 (536).

[93] EuG, Urt. v. 10.7.1997, Rs. T–81/96 (Apostolidis u. a./Kommission), Slg. ÖD 1997, I-A–207 u. II–607, Rn. 37.

[94] EuG, Urt. v. 6.10.2004, Rs. T–294/02 (Vicente-Nuñez/Kommission), Slg. ÖD 2004, I-A–283 u. II–1279, Rn. 79.

[95] EuGöD, Urt. v. 25.6.2008, Rs. F–15/05 (Andres u.a./EIB), Slg. ÖD 2008, I-A–1–195 u. II-A–1–1047, Rn. 131.

[96] EuG, Urt. v. 2.2.1995, Rs. T–106/92 (Frederiksen/Parlament), Slg. ÖD 1995, I-A–29 u. II–99, Rn. 33.

mittelinstanz, wenn ein Antrag auf Aussetzung gestellt worden ist und sie dies den Umständen nach für nötig hält, die Aussetzung der Durchführung des angefochtenen Urteils anzuordnen.[97]

Die Weigerung eines Organs, die Maßnahmen zur Durchführung eines Nichtigkeits- **50** urteils zu erlassen oder seine fehlerhafte Umsetzung können mit einer Nichtigkeits- klage[98] angefochten werden und auch eine Haftung auslösen.[99]

II. Rechtsmittel

Gegen die Endentscheidungen des EuG kann innerhalb einer Frist von zwei Monaten ab **51** der Zustellung der angefochtenen Entscheidung von den Parteien, die mit ihren An- trägen ganz oder teilweise unterlegen sind, ein auf Rechtsfragen begrenztes Rechts- mittel beim Gericht eingelegt werden.[100] Ist das Rechtsmittel begründet, so hebt der Gerichtshof die Entscheidung des EuG auf und entscheidet den Rechtsstreit selbst, wenn dieser zur Entscheidung reif ist. Andernfalls verweist er die Sache zur Entscheidung zurück an das EuG, das an die rechtliche Beurteilung in der Entscheidung des Gerichts- hofs gebunden ist.[101]

---

[97] EuG, Urt. v. 12.12.2000, Rs. T–11/00 (Hautem/EIB), Slg. ÖD 2000, II–4019, Rn. 35 bis 38.

[98] Vgl. z.B. EuGöD, Urt. v. 15.4.2010, Rs. F–104/08 (Angelidis/Parlament), ECLI:EU:F:2010:23.

[99] Das Verhalten des betreffenden Organs beeinträchtigt in diesen Fällen nämlich das Vertrauen, das der Einzelne in das Unionsrechtssystem und insbesondere in die Beachtung der Entscheidungen des Unionsrichters hat. Vgl. z.B. EuG, Urt. v. 12.12.2000, Rs. T–11/00 (Hautem/EIB), Slg. ÖD 2000, II–4019, Rn. 43, 51.

[100] Ein Rechtsmittel, das sich nur gegen die Kostenentscheidung oder gegen die Kostenfestsetzung wendet, ist unzulässig, vgl. Art. 58 der Satzung des EuGH.

[101] Für Rechtsmittel gegen Entscheidungen des EuGöD, mit denen das Gericht am 31.8.2016 befaßt war oder die nach diesem Zeitpunkt eingelegt werden, bleibt das Gericht zuständig und die Artikel 9 bis 12 des Anhangs I der Satzung des EuGH gelten weiter. Hebt das Gericht eine Entschei- dung des EuGöD auf und stellt es zugleich fest, daß der Rechtsstreit nicht zur Entscheidung reif ist, so weist es die Rechtssache einer anderen Kammer als derjenigen zu, die über das Rechtsmittel entschie- den hat. Gegen die im Rechtsmittel ergangenen Entscheidungen des Gerichts ist gemäß Art. 62 der Satzung des EuGH auf Vorschlag des Ersten Generalanwalts eine Überprüfung durch den Gerichtshof möglich, wenn »die ernste Gefahr einer Beeinträchtigung der Einheit und der Kohärenz des Unions- rechts besteht«. Der Vorschlag des Generalanwalts muss innerhalb eines Monats nach Verkündung der Entscheidung des Gerichts erfolgen, worauf der EuGH innerhalb eines weiteren Monats über die Notwendigkeit einer Überprüfung zu befinden hat. Findet die Überprüfung statt, wird sie im Wege eines Eilverfahrens durchgeführt. Bisher hat der Gerichtshof vier Mal im Überprüfungsver- fahren eine Entscheidung des Gerichts aufgehoben. Es handelt sich um die Rs. C–197/09 RX III, C–334/12 RX II, C–579/12 RX II und C–417/14 RX II. In sechs Fällen ist er dem Vorschlag des Ersten Generalanwalts zur Überprüfung nicht gefolgt (C–216/08 RX, C–21/09 RX, C–180/09 RX, C–183/10 RX, C–478/10 RX u. C–17/11 RX).

Artikel 271 AEUV [Zuständigkeit für gewisse Streitigkeiten betreffend EIB und EZB]

Der Gerichtshof der Europäischen Union ist nach Maßgabe der folgenden Bestimmungen zuständig in Streitsachen über
a) die Erfüllung der Verpflichtungen der Mitgliedstaaten aus der Satzung der Europäischen Investitionsbank. Der Verwaltungsrat der Bank besitzt hierbei die der Kommission in Artikel 258 übertragenen Befugnisse;
b) die Beschlüsse des Rates der Gouverneure der Europäischen Investitionsbank. Jeder Mitgliedstaat, die Kommission und der Verwaltungsrat der Bank können hierzu nach Maßgabe des Artikels 263 Klage erheben;
c) die Beschlüsse des Verwaltungsrats der Europäischen Investitionsbank. Diese können nach Maßgabe des Artikels 263 nur von Mitgliedstaaten oder der Kommission und lediglich wegen Verletzung der Formvorschriften des Artikels 19 Absatz 2 und Absätze 5 bis 7 der Satzung der Investitionsbank angefochten werden;
d) die Erfüllung der sich aus den Verträgen und der Satzung des ESZB und der EZB ergebenden Verpflichtungen durch die nationalen Zentralbanken. Der Rat der Gouverneure der Europäischen Zentralbank besitzt hierbei gegenüber den nationalen Zentralbanken die Befugnisse, die der Kommission in Artikel 258 gegenüber den Mitgliedstaaten eingeräumt werden. Stellt der Gerichtshof der Europäischen Union fest, dass eine nationale Zentralbank gegen eine Verpflichtung aus den Verträgen verstoßen hat, so hat diese Bank die Maßnahmen zu ergreifen, die sich aus dem Urteil des Gerichtshofs ergeben.

Literaturübersicht

v. Borries, Die Europäische Zentralbank als Gemeinschaftsinstitution, ZEuS 1999, 281; *Dunnett*, The European Investment Bank: Autonomous Instrument of Common Policy?, CMLRev. 31 (1994), 721; *Endler*, Europäische Zentralbank und Preisstabilität, 1998; *Gaiser*, Gerichtliche Kontrolle im Europäischen System der Zentralbanken, EuR 2002, 517; *Gaitanides*, Das Recht der Europäischen Zentralbank, 2005; *Goetze*, Die Tätigkeit der nationalen Zentralbanken in der Wirtschafts- und Währungsunion, 1999; *Gramlich*, Grundrechtsschutz gegenüber Zentralbanken am Beispiel der Europäischen Zentralbank und der Deutschen Bundesbank, GS Blumenwitz, 2008, S. 1001; *Hahn/Häde*, Die Zentralbank vor Gericht. Rechtsschutz und Haftung in der Europäischen Wirtschafts- und Währungsunion, ZHR 165 (2001), 30; *dies.*, Währungsrecht, 2. Aufl., 2010; *Heidig*, Die Verhängung von Zwangsgeldern und Pauschalbeträgen gegen die Mitgliedstaaten der EG. Das Sanktionsverfahren nach Art. 228 Abs. 2 EGV, 2001; *Hoppe*, Der Rechtsschutz gegen Akte der Währungspolitik, Diss. iur., Würzburg, 1994; *Koenig*, Institutionelle Überlegungen zum Aufgabenzuwachs beim Europäischen Gerichtshof in der Währungsunion, EuZW 1993, 661; *Manger-Nestler*, Par(s) inter pares? – Die Bundesbank als nationale Zentralbank im Europäischen System der Zentralbanken, 2008; *Potacs*, Nationale Zentralbanken in der Wirtschafts- und Währungsunion, EuR 1993, 23; *Schütz*, Die Legitimation der Europäischen Zentralbank zur Rechtsetzung, EuR 2001, 291; *Selmayr*, Die Wirtschafts- und Währungsunion als Rechtsgemeinschaft, AöR 124 (1999), 357; *Weinbörner*, Die Stellung der Europäischen Zentralbank (EZB) und der nationalen Zentralbanken in der Wirtschafts- und Währungsunion nach dem Vertrag von Maastricht, 1998.

Leitentscheidungen

EuGH, Urt. v. 15.6.1976, Rs. 110/75 (Mills/EIB), Slg. 1976, 955
EuGH, Urt. v. 3.3.1988, Rs. 85/86 (Kommission/EIB), Slg. 1988, 1281
EuGH, Urt. v. 2.12.1992, Rs. C–370/89 (SGEEM und Etroy/EIB), Slg. 1992, I–6211
EuGH, Urt. v. 10.7.2003, Rs. C–11/00 (Kommission/EZB), Slg. 2003, I–7147
EuGH, Urt. v. 10.7.2003, Rs. C–15/00 (Kommission/EIB), Slg. 2003, I–7281

Marit Sademach/Ulrich Häde

Inhaltsübersicht Rn.

A. Allgemeines

Die Vorschrift entspricht inhaltlich bis auf eine wenig geglückte sprachliche Korrektur in **1** Buchst. d Satz 2 (statt »Rat der EZB« heißt es seitdem »Rat der Gouverneure der Europäischen Zentralbank«)[1] dem bisherigen Art. 237 EGV, der wiederum mit Art. 180 EGV-Maastricht übereinstimmt. Sie begründet eine ausschließliche Zuständigkeit des EuGH für bestimmte Streitigkeiten, an denen die **Europäische Investitionsbank (EIB)** oder die **Europäische Zentralbank (EZB)** als Parteien am Rechtsstreit beteiligt sind. Sowohl die EIB als auch die EZB verfügen über eigene Rechtspersönlichkeit (Art. 308 Abs. 1 AEUV bezüglich EIB, Art. 282 Abs. 3 Satz 1 AEUV bezüglich EZB); allein die EZB zählt jedoch seit dem Inkrafttreten des Vertrags von Lissabon gemäß Art. 13 Abs. 1 UAbs. 2, 6. Gedstr. EUV zu den Organen der Union. Zusammensetzung, Aufgaben und Kompetenzen dieser Unionseinrichtungen ergeben sich aus den Art. 308 f. (EIB), 282 ff. (EZB) AEUV sowie aus den Satzungen der Banken, die als Protokolle Nr. 5 und Nr. 4 den Verträgen beigefügt und damit gemäß Art. 51 EUV deren Bestandteile sind.[2]

Die EZB genießt auf vielerlei Ebenen die **Unabhängigkeit einer Zentralbank**.[2] Funk- **2** tionelle Unabhängigkeit kommt ihr infolge der Übertragung eines konkreten Primärziels, nämlich der Gewährleistung der Preisstabilität, durch Art. 127 Abs. 1 AEUV zu.

---

[1] Das Unionsrecht bezeichnet dieses Organ sonst als Rat der Europäischen Zentralbank (Art. 129 Abs. 1, 283 Abs. 1, 284 Abs. 1 AEUV) oder EZB-Rat (so durchgehend die ESZB-Satzung und früher auch im EG-Vertrag).

[2] Näher dazu *Siekmann*, Die Unabhängigkeit von EZB und Bundesbank nach geltendem Recht und dem Vertrag über eine Verfassung für Europa, in: Baums (Hrsg.), Helmut Siekmann – Eine stabile Geld-, Währungs- und Finanzordnung, Gesammelte Schriften, 2013, S. 11; *Zeitler*, Die Unabhängigkeit der Notenbank – institutionelle Voraussetzung für Wachstum und Wohlstand, GS Blumenwitz, 2008, S. 981 (988 ff.).

Auf ihre institutionelle Autonomie verweisen die Art. 130, 282 Abs. 3 Satz 3 und 4 AEUV sowie Art. 7 ESZB-Satzung. Nicht zuletzt trägt die **Rechtspersönlichkeit** der EZB, durch die sie sich von anderen Unionsorganen abhebt, in besonderer Weise zu ihrer Unabhängigkeit bei.[3] Auch die funktionelle und institutionelle **Autonomie der EIB** gründet in eben jener, ihr zuerkannten und von der Union zu unterscheidenden Rechtspersönlichkeit. Zudem leitet sie sich daraus ab, dass die EIB zur Erfüllung ihrer Aufgaben nach Art. 309 AEUV in völliger Selbständigkeit auf den Kapitalmärkten operieren können muss und hierzu von ihren eigenen Organen verwaltet und geleitet wird; darüber hinaus verfügt sie über einen eigenen Haushalt.[4]

3   Einerseits ist es Ausdruck dieser Autonomie, wenn Art. 27 Abs. 1 EIB-Satzung und **Art. 35.2 ESZB-Satzung** regeln, dass Rechtsstreitigkeiten zwischen den Banken und ihren Gläubigern, Schuldnern oder dritten Personen der Entscheidung der zuständigen nationalen Gerichte der jeweiligen Staaten obliegen.[5] Andererseits ist die Europäische Union eine Rechtsgemeinschaft,[6] der die EIB und die EZB als durch den AEUV (vormals Art. 8 und 9 EGV) errichtete und mit Rechtspersönlichkeit ausgestattete Einrichtungen der Union[7] angehören. Beide unterliegen damit auch der **Kontrolle durch die europäische Gerichtsbarkeit.**[8]

4   Die hier kommentierte Vorschrift regelt deshalb **Ausnahmen** von der in den Art. 27 Abs. 1 EIB-Satzung und Art. 35.2 ESZB-Satzung enthaltenen grundsätzlichen Zuweisung an die Gerichte der Mitgliedstaaten und weist bestimmte Streitigkeiten, an denen die EIB oder die EZB bzw. ihre Organe beteiligt sind, der Unionsgerichtsbarkeit zu.[9] Diesem Vorgehen stehen die genannten Satzungsbestimmungen auch nicht entgegen, da die durch sie vorgenommene prinzipielle Zuordnung ausdrücklich »vorbehaltlich der Zuständigkeiten, die dem Gerichtshof der Europäischen Union zuerkannt sind« erfolgt.[10]

---

[3] *Palm*, in: Grabitz/Hilf/Nettesheim, EU, Art. 282 AEUV (Oktober 2011), Rn. 30.

[4] EuGH, Urt. v. 3.3.1988, Rs. 85/86 (Kommission/EIB), Slg. 1988, 1281, Rn. 28f.; Urt. v. 10.7. 2003, Rs. C–15/00 (Kommission/EIB), Slg. 2003, I–7281, Rn. 101f.

[5] Vgl. *Ehricke*, in: Streinz, EUV/AEUV, Art. 271 AEUV, Rn. 2; *Pache*, in: Vedder/Heintschel v. Heinegg, Europäisches Unionsrecht, Art. 271 AEUV, Rn. 3.

[6] EuGH, Urt. v. 10.7.2003, Rs. C–15/00 (Kommission/EIB), Slg. 2003, I–7281, Rn. 75; EuG, Urt. v. 20.9.2011, Rs. T–461/08 (Evropaïki Dynamiki/EIB), Slg. 2011, II–6367, Rn. 46. S. auch *Hallstein*, Die Europäische Gemeinschaft, 5. Aufl., 1979, S. 51ff., und *Ortlepp*, Das Vertragsverletzungsverfahren als Instrument zur Sicherung der Legalität im Europäischen Gemeinschaftsrecht, 1987, S. 63.

[7] EuGH, Urt. v. 15.6.1976, Rs. 110/75 (Mills/EIB), Slg. 1976, 955, Rn. 14; Urt. v. 3.3.1988, Rs. 85/86 (Kommission/EIB), Slg. 1988, 1281, Rn. 24; Urt. v. 2.12.1992, Rs. C–370/89 (SGEEM und Etroy/EIB), Slg. 1992, I–6211, Rn. 13; Urt. v. 10.7.2003, Rs. C–15/00 (Kommission/EIB), Slg. 2003, I–7281, Rn. 75; Urt. v. 10.7.2003, Rs. C–11/00 (Kommission/EZB), Slg. 2003, I–7147, Rn. 64; EuG, Urt. v. 20.9.2011, Rs. T–461/08 (Evropaïki Dynamiki/EIB), Slg. 2011, II–6367, Rn. 46.

[8] EuGH, Urt. v. 10.7.2003, Rs. C–15/00 (Kommission/EIB), Slg. 2003, I–7281, Rn. 75; Urt. v. 10.7.2003, Rs. C–11/00 (Kommission/EZB), Slg. 2003, I–7147, Rn. 135; EuG, Urt. v. 20.9.2011, Rs. T–461/08 (Evropaïki Dynamiki/EIB), Slg. 2011, II–6367, Rn. 46. Zu Einschränkungen der Kontrolldichte s. *Gramlich*, S. 1005, 1020f.

[9] *Karpenstein*, in: Grabitz/Hilf/Nettesheim, EU, Art. 271 AEUV (August 2011), Rn. 1.

[10] EuGH, Urt. v. 2.12.1992, Rs. C–370/89 (SGEEM und Etroy/EIB), Slg. 1992, I–6211, Rn. 18.

B. Praktische Bedeutung

In der Praxis hat Art. 271 AEUV bislang kaum Bedeutung erlangt.[11] Aus Anlass eines auf   5
Art. 180 Buchst. c EGV-Maastricht gestützten Verfahrens stellte das Gericht (EuG) bereits 1993 klar, dass eine Ausdehnung der nach dem Wortlaut der Vorschrift auf die Mitgliedstaaten sowie die Kommission beschränkten Klageberechtigung auf Dritte (natürliche/juristische Personen) nicht in Betracht kommt.[12]

Im Anwendungsbereich des Buchst. d mag der **restriktive Gebrauch der Klagemög-**   6
lichkeit in folgenden Umständen begründet liegen: Vordringliche Aufgabe des nach Art. 282 Abs. 1 Satz 1 AEUV aus der EZB und den nationalen Zentralbanken aller Mitgliedstaaten bestehenden Europäischen Systems der Zentralbanken (ESZB) ist es, die Geldpolitik der Union festzulegen und auszuführen (Art. 127 Abs. 2, 1. Gedstr. AEUV). Zu ihrer Erfüllung ist das ESZB auf Einheitlichkeit und Effizienz bei der Beachtung der nach Art. 12.1 ESZB-Satzung von der EZB vorgegebenen Entscheidungen angewiesen.[13] Aus diesem Grund besteht die Notwendigkeit, nationale Zentralbanken, die eine eigene, weniger stabilitätsorientierte und damit Art. 14.3 Satz 1 ESZB-Satzung widersprechende Geldpolitik betreiben, in ihre Schranken zu weisen.[14] Jedoch ist mit der Geldpolitik auch einer der empfindlichsten Politikbereiche der Union berührt.[15] Von gerichtlichen Entscheidungen auf diesem Gebiet können daher destruktive Effekte hinsichtlich der Reaktion der Finanzmärkte ausgehen. Erstrebenswerter erscheint somit eine **außergerichtliche Klärung** derartiger Dissonanzen, die insbesondere das (Vor-) Verfahren nach Art. 35.6 Satz 2 ESZB-Satzung ermöglicht.[16] Die Bedeutung des Buchst. d besteht folglich wohl eher in der für die nationalen Zentralbanken deutlich werdenden Mahnung und Absicherung, geldpolitische Weisungen letzten Endes auch gerichtlich durchsetzen lassen zu können.[17] Darüber hinaus gibt es auch im nationalen Rahmen eher wenige Gerichtsentscheidungen, die das Handeln von Zentralbanken betreffen.[18]

C. Zuständigkeit des Gerichtshofs für Streitigkeiten betreffend die EIB

Buchst. a bis c regeln die Zuständigkeit des EuGH für bestimmte, die EIB betreffende   7
Streitigkeiten. Die Kompetenzzuweisung hat insofern besondere Bedeutung, als es sich bei der **EIB** um **kein Organ der Union** handelt, sondern um eine auf der Grundlage von Art. 9 EGV errichtete, unmittelbar im Vertrag vorgesehene Institution (Art. 308 f. AEUV). Als solche unterliegt ihre Tätigkeit nämlich nicht in demselben Maße den Klagemöglichkeiten, die gegenüber dem Handeln der Unionsorgane bestehen (vgl. insbe-

---

[11] *Ehricke*, in: Streinz, EUV/AEUV, Art. 271 AEUV, Rn. 3; *Frenz*, Handbuch Europarecht, Band 5, Rn. 3145.

[12] EuG, Beschl. v. 26.11.1993, Rs. T–460/93 (Tête u. a./EIB), Slg. 1993, II–1257, Rn. 16 ff.; *Dunnett*, CMLRev. 31 (1994), 721 (756).

[13] *Selmayr*, AöR 124 (1999), 357 (392).

[14] Vgl. *Endler*, S. 483, 489; *Hahn/Häde*, Währungsrecht, § 19, Rn. 1.

[15] Vgl. *Hahn/Häde*, ZHR 165 (2001), 30 (45 f.); *Schütz*, EuR 2001, 291 (296 f.); *Selmayr*, AöR 124 (1999), 357 (377, 391).

[16] *Hahn/Häde*, Währungsrecht, § 16, Rn. 126; *Karpenstein*, in: Grabitz/Hilf/Nettesheim, EU, Art. 271 AEUV (August 2011), Rn. 2, 31; *Selmayr*, AöR 124 (1999), 357 (392).

[17] *Ehricke*, in: Streinz, EUV/AEUV, Art. 271 AEUV, Rn. 3; *Endler*, S. 491.

[18] Vgl. *Gramlich*, S. 1002.

sondere Art. 263 und 265 AEUV). Da die EIB jedoch substanziellen Vertragszielen verpflichtet ist und eine Justiziabilität ihrer Handlungen daher als sachgerecht erscheint,[19] statuieren die Buchst. a bis c einen Teil der Klagemöglichkeiten in Bezug auf die EIB. Wegen ihrer weitreichenden Folgen für das Unionssystem und die Rechte und Pflichten der Mitgliedstaaten sind diese Streitsachen bislang nicht erstinstanzlich auf das EuG übertragen worden, sondern nach wie vor der **Gerichtsbarkeit des EuGH** unterstellt.[20]

I. Klagen gegen die Mitgliedstaaten wegen der Verletzung ihrer Pflichten aus der EIB-Satzung (Buchst. a)

1. Zulässigkeit der Klage

8   Gemäß Art. 271 Buchst. a AEUV ist der EuGH in Streitsachen über die **Erfüllung der Verpflichtungen der Mitgliedstaaten** aus der Satzung der EIB zuständig. Der Verwaltungsrat der EIB hat hierbei die Befugnisse, die nach Art. 258 AEUV der Kommission zustehen; er verfügt damit als allein Klageberechtigter über das Recht zur Einleitung und Durchführung des Verfahrens. Die Stellung des angegriffenen Mitgliedstaates und des EuGH ist jedoch in beiden Verfahren dieselbe.[21] Dem Verweis auf Art. 258 AEUV ist zudem zu entnehmen, dass die dort niedergelegten Verfahrensgrundsätze auch auf das **spezielle Vertragsverletzungsverfahren** des Buchst. a Anwendung finden.[22] Es bedarf daher insbesondere der ordnungsgemäßen Durchführung eines Vorverfahrens, welches ein vorheriges Mahnschreiben, gegebenenfalls eine Anhörung des betreffenden Mitgliedstaates sowie eine mit Gründen versehene Stellungnahme erfordert.[23] Erst nach ergebnislosem Ablauf der darin gesetzten angemessenen Frist zur Beendigung des vertragswidrigen Zustands kann der EuGH angerufen werden.[24]

9   Sind die Mitgliedstaaten der Ansicht, ein anderer Mitgliedstaat habe gegen seine Verpflichtungen aus der EIB-Satzung verstoßen, steht ihnen zwar nicht die Klagemöglichkeit aus Buchst. a zur Verfügung; sie können aber ein **eigenes Vertragsverletzungsverfahren nach Art. 259 AEUV** einleiten,[25] da die EIB-Satzung gemäß Art. 51 EUV Bestandteil der Verträge ist und damit an deren Verbindlichkeit für die Mitgliedstaaten teilhat.[26] In einem solchen Verfahren tritt dann entsprechend der Regelung in Buchst. a

---

[19] Vgl. *Frenz*, Handbuch Europarecht, Band 5, Rn. 3090.

[20] *Frenz*, Handbuch Europarecht, Band 5, Rn. 3108, der insoweit auf die fehlende Nennung von Art. 271 in Art. 256 AEUV verweist, und *Schwarz*, in: Rengeling/Middeke/Gellermann, Rechtsschutz in der EU, § 13, Rn. 32, der auf einen Umkehrschluss aus Art. 3 des Beschlusses des Rates vom 24.10. 1988 zur Errichtung eines Gerichts erster Instanz der Europäischen Gemeinschaften (88/591/EGKS, EWG, Euratom), ABl. 1988 L 319/1, berichtigt in ABl. 1989 L 241/4, abstellt.

[21] *Ehricke*, in: Streinz, EUV/AEUV, Art. 271 AEUV, Rn. 6; *Schwarze*, in: Schwarze, EU-Kommentar, Art. 271 AEUV, Rn. 3.

[22] *Borchardt*, in: Lenz/Borchardt, EU-Verträge, Art. 271, Rn. 1; *Frenz*, Handbuch Europarecht, Band 5, Rn. 3112.

[23] Ausführlich zum Vorverfahren *Cremer*, in: Calliess/Ruffert, EUV/AEUV, Art. 258 AEUV, Rn. 5 ff.; *Hahn/Häde*, Währungsrecht, § 16, Rn. 126 ff.; *Karpenstein*, in: Grabitz/Hilf/Nettesheim, EU, Art. 258 AEUV (Mai 2013), Rn. 28 ff.

[24] *Frenz*, Handbuch Europarecht, Band 5, Rn. 3112; *Schwarz*, in: Rengeling/Middeke/Gellermann, Rechtsschutz in der EU, § 13, Rn. 26.

[25] Vgl. *Gaitanides*, in: GSH, Europäisches Unionsrecht, Art. 271 AEUV, Rn. 4.

[26] *Ehricke*, in: Streinz, EUV/AEUV, Art. 271 AEUV, Rn. 6; *Pache*, in: Vedder/Heintschel v. Heinegg, Europäisches Unionsrecht, Art. 271 AEUV, Rn. 6; *Schwarz*, in: Rengeling/Middeke/Gellermann, Rechtsschutz in der EU, § 13, Rn. 21; *Schwarze*, in: Schwarze, EU-Kommentar, Art. 271 AEUV, Rn. 5.

Satz 2 der Verwaltungsrat der EIB an die Stelle der Kommission.[27] Die Kommission selbst hat hingegen aus Gründen der Spezialität des Art. 271 im Verhältnis zu Art. 258 AEUV keine Möglichkeit, ein Vertragsverletzungsverfahren wegen mitgliedstaatlicher Verstöße gegen die EIB-Satzung einzuleiten.[28]

2. Begründetheit der Klage

Die Klage ist begründet, wenn das gerügte mitgliedstaatliche Verhalten tatsächlich im **Widerspruch zu den** aus der EIB-Satzung resultierenden **Pflichten** steht, wofür der Verwaltungsrat der EIB die Beweislast trägt.[29] Auf ein Verschulden des jeweiligen Mitgliedstaats kommt es nicht an; er haftet vielmehr ohne ein solches für seine Organe und Einrichtungen.[30] Zu den Obliegenheiten der Mitgliedstaaten aus der EIB-Satzung gehören insbesondere die Pflicht zur Einzahlung eines Kapitalanteils (Art. 5 EIB-Satzung), zur ordnungsgemäßen Besetzung des Rats der Gouverneure (Art. 7 Abs. 1 EIB-Satzung) sowie zur Transferierung von Tilgungen, Zinsen und Provisionen (Art. 23 Abs. 4 EIB-Satzung).

10

3. Gerichtliche Entscheidung

Aufgrund des engen Zusammenhangs zum Vertragsverletzungsverfahren nach den Art. 258 ff. AEUV richtet sich die abschließende Entscheidung des EuGH nach Art. 260 Abs. 1 AEUV. Es ergeht also ein **Feststellungsurteil**, in welchem der EuGH konstatiert, ob der betreffende Mitgliedstaat gegen eine Verpflichtung aus der EIB-Satzung verstoßen hat.[31] Im Falle einer festgestellten Pflichtverletzung hat der Mitgliedstaat unverzüglich[32] die Maßnahmen zu ergreifen, die sich aus dem Urteil des Gerichtshofs ergeben (Art. 260 Abs. 1 AEUV). Kommt er dieser Verpflichtung nicht nach, besteht für den Verwaltungsrat der EIB gemäß Art. 260 Abs. 2 AEUV die Möglichkeit, beim EuGH die Zahlung eines Pauschalbetrages oder Zwangsgeldes zu beantragen und so den Satzungsverstoß sanktionieren zu lassen.[33]

11

---

[27] *Kotzur*, in: Geiger/Khan/Kotzur, EUV/AEUV, Art. 271 AEUV, Rn. 4; *Wegener*, in: Calliess/Ruffert, EUV/AEUV, Art. 271 AEUV, Rn. 2.

[28] *Ehricke*, in: Streinz, EUV/AEUV, Art. 271 AEUV, Rn. 6; *Pache*, in: Vedder/Heintschel v. Heinegg, Europäisches Unionsrecht, Art. 271 AEUV, Rn. 6; *Schima*, in: Mayer/Stöger, EUV/AEUV, Art. 271 AEUV (2013), Rn. 5.

[29] *Frenz*, Handbuch Europarecht, Band 5, Rn. 3113; *Karpenstein*, in: Grabitz/Hilf/Nettesheim, EU, Art. 271 AEUV (August 2011), Rn. 9; *Pache*, in: Vedder/Heintschel v. Heinegg, Europäisches Unionsrecht, Art. 271 AEUV, Rn. 7.

[30] *Ehricke*, in: Streinz, EUV/AEUV, Art. 271 AEUV, Rn. 6.

[31] *Schwarz*, in: Rengeling/Middeke/Gellermann, Rechtsschutz in der EU, § 13, Rn. 29.

[32] *Cremer*, in: Calliess/Ruffert, EUV/AEUV, Art. 260 AEUV, Rn. 6; *Karpenstein*, in: Grabitz/Hilf/Nettesheim, EU, Art. 271 AEUV (August 2011), Rn. 10.

[33] *Frenz*, Handbuch Europarecht, Band 5, Rn. 3114; *Gaitanides*, in: GSH, Europäisches Unionsrecht, Art. 271 AEUV, Rn. 6; *Heidig*, S. 174 f.; *Schwarze*, in: Schwarze, EU-Kommentar, Art. 271 AEUV, Rn. 4, 11. A. A. *Ehricke*, in: Streinz, EUV/AEUV, Art. 271 AEUV, Rn. 10; *Karpenstein*, in: Grabitz/Hilf/Nettesheim, EU, Art. 271 AEUV (August 2011), Rn. 11; *Krück*, in: GTE, EUV/EGV, Art. 180 EGV, Rn. 6; *Schima*, in: Mayer/Stöger, EUV/AEUV, Art. 271 AEUV (2013), Rn. 9; *Schwarz*, in: Rengeling/Middeke/Gellermann, Rechtsschutz in der EU, § 13, Rn. 30 f.

II. Klagen gegen Beschlüsse des Rates der Gouverneure der EIB (Buchst. b)

1. Zulässigkeit der Klage

12 Nach Buchst. b ist der EuGH zuständig in Streitsachen über die Beschlüsse des Rates der Gouverneure der EIB. **Klagebefugt** sind ausschließlich die Mitgliedstaaten, die Kommission sowie der Verwaltungsrat der EIB.[34] Diese können nach Maßgabe des Art. 263 AEUV Klage erheben. Natürlichen und juristischen Personen steht die Klageberechtigung auch dann nicht zu, wenn sie durch den angegriffenen Beschluss individuell und unmittelbar betroffen sind. Diese den Rechtsschutz einschränkende Abweichung von Art. 263 Abs. 4 AEUV resultiert aus dem Bestreben, die Tätigkeit der EIB dem Einfluss von Privatpersonen zu entziehen.[35] **Klagegegner** ist der Rat der Gouverneure der EIB, nicht die Bank selbst.[36]

13 **Klagegegenstand** sind Beschlüsse des Rates der Gouverneure.[37] Durch den Verweis auf Art. 263 AEUV wird deutlich, dass unter dem Begriff »Beschlüsse« alle rechtsverbindlichen Handlungen des Rates der Gouverneure der EIB zu verstehen sind, die Außenwirkung entfalten.[38] Das Vorliegen der notwendigen Rechtsverbindlichkeit ist im Einzelfall anhand der dem Rat der Gouverneure durch Art. 7 Abs. 3 EIB-Satzung zugewiesenen Aufgaben und Kompetenzen zu beurteilen.[39] Empfehlungen und Stellungnahmen sind hingegen auch dann nicht angreifbar, wenn sie als Beschluss ergehen, denn Art. 263 schließt sie ausdrücklich aus seinem Anwendungsbereich aus.[40]

14 Buchst. b Satz 2 verweist umfassend auf Art. 263 AEUV, so dass auch die übrigen Sachentscheidungsvoraussetzungen der **Nichtigkeitsklage** gegeben sein müssen.[41] Die Anfechtung des Beschlusses hat sich demnach insbesondere auf einen der in Art. 263 Abs. 2 AEUV genannten Klagegründe zu stützen und innerhalb der Zweimonatsfrist des Art. 263 Abs. 6 AEUV zu erfolgen. Im Hinblick auf das **Rechtsschutzbedürfnis** genügt die (theoretische) Möglichkeit, dass der streitgegenständliche Beschluss den Klageberechtigten beschweren könnte.[42]

---

[34] Vgl. z. B. *Borchardt*, in: Lenz/Borchardt, EU-Verträge, Art. 271, Rn. 4.

[35] *Ehricke*, in: Streinz, EUV/AEUV, Art. 271 AEUV, Rn. 12; *Gaitanides*, in: GSH, Europäisches Unionsrecht, Art. 271 AEUV, Rn. 10; *Wegener*, in: Calliess/Ruffert, EUV/AEUV, Art. 271 AEUV, Rn. 3.

[36] Vgl. nur *Pache*, in: Vedder/Heintschel v. Heinegg, Europäisches Unionsrecht, Art. 271 AEUV, Rn. 9. In dem Beschl. v. 3.7.1986, Rs. 85/86 (Kommission/EIB), Slg. 1986, 2215, Rn. 6, hat der EuGH die fehlerhafte Bezeichnung des Klagegegners (EIB statt Rat der Gouverneure) jedoch für unbeachtlich erklärt; hier ergab sich aus dem Rubrum der Klageschrift als Ziel der Klage »die Aufhebung des Beschlusses des Rates der Gouverneure der Bank«.

[37] In seinem Urt. v. 10.7.2003, Rs. C–15/00 (Kommission/EIB), Slg. 2003, I–7281, Rn. 72 ff., hat der EuGH es genügen lassen, dass der in diesem Fall vom Direktorium der EIB erlassene Rechtsakt materiell in die Zuständigkeit des Rates der Gouverneure fiel.

[38] *Ehricke*, in: Streinz, EUV/AEUV, Art. 271 AEUV, Rn. 13; *Karpenstein*, in: Grabitz/Hilf/Nettesheim, EU, Art. 271 AEUV (August 2011), Rn. 15. A. A. *Krück*, in: GTE, EUV/EGV, Art. 180 EGV, Rn. 9, und *Schwarz*, in: Rengeling/Middeke/Gellermann, Rechtsschutz in der EU, § 13, Rn. 37, die beide Wirkungen im Innenverhältnis des Organs genügen lassen.

[39] *Frenz*, Handbuch Europarecht, Band 5, Rn. 3117; *Karpenstein*, in: Grabitz/Hilf/Nettesheim, EU, Art. 271 AEUV (August 2011), Rn. 15.

[40] *Gaitanides*, in: GSH, Europäisches Unionsrecht, Art. 271 AEUV, Rn. 8; *Schwarz*, in: Rengeling/Middeke/Gellermann, Rechtsschutz in der EU, § 13, Rn. 37.

[41] *Ehricke*, in: Streinz, EUV/AEUV, Art. 271 AEUV, Rn. 13.

[42] EuGH, Urt. v. 3.3.1988, Rs. 85/86 (Kommission/EIB), Slg. 1988, 1281, Rn. 13. S. auch GA *Mancini*, Schlussanträge zu Rs. 85/86 (Kommission/EIB), Slg. 1988, 1292 (1299).

2. Begründetheit der Klage

Die Bezugnahme auf Art. 263 in Satz 2 AEUV zeigt, dass es sich bei Klagen nach **15** Buchst. b um eine besondere Form der Nichtigkeitsklage handelt; eine Untätigkeit des Rates der Gouverneure kann damit nicht angegriffen werden.[43] Die Klage ist demzufolge begründet, wenn der Beschluss des Rates der Gouverneure einen der in Art. 263 Abs. 2 AEUV enumerativ[44] genannten Nichtigkeitsgründe aufweist. Als **Prüfungsmaßstab** dient dem EuGH das gesamte primäre und sekundäre Unionsrecht einschließlich seiner allgemeinen Rechtsgrundsätze, nicht nur die EIB-Satzung.[45] Es handelt sich dabei um eine **reine Rechtmäßigkeitsprüfung**; die Zweckmäßigkeit des streitbefangenen Beschlusses wird nicht überprüft.[46] Anders als die Beschlüsse des Verwaltungsrats der EIB (vgl. Buchst. c) unterliegen die Beschlüsse des Rates der Gouverneure allerdings einer umfassenden Rechtskontrolle durch den EuGH.[47]

3. Gerichtliche Entscheidung

Mangels einer in Buchst. b enthaltenen speziellen Regelung richtet sich die Entschei- **16** dung des EuGH nach den für die Nichtigkeitsklage geltenden allgemeinen Vorschriften der Art. 264 und Art. 266 AEUV.[48] Ist die Klage zulässig und begründet, erklärt der EuGH daher entsprechend Art. 264 AEUV den angefochtenen Beschluss für nichtig und hebt ihn rechtsgestaltend auf.[49] Den Rat der Gouverneure trifft dann die Pflicht, die sich aus dem Urteil ergebenden Maßnahmen zu ergreifen.

III. Klagen gegen Beschlüsse des Verwaltungsrats der EIB (Buchst. c)

1. Zulässigkeit der Klage

Gemäß Buchst. c ist der EuGH zuständig in Streitsachen über die Beschlüsse des Ver- **17** waltungsrats der EIB. Im Unterschied zu den Beschlüssen des Rates der Gouverneure, bei denen sich die Kontrolle durch den EuGH auf sämtliche in Art. 263 Abs. 2 AEUV genannten Gründe erstreckt (s. Rn. 15), werden die Beschlüsse des Verwaltungsrats beschränkt auf die Verletzung der Formvorschriften des Art. 19 Abs. 2 und 5–7 EIB-Satzung überprüft.[50] Klageberechtigt sind nur die Mitgliedstaaten und die Kommission.[51]

---

[43] *Frenz*, Handbuch Europarecht, Band 5, Rn. 3125; *Schwarz*, in: Rengeling/Middeke/Gellermann, Rechtsschutz in der EU, § 13, Rn. 39.

[44] *Pechstein*, EU-Prozessrecht, Rn. 523.

[45] *Karpenstein*, in: Grabitz/Hilf/Nettesheim, EU, Art. 271 AEUV (August 2011), Rn. 17. Vgl. auch *Schwarz*, in: Rengeling/Middeke/Gellermann, Rechtsschutz in der EU, § 13, Rn. 41. Dagegen sehen *Ehricke*, in: Streinz, EUV/AEUV, Art. 271 AEUV, Rn. 14, und *Pache*, in: Vedder/Heintschel v. Heinegg, Europäisches Unionsrecht, Art. 271 AEUV, Rn. 10, nur das primäre Unionsrecht als Prüfungsmaßstab an.

[46] *Frenz*, Handbuch Europarecht, Band 5, Rn. 3121; *Schwarz*, in: Rengeling/Middeke/Gellermann, Rechtsschutz in der EU, § 13, Rn. 41.

[47] Dazu *Karpenstein*, in: Grabitz/Hilf/Nettesheim, EU, Art. 271 AEUV (August 2011), Rn. 12.

[48] *Schwarz*, in: Rengeling/Middeke/Gellermann, Rechtsschutz in der EU, § 13, Rn. 42.

[49] Vgl. EuGH, Urt. v. 3.3.1988, Rs. 85/86 (Kommission/EIB), Slg. 1988, 1281, Rn. 34; *Dörr*, in: Grabitz/Hilf/Nettesheim, EU, Art. 264 AEUV (November 2012), Rn. 3; *Pechstein*, EU-Prozessrecht, Rn. 562.

[50] Zum Zweck der Begrenzung *Karpenstein*, in: Grabitz/Hilf/Nettesheim, EU, Art. 271 AEUV (August 2011), Rn. 19.

[51] *Borchardt*, in: Lenz/Borchardt, EU-Verträge, Art. 271, Rn. 6; *Pache*, in: Vedder/Heintschel v. Heinegg, Europäisches Unionsrecht, Art. 271 AEUV, Rn. 12.

Eine **Klageberechtigung** natürlicher und juristischer Personen hat die Rechtsprechung ausdrücklich abgelehnt.[52] Auch dem Rat der Gouverneure kommt kein Klagerecht zu; er übt durch seine in Art. 7 Abs. 2 Satz 2 und Abs. 3 EIB-Satzung niedergelegten Rechte Kontrolle über den Verwaltungsrat aus.[53] Aus Buchst. c i. V. m. Art. 19 Abs. 2 und Abs. 5–7 EIB-Satzung, die allein das Verfahren für die Vergabe von Darlehen sowie die Übernahme von Bürgschaften regeln, folgt, dass **Klagegegenstand** nur ein Beschluss des Verwaltungsrats zur Entscheidung über Darlehens- und Bürgschaftsanträge sein kann.[54] Zugleich lässt sich daraus die Schlussfolgerung ziehen, dass sonstige Beschlüsse des Verwaltungsrats nicht nach Buchst. c anfechtbar sind.[55] Überdies ist das pflichtwidrige Unterlassen, einen Beschluss zur Behandlung eines Darlehens- oder Bürgschaftsantrags zu fassen, nicht angreifbar, da es sich hier um einen besonderen Fall der Nichtigkeitsklage handelt.[56]

18   **Klagegegner** kann nur der Verwaltungsrat als das nach Art. 9 Abs. 1 UAbs. 1 EIB-Satzung für die Gewährung von Darlehen und Bürgschaften zuständige Organ sein.[57] Über die Verweisung in Buchst. c Satz 2 finden die übrigen Sachentscheidungsvoraussetzungen der **Nichtigkeitsklage** gemäß Art. 263 AEUV auch auf die Klage gegen Beschlüsse des Verwaltungsrats Anwendung. So ist der auf die Verletzung der in Art. 19 Abs. 2 und Abs. 5–7 EIB-Satzung enthaltenen Verfahrensvorschriften begrenzte Klagegrund gemäß Art. 120 Buchst. c EuGH VfO schlüssig darzulegen und die Zweimonatsfrist des Art. 263 Abs. 6 AEUV zu beachten.

2. Begründetheit der Klage

19   Ebenso wie bei der Klage nach Buchst. b gegen Beschlüsse des Rates der Gouverneure der EIB handelt es sich bei der Anfechtung von Beschlüssen des Verwaltungsrats aufgrund des auch in Buchst. c Satz 2 enthaltenen Verweises auf Art. 263 AEUV um einen speziellen Fall der Nichtigkeitsklage. Diese ist begründet, wenn dem Beschluss des Verwaltungsrats einer der in Art. 19 Abs. 2 und Abs. 5–7 EIB-Satzung aufgeführten **Nichtigkeitsgründe** anhaftet;[58] ein Rückgriff auf die in Art. 263 Abs. 2 genannten Nichtigkeitsgründe ist ausgeschlossen.[59] Die Beschlüsse werden nur hinsichtlich ihrer Rechtmäßigkeit einer Prüfung unterzogen; eine Zweckmäßigkeitsprüfung erfolgt nicht.[60]

---

[52] EuG, Beschl. v. 26.11.1993, Rs. T–460/93 (Tête u. a./EIB), Slg. 1993, II–1257, Rn. 16 ff.

[53] *Ehricke*, in: Streinz, EUV/AEUV, Art. 271 AEUV, Rn. 16.

[54] Vgl. z. B. *Borchardt*, in: Lenz/Borchardt, EU-Verträge, Art. 271, Rn. 7; *Kotzur*, in: Geiger/Khan/Kotzur, EUV/AEUV, Art. 271 AEUV, Rn. 6; *Krück*, in: GTE, EUV/EGV, Art. 180 EGV, Rn. 13; *Schwarze*, in: Schwarze, EU-Kommentar, Art. 271 AEUV, Rn. 7.

[55] *Ehricke*, in: Streinz, EUV/AEUV, Art. 271 AEUV, Rn. 16; *Karpenstein*, in: Grabitz/Hilf/Nettesheim, EU, Art. 271 AEUV (August 2011), Rn. 22.

[56] *Frenz*, Handbuch Europarecht, Band 5, Rn. 3125; *Schwarz*, in: Rengeling/Middeke/Gellermann, Rechtsschutz in der EU, § 13, Rn. 39. Im Ergebnis ebenso *Krück*, in: GTE, EUV/EGV, Art. 180 EGV, Rn. 20. A. A. *Ehricke*, in: Streinz, EUV/AEUV, Art. 271 AEUV, Rn. 16, und *Karpenstein*, in: Grabitz/Hilf/Nettesheim, EU, Art. 271 AEUV (August 2011), Rn. 22.

[57] *Gaitanides*, in: GSH, Europäisches Unionsrecht, Art. 271 AEUV, Rn. 13; *Schwarz*, in: Rengeling/Middeke/Gellermann, Rechtsschutz in der EU, § 13, Rn. 36.

[58] *Karpenstein*, in: Grabitz/Hilf/Nettesheim, EU, Art. 271 AEUV (August 2011), Rn. 24.

[59] *Ehricke*, in: Streinz, EUV/AEUV, Art. 271 AEUV, Rn. 17; *Pache*, in: Vedder/Heintschel v. Heinegg, Europäisches Unionsrecht, Art. 271 AEUV, Rn. 12.

[60] *Frenz*, Handbuch Europarecht, Band 5, Rn. 3126.

3. Gerichtliche Entscheidung

In Ermangelung spezieller Vorschriften richtet sich das Urteil des EuGH nach den für die   **20**
Nichtigkeitsklage geltenden Vorschriften.[61] Im Falle einer begründeten Klage hebt der
EuGH daher den Beschluss des Verwaltungsrats analog Art. 264 AEUV auf. Sind Rechte
Dritter zu schützen, soll der EuGH diejenigen Wirkungen bezeichnen können, die als
fortgeltend zu betrachten sind.[62]

D. Zuständigkeit des Gerichtshofs für Streitigkeiten innerhalb des ESZB (Buchst. d)

I. Grundlegendes

Die **Stellung der nationalen Zentralbanken** innerhalb der Union ist geprägt durch eine   **21**
besondere Konstellation. Zum einen stellen sie nach wie vor Einrichtungen der Mitgliedstaaten dar.[63] Zum anderen sind sie gemäß Art. 282 Abs. 1 Satz 1 AEUV Bestandteile
des ESZB. Die Währungspolitik der Union betreiben nach Art. 282 Abs. 1 Satz 2 AEUV
allerdings nur die EZB und die nationalen Zentralbanken der Mitgliedstaaten mit Eurowährung, die zusammen das Eurosystem bilden. Als solche sind sie die Akteure der
Geldpolitik und dem vorrangigen Ziel des ESZB verpflichtet, Preisstabilität zu gewährleisten (Art. 127 Abs. 1 Satz 1 AEUV). Die nationalen Zentralbanken sind damit in die
Rechtsordnung der Union eingegliedert.[64] Trotz der ihnen zugleich durch Art. 130
AEUV garantierten umfassenden Weisungsfreiheit,[65] bedarf es daher der Möglichkeit
einer Kontrolle ihrer Tätigkeit durch die Unionsgerichtsbarkeit.[66]

Die den nationalen Zentralbanken eingeräumte Unabhängigkeit schließt jedoch ein   **22**
Vertragsverletzungsverfahren aus, das die Kommission einleitet, um die Einflussnahme
des betreffenden Mitgliedstaats auf seine Zentralbank zu veranlassen.[67] Im Rahmen der
Änderung des EWG-Vertrags durch den Vertrag von Maastricht wurde infolgedessen
Buchst. d eingefügt.[68] Dieser statuiert ein **Aufsichtsverfahren,**[69] um Pflichtverstöße unmittelbar gegen die nationalen Zentralbanken geltend machen zu können, wobei es sich
insofern um eine Durchbrechung des Grundsatzes handelt, dass die Mitgliedstaaten für
das Handeln ihrer Organe einzustehen haben, mögen diese auch mit Unabhängigkeit
ausgestattet sein.[70]

---

[61] *Schwarz*, in: Rengeling/Middeke/Gellermann, Rechtsschutz in der EU, § 13, Rn. 42.

[62] Dazu *Karpenstein*, in: Grabitz/Hilf/Nettesheim, EU, Art. 271 AEUV (August 2011), Rn. 25.

[63] *Hahn/Häde*, ZHR 165 (2001), 30 (34 f.).

[64] In der Literatur ist von einer (klaren) Subordination der nationalen Zentralbanken innerhalb des
ESZB die Rede, *v. Borries*, ZEuS 1999, 281 (296); *Gaitanides*, in: GSH, Europäisches Unionsrecht,
Art. 271 AEUV, Rn. 18; *Koenig*, EuZW 1993, 661 (663). Vgl. auch *Potacs*, EuR 1993, 23 (32).

[65] Zur sachlichen Unabhängigkeit der nationalen Zentralbanken s. *v. Borries*, ZEuS 1999, 281
(301 f.), und *Hahn/Häde*, Währungsrecht, § 20, Rn. 26 ff.

[66] Dazu *Hahn/Häde*, ZHR 165 (2001), 30 (40 f.).

[67] *Gaiser*, EuR 2002, 517 (523); *Gaitanides*, S. 189.

[68] Ausführlich dazu *Karpenstein*, in: Grabitz/Hilf/Nettesheim, EU, Art. 271 AEUV (August 2011),
Rn. 26 f.

[69] *Schwarz*, in: Rengeling/Middeke/Gellermann, Rechtsschutz in der EU, § 13, Rn. 24; *Wegener*,
in: Calliess/Ruffert, EUV/AEUV, Art. 271 AEUV, Rn. 5.

[70] *Gaiser*, EuR 2002, 517 (523); *Goetze*, S. 175; *Schütz*, EuR 2001, 291 (304); *Zilioli/Selmayr*, The
Law of the European Central Bank, 2001, S. 33 f., 77.

23   Art. 139 AEUV erwähnt Buchst. d nicht unter jenen Vorschriften des AEUV, die für
die Mitgliedstaaten außerhalb der Eurozone nicht gelten. Daher findet das spezielle
Aufsichtsverfahren grundsätzlich auch auf die nationalen Zentralbanken dieser Mitgliedstaaten Anwendung.[71] Da ihnen im Rahmen des ESZB im Vergleich mit den voll
integrierten nationalen Zentralbanken der Mitgliedstaaten mit Eurowährung allerdings
nur sehr begrenzte Pflichten obliegen, sind Situationen, in denen ein Vorgehen nach
Buchst. d erforderlich wäre, sehr viel unwahrscheinlicher.

II. Zulässigkeit der Klage

24   Buchst. d regelt die **Zuständigkeit des EuGH** in Streitsachen über die Erfüllung der sich
aus den Verträgen und der ESZB-Satzung ergebenden Verpflichtungen durch die nationalen Zentralbanken. Das **Klagerecht** steht, wie Art. 35.6 ESZB-Satzung bestätigt, der
EZB als solcher zu, die gemäß Art. 35.5 ESZB-Satzung durch den EZB-Rat vertreten
wird,[72] dem insoweit die Organkompetenz zukommt.[73]

25   Mitgliedstaaten haben aufgrund der den nationalen Zentralbanken garantierten Unabhängigkeit kein Recht auf Einleitung eines Vertragsverletzungsverfahrens nach
Art. 259 AEUV gegen einen anderen Mitgliedstaat wegen des pflichtverletzenden Verhaltens seiner Zentralbank.[74] **Klagegegner** eines Verfahrens nach Buchst. d sind die nationalen Zentralbanken, nicht die Mitgliedstaaten.[75] **Klagegegenstand** ist die Erfüllung
der sich aus den Verträgen und der ESZB-Satzung ergebenden Verpflichtungen durch
die nationalen Zentralbanken.[76] Zu den Verpflichtungen aus der ESZB-Satzung gehören
nicht nur die Obliegenheiten gegenüber der Allgemeinheit, wie die Gewährleistung der
Preisstabilität, sondern auch die Pflichten, die die nationalen Zentralbanken im Innenverhältnis des ESZB treffen, wie die Erfüllung von Leitlinien und Weisungen der EZB
nach Art. 14.3 Satz 1 ESZB-Satzung.[77]

26   Aus der Verweisung auf Art. 258 AEUV in Satz 2 folgt die (sinngemäße) **Anwendung
der Verfahrensgrundsätze des Art. 258 AEUV**,[78] mit der einzigen Abweichung, dass die
Einleitung und Durchführung des Verfahrens dem EZB-Rat zufällt und nicht der

---

[71] Vgl. *Beutel*, Differenzierte Integration in der Europäischen Wirtschafts- und Währungsunion,
2006, S. 148. A. A. *Weinbörner*, S. 408.

[72] *Ehricke*, in: Streinz, EUV/AEUV, Art. 271 AEUV, Rn. 20; *Karpenstein*, in: Grabitz/Hilf/Net-
tesheim, EU, Art. 271 AEUV (August 2011), Rn. 28.

[73] *Herrmann*, in: Siekmann, EWU, Art. 35 ESZB-Satzung, Rn. 20.

[74] *Gaitanides*, in: GSH, Europäisches Unionsrecht, Art. 271 AEUV, Rn. 22; *Goetze*, S. 171 ff.;
Hahn/Häde, Währungsrecht, § 16, Rn. 128; *Kotzur*, in: Geiger/Khan/Kotzur, EUV/AEUV, Art. 271
AEUV, Rn. 7; *Manger-Nestler*, S. 303; *Schima*, in: Mayer/Stöger, EUV/AEUV, Art. 271 AEUV
(2013), Rn. 18; *Wegener*, in: Calliess/Ruffert, EUV/AEUV, Art. 271 AEUV, Rn. 6. A. A. *Schwarz*, in:
Rengeling/Middeke/Gellermann, Rechtsschutz in der EU, § 13, Rn. 21; *Schwarze*, in: Schwarze, EU-
Kommentar, Art. 271 AEUV, Rn. 10.

[75] *Endler*, S. 490; *Hahn/Häde*, Währungsrecht, § 16, Rn. 128; *Koenig*, EuZW 1993, 661 (663);
Potacs, EuR 1993, 23 (38).

[76] Zu möglichen Anwendungsfällen s. *Weinbörner*, S. 399 f.

[77] *Ehricke*, in: Streinz, EUV/AEUV, Art. 271 AEUV, Rn. 20; *Herrmann*, in: Siekmann, EWU,
Art. 35 ESZB-Satzung, Rn. 19; *Karpenstein*, in: Grabitz/Hilf/Nettesheim, EU, Art. 271 AEUV (Au-
gust 2011), Rn. 30; *Pache*, in: Vedder/Heintschel v. Heinegg, Europäisches Unionsrecht, Art. 271
AEUV, Rn. 15. Vgl. auch *Endler*, S. 490, und *Gaiser*, EuR 2002, 517 (522). A. A. *Weinbörner*, S. 398 f.
S. auch *Koenig*, EuZW 1993, 661 (663), der das Verfahren nach Art. 271 Buchst. d AEUV wohl
ausschließlich auf die Verhältnisse innerhalb des ESZB beschränkt.

[78] *Wegener*, in: Calliess/Ruffert, EUV/AEUV, Art. 271 AEUV, Rn. 5.

Kommission.[79] Wie Art. 35.6 ESZB-Satzung ergänzend regelt, legt die EZB »in der betreffenden Sache eine mit Gründen versehene Stellungnahme vor, nachdem sie der nationalen Zentralbank Gelegenheit zur Vorlage von Bemerkungen gegeben hat«. Erst dann, wenn die nationale Zentralbank dieser Stellungnahme nicht innerhalb der von der EZB gesetzten Frist entspricht, kann der EZB-Rat den EuGH anrufen.

Eine **Klagemöglichkeit der nationalen Zentralbanken** gegen die EZB bei Verletzung   **27** ihr obliegender Vertrags- und Satzungspflichten eröffnet Buchst. d nicht;[80] diese können sich nur bei Vorliegen der einschränkenden Voraussetzungen des Art. 263 Abs. 4 AEUV mit der Nichtigkeitsklage gegen sie betreffende Maßnahmen der EZB wehren.[81]

III. Begründetheit der Klage

Die Klage ist begründet, wenn die betreffende nationale Zentralbank tatsächlich gegen   **28** eine für sie aus den Verträgen oder der ESZB-Satzung bestehende Verpflichtung verstoßen hat. Den Beweis hierfür hat die EZB zu erbringen; deren Rat kann nach Art. 14.3 Satz 2 ESZB-Satzung aber verlangen, dass ihm hierzu alle erforderlichen Informationen zur Verfügung gestellt werden.[82]

IV. Gerichtliche Entscheidung

Gibt der EuGH der Klage statt, so stellt er fest, dass die betreffende nationale Zentral-   **29** bank gegen eine ihrer Verpflichtungen aus den Verträgen oder der ESZB-Satzung verstoßen hat; die Bank hat dann die Maßnahmen zu ergreifen, die sich aus dem Urteil des Gerichtshofs ergeben (Buchst. d Satz 3). Art. 260 Abs. 2 AEUV findet, anders als im Verfahren nach Buchst. a (s. Rn. 11), keine Anwendung.[83] Eine **Verhängung von Sanktionen** im Falle der Nichtbefolgung des Urteils **kommt danach nicht in Betracht**, denn die in Art. 260 Abs. 2 AEUV behandelten Zwangsmittel (Zahlung eines Pauschalbetrages oder eines Zwangsgeldes) richten sich ausdrücklich gegen die Mitgliedstaaten und können daher nicht auf Verfahren gegen die von ihnen unabhängigen nationalen Zentralbanken (vgl. Art. 130 AEUV und Art. 7 ESZB-Satzung) übertragen werden.[84]

E. Reichweite der Norm

Die Rechtsprechung sieht in Art. 271 AEUV eine »**Sonderbestimmung**«, die »ergän-   **30** zenden Charakter hat«[85] und die »die Fälle, in denen der Gerichtshof für Rechtsstreitig-

---

[79] *Frenz*, Handbuch Europarecht, Band 5, Rn. 3147.

[80] Vgl. *Hahn/Häde*, Währungsrecht, § 16, Rn. 132; *Koenig*, EuZW 1993, 661 (666); *Manger-Nestler*, S. 302; *Stadler*, S. 158, Fn. 182; *Weinbörner*, S. 400 f. A. A. *Hoppe*, S. 176.

[81] *Ehricke*, in: Streinz, EUV/AEUV, Art. 271 AEUV, Rn. 20; *Hahn/Häde*, ZHR 165 (2001), 30 (42); *Schwarz*, in: Rengeling/Middeke/Gellermann, Rechtsschutz in der EU, § 13, Rn. 21.

[82] *Karpenstein*, in: Grabitz/Hilf/Nettesheim, EU, Art. 271 AEUV (August 2011), Rn. 32.

[83] *Gaiser*, EuR 2002, 517 (522); *Gaitanides*, S. 192; *Herrmann*, in: Siekmann, EWU, Art. 35 ESZB-Satzung, Rn. 19; *Hahn/Häde*, Währungsrecht, § 16, Rn. 130 f.; *Kotzur*, in: Geiger/Khan/Kotzur, EUV/AEUV, Art. 271 AEUV, Rn. 7.

[84] *Ehricke*, in: Streinz, EUV/AEUV, Art. 271 AEUV, Rn. 21; *Frenz*, Handbuch Europarecht, Band 5, Rn. 3147; *Heidig*, S. 176 f.; *Manger-Nestler*, S. 305; *Schima*, in: Mayer/Stöger, EUV/AEUV, Art. 271 AEUV (2013), Rn. 17.

[85] EuGH, Urt. v. 15.6.1976, Rs. 110/75 (Mills/EIB), Slg. 1976, 955, Rn. 15/17.

keiten der Bank zuständig ist, nicht erschöpfend« aufzählt.[86] Die Vorschrift schließt daher weitere Rechtsstreitigkeiten unter Beteiligung der EIB vor der europäischen Gerichtsbarkeit nicht aus.[87] Selbiges gilt für die EZB; auch sie kann an anderen als den in Buchst. d genannten Rechtsstreitigkeiten beteiligt sein.[88] Für die EZB ergibt sich das aus ihrer ausdrücklichen Erwähnung in Art. 263 und 265 AEUV und ihrer Stellung als Organ der Union (s. Rn. 1). Darüber hinaus regelt Art. 35 ESZB-Satzung die gerichtliche Kontrolle des Verhaltens der EZB.

---

[86] EuGH, Urt. v. 2.12.1992, Rs. C–370/89 (SGEEM und Etroy/EIB), Slg. 1992, I–6211, Rn. 17.

[87] *Frenz*, Handbuch Europarecht, Band 5, Rn. 3128; *Gaitanides*, in: GSH, Europäisches Unionsrecht, Art. 271 AEUV, Rn. 15; *Schwarze*, in: Schwarze, EU-Kommentar, Art. 271 AEUV, Rn. 8.

[88] *v. Borries*, ZEuS 1999, 281 (308 ff.); *Endler*, S. 513 ff.; *Goetze*, S. 171 ff.

Artikel 272 AEUV [Zuständigkeit aufgrund einer Schiedsklausel]

Der Gerichtshof der Europäischen Union ist für Entscheidungen aufgrund einer Schiedsklausel zuständig, die in einem von der Union oder für ihre Rechnung abgeschlossenen öffentlich-rechtlichen oder privatrechtlichen Vertrag enthalten ist.

Literaturübersicht

Bleckmann, Der Verwaltungsvertrag als Handlungsmittel der Europäischen Gemeinschaften, DVBl 1981, 889; *Grunwald*, Die nicht-völkerrechtlichen Verträge der Europäischen Gemeinschaften, EuR 1984, 227.

Inhaltsübersicht

A. Überblick

Art. 272 AEUV ist abgesehen von der Neubezeichnung des Gerichtshofs (»Gerichtshof **1** der Europäischen Union«) durch den Vertrag von Lissabon nicht verändert worden. Gemäß Art. 272 AEUV ist der Gerichtshof »für Entscheidungen aufgrund einer Schiedsklausel zuständig, die in einem von der Union oder für ihre Rechnung abgeschlossenen öffentlich-rechtlichen oder privatrechtlichen Vertrag enthalten ist«. Derartige Schiedsklauseln sind konstitutiv für die Zuständigkeit des Gerichtshofs und erweitern somit dessen Befugnisse; sie sind dementsprechend als Ausnahmebestimmungen eng auszulegen.[1] Für ihre Wirksamkeit ist daher auch Voraussetzung, dass die Zuständigkeit der EU-Gerichte nicht bereits anderweitig durch den AEU-Vertrag begründet ist.[2] Die **ausschließliche Zuständigkeit des Gerichthofs** aufgrund einer Schiedsklausel gemäß Art. 272 AEUV führt zum Ausschluss der Zuständigkeit nationaler Gerichte, sofern die Klausel nicht ausdrücklich den Gerichtshof nur als Rechtsmittelinstanz benennt.[3] Liegt letzterer Fall nicht vor, so müsste ein gleichwohl angerufenes nationales Gericht sich daher von Amts wegen für unzuständig erklären und auch insoweit entgegenstehende nationale Vorschriften außer Anwendung lassen.[4] Allerdings steht es den Parteien des Vertrags aufgrund des freiwilligen Charakters derartiger Klauseln offen, die Schieds-

---

[1] EuGH, Urt. v. 18.12.1986, Rs. 426/85 (Kommission/Zoubek), Slg. 1986, 4057, Rn. 11; Urt. v. 20.2.1997, Rs. C–114/94 (IDE/Kommission), Slg. 1997, I–803, Rn. 82; Urt. v. 26.2.2015, verb. Rs. C–564/13 P (Planet/Kommission), ECLI:EU:C:2015:124, Rn. 22.
[2] *Ehricke*, in: Streinz, EUV/AEUV, Art. 272 AEUV, Rn. 11.
[3] *Karpenstein*, in: Grabitz/Hilf/Nettesheim, EU, Art. 272 AEUV (Mai 2013), Rn. 13; *Schwarze*, in: Schwarze, EU-Kommentar, Art. 272 AEUV, Rn. 4.
[4] EuGH, Urt. v. 8.4.1992, Rs. C–209/90 (Kommission/Feilhauer), Slg. 1992, I–2613, Rn. 13; Urt. v. 6.4.1995, Rs. C–299/93 (Bauer/Kommission), Slg. 1995, I–839, Rn. 11.

klausel und damit die Zuständigkeit des Gerichtshofs auch wieder aufzuheben. Dies gilt jedenfalls solange, wie der Gerichtshof noch kein Urteil gefällt hat.[5] Auch die Begründung einer **wahlweisen Zuständigkeit des Gerichtshofs und nationaler Gerichte ist mit Art. 272 AEUV nicht zu vereinbaren**; die Zuständigkeit des Gerichthofs kann nur als ausschließliche begründet werden.[6]

2   Die Begründung der Zuständigkeit des Gerichtshofs durch eine Schiedsklausel i. S. d. Art. 272 AEUV führt nicht dazu, dass der Gerichtshof die Stellung eines Schiedsgerichts im völkerrechtlichen oder innerstaatlichen Sinne erhielte.[7] Vielmehr wird er auch in diesem Falle als **Unionsorgan** tätig. Dies bedeutet, dass Aufgabe, Besetzung und Verfahren nicht von den Parteien vereinbart werden können, sondern aus den allgemeinen unionsrechtlichen Bestimmungen folgen.[8]

3   Vereinbart wird eine derartige Schiedsklausel zumeist dann, wenn ein spezifischer Bezug zu den Interessen der Union gegeben ist oder er der Umsetzung unionsrechtlicher Ziele dient.[9]

B.   Zulässigkeit der Klage

I.   Zuständigkeitsabgrenzung

4   In sachlicher Hinsicht richtet sich die Zuständigkeit nach Art. 256 Abs. 1 AEUV i. V. m. Art. 51 EuGH-Satzung, Art. 257 AEUV. Dies bedeutet, dass sämtliche Klagen – vorbehaltlich einer eventuellen Fachgerichtszuständigkeit nach Art. 257 AEUV – beim EuG zu erheben sind. Für Klagen der Mitgliedstaaten und Unionsorgane ist danach jedoch der EuGH zuständig. Die Zuständigkeit erstreckt sich auch auf Widerklagen der beklagten Partei bezüglich des gleichen Vertrags.[10]

II.   Wirksamkeit und Form der Schiedsklausel

5   Für die Zulässigkeit einer aufgrund einer Schiedsklausel erhobenen Klage ist zunächst die Wirksamkeit der Schiedsklausel erforderlich. Diese **von Amts wegen zu prüfende Frage**[11] beurteilt die Unionsgerichtsbarkeit allein anhand des Unionsrechts, das mit Art. 272 AEUV die Zuständigkeitsbegründung durch eine derartige Klausel vorsieht.[12] Dem steht nicht entgegen, dass die Begründetheit der Klage sich eventuell nach nationalem Recht richtet (s. Rn. 12). Sofern das nationale Recht jedoch ein vorher durchzuführendes Güteverfahren vorsieht, ist dies auch unionsrechtlich erheblich.[13] Ohne das Vorliegen einer zumindest konkludent[14] vereinbarten Schiedsklausel ist eine vor dem

[5] *Gaitanides*, in: GS, EUV/EGV, Art. 238 EGV, Rn. 3 f.
[6] *Cremer*, in: Calliess/Ruffert, EUV/AEUV, Art. 272 AEUV, Rn. 5.
[7] *Karpenstein*, in: Grabitz/Hilf/Nettesheim, EU, Art. 272 AEUV (Mai 2013), Rn. 2.
[8] *Cremer*, in: Calliess/Ruffert, EUV/AEUV, Art. 272 AEUV, Rn. 8.
[9] *Karpenstein*, in: Grabitz/Hilf/Nettesheim, EU, Art. 272 AEUV (Mai 2013), Rn. 5.
[10] *Karpenstein*, in: Grabitz/Hilf/Nettesheim, EU, Art. 272 AEUV (Mai 2013), Rn. 23.
[11] *Ehricke*, in: Streinz, EUV/AEUV, Art. 272 AEUV, Rn. 8.
[12] Vgl. EuGH, Urt. v. 7.12.1976, Rs. 23/76 (Pellegrini/Kommission), Slg. 1978, 1807, Rn. 9; dazu *Ehricke*, in: Streinz, EUV/AEUV, Art. 272 AEUV, Rn. 8; *Karpenstein*, in: Grabitz/Hilf/Nettesheim, EU, Art. 272 AEUV (Mai 2013), Rn. 6; *Schwarze*, in: Schwarze, EU-Kommentar, Art. 272 AEUV, Rn. 10.
[13] EuGH, Urt. v. 6.4.1995, Rs. C–299/93 (Bauer/Kommission), Slg. 1995, I–839, Rn. 20 ff.
[14] Vgl. EuG, Urt. v. 8.5.2007, Rs. T–271/04 (Citymo SA./Kommission), Slg. 2007, II–1375, Rn. 54 ff.

Gerichtshof gemäß Art. 272 AEUV erhobene Klage von vornherein unzulässig.[15] Allerdings »ist jede Formel, die darauf hinweist, dass die Parteien beabsichtigen, etwaige Streitigkeiten zwischen ihnen den nationalen Gerichten zu entziehen und den Gemeinschaftsgerichten zu unterwerfen, als ausreichend anzusehen, um die Zuständigkeit der Gemeinschaftsgerichte [...] herbeizuführen.«[16]

Gemäß Art. 272 AEUV muss die Schiedsklausel in dem Vertrag enthalten, also **Vertragsbestandteil** sein. Nach Art. 38 § 6 VerfO-EuGH a. F. musste eine Ausfertigung der Schiedsklausel zusammen mit der Klageschrift bei Erhebung der Klage der Klageschrift beigefügt werden und bedarf daher der Schriftform. In der neuen Fassung verweist Art. 122 Abs. 2 VerfO-EuGH jedoch lediglich auf Art. 273 AEUV. Allerdings stellt die Rechtsprechung keine hohen Anforderungen an die Wahrung der Schriftform. Demgemäß genügt es, wenn die Klausel in einem der Papiere enthalten ist, auf das die Parteien Bezug nehmen, auch wenn dieses Dokument erst sehr viel später vereinbart worden ist.[17] Gleichfalls soll es genügen, dass die Schiedsklausel lediglich in der von dem Vertrag in Bezug genommenen Verdingungsordnung der EU enthalten ist.[18] Ausreichen soll es sogar, wenn die Klausel in eine EU-Verordnung aufgenommen wird, auf deren Grundlage vertragliche Beziehungen mit einem Unionsorgan durchgeführt werden sollen.[19] Den Vertragsparteien ist im Übrigen freigestellt, ob sie alle oder nur genau definierte Streitigkeiten aus dem Vertrag durch die Schiedsklausel der Entscheidung durch den Gerichtshof zuführen wollen.   6

III. Natur des die Schiedsklausel enthaltenden Vertrags/Vertragsparteien/ Vertragsgegenstand

Die Schiedsklausel muss in einem öffentlich-rechtlichen oder privatrechtlichen Vertrag enthalten sein, bei dem die Union Vertragspartei ist oder der für ihre Rechnung abgeschlossen worden ist. Hinsichtlich der **Stellung der Union als Vertragspartei** reicht es aus, wenn eines ihrer in Art. 13 Abs. 1 UAbs. 2 EUV aufgeführten Organe oder eine ihrer Einrichtungen/Stellen in dem Vertrag genannt wird. Wenn die Union ein materielles Interesse an dem Vertrag hat und der Vertrag Wirkung für den Unionshaushalt hat, kann auch durch organschaftlich nicht verselbständigte Einrichtungen der EU, wie dem Wirtschafts- und Sozialausschuss oder verschiedener Fonds, für Rechnung der Union, also mit Wirkung für den Unionshaushalt gehandelt werden.[20] Die Nennung der Organe oder Einrichtungen als Vertragspartner anstelle der dadurch verpflichteten Union ist unschädlich.[21] Als Vertragspartner kommen alle rechtsfähigen natürlichen und juristischen Personen, die Mitgliedstaaten, Drittstaaten und internationale Organisationen und sogar rechtlich selbständige Unionsorganisationen (EIB, EZB) in Betracht. Verträge, wel-   7

---

[15] EuG, Beschl. v. 18.7.1997, Rs. T–180/95 (Nutria/Kommission), Slg. 1997, II–1317, Rn. 39; Beschl. v. 18.7.1997, Rs. T–44/96 (Oleifici Italiani/Kommission), Slg. 1997, II–1331, Rn. 38.

[16] EuGH, Urt. v. 17.3.2005, Rs. C–294/02 (Kommission/AMI Semiconductor Belgium), Slg. 2005, I–2175, Rn. 50.

[17] EuGH, Urt. v. 1.7.1982, Rs. 109/81 (Porta/Kommission), Slg. 1982, 2469, Rn. 10.

[18] EuGH, Urt. v. 26.11.1985, Rs. 318/81 (Kommission/CO.DE.MI), Slg. 1985, 3693, Rn. 9f.

[19] EuGH, Urt. v. 11.2.1993, Rs. C–142/91 (Cebag/Kommission), Slg. 1993, I–553, Rn. 11ff.; ablehnend GA *Jacobs*, Schlussanträge zu Rs. C–142/91 (Cebag/Kommission), Slg. 1993, I–553, 565, da es sich insoweit um eine unzureichende einseitige Festlegung handele.

[20] Vgl. dazu näher *Karpenstein*, in: Grabitz/Hilf/Nettesheim, EU, Art. 272 AEUV (Mai 2013), Rn. 8.

[21] *Karpenstein*, in: Grabitz/Hilf/Nettesheim, EU, Art. 272 AEUV (Mai 2013), Rn. 9.

che die Mitgliedstaaten untereinander schließen, können dem Gerichtshof dagegen nur gemäß Art. 273 AEUV unterbreitet werden.

8   Der Vertrag muss entweder öffentlich-rechtlicher oder privatrechtlicher Natur sein. Typische privatrechtliche Verträge sind die von der EU abgeschlossenen Anstellungs-, Versicherungs- und Lizenzverträge sowie die Beschaffungsaufträge. Welches Recht auf diese Verträge Anwendung findet, ergibt sich aus den ausdrücklichen oder stillschweigenden Abreden der Parteien.[22] Öffentlich-rechtliche Verträge sind zunächst die Verwaltungsverträge der Union,[23] die diese etwa im Bereich der Forschungsförderung oder der Subventionsvergabe schließt.[24] Umstritten ist dagegen, ob auch die **völkerrechtlichen Verträge der Union** öffentlich-rechtliche Verträge i. S. d. Art. 272 AEUV darstellen, die entsprechende Schiedsklauseln enthalten können. Während *Hailbronner* dies jedenfalls unter der Prämisse eines Tätigwerdens des Gerichtshofs als Unionsorgan verneint,[25] wird dies von der überwiegenden Lehre bejaht.[26] Auszugehen ist insoweit von dem Willen der Vertragsparteien. Lässt sich ein Drittstaat oder eine internationale Organisation darauf ein, dass der Gerichtshof im Rahmen einer Schiedsklausel unter der Prämisse für zuständig erklärt wird, dass die unionsrechtlichen Besetzungs- und Verfahrensregelungen gelten, so liegt eine Schiedsklausel i. S. d. Art. 272 AEUV vor. Besteht der entsprechende Vertragspartner der Union dagegen auf einem klassischen Schiedsgericht im Sinne des Völkerrechts (Auswahl der Schiedsrichter durch Vereinbarung), so ist Art. 272 AEUV nicht anwendbar.[27] Der Gerichtshof selbst hat, wenn auch ohne Art. 272 AEUV insoweit zu nennen, die Möglichkeit einer Zuständigkeitsbegründung zu seinen Gunsten durch einen von der Union geschlossenen Vertrag auch ausdrücklich bejaht.[28]

9   Der Gerichtshof kann über die Forderungen entscheiden, die entweder auf den Vertrag, der die Schiedsklausel enthält, gestützt werden oder die in unmittelbarem Zusammenhang mit den vertraglichen Verpflichtungen stehen.[29] Daher können auf eine wirksame Schiedsklausel alle Klagen vertraglichen Ursprungs gestützt werden, unabhängig davon, ob es sich um Klagen auf **vertragliche Primäransprüche** oder **vertragliche Sekundäransprüche** (Feststellungs-, Bereicherungs- und Schadensersatzansprüche) handelt.[30]

IV. Rechtsschutzbedürfnis/Frist

10   Ein Rechtsschutzbedürfnis muss der Kläger im Rahmen eines auf der Grundlage einer Schiedsklausel i. S. d. Art. 272 AEUV anhängig gemachten Verfahrens grundsätzlich nicht geltend machen. In Ausnahmefällen, wie Missbrauch des Verfahrens[31] oder bei

---

[22] Vgl. *Grundwald*, EuR 1984, 227 (242 ff.).

[23] Vgl. hierzu *Bleckmann*, DVBl 1981, 889.

[24] Vgl. dazu *Karpenstein*, in: Grabitz/Hilf/Nettesheim, EU, Art. 272 AEUV (Mai 2013), Rn. 17.

[25] *Hailbronner*, in: HK-EUV, Art. 181 EGV, September 1991, Rn. 2.

[26] Vgl. *Karpenstein*, in: Grabitz/Hilf/Nettesheim, EU, Art. 272 AEUV (Mai 2013), Rn. 18, m. w. N.; *Rengeling/Middeke/Gellermann*, Rechtsschutz in der EU, § 14, Rn. 9.

[27] Ebenso *Ehricke*, in: Streinz, EUV/AEUV, Art. 272 AEUV, Rn. 6.

[28] EuGH, Gutachten 1/92 v. 10.4.1992 (Europäischer Wirtschaftsraum II), Slg. 1992, I–2821, Rn. 32 f.

[29] Vgl. EuGH, Urt. v. 18.12.1986, Rs. 426/85 (Kommission/Zoubek), Slg. 1986, 4057, Rn. 11; Urt. v. 20.2.1997, Rs. C–114/94 (IDE/Kommission), Slg. 1997, I–803, Rn. 82.

[30] *Frenz*, Handbuch Europarecht, Band 5, Rn. 3164.

[31] Vgl. *Karpenstein*, in: Grabitz/Hilf/Nettesheim, EU, Art. 272 AEUV (Mai 2013), Rn. 21.

Gegenstandslosigkeit des Verfahrens aufgrund eines einseitigen Rechtsgeschäfts des Berechtigten,[32] kann das Rechtsschutzbedürfnis allerdings entfallen.

Eine Frist für die Erhebung der Schiedsklage ist nicht vorgesehen, Verwirkung aber **11** nach allgemeinen Grundsätzen nicht ausgeschlossen.

C. Begründetheit der Klage

Welches Recht für die materiell-rechtliche Entscheidung zur Anwendung kommt, hängt **12** von der entsprechenden Vereinbarung der Vertragspartner ab. Im Zweifel ist bei privatrechtlichen Verträgen anhand des internationalen Privatrechts das einschlägige materielle Recht zu ermitteln.[33] Oft wird freilich die EU-Verdingungsordnung zugrunde gelegt. Bei öffentlich-rechtlichen Verträgen kommt zumeist das Recht desjenigen Mitgliedstaates zur Anwendung, mit dem bzw. mit dessen Körperschaften der Vertrag geschlossen worden ist. Der insbesondere im Vorabentscheidungsverfahren geltende Grundsatz, dass der Gerichtshof das Recht der Mitgliedstaaten nicht auslegen darf, gilt hier mithin nicht. Im Zweifelsfall kommt allerdings ein Rückgriff auf allgemeine Rechtsgrundsätze in Betracht.[34] Der Gerichtshof überprüft die geltend gemachten Ansprüche sowohl in tatsächlicher als auch in rechtlicher Hinsicht uneingeschränkt (recours de pleine jurisdiction).

D. Vollstreckung

Die Vollstreckung der Urteile im Verfahren nach Art. 272 AEUV richtet sich nach **13** Art. 280, 299 AEUV und ist auch gegen die Mitgliedstaaten möglich.[35] Art. 299 Abs. 1 AEUV ist jedoch insoweit unanwendbar. Bei Vollstreckungen gegen die Union ist Art. 1 Satz 3 des Protokolls über die Vorrechte und Befreiungen der Europäischen Union[36] zu beachten.

---

[32] EuGH, Urt. v. 26.11.1985, Rs. 318/81 (Kommission/CO.DE.MI), Slg. 1985, 3693, Rn. 16.

[33] *Ehricke*, in: Streinz, EUV/AEUV, Art. 272 AEUV, Rn. 15.

[34] Vgl. dazu *Schwarze*, in: Schwarze, EU-Kommentar, Art. 272 AEUV, Rn. 15.

[35] *Cremer*, in: Calliess/Ruffert, EUV/AEUV, Art. 272 AEUV, Rn. 10.

[36] Protokoll über die Vorrechte und Befreiungen der Europäischen Union, ABl. 1967, 152/13, zuletzt geändert durch Art. 1 Abs. 7 Buchst. b, Abs. 8 Buchst. d, Abs. 4 Protokoll Nr. 1 zum Lissabonner Vertrag vom 13.12.2007, ABl. 2010, C 81/1.

Artikel 273 AEUV [Zuständigkeit auf Grund eines Schiedsvertrages]

Der Gerichtshof ist für jede mit dem Gegenstand der Verträge in Zusammenhang stehende Streitigkeit zwischen Mitgliedstaaten zuständig, wenn diese bei ihm aufgrund eines Schiedsvertrags anhängig gemacht wird.

Literaturübersicht

Antpöhler, Emergenz der europäischen Wirtschaftsregierung. Das Six Pack als Zeichen supranationaler Leistungsfähigkeit, ZaöRV 72 (2012), 353; *Schorkopf*, Europas politische Verfasstheit im Lichte des Fiskalvertrages, ZSE 2012, 1.

Inhaltsübersicht

A. Überblick

1   Während nach Art. 272 AEUV nur solche Schiedsklauseln die Zuständigkeit der EU-Gerichte begründen, die unter Beteiligung der Union zustande gekommen sind, regelt Art. 273 AEUV die Zuständigkeitsbegründung des Gerichtshofs durch Schiedsabreden allein unter den Mitgliedstaaten (**Prorogation**). Hiernach ist der Gerichtshof für jede mit dem Gegenstand der Verträge in Zusammenhang stehende Streitigkeit zwischen den Mitgliedstaaten zuständig, wenn ihm diese aufgrund eines Schiedsvertrags unterbreitet wird. Damit ist Art. 273 AEUV Ausdruck des Bedürfnisses der Union, Streitigkeiten zwischen den Mitgliedstaaten im Kontext der Verträge nicht allein den völkerrechtlichen Streitschlichtungsmechanismen zu überlassen.[1] Eine Befassung des EuGH nach Art. 273 AEUV ist jedoch noch in keinem Fall erfolgt, sodass bislang keine auf der Grundlage des Art. 273 AEUV ergangene Entscheidung vorliegt.

2   Die Mitgliedstaaten sind auch nicht dazu verpflichtet, den Gerichtshof gemäß Art. 273 AEUV im Falle von Streitigkeiten zu befassen.[2] Dies folgt auch nicht aus Art. 344 AEUV,[3] da sich dieser nur auf die »Auslegung und Anwendung der Verträge« bezieht. Insofern ist Art. 259 AEUV die einschlägige Verfahrensart. Eine entsprechende Schiedsabrede kann auch von den Mitgliedstaaten jederzeit wieder aufgehoben werden, da dies ihrer völkerrechtlichen Dispositionsbefugnis unterliegt.[4]

3   Wie bei Art. 272 AEUV hat der Gerichtshof im Rahmen eines Verfahrens nach Art. 273 AEUV nicht die Stellung eines völkerrechtlichen Schiedsgerichts, sondern handelt als Unionsorgan (s. Art. 272 AEUV, Rn. 2). Das Verfahren richtet sich daher allein nach den einschlägigen unionsrechtlichen Bestimmungen.

---

[1] *Ehricke*, in: Streinz, EUV/AEUV, Art. 273 AEUV, Rn. 2; *Karpenstein*, in: Grabitz/Hilf/Nettesheim, EU, Art. 273 AEUV (Mai 2013), Rn. 1.

[2] Vgl. dazu ausführlich *Karpenstein*, in: Grabitz/Hilf/Nettesheim, EU, Art. 273 AEUV (Mai 2013), Rn. 5.

[3] Vgl. *Karpenstein*, in: Grabitz/Hilf/Nettesheim, EU, Art. 273 AEUV (Mai 2013), Rn. 5.

[4] *Ehricke*, in: Streinz, EUV/AEUV, Art. 273 AEUV, Rn. 4.

Anwendungsfälle des Art. 273 AEUV sind etwa das Abkommen von Lomé,[5] das **4**
Übereinkommen zur Gründung eines Europäischen Hochschulinstituts,[6] aber auch der
ESM-Vertrag[7] und der Fiskalpakt[8] (s. hierzu näher Rn. 10).

B. Voraussetzungen der Zuständigkeit des Gerichtshofs

In sachlicher Hinsicht ist ausschließlich der EuGH für entsprechende Klagen zuständig, **5**
da Art. 256 Abs. 1 AEUV den Art. 273 AEUV nicht nennt und somit keine Zuständigkeit des EuG begründet wird.

Für die Zulässigkeit einer Klage, die sich auf eine Schiedsklausel i. S. d. Art. 273 **6**
AEUV stützt, ist zunächst die **Wirksamkeit der Schiedsklausel** erforderlich. Da der
Schiedsvertrag völkerrechtlicher Natur ist, bemisst sich seine Wirksamkeit nach Völkerrecht. Er darf daher nicht gegen zwingende Normen des Völkerrechts – aber auch
nicht gegen zwingende Bestimmungen des Unionsrechts – verstoßen.[9] Die Schiedsvereinbarung muss das Einvernehmen der Parteien zur Befassung des EuGH zum Ausdruck
bringen, eine rügelose Einlassung genügt nicht.[10] Die Schriftform des Schiedsvertrags ist
nicht ausdrücklich vorgeschrieben, sie empfiehlt sich aber aufgrund der Bestimmung des
Art. 122 Abs. 2 VerfO-EuGH, da mit der Klageschrift eine Ausfertigung des Schiedsvertrags beim EuGH einzureichen ist. Die Schiedsvereinbarung kann dabei sowohl in
einem gesonderten Abkommen enthalten sein, als auch in den zu beurteilenden Vertrag
integriert sein.[11] Sie kann sich auf bereits entstandene als auch auf evtl. künftige Streit-
fälle beziehen.[12]

Für die Zulässigkeit der Klage ist weiterhin erforderlich, dass eine Streitigkeit zwi- **7**
schen den Mitgliedstaaten besteht, die mit dem Gegenstand der Verträge in Zusammenhang steht. Ausgeschlossen sind damit zunächst alle Streitigkeiten zwischen EU-Mitgliedstaaten und Drittstaaten. Auch Streitigkeiten mitgliedstaatlicher Untergliederungen können nicht auf dem Wege des Art. 273 AEUV dem EuGH unterbreitet werden.[13]
Für die Annahme eines entsprechenden Zusammenhangs genügt es, wenn ein objektiv
feststellbarer Bezug zwischen der Streitigkeit und den Aufgaben, Tätigkeiten und Zielen der Union besteht.[14] Die Streitigkeit darf sich jedoch nicht auf die Auslegung und
Anwendung des primären und sekundären Unionsrechts beziehen. Gemäß Art. 344
AEUV dürfen solche Streitigkeiten nur nach den im AEUV vorgesehenen Verfahren
geregelt werden. Somit besteht bereits mit Art. 259 AEUV eine ausschließliche Zuständigkeit des EuGH. Beide Verfahren schließen sich mithin gegenseitig aus.[15] Rechtsstrei-

---

[5] Internes Abkommen über die zur Durchführung des Vierten AKP-EWG-Abkommens zu treffenden Maßnahmen und die dabei anzuwendenden Verfahren (91/402/EWG), ABl. 1991, L 229/301.
[6] Übereinkommen über die Gründung eines Europäischen Hochschulinstituts, ABl. 1976, C 29/1.
[7] Vertrag vom 2. 2. 2012 zur Einrichtung des Europäischen Stabilitätsmechanismus, BGBl. II 2012,
S. 982.
[8] Vertrag vom 2. 3. 2012 über die Stabilität, Koordinierung und Steuerung in der Wirtschafts- und
Währungsunion, BGBl. II 2012 S. 1006.
[9] *Gaitanides*, in: GS, EUV/EGV, Art. 238 EGV, Rn. 9.
[10] *Ehricke*, in: Streinz, EUV/AEUV, Art. 273 AEUV, Rn. 8.
[11] *Cremer*, in: Calliess/Ruffert, EUV/AEUV, Art. 273 AEUV, Rn. 2.
[12] *Karpenstein*, in: Grabitz/Hilf/Nettesheim, Art. 273 AEUV (Mai 2013), Rn. 14.
[13] *Ehricke*, in: Streinz, EUV/AEUV, Art. 273 AEUV, Rn. 6.
[14] *Borchardt*, in: Lenz/Borchardt, EU-Verträge, Art. 273 AEUV, Rn. 4.
[15] *Ehricke*, in: Streinz, EUV/AEUV, Art. 273 AEUV, Rn. 8; *Karpenstein*, in: Grabitz/Hilf/Nettes-
heim, EU, Art. 273 (Mai 2013), Rn. 9.

tigkeiten ohne jeden Zusammenhang mit dem Unionsrecht können dem EuGH nicht nach Art. 273 AEUV unterbreitet werden. Problematisch, aber wohl zulässig, wäre trotz der Zuständigkeitsausnahme nach Art. 275 AEUV die Befassung des EuGH mit einer Schiedsabrede aus einer GASP-Vereinbarung.[16]

C. Anwendbares Recht

8   Der Prüfungsumfang des EuGH ist in tatsächlicher und rechtlicher Hinsicht durch die Schiedsabrede konditioniert. Auf den Rechtsstreit wird zunächst das Regelwerk des Vertrags zur Anwendung kommen, ergänzend ist auf das allgemeine Völkerrecht abzustellen, sofern sich aus dem Vertrag nichts anderes ergibt. Dabei können die zu entscheidenden Streitigkeiten Fragen des regionalen und des universellen Völkerrechts betreffen. Die Heranziehung des Unionsrechts wird nur in engen Ausnahmefällen in Betracht kommen.[17]

D. Rechtsfolgen des Urteils und Vollstreckbarkeit

9   Die möglichen Rechtsfolgen hängen vom Inhalt des zu beurteilenden Vertrags ab. Demgemäß können **Feststellungs- oder Leistungsurteile** ergehen. Die Vereinbarung weiterer Rechtsmittel gegen das EuGH-Urteil dürfte nicht statthaft sein, da Art. 273 AEUV zum Ausdruck bringt, dass der Gerichtshof über die Streitigkeit abschließend entscheiden soll. Die Vollstreckung, die sich hier gegen die Mitgliedstaaten richtet, folgt den Art. 280, 299 AEUV.[18] Die völkerrechtlichen Mittel zur Durchsetzung von Schiedssprüchen – Repressalie und Retorsion – sind ausgeschlossen.[19]

E. Missbrauch des Art. 273 durch Art. 8 Fiskalpakt?

10   Die im Fiskalpakt[20] im Wesentlichen enthaltenen Verpflichtungen zur Einhaltung einer strikteren Defizitgrenze und die vorgesehenen (halb-)automatischen Sanktionen bei Defizitverstößen ergänzen inhaltlich den bestehenden Stabilitäts- und Wachstumspakt, der neben der entsprechenden Entschließung des Europäischen Rates vom 17. 6. 1997 aus zwei Verordnungen besteht.[21] Der enge thematische Zusammenhang zwischen den ggf. streitgegenständlichen Regelungen des Fiskalpakts und diesen sekundärrechtlichen Bestimmungen rechtfertigt es, insoweit von dem nach Art. 273 AEUV notwendigen Zusammenhang zwischen den Regelungen des Fiskalpakts und dem »Gegenstand der Verträge« auszugehen. Dies gilt umso mehr, als die Verschärfung des Stabilitäts- und Wachstumspakts durch den sog. »six pack« zu einer sehr weitgehenden Parallelität

---

[16] Dafür *Karpenstein*, in: Grabitz/Hilf/Nettesheim, EU, Art. 273 AEUV (Mai 2013), Rn. 12.

[17] *Karpenstein*, in: Grabitz/Hilf/Nettesheim, EU, Art. 273 AEUV (Mai 2013), Rn. 15.

[18] *Ehricke*, in: Streinz, EUV/AEUV, Art. 273 AEUV, Rn. 11.

[19] *Karpenstein*, in: Grabitz/Hilf/Nettesheim, EU, Art. 273 AEUV (Mai 2013), Rn. 2.

[20] Vertrag vom 2. 3. 2012 über die Stabilität, Koordinierung und Steuerung in der Wirtschafts- und Währungsunion, BGBl. II 2012 S. 1006.

[21] *Haratsch/Koenig/Pechstein*, Europarecht, Rn. 1263 ff.

zwischen den Regelungen des Fiskalpakts und diesem Sekundärrechtspaket geführt hat.[22]

Trotz der Eröffnung des Anwendungsbereichs des Art. 273 AEUV durch Art. 8 FP   **11** bereitet das darin vorgesehene Verfahren der Befassung des EuGH jedenfalls in einer der beiden Varianten Probleme. Unproblematisch ist die Klagemöglichkeit für Vertragsparteien, wenn sie insoweit aus eigenem Antrieb handeln, also unabhängig von Tätigwerden oder Einschätzung der Kommission. Dieser Fall dürfte allerdings im Lichte der minimalen Bereitschaft der Mitgliedstaaten, im Rahmen des EU-Rechts Staatenklagen gegeneinander zu erheben, kaum praktische Relevanz erhalten.

Die dominante Regelung ist jedoch so gestaltet, dass eine **Klagepflicht** besteht, wenn   **12** die Kommission in ihrem Bericht über die Befolgung der Vorgaben des Art. 3 Abs. 2 FP zu dem Schluss kommt, dass eine Vertragspartei diesen Vorgaben nicht nachgekommen ist. Gemäß einem Protokoll zum Fiskalpakt wird diese Klage von den Mitgliedstaaten erhoben, die den Dreiervorsitz im Rat führen.[23] Hiermit verstecken sich die Mitgliedstaaten zum einen hinter der Kommission, zum anderen wird mit der Zuweisung an die Ratstrias das Verfahren »entpersönlicht«, der bilaterale Streitcharakter also vermieden. Dies wird auch durch die Klagepflicht verstärkt, die das voluntative Element der Klageerhebung beseitigt. Das Klageverfahren wird damit »objektiver«. Im Hinblick auf die Tatbestandsvoraussetzungen des Art. 273 AEUV stellt sich allerdings die Frage, ob diese Prozedere akzeptabel ist.

Die Einschaltung der Kommission als Unionsorgan in einen anderen Zurechnungs-   **13** zusammenhang ohne Vorliegen einer Ermächtigungsentscheidung aller Mitgliedstaaten erscheint zwar auf den ersten Blick problematisch. Dies gilt jedoch erstens für das gesamte Tätigwerden der Kommission im Rahmen des Fiskalpakts, nicht nur für das Klageverfahren. Außerdem hat – zweitens – der EuGH in der Pringle-Entscheidung eine derartige unionsannexe Fremdnutzung der Unionsorgane für zulässig erklärt.[24] Gleichwohl bleibt die prozessrechtlich interessante Frage zu beantworten, ob es sich nicht um eine **verkappte Form der Aufsichtsklage außerhalb des Unionsrechts** handelt, bei der die klagenden drei Mitgliedstaaten nur als willenlose Handlanger der Kommission anzusehen sind. Unterstellt man, dass es sich der Sache nach um eine Klage der Kommission handelt, dann wären die Voraussetzungen des nur die Mitgliedstaaten zur Klage berechtigenden Art. 273 AEUV nicht gegeben und eine entsprechende Klage wäre schon deswegen unzulässig. Dies hätte der EuGH auch ex officio zu prüfen.[25]

Die Mitgliedstaaten binden sich hier uneingeschränkt an die Einschätzung der Kom-   **14** mission und die zuständige Ratstrias hat nach Art. 8 FP keine Möglichkeit, im Falle eines entsprechenden Berichts auf die Klageerhebung zu verzichten. Letztlich fällt mithin die Kommission die Entscheidung über die Klageerhebung. Dennoch treten als Kläger die drei den Ratsvorsitz bildenden Mitgliedstaaten auf. Ob dies eine nach Art. 273 AEUV zulässige Klagekonstellation ist, ist immerhin fraglich. Für eine Zulässigkeit der Klage spricht jedoch zweierlei: Obwohl sich die 25 Mitgliedstaaten hinsichtlich der Klageerhebung mit der Regelung des Art. 8 FP vollständig in die Hand der Kommission gegeben haben, waren doch sie es, die dieses Verfahren geschaffen haben und sich damit ihrerseits die Kommission als ihr Werkzeug bestellt haben. Sie sind also insoweit nicht Opfer,

---

[22] *Antpöhler*, ZaöRV 72 (2012), 353.
[23] Hierzu *Schorkopf*, ZSE 2012, 1 (12).
[24] EuGH, Urt. v. 27.11.2012, Rs. C–370/12 (Pringle), ECLI:EU:C:2012:756, Rn. 158 ff.
[25] Art. 92 § 2 VerfO-EuGH.

sondern Täter. Dass sie dabei für die Klärung bestimmter Voraussetzungen das Heft aus der Hand gegeben haben, ändert nichts am Vorliegen ihres Willens bzgl. des weiteren Verfahrensganges. Zum anderen dürfte das gerade auch seitens der Union bestehende Interesse an der Sicherstellung der von Art. 2 Abs. 2 FP – wenngleich nur deklaratorisch – statuierten Unterordnung des Fiskalpakts unter das Unionsrecht den EuGH zu der Annahme einer entsprechenden Klage veranlassen.

Artikel 274 AEUV [Zuständigkeit einzelstaatlicher Gerichte]

Soweit keine Zuständigkeit des Gerichtshofs der Europäischen Union aufgrund der Verträge besteht, sind Streitsachen, bei denen die Union Partei ist, der Zuständigkeit der einzelstaatlichen Gerichte nicht entzogen.

A. Überblick

Art. 274 AEUV übernimmt – von redaktionellen Anpassungen abgesehen – inhaltlich **1** unverändert die Regelung des Art. 240 EGV. Gegenstand der Norm ist die Abgrenzung der Zuständigkeiten der Unionsgerichtsbarkeit von denjenigen der nationalen Gerichtsbarkeit zwecks Vermeidung von Überschneidungen.[1] Insoweit wird keine Regelung der konkurrierenden Zuständigkeit der Unionsgerichte etabliert, sondern deren Zuständigkeiten sind zwar begrenzt, aber ausschließlich. Daher müssen sich nationale Gericht für unzuständig erklären, wenn eine Zuständigkeit der Unionsgerichte für einen bei ihnen anhängig gemachten Rechtsstreit begründet ist. Dabei spielt es keine Rolle, ob im Einzelfall eine Klage vor den Unionsgerichten deshalb unzulässig ist, weil eine Prozessvoraussetzung nicht erfüllt ist, etwa die Klageberechtigung für eine Individualnichtigkeitsklage nach Art. 263 Abs. 4 AEUV nicht gegeben ist. Maßgeblich ist vielmehr die **abstrakte Zuständigkeitsbestimmung**. Umgekehrt gilt dies auch für die Unionsgerichte, wenn bei ihnen ein Rechtsstreit anhängig gemacht wird, für den keine unionsrechtliche Zuständigkeitsbegründung besteht.[2]

Entsprechende Bestimmungen finden sich in Art. 27 EIB-Satzung[3] und in Art. 35 **2** ESZB/EZB-Satzung[4] sowie in Art. 155 EAGV.

B. Ausschließliche Zuständigkeit der Union

Die Ausschließlichkeit der Zuständigkeiten der Unionsgerichte im Verhältnis zu den **3** nationalen Gerichten sichert die Autonomie der Union und ihrer Organe sowie die Hoheit über ihr Recht.[5] Zwar sind auch die nationalen Gerichte als »funktionale Unionsgerichte« mit der Auslegung und Anwendung des Unionsrechts betraut. Sie unter-

---

[1] *Ehricke*, in: Streinz, EUV/AEUV, Art. 274 AEUV, Rn. 2; *Riegel*, NJW 1975, 1049.

[2] EuGH, Urt. v. 21.5.1987, verb. Rs. 133/85–136/85 (Rau/BALM), Slg. 1987, 2289, Rn. 10; EuG, Beschl. v. 5.9.2007, Rs. T–295/05 (Document Security Systems/EZB), Slg. 2007, II–2835, Rn. 51; Beschl. v. 3.10.1997, Rs. T–186/96 (Mutual Aid Administration Services/Kommission), Slg. 1997, II–1633, Rn. 47.

[3] Protokoll (Nr. 5) über die Satzung der Europäischen Investitionsbank, ABl. 2010, C 83/251.

[4] Protokoll (Nr. 4) über die Satzung des Europäischen Systems der Zentralbanken und der Europäischen Zentralbank, ABl. 2010, C 83/230.

[5] *Karpenstein*, in: Grabitz/Hilf/Nettesheim, EU, Art. 274 AEUV (Mai 2013), Rn. 2.

liegen dabei aber jedenfalls letztinstanzlich einer Vorlagepflicht an den EuGH. Auch im Falle der freiwilligen Begründung einer Zuständigkeit nach Art. 272, 273 AEUV kann nur eine ausschließliche Zuständigkeit der Unionsgerichte begründet werden.[6] Im Übrigen sind die Kompetenzen der Unionsgerichte vom Vertrag enumerativ aufgezählt. Ob prozessual die Union oder ihre Organe Partei des jeweiligen Verfahrens ist bzw. sind, ist unerheblich.

C. Zuständigkeit nationaler Gerichte

4   Die Zuständigkeiten der nationalen Gerichte werden durch Art. 274 AEUV nicht begründet, sondern werden von diesem vorausgesetzt. Ihre Ausgestaltung obliegt allein dem nationalen Gerichtsverfassungs- und Prozessrecht. Die Union und ihre Organe genießen in nach Art. 274 AEUV zulässigen Verfahren vor den nationalen Gerichten keine Immunität; Urteile gegen die Union und ihre Organe sind daher zulässig.[7] Besteht indes eine unionsgerichtliche Zuständigkeit, werden die Zuständigkeiten der nationalen Gerichte dementsprechend beschränkt.

5   Die Zuständigkeiten der Unionsgerichte umfassen insbesondere nicht das privatrechtliche Handeln der Union und ihre darauf bezogene vertragliche Haftung. In der Praxis wird insoweit jedoch zumeist eine Schiedsklausel i. S. d. Art. 272 AEUV vereinbart. Unbeschadet einer bestehenden unionsgerichtlichen Zuständigkeit, bleiben die mitgliedstaatlichen Gerichte jedoch uneingeschränkt zuständig für Klagen, die sich auf nationale Ausführungsmaßnahmen zu Unionsrechtsakten beziehen.[8] Der Rechtsstreit ist insoweit auch nicht identisch und die mitgliedstaatlichen Gerichte können in Vollzugsrechtsstreitigkeiten den EuGH im Vorabentscheidungsverfahren mit Fragen zur Auslegung oder Gültigkeit der unionsrechtlichen Ermächtigungsgrundlage befassen.

D. Abgrenzung der Kompetenzen in Konfliktfällen

6   Kompetenzkonflikte können entstehen, wenn mitgliedstaatliche Gerichte die Zuständigkeiten der Unionsgerichte anders beurteilen als diese selbst. Insoweit können bzw. müssen die mitgliedstaatlichen Gerichte den EuGH im Vorabentscheidungsverfahren befassen, der somit in diesem Kompetenzstreit das letzte Wort behält. Dies gilt allerdings dann nicht, wenn ein mitgliedstaatliches Gericht sich bereits für einen Rechtstreit für zuständig erklärt hat, bevor die Rechtssache auch beim Gerichtshof anhängig wurde. Erklärt dieser sich ebenfalls für zuständig, besteht ein **positiver Kompetenzkonflikt**. Solange noch kein abschließendes Urteil vorliegt, kann der Grundsatz der anderweitigen Rechtshängigkeit dem nationalen Gericht einen Ausweg eröffnen. Hat dieses jedoch schon in der Sache entschieden, muss sich letztlich doch das Urteil des Gerichtshofs durchsetzen können.[9] Den Weg hierzu muss das nationale Prozessrecht eröffnen, da das Unionsrecht hierfür keine Regelungen bereithält.

---

[6] *Ehricke*, in: Streinz, EUV/AEUV, Art. 274 AEUV, Rn. 2.

[7] EuGH, Urt. v. 22.3.1990, Rs. C–201/89 (Le Pen und Front National/Puhl u. a.), Slg. 1990, I–1183, Rn. 14ff.; EuG, Urt. v. 29.3.1995, Rs. T–497/93 (Hogan/Gerichtshof), Slg. 1995, II–703, Rn. 38.

[8] EuGH, Urt. v. 21.5.1987, verb. Rs. 133/85–136/85 (Rau/BALM), Slg. 1987, 2289, Rn. 9ff.

[9] *Schwarze*, in: Schwarze, EU-Kommentar, Art. 274 AEUV, Rn. 5.

Verneinen dagegen sowohl die mitgliedstaatlichen Gerichte als auch die Unionsge-   7
richte ihre Zuständigkeit, entsteht **ein negativer Kompetenzkonflikt**, für den es keine
rechtlich vorgeformte Lösung gibt. Zur Vermeidung von Rechtsschutzlücken empfiehlt
sich in einer solchen Situation – die praktisch noch nicht vorgekommen ist – die gegebenenfalls nachträgliche Vereinbarung einer Schiedsklausel.[10]

---

[10] *Karpenstein*, in: Grabitz/Hilf/Nettesheim, EU, Art. 274 AEUV (Mai 2013), Rn. 16.

Artikel 275 AEUV [Unzuständigkeit des Gerichtshofs im Bereich der Außen- und Sicherheitspolitik]

Der Gerichtshof der Europäischen Union ist nicht zuständig für die Bestimmungen hinsichtlich der Gemeinsamen Außen- und Sicherheitspolitik und für die auf der Grundlage dieser Bestimmungen erlassenen Rechtsakte.

Der Gerichtshof ist jedoch zuständig für die Kontrolle der Einhaltung von Artikel 40 des Vertrags über die Europäische Union und für die unter den Voraussetzungen des Artikels 263 Absatz 4 dieses Vertrags erhobenen Klagen im Zusammenhang mit der Überwachung der Rechtmäßigkeit von Beschlüssen über restriktive Maßnahmen gegenüber natürlichen oder juristischen Personen, die der Rat auf der Grundlage von Titel V Kapitel 2 des Vertrags über die Europäische Union erlassen hat.

Literaturübersicht

Deja/Frau, Smart Sanctions des VN-Sicherheitsrats und Spielräume bei deren Umsetzung innerhalb der EG, JURA 2008, 609; *Haltern*, Rechtsschutz in der dritten Säule der EU, JZ 2007, 772; *Kämmerer*, Das Urteil des Europäischen Gerichtshofs im Fall »Kadi«: Ein Triumph der Rechtsstaatlichkeit?; EuR 2009, 114; *Kroker*, Die Überprüfbarkeit gemeinsamer Standpunkte im Rahmen der PJZS – effektiver Rechtsschutz in der dritten Säule der EU?, EuR 2008, 378; *Meyer*, Lost in Complexity – Gedanken zum Rechtsschutz gegen Smart Sanctions in der EU, ZEuS 2007, 1; *Ohler*, Die Verhängung von »smart sanctions« durch den UN-Sicherheitsrat – eine Herausforderung für das Gemeinschaftsrecht, EuR 2006, 848; *Pechstein*, Die Intergouvernementalität der GASP nach Lissabon, JZ 2010, 425; *Sauer*, Rechtsschutz gegen völkerrechtsdeterminiertes Gemeinschaftsrecht? – Die Terrorlisten vor dem EuGH, NJW 2008, 3685; *Schröder*, Neuerungen im Rechtsschutz der Europäischen Union durch den Vertrag von Lissabon, DÖV 2009, 61; *Schulte*, Der Schutz individueller Rechte gegen Terrorlisten, 2010.

Leitentscheidungen

EuGH, Urt. v. 20.5.2008, Rs. C–91/05 (Kommission/Rat), Slg. 2008, I–3651
EuGH, Urt. v. 3.9.2008, verb. Rs. C–402/05 P u. C–415/05 P (Kadi u.a./Rat), Slg. 2008, I–6351
EuGH, Urt. v. 18.7.2013, verb. Rs. C–584/10 P, C–593/10 P u. C–595/10 P (Kommission u.a./Kadi), ECLI:EU:C:2013:518

Matthias Pechstein

A.   Grundsätzlicher Ausschluss der Unionsgerichtsbarkeit für die GASP

Mit der Abschaffung der Säulenstruktur durch den Vertrag von Lissabon wurde die   **1** Zuständigkeit des Gerichtshofs der Europäischen Union grundsätzlich auf das gesamte Primärrecht erstreckt. Eine weitgehende Einschränkung der Unionsgerichtsbarkeit besteht jedoch nach wie vor für die Gemeinsame Außen- und Sicherheitspolitik, für welche ausweislich des Art. 24 Abs. 1 UAbs. 1 Satz 1 EUV »besondere Bestimmungen und Verfahren« gelten.

Für den Gerichtshof der Europäischen Union hat die Sonderrolle der GASP nach   **2** Art. 24 Abs. 1 UAbs. 2 Satz 6 EUV sowie Art. 275 Abs. 1 AEUV einen grundsätzlichen Ausschluss seiner Zuständigkeit[1] zur Folge.[2] Erfasst wird hiervon sowohl die Kontrolle über die Anwendung der GASP-Bestimmungen durch EU-Organe und Mitgliedstaaten als auch die Auslegung des primären und sekundären GASP-Rechts. Ihm ist mithin sowohl die Auslegung der GASP-Primärrechtsnormen (Art. 23 ff. EUV) verwehrt als auch die Auslegung und Gültigkeitskontrolle von GASP-Sekundärrecht sowie die Kontrolle der Unionsrechtskonformität mitgliedstaatlicher GASP-Vollzugshandlungen. Erst recht ausgeschlossen ist jede Rechtsfortbildung in diesem Bereich, aber auch die Wahrnehmung der Zuständigkeiten aus Art. 278 und 279 AEUV.[3] Nicht ausgeschlossen ist jedoch, dass die Mitgliedstaaten untereinander eine Schiedsklausel nach Art. 273 AEUV vereinbaren, um Streitigkeiten über den korrekten Vollzug von GASP-Recht dem EuGH vorzulegen.[4] Soweit die mitgliedstaatlichen Gerichte mit Fragen des GASP-Rechts konfrontiert werden, müssen sie – vorbehaltlich einer Vorlagemöglichkeit im Bereich der Sonderregel des Art. 275 Abs. 2 AEUV – diese Fragen autonom beantworten, bis hin zur Verwerfung von GASP-Sekundärrecht.[5]

B.   Ausnahmen vom grundsätzlichen Ausschluss, Art. 275 Abs. 2 AEUV

Bereits nach alter Rechtslage bestand jedoch auf Grundlage der Rechtsprechung des   **3** EuGH eine Ausnahme vom grundsätzlichen Ausschluss der Gerichtsbarkeit. Diese, auf die Zuständigkeitsabgrenzung zwischen der ehemaligen zweiten Säule und den Gemeinschaftspolitiken bezogene Ausnahme[6] wurde in Art. 275 Abs. 2 Alt. 1 AEUV kodifiziert und in Alt. 2 um eine weitere, dem Individualrechtsschutz gegen GASP-Maßnahmen dienende Konstellation ergänzt.

---

[1] *Cremer*, in: Calliess/Ruffert, EUV/AEUV, Art. 275 AEUV, Rn. 3, plädiert mit Blick auf die englische Sprachfassung für einen Ausschluss der Gerichtsbarkeit des EuGH.

[2] Kritisch zu diesem Ausschluss *Nehl*, Art. 47 GRC, Rn. 22.

[3] *Cremer*, in: Calliess/Ruffert, EUV/AEUV, Art. 275 AEUV, Rn. 4 f.

[4] *Cremer*, in: Calliess/Ruffert, EUV/AEUV, Art. 275 AEUV, Rn. 7.

[5] *Pechstein*, JZ 2010, 425 (430); anders *Regelsberger/Kugelmann*, in: Streinz, EUV/AEUV, Art. 275 AEUV, Rn. 11 f.

[6] Siehe EuGH, Urt. v. 20. 5. 2008, Rs. C–91/05 (Kommission/Rat), Slg. 2008, I–3651, Rn. 56 ff.

I. Kontrolle der Kompetenzabgrenzung

4   Die Notwendigkeit der Abgrenzung zwischen der GASP und anderen unionalen Politikbereichen sowie ihrer gerichtlichen Kontrolle besteht aufgrund der Sonderrolle der GASP fort und ergibt sich nun aus Art. 275 Abs. 2 Alt. 1 AEUV in Verbindung mit Art. 40 EUV. Nach der letztgenannten Vertragsbestimmung lassen die Durchführung der GASP einerseits und der Politikbereiche des AEUV andererseits die auf Grundlage des jeweils anderen Vertrages bestehenden Verfahren und Organbefugnisse unberührt. Nach Art. 275 Abs. 2 Alt. 1 AEUV ist der Gerichthof der Europäischen Union für die Einhaltung dieser Bestimmung zuständig. Im Vergleich zur alten Rechtslage nach Art. 47 EUV a. F. in Verbindung mit Art. 46 Buchst. f EUV a. F. geht es dabei aber nicht mehr um den Schutz der EG-Verbandskompetenz vor einer mitgliedstaatlichen »Flucht ins Unionsrecht«.[7] Aufgrund der mit dem Vertrag von Lissabon bewirkten strukturellen Änderungen, insbesondere der Rechtsnachfolge der EU in die Rechtsstellung der EG und der Gleichrangigkeit der Verträge (vgl. Art. 1 Abs. 3 EUV), geht es bei der neuen Unberührtheitsklausel des Art. 40 EUV um eine Kompetenzabgrenzungsregelung innerhalb des einheitlichen, aber auf zwei Verträgen beruhenden Verbandes »Europäische Union«.[8] Insoweit geht es aber immer noch um die »**Flucht in die GASP**« und damit die **Flucht vor der Jurisdiktion des EuGH**.[9]

5   Bei dieser Abgrenzung muss der EuGH allerdings den Umfang der GASP-Kompetenzen auf der Grundlage der primärrechtlichen Regelungen auslegen. *Cremer* hält insoweit ein restriktives Verständnis der Kontrollbefugnis für geboten.[10] Voraussetzung sei eine thematische Überlappung anderer Unionspolitiken mit der GASP – allein hierauf erstrecke sich die EuGH-Zuständigkeit. Nur im Falle einer ausschließlichen anderweitigen Unionskompetenz scheide eine GASP-Maßnahme aus. Eine Kontrolle der Rechtmäßigkeit von GASP-Maßnahmen im Übrigen käme nicht in Betracht. Diese Auffassung ist überzeugend.

6   In verfahrenstechnischer Hinsicht wird der Gerichtshof der Europäischen Union die Einhaltung der Unberührtheitsklausel zuvörderst im Rahmen der Nichtigkeitsklage nach Art. 263 AEUV kontrollieren können.[11] Rechtsakte im Rahmen der GASP, insbesondere Beschlüsse nach Art. 25 Buchst. b EUV, sind demzufolge zulässige Klagegegenstände bei Klagen nach Art. 263 AEUV, soweit die Kompetenzabgrenzung nach Art. 40 EUV streitgegenständlich ist. Gleiches gilt ferner für das Vorabentscheidungsverfahren bei Gültigkeitsfragen nach Art. 267 Abs. 1 Buchst. b Alt. 1 AEUV, soweit in Ansehung dieser Rechtsakte nationale Rechtsstreitigkeiten in Betracht kommen.

---

[7] *Koenig/Pechstein*, Die Europäische Union, 2000, S. 50.

[8] *Herrnfeld*, in: Schwarze, EU-Kommentar, 2. Aufl., 2009, Art. 47 EUV, Rn. 11. Neu ist in materieller Hinsicht zudem, dass Art. 40 Abs. 2 EUV im Gegensatz zur Vorgängerregelung des Art. 47 EUV a. F. eine wechselseitige Unberührtheitsklausel enthält. Ob der Gerichtshof unter diesen Vorzeichen seine bisherige, den Vorrang der (ehemals) gemeinschaftlichen Zuständigkeiten betonende Rechtsprechung aufrechterhalten kann – vgl. EuGH, Urt. v. 20.5.2008, Rs. C–91/05 (Kommission/Rat), Slg. 2008, I–3651, Rn. 56 ff. – erscheint fraglich.

[9] *Schwarze*, in: Schwarze, EU-Kommentar, Art. 275 AEUV, Rn. 4.

[10] *Cremer*, in: Calliess/Ruffert, EUV/AEUV, Art. 275 AEUV, Rn. 8.

[11] So bereits schon nach alter Rechtslage, vgl. EuGH, Urt. v. 20.5.2008, Rs. C–91/05 (Kommission/Rat), Slg. 2008, I–3651, Rn. 56 ff. Kritisch zur damaligen Anwendung der Nichtigkeitsklage vgl. *Pechstein*, EU-/EG-Prozessrecht, 3. Aufl., 2007, Rn. 356; *ders.*, in: Streinz, EUV/EGV, Art. 47 EUV, Rn. 10.

Da die EU im Bereich der GASP nach der Lissabonner Vertragsreform beschränkte   7
eigene Kompetenzen im Bereich der GASP besitzt,[12] kommt das Vertragsverletzungsverfahren nur noch im Hinblick auf den mitgliedstaatlichen Vollzug entsprechender
GASP-Rechtsakte in Betracht, die unter Verstoß gegen Art. 40 EUV erlassen wurden.

II. Individualrechtsschutz

1. Überblick

Neu, inhaltlich aber bereits auf den Verfassungsvertrag zurückgehend,[13] ist hingegen die   8
in Art. 275 Abs. 2 Alt. 2 AEUV vorgesehene Möglichkeit der Kontrolle individualgerichteter restriktiver GASP-Beschlüsse im Rahmen der Nichtigkeitsklage. Materieller
Hintergrund dieser Regelung ist die in der Regel durch UN-Resolution vorgegebene
Bekämpfung des Terrorismus im Wege sog. **smart sanctions**, die in kompetenzieller
Hinsicht bezüglich der grundlegenden Umsetzung durch Rechtsakte im Wesentlichen
der EU obliegt und nicht (mehr) ihren auch der UN angehörenden Mitgliedstaaten.[14] Da
innerhalb der EU in diesen Fragen unterschiedliche Kompetenzbereiche betroffen sind,
nämlich Außen- und Sicherheitspolitik im Sinne der GASP sowie die sicherheitsrele-
vante Innenpolitik im Sinne der (ehemaligen) PJZS[15] einerseits und die gemeinsame
Handelspolitik (Art. 206 ff. AEUV, Art. 131 ff. EGV) andererseits, war die Zuständigkeit des Gerichtshofs der EU nach alter Rechtslage gegenüber den auf Grundlage der
GASP bzw. teilweise auch der PJZS ergangenen Maßnahmen eingeschränkt[16] und in
umfassender Hinsicht nur bei gemeinschaftsrechtlicher Umsetzung (vgl. Art. 301 EGV)
gewährleistet.[17] Während die materielle Auflösung der ehemaligen dritten Säule diesen
Missstand für die ehemals der PJZS unterfallenden Fälle umfassend beseitigt hat, bedurfte es für die weiterhin grundsätzlich der Unionsgerichtsbarkeit entzogenen GASP-
Maßnahmen einer ausdrücklichen Zuständigkeitsregel.

Die nach Art. 275 Abs. 2 Alt. 2 AEUV bestehende Zuständigkeit des Gerichtshofs der   9
Europäischen Union besteht ausweislich des Wortlauts dieser Bestimmung nur für »Beschlüsse über restriktive Maßnahmen gegenüber natürlichen oder juristischen Perso-

---

[12] *Pechstein*, JZ 2010, 425; *Streinz/Ohler/Herrmann*, Der Vertrag von Lissabon, S. 136 f.

[13] Vgl. Bericht des Arbeitskreises »Gerichtshof« vom 16. 4. 2003, CONV 689/1/03 Rev 1, Pkt. 7
Buchst. d. Allerdings herrschte insoweit keine Einigkeit im Arbeitskreis. Nach den Angaben der Denkschrift des Auswärtigen Amtes zum Vertrag von Lissabon vom 13. 12. 2007, S. 9 f. (abrufbar unter
http://www.auswaertiges-amt.de/cae/servlet/contentblob/358382/publicationFile/ [11. 12. 2013]),
ist diese Ausnahme vom grundsätzlichen Zuständigkeitsausschluss maßgeblich auf deutsches Betreiben eingeführt worden.

[14] Allgemein zu diesem Problembereich *Deja/Frau*, Jura 2008, 609; *Meyer*, ZEuS 2007, 1; *Ohler*,
EuR 2006, 848; *Schulte*, Der Schutz individueller Rechte gegen Terrorlisten, 2010.

[15] Siehe etwa den Gemeinsamen Standpunkt des Rates vom 27. 12. 2001 über die Anwendung
besonderer Maßnahmen zur Bekämpfung des Terrorismus (2001/931/GASP), ABl. 2001, L 344/93,
der sowohl auf Art. 15 EUV a. F. als auch auf Art. 34 EUV a. F. gestützt wurde.

[16] Vgl. hierzu EuGH, Urt. v. 27. 2. 2007, Rs. C–355/04 P (Segi u. a./Rat), Slg. 2007, I–1657. Der
Lissabonner Vertrag hat in den neugestalteten Titel über den Raum der Freiheit, der Sicherheit und des
Rechts mit Art. 75 AEUV eine Spezialregelung für wirtschaftliche »smart sanctions« im Zusammenhang mit der Terrorismusbekämpfung geschaffen, die von einem vorhergehenden GASP-Beschluss
unabhängig ist. Siehe hierzu *Kahn*, in: Vedder/Heintschel v. Heinegg, EVV, Art. III–160.

[17] Vgl. EuGH, Urt. v. 3. 9. 2008, verb. Rs. C–402/05 P u. C–415/05 P (Kadi u. a./Rat), Slg. 2008,
I–6351. Insoweit stellte sich aber die Frage nach der Reichweite der gerichtlichen Kontrollkompetenz
im Hinblick auf die Determinierung durch UN-Resolutionen. Hierzu *Kämmerer*, EuR 2009, 114;
Sauer, NJW 2008, 3685.

nen«, die der Rat auf Grundlage der Art. 23 bis 46 EUV (Besondere Bestimmungen über die gemeinsame Außen- und Sicherheitspolitik) erlässt. Der Beschluss ist nach Art. 25 Buchst. b EUV die maßgebliche Rechtsaktform für Ratshandlungen im Rahmen der GASP. Inwieweit ein solcher »restriktive Maßnahmen« enthält, ist allein eine Frage seines Inhalts. Nach bisheriger Praxis fallen darunter sowohl **wirtschaftliche Sanktionen** wie bspw. das Einfrieren von Geldern und sonstigen Vermögenswerten der betreffenden Personen oder Gruppen[18] als auch **nicht-wirtschaftliche Sanktionen** wie etwa Ein- und Durchreiseverbote.[19] Die hiervon betroffenen natürlichen oder juristischen Personen werden in Anhängen zu dem betreffenden Rechtsakt jeweils namentlich benannt.

2. Verfahren

10   Auf Grundlage von Art. 275 Abs. 2 Alt. 2 AEUV kann gegen solche GASP-Beschlüsse nunmehr unmittelbar vorgegangen werden, auf eine (supranationale) Umsetzung im Rahmen des AEUV – eine solche ist (wohl nur) für wirtschaftliche Sanktionen in Art. 215 Abs. 2 AEUV vorgesehen[20] – kommt es nicht an.[21] Liegt eine solche gleichwohl vor, kann nunmehr gegen beide Maßnahmen Rechtsschutz vor den Unionsgerichten in Anspruch genommen werden. Unterschiede können sich alleine in Bezug auf den anzuwendenden Prüfungsmaßstab ergeben.[22]

a) Nichtigkeitsklage

11   In verfahrenstechnischer Hinsicht erfolgt die Kontrolle restriktiver GASP-Beschlüsse in erster Linie über die Nichtigkeitsklage. Dies ergibt sich bereits aus dem Wortlaut des Art. 275 Abs. 2 Alt. 2 AEUV, wonach der Gerichtshof »für die unter den Voraussetzungen des Artikels 263 Abs. 4 [AEUV] erhobenen Klagen im Zusammenhang mit der Überwachung der Rechtmäßigkeit« solcher Beschlüsse zuständig ist. Ob diese Formulierung im Sinne einer Rechtsgrund- oder einer Rechtsfolgenverweisung zu verstehen

---

[18] Siehe bspw. Art. 3 des Gemeinsamen Standpunktes des Rates 2002/402/GASP vom 27.5.2002, ABl. 2002, L 139/4. Was darunter im Einzelnen zu verstehen ist, vgl. Verordnung (EG) Nr. 881/2002 vom 27.5.2002, ABl. 2002, L 139/9.

[19] Siehe bspw. Art. 4 des Gemeinsamen Standpunktes des Rates 2002/402/GASP vom 27.5.2002, ABl. 2002, L 139/4 oder Art. 1 des Gemeinsamen Standpunktes des Rates 2004/661/GASP vom 24.12.2004, ABl. 2004, L 301/67.

[20] Siehe zu dieser, den Art. 301 EGV ergänzenden Neuregelung, *Kokott*, in: Streinz, EUV/AEUV, Art. 215 AEUV, Rn. 1 ff.; *Geiger*, in: Geiger/Khan/Kotzur, EUV/AEUV, Art. 215 AEUV, Rn. 1 (10), ohne allerdings zwischen wirtschaftlichen und nicht-wirtschaftlichen Sanktionen zu differenzieren. Ob diese Bestimmung auch nicht-wirtschaftliche Sanktionen erfasst, erscheint fraglich. Hiergegen spricht jedenfalls der systematische Kontext, da Art. 215 Abs. 1 AEUV allein auf wirtschaftliche Sanktionen gegenüber Drittstaaten beschränkt ist und die ganze Bestimmung im fünften Teil des AEUV über das auswärtige Handeln der EU verortet ist; Ein- und Durchreiseverbote hingegen betreffen eher den Bereich des Raums der Freiheit, der Sicherheit und des Rechts (Art. 67 ff. AEUV). Dessen ungeachtet wurden nach bisheriger Praxis allein die Mitgliedstaaten zur Umsetzung solcher nicht-wirtschaftlicher Sanktionen verpflichtet.

[21] So auch *Pache*, in: Vedder/Heintschel v. Heinegg, EVV, Art. III–376, Rn. 7. Dass auch nach alter Rechtslage direkter Rechtsschutz gegen solche, sei es im Rahmen der GASP als auch der PJZS ergangenen Rechtsakte nicht schlechthin ausgeschlossen gewesen ist und damit auch eine Zuständigkeit des Gerichtshofs der EU bestehen konnte, deutete der Gerichtshof in EuGH, Urt. v. 27.2.2007, Rs. C–355/04 P (Segi u.a./Rat), Slg. 2007, I–1657, Rn. 53 ff., an. Hierzu v. *Danwitz*, Rechtsschutz im Bereich polizeilicher und justizieller Zusammenarbeit der Europäischen Union, FS Schnapp, 2008, S. 49; *Haltern*, JZ 2007, 772; *Kroker*, EuR 2008, 378.

[22] So etwa *Schröder*, DÖV 2009, 61 (64).

ist, kann letztlich dahingestellt bleiben, da die namentliche Nennung der von den Sanktionen betroffenen natürlichen oder juristischen Personen in den betreffenden Rechtsakten im Fall einer Klage dieser Personen ihre individuelle Betroffenheit nach der Plaumann-Formel (s. Art. 263 AEUV, Rn. 109 ff.) begründet, sodass jedenfalls ein Fall nach Art. 263 Abs. 4 Alt. 2 AEUV vorliegen wird. Bei der unmittelbaren Betroffenheit ist darauf abzustellen, ob der Durchführungsbeschluss nach Art. 215 Abs. 2 AEUV inhaltlich durch den GASP-Beschluss determiniert wird. Ist dies gegeben, liegt ein Fall der sog. materiellen unmittelbaren Betroffenheit auch durch den GASP-Beschluss vor.[23] Dann können beide Beschlüsse angegriffen werden.[24] Andernfalls ist nur der Beschluss nach Art. 215 Abs. 2 AEUV angreifbar.[25] Eine Änderung der Voraussetzungen des Art. 263 Abs. 4 AEUV ist Art. 275 Abs. 2 AEUV nicht zu entnehmen – hierfür besteht aus Rechtsschutzgründen auch kein Anlass.[26] Mit einer Aufhebung des beeinträchtigenden Beschlusses nach Art. 215 Abs. 2 AEUV sind die Belastungen des Betroffenen beseitigt.

b) Vorabentscheidungsverfahren

Bisher ungeklärt ist dagegen, ob die Kontrolle solcher GASP-Maßnahmen über den 12 Wortlaut des Art. 275 Abs. 2 Alt. 2 AEUV hinaus auch im Rahmen anderer gerichtlicher Verfahren erfolgen kann. In Betracht kommt zunächst eine Gültigkeitsvorlage nationaler Gerichte im Rahmen des Vorabentscheidungsverfahrens nach Art. 267 Abs. 1 Buchst. b Alt. 1 AEUV. Gegen den Wortlaut des Art. 275 Abs. 2 AEUV und für die Zulässigkeit entsprechender Vorabentscheidungsersuchen streitet, dass damit eine materielle Zuständigkeitserweiterung des Gerichtshofs der Europäischen Union nicht einhergeht; es bleibt bei einer Rechtmäßigkeitskontrolle, die lediglich in einer anderen verfahrensrechtlichen Einkleidung erfolgt. Von den Urteilswirkungen her bestehen insoweit keine Unterschiede; beide Verfahren führen zur Aufhebung der Maßnahme. Insofern spricht einiges für das Vorliegen einer planwidrigen Regelungslücke als Voraussetzung für eine **analoge Anwendung des Art. 275 Abs. 2 Alt. 2 AEUV auf Gültigkeitsvorlagen** nach Art. 267 Abs. 1 Buchst. b Alt. 1 AEUV. In rechtspraktischer Sicht sind zudem gerade bei den nach bisheriger Praxis durch mitgliedstaatliche Maßnahmen umzusetzenden nicht-wirtschaftlichen Sanktionen wie Ein- und Durchreiseverboten nationale Rechtsstreitigkeiten möglich, im Rahmen derer sich dann Fragen nach der Unionsrechtsmäßigkeit der diese Sanktionen anordnenden GASP-Beschlüsse stellen.

c) Amtshaftungsklage

Von Bedeutung können ferner Amtshaftungsklagen nach Art. 268 AEUV in Verbindung 13 mit Art. 340 Abs. 2 AEUV sein, soweit infolge eines solchen GASP-Beschlusses ein Schaden entsteht und dieser der Union zuzurechnen ist.[27] Zwar beinhaltet auch diese Klageart eine (inzidente) Rechtmäßigkeitskontrolle, anders als bei der Nichtigkeitsklage und dem Vorabentscheidungsverfahren führt die Unionsrechtswidrigkeit aber nicht zur Aufhebung der betreffenden, sondern (nur) zum Schadensersatz (s. Rn. 3). Ob eine analoge Anwendung des Art. 275 Abs. 2 Alt. 2 AEUV insoweit zulässig wäre,

---

[23] Für eine großzügige Auslegung des Merkmals der unmittelbaren Betroffenheit *Cremer*, in: Calliess/Ruffert, EUV/AEUV, Art. 275 AEUV, Rn. 9.

[24] Unklar *Regelberger/Kugelmann*, in: Streinz, EUV/AEUV, Art. 275 AEUV, Rn. 7.

[25] Vgl. hierzu EuGH, Urt. v. 29.6.2010, Rs. C–550/09 (Strafverfahren gegen E und F), Slg. 2010, I–6213, Rn. 50 ff.

[26] Tendenziell anders *Cremer*, in: Calliess/Ruffert, EUV/AEUV, Art. 275 AEUV, Rn. 9 ff.

[27] Vgl. hierzu eingehend *Pechstein*, JZ 2010, 425 (430 ff.).

erscheint fraglich. Wünschenswert wäre sie gleichwohl, da eine Verurteilung der EU zum Schadensersatz nur als »rechtsstaatlich« konsequente Folge der Einführung einer (begrenzten) Rechtmäßigkeitskontrolle restriktiver individualgerichteter GASP-Maß-nahmen angesehen werden kann.

III. Gutachtenverfahren

14 Art. 218 Abs. 11 AEUV sieht zwar keine Art. 275 Abs. 1 AEUV entsprechende Be-schränkung vor. Aufgrund seines generellen Charakters muss Art. 275 Abs. 1 AEUV aber auch insoweit Geltung beanspruchen.[28]

C. Prüfungsumfang

15 Der Prüfungsumfang nach Art. 275 Abs. 2 AEUV wird nicht besonders bestimmt, son-dern folgt den **allgemeinen Regeln des jeweiligen Verfahrens**. Der Vorschlag *Cremers*, bei Nichtigkeitsklagen insoweit nur auf die Verletzung von Individualrechten abzustel-len und rein objektive Rechtsverstöße, wie sie von allen Nichtigkeitsgründen des Art. 263 Abs. 2 AEUV auch erfasst werden, auszuschließen,[29] überzeugt daher in sys-tematischer Hinsicht nicht.

---

[28] Vgl. hierzu auch *Regelberger/Kugelmann*, in: Streinz, EUV/AEUV, Art. 275 AEUV, Rn. 9.
[29] *Cremer*, in: Calliess/Ruffert, EUV/AEUV, Art. 275 AEUV, Rn. 11. Am Willen des EuGH, derart zu verfahren, zweifelt *Cremer* selbst.

Artikel 276 AEUV [Unzuständigkeit des Gerichtshofs für Kontrolle mitgliedstaatlicher Maßnahmen der Polizei und Strafverfolgungsbehörden]

Bei der Ausübung seiner Befugnisse im Rahmen der Bestimmungen des Dritten Teils Titel V Kapitel 4 und 5 über den Raum der Freiheit, der Sicherheit und des Rechts ist der Gerichtshof der Europäischen Union nicht zuständig für die Überprüfung der Gültigkeit oder Verhältnismäßigkeit von Maßnahmen der Polizei oder anderer Strafverfolgungsbehörden eines Mitgliedstaats oder der Wahrnehmung der Zuständigkeiten der Mitgliedstaaten für die Aufrechterhaltung der öffentlichen Ordnung und den Schutz der inneren Sicherheit.

Literaturübersicht

Schröder, Neuerungen im Rechtsschutz der Europäischen Union durch den Vertrag von Lissabon, DÖV 2009, 61.

Inhaltsübersicht

A. Überblick

Mit dem Vertrag von Lissabon wurde die bis dahin intergouvernementale dritte Säule **1** der Europäischen Union, die PJZS, vollständig »supranationalisiert« und nunmehr einheitlich in den Art. 67 ff. AEUV zusammengefasst. Art. 35 EUV a. F. regelte die Zuständigkeit des Gerichtshofs für die alte PJZS in sehr spezifischer und einschränkender Form.[1] Danach musste die Gerichtsbarkeit des EuGH durch Unterwerfungserklärung der Mitgliedstaaten nach Art. 35 Abs. 2, 3 EUV a. F. eigens begründet werden. Auch der nunmehr entfallene Art. 68 EGV enthielt für die bereits mit dem Vertrag von Amsterdam vergemeinschafteten Bestandteile der ZBJI des Maastrichter Rechts prozessrechtliche Sondervorschriften, die insbesondere das Vorlagerecht unterinstanzlicher Gerichte ausschlossen. Nunmehr besteht die Gerichtsbarkeit des EuGH für die Materie des Raums der Freiheit, der Sicherheit und des Rechts – mit der einzigen Einschränkung des Art. 276 AEUV – gemäß den allgemeinen Regeln.[2] Die in Art. 276 AEUV enthaltenen beiden Einschränkungen waren vor Inkrafttreten des Lissabonner Vertrags inhaltsgleich in Art. 35 Abs. 5 EUV a. F. vorgesehen. Ihr Verständnis war im Schrifttum bereits nach alter Rechtslage umstritten. In der Rechtsprechung des Gerichtshofs sind sie bisher nicht relevant geworden. Als Ausnahmevorschrift wird der Gerichtshof die Norm gewiss auch eng auslegen.[3]

---

[1] Vgl. hierzu ausführlich *Pechstein*, EU/EG-Prozessrecht, 3. Aufl., 2007, Rn. 57 f., 560 ff., 865 ff., 973 ff.; *Suhr*, in: Calliess/Ruffert, EUV/AEUV, Art. 276 AEUV, Rn. 3 ff.

[2] *Schwarze*, in: Schwarze, EU-Kommentar, Art. 276 AEUV, Rn. 1 f.; *Streinz*, in: Streinz, EUV/AEUV, Art. 276 AEUV, Rn. 1.

[3] *Suhr*, in: Calliess/Ruffert, EUV/AEUV, Art. 276 AEUV, Rn. 11.

2   Sondervorschriften bestehen allerdings noch aufgrund des Protokolls Nr. 36 über die Übergangsbestimmungen zum Lissabonner Vertrag. Gemäß dessen Art. 10 Abs. 1 blieben die Befugnisse des Gerichtshofs bis zum 1.1.2014 für PJZS-Rechtsakte, die vor Inkrafttreten des Lissabonner Vertrags angenommen und seither nicht verändert wurden, auf die Möglichkeiten des Art. 35 EUV a.F. beschränkt.[4] Außerdem bestehen für das Vereinigte Königreich weitreichende Sonderbestimmungen nach Art. 10 Abs. 4, 5 dieses Protokolls, die einen vollständigen opt-out sowie einen Partial-re-opt-in bzgl. des Dritte-Säule-Acquis ermöglichen. Weitere Sonderregelungen für das Vereinigte Königreich, Irland und Dänemark sind in den Protokollen Nr. 16 bis 22 vorgesehen.[5]

B.   Inhalt und Tragweite der Bereichsausnahme des Art. 276 AEUV

I.   Maßnahmen der Polizei oder anderer Strafverfolgungsbehörden

3   Gemäß der ersten Einschränkung des Art. 276 AEUV ist der Gerichtshof der Europäischen Union bei der Ausübung seiner Befugnisse im Rahmen der Art. 82 bis 89 AEUV nicht zuständig für die Überprüfung der Gültigkeit oder Verhältnismäßigkeit von Maßnahmen der Polizei oder anderer Strafverfolgungsbehörden eines Mitgliedstaats. In gegenständlicher Hinsicht sind hiervon Einzelfallmaßnahmen der genannten Behörden erfasst, wobei der Begriff der Strafverfolgungsbehörde autonom und funktional auszulegen sein soll.[6] Weiterhin spricht der Wortlaut dafür, nur repressives Handeln unter diese Bestimmung zu subsumieren.[7]

4   Fraglich ist jedoch, welchen **(praktischen) Anwendungsbereich** diese Einschränkung haben kann. Das einzige Verfahren, in welchem der Gerichthof der Europäischen Union unmittelbar nationales Recht überprüfen kann, ist das Vertragsverletzungsverfahren nach Art. 258 ff. AEUV, wobei allein das Unionsrecht den Prüfungsmaßstab bildet.[8] Nur insoweit wäre dem Gerichtshof der Europäischen Union eine direkte Kontrolle mitgliedstaatlicher polizeilicher Maßnahmen überhaupt möglich.[9] In rechtspraktischer Hinsicht ist allerdings kaum zu erwarten, dass die Kommission solche Einzelakte zum Gegenstand eines Vertragsverletzungsverfahrens machen würde, zumal – abgesehen von der bloßen Feststellungswirkung des Urteils, Art. 260 Abs. 1 AEUV – die Auswirkungen des unionsrechtlichen Anwendungsvorrangs jedenfalls auf bestandskräftige Einzelakte der Mitgliedstaaten sehr beschränkt sind.[10]

5   Solche nationalen Maßnahmen könnten zwar zum Ausgangspunkt eines Vorabentscheidungsverfahren nach Art. 267 AEUV werden, wenn auf nationaler Ebene dagegen Rechtsmittel in Anspruch genommen würden. Der Gerichtshof der Europäischen Union kann insoweit aber nur Auslegungs- und Gültigkeitsfragen betreffend das Unionsrecht

---

[4] Hierzu näher *Suhr*, in: Calliess/Ruffert, EUV/AEUV, Art. 276 AEUV, Rn. 13 ff.

[5] Zu den Sonderregelungen näher *Suhr*, in: Calliess/Ruffert, EUV/AEUV, Art. 276 AEUV, Rn. 16 f.

[6] Vgl. hierzu *Wasmeier*, in: GS, EUV/EGV, Art. 35 EUV, Rn. 14.

[7] So *Schwarze*, in: Schwarze, EU-Kommentar, Art. 276 AEUV, Rn. 7.

[8] Nach alter Rechtslage war ein Vertragsverletzungsverfahren in Art. 35 EUV a.F. nicht vorgesehen, weshalb diese Einschränkung zum Teil als überwiegend deklaratorisch angesehen wurde, vgl. etwa *Böse*, in: Schwarze, EU-Kommentar, 2. Aufl., 2009, Art. 35 EUV, Rn. 14.

[9] So auch *Schröder*, DÖV 2009, 61 (65).

[10] Vgl. hierzu *Haratsch/Koenig/Pechstein*, Europarecht, Rn. 186 ff.; EuGH, Urt. v. 13.1.2004, Rs. C–453/00 (Kühne & Heitz), Slg. 2004, I–837, Rn. 23 ff.

beantworten, nicht hingegen in Bezug auf das nationale Recht. Die Anwendung des Unionsrechts auf den Ausgangsrechtsstreit bleibt dem vorlegenden nationalen Gericht überlassen. Einen mittelbaren Einfluss auf das nationale Recht übt der Gerichtshof der Europäischen Union allenfalls insoweit aus, als die (abstrakte) Auslegung des Unionsrechts mit Blick auf den konkreten Ausgangsrechtsstreit erfolgt.[11] Ob hierin indes ein praktikabler Anwendungsbereich der Einschränkung gesehen werden kann,[12] erscheint zweifelhaft.

II. Wahrnehmung mitgliedstaatlicher Zuständigkeiten für die Aufrechterhaltung der öffentlichen Ordnung und den Schutz der inneren Sicherheit

Die zweite Einschränkung des Art. 276 AEUV stellt die **prozessuale Absicherung des** 6 **Art. 72 AEUV** (Art. 33 EUV a. F.) dar, wonach der AEUV-Titel über den Raum der Freiheit, der Sicherheit und des Rechts nicht die Wahrnehmung der Zuständigkeit der Mitgliedstaaten für die Aufrechterhaltung der öffentlichen Ordnung und den Schutz der inneren Sicherheit berührt. Art. 276 AEUV nimmt diese Bestimmung – ohne ausdrücklich auf sie zu verweisen – von der Zuständigkeit des Gerichtshofs aus. *Suhr* weist allerdings zu Recht auf die mangelhafte Abstimmung beider Regelungen hin:[13] Während Art. 72 AEUV für den gesamten Raum der Freiheit, der Sicherheit und des Rechts gilt, erfasst Art. 276 AEUV nur die alte PJZS. *Suhr* plädiert mit Blick auf die Bindungswirkung des Art. 72 AEUV dafür, die Einschränkungen des Art. 276 AEUV auf den gesamten Raum der Freiheit, der Sicherheit und des Rechts, also auch auf die Bereiche Asyl, Einwanderung und ziviljustizielle Zusammenarbeit zu erstrecken.

Art. 72 AEUV wird überwiegend als ordre-public-Klausel – ähnlich den geschriebe- 7 nen Rechtfertigungsbestimmungen im Rahmen der Grundfreiheiten (etwa Art. 52 Abs. 1 AEUV)[14] – angesehen, wobei seine Reichweite im Einzelnen umstritten ist.[15] Da diese zweite Klausel weiter gefasst ist als die erste und auch präventives Handeln umfassen dürfte, ist davon auszugehen, dass sie die erste letztlich mit umfasst.[16]

Unklar ist ferner die prozessuale Funktion der zweiten Variante des Art. 276 AEUV. 8 Teilweise wird vertreten, es handele sich insoweit um eine Einschränkung der sachlichen Zuständigkeit des Gerichtshofs der Europäischen Union; teilweise wird darin lediglich eine Begrenzung der Kontrolldichte des Gerichtshofs bei der Prüfung der Anwendung des Art. 72 AEUV gesehen, wobei die Voraussetzungen der Bestimmung der Kontrolle des Gerichtshof der Europäischen Union unterliegen sollen.[17] Gegen die zweite Auffassung spricht jedoch, dass es dafür einer gesonderten prozessualen Absicherung nicht bedurft hätte und dass der Zuständigkeitsausschluss in Art. 276 AEUV vom Wortlaut her umfassend formuliert ist. In jedem Fall wird es dem Gerichtshof jedoch zustehen, zu prüfen, ob eine nationale Maßnahme diesen Zielen überhaupt dient.[18]

---

[11] Vgl. *Wasmeier*, in: GS, EUV/EGV, Art. 35 EUV, Rn. 14.
[12] So aber *Wasmeier*, in: GS, EUV/EGV, Art. 35 EUV, Rn. 14.
[13] *Suhr*, in: Calliess/Ruffert, EUV/AEUV, Art. 276 AEUV, Rn. 12.
[14] Allgemein dazu *Haratsch/Koenig/Pechstein*, Europarecht, Rn. 841.
[15] Siehe etwa *Herrnfeld*, in: Schwarze, EU-Kommentar, Art. 72 AEUV, Rn. 8 ff.
[16] So *Suhr*, in: Calliess/Ruffert, EUV/AEUV, Art. 276 AEUV, Rn. 10.
[17] Vgl. hierzu *Schwarze*, in: Schwarze, EU-Kommentar, Art. 276 AEUV, Rn. 8.
[18] *Suhr*, in: Calliess/Ruffert, EUV/AEUV, Art. 276 AEUV, Rn. 10 m. w. N.

Artikel 277 AEUV [Inzidentkontrolle von Unionsrechtsakten]

Ungeachtet des Ablaufs der in Artikel 263 Absatz 6 genannten Frist kann jede Partei in einem Rechtsstreit, bei dem die Rechtmäßigkeit eines von einem Organ, einer Einrichtung oder einer sonstigen Stelle der Union erlassenen Rechtsakts mit allgemeiner Geltung angefochten wird, vor dem Gerichtshof der Europäischen Union die Unanwendbarkeit dieses Rechtsakts aus den in Artikel 263 Absatz 2 genannten Gründen geltend machen.

Literaturübersicht

Busse, Art. 241 EG in der Rechtsprechung des EuGH – Eine kritische Würdigung, EuZW 2002, 715; *Daig*, Nichtigkeits- und Untätigkeitsklagen im Recht der Europäischen Gemeinschaften, 1985; *Epiney*, Neuere Rechtsprechung des EuGH in den Bereichen institutionelles Recht, allgemeines Verwaltungsrecht, Grundfreiheiten, Umwelt- und Gleichstellungsrecht, NVwZ 2006,407; *Sachs*, Die Exofficio-Prüfung durch die Gemeinschaftsgerichte, 2008; *Schwarze*, Rechtsschutz Privater gegenüber normativen Rechtsakten im Recht der EWG, FS Schlochauer, 1981, S. 927; *Vogt*,»Bestandskraft« von EG-Rechtsakten und Anwendungsbereich des Art. 241 EGV, EuR 2004, 618.

Leitentscheidungen

EuGH, Urt. v. 6.3.1979, Rs. 92/78 (Simmenthal/Kommission), Slg. 1979, 777
EuGH, Urt. v. 10.2.2003, Rs. C–11/00 (Kommission/F2B), Slg. 2003, I–7147
EuGH, Urt. v. 15.5.2008, Rs. C–442/04 (Spanien/Rat), Slg. 2008, I–3517

Inhaltsübersicht

A. Überblick

1 Durch den Lissabonner Vertrag wurde der Wortlaut der nach alter Rechtslage in Art. 241 EGV geregelten und nunmehr in Art. 277 AEUV übernommenen Inzidentrüge merklich geändert. Diese Änderungen sind jedoch nur zum Teil gelungen. Begrüßenswert ist die Ersetzung des Begriffs »Verordnung« durch die Formulierung »Rechtsakt mit allgemeiner Geltung«. Hierdurch wird die Rechtsprechung des Gerichtshofs der Europäischen Union kodifiziert, wonach die Inzidentrüge über den alten Wortlaut hinaus auch andere Rechtsakte erfasst, soweit diese normativen Charakter aufweisen. Dem systematischen Zusammenhang mit Art. 263 Abs. 1 Satz 2 AEUV ist sodann die Klarstellung geschuldet, dass zu den Urhebern der mittels Inzidentrüge anzugreifenden

Rechtsakte nicht nur EU-Organe gehören können, sondern auch Einrichtungen oder sonstige Stellen der Union.[1] Als hochgradig misslungen muss hingegen die letzte Änderung betrachtet werden. Während nach alter Fassung die Inzidentrüge in jedem Rechtsstreit erhoben werden konnte, »bei dem es auf die Geltung einer […] Verordnung […] ankommt«, geht es nach der neuen Version um solche Rechtsstreitigkeiten, »bei [denen] die Rechtmäßigkeit eines […] Rechtsaktes mit allgemeiner Geltung angefochten wird.« Mit dieser Formulierung wird der Anschein erweckt, dass es auf ein die Inzidentrüge kennzeichnendes unionsrechtliches Stufenverhältnis von unmittelbar angegriffenem Rechtsakt und einer aus diesem Anlass mittelbar zu überprüfenden und im Zusammenhang mit diesem Akt stehenden Organhandlung normativer Art gar nicht mehr ankommt.[2] Es kann sich hierbei allerdings nur um ein **redaktionelles Versehen** handeln, da ein solches Verständnis darauf hinausliefe, dass die Klagefrist des Art. 263 Abs. 6 AEUV auch bei direkten Angriffen gegen normative Organhandlungen nicht eingehalten werden müsste. Es ist davon auszugehen, dass die bisherige Grundkonzeption der Inzidentrüge unangetastet bleiben soll.[3] Rückwirkungen auf die Anwendung des Art. 277 AEUV können sich allerdings im Einzelfall aus den Neuerungen im Rahmen der Individualnichtigkeitsklage ergeben.

B. Die Funktion der Inzidentrüge

Art. 277 AEUV ermöglicht im Rahmen eines beim Gerichtshof der Europäischen Union   2
anhängigen Verfahrens die **inzidente (objektive) Rechtmäßigkeitskontrolle normativer Unionsrechtsakte**, welche die Rechtsgrundlage für die unmittelbar angegriffene Maßnahme bilden oder in sonstiger Weise in einem unmittelbaren rechtlichen Zusammenhang mit dieser stehen. In dieser Bestimmung kommt demnach das Prinzip der **Widerspruchsfreiheit der Rechtsordnung** zum Ausdruck, wonach die Rechtswidrigkeit einer höherrangigen Norm die Rechtswidrigkeit der darauf beruhenden niederrangigen Rechtsakte zur Folge hat.[4] Mit Ablauf der Klagefrist des Art. 263 Abs. 6 AEUV steht dieses Prinzip jedoch in einem gewissen Spannungsverhältnis zu dem **Grundsatz der Bestandskraft** unionaler Rechtsakte.[5] Denn mit diesem Zeitpunkt werden alle, auch normative Organhandlungen unanfechtbar. Ausweislich des Wortlautes des Art. 277 AEUV, wonach die Inzidentrüge »ungeachtet des Ablaufs der in Artikel 263 Absatz 6 genannten Frist« erhoben werden kann, wird dieses Spannungsverhältnis insoweit zugunsten der Widerspruchsfreiheit und der zeitlich unbefristeten Kontrolle von unionalen Normativakten entschieden.[6] Allerdings führt die Inzidentrüge im Erfolgsfall nicht zur erga omnes wirkenden Nichtigkeit des Rechtsaktes, sondern lediglich zu dessen Nichtanwendung in dem konkreten Verfahren. Der Bestand des inzident gerügten Rechtsaktes wird durch das Verfahren nach Art. 277 AEUV folglich nicht berührt, womit der Bestandskraft der inzident angegriffenen Organhandlung jedenfalls in formeller Hinsicht Rechnung getragen wird.

---

[1] Vgl. zu dieser die Nichtigkeitsklage betreffenden Neuerung des Lissabonner Vertrags Art. 263 AEUV, Rn. 7.

[2] Ähnlich unklar sind etwa auch die englische, französische und polnische Sprachfassung.

[3] So auch *Pache*, in: Vedder/Heintschel v. Heinegg, EVV, Art. III–378, Rn. 1.

[4] Vgl. *Ehricke*, in: Streinz, EUV/AEUV, Art. 277 AEUV, Rn. 2.

[5] Hierzu ausführlich *Vogt*, EuR 2004, 618, der zu Recht zu einem zurückhaltenden Gebrauch der dem deutschen allgemeinen Verwaltungsrecht entlehnten Begrifflichkeit »Bestandskraft« rät.

[6] Vgl. *Ehricke*, in: Streinz, EUV/AEUV, Art. 277 AEUV, Rn. 12.

3   Zu beachten ist sodann, dass Art. 277 AEUV keinen selbständigen Zugang zum Gerichtshof eröffnet,[7] sondern lediglich eine »**besondere Art der Klagebegründung**« einführt.[8] Die Inzidentrüge, die auch als »inzidente Normenkontrolle«[9] oder »Einrede der Rechtswidrigkeit«[10] bezeichnet wird, muss anlässlich eines anhängigen Rechtstreits vor den Unionsgerichten durch eine der Streitparteien geltend gemacht werden (s. Rn. 32). Ob auch die Möglichkeit einer Prüfung von Amts wegen durch das Gericht besteht, ist bisher noch offen (s. Rn. 33). Die größte praktische Bedeutung kommt Art. 277 AEUV im Bereich des Individualrechtsschutzes auf der Unionsebene zu, insbesondere im Rahmen der Nichtigkeitsklage.[11]

4   Vom Anwendungsbereich der Inzidentrüge des Art. 277 AEUV ausgenommen sind prozessuale Konstellationen, in denen – außerhalb der Nichtigkeitsklage – zwar die Rechtswidrigkeit einer Organhandlung geltend gemacht wird, dies aber unabhängig von dem Bestehen eines unionalen Stufenverhältnisses von normativem Rechtsakt und einer darauf beruhenden oder im rechtlichen Zusammenhang stehenden Organhandlung erfolgt. Dies betrifft etwa Vertragsverletzungsverfahren, in denen Mitgliedstaaten die Nichtbefolgung von Unionsrechtsakten vorgeworfen wird und die sich gegen diesen Vorwurf mit einem Verweis auf die Rechtswidrigkeit der in Frage stehenden Maßnahme wehren (s. Art. 258 AEUV, Rn. 50).[12] Der Gerichtshof der Europäischen Union rekurriert hierbei jedoch ausdrücklich nicht auf Art. 277 AEUV[13] und lehnt die Geltendmachung des Rechtswidrigkeitseinwands allein mit einem Verweis auf eine drohende Umgehung der Klagefristen des Art. 263 Abs. 6 AEUV grundsätzlich ab.[14] Das ist insoweit konsequent, als in diesen Fällen mangels des eingangs erwähnten unionalen Stufenverhältnisses ein Konflikt zwischen der Widerspruchsfreiheit der Unionsrechtsordnung einerseits und der Bestandskraft unionaler Rechtsakte andererseits nicht besteht. Genau dies setzt die Anwendung von Art. 277 AEUV aber voraus. Außerhalb des Anwendungsbereichs der Inzidentrüge genießt grundsätzlich die Bestandskraft Vorrang.[15]

---

[7] EuGH, Urt. v. 14.12.1962, verb. Rs. 31/62 u. 33/62 (Wöhrmann/Kommission), Slg. 1962, 1029, 1042 f.; Urt. v. 16.7.1981, Rs. 33/80 (Albini/Rat und Kommission), Slg. 1981, 2141, Rn. 17; Urt. v. 11.7.1985, verb. Rs. 87 u. 130/77, 22/83, 9 u. 10/84 (Salerno/Kommission und Rat), Slg. 1985, 2523, Rn. 36; EuG, Urt. v. 12.6.2015, Rs. T–334/12 (Plantavis u. NEM/Kommission u. EFSA), ECLI:EU:T:2015:376, Rn. 50.

[8] So GA *Reischl*, Schlussanträge zu Rs. C–92/78 (Simmenthal/Kommission), Slg. 1979, 777, 821; *Rengeling/Middeke/Gellermann*, Rechtsschutz in der EU, § 11, Rn. 4.

[9] Vgl. *Frenz*, Handbuch Europarecht, Band 5, Rn. 2330; *Rengeling/Middeke/Gellermann*, Rechtsschutz in der EU, § 11, Rn. 1; wie hier *Cremer*, in: Calliess/Ruffert, EUV/AEUV, Art. 277 AEUV, Rn. 1.

[10] So die Bezeichnung im Fundstellennachweis der Rechtsprechung und auch in vielen Urteilen, vgl. etwa EuG, Urt. v. 10.4.2003, verb. Rs. T–93/00 u. T–46/01 (Alessandrini u. a./Kommission), Slg. 2003, II–1635, Rn. 73.

[11] Zu den sonstigen Verfahren, in denen die Inzidentrüge relevant werden kann, siehe Rn. 6 ff.

[12] Vgl. bspw. EuGH, Urt. v. 27.6.2000, Rs. C–404/97 (Kommission/Portugal), Slg. 2000, I–4897, Rn. 34 ff.; Urt. v. 27.10.1992, Rs. C–74/91 (Kommission/Deutschland), Slg. 1992, I–5437, Rn. 9 ff.; Urt. v. 12.10.1078, Rs. 156/77 (Kommission/Belgien), Slg. 1978, 1881, Rn. 21/24.

[13] EuGH, Urt. v. 27.10.1992, Rs. C–74/91 (Kommission/Deutschland), Slg. 1992, I–5437, Rn. 10 f.; Urt. v. 22.3.2001, Rs. C–261/99 (Kommission/Frankreich), Slg. 2000, I–2537, Rn. 18 f.

[14] Vgl. EuGH, Urt. v. 12.10.1978, Rs. 156/77 (Kommission/Belgien), Slg. 1978, 1881, Rn. 19/20 ff.

[15] Hiervon anerkennt die Rechtsprechung jedoch zwei Ausnahmen: Der Rechtswidrigkeitseinwand greift erstens ausnahmsweise dann durch, wenn der gerügte Rechtsakt mit Fehlern behaftet ist, die so schwerwiegend sind, dass die zu seiner Inexistenz führen. Die andere Ausnahme bezieht sich auf die TWD-Rechtsprechung bzgl. des Vorabentscheidungsverfahrens (s. Art. 267 AEUV, Rn. 27).

C. Zulässigkeit der Inzidentrüge

I. Anhängigkeit eines Verfahrens vor dem Gerichtshof

Art. 277 AEUV sieht vor, dass die Inzidentrüge nur im Rahmen eines vor den Unions-   5
gerichten anhängigen Rechtsstreits erhoben werden kann und begründet daher kein
selbständiges Klagerecht.[16] Ist der Klageweg in der Hauptsache schon nicht eröffnet oder
unzulässig, so macht auch die Berufung auf Art. 277 AEUV die Klage nicht zulässig.[17]

Wie sich bereits aus dem Hinweis in Art. 277 AEUV auf die Frist des Art. 263 Abs. 6   6
AEUV ergibt, findet die Inzidentrüge vor allem im Rahmen der **Nichtigkeitsklage** Anwendung, wenn sich ein Kläger gegen eine auf einer normativen Unionshandlung beruhende Einzelfallmaßnahme wendet. Daneben kommen auch dienstrechtliche Streitigkeiten nach Art. 270 AEUV in Betracht.[18] Zur Anwendung des Art. 277 AEUV in
anderen Verfahren liegt bisher keine Rechtsprechung vor. Im Schrifttum wird die Ansicht vertreten, die Inzidentrüge könne in allen vor dem Gerichtshof der Europäischen
Union möglichen Verfahrensarten geltend gemacht werden.[19] Dem ist für die direkt bei
den Teilgerichten anhängigen Klagen zuzustimmen, allerdings ist hierfür erforderlich,
dass im Rahmen der jeweiligen Verfahrensart ein unionsrechtliches Stufenverhältnis
von inzident gerügtem Normativakt und einer darauf beruhenden bzw. im rechtlichen
Zusammenhang stehenden und unmittelbar angegriffenen EU-Organhandlung zugrunde liegen kann.

Beim **Vertragsverletzungsverfahren** gemäß Art. 258 ff. AEUV ist eine solche Kon-   7
stellation etwa dann vorstellbar, wenn sich die geltend gemachte Vertragsverletzung auf
die Missachtung eines EU-Tertiärrechtsaktes bezieht und sich der betreffende Mitgliedstaat zur Verteidigung auf die Rechtswidrigkeit der sekundärrechtlichen Rechtsgrundlage beruft.[20]

Im Rahmen einer **Untätigkeitsklage** nach Art. 265 AEUV ist die Erhebung der Inzi-   8
dentrüge nur bedingt vorstellbar, da sich diese Verfahrensart gerade nicht gegen eine
(rechtswidrige) Organhandlung richtet, sondern gegen das Unterlassen eines Rechtsaktes (s. Art. 265 AEUV, Rn. 36).

Gleichfalls möglich ist die Geltendmachung der Inzidentrüge bei **Amtshaftungskla-**   9
gen gemäß Art. 340 Abs. 2 i. V. m. Art. 268 AEUV.[21] Anlass hierfür bietet sich lediglich
dann, wenn sich die Rechtswidrigkeit des die Amtshaftung unmittelbar auslösenden
administrativen Unionsrechtsaktes allein aus der Rechtswidrigkeit eines normativen
Grundaktes ergibt. Fraglich ist in einem solchen Fall allerdings, ob hierin ein hinreichend
qualifizierter Rechtsverstoß liegt. Dies steht jedoch nur den Erfolgsaussichten einer
Amtshaftungsklage entgegen, nicht aber der Zulässigkeit einer Inzidentrüge nach
Art. 277 AEUV.

---

[16] Vgl. etwa EuG, Urt. v. 12. 5. 2015, Rs. T–334/12 (Plantaris u. NEM/Kommission u. EFSA), ECLI:
EU:T:2015:374, Rn. 50; *Cremer*, in: Calliess/Ruffert, EUV/AEUV, Art. 277 AEUV, Rn. 2.

[17] *Cremer*, in: Calliess/Ruffert, EUV/AEUV, Art. 277 AEUV, Rn. 2.

[18] EuG, Urt. v. 27. 10. 1994, Rs. T–64/92 (Chavane de Dalmassy u. a./Kommission), Slg. ÖD 1994,
I-A–227, 230.

[19] Siehe etwa *Cremer*, in: Calliess/Ruffert, EUV/AEUV, Art. 277 AEUV, Rn. 3; *Schwarze*, in:
Schwarze, EU-Kommentar, Art. 277 AEUV, Rn. 5. *Frenz*, Handbuch Europarecht, Band 5, Rn. 2333,
beschränkt den Anwendungsbereich auf alle »Klagearten«.

[20] Die Anwendung im Vertragsverletzungsverfahren ablehnend *Epiney*, NVwZ 2006, 407 (409).

[21] Vgl. etwa EuG, Urt. v. 18. 9. 2014, Rs. T–168/12 (Georgias u. a./Rat u. Kommission), ECLI:EU:
T:2014:781, Rn. 34 f.

10   Weniger aus Gründen eines mangelnden Stufenverhältnisses als aus verfahrenstechnischen Gründen bereitet die Anwendung des Art. 277 AEUV im Rahmen des **Vorabentscheidungsverfahrens** nach Art. 267 AEUV Probleme. Einerseits scheint kein Bedarf für die Geltendmachung einer Inzidentrüge zu bestehen, da mit der Gültigkeitsvorlage nach Art. 267 Abs. 1 Buchst. b Var. 1 AEUV eine eigenständige prozessuale Bestimmung für das Infragestellen der Rechtmäßigkeit von Unionsrechtsakten vorgesehen ist.[22] Das nationale Ausgangsgericht ist im Übrigen nicht darauf beschränkt, im Fall eines Stufenverhältnisses etwa nur den unionalen Einzelakt und nicht den normativen Grundakt zur Gültigkeitskontrolle vorzulegen. Andererseits ist nicht auszuschließen, dass das vorlegende Gericht nur nach der Gültigkeit des ersteren fragt. Den Parteien des Ausgangsrechtsstreits kann im Rahmen des Vorabentscheidungsverfahrens jedoch nicht das Recht zur Erhebung der Inzidentrüge nach Art. 277 AEUV zugebilligt werden.

11   In Abhängigkeit von der gerichtlichen Zuständigkeit in der Hauptsache kann die Inzidentrüge vor allen Teilgerichten erhoben werden. Durch die Übertragung der Zuständigkeit v. a. für Nichtigkeitsklagen natürlicher und juristischer Personen an das Gericht ist dieses nunmehr für diejenigen Rechtsschutzverfahren zuständig, in denen die Inzidentrüge überwiegend erhoben wird. Dies kann dazu führen, dass das Gericht – oder gegebenenfalls auch ein etwaiges Fachgericht – normative Unionshandlungen auf ihre Rechtmäßigkeit hin überprüfen muss,[23] obwohl unmittelbar gegen Normativakte gerichtete Verfahren entsprechend der Zuständigkeitsverteilung innerhalb des Gerichtshofs grundsätzlich zu den Aufgaben des Gerichtshofs zählen. Eine erfolgreiche Inzidentrüge führt jedoch nicht zur Nichtigkeit eines Unionsrechtsaktes mit Wirkung erga omnes, sondern nur zu seiner Unanwendbarkeit im konkreten Rechtsstreit (s. Rn. 33). Damit bleibt die Nichtigerklärung normative Rechtsakte dem Gerichtshof vorbehalten, sodass die grundsätzliche Aufgabenverteilung innerhalb des Gerichtshofs der Europäischen Union auch im Rahmen des Art. 277 AEUV nicht durchbrochen wird.

II. Rügeberechtigung

12   Der Wortlaut des Art. 277 AEUV (»[…] kann jede Partei in einem Rechtsstreit […]«) lässt die Notwendigkeit einer besonderen Rügeberechtigung nicht erkennen. Gleichwohl wird eine solche Voraussetzung angenommen.[24] Inhaltlich geht es dabei um die Frage, inwieweit das Bestehen einer (nicht genutzten) direkten Klagemöglichkeit gegen einen später inzident gerügten Normativakt die Geltendmachung des Art. 277 AEUV ausschließt. Hierbei ist zwischen nicht-privilegierten Klägern nach Art. 263 Abs. 4 AEUV und privilegierten Klägern nach Art. 263 Abs. 2 und 3 AEUV zu unterscheiden.

1. Nicht-privilegierte Kläger

13   Nach alter Rechtslage und dem darauf gegründeten Verständnis im Schrifttum diente die Inzidentrüge natürlichen und juristischen Personen als **Kompensation für deren fehlende unmittelbare Rechtsschutzmöglichkeit** gegen normative (Gemeinschafts-)Handlungen.[25] Aufgrund der engen Grenzen der unmittelbaren und individuellen Betroffenheit

---

[22] Vgl. GA *Jacobs*, Schlussanträge zu Rs. C–239/99 (Nachi Europe), Slg. 2001, I–1197, Rn. 62.
[23] EuG, Urt. v. 27. 10.1994, Rs. T–64/92 (Chavane de Dalmassy u. a./Kommission), Slg. ÖD 1994, S. I-A–227, 230.
[24] Vgl. etwa *Ehricke*, in: Streinz, EUV/AEUV, Art. 227 AEUV, Rn. 10; *Frenz*, Handbuch Europarecht, Band 5, Rn. 2336; *Schwarze*, in: Schwarze, EU-Kommentar, Art. 277 AEUV, Rn. 6.
[25] Aus der Rechtsprechung: EuGH, Urt. v. 6.3.1979, Rs. C–92/78 (Simmenthal/Kommission),

nach Art. 230 Abs. 4 EGV war es den sog. nicht-privilegierten Klägern lediglich möglich solche Organhandlungen direkt anzugreifen, die in formeller (i. S. v. Art. 249 Abs. 4 EGV) oder zumindest materieller Hinsicht als Entscheidungen, also Einzelakte (= adressatenbezogene Beschlüsse nach Art. 288 Abs. 4 Satz 2 AEUV), anzusehen waren.[26]

Ein solches Verständnis war im Hinblick auf nicht-privilegierte Kläger zunächst unproblematisch, da es zu keiner Einschränkung des nach dem Wortlaut unbegrenzten Anwendungsbereichs der Inzidentrüge führte. An dieser kompensatorischen Funktion des Art. 277 AEUV für den Individualrechtsschutz hat der Vertrag von Lissabon dem Grunde nach nichts geändert. Als problematisch kann sich ein solches Verständnis für nicht-privilegierte Kläger allerdings insoweit erweisen, als die im Zuge der Vertragsreform vorgenommenen Änderungen der Individualnichtigkeitsklage zu einer Erweiterung der Klagemöglichkeiten gegen Normativakte geführt haben. Konsequenterweise müsste dann der Anwendungsbereich des Art. 277 AEUV spiegelbildlich um die Ausweitung der direkten Klagemöglichkeiten reduziert werden. Zumindest in Bezug auf die neu in Art. 263 Abs. 4 Alt. 3 AEUV eingeführte Möglichkeit, gegen »Rechtsakte mit Verordnungscharakter« vorgehen zu können, besteht hierfür aber wohl kein Anlass.[27] Denn diese Konstellation zeichnet sich gerade dadurch aus, dass diese Rechtsakte prinzipiell keine weiteren (unionalen oder mitgliedstaatlichen) Durchführungsmaßnahmen nach sich ziehen, die dann direkt angegriffen werden und ein für die Anwendung des Art. 277 AEUV erforderliches Stufenverhältnis begründen könnten (s. Art. 263 AEUV, Rn. 81 ff.). **14**

2. Privilegierte Kläger

Das »kompensatorische« Verständnis der Indzidentrüge taugt indes nicht im Hinblick auf die Situation sog. privilegierter Kläger nach Art. 263 Abs. 2 und 3 AEUV.[28] Da der Klägergruppe nach Art. 263 Abs. 2 AEUV uneingeschränkte und der nach Art. 263 Abs. 3 AEUV jedenfalls weitergehende Klagemöglichkeiten als den nicht-privilegierten Klägern eingeräumt sind, wird überwiegend die Auffassung vertreten, dass diesen Gruppen grundsätzlich keine Befugnis zur Erhebung der Inzidentrüge zusteht.[29] **15**

Slg. 1979, 777, Rn. 38 ff. Aus dem Schrifttum: *Cremer*, in: Calliess/Ruffert, EUV/EGV, Art. 241 EGV, Rn. 1; *Schwarze*, in: Schwarze, EU-Kommentar, Art. 241 EGV, Rn. 1.

[26] Hintergrund einer solchen Auslegung ist die Rechtsprechung des Gerichtshofs der Europäischen Union. Danach kommt in Art. 277 AEUV ein allgemeiner Grundsatz zum Ausdruck, wonach »jeder Partei das Recht gewährleistet [wird], zum Zwecke der Nichtigerklärung einer sie unmittelbar und individuell betreffenden Entscheidung die Gültigkeit derjenigen Rechtshandlungen zu bestreiten, welche die Rechtsgrundlage für die angegriffene Entscheidung bilden, falls die Partei nicht das Recht hatte, gemäß Artikel 173 EWG-Vertrag [Art. 263 AEUV] unmittelbar gegen diese Rechtshandlungen zu klagen, deren Folgen sie nunmehr erleidet, ohne dass sie die Nichtigerklärung hätte beantragen können.« Vgl. EuGH, Urt. v. 6.3.1979, Rs. C–92/78 (Simmenthal/Kommission), Slg. 1979, 777, Rn. 38, und seit dem ständige Rspr. siehe etwa EuG, Urt. v. 10.4.2003, Rs. T–93/00 u. T–46/01 (Alessandrini u. a./Kommission), Slg. 2003, II–1635, Rn. 76.

[27] Vgl. hierzu auch *Schwarze*, in: Schwarze, EU-Kommentar, Art. 277 AEUV, Rn. 7 f.

[28] Vgl. hierzu *Busse*, EuZW 2002, 715 (717 f.) und *Vogt*, EuR 2004, 618 (625; 635 f.), jeweils m. w. N.

[29] Einen umfassenden Ausschluss der Rügeberechtigung nehmen an *Gaitanides*, in: GS, EUV/EGV, Art. 241 EGV, Rn. 7, und *Schwarze*, in: Schwarze, EU-Kommentar, Art. 277 AEUV, Rn. 6. Einen grundsätzlichen Ausschluss befürworten dagegen *Cremer*, in: Calliess/Ruffert, EUV/AEUV, Art. 277 AEUV, Rn. 7, sowie *Ehricke*, in: Streinz, EUV/AEUV, Art. 277 AEUV, Rn. 10. Das Verhältnis des allgemeinen Grundsatzes zu Art. 277 AEUV wurde auch von verschiedenen Generalanwälten erörtert, vgl. etwa GA *Mengozzi*, Schlussanträge zu Rs. C–91/05 (Kommission/Rat), Slg. 2008, I–3651, Rn. 36 ff.; GA *Bot*, Schlussanträge zu Rs. C–442/04 (Spanien/Rat), Slg. 2008, I–3517, Rn. 50 ff.

16   Gegen diese Auffassung streitet jedoch nicht nur der Wortlaut des Art. 277 AEUV, wonach »jeder Partei« eines Rechtsstreits – also auch den Mitgliedstaaten und Unionsorganen – die Möglichkeit eröffnet wird, die Unanwendbarkeit eines Rechtsaktes mit allgemeiner Geltung mit Hilfe der Inzidentrüge geltend zu machen. Auch der Rechtsprechung selbst lässt sich ein solcher Ausschluss der beiden Klägergruppen aus dem Kreis der Rügeberechtigten nicht entnehmen. Deutlich wurde dies erstmals in der Rechtssache *Kommission/EZB*, in der die EZB inzident die Ungültigkeit einer Verordnung nach Art. 241 EGV (Art. 277 AEUV) geltend machte, ohne – obwohl zulässig – dagegen nach Art. 230 EGV (Art. 263 AEUV) geklagt zu haben.[30] Der EuGH führte aus, dass der EZB nicht das Recht abgesprochen werden könne, die Rechtswidrigkeit der Verordnung nach Art. 277 AEUV geltend zu machen; die Rüge der Unzulässigkeit der Rechtswidrigkeitseinrede wurde daher zurückgewiesen.[31] Zwischenzeitlich hat der Gerichtshof dies in seiner weiteren Rechtsprechung bestätigt, in der Mitgliedstaaten und damit uneingeschränkt privilegierte Kläger die Nichtigkeitsklage angestrengt hatten.[32] So hat er in der Rs. C–442/04 ausgeführt:

> »Aus diesem Artikel ergibt sich, dass ein Mitgliedstaat in einem Rechtsstreit die Rechtmäßigkeit einer Verordnung in Frage stellen kann, gegen die er keine Nichtigkeitsklage vor Ablauf der Frist des Art. 230 Abs. 5 EG erhoben hat. Da das Recht der Mitgliedstaaten, Nichtigkeitsklage gegen eine Verordnung zu erheben, nicht beschränkt ist, würde die vom Rat und der Kommission erhobene Einrede der Unzulässigkeit, wonach ein Mitgliedstaat die Rechtswidrigkeit einer Verordnung nach Ablauf der erwähnten Frist nicht im Wege der Einrede geltend machen könne, da er deren Nichtigerklärung innerhalb dieser Frist hätte beantragen können, wenn man ihr stattgäbe, darauf hinauslaufen, dass den Mitgliedstaaten das Recht versagt würde, in einem Rechtsstreit die Rechtmäßigkeit einer Verordnung in Frage zu stellen, um sich vor dem Gerichtshof auf deren Unanwendbarkeit zu berufen.«[33]

17   Damit steht fest, dass beide privilegierten Klägergruppen umfassend nach Art. 277 AEUV rügeberechtigt sind, soweit es sich bei den inzident angegriffenen Rechtsakten um normative Unionsmaßnahmen handelt.[34] Daraus ergibt sich aber auch, dass für die **Anwendbarkeit der TWD-Rechtsprechung** auf Art. 277 AEUV kein Raum besteht.[35] Ein Ausschluss der Berufung auf die Inzidentrüge wegen der Nichterhebung einer offensichtlich zulässigen Nichtigkeitsklage gegen den entsprechenden Normativakt würde – entgegen der zitierten Rechtsprechung des Gerichtshofs – jedenfalls für Mitgliedstaaten, Rat, Kommission und Parlament aufgrund ihrer uneingeschränkten Klageberech-

---

[30] Vgl. EuGH, Urt. v. 10.7.2003, Rs. C–11/00 (Kommission/EZB), Slg. 2003, I–7147, Rn. 73.

[31] EuGH, Urt. v. 10.7.2003, Rs. C–11/00 (Kommission/EZB), Slg. 2003, I–7147, Rn. 77 f.

[32] EuGH, Urt. v. 15.12.2005, Rs. C–86/03 (Griechenland/Kommission), Slg. 2005, I–10979, Rn. 85; Urt. v. 15.5.2008, Rs. C–442/04 (Spanien/Rat), Slg. 2008, I–3517, Rn. 22.

[33] EuGH, Urt. v. 15.5.2008, Rs. C–442/04 (Spanien/Rat), Slg. 2008, I–3517, Rn. 22; ebenso für die Kommission als privilegierten Kläger EuGH, Urt. v. 20.5.2008, Rs. C–91/05, (Kommission/Rat), Slg. 2008, I–3651, Rn. 34. Zutreffend daher *Stoll/Rigod*, in: Grabitz/Hilf/Nettesheim, EU, Art. 277 AEUV (Mai 2013), Rn. 9.

[34] So auch *Busse*, EuZW 2002, 715 (719), allerdings ohne sich hierbei auf die Rechtsprechung zu stützen, sondern allein auf Grundlage der Ratio des Art. 277 AEUV. Mit Verweis auf die neue Rechtsprechung ebenfalls für eine umfassende Rügeberechtigung privilegierter Kläger, *Frenz*, Handbuch Europarecht, Band 5, Rn. 2338.

[35] Anders *Cremer*, in: Calliess/Ruffert, EUV/AEUV, Art. 277 AEUV, Rn. 4; ebenso *Ehricke*, in: Streinz, EUV/AEUV, Art. 277 AEUV, Rn. 4; der Sache nach ebenfalls *Schwarze*, in: Schwarze, EU-Kommentar, Art. 277 AEUV, Rn. 6.

tigung nach Art. 263 Abs. 2 AEUV doch zum völligen Ausschluss von Art. 277 AEUV führen.[36]

Ein solches Verständnis des Art. 277 AEUV widerspräche schließlich auch einem **18** schutzwürdigen Interesse der Kläger nach Art. 263 Abs. 2 und 3 AEUV. Häufig zeigen sich die Rechtsmängel einer Unionsrechtsnorm nämlich erst nach Ablauf der kurz bemessenen Klagefrist des Art. 263 Abs. 6 AEUV.[37] Wäre die Berufung auf Art. 277 AEUV ausgeschlossen, so würde diese Klägergruppe förmlich gezwungen, gegen sämtliche normativen Rechtshandlungen der Union vorsorglich Nichtigkeitsklage zu erheben. Daher streitet auch die Prozessökonomie gegen eine Beschränkung des Kreises der nach Art. 277 AEUV Rügeberechtigten.[38] Gleiches müsste dann auch für das Verständnis des Art. 277 AEUV im Hinblick auf nicht-privilegierte Kläger gelten, soweit deren direkte Rechtsschutzmöglichkeiten im Rahmen des Art. 263 Abs. 4 AEUV eine erweiternde Auslegung erfahren und hierdurch eine Einschränkung des Anwendungsbereichs des Art. 277 AEUV drohte.[39]

III. Rügegegenstand

Nach alter Rechtlage erfasste Art. 241 EGV seinem Wortlaut nach nur Verordnungen als **19** mögliche Rügegegenstände. In Art. 277 AEUV wurde der Begriff »Verordnung« durch die Formulierung »Rechtsakt mit allgemeiner Geltung« ersetzt.

1. Nicht-privilegierte Kläger

Im Hinblick auf nicht-privilegierte Kläger wird hierdurch die bisherige Rechtsprechung **20** kodifiziert, die den Begriff der Verordnung unter Hinweis auf die Bedeutung der Inzidentrüge für den Individualrechtsschutz seit längerem weit auslegte.[40] Damit eine Regelung im Wege der Inzidentrüge angreifbar ist, muss ihr somit »allgemeine Geltung« zukommen. Das ist mit Blick auf die Verordnung als Prototyp eines solchen Rechtsaktes dann der Fall, wenn sie auf objektiv umschriebene Sachverhalte Anwendung findet und Rechtswirkungen gegenüber Personengruppen entfaltet, die allgemein und abstrakt festgelegt sind.[41] Sind diese Voraussetzungen gegeben, ist von einer **allgemeinen Gel-**

---

[36] So konsequent *Ehricke*, in: Streinz, EUV/AEUV, Art. 277 AEUV, Rn. 10, der allerdings Ausnahmen zulassen will, wenn sich die Rechtswidrigkeit erst später zeigt.

[37] Vgl. etwa *Ehricke*, in: Streinz, EUV/AEUV, Art. 277 AEUV, Rn. 10.

[38] Vgl. auch GA *Roemer*, Schlussanträge zu Rs. 32/65 (Italien/Rat und Kommission), Slg. 1966, 457 (494).

[39] So auch *Cremer*, in: Calliess/Ruffert, EUV/AEUV, Art. 277 AEUV, Rn. 7.

[40] In der Rechtssache Simmenthal führt der EuGH dazu aus: »Das Anwendungsgebiet des genannten Artikels muß sich [...] auf diejenigen Rechtshandlungen der Gemeinschaftsorgane erstrecken, die, obwohl nicht in Form einer Verordnung ergangen, gleichartige Wirkungen wie eine Verordnung entfalten und die aus diesen Gründen von keinem anderen Rechtssubjekt als den Organen und den Mitgliedstaaten im Rahmen des Artikels 173 [Art. 263 AEUV] angegriffen werden konnten. Diese weite Auslegung des Artikels 184 [Art. 277 AEUV] ergibt sich aus der Notwendigkeit, den durch Absatz 2 des Artikels 173 [Art. 263 AEUV] von der direkten Klage gegen Rechtshandlungen allgemeinen Charakters ausgeschlossenen Personen dann die Möglichkeit einer Rechtmäßigkeitskontrolle zu gewährleisten, wenn Durchführungsentscheidungen ergehen, die sie unmittelbar und individuell betreffen.« Vgl. EuGH, Urt. v. 6.3.1979, Rs. 92/78 (Simmenthal/Kommission), Slg. 1979, 777, Rn. 38 f.

[41] EuG, Urt. v. 26.10.1993, verb. Rs. T–6/92 u. T–52/92 (Reinarz/Kommission), Slg. 1993, II–1047, Rn. 56, in Bezug auf die Regelung der Kommission zur Sicherstellung der Krankheitsfürsorge der Beamten.

tung der Unionshandlung auszugehen und sie als zulässiger Gegenstand einer Inzidentrüge zu qualifizieren.[42]

21   Einen Sonderfall stellt die sog. **hybride Verordnung** dar (s. Art. 263 AEUV, Rn. 63). Ein solcher Rechtsakt kann gegenüber nicht-privilegierten Klägern nur dann als zulässiger Rügegegenstand angesehen werden, wenn die betreffende natürliche oder juristische Person im Rahmen einer Nichtigkeitsklage hierdurch nicht unmittelbar und individuell betroffen gewesen wäre. Andernfalls weist die Verordnung nämlich nicht die Merkmale einer normativen Maßnahme auf, sondern stellt für die betreffende natürliche oder juristische Person eine Einzelfallmaßnahme dar, auf die Art. 277 AEUV grundsätzlich keine Anwendung findet (s. aber Rn. 22).[43]

22   Nach neuerer Rechtsprechung des Gerichtshofes zur Geltendmachung der Inzidentrüge durch einen Mitgliedstaat stellt auch eine **Richtlinie** einen zulässigen Rügegegenstand dar.[44] Gleiches müsste demnach auch für nicht-privilegierte Kläger gelten.[45] Allerdings ist hier eher unwahrscheinlich, dass Richtlinien – anders als im Hinblick auf Mitgliedstaaten – Rechtsgrundlagen für den Erlass von weiteren (an natürliche oder juristische Personen gerichteten) unionalen Organhandlungen enthalten.[46] Es wird somit faktisch in der Regel an einem für die Anwendung des Art. 277 AEUV erforderlichen Stufenverhältnis fehlen.

23   Nach bisheriger Rechtsprechung des Gerichtshofs konnten unter bestimmten Bedingungen auch Entscheidungen im Sinne von Art. 249 Abs. 4 EGV (= **adressatenbezogene Beschlüsse** im Sinne des Art. 288 Abs. 4 Satz 2 AEUV) tauglicher Rügegegenstand sein. Obwohl diese Rechtsakte anders als Verordnungen einen bestimmten Adressaten haben und einen Einzelfall regeln,[47] hat das Gericht eine staatengerichtete Entscheidung der Kommission im Beihilfenrecht über eine (abstrakt-generelle nationale) Beihilfenregelung als zulässigen Rügegegenstand anerkannt.[48] Da die neue Fassung des Art. 277 AEUV die bisherige Rechtsprechung kodifiziert, sollte dies auch nach geltender Rechtslage möglich sein.

---

[42] Bereits auf Grundlage der bisherigen Rechtsprechung wurden beispielsweise Bestimmungen aus der Geschäftsordnung des Europäischen Parlaments, EuG, Urt. v. 2.10.2001, verb. Rs. T–222/99, T–327/99 u. T–329/99 (Jean-Claude Martinez u.a./ Europäisches Parlament), Slg. 2001, II–2823 Rn. 137, als Unionshandlungen mit allgemeiner Geltung qualifiziert. Gleiches gilt für Leitlinien der Kommission für das Verfahren zur Festsetzung von Geldbußen im Rahmen des Kartellverfahrens, EuG, Urt. v. 29.11.2005, Rs. T–64/02 (Heubach/Kommission), Slg. 2005, II–5137, Rn. 35; Urt. v. 13.12.2006, verb. Rs. T–217/03 u. T–245/03 (FNCBV u.a./Kommission), Slg. 2006, II–4987, Rn. 250. Vgl. auch für Beschäftigungsbedingungen für Angestellte der EZB, EuG, Urt. v. 8.1.2003, verb. Rs. T–94/01, T–152/01 u. T–286/01 (Hirsch u.a./EZB), Slg. ÖD 2003, I-A–1, II–27, Rn. 50. Diese Beschäftigungsbedingungen wurden auf der Grundlage des Protokolls über die Satzung des ESZB und der EZB erlassen.

[43] Kritisch hierzu *Vogt*, EuR 2004, 618 (631 ff.).

[44] EuGH, Urt. v. 15.12.2005, Rs. C–86/03 (Griechenland/Kommission), Slg. 2005, I–10979, Rn. 82 f.

[45] Angedeutet wird eine solche Möglichkeit in EuG, Beschl. v. 25.4.2006, Rs. T–310/03 (Kreuzer Medien/Parlament und Rat), Slg. 2006, II–36, Rn. 77. In dieser Rechtssache wurde eine gegen eine Richtlinie gerichtete Individualnichtigkeitsklage mangels individueller Betroffenheit als unzulässig verworfen. Im Zusammenhang mit dem Klägervortrag, wonach im Falle der Unzulässigkeit der Klage der Grundsatz des effektiven Rechtsschutzes verletzt sei, wies das EuG u.a. auch auf die Möglichkeit einer Inzidentrüge nach Art. 241 EGV [Art. 277 AEUV] hin.

[46] Insoweit ablehnend auch *Ehricke*, in: Streinz, EUV/AEUV, Art. 277 AEUV, Rn. 11.

[47] Vgl. *Schroeder*, in: Streinz, EUV/AEUV, Art. 288 AEUV, Rn. 138 f.

[48] EuG, Urt. v. 17.6.1999, Rs. T–82/96 (ARAP u.a./Kommission), Slg. 1999, II–1889, Rn. 46 ff.

Ebenfalls zu bejahen ist die Rügefähigkeit von **nicht adressatenbezogenen Beschlüssen** nach Art. 288 Abs. 4 Satz 1 AEUV.[49] Diese bereits nach alter Rechtslage bekannte, aber nicht in Art. 249 EGV erwähnte Rechtsaktform wurde durch den Lissaboner Vertrag in den Rang regulärer Rechtsakte erhoben. Da Beschlüsse einerseits ausweislich des Wortlauts des Art. 288 Abs. 4 Satz 1 AEUV in allen ihren Teilen verbindlich sind und andererseits eben (auch) adressatenunabhängig ergehen können, kann ihnen – je nach Inhalt – durchaus allgemeine Geltung zukommen.[50] Es ist allerdings ferner erforderlich, dass auf Grundlage eines solchen Beschlusses oder im rechtlichen Zusammenhang mit diesem weitere Organhandlungen erlassen werden, sodass ein für die Anwendung des Art. 277 AEUV erforderliches unionsrechtliches Stufenverhältnis zustande kommt.[51]   **24**

Zu beachten ist im Zusammenhang mit der Rechtsaktform des Beschlusses allerdings, dass Art. 275 Abs. 1 AEUV die Unionsgerichtsbarkeit auch im Hinblick auf die Anwendung der Inzidentrüge ausschließt, soweit es sich um Beschlüsse im Rahmen der GASP (vgl. Art. 25 Buchst. b EUV) handelt.   **25**

2. Privilegierte Kläger

Ausgehend vom Wortlaut des Art. 277 AEUV ist grundsätzlich auch bei privilegierten Klägern nach Art. 263 Abs. 2 und 3 AEUV von einem **weiten Verständnis des Rügegegenstandes** auszugehen, obwohl nach bisheriger Rechtsprechung nur Verordnungen[52] und Richtlinien[53] eine Rolle gespielt haben.   **26**

Zu einem anderen Ergebnis muss man hingegen bei **staatengerichteten Beschlüssen** im Sinne von Art. 288 Abs. 4 Satz 2 AEUV gelangen. Diese entfalten in keiner Konstellation gegenüber privilegierten Klägern nach Art. 263 Abs. 2 und 3 AEUV allgemeine Geltung, sodass Art. 277 AEUV bereits seinem Sinn und Zweck nach nicht greift. Anders hingegen stellt sich die Sachlage im Fall von nicht adressatenbezogenen Beschlüssen nach Art. 288 Abs. 4 Satz 1 AEUV dar; diese können durchaus allgemeine Geltung aufweisen (s. Rn. 26).   **27**

IV. Entscheidungserheblichkeit

Die Unanwendbarkeit einer Rechtshandlung der Union kann nur dann inzident gemäß Art. 277 AEUV geltend gemacht werden, wenn dies für den Ausgang des Verfahrens gegen die direkt angegriffene Organhandlung entscheidungserheblich ist. Anders als nach der alten Fassung in Art. 241 EGV, in welcher diese Voraussetzung durch die Formulierung »Rechtsstreit, bei dem es auf die Geltung einer [...] Verordnung [...] ankommt [...]« zum Ausdruck kam, ist sie dem Art. 277 AEUV nicht mehr explizit zu entnehmen. Von der Fortgeltung dieser für die Anwendung und das Verständnis der   **28**

---

[49] Vgl. EuG, Urt. v. 2.10.2014, Rs. T–177/12 (Spraylat/ECHA), ECLI:EU:T:2014:849, Rn. 22 ff. Ausführlich zu dieser Rechtsaktform *Frenz*, Handbuch Europarecht, Band 5, Rn. 1205 ff., der die Rügefähigkeit wohl ebenfalls bejaht. Allgemein zur Rechtsaktform auch *Haratsch/Koenig/Pechstein*, Europarecht, Rn. 403 ff.

[50] EuG, Urt. v. 2.10.2014, Rs. T–177/12 (Spraylat/ECHA), ECLI:EU:T:2014:849, Rn. 27. Siehe auch *Frenz*, Handbuch Europarecht, Band 5, Rn. 1406 f.

[51] So etwa in EuG, Urt. v. 2.10.2014, Rs. T–177/12 (Spraylat/ECHA), ECLI:EU:T:2014:849.

[52] EuGH, Urt. v. 10.7.2003, Rs. C–11/00 (Kommission/EZB), Slg. 2003, I–7147, Rn. 77; Urt. v. 15.5.2008, Rs. C–442/04 (Spanien/Rat), Slg. 2008, I–3517, Rn. 22.

[53] EuGH, Urt. v. 15.12.2005, Rs. C–86/03 (Griechenland/Kommission), Slg. 2005, I–10979, Rn. 85 f.

Inzidentrüge zentralen Voraussetzung ist jedoch auszugehen, ebenso wie von ihrer weiten Auslegung durch die bisherige Rechtsprechung. Danach muss die inzident gerügte Rechtshandlung nicht zwingend die förmliche Rechtsgrundlage für die mit dem jeweiligen Verfahren unmittelbar angegriffene Organhandlung darstellen.[54] Das für die Anwendung von Art. 277 AEUV erforderliche **unionsrechtliche Stufenverhältnis** liegt auch dann vor, wenn zwischen beiden Rechtsakten ein unmittelbarer rechtlicher Zusammenhang besteht und der allgemeine Rechtsakt für den Erlass der unmittelbar angegriffenen Maßnahme tragend[55] bzw. unmittelbar oder mittelbar auf den konkreten Klagegegenstand anwendbar war.[56]

29   Der Umfang der inzidenten Rechtmäßigkeitsüberprüfung des Rechtsaktes hat sich auf das für den konkreten Rechtsstreit entscheidungserhebliche Maß zu beschränken. Sofern also eine angegriffene Maßnahme nur auf bestimmten Artikeln einer Grundnorm beruht, sind – soweit eine isolierte Prüfung möglich ist – nur diese Vorschriften auf ihre Rechtmäßigkeit hin zu überprüfen.[57] Die **Entscheidungserheblichkeit** setzt somit zum einen voraus, dass sich die Rechtswidrigkeit der gerügten Norm auf den konkreten Klagegegenstand auswirkt.[58] Zum anderen darf die Klage nicht auch ohne die Rüge zum Erfolg führen. Wenn die angefochtene Maßnahme selbst bereits an Mängeln leidet, die zu ihrer Nichtigerklärung führen, dann ist die Rechtswidrigkeit der zugrunde liegenden Norm für den Verfahrensausgang nicht mehr entscheidungserheblich.[59] Die Erhebung der Inzidentrüge läuft in diesem Falle leer.[60]

V. Form der Rügeeinlegung

30   Zur Erhebung der Inzidentrüge bedarf es keines besonderen Prozessantrages. Da Art. 277 AEUV keine eigene Klageart begründet, genügt es, wenn die **Einrede** der Rechtswidrigkeit im Zusammenhang mit den Klagegründen erhoben wird.[61] Ausreichend ist allerdings auch eine implizite Inzidentrüge, soweit diese in der jeweiligen Klage- oder Verfahrensschrift eindeutig zum Ausdruck kommt.[62]

---

[54] EuGH, Urt. v. 2.10.2014, Rs. T–177/12 (Spraylat/ECHA), ECLI:EU:T:2014:849, Rn. 25; Urt. v. 2.10.2001, verb. Rs. T–222/99, T–327/99 u. T–329/99 (Jean-Claude Martinez u.a./Europäisches Parlament), Slg. 2001, II–2835, Rn. 135.

[55] EuG, Urt. v. 2.10.2001, verb. Rs. T–222/99, T–327/99 u. T–329/99 (Jean-Claude Martinez u.a./Europäisches Parlament), Slg. 2001, II–2823, Rn. 135 f. Vgl. aber EuG, Urt. v. 10.4.2003, verb. Rs. T–93/00 u. T–46/01 (Alessandrini u.a./Kommission), Slg. 2003, II–1635, Rn. 77 ff., in dieser Rechtssache fehlte es an einem solchen Zusammenhang.

[56] EuG, Urt. v. 12.6.2015, Rs. T–334/12 (Plantavis u. NEM/Kommission u. EFSA), ECLI:EU:T:2015:376, Rn. 51; Urt. v. 26.10.2003, verb. Rs. T–6/92 u. T–52/92 (Reinarz/Kommission), Slg. 1993, II–1047, Rn. 57. Einen solchen Zusammenhang bejahte das Gericht beispielsweise zwischen Leitlinien der Kommission zur Berechnung von Geldbußen im Kartellverfahren und einer Kommissionsentscheidung, mit der eine auf dieser Grundlage errechnete Geldbuße wegen Verstoßes gegen Art. 81 EGV (Art. 101 AEUV) verhängt wurde; EuG, Urt. v. 29.11.2005, Rs. T–64/02 (Heubach/Kommission), Slg. 2005, II–5137, Rn. 35.

[57] EuG, Urt. v. 26.10.2003, verb. Rs. T–6/92 u. T–52/92 (Reinarz/Kommission), Slg. 1993, II–1047, Rn. 57.

[58] Vgl. auch *Stoll/Rigod*, in: Grabitz/Hilf/Nettesheim, EU, Art. 277 AEUV (Mai 2013), Rn. 14.

[59] *Borchardt*, in: Lenz/Borchardt, EU-Verträge, Art. 277 AEUV, Rn. 12; *Cremer*, in: Calliess/Ruffert, EUV/AEUV, Art. 277 AEUV, Rn. 3.

[60] Vgl. etwa EuGH, Urt. v. 20.5.2008, Rs. C–91/05 (Kommission/Rat), Slg. 2008, I–3651, Rn. 111.

[61] *Gaitanides*, in: GS, EUV/EGV, Art. 241 EGV, Rn. 10, der auf die Kommentierung zu Art. 184 EGV, Rn. 6 verweist.

[62] EuGH, Urt. v. 15.5.2008, Rs. C–442/04 (Spanien/Rat), Slg. 2008, I–3517, Rn. 24. Vgl. dazu auch GA *Bot*, Schlussanträge zu Rs. C–442/04 (Spanien/Rat), Slg. 2008, I–3517, Rn. 73 ff.

Insbesondere vor dem Hintergrund der Anerkennung der impliziten Erhebung der   31
Inzidentrüge ist fraglich, ob die Rechtswidrigkeitseinrede auch von Amts wegen durch
die Teilgerichte aufgriffen werden kann.[63] Die Rechtsprechung ist insoweit uneinheitlich. Während der Gerichtshof in einer sehr frühen Entscheidung wohl von einer **ex
officio-Prüfung** ausgegangen ist,[64] hat das Gericht diese in einer Entscheidung aus dem
Jahre 2005 abgelehnt.[65] Aus Gründen der Kohärenz der Rechtsprechung ist eine ex
officio-Prüfung jedenfalls dann zu befürworten, wenn die betreffende normative Organhandlung an solchen Rechtsfehlern leidet, die bei einem unmittelbar angegriffenen
Rechtsakt von Amts wegen durch die Teilgerichte aufgegriffen würden.[66] Dieses Argument gilt in gleicher Weise auch für die sich anschließende Frage nach der ex officio-
Prüfung von Nichtigkeitsgründen, die der Rügeberechtigte nicht ausdrücklich erhoben
hat.[67] Auch hier ist die Rechtsprechung allerdings eher zurückhaltend.[68]

D. Begründetheit der Inzidentrüge

Die Inzidentrüge ist begründet, wenn der als rechtswidrig gerügte entscheidungserheb-   32
liche Rechtsakt mit einem der in Art. 263 Abs. 2 AEUV genannten Nichtigkeitsgründe
behaftet ist. Im Rahmen der Prüfung der »Verletzung des Vertrages oder einer bei seiner
Durchführung anzuwendenden Rechtsnorm« ist nicht entscheidend, ob die Vorschrift,
an der die gerügte Norm gemessen wird, unmittelbare Wirkung für den Rügenden entfaltet. Vielmehr ist eine objektive Rechtmäßigkeitskontrolle vorzunehmen. Als Prüfungsmaßstab sind daher – ebenso wie im Rahmen von Nichtigkeitsklagen – alle Vorschriften heranzuziehen, an welche die Unionsorgane bei der Rechtsetzung gebunden
sind.[69] Die Begründetheitsprüfung von Inzidentrügen folgt somit den gleichen Regeln
wie die Begründetheitsprüfung von Nichtigkeitsklagen (s. hierzu Art. 263, Rn. 172 ff.).
Eine Besonderheit besteht im Rahmen der Inzidentrüge allerdings insoweit, als der
Prüfungsumfang hier auf die entscheidungserheblichen Teile des gerügten Rechtsaktes
beschränkt ist.

E. Wirkungen einer erfolgreichen Inzidentrüge

Ist die Inzidentrüge zulässig und begründet, so wird in dem anhängigen Rechtsstreit die   33
als rechtswidrig gerügte Vorschrift für unanwendbar erklärt. Eine erfolgreiche Inzidentrüge führt allerdings nicht zur Nichtigkeit der gerügten Rechtshandlung mit Wirkung

---

[63] Ausführlich zu dieser Frage *Sachs*, S. 148 ff. (226 f.). Für eine Prüfung von Amts wegen *Busse*,
EuZW 2002, 715 (720).
[64] EuGH, Urt. v. 17.12.1959, Rs. C–14/59 (Société des fonderies de Pont-à-Mousson/Hohe Behörde), Slg. 1959, 467 (493).
[65] EuG, Urt. v. 27.9.2005, verb. Rs. T–134/03 u. T–135/03 (Common Market Fertilizers SA),
Slg. 2005, II–3923, Rn. 52.
[66] *Sachs*, S. 151 (227).
[67] *Sachs*, S. 151 f.
[68] Vgl. etwa EuG, Urt. v. 15.6.2005, Rs. T–171/02 (Regione autonoma della Sardegna/Kommis-
sion), Slg. 2005, II–2123, Rn. 186 ff.
[69] Hierzu zählen z.B. auch die Regeln der WTO (ehemals GATT), EuGH, Urt. v. 7.5.1991, Rs.
C–69/89 (Nakajima/Rat), Slg. 1991, I–2069, Rn. 27 ff.

erga omnes. Vielmehr bleiben die Wirkungen der Rüge auf das konkrete Verfahren beschränkt (**inter partes**): Wird die Unanwendbarkeit eines Unionsrechtsaktes festgestellt, so führt dies also nicht zu seiner Nichtigkeit, sondern nur zu seiner Unanwendbarkeit im konkreten Rechtsstreit.[70] Andere Kläger können sich daher auf die in einem anderen Verfahren erfolgreiche Inzidentrüge nicht berufen.[71] Die Beschränkung der Rechtswirkungen einer erfolgreichen Inzidentrüge auf das konkrete Verfahren stellt einen wesentlichen Unterschied zu den Urteilswirkungen im Nichtigkeitsverfahren dar (s. Art. 264 AEUV, Rn. 2 ff.). Die Unanwendbarkeit des (inzident) gerügten Unionsrechtsaktes wird aus diesem Grunde auch nicht im Urteilstenor, sondern nur in den Entscheidungsgründen festgestellt.[72]

34   In der Regel wird jedoch das Organ, welches den unionsrechtswidrigen Rechtsakt erlassen hat, auf die Änderung oder Aufhebung dieser Norm hinwirken.[73] Es ist allerdings unklar, ob eine rechtliche Verpflichtung der zuständigen Organe zur Aufhebung oder Anpassung des Rechtsaktes besteht. Insbesondere im Interesse der Rechtssicherheit und der Gleichbehandlung betroffener Personenkreise ist es zwar grundsätzlich wünschenswert, dass die gerügte rechtswidrige Norm zur Herstellung einer unionsrechtskonformen Rechtslage geändert oder aufgehoben wird.[74] Allerdings ist in Art. 277 AEUV ausdrücklich nur von der »Unanwendbarkeit« der rechtswidrigen Verordnung in dem konkreten Rechtsstreit die Rede. Eine darüber hinausgehende Aufhebungs- bzw. Änderungsverpflichtung brächte die Wirkungen der Inzidentrüge in eine vom Wortlaut des Art. 277 AEUV und ihrer Rechtsschutzfunktion nicht gedeckte Nähe zum Nichtigkeitsklageverfahren. Es besteht daher keine Rechtspflicht der zuständigen Unionsorgane zur Anpassung oder Aufhebung eines erfolgreich gerügten Unionsrechtsaktes.[75]

[70] Vgl. etwa EuGöD, Urt. v. 12.3.2014, Rs. 128/12 (CR(Parlament). ECLI:EU:F:2014:38, Rn. 38.
[71] EuGH, Urt. v. 21.2.1974, verb. Rs. 15/73–33/73, 52, 53, 57–109, 116, 117, 123 u. 135 bis 137/73 (Kortner u. a./Rat), Slg. 1974, 177, Rn. 36/38.
[72] GA *Reischl*, Schlussanträge zu Rs. C–92/78 (Simmenthal/Kommission), Slg. 1979, 777 (821).
[73] Vgl. *Rengeling/Middeke/Gellermann*, Rechtsschutz in der EU, § 11, Rn. 23.
[74] Für eine solche Verpflichtung daher *Daig*, Nichtigkeits- und Untätigkeitsklagen im Recht der Europäischen Gemeinschaften, 1985, S. 192 f.; *Dauses/Wohlfahrt*, in: Dauses, Handbuch des EU-Wirtschaftsrechts, Abschnitt P. I., Juli 2012, Rn. 373. Im Ergebnis von einer Obliegenheit der Organe ausgehend ohne Bestehen einer Rechtspflicht, *Gaitanides*, in: GS, EUV/EGV, Art. 241 EGV, Rn. 14.
[75] So i. E. auch *Schwarze*, FS Schlochauer, S. 927 (938 f.).

Artikel 278 AEUV [Wirkung von Klagen beim Gerichtshof]

Klagen bei dem Gerichtshof der Europäischen Union haben keine aufschiebende Wirkung. Der Gerichtshof kann jedoch, wenn er dies den Umständen nach für nötig hält, die Durchführung der angefochtenen Handlung aussetzen.

Artikel 279 AEUV [Einstweilige Anordnungen]

Der Gerichtshof der Europäischen Union kann in den bei ihm anhängigen Sachen die erforderlichen einstweiligen Anordnungen treffen.

Literaturübersicht

Burianski, Vorläufiger Rechtsschutz gegen belastende EG-Rechtsakte – Lasset alle Hoffnung fahren?, EWS 2006, 304; *Richter*, Der Maßstab der Dringlichkeit im Verfahren einstweiligen Rechtsschutzes – gerechtfertigte Strenge?, EuZW 2014, 416; *Sladic*, Einstweiliger Rechtsschutz im Gemeinschaftsprozessrecht, 2008; *Wägenbaur*, Die jüngere Rechtsprechung der Gemeinschaftsgerichte im Bereich des vorläufigen Rechtsschutzes, EuZW 1996, 327; *Winterfeld*, Möglichkeiten der Verbesserung des individuellen Rechtsschutzes im Europäischen Gemeinschaftsrecht, NJW 1988, 1409.

Leitentscheidungen

EuGH, Beschl. v. 12.7.1996, Rs. C–180/96 R (Vereinigtes Königreich/Kommission – »BSE«), Slg. 1996, I–3903
EuG, Beschl. v. 11.3.1991, Rs. T–10/91 R (Bodson/Europäisches Parlament), Slg. 1991, II–133

A. Die Funktion des einstweiligen Rechtsschutzes

Die im EU-Rechtsschutzsystem vorgesehenen Klagen und Rechtsmittel gegen Rechtsakte der Union entfalten keine aufschiebende Wirkung (Art. 278 Satz 1 AEUV, Art. 60 Abs. 1 EuGH-Satzung). Der Betroffene bleibt daher auch nach Klageerhebung oder **1**

Rechtsmitteleinlegung verpflichtet, die sich aus dem angefochtenen Unionsrechtsakt ergebenden Gebote und Verbote zu befolgen. Andernfalls läuft er Gefahr, deren zwangsweise Durchsetzung dulden zu müssen (Art. 280, Art. 299 AEUV). Der AEU-Vertrag stellt – wie die mitgliedstaatlichen Rechtsordnungen – zur Vermeidung irreparabler Schäden verschiedene Rechtsbehelfe des einstweiligen Rechtsschutzes zur Verfügung (Art. 278 Satz 2, Art. 279, Art. 299 Abs. 4 AEUV). Diese hemmen die Durchführung einer Rechtshandlung, ohne jedoch deren Rechtswirksamkeit zu berühren. Auf diese Weise werden die Rechte der Parteien bis zur endgültigen Entscheidung in der Hauptsache gewahrt bzw. (vorläufig) wiederhergestellt.[1]

2   Insgesamt sind im EU-Rechtsschutzsystem **drei Formen des einstweiligen Rechtsschutzes** vorgesehen, deren Antragsvoraussetzungen nicht nur im AEU-Vertrag selbst, sondern auch in den Verfahrensordnungen und der Satzung geregelt sind (Art. 156 bis Art. 161 VerfO-EuG, Art. 160 bis 166 VerfO-EuGH, Art. 60 EuGH-Satzung):
(1) Aussetzung der Durchführung angefochtener Handlungen (Art. 278 Satz 2 AEUV);
(2) Erlass einstweiliger Anordnungen (Art. 279 AEUV) sowie
(3) Aussetzung der Zwangsvollstreckung von Rechtsakten des Rates, der Kommission (Art. 299 Abs. 4 AEUV) und Entscheidungen des Gerichtshofs (Art. 280 i. V. m. Art. 299 Abs. 4 AEUV).
Art. 278 Satz 2 AEUV ermächtigt den Gerichtshof, die Durchführung einer angefochtenen Handlung auszusetzen. Damit wird ein Korrektiv zu der von Art. 278 Satz 1 AEUV ausgeschlossenen aufschiebenden Wirkung geschaffen.[2] Entfalten Klagen vor dem Gerichtshof nach Art. 278 Satz 1 AEUV keine aufschiebende Wirkung (Suspensiveffekt), so verhindert Art. 278 Satz 2 AEUV zumindest die zwangsweise Durchsetzung von Unionshandlungen. Auf diese Weise wird die Schaffung vollendeter Tatsachen vermieden, die nach einem stattgebenden Urteil in der Hauptsache nicht mehr rückgängig gemacht werden könnten.[3] Mit Hilfe der vorläufigen Aussetzungsanordnung hält der Gerichtshof eine Sachlage bis zur Entscheidung in der Hauptsache offen und sichert dadurch die Effektivität des Endurteils.[4] Der Anwendungsbereich von Art. 278 Satz 2 AEUV erstreckt sich ausschließlich auf belastende Organhandlungen, die Rechtswirkungen erzeugen.[5] Der Antrag ist nur im Rahmen anhängiger Nichtigkeitsklagen (Art. 263 AEUV), Drittwiderspruchsklagen (Art. 157 VerfO-EuGH; Art. 167 VerfO-EuG) sowie dienstrechtlicher Klagen (Art. 270 AEUV) statthaft.

3   Art. 279 AEUV ermächtigt den Gerichtshof, »in den bei ihm anhängenden Sachen die erforderlichen einstweiligen Anordnungen [...] zu [...] treffen«. In diesem Verfahren können einstweilige Anordnungen zur vorläufigen Gestaltung und Regelung streitbefangener Rechtspositionen und -verhältnisse erlassen werden, deren Ziele mit bloßen

---

[1] GA *Tesauro*, Schlussanträge zu Rs. C–213/89 (The Queen/Secretary of State for Transport), Slg. 1990, I–2433 (2456 f.); *Wagner*, Der einstweilige Rechtsschutz gegen Mitgliedstaaten nach dem EWG-Vertrag, 1994, S. 6 f.
[2] Zur Übernahme des entsprechenden französischen Modells durch das Unionsrecht vgl. *Ehricke*, in: Streinz, EUV/AEUV, Art. 279 AEUV, Rn. 1; *Stoll/Rigod*, in: Grabitz/Hilf/Nettesheim, EU, Art. 278 AEUV (Mai 2013), Rn. 1.
[3] *Klinke*, Der Gerichtshof der Europäischen Gemeinschaften, 1989, S. 83; *Rengeling/Middeke/Gellermann*, Rechtsschutz in der EU, § 19, Rn. 3.
[4] GA *Tesauro*, Schlussanträge zu Rs. C–213/89 (The Queen/Secretary of State for Transport), Slg. 1990, I–2433 (2456 f.); *Wagner* (Fn. 1), S. 6 f.
[5] *Ehlermann*, Die Verfolgung von Vertragsverletzungen der Mitgliedstaaten durch die Kommission, FS Kutscher, 1981, S. 135 (149); *Stoll/Rigod*, in: Grabitz/Hilf/Nettesheim, EU, Art. 279 AEUV (Mai 2013), Rn. 12.

Vollzugsaussetzungen nach Art. 278 Satz 2 AEUV nicht zu erreichen sind.[6] Während sich die Beschlusswirkung nach Art. 278 Satz 2 AEUV in der Vollzugshemmung der angefochtenen Handlung erschöpft, erlaubt Art. 279 AEUV den Erlass vorläufiger Gebots- und Verbotsregelungen. Klagt der Antragsteller in der Hauptsache gegen einen ihn belastenden Unionsrechtsakt, so wird die Veränderungsgefahr schon mit der Aussetzung der Durchführung des belastenden Unionsrechtsaktes nach Art. 278 Satz 2 AEUV abgewendet. Damit erreicht der Antragsteller ausreichenden Schutz, weil der status quo jedenfalls vorläufig erhalten bleibt. Etwas anderes gilt dagegen, wenn sich das Begehren des Antragstellers nicht nur gegen eine Ablehnung, sondern auch auf ein positives Tätigwerden eines Unionsorgans richtet. In diesen Fällen würde die aufschiebende Wirkung nach Art. 278 Satz 2 AEUV lediglich die Ablehnung suspendieren. Der Antragsteller erhielte aber noch nicht die von ihm begehrte positive Handlung. Deshalb ermächtigt Art. 279 AEUV den Gerichtshof, zusätzliche, für den Antragsteller positive Regelungsanordnungen über eine vorläufige Änderung oder zusätzliche Sicherung eines Rechtszustandes zu treffen. Art. 279 AEUV ist daher auch in prinzipiell allen Verfahrensarten des Hauptsacherechtsstreits anwendbar.[7] Dies gilt auch für gegen die Mitgliedstaaten gerichtete Anträge der Kommission im Vertragsverletzungsverfahren.[8]

Somit stellt Art. 279 AEUV den allgemeinen Rechtsbehelf dar, während Art. 278, **4** 299 AEUV Spezialnormen sind, wobei Art. 299 Abs. 4 Satz 1 AEUV der speziellere Rechtsbehelf im Verhältnis zu Art. 278 Satz 2 AEUV ist. Die einstweilige Aussetzung der Durchführung eines Unionsrechtsakts nach Art. 278 Satz 2 AEUV macht die Aussetzung der Zwangsvollstreckung nach Art. 299 Abs. 4 Satz 1 AEUV überflüssig.[9] Der EuGH unterscheidet indes nicht streng zwischen Art. 278 Satz 2 AEUV und Art. 279 AEUV, sondern unterzieht beide Arten des vorläufigen Rechtsschutzes einer einheitlichen Prüfung.[10] Die Anzahl der Verfahren des einstweiligen Rechtsschutzes ist erstaunlich gering.[11] Wegen der langen Dauer der unionsgerichtlichen Verfahren ist die Bedeutung des einstweiligen Rechtsschutzes gleichwohl erheblich.[12]

B. Zulässigkeit eines Antrags auf einstweiligen Rechtsschutz

I. Sachliche Zuständigkeit

Vorläufiger Rechtsschutz in Unionsrechtssachen kann sowohl vor den nationalen Ge- **5** richten als auch vor den Unionsgerichten beantragt werden. Dabei ist für die Abgrenzung der Zuständigkeiten maßgeblich, ob es sich um den Vollzug eines Unionsrechtsakts durch ein EU-Organ handelt (**direkter Vollzug**) – dann sind ausschließlich die Unions-

---

[6] *Stoll/Rigod*, in: Grabitz/Hilf/Nettesheim, EU, Art. 279 AEUV (Mai 2013), Rn. 13.

[7] Vgl. *Schwarze*, in: Schwarze, EU-Kommentar, Art. 279 AEUV, Rn. 3.

[8] EuGH, Beschl. v. 21.5.1977, verb. Rs. 31/77 R u. 53/77 R (Kommission/Vereinigtes Königreich), Slg. 1977, 921; Beschl. v. 4.3.1982, Rs. 42/82 R (Kommission/Frankreich), Slg. 1982, 841; Beschl. v. 12.7.1990, Rs. C–195/90 R (Kommission/Deutschland), Slg. 1990, I–3351; zu Recht kritisch hierzu *Ehricke*, in: Streinz, EUV/AEUV, Art. 279 AEUV, Rn. 16.

[9] Dazu näher *Schwarze*, in: Schwarze, EU-Kommentar, Art. 278 AEUV, Rn. 6.

[10] EuGH, Beschl. v. 12.7.1996, Rs. C–180/96 R (Vereinigtes Königreich/Kommission), Slg. 1996, I–3903, Rn. 41 ff.; *Sladic*, S. 67 ff.

[11] Vgl. dazu näher *Stoll/Rigod*, in: Grabitz/Hilf/Nettesheim, EU, Art. 279 AEUV (Mai 2013), Rn. 2; *Wegener*, in: Calliess/Ruffert, EUV/AEUV, Art. 279 AEUV, Rn. 1.

[12] *Ehricke*, in: Streinz, EUV/AEUV, Art. 279 AEUV, Rn. 3.

gerichte zuständig – oder ob es sich um nationale Vollzugsmaßnahmen zu einem EU-Rechtsakt handelt (**indirekter Vollzug**), gegen die vorläufiger Rechtsschutz begehrt wird. In letzterem Fall sind die nationalen Gerichte zuständig, sie unterliegen jedoch unionsrechtlichen Vorgaben.[13]

6   Der Antrag auf einstweilige Anordnung ist aufgrund der Akzessorietät des einstweiligen Rechtsschutzes bei dem Unionsgericht einzureichen, das für die Entscheidung der Klage in der Hauptsache sachlich zuständig ist (Art. 256 Abs. 1 AEUV i.V.m. Art. 51 EuGH-Satzung; Art. 257 AEUV). Stellt sich im Verlauf des Verfahrens die Unzuständigkeit des Gerichts heraus, so verweist dieses an das zuständige Unionsgericht (Art. 54 EuGH-Satzung).[14]

II.   Anhängigkeit des Hauptsacheverfahrens

7   Der Antrag auf vorläufigen Rechtsschutz ist nur zulässig, wenn er von der Partei eines beim Gerichtshof bereits anhängigen Rechtsstreits gestellt wird und sich auf diesen bezieht (Art. 160 VerfO-EuGH; Art. 156 Abs. 1 und 2 VerfO-EuG). Nach dieser strengen **Akzessorietät des einstweiligen Rechtsschutzes** in Bezug auf das Hauptsacheverfahren darf einstweiliger Rechtsschutz von den Unionsgerichten – anders als im deutschen Verwaltungsprozessrecht (§§ 80, 123 VwGO) – nur im Rahmen von rechtshängigen Klagen gewährt werden.[15] Rechtshängigkeit der Klage tritt nicht erst mit der Zustellung der Klageschrift an den Gegner, sondern bereits mit wirksamer Klageerhebung ein (Art. 21 f. EuGH-Satzung). Der Antrag kann daher frühestens mit Klageeinreichung gestellt werden.[16] Nach Klageabweisung wird auch der Antrag auf einstweiligen Rechtsschutz unzulässig.[17] In Vorabentscheidungsverfahren scheidet einstweiliger Rechtsschutz daher aus.[18]

8   Der Gerichtshof prüft im Rahmen der Zulässigkeit des Antrags auf einstweiligen Rechtsschutz nur dann die Sachurteilsvoraussetzungen der Klage in der Hauptsache, wenn der Antragsgegner die offensichtliche Unzulässigkeit der Klage rügt (Art. 151 Abs. 1 VerfO-EuGH; Art. 130 Abs. 1 VerfO-EuG), zumindest aber Einwände vorträgt, die ernsthafte Zweifel an der Zulässigkeit der Hauptsache aufwerfen.[19] Der Gerichtshof beschränkt sich angesichts der Dringlichkeit einstweiliger Anordnungen auf die sum-

---

[13] EuGH, Urt. v. 21.2.1991, Rs. C–143/88 u. C–92/89 (Zuckerfabrik Süderdithmarschen und Zuckerfabrik Soest/Hauptzollamt Itzehoe und Hauptzollamt Paderborn), Slg. 1991, I–415, Rn. 23 ff.; Urt. v. 9.11.1995, Rs. C–465/93 (Atlanta Fruchthandelsgesellschaft u.a./Bundesamt für Ernährung und Forstwirtschaft), Slg. 1995, I–3761, Rn. 35 ff.; Urt. v. 26.11.1996, Rs. C–68/95 (T. Port/Bundesanstalt für Landwirtschaft und Ernährung), Slg. 1996, I–6065, Rn. 53 ff.; vgl. hierzu u.a. *Ehricke*, in: Streinz, EUV/AEUV, Art. 279 AEUV, Rn. 52 ff.

[14] EuG, Beschl. v. 18.8.1995, Rs. T–146/95 R (Bernardi/Parlament), Slg. 1995, II–2255, Rn. 3.

[15] Kritisch bzgl. bestimmter Konstellationen *Wegener*, in: Calliess/Ruffert, EUV/AEUV, Art. 278, 279 AEUV, Rn. 8.

[16] *Wägenbaur*, EuZW 1996, 327 (328); *v. Winterfeld*, NJW 1988, 1409 (1413).

[17] EuGH, Beschl. v. 12.10.1992, Rs. C–295/92 R (Landbouwschap/Kommission), Slg. 1992, I–5069; Beschl. v. 9.7.1993, Rs. C–64/93 R (Donatab u.a./Kommission), Slg. 1993, I–3955; Beschl. v. 6.7.1993, Rs. C–257/93 R (van Parijs u.a./Rat u. Kommission), Slg. 1993, I–3917; Beschl. v. 23.5.1990, Rs. C–68/90 R (Yvan Blot u. Front National/Parlament), Slg. 1990, I–2177.

[18] *Ehricke*, in: Streinz, EUV/AEUV, Art. 279 AEUV, Rn. 9; *Stoll/Rigod*, in: Grabitz/Hilf/Nettesheim, EU, Art. 279 AEUV (Mai 2013), Rn. 5; zum Problem des einstweiligen Rechtsschutzes bei Untätigkeitsklagen *Ehricke*, in: Streinz, EUV/AEUV, Art. 279 AEUV, Rn. 12.

[19] *Stoll/Rigod*, in: Grabitz/Hilf/Nettesheim, EU, Art. 279 AEUV (Mai 2013), Rn. 7; *Wägenbaur*, EuZW 1996, 327 (328 f.)

marische Prüfung, »ob Umstände vorliegen, die die Zulässigkeit der Klage nicht auf den ersten Blick als völlig ausgeschlossen erscheinen lassen.«[20] In diesem Zusammenhang darf der Gerichtshof – wie auch bzgl. der Sachentscheidung – nicht der Entscheidung in der Hauptsache vorgreifen (Art. 162 Abs. 4 VerfO-EuGH; Art. 158 Abs. 4 VerfO-EuG).[21]

III. Antragsgegenstand

Der Gegenstand einstweiligen Rechtsschutzes muss im Antrag bezeichnet werden und   **9** einen Bezug zur Hauptsache aufweisen (Art. 160 Abs. 1, 3 VerfO-EuGH; Art. 156 Abs. 3 VerfO-EuG). Er darf mit dem Antrag im Hauptsacheverfahren aber nicht identisch sein.[22] Lässt sich der begehrte vorläufige Rechtsschutz weder durch eine bloße Vollzugsaussetzung (Art. 278 Satz 2 AEUV) noch durch eine einstweilige Anordnung (Art. 279 AEUV) erreichen, so kann neben der Vollzugsaussetzung nach Art. 278 Satz 2 AEUV auch jede sonstige erforderliche Anordnung nach Art. 279 AEUV beantragt werden[23] (**Antragshäufung**). Stets muss zwischen dem Antragsgegenstand des einstweiligen Rechtsschutzes und dem Streitgegenstand der Hauptsache ein unmittelbarer Zusammenhang bestehen (**Konnexität**; Art. 160 Abs. 1 VerfO-EuGH; Art. 156 VerfO-EuG). Der Antrag auf einstweiligen Rechtsschutz muss sich daher entweder auf die angefochtene Handlung selbst oder auf damit verbundene Nachteile beziehen.[24] Anträge, die darauf gerichtet sind, einem am Verfahren nicht beteiligten Dritten Verpflichtungen aufzuerlegen, sind stets unzulässig.[25] Auch kann mit einem Antrag auf einstweiligen Rechtsschutz nicht die Durchführung eines eingeleiteten Verwaltungsverfahrens blockiert werden.[26]

Gegenstand eines Antrags nach Art. 278 Satz 2 AEUV auf Aussetzung des Vollzugs   **10** können alle belastenden Maßnahmen der Unionsorgane sein, die Rechtswirkungen erzeugen.[27] Eine Aussetzung kommt jedoch nur in Betracht, wenn die Maßnahme vollzogen werden kann. Der Antrag nach Art. 278 Satz 2 AEUV weist einen unmittelbaren Zusammenhang zum Streitgegenstand der Hauptsache (Konnexität) nur auf, wenn sich der Gegenstand des begehrten Antrags auf einstweilige Vollzugsaussetzung auf die mit einer Nichtigkeitsklage angefochtene Organhandlung bezieht.[28]

---

[20] EuGH, Beschl. v. 16.10.1986, Rs. 221/86 R (Fraktion der Europäischen Rechten/Parlament), Slg. 1986, 2969, Rn. 19; vgl. auch Beschl. v. 13.7.1988, Rs. 160/88 R (Fédération européenne de la santé animale/Rat), Slg. 1988, 4121, Rn. 22.

[21] EuG, Beschl. v. 1.12.1994, Rs. T–353/94 R (Postbank/Kommission), Slg. 1994, II–1141, Rn. 17; Beschl. v. 24.2.1995, Rs. T–2/95 R (Industries des Poudres sphériques/Rat), Slg. 1995, II–485, Rn. 12; Beschl. v. 2.3.1998, Rs. T–310/97 R (Niederländische Antillen/Rat), Slg. 1998, II–455, Rn. 30. Vgl. dazu auch näher *Wegener*, in: Calliess/Ruffert, EUV/AEUV, Art. 278, 279 AEUV, Rn. 31.

[22] EuGH, Beschl. v. 25.6.1965, Rs. 65/63 R (Prakash/Kommission), Slg. 1965, 770.

[23] *Ehricke*, in: Streinz, EUV/AEUV, Art. 279 AEUV, Rn. 16; *Stoll/Rigod*, in: Grabitz/Hilf/Nettesheim, EU, Art. 279 AEUV (Mai 2013), Rn. 13.

[24] EuGH, Beschl. v. 28.3.1974, Rs. 23/74 R (Küster/Europäisches Parlament), Slg. 1974, 331, Rn. 3/6.

[25] EuG, Beschl. v. 2.12.1994, Rs. T–322/94 R (Union Carbide/Kommission), Slg. 1994, II–1159, Ls. 1.

[26] EuGH, Beschl. v. 7.7.1981, Rs. 60/81 R (International Business Machines Corporation/Kommission), Slg. 1981, 1857, Rn. 10.

[27] EuGH, Urt. v. 26.6.1980, Rs. 136/79 (National Panasonic/Kommission), Slg. 1980, 2033, Rn. 22.

[28] EuGH, Beschl. v. 28.3.1974, Rs. 23/74 R (Küster/Europäisches Parlament), Slg. 1974, 331, Rn. 3/6; Beschl. v. 3.11.1980, Rs. 186/80 R (Suss/Kommission), Slg. 1980, 3501, Rn. 15 f.; zur Ab-

IV. Antragsberechtigung

11   Ein Antrag auf einstweiligen Rechtsschutz kann von allen in der Hauptsache Klageberechtigten gestellt werden. Die Antragsbefugnis entspricht dabei der **Klagebefugnis in dem entsprechenden Hauptsacheverfahren**.[29] Organe der Union und Mitgliedstaaten sind als privilegiert Antragsberechtigte befugt, einstweilige Anordnungen sowohl zum eigenen als auch zum Schutz Dritter zu beantragen.[30] Besondere subjektive Antragsvoraussetzungen müssen sie nicht erfüllen. Als Streithelfer sind aber auch sie nicht berechtigt, selbständig Anträge auf einstweiligen Rechtsschutz zu stellen, da nach Art. 40 Abs. 4 EuGH-Satzung der Streithelfer nur die Anträge einer Partei unterstützen kann.[31]

12   Das Antragsrecht natürlicher und juristischer Personen ist auf den **Schutz eigener Interessen** beschränkt.[32] Die Interessen Dritter können nur von den privilegierten Antragsberechtigten geltend gemacht werden.[33] Natürliche und juristische Personen müssen nach Art. 278 Satz 2 AEUV geltend machen, dass die auszusetzende Unionshandlung sie unmittelbar und individuell betrifft.[34] Der Antragsteller einer einstweiligen Anordnung nach Art. 279 AEUV muss die unmittelbare und individuelle Gefährdung eigener Interessen oder Rechte substantiiert darlegen.[35] Dagegen ist die Glaubhaftmachung eines unmittelbar bevorstehenden, schweren und irreparablen Schadens Gegenstand der Begründetheitsprüfung (s. Rn. 19 ff.). Im Zweifelsfall kann es ausreichen, dass die Antragsbefugnis nicht auf den ersten Blick auszuschließen ist.[36] Soweit Art. 263 Abs. 4 Alt. 3 AEUV die Klagebefugnis im Nichtigkeitsklageverfahren vom Erfordernis der individuellen Betroffenheit entbindet, muss dies auch bei einem entsprechenden Antrag auf einstweiligen Rechtsschutz seine Entsprechung finden.

V. Antragsform

13   Der Antrag auf einstweiligen Rechtsschutz ist **mit besonderem Schriftsatz** einzureichen (Art. 160 Abs. 4 VerfO-EuGH; Art. 156 Abs. 4 VerfO-EuG). Ein gemeinsamer Schriftsatz für Klage und Antrag ist nicht zulässig.[37] Der Antrag muss den Antragsgegenstand bezeichnen und die Umstände anführen, aus denen sich Dringlichkeit (s. Rn. 18 ff.) und

---

grenzung der Begriffe Konnexität und Akzessorietät: *Sladic*, S. 119 f. So hat der EuGH einen Antrag nach Art. 278 Satz 2 AEUV wegen fehlender Konnexität als unzulässig abgewiesen, da der Antragsteller mit der Hauptsacheklage die Nichtigerklärung einer Übernahmeablehnung in das Beamtenverhältnis begehrte, während er mit seinem einstweiligen Aussetzungsantrag etwas anderes, nämlich die Beendigung seines Arbeitsvertrags als Hilfskraft, vorläufig verhindern wollte: EuGH, Beschl. v. 16.7.1963, verb. Rs. 35/62 u. 16/63 R (Leroy/Hohe Behörde), Slg. 1963, 461, 465.

[29] *Ehricke*, in: Streinz, EUV/AEUV, Art. 279 AEUV, Rn. 19.

[30] EuGH, Beschl. v. 28.6.1990, Rs. C–195/90 R (Kommission/Bundesrepublik Deutschland), Slg. 1990, I–2715, Rn. 15 f.

[31] *Stoll/Rigod*, in: Grabitz/Hilf/Nettesheim, EU, Art. 279 AEUV (Mai 2013), Rn. 10.

[32] EuGH, Beschl. v. 4.5.1964, Rs. 12–64 R (Ley/Hohe Behörde), Slg. 1965, 182 (184); Beschl. v. 25.2.1975, Rs. 22/75 R (Küster/Europäisches Parlament), Slg. 1975, 277, Rn. 6/8.

[33] *Wegener*, in: Calliess/Ruffert, EUV/AEUV, Art. 278, 279 AEUV, Rn. 13.

[34] *Wegener*, in: Calliess/Ruffert, EUV/AEUV, Art. 278, 279 AEUV, Rn. 13.

[35] EuG, Beschl. v. 2.4.1998, Rs. T–86/96 R (Arbeitsgemeinschaft Deutscher Luftfahrt-Unternehmen und Hapag-Lloyd/Kommission), Slg. 1998, II–641, Rn. 63; *Stoll/Rigod*, in: Grabitz/Hilf/Nettesheim, EU, Art. 279 AEUV (Mai 2013), Rn. 8.

[36] EuGH, Beschl. v. 16.10.1986, Rs. 221/86 R (Front national u. a./Parlament), Slg. 1986, 2969, Rn. 19.

[37] *Borchardt*, in: Lenz/Borchardt, EU-Verträge, Art. 278, 279 AEUV, Rn. 32.

Notwendigkeit (s. Rn. 24) der Anordnung ergeben (Art. 160 Abs. 3 VerfO-EuGH; Art. 156 Abs. 3 VerfO-EuG). Eine Kennzeichnung des Antragsziels als Sicherungs- oder Regelungsanordnung ist nicht erforderlich. Im Übrigen muss der Antragsschriftsatz den gleichen Formerfordernissen wie die Klageschrift genügen (Art. 160 Abs. 4 VerfO-EuGH; Art. 156 Abs. 4 VerfO-EuG; s. Art. 281 AEUV, Rn. 10).

VI. Antragsfrist

Weder in den EU-Verträgen noch in den Verfahrensordnungen des EuG und des EuGH   **14** ist eine Einlegungsfrist für den Antrag auf einstweiligen Rechtsschutz vorgesehen. Der Antrag ist allerdings erst statthaft, wenn die Hauptsache beim Gerichtshof anhängig ist (Akzessorietät; s. Rn. 7). Die Rechtshängigkeit wird durch die Klageerhebung ausgelöst. Eine vorläufige Vollzugsaussetzung (Art. 278 Satz 2 AEUV) oder vorläufige Anordnung (Art. 279 AEUV) kann daher **frühestens mit Einreichung der Klageschrift** bei der Kanzlei des zuständigen Unionsgerichts (Art. 21 f. EuGH-Satzung) – durch separaten Schriftsatz (s. Rn. 13) – beantragt werden.[38]

VII. Rechtsschutzbedürfnis

Die Anordnung der Aussetzung einer Handlung der Union oder einer vorläufigen Maß-   **15** nahme setzt ein entsprechendes Rechtsschutzbedürfnis des Antragstellers voraus. Der Antragsteller muss gerade die beantragte Anordnung benötigen, um sein Recht vorläufig zu sichern oder drohenden Schaden abzuwenden. Dieses Rechtsschutzbedürfnis fehlt, wenn die vorläufige Anordnung zur Wahrung der Rechtsposition des Antragstellers weder geeignet noch erforderlich ist. An der **Geeignetheit** fehlt es, wenn die einstweilige Maßnahme ihre praktische Wirkung (effet utile) nicht mehr entfalten kann, insbesondere[39] weil
(1) der angefochtene Unionsrechtsakt bereits aufgehoben wurde,[40]
(2) der angefochtene Unionsrechtsakt schon vollzogen wurde,[41]
(3) sich die begehrte Verpflichtung bereits aus einem unionsgerichtlichen Urteil ergibt,[42]
(4) der Beklagte das ihm zur Last gelegte Verhalten beendet hat oder
(5) sich die dem Antrag zugrunde liegenden tatsächlichen Verhältnisse verändert haben.
An der **Erforderlichkeit** fehlt es, wenn   **16**
(1) die Entscheidung in der Hauptsache unmittelbar bevorsteht[43] (Abschluss des schriftlichen und mündlichen Verfahrens) oder
(2) das Organ der Union auf den sofortigen Vollzug der Maßnahme verzichtet.[44]

---

[38] Vgl. *Burianski*, EWS 2006, 304 (306).
[39] Zu weiteren Konstellationen *Schwarze*, in: Schwarze, EU-Kommentar, Art. 278 AEUV, Rn. 15.
[40] EuGH, Beschl. v. 23.2.1990, Rs. C–385/89 R (Griechenland/Kommission), Slg. 1990, I–561.
[41] EuGH, Beschl. v. 22.5.1978, Rs. 92/78 R (Simmenthal/Kommission), Slg. 1978, 1129, Rn. 7; Beschl. v. 9.11.1977, Rs. 121/77 R (Nachi Fujikoshi/Rat), Slg. 1977, 2107, Rn. 4.
[42] EuGH, Beschl. v. 28.3.1980, verb. Rs. 24/80 u. 97/80 R (Kommission/Frankreich), Slg. 1980, 1319, Rn. 19.
[43] EuGH, Beschl. v. 11.4.1960, verb. Rs. 3/58–18/58, 25/58 u. 26/58 R (Barbara Erzbergbau AG/Hohe Behörde), Slg. 1960, 471.
[44] EuGH, Beschl. v. 27.3.1979, Rs. 31/79 R (Montereau/Kommission), Slg. 1979, 1077, Rn. 2.

C. Begründetheit eines Antrags auf einstweiligen Rechtsschutz

17 Der Antrag auf vorläufigen Rechtsschutz ist begründet, wenn der Antragsteller glaubhaft macht,[45] dass die Entscheidung zur Vermeidung eines schweren und nicht wiedergutzumachenden Schadens unter Abwägung der beteiligten Rechte dringend erforderlich ist (**Dringlichkeit**) und dass die anhängige Klage – nach summarischer Prüfung – hinreichende Aussicht auf Erfolg besitzt (**Notwendigkeit**). Nach Art. 160 Abs. 3 VerfO-EuGH (bzw. Art. 156 Abs. 3 VerfO-EuG) muss der Antragsteller »die Umstände, aus denen sich die Dringlichkeit ergibt sowie die den Erlass der beantragten einstweiligen Anordnung dem ersten Anschein nach rechtfertigenden Sach- und Rechtsgründe anführen.« Im Rahmen des einstweiligen Rechtsschutzes beschränkt sich der Antragsteller zur Glaubhaftmachung regelmäßig auf Urkunden oder eidesstattliche Versicherungen. Bei der Prüfung der Notwendigkeit (s. Rn. 24) und der Interessenabwägung (s. Rn. 23) hat das EuG angedeutet, dass es diese im Sinne »kommunizierender Röhren«[46] versteht, sodass die offensichtliche Notwendigkeit eine weniger deutlich ausfallende Interessenabwägung ausgleichen kann.[47]

I. Dringlichkeit

18 Der Erlass einstweiliger Anordnungen setzt ihre Dringlichkeit voraus. Die vorläufige Anordnung muss danach – unter Abwägung der beteiligten Interessen – zur Abwendung eines schweren und nicht wiedergutzumachenden Schadens erforderlich sein.[48]

1. Schwerer und nicht wiedergutzumachender Schaden

19 Weder Art. 278 Satz 2 AEUV noch Art. 279 AEUV konkretisieren Art und Umfang des drohenden Schadens. Der Gerichtshof hat in diesem Zusammenhang einen **Schadensbegriff** entwickelt, der ähnlich weit gefasst ist wie im Rahmen der Amtshaftungsklage (s. Art. 340 AEUV, Rn. 37). Umfasst wird jede materielle oder immaterielle Einbuße, die der Betroffene durch ein bestimmtes Ereignis an seinem Vermögen oder an seinen sonstigen rechtlich geschützten Gütern erleiden könnte.[49] Nur gewichtige, irreparable Schäden rechtfertigen den Erlass einstweiliger Anordnungen. Die Mitgliedstaaten und Unionsorgane können auch Schäden geltend machen, die sich auf öffentliche Güter oder Güter Dritter beziehen.[50]

20 Die drohende Beeinträchtigung der Rechtspositionen des Antragstellers muss von **erheblicher Intensität** sein, um vom Gerichtshof als »schwerwiegender« Schaden anerkannt zu werden. Der Gerichtshof beurteilt die Schadensintensität nach der Höhe der zu erwartenden Belastung im Verhältnis zur wirtschaftlichen Gesamtsituation des Antragstellers[51] sowie nach der Schwere des Rechtsverstoßes; es geht also nicht um die absolute

---

[45] Dazu näher *Gaitanides*, in: GSH, Europäisches Unionsrecht, Art. 279 AEUV, Rn. 41.

[46] So *Burianski*, EWS 2006, 304 (309).

[47] EuG, Beschl. v. 20.9.2005, Rs. T–195/05 R, (Deloitte Business Advisory NV/Kommission), Slg. 2005, II–3485, Rn. 165.

[48] EuGH, Beschl. v. 12.7.1996, Rs. C–180/96 R (Vereinigtes Königreich/Kommission), Slg. 1996, I–3903, Rn. 44.

[49] *Ehricke*, in: Streinz, EUV/AEUV, Art. 279 AEUV, Rn. 26.

[50] EuGH, Beschl. v. 12.7.1996, Rs. C–180/96 R (Vereinigtes Königreich/Kommission), Slg. 1996, I–3903, Rn. 85; Beschl. v. 29.6.1993, Rs. C–280/93 R (Deutschland/Rat), Slg. 1993, I–3667, Rn. 27.

[51] EuGH, Beschl. v. 18.10.1991, Rs. C–213/91 R (Albertal u. a./Kommission), Slg. 1991, I–5109, Rn. 18 ff.

Schadenshöhe. So erkennt der Gerichtshof eine wesentliche Beeinträchtigung der geschützten Interessen des Antragstellers an, wenn die angefochtene Maßnahme offenkundig unter grober Missachtung grundlegender Rechte und Prinzipien des Unionsrechts ergangen ist[52] (z. B. grobe Missachtung des freien Warenverkehrs, Fehlen einer Rechtsgrundlage für die Durchführung von Untersuchungs- und Ermittlungsmaßnahmen der Kommission[53]). Allein die Behauptung, dass Unionsgrundrechte beeinträchtigt wurden, genügt jedoch nicht.[54]

Der Gerichtshof legt bei der Beurteilung der Irreparabilität des Schadens einen **strengen Maßstab** an.[55] Ein nicht wiedergutzumachender Schaden liegt vor, wenn dieser – im Falle eines der Klage in der Hauptsache stattgebenden Urteils – weder durch Naturalrestitution noch durch Schadensersatz in Geld vollständig ausgeglichen werden könnte.[56] Der Gerichtshof vergleicht in diesem Zusammenhang die unmittelbar drohenden Schädigungen der rechtlich geschützten Güter und Interessen des Antragstellers einerseits mit den sich durch das Urteil in der Hauptsache bietenden Kompensationsmöglichkeiten andererseits.[57] Einen nicht kompensationsfähigen Schaden nimmt der Gerichtshof an, wenn die Schadensersatzleistung ungeeignet wäre, den drohenden Schaden auszugleichen.[58] Eine solche Situation kann sich ergeben, wenn

(1) der Schaden weder in Geld noch durch Naturalrestitution angemessen ausgeglichen werden kann;

(2) die Schadensersatzleistung zu spät käme (z. B. Abwendung einer existenzbedrohenden Zwangslage);[59]

(3) vollendete Tatsachen geschaffen würden, die nur schwer oder überhaupt nicht rückgängig gemacht werden könnten (z. B. andauernde empfindliche Störungen des Geschäftsablaufs eines vom Ruin bedrohten Unternehmens).[60]

Der Eintritt des schwerwiegenden, irreparablen Schadens muss unmittelbar bevorstehen und mit hinreichender Wahrscheinlichkeit vorhergesehen werden können. An dieser Begründetheitsvoraussetzung fehlt es, wenn der Schadenseintritt von zukünftigen, noch ungewissen Ereignissen oder vom eigenen Verhalten des Antragstellers abhängt.[61] Im Rechtsmittelverfahren wird die Schadensermittlung nicht überprüft.[62]

  21

  22

---

[52] EuGH, Beschl. v. 20. 9.1983, Rs. 171/83 R (Kommission/Frankreich), Slg. 1983, 2621, Rn. 4 ff.

[53] EuGH, Beschl. v. 7.7.1981, verb. Rs. 60/81 u. 190/81 R (IBM/Kommission), Slg. 1981, 1857, Rn. 6.

[54] EuGH, Beschl. v. 15.4.1998, Rs. C–43/98 P (R) (Camar/Kommission und Rat), Slg. 1998, I–1815, Rn. 47.

[55] *Stoll/Rigod*, in: Grabitz/Hilf/Nettesheim, EU, Art. 279 AEUV (Mai 2013), Rn. 23. Kritisch zu diesem strengen Maßstab *Richter*, EuZW 2014, 416, sowie Art. 47 GRC, Rn. 37.

[56] EuGH, Beschl. v. 20.7.1981, Rs. 206/81 R (Alvarez/Europäisches Parlament), Slg. 1981, 2187, Rn. 7; Beschl. v. 23.5.1990, verb. Rs. C–51/90 R u. C–59/90 R (Comos Tank/Kommission), Slg. 1990, I–2167, Rn. 24; EuG, Urt. v. 29.3.1995, Rs. T–497/93 (Hogan/Gerichtshof), Slg. 1995, II–703, Rn. 17. Vgl. hierzu auch *Wegener*, in: Calliess/Ruffert, EUV/AEUV, Art. 278, 279 AEUV, Rn. 22 ff.

[57] EuGH, Beschl. v. 21.8.1981, Rs. 232/81 R (Agricola Commerciale Olio/Kommission), Slg. 1981, 2193, Rn. 9; *Ehricke*, in: Streinz, EUV/AEUV, Art. 279 AEUV, Rn. 31; *Rengeling/Middeke/Gellermann*, Rechtsschutz in der EU, § 19, Rn. 26.

[58] *Stoll/Rigod*, in: Grabitz/Hilf/Nettesheim, Art. 279 AEUV (Mai 2013), Rn. 23.

[59] Vgl. etwa Beschl. des Präsidenten des EuGH, v. 15.12.2014, Rs. T–672/14 (August Wolff und Remedia/Kommission), ECLI:EU:T:2014:1085, Rn. 32.

[60] EuGH, Beschl. v. 11.5.1989, verb. Rs. 76/89, 77/89 u. 91/89 R (RTE/Kommission), Slg. 1989, 1141, Rn. 18; Beschl. v. 13.6.1989, Rs. 56/89 R (Publishers Association), Slg. 1989, 1693, Rn. 34.

[61] Vgl. hierzu auch *Wegener*, in: Calliess/Ruffert, EUV/AEUV, Art. 278, 279 AEUV, Rn. 22 ff.

[62] EuGH, Beschl v. 19.7.1995, Rs. C–149/95 P (R) (Kommission/Atlantic Container Line), Slg. 1995, I–2165, Rn. 39.

2. Interessenabwägung

23 Der Gerichtshof wägt im Verfahren des vorläufigen Rechtsschutzes die dem Antragsteller drohenden Schäden gegen die Belange des Antragsgegners ab.[63] Darüber hinaus sind auch die Interessen und Belange von nicht am Rechtsstreit beteiligten Personen zu berücksichtigen (z. B. Mitbewerber um Dienstposten der Union).[64] Auch für Dritte können durch die Anordnung einstweiliger Maßnahmen Nachteile entstehen, die in die Abwägung der Vor- und Nachteile einer einstweiligen Anordnung einzustellen sind und bei hinreichender Schwere regelmäßig zur Ablehnung der einstweiligen Anordnung führen.[65] Im Rahmen dieser Abwägung ist auf die Vor- und Nachteile abzustellen, die sich für den Antragsteller bzw. für den Antragsgegner sowie Dritte nach Ablehnung oder Erlass der begehrten einstweiligen Anordnung ergeben. Die Wertigkeit der sich gegenüberstehenden Rechts- und Schutzgüter ist insofern von ausschlaggebender Bedeutung.[66] Dabei muss die Folgenabwägung der beteiligten Interessen zwei Konstellationen gegenüberstellen, zwischen denen der Gerichtshof im Falle des Anordnungserlasses einen Ausgleich schafft (z. B. durch Verknüpfung der Anordnung mit Auflagen – insbesondere Sicherheitsleistungen – und Bedingungen):[67]
(1) Die Folgen, welche beim Antragsteller, Antragsgegner sowie gegebenenfalls bei Dritten eintreten würden, wenn eine einstweilige Anordnung nicht erginge, das Hauptsacheverfahren aber Erfolg hätte, gegenüber
(2) jenen Nachteilen, welche entstünden, wenn die beantragte Anordnung erginge, das Hauptsacheverfahren aber keinen Erfolg hätte.

II. Notwendigkeit

24 Die »Notwendigkeit« des Erlasses der beantragten vorläufigen Anordnung besteht, wenn der Gerichtshof der Klage eine **hinreichende Aussicht auf Erfolg** beimisst.[68] Hieran hält der Gerichtshof auch dann fest, wenn der Dringlichkeitscharakter einer einstweiligen Anordnung bereits glaubhaft gemacht worden ist.[69] Der Gerichtshof prüft dann summarisch die Erfolgsaussichten der Hauptsache. Die Anforderungen sind hierbei gering.[70] Dabei können sich drei Konstellationen ergeben:
(1) Erweist sich die Hauptsacheklage als offensichtlich zulässig und begründet, so ordnet er durch Beschluss die einstweilige Maßnahme an.
(2) Ist die Klage offensichtlich unzulässig oder unbegründet, so weist er den Antrag auf einstweiligen Rechtsschutz ab.

---

[63] EuGH, Beschl. v. 22.5.1978, Rs. 92/78 R (Simmenthal/Kommission), Slg. 1978, 1129, Rn. 8/9; EuG, Beschl. v. 6.7.1993, Rs. T–12/93 R (CCE de Vittel u. a./Kommission), Slg. 1993, II–785, Rn. 30.
[64] *Ehricke*, in: Streinz, EUV/AEUV, Art. 279 AEUV, Rn. 33 ff.; *Wägenbaur*, EuZW 1996, 327 (332).
[65] EuGH, Beschl. v. 2.7.1975, Rs. 54/75 R (De Dapper/Parlament), Slg. 1975, 839, Rn. 3/5; Beschl. v. 10.3.1978, Rs. 19/78 R (Authié/Kommission), Slg. 1978, 679, Rn. 7/8.
[66] EuGH, Beschl. v. 12.7.1996, Rs. C–180/96 R (Vereinigtes Königreich/Kommission), Slg. 1996, I–3903, Rn. 89 ff.; dazu näher *Schwarze*, in: Schwarze, EU-Kommentar, Art. 278 AEUV, Rn. 18.
[67] Vgl. dazu auch *Burianski*, EWS 2006, 304 (307); *Wegener*, in: Calliess/Ruffert, EUV/AEUV, Art. 278, 279 AEUV, Rn. 27.
[68] EuGH, Beschl. v. 12.7.1990, Rs. C–195/90 R (Kommission/Deutschland), Slg. 1990, I–3351, Rn. 19 f.; Beschl. v. 10.10.1989, Rs. 246/89 R (Kommission/Vereinigtes Königreich), Slg. 1989, 3125, Rn. 33.
[69] EuGH, Beschl. v. 12.7.1990, Rs. C–195/90 R (Kommission/Deutschland), Slg. 1990, I–3351, Rn. 19.
[70] Vgl. näher *Wegener*, in: Calliess/Ruffert, EUV/AEUV, Art. 278, 279 AEUV, Rn. 20.

(3) Wirft die Rechtssache hinreichend schwierige Fragen auf, die einer eingehenden rechtlichen oder tatsächlichen Untersuchung bedürfen (z. B. Bestimmung eines relevanten Marktes i. S. d. Art. 101 Abs. 1 AEUV), so beschränkt der Gerichtshof seine summarische Prüfung darauf, ob die Klage nach dem ersten Anschein nicht unbegründet erscheint.[71]

D. Der Beschluss und seine Wirkungen

Die Entscheidung über die Anordnung einer einstweiligen Maßnahme ergeht in der   **25** Form eines **Beschlusses** (Art. 162 Abs. 1 VerfO-EuGH; Art. 158 Abs. 1 VerfO-EuG). Regelmäßig wird der Beschluss vom Präsidenten des EuGH oder des EuG getroffen (Art. 161 Abs. 1 VerfO-EuGH; Art. 158 Abs. 1 VerfO-EuG). Allerdings kann er die Entscheidung auf einen Spruchkörper übertragen (Kammer oder Plenum von EuGH bzw. EuG; s. Art. 251 AEUV, Rn. 5 ff. und Rn. 15 f.). So kann der Präsident – anstatt selbst zu entscheiden – Anordnungsanträge von grundsätzlicher und allgemeiner Bedeutung[72] an eine Kammer oder auf das Plenum übertragen. Gleiches gilt, wenn es für den Erlass der vorläufigen Anordnung entscheidend auf eine summarische Vorprüfung der Erfolgsaussichten der beim betreffenden Spruchkörper anhängigen Hauptsacheklage ankommt.[73]

Ist der Antrag zulässig und begründet, so steht der Inhalt der einstweiligen Anord-   **26** nung im Ermessen des Gerichtshofs. Bei Entscheidungen nach Art. 278 Satz 2 AEUV beschränkt allerdings der Aussetzungsgegenstand den Anordnungsinhalt, da nur die Vollzugsermächtigung des in der Hauptsache angefochtenen Rechtsaktes vorläufig außer Kraft gesetzt wird. Gleichwohl kann der Gerichtshof die **Aussetzung an Bedingungen knüpfen,** die von dem Antragsteller zu erfüllen sind[74] oder die Aussetzung auch **befristen.**[75] Im Verfahren nach Art. 279 AEUV kann der Gerichtshof hingegen jede Maßnahme anordnen, die ihm zur vorläufigen Sicherung des gebotenen Interessenausgleichs erforderlich erscheint. Im Rahmen der durchzuführenden Folgenabwägung stellt der Gerichtshof im Falle des Anordnungserlasses einen Ausgleich zwischen den beteiligten Interessen her. Dabei kann er aufgrund seines Ermessens die Anordnung mit Auflagen und Bedingungen verbinden (z. B. Hinterlegung einer Sicherheitsleistung, Art. 162 Abs. 2 VerfO-EuGH; Art. 158 Abs. 2 VerfO-EuG). In der Praxis ordnet der Gerichtshof nicht nur im Verfahren nach Art. 279 AEUV, sondern auch bei der Aussetzungsanordnung nach Art. 278 Satz 2 AEUV Interessen ausgleichende Auflagen und Bedingungen an.

---

[71] EuG, Beschl. v. 12.5.1995, verb. Rs. T–79/95 R u. T–80/95 R (SNCF und British Railways/Kommission), Slg. 1995, II–1433, Rn. 35.

[72] Einen Fall von allgemeiner und grundsätzlicher Bedeutung hielt der Präsident des EuGH etwa im Zusammenhang mit dem Vorhaben der Einführung einer allgemeinen Straßenbenutzungsgebühr für LKW in der Bundesrepublik Deutschland für gegeben, EuGH, Beschl. v. 12.7.1990, Rs. C–195/90 R (Kommission/Deutschland), Slg. 1990, I–3351, Rn. 4.

[73] EuGH, Beschl. v. 13.7.1977, Rs. 61/77 R (Kommission/Irland), Slg. 1977, 1411, Rn. 20. Vgl. zu weiteren Verfahrensfragen *Wegener,* in: Calliess/Ruffert, EUV/AEUV, Art. 278, 279 AEUV, Rn. 32 f.

[74] EuG, Beschl. v. 1.8.2003, Rs. T–378/02 R (Technische Glaswerke Ilmenau/Kommission), Slg. 2003, II–2921, Rn. 100.

[75] EuGH, Beschl. v. 2.10.2003, Rs. C–320/03 R (Kommission/Österreich), Slg. 2003, I–11665, Rn. 102 ff.; Verlängerungsentscheidung in der gleichen Rs., Slg. 2004, I–3593, Rn. 26 ff.

27   Beschlüsse des EuGH über den Erlass oder die Ablehnung einstweiliger Anordnungen (Art. 278 Satz 2, Art. 279, Art. 299 Abs. 4 AEUV) sind – mit ordentlichen Rechtsbehelfen – nicht anfechtbar (Art. 162 Abs. 1 VerfO-EuGH). Dagegen räumt Art. 57 Abs. 2 EuGH-Satzung gegen die aufgrund der Artikel 278, 279 und Art. 299 Abs. 4 AEUV ergangenen Entscheidungen des Gerichts den Parteien des Verfahrens binnen zwei Monaten nach Zustellung ein Rechtsmittel beim Gerichtshof ein. Von dieser Rechtsmitteleinlegung (mit Devolutiveffekt) gegen Anordnungsbeschlüsse des EuG ist der Abänderungs- bzw. Aufhebungsantrag nach Art. 163 VerfO-EuGH bzw. Art. 159 VerfO-EuG scharf zu unterscheiden. Dieser außerordentliche Rechtsbehelf »infolge einer Änderung der Umstände« ist sowohl gegen Anordnungen des EuG als auch des EuGH statthaft, wenn neue Tatsachen bekannt werden, die eine andere Beurteilung der Sach- und Rechtslage verlangen.[76] Dabei ist an die »Änderung der Umstände« nach Art. 163 VerfO-EuGH bzw. Art. 159 VerfO-EuG ein strenger Maßstab anzulegen. Über den Abänderungs- bzw. Aufhebungsantrag entscheidet – im Gegensatz zum devolutiven Rechtsmittel – nicht die höhere Instanz, sondern der erkennende Spruchkörper selbst. Ergeht die einstweilige Anordnung, so ist sie nach Art. 280, Art. 299 Abs. 2 bis 4 AEUV sofort vollstreckbar.[77] Ohnehin entfaltet ein eingelegtes Rechtsmittel nach Art. 60 Abs. 1 EuGH-Satzung keine Vollstreckungshemmung.

---

[76] *Ehricke*, in: Streinz, EUV/AEUV, Art. 279 AEUV, Rn. 50.
[77] Dazu näher *Ehricke*, in: Streinz, EUV/AEUV, Art. 279 AEUV, Rn. 49.

Artikel 280   AEUV [Vollstreckbarkeit]

Die Urteile des Gerichtshofs der Europäischen Union sind gemäß Artikel 299 vollstreckbar.

A. Überblick

Art. 280 AEUV ist inhaltlich durch den Vertrag von Lissabon nicht verändert worden. **1** Sein Regelungsgegenstand ist die **Vollstreckung von Urteilen**, aber auch von **anderen Entscheidungen der Unionsgerichte**. Der Verweis auf Art. 299 AEUV ist in seiner Tragweite umstritten. Die überwiegende Auffassung geht davon aus, dass hiervon Art. 299 Abs. 1 AEUV ausgeschlossen ist und nur die Vollstreckungsverfahrensvorschriften der Absätze 2–4 erfasst werden.[1] Art. 299 Abs. 1 AEUV beschränkt die Vollstreckung von Rechtsakten der Kommission, des Rates und der EZB auf Zahlungsverpflichtungen und schließt die Vollstreckung gegenüber den Mitgliedstaaten aus. Dem Wortlaut des Art. 280 AEUV ist eine entsprechende Verweisungsbeschränkung zwar nicht zu entnehmen. Gleichwohl ist die Vollstreckung von Gerichtsurteilen von der Vollstreckung von Verwaltungsentscheidungen klar zu unterscheiden: Letztere sind hinsichtlich ihrer Rechtmäßigkeit noch nicht gerichtlich überprüft und stellen auch ihrer Natur nach nicht grundsätzlich vollstreckbare Titel dar.[2] Die Ausnahme der Vollstreckbarkeit dieser Verwaltungsentscheidungen gegenüber den Mitgliedstaaten trägt daher deren Stellung spezifisch gegenüber diesen Unionsorganen Rechnung.[3] Es ist daher durchaus plausibel, aufgrund des systematischen Zusammenhangs eine entsprechende Beschränkung anzunehmen.[4]

B. Vollstreckbare Entscheidungen

Obwohl der Wortlaut des Art. 280 AEUV lediglich von »Urteilen« spricht, kann seine **2** Anwendbarkeit nicht auf Urteile im formellen Sinn des Art. 87 VerfO-EuGH, Art. 117 VerfO-EuG beschränkt werden.[5] Vielmehr werden hiervon **sämtliche Entscheidungen der Unionsgerichte mit vollstreckungsfähigem Inhalt** in sämtlichen vom AEUV vorgesehenen Verfahren erfasst.[6] Die Vollstreckbarkeit von Kostenfestsetzungsbeschlüssen und Beschlüssen im Verfahren des vorläufigen Rechtsschutzes sehen die Verfahrensordnungen im Übrigen ausdrücklich vor (Art. 145 Abs. 3 und Art. 162 Abs. 2 VerfO-EuGH, Art. 170 Abs. 4 und Art. 158 Abs. 2 VerfO-EuG).

[1] A.A. *Schwarze*, in: Schwarze, EU-Kommentar, Art. 280 AEUV, Rn. 2.
[2] *Ehricke*, in: Streinz, EUV/AEUV, Art. 280 AEUV, Rn. 2.
[3] *Ehricke*, in: Streinz, EUV/AEUV, Art. 280 AEUV, Rn. 2.
[4] So auch *Stoll/Rigod*, in: Grabitz/Hilf/Nettesheim, EU, Art. 280 AEUV (Mai 2013), Rn. 1.
[5] *Stoll/Rigod*, in: Grabitz/Hilf/Nettesheim, EU, Art. 280 AEUV (Mai 2013), Rn. 2.
[6] *Ehricke*, in: Streinz, EUV/AEUV, Art. 280 AEUV, Rn. 5.

3   Voraussetzung der Vollstreckbarkeit ist mithin nur die **Vollstreckungsfähigkeit** des Inhalts der unionsgerichtlichen Entscheidung. Diese ist bei allen Verurteilungen zu einer Leistung gegeben. Sie fehlt dagegen bei allen feststellenden bzw. rechtsgestaltenden Entscheidungen, wie sie in den Verfahren der Art. 258, 259, 263 und 265 AEUV ergehen.

C. Vollstreckungsgegner

4   Die Bestimmung des Vollstreckungsgegners ergibt sich aus der Entscheidung des Gerichts(hofs) und hängt ab von dem zugrundeliegenden Verfahren. Wie oben dargestellt (s. Rn. 1), können dies auch die Mitgliedstaaten sein. Bei einer Vollstreckung gegen die Union ist das Protokoll über die Vorrechte und Befreiungen der Europäischen Union[7] zu beachten. Danach können Vermögensgegenstände und Guthaben der Union nur nach einer vorherigen Ermächtigung durch den Gerichtshof Gegenstand von Zwangsmaßnahmen sein (Art. 1 Satz 3).

---

[7] Protokoll (Nr. 7) über die Vorrechte und Befreiungen der Europäischen Union, ABl. 2012, C 326/266.

Artikel 281 AEUV [Satzung]

Die Satzung des Gerichtshofs der Europäischen Union wird in einem besonderen Protokoll festgelegt.

¹Das Europäische Parlament und der Rat können gemäß dem ordentlichen Gesetzgebungsverfahren die Satzung mit Ausnahme ihres Titels I und ihres Artikels 64 ändern. ²Das Europäische Parlament und der Rat beschließen entweder auf Antrag des Gerichtshofs nach Anhörung der Kommission oder auf Vorschlag der Kommission nach Anhörung des Gerichtshofs.

Literaturübersicht

Berrisch, Die neue Verfahrensordnung des EuGH – Verfahrensbeschleunigung auf Kosten des Anhörungsrechts, EuZW 2012, 881; *Broberg/Fenger*, Das Vorabentscheidungsverfahren vor dem Gerichtshof der Europäischen Union, 2014; *Dittert*, Die neue Verfahrensordnung des EuGH, EuZW 2013, 726; *Kokott/Sobotta*, Der EuGH – Blick in eine Werkstatt der Integration, EuGRZ 2013, 465; *Lenaerts/Arts/Maselis/Bray*, Procedural Law of the European Union, 3. Aufl., 2012; *Lenz*, Rechtsschutz im Binnenmarkt, EuZW 1993, 10; *ders.*, Die Gerichtsbarkeit der Europäischen Gemeinschaft nach dem Vertrag von Nizza, EuGRZ 2001, 433; *Reiling*, Streitgegenstand und Einrede der »res iudicata« in Direktklageverfahren vor den Gemeinschaftsgerichten, EuZW 2002, 136; *Wägenbaur*, Die Entwicklung des europäischen Prozess- und Verfahrensrechts in den Jahren 2012/2013, EuZW 2013, 930.

Inhaltsübersicht

A. Überblick

1   Die wesentlichen primärrechtlichen Vorschriften über die Organisation der Gerichts-verfassung der Europäischen Union finden sich im EU- und im AEU-Vertrag (Art. 19 EUV, Art. 251ff. AEUV). Sie regeln zunächst die Stellung des Gerichtshofes der Euro-päischen Union (EuGH), sind aber – unter dem Vorbehalt abweichender Bestimmun-gen – auch auf das Gericht (EuG) anwendbar (Art. 254 Abs. 6 AEUV). Ergänzende Vorschriften finden sich in unterschiedlichen, teils primär-, teils sekundärrechtlichen Rechtsgrundlagen. Zu nennen sind hier insbesondere
– das Protokoll über die Satzung des Gerichtshofs der Europäischen, zuletzt geändert durch Art. 2 ÄndVO 2016/1192 vom 6.7.2016[1] (EuGH-Satzung),
– die Verfahrensordnung des Gerichtshofs vom 25.9.2012[2] (VerfO-EuGH),
– die zusätzliche Verfahrensordnung des Gerichtshofs vom 14.1.2014[3],
– die Verfahrensordnung des Gerichts vom 1.7.2015[4] (VerfO-EuG),

2   Die Vielfalt der einzelnen Vorschriften und die Verzahnung von primärrechtlichen und sekundärrechtlichen Rechtsgrundlagen des unionalen Rechtsschutzsystems führt zwangsläufig zu einer gewissen Unübersichtlichkeit. Sie stellt aber ein strukturiertes, kaskadenartiges System dar, das die wesentlichen Vorschriften den Verträgen selbst überlässt und mithin auch den Änderungsbedingungen des Art. 48 EUV unterwirft. In der Satzung werden im Range des Primärrechts – als Protokoll ist sie gemäß Art. 51 EUV Bestandteil der Verträge – wesentliche ergänzende Regelungen zur Organisation der Unionsgerichtsbarkeit und zum Ablauf der Verfahren vorgesehen, wodurch die Ver-träge entlastet werden. Ihre Änderung erfolgt – von einzelnen Bestimmungen abgese-hen, die dem Verfahren des Art. 48 EUV unterliegen – jedoch seit dem Inkrafttreten des Vertrags von Lissabon im ordentlichen Gesetzgebungsverfahren (Art. 281 Abs. 2 AEUV). Einstimmigkeit der Mitgliedstaaten ist insoweit also nicht mehr erforderlich, die Beteiligung des Europäischen Parlaments gesichert. Das Initiativrecht hierzu steht dem

---

[1] VO (EU, EURATOM) 2016/1192 vom 6.7.2016 des Europäischen Parlaments und des Rates über die Übertragung der Zuständigkeit für die Entscheidung im ersten Rechtszug über die Rechts-streitigkeiten zwischen der Europäischen Union und ihren Bediensteten auf das Gericht, ABl. 2016, L 200/137. Eine konsolidierte Fassung der EuGH-Satzung ist abrufbar unter: http://curia.europa.eu/jcms/upload/docs/application/pdf/2016–08/tra-doc-de-div-c–0000–2016–201606984–05_00.pdf (30.9.2016).
[2] Verfahrensordnung des Gerichtshofs vom 25.9.2012, ABl. 2012, L 265/1, zuletzt geändert durch Art. 1 Änd. vom 19.2.2016 (ABl. 2016, L 217/69).
[3] Zusätzliche Verfahrensordnung des Gerichtshofs vom 1.2.2014, ABl. 2014, L 32/37.
[4] Verfahrensordnung des Gerichts vom 1.7.2015, ABl. 2015, L 105, 1.

Gerichtshof und der Kommission zu; das jeweils andere Organ hat ein Anhörungsrecht. Die nächste Konkretisierungsstufe stellen die Verfahrensordnungen dar, die von den Gerichten selbst, wenn auch mit Genehmigung des Rates (und im Falle des Gerichts im Einvernehmen mit dem Gerichtshof) erlassen werden (Art. 253 Abs. 6, Art. 254 Abs. 5 AEUV). An letzter Stelle stehen die Dienstanweisungen für die Kanzler der Gerichte.

B. Satzung des Gerichtshofs

I. Überblick über den Inhalt

Die Satzung enthält Bestimmungen über die Richter und Generalanwälte (Titel I), über   3
die Organisation des Gerichtshofs (Titel II), über das Verfahren vor dem Gerichtshof
(Titel III), über das Gericht (Titel IV), über die Fachgerichte (Titel IVa) sowie Schlussbestimmungen (Titel V). Da die Bestimmungen der Titel I, II, IV, IVa bereits bei der
Kommentierung der entsprechenden AEUV-Artikel einbezogen wurden, soll hier lediglich noch auf das Verfahren eingegangen werden. Dies ist jedoch nur unter Einbeziehung
der Verfahrensordnungen möglich.

II. Das Verfahren vor den Unionsgerichten

1. Allgemeine Verfahrensmerkmale

a) Vertretung der Parteien und Beteiligten

In den Direktklageverfahren werden die Parteien durch Anwälte oder Bevollmächtigte   4
vertreten. Für natürliche und juristische Personen besteht **Anwaltszwang** (Art. 19
Abs. 3 EuGH-Satzung). Sie müssen sich in allen Verfahrensstadien von einem Rechtsanwalt mit Zulassung in einem der Mitgliedstaaten oder einem Rechtslehrer einer Hochschule (Universität) vertreten lassen, der in seinem Heimatstaat die Prozessvertretungs-
befugnis besitzt (Art. 19 Abs. 4 und 7 EuGH-Satzung). Die Mitgliedstaaten können sich
hingegen durch eigene Bevollmächtigte vertreten lassen. Regelmäßig bestimmen die
Mitgliedstaaten dafür die Fachbeamten ihres innerstaatlich zuständigen Ministeriums.
Für die Unionsorgane handeln die Mitglieder der Juristischen Dienste.[5]

Im Vorabentscheidungsverfahren trägt der Gerichtshof »hinsichtlich der Vertretung   5
und des persönlichen Erscheinens der Parteien des Ausgangsrechtsstreits den vor dem
vorlegenden Gericht geltenden Verfahrensvorschriften Rechnung« (Art. 97 Abs. 3
VerfO-EuGH). Soweit es das innerstaatliche Prozessrecht gestattet, können daher im
Verfahren nach Art. 267 AEUV auch andere Personen als Anwälte oder Hochschulleh-
rer Verfahrenshandlungen vornehmen. In Deutschland besteht vor Verwaltungs-, Fi-
nanz-, Arbeits- und Sozialgerichten, mit Ausnahme der obersten Bundesgerichte, kein
Anwaltszwang. Legt ein solches Gericht dem EuGH vor, so können die Beteiligten sich
entweder selbst oder aber durch nichtanwaltliche Bevollmächtigte vertreten lassen. Ist
das Ausgangsverfahren hingegen vor einem obersten Bundesgericht anhängig, so müssen die Verfahrenshandlungen von einem bevollmächtigten Anwalt oder einem Hoch-
schullehrer vorgenommen werden.

---

[5] *Rengeling/Middeke/Gellermann*, Rechtsschutz in der EU, § 22, Rn. 9.

b) Verfahrens- und Arbeitssprache

6 Verfahrenssprache vor dem EuGH und dem EuG kann **jede der 24 Amtssprachen** sein. Die Festlegung der Verfahrenssprache bestimmt sich nach Art. 36 bis 42 VerfO-EuGH bzw. Art. 44 bis 49 VerfO-EuG. Grundsätzlich legt der Kläger mit seiner Klageschrift die Verfahrenssprache fest (Art. 37 Abs. 1 VerfO-EuGH; Art. 45 Abs. 1 VerfO-EuG). Richtet sich die Klage vor dem EuGH allerdings gegen einen Mitgliedstaat, so ist die entsprechende mitgliedstaatliche Amtssprache der Beklagtenseite Verfahrenssprache. In der Rechtsmittelinstanz ist diejenige Sprache Verfahrenssprache, die für die mit dem Rechtsmittel angefochtene Entscheidung des Gerichts Verfahrenssprache war. Der Kläger legt die Verfahrenssprache also bei Klagen gegen Unionsorgane bzw. gegen die Union fest. Im Vorabentscheidungsverfahren bestimmt sich die Verfahrenssprache nach der Sprache des vorlegenden nationalen Gerichts (Art. 37 Abs. 3 VerfO-EuGH).

7 Die Verfahrenssprache ist insbesondere bei der mündlichen Verhandlung, den Schriftsätzen, den Protokollen und der Gerichtsentscheidung anzuwenden (Art. 38 Abs. 1 VerfO-EuGH; Art. 46 Abs. 1 VerfO-EuG). Der Präsident bzw. die Kammerpräsidenten können sich allerdings im Rahmen der Verfahrensleitung einer anderen Amtssprache als der Verfahrenssprache bedienen. Auch dem Generalanwalt ist es freigestellt, den Schlussantrag in seiner Muttersprache – soweit Amtssprache – zu erarbeiten und zu verlesen.[6] Der Kanzler hat dann die Übersetzung in die Verfahrenssprache zu veranlassen (Art. 38 Abs. 8 VerfO-EuGH; Art. 46 Abs. 7 VerfO-EuG). Zu unterscheiden ist die Verfahrens- von der **internen Arbeitssprache** des Gerichtshofs. Der Arbeitssprache – ganz überwiegend Französisch – bedienen sich die Richter vor allem in den Beratungen, bei der Ausarbeitung des Vorberichts, des Sitzungsberichts und des Urteils.[7] Alle Dokumente werden anschließend in die jeweilige Verfahrenssprache übersetzt. Letztere ist die authentische (verbindliche) Sprachenfassung (Art. 41 VerfO-EuGH; Art. 49 VerfO-EuG).

2. Allgemeiner Verfahrensablauf

8 Das Verfahren vor dem EuGH sowie dem EuG gliedert sich grundsätzlich in ein schriftliches und ein mündliches Verfahren (Art. 20 Abs. 1 EuGH-Satzung). Chronologisch lassen sich in den Klage- und Vorabentscheidungsverfahren fünf Verfahrensabschnitte unterscheiden:
– Verfahrenseinleitung;
– schriftliches Verfahren;
– mündliche Verhandlung (vor Plenum oder Kammer);
– Schlussantrag des zuständigen Generalanwalts;
– Beratung und Verkündung des Urteils.

a) Einleitung des Verfahrens
aa) Klageschrift bzw. Vorlagebeschluss

9 Das Verfahren vor den Unionsgerichten wird durch die Einreichung einer Klageschrift oder die Übermittlung des Vorlagebeschlusses eines nationalen Gerichts an die Kanzlei eingeleitet (Art. 21 f. EuGH-Satzung). Maßgebend für die Wahrung und Berechnung der Verfahrensfristen ist grundsätzlich der Eingangstag des Schriftsatzes bei der Gerichtskanzlei (Art. 57 Abs. 6 Satz 2 VerfO-EuGH; Art. 72 Abs. 2 VerfO-EuG).

---

[6] *Karpenstein*, in: Grabitz/Hilf/Nettesheim, EU, Art. 252 AEUV (Mai 2013), Rn. 25.
[7] *Kokott/Sobotta*, EuGRZ 2013, 465 (470).

bb)   Anforderungen an eine Klageschrift

Die Anforderungen an die Klageschrift sind in Art. 21 EuGH-Satzung sowie Art. 57, **10**
120 VerfO-EuGH und Art. 72 f., 76 VerfO-EuG geregelt.[8] Danach ist die Klageschrift
von einem bevollmächtigten Prozessvertreter (s. Rn. 4 f.) mit fünf beglaubigten Kopien
für den Gerichtshof und je einer beglaubigten Kopie für jeden Verfahrensbeteiligten
(Art. 57 Abs. 2 VerfO-EuGH) bzw. drei beglaubigten Kopien für das Gericht und je
einer beglaubigten Kopie für jede andere am Rechtsstreit beteiligte Partei (Art. 73
VerfO-EuG) schriftlich einzureichen und an den Kanzler des EuGH bzw. des EuG
(Art. 21 Abs. 1 Satz 1 EuGH-Satzung) zu richten (s. zur möglichen Begrenzung der
Länge der einzureichenden Klageschrifts. Rn. 19). Zur Wahrung der Klagefrist genügt
jedoch auch der Eingang einer mittels Telefax oder sonstiger beim Gerichtshof vorhandener technischer Kommunikationsmittel beim Kanzler eingereichten Kopie des unterzeichneten Schriftsatzes nebst Anlagenverzeichnis, soweit die unterzeichnete Urschrift
nebst oben genannten Kopien und Anlagen spätestens zehn Tage danach beim Kanzler
eingeht (Art. 57 Abs. 7 VerfO-EuGH). Die »sonstigen technischen Kommunikationsmittel« zur Übermittlung der Kopie nebst Anlagenverzeichnis umfassen insbesondere
die Übermittlung per E-Mail.[9] Mit Neufassung der VerfO-EuG wurde die Möglichkeit
der Übermittlung von Verfahrensschriftstücken beim EuG mittels »sonstiger technischer Kommunikationsmittel« gestrichen. Art. 73 Abs. 2 VerfO-EuG sieht insofern nur
noch die Übermittlung mittels Telefax vor. Darüber hinaus können Schriftsätze über das
Portal »e-Curia« auf elektronischem Wege eingereicht und zugestellt werden, Art. 57
Abs. 8 VerfO-EuGH.[10]

cc)   Rechtshängigkeit des Streitgegenstandes durch Klageerhebung

»Die Klageerhebung bei dem Gerichtshof erfolgt durch Einreichung einer an den Kanz- **11**
ler zu richtenden Klageschrift« (Art. 21 Abs. 1 EuGH-Satzung). Es genügt die Abgabe
der Klageschrift an der Pforte des Gerichtshofs. Mit wirksamer Klageerhebung wird der
Rechtsstreit rechtshängig. Der **zweigliedrige Streitgegenstand** setzt sich – ähnlich wie im
deutschen Prozessrecht[11] – aus Klagegrund und Klageantrag zusammen, wobei die
Rechtsprechung die darin enthaltenen formellen und materiellen Kriterien nicht immer
in gleicher Weise gewichtet:[12]
(1) Mit dem in die Klageschrift aufzunehmenden Klageantrag »gießt« der Kläger sein
      Klagebegehren in eine für die spätere Rechtskraft der Entscheidung maßgebliche
      prozessuale Gestalt. Der Klageantrag fixiert somit das Klagebegehren.
(2) Mit dem Klagegrund, das heißt mit der Darstellung derjenigen Sachverhaltskom-
      ponenten, auf die das Klagebegehren gestützt wird, legt der Kläger in seiner Kla-
      geschrift (schlüssig) dar, warum er sein Begehren verfolgt.

---

[8] Für detaillierte Musterschriftsätze zu den einzelnen Klage- und Verfahrensarten vor den Unionsgerichten vgl. *Prieß/Lübbig*, in: Mes (Hrsg.), Kapitel IX. Rechtsschutz vor den Gerichten der Europäischen Union, 12. Aufl., 2013.

[9] *Lenz*, EuGRZ 2001, 433 (436).

[10] Siehe den Beschluss des Gerichtshofs vom 13. 9. 2011 über die Einreichung und Zustellung von
Verfahrensschriftstücken im Wege der Anwendung e-Curia, ABl. 2011, C 289/7.

[11] Grundlegend zum verwaltungs- und verfassungsprozessrechtlichen Streitgegenstandsbegriff
vgl. *Detterbeck*, Streitgegenstand und Entscheidungswirkungen im öffentlichen Recht, 1995, S. 50 ff.
sowie S. 305 ff. Für das Zivilprozessrecht vgl. statt vieler *Becker-Eberhard*, in: Rauscher/Wax/Wenzel
(Hrsg.), Münchener Kommentar zur Zivilprozessordnung, 2013, Vorb. zu §§ 253 ff., Rn. 32.

[12] *Rengeling/Middeke/Gellermann*, Rechtsschutz in der EU, § 23, Rn. 32 f. Vgl. auch die Analyse
der diesbezüglichen Kasuistik des EuGH bei *Reiling*, EuZW 2002, 136 (138 f.).

12   Die Rechtshängigkeit dauert vom Zeitpunkt der wirksamen Klageerhebung bis zur Beendigung des Prozesses an. Beendet wird ein Prozess durch rechtskräftiges (Prozess- oder Sach-)Urteil, Klagerücknahme, Erledigung, Beschluss des zuständigen Spruchkörpers oder durch (vergleichsweise) Erklärung beider Parteien.

13   Die Rechtshängigkeit ist ein **Prozesshindernis**. Solange der Streitgegenstand anhängig ist, darf keine Partei ihn noch einmal vor Gericht bringen. Ein Klageantrag, der eine anderweitige Rechtshängigkeit missachtet, ist als unzulässig abzuweisen. Die materiellrechtliche Bedeutung der Rechtshängigkeit liegt in der Wahrung der unionsrechtlichen Ausschluss- und Klagefristen sowie der Unterbrechung der Verjährung.

dd) Wirkungen von Mängeln der Klageschrift

14   Die Verfahrensordnungen von EuGH und EuG unterscheiden **konstitutive Merkmale** (Art. 120, 121 VerfO-EuGH; Art. 76 VerfO-EuG; Art. 21 EuGH-Satzung) und **nicht-konstitutive Förmlichkeiten** der Klageschrift (Art. 119 Abs. 3, 122 VerfO-EuGH; Art. 78 Abs. 1 bis 4 VerfO-EuG). Letztere betreffen insbesondere den anwaltschaftlichen Zulassungsnachweis sowie gegebenenfalls den Rechtspersönlichkeitsnachweis juristischer Personen. Die Unterscheidung zwischen konstitutiven und nicht-konstitutiven Formerfordernissen bestimmt die Rechtswirkung von Mängeln der Klageschrift. Mängel bei konstitutiven Formerfordernissen der Klageschrift verhindern grundsätzlich ihre Eintragung in das Register sowie den Eintritt der fristwahrenden Wirkung. In diesen Fällen liegt keine Klageschrift im Sinne des Art. 120 VerfO-EuGH, Art. 76 VerfO-EuG vor. Verstöße gegen die in Art. 119 Abs. 3, 122 VerfO-EuGH, Art. 78 Abs. 1 bis 4 VerfO-EuG vorgeschriebenen Förmlichkeiten hindern dagegen nicht die Eintragung in das Register. Die fristwahrende Wirkung bleibt erhalten, die Klage wird dem Beklagten zugestellt. Gleichzeitig setzt der Kanzler dem Kläger eine Frist zur Mängelbeseitigung (Art. 119 Abs. 4, 122 Abs. 3 VerfO-EuGH; Art. 78 Abs. 5 VerfO-EuG). Allerdings entspricht es einer tatsächlichen Übung des Gerichtshofs, auch bei konstitutiven Mängeln – vorausgesetzt, der Mangel ist heilbar – dem Kläger analog Art. 119 Abs. 4, 122 Abs. 3 VerfO-EuGH, Art. 78 Abs. 5 VerfO-EuG eine Frist zur Behebung einzuräumen. Nicht heilbar ist beispielsweise die Versäumung einer Klagefrist.

ee) Einleitung eines Vorabentscheidungsverfahrens

15   Das Vorabentscheidungsersuchen ergeht in Form eines **Beschlusses**, welcher dem Kanzler des EuGH zugestellt wird. Mit diesem Beschluss setzt das nationale Gericht das bei ihm anhängige Verfahren bis zur Entscheidung des EuGH aus und formuliert die vom Gerichtshof zu beantwortenden unionsrechtlichen Auslegungs- oder Gültigkeitsfragen (s. Art. 267 AEUV, Rn. 87). Neben den Vorlagefragen muss das Ersuchen des nationalen Gerichts gemäß Art. 94 VerfO-EuGH eine kurze Darstellung des Streitgegenstandes und des maßgeblichen Sachverhalts, den Wortlaut der möglicherweise auf den Fall anwendbaren nationalen Vorschriften und gegebenenfalls die einschlägige nationale Rechtsprechung sowie eine Darstellung der Gründe, aus denen das vorlegende Gericht Zweifel bezüglich der Auslegung oder der Gültigkeit bestimmter Vorschriften des Unionsrechts hat, und den Zusammenhang, den es zwischen diesen Vorschriften und dem auf den Ausgangsrechtsstreit anwendbaren nationalen Recht herstellt, beinhalten.

ff) Veröffentlichung rechtshängiger Verfahren, Bestimmung von Kammer, Berichterstatter und Generalanwalt

Nach der Einleitung des Verfahrens durch die »Einreichung der Klageschrift« oder die **16** »Übermittlung des Vorlagebeschlusses« erfolgt die Eintragung der Klageschrift oder des Vorlagebeschlusses in das Register der Kanzlei (Art. 21 Abs. 1 VerfO-EuGH; Art. 36 Abs. 1 VerfO-EuG). Über jedes anhängige Verfahren wird eine Mitteilung im Amtsblatt C der Europäischen Union veröffentlicht, welche die wesentlichen Angaben zu der Rechtssache enthält (Art. 21 Abs. 4 VerfO-EuGH; Art. 79 VerfO-EuG). Die Veröffentlichung dient nicht zuletzt der Kenntnisnahme durch Dritte, die dem Verfahren möglicherweise als Streithelfer beitreten können (Art. 130 VerfO-EuGH; Art. 142 f. VerfO-EuG).

Sogleich nach Eingang der Klageschrift weist der Präsident des EuGH bzw. des EuG **17** die Rechtssache nach Maßgabe bestimmter Verweisungskriterien einer Kammer zur Beweiserhebung zu (Art. 15 Abs. 1 VerfO-EuGH, Art. 26 Abs. 1 VerfO-EuG). Mit der Zuweisung der Rechtssache an eine Kammer ernennt der Präsident aus der Mitte dieser Kammer gleichzeitig einen **Berichterstatter** (Art. 15 Abs. 1 VerfO-EuGH; Art. 26 Abs. 2 VerfO-EuG). Der Berichterstatter ist für die Ausarbeitung und Formulierung des Vorberichts sowie des Urteils in der jeweiligen Rechtssache verantwortlich. Dabei kann jeder Richter mit jeder Unionsmaterie befasst werden. Eine Zuweisung nach bestimmten Sachgebieten findet nicht statt, um ein Spezialistentum zu vermeiden, welches künftige Änderungen der Rechtsprechung erschweren könnte.[13]

Nach der Bestimmung des Berichterstatters durch den Präsidenten weist der Erste **18** Generalanwalt beim EuGH die Rechtssache einem der **Generalanwälte** zu (Art. 16 Abs. 1 VerfO-EuGH). Da das EuG über keine ständigen Generalanwälte verfügt, entscheidet die Vollversammlung über die Bestellung eines Generalanwaltes für eine bestimmte Rechtssache auf Antrag der Kammer, der die Rechtssache zugewiesen ist. Der Präsident des Gerichts bestimmt sodann den Richter, der in dieser Rechtssache die Tätigkeit eines Generalanwalts ausübt (Art. 31 VerfO-EuG). Ein Generalanwalt wird nur dann bestellt, wenn es die rechtliche oder tatsächliche Schwierigkeit der Rechtssache erfordert (Art. 30 VerfO-EuG). Art. 49 Abs. 4 EuGH-Satzung stellt klar, dass ein zum Generalanwalt bestellter Richter bei der Entscheidung selbst nicht mitwirken darf. Das »Fehlen« des Richters wirkt sich freilich nicht auf die ordnungsgemäße Besetzung und Beschlussfähigkeit des Spruchkörpers aus.

b) Schriftliches Verfahren nach Eingang der Klageschrift oder des Vorlagebeschlusses

Das schriftliche Verfahren umfasst »die Übermittlung der Klageschriften, Schriftsätze, **19** Klagebeantwortungen und Erklärungen und gegebenenfalls der Repliken sowie aller zur Unterstützung vorgelegten Belegstücke und Urkunden oder ihrer beglaubigten Abschriften an die Parteien sowie an diejenigen Unionsorgane, deren Entscheidungen Gegenstand des Verfahrens sind« (Art. 20 Abs. 2 EuGH-Satzung). Das schriftliche Verfahren dient der intensiven Aufbereitung des streitgegenständlichen Prozessstoffes und dem Ausscheiden von unerheblichem Vorbringen. Damit soll das Verfahren möglichst in einem mündlichen Termin abgeschlossen werden. Mit der Novellierung der Verfahrensordnung des Gerichtshofes ist es nunmehr möglich, dass dieser durch im Amtsblatt zu veröffentlichenden Beschluss die maximale Länge der bei ihm einzureichenden Schriftsätze und Erklärungen festlegt, Art. 58 VerfO-EuGH. Bislang ist ein solcher Beschluss

---

[13] *Rengeling/Middeke/Gellermann*, Rechtsschutz in der EU, § 23, Rn. 15.

jedoch nicht ergangen. Vor dem EuG besteht gemäß Art. 75 Abs. 1 VerfO-EuG hingegen eine **Begrenzung der Länge der Schriftsätze**, wobei Art. 75 Abs. 2 VerfO-EuG insoweit Ausnahmen für Fälle, die eine besondere rechtliche oder tatsächliche Komplexität aufweisen, vorsieht.[14] Nach der Rechtsprechung des EuG ist es jedoch möglich, dass der Kläger nach Einreichung seiner Klageschrift aber vor Ablauf der Klagefrist einen ergänzenden Schriftsatz vorlegt.[15]

aa) Ablauf des schriftlichen Verfahrens bei Direktklagen

20   Nach Eingang der Klageschrift bei der Gerichtskanzlei wird sie dem Beklagten zugestellt (Art. 123 VerfO-EuGH; Art. 80 Abs. 1 VerfO-EuG). Wie im deutschen Zivilprozess trifft den Beklagten keine Verhandlungspflicht. Er ist also weder gezwungen, sich gegen die Klage zu verteidigen, noch andere Verfahrenshandlungen vorzunehmen.

21   Aufgrund der **Gefahr eines Versäumnisurteils** (Art. 152 VerfO-EuGH; Art. 123 VerfO-EuG) wird sich der Beklagte in der Regel zur Klage äußern. Er kann mit einem Anerkenntnis des Klageanspruchs, mit einem Geständnis oder dem Bestreiten von Tatsachen, mit Zulässigkeitsrügen, Einwendungen und Einreden oder mit Rechtsausführungen auf die Klage reagieren. Will sich der Beklagte gegen die Klage verteidigen, so hat er innerhalb von zwei Monaten nach Zustellung der Klageschrift eine Klagebeantwortung einzureichen. Auf diese Klagebeantwortung kann der Kläger innerhalb einer vom Präsidenten gesetzten Frist mit einer Erwiderung (Replik), der Beklagte mit einer Gegenerwiderung (Duplik) antworten (Art. 126 VerfO-EuGH, Art. 83 VerfO-EuG). In diesem Zusammenhang sind die Begriffe des Unionsprozessrechts von denen des deutschen Zivilprozessrechts zu unterscheiden. Der in Art. 124 Abs. 1 VerfO-EuGH verwendete Begriff der Klagebeantwortung entspricht dem der Klageerwiderung des deutschen Zivilprozessrechts (vgl. § 277 ZPO). Die in Art. 126 VerfO-EuGH, Art. 83 VerfO-EuG vorgesehene unionsprozessrechtliche klägerische Erwiderung auf die Klagebeantwortung und die darauf folgende Gegenerwiderung des Beklagten finden im deutschen Prozessrecht ihre Entsprechung in der klägerischen Replik (vgl. §§ 276 Abs. 3, 277 Abs. 4 ZPO) bzw. der Duplik des Beklagten.

22   In Verfahren vor dem EuGH kann der Kläger auf die Klagebeantwortung des Beklagten mit den gleichen prozessualen Mitteln (z. B. qualifiziertes Bestreiten des Beklagtenvortrags) reagieren, die dem Beklagten zustehen. Allerdings gelten für die klägerische Erwiderung – im Vergleich zur Klageschrift und zur Klagebeantwortung – strengere Zulassungsmaßstäbe bei der Einbringung neuer Beweis-, Angriffs- oder Verteidigungsmittel. Der Kläger kann in der Erwiderung seinen Antrag präzisieren[16] oder neue Argumente zur Erweiterung bereits vorgetragener Angriffsmittel einführen.[17] Neue Beweismittel können in diesem Verfahrensstadium eingebracht werden, wenn ihre Ver-

---

[14] *Wägenbaur*, EuZW 2013, 930 (932) weist auf die aus der Ungewissheit, in welchen Fällen eine solche Ausnahme vorliegt, resultierende Rechtsunsicherheit hin, die mit Blick auf das Grundrecht auf effektiven Rechtsschutz gemäß Art. 47 GRC problematisch ist.

[15] EuG, Urt. v. 14. 6. 2012, Rs. T–338/08 (Stichting Natuur en Milieu u. a./Kommission), NuR 2012, 550, Rn. 16 ff.

[16] GA *Cosmas*, Schlussanträge zu Rs. C–114/94 (IDE/Kommission), Slg. 1997, I–803, Rn. 163.

[17] *Rengeling/Middeke/Gellermann*, Rechtsschutz in der EU, § 23, Rn. 43; EuGH, Urt. v. 19. 5. 1983, Rs. 306/81 (Verros/Parlament), Slg. 1983, 1755, Rn. 9; Urt. v. 21. 6. 1988, Rs. 257/86 (Kommission/Italien), Slg. 1988, 3249, Rn. 15; EuG, Urt. v. 28. 1. 1999, Rs. T–14/96 (BAI/Kommission), Slg. 1999, II–139, Rn. 66; Urt. v. 12. 7. 2001, Rs. T–204/99 (Mattila/Rat u. Kommission), Slg. 2001, II–2265, Rn. 32; Urt. v. 18. 10. 2001, Rs. T–333/99 (X/EZB), Slg. 2001, II–3021, Rn. 174; EuGH, Beschl. v. 13. 11. 2001, Rs. C–430/00 P (Dürbeck/Kommission), Slg. 2001, I–8547, Rn. 17.

spätung begründet wird (Art. 128 Abs. 1 VerfO-EuGH). Aus Art. 120 VerfO-EuGH
i. V. m. Art. 21 Abs. 1 Satz 2 EuGH-Satzung ergibt sich – so die Rechtsprechung –, dass
der Streitgegenstand in der Klageschrift bestimmt werden muss. Ein erstmals in der
Erwiderung des Klägers gestellter Antrag ändert daher den ursprünglichen Gegenstand
der Klage, ist als neuer Antrag anzusehen und folglich als unzulässig zurückzuweisen.
Neue Angriffs- oder Verteidigungsmittel können deshalb nur noch in Ausnahmefällen
vorgebracht werden, wenn sie auf rechtliche oder tatsächliche Umstände gestützt werden, die erst während des Verfahrens aufgetreten sind (Art. 127 Abs. 1 VerfO-EuGH).[18]
Andernfalls weist das Gericht sie als verspätet zurück. Entsprechendes gilt für die Duplik, also die Gegenerwiderung des Beklagten.

Für **Verfahren vor dem EuG** gelten hinsichtlich Erwiderung und Gegenerwiderung   **23**
andere Regelungen, die der Erhöhung der Verfahrenseffizienz dienen. Zwar besteht
auch in Verfahren vor dem EuG die Möglichkeit zu Erwiderung und Gegenerwiderung
(Art. 83 Abs. 1 Satz 1, 1. Hs. VerfO-EuG). Das Gericht kann jedoch deren Wegfall
beschließen, wenn der Akteninhalt bereits nach Klageerwiderung so vollständig ist, dass
es den Parteien möglich ist, ihre Angriffs- und Verteidigungsmittel in der mündlichen
Verhandlung näher darzulegen (Art. 83 Abs. 1 Satz 1, 2. Hs. VerfO-EuG). Entfallen
Erwiderung und Gegenerwiderung, so endet das schriftliche Verfahren mit der Klagebeantwortung. Eine Ergänzung der Akten kann aber auch im Falle eines solchen Beschlusses auf Antrag gestattet werden (Art. 83 Abs. 2 VerfO-EuG).

bb)   Anforderungen an eine Klagebeantwortung

Mit der Klagebeantwortung nimmt der Beklagte zu der Klage Stellung. Die Klagebe-   **24**
antwortung muss wie die Klageschrift von einem bevollmächtigten Prozessvertreter (s.
Rn. 4) mit fünf beglaubigten Abschriften für den Gerichtshof und je einer beglaubigten
Abschrift für jeden Verfahrensbeteiligten schriftlich dem Kanzler des EuGH bzw. mit
drei Kopien für das Gericht und je einer Kopie für jeden Verfahrensbeteiligten bei der
Kanzlei des EuG eingereicht werden. Die erforderlichen Angaben ergeben sich aus
Art. 124 Abs. 1 VerfO-EuGH bzw. Art. 81 Abs. 1 VerfO-EuG).

cc)   Zwischenstreit über die Zulässigkeit

Gemäß Art. 151 Abs. 1 VerfO-EuGH bzw. Art. 130 Abs. 1 VerfO-EuG kann eine Partei   **25**
des Verfahrens – bei Direktklagen regelmäßig der Beklagte – die **Einrede der Unzuläs-**
sigkeit der Klage erheben. In diesem Fall wird zunächst in einem Zwischenstreit allein
über die Frage der Zulässigkeit der Klage entschieden. Hierüber wird mündlich verhandelt, sofern gerichtlich nichts anderes bestimmt wird (Art. 151 Abs. 4 VerfO-EuGH),
bzw. kann das Gericht beschließen, das mündliche Verfahren zu eröffnen (Art. 130
Abs. 6 VerfO-EuG). Nach Anhörung des Generalanwalts entscheidet der Gerichtshof so
bald wie möglich über den Antrag oder behält die Entscheidung dem Endurteil vor,
wenn besondere Umstände dies rechtfertigen (Art. 151 Abs. 5 VerfO-EuGH). Das Gericht entscheidet so bald wie möglich über den Antrag oder behält die Entscheidung dem

---

[18] EuGH, Urt. v. 19.5.1983, Rs. 306/81 (Verros/Parlament), Slg. 1983, 1755, Rn. 11; EuG, Urt. v.
20.9.1990, Rs. T–37/89 (Hanning/Parlament), Slg. 1990, II–463, Rn. 38; Urt. v. 28.1.1999, Rs.
T–14/96 (BAI/Kommission), Slg. 1999, II–139, Rn. 65; Urt. v. 26.10.2000, Rs. T–154/98 (Asia Motor
France u. a./Kommission), Slg. 2000, II–3453, Rn. 42; EuGH, Urt. v. 2.10.2001, Rs. C–449/99 P
(EIB/Hautem), Slg. 2001, I–6733, Rn. 86 ff.; EuG, Urt. v. 18.10.2001, Rs. T–333/99 (X/EZB),
Slg. 2001, II–3021, Rn. 134 ff.

Endurteil vor, wenn besondere Umstände dies rechtfertigen (Art. 130 Abs. 7 VerfO-EuG). Gegen die Entscheidung des EuG über die Zulässigkeit der Klage kann ein Rechtsmittel zum EuGH eingelegt werden; hält der EuGH die Klage für zulässig, so wird der Rechtsstreit hinsichtlich der Begründetheit vor dem EuG weiter geführt. Gegen die hierzu ergehende Entscheidung ist dann ein weiteres Rechtsmittel zum EuGH zulässig. Die Dauer des Rechtsstreits wird in diesem Falle beträchtlich erhöht.

dd) Abschluss des schriftlichen Klage- und Erwiderungsverfahrens

26   Das schriftliche Verfahren ist abgeschlossen, wenn der letzte Schriftsatz beim Gerichtshof eingegangen oder die Frist für die Klagebeantwortung (Art. 124 Abs. 1 VerfO-EuGH; Art. 81 Abs. 1 Satz 2 VerfO-EuG) bzw. für die klägerische Replik (Art. 126 Abs. 2 VerfO-EuGH; Art. 83 Abs. 3 Satz 1 VerfO-EuG) verstrichen ist.[19] Nach Abschluss des schriftlichen Verfahrens bestimmt der Präsident einen Termin zur Abgabe des vom Berichterstatter anzufertigenden **Vorberichts**. Auf der Grundlage dieses Vorberichts entscheidet der Gerichtshof nach Anhörung des Generalanwalts, wie das weitere Verfahren gestaltet wird, insbesondere ob die Rechtssache im Plenum verhandelt oder an eine Kammer überwiesen wird. Beschließt der Gerichtshof, von einer Beweisaufnahme abzusehen, legt der Präsident sogleich nach Abschluss des schriftlichen Verfahrens den Termin für die Eröffnung der mündlichen Verhandlung fest (Art. 60 Abs. 4 VerfO-EuGH). Findet dagegen eine Beweisaufnahme statt, so bestimmt der Präsident erst danach den Termin für die Eröffnung der mündlichen Verhandlung (Art. 75 Abs. 1 VerfO-EuGH). Beim EuG entscheidet das Gericht auf Grundlage des Vorberichts über die Vorschläge des Berichterstatters und gegebenenfalls über die Eröffnung des mündlichen Verfahrens (Art. 87 Abs. 3 VerfO-EuG).

ee) Schriftliches Verfahren bei Vorlageersuchen (Art. 267 AEUV)

27   Nach Eingang des Vorlageersuchens beim EuGH wird der Beschluss des vorlegenden Gerichts zunächst in alle Amtssprachen der Union übersetzt, ggf. aber nur in Form einer Zusammenfassung (Art. 98 Abs. 1 VerfO-EuGH). Diese Übersetzungen werden zusammen mit dem Originalbeschluss den beteiligten Parteien, den Mitgliedstaaten, der Kommission und den Organen, Einrichtungen oder sonstigen Stellen der Union, von denen die Handlung, deren Gültigkeit oder Auslegung streitig ist, ausgegangen ist, vom Kanzler übermittelt (Art. 23 Abs. 1 EuGH-Satzung). Innerhalb von zwei Monaten nach dieser Zustellung können die Adressaten Stellung nehmen, indem sie schriftliche Erklärungen einreichen (Art. 96 VerfO-EuGH; Art. 23 Abs. 2 EuGH-Satzung).[20] Die Nichtteilnahme am schriftlichen Verfahren hindert gemäß Art. 96 Abs. 2 VerfO-EuGH nicht an der Teilnahme am mündlichen Verfahren. Nach Ablauf der Zweimonatsfrist bestimmt der Präsident den Termin für die Abgabe des Vorberichts.

28   Eine Möglichkeit zur **Beschleunigung** des Verfahrens in dringenden Fällen bietet Art. 105 VerfO-EuGH.[21] Danach kann der Präsident des Gerichtshofs auf Antrag des vorlegenden Gerichts oder ausnahmsweise von Amts wegen beschließen, das Vorabentscheidungsersuchen einem »beschleunigten Verfahren unter Abweichung von den Be-

---

[19] *Lenz*, EuZW 1993, 10 (12).
[20] Näher zur Abgabe von Erklärungen gemäß Art. 96 Abs. 1 VerfO-EuGH *Broberg/Fenger*, S. 306 ff.
[21] Vgl. zum beschleunigten Verfahren nach Art. 105 VerfO-EuGH ferner *Broberg/Fenger*, S. 345 ff.

stimmungen [der] Verfahrensordnung zu unterwerfen, wenn die Art der Rechtssache
ihre rasche Erledigung erfordert«. Art. 104a VerfO-EuGH a. F. sprach demgegenüber
von »außerordentliche[r] Dringlichkeit«. Insofern könnte die Wortlautänderung dahingehend verstanden werden, dass nunmehr geringere Anforderungen an diese Voraussetzung der Durchführung eines beschleunigten Verfahrens zu stellen sind. In ersten
Beschlüssen zu Art. 105 Abs. 1 VerfO-EuGH nahm der Gerichtshof jedoch auf seine
bisherige Rechtsprechung zur Auslegung des Begriffes der Dringlichkeit Bezug.[22] Ergeht
ein Beschluss zur Durchführung des beschleunigten Verfahrens, wird sofort ein Termin
für die mündliche Verhandlung bestimmt und die Schriftsatzfristen können vom Präsidenten verkürzt werden (Art. 105 Abs. 2 und 3 VerfO-EuGH). Der Generalanwalt muss
lediglich angehört werden (Art. 105 Abs. 5 VerfO-EuGH). Hiervon ist das Eilvorlageverfahren gem. Art. 107 EuGH-VerfO zu unterscheiden. Diese Verfahrensart wurde erst
2008 eingeführt und findet bei Vorabentscheidungsersuchen Anwendung, die den
Raum der Freiheit, der Sicherheit und des Rechts betreffen (s. hierzu ausführlich
Art. 267 AEUV, Rn. 108 ff.).

c) Mündliches Verfahren

Das mündliche Verfahren umfasst »die Anhörung der Bevollmächtigten, Beistände und   **29**
Anwälte und der Schlussanträge des Generalanwalts durch den Gerichtshof sowie ge-
gebenenfalls die Vernehmung von Zeugen und Sachverständigen« (Art. 20 Abs. 4
EuGH-Satzung).[23]

aa) Entbehrlichkeit der mündlichen Verhandlung

Das mündliche Verfahren ist grundsätzlich Bestandteil aller Verfahren vor dem EuGH   **30**
(Art. 20 Abs. 1 EuGH-Satzung i. V. m. Art. 53 EuGH-Satzung). Unter den Voraus setzungen des Art. 76 Abs. 2 VerfO-EuGH kann der EuGH jedoch auf Vorschlag des Berichterstatters beschließen, ausnahmsweise keine mündliche Verhandlung abzuhalten.[24]
Das Einverständnis der Parteien oder Beteiligten des Verfahrens ist dabei nicht notwendig; die Möglichkeit keine mündliche Verhandlung abzuhalten besteht in Vorabentscheidungsverfahren hingegen nicht, wenn ein Beteiligter, der nicht am schriftlichen
Verfahren teilgenommen hat, einen begründeten Antrag auf mündliche Verhandlung
gestellt hat, Art. 76 Abs. 3 VerfO-EuGH. Zur Beschleunigung von Vorabentscheidungsverfahren sieht Art. 99 VerfO-EuGH überdies die Möglichkeit einer Entscheidung durch
Beschluss – also ebenfalls ohne mündliche Verhandlung – vor. Dieses »vereinfachte
Verfahren« steht dem EuGH jedoch nur offen, wenn die vorgelegte Rechtsfrage mit
einer bereits vom Gerichtshof entschiedenen übereinstimmt, die Antwort auf die Frage
aus der bisherigen Rechtsprechung des Gerichtshofs abgeleitet werden kann oder wenn
deren Beantwortung keinen Raum für vernünftige Zweifel lässt.[25] Vor dem EuG ist das

---

[22] EuGH, Beschluss des Präsidenten des Gerichtshofs vom 18. 7. 2013, Rs. C–255/13 (I/Health
Service Executive), ECLI:EU:C:2014:1291, Rn. 13 ff.; Beschluss des Präsidenten des Gerichtshofs
vom 28. 7. 2013, Rs. C–140/13 (Altmann u. a./BaFin), ECLI:EU:C:2014:2362, Rn. 11 ff.; vgl. ferner
Wägenbaur, EuZW 2013, 930 (933).
[23] Näher zur Beweisaufnahme *Berger*, Beweisaufnahme vor dem Europäischen Gerichtshof, FS
Schumann, 2002, S. 27.
[24] Kritisch hierzu insbesondere mit Blick auf Art. 47 GRC *Dittert*, EuZW 2013, 726 (727).
[25] Vgl. hierzu *Berrisch*, EuZW 2012, 881 (882), der die Hoffnung äußert, der Gerichtshof möge von
dieser Möglichkeit nur in Ausnahmefällen Gebrauch machen, da nationale Gerichte einen solchen
Beschluss als Affront verstehen könnten.

mündliche Verfahren seit der Novellierung der VerfO-EuG im Jahre 2015 nicht mehr zwingend Bestandteil des Verfahrens. Eine mündliche Verhandlung findet gemäß Art. 106 Abs. 2 VerfO-EuG statt, wenn eine der Hauptparteien die Durchführung einer mündlichen Verhandlung beantragt. Wird ein solcher Antrag nicht gestellt, kann das Gericht nach Art. 106 Abs. 3 VerfO-EuG beschließen, ohne mündliche Verhandlung über die Klage zu entscheiden, wenn es sich aufgrund des schriftlichen Verfahrens für hinreichend unterrichtet hält. Auch wenn das Gericht zunächst beschließt, ohne mündliche Verhandlung zu entscheiden, so kann es gleichwohl zu einem späteren Zeitpunkt noch beschließen, das mündliche Verfahren zu eröffnen (Art. 106 Abs. 3 Satz 2 VerfO-EuG).

bb) Mündliche Verhandlung

31 Die mündliche Verhandlung begann bisher mit der Verlesung des **Sitzungsberichts** des Berichterstatters, in dem er den Streit- und Sachstand des Verfahrens zusammenfasste. Dieses Institut wurde mit Inkrafttreten der neuen Verfahrensordnung abgeschafft, so dass die mündliche Verhandlung bei Direktklagen mit der Anhörung der Beteiligten beginnt.[26] In kurzen Stellungnahmen können die Parteien ihre wesentlichen Standpunkte und Argumente streitig austauschen. Grundsätzlich sind die Prozessvertreter an die in den Schriftsätzen enthaltenen Klage- und Verteidigungsgründe gebunden (Art. 127 Abs. 1 VerfO-EuGH; Art. 84 Abs. 1 VerfO-EuG). **Neue Klage- oder Verteidigungsgründe** werden vom Gerichtshof nur zugelassen, wenn sie »auf rechtliche oder tatsächliche Gesichtspunkte gestützt werden, die erst während des schriftlichen Verfahrens zutage getreten sind.«[27] Unter dem Begriff der »Klagegründe« sind nur die tatsächlichen Lebensvorgänge, auf die der Kläger seinen Klageantrag stützt, zu verstehen. Dagegen können die bereits in der Klageschrift vorgetragenen Klagegründe durch Ergänzungen und zusätzliche Argumente substantiiert oder erweitert werden.[28] Eine solche Substantiierung kann auch während der mündlichen Verhandlung erfolgen.

32 Im Vorabentscheidungsverfahren stellen die Beteiligten in der mündlichen Verhandlung ihre Rechtsansichten nochmals dar. Sofern sie keine von ihren schriftlichen Darlegungen abweichenden Erklärungen abgeben wollen, können sie auf weitere mündliche Erklärungen verzichten. Im Gegensatz zu den Direktklagen kommt es im schriftlichen Verfahren nicht zum gegenseitigen Austausch der Schriftsätze. Im Vorabentscheidungsverfahren dient die mündliche Verhandlung daher vor allem dem Zweck, zu den Schriftsätzen der anderen Beteiligten Stellung zu nehmen.[29]

---

[26] Kritisch zur Abschaffung des Sitzungsberichts *Berrisch*, EuZW 2012, 881 (882).

[27] EuG, Urt. v. 20.9.1990, Rs. T–37/89 (Hanning/Parlament), Slg. 1990, II–463, Rn. 38; Urt. v. 28.1.1999, Rs. T–14/96 (BAI/Kommission), Slg. 1999, II–139, Rn. 65; Urt. v. 26.10.2000, Rs. T–154/98 (Asia Motor France u.a./Kommission), Slg. 2000, II–3453, Rn. 42; EuGH, Urt. v. 2.10.2001, Rs. C–449/99 P (EIB/Hautem), Slg. 2001, S. I–6739, Rn. 87; EuG, Urt. v. 18.10.2001, Rs. T–333/99 (X/EZB), Slg. 2001, S. II–3021, Rn. 134.

[28] *Rengeling/Middeke/Gellermann*, Rechtsschutz in der EU, § 23, Rn. 35; EuGH, Urt. v. 19.5.1983, Rs. 306/81 (Verros/Parlament), Slg. 1983, 1755, Rn. 9; Urt. v. 21.6.1988, Rs. 257/86 (Kommission/Italien), Slg. 1988, 3249, Rn. 15; EuG, Urt. v. 28.1.1999, Rs. T–14/96 (BAI/Kommission), Slg. 1999, II–139, Rn. 66; Urt. v. 12.7.2001, Rs. T–204/99 (Mattila/Rat u. Kommission), Slg. 2001, II–2265, Rn. 32; Urt. v. 18.10.2001, Rs. T–333/99 (X/EZB), Slg. 2001, II–3021, Rn. 174.

[29] *Gündisch/Wienhues*, Rechtsschutz in der Europäischen Union, 2. Aufl., 2003, S. 109.

cc) Schlussanträge der Generalanwälte

»Nach Schließung« der mündlichen Verhandlung stellt und begründet der Generalan-   33
walt seine Schlussanträge (Art. 82 Abs. 1 VerfO-EuGH; s. Art. 252 AEUV, Rn. 8). Damit wird allerdings nicht vorgeschrieben, dass der Generalanwalt seine Schlussanträge
im Termin unmittelbar im Anschluss an die mündliche Verhandlung vorträgt. Ein solches
Vorgehen stellt vielmehr die Ausnahme bei Prozessen dar, die keine besonderen tatsächlichen oder rechtlichen Schwierigkeiten aufweisen. In der Regel trägt der Generalanwalt die Schlussanträge erst zu einem späteren Zeitpunkt vor. Das mündliche Verfahren wird dann unterbrochen und erst zu dem späteren Zeitpunkt fortgeführt.[30] Die
Schlussanträge werden nach ihrer Verlesung den Beteiligten zugestellt und zusammen
mit den Urteilen veröffentlicht. Eine Möglichkeit der Stellungnahme zu den Schlussanträgen wird weder in der EuGH-Satzung, noch in der VerfO-EuGH vorgesehen.[31] Nach
der Verlesung der Schlussanträge erklärt der Präsident das mündliche Verfahren für
abgeschlossen (Art. 82 Abs. 2 VerfO-EuGH). Art. 20 Abs. 5 EuGH-Satzung ermöglicht
den Verzicht auf die Schlussanträge, wenn eine Rechtssache keine neue Rechtsfrage
aufwirft.

dd) Wiedereröffnung der mündlichen Verhandlung

Art. 83 VerfO-EuGH sieht vor, dass der Gerichtshof jederzeit nach Anhörung des Ge-   34
neralanwalts die Wiedereröffnung des mündlichen Verfahrens beschließen kann. Sie
kann sowohl von Amts wegen als auch auf Antrag einer Partei angeordnet werden.[32]
Sinn und Zweck der Vorschrift liegen grundsätzlich in der **Vermeidung von Wiederaufnahmeverfahren** (Art. 44 EuGH-Satzung), mithin in der Prozessökonomie. Damit soll
verhindert werden, dass ein Urteil ergeht, obwohl bereits zu diesem Zeitpunkt die Voraussetzungen für eine spätere Wiederaufnahme vorliegen. Eine Wiedereröffnung des
mündlichen Verfahrens kommt danach insbesondere in Betracht, wenn

(1) der Gerichtshof sich für unzureichend unterrichtet hält,

(2) ein zwischen den Parteien oder Beteiligten nicht erörtertes Vorbringen entschei-
    dungserheblich ist oder

(3) eine Partei nach Abschluss des mündlichen Verfahrens eine neue Tatsache unter-
    breitet hat, die von entscheidender Bedeutung für die Entscheidung des Gerichts-
    hofs ist.

Der **Begriff der Tatsache** ist hier weit zu verstehen. »Tatsache« umfasst nicht nur rein   35
tatsächliche Verhältnisse, die dem Beweis zugänglich sind, sondern auch rechtliche Vorgänge, wie unerkannt gebliebene Rechtsverhältnisse oder Rechtsakte.[33] Darüber hinaus
besteht die Möglichkeit zur Wiedereröffnung der mündlichen Verhandlung, wenn der
Schlussantrag eine entscheidungserhebliche Rechtsfrage aufgeworfen hat, die von den
Parteien während des Verfahrens nicht erörtert worden waren.[34]

---

[30] *Klinke*, Der Gerichtshof der Europäischen Gemeinschaften, 1989, S. 55, Rn. 163.

[31] EuGH, Urt. v. 9.6. verh. Rs. C–78/16 u. C–79/16 (Pesce), ECLI:EU:C:2016:428, Rn. 24.

[32] EuGH, Beschl. v. 4.2.1981, Rs. 155/79 (AM & S/Kommission), Slg. 1982, 1616.

[33] *Rengeling/Middeke/Gellermann*, Rechtsschutz in der EU, § 25, Rn. 16 f.

[34] EuGH, Beschl. v. 7.3.2007, Rs. C–110/05 (Kommission/Italien), über die Wiedereröffnung der
mündlichen Verhandlung.

d) Urteilsfindung
aa) Beratung und Entscheidung

36   Nach Abschluss des mündlichen Verfahrens ziehen sich die Richter zur geheimen Beratung und Entscheidung zurück (Art. 35 EuGH-Satzung). Die Beratungen beginnen auf der Grundlage der Schlussanträge. Der Spruchkörper entscheidet als Kollegialorgan mit der einfachen Mehrheit seiner Mitglieder. Da der Gerichtshof nur in einer Besetzung mit ungerader Richterzahl entscheiden darf (Art. 17 Abs. 1 EuGH-Satzung), scheidet der Richter mit dem niedrigsten Dienstalter aus den Beratungen und der Entscheidungsfindung aus (Art. 33 VerfO-EuGH; Art. 22 VerfO-EuG), wenn andernfalls durch Abwesenheit eines Kollegen eine gerade Zahl der anwesenden Richter zustande käme.

37   Die Abstimmungsergebnisse werden wegen des **Beratungsgeheimnisses** und der gerichtlichen Integrationsfunktion[35] nicht veröffentlicht. Ebenso wenig ist die Veröffentlichung von Sondervoten vorgesehen. Entscheidet der Spruchkörper nach mündlichem Verfahren, ergeht die Entscheidung als Urteil. Verzichtet der Gerichtshof dagegen auf ein mündliches Verfahren, so entscheidet er durch Beschluss. Die Entscheidungsgründe werden verhältnismäßig kurz dargestellt. Auf eine Auseinandersetzung mit der rechtswissenschaftlichen Literatur wird in den Entscheidungsgründen verzichtet. Hingegen wird in den Urteilen an die eigene Rechtsprechung umfassend angeknüpft.

bb) Verkündung

38   Die Verkündung des Urteils oder Beschlusses erfolgt in öffentlicher Sitzung (Art. 88 Abs. 1 VerfO-EuGH; Art. 118 Abs. 1 VerfO-EuG). Ein persönliches Erscheinen der Parteien bzw. ihrer Prozessbevollmächtigten ist nicht erforderlich. Mit der Verkündung werden nur die Urteile des EuGH **rechtskräftig** (Art. 91 Abs. 1 VerfO-EuGH). Da gegen Entscheidungen des EuG den Parteien das Rechtsmittel zum EuGH offensteht (s. Art. 256 AEUV, Rn. 9 f.), werden Urteile des EuG erst mit Verstreichen der Rechtsmittelfrist, einem Rechtsmittelverzicht oder einer Zurückweisung des Rechtsmittels durch den EuGH rechtskräftig. Nach ihrer Verkündung werden Urteile und Beschlüsse zusammen mit den Schlussanträgen des Generalanwalts auf der Homepage des Gerichtshofs in allen Amtssprachen der Union veröffentlicht.

cc) Kosten

39   Bei der Kostenfrage sind die Gerichtskosten von den Kosten der Parteien zu unterscheiden. Grundsätzlich sind die Verfahren vor dem EuGH und dem EuG **gerichtskostenfrei**. Allerdings benennen Art. 143 VerfO-EuGH bzw. Art. 139 VerfO-EuG Ausnahmen von diesem Grundsatz. Gerichtskostenpflichtig sind danach:
– vermeidbare Kosten, die durch eine der Parteien veranlasst wurden und
– übermäßige Kosten für Schreib- und Übersetzungsarbeiten.
Bei wiederholten, eine Aufforderung zur Mängelbehebung erfordernden Verstößen gegen die Bestimmungen der VerfO-EuG oder der praktischen Durchführungsbestimmungen sind ferner die mit der erforderlichen Bearbeitung durch das Gericht verbundenen Kosten auf Verlangen des Kanzlers von der betreffenden Partei zu erstatten (Art. 139 Buchst. c VerfO-EuG). Das EuG hat von dieser Möglichkeit im Jahr 2012 in zwei Fällen, die eine deutliche Überschreitung der Seitenbegrenzung für einzureichende Schriftstücke (s. Rn. 19) betrafen, erstmals Gebrauch gemacht.[36] Auf Antrag wird die unterlie-

---

[35] *Rengeling/Middeke/Gellermann*, Rechtsschutz in der EU, § 27, Rn. 7.
[36] EuG, Urt. v. 13.12.2012, Rs. T–199/11 P (Guido Strack/Kommission), ECLI:EU:T:2012:691,

gende Partei zur Tragung der erstattungsfähigen Kosten der Gegenpartei verurteilt
(Art. 138 VerfO-EuGH; Art. 134 VerfO-EuG). Dazu gehören nach Art. 144 VerfO-
EuGH bzw. Art. 140 VerfO-EuG »Leistungen an Zeugen und Sachverständige« sowie
»Aufwendungen der Parteien, die für das Verfahren notwendig waren« (insbesondere
Anwalts-, Reise- und Aufenthaltskosten).

Die Kostenregelung erfolgt in zwei Stufen: Mit dem Urteil bzw. verfahrensbeenden-   **40**
den Beschluss erfolgt die Kostengrundentscheidung, also die Entscheidung, wer die
Kosten zu tragen hat (regelmäßig die unterliegende Partei, Art. 138 VerfO-EuGH;
Art. 134 Abs. 1 VerfO-EuG). Die Regelung der Kostenhöhe überlässt das Gericht dagegen den Parteien. Kommt es hier nicht zu einer Einigung, so entscheidet grundsätzlich
die Kammer mit drei Richtern, der der für die Rechtssache zuständige Berichterstatter
zugeteilt ist, auf Antrag einer Partei über die erstattungsfähigen Kosten (Art. 145 Abs. 1
VerfO-EuGH; Art. 170 Abs. 1 VerfO-EuG).

Natürlichen und juristischen Personen kann **Prozesskostenhilfe** gewährt werden,   **41**
wenn die Voraussetzungen des Art. 115 VerfO-EuGH bzw. Art. 146 VerfO-EuG vorliegen. Der Antragsteller hat hierfür nachzuweisen, dass er außerstande ist, die Kosten des
Verfahrens ganz oder teilweise zu bestreiten, und dass die beabsichtigte Rechtsverfolgung nicht offensichtlich aussichtslos ist.

dd) Vollstreckung
Die Vollstreckung von Entscheidungen der Unionsgerichte richtet sich nach Art. 280   **42**
AEUV i. V. m. Art. 299 AEUV. Gegen Mitgliedstaaten ergehen in Vertragsverletzungsverfahren lediglich Feststellungsurteile (s. Art. 260 AEUV, Rn. 4 f.), die zwar nicht vollstreckbar sind, deren Nichtbefolgung allerdings in einem zweiten Vertragsverletzungsverfahren vor dem EuGH durch die Verurteilung zur Zahlung eines Pauschalbetrages
oder eines Zwangsgeldes sanktioniert werden kann (s. Art. 260 AEUV, Rn. 10 f.).

ee) Rechtskraft des Urteils; Veröffentlichung
Urteile des EuG werden rechtkräftig, wenn sie entweder nicht innerhalb der Rechts-   **43**
mittelfrist (Art. 56 Abs. 1 Hs. 2 EuGH-Satzung; s. Art. 256 AEUV, Rn. 26) angefochten
werden oder wenn der EuGH das Rechtsmittel als unbegründet zurückweist. Urteile des
EuGH werden mit dem Tag ihrer Verkündung rechtskräftig.[37] Die Rechtskraft führt
dazu, dass eine erneute Klage mit demselben Streitgegenstand (s. Rn. 11) als unzulässig
abzuweisen ist, denn die Rechtskraft ist eine negative Prozessvoraussetzung. Daneben
kann eine festgestellte Rechtsfolge Bindungswirkung für nachfolgende Verfahren entfalten, auch wenn die Streitgegenstände der Verfahren nicht identisch sind.[38]

Nach Art. 20 Abs. 3 Satz 2 EuGH-VerfO sorgt der Kanzler für die Veröffentlichung   **44**
einer Sammlung der Rechtsprechung des Gerichtshofs. Bis März 2004 wurden alle Urteile der Unionsgerichte in allen Amtssprachen in der amtlichen Sammlung veröffentlicht. Seither wurden die Urteile des Gerichtshofs in Direktklageverfahren nicht mehr in
der amtlichen Sammlung auf Papier veröffentlicht, wenn sie von den Kammern mit drei
Richtern erlassen wurden oder wenn es sich um Urteile handelte, die von den Kammern
mit fünf Richtern ohne Schlussanträge des Generalanwalts verkündet wurden.[39] Die

---

Rn. 229 ff.; Urt. v. 13.12.2012, Rs. T–197/11 P u. T–198/11 P (Kommission/Guido Strack), ECLI:EU:
T:2012:690, Rn. 282 ff.
[37] *Reiling*, EuZW 2002, 136.
[38] Vgl. hierzu die Analyse der Rechtsprechung von *Reiling*, EuZW 2002, 136 (139 ff.).
[39] Schreiben des Präsidenten des Gerichtshofs vom 13.12.2005 an den Präsidenten des Rates,
Ratsdok. 15712/05.

Entscheidungen des Gerichts (früher Gericht erster Instanz) wurden in der Sammlung auf Papier veröffentlicht, sofern es sich um Urteile der Großen Kammer handelte oder um Urteile der Kammern mit fünf Richtern. Die Veröffentlichung der Urteile der Kammern mit drei Richtern wurde von Fall zu Fall von dem betreffenden Spruchkörper beschlossen. Die Urteile, die das EuG durch Einzelrichter erlässt, und die Beschlüsse mit Rechtsprechungscharakter wurden, sofern nichts anderes bestimmt wurde, nicht in der Sammlung veröffentlicht. Die amtliche Sammlung wurde bis 2011 in gedruckter Form veröffentlicht. Seit dem 1. Januar 2012 wird die Sammlung nur noch in elektronischer Form auf der Webseite EUR-Lex veröffentlich, wobei für die Veröffentlichung dieselben Kriterien wie bislang für die Veröffentlichung in Papierform gelten.

3. Beschleunigte Verfahren

45 Neben den bereits genannten Möglichkeiten der Verfahrensbeschleunigung und -vereinfachung im Rahmen der allgemeinen Verfahrensregelungen (s. Rn. 30) steht sowohl dem EuGH als auch dem EuG ein »**fast track**« zur beschleunigten Erledigung von Klageverfahren zur Verfügung (Art. 133 f. VerfO-EuGH; Art. 151 VerfO-EuG). Das beschleunigte Verfahren ist für Rechtssachen bestimmt, deren besonderer Dringlichkeit der Erlass einstweiliger Anordnungen in einem Verfahren des vorläufigen Rechtsschutzes nicht gerecht werden würde. In Betracht kommen etwa Klagen betreffend den Zugang der Öffentlichkeit zu Verwaltungsdokumenten der Unionsorgane oder Konkurrentenklagen gegen Beschlüsse der Kommission im Bereich der Kontrolle von Unternehmenszusammenschlüssen.

46 Eine Rechtssache kann von beiden Gerichten nur auf Antrag einer Partei und ggf. nach Anhörung des Generalanwalts, des Berichterstatters und der Gegenpartei einem beschleunigten Verfahren unterworfen werden (Art. 133 Abs. 1 VerfO-EuGH; Art. 151 Abs. 1 VerfO-EuG). Der Antrag ist mit besonderem Schriftsatz gleichzeitig mit der Klageschrift oder der Klagebeantwortung einzureichen. Für Verfahren vor dem EuGH gilt darüber hinaus, dass ein beschleunigtes Verfahren nur in Fällen beschlossen werden kann, in denen die Art der Rechtssache ihre rasche Erledigung erfordert (Art. 133 Abs. 1 VerfO-EuGH). Für das EuG gelten nach dem Wortlaut des Art. 151 Abs. 1 VerfO-EuG, wonach es »in Anbetracht der besonderen Dringlichkeit und der Umstände der Rechtssache« im beschleunigten Verfahren entscheiden kann, ähnliche Anforderungen. Das EuG prüft diese Voraussetzungen unter Berücksichtigung der Frage, ob sich die Rechtssache für eine im Wesentlichen mündliche Erörterung eignet.

47 Ziel des beschleunigten Verfahrens ist eine Konzentration der Schriftsätze auf Klage und Klagebeantwortung. Die prozessrechtlichen Instrumente der Erwiderung und Gegenerwiderung (s. Rn. 21 f.) stehen den Parteien des Rechtsstreits im beschleunigten Verfahren grundsätzlich nicht zur Verfügung, können aber zugelassen werden (Art. 134 Abs. 2 VerfO-EuGH; Art. 154 Abs. 3 VerfO-EuG). Da die Parteien ihr Vorbringen noch in der mündlichen Verhandlung ergänzen und Beweismittel benennen können (Art. 135 Abs. 2 VerfO-EuGH; Art. 155 Abs. 2 VerfO-EuG), bildet die mündliche Verhandlung den Schwerpunkt des Verfahrens.[40] Deren Termin wird in Verfahren vor dem EuGH unmittelbar nach »Eingang der Klagebeantwortung« (Art. 135 Abs. 1 VerfO-EuGH) bestimmt. Für beschleunigte Verfahren vor dem EuG fehlt eine ausdrückliche Bestimmung dieser Art. Die in beschleunigten Verfahren vor dem EuG anhängigen Rechtssa-

---

[40] *Lenz*, EuGRZ 2001, 433 (435 f.).

chen werden aber gemäß Art. 153 VerfO-EuG gegenüber anderen anhängigen Rechtssachen mit Vorrang entschieden. Dies setzt die Möglichkeit einer zeitnahen Terminie-
rung der mündlichen Verhandlung auch in beschleunigten Verfahren vor dem EuG voraus. In Verfahren vor dem EuGH genügen schließlich auch mündliche Schlussanträge
des Generalanwalts (Art. 136 VerfO-EuGH).

4. Fristen

a) Klage- und sonstige Verfahrensfristen

Vor allem die Klageerhebung, aber auch sonstige Prozesshandlungen sind an die Be- **48**
achtung bestimmter Fristen gebunden. Dabei sind gesetzliche und richterliche Fristen zu
unterscheiden. **Gesetzliche Fristen** lassen sich unmittelbar den einschlägigen Rechtsvorschriften entnehmen.[41] **Richterliche Fristen** werden dagegen durch das zuständige
Gericht nach freiem Ermessen festgelegt (Art. 52 VerfO-EuGH). Die gesetzlichen Fristen sind zwingend und grundsätzlich nicht verlängerbar.[42] Verlängerungen sind nur zulässig, wenn die Verfahrensordnungen dies ausdrücklich vorsehen (z. B. bei der Klagebeantwortung: Art. 124 Abs. 3 VerfO-EuGH; Art. 81 Abs. 3 VerfO-EuG). Im Gegensatz zu den gesetzlichen Fristen sind die richterlichen Fristen nach freiem Ermessen
verlängerbar (Art. 52 VerfO-EuGH; Art. 61 Abs. 1 VerfO-EuG).

b) Beginn der Klagefristen

Der Lauf der Klagefristen wird je nach Klageart durch unterschiedliche Ereignisse in **49**
Gang gesetzt. In Betracht kommen im Rahmen der
(1) Nichtigkeitsklage (Art. 263 Abs. 6 AEUV):
 – Bekanntgabe des Rechtsakts (= Veröffentlichung nach Art. 297 AEUV) oder
 – Mitteilung des Rechtsakts an den Kläger oder
 – Zeitpunkt der anderweitigen Kenntniserlangung;
(4) Untätigkeitsklage (Art. 265 Abs. 2 AEUV):
 – erfolglose Aufforderung zum Tätigwerden;
(2) Amtshaftungsklage (Art. 268 AEUV i. V. m. Art. 340 Abs. 2 AEUV):
 – Eintritt des maßgeblichen Ereignisses.

c) Zugangshindernisse

Fehler oder Zweifel beim Zugang können zur Folge haben, dass der Beginn der **50**
Klagefrist nicht festgestellt werden kann. Scheidet eine anderweitige Kenntnisnah-
memöglichkeit aus, so beginnt die Frist nicht zu laufen.[43] Die Kommission bedient sich
bei individueller Bekanntgabe eines Einschreibens mit Rückschein, mithin einer der
Zustellungsformen des Gerichtshofs (Art. 48 Abs. 1 VerfO-EuGH). Diese Form der
Bekanntgabe erleichtert der Kommission den ihr obliegenden Zugangsbeweis.[44] Die
Frist beginnt nicht zu laufen, wenn der Adressat an der Kenntnisnahme gehindert ist.
Ein Kenntnisnahmehindernis liegt beispielsweise vor, wenn der Rechtsakt nicht in der

[41] *Klinke* (Fn. 30), S. 113, Rn. 341.
[42] EuGH, Urt. v. 12. 7. 1984, Rs. 227/83 (Sophie Moussis/Kommission), Slg. 1984, 3133, Rn. 12;
EuG, Beschl. v. 29. 9. 1999, verb. Rs. T–148/98 u. T–162/98 (Evans u. a./Kommission), Slg. 1999,
II–2837, Rn. 29.
[43] EuGH, Urt. v. 14. 7. 1972, Rs. 52/69 (Geigy AG/Kommission), Slg. 1972, 787, Rn. 7.
[44] EuGH, Urt. v. 15. 12. 1994, Rs. C–195/91 P (Bayer AG/Kommission), Slg. 1994, I–5619, Rn. 21.

Sprache des Mitgliedstaates bekanntgegeben wird, dessen Hoheitsgewalt der Adressat unterliegt.[45]

d) Fristberechnung

51   Die Berechnung der Fristen richtet sich nach Art. 49 VerfO-EuGH und Art. 58 VerfO-EuG. Dabei ist zusätzlich die sogenannte Entfernungsfrist zu beachten. Sie beträgt für alle Mitgliedstaaten einheitlich zehn Tage (Art. 51 VerfO-EuGH; Art. 60 VerfO-EuG).[46]

e) Fristende

52   Eine nach Wochen, Monaten oder Jahren bemessene Frist endet »mit Ablauf des Tages, der in der letzten Woche, im letzten Monat oder im letzten Jahr dieselbe Bezeichnung oder dieselbe Zahl wie der Tag trägt, an dem das Ereignis eingetreten oder die Handlung vorgenommen worden ist, von denen an die Frist zu berechnen ist« (Art. 49 Abs. 1 Buchst. b VerfO-EuGH; Art. 58 Abs. 1 Buchst. b VerfO-EuG). Die Klageschrift oder eine elektronisch übermittelte Kopie davon (s. Rn. 10) muss spätestens mit Ablauf der letzten Stunde des Tages, also spätestens um 24.00 Uhr bei der Kanzlei des Gerichtshofs eingegangen sein. Wird eine Zweimonatsfrist am 15. eines Monats in Gang gesetzt, so beginnt die Frist am 16. des gleichen Monats zu laufen und endet zwei Monate später am 15. Tag um 24.00 Uhr. Weder Samstage, Sonn- und Feiertage noch die Gerichtsferien haben Einfluss auf den Fristablauf. Fällt der Ablauf einer Frist jedoch auf einen Samstag, Sonntag oder Feiertag[47], verlängert sich die Frist bis zum Ablauf des folgenden Werktags (Art. 49 Abs. 1 Buchst. d und e, Abs. 2 VerfO-EuGH; Art. 58 Abs. 2 VerfO-EuG).[48]

f) Rechtsfolgen bei Fristüberschreitung

53   Zu unterscheiden ist zwischen der Überschreitung der gesetzlichen und der Überschreitung der richterlichen Fristen. Die Überschreitung der gesetzlichen Fristen führt zum Verlust des Rechts auf Vornahme der betreffenden Prozesshandlung. So zieht die Nichteinhaltung der Klagefrist den Verlust des Klagerechts nach sich, eine Klage, die nach Ablauf der Klagefrist erhoben wird, ist nicht zulässig. Gesetzliche Fristen sind **Ausschlussfristen**, zu denen neben den Klagefristen auch die Wiederaufnahmefrist nach Art. 44 EuGH-Satzung und die Verjährungsfrist betreffend die außervertragliche Haftung der Gemeinschaft gehören (Art. 46 EuGH-Satzung).

g) Wiedereinsetzung in den vorherigen Stand

54   Eine Wiedereinsetzung in den vorherigen Stand kommt nach Ablauf von Verfahrensfristen nur in Betracht, wenn der Betroffene nachweisen kann, dass ein Zufall[49] oder höhere Gewalt[50] die fristgerechte Vornahme der Handlung verhindert hat (Art. 45

---

[45] Vgl. EuGH, Urt. v. 11.12.2007, Rs. C–161/06 (Skoma-Lux), Slg. 2007, I–10841, Rn. 38.

[46] Zur früheren Rechtslage mit unterschiedlichen Entfernungsfristen vgl. *Koenig/Pechstein/Sander*, EU-/EG-Prozessrecht, 2. Aufl., 2002, Rn. 174.

[47] Das Verzeichnis der gesetzlichen Feiertage wird gemäß Art. 24 Abs. 6 VerfO-EuGH jährlich im Amtsblatt veröffentlicht.

[48] Ein instruktives Beispiel für die Fristberechnung bietet EuGH, Beschl. v. 5.9.1992, Rs. C–59/91 (Frankreich/Kommission), Slg. 1992, I–525, Rn. 3 ff.

[49] EuGH, Urt. v. 2.3.1967, verb. Rs. 25/65 u. 26/65 (Società Industriale Metallurgica di Napoli u.a./Hohe Behörde der EGKS), Slg. 1967, 42 (56); Beschl. v. 7.5.1998, Rs. C–239/97 (Irland/Kommission), Slg. 1998, I–2655.

[50] EuGH, Urt. v. 12.7.1984, Rs. 209/83 (Ferriera Valsabbia SpA/Kommission), Slg. 1984, 3089, Rn. 21; Beschl. v. 7.5.1998, Rs. C–239/97 (Irland/Kommission), Slg. 1998, I–2655.

Abs. 2 EuGH-Satzung). Neben diesen in der Satzung ausdrücklich geregelten Wiedereinsetzungstatbeständen hat der Gerichtshof die Rechtsfigur des entschuldbaren Irrtums entwickelt.[51] Liegt ein Wiedereinsetzungstatbestand vor, so gilt die nachgeholte Prozesshandlung als rechtzeitig bewirkt. Die Rechtsprechung stellt im Rahmen der Wiedereinsetzungstatbestände »Zufall« oder »höhere Gewalt« in erster Linie auf den Gesichtspunkt der erforderlichen Sorgfalt ab.[52] Entscheidend ist, ob der säumigen Partei der Nachweis gelingt, dass sie ohne Verschulden an der rechtzeitigen Vornahme der fristwahrenden Prozesshandlung gehindert war. Ob ein solches Verschulden der Partei oder ihres Vertreters vorliegt, ist objektiv am Maßstab der Sorgfaltspflicht festzustellen, die von einer ordentlichen Prozesspartei zu erwarten ist.

Ein die Wiederaufnahme rechtfertigender Zufall liegt nach der Rechtsprechung des   **55** EuGH vor, wenn auch bei Anwendung der gebotenen Sorgfalt die Fristsäumnis nicht verhindert worden wäre. So könne etwa erwartet werden, dass der Transport durch die Post innerhalb normaler Fristen vonstatten gehe, wobei Maßstab zur Bestimmung der »normalen Fristen« die Entfernungsfrist ist.[53] »Zufall« sei es aber, wenn eine Klageschrift erst vier Tage nach ihrer Ankunft in Luxemburg in den Besitz des Gerichtshofs gelange.[54] Der Begriff der **höheren Gewalt** bezieht sich auf sachfremde Umstände, welche die Fristeinhaltung unmöglich machen. Er setzt zwar keine absolute Unmöglichkeit voraus, verlangt jedoch, dass es sich um außergewöhnliche, vom Willen des Betroffenen unabhängige Schwierigkeiten handelt, die selbst bei Beachtung aller erforderlichen Sorgfalt unvermeidbar erscheinen.[55] In erster Linie gehören hierzu Naturkatastrophen, aber auch Streiks. Einen Fall höherer Gewalt nimmt der EuGH aber auch an, wenn die Nichteinhaltung der Frist auf nicht voraussehbaren Verzögerungen einer mitgliedstaatlichen Verwaltung beruht, obwohl letztere von der betroffenen Partei zum Tätigwerden aufgefordert wurde.[56]

---

[51] EuGH, Urt. v. 15.12.1994, Rs. C–195/91 P (Bayer AG/Kommission), Slg. 1994, I–5619, Rn. 25 ff.; Urt. v. 23.11.1995, Rs. C–285/93 (Dominikanerinnen-Kloster-Altenhohenau/Hauptzollamt Rosenheim), Slg. 1995, I–4069, Rn. 27; EuG, Urt. v. 29.5.1991, Rs. T–12/90 (Bayer AG/Kommission), Slg. 1991, II–219, Rn. 28.

[52] EuGH, Urt. v. 15.12.1994, Rs. C–195/91 P (Bayer AG/Kommission), Slg. 1994, I–5619, Rn. 31 ff.; Beschl. v. 7.5.1998, Rs. C–239/97 (Irland/Kommission), Slg. 1998, I–2655, Rn. 9; EuG, Urt. v. 29.5.1991, Rs. T–12/90 (Bayer AG/Kommission), Slg. 1991, II–219, Rn. 29.

[53] EuGH, Beschl. v. 5.2.1992, Rs. C–59/91 (Frankreich/Kommission), Slg. 1992, I–525, Rn. 10.

[54] EuGH, Urt. v. 2.3.1967, verb. Rs. 25/65 u. 26/65 (Società Industriale Metallurgica di Napoli u. a./Hohe Behörde der EGKS), Slg. 1967, 42 (56).

[55] EuGH, Urt. v. 9.2.1984, Rs. 284/82 (Acciaierie Ferriere Busseni SpA/Kommission), Slg. 1984, 557, Rn. 11; Beschl. v. 5.3.1993, Rs. C–102/92 (Ferriere Acciaierie Sarde/Kommission), Slg. 1993, I–801, Rn. 20.

[56] EuGH, Urt. v. 18.3.1993, Rs. C–50/92 (Molkerei-Zentrale Süd/BALM), Slg. 1993, I–1035, Rn. 19.

Abschnitt 6
Die Europäische Zentralbank

Artikel 282 AEUV [Aufgaben und Maßnahmen; Rechtspersönlichkeit; Unabhängigkeit; Anhörungsrecht]

(1) [1]Die Europäische Zentralbank und die nationalen Zentralbanken bilden das Europäische System der Zentralbanken (ESZB). [2]Die Europäische Zentralbank und die nationalen Zentralbanken der Mitgliedstaaten, deren Währung der Euro ist, bilden das Eurosystem und betreiben die Währungspolitik der Union.

(2) [1]Das ESZB wird von den Beschlussorganen der Europäischen Zentralbank geleitet. Sein vorrangiges Ziel ist es, die Preisstabilität zu gewährleisten. [2]Unbeschadet dieses Zieles unterstützt es die allgemeine Wirtschaftspolitik in der Union, um zur Verwirklichung ihrer Ziele beizutragen.

(3) [1]Die Europäische Zentralbank besitzt Rechtspersönlichkeit. [2]Sie allein ist befugt, die Ausgabe des Euro zu genehmigen. [3]Sie ist in der Ausübung ihrer Befugnisse und der Verwaltung ihrer Mittel unabhängig. [4]Die Organe, Einrichtungen und sonstigen Stellen der Union sowie die Regierungen der Mitgliedstaaten achten diese Unabhängigkeit.

(4) [1]Die Europäische Zentralbank erlässt die für die Erfüllung ihrer Aufgaben erforderlichen Maßnahmen nach den Artikeln 127 bis 133 und Artikel 138 und nach Maßgabe der Satzung des ESZB und der EZB. [2]Nach diesen Artikeln behalten die Mitgliedstaaten, deren Währung nicht der Euro ist, sowie deren Zentralbanken ihre Zuständigkeiten im Währungsbereich.

(5) Die Europäische Zentralbank wird in den Bereichen, auf die sich ihre Befugnisse erstrecken, zu allen Entwürfen für Rechtsakte der Union sowie zu allen Entwürfen für Rechtsvorschriften auf einzelstaatlicher Ebene gehört und kann Stellungnahmen abgeben.

Literaturübersicht

Dutzler, The European System of Central Banks: an autonomous actor?, 2003; *Gaitanides*, Das Recht der Europäischen Zentralbank, 2005; *dies.*, Die Verfassung für Europa und das Europäische System der Zentralbanken, FS Zuleeg, 2005, S. 550; *Häde*, Die Deutsche Bundesbank in der Europäischen Währungsunion, in: Hahn (Hrsg.), Die Europäische Währung, S. 103; *ders.*, Zur rechtlichen Stellung der Europäischen Zentralbank, WM 2006, 1605; *ders.*, Die Pflicht zur Anhörung der Europäischen Zentralbank nach Art. 105 Abs. 4 EGV, GS Blumenwitz, 2008, S. 1029; *ders.*, Die Wirtschafts- und Währungsunion im Vertrag von Lissabon, EuR 2009, 200; *Hahn*, Der Vertrag von Maastricht als völkerrechtliche Übereinkunft und Verfassung, 1992; *Hahn/Häde*, Währungsrecht, 2. Aufl., 2010; *Krauskopf/Steven*, The institutional framework of the European System of Central Banks: Legal issues in the practice of the first ten years of its existence, CMLRev. 46 (2009), 1143; *Louis*, Monetary policy and central banking in the constitution, in: ECB (Hrsg.) Legal aspects of the European System of Central Banks, 2005, S. 27; *Manger-Nestler*, Par(s) inter pares?, 2008; *Seidel*, Im Kompetenzkonflikt: Europäisches System der Zentralbanken (ESZB) versus EZB, EuZW 2000, 552; *Selmayr*, Die Wirtschafts- und Währungsunion als Rechtsgemeinschaft, AöR 124 (1999), 357; *Smits*, The European Central Bank, 1997; *Torrent*, Whom is the European Central Bank the central bank of?: Reaction to Zilioli and Selmayr, CMLRev. 36 (1999), 1229; *Weber*, Das Europäische System der Zentralbanken, WM 1998, 1465; *ders.*, Die Kompetenzverteilung im Europäischen System der Zentralbanken bei der Festlegung und Durchführung der Geldpolitik, 1995; *Weinbörner*, Die Stellung der Europäischen Zentralbank (EZB) und der nationalen Zentralbanken in der Wirtschafts- und Währungsunion nach dem Vertrag von Maastricht, 1998; *Zilioli/Selmayr*, The Law of the European Central Bank, 2001; *dies.*, The constitutional status of the European Central Bank, CMLRev. 44 (2007), 355; *Zimmermann*, Die nationalen Zentralbanken als Bestandteile des Europäischen Systems der Zentralbanken, 2000. S. auch Kommentierung und Literaturhinweise zu Art. 129 AEUV.

A. Einführung

Die Norm beinhaltet **institutionelle Kernaussagen**[1] zum Aufbau des **ESZB** (Abs. 1, 2) **1**
sowie zu Rechtspersönlichkeit und Befugnissen der **EZB** (Abs. 3 bis 5). Entsprechende
Regelungsinhalte fanden sich bereits in den früheren Art. 105–108 EGV; die heutige
Normstruktur entstammt dem Verfassungsvertrag (Art. I–30).

Der vertraglichen Neukonzeption des Verfassungsvertrags ist auch die Tatsache ge- **2**
schuldet, dass Art. 282 AEUV **überwiegend** Aussagen **wiederholt**, die schon in den
Art. 127 ff. AEUV enthalten sind. **Originäre**, eigenständige **Regelungen** finden sich jedoch bei der **Bestandsgarantie**[2] für die EZB und das ESZB (Abs. 1 Satz 1), in der **Legaldefinition** des **Eurosystem**s (Abs. 1 Satz 2), sowie bei der Positivierung der **Rechtspersönlichkeit** der EZB (Abs. 3). Im Gegensatz zu den Regelungen im Kapitel über die
Währungsunion unterliegt Art. 282 AEUV nicht dem **vereinfachten Vertragsänderungsverfahren**, da Art. 48 Abs. 6 EUV nur auf die Vorschriften des Dritten Teils des AEUV
verweist. Ob die Nichterwähnung in Art. 48 Abs. 6 EUV nur ein redaktioneller Lapsus
des Unionsgesetzgebers ist oder ob dieser damit tatsächlich eine gegenüber Art. 127 ff.
AEUV gesteigerte Änderungsfestigkeit[3] von Art. 282 AEUV zum Ausdruck bringen
wollte, lässt sich anhand der Entstehungsgeschichte nicht endgültig klären.

B. Das Europäische System der Zentralbanken

I. Binnenstruktur

Abs. 1 trifft organisationsrechtliche Aussagen zur **inneren Verfasstheit des Zentralbank- 3
system**s. Bildlich gesprochen trennt die Norm **zwei konzentrische Kreise**: den äußeren
Kreis in Gestalt des ESZB vom inneren Kreis, dem Eurosystem.[4] Dem **ESZB** gehören die
Zentralbanken aller 28 Mitgliedstaaten der Union an (Art. 282 Abs. 1 Satz 1 AEUV).
Entsprechend der in Art. 282 Abs. 2 Satz 2 AEUV enthaltenen **Legaldefinition**[5], die im

---

[1] Ähnlich *Becker*, in: Siekmann, EWU, Art. 282 AEUV, Rn. 8; *Kotzur*, in: Geiger/Khan/Kotzur,
EUV/AEUV, Art. 282 AEUV, Rn. 1.

[2] *Hahn/Häde*, § 16, Rn. 3.

[3] Dafür plädiert *Becker*, in: Siekmann, EWU, Art. 282 AEUV Rn. 10, so auch *Palm*, in: Grabitz/
Hilf/Nettesheim, EU, Art. 282 AEUV (Oktober 2011), Rn. 2.

[4] Vgl. auch *Selmayr*, EnzEuR, Bd. 4, § 23, Rn. 159, der das Eurosystem als »Nucleus« des ESZB
beschreibt.

[5] Dazu und zur Abgrenzung zum ESZB s. *Becker*, in: Siekmann, EWU, Art. 282 AEUV, Rn. 46 ff.

Zuge des Vertrags von Lissabon eingefügt wurde, umfasst das **Eurosystem nur** die **nationalen Zentralbanken** (NZB) der Mitgliedstaaten, die die einheitliche Währung bereits eingeführt haben. Mit Beginn der Endstufe der Wirtschafts- und Währungsunion am 1.1.1999 führten 11 Mitgliedstaaten die Einheitswährung ein; seit dem Beitritts Litauens im Jahr 2015 umfasst die **Eurozone 19 NZB.**[6]

4   Aufgabe des Eurosystems ist es, die Währungspolitik der Union zu betreiben (Art. 282 Abs. 1 Satz 2 AEUV). Dabei fasst die Norm die bereits in Art. 127 Abs. 2 AEUV enthaltenen geld- und währungspolitischen Kompetenzen unter dem **Oberbegriff Währungspolitik** zusammen; inhaltlich ergeben sich dadurch keinerlei Abweichungen,[7] weshalb auf die entsprechende Kommentierung zu Art. 127 AEUV (Rn. 12 ff.) verwiesen sei. Gleichzeitig verdeutlicht Art. 282 Abs. 1 Satz 2 AEUV, dass es sich bei der Währungspolitik nicht um unterschiedliche mitgliedstaatliche Politiken *in* der Union, sondern um eine **einheitliche, weil unionalisierte** Politik und damit ausschließliche Zuständigkeit (Art. 3 Abs. 1 Buchst. c AEUV) auf Unionsebene handelt.[8]

5   Die **EZB** bildet die organschaftliche Verbindung zwischen dem ESZB und dem Eurosystem, denn sie gehört beiden Systemen gleichermaßen an und übernimmt in ihnen jeweils die **innersystemare Leitungsfunktion** (s. Art. 129 AEUV, Rn. 7). Der Wortlaut von **Art. 282 Abs. 2 Satz 1 AEUV** ist insoweit **deckungsgleich** mit dem Inhalt von **Art. 129 Abs. 1 AEUV.** Beide Normen stellen, ebenso wie Art. 8 ESZB-Satzung klar, dass das ESZB von den Beschlussorganen der EZB geleitet wird (s. ausführlich Art. 129 AEUV, Rn. 5). Dem primärrechtlichen Rechtsverständnis entsprechend besitzt das **ESZB keine eigene Rechtspersönlichkeit** und ist damit **kein** eigenes Zuordnungssubjekt im Sinne eines **Unionsorgans** (Art. 13 Abs. 2, 3 EUV).[9]

II. Zielvorgaben

6   **Abs. 2 Satz 2, 3 wiederholen** die in **Art. 127 Abs. 1 AEUV** enthaltenen **Zielvorgaben**, denen zufolge die **Preisstabilität** das vorrangige Ziel des ESZB ist (s. ausführlich Art. 127 AEUV, Rn. 3–9). Die allgemeine Wirtschaftspolitik in der Union darf das ESZB als Sekundärziel nur dann unterstützen, wenn dadurch das Stabilitätsprimat nicht gefährdet wird (s. ausführlich Art. 127 AEUV, Rn. 6–8). Dabei gelten die Zielvorgaben und deren Hierarchie nur für die dem ESZB angehörenden NZB der Euro-Mitgliedstaaten. Für **Mitgliedstaaten mit Ausnahmeregelung** entfaltet Art. 127 AEUV keine Bindungswirkung, wie Art. 139 Abs. 2 Buchst. c AEUV klarstellt. Diese Rechtsfolge muss, entsprechend dem Sinn und Zweck von Art. 139 Abs. 2 auch für Art. 282 AEUV gelten, dessen Nichterwähnung ein redaktionelles Versehen[10] ist.

---

[6] Beschluss des Rates v. 23.7.2014 über die Einführung des Euro in Litauen zum 1.1.2015, ABl. Nr. L 228/29.

[7] *Palm*, in: Grabitz/Hilf/Nettesheim, EU, Art. 282 AEUV (Oktober 2011), Rn. 1, vgl. auch *Rodi*, in: Vedder/Heintschel v. Heinegg, Europäisches Unionsrecht, Art. 282 AEUV, Rn. 8.

[8] *Rodi*, in: Vedder/Heintschel v. Heinegg, Europäisches Unionsrecht, Art. 282 AEUV, Rn. 2; *Selmayr*, EnzEuR, Bd. 4, § 23, Rn. 81 ff.; differenzierend *Kotzur*, in: Geiger/Khan/Kotzur, EUV/AEUV, Art. 282 AEUV, Rn. 3.

[9] Ebenso *Becker*, in: Siekmann, EWU, Art. 282 AEUV, Rn. 36; *Selmayr*, EnzEuR, Bd. 4, § 23, Rn. 150; *Manger-Nestler*, S. 146; *Weber*, WM 1998, 1465. Vgl. auch Kommentierung zu Art. 129 AEUV, Rn. 8. *Seidel*, EuZW 2000, 552, bezeichnet es als »unselbständige zwischenstaatliche Einrichtung«. *Kempen* in: Streinz, EUV/AEUV, Art. 282 AEUV, Rn. 4, spricht von einer »Unionseinrichtung eigener Art«, die mehr sei als eine bloße terminologische Zusammenfassung.

[10] *Dutzler*, S. 23; *Häde*, in: Calliess/Ruffert, Art. 282 AEUV, Rn. 23 ff., insb. 26; dagegen *Palm*, in: Grabitz/Hilf/Nettesheim, EU, Art. 282 AEUV (Oktober 2011), Rn. 28.

C. Rechtsstellung der EZB

I. Rechtspersönlichkeit

Abs. 3 Satz 1, der Art. 107 Abs. 2 EGV wortlautidentisch aufnimmt, stattet die EZB mit   **7**
Rechtspersönlichkeit aus. Die Zentralbank besitzt daher in jedem Mitgliedstaat die juristischen Personen nach dessen Rechtsvorschriften zuerkannte, **weitestgehende Rechts- und Geschäftsfähigkeit**. Dazu zählt insbesondere das Recht, bewegliches und unbewegliches Vermögen zu erwerben und zu veräußern sowie vor Gericht zu stehen (Art. 9.1 ESZB-Satzung). Aus der Zuweisung einer eigenen Rechtspersönlichkeit resultiert zudem die **partikulare Völkerrechtsfähigkeit**[11] der EZB.

Mit der Rechtspersönlichkeit betont Abs. 3 Satz 1 den Charakter der **EZB als Einrich-**   **8**
tung der Union, in deren institutionellen Rahmen die Zentralbank als Organ der Union (Art. 13 Abs. 2, 3 EUV) seit dem Vertrag von Lissabon eingebunden ist.[12] Mit der Vertragsrevision obsolet wurde auch der **frühere Meinungsstreit**[13] über die **Rechtsstellung der EZB** im Säulenmodell nach dem Vertrag von Maastricht: Während ein Teil der Literatur[14] sie als eigenständige supranationale Organisation innerhalb der damaligen EU qualifizierte, ordnete die überwiegende Auffassung[15] die Zentralbank der früheren EG-Säule zu. Da der frühere Art. 7 EGV die EZB nicht dem Katalog der Unionsorgane, sondern einer eigenen primärrechtlichen Norm (Art. 8 EGV) zuwies, besaß die Zentralbank keine organähnliche Stellung,[16] sondern war eine geld- und währungspolitische Institution sui generis.[17] Der EuGH verortete die EZB als Einrichtung der EU, die dem (damaligen Gemeinschafts-, heutigen) Unionsrecht unterworfen ist.[18]

Während der Verfassungsvertrag die **EZB** noch als »sonstiges Organ«[19] qualifizierte,   **9**
verleiht ihr der Vertrag von **Lissabon** eine gleichberechtigte Position innerhalb der sieben regulären **Organe der Union** (Art. 13 Abs. 1 UAbs. 2 EUV, s. Art. 13 EUV, Rn. 13). Mit dem Organstatus verbunden sind primärrechtliche **Loyalitätspflichten** (Art. 13 Abs. 3 EUV, s. Art. 13 EUV, Rn. 17), die gegenüber anderen Unionsorganen bestehen. Diese Verpflichtungen gelten prinzipiell auch für die Zentralbank, können und dürfen aber die besondere, weil primärrechtlich garantierte **unabhängige Stellung** der EZB (Art. 130 sowie Art. 282 Abs. 3 Satz 2, 3 AEUV) im Unionsgefüge **nicht beeinträchtigen.**[20]

---

[11] *Becker*, in: Siekmann, EWU, Art. 282 AEUV, Rn. 122; *Kempen*, in: Streinz, EUV/AEUV, Art. 282 AEUV, Rn. 8; *Kotzur*, in: Geiger/Khan/Kotzur, EUV/AEUV, Art. 282 AEUV, Rn. 7; ausführlich *Selmayr*, EnzEuR, Bd. 4, § 23, Rn. 176 ff. Dagegen *Weber*, WM 1998, 1465 (1471).

[12] Vgl. zum Problem der Kumulation von Organeigenschaft und eigener Rechtspersönlichkeit, *Becker*, in: Siekmann, EWU, Art. 282 AEUV, Rn. 71 ff.

[13] Vgl. ausführlich *Hahn/Häde*, § § 16, Rn. 142 ff.; *Manger-Nestler*, S. 150 ff. Vgl. im Hinblick auf die Folgen für das ESZB *Louis*, S. 27 (34).

[14] *Selmayr*, AöR 124 (1999), 357 (372 f.); *Zilioli/Selmayr*, S. 19; zurückhaltender hingegen *dies.*, CMLRev. 44 (2007), 355 (358 ff.).

[15] *Dutzler*, S. 70; *Gaitanides*, S. 52 ff.; *Häde*, EuZW 1992, 171 (174); *Manger-Nestler*, S. 152; *Smits*, S. 24 f.; *Torrent*, CMLRev. 36 (1999), 1229 (1231); *Weber*, WM 1998, 1465 (1465); *Weinbörner*, S. 386.

[16] *Häde*, WM 2006, 1605 (1612 f.); *Hahn/Häde*, § 16, Rn. 142 m. w. N.; *Weinbörner*, S. 387; *Zimmermann*, S. 18 f.

[17] *Manger-Nestler*, S. 153 ff.

[18] EuGH, Urt. v. 10. 7. 2003, Rs. C–11/00 (Kommission/EZB), Slg. 2003, I–7147, Rn. 92, 135 f.

[19] S. dazu ausführlich *Gaitanides*, FS Zuleeg, 2005, S. 550 ff.; *Manger-Nestler*, S. 322 ff.

[20] So auch *Rodi*, in: Vedder/Heintschel v. Heinegg, Europäisches Unionsrecht, Art. 282 AEUV, Rn. 12.

II. Unabhängigkeit

10 Indem **Abs. 3** die Unabhängigkeit der EZB (Satz 2) sowie deren Achtung durch Union und Mitgliedstaaten (Satz 3) zum Ausdruck bringt, betont die Norm die gegenüber den übrigen Unionsorganen **herausgehobene Position der EZB**. Im Gegensatz zur zentralen Vorschrift des Art. 130, der der EZB eine umfassende Autonomie zusichert (s. Art. 130 AEUV, Rn. 5 ff.), bezieht sich die in Art. 282 Abs. 3 Satz 2 AEUV geregelte Unabhängigkeit nur auf die Ausübung der Befugnisse und die Mittelverwaltung der EZB. Eine inhaltliche Verknappung, die den Regelungsgehalt von Art. 130 AEUV konterkarieren würde, ist daraus indes nicht abzuleiten.[21] Es handelt sich, auch an dieser Stelle, wohl nur um ein Redaktionsversehen, auch wenn der Verfassungskonvent die volle Autonomie mit Nachdruck postuliert hatte.[22] Insofern stehen hinter Art. 282 Abs. 3 Satz 2, 3 AEUV die Grundsätze der institutionellen, funktionellen, persönlichen und finanziellen Unabhängigkeit, die Art. 130 AEUV für die EZB wie für die NZB gewährleistet.[23]

D. Rechtsakte der EZB

11 Indem **Abs. 4 Satz 1** darauf verweist, dass die EZB die zur Aufgabenerfüllung erforderlichen Maßnahmen erlassen darf, umschreibt die Norm die **Rechtsetzungsbefugnisse** der EZB. Dabei resultieren aus der Aufzählung der Normen keine zusätzlichen Kompetenzen der EZB,[24] sondern nur der redundante Verweis auf die Befugnisse, die sich ohnehin insbesondere aus Art. 132 sowie aus den Art. 127 bis 133 und 138 AEUV und der ESZB-Satzung ergeben.

12 Im Sinne eines **währungsrechtlichen Prinzips der begrenzten Ermächtigung**, das den allgemeinen Unionsrechtsgrundsatz (Art. 4 Abs. 1; Art. 5 Abs. 1 EUV) antizipiert, stellt Art. 282 **Abs. 4 Satz 2** AEUV klar, dass die Mitgliedstaaten, die nicht Mitglied der Eurozone sind, ihre währungspolitische Alleinzuständigkeit (vorerst) behalten.

E. Stellungnahme- und Anhörungsrechte

13 In Gestalt von Stellungnahme- und Anhörungsrechten regelt Art. 282 Abs. 5 AEUV **legislative Partizipationsmöglichkeiten** der EZB, die sich auf Rechtsakte der Union sowie auf mitgliedstaatliche Rechtsvorschriften erstrecken. Grenzen und Bedingungen der Befassung der EZB bestimmte der Rat in der Entscheidung (heute: Beschluss, Art. 288 Abs. 4 AEUV) Nr. 98/415/EG vom 29. 6. 1998.

14 Auf den ersten Blick scheint der Regelungsgehalt von Art. 282 Abs. 5 identisch mit Art. 127 Abs. 4 AEUV. Bei genauerem Hinsehen werden allerdings Abweichungen zwischen beiden Normen deutlich. Fraglich ist, inwiefern die Partizipationsrechte der EZB in Bezug auf »Befugnisse« (Art. 282 Abs. 5 AEUV) bzw. ihren »Zuständigkeitsbereich« (Art. 127 Abs. 4 AEUV) unterschiedliche rechtliche Konsequenzen nach sich

---

[21] *Becker*, in: Siekmann, EWU, Art. 282 AEUV, Rn. 74 ff.; *Häde*, in: Calliess/Ruffert, EUV/AEUV, Art. 282 AEUV, Rn. 44, 46; *Krauskopf/Steven*, CMLRev. 46 (2009) 1143 (1150 f.); *Palm*, in: Grabitz/Hilf/Nettesheim, EU, Art. 282 AEUV (Oktober 2011), Rn. 33.
[22] S. ausführlich *Manger-Nestler*, S. 324.
[23] S. zu den einzelnen Ausprägungen ausführlich Kommentierung zu Art. 130 AEUV, Rn. 5 ff.
[24] *Häde*, in: Calliess/Ruffert, EUV/AEUV, Art. 282 AEUV, Rn. 47.

ziehen. Befugnisse eines Organs konkretisieren regelmäßig den der Einrichtung übertragenen Zuständigkeitsbereich, weshalb **Art. 282 Abs. 5 den Regelungsgehalt von
Art. 127 Abs. 4 AEUV präziser wiederholt**.[25] Trotz der theoretisch bestehenden Abgrenzungsprobleme[26] zwischen beiden Vorschriften scheint es praktisch allerdings nur
schwer vorstellbar, dass Art. 282 Abs. 5 inhaltlich weiter reichen könne als Art. 127
Abs. 4 AEUV.[27] Konsequenzen der Verletzung des Anhörungsrechts richten sich, bei
Art. 127 Abs. 4 ebenso wie bei Art. 282 Abs. 5 AEUV, nach allgemeinem Unionsrecht.[28]

---

[25] Ähnlich *Becker*, in: Siekmann, EWU, Art. 282 AEUV, Rn. 136, wonach sich die EZB immer auf
die weiterreichende Vorschrift berufen soll.
[26] Kritisch auch *Häde*, in: Calliess/Ruffert, EUV/AEUV, Art. 282 AEUV, Rn. 49.
[27] Dagegen *Palm*, in: Grabitz/Hilf/Nettesheim, EU, Art. 282 AEUV (Oktober 2011), Rn. 35.
[28] Vgl. näher dazu *Häde*, in: GS Blumenwitz, 2008, S. 1029 ff.

Artikel 283 AEUV [Organstruktur]

(1) Der Rat der Europäischen Zentralbank besteht aus den Mitgliedern des Direktoriums der Europäischen Zentralbank und den Präsidenten der nationalen Zentralbanken der Mitgliedstaaten, deren Währung der Euro ist.

(2) Das Direktorium besteht aus dem Präsidenten, dem Vizepräsidenten und vier weiteren Mitgliedern.

Der Präsident, der Vizepräsident und die weiteren Mitglieder des Direktoriums werden vom Europäischen Rat auf Empfehlung des Rates, der hierzu das Europäische Parlament und den Rat der Europäischen Zentralbank anhört, aus dem Kreis der in Währungs- oder Bankfragen anerkannten und erfahrenen Persönlichkeiten mit qualifizierter Mehrheit ausgewählt und ernannt.

Ihre Amtszeit beträgt acht Jahre; Wiederernennung ist nicht zulässig.

Nur Staatsangehörige der Mitgliedstaaten können Mitglieder des Direktoriums werden.

Literaturübersicht

Allemand, L'audace raisonnée de la réforme de la Banque centrale européene, RMC. 2003, 391; *Angel*, Faut-il réformer le cadre institutionnel de l'Union écnomique et monétaire?, RMC. 2003, 321; *Belke/Baumgärtner*, Die EZB und die Erweiterung – eine ökonomische und rechtliche Kurzanalyse des neuen Rotationsmodells, integration 2004, 75; *ECB* (Hrsg.), Legal aspects of the European System of Central Banks, 2005; *Dutzler*, The European System of Central Banks: An autonomous actor?, 2003; *Gaitanides*, Das Recht der Europäischen Zentralbank, 2005; *Gramlich/Manger-Nestler/Orantek*, Bessere Währungspolitik durch Recht auf freien Zugang zu Informationen bei und von Zentralbanken, FS Hahn, 2007, S. 21; *Groß*, Die Legitimation der polyzentralen EU-Verwaltung, 2015; *Gruber*, Privileges and immunities of the European Central Bank, 2007; *Häde*, Zur Rechtmäßigkeit der Entscheidung über die Wirtschafts- und Währungsunion, JZ 1998, 1088; *ders.*, Der Vertrag von Nizza und die Wirtschafts- und Währungsunion, EWS 2001, 97; *Hahn/Häde*, Währungsrecht, 2. Aufl., 2010; *Herrmann*, Währungshoheit, Währungsverfassung und subjektive Rechte, 2010; *Heun*, Die Europäische Zentralbank in der Europäischen Währungsunion, JZ 1998, 866; *Krauskopf/Steven*, The institutional framework of the European System of Central Banks: Legal issues in the practice of the first ten years of its existence, CMLRev. 46 (2009), 1143; *Lackhoff*, How will the Single Supervisory Mechanism (SSM) function? A brief Overview, JIBLR 2014, 13; *Lehmann/Manger-Nestler*, Einheitlicher Europäischer Aufsichtsmechanismus: Bankenaufsicht durch die EZB, ZBB 2014, 2; *Manger-Nestler*, Par(s) inter pares?, 2008; *dies.*, Die Bankenunion, in: Blanke/Pilz (Hrsg.), Die »Fiskalunion«, 2014, S. 299; *dies./Böttner*, Ménage à trois? – Zur gewandelten Rolle der EZB im Spannungsfeld zwischen Geldpolitik, Finanzaufsicht und Fiskalpolitik, EuR 2014, 621; *Palm*, Preisstabilität in der Europäischen Wirtschafts- und Währungsunion, 2000; *Schütz*, Die Legitimation der Europäischen Zentralbank zur Rechtsetzung, EuR 2011, 291; *Smits*, The European Central Bank: Institutional Aspects, 1997; *Stadler*, Der rechtliche Handlungsspielraum des Europäischen Systems der Zentralbanken, 1996; *van den Berg*, The making of the Statute of the European System of Central Banks, 2004; *Wagner/Grum*, Adjusting ECB decision-making to an enlarged Union, in: ECB (Hrsg.), Legal aspects of the European System of Central Banks, 2005, S. 73; *Weber*, Die Kompetenzverteilung im Europäischen System der Zentralbanken bei der Festlegung und Durchführung der Geldpolitik, 1995; *Zilioli/Selmayr*, The Law of the European Central Bank, 2001; *dies.*, Recent Developments in the Law of the European Central Bank, Yearbook of European Law, 2006, 1; *Zimmermann*, Die nationalen Zentralbanken als Bestandteile des Europäischen Systems der Zentralbanken, 2000.

Leitentscheidung

EuGH, Urt. v. 26.5.2005, Rs. 301/02 P (Tralli/EZB), Slg. 2005, I–4071

Wesentliche sekundärrechtliche Vorschriften

Beschluss der EZB v. 12.10.1999 hinsichtlich der Geschäftsordnung des Direktoriums der EZB (EZB/1999/7), ABl. 1999, L 314/34

Beschluss des Rates in der Zusammensetzung der Staats- und Regierungschefs v. 21.3.2003 über eine Änderung des Artikels 10.2 der Satzung des Europäischen Systems der Zentralbanken und der Europäischen Zentralbank (2003/223/EG), ABl. 2003, L 83/66

Beschluss der EZB v. 19.2.2004 zur Verabschiedung der Geschäftsordnung der Europäischen Zentralbank (EZB/2004/2), ABl. 2004, L 80/33, geändert durch Beschluss v. 22.1.2014 (EZB/2014/1), ABl. 2014, L 95/56

Beschluss der EZB v. 18.12.2008 über die Verschiebung des Beginns des Rotationssystems im EZB-Rat (EZB/2008/29), ABl. 2009, L 3/4

Empfehlung der EZB vom 3.2.2003 für einen Beschluss des Rates über eine Änderung des Artikels 10.2 der Satzung des Europäischen Systems der Zentralbanken und der Europäischen (EZB/2003/1), ABl. 2003, Nr. C 29/6

Verfahrensordnung des Aufsichtsgremiums der EZB v. 1.4.2014, ABl. 2014, L 182/56

Inhaltsübersicht   Rn.

A. Einführung

Die Vorschrift trifft **grundlegende Aussagen** über Zusammensetzung und **Organisationsstruktur** der beiden **Beschlussorgane**[1] der EZB: den **Rat** (Abs. 1) und das **Direktorium** (Abs. 2). Der Rat der Europäischen Zentralbank, in der ansonsten gleichlautenden Vorgängernorm (Art. 112 EGV) noch als EZB-Rat bezeichnet, und das Direktorium **leiten gemeinsam** das **ESZB** (Art. 129 Abs. 1 AEUV).   **1**

In der **ESZB-Satzung**[2] finden sich weitere gremieninterne Regelungen betreffend den Rat (Art. 10) und das Direktorium (Art. 11), die Aufgaben der Beschlussorgane   **2**

---

[1] Solange nicht alle Mitgliedstaaten die gemeinsame Währung eingeführt haben, besteht mit dem Erweiterten Rat (Art. 44 ESZB-Satzung) ein drittes Beschlussorgan.

[2] Die als Protokoll (Nr. 4) beigefügte ESZB-Satzung hat den Rang von Primärrecht (Art. 51 EUV).

(Art. 12), den Präsidenten der EZB (Art. 13) sowie die nationalen Zentralbanken (Art. 14). Einzelheiten zur internen Organisation der EZB und ihrer Beschlussorgane sind in der **Geschäftsordnung**[3] der EZB (Art. 12.3 ESZB-Satzung) geregelt.

B. Der Rat der Europäischen Zentralbank

I. Zusammensetzung und Tagungen

3   Der Rat besteht aus **zwei Gruppen** von Mitgliedern (Art. 10.1 ESZB-Satzung). Die Mitglieder des **Direktoriums** bringen das **supranationale** Element zum Ausdruck, während die **Präsidenten der nationalen Zentralbanken** (NZB) der Euro-Mitgliedstaaten die **föderale** Komponente repräsentieren. Größenmäßig wird der Rat von den NZB-Präsidenten dominiert,[4] deren Anzahl abhängig von der Größe des Eurosystems ist (seit 2015: 19), während die Anzahl der Direktoriumsmitglieder statisch bei sechs liegt.

4   Der Rat tritt mindestens zehnmal im Jahr zu **Tagungen** zusammen (Art. 10.5 ESZB-Satzung; zum Sitzungskalender s. Rn. 18). Die Übernahme der Bankenaufsicht durch die EZB (*Single Supervisory Mechanism*) zum 1. Januar 2015 erforderte, dass geldpolitische und aufsichtsrechtliche Themen in streng getrennten Sitzungen mit separaten Tagesordnungen erörtert werden (s. Rn. 35);[5] diesem Postulat entsprechend wurden die Tagesordnungen angepasst. Darüber hinaus kann der EZB-Präsident Sitzungen auch dann einberufen, wenn er es für erforderlich hält oder mindestens drei Mitglieder darum ersuchen.[6] Die **EZB-Ratsmitglieder** sind bei den Sitzungen **persönlich anwesend** und müssen ihr **Stimmrecht** auch **selbst ausüben** (Art. 10.2 UAbs. 2 S. 1). Ausnahmsweise, z. B. in dringenden Angelegenheiten, kann die Teilnahme auch per Telefonkonferenz (Art. 10.2 UAbs. 2 S. 2 ESZB-Satzung) stattfinden.[7]

5   Während die Aussprachen in den Sitzungen vertraulich sind (Art. 10.4 S. 1 ESZB-Satzung), kann der EZB-Rat beschließen, die Ergebnisse seiner Beratungen zu veröffentlichen (Satz 2). Bei der Entscheidung über die **Veröffentlichung von Beratungsergebnissen** verfügt der **EZB-Rat** über einen weiten **Einschätzungsspielraum** (s. Art. 284 AEUV, Rn. 14). Im (Einzel)Fall muss der Rat ein angemessenes Maß finden zwischen der persönlichen **Unabhängigkeit** der Ratsmitglieder (s. Art. 130 AEUV, Rn. 19 ff.), deren Abstimmungsverhalten besonders bei geldpolitischen Entscheidungen an den Finanzmärkten (fehl)interpretiert werden könnte, **und** der **Informationspflicht** gegenüber der Öffentlichkeit, die eine demokratische Verantwortlichkeit (accountability) zum Ausdruck bringt.[8] Eine Entscheidung des Rates ist nur in engen Grenzen, d. h. im Falle des Ermessensmissbrauchs oder bei willkürlichen Entscheidungen justiabel. Ergänzt wird das Informationsrecht durch Berichts- und Rechenschaftspflichten gegenüber dem Europäischen Rat und dem Parlament (Art. 284 Abs. 3 AEUV, s. Art. 284, Rn. 10 f., 13 ff.; Art. 15 ESZB-Satzung).

---

[3] Beschluss EZB/2004/2 i. d. F. von Beschluss EZB/2014/1; vgl. auch Beschluss EZB/1999/7.
[4] *Herrmann*, S. 229.
[5] Vgl. Art. 25 Abs. 4 S. 2 der VO (EU) 1024/2013, ABl. 2013, L 287/63.
[6] Art. 2.1, 2.2 und 2.3 GO EZB (Beschluss EZB/2004/2 i. d. F. v. Beschluss (EU) 2015/716 der EZB, ABl. 2015, L 114/11).
[7] Art. 2.5 GO-EZB.
[8] *Gramlich/Manger-Nestler/Orantek*, S. 24 ff.; *Hahn/Häde*, § 21, Rn. 9.

II.　Stimmrecht und Beschlussfassung

1.　Grundsatz

Jedes **Mitglied** des EZB-Rates ist **stimmberechtigt** und verfügt im Gremium über **eine** 6
Stimme (Art. 10.2 Satz 1 ESZB-Satzung). Für die Präsidenten der NZB des Eurosystems
kommt damit das Prinzip **one country, one vote** zum Ausdruck, das zwar durch das
Rotationssystem gewisse Modifikationen erfahren hat (s. Rn. 8 ff.), aber als Gegengewicht zum weighted voting (z. B. beim IWF) als ein deutliches Zeichen einer vertieften
währungspolitischen Integration zu interpretieren ist.

　　Eine **Stimmengewichtung**, die das Prinzip der Stimmengleichheit durchbricht, findet 7
nur bei den in Art. 10.3 Satz 1 ESZB-Satzung genannten Beschlüssen statt, die **nicht die**
einheitliche Geldpolitik betreffen. Dazu zählen die Kapitalzeichnung (Art. 28, 29), die
Übertragung von Währungsreserven (Art. 30) sowie die Verteilung von Gewinnen und
Verlusten (Art. 32, 33). In diesen Fällen werden die Stimmen der Präsidenten der nationalen Zentralbanken entsprechend der Anteile der nationalen Zentralbanken am gezeichneten Kapital der EZB gewogen, womit der Anteil jedes Euro-Mitgliedstaates am
gezeichneten Kapital der EZB umschrieben ist (sog. Eurosystem-Kapitalschlüssel)[9]. Die
Stimmen der Direktoriumsmitglieder werden mit Null gewogen (Art. 10.3 S. 2 ESZB-
Satzung), da sie keine Anteilseigner der EZB vertreten können.

2.　Rotationssystem

a)　Entwicklung

Die mit der weitreichendsten aller bisherigen EU-Erweiterungsrunden im Jahre 2004 8
verbundene schrittweise Vergrößerung des Eurosystems erforderte auch politische
Konzepte, um die Handlungs- und Beschlussfähigkeit des EZB-Rates effizient zu gewährleisten.[10] Indes konnten sich die Staats- und Regierungschefs bei den Verhandlungen zum **Vertrag von Nizza** 2001 nicht auf eine Begrenzung der absoluten Mitgliederzahl des EZB-Rates (Art. 112 EGV) einigen. Beschlossen wurde keine weitreichende
Reform, sondern nur die sog. »kleine Lösung«,[11] wonach der damalige Art. 10.6, der
inzwischen durch Art. 40.2 ersetzt wurde, den Rat ermächtigte, die Anzahl und Gewichtung der Stimmrechte im EZB-Rat (Art. 10.2 ESZB-Satzung) anzupassen;[12] eine über
Art. 10.2 ESZB-Satzung hinausgehende Änderung (etwa von Art. 10.3) war von den
Staats- und Regierungschefs bewusst nicht mandatiert worden.[13] Das Rotationssystem in
seiner heutigen Form wurde nach kontroversen Diskussionen außerhalb[14] und innerhalb
der EZB vom EZB-Rat dem Rat vorgeschlagen[15] und von diesem am 31. 3. 2003 beschlossen.[16] Seither enthalten die Sätze 2 und 3 von Art. 10.2 UAbs. 1 ESZB-Satzung

---

[9] *Gruber*, in: GSH, Europäisches Unionsrecht, ESZB/EZB, Art. 29, Rn. 1 ff.

[10] S. dazu ausführlich *Hahn/Häde*, § 16, Rn. 42 ff.

[11] *Häde*, in: Calliess/Ruffert, EUV/AEUV, 4. Aufl. 2011, Art. 283 AEUV, Rn. 5; *Manger-Nestler*,
Par(s) inter pares?, S. 158 ff.

[12] Vgl. ausführlich zu den Hintergründen *Häde*, EWS 2001, 97 (99); *Steven*, in: Siekmann, EWU,
Art. 10 ESZB-Satzung, Rn. 13 ff.

[13] *Krauskopf/Steven*, CMLRev. 46 (2009), 1143 (1162).

[14] Vgl. zur Diskussion weiterer Rotationsmodelle *van den Berg*, S. 465.

[15] Empfehlung der EZB vom 3. 2. 2003 für einen Beschluss des Rates über eine Änderung des
Artikels 10.2 der Satzung des Europäischen Systems der Zentralbanken und der Europäischen Zentralbank (EZB/2003/1), ABl. 2003, Nr. C 29/6.

[16] Beschluss des Rates in der Zusammensetzung der Staats- und Regierungschefs vom 21. 3. 2003

eine Gewichtung der Stimmrechte sowie ein Rotationssystem. Die Regelungen blieben durch den **Vertrag von Lissabon** unverändert. Allerdings wurde der Europäische Rat zum zuständigen Organ, das eine Änderung von Art. 10.2 nunmehr einstimmig beschließen muss (Art. 40.2 ESZB-Satzung; s. Art. 129 AEUV, Rn. 19).

b) Telos und Funktionsweise

9   Der **Zweck** des Rotationssystems besteht darin, einen Ausgleich zwischen der Beschluss- und Funktionsfähigkeit eines vergrößerten EZB-Rates und einer angemessenen Repräsentation aller Mitgliedstaaten des Eurosystems zu schaffen.[17] In die Überlegungen miteinzubeziehen war auch die Frage der Machtbalance zwischen den »eurofreundlichen« Mitgliedern des Direktoriums und einer wachsenden Anzahl von Euro-Mitgliedstaaten, die in Gestalt ihrer Zentralbankpräsidenten eher dazu tendieren, nationale Interessen zu repräsentieren.[18]

10   Der **Anwendungsbereich** des Rotationssystems umfasst alle Beschlüsse des EZB-Rates, die nicht mit gewichteten Stimmen getroffen werden, da sie finanzielle Angelegenheiten des Eurosystems betreffen. Umgekehrt folgt daraus, dass die Rotation bei Beschlüssen nach Art. 10.3 ESZB-Satzung nicht zur Anwendung kommt.

11   Grundlage der **Funktionsweise** des Rotationssystems ist eine **feste Anzahl** von **21 Stimmrechten** im EZB-Rat, die sich in **zwei Gruppen** von Stimmrechten – dauerhafte und rotierende – aufteilen. Während die **sechs Direktoriumsmitglieder** über ein dauerhaftes Stimmrecht verfügen, rotieren die übrigen **15 Stimmrechte** unter den nationalen **Zentralbankpräsidenten**, die zu diesem Zweck in zwei bzw. drei Gruppen eingeteilt werden. Im Gegensatz zu den nationalen Zentralbankpräsidenten verfügen die **Direktoriumsmitglieder** über **dauerhaft**e Stimmrechte, da sie die einzigen Mitglieder des EZB-Rates sind, die auf europäischer Ebene ernannt und ausschließlich im Rahmen des EU-Organs tätig werden.[19] Hinzukommt, dass die Stimme des EZB-Präsidenten bei Stimmengleichheit die ausschlaggebende ist (Art. 10.2 UAbs. 4 ESZB-Satzung).

12   Die **Präsidenten** der teilnehmenden **nationalen Zentralbanken** üben ihr Stimmrecht **unterschiedlich häufig** aus. Die Häufigkeit der Stimmrechtsausübung hängt von der Zugehörigkeit zu einer bestimmten Stimmrechtsgruppe ab. Hintergrund dieser Einteilung ist die Überlegung, dass auch im Falle rotierender Stimmrechte die jeweils stimmberechtigten Zentralbankgouverneure diejenigen Euro-Mitgliedstaaten vertreten, die als repräsentativ für die Wirtschaftsleistung der Eurozone angesehen werden können. Die **Stimmrechtsaufteilung** auf die Gruppen erfolgt jeweils **direkt proportional zur Wirtschaftskraft** der Mitgliedstaaten, womit makroökonomisch bedeutsame Mitgliedstaaten (wie z. B. Deutschland) größeren Einfluss bei Beschlüssen des EZB-Rates gewinnen,[20] da sie häufiger stimmberechtigt sind als die Gouverneure kleinerer Mitgliedsländer. Die **makroökonomische Leistungsfähigkeit** bemisst sich anhand eines Indikators, der wiederum aus zwei Komponenten besteht – dem Anteil eines Mitgliedstaates »am aggre-

---

über eine Änderung des Artikels 10.2 der Satzung des Europäischen Systems der Zentralbanken und der Europäischen Zentralbank (2003/223/EG), ABl. 2003, Nr. L 83/66.

[17] Vgl. auch *Belke/Baumgärtner*, integration 2004, 75 (76 f.); *Koch*, in: Lenz/Borchardt, EU-Verträge, Art. 283 AEUV, Rn. 2.

[18] *Hahn/Häde*, § 16, Rn. 43.

[19] *EZB*, Monatsbericht Mai 2003, Monthly Bulletin May 2003, 83; *Steven*, in: Siekmann, EWU, Art. 10 ESZB-Satzung, Rn. 17.

[20] Vgl. *Allemand*, RMC 2003, 391; *Angel*, RMC 2003, 321 (322 f.); *Hahn/Häde*, § 16, Rn. 40 ff.; *Gaitanides*, S. 94 ff.; *Wagner/Grum*, S. 78 ff.

gierten Bruttoinlandsprodukt zu Marktpreisen und an der gesamten aggregierten Bilanz der monetären Finanzinstitute«, die im Verhältnis von 5/6 zu 1/6 gewichtet werden (Art. 10.2 UAbs. 1, 1. Spiegelstrich, Satz 2 ESZB-Satzung).[21]

Die Einführung des Rotationssystems erfolgt in **zwei Phasen** und führt zur Verteilung **13** der Stimmrechte auf zwei bzw. drei Gruppen. In der **ersten Phase**, d. h. ab einer Größe von **16 bis** einschließlich **21 Euro-Mitgliedstaaten** werden die Zentralbankpräsidenten auf **zwei Gruppen** verteilt (Art. 10.2 UAbs. 1, 1. Spiegelstrich ESZB-Satzung). Die **erste Gruppe** umfasst die fünf Gouverneure, die nach Anwendung des Indikators auf den ersten fünf Positionen liegen; sie verfügen über **vier Stimmen** (Satz 5), was einer Stimmrechtshäufigkeit von 80% entspricht. Die **zweite Gruppe**, die die übrigen elf bis 16 Zentralbankpräsidenten umfasst, verfügt über **11 Stimmrechte** (Satz 5). Zudem dürfen die Mitglieder der zweiten Gruppe nicht häufiger stimmberechtigt sein als die der ersten Gruppe (Satz 4).[22]

In der **zweiten Phase**, d. h. **ab** einer Größe der Eurozone von **22 Mitgliedstaaten** **14** werden die Zentralbankpräsidenten in **drei Gruppen** eingeteilt (Art. 10.2 UAbs. 1, 2. Spiegelstrich ESZB-Satzung). **Keine Änderungen** ergeben sich bei der Zusammensetzung (5 Gouverneure) und den (4) Stimmrechten der **ersten Gruppe**. Die **zweite Gruppe** besteht aus der Hälfte aller Gouverneure, d. h. aus elf bis 14 Mitgliedern bei einer maximalen Größe der Eurozone von 27 Staaten; sie teilen sich **acht Stimmrechte**.[23] Die **dritte Gruppe** setzt sich zusammen aus den übrigen Zentralbankpräsidenten, d. h. aus sechs bis acht Mitgliedern bei 27 Mitgliedstaaten; diese Gruppe vereint **drei Stimmrechte** auf sich.[24]

Die Größe bzw. Zusammensetzung der jeweiligen Gruppe muss immer dann **angepasst** werden, wenn sich die Einflussgrößen des Indikators verändern. Turnusmäßig geschieht dies alle fünf Jahre[25] oder wenn ein EU-Mitgliedstaat in die Eurozone aufgenommen wird.

Die **nicht stimmberechtigten Mitglieder** behalten weiterhin ihr Teilnahme- und Mit- **15** spracherecht an den Sitzungen des EZB-Rates. Aufgrund dessen können sie ihre Meinung in den Sitzungen kundtun; wenn jedoch ein Beschluss gefasst wird, bleibt ihre Stimme ohne Zählung. In bestimmten Fällen, etwa bei Stellungnahme des EZB-Rates zum Entwurf eines nationalen Gesetzes, wäre es jedoch sinnvoll, eine Äußerung eines nicht stimmberechtigten EZB-Ratsmitglieds aus dem betroffenen Land zumindest zu berücksichtigen. Hintergrund ist, dass das betroffene EZB-Ratsmitglied in der Regel nationale Gegebenheiten und Hintergründe sachkundiger kennt, weshalb diese besondere Expertise ernst genommen werden sollte.[26]

c) Inkrafttreten
Mit dem Beitritt Lettlands[27] zur Eurozone am 1. 1. 2014 hatte der 18. Mitgliedstaat die **16** gemeinsame Währung eingeführt, womit die rechtlichen Voraussetzungen für den Be-

---

[21] Vgl. zur Angemessenheit der Indikatoren und des Verhältnisses zueinander *Krauskopf/Steven*, CMLRev. 46 (2009), 1143 (1165).

[22] Vgl. zu dieser Fallgestaltung *Steven*, in: Siekmann, EWU, Art. 10 ESZB-Satzung, Rn. 20.

[23] Vgl. zu den Abstimmungshäufigkeiten *EZB*, Monatsbericht Mai 2003, 79 (85).

[24] *EZB*, Monatsbericht Mai 2003, 79 (85).

[25] *Steven*, in: Siekmann, EWU, Art. 10 ESZB-Satzung, Rn. 20.

[26] Dafür plädiert auch *Steven*, in: Siekmann, EWU, Art. 10 ESZB-Satzung, Rn. 37.

[27] Beschluss des Rates vom 9. 7. 2013 über die Einführung des Euro in Lettland am 1. Januar 2014 (2013/387/EU), ABl. 2013, L 195/24.

ginn der Rotation vorgelegen hätten. Allerdings verschob der EZB-Rat per Beschluss[28] (EZB/2008/29) im Dezember 2008 den Beginn des Rotationssystems zunächst auf den Zeitpunkt,[29] zu dem mehr als 18 NZB-Präsidenten im EZB-Rat sitzen und dieser damit vorübergehend insgesamt 24 stimmberechtigte Mitglieder hatte.[30] Da eine erneute Änderung von Art. 10.2 ESZB-Satzung von den EU-Organen nicht mehr beschlossen wurde, konnte mit dem Beitritt des nächsten Mitgliedstaates zur Eurozone die erste Stufe der Rotation (zwei Gruppen) in Kraft treten. Da Litauen als 19. Mitgliedstaat zum 1.1.2015 die Gemeinschaftswährung einführte,[31] begann zum gleichen Zeitpunkt das Rotationsmodell.

Seit Beginn des Rotationsmodells zählen zu den fünf Mitgliedern der ersten Gruppe, die sich insgesamt vier Stimmrechte teilen, Deutschland, Frankreich, Italien, Spanien und die Niederlande. Die zweite Gruppe, die über 11 Stimmrechte verfügt, bilden die restlichen Euro-Mitgliedstaaten (Belgien, Estland, Finnland, Griechenland, Irland, Lettland, Litauen, Luxemburg, Malta, Österreich, Portugal, Slowakei, Slowenien und Zypern).[32]

d) Durchführungsbestimmungen und Stimmrechtskalender

17 Die zur Durchführung des Rotationssystems notwendigen Maßnahmen beschließt der EZB-Rat mit einer Mehrheit von zwei Dritteln seiner stimmberechtigten und nicht stimmberechtigten Mitglieder (Art. 10.2 UAbs. 1, 6. Spiegelstrich).[33]

18 Um auf die organisatorischen Anforderungen des Rotationssystems zu reagieren, änderte der EZB-Rat bereits 2009 die Geschäftsordnung[34] durch Einfügen des neuen Artikels 3a. Entsprechend ihrer Geschäftsordnung[35] veröffentlichte die EZB **im Vorhinein** für die Jahre 2015 und 2016 einen **Stimmrechtskalender**, der sowohl den monatlichen Turnus der Rotation[36] als auch – zusammen mit dem Sitzungskalender des EZB-Rates – die Liste der jeweils stimmberechtigten Mitglieder enthält; letztere ist auch auf der Website der EZB einsehbar.[37] Die Veröffentlichung dieser Informationen, die in regelmäßigen Abständen aktualisiert werden, zeugt von einem Höchstmaß an **Transparenz** gegenüber den Märkten und der Öffentlichkeit. Dies ist zu begrüßen, gleichzeitig aber auch unumgänglich, um die komplexe Struktur des Rotationsmodells verständlich zu kommunizieren und somit die Funktionsweise des neuen Abstimmungsmodus zu sichern.

---

[28] Beschluss der EZB vom 18.12.2008 über die Verschiebung des Beginns des Rotationssystems im EZB-Rat (EZB/2008/29), ABl. 2009, L 3/4.

[29] Zu den Gründen *Hahn/Häde*, § 16, Rn. 57 f.; *Krauskopf/Steven*, CMLRev. 46 (2009), 1143 (1157).

[30] Vgl. *ECB*, Monthly Bulletin July 2009, 91.

[31] Beschluss des Rates vom 23.7.2014 über die Einführung des Euro in Litauen zum 1. Januar 2015, ABl. 2014, L 228/29.

[32] Vgl. die Tabelle auf der Website der EZB: https://www.ecb.europa.eu/ecb/orga/decisions/govc/html/votingrights.de.html.

[33] *Zilioli/Gruber*, in: GSH, Europäisches Unionsrecht, ESZB/EZB, Art. 10, Rn. 21.

[34] Vgl. die Ausführungsbestimmungen in der Geschäftsordnung der EZB (Beschluss EZB/2004/2 i.d.F. von Beschluss EZB/2014/1), dessen Art. 2 am 1.1.2015 in Kraft trat.

[35] Art. 3a Abs. 6 GO-EZB.

[36] Vgl. EZB, Monatsbericht Juli 2009, 101 (105 – Abbildung B).

[37] Vgl. zur Rotation der Stimmrechte im EZB-Rat die Website der EZB:http://www.ecb.europa.eu/ecb/orga/decisions/govc/html/votingrights.de.html.

e) Bewertung

Wagt man eine Bewertung des Rotationssystems, muss diese anhand der Argumentati-   **19**
onslinien stattfinden, die der EZB-Rat im Vorfeld der Entscheidung über das Modell
propagierte.[38] In erster Linie stellt sich die Frage, ob die Rotation noch mit dem Grundsatz one country, one vote vereinbar ist. Der Grundsatz gilt nur noch eingeschränkt, da
er nur auf die jeweils stimmberechtigten Mitglieder angewendet wird; insofern könnte
man von der Modifikation[39] oder Neuinterpretation[40] im Sinne eines Prinzips »**ein
stimmberechtigtes Mitglied, eine Stimme**« sprechen. Da im Gegensatz zum Direktorium, das durch das ständige Stimmrecht gestärkt wurde,[41] nicht alle Ratsmitglieder ständig stimmberechtigt sind, wird für diese über die Gruppenzugehörigkeit und Stimmrechtshäufigkeit gewissermaßen auch eine Gewichtung der Stimmen eingeführt.[42] Hingegen besitzt der **Grundsatz der persönlichen Anwesenheit** (Rn. 4) nach wie vor
uneingeschränkte Gültigkeit.

Mit Blick auf eine ausgewogene **Repräsentation** müssten die stimmberechtigten NZB-
Präsidenten in den Gruppen jeweils repräsentativ für die Volkswirtschaft der Eurozone
sein, wofür insbesondere das Bruttoinlandsprodukt ein geeigneter Maßstab ist.[43] Die
nationalen Zentralbankpräsidenten aus den größeren Mitgliedstaaten sind häufiger
stimmberechtigt als die aus kleineren Staaten. Dies belegt die prozentuale Abstim-
mungshäufigkeit, die für die erste Gruppe konstant bei 80 % liegt, während der zahlenmäßige Anteil der NZB-Präsidenten an den Stimmrechten der zweiten – und insb. ab der
2. Stufe – der dritten Gruppe immer kleiner wird.[44] Während die großen und wirtschaftlich prosperierenden Mitgliedstaaten daher eher einen Bedeutungszuwachs erfahren,[45]
besteht für die wirtschaftlich schwachen oder kleineren Mitgliedstaaten die Gefahr einer
unausgewogenen Repräsentation. Die Gefahr eines Einflussverlusts auf die gemeinsame
Geldpolitik, die insbesondere für wirtschaftlich bedeutsame Staaten wie Deutschland
und Frankreich gesehen wurde, wird durch einen weiteren Umstand gemildert, der
indes kaum Gegenstand der öffentlichen Diskussion ist. Gekoppelt wurde das Rotationsmodell mit einer **Veränderung der Sitzungspraxis**, genauer einer Verlängerung der
turnusmäßgen Abstimmung des EZB-Rates über geldpolitische Entscheidungen. Während bis 2015 einmal monatlich (typischerweise in der ersten der beiden monatlichen
Sitzungen) über geldpolitische Fragen beschlossen wurde, entscheidet der EZB-Rat seit
Beginn der Rotation **nur noch im Rhythmus von 6 Wochen** über geldpolitische Themen,
wie aus dem veröffentlichten Sitzungskalender hervorgeht.[46] Insgesamt stärkt diese
modifizierte Verfahrensweise die Kontinuität geldpolitischer Entscheidungen, auch weil
somit die Rotation auf die Abstimmungsteilnehmer geringeren Einfluss hat.

Betrachtet man schließlich die **Kontinuität und Transparenz** des gewählten Rotati-   **20**
onsmodells, ist zumindest bis zur Anzahl von 27 Mitgliedstaaten die Funktionsweise

---

[38] Empfehlung der EZB (EZB/2003/1); vgl. zu Details *Zilioli/Gruber*, in: GSH, Europäisches Unionsrecht, ESZB/EZB, Art. 10, Rn. 19.

[39] *Zilioli/Gruber*, in: GSH, Europäisches Unionsrecht, ESZB/EZB, Art. 10, Rn. 22.

[40] *Steven*, in: Siekmann, EWU, Art. 10 ESZB-Satzung, Rn. 23; *Wagner/Grum*, S. 86.

[41] *Zilioli/Selmayr*, Yearbook of European Law, 2006, 1 (54 f.).

[42] *Steven*, in: Siekmann, EWU, Art. 10 ESZB-Satzung, Rn. 21; *Wagner/Grum*, S. 60.

[43] Steven, in: Siekmann, EWU, Art. 10 ESZB-Satzung, Rn. 23.

[44] *Hahn/Häde*, Währungsrecht, § 16, Rn. 61 f.

[45] So auch *Zilioli/Selmayr*, Yearbook of European Law, 2006, 1 (53).

[46] Vgl. Kalender für die Sitzungen des EZB-Rates auf Website der EZB:http://www.ecb.europa.eu/
press/calendars/mgcgc/html/index.en.html.

explizit primärrechtlich verankert. Diese Rechtssicherheit wird unterstützt durch transparente Durchführungsbestimmungen,[47] die dazu angetan sind, der zugegebenermaßen komplexen und verschachtelten Regelung des Art. 10.2. UAbs. 1 ESZB-Satzung zu einer praktikablen Anwendung zu verhelfen. Durch die Kombination der gewählten Rotationsrate mit einem kurzen einmonatigen Rotationszeitraum wird einerseits Kontinuität in der Zusammensetzung der stimmberechtigten Mitglieder erreicht und andererseits vermieden, dass ein Zentralbankpräsident einen übermäßig langen Zeitraum über kein Stimmrecht verfügt. Beide Aspekte sind für ein reibungsloses Beschlussfassungsverfahren von Bedeutung.[48]

3. Beschlussfassung

21   Der EZB-Rat beschließt im **Grundsatz** mit der **einfachen Mehrheit** seiner (infolge der Rotation) stimmberechtigten Mitglieder (Art. 10.2 UAbs. 4 ESZB-Satzung), sofern die Beschlüsse nicht den Sonderregelungen der Art. 10.3 sowie Art. 40.2 ESZB-Satzung unterfallen und einstimmig vom EZB-Rat getroffen werden.[49] Mit der Entscheidung für die einfache Mehrheit als Regelfall sollte verhindert werden, dass sich die Zentralbankgouverneure im Falle der Stimmengewichtung zu sehr an nationalen Interessen orientieren.[50] Zudem könne eine einfache Mehrheit geldpolitische Entscheidungen, die teilweise unter Zeitdruck getroffen werden müssen, effektiver herbeiführen als qualifizierte Mehrheiten.[51] Seit Inkrafttreten der Rotation am 1.1.2015 werden demnach bei Beschlüssen die NZB-Präsidenten, die kein Stimmrecht ausüben, nicht für die Berechnung von Beschlussfähigkeit und -mehrheit gezählt (Art. 10.2 Abs. 4 und 5 der Satzung). Bei Stimmengleichheit gibt die Stimme des Präsidenten den Ausschlag (Art. 10.2 UAbs. 4 ESZB-Satzung), womit einmal mehr die herausgehobene Rolle des EZB-Präsidenten (s. Rn. 30) verdeutlicht wird.

III.   Verhältnis von EZB-Rat und Direktorium

22   Während der Rat als zentrales Beschlussorgan der EZB (»Regierung«,[52] »supreme decision-making body«[53]) fungiert, übernimmt das Direktorium vorwiegend Exekutivaufgaben.[54] Zwischen beiden Organen besteht ein »institutionsinternes Gleichgewichts- und Kontrollverhältnis«.[55] Der **Rat** besitzt **gegenüber** dem **Direktorium** eine **übergeordnete Position**.[56] Dies folgt, formalrechtlich gesehen, nicht ohne weiteres aus dem AEUV, ergibt sich aber unzweifelhaft aus der Regelungssystematik der UAbs. 1 und 2 von Art. 12 ESZB-Satzung, die u.a. das Recht des EZB-Rates vorsehen, dem Direktorium

---

[47] Ebenso *Zilioli/Gruber*, in: GSH, Europäisches Unionsrecht, ESZB/EZB, Art. 10, Rn. 22.

[48] *EZB*, Monatsbericht Juli 2009, 101 (110).

[49] Unter Verweis auf die nicht abschließende Aufzählung *Steven*, in: Siekmann, EWU, Art. 10 ESZB-Satzung, Rn. 11 sowie Rn. 49.

[50] *Van den Berg*, S. 411 ff.

[51] *Zilioli/Gruber*, in: GSH, Europäisches Unionsrecht, ESZB/EZB, Art. 10, Rn. 9.

[52] *Rodi*, in: Vedder/Heintschel v. Heinegg, Europäisches Unionsrecht, Art. 283 AEUV, Rn. 1.

[53] *Krauskopf/Steven*, CMLRev. 46 (2009), 1143, (1153); *Smits*, S. 95.

[54] *Steven*, in: Siekmann, EWU, Art. 283 AEUV, Rn. 7; *Zimmermann*, S. 26.

[55] *Groß*, S. 51.

[56] Ebenso *Häde*, in: Calliess/Ruffert, EUV/AEUV, Art. 283 AEUV, Rn. 1 f.; *Herrmann*, S. 229 f.; *Kempen*, in: Streinz, EUV/AEUV, Art. 283 AEUV, Rn. 8 (»keine formale Hierarchie«); *Palm*, in: Grabitz/Hilf/Nettesheim, EU, Art. 283 AEUV (Oktober 2011), Rn. 4, 21 f.; gegen eine strikte Hierarchie *Kotzur*, in: Geiger/Khan/Kotzur, EUV/AEUV, Art. 283 AEUV, Rn. 2.

ausgewählte Befugnisse zu übertragen (s. Rn. 24). Gemindert wird die generelle Nach-
ordnung des Direktoriums dadurch, dass die Direktoriumsmitglieder auch in ihrer Funktion als Mitglieder des EZB-Rates handeln und in geld- und währungspolitischen Fragen
mit abstimmen.

IV. Aufgaben

Die mit Abstand wichtigste Aufgabe des Rates besteht in der **Festlegung** der einheitli-   23
chen **Geldpolitik** des Eurosystems, die als Aufgabe des ESZB bereits in Art. 127 Abs. 2,
1. Gedstr. AEUV genannt ist; auf die entsprechende Kommentierung wird verwiesen (s.
Art. 127, Rn. 12 ff.). Zu den monetären Maßnahmen des EZB-Rates zählen Entscheidungen über geldpolitische Zwischenziele, Leitzinssätze und den Einsatz des geldpolitischen Instrumentariums (Art. 17 ff. ESZB-Satzung) sowie die Bereitstellung von Zen-
tralbankgeld im ESZB (Art. 12.1 UAbs. 1 Satz 2 ESZB-Satzung).

Als **Hauptbeschlussorgan** der EZB stehen dem Rat eine Reihe von **Rechtsetzungs-**   24
befugnissen zur Seite.[57] Zu den wichtigsten **Legislativrechten** des Rates zählen der Erlass
von sekundärrechtlichen Rechtsakten (Art. 132 Abs. 1 AEUV, s. Art. 132, Rn. 3 ff.)
sowie von Leitlinien, die die Aufgabenerfüllung im ESZB gewährleisten (Art. 12.1
UAbs. 1 Satz 1 ESZB-Satzung). Der Rat beschließt auch die Geschäftsordnung (s. Rn. 2)
der EZB. Per Beschluss kann der Rat ausgewählte, d. h. inhaltlich »genau umgrenzte Aus-
oder Durchführungsbefugnisse«,[58] z. B. bei der Personalverwaltung, auf das Direktorium (Art. 12.1 UAbs. 2 Satz 3 ESZB-Satzung) übertragen, darf sich dabei aber selbst
nicht »kompetenzlos machen«.[59]

Der Rat nimmt zudem **beratende Funktionen** wahr (Art. 12.4 i. V. m. Art. 4 ESZB-   25
Satzung), d. h. er ist zuständig, wenn die EZB zu Vorschlägen oder Entwürfen angehört
wird, beispielsweise im Rahmen von Art. 127 Abs. 4 (s. Art. 127, Rn. 41–48) oder
Art. 219 (s. Art. 219, Rn. 21) AEUV. Soweit dem ESZB **Aufgaben im Rahmen der in-**
ternationalen Zusammenarbeit übertragen sind, trifft der EZB-Rat die entsprechenden
Beschlüsse (Entscheidungen, Art. 12.5), wozu beispielsweise die Teilnahme an internationalen Währungseinrichtungen (Art. 6.2 ESZB-Satzung) zählt.

C. Das EZB-Direktorium

I. Zusammensetzung, Amtszeit und Auswahlkriterien

Das **sechsköpfige** Direktorium der EZB besteht aus dem Präsidenten, dem Vizepräsi-   26
denten sowie vier weiteren Mitgliedern, die ähnlich wie die Kommission als Kollegialorgan zusammenarbeiten.[60] Alle Mitglieder werden vom Europäischen Rat und auf
Empfehlung des ECOFIN-Rates nach Anhörung des Europäischen Parlaments sowie des
EZB-Rates mit qualifizierter Mehrheit ausgewählt und ernannt. Dabei sind nur diejе-
nigen Staats- und Regierungschefs stimmberechtigt, die einen Euro-Mitgliedstaat ver-

---

[57] *Selmayr*, EnzEuR, Bd. 4, § 23, Rn. 204: »währungspolitische Legislative«; Schütz, EuR 2001,
291 (294): »›Legislative‹ des ESZB und insoweit dem Ministerrat vergleichbar«.
[58] EuGH, Urt. v. 26. 5. 2005, Rs. C–301/02 P (Tralli/EZB), Slg. 2005, I–4071 (4072).
[59] Vgl. zur Reichweite möglicher Kompetenzübertragungen, *Hahn/Häde*, § 16, Rn. 29 ff.
[60] *Selmayr*, EnzEuR, Bd. 4, § 23, Rn. 203; *Palm*, in: Grabitz/Hilf/Nettesheim, EU, Art. 283 AEUV
(Oktober 2011), Rn. 20.

treten (Art. 283 Abs. 2 UAbs. 2 i. V. m. Art. 139 Abs. 2 lit. h AEUV). Alle Mitglieder des Direktoriums sind **hauptamtlich** tätig und dürfen nur nach Zustimmung des EZB-Rates ausnahmsweise einer anderen entgeltlichen oder unentgeltlichen Beschäftigung nachgehen (Art. 11.1 Satz 2, 3 ESZB-Satzung).[61]

27   Die **Amtszeit** der Mitglieder des Direktoriums ist auf acht Jahre begrenzt; die wiederholte Ernennung, auch in anderen Funktionen innerhalb des Direktoriums,[62] ist nicht zulässig (Art. 283 Abs. 2 UAbs. 3 AEUV). Im Übrigen endet die Amtszeit nur durch Tod oder Rücktritt. Sofern Direktoriumsmitglieder die Voraussetzungen für die Amtsausübung nicht mehr erfüllen oder eine schwere Verfehlung begehen, können sie im Wege eines Amtsenthebungsverfahrens abgesetzt werden (Art. 11.4 ESZB-Satzung). Die Entscheidung über die **Amtsenthebung** wird auf Antrag des EZB-Rates oder des Direktoriums vom EuGH getroffen, womit ein hoher Grad an persönlicher Unabhängigkeit garantiert wird.[63]

28   Als Direktoriumsmitglieder ernannt werden können **nur Staatsangehörige der Mitgliedstaaten** des Eurosystems (Art. 11.2 UAbs. 3 ESZB-Satzung). Unionsbürger aus Mitgliedstaaten mit Ausnahmeregelung (Art. 139 ff.) sind präkludiert;[64] dies folgt aus dem Telos von Art. 283 Abs. 1 AEUV sowie der Systematik von Art. 139 Abs. 2 UAbs. 1 Buchst. h, UAbs. 2; Abs. 3 AEUV.[65]

29   Bei seiner **Auswahl** hat der Europäische Rat Persönlichkeiten zu wählen, die in Währungs- und Bankfragen anerkannt und erfahren sind. Das Europäische Parlament und der EZB-Rat haben ein Anhörungs-, aber kein Vetorecht; die Entscheidung über die Auswahl trifft allein der Europäische Rat mit qualifizierter Mehrheit (Art. 11.2 UAbs. 1 ESZB-Satzung), wodurch die materiellen Auswahlvoraussetzungen zumindest einer gewissen verfahrensrechtlichen Kontrolle unterliegen.[66] Vor dem Hintergrund der politischen Querelen um die erstmalige Ernennung des EZB-Präsidenten (s. Rn. 31) verhindert die qualifizierte Mehrheit auch, dass einzelne Mitgliedstaaten die Ernennung des Präsidenten sowie weiterer Direktoriumsmitglieder im Europäischen Rat blockieren.[67] Allerdings ist der weite **Beurteilungsspielraum des Rates** kaum bzw. erst im Nachhinein **justitiabel**.[68] Erfüllt ein Direktoriumsmitglied die Voraussetzungen für die Ausübung seines Amtes nicht mehr, kann es nur durch den Gerichtshof seines Amtes enthoben werden (Art. 11.4 ESZB-Satzung).

---

[61] Zum diplomatischen Status der Direktoriumsmitglieder, vgl. *Gruber*, S. 29 ff.

[62] *Häde*, in: Calliess/Ruffert, EUV/AEUV, Art. 283 AEUV, Rn. 10.

[63] *Dutzler*, S. 16, spricht von »höchstem Grad persönlicher Unabhängigkeit«; *Groß*, S. 51; *Weber*, S. 67 f.

[64] So auch *Häde*, in: Calliess/Ruffert, EUV/AEUV, Art. 283 AEUV, Rn. 9; allerdings ohne Begründung *Kempen*, in: Streinz, EUV/AEUV, Art. 283 AEUV, Rn. 12; *Palm*, in: Grabitz/Hilf/Nettesheim, EU, Art. 283 AEUV (Oktober 2011), Rn. 19; *Rodi*, in: Vedder/Heintschel v. Heinegg, Europäisches Unionsrecht, Art. 283 AEUV, Rn. 4.

[65] *Steven*, in: Siekmann, EWU, Art. 283 AEUV, Rn. 9; *Selmayr*, EnzEuR, Bd. 4, § 23, Rn. 196.

[66] *Heun*, JZ 1998, 866 (867 f.); *Palm*, in: Grabitz/Hilf/Nettesheim, EU, Art. 283 AEUV (Oktober 2011), Rn. 18.

[67] Ausführlich *Häde*, JZ 1998, 1088 (1092 f.); *Häde*, in: Calliess/Ruffert, EUV/AEUV, Art. 283 AEUV, Rn. 8; *Kempen*, in: Streinz, EUV/AEUV, Art. 283 AEUV, Rn. 10.

[68] Ebenso *Häde*, in: Calliess/Ruffert, EUV/AEUV, Art. 283 AEUV, Rn. 8 (»kaum justitiabel«); *Kempen*, in: Streinz, EUV/AEUV, Art. 283 AEUV, Rn. 10 (»nicht justitiabel«); einschränkend hingegen *Stadler*, S. 140 f.

II. Der Präsident der Europäischen Zentralbank

Der Präsident der EZB besitzt eine **herausgehobene Stellung**, ohne dabei aber ein vier-   **30**
tes Organ[69] der EZB zu sein. Er führt den Vorsitz in Rat und Direktorium (Art. 13.1) und
ist höchster Repräsentant der EZB (Art. 13.2 ESZB-Satzung). Bei Stimmengleichheit im
Rat gibt seine Stimme den Ausschlag (Art. 10.2 UAbs. 4 Satz 2 ESZB-Satzung).

Die im Zuge der Ernennung des ersten Präsidenten der EZB, *Wim Duisenberg*, im   **31**
Europäischen Rat getroffene **Absprache über die »freiwillige« Verkürzung der Amtszeit
des Präsidenten** entfaltete keine rechtliche Bindungswirkung.[70] Die Amtszeit des EZB-
Präsidenten ist primärrechtlich eindeutig festgelegt, ein freiwilliger Amtsverzicht während der Amtszeit jederzeit möglich.[71] Eine politische Absichtserklärung als Bedingung
des Amtsantritts steht indes nicht im Ermessen der Mitgliedstaaten, sondern stellt einen
Verstoß gegen die Unabhängigkeit (Art. 130 Satz 1 Hs. 2 AEUV) dar.

III. Aufgaben

1. Durchführung der laufenden Geschäfte

Gemeinsam mit dem Rat ist dem Direktorium die **Leitung** des ESZB übertragen   **32**
(Art. 129 Abs. 1 AEUV). Entsprechend der internen Aufgabenverteilung zwischen Rat
und Direktorium soll der EZB-Rat die strategischen Leitentscheidungen, insbesondere
zur Geldpolitik treffen, während das Direktorium als **Exekutivorgan** für die **Durchführung der laufenden Geschäfte** zuständig ist (Art. 11.6. ESZB-Satzung).[72] Die begrifflich
weit auszulegende[73] Wahrnehmung laufender Geschäfte gehört zu den üblichen Befugnissen von Verwaltungseinheiten[74] und umfasst neben der Vorbereitung der Sitzungen
des EZB-Rates (Art. 12.2) insbesondere die Ausführung der einheitlichen Geldpolitik
gemäß Leitlinien und Beschlüssen des EZB-Rates (Art. 12.1 UAbs. 2 ESZB-Satzung).
Hinzu zählen auch die **intern**e Leitung sämtlicher Arbeitseinheiten der EZB,[75] die Festlegung der internen Organisationsstruktur[76] und der Erlass interner Organisationsvor-
schriften[77] sowie die **extern**e Geschäftsführung, sofern es sich um Geschäfte der laufenden Verwaltung handelt.[78] Schließlich kann das Direktorium Befugnisse wahrnehmen,
die ihm vom EZB-Rat übertragen werden (Art. 12.1 UAbs. 2 Satz 3) und hat den Jahresabschluss der EZB sowie die konsolidierte Bilanz des Eurosystems zu erstellen
(Art. 26.2. und Art. 26.3. ESZB-Satzung). In diesem Zusammenhang ist dem Direk-

---

[69] *Hahn/Häde*, § 16, Rn. 84.
[70] Ebenso *Häde*, JZ 1998, 1088 (1092 f.); *Kempen*, in: Streinz, EUV/AEUV, Art. 283 AEUV,
Rn. 16; *Potacs*, in: Schwarze, EU-Kommentar, Art. 283 AEUV, Rn. 4 (»unionsrechtlich bedenklich«);
Steven, in: Siekmann, EWU, Art. 283 AEUV, Rn. 17 (»nicht mit dem Vertrag vereinbar«).
[71] Darauf verweist *Palm*, in: Grabitz/Hilf/Nettesheim, EU, Art. 283 AEUV (Oktober 2011),
Rn. 32.
[72] Vgl. *Selmayr*, EnzEuR, Bd. 4, § 23, Rn. 195: »währungspolitische Exekutive«; *Zimmermann*,
S. 26: »Geschäftsführungsorgan und Vollzugsorgan« der EZB.
[73] *Zilioli/Selmayr*, The law of the European Central Bank, S. 84.
[74] *Steven*, in: Siekmann, EWU, Art. 11 ESZB-Satzung Rn. 22.
[75] Vgl. Art. 10.2 Geschäftsordnung EZB.
[76] Vgl. Art. 10.1 Geschäftsordnung EZB.
[77] Vgl. Art. 11.2 Geschäftsordnung EZB.
[78] Einzelheiten bei *Zilioli/Gruber*, in: GSH, Europäisches Unionsrecht, ESZB/EZB, Art. 11 Rn. 15;
Steven, in: Siekmann, EWU, Art. 11 ESZB-Satzung Rn. 22.

torium ein **Weisungsrecht** (Art. 12.1 UAbs. 2 Satz 2 ESZB-Satzung) gegenüber den nationalen Zentralbanken übertragen.[79]

2. Verhältnis zu den nationalen Zentralbanken

33   Von den laufenden Geschäften abzugrenzen sind die täglichen Geschäfte, die regelmäßig den nationalen Zentralbanken übertragen sind (Art. 14.3 ESZB-Satzung). Das Direktorium steht damit gewissermaßen als **exekutives Bindeglied** zwischen dem EZB-Rat und den nationalen Zentralbanken. Bei der Ausführung der einheitlichen Geldpolitik gemäß Leitlinien und Beschlüssen des EZB-Rates (Art. 12.1 UAbs. 2 ESZB-Satzung) verfügt das Direktorium über ein konkret-generelles **Weisungsrecht** (Art. 12.1 UAbs. 2 Satz 2 ESZB-Satzung), vermöge dessen die nationalen Zentralbanken in Einzelfällen rechtsverbindlich zu einem bestimmten Handeln oder Unterlassen angewiesen werden können.[80] Weisungen des Direktoriums müssen inhaltlich kongruent mit den abstrakt-generellen Leitlinien des EZB-Rates sein, auf dessen Grundlage sie ergehen, und dürfen im Verhältnis zu den nationalen Zentralbanken nur unter dem Vorbehalt der »Erforderlichkeit« (Art. 12.1 UAbs. 2 S. 2 ESZB-Satzung) erlassen werden. Weisungen sind grundsätzlich gerichtlich überprüfbar, wenngleich der Gerichtshof den weiten diskretionären Spielraums des Direktoriums zu respektieren hat.[81]

D.   Die Präsidenten der nationalen Zentralbanken

34   Neben den Direktoriumsmitgliedern repräsentieren die NZB-Präsidenten der Euro-Mitgliedstaaten die Mitglieder des EZB-Rates. Handeln die Zentralbankpräsidenten als Mitglieder des EZB-Rates, sind sie Teil eines Unionsorgans (Art. 13 Abs. 1, 3 EUV).[82] Werden sie im Rahmen anderer Aufgaben außerhalb des ESZB tätig (Art. 14.4 ESZB-Satzung), fungieren sie als Leiter einer nationalen Institution. Diese **Doppelstellung** ähnelt der Rolle der Vertreter der Mitgliedstaaten im Rat, unterscheidet sich jedoch durch die Weisungsunabhängigkeit (Art. 130 AEUV), die für die nationalen Zentralbanken (und deren Präsidenten) in gleichem Maße wie für die EZB ab dem Zeitpunkt der Zugehörigkeit zum Eurosystem gilt (Art. 131 AEUV i. V. m. Art. 14.1 ESZB-Satzung). Die ESZB-Satzung legt zudem eine unionsrechtliche Untergrenze der Amtszeit des NZB-Präsidenten von mindestens fünf Jahren fest (Art. 14.2 UAbs. 1); weitere Vorgaben, insbesondere eine Wiederernennungssperre fehlen hingegen.[83] Geregelt werden zudem die Voraussetzungen eines möglichen Amtsenthebungsverfahrens sowie die Voraussetzungen, unter denen eine derartige nationale Entscheidung vor dem Gerichtshof überprüfbar ist (Art. 14.2 UAbs. 2 ESZB-Satzung). Als **Einrichtungen der Mitgliedstaaten**[84] unterliegen die nationalen Zentralbanken im Übrigen der (Verfassungs-)Gesetzgebung des jeweiligen Mitgliedstaates.

---

[79] Zur Kompetenzverteilung *Stadler*, S. 153 ff.; *Weber*, S. 168 ff.

[80] Ausführlich *Manger-Nestler*, Par(s) inter pares?, S. 291 ff.; *Hahn/Häde*, S. 195 ff.

[81] *Manger-Nestler*, Par(s) inter pares?, S. 293 f.

[82] *Häde*, in: Calliess/Ruffert, EUV/AEUV, Art. 283 AEUV, Rn. 14.

[83] *Häde*, in: Calliess/Ruffert, EUV/AEUV, Art. 283 AEUV, Rn. 15. Zum diplomatischen Status des EZB-Präsidenten sowie des NZB-Personals bei der Wahrnehmung von ESZB-Aufgaben, vgl. *Gruber*, S. 29 ff.

[84] *Griller*, in: Grabitz/Hilf/Nettesheim, EU, Art. 131 AEUV (Mai 2013), Rn. 10; *Manger-Nestler*, S. 192 ff.; *Weber*, S. 53 ff.

E. Aufsichtsgremium für die Bankenaufsicht

Im Zuge der Errichtung der »Bankenunion« wurden der EZB nach Art. 127 Abs. 6   **35**
AEUV wichtige Aufgaben bei der Aufsicht über Kreditinstitute im Rahmen des Einheit-
lichen Aufsichtsmechanismus[85] (single supervisory mechanism, SSM) überantwortet (s.
Art. 127 AEUV Rn. 52 ff.). Um Aufsichtsaufgaben inhaltlich wie institutionell von der
geldpolitischen Tätigkeit der Zentralbank zu trennen, wurde bei der EZB ein separates
Aufsichtsgremium (supervisory board)[86] als internes Organ der EZB eingerichtet, dessen
Zuständigkeit sich nur auf die Planung und Ausführung der Aufsichtsaufgaben erstreckt.[87] Das supervisory board setzt sich zusammen aus dem Vorsitzenden, seinem
Stellvertreter, vier vom EZB-Rat ernannten Vertretern der EZB und jeweils einem Vertreter der nationalen Aufsichtsbehörden. Um Interessenskonflikte zwischen Geldpolitik und Bankenaufsicht auszuschließen,[88] dürfen die EZB-Vertreter keinerlei geldpolitische Funktionen ausüben.[89] Eine Beschlussvorlage des Aufsichtsgremiums gilt als angenommen, wenn ihr der EZB-Rat nicht widerspricht. Die Letztentscheidungsbefugnis
in aufsichtsrechtlichen Fragen verbleibt demnach beim EZB-Rat als einem der beiden
primärrechtlich exklusiv vorgesehenen (Art. 129 Abs. 1 AEUV) Beschlussorgane der
EZB, ist jedoch auf ein Vetorecht[90] beschränkt. Als systeminterne Revisionsinstanz wird
ein administrativer Überprüfungsausschuss (administrative board of review) eingerichtet, dessen Aufgabe darin besteht, die formelle und materielle Rechtmäßigkeit der Beschlüsse der EZB am Maßstab der VO (EU) Nr. 1024/2013 zu überprüfen.

---

[85] Zur Struktur des SSM und des supervisory boards bei der EZB vgl. *Manger-Nestler*, 2014,
S. 318 ff.
[86] Art. 26 VO (EU) Nr. 1024/2013; vgl. auch Kapitel IVa der Geschäftsordnung der EZB.
[87] Ausführlich zur Struktur *Lehmann/Manger-Nestler*, ZBB 2014, 2 (11); vgl. auch *Groß*, S. 54 f.
[88] Zu möglichen Konfliktszenarien *Manger-Nestler/Böttner*, EuR 2014, 621.
[89] Art. 25 UAbs. 2 S. 1, 2 VO (EU) Nr. 1024/2013; vgl. *Lehmann/Manger-Nestler*, ZBB 2014, 2
(11).
[90] *Groß*, S. 55

Artikel 284 AEUV [Teilnahmerechte; Jahresbericht]

(1) Der Präsident des Rates und ein Mitglied der Kommission können ohne Stimmrecht an den Sitzungen des Rates der Europäischen Zentralbank teilnehmen.

Der Präsident des Rates kann dem Rat der Europäischen Zentralbank einen Antrag zur Beratung vorlegen.

(2) Der Präsident der Europäischen Zentralbank wird zur Teilnahme an den Tagungen des Rates eingeladen, wenn dieser Fragen im Zusammenhang mit den Zielen und Aufgaben des ESZB erörtert.

(3) ¹Die Europäische Zentralbank unterbreitet dem Europäischen Parlament, dem Rat und der Kommission sowie auch dem Europäischen Rat einen Jahresbericht über die Tätigkeit des ESZB und die Geld- und Währungspolitik im vergangenen und im laufenden Jahr. ²Der Präsident der Europäischen Zentralbank legt den Bericht dem Rat und dem Europäischen Parlament vor, das auf dieser Grundlage eine allgemeine Aussprache durchführen kann.

Der Präsident der Europäischen Zentralbank und die anderen Mitglieder des Direktoriums können auf Ersuchen des Europäischen Parlaments oder auf ihre Initiative hin von den zuständigen Ausschüssen des Europäischen Parlaments gehört werden.

Literaturübersicht

Amtenbrink, The Democratic Accountability of Central Banks, 1999; *Amtenbrink/van Duin*, The European Central Bank before the European Parliament: theory and practice after 10 years of monetary dialogue, E. L.Rev. 34 (2009), 561; *Dziechciarz*, Rechtliche Integration der nationalen Zentralbanken in das Europäische System der Zentralbanken und in das Eurosystem, 2008; *Gaitanides*, Das Recht der Europäischen Zentralbank: Unabhängigkeit und Kooperation in der Europäischen Währungsunion, 2005; *Gramlich/Manger-Nestler*, Währungsrechtliche Aspekte des Reformprojekts »Europäische Verfassung«, ZfgK 2005, 40; *Gramlich/Manger-Nestler/Orantek*, Bessere Währungspolitik durch Recht auf freien Zugang zu Informationen bei und von Zentralbanken?, in: Gramlich/Häde/Weber/Zehetner (Hrsg.), Juristische Wechselreden, 2007, S. 21; *Groß*, Die Legitimation der polyzentralen EU-Verwaltung, 2015; *Hahn*, Rechenschaftspflichtigkeit der Europäischen Zentralbank?, FS Schiedermair, 2001, S. 749; *Hahn/Häde*, Währungsrecht, 2. Aufl., 2010; *Louis*, The Economic and Monetary Union: Law and Institutions, CMLRev. 41 (2004), 575; *Magnette*, Towards »Accountable Independence«? – Parliamentary Controls of the European Central Bank and the Rise of a New Democratic Model, E. L.Rev. 25 (2000), 326; *Manger-Nestler/Böttner*, Ménage à trois? – Zur gewandelten Rolle der EZB im Spannungsfeld zwischen Geldpolitik, Finanzaufsicht und Fiskalpolitik, EuR 2014, 621; *Martucci*, Le rôle du Parlement européen dans la quête de légitimité démocratique de la Banque centrale européenne – dialogue monétaire et »accountabilité deliberative« CDE 2003, 549; *Reumann*, Die Europäische Zentralbank: Zwischen Selbstbestimmung und vertragsmäßiger Zusammenarbeit mit der Gemeinschaft, 2001; *Smits*, The European Central Bank: Institutional Aspects, 1997; *Stadler*, Der rechtliche Handlungsspielraum des Europäischen Systems der Zentralbanken, 1996; *Weikart*, Der Vertrag von Maastricht und das Grundgesetz, RiA 1993, 1; *Zilioli*, Accountability and Independance: Irreconcilable Values or Complementary Instruments for Democracy? The Specific Case of the European Central Bank, FS Jean-Victor Louis, 2003, S. 395; *dies./Selmayr*, The Law of the European Central Bank, 2001.

Leitentscheidungen

EuG, Urt. v. 14.2.2001, Rs. T–3/00 (Pitsiorlas/Rat und EZB), Slg. 2001, II–717
EuG, Urt. v. 27.11.2007, verb. Rs. T–3/00 u. T–337/04 (Pitsiorlas/Rat und EZB), Slg. 2007, II–4779
EuGH, Beschl. v. 3.7.2008, Rs. C–84/08 P (Pitsiorlas/Rat und EZB), Slg. I–104
EuG, Urt. v. 29.11.2012, Rs. T–590/10 (Thesing und Bloomberg Finance LP), ECLI:EU:C:2013:744

Wesentliche sekundärrechtliche Vorschriften

Verordnung (EU) Nr. 1024/2013 des Rates vom 15. 10. 2013 zur Übertragung besonderer Aufgaben im Zusammenhang mit der Aufsicht über Kreditinstitute auf die Europäische Zentralbank, ABl. 2013, L 287/63
Beschluss der EZB vom 4.3.2004 über den Zugang der Öffentlichkeit zu Dokumenten der EZB (EZB/2004/3), ABl. 2004, L 80/42, geändert durch Beschluss v. 9.5.2011 (EZB/2011/6), ABl. 2011, L 158/37
Beschluss der EZB vom 19.2.2004 zur Verabschiedung der Geschäftsordnung der EZB (EZB/2004/2), ABl. 2004, Nr. L 80/33, geändert durch Beschluss (EU) 2015/716 der EZB vom 12.2.2015, ABl. 1015, L 114/11

Inhaltsübersicht   Rn.

A. Einführung

I. Überblick

Als **zentrale Vorschrift** institutionalisiert Art. 284 AEUV, ebenso wie der frühere Art. 113 EGV, die Zusammenarbeit zwischen der EZB und anderen Organen der EU[1] und statuiert wechselseitige Berichtspflichten. Ergänzt wird Art. 284 AEUV durch **Art. 15 ESZB-Satzung**, der periodische Informations- und Berichtspflichten weiter ausformt (s. Rn. 12 ff.). Darüber hinausgehende, und de facto umfangreiche, **informelle Kontakte**[2] zwischen EZB und Einrichtungen von Union und Mitgliedstaaten sind primärrechtlich nicht ausgeschlossen. **1**

II. Normzweck

Die Norm dient dazu, Transparenz in Form von Verantwortlichkeit qua Rechenschaftspflichten und Kontrolle von EZB und ESZB zu garantieren. Dies gilt sowohl innerhalb des Unionsgefüges, sprich in Beziehung zu den EU-Organen, als auch im Verhältnis zu **2**

---

[1] Vgl. *Reumann*, S. 104 ff.
[2] *Becker*, in: Siekmann, EWU, Art. 284 AEUV, Rn. 48; *Häde*, in: Calliess/Ruffert, EUV/AEUV, Art. 284 AEUV, Rn. 2; *Smits*, S. 171 f.

Öffentlichkeit und Märkten. Zugleich wird der Stellenwert einer auf Transparenz ausgerichteten Kommunikation(spolitik) der EZB primärrechtlich abgesichert.[3] Schließlich bilden die Rechenschaftspflichten ein wichtiges Korrelat zur Unabhängigkeit (Art. 130 AEUV/Art. 7 ESZB-Satzung), indem sie der Autonomie klare Grenzen setzen.[4] Auch wenn die Transparenzpflichten das strukturelle Legitimationsdefizit der EZB nicht kompensieren können,[5] vermögen sie es doch abzumildern und formulieren einen wichtigen Eckpfeiler der demokratischen Legitimation der EZB. Gerade weil im Falle der Nichterfüllung von Berichtspflichten die EZB keinerlei förmliche Reaktionen oder Sanktionen treffen, müssen die Anforderungen an eine verantwortungsbewusste und transparente accountability[6] präzise und klar sein. Nur so können sich Unabhängigkeit und Transparenz wechselseitig ergänzen und die Verantwortlichkeit gegenüber der Öffentlichkeit erhöhen,[7] wodurch die fehlende parlamentarische Kontrolle der EZB ein Stück weit aufgewogen werden kann.

B.   Beziehungen der EZB zu anderen Organen der EU

3   Art. 284 AEUV verfolgt das Ziel, den **wechselseitigen Informationsaustausch** zwischen EZB und Unionsorganen durch **Kooperationsrechte** und die **Pflicht zur verantwortungsvollen Berichterstattung** zu formalisieren. Aus Sicht der EZB stärken die Rechte und Pflichten die **demokratische Legitimation**, denn sie gewährleisten ex post eine öffentliche Überprüfung des Handelns **der Zentralbank**.[8]

4   Gleichzeitig bewirkt die organisatorische Einbindung der EZB in das Unionsgefüge (Art. 13 Abs. 1, 2 EUV, s. Art. 13, Rn. 13) einen gewissen gesellschaftlich-politischen Druck. Diesem kann die EZB nur standhalten, wenn sie sich strikt am vorgegebenen **Ziel**, der Preisstabilität (s. Art. 127 AEUV, Rn. 3–5), orientiert[9] und bei der zielbezogenen Aufgabenerfüllung ihre **Unabhängigkeit** (Art. 130 AEUV) als modus operandi wahrt. Beide Elemente formulieren daher **absolute Grenzen** des zulässigen Ausmaßes der Beziehungen zwischen der EZB und anderen Unionsorganen.[10] Eine **Pflicht**[11] der EZB zu harmonischen Beziehungen oder gar **Einigkeit** mit anderen Unionsorganen besteht allerdings nicht.[12] Umgekehrt besitzen auch die Unionsorgane das Recht, das Handeln der EZB kontrovers zu diskutieren und kritische Stellungnahmen argumentativ zu begründen.[13] Die von Art. 284 Abs. 1 AEUV bezweckte ausgleichende Meinungsbil-

---

[3] *Siekmann*, in: Siekmann, EWU, Art. 15 ESZB-Satzung Rn. 2.

[4] *Häde*, in: Calliess/Ruffert, EUV/AEUV, Art. 284 AEUV, Rn. 2.

[5] *Amtenbrink/van Duin*, E.L.Rev. 34 (2009), 561 (563); *Siekmann*, in: Siekmann, EWU, Art. 15 ESZB-Satzung Rn. 3.

[6] *Smits*, S. 174; *Zilioli/Selmayr*, S. 49.

[7] *Siekmann*, in: Siekmann, EWU, Art. 15 ESZB-Satzung Rn. 3; *Zilioli*, S. 395 (399 f.).

[8] *Becker*, in: Siekmann, EWU, Art. 284 AEUV, Rn. 42, sieht darin einen unionseigenen »Output-Legitimationsstrang«; *Kempen*, in: Streinz, EUV/AEUV, Art. 284 AEUV, Rn. 1; vgl. ausführlich zum Spannungsverhältnis zwischen Demokratie und Unabhängigkeit *Gaitanides*, S. 199 ff.

[9] Vgl. ausführlich *Amtenbrink*, S. 15 ff.; *Magnette*, E.L.Rev. 25 (2000), 326 (327 ff.).

[10] Jeweils nur mit Bezug auf die Unabhängigkeit *Palm*, in: Grabitz/Hilf/Nettesheim, EU, Art. 284 AEUV (Oktober 2011), Rn. 11; *Zilioli*, in: GSH, Europäisches Unionsrecht, Art. 284 AEUV, Rn. 5.

[11] Insofern kritisch zur Loyalitätspflicht (Art. 13 Abs. 2 EUV) *Gramlich/Manger-Nestler*, ZfgK 2005, 40 (42).

[12] *Hahn/Häde*, § 21, Rn. 22, betonen, dass es »kein Harmoniegebot« gibt.

[13] *Becker*, in: Siekmann, EWU, Art. 284 AEUV, Rn. 19; *Palm*, in: Grabitz/Hilf/Nettesheim, EU,

dung[14] kann dabei nicht verhindern, dass ein Spannungsfeld zwischen zulässiger Überzeugungsarbeit und **unzulässiger Beeinflussung**[15] entsteht. Die Norm ist verletzt, wenn einzelne Mitglieder der EZB persönlich **bedroht** werden oder **Druck** in Gestalt von **konkreten Weisungen oder Sanktionen ausgeübt** wird.[16]

I. Teilnahmerechte an Sitzungen des EZB-Rates

Art. 284 **Abs. 1** AEUV, der dem früheren § 13 Abs. 2 BBankG nachgebildet ist,[17] gewährt zwei Unionsvertretern **Teilnahme- und Mitberatungsrechte** bei Sitzungen des EZB-Rates; dies gilt nicht für die Direktoriumssitzungen.[18]   5

Der **Präsident des (ECOFIN-)Rates**[19] sowie ein Mitglied der Kommission besitzen   6
jeweils ein **Teilnahme- und Rederecht**, jedoch **kein Stimmrecht** bei den Ratssitzungen (Art. 284 Abs. 1 Satz 1 AEUV).[20] Im Gegensatz zum Kommissionsmitglied ist dem **Ratspräsidenten** ein **Antragsrecht** (Art. 284 Abs. 1 Satz 2 AEUV) vorbehalten, mit dessen Hilfe er in begrenztem[21] Umfang Einfluss auf die Geschäftsordnung und den Sitzungsablauf nehmen kann.[22] Umgekehrt folgt daraus, dass dem teilnahmeberechtigten **Kommissionsvertreter** nur ein **Rederecht** eingeräumt ist.[23]

II. Einladung des EZB-Präsidenten zu Ratstagungen

Spiegelbildlich zu den Teilnahmerechten der Unionsvertreter (Abs. 1) verpflichtet   7
Art. 284 **Abs. 2** AEUV den Rat, den EZB-Präsidenten zu **Tagungen des Rates** einzuladen. Für **Kommissionssitzungen** ist ein solches Recht **nicht** vorgesehen.[24] Der EZB-Präsident hat jedoch nur dann einen **Anspruch auf Einladung**, wenn der Rat »**Fragen im Zusammenhang mit den Zielen und Aufgaben des ESZB**« erörtert. Dabei ist der Begriff des »Zusammenhangs« weit auszulegen. Dafür sprechen nicht nur der Zweck eines umfassenden gegenseitigen Informationsaustauschs,[25] sondern auch die wechselseitigen Abhängigkeiten von Wirtschafts- und Währungspolitik.[26] Währungspolitische Beratungsgegenstände erfordern daher kein Initiativrecht der EZB gemäß Art. 5 der Ge-

---

Art. 284 AEUV (Oktober 2011), Rn. 6; *Smits*, S. 172; einschränkend *Häde*, in: Calliess/Ruffert, EUV/AEUV, Art. 284 AEUV, Rn. 9 (»parlamentarische Kritik«).

[14] *Becker*, in: Siekmann, EWU, Art. 284 AEUV, Rn. 22; *Gaitanides*, S. 74; *Smits*, S. 171 ff.

[15] *Siekmann*, in: Siekmann, EWU, Art. 130, Rn. 97 f.; a. A. *Dziechciarz*, S. 77.

[16] *Gaitanides*, S. 74, lässt die bloße Androhung von Sanktionen genügen; *Palm*, in: Grabitz/Hilf/Nettesheim, EU, Art. 284 AEUV (Oktober 2011), Rn. 10, betont den Gesichtspunkt des »Schutzadressaten«; *Stadler*, S. 124, 161, verlangt »Druckmittel« oder »Manipulation(en)«.

[17] *Hahn*, JZ 1999, 957 (959); *Hahn/Häde*, § 21, Rn. 15.

[18] *Hahn/Häde*, § 21, Rn. 14.

[19] *Becker*, in: Siekmann, EWU, Art. 284 AEUV, Rn. 13; *Smits*, S. 170.

[20] *Becker*, in: Siekmann, EWU, Art. 284 AEUV, Rn. 16; *Häde*, in: Calliess/Ruffert, EUV/AEUV, Art. 284 AEUV, Rn. 3; *Kempen*, in: Streinz, EUV/AEUV, Art. 284 AEUV, Rn. 4; *Palm*, in: Grabitz/Hilf/Nettesheim, EU, Art. 284 AEUV (Oktober 2011), Rn. 10; *Stadler*, S. 160.

[21] *Becker*, in: Siekmann, EWU, Art. 284 AEUV, Rn. 16.

[22] *Kempen*, in: Streinz, EUV/AEUV, Art. 284 AEUV, Rn. 4; *Smits*, S. 171.

[23] *Gaitanides*, S. 73; *Hahn/Häde*, § 21, Rn. 16.

[24] Für ein solches Teilnahmerecht *Hahn*, S. 755; *Smits*, S. 174.

[25] *Becker*, in: Siekmann, EWU, Art. 284 AEUV, Rn. 26.

[26] So auch *Zilioli*, in: GSH, Europäisches Unionsrecht, Art. 284 AEUV, Rn. 10 f. unter Hinweis auf die historischen Erfahrungen.

schäftsordnung des Rates[27], da die engere Regelung der Geschäftsordnung aufgrund der Normenhierarchie hinter Art. 284 Abs. 2 AEUV zurücktritt.[28]

8   Damit der EZB-Präsident sein Teilnahmerecht ausüben kann, setzt Art. 284 Abs. 2 AEUV eine **Einladung** des Rates voraus[29]. Der Anspruch auf Einladung ist im Wege der Untätigkeitsklage (Art. 265 AEUV) durchsetzbar.[30] Umgekehrt kann der Rat die Teilnahme des EZB-Präsidenten **nicht erzwingen**, da die Einladung keine Erscheinenspflicht auslöst.[31]

9   Das dem EZB-Präsidenten eingeräumte Recht zur Teilnahme impliziert ein **Rede- und Mitberatungsrecht**.[32] Parallel zum Begriffsverständnis in Art. 284 Abs. 1 AEUV (s. Rn. 5) folgt daraus jedoch **kein Stimmrecht**. Kommt ein Rechtsakt ohne Stellungnahme des EZB-Präsidenten zustande, kann dies im Wege der **Nichtigkeitsklage** (Art. 263 AEUV) gerügt werden.[33]

III. Europäisches Parlament

10   Abgesehen von den Anhörungsrechten der EZB bei der Rechtsetzung (Art. 127 Abs. 4 AEUV, s. Art. 127, Rn. 43–47) prägen **Berichtspflichten** (Art. 284 Abs. 3 AEUV) die Beziehungen zwischen Parlament und EZB.[34] Auf Grundlage des EZB-Jahresberichts ist die Tätigkeit der EZB mindestens einmal jährlich Gegenstand einer allgemeinen Parlamentsdebatte (Art. 284 Abs. 3 UAbs. 1 Satz 2 AEUV). Art. 284 Abs. 3 UAbs. 2 AEUV **institutionalisiert** den **Meinungs- und Informationsaustausch** durch das wechselseitige Recht von Parlament und EZB, Anhörungen des EZB-Präsidenten sowie der Direktoriumsmitglieder in den zuständigen Parlamentsausschüssen zu veranlassen. Unabhängig davon kann sich das Parlament aus eigener Initiative mit dem ESZB befassen, beispielsweise durch Einsetzung eines Untersuchungsausschusses (Art. 226 AEUV), aufgrund von Petitionen[35] (Art. 227 AEUV) oder durch schriftliche Anfragen[36] an die EZB.

11   Die **Ausspracherechte** des Parlaments müssen sich am **Verbot der unzulässigen Einflussnahme** messen lassen. Kontroverse Aussprachen in den Parlamentsausschüssen verstoßen aber ebenso wenig gegen den Unabhängigkeitsmaßstab aus Art. 130 Satz 2 AEUV wie kritische Stellungnahmen und Resolutionen des Plenums, die Anregungen und unverbindliche Vorschläge enthalten.[37]

---

[27] Beschluss des Rates vom 1. Dezember 2009 zur Annahme seiner Geschäftsordnung (2009/937/EU), ABl. 2009, L 325/35.

[28] *Häde*, in: Calliess/Ruffert, EUV/AEUV, Art. 284 AEUV, Rn. 5; *Hahn/Häde*, § 21, Rn. 17 f.; *Palm*, in: Grabitz/Hilf/Nettesheim, EU, Art. 284 AEUV (Oktober 2011), Rn. 12; dagegen *Becker*, in: Siekmann, EWU, Art. 284 AEUV, Rn. 26.

[29] So auch *Kempen*, in: Streinz, EUV/AEUV, Art. 284 AEUV, Rn. 5, Fn. 4; *Stadler*, S. 160.

[30] *Becker*, in: Siekmann, EWU, Art. 284 AEUV, Rn. 26.

[31] So auch *Becker*, in: Siekmann, EWU, Art. 284 AEUV, Rn. 27; *Häde*, in: Calliess/Ruffert, EUV/AEUV, Art. 284 AEUV, Rn. 4. Für eine Erscheinenspflicht, allerdings im Rahmen vernünftiger Terminplanung *Louis*, CMLRev. 41 (2004), 575 (595).

[32] *Kempen*, in: Streinz, EUV/AEUV, Art. 284 AEUV, Rn. 5.

[33] Ebenso *Häde*, in: Calliess/Ruffert, EUV/AEUV, Art. 284 AEUV, Rn. 6; *Palm*, in: Grabitz/Hilf/Nettesheim, EU, Art. 284 AEUV (Oktober 2011), Rn. 12.

[34] Vgl. ausführlich *Amtenbrink/van Duin*, E.L.Rev. 34 (2009), 561; *Hahn*, S. 765 ff.; *Magnette*, E.L.Rev. 25 (2000), 326; *Martucci*, CDE 2003, 549.

[35] Vgl. *Weikart*, RiA 1993, 1 (10).

[36] Grundlage bildet Art. 118 GO-EP. Vgl. dazu *Groß*, S. 124 f.

[37] *Häde*, in: Calliess/Ruffert, EUV/AEUV, Art. 284 AEUV, Rn. 9 ff.; *Kempen*, in: Streinz, EUV/AEUV, Art. 284 AEUV, Rn. 7.

C. Verhältnis des ESZB zu den Mitgliedstaaten

Aus der währungspolitischen Alleinverantwortung für die Eurozone folgt, dass die **EZB**   **12**
im Verhältnis zu den Mitgliedstaaten nicht rechenschaftspflichtig ist; das gilt sowohl
gegenüber den Regierungen als auch den nationalen Parlamenten,[38] wenngleich
Art. 284 hierzu keinerlei Vorgaben enthält. Jedoch lässt sich aus Art. 130 AEUV ableiten, dass jegliche Weisungen seitens der politischen Akteure der **Mitgliedstaaten im**
Verhältnis zur EZB als auch **zu den nationalen Zentralbanken** unzulässig sind (s.
Art. 130 AEUV, Rn. 12–15). Das bedeutet kein völliges Kontaktverbot, sondern erlaubt einen aktiven, im nationalen Recht verankerten Dialog, der die Unabhängigkeit
der jeweiligen nationalen Zentralbank angemessen respektiert.[39]

D. Berichterstattungspflichten

I. Umfang

1. Berichte

Einzelheiten der periodischen Informations- und Berichtspflichten sind in **Art. 15**   **13**
ESZB-Satzung geregelt. Die Vorschrift unterscheidet zwischen **Vierteljahresbericht**en
(Art. 15.1) und **Jahresbericht**en (Art. 15.3 ESZB-Satzung), die auch in Art. 284 Abs. 3
UAbs. 1 S. 1 AEUV genannt sind, sowie konsolidierten **Wochenausweis**en des Eurosystems (Art. 15.2 ESZB-Satzung). Alle Informationen werden **kostenlos** zur Verfügung
gestellt (Art. 15.4 ESZB-Satzung). Dadurch soll sowohl den Märkten und einem interessierten Fachpublikum als auch der breiten Öffentlichkeit ein besseres Verständnis von
und für Währungspolitik sowie der ihr zugrundeliegenden Erwägungen ermöglicht werden.[40]

2. Sonstiges Informationsangebot

Das **tatsächliche Informationsangebot**[41] der EZB, das ebenfalls größtenteils kostenlos   **14**
bereitgestellt wird,[42] vor allem aber elektronisch zugänglich ist (http://www.ecb.int),[43]
geht **weit über das primärrechtlich geforderte Maß** hinaus. An den **überobligationsmä-**
ßigen Informationsangeboten (insbesondere Monatsberichte, Pressekonferenzen) wird
deutlich, dass die EZB Kommunikationspolitik »lebt«, sprich besonders ernst nimmt,
indem sie ihr die fundamentale Bedeutung einräumt, die der Unionsgesetzgeber vor
Augen hatte.

---

[38] *Hahn/Häde*, § 21, Rn. 38.
[39] Einzelheiten finden sich im Konvergenzbericht des Europäischen Währungsinstituts (EWI),
März 1998, S. 309 f.; vgl. ausführlich *Hahn/Häde*, § 21, Rn. 41 ff.; *Dziechciarz*, S. 79, jedenfalls bei
systemexternen Aufgaben.
[40] *Zilioli/Urban*, in: GSH, Europäisches Unionsrecht, ESZB/EZB, Art. 15 Rn. 2.
[41] Ausführlich *Hahn/Häde*, § 21, Rn. 5 f.
[42] Inwieweit eine diesbezügliche Rechtspflicht besteht, ist strittig, vgl. *Siekmann*, in: Siekmann,
EWU, Art. 15 ESZB-Satzung Rn. 22.
[43] Einzelheiten bei *Zilioli/Urban*, in: GSH, Europäisches Unionsrecht, ESZB/EZB, Art. 15 Rn. 6.

3. Pressekonferenzen

15 Neben zahlreichen öffentlichen Vorträgen der Direktoriumsmitglieder als Informationsangebote zu erwähnen sind auch die monatlichen **Pressekonferenzen**, die jeweils nach der ersten Sitzung des EZB-Rates stattfinden. Im Rahmen dessen informieren Präsident und Vizepräsident über die Position des EZB-Rates zur wirtschaftlichen Lage und zu den Aussichten für die Preisentwicklung; im Anschluss werden Fragen beantwortet. Nicht diskreditiert werden darf dabei die persönliche Unabhängigkeit der Ratsmitglieder (Art. 130 AEUV) sowie die **Vertraulichkeit** der **Sitzungen des EZB-Rates**, weshalb einzelne Sitzungsinhalte oder das Abstimmungsverhalten nicht an die Öffentlichkeit gelangen dürfen.[44]

4. Strategie

16 Die mit der Kommunikationspolitik verfolgte **Strategie** dient in erster Linie dazu, die Erwartungshaltung der Marktteilnehmer zu steuern. Dies gilt vor allem für die geldpolitische Strategie, deren vorausschauende Formulierung von der EZB bewusst als Kommunikationsinstrument eingesetzt wird.[45] Dazu zählen auch geldpolitische Orientierungen im Sinne von **forward guidance**, also »zukunftsgerichteten Hinweisen«, die die EZB im Rahmen ihrer unconventional monetary policy zur Bekämpfung der Finanzkrise, insbesondere bei der Ankündigung des OMT-Programms (s. Art. 127 AEUV, Rn. 37–40) als Kommunikationsinstrument nutzte,[46] um eine transparente Orientierungshilfe über die künftige geldpolitische Ausrichtung zu geben und somit die Erwartungen der Marktteilnehmer zu stabilisieren.[47]

5. Adressaten

17 **Berichtpflichtig** ist die **EZB** als **Organ**, die infolge ihrer Leitungsfunktion im ESZB auch über dessen Tätigkeit zu informieren hat. Auch wenn Art. 15 ESZB-Satzung dies nicht explizit regelt, folgt aus der Zuständigkeit des **EZB-Rat**es für die Festlegung der Geldpolitik, dass der Jahresbericht vom Leitungsorgan der EZB verabschiedet wird;[48] der Erweiterte Rat besitzt gewisse Mitwirkungspflichten (Art. 47.2 ESZB-Satzung). **Adressaten des EZB-Jahresberichts** sind das Europäische Parlament, der Rat, die Kommission sowie der Europäische Rat (Art. 284 Abs. 3 UAbs. 1 Satz 1 AEUV). Wie aus dem Verhältnis der Sätze 1 und 2 von Art. 284 Abs. 3 UAbs. 1 AEUV hervorgeht, soll der EZB-Präsident vor dem Rat und dem Parlament persönlich erscheinen,[49] während bei den anderen Organen eine schriftliche Zuleitung des Berichts ausreichend ist. Eine allgemeine Aussprache über den Jahresbericht ist nur vor dem Parlament vorgesehen (Art. 284 Abs. 3 UAbs. 1 Satz 2 AEUV). Daran deutlich wird die spezifische Funktion des Jahresberichts im Rahmen der **demokratischen Kontrolle** des ESZB.[50] Denn die

---

[44] *Gramlich/Manger-Nestler/Orantek*, S. 21; *Zilioli/Urban*, in: GSH, Europäisches Unionsrecht, ESZB/EZB, Art. 15 Rn. 7.

[45] *Siekmann*, in: Siekmann, EWU, Art. 15 ESZB-Satzung Rn. 5.

[46] Einzelheiten bei *Manger-Nestler/Böttner*, EuR 2014, S. 621 (635).

[47] *Deutsche Bundesbank*, Monatsbericht August 2013, S. 30 (31).

[48] Art. 16.1 Geschäftsordnung EZB (EZB/2004/2).

[49] *Hahn/Häde*, § 21, Rn. 25, *Zilioli/Selmayr*, S. 49.

[50] *Siekmann*, in: Siekmann, EWU, Art. 15 ESZB-Satzung Rn. 20. Vgl. ausführlich zur demokratischen Kontrolle der EZB durch das Parlament: *Amtenbrink/van Duin*, E.L.Rev. 34 (2009), 561; *Hahn*, S. 749 (765 ff.); *Magnette*, E.L.Rev. 25 (2000), 326; *Martucci*, CDE 2003, 549.

allgemeine Debatte bietet eine adäquate Gelegenheit, die im Jahresbericht dokumentierten Inhalte (auch kritisch) zu hinterfragen und von Seiten des Parlaments den Meinungs- und Informationsaustausch aktiv zu gestalten.

6. Vertraulichkeit der Sitzungen und Unabhängigkeit

Die **Vertraulichkeit** der **Sitzungen des EZB-Rates** gewährleistet die persönliche Unab- **18** hängigkeit der Ratsmitglieder (s. Art. 130 AEUV, Rn. 19 ff.). Diese soll nicht dadurch diskreditiert werden, dass einzelne Sitzungsinhalte oder das Abstimmungsverhalten an die Öffentlichkeit gelangen.[51] Allerdings kann der Rat im Rahmen seines Beurteilungsspielraums beschließen (Art. 10.4 ESZB-Satzung), die Vertraulichkeit teilweise oder ganz aufzuheben und Beratungsergebnisse zu veröffentlichen (s. Art. 283 AEUV, Rn. 5). Eine **Rechtspflicht** zur Veröffentlichung bestimmter Inhalte, beispielsweise des Stimmverhältnisses oder sogar einzelner Redebeiträge, lässt sich hieraus **nicht** herleiten.[52] Obwohl EZB-Präsident *Mario Draghi* im Sommer 2013 eine Veröffentlichung von Sitzungsprotokollen angekündigt hat, steht der dafür notwendige Beschluss des EZB-Rates bislang aus.[53]

Ebenso wie die Teilnahmerechte aus Art. 284 Abs. 1 AEUV (s. Rn. 5 f.) kollidieren die **19** Berichterstattungspflichten nicht mit der **Unabhängigkeit**sgarantie, sondern schränken diese **zulässig**erweise ein.[54] Gerade weil die berichterstattende EZB bei Nichterfüllung ihrer Berichtspflicht keine förmlichen Reaktionen oder Sanktionen treffen, dient die **Rechenschaftspflicht**[55] dem Zweck einer verantwortungsbewussten und transparenten Aufgabenerfüllung;[56] sie kompensiert auch ein Stück weit die fehlende parlamentarische Kontrolle der EZB.

II. Zugang zu Dokumenten der EZB

Das seit dem Vertrag von Lissabon in Art. 15 Abs. 1 AEUV primärrechtlich veran- **20** kerte Transparenzprinzip ist durch die Selbstverpflichtung der EZB (Art. 23.2 Geschäftsordnung EZB) zur Schaffung eines **Rechtrahmen**s antizipiert worden, der den **Zugang der Öffentlichkeit zu weiteren Dokumenten** der EZB regelt. Mit Beschluss vom 4.3.2004 (EZB/2004/3)[57] hat der EZB-Rat Bedingungen festgelegt, unter denen natürlichen und juristischen Personen Zugang zu nicht veröffentlichten Dokumenten der EZB gewährt werden kann. Der Beschluss offenbart ein **Regel-Ausnahme-Verhältnis**, das es der EZB erlaubt, einerseits das öffentliche Interesse an Hintergrundinformationen zu befriedigen. Andererseits kann die EZB den Zugang zu Dokumenten verweigern,[58] um damit besonders vertrauenswürdige Bereiche ihrer »unabhängigen Aufgabenerfüllung« und damit das »öffentliche Interesse in Bezug auf die Währungs-

---

[51] *Gramlich/Manger-Nestler/Orantek*, S. 21; *Zilioli/Gruber*, in: GSH, Europäisches Unionsrecht, Art. 10 ESZB-Satzung, Rn. 27.

[52] *Gaitanides*, S. 246; *Hahn/Häde*, § 21, Rn. 10.

[53] Vgl. die unterschiedlichen Positionen in Börsenzeitung Nr. 168 v. 3.9.2013.

[54] *Häde*, in: Calliess/Ruffert, EUV/AEUV, Art. 284 AEUV, Rn. 9; ähnlich *Palm*, in: Grabitz/Hilf/ Nettesheim, EU, Art. 284 AEUV (Oktober 2011), Rn. 5, 16 u. 21.

[55] Anders *Kempen*, in: Streinz, EUV/AEUV, Art. 284 AEUV, Rn. 8, der in den Berichterstattungspflichten keine echten Rechenschaftspflichten sieht.

[56] *Palm*, in: Grabitz/Hilf/Nettesheim, EU, Art. 284 AEUV (Oktober 2011), Rn. 21; *Smits*, S. 174; *Zilioli*, in: GSH, Europäisches Unionsrecht, Art. 284 AEUV, Rn. 13; *Zilioli/Selmayr*, S. 49.

[57] Ausführlich *Gramlich/Manger-Nestler/Orantek*, S. 21 (34 ff.); *Hahn/Häde*, § 21, Rn. 69 ff.

[58] Vgl. die Ausnahmen in Art. 4 des Beschluss EZB/2004/3.

politik der Gemeinschaft«[59] zu schützen. Wenngleich Einzelheiten einer interessen-
gerechten praktischen Umsetzung noch weiterer Justierung bedürfen,[60] billigte das
EuG unlängst erneut die Verweigerung von Informationen durch die EZB und begründete dies mit ansonsten konkret und tatsächlich drohenden negativen Auswirkungen auf den Zugang zu den Finanzmärkten.[61]

E. Rechenschaftspflichten und Bankenaufsicht

21   Die auf unabhängige Geldpolitik ausgerichteten, primärrechtlich statuierten Rechenschaftspflichten umfassen nicht gleichzeitig die Aufgaben, die der EZB im Rahmen der
einheitlichen Bankenaufsicht (SSM) übertragen wurden, stehen aber in engem Sach-
zusammenhang mit Art. 15 ESZB-Satzung. Es war daher ein Kompromiss zu suchen,
der die rechenschaftsintensivere Bankenaufsicht einerseits und die besonderen Anforderungen an Vertraulichkeit des Aufsichtsrechts andererseits ausgleichen.[62] Die SSM-
VO legt der EZB daher weitergehende, spezifische Rechenschaftspflichten für den Bereich der Bankenaufsicht gegenüber Parlament und Rat auf.[63] Dem Ende 2013 geschlossenen interinstitutional agreement zwischen Parlament und EZB gelingt der
Spagat zwischen den weitreichenden Rechenschaftspflichten und besonderen Vertrau-
lichkeitserfordernissen innerhalb des SSM, in dem die strikten Vertraulichkeitspflichten
der EZB gewahrt und gleichzeitig ein umfassender Dialog mit dem zuständigen Parla-
mentsausschuss geschaffen wird.[64] Eine weitere Besonderheit im Vergleich zu Art. 15
ESZB-Satzung besteht in einem bisher einzigartigen konföderalen Mechanismus,[65] wonach der Jahresbericht zur Bankenaufsicht von der EZB nicht nur dem Europäischen,
sondern auch den nationalen Parlamenten der teilnehmenden Mitgliedstaaten unmittelbar zuzuleiten ist.[66]

---

[59] EuG, Urt. v. 27.11.2007, verb. Rs. T–3/00 u. T–337/04 (Pitsiorlas/Rat und EZB), Slg. 2007,
II–4779, Rn. 221 ff.

[60] Vgl. dazu den langjährigen Rechtsstreit EuG, Urt. v. 14.2.2001, Rs. T–3/00 (Pitsiorlas/Rat und
EZB), Slg. 2001, II–717; Urt. v. 27.11.2007, verb. Rs. T–3/00 u. T–337/04 (Pitsiorlas/Rat und EZB),
Slg. 2007, II–4779; EuGH, Beschl. v. 3.7.2008, Rs. C–84/08 P (Pitsiorlas/Rat und EZB), Slg. 2008,
I–104.

[61] EuG, Urt. v. 29.11.2012, Rs. T–590/10 (Thesing und Bloomberg Finance LP).

[62] *Zilioli/Urban*, in: GSH, Europäisches Unionsrecht, ESZB/EZB, Art. 15 Rn. 2.

[63] Art. 20 VO (EU) Nr. 1024/2013.

[64] Interinstitutional Agreement between the European Parliament and the ECB on the practical
modalities of the exercise of democratic accountability and oversight over the exercise of the tasks
conferred on the ECB within the framework of the Single Supervisory Mechanism (2013/694/EU),
30.11.2013, ABl. 2013, L 320/1. Vgl. dazu *Groß*, S. 129 f.

[65] *Groß*, S. 132

[66] *Zilioli/Urban*, in: GSH, Europäisches Unionsrecht, ESZB/EZB, Art. 15 Rn. 9.

Abschnitt 7
Der Rechnungshof

Artikel 285   AEUV [Aufgabe und Zusammensetzung]

Der Rechnungshof nimmt die Rechnungsprüfung der Union wahr.
¹Der Rechnungshof besteht aus einem Staatsangehörigen je Mitgliedstaat. ²Seine Mitglieder üben ihre Aufgaben in voller Unabhängigkeit zum allgemeinen Wohl der Union aus.

Literaturübersicht

Aigner, Plädoyer für einen Europäischen Rechnungshof, 1973; *Bergel*, Rechnungshöfe als vierte Staatsgewalt?, 2010; *Brück/Kühne*, Die Neuregelung der Finanzkontrolle der Europäischen Gemeinschaften, DÖV 1977, 23; *Ehlermann*, Der Europäische Rechnungshof, 1976; *Freytag*, Der Europäische Rechnungshof, 2005; *Friedrich/Inghelram*, Die Klagemöglichkeiten des Europäischen Rechnungshofs vor dem Europäischen Gerichtshof, DÖV 1999, 669; *Graf*, Die Finanzkontrolle der Europäischen Gemeinschaft, 1999; *Harden/White/Donnelly*, The Court of Auditors and Financial Control and Accountability in the European Community, EPL 1995, 599; *Inghelram*, The European Court of Auditors: Current legal issues, CMLRev. 37 (2000), 129; *Kok*, The Court of Auditors of the European Communities: »The other European Court in Luxembourg«, CMLRev. 26 (1989), 345; *Laffan*, Becoming a ›Living Institution‹: The Evolution of the European Court of Auditors, JCMSt 1999, 251; *Mart*, Die Finanzkontrolle der Europäischen Gemeinschaften, in: Zavelberg (Hrsg.), Die Kontrolle der Staatsfinanzen, FS zur 275. Wiederkehr der Preußischen General-Rechen-Kammer, 1989, S. 469; *O'Keeffe*, The Court of Auditors, in: Curtin/Heukels (eds.), Institutional Dynamics of European Integration, FS Schermers, Vol. II, 1994, S. 177; *Rechenberg*, Der Europäische Rechnungshof in seinem Verhältnis zum Bundesrechnungshof – Kooperation oder Konfrontation?, FS Hahn, 1997, S. 697; *Ternes*, Die Finanzkontrolle in der Europäischen Gemeinschaft, 1996; *Thäsler*, Finanzkontrolle im europäischen Mehrebenensystem, 2012.

Inhaltsübersicht

A. Gliederung des Abschnitts

Der Abschnitt über den Rechnungshof besteht aus drei Artikeln, deren Inhalt abgesehen von den insbesondere terminologischen Anpassungen durch den Vertrag von Lissabon vollständig den vorherigen Regelungen der Art. 246–248 EGV entsprechen. Allerdings gab es einige Umstellungen, die nur teilweise durch den Verfassungsvertrag vorgezeichnet wurden. Art. 285 AEUV spricht in seinem Abs. 1, der wortgleich mit Art. 246 EGV ist, die **Aufgabe des Rechnungshofs** kurz an. Die in Art. I–31 EVV vorgesehene Erweiterung durch dessen Abs. 2, der Elemente aus Art. 248 EGV vor die Klammer zog, wurde nicht übernommen. Eine ausführliche Regelung zu den Zuständigkeiten und Befugnissen des Rechnungshofs enthält Art. 287 AEUV, der Art. 248 EGV entspricht. 1

Abs. 2 übernimmt von Art. I–31 Abs. 3 EVV die knappen Hinweise auf die **Zusammensetzung des Rechnungshofs** und die Stellung seiner Mitglieder. Satz 1 ist identisch mit Art. 247 Abs. 1 EGV; Satz 2 entspricht Art. 247 Abs. 4 UAbs. 1 EGV. Einzelheiten 2 dazu regelt erst Art. 286 AEUV, der Art. 247 EGV nachgezeichnet ist. Anders als der Verfassungsvertrag, der in Art. III–384 zuerst auf die Aufgaben einging, bevor Art. III–385 EVV die Bestimmungen zu den Mitgliedern des Rechnungshofs anschloss, folgen die Art. 286 und 287 AEUV der von Art. 247 und 248 EGV vorgegebenen Reihenfolge.

B. Institutionelle Entwicklung der externen Rechnungsprüfung

3   Abs. 1 weist dem Rechnungshof die **Aufgabe der Rechnungsprüfung** zu. Bei der Rechnungsprüfung unterscheidet man die interne und die externe Kontrolle.[1] Die interne Kontrolle ist Aufgabe des Organs oder der Organe, denen die Ausführung des Haushaltsplans zugewiesen ist.[2] Sie obliegt daher in der Union in erster Linie der Kommission, die nach Art. 317 Abs. 1 Satz 1 AEUV den Haushalt in eigener Verantwortung ausführt (s. Art. 317 AEUV, Rn. 1). Sie hat sicherzustellen, dass ständig und schon während des Haushaltsvollzugs eine ausreichende Kontrolle aller haushaltsrelevanten Vorgänge erfolgt. Art. 322 Abs. 1 Buchst. b AEUV sieht deshalb auch vor, dass Parlament und Rat durch Verordnungen die Vorschriften festlegen, »die die Kontrolle der Verantwortung der Finanzakteure und insbesondere der Anweisungsbefugten und der Rechnungsführer regeln« (s. Art. 322 AEUV, Rn. 7).

4   Die externe Kontrolle erfolgt durch andere, meist unabhängige Einrichtungen oder Organe, die u. U. auch schon während des Haushaltsvollzugs tätig werden,[3] deren Hauptaufgabe aber die **nachträgliche Rechnungsprüfung** ist.[4] Diese Aufgabe ist typischerweise Rechnungshöfen oder ähnlichen Einrichtungen übertragen. Dementsprechende Regelungen finden sich für Deutschland in Art. 114 Abs. 2 GG und den Verfassungen der Länder. In den Mitgliedstaaten der EU und den meisten anderen Staaten gibt es entsprechende Stellen, die für die externe Kontrolle zuständig sind.[5] Zur externen Kontrolle kann man auch die in Art. 319 AEUV geregelte **Entlastung der Kommission** durch das Europäische Parlament zählen.[6]

5   Auch der **EWG-Vertrag** sah schon eine externe Kontrolle vor. Nach Art. 206 EWGV wurde die »Rechnung über alle Einnahmen und Ausgaben des Haushalts [...] durch einen Kontrollausschuß geprüft«. Dieser **Kontrollausschuss** bestand aus »Rechnungsprüfern, die volle Gewähr für ihre Unabhängigkeit bieten« mussten. Das vom Rat beschlossene Statut des Kontrollausschusses vom 15.5.1959[7] bestimmte allerdings in seinem Art. 2, dass die zunächst – nach der Zahl der Mitgliedstaaten – sechs Rechnungsprüfer unter Personen auszuwählen waren, »die in der Regel Beamte oder Bedienstete einer juristischen Person des nationalen oder des internationalen öffentlichen Rechts sein« sollten. Man ging demnach davon aus, dass die Rechnungsprüfer ihre Tätigkeit als

---

[1] Vgl. *Aigner*, S. 37; *Graf*, S. 37; *Lienbacher*, in: Schwarze, EU-Kommentar, Art. 285 AEUV, Rn. 11; *Lödl*, in: Mayer/Stöger, EUV/AEUV, Art. 285 AEUV (2013), Rn. 2 ff.

[2] Zur internen Finanzkontrolle vgl. *Ternes*, S. 34 ff.; *Thäsler*, S. 63 ff.

[3] Vgl. *Ternes*, S. 63.

[4] Vgl. *Niedobitek*, in: Streinz, EUV/AEUV, Art. 285 AEUV, Rn. 10.

[5] Zu den Rechnungshöfen verschiedener Mitgliedstaaten vgl. *Aigner*, S. 145 ff.; *Bergel*, S. 95 ff.; *Thäsler*, S. 111 ff. Zur internationalen Zusammenarbeit der Rechnungshöfe *Nawrath*, DÖV 2000, 861.

[6] Vgl. *J.-P. Schneider*, in: Terhechte, Verwaltungsrecht der EU, § 26, Rn. 25.

[7] ABl. 1959, Nr. 46/861.

Nebenbeschäftigung ausführen könnten.[8] Das erwies sich jedoch auf Dauer als nicht angemessen.[9]

Im Zusammenhang mit dem Übergang zur Finanzierung aus Eigenmitteln (s. **6** Art. 311, Rn. 11 ff.) und der Zuweisung zusätzlicher Kompetenzen im Rahmen des Haushaltsverfahrens an das Parlament wurde die **Notwendigkeit einer verbesserten Rechnungskontrolle** deutlich.[10] Insbesondere das Europäische Parlament setzte sich für die Schaffung eines mit hauptamtlichen Mitgliedern besetzten Rechnungshofs ein.[11] Dabei wurde es unterstützt von den Mitgliedstaaten, nicht jedoch von der Kommission, deren Verhältnis zum Rechnungshof später auch lange Zeit gespannt war.[12]

Die rechtlichen Grundlagen dafür schuf erst mit Wirkung vom 1. 6. 1977 der **Vertrag** **7** **zur Änderung bestimmter Finanzvorschriften** der Verträge zur Gründung der Europäischen Gemeinschaften und des Vertrages zur Einsetzung eines gemeinsamen Rates und einer gemeinsamen Kommission der Europäischen Gemeinschaften vom 22. 7. 1975.[13] Er ersetzte den bisherigen Kontrollausschuß durch den Rechnungshof, der am 18. 10. 1977 errichtet wurde[14] und seinen Sitz in Luxemburg hat.[15] Der neugefasste Art. 206 EWGV enthielt Regelungen zu den Mitgliedern des Rechnungshofs. Ein zusätzlich eingefügter Art. 206a EWGV beschrieb die Aufgaben des Rechnungshofs. Die beiden Vorschriften zeichneten im Wesentlichen den Inhalt der einschlägigen Bestimmungen des EG-Vertrags (Art. 188a-c EGV Maastricht, Art. 246–248 EGV Amsterdam) und damit auch der heutigen Art. 285–287 AEUV vor.

C. Stellung des Rechnungshofs

Der Kontrollausschuss war für die Rechnungsprüfung zuständig, hatte aber nicht die **8** Stellung eines Organs der Gemeinschaft.[16] Gemeinsam mit der Änderung von Art. 206 und der Einfügung von Art. 206a EWGV (s. o. Rn. 7) erhielt Art. 4 EWGV, dessen Abs. 1 die Organe der Gemeinschaft aufzählte, 1977 einen dritten Absatz, der bestimmte, dass die Rechnungsprüfung durch einen Rechnungshof wahrgenommen wurde, »der nach Maßgabe der ihm in diesem Vertrag zugewiesenen Befugnisse handelt.« Der Status des Rechnungshofs war seither vergleichbar mit dem in Art. 4 Abs. 2 EWGV erwähnten Wirtschafts- und Sozialausschuss, den manche als **Hilfsorgan** bezeichneten.[17]

---

[8] Vgl. *Ehlermann*, S. 13.

[9] Vgl. *Bergel*, S. 147 f.; *Harden/White/Donnelly*, EPL 1995, 599 (608 f.).

[10] Vgl. *Laffan*, JCMSt 1999, 251 (254); *Mart*, S. 472 f.

[11] Vgl. *Aigner*, S. 67 ff.; *Bergel*, S. 149; *Ehlermann*, S. 16 ff.; *Inghelram*, CMLRev. 37 (2000), 129. Zur Entwicklung s. auch *Bieber*, in: GSH, Europäisches Unionsrecht, Art. 285 AEUV, Rn. 4 ff.; *Freytag*, S. 89 ff.

[12] Vgl. *Kok*, CMLRev. 26 (1989), 345 (347); *Laffan*, JCMSt 1999, 251 (264 ff.).

[13] ABl. 1977, L 359/1, zum Inkrafttreten s. S. 20. S. dazu *Brück/Kühne*, DÖV 1977, 23; *Reister*, EuR 1976, 69.

[14] Vgl. *O'Keeffe*, S. 178. S. auch *Bergel*, S. 147, danach fand die konstituierende Sitzung am 25. 10. 1977 statt.

[15] Vgl. Buchst. e des einzigen Artikels des den Unionsverträgen beigefügten Protokolls (Nr. 6) über die Festlegung der Sitze der Organe und bestimmter Einrichtungen, sonstiger Stellen und Dienststellen der Europäischen Union, ABl. 2012, C 326/265. S. dazu auch *Kok*, CMLRev. 26 (1989), 345 (349).

[16] Vgl. *Ehlermann*, S. 12 f.; *Freytag*, S. 87.

[17] Vgl. *Ternes*, S. 60. Anders *Bergel*, S. 149 f. S. auch *Ott*, ZEuS 1999, 231 (243): »unabhängiges Organ zur Unterstützung des Parlaments«. *Brück/Kühne*, DÖV 1977, 23 (24): »den anderen Organen [...] gleichgestellte Institution«.

9   Der Vertrag von Maastricht strich diesen dritten Absatz 1993 wieder und fügte dafür den Rechnungshof in die Liste der Organe des Art. 4 Abs. 1 EGV (Art. 7 EGV Amsterdam) ein.[18] Das führte zu einer deutlichen **Aufwertung seiner Stellung**.[19] Seither hatte der Rechnungshof neben Parlament, Rat, Kommission und Gerichtshof den **Status eines Gemeinschaftsorgans**. In Art. E EUV (Maastricht) fehlte der Rechnungshof allerdings noch in der Aufzählung der Organe. Erst nachdem sich der Rechnungshof deutlich dafür einsetzte, nahm ihn der am 1.5.1999 in Kraft getretene Vertrag von Amsterdam in die damals in Art. 5 EUV umbenannte Vorschrift auf.[20]

10   Der **Verfassungsvertrag** sah eine Relativierung dieser Stellung vor, indem er den Rechnungshof nicht mehr neben den anderen Organen in Art. I–19 Abs. 1 EVV nannte, sondern ihn im Titel IV über die Organe und Einrichtungen der Union erst in Kapitel II neben der Europäischen Zentralbank (Art. I–30 Abs. 3 Satz 1 EVV) in Art. I–31 Abs. 1 EVV als sonstiges Organ einordnete.[21]

11   Der **Vertrag von Lissabon** korrigiert diese Rückstufung. Art. 13 Abs. 1 UAbs. 2 EUV nennt den Rechnungshof nach Parlament, Europäischem Rat, Rat, Kommission, Gerichtshof und EZB an siebter Stelle als reguläres Organ der Union. Eine gewisse Sonderstellung von EZB und Rechnungshof kommt noch dadurch zum Ausdruck, dass die Art. 14 ff. EUV Regelungen zu den anderen Organen enthalten, Art. 13 Abs. 3 EUV hinsichtlich der Bestimmungen über die EZB und den Rechnungshof aber auf den AEUV verweist. Dort finden sich die Art. 285–287 AEUV aber ohne weitere Einschränkungen als Abschnitt 7 im Titel I des Sechsten Teils des AEUV unter den »Vorschriften über die Organe«. Der Rechnungshof ist demnach von seinem Status her eines der sieben grundsätzlich **gleichrangigen Organe** der Union.[22]

12   Mit der Organstellung sind **Klagerechte vor dem EuGH** verbunden.[23] Der Rechnungshof ist insoweit allerdings bei Nichtigkeitsklagen anders als Parlament, Rat und Kommission nur teilprivilegiert. Art. 263 Abs. 3 AEUV lässt Klagen des Rechnungshofs genauso wie solche der EZB und des Ausschusses der Regionen nur zu, soweit sie auf die Wahrung ihrer Rechte abzielen (s. Art. 263 AEUV, Rn. 23). Diese Beschränkung ist nicht Ausdruck eines geringeren Ranges des Rechnungshofs unter den Organen (s. auch Art. 286 AEUV, Rn. 9), sondern seines stärker eingegrenzten Aufgabenbereichs. Nach Art. 265 Abs. 1 AEUV ist der Rechnungshof wie die die anderen Organe zur Erhebung von Untätigkeitsklagen befugt.

13   **Klagen gegen den Rechnungshof** sehen die Verträge grundsätzlich nicht vor. So erwähnen weder Art. 263 Abs. 1 noch Art. 265 Abs. 1 AEUV den Rechnungshof als möglichen Klagegegner. Solche Rechtsbehelfe gegen den Rechnungshof sind im Außenverhältnis auch nicht erforderlich, weil er keine verbindlichen Rechtsakte erlässt.[24] Nicht ausgeschlossen sind allerdings Schadensersatzklagen, da Art. 340 Abs. 2 AEUV für den Bereich der außervertraglichen Haftung allgemein die Organe und Bediensteten der

---

[18] Vgl. *Freytag*, S. 94 f.

[19] Vgl. *Magiera*, in: Grabitz/Hilf/Nettesheim, EU, Art. 285 AEUV (August 2011), Rn. 1; *Niedobitek*, in: Streinz, EUV/AEUV, Art. 285 AEUV, Rn. 5, 8; *Waldhoff*, in: Calliess/Ruffert, EUV/AEUV, Art. 285 AEUV, Rn. 1. Vgl. aber *Harden/White/Donnelly*, EPL 1995, 599 (600): »mainly symbolic«.

[20] Vgl. *Friedrich/Inghelram*, DÖV 1999, 669 (670); *Laffan*, JCMSt 1999, 251 (264).

[21] S. dazu *Bergel*, S. 151 f. m. w. N.

[22] Vgl. *Calliess*, in: Calliess/Ruffert, EUV/AEUV, Art. 13 EUV, Rn. 4.

[23] Vgl. *Friedrich/Inghelram*, DÖV 1999, 669 (672 ff.); *Lienbacher*, in: Schwarze, EU-Kommentar, Art. 285 AEUV, Rn. 3; *Rossi*, in: Vedder/Heintschel v. Heinegg, Europäisches Unionsrecht, Art. 285 AEUV, Rn. 3.

[24] Vgl. *Bergel*, S. 177 f.; *Mart*, S. 476; *Inghelram*, CMLRev. 37 (2000), 129 (144); *O'Keeffe*, S. 191; *Niedobitek*, in: Streinz, EUV/AEUV, Art. 287 AEUV, Rn. 22.

Union nennt.[25] Schließlich kann es dienstrechtliche Streitigkeiten zwischen dem Rechnungshof und seinem Personal geben.[26]

D. Zusammensetzung des Rechnungshofs, Unabhängigkeit (Abs. 2)

Früher gaben Art. 206 Abs. 2 EWGV und Art. 247 Abs. 1 EGV die **Zahl der Mitglieder**   **14**
des Rechnungshofs ausdrücklich an. Erst der Vertrag von Nizza hat mit Wirkung vom
1.2.2003 in Art. 247 Abs. 1 EGV die Regelung eingeführt,[27] die Abs. 2 Satz 1 übernahm. Danach besteht der Rechnungshof aus einem Staatsangehörigen je Mitgliedstaat.
Damit ist nicht allein die Ernennung eines zweiten Angehörigen desselben Mitgliedstaats, sondern auch die von Drittstaatsangehörigen ausgeschlossen.[28] Das entspricht
der bisherigen Praxis, auch wenn EWG- und EG-Vertrag das nicht ausdrücklich vorschrieben.[29] Seit dem Beitritt Kroatiens zum 1.7.2013 hat der Rechnungshof demnach
28 Mitglieder.[30] Neben diesen 28 Personen mit dem besonderen Status als Mitglied hat
der Rechnungshof rund 900 Beschäftigte.[31]

Die Mitglieder des Rechnungshofs üben ihre Aufgaben nach Abs. 2 Satz 2 in voller   **15**
Unabhängigkeit aus. Wie sich aus Art. 286 Abs. 3 Satz 1 AEUV ergibt, ist damit in erster
Linie eine **Weisungsunabhängigkeit** gemeint, die allerdings durch weitere Aspekte von
Unabhängigkeit wie insbesondere **persönliche und finanzielle Unabhängigkeit** abgesichert wird (s. Art. 286 AEUV, Rn. 17 f.). Die Verpflichtung, keiner anderen Berufstätigkeit nachzugehen (Art. 286 Abs. 4 AEUV) stützt die Unabhängigkeit und sichert – anders als früher bei den Mitgliedern des Kontrollausschusses – die Konzentration auf die
Aufgabe im Rechnungshof.[32] Die Unabhängigkeit der Mitglieder des Rechnungshofs
begründet letztlich auch die **Unabhängigkeit des Rechnungshofs als Institution**, auch
wenn die Verträge das nicht ausdrücklich festlegen.[33]

Die Mitglieder des Rechnungshofs werden von ihren Mitgliedstaaten vorgeschlagen   **16**
(s. Art. 286 AEUV, Rn. 2), sind aber **nicht Interessensvertreter** ihres jeweiligen Staates.
Vielmehr stellt Abs. 2 Satz 2 fest und verpflichtet die Mitglieder damit zugleich, dass sie
ihre Aufgaben »zum allgemeinen Wohl der Union«[34] ausüben.

---

[25] Vgl. EuG, Urt. v. 15.6.1999, Rs. T–277/97 (Ismeri Europa Srl/Rechnungshof), Slg. 1999, II–1825, sowie die Rechtsmittelentscheidung EuGH, Urt. v. 10.7.2001, Rs. C–315/99 P (Ismeri Europa Srl/Rechnungshof), Slg. 2001, I–5281. S. dazu *Bergel*, S. 176; *Magiera/Betz*, Jahrbuch der Europäischen Integration 2001/2002, S. 95.

[26] Z.B. EuGH, Urt. v. 18.1.1990, verb. Rs. C–193/87 u. C–194/87 (Maurissen und Gewerkschaftsbund/Rechnungshof), Slg. 1990, I–95; EuG, Urt. v. 30.9.1998, Rs. T–121/97 (Ryan/Rechnungshof), Slg. 1998, II–3886.

[27] Vgl. *Bieber*, in: GSH, Europäisches Unionsrecht, Art. 285 AEUV, Rn. 11.

[28] Vgl. *Waldhoff*, in: Calliess/Ruffert, EUV/AEUV, Art. 285 AEUV, Rn. 7. S. auch *Niedobitek*, in: Streinz, EUV/AEUV, Art. 285 AEUV, Rn. 12, zur insoweit undeutlichen Rechtslage vor Nizza.

[29] Vgl. *Freytag*, S. 100; *O'Keeffe*, S. 179.

[30] Kritisch zur hohen Zahl der Mitglieder *Bergel*, S. 154; *Inghelram*, CMLRev. 37 (2000), 129 (146); *O'Keeffe*, S. 181. Zur Entstehungsgeschichte *Ehlermann*, S. 24.

[31] Vgl. http://www.eca.europa.eu/de/Pages/Structure.aspx (11.1.2016).

[32] Vgl. *Freytag*, S. 103.

[33] Vgl. *Bergel*, S. 154; *Bieber*, in: GSH, Europäisches Unionsrecht, Art. 285 AEUV, Rn. 15; *Brück/Kühne*, DÖV 1977, 23 (24).

[34] Zu diesem Begriff vgl. *Niedobitek*, in: Streinz, EUV/AEUV, Art. 285 AEUV, Rn. 13.

Artikel 286 AEUV [Mitglieder des Rechnungshofs]

(1) ¹Zu Mitgliedern des Rechnungshofs sind Persönlichkeiten auszuwählen, die in ihren Staaten Rechnungsprüfungsorganen angehören oder angehört haben oder die für dieses Amt besonders geeignet sind. ²Sie müssen jede Gewähr für Unabhängigkeit bieten.

(2) ¹Die Mitglieder des Rechnungshofs werden auf sechs Jahre ernannt. ²Der Rat nimmt die gemäß den Vorschlägen der einzelnen Mitgliedstaaten erstellte Liste der Mitglieder nach Anhörung des Europäischen Parlaments an. ³Die Wiederernennung der Mitglieder des Rechnungshofs ist zulässig.

¹Sie wählen aus ihrer Mitte den Präsidenten des Rechnungshofs für drei Jahre. ²Wiederwahl ist zulässig.

(3) ¹Die Mitglieder des Rechnungshofs dürfen bei der Erfüllung ihrer Pflichten Anweisungen von einer Regierung oder einer anderen Stelle weder anfordern noch entgegennehmen. ²Sie haben jede Handlung zu unterlassen, die mit ihren Aufgaben unvereinbar ist.

(4) ¹Die Mitglieder des Rechnungshofs dürfen während ihrer Amtszeit keine andere entgeltliche oder unentgeltliche Berufstätigkeit ausüben. ²Bei der Aufnahme ihrer Tätigkeit übernehmen sie die feierliche Verpflichtung, während der Ausübung und nach Ablauf ihrer Amtstätigkeit die sich aus ihrem Amt ergebenden Pflichten zu erfüllen, insbesondere die Pflicht, bei der Annahme gewisser Tätigkeiten oder Vorteile nach Ablauf dieser Tätigkeit ehrenhaft und zurückhaltend zu sein.

(5) Abgesehen von regelmäßigen Neubesetzungen und von Todesfällen endet das Amt eines Mitglieds des Rechnungshofs durch Rücktritt oder durch Amtsenthebung durch den Gerichtshof gemäß Absatz 6.

Für das ausscheidende Mitglied wird für die verbleibende Amtszeit ein Nachfolger ernannt.

Außer im Fall der Amtsenthebung bleiben die Mitglieder des Rechnungshofs bis zur Neubesetzung ihres Sitzes im Amt.

(6) Ein Mitglied des Rechnungshofs kann nur dann seines Amtes enthoben oder seiner Ruhegehaltsansprüche oder anderer an ihrer Stelle gewährter Vergünstigungen für verlustig erklärt werden, wenn der Gerichtshof auf Antrag des Rechnungshofs feststellt, dass es nicht mehr die erforderlichen Voraussetzungen erfüllt oder den sich aus seinem Amt ergebenden Verpflichtungen nicht mehr nachkommt.

(7) ¹Der Rat setzt die Beschäftigungsbedingungen für den Präsidenten und die Mitglieder des Rechnungshofs fest, insbesondere die Gehälter, Vergütungen und Ruhegehälter. ²Er setzt alle sonstigen als Entgelt gezahlten Vergütungen fest.

(8) Die für die Richter des Gerichtshofs der Europäischen Union geltenden Bestimmungen des Protokolls über die Vorrechte und Befreiungen der Europäischen Union gelten auch für die Mitglieder des Rechnungshofs.

Literaturübersicht

Bergel, Rechnungshöfe als vierte Staatsgewalt?, 2010; *Harden/White/Donnelly*, The Court of Auditors and Financial Control and Accountability in the European Community, EPL 1995, 599; *O'Keeffe*, The Court of Auditors, in: Curtin/Heukels (eds.), Institutional Dynamics of European Integration, FS Schermers, Vol. II, 1994, S. 177. S. außerdem die Literatur zu Art. 285 AEUV.

Ulrich Häde

A. Auswahl und Ernennung der Mitglieder des Rechnungshofs (Abs. 1 und 2)

Nach Art. 206 Abs. 4 EWGV wurden die Mitglieder des Rechnungshofs »vom Rat nach **1** Anhörung des Europäischen Parlaments einstimmig auf sechs Jahre ernannt.« Art. 188b Abs. 3 EGV (Maastricht) und Art. 247 Abs. 3 EGV (Amsterdam) übernahmen diese Formulierung. Erst die Neufassung des Art. 247 Abs. 3 EGV durch den am 1. 2. 2003 in Kraft getretenen **Vertrag von Nizza** führte zu der Regelung, die sich nun in Abs. 2 UAbs. 1 wiederfindet.

Diese Änderung verankerte das **Vorschlagsrecht der Mitgliedstaaten** im Primärrecht. **2** Im Zusammenhang mit Art. 285 Abs. 2 Satz 1 AEUV, der festlegt, dass der Rechnungs-hof aus einem Staatsangehörigen je Mitgliedstaat besteht (s. Art. 285 AEUV, Rn. 14), ergibt sich, dass jeder Mitgliedstaat berechtigt ist, einen Kandidaten vorzuschlagen. Die Formulierung schließt nicht aus, dass Mitgliedstaaten einen Staatsangehörigen eines anderen Mitgliedstaats vorschlagen. Diese rein theoretische Möglichkeit wäre aber kaum praktikabel. Das Vorschlagsrecht der Mitgliedstaaten bezieht sich daher letztlich darauf, einen eigenen Staatsangehörigen zu benennen. Es entsteht jeweils wieder neu, wenn das betreffende Mitglied ausscheidet. Wie die Mitgliedstaaten ihr Vorschlagsrecht handhaben und welche Organe daran mitwirken, bleibt ihnen überlassen. Sie können deshalb insbesondere eine Beteiligung des nationalen Parlaments vorsehen.

Die Mitgliedstaaten richten ihre Vorschläge an den Rat, der für die Ernennung zu-**3** ständig ist. Abs. 2 Satz 2 spricht von einer gemäß den Vorschlägen der einzelnen Mit-gliedstaaten erstellten »**Liste der Mitglieder**«. Diese Regelung ist wohl als Reaktion auf negative Stellungnahmen des Parlaments zu einzelnen Kandidaten zu verstehen.[1] Sie stellt zumindest den Rat vor die Entscheidung, die ganze Liste entweder zu akzeptieren oder abzulehnen. Beschlüsse des Rates beziehen sich daher dann, wenn mehrere Mit-glieder zu ernennen sind, auf die gesamte Gruppe.[2]

In der Praxis gibt das **Parlament** allerdings auch in solchen Fällen Stellungnahmen **4** nicht zur Liste, sondern zu einzelnen Kandidaten ab.[3] Da sich aus dem Wortlaut der Norm nicht zwingend ergibt, dass auch das Parlament stets nur zur Liste Stellung neh-men dürfte, bestehen gegen sein Vorgehen keine rechtlichen Bedenken. Sollten einzelne Stellungnahmen negativ und andere positiv ausfallen, müsste der Rat darüber befinden, ob er dennoch alle auf der Liste erwähnten Kandidaten ernennt oder nicht.

---

[1] Vgl. *Bieber*, in: GSH, Europäisches Unionsrecht, Art. 286 AEUV, Rn. 4.
[2] Vgl. den Beschluss des Rates vom 24. 1. 2012 zur Ernennung von sieben Mitgliedern des Rech-nungshofs (2012/60/EU), ABl. 2012, L 30/18.
[3] Vgl. die gesonderten Stellungnahmen zu mehreren Kandidaten vom 13. 12. 2013, ABl. 2013, C 168 E/141–146.

5   Die **Ernennung der Mitglieder des Rechnungshofs** erfolgt für jeweils sechs Jahre. Abs. 2 UAbs. 1 Satz 3 lässt eine grundsätzlich unbegrenzte Wiederernennung zu. Diese Kombination aus einer relativ kurzen Amtszeit und der vom Vorschlag des jeweiligen Mitgliedstaates abhängigen Wiederwahl erscheint im Hinblick auf die **persönliche Unabhängigkeit** nicht optimal.[4] Vorschläge, die Amtszeit zu verlängern und zugleich die Wiederernennung auszuschließen, wie es etwa Art. 283 Abs. 2 UAbs. 3 AEUV für die Mitglieder des EZB-Direktoriums vorsieht, wurden bisher nicht umgesetzt.[5] Es erscheint allerdings zweifelhaft, ob damit die Unabhängigkeit stärker geschützt würde. Denn die Hoffnung auf eine Weiterverwendung im nationalen Staatsdienst nach Ende der Amtszeit könnte ebenfalls zu unerwünschtem Wohlverhalten führen.[6]

6   Eine offizielle **Altersgrenze** gibt es nicht. Allerdings hat das Parlament intern Kriterien aufgestellt, zu denen auch »ein Höchstalter von 65 Jahren am Ende eines ersten Mandats und von 70 Jahren am Ende eines zweiten Mandats« gehören. Außerdem hat es festgestellt, es erscheine »nicht wünschenswert, daß ein Mitglied mehr als zwei Mandate ausüben darf.«[7] Diese Festlegungen des Parlaments binden den Rat allerdings nicht.[8] Das ergibt sich schon daraus, dass das Parlament nur angehört wird, aber nicht mitentscheidet.

7   Als **Auswahlkriterien** nennt Abs. 1 Satz 1, dass es sich um Persönlichkeiten handelt, »die in ihren Staaten Rechnungsprüfungsorganen angehören oder angehört haben oder die für dieses Amt besonders geeignet sind.« Diese Formulierung wirkt, als schlösse die Zugehörigkeit zu nationalen Rechnungsprüfungsorganen die besondere Eignung aus. Man wird aber schon die erste Alternative als ausreichenden Eignungsnachweis verstehen und die zweite Alternative so lesen müssen als hieße es dort: »oder die für dieses Amt aus anderen Gründen besonders geeignet sind«. Es geht demnach um die fachliche Qualifikation für die Tätigkeit als Mitglied des Rechnungshofs.

8   Abs. 1 Satz 2 fügt als eher **persönlichkeitsbezogene Voraussetzung** hinzu, dass die Kandidaten »jede Gewähr für Unabhängigkeit bieten« müssen. Schon Art. 285 Abs. 2 Satz 2 AEUV weist auf die Unabhängigkeit der Mitglieder des Rechnungshofs hin. Abs. 3 und 4 enthalten nähere Bestimmungen dazu. Die Kandidaten müssen allerdings nicht nur die Beachtung der dortigen ausdrücklichen Vorgaben erwarten lassen, sondern auch darüber hinaus »jede Gewähr« für eine unabhängige und damit auch unbeeinflussbare Tätigkeit bieten.

9   Das **Verfahren zur Ernennung der Mitglieder** eines Organs mag Rückschlüsse auf die Stellung dieses Organs zulassen. Als der Rechnungshof 1993 mit dem Inkrafttreten des Vertrags über die Europäische Union (Maastricht) den Status eines Organs der Gemeinschaft erhielt, war er das einzige Organ, dessen Mitglieder nicht von den Regierungen der Mitgliedstaaten, sondern vom Rat und damit von einem anderen Organ ernannt wurden.[9] Die Beteiligung des Parlaments an der Ernennung der Kommission war allerdings schon in Art. 158 EGV (Maastricht) vorgezeichnet. Inzwischen werden auch die

---

[4] Vgl. *Bergel*, S. 156; *Harden/White/Donnelly*, EPL 1995, 599 (610).

[5] Vgl. *Magiera*, in: Grabitz/Hilf/Nettesheim, EU, Art. 286 AEUV (August 2011), Rn. 8; *Niedobitek*, in: Streinz, EUV/AEUV, Art. 286 AEUV, Rn. 11.

[6] Vgl. *Hahn/Häde*, Währungsrecht, 2. Aufl., 2010, § 20, Rn. 70 f.

[7] Vgl. Entschließung zum Verfahren der Konsultation des Europäischen Parlaments bei der Ernennung der Mitglieder des Rechnungshofs vom 17. 11. 1992, D. 4. e) und g), ABl. 1992, C 337/51.

[8] Vgl. *Bergel*, S. 155; *Bieber*, in: GSH, Europäisches Unionsrecht, Art. 286 AEUV, Rn. 2; *Magiera*, in: Grabitz/Hilf/Nettesheim, EU, Art. 286 AEUV (August 2011), Rn. 5.

[9] Kritisch dazu *O'Keeffe*, S. 179.

Mitglieder des Direktoriums der EZB vom Europäischen Rat ernannt (Art. 283 Abs. 2
UAbs. 2 AEUV). Die Ernennung der Mitglieder des Rechnungshofs durch den Rat ist
daher nicht Ausdruck eines niedrigeren Ranges des Rechnungshofs.[10]

Da die Ernennung durch einen Beschluss des Rates erfolgt, kann sie Gegenstand der   **10**
Kontrolle durch den Gerichtshof sein. In Betracht kommt die Nichtigkeitsklage
(Art. 263 AEUV) gegen eine erfolgte Ernennung. Daneben sollte es auch möglich sein,
im Wege der Untätigkeitsklage (Art. 265 AEUV) gegen den Rat vorzugehen, wenn er
eine Ernennung unterlässt.

Die Tätigkeit des Rechnungshofs kommt vor allem dem Parlament zugute, dessen   **11**
Kontrolltätigkeit er durch seine Berichte und Feststellungen unterstützt. In der Praxis
scheinen die **Beziehungen** zwischen Rechnungshof und Parlament denn auch wesentlich
spannungsfreier zu sein als zwischen dem Rechnungshof und der kontrollierten Kommission, die zumindest früher als wenig harmonisch oder sogar als feindselig beschrieben wurde.[11] Aus der besonderen Nähe, aber auch wegen der deutlichen Aufwertung
des Parlaments in anderen Bereichen, insbesondere durch das Recht zur Wahl des Kommissionspräsidenten (Art. 14 Abs. 1 Satz 3, 17 Abs. 7 EUV) sowie die weitgehend
gleichberechtigte Stellung bei der Gesetzgebung und der Feststellung des Haushaltsplans (s. Art. 314, Rn. 3), wäre daran zu denken, den Einfluss des Parlaments auf die
Besetzung des Rechnungshofs zu stärken. Trotz entsprechender Forderungen des Parlaments haben es die Vertragsparteien aber bei dem **Recht auf Anhörung** belassen.[12]

B. Der Präsident des Rechnungshofs

Nach Abs. 2 UAbs. 2 wählen die Mitglieder des Rechnungshofs »aus ihrer Mitte den   **12**
Präsidenten des Rechnungshofs für drei Jahre.« Die Wiederwahl ist ausdrücklich und
ohne Einschränkungen zugelassen. Nähere Bestimmungen zum Präsidenten enthält die
auf der Basis von Art. 287 Abs. 4 UAbs. 5 AEUV erlassene **Geschäftsordnung.**[13] Art. 7
Abs. 2 GO sieht vor, dass das Mitglied zum Präsidenten gewählt ist, das im ersten Wahlgang die Zweidrittelmehrheit erhält. Im zweiten Wahlgang reicht die absolute Mehrheit.
Art. 9 Abs. 1 GO nennt als Aufgaben des Präsidenten u. a. die Einberufung und Leitung
der Sitzungen des Kollegiums, die Durchführung der Beschlüsse des Hofes und die
Außenvertretung dieses Organs.

C. Rechtsstellung der Mitglieder des Rechnungshofs (Abs. 3 und 8)

Die Mitglieder des Rechnungshofs üben ihre Aufgaben nach Art. 285 Abs. 2 Satz 2   **13**
AEUV »in voller Unabhängigkeit zum allgemeinen Wohl der Union aus.« Sie sind mit
dieser **Unabhängigkeit** allerdings nicht allein. Nach Art. 17 Abs. 3 UAbs. 3 EUV übt die
Kommission ihre Tätigkeit ebenfalls »in voller Unabhängigkeit aus.« Gleiches gilt nach

---

[10] In diesem Sinne auch *Waldhoff*, in: Calliess/Ruffert, EUV/AEUV, Art. 286 AEUV, Rn. 5.
[11] Vgl. *Bergel*, S. 198 ff.; *Harden/White/Donnelly*, EPL 1995, 599 (627); *O'Keeffe*, S. 184 f.; *Laffan*, JCMSt 1999, 251 (256 ff.).
[12] Vgl. *Niedobitek*, in: Streinz, EUV/AEUV, Art. 286 AEUV, Rn. 5.
[13] Geschäftsordnung des Rechnungshofs der Europäischen Union vom 11.3.2010, ABl. 2010,
L 103/1.

Art. 228 Abs. 3 Satz 1 AEUV für den Bürgerbeauftragten. Auch die Richter und Generalanwälte sind unabhängig (Art. 19 Abs. 2 UAbs. 3 Satz 1 EUV). Weisungsfreiheit gilt nach Art. 130 AEUV zudem für die Mitglieder der Beschlussorgane der Europäischen Zentralbank. Die Mitglieder des Europäischen Parlaments können sich auf den Grundsatz des freien Mandats berufen[14] und sind daher ebenfalls weisungsunabhängig.

14   Ordnet man die Tätigkeit von Rechnungshöfen der **Exekutive** zu,[15] so erscheint ihre Unabhängigkeit rechtfertigungsbedürftig. Die primärrechtliche Rechtfertigung findet sich in Abs. 3 und Art. 285 Abs. 2 Satz 2 AEUV. Die Begründung für diese Unabhängigkeit ergibt sich daraus, dass eine solche Kontrolltätigkeit unbeeinflusst und unbehindert durchgeführt werden muss, um effektiv zu sein.[16]

15   Abs. 3 Satz 1 umschreibt die Unabhängigkeit der Mitglieder des Rechnungshofs in der Weise, dass sie »bei der Erfüllung ihrer Pflichten Anweisungen von einer Regierung oder einer anderen Stelle weder anfordern noch entgegennehmen« dürfen. Diese Formulierungen ähneln denen in Art. 17 Abs. 3 UAbs. 3 Satz 2 EUV für die Kommission und denen zur Unabhängigkeit der EZB (Art. 130 AEUV) und des Bürgerbeauftragten (Art. 228 Abs. 3 AEUV). Die Regelung für die Mitglieder des Rechnungshofs nennt allerdings nur Regierungen und andere Stellen, während die erwähnten Vorschriften ausführlicher aufzählen, von wem keine Weisungen entgegengenommen werden dürfen. Insbesondere fällt auf, dass Abs. 3 die Unionsorgane und -einrichtungen nicht nennt. Aus dem Festhalten an der schon in Art. 206 Abs. 5 EWGV enthaltenen Formulierung lässt sich jedoch nicht schließen, dass die Mitglieder des Rechnungshofs Weisungen von anderen Unionsorganen entgegennehmen dürften. Vielmehr ist der **Begriff der »anderen Stellen«** so umfassend zu verstehen, dass darunter auch alle Organe und Einrichtungen der Union fallen.

16   **Anweisungen** sind alle Äußerungen, die Verbindlichkeit beanspruchen und auf ein bestimmtes Verhalten der Mitglieder des Rechnungshofs zielen. Von Kritik ist der Rechnungshof demgegenüber nicht ausgenommen. Obwohl Abs. 3 Satz 1 nur die Mitglieder des Rechnungshofs explizit adressiert, ist ihm doch ein an alle Stellen gerichtetes **Verbot** zu entnehmen, Weisungen zu erteilen.[17] Mitgliedstaaten, die dagegen verstoßen, begehen eine Vertragsverletzung, die als solche allerdings nur von der Kommission (Art. 258 AEUV) oder den anderen Mitgliedstaaten (Art. 259 AEUV) vor dem EuGH geltend gemacht werden kann. Ein eigenes **Klagerecht** gegen Mitgliedstaaten sehen die Unionsverträge weder für den Rechnungshof noch für andere Organe der EU vor. Eine erweiternde Auslegung der Art. 258 f. AEUV, die dem Rechnungshof ein solches Recht verschaffen wollte,[18] würde die der Union übertragenen Kompetenzen überschreiten.[19] Demgegenüber könnte der Rechnungshof gegen Weisungen der Unionsorgane und -einrichtungen unter den Voraussetzungen des Art. 263 AEUV mit der Nichtigkeitsklage vorgehen.

17   Weisungsunabhängigkeit lässt sich nur realisieren, wenn mit ihr auch **persönliche Unabhängigkeit** verbunden ist. Eine allgemeine Basis dafür legt Abs. 8, der die für die

---

[14] Vgl. *Kluth*, in: Calliess/Ruffert, EUV/AEUV, Art. 223 AEUV, Rn. 10.

[15] Vgl. *Groß*, VerwArch 95 (2004), 194 (202).

[16] Vgl. *Engels*, in: Bonner Kommentar, GG, Art. 114 (August 2010), Rn. 158.

[17] Vgl. *Rossi*, Strukturen der europäischen Finanz- und Haushaltsverfassung, in: Stumpf/Kainer (Hrsg.), Gemeinschaftsrecht als Gestaltungsaufgabe, 2007, S. 23 (44).

[18] *Friedrich/Inghelram*, DÖV 1999, 669 (675 f.); *Inghelram*, CMLRev. 37 (2000), 129 (149): *ders.*, in: Lenz/Borchardt, EU-Verträge, Art. 287 AEUV, Rn. 18.

[19] Ähnlich *Bergel*, S. 204 f.

EuGH-Richter geltenden Bestimmungen des Protokolls über die Vorrechte und Befreiungen der Europäischen Union auch für die Mitglieder des Rechnungshofs anwendbar erklärt. Art. 343 Satz 1 AEUV bestimmt, dass die Union im Hoheitsgebiet der Mitgliedstaaten die zur Erfüllung ihrer Aufgaben erforderlichen **Vorrechte und Befreiungen** nach Maßgabe des Protokolls vom 8.4.1965 genießt. Die aktuelle Fassung dieses Protokolls ist den Unionsverträgen als Protokoll Nr. 7 beigefügt.[20] Nach Art. 20 des Protokolls finden die Art. 11–14 und 17 auf die Richter des Gerichtshofs Anwendung. Diese Bestimmungen gelten somit nach Abs. 8 auch für die Mitglieder des Rechnungshofs.

Unverzichtbares Element der persönlichen Unabhängigkeit ist darüber hinaus die **18** finanzielle Absicherung durch eine **angemessene Bezahlung**,[21] die Thema von Abs. 7 ist. Damit entsteht die Grundlage für den ebenfalls unabhängigkeitsstützenden Ausschluss weiterer Berufstätigkeiten, den Abs. 4 vorsieht. Ein ausreichendes Gehalt erleichtert darüber hinaus den ebenfalls in Abs. 4 angesprochenen zurückhaltenden Umgang mit Vergünstigungen. Hinzukommen muss der Schutz des Amtes selbst. Wer fürchten muss, wegen seiner korrekten dienstlichen Tätigkeit entlassen zu werden, kann nicht unabhängig handeln. Deshalb regelt Abs. 6 die **Voraussetzungen für die Amtsenthebung** restriktiv (s. Rn. 25).

D. Unvereinbarkeit, Pflichten (Abs. 4)

Abs. 4 verbietet den Mitgliedern des Rechnungshofs, während ihrer Amtszeit anderen **19** entgeltlichen oder unentgeltlichen **Berufstätigkeiten** nachzugehen. Diese Regelung zog bei ihrer Einführung einen Schlussstrich unter die zuvor nur nebenamtliche Tätigkeit der Mitglieder des Kontrollausschusses (s. Art. 285 AEUV, Rn 5). Sie fördert und fordert die **Konzentration auf das übertragene Amt** und stützt zugleich die Unabhängigkeit der Mitglieder des Rechnungshofs. Entsprechende Regelungen gelten auch für den Bürgerbeauftragten (Art. 228 Abs. 3 AEUV) sowie die Mitglieder der Kommission (Art. 245 Abs. 2 AEUV) und grundsätzlich auch für die Richter und Generalanwälte (Art. 4 Abs. 2, 8 EuGH-Satzung) und die Mitglieder des EZB-Direktoriums (Art. 11.1 UAbs. 2 ESZB-Satzung).

Die Klausel in Abs. 4 Satz 2, wonach die Mitglieder des Rechnungshofs bei der Auf- **20** nahme ihrer Tätigkeit die **feierliche Verpflichtung** übernehmen, »während der Ausübung und nach Ablauf ihrer Amtstätigkeit die sich aus ihrem Amt ergebenden Pflichten zu erfüllen, insbesondere die Pflicht, bei der Annahme gewisser Tätigkeiten oder Vorteile nach Ablauf dieser Tätigkeit ehrenhaft und zurückhaltend zu sein«, entspricht den Regelungen für andere Amtsträger der Union (z.B. Art. 4 Abs. 3 EuGH-Satzung). Besonders aufschlussreich ist insoweit die identische Bestimmung für Mitglieder der Kommission in Art. 245 Abs. 2 Satz 2 AEUV; denn dessen Satz 3 nennt als Konsequenz einer Pflichtverletzung die Amtsenthebung oder andere Sanktionen. Abs. 4 lässt diese Verbindung aufgrund der räumlichen Trennung von der Vorschrift über die Amtsenthebung in Abs. 6 nicht sofort erkennen. Ein Verstoß stellt aber eine Pflichtverletzung i.S.v. Abs. 6 dar.

---

[20] ABl. 2012, C 326/266.
[21] Vgl. *Niedobitek*, in: Streinz, EUV/AEUV, Art. 286 AEUV, Rn. 8; *Waldhoff*, in: Calliess/Ruffert, EUV/AEUV, Art. 286 AEUV, Rn. 9.

21   Abs. 3 Satz 2 schließt an das im dortigen Satz 1 enthaltene Verbot, Anweisungen anzufordern oder entgegenzunehmen (s. o. Rn. 15 f.) die Pflicht an, mit den Aufgaben **unvereinbare Handlungen** zu unterlassen. Will man diese Vorschrift nicht als pauschale Vorwegnahme der in Abs. 4 erwähnten Verpflichtungen verstehen, bezieht sie sich zumindest auch auf andere Handlungen, die ebenfalls nicht mit den Aufgaben von Mitgliedern des Rechnungshofs vereinbar sind. Die umfassende Formulierung scheint auf ein besonders strenges Verständnis von dieser Unterlassungspflicht hinzudeuten.[22]

E.   Ausscheiden aus dem Amt (Abs. 5 und 6)

22   Die Abs. 5 und 6 regeln das Ausscheiden aus dem Amt. Abs. 5 UAbs. 1 erwähnt zunächst das **reguläre Ende durch Neubesetzungen**, die das Ablaufen der Amtszeit voraussetzen. Dann weist er ausdrücklich auf Tod und Rücktritt als weitere Gründe für die Beendigung des Amtes eines Mitglieds des Rechnungshofs hin. Schließlich nennt er die Amtsenthebung, verweist dazu aber auf Abs. 6. Im Wesentlichen entsprechen diese Regelungen damit denen für Mitglieder der Kommission (Art. 246 AEUV) sowie Richter und Generalanwälte (Art. 5, 8 EuGH-Satzung).

23   Wird auf diese Weise eine Position im Kollegium des Rechnungshofs frei, wird ein **Nachfolger** ernannt. Nach Abs. 5 UAbs. 2 erfolgt dessen Ernennung allerdings nur für die noch verbleibende Amtszeit, demnach also für die Frist die an der Amtszeit von sechs Jahren fehlt. Diese Regelung gilt selbstverständlich nicht bei regelmäßigen Neubesetzungen, sondern nur in den anderen Fällen des Ausscheidens.

24   Abs. 5 UAbs. 3 bestimmt schließlich, dass die bisherigen Mitglieder des Rechnungshofs bis zur Neubesetzung ihres Sitzes im Amt bleiben. Ausdrücklich nicht gelten soll das nur im Fall der Amtsenthebung. Dass diese Festlegung sich außerdem nicht auf das Ausscheiden durch den Tod des Amtsinhabers beziehen kann, versteht sich von selbst. Auch einen **Rücktritt mit sofortiger Wirkung** wird man nicht völlig ausschließen können. Die Regelung greift daher vor allem beim Ablauf der Amtszeit, wenn es nicht gelingt, rechtzeitig einen Nachfolger zu ernennen.

25   Die **Amtsenthebung** ist bei mit Unabhängigkeit ausgestatteten Amtsträgern ein heikles Unterfangen, lässt sich doch kaum von vornherein ausschließen, dass auf diese Weise die Autonomie unterlaufen oder korrektes Verhalten unzulässigerweise sanktioniert werden soll. Daher sind sowohl an die Gründe für eine Amtsenthebung als auch an das Verfahren besondere Anforderungen zu stellen. Abs. 6 enthält die einschlägigen Vorschriften für die Mitglieder des Rechnungshofs. Danach ist eine Amtsenthebung nur möglich, wenn ein Mitglied entweder die erforderlichen Voraussetzungen nicht mehr erfüllt oder wenn es den sich aus seinem Amt ergebenden Verpflichtungen nicht mehr nachkommt.

26   Die erste Alternative stellt auf die **erforderlichen Voraussetzungen** ab, sagt aber nicht ausdrücklich, welche Voraussetzungen gemeint sind. Man wird insoweit in Anlehnung an Vorschriften für andere Amtsträger der Union auf die Voraussetzungen für die Ausübung des Amtes abstellen können, wie es Art. 228 Abs. 2 UAbs. 2 AEUV für den Bürgerbeauftragten, Art. 247 AEUV für die Kommission oder Art. 11.4 ESZB-Satzung für die Mitglieder des EZB-Direktoriums formulieren. Es kann sich daher insbesondere

---

[22] Vgl. *Lienbacher*, in: Schwarze, EU-Kommentar, Art. 286 AEUV, Rn. 16.

um gesundheitliche Voraussetzungen handeln, aber wohl auch um die fachliche Qualifikation oder die Staatsangehörigkeit eines Mitgliedstaates.

Seinem Wortlaut nach stellt Abs. 6 nur darauf ab, dass ein Mitglied die Voraussetzungen nicht mehr erfüllt. Fraglich erscheint deshalb, ob die Vorschrift auch dann einschlägig ist, wenn die für die Ausübung des Amtes erforderlichen Voraussetzungen von vornherein nicht vorlagen.[23] In den meisten Fällen dürfte es gute Gründe für eine solche **erweiternde Auslegung** geben. Wenn z. B. ein Mitglied aus gesundheitlichen Gründen nicht in der Lage ist, sein Amt auszuüben, sollte die Amtsenthebung auch dann zulässig sein, wenn diese Gründe schon bei der Ernennung vorlagen. Es lässt sich aber nicht ausschließen, dass es auch Fallgestaltungen gibt, in denen unbillig wäre, ein Mitglied des Amtes zu entheben, obwohl der Rat sich bei der Ernennung des Fehlens bestimmter Voraussetzungen bewusst war. Daher wird man im Einzelfall prüfen müssen, ob die Entlassung gerechtfertigt ist.

Mit der zweiten Alternative haben die Vertragsparteien an der Formulierung in Art. 206 Abs. 8 EWGV festgehalten, obwohl die Unionsverträge in ähnlichen Fällen andere Klauseln verwenden. Die Wendung »wenn es den sich aus seinem Amt ergebenden Verpflichtungen nicht mehr nachkommt« entspricht der in Art. 6 Abs. 1 EuGH-Satzung für die Amtsenthebung von EuGH-Richtern. Hinsichtlich des Bürgerbeauftragten, der Mitglieder der Kommission und der EZB-Direktoriumsmitglieder nennen die Art. 228, 247 AEUV und Art. 11.4 ESZB-Satzung die Voraussetzung, dass diese Amtsträger »eine schwere Verfehlung begangen« haben. Eine **schwere Verfehlung** kann auch den Präsidenten des Europäischen Rates nach Art. 15 Abs. 5 EUV um sein Amt bringen.

Es ist nicht ersichtlich, dass die Unabhängigkeit der Mitglieder des Rechnungshofes sowie der Richter und Generalanwälte mehr oder weniger Schutz verdiente als die der anderen Amtsträger. Das **Interesse an einem einheitlichen Maßstab** spricht dafür, den unterschiedlichen Formulierungen kein größeres Gewicht beizumessen. Daher dürfte es keinen wesentlichen Unterschied darstellen, wenn ein Mitglied des Rechnungshofs »den sich aus seinem Amt ergebenden Verpflichtungen nicht mehr nachkommt« oder ein Mitglied der Kommission »eine schwere Verfehlung« begeht. In der Verletzung der sich aus dem Amt ergebenden Pflichten wird vielmehr grundsätzlich auch eine schwere Verfehlung zu sehen sein. Zu den Verpflichtungen, deren Missachtung zur Amtsenthebung führen kann, gehören insbesondere die aus Abs. 3 und 4.

Das **Initiativrecht für Amtsenthebungsverfahren** liegt allein beim Rechnungshof als Kollegialorgan. Nur er kann den Antrag stellen, eines seiner Mitglieder zu entlassen. Art. 4 der Geschäftsordnung des Rechnungshofs bestimmt, dass zunächst »der Präsident oder, falls der Präsident das betroffene Mitglied ist, das gemäß Artikel 5 dieser Geschäftsordnung nächste Mitglied in der Rangfolge beauftragt [wird], einen vorläufigen Bericht auszuarbeiten.« Diesen Bericht erhalten alle Mitglieder; das betroffene Mitglied wird aufgefordert, sich dazu zu äußern. Der Beschluss, den Antrag auf Amtsenthebung zu stellen, bedarf dann nach Art. 4 Abs. 4 GO der »Vierfünftelmehrheit der Stimmen der Mitglieder des Hofes«, wobei das betroffene Mitglied nicht stimmberechtigt ist.

Über den Antrag entscheidet der **Gerichtshof**, der nach Art. 16 Abs. 4 EuGH-Satzung in solchen Fällen als Plenum tagt. Eine Entscheidung setzt nach Art. 17 Abs. 4 EuGH-Satzung voraus, dass mindestens 17 Richter anwesend sind. Der Gerichtshof stellt die

---

[23] Für die Anwendbarkeit auf diesen Fall *Bieber*, in: GSH, Europäisches Unionsrecht, Art. 286 AEUV, Rn. 8; *Frenz*, Handbuch Europarecht, Band 6, Rn. 1511.

inhaltlichen Voraussetzungen für die Amtsenthebung fest. Aus Abs. 5 UAbs. 1, der die
»Amtsenthebung durch den Gerichtshof« erwähnt, ergibt sich aber, dass er auch über
die Amtsenthebung an sich entscheidet. Alternativ zur Amtsenthebung kann er auch auf
den Verlust der »Ruhegehaltsansprüche oder anderer an ihrer Stelle gewährter Vergünstigungen« erkennen. Das verdeutlicht, dass sich Amtsenthebungsverfahren auch gegen
ehemalige Mitglieder des Rechnungshofs richten können.[24]

32   Nach einer Ansicht soll der EuGH an die materiellen Feststellungen des Rechnungshofs über das Vorliegen der Voraussetzungen des Abs. 6 gebunden sein.[25] Eine solche
Bindung würde die Rolle **des Gerichtshofs** aber auf eine Beurkundung der Entscheidung
des Rechnungshofs beschränken. Wenn es Aufgabe des EuGH ist, nach Art. 19 Abs. 1
UAbs. 1 Satz 2 EUV, »die Wahrung des Rechts bei der Auslegung und Anwendung der
Verträge« zu sichern, dann muss er auch zu einer eigenständigen Auslegung und Anwendung der Voraussetzungen für die Amtsenthebung befugt sein.

33   Mit diesen inhaltlichen und verfahrensmäßigen Voraussetzungen erscheint die Unab-
hängigkeit der Mitglieder des Rechnungshofs grundsätzlich gut vor unberechtigten
Amtsenthebungen geschützt.[26] Auch diese Zielrichtung des Abs. 6 spricht gegen eine
Bindung des EuGH an die Feststellungen des Rechnungshofs.

F.   Beschäftigungsbedingungen (Abs. 7)

34   Für die **Festsetzung der Beschäftigungsbedingungen** für den Präsidenten und die Mitglieder des Rechnungshofs ist nach Abs. 7 der Rat zuständig. Daraus ergibt sich, dass
dieser Personenkreis nicht den allgemeinen dienstrechtlichen Bestimmungen unterfällt,
die Parlament und Rat nach Art. 336 AEUV durch Verordnung erlassen. Daher ist das
Gericht für den öffentlichen Dienst[27] für Streitigkeiten, die sich im Zusammenhang mit
den Beschäftigungsbedingungen für die Mitglieder des Rechnungshofs ergeben, nicht
nach Art. 270 AEUV zuständig. Dienstrechtliche Entscheidungen des Rechnungshofs
können aber mit der Nichtigkeitsklage angefochten werden, auch wenn Art. 263 Abs. 1
den Rechnungshof nicht ausdrücklich erwähnt.[28]

35   Über die **Rechtsform**, in der der Rat die Beschäftigungsbedingungen festsetzt, enthält
Abs. 7 keine Vorgaben. Immerhin äußert er sich zu deren Inhalt. Danach beziehen sich
die Regelungen insbesondere auf »die Gehälter, Vergütungen und Ruhegehälter.« Der-
zeit gilt immer noch die vom Rat auf der Basis von Art. 206 Abs. 9 EWGV erlassene
Verordnung (EWG, Euratom, EGKS) Nr. 2290/77 vom 18.10.1977 über die Regelung
der Amtsbezüge für die Mitglieder des Rechnungshofes.[29] Künftige Änderungen oder
Neuregelungen auf der Grundlage von Abs. 7 erlässt der Rat mit qualifizierter Mehrheit
(Art. 16 Abs. 3 EUV) und auf Vorschlag der Kommission (Art. 17 Abs. 2 EUV).

---

[24] Vgl. *Bieber*, in: GSH, Europäisches Unionsrecht, Art. 286 AEUV, Rn. 8.
[25] So *Frenz*, Handbuch Europarecht, Band 6, Rn. 1511.
[26] Vgl. *Bergel*, S. 157.
[27] Errichtet durch den Beschluss des Rates vom 2.11.2004 zur Errichtung des Gerichts für den
öffentlichen Dienst der Europäischen Union (2004/752/EG, Euratom), ABl. 2004, L 333/7.
[28] Vgl. EuGöD, Beschl. v. 10.12.2008, Rs. F–46/08 (Thoss/Rechnungshof), Slg. 2008,
FP-II-A–1–2381. S. auch EuG, Urt. v. 30.9.1998, Rs. T–121/97 (Ryan/Rechnungshof), Slg. 1998,
II–3885.
[29] ABl. 1977, L 268/1, zuletzt geändert durch Verordnung Nr. 1293/2004 des Rates vom
30.4.2004, ABl. 2004, L 243/26.

Artikel 287 AEUV [Aufgaben und Befugnisse des Rechnungshofs]

(1) ¹Der Rechnungshof prüft die Rechnung über alle Einnahmen und Ausgaben der Union. ²Er prüft ebenfalls die Rechnung über alle Einnahmen und Ausgaben jeder von der Union geschaffenen Einrichtung oder sonstigen Stelle, soweit der Gründungsakt dies nicht ausschließt.

¹Der Rechnungshof legt dem Europäischen Parlament und dem Rat eine Erklärung über die Zuverlässigkeit der Rechnungsführung sowie die Rechtmäßigkeit und Ordnungsmäßigkeit der zugrunde liegenden Vorgänge vor, die im *Amtsblatt der Europäischen Union* veröffentlicht wird. ²Diese Erklärung kann durch spezifische Beurteilungen zu allen größeren Tätigkeitsbereichen der Union ergänzt werden.

(2) ¹Der Rechnungshof prüft die Rechtmäßigkeit und Ordnungsmäßigkeit der Einnahmen und Ausgaben und überzeugt sich von der Wirtschaftlichkeit der Haushaltsführung. ²Dabei berichtet er insbesondere über alle Fälle von Unregelmäßigkeiten.

Die Prüfung der Einnahmen erfolgt anhand der Feststellungen und der Zahlungen der Einnahmen an die Union.

Die Prüfung der Ausgaben erfolgt anhand der Mittelbindungen und der Zahlungen.

Diese Prüfungen können vor Abschluss der Rechnung des betreffenden Haushaltsjahrs durchgeführt werden.

(3) ¹Die Prüfung wird anhand der Rechnungsunterlagen und erforderlichenfalls an Ort und Stelle bei den anderen Organen der Union, in den Räumlichkeiten der Einrichtungen oder sonstigen Stellen, die Einnahmen oder Ausgaben für Rechnung der Union verwalten, sowie der natürlichen und juristischen Personen, die Zahlungen aus dem Haushalt erhalten, und in den Mitgliedstaaten durchgeführt. ²Die Prüfung in den Mitgliedstaaten erfolgt in Verbindung mit den einzelstaatlichen Rechnungsprüfungsorganen oder, wenn diese nicht über die erforderliche Zuständigkeit verfügen, mit den zuständigen einzelstaatlichen Dienststellen. ³Der Rechnungshof und die einzelstaatlichen Rechnungsprüfungsorgane arbeiten unter Wahrung ihrer Unabhängigkeit vertrauensvoll zusammen. ⁴Diese Organe oder Dienststellen teilen dem Rechnungshof mit, ob sie an der Prüfung teilzunehmen beabsichtigen.

Die anderen Organe der Union, die Einrichtungen oder sonstigen Stellen, die Einnahmen oder Ausgaben für Rechnung der Union verwalten, die natürlichen oder juristischen Personen, die Zahlungen aus dem Haushalt erhalten, und die einzelstaatlichen Rechnungsprüfungsorgane oder, wenn diese nicht über die erforderliche Zuständigkeit verfügen, die zuständigen einzelstaatlichen Dienststellen übermitteln dem Rechnungshof auf dessen Antrag die für die Erfüllung seiner Aufgabe erforderlichen Unterlagen oder Informationen.

¹Die Rechte des Rechnungshofs auf Zugang zu Informationen der Europäischen Investitionsbank im Zusammenhang mit deren Tätigkeit bei der Verwaltung von Einnahmen und Ausgaben der Union werden in einer Vereinbarung zwischen dem Rechnungshof, der Bank und der Kommission geregelt. ²Der Rechnungshof hat auch dann Recht auf Zugang zu den Informationen, die für die Prüfung der von der Bank verwalteten Einnahmen und Ausgaben der Union erforderlich sind, wenn eine entsprechende Vereinbarung nicht besteht.

(4) ¹Der Rechnungshof erstattet nach Abschluss eines jeden Haushaltsjahrs einen Jahresbericht. ²Dieser Bericht wird den anderen Organen der Union vorgelegt und im *Amtsblatt der Europäischen Union* zusammen mit den Antworten dieser Organe auf die Bemerkungen des Rechnungshofs veröffentlicht.

Der Rechnungshof kann ferner jederzeit seine Bemerkungen zu besonderen Fragen vorlegen, insbesondere in Form von Sonderberichten, und auf Antrag eines der anderen Organe der Union Stellungnahmen abgeben.

¹Er nimmt seine jährlichen Berichte, Sonderberichte oder Stellungnahmen mit der Mehrheit seiner Mitglieder an. ²Er kann jedoch für die Annahme bestimmter Arten von Berichten oder Stellungnahmen nach Maßgabe seiner Geschäftsordnung Kammern bilden.

Er unterstützt das Europäische Parlament und den Rat bei der Kontrolle der Ausführung des Haushaltsplans.

¹Der Rechnungshof gibt sich eine Geschäftsordnung. ²Diese bedarf der Genehmigung des Rates.

Literaturübersicht

Bergel, Rechnungshöfe als vierte Staatsgewalt?, 2010; *Fehr*, Mögliche Wechselwirkungen zwischen dem Europäischen Rechnungshof und nationalen Rechnungshöfen, FS Lüder, 2000, S. 675; *Freytag*, Der Europäische Rechnungshof, 2005; *Harden/White/Donnelly*, The Court of Auditors and Financial Control and Accountability in the European Community, EPL 1995, 599; *Inghelram*, The European Court of Auditors: Current legal issues, CMLRev. 37 (2000), 129; *Kok*, The Court of Auditors of the European Communities: »The other European Court in Luxembourg«, CMLRev. 26 (1989), 345; *Mähring*, Externe Finanzkontrolle im europäischen Mehrebenensystem, DÖV 2006, 195; *Mart*, Die Finanzkontrolle der Europäischen Gemeinschaften, in: Zavelberg (Hrsg.), Die Kontrolle der Staatsfinanzen, FS zur 275. Wiederkehr der Preußischen General-Rechen-Kammer, 1989, S. 469; *von Wedel*, Die Zuverlässigkeitserklärung des Europäischen Rechnungshofs nach Art. 248 des Vertrags zur Gründung der Europäischen Gemeinschaft und ihre Auswirkungen auf Recht und Praxis der Mitgliedstaaten, FS Siedentopf, 2008, S. 145. S. außerdem die Literatur zu Art. 285 AEUV.

Leitentscheidung

EuGH, Urt. v. 23.4.1986, Rs. 294/83 (Les Verts/Parlament), Slg. 1986, 1339

Inhaltsübersicht

A. Entwicklung der Vorschrift

1   Die Vorschrift entspricht im Wesentlichen dem 1977 zur Errichtung des Rechnungshofs eingefügten Art. 206a EWGV (s. Art. 285 AEUV, Rn. 7f.). Der EG-Vertrag übernahm sie 1993 in seinem Art. 188c und fügte Abs. 1 UAbs. 2 in einer allerdings kürzeren Fassung ein. Der Vertrag von Amsterdam (1999) änderte die Nummerierung (Art. 248 EGV) und ebenso wie der Vertrag von Nizza (2003) einzelne der Regelungen. Die so entstandene Fassung von Art. 248 EGV übernahm der Vertrag von Lissabon – abgesehen von den typischen terminologischen Anpassungen – inhaltlich unverändert. Diese

primärrechtliche Regelung wird konkretisiert und ergänzt durch die Art. 58 ff. der Haushaltsordnung (HO).[1]

B. Reichweite der Prüfung des Rechnungshofs (Abs. 1 UAbs. 1)

Art. 285 Abs. 1 beschreibt die **zentrale Aufgabe des Rechnungshofs** als »Rechnungs-   2 prüfung der Union«. Abs. 1 UAbs. 1 Satz 1 wiederholt diese Zuständigkeit mit etwas anderen Worten. Danach prüft der Rechnungshof »die Rechnung über alle Einnahmen und Ausgaben der Union.« Jedenfalls an dieser Stelle ist mit »Union« allein die **Europäische Union als juristische Person** gemeint. Das ergibt sich aus Satz 2, der die Aufgabe auf die von der Union geschaffenen Einrichtung und sonstigen Stellen ausdehnt. Satz 1 bezieht sich demnach auf die Einnahmen und Ausgaben, die nach Art. 310 Abs. 1 UAbs. 1 AEUV in den Gesamthaushaltsplan der EU einzustellen sind (s. Art. 310 AEUV, Rn. 17).

Die Kommission wollte den Prüfauftrag für den Rechnungshof ursprünglich auf die   3 im Haushaltsplan eingestellten Einnahmen und Ausgaben beschränken.[2] Damit konnte sie sich jedoch nicht durchsetzen, wie Satz 2 belegt. Mit den von der Union geschaffenen **Einrichtungen und sonstigen Stellen** meint Satz 2 sowohl die von den Unionsverträgen selbst vorgesehenen juristischen Personen innerhalb der EU als auch die von den Unionsorganen geschaffenen verselbstständigten Einrichtungen. Die genaue Zuordnung bestimmter Institutionen zu den Einrichtungen oder sonstigen Stellen ist unklar[3] und im vorliegenden Zusammenhang auch nicht relevant, weil sich die Prüfungskompetenz des Rechnungshofs auf beide bezieht.[4]

Für die Rechnungsprüfung bei Einrichtungen und sonstigen Stellen ist der Rechnungs-   4 hof nur dann nicht zuständig, wenn und soweit der **Gründungsakt der jeweiligen Institution** dies ausschließt. In diesem Sinne bestimmt Art. 27.2 ESZB-Satzung, dass Art. 287 AEUV »nur auf eine Prüfung der Effizienz der Verwaltung der EZB anwendbar« ist. Daraus folgt, dass der Rechnungshof nicht berechtigt ist, den Abschluss der **Europäischen Zentralbank** zu prüfen.[5] Insoweit sieht Art. 27.1 ESZB-Satzung vielmehr vor, dass die Jahresabschlüsse der EZB von unabhängigen externen Rechnungsprüfern geprüft werden.

Eine Ausnahme gilt außerdem für die **Europäische Investitionsbank (EIB)**. Nach   5 Art. 12 der EIB-Satzung[6] prüft ein Ausschuss, »der aus sechs vom Rat der Gouverneure aufgrund ihrer Befähigung ernannten Mitgliedern besteht, [...] ob die Tätigkeit der Bank mit den bewährtesten Praktiken im Bankwesen im Einklang steht, und ist für die Rechnungsprüfung der Bank verantwortlich.« Der damit verbundene Ausschluss der Prüfung durch den Rechnungshof bezieht sich allerdings nur auf die eigenen Mittel der EIB,

---

[1] Verordnung (EU, EURATOM) Nr. 966/2012 des Europäischen Parlaments und des Rates vom 25.10.2012 über die Haushaltsordnung für den Gesamthaushaltsplan der Union und zur Aufhebung der Verordnung (EG, Euratom) Nr. 1605/2002 des Rates, ABl. 2012, L 298/1.

[2] Vgl. *Mart*, S. 477.

[3] Vgl. *Frenz*, Handbuch Europarecht, Band 6, Rn. 476 ff.

[4] Zur Reichweite dieser Prüfungskompetenz vgl. *Inghelram*, CMLRev. 37 (2000), 129 (131 f.); *Lödl*, in: Mayer/Stöger, EUV/AEUV, Art. 287 AEUV (2013), Rn. 9 ff.; *Niedobitek*, in: Streinz, EUV/AEUV, Art. 287 AEUV, Rn. 3 ff.

[5] Vgl. *Freimuth*, in: Siekmann, EWU, Art. 27 ESZB-Satzung, Rn. 35. S. auch *Inghelram*, CMLRev. 37 (2000), 129 (132).

[6] Als Protokoll Nr. 5 den Unionsverträgen beigefügt, ABl. 2012, C 326/251.

nicht aber auf »deren Tätigkeit bei der Verwaltung von Einnahmen und Ausgaben der Union«, wie Abs. 3 UAbs. 3 bestätigt.

6   Eine Erweiterung über den Wortlaut der Vorschrift hinaus ergibt sich aus dem Internen Abkommen vom 17. 7. 2006 über die Finanzierung des **Europäischen Entwicklungsfonds (EEF)**.[7] Der EEF stellt keine Einrichtung oder Stelle der Union dar, sondern wurde von den Mitgliedstaaten im Rahmen des so genannten AKP-EG-Abkommens zur Finanzierung ihrer Entwicklungspolitik errichtet. Art. 11 Abs. 7 des Internen Abkommens legt fest, dass der Rechnungshof grundsätzlich »die ihm gemäß Artikel 248 des EG-Vertrags übertragenen Befugnisse auch in Bezug auf die Finanzierungen des EEF« ausübt.

C. Zuverlässigkeitserklärung (Abs. 1 UAbs. 2)

7   Die Zuverlässigkeitserklärung nach Abs. 1 UAbs. 2 Satz 1 hat durch den Vertrag von Maastricht 1993 Einzug in Art. 188c EGV gefunden. Der Vertrag von Amsterdam fügte 1999 in der zu Art. 248 EGV gewordenen Vorschrift die Pflicht zur Veröffentlichung im Amtsblatt hinzu. Schließlich ergänzte der Vertrag von Nizza (2003) diesen Unterabsatz um Satz 2.

8   Die Erklärung bezieht sich auf »die **Zuverlässigkeit der Rechnungsführung** sowie die Rechtmäßigkeit und Ordnungsmäßigkeit der zugrunde liegenden Vorgänge«. Eine solche Zuverlässigkeitserklärung ist im deutschen Recht zur Prüfung der öffentlichen Finanzen nicht üblich.[8] Sie geht wohl auf Vorschläge aus Großbritannien und den Niederlanden zurück.[9] Mit dieser Erklärung bestätigt der Rechnungshof den **ordnungsgemäßen Haushaltsvollzug**. In der Praxis sind eingeschränkte Zuverlässigkeitserklärungen üblich.[10] Der Umgang mit diesem Instrument ist zwischen den beteiligten Unionsorganen umstritten.[11]

D. Prüfungsgegenstand (Abs. 2)

9   Gegenstand der Prüfungen des Rechnungshofs sind nach Abs. 2 UAbs. 1 die Rechtmäßigkeit und die Ordnungsmäßigkeit der Einnahmen und Ausgaben sowie die Wirtschaftlichkeit der Haushaltsführung.[12] Da der Rechnungshof wegen deren großer Zahl nicht wirklich alle Einnahme- und Ausgabevorgänge prüfen kann, muss er sich auf **repräsentative Stichproben** beschränken und nicht zuletzt darauf, die **Wirksamkeit der Kontrollsysteme** der geprüften Einrichtungen zu beurteilen.[13]

---

[7] Internes Abkommen zwischen den im Rat vereinigten Vertretern der Regierungen der Mitgliedstaaten über die Finanzierung der im mehrjährigen Finanzrahmen für den Zeitraum 2008–2013 bereitgestellten Gemeinschaftshilfe im Rahmen des AKP-EG-Partnerschaftsabkommens und über die Bereitstellung von Finanzhilfe für die überseeischen Länder und Gebiete, auf die der vierte Teil des EG-Vertrags Anwendung findet, ABl. 2006, L 247/32.

[8] Vgl. *Fehr*, S. 679, wonach die Zuverlässigkeitserklärung ein Novum in Europa darstelle.

[9] Vgl. *v. Wedel*, S. 146.

[10] Vgl. *Frenz*, Handbuch Europarecht, Band 6, Rn. 1528.

[11] Näher dazu *v. Wedel*, S. 147 ff.

[12] S. dazu *Lödl*, in: Mayer/Stöger, EUV/AEUV, Art. 285 AEUV (2013), Rn. 15 ff.

[13] Vgl. dazu *Bergel*, S. 170; *Niedobitek*, in: Streinz, EUV/AEUV, Art. 287 AEUV, Rn. 18.

Die **Rechtmäßigkeitsprüfung** soll sich nach der Rechtsprechung des EuGH nur auf   **10**
»die Rechtmäßigkeit einer Ausgabe im Hinblick auf den Haushaltsplan und den dieser
Ausgabe zugrundeliegenden Akt des abgeleiteten Rechts« beziehen.[14] Das erscheint
jedoch zu eng und erklärt sich möglichweise eher aus institutionellem Eigennutz als aus
einer sinnvollen Auslegung von Abs. 2, dem eine solche Einschränkung nicht zu entnehmen ist.[15] Daher sollte der Rechnungshof berechtigt sein, eine **umfassende Prüfung**
vorzunehmen. Da er keine Entscheidungskompetenzen hat, besteht nicht die Gefahr,
dass er damit in Zuständigkeiten des Gerichtshofs eingreift.[16]

Die **Ordnungsmäßigkeitsprüfung** bezieht sich insbesondere auf buchungstechnische,   **11**
rechnerische und Bewertungsfragen.[17] Die Kontrolle der Rechtmäßigkeit und Ordnungsmäßigkeit dient auch der Vermeidung und Bekämpfung von Betrug zu Lasten des
Unionshaushalts, die ansonsten Gegenstand von Art. 325 AEUV sind. Im Rahmen der
Wirtschaftlichkeitsprüfung geht es um die Kosten-Nutzen-Relation.[18]

Die UAbs. 2 und 3 differenzieren zwischen **Einnahmen und Ausgaben**. Während die   **12**
Prüfung der Einnahmen »anhand der Feststellungen und der Zahlungen der Einnahmen
an die Union« erfolgt, tätigt der Rechnungshof die Prüfung der Ausgaben »anhand der
Mittelbindungen und der Zahlungen«. Diese haushaltstechnischen Begriffe definiert das
Primärrecht nicht selbst, sondern übernimmt sie aus dem Sekundärrecht. Für die Einnahmen ist das insbesondere die Verordnung Nr. 1150/2000 vom 22. 5. 2000 zur Durchführung des Beschlusses über das System der Eigenmittel der Gemeinschaften.[19] Für die
Ausgaben enthalten die Art. 12 ff., 85 ff. sowie Art. 90 f. HO Regelungen zu Mittelbindungen und Zahlungen.

Die in Abs. 1 UAbs. 2 vorgesehene Zuverlässigkeitserklärung ist ein **Instrument der**   **13**
nachträglichen Kontrolle, wie überhaupt Rechnungsprüfung grundsätzlich ex post stattfindet.[20] Das hindert den Rechnungshof aber nicht an einer **unterjährigen Prüfung**.
Abs. 2 UAbs. 4 stellt insoweit ausdrücklich klar, dass die Prüfungen auch schon »vor
Abschluss der Rechnung des betreffenden Haushaltsjahrs durchgeführt werden« können.

E. Prüfungstätigkeit (Abs. 3)

Die Rechnungsprüfung besteht zum Teil in der Prüfung der dem Rechnungshof über-   **14**
sandten Rechnungsunterlagen. Eine **effektive Kontrolle** kommt aber ohne Prüfungen
bei den jeweiligen Stellen, die für Einnahmen und Ausgaben zuständig sind, nicht aus.
Abs. 3 UAbs. 1 ermächtigt den Rechnungshof deshalb, »erforderlichenfalls an Ort und

---

[14] EuGH, Urt. v. 23.4.1986, Rs. 294/83 (Les Verts/Parlament), Slg. 1986, 1339, Rn. 28.

[15] Vgl. *Bergel*, S. 167 f.; *Inghelram*, CMLRev. 37 (2000), 129 (133).

[16] Ebenso schon Generalanwalt *Mancini*, Schlussanträge zu Rs. 204/86 (Griechenland/Rat),
Slg. 1988, 5323 (5342 f.); *Bieber*, in: GSH, Europäisches Unionsrecht, Art. 287 AEUV, Rn. 14; *Niedobitek*, in: Streinz, EUV/AEUV, Art. 287 AEUV, Rn. 12.

[17] Vgl. *Waldhoff*, in: Calliess/Ruffert, EUV/AEUV, Art. 287 AEUV, Rn. 2.

[18] Vgl. *Freytag*, S. 106 f.; *Harden/White/Donnelly*, EPL 1995, 599 (611, 615 f.); *Kok*, CMLRev. 26
(1989), 345 (360 ff.).

[19] Verordnung (EG, Euratom) Nr. 1150/2000 des Rates vom 22.5.2000 zur Durchführung des
Beschlusses 94/728/EG, Euratom über das System der Eigenmittel der Gemeinschaften, ABl. 2000,
L 130/1, zuletzt geändert durch Verordnung (EG, Euratom) Nr. 105/2009 des Rates vom 26.1.2009,
ABl. 2009, L 36/1.

[20] Vgl. *Freytag*, S. 108; *Waldhoff*, in: Calliess/Ruffert, EUV/AEUV, Art. 287 AEUV, Rn. 9.

Stelle« zu prüfen. Bei der **Beurteilung der Erforderlichkeit** wird man ihm einen sehr weiten Ermessensspielraum zugestehen müssen, der allenfalls bei offensichtlich willkürlichem Vorgehen überschritten sein dürfte.

15   Was mit der Wendung »an Ort und Stelle« gemeint ist, führt die Vorschrift selbst aus. Es kann sich um eine Prüfung bei den anderen Organen der Union handeln. Darüber hinaus sind auch Prüfungen in den Räumlichkeiten der Einrichtungen und sonstigen Stellen der Union möglich, soweit sie »Einnahmen oder Ausgaben für Rechnung der Union verwalten«. Die weiteren Regelungen reichen dann über den institutionellen Rahmen der Union hinaus. Mit dem Recht, in den Räumlichkeiten »der natürlichen und juristischen Personen, die Zahlungen aus dem Haushalt erhalten,« zu prüfen, enthält die Vorschrift die **Grundlage für Eingriffe in private Rechte**.

16   Da der weitaus größte Teil der Ausgaben der Union über **Behörden der Mitgliedstaaten**[21] fließt, fügt Abs. 3 UAbs. 1 Satz 1 noch hinzu, dass der Rechnungshof auch in den Mitgliedstaaten Prüfungen durchführen darf. Weigert sich ein Mitgliedstaat, dem Rechnungshof Prüfungen zu gestatten, kann darin eine Vertragsverletzung zu sehen sein.[22]

17   Die Mitgliedstaaten verfügen allerdings über eigene Stellen, die für die externe Rechnungsprüfung zuständig sind.[23] Insoweit ist eine **Koordinierung** erforderlich. Satz 2 legt deshalb fest, dass die Prüfung in den Mitgliedstaaten »in Verbindung mit den einzelstaatlichen Rechnungsprüfungsorganen« erfolgt. Da die Kompetenzen dieser Organe in den Mitgliedstaaten unterschiedlich ausgestaltet sind, verweist die Vorschrift außerdem auf die möglicherweise sonst »zuständigen einzelstaatlichen Dienststellen.«

18   Für das **Verhältnis zu den einzelstaatlichen Rechnungsprüfungsorganen** sieht Satz 3 eine vertrauensvolle Zusammenarbeit »unter Wahrung ihrer Unabhängigkeit« vor. Diese Unabhängigkeit kann auch dadurch zum Ausdruck kommen, dass die jeweiligen Organe oder Dienststellen selbst entscheiden, ob sie an einer Prüfung durch den Rechnungshof teilnehmen wollen.[24] Satz 4 verpflichtet sie allerdings zu einer entsprechenden Mitteilung. Weisungen des Europäischen Rechnungshofs an die nationalen Rechnungshöfe, bestimmte Prüfungen durchzuführen, sieht das Unionsrecht nicht vor. Sie wären auch mit der unabhängigen Stellung dieser Institutionen kaum zu vereinbaren.[25]

F.   Berichte des Rechnungshofs (Abs. 4)

19   Die Ergebnisse seiner Prüfung fasst der Rechnungshof in dem von Abs. 4 UAbs. 1 und Art. 162 HO vorgesehenen **Jahresbericht** zusammen. Diesen Bericht erstattet er nach Abschluss eines jeden Haushaltsjahres. Er korrespondiert auf diese Weise mit dem in Art. 310 Abs. 1 AEUV vorgesehenen jährlichen Haushaltsplan. Vor der Veröffentlichung erhalten die anderen Organe der Union diesen Bericht. Sie haben die Möglichkeit auf die Bemerkungen des Rechnungshofs zu antworten. Ihre Antworten – und gelegent-

---

[21] Vgl. *Harden/White/Donnelly*, EPL 1995, 599 (604); *Mähring*, DÖV 2006, 195 (196).

[22] Vgl. EuGH, Urt. v. 15.11.2011, Rs. C–539/09 (Kommission/Deutschland), DÖV 2012, 117.

[23] Zur Zuständigkeitsverteilung in Deutschland vgl. *Mähring*, DÖV 2006, 195 (197ff.).

[24] Vgl. *Bergel*, S. 161; *O'Keeffe*, The Court of Auditors, in: Curtin/Heukels (eds.), Institutional Dynamics of European Integration, FS Schermers, Vol. II, 1994, S. 177 (185).

[25] Vgl. *Bergel*, S. 208ff. Anders *Bieber*, in: GSH, Europäisches Unionsrecht, Art. 287 AEUV, Rn. 21. Allgemein zu Schnittstellen und Wechselwirkungen mit nationalen Rechnungsprüfungsorganen vgl. *Fehr*, S. 683ff. Zur internationalen Zusammenarbeit der Rechnungshöfe vgl. *Harden/White/Donnelly*, EPL 1995, 599 (613ff.); *Nawrath*, DÖV 2000, 861.

lich auch die Replik des Rechnungshofs -[26] werden zusammen mit dem Jahresbericht im Amtsblatt publiziert.

Nach Art. 7 des den Unionsverträgen beigefügten Protokolls (Nr. 1) über die Rolle **20** der nationalen Parlamente in der Europäischen Union[27] übermittelt der Rechnungshof ihnen seinen Jahresbericht gleichzeitig mit der Übermittlung an das Europäische Parlament und den Rat zur Unterrichtung. Auf diese Weise erhalten auch die **nationalen Parlamente** dieses Dokument sehr zeitnah.

Neben dem Jahresbericht, zu dessen Vorlage der Rechnungshof verpflichtet ist, kann **21** er weitere Stellungnahmen abgeben.[28] Abs. 4 UAbs. 2 ermächtigt ihn, seine **Bemerkungen zu besonderen Fragen** jederzeit vorzulegen. Der Rechnungshof ist dazu auf entsprechende Aufträge nicht angewiesen. Als Regelbeispiel für solche Vorlagen nennt die Vorschrift **Sonderberichte** (s. auch Art. 163 HO). Es steht im Ermessen des Rechnungshofs, andere Formate zu wählen. Diese zusätzlichen Vorlagen betreffen besondere Fragen. Der Rechnungshof hat damit ein Instrument, zu einem selbstgewählten Zeitpunkt und in einer selbstbestimmten Form Fragen anzusprechen, die ihm wichtig sind. Daneben kann der Rechnungshof auch auf Antrag eines der anderen Organe Stellungnahmen abgeben. Eine **Rechtspflicht** dazu lässt sich der Bestimmung grundsätzlich nicht entnehmen.[29]

Abs. 4 UAbs. 3 regelt das **Verfahren** im Zusammenhang mit den Berichten und Stel- **22** lungnahmen des Rechnungshofs. Satz 1 schreibt für die Annahme dieser Dokumente die absolute Mehrheit im Kollegium vor. Satz 2 erlaubt es allerdings, »für die Annahme bestimmter Arten von Berichten oder Stellungnahmen nach Maßgabe seiner Geschäftsordnung Kammern« zu bilden. Entsprechende Regelungen finden sich in den Art. 10f. GO (s.u. Rn. 24).

Nach Abs. 4 UAbs. 4 unterstützt der Rechnungshof »das Europäische Parlament und **23** den Rat bei der Kontrolle der Ausführung des Haushaltsplans.« Diese Unterstützung erfolgt nicht zuletzt durch die erwähnten Berichte, die für Rat und Parlament als wichtige Grundlagen der in Art. 319 vorgesehenen **Entlastung** dienen (s. Art. 319 AEUV, Rn. 3). Soweit der Rechnungshof damit dieser **Unterstützungspflicht** nachkommt, soll er zur Vorlage von Bemerkungen nach Abs. 4 UAbs. 2 verpflichtet sein können.[30]

G. Geschäftsordnung

Abs. 4 UAbs. 5 ermächtigt den Rechnungshof, sich eine Geschäftsordnung zu geben. **24** Diese Vorschrift hat erstmals der Vertrag von Nizza 2003 in Art. 248 EGV eingefügt. Derzeit gilt die Geschäftsordnung des Rechnungshofs der Europäischen Union vom 11.3.2010.[31] Sie regelt insbesondere die Organisation des Hofes (Art. 1–16) und seine Arbeitsweise (Art. 17–31). Die Art. 32–37 enthalten allgemeine und Schlussbestimmungen.

---

[26] Vgl. *Harden/White/Donnelly*, EPL 1995, 599 (617).
[27] ABl. 2012, C 326/203.
[28] Vgl. dazu *Kok*, CMLRev. 26 (1989), 345 (355ff.). Zum Inhalt s. auch *Freytag*, S. 127ff.
[29] Vgl. *Brück/Kühne*, DÖV 1977, 23 (25): »nach pflichtgemäßem Ermessen«.
[30] Vgl. *Bergel*, S. 173; *Bieber*, in: GSH, Europäisches Unionsrecht, Art. 287 AEUV, Rn. 32; *Magiera*, in: Grabitz/Hilf/Nettesheim, EU, Art. 287 AEUV (August 2011), Rn. 18.
[31] ABl. 2010, L 103/1.

25   Die Geschäftsordnung bedarf der **Genehmigung des Rates**. Das ist im Verhältnis der Organe zueinander eine außergewöhnliche Regelung. Kein anderes Unionsorgan benötigt für seine Geschäftsordnung eine Genehmigung. Selbst der Wirtschafts- und Sozialausschuss (Art. 303 Abs. 2 AEUV) und der Ausschuss der Regionen (Art. 306 Abs. 2 AEUV) können ihre Geschäftsordnung ohne Mitwirkung anderer Stellen erlassen. Es ist nicht ersichtlich, dass das Unionsorgan Rechnungshof insoweit einer verstärkten Kontrolle bedürfte. Diese Regelung ist deshalb ein **Fremdkörper**, der mit dem Status des Rechnungshofs schwer vereinbar ist. Geht man davon aus, dass der Rechnungshof auch ohne eine ausdrückliche Ermächtigung befugt war, sich eine Geschäftsordnung zu geben,[32] kann man die seit 2003 geltende Regelung als Rückschritt empfinden.[33]

H.   Beratende Aufgaben des Rechnungshofs

26   Neben der Rechnungsprüfung obliegt dem Rechnungshof eine **beratende Funktion beim Erlass bestimmter Vorschriften**, die seinen Zuständigkeitsbereich berühren. So sieht Art. 322 Abs. 1 AEUV vor, dass Parlament und Rat Haushaltsvorschriften, insbesondere die Haushaltsordnung, sowie »Vorschriften, die die Kontrolle der Verantwortung der Finanzakteure und insbesondere der Anweisungsbefugten und der Rechnungsführer regeln«, nach Anhörung des Rechnungshofs erlassen. In gleicher Weise ist der Rechnungshof anzuhören, bevor der Rat nach Art. 322 Abs. 2 AEUV bestimmte Vorschriften im Zusammenhang mit den Eigenmitteln und Kassenmitteln erlässt. Eine Anhörung des Rechnungshofs sieht außerdem Art. 325 Abs. 4 AEUV vor, bevor Parlament und Rat »die erforderlichen Maßnahmen zur Verhütung und Bekämpfung von Betrügereien, die sich gegen die finanziellen Interessen der Union richten«, beschließen.

27   Bei den Normen, die die Anhörung des Rechnungshofs vorsehen, handelt es sich um **wesentliche Formvorschriften**[34] i. S. v. Art. 263 Abs. 2 AEUV, deren Verletzung nach Art. 263 Abs. 3 auch der Rechnungshof im Wege der Nichtigkeitsklage rügen kann.[35]

---

[32] So schon *Ehlermann*, Der Europäische Rechnungshof, 1976, S. 42 f.
[33] Vgl. *Bergel*, S. 158.
[34] In diesem Sinne auch *Bergel*, S. 172; *Mart*, S. 487.
[35] Vgl. *Bergel*, S. 203.

Kapitel 2
Rechtsakte der Union, Annahmeverfahren und sonstige Vorschriften

Abschnitt 1
Die Rechtsakte der Union

Artikel 288 AEUV [Rechtsakte der Union]

Für die Ausübung der Zuständigkeiten der Union nehmen die Organe Verordnungen, Richtlinien, Beschlüsse, Empfehlungen und Stellungnahmen an.

[1]Die Verordnung hat allgemeine Geltung. [2]Sie ist in allen ihren Teilen verbindlich und gilt unmittelbar in jedem Mitgliedstaat.

Die Richtlinie ist für jeden Mitgliedstaat, an den sie gerichtet wird, hinsichtlich des zu erreichenden Ziels verbindlich, überlässt jedoch den innerstaatlichen Stellen die Wahl der Form und der Mittel.

[1]Beschlüsse sind in allen ihren Teilen verbindlich. [2]Sind sie an bestimmte Adressaten gerichtet, so sind sie nur für diese verbindlich.

Die Empfehlungen und Stellungnahmen sind nicht verbindlich.

Literaturübersicht

Übergreifende Fragen

Annacker, Der fehlerhafte Rechtsakt im Gemeinschafts- und Unionsrecht, 1998; *Bast*, Grundbegriffe der Handlungsformen der EU, 2006; *Biervert*, Der Mißbrauch von Handlungsformen der Gemeinschaft, 1999; *v. Bogdandy/Bast/Arndt*, Handlungsformen im Unionsrecht, ZaöRV 2002, 77 ff.; *Glaser*, Die Entwicklung des Europäischen Verwaltungsrechts aus der Perspektive der Handlungsformenlehre, 2013; *Haratsch*, Zur Dogmatik von Rücknahme und Widerruf von Rechtsakten der Europäischen Gemeinschaft, EuR 1998, 387 ff.; *Kovar*, L'identification des actes normatifs en droit communautaire, FS Waelbroeck, Bd. 1, 1999, S. 387 ff.

Verordnungen

Kovar, »Le règlement est directement applicable dans tout Etat membre«: certes mais encore, FS Molinier, 2012, S. 355 ff.; *Král*, National normative implementation of EC Regulations: An exceptional or rather common matter?, E.L.Rev. 33 (2008), 243 ff.; *Rösch*, Zur Rechtsformenwahl des europäischen Gesetzgebers im Lichte des Verhältnismäßigkeitsgrundsatzes – Von der Richtlinie zur Verordnung, 2013.

Richtlinien

Baldauf, Richtlinienverstoß und Verschiebung der Contra-legem-Grenze im Privatrechtsverhältnis, 2013; *Blatière*, L'invocabilité dans le temps des directives, RAE 2013, 523 ff.; *Brechmann*, Die richtlinienkonforme Auslegung, 1994; *Brenn*, Auf dem Weg zur horizontalen Direktwirkung von EU-Richtlinien, ÖJZ 2005, 41 ff.; *Canaris*, Die richtlinienkonforme Auslegung und Rechtsfortbildung im System der juristischen Methodenlehren, FS Bydlinski, 2002, S. 47 ff.; *Cheynel*, L'»effet d'exclusion« des directives après l'arrêt Dominguez, RAE 2012, 173 ff.; *Classen*, Zur Bedeutung von EWG-Richtlinien für Privatpersonen, EuZW 1993, 83 ff.; *Claßen*, Nichtumsetzung von Gemeinschaftsrichtlinien, Von der unmittelbaren Wirkung bis zum Schadenersatzanspruch, 1999; *Craig*, Directives: Direct Effect, Indirect Effect and the Construction of National Legislation, E.L.Rev. 22 (1997), 519 ff.; *ders.*, The legal effect of directives: policy, rules and exceptions, E.L.Rev. 34 (2009), 349 ff.; *v. Danwitz*, Rechtswirkungen von Richtlinien in der neueren Rechtsprechung des EuGH, JZ 2007, 697 ff.; *Drake*, Twenty years after Von Colson: the impact of »indirect effect« on the protection of the individual's

Community rights, E. L.Rev. 30 (2005), 329 ff.; *Dubout*, L'invocabilité d'éviction des directives dans les litiges horizontaux, RTDE 2010, 277 ff.; *Durner*, Verfassungsrechtliche Grenzen richtlinienkonformer Rechtsfortbildung, 2010; *Eilmannsberger*, Zur Direktwirkung von Richtlinien gegenüber Privaten, JBl. 2004, 283 ff., 364 ff.; *Emmert/Pereira de Azevedo*, L'effet direct horizontal des directives – La jurisprudence de la CJCE, un bateau ivre?, RTDE 1993, 503 ff.; *Gellermann*, Beeinflussung des bundesdeutschen Rechts durch Richtlinien der EG, 1994; *Gilliaux*, Des effets des directives sur les institutions de l'Union, JDE 2014, 318 ff.; *Götz*, Europäische Gesetzgebung durch Richtlinien, NJW 1992, 1849 ff.; *ders.*, Rechtsstaatliche Grundsätze des Gemeinschaftsrechts als Grund und Grenze der innerstaatlichen Wirkung von EG-Richtlinien, FS Ress, 2005, S. 485 ff.; *Griller*, Direktwirkung und richtlinienkonforme Auslegung, in: Eilmansberger/Herzig (Hrsg.), 10 Jahre Anwendung des Gemeinschaftsrechts in Österreich, 2006, S. 91 ff.; *Grundmann*, Richtlinienkonforme Auslegung im Bereich des Privatrechts – insbesondere: der Kanon der nationalen Auslegungsmethoden als Grenze?, ZEuP 1996, 399 ff.; *Gundel*, Keine Durchbrechung nationaler Verfahrensfristen zugunsten von Rechten aus nicht umgesetzten EG-Richtlinien – Zum Ende der »Emmott'schen Fristenhemmung« nach der Fantask-Entscheidung des EuGH, NVwZ 1998, 910 ff.; *ders.*, Neue Grenzlinien für die Direktwirkung nicht umgesetzter EG-Richtlinien unter Privaten, EuZW 2001, 143 ff.; *Herresthal*, Rechtsfortbildung im europarechtlichen Bezugsrahmen, 2006; *Herrmann*, Richtlinienumsetzung durch die Rechtsprechung, 2003; *Hilf*, Die Richtlinie der EG – ohne Richtung, ohne Linie?, EuR 1993, 1 ff.; *Ipsen*, Richtlinien-Ergebnisse, FS Ophüls, 1965, S. 67 ff.; *Jarass/Beljin*, Grenzen der Privatbelastung durch unmittelbar wirkende Richtlinien, EuR 2004, 714 ff.; *Klagian*, Die objektiv unmittelbare Wirkung von Richtlinien, ZÖR 2001, 305 ff.; *Klamert*, Die richtlinienkonforme Auslegung nationalen Rechts, 2001; *Klein*, Objektive Wirkungen von Richtlinien, FS Everling, Bd. 1, 1995, S. 641 ff.; *Konzen*, Die Wirkung von Richtlinien in der neueren arbeitsrechtlichen Judikatur des EuGH, FS Birk, 2008, S. 439 ff.; *Kovar*, Observations sur l'intensité normative des directives, FS Pescatore, 1987, S. 359 ff.; *ders.*, L'interprétation des droits nationaux en conformité avec le droit communautaire, FS Charpentier, 2008, S. 381 ff.; *Lackhoff/Nyssens*, Direct Effect of Directives in Triangular Situations, E. L.Rev. 23 (1998), 397 ff.; *Mörsdorf*, Unmittelbare Anwendung von EG-Richtlinien zwischen Privaten in der Rechtsprechung des EuGH, EuR 2009, 219 ff.; *Moriarty*, Direct effect, indirect effect and state liability: an overview, IJEL 14 (2007), 97 ff.; *Ohler*, Objektive Wirkung von Richtlinien, in: Hummer (Hrsg.), Neueste Entwicklungen im Zusammenspiel von Europarecht und nationalem Recht der Mitgliedstaaten, 2010, S. 147 ff.; *Pescatore*, L'effet direct des directives, une tentative de démythification, Rec. Dalloz 1980 chron., S. 171 ff.; *Prechal*, Directives in European Community Law, 2. Aufl., 2005; *Ress*, Die richtlinienkonforme »Interpretation« innerstaatlichen Rechts, DÖV 1994, 489 ff.; *Roth*, Die richtlinienkonforme Auslegung, EWS 2005, 385 ff.; *Röthel*, Vorwirkung von Richtlinien: viel Lärm um Selbstverständliches, ZEuP 2009, 34 ff.; *Rüffler*, Richtlinienkonforme Auslegung nationalen Rechts, ÖJZ 1997, 121 ff.; *Schima*, Bemerkungen zum Gebot der richtlinienkonformen Auslegung des nationalen Rechts, FS Rodríguez Iglesias, 2003, S. 283 ff.; *Simon*, La directive européenne, 1997; *ders.*, L'invocabilité directe des directives dans les litiges horizontaux: confirmation ou infléchissement?, Europe 3/2010, 4 ff.; *Sydow*, Die Richtlinie als Instrument zur Entlastung des europäischen Gesetzgebers, JZ 2009, 373 ff.; *Tridimas*, Black, White, and Shades of Grey: Horizontality of Directives Revisited, YEL 2002, 327 ff.; *Trüe*, Auswirkungen der Bundesstaatlichkeit Deutschlands auf die Umsetzung von EG-Richtlinien und ihren Vollzug, EuR 1996, 179 ff.; *Wathelet*, Invocabilité des directives par les citoyens: un deuxième coup d'arrêt?, FS Léger, 2006, S. 319 ff.

Beschlüsse

Bockey, Die Entscheidung der Europäischen Gemeinschaft, 1998; *Greaves*, The Nature and Binding Effect of Decisions under Article 189 EC, E. L.Rev. 21 (1996), 3 ff.; *Mager*, Die staatengerichtete Entscheidung als supranationale Handlungsform, EuR 2001, 661 ff.; *Schroeder*, Bindungswirkungen von Entscheidungen nach Art. 249 EG im Vergleich zu denen von Verwaltungsakten nach deutschem Recht, 2006; *Stelkens*, Die »Europäische Entscheidung« als Handlungsform des direkten Unionsrechtsvollzugs nach dem Vertrag über eine Verfassung für Europa, ZEuS 2005, 61 ff.; *Vogt*, Die Entscheidung als Handlungsform des Europäischen Gemeinschaftsrechts, 2005.

Empfehlungen, Stellungnahmen und unbenannte Rechtsakte

Adam, Die Mitteilungen der Kommission: Verwaltungsvorschriften des Europäischen Gemeinschafts-rechts?, 1999; *Brohm*, Die »Mitteilungen« der Kommission im Europäischen Verwaltungs- und Wirt-schaftsraum, 2012; *Harnier*, Die Bedeutung von rechtsaktbegleitenden Erklärungen im sekundären Gemeinschaftsrecht, 2001; *Jacqué*, Les déclarations lors de l'adoption d'actes législatifs, FS Piris, 2012, S. 339 ff.; *Klabbers*, Informal instruments before the European Court of Justice, CMLRev. 31 (1994), 997 ff.; *Knauff*, Der Regelungsverbund: Recht und Soft Law im Mehrebenensystem, 2010; *ders.*, Europäisches Soft Law als Gegenstand des Vorabentscheidungsverfahrens, EuR 2011, 735 ff.; *Lecheler*, Ungereimtheiten bei den Handlungsformen des Gemeinschaftsrechts – dargestellt anhand der Einordnung von »Leitlinien«, DVBl 2008, 873 ff.; *Lefèvre*, Les actes communautaires atypiques, 2006; *ders.*, Interpretative communications and the implementation of Community law at national level, E.L.Rev. 29 (2004), 808 ff.; *Rademacher*, Realakte im Rechtsschutzsystem der Europäischen Union, 2014; *B. Raschauer*, »Leitlinien« europäischer Agenturen, ÖZW 2013, 34 ff.; *Schwarze*, Soft Law im Recht der Europäischen Union, EuR 2011, 3 ff.; *Scott*, In legal limbo: post-legislative guidance as a challenge for European administrative law, CMLRev. 48 (2011), 329 ff.; *Senden*, Soft Law in European Community Law, 2004; *dies.*, Soft Post-Legislative Rulemaking: A Time for a more Strin-gent Control, ELJ 19 (2013), 57 ff.; *Ştefan*, Soft Law in Court – Competition Law, State Aid and the Court of Justice of the European Union, 2013; *Thomas*, Die Bindungswirkung von Mitteilungen, Bekanntmachungen und Leitlinien der EG-Kommission, EuR 2009, 423 ff.; *Walzel*, Bindungswirkun-gen ungeregelter Vollzugsinstrumente der EU-Kommission, 2008.

Leitentscheidungen

Verordnungen

EuGH, Urt. v. 10.10.1973, Rs. 34/73 (Variola), Slg. 1973, 981
EuGH, Urt. v. 11.1.2001, Rs. C–403/98 (Azienda Agricola Monte Acursu), Slg. 2001, I–103
EuGH, Urt. v. 21.12.2011, Rs. C–316/10 (Danske Svineproducenter), Slg. 2011, I–13721

Richtlinien

EuGH, Urt. v. 4.12.1974, Rs. 41/74 (van Duyn), Slg. 1974, 1338
EuGH, Urt. v. 5.4.1979, Rs. 148/78 (Ratti), Slg. 1979, 1631
EuGH, Urt. v. 19.1.1982, Rs. 8/81 (Becker), Slg. 1982, 53
EuGH, Urt. v. 10.4.1984, Rs. 14/83 (van Colson u. Kamann), Slg. 1984, 1891
EuGH, Urt. v. 26.2.1986, Rs. 152/84 (Marshall I), Slg. 1986, 723
EuGH, Urt. v. 8.10.1987, Rs. 80/6 (Kolpinghuis Nijmegen), Slg. 1987, 3969
EuGH, Urt. v. 12.7.1990, Rs. C–188/89 (Foster/British Gas), Slg. 1990, I–3313
EuGH, Urt. v. 13.11.1990, Rs. C–106/89 (Marleasing), Slg. 1990, I–4135
EuGH, Urt. v. 14.7.1994, Rs. C–91/92 (Faccini Dori), Slg. 1994, I–3325
EuGH, Urt. v. 18.12.1997, Rs. C–129/96 (Inter-Environnement Wallonie), Slg. 1997, I–7411
EuGH, Urt. v. 26.9.2000, Rs. C–443/98 (Unilever Italia), Slg. 2000, I–7535
EuGH, Urt. v. 22.5.2003, Rs. C–462/99 (Connect Austria), Slg. 2003, I–5197
EuGH, Urt. v. 7.1.2004, Rs. C–201/02 (Delena Wells), Slg. 2004, I–723
EuGH, Urt. v. 3.5.2005, verb. Rs. C–387/02 u. C–391/02 u. C–403/02 (Berlusconi), Slg. 2005, I–3565
EuGH, Urt. v. 22.11.2005, Rs. C–144/04 (Mangold), Slg. 2005, I–9981
EuGH, Urt. v. 19.1.2010, Rs. C–555/07 (Kücükdeveci), Slg. 2010, I–365
EuGH, Urt. v. 24.1.2012, Rs. C–282/10 (Dominguez), ECLI:EU:C:2012:33
EuGH, Urt. v. 10.10.2013, Rs. C–306/12 (Spedition Welter), ECLI:EU:C:2013:650
EuGH, Urt. v. 15.1.2014, Rs. C–176/12 (Association de médiation sociale), ECLI:EU:C:2014:2
EuGH, Urt. v. 6.10.2015 Rs. C–508/14 (Český telekomunikační úřad), ECLI:EU:C:2015:657

6. Teil – Titel I: Vorschriften über die Organe

Beschlüsse

EuGH, Urt. v. 6.10.1970, Rs. 9/70 (Franz Grad), Slg. 1970, 825
EuGH, Urt. v. 21.5.1987, Rs. 249/85 (Albako/BALM), Slg. 1987, 2345
EuGH, Urt. v. 9.3.1994, Rs. C–188/92 (Textilwerke Deggendorf), Slg. 1994, I–833

Empfehlungen, Stellungnahmen und unbenannte Rechtsakte

EuGH, Urt. v. 13.12.1989, Rs. C–322/88 (Grimaldi), Slg. 1989, 4407
EuGH, Urt. v. 20.3.1997, Rs. C–57/95 (Frankreich/Kommission – Pensionsfonds-Mitteilung), Slg. 1997, I–1627
EuGH, Urt. v. 12.5.2011, Rs. C–410/09 (Polska Telefonia Cyfrowa), Slg. 2011, I–3853
EuGH, Urt. v. 13.12.2012, Rs. C–226/11 (Expedia), ECLI:EU:C:2012:795
EuGH, Urt. v. 11.7.1013, Rs. C–439/11 P (Ziegler SA/Kommission), ECLI:EU:C:2013:513
EuG, Urt. v. 20.5.2010, Rs. T–258/06 (Deutschland/Kommission), Slg. 2010, II–2027

Inhaltsübersicht

Jörg Gundel

A. Überblick und gemeinsame Fragen

Art. 288 AEUV ist die zentrale Definitionsnorm des AEUV für die Normenkategorien **1** des Sekundär- bzw. Tertiärrechts.[1] Die Bestimmung knüpft mit geringen inhaltlichen Veränderungen an die Vorgängerregelungen der Art. 189 E(W)GV und Art. 249 EGV an: So wird in Abs. 1 der bisherige Bezug auf bestimmte Organe (Rat, Parlament, Kommission) durch die abstraktere Bezeichnung »die Organe« ersetzt; inhaltlich begründet dies allerdings kaum einen Unterschied,[2] weil entsprechend dem in Abs. 1 erhalten gebliebenen Verweis auf die Maßgeblichkeit der jeweiligen Rechtsgrundlage primär diese die für den Erlass der jeweiligen Rechtsakte zuständigen Organe bestimmt. Die einzige erhebliche Veränderung im Text der Bestimmung findet sich in Abs. 4 mit dem

---

[1] Zu diesem Begriff für die abgeleitete Rechtsetzung s. sogleich Rn. 2 sowie Art. 290 AEUV, Rn. 1.

[2] Allerdings ist der Wortlaut mit dem Bezug auf die in Art. 13 Abs. 1 EUV aufgeführten EU-Organe letztlich immer noch zu eng, weil auch Einrichtungen und Stellen der EU ohne Organcharakter im Fall entsprechender Ermächtigung die Instrumente des Art. 288 AEUV nutzen können, s. Art. 291 AEUV, Rn. 6; ähnlich *Nettesheim*, in: Grabitz/Hilf/Nettesheim, EU, Art. 288 AEUV (August 2012), Rn. 71 f.

terminologischen Wechsel von der Entscheidung zum Beschluss und der gleichzeitigen Kodifikation des zuvor nicht normierten nicht-adressatengerichteten Beschlusses.[3]

2   Die grundsätzliche Neugestaltung der Rechtsakts-Nomenklatur, die der Entwurf des Verfassungsvertrages in seinen Art. I–33 bis I–37 VVE vorgesehen hatte,[4] wurde damit im Vertrag von Lissabon nicht übernommen. Insbesondere stehen die Rechtsakt-Kategorien des Art. 288 AEUV weiterhin für Sekundär- und Tertiärrecht[5] zur Verfügung, während der Verfassungsvertrag hier eine deutliche terminologische Distanz zwischen den Regelungsebenen vorgesehen hatte.[6] Spuren, die auch für den Einsatz der Instrumente des Art. 288 AEUV von Bedeutung sind, hat die dort zugrunde gelegte Unterscheidung von Gesetzgebungsakten und anderen Formen der Rechtsetzung allerdings in Art. 289 AEUV hinterlassen: Im dort geregelten Gesetzgebungsverfahren können nur bestimmte Rechtsakt-Formen (Verordnung, Richtlinie, Beschluss) erlassen werden.[7]

3   Art. 288 AEUV erfasst die Kategorien der Handlungen zwar auch nach der Erweiterung in Abs. 4 nicht vollständig: Insbesondere die mehrseitig-konsensualen Rechtsakte werden nicht aufgeführt;[8] die große Vielfalt der in der Praxis entwickelten Formen von unverbindlichen Rechtsakten wird in Abs. 5 der Bestimmung nur in Ansätzen abgebildet.[9] Man wird aber davon ausgehen müssen, dass die **einseitig-verbindlichen Rechtsakte** des EU-Rechts hier nun tatsächlich **abschließend aufgeführt** sind und den EU-Organen insoweit damit auch außerhalb des Art. 288 AEUV kein »Normerfindungsrecht« zusteht.[10] Dafür kann z. B. auf Art. 297 Abs. 2 AEUV verwiesen werden, der Anforderungen an Unterzeichnung, Bekanntgabe usw. nur in Bezug auf Verordnungen, Richtlinien und Beschlüsse aufstellt und damit voraussetzt, dass weitere Formen einseitig-hoheitlicher Rechtsetzung nicht bestehen;[11] auch die abschließende Auf-

---

[3] Dazu u. Rn. 82, 94 ff.

[4] Dazu z. B. *Craig*, The hierarchy of norms, in: Tridimas/Nebbia (Hrsg.), European Union Law for the Twenty-First Century, Vol. 1, 2004, S. 75 ff.; zu den Lösungen des Verfassungsvertrages in diesem Bereich s. auch *Monjal*, RDUE 2003, 343 ff.; *ders.*, AJDA 2003, 2177 ff.

[5] Dazu noch u. Rn. 6. Als Tertiärrecht werden hier entsprechend dem weit überwiegenden Begriffsverständnis die auf der Grundlage einer sekundärrechtlichen Ermächtigung erlassenen – verbindlichen – Rechtsakte verstanden, s. statt vieler *Streinz*, Europarecht, Rn. 466, 562; abweichend insbes. *Groß*, DÖV 2004, 20 ff. und *Siegel*, NVwZ 2008, 620, die unter Tertiärrecht nur formal nicht bindende Rechtsakte der Kommission (Leitlinien, Mitteilungen u. ä.; zu ihnen u. Rn. 98, 110 ff.) zu verstehen scheinen; zu diesen unterschiedlichen Begriffsverständnissen s. auch *Siegel*, Europäisierung des Öffentlichen Rechts, 2012, S. 10.

[6] Danach wären die von Rat und Parlament erlassenen Rechtsakte als Europäisches Gesetz (zuvor Verordnung) bzw. Rahmengesetz (zuvor Richtlinie) ergangen, als Verordnungen waren dagegen nur Sekundärrechtsakte ohne Parlamentsbeteiligung (so z. B. Art. III–166 Abs. 3 VVE, entspricht Art. 106 Abs. 3 AEUV) und Rechtsakte der abgeleiteten Rechtsetzung (Art. I–36 und I–37 VVE, entsprechen Art. 290 und 291 AEUV) zu bezeichnen.

[7] Zur Reichweite in Bezug auf Beschlüsse s. u. Rn. 83, bei Empfehlungen u. Rn. 100.

[8] Sie finden sich stattdessen über den AEUV verstreut, s. für völkerrechtliche Verträge Art. 217 AEUV, für Interinstitutionelle Vereinbarungen Art. 295 AEUV; nur indirekt angesprochen werden in Art. 335 und 340 Abs. 1 AEUV die nicht-völkerrechtlichen Verträge der EU (dazu noch Rn. 87 f.).

[9] Dazu u. Rn. 98 ff., 110 ff.

[10] Die Frage ist sehr umstritten, s. wie hier *Hetmeier*, in: Lenz/Borchardt, EU-Verträge, Art. 288 AEUV, Rn. 1, 3; *Nettesheim*, in: Grabitz/Hilf/Nettesheim, EU, Art. 288 AEUV (August 2012), Rn. 23, 76, 83; *Biervert*, in: Schwarze, EU-Kommentar, Art. 288 AEUV, Rn. 4; *Glaser*, S. 334 f.; wohl auch *Schroeder*, in: Streinz, EUV/AEUV, Art. 299 AEUV, Rn. 12; anders aber z. B. *Ruffert*, in: Calliess/Ruffert, EUV/AEUV, Art. 288 AEUV, Rn. 98 ff.; *Bast*, S. 43 ff., 431 (»Formenprägungsbefugnis«); kontrovers diskutiert wird in jüngerer Zeit vor allem das Instrument der »Leitlinien«, das teils als eigenständige Normenkategorie verstanden wird, s. u. Rn. 120 ff.

[11] S. *Glaser*, S. 335.

zählung der im Gesetzgebungsverfahren gemäß Art. 289 AEUV nutzbaren Rechtsakt-Formen macht deutlich, dass weitere verbindliche Formen nicht vorgesehen sind.[12]

Zugleich beschränkt sich die Bedeutung der Bestimmung auf diese **Definitionsfunk-** **4** **tion**: Die verschiedenen Kategorien der Rechtsakte werden nur beschrieben, ihr Anwendungsbereich aber an dieser Stelle nicht abgesteckt; ob eine bestimmte Kategorie tatsächlich genutzt werden kann, wird stattdessen durch die konkret anwendbare Rechtsgrundlage[13] vorgegeben. Allerdings haben die Vertragsänderungen der Vergangenheit zu einer Zunahme der Rechtsgrundlagen geführt, die die Rechtsetzung nicht auf bestimmte Kategorien beschränken,[14] sondern den zuständigen Organen die Auswahl der geeignet erscheinenden Rechtsakt-Form überlassen.[15] Soweit eine solche Wahl eröffnet wird,[16] ist sie gemäß Art. 296 UAbs. 1 AEUV unter Beachtung des Grundsatzes der Verhältnismäßigkeit auszuüben.[17] Der mit dem Subsidiaritätsprotoll zum Vertrag von Amsterdam angeordnete grundsätzliche Vorrang der Richtlinie gegenüber der Verordnung[18] ist dagegen durch den Vertrag von Lissabon gestrichen und durch ein prozedurales Element in Gestalt der Subsidiaritätsrüge ersetzt worden.[19]

In der Praxis der EU-Rechtsetzung hat sich dabei in dem von der jeweiligen Rechts- **5** grundlage gezogenen Rahmen eine gewisse **Austauschbarkeit der Rechtsformen** entwickelt:[20] So können z. B. Richtlinien durch Verordnungen[21] oder Beschlüsse[22] geändert

---

[12] Die Problematik der atypischen oder unbenannten Rechtsakt-Formen betrifft daher nur formal unverbindliche Handlungen; zur hier herrschenden Vielfalt s. u. Rn. 98, 110 ff.

[13] Zum Grundsatz der Einzelermächtigung, der eine solche Rechtsgrundlage für verbindliche Handlungen fordert, s. Art. 5 EUV, Rn. 17 ff.

[14] Charakteristisch hierfür ist der heutige Art. 115 AEUV (ex-Art. 100 EWGV), der für die Binnenmarkt-Rechtsangleichung außerhalb des Art. 114 AEUV weiterhin allein die Richtlinie vorsieht; zur Bedeutung dieses Gesichtspunkts für die Diskussion um die Richtlinien-Direktwirkung s. u. Rn. 22.

[15] S. dazu z. B. *Sydow*, JZ 2009, 373 (377) mit besonderer Betonung der Erweiterung der Binnenmarkt-Harmonisierungskompetenz des heutigen Art. 114 AEUV durch die EEA. Eine Ausnahme bildet in jüngerer Zeit der durch den Vertrag von Lissabon eingefügte Art. 14 AEUV, der nach seinen eindeutigen Wortlaut nur den Erlass von Verordnungen erlaubt; kritisch dazu *Krajewski*, ZögU 2010, 75 (83); *Knauff*, EuR 2010, 725 (733 f.); s. auch Art. 14 AEUV, Rn. 23 ff.; auch Art. 298 Abs. 2 AEUV sieht nur Verordnungen vor: Hier erscheint die Beschränkung aber folgerichtig, weil die Verordnung das gegebene Instrument für Regelungen zur EU-Eigenverwaltung ist.

[16] Der Vertrag von Lissabon bedingt hier durch die Definition des Gesetzgebungsverfahrens eine marginale Einschränkung: Empfehlungen können danach auf die entsprechenden Rechtsgrundlagen nicht mehr gestützt werden, s. noch u. Rn. 100.

[17] Dazu z. B. *Rösch*, S. 136 ff.

[18] Zuvor Nr. 6 des Protokolls über die Anwendung der Grundsätze der Subsidiarität und Verhältnismäßigkeit (Amsterdam), ABl. 1997, C 340/140.

[19] Dazu z. B. *Ladenburger*, ZEuS 2011, 389 (396 ff.); s. auch *Streinz*, Wegweiser durch das Gestrüpp des Lebensmittelrechts, FS Welsch, 2010, S. 55 (66 f.); *Glaser*, S. 337 ff.; anders wohl *Rösch*, S. 155 ff., die das abgelöste Protokoll weiterhin als »Richtschnur« für die Verhältnismäßigkeitsprüfung heranzieht.

[20] Zu dieser gegenseitigen Abänderbarkeit s. z. B. *Bast*, S. 320 ff. (»Grundsatz der Austauschbarkeit der Formen«); ähnlich *Vogt*, S. 197 f. (»umfassendes gegenseitiges Derogationsvermögen«).

[21] S. z. B. die VO (EU) Nr. 119/2014 vom 7. 2. 2014 zur Änderung der RL 2002/46/EG des Europäischen Parlamentes und des Rates und der Verordnung (EG) Nr. 1925/2006 des Europäischen Parlamentes und des Rates im Hinblick auf mit Chrom angereicherte Hefe zur Verwendung bei der Herstellung von Nahrungsergänzungsmitteln sowie Lebensmitteln zugesetztes Chrom(III)-lactattrihydrat, ABl. 2014, L 39/44.

[22] S. z. B. die Entscheidung Nr. 623/2007/EG vom 23. 5. 2007 zur Änderung der Richtlinie 2002/2/EG zur Änderung der RL 79/373/EWG des Rates über den Verkehr mit Mischfuttermitteln, ABl. 2007, L 154/23; anders *Haratsch*, EuR 1998, 387 (410), der der (damaligen) Entscheidung als Maßnahme konkret-individueller Geltung die Eignung zur Änderung einer Richtlinie als normativem

werden; auch kann eine Richtlinie die Ermächtigung zum Erlass von Verordnungen im Wege der abgeleiteten Rechtsetzung enthalten.[23] Als Ausnahme hierzu wird häufig angenommen, dass eine Verordnung nicht durch eine Richtlinie aufgehoben oder geändert werden könne;[24] daran ist zutreffend, dass die grundsätzlich umsetzungsbedürftige Richtlinie diesen zweiten Schritt nicht durch ein Ausweichen auf die Änderung bereits vorhandenen Verordnungsrechts ersetzen oder überspringen kann. Allerdings ist eine solche Umsetzung auch nicht stets in Bezug auf alle Richtlinieninhalte notwendig; soweit die Bestimmungen keiner Umsetzung bedürfen, sind daher auch Veränderungen von Verordnungsinhalten durch Richtlinien möglich und in der Praxis anzutreffen.[25]

6   Ein weiteres Charakteristikum der EU-Rechtsetzung, das auch im Vertrag von Lissabon erhalten geblieben ist, besteht darin, dass die verwendeten Rechtsformen keine Auskunft über die **Stellung des Rechtsakts in der Normenhierarchie** geben: Die Kategorien des Art. 288 AEUV stehen grundsätzlich für den Erlass von Sekundär- wie für Tertiärrecht zur Verfügung.[26] Soweit die abgeleitete Rechtsetzung auf der Grundlage von Art. 290 oder 291 AEUV ergangen ist, wird der Rang nun immerhin im Titel des Rechtsakts erkennbar, weil diese Rechtsakte als delegierte bzw. Durchführungsrechtsakte bezeichnet werden müssen (Art. 290 Abs. 3, Art. 291 Abs. 4 AEUV). Auch soweit es sich um Sekundärrecht handelt, können die in Art. 288 AEUV aufgeführten Nor-

---

Rechtsakt abspricht, dabei aber den quasi-normativen Charakter der staatengerichteten Entscheidung (dazu u. Rn. 89) unterschätzt.

[23] S. z. B. Art. 14 Abs. 1 der RL 2003/87/EG vom 13. 10. 2003 über ein System für den Handel mit Treibhausgasemissionszertifikaten in der Gemeinschaft und zur Änderung der Richtlinie 96/61/EG des Rates, ABl. 2003 L 275/32, in der durch die RL 2009/29/EG, ABl. 2009, L 140/63, geänderten Fassung als Rechtsgrundlage der VO (EU) Nr. 601/2012 der Kommission vom 21. 6. 2012 über die Überwachung von und die Berichterstattung über Treibhausgasemissionen gemäß der RL 2003/87/EG des Europäischen Parlaments und des Rates (Text von Bedeutung für den EWR), ABl. 2012, L 181/30. Art. I–36 Abs. 1 VVE hatte sogar ausdrücklich festgehalten, dass delegierte Verordnungen zur Änderung oder Ergänzung von Rahmengesetzen (Richtlinien) ergehen können.

[24] So z. B. *Nettesheim*, EuR 2006, 737 (765); *Haratsch*, EuR 1998, 387 (408 f.); wohl auch *Biervert*, in: Schwarze, EU-Kommentar, Art. 288 AEUV, Rn. 12; skeptisch zu einer solchen abstrakten Hierarchisierung der Handlungsformen zu Recht *Bast*, S. 321 f.; *Hetmeier*, in: Lenz/Borchardt, EU-Verträge, Art. 288 AEUV, Rn. 35.

[25] Zu den Ausnahmen vom Umsetzungsbedürfnis s. u. Rn. 20; so ist z. B. die Aufhebung von Verordnungsbestimmungen durch eine Richtlinie möglich, s. die Aufhebung von Art. 10 und 11 der VO (EWG) Nr. 1612/68 durch Art. 38 der RL 2004/38 EG vom 29. 4. 2004 über das Recht der Unionsbürger und ihrer Familienangehörigen, sich im Hoheitsgebiet der Mitgliedstaaten frei zu bewegen und aufzuhalten, zur Änderung der Verordnung (EWG) Nr. 1612/68 und zur Aufhebung der Richtlinien 64/221/EWG, 68/360/EWG, 72/194/EWG, 73/148/EWG, 75/34/EWG, 75/35/EWG, 90/364/EWG, 90/365/EWG und 93/96/EWG, ABl. 2004, L 229/35; für Beispiele von Änderungen s. die RL 2014/60/EU vom 15. 5. 2014 über die Rückgabe von unrechtmäßig aus dem Hoheitsgebiet eines Mitgliedstaates verbrachten Kulturgütern und zur Änderung der VO (EU) Nr. 1024/2012, ABl. 2014, L 159/1; RL 2014/67/EU vom 15. 5. 2014 zur Durchsetzung der RL 96/71/EG über die Entsendung von Arbeitnehmern im Rahmen der Erbringung von Dienstleistungen und zur Änderung der VO (EG) Nr. 1024/2012 über die Verwaltungszusammenarbeit mit Hilfe des Binnenmarkt-Informationssystems (»IMI-Verordnung«) (Text von Bedeutung für den EWR), ABl. 2014, L 159/11.

[26] Zur abweichenden Regelung des Verfassungsvertrags s. o. Rn. 2.

menkategorien zudem grundsätzlich zum Erlass von Rechtsakten mit oder ohne Gesetzgebungscharakter[27] genutzt werden.[28]

Charakteristische Gemeinsamkeiten bestehen beim Aufbau der Rechtsakte: So ist für 7
alle Rechtsakte gemäß Art. 296 UAbs. 2 AEUV eine **Begründung geboten**, deren Umfang und Tiefe allerdings nach dem Charakter des Rechtsakts und seinem Adressatenkreis variiert.[29] Nicht ausdrücklich vorgegeben, aber in der Praxis etabliert und vom EuGH unter Berufung auf die Belange der Rechtssicherheit gefordert[30] ist dabei die **Angabe der Rechtsgrundlage** bei Rechtsakten, die eine solche benötigen.[31] Zum vertrauten Bild der EU-Rechtsetzung gehören auch die dem verfügenden Teil des Rechtsakts vorangestellten Erwägungsgründe: Zu ihnen hat der EuGH klargestellt, dass sie der Erläuterung der verbindlichen Bestimmungen dienen, aber nicht aus sich heraus verbindlich sind und keine eigenständigen Verpflichtungen begründen können;[32] dasselbe gilt erst recht – ebenfalls Rechtsakt-übergreifend – für Protokollerklärungen und ähnliche Äußerungen einzelner Beteiligter am Rechtsetzungsverfahren.[33]

Weitere Gemeinsamkeiten finden sich beim Rechtsschutz: So gilt stets der materielle 8
Vorrang des Primärrechts; Sekundär- und Tertiärrechtsakte sind daher primärrechtskonform auszulegen,[34] andernfalls tritt die Rechtsfolge der Nichtigkeit ein.[35] Für alle

---

[27] Die Abgrenzung ist nicht mit derjenigen von Sekundär- und Tertiärrecht identisch, weil auch Sekundärrechtsakte existieren, die nicht im Gesetzgebungsverfahren ergehen, s. zu dieser insbes. im Rahmen des Art. 263 Abs. 4 AEUV relevanten Unterscheidung EuG, Urt. v. 6.9.2011, Rs. T–18/10 (Inuit Tapiriit Kanatami u. a./Rat und Parlament), Slg. 2011, II–5599, Bespr. *Gundel*, EWS 2012, 65, Bespr. *Everling*, EuZW 2012, 376, Anm. *Petzold*, EuR 2012, 443, bestätigt durch EuGH, Urt. v. 3.10.2013, Rs. C–583/11 P (Inuit Tapiriit Kanatami u. a./Rat und Parlament), ECLI:EU:C:2013:625; Bespr. *Streinz*, EuZW 2014, 17 ff.; dazu *Arnull*, JDE 2014, 14 ff.; s. auch Art. 263 AEUV, Rn. 73 ff.

[28] Einschränkungen in der Rechtsformwahl für Gesetzgebungsakte ergeben sich nur aus Art. 289 AEUV, s. bereits o. Rn. 2 sowie u. Rn. 83 (Beschlüsse) und Rn. 100 (Empfehlungen).

[29] S. Art. 296 AEUV, Rn. 16 ff.

[30] S. EuGH, Urt. v. 26.3.1987, Rs. 45/86 (Kommission/Rat), Slg. 1987, 1493, Rn. 9; Urt. v. 20.9.1988, Rs. 203/86 (Spanien/Rat), Slg. 1988, 4563, Rn. 36 ff.; Urt. v. 16.6.1993, Rs. C–325/91 (Frankreich/Kommission), Slg. 1993, I–3283, Rn. 26; Urt. v. 1.10.2009, Rs. C–370/07 (Kommission/Rat), Slg. 2009, I–8917, Rn. 39 ff.; s. auch *Görisch*, EuR 2007, 103 ff.

[31] Das ist bei verbindlichen Rechtsakten stets der Fall; die Begründungspflicht des Art. 296 AEUV erstreckt sich nun aber auf alle Rechtsakte, s. Art. 296 AEUV, Rn. 14 f. Ohne spezifische Rechtsgrundlage ergehen z. B. Organisationsbeschlüsse der Kommission (s. u. Rn. 96) sowie die nicht verbindlichen Mitteilungen und Leitlinien (s. u. Rn. 110, Rn. 120).

[32] S. EuGH, Urt. v. 28.6.2012, Rs. C–7/11 (Fabio Caronna), ECLI:EU:C:2012:396, Rn. 40: »Jedenfalls ist die Präambel eines Rechtsakts der Union rechtlich nicht verbindlich und kann weder herangezogen werden, um von den Bestimmungen des betreffenden Rechtsakts abzuweichen, noch um diese Bestimmungen in einem Sinne auszulegen, der ihrem Wortlaut offensichtlich widerspricht [...]«. Ähnlich in Bezug auf Verordnungen EuGH, Urt. v. 11.6.2009, Rs. C–429/07 (Inspecteur van de Belastingsdienst), Slg. 2009, I–4833, Rn. 31: Danach »kann ein Erwägungsgrund einer Verordnung zwar dazu beitragen, Aufschluss über die Auslegung einer Rechtsvorschrift zu geben, er stellt jedoch selbst keine solche Vorschrift dar.«

[33] Dazu *Pechstein*, EuR 1990, 249 ff.; *Karl*, JZ 1991, 593 ff.; *Herdegen*, ZHR 1991, 52 ff.; *Dreher*, EuZW 1994, 743 ff.; *Jacqué*, S. 339 ff.; monographisch *Harnier*, Die Bedeutung von rechtsaktbegleitenden Erklärungen im sekundären Gemeinschaftsrecht, 2001.

[34] Dazu z. B. *Leible/Domröse*, in: Riesenhuber (Hrsg.), Europäische Methodenlehre, 3. Aufl., 2015, S. 150 ff.; aus der Rechtsprechung s. programmatisch EuGH, Urt. v. 13.12.1983, Rs. 218/82 (Kommission/Rat), Slg. 1983, 4063, Rn. 12 ff.; für ein jüngeres Beispiel s. Urt. v. 18.7.2013, Rs. C–426/11 (Alemo-Herron), ECLI:EU:C:2013:521, Rn. 30 ff. zur Auslegung der Betriebsübergangs-Richtlinie im Einklang mit der unternehmerischen Freiheit des Art. 16 GRC; dazu *Latzel*, RdA 2014, 110 ff.

[35] Dazu Art. 264 AEUV, Rn. 1 ff.

verbindlichen Rechtsakte der EU gilt allerdings die **Vermutung ihrer Gültigkeit**, die erst durch eine entsprechende Entscheidung des EuGH beseitigt wird.[36] Zugleich sind alle verbindlichen (und damit der Nichtigkeitsklage zugänglichen) Rechtsakte **bestands-kraftfähig** in dem Sinne, dass nach Ablauf der Klagefrist des Art. 263 Abs. 6 AEUV nicht nur die Nichtigkeitsklage unzulässig ist,[37] sondern auch – unter zusätzlichen klägerbe-zogenen Voraussetzungen – eine inzidente Überprüfung auf dem Weg über das Vorab-entscheidungsverfahren[38] oder ein entsprechender mitgliedstaatlicher Einwand im Ver-tragsverletzungsverfahren[39] ausgeschlossen wird. Als eher theoretisch bleibende Gegenausnahme ist in der EuGH-Rechtsprechung die Rechtsfolge der »**absoluten Nich-tigkeit**« oder Inexistenz[40] anerkannt, die bei besonders schweren und offensichtlichen Fehlern eingreift: Sie führt dazu, dass die betreffende Maßnahme als bloßer »Schein-Rechtsakt« behandelt wird, der einerseits nicht bestandskräftig werden, andererseits aber – als Nicht-Rechtsakt – schon gar nicht in zulässiger Weise mit der Nichtigkeitsklage angegriffen werden kann.[41] Weiter nehmen alle verbindlichen Rechtsakt-Formen am Vorrang des EU-Rechts gegenüber abweichenden nationalen Bestimmungen teil: So gehört die Verwerfungskompetenz und -pflicht auch der nationalen Behörden in Bezug auf abweichendes nationales Recht selbst im Fall nicht umgesetzter Richtlinien[42] spä-testens mit der Fratelli Costanzo-Entscheidung aus dem Jahr 1989[43] zum gesicherten Bestand des Europarechts.[44]

---

[36] Zu diesem Verwerfungsmonopol des EuGH grundlegend EuGH, Urt. v. 22.10.1987, Rs. 314/85 (Foto Frost), Slg. 1987, 4199 (dort zu einer staatengerichteten Entscheidung im Zollsektor).

[37] S. z.B. zu einer verspäteten Klage gegen eine Verordnung zur Sperrung von Vermögenswerten (»smart sanctions«) EuG, Beschl. v. 13.7.2011, Rs. T–348/11 (Laurent Gbagbo u. a./Rat), Slg. 2011, II–227* (abgek. Veröff.), Rn. 11 ff., bestätigt durch EuGH, Urt. v. 23.4.2013, verb. Rs. C–478/11 P – C 482/11 P (Gbagbo/Rat), ECLI:EU:C:2013:258.

[38] S. grundlegend EuGH, Urt. v. 9.3.1994, Rs. C–188/92 (Textilwerke Deggendorf), Slg. 1994, I–833, Anm. *Pache*, EuZW 1994, 615; zuletzt Urt. v. 27.11.2012, Rs. C–370/12 (Pringle), ECLI:EU: C:2012:756, Rn. 41. Art. 277 AEUV scheint hier für Rechtsakte von allgemeiner Geltung eine Aus-nahme zu machen; diese gilt aber auch nur zugunsten von Betroffenen, die nicht zur Erhebung einer Nichtigkeitsklage berechtigt waren, s. z.B. EuGH, Urt. v. 6.3.1979, Rs. 92/78 (Simmenthal/Kommis-sion), Slg. 1979, 777, Rn. 39 ff.

[39] S. dazu Art. 258 AEUV, Rn. 50; kritisch zu dieser Rechtsprechung, soweit damit auch eine inzidente Rüge von Grundrechtsverstößen ausgeschlossen wird, *Wunderlich/Hickl*, EuR 2013, 107 ff.

[40] S. dazu im Rahmen des Vertragsverletzungsverfahrens EuGH, Urt. v. 18.10.2012, Rs. C–37/11 (Kommission/Tschechien), ECLI:EU:C:2012:640, Rn. 46 ff.; Urt. v. 20.9.2007, Rs. C–177/06 (Kom-mission/Spanien), Slg. 2006, I–70 (abgek. Veröff.), Rn. 30 f.; Urt. v. 1.6.2006, Rs. C–207/05 (Kom-mission/Italien), Slg. 2006, I–70 (abgek. Veröff.), Rn. 40 ff.; Urt. v. 5.10.2004, Rs. C–475/01 (Kom-mission/Griechenland), Slg. 2004, I–8923, Rn. 19; im Rahmen der Nichtigkeitsklage Urt. v. 15.6. 1994, Rs. C–137/92 P (BASF/Kommission), Slg 1994, I–2555, Rn. 49 ff.; aus der Literatur *D. Schroe-der*, S. 56 ff.; *Schärf*, EuZW 2004, 333 f.; *Annacker*, EuZW 2004, 79 ff.; *dies.*, EuZW 1995, 755 ff.; *Bergerès*, RTDE 1989, 393 ff., 647 ff.

[41] Für ein Beispiel der Klageabweisung als unzulässig s. EuG, Urt. v. 27.2.1992, verb. Rs. T–79/89, T–84/89-T–86/89, T–89/89, T–91/89, T–92/89, T–94/89, T–96/89, T–98/89, T–102/89 u. T–104/89 (BASF u. a./Kommission), Slg 1992, II–315 wegen zu geringer Anforderungen an die Inexistenz auf-gehoben durch EuGH, Urt. v. 15.6.1994, Rs. C–137/92 P (BASF/Kommission), Slg. 1994, I–2555; der Kläger obsiegt insoweit allein in den Urteilsgründen, weil dort die Inexistenz festgehalten wird, auch gehen die Verfahrenskosten zu Lasten des Beklagten (so Rn. 103 des EuG-Urteils).

[42] S. allgemein zur Richtlinien-Direktwirkung u. Rn. 38 ff.; speziell zur »objektiven Direktwir-kung« u. Rn. 59.

[43] EuGH, Urt. v. 22.6.1989, Rs. 103/88 (Fratelli Costanzo), Slg. 1989, 1839, Rn. 28.

[44] Dazu z.B. *Pietzcker*, Zur Nichtanwendung europarechtswidriger Gesetze seitens der Verwal-tung, FS Everling, Bd. 2, 1995, S. 1095 ff.; monographisch *Jamrath*, Normenkontrolle der Verwaltung und Europäisches Gemeinschaftsrecht, 1993; *Hutka*, Gemeinschaftsrechtsbezogene Prüfungs- und

B. Das Instrument der Verordnung

I. Das klassische Bild der Verordnung als normative Vollregelung

1. Die Verordnung als Instrument der Gesetzgebung

Verordnungen sind nach Art. 288 Abs. 2 AEUV normative[45] Rechtsakte, die Rechte und   **9**
Pflichten des Einzelnen begründen können. Sie gelten nach dem Wortlaut »unmittelbar
in jedem Mitgliedstaat«. Die Kategorie richtet sich damit nicht von vornherein nur an
bestimmte Adressaten, wie dies etwa bei der Richtlinie mit den umsetzungspflichtigen
Mitgliedstaaten der Fall ist,[46] sondern begründet Rechte und Pflichten nach ihrem jeweiligen Inhalt; auch die EU-Organe werden unproblematisch von dieser Bindung erfasst.[47] Das Instrument der Verordnung ist damit Kronzeuge des supranationalen Charakters der EU, der sich unter anderem in diesem unmittelbaren Durchgriff auf das
Territorium der Mitgliedstaaten äußert; insoweit war die Umbenennung zum »Europäischen Gesetz«, die der Verfassungsvertrag in Art. I-34 VVE vorgesehen hatte, konsequent.

Die in der Gründungsperiode der EU gezogenen weitgehenden Folgerungen aus die-   **10**
sem Befund sind allerdings im Fortgang der europäischen Integration abgeschwächt
worden. Die ältere EuGH-Rechtsprechung, die vor allem in Reaktion auf die italienische
»Umsetzungs«-Praxis ein Verbot der Wiederholung des Verordnungsinhalts durch die
nationale Rechtsetzung statuiert hatte,[48] wurde bereits in den 1980er Jahren zu Recht
abgeschwächt bzw. einschränkend präzisiert:[49] Nach gegenwärtigem Stand der Rechtsprechung sind Bezugnahmen und Wiedergaben des Verordnungsinhalts zulässig, soweit dadurch die EU-rechtliche Herkunft der Verpflichtung nicht verunklart wird;[50] mit
dieser Präzisierung wird das berechtigte Anliegen gewahrt, einer Verschleierung des

---

Verwerfungskompetenz der deutschen Verwaltung gegenüber Rechtsnormen nach europäischem Gemeinschaftsrecht und nach deutschem Recht, 1997; *Verhoeven*, The Costanzo Obligation: The Obligations of National Administrative Authorities in the Case of Incompatibility between National Law
and European Law, 2011; zuletzt *Palm*, GewArch 2011, 424 ff.; *Burger*, DVBl 2012, 985 ff.

[45] S. dazu sogleich u. Rn. 12.

[46] Dazu u. Rn. 18.

[47] S. nur *Nettesheim*, in: Grabitz/Hilf/Nettesheim, EU, Art. 288 AEUV (August 2012), Rn. 98; zur
entsprechenden Problematik bei Richtlinien s. u. Rn. 19.

[48] S. EuGH, Urt. v. 10.10.1973, Rs. 34/73 (Variola), Slg. 1973, 981, Rn. 9 ff.; s. auch noch Urt. v.
17.5.1972, Rs. 93/71 (Leonesio), Slg. 1972, 287, Rn. 5; Urt. v. 31.1.1978, Rs. 94/77 (Zerbone),
Slg. 1978, 99, Rn. 22/27 zur Beanstandung der anfänglichen italienischen Gesetzgebungspraxis, die
Verordnungen wortgleich in nationales Recht zu übernehmen und auf diese Weise ein nationales
»Spiegelbild« zu erzeugen, das den gemeinschaftsrechtlichen Ursprung überdeckte; s. weiter Urt. v.
18.6.1970, Rs. 74/69 (HZA Bremen/Krohn), Slg. 1970, 451, Rn. 4.

[49] S. EuGH, Urt. v. 2.3.1985, Rs. 272/83 (Kommission/Italien), Slg. 1985, 1057, Rn. 27: In Fällen,
in denen der Rechtsstand sich nicht allein aus der Verordnung, sondern erst aus dem »Zusammentreffen einer ganzen Reihe gemeinschaftsrechtlicher, einzelstaatlicher und nationaler Vorschriften« ergibt, »kann es nicht als Verstoß gegen das Gemeinschaftsrecht angesehen werden, dass Regionalge-
setze im Interesse ihres inneren Zusammenhangs und ihrer Verständlichkeit für die Adressaten bestimmte Punkte der Gemeinschaftsverordnungen wiederholen.«

[50] So EuGH, Urt. v. 21.12.2011, Rs. C–316/10 (Danske Svineproducenter), Slg. 2011, I–13721,
Rn. 41: Die Mitgliedstaaten können »Maßnahmen zur Durchführung einer Verordnung dann erlassen,
wenn sie deren unmittelbare Anwendbarkeit nicht vereiteln, deren gemeinschaftsrechtliche Natur
nicht verbergen und die Ausübung des durch die betreffende Verordnung verliehenen Ermessens
innerhalb der Grenzen dieser Vorschriften konkretisieren.« Ebenso zuvor EuGH, Urt. v. 14.10.2004,
Rs. C–113/02 (Kommission/Niederlande), Slg. 2004, I–9707, Rn. 16.

Geltungsgrundes entgegenzutreten, während gleichzeitig in pragmatischer Weise nationale Hilfestellungen zur Sicherung der Verständlichkeit des Gesamtzusammenhangs zugelassen werden. Selbst eine Wiederholung einzelner Verordnungspassagen in nationalen Durchführungsrechtsakten erscheint tolerabel, weil bei den auf nationale Ergänzungen angelegten Verordnungen »neuen Typs«[51] so die Lesbarkeit und Vollziehbarkeit des Rechts verbessert wird. Ohnehin schließt die unmittelbare Geltung der Verordnung nationale Anpassungsmaßnahmen nicht aus, weil im Falle eines Widerspruchs zwischen Verordnung und nationalem Rechts sich zwar kraft des Vorrangs des EU-Rechts die Verordnung durchsetzt, die Mitgliedstaaten aber dennoch aus Art. 4 Abs. 3 EUV verpflichtet sind, zur Verbesserung der Rechtsklarheit optisch widersprechendes nationales Recht aufzuheben oder abzuändern.[52]

11   Zu den technischen Voraussetzungen der in Art. 288 Abs. 2 AEUV verfügten unmittelbaren Geltung der Verordnung gehört die hinreichende Bestimmtheit ihrer Bestimmungen; sie wird terminologisch häufig gesondert als **unmittelbare Anwendbarkeit** ausgewiesen, die sich anders als die unmittelbare Geltung nicht schon aus der Verordnungsform als solcher ergibt, sondern in Bezug auf den jeweiligen Regelungsinhalt im Einzelnen festzustellen ist. Die Erfüllung dieser Vorgabe erscheint nach dem traditionellen Bild dieses Rechtsakts als Selbstverständlichkeit; nach der in der jüngeren Zeit erfolgten Annäherung der Regelungsdichte von Verordnungen und Richtlinien[53] kann die Anwendung von Verordnungsbestimmungen an dieser Voraussetzung aber auch scheitern. Weiter ist die in Art. 296 AEUV vorgesehene Veröffentlichung notwendige Voraussetzung einer Begründung von Pflichten Einzelner;[54] zudem muss die Veröffentlichung auch in der Amtssprache des Mitgliedstaats erfolgt sein, in dem die Verordnung zur Anwendung kommen soll.[55]

12   EU-Verordnungen wird im Regelfall auch inhaltlich normativer Charakter zukommen; allerdings ist seit langem auch das Phänomen der »**Schein-Verordnungen**« bekannt, bei denen tatsächlich eine Bündelung von Einzelfall-Entscheidungen vorliegt, die auch durch adressatengerichteten Beschluss hätten getroffen werden können.[56] Daneben existiert auch das Phänomen der Verordnungen »**hybrider Natur**«,[57] die gleichzeitig

---

[51] Dazu noch u. Rn. 15 ff.

[52] EuGH, Urt. v. 26.4.1988, Rs. 74/88 (Kommission/Deutschland), Slg. 1988, 2139, Rn. 9 f.; Urt. v. 26.10.1995, Rs. C–151/94 (Kommission/Luxemburg), Slg. 1995, I–3685, Rn. 18 ff.; Urt. v. 7.3. 1996, Rs. C–334/94 (Kommission/Frankreich), Slg. 1996, I–1307, Rn. 23 ff.; Urt. v. 13.7.2000, Rs. C–160/99 (Kommission/Frankreich), Slg. 2000, I–6137, Rn. 20 ff.

[53] S. u. Rn. 15 ff.

[54] So EuGH, Urt. v. 10.3.2009, Rs. C–345/06 (Heinrich), Slg. 2009, I–1659, Anm. *Frenz*, DVBl 2009, 590 zum nicht veröffentlichten Anhang der VO (EG) Nr. 622/2003 der Kommission vom 4.4.2003 zur Festlegung von Maßnahmen für die Durchführung der gemeinsamen grundlegenden Normen für die Luftsicherheit, ABl. 2003, L 89/9.

[55] S. EuGH, Urt. v. 11.12.2007, Rs. C–161/06 (Skoma-Lux), Slg. 2007, I–10841, Rn. 33 ff.; das ist vor allem beim Beitritt neuer Mitgliedstaaten zum Problem geworden, s. dazu *Lasinski-Sulecki/Morawski*, CMLRev. 45 (2008), 705 ff.; zuletzt EuGH, Urt. v. 12.7.2012, Rs. C–146/11 (Pimix), ECLI: EU:C:2012:450, Rn. 32 ff.

[56] So etwa die in einer Verordnung zusammengefasste »kollektive« Ablehnung individueller Anträge, s. dazu EuGH, Urt. v. 13.5.1971, Rs. 41–44/70 (NV International Fruit Company/Kommission), Slg. 1971, 411, Rn. 16/22; Urt. v. 18.11.1975, Rs. 11/74 (CAM/Kommission), Slg. 1975, 1393, Rn. 14; s. auch noch Urt. v. 29.3.1979, Rs. 113/77 (Toyo Bearing/Rat), Slg. 1979, 1185, Rn. 11; dazu *Biervert*, S. 114 ff.

[57] S. zuletzt EuG, Urt. v. 30.4.2014, Rs. T–17/12 (Hagenmeyer u. Hahn/Kommission), ECLI:EU: T.2014:234, Anm. *Meisterernst*, ZLR 2014, 472, Rn. 58 ff., 124 ff.

allgemein-normative Wirkung für das breite Feld der durch die Regelung Betroffenen und spezifische Wirkungen gegenüber einzelnen in besonderer Weise berührten Rechtssubjekten entfalten: Das ist z. B. der Fall bei den durch Verordnung verhängten gezielten Sanktionen (»targeted« oder »smart sanctions«), die allen Wirtschaftsteilnehmern Geschäftsbeziehungen zu den gelisteten Personen untersagen und insoweit allgemein-normativ wirken, durch die die Gelisteten aber zugleich individuell betroffen werden.[58] Dasselbe kann bei Regelungen gelten, bei denen in Verordnungsform über Anträge entschieden wird:[59] Mit der Verordnung wird zugleich über den Antrag befunden – womit angemessene Handlungsform eigentlich der adressatengerichtete Beschluss wäre –, und eine allgemeine Regelung zur Zulässigkeit bestimmter Handlungen getroffen.[60]

2. Rechtsschutz

Für den Rechtsschutz bedeutet die Einordnung der Verordnung als normatives Instru-   **13** ment grundsätzlich, dass die Klagen privilegierter Kläger nach Art. 263 Abs. 2 und 3 AEUV zwar grundsätzlich zulässig sind, Nichtigkeitsklagen Einzelner dagegen regelmäßig an den erhöhten Anforderungen des Art. 263 Abs. 4 AEUV scheitern mussten. Die nähere Prüfung des normativ-generellen Charakters einer Verordnung hatte dabei aufgrund der bisherigen Fassung des heutigen Art. 263 Abs. 4 AEUV vor allem prozessuale Bedeutung: Die Formulierung, nach der die »wahre Natur« des Rechtsakts anstelle der gewählten Bezeichnung maßgeblich sei, bedeutete trotz weitergehender Formulierungen in der Rechtsprechung[61] nicht, dass ein »falsch bezeichneter« Rechtsakt umfassend – d. h. auch mit Folgen für seine Rechtmäßigkeit – umqualifiziert worden wäre,[62] sondern nur, dass die Zulässigkeitsanforderungen für Nichtigkeitsklagen am materiellen Gehalt der Regelung zu orientieren waren. Die abstrakte Qualifikationsfrage hat allerdings schon vor dem Inkrafttreten des Vertrags von Lissabon keine zentrale Rolle mehr für die Zulässigkeit von Nichtigkeitsklagen gespielt, weil mit der Anerkennung der Existenz hybrider Rechtsakte in der jüngeren Rechtsprechung geklärt war, dass auch normative Rechtsakte bestimmte Einzelne individuell betreffen und damit insoweit die Voraussetzungen der zweiten Alternative des Art. 263 Abs. 4 AEUV erfüllen können.[63]

Durch die Neufassung des Art. 263 Abs. 4 AEUV hat sie weiter an Bedeutung ver-   **14** loren, weil hier nun nicht mehr von »als Verordnung« ergangenen Entscheidungen die Rede ist, sondern globaler von Handlungen gesprochen wird, die den Kläger unmittelbar und individuell betreffen.[64] Auch nach dieser Neufassung kann die – von der Wahl

---

[58] S. stellvertretend für die zahlreichen Klagen Betroffener gegen solche Listungen EuGH, Urt. v. 3.9.2008, verb. Rs. C–402/05 P u. C–415/05 P (Kadi u. Al Bakaraat/Rat und Kommission), Slg. 2008, I–6351, Rn. 241 ff.; s. auch *Gundel*, EWS 2012, 65 (71).

[59] So etwa im Fall von Anträgen auf Zulassung gesundheitsbezogener Werbeaussagen nach der Health-Claims-VO (VO (EG) Nr. 1924/2006 vom 20.12.2006 über nährwert- und gesundheitsbezogene Angaben über Lebensmittel, ABl. 2006, L 404/9, berichtigt ABl. 2007, L 12/3).

[60] Die Wahl der Verordnungsform wird im Fall der Anträge nach der Health-Claims-VO (Fn. 59) gebilligt durch EuG, Urt. v. 30.4.2014, Rs. T–17/12 (Hagenmeyer u. Hahn/Kommission), ECLI:EU: T.2014:234, Anm. *Meisterernst*, ZLR 2014, 472, Rn. 124 ff.

[61] So z.B. EuGH, Urt. v. 13.5.1971, Rs. 41–44/70 (NV International Fruit Company/Kommission), Slg. 1971, 411, Rn. 16/22: »Hieraus folgt, dass Art. 1 der VO Nr. 983/70 keine Vorschrift allgemeiner Geltung im Sinne von Art. 189 Abs. 2 des Vertrages [nun Art. 288 Abs. 2 AEUV] ist, sondern in ein Bündel individueller Entscheidungen (...) aufgegliedert werden muß.«

[62] Dazu *Biervert*, S. 123 ff.

[63] S. o. Rn. 12; dazu z. B. *Biervert*, S. 122.

[64] S. z. B. *Glaser*, S. 444 f.

der Rechtsform nicht unmittelbar abhängige – Frage der normativen Wirkung eines Rechtsakts aber noch prozessuale Konsequenzen haben.[65] Zugleich hat der Vertrag von Lissabon mit der Einfügung der dritten Alternative des Art. 263 Abs. 4 AEUV ein zusätzliches Rechtsschutz-Ventil geschaffen, das nun erstmals die Nichtigkeitsklage Einzelner gegen »Rechtsakte mit Verordnungscharakter« und damit gegen »echte« normative Rechtsakte eröffnet; die Rechtsprechung hat hier allerdings geklärt, dass die neue Alternative nur einen eingeschränkten Anwendungsbereich besitzt – sie erfasst nur Rechtsakte, die nicht im Gesetzgebungsverfahren im Sinne des Art. 289 AEUV ergangen sind –,[66] und zudem die weiteren in der dritten Alternative aufgeführten Voraussetzungen durchaus erhebliche Anforderungen stellen.[67] Soweit damit direkter Rechtsschutz über die Nichtigkeitsklage weiterhin nicht eröffnet wird, ist wie schon bisher der inzidente Rechtsschutz auf dem Weg über die Beanstandung nationaler Durchsetzungs- und Vollzugsmaßnahmen vor den nationalen Gerichten in Verbindung mit der Gültigkeitsvorlage maßgeblich, der den Rechtsschutz-Anforderungen aus Art. 47 GRC grundsätzlich genügt;[68] Art. 19 Abs. 1 EUV normiert nun ausdrücklich die (zuvor schon auf der Grundlage des heutigen Art. 4 Abs. 3 EUV bestehende) Verpflichtung der Mitgliedstaaten zur Schaffung entsprechender Gerichtszugänge, die den Betroffenen die Inzidentkontrolle ohne das Risiko eines Verstoßes gegen die beanstandeten Vorgaben ermöglichen.[69]

II. Annäherungen an Regelungsintensität und Funktionsweise der Richtlinie

15   Dem Urbild der Verordnung entspricht die aus sich heraus vollziehbare Vollregelung, die damit zugleich besonders scharf in die nationale Souveränität eingreift; insoweit war auch der mit dem Vertrag von Amsterdam statuierte Vorrang des Instruments der Richtlinie[70] eine konsequente Entscheidung. In jüngerer Zeit sind aber vermehrt Verordnungen ergangen, die auf ergänzende nationale Regelungen tatsächlich angewiesen sind.[71]

---

[65] Dies betrifft insbesondere die Präklusion der Gültigkeitsvorlage gem. Art. 267 AEUV nach der sog. Deggendorf-Rechtsprechung (o. Fn. 38, s. auch Art. 267 AEUV, Rn. 27 ff.: Wer zum Kreis derer gehört, die durch einen hybriden Rechtsakt nicht allgemein, sondern unmittelbar und individuell betroffen sind, und auf eine Klage verzichtet, wird sich diese Präklusion bei einer späteren Gültigkeitsvorlage entgegenhalten lassen müssen; für den Fall einer bloß »allgemein-normativen« Betroffenheit, die heute nach der neu eingefügten dritten Variante des Art. 263 Abs. 4 AEUV ebenfalls ein Klagerecht begründen kann, wird man diese Konsequenz dagegen nicht ziehen können, s. zum Problem anhand der Smart sanctions *Gundel*, EWS 2012, 65 (70 ff.); s. auch *Schwensfeier*, E.L.Rev. 37 (2012), 156 ff.

[66] So EuG, Urt. v. 6.9.2011, Rs. T–18/10 (Inuit Tapiriit Kanatami u. a./Rat und Parlament), Slg. 2011, II–5599, Bespr. *Gundel*, EWS 2012, 65 ff., Bespr. *Everling*, EuZW 2012, 376 ff., Anm. *Petzold*, EuR 2012, 432, bestätigt durch EuGH, Urt. v. 3.10.2013, Rs. C–583/11 P (Inuit Tapiriit Kanatami u. a./Rat und Parlament), ECLI:EU:C:2013:625; Bespr. *Streinz*, EuZW 2014, 17 ff.; dazu *Arnull*, JDE 2014, 14 ff.; s. auch Art. 263 AEUV, Rn. 73 ff.

[67] Dazu *Gundel*, EWS 2014, 22 (24 f.); s. auch u. Rn. 36 (Richtlinien) und Rn. 93, 97 (Beschlüsse) sowie Art. 263 AEUV, Rn. 81 ff., 146 ff.

[68] EuGH, Urt. v. 3.10.2013, Rs. C–583/11 P (Inuit Tapiriit Kanatami u. a./Rat und Parlament), ECLI:EU:C:2013:625, Rn. 100 ff.; s. auch *Gundel*, in: Ehlers, Europäische Grundrechte und Grundfreiheiten, § 27, Rn. 25 ff.

[69] Zu den Möglichkeiten der Realisierung im deutschen Verwaltungsprozessrecht durch das Instrument der vorbeugenden Feststellungsklage s. *Gundel*, VerwArch 92 (2001), 81 (99 ff.); instruktiv zuletzt *Michl*, NVwZ 2014, 841 ff.

[70] S. o. Rn. 4.

[71] S. z.B. EuGH, Urt. v. 21.12.2011, Rs. C–316/10 (Danske Svineproducenter), Slg. 2011,

Insbesondere im Feld des vom EU-Gesetzgeber großflächig erfassten Lebensmittelrechts ist die Rechtsetzung seit 2002 systematisch auf die Verordnungsform umgestellt
worden,[72] obwohl die Regelungsintensität teils weiter derjenigen von Richtlinien entspricht.[73] Auch in anderen Bereichen wird das Instrument der Richtlinie zunehmend
durch die Verordnungsform ersetzt, wodurch die richtlinienspezifische zweistufige
Rechtsetzung entfällt[74] und zugleich im Grundsatz Probleme durch im Detail divergie-
rende Umsetzungslösungen in den Mitgliedstaaten vermieden werden, die bei grenzüberschreitenden Sachverhalten auftreten können.[75] Der Wegfall des förmlichen Vorrangs der Richtlinie gegenüber der Verordnung durch die Neufassung des Subsidiaritätsprotokolls mit dem Vertrag von Lissabon zieht letztlich wiederum nur die
Konsequenzen aus dieser Entwicklung; die Wahl zwischen Verordnung und Richtlinie ist
nun der pragmatischen Entscheidung der jeweils für die Rechtsetzung zuständigen Organe überlassen.[76]

Schon relativ früh hatte die EuGH-Rechtsprechung anerkannt, dass auch Verordnun- **16**
gen Umsetzungs- bzw. Durchführungsmaßnahmen der Mitgliedstaaten vorsehen können;[77] teils finden sich nun Fristsetzungen an die Adresse der Mitgliedstaaten, die den

---

I–13721, Rn. 42 (dazu *Larché*, Europe 2/2012, 13 f.): Hier war eine Richtlinie zum Tierschutz bei
Transporten durch eine 2004 ergangene Verordnung abgelöst worden; der EuGH hielt fest, dass der
Verordnungscharakter der Annahme vergleichbarer Spielräume des Mitgliedstaats beim Erlass ergän-
zender Regelungen nicht entgegenstehe.

[72] S. stellvertretend die VO (EG) Nr. 178/2002 vom 28. 1. 2002 »zur Festlegung der allgemeinen
Grundsätze und Anforderungen des Lebensmittelrechts, zur Errichtung der Europäischen Behörde für
Lebensmittelsicherheit und zur Festlegung von Verfahren zur Lebensmittelsicherheit«, ABl. 2002, L
31/1 (sog. Lebensmittel-BasisVO); dazu *Gundel*, Lebensmittelrecht, in: Ruffert (Hrsg.), Europäisches
sektorales Wirtschaftsrecht, 2012, § 8, Rn. 39.

[73] Von »Richtlinien im Kleide der Rechtsverordnung« spricht plastisch *Zellner*, ZLR 2007, 295
(296); s. z. B. zu den Regelungen über Lebensmittelwarnungen in Art. 10 der VO (EG) Nr. 178/2002
(Fn. 72), für die in der deutschen Literatur teils eine abschließende Regelung behauptet worden war:
EuGH, Urt. v. 11. 4. 2013, Rs. C–636/11 (Berger Fleisch), ECLI:EU:C:2013:227; Anm. *Gundel*, ZLR
2013, 662, Anm. *Becker/Merschmann*, NJW 2013, 1726, Anm. *Riemer*, EWS 2013, 188, Bespr.
Wollenschläger, EuZW 2013, 419 ff.

[74] Angesprochen wird der Wechsel der Rechtsform in den Begründungen der Rechtsakte nur selten; für eine solche Ausnahme s. den 3. Erwägungsgrund der VO (EG) Nr. 396/2005 vom 23. 2. 2005
über Höchstgehalte an Pestizidrückständen in oder auf Lebens- oder Futtermitteln pflanzlichen Ursprungs und zur Änderung der RL 91/414/EWG des Rates, ABl. 2005, L 70/1: »Eine Verordnung zur
Festsetzung von Rückstandshöchstgehalten braucht nicht in einzelstaatliches Recht umgesetzt zu werden. Sie ist daher das geeignetste Rechtsinstrument […], da ihre präzisen Vorschriften gemeinschafts-
weit zu ein und demselben Zeitpunkt und nach ein und demselben Verfahren angewendet werden und
insofern eine effizientere Verwendung nationaler Ressourcen gestatten.« S. auch den 4. Erwägungsgrund der VO (EU) Nr. 10/2011 der Kommission vom 14. 1. 2011 über Materialien und Gegenstände
aus Kunststoff, die dazu bestimmt sind, mit Lebensmitteln in Berührung zu kommen, ABl. 2011, L
12/1 (Ablösung der gleichnamigen RL 2002/72/EG der Kommission vom 6. 8. 2002, ABl. 2002, L
220/18): Hier wird angeführt, dass die Richtlinie und ihre Änderungen bisher ohne größere Anpassung
in nationales Recht umgesetzt worden seien, die Umsetzungsdauer aber das »Innovationstempo«
verlangsame.

[75] S. für ein jüngeres Beispiel die VO (EU) Nr. 536/2014 vom 16. 4. 2014 über klinische Prüfungen
mit Humanarzneimitteln und zur Aufhebung der RL 2001/20/EG, ABl. 2014, L 158/1, deren Erwägungsgrund 5 für den Wechsel zur Verordnungsform darauf abstellt, dass damit die Durchführung
klinischer Studien in mehreren Mitgliedstaaten erleichtert werde.

[76] Zu dem hierbei ggf. maßgeblichen Gesichtspunkten s. auch noch Rn. 21.

[77] S. EuGH, Urt. v. 27. 9. 1979, Rs. 230/78 (Eridania), Slg. 1979, 2749, Rn. 34: »Die unmittelbare
Geltung einer Verordnung ist kein Hindernis dafür, dass im Text dieser Verordnung ein Gemeinschaftsorgan oder ein Mitgliedstaat zum Erlaß von Durchführungsmaßnahmen ermächtigt wird. Im letztge-

Umsetzungsfristen von Richtlinien ähneln.[78] Soweit durch diese abgeschwächte Verordnungsgebung »Umsetzungs«-Spielräume der Mitgliedstaaten entstehen, stellen sich für deren Rahmen dieselben Fragen wie bei Richtlinien.[79] Auch der EuGH hat anerkannt, dass die Verordnungen nur »im allgemeinen« unmittelbar anwendbar sind,[80] während im Ausnahmefall die Wirkung vom Erlass solcher mitgliedstaatlicher Durchführungsmaßnahmen abhängig sein kann.[81] Auch soweit eine Verordnung ohne ausdrücklichen Rechtsetzungsauftrag an die Mitgliedstaaten Regelungslücken enthält, sind diese durch ergänzende Anwendung des nationalen Rechts – unter Beachtung der Vorgaben aus Art. 4 Abs. 3 EUV –[82] zu schließen.[83] Der im Ausgangspunkt deutliche Unterschied zwischen unmittelbar geltenden Verordnungen und umsetzungsbedürftigen Richtlinien wird durch dieses Phänomen der »hinkenden Verordnungen« in der Rechtsetzungspraxis erheblich relativiert.[84]

17   Diese Verwischung der Rechtsakt-Kategorien ist unter dem Gesichtspunkt der Rechtsklarheit zu bedauern; allerdings kann sich diese Praxis mit einer gewissen Berechtigung auf das Subsidiaritätsprinzip berufen,[85] wenn in bestimmten Konstellationen einerseits das schlagkräftige Instrument der Verordnung genutzt werden soll, andererseits eine Komplett-Normierung des betroffenen Regelungsbereichs auf EU-Ebene als nicht erforderlich erscheint.

---

nannten Fall bestimmen sich die Modalitäten der Ausübung dieser Befugnis nach dem öffentlichen Recht des betreffenden Mitgliedstaates«; EuGH, Urt. v. 11. 11. 1992, Rs. C–251/91 (Teulie), Slg. 1992, I–5599, Rn. 13 ff.; Urt. v. 20. 6. 2002, Rs. C–313/99 (Mulligan), Slg. 2002, I–5719, Rn. 28 ff.; dazu *Gautier*, Europe 8/2002, 8 f.

[78] S. z. B. Art. 16 u. 18 der VO (EG) Nr. 1082/2006 vom 5. 7. 2006 über den Europäischen Verbund für territoriale Zusammenarbeit (EVTZ), ABl. 2006, L 210/19; zum Charakter der EVTZ-Verordnung als auf nationale (auch normative) Durchführung angelegter Rechtsakt s. *Engl*, EuR 2013, 285 ff.; s. weiter die detaillierten Zeitvorgaben für eine Überarbeitung des nationalen Planungsrechts für vorrangige Infrastrukturvorhaben in Art. 7 der TEN-E-Verordnung, VO (EU) Nr. 347/2013 vom 17. 4. 2013 zu Leitlinien für die transeuropäische Energieinfrastruktur und zur Aufhebung der Entscheidung Nr. 1364/2006/EG und zur Änderung der Verordnung (EG) Nr. 713/2009, (EG) Nr. 714/2009 und (EG) Nr. 715/2009, ABl. 2013, L 115/39.

[79] Dazu u. Rn. 23 ff.

[80] Zur Unterscheidung von unmittelbarer Geltung und unmittelbarer Anwendbarkeit oder Wirkung (die einen aus sich heraus vollzugsfähigen Inhalt verlangt) s. in jüngerer Zeit z. B. *Kovar*, FS Molinier, S. 355 ff.

[81] So zu einer Verordnung im Agrarsektor EuGH, Urt. v. 11. 1. 2001, Rs. C–403/98 (Azienda Agricola Monte Acursu), Slg. 2001, I–103, Rn. 26: Bestimmungen von Verordnungen entfalten »im Allgemeinen zwar unmittelbare Wirkung in den nationalen Rechtsordnungen [...], ohne dass die nationalen Behörden Durchführungsmaßnahmen ergreifen müßten. Dennoch kann es vorkommen, dass manche Bestimmungen einer Verordnung zu ihrer Durchführung des Erlasses von Durchführungsmaßnahmen durch die Mitgliedstaaten bedürfen.« Dazu *Kronenberger*, CMLRev. 38 (2001), 1545 ff.; weiter EuGH, Urt. v. 24. 6. 2004, Rs. C–278/02 (Handlbauer), Slg. 2004, I–6171, Rn. 26.

[82] S. Art. 4 EUV, Rn. 114 ff.

[83] S. z. B. EuGH, Urt. v. 22. 11. 2012, Rs. C–139/11 (Moré), ECLI:EU:C:2012:741, Rn. 24 ff.; krit. Anm. *Basedow*, ZEuP 2014, 402 ff.

[84] S. zu dieser Entwicklung z. B. *Král*, E.L.Rev. 33 (2008), 243 ff.; *Rösch*, S. 41, 263 ff.; s. auch *Schroeder*, in: Streinz, EUV/AEUV, Art. 288 AEUV, Rn. 61; *Ruffert*, in: Calliess/Ruffert, EUV/AEUV, Art. 288 AEUV, Rn. 21.

[85] S. z. B. Erwägungsgrund 32 der TEN-E-VO (Fn. 78).

C. Richtlinien

I. Allgemeines

Richtlinien sind nach dem Wortlaut des Art. 288 Abs. 3 AEUV an die Mitgliedstaaten **18** gerichtet und begründen damit grundsätzlich Beachtungs- und Umsetzungspflichten für diese Adressaten;[86] sie sind damit vor allem ein Instrument zur normativen Harmonisierung des nationalen Rechts.[87] Der zweistufige Ablauf des Rechtsetzungsverfahrens und die damit verbundene Überquerung der Schnittstelle zwischen EU-Recht und nationalem Recht bringen freilich spezifische Probleme mit sich; sie haben dem Instrument der Richtlinie eine Aufmerksamkeit gesichert, die von Teilen der Literatur unter Verweis auf den vergleichsweise geringen statistischen Anteil des Instruments an der EU-Rechtssetzung schon als übertrieben angesehen wird.[88] Ein paralleles Seitenstück bestand bis zum Inkrafttreten des Vertrags von Lissabon im Bereich Justiz und Inneres mit dem Instrument der Rahmenbeschlüsse[89] gemäß Art. 34 a. F. EUV; auch in diesem Bereich sind nun aber die allgemeinen Rechtsetzungsinstrumente anwendbar.[90]

Aus der Ausrichtung der Richtlinie auf die Mitgliedstaaten folgt, dass die **EU-Organe** **19** **selbst nicht Adressat** ihrer Vorgaben sind. Sie können allerdings dennoch an ihre Inhalte gebunden sein, soweit die Richtlinie Vorgaben kodifiziert, die zugleich als allgemeine Rechtsgrundsätze gelten und in dieser Eigenschaft über den Adressatenkreis der Richtlinie hinaus wirken,[91] oder wenn die Inhalte der Richtlinie als Orientierungspunkt auch für die auf das EU-Organ anwendbaren Regeln gewählt wurden.[92] Diese auf den ersten Blick überraschende Frage der Richtliniengeltung auch für EU-Organe kann sich z. B. im EU-Dienstrecht in Bezug auf Richtlinien des europäischen Arbeitsrechts stellen,[93] aber auch bei einer Auftragsvergabe durch die EU für die EU-Vergaberichtlinien.[94]

[86] Zur Reichweite s. u. Rn. 55.
[87] Zum normativen Charakter s. z. B. EuG, Urt. v. 27.6.2000, verb. Rs. T–172/98 u. T–175/98 – T–177/98, (Salamander AG u. a./Rat und Parlament), Slg. 2000, II–2487, Rn. 29, die Richtlinie stelle »normalerweise eine Form der mittelbaren Gesetzgebung« dar.
[88] So *Schroeder*, in: Streinz, EUV/AEUV, Art. 288 AEUV, Rn. 67.
[89] Dazu *Schönberger*, ZaöRV 2007, 1107 ff.; *Schroeder*, EuR 2007, 349 ff.; *Kurcz/Lazowski*, YEL 2006, 177 ff.; monographisch *Knebelsberger*, Die innerstaatliche Wirkweise von EU-Rahmenbeschlüssen und ihre gerichtliche Überprüfbarkeit, 2010; *Meier*, Rechtswirkungen von EG-Richtlinien und EU-Rahmenbeschlüssen im nationalen Recht, 2008; speziell zur rahmenbeschlusskonformen Interpretation s. noch die Nachw. Fn. 190 und Rn. 65.
[90] S. Art. 82 ff. AEUV, die für die justizielle Zusammenarbeit in Strafsachen nun teils unspezifiziert den Erlass von Maßnahmen vorsehen, teils spezifisch auf das Instrument der Richtlinie verweisen; die Besonderheiten des Rahmenbeschlusses wirken insoweit fort, als die vor dem Inkrafttreten des Vertrags von Lissabon ergangenen Rahmenbeschlüsse bis zu einer Neufassung als solche fortgelten, s. Art. 9 und 10 des Protokolls zum Vertrag von Lissabon über die Übergangsvorschriften.
[91] S. EuGH, Urt. v. 9.9.2003, Rs. C–25/02 (Rinke), Slg. 2003, I–8349, Rn. 25 ff.; prominenteren Ausdruck hat diese Konstruktion der Übertragung von Richtlinien-Inhalten in allgemeine Rechtsgrundsätze in der Mangold-Rechtsprechung gefunden, s. u. Rn. 74.
[92] Dazu insbes. EuGöD, Urt. v. 30.4.2009, Rs. F–65/07 (Aayhan u. a./Kommission), Slg. ÖD 2009, I-A–1–1054 u. II A–1–567, Rn. 116.
[93] S. EuG, Urt. v. 21.9.2011, Rs. T–325/09 (Adjemian u. a./Kommission), Slg. 2011, II–6515, Rn. 51 ff. mit dem Hinweis, dass die betroffene Richtlinie zugleich einen auch gegenüber den Organen anwendbaren allgemeinen Grundsatz wiedergeben könne; dazu *O'Leary*, E.L.Rev. 36 (2011), 769 (777 ff.); *Adinolfi*, Riv. dir. int 2012, 450 ff.; weitergehend zuvor EuGöD, Urt. v. 30.4.2009, Rs. F–65/07 (Aayhan u. a./Kommission), Slg. ÖD 2009, FP-I-A–1–001054, Rn. 111 ff.; dazu *O'Leary*, E.L.Rev. 36 (2011), 769; *Lhoëst*, HRLJ 31 (2011), 36 (38 f.); s. auch EuG, Urt. v. 11.7.2012, Rs. F–85/10 (AI/EuGH), ECLI:EU:F:2012:97, Rn. 133 ff.; im Ergebnis enger dann EuG, Urt. v. 8.11.2012, Rs. T–268/11 P (Strack/Kommission), Rn. 32 ff., aufgehoben durch EuGH, Urt. v.

20   Darüber hinaus können Richtlinien Verfahrensregelungen enthalten, die auch die
EU-Organe einbinden,[95] indem z. B. Meldepflichten der Mitgliedstaaten oder Geneh-
migungsvorbehalte zugunsten der EU-Kommission[96] normiert werden. Das Beispiel
solcher Richtlinien-Regelungen zeigt zugleich, dass auch die Vorstellung einer vollständigen mitgliedstaatlichen Umsetzungspflicht zu relativieren ist, weil auch Richtlinien oder Richtlinienbestandteile möglich sind, die der normativen Umsetzung nicht
bedürfen:[97] Das ist insbesondere der Fall bei Richtlinienbestimmungen, die den Mitgliedstaaten ein bestimmtes späteres Verhalten auferlegen,[98] z. B. die Beachtung von
Notifikations- oder Genehmigungsantragspflichten. So ist z. B. die Informationsver-
fahrens-Richtlinie (RL 98/34/EG bzw. nun RL (EU) 2015/1535)[99] in Deutschland
nicht umgesetzt worden;[100] ihre Vorgaben werden eingehalten, wenn die dort vorgesehene Notifikationspflicht von den jeweils zuständigen Einheiten bei der Rechtsetzung tatsächlich beachtet wird.[101]

19.9.2013, Rs. C–579/12 RX-II (Kommission/Strack), ECLI:EU:C:2013:570, der weitergehend das
EU-Beamtenstatut als Verweis auf die einschlägige Richtlinie interpretiert hat; dazu *Gattinara/Pap-*
palardo, RAE 2013, 571 ff.; *v. Bardeleben*, RTDE 2014, 111 (121 ff.); *Rigaux*, Europe 11/2013, 24 f.;
Tracol, CMLRev. 51 (2014), 993 ff.; s. auch noch *Gilliaux*, JDE 2014, 318 ff.
[94] S. dazu EuG, Urt. v. 11.5.2010, Rs. T–121/08 (PC Ware Information Technologies/Kommissi-
on), Slg. 2010, II–1541, Rn. 50; der ursprüngliche Verweis der EU-Haushaltsordnung auf die EU-
Vergaberichtlinien ist bei der Neufassung des Jahres 2002 durch ein eigenständiges Regime abgelöst
worden, das inhaltlich allerdings weitgehend den Richtlinien entspricht; ein vergleichbarer Verweis
bestand früher in Bezug auf die Datenschutz-Richtlinie, dazu *Haratsch*, EuR 2000, 42 ff.
[95] Dazu *Glaser*, S. 350; *Rösch*, S. 63 f.; *Sydow*, JZ 2009, 373 (377 ff.).
[96] S. statt vieler den Bestätigungsvorbehalt für nationale Maßnahmen gegen unsichere Geräte
gemäß Art. 7 RL 94/9/EG vom 23.3.1994 zur Angleichung der Rechtsvorschriften der Mitgliedstaaten
für Geräte und Schutzsysteme zur bestimmungsgemäßen Verwendung in explosionsgefährdeten Bereichen, ABl. 1994, L 100/1, oder den Bestätigungsvorbehalt für nationale Free-TV-Listen nach der
AVMD-RL (dazu u. Rn. 94); s. auch *Vogt*, S. 172 ff.; zur Möglichkeit, in Richtlinien auch Rechtsgrundlagen für den Erlass von Tertiärrechts-Verordnungen vorzusehen, s. schon o. Fn. 23.
[97] Das gilt z. B. auch für Verordnungsermächtigungen in Richtlinien, s. o. Fn. 23; soweit allerdings
eine normative Umsetzung nötig ist, erfolgt der Vollzug des entsprechend angeglichenen nationalen
Rechts grundsätzlich allein durch die nationalen Behörden, s. dazu und zu einer jüngeren Ausnah-
mekonstellation u. Rn. 21.
[98] Instruktiv zu dieser Kategorie *Sydow*, JZ 2009, 373 ff.; knapp auch *Nettesheim*, in: Grabitz/Hilf/
Nettesheim, EU, Art. 288 AEUV (August 2012), Rn. 107; aus der Rechtsprechung s. EuGH, Urt. v.
29.3.2012, Rs. C–504/09 P (Kommission/Polen), ECLI:EU:C:2012:178, Rn. 49: »bei Richtlinienbestimmungen, die nur die Beziehungen zwischen einem Mitgliedstaat und der Kommission betreffen,
[kann] eine Umsetzung entbehrlich sein« unter Verweis auf EuGH, Urt. v. 30.11.2006, Rs. C–32/05
(Kommission/Luxemburg), Slg. 2006, I–11323, Rn. 35 f.
[99] RL 98/34/EG vom 22.6.1998 über ein Informationsverfahren auf dem Gebiet der technischen
Normen und Vorschriften, ABl. 1998, L 204/37; nun kodifiziert durch die RL (EU) 2015/1535 v.
9.9.2015, ABl. 2015, L 241/1; zu ihr noch u. Rn. 58; zum System der Richtlinie s. *Gundel*, JuS 1999,
1171 (1174); *Munoz*, »The development of the ex-ante control mechanism regarding implementation
of the internal market, in: Tridimas/Nebbia (Hrsg.), European Union Law for the Twenty-First Century, 2004, Vol. 2, S. 103 ff.; *Herlitz*, RDUE 2008, 403 ff.; *de Band/Baekelandt*, JDE 2008, 69 ff.
[100] Eine punktuelle Umsetzung ist in § 61 des Rundfunkstaatsvertrags erfolgt; s. dagegen für Österreich zunächst das Bundesgesetz zur Durchführung eines Informationsverfahrens auf dem Gebiet der
technischen Vorschriften und Normen (Notifikationsgesetz – NotifG), BGBl. I 1996/180; dazu z. B.
Vorbach, ÖZW 1997, 65 (69 ff.), abgelöst durch das NotifG 1999, BGBl. I 1999/183; dazu z. B. VerfGH
Wien, 9.6.2005 – V 87/04, JBl. 2005, 776.
[101] S. etwa zur Notifizierungsbedürftigkeit des Glücksspielstaatsvertrags *Stein*, ZfWG 2007,
397 ff.; *Streinz/Herrmann/Kruis*, ZfWG 2007, 402 ff.; zu den Folgen der Missachtung s. noch u.
Rn. 50, 58.

II. Richtlinien-Umsetzung

1. Die Ratio der zweistufigen Rechtsetzung

In Bezug auf die Ratio des zweistufigen Rechtsetzungsmodells der Richtlinie konkur-   **21**
rieren zwei Erklärungsmodelle, die sich gegenseitig zwar nicht ausschließen, die aber
doch unterschiedliche Konsequenzen für die Reichweite der Richtlinien-Rechtsetzung
nahelegen: Zunächst lässt sich ein **pragmatisch-technischer Erklärungsansatz** ausmachen: Danach erlaubt das Modell dem nationalen Normgeber die Einfügung der punktuellen Vorgaben der Richtlinie in seine Kodifikation und die Wiedergabe mit den
Begriffen des nationalen Rechts.[102] Dieser die Sichtbarkeit (und Beachtung) der europäischen Vorgaben zunächst fördernde Effekt kommt bei einer schrittweisen Harmonisierung von Rechtsgebieten vor allem in der Anfangszeit zum Tragen, er schwächt sich
allerdings bei einem weiteren Fortschreiten umso stärker ab, je dichter das Regelungs-
netz auf EU-Ebene wird – was den in jüngerer Zeit zu beobachtenden Wechsel zum
Instrument der Verordnung in bereits intensiv EU-rechtlich determinierten Sektoren
zum Teil erklären mag.[103] Ein weiterer, damit zusammenhängender Ansatzpunkt für die
unter diesem Gesichtspunkt abnehmende Attraktivität des Richtlinienmodells liegt in
der Tatsache, dass in intensiv durchnormierten Bereichen häufig auch einzelne Segmen-
te des Verwaltungsvollzugs auf EU-Ebene zentralisiert werden:[104] Die Richtlinie ist aber
auf den Vollzug des nationalen Umsetzungsrechts durch die nationalen Behörden zuge-
schnitten; die EU-Organe wenden grundsätzlich kein nationales Recht an.[105]

Daneben steht eine **souveränitätsorientierte Erklärung** des Instruments: Danach   **22**
dient es der Wahrung der Gestaltungsfreiheit des Mitgliedstaats bei der Umsetzung der
Vorgaben.[106] Dieser Gesichtspunkt ist im Ausgangspunkt auch sicher nicht unberechtigt
– er wird gelegentlich auch in der EuGH-Rechtsprechung herangezogen –,[107] er hat aber
jedenfalls dadurch an Bedeutung verloren, dass die Zahl der Rechtsgrundlagen, die den
EU-Gesetzgeber auf das Instrument der Richtlinie beschränken, deutlich abgenommen
hat.[108] Zudem darf er nicht im Sinne eines notwendigen Merkmals in dem Sinne interpretiert werden, dass Richtlinien den Mitgliedstaaten stets substantiellen Spielraum lassen müssten;[109] das mit einer solchen Prämisse verbundene Vorverständnis weist eine

---

[102] S. z. B. *v. Danwitz*, JZ 2007, 697 (698); *Sydow*, JZ 2009, 373 (377).

[103] Zum Bereich des EU-Lebensmittelrechts, in dem dieses Stadium einer flächendeckenden europäischen Normierung erreicht scheint, s. o. Rn. 15.

[104] S. *Gundel*, in: Schulze/Zuleeg/Kadelbach, Europarecht, § 3, Rn. 28 ff.

[105] S. dazu *Gundel*, in: Schulze/Zuleeg/Kadelbach, Europarecht, § 3, Rn. 98; eine markante Ausnahme findet sich in Art. 4 Abs. 3 der VO (EU) Nr. 1024/2013 vom 15. 10. 2013 zur Übertragung
besonderer Aufgaben im Zusammenhang mit der Aufsicht über Kreditinstitute auf die Europäische
Zentralbank, ABl. 2013, L 287/63 (SSM-VO), wonach die EZB in ihrem Zuständigkeitsbereich auch
nationales Recht anwendet, das zur Umsetzung von EU-Bankrechtsrichtlinien ergangen ist; dazu *Witte*, MJ 2014, 89 (105 ff.); kritisch *Peuker*, JZ 2014, 764 ff.

[106] Von einer »Schutzfunktion zu Gunsten der Mitgliedstaaten« spricht insoweit *Sydow*, JZ 2009,
373.

[107] Er wird z. B. als Argument gegen die horizontale Direktwirkung in EuGH, Urt. v. 14. 7. 1994, Rs.
C–91/92 (Faccini Dori), Slg. 1994, I–3325, Rn. 24, angeführt (s. noch u. Rn. 51 ff.): Eine Anerkennung
der horizontalen Direktwirkung »hieße, der Gemeinschaft die Befugnis zuzuerkennen, mit unmittelbarer Wirkung zu Lasten der Bürger Verpflichtungen anzuordnen, obwohl sie dies nur dort darf, wo ihr
die Befugnis zum Erlaß von Verordnungen zugewiesen ist.«

[108] S. dazu o. Rn. 4.

[109] So in der jüngeren Literatur noch *Prokopf*, Das gemeinschaftsrechtliche Rechtsinstrument der
Richtlinie, 2007, S. 76 ff., 202 ff. mit der sehr germanozentrisch anmutenden Empfehlung an den

Verbindung zum Streit um die **Möglichkeit der Direktwirkung** nicht umgesetzter Richt-linien auf,[110] weil bei einem restriktiv-souveränitätsbezogenen Verständnis schon die rechtstechnischen Voraussetzungen der Richtlinien-Direktwirkung – die hinreichende Bestimmtheit und Unbedingtheit der Vorgaben –[111] regelmäßig gar nicht erfüllt werden dürften: Eine Richtlinie, die (zumindest in einzelnen Bestimmungen) der Direktwirkung fähig wäre, wäre danach der Vermutung der Kompetenzüberschreitung ausgesetzt.[112] Die praktische Erfahrung der Binnenmarkt-Rechtsangleichung hat allerdings gezeigt, dass ein solches restriktives Grundverständnis die Tauglichkeit der Richtlinie als Rege-lungsinstrument in Frage stellen würde, weil insbesondere in technischen Fragen präzise Vorgaben teils unverzichtbar sind, wenn die Harmonisierung ihren Sinn nicht verfehlen soll.[113] Grenzen der Regelungsintensität ergeben sich danach auch bei Anerkennung des »souveränitätsschonenden« Ansatzes nicht aus dem Begriff der Richtlinie, sondern aus der EU-Kompetenzordnung und damit insbesondere aus dem Subsidiaritätsprinzip.[114]

2. Formale Umsetzungsanforderungen

a) Form und Regelungsebene

23   Auch unter Berücksichtigung solcher Sachzwänge bleibt den Mitgliedstaaten in jedem Fall ein Umsetzungsspielraum in Bezug auf die Verortung der Regelung in der natio-nalen Rechtsordnung – etwa in der Wahl zwischen der Einarbeitung in eine bestehende nationale Kodifikation oder der Umsetzung in einer selbständigen Einzelregelung. Auch ist ihnen die Wahl der innerstaatlichen Regelungsebene überlassen, was insbeson-dere in föderal organisierten Mitgliedstaaten von Bedeutung ist; diese Ausgestaltung kann zu Problemen führen,[115] wenn sich durch die Zuständigkeit der Länderebene die

---

EuGH, sich an der Rechtsprechung des BVerfG zur (inzwischen nicht mehr existierenden) Rahmen-gesetzgebung des Bundes zu orientieren, wonach den Ländern wesentliche Substanz zur Regelung verbleiben müsse.

[110] Dazu u. Rn. 38 ff.

[111] Dazu u. Rn. 41 ff.

[112] S. dazu *Biervert*, S. 143 f., der die EuGH-Rechtsprechung zur Direktwirkung von Richtlinien zu Recht als implizite Anerkennung der Zulässigkeit auch detaillierter Richtlinieninhalte wertet; aus der älteren Literatur zur Diskussion s. stellvertretend *Ipsen*, S. 67 ff.; *Kovar*, FS Pescatore, 1987, S. 359 ff.

[113] Dazu z. B. *Trüe*, Das System der Rechtssetzungskompetenzen der europäischen Gemeinschaft und der europäischen Union, 2002, S. 105 f.; *Rösch*, S. 162 f.; *Biervert*, S. 142 f.; *Simon*, La directive européenne, 1997, S. 18 f.; *Ruffert*, in: Calliess/Ruffert, EUV/AEUV, Art. 288 AEUV, Rn. 25; ein prägnantes Beispiel bieten Gefahrstoffkennzeichnungen im Fall von EuGH, Urt. v. 5. 4. 1979, Rs. 148/78 (Ratti), Slg. 1979, 1629: Hier muss die Harmonisierung notwendig ins Detail gehen.

[114] S. stellvertretend *Sydow*, JZ 2009, 373 (375); weitergehend nun EuGH, Urt. v. 8. 4. 2014, Rs. C–293/12, (Digital Rights Ireland), ECLI:EU:C:2014:238, Rn. 60 ff., Anm. *Durner*, DVBl 2014, 708, Anm. *Classen*, EuR 2014, 441: Hier wurde mit der Vorratsdatenspeicherungs-Richtlinie (RL 2006/24/EG) erstmals eine Richtlinie u. a. mit der Begründung für unwirksam erklärt, dass sie den Mitgliedstaaten unter grundrechtlichen Gesichtspunkten zu weite Spielräume gelassen habe; zu recht kritisch dazu *Classen*, EuR 2014, 441 (445), weil der Grundrechtsschutz in gleicher Weise auch bei der Umsetzung durch die Mitgliedstaaten zu gewährleisten ist; skeptisch auch *Kühling*, NVwZ 2014, 681 (684); zur Bindung der Mitgliedstaaten an die EU-Grundrechte bei der Umsetzung s. u. Rn. 32. Die Entscheidung dürfte aber wohl ein durch den sensiblen Kontext geprägter Einzelfall bleiben.

[115] S. insbes. zur deutschen Situation *Trüe*, EuR 1996, 179 ff.; *Haslach*, Die Umsetzung von EG-Richtlinien durch die Länder, 2001; *Wölk*, Die Umsetzung von Richtlinien der Europäischen Gemein-schaft, 2002; *Stüer/Spreen*, VerwArch 2005, 174 ff.; *Burger*, Verantwortung und Verantwortlichkeit für die Umsetzung supranationalen Rechts im Bundesstaat, 2010; zum Streit um die Anwendbarkeit des landesverfassungsrechtlichen Konnexitätsprinzips bei der Kostenbelastung von Kommunen durch Umsetzungsgesetze der Länder s. *Zieglmeier*, NVwZ 2009, 1455 ff.; *Engelken*, NVwZ 2010, 618 ff.

Zahl der zuständigen Umsetzungsgesetzgeber vervielfacht oder aufgrund der innerstaatlichen Kompetenzverteilung der Richtlinieninhalt parallel auf mehreren Ebenen
umgesetzt werden muss.[116] Das EU-Recht nimmt diese Schwierigkeiten zwar als Konsequenz der institutionellen Autonomie der Mitgliedstaaten hin, es macht insoweit aber
keine Zugeständnisse bei den Anforderungen an das Umsetzungsergebnis.[117]

Schließlich bleibt auch die Wahl der formalen Umsetzungsinstrumente – etwa zwi- **24**
schen parlamentarischer Gesetzgebung und der Umsetzung im Verordnungsweg[118] –
im Ausgangspunkt dem Mitgliedstaat überlassen. Das EU-Recht stellt insoweit aber
doch deutliche Anforderungen an das Ergebnis der Bemühungen: Die inhaltlichen
Vorgaben der Richtlinie müssen in vollem Umfang Eingang in das nationale Recht
finden. Das gilt selbst dann, wenn ein Mitgliedstaat sich als durch die Richtlinie in
tatsächlicher Hinsicht nicht betroffen ansieht:[119] Nur wenn die Umsetzung definitiv
»aus geographischen Gründen gegenstandslos« ist, entfällt eine Umsetzungspflicht;[120]
sinnvollerweise wird ein solcher Befund aber schon in der Richtlinie selbst festgehalten.[121] Auf eine förmliche Umsetzung kann nur verzichtet werden, wenn das nationale Recht bereits zuvor in vollem Umfang den Vorgaben entsprach.[122] Eine nur weit-

---

Zur Lage in Spanien und Österreich s. *Ehrbeck*, Umsetzung von Unionsrecht in föderalen Staaten,
2011, S. 56 ff., 82 ff.; für Italien s. *Sandmann*, Umsetzung von Europarecht in Italien, 2006, insbes.
S. 174 ff.; *Zampini*, De l'Etat responsable à la responsabilisation des régions: l'exemple italien, FS
Soldatos, 2012, S. 417 ff.

[116] Eine solche Spaltung kann dadurch entstehen, dass ein Teil der Materie ausschließlicher Län-
derkompetenz unterliegt, aber auch durch unvollständige Ausübung konkurrierender Gesetzgebungskompetenz des Bundes; für einen solchen Fall s. BVerwG, DVBl 2000, 1620 im Anschluss an
EuGH, Urt. v. 9.9.1999, Rs. C–374/97 (Feyrer), Slg. 2000, I–5153, Rn. 34, Anm. *Gündisch*, EuZW
2000, 25.

[117] Eine unterbliebene oder verspätete Umsetzung kann nicht mit föderalen Koordinationspro-
blemen entschuldigt werden, s. z. B. EuGH, Urt. v. 1.10.1998, Rs. C–71/97 (Kommission/Spanien),
Slg. 1998, I–5991, Rn. 11, 17; s. auch zu den Umsetzungsschwierigkeiten bei unterschiedlichen Gesetzgebungszuständigkeiten Urt. v. 24.10.2013, Rs. C–151/12 (Kommission/Spanien), ECLI:EU:
C:2013:690; dazu *Rigaux*, Europe 12/2013, 17 f.; *Gärditz*, EurUP 2014, 141 ff.

[118] Dazu – insbes. zu den Anforderungen an die Bestimmtheit der Delegation nach Art. 80 GG –
Härtel, JZ 2007, 431 ff.; *Saurer*, JZ 2007, 1073 ff.; *ders.*, Die Funktionen der Rechtsverordnung, 2005,
S. 147 ff.; *Bauer*, Das Bestimmtheitsgebot für Verordnungsermächtigungen im Europäisierungssog, FS
Steinberger, 2002, S. 1061 ff.; *Weihrauch*, NVwZ 2001, 265 ff.; *Ziekow*, JZ 1999, 963 ff.; *Calliess*,
NVwZ 1988, 8 ff.; aus der Rspr. s. BVerwGE 118, 70 (72 ff.); BVerwGE 121, 382 (386 ff.).

[119] S. EuGH, Urt. v. 13.12.2001, Rs. C–372/00 (Kommission/Irland), Slg. 2001, I–10303, Rn. 11
zur Umsetzung der RL 96/48/EG vom 23.7.1996 über die Interoperabilität des transeuropäischen
Hochgeschwindigkeitsbahnsystems, ABl. 1996, L 235/6, durch Irland, das keine solchen Züge betrieb.

[120] So EuGH, Urt. v. 13.12.2001, Rs. C–372/00 (Kommission/Irland), Slg. 2001, I–10303, Rn. 13
unter Verweis auf Urt. v. 7.7.1987, Rs. 420/85 (Kommission/Italien), Slg. 1987, 2983, Rn. 5; weiter
Urt. v. 16.11.2000, Rs. C–214/98 (Kommission/Griechenland), Slg. 2000, I–9601, Rn. 19 ff. Dazu
kritisch für den Fall einer Gesetzgebungszuständigkeit der deutschen Bundesländer *Westbomke*,
EurUP 2004, 122 (123 ff.), da die nicht betroffenen Bundesländer zu sinnloser Gesetzgebung gezwungen würden.

[121] S. z. B. die ausdrückliche Regelung in Art. 15 Abs. 4 der RL 2014/89/EU vom 23.7.2014 zur
Schaffung eines Rahmens für die maritime Raumplanung, ABl. 2014, L 257/135: »Binnenmitglied-
staaten sind von der Pflicht zur Umsetzung und Durchführung dieser Richtlinie befreit.«

[122] S. in jüngerer Zeit z. B. EuGH, Urt. v. 24.10.2013, Rs. C–151/12 (Kommission/Spanien), ECLI:
EU:C:2013:690, Rn. 28; weiter Urt. v. 5.7.2007, Rs. C–321/05 (Kofoed), Slg. 2007, I–5795, Rn. 44;
Urt. v. 30.11.2006, Rs. C–32/05 (Kommission/Luxemburg), Slg. 2006, I–11323, Rn. 34; Urt. v.
6.4.2006, Rs. C–428/04 (Kommission/Österreich), Slg. 2006, I–3325, Rn. 99; Urt. v. 16.6.2005, Rs.
C–456/03 (Kommission/Italien), Slg. 2005, I–5335, Rn. 51; für einen Fall, in dem die Übereinstim-
mung durch die Ratifikation völkerrechtlicher Verträge durch den Mitgliedstaat gesichert war, s.
EuGH, Urt. v. 13.2.2003, Rs. C–75/01 (Kommission/Luxemburg), Slg. 2003, I–1585, Rn. 93 ff.

gehend mit der Richtlinie übereinstimmende Rechtslage genügt diesen Anforderungen nicht.[123]

25   Dasselbe gilt in Fällen, in denen nur eine nicht naheliegende richtlinienkonforme Interpretation des nationalen Rechts[124] zu einem europarechtskonformen Ergebnis führt: Mit ihr kann zwar im Einzelfall die Anwendung der Richtlinien-Inhalte und damit ein unionsrechtskonformes Ergebnis sichergestellt werden, der Pflicht zu einer transparenten und deutlich erkennbaren Umsetzung genügt eine solche Handhabung aber nicht.[125] Die Erreichung der Richtlinien-Vorgaben durch richtlinienkonforme Interpretation kann damit nur die Folgen der unterbliebenen Umsetzung abmildern, jedoch im Regelfall nicht die förmliche Umsetzung durch den zuständigen Normgeber ersetzen;[126] nur eine tatsächlich »naheliegende« richtlinienkonforme Auslegung durch die Rechtsprechung ist als hinreichend anzuerkennen.[127] Auf der anderen Seite sind die Mitgliedstaaten aber auch nicht zu einer wörtlichen Übernahme des Richtlinien-Textes verpflichtet;[128] sie können die Umsetzung in einen breiteren nationalen Rahmen integrieren, wenn dadurch die Erkennbarkeit der Vorgaben nicht beeinträchtigt wird.

26   Allgemein werden an die **Erkennbarkeit und normative Belastbarkeit der Umsetzung** hohe Anforderungen gestellt; das gilt insbesondere, wenn mit der Richtlinie Rechte Einzelner begründet werden sollen: Dann muss die Umsetzung so präzise sein, dass die Begünstigten ihre Rechte dem nationalen Recht ohne Rückgriff auf die Richtlinie entnehmen können.[129] Generell genügt ein pauschaler Verweis auf den Richtlinien-Inhalt im Umsetzungsgesetz den Vorgaben nicht;[130] ebenso kann nach

---

[123] So zur zunächst unterbliebenen Umsetzung der Pauschalreisen-Richtlinie: EuGH, Urt. v. 8. 10. 1996, Rs. C–178/94 u. a. (Dillenkofer), Slg. 1996, I–4845, Rn. 25, 29 (qualifizierter Verstoß), 66 f. (zur BGH-Rspr.).

[124] Zu diesem Instrument s. u. Rn. 62 ff.

[125] S. z. B. EuGH, Urt. v. 3. 3. 2011, Rs. C–50/09 (Kommission/Irland), Slg. 2011, I–873, Rn. 47: »Nach ständiger Rechtsprechung des Gerichtshofs kann allerdings eine solche richtlinienkonforme Auslegung des nationalen Rechts für sich allein nicht die Klarheit und Bestimmtheit aufweisen, die notwendig sind, um dem Erfordernis der Rechtssicherheit zu genügen«; in diesem Sinne auch Urt. v. 10. 5. 2007, Rs. C–508/04 (Kommission/Österreich), Slg. 2007, I–3787, Rn. 79; Urt. v. 19. 9. 1996, Rs. C–236/95 (Kommission/Griechenland) Slg. 1996, I–4459, Rn. 13 f.; Urt. v. 10. 5. 2001, Rs. C–144/99 (Kommission/Niederlande), Slg. 2001, I–3541, Rn. 19 ff.; aus der Literatur s. *Burger*, DVBl 2013, 1431 (1435 ff.); *Herrmann*, S. 207 ff. Zur Frage, ob der Verstoß gegen die Pflicht zur transparenten Umsetzung individualschützend ist, also EU-rechtliche Staatshaftungsansprüche Einzelner begründen kann, die zu Unrecht auf die Aussagen des nationalen Rechts vertraut haben, s. u. Rn. 79 ff.

[126] Dazu z. B. *Burger*, DVBl 2013, 1431 (1435 ff.); für eine entsprechende Nachbesserung des Gesetzestextes trotz zuvor erfolgter richtlinienkonformer Interpretation s. z. B. Art. 5 des Gesetzes zur Durchführung des Übereinkommens vom 30. 10. 2007 über die gerichtliche Zuständigkeit und die Anerkennung und Vollstreckung von Entscheidungen in Zivil- und Handelssachen und zur Änderung des Bürgerlichen Gesetzbuchs vom 10. 12. 2008, BGBl. 2008 I S. 2400 mit einer Neufassung von § 474 Abs. 2 BGB, durch die die Anwendung des § 439 Abs. 4 BGB an die Vorgaben der Verbrauchsgüterkauf-RL (RL 1999/44/EG) angepasst wurde; zur vorangegangenen Rechtsprechung s. die Nachw. in Fn. 327, 330.

[127] S. für den Fall einer Verwendung unbestimmter Rechtsbegriffe durch das Umsetzungsgesetz: EuGH, Urt. v. 29. 5. 1997, Rs. C–300/95 (Kommission/Großbritannien), Slg. 1997, I–2649, Rn. 37 f.

[128] S. zuletzt EuGH, Urt. v. 19. 12. 2013, Rs. C–281/11 (Kommission/Polen), ECLI:EU:C:2013:855, Rn. 60; zuvor z. B. Urt. v. 3. 3. 2011, Rs. C–50/09 (Kommission/Irland), Slg. 2011, I–873, Rn. 46.

[129] EuGH, Urt. v. 20. 3. 1997, Rs. C–96/95 (Kommission/Deutschland), Slg. 1997, I–1653, Rn. 35, 37 mit dem Hinweis, dass die Möglichkeit einer unmittelbaren Berufung auf die Richtlinie (s. u. Rn. 38 ff.) die Erfüllung der Umsetzungspflicht nicht erübrigt; s. auch Urt. v. 23. 3. 1995, Rs. C–365/93 (Kommission/Griechenland), Slg. 1995, I–499, Rn. 9.

[130] S. z. B. EuGH, Urt. v. 20. 3. 1997, Rs. C–96/95 (Kommission/Deutschland), Slg. 1997, I–1653,

ständiger Rechtsprechung eine **bloße Verwaltungspraxis** den Anforderungen nicht gerecht werden, da sie jederzeit verändert werden kann und nicht die geforderte Erkennbarkeit der Rechtslage gewährleistet.[131] Diese Vorgaben sind dem in den 1980er Jahren in der deutschen Verwaltungsrechtsdoktrin entwickelten Instrument der normkonkretisierenden Verwaltungsrichtlinie[132] zum Verhängnis geworden: Der EuGH hat hier festgehalten, dass eine hinreichend belastbare Verbindlichkeit der auf diese Weise umgesetzten Richtlinien-Inhalte nicht nachgewiesen werden konnte, so dass keine ordnungsgemäße Umsetzung vorlag.[133] Die Rechtsfigur der normkonkretisierenden Verwaltungsrichtlinie besteht im deutschen Recht zwar dennoch fort,[134] sie hat aber doch erheblich an Bedeutung verloren, weil sie zur Umsetzung von EU-Recht nicht mehr sinnvoll verwendbar ist.

b) Umsetzungsfrist

In jedem Fall müssen die Mitgliedstaaten ihr nationales Recht bei Ablauf der in der   **27** jeweiligen Richtlinie gesetzten **Umsetzungsfrist** den Vorgaben der Richtlinie angepasst haben.[135] Eine zu enge Fristsetzung[136] müssten sie dabei mit der Nichtigkeitsklage geltend machen; nach Eintritt der Bestandskraft[137] wären sie mit dem Einwand präkludiert und können nur noch politisch auf eine Verlängerung der Frist drängen,[138] wenn sich die Umsetzung etwa als unerwartet zeitaufwendig erweist. Die Versäumung der Umsetzungsfrist kann dabei ggf. auch durch eine rückwirkende Umsetzung korrigiert werden;[139] allerdings müssten dabei sowohl die europarechtlichen als auch die nationalen Anforderungen an Rechtssicherheit und Vertrauensschutz gewahrt werden.[140]

Rn. 35 ff.; zur Frage der Zulässigkeit einer Umsetzung durch dynamische Verweisung s. auch *Klindt*, DVBl 1998, 373 ff.; *Eisenberger/Urbantschitsch*, ÖZW 1999, 74 ff. (im Ergebnis scheitert diese bequeme Form der Umsetzung allerdings bereits daran, dass sie den regelmäßig vorgegebenen Verweis auf die konkret umgesetzte Richtlinie nicht enthalten kann, s. u. Rn. 34).

[131] S. wiederum in jüngerer Zeit EuGH, Urt. v. 24.10.2013, Rs. C–151/12 (Kommission/Spanien), ECLI:EU:C:2013:690, Rn. 36; Urt. v. 27.1.2011, Rs. C–490/09 (Kommission/Luxemburg), Slg. 2011, I–247, Rn. 47.

[132] S. insbes. BVerwGE 72, 300 (320 ff.) – Whyl.

[133] So zu den Regelungen der TA Luft: EuGH, Urt. v. 30.5.1991, Rs. C–361/88 (Kommission/ Deutschland – Schwefeldioxid und Schwefelstaub), Slg. 1991, I–2567; Urt. v. 30.5.1991, Rs. C–59/89 (Kommission/Deutschland – Blei), Slg. 1991, I–2607; dazu z.B. *Langenfeld/Schlemmer-Schulte*, EuZW 1991, 622 ff.; *Vedder*, EWS 1991, 293 ff.; *Everling*, RIW 1992, 379 ff.; *v. Danwitz*, VerwArch 1993, 73 ff.; *Pernice*, EuR 1994, 325 ff.; *Wahl*, Verwaltungsvorschriften: Die ungesicherte dritte Kategorie, FS 50 Jahre BVerwG, 2003, S. 571, 589 ff.

[134] Außerhalb dieses Bereichs wird sie weiter verwendet, s. z.B. BVerwG, Urt. v. 29.11.2012–4 C 8/11, NVwZ 2013, 372 (373) zur TA Luft.

[135] Zur Bedeutung dieses Zeitpunkts für die Möglichkeit der Richtlinien-Direktwirkung s. u. Rn. 43, für die richtlinienkonforme Interpretation u. Rn. 64.

[136] Für die Dauer dieser Frist macht das Primärrecht keine Vorgaben, sie steht im Ermessen des erlassenden Organs.

[137] S. o. Rn. 8.

[138] S. für das Vertragsverletzungsverfahren EuGH, Urt. v. 1.10.1998, Rs. C–71/97 (Kommission/ Spanien), Slg. 1998, I–5991, Rn. 16; für die Staatshaftung (u. Rn. 77 f.) Urt. v. 8.10.1996, Rs. C–178/94 u.a. (Dillenkofer), Slg. 1996, I–4845, Rn. 52 ff.

[139] S. EuGH, Urt. v. 10.7.1997, verb. Rs. C–94/95 u. C–95/95 (Bonifaci u. Berto), Slg. 1997, I–3969, Rn. 51 ff.; Urt. v. 10.7.1997, Rs. C–373/95 (Maso), Slg. 1997, I–4051, Rn. 39 ff.; Urt. v. 10.7. 1997, Rs. C–261/95 (Palmisani), Slg. 1997, I–4025, Rn. 35, jeweils mit der Maßgabe, dass den durch die Nichtumsetzung Geschädigten darüber hinaus weiterhin Haftungsansprüche zuzugestehen sind (dazu u. Rn. 77 f.), wenn die rückwirkende Anwendung allein den Schaden nicht beseitigt; dazu *Odman*, CMLRev. 35 (1998), 1395 ff.

28   In jüngerer Zeit haben sich hier weitere Ausdifferenzierungen in der Rechtsetzungspraxis ergeben: So kann in der Richtlinie vorgesehen werden, dass ihre Regelungen
bereits für Sachverhalte ab dem Zeitpunkt des Inkrafttretens gelten sollen.[141] Umgekehrt kann die tatsächliche Geltung des umgesetzten nationalen Rechts auch für einen
Zeitpunkt nach Ablauf der Umsetzungsfrist vorgesehen werden: So sieht etwa die Ver-
braucherrechte-Richtlinie aus dem Jahr 2011 die Umsetzung bis Ende 2013 vor, die
Anwendung der neuen nationalen Bestimmungen soll jedoch erst sechs Monate später
beginnen;[142] eine solche Spreizung kann tatsächlich vor allem bei privatrechtsbezoge-
nen Richtlinien sinnvoll sein, weil den betroffenen Unternehmen auf diese Weise Zeit
eingeräumt wird, sich auf die Neuregelung einzustellen.

3. Materielle Umsetzungsspielräume

29   Die Existenz und Reichweite von materiell-inhaltlichen Umsetzungsspielräumen der
Mitgliedstaaten hängt dagegen von der konkreten Ausgestaltung der Richtlinie ab. Zunächst ist klar, dass der Mitgliedstaat im Rahmen der Umsetzung auch Bereiche einbeziehen darf, die die Richtlinie aus ihrem Anwendungsbereich ausgenommen hat;[143] bei
näherer Betrachtung handelt es sich dabei nicht einmal um die Nutzung eines Umset-
zungsspielraums, sondern um eine Abbildung des Richtlinien-Inhalts auf andere Bereiche bei Gelegenheit der Umsetzung.[144] Im Übrigen ist zu unterscheiden zwischen
einer Mindestharmonisierung, die den Mitgliedstaaten die Wahl weitergehender Lösungen offenlässt,[145] und einer Vollharmonisierung,[146] die solche »Überbietungen« aus-

---

[140] Dazu *Kadelbach/Sobotta*, EWS 1996, 11 ff.; zur Bindung des Umsetzungsgesetzgebers an die
EU-Grundrechte s. Rn. 32.

[141] S. für ein Beispiel EuGH, Urt. v. 7.9.2006, Rs. C–81/05 (Cordero Alonso), Slg. 2006, I–7569,
Rn. 32, 35 ff.

[142] So Art. 28 Abs. 1 der RL 2011/83/EU des Europäischen Parlaments und des Rates vom
25.10.2011 über die Rechte der Verbraucher zur Abänderung der Richtlinie 93/13/EWG des Rates
und der Richtlinie 1999/44/EG des Europäischen Parlaments und des Rates sowie zur Aufhebung der
Richtlinie 85/577/EWG des Rates und der Richtlinie 97/7/EG des Europäischen Parlaments und des
Rates, ABl. 2011, L 304/64: Umsetzung bis 13.12.2013, Anwendung des Umsetzungsrechts ab
13.6.2014.

[143] S. z.B. EuGH, Urt. v. 12.7.2012, Rs. C–602/10 (Volksbank România), ECLI:EU:C:2012:443,
Rn. 60 ff. mit einem Vorbehalt für den Fall von Rückwirkungen auf den von der Richtlinie erfassten
Bereich in Rn. 62; dazu *Stennot*, European Journal of Consumer Law 2013, 87 ff.; *Bülow*, WM 2013,
245 ff.; s. auch *ders.*, Europäisches Sekundärrecht in den Privatrechten der Mitgliedstaaten, FS Schröder, 2012, S. 109 (113 f.).

[144] Zur Unterscheidung dieser unterschiedlichen Formen überschießender Umsetzung s. *Riehm*, JZ
2006, 1035 ff.; zur Frage der richtlinienkonformen Interpretation solcher geltungsbereich-erweitern-
den Umsetzungsregelungen s.u. Rn. 64.

[145] Aus der Literatur s. die Beiträge in: *Everling/Roth*, Mindestharmonisierung im Europäischen
Binnenmarkt, 1997, insbes. den Beitrag von *Streinz* S. 9 ff.; weiter *Merkt*, RabelsZ 1997, 647 ff.;
Dougan, CMLRev. 37 (2000), 853 ff.; *ders.*, Minimum Harmonization after Tobacco Advertising and
Laval Un Partneri, FS Slot, 2009, S. 3 ff.; *Wagner*, Das Konzept der Mindestharmonisierung, 2001;
Weatherill, From single market to Economic Union, GS Usher, 2012, S. 175 ff.

[146] Dazu z.B. die Beiträge in Gsell/Herresthal (Hrsg.), Vollharmonisierung im Privatrecht, 2009;
weiter *Buchmann*, Umsetzung vollharmonisierender Richtlinien, 2008; *Lippstreu*, Wege der Rechtsangleichung im Vertragsrecht – Vollharmonisierung, Mindestharmonisierung, optionales Instrument,
2014.

schließt;[147] ob die Richtlinie eine solche Vollharmonisierung vornimmt oder den Mitgliedstaaten zumindest für rein innerstaatliche Sachverhalte weitergehende Regelungen erlaubt, ist eine Frage ihrer Auslegung.[148] Ähnlich gelagert und ebenfalls von der
Auslegung der betroffenen Richtlinie abhängig ist die Frage, ob die Mitgliedstaaten
Regelungen, die in der Richtlinie bei Vorliegen bestimmter Voraussetzungen vorgesehen sind, auch auf Konstellationen erstrecken dürfen, in denen diese Voraussetzungen
nicht erfüllt sind.[149]

Bei einer typisierenden Bestandsaufnahme lassen sich weitere Untergruppen bilden,   **30**
so z. B. die optionale Harmonisierung, die den Mitgliedstaaten die parallele Beibehaltung abweichender (auch großzügigerer) Standards im Inland erlaubt,[150] oder die Teilharmonisierung mit einer Bereitstellung von verschiedenen Wahlmöglichkeiten für die
Mitgliedstaaten im Text der umzusetzenden Richtlinie (»alternative Harmonisierung«).[151] Die Vielfalt der Gestaltungen reicht bis zu einer eigenartigen Unterform, die
nur bestimmten Mitgliedstaaten abweichende Regelungen erlaubt und damit im äußeren Gewand einer Harmonisierungsmaßnahme tatsächlich Regelungsunterschiede im
Binnenmarkt konserviert.[152]

Soweit die Mitgliedstaaten solche Spielräume in unterschiedlicher Weise nutzen und   **31**
dadurch Binnenmarkt-Hindernisse entstehen oder fortbestehen, sind die nationalen
Umsetzungsmaßnahmen am Maßstab der Grundfreiheiten zu messen.[153] In Erweiterung

---

[147]Prominentes Beispiel hierfür in der Rechtsprechung des EuGH ist die RL 85/374/EWG vom
25. 7.1985 zur Angleichung der Rechts- und Verwaltungsvorschriften der Mitgliedstaaten über die
Haftung für fehlerhafte Produkte, ABl. 1985, L 210/29; s. zuletzt EuGH, Urt. v. 21.12.2011, Rs.
C–495/10 (Centre hospitalier universitaire de Besançon), Slg. 2011, I–14155, Rn. 20 f.; dazu *Borg-
hetti*, Rec. Dalloz 2012, 926 ff.; zuvor EuGH, Urt. v. 10.1.2006, Rs. C–402/03 (Skov und Bilka),
Slg. 2006, I–199, Rn. 22 ff.; Urt. v. 25.4.2002, Rs. C–52/00 (Kommission/Frankreich), Slg. 2002,
I–3856; Urt. v. 25.4.2002, Rs. C–183/00 (González Sánchez), Slg. 2002, I–3905; dazu z. B. *Schaub*,
ZEuP 2003, 562 ff.; *Schley*, RIW 2002, 785 ff.
[148]S. z. B. EuGH, Urt. v. 11.7.2000, Rs. C–473/98 (Toolex), Slg. 2000, I–5681, Rn. 25 ff.; Urt. v.
19.10.1995, Rs. C–128/94 (Hans Hönig), Slg. 1995, I–3389, Rn. 9 ff.; Urt. v. 12.7.2012, Rs. C–602/10
(Volksbank România), ECLI:EU:C:2012:443, Rn. 38 ff.
[149]Für einen solchen Fall s. EuGH, Urt. v. 13.10.2011, Rs. C–148/10 (DHL International NV),
Slg. 2011, I–9543, Rn. 35 ff.; dazu *Kauff-Gazin*, Europe 12/2011, 24 f.; ähnlich EuGH, Urt. v.
25.4.2013, Rs. C–212/11 (Jyske Bank Gibraltar), ECLI:EU:C:2013:270, Rn. 45 ff.; dazu *Michel*, Europe 6/2013, 26 f.; sehr restriktiv gegenüber einer solchen verschärfenden Umsetzung *Burmeister/
Staebe*, EuR 2009, 444 ff.
[150]Zum Begriff der optionalen Harmonisierung s. z. B. *Capelli*, DCSI 2000, 755 (761 ff.); *Slot*,
E. L.Rev. 21 (1996), 378 (383 f.); *Curall*, YEL 4 (1984), 169 (179 f.).
[151]So die Bezeichnung bei *Slot*, E. L.Rev. 21 (1996), 378 (386). Für ein Beispiel in der RL
79/112/EWG über die Etikettierung und Aufmachung von Lebensmitteln (ABl. EG 1979 L 33/1) s.
EuGH, Urt. v. 14.7.1994, Rs. C–17/93 (van der Veldt), Slg. 1994, I–3537; für nationale Ergänzungs-
optionen bei der Futtermittelkennzeichnung s. EuGH, Urt. v. 20.6.1991, Rs. C–39/90 (Denkavit),
Slg. 1991, I–3069; zur Frage der Direktwirkung im Fall solcher Wahlrechte der Mitgliedstaaten s. u.
Rn. 42.
[152]S. zu einer entsprechenden Regelung in der RL 75/106/EWG vom 19.12.1974 zur Angleichung
der Rechtsvorschriften der Mitgliedstaaten über die Abfüllung bestimmter Flüssigkeiten nach Volu-
men in Fertigpackungen, ABl. 1975, L 42/1: EuGH, Urt. v. 4.10.2007, Rs. C–457/05 (Schutzverband
der Spirituosenindustrie/Diageo Deutschland), Slg. 2007, I–8075, krit. Anm. *Gundel*, EuR 2008, 245.
[153]S. z. B. EuGH, Urt. v. 20.6.1991, Rs. C–39/90 (Denkavit), Slg. 1991, I–3069; Urt. v. 14.7.1994,
Rs. C–17/93 (Van der Veldt), Slg. 1994, I–3537; Urt. v. 12.10.2000, Rs. C–3/99 (Cidrerie Ruwet),
Slg. 2000, I–8749, Anm. *v. Jagow/Welsch*, ZLR 2000, 920; Urt. v. 16.1.2003, Rs. C–12/00 (Kom-
mission/Spanien), Slg. 2003, I–459, Anm. *Spagnuolo*, RIDPC 2003, 1515; Urt. v. 16.1.2003, Rs.
C–14/00 (Kommission/Italien), Slg. 2003, I–513.

dieser Vorgabe enthalten jüngere Richtlinien teils sog. Freiverkehrsklauseln,[154] nach denen Produkte, die den Mindestvorgaben der Richtlinie entsprechen, durch den Import-Mitgliedstaat auch dann als verkehrsfähig anzuerkennen sind, wenn dieser eine weitergehende Lösung gewählt hat.

32   Umstritten ist in neuerer Zeit in der deutschen Literatur die Frage, ob die mitgliedstaatliche **Nutzung von Umsetzungsspielräumen** auch an den **EU-Grundrechten** zu messen ist;[155] dies wird teils mit dem Ergebnis verneint, dass insoweit nur der nationale Grundrechtsstandard gelten würde.[156] Der Rechtsprechung des EuGH zur grundsätzlichen Anwendbarkeit der EU-Grundrechte im Anwendungsbereich des EU-Rechts[157] dürfte allerdings eher die gegenteilige Auffassung entsprechen, nach der solche Umsetzungsmaßnahmen der doppelten Kontrolle am Maßstab der EU-Grundrechte und zusätzlich der – ggf. weitergehenden Schutz gewährleistenden – nationalen Grundrechte unterliegen.[158] Der nationale Grundrechtsstandard wird danach nur in den Fällen wieder zum ausschließlichen Prüfungsmaßstab des Umsetzungsakts, in denen die umgesetzte Richtlinie im Anschluss als unwirksam erkannt wurde[159] – und auch dieses Ergebnis steht unter dem Vorbehalt, dass der EU-Grundrechtsstandard nicht aus anderen Gründen Anwendung findet.[160]

---

[154] Zur Bedeutung der Freiverkehrsklausel in Art. 8 der (zweiten) Tabakwerberichtlinie (RL 2003/33/EG) s. EuGH, Urt. v. 12.12.2006, Rs. C–380/03 (Deutschland/Parlament und Rat), Slg. 2006, I–11573, Rn. 73 ff., Anm. *Gundel*, EuR 2007, 251; zur entsprechenden Regelung in Art. 13 der Tabakprodukt-Richtlinie EuGH, Urt. v. 10.12.2002, Rs. C–491/01 (BAT/Imperial Tobacco), Slg. 2002, I–11453, Rn. 74, Anm. *Gundel*, EuR 2003, 100.

[155] Soweit die Richtlinie zwingende Vorgaben enthält, ist als Konsequenz des Vorrangs des EU-Rechts im Ausgangspunkt allein der Grundrechtsmaßstab des EU-Rechts anzuwenden, s. dazu *Kingreen*, JZ 2013, 801 (806 f.); *Calliess*, JZ 2009, 113 (120).

[156] Verneinend *Calliess*, JZ 2009, 113 (118 ff.); weiter *Papier*, DVBl 2009, 473 (480); *Kingreen*, EuR 2010, 338 (357 ff.); *Rabe*, NJW 2013, 1407 f.

[157] EuGH, Urt. v. 26.2.2013, Rs. C–617/10 (Fransson), ECLI:EU:C:2013:105, Rn. 17 ff., Anm. *Kingreen*, EuR 2013, 446; eingrenzend dazu BVerfGE 133, 277, Rn. 88 ff.; zur Diskussion *Thym*, NVwZ 2013, 889 ff.; monographisch nun *B. Maier*, Grundrechtsschutz bei der Durchführung von Richtlinien, 2014, insbes. S. 147 ff.; inkonsequent insoweit allerdings EuGH, Urt. v. 8.4.2014, verb. Rs. C–293/12 u. C–594/12 (Digital Rights Ireland), ECLI:EU:C:2014:238, Anm. *Durner*, DVBl 2014, 712, krit. Anm. *Classen*, EuR 2014, 441, wonach die Richtlinie grundrechtsrelevante Fragen selbst regeln müsse und den Mitgliedstaaten überlassen solche, obwohl doch auch diese bei der Umsetzung an die EU-Grundrechte gebunden sind (s. auch schon Fn. 114).

[158] Dafür z.B. *Ehlers*, in: Ehlers, Grundrechte und Grundfreiheiten, § 14, Rn. 51; *Kühling*, in: v. Bogdandy/Bast, Europäisches Verfassungsrecht, S. 657 (682); im Ergebnis auch *Kingreen*, JZ 2013, 801 ff.

[159] Für einen solchen Fall s. nun EuGH, Urt. v. 8.4.2014, verb. Rs. C–293/12 u. C 594/12 (Digital Rights Ireland), ECLI:EU:C:2014:238, Anm. *Durner*, DVBl 2014, 712, krit. Anm. *Classen*, EuR 2014, 441 (in Bezug auf Mitgliedstaaten, die anders als Deutschland die mit diesem Urteil für unwirksam erklärte Vorratsdatenspeicherungs-Richtlinie umgesetzt haben). Weitergehend wird in der deutschen Literatur vertreten, dass das Umsetzungsgesetz in solchen Fällen unabhängig von Ergebnis einer nationalen Grundrechtsprüfung wegen Wegfalls der Geschäftsgrundlage unwirksam wäre, dafür *Payandeh*, DVBl 2007, 741 ff. Das erscheint aber zu weitgehend: Der nationale Gesetzgeber hat hier eine eigenständige, wenn auch durch äußere Vorgaben veranlasste Entscheidung getroffen; im Fall der Ungültigkeit gewinnt er die Freiheit, das Umsetzungsgesetz aufzuheben oder zu ändern.

[160] S. dazu für den Fall der Vorratsdatenspeicherungs-Richtlinie (Fn. 159) *Roßnagel*, MMR 2014, 372 (376); *Priebe*, EuZW 2014, 456 (458); *Christofi*, RDUE 2014, 399 (406); *Chatelier/Pérez Asinari*, JDE 2014, 250 (252).

4. Die Kontrolle der Umsetzung

Das zweistufige Rechtsetzungsverfahren der Richtlinien zieht einen nicht unerheblichen Kontrollaufwand nach sich; tatsächlich zeigen die bisherigen Erfahrungen, dass die
zweite Stufe keine Selbstverständlichkeit ist, sondern die Umsetzung durch die Mitgliedstaaten nur durch eine systematische Kontrolle durch die Kommission gesichert
werden kann. Dementsprechend wird die Umsetzungspraxis kontinuierlich überwacht
und von der Kommission auch statistisch ausgewertet;[161] zugleich hat die Kommission
wiederholt das Instrument der Empfehlung genutzt, um den Mitgliedstaaten bestimmte
Vorgehensweisen bei der Umsetzung nahezulegen.[162] **33**

Seit 1990 wird in die Richtlinien auch systematisch die Verpflichtung aufgenommen,
im nationalen Umsetzungsakt Bezug auf die Richtlinie zu nehmen;[163] diese eigenständige Hinweispflicht führt im Ergebnis dazu, dass nationale Umsetzungsmaßnahmen
auch dann notwendig werden, wenn das nationale Recht schon zuvor materiell den
Richtlinienvorgaben entsprach.[164] Zur Erleichterung der Umsetzungskontrolle sehen
die Richtlinien weiter häufig eine Verpflichtung der Mitgliedstaaten zur Mitteilung der
getroffenen Umsetzungsmaßnahmen vor.[165] Aus Art. 4 Abs. 3 EUV ergibt sich unabhängig davon eine Pflicht der Mitgliedstaaten, diese Maßnahmen der Kommission jedenfalls auf Anfrage mitzuteilen.[166] Der Vertrag von Lissabon hat das Instrumentarium
durch ein abgekürztes Vertragsverletzungsverfahren speziell für Richtlinien in Art. 260
Abs. 3 AEUV ergänzt.[167] **34**

5. Rechtsschutz gegen Richtlinien und ihre Umsetzung

Für Mitgliedstaaten und andere privilegierte Kläger ist der Rechtsschutz gegen Richtlinien auf dem Weg über die Nichtigkeitsklage unproblematisch eröffnet; allein die
Präklusion gemäß Art. 263 Abs. 6 AEUV[168] und ihre Überwirkung auf andere Klagearten wie das Vertragsverletzungsverfahren[169] setzt hier Grenzen. Für betroffene Einzelne stellt sich die Lage komplizierter dar: Ihnen steht die Nichtigkeitsklage zum einen **35**

---

[161] S. für die letzte Bestandsaufnahme die Kommissions-Pressemitteilung IP/14/205 v. 28.2.2014.

[162] S. dazu die Empfehlung 2005/309/EG der Kommission v. 12.7.2004 zur Umsetzung binnen-
marktrelevanter Richtlinien in innerstaatliches Recht, ABl. 2005, L 98/47 (kritisch zur Präzision dieser
Vorgaben *Kauff-Gazin*, Europe 6/2005, 13 f.), später ergänzt durch die Empfehlung 2009/524/EG der
Kommission v. 29.6.2009 zur Optimierung der Funktionsweise des Binnenmarktes, ABl. 2009,
L 176/17.

[163] Dazu z. B. *Hilf*, EuR 1993, 1 (13); *Winkel*, ZG 1997, 113 (118); *Kleiser*, JRP 2001, 28 (29 f.).

[164] Zu dieser Konstellation s. o. Rn. 24; für die Begründung eines Verstoßes gegen die Umsetzungs-
pflicht mit dem Fehlen dieses Verweises s. z. B. EuGH, Urt. v. 27.11.1997, Rs. C–137/96 (Kommission/
Deutschland), Slg. 1997, I–6749, Rn. 8; Urt. v. 18.7.1997, Rs. C–361/95 (Kommission/Spanien),
Slg. 1997, I–7351, Rn. 15; dazu *Kleiser*, JRP 2001, 28 (30).

[165] Zur Reichweite s. EuGH, Urt. v. 13.12.1991, Rs. C–69/90 (Kommission/Italien), Slg. 1991,
I–6011, Rn. 10 ff.: Die Mitgliedstaaten sind zu einer Mitteilung auch dann verpflichtet, wenn sie aufgrund der Annahme der Übereinstimmung des geltenden Rechts mit der Richtlinie auf Umsetzungsmaßnahmen verzichten.

[166] S. z. B. EuGH, Urt. v. 13.12.1991, Rs. C–33/90 (Kommission/Italien), Slg. 1991, I–5987,
Rn. 18 ff.; Urt. v. 16.6.2005, Rs. C–456/03 (Kommission/Italien), Slg. 2005, I–5335, Rn. 26 ff.

[167] Dazu Art. 260 AEUV, Rn. 18 ff.; auch dieses Instrument stellt auf die Verletzung der Mitteilungspflicht ab.

[168] S. die wegen Fristversäumnis abgewiesene Klage Deutschlands gegen die Tabakproduktricht-
linie (RL 2001/37/EG) EuGH, Urt. v. 17.5.2002, Rs. C–406/01 (Deutschland/Parlament und Rat),
Slg. 2002, I–4561, Anm. *B. Wägenbaur*, EuZW 2002, 406.

[169] S. o. Rn. 8.

nach der zweiten Alternative des Art. 263 Abs. 4 AEUV offen, wenn sie von einer Richtlinie individuell und unmittelbar betroffen sind. Diese Voraussetzungen sind nicht unerfüllbar,[170] insbesondere schließt der Charakter als normativer Rechtsakt eine individuelle Betroffenheit im Einzelfall nicht von vornherein aus.[171] Auch scheitert die Bejahung der unmittelbaren Betroffenheit des Klägers nicht von vornherein an der Tatsache, dass eine unmittelbare Wirkung nicht umgesetzter Richtlinien zu seinen Lasten ausgeschlossen ist;[172] erfüllt ist die Voraussetzung allerdings nur, wenn dem Mitgliedstaat kein Umsetzungsspielraum gelassen wurde.[173]

36   Weitere Rechtsschutzmöglichkeiten eröffnet auf den ersten Blick die durch den Vertrag von Lissabon hinzugefügte dritte Alternative des Art. 263 Abs. 4 AEUV, die für Klagen gegen Rechtsakte mit Verordnungscharakter auf das Erfordernis der individuellen Betroffenheit verzichtet: In der Rechtsprechung ist nun geklärt, dass dieser Begriff nicht an die Nomenklatur des Art. 288 AEUV anknüpft, sondern als Gegensatz zu Gesetzgebungsakten zu verstehen ist,[174] so dass ihm auch Richtlinien unterfallen, soweit sie nicht im Gesetzgebungsverfahren erlassen wurden. Als gravierendes Hindernis erweist sich hier allerdings die zusätzliche Voraussetzung, nach der der Rechtsakt »keine Durchführungsmaßnahmen nach sich ziehen« darf: Sie ist z.B. bei Durchführungsrichtlinien nicht erfüllt, die den Einzelnen trotz ihrer Umsetzungsbedürftigkeit im Sinne der zweiten Alternative zwar »unmittelbar betreffen« können, die aber dennoch Umsetzungsmaßnahmen der Mitgliedstaaten verlangen;[175] die Zulässigkeit einer Klage gegen Durchführungsrichtlinien ist damit nach der dritten Alternative zu verneinen.[176]

37   Rechtsschutz gegen Richtlinien-Vorgaben wird damit regelmäßig weiterhin nur auf dem Weg über die inzidente Beanstandung der Richtlinie im Rahmen des Vorgehens gegen den nationalen Umsetzungsakt gewährleistet; entsprechende nationale Verfahren können sich ggf. sogar gegen eine erst bevorstehende Umsetzung richten.[177] Bei

---

[170] S. dazu – erstmals die Zulässigkeit der Klage gegen eine Richtlinie auch im konkreten Fall bejahend – EuG, Urt. v. 7.10.2009, Rs. T–420/05 (Vischim/Kommission), Slg. 2009, II–3841, Rn. 66 ff.; Urt. v. 7.10.2009, Rs. T–380/06 (Vischim/Kommission), Slg. 2009, II–3911, Rn. 57.

[171] S. z.B. EuG, Urt. v. 27.6.2000, verb. Rs. T–172/98 u. T–175/98 – T–177/98 (Salamander AG u.a./Rat und Parlament), Slg. 2000, II–2487, Rn. 30 unter Verweis auf die Rechtsprechung zu den hybriden Rechtsakten (o. Rn. 12).

[172] Dazu Rn. 48; insofern sind die Begriffe der unmittelbaren Betroffenheit und der unmittelbaren Wirkung zu trennen, s. auch Art. 263 AEUV, Rn. 140 ff.

[173] Wenn ein substantieller Umsetzungsspielraum besteht, ist die unmittelbare Betroffenheit allerdings nicht gegeben, s. z.B. EuG, Urt. v. 27.6.2000, verb. Rs. T–172/98 u. T–175/98 – T–177/98 (Salamander AG u.a./Rat und Parlament), Slg. 2000, II–2487, Rn. 64 ff.; dazu *Simon*, Europe 8/2000, 8 f.; EuG, Beschl. v. 10.9.2002, Rs. T–223/01 (Japan Tobacco u.a./Rat und Parlament), Slg. 2002, II–3259, Rn. 49 ff.; dazu *Kauff-Gazin*, Europe 11/2002, 13 f.

[174] S.o. Rn. 14 sowie Art. 263 AEUV, Rn. 73 ff.

[175] Deutlich zur Eigenständigkeit dieser Voraussetzung gegenüber der unmittelbaren Betroffenheit z.B. EuG, Urt. v. 6.6.2013 Rs. T–279/11 (T&L Sugars u.a./Kommission), ECLI:EU:T:2013:299, Rn. 53: » … die Frage, ob der angefochtene Rechtsakt mit Verordnungscharakter den mit den Durchführungsmaßnahmen betrauten Behörden einen Ermessensspielraum lässt, [ist] nicht relevant, um zu bestimmen, ob er Durchführungsmaßnahmen im Sinne von Art. 263 Abs. 4 AEUV nach sich zieht.«

[176] S. *Gundel*, EWS 2014, 22 (23 ff.); ebenso z.B. *Ehricke*, in: Streinz, EUV/AEUV, Art. 263 AEUV, Rn. 56.

[177] S. für einen solchen Fall erstmals EuGH, Urt. v. 5.10.2000, Rs. C–74/99 (Imperial Tobacco u.a.), Slg. 2000, I–8599; dazu *Sweeney*, EPL 2000, 367 ff.; *Seidel*, EuZW 1999, 369 ff.; weiter EuGH, Urt. v. 10.12.2002, Rs. C–491/01 (BAT/Imperial Tobacco), Slg. 2002, I–11453, Rn. 32 ff., Anm. *Gundel*, EuR 2003, 100, Anm. *Jobard-Bachellier/Bergé*, RCDIP 2003, 536 mit der ausdrücklichen Feststellung in Rn. 33, dass Richtlinien auch vor Ablauf der Umsetzungsfrist Teil des geltenden EU-Rechts

einer solchen Kontrolle, die im Fall ernsthafter Bedenken gegen die Gültigkeit notwendig über eine Vorlage an den EuGH führt,[178] stellen sich dann die bereits angesprochenen Fragen des anwendbaren Grundrechtsmaßstabs und – im Fall einer erfolgreichen Beanstandung der Richtlinie – der Konsequenzen ihrer Ungültigkeit für den nationalen Umsetzungsakt.[179]

III. Richtlinienwirkungen bei Nicht- oder Falschumsetzung

1. Die Möglichkeit der Direktwirkung

Die Frage einer möglichen Direktwirkung von nicht oder unzureichend umgesetzten   **38**
Richtlinien hat in den 1970er und 1980er Jahren zu einem Grundsatzstreit geführt,
dessen Entstehung der EuGH durch wenig präzise Formulierungen auch mit ausgelöst
hatte: Die Ausführungen in der ersten Phase der Entwicklung, wonach aus der Anordnung der unmittelbaren Geltung für Verordnungen im heutigen Art. 288 AEUV nicht
folge, »dass andere in diesem Artikel genannte Kategorien von Rechtsakten niemals
ähnliche Wirkungen haben könnten«,[180] legten tatsächlich eine **Verwischung der Normenkategorien** von Verordnung und Richtlinie nahe;[181] auch fehlte eine positive Begründung für ein »Überspringen« der ausgebliebenen Umsetzung jenseits der rein praktischen Vorteile einer solchen Abkürzung.[182] Auf der anderen Seite konnte auch der
häufig als Wortlautargument verortete Einwand der Gegenseite[183] nicht überzeugen,
nach dem eine Direktwirkung bei Richtlinien nicht vorgesehen sei: Tatsächlich ordnet
der Text des Art. 288 Abs. 3 AEUV die Umsetzung durch die Mitgliedstaaten an, er
enthält aber keine Regelung für den Fall ihres Ausbleibens und schließt damit die Annahme der Direktwirkung als Reaktion auf diese (Ausnahme-)Situation jedenfalls auch
nicht aus. Tatsächlich beruhte dieses Argument eher auf einem Umkehrschluss aus dem
Wortlaut des heutigen Art. 288 Abs. 2 AEUV; auch dieser ist als solcher aber nicht
zwingend, weil die Direktwirkung der Richtlinie anders als im Fall der Verordnung nicht
die Regel, sondern die Reaktion auf eine (als vorübergehend gedachte) Ausnahmesituation ist.

   Im Jahr 1979 hat der EuGH der Debatte dann durch eine neue Begründung der   **39**
Direktwirkung eine Wendung gegeben: Das richtungweisende Ratti-Urteil[184] stellte nun
auf den **Sanktionsgedanken** ab, wonach ein Mitgliedstaat sich nicht auf seine eigene
pflichtwidrige Unterlassung (der Umsetzung) berufen darf, um sich der Wirkung der
Richtlinie zu entziehen.[185] Dieser neue Begründungsansatz lieferte damit die zuvor feh-

---

sind und damit Gegenstand der Gültigkeitsvorlage sein können. Eine europarechtliche Verpflichtung
zur Schaffung einer solchen Vorab-Kontrolle besteht allerdings anders als im Fall der Verordnungen
(s. o. Rn. 14) nicht, da Rechtsschutz stets noch gegen den notwendigen Umsetzungsakt möglich ist.

[178] Zum Verwerfungsmonopol des EuGH s. o. Rn. 8 sowie Art. 263 AEUV, Rn. 1.

[179] S. o. Rn. 32.

[180] So EuGH, Urt. v. 4.12.1974, Rs. 41/74 (van Duyn), Slg. 1974, 1337, Rn. 12.

[181] S. schon aus der Diskussion der 1970er Jahre um diesen Einwand *R. Wägenbaur*, DVBl 1972,
244 ff.; weiter *Oldekop*, JöR n. F. 21 (1972), 55 ff.

[182] S. für die Berufung auf den effet utile ebenfalls EuGH, Urt. v. 4.12.1974, Rs. 41/74 (van Duyn),
Slg. 1974, 1337, Rn. 12.

[183] Die ältere Diskussion wird zusammengefasst bei *Prokopf* (Fn. 109), S. 51 ff., 203 ff.

[184] EuGH, Urt. v. 5.4.1979, Rs. 148/78 (Ratti), Slg. 1979, 1631; im Anschluss daran Urt. v. 19.1.
1982, Rs. 8/81 (Becker), Slg. 1982, 53, Rn. 23 f.; Urt. v. 26.2.1986, Rs. 152/84 (Marshall I), Slg. 1986,
723, Rn. 48 f., Anm. *Nicolaysen*, EuR 1986, 370; Urt. v. 14.7.1994, Rs. C–91/92 (Faccini Dori),
Slg. 1994, I–3325, Rn. 23, Anm. *Heß*, JZ 1995, 150.

[185] Dazu grundlegend *Pescatore*, Rec. Dalloz 1980, S. 171 ff.; s. auch noch *Everling*, Zur direkten

lende positive Begründung für die Direktwirkung; zugleich hat er bereits die Weichen für die später ausdrücklich festgehaltene Differenzierung zwischen (bejahter) vertikaler und (verneinter) horizontaler Direktwirkung gestellt,[186] mit der auch der Abstand zum Instrument der Verordnung gewahrt wird.

40   Mit dieser neuen Ausrichtung wurde die Direktwirkungs-Rechtsprechung schließlich in der Rechtsprechung der Mitgliedstaaten akzeptiert;[187] auch in der Literatur finden sich heute[188] nur noch vereinzelt Stimmen, die weiter eine Direktwirkung grundsätzlich als unzulässig ansehen.[189] Die Mitgliedstaaten als »Herren der Verträge« haben die Rechtsprechung auch (vorübergehend) indirekt in das Vertragswerk integriert, indem bei der Schaffung des der Richtlinie nachgebildeten Instituts des **Rahmenbeschlusses** im Vertrag von Amsterdam eine Direktwirkung dieser neuen Kategorie – und damit eine Übertragung der Richtlinien-Rechtsprechung – ausdrücklich ausgeschlossen wurde,[190] während der heutige Art. 288 Abs. 3 AEUV auch bei dieser Gelegenheit unverändert blieb. Auch der französische Conseil d'Etat, der mit der berühmt gewordenen Cohn-Bendit-Entscheidung aus dem Jahr 1978[191] den Widerstand gegen die EuGH-Rechtsprechung angeführt hatte,[192] hat seine abweichende Rechtsprechung seit Anfang der 1990er Jahre schrittweise abgeschwächt[193] und schließlich 30 Jahre später ganz aufgegeben.[194]

---

innerstaatlichen Wirkung der EG-Richtlinien, FS Carstens, 1984, Bd. 1, S. 95 ff.; später z. B. *Herrmann*, S. 43; *Sydow*, JZ 2009, 373 (375 f.).

[186] Dazu u. Rn. 47 ff.; s. auch *Schroeder*, in: Streinz, EUV/AEUV, Art. 288 AEUV, Rn. 103.

[187] S. stellvertretend die Anerkennung als zulässige richterliche Rechtsfortbildung durch BVerfGE 75, 223 (243 f.).

[188] Für die Diskussion der 1980er Jahre s. die Nachw. in Fn. 185.

[189] Ebenso *Schroeder*, in: Streinz, EUV/AEUV, Art. 288 AEUV, Rn. 102: »nur noch hinsichtlich ihrer Tragweite und nicht mehr in ihrer grundsätzlichen Zulässigkeit umstritten.« Für eine weiterhin abweichende Sicht z. B. *Prokopf* (Fn. 109), S. 203 ff.

[190] Art. 34 Abs. 2 Buchst. b EUV (a. F.): »Sie sind nicht unmittelbar wirksam;« eine Übertragung der Rechtsprechung zur richtlinienkonformen Auslegung konnte dadurch nicht verhindert werden, s. EuGH, Urt. v. 18. 7. 2005, Rs. C–105/03 (Pupino), Slg. 2005, I–5285, abl. Anm. *Hillgruber*, JZ 2005, 841, Anm. *Herrmann*, EuZW 2005, 436; dazu auch *Fetzer/Groß*, EuZW 2005, 550 f.; *Fletcher*, E. L.Rev. 30 (2005), 862 ff.; *Gärditz/Gusy*, GA 2006, 225 ff.; *Killmann*, JBl. 2005, 566 ff.; *Rinuy*, RAE 2005, 479 ff.; *v. Unger*, NVwZ 2006, 46 ff.; *Wehnert*, NJW 2005, 3760 ff.; *Weyemberg/de Hert*, RTDH 2007, 269 ff.; zur dogmatischen Unterscheidung von Direktwirkung und Konformauslegung, die dieses Ergebnis rechtfertigt, s. u. Rn. 65 f.; zusammenfassend *Först*, Die Pflicht zur rahmenbeschlusskonformen Auslegung, 2012; *Röcker*, Die Pflicht zur rahmenbeschlusskonformen Auslegung nationalen Rechts, 2013.

[191] Conseil d'Etat, 22. 12. 1978 – Ministre de l'Intérieur c. Sieur Cohn-Bendit, Rec. Lebon, S. 524, mit den Schlussanträgen von Regierungskommissar Genevois u. Anm. *Dubouis*, RTDE 1979, 157, Anm. *Isaac*, CDE 1979, 265; deutsche Übersetzung m. Anm. *Bieber*, EuR 1979, 293, Anm. *Tomuschat*, EuGRZ 1979, 257 ff., Anm. *Petzold*, DVBl 1980, 126.

[192] S. die ausdrückliche Bezugnahme in BFH, EuR 1981, 442 (443), Anm. *Millarg*, EuR 1981, 442; nochmals BFH, EuR 1985, 191 (196); dazu *Tomuschat*, EuR 1985, 346 ff.; *Friedrich*, RIW 1985, 794 ff.; *Magiera*, DÖV 1985, 937 ff. (aufgehoben durch BVerfG, BVerfGE 75, 223).

[193] S. zu den Differenzierungen in der Folge-Rechtsprechung m. w. N. *Gundel*, Die Einordnung des Gemeinschaftsrechts in die französische Rechtsordnung, 1997, S. 431 ff.; *M. Breuer*, EuGRZ 2007, 654 ff.; s. auch noch u. Rn. 60 mit Fn. 294.

[194] S. die Leitentscheidung Conseil d'Etat, Ass., 30. 10. 2009 – Mme Perreux, RFDA 2009, 1145 mit Schlussanträgen Guyomar RFDA 2009, 1125 und Anm. *Cassia* RFDA 2009, 1146 ff., Anm. *Liéber/Botteghi*, AJDA 2009, 2385 ff., Anm. *Azoulai*, RGDIP 2010, 232, Anm. *Classen*, EuR 2010, 554; dazu *Ritleng*, RTDE 2010, 223 ff.; *Coutron*, AJDA 2010, 1412 ff.; *R. Kovar*, Europe 1/2010, 5 ff.; *Carullo*, RIDPC 2013, 295 ff.; danach z. B. Conseil d'Etat, 21. 3. 2011 – M. Jin u. M. Thiero, Anm. *Simon*, Europe 5/2011, 11.

2. Voraussetzungen der Direktwirkung

a) Objektiv-rechtsaktbezogene Voraussetzungen
aa) Hinreichende Bestimmtheit und Unbedingtheit

In jeder Konstellation unabdingbare Voraussetzung der Direktwirkung ist die **hinrei-**   **41**
chende Bestimmtheit und Unbedingtheit der in Anspruch genommenen Regelung der
Richtlinie.[195] Als hinreichend bestimmt ist eine Regelung anzusehen, »wenn sie unzweideutig eine Verpflichtung begründet«,[196] also subsumtionsfähige oder justiziable
Pflichten festlegt, was durch das Bestehen von Auslegungsspielräumen nicht ausgeschlossen wird; die Unbedingtheit ist zu bejahen, wenn die Bestimmung »eine Verpflichtung normiert, die an keine Bedingung geknüpft ist und zu ihrer Durchführung und
Wirksamkeit auch keiner weiteren Maßnahme der Unionsorgane oder der Mitgliedstaaten bedarf.«[197] Die Reichweite dieser Anforderungen variiert dabei allerdings nach
den Konstellationen: Soweit es um die **Abwehr staatlicher Belastungen** unter Berufung
auf die Richtlinie geht, genügt eine »**punktuelle**« Bestimmtheit: Auch soweit die Richtlinie nur Mindestvorgaben formuliert, kann die Beachtung der Grenzen des damit bestehenden Spielraums durch den Mitgliedstaat unter Berufung auf die Direktwirkung
überprüft werden, sofern diese Mindestvorgaben hinreichend bestimmt sind.[198]

Soweit dagegen ein bestimmter **Anspruch aus der Richtlinie** geltend gemacht wird, ist   **42**
diese Bestimmtheit nicht nur »dem Grunde nach«, sondern auch in Bezug auf die
Rechtsfolgen erforderlich. Problematisch wird die Erfüllung dieser Anforderung z.B.
bei Richtlinienbestimmungen, die den Mitgliedstaaten insoweit Wertungsspielräume
einräumen.[199] Dasselbe gilt für Bestimmungen, die den Mitgliedstaaten ausdrücklich
verschiedene Gestaltungsoptionen eröffnen;[200] insoweit gilt, dass die Bestimmtheit nicht
dadurch ausgeschlossen wird, dass die Richtlinie dem Mitgliedstaat Abweichungsmög-
lichkeiten eröffnet, die im Rahmen der Umsetzung wahrgenommen werden können.
Der Mitgliedstaat, der die Umsetzung stattdessen vollständig unterlässt, muss sich dann

---

[195] St. Rspr., zuletzt z.B. EuGH, Urt. v. 12.7.2012, verb. Rs. C–55/11, C–57/11 u. C–58/11 (Vodafone España), ECLI:EU:C:2012:446, Rn. 38 f.

[196] S. z.B. EuGH, Urt. v. 23.2.1994, Rs. C–236/92 (Comitato di coordinamento per la difesa della
Cava), Slg. 1994, I–483, Rn. 10.

[197] So zuletzt EuGH, Urt. v. 15.5.2014, Rs. C–337/13 (Almos Agrárkülkereskedelmi), ECLI:EU:
C:2014:328, Rn. 32; zuvor z.B. Urt. v. 26.10.2006, Rs. C–317/05 (Pohl-Boskamp), Slg. 2006,
I–10611, Rn. 41; Urt. v. 23.2.1994, Rs. C–236/92 (Comitato di coordinamento per la difesa della
Cava), Slg. 1994, I–483, Rn. 9.

[198] S. für einen Fall, in dem die Richtlinie dem Mitgliedstaat die Wahl zwischen drei Besteuerungs-
modellen gelassen, der Staat aber ein mit allen drei Gestaltungen unvereinbares System gewählt hatte:
EuGH, Urt. v. 5.6.2000, Rs. C–365/98 (Brinkmann Tabakfabriken), Slg. 2000, I–4619, Rn. 31 ff.;
dazu *Simon*, Europe 8/2000, 8; weiter EuGH, Urt. v. 18.9.2000, Rs. C–287/98 (Linster), Slg. 2000,
I–6917, Rn. 32 ff.; Urt. v. 24.10.1996, Rs. C–72/95 (Kraaijeveld), Slg. 1996, I–5403, Rn. 56; zu diesen
Fällen auch *Götze*, Vorläufiger Rechtsschutz im deutschen Verwaltungsprozess im Wirkfeld von EU-
Richtlinien, 2009, S. 146 ff.; in der Literatur werden diese Fälle teils als eigenständige Fallgruppe einer
Ausschlusswirkung von Richtlinien verstanden, für die das Erfordernis der hinreichenden Bestimmt-
heit nicht gelte (s. noch u. Rn. 60 f.); tatsächlich wird hier die Bestimmtheit aber ebenfalls – nur mit
schmalerem Bezugsfeld – geprüft; s. auch *v. Danwitz*, JZ 2007, 697 (703).

[199] S. zur Vorgabe einer »angemessenen Vergütung« von Medizinern in der ärztlichen Weiterbil-
dung nach der RL 82/76/EWG, ABl. 1982, L 43/21: EuGH, Urt. v. 25.2.1999, Rs. C–131/97 (Carbonari u.a.), Slg. 1999, I–1103, Rn. 44, 47; Urt. v. 3.10.2000, Rs. C–371/97 (Gozza u.a.), Slg. 2000,
I–7881, Rn. 36 ff.: Die Richtlinie ist in Bezug auf das Erfordernis der Entlohnung hinreichend bestimmt, Höhe und Schuldner sind aber nicht ableitbar.

[200] S. dazu die Aufarbeitung der Rechtsprechung bei *Götze* (Fn. 198), S. 134 ff.

am Grundmodell der Richtlinie festhalten lassen;[201] dasselbe gilt für die Möglichkeit von Abweichungsanträgen gemäß Art. 114 AEUV, über die noch nicht positiv entschieden wurde.[202] Wenn den Mitgliedstaaten dagegen gleichberechtigte Wahlmöglichkeiten in der Ausgestaltung eröffnet werden, deren Ausübung erst zur hinreichenden Bestimmtheit führt, ist die Direktwirkung nicht möglich;[203] wurde die Wahlmöglichkeit allerdings tatsächlich ausgeübt, die Richtlinie dabei aber in anderer Hinsicht unzureichend umgesetzt, ist die Direktwirkung wiederum möglich, sofern dieser Teil der Richtlinie die Bestimmtheitsanforderungen erfüllt.[204]

bb) Ablauf der Umsetzungsfrist

43   Weiter kann eine Direktwirkung grundsätzlich erst mit dem **Ablauf der Umsetzungsfrist** eintreten: Erst ab diesem Zeitpunkt ist dem Mitgliedstaat ein Fehlverhalten vorzuwerfen, das mit der Sanktion der Direktwirkung belegt werden kann.[205] Die exakten Konsequenzen für das nationale Verwaltungshandeln sind damit allerdings noch nicht bestimmt: So ist etwa fraglich, ob bereits laufende Verwaltungsverfahren, die der Richtlinie unterfallen, mit dem Ablauf der Umsetzungsfrist in vollem Umfang den neuen Maßstäben genügen müssen. Der EuGH hat zu diesen komplexen intertemporalen Problemen regelmäßig pragmatische Lösungen entwickelt: So gilt etwa, dass für die Vergabe öffentlicher Aufträge auf den Zeitpunkt der Entscheidung über die Art des Vergabeverfahrens und nicht auf den späteren Zeitpunkt der das Verfahren abschließenden Auftragsvergabe abzustellen ist; bereits angelaufene Vergabeverfahren können also ohne Berücksichtigung von mit dem Ablauf der Umsetzungsfrist maßgeblichen Richtlinien-Vorgaben zu Ende geführt werden.[206] Ebenso ist im Umwelt- und Planungsrecht auf den Zeitpunkt der Verfahrenseinleitung oder der Antragstellung abzustellen, weil auch hier ein Eingriff in laufende Verfahren zu Problemen führen muss;[207] anderes gilt

---

[201] S. EuGH, Urt. v. 17.7.2008, Rs. C–226/07 (Flughafen Köln-Bonn/HZA Köln), Slg. 2008, I–5999, Rn. 31 f.; Urt. v. 17.2.2005, Rs. C–453/02 (Linneweber u. Akritidis), Slg. 2005, I–1131, Rn. 35 f.; Urt. v. 10.9.2002, Rs. C–141/00 (Kügler), Slg. 2002, I–6833, Rn. 59 f.

[202] S. EuGH, Urt. v. 1.6.1999, Rs. C–319/97 (Kortas), Slg. 1999, I–3143, Rn. 22 f., Anm. *Epiney*, ZLR 1999, 619; s. auch Art. 114 AEUV, Rn. 80 ff.

[203] So im Fall von EuGH, Urt. v. 19.11.1991, verb. Rs. C–6/90 u. C–9/90 (Francovich), Slg. 1991, I–5357, Rn. 25 f., für das Konkursausfallgeld für Arbeitnehmer nach der RL 80/987/EWG, weil die Richtlinie hier zwar Anspruchsinhalt und -berechtigte vorgegeben, dem Staat in Bezug auf den Haftungsschuldner die Wahl zwischen Eigenhaftung und der Schaffung von Garantieeinrichtungen gelassen hatte, womit der Haftungsschuldner nicht hinreichend bestimmt war; ebenso nochmals Urt. v. 16.12.1993, Rs. C–334/92 (Wagner Miret), Slg. 1993, I–6911, Rn. 17.

[204] So – ebenfalls zur RL 89/987/EWG (Fn. 203) und in Abgrenzung zur Rs. Francovich – EuGH, Urt. v. 18.10.2001, Rs. C–441/99 (Rikskatteverket/Gharehveran), Slg. 2001, I–7687, Rn. 33 ff.: Hier wurde die Voraussetzung der hinreichenden Bestimmtheit bejaht, weil der Staat die Haftung selbst übernommen hatte; allerdings hatte er richtlinienwidrig bestimmte Gruppen von Arbeitnehmern nicht einbezogen, doch war dieser Teil der Richtlinie hinreichend bestimmt gefasst.

[205] S. *v. Danwitz*, JZ 2007, 697 (699); s. aber auch zum Institut der Vorwirkung u. Rn. 44; zur Parallelfrage bei der richtlinienkonformen Interpretation s. u. Rn. 64. Eine nach Ablauf der Frist vorgenommene Fristverlängerung (s. o. Rn. 27) wirkt im Übrigen regelmäßig nicht zurück, so dass die Berufung auf die Richtlinie für den Zwischenzeitraum möglich bleibt, s. EuGH, Urt. v. 22.2.1984, Rs. 70/83 (Kloppenburg), Slg. 1984, 1075, Rn. 2 ff.

[206] So unter Berufung auf den Grundsatz der Rechtssicherheit EuGH, Urt. v. 11.7.2013, Rs. C–576/10 (Kommission/Niederlande), ECLI:EU:C:2013:510, Rn. 52 ff., Anm. *Neun*, NVwZ 2013, 1074; Urt. v. 5.10.2000, Rs. C–337/98 (Kommission/Frankreich), Slg. 2000, I–8377, Rn. 36 f., 44, jeweils mit dem Vorbehalt, dass im Fall einer wesentlichen Veränderung des Verfahrens auf diesen Zeitpunkt abzustellen sein könne.

[207] S. EuGH, Urt. v. 11.8.1995, Rs. C–431/92 (Kommission/Deutschland), Slg. 1995, I–2189,

aber für die Eröffnung zusätzlicher Rechtsschutz-Möglichkeiten, die die materiellen Verfahrensanforderungen nicht verändern: Insoweit können aus der Direktwirkung resultierende Veränderungen auch auf bei Ablauf der Umsetzungsfrist laufende Verfahren Anwendung finden.[208]

cc) Vorwirkung von Richtlinien

Eine Erweiterung der zeitlichen Wirkung bewirkt das Institut der Vorwirkung von Richt- **44** linien, das der EuGH mit einer Entscheidung aus dem Jahr 1997[209] begründet hat. Mit diesem Institut, das Anklänge an das Frustrationsverbot des Völkervertragsrechts[210] nahelegt, wird letztlich eine Form von Vereitelungsverbot ausgesprochen: Die Mitgliedstaaten dürfen auch vor Ablauf der Umsetzungsfrist keine Maßnahmen treffen, die »geeignet sind, die Erreichung des in der Richtlinie vorgeschriebenen Ziels ernstlich zu gefährden,« also die effektive Wirkung der Richtlinie zum Zeitpunkt des Ablaufs der Umsetzungsfrist praktisch ausschließen. Die erstmalige Formulierung dieses Grundsatzes durch den EuGH hat zwar für großes Aufsehen gesorgt, in der Folge sind die Bezugsfälle aber selten geblieben; insbesondere wurde nicht konkret sichtbar, unter welchen Voraussetzungen von einer solchen Vereitelung auszugehen ist. Zuletzt hat der EuGH klargestellt, dass die Vorwirkung den Mitgliedstaat nicht daran hindert, noch während der Umsetzungsfrist vom Inhalt der Richtlinie abweichende Bestimmungen zu erlassen, wenn dadurch die Beachtung bei Ablauf der Frist nicht gefährdet wird.[211] Eine noch weiterreichende Vorwirkung ist nicht anzuerkennen; insbesondere ist ein »Stillhaltegebot« für die Mitgliedstaaten in der Zeit der Verhandlung über Richtlinienvorschläge der Kommission aus den Verträgen nicht zu begründen.[212]

dd) Nicht umgesetzte Richtlinien und nationale Verfahrensfristen

Eine eigene Konstellation, über die längere Zeit Unsicherheit herrschte, betrifft das **45** Verhältnis zwischen der Direktwirkung von Richtlinien und nationalen Verfahrensregeln, die in Form von Präklusions- oder Verjährungsfristen die Durchsetzung von Rech-

---

Rn. 29, 32; Urt. v. 18.6.1998, Rs. C–81/96 (Gedeputeerde Staten van Noord-Holland), Slg. 1998, I–3923, Rn. 23 ff.; Urt. v. 15.1.2013, Rs. C–416/10 (Križan u. a.), ECLI:EU:C:2013:8, Rn. 94 ff. (dazu *Icard*, RDUE 2013, 121 ff.).

[208] So EuGH, Urt. v. 7.11.2013, Rs. C–72/12 (Gemeinde Altrip), ECLI:EU:C:2013:712, Rn. 27 ff., Bespr. *Siegel*, NVwZ 2014, 973 ff., Anm. *Meitz* ZUR 2014, 40; dazu auch *Michel*, Europe 1/2014, 44 f.

[209] S. erstmals EuGH, Urt. v. 18.12.1997, Rs. C–129/96 (Inter-Environnement Wallonie), Slg. 1997, I–7411, Anm. *Couvert-Castéra*, AJDA 1998, 451; weiter Urt. v. 8.5.2003, Rs. C–14/02 (ATRAL), Slg. 2003, I–4431, Rn. 58 f.; Urt. v. 14.6.2007, Rs. C–422/05 (Kommission/Belgien), Slg. 2007, I–4749, Rn. 62 ff.; aus der Literatur s. *Weiß*, DVBl 1998, 568 f.; *Kaczorowska*, EPL 1999, 79 ff.; *Klagian*, ZÖR 2001, 305 ff.; *Gronen*, Die »Vorwirkung« von EG-Richtlinien, 2006; *Kühling*, DVBl 2006, 857 ff.; *Fisahn/Mushoff*, EuR 2005, 222 (225 ff.); *Götze* (Fn. 198), S. 93 ff.; *Röthel*, ZEuP 2009, 34 ff.; *Frenz*, EWS 2011, 33 ff.; auf Private erstreckt sich die Vorwirkung jedenfalls nicht, so zu Recht EuG, Urt. v. 27.6.2000, verb. Rs. T–172/98 u. T–175/98 – T–177/98 (Salamander AG u. a./Rat und Parlament), Slg. 2000, II–2487, Rn. 56 ff.

[210] Art. 18 Wiener Vertragsrechtskonvention, BGBl. 1985 II S. 927; zur Parallele s. z. B. *Weiß*, DVBl 1998, 568 (572 f.).

[211] EuGH, Urt. v. 13.3.2014, Rs. C–599/12 (Jetair NV), ECLI:EU:C:2014:144, Rn. 35 ff.

[212] Dafür aber v. a. *Grabitz*, Stillhalteverpflichtungen vor dem Binnenmarkt, 1988, S. 40 ff.; dagegen *Meßerschmidt*, ZG 1993, 11 ff.; *Ehricke*, ZIP 2001, 1311 ff.; *Ruffert*, in: Calliess/Ruffert, EUV/AEUV, Art. 288 AEUV, Rn. 24; solche Wartepflichten können allerdings durch Sekundärrecht normiert werden, s. Art. 9 der Informations-Richtlinie (RL 98/34/EG, bzw. nun Art. 6 der RL (EU) 2015/1535, s. Rn. 20); s. auch *Meyring*, EuR 2003, 949 ff.

ten aus nicht umgesetzten Richtlinien zusätzlich behindern: Auch wenn die Voraussetzungen einer Direktwirkung der Richtlinie erfüllt sind, kann die Durchsetzung der durch sie gewährleisteten Rechte damit an Verfahrenshürden scheitern. Diese Hürden sind allerdings nach allgemeinen Regeln nicht an den materiellen EU-Gewährleistungen zu messen, zu denen sie nicht unmittelbar in Konflikt stehen, sondern an den aus Art. 4 Abs. 3 EUV abgeleiteten Rahmenvorgaben für das nationale Verfahrensrecht.[213]

46   Die in der Emmott-Entscheidung des EuGH aus dem Jahr 1991[214] enthaltenen Formulierungen wurden zunächst dahin interpretiert, dass nationale Fristen zur Geltendmachung von Rechten aus Richtlinien erst mit deren ordnungsgemäßer Umsetzung in nationales Recht zu laufen beginnen dürften; diese vermeintliche Regel ist in der deutschen Rechtsprechung teils als »Emmottsche Fristenhemmung« bezeichnet worden.[215] Die spätere Rechtsprechung des EuGH hat allerdings klargestellt, dass hiermit keine Sonderregel für Richtlinien aufgestellt werden sollte, sondern die Entscheidung als Ergebnis der Anwendung der allgemeinen Vorgaben aus Art. 4 Abs. 3 EUV auf einen besonders gelagerten Einzelfall zu verstehen ist,[216] in dem die Behörden die spätere Klägerin aktiv an der rechtzeitigen Klageerhebung gehindert hatten.[217]

b) Persönlich-subjektive Voraussetzungen der Direktwirkung: Die Abgrenzung zwischen vertikaler und (ausgeschlossener) horizontaler Direktwirkung

47   Nach gefestigter Rechtsprechung entwickeln nicht oder unzureichend bzw. unzutreffend umgesetzte Richtlinien keine allseitig-umfassende Direktwirkung, mit der tatsächlich die Unterschiede zur Verordnung verwischt würden. Die Richtlinien-Direktwirkung tritt danach stets nur relativ – d. h. im Verhältnis zu bestimmten Kontrahenten – ein, während sie gegenüber anderen verneint wird. In der Literatur wird allerdings immer wieder für die Anerkennung einer umfassenden Direktwirkung plädiert,[218] die die mit der relativen Direktwirkung notwendig verbundene Unterscheidung verschiedener Konstellationen erübrigen würde.[219] Die dafür vorgetragenen Argumente – wobei als Hauptargument die so zu verbessernde Effektivität der Richtlinienwirkung ins Feld geführt wird – haben den EuGH allerdings bisher nicht überzeugen können.[220]

---

[213] Dazu Art. 4 EUV, Rn. 120 ff., 138 ff.

[214] EuGH, Urt. v. 25.7.1991, Rs. C–208/90 (Theresa Emmott), Slg. 1991, I–4269.

[215] So z. B. die Bezeichnung durch den BFH, s. BFH, EuZW 1996, 479 (480), BFH, IStR 2004, 836.

[216] S. insbes. EuGH, Urt. v. 2.12.1997, Rs. C–188/95 (Fantask), Slg. 1997, I–6783, Rn. 50 f.; dazu *Gundel*, NVwZ 1998, 910 ff.; *Notaro*, CMLRev. 35 (1998), 1385 ff.; *Sperling*, ÖJZ 2001, 121 ff.; in jüngerer Zeit nochmals deutlich EuGH, Urt. v. 24.3.2009, Rs. C–445/06 (Danske Slagterier), Slg. 2009, I–2119, Rn. 53 ff., Anm. *Gundel*, ZLR 2009, 455, Anm. *Würtenberger*, EWS 2009, 176, Anm. *Guckelberger*, EuR 2011, 61; Urt. v. 19.5.2011, Rs. C–452/09 (Iaia), Slg. 2011, I–4043, Rn. 17 ff.; dazu *Michel*, Europe 7/2011, 12 f.; ausführlich zur Entwicklung *Guckelberger*, Die Verjährung im Öffentlichen Recht, 2004, S. 697 ff.

[217] Mit diesem einzelfallbezogenen Inhalt gilt die »Emmott-Doktrin« auch fort, s. für einen solchen Fall EuGH, Urt. v. 1.12.1998, Rs. C–326/96 (Levez), Slg. 1998, I–7835, Rn. 32; dazu *Connor*, E.L.Rev. 24 (1999), 300 ff.

[218] In jüngerer Zeit z.B. *Haguenau-Moizard*, RevMC 2011, 454 ff.; *Craig*, E.L.Rev. 34 (2009), 349 ff.; in diese Richtung auch *Griller*, S. 101; s. auch die Zusammenfassung der »Pro-Drittwirkungs«-Argumente bei *Ruffert*, in: Calliess/Ruffert, EUV/AEUV, Art. 288 AEUV, Rn. 60.

[219] Auch mehrere Generalanwälte hatten in der ersten Hälfte der 1990er Jahre – erfolglos – versucht, den EuGH von dieser ebenso radikalen wie einfachen Lösung zu überzeugen, s. dazu u. Rn. 52.

[220] S. zum Ausschluss der horizontalen Direktwirkung in der Rechtsprechung u. Rn. 51 ff.; zu (von der Rechtsprechung ebenfalls nicht aufgenommenen) dogmatischen Differenzierungsversuchen in der jüngeren Literatur u. Rn. 60 f.

aa) Die vertikale Direktwirkung: Begründung und Grenzen

Die Direktwirkung gilt jedenfalls zu Lasten des Staates, zu dessen Gunsten sich das   **48**
eigene Fehlverhalten nicht auswirken darf[221] (**vertikale Direktwirkung**). Ausgeschlossen
ist damit eine **umgekehrt vertikale Direktwirkung**, also eine Berufung des Staates auf die
Richtlinie zu Lasten des Einzelnen:[222] Sie würde nicht nur in Fällen mit strafrechtlicher
Einkleidung rechtsstaatlichen Grundsätzen widersprechen,[223] ihre Anerkennung wäre
auch mit dem Sanktionsgedanken nicht vereinbar, weil sie gerade dem gegen die Umsetzungspflicht verstoßenden Mitgliedstaat zugute käme. Die Umsetzungspflicht würde
damit sogar praktisch untergraben, weil der Mitgliedstaat »richtlinienkonforme« Ergebnisse auch ohne diesen Schritt erzielen könnte; zugleich würde der Unterschied zur
Verordnung tatsächlich in bedenklicher Weise verwischt. In solchen Fällen kann eine
Richtlinie nur in besonderen Konstellationen auch ohne Umsetzung Wirkung zu Lasten
des Einzelnen begründen; das gilt z. B., wenn in einer EU-Verordnung auf den Inhalt
einer (nicht umgesetzten) Richtlinie verwiesen wird.[224] Im **Verhältnis staatlicher Stellen
und Einheiten untereinander** ist eine Berufung auf die – von allen staatlichen Einheiten
zu beachtende – Richtlinie dagegen möglich,[225] auch wenn das in manchen Konstellationen auf den ersten Blick wie eine Gleichstellung der sich auf die Richtlinie berufenden
Stelle mit dem privaten Einzelnen wirken mag.[226]

Die Existenz der weiteren Voraussetzung einer **Begünstigung des sich auf die Richt-**   **49**
linie berufenden Einzelnen ist umstritten und wird insbesondere in der deutschen Literatur[227] teils verneint.[228] In der EuGH-Rechtsprechung ist sie aber nachweisbar, hier
wird häufig die Frage geprüft, ob eine Richtlinie »Rechte der Einzelnen begründet, die
diese gegenüber einem Mitgliedstaat geltend machen können (...) und die die nationalen

---

[221] Zu diesem Sanktionsgedanken als Kern der Direktwirkungs-Rechtsprechung s. o. Rn. 39.

[222] S. erstmals EuGH, Urt. v. 8.10.1987, Rs. 80/86 (Kolpinghuis Nijmegen), Slg. 1987, 3969, Anm.
Richter, EuR 1988, 391; st. Rspr., zuletzt Urt. v. 27.2.2014, Rs. C–351/12 (OSA), ECLI:EU:C:2014:
110, Rn. 46 f.

[223] S. EuGH, Urt. v. 3.5.2005, verb. Rs. C–387/02, C–391/02 u. C–403/02 (Berlusconi), Slg. 2005,
I–3565, Rn. 68, Anm. *Satzger*, JZ 2005, 998, krit. Anm. *Gross*, EuZW 2005, 371, Anm. *Dubos*, JCP
2006 II 10020; dazu *Biondi/Mastroianni*, CMLRev. 43 (2006), 553 ff.

[224] S. EuGH, Urt. v. 17.1.2008, verb. Rs. C–37/06 u. C–58/06 (Viamex u. a.), Slg. 2008, I–69,
Rn. 27 ff.; dazu *Simon*, Europe 3/2008, 24 f.

[225] S. EuGH, Urt. v. 12.12.2013, Rs. C–425/12 (Portgás), ECLI:EU:C:2013:829, Bespr. *Krim-
phove* EuZW 2014, 178 ff., Anm. *Amilhat*, AJDA 2014, 630; dazu *Simon*, Europe 2/2014, 13 f.;
Albors-Llorens, E. L.Rev. 39 (2014), 851 ff.; danach könnte die Beachtung nicht umgesetzter Richtlinien durch die zuständigen Behörden also z. B. im Weg der Fach- oder Rechtsaufsicht durchgesetzt
werden.

[226] S. EuGH, Urt. v. 17.10.1989, Rs. 231/87 u. 129/88 (Comune di Carpaneto Piacentino u. a.),
Slg. 1989, 3233, Rn. 31: Hier hatte der EuGH die Berufung von Gemeinden auf die Umsatzsteuer-
Richtlinie gegenüber dem Staat zugelassen und dafür tatsächlich ausgeführt, dass sie für diese Zwecke
privaten Einzelnen gleichzustellen seien; tatsächlich ist dieser (inkonsequente) Schritt aber unnötig;
der EuGH-Formulierung folgend allerdings *Ruffert*, in: Calliess/Ruffert, EUV/AEUV, Art. 288 AEUV,
Rn. 57.

[227] Ablehnend z. B. *Ruffert*, in: Calliess/Ruffert, EUV/AEUV, Art. 288 AEUV, Rn. 66 ff.; *Herrmann*, S. 55 ff.; im Ausgangspunkt auch *Schroeder*, in: Streinz, EUV/AEUV, Art. 288 AEUV,
Rn. 110 f., der aber stattdessen eine Betroffenheit des Klägers voraussetzt; wie hier z. B. *Klagian*, ZÖR
2001, 305 (346 ff.).

[228] Kurioserweise wird die Existenz dieser Voraussetzung in der deutschen Literatur häufig verneint, während ihr Bestehen im französischen Schrifttum ohne Problematisierung zugrundegelegt
wird, s. z. B. *Wathelet*, FS Léger, S. 325 f. Ein Grund für diese unterschiedliche Wahrnehmung mag
darin liegen, dass die deutsche Literatur die engen Grenzen der deutschen Schutznormtheorie »mit-
denkt«, die hier tatsächlich nicht anwendbar sein können.

Gerichte zu schützen haben.«[229] Diese Prüfung erfolgt freilich nach einem etwa gegenüber der deutschen Perspektive des § 42 Abs. 2 VwGO deutlich großzügigeren,[230] auf die globale Intention des Rechtsetzers abstellenden Maßstab: So kann z. B. auch die Harmonisierung von Produktanforderungen, die auf den ersten Blick nur Pflichten für den Hersteller begründet oder verändert, zu seinen Gunsten wirken, weil ihm die Harmonisierung die Chance des unveränderten Absatzes seiner Produkte im Binnenmarkt eröffnet.[231] Ein weiteres Beispiel für die Breite des Ansatzes bieten die Mehrwertsteuer-Richtlinien: Hier kann sich der Einzelne auf die Richtlinie berufen, um die Steuerfreiheit seiner Umsätze gegen die Vorgaben des nationalen Rechts durchzusetzen,[232] umgekehrt aber auch eine von der Richtlinie vorgegebene Mehrwertsteuerpflicht gegen eine Befreiung nach nationalem Recht durchsetzen, die ihm die Möglichkeit des Vorsteuerabzugs eröffnet.[233] Auch Umweltrecht-Richtlinien können in diesem Sinne Vorteile des Einzelnen begründen, wenn sie sich vorteilhaft auf sein Eigentum oder seine Lebensumwelt auswirken; danach ist die Berufung des Einzelnen auf durch Richtlinien fixierte Schadstoff-Grenzwerte zulässig,[234] wogegen eine solche Berufung des Einzelnen z. B. auf Artenschutz-Richtlinien zu verneinen wäre.[235] Weitergehend können Umweltrecht-Richtlinien aber auch eigenständige Klagerechte für institutionelle Kläger wie Umweltverbände begründen, auf die diese sich im Wege der Direktwirkung berufen können.[236] Ein allgemeines Popularklagerecht auf die Einhaltung der Vorgaben von Umweltrichtlinien begründet das Instrument der Direktwirkung aber nicht.[237]

---

[229] So z. B. EuGH, Urt. v. 17. 9. 1996, verb. Rs. C–246/94 – C–249/94 (Cooperativa Agricola Zootecnica S. Antonia u. a.), Slg. 1996, I–4373, Rn. 26.

[230] Gegen die Übertragung der deutschen Maßstäbe zu Recht *Ruffert*, in: Calliess/Ruffert, EUV/AEUV, Art. 288 AEUV, Rn. 67 f., der stattdessen in Rn. 75 ein »unmittelbares Interesse« des Klägers fordert; *Schroeder*, in: Streinz, EUV/AEUV, Art. 288 AEUV, Rn. 110.

[231] S. schon EuGH, Urt. v. 5. 4. 1979, Rs. 148/78 (Ratti), Slg. 1979, 1629 (Berufung eines Herstellers auf Kennzeichnungsvorgaben für gefährliche Stoffe in einer Harmonisierungsrichtlinie); parallel dazu im Bereich der Staatshaftung EuGH, Urt. v. 24. 3. 2009, Rs. C–445/06 (Danske Slagterier), Slg. 2009, I–2119, Rn. 23 ff., Anm. *Gundel*, ZLR 2009, 455, Anm. *Würtenberger*, EWS 2009, 176, Anm. *Gukkelberger*, EuR 2011, 75.

[232] S. nur EuGH, Urt. v. 19. 1. 1982, Rs. 8/81 (Becker), Slg. 1982, 53.

[233] S. EuGH, Urt. v. 28. 11. 2013, Rs. C–319/12 (MDDP), ECLI:EU:C:2013:778, Rn. 47 ff.; dazu *Mosbrucker*, Europe 1/2014, 39 f.

[234] So z. B. für Feinstaub-Grenzwerte: EuGH, Urt. v. 25. 7. 2008, Rs. C–237/07 (Janecek), Slg. 2008, I–6221, Rn. 36 ff., insbes. Rn. 42: Von der Grenzwertüberschreitung »unmittelbar betroffene Einzelne« müssen sich auf die Richtlinie berufen können (dazu u. a. *K. Fassbender*, EuR 2009, 400; *Fonk*, NVwZ 2009, 69 ff.; *Jans*, Harmonisation of national procedural law via the back door?, FS Slot, 2009, S. 267 ff.; *Scheidler*, NVwZ 2008, 1083 ff.) weiter EuGH, Urt. v. 26. 5. 2011, verb. Rs. C–165/09 – C–167/09 (Stichting Natuur en Milieu u. a.), Slg. 2011, I–4599, Rn. 94: Die Verpflichtung müsse »von den betroffenen Personen« geltend gemacht werden können.

[235] So für die Habitat-Richtlinie Rn. 143 der Schlussanträge von GA *Kokott*, Schlussanträge zu Rs. C–127/02 (Landelijke Vereiniging tot Behoud van de Waddenzee), Slg. 2004, I–7405 (dazu auch noch *Kokott/Sobotta*, DVBl 2014, 132 ff.); aus der deutschen Rechtsprechung BVerwG, BVerwGE 128, 358 (366). Generalanwältin *Kokott* geht davon aus, dass die Frage der Begünstigung nur in Konstellationen zu prüfen ist, in denen ein auf die Richtlinie gestützter Anspruch geltend gemacht und nicht nur richtlinienwidriges Recht abgewehrt wird; zutreffend ist hier sicher, dass in der Abwehrkonstellation die Schutzwirkung regelmäßig zu bejahen sein wird; dass es aber auch davon Ausnahmen gibt, zeigt das Beispiel bei Fn. 239.

[236] S. insbes. EuGH, Urt. v. 12. 5. 2011, Rs. C–115/09 (Trianel), Slg. 2011, I–3673, Rn. 56 ff. zu Art. 10a der RL 85/337/EWG v. 27. 6. 1985 über die Umweltverträglichkeitsprüfung bei bestimmten öffentlichen und privaten Projekten, ABl. 1985, L 175/40, in der Fassung durch die RL 2003/35/EG v. 26. 5. 2003, ABl. 2003, L 156/17.

[237] Ebenso im Ergebnis, wenn auch mit Nuancen in der Begründung *Schroeder*, in: Streinz, EUV/AEUV, Art. 288 AEUV, Rn. 111; s. auch BVerwGE 128, 358 (366).

Auf der Gegenseite sind auch Konstellationen feststellbar, in denen eine Begünsti- **50**
gung des betroffenen Einzelnen durch die Richtlinie ausscheidet, auch wenn ihm ihr
Inhalt in der konkreten Konstellation nützlich wäre:[238] So hat der EuGH entschieden,
dass ein Verkehrsteilnehmer die Verwertung der Ergebnisse eines Alkoholtests nicht mit
dem Argument abwehren kann, dass die Zulassungsstandards für die Testgeräte in Widerspruch zu einer Binnenmarkt-Richtlinie stehen.[239] Der Gerichtshof hat den Ausschluss der Direktwirkung nicht näher begründet; er ist aber zu Recht erfolgt, weil die
Richtlinie[240] nicht die Interessen der Kontrollierten, sondern des freien Warenverkehrs
und damit der Gerätehersteller schützte,[241] die sich nach der gesicherten Rechtsprechung tatsächlich auf diese Richtlinie berufen können.[242] In diesem weiten Verständnis
erscheint die Voraussetzung auch sinnvoll, weil sie eine Berufung auf die Richtlinie
durch nur reflexhaft Betroffene ausschließt. Davon unberührt bleibt die Tatsache, dass
die staatlichen Instanzen auch dann zur Beachtung der Richtlinie verpflichtet sind, wenn
ein »Berufungsberechtigter« fehlt.[243]

bb) Der Ausschluss der horizontalen Direktwirkung

Die sog. **Horizontale Direktwirkung** von nicht umgesetzten Richtlinien im Verhältnis **51**
unter Privaten hat der EuGH dagegen in ständiger Rechtsprechung seit der im Jahr 1986
ergangenen Grundsatzentscheidung im Fall Marshall[244] ausgeschlossen.[245] Diese Unterscheidung ist angesichts der Neuausrichtung der Begründung für die Anerkennung der
Richtlinien-Direktwirkung im Jahr 1979 konsequent, weil das Argument der Verantwortung für die Nichtumsetzung nur im Verhältnis zwischen dem Einzelnen und dem
Staat, nicht aber gegenüber anderen Privaten durchgreift.

Mit dieser Weichenstellung sind aber auch Folgen verbunden, die vielfach als nach- **52**
teilig und unbillig empfunden werden: Insbesondere bleibt damit Richtlinien in den

---

[238] Anders *Schroeder*, in: Streinz, EUV/AEUV, Art. 288 AEUV, Rn. 110.

[239] S. EuGH, Urt. v. 16.6.1998, Rs. C–226/97 (Lemmens), Slg. 1998, I–3711, Rn. 32 ff., abl. Anm. *Abele* EuZW 1998, 571, zust. Anm. *Kühne*, JZ 1998, 1070.

[240] Auch hier war wieder die Informations-RL (RL 98/34/EG bzw. nun RL (EU) 2015/1535) betroffen, entgegen deren Vorgaben die fraglichen Produktstandards nicht der Kommission notifiziert
worden waren, s. Rn. 20.

[241] Zustimmend z. B. *Tridimas*, YEL 21 (2002), 327 (342); *Weatherill*, The status before national
courts of measures wrongfully un-notified to the Commission, FS Hadley, Vol. 1, 2000, S. 481 (497 f.).

[242] So EuGH, Urt. v. 30.4.1996, Rs. C–194/94 (CIA Security), Slg. 1996, I–2201, Anm. *Fronia*,
BWNotZ 1996, 383, Anm. *Everling*, ZLR 1996, 449 (dazu auch Slot, CMLRev. 33 (1996), 1035 ff.;
Vorbach, ÖZW 1997, 110 ff.; *Lecrenier*, JTDE 1997, 1 ff.; *Candela Castillo*, RevMC 1997, 51 ff.);
weiter EuGH, Urt. v. 26.9.2000, Rs. C–443/98 (Unilever Italia), Slg. 2000, I–7535, Bespr. *Gundel*,
EuZW 2001, 143 ff.; Urt. v. 8.11.2007, Rs. C–20/05 (Schwibbert), Slg. 2007, I–9447; s. auch noch u.
Rn. 57 f.

[243] Zur entsprechenden Figur der »objektiven Direktwirkung« s. u. Rn. 59.

[244] Grundlegend EuGH, Urt. v. 26.2.1986, Rs. 152/84 (Marshall I), Slg. 1986, 723, Rn. 48 ff., Anm.
Nicolaysen, EuR 1986, 370.

[245] S. im Anschluss an diese Leitentscheidung z. B. EuGH, Urt. v. 14.7.1994, Rs. C–91/92 (Faccini
Dori), Slg. 1994, I–3325, Rn. 20, Anm. *Heß*, JZ 1995, 150 (dazu auch *Hakenberg*, ZIP 1994, 1510 ff.);
Urt. v. 7.3.1996, Rs. C–192/94 (El Corte Inglés), Slg. 1996, I–1281, Rn. 15 ff.; Urt. v. 4.12.1997, Rs.
C–97/96 (Daihatsu), Slg. 1997, I–6843, Rn. 24, Anm. *Schön*, JZ 1998, 194; Urt. v. 5.10.2004, Rs.
C–397/01 (Pfeiffer), Slg. 2004, I–8835, Rn. 108, Anm. *Frenz*, DVBl 2005, 40, Bespr. *Riesenhuber/
Domröse*, RIW 2005, 74 ff. (dazu auch *Prechal*, CMLRev. 42 (2005), 1463 ff.; *Thüsing*, ZIP 2004,
2301 ff.); Urt. v. 10.3.2005, Rs. C–235/03 (QDQ Media), Slg. 2005, I–1937, Rn. 16; zuletzt wieder
Urt. v. 24.1.2012, Rs. C–282/10 (Dominguez), ECLI:EU:C:2012:33, Rn. 42, Anm. *Pötters*, EuZW
2012, 345.

Bereichen des **Arbeitnehmer- und Verbraucherschutzes** die Direktwirkung in den meisten Fällen versagt.[246] Im Bereich des Arbeitsrechts wird die **Staatszugehörigkeit des Arbeitgebers** damit zum streitentscheidenden Gesichtspunkt;[247] im Bereich des Verbraucherschutzes wird die Direktwirkung zumeist ganz ausscheiden. Gerade in solchen Konstellationen hatten in der ersten Hälfte der 1990er Jahre mehrere Generalanwälte den Versuch unternommen, den EuGH zu einer Zulassung auch der horizontalen Direktwirkung zu bewegen;[248] jedoch ist dieser Anlauf vergeblich geblieben.[249]

53   An diesem Ausschluss der horizontalen Direktwirkung hat auch die berühmt gewordene **Mangold-Entscheidung** aus dem Jahr 2005[250] nichts geändert, mit der im Ergebnis die Vorgaben einer Richtlinie, deren Umsetzungsfrist zum maßgeblichen Zeitpunkt noch nicht einmal abgelaufen war,[251] auf einen Rechtsstreit unter Privaten angewandt wurden: Denn der EuGH hat es hier gerade vermieden, diese Weichenstellung aufzugeben, indem er anstatt mit der in Deutschland nicht umgesetzten Richtlinie mit einem »neu entdeckten« allgemeinen Rechtsgrundsatz des Verbots der Altersdiskriminierung argumentiert hat.[252] Dieser alternative Begründungsweg setzt allerdings erhebliche Zusatzprämissen voraus: Die Existenz dieses Rechtsgrundsatzes muss nicht nur glaubwürdig belegt werden, ihm muss darüber hinaus die – bei der Richtlinie fehlende – horizontale Direktwirkung im Verhältnis unter Privaten zugesprochen werden. Beide Schritte ist der EuGH in der Mangold-Entscheidung gegangen, wobei vor allem der erste Schritt die kritische Aufmerksamkeit auf sich gezogen hat,[253] obwohl der zweite Schritt ein viel

---

[246] S. zuletzt wieder EuGH (GK), Urt. v. 24.1.2012, Rs. C–282/10 (Dominguez), ECLI:EU:C:2012: 33, Rn. 42; dazu *Frenz*, DVBl 2012, 297 ff.; *Lazzerini*, Riv. dir. int. 2012, 455 ff.; *Cheynel*, RAE 2012, 173 ff.

[247] S. zur Abgrenzung die Nachw. in Fn. 245; für eine mit der Rs. Marshall (Fn. 244) übereinstimmende Konstellation (kommunaler Krankenhausträger) s. nochmals EuGH, Urt. v. 9.9.2003, Rs. C–151/02 (Jaeger), Slg. 2003, I–8389, Rn. 26; s. zur Bindung staatlicher Einheiten in ihrer Eigenschaft als Arbeitgeber auch noch Urt. v. 15.4.2008, Rs. C–268/06 (Impact), Slg. 2008, I–2483, Rn. 85; Urt. v. 25.11.2010, Rs. C–429/09 (Fuß), Slg. 2010, I–12167, Rn. 39, 85.

[248] GA *van Gerven*, Schlussanträge zu Rs. C–271/91 (Marshall II), Slg. 1993, I–4381; GA *Jacobs*, Schlussanträge zu Rs. C–316/93 (Vaneetveld), Slg. 1994, I–763; GA *Lenz*, Schlussanträge zu Rs. C–91/92 (Faccini Dori), Slg. 1994, I–3325; s. für spätere beschränktere Ansätze, die auf die Anerkennung der Ausschlusswirkung von Richtlinien im horizontalen Verhältnis zielten, die Nachw. in Fn. 299.

[249] Aus der Literatur in dieser Zeit für die Anerkennung der horizontalen Direktwirkung: *Manin*, RTDE 1990, 669 ff.; *Emmert*, EWS 1992, 56 ff.; *Emmert/Pereira de Azevedo*, RTDE 1993, 503 ff.; *dies.*, RTDE 1995, 11 ff.; *Schockweiler*, Effects des directives non transposées en droit national à l'égard des particuliers, FS Díez de Velasco, 1993, S. 1201 ff.; *ders.*, Der Schadensersatzanspruch gegenüber dem Staat: Eine vollwertige Alternative zur »horizontalen Wirkung« von nicht fristgemäß umgesetzten Richtlinien, FS Everling, Bd. 2, 1995, S. 1315 ff.; *Tridimas*, E. L.Rev. 19 (1994), 621 ff.; *Lenz*, Zur horizontalen Anwendbarkeit von Richtlinien, GS Schockweiler, 1999, S. 371 ff.

[250] EuGH, Urt. v. 22.11.2005, Rs. C–144/04 (Mangold), Slg. 2005, I–9981, Rn. 55 ff., Anm. *Reich*, EuZW 2007, 198, Anm. *Dubos*, JCP 2006, II 10107; dazu z. B. *Thüsing*, ZIP 2005, 2149 ff.; *Preis*, NZA 2006, 401 ff.; *Bauer/Arnold*, NJW 2006, 6 ff.; *v. Oettingen/Rabenschlag*, ZEuS 2006, 363 ff.; *Streinz/ Herrmann*, RdA 2007, 165 ff.

[251] Die betroffene RL 2000/78/EG v. 27.11.2000 zur Festlegung eines allgemeinen Rahmens für die Verwirklichung der Gleichbehandlung in Beschäftigung und Beruf, ABl. 2000, L 303/16, war in Deutschland bis zum 2.12.2006 umzusetzen. Zum Institut der Richtlinien-Vorwirkung s. Rn. 44; der EuGH ist darauf aber nur in einem abgebrochenen Begründungsansatz eingegangen (Rn. 66 ff. des Urteils); zu dieser Bruchlinie der Begründung s. z. B. *Streinz/Herrmann*, RdA 2007, 165 (168 f.).

[252] Dazu z. B. GA *Mazák*, Schlussanträge zu Rs. C–411/03 (Palacios de la Villa), Slg. 2007, I–8531, Rn. 80; für eine abweichende Einordnung des Urteils s. sogleich Rn. 54.

[253] Besonders radikal die Kritik von *Gerken/Rieble/Roth/Stein/Streinz*, »Mangold« als ausbrechender Rechtsakt, 2009; s. auch *Gerken/Herzog*, FAZ Nr. 210 v. 8.9.2008, S. 8: »Stoppt den

größeres Potential für dogmatische Verwerfungen birgt.²⁵⁴ Jedenfalls hat der Gerichtshof diesen Weg eingeschlagen und damit den Grundsatz des Ausschlusses der horizontalen Direktwirkung von Richtlinien aufrechterhalten; auch die Bestätigung dieser Rechtsprechung in der Kücükdeveci-Entscheidung aus dem Jahr 2010²⁵⁵ behält diese Linie bei.²⁵⁶

Das BVerfG hat in der Honeywell-Entscheidung zwar eine **abweichende Interpretation des Mangold-Urteils** vorgenommen, mit der die Entscheidung als Anerkennung der horizontalen Direktwirkung von Richtlinien in bestimmten Konstellationen eingeordnet wird;²⁵⁷ auch in der Literatur finden sich entsprechende Stimmen.²⁵⁸ Dabei ist zuzugeben, dass dieser Weg tatsächlich auch europarechtlich weniger problematisch gewesen wäre als die »Erfindung« eines neuen (und zusätzlich horizontal wirkenden) allgemeinen Rechtsgrundsatzes; diese Tatsache kann aber nichts daran ändern, dass der EuGH für die tragende Begründung seiner Entscheidung nicht auf die Richtlinie, sondern auf den allgemeinen Rechtsgrundsatz abgestellt hat.²⁵⁹

cc) Die Abgrenzung zwischen vertikaler und horizontaler Direktwirkung
(1) Die Zuordnung der Gegenpartei
Für die Abgrenzung zwischen vertikaler und horizontaler Direktwirkung kommt es entscheidend auf die Zuordnung der jeweils handelnden Einheit zum Mitgliedstaat an: Die Direktwirkung gilt gegenüber dem Staat und allen seinen Untergliederungen.²⁶⁰ Der weite Begriff des Mitgliedstaats entspricht damit dem im Vertragsverletzungsverfahren

54

55

EuGH«; dazu *Temming*, NJW 2008, 3404 ff.; kritisch zur schmalen Basis des in Anspruch genommenen allgemeinen Rechtsgrundsatzes aber auch GA *Mazák*, Schlussanträge zu Rs. C–411/03 (Palacios de la Villa), Slg. 2007, I–8531, Rn. 79 ff.

²⁵⁴ Zur Frage der horizontalen Direktwirkung der allgemeinen Rechtsgrundsätze und der sozialen Gewährleistungen der GRC s. *de Mol*, MJ 2011, 109 ff.; *Spaventa*, A constituional order of states, FS Dashwood, 2011, S. 199 ff.; *Leczykiewicz*, E.L.Rev. 38 (2013), 479 ff.; *Seifert*, RTDE 2012, 801 (817 ff.); speziell zur Frage der Übertragbarkeit der Mangold-Rechtsprechung auf die Grundsatzbestimmungen der GRC s. noch u. Rn. 75 f.

²⁵⁵ EuGH, Urt. v. 19.1.2010, Rs. C–555/07 (Kücükdeveci), Slg. 2010, I–365, Rn. 54 f., Anm. *Seifert*, EuR 2010, 802 (gegen die Schlussanträge von Generalanwalt Bot, der stattdessen die Begründung des Ergebnisses durch die Annahme einer Ausschlusswirkung der Richtlinie im Verhältnis unter Privaten vorgeschlagen hatte, s. noch Rn. 60 f.).

²⁵⁶ Zu dieser Bestätigung des Mangold-Urteils s. z. B. *Bauer/von Medem*, ZIP 2010, 449 ff.; *Preis/Temming*, NZA 2010, 185 ff.; *Franzen*, RIW 2010, 577 ff.; *Peers*, E.L.Rev. 35 (2010), 849 ff.; *Fontanelli*, RIDPC 2010, 1145 ff.; *Lazzerini*, Riv. dir. int. 2010, 443 ff.; *Simon*, Europe 3/2010, 4 ff.; s. auch *Lenaerts/Gutiérrez-Fons*, The role of general principles of EU Law, FS Dashwood, 2011, S. 179 ff., die das Ergebnis als nun durch das Inkrafttreten der GRC und des (in Rn. 22 des Urteils in Bezug genommenen) Diskriminierungsverbots des Art. 21 Abs. 1 GRC solider begründet ansehen.

²⁵⁷ BVerfGE 126, 286 (308 f., 311 f.); zur damit in Bezug genommenen Figur der negativen oder Ausschlusswirkung von Richtlinien s. noch Rn. 60 f.; zum Abbruch des entsprechenden Begründungsansatzes der Mangold-Entscheidung s. o. Fn. 251. Das BAG hatte in seiner Abschlussentscheidung das Urteil dagegen zutreffend als auf die Primärrechts-Wirkung gegründet verstanden, s. BAGE 118, 76 (90 ff.).

²⁵⁸ Für eine Ableitung der horizontalen Direktwirkung der Antidiskriminierungs-Richtlinien aufgrund ihrer Grundrechtsprägung s. z. B. *Howard*, ELJ 17 (2011), 729 (736 ff.).

²⁵⁹ Ebenso z. B. *v. Oettingen/Rabenschlag*, ZEuS 2006, 363 (375 ff.); *Streinz/Herrmann*, RdA 2007, 165 (169); *Mörsdorf*, EuR 2009, 219 (234 f.); *Baldauf*, S. 199 f.; *Ruffert*, in: Calliess/Ruffert, EUV/AEUV, Art. 288 AEUV, Rn. 57.

²⁶⁰ S. bereits EuGH, Urt. v. 26.2.1986, Rs. 152/84 (Marshall I), Slg. 1986, 723, Rn. 48 ff., Anm. *Nicolaysen*, EuR 1986, 370; zuletzt Urt. v. 24.5.2012, Rs. C–97/11 (Amia SpA/Provincia Regionale di Palermo), ECLI:EU:C:2012:306, Rn. 38 f.

angewandten Zurechnungsmaßstab.[261] Ebenso wie dort kommt es für die Direktwirkung auf die mitgliedstaatliche Binnenstruktur und auf eine konkrete Verantwortung der in Anspruch genommenen Stelle für den Verstoß gegen die Umsetzungspflicht nicht an: Ebenso wie sich der Mitgliedstaat im Vertragsverletzungsverfahren den Verstoß einer Kommune zurechnen lassen muss, kann im Fall der Berufung auf die Direktwirkung die Kommune nicht geltend machen, dass sie für die Nichtumsetzung keine Verantwortung trifft. Das Sanktionsargument, mit dem der EuGH seit 1979 die Direktwirkung begründet,[262] ist insoweit nur eine abstrakte Überlegung, aber kein konkreter Prüfungsmaßstab. In die Direktwirkung einbezogen werden auch Privatunternehmen, soweit sie vom Staat mit öffentlichen Aufgaben betraut und hierzu mit besonderen Rechten ausgestattet wurden;[263] die bloße Tätigkeit im Bereich sozialer Dienste genügt für eine solche Zuordnung aber nicht.[264] Die vom EuGH insoweit aufgestellten Voraussetzungen entsprechen der Sache nach den Kriterien des Art. 106 Abs. 1 AEUV, auf den die Rechtsprechung in der Frage der Direktwirkung allerdings nicht ausdrücklich Bezug nimmt.[265]

(2) Die Behandlung von Dreiecks-Konstellationen

56   Zuordnungsprobleme bereitet die Unterscheidung von horizontaler und vertikaler Direktwirkung weiter im Fall von Dreiecks-Konstellationen,[266] in denen z. B. eine nationale Behörde eine Verteilungsentscheidung zwischen privaten Antragstellern trifft[267] oder eine Genehmigung erteilt, die von einem anderen Privaten unter Berufung auf eine Richtlinie angegriffen wird:[268] Diese Fälle werden von der EuGH-Rechtsprechung der

---

[261] S. Art. 258 AEUV, Rn. 43 ff.

[262] S. o. Rn. 39.

[263] So grundlegend EuGH, Urt. v. 12. 7. 1990, Rs. C–188/89 (Foster/British Gas), Slg. 1990, I–3313, Rn. 20; dazu *Szyszczak*, CMLRev. 27 (1990), 859 ff.; kritisch *Winter*, DVBl 1991, 657 (662 f.); im Anschluss daran EuGH, Urt. v. 4. 12. 1997, Rs. C–553/96 u. a. (Kampelmann), Slg. 1997, I–6907; Urt. v. 14. 9. 2000, Rs. C–343/98 (Collino und Chiappero/Telecom Italia SpA), Slg. 2000, I–6659, Rn. 23; Urt. v. 5. 2. 2004, Rs. C–157/02 (Rieser International Transporte), Slg. 2004, I–1477, Rn. 24; Urt. v. 10. 3. 2005, Rs. C–196/02 (Nikoloudi), Slg. 2005, I–1789, Rn. 70 f.; Urt. v. 19. 4. 2007, Rs. C–356/05 (Farell), Slg. 2007, I–3067, Rn. 40; zuletzt Urt. v. 12. 9. 2013, Rs. C–614/11 (Kuso), ECLI:EU:C:2013: 544, Rn. 32; Urt. v. 12. 12. 2013, Rs. C–361/12 (Carratù), ECLI:EU:C:2013:830, Rn. 29; s. aus der Literatur weiter *Bühring/Lang*, ZEuP 2005, 88 ff.; *Weiß*, EuR 2003, 165 (179 f.); *Storr*, Der Staat als Unternehmer, 2001, S. 296 ff.

[264] S. EuGH (GK), Urt. v. 24. 1. 2012, Rs. C–282/10 (Dominguez), ECLI:EU:C:2012:33, Rn. 36 ff. (zu einem Sozialversicherungsträger: Die Zuordnung bleibt der Subsumtion durch das vorlegende Gericht überlassen); Urt. v. 5. 10. 2004, Rs. C–397/01 (Pfeiffer), Slg. 2004, I–8835, Rn. 103 (Einordnung des DRK als private Einheit); übereinstimmend zum DRK BAGE 105, 32, Anm. *Koenigs*, DB 2003, 1392, Anm. *Wank*, RdA 2004, 246.

[265] S. auch *Gundel*, in: Bornkamm/Montag/Säcker (Hrsg.), Münchener Kommentar zum Europäischen und Deutschen Wettbewerbsrecht, Bd. 1, 2. Aufl., 2014, Art. 106 AEUV, Rn. 50 f.

[266] Dazu *Lackhoff/Nyssens*, E.L.Rev. 23 (1998), 397 ff.; *Albin*, NuR 1997, 29 ff.; *Gassner*, Richtlinien mit Doppelwirkung, FS Oppermann, 2001, S. 503 ff.; *Colgan*, EPL 2002, 545 ff.; *Ruffert*, in: Calliess/Ruffert, EUV/AEUV, Art. 288 AEUV, Rn. 63 ff.; monographisch *Hartisch*, Die unmittelbare Wirkung von Richtlinien in dreipoligen Rechtsbeziehungen, 2003; s. auch *Götze* (Fn. 198), S. 175 ff.

[267] S. insbes. EuGH, Urt. v. 22. 5. 2003, Rs. C–462/99 (Connect Austria), Slg. 2003, I–5197, Rn. 40 f. (gegen die Schlussanträge von Generalanwalt Geelhoed, der eine Direktwirkung verneint und auf die Geltendmachung von Staatshaftungsansprüchen verwiesen hatte; dazu *Lattenmayer-Latyer*, ecolex 2003, 722 ff.; s. auch *Schima*, FS Rodríguez Iglesias, 2003, S. 283/289 ff.); weiter EuGH, Urt. v. 17. 7. 2008, Rs. C–152/07 u. a. (Arcor u. a.), Slg. 2008, I–5959, Rn. 34 ff. (dazu *Simon*, Europe 10/2008, 8 f.); im Ansatz schon Urt. v. 12. 11. 1996, Rs. C–201/94 (Smith & Nephew), Slg. 1996, I–5819, Rn. 35 ff.; Urt. v. 22. 6. 1989, Rs. 103/88 (Fratelli Costanzo), Slg. 1989, 1839, Rn. 28 ff.

[268] EuGH, Urt. v. 7. 1. 2004, Rs. C–201/02 (Delena Wells), Slg. 2004, I–723, Anm. *Fischer/Fetzer*

vertikalen Direktwirkung zugeordnet, der durch die Richtlinienwirkung belastete Private muss diese Belastung als Reflex der vertikalen Direktwirkung gegenüber der Behörde hinnehmen.[269] Eine nähere Begründung gibt der EuGH hierfür nicht, die Weichenstellung entspricht aber der feststellbaren Tendenz der Rechtsprechung, den Anwendungsbereich der vertikalen Direktwirkung in Grenzfällen weit zu fassen; zudem verlöre die vertikale Direktwirkung große Teile ihres Anwendungsbereichs, wenn schon eine Berührung anderer privater Positionen die Zuordnung zur horizontalen Direktwirkung bewirken würde.[270] Die nationale Rechtsprechung weicht der Zuordnung teils durch den Rückgriff auf die auch unter Privaten mögliche richtlinienkonforme Auslegung aus.[271]

(3) »Agenten-Konstellationen« im Rechtsstreit unter Privaten

Recht eindeutig der vertikalen Direktwirkung zuzuordnen sind Fallgestaltungen, die als **57** »Agenten-Konstellationen« bezeichnet werden können:[272] Sie sind dadurch gekennzeichnet, dass nationale Regelungen, die allein allgemein-öffentliche Interessen schützen, im Rechtsstreit unter Privaten gegen eine nicht umgesetzte Richtlinie durchgesetzt werden sollen. Der sich auf das nationale Recht stützende private Verfahrensgegner wird dabei entweder durch wettbewerbsrechtliche Klagen anstelle der Staatsgewalt tätig,[273] oder er beruft sich im Rahmen eines Vertragsverhältnisses auf nationale Regelungen, die nicht seinem Schutz dienen, deren Ergebnis aber zufällig gerade in seinem Interesse liegt.[274]

Der EuGH hat in solchen Fällen die Berufung auf die Richtlinie im Rechtsstreit **58** unter Privaten zugelassen; für dieses Ergebnis hat er in den maßgeblichen Entscheidungen allerdings eher unklare Begründungen gegeben, die v. a. auf die Besonder-

---

EWS 2004, 236; dazu auch *Simon*, Europe 3/2004, 12 f.; *De Cock*, EELR 2004, 133 ff.; *Baldus*, GPR 2004, 124 f.

[269] Dazu z. B. *Colgan*, ELJ 8 (2002), 545 ff.; s. EuGH, Urt. v. 17. 7. 2008, Rs. C–152/07 u. a. (Arcor u. a.), Slg. 2008, I–5959, Rn. 36: »bloße negative Auswirkungen auf die Rechte Dritter« stehen einer Berufung des Einzelnen auf die Richtlinie gegenüber dem Staat nicht entgegen; nach Rn. 109 der Schlussanträge von Generalanwalt Colomer wird die Stellung des privaten Gegenübers damit »nur indirekt tangiert«. Nochmals EuGH, 6. 10. 2015 Rs. C–508/14 (Český telekomunikační úřad), ECLI: EU:C:2015:657, Rn. 48; dazu *Simon*, Europe 12/2015, 16.

[270] S. dazu bereits *Jarass*, NJW 1991, 2665 (2668).

[271] S. noch u. Rn. 62 ff.; für ein Beispiel s. den Streit um die Einbeziehung von Arealnetzen (und ihrer Eigentümer) in die von den Energiebinnenmarktrichtlinien vorgegebene Netzregulierung: Hier hatte der EuGH sich nur zur Auslegung der Richtlinie, nicht aber zu den Wirkungen geäußert, s. EuGH, Urt. v. 22. 5. 2008, Rs. C–439/06 (Citiworks), Slg. 2008, I–3913, Anm. *Becker*, EuZW 2008, 248; das vorlegende OLG Dresden, RdE 2009, 254 hat dann ohne Problematisierung eine Direktwirkung zu Lasten des privaten Netzbetreibers angenommen, während BGH, NVwZ-RR 2011, 55 stattdessen das Instrument der richtlinienkonformen Interpretation genutzt hat.

[272] Zu dieser Fallgruppe s. m. w. N. *Gundel*, EuZW 2001, 143 ff.; zuletzt *v. Kielmannsegg*, EuR 2014, 30 ff.

[273] Für eine solche Konstellation s. EuGH, Urt. v. 30. 4. 1996, Rs. C–194/94 (CIA Security), Slg. 1996, I–2201, Anm. *Fronia*, EuZW 1996, 379: Wettbewerberklage gegen den Vertrieb von Ausrüstungsgegenständen; weiter (jedoch ohne Problematisierung) EuGH, Urt. v. 28. 1. 1999, Rs. C–77/97 (Unilever/Smithkline Beecham), Slg. 1999, I–431: Wettbewerberklage zur Durchsetzung eines richtlinienwidrigen Werbeverbots.

[274] So im Fall von EuGH, Urt. v. 26. 9. 2000, Rs. C–443/98 (Unilever Italia), Slg. 2000, I–7535, Bespr. *Gundel*, EuZW 2001, 143 ff.; dazu *Dougan*, CMLRev. 38 (2001), 1503 ff.; Urt. v. 6. 6. 2002, Rs. C–159/00 (Sapod Audic), Slg. 2002, I–5031, Rn. 50; dazu *Thieffry*, Europe 8/2002, 5 ff.; für eine abweichende Einordnung dieser Entscheidungen s. noch Rn. 60.

heiten der in diesen Fällen zumeist betroffenen Informations-Richtlinie[275] Bezug nehmen.[276] Deutlich hat dagegen die italienische Corte di cassazione diese Zuordnung in einer Reihe von Fällen praktiziert, die die Wirksamkeit von Handelsvertreterverträgen[277] betraf: In diesen Fällen hatte sich eine Vertragspartei auf richtlinienwidriges nationales Recht berufen, das die Unwirksamkeit des Vertrages wegen fehlender Registereintragung vorsah. Die Corte di cassazione hat hier klar herausgearbeitet, dass es sich hier tatsächlich um einen Fall vertikaler Direktwirkung handelte, der nur bei formaler Anknüpfung an die Einordnung der Prozessparteien der Kategorie der horizontalen Direktwirkung zuzuordnen wäre, während bei materieller Betrachtung keine Kollision von Rechten Privater vorlag:[278] Die Pflicht zur Eintragung diente nicht dem Schutz des privaten Vertragspartners, sondern allein der Information der Allgemeinheit und damit dem öffentlichen Interesse.[279] Der EuGH hat zur Frage der Direktwirkung in diesen Fällen allerdings nicht Stellung genommen, weil er zunächst nur mit der Frage der Auslegung der Richtlinie befasst worden war[280] und im Anschluss annahm, dass sich die Frage infolge richtlinienkonformer Interpretation des italienischen Rechts nicht mehr stelle.[281] Ähnliche Zuordnungsprobleme hatten Gerichte in Frankreich und Italien in Fällen zu bewältigen, in denen in arbeitsrechtlichen Streitigkeiten die Anwendung des richtlinienwidrigen Verbots der Nachtarbeit von Frauen in Frage stand;[282] in diesen Fällen kann sich ebenfalls der Arbeitgeber gegenüber der Richtlinie nicht auf die (jedenfalls nicht in seinem Interesse erlassene) natio-

---

[275] RL 98/34/EG vom 22.6.1998 über ein Informationsverfahren auf dem Gebiet der technischen Normen und Vorschriften, ABl. 1998, L 204/37, nun kodifiziert durch die RL (EU) 2015/1535 v. 9.9.2015, ABl. 2015, L 241/1; s. bereits o. Rn. 20.

[276] Dazu z.B. *Voinot*, RTDE 2003, 91 ff.; *Jarass/Beljin*, EuR 2004, 714 (722 ff.); s. auch *Wiesendahl*, Technische Normung in der Europäischen Union, 2007, S. 60 ff.; in der Literatur sind diese Begründungen teils auch als Plädoyer für eine Ausschlusswirkung nicht umgesetzter Richtlinien gedeutet worden, dazu u. Rn. 60.

[277] RL 86/653/EWG vom 18.12.1986 zur Koordinierung der Rechtsvorschriften der Mitgliedstaaten betreffend die selbständigen Handelsvertreter, ABl. 1986, L 382/17.

[278] So zu einer Regelung des nationalen Rechts, nach der die Registereintragung des Handelsvertreters Wirksamkeitsvoraussetzung der von ihm geschlossenen Verträge war: Corte di cassazione, 18.5.1999 No 4817 – De Amicis c. Saferrot, Riv. dir. int. priv. proc. 2000, 486 (493) = Foro it. 1999 I Sp. 2542 ff. m. Anm. *Palmieri*: »... anchorché la controversia si svolga tra privati (...) bisogna distinguere: se la disposizione imperativa contraria alla direttiva limita l'autonomia negazionale a tutela di interessi esclusivamente privati, la disposizione stessa non potrà essere disapplicata dal giudice, attesa la ormai pacifica efficacia unicamente »verticale« della direttiva; se invece la disposizione limita o supprime l'autonomia privata per la realizzazione di interessi di cui è titolare direttamente la pubblica amministrazione (...), la controversia, anche se formalmente intervenuta tra soggetti privati, coinvolge necessariamente gli interessi dell'amministrazione.« (Übersetzung bei *Gundel*, EuZW 2001, 143/147). Im Anschluss nochmals für die Zuordnung der Konstellation zur vertikalen Direktwirkung Corte di cassazione, 18.3.2002 No 3914 – Fondazione ENASARCO c. s.n.c. di Palmiro Centrone, Riv. dir. int. 2002, 450.

[279] *Venezia*, Anm. DCSI 2000, 585 (592), spricht insoweit von einer konstruktiven Fortschreibung (»interpretazione evolutiva«) der EuGH-Rechtsprechung durch die Corte di cassazione.

[280] EuGH, Urt. v. 30.4.1998, Rs. C–215/97 (Bellone), Slg. 1998, I–2191, Anm. *Lange*, JZ 1998, 1113, Anm. *Fock*, ZEuP 2000, 108.

[281] So EuGH, Urt. v. 13.7.2000, Rs. C–456/98 (Centrosteel), Slg. 2000, I–6007, Rn. 17; die Rechtsprechung der Corte di cassazione wird hier so wiedergegeben, als wäre dort eine richtlinienkonforme Auslegung vorgenommen worden; zu Recht kritisch dazu *Venezia*, DCSI 2000, 585 (591 f.). Zur Funktion der richtlinienkonformen Auslegung als Hilfskonstruktion in solchen Zweifelsfällen der Direktwirkung s.u. Rn. 63.

[282] S. dazu die Nachw. bei *Gundel*, EuZW 2001, 143 (147, 149).

nale Verbotsregel berufen, obwohl auch hier bei formaler Betrachtung eine Konstellation der horizontalen Direktwirkung vorliegt.[283]

(4) Rein objektive unmittelbare Richtlinienwirkung?

Als eigenständige Wirkungsweise oder Kategorie der Richtlinienwirkung ist ab Mitte **59** der 1990er Jahre die sog. rein objektive unmittelbare Richtlinienwirkung diskutiert worden.[284] Diese Wirkungsform besagt zunächst, dass Richtlinien von den staatlichen Stellen auch dann zu beachten sind, wenn dies nicht von Dritten eingefordert wird: Gelegenheit für die Geltendmachung von Verstößen bietet dann insbes. das Vertragsverletzungsverfahren. Bei näherer Betrachtung stellt dies allerdings keine besondere Dimension der Richtlinienwirkung dar,[285] sondern ist ein bloßer Teilaspekt der unmittelbaren Wirkung der Richtlinie, die eine Befolgungs- und Anwendungsverpflichtung der nationalen Stellen auch in Fällen begründet, in denen dies kein Privater einfordert.[286] In der Literatur wird darüber hinaus angenommen, dass diese objektive Direktwirkung und die aus ihr begründete Befolgungspflicht der nationalen Organe auch den Einzelnen belastende Rechtsfolgen herbeiführen könnten;[287] eindeutige Rechtsprechung in diesem Sinne liegt allerdings nicht vor, zudem stünde diese Annahme in einem deutlichem Spannungsverhältnis zum grundsätzlichen Ausschluss der umgekehrt vertikalen Direktwirkung.[288]

(5) »Ausschlusswirkung« der Richtlinie auch im Rechtsstreit unter Privaten?

Ausgehend vom Modell der objektiven Richtlinienwirkung sind in der Literatur weiter- **60** gehende Ableitungen entwickelt worden, die den einer Direktwirkung verschlossenen Bereich weiter reduzieren würden. Das gilt z. B. für die im letzten Jahrzehnt intensiver diskutierte Vorstellung einer »Ausschlusswirkung«[289] von Richtlinien (»negative unmittelbare Wirkung« oder »invocabilité d'exclusion«) als eigenständiger Kategorie:[290]

---

[283] So zutreffend Conseil des prudhommes Laval, 5. 11.1998, Droit social 1999, 133, Anm. *Lhernould* Droit social 1999, 129 ff.

[284] S. die Diskussion insbes. im Anschluss an EuGH, Urt. v. 11. 8.1995, Rs. C–431/92 (Kommission/ Deutschland), Slg. 1995, I–2189 (»Großkrotzenburg«); dazu z. B. *Pechstein*, EWS 1996, 261 ff.; *Epiney*, DVBl 1996, 409 ff.; *Albin*, NuR 1997, 29 ff.; dazu in jüngerer Zeit *Ohler*, S. 147 ff.; früher schon *Klein*, S. 641 ff.

[285] Treffend *Götz*, FS Ress, S. 493 f.: Es handele sich um einen deutschen Literaturbeitrag aus dem Umweltrecht, die Entdeckung »verflüchtigt sich allerdings bei näherer Prüfung«; skeptisch zum eigenständigen Charakter der Konstellation auch *Ruffert*, in: Calliess/Ruffert, EUV/AEUV, Art. 288 AEUV, Rn. 71 f.

[286] So ist wohl auch die Entscheidung EuGH, Urt. v. 24.10.1996, Rs. C–72/95 (Kraaijeveld), Slg. 1996, I–5403, Rn. 57 ff. mit ihrem Verweis auf die Grenzen der nationalen Zuständigkeitsordnung und des nationalen Verfahrensrechts einzuordnen.

[287] S. z. B. *Fisahn/Mushoff*, EuR 2005, 222 (224); *Kühling/Röckinghausen*, DVBl 1999, 1614 ff.

[288] S. o. Rn. 47 ff.

[289] So die Begriffswahl von GA *Bot*, Schlussanträge zu Rs. C–555/07 (Kücükdeveci), Slg. 2010, I–365.

[290] Dafür bereits früh *Simon*, La directive européenne, 1997, S. 94 ff. In der französischen Literatur findet sich häufig eine Systematisierung nach (abnehmender) Durchschlagskraft des Instruments: (1) Ersetzungswirkung (die weiter nur gegenüber dem Staat zur Anwendung kommt), (2) Ausschlusswirkung (die auch gegenüber Privaten und auch bei fehlender Bestimmtheit greifen soll), (3) Richtlinienkonforme Auslegung und (4) Staatshaftung für Nichtumsetzung; s. stellvertretend *Kovar*, L'interprétation des droits nationaux en conformité avec le droit communautaire, FS Charpentier, 2008, S. 381 (382); nach hier vertretener Auffassung stellt die Konstellation (2) dagegen nur eine unselbständige Variante von (1) dar; ähnlich *Schroeder*, in: Streinz, EUV/AEUV, Art. 288 AEUV, Rn. 119.

Danach soll widersprechendes nationales Recht durch die Richtlinie auch dann verdrängt werden, wenn diese die Voraussetzungen einer »vollen« Direktwirkung nicht erfüllt, weil etwa (in vertikalen Konstellationen) die hinreichende Bestimmtheit nicht gegeben ist[291] oder weil ein Rechtsstreit unter Privaten vorliegt.[292] Die Folge wäre danach, dass auch im Verhältnis unter Privaten richtlinienwidriges nationales Recht unanwendbar bliebe und die dadurch ggf. entstehende Regelungslücke in der Folge durch die Anwendung älterer oder allgemeinerer nationaler Bestimmungen[293] (ggf. in richtlinienkonformer Interpretation) geschlossen würde; nur eine direkte Abstützung positiver Ansprüche auf die Richtlinie (»Ersetzungswirkung« oder »invocabilité de substitution«) wäre danach im Verhältnis unter Privaten weiter ausgeschlossen, während im nationalen Recht bestehende Anspruchshindernisse durch die Berufung auf die Verbots- oder Ausschlusswirkung der Richtlinie überwindbar wären.[294]

61   Zu Recht ist angenommen worden, dass mit der Anerkennung dieser Konstruktion der Weg für die allgemeine Zulassung der horizontalen Direktwirkung gebahnt wäre:[295] Tatsächlich erschiene es inkonsequent, der Richtlinie nur eine solche Ausschlusswirkung gegenüber anspruchshindernden nationalen Bestimmungen (auch) zu Lasten Privater zuzusprechen, eine positive – anspruchsbegründende – Wirkung aber weiter zu verneinen;[296] die Wirkung der Richtlinie würde dann von den Zufälligkeiten der Ausgestaltung des nationalen Rechts abhängen.[297] Der EuGH, der weiterhin am Ausschluss der horizontalen Direktwirkung festhält, hat sich diesen Konstruktionen konsequent nicht angeschlossen,[298] obwohl sie ihm mehrfach auch in Schlussanträgen der Generalanwälte

---

[291] Dazu schon o. Rn. 41 f.

[292] Als Anwendung einer solchen »Ausschlusswirkung« oder »negativen unmittelbaren Wirkung« wird teils auch die Unilever-Rechtsprechung des EuGH (o. Rn. 57 f. mit der hier vertretenen abweichenden Einordnung) gedeutet, s. *Brenn*, ÖJZ 2005, 41 (50 ff.); *Herrmann*, S. 78 ff.; *ders.*, EuZW 2006, 69 f.; für eine Anerkennung dieser Figur auch *Wathelet*, FS Edward, 2003, S. 367 ff.; *Dubout*, RTDE 2010, 277 ff.; *Eilmansberger*, Vorsprung durch Rechtsbruch, Direktwirkung von Richtlinien und das Postulat der richtlinienkonformen Auslegung, FS Aicher, 2012, S. 63 (67 ff.).

[293] So z. B. *Wathelet*, FS Léger, S. 328.

[294] Diese Theorie ist v. a. in der französischen Literatur verbreitet – so auch die Beobachtung bei *Prechal*, CMLRev. 42 (2005), 1445 (1456) –, was darauf zurückzuführen sein mag, dass sie an Differenzierungen der Cohn-Bendit-Folgerechtsprechung des französischen Conseil d'Etat (dazu o. Rn. 40) anknüpft (dazu z. B. *Dubos*, RFDA 2003, 568 ff.): Danach konnte der Einzelne staatliche Belastungen unter Berufung auf die Richtlinie abwenden (»effet d'exclusion« oder »d'éviction«), nicht aber die Richtlinie als Anspruchsgrundlage gegen den Staat geltendmachen (kein »effet de substitution«). Im Bereich der vertikalen Direktwirkung, für den diese Differenzierungen als Einschränkungen zur EuGH-Rechtsprechung entwickelt worden waren, hat der Conseil d'Etat die Unterscheidung allerdings nun aufgegeben und sich der EuGH-Rechtsprechung angepasst, s. o. Fn. 194.

[295] S. z. B. *Brenn*, ÖJZ 2005, 41 ff.

[296] So zu Recht *Kreße*, ZGS 2007, 215 (216 f.); ähnlich *Thüsing*, ZIP 2004, 2301 (2303); begründet wird die unterschiedliche Behandlung von Ausschluss- und Ersetzungswirkung teils damit, dass das Gericht mit der Durchsetzung der bloßen Ausschlusswirkung nicht in die Umsetzungshoheit des Gesetzgebers eingreife, so GA *Bot* (Fn. 289), Rn. 64 m. Fn. 23; auch diese Überlegungen knüpfen letztlich an die Vorbehalte des Conseil d'Etat an, nehmen aber nicht auf die Gründe Bezug, aus denen der EuGH die horizontale Direktwirkung ausgeschlossen hat.

[297] So zu Recht *Timmermans*, FS Puissochet, 2008, S. 291 (300 f.).

[298] Deutlich ablehnend z. B. EuGH, Beschl. v. 24.10.2002, Rs. C–233/01 (RAS), Slg. 2002, I–9411, Rn. 20 ff.; implizit auch Urt. v. 5.10.2004, verb. Rs. C–397/01 – C–403/01 (Pfeiffer), Slg. 2004, I–8835, Rn. 107 ff., so zu Recht die (kritische) Analyse der Entscheidung bei *Wathelet*, FS Léger, S. 329 ff.; ähnlich *Prechal*, CMLRev. 42 (2005), 1445 (1457 ff.), zumal in diesem Verfahren die mündliche Verhandlung wiedereröffnet worden war, um die Frage einer horizontalen Ausschlusswirkung zu diskutieren; weiter – allerdings ohne ausdrückliche Bezugnahme auf die Doktrin – EuGH, Urt. v.

unterbreitet worden waren.[299] Tatsächlich entspricht die diesen Ansätzen zugrundeliegende sehr formale Grenzziehung danach, ob die Richtlinie als Anspruchsgrundlage zur
Anwendung kommt oder aber zur Abwehr der Anwendung nationalen Rechts dient,
nicht den materiellen Wertungen der seit dem Ende der 1970er Jahre bestehenden
»Hauptlinie« der EuGH-Rechtsprechung: Danach soll die Direktwirkung richtlinien-
gestützte Rechte des Einzelnen gegen den Staat verwirklichen, nicht aber anderen Einzelnen Rechte entziehen.[300]

IV. Die richtlinienkonforme Interpretation

1. Grundlage und Anwendungsbereich

Im Anschluss an die Weichenstellung des EuGH zur (nur) relativen Direktwirkung nicht   **62**
umgesetzter Richtlinien[301] hat sich die Diskussion auf alternative Instrumente verlagert,
durch deren Nutzung die mit der Ablehnung einer allseitigen Direktwirkung entstehenden Lücken zumindest zum Teil geschlossen werden können. Zu diesen Instrumenten
gehört die Verpflichtung der Behörden und Gerichte zur **richtlinienkonformen Interpretation des nationalen Rechts**. Als Quelle dieser Verpflichtung, deren Existenz erst in
den 1980er Jahren durch die Rechtsprechung herausgearbeitet wurde,[302] führt der
EuGH zusätzlich zu Art. 288 Abs. 3 AEUV den heutigen Art. 4 Abs. 3 EUV an, der alle
Organe der Mitgliedstaaten im Rahmen ihrer jeweiligen Zuständigkeiten zur Mitwirkung bei der Durchsetzung des EU-Rechts verpflichtet:[303] Damit sind auch die nationalen Gerichte in den Grenzen ihrer (Rechtsanwendungs-)Funktionen in die Pflicht genommen.

Die jüngere Rechtsprechung hebt allerdings hervor, dass die Verpflichtung zur richt-   **63**
linienkonformen Interpretation nicht auf die Funktion eines Korrektivs für die Grenzen
der Direktwirkung beschränkt ist: Sie gilt vielmehr allgemein und ist auch in Konstellationen, vorrangig vorzunehmen, in denen eine (vertikale) Direktwirkung zu bejahen
wäre.[304] In solchen Fällen vermeidet die Konforminterpretation den Konflikt zwischen

---

19. 1. 2010, Rs. C–555/07 (Kücükdeveci), Slg. 2010, I–365 (anders die Schlussanträge von Generalanwalt Bot, s. o. Fn. 289; s. auch das abweichende Verständnis dieses Urteils bei *Dubout*, RTDE
2010, 277 ff., der allerdings vor allem auf die Schlussanträge abstellt); EuGH (GK), Urt. v. 24. 1. 2012,
Rs. C–282/10 (Dominguez), ECLI:EU:C:2012:33; dazu insbes. *Cheynel*, RAE 2012, 173 ff.

[299] S. GA *Léger*, Schlussanträge zu Rs. C–287/98 (Linster), Slg. 2000, I–6917, Rn. 24–90 (dazu
Dubos, RFDA 2003, 568 ff.); GA *Saggio*, Schlussanträge zu verb. Rs. C–240/98 – C–244/98 (Océano
Grupo Editorial), Slg. 2000, I–4941, Rn. 30 ff., Anm. *Pfeiffer*, ZEuP 2003, 144 (dazu auch *Stuyck*,
CMLRev. 38 (2001), 719 ff.; *Buchberger*, ÖJZ 2001, 441 ff.); GA *Kokott*, Schlussanträge zu verb. Rs.
C–387/02, C–391/02 u. C–403/02 (Berlusconi), Slg. 2005, I–3565, Rn. 140 ff.; GA *Colomer*, Schluss-
anträge zu verb. Rs. C–397/01 – C–403/01 (Pfeiffer), Slg. 2004, I–8835, Rn. 39 ff.; GA *Bot* (Fn. 289),
Rn. 63 ff.

[300] S. dazu auch *Jarass/Beljin*, EuR 2004, 714 (723 ff.); ablehnend auch *Herresthal*, S. 78 ff.; *v.
Danwitz*, JZ 2007, 697 (703); *Konzen*, S. 451 f.; *Schroeder*, in: Streinz, EUV/AEUV, Art. 288 AEUV,
Rn. 124.

[301] S. o. Rn. 47 ff.

[302] Erstmals explizit EuGH, Urt. v. 10. 4. 1984, Rs. 14/83 (van Colson u. Kamann), Slg. 1984, 1891,
Rn. 26; Urt. v. 10. 4. 1984, Rs. 79/83 (Harz/Tradax), Slg. 1984, 1921, Rn. 26; zur Entwicklung der
Rechtsprechung s. *Brechmann*, S. 32 ff.; s. auch *Nicolaysen*, EuR 1984, 380 ff.

[303] Dazu Art. 4 EUV, Rn. 112 ff.

[304] S. z. B. EuGH, Urt. v. 24. 5. 2012, Rs. C–97/11 (Amia SpA), ECLI:EU:C:2012:306, Rn. 27 ff.;
dazu *Bouhier*, RAE 2012, 433 ff.; Urt. v. 24. 1. 2012, Rs. C–282/10 (Dominguez), ECLI:EU:C:2012:
33; Urt. v. 10. 10. 2013, Rs. C–306/12 (Spedition Welter), ECLI:EU:C:2013:650, Rn. 28; früher schon
Urt. v. 27. 2. 2003, Rs. C–327/00 (Santex), Slg. 2003, I–1877, Rn. 63 f.

nationalem Recht und EU-Recht, der andernfalls nach dem Vorrang-Grundsatz zugunsten der Richtlinie aufzulösen wäre;[305] zugleich kann sie die im Einzelfall schwierige Zuordnung der Konstellationen zu den Fallgruppen der vertikalen oder horizontalen Direktwirkung erübrigen.[306]

64   Inzwischen ist in der Rechtsprechung geklärt, dass die EU-rechtliche Verpflichtung zur Konformauslegung erst **mit dem Ablauf der Umsetzungsfrist** greift,[307] was eine frühere Berücksichtigung durch die nationalen Gerichte im Rahmen der nationalen Auslegungsmethodik freilich nicht ausschließt.[308] Auch umfasst die Pflicht **nur den von der Richtlinie geregelten Sachbereich**; soweit die nationalen Bestimmungen unterschiedslos für von der Richtlinie erfasste und für weiterhin allein dem nationalen Recht unterliegende Bereiche gelten, ist eine Erstreckung der für die Richtlinie geltenden Ergebnisse auf den zweiten Bereich wiederum allein eine Frage des nationalen Rechts.[309] Allerdings dürfte aus dessen Perspektive eine solche Erstreckung häufig naheliegen, weil die »gespaltene« Auslegung einer einheitlich formulierten nationalen Norm den Rechtsanwender vor Probleme stellt; ausgeschlossen ist eine solche Lösung aber nicht.[310] Soweit das nationale Recht – durch explizite Entscheidung des Gesetzgebers oder im Wege der gerichtlichen Interpretation – die Lösungen einer Richtlinie über ihren eigentlichen Geltungsbereich erstreckt, leistet der EuGH allerdings Unterstützung für diese Erstreckung, indem er Vorabentscheidungsersuchen gemäß Art. 267 AEUV zur Auslegung des Richtlinieninhalts auch in Fällen als zulässig ansieht, in denen diese Vorgaben im konkreten

---

[305] Ein gewisses Spannungsverhältnis besteht allerdings zum Ausgangspunkt der Rechtsprechung, wonach die richtlinienkonforme Interpretation keine hinreichende Form der Umsetzung darstellt (s. o. Rn. 25): Durch den systematischen Vorrang der richtlinienkonformen Interpretation wird die Feststellung vermieden, ob die Umsetzungsakte den Vorgaben entsprechen.

[306] S. z. B. EuGH (GK), Urt. v. 24.1.2012, Rs. C–282/10 (Dominguez), ECLI:EU:C:2012:33; s. auch schon o. Rn. 56; nicht zu Unrecht kritisch *Klamert*, JBl. 2008, 158 (165), der eine Umgehung der Auseinandersetzung mit der Frage der horizontalen Direktwirkung beanstandet.

[307] Vor Ablauf der Umsetzungsfrist greift die Pflicht nicht, s. klarstellend EuGH, Urt. v. 4.7.2006, Rs. C–212/04 (Adelener), Slg. 2006, I–6057, Rn. 115, Anm. *Franzen*, JZ 2007, 191 (anders Rn. 47 ff. der Schlussanträge von GA Kokott, die auf den Zeitpunkt des Inkrafttretens der Richtlinie abstellen wollten, damit aber die Umsetzungsfrist unzulässig verkürzt hätten); dazu *Auer*, NJW 2007, 1106 ff.; ebenso EuGH, Urt. v. 13.4.2009, verb. Rs. C–378–380/07 (Angelidaki u. a.), Slg. 2009, I–3071, Rn. 201; zuvor hatten hier aufgrund einer missverständlichen Formulierung in EuGH, Urt. v. 8.10.1987, Rs. 80/86 (Kolpinghuis Nijmegen), Slg. 1987, 3969, Rn. 16, Anm. *Richter*, EuR 1988, 391, Unsicherheiten geherrscht; zur Diskussion s. z. B. *Rüffler*, ÖJZ 1997, 121 (125).

[308] Das gilt z. B., wenn die nationale Umsetzungsgesetzgebung vor Ablauf der Frist erlassen wurde; für diesen Fall auch *Rüffler*, ÖJZ 1997, 121 (125); ob die Rechtsprechung die Umsetzung dagegen vor Ablauf der Frist ohne Zeichen des Gesetzgebers in die eigene Hand nehmen kann, ist umstritten, s. aus der Rspr. bejahend BGHZ 138, 55 (60 ff.), Anm. *Bayreuther*, EuZW 1998, 478; BGH, NJW 1998, 3561 (3562); dazu *Ehricke*, EuZW 1999, 553 ff.; *Leible/Sosnitza*, NJW 1998, 2507 ff.; *Brandner*, Aufgaben der mitgliedstaatlichen Gerichte bei der Umsetzung europäischen Privatrechts und der Auslegung angeglichenen Rechts, FS 50 Jahre BGH, 2000, S. 299 (301 ff.); *Herrmann*, S. 195 ff.

[309] Zu dieser Konstellation *Mayer/Schürnbrand*, JZ 2004, 545 ff.; *Habersack/Mayer*, Die überschießende Umsetzung von Richtlinien, in: Riesenhuber (Hrsg.), Europäische Methodenlehre, 3. Aufl., 2015, S. 297 ff.

[310] So blieb die richtlinienkonforme Interpretation des § 439 Abs. 4 BGB durch den BGH auf den Verbrauchsgüterkauf beschränkt, s. u. Fn. 330; der Gesetzgeber hat diese Situation bereinigt, indem in die Regelungen über den Verbrauchsgüterkauf mit § 474 Abs. 2 BGB ein eingeschränkter Verweis auf § 439 Abs. 4 BGB aufgenommen wurde (Art. 5 des Gesetzes v. 10.12.2008 zur Durchführung des Übereinkommens vom 30.10.2007 über die gerichtliche Zuständigkeit und Anerkennung und Vollstreckung von Entscheidungen in Zivil- und Handelssachen und zur Änderung des Bürgerlichen Gesetzbuchs, BGBl. 2008 I S. 2400).

Sachverhalt nur aufgrund der nationalen Erweiterung des Anwendungsbereichs maßgeblich sind.[311]

2. Unterschiede zur Direktwirkung

Die richtlinienkonforme Interpretation führt in vielen Fällen zu einer Lösung, die einer **65** Direktwirkung im Ergebnis entspricht; sie beruht aber dennoch nicht auf einer Anwendung der Richtlinie, sondern des nationalen Rechts. Darin liegt zunächst ein Unterscheid in der dogmatischen Konstruktion,[312] der eine deutliche Unterscheidung von Direktwirkung und Konforminterpretation ermöglicht und so zugleich für das Instrument der Interpretation die Überwindung der Grenzen der Direktwirkung ermöglicht: So kann (und muss) die richtlinienkonforme Interpretation auch im umgekehrt vertikalen Verhältnis zwischen Staat und Bürger[313] und im horizontalen Verhältnis unter Privaten erfolgen und den Einzelnen damit belasten;[314] das zur Legitimation der Direktwirkung entwickelte, gegenüber Privaten aber nicht greifende Sanktionsargument[315] wird in dieser Konstellation auch nicht benötigt, weil die Belastung des Einzelnen nicht durch die Anwendung der nicht umgesetzten Richtlinie, sondern in Anwendung des nationalen Rechts erfolgt, die zu den regulären Aufgaben der nationalen Gerichte gehört. Auch das Erfordernis der hinreichenden Bestimmtheit, das der Direktwirkung im vertikalen Verhältnis entgegenstehen kann, bildet kein grundsätzliches Hindernis für die richtlinienkonforme Interpretation.[316]

Die richtlinienkonforme Interpretation führt allerdings nicht stets zu gegenüber der **66** Direktwirkung weiterreichenden Ergebnissen, sondern hat an anderer Stelle auch engere Grenzen als diese: Der EuGH erkennt an, dass die richtlinienkonforme Interpretation nur im Rahmen des Möglichen gefordert werden kann: Die nationalen Gerichte sind in ihrer Funktion als Rechtsanwender gefordert, sie sollen und können die gesetzgeberische Leistung der Richtlinienumsetzung nicht ersetzen. Formulierungen des EuGH, die darüber hinausgehend das Erreichen eines bestimmten Auslegungsergebnisses vorzugeben scheinen, sind vereinzelt geblieben;[317] tatsächlich würde eine solche Vorgabe die vom EuGH stets betonte Unterscheidung von Direktwirkung und richtlinienkonformer Auslegung gegenstandslos werden lassen.[318] Dieser Vorbehalt des Möglichen wird bis in jüngste Zeit hervorgehoben, auch wenn zugleich die Bemühensverpflichtung der nationalen Gerichte betont wird.[319] Soweit sich danach das Ergebnis nicht

---

[311] *Karpenstein*, in: Grabitz/Hilf/Nettesheim, EU, Art. 267 AEUV (Mai 2013), Rn. 21.

[312] Der Unterschied rechtfertigt auch die Begründung der Pflicht zur rahmenbeschlusskonformen Auslegung bei gleichzeitigem Ausschluss der Direktwirkung dieses Instruments, s. m. w.N. o. Rn. 40.

[313] S. z. B. für eine die Steuerbelastung des Einzelnen erhöhende richtlinienkonforme Interpretation EuGH, Urt. v. 5. 7. 2007, Rs. C–321/05 (Kofoed), Slg. 2007, I–5795, Rn. 45; die Grenzen sind bei einer strafschärfenden richtlinienkonformen Interpretation erreicht, dazu u. Rn. 73.

[314] Ebenso *Schroeder*, in: Streinz, EUV/AEUV, Art. 288 AEUV, Rn. 129: Kein »Rechtsnachteilsverbot«; *Ruffert*, in: Calliess/Ruffert, EUV/AEUV, Art. 288 AEUV, Rn. 81; enger *Klamert*, S. 187 ff., der dieses Ergebnis nur bei der Auslegung tatsächlich ergangener nationaler Umsetzungsmaßnahmen zulassen will.

[315] S. o. Rn. 39; ebenso *Schroeder*, in: Streinz, EUV/AEUV, Art. 288 AEUV, Rn. 129.

[316] S. z. B. EuGH, Urt. v. 25. 2. 1999, Rs. C–131/97 (Carbonari u. a.), Slg. 1999, I–1103, Rn. 44, 47, 50; Urt. v. 3. 10. 2000, Rs. C–371/97 (Gozza u. a.), Slg. 2000, I–7881, Rn. 36 f.

[317] S. insbes. EuGH, Urt. v. 13. 11. 1990, Rs. C–106/89 (Marleasing), Slg. 1990, I–4135, Rn. 9; dazu *Stuyck/Wytinck*, CMLRev. 28 (1991), 205 ff.; s. weiter z. B. *Klamert*, S. 39 ff.

[318] So zu Recht *Schlachter*, RdA 2004, 352 (358).

[319] S. z. B. EuGH, Urt. v. 27. 3. 2014, Rs. C–565/12 (Crédit Lyonnais), ECLI:EU:C:2014:190,

erreichen lässt, greift als weiteres (subsidiäres) Korrektiv die europarechtliche Staatshaftung.[320]

67 Deutlich tritt der Unterschied zwischen Direktwirkung und richtlinienkonformer Interpretation z. B. in der Rechtsprechung des Bundesarbeitsgerichts zu den Wirkungen nicht oder unzutreffend umgesetzter arbeitsrechtlicher Richtlinien hervor: Im Rahmen der richtlinienkonformen Interpretation erfolgt hierbei nicht selten eine Beschränkung der zeitlichen Rückwirkung,[321] wie sie das BAG auch bei Änderungen seiner Rechtsprechung zum deutschen Recht praktiziert; soweit dagegen die Richtlinie im Wege der vertikalen Direktwirkung greift – also gegenüber öffentlichen Arbeitgebern –, wird die rückwirkende Geltung des EU-Rechts respektiert, soweit der EuGH nicht selbst eine zeitliche Beschränkung der Auslegung verfügt hat.[322] Diese Rechtsprechungslinie zeigt auch, dass die Maßstäbe für die Grenzen der möglichen Interpretation jedenfalls im ersten Zugriff dem nationalem Recht entnommen werden:[323] Die Beschränkung der Rückwirkung einer richtlinienkonformen Interpretation wird damit begründet, dass der (nationale) Vertrauensschutz der Betroffenen eine rückwirkende Anwendung verbiete. Das BAG hat aber – soweit ersichtlich – diesen nationalen Vertrauensschutz stets nur im Rahmen der richtlinienkonformen Auslegung gewährt;[324] gegenüber der Richtlinien-Direktwirkung wurde diese Beschränkung dagegen nicht in Anwendung gebracht.[325]

Rn. 54: »ein nationales Gericht, bei dem ein Rechtsstreit ausschließlich zwischen Privatpersonen anhängig ist, [muss] bei der Anwendung der Bestimmungen des innerstaatlichen Rechts das gesamte nationale Recht berücksichtigen und es soweit wie möglich anhand von Wortlaut und Zweck der einschlägigen Richtlinie auslegen […], um zu einem Ergebnis zu gelangen, das mit dem von der Richtlinie verfolgten Ziel vereinbar ist.« Ebenso Urt. v. 27. 2. 2014, Rs. C–351/12 (OSA), ECLI:EU:C:2014: 110, Rn. 44; Urt. v. 15. 1. 2014, Rs. C–176/12 (Association de médiation sociale), ECLI:EU:C:2014:2, Rn. 38.

[320] Dazu u. Rn. 77 f.

[321] S. z. B. BAGE 117, 281 (291 ff.); BAGE 119, 66 (beide im Anschluss an EuGH, Urt. v. 27. 1. 2005, Rs. C–188/03 (Junk), Slg. 2005, I–885; dazu *Naber*, JuS 2007, 614 ff.); BAG, NZA 2007, 1101; zuletzt die Möglichkeit nationalen Vertrauensschutzes bejahend BAGE 134, 1. Allerdings hat das BVerfG diese Handhabung nicht akzeptiert und einen Verstoß gegen Art. 267 AEUV, Art. 101 GG bei Unterbleiben einer Vorlage an den EuGH angenommen, BVerfG (K), ZIP 2015, 335; dabei wird wohl unzureichend berücksichtigt, daß die Grenzen der richtlinienkonformen Auslegung im ersten Zugriff dem nationalen Recht zu entnehmen sind; dem BVerfG zustimmend allerdings *Sagan*, NZA 2015, 341 ff.

[322] S. auch *Gundel*, Die Begrenzung der zeitlichen Wirkung bei der Feststellung von Verstößen gegen EU-Recht: Neuer allgemeiner Rechtsgrundsatz oder Einfallstor für Einschränkungen des Vorrang-Anspruchs?, FS Berg, 2011, S. 54 (69 f.).

[323] Dazu u. Rn. 72 f.; s. z. B. EuGH, Urt. v. 24. 5. 2012, Rs. C–97/11 (Amia SpA), ECLI:EU:C:2012: 306, Rn. 30: Auslegung unter Berücksichtigung »des gesamten innerstaatlichen Rechts … und unter Anwendung der nach diesem Recht anerkannten Auslegungsmethoden« (Hervorhebung durch Verf.); ähnlich Urt. v. 13. 4. 2009, verb. Rs. C–378/07– C–380/07 (Angelidaki u. a.), Slg. 2009, I–3071, Rn. 200; kategorisch BVerfG (K), NJW 2012, 669 (670): Die Interpretation finde »ihre Grenzen an dem nach innerstaatlicher Rechtstradition methodisch Erlaubten«; zu dieser Frage schon *Grundmann*, ZEuP 1996, 399 ff.

[324] S. BAGE 117, 281, Rn. 48; darauf weist *Wißmann*, Vertrauensschutz – europäisch und deutsch, FS Bauer, 2010, S. 1161 (1166 f.) zu Recht hin.

[325] BAGE 118, 76 (90 ff.; Honeywell; kein Vertrauensschutz gegen Primärrecht); BAGE 130, 1, Rn. 110 (dort wird Vertrauensschutz nicht im Fall der unmittelbaren Wirkung einer Richtlinie, sondern nur der richtlinienkonformen Auslegung diskutiert, die Voraussetzungen werden aber schließlich verneint); weitergehend aber wohl *Steiner*, EuZA 2009, 140 (153).

3. Methoden und Grenzen der richtlinienkonformen Interpretation

Zu den umstrittensten Punkten der jüngeren Zeit gehört die Frage, ob zu den danach **68** maßgeblichen Schranken auch die Grenze des Wortlauts des zu interpretierenden nationalen Rechts gehört.[326] Großes Aufsehen hat hier die mit dem Quelle-Urteil aus dem Jahr 2008[327] eingeleitete BGH-Rechtsprechung[328] zur Durchbrechung oder Überwindung der Wortlautgrenze bei der richtlinienkonformen Interpretation von Umsetzungsgesetzen im Wege einer richtlinienkonformen Rechtsfortbildung erregt. Diese Rechtsprechung verwischt die Grenzen zwischen unmittelbarer Anwendung und richtlinienkonformer Interpretation;[329] deutlich wird das, wenn sie die mit dem Text des nationalen Rechts nicht vereinbare Interpretation auf die Bereiche beschränkt, in denen ein Konflikt mit der Richtlinie besteht.[330]

Diese Überschreitung der Wortlautgrenze ist jedenfalls durch EU-Recht nicht geboten,[331] sondern als autonome Fortentwicklung der nationalen Auslegungsgrundsätze **69** einzuordnen. Der BGH stellt hierfür zentral auf den **subjektiven Willen des Umsetzungsgesetzgebers** ab,[332] der ein richtlinienwidriges Ergebnis vermeiden wolle; diesem globalen Umsetzungswillen sei für die Auslegung Vorrang auch gegenüber einem eindeutigen Inhalt der zur Umsetzung ergangenen Einzelbestimmung einzuräumen. Auf dieser Grundlage würde sich der Anwendungsbereich der neuen Auslegungsmaxime zumindest zunächst auf Umsetzungsgesetze beschränken.[333]

---

[326] Davon weiter ausgehend offensichtlich z. B. BFH, RIW 2012, 654 (655): »Einer Anpassung an die Vorgaben der Richtlinie durch die grundsätzlich gebotene richtlinienkonforme Auslegung steht der Wortlaut der Vorschrift entgegen.«

[327] BGHZ 179, 27, Anm. *Gsell* JZ 2009, 518, Anm. *Freitag,* EuR 2009, 796, Anm. *Höpfner,* EuZW 2009, 159 im Anschluss an EuGH, Urt. v. 17. 4. 2008, Rs. C–404/06 (Quelle AG), Slg. 2008, I–2685; zu der dort vorgenommenen richterrechtlichen Reduktion des § 439 Abs. 4 BGB s. auch *Möllers/Möhring,* JZ 2008, 919 ff.; *Pfeiffer,* NJW 2009, 412 f.; *Grosche/Höft,* NJW 2009, 2416 f.; *Gebauer,* GPR 2009, 82 ff., *Frenz,* EWS 2009, 222 ff.; s. auch *A. Kaiser,* ZEuS 2010, S. 219 ff.; *Pötters/Christensen,* JZ 2011, S. 387 ff.; *Schürnbrand,* JZ 2007, 910 ff.; zuvor schon – allerdings weniger kategorisch – zur richtlinienkonformen Auslegung des Haustürwiderrufsgesetzes in den »Schrottimmobilien«-Fällen – BGHZ 150, 248 im Anschluss an EuGH, Urt. v. 13. 12. 2001, Rs. C–481/99 (Heininger), Slg. 2001, I–9945, Anm. *Reich/Rörig,* EuZW 2002, 87; gebilligt durch BVerfG (K), NJW 2012, 669; zur Diskussion um die Grenzen der richtlinienkonformen Interpretation in diesem Fall s. *Piekenbrock/Schulze,* WM 2002, 521 ff.; *Hochleitner/Wolf/Großerichter,* WM 2002, 529 ff.; *Herdegen,* WM 2005, 1921 ff.

[328] S. im Anschluss daran für die korrigierende Auslegung des § 439 Abs. 1 BGB BGHZ 192, 148, Anm. *Höpfner,* JZ 2012, 473, in Reaktion auf EuGH, Urt. v. 16. 6. 2011, verb. Rs. C–65/09 u. C–87/09 (Gebr. Weber), Slg. 2011, I–5257, Bespr. *D. Kaiser,* JZ 2011, 978 ff.; s. auch BAGE 130, 119 (137), krit. Anm. *Kamanabrou,* SAE 2009, 233 ff.

[329] S. z. B. BGH, NVwZ-RR 2011, 55 zur richtlinienkonformen Interpretation des § 110 EnWG im Anschluss an EuGH, Urt. v. 22. 5. 2008, Rs. C–439/06, (Citiworks), Slg. 2008, I–3913 m. Anm. *Becker,* EuZW 2008, 409; die Vorinstanz OLG Düsseldorf, RdE 2009, 254 hatte eine solche Auslegung als unmöglich angesehen und stattdessen eine Direktwirkung der Richtlinie zu Lasten des Einzelnen angenommen.

[330] So für die korrigierende Auslegung des § 439 Abs. 1 BGB (Fn. 328) BGH, JZ 2013, 189, Anm. *Mörsdorf,* JZ 2013, 191: Die Korrektur des Gesetzeswortlauts wird hier wiederum auf die Verträge zwischen Unternehmer und Verbraucher beschränkt, die von der Verbrauchsgüterkauf-RL erfasst werden; ebenso für richtlinienwidrige Begrenzungen von Widerrufsfristen im VVG BGH, RIW 2014, 612 (614).

[331] Zur Frage, ob sie sogar gegen EU-Recht verstoßen könnte, s. u. Rn. 73.

[332] BGHZ 179, 27 (36); BGH, RIW 2014, 612 (614); die Rechtsprechung der Instanzgerichte scheint sich von diesem einschränkenden Ansatz allerdings bereits zu lösen, s. z. B. OLG Düsseldorf, RdE 2012, 294 (Rechtsmittel: VIII ZR 208/12), abl. dazu *Brändle,* Versorgungswirtschaft 2012, 231 ff.

[333] Weitergehend möglicherweise BAGE 130, 119 (137 ff.), krit. Anm. *Kamanabrou,* SAE 2009,

70   Vor allem in der deutschen zivilrechtlichen Literatur werden aber auch weitergehende Ansätze vertreten, die praktisch von der Unmöglichkeit richtlinienwidrigen nationalen Rechts ausgehen,[334] weil die Methode der richtlinienkonformen Auslegung absoluten Vorrang genieße.[335] Die Begründung erscheint allerdings zirkulär, weil für diesen
postulierten Vorrang wieder auf die europarechtlichen Vorgaben verwiesen wird, die
eine solche Vorrangstellung aber gerade nicht fordern.[336]

71   Diese autonom-nationale Ausweitung der richtlinienkonformen Auslegung erscheint
auch nur auf den ersten Blick als europarechtsfreundlich; tatsächlich kommt sie bisher
letztlich vor allem dem Mitgliedstaat zugute, der andernfalls im Wege der Staatshaftung
für Schäden des von der Richtlinienbestimmung begünstigten Einzelnen einstehen
müsste, die nun aufgrund der richtlinienkonformen Interpretation nicht eintreten.[337]
Zugleich wird durch diese Haftungsverlagerung der Druck auf den nationalen Normsetzer gemildert, den Richtlinieninhalt in einer für den Rechtsanwender ohne weiteres
erkennbaren Weise in nationales Recht zu überführen.[338]

72   Festzuhalten bleibt danach, dass die richtlinienkonforme Auslegung in erster Linie
nach dem methodischen Kanon und in den Grenzen des nationalen Rechts erfolgt; der
EuGH akzeptiert grundsätzlich deren Prämissen,[339] hat sich in jüngerer Zeit allerdings
auch eine Art von Evidenzbeurteilung der Frage zugebilligt, ob eine Konform-Inter-
pretation möglich ist.[340] Tatsächlich erscheint es nicht fernliegend, die nationalen Aus-
legungsmöglichkeiten einer solchen Schlüssigkeitskontrolle zu unterziehen und hierfür die nationale Auslegungsmethodik an der aus Art. 4 Abs. 3 EUV entwickelten
Doppelschranke aus Gleichwertigkeits- und Mindesteffektivitätsprinzip[341] zu mes-

---

233 ff., das nicht auf den Willen des Umsetzungsgesetzgebers abstellen konnte, weil das auszulegende
Bundesurlaubsgesetz vor Erlass der betroffenen Richtlinie ergangen war.

[334] S. *Canaris*, S. 47 ff. (84 ff.: Richtlinienkonforme Rechtsfortbildung auch bei Ausbleiben von
Umsetzungsmaßnahmen); im Anschluss daran insbes. *Herresthal*, S. 238 ff.; *ders.*, EuZW 2007,
396 ff.; w. Nachw. bei *Durner*, S. 33 f.

[335] Nicht ganz widerspruchsfrei zuletzt *Herresthal*, JuS 2014, 289 ff., der einerseits den absoluten
Vorrang der richtlinienkonformen Auslegung postuliert (S. 291), andererseits aber konzediert, dass
ein eindeutiger abweichender Wille des nationalen Gesetzgeber doch maßgeblich sei (S. 293); insoweit besteht Übereinstimmung mit der BGH-Rechtsprechung, die im Fall »einer ausdrücklichen Umsetzungsverweigerung« den Willen des Gesetzgebers respektiert, s. zuletzt BGH, RIW 2014, 612
(614). Neben der eindeutigen Umsetzungsverweigerung wird in der Literatur noch der Vorbehalt
ausgesprochen, dass es nicht zur faktischen Derogation der betroffenen nationalen Bestimmung kommen dürfe, s. z. B. *Mörsdorf*, EuR 2009, 219 (231).

[336] S. *Baldauf*, S. 101 ff., 106 ff.; auch das von *Canaris*, S. 87 ff. und *Herresthal*, S. 312 f. zusätzlich
entwickelte Argument, wonach so der höherrangigen Zielvorgabe des EU-Rechts zum Durchbruch
verholfen werde, kann über diesen Befund nicht hinweghelfen; s. dazu auch *Konzen*, S. 452 f.

[337] *Freitag*, EuR 2009, 796 ff. spricht insoweit nicht zu Unrecht von einer »Privatrechtsangleichung
auf Kosten Privater«; zu diesem Effekt auch – dort allerdings als Argument zugunsten der richtlinienkonformen Rechtsfortbildung – *Canaris*, S. 87.

[338] S. nur *Schinkels*, JZ 2011, 394 (397 f.); dazu noch u. Rn. 78, 81.

[339] S. z. B. EuGH, Urt. v. 15. 1. 2014, Rs. C–176/12 (Association de médiation sociale), ECLI:EU:
C:2014:2, Rn. 40, zum Ergebnis der vorlegenden französischen Cour de cassation, wonach eine richtlinienkonforme Auslegung am Wortlaut der nationalen Bestimmung scheitere.

[340] S. EuGH, Urt. v. 10. 10. 2013, Rs. C–306/12 (Spedition Welter), ECLI:EU:C:2013:650, Rn. 30 f.
für den Fall einer nationalen Norm, die »eine quasi wörtliche Umsetzung« der einschlägigen Richtlinienbestimmung darstellte: Hier hat der Gerichtshof entschieden, dass das nationale Gericht (das nach
der Möglichkeit der Direktwirkung gefragt hatte) zur Herstellung eines richtlinienkonformen Ergebnisses durch Auslegung verpflichtet sei; dazu *Franklin*, E.L.Rev. 40 (2015), 910 ff. In diese Richtung
bereits die Prognose von *Durner*, S. 43.

[341] Dazu Art. 4 EUV, Rn. 124 ff., 138 ff.; monographisch in jüngerer Zeit *König*, Äquivalenz- und

sen.[342] Der Grundsatz der Gleichwertigkeit, den der EuGH in diesem Zusammenhang bereits angesprochen hat,[343] würde dabei etwa auf den Vergleich mit der verfassungs-konformen Auslegung abstellen und vergleichbare Anstrengungen verlangen; der Grundsatz der Mindesteffektivität würde die bereits angesprochene Evidenzkontrolle legitimieren.[344]

Zugleich unterliegt die Anwendung der nationalen Auslegungsmethoden der **euro-**   73
parechtlichen Grundrechtskontrolle: So hat der EuGH festgehalten, dass eine straf-schärfende richtlinienkonforme Interpretation in Strafsachen den Nulla-Poena-Satz in seiner Eigenschaft als EU-Grundrecht (Art. 7 EMRK, Art. 49 GRC) verletzen würde;[345] dieser Kontrollvorbehalt erscheint auch konsequent, weil auch die richtlinienkonforme Interpretation – jedenfalls soweit der Regelungsanspruch der Richtlinie reicht – im An-wendungsbereich des EU-Rechts und damit auch der EU-Grundrechte erfolgt.[346] Ob danach auch eine Überschreitung der Wortlautgrenze des nationalen Rechts[347] gegen die allgemeinen Rechtsgrundsätze des EU-Rechts verstoßen kann, ist noch nicht geklärt; es gibt aber Formulierungen des EuGH, die durchaus in diese Richtung weisen.[348] Auch

---

Effektivitätsgrundsatz in der Rechtsprechung des Europäischen Gerichtshofs, 2011; *Kulms*, Der Ef-fektivitätsgrundsatz, 2013.

[342] S. *Durner*, S. 42.

[343] S. EuGH, Urt. v. 5.10.2004, Rs. C–397/01 u.a. (Pfeiffer), Slg. 2004, I–8835, Rn. 116: »Er-möglicht es das nationale Recht durch die Anwendung seiner Auslegungsmethoden, eine innerstaat-liche Bestimmung unter bestimmten Umständen so auszulegen, dass eine Kollision mit einer anderen Norm innerstaatlichen Rechts vermieden wird (…), so ist das nationale Gericht verpflichtet, die glei-chen Methoden anzuwenden, um das von der Richtlinie verfolgte Ziel zu erreichen«; dazu z. B. *Dur-ner*, S. 42; *Simon*, La panacée de l'interprétation conforme: injection homéopathique ou thérapie palliative?, FS Mengozzi, 2013, S. 279 (294).

[344] Als ausgeschlossen wird eine solche Kontrolle angesehen durch BVerfG (K), NJW 2012, 669 (671), allerdings wohl in Überinterpretation von Aussagen des EuGH: »Da der EuGH danach natio-nales Recht weder anwenden noch auslegen darf, darf er auch nicht feststellen, ob innerstaatlich ein entsprechender Auslegungsspielraum besteht. […]. Sowohl die Identifizierung als auch die Wahrneh-mung methodischer Spielräume des nationalen Rechts obliegt – auch bei durch Richtlinien determi-niertem nationalen Recht – den nationalen Stellen in den Grenzen des Verfassungsrechts.« Ebenso dann BAG, NJW 2012, 3529 (3533), Anm. *Pötters/Stiebert*, NJW 2012, 2535.

[345] Zuletzt unter Bezug auf Art. 49 GRC EuGH, Urt. v. 28.6.2012, Rs. C–7/11 (Fabio Caronna), ECLI:EU:C:2012:396, Rn. 51 ff.; zuvor Urt. v. 3.5.2005, verb. Rs. C–387/02, C–391/02 u. C–403/02 (Berlusconi), Slg. 2005, I–3565, Rn. 74, krit. Anm. *Gross*, EuZW 2005, 371, Anm. *Dubos*, JCP 2006, II 10020; Urt. v. 7.1.2004, Rs. C–60/02 (X.), Slg. 2004, I–651, Rn. 61 ff.; Urt. v. 26.9.1996, Rs. C–168/95 (Arcaro), Slg. 1996, I–4705, Rn. 42.

[346] Tatsächlich können die Verpflichtung zu richtlinienkonformer Interpretation des nationalen Rechts und grundrechtskonformer Interpretation der Richtlinie zusammentreffen, s. z. B. EuGH, Urt. v. 26.6.2007, Rs. C–305/05 (Ordre des Barreaux francophones et germanophone u. a.), Slg 2007, I–5305, Rn. 27 ff., Anm. *Michalke*, EuZW 2007, 475; zu dieser Konstellation der doppelten Konform-auslegung s. z. B. *Simon* (Fn. 343), S. 279 (289 f.). Zur Kontroverse um die Reichweite der EU-Grund-rechte bei der Richtlinienumsetzung s. o. Rn. 32.

[347] Der BGH versteht den Hinweis des EuGH auf die Grenze der Auslegung contra legem aus-drücklich nicht als Bezug auf eine Wortlautgrenze, s. BGHZ 179, 27 (34): Der Vorbehalt »bezieht sich nicht auf die Wortlautgrenze. Der Begriff des contra-legem-Judizierens ist vielmehr funktional zu verstehen; er bezeichnet den Bereich, in dem eine richterliche Rechtsfortbildung nach nationalen Methoden unzulässig ist.« Im Anschluss daran auch BAGE 130, 119 (137) krit. Anm. *Kamanabrou*, SAE 2009, 233 ff.

[348] S. EuGH, Urt. v. 16.7.2009, Rs. C–12/08 (Mono Car Styling), Slg. 2009, I–6653, Rn. 61: »Diese Pflicht zur gemeinschaftsrechtskonformen Auslegung […] findet in den allgemeinen Rechtsgrundsät-zen, insbesondere im Grundsatz der Rechtssicherheit, ihre Schranken, und zwar in dem Sinne, dass sie nicht als Grundlage für eine Auslegung contra legem des nationalen Rechts dienen darf.« Ähnlich dann EuGH, Urt. v. 13.4.2009, verb. Rs. C–378 – C–380/07 (Angelidaki u. a.), Slg. 2009, I–3071, Rn. 199;

wenn die richtlinienkonforme Interpretation damit im ersten Zugriff nach den Methoden des nationalen Rechts erfolgt, besteht damit doch ein unionsrechtlicher Kontrollrahmen, der den Einsatz des Instruments nicht nur fördert, sondern auch begrenzt; dieses Ergebnis ist auch durchaus folgerichtig, weil eine **unbegrenzte richtlinienkonforme** Auslegung faktisch der vom EuGH abgelehnten horizontalen Direktwirkung der Richtlinie entspräche.[349]

V. Begründung richtlinienkonformer Ergebnisse aus parallelen Gewährleistungen des Primärrechts

1. Das Präjudiz der Mangold-Rechtsprechung

74   Eine weitere Möglichkeit, den Inhalt nicht umgesetzter Richtlinien im Ergebnis dennoch unter Privaten zur Geltung zu bringen, besteht im Wechsel der normativen Grundlage dieses Inhalts, indem dieser nicht der (insoweit) wirkungsschwachen Richtlinie, sondern dem Primärrecht zugeordnet wird, das auch Pflichten Privater begründen kann. Erstmals wurde dieser Weg mit der Mangold-Rechtsprechung[350] beschritten, die als Grundlage des Verbots der Altersdiskriminierung nicht die nicht umgesetzte Richtlinie, sondern den bei dieser Gelegenheit formulierten allgemeinen Rechtsgrundsatz gleichen Inhalts herangezogen hat.[351] Die Kombination aus Richtlinie und Primärrecht ist als zweite Einbruchsstelle neben der richtlinienkonformen Interpretation für die Wirkung von Richtlinien unter Privaten benannt worden;[352] die Wirkungen sind allerdings bisher auf das Antidiskriminierungsrecht beschränkt geblieben.[353]

2. Ausweitung auf die Grundsatzbestimmungen der Grundrechtecharta?

75   Nach dem Inkrafttreten des Vertrags von Lissabon treten neben bzw. teils auch an die Stelle der allgemeinen Rechtsgrundsätze die Bestimmungen der Grundrechtecharta, so

---

Urt. v. 27.2.2014, Rs. C–351/12 (OSA), ECLI:EU:C:2014:110, Rn. 45; Urt. v. 15.1.2014, Rs. C–176/12 (Association de médiation sociale), ECLI:EU:C:2014:2, Rn. 39. Der EuGH definiert hier zwar die Grenzen der europarechtlichen *Verpflichtung* zur richtlinienkonformen Auslegung; allerdings liegt der Schluss nahe, dass der an die EU-Grundrechte gebundene nationale Rechtsanwender insoweit dann auch kein *Recht* zur Auslegung contra legem hat; s. auch *Freitag*, EuR 2009, 796 (800).

[349] S. z. B. *Pötters/Christensen*, JZ 2011, 387 (394).

[350] EuGH, Urt. v. 22.11.2005, Rs. C–144/04 (Mangold), Slg. 2005, I–9981; bestätigt durch Urt. v. 19.1.2010, Rs. C–555/07 (Kücükdeveci), Slg. 2010, I–365.

[351] S. bereits o. Rn. 53 f.; s. zur möglichen Brückenfunktion der allgemeinen Rechtsgrundsätze *Semmelmann*, ELJ 19 (2013), 457 ff.

[352] S. *Mörsdorf*, EuR 2009, 219 ff. mit dem Fazit (S. 240), dass die vom EuGH aufgestellte dogmatische Regel durch diese Instrumente zur faktischen Ausnahme werde – jedenfalls in Bezug auf die richtlinienkonforme Interpretation ist dies allerdings auch auf die autonome Rechtsprechung des BGH zurückzuführen (s. o. Rn. 68 ff.) und damit auf die Lage in anderen Mitgliedstaaten nicht ohne weiteres übertragbar.

[353] S. für eine der Mangold-Entscheidung vergleichbare Argumentation EuGH, Urt. v. 7.9.2006, Rs. C–81/05 (Cordero Alonso), Slg. 2006, I–7569, Rn. 35 ff., wonach die Nichteinbeziehung von Abfindungszahlungen in die von der RL 80/987/EG gesicherten Konkursausfallgeld-Leistungen mit dem Inkrafttreten der Änderungsrichtlinie, die diese Einbeziehung vorsieht, gegen den Gleichheitssatz des EU-Rechts und damit gegen Primärrecht verstößt; s. weiter *Purnhagen*, NJW 2013, 113 ff., der die Test-Achat-Entscheidung des EuGH – Urt. v. 1.3.2011, Rs. C–236/09, Slg. 2011, I–773 – dieser Konstellation zuordnet, weil die betroffene RL 2004/113/EG nur den allgemeinen Rechtsgrundsatz der Geschlechtergleichbehandlung konkretisiert habe; die Einordnung erscheint aber zweifelhaft, weil der EuGH in diesem Fall keine Aussagen zur Richtlinienwirkung gemacht hat.

dass sich allgemeiner die Frage stellt, ob eine Berufung auf ihre Bestimmungen die Wirkung nicht umgesetzter Richtlinien im Verhältnis unter Privaten verstärken kann.[354] Fraglich ist dabei die künftige Rolle der Grundsatzbestimmungen der Grundrechtecharta, die nach den Bestimmungen der Charta nur unter dem Vorbehalt der Aktualisierung durch Sekundärrecht gelten (Art. 52 Abs. 5 GRC);[355] diese Entwicklung ist vor allem relevant für das Arbeitsrecht als einem der Bereiche, in dem der Ausschluss der horizontalen Direktwirkung sich besonders stark auswirkt. Für den zweiten wesentlichen Bereich der Verbraucherschutz-Richtlinien sind vergleichbare Wirkungen in Ermangelung konkreter Anknüpfungspunkte in der GRC nicht zu erwarten; hier steht allerdings weiter das Instrument der richtlinienkonformen Auslegung bereit.

In der Literatur und in Schlussanträgen der Generalanwälte aus jüngerer Zeit sind **76** entsprechende Konstruktionen anzutreffen:[356] Danach könnten Grundsatzbestimmungen der Charta auch durch nicht umgesetzte Richtlinien zu unmittelbar in den Mitgliedstaaten geltendem Recht erstarken, womit sich also gewissermaßen zwei nicht selbständig geltungsfähige Kategorien zu einem tatsächlich Geltung entfaltenden Inhalt ergänzen würden. So könnte das in Art. 27 GRC verankerte Recht auf Unterrichtung und Anhörung der Arbeitnehmerinnen und Arbeitnehmer im Unternehmen in Verbindung mit der einschlägigen Richtlinie[357] dieser auch im horizontalen Verhältnis Wirkung verschaffen;[358] dasselbe könnte für den in Art. 31 Abs. 2 GRC niedergelegten Anspruch auf bezahlten Jahresurlaub und die hierzu ergangene Richtlinie[359] gelten.[360] Notwendige Prämisse dieses Ansatzes ist jeweils wiederum – ebenso wie im Fall Mangold –, dass die primärrechtlichen Bestimmungen horizontale Geltung entfalten.[361] Der EuGH hat einer solchen Beförderung der Prinzipien der GRC zu in den Mitgliedstaaten geltendem Recht unter Zuhilfenahme von nicht umgesetzten Richtlinien jüngst allerdings zu Recht eine Absage erteilt;[362] zur Abgrenzung von der Mangold-Rechtsprechung hat er dabei darauf

---

[354] S. bereits den Hinweis von GA *Bot*, Schlussanträge zu Rs. C–555/07 (Kücükdeveci), Slg. 2010, I–365, Rn. 90.

[355] Dazu Art. 52 GRC, Rn. 32 ff.

[356] Soweit ersichtlich ist der Gedanke vor allem in der französischen Literatur präsent (s. die Nachw. in Fn. 361 f.); das erscheint insofern konsequent, als auch die Ausstattung der GRC mit sozialen Gewährleistungen vor allem auf französische Initiative zurückgeht.

[357] RL 2002/14/EG vom 11. 3. 2002 zur Festlegung eines allgemeinen Rahmens für die Unterrichtung und Anhörung der Arbeitnehmer in der Europäischen Gemeinschaft, ABl. 2002, L 80/29.

[358] Dafür GA *Cruz Villalón*, Schlussanträge zu Rs. C–176/12 (Association de médiation sociale) ECLI:EU:C:2013:491; anders aber der EuGH, s. sogleich Fn. 362.

[359] RL 2003/88/EG vom 4. 11. 2003 über bestimmte Aspekte der Arbeitszeitgestaltung, ABl. 2003, L 299/9.

[360] So die Vorlage der französischen Cour de cassation zu EuGH, Urt. v. 26. 3. 2015, Rs. C–316/13 (Gérard Fenoll) ECLI:EU:C:2015:200, mit der Frage, ob der Urlaubsanspruch aus der RL 2003/88/EG bei Nichtumsetzung auf dem Weg über die GRC gegenüber privaten Arbeitgebern durchsetzbar ist (der EuGH hat diese Konstruktion in diesem Fall schon aus zeitlichen Gründen verworfen, weil die GRC zum maßgeblichen Zeitpunkt noch nicht in Kraft war, Rn. 44 ff. des Urteils). In die Richtung einer so begründeten Direktwirkung zielten zuvor schon GA *Trstenjak*, Schlussanträge zu Rs. C–282/10 (Dominguez), ECLI:EU:C:2011:559, Rn. 80 ff.; der EuGH war darauf in seiner Entscheidung aber nicht eingegangen; dazu z. B. *Lazzerini*, Riv. dir. int. 2012, 455 ff.; ebenso in einem obiter dictum BAG, NJW 2012, 3529 (3532), Anm. *Pötters/Stiebert*, NJW 2012, 3535.

[361] Dazu z. B. *Dubout*, RTDE 2014, 409 (423 ff.); s. auch o. Fn. 254.

[362] EuGH (GK), Urt. v. 15. 1. 2014, Rs. C–176/12 (Association de médiation sociale), ECLI:EU:C:2014:2, insbes. Rn. 49 gegen den Gedanken einer Zusammenschau von Grundsatzbestimmung und Richtlinie; dazu Anm. *Surrel*, JCP 2014, 491 ff.; *Simon*, Europe 1/2014, 13 f.; weiter *Cariat*, CDE 2014, 305 ff.; *de La Rosa*, Rec. Dalloz 2014, 705 ff.; *Dubout*, RTDE 2014, 409 ff.; *Dorssemont*, MJ 2014,

abgestellt, dass dort keine Prinzipienbestimmung im Sinne der GRC, sondern ein nach der GRC unmittelbar geltendes Diskriminierungsverbot (Art. 21 Abs. 1 GRC) betroffen war.[363]

VI.   Die EU-Staatshaftung als Kompensation der Nichtumsetzung

1.   Die EU-rechtliche Staatshaftung als Auffangbecken

77   Einen wesentlichen Aspekt in der Diskussion um die Richtlinien-Wirkungen steuert das Instrument der EU-rechtlichen Staatshaftung der Mitgliedstaaten bei, obwohl es in keiner logisch zwingenden Verbindung zur Rechtsform der Richtlinie steht. Als seine Rechtsgrundlage wird allgemein Art. 4 Abs. 3 EUV angesehen; die vom EuGH definierten Mindestvoraussetzungen, bei deren Vorliegen ein Haftungsanspruch grundsätzlich gegeben ist, sind letztlich eine Ableitung aus dem wiederum bei Art. 4 Abs. 3 EUV verorteten Grundsatz der Mindesteffektivität.[364] Durch diese Wurzel wird aber doch eine enge historische Verbindung beider Institute deutlich, weil nicht umgesetzte Richtlinien insbesondere im Verbraucherschutz- und im Arbeitsrecht beim Ausschluss der horizontalen Direktwirkung und der Unmöglichkeit richtlinienkonformer Interpretation tatsächlich wirkungslos bleiben würden, wenn nicht zumindest auf der Sekundärebene Haftungsansprüche bestünden. Es ist daher nicht verwunderlich, dass die EU-rechtliche Haftung der Mitgliedstaaten vom EuGH erstmals in einem Fall der Nichtumsetzung einer Richtlinie postuliert wurde, in dem die Direktwirkung an der unzureichenden Bestimmtheit der Vorgaben scheiterte, während der dadurch entstandene Schaden bestimmbar war;[365] auch in der Folge-Rechtsprechung wird für den Fall eines Fehlschlagens der anderen Korrekturinstrumente immer wieder auf die Möglichkeit der Staatshaftung verwiesen.[366]

78   Das Instrument der EU-rechtlichen Staatshaftung erscheint vor diesem Hintergrund in gewisser Weise als Schlussstein in der Richtlinien-Dogmatik des EuGH, weil es zur Verfügung steht, wenn alle anderen Mittel versagen,[367] und zugleich gegenüber der Alternative einer Anerkennung der horizontalen Direktwirkung als wesentlich erfolgversprechenderer Weg zur Durchsetzung der Umsetzungspflicht erscheint: Der Haftungsdruck richtet sich so gegen den Mitgliedstaat, der die Umsetzung vornehmen muss, während dieser Druck im Fall der Anerkennung der horizontalen Direktwirkung weit-

---

704 ff.; *Gsell*, Keine horizontale Grundrechtswirkung von Art. 27 GRC aufgrund sekundärrechtlicher Konkretisierung, FS Köhler, 2014, S. 197 ff.; *Heuschmid*, EuZA 2014, 514 ff.; *Lazzerini*, CMLRev. 51 (2014), 907 ff.; *Platon*, RevMC 20115, 33 ff.

[363] EuGH (GK), Urt. v. 15.1.2014, Rs. C–176/12 (Association de médiation sociale), ECLI:EU: C:2014:2, Rn. 47.

[364] S. Art. 340 AEUV, Rn. 45 ff.

[365] EuGH, Urt. v. 19.11.1991, verb. Rs. C–6/90 u. C–9/90 (Francovich), Slg. 1991, I–5357.

[366] S. z. B. EuGH, Urt. v. 25.2.1999, Rs. C–131/97 (Carbonari u. a.), Slg. 1999, I–1103, Rn. 52; Urt. v. 3.10.2000, Rs. C–371/97 (Gozza u. a.), Slg. 2000, I–7881, Rn. 38.

[367] S. stellvertretend EuGH, Urt. v. 14.7.1994, Rs. C–91/92 (Faccini Dori), Slg. 1994, I–3325, Rn. 27, Anm. *Heß*, JZ 1995, 150; s. zuletzt wieder den Hinweis in Urt. v. 15.1.2014, Rs. C–176/12 (Association de médiation sociale), ECLI:EU:C:2014:2, Rn. 50; Urt. v. 24.1.2012, Rs. C–282/10 (Dominguez), ECLI:EU:C:2012:33; Urt. v. 26.3.2015, Rs. C–316/13 (Fenoll), ECLI:EU:C:2015:200, Rn. 48; zum Verhältnis zwischen Staatshaftung und Richtlinien-Direktwirkung s. auch *Baldus/Becker*, EuR 1999, 375 ff., die freilich die Konstruktion der horizontalen Direktwirkung bevorzugen; sehr weitgehend in Gegenrichtung *Schermers*, EPL 1997, 527 ff., der nach dem Francovich-Urteil sogar für eine komplette Aufgabe der Direktwirkungs-Rechtsprechung zugunsten der Haftungslösung plädierte.

gehend entfiele. Ein eindrückliches Beispiel hierfür ist die Umsetzung der Pauschalreise-Richtlinie[368] in das deutsche Recht, die in sichtbarer Weise[369] erst nach Eintritt eines aufsehenerregenden Haftungsfalls erfolgt war;[370] dieser Haftungsdruck entsteht allerdings nicht, wenn die unterbliebene Umsetzung durch eine (ggf. wortlautüberschreitende) richtlinienkonforme Interpretation durch die Rechtsprechung substituiert wird.[371]

2. Staatshaftung als Kompensation der richtlinienkonformen Interpretation?

Noch nicht geklärt ist die Frage, ob in solchen Fällen einer – insbesondere wortlaut-überschreitenden – richtlinienkonformen Interpretation der Prozessgegner, der auf den eindeutigen Inhalt des nationalen Rechts vertraut hat, Haftungsansprüche gegen den Mitgliedstaat geltend machen kann. Eine solche Haftung ist in der Honeywell-Entscheidung des BVerfG[372] erwogen worden; der Mitgliedstaat (bzw. der Träger der zur Umsetzung zuständigen Stelle)[373] erscheint grundsätzlich auch als der angemessene Adressat solcher Haftungsansprüche, weil er – und nicht die EU – durch die Schaffung oder Aufrechterhaltung richtlinienwidriger Regelungen Vertrauen der Rechtsanwender in Bezug auf den Inhalt des geltenden Rechts in Anspruch genommen und enttäuscht hat.

    Im Anschluss an die Überlegungen des BVerfG ist zwar auch die Auffassung vertreten worden, dass das EU-Recht eine solche Entschädigung sogar verbiete.[374] Diese teils auch durch die Wertungen des EU-Beihilfenrechts inspirierten[375] Folgerungen erscheinen aber zu weitgehend: Die Tatsache, dass der EuGH auf der Primärebene eine zeitliche Beschränkung der Wirkung seiner Interpretation unterlassen hat,[376] hindert das nationale Recht nicht an der Gewährung von Ersatzansprüchen auf der Sekundärebene,[377]

79

80

---

[368] RL 90/314/EWG vom 13. 6.1990 über Pauschalreisen, ABl. 1990, L 158/59.

[369] S. das am 1. 7.1994 in Kraft getretene Gesetz vom 24. 6.1994 zur Durchführung der Richtlinie des Rates vom 13. 6.1990 über Pauschalreisen, BGBl. 1994 I S. 1322; die Bundesrepublik hatte eine Umsetzung zuvor als überflüssig angesehen, weil die BGH-Rechtsprechung den Richtlinien-Vorgaben bereits weitgehend entsprochen habe; anders dann die Bewertung des EuGH, Urt. v. 8.10.1996, Rs. C–178/94, C–179/94, C–188/94 u. C–189/94 (Dillenkofer), Slg. 1996, I–4845, Rn. 56 ff.

[370] S. zu den Haftungsansprüchen von Pauschalreisenden nach dem Konkurs des Veranstalters MP Travel im Sommer 1993 EuGH, Urt. v. 8.10.1996, Rs. C–178/94, C–179/94, C–188/94 u. C–189/94 (Dillenkofer), Slg. 1996, I–4845; dazu z.B. *Streinz/Leible*, ZIP 1996, 1931 ff.; *Huff*, NJW 1996, 3190 ff.

[371] S. schon o. Rn. 71.

[372] BVerfGE 126, 286 (314 f.); in diese Richtung auch schon GA *Colomer*, Schlussanträge zu Rs. C–397/01 (Pfeiffer), Slg. 2004, I–8835, Rn. 45.

[373] Zur Bestimmung des konkreten Haftungsschuldners durch das nationale Recht in den Grenzen des Art. 4 Abs. 3 EUV s. EuGH, Urt. v. 1. 6.1999, Rs. C–302/97 (Konle), Slg. 1999, I–3099, Rn. 61 ff.; dazu *Gundel*, DVBl 2001, 95 ff.; *Weber*, NVwZ 2001, 287 ff.; *Schoch*, Europäisierung des Staatshaftungsrechts, FS Maurer, 2001, S. 759 ff.; *Lengauer*, CMLRev. 37 (2000), 181 ff.; *Anagnostaras*, E.L.Rev. 26 (2001), 139 ff.; bestätigend EuGH, Urt. v. 4. 7.2000, Rs. C–424/97 (Haim II), Slg. 2000, I–5123, Rn. 29 ff., Anm. *Ferraro*, RIDPC 2001, 407; der BGH hat hier die aus dem deutschen Staatshaftungsrecht vertraute Lösung der Haftung des konkreten Behördenträgers gewählt, s. BGHZ 161, 224.

[374] So insbes. *Giegerich*, EuR 2012, 373 (385 ff.).

[375] S. *Giegerich*, EuR 2012, 373 (386 f.).

[376] Zu den Voraussetzungen einer solchen Beschränkung s. Art. 264 AEUV, Rn. (.

[377] In diese Richtung aber *Giegerich*, EuR 2012, 373 (388); tatsächlich wirken beide Instrumente jedoch unterschiedlich: Die zeitliche Wirkungsbeschränkung auf EU-Ebene suspendiert tatsächlich die Durchsetzung des Richtlinieninhalts, während die Gewährung eines Vertrauensschadens auf nationaler Ebene diese Durchsetzung nicht berührt, sondern sogar das finanzielle Risiko einer Falschum-

weil solche Ansprüche die Wirkungen der Richtlinie in keiner Weise vereiteln. Anders wäre dies tatsächlich im EU-Beihilfenrecht, weil dort durch die Gewährung nationaler Schadenersatzansprüche an den Beihilfenempfänger die Lage (wieder-)hergestellt würde, die das Beihilfenverbot verhindern will.[378] Die Ziele der Richtlinie sind dagegen typischerweise schon erreicht, wenn der durch sie Begünstigte sein Recht durchsetzen kann; ob die Gegenseite, die auf den Text des nationalen Rechts vertraut hatte, im Anschluss durch den Staat entschädigt wird, spielt hierfür keine Rolle.

81   Die tatsächliche Existenz solcher Ansprüche ist vorrangig eine Frage des nationalen Staatshaftungsrechts, wobei das deutsche Recht hier unter anderem auf die Problematik der Staatshaftung für legislatives Unrecht stößt.[379] Daneben ist aber auch eine Herleitung aus dem EU-Recht denkbar, das dieses Hindernis nicht kennt:[380] Als verletzte Verpflichtung des EU-Rechts käme hier nicht die konkret betroffene Richtlinien-Bestimmung in Betracht – denn sie wirkte zugunsten des Gegners des nun durch die richtlinienkonforme Interpretation Geschädigten –, sondern die Pflicht des Mitgliedstaats zur transparenten Umsetzung aus Art. 4 Abs. 3 EUV und Abs. 288 Abs. 3 AEUV.[381] Das Bestehen einer solchen objektiven Verpflichtung zur transparenten Umsetzung ist in der Rechtsprechung anerkannt;[382] allerdings hat der EuGH bisher nicht die hier zentrale Frage geklärt, ob diese Pflicht auch dem Schutz der Rechte der späteren (privaten) Normadressaten dient. Wenn diese Voraussetzung zu bejahen sein sollte – wofür einiges spricht –,[383] wäre ein EU-rechtlicher Anspruch gegen den Mitgliedstaat auf Ersatz des Vertrauensschadens gut zu begründen. Auf diese Weise wäre ggf. auch der staatshaftungsrechtliche Umsetzungsimpuls für den Mitgliedstaat wiederherzustellen, der durch den überbordenden Einsatz der richtlinienkonformen Interpretation in der deutschen Rechtsprechung in der jüngeren Vergangenheit deutlich gedämpft wurde.

---

setzung für den haftenden Staat erhöht; insofern besteht ein Gleichklang mit der Ausrichtung der Francovich-Rechtsprechung (entgegengesetzt *Giegerich*, EuR 2012, 373 (377 f.).

[378] S. dazu BVerwG, NVwZ-RR 2012, 628 (631); *Soltész/Kühlmann*, EWS 2001, 513 ff.

[379] Dazu Art. 340 AEUV, Rn. (; Ansprüche verneinend *Karpenstein/Johann*, NJW 2010, 3405 ff.; s. auch *Giegerich*, EuR 2012, 373 (383 ff.).

[380] S. EuGH, Urt. v. 5.3.1996, verb. Rs. C–46/93 u. C–48/93 (Brasserie du Pêcheur), Slg. 1996, I–1029, Rn. 71 ff.

[381] Es handelt sich also nicht um eine Aufopferungshaftung des Mitgliedstaats für rechtmäßiges Handeln in Form der Durchsetzung des Richtlinien-Inhalts – so aber die Einordnung bei *Franzen*, RIW 2010, 577 (582 f.); *Nettesheim*, WM 2006, 457 (463): Anknüpfungspunkt der Haftung ist vielmehr der von der Richtlinie (zu Unrecht) abweichende »optische« Inhalt des nationalen Rechts.

[382] S. o. Rn. 26; deutlich z. B. (zur Umsetzung der Klausel-Richtlinie) EuGH, Urt. v. 10.5.2001, Rs. C–144/99 (Kommission/Niederlande), Slg. 2001, I–3541, Rn. 21, Anm. *Leible*, EuZW 2001, 437, Anm. *Staudinger*, EWS 2001, 330 u. Anm. *Micklitz*, EWS 2001, 486: »Zu dem Vorbringen [...], der Grundsatz der richtlinienkonformen Auslegung [...] erlaube es jedenfalls, Unterschiede zwischen den Bestimmungen des niederländischen Rechts und denen der Richtlinie zu beheben, genügt der Hinweis, dass [...] eine etwa bestehende nationale Rechtsprechung, die innerstaatliche Rechtsvorschriften in einem Sinn auslegt, der als den Anforderungen einer Richtlinie entsprechend angesehen wird, nicht die Klarheit und Bestimmtheit aufweisen kann, die notwendig sind, um dem Erfordernis der Rechtssicherheit zu genügen«. S. auch EuGH, Urt. v. 24.1.2002, Rs. C–372/99 (Kommission/Italien), Slg. 2002, I–819, Rn. 21 ff.; Urt. v. 19.9.1996, Rs. C–236/95 (Kommission/Griechenland), Slg. 1996, I–4459, Rn. 13 f.

[383] Für die Anerkennung eines solchen subjektiven Rechts auf Transparenz *Schinkels*, JZ 2011, 394 (400 f.); *Freitag*, EuR 2009, 796 (800); zuvor schon in der Diskussion um die Wirkungen der Haustürwiderrufs-Richtlinie in den »Schrottimmobilien«-Fällen (Fn. 327) *Nettesheim*, WM 2006, 457; ebenso *Piekenbrock/Schulze*, WM 2002, 521 (527); für frühere Überlegungen bereits *Emmert*, EWS 1992, 56 (67), der eine Staatshaftung für die Prozesskosten des durch die Richtlinie Belasteten erwägt; im Anschluss daran weitergehend für die hier diskutierte Konstellation *Ress*, DÖV 1994, 489 (496).

D. Beschlüsse

I. Die Zusammenfassung zweier Kategorien durch den Vertrag von Lissabon

Die bisher in Art. 249 Abs. 4 EGV geregelte Entscheidung ist die zentrale Kategorie für **82** den Erlass von Einzelfall-Regelungen durch die Unionsorgane; der Vertrag von Lissabon hat die Abgrenzung der nun in Art. 288 Abs. 4 AEUV enthaltenen Rechtsakt-Kategorie auf den ersten Blick dadurch erschwert, dass sie mit der bisher nicht geregelten Handlungsform des adressatenlosen Beschlusses unter dem neuen Oberbegriff »Beschluss« zusammengefasst wurde.[384] Innerhalb der Bestimmung lassen sich jedoch weiter beide Kategorien unterscheiden: Art. 288 Abs. 4 Satz 2 AEUV macht deutlich, dass es weiterhin adressatenbezogene Beschlüsse gibt, die (vor allem)[385] für die in ihnen bezeichneten Adressaten verbindlich sind; gemäß Art. 297 Abs. 2 UAbs. 3 AEUV (zuvor Art. 254 Abs. 3 EGV) werden sie mit der Bekanntgabe an diese wirksam. Insoweit bestehen Parallelen zum Verwaltungsakt als Instrument der Einzelfallentscheidung im deutschen Verwaltungsrecht.[386] Als Besonderheit ist allerdings festzuhalten, dass Adressat solcher Beschlüsse auch ein Mitgliedstaat sein kann (bisher: »staatengerichtete Entscheidung«), und diese Handlungsform in diesem Zusammenhang auch häufig verwendet wird.[387] Adressatenlose Beschlüsse sind dagegen gemäß Art. 297 Abs. 2 UAbs. 2 AEUV im EU-Amtsblatt zu veröffentlichen.

Weiter ist hervorzuheben, dass Beschlüsse auch im Gesetzgebungsverfahren gemäß **83** Art. 289 AEUV ergehen können; im Verfassungsvertrag war der Beschluss dagegen nicht als Akt der Gesetzgebung aufgeführt.[388] Das wird allerdings nur adressatenlose oder staatengerichtete Beschlüsse betreffen; tatsächlich werden auch staatengerichtete Beschlüsse im Gesetzgebungsverfahren erlassen,[389] wogegen aufgrund des marginalen funktionalen Unterschieds zwischen adressatenlos-normativen und staatengerichteten Beschlüssen auch nichts spricht.[390] Der Erlass individualbezogener Beschlüsse erscheint

---

[384] Dazu noch u. Rn. 94.

[385] Zur Bindung auch der Nicht-Adressaten s. noch u. Rn. 90 f.

[386] S. z.B. *Stelkens*, ZEuS 2005, 61 (68 f.); *Mager*, EuR 2001, 661 (662); *Brenner*, Der Gestaltungsauftrag der Verwaltung in der Europäischen Union, 1996, S. 138; *Bleckmann*, DÖV 1993, 837 (844 f.).

[387] Dazu *Mager*, EuR 2001, 661 ff.; *Vogt*, Die Rechtsform der Entscheidung als Mittel abstraktgenereller Steuerung, in: Schmidt-Aßmann/Schöndorf-Haubold (Hrsg.), Der Europäische Verwaltungsverbund, 2005, S. 213; so richten sich etwa im EU-Beihilfenrecht die Beschlüsse der Kommission stets an die Mitgliedstaaten, die dann für den Vollzug gegenüber den materiell betroffenen Unternehmen verantwortlich sind, s. insbes. EuGH, Urt. v. 2.4.1998, Rs. C–367/95 P (Sytraval), Slg. 1998, I–1719, Rn. 45 f., Anm. *Hoenicke*, EuZW 1998, 341; zur Möglichkeit dieser Drittwirkung s. noch u. Rn. 90 f.

[388] S. Art. I–34 VVE; die Gesetzgebung ist allerdings entgegen *Glaser*, S. 372 f., nicht das Haupteinsatzfeld des adressatenlosen Beschlusses; zu seiner Verwendung in der Durchführungsrechtsetzung s. u. Rn. 96.

[389] S. z.B. den auf Art. 172 AEUV gestützten (staatengerichteten) Beschluss Nr. 661/2010/EU vom 7.7.2010 über Leitlinien der Union für den Aufbau eines transeuropäischen Verkehrsnetzes, ABl. 2010, L 204/1, den ebenfalls auf Art. 172 AEUV gestützten Beschluss Nr. 1104/2011/EU vom 25.10.2011 über die Regelung des Zugangs zum öffentlichen regulierten Dienst, der von dem weltweiten Satellitennavigationssystem bereitgestellt wird, das durch das Programm Galileo eingerichtet wurde, ABl. 2011, L 287/1, weiter den auf Art. 77 Abs. 2 AEUV gestützten Beschluss Nr. 1105/2011/EU vom 25.10.2011 über die Liste der visierfähigen Reisedokumente, die den Inhaber zum Überschreiten der Außengrenzen berechtigen, und über die Schaffung eines Verfahrens zur Aufstellung dieser Liste, ABl. 2011, L 287/9.

[390] Für die ausschließliche Zulässigkeit von adressatenlosen Beschlüsse im Gesetzgebungsverfahren s. aber *Glaser*, S. 353.

in diesem Rahmen dagegen schwer vorstellbar; das bestätigt wiederum, dass die Parallele zur Einzelfallentscheidung des nationalen Rechts nur einen Teilbereich des Instruments erfasst.

II. Adressatenbezogene Beschlüsse und ihre Wirkung

1. Individualgerichtete Beschlüsse

84 Die einfachste Konstellation bilden die an einen Einzelnen gerichteten Beschlüsse, die etwa im EU-Wettbewerbsrecht das klassische Handlungsinstrument darstellen;[391] auch in zahlreichen anderen Bereichen des EU-Verwaltungsrechts sind solche Formen des direkten Vollzugs des EU-Rechts durch EU-Organe oder -Einrichtungen in den verschiedensten Politikbereichen der EU durch Sekundärrecht etabliert worden.[392]

85 Wichtig ist an diesem Punkt die Abgrenzung von reinen Realakten[393] oder Maßnahmen, die nur Zwischenschritte oder Vorbereitungshandlungen beim Vorgehen gegenüber dem Einzelnen darstellen: Solche Handlungen sind keine Maßnahmen mit Rechtswirkungen und damit auch keine Beschlüsse im Sinne des Art. 288 Abs. 4 AEUV. Sie sind zugleich auch nicht eigenständig mit der Nichtigkeitsklage angreifbar, sondern können nur inzident im Rahmen der Nichtigkeitsklage gegen einen später ergangenen verbindlich-abschließenden Beschluss geprüft werden, wenn sie in diesen eingeflossen sind;[394] Rechtsschutzlücken entstehen dadurch im Ergebnis nicht, weil Sekundärrechtsschutz in Form der Schadenersatzklage auch in Bezug auf Handlungen ohne Rechtswirkungen gegeben ist.[395]

86 Als derartige Maßnahmen ohne eigenständige Rechtswirkungen einzuordnen sind z. B. die Weitergabe von Informationen an die Mitgliedstaaten[396] oder die Entscheidung,

---

[391] S. insbes. Art. 7 ff. der VO (EG) Nr. 1/2003 vom 16.12.2002 zur Durchführung der in den Art. 81 und 82 des Vertrags niedergelegten Wettbewerbsregeln, ABl. 2003, L 1/1.

[392] S. z. B. für die zentrale Zulassung von Arzneimitteln auf EU-Ebene, die durch an den Antragsteller gerichteten Kommissionsbeschluss erfolgt, Art. 10 ff. der VO (EG) Nr. 726/2004 vom 21.3.2004 zur Festlegung von Gemeinschaftsverfahren für die Genehmigung und Überwachung von Human- und Tierarzneimitteln und zur Schaffung einer Europäischen Arzneimittel-Agentur, ABl. 2004, L 136/1; zum Verfahren z. B. *Janda*, Arzneimittelrecht, in: Ruffert (Hrsg.), Europäisches Sektorales Wirtschaftsrecht, 2013, § 9, Rn. 5 ff., 42 ff. Für ein Beispiel aus dem Umweltsektor s. die Anerkennung von Überwachungsorganisationen für die Vermarktung von Holz nach Art. 8 Abs. 3 der VO (EU) Nr. 995/2010 vom 20.10.2010 über die Verpflichtungen von Marktteilnehmern, die Holz und Holzerzeugnisse in Verkehr bringen, ABl. 2010, L 295/23; s. z. B. den Zulassungsbeschluss der Kommission vom 19.8.2014, ABl. 2014, C 103/5.

[393] Dazu z. B. *Glaser*, S. 404 ff.

[394] Das gilt z. B. für Gutachten und sachverständige Stellungnahmen von Kommissionsausschüssen oder EU-Agenturen, die in abschließende Beschlüsse der Kommission eingegangen sind, s. z. B. EuG, Urt. v. 18.12.2003, Rs. T-326/99 (Fern Oliveiri/Kommission und EMEA), Slg. 2003, II-6053, Rn. 51 ff.; zur fehlenden direkten Angreifbarkeit s. auch Beschl. v. 17.6.2008, Rs. T-311/06 (FMC Chemical u. a./EFSA), Slg. 2008, II-88* (abgek. Veröff.), Rn. 43 ff.; Beschl. v. 17.6.2008, Rs. T-397/06 (Dow AgroSciences/EFSA), Slg. 2008, II-90* (abgek. Veröff.), Rn. 40 ff., dazu *Michel*, Europe 8/2008, 13 f.; *Gabbi*, European Journal of Consumer Law 2009, 171 (177 ff.); s. zu Stellungnahmen Rn. 107 ff.

[395] So EuGH, Urt. v. 12.9.2006, Rs. C-131/03 P (Reynolds Tobacco/Kommission), Slg. 2006, I-7795, Rn. 82 ff.; Beschl. v. 28.6.2011, Rs. C-93/11 P (Verein Deutsche Sprache/Rat), Slg. 2011, I-92* (abgek. Veröff.), Rn. 30 f.; die nun in Art. 47 GRC verankerte Rechtsschutzgarantie des EU-Rechts gewährt abweichend vom deutschem Verständnis nicht notwendig Primärrechtsschutz; dazu z. B. *Gundel*, in: Ehlers, Europäische Grundrechte und Grundfreiheiten, § 27, Rn. 21, 51; *ders.*, Jura 2008, 288 (292 ff.).

[396] S. z. B. den von der EU-Kommission verwalteten Austausch von Informationen der Mitglied-

vor dem Gericht eines Drittstaats Klage gegen ein Unternehmen zu erheben;[397] anderes gilt etwa für eigenständige Auskunfts- oder Duldungsanordnungen,[398] auch wenn sie im Rahmen eines umfassenderen Verfahrens ergehen. Ebenfalls unverbindlich und damit unabhängig von der für sie gewählten Bezeichnung der Kontrolle mit der Nichtigkeitsklage nicht zugänglich sind Entscheidungen des EU-Bürgerbeauftragten[399] oder des Petitionsausschusses des Europäischen Parlaments[400] über die an sie gerichteten Beschwerden und Petitionen, soweit nicht die Zulässigkeit der jeweiligen Beschwerde betroffen ist.[401]

Abzugrenzen sind die adressatengerichteten Beschlüsse auch von Handlungen der   87
EU-Organe, die zwar einseitig erfolgen und Rechtswirkungen auslösen, die sich aber –
wie etwa Vertragskündigungen oder die Rückforderung von bereits ausgezahlten Mitteln – im Rahmen vertraglicher Beziehungen mit dem Adressaten bewegen. Diese Maßnahmen werden nach der gefestigten EuGH-Rechtsprechung nicht den einseitig(-hoheitlichen) Handlungen nach Art. 288 Abs. 4 AEUV, sondern der vertraglichen Sphäre zugerechnet. Sie sind damit ebenso wie Realakte nicht nach Art. 263 AEUV angreifbar;[402] ihre Beurteilung nach dem jeweils anwendbaren nationalen Recht unterliegt der Entscheidung der zuständigen nationalen Gerichte, soweit nicht eine Schiedsklausel nach Art. 272 AEUV vereinbart wurde.[403]

---

staaten über Lebensmittelrisiken im Rahmen des EU-Schnellwarnsystems RASFF auf der Grundlage von Art. 50 der VO (EG) Nr. 178/2002 vom 28. 1. 2002 zur Festlegung der allgemeinen Grundsätze und Anforderungen des Lebensmittelrechts, zur Errichtung der Europäischen Behörde für Lebensmittelsicherheit und zur Festlegung von Verfahren zur Lebensmittelsicherheit, ABl. 2002, L 31/1, dazu EuG, Urt. v. 29.10.2009, Rs. T–212/06 (Bowland/Kommission), Slg. 2009, II–4073, Anm. *Gundel*, ZLR 2010, 80; s. auch *Schoch*, ZLR 2010, 121 (129 ff.).

[397] S. EuGH, Urt. v. 12.9.2006, Rs. C–131/03 P (Reynolds Tobacco/Kommission), Slg. 2006, I–7795, Rn. 82 ff.

[398] So für eine Auskunftsanordnung nach Art. 10 Abs. 3 VO (EG) Nr. 659/1999 vom 22.3.1999 über besondere Vorschriften für die Anwendung von Art. 93 des EG-Vertrags, ABl. 1999, L 83/1: EuGH, Urt. v. 13.10.2011, verb. Rs. C–463 u. 475/10 P (Deutsche Post/Kommission), Slg. 2011, I–9639, Rn. 44 f.; dazu *Meister*, Europe 12/2011, 19 f.; auch im Wettbewerbsrecht unterscheidet die VO (EG) Nr. 1/2003 (Fn. 391) »einfache Auskunftsverlangen« gemäß Art. 18 Abs. 2 (Realakte) und verbindliche Auskunftsbeschlüsse gemäß Art. 18 Abs. 3 der VO; für eine erfolgreiche Klage gegen eine Auskunftsanordnung mit zu kurzer Fristsetzung s. hier EuG, Urt. v. 14.3.2014, Rs. T–306/11 (Schwenk Zement/Kommission), ECLI:EU:T:2014:123; dazu *Andrés Vaquero*, RDUE 2014, 407 ff.; *Idot*, Europe 5/2014, 34 f.

[399] Dazu m. w. N. *Gundel*, Die Stellung des Europäischen Bürgerbeauftragten im Rechtsschutzsystem der EU, FS Würtenberger, 2011, S. 497 (505 f.).

[400] EuG, Urt. v. 7.3.2013, Rs. T–186/11 (Schönberger/Parlament), ECLI:EU:T:2013:111, Anm. *Gundel*, EuZW 2013, 359, bestätigt durch EuGH (GK), Urt. v. 9.12.2014, Rs. C–261/13 P (Schönberger/Parlament), ECLI:EU:C:2014:2423; kritisch *Mader*, EuZW 2015, 41 f.

[401] Insoweit wird tatsächlich eine verbindliche Entscheidung getroffen, die Gegenstand der Nichtigkeitsklage sein kann, s. EuG, Urt. v. 14.9.2011, Rs. T–308/07 (Tegebauer/Parlament), Slg. 2011, II–279* (abgek. Veröff.); dazu *Larché*, Europe 11/2011, 14 f.; EuG, Urt. v. 27.9.2012, Rs. T–160/10 (J/Parlament), ECLI:EU:T:2012:503, bestätigt durch EuGH, Beschluss v. 14.11.2013, Rs. C–550/12 P, ECLI:EU:C:2013:760.

[402] Dazu zuletzt EuGH, Urt. v. 18.4.2013, Rs. C–103/11 P (Systran SA/Kommission) ECLI:EU: C:2013:245; dazu *Veranneman*, RAE 2013, 399 ff.; *Meister*, Europe 6/2013, 21 f.; EuG, Urt. v. 11.12.2013, Rs. T–116/11 (Association médicale européenne), ECLI:EU:T:2013:634, Rn. 71 ff.; dazu *Dupont-Lassalle*, Europe 2/2014, 20 f.

[403] S. auch m. w. N. *Gundel*, EWS 2013, 65 ff.; *Taschner*, Vertragliche Schuldverhältnisse der Europäischen Union – Zuständigkeit und anwendbares Recht, FS Magnus, 2014, S. 531 ff., sowie Art. 340 AEUV, Rn. 62.

88   Im Einzelnen führt diese strikte Trennung von einseitig-hoheitlichen und einseitig-vertraglichen Handlungen zu komplexen Abgrenzungen: So wird die Auswahl des Vertragspartners noch dem einseitig-hoheitlichen Regime zugeordnet,[404] die Durchführung des Vertrages wird dagegen grundsätzlich vertraglich qualifiziert. Allerdings bestehen auch hier Ausnahmen: So kann die Kommission ihre vertraglichen Forderungen nach Art. 79 Abs. 2 der EU-Haushaltsordnung (EU-HO)[405] auch als vollstreckbare Beschlüsse selbst titulieren bzw. gemäß Art. 80 Abs. 1 EU-HO[406] das Erlöschen von Forderungen der Gegenseite durch Aufrechnung[407] herbeiführen; dabei handelt es sich dann wieder um mit der Nichtigkeitsklage angreifbare einseitige Beschlüsse. Die Reichweite dieser Befugnis ist allerdings noch nicht abschließend geklärt.[408]

2. Staatengerichtete Beschlüsse

89   Die besondere Verwendungsform der staatengerichteten Beschlüsse bedingt auch eine über den Verwaltungsakt hinausgehende Funktion des Instruments des adressatenbezogenen Beschlusses: In diesen Fällen kann es sich dennoch um eine typische Einzelfallentscheidung handeln, mit der etwa eine mitgliedstaatliche Beihilfe genehmigt oder beanstandet wird. Es kann aber auch ein Sachverhalt geregelt werden, der aus der Perspektive des Mitgliedstaats und des Einzelnen einen Akt der Normsetzung betrifft: Das gilt z. B. – um beim Beispiel des Beihilfenrechts zu bleiben – für Kommissionsbeschlüsse zur Genehmigung oder Beanstandung mitgliedstaatlicher Beihilfenprogramme;[409] aber auch in anderen Bereichen wird die Kommission mit dem Handlungsmittel des adressatenbezogenen Beschlusses in mitgliedstaatliche Vorgänge der Normsetzung eingebunden.[410] Der staatengerichtete Beschluss kann dabei durchaus normativen Cha-

---

[404] S. näher *Gundel*, EWS 2013, 65 (67 f.).

[405] VO (EU, Euratom) Nr. 966/2012 vom 25. 10. 2012 über die Haushaltsordnung für den Gesamthaushaltsplan der Union und zur Aufhebung der Verordnung (EG, Euratom) Nr 1605/2002, ABl. 2012, L 298/1; zuvor Art. 72 Abs. 2 VO (EG, Euratom) Nr. 1605/2002 des Rates vom 25. 6. 2002 über die Haushaltsordnung für den Gesamthaushaltsplan der Union, ABl. 2002, L 248/1; dazu *Gundel*, EWS 2013, 65 (68 ff.); *Taschner* (Fn. 403), S. 547 f.

[406] Zuvor Art. 73 Abs. 1 HO 2002 (Fn. 405).

[407] S. zur rechtlichen Qualifikation von Aufrechnungsentscheidungen der Kommission die Leitentscheidung EuGH, Urt. v. 10. 7. 2003, Rs. C–87/01 P (Kommission/CCRE), Slg. 2003, I–7617, Anm. *Metzger*, JZ 2004, 87; weiter z. B. EuGH, Urt. v. 18. 10. 2010, Rs. C–317/09 P (ArchiMEDES/Kommission), Slg. 2010, I–150* (abgek. Veröff.); dazu *Michel*, Europe 1/2011, 19 f.; s. auch *Gundel*, EWS 2013, 65 (69).

[408] Zur fraglichen Reichweite dieser Titulierungsbefugnis s. die anhängige Rs. T–481/13 (Systran/Kommission); s. auch für die Vollstreckung von Zwangsgeldern nach Art. 260 AEUV gegenüber den Mitgliedstaaten EuG, Urt. v. 29. 3. 2011, Rs. T–33/09 (Portugal/Kommission), Slg. 2011, II–1429, Rn. 60 ff., bestätigt durch EuGH (GK), 15. 1. 2014, Rs. C–292/11 P, ECLI:EU:C:2014:3, Anm. *Wendenburg*, EuZW 2014, 187; im Anschluss daran EuG, Urt. v. 19. 10. 2011, Rs. T–139/06 (Frankreich/Kommission), Slg. 2011, II–7315, Rn. 33 ff. (dazu *Dupont-Lassalle*, RAE 2011, 807 ff.; *Rigaux*, Europe 12/2011, 17 ff.): Die Festsetzung der geschuldeten Summe erfolgt durch Kommissionsbeschluss auf Grundlage des EuGH-Urteils und der Haushaltsordnung, die Kommission erhält dadurch aber nicht die Kompetenz, inzident auch über die Eignung getroffener mitgliedstaatlicher Maßnahmen zur Beendigung des Verstoßes zu entscheiden; s. auch Art. 260 AEUV, Rn. 17.

[409] Zum Rechtsschutz in dieser Konstellation s. auch unten u. Rn. 93.

[410] Ein Beispiel bildet die Genehmigung strengerer staatlicher Maßnahmen nach Art. 114 AEUV, s. Art. 114 AEUV, Rn. 97 ff.; s. auch *Schroeder*, in: Streinz, EUV/AEUV, Art. 288 AEUV, Rn. 139; *Vogt*, S. 150 ff.

rakter annehmen;[411] er wird teils sogar zur Änderung von Richtlinien eingesetzt, soweit die Änderung keiner Umsetzung bedarf.[412]

3. Wirkungen gegenüber Nichtadressaten

Gegenüber Nicht-Adressaten kann der adressatenbezogene Beschluss begünstigende,[413] aber auch belastende Wirkung entfalten.[414] Die häufig hergestellte Parallele zur beschränkten und grundsätzlich nur zugunsten des Einzelnen eingreifenden Direktwirkung von nicht umgesetzten Richtlinien[415] trifft daher nicht uneingeschränkt zu:[416] Zutreffend ist, dass der Mitgliedstaat, der die ihm in einem adressatenbezogenen Beschluss aufgegebenen Maßnahmen nicht vornimmt, den Einzelnen nicht stattdessen unmittelbar auf die Verbindlichkeit dieses Rechtsakts verweisen kann.[417]   **90**

Wenn der adressatenbezogene Beschluss jedoch keine solchen allgemeinen Umsetzungsmaßnahmen des Mitgliedstaats voraussetzt, sondern nur den formalen Vollzug der in ihm bereits getroffenen konkreten Festlegungen mit den Mitteln des nationalen Rechts verlangt, so muss sich der Einzelne die mit diesem Beschluss fixierte Rechtslage auch ohne mitgliedstaatliche Bestätigung oder »Umsetzung« entgegenhalten lassen;[418]   **91**

---

[411] S. z. B. den an alle Mitgliedstaaten gerichteten Beschluss Nr. 994/2012/EU vom 25. 10. 2012 zur Einrichtung eines Mechanismus für den Informationsaustausch über zwischenstaatliche Energieabkommen zwischen Mitgliedstaaten und Drittländern, ABl. 2012, L 299/13; zum Erlass im Gesetzgebungsverfahren s. bereits o. Rn. 83; zur Bedeutung dieser Qualifikation für den Rechtsschutz s. u. Rn. 93.

[412] S. z. B. den (staatengerichteten) Beschluss 1359/2013/EU vom 17. 12. 2013 zur Änderung der RL 2003/87/EG zur Klarstellung der Bestimmungen über den zeitlichen Ablauf von Versteigerungen von Treibhausgasemissionszertifikaten, ABl. 2013, L 343/1; ebenso vor Inkrafttreten des Vertrags von Lissabon die Entscheidung Nr. 623/2007/EG vom 23. 5. 2007 zur Änderung der RL 2002/2 EG zur Änderung der RL 79/373/EG des Rates über den Verkehr mit Mischfuttermitteln, ABl. 2007, L 154/23; gegen die Möglichkeit *Haratsch*, EuR 1998, 387 (410), der hierfür aber auf den konkret-individuellen Charakter von Entscheidungen abstellt, der bei staatengerichteten Beschlüssen gerade zweifelhaft ist; allgemein zur Austauschbarkeit der Formen s. o. Rn. 5.

[413] Zur Anerkennung der Berufung des Einzelnen auf ihm günstige Entscheidungen s. schon früh EuGH, Urt. v. 6. 10.1970, Rs. 9/70 (Franz Grad), Slg. 1970, 825 (dazu *Grabitz*, EuR 1971, 1 ff.); später z. B. zur Begrenzung der Gebühren für die Fleischbeschau durch die Entscheidung 88/408/EWG des Rates, ABl. 1988 L 194/24: EuGH, Urt. v. 10.11.1991, Rs. C–156/91 (Hansa Fleisch Mundt), Slg. 1992, I–5567; Urt. v. 30. 5. 2002, verb. Rs. C–284/00 u. C–288/00 (Stratmann u. Fleischversorgung Neuss), Slg. 2002, I–4611; in der Folge z. B. OVG Bautzen, SächsVBl. 2005, 68.

[414] S. bereits EuGH, Urt. v. 21.5.1987, Rs. 249/85 (Albako/BALM), Slg. 1987, 2345, Anm. *Nicolaysen*, EuR 1987, 282; dazu z. B. *Mager*, EuR 2001, 661 (679 f.).

[415] So z. B. *Nettesheim*, in: Grabitz/Hilf/Nettesheim, EU, Art. 288 AEUV (August 2012), Rn. 189; *Schweitzer*, Die Rechtshandlungen der Europäischen Gemeinschaft und ihre Wirkung in den Mitgliedstaaten, FS Klein, 1994, S. 85 (98); *Erichsen/Frenz*, Jura 1995, 422 (423).

[416] So auch *Mager*, EuR 2001, 661 (679 f.); *Vogt* (Fn. 387), 230 ff.; *D. Schroeder*, S. 53.

[417] S. EuGH, Urt. v. 18.11.1975, Rs. 30/75 (UNIL-IT SpA), Slg. 1975, 1419, Rn. 16; dazu *Greaves*, E. L.Rev. 21 (1996), 3, 12 f.; ebenso Urt. v. 7. 6. 2007, Rs. C–80/06 (Carp), Slg. 2007, I–4473, Rn. 20 f. Vor den deutschen Gerichten ist die Frage streitig geworden, ob eine durch Vertrag gewährte und von der Kommission beanstandete Subvention auf der Grundlage dieser Kommissionsentscheidung durch Verwaltungsakt zurückgefordert werden kann, auch wenn dafür eine gesetzliche Grundlage fehlt: wohl zu Recht verneinend VG Berlin, EuZW 2005, 659, abl. Anm. *Heidenhain*, EuZW 2005, 660; bejahend dagegen OVG Berlin, EuZW 2006, 91, abl. Anm. *Arhold*, EuZW 2006, 94, zust. Anm. *Kreuschitz*, EStAL 2006, 199 ff.; dazu auch *v. Brevern*, EWS 2006, 150; *Hildebrandt/Castillon*, NVwZ 2006, 298 ff.; *Uwer/Wodarz*, DÖV 2006, 989 ff.

[418] So z. B. *Bast*, in: v. Bogdandy, Europäisches Verfassungsrecht, 2003, S. 479, 531 f. (weniger deutlich in der 2. Aufl., 2009, S. 489/543); s. auch *Nicolaysen*, Europarecht I, S. 341.

das wird insbesondere deutlich bei Einzelfall-Entscheidungen der Unionsorgane, die den Mitgliedstaaten den Vollzug von Belastungen Einzelner – wie etwa die Rückabwicklung rechtswidriger Beihilfen[419] oder die Einziehung unsicherer Produkte[420] – aufgeben. In diesen Fällen wird das Vorliegen der Eingriffsvoraussetzungen auch für Dritte bindend festgestellt, womit deutlich wird, dass der adressatenbezogene Beschluss auch über den Text des Vertrages hinaus für den betroffenen Einzelnen verbindliche Wirkungen entfalten kann, ohne dass dieser notwendig Adressat sein müsste.[421]

4. Rechtsschutz

92   Soweit eine Maßnahme mit rechtlicher Wirkung vorliegt,[422] ist der Rechtsschutz durch die Nichtigkeitsklage für Adressaten gemäß der ersten Alternative des Art. 263 Abs. 4 AEUV und für Nicht-Adressaten nach den anderen Alternativen der Bestimmung gewährleistet. Die Regelungen zum Rechtsschutz bestätigen insoweit, dass eine Wirkung adressatengerichteter Beschlüsse auch gegenüber Nicht-Adressaten von Anfang an vorgesehen war, nachdem in Art. 173 EWGV bzw. 230 Abs. 4 EGV (nun Art. 263 AEUV) von Anfang an eine solche Konstellation drittbelastender Entscheidungen berücksichtigt war, und Klagen insoweit für zulässig erklärt waren;[423] in der Neufassung der Bestimmung durch den Vertrag von Lissabon ist dieser Bezug auf bestimmte Rechtsakt-Formen durch eine rechtsformneutrale Formulierung der Voraussetzungen beseitigt worden, was am Ergebnis aber nichts ändert.

93   Nach der Neufassung stellt sich nun allerdings die Frage, ob adressatengerichtete Beschlüsse auch als Rechtsakte mit Verordnungscharakter im Sinn der durch den Vertrag von Lissabon eingefügten dritten Alternative des Art. 263 Abs. 4 AEUV qualifiziert werden können; relevant wird dies z. B. bei Klagen gegen die Billigung oder Beanstandung staatlicher Beihilfenprogramme, wenn die Kläger die hohen Anforderungen an die nach der zweiten Alternative erforderliche individuelle und unmittelbare Betroffenheit nicht erfüllen.[424] Die Einordnung dürfte aufgrund des quasi-normativen Charakters der in solchen Konstellationen ergehenden staatengerichteten Beschlüsse auch zu bejahen sein;[425] allerdings wird die Zulässigkeit einer Klage regelmäßig an der zusätzlichen Vor-

---

[419] Zur grundsätzlichen Adressierung der beihilfenrechtlichen Beschlüsse an die Mitgliedstaaten s. EuGH, Urt. v. 2.4.1998, Rs. C–367/95 P (Sytraval), Slg. 1998, I–1719, Rn. 45 f., Anm. *Hoenicke*, EuZW 1998, 341; s. auch *Vogt*, S. 93 ff.

[420] Für einen solchen Fall s. die (an die Mitgliedstaaten gerichtete) Kommissionsentscheidung 2006/694/EG vom 13.10.2006 »zum Verbot des Inverkehrbringens des in einer Molkerei im Vereinigten Königreich hergestellten Frischkäses«, ABl. 2006, L 283/59; zum Sachverhalt s. EuG, Urt. v. 29.10.2009, Rs. T–212/06 (Bowland/Kommission), Slg. 2009, II–4073, Anm. *Gundel*, ZLR 2010, 80.

[421] S. EuGH, Urt. v. 9.3.1994, Rs. C–188/92 (Textilwerke Deggendorf), Slg. 1994, I–833; s. zu diesem Aspekt der Entscheidung *Greaves*, E.L.Rev. 21 (1996), 3 (13 f.); s. auch *Vogt*, S. 167 ff.

[422] Zur Abgrenzung s. o. Rn. 85 ff.

[423] Die bis zum Vertrag von Lissabon geltende Fassung erwähnte ausdrücklich Rechtsakte, die den Kläger belasten, obwohl sie als »an eine andere Person gerichtete Entscheidung« ergangen sind (s. auch Art. 263 AEUV, Rn. 57; auch die grundlegende Foto-Frost-Entscheidung des EuGH, Urt. v. 22.10.1987, Rs. 314/85 (Foto Frost), Slg. 1987, 4199, betraf eine staatengerichtete Entscheidung im Zollsektor, die die Belastung des im nationalen Ausgangsverfahren klagenden Importeurs anordnete.

[424] Zum Rechtsschutz von Begünstigten solcher Programme und ihrer Wettbewerber s. m. w. N. *Gundel*, in: Paal/Gersdorf (Hrsg.), Informations- und Medienrecht-Kommentar, 2014, Art. 108 AEUV, Rn. 18, 23 f.

[425] Befürwortend z. B. *Niejahr*, in: Montag/Säcker (Hrsg.), Münchener Kommentar zum Europäischen und Deutschen Wettbewerbsrecht, Bd. 3, VerfahrensR, Rn. 96, 104; für ein Verständnis von auch nur an einen Mitgliedstaat gerichteten Beschlüssen als Rechtsakte von allgemeiner Geltung auch

aussetzung der dritten Alternative scheitern, nach der keine weiteren Durchführungsmaßnahmen erforderlich sein dürfen.[426] Rechtsschutzlücken entstehen dadurch nicht,
weil die Kontrolle wie stets inzident auf dem Weg über eine Klage gegen die nationalen
Ausführungsmaßnahmen erfolgen kann.

III.   Adressatenlose Beschlüsse

1.   Kodifikation und Funktionswandel der Kategorie

Die Kategorie der vor dem Vertrag von Lissabon als Beschlüsse bezeichneten Rechtsak-   **94**
te hatte sich ohne ausdrückliche Grundlage in den Verträgen entwickelt;[427] vor dem
Inkrafttreten der Neuregelung bildete sie das wichtigste Beispiel eines grundsätzlich
verbindlichen und dennoch nicht ausdrücklich normierten Rechtsakts. Genutzt wurde
die Rechtsform zunächst zwar vor allem für Organisationsakte ohne belastende Außenwirkung, bei denen sich die Frage nach der Zulässigkeit der Rechtsform mit geringerer
Intensität stellte;[428] in der Literatur wurde angesichts der fehlenden normativen Basis
überwiegend angenommen, dass dieses Instrument nur Verpflichtungen der EU, aber
höchstens eingeschränkt Pflichten der Mitgliedstaaten und jedenfalls keine Belastungen
des Einzelnen begründen könnte.[429] Auch vor dem Inkrafttreten des Vertrags von Lissabon ist eine solche Verwendung auch für eingreifende Maßnahmen aber durchaus
feststellbar: So hat die Kommission z. B. die mitgliedstaatlichen Listen der Veranstaltungen, die nach der AVMD-Richtlinie[430] der Ausstrahlung im frei empfangbaren Fernsehen zugänglich sein müssen, durch adressatenlose Beschlüsse genehmigt,[431] nachdem

---

GA *Kokott*, Schlussanträge zu Rs. C–274/12 P (Telefónica/Kommission; das Urteil selbst nimmt zu
dem Punkt nicht Stellung), ECLI:EU:C:2013:852, Rn. 25; s. auch bündig zur Einordnung des staatengerichteten Beschlusses 2011/278/EU vom 27.4.2011 zur Festlegung EU-weiter Übergangsvorschriften zur Harmonisierung der kostenlosen Zuteilung von Emissionszertifikaten, ABl. 2011, L
130/1: EuG, Beschl. v. 4.6.2012, Rs. T–381/11 (Eurofer/Kommission), ECLI:EU:T:2012:273, Rn. 42:
Der Begriff des Rechtsakts mit Verordnungscharakter erfasse »jeden Rechtsakt mit allgemeiner Geltung mit Ausnahme von Gesetzgebungsakten«.
[426] Dazu für eine Klage gegen die Beanstandung von Beihilfenprogrammen durch die Kommission
EuGH, Urt. v. 19.12.2013, Rs. C–274/12 P (Telefónica/Kommission), ECLI:EU:C:2013:852,
Rn. 30 ff.; dazu *Nihoul/Delforge*, JDE 2014, 156 ff.; ebenso zu Klagen gegen den staatengerichteten
Beschluss 2011/278/EU vom 27.4.2011 zur Festlegung EU-weiter Übergangsvorschriften zur Harmonisierung der kostenlosen Zuteilung von Emissionszertifikaten, ABl. 2011, L 130/1: EuG, Beschl.
v. 4.6.2012, Rs. T–379/11 (Hüttenwerke Krupp Mannesmann/Kommission), ECLI:EU:T:2012:272,
Rn. 33 ff.; Beschl. v. 4.6.2012, Rs. T–381/11 (Eurofer/Kommission), ECLI:EU:T:2012:273, Rn. 41 ff.;
zu den hohen Anforderungen an dieses Merkmal s. *Gundel*, EWS 2014, 22 (24 f.); s. auch Art. 263
AEUV, Rn. 81 ff.
[427] Zur Entwicklung s. ausführlich *Bast*, S. 121 ff.
[428] S. zur Entwicklung wiederum *Bast*, insbes. S. 127 ff.
[429] Dazu *Bast*, S. 212 ff. mit einer Herleitung der beschränkten Verbindlichkeit für die Mitgliedstaaten aus dem heutigen Art. 4 Abs. 3 EUV.
[430] Art. 3a der RL 89/552/EWG vom 3.10.1989 zur Koordinierung bestimmter Rechts- und Verwaltungsvorschriften der Mitgliedstaaten über die Ausübung der Fernsehtätigkeit, ABl. 1989, L
298/23, eingefügt durch die RL 97/36/EG vom 30.6.1997, ABl. 1997, L 202/60, nun Art. 14 der RL
2010/13/EU zur Koordinierung bestimmter Rechts- und Verwaltungsvorschriften der Mitgliedstaaten
über die Bereitstellung audiovisueller Mediendienste, ABl. 2010, L 95/1.
[431] Die Bestätigung der Aufnahme durch die Kommission führt dazu, dass die Vermarktungsmög-
lichkeiten der privaten Rechteinhaber eingeschränkt werden, weil sie Pay-TV-Veranstaltern keine
Exklusivrechte einräumen können; der EuGH hat diese Einschränkung jedoch als legitim eingestuft, s.
EuGH, Urt. v. 18.7.2013, Rs. C–201/11 P (UEFA/Kommission), ECLI:EU:C:2013:519 (834 ff.;
839 ff.), Anm. *Philipp*, EuZW 2013, 801, Anm. *Linsenbarth*, K&R 2013, 574; die Form der Genehmigung wurde dabei nicht thematisiert.

das Gericht erster Instanz festgestellt hatte, dass eine solche konstitutive Genehmigung erforderlich sei.[432] Der Vertrag von Lissabon hat dieses Instrument nun kodifiziert und ermöglicht durch diese Absicherung letztlich auch seinen breiteren Einsatz.

95   Die Wirkung der adressatenlosen Beschlüsse entspricht dabei im heutigen Stand letztlich derjenigen von Verordnungen: Sie sind in den Mitgliedstaaten wirksam, ohne einer Umsetzung zu bedürfen.[433] In der Literatur finden sich allerdings auch nach dem Inkrafttreten des Vertrags von Lissabon restriktivere Sichtweisen, nach denen die adressatenlosen Beschlüsse unmittelbare Bindungswirkung nur für die EU-Organe entfalten, also keine Verpflichtungen der Mitgliedstaaten oder Einzelner begründen können.[434]

96   Die Rechtsetzungspraxis ist über die damit beschriebene[435] und historisch durchaus zutreffende Beschränkung auf EU-interne Organisationsakte[436] und Förderprogramme[437] allerdings zwischenzeitlich hinweggegangen: Insbesondere in der Durchführungsrechtsetzung der Kommission wird der adressatenlose Beschluss heute als Rechtsform genutzt, um die im Sekundärrecht begründeten Verpflichtungen Einzelner normativ zu konkretisieren[438] oder auch zu verändern;[439] auch für die EU-Agenturen ist der Einsatz dieses Instruments vom EU-Gesetzgeber vorgesehen[440] und vom EuGH gebilligt worden.[441] Nachdem der Beschluss nun ein durch den Vertrag geregeltes Instrument ist und

---

[432] EuG, Urt. v. 16.12.2005, Rs. T–33/01 (Infront/Kommission), Slg. 2005, II–5897, bestätigt durch EuGH, Urt. v. 13.3.2008, Rs. C–125/06, Slg. 2008, I–1451.

[433] Ebenso *König*, in: Schulze/Zuleeg/Kadelbach, Europarecht, § 2, Rn. 71; *Knauff*, S. 89.

[434] So *Schroeder*, in: Streinz, EUV/AEUV, Art. 288 AEUV, Rn. 134; *Nettesheim*, in: Grabitz/Hilf/Nettesheim, EU, Art. 288 AEUV (August 2012), Rn. 93, 195; für eine Mittelposition *Glaser*, S. 366 ff.: Beschlüsse seien verbindlich, besäßen aber keine unmittelbare Geltung und bedürften daher zwar nicht der Umsetzung, aber der Konkretisierung durch Durchführungsrechtsakte oder mitgliedstaatliches Handeln.

[435] S. z.B. *Schroeder*, in: Streinz, EUV/AEUV, Art. 288 AEUV, Rn. 135; Bezugspunkt der Positionen ist regelmäßig die Darstellung bei v. *Bogdandy/Bast/Arndt*, ZaöRV 2002, 77 (102 ff.); s. auch noch *Bast*, S. 127 ff., 179 ff.

[436] S. *Bast*, S. 128 f.; die Rechtsform wird auch heute noch genutzt, wobei die entsprechenden Rechtsakte durch die fehlende Angabe einer spezifischen Rechtsgrundlage gekennzeichnet sind, s. z.B. den Beschluss 2014/333/EU vom 5.6.2014 über den Schutz personenbezogener Daten im Europäischen e-Justiz-Portal, ABl. 2014, L 167/57.

[437] S. *Bast*, S. 129, 190 ff.; s. dafür statt vieler den Beschluss 1622/2006/EG vom 24.10.2006 über die Einrichtung einer Gemeinschaftsaktion zur Förderung der Veranstaltung »Kulturhauptstadt Europas« für die Jahre 2007 bis 2019, ABl. 2006, L 304/1.

[438] S. z.B. den Durchführungsbeschluss 2013/674/EU der Kommission vom 25.11.2013 über Leitlinien zu Anhang I der VO (EG) Nr. 1223/2009 des Europäischen Parlaments und des Rates über kosmetische Mittel, ABl. 2013, L 315/82, zu den Anforderungen an den in Art. 10 der VO vorgesehenen Sicherheitsbericht; Durchführungsbeschluss 2013/63/EU vom 24.1.2013 zur Annahme von Leitlinien zur Umsetzung der in Art. 10 der VO (EG) Nr. 1924/2006 dargelegten speziellen Bedingungen für gesundheitsbezogene Angaben, ABl. 2013, L 22/25.

[439] S. den Beschluss 2012/490/EU vom 24.8.2012 zur Änderung von Anhang I der VO (EG) Nr. 715/2009 des EP und des Rates über die Bedingungen für den Zugang zu den Erdgasfernleitungsnetzen, ABl. 2012, L 231/16; s. auch schon vor dem Vertrag von Lissabon den Beschluss 2006/770/EG der Kommission v. 9.11.2006 zur Änderung des Anhangs zur VO (EG) Nr. 1228/2003 über die Netzzugangsbedingungen für den grenzüberschreitenden Stromhandel, ABl. 2006, L 312/59; zur Rechtsform in diesem Fall auch *Lecheler*, DVBl 2008, 873 (878).

[440] S. Art. 28 der VO (EU) Nr. 236/2012 vom 14.3.2012 über Leerverkäufe und bestimmte Aspekte von Credit Default Swaps, ABl. 2012, L 86/1 zur Befugnis der Europäischen Wertpapier- und Marktaufsichtsbehörde (ESMA) zum Verbot von Leerverkäufen.

[441] EuGH, Urt. v. 22.1.2014, Rs. C–270/12 (Großbritannien/Rat und Parlament), ECLI:EU:C:2014:18, Anm. *Ohler*, JZ 2014, 249, Anm. *Skowron*, EuZW 2014, 349; speziell dazu *Ohler*, JZ 2014, 249 (251); zur Zulassung der Ermächtigung von Agenturen zum Erlass auch normativ wirkender Regelungen s. Art. 291 AEUV, Rn. 13 f.

die Rechtsakte auf einer tragfähigen Rechtsgrundlage ergehen (müssen), bestehen auch dogmatisch keine durchgreifenden Einwände gegen diese Form der Rechtsetzung; allein die Abgrenzung zur Handlungsform der Verordnung bereitet Schwierigkeiten.[442]

2. Rechtsschutz

Die Nähe des adressatenlosen Beschlusses zur Verordnung zeigt sich auch in Bezug auf   **97**
den Rechtsschutz: Es handelt sich um normative Rechtsakte, die von den privilegierten Klägern ohne weitere Voraussetzungen,[443] von Einzelnen unter den zusätzlichen Anforderungen des Art. 263 Abs. 4 AEUV angegriffen werden können; angesichts des normativen Charakters wird auch die Voraussetzung als Rechtsakts mit Verordnungscharakter nach der dritten Alternative des Absatzes zu bejahen sein, wenn der Beschluss nicht im Gesetzgebungsverfahren ergangen ist.[444]

E. Empfehlungen, Stellungnahmen und andere – nicht geregelte – unverbindliche Rechtsakte

I. Die unverbindlichen Rechtsakte des EU-Rechts

Während der Kreis der verbindlichen Rechtsakte durch die Art. 288 Abs. 2–4 AEUV   **98**
grundsätzlich abschließend geregelt ist,[445] ist der Bereich der unverbindlichen Rechtsdokumente im Primärrecht mit Art. 288 Abs. 5 AEUV nur fragmentarisch normiert. Die Mehrzahl der hier von den EU-Organen genutzten Formen hat sich ohne ausdrückliche Rechtsgrundlage in der Praxis entwickelt, was angesichts der fehlenden Bindungswirkung dieser Rechtsakte nicht als grundsätzlich problematisch erscheint.[446] Auf diese fehlende Textverankerung bezieht sich auch die verbreitete Bezeichnung dieser Handlungen als atypische oder unbenannte Rechtsakte; das ganze Feld der nicht förmlich verbindlichen Dokumente wird in neuerer Zeit häufig mit dem aus dem Völkerrecht übernommenen Begriff des soft law[447] zusammengefasst.[448] Den für die einzelnen Dokumente verwendeten unterschiedlichen Begriffen[449] – Mitteilungen, Leitlinien, Grünbücher,[450] Weißbücher, Entschließungen,[451] Gemeinschafts- bzw. EU-Rahmen,[452] Ver-

---

[442] *König*, in: Schulze/Zuleeg/Kadelbach, Europarecht, § 2 Rn. 72; s. auch *Hetmeier*, in: Lenz/Borchardt, EU-Verträge, Art. 288 AEUV, Rn. 21; *Glaser*, S. 370 ff.; *Stelkens*, ZEuS 2005, 61 (89 ff.).

[443] S. z. B. zum Beschluss des Rates vom 24. 5. 2007 über die Festlegung des im Namen der Europäischen Gemeinschaft zu vertretenden Standpunktes zu bestimmten Vorschlägen, die der 14. Konferenz der Vertragsparteien des Übereinkommens über den internationalen Handel mit gefährdeten Arten freilebender Tiere und Pflanzen (CITES) [...] vorgelegt wurden: EuGH, Urt. v. 1. 10. 2009, Rs. C–370/07 (Kommission/Rat), Slg. 2009, I–8917, Rn. 42 ff.

[444] Zum Einsatz des Instruments in der Durchführungsrechtsetzung s. o. Rn. 96.

[445] S. o. Rn. 3.

[446] S. m. w. N. *Glaser*, S. 381 f.

[447] S. dazu im Überblick *Schwarze*, EuR 2011, 3 ff.; s. auch *Senden*, Soft Law in EC Law, 2004, passim; *Brohm*, S. 75 ff.; *Knauff*, S. 213 ff., 296 ff.

[448] *Senden* (Fn. 447), S. 162 f. u. passim unterscheidet insoweit zwischen den in Abs. 5 geregelten Akten als »formal soft law« und den nicht normierten Formen als »non-formal soft law«.

[449] Zur Begriffsvielfalt s. auch *Brohm*, S. 25 ff.; *Knauff*, S. 320, 324.

[450] Speziell zu dieser Kategorie s. näher *Dero-Bugny*, RTDE 2005, 81 ff.

[451] Zu dieser insbes. vom Rat gewählten Form s. noch u. Rn. 101.

[452] Zu dieser v. a. im Beihilfenrecht geläufigen Form s. u. Rn. 122.

haltenskodizes, Bekanntmachungen[453] – ist gemeinsam, dass die mit ihnen bezeichneten Rechtsakte zwar nicht rechtlich verbindlich sind, aber doch Handlungen von rechtlicher Relevanz darstellen, weil sie die Auslegung verbindlicher Rechtsakte beeinflussen können oder die Ausfüllung von Ermessensspielräumen der EU-Verwaltung vorzeichnen; konsequent ist in der Literatur die Frage umstritten, ob auch für solche Rechtsakte der Grundsatz der begrenzten Ermächtigung und damit das Erfordernis einer Rechtsgrundlage in den Verträgen gilt.[454] Im Wege einer Gruppenbildung werden hier neben den in Art. 288 Abs. 5 AEUV geregelten Formen die unbenannten Instrumente unter dem allgemeinen Begriff der Mitteilung zusammengefasst (Rn. 110 ff.); gesondert werden die Leitlinien behandelt, weil hier in Rechtsetzung und Literatur teils Tendenzen zur Verselbständigung als eigenständige Normenkategorie festzustellen sind (Rn. 120 ff.).

II. Die geregelten Formen: Empfehlungen und Stellungnahmen

1. Gemeinsame Punkte

99 Die Empfehlungen und Stellungnahmen der Unionsorgane sind gemäß Art. 288 Abs. 5 AEUV ausdrücklich nicht als bindende Rechtsakte ausgestaltet. Sie müssen folgerichtig auch nicht auf eine für verbindliche Rechtsakte erforderliche Kompetenznorm[455] gestützt werden und sind gemäß Art. 263 Abs. 1 AEUV einer Nichtigkeitsklage nicht zugänglich.[456]

2. Empfehlungen

a) Zuständigkeiten

100 Die Zuständigkeit zur Abgabe von Empfehlungen, die bisher nur für die Kommission explizit normiert war (Art. 211, 2. Spiegelstrich EGV), ist nun in dem durch den Vertrag von Lissabon neu geschaffenen Art. 292 AEUV allgemeiner geregelt worden. Nur für Empfehlungen des Rates sieht diese Bestimmung in Satz 2 und 3 eine teilweise Angleichung der Erlassvoraussetzungen an die Voraussetzungen für verbindliche Rechtsakte im betroffenen Bereich vor. Damit wird eine durch den Vertrag von Maastricht in manchen Bereichen geschaffene Regelung verallgemeinert, wonach der Rat auf Vorschlag der Kommission Empfehlungen erlassen konnte;[457] diese Praxis wurde später durch Rat und Parlament im Verfahren der Mitentscheidung fortgesetzt.[458] Dieses Vorgehen wäre

---

[453] Diese Bezeichnung findet sich v. a. im EU-Wettbewerbsrecht, s. u. Rn. 112.

[454] S. dazu m. w. N. *Brohm*, S. 123 ff.; dabei wird die Notwendigkeit einer Rechtsgrundlage konsequent von den Stimmen angenommen, die diesen Instrumenten stärkere Bindungswirkungen zuschreiben; die Rechtsetzungspraxis hat sich – bisher ohne Beanstandung durch den EuGH – differenziert entwickelt: Während bei Empfehlungen regelmäßig eine Rechtsgrundlage angegeben wird (s. auch noch u. Rn. 100 f.), ist dies bei Mitteilungen nicht der Fall, s. noch Rn. 110.

[455] Zur Frage der Rechtsgrundlage s. sogleich u. Rn. 100 f.

[456] Zu denkbaren Ausnahmen s. u. Rn. 106.

[457] S. für Beispiele die Empfehlung 98/561/EG vom 24.9.1998 betreffend die europäische Zusammenarbeit zur Qualitätssicherung in der Hochschulbildung, ABl. 1998, L 270/56; Empfehlung 98/560/EG vom 24.9.1998 zur Steigerung der Wettbewerbsfähigkeit der europäischen Industriezweigs der audiovisuellen Dienste und Informationsdienste durch die Förderung nationaler Rahmenbedingungen für die Verwirklichung eines vergleichbaren Niveaus in bezug auf den Jugendschutz und den Schutz der Menschenwürde, ABl. 1998, L 270/48.

[458] S. die Empfehlung 2006/952/EG vom 20.12.2006 über den Schutz Minderjähriger und den Schutz der Menschenwürde und über das Recht auf Gegendarstellung im Zusammenhang mit der Wettbewerbsfähigkeit des europäischen Industriezweiges der audiovisuellen Dienste und Online-

heute nicht mehr möglich, weil die einschlägigen Rechtsgrundlagen nun das ordentliche Gesetzgebungsverfahren vorsehen, in dem gemäß Art. 289 Abs. 1 AEUV nur Verordnungen, Richtlinien und Beschlüsse ergehen können; konsequent wird man Art. 292 AEUV so verstehen müssen, dass der Rat Empfehlungen nun wieder ohne Beteiligung des Parlaments erlassen kann.

Der Rat wird durch die auf Empfehlungen beschränkte Regelung in Art. 292 AEUV in **101** seiner Äußerungskompetenz allerdings kaum eingeschränkt, weil er auch zuvor schon regelmäßig empfehlungsähnliche, aber nicht als solche ausgewiesene Rechtsakte in Form von **Entschließungen**[459] oder **Schlussfolgerungen**[460] vorgelegt hat, die allerdings nur in Teil C des Amtsblatts veröffentlicht wurden; diese Praxis wird auch unter dem Vertrag von Lissabon fortgeführt.[461] Die allgemeine und nicht an weitere Voraussetzungen gebundene Empfehlungskompetenz der Kommission[462] bleibt in jedem Fall in Art. 292 Satz 4 AEUV unverändert erhalten;[463] die Bestimmung wird – wie zuvor Art. 211 EGV – von der Kommission auch regelmäßig als Grundlage herangezogen.[464]

Informationsdienste, ABl. 2006, L 378/72; Empfehlung 2005/865/EG vom 16. 11. 2005 zum Filmerbe und zur Wettbewerbsfähigkeit der einschlägigen Industriezweige, ABl. 2005, L 323/57; Empfehlung 2001/613/EG vom 10. 7. 2001 über die Mobilität von Studierenden, in der Ausbildung stehenden Personen, Freiwilligen, Lehrkräften und Ausbildern in der Gemeinschaft, ABl. 2001, L 215/30; Empfehlung 2001/166/EG v. 12. 2. 2001 zur europäischen Zusammenarbeit bei der Bewertung der Qualität der Schulbildung, ABl. 2001, L 60/51; Empfehlung 2002/413/EG vom 30. 5. 2002 zur Umsetzung einer Strategie für ein integriertes Management der Küstengebiete in Europa, ABl. 2002, L 148/24.

[459] S. z. B. die Entschließung des Rates vom 26. 6. 2000 zur Erhaltung und Erschließung des europäischen Filmerbes, ABl. 2000, C 193/1; Entschließung des Rates vom 12. 2. 2001 zu den einzelstaatlichen Beihilfen für die Filmwirtschaft und den audiovisuellen Sektor, ABl. 2001, C 73/3; Entschließung des Rates vom 16. 11. 2007 zu einer europäischen Kulturagenda, ABl. 2007, C 287/1; zur Nutzung dieser Form durch den Rat s. auch *v. Bogdandy/Bast/Arndt*, ZaöRV 2002, 77 (120 ff.); die Entschließung wird zudem regelmäßig als Form gemeinsamer Erklärungen des Rats und der im Rat vereinigten Vertreter der Mitgliedstaaten eingesetzt, s. für ein jüngeres Beispiel die Entschließung vom 20. 5. 2014 zu einem Arbeitsplan der EU für die Jugend für die Jahre 2014–2015, ABl. 2014, C 183/5.

[460] S. z. B. die Schlussfolgerungen des Rates zur Schaffung eines »Europäischen Kulturerbe-Siegels« durch die Europäische Union, ABl. 2008, C 319/11; Schlussfolgerungen des Rates zur Architektur: Beitrag der Kultur zur nachhaltigen Entwicklung, ABl. 2008, C 319/13.

[461] S. die Entschließung des Rates vom 8. 6. 2010 zur Koordinierung der Vorschriften für beherrschte ausländische Unternehmen (CFC – Controled Foreign Companies) und für Unterkapitalisierung in der Europäischen Union, ABl. 2010, C 156/1 (mit ausdrücklichen Empfehlungen an die Mitgliedstaaten im Text), weiter die Schlussfolgerungen des Rates mit einem Aufruf zur Einführung des European Case Law Identifier (ECLI) und eines Mindestmaßes von einheitlichen Metadaten für die Rechtsprechung, ABl. 2011, C 127/1 (Rn. 20 spricht hier ausdrücklich von Empfehlungen an die Mitgliedstaaten); weiter die Schlussfolgerungen des Rates mit einem Aufruf zur Einführung des European Legislation Identifier (ELI), ABl. 2012, C 325/3 (auch dort werden in Rn. 16 ausdrücklich Empfehlungen ausgesprochen).

[462] Für die Geltung des Grundsatzes der begrenzten Einzelermächtigung auch in diesem Bereich allerdings *Nettesheim*, in: Grabitz/Hilf/Nettesheim, EU, Art. 288 AEUV (August 2012), Rn. 200; *Schroeder*, in: Streinz, EUV/AEUV, Art. 288 AEUV, Rn. 144; *Ruffert*, in: Calliess/Ruffert, EUV/AEUV, Art. 288 AEUV, Rn. 97; anders zu Recht *Biervert*, in: Schwarze, EU-Kommentar, Art. 288 AEUV, Rn. 35. Im Ergebnis folgt hieraus aber wohl kein Unterschied, weil auch die engere Auffassung den Grundsatz überwiegend als durch die allgemeine Ermächtigung der Kommission aus Art. 292 Satz 4 AEUV (s. sogleich Fn. 464) gewahrt anzusehen scheint; anders allerdings *Schroeder*, in: Streinz, EUV/AEUV, Art. 288 AEUV, Rn. 144, der ausdrücklich die Rechtsgrundlagen für verbindliche Rechtsakte entsprechend anwendet (die sich heute dafür allerdings zumeist nicht mehr eignen, s. o. Rn. 100).

[463] Dazu (kritisch) *Senden*, ELJ 19 (2013), 57 (67).

[464] S. statt vieler die Empfehlung 2014/70/EU vom 22. 1. 2014 mit Mindestgrundsätzen für die Exploration und Förderung von Kohlenwasserstoffen (z. B. Schiefergas) durch Hochvolumen-Hy-

b) Funktionen und Abgrenzung zur Mitteilung

102 Ein ausdrücklicher Adressat der Empfehlung (wie bei Richtlinien oder adressatengerichteten Beschlüssen) wird häufig nicht benannt; der Sache nach richten sich die Empfehlungen zumeist an die Mitgliedstaaten, gelegentlich auch an andere EU-Einrichtungen[465] und vereinzelt auch unmittelbar an den Einzelnen.[466] Trotz ihres nicht bindenden Charakters können die Empfehlungen zur Auslegung des verbindlichen Unionsrechts heranzuziehen und insofern auch für nationale Behörden und Gerichte beachtlich sein,[467] ohne allerdings den Gerichtshof in seiner Interpretation dieser Rechtsakte präjudizieren zu können;[468] insoweit sind auch auf die Auslegung von Empfehlungen gerichtete Vorlagen nach Art. 267 AEUV zulässig.[469]

103 Die Abgrenzung zur (nicht normierten) Kategorie der Mitteilungen ist nur in formaler Hinsicht einfach: Insofern ist die Bezeichnung maßgeblich, an die auch die Veröffentlichungspraxis anknüpft, nach der Empfehlungen traditionell im ABl. EU Teil L veröffentlicht werden, während Mitteilungen allenfalls – und soweit ersichtlich mit abnehmender Tendenz – in Teil C aufgenommen werden. In materiell-inhaltlicher Hinsicht wird man typisierend festhalten können, dass mit dem Instrument der Empfehlung häufig konkrete Handlungserwartungen an das mitgliedstaatliche Regierungs- und Verwaltungshandeln formuliert werden;[470] besonders deutlich wird diese Umset-

---

drofracking, ABl. 2014, L 39/72; nur vereinzelt werden speziellere Bestimmungen wie Art. 181 AEUV angeführt, die der Kommission ohne Spezifizierung die Initiative zuweisen, s. z. B. die Empfehlung 2011/413/EU vom 11.7.2011 für eine Initiative zur gemeinsamen Planung der Forschungsprogramme im Bereich »Länger und besser leben – Möglichkeiten und Probleme des demographischen Wandels«, ABl. 2011, L 183/28.

[465] So z. B. die Empfehlung 2003/361/EG der Kommission vom 6.5.2003 betreffend die Definition der Kleinstunternehmen sowie der kleinen und mittleren Unternehmen, ABl. 2003, L 124/36, die sich nach ihrem Art. 4 neben den Mitgliedstaaten auch an den Europäischen Investitionsfonds und die Europäische Investitionsbank richtet.

[466] S. z. B. die Empfehlung 2014/117/EU der Kommission vom 3.3.2014 über die Erstellung und Durchführung von Produktions- und Vermarktungsplänen gemäß der VO (EU) Nr. 1379/2013 vom 11.12.2013 über die gemeinsame Marktorganisation für Erzeugnisse der Fischerei und der Aquakultur, ABl. 2014, L 65/31, die sich unmittelbar an die nationalen Erzeugerorganisationen wendet; s. auch die Empfehlung 2013/142/EU der Kommission vom 12.3.2013 für ein demokratischeres und effizienteres Verfahren für die Wahlen zum Europäischen Parlament, ABl. 2013, L 79/29, die sich neben den Mitgliedstaaten an die politischen Parteien auf EU- und nationaler Ebene richtet.

[467] So EuGH, Urt. v. 13.12.1989, Rs. C–322/88 (Grimaldi), Slg. 1989, 4407, Rn. 13 ff.; dazu *Arnull*, E. L.Rev. 15 (1990), 318 ff.; *Zahlbruckner*, JBl. 1993, 345 ff.; weiter EuGH, Urt. v. 21.1.1993, Rs. C–188/91 (Deutsche Shell), Slg. 1993, I–363, Rn. 18; Urt. v. 11.9.2003, Rs. C–207/01 (Altair Chimica), Slg. 2003, I–8875, Rn. 41; Urt. v. 24.4.2008, Rs. C–55/06 (Arcor), Slg. 2008, I–2931, Rn. 94; die dort jeweils angenommene Berücksichtigungspflicht ist jedoch keine Befolgungspflicht und ändert damit nichts am unverbindlichen Charakter.

[468] Weitergehend vereinzelte Stimmen in der Literatur, so z. B. *Bleckmann*, RIW 1988, 963 ff.; *ders.*, RIW 1991, 218 ff., der Rechtsauskünften der Kommission den Charakter einer verbindlichen Interpretation zuspricht.

[469] S. z. B. EuGH, Urt. v. 27.2.2014, Rs. C–110/13 (HaTeFo GmbH), ECLI:EU:C:2014:114, Anm. *Dietze* EuZW 2014, 345, auf Vorlage des BFH zur Auslegung der Empfehlung 2003/361/EG der Kommission vom 6.5.2003 betreffend die Definition der Kleinstunternehmen sowie der kleinen und mittleren Unternehmen, ABl. 2003, L 124/36.

[470] S. für Beispiele die Empfehlung 2001/893/EG der Kommission vom 7.12.2001 über Grundsätze zur Nutzung von ›SOLVIT‹, dem Problemlösungsnetz für den Binnenmarkt, ABl. 2001, L 331/79 (nun ersetzt durch die Empfehlung 2013/461/EU vom 17.9.2013 zu den Grundsätzen für SOLVIT, ABl. 2013, L 249/10), mit der den Mitgliedstaaten die Schaffung dieses Netzwerks angesonnen wird; dazu *Rigaux*, Europe 12/2012, 39 ff.; *Gundel*, EuR 2013, 466 ff.; weiter die Empfehlung 98/257/EG der Kommission vom 30.3.1998 betreffend die Grundsätze für Einrichtungen, die für die außerge-

zungserwartung[471] bei Empfehlungen, die den Mitgliedstaaten zugleich die Berichterstattung an die Kommission über die Umsetzung zu bestimmten Stichtagen empfehlen[472] oder »Übergangsfristen« festlegen.[473] Mitteilungen beschreiben dagegen entweder den Stand des geltenden Rechts aus der Perspektive der Kommission oder geben eigene Vorhaben und Handlungsmaximen der Kommission in Bereichen wieder, in denen sie über eigene Entscheidungsspielräume verfügt.[474] Nicht selten ergehen danach für einen Sachbereich nebeneinander eine Empfehlung mit unmittelbaren »Handlungserwartungen« an die Mitgliedstaaten und eine erläuternde Mitteilung, die auch die weiteren Absichten der Kommission beschreibt.[475] Die in der Literatur vertretene Vorstellung einer funktionalen Austauschbarkeit und Gleichwertigkeit von Empfehlungen und Mitteilungen[476] erscheint jedenfalls insoweit nicht durch die Kommissionspraxis gedeckt.

Das Instrument der Empfehlung wird von der Kommission allerdings teils auch genutzt, um sektorenübergreifend (und unabhängig von den für die verschiedenen Bereiche einschlägigen Rechtsgrundlagen) bestimmte Begriffsdefinitionen festzuschreiben,[477] auf die dann in anderen (verbindlichen) Rechtsakten verwiesen werden kann.[478] In die- **104**

---

richtliche Beilegung von Verbraucherrechtsstreitigkeiten zuständig sind, ABl. 1998, L 115/31, oder die Empfehlung 2013/396/EU der Kommission vom 11.6.2013 über Gemeinsame Grundsätze für kollektive Unterlassungs- und Schadenersatzverfahren in den Mitgliedstaaten bei Verletzung von durch Unionsrecht garantierten Rechten, ABl. 2013, L 201/60.

[471] *Bast*, S. 204, bezeichnet die Empfehlung insofern als die unverbindliche »kleine Schwester der Richtlinie«, da die Umsetzung hier in das Ermessen der Mitgliedstaaten gestellt sei; von einer »unverbindlichen Richtlinie« sprechen auch *v. Bogdandy/Bast/Arndt*, ZaöRV 2002, 77 (115).

[472] S. z.B. Rn. 39f. der Empfehlung 2013/396/EU (Rn. 470); Rn. 34 der Empfehlung 2014/35/EU vom 12.3.2014 für einen neuen Ansatz im Umgang mit unternehmerischem Scheitern und Unternehmensinsolvenzen, ABl. 2014, L 74/65 (zu ihr *Nagy*, MJ 2015, 530ff.); Rn. 9 der Empfehlung 2008/345/EG der Kommission vom 7.2.2008 für einen Verhaltenskodex für verantwortungsvolle Forschung im Bereich der Nanowissenschaften und -technologien, ABl. 2008, L 116/46.

[473] So z.B. Rn. 60 der Empfehlung 2013/466/EU der Kommission vom 11.9.2013 über einheitliche Nichtdiskriminierungsverpflichtungen und Kostenrechnungsmethoden zur Förderung des Wettbewerbs und zur Förderung des Umfelds für Breitbandinvestitionen, ABl. 2013, L 251/13; Rn. 11 der Empfehlung 2009/396/EG der Kommission vom 7.5.2009 über die Regulierung der Festnetz- und Mobilfunk-Zustellungsentgelte in der EU, ABl. 2009, L 124/67.

[474] S. näher u. Rn. 111f.; die Mitteilungen der zweiten Gruppe werden dabei terminologisch häufig als Leitlinien ausgewiesen, s. näher u. Rn. 120ff.

[475] S. z.B. für die Regelung des sog. Fracking in den Mitgliedstaaten die Kommissionsempfehlung 2014/70/EU vom 22.1.2014 mit Mindestgrundsätzen für die Exploration und Förderung von Kohlenwasserstoffen (z.B. Schiefergas) durch Hochvolumen-Hydrofracking, ABl. 2014, L 39/72 (dazu *Musialski/Nyssen*, JDE 2014, 197ff.); daneben die Mitteilung vom 22.1.2014 über die Exploration und Förderung von Kohlenwasserstoffen (z.B. Schiefergas) durch Hochvolumen-Hydrofracking in der EU, KOM (2014) 23 endg.; weiter zur Einrichtung des SOLVIT-Netzwerkes neben der Empfehlung 2001/893/EG (Fn. 469) die Mitteilung vom 27.11.2001 Eine wirksame Problemlösung im Binnenmarkt (›SOLVIT‹)«, KOM (2001) 702 endg.

[476] S. insbes. *Brohm*, S. 64f., 67ff., der für eine Einordnung der Mitteilungen als »verwaltungsvollzugsbezogene Empfehlungen« plädiert; ähnlich wohl das Verständnis von GA *Kokott*, Schlussanträge zu Rs. C–226/11 (Expedia), ECLI:EU:C:2012:544, Rn. 29ff.; dogmatisch ist eine solche Verschmelzung sicher denkbar, sie entspricht aber nicht der tatsächlichen Entwicklung, so zu Recht *Glaser*, S. 386f.

[477] S. die Empfehlung 2003/361/EG der Kommission vom 6.5.2003 betreffend die Definition der Kleinstunternehmen sowie der kleinen und mittleren Unternehmen, ABl. 2003, L 124/36 (zu diesem Beispiel auch *Brohm*, S. 69), oder die Empfehlung 2011/696/EU der Kommission vom 18.10.2011 zur Definition von Nanomaterialien, ABl. 2011, L 275/38.

[478] S. für einen solchen Verweis auf die KMU-Definition der Empfehlung 2003/361/EG (Fn. 477)

ser Verwendung kann das Instrument, das sich hier funktional der Mitteilung besonders stark annähert, als Ersatz für aufwändige verbindliche Kodifikationen dienen;[479] der operative Inhalt der Empfehlung an die Mitgliedstaaten beschränkt sich dann darauf, ebenfalls von dieser Definition auszugehen.[480]

105   Im Sekundärrecht ist der Erlass von Empfehlungen durch die Kommission teils als Instrument der mittelbaren Steuerung des nationalen Verwaltungsvollzugs ausdrücklich vorgesehen.[481] In diesen Bereichen ist dann die jeweils spezifische Rechtsgrundlage anwendbar;[482] dabei sind teils zusätzliche Vorgaben für das Erlassverfahren wie etwa die Einschaltung von Ausschüssen vorgesehen,[483] teils wird zugleich eine »verstärkte Unverbindlichkeit« normiert,[484] nach der die Vorgaben von den Mitgliedstaaten nach Möglichkeit zu berücksichtigen sind.[485]

---

z. B. Art. 2 Abs. 1 der VO (EG) Nr. 2049/2005 der Kommission zur Festlegung [...] von Regeln für die Entrichtung von Gebühren an die Europäische Arzneimittel-Agentur durch Kleinstunternehmen und kleine und mittlere Unternehmen [...], ABl. 2005, L 329/4; Art. 6 Abs. 5 der RL 2014/40/EU vom 3.4.2014 zur Angleichung der Rechts- und Verwaltungsvorschriften der Mitgliedstaaten über die Herstellung, die Aufmachung und den Verkauf von Tabakerzeugnissen und verwandten Erzeugnissen und zur Aufhebung der Richtlinie 2001/37/EG, ABl. 2014, L 127/1; für einen vergleichbaren Verweis eines verbindlichen Rechtsakts auf eine Mitteilung s. u. Fn. 503.

[479] Dazu auch *v. Bogdandy/Bast/Arndt*, ZaöRV 2002, 77 (117).

[480] So z. B. Pkt. 1 der Empfehlung 2011/696/EU der Kommission vom 18.10.2011 zur Definition von Nanomaterialien, ABl. 2011, L 275/38.

[481] S. z. B. Art. 19 Abs. 1 der RL 2001/21/EG vom 7.3.2002 über einen gemeinsamen Rechtsrahmen für elektronische Kommunikationsnetze und -dienste (Rahmenrichtlinie), ABl. 2002, L 108/33: »Gibt die Kommission gemäß dem in Art. 22 Abs. 2 genannten Verfahren Empfehlungen an die Mitgliedstaaten [...] ab, so sorgen die Mitgliedstaaten dafür, dass die nationalen Regulierungsbehörden diesen Empfehlungen bei der Wahrnehmung ihrer Aufgaben weitestgehend Rechnung tragen. Beschließt eine nationale Regulierungsbehörde, sich nicht an eine Empfehlung zu halten, so teilt sie dies unter Angabe ihrer Gründe der Kommission mit.«

[482] Für die grundsätzliche Zulässigkeit dieser Gestaltung überzeugend *Brohm*, S. 129 f.; danach hat die allgemeine und voraussetzungslose Empfehlungskompetenz der Kommission aus Art. 292 Satz 4 AEUV (Rn. 101), die hier »kanalisiert« wird, nur Auffangcharakter.

[483] S. Art. 19 i. V. m. Art. 22 der RL 2001/21/EG (Fn. 481); für ein jüngeres Beispiel s. die Empfehlung 2013/466/EU der Kommission vom 11.9.2013 über einheitliche Nichtdiskriminierungsverpflichtungen und Kostenrechnungsmethoden zur Förderung des Wettbewerbs und zur Verbesserung des Umfelds für Breitbandinvestition, ABl. 2013, L 251/13; ebenso die Empfehlung von Kontrollplänen im EU-Lebensmittelhygienerecht gemäß Art. 53 der VO (EG) Nr. 882/2004 vom 29.4.2004 über amtliche Kontrollen zur Überprüfung der Einhaltung des Lebensmittel- und Futtermittelrechts sowie der Bestimmungen über Tiergesundheit und Tierschutz, ABl. 2004, L 165/1 (berichtigte Fassung in ABl. 2004, L 191/1), s. z. B. für die Vorgaben für die Fleischtestung während des Pferdefleischskandals im Frühjahr 2013 die Empfehlung 2013/99/EU der Kommission vom 19.2.2013 über einen koordinierten Kontrollplan zur Feststellung der Verbreitung betrügerischer Praktiken bei der Vermarktung bestimmter Lebensmittel, ABl. 2013, L 48/8.

[484] S. wiederum den Text von Art. 19 RL 2001/21/EG (Fn. 481); weiter Art. 22 Abs. 3 der RL 2001/22/EG vom 7.3.2002 über den Universaldienst und Nutzerrechte bei elektronischen Kommunikationsnetzen und -diensten (Universaldienstrichtlinie), ABl. 2002, L 108/51 (eingefügt durch die RL 2009/136/EG vom 25.11.2009, ABl. 2009, L 337/11): »Die nationalen Regulierungsbehörden tragen den Kommentaren und Empfehlungen der Kommission weitestgehend Rechnung [...].« Für einen Anwendungsfall s. die Empfehlung 2012/798/EU vom 12.12.2012 zum Notifizierungsverfahren gem. Art. 22 Abs. 3 der RL 2002/22/EG [...], ABl. 2012, L 349/72.

[485] S. z. B. die Empfehlung 2009/396/EG der Kommission vom 7.5.2009 über die Regulierung der Festnetz- und Mobilfunk-Zustellungsentgelte in der EU, ABl. 2009, L 124/67, mit der den nationalen TK-Regulierungsbehörden ab 1.1.2013 die Zugrundelegung einer neuen Berechnungsmethode für zu genehmigende Tarife nahegelegt wird; die deutsche BNetzA hat sich in diesem Fall gegen eine Befolgung entschieden, s. dazu *Coppik*, N&R 2013, 17 ff.; *Kühling/Schall*, CR 2012, 82 ff.; *Koenig/Meyer*, K&R 2013, 236 ff.

c) Rechtsschutz

Rechtsschutz gegen Empfehlungen ist allenfalls auf Umwegen denkbar: Die Nichtig-   **106**
keitsklage erscheint nach dem Text des Art. 263 Abs. 1 AEUV jedenfalls auf den ersten
Blick als ausgeschlossen. Denkbar ist jedoch eine Übertragung der Rechtsprechung zu
den (ebenfalls auf den ersten Blick unverbindlichen und damit unangreifbaren) Kommissionsmitteilungen, gegen die die Nichtigkeitsklage eröffnet ist, wenn sie den Inhalt
von EU-Recht unzutreffend beschreiben und damit Verpflichtungen voraussetzen, die
tatsächlich nicht bestehen;[486] eine »Schein-Empfehlung«, die z. B. vom geltenden Primär-
oder Sekundärrecht abweichende Definitionen enthielte, müsste nach diesen Grundsätzen ebenfalls zulässiger Gegenstand einer Nichtigkeitsklage sein können. Möglich
bleibt in jedem Fall die Inzidentkontrolle vor den nationalen Gerichten; dass in diesem
Rahmen eine Vorlage zur Auslegung von Empfehlungen möglich ist, entspricht gefestigter Praxis.[487] Ob auch eine Gültigkeitsvorlage zulässig – und damit ggf. nach den
Grundsätzen der Foto-Frost-Rechtsprechung[488] auch geboten – wäre, ist dagegen bisher
nicht geklärt.[489]

3. Stellungnahmen

Die weniger prominente Kategorie der Stellungnahmen wird von den Empfehlungen   **107**
zumeist dahin abgegrenzt, dass es sich hier um Formen der Beteiligung an Verfahren
handelt, die von anderen Organen oder Institutionen betrieben werden;[490] diese Abgrenzung dürfte die tatsächliche Verwendung zutreffend beschreiben,[491] wobei angesichts der Folgenlosigkeit der Unterscheidung letztlich die Bezeichnung durch das handelnde Organ als maßgeblich akzeptiert werden kann. Bei den mit der Stellungnahme
begleiteten Vorgängen kann es sich um Verfahren auf EU-Ebene – insbesondere Rechtssetzungsverfahren – handeln; aber auch mitgliedstaatliche Handlungen (oder Unterlassungen) können Stellungnahmen auslösen – zu denken wäre an die begründete Stellungnahme im Vertragsverletzungsverfahren.[492] Mit den Empfehlungen teilen die Stellungnahmen die Unverbindlichkeit; anders als diese werden sie aber nicht in Teil L, sondern
in Teil C des Amtsblatts veröffentlicht, und auch dort werden regelmäßig nur Stellungnahmen veröffentlicht, die Rechtsetzungsverfahren betreffen.[493]

Regelungen über Stellungnahmen zu Verfahren oder Maßnahmen außerhalb der   **108**
EU-Rechtsetzung finden sich teils im Sekundärrecht: Explizit geregelt ist heute etwa die
Zulässigkeit von Amicus curiae-Stellungnahmen der EU-Kommission vor nationalen
Gerichten in Wettbewerbssachen[494] und in beihilfenrechtlichen Streitigkeiten.[495]

---

[486] S. u. Rn. 116 ff.
[487] S. o. Fn. 467, 469.
[488] S. Art. 267 AEUV, Rn. 58 ff.
[489] Dazu offen *Knauff*, EuR 2011, 735 (738 f.); ablehnend *Scott*, CMLRev. 48 (2011), 329 (345 f.).
[490] S. z. B. *Nettesheim*, in: Grabitz/Hilf/Nettesheim, EU, Art. 288 AEUV (August 2012), Rn. 201.
[491] Etwas anders *Schroeder*, in: Streinz, EUV/AEUV, Art. 288 AEUV, Rn. 147, der auf die verhaltenssteuernde Zielsetzung der Empfehlung abstellt, während die Stellungnahme sich auf eine sachverständige Meinungsäußerung beschränke; zumindest die im Sekundärrecht teils vorgesehenen
Kommissions-Stellungnahmen (Rn. 109) haben allerdings durchaus verhaltenssteuernde Ziele.
[492] S. Art. 258 AEUV, Rn. 25 ff.
[493] *v. Bogdandy/Bast/Arndt*, ZaöRV 2002, 77 (118) gehen davon aus, dass Stellungnahmen stets
im ABl. veröffentlicht werden; die Aussage dürfte sich aber nur auf Stellungnahmen im Rechtsetzungsverfahren beziehen.
[494] Grundlage ist nun Art. 15 Abs. 3 VO (EG) Nr. 1/2003 vom 16. 12. 2002 zur Durchführung der
in den Art. 81 und 82 des Vertrags niedergelegten Wettbewerbsregeln, ABl. 2003, L 1/1, s. auch

109   Den Empfehlungen nahe stehen die ebenfalls sekundärrechtlich geregelten Stellungnahmen der Kommission zu nationalen Regulierungsmaßnahmen:[496] Diese Stellungnahmen, die von den für die abschließende Entscheidung zuständigen nationalen Regulierungsbehörde im Verfahren einzuholen sind, sind im Sekundärrecht so ausgestaltet, dass
diese nicht verbindlich, aber dennoch von den nationalen Behörden so weit wie möglich
zu berücksichtigen sind.[497] Sie stellen damit keine Maßnahme mit Rechtswirkung dar
und sind damit auch nicht tauglicher Gegenstand einer Nichtigkeitsklage.[498] Eine Rechtsschutzlücke entsteht dadurch zwar nicht, weil gegen die abschließende Entscheidung
der nationalen Behörde gerichtlich vorgegangen und in diesem Verfahren durch Vorlage
des nationalen Gerichts zumindest inzident geklärt werden kann, ob eine von der Kommission vertretene Auslegung des anzuwendenden EU-Rechts zutrifft.[499] Angesichts der
damit verbundenen zeitlichen Streckung zwischen der persuasiven Stellungnahme der
Kommission im nationalen Verwaltungsverfahren und der Möglichkeit gerichtlicher
Klärung wird man diese Ausgestaltung zumindest als nicht sehr rechtsschutzfreundlich
einstufen müssen.

Rn. 31 ff. der Bekanntmachung der Kommission vom 27. 4. 2004 über die Zusammenarbeit zwischen
der Kommission und den Gerichten der EU-Mitgliedstaaten bei der Anwendung der Art. 81 und 82 des
Vertrages, ABl. 2004, C 101/54; dazu EuGH, Urt. v. 11. 6. 2009, Rs. C–429/07 (Inspecteur van de
Belastingsdienst), Slg. 2009, I–4833, Rn. 19 ff.; aus der Literatur *Zuber*, Die EG-Kommission als amicus curiae, 2001; zuletzt *Robertson*, WuW 2014, 372 ff.; eine Rechtsgrundlage in verbindlichem EU-
Recht dürfte hier erforderlich sein, um die Berücksichtigung in nationalen Gerichtsverfahren sicherzustellen.

[495] S. Art. 23a der VO (EG) Nr. 659/1999 vom 22. 3. 1999 über besondere Vorschriften für die
Anwendung von Art. 93 des EG-Vertrags, eingefügt durch die VO (EU) Nr. 734/2013 vom 22. 7. 2013,
ABl. 2013, L 204/15.

[496] S. z. B. für die Zertifizierung von Übertragungsnetzbetreibern nach dem dritten Energiebinnenmarktpaket Art. 10 Abs. 6 RL 2009/72/EG vom 13. 7. 2009 über gemeinsame Vorschriften für den
Elektrizitätsbinnenmarkt und zur Aufhebung der Richtlinie 2003/54/EG, ABl. 2009, L 211/55, i. V. m.
Art. 3 Abs. 2 VO (EG) Nr. 714/2009 vom 13. 7. 2009 über die Netzzugangsbedingungen für den
grenzüberschreitenden Stromhandel und zur Aufhebung der Verordnung (EG) Nr. 1228/2003, ABl.
2009, L 211/15; zur Frage der Reichweite dieser »weichen Bindung« s. z. B. *Schaller*, Die Intensivierung des Europäischen Verwaltungsbundes in der Regulierung des Telekommunikations- und Ener-
giesektors, FS Scheuing, 2011, S. 415 (424 ff.); s. auch das Arbeitspapier der Kommissionsdienststellen vom 21. 9. 2011 »on certification of Transmission System Operators of networks for electricity and
natural gas in the European Union«, SEC (2011) 1995 final.

[497] S. Fn. 496; ähnliches gilt für Stellungnahmen nach der VO (EU) Nr. 994/2010 vom 20. 10. 2010
über Maßnahmen zur Gewährleistung der sicheren Erdgasversorgung und zur Aufhebung der Richtlinie 2004/67/EG des Rates, ABl. 2010, L 295/1: Nach Art. 10 Abs. 6 der VO muss der Mitgliedstaat
den Standpunkt der Kommission »uneingeschränkt berücksichtigen«, d. h. Abweichungen sind zu
begründen.

[498] S. zur vergleichbaren Regelung in Art. 7 Abs. 3 der RL 2002/21/EG (Telekommunikations-
RahmenRL) EuG, Beschl. v. 12. 12. 2007, Rs. T–109/06 (Vodafone España/Kommission), Slg. 2007,
II–5151, Rn. 91 ff.; Urt. v. 22. 2. 2008, Rs. T–295/06 (Base NV/Kommission), Slg. 2008, II–28* (abgek.
Veröff.), Rn. 60 ff.; a. A. *Gärditz*, DV 46 (2013), 257 (277 f.), der auch ermessensleitende Wirkungen
als Rechtswirkungen im Sinne des Art. 263 AEUV anerkennen will; wohl auch *Weiß*, Der Europäische
Verwaltungsverbund, 2010, S. 155.

[499] So EuG, Urt. v. 12. 12. 2007, Rs. T–109/06 (Vodafone España/Kommission), Slg. 2007, II–5151,
Rn. 101 f. Dabei würde es sich in erster Linie um eine Vorlage zur Auslegung des von der Kommission
interpretierten Rechts handeln; Rn. 102 des Vodafone-Beschlusses hält darüber hinaus auch Fragen
zur Kommissions-Stellungnahme für möglich, weil das Vorabentscheidungsverfahren sich nicht auf
verbindliche Rechtsakte beschränke (s. auch Rn. 106 für den Fall der Empfehlungen); ob es sich
insoweit dann um eine Gültigkeitsvorlage handeln würde, wird nicht deutlich (s. zur Parallelfrage bei
Empfehlungen o. Fn. 489).

III. Mitteilungen

1. Funktionen und (Un)verbindlichkeit

Die Mitteilungen der Kommission zur Auslegung und Anwendung des Unionsrechts[500] **110** tragen zwar formal unverbindlichen Charakter, haben aber dennoch erhebliche praktische Bedeutung gewonnen. Die formale Unverbindlichkeit[501] folgt hier schon aus der Tatsache, dass diese Instrumente nicht auf eine Rechtsgrundlage gestützt werden (müssen), die potentiell belastende Wirkungen tragen könnte.[502] Verbindlichkeit kann damit nur in seltenen Fällen entstehen, in denen ein später ergangener verbindlicher Rechtsakt auf den Inhalt einer Mitteilung verweist und seine Verbindlichkeit anordnet.[503] Der Vertrag von Lissabon hat an diesem Fehlen eines förmlichen Erlassverfahrens nichts geändert,[504] insbesondere handelt es sich bei diesen Handlungen nicht um Durchführungsrechtsakte im Sinne des Art. 291 AEUV.

Nach ihrer Funktion wird man diese Mitteilungen zumindest in zwei große Gruppen[505] einteilen können, die allerdings Überschneidungen aufweisen: Die erste Gruppe **111** betrifft Fragen, in denen der Kommission keine eigene Vollzugskompetenz zukommt, und beschränkt sich darauf, den Inhalt des geltenden EU-Rechts aus der Perspektive der Kommission zu beschreiben;[506] indirekt kann hier aber dennoch ein künftiges Vorgehen

---

[500] S. aus der Literatur in neuerer Zeit: *Brohm*, Die »Mitteilungen« der Kommission im Europäischen Verwaltungs- und Wirtschaftsraum, 2012; *Walzel*, Bindungswirkungen ungeregelter Vollzugsinstrumente der EU-Kommission, 2008; *Scott*, CMLRev. 48 (2011), 329 ff.; *Schübel-Pfister*, ZLR 2004, 403 ff.; *Lefevre*, E.L.Rev. 29 (2004), 808 ff.; *Tournepiche*, RevMC 2002, 55 ff.; *Adam*, Die Mitteilungen der Kommission: Verwaltungsvorschriften des Europäischen Gemeinschaftsrechts?, 1999; *Marini*, Riv. Dir. Eur. 1998, 517 ff.

[501] Anders aber *Frenz*, WRP 2010, 224 (229), der eine faktische Verbindlichkeit für die Mitgliedstaaten auf dem Weg über die Grundsätze des Vertrauensschutzes und der Rechtsgleichheit beim Vollzug des EU-Rechts annimmt; dagegen zu Recht *Brohm*, S. 111 ff., der allerdings selbst eine Beachtungspflicht entsprechend den Empfehlungen (s. o. Rn. 102) befürwortet.

[502] S. nur *Knauff*, S. 320; *Brohm*, S. 123 (s. auch den zutreffenden Hinweis S. 67, dass die Kommission grundsätzlich keine Rechtsgrundlage anführt); zum Fall der Leitlinien, die teils trotz Unverbindlichkeit auf einer sekundärrechtlichen Grundlage beruhen, s. u. Rn. 120 ff., 125 ff.

[503] Für einen solchen Fall s. Art. 13 der RL 2010/75/EU vom 24.11.2010 über Industrieemissionen, ABl. 2010, L 334/17: Die Bestimmung regelt die Erstellung von Vorgaben für die beste verfügbare Technik (»BVT-Schlussfolgerungen«), die nach Art. 14 Abs. 3 als Referenzdokumente für die nationalen Genehmigungsbehörden dienen und konsequent von der Kommission als verbindliche abgeleitete Rechtsakte erlassen werden. Art. 13 Abs. 7 ordnet an, dass die unter der Geltung der Vorgänger-Richtlinie von der Kommission ohne explizite Rechtsgrundlage erarbeiteten Vorgaben bis zum Erlass neuer Regelungen als verbindlich gelten; s. dazu EuG, Beschl. v. 10.3.2014, Rs. T–158/11 (Magnesitas de Rubián SA u. a./Rat und Parlament), ECLI:EU:T:2014:145; Beschl. v. 10.3.2014, Rs. T–430/10 (Magnesitas de Rubián SA u. a./Kommission), ECLI:EU:T:2014:144; s. auch *Laubinger*, Zur Umsetzung der BVT-Schlussfolgerungen im Immissionsschutzrecht, FS Jarass, 2015, S. 329 ff.; *Kment*, VerwArch 105 (2014), 262 ff.; zum parallelen Phänomen bei Empfehlungen s. o. Fn. 478.

[504] Anders *Weiß*, EWS 2010, 257 ff.; *ders.*, Journal of European Competition Law and Practice 2 (2011), 441 ff.; zu der auf Empfehlungen begrenzten Neuregelung in Art. 292 AEUV, s. o. Rn. 100 f.

[505] Eine dritte Gruppe, die hier aber aufgrund des fehlenden Bezugs zum geltenden Recht nicht relevant ist, bilden die rein perspektivischen Mitteilungen, mit denen die Kommission die künftige Entwicklung eines Politikfeldes und ihre Vorhaben in diesem Bereich beschreibt; für eine eingehendere Typologie der Mitteilung s. *Brohm*, S. 25 ff.; *Knauff*, S. 324 ff.

[506] S. z. B. zum freien Warenverkehr die Mitteilung der Kommission »über die Auswirkungen des Urteils des Europäischen Gerichtshofes vom 20.2.1979 in der Rechtssache 120/78 (›Cassis de Dijon‹)«, ABl. 1980, C 256/2; Mitteilung zu Auslegungsfragen in Bezug auf das Gemeinschaftsrecht, das für die Vergabe öffentlicher Aufträge gilt, die nicht oder nur teilweise unter die Vergaberichtlinien fallen, ABl. 2006, C 179/2 (zu ihr noch Fn. 531 f.); Mitteilung v. 14.5.2012 über die Erhebung natio-

der Kommission in Form von Vertragsverletzungsverfahren für den Fall vorgezeichnet werden, dass ein Mitgliedstaat von dieser Sicht abweicht. Gegenstand ist dabei zumeist die Interpretation des Primärrechts, aber auch Sekundärrechtsakte können entsprechende Fragen aufwerfen;[507] tatsächlich mag die erkennbare Zunahme dieser Dokumente in der jüngeren Vergangenheit auch darauf zurückzuführen sein, dass der EU-Gesetzgeber heute häufiger auf das Instrument der unmittelbar wirkenden, aber in ihrem Regelungsgehalt dann abstrakt und unvollständig bleibenden »hinkenden Verordnung«[508] zurückgreift.[509] Gelegentlich handelt es sich um eine unmittelbare Reaktion auf ein konkretes Urteil des EuGH, dessen Wirkungen ausgeleuchtet werden.[510]

112   Die zweite Gruppe betrifft Sektoren, in denen die Kommission über Vollzugskompetenzen verfügt; sie gibt (regelmäßig neben der Auslegung des rechtlichen Rahmens) Orientierung über die Ausfüllung der der Kommission zukommenden Ermessensspielräume. Als wichtigste Anwendungsbereiche erscheinen hier das Wettbewerbs-[511] und das Beihilfenrecht,[512] die Verwendung des Instruments beschränkt sich aber nicht hierauf.[513] Diese in der Kommissionspraxis häufig als Leitlinien[514] ausgewiesenen Mischungen aus Interpretation und Ermessensfestlegung werden unter Rn. 120 ff. behandelt.

---

naler Straßenbenutzungsgebühren auf leichte Privatfahrzeuge, KOM (2012) 199 endg.; Mitteilung zur Ermittlung des Schadensumfangs bei Schadenersatzklagen wegen Zuwiderhandlung gegen Artikel 101 oder 102 des Vertrags über die Arbeitsweise der Europäischen Union, ABl. 2013, C 167/19.

[507] S. z. B. die Mitteilung zu Auslegungsfragen in Bezug auf bestimmte Aspekte der Bestimmungen der Richtlinie ›Fernsehen ohne Grenzen‹ über die Fernsehwerbung, ABl. 2004 C 102/2; Mitteilung über die Auslegungsleitlinien zu der VO (EG) Nr. 1370/2007 über öffentliche Personenverkehrsdienste auf Schiene und Straße, ABl. 2014, C 92/1.

[508] S. o. Rn. 15 ff.

[509] Tatsächlich erscheint insbesondere der jüngere Typus der »ausfüllungsbedürftigen« Verordnung entsprechend erläuterungsbedürftig, dazu auch *Gundel*, ZLR 2014, 264 (275, 278).

[510] So bereits die »Cassis-Mitteilung« (Fn. 506); zu weiteren Urteilen im Lebensmittelsektor dann die Mitteilung der Kommission über die Verkehrsbezeichnung von Lebensmitteln vom 15.10.1991, ABl. 1991, C 270/2; in jüngerer Zeit s. die Kommissionsmitteilung vom 22.12.2011 zu Leitlinien zur Anwendung der RL 2004/113/EG des Rates auf das Versicherungswesen im Anschluss an das Urteil des Gerichtshofs der Europäischen Union in der Rs. C–236/09 (Test-Achats), KOM (2011) 9497 endg.; dazu *Hoffmann*, VersR 2012, 1073 (1077 f.).

[511] S. z. B. die Bekanntmachung der Kommission über bewährte Verhaltensweisen in Verfahren nach Art. 101 und 102 des AEUV, ABl. 2011, C 308/6; Bekanntmachung der Kommission über die Behandlung von Beschwerden durch die Kommission gemäß Art. 81 und 82 EG-Vertrag, ABl. 2004 C 101/65; Bekanntmachung der Kommission über die Zusammenarbeit zwischen der Kommission und den Gerichten der EU-Mitgliedstaaten bei der Anwendung der Art. 81 und 82 des Vertrages, ABl. 2004, C 101/54; zur Bedeutung dieser Instrumente im Wettbewerbsrecht s. *Stefan*, ELJ 14 (2008), 753 (758 ff.); *ders.*, Soft Law in Court – Competition Law, State Aid and the Court of Justice of the European Union, 2013; s. auch *U. Immenga*, Leitlinien als Instrument europäischer Wettbewerbspolitik, 2008.

[512] S. z. B. den Verhaltenskodex für die Durchführung von Beihilfeverfahren, ABl. 2009, C 136/13.

[513] S. z. B. die Bekanntmachungen der Kommission über die Voraussetzungen für die Zuteilung von Einfuhrerlaubnissen für Stoffe, die zum Abbau der Ozonschicht führen, u. a. ABl. 2004, C 187/11, und dazu EuG, Urt. v. 22.5.2007, Rs. T–216/05 (Mebrom NV/Kommission), Slg. 2007, II–1507, Rn. 29 ff., 83 f.; weiter z. B. zur Ausübung der Ermessensspielräume im Vertragsverletzungsverfahren die Kommissionsmitteilung über die Anwendung von Art. 260 Abs. 3 AEUV, ABl. 2011, C 12/1; dazu *Simon*, Europe 3/2011, 15 f.; zur Behandlung von Vertragsverletzungsbeschwerden Einzelner die Kommissionsmitteilung über die Beziehungen zum Beschwerdeführer bei Verstößen gegen das Gemeinschaftsrecht, ABl. 2002, C 244/5; zu ihr z. B. *Muñoz*, RevMC 2003, 610 ff.; *Sobotta*, ZUR 2008, 72 (75 ff.); die Regelung wurde mit geringfügigen Änderungen neu gefasst durch die Mitteilung vom 2.4.2012, KOM (2012) 154 endg.

[514] Im EU-Wettbewerbsrecht werden die Dokumente dagegen häufig als Bekanntmachungen bezeichnet, s. die Beispiele in Fn. 511; einen sachlichen Unterschied begründen die verschiedenen Begriffe nicht.

Trotz des formal unverbindlichen Charakters erwerben die Mitteilungen durch die **113** häufig erfolgende Veröffentlichung im Amtsblatt der EU (Teil C) autoritativen Charakter; und selbst in Fällen, in denen eine solche Veröffentlichung unterbleibt, kann allein schon der Autoritätsanspruch der interpretierenden Kommission zu erheblicher Unruhe führen.[515] Auch entfalten diese Mitteilungen zumindest in den Bereichen erhebliche Bedeutung, in denen der Verwaltungsvollzug des Unionsrechts durch die mitgliedstaatlichen Behörden erfolgt: Soweit die Behörden den Vorgaben folgen, können sie davon ausgehen, dass zumindest die Kommission ihre Anwendung des Unionsrechts nicht beanstanden wird.[516] In der deutschen Literatur sind diese Mitteilungen vor diesem Hintergrund teils mit Verwaltungsvorschriften gleichgestellt worden.[517]

Formal kommt diesen Dokumenten dennoch keine Verbindlichkeit zu. Das gilt für **114** den Vollzug des EU-Rechts durch die nationalen Behörden,[518] aber auch für die Kommission selbst: So können im Bereich der Rechtsanwendung Einzelfallentscheidungen der EU-Organe nicht allein mit dem Argument beanstandet werden, dass sie gegen die dort enthaltenen Vorgaben verstießen.[519] Nur im Bereich der Ermessensausübung der Kommission können sie eine Selbstbindung des Organs beinhalten, die allerdings wiederum bei Vorliegen besonderer Gründe durchbrochen werden kann.[520] In der Rechtsprechung des Gerichtshofs werden die Mitteilungen freilich gelegentlich auch zur Untermauerung von Auslegungsergebnissen herangezogen.[521] Auch können unzutreffende

---

[515] S. z.B. die Stellungnahmen zu den nicht im Amtsblatt veröffentlichten »interpreting notes«, die die Kommission zum Umfang der Unbundling-Pflichten der Energieversorgungsunternehmen nach den Binnenmarkt-Richtlinien von 2003 erarbeitet hatte: *Koenig/Haratsch/Rasbach*, ZNR 2004, 10 ff.; *Ehricke*, EuZW 2004, 359 ff.

[516] Besonders deutlich in diesem Sinne EuG, Urt. v. 7.11.2007, Rs. T–374/04 (Deutschland/Kommission), Slg. 2007, II–4431, Rn. 109 ff., 112: »Somit hat sich die Kommission durch ihre Hinweise in der Ausübung ihrer Kontrollbefugnis (…) selbst so beschränkt, dass sie von ihnen nicht abweichen kann, ohne gegebenenfalls gegen bestimmte allgemeine Rechtsgrundsätze wie die Grundsätze der Gleichbehandlung, des Vertrauensschutzes oder der Rechtssicherheit zu verstoßen. Folglich muss sich die Kommission, wenn sie Maßnahmen ergreift, die ihren Hinweisen zuwiderlaufen, diese insbesondere von den Mitgliedstaaten, an die sie gerichtet sind, entgegenhalten lassen.«

[517] S. z.B. *Sydow*, JuS 2005, 97 (99); vorsichtig *Kadelbach*, Verwaltungskontrollen im Mehrebenen-System der Europäischen Gemeinschaft, in: Schmidt-Aßmann/Hoffmann-Riem (Hrsg.), Verwaltungskontrolle, 2001, S. 205 (224); zuvor z.B. *Bleckmann*, RIW 1991, 218 ff.; s. auch *Meier*, Die Mitteilung der Kommission: Ein Instrument der Normsetzung der Gemeinschaft, FS Steindorff, 1990, S. 1303 (1306): »Quasi-Normcharakter«.

[518] Zur Unverbindlichkeit von Auslegungsmitteilungen zu EU-Richtlinien für den Umsetzungsgesetzgeber s. EuGH, Urt. v. 28.2.2013, Rs. C–556/10 (Kommission/Deutschland), ECLI:EU:C:2013:116, Rn. 35, 60 ff.; für die Unverbindlichkeit von Leitlinien für die nationalen Behörden s. u. Fn. 544; auch die sog. »Listenregeln« der Kommission zur zollrechtlichen Einordnung von Waren sind rechtlich nicht verbindlich, s. EuGH, Urt. v. 10.12.2009, Rs. C–260/08 (HEKO Industrieerzeugnisse), Slg. 2009, I–11571, Rn. 20 ff. (auf Vorlage durch BFH, BFHE 221, 284); zu diesem Fall auch *Deimel*, ZfZ 2009, 157 ff.

[519] EuG, Urt. v. 12.2.2014, Rs. T–81/12 (Beco Metallteile-Handels GmbH), ECLI:EU:T:2014:71, Rn. 50 ff.; Urt. v. 11.9.2002, Rs. T–13/99 (Pfizer Animal Health/Rat), Slg. 2002, II–3305, Rn. 118 ff.; Urt. v. 11.9.2002, Rs. T–70/99 (Alpharma/Rat), Slg. 2002, II–3495, Rn. 141 ff.

[520] Dazu m.w.N. *Ch. Crones*, Selbstbindungen der Verwaltung im Europäischen Gemeinschaftsrecht, 1997; aus der jüngeren Rechtsprechung (jeweils zum Beihilfenrecht) s. EuGH, Urt. v. 28.6.2005, Rs. C–189/02 P (Dansk Rørindustrie u.a./Kommission), Slg. 2005, I–5425, Rn. 211; Urt. v. 11.9.2008, Rs. C–75/05 P (Deutschland u.a./Kronofrance), Slg. 2008, I–6619, Rn. 60; EuG, Urt. v. 10.7.2012, Rs. T–304/08 (Smurfit/Kommission), ECLI:EU:T:2012:351, Anm. *Soltész*, EuZW 2012, 671; zum Bereich des Emissionsrechtehandels Urt. v. 7.11.2007, Rs. T–374/04 (Deutschland/Kommission), Slg. 2007, II–4431, Rn. 112, 116.

[521] S. z.B. die Heranziehung der Kommissionsmitteilung über bestimmte rechtliche Aspekte von

Ausführungen in Auslegungsmitteilungen das geltende Recht zwar nicht ändern, sie können aber beim Rechtsunterworfenen Verwirrung über die Rechtslage auslösen, die dann z.B. unter dem Gesichtspunkt der Rechtssicherheit einer Verfristung von Anträgen entgegengehalten werden kann.[522]

115   Eine Ebene unter den Kommissionsmitteilungen stehen die Arbeitspapiere der Kommissionsdienststellen (»Commission staff working documents«),[523] die also nicht auf oberster »politischer« Ebene durch die Kommission selbst beschlossen worden sind, auf der Gegenseite aber für sich in Anspruch nehmen können, von den besonders fachkundigen Kommissionsbediensteten verfasst worden zu sein, die im Zweifel auch an der Erarbeitung der Kommissionsvorschläge für die betroffenen Gesetzgebungsakte beteiligt waren. Diese Handreichungen werden von den Kommissionsdienststellen häufig in Abstimmung mit Vertretern der Mitgliedstaaten und anderen Experten erarbeitet und teils auch den für die Kontrolle der Durchführungsrechtsetzung zuständigen Ausschüssen unterbreitet.[524] Aus einer Zustimmung der Mitgliedstaaten in diesem Rahmen lässt sich aber keine erhöhte Verbindlichkeit ableiten;[525] diese Dokumente können nur als Expertenmeinung zu einer Auslegungsdiskussion beitragen,[526] ihr Ergebnis aber nicht entscheiden.

2. Rechtsschutz

116   Mit einer autoritativen Festlegung auf eine bestimmte Auslegungsvariante des Primär- oder Sekundärrechts kann die Kommission freilich in Funktionskonflikte sowohl mit dem Unionsgesetzgeber, als auch mit den Rechtsprechungsorganen der Union geraten. Vor diesem Hintergrund hat der Gerichtshof in einer Reihe von Entscheidungen solche

---

Investitionen innerhalb der EU, ABl. 1997, C 220/15 durch EuGH, Urt. v. 4.6.2002, Rs. C–483/99 (Kommission/Frankreich – Golden Shares), Slg. 2002, I–4781, Rn. 17ff., 43, Anm. *Gundel*, RdE 2002, 280; weiter EuG, Urt. v. 15.6.2005, Rs. T–17/02 (Fred Olsen/Kommission), Slg. 2005, II–2031, Rn. 216 zur Mitteilung der Kommission über Leistungen der Daseinsvorsorge in Europa, ABl. 2001, C 17/4.

[522] So zu einer missverständlichen Darstellung des Fristlaufs für Erstattungsanträge in der Kommissionsbekanntmachung über die Erstattung von Antidumpingzöllen, ABl. 2002, C 127/10: EuG, Urt. v. 12.2.2014, Rs. T–81/12 (Beco Metallteile-Handels GmbH), ECLI:EU:T:2014:71, Rn. 69ff.

[523] Zu dieser Kategorie s. *Soltesz*, EuZW 2013, 881 f.; weiter *Brohm*, S. 49 ff. mit dem berechtigten Hinweis, dass sich inhaltlich kaum ein Unterschied zu den auf Kommissionsebene beschlossenen Mitteilungen findet.

[524] S. für ein jüngeres Beispiel die »Guidance notes on the classification of food extracts with colouring properties« vom 29.11.2013 (verfügbar unter http://ec.europa.eu/food/food/fAEF/additives/docs/guidance_en.pdf [3.11.2014]), die nach der Vorbemerkung von der großen Mehrzahl der Vertreter der Mitgliedstaaten im Ständigen Ausschuss für die Lebensmittelkette und Tiergesundheit gebilligt wurden; dazu *Reinhart*, EFFL 2014, 105 ff.

[525] Zutreffend *Brohm*, S. 157 ff.

[526] So für das Guidance Document on the demarcation between the Cosmetic Products Directive 76/768 and the Medicinal Products Directive 2001/83 as agreed between the Commission Services and the competent authorities of Member States EuGH, Urt. v. 6.9.2012, Rs. C–308/11 (Chemische Fabrik Kreussler), ECLI:EU:C:2012:548, Rn. 25 f.: Ein nationales Gericht darf diese Leitlinien für die Auslegung der betroffenen Sekundärrechtsakte heranziehen, es muss »jedoch dafür Sorge tragen, dass die Auslegung, zu der es auf diese Weise gelangt, im Einklang mit den Kriterien vorgenommen wurde, die in der Rechtsprechung zur Auslegung von Rechtsakten der Union *einschließlich der Rechtsprechung zur Zuständigkeitsverteilung zwischen den nationalen Gerichten und dem Gerichtshof im Rahmen des Vorabentscheidungsverfahrens* aufgestellt worden sind.« (Hervorhebung durch Verf.) – Zweifelsfragen können danach nicht durch die Leitlinien, sondern nur durch den EuGH abschließend geklärt werden.

Mitteilungen trotz ihrer im Grundsatz fehlenden Rechtswirkungen als tauglichen Gegenstand einer Nichtigkeitsklage angesehen, wenn der in der Mitteilung als maßgeblich mitgeteilte Stand des Unionsrechts das tatsächlich geltende Recht nicht zutreffend wiedergab;[527] diese Handlungen werden damit in gewisser Weise als Versuch einer faktischen Änderung des geltenden Rechts behandelt. Mit der Zulässigkeit der Klage ist danach gleichzeitig auch ihre Begründetheit bejaht, weil der Kommission als dem Autor der Mitteilung regelmäßig die Zuständigkeit zur Änderung des zwingenden Rechts fehlt.[528]

Ob diese am französischen Verwaltungsrecht orientierte[529] Rechtsprechung weiterhin **117** Geltung beanspruchen kann, war zeitweise unklar, nachdem der EuGH in einer jüngeren Entscheidung eine vergleichbare Klage ohne Bezugnahme auf diese Rechtsprechung als unzulässig behandelt hatte.[530] Das EuG geht freilich ersichtlich von der Fortgeltung aus und hat auf dieser Grundlage eine Klage Deutschlands gegen die Kommissionsmitteilung zu den Anforderungen des Primärrechts an die Vergabe öffentlicher Aufträge außerhalb des Anwendungsbereichs der einschlägigen Richtlinien[531] als unzulässig abgewiesen, weil die Rechtslage in ihr zutreffend wiedergegeben worden sei.[532] Auf die Dienststellen-Papiere[533] dürfte die Rechtsprechung allerdings von vornherein nicht übertragbar sein, denn dass sie das geltende Recht nicht ändern können, liegt auf der Hand.

Bisher ist hier allerdings stets nur über Nichtigkeitsklagen von Mitgliedstaaten ent- **118** schieden worden; für Klagen Einzelner in Bezug auf solche Rechtsakte gibt es bisher keine Präzedenzfälle. Derartige Klagen wären vor dem Inkrafttreten des Vertrags von Lissabon angesichts des »quasi-normativen« Charakters der Maßnahmen wohl auch spätestens am Erfordernis der individuellen Betroffenheit gescheitert; nach der Ausweitung des Klagerechts in Art. 263 Abs. 4 AEUV erscheint aber die Zulässigkeit solcher Klagen in manchen Konstellationen möglich,[534] etwa im Fall einer »authentischen«

---

[527] S. stellvertretend EuGH, Urt. v. 20. 3. 1997, Rs. C–57/95 (Frankreich/Kommission), Slg. 1997, I–1627, Anm. *Gundel*, EuR 1998, 90 u. Anm. *Leclerc*, CDE 1998, 161 ff.

[528] In einem atypischen Fall, in dem die Kommission tatsächlich eine Rechtsgrundlage zur förmlichen Änderung des von ihr erweiternd interpretierten Rechtsakts zur Verfügung gestanden hätte, hat der EuGH stattdessen eine Verletzung des Grundsatzes der Rechtssicherheit bejaht, s. EuGH, Urt. v. 16. 6. 1993, Rs. C–325/91 (Frankreich/Kommission), Slg. 1993, I–3283, Rn. 30.

[529] S. dazu *Gundel*, EuR 1998, 90 (96 ff.); näher zum französischen Vorbild der circulaires s. *Koubi*, Les circulaires administratives, 2003; *dies.*, Circulaires administratives et Constitution de la V'République, FS Troper, 2006, 579 ff.; zur Fortentwicklung der französischen Rechtsprechung s. *Iliopoulou*, RFDA 2007, 477 ff.; *Domino/Bretonneau*, AJDA 2012, 691 ff.

[530] EuGH, Urt. v. 6. 4. 2000, Rs. C–443/97 (Spanien/Kommission), Slg. 2000, I–2415 (gegen die Schlussanträge von Generalanwalt La Pergola); dazu *Berrod*, Europe 6/2000, 11.

[531] Mitteilung der Kommission zu Auslegungsfragen in Bezug auf das Gemeinschaftsrecht, das für die Vergabe öffentlicher Aufträge gilt, die nicht oder nur teilweise unter die Vergaberichtlinien fallen, ABl. 2006 C 179/2; dazu *Köster*, ZfBR 2007, 127 ff.; *Lutz*, VergabeR 2007, 372 ff.; *ders.*, WuW 2006, 890 ff.; *Braun*, EuZW 2006, 683 ff.; *Kaflèche*, Europe 7/2007, 6 ff.

[532] S. EuG, Urt. v. 20. 5. 2010, Rs. T–258/06 (Deutschland/Kommission), Slg. 2010, II–2027, Anm. *Braun*, VergabeR 2010, 593: Hier wurde die Klage Deutschlands gegen die Kommissionsmitteilung (Fn. 531) in Anwendung der bisherigen Rechtsprechung als unzulässig behandelt, weil die Mitteilung den Inhalt des EU-Rechts zutreffend wiedergebe und damit nicht konstitutiv-rechtsverändernd wirke; dazu *Knauff/Schwensfeier*, EuZW 2010, 611 ff.; *Herz*, EWS 2010, 261 ff.; *André*, NZBau 2010, 611 ff.; *Bouveresse*, Europe 7/2010, 20 f.

[533] S. o. Rn. 115.

[534] Eine erste Klage, die diese Frage aufgeworfen hätte, hat EuG, Beschluss v. 21. 1. 2014, Rs. T–168/13 (EPAW/Kommission), ECLI:EU:T:2014:47, als aufgrund fehlender Rechtsfähigkeit des Klägers unzulässig abgewiesen.

(Falsch-)Auslegung von Verordnungsbestimmungen, die keiner Durchführungsmaßnahmen bedürfen.

119   Soweit ein Klagerecht auch nach neuem Stand nicht gegeben ist, entstehen dadurch aber auch keine bedenklichen Rechtsschutzlücken, weil es sich nur um Interpretationen des geltenden Rechts handelt, die vor den EU-Gerichten und auch vor nationalen Gerichten unbeachtlich sind, wenn sie diesen Stand unzutreffend wiedergeben; sind sie zutreffend, ist das Ergebnis unmittelbar auf das geltende Recht zu stützen.[535] In Zweifelsfällen sind die nationalen Gerichte auch nicht auf solche Interpretationspapiere angewiesen, sondern können den EuGH selbst befragen[536] – diese Möglichkeit bleibt allerdings den Behörden verschlossen.

IV. Leitlinien

1. Die Mehrdeutigkeit des Begriffs

120   Besondere Aufmerksamkeit hat in jüngerer Zeit die Kategorie der Leitlinien (»guidance documents«/»lignes directrices«) gefunden. Dieser Begriff wird im Primärrecht allerdings nicht definiert und findet auf dieser Ebene auch nur vereinzelt – etwa in Art. 171 AEUV in Bezug auf die transeuropäischen Netze und in Art. 148 Abs. 2 AEUV in Bezug auf die Koordination der Beschäftigungspolitik – und mit insgesamt uneinheitlicher Bedeutung Verwendung.[537] In der Praxis der EU-Gesetzgebung und der Kommission wird er undifferenziert für Instrumente sehr unterschiedlichen Rechtscharakters genutzt; ein einheitlicher rechtlicher Status ist mit der Verwendung des Begriffs daher nicht verbunden.[538] Als neue, eigenständige Normenkategorie etwa nach dem Vorbild des Beschlusses in der Zeit vor dem Vertrag von Lissabon[539] kann die Leitlinie damit nicht verstanden werden.[540] Bei der Einordnung dieses Instruments wird man drei Konstellationen unterscheiden müssen: zunächst den Fall von Leitlinien, die ohne Rechts-

---

[535] EuG, Urt. v. 10.12.2002, Rs. T–123/00 (Dr. Karl Thomae GmbH/Kommission), Slg. 2002, II–5193, Rn. 97 f. hält die Begründung einer Entscheidung (heute: Beschluss) durch alleinigen Verweis auf eine Kommissionsleitlinie dann für unschädlich, wenn die Interpretation des Sekundärrechts durch die Leitlinie zutrifft.

[536] Gegenstand der Vorlage kann dabei nicht nur das verbindlich geltende Recht, sondern (anders als im Fall der Nichtigkeitsklage) auch nicht verbindliches »soft law« der EU-Organe sein; das entspricht für Empfehlungen der gefestigten Praxis, s. zuletzt EuGH, Urt. v. 27.2.2014, Rs. C–110/13 (HaTeFo GmbH), ECLI:EU:C:2014:114, Anm. *Dietze*, EuZW 2014, 345 zur Auslegung der Empfehlung 2003/361/EG der Kommission (Fn. 477); für andere Formen ist die Frage umstritten, s. m. w. N. *Knauff*, EuR 2011, 735 (736), sie wird allerdings regelmäßig nicht entscheidungserheblich, da als unmittelbarer Auslegungsgegenstand stets das verbindliche EU-Recht zur Verfügung steht.

[537] S. weiter Art. 17 Abs. 6 Satz 1 Buchst. a EUV zur Festlegung der Leitlinien der Kommissionsarbeit durch ihren Präsidenten, sowie die Art. 156, 168 Abs. 2, 173 Abs. 2, 181 Abs. 2 AEUV, die übereinstimmend nur Initiativen der Kommission vorsehen, die »darauf abzielen, Leitlinien und Indikatoren festzulegen«.

[538] Einen Sonderfall bilden die Leitlinien der EZB, die diese gemäß Art. 12 der EZB-Satzung gegenüber den nationalen Zentralbanken erlassen kann, s. z. B. die Leitlinie EZB/2013/49 vom 18.12.2013 zur Änderung der Leitlinie EZB/2004/18 über die Beschaffung von Euro-Banknoten, ABl. 2014, L 32/36; s. auch Art. 132 AEUV, Rn. 11 ff.

[539] S. o. Rn. 94.

[540] Für solches Verständnis der Leitlinien als Regelungsform sui generis aber Teile der Literatur, s. z. B. *Schmidt-Preuß*, Einwirkungen des EU-Energierechts auf den nationalen Bereich, in: Baur u. a. (Hrsg.), Regulierung in der Energiewirtschaft, 2011, Kap. 10 Rn. 33 f.; *Gärditz*, Europäisches Planungsrecht, 2009, S. 26 f.; *Strobel*, ZEuS 2013, 167 (186 f.); vorsichtiger *Knauff*, S. 330 ff., 332: der Verbindlichkeitsanspruch sei »im Vergleich zu […] interpretativen Mitteilungen erhöht«.

grundlage ergehen (sogleich Rn. 121 f.), zum zweiten sekundärrechtlich vorgesehene Leitlinien, die in der Form verbindlicher Rechtsakte erlassen werden (Rn. 123 f.), und schließlich Leitlinien, denen das Sekundärrecht die verbindliche Rechtsform nicht eröffnet, ihnen aber dennoch verstärkte Wirkung zuschreibt (Rn. 125 ff.).

2. Leitlinien ohne Rechtsgrundlage

In Bezug auf Leitlinien, die ohne Rechtsgrundlage ergehen, entspricht die Rechtslage **121** der Situation der Kommissionsmitteilungen: Die Rechtsprechung des EuGH hat in jüngerer Zeit wieder klargestellt, dass insbesondere die von der EU-Kommission im Bereich des Wettbewerbsrechts seit langem eingesetzten Leitlinien[541] zwar die Ausübung des Ermessens der Kommission im Wege der Selbstbindung einschränken können,[542] durch ihren Erlass aber keine verbindlichen Regelungen geschaffen werden.[543] Als Konsequenz hieraus ergibt sich, dass diese Kommissionsmitteilungen auch für den mitgliedstaatlichen Verwaltungsvollzug keine verbindlichen Vorgaben schaffen;[544] ebenfalls fügt sich in diese Einordnung die Feststellung, dass solche Mitteilungen keiner Rechtsgrundlage bedürfen[545] und anders als verbindliches Sekundär- oder Tertiärrecht auch nicht notwendig in allen Amtssprachen zu veröffentlichen sind;[546] ihre große faktische Bedeutung bleibt hiervon unberührt.

Eine Besonderheit gilt im EU-Beihilfenrecht, weil die von der Kommission in diesem **122** Bereich erlassenen Leitlinien – die dort teils auch als Gemeinschafts- bzw. EU-Rahmen bezeichnet werden – zum Teil eine Doppelfunktion erfüllen: Sie beschreiben in solchen Fällen zum einen die Beurteilungskriterien, die die Kommission bei der Prüfung neuer

---

[541] Insbes. zu diesem Bereich s. z. B. *Pampel*, Rechtsnatur und Rechtswirkungen horizontaler und vertikaler Leitlinien im reformierten europäischen Wettbewerbsrecht, 2005; *ders.*, EuZW 2005, 11 ff.; für Verbindlichkeit insbes. *Schweda*, WuW 2004, 1133 ff., mit Erwiderung *Pohlmann*, WuW 2005, 1005 ff.; zur Diskussion s. m. w.N. *Thomas*, EuR 2009, 423 ff.

[542] EuGH, Urt. v. 11.7.1013, Rs. C–439/11 P (Ziegler SA/Kommission), ECLI:EU:C:2013:513, Rn. 59: » [...] festzustellen, dass sich die Kommission nach ständiger Rechtsprechung des Gerichtshofs bei der Ausübung ihres Ermessens durch Maßnahmen wie die Leitlinien selbst binden kann, sofern sie Regeln enthalten, denen sich die von ihr zu verfolgende Politik entnehmen lässt und die nicht von Normen des AEU-Vertrags abweichen«.

[543] EuGH, Urt. v. 11.7.1013, Rs. C–439/11 P (Ziegler SA/Kommission), ECLI:EU:C:2013:513, Rn. 60: »Demnach können Maßnahmen, die Außenwirkung entfalten sollen, wie es bei den die Wirtschaftsteilnehmer betreffenden Leitlinien der Fall ist, zwar nicht als Rechtsnorm qualifiziert werden, die die Verwaltung in jedem Fall zu beachten hat; sie stellen jedoch Verhaltensnormen dar, die einen Hinweis auf die zu befolgende Verwaltungspraxis enthalten und von denen die Verwaltung im Einzelfall nicht ohne Angabe von Gründen abweichen kann, die mit dem Grundsatz der Gleichbehandlung vereinbar sind.«

[544] So EuGH, Urt. v. 13.12.2012, Rs. C–226/11 (Expedia), ECLI:EU:C:2012:795, Anm. *Grune*, EuZW 2013, 116, Anm. *Palzer*, EWS 2013, 151 zur fehlenden Bindungswirkung der de-minimis-Bekanntmachung der Kommission für die nationalen Wettbewerbsbehörden; dazu auch v. *Graevenitz*, EuZW 2013, 169; *A. Fromont*, JDE 2013, 13; *van der Vijver/Vollering*, CMLRev. 50 (2013), 1145.

[545] So zu der Rüge, die Kommissionsleitlinien für das Verfahren zur Festsetzung wettbewerbsrechtlicher Geldbußen (ABl. 1998, C 9/3) seien ohne Rechtsgrundlage erlassen worden, EuGH, Urt. v. 18.7.2013, Rs. C–501/11 P (Schindler Holding Ltd. u. a./Kommission), ECLI:EU:C:2013:522, Rn. 68: »Keine Bestimmung der Verträge untersagt es jedoch einem Organ, eine solche Verhaltensnorm mit Hinweischarakter zu erlassen.«

[546] S. EuGH, Urt. v. 12.5.2011, Rs. C–410/09 (Polska Telefonia Cyfrowa), Slg. 2011, I–3853, Rn. 22 ff. (zu Leitlinien der Kommission zur Marktabgrenzung, die nicht in polnischer Sprache vorlagen); zu diesem Erfordernis bei verbindlichen Rechtsakten, insbes. Verordnungen, s. o. Rn. 11.

und bestehender Beihilfen anwenden wird[547] – insoweit gelten für die Bindungswirkung keine Besonderheiten[548] –, und enthalten zum anderen einen an die Mitgliedstaaten gerichteten Vorschlag für zweckdienliche Maßnahmen gemäß Art. 108 Abs. 1 Satz 2 AEUV in Bezug auf die Umgestaltung bestehender Beihilfen.[549] Insoweit werden die Bestimmungen mit der Annahme des Vorschlags durch die Mitgliedstaaten für diese verbindlich und begründen durchsetzbare Anpassungspflichten.[550]

3. Leitlinien mit Rechtsgrundlage und in verbindlicher Handlungsform

123   Eine weitere Fallgruppe bilden Leitlinien, die diesen Begriff im Titel führen, aber auf eine Rechtsgrundlage gestützt werden und sich auch der etablierten Rechtsetzungsformen bedienen, also etwa in der Form von Verordnungen oder Beschlüssen ergehen: Beispiele bilden etwa die auf den heutigen Art. 172 AEUV gestützten Leitlinien zu den transeuropäischen Netzen, die vor Inkrafttreten des Vertrags von Lissabon als (an die Mitgliedstaaten gerichtete) Entscheidungen ergingen[551] und heute teils auch weiter als (staatengerichtete) Beschlüsse[552] erlassen werden, für die nun aber teils auch – wie für die im Jahr 2013 neu erlassenen TEN-E-Leitlinien[553] – die Verordnungsform gewählt wird;[554] auch die vom Rat gem. Art. 148 Abs. 2 AEUV erlassenen Leitlinien zur Be-

---

[547] S. EuGH (GK), Urt. v. 4.12.2013, Rs. C–121/10 (Kommission/Rat), ECLI:EU:C:2013:784, Rn. 51: »[…] geht aus der ständigen Rechtsprechung hervor, dass die Kommission in Ausübung ihrer Befugnisse aus den Art. 107 und 108 AEUV Leitlinien erlassen kann, die Auskunft darüber geben, in welcher Weise sie bei neuen Beihilfen und bestehenden Beihilferegelungen ihr Ermessen nach diesem Artikel auszuüben gedenkt.«

[548] S. EuGH (GK), Urt. v. 4.12.2013, Rs. C–121/10 (Kommission/Rat), ECLI:EU:C:2013:784, Rn. 75 zu Leitlinien, die nur zum Teil Vorschläge für zweckdienliche Maßnahmen enthielten: »Nur diese Vorschläge für zweckdienliche Maßnahmen werden nämlich […] den Mitgliedstaaten zur Zustimmung vorgelegt, während die anderen Bestimmungen dieser Regelung bloß allgemeine Leitlinien sind, die nur die Kommission verpflichten […], ohne die Mitgliedstaaten zu binden.«

[549] Ein Beispiel für diese Kombination bietet der Rahmen der Europäischen Union für staatliche Beihilfen in Form von Ausgleichsleistungen für die Erbringung öffentlicher Dienstleistungen (2011), ABl. 2012, C 8/15, s. dort Rn. 70, sowie die Mitteilung der Kommission, dass alle Mitgliedstaaten die neuen Regeln akzeptiert haben, ABl. 2012, C 308/3; weiter Rn. 191 der Leitlinien für Regionalbeihilfen 2014–2020, ABl. 2013, C 209/1, und die Mitteilung der Kommission über die Annahme durch die Mitgliedstaaten in ABl. 2014, C 101/3.

[550] S. Art. 19 Abs. 1 VO (EG) Nr. 659/1999 vom 22.3.1999 über besondere Vorschriften für die Anwendung von Art. 93 des EG-Vertrags, ABl. 1999, L 83/1; aus der Rechtsprechung EuGH, Urt. v. 15.10.1996, Rs. C–311/94 (Ijssel-Vliet), Slg. 1996, I–5023, Rn. 42 f.; Urt. v. 5.10.2000, Rs. C–288/96 (Deutschland/Kommission), Slg. 2000, I–8237, Rn. 65; zuletzt Urt. v. 4.12.2013, Rs. C–121/10 (Kommission/Rat), ECLI:EU:C:2013:784, Rn. 52 ff.; s. auch Art. 108 AEUV, Rn. 24 ff.; *Brohm*, S. 153 ff.; *Uerpmann*, EuZW 1998, 331; *Jestaedt/Häsemeyer*, EuZW 1995, 787.

[551] Für die Notwendigkeit der Nutzung der verbindlichen Rechtsakt-Formen des Art. 288 AEUV in diesem Fall s. z. B. *Lecheler*, DVBl 2008, 873 (874); *Nettesheim*, Transeuropäische Energieinfrastruktur und EU-Binnenmarkt: die Neuregelung der TEN-E, in: Giegerich (Hrsg.), Herausforderungen und Perspektiven der EU, 2012, S. 77 (98 f.); für die Anerkennung der Leitlinien als eigenständige Kategorie verbindlicher Rechtsakte dagegen z. B. *Strobel*, ZEuS 2013, 167 (186 f.); s. auch noch u. Rn. 125 ff.

[552] S. z. B. den Beschluss 661/2010/EU vom 7.7.2010 über Leitlinien der Union für den Aufbau eines transeuropäischen Verkehrsnetzes, ABl. 2010, L 204/1.

[553] VO (EU) Nr. 347/2013 vom 17.4.2013 zu Leitlinien für die transeuropäische Energieinfrastruktur und zur Aufhebung der Entscheidung Nr. 1364/2006/EG und zur Änderung der Verordnungen (EG) Nr. 713/2009, (EG) Nr. 714/2009 und (EG) Nr. 715/2009, ABl. 2013, L 115/39.

[554] Die Wahl der Verordnungsform wird hier teils als unzulässig beanstandet, so z. B. *Reichert/Voßwinkel*, IR 2012, 98 (100); *Armbrecht*, DVBl 2013, 479 (482 ff.); jedoch schließt Art. 170 AEUV die Verwendung dieser Handlungsform nicht aus, so im Ergebnis zutreffend *Giesberts/Tiedge*, NVwZ 2013, 836 (840).

schäftigungspolitik bedienen sich der etablierten Form des (staatengerichteten) Beschlusses.[555]

Auch in anderen Bereichen finden sich nun vermehrt Beispiele für im Sekundärrecht **124** vorgesehene, von der Kommission zu erlassende »Leitlinien«, die tatsächlich aber in der Form verbindlicher Rechtsakte in der Nomenklatur der Art. 288 Abs. 1–4 AEUV ergehen: Beispiele hierfür finden sich im Energiesektor[556] oder im Bereich der Emissionsrechte,[557] weiter im Lebensmittelsektor[558] oder in verwandten Bereichen.[559] In Bezug auf diese Kategorie kann der Flexibilität suggerierende Begriff der Leitlinie in die Irre führen, weil tatsächlich – entsprechend der gewählten Rechtsform – verbindliche Rechtsakte vorliegen; allerdings kann ihr Inhalt so »weich« formuliert sein, dass im Ergebnis doch keine verbindlichen Rechtsfolgen angeordnet werden.

4.　Leitlinien mit Rechtsgrundlage, jedoch in unverbindlicher Handlungsform

Eine dritte Kategorie bilden Leitlinien, die auf sekundärrechtlicher Grundlage erlassen **125** werden, aber nicht auf die verbindlichen Formen des Art. 288 AEUV zurückgreifen, weil das Sekundärrecht diese Möglichkeit nicht eröffnet. Diese Gestaltung ähnelt den sekundärrechtlich vorgesehenen – nicht verbindlichen – Stellungnahmen der Kommission zu nationalen Verfahren in Einzelfällen;[560] sie beschränkt sich aber nicht auf die Einflussnahme auf nationale Behördenentscheidungen in konkreten Verfahren, sondern soll die nationale Verwaltungspraxis großflächig steuern.

---

[555] S. z. B. den Beschluss 2014/322/EU des Rates vom 6. 5. 2014 zu Leitlinien für beschäftigungspolitische Maßnahmen der Mitgliedstaaten für 2014, ABl. 2014, L 165/49.

[556] Zu diesen Regelungen im sog. Dritten Energiebinnenmarktpaket, das im Sommer 2009 noch vor Inkrafttreten des Vertrags von Lissabon erlassen worden war, s. m. w. N. *Gundel/Germelmann*, EuZW 2009, 763 (767 f.); für ein Beispiel s. die VO (EU) Nr. 774/2010 der Kommission vom 2. 9. 2010 zur Festlegung von Leitlinien für den Ausgleich zwischen Übertragungsnetzbetreibern und für einen gemeinsamen Regelungsrahmen im Bereich der Übertragungsnetze, ABl. 2010, L 233/1; s. auch *Möstl*, DVBl 2011, 1076 (1082); *Glaser*, S. 394.

[557] S. die Entscheidung 2007/589/EG der Kommission vom 18. 7. 2007 zur Festlegung von Leitlinien für die Überwachung und Berichterstattung betreffend Treibhausgasemissionen im Sinne der Richtlinie 2003/87/EG des Europäischen Parlaments und des Rates (Monitoring-Leitlinien), ABl. 2007, L 229/1 auf der Grundlage von Art. 14 der RL 2003/87/EG; in der Neufassung durch die RL 2009/29/EG, ABl. 2009, L 140/63, sieht dieser Art. 14 nun den Erlass einer Verordnung vor, s. die hierauf gestützte VO (EU) Nr. 601/2012 der Kommission vom 21. 6. 2012 über die Überwachung von und die Berichterstattung über Treibhausgasemissionen gemäß der RL 2003/87/EG des Europäischen Parlamentes und Rates, ABl. 2012, L 181/30.

[558] S. z. B. den auf Art. 10 Abs. 4 der VO (EG) Nr. 1924/2006 (ABl. 2006, L 404/9, berichtigt ABl. 2007, L 12/3) gestützten Durchführungsbeschluss 2013/63/EU der Kommission vom 24. 1. 2013 zur Annahme von Leitlinien zur Umsetzung der in Art. 10 der VO (EG) Nr. 1924/2006 dargelegten speziellen Bedingungen für gesundheitsbezogene Angaben, ABl. 2013, L 22/25.

[559] S. z. B. Art. 10 Abs. 1 der VO (EG) Nr. 1223/2009 vom 30. 11. 2009 über kosmetische Mittel, ABl. 2009, L 342/59, nach dem die Kommission im Komitologieverfahren »angemessene Leitlinien« zu den Anforderungen an den dort vorgesehenen Sicherheitsbericht erlässt; s. dazu den Durchführungsbeschluss 2013/674/EU der Kommission vom 25. 11. 2013 über Leitlinien zu Anhang I der VO (EG) Nr. 1223/2009 des Europäischen Parlaments und des Rates über kosmetische Mittel, ABl. 2013, L 315/82; dazu *Ciarlo*, RDUE 2013, 687 (716 f.).

[560] S. o. Rn. 109.

126   Derartige Bezüge gab es im Sekundärrecht schon in der Vergangenheit;[561] die sekundärrechtliche Verankerung bewirkt in solchen Fällen zwar ggf. eine Verpflichtung der Kommission zur Erarbeitung der entsprechenden Dokumente, sie ändert aber nichts an deren (für Dritte) unverbindlichem Charakter.[562] Teils scheint der EU-Gesetzgeber solche Leitlinien als faktische Ausführungsrechtsetzung einzusetzen, deren Unverbindlichkeit zugunsten der Zeitersparnis in Kauf genommen wird: So ordnet der sehr kurzfristig gefasste Beschluss zur Aussetzung der Einbeziehung des Luftverkehrs mit Drittstaaten in den Emissionsrechtehandel lapidar an, dass die Kommission »die für die Anwendung dieses Beschlusses erforderlichen Leitlinien« bereitstellt;[563] an der Unverbindlichkeit dieser Leitlinien ändert die ausdrückliche sekundärrechtliche Vorgabe hier nichts.[564]

127   Jüngeren Datums ist allerdings der Versuch des EU-Gesetzgebers, diesen sekundärrechtsbasierten Leitlinien eine verstärkte Verbindlichkeit zuzuweisen, ohne zugleich den letzten Schritt einer Ermächtigung zu formal verbindlichen Rechtsakten zu tun. Solche Strukturen finden sich mit den sekundärrechtlich vorgesehenen Leitlinien der Kommission im Telekommunikationsrecht,[565] die von den nationalen Regulierungsbehörden nach Möglichkeit zu beachten sind.[566] Auch im Energiesektor bestehen vergleichbare Regelungen, die eine »weiche« Beachtungspflicht der nationalen Behörden begründen.[567]

---

[561] S. z. B. Art. 6 Abs. 5 der VO (EG) Nr. 2309/93 vom 22. 7.1993 zur Festlegung von Gemeinschaftsverfahren für die Genehmigung und Überwachung von Human- und Tierarzneimitteln und zur Schaffung einer europäischen Agentur für die Beurteilung von Arzneimitteln, ABl. 1993, L 214/1: Danach stellt die Kommission [...] einen detaillierten Leitfaden über die Form auf, in der die Genehmigungsanträge vorzulegen sind. Für ein weiteres Beispiel s. Art. 9 Abs. 1 UAbs. 1 Satz 3 der RL 2003/87/EG vom 13. 10. 2003 über ein System für den Handel mit Treibhausgasemissionszertifikaten in der Gemeinschaft und zur Änderung der Richtlinie 96/61/EG des Rates, ABl. 2003, L 275/32: »Die Kommission erarbeitet (...) bis spätestens 31. 12. 2003 eine Anleitung zur Anwendung der in Anhang III aufgeführten Kriterien.«

[562] So für den Genehmigungs-Leitfaden nach der VO (EG) Nr. 2309/93 (Fn. 561) EuG, Urt. v. 10. 12. 2002, Rs. T–123/00 (Dr. Karl Thomae GmbH/Kommission), Slg. 2002, II–5193, Rn. 16 f., 97 ff.; ebenso für die Anleitung zur Emissionsrechte-Zuteilung nach der RL 2003/87/EG (Fn. 561) Urt. v. 7. 11. 2007, Rs. T–374/04 (Deutschland/Kommission), Slg. 2007, II–4431, Rn. 110: »Zur Rechtsnatur dieser Hinweise ist festzustellen, dass für sie zwar (...) eine ausdrückliche Rechtsgrundlage besteht, dass sie aber keiner der Handlungen des abgeleiteten Gemeinschaftsrechts nach Art. 249 EG [nun Art. 288 AEUV] entsprechen. (...) Die Hinweise gehören daher zu der Kategorie von Regeln, die als solche grundsätzlich keine eigene zwingende Drittwirkung besitzen (...).«

[563] So Art. 4 des Beschlusses 377/2013/EU vom 24. 4. 2013 über die vorübergehende Abweichung von der RL 2003/87/EG über ein System für den Handel mit Treibhausgasemissionszertifikaten in der Gemeinschaft, ABl. 2013, L 113/1.

[564] Die in diesem Fall vorgelegten Leitlinien der Kommission (ABl. 2013, C 289/1) halten konsequent fest, dass eine verbindliche Auslegung des EU-Rechts nur durch den EuGH erfolgen kann.

[565] Art. 15 Abs. 2 der RL 2001/21/EG vom 7. 3. 2002 über einen gemeinsamen Rechtsrahmen für elektronische Kommunikationsnetze und -dienste (Rahmenrichtlinie), ABl. 2002, L 108/33: »Die Kommission veröffentlicht [...] Leitlinien zur Marktanalyse und zur Bewertung beträchtlicher Marktmacht [...].«

[566] Art. 15 Abs. 3 der RL 2001/21/EG (Fn. 565): »Die nationalen Regulierungsbehörden legen unter weitestgehender Berücksichtigung der [...] Leitlinien die relevanten Märkte [...] fest.«

[567] Art. 7 Abs. 4 der TEN-E-VO (Fn. 553): Die Kommission veröffentlicht »unverbindliche Leitlinien, um die Mitgliedstaaten bei der Festlegung angemessener legislativer und nichtlegislativer Maßnahmen zur Straffung der Umweltverträglichkeitsprüfung zu unterstützen [...]«. Nach Abs. 5 überprüfen die Mitgliedstaaten die Möglichkeiten »unter gebührender Berücksichtigung der [...] Leitlinien«.

Ein prominentes Beispiel bilden nun auch die an die nationalen Aufsichtsbehörden **128** und die Finanzmarktteilnehmer gerichteten Leitlinien der europäischen Finanzaufsichtsagenturen, die bei der Neufassung des europäischen Finanzaufsichtsrechts im Anschluss an die Bankenkrise[568] sekundärrechtlich vorgesehen wurden:[569] Sie sind ebenfalls nicht förmlich verbindlich, die nationalen Behörden und Unternehmen haben nach ausdrücklicher sekundärrechtlicher Festlegung aber »alle erforderlichen Anstrengungen [zu unternehmen], um diesen Leitlinien und Empfehlungen nachzukommen«;[570] eine beabsichtigte Nichtanwendung müssen die nationalen Behörden binnen zwei Monaten nach Veröffentlichung anzeigen und begründen (»comply or explain«).[571]

Trotz dieser »Härtung« im Vergleich zu den nicht sekundärrechtsbasierten Leitlinien **129** sind auch diese Rechtsakte aber nicht verbindlich und damit z. B. auch nicht tauglicher Gegenstand der Nichtigkeitsklage gemäß Art. 263 AEUV;[572] eine Kontrolle ist damit regelmäßig nur inzident im Rahmen des Vorgehens gegen die nationale Behördenpraxis möglich.

F. Schlussfolgerungen

Das EU-Recht verfügt mit Art. 288 AEUV in der durch den Vertrag von Lissabon geltenden Form über einen stabilisierten Katalog der für die Sekundär- und Tertiärrechtssetzung zur Verfügung stehenden Rechtsakt-Kategorien; die (Er-)Findung weiterer verbindlicher Kategorien dürfte unter diesen Bedingungen weder zulässig noch sachlich notwendig sein. Auch eine erneute Reform zur Verdeutlichung der Normenhierarchie erscheint nicht geboten;[573] bereits der dazu im Verfassungsvertrag unternommene und in die Art. 290 und 291 AEUV eingeflossene Versuch hat mehr Fragen aufgeworfen als gelöst.[574] **130**

---

[568] Dazu im Überblick *Gundel*, in: Schulze/Zuleeg/Kadelbach, Europarecht, § 3, Rn. 32; näher *Bischof/Jung*, in: Schulze/Zuleeg/Kadelbach, Europarecht, § 20, Rn. 5 ff.; s. auch *Frank*, Die Rechtswirkungen der Leitlinien und Empfehlungen der Europäischen Wertpapier- und Marktaufsichtsbehörde, 2012, S. 38 ff.

[569] Die Verwendung der unverbindlichen Form war hier auch durch bestehende Unsicherheiten über die Zulässigkeit der Delegation von Normsetzungsbefugnissen auf die EU-Agenturen bedingt, s. *Chamon*, RevMC 2014, 152 ff.; s. auch *ders.*, MJ 2010, 281 ff.; *ders.*, CMLRev. 48 (2011), 1055 ff.; *Alberti*, RevMC 2014, 161 ff.; dazu Art. 291 AEUV, Rn. 13 f.

[570] So stellvertretend Art. 9 Abs. 2, 16 Abs. 3 der VO (EU) Nr. 1095/2010 vom 24. 11. 2010 zur Errichtung einer Europäischen Aufsichtsbehörde (Europäische Wertpapier- und Marktaufsichtsbehörde), zur Änderung des Beschlusses Nr. 716/2009/EG und zur Aufhebung des Beschlusses 2009/77/EG der Kommission, ABl. 2010, L 331/84; dazu *Frank* (Fn. 568), S. 121 ff.

[571] Art. 16 Abs. 3 UAbs. 2 der VO (EU) Nr. 1095/2010 (Fn. 570; nach UAbs. 4 können die Leitlinien erforderlichenfalls auch eine Berichtspflicht der Finanzmarktteilnehmer über die Anwendung vorsehen); dazu *B. Raschauer*, ÖZW 2013, 34 ff.; s. auch *Ludewig/Geilfus*, WM 2013, 1533 ff.; *Ohler*, Finanzmarktregulierung und -aufsicht, in: Ruffert, Europäisches Sektorales Wirtschaftsrecht, 2012, § 10, Rn. 122; für ein entsprechendes Modell bei Empfehlungen s. o. Rn. 105.

[572] Anders *Storr*, Agenturen und Rechtsschutz, in: Braumüller/Ennöckl/Gruber/N. Raschauer (Hrsg.), Die neue europäische Finanzmarktaufsicht, 2011, S. 77 (90) mit unzutreffender Berufung auf *Gundel*, EuR 2009, 383 (292); ebenso *B. Raschauer*, ÖZW 2013, 34 (37 f.); s. dagegen aber die Rechtsprechung zu den sekundärrechtlich vorgesehenen Einzelfall-Stellungnahmen der Kommission (o. Fn. 498 f.), die hier ebenfalls gelten dürfte.

[573] Ähnlich *Nettesheim*, in: Grabitz/Hilf/Nettesheim, EU, Art. 288 AEUV (August 2012), Rn. 22: Das System der Handlungsformen habe sich grundsätzlich bewährt.

[574] Dazu Art. 290 AEUV, Rn. 12 f.

131   Nicht gelöst ist die Frage einer trennscharfen Abgrenzung der Anwendungsbereiche der jeweiligen Rechtsakt-Kategorien,[575] doch wird die Rechtsetzungspraxis durch diesen Zustand soweit ersichtlich nicht behindert. Bedenklicher erscheint die in jüngerer Zeit feststellbare Aufweichung oder Verwischung der Unterscheidung zwischen verbindlichen und unverbindlichen Rechtsakten;[576] hierunter droht vor allem der Rechtsschutz des Einzelnen zu leiden, der nur gegenüber verbindlichen Rechtsakten in vollem Umfang gewährleistet ist.

---

[575] Zur Annäherung von Richtlinie und Verordnung s. o. Rn. 15 ff.; zum unklaren Verhältnis zwischen Verordnung und adressatenlosem Beschluss s. o. Rn. 95 f.

[576] S. o. Rn. 120 ff.

Artikel 289 AEUV [Ordentliches und besonderes Gesetzgebungsverfahren; Initiativrecht in besonderen Fällen]

(1) ¹Das ordentliche Gesetzgebungsverfahren besteht in der gemeinsamen Annahme einer Verordnung, einer Richtlinie oder eines Beschlusses durch das Europäische Parlament und den Rat auf Vorschlag der Kommission. ²Dieses Verfahren ist in Artikel 294 festgelegt.

(2) In bestimmten, in den Verträgen vorgesehenen Fällen erfolgt als besonderes Gesetzgebungsverfahren die Annahme einer Verordnung, einer Richtlinie oder eines Beschlusses durch das Europäische Parlament mit Beteiligung des Rates oder durch den Rat mit Beteiligung des Europäischen Parlaments.

(3) Rechtsakte, die gemäß einem Gesetzgebungsverfahren angenommen werden, sind Gesetzgebungsakte.

(4) In bestimmten, in den Verträgen vorgesehenen Fällen können Gesetzgebungsakte auf Initiative einer Gruppe von Mitgliedstaaten oder des Europäischen Parlaments, auf Empfehlung der Europäischen Zentralbank oder auf Antrag des Gerichtshofs oder der Europäischen Investitionsbank erlassen werden.

Literaturübersicht

von Achenbach, Demokratische Gesetzgebung in der Europäischen Union, 2014; *Assenbrunner*, Europäisch Demokratie und nationalstaatlicher Partikularismus : theoretischer Entwicklungsrahmen, unionsrechtliche Ansätze und Perspektiven europäischer Demokratie nach dem Reformvertrag von Lissabon, 2012; *Axmann*, Genese europäischer Rechtsetzungsverfahren, 2001; *Bast*, Europäische Gesetzgebung: fünf Stationen in der Verfassungsentwicklung der EU, in: Franzius/Mayer/Neyer (Hrsg.), Strukturfragen der Europäischen Union, 2010, S. 173; *ders.*, Grundbegriffe der Handlungsformen der EU, 2006; *Best*, EU Law-making in Principle and Practice, 2014; *Bieber*, Das Gesetzgebungsverfahren der Zusammenarbeit gemäß Art. 149 EWGV, NJW 1989, 1395; *Böhner*, Mitentscheidungsverfahren des Europäischen Parlaments nach den Verträgen von Amsterdam und Nizza, ZG 2001, 85; *Bradley*, Legislating in the European Union, in: Catherine Barnard/Steven Peers (Hrsg.), European Union Law, 2014, S. 97; *Bumke*, Rechtsetzung in der Europäische Gemeinschaft – Bausteine einer gemeinschaftsrechtlichen Handlungsformenlehre, in: Schuppert/Pernice/Haltern (Hrsg.), Europawissenschaft, 2005, S. 643; *Craig*, The Community Political Order, Indiana Journal of Global Legal Studies 10 (2003), 79; *ders.*, The European Parliament under the Lisbon Treaty, in: Griller/Ziller (Hrsg.) The Lisbon Treaty, 2008, S. 110 ff; *ders.*, Development of the EU, in: Barnard/Peers (Hrsg.), European Union Law, 2014, S. 9.; *Craig/de Búrca*, EU Law, 5. Aufl., 2011; *Diedrichsen*, The system of legal acts in the history of drafts and proposals of the EC Treaty, in: Winter (Hrsg.), Sources and Categories of European Union Law, 1996, S. 315 ff.; *Dougan*, The Treaty of Lisbon 2007: Winning Minds, not Hearts, CMLRev. 45 (2008), 617; *Feldman*, Sovereignties in Strasbourg, in: Rawlings/Layland/Young (Hrsg.), Sovereignty and the Law, 2013, S. 213; *Grüner*, Quantität und Qualität der europäischen Rechtsetzung, 2011; *Habermas*, Die Krise der Europäischen Union im Lichte einer Konstitutionalisierung des Völkerrechts – Ein Essay zur Verfassung Europas, ZaöRV 72 (2012), 1; *Hable*, Die Schnittstelle von Handlungsformen und Kompetenzen in der Europäischen Verfassungsdebatte, Journal für Rechtspolitik 2003, 198; *Härtel*, Handbuch Europäische Rechtsetzung, 2006; *Hartley*, The foundations of European Union law, 8. Aufl., 2014; *Hofmann*, Legislation, Delegation and Implementation under the Treaty of Lisbon: Typology Meets Reality, ELJ 15 (2009), 482; *Jouanjan*, Grundlagen und Grundzüge staatlichen Verfassungsrechts: Frankreich, in: von Bogdandy/Cruz Villalón/Huber (Hrsg.), Handbuch Ius Publicum Europaeum, Bd. I, 2007, § 2; *Knauff*, Gute – bessere – europäische Gesetzgebung?, ZG 2009, 354; *Kröll*, Rechtsetzungsverfahren und Rechtsakte, in: Eilmansberger/Griller/Obwexer (Hrsg.), Rechtsfragen der Implementierung des Vertrages von Lissabon, 2011, S. 313; *Lenaerts/Desomer*, Towards a Hierarchy of Legal Acts in the European Unions? Simplification of Legal Instruments and Procedures, ELJ 11 (2005), 744; *Lord*, The democratic legitimacy of codecision, Journal of European public policy 20 (2013), 1056; *Mangiameli*, The Institutional Design of the European Union After Lisbon, in: Blanke/ders. (Hrsg.), The European Union after Lisbon, 2012, S. 93; *Maurer*, Die institutionellen Reformen: Entscheidungseffizienz und Demokratie, in: Jopp/ders./Schmuck (Hrsg.), Die Europäische Union nach Amsterdam, 1998, S. 41. *Mayer*, Europa als Rechtsgemeinschaft, in: Schuppert/Pernice/Haltern (Hrsg.), Europawissenschaft, 2005, S. 429; *Melin*, Die Rolle der deutschen Bundesländer im europäischen Rechtsetzungsverfahren nach Lissabon, EuR 2011, 655; *Meng*, Institutionen und Verfahren in der »Ersten Säule« der Europäischen Union nach dem Vertrag von Amsterdam, in: Hummer (Hrsg.), Die Europäische Union nach dem Vertrag von Amsterdam, 1998, S. 161; *Möllers*, Gewaltengliederung, 2005; *ders.*, Verfassunggebende Gewalt – Verfassung – Konstitutionalisierung, in: von Bogdandy/Bast (Hrsg.), Europäisches Verfassungsrecht, 2. Aufl., 2009, S. 227; *Nowak*, Europarecht nach Lissabon, 2011; *Obwexer*, Rechtsakte und Rechtsetzungsverfahren, in: Hummer/ders. (Hrsg.), Der Vertrag über eine Verfassung für Europa (2007), S. 147; *de la Rosa*, L'Union Europeenne en quete d'une meilleure legislation. A propos du programme »mieux legiferer«, in: Peraldi-Leneuf/ders. (Hrsg.), L'Union Europeenne et l'ideal de la meilleure legislation, 2013, S. 49 ff.; *Rösch*, Zur Rechtsformenwahl des europäischen Gesetzgebers im Lichte des Verhältnismäßigkeitsgrundsatzes – Von der Richtlinie zur Verordnung, 2013; *Rutschmann*, Der europäische Vermittlungsausschuss, 2002; *Saurer*, Der Einzelne im europäischen Verwaltungsrecht, 2014; *Schulze-Fielitz*, Strukturprobleme europäischer Sekundärrechtsetzung, FS Scheuing, 2011, S. 165 ff.; *Schusterschitz*, Rechtsakte und Rechtsetzungsverfahren, in: Hummer/Obwexer (Hrsg.), Der Vertrag von Lissabon, 2009, S. 209; *Schwartz*, Die Wahl der Rechtsgrundlage im Recht der Europäischen Union, 2013; *Wedemeyer*, Mehrheitsbeschlussfassung im Rat der Europäischen Union, 2008; *Weiler*, The Transformation of Europe, Yale Law Journal 100 (1991), S. 2403; *Wessels*, Gesetzgebung in der Europäischen Union, in: Ismayr (Hrsg.), Gesetzgebung in Westeuropa, 2008, S. 653; *De Witte*, Legal Instruments and Law-Making in the Lisbon Treaty, in: Griller/Ziller (Hrsg.) The Lisbon Treaty, 2008, S. 79; *Zemanek*, Gesetzgebung: Zuständigkeiten, Organe und Verfahren, in: Tsatsos (Hrsg.), Die Unionsgrundordnung, 2010, S. 409; *Ziller*, Hierarchy of Norms: Hierarchy of Sources and General Principles in European Union Law, in: Becker/Hatje/Potacs/Wunderlich (Hrsg.), Verfassung und Verwaltung in Europa, FS Schwarze, 2014, S. 334.

Wesentliche sekundärrechtliche Vorschriften

Protokoll Nr. 1 über die Rolle der nationalen Parlamente in der Europäischen Union, ABl. 2007, C 306/148

Protokoll Nr. 2 über die Anwendung der Grundsätze der Subsidiarität und der Verhältnismäßigkeit, ABl. 2007, C 306/150

Inhaltsübersicht   Rn.

A. Allgemeines

Art. 289 AEUV konstituiert mit dem ordentlichen (Abs. 1) und dem besonderen Ge-   **1**
setzgebungsverfahren (Abs. 2) zwei konkurrierende Modi der **Unionsgesetzgebung**,
aus denen jeweils »Gesetzgebungsakte« hervorgehen (Abs. 3). Mit der rechtsbegriffli-
chen Verankerung von Gesetzgebungsverfahren und Gesetzgebungsakten öffnet sich
das Primärrecht in Art. 289 AEUV in einem Schritt der Konstitutionalisierung, Parlamentarisierung und Demokratisierung (s. Rn. 18 ff.) für die vielschichtige europäische
Tradition des Gesetzes. Diese umfasst den demokratischen **Gesetzesbegriff** der französischen Erklärung der Menschen- und Bürgerrechte von 1789,[1] den herrschaftsbe-
grenzenden Gesetzesvorbehalt im deutschen Rechtsstaat des 19. Jahrhunderts[2] und das
englische Verständnis des Gesetzes als Ausdruck der Parlamentssouveränität[3] ebenso
wie die sich rechtsordnungsübergreifend in der zweiten Hälfte des 20. Jahrhunderts
durchsetzende Mäßigung der Gesetzgebungsfunktion im Zeichen der Grund- und Menschenrechte.[4]

Zugleich trägt Art. 289 AEUV als Konsequenz des Scheiterns des Entwurfs für einen   **2**
Vertrag über eine Verfassung für Europa[5] den Besonderheiten des supranationalen
Handlungszusammenhangs der EU in verstärkter Weise Rechnung.[6] Ordentliches und
besonderes **Gesetzgebungsverfahren** werden rechtssystematisch zurückgebunden an
die charakteristischen, integrationsprägenden Handlungsformen der Verordnung und
der Richtlinie sowie an den Beschluss.[7] Die kategoriale Verschränkung von Gesetzgebungsakten einerseits sowie Verordnungen, Richtlinien und Beschlüssen andererseits
unterstreicht den Kompromisscharakter des Art. 289 AEUV,[8] dessen Normgehalte zwischen gemeinsamen Verfassungstraditionen und supranationalen Besonderheiten changieren.

I. Geschichtliche Entwicklung

Art. 289 AEUV hat als **Kurzprogramm** der europäischen Gesetzgebungsordnung keine   **3**
unmittelbare Vorgängernorm im EG-Vertrag der Ära vor Lissabon. Die Vorschrift steht
aber gleichwohl in einem historischen Entwicklungszusammenhang, der bis zu den Anfängen der europäischen Integration zurückreicht.

---

[1] Declaration des droits de l'homme et du citoyen v. 26.8.1789, Art. 6 Satz 1 u. 2: »La loi est
l'expression de la volonté générale. Elle doit être la même pour tous, soit qu'elle protège, soit qu'elle
punisse.«; Zitat nach *Godechot*, Les Constitutions de la France depuis 1789, 1984, S. 50.
[2] S. nur *Böckenförde*, Gesetz und gesetzgebende Gewalt, 1959, S. 73 ff., S. 211 ff.; *Möllers*, Ver-
fassungsgebende Gewalt, S. 235 ff.
[3] *Dicey*, Introduction to the Study of the Law of the Constitution, 8. Aufl., 1915 (1932), S. xviii:
»The sovereignty of Parliament is, from a legal point of view, the dominant character of our political
institution. [...] The principle [...] means neither more or less than this, namely that ›Parliament‹ has
the right to make or unmake any law whatever«.
[4] *Feldman*, S. 213 ff.; *Henkin*, The Age of Rights, 1990, S. 11 ff.; *Jouanjan*, § 2, Rn. 106 ff.; *Saurer*,
Der Staat 51 (2012), 3 (5 ff.).
[5] Mandat für die Regierungskonferenz, Dok. des Rats Nr. 11218/07 v. 26.6.2007, Ziff. 19,
Buchst. u und v.
[6] *Streinz/Ohler/Herrmann*, Die neue Verfassung, S. 16; *De Witte*, S. 87 ff.; *Bast*, S. 178; *Schulze-
Fielitz*, S. 165 und s. Rn. 15.
[7] *Hofmann*, ELJ 15 (2009), 482 (486).
[8] *Schmidt*, in: GSH, Europäisches Unionsrecht, 7. Aufl. 2015, Bd. 4, Art. 289 AEUV, Rn. 5.

1. Montanunion, Römische Verträge

4   Im verwaltungsrechtlich konturierten Handlungsrahmen der mit Vertrag vom 18. 4. 1951 gegründeten **Europäischen Gemeinschaft für Kohle und Stahl**[9] war die »Entscheidung« der Hohen Behörde die wichtigste rechtliche Handlungsform.[10] Die Entscheidung bedurfte in mehreren Fällen der vorherigen Anhörung oder Zustimmung des Rates, der daneben auch in geringem Umfang über eigenständige Befugnisse zur Rechtsetzung verfügte,[11] überwiegend in Gestalt von Beschlüssen.[12] Erst die am 25. 3. 1957 unterzeichneten Römischen Verträge zur Gründung der Europäischen Wirtschaftsgemeinschaft und der Europäischen Atomgemeinschaft[13] schufen im engeren Sinne eine europäische Rechtsetzungsordnung.[14] Die beiden Verträge zogen in das supranationale System der Handlungsformen mit der Verordnung und der Richtlinie (Art. 189 EWG-Vertrag, Art. 161 EAG-Vertrag) eine neue Ebene ein, die in der zeitgenössischen Literatur im funktionalen Vergleich zum nationalen Recht zwischen administrativer Normsetzung und Gesetzgebung angesiedelt wurden.[15]

5   Im vorgenannten Sinne stehen die **Römischen Verträge** für den Übergang von der Verwaltungs- zur Rechtsetzungsunion.[16] Die Rechtsetzung erfolgte nunmehr nach der »Gemeinschaftsmethode«[17] im Wesentlichen im Zusammenspiel von Kommission und Rat. »Commission proposes, the Council disposes«, so das diese Epoche kennzeichnende englischsprachige Schlagwort.[18] Die bereits als »Europäisches Parlament« bezeichnete Gemeinsame Versammlung war auf eine Konsultations- und Kontrollfunktion beschränkt.[19] Das Entscheidungsverfahren innerhalb des Rates war bereits in der Ursprungsfassung des EWG-Vertrages in Abkehr vom traditionellen völkervertraglichen Prinzip der Einstimmigkeit für (qualifizierte) Mehrheitsentscheidungen geöffnet.[20] In Art. 148 Abs. 2 EWG-Vertrag war ein degressiv proportionales Stimmgewichtungsschema vorgesehen, nach welchem auch gegen einen der großen Mitgliedstaaten Deutschland, Frankreich und Italien das Zustimmungsquorum von 12 von 17 Stimmen zum Zustandekommen eines Beschlusses erreicht werden konnte.

---

[9] BGBl. II 1952 S. 445.

[10] *Haas*, The Uniting of Europe, 1958 (Nachdruck 2004), S. 60 ff.; *Vogt*, Die Entscheidung als Handlungsform des Europäischen Gemeinschaftsrechts, 2005, S. 9 ff.; zur »Empfehlung« im EGKS-Vertrag s. Art. 292 AEUV, Rn. 1.

[11] Hervorhebung des verwaltungsrechtlichen Charakters bei *Jerusalem*, Das Recht der Montanunion, 1954, S. 11 u. 14 (»Verwaltungsgemeinschaft«); dagegen Betonung der funktionalen Nähe zu Gesetzgebung und Regierung bei *Carstens*, ZaöRV 29 (1961), 1 (10); anders auch das Leitbild des Zweckverbands bei *Ule*, DVBl 1952, 65 (67); *Ipsen*, EG-Recht, S. 196 ff.

[12] Vgl. etwa Art. 59, § 1 EGKS-Vertrag (Beschluss über Vorliegen einer »ernsten Mangellage« bei Erzeugnissen des Kohle- und Stahlsektors).

[13] BGBl. II 1957 S. 753.

[14] Vgl. *Axmann*, S. 21 ff.; *Constantinesco*, Das Recht der europäischen Gemeinschaften, Bd. 1, 1977, S. 363 f.

[15] *Ipsen*, EG-Recht, S. 449.

[16] S. *Bast*, in: von Bogdandy/Bast (Hrsg.), Europäisches Verfassungsrecht, S. 489 (495); *Wedemeyer*, S. 58 f.

[17] *Dehousse*, The Community Method at Sixty, in: *ders.* (Hrsg.), The »Community Method« – Obstinate or Obsolete?, 2011, S. 3 ff.; *Nettesheim*, EuR-Beiheft 2/2013, 7 (16 ff.); *Temple Lang*, EPL 12 (2006), 127 (134).

[18] *Craig/de Búrca*, S. 123.

[19] *Ipsen*, EG-Recht, S. 329.

[20] *Best*, S. 11; *Ipsen*, EG-Recht, S. 329.

Allerdings entfaltete das qualifizierte Mehrheitsprinzip des EWG-Vertrags zunächst **6** kaum rechtspraktische Wirkung. Denn die Rechtsetzungsordnung erfuhr Mitte der 1960er Jahre im **Kompromiss von Luxemburg**[21] eine politisch-informelle Überlagerung.[22] Zur Auflösung der mit der »Politik des leeren Stuhls« Frankreichs verbundenen politischen Krise[23] fand die Gemeinschaft zu einer informellen, aber verschriftlichten Verfahrensordnung, nach welcher dann, wenn »sehr wichtige Interessen eines oder mehrerer Partner auf dem Spiel [stehen]«, das Prinzip der Einstimmigkeit zur Anwendung kam.[24]

2. Einheitliche Europäische Akte

Der Luxemburger Kompromiss zur Rechtsetzungsorganisation wurde in den 1970er **7** Jahren zunehmend in Frage gestellt. Nach der Erweiterung der Gemeinschaft um Großbritannien, Irland und Dänemark[25] bestand weithin Einigkeit über die Reformbedürftigkeit von Institutionen und Verfahren der Rechtsetzung in der Gemeinschaft.[26] Im Reformprozess wurden die Ziele der strukturellen Rückkehr zum (qualifizierten) Mehrheitsprinzip im Rat und der Stärkung des Europäischen Parlaments zunehmend deutlich artikuliert.[27] Das erste direkt gewählte **Europäische Parlament** forderte in seinem »Entwurf eines Vertrages zur Gründung der Europäischen Union« aus dem Jahr 1984[28] die Aufwertung des Europäischen Parlaments zum gleichberechtigten Rechtsetzungsorgan neben dem Rat.[29] Damit war der Grund für die Rechtsetzungsreform durch die Einheitliche Europäische Akte v. 17.2./28.2.1986[30] bereitet.[31]

Die **Einheitliche Europäische Akte** führte das Verfahren der Zusammenarbeit ein,[32] **8** das eine Stärkung der qualifizierten Mehrheitsentscheidungen im Rat und der Mitwirkung des Europäischen Parlaments bedeutete.[33] Letzteres gewann durch die Eröffnung eines »suspensiven Vetos«[34] beträchtlich an Einfluss. Besonders wirkmächtig war rechts-

[21] Vereinbarungen der sechs Mitgliedstaaten der EWG v. 29.1.1966 (sog. »Luxemburger Kompromiss«), abgedruckt in: EuR 1966, 73.
[22] *Scharpf*, Public Administration 66 (1988), 239 (266); *Best*, S. 11.
[23] S. nur *Kaiser*, EuR 1966, 4 (14).
[24] Kompromiss von Luxemburg (Fn. A), Ziff. I; näher *Streinz*, Die Luxemburger Vereinbarung, 1984, S. 23 ff.
[25] S. Dokumente betreffend den Beitritt des Königreichs Dänemark, Irlands, des Königreichs Norwegen und des Vereinigten Königreichs Großbritannien und Nordirland zu den Europäischen Gemeinschaften, ABl. 1972, L 73/1.
[26] *Craig*, Development of the EU, S. 18; *Axmann*, S. 87 ff.
[27] S. Bericht des belgischen Ministerpräsidenten Tindemans über die Europäische Union, dem Europäischen Rat am 29.12.1975 übermittelt, abgedruckt in Europa-Archiv, 3/1976, D 55, D78-D80.
[28] Entwurf eines Vertrages zur Gründung der Europäischen Union, ABl. 1984, C 77/83, Art. 36: »Das Parlament und der Rat der Union üben gemeinsam unter aktiver Beteiligung der Kommission die Gesetzgebungsbefugnis aus.«, dazu *Diedrichsen*, S. 315 (329 ff.).
[29] Zu den Motiven der maßgeblich beteiligte MdEP *Spinelli*, Das Verfassungsprojekt des Europäischen Parlaments, in: Schwarze/Bieber (Hrsg.), Eine Verfassung für Europa, 1984, S. 231 ff.; kontextualisierend *Glencross*, JCMSt 47 (2009), S. 287 ff.
[30] Einheitliche Europäische Akte, ABl. 1987, L 169/1.
[31] Zur intergouvernementalen Dynamik *Moravcsik*, International Organization 45 (1991), 19 ff.; mit Betonung der Rolle Frankreich *Parsons*, Comparative Political Studies 43 (2010), 706 (712 ff.).
[32] S. Art. 149 Abs. 2 EWG-Vertrag i.d.F. der Einheitliche Europäische Akte.
[33] *Bieber*, NJW 1989, 1395 (1398 ff.); *Wessels*, integration 1986, 65 (65 ff.); *Parsons*, Comparative Political Studies 43 (2010), 706 (711).
[34] *Wessels*, Das politische System der Europäischen Union, 2008, S. 344.

praktisch die neu eingefügte, dem Verfahren der Zusammenarbeit geöffnete Binnenmarktharmonisierungskompetenz des Art. 100a EWG-Vertrag (heute Art. 114
AEUV).[35] Neben dem Verfahren der Zusammenarbeit etablierte die Einheitliche Europäische Akte zugunsten der Europäischen Parlaments auch ein Zustimmungsverfahren,
dessen schmaler Anwendungsbereich sich aber nicht auf die Rechtsetzung im engeren
Sinne, sondern auf die Aufnahme neuer Mitgliedstaaten und Assoziierungen der Gemeinschaft mit Drittstaaten bezog.[36]

3. Maastricht und Folgeverträge

9   Der **Vertrag von Maastricht** vom 7. 2. 1992[37] brachte mit der Einführung des Mitentscheidungsverfahrens in Art. 189b EG-Vertrag das Europäische Parlament erstmals in
einem Rechtsetzungsverfahren auf Augenhöhe mit dem Rat, wenngleich es nicht zur
generellen Gleichberechtigung kam.[38] Das Mitentscheidungsverfahren kam aufgrund
einer begrenzten Zahl von Kompetenztiteln zur Anwendung, etwa in den Sachbereichen Arbeitnehmerfreizügigkeit, Niederlassungsfreiheit, Binnenmarktharmonisierung,
Sozial- und Umweltpolitik.[39] In den erfassten Sachbereichen trat an die Stelle des bi-
nären Rechtsetzungszusammenhangs von Kommission und Rat ein institutionelles Dreieck, das als dritten Akteur das Europäische Parlament umfasste. Das neue Mitentscheidungsverfahren räumte dem Europäischen Parlament erstmals ein materielles Vetorecht ein. Zur Ausübung hatte das Parlament zunächst den gemeinsamen Standpunkt
des Rates abzulehnen, später je nach Ergebnis des Verfahrens im Vermittlungsausschuss[40] ggf. mit der Mehrheit seiner Mitglieder die Wiedereinbringung des ursprünglichen oder geänderten Standpunkts durch den Rat nochmals abzulehnen.[41]

10   In die Phase zwischen dem Vertrag von Maastricht und dem Vertrag von Amsterdam
fiel der **Kompromiss von Ioannina**[42] zur Berechnung der qualifizierten Mehrheit im Rat,
der über die Verträge von Amsterdam und Nizza hinweg Bestand haben sollte. Ausgangspunkt war der Beitritt von Österreich, Schweden und Finnland, in dessen Folge
sich die Gesamtstimmenzahl im Rat erhöht hatte. Der Kompromiss von Ioannina ver-
hinderte im Interesse der Mitgliedstaaten die strukturell angezeigte Erhöhung der Sperrminorität.[43]

11   Der **Vertrag von Amsterdam** vom 2. 10. 1997[44] brachte eine deutliche Vereinfachung
des Mitentscheidungsverfahrens in Art. 189b EG-Vertrag (zugleich umbenannt in
Art. 251 EG-Vertrag).[45] Die dem Vermittlungsverfahren nachfolgende Lesung wurde

---

[35] *Best*, S. 12, 58; kritisch wegen gesteigerter Komplexität der Rechtsetzung *Bieber*, NJW 1989,
1395 (1398).

[36] S. Art. 237 Abs. 1 EWG-Vertrag u. Art. 238 Abs. 2 EWG-Vertrag i. d. F. der Einheitliche Europäische Akte.

[37] Vertrag von Maastricht, ABl. 1992, C 224/1.

[38] *Axmann*, S. 226.

[39] Aufstellung von 13 Artikeln des EGV i. d. F. v. Maastricht mit Anordnung des Mitentscheidungsverfahrens bei *Axmann*, S. 225 mit Fn. 772.

[40] Betonung der konstitutiven Abhängigkeit des Vermittlungsausschusses von der Einführung des
Mitentscheidungsverfahrens bei *Rutschmann*, S. 20 f., 66 f.

[41] S. Art. 189 Abs. 2 u. Abs. 5 EGV i. d. F. v. Maastricht.

[42] Abgedruckt als Beschluss des Rates v. 29. 3. 1994, ABl. 1994, C 105/1.

[43] Näher *Obwexer*, in: Streinz, EUV/AEUV, Art. 16 EUV, Rn. 50 f.

[44] Vertrag von Amsterdam, ABl. 1997, C 340/1.

[45] S. *Böhner*, ZG 16 (2001), 85 (86 ff.); *Maurer*, Die institutionellen Reformen, S. 60 ff.; *Meng*,
S. 170 ff.

einschließlich der Rückkehroption des Rates zum gemeinsamen Standpunkt gestrichen. Die Möglichkeit der verfahrensabschließenden Einigung in erster Lesung wurde geschaffen. Voraussetzung war, dass alle Abänderungen des Vorschlags der Kommission, die in einer Stellungnahme des Europäischen Parlaments enthalten waren, vom Rat gebilligt wurden.[46] Der sachliche Anwendungsbereich des Mitentscheidungsverfahrens wurde erheblich erweitert, etwa in den Bereichen Verbraucherschutz, Gesundheits- und Verkehrspolitik.[47] Der **Vertrag von Nizza** vom 26.2.2001[48] veränderte das Verfahren der Mitentscheidung nicht, allerdings kam es zu einer weiteren Ausweitung des Anwendungsbereichs, so beim Kompetenztitel für spezifische Aktionen zur Förderung des wirtschaftlichen und sozialen Zusammenhalts (Art. 159 Abs. 3 EG-Vertrag) sowie im europäischen Parteienrecht (Art. 191 Abs. 2 EG-Vertrag).[49]

Der systematischen Klarheit des europäischen Rechtsetzungssystems waren die Vertragsreformen der Einheitlichen Europäischen Akte, des Vertrags von Maastricht und der Folgeverträge nicht zuträglich. Vielmehr kam es zu einer Vervielfachung der Kategorien und Verfahren der EU-Rechtsetzung. Die **rechtspolitische Kritik** verstärkte sich.[50] Im Verfassungskonvent zur Vorbereitung des Vertrags über eine Verfassung für Europa (s. Rn. 13) wurden 22 verschiedene Verfahren der Rechtsetzung gezählt.[51]   **12**

4. Vertrag über eine Verfassung für Europa

Mit dem Entwurf für einen Vertrag über eine Verfassung für Europa (VVE) setzte die   **13** europäische Rechtsgemeinschaft zu einem Quantensprung in der Entwicklung der Rechtsetzungsorganisation an. Bereits die Regierungskonferenz des Europäischen Rates von Laeken, die das Mandat für die Vorbereitung des Verfassungsvertrages erteilt hatte, hatte 2001 die **Reform der Rechtsetzung** zu einer zentralen Reformaufgabe erklärt.[52] Demgemäß sollte nach dem am 29.10.2004 von den Staats- und Regierungschefs signierten Entwurf des VVE[53] im Rechtsetzungskapitel ein besonders großer Reformschritt erfolgen. Der seit dem EWG-Vertrag tradierte Dreiklang der verbindlichen Rechtsformen – Verordnung, Richtlinie, Entscheidung – sollte abgelöst werden durch ein neues Formensystem aus Europäischem Gesetz, Europäischem Rahmengesetz und weiteren Rechtsakten ohne Gesetzescharakter.[54]

---

[46] Zum folgerichtigen Anstieg der Einigungen in 1. Lesung *Huber/Shackleton*, JEPP 20 (2013), 1040 (1047 f.); *Best*, S. 69.

[47] Aufstellung von 31 Artikeln des EGV i.d.F. v. Amsterdam mit Anordnung des Mitentscheidungsverfahrens bei *Axmann*, S. 240 mit Fn. 849.

[48] Vertrag von Nizza, ABl. 2001, C 80/1.

[49] Aufstellung von 6 Artikeln des EGV i.d.F. v. Nizza mit Anordnung des Mitentscheidungsverfahrens bei *Böhner*, ZG 16 (2001), 85 (90); s. außerdem *Axmann*, S. 245 mit Fn. 875.

[50] S. *Weidenfeld/Giering*, Die Europäische Union nach Amsterdam – Bilanz und Perspektive, in: Weidenfeld (Hrsg.), Amsterdam in der Analyse, 1998, S. 19 (23) (»wildwüchsige Entwicklung der Kompetenzen, Institutionen und Verfahren«); *Härtel*, S. 354; Bericht des EP-Ausschusses für konstitutionelle Fragen über die Typologie der Rechtsakte und die Hierarchie der Normen in der EU v. 3.12.2002, EP-Dok. A5–0425/2002, S. 23: »Rechtsakte der Gemeinschaft [fallen] in nicht zu definierende, sich ständig wandelnde und rechtlich unklare Kategorien.«

[51] Sekretariat der Europäischen Konvents, Dok. v. 24.7.2002, CONV 216/02, S. 6 mit Aufstellung S. 22 f.

[52] Anlage I zu den Schlussfolgerungen des Vorsitzes des Europäischen Rates von Laeken vom 14./15.12.2001, Dok SN 300/01 ADD 1: Auftrag zur »Vereinfachung der Instrumente der Union«; die Instrumente sollten »besser definiert« und »ihre Anzahl... verringert werden«.

[53] Vertrag über eine Verfassung für Europa, ABl. 2004, C 310/1.

[54] Im Überblick *Obwexer*, S. 147 ff.; *Bumke*, S. 690 ff.; *Bast*, Fünf Stationen, S. 176 f.; *Hable*, JRP 2003, 198 (203); *Lenaerts/Desomer*, ELJ 2005, 744 (751 f.).

14   Die Vorschrift des **Art. I–34 VVE** grenzte die Hervorbringung von Europäischem Gesetz und Europäischem Rahmengesetz im »ordentlichen Gesetzgebungsverfahren« gemäß Art. III–396 VVE von der Hervorbringung beider Normkategorien in »besonderen Gesetzgebungsverfahren« nach »bestimmten, in der Verfassung vorgesehenen Fällen« ab. Die Zahl der ordentlichen Gesetzgebungsverfahren sollte gegenüber dem Mitentscheidungsverfahren des EG-Vertrags auf insgesamt 84 nahezu verdoppelt werden und 25 besonderen Gesetzgebungsverfahren[55] gegenüberstehen.[56] Bekanntlich scheiterte der Vertrag über eine Verfassung für Europa infolge seiner Ablehnung in den Referenden der Niederlande und Frankreichs 2005.[57]

5. Vertrag von Lissabon

15   Mit dem Vertrag von Lissabon vom 13.12.2007[58] fand die EU auch in der Rechtsetzungsorganisation den Weg aus der Sackgasse, als welche sich das Projekt des Verfassungsvertrags erwiesen hatte. Dabei waren die Beratungen hin zum Vertragsschluss gerade im **Rechtsaktskapitel** bis zur abschließenden Fassung der Art. 288 ff. AEUV eine Gratwanderung.[59] Einerseits galt es, die staatsanalog konnotierte Symbolik zurückzuführen.[60] Für diese Stoßrichtung der Vertragsreform steht die Perpetuierung der traditionellen Handlungsformen Verordnung und Richtlinie anstelle des Formenwechsels hin zu Europäischem Gesetz und Rahmengesetz. Andererseits war der sachliche Reformdruck in Richtung einer Vereinfachung und kategorialen Neuordnung des Rechtsetzungssystems der EU unverändert stark. Dem trug das Rechtsaktskapitel Rechnung, indem die Traditionsformen Verordnung und Richtlinie einbezogen wurden in eine umfassende **Neuorganisation des Rechtsetzungssystems** entlang der Kategorien des »Gesetzgebungsakts« und des »Gesetzgebungsverfahrens«.[61]

16   Das Europäische Parlament wurde zum grundsätzlich gleichberechtigten Unionsgesetzgeber neben dem Rat aufgewertet. Das dieser Gleichberechtigung entsprechende Mitentscheidungsverfahren (Art. 251 EG-Vertrag) wurde folgerichtig zum »ordentlichen Gesetzgebungsverfahren« der EU (Art. 294 AEUV). Im Aufgabenfeld der **Komplexitätsreduktion** bei Rechtsakttypen und Rechtsetzungsverfahren erzielte die Vertragsreform von Lissabon messbare Erfolge: Mit der Überführung der vormals eigenständigen Säulen der GASP und der PJZ in den einheitlichen Rechtsrahmen der EU wurden auch die dort vorfindlichen Sonderformen der Rechtsetzung (Gemeinsame Aktion, Gemeinsamer Standpunkt, Rahmenbeschluss) aufgelöst.[62] Das Verfahren der Zusammenarbeit (ex-Art. 252 EG-Vertrag) wurde gestrichen. Die Erhöhung der Kompetenztitel des ordentlichen Gesetzgebungsverfahrens gegenüber dem Mitentscheidungs-

---

[55] Zahlen nach *Hummer*, »Etatisierung« der Union durch die neue Verfassung? Darstellung aus juristischer Sicht, in: Busek/ders. (Hrsg.), Die Konstitutionalisierung der Verbandsgewalt in der (neuen) Europäischen Union, 2006, S. 19, 47.

[56] Aufstellung der Fallgruppen des besonderen Gesetzgebungsverfahrens bei *Vedder*, in: Vedder/Heintschel von Heinegg (Hrsg.), EVV, Art. I–34 EVV, Rn. 5.

[57] S. nur *Streinz/Ohler/Herrmann*, Der Vertrag von Lissabon, S. 24; *Nowak*, S. 65.

[58] Vertrag von Lissabon, ABl. 2007, C 306/1.

[59] Mandat für die Regierungskonferenz, Dok. des Rats Nr. 11218/07 v. 26.6.2007, Ziff. 19, lit. u) u. v).

[60] *Hatje/Kindt*, NJW 2008, 1761 (1768); *Streinz/Ohler/Herrmann*, Der Vertrag von Lissabon, S. 15f.

[61] Näher sogleich Art. 289 AEUV, B.-D.

[62] *Schusterschitz*, S. 214.

verfahren lag auf der Linie des VVE.[63] Eine neuerliche vertragstextliche Reform der Gesetzgebungsordnung steht auf mittelfristige Sicht nicht auf der Agenda der Europäischen Union. Allerdings ist das Bemühen um eine »Bessere Rechtsetzung«[64] bei der Ausgestaltung der Gesetzgebungsordnung eine andauernde und im Einzelnen kontrovers verfolgte Aufgabenstellung der Unionsorgane.[65]

II. Integrationstheoretischer Rahmen

In integrationstheoretischer Perspektive steht die Neuverfassung der Gesetzgebungs-   **17** ordnung der EU durch den Vertrag von Lissabon entlang des Kurzprogramms des Artikel 289 AEUV für einen Prozess der Konstitutionalisierung, Parlamentarisierung und Demokratisierung, der nicht frei von Ambivalenzen ist.

1. Konstitutionalisierung

Der Begriff der Konstitutionalisierung findet vielfache Verwendung als integrations-   **18** theoretischer Leitbegriff. Rechtswissenschaft, Sozialwissenschaften und politische Theorie[66] nutzen den graduellen und prozesshaften Charakter des Konstitutionalisierungsparadigmas für die Beschreibung der Europäischen Union als supranationaler Verfassungsordnung eigener Art.[67] Die **Formalisierung** der unionalen Gesetzgebungsordnung entlang der Rechtsbegriffe »Gesetzgebungsakt« und »Gesetzgebungsverfahren«[68] ist im Europäischen Recht neben dem Bedeutungsaufstieg der Grundrechte eines der wichtigsten Konstitutionalisierungsphänomene überhaupt.

Wie das Gesetz auf nationaler Ebene, so steht auch der Gesetzgebungsakt des Uni-   **19** onsrechts für die Verfestigung von Hierarchisierungen und Vorrangordnungen im Normgefüge[69] und damit für die Herausbildung einer gestuften rechtlichen Ordnung.[70] Die neu verfasste Gesetzgebungsordnung erfüllt zudem die **Verfassungsfunktion** einer Ermöglichungsordnung für den politischen Prozess, indem sie einen stabilen Rechtsrahmen für die Rechtserzeugung in öffentlichen Beratungsverfahren in den Gesetzgebungsorganen zur Verfügung stellt.[71] Umgekehrt hat die Stärkung des Gesetzgebungsakts und des Gesetzgebungsverfahrens auch eine **dekonstitutionalisierende** Stoßrichtung, da die Schaffung rechtspraktisch operationalisierbarer Gesetzgebungskompetenzen die begrenzten Kapazitäten des verfassungsrechtlichen Diskurses entlastet.[72]

---

[63] S. Rn. 25.

[64] Europäischen Parlament, Rat, Kommission, Interinstitutionelle Vereinbarung »Bessere Rechtsetzung«, ABl. 2003, C–321/1.

[65] S. *Knauff*, S. 354 (357 ff.); *Grüner*, S. 259 ff.; *de la Rosa*, S. 49 ff.

[66] Vgl. nur *Weiler*, Yale Law Journal 100 (1991), 2403 (2413 ff.); *Möllers*, in: Europäisches Verfassungsrecht, S. 227 ff.; *Craig*, EU Administrative Law, 2. Aufl., 2012, S. 35 ff.; *Wessels*, Konstitutionalisierung der EU: Variationen zu einem Leitbegriff, FS Hrbek, 2003, S. 23 ff.; *Vaubel*, Die Konstitutionalisierung der Europäischen Union aus verfassungsökonomischer und politisch-ökonomischer Sicht, in: Busek/Hummer (Hrsg.), Die Konstitutionalisierung der Verbandsgewalt in der (neuen) Europäischen Union, 2006, S. 97 ff.; *Habermas*, ZaöRV 72 (2012), 1 (13 ff.).

[67] Näher mit Abgrenzung zum älteren Leitbild der »Integration durch Recht« *Saurer*, S. 56 f.; dazu auch *Beck/Grande*, Das kosmopolitische Europa, 2007, S. 105 ff.; *Mayer*, S. 456 ff.; *Nowak*, S. 78 ff.

[68] *Schmidt*, in: GSH, Europäisches Unionsrecht, Art. 289 AEUV, Rn. 5; *Krajewski/Rösslein*, in: Grabitz/Hilf/Nettesheim, EU, Art. 289 AEUV (August 2011), Rn. 62.

[69] Zu diesem Verfassungsmerkmal *Kelsen*, Reine Rechtslehre, 1. Aufl., 1934 (2008), S. 73 ff.

[70] S. *Ziller*, S. 335; *Bumke*, S. 653 ff., 692 ff.

[71] *Assenbrunner*, S. 219 ff.; *Saurer*, S. 63.

[72] *Saurer*, S. 65 f.

2. Parlamentarisierung

20 Die Neuverfassung der Gesetzgebungsordnung der EU in Art. 289 AEUV und den Fol-
gevorschriften verwirklicht mit der Stärkung des Europäischen Parlaments eines der
zentralen Anliegen des Reformvertrags von Lissabon.[73] Der entscheidende **Parlamen-
tarisierungsschub** liegt dabei jedoch noch nicht in der Einführung des ordentlichen Gesetzgebungsverfahrens als solcher, da die Rolle des Parlaments hier weitgehend derjenigen im früheren Mitentscheidungsverfahren entspricht. Maßgeblich ist vielmehr, dass
der Anwendungsbereich des ordentlichen Gesetzgebungsverfahrens in Lissabon durch
die Umstellung bestehender und Zuordnung neu geschaffener Kompetenztitel erheblich ausgeweitet wurde. Gegenüber dem Mitentscheidungsverfahren in der Ordnung des
EG-Vertrags hat sich die Zahl der Anwendungsfälle des ordentlichen Gesetzgebungsverfahrens im AEUV nahezu verdoppelt.[74]

21 Parallel zur Parlamentarisierung auf supranationaler Ebene werden die **nationalen
Parlamente** gestärkt. Beispielsweise schreiben die Protokolle Nr. 1 und Nr. 2 zum Vertrag von Lissabon[75] die Zuleitung aller Gesetzentwürfe an die nationalen Parlamente
vor und ordnen diesen bestimmte prozedurale Rechte zu. Durch diese können Über-
prüfungs- und Begründungspflichten der Gesetzgebungsorgane der EU und Kontrollan-
sprüche auf gerichtliche Überprüfung durch die Unionsgerichte ausgelöst werden.[76] Die
Parlamentarisierung auf Grund Unionsrechts wird im nationalen deutschen Recht von
einem **komplementären** Parlamentarisierungsprozess begleitet, der im Grundgesetz
wurzelt.[77]

3. Demokratisierung

22 Eine dritte große Entwicklungslinie des europäischen Verfassungsrechts, die in der Neuordnung der Gesetzgebungsordnung der EU ihren Niederschlag findet, ist die Demokratisierung. Diese Entwicklungslinie verläuft in Teilen parallel zur Konstitutionalisierung und Parlamentarisierung, beschreibt aber einen originären Bedeutungshorizont.
Vorgegeben ist im EU-Vertrag eine **duale Legitimationsstruktur**,[78] die einerseits auf das

---

[73] *Di Fabio*, ZSE 2013, 9 (10 ff.); *Kröll*, S. 330; *Craig*, The European Parliament under the Lisbon
Treaty, S. 110 (111 f.); programmatisch zum »Vertrag der Parlamente« *Brok/Selmayr*, integration
2008, 217 ff.

[74] Das Mitentscheidungsverfahren des EGV kannte i. d. F. v. Nizza 39 Anwendungsfälle, s. *Gellermann*, in: Streinz, EUV/AEUV, Art. 294 AEUV, Rn. 6; das heutige ordentliche Gesetzgebungsverfahren hat 84 Anwendungsfälle s. Art. 294 AEUV, Rn. 3; mit leicht abweichenden Zahlen *Maurer*,
Das ordentliche Gesetzgebungsverfahren, in: Lieb/ders. (Hrsg.), Der Vertrag von Lissabon, SWP-
Diskussionspapier, 3. Aufl., 2009, S. 46 (46).

[75] Protokoll Nr. 1 über die Rolle der nationalen Parlamente in der Europäischen Union (s. Abschnitt »Vorschriften«); Protokoll Nr. 2 über die Anwendung der Grundsätze der Subsidiarität und der
Verhältnismäßigkeit (s. Abschnitt »Vorschriften«).

[76] *Mayer*, ZaöRV 2007, 1141 (1173 f.); genauer noch s. Art. 294 AEUV, Rn. 10 ff.

[77] S. zur »dauerhaften Integrationsverantwortung« der deutschen Verfassungsorgane BVerfGE
123, 267 (356) – Lissabon im Anschluss an BVerfGE 89, 155 (207) – Maastricht: »Die Wahl der
Abgeordneten des Deutschen Bundestages durch das Volk erfüllt nur dann ihre tragende Rolle im
System föderaler und supranationaler Herrschaftsverflechtung, wenn der das Volk repräsentierende
Deutsche Bundestag und die von ihm getragene Bundesregierung einen gestaltenden Einfluss auf die
politische Entwicklung in Deutschland behalten. Das ist dann der Fall, wenn der Deutsche Bundestag
eigene Aufgaben und Befugnisse von substantiellem politischem Gewicht behält oder die ihm politisch
verantwortliche Bundesregierung maßgeblichen Einfluss auf europäische Entscheidungsverfahren
auszuüben vermag.«

[78] Aus der Perspektive des Grundgesetzes BVerfGE 89, 155 (185 f.) – Maastricht; BVerfGE 123,
267 (364) – Lissabon.

Europäische Parlament als Repräsentationsorgan der Unionsbürger/innen (Art. 10 Abs. 2 UAbs. 1 EUV) und andererseits auf den Rat als Repräsentationsorgan der Mitgliedstaaten (Art. 10 Abs. 2 UAbs. 1 EUV) zurückverweist.[79]

Die Gesetzgebungsordnung in den Art. 289 ff. AEUV verstärkt das demokratische **23** Grundmoment der **Selbst-Gesetzgebung** in seiner unionsrechtlichen Ausprägung auf mehrfache Weise: Erstens stärkt die Betonung der gemeinsamen Gesetzgebungsfunktion von Europäischem Parlament und Rat die strukturelle Ausrichtung des ordentlichen Gesetzgebungsverfahrens am Ideal der doppelten, ineinandergreifenden Legitimationsstränge.[80] Zweitens wird der demokratische Charakter des Europäischen Parlaments mit dem Ausbau seiner Legislativtätigkeit deutlicher konturiert.[81] Drittens verbessert auch die Ausgestaltung des besonderen Gesetzgebungsverfahrens die demokratische Qualität der Unionsgesetzgebung einen Schritt weit, da auch dort die Verpflichtung des Rates auf ein öffentliches Beratungsverfahren und die damit einhergehende Kontrollfunktion der Öffentlichkeit greift (Art. 16 Abs. 8 EUV).[82] Viertens erhöht die verstärkte Einbeziehung der nationalen Parlamente in das Gesetzgebungsverfahren gemäß Art. 12 Buchst. a EUV und den Protokollen Nr. 1 und Nr. 2 zum Vertrag von Lissabon[83] den Einfluss der Bürger/innen der Mitgliedstaaten.[84]

B. Ordentliches Gesetzgebungsverfahren (Abs. 1)

Art. 289 Abs. 1 AEUV rückt das ordentliche Gesetzgebungsverfahren in das »Zentrum **24** der europäischen Rechtsetzung«.[85] In der Begriffswahl des »ordentlichen« Gesetzgebungsverfahrens kommt deutlich zum Ausdruck, dass es sich nach dem Willen des Vertragsgebers um das **Standardverfahren** der EU-Sekundärrechtsetzung handelt. Allerdings manifestiert sich der Vorrang des ordentlichen Gesetzgebungsverfahrens nicht in einem rechtstechnischen Regel-Ausnahme-Verhältnis, das beispielsweise hätte vorsehen können, dass das ordentliche Gesetzgebungsverfahren immer dann zur Anwendung kommen würde, wenn ein spezifischer Kompetenztitel keine anderweitige Verfahrenszuordnung trifft.[86]

Vielmehr bedarf die Anwendung des ordentlichen Gesetzgebungsverfahrens jeweils **25** einer gesonderten, expliziten Anordnung in einem spezifischen **Kompetenztitel** der

---

[79] *Habermas*, ZaöRV 72 (2012), 1 (24 ff.) zur Legitimation der Union mittels eines dualen Bürgerbegriffs, der Unionsbürgerschaft und nationale Staatsbürgerschaft vereint; *Möllers*, Gewaltengliederung, S. 233 ff.; *von Achenbach*, S. 300 ff.

[80] *Härtel*, EnzEuR, 2014, Kap. 11, Rn. 37; *Assenbrunner*, Europäische Demokratie und nationalstaatlicher Partikularismus, 2012, S. 209 ff.; *Lord*, Journal of European public policy 20 (2013), 1056 (1059 ff.); *Schwartz*, Die Wahl der Rechtsgrundlage im Recht der Europäischen Union, 2013, S. 42; *Nowak*, S. 102.

[81] *von Achenbach*, S. 57; *Burns/Rasmussen/Reh*, Journal of European Public Policy 20 (2013), 941 (947).

[82] *Härtel*, EnzEuR, Bd.1, Kap. 11, Rn. 37.

[83] S. Abschnitt »Wesentliche sekundärrechtliche Vorschriften«.

[84] *Melin*, EuR 2011, 655 ff.; *Cooper*, West European Politics 35 (2012), 441 ff.

[85] *Oppermann/Classen/Nettesheim*, Europarecht, § 11, Rn. 51.

[86] Vgl. für eine solche Regel-Ausnahme-Gestaltung im deutschen Gesetzgebungsverfahren Art. 77 Abs. 3 S. 1 GG: »Soweit zu einem Gesetze die Zustimmung des Bundestags nicht erforderlich ist, kann der Bundesrat […] gegen ein vom Bundestage beschlossenes Gesetz binnen zwei Wochen Einspruch einlegen.«

Verträge.[87] Die rechtspraktische Vorrangstellung des ordentlichen Gesetzgebungsverfahrens ist mithin quantitativ fundiert, d. h. darin, dass die Zahl der Kompetenztitel im AEUV mit Bezug auf das ordentliche Gesetzgebungsverfahren jene mit Bezug auf das besondere Gesetzgebungsverfahren deutlich übertrifft. Nach der hier zugrunde gelegten Zählweise enthält der AEUV insgesamt 83 Kompetenztitel, die auf das ordentliche Gesetzgebungsverfahren verweisen.[88] Demgegenüber bestehen 35 Kompetenztitel mit besonderen Gesetzgebungsverfahren.[89] Unter Berücksichtigung der unterschiedlichen rechtspraktischen Bedeutung der einzelnen Kompetenztitel geht der Anteil des ordentlichen Gesetzgebungsverfahrens noch über das nach Zahl der Kompetenztitel gegebene Verhältnis hinaus.[90]

C. Besondere Gesetzgebungsverfahren (Abs. 2)

26   Art. 289 Abs. 2 AEUV stellt dem »ordentlichen« Gesetzgebungsverfahren des Art. 289 Abs. 1 AEUV mit dem »besonderen« Gesetzgebungsverfahren einen zweiten Modus der Unionsgesetzgebung gegenüber. Dabei wird es entgegen dem im Wortlaut des Art. 289 Abs. 2 AEUV verwendeten Singular (»als besonderes Gesetzgebungsverfahren«) der **Gesetzgebungskonzeption** des AEUV insgesamt besser gerecht, von vorneherein im Plural von »den« besonderen Gesetzgebungsverfahren zu sprechen. Denn der Vertragsgeber hat für die besonderen Gesetzgebungsverfahren keine dem Art. 294 AEUV für das ordentliche Gesetzgebungsverfahren entsprechende Vorschrift mit horizontal anwendbaren Verfahrensvorgaben geschaffen. Vielmehr richtet sich das Verfahren jeweils nach den einzelnen Kompetenztiteln, die ein besonderes Gesetzgebungsverfahren vorsehen (s. Aufstellung Rn. 33).

I. Varianten der besonderen Gesetzgebungsverfahren

27   Art. 289 Abs. 2 AEUV nennt zwei Varianten der besonderen Gesetzgebungsverfahrens, nämlich zum einen die Annahme einer Verordnung, einer Richtlinie oder eines Beschlusses durch das Europäische Parlament mit Beteiligung des Rates und zum anderen die Annahme eines der genannten Rechtsakte durch den Rat mit Beteiligung des Europäischen Parlaments. Dabei handelt es sich jeweils um **Typisierungen**, die in den einzelnen Kompetenztiteln nochmals in sich abweichend ausgestaltet werden.

1. Annahme durch den Rat, Beteiligung des Europäischen Parlaments

28   Die in Art. 289 Abs. 2 AEUV an zweiter Stelle genannte Variante der Annahme durch den Rat unter Beteiligung des Europäischen Parlaments ist in der konkreten Ausgestaltung der Kompetenztitel des besonderen Gesetzgebungsverfahrens weitaus häufiger vertreten als die erstgenannte Variante. Das Motiv für die Ausgestaltung unter Annah-

---

[87] *Schmidt*, in: GSH, Europäisches Unionsrecht, Art. 289 AEUV, Rn. 25.
[88] S. Aufstellung Art. 294 AEUV, Rn. 3.
[89] S. Aufstellung Rn. 33.
[90] S. die Prognose bei *Brok/Selmayr*, integration 2008, 217 (228) (»95 Prozent aller Fälle«); ebenso *Rösch*, S. 31; die Gesetzgebungsstatistik des Europäischen Parlaments erfasst für die 7. Wahlperiode (2009–2014) 650 Gesetzgebungsverfahren im ordentlichen Gesetzgebungsverfahren und 115 sonstige Gesetzgebungsverfahren; hinzu kommt die Haushaltsgesetzgebung, s. Statistik v. 13.5.2014 unter http://www.europarl.europa.eu/plenary/de/bilan-statistic.html (9.1.2015).

me durch den Rat liegt oft darin, dass ein besonderes Gesetzgebungsverfahren das Voranschreiten der Integration in einem politisch oder kulturell besonders sensiblen Sachbereich ermöglichen soll, den die Mitgliedstaaten nicht dem Gang des ordentlichen Gesetzgebungsverfahrens mit dem (qualifizierten) Mehrheitsprinzip und der starken Rolle des Europäischen Parlaments zu überantworten bereit sind.[91] Deshalb räumen die allermeisten der einschlägigen Kompetenztitel des AEUV mit der Vorgabe des **Einstimmigkeitsprinzips** im Rat den Regierungen aller 28 Mitgliedstaaten ein faktisches Vetorecht ein.[92]

Die in Art. 289 Abs. 2 AEUV vorgegebene »Beteiligung des Europäischen Parlaments« ist in der weit überwiegenden Zahl der Fälle auf ein **Anhörungsrecht** beschränkt. Nur in Ausnahmefällen wird die Zustimmung des Europäischen Parlaments verlangt.[93] Mitunter kommen weitere institutionelle Anhörungsrechte hinzu, etwa zugunsten des Ausschusses der Regionen und des Wirtschafts- und Sozialausschusses[94] oder der Europäischen Zentralbank.   **29**

2. Annahme durch das Europäische Parlament, Beteiligung des Rates

Besondere Gesetzgebungsverfahren mit Annahme des Rechtsakts durch das Europäische Parlament und Beteiligung des Rates (Art. 294 Abs. 2, 1. Var. AEUV) sind in der Ausgestaltung der Kompetenztitel des AEUV die weitaus seltenere **Variante**. Dabei kommt zum Tragen, dass das Hauptmotiv des Vertragsgebers zur Verwendung dieser Variante ganz anders liegt als bei den Rechtsakten mit Annahme durch den Rat. Im Vordergrund steht, dass das Europäische Parlament für die Regelung seiner eigenen Angelegenheiten einen größeren Spielraum erhalten soll, als dies im ordentlichen Gesetzgebungsverfahren mit der weitgehend gleichgewichtigen Rolle von Parlament und Rat der Fall wäre. Demgemäß betreffen die hier einschlägigen Kompetenztitel in Art. 223 Abs. 2 AEUV das Abgeordnetenstatut des Europäischen Parlaments, in Art. 226 Abs. 3 AEUV die Festlegung von Einzelheiten für das Untersuchungsrecht des Europäischen Parlaments und in Art. 228 Abs. 4 AEUV das Statut des Europäischen Bürgerbeauftragten, bei welchem dem Europäischen Parlament die alleinige **Kreationsfunktion** zukommt.   **30**

Charakteristisch für diese Variante des besonderen Gesetzgebungsverfahrens ist es, dass die in Art. 289 Abs. 2 AEUV vorgegebene »Beteiligung des Rates« deutlich stärker ausgestaltet ist als die ebenda vorgegebene »Beteiligung des Europäischen Parlaments«. Während dem Europäischen Parlament in der »**Beteiligungskonstellation**« i. S. d. Art. 289 Abs. 2 AEUV zumeist nur ein Anhörungsrecht zukommt (s. Rn. 29), erhält der Rat in den genannten Fällen Art. 223 Abs. 2 AEUV, Art. 226 Abs. 3 AEUV und Art. 228 Abs. 4 AEUV jeweils ein Zustimmungsrecht, materiell gesehen also ein Vetorecht.   **31**

---

[91] *Bradley*, S. 122; *Lenaerts/Desomer*, ELJ 2005, 744 (752).
[92] Nach der Aufstellung bei *Schmidt*, in: GSH, Europäisches Unionsrecht, Art. 289 AEUV, Rn. 19 ist Einstimmigkeit im Rat in 28 von 36 Anwendungsfällen des besonderen Gesetzgebungsverfahrens vorgesehen.
[93] S. Art. 19 AEUV, Art. 86 Abs. 1 AEUV.
[94] Legitimationstheoretische Einordnung bei *Assenbrunner*, S. 221 ff.

II. Konkrete Ausgestaltung

32 Besondere Gesetzgebungsverfahren sind derzeit in insgesamt 35 Kompetenztiteln des AEUV vorgesehen. Dabei liegt das **Initiativrecht** auch ohne ausdrückliche Regelung in Art. 294 Abs. 2 AEUV nach allgemeinen Grundsätzen vorbehaltlich einer anderweitigen vertraglichen Anordnung gem. Art. 17 Abs. 2 EUV bei der Kommission. Infolgedessen ist auch Art. 293 AEUV zu beachten, der in Abs. 2 AEUV die Berechtigung der Kommission zur Abänderung ihres Gesetzesentwurfs regelt. Art. 293 Abs. 1 AEUV statuiert für Abänderungen des Rates das Erfordernis der Einstimmigkeit und trifft sich darin mit dem Mehrheitserfordernis der allermeisten, wenn auch nicht aller Kompetenztitel des besonderen Gesetzgebungsverfahrens.[95] Zu den Besonderheiten in der sachspezifischen Ausgestaltung kann auch die Ermöglichung der Befassung des Europäischen Rates zählen. Dies ist in Art. 86 Abs. 1 AEUV und Art. 87 Abs. 3 UAbs. 2 AEUV[96] zugunsten einer qualifizierten Mehrheit von jeweils neun Mitgliedstaaten vorgesehen.[97]

33 Im Einzelnen werden besondere Gesetzgebungsverfahren in folgenden Vorschriften[98] genannt:
- Art. 19 Abs. 1 AEUV – Kompetenz für Diskriminierungsschutz (Einstimmige Annahme durch den Rat nach Zustimmung des Europäischen Parlaments)
- Art. 21 Abs. 3 AEUV – Unionsbürgerliches Freizügigkeitsrecht/soziale Sicherheit (Einstimmige Annahme durch den Rat nach Anhörung des Europäischen Parlaments)
- Art. 22 Abs. 1 AEUV – Wahlrecht bei Kommunalwahlen (Einstimmige Annahme durch den Rat nach Anhörung des Europäischen Parlaments)
- Art. 22 Abs. 2 AEUV – Wahlrecht bei Europawahlen (Einstimmige Annahme durch den Rat nach Anhörung des Europäischen Parlaments)
- Art. 23 Abs. 2 AEUV – Diplomatischer und konsularischer Schutz (Annahme durch den Rat mit qualifizierter Mehrheit nach Anhörung des Europäischen Parlaments)
- Art. 25 Abs. 2 AEUV – Ergänzung der Unionsbürgerrechte (Einstimmige Annahme durch den Rat nach Zustimmung des Europäischen Parlaments)
- Art. 64 Abs. 3 AEUV – Kapitalverkehr mit Drittstaaten, Maßnahmen des Rückschritts (Einstimmige Annahme durch den Rat nach Anhörung des Europäischen Parlaments)
- Art. 77 Abs. 3 AEUV – Pässe, Personalausweise, Aufenthaltstitel, gleichgestellte Dokumente (Einstimmige Annahme durch den Rat nach Anhörung des Europäischen Parlaments)
- Art. 81 Abs. 3 AEUV – Justizielle Zusammenarbeit mit grenzüberschreitendem Bezug, Maßnahmen im Familienrecht (Einstimmige Annahme durch den Rat nach Anhörung des Europäischen Parlaments)
- Art. 83 Abs. 2 AEUV – Straftaten mit grenzüberschreitender Dimension (nach Vorgaben der betreffenden Harmonierungsmaßnahmen)

---

[95] Vgl. aus der nachfolgenden Aufstellung etwa Art. 23 Abs. 2 AEUV und Art. 182 Abs. 4 AEUV zu Kompetenztiteln mit dem Erfordernis der qualifizierten Mehrheit im Rat.

[96] Regelungsmotiv ist bei Art. 86 Abs. 1 AEUV (Einrichtung einer Europäischen Staatsanwaltschaft) und Art. 87 Abs. 3 UAbs. 2 AEUV (Maßnahmen zur operativen polizeilichen Zusammenarbeit) jeweils die besondere Souveränitätssensibilität des Sachbereichs.

[97] Einordnung als dem Notbremsemechanismus beim ordentlichen Gesetzgebungsverfahren (S. Art. 294 AEUV, Rn. 4) »nachgebildete« Regelungstechnik bei *Vogel*, in: Grabitz/Hilf/Nettesheim, EU, Art. 86 AEUV (März 2011), Rn. 27.

[98] Nichtamtliche Kurzbezeichnungen der Artikel des AEUV im Folgenden (mit Modifikationen) nach *Pechstein/Domröse* (Hrsg.), Europarecht – Textsammlung, 2. Aufl., 2014, S. 48 ff.

- Art. 86 Abs. 1 AEUV – Europäische Staatsanwaltschaft (Einstimmige Annahme durch den Rat nach Zustimmung des Europäischen Parlaments)
- Art. 87 Abs. 3 AEUV – Operative polizeiliche Zusammenarbeit (Einstimmige Annahme durch den Rat nach Anhörung des Europäischen Parlaments)
- Art. 89 AEUV – Bedingungen und Grenzen extraterritorialer Behördentätigkeit (Einstimmige Annahme durch den Rat nach Anhörung des Europäischen Parlaments)
- Art. 113 AEUV – Harmonisierung der Rechtsvorschriften über indirekte Steuern (Einstimmige Annahme durch den Rat nach Anhörung des Europäischen Parlaments und des Wirtschafts- und Sozialausschusses)
- Art. 115 AEUV – Richtlinien zur Rechtsangleichung im Binnenmarkt (Einstimmige Annahme durch den Rat nach Anhörung des Europäischen Parlaments und des Wirtschafts- und Sozialausschusses)
- Art. 118 Abs. 2 AEUV – Sprachenregelung für europäische Rechtstitel (Einstimmige Annahme durch den Rat nach Anhörung des Europäischen Parlaments)
- Art. 126 Abs. 14 AEUV – Verfahren bei übermäßigen Defiziten in mitgliedstaatlichen Haushalten (Einstimmige Annahme durch den Rat nach Anhörung des Europäischen Parlaments und der Europäischen Zentralbank)
- Art. 127 Abs. 6 AEUV – Aufsicht über Kredit- und Finanzinstitute, Aufgabenübertragung an die Europäische Zentralbank (Einstimmige Annahme durch den Rat nach Anhörung des Europäischen Parlaments und der Europäischen Zentralbank)
- Art. 153 Abs. 2 AEUV – Kompetenz für Sozialpolitik (Einstimmige Annahme durch den Rat nach Anhörung des Europäischen Parlaments, des Wirtschafts- und Sozialausschusses und des Ausschusses der Regionen)
- Art. 182 Abs. 4 AEUV – Forschung, technologische Entwicklung und Raumfahrt; spezifische Programme (Annahme durch den Rat mit qualifizierter Mehrheit nach Anhörung des Europäischen Parlaments und des Wirtschafts- und Sozialausschusses)
- Art. 192 Abs. 2 AEUV – Besondere Aspekte der Umweltpolitik (Einstimmige Annahme durch den Rat nach Anhörung des Europäischen Parlaments, des Wirtschafts- und Sozialausschusses und des Ausschusses der Regionen)
- Art. 194 Abs. 3 AEUV – Energiepolitik, Maßnahmen überwiegend steuerlicher Art (Einstimmige Annahme durch den Rat nach Anhörung des Europäischen Parlaments)
- Art. 203 AEUV – Durchführungsbestimmungen zur Assoziierung der überseeischen Länder und Hoheitsgebiete (Einstimmige Annahme durch den Rat nach Anhörung des Europäischen Parlaments)
- Art. 223 Abs. 1 AEUV – Wahl des Europäischen Parlaments (Einstimmige Annahme durch den Rat nach Zustimmung des Europäischen Parlaments)
- Art. 223 Abs. 2 AEUV – Wahrnehmung der Aufgaben des Europäischen Parlaments (Annahme durch das Europäische Parlament nach Anhörung der Kommission und mit Zustimmung des Rates)
- Art. 226 Abs. 3 AEUV – Untersuchungsrecht des Europäischen Parlaments (Annahme durch das Europäische Parlament nach Zustimmung des Rates und der Kommission)
- Art. 228 Abs. 4 AEUV – Rechtsgrundlagen des Amts des EU-Bürgerbeauftragten (Annahme durch das Europäische Parlament nach Stellungnahme der Kommission und nach Zustimmung des Rates)
- Art. 262 AEUV – Zuständigkeit für den Bereich des geistigen Eigentums (Einstimmige Annahme durch den Rat nach Anhörung des Europäischen Parlaments)
- Art. 308 Abs. 2 AEUV – Änderung der Satzung der Europäischen Investitionsbank

(Einstimmige Annahme durch den Rat nach Anhörung des Europäischen Parlaments und der Kommission bzw. der Europäischen Investitionsbank)
- Art. 311 Abs. 3 AEUV – System der Mittelausstattung der EU (Einstimmige Annahme durch den Rat nach Anhörung des Europäischen Parlaments)
- Art. 311 Abs. 4 AEUV – Durchführungsmaßnahmen zum System der Mittelausstattung (Annahme durch den Rat mit qualifizierter Mehrheit nach Zustimmung des Europäischen Parlaments)
- Art. 312 Abs. 2 AEUV – Festlegung des mehrjährigen Finanzrahmens der EU (Einstimmige Annahme durch den Rat nach Zustimmung des Europäischen Parlaments)
- Art. 314 AEUV – Jahreshaushaltsplan der EU (Festlegung durch Europäisches Parlament und Rat nach besonderer Regelung)
- Art. 349 Abs. 1 AEUV – Sonderregelungen wegen strukturbedingter sozialer und wirtschaftlicher Lage bestimmter Gebiete (Annahme durch den Rat mit qualifizierter Mehrheit nach Anhörung des Europäischen Parlaments)
- Art. 352 Abs. 1 AEUV – Kompetenzabrundungsklausel (Einstimmige Annahme durch den Rat nach Zustimmung des Europäischen Parlaments)

34   Die teilweise auch noch genannte Vorschrift des Art. 333 Abs. 2 AEUV[99] begründet nach hier vertretener Ansicht kein eigenständiges besonderes Gesetzgebungsverfahren, sondern enthält eine **Verfahrensregel** zur Überführung bestimmter besonderer in das ordentliche Gesetzgebungsverfahren.[100]

D. Überleitung vom besonderen zum ordentlichen Gesetzgebungsverfahren

35   Die Unionsverträge enthalten an verschiedenen Stellen Vorschriften, die die Überleitung von einem besonderen Gesetzgebungsverfahren in das ordentliche Gesetzgebungsverfahren ermöglichen. Diese international gerne (nach der französischen Bezeichnung für eine Fußgängerbrücke[101]) als »Passerelle«-Klauseln[102] bezeichneten **Überleitungsvorschriften** unterstreichen jeweils die Grundkonzeption des ordentlichen Gesetzgebungsverfahrens als Regelverfahren des EU-Rechtsetzungssystems. Unterscheiden lassen sich zwei Arten von Überleitungsvorschriften. Zum einen enthält der AEUV verschiedene spezielle Überleitungsvorschriften für besondere Sachbereiche, zum anderen findet sich in Art. 48 Abs. 7 UAbs. 2 EUV eine allgemeine Überleitungsvorschrift.[103]

---

[99] S. *Krajewski/Rösslein*, in: Grabitz/Hilf/Nettesheim, EU, Art. 289 AEUV (August 2011), Rn. 53; *Ruffert*, in: Calliess/Ruffert, EUV/AEUV, Art. 289 AEUV, Rn. 6.

[100] S. auch *Pechstein*, in: Streinz, EUV/AEUV, Art. 333 AEUV, Rn. 3.

[101] *Bradley*, S. 135.

[102] *Craig/de Búrca*, S. 142; *Mangiameli*, S. 97; *Dougan*, CMLRev. 45 (2008), 617 (640 ff.); *Griller*, Ausgestaltung der Mitwirkung des Parlaments in Österreich, in: Eilmansberger/Griller/Obwexer (Hrsg.), Rechtsfragen der Implementierung des Vertrags von Lissabon, 2011, S. 441 (452 ff.).

[103] Das Bundesverfassungsgericht knüpft im Lissabon-Urteil die Zustimmung deutscher Regierungsvertreter im Europäischen Rat oder Rat zur Aktivierung der Passerelle-Klauseln daran, dass zuvor vom Deutschen Bundestag und ggf. vom Bundesrat eine Ermächtigung erteilt worden ist, BVerfGE 123, 267 (434 ff.); zur Umsetzung s. §§ 4, 6 Integrationsverantwortungsgesetz, BGBl. I 2009 S. 3022.

Spezielle Überleitungsvorschriften sind normiert in Art. 81 Abs. 3 UAbs. 2 AEUV im   **36**
Rahmen der justiziellen Zusammenarbeit in Zivilsachen für die Regelung von Aspekten
des Familienrechts mit grenzüberschreitendem Bezug,[104] in Art. 153 Abs. 2 UAbs. 4
AEUV im Rahmen der Zusammenarbeit der Mitgliedstaaten in sozialen Fragen für ausgewählte Aspekte des individuellen und kollektiven Arbeitsrechts,[105] in Art. 192 Abs. 2
UAbs. 2 AEUV für bestimmte abweichend von UAbs. 1 des Kompetenztitels dem Einstimmigkeitserfordernis unterworfene Aspekte des Umweltrechts.[106] Schließlich kann
auch im Rahmen einer **Verstärkten Zusammenarbeit** gem. Art. 333 Abs. 2 AEUV von
einem besonderen zum ordentlichen Gesetzgebungsverfahren übergegangen werden.[107] Voraussetzung für die Überleitung in das ordentliche Gesetzgebungsverfahren
ist nach den genannten Überleitungstatbeständen jeweils ein einstimmiger Beschluss
des Rates auf Vorschlag der Kommission, dem eine Anhörung des Europäischen Parlaments und teilweise weiterer Beteiligter vorauszugehen hat.

Die allgemeine Überleitungsvorschrift des **Art. 48 Abs. 7 UAbs. 2 EUV** ist im Zusam-   **37**
menhang der zentralen Vorschrift zur Änderung der Europäischen Verträge (Art. 47
EUV) geregelt und betrifft aus der Perspektive dieser Vorschrift ein »**Vereinfachtes
Änderungsverfahren**«. Danach kann in allen Fällen von Gesetzgebungsakten, die vom
Rat in einem besonderen Gesetzgebungsverfahrens beschlossen werden, stattdessen ein
ordentliches Gesetzgebungsverfahren durchgeführt werden. Der Anwendungsbereich
umfasst damit die meisten, nicht aber alle Fälle des besonderen Gesetzgebungsverfahrens.

Nicht erfasst werden die Fälle der in Art. 294 Abs. 2 AEUV erstgenannten Grund-   **38**
variante der Annahme vom Rechtsakten durch das Europäische Parlament mit Beteiligung des Rates. Die **formalen Hürden** der allgemeinen Passerelle-Klausel des Art. 48
Abs. 7 UAbs. 2 EUV sind noch einmal höher als bei den speziellen Überleitungsvorschriften.[108] Voraussetzung für die Überleitung ist nicht nur ein einstimmiger Beschluss
des Rates (Art. 48 Abs. 7 UAbs. 4 EUV), sondern auch noch die Zustimmung des Europäischen Parlaments, das mit der Mehrheit seiner Mitglieder beschließen muss
(Art. 48 Abs. 7 UAbs. 4 EUV), und die Nichtausübung eines Vetorechts, das allen nationalen Parlamenten in den Mitgliedstaaten eingeräumt ist (Art. 48 Abs. 7 UAbs. 3
EUV).

E. Gesetzgebungsakte (Abs. 3)

Art. 289 Abs. 3 AEUV enthält eine **Legaldefinition** des Rechtsbegriffs »Gesetzgebungs-   **39**
akte«. Gesetzgebungsakte sind danach alle »Rechtsakte, die gemäß einem Gesetzgebungsverfahren angenommen werden«. Die Gesetzgebungsverfahren wiederum fallen
nach den beiden vorhergehenden Absätzen des Art. 289 AEUV in zwei Grundkatego-
rien: Ordentliche und besondere Gesetzgebungsverfahren. Mithin reserviert Art. 289
Abs. 3 AEUV den Begriff des Gesetzgebungsakts für die Rechtserzeugung im Wege der

---

[104] Dazu *Leible*, in: Streinz, EUV/AEUV, Art. 81 AEUV, Rn. 48.
[105] *Benecke*, in: Grabitz/Hilf/Nettesheim, EU, Art. 294 AEUV (März 2011), Rn. 6.
[106] Dazu *Kahl*, in: Streinz, EUV/AEUV, Art. 192 AEUV, Rn. 20.
[107] *Schusterschitz*, S. 221; zu einem ersten rechtspraktischen Aktivierungsversuch im Familienrecht *Thym*, EuR-Beiheft 2/2013, 23 (40) mit Fn. 116.
[108] Vgl. *Maurer*, Die neuen Verfahren zur Änderung und Anpassung der Verträge, in: Lieb/Maurer
(Hrsg.), Der Vertrag von Lissabon, SWP-Diskussionspapier, 3. Aufl., 2009, S. 43 (44).

ordentlichen und besonderen Gesetzgebungsverfahren. Im Umkehrschluss steht damit fest, dass alle auf andere Weise zustande gekommenen Rechtsakte keine Gesetzgebungsakte im Sinne des Art. 289 Abs. 3 AEUV sind.

40   Mit der Legaldefinition des »Gesetzgebungsakts« ist Art. 289 Abs. 3 AEUV zentraler **rechtstechnischer Bezugspunkt** für eine Vielzahl von Vorschriften an anderen Stellen der Verträge, die den Rechtsbegriff »Gesetzgebungsakt« verwenden. All diese Vorschriften bedürfen zur Bestimmung von Reichweite und Rechtsfolgen eines Rückgriffs auf Art. 289 Abs. 3 AEUV und die dortige Legaldefinition. Im EU-Vertrag finden sich mindestens fünf Vorschriften, die den Begriff des »Gesetzgebungsakts« im Sinne einer Bezugnahme auf Art. 289 Abs. 3 AEUV verwenden, nämlich Art. 12 Buchst. a EUV betreffend die Unterrichtung nationaler Parlamente über Entwürfe von Gesetzgebungsakten, Art. 16 Abs. 8 EUV bei der Verpflichtung des Rates zur Öffentlichkeit der Beratung und Abstimmung über Entwürfe zu Gesetzgebungsakten, Art. 17 Abs. 2 EUV bei der Festlegung des regelmäßigen Initiativmonopols der Kommission und schließlich Art. 24 Abs. 1 UAbs. 2 Satz 3 EUV sowie Art. 31 Abs. 1 EUV zum Ausschluss der Handlungsform »Gesetzgebungsakt« im Bereich der Gemeinsamen Außen- und Sicherheitspolitik.

41   Der AEUV nutzt den Begriff des »Gesetzgebungsakts« in mindestens **sechs Vorschriften** auf die umschriebene Weise, nämlich in Art. 3 Abs. 2 AEUV betreffend die völkerrechtliche Abschlusskompetenz der EU bei entsprechender Regelung in einem Gesetzgebungsakt, in Art. 15 Abs. 2, 2. Hs. AEUV zur Öffentlichkeit bei Beratungen und Abstimmungen des Rates über Gesetzgebungsakte,[109] in Art. 263 Abs. 1 AEUV zu Gesetzgebungsakten als Klagegenständen der Nichtigkeitsklage, in Art. 290 AEUV zu Gesetzgebungsakten als Ermächtigungsgrundlagen für delegierte Rechtsakte, in Art. 296 Abs. 2 AEUV mit einem speziellen Verbot des Formenmissbrauchs und in Art. 297 Abs. 1 UAbs. 3 AEUV mit der Pflicht zur Veröffentlichung von Gesetzgebungsakten im Amtsblatt.

42   Schließlich verwenden auch mehrere **Protokolle** zum Vertrag von Lissabon den Begriff des »Gesetzgebungsakts« in mittelbarer Bezugnahme auf Art. 289 Abs. 3 AEUV, so Protokoll Nr. 1 über die Rolle der nationalen Parlamente in der Europäischen Union[110] und das Protokoll Nr. 2 über die Anwendung der Grundsätze der Subsidiarität und der Verhältnismäßigkeit, das bei Entwürfen von Gesetzgebungsakten umfangreiche Anhörungs- und Begründungspflichten im Hinblick auf die Grundsätze der Subsidiarität und Verhältnismäßigkeit vorsieht.[111]

---

[109] Art. 15 Abs. 2, 2. Hs. AEUV enthält eine Parallelregelung zu Art. 16 Abs. 8 EUV (s. Rn. 40).

[110] Art. 2 Protokoll Nr. 1 (s. Abschnitt »Wesentliche sekundärrechtliche Vorschriften«) schreibt vor, dass die an das Europäische Parlament und den Rat gerichteten Entwürfe von »Gesetzgebungsakten« den nationalen Parlamenten zugeleitet werden.

[111] S. Art. 2 S. 1 Protokoll Nr. 2 (s. Abschnitt »Wesentliche sekundärrechtliche Vorschriften«) zu Anhörungen der Kommission vor Vorschlag eines »Gesetzgebungsakts«; Art. 5 Satz 1 Protokoll Nr. 2 zur Begründungspflicht bei Entwürfen von »Gesetzgebungsakten« im Hinblick auf die Grundsätze der Subsidiarität und der Verhältnismäßigkeit.

F.   Spezielle Gesetzgebungsinitiativen

Art. 289 Abs. 4 AEUV eröffnet die Möglichkeit von Ausnahmen zum Initiativmonopol **43**
der Kommission, welches dieser gem. Art. 17 Abs. 2 EUV grundsätzlich in allen Gesetzgebungsverfahren der Europäischen Union zukommt.[112] Art. 289 Abs. 4 AEUV nennt
fünf potentielle **Initiatoren** einer speziellen Gesetzesinitiative, nämlich eine Gruppe von
Mitgliedstaaten, das Europäische Parlament, die Europäische Zentralbank, den Gerichtshof und die Europäische Investitionsbank. Eine originäre Festlegung einzelner
Ausnahmetatbeständen erfolgt in Art. 289 Abs. 4 AEUV nicht. Vielmehr kommt es
insoweit auf die konkrete Ausgestaltung der Sachkompetenzen des AEUV an.

So ermöglicht Art. 76 Buchst. b AEUV Gesetzesinitiativen eines Viertels der Mit- **44**
gliedstaaten betreffend die Justizielle Zusammenarbeit in Strafsachen, die Polizeiliche
Zusammenarbeit und die Verwaltungszusammenarbeit im Bereich des Raumes der Freiheit, der Sicherheit und des Rechts. Das **Europäische Parlament** hat das Initiativrecht bei
verschiedenen Rechtsakten betreffend das Parlamentsrecht und den Europäischen Bürgerbeauftragten (Art. 223 Abs. 1 u. Abs. 2, Art. 226 Abs. 3, Art. 228 Abs. 4 AEUV).
Europäische Zentralbank, Gerichtshof und Europäische Investitionsbank können jeweils zur Änderung ihrer eigenen Satzung die Initiative ergreifen (Art. 129 Abs. 3,
Art. 281 Abs. 2, Art. 308 Abs. 3 Satz 2 AEUV), der **Gerichtshof** zusätzlich auch noch
zur Gründung von Fachgerichten (Art. 257 Abs. 1 AEUV). Zudem haben alle Organe
außerhalb der Kommission jeweils das Initiativrecht, wenn es um Rechtsakte des internen Organisationsrechts geht.[113]

[112] *Bradley*, S. 121.
[113] Näher *Schusterschitz*, S. 221.

Artikel 290 AEUV [Delegation von Rechtsetzungsbefugnissen auf die Kommission]

(1) In Gesetzgebungsakten kann der Kommission die Befugnis übertragen werden, Rechtsakte ohne Gesetzescharakter mit allgemeiner Geltung zur Ergänzung oder Änderung bestimmter nicht wesentlicher Vorschriften des betreffenden Gesetzgebungsaktes zu erlassen.

[1]In den betreffenden Gesetzgebungsakten werden Ziele, Inhalt, Geltungsbereich und Dauer der Befugnisübertragung ausdrücklich festgelegt. [2]Die wesentlichen Aspekte eines Bereichs sind dem Gesetzgebungsakt vorbehalten und eine Befugnisübertragung ist für sie deshalb ausgeschlossen.

(2) Die Bedingungen, unter denen die Übertragung erfolgt, werden in Gesetzgebungsakten ausdrücklich festgelegt, wobei folgende Möglichkeiten bestehen:

a) Das Europäische Parlament oder der Rat kann beschließen, die Übertragung zu widerrufen.

b) Der delegierte Rechtsakt kann nur in Kraft treten, wenn das Europäische Parlament oder der Rat innerhalb der im Gesetzgebungsakt festgelegten Frist keine Einwände erhebt.

Für die Zwecke der Buchstaben a und b beschließt das Europäische Parlament mit der Mehrheit seiner Mitglieder und der Rat mit qualifizierter Mehrheit.

(3) In den Titel der delegierten Rechtsakte wird das Wort »delegiert« eingefügt.

Literaturübersicht

Bast, New Categories of Acts after the Lisbon Reform: Dynamics of Parliamentarisation in EU Law, CMLRev. 49 (2012), 885; *Berrod/Mestre*, L'incidence des considerations organiques sur la distinction entre les actes délégués et les actes d'exécution, RTDE 2015, 79; *Bianchi*, La Comitologie est morte ! vive la comitologie !, RTDE 2012, 75; *ders.*, De comitatibus – L'origine et le rôle de la comitologie dans la politique agricole commune, 2012; *Blumann*, À la frontière de la fonction législative et de la fonction exécutive : les »nouveaux« actes délégués, FS Jacqué, 2010, S. 127; *Blom-Hansen*, The Comitology System in Theory and Practice – Keeping an Eye on the Commission?, 2011; *Bueren*, Grenzen der Durchführungsrechtsetzung im Unionsrecht, EuZW 2012, 167; *Craig*, Delegated Acts, Implementing Acts and the New Comitology Regulation, E.L.Rev. 36 (2011), 671; *Chamon*, The Institutional Balance, an Ill-Fated Principle of EU Law?, EPL 21 (2015), 371; *Driessen*, Delegated legislation after the Treaty of Lisbon: An analysis of Art. 290 TFEU, E.L.Rev. 35 (2010), 837; *Edenharter*, Die Komitologie nach dem Vertrag von Lissabon: Verschiebung der Einflussmöglichkeiten zugunsten der EU-Kommission?, DÖV 2011, 645; *Fabricius*, Abgeleitete Rechtsetzung nach dem Vertrag von Lissabon – Überlegungen zu Delegierten Rechtsakten und Durchführungsrechtsakten, ZEuS 2011, 567; *Fuchs*, Modernisierter Zollkodex und Komitologie, ZfZ 2011, 281; *Haselmann*, Delegation und Durchführung gemäß Art. 290 und 291 AEUV, 2012; *H. Hofmann*, Legislation, Delegation and Implementation under the Treaty of Lisbon: Typology Meets Reality, ELJ 15 (2009), 482; *H. Hofmann/Türk*, Die Ausübung übertragener Normsetzungsbefugnisse durch die Europäische Kommission, ZG 2012, 105; *Ilgner*, Die Durchführung der Rechtsakte des Europäischen Gesetzgebers durch die Europäische Kommission: Art. 290 und 291 AEUV und deren Auswirkungen auf die Komitologie, 2014; *Kröll*, Delegierte Rechtsetzung und Durchführungsrechtsetzung und das institutionelle Gleichgewicht der Europäischen Union, ZÖR 66 (2011), 253; *C. Möllers/v. Achenbach*, Die Mitwirkung des Europäischen Parlaments an der abgeleiteten Rechtsetzung der Europäischen Kommission nach dem Lissabonner Vertrag, EuR 2011, 39; *Möstl*, Rechtsetzungen der europäischen und nationalen Verwaltungen, DVBl 2011, 1076; *Peers/Costa*, Accountability for Delegated and Implementing Acts after the Treaty of Lisbon, ELJ 18 (2012), 427; *Piris*, La comitologie: vers l'épilogue d'une longue saga?, FS Jacqué, 2010, S. 547; *Rihs*, Die Delegation von Rechtsetzungsbefugnissen nach Art. 290 AEUV, ZfRV 2012, 52; *Schlacke*, Komitologie nach dem Vertrag von Lissabon, JöR 61 (2013), 293; *R. Schütze*, »Delegated«

Legislation in the (new) European Union: A Constitutional Analysis, MLRev. 74 (2011), 661; *Schusterschitz*, Rechtsakte und Rechtsetzungsverfahren, in: Hummer/Obwexer (Hrsg.), Der Vertrag von Lissabon, 2009, S. 209; *Schusterschitz/Kotz*, The Comitoloy Reform of 2006 – Increasing the Powers of the European Parliament Without Changing the Treaties, EuConst. 3 (2007), 68; *Sydow*, Europäische exekutive Rechtsetzung zwischen Kommission, Komitologieausschüssen, Parlament und Rat, JZ 2012, 157 ; *Xhaferri*, Delegated Acts, Implementing Acts and Institutional Balance Implications Post-Lisbon, MJ 20 (2013), 557.

Leitentscheidungen

EuGH, Urt. v. 5. 9. 2012, Rs. C–355/10 (Parlament/Rat – Schengener Grenzkodex), ECLI:EU:C:2012:516

EuGH, Urt. v. 22. 1. 2014, Rs. C–270/12 (Großbritannien/Rat und Parlament – Leerverkaufsverbot), ECLI:EU:C:2014:18

EuGH, Urt. v. 18. 3. 2014, Rs. C–427/12 (Kommission/Parlament und Rat – Biozid-Gebührenregelung), ECLI:EU:C:2014:170

EuGH, Urt. v. 14. 10. 2014, Rs. C–65/13 (Parlament/Kommission – EURES), ECLI:EU:C:2014:2289

EuGH, Urt. v. 16. 7. 2015, Rs. C–88/14 (Kommission/Parlament und Rat), ECLI:EU:C:2015:499

EuGH, Urt. v. 17. 3. 2016, Rs. C–286/14 (Parlament/Kommission), ECLI:EU:C:2016:183

Wesentliche sekundärrechtliche Vorschriften

Interinstitutionelle Vereinbarung über delegierte Rechtsakte vom 3. 3. 2011, Rats-Dok. 8753/1/11 REV 1

VO (EU) Nr. 182/2011 vom 16. 2. 2011 zur Festlegung der allgemeinen Regeln und Grundsätze, nach denen die Mitgliedstaaten die Wahrnehmung der Durchführungsbefugnisse durch die Kommission kontrollieren, ABl. 2011, L 55/131

Inhaltsübersicht

A. Überblick und Vorgeschichte

Art. 290 AEUV ist eine wesentliche Innovation des Vertrags von Lissabon; der Vertrag **1** hat mit der Schaffung der **Doppelstruktur** aus delegierten Rechtsakten gemäß Art. 290 AEUV und Durchführungsrechtsakten gemäß Art. 291 AEUV die abgeleitete Rechtssetzung der EU[1] – also die Ebene des Tertiärrechts[2] – vollständig neu gestaltet. Dabei wurden allerdings im Wesentlichen die Regelungen des Verfassungsvertrags übernommen, der in Art. I–36 und I–37 VVE ebenfalls ein Nebeneinander von delegierten und Durchführungsrechtsakten vorgesehen hatte. Zugleich hat die Neuregelung Kernelemente der zuvor durch die Rechtsprechung entwickelten Dogmatik wie die Anforderungen an die Bestimmtheit des Übertragungsakts und die Beschränkung der Delegation auf nicht-wesentliche Regelungen[3] aufgenommen und damit erstmals explizit in den Text der Verträge integriert; auch diese Punkte waren bereits im Verfassungsvertrag vorgesehen. Nicht übernommen wurde dagegen die im VVE enthaltene Neuordnung der Rechtsakt-Nomenklatur, die als Form der delegierten Rechtsetzung nur ein (neu definiertes) Instrument der Verordnung[4] vorgesehen hatte. Stattdessen ist nun weiter die allgemeine Nomenklatur des Art. 288 AEUV anwendbar;[5] die Eigenschaft als delegierter Rechtsakt ergibt sich allerdings aus der in Art. 290 Abs. 3 AEUV vorgesehenen Zusatzbezeichnung.

2   Zugleich gibt die Regelung das Ergebnis eines jahrelangen Ringens im Dreiecksverhältnis von Kommission, Rat und Europäischem Parlament wieder, in dem das Parlament hartnäckig die Übertragung seines **Aufstiegs zum Mitgesetzgeber** im Bereich des Sekundärrechts[6] auf die nachgelagerte Ebene der abgeleiteten Rechtsetzung eingefordert hat.[7] Dieser Forderung war Plausibilität auch nicht abzusprechen, weil sich das traditionelle System der »Komitologie«,[8] also der auf Ermächtigungen im Sekundär-

---

[1] Beide Bestimmungen gelten von vornherein (wie schon das bisherige Regime der Ausführungsrechtsetzung) nur für den Erlass verbindlicher Rechtsakte; unverbindlich-atypische Rechtsakte wie Leitlinien oder Mitteilungen der Kommission (zu ihnen Art. 288 AEUV, Rn. 110 ff.) bedürfen weiterhin keiner Rechtsgrundlage; anders v. a. *Weiß*, EWS 2010, 257.

[2] Als Tertiärrecht werden hier entsprechend dem weit überwiegenden Begriffsverständnis die auf der Grundlage einer sekundärrechtlichen Ermächtigung erlassenen – verbindlichen – Rechtsakte verstanden, s. statt vieler *Streinz*, Europarecht, Rn. 466, 562; abweichend insbes. *Groß*, DÖV 2004, 20; *Siegel*, NVwZ 2008, 620, die unter Tertiärrecht nur formal nicht bindende Rechtsakte der Kommission (s. Fn. 1 sowie Art. 288 AEUV, Rn. 98 ff., 110 ff.) zu verstehen scheinen; zu diesen unterschiedlichen Begriffsverständnissen s. auch *Siegel*, Europäisierung des Öffentlichen Rechts, 2012, S. 10. Zur Infragestellung der mit dem Begriff verbundenen Vorstellung einer hierarchischen Unterordnung des abgeleiteten Rechts gegenüber dem Sekundärrecht in der jüngeren Diskussion s. u. Rn. 12 f.

[3] Dazu noch u. Rn. 8 ff.

[4] Nach der Definition in Art. I–33 Abs. 1 UAbs. 4 VVE umfasste der Begriff sowohl unmittelbar geltende Regelungen (zuvor: Verordnungen) als auch umsetzungsbedürftige Rechtsakte (zuvor: Richtlinien); die verbindende Gemeinsamkeit war der fehlende Gesetzgebungscharakter.

[5] S. auch Art. 288 AEUV, Rn. 1 ff.; Einschränkungen ergeben sich daraus, dass nach Art. 290 Abs. 1 AEUV in diesem Regime nur Rechtsakte »mit allgemeiner Geltung« erlassen werden können (dazu u. Rn. 15); das beschränkt den Einsatz auf Verordnungen, Richtlinien, adressatenlose Beschlüsse (s. z. B. den delegierten Beschluss 2014/286/EU der Kommission vom 10. 3. 2014 über die Kriterien und Bedingungen, die Europäische Referenznetzwerke und Gesundheitsdienstleister, die sich einem europäischen Referenznetzwerk anschließen möchten, erfüllen müssen, ABl. 2014, L 147/71) und wohl auch staatengerichtete Beschlüsse, zumindest soweit sie an alle Staaten gerichtet sind (zu deren quasi-normativem Charakter s. Art. 288 AEUV, Rn. 89), während an Einzelne gerichtete Beschlüsse ausscheiden dürften; weitergehend für eine Wahlfreiheit der Kommission *Nettesheim*, in: Grabitz/ Hilf/Nettesheim, EU, Art. 290 AEUV (April 2012), Rn. 32.

[6] S. dazu Art. 289 AEUV, Rn. 20.

[7] Zu dieser seit Mitte der 1990er Jahre laufenden Diskussion s. die Nachw. bei *Schoo*, in: Schwarze, EU-Kommentar, Art. 290 AEUV, Rn. 4.

[8] S. zu Entstehung und Entwicklung des Systems nun ausführlich *Bianchi*, De Comitatibus, 2012, insbes. S. 84 ff.; zuvor z. B. *Bergström*, Comitology – Delegation of Powers in the European Union and the Committee System, 2005; *Hummer*, Die »Komitologie«- das »unbekannte Wesen«. Reform und zukünftige Entwicklung der »delegierten Rechtsetzung« durch die europäische Kommission, FS P.

recht beruhenden Ausführungsrechtsetzung durch die Kommission unter Begleitung und Überwachung durch ebenfalls im Ermächtigungsakt vorgesehene Ausschüsse (die namengebenden Komités),[9] in der Zeit der Rechtsetzungsverantwortung des Rates entwickelt hatte; der in der Abfolge der Vertragsrevisionen verwirklichte Aufstieg des Parlaments zum Mitgesetzgeber wurde in diesem System nicht abgebildet.

Das Parlament hatte insoweit auch nicht die Geduld, die Verwirklichung seines An-   **3** liegens bis zum Inkrafttreten des Vertrags von Lissabon aufzuschieben: Das zentrale Element wurde nach dem Scheitern des Verfassungsvertrags unterhalb der Schwelle der Vertragsänderung mit der Schaffung des **Regelungsverfahrens mit Kontrolle** im Rahmen der Komitologiereform des Jahres 2006[10] umgesetzt. Der Anwendungsbereich dieses Verfahrens, bei dem die Ausschusskontrolle durch ein jeweils eigenständiges Vetorecht von Rat und Parlament ergänzt wird,[11] entspricht nicht zufällig in etwa dem des neuen Art. 290 AEUV:[12] Ihm waren Ermächtigungen in Sekundärrechtsakten zuzuordnen, die in gemeinsamer Verantwortung von Rat und Parlament im damaligen Verfahren der Mitentscheidung erlassen worden waren. In der Folge wurden die einschlägigen Ermächtigungen in den vor 2006 erlassenen Sekundärrechtsakten auf das neue Verfahren umgestellt;[13] die tatsächliche Ausübung des Vetorechts ist allerdings selten geblieben.[14]

Der EuGH hat die Delegation von Rechtsetzungsbefugnissen bereits zu Beginn der   **4** 70er Jahre auch ohne deutliche Grundlage in den Verträgen grundsätzlich gebilligt;[15] im EWGV hat diese Praxis explizit erst mit der Einheitlichen Europäischen Akte Nieder-

---

Fischer, 2004, S. 121 ff.; *Andenas/Türk*, Delegated Legislation and the Role of Committees in the EC, 2000.

[9] Der eigentliche Kunstgriff der Konstruktion bestand darin, dass die Ausschüsse zwar die Kontrolle für den Rat ausübten, ihre Mitglieder jedoch den nationalen Fachministerien entstammten; der Rat selbst hätte schon nicht über das für eine effektive Kontrolle notwendige Fachpersonal verfügt. Insofern bewirkt die nun in Art. 291 AEUV vorgesehene Zuordnung der Komités zu einer Kontrolle durch die Mitgliedstaaten (dazu Art. 291 AEUV, Rn. 2, 18) in der Praxis auch kaum Veränderungen.

[10] Art. 5a des Komitologiebeschlusses (s. sogleich Fn. 16), eingefügt durch Beschluss 2006/512/EG des Rates vom 17.7.2006 zur Änderung des Beschlusses 1999/468/EG zur Festlegung der Modalitäten für die Ausübung der der Kommission übertragenen Durchführungsbefugnisse, ABl. 2006, L 200/11; zu dieser Reform *Scheel*, ZEuS 2006, 521; *Fuhrmann*, DÖV 2007, 464 (466 ff.); *Schusterschitz*, EuBl. 2006, 176; *Bradley*, FS Bieber, 2007, S. 286 ff.; *Szapiro*, RDUE 2006, 545; s. auch noch die interinstitutionelle Vereinbarung zwischen Kommission und Parlament über die Anwendung der Neufassung, ABl. 2008, C 143/1.

[11] Inhaltlich handelte es sich um einen eigenartigen Kompromiss, weil die Regelung zwar ein Vetorecht begründete, dieses aber mit der Notwendigkeit der Berufung auf eine (behauptete) Befugnisüberschreitung verband; es musste also letztlich die Rechtswidrigkeit des Kommissions-Rechtsakts behauptet werden, eine Ablehnung aus allein rechtspolitischen Gründen war unzulässig; zur insoweit für Art. 290 AEUV geltenden Lage s. u. Rn. 33.

[12] Zur Abgrenzung s. u. Rn. 14 ff.

[13] Zu diesem Erfordernis s. die Erklärung des EP, des Rates und der Kommission zum Beschluss 2006/512/EG des Rates vom 17.7.2006 zur Änderung des Beschlusses 1999/468/EG zur Festlegung der Modalitäten für die Ausübung der Kommission übertragenen Durchführungsbefugnisse, ABl. 2006, L 200/11; s. für ein Beispiel der in der Folge ergangenen sog. »Omnibus-Verordnungen« die VO (EU) Nr. 219/2009 vom 11.3.2009 zur Anpassung einiger Rechtsakte, für die das Verfahren des Art. 251 des Vertrages gilt, an den Beschluss 1999/468/EG des Rates vom 28.6.1999 in Bezug auf das Regelungsverfahren mit Kontrolle, ABl. 2009, L 87/109; zur Notwendigkeit der erneuten Umstellung s. u. Rn. 23 f.

[14] Die Berichte der Kommission über die Ausschusstätigkeit führen ein bis zwei Fälle im Jahr an, s. für 2013 den Bericht vom 16.9.2014, KOM (2014) 572 endg., S. 10 (ein Fall).

[15] Grundlegend EuGH, Urt. v. 17.12.1970, Rs. 25/70 (Köster), Slg. 1970, 1161, Anm. *Ehlermann*, EuR 1971, 250; Urt. v. 15.12.1970, Rs. 41/69 (ACF Chemiefarma), Slg. 1970, 661, Rn. 59 ff.

schlag gefunden, die durch Ergänzung des damaligen Art. 145 EWGV um einen vierten Spiegelstrich die Übertragung von Befugnissen durch den Rat ausdrücklich geregelt und zugleich die Rechtsgrundlage für den Komitologiebeschluss geschaffen hat, mit dem die Vielfalt der Ausschüsse und ihrer Verfahrensregeln durch Schaffung mehrerer Standardmodelle systematisiert wurde.[16] Der Gerichtshof hat allerdings schon in seinen frühen Entscheidungen betont, dass auf diese Weise nur der Erlass von »nicht wesentlichen« Regelungen delegiert werden kann, während die Grundsatzentscheidungen stets von den im Vertrag benannten Organen nach dem dort vorgesehenen Verfahren getroffen werden müssen;[17] eine darüber hinausgehende Verlagerung würde das in den Verträgen fixierte **institutionelle Gleichgewicht** zwischen den EU-Organen[18] verletzen. Die nun in Art. 290 Abs. 1 UAbs. 2 AEUV ausdrücklich normierte Grenze, nach der wesentliche Entscheidungen nicht delegierbar sind,[19] entsprach damit schon bisher der Rechtslage.

5   Neben dem Drängen des Parlaments auf gleichberechtigte Aufsicht hat sich ab ca. 2000 ein zweiter, im Ausgangspunkt gegenläufiger Reformimpuls bemerkbar gemacht: Er ging von der Kommission aus, die in mehreren Beiträgen zur Reformdiskussion eine Verschlankung oder Zurückdrängung der Kontrolle über die abgeleitete Rechtsetzung ins Auge gefasst hatte[20] – der EU-Gesetzgeber sollte sich danach künftig grundsätzlich auf die Regelung der wesentlichen Grundsätze einer Materie beschränken und die Ausgestaltung im Übrigen der Kommission überlassen; die Kontrolle über ihr Wirken sollte nicht mehr durch die Komités, sondern durch ein einfaches gesetzliches Kontrollinstrument gewährleistet werden.

---

[16] ABl. 1987, L 197/33, neugefasst durch den Beschluss 1999/468/EG vom 28.6.1999 zur Festlegung der Modalitäten für die Ausübung der der Kommission übertragenen Durchführungsbefugnisse, ABl. 1999, L 184/23; s. zur ersten Fassung *Meng*, ZaöRV 1988, 208; *Bruha/Münch*, NJW 1987, 542; zur Reform im Jahr 1999 *Hauschild*, ZG 1999, 248.

[17] S. Rn. 6 des Köster-Urteils (Fn. 15); weiter z.B. EuGH, Urt. v. 27.10.1992, Rs. C–240/90 (Deutschland/Kommission), Slg. 1992, I–5383, Rn. 36ff.; Urt. v. 13.7.1995, Rs. C–156/93 (Parlament/Kommission), Slg. 1995, I–2019, Rn. 18, krit. Anm. *Schlacke*, DVBl 1995, 1288; Urt. v. 6.12.2005, Rs. C–66/04 (Großbritannien/Parlament und Rat), Slg. 2005, I–10553, Rn. 48ff., Anm. *Ohler*, JZ 2006, 359; s. zuletzt – noch zu einem aus der Zeit vor Inkrafttreten des Vertrags von Lissabon stammenden Sachverhalt – EuGH, Urt. v. 5.9.2012, Rs. C–355/10 (Parlament/Rat), ECLI: EU:C:2012:516, Rn. 64ff.; dazu *Chamon*, CMLRev. 50 (2013), 849.

[18] Zu diesem Topos s. z.B. *Siegel*, DÖV 2010, 1; *Chamon*, EPL 21 (2015), 371ff.; monographisch *Goeters*, Das institutionelle Gleichgewicht – seine Funktion und Ausgestaltung im Europäischen Gemeinschaftsrecht, 2008, insbes. S. 205ff.; kritisch *Hummer*, Das »institutionelle Gleichgewicht« als Strukturdeterminante der Europäischen Gemeinschaft, FS Verdross, 1980, S. 459ff.; aus der Rechtsprechung s. im hier betroffenen Zusammenhang EuGH, Urt. v. 22.5.1990, Rs. C–70/88 (Parlament/Rat), Slg. 1990, I–2041, Rn. 21f.; Urt. v. 5.7.1995, Rs. C–21/94 (Parlament/Rat), Slg. 1995, I–1827, Rn. 17.

[19] S. u. Rn. 8ff.

[20] S. z.B. die Kommissionsmitteilung vom 25.7.2001 »Europäisches Regieren – Ein Weißbuch«, KOM (2001) 428 endg., S. 40f. = ABl. 2001, C 281/1; s. pointiert *Jacqué*, Pouvoir législatif et pouvoir exécutif dans l'Union européenne, in: Auby/Dutheil de la Rochère, Traité de droit administratif européen, 2. Aufl., 2014, S. 43 (55): »Pour la Commission, il s'agit avant tout (…) de se débarrasser de la tutelle des comités ainsi que du droit d'évocation du Conseil qui l'accompagne.« Zur Verteidigung des Komitologie-Verfahrens s. überzeugend *Craig*, The hierarchy of norms in: Tridimas/Nebbia, European Union law for the Twenty-First Century, 2004, S. 75 (81f.).

B. Die Konturen der Neuregelung

I. Anwendungsbereich, Reichweite und Grenzen der Delegationsbefugnis

Als Rechtsgrundlage für eine Delegation nach Art. 290 AEUV kommen ausschließlich 6 Gesetzgebungsakte im Sinne des Art. 289 AEUV in Betracht.[21] In Bereichen wie dem Beihilfenrecht, dessen Rechtsgrundlagen diese Voraussetzung eindeutig nicht erfüllen, haben stattdessen andere Ermächtigungskonstruktionen Eingang in die Verträge gefunden;[22] in anderen Feldern, in denen zwar die Beteiligung des Parlaments im Weg der Anhörung vorgesehen ist, aber die ausdrückliche Bezeichnung als Gesetzgebungsverfahren fehlt, ist die Zuordnung strittig.[23]

Auch im Übrigen setzt Art. 290 AEUV abschließend-verbindliche Rahmenvorgaben: 7 Die Delegation kann nur an die Kommission und mit den in Art. 290 AEUV vorgesehenen Maßgaben erfolgen; nachdem die bisherigen Komités hier nicht aufgeführt sind, ist ihre Verwendung als Kontrollinstrument nicht mehr zulässig.[24] Auch die bisher in Ausnahmefällen zulässige Ermächtigung des Rates anstelle der Kommission ist nur noch im Feld des Art. 291 AEUV möglich,[25] im Segment des Art. 290 AEUV besteht diese Gestaltungsoption nicht mehr;[26] auch andere Einrichtungen als Delegatare wie z. B. EU-Agenturen sind im Rahmen des Art. 290 AEUV nicht vorgesehen und damit auf dieser Basis unzulässig.[27]

Die **Grenzen der Übertragung** ergeben sich nun aus dem Text des Art. 290 AEUV, der 8 aber nur die schon zuvor gefestigte EuGH-Rechtsprechung wiedergibt:[28] Wesentliche Regelungen müssen weiter von dem in den Verträgen hierfür vorgesehenen Organ getroffen werden und können folglich nicht delegiert werden; ein Verstoß gegen diese Vorgabe führt zur Nichtigkeit der sekundärrechtlichen Ermächtigung. Die Wesentlichkeit bestimmt der Gerichtshof dabei in Bezug auf die durch den Gesetzgeber verfolgten und die durch das Primärrecht für den jeweiligen Bereich fixierten Politikziele.[29] In der deut-

---

[21] Dabei kann es sich aber auch um besondere Gesetzgebungsverfahren im Sinne von Art. 289 Abs. 2 AEUV handeln, s. dazu noch u. Rn. 27.

[22] S. den neu eingefügten Art. 108 Abs. 4 AEUV.

[23] Das gilt z. B. für die Rechtsgrundlage des Wettbewerbssekundärrechts in Art. 103 AEUV, die zwar die Anhörung des Parlaments vorsieht und damit die Voraussetzungen eines besonderen Gesetzgebungsverfahrens erfüllt, jedoch den Begriff nicht ausdrücklich nennt; gegen eine solche Einordnung und konsequent gegen die Anwendbarkeit von Art. 290 AEUV in diesem Bereich daher *Ludwigs*, in: Grabitz/Hilf/Nettesheim, EU, Art. 103 AEUV (Mai 2014), Rn. 14, 16 m. Nachw. auch zur Gegenauffassung; ohne Problematisierung ebenso *Bueren*, EuZW 2012, 167 (172).

[24] Offen dazu *Craig*, The Treaty of Lisbon, 2010, S. 59; s. noch näher u. Rn. 28 f.

[25] Die zuvor in Art. 202 EGV kodifizierte Möglichkeit besteht heute nur noch im Anwendungsbereich der Durchführungsrechtsetzung, s. Art. 291 AEUV, Rn. 6.

[26] Der Verzicht auf diese Gestaltung ist auch konsequent, da eine delegierte Rechtsetzung durch einen der Mitgesetzgeber dem Gleichrang von Rat und Parlament als prägendem Strukturmerkmal des Art. 290 AEUV widersprechen würde; s. auch *Schoo*, in: Schwarze, EU-Kommentar, Art. 290 AEUV, Rn. 6, 21.

[27] Zum Parallelproblem bei Art. 291 AEUV s. dort Rn. 13 f.

[28] S. die Nachw. o. Fn. 17; wie hier z. B. *Gellermann*, in: Streinz, EUV/AEUV, Art. 290 AEUV, Rn. 6; tendenziell weitergehend *Nettesheim*, in: Grabitz/Hilf/Nettesheim, EU, Art. 290 AEUV (April 2012), Rn. 40 ff., der eine Verschärfung der Anforderungen prognostiziert.

[29] S. dazu z. B. EuGH, Urt. v. 27.10.1992, Rs. C–240/90 (Deutschland/Kommission), Slg. 1992, I–5383, Anm. *Tiedemann*, NJW 1993, 49, Anm. *Pache*, EuR 1993, 173: Soweit die wesentlichen Zielsetzungen im Basisrechtsakt fixiert sind, kann die Festlegung von Sanktionen für Verstöße der Kommission übertragen werden.

schen Literatur wird insoweit häufig kritisiert, dass die Beurteilung der Wesentlichkeit sich nicht hinreichend an der Grundrechtsrelevanz orientiere.[30] Tatsächlich wurde dieses Kriterium in der EuGH-Rechtsprechung bisher nicht explizit herangezogen; jedoch erscheint fraglich, ob sich hieraus tatsächlich – wie teils offensichtlich angenommen wird – große Unterschiede in der Bewertung ergeben.[31]

9   Einzelne Stimmen in der deutschen Literatur nehmen darüber hinaus an, dass der Wesentlichkeitsvorbehalt durch die mit dem Vertrag von Lissabon in Kraft getretene Grundrechtecharta eine erhebliche Verschärfung erfahren hätte, weil der Gesetzesvorbehalt für Grundrechtseingriffe in Art. 52 GRC einen Gesetzgebungsakt im Sinn von Art. 289 AEUV verlange; in delegierten Rechtsakten dürften solche Eingriffe damit nicht vorgesehen werden.[32] Damit wäre tatsächlich das bisherige System in Frage gestellt, da das bisherige Einsatzfeld der Kommissions-Ausführungsrechtsetzung durchaus typische Grundrechtseingriffe umfasst.[33] Schwächt man die Forderung dahin ab, dass der Eingriff jedenfalls in Grundzügen in einem Gesetzgebungsakt vorgezeichnet sein müsse,[34] so entfällt zwar dieser Bruch, die strikte Auslegung des Art. 52 GRC wird damit der Sache nach aber zugleich aufgegeben. Tatsächlich dürfte der Aussagegehalt dieser Bestimmung hier auch überinterpretiert worden sein, weil ein Bezug zur Rechtsakt-Qualifikation nach Art. 289 AEUV nicht naheliegt:[35] Der EuGH hat die Forderung nach einer »gesetzlichen« Grundlage für Eingriffe schon lange vor dieser Neuordnung formuliert;[36] auch in der EMRK wird das Merkmal »gesetzlich vorgesehen« nicht im Sinne eines Parlamentsvorbehalts verstanden.[37]

10   Darüber hinaus gelten Anforderungen an die **Bestimmtheit der Ermächtigung** und damit die Eingrenzung des der Kommission eingeräumten Gestaltungsspielraums. Der EuGH judiziert hier bereichsbezogen: Danach ist insbesondere in technisch geprägten Sektoren wie der Agrar- und der Außenhandelspolitik, in denen eine rasche Reaktion auf veränderte Bedingungen notwendig werden kann, die Einräumung breiter Hand-

---

[30] *Rieckhoff*, Der Vorbehalt des Gesetzes im Europarecht, 2007, S. 157 ff., 195 f.; s. auch *Röder*, Der Gesetzesvorbehalt der Charta der Grundrechte der Union im Lichte einer europäischen Wesentlichkeitstheorie, 2007, S. 54 ff.; *Ilgner*, S. 85 ff.; *Haselmann*, S. 100 ff.

[31] Tatsächlich zieht die EuGH die Grundrechtsrelevanz im Übrigen neben der politischen Relevanz heran, s. EuGH, Urt. v. 5. 9. 2012, Rs. C–355/10 (Parlament/Rat), ECLI:EU:C:2012:516, Rn. 64 ff., 77: »Zum anderen ist hervorzuheben, dass Vorschriften über die Verleihung von Befugnissen der öffentlichen Gewalt [...] Eingriffe in die Grundrechte der betroffenen Personen in einem Umfang erlauben, der das Tätigwerden des Unionsgesetzgebers erforderlich macht«; zu dieser Entscheidung *Chamon*, CMLRev. 50 (2013), 849.

[32] So *Rieckhoff*, (Fn. 30), S. 195 f.; wohl auch *Jarass*, GRCh, Art. 52 GRC, Rn. 27.

[33] Das gilt z. B. für die Festlegung von Sanktionen für Verstöße gegen im Gesetzgebungsakt normierte Verpflichtungen, die der EuGH bisher als nicht wesentlich eingestuft hat (s. o. Fn. 29), aber auch für die »Listung« von Stoffen als gefährlich im EU-Lebensmittel- oder Chemikalienrecht oder von Werbeaussagen als zulässig oder unzulässig in der sog. Health-Claims-VO – VO (EG) Nr. 1924/2006 vom 20. 12. 2006 über nährwert- und gesundheitsbezogene Angaben über Lebensmittel, ABl. 2006, L 404/9, berichtigt ABl. 2007, L 12/3; zur Gesetzgebungstechnik der Positiv- oder Negativlisten s. u. Rn. 16.

[34] Dahin *Nettesheim*, in: Grabitz/Hilf/Nettesheim, EU, Art. 290 AEUV (April 2012), Rn. 42; *Ehlers*, in: Ehlers, Grundrechte und Grundfreiheiten, § 14, Rn. 104.

[35] S. näher *Bast*, in: v. Bogdandy/Bast, Europäisches Verfassungsrecht, S. 549 f.; *Ilgner*, S. 83 ff.

[36] S. EuGH, Urt. v. 21. 9. 1989, Rs. C–46/87 (Hoechst/Kommission), Slg. 1989, 2859, Rn. 19.

[37] Dazu m. w. N. *Gundel*, in: Merten/Papier (Hrsg.), Handbuch der Grundrechte VI/1, 2010, § 147, Rn. 17; *Ilgner*, S. 84; auch *Borowsky*, in: Meyer, GRCh, Art. 52 GRC, Rn. 20 plädiert dementsprechend für ein Verständnis der Bestimmung als »weitgefasster Rechtssatzvorbehalt«.

lungsspielräume zugunsten der Kommission zulässig.[38] In jüngeren Entscheidungen zu anderen Bereichen der Binnenmarkt-Harmonisierung hat der EuGH diese Formel dagegen nicht aufgegriffen, sondern strengere Maßstäbe angelegt;[39] freilich wird man die Anforderungen nicht allein nach dem formalen Kriterium der anwendbaren Rechtsgrundlage ausrichten können. Auch eine Unterschreitung der Bestimmtheitsanforderungen führt zur Nichtigkeit des ermächtigenden Sekundärrechtsakts, allerdings kann dieses Ergebnis ggf. durch eine primärrechtskonform-ergänzende Auslegung des Sekundärrechtsakts vermieden werden.[40]

Soweit der delegierte Rechtsakt diese mit der Übertragung gesetzten Grenzen überschreitet, ist er seinerseits als nichtig einzustufen.[41] Im Grundsatz können bei einem Vorgehen gegen den abgeleiteten Rechtsakt sowohl dieser als auch inzident seine sekundärrechtliche Grundlage angegriffen werden (Art. 277 AEUV),[42] allerdings ist dieser Weg für die privilegierten Kläger, die gemäß Art. 263 Abs. 1 AEUV den Basisrechtsakt mit einer Klage hätten angreifen können, durch die Wertung des Art. 263 Abs. 6 AEUV versperrt.[43]   **11**

II. Der Rang des delegierten Rechtsakts

Probleme bereitet die Bestimmung des Rangs des delegierten Aktes in der Normenhierarchie des EU-Rechts, was insbesondere bei Ergänzungen des Gesetzgebungsakts deutlich wird:[44] Dem äußeren Anschein nach ist eine solche Änderung oder Ergänzung – zumindest in einer konsolidierten Fassung des Gesetzgebungsaktes – von den vom Gesetzgeber selbst beschlossenen Teilen zwar nicht zu unterscheiden; wenn man allerdings   **12**

---

[38] S. grundlegend EuGH, Urt. v. 30.10.1975, Rs. 23/75 (Rey Soda), Slg. 1975, 1279, Rn. 11; im Anschluss z. B. Urt. v. 13.7.1995, Rs. C–156/93 (Parlament/Kommission), Slg. 1995, I–2019, Rn. 18, krit. Anm. *Schlacke*, DVBl 1995, 1288; Urt. v. 29.2.1996, verb. Rs. C–296/93 u. C–307/93 (Frankreich u. Irland/Kommission), Slg. 1996, I–795, Rn. 22; Urt. v. 6.7.2000, Rs. C–356/97 (Molkereigenossenschaft Wiedergeltingen), Slg. 2000, I–5483, Rn. 20 ff.

[39] S. zu Art. 114 AEUV EuGH, Urt. v. 6.12.2005, Rs. C–66/04 (Großbritannien/Rat und Parlament), Slg. 2005, I–10553, Anm. *Ohler*, JZ 2006, 359; Urt. v. 12.7.2005, verb. Rs. C–154/04 u. 155/04 (Alliance for Natural Health u. a.), Slg. 2005, I–6451, Anm. *Schroeter*, ZLR 2005, 591, Anm. *Capelli/Klaus*, DCSI 2005, 437.

[40] Für einen Fall, in dem der Gerichtshof diesen Weg gewählt hat, s. EuGH, Urt. v. 12.7.2005, verb. Rs. C–154/04 u. 155/04 (Alliance for Natural Health u. a.), Slg. 2005, I–6451, Rn. 81 ff.; anders GA *Geelhoed*, Schlussanträge zu Rs. C–154/04 u. 155/04 (Alliance for Natural Health u. a.), Slg. 2005, I–6451, Rn. 68 ff.; kritisch zur abweichenden Bewertung durch den EuGH *K. Faßbender*, EuZW 2005, 682 ff.; s. auch *Herr*, ZLR 2005, 331 ff.

[41] Für Fälle einer solchen Überschreitung s. EuGH, Urt. v. 1.4.2008, verb. Rs. C–14/06 u. C–295/06 (Parlament u. Dänemark/Kommission), Slg. 2008, I–1649; dazu *Kauff-Gazin*, Europe 6/2008, 8 f.; Urt. v. 23.10.2007, Rs. C–403/05 (Parlament/Kommission), Slg. 2007, I–9047; Urt. v. 30.9.2003, Rs. C–239/01 (Deutschland/Kommission), Slg. 2003, I–10333; Urt. v. 18.6.1996, Rs. C–303/94 (Parlament/Rat), Slg. 1996, I–2943, Anm. *Schoo*, EuZW 1996, 581; Urt. v. 19.11.1996, Rs. C–159/96 (Portugal/Kommission), Slg. 1996, I–7379.

[42] S. z. B. EuG, Urt. v. 25.4.2013, Rs. T–526/10 (Inuit Tapiriit Kanatami u. a./Kommission), ECLI: EU:T:2013:215, Rn. 24; dazu *Bouveresse*, Europe 6/2013, 16.

[43] S. Art. 277 AEUV, Rn. 15 ff. In dieser Konstellation ist aber weiter eine primärrechtskonforme Interpretation der »bestandskräftigen« Ermächtigung im Basisrechtsakt möglich, deren Anforderungen der abgeleitete Rechtsakt dann ggf. nicht mehr genügt, s. auch Fn. 40.

[44] Dazu z. B. *Schütze*, MLRev. 74 (2011), 661 (671); s. auch *Obwexer*, Rechtsquellen des EU-Rechts, in: Hummer (Hrsg.), Neueste Entwicklungen im Zusammenspiel von Europarecht und nationalem Recht der Mitgliedstaaten, 2010, S. 35 (93) mit der Annahme des Gleichrangs des ändernden Aktes.

daran festhält, dass der delegierte Akt wesentliche Bestimmungen des Gesetzgebungsakts nicht verändern darf und im Fall eines Verstoßes nichtig ist, ist die Annahme einer hierarchischen Stufung zwischen den vom EU-Gesetzgeber erlassenen »Kern-Bestimmungen« und den von der Kommission geänderten Detailregeln unvermeidlich.[45]

13   Abweichend von dieser Abstufung, die sich schlagwortartig mit dem Begriff des Tertiärrechts verbindet, wird in der Literatur allerdings in jüngerer Zeit der Versuch unternommen, diesen Vorrang des Sekundärrechts gegenständlich auf den Ermächtigungsakt (d. h. seine wesentlichen Bestimmungen) zu beschränken;[46] danach wäre die Kommission im Übrigen bei der Ausübung der Ermächtigung dem EU-Gesetzgeber gleichgestellt und könnte andere Sekundärrechtsakte als leges anteriores derogieren. Das würde jedoch eine sehr weitgehende Ermächtigung zur faktischen Änderung auch anderer Rechtsakte bedeuten, die man der Delegation – die sich nur auf Änderungen von Bestimmungen des delegierenden Gesetzgebungsakts bezieht – nicht entnehmen kann.[47] Die EuGH-Rechtsprechung hat zu dieser Frage bisher nicht unmittelbar Stellung genommen; prozessual zeichnet sich ein Rangunterschied zwischen Basisrechtsakt und delegiertem Rechtsakt allerdings ab, weil die delegierten Rechtsakte anders als die durch sie ergänzten Gesetzgebungsakte nach der dritten Alternative des Art. 263 Abs. 4 AEUV angreifbar sind.[48]

III. Die Abgrenzung der Anwendungsbereiche von Art. 290 und 291 AEUV

1. Die Frage der Abgrenzungskriterien

14   Die Frage der Abgrenzung der Anwendungsbereiche von Art. 290 und 291 AEUV ist zum zentralen Problem des neuen Regimes geworden, weil hier neben eindeutig zuzuordnenden Konstellationen auch breite Überschneidungsfelder bestehen, in denen klare Zuordnungskriterien fehlen, die aufgrund der gravierend voneinander abweichenden Ausgestaltung beider Ermächtigungsformen aber dringend geboten erscheinen. Die häufig anzutreffende pragmatische Faustregel, nach der Ermächtigungen, die nach dem Komitologiebeschluss 2006 dem Regelungsverfahren mit Kontrolle zuzuordnen waren (oder gewesen wären),[49] nun Art. 290 AEUV zuzuweisen sind, ist dabei in der allgemeinen Tendenz sicher zutreffend, kann aber die Prüfung anhand der Kriterien der Art. 290 und 291 AEUV nicht ersetzen.

15   Zu den eindeutigen Fällen gehören **Änderungen des Gesetzgebungsakts**, die ausschließlich Art. 290 AEUV zuzuordnen sind: Art. 291 AEUV schließt solche Änderungen zwar nicht ausdrücklich aus, der Kontrast zwischen beiden Bestimmungen und die Zielsetzung der Neufassung, dem Parlament Überwachungsrechte bei der Änderung des von ihm mitgestalteten Sekundärrechts zu sichern, ordnen diese Konstellation aber

---

[45] Ebenso *Bast*, CMLRev. 49 (2012), 885 (921 f.); *Ziller*, in: FS Schwarze, 2014, S. 334 (343); s. weiter *Glaser*, Die Entwicklung des Europäischen Verwaltungsrechts aus der Perspektive der Handlungsformenlehre, 2013, S. 327 f.

[46] So insbes. *Bast*, in: v. Bogdandy/Bast, Europäisches Verfassungsrecht, S. 489 (534 ff.); im Anschluss daran m. w. N. *Ilgner*, S. 94 f.; *Sydow*, JZ 2012, 157 (158); ebenso *Nettesheim*, EuR 2006, 737 (765 f.); anders dann aber zu Recht *ders.*, in: Grabitz/Hilf/Nettesheim, EU, Art. 290 AEUV (April 2012), Rn. 54 ff.

[47] Zutreffend *Gellermann*, in: Streinz, EUV/AEUV, Art. 291 AEUV, Rn. 3; *Nettesheim*, in: Grabitz/Hilf/Nettesheim, EU, Art. 290 AEUV (April 2012), Rn. 56.

[48] S. u. Rn. 26 sowie Art. 263 AEUV, Rn. 66 ff., 146 ff.

[49] S. o. Rn. 3.

eindeutig Art. 290 AEUV zu. Die Ermächtigung zum Erlass von **Einzelfallentscheidungen** in Gesetzgebungsakten ist umgekehrt eindeutig Art. 291 AEUV zuzuordnen, weil Art. 290 AEUV nur Maßnahmen von »allgemeiner Tragweite« umfasst.[50] Bereits an diesem Punkt stellen sich aber auch schon Abgrenzungsfragen, weil das EU-Recht bisher gerade nicht strikt zwischen normativen Rechtsakten und Einzelfallentscheidungen unterschieden hat: Die bisherige Komitologie-Rechtsetzung kam in beiden Bereichen zur Anwendung.

Nachdem die Änderung von (im Gesetzgebungsverfahren erlassenen) Sekundärrecht **16** eindeutig Art. 290 AEUV zuzuordnen ist, wird es hier künftig stark auf die Feinheiten der Ausgestaltung durch das Sekundärrechtsakt ankommen: Wenn z. B. – entsprechend einer gängigen Regelungstechnik im Lebensmittelsektor und verschiedenen verwandten Bereichen – die Zulassung eines Stoffs durch Aufnahme in eine Liste erfolgt, die dem Sekundärrechtsakt als Anhang angefügt ist,[51] so ist Art. 290 AEUV einschlägig, weil der Sekundärrechtsakt durch die »Auffüllung« des Anhangs geändert wird.[52] Wenn die Zulassung dagegen als Genehmigung gegenüber dem antragstellenden Unternehmen ausgestaltet ist, bleibt wiederum nur die Einordnung als Durchführungsrechtsakt, weil es sich dann nicht um eine normative Regelung handelt.[53] Im Ergebnis ist so zwar eine eindeutige Zuordnung möglich; der vom Wortlaut des Art. 290 AEUV bestimmte formale Charakter der Abgrenzung kann aber Zweifel an der Angemessenheit der Lösung wecken.

Ebenfalls einfach zuzuordnen sind die Fälle, in denen der Sekundärrechtsakt nicht in **17** einem Gesetzgebungsverfahren ergangen ist: Hier ist Art. 290 AEUV von vornherein nicht anwendbar, so dass Art. 291 AEUV auch dann zum Zuge kommt, wenn der Tertiärrechtsrechtsakt normative Wirkungen hat.[54] Diese Einschränkung ist auch konsequent, weil hier aufgrund der fehlenden Parlamentsbeteiligung am Erlass des Sekundärrechtsakts kein Schutzbedürfnis des Parlaments besteht, dem durch die Möglichkeit der Einflussnahme auf der Tertiärebene Rechnung getragen werden müsste.

---

[50] Kommissionsmitteilung vom 9. 12. 2009 »Umsetzung von Art. 290 AEUV«, KOM (2009) 673 endg., S. 4: » [...] geht aus dem Wortlaut des Art. 290 klar hervor, dass die Kommission niemals berechtigt sein wird, einen delegierten Rechtsakt zu erlassen, der sich auf eine Einzelmaßnahme bezieht.« S. auch *Schutzerschitz*, Komitologie und Binnenmarkt, in: Schroeder (Hrsg.), Europarecht als Mehrebenensystem, 2008, S. 123 (137); *Hofmann*, ELJ 15 (2009), 482 (488); *Bast*, CMLRev. 49 (2012), 885 (919 f.); zur daraus folgenden Begrenzung in der Wahl der Rechtsetzungsinstrumente im Rahmen des Art. 290 AEUV s. bereits o. Fn. 5.

[51] Zu dieser Gesetzgebungstechnik der »Positivlisten« s. z. B. *Gundel*, Lebensmittelrecht, in: Ruffert (Hrsg.), Europäisches sektorales Wirtschaftsrecht, 2012, § 8, Rn. 69 ff.; *ders.*, ZLR 2014, 264 (265).

[52] S. z. B. Art. 23 der VO (EU) Nr. 649/2012 vom 4. 7. 2012 über die Aus- und Einfuhr gefährlicher Chemikalien, ABl. 2012, L 201/60; auf den formalen Vorgang der Änderung abstellend jetzt auch EuGH, Urt. v. 16. 7. 2015, Rs. C–88/14 (Kommission/Parlament und Rat), ECLI:EU:C:2015:499; präzisierend dann noch EuGH, Urt. v. 17. 3. 2016, Rs. C–286/14 (Parlament/Kommission), ECLI:EU:C:2016:183, Rn. 28 ff., wonach auch delegierte Rechtsakte das Sekundärrecht nicht ändern können, wenn die Ermächtigung nur eine Ergänzung vorsieht.

[53] S. z. B. zur Zulassung gentechnisch veränderter Organismen auf der Grundlage der VO (EG) Nr. 1829/2003 vom 22. 9. 2003 über genetisch veränderte Lebensmittel und Futtermittel, ABl. 2003, L 268/1, die nun im Wege von Durchführungsbeschlüssen nach Art. 291 AEUV erfolgt, die Nachw. in Art. 291 AEUV, Rn. 10.

[54] In diesem Bereich kann das Sekundärrecht auch weiter zu (nicht-wesentlichen) Änderungen durch Durchführungsrecht ermächtigen, s. Art. 291 AEUV, Rn. 9: Der Ausschluss dieser Gestaltung bei Gesetzgebungsakten dient allein dem Schutz des Parlaments, das im Verfahren des Art. 291 AEUV nicht an der Kontrolle über die Änderungen des von ihm mitverantworteten Rechtsakts teilhätte.

18   Im Übrigen bleibt aber wie erwähnt ein **breites Feld von Zweifelsfällen** im Bereich der normativen Regelungen, die insbesondere nur schwer anhand der **Wesentlichkeit der Regelung** zugeordnet werden können, also in dem Sinne, dass wesentliche Entscheidungen dem auch das Europäische Parlament einbeziehenden Kontrollregime des Art. 290 AEUV zuzuschlagen wären, unwesentliche dagegen Art. 291 AEUV. Dieser Weg wird dadurch erschwert, dass wesentliche Entscheidungen von vornherein dem EU-Gesetzgeber vorbehalten sind, also für keine der Formen der abgeleiteten Rechtssetzung offenstehen. Zwar sind auch unter den in diesem Sinne »unwesentlichen« Regelungen, deren Erlass überhaupt delegiert werden kann, noch Abstufungen möglich; die zu Art. 291 AEUV erlassene Komitologie-Verordnung macht aber deutlich, dass – jedenfalls nach dem Verständnis der an ihrem Erlass beteiligten Organe – auch im Rahmen der Durchführungsrechtsetzung nach Art. 291 AEUV durchaus Rechtsakte »von allgemeiner Tragweite« und solche »mit potenziell bedeutenden Auswirkungen« erlassen werden können.[55] Die Unterscheidung zwischen »wesentlicheren«, aber dennoch nicht »absolut« wesentlichen Ergänzungen und rein technischen Ergänzungen bewegt sich damit auf einem sehr schmalen Grat.

19   Ebenfalls nicht einfach zu bewerkstelligen ist die – in eine ähnliche Richtung weisende – inhaltliche Abgrenzung danach, ob durch das Tertiärrecht die getroffene Regelung inhaltlich ergänzt oder (nur) präzisiert wird:[56] Im ersten Fall wäre eine »Ergänzung oder Änderung« des Sekundärrechtsakts anzunehmen und damit Art. 290 AEUV einschlägig, während für die Ermächtigung zu einer bloßen Präzisierung das Regime des Art. 291 AEUV zu wählen wäre. Auf diese Unterscheidung stellt nun auch die im März 2014 ergangene **erste Leitentscheidung des EuGH**[57] zur Abgrenzung von Art. 290 und 291 AEUV ab, nach der zwischen Ergänzung und bloßer Präzisierung zu unterscheiden ist.[58]

20   Einen etwas abweichenden Akzent setzt eine Unterscheidung zwischen einerseits inhaltlich-materiellen Ergänzungen, die Art. 290 AEUV zuzuschlagen wären, und andererseits Regelungen zur **Vereinheitlichung des Verfahrensvollzugs durch die Mitgliedstaaten** – wie etwa die Festlegung von Standardformularen –, die Art. 291 AEUV zu-

---

[55] Erwägungsgrund 11 der VO (EU) Nr. 182/2011 vom 16. 2. 2011 zur Festlegung der allgemeinen Regeln und Grundsätze, nach denen die Mitgliedstaaten die Wahrnehmung der Durchführungsbefugnisse durch die Kommission kontrollieren, ABl. 2011, L 55/131 (zu ihr Art. 291 AEUV, Rn. 15 ff.); sie sind danach dem Prüfverfahren zuzuordnen. Man könnte allerdings argumentieren, dass im Überschneidungsbereich von Art. 290 und 291 AEUV der ersten Bestimmung Vorrang zukommt, so dass Rechtsakte von allgemeiner Tragweite nur außerhalb dieses Überschneidungsbereichs dem Regime des Art. 291 AEUV zuzuordnen wären.

[56] In diese Richtung bereits *Vos*, The fall of committees?, FS Kellermann, 2004, S. 111 (117), die darauf abstellt, ob mit der übertragenen Zuständigkeit die Ausübung politischen Ermessens verbunden ist, oder nur noch technische Fragen zu regeln sind.

[57] EuGH, Urt. v. 18. 3. 2014, Rs. C–427/12 (Kommission/Rat und Parlament), ECLI:EU:C:2014: 170, Rn. 39; zu dieser Entscheidung *Garçon*, StoffR 2014, 46; *Michel*, Europe 5/2014, 18; *Ritleng*, CMLRev. 52 (2015), 243.

[58] Ebenso im Anschluss daran EuGH, Urt. v. 14. 10. 2014, Rs. C–65/13 (Parlament/Kommission), ECLI:EU:C:2014:2289, Rn. 43 ff., 46: Ein Durchführungsbeschluss bleibt in den Grenzen der Ermächtigung, wenn seine Bestimmungen zum einen die mit dem Gesetzgebungsakt verfolgten wesentlichen allgemeinen Ziele beachten und zum anderen für die Durchführung des Gesetzgebungsakts erforderlich oder zweckmäßig sind und ihn nicht ergänzen oder ändern (zum Durchführungsbeschluss 2012/733/EU der Kommission vom 26. 11. 2012 zur Durchführung der VO (EU) Nr. 492/2011 im Hinblick auf die Zusammenführung und den Ausgleich von Stellenangeboten und Arbeitsgesuchen sowie die Neugestaltung von EURES, ABl. 2012, L 328/21).

zuordnen wären.[59] Diese vollzugsbezogene Auslegung des Anwendungsbereichs von Art. 291 AEUV[60] entspricht der neuen Zuordnung der Kontrolle im Rahmen des Art. 291 AEUV zu den Mitgliedstaaten, die diesen Vollzug ganz überwiegend verantworten; auch erscheint in diesem Bereich ein Mitspracherecht der Mitgliedstaaten besonders plausibel, während für ein relevantes Kontrollinteresse des Parlaments in diesem Feld wenig spricht. Auch nach diesem Maßstab sind aber Abgrenzungsschwierigkeiten unvermeidlich; auch ist zu vermerken, dass er jedenfalls nicht der derzeitigen Rechtsetzungspraxis entspricht, nach der auch Vorgaben für den nationalen Verwaltungsvollzug als delegierte Rechtsakte ergehen,[61] während umgekehrt auch Rechtsakte, die den nationalen Vollzug in keiner Weise berühren, als Durchführungsrechtsakte nach Art. 291 AEUV erlassen werden.[62]

2. Zeitpunkt und Kontrolle der Zuordnung

Die Weichenstellung zugunsten der delegierten oder der Durchführungsrechtsetzung erfolgt bereits **im Gesetzgebungsverfahren,** weil die Kennzeichnung als Ermächtigung zur delegierten Rechtsetzung oder zur Durchführungsrechtsetzung schon in der Ermächtigungsgrundlage erfolgen muss;[63] der Tertiärrechtsakt muss die Zuordnung dann zwar nochmals ausdrücklich wiedergeben – s. Art. 290 Abs. 3, 291 Abs. 4 AEUV –, doch hat diese Verdeutlichung nur noch nachrichtliche Funktion. Den ersten Zugriff auf die Zuordnung hat damit die Kommission, die auf der Grundlage ihres Initiativmonopols den Vorschlag für den Sekundärrechtsakt ausarbeitet; seine Annahme ist dann allerdings im Regelfall[64] der Einigung zwischen Rat und Parlament unterworfen.   **21**

Das letzte Wort liegt schließlich beim EuGH: Eine fehlerhafte Zuordnung müsste hier zur Nichtigkeit der sekundärrechtlichen Befugnisnorm und der auf dieser Grundlage erlassenen Tertiärrechtsakte führen, die damit in einem fehlerhaften Verfahren erlassen wurden. Angesichts der Konsequenzen der Zuordnung für das Erlassverfahren läge insoweit eine gerichtliche Vollkontrolle dieser Entscheidung nahe, wie sie auch bei der verwandten Frage der Auswahl der primärrechtlichen Rechtsgrundlage eines Rechtsakts praktiziert wird.[65] Der EuGH hat in seiner im März 2014 ergangenen ersten Leit-   **22**

---

[59] So z.B. die Festlegung von Standardformularen für den Informationsaustausch zwischen den Behörden der Mitgliedstaaten, s. etwa Art. 13 Abs. 3, Art. 32 Abs. 3 der VO (EU) Nr. 904/2010 des Rates vom 7. 10. 2010 über die Zusammenarbeit der Verwaltungsbehörden und die Betrugsbekämpfung auf dem Gebiet der Mehrwertsteuer, ABl. 2010, L 268/1.

[60] In diese Richtung z.B. *Möstl,* DVBl 2011, 1076 (1081); *König,* in: Schulze/Zuleeg/Kadelbach, Europarecht, § 2, Rn. 101.

[61] S. z.B. die Delegierte VO (EU) Nr. 1042/2014 der Kommission vom 25. 7. 2014 zur Ergänzung der VO (EU) Nr. 514/2014 in Bezug auf die Benennung von zuständigen Behörden und ihre Verwaltungs- und Kontrollaufgaben sowie in Bezug auf den Status und die Verpflichtungen von Prüfbehörden, ABl. 2014, L 289/3.

[62] So die Ermächtigung zur Regelung der Gebühren der Europäischen Chemikalien-Agentur (ECHA) durch Durchführungs-Rechtsakt der Kommission gem. Art. 80 der VO (EU) Nr. 528/2012 vom 22.5.2012 über die Bereitstellung auf dem Markt und die Verwendung von Biozidprodukten, ABl. 2012, L 167/1; gebilligt durch EuGH, Urt. v. 18.3.2014, Rs. C–427/12 (Kommission/Rat und Parlament), ECLI:EU:C:2014:170.

[63] Anders wohl *Nettesheim,* in: Grabitz/Hilf/Nettesheim, EU, Art. 290 AEUV (April 2012), Rn. 23, der annimmt, dass der Gesetzgeber die Wahl auch der Kommission überlassen könne; in der Gesetzgebungspraxis ist eine solche unspezifische Ermächtigung bisher allerdings nicht ersichtlich.

[64] Art. 290 AEUV erfasst freilich alle Gesetzgebungsverfahren, nicht nur das ordentliche Gesetzgebungsverfahren; zu den Konsequenzen für die Kontrollrechte des Parlaments s.u. Rn. 27.

[65] St. Rspr., s. nur EuGH, Urt. v. 6.5.2014, Rs. C–43/12 (Kommission/Parlament und Rat), ECLI:

entscheidung dem EU-Gesetzgeber allerdings einen **Beurteilungsspielraum** zugebilligt.[66] Dieser Ansatz wird zwar von zahlreichen Stimmen in der Literatur unterstützt;[67] er erscheint dennoch als Verlegenheitslösung, die angesichts der bisher nicht trennscharf definierten Maßstäbe verständlich ist, aber aufgrund der erheblichen Rechtsfolgen der Zuordnung nicht das letzte Wort in dieser Frage sein kann: Die Wahl des Regimes würde sonst von den Interessen und der Verhandlungsmacht der Beteiligten des Gesetzgebungsverfahrens bestimmt. Tatsächlich finden sich in der Rechtsetzungspraxis bereits Zuordnungsdivergenzen zu parallelen Fragen,[68] die die derzeitige Praxis als willkürlich erscheinen lassen.

IV. Die Umstellung der bestehenden Ermächtigungen

23   Das neue Regime ist aus sich heraus nur auf Ermächtigungen in Gesetzgebungsakten anwendbar, die nach dem Inkrafttreten des Vertrags von Lissabon erlassen wurden; die **Umstellung des bereits zuvor geltenden Sekundärrechts** muss gesondert erfolgen, wobei auch die exakte Ausgestaltung der Kontrollrechte nach dem neuen Regime[69] geregelt werden muss. In der Nachfolgeregelung der früheren Komitologiebeschlüsse finden diese Regelungen keinen Platz, weil dieses Instrument seinen Standort nun in Art. 291 AEUV gefunden hat, weshalb die neue Komitologie-Verordnung[70] konsequent nur die Ausgestaltung der Durchführungsrechtsetzung nach Art. 291 AEUV und die Umstellung des bestehenden Sekundärrechts auf diesen Bereich regelt.[71]

24   Mit dem Erlass der neuen Komitologie-Verordnung wurde der bestehende Komitologiebeschluss in der Fassung des Jahres 2006[72] zwar aufgehoben; hiervon wurde aber das Regelungsverfahren mit Kontrolle ausdrücklich ausgenommen, weil das bestehende Sekundärrecht andernfalls ins Leere verwiesen hätte.[73] Für die Umstellung dieser Verweise hat die Kommission nach einer Bestandsaufnahme Vorschläge für mehrere Sam-

---

EU:C:2014:298, Rn. 29; Urt. v. 24.6.2014, Rs. C–658/11 (Parlament/Rat), ECLI:EU:C:2014:2025, Rn. 43, 60.

[66] EuGH, Urt. v. 18.3.2014, Rs. C–427/12 (Kommission/Rat und Parlament), ECLI:EU:C:2014:170, Rn. 40 mit einer Beschränkung der Kontrolle auf »offensichtliche Beurteilungsfehler« in der Zuordnung; im Anschluss daran EuGH, Urt. v. 16.7.2015, Rs. C–88/14 (Kommission/Parlament und Rat), ECLI:EU:C:2015:499, Rn. 28; dazu *Chamon*, CMLRev. 52 (2015), 1617.

[67] S. z.B. *Bueren*, EuZW 2012, 167 (171); *Nettesheim*, in: Grabitz/Hilf/Nettesheim, EU, Art. 290 AEUV (April 2012), Rn. 23; *Gellermann*, in: Streinz, EUV/AEUV, Art. 291 AEUV, Rn. 2; *König*, in: Schulze/Zuleeg/Kadelbach, Europarecht, § 2, Rn. 101; anders allerdings plastisch *Driessen*, E.L.Rev. 35 (2010), 837 (843): »One may therefore expect that the Court of Justice will be unwilling to leave the choice between arts 290 or 291 to horse-trading between the Parliament and the Council«.

[68] So werden die Einzelheiten der in der Lebensmittelinformations-VO (LMIV) vorgesehenen Herkunftskennzeichnung von Schweine-, Schaf-, Ziegen- und Geflügelfleisch gemäß Art. 26 Abs. 8 LMIV als Durchführungsrechtsakte gem. Art. 291 AEUV erlassen (VO (EU) Nr. 1169/2011 vom 25.10.2011 betreffend die Information der Verbraucher über Lebensmittel und zur Änderung der Verordnungen [...], ABl. 2011, L 304/18); skeptisch dazu *Gundel*, ZLR 2014, 264 (270). Für Rindfleisch gilt dagegen das Verfahren der delegierten Rechtsetzung, s. Art. 15a der VO (EG) Nr. 1760/2000 vom 17.7.2000 zur Einführung eines Systems zur Kennzeichnung und Registrierung von Rindern und über die Etikettierung von Rindfleisch und Rindfleischerzeugnissen (eingefügt durch die VO (EG) Nr. 653/2014 vom 15.5.2014, ABl. 2014, L 189/33).

[69] Zu den bestehenden Gestaltungsmöglichkeiten s. u. Rn. 30 ff.

[70] VO (EU) Nr. 182/2011 (Fn. 55).

[71] S. Art. 291 AEUV, Rn. 15 ff., 25 ff.

[72] S.o. Fn. 10.

[73] Art. 12 der VO (EU) Nr. 182/2011 (Fn. 55); dazu auch Art. 291 AEUV, Rn. 25 ff.

mel-Verordnungen vorgelegt,[74] mit denen die Ermächtigungen des bestehenden Sekundärrechts auf die neue Rechtslage umgestellt werden sollen. Die Umstellung sollte nach den Planungen der Kommission noch in der im Sommer 2014 endenden 7. Legislaturperiode des Parlaments abgeschlossen werden;[75] erreicht wurde dieses Ziel allerdings nicht,[76] so dass in den nicht umgestellten Rechtsakten weiterhin das Regelungsverfahren mit Kontrolle anwendbar ist.[77]

V. Rechtsschutz

Die Frage des Rechtsschutzes der anderen EU-Organe gegen einen »Fehlgebrauch« der   25
übertragenen Befugnisse durch die Kommission stellt sich heute nur noch in abgeschwächter Form; insbesondere zählt das Europäische Parlament nun zu den privilegierten Klägern des Art. 263 Abs. 2 AEUV und muss daher anders als in der Vergangenheit nicht mehr die Verletzung eigener (Verfahrens-)Rechte durch eine die Delegation überschreitende Ausführungsrechtsetzung geltend machen. Die Rechtsprechung, die eine solche Rechtsverletzung in der Vergangenheit bejaht hatte,[78] dürfte nun aber anderen Klägern zugutekommen, die sich weiter auf eine solche Verletzung berufen müssen: So wird etwa eine Klage des Ausschusses der Regionen nach den bisherigen Grundsätzen als zulässig anzusehen sein, soweit dabei gerügt wird, dass anstelle des Erlasses des delegierten Rechtsakts der Basisrechtsakt hätte geändert werden müssen und dabei eine Beteiligung des klagenden Organs vorgesehen wäre.

Individualklagen gegen delegierte Rechtsakte werden nach der 2. Alternative des   26
Art. 263 Abs. 4 AEUV nur in Ausnahmefällen zulässig sein, weil sich angesichts des in Art. 290 AEUV vorausgesetzten normativen Charakters der Rechtsakte nur selten die danach erforderliche individuelle Betroffenheit begründen lassen wird;[79] insofern greift der inzidente Rechtsschutz durch die nationalen Gerichte in Verbindung mit der Gültigkeitsvorlage. Für diese Klagen kommt aber die Erleichterung der durch den Vertrag von Lissabon eingefügten 3. Alternative des Art. 263 Abs. 4 AEUV zum Tragen, der für »Rechtsakte mit Verordnungscharakter« auf die Voraussetzung der individuellen Betroffenheit verzichtet: Nach der Klärung des Begriffs durch die EuGH-Rechtsprechung[80]

---

[74] Vorschlag vom 27. 6. 2013 für eine VO des EP und des Rates zur Anpassung von Rechtsakten, in denen auf das Regelungsverfahren mit Kontrolle Bezug genommen wird, an Art. 290 AEUV, KOM (2013) 451 endg.; Vorschlag vom 27. 6. 2013 für eine VO des EP und des Rates zur Anpassung von Rechtsakten im Bereich Justiz, in denen auf das Regelungsverfahren mit Kontrolle Bezug genommen wird, an Art. 290 AEUV, KOM (2013) 452 endg.; bereits erlassen ist die VO (EU) Nr. 38/2014 vom 15. 1. 2014 zur Änderung bestimmter Verordnungen zur gemeinsamen Handelspolitik hinsichtlich der Befugnis zum Erlass von delegierten Rechtsakten und Durchführungsrechtsakten über bestimmte Maßnahmen, ABl. 2014, L 18/52.

[75] Erklärungen der Kommission zur VO (EU) Nr. 182/2011, ABl. 2011, L 55/1.

[76] Auch aus der Perspektive des Parlaments wird hier allerdings kein besonderes Eilbedürfnis bestehen, soweit die betreffenden Rechtsakte mit dem 2006 etablierten Regelungsverfahren mit Kontrolle operieren; s. auch Rn. 3; die Kommission hat ihre Vorschläge (Fn. 74) schließlich im Frühjahr 2015 zurückgenommen, s. ABl. 2015, C 80/21.

[77] S. für einen Überblick über die weiterhin auf dieser Grundlage tätigen Ausschüsse den Kommissionsbericht vom 16. 9. 2014 für 2013, KOM (2014) 572 endg.

[78] S. für das Anhörungsrecht des Parlaments EuGH, Urt. v. 18. 6. 1996, Rs. C–303/94 (Parlament/ Rat), Slg. 1996, I–2943, Anm. *Schoo*, EuZW 1996, 581 ff.

[79] S. Art. 263 AEUV, Rn. 108 ff.

[80] S. EuG, Urt. v. 6. 9. 2011, Rs. T–18/10 (Inuit Tapiriit Kanatami u. a./Parlament und Rat), Slg. 2011, II–5599, Bespr. *Gundel*, EWS 2012, 65, Bespr. *Everling*, EuZW 2012, 376, Anm. *Petzold*, EuR 2012, 443, bestätigt durch EuGH, Urt. v. 3. 10. 2013, Rs. C–583/11 P (Inuit Tapiriit Kanatami

sind die delegierten Rechtsakte als solche »Rechtsakte mit Verordnungscharakter« einzuordnen, weil sie angesichts der fehlenden (aktiven) Beteiligung des Parlaments bei
ihrem Erlass nicht als Gesetzgebungsakte gelten können, auch wenn sie solche Akte
ergänzen oder ändern.[81] Soweit auch die Rechtmäßigkeit des Basisrechtsakts zweifelhaft erscheint, kann mit der Klage gegen den delegierten Rechtsakt inzident auch diese
Rechtsgrundlage zur Überprüfung gestellt werden.[82]

C. Die Kontrollinstrumente von Rat und Parlament nach Art. 290 Abs. 2 AEUV

I. Der primärrechtliche Katalog der Instrumente

27   Dem Europäischen Parlament und dem Rat sind die in Art. 290 Abs. 2 AEUV beschriebenen Kontrollrechte zur jeweils eigenständigen Ausübung zugewiesen; das spiegelt
den Wunsch des Parlaments nach eigenen und mit den Instrumenten des Rates gleichwertigen Reaktionsmöglichkeiten wieder. Nach dem Wortlaut des Art. 290 AEUV
kommt dieses Verfahren dabei stets zur Anwendung, wenn die Ermächtigung in einen
Rechtsakt aufgenommen wird, der im – ordentlichen oder besonderen – Gesetzgebungsverfahren erlassen wurde; das Parlament verfügt damit über eigene Kontrollrechte nicht
nur im Anwendungsbereich des bisherigen Verfahrens der Mitentscheidung, sondern
auch in den Fällen, in denen seine Mitwirkung im Gesetzgebungsverfahren sich auf eine
Anhörung beschränkt.[83] Gleichzeitig handelt es sich um einen abschließenden Katalog
von Aufsichtsmitteln; diese können zwar kombiniert und näher ausgestaltet, aber nicht
durch weitere Instrumente oder Mechanismen ergänzt werden.[84]

28   Die bisher praktizierte **Komité-Aufsicht** gehört nicht zu den aufgeführten Instrumenten und hat damit im Rahmen des Art. 290 AEUV keinen Raum. Dieses Verschwinden
der Komités aus dem Anwendungsbereich des Art. 290 AEUV ist in der Literatur teils
mit der Erwägung erklärt worden, dass diese vor allem fachlich-technischen Sachverstand beisteuerten, während bei der Kontrolle nach Art. 290 AEUV vor allem Wer-
tungsfragen betroffen seien.[85] Tatsächlich ist dieser Wegfall aber wohl vor allem durch
die Tatsache zu erklären, dass diese Komités als Kontrollinstrument des Rates fungierten
und ihre weitere Verwendung damit einer Gleichrangigkeit der Kontrolle durch Parla-

u. a./Parlament und Rat), ECLI:EU:C:2013:625, Bespr. *Streinz* EuZW 2014, 17; dazu *Arnull*, JDE
2014, 14.
[81] S. *Gundel*, EWS 2014, 22 (23); *Guiot*, RTDE 2014, 389 (393); vereinzelt wird in der Literatur
eine Zuordnung zu den Gesetzgebungsakten befürwortet, so *S. van Raepenbusch*, Les recours des
particuliers devant le juge de l'Union européenne, 2012, S. 35, mit dem Argument, dass dieser Rechtsakt einen Gesetzgebungsakt ergänze und damit dessen Charakter teile – was allerdings nichts daran
ändert, dass das Parlament an seinem Erlass nicht beteiligt ist.
[82] S. o. Rn. 11.
[83] Für eine einschränkende Auslegung, nach der nur das den jeweiligen Sekundärrechtsakt be-
schließende Organ von den Rechten des Art. 290 AEUV Gebrauch machen kann, aber *König*, in:
Schulze/Zuleeg/Kadelbach, Europarecht, § 2, Rn. 105; dagegen wie hier *Nettesheim*, in: Grabitz/Hilf/
Nettesheim, EU, Art. 290 AEUV (April 2012), Rn. 62.
[84] S. z. B. *Kröll*, ZÖR 66 (2011), 253 (275f.); *Nettesheim*, in: Grabitz/Hilf/Nettesheim, EU,
Art. 290 AEUV (April 2012), Rn. 66.
[85] So (noch zum Verfassungsvertrag) *Härtel*, Handbuch Europäische Rechtsetzung, 2006, § 11,
Rn. 58.

ment und Rat widersprochen hätte, nachdem das Parlament keinen »Expertenpool« mobilisieren könnte, der den Möglichkeiten des Rats mit dem Rückgriff auf die mitgliedstaatlichen Fachministerien gleichkommen würde.[86] Insofern besteht eine Interessenkonvergenz zwischen dem Anliegen des Parlaments einer gleichberechtigten Kontrolle und dem Wunsch der Kommission, den Zugriff der Komités zu lockern.[87]

Folgerichtig hat die Kommission nach dem Inkrafttreten des Vertrags von Lissabon   29 deutlich gemacht, dass sie in den betroffenen Feldern zwar weiter nationalen Experten Raum zu Äußerungen geben wolle,[88] dies aber nur noch in beratender Funktion geschehen werde;[89] die Funktion der von der Kommission bereits in der Vergangenheit in den verschiedensten Politikbereichen eingerichteten Expertengruppen[90] ist auf diese neue Aufgabe erstreckt worden.[91] Im Rahmen der von Parlament, Rat und Kommission im März 2011 geschlossenen **interinstitutionellen Vereinbarung über delegierte Rechtsakte**[92] ist die Kommission eine entsprechende **Selbstverpflichtung zu Konsultationen** eingegangen; teils wird diese Erwartung nun auch ausdrücklich in den Gesetzgebungsakten festgehalten.[93] Ein weitergehender Vorstoß des Rates zu einer Ergänzung der Vereinbarung, mit der eine systematische Anhörung von durch die Mitgliedstaaten be-

---

[86] S. *Gundel*, ZLR 2014, 264 (268); zu diesem Rückgriff des Rates auf die nationalen Ressourcen im übernommenen Komitologie-System s. o. Fn. 9.

[87] S. o. Rn. 5; s. auch *Edenharter*, DÖV 2011, 645; *Berrod/Mestre*, RTDE 2015, 79.

[88] Für den Bereich der Finanzdienstleistungen hat die Kommission dies sogar ausdrücklich in der Erklärung Nr. 39 der zum Vertrag von Lissabon bekundet, ABl. 2010, C 83/350; dazu *Hetmeier*, in: Lenz/Borchardt, EU-Verträge, Art. 290 AEUV, Rn. 21; *Rötting/Lang*, EuZW 2012, 8; *Fabricius*, ZEuS 2011, 567 (574 ff.).

[89] S. ausdrücklich die Kommissionsmitteilung vom 9.12.2009 »Umsetzung von Art. 290 AEUV«, KOM (2009) 673 endg., S. 7; dazu *Beer*, EuZW 2010, 201.

[90] Zu Funktionen und Status dieser Gruppen s. m. w. N. *Pilniok*, EuR 2014, 62; *Bianchi*, RTDE 2012, 75 (90 ff.); für Beispiele s. den Beschluss 2008/359/EG der Kommission vom 28.4.2008 über die Einsetzung der Hochrangigen Gruppe für die Wettbewerbsfähigkeit der Lebensmittelindustrie, ABl. 2008, L 120/15, oder den Beschluss der Kommission vom 3.9.2011 zur Einsetzung einer Stakeholder-Expertengruppe der Kommission für das öffentliche Auftragswesen, ABl. 2011, C 291/2; weiter den Beschluss 2010/233/EU der Kommission vom 26.4.2010 zur Einsetzung einer Expertengruppe für einen gemeinsamen Referenzrahmen im Bereich des europäischen Vertragsrechts, ABl. 2010, L 105/109; die Besonderheit gegenüber den »entscheidungsbegleitenden« Ausschüssen besteht darin, dass die Sachverständigenausschüsse zwar auch Vertreter der Mitgliedstaaten umfassen können, Auswahl und Ernennung der Mitglieder aber grundsätzlich durch die Kommission erfolgen.

[91] S. dazu die (neu gefasste) Rahmenregelung für Expertengruppen der Kommission vom 10.11.2010: Horizontale Bestimmungen und öffentliches Register, K (2010) 7649 endg., die nun ausdrücklich die Mitwirkung bei der delegierten Rechtsetzung als Aufgabe bezeichnet; dazu *Pilniok*, EuR 2014, 62 (76 ff.).

[92] Vereinbarung über delegierte Rechtsakte vom 3.3.2011, Rats-Dok. 8753/1/11 REV 1, Pt. 4; zu dieser Vereinbarung s. auch noch Rn. 30.

[93] So z. B. Erwägungsgrund 3, S. 2 der VO (EU) Nr. 657/2014 vom 15.5.2014 zur Änderung der VO (EG) Nr. 2173/2005 in Bezug auf die der Kommission zu übertragenden delegierten Befugnisse und Durchführungsbefugnisse, ABl. 2014, L 189/108: »Es ist von besonderer Bedeutung, dass die Kommission im Zuge ihrer Vorbereitungsarbeit angemessene Konsultationen, auch auf der Ebene von Sachverständigen, durchführt.« Fast wortgleich Erwägungsgrund 46, S. 2 der VO (EU) Nr. 377/2014 vom 3.4.2014 zur Einrichtung des Programms Copernicus [...], ABl. 2014, L 122/44; Erwägungsgrund 11, S. 4 der VO (EU) Nr. 1289/2013 des vom 11.12.2013 zur Änderung der VO (EG) Nr. 539/2001 des Rates zur Aufstellung der Liste der Drittländer, deren Staatsangehörige beim Überschreiten der Außengrenzen im Besitz eines Visums sein müssen, sowie die Liste der Drittländer, deren Staatsangehörige von der Visumpflicht befreit sind, ABl. 2013, L 347/74; Erwägungsgrund 23, S. 2 der VO (EU) Nr. 649/2012 vom 4.7.2012 über die Aus- und Einfuhr gefährlicher Chemikalien, ABl. 2012, L 201/60.

nannten Experten sichergestellt werden sollte,[94] ist bisher allerdings folgenlos geblieben; die Kommission hat in ihrer Reaktion auf den Vorschlag zu Recht festgehalten, dass eine faktische Wiederbelebung der Ausschüsse im Anwendungsbereich des Art. 290 AEUV ausgeschlossen ist.[95] Zugleich hat die Kommission sich in der Rahmenvereinbarung über die Beziehungen zwischen dem Europäischen Parlament und der Kommission verpflichtet, dem Parlament umfassende Informationen und Dokumente über ihre Sitzungen mit nationalen Sachverständigen im Rahmen der Vorbereitung delegierter Rechtsakte zur Verfügung zu stellen,[96] und ggf. auf Antrag des Parlaments auch Sachverständige aus seinen Reihen zu diesen Sitzungen einzuladen.

II.   Die nähere Ausgestaltung von Widerruf und Widerspruch

1.   Standardisierung ohne ausdrückliche Rechtsgrundlage

30   Die in Art. 290 AEUV angeführten Kontrollbefugnisse von Rat und Parlament bedürfen der Auswahl und näheren Ausgestaltung. Diese muss – wie Art. 290 Abs. 2 AEUV explizit festhält – im betreffenden Gesetzgebungsakt selbst vorgenommen werden, da eine Rechtsgrundlage für eine allgemein-übergreifende Rahmenregelung in Art. 290 AEUV nicht vorgesehen ist;[97] das Primärrecht selbst schreibt in Art. 290 Abs. 2 UAbs. 2 AEUV nur die notwendigen Mehrheiten für die Ausübung der Kontrollrechte fest.[98] Die Kommission hat allerdings nach dem Inkrafttreten des Vertrags von Lissabon Musterformulierungen veröffentlicht,[99] die deutlich machten, welche Mechanismen sie in ihren Gesetzgebungsvorschlägen zugrunde legen würde; die im Anschluss daran abgeschlossene **Vereinbarung zwischen Parlament, Rat und Kommission über delegierte Rechtsakte**[100] enthält ebenfalls Standardklauseln,[101] zu deren Verwendung sich die beteiligten Organe »soweit wie möglich« verpflichten.[102] Auch die von der Kommission vorge-

---

[94] Initiative to complement the Common Understanding on delegated acts as regards the consultation of experts, Rats-Dok. 6774/14 vom 21.2.2014.

[95] Antwort der Kommission vom 12.3.2014, Rats-Dok. 7792/14 vom 17.3.2014: »(…) the Commission could not accept a mandatory consultation procedure essentially similar to the advisory procedure under the Comitology framework (…) as it would not be compatible with the Treaty.«

[96] Rahmenvereinbarung über die Beziehungen zwischen dem Europäischen Parlament und der Europäischen Kommission, ABl. 2010, L 304/47, Nr. 15 i.V.m. Anhang I; s. auch den Verweis auf diese Verpflichtung in der Kommissionserklärung zur VO (EU) Nr. 657/2014 (Fn. 93), ABl. 2014, L 189/111.

[97] Kritisch dazu *Schusterschitz*, Rechtsakte und Rechtssetzungsverfahren, S. 232; anders *Hofmann*, ELJ 15 (2009), 482 (500), der eine Regelung in der Komitologie-Verordnung als möglich ansieht, obwohl deren Reichweite nun auf den Anwendungsbereich des Art. 291 AEUV (s. Art. 291 AEUV, Rn. 15f.) beschränkt ist; zu Recht ablehnend daher z.B. *Kröll*, ZÖR 66 (2011), 253 (274).

[98] Dabei gilt für das Parlament mit der Mehrheit der Mitglieder (anstelle der abgegebenen Stimmen) ein höheres Quorum; kritisch dazu *Driessen*, E.L.Rev. 35 (2010), 837 (847); *Kröll*, ZÖR 66 (2011), 253 (278f.).

[99] Kommissionsmitteilung vom 9.12.2009 »Umsetzung von Art. 290 AEUV«, KOM (2009) 673 endg., S. 7.

[100] Anhang der Vereinbarung von 2011 (Fn. 92); eine sprachlich überarbeitete Fassung der Klauseln findet sich im Rats-Dok. 18039/11 vom 6.12.2011.

[101] Über die bisher vom EU-Gesetzgeber gewählten Modelle hat der EWSA eine aufschlussreiche Studie erstellt, die die bis dahin erlassenen Sekundärrechtsakte systematisch erfasst und auswertet, s. INT/656 – Better regulation: implementing acts and delegated acts vom 19.9.2013, verfügbar unter www.eesc.europa.eu.

[102] So Pt. 3 der Vereinbarung (Fn. 92).

schlagenen Sammel-Verordnungen zur Umstellung der bisherigen Ermächtigungen[103] enthielten ein einheitliches Kontrollregime für die erfassten Rechtsakte, das jedenfalls für diese Ermächtigungen eine Standardisierung bewirkt hätte.

2. Widerrufsvorbehalt

Die in Art. 290 Abs. 2 Buchst. a AEUV normierte Möglichkeit des **Widerrufs der Er-**   31
mächtigung erscheint auf den ersten Blick als sehr grobschlächtiges und schwer hand-
habbares Kontrollinstrument, weil es politisch ein eindeutig negatives Urteil über die
Handhabung der Ermächtigung durch die Kommission voraussetzt, für das wiederum
erst eine Tatsachenbasis geschaffen werden müsste. In der Gesetzgebungspraxis lassen
sich allerdings Modelle feststellen, die durch eine **Kombination von Befristung und Wi-**
derrufsvorbehalt die Grundlage für eine entsprechende Evaluation schaffen:[104] Danach
wird die Delegation auf eine Dauer von 5 Jahren ausgesprochen und verlängert sich
automatisch um ein neues Intervall, sofern sie nicht widerrufen wird; 6 Monate vor
Ablauf des Intervalls muss die Kommission einen Bericht über die delegierte Rechtsetzung erstatten, die Rat und Parlament Gelegenheit zu einer Bilanz in Bezug auf eine
mögliche Ausübung des Widerrufsrechts geben. Im Ergebnis wird die Kontrolle damit –
im Vergleich zur früheren Komité-Begleitung – auf eine pauschalierende **ex-post-Eva-**
luation der Kommissions-Rechtsetzung umgestellt.[105] Die dabei als Instrument eingesetzte **Befristung der Delegation** ist nicht explizit den Kontrollmechanismen zugeordnet; ihre Möglichkeit[106] ergibt sich aber aus Art. 290 Abs. 1 AEUV.[107]

Die **zeitliche Wirkung des Widerrufs** wird im AEUV nicht näher geregelt. Auch sie   32
muss damit im betreffenden Gesetzgebungsakt bestimmt werden, wobei die in der Literatur teils vertretene, aber wenig praxistauglich erscheinende Rechtsfolge eines rück-
wirkenden Wegfalls mit der Folge der Nichtigkeit oder des Außerkrafttreten der zuvor
auf dieser Grundlage von der Kommission erlassenen Rechtsakte[108] häufig ausdrücklich
ausgeschlossen wird.[109]

---

[103] S. o. Fn. 74.

[104] S. z. B. Art. 11 der RL 2010/30/EU vom 19. 5. 2010 über die Angabe des Verbrauchs an Energie und anderen Ressourcen durch energieverbrauchsrelevante Produkte mittels einheitlicher Etiketten und Produktinformationen, ABl. 2010, L 153/1; Art. 23 der RL 2010/31/EU vom 19. 5. 2010 über die Gesamtenergieeffizienz von Gebäuden, ABl. 2010, L 153/13; Art. 20 der RL 2011/65/EU vom 8. 6. 2011 zur Beschränkung der Verwendung bestimmter gefährlicher Stoffe in Elektro- und Elektronikgeräten, ABl. 2011, L 174/88; auch dieses System ist in der Folge in Pt. 9 der Vereinbarung von 2011 (Fn. 92) umrissen worden.

[105] Kritisch zu dieser Perspektive bereits *Craig* (Fn. 20), S. 82 f.

[106] Eine Verpflichtung zur Befristung von Delegationen lässt sich aus dieser Erwähnung in Art. 290 Abs. 1 AEUV nicht entnehmen, s. *Gellermann*, in: Streinz, EUV/AEUV, Art. 290 AEUV, Rn. 8.

[107] Die Rechtsfolgen des Ablaufs einer befristeten Delegation sind umstritten: Nach zutreffender Auffassung gelten bereits erlassene Rechtsakte fort, da sie zum Zeitpunkt des Erlasses über eine Rechtsgrundlage verfügen, dafür *Gellermann*, in: Streinz, EUV/AEUV, Art. 290 AEUV, Rn. 8; nach der Gegenauffassung treten die Rechtsakte ex nunc außer Kraft, dafür *Nettesheim*, in: Grabitz/Hilf/ Nettesheim, EU, Art. 290 AEUV (April 2012), Rn. 57. Allerdings kann das Außerkrafttreten mit Erlöschen der Delegation im Gesetzgebungsakt ausdrücklich angeordnet werden, dazu *Ruffert*, in: Calliess/Ruffert, EUV/AEUV, Art. 290 AEUV, Rn. 15.

[108] Für ein ex-nunc-Außerkrafttreten von bereits erlassenen delegierten Rechtsakten mit Wegfall ihrer Rechtsgrundlage z.B. *Nettesheim*, in: Grabitz/Hilf/Nettesheim, EU, Art. 290 AEUV (April, 2012), Rn. 57; ähnlich *Haselmann*, S. 117 ff., die eine Pflicht der Kommission zur Aufhebung bereits erlassener delegierter Rechtsakte annimmt; gegen einen Automatismus z.B. *Hetmeier*, in: Lenz/Borchardt, EU-Verträge, Art. 290 AEUV, Rn. 16.

[109] S. z. B. Art. 17a Abs. 4 der VO (EU) Nr. 1302/2013 vom 17. 12. 2013 (EVTZ-VO), ABl. 2013, L

3. Widerspruchsvorbehalt

33 Weitergehende Kontrollmöglichkeiten eröffnet der **Widerspruchsvorbehalt** nach Art. 290 Abs. 2 Buchst. b AEUV, mit dem nicht die Ermächtigung zugunsten der Kommission beseitigt, sondern deren konkrete Ausübung durch den Erlass eines bestimmten Rechtsakts verhindert wird.[110] Gegenüber dem Regelungsverfahren mit Kontrolle stellt dieses Instrument insoweit einen Fortschritt dar, als das Parlament sich dort zur Begründung eines Widerspruchs auf juristische Argumente stützen, also letztlich die Rechtswidrigkeit des Kommissionsvorhabens behaupten musste,[111] während nun eine genuin politische Entscheidung getroffen werden kann.[112] Damit findet in diesem Bereich nun eine inhaltliche Prüfung des delegierten Rechtsakts unter rechtspolitischen Gesichtspunkten statt, wenn auch ohne Beteiligung der zuvor genutzten sachkundigen Komités; außerdem kann der Rechtsakt nun nur insgesamt verworfen, nicht aber über Änderungen verhandelt werden.[113]

34 Für die **Ausübung des Widerspruchsrechts** muss im ermächtigenden Gesetzgebungsakt eine Frist gesetzt werden, bis zu deren Ablauf die Kommission den delegierten Rechtsakt nicht erlassen kann. Die Kommission hat in ihrer Mitteilung zur Umsetzung eine Frist von zwei Monaten vorgeschlagen;[114] in der Vereinbarung zwischen den Organen wurde dieser Zeitrahmen grundsätzlich übernommen.[115] Die Prüffrist kann allerdings nach Maßgabe der Regelung im Gesetzgebungsakt durch Rat oder Parlament verlängert werden. Die Kommission ist in der Vereinbarung zugleich die Selbstverpflichtung eingegangen, die Prüffrist nicht durch die Vorlage von Regelungen in der Ferienzeit faktisch zu verkürzen:[116] ihr Lauf beginnt auch erst mit dem Vorliegen aller

---

347/303: Inkrafttreten des Wegfalls am Tag nach der Veröffentlichung im ABl. oder zu einem im Widerrufsbeschluss festgelegten späteren Zeitpunkt; die Geltung bereits erlassener delegierter Rechtsakte bleibt unberührt. Auch diese Gestaltung findet sich schon als Muster-Vorgabe in der Vereinbarung von 2011 (Fn. 92).

[110] Beispiele für die Wahl dieses Instruments finden sich in Art. 51 der VO (EU) Nr. 1169/2011 vom 25.10.2011 betreffend die Information der Verbraucher über Lebensmittel und zur Veränderung der Verordnung (EG) Nr. 1924/2006 und (EG) Nr. 1925/2006 des Europäischen Parlamentes und des Rates und zur Aufhebung der Richtlinie 87/250/EWG der Kommission, der Richtlinie 90/496/EWG des Rates, der Richtlinie 1999/10/EG der Kommission, der Richtlinie 2000/13/EG des Europäischen Parlamentes und des Rates, der Richtlinien 2002/67/EG und 2008/5/EG der Kommission und der Verordnung Nr. 608/2004 der Kommission, ABl. 2011, L 304/18, oder in Art. 18 Abs. 5 der VO (EU) Nr. 609/2013 vom 12.6.2013 über Lebensmittel für Säuglinge und Kleinkinder, Lebensmittel für besondere medizinische Zwecke und Tagesrationen für gewichtskontrollierende Ernährung und zur Aufhebung der Richtlinie 92/52/EWG des Rates, der Richtlinien 96/8/EG, 1999/21/EG, 2006/125/EG und 2006/141/EG der Kommission, der Richtlinien 2009/39/EG des Europäischen Parlamentes und des Rates sowie der Verordnungen (EG) Nr. 41/2009 und (EG) Nr. 953/2009 des Rates und der Kommission, ABl. 2013, L 181/35.

[111] Art. 5a Abs. 3 lit. b, Abs. 4 lit. c, Abs. 5 b Komitologiebeschluss (Fn. 10), s.o. Fn. 11. Dieses Instrument der rechtlichen Beanstandung findet sich nun in Bezug auf die Durchführungsrechtsakte in Art. 11 der Komitologie-VO (Fn. 55) wieder; es hat dort allerdings keine rechtliche Wirkung, s. Art. 291 AEUV, Rn. 24.

[112] Dazu z.B. *Bast*, CMLRev. 49 (2012), 885 (918); *Gellermann*, in: Streinz, EUV/AEUV, Art. 290 AEUV, Rn. 10; ebenso die Auffassung der Kommission, die allerdings eine förmliche Begründung der Einwände erwartet, um ihr weiteres Vorgehen darauf einrichten zu können, s. die Mitteilung vom 9.12.2009 »Umsetzung von Art. 290 AEUV«, KOM (2009) 673 endg., S. 10.

[113] S. z.B. *Hetmeier*, in: Lenz/Borchardt, EU-Verträge, Art. 290 AEUV, Rn. 17; zum abschließenden Charakter der Instrumente s.o. Rn. 27.

[114] Mitteilung vom 9.12.2009 »Umsetzung von Art. 290 AEUV«, KOM (2009) 673 endg., S. 9f.

[115] Pt. 10 der Vereinbarung (Fn. 92).

[116] Pt. 6 der Vereinbarung (Fn. 92).

Sprachfassungen des delegierten Rechtsakts.[117] Bisher ist zumindest eine Panne bekannt geworden, bei der die Kommission den Ablauf der Widerspruchsfrist nicht abgewartet, sondern die von ihr beschlossene delegierte Verordnung in unmittelbarem Anschluss daran im EU-Amtsblatt veröffentlicht hatte.[118] Der betreffende Verordnungsentwurf ist in der Folge sogar endgültig gescheitert, weil das Parlament eine ablehnende Entschließung beschlossen hat;[119] insgesamt ist bisher allerdings nicht erkennbar, dass der Widerrufsvorbehalt häufiger ausgeübt würde als das Vetorecht im Rahmen des Regelungsverfahrens mit Kontrolle.[120]

Schließlich sieht die interinstitutionelle Vereinbarung vor, dass im Gesetzgebungsakt **35** ein besonderes **Dringlichkeitsverfahren** vorgesehen werden kann,[121] nach dem die Kommission den delegierten Rechtsakt vor Ablauf der Widerspruchsfrist erlassen kann, diesen aber nach Eingang eines Widerspruchs umgehend aufheben muss.[122] Die Vereinbarkeit dieses Verfahrens, das sich ersichtlich am Dringlichkeitsverfahren nach Art. 5a Abs. 6 Komitologiebeschluss 2006[123] orientiert, mit Art. 290 AEUV wird in der Literatur zwar bestritten,[124] weil auf diese Weise eine in der Bestimmung nicht vorgesehene Variante einer ex-post-Kontrolle eines bereits in Geltung gesetzten Rechtsakts etabliert wird; allerdings erscheinen diese Bedenken angesichts der sachlichen Gründe, die für die Zulassung von Eilmaßnahmen in dringenden Fällen sprechen, nicht als durchgreifend.

D. Ausblick

Die Neuordnung der abgeleiteten Rechtsetzung durch den Vertrag von Lissabon hat **36** jedenfalls in Bezug auf Art. 290 AEUV dem nachvollziehbaren Anspruch des Parlaments auf Gleichstellung mit dem Rat in der gesetzgeberischen Kontrolle über das Wirken des Delegatars Rechnung getragen. Dass die konkreten Modalitäten dieser Kontrolle im Gefolge der Reform näherer Bestimmung bedürfen, ist nicht verwunderlich; insoweit wäre die Einfügung einer Rechtsgrundlage nach dem Modell des Art. 291 Abs. 3 AEUV sinnvoll gewesen, allerdings ist auch der nun stattdessen eingeschlagene Weg über den Abschluss interinstitutioneller Vereinbarungen gangbar.[125] Als bisher nicht befriedigend gelöstes Problem ist die Frage der Abgrenzung der delegierten von

---

[117] Pt. 7 der Vereinbarung (Fn. 92); zu dieser Notwendigkeit schon im bisherigen Komitologie-System s. EuGH, Urt. v. 10.2.1998, Rs. C–263/95 (Deutschland/Kommission), Slg. 1998, I–441.

[118] Delegierte VO (EU) Nr. 1155/2013 der Kommission vom 21.8.2013 zur Änderung der VO (EU) Nr. 1169/2011 betreffend die Information der Verbraucher über Lebensmittel in Hinblick auf die Begriffsbestimmung für »technisch hergestellte Nanomaterialien«, ABl. 2013, L 306/7, für »null und nichtig« erklärt durch Berichtigungsmeldung in ABl. 2013, L 346/89; dazu *Gundel*, ZLR 2014, 264 (271 f.).

[119] Entschließung P7_TA (2014)0218 vom 12.3.2014; zuvor hatte der Rat – wie es in Art. 51 Abs. 5 der VO (EU) Nr. 1169/2011 (Fn. 110) als Möglichkeit vorgesehen ist – eine Verlängerung der Prüffrist um zwei Monate beschlossen, s. Rats-Dok. 5270/14 vom 17.1.2014.

[120] Dazu o. Fn. 14; ebenso *Berrod/Mestre*, RTDE 2015, 79 (92).

[121] Pt. 12–15 der Vereinbarung (Fn. 92).

[122] Pt. 14 der Vereinbarung (Fn. 92); für ein Beispiel einer solchen Regelung s. Art. 52 der VO (EU) Nr. 1169/2011 (Fn. 110).

[123] S. o. Fn. 10.

[124] So sieht *Kröll*, ZÖR 66 (2011), 253 (277 f.) dieses Verfahren als nicht mehr durch den Rahmen des Art. 290 AEUV gedeckt an.

[125] S. o. Rn. 30.

der Durchführungsrechtsetzung des Art. 291 AEUV anzusehen; die vorläufige Antwort des EuGH, nach der die Zuordnung im Einzelfall dem Ermessen des Gesetzgebers überlassen bleibt, erscheint unzureichend, weil sie diese folgenreiche Unterscheidung letztlich zum Verhandlungsgegenstand zwischen den am Gesetzgebungsverfahren beteiligten Organen macht.[126]

37   Ob die Umstellung auf das neue System der delegierten Rechtsakte der Kommission im Ergebnis tatsächlich größere inhaltliche Handlungsfreiheit bescheren wird,[127] lässt sich noch nicht abschließend beurteilen: Die Ausschaltung der Komités führt zwar dazu, dass die zuvor gegebene laufende Begleitung und Kontrolle der Kommissions-Rechtssetzung in diesem Bereich entfällt, während die im neuen System vorgesehenen Instrumente wie etwa das Widerspruchsrecht gegen den Erlass einzelner delegierter Rechtsakte nur reaktiven Charakter besitzen, also einen bereits inhaltlich abgeschlossenen Rechtsetzungsvorgang nur insgesamt verwerfen, nicht aber modifizieren können. Dennoch dürfte insbesondere dieses Widerspruchsrecht ein durchaus wirksames Kontrollmittel darstellen, das einer Verschiebung des institutionellen Gleichgewichts entgegenwirken und weiterhin eine effektive Kontrolle über die Kommissions-Rechtssetzung sichern kann.

---

[126] Dazu o. Rn. 22.
[127] S. zu diesem Gesichtspunkt Rn. 5, 28.

Artikel 291 AEUV [Durchführung verbindlicher Rechtsakte durch die Mitgliedstaaten, Übertragung von Durchführungsbefugnissen]

(1) Die Mitgliedstaaten ergreifen alle zur Durchführung der verbindlichen Rechtsakte der Union erforderlichen Maßnahmen nach innerstaatlichem Recht.

(2) Bedarf es einheitlicher Bedingungen für die Durchführung der verbindlichen Rechtsakte der Union, so werden mit diesen Rechtsakten der Kommission oder, in entsprechend begründeten Sonderfällen und in den in den Artikeln 24 und 26 des Vertrags über die Europäische Union vorgesehenen Fällen, dem Rat Durchführungsbefugnisse übertragen.

(3) Für die Zwecke des Absatzes 2 legen das Europäische Parlament und der Rat gemäß dem ordentlichen Gesetzgebungsverfahren durch Verordnungen im Voraus allgemeine Regeln und Grundsätze fest, nach denen die Mitgliedstaaten die Wahrnehmung der Durchführungsbefugnisse durch die Kommission kontrollieren.

(4) In den Titel der Durchführungsrechtsakte wird der Wortteil »Durchführungs-« eingefügt.

Literaturübersicht

S. die Nachweise zu Art. 290 AEUV, weiterhin *Bertrand*, La compétence des agences pour prendre des actes normatifs; le dualisme des pouvoirs d'exécution, RTDE 2015, 21; *Blumann*, Un nouveau départ pour la comitologie – Le règlement No 182/2011 du 16 février 2011, CDE 2011, 23; *Bonichot*, À propos de l'attribution du pouvoir réglementaire à l'Autorité européenne des marchés financiers, RFDA 2014, 325; *Daiber*, EU-Durchführungsrechtsetzung nach Inkrafttreten der neuen Komitologie-Verordnung, EuR 2012, 240; *Jorda*, La prise de décision exécutive dans l'Union européenne, in: Blanquet, La prise de décision dans le système de l'Union européenne, 2011, S. 203; *Krönke*, Die Verfahrensautonomie der Mitgliedstaaten der Europäischen Union, 2013; *Möllers*, Durchführung des Gemeinschaftsrechts – Vertragliche Dogmatik und theoretische Implikationen, EuR 2002, 483; *Pilniok/Westermann*, Strukturwandel im Verwaltungsverbund? Eine Analyse des neuen Rechtsrahmens der unionalen Komitologieausschüsse, VerwArch 103 (2012), 379; *Riedel*, Die Durchführungsrechtsetzung nach Art. 211, 4. Sp. EG – zwei Arten tertiärer Kommissionsakte und ihre dogmatischen Fragestellungen, EuR 2006, 512; *Stelkens*, Art. 291 AEUV, das Unionsverwaltungsrecht und die Verwaltungsautonomie der Mitgliedstaaten, EuR 2012, 511; *ders.*, Rechtsetzung der europäischen und nationalen Verwaltungen, VVDStRL 71 (2012), 369.

A. Überblick

1   Art. 291 AEUV regelt die Durchführungsrechtsetzung, soweit diese nicht von Art. 290 AEUV erfasst wird. Beide Bestimmungen stehen zueinander in einem Verhältnis gegenseitiger Ausschließlichkeit;[1] der EU-Gesetzgeber muss sich daher bei der Übertragung von Rechtsetzungsbefugnissen zwingend für die Zuordnung zu einer der Alternativen entscheiden,[2] auch wenn die Abgrenzung sich als schwierig erweist.

2   Ebenso wie Art. 290 AEUV ist Art. 291 AEUV in Teilen innovativ, in anderen Aspekten werden dagegen Bestandteile des bisherigen Systems der abgeleiteten Rechtsetzung aufgenommen: Neu ist die ausdrückliche Zuordnung der Kontrolle über die Durchführungsrechtsetzung zu den Mitgliedstaaten gemäß Art. 291 Abs. 3 AEUV; dem entspricht, dass der in der Vergangenheit mögliche Rückfall der Entscheidungszuständigkeit an den Rat[3] in der auf der Grundlage von Art. 291 Abs. 3 AEUV ergangenen neuen Komitologie-Verordnung nicht mehr vorgesehen ist.[4]

3   Andere Elemente entstammen dem überkommenen System: Das gilt insbesondere für die in Art. 291 Abs. 3 AEUV nicht ausdrücklich genannte, aber als fortbestehendes Instrument vorausgesetzte »Komitologie«,[5] also die Begleitung der Durchführungsrechtsetzung der Kommission durch Ausschüsse, die durch Vertreter der Mitgliedstaaten besetzt werden. Gerade aufgrund dieser Besetzung ist die neue Ausrichtung der Durchführungskontrolle auf die Mitgliedstaaten bruchlos möglich;[6] die in Art. 291 Abs. 3 AEUV vorgesehene Verordnung hat konsequent die Nachfolge des bisherigen Komitologiebeschlusses als Rechtsrahmen dieser Kontrolle angetreten.[7] Andere Bestandteile der bisherigen Struktur sind dagegen mit dieser Neuorientierung schwerer vereinbar: Das gilt insbesondere für die nun in Art. 291 Abs. 2 AEUV vorgesehene Möglichkeit, in »entsprechend begründeten Sonderfällen«[8] den Rat an Stelle der Kommission mit Durchführungsbefugnissen zu betrauen, und den in Art. 291 Abs. 3 AEUV vorgesehenen Erlass der Komitologie-Verordnung,[9] die nun nicht mehr in der Entscheidungsverantwortung des Rates liegt, sondern im ordentlichen Gesetzgebungsverfahren von Rat und Parlament gemeinsam erlassen wird, während dem Europäischen Parla-

---

[1] Dazu Art. 290 AEUV, Rn. 14 ff.

[2] S. Art. 290 AEUV, Rn. 21; anders wohl *Nettesheim*, in: Grabitz/Hilf/Nettesheim, EU, Art. 290 AEUV (April 2012), Rn. 23.

[3] So im sog. Regelungsverfahren gemäß Art. 5 des Komitologiebeschlusses 1999 (Beschluss 1999/468/EG vom 28. 6.1999 zur Festlegung der Modalitäten für die Ausübung der der Kommission übertragenen Durchführungsbefugnisse, ABl.1999, L 184/23).

[4] Dazu u. Rn. 18 f.

[5] S. die Nachw. in Art. 290 AEUV, Rn. 2.

[6] Zur faktischen Kontinuität der Ausschüsse s. noch Fn. 70.

[7] Dazu u. Rn. 15 ff.

[8] So die an die Anforderungen der Rechtsprechung anknüpfende Ergänzung der Formulierung im bisherigen Art. 202 EGV durch Art. 291 Abs. 2 AEUV, s. u. Rn. 6.

[9] S. u. Rn. 15 ff.

ment im Übrigen – anders als im Fall des Art. 290 AEUV – keine Rolle im Bereich des Art. 291 AEUV zugewiesen wird.[10]

B. Art. 291 Abs. 1 AEUV als Vorbehalt zugunsten des mitgliedstaatlichen Vollzugs?

Auf den ersten Blick erscheint Art. 291 Abs. 1 AEUV als bloße Wiedergabe der Voll-   **4** zugspflichten der Mitgliedstaaten, die die EuGH-Rechtsprechung schon bisher aus Art. 4 Abs. 3 EUV abgeleitet hatte;[11] dementsprechend ist der hier verwendete Begriff der Durchführung in einem weiten Sinn – als jede Form des Vollzugs umfassend – zu verstehen.[12] Eine darüber hinausgehende neue Weichenstellung wäre der Bestimmung allerdings zu entnehmen, wenn man die in Abs. 1 gegebene Beschreibung des Verwaltungsvollzugs durch die Mitgliedstaaten als grundsätzliche Anordnung eines **Vorrangs des Vollzugs durch die mitgliedstaatlichen Verwaltung** und nach mitgliedstaatlichem Verfahrensrecht verstehen und damit als Normierung einer »**Verfahrensautonomie der Mitgliedstaaten**« lesen würde.[13] Tatsächlich findet sich dieser Begriff zwar schon in der bisherigen Rechtsprechung,[14] doch wurde er bisher überwiegend als beschreibender Befund verstanden, der die Rechtslage unter dem Vorbehalt abweichender sekundärrechtlicher Regelung wiedergeben sollte.[15]

Gegen ein solches Verständnis spricht allerdings die Stellung der Vorschrift im Umfeld   **5** der institutionellen (Detail-)Regelungen des AEUV: Bei einer solchen Lesart als grundsätzliche Aussage, die in gewisser Weise eine verschärfte Form des Subsidiaritätsprinzips für den Vollzug des EU-Rechts enthielte, wäre eine Platzierung an zentraler Stelle zu erwarten.[16] Zudem ist Gegenstand der Bestimmung nicht die Reichweite der Kompetenz des Sekundärrechts-Gebers zur Regelung verfahrensrechtlicher Fragen, die sich aus anderen Normen ergeben muss, sondern allein die Übertragung einer solchen (anderweitig begründeten) Kompetenz auf Kommission oder Rat;[17] Aussagen zur Ein-

---

[10] Selbst die Primärrechtskonformität des in Art. 11 der VO (EU) Nr. 182/2011 vom 16.2.2011 zur Festlegung der allgemeinen Regeln und Grundsätze, nach denen die Mitgliedstaaten die Wahrnehmung der Durchführungsbefugnisse durch die Kommission kontrollieren, ABl. 2011, L 55/13, vorgesehene Hinweisrechts auf vermeintliche Verstöße gegen EU-Recht ist umstritten, s. u. Rn. 24; dort auch zur rechtlichen Wirkungslosigkeit entsprechender Parlaments-Resolutionen.

[11] S. Art. 4 EUV, Rn. 112 ff.

[12] S. nur *Gellermann*, in: Streinz, EUV/AEUV, Art. 291 AEUV, Rn. 5 ff.; grundsätzlich anders *Stelkens*, EuR 2012, 511 (533), der Art. 291 AEUV insgesamt als nur auf die Frage der normativen Durchführungsrechtsetzung ausgerichtet versteht.

[13] So z.B. *v. Danwitz*, Europäisches Verwaltungsrecht, 2008, S. 302 ff.; *Ladenburger*, Evolution oder Kodifikation eines allgemeinen Verwaltungsrechts in der EU, in: Trute u.a. (Hrsg.), Herausforderungen an das allgemeine Verwaltungsrecht, 2008, S. 107 (121).

[14] S. – wohl erstmals – EuGH, Urt. v. 7.1.2004, Rs. C–201/02 (Delena Wells), Slg. 2004, I–723, Rn. 65 ff.; weiter dann Urt. v. 13.4.2009, Rs. C–378 bis 380/07 (Angelidaki u.a.), Slg. 2009, I–3071, Rn. 174; Urt. v. 3.9.2009, Rs. C–2/08 (Fallimento Olimpiclub), Slg. 2009, I–7501, Rn. 24, Anm. *Germelmann*, EuR 2010, 538; Urt. v. 6.10.2009, Rs. C–40/08 (Asturcom), Slg. 2009, I–9579, Rn. 38; Urt. v. 20.10.2011, Rs. C–94/10 (Danfoss), Slg. 2011, I–9963, Rn. 25.

[15] S. die Nachw. bei *Gundel*, in: Schulze/Zuleeg/Kadelbach, Europarecht, § 3, Rn. 109 f.; *Stelkens*, EuR 2012, 511 (527 ff.).

[16] S. *Krönke*, S. 63 ff.

[17] Art. 291 Abs. 2 AEUV betrifft also nicht eine Übertragung von (Vollzugs-)Kompetenzen der Mitgliedstaaten aus Abs. 1, sondern von Regelungskompetenzen des Sekundärrechtsetzers auf die Ebene des Tertiärrechts, so zu Recht *Krönke*, S. 63, 65.

schränkung der Gesetzgebungsbefugnisse wären insofern ebenfalls an systematisch falscher Stelle normiert.[18] Damit liegt insgesamt ein Verständnis der Regelung in der Kontinuität des EU-Rechts näher: Danach vollziehen im Regelfall die Mitgliedstaaten das EU-Recht und wenden dabei ihr Verfahrensrecht an, solange nicht der EU-Gesetzgeber – wiederum unter Beachtung des Subsidiaritätsprinzips – entweder einen Vollzug auf EU-Ebene vorsieht[19] oder Verfahrensvorgaben für den nationalen Vollzug begründet. Entsprechende Regelungen ergehen wie bisher vor allem auf Grundlage der jeweiligen Sachkompetenz,[20] als Regulativ wirkt das Subsidiaritätsprinzip.[21]

C.   Anwendungsbereich und Ausgestaltung der Durchführungsrechtsetzung nach Art. 291 Abs. 2 AEUV

I.   Anwendungsbereich

6   Der Anwendungsbereich des Art. 291 AEUV ist grundsätzlich breiter und vielgestaltiger als derjenige des Art. 290 AEUV: Insbesondere muss die Ermächtigung hier nicht in einem Gesetzgebungsakt enthalten sein, auch muss sie nicht notwendig den Erlass allgemein geltender Regelungen zum Gegenstand haben.[22] Nachdem Art. 291 AEUV keine Eingrenzung der Instrumente der Durchführung vornimmt, sind alle verbindlichen Handlungsformen des Art. 288 AEUV eröffnet. Breiter ist auch der Gestaltungsspielraum in Bezug auf den Delegatar: Während bei Art. 290 AEUV ausschließlich die Kommission vorgesehen ist, ist dies hier nur der Regelfall, während in »entsprechend begründeten Sonderfällen« auch der Rat ermächtigt werden kann. Eine solche »Selbstermächtigung« des Rates zur Entscheidung in einem vereinfachten Verfahren hatte der EuGH zunächst ohne weitere Voraussetzungen als zulässig angesehen,[23] mit der Einheitlichen Europäischen Akte war die Möglichkeit auf Sonderfälle reduziert worden; die nun geltende Formel fügt das Begründungserfordernis hinzu, nimmt damit aber nur Formulierungen der zwischenzeitlich zu Art. 202 EGV ergangenen Rechtsprechung auf.[24] Der EuGH hat schon zuvor festgehalten, dass außerhalb dieser Vorgaben keine Befugnis des Rates zur Selbstermächtigung besteht.[25]

---

[18] S. *Krönke*, S. 65 ff.; *Stelkens*, EuR 2012, 511 (531 ff.).

[19] Ebenso *Nettesheim*, in: Grabitz/Hilf/Nettesheim, EU, Art. 291 AEUV (April 2012), Rn. 18.

[20] S. dazu *Gundel*, in: Schulze/Zuleeg/Kadelbach, Europarecht, § 3, Rn. 67 ff.

[21] S. *Krönke*, S. 69 ff.; *Gundel*, in: Schulze/Zuleeg/Kadelbach, Europarecht, § 3, Rn. 68, 111; pointiert gegen die Vorstellung einer besonderen Absicherung des nationalen Verwaltungsrechts gegen europäische Einflüsse *Stelkens*, EuR 2012, 511 (535 f.).

[22] S. zur Einbeziehung von Einzelfallentscheidungen Rn. 10 ff.

[23] EuGH, Urt. v. 27.9.1979, Rs. 230/78 (Eridania), Slg. 1979, 2749, Rn. 7.

[24] Dazu nach dem bisherigen System EuGH, Urt. v. 6.5.2008, Rs. C–133/06 (Parlament/Rat), Slg. 2008, I–3189; dazu *Craig*, CMLRev. 46 (2009), 1265; *Gundel*, JA 2008, 910 ff.; *Kauff-Gazin*, Europe 7/2008, 10 f.; *Masson*, CDE 2008, 157; Urt. v. 18.1.2005, Rs. C–257/01 (Kommission/Rat), Slg. 2005, I–345; dazu *Randazzo*, CMLRev. 42 (2005), 1737 ff.

[25] So grundsätzlich EuGH, Urt. v. 6.5.2008, Rs. C–133/06 (Parlament/Rat), Slg. 2008, I–3189, Rn. 45 ff.; gegen die weitere Nutzung entsprechender Ermächtigungen durch den Rat sind mehrere Klagen anhängig, s. die Rs. C–679/13 (Parlament/Rat) gegen den Durchführungsbeschluss 2013/496/EU des Rates vom 7.10.2013 über Kontrollmaßnahmen für 5–(2-Aminopropyl)indol, ABl. 2013, L 272/44 (gestützt auf den Beschluss 2005/387/JI, ABl. 2005, L 127/32); Rs. C–540/13 (Parlament/Rat) gegen den Beschluss 2013/392/EU des Rates vom 22.7.2013 zur Festlegung des Zeitpunkts, ab dem der Beschluss 2008/633/JI [...] gilt, ABl. 2013, L 198/45.

Es finden sich aber auch Gemeinsamkeiten: Ebenso wie delegierte Rechtsakte kann   7
auch die Durchführungs-Rechtsetzung die Berechtigung zur Änderung des ermächtigenden Rechtsakts umfassen;[26] nur bei Gesetzgebungsakten ist diese Funktion zum
Schutz der Belange des Parlaments dem Regime des Art. 290 AEUV vorbehalten.[27]
Weiter fehlt im Text des Art. 291 AEUV zwar die Einschränkung der Übertragbarkeit
auf nicht-wesentliche Regelungen, die die EuGH-Rechtsprechung allgemein für die abgeleitete Rechtsetzung aufgestellt hatte, die aber nur in Art. 290 AEUV explizit aufgenommen worden ist;[28] ein Gegenschluss ist insoweit aber nicht gerechtfertigt – die Vor-
aussetzung gilt vielmehr implizit auch hier, weil die Ausrichtung auf einen einheitlichen
Rechtsvollzug von vornherein voraussetzt, dass die zu vollziehenden inhaltlichen Wei-
chenstellungen an anderer Stelle getroffen wurden.[29] In beiden Fällen dürfte zudem die
Entscheidung über die Notwendigkeit einer Ermächtigung im politischen Ermessen des
Sekundärrechts-Gebers stehen, auch wenn der Wortlaut im Fall des Art. 291 Abs. 2
AEUV auch eine striktere justizielle Kontrolle der Erforderlichkeit erlauben würde.[30]
Gemeinsam besteht zudem die jeweilige Kennzeichnungspflicht als delegierte oder
Durchführungsrechtsakte (Art. 290 Abs. 3, 291 Abs. 4 AEUV); auch in Bezug auf den
Rechtsschutz finden sich keine grundsätzlichen Unterschiede.[31]

Schließlich gilt 291 AEUV – ebenso wie Art. 290 AEUV – nur für verbindliche   8
Rechtsakte; unverbindliche Akte wie (»einfache«) Leitlinien[32] können von den EU-
Organen, insbesondere der Kommission außerhalb des Systems der abgeleiteten Rechtssetzung erlassen werden. Der Vertrag von Lissabon hat an diesem schon zuvor geltenden Befund nichts verändert;[33] im Gegenteil lässt sich aus der neuen Regelung des
Art. 292 AEUV, die (nur) für den Erlass von Empfehlungen durch den Rat auf die Bedingungen des förmlichen Rechtsetzungsverfahrens verweist, sogar der Gegenschluss ziehen, dass sich für die insofern nicht eingeschränkte Kommission keine Änderungen in
Bezug auf unverbindliche Rechtsakte ergeben haben.[34] Entsprechende Maßnahmen ergehen damit außerhalb des Systems der Art. 290/291 AEUV; das gilt auch für im Sekundärrecht vorgesehene »halb-verbindliche« Leitlinien der Kommission,[35] aber auch
der EU-Finanzaufsichtsagenturen.[36]

---

[26] So schon für das bisherige Recht z. B. EuGH, Urt. v. 27. 9.1979, Rs. 230/78 (Eridiana), Slg 1979,
2749, Rn. 8; für den Ausschluss von Änderungen des Basisrechtsakts im Gegenschluss zu Art. 290
AEUV dagegen *Nettesheim*, in: Grabitz/Hilf/Nettesheim, EU, Art. 291 AEUV (April 2012), Rn. 58;
tragfähig erscheint der e-contrario-Schluss aber nicht, weil nicht einsichtig ist, wieso die nicht im
Gesetzgebungsverfahren ergangenen Sekundärrechtsakte anders als bisher (und anders als Gesetzgebungsakte, für die insoweit Art. 290 AEUV gilt) keine Abänderungsermächtigung sollten vorsehen
können.

[27] S. Art. 290 AEUV, Rn. 15.

[28] S. Art. 290 AEUV, Rn. 8; kritisch zum Fehlen einer Entsprechung bei Art. 291 AEUV *Hofmann*,
ELJ 15 (2009), 482 (488); *Schütze*, MLR 74 (2011), 661 (687).

[29] S. *Kröll*, ZÖR 66 (2011), 253 (286); s. auch *Bueren*, EuZW 2012, 167 (170): Die unionsrechtliche
Wesentlichkeitsgrenze sei »ohnehin im Durchführungsbegriff der bisherigen Rechtsprechung enthalten«.

[30] Wie hier z. B. *Gellermann*, in: Streinz, EUV/AEUV, Art. 291 AEUV, Rn. 11; für Justiziabilität
aber z. B. *Kröll*, ZÖR 66 (2011), 253 (282 f.).

[31] S. Art. 290 AEUV, Rn. 25 f.

[32] S. Art. 288 AEUV, Rn. 120 ff.

[33] A.A., aber im Ergebnis nicht durchschlagend *Weiß*, EWS 2010, 257 ff.; wie hier z. B. *Möstl*, DVBl
2011, 1076 (1082).

[34] Dazu (kritisch) *Senden*, ELJ 19 (2013), 57 (67).

[35] Zum Beispiel des Telekommunikationssektors s. Art. 288 AEUV, Rn. 127.

[36] S. dazu Art. 288 AEUV, Rn. 128; der Einwand einer Umgehung des Delegationssystems – so

II. Das Verhältnis zu Art. 290 AEUV

9   Die Anwendung von Art. 290 und 291 AEUV schließen einander aus; damit ist eine Abgrenzung der Anwendungsbereiche zwingend notwendig.[37] In jedem Fall verbleiben bei Art. 291 AEUV auch normative Rechtsakte, die zu inhaltlichen Ergänzungen des Sekundärrechts ergehen, wenn nämlich der Basisrechtsakt nicht im Gesetzgebungsverfahren ergangen ist: Das schließt die Anwendung des Art. 290 AEUV aus, so dass entsprechende Ermächtigungen der Kommission Art. 291 AEUV als Auffangregime unterfallen.[38] Die Möglichkeit des Einsatzes beider Instrumente im Bereich der EU-Gesetzgebung wirft zudem die Frage einer hierarchischen Unterordnung der Durchführungsrechtsakte unter die delegierten Rechtsakte auf.[39] Dabei wäre selbst eine Gestaltung denkbar, in der ein delegierter Rechtsakt die Ermächtigung für einen Durchführungsrechtsakt enthält, so dass damit tatsächlich ein hierarchisches Verhältnis entstünde.[40] In dieser direkten Form ist eine solche Nutzung durch die Kommission allerdings bisher soweit ersichtlich nicht erfolgt; die Ermächtigungen für delegierte und Durchführungsrechtsakte finden sich regelmäßig nebeneinander im jeweiligen Basisrechtsakt. Allerdings hat die Kommission bereits im Wege delegierter Rechtsakte ihre eigene Ermächtigung zum Erlass von Durchführungsrechtsakten in den Text eines Gesetzgebungsakts eingefügt;[41] in diesen Konstellationen wird man anerkennen müssen, dass der Durchführungsrechtsakt hierarchisch noch unter dem delegierten Rechtsakt steht.

III. Reichweite im Übrigen

1. Anwendbarkeit auf den Erlass von Einzelfallentscheidungen?

10   Umstritten ist nach der Neuordnung durch den Vertrag von Lissabon vor allem, ob das Instrument der Durchführungsrechtsetzung auf den Erlass normativer Rechtsakte beschränkt ist, oder ob es auch den **Erlass von Einzelfallentscheidungen durch die Kommission** tragen kann. Gegen eine Einbeziehung der Einzelfallentscheidungen spricht auf den ersten Blick die Formulierung des Art. 291 Abs. 2 AEUV, der Regelungen der Kommission zur **Vereinheitlichung der (mitgliedstaatlichen) Vollzugspraxis** in den Blick zu nehmen scheint, die dann notwendig allgemein-normativen Charakter tragen würden.[42]

---

z.B. *B. Raschauer*, ÖZW 2013, 34 (39 f.) – ist als rechtspolitische Kritik nachvollziehbar; dies ändert aber nichts am Befund, dass dieses System auf formal unverbindliche Rechtsakte nicht anwendbar ist. Zur Zulässigkeit der Ermächtigung der Agenturen zum Erlass verbindlicher Regelungen außerhalb des Systems der Art. 290/291 AEUV s. noch u. Rn. 13 f.

[37] Dazu ausführlich Art. 290 AEUV, Rn. 14 ff.

[38] Das betrifft z.B. weiterhin Bereiche der Agrarpolitik, weil hier das Mitentscheidungsverfahren auch durch den Vertrag von Lissabon nicht flächendeckend eingeführt wurde, so der berechtigte Hinweis bei *Bast*, CMLRev. 49 (2012), 885 (922 f.).

[39] S. dazu *Hofmann*, ELJ 15 (2009), 482 (486).

[40] S. *Bast*, CMLRev. 49 (2012), 885 (923); *Nettesheim*, in: Grabitz/Hilf/Nettesheim, EU, Art. 291 AEUV (April 2012), Rn. 26; *Kröll*, ZÖR 66 (2011), 253 (285).

[41] S. die Delegierte VO (EU) Nr. 1155/2013 der Kommission vom 21. 8. 2013 zur Änderung der VO (EU) Nr. 1169/2011 des Europäischen Parlamentes und des Rates betreffend die Information der Verbraucher über Lebensmittel hinsichtlich Informationen über das Nichtvorhandensein oder das reduzierte Vorhandensein von Gluten in Lebensmitteln, ABl. 2013, L 306/7.

[42] Für ein solches enges Verständnis konsequent *Stelkens*, VVDStRL 71 (2012), 369 (385 f.); *ders.*, EuR 2012, 511 (513 ff.); wohl auch *Nettesheim*, in: Grabitz/Hilf/Nettesheim, EU, Art. 291 AEUV (April 2012), Rn. 19 ff., etwas unklar dann Rn. 29 f.

Gegen diese – nach dem Wortlaut auch nicht zwingende[43] – Sicht scheint sich in der Praxis allerdings die gewachsene Tradition des EU-Rechts durchzusetzen: Denn nach dem bisherigen Verständnis der »Durchführung« von EU-Recht in der EuGH-Rechtsprechung[44] erfasste dieser Begriff auch den Erlass von Einzelfallentscheidungen.[45] Im Anwendungsbereich des Art. 290 AEUV gilt dies nun zwar nicht mehr, nachdem von dieser Bestimmung von vornherein nur normative Rechtsakte erfasst werden.[46] Im Bereich des Art. 291 AEUV gehen die ganz überwiegende Literatur und die Rechtsetzungspraxis aber davon aus, dass die Bestimmung – in gewisser Weise »kraft Tradition« – sowohl normative Rechtsakte als auch Einzelfallentscheidungen ermöglicht:[47] So entscheidet die Kommission heute über die Zulassung gentechnisch veränderter Organismen in Wege des Durchführungsbeschlusses.[48]

2. Abschließender Charakter?

a) Ermächtigung der Kommission zu Einzelfallentscheidungen außerhalb des Art. 291 AEUV?

In engem Zusammenhang mit der Bestimmung der sachlichen Reichweite des Art. 291 AEUV steht die Frage nach dem abschließenden Charakter dieser Regelung: Soweit es sich um **normative Rechtsakte** – also die Durchführungsrechtsetzung im teils zugrunde gelegten »engeren Sinn« handelt –, wird die Nutzung des Instruments des Art. 291 AEUV (und die damit verbundene Ausschuss-Kontrolle durch die Mitgliedstaaten) dabei als verbindlich anzusehen sein; soweit eine solche Kontrolle wie bisher in bestimmten Gebieten wie dem Wettbewerbsrecht oder dem Beihilfenrecht ausgeschlossen bleiben sollte, wurden im AEUV Konstruktionen gewählt, die eine Ermächtigung der Kommission durch Sekundärrecht (und damit die Auslösung des Art. 291 AEUV) vermeiden.[49]

11

---

[43] Ein EU-einheitlicher Vollzug kann nämlich auch durch EU-weit einheitlich wirkende Einzelfallentscheidungen der Kommission sichergestellt werden, die dann von den nationalen Verwaltungen zu beachten und ggf. durchzusetzen wären.

[44] S. dazu nachdrücklich EuGH, Urt. v. 24.10.1989, Rs. 16/88 (Kommission/Rat), Slg. 1989, 3457, Rn. 11: »Der Begriff der Durchführung im Sinne dieses Artikels [Art. 145 EWGV, später Art. 211 EG] umfasst sowohl die Ausarbeitung von Durchführungsvorschriften als auch die Anwendung von Vorschriften auf den Einzelfall durch den Erlass individueller Rechtsakte. Da der Vertrag den Begriff der ›Durchführung‹ verwendet, ohne ihn durch einen näheren Zusatz zu beschränken, lässt sich dieser Begriff nicht so auslegen, dass er individuelle Rechtsakte ausschließt.«

[45] Allerdings bestanden auch in der Vergangenheit schon engere Auffassungen, die als Durchführung nur den Erlass normativer Rechtsakte einordneten, s. insbes. *Möllers*, EuR 2002, 483 (503 ff.); *ders.*, Tertiäre exekutive Rechtsetzung im Europarecht, in: Schmidt-Aßman/Schöndorf-Haubold (Hrsg.), Der Europäische Verwaltungsverbund, 2005, S. 293 (303 ff.); s. aber dagegen die plastische Aufbereitung der beiden Formen der Komitologie-Rechtsetzung bei *Riedel*, EuR 2006, 512; zum breiten Durchführungsbegriff s. auch *Nettesheim*, in Grabitz/Hilf/Nettesheim, EU, Art. 291 AEUV (April 2012), Rn. 12 f.

[46] S. Art. 290 AEUV, Rn. 15.

[47] S. z.B. *Kröll*, ZÖR 66 (2011), 253 (284); *Krönke*, S. 59 ff.; Kommissionsmitteilung vom 9.12.2009 »Umsetzung von Art. 290 AEUV«, KOM (2009) 673 endg., S. 4.

[48] S. u. Rn. 18, 20; dasselbe gilt für die Zulassung konventioneller neuartiger Lebensmittel auf der Grundlage der VO (EG) Nr. 258/97 vom 27.1.1997 über neuartige Lebensmittel und Lebensmittelzutaten, ABl. 1997, L 43/1, s. z.B. den Durchführungsbeschluss 2014/396/EU der Kommission vom 24.6.2014 zur Genehmigung des Inverkehrbringens von UV-behandelter Bäckerhefe als neuartige Lebensmittelzutat gemäß der Verordnung (EG) Nr. 258/97 des Europäischen Parlaments und des Rates, ABl. 2014, L 186/108.

[49] S. für das Wettbewerbsrecht Art. 105 Abs. 3 AEUV, für das Beihilfenrecht Art. 108 Abs. 4

12 Im Fall der **Ermächtigung zu Einzelfallentscheidungen** wird man der Regelung dagegen keine abschließend-verpflichtene Wirkung in dem Sinne zusprechen können, dass solche Einzelfallmaßnahmen stets als Durchführungsrechtsakte unter dem Regime des Art. 291 AEUV ergehen müssten.[50] Eine solche automatische Einbeziehung würde über den Stand des bisherigen Rechts hinaus und ohne sachliche Notwendigkeit den gesamten direkten Vollzug des EU-Rechts durch die Kommission in das System einbinden, soweit er auf sekundärrechtlicher Ermächtigung beruht; insofern steht es vielmehr im Ermessen des EU-Gesetzgebers, ob er die Einzelfallentscheidungen im jeweils betroffenen Sektor trotz ihres Einzelfall-Charakters als so erheblich einstuft, dass die Einbeziehung in die mit Art. 291 AEUV verbundene Ausschuss-Überwachung angemessen erscheint.[51]

b) Ermächtigung anderer Delegatare außerhalb des Art. 291 AEUV?

13 Weitergehend wird man auch nicht annehmen können, dass entsprechende Entscheidungsbefugnisse nur der Kommission oder dem Rat übertragen werden dürften:[52] Ein entsprechendes Verständnis würde den seit langem mit Entscheidungsbefugnissen im Einzelfall betrauten EU-Agenturen wie z. B. dem Harmonisierungsamt in Alicante die Rechtsgrundlage entziehen, was mit der Schaffung des Art. 291 AEUV sicher nicht beabsichtigt war;[53] gerade der Vertrag von Lissabon hat mit der ausdrücklichen Ergänzung von Art. 263 AEUV zur Nichtigkeitsklage gegen Maßnahmen sonstiger Stellen und Einrichtungen der EU die Möglichkeit solcher Gestaltungen anerkannt.[54] Man wird daher davon ausgehen müssen, dass die Übertragung von Einzelfallentscheidungen auf andere Einrichtungen durch Art. 291 AEUV nicht ausgeschlossen wird.[55]

14 Darüber hinausgehend hat der EuGH nun entschieden, dass den Agenturen selbst der Erlass normativer Regelungen außerhalb des Systems der Art. 290 und 291 AEUV übertragen werden kann. Schon zuvor hatte das Gericht Maßnahmen der EU-Chemikalienagentur (ECHA) normativen Charakter zugesprochen,[56] sie deshalb aber nicht bean-

---

AEUV: In beiden Fällen ist die Ermächtigung der Kommission durch den vorangehenden Erlass von Sekundärrecht durch den Rat bedingt, sie folgt dann aber unmittelbar aus dem Primärrecht.

[50] S. z. B. die Anerkennung von Überwachungsorganisationen durch die Kommission nach Art. 8 der VO (EU) Nr. 995/2010 vom 20.10.2010 über die Verpflichtungen von Marktteilnehmern, die Holz und Holzerzeugnisse in Verkehr bringen, ABl. 2010, L 295/23: Sie erfolgt durch »einfachen« (nicht: Durchführungs-)Beschluss der Kommission, s. z. B. den Kommissionsbeschluss vom 19.8.2013, ABl. 2013, C 103/5, während die Verordnung an anderer Stelle durchaus die Nutzung der Instrumente des Art. 291 AEUV vorsieht, s. Art. 8 Abs. 8 der VO.

[51] Im Ergebnis ähnlich *Stelkens*, EuR 2012, 511 (532 f.), der nur normative Regelungen als von Art. 291 AEUV erfasst ansieht, dem EU-Gesetzgeber aber die Befugnis einräumt, dieses System – und insbes. die Komitologie-Kontrolle – auch für Einzelfallentscheidungen anzuwenden.

[52] EuGH, Urt. v. 22.1.2014, Rs. C–270/12 (Großbritannien/Rat und Parlament), ECLI:EU:C:2014:18, Anm. *Ohler*, JZ 2014, 249, Anm. *Skowron*, EuZW 2014, 349; dazu *Bergström*, CMLRev. 52 (2015), 219; *Bernard*, CDE 2014, 637; *Bertrand*, RTDE 2015, 21; *Bonichot*, RFDA 2014, 325; *Chamon*, E. L.Rev. 39 (2014), 380; kritisch *van Gestel*, MJ 21 (2014), 188; präziser und zugleich enger GA Jääskinen, Schlussanträge zu Rs. C–270/12 (Großbritannien/Rat und Parlament), ECLI:EU:C:2014:18, Rn. 83, 86, der den Ausschluss von Agenturen bei Art. 290 AEUV annimmt, dagegen nicht bei Art. 291 AEUV, obwohl dieser ebenfalls die Agenturen nicht erwähnt.

[53] Ebenso (allerdings mit abweichenden Konsequenzen zur Auslegung des Art. 291 AEUV) *Stelkens*, EuR 2012, 511 (516 f.).

[54] Dazu Art. 263 AEUV, Rn. 41; wie hier auch GA Jääskinen, Schlussanträge zu Rs. C–270/12 (Großbritannien/Rat und Parlament), ECLI:EU:C:2014:18, Rn. 87.

[55] Ebenso *Nettesheim*, in: Grabitz/Hilf/Nettesheim, EU, Art. 291 AEUV (April 2012), Rn. 39 f.

[56] S. EuG, Urt. v. 7.3.2013, Rs. T–93/10 (Bilbaína de Alquitranes u. a./ECHA), ECLI:EU:T:2013:

standet. Grenzen setzt hier nicht Art. 291 AEUV, sondern nur die »Meroni-Doktrin«, nach der keine wesentlichen Ermessensspielräume auf vertraglich nicht vorgesehene Einrichtungen übertragen werden dürfen;[57] auch sie scheint aber keinen so engen Rahmen zu setzen, wie die Kommission dies bisher angenommen hatte.[58]

D.   Art. 291 Abs. 3 AEUV und die VO (EU) Nr. 182/2011 (»Komitologie-Verordnung«)

I.   Das Erfordernis von Ausführungsbestimmungen

Art. 291 Abs. 3 AEUV enthält nun die Rechtsgrundlage für den Nachfolger des bisher auf Art. 202 EGV gestützten Komitologie-Beschlusses, der nun als Verordnung im ordentlichen Gesetzgebungsverfahren ergeht. Im Rang muss diese Verordnung über dem Sekundärrecht stehen, weil sie auch den EU-Gesetzgeber bei der Ausgestaltung seiner Durchführungs-Ermächtigungen binden soll;[59] insoweit wird man die zum bisherigen Komitologie-Beschluss ergangene Rechtsprechung[60] als fortgeltend ansehen können. **15**

Die auf der Grundlage von Art. 291 Abs. 3 AEUV im Februar 2011 erlassene »Komitologie-Verordnung« – VO (EU) Nr. 182/2011[61] – tritt damit die Nachfolge des Komitologie-Beschlusses an, der nach der Schaffung der entsprechenden Rechtsgrundlage durch die Einheitliche Europäische Akte die abgeleitete Rechtsetzung strukturiert hatte;[62] bis zu ihrem Inkrafttreten wurden die im Komitologiebeschluss in der Fassung von 1999 vorgesehenen Verfahren auch in Rechtsakten in Bezug genommen, die nach dem Inkrafttreten des Vertrags von Lissabon erlassen wurden und bereits die neue Nomenklatur der Art. 290 und 291 AEUV anwandten.[63] **16**

106, Rn. 52 ff.; Urt. v. 7.3.2013, Rs. T–94/10 (Rütgers Germany u.a./ECHA), ECLI:EU:T:2013:107, Rn. 53 ff.; Urt. v. 7.3.2013 Rs. T–95/10 (Cindu Chemicals SA u.a./ECHA), ECLI:EU:T:2013:108, Rn. 60 ff.; zu diesen Entscheidungen *Simon*, Europe 5/2013, 15; *Scheidmann*, StoffR 2013, 120; s. auch *Gundel*, EWS 2014, 22 (26).

[57] S. im Ausgangspunkt EuGH, Urt. v. 13.6.1958, Rs. 9/56 (Meroni/Hohe Behörde), Slg 1958, 9, 42 ff.; Urt. v. 13.6.1958, Rs. 10/56 (Meroni/Hohe Behörde), Slg 1958, 51, 75 f. (zur Schrottausgleichskasse der EGKS); zur weiteren Entwicklung der Diskussion s. z. B. *Pawlik*, Das REACH-System und die Meroni-Doktrin, 2013, S. 145 ff.

[58] Die Kommission hatte dies in der Vergangenheit als Ausschluss normativer Regelungen durch Agenturen verstanden, s. z. B. die Mitteilung vom 11.3.2008 »Europäische Agenturen – Mögliche Perspektiven«, KOM (2008) 135 endg., S. 5: »Den Agenturen dürfen keine Befugnisse zum Erlass allgemeiner Regulierungsmaßnahmen übertragen werden. Die Agenturen dürfen lediglich Einzelfallentscheidungen in spezifischen Bereichen, die eine genau definierte technische Sachkenntnis erfordern, treffen und verfügen über keine wirkliche Ermessensbefugnis.«

[59] S. *Kröll*, ZÖR 66 (2011), 253 (289 f.); anders *Sydow*, JZ 2012, 157 (162), der eine solche Zwischenebene als dogmatisch nicht begründbar ansieht, auf die entsprechende Rechtsprechung (sogleich Fn. 60) allerdings nicht eingeht.

[60] S. zum bisherigen Recht EuGH, Urt. v. 21.1.2003, Rs. C–378/00 (Kommission/Parlament und Rat), Slg. 2003, I–937, Rn. 40 f.

[61] VO (EU) Nr. 182/2011 vom 16.2.2011 zur Festlegung der allgemeinen Regeln und Grundsätze, nach denen die Mitgliedstaaten die Wahrnehmung der Durchführungsbefugnisse durch die Kommission kontrollieren, ABl. 2011, L 55/13; unmittelbar zu ihr *Kröll*, ZÖR 66 (2011), 253 (291 ff.); *Blumann*, CDE 2011, 23; *Daiber*, EuR 2012, 240; *Schlacke*, JöR 61 (2013), 293.

[62] S. Art. 290 AEUV, Rn. 4.

[63] S. z. B. Erwägungsgrund 29 der VO (EU) Nr. 995/2010 vom 20.10.2010 über die Verpflichtungen von Marktteilnehmern, die Holz und Holzerzeugnisse in Verkehr bringen, ABl. 2010, L 295/23.

II. Die in der VO (EU) Nr. 182/2011 vorgesehenen Verfahren

17   Die Komitologie-Verordnung sieht nun nur noch zwei Verfahren vor: Das sogenannte Beratungsverfahren (Art. 4), in dem die Stellungnahme des Ausschusses entsprechend der Bezeichnung keine für die Kommission bindende Wirkung hat, und das Prüfverfahren (Art. 5), bei dem die Kommission den Rechtsakt gegen den Widerspruch des Ausschusses grundsätzlich nicht erlassen kann; in Ausnahmefällen tritt diese Sperre auch dann ein, wenn der Ausschuss keine Stellungnahme abgibt.[64] Für die Auswahl des jeweiligen Verfahrens macht Art. 2 der VO Vorgaben, die die EU-Gesetzgeber zwar grundsätzlich binden,[65] allerdings so weich formuliert sind, dass ihm hinreichender Spielraum verbleibt.

18   Das Prüfverfahren soll dabei in Bezug auf Durchführungsrechtsakte von allgemeiner Tragweite oder potentiell bedeutenden Auswirkungen zur Anwendung kommen;[66] es entspricht im Wesentlichen dem bisherigen Verwaltungsverfahren.[67] Das bisherige Regelungsverfahren, bei dem die Rechtsetzungskompetenz auf den Rat zurückfallen konnte, ist entfallen, was insoweit konsequent erscheint, als die Aufsicht gemäß Art. 291 AEUV den Mitgliedstaaten – und nicht mehr dem Rat – zugeordnet wird; damit entfallen auch die problematischen Verfahrensblockaden zwischen Kommission und Rat, zu denen diese Konstruktion immer wieder insbesondere bei den politisch sensiblen Zulassungsentscheidungen im Gentechnik-Bereich[68] geführt hat.[69] Die Struktur der bisherigen Komitologie-Ausschüsse bleibt aber im Grundsatz unverändert;[70] auch die neue Standard-Geschäftsordnung,[71] die als Grundlage für die von den Ausschüssen zu be-

---

[64] So Art. 5 Abs. 4 UAbs. 2 VO (EU) Nr. 182/2011 (Fn. 61) für die Bereiche der Besteuerung, der Gesundheit und Sicherheit von Menschen, Tieren oder Pflanzen, handelspolitischer Schutzmaßnahmen sowie bei ausdrücklicher Anordnung im Basisrechtsakt; für ein Beispiel s. Erwägungsgrund 57 u. Art. 63 Abs. 3 der VO (EU) Nr. 223/2014 vom 11.3.2014 zum Europäischen Hilfsfonds für die am stärksten benachteiligten Personen, ABl. 2014, L 72/1. Zur Möglichkeit der Anrufung des Berufungsausschusses in solchen Fällen s. sogleich Rn. 19.

[65] Zum normenhierarchischen Rang der Komitologie-VO s.o. Rn. 15.

[66] Art. 2 Abs. 2 VO (EU) Nr. 182/2011 (Fn. 61); s. dazu auch Art. 290 AEUV, Rn. 18.

[67] Art. 4 des Komitologiebeschlusses 1999 (Beschluss 1999/468/EG vom 28.6.1999, ABl. 1999, L 184/23).

[68] VO (EG) Nr. 1829/2003 vom 22.9.2003 über genetisch veränderte Lebensmittel und Futtermittel, ABl. 2003, L 268/1; dazu z.B. *Gundel*, Lebensmittelrecht, in: Ruffert (Hrsg.), Europäisches Sektorales Wirtschaftsrecht, 2011, § 8 Rn. 65 f.

[69] S. die Schilderung dieses regelmäßigen Ablaufs in EuG, Urt. v. 11.4.2011, Rs. T–482/10 (Département du Gers/Kommission), Slg. 2011, II–89* (abgek. Veröff.), Rn. 4 ff.; s. auch Urt. v. 26.9.2013, Rs. T–164/10 (Pioneer Hi-Bred International/Kommission), ECLI:EU:T:2013:503, Rn. 25 ff. (dazu *Bouveresse*, Europe 11/2013, 23); Urt. v. 13.12.2013, Rs. T–240/10 (Ungarn/Kommission), ECLI:EU:T:2013:645; *Temple Lang/Raftery*, E.L.Rev. 36 (2011), 264.

[70] Die Kontinuität wird auch dadurch deutlich, dass nach dem Inkrafttreten des Vertrags von Lissabon ergangene Sekundärrechtsakte für die Kontrolle der Durchführungsrechtsakte auf die zuvor eingerichteten Ausschüsse verweisen; so verweist Art. 48 der VO (EU) Nr. 1169/2011 vom 25.10.2011 betreffend die Information der Verbraucher über Lebensmittel und zur Änderung der Verordnungen (EG) Nr. 1924/2006 und (EG) Nr. 1925/2006 des Europäischen Parlaments und des Rates und zur Aufhebung der Richtlinie 87/250/EWG der Kommission, der Richtlinie 90/496/EWG des Rates, der Richtlinie 1999/10/EG der Kommission, der Richtlinie 2000/13/EG des Europäischen Parlaments und des Rates, der Richtlinien 2002/67/EG und 2008/5/EG der Kommission und der Verordnung (EG) Nr. 608/2004 der Kommission, ABl. 2011, L 304/18, auf den durch Art. 58 der Lebensmittelbasis-VO – VO (EU) Nr. 178/2002 vom 28.1.2002, ABl. 2002, L 31/1 – eingerichteten Ständigen Ausschuss für die Lebensmittelkette und Tiergesundheit.

[71] Standardgeschäftsordnung für Ausschüsse, ABl. 2011, C 206/11.

schließenden Geschäftsordnungen dient, unterscheidet sich nicht grundsätzlich von der Vorgänger-Fassung. Auch die in der Rechtsprechung gefundenen Lösungen z. B. zur Beachtung des Sprachenregimes bei der Vorlage von Rechtsakt-Entwürfen an die Ausschüsse[72] dürften fortgelten.

In der schließlich beschlossenen Fassung der Verordnung hat das Prüfverfahren zudem eine **zweistufige Struktur** angenommen, die im ursprünglichen Kommissionsvorschlag nicht vorgesehen war: Danach besteht gemäß Art. 6 der VO als »zweite Instanz« ein **Berufungsausschuss**, der von der Kommission im Fall eines negativen Votums des Prüfausschusses mit dem Entwurf befasst werden kann;[73] auch in den Ausnahmefällen, in denen bereits das Fehlen einer Stellungnahme des Prüfausschusses den Erlass des Rechtsakts blockiert, kann die Kommission den Berufungsausschuss befassen.[74] Bleibt auf dieser Ebene eine Stellungnahme aus, so kann die Kommission den Rechtsakt schließlich doch erlassen.[75] Der Berufungsausschuss hat gemäß Art. 3 Abs. 7 der VO eine eigene Geschäftsordnung,[76] die den Mitgliedstaaten zur Besetzung ihrer Delegationen zwar keine näheren Vorgaben macht;[77] die zweistufige Struktur ergibt allerdings nur Sinn, wenn der Berufungsausschuss höherrangig-»politischer« besetzt ist als die erste Stufe.[78]

19

Aber auch die Verantwortungsverteilung im Prüfverfahren, das nun z. B. im Bereich der Gentechnik-Zulassungen zur Anwendung kommt,[79] hat in der Praxis schon zu komplexen Verfahrensfragen geführt. Das gilt insbesondere in Konstellationen, in denen der Entwurf der Kommission im Prüfausschuss oder im Berufungsausschuss abgelehnt wurde: Die Kommission kann den Rechtsakt mit dem vorgeschlagenen Inhalt dann nicht erlassen; sie ist aber auch nicht verpflichtet, nun umgekehrt im Sinn der Vorstellungen des Ausschusses zu entscheiden, da diesem nur eine Verhinderungs-, aber keine eigene Gestaltungs- und Entscheidungsmacht eingeräumt ist.[80] Die Kommission steht dazu auf dem Standpunkt, dass es ihr nicht verwehrt ist, den – ggf. nur formal überarbeiteten –

20

---

[72] S. EuGH, Urt. v. 10.2.1998, Rs. C–263/95 (Deutschland/Kommission), Slg. 1998, I–441; einschränkend für bei späteren Beratungen von der Kommission vorgeschlagene Änderungen des Textes EuG, Urt. v. 3.5.2007, Rs. T–219/04 (Spanien/Kommission), Slg. 2007, II–1323; zur entsprechenden Problematik im Bereich der delegierten Rechtsakte s. Art. 290 AEUV, Rn. 34.

[73] Die Gestaltung ersetzt in gewisser Weise den Rückfall der Entscheidung an den Rat im bisherigen Regelungsverfahren, allerdings verfügt der Berufungsausschuss nicht über die damalige positive Entscheidungsbefugnis des Rates, sondern kann nur eine Regelung durch die Kommission verhindern; dazu *Blumann*, CDE 2011, 23 (45 ff.); *Daiber*, EuR 2012, 240 (246).

[74] S. Art. 5 Abs. 3 u. Abs. 4 VO (EU) Nr. 182/2011 (Fn. 61).

[75] Art. 6 Abs. 3 VO (EU) Nr. 182/2011 (Fn. 61), mit einer Gegenausnahme in Abs. 4.

[76] Geschäftsordnung des Berufungsausschusses (VO (EU) Nr. 182/2011), vom Berufungsausschuss angenommen am 29.3.2011, ABl. 2011, C 183/13.

[77] Art. 5 Abs. 1 S. 1 der VO (Fn. 61) gibt als Zielsetzung nur vor, dass »eine möglichst homogene Ebene der Vertretung erreicht wird.«

[78] Dazu *Blumann*, CDE 2011, 23 (46).

[79] S. z. B. den Durchführungsbeschluss 2013/327/EU der Kommission vom 25.6.2013 über die Zulassung des Inverkehrbringens von Lebensmitteln, die gentechnisch veränderten Raps der Linien Ms8, Rf3 und Ms8 x Rf3 enthalten oder daraus bestehen, oder von Lebensmitteln, die aus solchen genetisch veränderten Organismen gemäß der Verordnung 1829/2003 des Europäischen Parlamentes und des Rates hergestellt werden, ABl. 2013, L 175/57; Durchführungsbeschluss 2013/650/EU der Kommission vom 6.11.2013 über die Zulassung des Inverkehrbringens von Erzeugnissen, die aus gentechnisch veränderten (GV) Maissorte MON [...] bestehen, dies enthalten oder aus diesen gewonnen werden, gemäß der Verordnung (EG) Nr. 1829/2003 des Europäischen Parlamentes und des Rates, ABl. 2013, L 302/47.

[80] Dazu z. B. *Blumann*, CDE 2011, 23 (47 f.); *Daiber*, EuR 2012, 240 (246).

Vorschlag erneut dem Ausschuss zu präsentieren und darauf zu hoffen, dass die Verhinderungsmehrheit im Ausschuss in diesem zweiten Anlauf verfehlt wird, so dass der vorgeschlagene Rechtsakt schließlich doch erlassen werden kann;[81] der ursprüngliche Entwurf ist damit in gewisser Weise prozessual überholt.

21   Ausdrücklich wird in Art. 7 der VO geregelt, dass die Kommission in bestimmten Bereichen und unter bestimmten Voraussetzungen Rechtsakte auch gegen das Votum des Prüfausschusses erlassen kann; sie muss in solchen Fällen aber den Berufungsausschuss einschalten, dessen ablehnendem Votum sich die Kommission dann beugen und den Rechtsakt aufheben muss. Eine weitere Sonderregelung findet sich in Art. 8 der VO, wonach der Basisrechtsakt der Kommission die Befugnis zum Erlass von Durchführungsrechtsakten ohne vorangehende Einschaltung des Ausschusses erlauben kann, wenn besondere Eile besteht; auch hier muss bei einem nachträglichen ablehnenden Votum der Rechtsakt wieder aufgehoben werden.

III. Status und Zusammensetzung der Ausschüsse

22   In verwaltungstechnischer Hinsicht sind die Ausschüsse wie bisher der Kommission zugeordnet, was etwa im Verweis auf die für die Kommission geltenden Regelungen in Fragen des Dokumentenzugangs gemäß Art. 9 Abs. 2 der VO deutlich wird. Für ihre Zusammensetzung hält Art. 3 Abs. 2 der VO die Besetzung mit Vertretern der Mitgliedstaaten unter dem Vorsitz eines (nicht stimmberechtigten) Kommissionsvertreters fest. Auch der Abstimmungsmodus wird näher geregelt: Danach entscheidet der Ausschuss im Beratungsverfahren gemäß Art. 4 Abs. 1 der VO mit einfacher Mehrheit, während im Prüfverfahren gemäß Art. 5 Abs. 1 eine Stimmengewichtung nach den Regeln der qualifizierten Mehrheit stattfindet. Das jeweilige Sekundärrecht sieht darüber hinaus teils die Mitwirkung der Vertreter von Drittstaaten in den Ausschüssen auf der Grundlage von Vereinbarungen vor. Das ist z.B. der Fall bei den Rechtsakten im Schengen-Bereich, die die EWR-Staaten einbeziehen;[82] entsprechende Bestimmungen finden sich aber auch in anderen Rechtsakten, die die Beteiligung von Drittstaaten ermöglichen.[83] Angesichts der abschließenden Abstimmungsregeln in der VO kann es sich dabei aber nur um eine beratende Teilnahme handeln.[84]

23   Über die Tätigkeit der Ausschüsse hat die Kommission gemäß Art. 10 Abs. 2 der VO (EU) Nr. 182/2011 jährlich Bericht zu erstatten;[85] der jüngste dieser Berichte nennt die Zahl von 302 Ausschüssen für die verschiedenen Politikbereiche, von denen teils – in

---

[81] Für einen solchen Ablauf s. EuG, Urt. v. 4.7.2012, Rs. T–12/12 (Laboratoires CTRS/Kommission), ECLI:EU:T:2012:343, Rn. 20 ff.; zustimmend *Bianchi*, in: Mahieu/Merten-Lentz, Sécurité alimentaire: nouveaux enjeux et perspectives, 2013, S. 175 (205 ff.).

[82] S. den Beschluss 2012/193/EU des Rates v. 13.3.2012 über den Abschluss – im Namen der Union – der Vereinbarung zwischen der Europäischen Union und [den EWR-Staaten und der Schweiz] über die Beteiligung dieser Staaten an der Arbeit der Ausschüsse, die die Europäische Kommission bei der Ausübung ihrer Durchführungsbefugnisse in Bezug auf die Umsetzung, Anwendung und Entwicklung des Schengen-Besitzstandes unterstützt, ABl. 2012, L 103/3: Nach der Vereinbarung nehmen diese Staaten an der Arbeit der Ausschüsse teil, jedoch nicht an der Beschlussfassung; sie entscheiden zugleich eigenständig, ob sie die getroffenen Maßnahmen für ihr Hoheitsgebiet akzeptieren und umsetzen.

[83] S. z.B. Art. 26 u. Art. 30 Abs. 6 der VO (EU) Nr. 377/2014 vom 3.4.2014 zur Einrichtung des Programms Copernicus und zur Aufhebung der Verordnung (EU) Nr. 911/2010, ABl. 2014, L 122/44.

[84] S. für die Ausgestaltung im Schengen-Bereich o. Fn. 82.

[85] S. für das Jahr 2011 KOM (2012) 685 endg. vom 23.11.2012, für 2012 KOM (2013) 701 endg. vom 10.10.2013, für 2013 KOM (2014) 572 endg. vom 16.9.2014.

Abhängigkeit von der jeweiligen Rechtsgrundlage – die drei fortbestehenden Verfahren (Beratungsverfahren, Prüfverfahren und Regelungsverfahren mit Kontrolle) nebeneinander angewandt werden.

IV. Die verbleibende Beteiligung von Rat und Parlament

Soweit Durchführungs-Ermächtigungen in Sekundärrechtsakten enthalten sind, die im ordentlichen Gesetzgebungsverfahren beschlossen wurden, gesteht Art. 11 der VO (»Kontrollrechte des Europäischen Parlaments und des Rates«) dem Parlament und dem Rat neben den Ausschüssen begrenzte Aufsichtsmöglichkeiten zu; in der Literatur wird insoweit teils ein Verstoß gegen Primärrecht angenommen, weil Art. 291 AEUV keine Ansätze für eine Ingerenz dieser Organe vorsehe.[86] Jedoch wird in dieser Bestimmung entgegen ihrer anspruchsvollen Überschrift der Sache nach nur ein Hinweisrecht von Rat und Parlament auf vermeintliche Kompetenzüberschreitungen beim Erlass von Durchführungsrechtsakten und eine Prüfungs- und Antwortpflicht der Kommission in Bezug auf die geäußerten Bedenken normiert; mit entsprechenden Stellungnahmen[87] sind anders als im Fall der delegierten Rechtsakte[88] keine unmittelbaren Konsequenzen verbunden.[89] Diese Kommunikationsrechte und -pflichten der Organe dürften damit nicht über die Verpflichtungen hinausgehen, die schon aus der Pflicht zur loyalen Zusammenarbeit nach dem Grundsatz der Unionstreue (Art. 4 Abs. 3 EUV) folgen;[90] die Berechtigung der Bedenken wäre dann im Klageweg zu klären, den die nach der Verordnung »rügeberechtigten« Organe unabhängig von der Komitologie-Verordnung gemäß Art. 263 Abs. 2 AEUV beschreiten können.

24

V. Die Überleitung des bestehenden Sekundärrechts

In Bezug auf die intertemporale Anwendung verfügt Art. 13 der Verordnung die Ersetzung der bisherigen Komitologie-Verfahren durch die in der Verordnung vorgesehenen Prozeduren; damit ergehen nun alle dem Art. 291 AEUV zuzuordnenden Rechtsakte der Kommission unter der Bezeichnung als Durchführungsrechtsakte, auch soweit sie auf Befugnisnormen beruhen, die vor Inkrafttreten des Vertrags von Lissabon entstanden sind. Verweise auf den zuvor geltenden Komitologiebeschluss in bestehendem Sekundärrecht gelten als mit der Verordnung auf die neuen Verfahren umgestellt.[91] Eine Ausnahme gilt nach Art. 12 der Verordnung für das Regelungsverfahren mit Kontrolle, das nicht auf das neue System umgestellt wurde, weil insoweit im Einzelfall über die

25

---

[86] *Schlacke*, JöR n. F. 61 (2013), 293 (326 f.); *Fabricius*, EuZW 2014, 453 (454 ff.).

[87] S. für die soweit ersichtlich erste ablehnende Stellungnahme des Europäischen Parlaments auf der Grundlage von Art. 11 der VO die Entschließung P7_TA-PROV (2014) 96 vom 6. 2. 2014 zur DurchführungsVO (EU) Nr. 1337/2013 der Kommission vom 13. 12. 2013 mit Durchführungsbestimmungen zur VO (EU) Nr. 1169/2011 (...) hinsichtlich der Angabe des Ursprungslands bzw. Herkunftsorts von frischem, gekühltem oder gefrorenen Schweine-, Schaf-, Ziegen- und Geflügelfleisch, ABl. 2013, L 335/19; dazu *Fabricius*, EuZW 2014, 453; *Gundel*, ZLR 2014, 264 (270 f.).

[88] S. Art. 290 AEUV, Rn. 33 ff.

[89] Allerdings ist die Kommission in ihren Erklärungen zur VO (EU) Nr. 182/2011 die Selbstverpflichtung zur Überprüfung des Rechtsaktes eingegangen, soweit Rat oder Parlament eine Kompetenzüberschreitung rügen, ABl. 2011, L 55/13 (20); auch hier handelt es sich aber nur um eine Prüf-, nicht jedoch um eine Befolgungsverpflichtung.

[90] Keine Bedenken gegen die Regelung sehen insoweit z. B. *Stelkens*, EuR 2012, 511 (540); *Daiber*, EuR 2012, 240 (251 f.); *Kröll*, ZÖR 66 (2011), 253 (293 f.).

[91] Art. 13 der VO (EU) Nr. 182/2011 (Fn. 61).

Zuordnung zu Art. 290 oder 291 AEUV zu entscheiden wäre und im Fall der Zuordnung zu Art. 290 AEUV die Ausgestaltung der Kontrollverfahren jenseits der nur für Rechtsakte nach Art. 291 AEUV geltenden Verordnung erfolgen müsste.[92]

26   Die Vertragskonformität dieser Überleitungsregelung ist unter mehreren Gesichtspunkten bezweifelt worden: Zum einen wurde die pauschale Umstellung der bisherigen Verfahren im Anwendungsbereich des Art. 291 AEUV als primärrechtswidrig eingestuft, weil sie stattdessen durch Änderung der jeweiligen Sekundärrechtsakte auf der einschlägigen Rechtsgrundlage erfolgen müsse.[93] Das ist allerdings eine Frage der Reichweite der mit Art. 291 Abs. 3 AEUV bestehenden Rechtsgrundlage; man kann diese Bestimmung durchaus auch als Grundlage für Regelungen zur Anpassung des Regelungsbestands interpretieren.

27   Weiter wird beanstandet, dass die Fortgeltung des Regelungsverfahrens mit Kontrolle kompetenzüberschreitend perpetuiert worden sei;[94] hier wird man allerdings davon ausgehen müssen, dass die Verordnung insoweit keine konstitutive Entscheidung trifft, sondern nur das bestehende Regelungsverfahren mit Kontrolle als Konsequenz aus der Tatsache unberührt lässt, dass geltendes, vor dem Inkrafttreten des Vertrags von Lissabon erlassenes Sekundärrecht auf dieses Verfahren verweist.[95] Eine Umstellung auf Art. 290 AEUV und die Ausübung der damit verbundenen Optionen bei der Gestaltung der in Art. 290 Abs. 2 AEUV vorgesehenen Kontrollmechanismen bleibt der Anpassung der einschlägigen Fachgesetzgebung vorbehalten;[96] in der Zwischenzeit wäre der Funktionsfähigkeit des EU-Rechts nicht gedient, wenn der Verweis in geltenden Sekundärrechtsakten ins Leere ginge.

E.   Ausblick

28   Während Art. 290 AEUV die demokratische Kontrolle über die inhaltliche Ergänzung europäischer Gesetzgebungsakte sicherstellen soll und konsequent – neben dem Rat – das Europäische Parlament als zentrale Kontrollinstanz vorsieht, soll Art. 291 AEUV den Einfluss der Mitgliedstaaten auf den von ihnen zu gewährleistenden Verwaltungsvollzug des EU-Rechts sicherstellen. Diese in den Rechtsfolgen sehr unterschiedliche Ausrichtung beider Regimes erscheint dabei auf abstrakter Ebene folgerichtig; durch die Überschneidungsfelder zwischen beiden Bestimmungen ergeben sich aber erhebliche Zuordnungsprobleme.

29   Anders als die Lektüre der Art. 290 und 291 AEUV erwarten ließe, hat sich durch den Vertrag von Lissabon nicht ein Dualismus der abgeleiteten Rechtsetzung aus delegierten Rechtsakten und Durchführungsrechtsakten etabliert. Es ist vielmehr von drei Gruppen auszugehen; in der dritten, von der Neuregelung nicht erfassten Gruppe finden sich Einzelfallentscheidungen der Kommission kraft sekundärrechtlicher Ermächtigung, die nicht in das System des Art. 291 AEUV einbezogen wurden, sowie normative Rechtsakte oder Einzelfallentscheidungen der EU-Agenturen auf der Grundlage solcher Ermächtigungen.

---

[92] S. auch Art. 290 AEUV, Rn. 23 f.
[93] So *Möllers/v. Achenbach*, EuR 2011, 39 (46); dagegen aber z. B. *Sydow*, JZ 2012, 157 (161).
[94] *Schlacke*, JöR n. F. 61 (2013), 293 (325 f.).
[95] Ähnlich *Kröll*, ZÖR 66 (2011), 253 (295 f.).
[96] S. Art. 290 AEUV, Rn. 24.

Artikel 292 AEUV [Rechtsgrundlage für Empfehlungen]

¹Der Rat gibt Empfehlungen ab. ²Er beschließt auf Vorschlag der Kommission in allen Fällen, in denen er nach Maßgabe der Verträge Rechtsakte auf Vorschlag der Kommission erlässt. In den Bereichen, in denen für den Erlass eines Rechtsakts der Union Einstimmigkeit vorgesehen ist, beschließt er einstimmig. ³Die Kommission und, in bestimmten in den Verträgen vorgesehenen Fällen, die Europäische Zentralbank geben Empfehlungen ab.

Literaturübersicht

Braams, Koordinierung als Kompetenzkategorie, 2013; *Bumke*, Rechtsetzung in der Europäische Gemeinschaft – Bausteine einer gemeinschaftsrechtlichen Handlungsformenlehre, in: Schuppert/Pernice/Haltern (Hrsg.), Europawissenschaft, 2005, S. 643; *Glaser*, Die Entwicklung des Europäischen Verwaltungsrechts aus der Perspektive der Handlungsformenlehre, 2013; *Iliopoulos-Strangas/Flauss* (Hrsg.), Das soft law der europäischen Organisationen – The Soft Law of European Organisations – La soft law des organisations européennes, 2012; *Knauff*, Der Regelungsverbund: Recht und Soft Law im Mehrebenensystem, 2010; *Müller-Graff*, Das »Soft Law« der europäischen Organisationen, EuR 2012, 18; *Schwarze*, Soft Law im Recht der Europäischen Union, EuR 2011, 3; *Stefan*, European competition soft law in European Courts: a matter of hard principles?, ELJ 14 (2008), 753.

Inhaltsübersicht

A. Geschichtliche Entwicklung

Die »Empfehlungen« haben im System der europäischen Handlungsformen seit jeher ihren festen Ort. Schon der EKGS-Vertrag vom 18.4.1951[1] kannte Empfehlungen als Handlungsmittel der Hohen Behörde.[2] Im EWG-Vertrag vom 25.3.1957[3] erhielten die Empfehlungen ihre bis heute prägende rechtsqualitative **Gleichordnung zu den Stellungnahmen.**[4] Zu den Sachbereichen mit ausdrücklichen Bezugnahmen auf die Empfehlung zählten die Verwirklichung der Zollunion[5] und die gemeinsame Handelspolitik.[6] Gleichwohl kannte der EWG-Vertrag wie auch der EG-Vertrag i. d. F. von Maastricht keine dem heutigen Art. 292 AEUV entsprechende übergeordnete Vorschrift zu den Empfehlungen. **1**

---

[1] BGBl. II 1952 S. 445.

[2] S. Art. 14 Abs. 1 u. Abs. 3 EGKS-Vertrag zur (in den Zielen verbindlichen) Rechtsqualität.

[3] BGBl. II 1957 S. 753.

[4] Art. 189 Abs. 5 EWG-Vertrag war eine wortgleiche Vorgängernorm des heutigen Art. 288 Abs. 5 AEUV: »Die Empfehlungen und Stellungnahmen sind nicht verbindlich.«

[5] S. zu Empfehlungen der Kommission Art. 14 Abs. 7, Art. 15 Abs. 2, Art. 27, Art. 35 Abs. 2, Art. 37 Abs. 6 EWG-Vertrag.

[6] Art. 111 Abs. 5 EWG-Vertrag.

2   Vielmehr entstammt Art. 292 AEUV den Beratungen des Verfassungskonvents hin zum später gescheiterten Vertrag über eine Verfassung für Europa (VVE).[7] Das **Rechtsaktskapitel des VVE** hatte eine völlige Neuordnung der Rechtsakte der Europäischen Union vorgeschlagen. Art. I–34 VVE enthielt (als Vorläufervorschrift zu Art. 289 AEUV) Vorschläge zu Gesetzgebungskategorien und »Gesetzgebungsakten«. Dem stellte Art. I–35 VVE drei Kategorien von »Rechtsakten ohne Gesetzescharakter« gegenüber. In Abs. 1 und Abs. 2 wurden neu entwickelte Rechtsakte des Europäischen Rates, des Rates und der Kommission genannt.[8] Abs. 3 regelte die »Empfehlungen« des Rates. Nach dem Scheitern des VVE wurden Abs. 1 und Abs. 2 aufgegeben. Art. I–35 Abs. 3 VVE hingegen wurde mit nur terminologischen Anpassungen (S. 2: »der Verträge« statt »der Verfassung«; S. 4: »den Verträgen« statt »der Verfassung«) in den Vertrag von Lissabon übernommen. Diese Entstehungsgeschichte erhellt den heutigen systematischen **Regelungsstandort**: Zusammen mit Art. 290 und 291 AEUV bildet Art. 292 AEUV ein Bündel von Vorschriften zu »Rechtsakten ohne Gesetzescharakter«, das der Konstituierung des ordentlichen und der besonderen Gesetzgebungsverfahren und des Gesetzgebungsakts in Art. 289 AEUV[9] unmittelbar nachfolgt.

B. Rechtsbindungen

3   Art. 292 AEUV ist die zentrale Vorschrift zur Maßstabsbildung für den Gebrauch der Handlungsform der »Empfehlung«. Empfehlungen werden von den Unionsorganen als weiche, influenzierende Instrumente der **Steuerung** des Handelns von Mitgliedstaaten und privaten Adressaten eingesetzt.[10] Oftmals geht es dabei um die normative Strukturierung von Bereichen, in denen jegliche Harmonisierung ausgeschlossen ist.[11] Ein Motiv für den Gebrauch der Empfehlung ist dabei häufig die »Wegbereitung«[12] für rechtlich oder politisch noch nicht durchsetzbare verbindliche Rechtsakte.[13] Art. 292 AEUV knüpft an Art. 288 Abs. 5 Var. 1 AEUV an, der die »Empfehlungen« unter Hervorhebung ihrer nicht verbindlichen Rechtsqualität in den Kanon der Rechtsakte der Union aufnimmt. Art. 292 AEUV erfasst jedoch nach seinem klaren Wortlaut nicht die Empfehlungen aller zuständigen Unionsorgane,[14] sondern nur die des Rates, der Kommission und der EZB. Damit regelt die Vorschrift die rechtspraktisch wichtigsten Empfehlungen, gleichwohl bleiben bestimmte Anwendungsfälle außen vor, so etwa die Empfehlungen des Europäischen Parlaments.[15]

---

[7] Vertrag über eine Verfassung für Europa, ABl. 2004, C 310/01.

[8] *Vedder*, in: Vedder/Heintschel von Heinegg, EVV, Art. I–35 EVV, Rn. 2 ff.

[9] S. Art. 289 AEUV, Rn. 1.

[10] *Müller-Graff*, EuR 2012, 18 (24); *Knauff*, S. 302.

[11] *Braams*, S. 151; *Bumke*, S. 679.

[12] *Glaser*, S. 375.

[13] Die nicht in Art. 292 AEUV genannte »Stellungnahme« wird demgegenüber charakterisiert als Darlegung der Rechtsauffassung der Unionsorgane ohne influenzierende Intuition, s. *Knauff*, S. 304; *Braams*, S. 152; *Bumke*, S. 679.

[14] Grundsätzlich entspricht die Zuständigkeit für Empfehlungen derjenigen bei den anderen Rechtsakten, s. *Nettesheim*, in: Grabitz/Hilf/Nettesheim, EU, Art. 288 AEUV (August 2012), Rn. 203.

[15] Vgl. etwa Empfehlung des Europäischen Parlaments vom 22. 2. 2005 an den Rat zur Qualität der Strafjustiz und zur Harmonisierung des Strafrechts in den Mitgliedstaaten (2005/2003(INI)), ABl. 2005, C–304 E/109; Empfehlung des Europäischen Parlaments an den Rat vom 21. 6. 2007 zu den Entwicklungen in den Verhandlungen über den Rahmenbeschluss zur Bekämpfung von Rassismus und

Das vom Vertragsgeber in Art. 292 AEUV aufgegriffene Regelungsbedürfnis er-   **4**
wächst daraus, dass die Empfehlung trotz fehlender formaler Rechtsverbindlichkeit
beachtliche **Rechtswirkungen** zu entfalten vermag und als »härteste Form des unverbindlichen europäischen Soft Law«[16] gilt. Der EuGH hat bekräftigt, dass »Empfehlungen zwar keine bindenden Wirkungen entfalten sollen und keine Rechte begründen
können, auf die sich die Einzelnen vor einem nationalen Gericht berufen können, dass
sie aber rechtlich nicht völlig wirkungslos sind«.[17] Beispielsweise können Empfehlungen
Tatbestände des Vertrauensschutzes begründen oder verletzen.[18] Zudem verlangt das
Prinzip der Unionstreue, dass die nationalen Behörden und Gerichte den Inhalt von
Empfehlungen der EU beachten.[19] Dies gilt insbesondere dann, wenn diese »Aufschluss
über die Auslegung zu ihrer Durchführung erlassener nationaler Vorschriften geben
oder wenn sie verbindliche Vorschriften der Europäischen Union ergänzen sollen«.[20]

Art. 292 AEUV tritt zu den Rechtsbindungen für Empfehlungen, die aus anderen   **5**
Normen der Verträge fließen und durch Art. 292 AEUV grundsätzlich unberührt bleiben. Demgemäß unterliegt die Empfehlung insbesondere dem Prinzip der begrenzten
Einzelermächtigung gem. Art. 5 Abs. 1 EUV.[21] Weiterhin sind die Empfehlungen zu
begründen. Dies ergibt sich aus dem Wortlaut des Art. 296 Abs. 2 AEUV, der alle fünf in
Art. 288 AEUV genannten »Rechtsakte« einschließlich der Empfehlungen erfasst.[22] Von
der Unterzeichnungs- und Veröffentlichungspflicht des Art. 297 AEUV werden Empfehlungen nicht erfasst. Allerdings verlangt Art. 13 Abs. 2 Buchst. c der Transparenzverordnung VO 1049/2001/EG[23] die **Veröffentlichung** von Empfehlungen im Amtsblatt
»soweit möglich«.[24] Demgemäß kommt es regelmäßig auch ohne primärrechtliche Verpflichtung zur Veröffentlichung von Empfehlungen des Rates, der Kommission und der
Europäischen Zentralbank.[25]

Auch die Grundentscheidung des Rechtsschutzkapitels des AEUV gegen die prinzi-   **6**
pale **Justiziabilität** der Empfehlungen bleibt durch Art. 292 AEUV unberührt. Insoweit
klammert Art. 263 Abs. 1 AEUV die Empfehlungen ebenso eindeutig aus dem Kreis der

---

Fremdenfeindlichkeit (2007/2067(INI)), ABl. 2008, C–146 E/361; Empfehlung des Parlaments vom
13. 6. 2012 zu dem EU-Sonderbeauftragten für Menschenrechte, ABl. 2013, C 332 E/114.

[16] *Schwarze*, EuR 2011, 3 (4); Zuordnung zum Soft Law auch bei *Knauff*, S. 302 f.; *Stefan*, ELJ 14
(2008), 753 (753 f.); *Rosas*, Soft Law and the European Court of Justice, in: Iliopoulos-Strangas/Flauss,
S. 307 (322).

[17] EuGH, Urt. v. 18. 3. 2010, verb. Rs. C–317/08 – C–320/08 (Telecom Italia), Slg. 2010, I–2213,
Rn. 40; Urt. v. 11. 9. 2003, Rs. C–207/01 (Altair Chimica), Slg. 2003, I–8875, Rn. 41; Urt. v. 13. 12.
1989, Rs. 322/88 (Grimaldi), Slg. 1989, 4407, Rn. 18.

[18] *Gellermann*, in: Streinz, EUV/AEUV, Art. 292 AEUV, Rn. 2.

[19] *Gellermann*, in: Streinz, EUV/AEUV, Art. 292 AEUV, Rn. 2; *Rosas*, (Fn. A), S. 307 (311).

[20] EuGH, Urt. v. 18. 3. 2010, verb. Rs. C–317/08 – C–320/08 (Telecom Italia), Slg. 2010, I–2213,
Rn. 40.

[21] *Schoo*, in: Schwarze, EU-Kommentar, Art. 292 AEUV, Rn. 2; *Ruffert*, in: Calliess/Ruffert,
EUV/AEUV, Art. 288, Rn. 97.

[22] S. Art. 296 AEUV, Rn. 14.

[23] VO 1049/2001/EG vom 30. 5. 2001 über den Zugang der Öffentlichkeit zu Dokumenten des
Europäischen Parlaments, des Rates und der Kommission, ABl. 2001, L 145/43.

[24] S. Art. 297 AEUV, Rn. 6.

[25] S. etwa Empfehlung des Rates vom 10. 7. 2012 zur Umsetzung der Grundzüge der Wirtschaftspolitik der Mitgliedstaaten, deren Währung der Euro ist, ABl. 2012, C 219/28; Empfehlung der Kommission vom 3. 12. 2013 zur Reduzierung des Anteils von Dioxinen, Furanen und PCB in Futtermitteln
und Lebensmitteln, ABl. 2013, L 323/37; außerdem die vorhergehend in Fn. Agenannten Empfehlungen des Europäischen Parlaments.

klagefähigen Rechtsakte bei der Nichtigkeitsklage aus[26] wie Art. 265 AEUV für die Untätigkeitsklage.[27] Eine gerichtliche Kontrolle von Empfehlungen kann mithin (auch hinsichtlich der Voraussetzungen des Art. 292 AEUV) nur mittelbar erfolgen, etwa wenn der rechtliche Maßstab bei der Kontrolle eines anderen Rechtsakts von der Gültigkeit einer bestimmten Empfehlung abhängt.[28]

C. Empfehlungen des Rates

7   Die Verfassung der Empfehlungen des Rates ist der wichtigste Teilaspekt des Art. 292 AEUV.[29] Denn der Rat ist traditionell das Hauptrechtsetzungsorgan der EU. Ungeachtet der Bedeutungsverschiebung im Legislativbereich zugunsten des Europäischen Parlaments (S. Art. 289 AEUV, Rn. 16, 20 f.) sind Rechtsakte des Rates auch in der rechtlich nicht verbindlichen Form von Empfehlungen von erheblichem **faktischem Gewicht** und drohen die geschriebene Kompetenzordnung der Verträge aus den Angeln zu heben.

8   Der Gefahr einer faktischen Überlagerung der Kompetenzordnung durch Tätigwerden des Rates begegnet zunächst das Prinzip der begrenzten Einzelermächtigung gemäß Art. 5 EUV (S. Rn. 5). Auch die normtextlich nicht weiter konditionierte Festlegung in Art. 292 Satz 1 AEUV (»Der Rat gibt Empfehlungen.«) hat nicht den Gehalt einer Universalermächtigung. Vielmehr bedarf jede Empfehlung des Rates einer speziellen Rechtsgrundlage in den Verträgen. Dabei kann dem Prinzip der begrenzten **Einzelermächtigung** auf zweierlei Weise Rechnung getragen werden: Zum einen enthalten die Verträge zahlreiche formbezogene Ermächtigungen, die den Rat ausdrücklich zum Erlass von »Empfehlungen« berechtigen, so etwa in Art. 121 Abs. 2 u. Abs. 4 AEUV zur Koordinierung der Wirtschaftspolitik,[30] in Art. 126 Abs. 7 AEUV zur Vermeidung übermäßiger Defizite in den Haushalten der Mitgliedstaaten, in Art. 165 Abs. 4, 2 Gedstr. AEUV (Bildung, Jugend und Sport) oder in Art. 166 Abs. 4 AEUV (berufliche Bildung).[31] Zum anderen vermag der Rat auch Kompetenztitel heranzuziehen, die zur verbindlichen Rechtsetzung mittels Verordnung, Richtlinie oder Beschluss ermächtigen. Dies folgt aus einem »a maiore ad minus«-Argument.[32]

9   Art. 292 Satz 2 und Satz 3 AEUV statuieren prozedurale Rechtsbindungen. Zunächst erstreckt Art. 292 Satz 2 AEUV das **Initiativmonopol** der Kommission, soweit dieses primärrechtlich für den Erlass von Rechtsakten des Rates vorgeschrieben ist, auch auf

---

[26] *Cremer*, in: Calliess/Ruffert, EUV/AEUV, Art. 263 AEUV, Rn. 13; *Rosas*, (Fn. A), S. 307 (310); *Lenaerts/Maselis/Gutman*, EU Procedural Law, 2014, S. 260.

[27] *Dörr*, in: Grabitz/Hilf/Nettesheim, EU, Art. 265 AEUV (Mai 2013), Rn. 14; *Lenaerts/Maselis/Gutman*, (Fn. A), S. 425.

[28] Vgl. etwa die Konstellation von EuGH, Urt. v. 13.12.1989, Rs. 322/88 (Grimaldi), Slg. 1989, 4407, Rn. 12 ff. in welcher die rechtliche Relevanz einer Empfehlung der Kommission im Bereich des Arbeits- und Sozialrechts unter Verweis auf das Vergehen von mehr als 25 Jahren seit der Abgabe in Frage stand.

[29] *Nettesheim*, in: Grabitz/Hilf/Nettesheim, EU, Art. 292 AEUV (Mai 2013), Rn. 5.

[30] S. zur Umsetzung etwa Empfehlung des Rates v. 8.7.2014 zum nationalen Reformprogramm Deutschlands 2014 mit einer Stellungnahme des Rates zum Stabilitätsprogramm Deutschlands 2014, ABl. 2014, C 247/20.

[31] S. zur Umsetzung etwa Empfehlung des Rates v. 10.3.2014 zu einem Qualitätsrahmen für Praktika, ABl. 2014, C 88/1.

[32] *Kotzur*, in: Geiger/Khan/Kotzur, EUV/AEUV, Art. 292 AEUV, Rn. 2; im Ergebnis auch *Geismann*, in: GSH, Europäisches Unionsrecht, Art. 292 AEUV, Rn. 2.

die Empfehlungen des Rates.[33] Die Regelung sichert das institutionelle Gleichgewicht gegen eine Gewichtsverschiebung, die der Rat andernfalls durch Einsatz des »weichen« Steuerungsmittels der Empfehlung zu seinen Gunsten bewirken könnte.[34] Die gesonderte Anordnung des Initiativmonopols in Art. 292 Satz 2 AEUV ist erforderlich, weil Art. 17 Abs. 2 Satz 1 EUV das Initiativmonopol der Kommission nur auf »Gesetzgebungsakte« bezieht und die Geltung bei anderen Rechtsakten von einer expliziten vertraglichen Anordnung abhängig macht. Art. 292 Satz 3 AEUV erstreckt alle Einstimmigkeitsgebote der Verträge, die die Annahme von Rechtsakten durch den Rat betreffen, auf Empfehlungen im Bereich des jeweiligen Kompetenztitels, um den Gleichlauf der Vorgaben über das Zustandekommen herzustellen.[35]

D. Empfehlungen der Kommission

Art. 292 Satz 4 AEUV behandelt die Abgabe von Empfehlungen durch die Kommission. **10** Der Grad der rechtlichen Einhegung bleibt deutlich hinter jenem bei den Empfehlungen des Rates in Satz 1 bis Satz 3 zurück. Hauptgesichtspunkt des Art. 292 Satz 4 AEUV ist die grundsätzliche Anerkennung der Empfehlung der Kommission als rechtlicher Handlungsform. Spezielle prozedurale Bindungen formuliert Art. 292 Satz 4 AEUV nicht. In den Vordergrund rücken die allgemeinen Kriterien zur Abgrenzung der Verbandskompetenz von Union und Mitgliedstaaten. Danach dürfen auch Empfehlungen der Kommission nach dem Prinzip der begrenzten **Einzelermächtigung** grundsätzlich nur dort erfolgen, wo der Union entsprechende Sachkompetenzen zugewiesen sind. Dabei genügt ein offen formulierter Kompetenztitel. Die spezifische Nennung der Handlungsform »Empfehlung« oder der Kommission als Handlungsermächtigter[36] erleichtert die Rechtsanwendung, ist aber keine Rechtmäßigkeitsvoraussetzung. Da der Kommission nach dem Grundkonzept der Gemeinschaftsmethode[37] ohnehin das Initiativmonopol zukommt, tritt das Erfordernis der Sicherung des institutionellen Gleichgewichts in den Hintergrund, ohne dass das Erfordernis der Organkompetenz deshalb gänzlich obsolet würde.[38]

Das **rechtspraktische** Anwendungsfeld von Empfehlungen der Kommission ist ent- **11** sprechend der Geltung des Art. 292 Satz 4 AEUV für das gesamte Handlungsspektrum der Union vielfältig. Teilweise nutzt die Kommission die Empfehlung zur Einflussnahme in gering integrierten Sachbereichen, so etwa im Strafprozessrecht.[39] Im Umweltrecht wird die Empfehlung oftmals eingesetzt, um zukünftige Regelungsfelder in einem ersten Zugriff bereits einmal abzustecken.[40] Im Rechtsrahmen der Telekommunikations-Rah-

---

[33] *Braams*, S. 152.
[34] *Nettesheim*, in: Grabitz/Hilf/Nettesheim, EU, Art. 292 AEUV (Mai 2013), Rn. 11.
[35] *Schoo*, in: Schwarze, EU-Kommentar, Art. 292 AEUV, Rn. 4.
[36] S. Art. 97 Abs. 3 AEUV, Art. 117 Abs. 2 AEUV.
[37] S. Art. 293 AEUV, Rn. 1.
[38] *Nettesheim*, in: Grabitz/Hilf/Nettesheim, EU, Art. 292 AEUV (Mai 2013), Rn. 14.
[39] Empfehlung der Kommission vom 27.11.2013 zum Recht auf Prozesskostenhilfe in Strafverfahren für Verdächtige oder Beschuldigte, ABl. 2013, C 373/11; s. aber auch Richtlinie 2013/48/EU vom 22.10.2013 über das Recht auf Zugang zu einem Rechtsbeistand in Strafverfahren und in Verfahren zur Vollstreckung des Europäischen Haftbefehls sowie über das Recht auf Benachrichtigung eines Dritten bei Freiheitsentzug und das Recht auf Kommunikation mit Dritten und mit Konsularbehörden während des Freiheitsentzugs, ABl. 2013, L 294/1.
[40] Empfehlung der Kommission über die Wiederverwendung von Altpapier und die Verwendung

menrichtlinie[41] ist die Empfehlung integraler Bestandteil der rechtlichen Instrumentenordnung im Rechtsregime der Marktregulierung und verfügt über genau definierte Rechtsgrundlagen.[42]

E. Empfehlungen der Europäischen Zentralbank

12   Die Europäische Zentralbank (EZB) ist das dritte Organ der Europäischen Union, das in Art. 292 AEUV als Urheber von Empfehlungen genannt wird. Wie bei Rat und Kommission ergibt sich auch bei der EZB die eigentliche Kompetenz zur Abgabe der Empfehlungen nicht aus Art. 292 AEUV, sondern aus **spezifischen Kompetenztiteln** des Vertrages. Hervorzuheben ist insoweit Art. 132 Abs. 1, 3. Gedstr. AEUV, der die EZB in pauschaler Weise zur Abgabe von Empfehlungen »zur Erfüllung der dem ESZB [Europäisches System der Zentralbanken] übertragenen Aufgaben« ermächtigt. Zu beachten ist bei Abgabe der Empfehlungen die Satzung der EZB, z. B. hinsichtlich der im Ermessen der EZB stehenden Veröffentlichung[43] oder wegen des Einstimmigkeitserfordernisses bei Empfehlungen im Vorfeld einer Änderung der Satzung.[44] In der Literatur wird zurecht darauf hingewiesen, dass Art. 292 Satz 4 AEUV insoweit missverständlich formuliert ist, als sich der Satzteil »in bestimmten in den Verträgen vorgesehenen Fällen« nur auf die Europäische Zentralbank, nicht aber auf die Kommission bezieht, da beide Organe dem Prinzip der begrenzten Einzelermächtigung unterliegen.[45]

---

von Recyclingpapier, ABl. 1981, L 355/56; Empfehlungen der Kommission über die Verwendung von FCKWs in der Industrie, ABl. 1989, L 144/56; ABl. 1990, L 227/26; ABl. 1990, L 227/30 (Kälteindustrie); Empfehlung der Kommission vom 22. 1. 2014 mit Mindestgrundsätzen für die Exploration und Förderung von Kohlenwasserstoffen (z. B. Schiefergas) durch Hochvolumen-Hydrofracking, ABl. 2014, L 39/72.

[41] Richtlinie 2002/21/EG vom 7. 3. 2002 über einen gemeinsamen Rechtsrahmen für elektronische Kommunikationsnetze und -dienste (Rahmenrichtlinie), ABl. 2002, L 108/33 (TK-RRL).

[42] S. Art. 19 RL 2009/396/EG, als Grundlage für Empfehlung der Kommission, vom 7. 5. 2009 über die Regulierung der Festnetz- und Mobilfunk-Zustellungsentgelte in der EU, ABl. 2009, L 124/37; Art. 15 TK-RRL als Grundlage für Empfehlung der Kommission v. 9. 10. 2014 über relevante Produkt- und Dienstmärkte des elektronischen Kommunikationssektors, die aufgrund der Richtlinie 2002/21/EG über einen gemeinsamen Rechtsrahmen für elektronische Kommunikationsnetze und -dienste für eine Vorabregulierung in Betracht kommen, ABl. 2014, L 295/79.

[43] Art. 34.2 Satzung des Europäischen Systems der Zentralbanken und der Europäischen Zentralbank (Protokoll Nr. 4 zum Vertrag von Lissabon).

[44] Art. 40.3 Protokoll Nr. 4.

[45] S. *Nettesheim*, in: Grabitz/Hilf/Nettesheim, EU, Art. 292 AEUV (Mai 2013), Rn. 5.

Abschnitt 2
Annahmeverfahren und sonstige Vorschriften

Artikel 293 AEUV [Kommissionsvorschlag; Änderungsrecht]

(1) Wird der Rat aufgrund der Verträge auf Vorschlag der Kommission tätig, so kann er diesen Vorschlag nur einstimmig abändern; dies gilt nicht in den Fällen nach Artikel 294 Absätze 10 und 13, nach Artikel 310, Artikel 312, Artikel 314 und nach Artikel 315 Absatz 2.

(2) Solange ein Beschluss des Rates nicht ergangen ist, kann die Kommission ihren Vorschlag jederzeit im Verlauf der Verfahren zur Annahme eines Rechtsakts der Union ändern.

Literaturübersicht

von Achenbach, Demokratische Gesetzgebung in der Europäischen Union, 2014; *Best*, EU Law-making in Principle and Practice, 2014; *von Buttlar*, Das Initiativrecht der Europäischen Kommission, 2003; *Dehousse/Deloche-Gaudez*, Fusion at work: voting in the Council of Ministers after enlargement, in: Diedrichs/Faber/Tekin/Umbach (Hrsg.), Europe Reloaded – Differentiation or Fusion?, 2011, S. 28; *Devuyst*, The Community-Method after Amsterdam, Journal of Common Market Studies 37 (1999), 109; *Peers*, The EU's political institutions, in: Barnard/Peers (Hrsg.), European Union Law, 2014, S. 36; *Schorkopf*, Die Untätigkeit des Rates der Europäischen Union im Gesetzgebungsverfahren, EuR 2000, 365; *Smulders/Eisele*, Reflections on the Institutional Balance, the Community Method and the Interplay between Jurisdictions after Lisbon, Yearbook of European Law 2012, 112; *Temple Lang*, Checks and Balances in the European Union: The Institutional Structure and the »Community Method«, European Public Law 12 (2006), 127; *Thiele*, Regeln und Verfahren der Entscheidungsfindung innerhalb von Staaten und Staatenverbindungen, 2008; *Tsebelis/Jensen/Kalandrakis/Kreppel*, Legislative Procedures in the European Union: An Empirical Analysis, British Journal of Political Science 31 (2001), 573.

A. Allgemeines

Art. 293 AEUV betrifft zwei Grundprobleme der »**Gemeinschaftsmethode**«[1] in der Rechtsetzung der EU: Zum einen geht es um die Gestaltungsmacht der Kommission in der Beratungsphase nach Unterbreitung ihres Vorschlags für einen Rechtsakt,[2] zum anderen um die Abgrenzung von Einstimmigkeitsprinzip und qualifizierter Mehrheit bei

---

[1] S. nur Weißbuch »Europäisches Regieren«, KOM(2001), 428 endg., S. 11; Devuyst, JCMSt 37 (1999), 109 ff.; *Smulders/Eisele*, Yearbook of European Law 2012, 112 (115 f.) und s. Art. 289 AEUV, Rn. 5.

[2] *Dann*, in: v. Bogdandy/Bast, Europäisches Verfassungsrecht, S. 335 (367 f.); Temple Lang, European Public Law 12 (2006), 127 (135); Best, S. 9 f.

der Abänderung von Rechtsakten durch den Rat.[3] Beide Grundprobleme sind eng miteinander verknüpft, sodass es für die Analyse jeweils auf beide Absätze des Art. 293 AEUV und ihr Zusammenwirken ankommt.[4] In Konkretisierung des **Initiativmonopols** gemäß Art. 17 Abs. 2 EUV[5] regelt Art. 293 AEUV die zentrale Stellung der Kommission im Rechtsetzungsverfahren. Einerseits vermag die Kommission gemäß Art. 293 Abs. 2 AEUV auf den Rat zuzugehen. Andererseits kann sie den Rat aber gemäß Art. 293 Abs. 1 AEUV durch Festhalten an ihrem ursprünglichen Rechtsetzungsvorschlag zur Einstimmigkeit zwingen, wenn kein Kompromiss zustande kommt. Dabei spielt auch das Europäische Parlament – ungeachtet der Nichtnennung im Normtext des Art. 293 AEUV[6] – als Ko-Unionsgesetzgeber eine gewichtige Rolle.

2   In der Hand der Kommission ergänzen sich Art. 293 Abs. 1 und Abs. 2 AEUV zu einem effektvollen **Steuerungsinstrumentarium**, dessen Anwendung das weitere Schicksal des betreffenden Rechtsakts vorzeichnet. Empirische Untersuchungen zum Vorläuferverfahren des ordentlichen Gesetzgebungsverfahrens, dem Mitentscheidungsverfahren gemäß der Vertragsordnung von Maastricht, haben dies veranschaulicht: Ändert die Kommission ihren ursprünglichen Gesetzesvorschlag infolge eines (oftmals mit dem Rat abgestimmten) Änderungsbegehrens des Europäischen Parlaments, so besteht eine Wahrscheinlichkeit von 73 % auf nachfolgende (qualifizierte) Zustimmung des Rates.[7] Hält die Kommission demgegenüber an dem ursprünglichen Gesetzesvorschlag trotz Änderungsbegehren fest, so besteht in umgekehrter Richtung eine Wahrscheinlichkeit von 67 % auf Ablehnung des Rechtsakts.[8] Allerdings geht insgesamt die rechtspraktische Prägekraft der vertragstextlich festgelegten Reihenfolge der Verfahrensbeiträge infolge der »Trilogisierung« der Rechtsetzungsverfahren zurück.[9]

B. Geschichtliche Entwicklung

3   Die geschichtliche Entwicklung hin zum heutigen Art. 293 AEUV ist einerseits von textlicher Kontinuität, andererseits von grundlegenden Änderungen im Normumfeld geprägt.

I. Vertragstextliche Kontinuität

4   Bereits der EWG-Vertrag v. 25.3.1957[10] enthielt eine in den Grundzügen dem heutigen Art. 293 AEUV entsprechende **Vorläufervorschrift**. Art. 149 EWG-Vertrag lautete:
»Wird der Rat kraft dieses Vertrags auf Vorschlag der Kommission tätig, so kann er Änderungen dieses Vorschlags nur einstimmig beschließen.«

---

[3] *Peers*, S. 57 f.; *Devuyst*, JCMSt 37 (1999), 109 (114); *Scharpf*, Public Administration 66 (1988), 239 (265 ff.).

[4] *von Buttlar*, S. 70.

[5] *Schoo*, in: Schwarze, EU-Kommentar, Art. 293 AEUV, Rn. 1.

[6] S. die berechtigte rechtspolitische Kritik bei *Krajewski/Rösslein*, in: Grabitz/Hilf/Nettesheim, EU, Art. 293 AEUV (August 2011), Rn. 27.

[7] *Tsebelis/Jensen/Kalandrakis/Kreppel*, B.J.Pol.S. 31 (2001), S. 573, 595.

[8] *Tsebelis/Jensen/Kalandrakis/Kreppel*, B.J.Pol.S. 31 (2001), S. 573, 595.

[9] S. Art. 294 AEUV, Rn. 32 ff.

[10] BGBl. II 1957 S. 753.

Solange ein Beschluß des Rates nicht ergangen ist, kann die Kommission ihren ursprünglichen Vorschlag ändern, insbesondere in den Fällen, in denen die Versammlung zu diesem Vorschlag gehört wurde.«

Mit dem Vertrag von Maastricht wurden in Art. 189a EG-Vertrag bzw. Art. 250 Abs. 1 EG-Vertrag i. d. F. von Amsterdam die **Ausnahmetatbestände** betreffend das damalige Mitentscheidungs- und heutige ordentliche Gesetzgebungsverfahren ergänzt,[11] mit dem Vertrag von Lissabon die heute in Art. 293 Abs. 1 Hs. 2 AEUV genannten weiteren Ausnahmetatbestände betreffend das Haushaltsverfahren.   5

II. Bedeutungswandel durch verändertes Normumfeld

Trotz des nahezu unveränderten Wortlauts hat sich die Bedeutung des heutigen Art. 293 AEUV seit der Verankerung der Vorgängervorschrift im EWG-Vertrag 1957 mehrfach verschoben. Der Grund hierfür sind signifikante Veränderungen im Normumfeld. Zunächst machte der Luxemburger Kompromiss von 1966[12] entgegen der Entscheidung des EWG-Vertrags für die qualifizierte Mehrheit das Einstimmigkeitsprinzip zum Standardmodus der Entscheidungsfindung im Rat.[13] Damit war der normkonzeptionell vorausgesetzte politische Gestaltungsfreiraum zwischen qualifizierter Mehrheit und Einstimmigkeit stark eingeschränkt, was die **rechtspraktische** Bedeutung des Art. 149 EWG-Vertrag minimierte.[14] Umgekehrt bedeutete die Stärkung der qualifizierten Mehrheitsentscheidungen mit dem Verfahren der Zusammenarbeit gemäß der Einheitlichen Europäischen Akte von 1986[15] und dem Vertrag von Maastricht von 1992[16] eine Wiederbelebung des originären Bedeutungsgehalts.[17]   6

Mit den verschiedenen Erweiterungsrunden machte sich ein weiterer Faktor aus dem Normumfeld immer stärker bemerkbar. Die Erweiterung von den ursprünglich 6 Gründungsmitgliedern der EWG auf heute 28 Mitgliedstaaten der EU erhöhte die Zahl der potentiellen **Vetospieler** eines Rechtsetzungsverfahrens mit Einstimmigkeitsgebot. Die Durchsetzung von Änderungen am Kommissionsvorschlag durch den Rat wurde dadurch auch ohne textliche Änderung in Art. 293 Abs. 1 AEUV um ein Vielfaches erschwert.[18]   7

Schließlich veränderte auch der Aufstieg des Europäischen Parlaments zum Ko-Gesetzgeber im Mitentscheidungsverfahren des Vertrags von Maastricht und im ordentlichen Gesetzgebungsverfahren des Vertrags von Lissabon (S. Art. 289 AEUV, Rn. 9 ff.) die Bedeutung des Art. 293 AEUV, ohne dass dies in der Vorschrift normtextlich Ausdruck findet. So kann sich im ordentlichen Gesetzgebungsverfahren zunächst ein **Pri-**   8

---

[11] S. Art. 189a i. V. m. Art. 189b Abs. 4 u. 5 EG-Vertrag i. d. F. v. Vertrag von Maastricht, ABl. 1992, C 224/1; Art. 250 Abs. 1 i. V. m. Art. 251 Abs. 4 u. 5 EG-Vertrag i. d. F. v. Amsterdam, ABl. 1997, C 340/1.

[12] Vereinbarungen der sechs Mitgliedstaaten der EWG v. 29.1.1966 (sog. »Luxemburger Kompromiss«), abgedruckt in: EuR 1966, 73.

[13] S. bereits Art. 289 AEUV, Rn. 6.

[14] Zur Vereinbarkeit des Luxemburger Kompromisses und der Abstimmungspraxis im Rat mit dem Gemeinschaftsrecht eingehend Streinz, Der Luxemburger Kompromiss, 1984, S. 48 ff.

[15] Einheitliche Europäische Akte, ABl. 1987, L 169/1.

[16] Vertrag von Maastricht, ABl. 1992, C 224/1.

[17] S. *Thiele*, S. 275.

[18] *von Buttlar*, S. 72; allgemeiner Thiele, S. 276; s. aber auch *Goldner Lang*, Yearbook of European Law 2012, 473 (496) u. *Dehousse/Deloche-Gaudez*, S. 289 ff. zur perpetuierten Konsenskultur in der Entscheidungsfindung.

vilegierungseffekt zugunsten des Europäischen Parlaments ergeben. Dieses kann Abänderungen des ursprünglichen Gesetzgebungsentwurfs mit einfacher Abstimmungsmehrheit herbeiführen,[19] während der Rat in erster und zweiter Lesung ggf. dem Einstimmigkeitserfordernis des Art. 293 Abs. 1 AEUV unterfällt.[20] Im Vermittlungsausschuss wiederum entfällt für den Rat die Verpflichtung zur Einstimmigkeit, da hier die Kommission außen vor bleibt.[21]

C.   Abänderung eines Rechtsakts durch den Rat (Abs. 1)

9   Art. 293 Abs. 1 AEUV statuiert für den Fall, dass der Rat einen Kommissionsvorschlag abändern möchte, das Erfordernis der **Einstimmigkeit**. Die Vorschrift erfasst grundsätzlich das »Tätigwerden« des Rates in allen in den Verträgen verankerten Rechtsetzungsverfahren, in denen der Rat auf Vorschlag der Kommission handelt, also neben ordentlichen und besonderen Gesetzgebungsverfahren auch die Rechtsetzung auf Grund unbenannter Kompetenztitel. Besonderer Betonung bedarf die Anwendbarkeit im ordentlichen Gesetzgebungsverfahren, da diese nicht unumstritten ist.[22] Rechtspraktisch relevant wird Art. 293 Abs. 1 AEUV immer dann, wenn die speziellen Rechtsgrundlagen nicht bereits selbst die Einstimmigkeit im Rat anordnen, sondern der Grundsatz der qualifizierten Mehrheit gemäß Art. 16 Abs. 3 EUV zur Anwendung kommt.[23] Dies betrifft die Beschlüsse des Rates im Rahmen des ordentlichen Gesetzgebungsverfahrens gemäß Art. 294 AEUV, aber auch bei einzelnen besonderen Gesetzgebungsverfahren[24] und sonstigen Rechtsetzungsverfahren.[25] Das Erfordernis der qualifizierten Mehrheit wird bei diesen Fällen potentiell vom Einstimmigkeitserfordernis des Art. 293 Abs. 1 AEUV durchbrochen.[26]

10   Dem Einstimmigkeitserfordernis unterfallen alle Abänderungen des Rates, d. h. auch solche von geringfügiger Natur.[27] Auch wesentliche Änderungen sind jedoch grundsätzlich zulässig. Hierfür spricht ein Umkehrschluss aus der Rechtsprechung zur erneuten Beteiligung des Parlaments bei wesensverändernden Abänderungen.[28] Kommt es zu einer Abänderung, so unterliegt der gesamte Rechtsakt dem Einstimmigkeitserfordernis, nicht nur die abgeänderte Passage.[29] Ob auch die **Ablehnung des Kommissionsvorschlags** durch den Rat eine Abänderung darstellt (und damit das Einstimmigkeitserfordernis auslöst) ist umstritten. Zugunsten der Gleichsetzung von Ablehnung und Abänderung wird auf Gründe der Rechtssicherheit und Rechtsklarheit verwiesen.[30] Jedoch spricht die sprachliche Differenz von Ablehnung und Abänderung im Ergebnis gegen

---

[19] S. Art. 294 AEUV, Rn. 20.

[20] S. Art. 294 AEUV, Rn. 28, Rn. 45.

[21] *von Buttlar*, S. 72.

[22] Ausführliche Diskussion s. Art. 294 AEUV, Rn. 27 f.

[23] *Schoo*, in: GSH, Europäisches Unionsrecht, Art. 293 AEUV, Rn. 13.

[24] S. etwa Art. 182 Abs. 4 AEUV.

[25] Art. 103 Abs. 1 AEUV, dazu *Jung*, in: Calliess/Ruffert, EUV/AEUV, Art. 103 AEUV, Rn. 1.

[26] *Gellermann*, in: Streinz, EUV/AEUV, Art. 294 AEUV, Rn. 11.

[27] *Krajewski/Rösslein*, in: Grabitz/Hilf/Nettesheim, EU, Art. 293 AEUV (August 2011), Rn. 7; von Buttlar, S. 51.

[28] S. die in Fn. Azitierte Rechtsprechung; *Krajewski/Rösslein*, in: Grabitz/Hilf/Nettesheim, EU, Art. 293 AEUV (August 2011), Rn. 6.

[29] *von Buttlar*, S. 51.

[30] S. *von Buttlar*, S. 67 f.

die Erstreckung des Einstimmigkeitserfordernisses, ebenso die rechtspraktische Konsequenz der Untätigkeit des Rates bei organinternem Dissens.[31] Die inhaltliche Grenze der Abänderungsbefugnis des Rates gem. Art. 293 Abs. 1 AEUV ist überschritten, wenn die vorgenommenen Abänderungen »den im Vorschlag umrissenen Anwendungsbereich des betreffenden Aktes verlassen«.[32] Der Rat darf den Rechtsetzungsvorschlag nicht bis zur »Unkenntlichkeit veränder[n], sondern [vielmehr] muss dieser in seiner Struktur und grundlegenden Zielsetzung gewahrt bleiben«.[33]

Formale Voraussetzung für die Erreichung eines einstimmigen Abstimmungsergeb-   **11**
nisses im Rat ist die Anwesenheit oder Vertretung sämtlicher Mitgliedstaaten.[34] **Stimmenthaltungen** sind nach der Grundregel des Art. 238 Abs. 4 AEUV zulässig. Teilweise wird einschränkend gefordert, dass zur Vermeidung eines Beschlusses bei mehrheitlicher Stimmenthaltung zumindest eine qualifizierte Mehrheit für den Beschluss gestimmt haben muss, wenn die vertragliche Rechtsgrundlage dies erfordert.[35] Ist der einstimmige Änderungsbeschluss ergangen, so löst dies – soweit nicht spezifische Vorgaben wie jene des Art. 294 AEUV greifen – eine erneute Beteiligungspflicht zugunsten des Europäischen Parlaments aus, wenn der »endgültig verabschiedete Wortlaut als Ganzes gesehen in seinem Wesen von demjenigen abweicht, zu dem das Parlament bereits angehört worden ist, es sei denn, die Änderungen entsprechen im wesentlichen einem vom Parlament selbst geäußerten Wunsch«.[36]

Art. 294 AEUV sieht insgesamt sechs **Ausnahmen** vom Einstimmigkeitserfordernis   **12**
vor. Die größte Bedeutung haben die Fälle der Art. 294 Abs. 10 AEUV und des Art. 294 Abs. 13 AEUV, die sich auf das Tätigwerden des Rates im Zusammenhang des Vermittlungsverfahrens beziehen.[37] Der Dispens vom Einstimmigkeitserfordernis erleichtert hier das Zustandekommen eines verfahrensbeendenden Kompromisses.[38] Die Ausnahmefälle in Art. 310 AEUV, Art. 312 AEUV, Art. 314 AEUV, Art. 315 AEUV betreffen jeweils finanz- und haushaltsrechtliche Hürden und sollen in diesem Bereich die Flexibilität des Rechtsetzungsverfahrens erhöhen.[39]

D. Abänderung eines Rechtsakts durch die Kommission (Abs. 2)

Art. 293 Abs. 2 AEUV berechtigt die Kommission dazu, einen von ihr unterbreiteten   **13**
Vorschlag für einen Rechtsakt der EU bis zum Ergehen eines Beschlusses des Rates wieder zu ändern. Die Vorschrift konkretisiert das **Initiativmonopol**, das der Kommis-

---

[31] *Krajewski/Rösslein*, in: Grabitz/Hilf/Nettesheim, EU, Art. 293 AEUV (August 2011), Rn. 8; von Buttlar, S. 68.

[32] GA *Tesauro*, Schlussanträge zu Rs. C–408/95 (Eurotunnel), Slg. 1997, I–6315, Nr. 27.

[33] *Gellermann*, in: Streinz, EUV/AEUV, Art. 293 AEUV, Rn. 12.

[34] *Gellermann*, in: Streinz, EUV/AEUV, Art. 293 AEUV, Rn. 12.

[35] *Krajewski/Rösslein*, in: Grabitz/Hilf/Nettesheim, EU, Art. 293 AEUV (August 2011), Rn. 9.

[36] EuGH, Urt. v. 16.2.1992, Rs. C–65/90 (Parlament/Rat), Slg. 1992, I–4593, Rn. 16; GA *Léger*, Schlussanträge zu Rs. C–21/94 (Parlament/Rat), Slg. 1995, I–1827, Nr. 29.

[37] Rechtspolitische Kritik der Beschränkung der Ausnahme auf die Vermittlungsphase bei *Schoo*, in: Schwarze, EU-Kommentar, Art. 293 AEUV, Rn. 18.

[38] Einzelheiten zum Vermittlungsverfahren, auch zur rechtspraktischen Relativierung im Zuge der »Trilogisierung« s. Art. 294 AEUV, Rn. 46 ff.

[39] Anwendungsvoraussetzung bei Art. 312 AEUV ist die Überführung in ein Verfahren mit qualifiziertem Mehrheitsbeschluss gem. Art. 312 Abs. 2 UAbs. 2 AEUV, s. *Krajewski/Rösslein*, in: Grabitz/Hilf/Nettesheim, EU, Art. 293 AEUV (August 2011), Rn. 14.

sion gemäß Art. 17 Abs. 2 Satz 1 EUV zukommt. Der Begriff der »Änderung« ist in Art. 293 Abs. 2 AEUV weit zu verstehen. Erfasst sind Ergänzungen, Kürzungen oder Erweiterungen des ursprünglichen Vorschlags der Kommission.

14   Auch die vollständige **Rücknahme** des Vorschlags zählt nach dem Grundsatzurteil des EuGH vom 14. 4. 2015 zu den grundsätzlich zulässigen Handlungsoptionen.[40] Das Rücknahmerecht besteht unabhängig davon, ob vor dem Ergehen eines formalen Beschlusses des Rates eine Einigung im Rahmen eines Trilogverfahrens erfolgt ist.[41] Erst der formale Beschluss des Rates markiert gem. Art. 293 Abs. 2 AEUV eine zeitliche Grenze.[42] Einschränkend betont der EuGH, dass das Rücknahmerecht der Kommission kein Vetorecht vermitteln soll.[43] Hierzu streicht der Gerichtshof heraus, dass der Rücknahmebeschluss der Kommission der Rationalisierungspflicht des Begründungserfordernisses des Art. 296 AEUV unterliege.[44] Für die inhaltlichen Anforderungen und die Justiziabilität der Mitteilung der Rücknahmegründe an Rat und Europäisches Parlament gelten mithin die zu Art. 296 UAbs. 2 AEUV entwickelten Maßstäbe.[45]

15   Mit der Abänderung des Rechtsakts kann die Kommission verschiedene **Zielsetzungen** verfolgen. Sie vermag auf Änderungen in der Sachlage im Regelungsbereich des betreffenden Rechtsakts zu reagieren oder einer geänderten politischen Bewertung Ausdruck zu verleihen.[46] Vor allem jedoch setzt die Abänderungsbefugnis die Kommission in Stand, in den verschiedenen Rechtsetzungsverfahren des Unionsrechts als inhaltliche Vermittlerin zwischen den weiteren Unionsorganen[47] tätig werden zu können. Durch »Abänderungen« im dargelegten weiten Sinn kann die Kommission im Verhältnis zu Rat und Europäischem Parlament auf politische Kompromisse hinarbeiten. Insbesondere kann sie im ordentlichen Gesetzgebungsverfahren dem mit dem Erfordernis der Einstimmigkeit gemäß Art. 293 Abs. 1 AEUV verbundenen Szenario der Blockade eines Rechtsakts durch einen einzelnen Mitgliedstaat entgegenwirken und stattdessen die Möglichkeit der Zustimmung mit qualifizierter Mehrheit offenhalten.[48]

16   Die rechtspraktische Handhabung der Abänderungsbefugnis der Kommission wird geprägt von verschiedenen **interinstitutionellen Vereinbarungen.**[49] So hat sich die Kommission im Rahmen der Gemeinsamen Erklärung zum Mitentscheidungsverfahren verpflichtet, die Kontakte zwischen den Unionsorganen zu unterstützen und »in konstruktiver Weise von ihrem Initiativrecht Gebrauch [zu machen], um eine Annäherung der Standpunkte des Europäischen Parlaments und des Rates unter Wahrung des interinstitutionellen Gleichgewichts und der ihr durch den Vertrag übertragenen Rolle zu för-

---

[40] EuGH, Urt. v. 14. 4. 2015, Rs. C–409/13 (Rat/Kommission), ECLI:EU:C:2015:217, Rn. 74; s. bereits *Gellermann*, in: Streinz, EUV/AEUV, Art. 293 AEUV, Rn. 16; *von Achenbach*, S. 66; *Schorkopf*, EuR 2000, 365 (373).

[41] Zu diesem Aspekt *Scharf*, EuZW 2015, 632 (632 f.).

[42] S. Art. 293 AEUV, Rn. 17.

[43] EuGH, Urt. v. 14. 4. 2015, Rs. C–409/13 (Rat/Kommission), ECLI:EU:C:2015:217, Rn. 75.

[44] EuGH, Urt. v. 14. 4. 2015, Rs. C–409/13 (Rat/Kommission), ECLI:EU:C:2015:217, Rn. 79 ff.

[45] S. Art. 296 AEUV, Rn. 16 ff.

[46] *von Buttlar*, S. 69 f.

[47] *Dann*, in: von Bogdandy/Bast, Europäisches Verfassungsrecht, S. 335 (367 f.); *von Buttlar*, S. 70.

[48] *Gellermann*, in: Streinz, EUV/AEUV, Art. 293 AEUV, Rn. 17; *Kotzur*, in: Geiger/Khan/Kotzur, EUV/AEUV, Art. 293 AEUV, Rn. 4.

[49] S. Art. 295 AEUV, Rn. 5 f.

dern«.[50] Diese mit dem Prozess der »Trilogisierung« der Rechtsetzungsverfahren[51] verbundene Selbstverpflichtung der Kommission engt ihren ursprünglich weiten Handlungsspielraum (S. Rn. 13) wiederum spürbar ein.

Die zeitliche Grenze zur Ausübung der Abänderungsbefugnis der Kommission ist **17** gemäß Art. 293 Abs. 2 AEUV der den entsprechenden Rechtsakt betreffende »**Beschluss des Rates**«. Umstritten ist die Auslegung dieses Rechtsbegriffs im Rahmen des ordentlichen Gesetzgebungsverfahrens gem. Art. 294 AEUV. Teilweise wird auf den jeweils zeitlich letzten Verfahrensbeitrag des Rates abgestellt, also gegebenenfalls die Billigung in dritter Lesung nach Abschluss des Vermittlungsverfahrens.[52] Demgegenüber ist nach vorzugswürdiger Auslegung der »Beschluss des Rates« gem. Art. 293 Abs. 2 AEUV in der Annahme des Standpunkts des Rates zum Abschluss der ersten Lesung zu sehen.[53] Entscheidend ist, dass mit dieser Annahme der maßgebliche rechtliche Bezugspunkt für die zweite Lesung geschaffen wird, nämlich der »Gesetzentwurf der Kommission in der Fassung des Standpunkts des Rates in erster Lesung«. Auf diese rechtliche Schöpfung des Rates bezieht sich die zweite Lesung des Europäischen Parlaments und des Rates gemäß Art. 294 Abs. 7 u. 8 AEUV. Für eine Abänderung durch die Kommission ist dann kein Raum mehr.[54]

---

[50] Gemeinsame Erklärung des Europäischen Parlaments, des Rates und der Kommission zu den praktischen Modalitäten des zu den praktischen Modalitäten des Mitentscheidungsverfahrens v. 13. 6. 2007, ABl. 2007, C 145/5, Ziff. 13.

[51] S. Art. 294 AEUV, Rn. 5, 32 ff.

[52] *Gellermann*, in: Streinz, EUV/AEUV, Art. 293 AEUV, Rn. 18; *Epping*, in Vedder/Heintschel v. Heinegg, Europäisches Unionsrecht, Art. 293 AEUV, Rn. 6.

[53] *Schoo*, in Schwarze, EU-Kommentar, Art. 293 AEUV, Rn. 20; *Krajewski/Rösslein*, in: Grabitz/Hilf/Nettesheim, EU, Art. 293 AEUV (August 2011), Rn. 22 f.

[54] *Schoo*, in Schwarze, EU-Kommentar, Art. 293 AEUV, Rn. 20.

Artikel 294 AEUV [Ordentliches Gesetzgebungsverfahren]

(1) Wird in den Verträgen hinsichtlich der Annahme eines Rechtsakts auf das ordentliche Gesetzgebungsverfahren Bezug genommen, so gilt das nachstehende Verfahren.

(2) Die Kommission unterbreitet dem Europäischen Parlament und dem Rat einen Vorschlag.

Erste Lesung

(3) Das Europäische Parlament legt seinen Standpunkt in erster Lesung fest und übermittelt ihn dem Rat.

(4) Billigt der Rat den Standpunkt des Europäischen Parlaments, so ist der betreffende Rechtsakt in der Fassung des Standpunkts des Europäischen Parlaments erlassen.

(5) Billigt der Rat den Standpunkt des Europäischen Parlaments nicht, so legt er seinen Standpunkt in erster Lesung fest und übermittelt ihn dem Europäischen Parlament.

(6) ¹Der Rat unterrichtet das Europäische Parlament in allen Einzelheiten über die Gründe, aus denen er seinen Standpunkt in erster Lesung festgelegt hat. ²Die Kommission unterrichtet das Europäische Parlament in vollem Umfang über ihren Standpunkt.

Zweite Lesung

(7) Hat das Europäische Parlament binnen drei Monaten nach der Übermittlung

a) den Standpunkt des Rates in erster Lesung gebilligt oder sich nicht geäußert, so gilt der betreffende Rechtsakt als in der Fassung des Standpunkts des Rates erlassen;

b) den Standpunkt des Rates in erster Lesung mit der Mehrheit seiner Mitglieder abgelehnt, so gilt der vorgeschlagene Rechtsakt als nicht erlassen;

c) mit der Mehrheit seiner Mitglieder Abänderungen an dem Standpunkt des Rates in erster Lesung vorgeschlagen, so wird die abgeänderte Fassung dem Rat und der Kommission zugeleitet; die Kommission gibt eine Stellungnahme zu diesen Abänderungen ab.

(8) Hat der Rat binnen drei Monaten nach Eingang der Abänderungen des Europäischen Parlaments mit qualifizierter Mehrheit

a) alle diese Abänderungen gebilligt, so gilt der betreffende Rechtsakt als erlassen;

b) nicht alle Abänderungen gebilligt, so beruft der Präsident des Rates im Einvernehmen mit dem Präsidenten des Europäischen Parlaments binnen sechs Wochen den Vermittlungsausschuss ein.

(9) Über Abänderungen, zu denen die Kommission eine ablehnende Stellungnahme abgegeben hat, beschließt der Rat einstimmig

Vermittlung

(10) Der Vermittlungsausschuss, der aus den Mitgliedern des Rates oder deren Vertretern und ebenso vielen das Europäische Parlament vertretenden Mitgliedern besteht, hat die Aufgabe, mit der qualifizierten Mehrheit der Mitglieder des Rates oder deren Vertretern und der Mehrheit der das Europäische Parlament vertretenden Mitglieder binnen sechs Wochen nach seiner Einberufung eine Einigung auf der Grundlage der Standpunkte des Europäischen Parlaments und des Rates in zweiter Lesung zu erzielen.

(11) Die Kommission nimmt an den Arbeiten des Vermittlungsausschusses teil und ergreift alle erforderlichen Initiativen, um auf eine Annäherung der Standpunkte des Europäischen Parlaments und des Rates hinzuwirken.

(12) Billigt der Vermittlungsausschuss binnen sechs Wochen nach seiner Einberufung keinen gemeinsamen Entwurf, so gilt der vorgeschlagene Rechtsakt als nicht erlassen.

Dritte Lesung

(13) [1] Billigt der Vermittlungsausschuss innerhalb dieser Frist einen gemeinsamen Entwurf, so verfügen das Europäische Parlament und der Rat ab dieser Billigung über eine Frist von sechs Wochen, um den betreffenden Rechtsakt entsprechend diesem Entwurf zu erlassen, wobei im Europäischen Parlament die Mehrheit der abgegebenen Stimmen und im Rat die qualifizierte Mehrheit erforderlich ist. [2] Andernfalls gilt der vorgeschlagene Rechtsakt als nicht erlassen.

(14) Die in diesem Artikel genannten Fristen von drei Monaten beziehungsweise sechs Wochen werden auf Initiative des Europäischen Parlaments oder des Rates um höchstens einen Monat beziehungsweise zwei Wochen verlängert.

Besondere Bestimmungen

(15) Wird in den in den Verträgen vorgesehenen Fällen ein Gesetzgebungsakt auf Initiative einer Gruppe von Mitgliedstaaten, auf Empfehlung der Europäischen Zentralbank oder auf Antrag des Gerichtshofs im ordentlichen Gesetzgebungsverfahren erlassen, so finden Absatz 2, Absatz 6 Satz 2 und Absatz 9 keine Anwendung. [1] In diesen Fällen übermitteln das Europäische Parlament und der Rat der Kommission den Entwurf des Rechtsakts sowie ihre jeweiligen Standpunkte in erster und zweiter Lesung. [2] Das Europäische Parlament oder der Rat kann die Kommission während des gesamten Verfahrens um eine Stellungnahme bitten, die die Kommission auch von sich aus abgeben kann. [3] Sie kann auch nach Maßgabe des Absatzes 11 an dem Vermittlungsausschuss teilnehmen, sofern sie dies für erforderlich hält.

Literaturübersicht:

von Achenbach, Demokratische Gesetzgebung in der Europäischen Union, 2014; *Arnauld*, Die Mitwirkung Privater Interessengruppen an der europäischen Gesetzgebung, 2008; *Best*, EU Law-making in Principle and Practice, 2014; *Böhner*, Mitentscheidungsverfahren des Europäischen Parlaments nach den Verträgen von Amsterdam und Nizza, ZG 16 (2001), 85; *Bradley*, Legislating in the European Union, in: Barnard/Peers (Hrsg.), European Union Law, 2014, S. 97; *Chalmers/Davies/Monti*, European Union Law, 2014; *Cooper*, A ›Virtual Third Chamber‹ for the European Union? National Parliaments after the Treaty of Lisbon, West European Politics 35 (2012), 441; *Craig/De Burca*, EU Law, 2011; *Frenz/Götzkes*, Das ordentliche Gesetzgebungsverfahren nach dem Vertrag von Lissabon, ZG 2010, 34; *Grüner*, Quantität und Qualität der europäischen Rechtsetzung, 2011; *Hable*, Die Schnittstelle von Handlungsformen und Kompetenzen in der Europäischen Verfassungsdebatte, Journal für Rechtspolitik 2003, 198; *Härtel*, Handbuch Europäische Rechtsetzung, 2006; *Huber/Shackleton*, Codecision: a practitioner's view from inside the Parliament, Journal of European Public Policy 20 (2013), S. 1040 ff.; *Maurer*, Die institutionellen Reformen: Entscheidungseffizienz und Demokratie, in: Jopp/Maurer/Schmuck (Hrsg.), Die Europäische Union nach Amsterdam, 1998, S. 41 ff.; *Melin*, Die Rolle der deutschen Bundesländer im europäischen Rechtsetzungsverfahren nach Lissabon, EuR 2011, 655; *Opfermann*, Der europäische Vermittlungsausschuß, FS Böckenförde, 1995, S. 177 ff.; *Rasmussen/Reh*, The consequences of concluding codecision early: trilogues and intra-institutional bargaining success, Journal of European Public Policy 20 (2013), 1006 ff.; *Rutschmann*, Der europäische Vermittlungsausschuss, 2002; *Schroeder*, Folgenabschätzung als Element der Gesetzgebung der Europäischen Union – Maßstab für die Zweckmäßigkeit oder Gegenstand richterlicher Kontrolle?, ZÖR 2013, 225; *Smulders/Eisele*, Reflections on the Institutional Balance, the Community Method and the Interplay between Jurisdictions after Lisbon, Yearbook of European Law 2012, 112; *Wessels*, Gesetzgebung in der Europäischen Union, in: Ismayr (Hrsg.), Gesetzgebung in Westeuropa, 2008, S. 653; *Zemanek*, Gesetzgebung: Zuständigkeiten, Organe und Verfahren, in: Tsatsos (Hrsg.), Die Unionsgrundordnung, 2010, S. 409; *Ziller*, Hierarchy of Norms: Hierarchy of Sources and General Principles in European Union Law, FS Schwarze, 2014, S. 334.

Wesentliche sekundärrechtliche Vorschriften:

Verordnung 1049/2001/EG vom 30. 5. 2001 über den Zugang der Öffentlichkeit zu Dokumenten des Europäischen Parlaments, des Rates und der Kommission, ABl. 2001, L 145/43

Europäischen Parlament, Rat, Kommission, Interinstitutionelle Vereinbarung »Bessere Rechtsetzung« vom 16. 12. 2003, ABl. 2003, C–321/1

Protokoll Nr. 1 über die Rolle der nationalen Parlamente in der Europäischen Union, ABl. 2007, C 306/148

Protokoll Nr. 2 über die Anwendung der Grundsätze der Subsidiarität und der Verhältnismäßigkeit, ABl. 2007, C 306/150

Protokoll Nr. 36 über die Übergangsbestimmungen, ABl. 2007, C 306/159

Europäisches Parlament, Rat, Kommission, Gemeinsame Erklärung zu den praktischen Modalitäten des neuen Mitentscheidungsverfahrens (Artikel 251 EG-Vertrag) v. 13. 6. 2007, ABl. 2007, C–145/5

Rahmenvereinbarung über die Beziehungen zwischen dem Europäischen Parlament und der Kommission v. 20. 10. 2010, ABl. 2010, L 304/47

Europäisches Parlament, Conciliations and Co-Decision, A Guide to how Parliament Co-legislates, Dezember 2014, http://www.europarl.europa.eu/code/information/guide_en.pdf (2. 2. 2017)

Europäisches Parlament, Geschäftsordnung, 8. Wahlperiode, Stand: Juli 2014; vorher: Geschäftsordnung Europäisches Parlament v. 1. 3. 2011, ABl. 2011, L 116/1, konsolidierte Fassung abrufbar unter http://www.europarl.europa.eu (23. 2. 2015)

Inhaltsübersicht

A. Allgemeines

I. Strukturierung des ordentlichen Gesetzgebungsverfahrens

Art. 294 AEUV strukturiert den Ablauf des ordentlichen Gesetzgebungsverfahrens. **1**
Die in Art. 289 Abs. 1 AEUV erfolgte Konstituierung des **Regelverfahrens** der Unionsrechtsetzung[1] wird nun in der Abfolge von 15 Absätzen konkretisiert. Vorgesehen sind jeweils drei Lesungen in Europäischem Parlament und Rat, zudem das Tätigwerden eines Vermittlungsausschusses. Die Gliederung in drei Lesungen folgt zwar in der Grundstruktur der nationalen Gesetzgebungstradition mancher Mitgliedstaaten. So kennt das Gesetzgebungsverfahren im Vereinigten Königreich jeweils drei Lesungen im House of Commons und im House of Lords.[2] Nach der Verfassung der Republik Polen erörtert der Sejm eine Gesetzesvorlage in drei Lesungen, bevor das Gesetz an den Senat weitergeleitet wird.[3] Auch das Gesetzgebungsverfahren im Deutschen Bundestag gliedert sich in drei Lesungen, bevor das beschlossene Bundesgesetz dem Bundesrat zugeleitet wird.[4]

Jedoch unterscheidet sich die Ausgestaltung der drei Lesungen im Unionsrecht erheblich von den tradierten, in sich wiederum heterogenen, Mustern des nationalen Gesetzgebungsverfahrens. Das wichtigste unionale **Spezifikum** ist die machtvolle Stellung der Kommission, die mit ihrem Initiativmonopol den Beginn des Gesetzgebungsverfahrens beherrscht ohne Gesetzgebungsorgan zu sein.[5] Auch steht die Zahl der Lesungen anders als etwa im deutschen Recht in jedem einzelnen Gesetzgebungsverfahren zur Disposition der Unionsorgane,[6] die von dieser Möglichkeit insbesondere im Prozess der »Trilogisierung« wirkmächtig Gebrauch gemacht haben.[7] **2**

II. Anwendungsbereich

Der Anwendungsbereich des Art. 294 AEUV ist immer dann eröffnet, wenn einzelne **3**
Kompetenztitel des AEUV explizit auf das ordentliche Gesetzgebungsverfahren Bezug nehmen. Im Einzelnen ist das ordentliche Gesetzgebungsverfahren in folgenden Vorschriften[8] vorgesehen:

---

[1] S. Art. 289 AEUV, Rn. 24 f.

[2] http://www.parliament.uk/about/how/laws/passage-bill/commons/coms-commons-third-reading/ (2.2.2017), näher *Saalfeld*, Gesetzgebung im politischen System Großbritanniens, in: Ismayr (Hrsg.), Gesetzgebung in Westeuropa, 2008, S. 159 (174 ff.).

[3] Art. 119, 120, 121 Verfassung der Republik Polen v. 2.4.1997 (deutsche Übersetzung abgedruckt bei Kimmel/Kimmel, Verfassungen der EU-Mitgliedstaaten, 2005, S. 545 ff.); eine Ablehnung oder Änderungen des Senats kann der Sejm mit absoluter Mehrheit bei Mindestanwesenheit der Hälfte der Abgeordneten zurückweisen, s. *Tuleja*, Polen, in: von Bogdandy/Villalón/Huber, Ius Publicum Europaeum, Bd. I: Grundlagen und Grundzüge des staatlichen Verfassungsrechts, 2007, § 8, Rn. 79.

[4] Vorgeschrieben sind die drei Lesungen nicht von Verfassung wegen, sondern aufgrund § 78 Geschäftsordnung des Deutschen Bundestages, dazu nur *Stettner*, in: Dreier, Grundgesetz, Art. 77 GG, Rn. 8; *Kersten*, Maunz/Dürig, GG, Art. 77 GG (April 2012), Rn. 15 f.

[5] S. Rn. 6 ff.

[6] Zur Einführung der verfahrensbeendenden Einigung in erster Lesung mit dem Vertrag von Amsterdam S. Art. 289 AEUV, Rn. 11.

[7] Hierzu und zur charakteristischen Fokussierung auf die erste Lesung S. Rn. 5, 32 ff.

[8] Nichtamtliche Kurzbezeichnungen der Artikel des AEUV im Folgenden (mit Modifikationen) nach *Pechstein/Domröse* (Hrsg.), Europarecht – Textsammlung, 2014, S. 48 ff.

- Art. 14 AEUV – Dienste von allgemeinem wirtschaftlichen Interesse
- Art. 15 Abs. 3 AEUV – Zugang zu Dokumenten
- Art. 16 Abs. 2 AEUV – Datenschutz
- Art. 18 Abs. 2 AEUV – Allgemeines Diskriminierungsverbot
- Art. 19 Abs. 2 AEUV – Grundprinzipien für Fördermaßnahmen zum Diskriminierungsschutz
- Art. 21 Abs. 2 AEUV – Ausübung des unionsbürgerlichen Freizügigkeitsrechts
- Art. 24 Abs. 1 AEUV – Ausgestaltung der Bürgerinitiative
- Art. 33 AEUV – Ausbau der Zusammenarbeit im Zollwesen
- Art. 42 AEUV – Anwendung der Wettbewerbsregeln im Agrarbereich
- Art. 43 Abs. 2 AEUV – Gestaltung und Durchführung der gemeinsamen Agrarpolitik
- Art. 46 AEUV – Kompetenz für Herstellung der Arbeitnehmerfreizügigkeit
- Art. 48 Abs. 1 AEUV – Kompetenz für Sicherstellung der sozialen Sicherheit
- Art. 50 Abs. 1 AEUV – Kompetenz für Verwirklichung der Niederlassungsfreiheit
- Art. 51 Abs. 2 AEUV – Ausnahmen von der Niederlassungsfreiheit bei Ausübung öffentlicher Gewalt
- Art. 52 Abs. 2 AEUV – Koordinierungskompetenz für Sonderregelungen für Ausländer
- Art. 53 Abs. 1 AEUV – Anerkennung von Befähigungsnachweisen
- Art. 56 Abs. 2 AEUV – Dienstleistungsfreiheit von Drittstaatsangehörigen
- Art. 59 Abs. 1 AEUV – Kompetenz für Liberalisierung bestimmter Dienstleistungen
- Art. 62 AEUV – Anwendung von Vorschriften über das Niederlassungsrecht
- Art. 64 Abs. 2 AEUV – Kapitalverkehr mit Drittstaaten
- Art. 75 Abs. 1 AEUV – Kompetenz für Bekämpfung der Terrorismusfinanzierung
- Art. 77 Abs. 2 AEUV – Wegfall der Personenkontrollen und Visa-Erteilung
- Art. 78 Abs. 2 AEUV – Maßnahmen im Bereich der Asylpolitik
- Art. 79 Abs. 2 AEUV – Maßnahmen im Bereich der Einwanderungspolitik
- Art. 79 Abs. 4 AEUV – Förderung der Integration von Drittstaatsangehörigen
- Art. 81 Abs. 2 AEUV – Justizielle Zusammenarbeit in Zivilsachen
- Art. 82 Abs. 1 AEUV – Justizielle Zusammenarbeit in Strafsachen
- Art. 82 Abs. 2 AEUV – Justizielle Zusammenarbeit in Strafsachen mit grenzüberschreitender Dimension
- Art. 83 Abs. 1 AEUV – Mindestvorschriften bei Straftaten mit grenzüberschreitender Dimension
- Art. 84 AEUV – Förderung und Unterstützung der Kriminalprävention
- Art. 85 Abs. 1 AEUV – Eurojust
- Art. 87 Abs. 2 AEUV – Polizeiliche Zusammenarbeit
- Art. 88 Abs. 2 AEUV – Europol
- Art. 91 Abs. 1 AEUV – Kompetenz zur Verwirklichung der gemeinsamen Verkehrspolitik
- Art. 100 Abs. 2 AEUV – Seeschifffahrt und Luftfahrt
- Art. 114 Abs. 1 AEUV – Binnenmarktharmonisierungskompetenz
- Art. 116 UAbs. 2 AEUV – Beseitigung von wettbewerbsverfälschenden Vorschriften
- Art. 118 Abs. 1 AEUV – Schutz der Rechte des geistigen Eigentums in der Union
- Art. 121 Abs. 6 AEUV – Multilaterale Überwachung der Wirtschaftspolitik
- Art. 129 Abs. 3 AEUV – Änderung der Satzung von ESZB und EZB
- Art. 133 AEUV – Maßnahmen zur Verwendung des Euro
- Art. 149 Abs. 1 AEUV – Anreizmaßnahmen zur Förderung der Zusammenarbeit

- Art. 153 Abs. 2 AEUV – Kompetenzen der Union in der Sozialpolitik
- Art. 157 Abs. 3 AEUV – Verbot der Geschlechtsdiskriminierung im Hinblick auf das Entgelt
- Art. 164 AEUV – Durchführungsverordnungen zu den Europäischen Sozialfonds
- Art. 165 Abs. 4 AEUV – Fördermaßnahmen betreffend allgemeine und berufliche Bildung, Jugend und Sport
- Art. 166 Abs. 4 AEUV – Maßnahmen zur Politik der beruflichen Bildung
- Art. 167 Abs. 5 AEUV – Fördermaßnahmen betreffend die Kultur
- Art. 168 Abs. 4 AEUV – Maßnahmen betreffend Sicherheitsanliegen im Gesundheitswesen
- Art. 168 Abs. 5 AEUV – Fördermaßnahmen betreffend Schutz und Verbesserung der menschlichen Gesundheit
- Art. 169 Abs. 3 AEUV – Kompetenzen der Union im Verbraucherschutz
- Art. 172 Abs. 1 AEUV – Transeuropäische Netze
- Art. 173 Abs. 3 AEUV – Maßnahmen zur Förderung der Wettbewerbsfähigkeit der Industrie
- Art. 175 Abs. 3 AEUV – Rolle der Strukturfonds
- Art. 177 Abs. 1 AEUV – Ziele und Organisation der Strukturfonds
- Art. 177 Abs. 2 AEUV – Kohäsionsfonds betreffend Umwelt und Transeuropäische Netze
- Art. 178 Abs. 1 AEUV – Durchführungsverordnungen zu den Europäischen Fonds für regionale Entwicklung
- Art. 182 Abs. 1 AEUV – Rahmenprogramm für Forschungs- und Technologieförderung
- Art. 182 Abs. 5 AEUV – Maßnahmen zur Verwirklichung des Europäischen Raums der Forschung
- Art. 188 Abs. 2 i. V. m. Art. 183 AEUV – Rahmenprogramm Forschung, technologische Entwicklung und Raumfahrt
- Art. 188 Abs. 2 i. V. m. Art. 184 AEUV – Zusatzprogramme Forschung, technologische Entwicklung und Raumfahrt
- Art. 188 Abs. 2 i. V. m. Art. 185 AEUV – Beteiligung der Union an Forschungs- und Entwicklungsprogrammen der Mitgliedstaaten
- Art. 189 Abs. 2 AEUV – Europäische Raumfahrtpolitik
- Art. 192 Abs. 1 AEUV – Tätigwerden der Union in der Umweltpolitik
- Art. 192 Abs. 3 AEUV – Allgemeine Aktionsprogramme in der Umweltpolitik
- Art. 194 Abs. 2 AEUV – Maßnahmen der Energiepolitik
- Art. 195 Abs. 2 AEUV – Maßnahmen zur Ergänzung von Maßnahmen der Mitgliedstaaten im Tourismussektor
- Art. 196 Abs. 2 AEUV – Maßnahmen im Bereich der Katastrophenschutzes
- Art. 197 Abs. 2 AEUV – Unterstützung der Mitgliedstaaten bei Durchführung des Unionsrechts
- Art. 207 Abs. 2 AEUV – Ziele der Handelspolitik
- Art. 209 Abs. 1 AEUV – Kompetenzen der Union in der Entwicklungszusammenarbeit
- Art. 212 Abs. 2 AEUV – Zusammenarbeit mit Drittstaaten, die keine Entwicklungsländer sind
- Art. 214 Abs. 3 AEUV – Rahmen für Maßnahmen im Bereich der humanitären Hilfe
- Art. 214 Abs. 5 AEUV – Europäisches Freiwilligenkorps für humanitäre Hilfe

- Art. 224 AEUV – Regelungen für politische Parteien auf europäischer Ebene
- Art. 257 Abs. 1 AEUV – Fachgerichte
- Art. 281 Abs. 2 AEUV – Änderung der EuGH-Satzung
- Art. 291 Abs. 3 AEUV – Kontrolle der Durchführungsbefugnisse der Kommission
- Art. 298 Abs. 2 AEUV – Bestimmungen über eine offene, effiziente und unabhängige europäische Verwaltung
- Art. 322 Abs. 1 AEUV – Festlegung der Haushaltsvorschriften
- Art. 325 Abs. 4 AEUV – Maßnahmen zur Betrugsbekämpfung
- Art. 336 AEUV – Statut der Beamten der Union
- Art. 338 Abs. 1 AEUV – Erstellung von Statistiken

4   Bei einzelnen der vorstehend aufgeführten Kompetenztitel, die besonders souveränitätssensible Sachverhalte aus den Bereichen der Sozialpolitik und des Strafrechts zum Gegenstand haben, besteht ein sogenannter **Notbremsemechanismus**.[9] Konkret handelt es sich um Art. 48 Abs. 2 AEUV betreffend die Herstellung der Freizügigkeit der Arbeitnehmer auf dem Gebiet der sozialen Sicherheit, Art. 82 Abs. 3 AEUV betreffend die justizielle Zusammenarbeit in Strafsachen und Art. 83 Abs. 3 AEUV betreffend Straftaten mit grenzüberschreitender Dimension. Nach den genannten Vorschriften kann jeweils ein Mitglied des Rates verlangen, den Europäischen Rat mit dem Entwurf des Rechtsakts zu befassen, wenn es in dem betreffenden Sachbereich grundlegende Aspekte der bestehenden nationalen Rechtsstruktur berührt sieht. Das ordentliche Gesetzgebungsverfahren kann nur im Einvernehmen des Europäischen Rates fortgeführt werden, sodass den Mitgliedstaaten insoweit ein Vetorecht zukommt. Das Bundesverfassungsgericht hat im Lissabon-Urteil die Ausübung des Stimmrechts des deutschen Vertreters nach mehreren der einschlägigen Kompetenztitel an eine vorhergehende Weisung des Deutschen Bundestags und des Bundesrates[10] geknüpft.[11] Kommt ein Einvernehmen nicht zustande, so wird gem. Art. 48 Abs. 2 AEUV, Art. 82 Abs. 3 UAbs. 2 AEUV und Art. 83 Abs. 3 UAbs. 2 AEUV jeweils einer Gruppe von mindestens neun Mitgliedstaaten ermöglicht, eine Verstärkte Zusammenarbeit auf dem betreffenden Gebiet zu begründen.[12]

III. Statistik

5   Die Statistik der europäischen Rechtsetzung zeigt, dass das ordentliche Gesetzgebungsverfahren bzw. das frühere Mitentscheidungsverfahren in der Rechtspraxis ungeachtet seiner im Folgenden näher darzustellenden spezifischen Komplexität gut funktioniert. Zwischen 1993 und 2013 wurden von Europäischem Parlament und Rat über 1.000 Rechtsakte auf diesem Weg angenommen.[13] Dabei hat sich die **rechtspraktische** Bedeutung der einzelnen Phasen des heutigen ordentlichen Gesetzgebungsverfahrens in den 20 Jahren seit Einführung des Vorgängerverfahrens der Mitentscheidung im Vertrag von

---

[9] *Zemanek*, S. 414; *Härtel*, EnzEuR, Bd. 1, § 11, Rn. 155; *König*, in: Schulze/Zuleeg, Europarecht, § 2, Rn. 92.

[10] BVerfGE 123, 267 (436) – Lissabon, s. dazu § 9 Integrationsverantwortungsgesetz, BGBl. I 2009 S. 3022.

[11] Dazu *Suhr*, in: Calliess/Ruffert, EUV/AEUV, Art. 82 AEUV, Rn. 45 ff.; *Tanneberger*, Die Sicherheitsverfassung, 2014, S. 93 ff.

[12] S. dazu die Rechtsgrundlagen in Art. 20 EUV, Art. 326–334 AEUV sowie *Monar*, Der Raum der Freiheit, der Sicherheit und des Rechts, in: v. Bogdandy/Bast, Europäisches Verfassungsrecht, S. 749 (776 ff.).

[13] *Rasmussen/Reh*, JEPP 20 (2013), 1006 (1006).

Maastricht[14] sukzessive verschoben. Ein immer größerer Anteil von Verfahren wird bereits in der ersten Lesung erfolgreich abgeschlossen. In der Wahlperiode 1999–2004 des Europäischen Parlaments wurden noch 28 % der Rechtsakte (Gesamtzahl: 115) in der ersten Lesung, 50 % in der zweiten Lesung und 22 % durch Vermittlung beschlossen.[15] In der Wahlperiode 2004–2009 wurden bereits 72 % (Gesamtzahl: 321), in der Wahlperiode 2009–2014 sogar 85 % (Gesamtzahl: 422) der Rechtsakte im Mitentscheidungsverfahren/ordentlichen Gesetzgebungsverfahren in erster Lesung beschlossen.[16] Infolge dieser Entwicklung sinkt die Bedeutung der zweiten und dritten Lesung und des Vermittlungsausschusses drastisch. Zuletzt wurden nur noch 5 % (2004–2009) bzw. 2 % (2009–2014) der Rechtsakte im ordentlichen Gesetzgebungsverfahren nach erfolgreicher Vermittlung verabschiedet.[17] Hauptgrund für diese Entwicklung ist die im interinstitutionellen Dialog entwickelte Praxis der »**Triloge**«, die strukturell auf einen konsensualen und frühzeitigen Abschluss der Gesetzgebungsverfahren zielt.[18]

B. Gesetzesinitiative (Abs. 2)

I. Initiativmonopol der Kommission

Gemäß Art. 294 Abs. 2 AEUV ist die Kommission das einzige Unionsorgan mit dem   6
Recht, im ordentlichen Gesetzgebungsverfahren einen Gesetzgebungsvorschlag zu unterbreiten.[19] Die Vorschrift perpetuiert in Fortführung der traditionellen »**Gemeinschaftsmethode**« und in Übereinstimmung mit Art. 289 Abs. 1 AEUV, Art. 17 Abs. 2 EUV das Initiativmonopol der Kommission. Nach dem Prinzip der begrenzten Einzelermächtigung muss jede Gesetzesinitiative auf einen konkreten Kompetenztitel der Verträge gestützt sein.[20] Das Europäische Parlament und der Rat haben ungeachtet ihrer vertragstextlichen Qualifikation als Unionsgesetzgeber in Art. 14 EUV und in Art. 16 EUV kein Initiativrecht. Vielmehr sind beide Organe gemäß Art. 225 AEUV und Art. 241 AEUV darauf verwiesen, die Kommission zur Vorlage eines Gesetzgebungsvorschlags aufzufordern,[21] wobei die Kommission eine Begründungspflicht trifft, wenn sie dieser Aufforderung nicht nachkommt.

Entwicklungsgeschichtlich steht das Initiativmonopol seit den Anfangstagen der eu-   7
ropäischen Integration sinnbildlich für die Verkörperung des supranationalen Gemeinschaftsinteresses durch die Kommission.[22] Die Perpetuierung des Initiativmonopols im

---

[14] S. Art. 289 AEUV, Rn. 9.

[15] Zahlen nach *Craig/De Burca*, S. 128.

[16] Conciliations and Codecisions, Statistics on concluded codecision procedures, www.europal. euroopa.eu/code/about/statistics_en.htm (18.12.2014).

[17] Conciliations and Codecisions, Statistics on concluded codecision procedures, www.europal. euroopa.eu/code/about/statistics_en.htm (18.12.2014).

[18] Näher S. Rn. 32ff.

[19] Zu den seltenen Ausnahmen s. Art. 294 Abs. 15 AEUV und S. Rn. 51.

[20] Zum Problem der Kombination von Kompetenztiteln für ordentliches und besonderes Gesetzgebungsverfahren *Kröll*, S. 329ff.

[21] Zu diesem »mittelbaren Initiativrecht« *Kluth*, in: Calliess/Ruffert, EUV/AEUV, Art. 225 AEUV, Rn. 2ff.; *Obwexer/Hummer*, in: Streinz, EUV/AEUV, Art. 241 AEUV, Rn. 2ff.; zur Justiziabilität *von Achenbach*, S. 169f.

[22] Stellvertretend *Ipsen*, EG-Recht, S. 361 (»…ungehindert durch nationale Befangenheit oder Begrenztheit […] [ist die Kommission] das Organ zur »Erfindung« und Entwicklung von Lösungen, die die wichtigsten mitgliedstaatlichen Interessen noch respektieren und zugleich das Gemeinschaftsin-

Vertrag von Lissabon ist mithin auch ein affirmatives Votum des Vertragsgebers über das geschichtliche Gelingen des europäischen Rechtsetzungsprozesses. Funktional-institutionell stabilisiert das Initiativmonopol das **institutionelle Dreieck** im politisch-organisatorischen Zentrum der Europäischen Union, indem es sicherstellt, dass Europäisches Parlament und Rat gegen die Kommission keine Unionsrechtsakte auf den Weg zu bringen vermögen.[23] Bei Abfassung des Gesetzgebungsvorschlags ist die Kommission an die interinstitutionell festgelegten Leitlinien für die redaktionelle Qualität der gemeinschaftlichen Rechtsvorschriften gebunden. Danach sind alle Rechtsakte »klar, einfach und genau« abzufassen, mit »kurzen und prägnanten« Bestimmungen zu formulieren und in ihrem Inhalt »möglichst homogen« auszugestalten.[24]

8   Der Prozess der Vorbereitung eines Gesetzgebungsvorschlags durch die Kommission ist von umfassenden **Konsultationen** geprägt, die mitgliedstaatliche und gesellschaftliche Interessen, aber auch technischen und sozialen Sachverstand in den Gesetzgebungsprozess einbringen sollen.[25] Der rechtlichen Einhegung dieses Verfahrensabschnitts dient insbesondere das Vorhaben eines Europäischen Transparenzregisters.[26] Europäisches Parlament und Rat sind über die Konsultationen zu unterrichten.[27] Regelmäßig sind Folgenabschätzungen zu wirtschaftlichen, sozialen und ökologischen Aspekten Gegenstand des Gesetzgebungsprozesses.[28] Zur organisationsrechtlichen Absicherung wurde innerhalb der Kommission ein »Impact Assessment Board« eingerichtet.[29]

9   Den Gesetzgebungsvorschlag hat die Kommission in mehrfacher Hinsicht zu **begründen**, insbesondere im Hinblick auf die Wahl des Rechtsetzungsinstruments,[30] die vorgesehene Rechtsgrundlage[31] sowie die Einhaltung der Grundsätze der Subsidiarität und der Verhältnismäßigkeit.[32] Hinzu kommt die politisch-inhaltliche Begründung des Gesetzgebungsvorschlags, mit der die Kommission Europäisches Parlament und Rat von dem jeweiligen Regelungsvorschlag in der Sache zu überzeugen sucht. Die **Veröffent-**

---

teresse befriedigen.«); *Craig*, Indiana Journal of Global Legal Studies 10 (2003), 79 (80); zum Selbstverständnis der Kommission Europäisches Regieren – Ein Weißbuch, KOM(2001) 428 endg, S. 11.

[23] *Temple Lang*, EPL 12 (2006), 127 (134 f.); *Smulders/Eisele*, Yearbook of European Law 2012, 112 (115 f.).

[24] Interinstitutionelle Vereinbarung von Europäischem Parlament, Rat und Kommission vom 22.12.1998 über Gemeinsame Leitlinien für die redaktionelle Qualität der gemeinschaftlichen Rechtsvorschriften, ABl. 1999, C 73/1, Ziff. 1, 4.

[25] S. *Härtel*, EnzEuR, Bd. 1, § 11, Rn. 121 ff.

[26] Interinstitutionelle Vereinbarung von Europäischem Parlament und Kommission vom 23.6.2011 über die Einrichtung eines Transparenz-Registers für Organisationen und selbstständige Einzelpersonen, die sich mit der Gestaltung und Umsetzung von EU-Politik befassen, ABl. 2011, L 191/29; zu Perspektiven der rechtsverbindlichen Umsetzung *Gerig/Ritz*, EuZW 2014, 853 ff.

[27] IIV »Bessere Rechtsetzung« (s. Abschnitt »Wesentliche sekundärrechtliche Vorschriften«), Ziff. 26.

[28] IIV »Bessere Rechtsetzung« (s. Abschnitt »Wesentliche sekundärrechtliche Vorschriften«), Ziff. 27 ff.; Kommission, Leitlinien zur Folgenabschätzung vom 15.1.2009, SEK (2009) 92; Entschließung des Europäischen Parlaments v. 8.7.2011 zu der Gewährleistung unabhängiger Folgenabschätzungen, P7_TA(2011)0259; Mitteilung der Kommission, Intelligente Regulierung in der Europäischen Union, KOM(2010) 543 endg.; weiterführend *Schroeder*, ZÖR 2013, 225 (227 ff.).

[29] Kommission, Leitlinien zur Folgenabschätzung vom 15.1.2009, SEK (2009) 92, S. 26 f.; m. w. N. *Härtel*, EnzEuR, Bd. 1, § 11, Rn. 116.

[30] IIV »Bessere Rechtsetzung« (s. Abschnitt »Wesentliche sekundärrechtliche Vorschriften«), Ziff. 12.

[31] IIV »Bessere Rechtsetzung« (s. Abschnitt »Wesentliche sekundärrechtliche Vorschriften«), Ziff. 14.

[32] Art. 5 S. 1 Protokoll Nr. 2 (s. Abschnitt »Wesentliche sekundärrechtliche Vorschriften«).

lichung des Gesetzgebungsvorschlags erfolgt im Amtsblatt C.[33] Die Kommission leitet ihren Gesetzgebungsvorschlag gemäß Art. 294 Abs. 2 AEUV den Gesetzgebungsorganen zu. Die Zuleitung erfolgt gleichzeitig, was der charakteristischen Gleichbehandlung von Europäischem Parlament und Rat im ordentlichen Gesetzgebungsverfahren entspricht.[34] Die Kommission hat auch nach Zuleitung gemäß Art. 293 Abs. 2 AEUV bis zur zeitlichen Grenze eines Beschlusses des Rates die Möglichkeit zur Änderung ihres Vorschlags.[35]

II. Beteiligung der nationalen Parlamente

Neben den in Art. 294 AEUV ausdrücklich angesprochenen Gesetzgebungsorganen der **10** Europäischen Union sind auch die nationalen Parlamente am ordentlichen Gesetzgebungsverfahren zu beteiligen.[36] Die Rechtsgrundlagen hierfür finden sich nicht in Art. 294 AEUV, sondern in den **Protokollen** zum Vertrag von Lissabon.[37] Danach hat die Kommission alle vorgelegten Entwürfe von Gesetzgebungsakten gleichzeitig mit der Übermittlung an das Europäische Parlament und den Rat direkt den nationalen Parlamenten zuzuleiten (Art. 2 Abs. 3 Protokoll Nr. 1). Die nationalen Parlamente können im Gegenzug eine begründete Stellungnahme zur Übereinstimmung des Entwurfs mit dem **Subsidiaritätsprinzip** an die Präsidenten des Europäischen Parlaments, des Rates und der Kommission richten (Art. 3 Abs. 1 Protokoll Nr. 1, Art. 6 Abs. 1 Protokoll Nr. 2). Dafür steht ein Zeitraum von acht Wochen zur Verfügung (Art. 4 S. 1 Protokoll Nr. 1, Art. 6 Abs. 1 S. 1 Protokoll Nr. 2).[38]

Die Folgen einer Ablehnung der Gesetzesinitiative durch eines oder mehrere natio- **11** nale Parlamente bemessen sich nach Art. 7 und 8 Protokoll Nr. 2. Art. 7 Protokoll Nr. 2 statuiert ein Verfahren der »begründeten Stellungnahmen«, mit denen die nationalen Parlamente ihre **Subsidiaritätseinwände** artikulieren und korrespondierende Kommunikationspflichten der Unionsorgane auslösen können. Das Gewicht der Subsidiaritätseinwände bemisst sich danach, wie viele nationale Parlamente sich hinter dem jeweiligen Einwand versammeln. Konkret unterscheidet Art. 7 Protokoll Nr. 2 zwei Verfahrensvarianten, die im rechtspraktischen Diskurs als Verfahren der »gelben Karte« und der »orangenen Karte« unterschieden werden.[39] Das Recht zum Aufzeigen der »gelben Karte« gegenüber einem Gesetzesvorschlag greift, wenn mindestens ein Drittel der

---

[33] Art. 13 Abs. 1 Buchst. a VO 1049/2001/EG (s. Abschnitt »Wesentliche sekundärrechtliche Vorschriften«); *Frenz/Götzkes*, ZG 2010, 34 (36).

[34] *von Achenbach*, S. 170; *Frenz/Götzkes*, ZG 2010, 34 (36).

[35] EuGH, Urt. v. 14.4.2015, Rs. C–409/13 (Rat/Kommission), ECLI:EU:C:2015:217, Rn. 74; s. näher Art. 293 AEUV, Rn. 14.

[36] Im Überblick *Melin*, EuR 2011, 655 ff.; *Hölscheidt*, DÖV 2012, 105 ff.; *Cooper*, West European Politics 35 (2012), 441 (444 ff.).

[37] Nw. zu den Protokollen Nr. 1 und Nr. 2 im Abschnitt »Wesentliche sekundärrechtliche Vorschriften«.

[38] Dazu Mandat für die Regierungskonferenz, Dok. des Rats Nr. 11218/07 v. 26.6.2007, Ziff. 11: Fristverlängerung von sechs auf acht Wochen als Stärkung nationaler Parlamente nach Scheitern des VVE.

[39] S. *Kommission*, Ordinary Legislative Procedure »Step by Step« vom 24.7.2012, http://ec. europa.eu/codecision/stepbystep/text/index_en.htm (23.2.2015), Ziff. 1a; *Bickenbach*, EuR 2013, 523 (531 f.); *Best*, S. 65, der die Begriffswahl »orangene Karte« mit Abgrenzungsbedarf zu einer bei Vorbereitung des Protokolls diskutierten Variante mit noch stärkeren Rechten der nationalen Parlamente (»rote Karte«) erklärt.

nationalen Parlamente[40] eine begründete Stellungnahme vorlegt, wonach der Entwurf eines Gesetzgebungsakts nicht mit dem Subsidiaritätsprinzip im Einklang steht (Art. 7 Abs. 2 UAbs. 1 Protokoll Nr. 2).[41] Die Kommission kann an dem Entwurf festhalten, ihn ändern oder zurückziehen, muss aber ihren entsprechenden Beschluss in jedem Fall begründen (Art. 7 Abs. 2 UAbs. 2 Protokoll Nr. 2).

12   In der Rechtspraxis kam erstmals im Jahr 2012 eine entsprechende qualifizierte Minderheit der nationalen Parlamente zustande. Anlass der **ersten »gelben Karte«** war der Vorschlag der Kommission für die sogenannte Monti II-Verordnung zum Streikrecht,[42] gegen den 12 nationale Parlamente eine begründete Stellungnahme abgaben.[43] Ein weiteres Mal wurde die »gelbe Karte« Ende 2013 aufgezeigt. Gegenüber dem Vorschlag der Kommission für die Errichtung einer Europäischen Staatsanwaltschaft[44] legten 13 nationale Parlamente eine begründete Stellungnahme ein.[45] Voraussetzung für die »orangene Karte« sind subsidiaritätsbezogene ablehnende Stellungnahmen der Hälfte der nationalen Parlamente (Art. 7 Abs. 3 UAbs. 1 Protokoll Nr. 2). Auch in dieser Variante hat zunächst die Kommission zu prüfen. Im Unterschied zur »gelben Karte« ist im Fall der Zurückweisung durch die Kommission auf qualifizierte Weise der Unionsgesetzgeber mit den Subsidiaritätseinwänden zu konfrontieren. Gelangt eine Mehrheit von 55 % der Mitglieder des Rates oder eine Mehrheit der abgegebenen Stimmen im Europäischen Parlament zu der Auffassung, dass der Vorschlag nicht mit dem Subsidiaritätsprinzip im Einklang steht, so wird der Gesetzgebungsvorschlag nicht weiter geprüft (Art. 7 Abs. 3 UAbs. 2 lit. b) Protokoll Nr. 2).

13   Art. 8 Abs. 1 Protokoll Nr. 2 eröffnet den nationalen Parlamenten den speziellen Rechtsbehelf der **Subsidiaritätsklage** zum Europäischen Gerichtshof, wobei es sich um eine spezielle Form der Nichtigkeitsklage gemäß Art. 263 AEUV handelt.[46] Jedes einzelne nationale Parlament bzw. jede Parlamentskammer ist für sich genommen klageberechtigt. Die Subsidiaritätsklage ist gegebenenfalls von dem betreffenden Mitgliedstaat, der auch in eigenem Namen klagen kann, für das nationale Parlament zu übermitteln.[47]

---

[40] Zur Berechnungsweise mit einem 2-Stimmen-Schema s. Art. 7 Abs. 1 UAbs. 2 Protokoll Nr. 2.

[41] Im besonders souveränitätssensiblen Raum der Freiheit, der Sicherheit und des Rechts (Gesetzgebungsakte gemäß Art. 76 AEUV) genügt bereits eine qualifizierte Minderheit von 25 % der nationalen Parlamente (Art. 7 Abs. 2 UAbs. 1 Protokoll Nr. 2).

[42] Vorschlag für eine Verordnung des Rates über die Ausübung des Rechts auf Durchführung kollektiver Maßnahmen im Kontext der Niederlassungs- und der Dienstleistungsfreiheit, KOM(2012)130, endg.

[43] Eingehend zu den Argumenten und zum Rückzug des Vorschlags s. Jahresbericht 2012 über die Anwendung der Grundsätze der Subsidiarität und der Verhältnismäßigkeit, KOM(2013) 566 endg., S. 8 f.

[44] Vorschlag für eine Verordnung des Rates über die Errichtung der Europäischen Staatsanwaltschaft, KOM(2013) 534 endg.

[45] S. zu Argumenten und zum Festhalten der Kommission an dem Vorschlag Jahresbericht 2013 über die Anwendung der Grundsätze der Subsidiarität und der Verhältnismäßigkeit, KOM(2014) 506 endg., S. 9 ff.

[46] *Streinz/Ohler/Herrmann*, Vertrag von Lissabon, S. 75, 4.; *Dörr*, in: Grabitz/Hilf/Nettesheim, EU, Art. 263 AEUV (November 2012), Rn. 12.

[47] Zur Berücksichtigungsfähigkeit von Einwänden im Hinblick auf die kompetenzrechtliche Verhältnismäßigkeit im Rahmen der Subsidiaritätsklage S. Art. 296 AEUV, Rn. 5 mit Fn. 19.

III. Anhörung des Wirtschafts- und Sozialausschusses, des Ausschusses der Regionen und des Europäischen Rechnungshofs

Zu den Verfahrensbeteiligten im ordentlichen Gesetzgebungsverfahren zählen teilweise auch **nicht-legislative Institutionen** der Union, namentlich der Wirtschafts- und Sozialausschuss, der Ausschuss der Regionen und der Europäische Rechnungshof. Maßgeblich hierfür ist nicht eine horizontale Maßgabe in Art. 294 AEUV, sondern die konkrete Ausgestaltung der sachspezifischen Kompetenztitel. Beispielsweise sehen Art. 91 Abs. 1 AEUV (Verkehrspolitik), Art. 100 Abs. 2 Satz 2 AEUV (Seeschifffahrt und Luftfahrt), Art. 153 Abs. 2 UAbs. 2 AEUV (Zusammenarbeit der Mitgliedstaaten in sozialen Fragen) oder Art. 172 Abs. 1 AEUV (Transeuropäische Netze) die Anhörung des Wirtschafts- und Sozialausschusses und des Ausschusses der Regionen vor.[48] Bei anderen Sachkompetenzen wie Art. 114 Abs. 1 AEUV (Binnenmarktharmonisierungskompetenz) und Art. 43 Abs. 2 AEUV (Agrarpolitik) ist die Anhörung auf den Wirtschafts- und Sozialausschuss beschränkt.[49]   **14**

Über die obligatorischen Fälle hinaus besteht gemäß Art. 304 und Art. 307 AEUV **fakultativ** die Möglichkeit einer Anhörung der genannten Ausschüsse, wenn Europäisches Parlament, Rat oder Kommission dies für zweckmäßig erachten.[50] Der Ausschuss der Regionen ist den nationalen Parlamenten im Rahmen der speziellen Subsidiaritätsklage gemäß Art. 8 des Protokolls über Subsidiarität und Verhältnismäßigkeit gleichgestellt und ebenfalls klageberechtigt.[51] Bei wichtigen Rechtsakten im Bereich der Haushaltspolitik besteht ein Gebot zur Anhörung des Europäische Rechnungshofs, so gemäß Art. 322 AEUV beim Erlass der Haushaltsvorschriften und gemäß Art. 325 Abs. 4 AEUV bei Gesetzgebungsakten zur Verhütung und Bekämpfung von Betrügereien, die sich gegen die finanziellen Interessen der Union richten. Rechtsfolge der Verletzung eines Anhörungsgebots ist hinsichtlich aller vorgenannten Beteiligungskonstellationen die Rechtswidrigkeit des entsprechenden Gesetzgebungsakts, die als Verletzung einer wesentlichen Formvorschrift mit der Nichtigkeitsklage gem. Art. 263 Abs. 2 AEUV verfolgt werden kann.[52]   **15**

C. Erste Lesung (Abs. 3–6)

Die Befassung des Unionsgesetzgebers mit dem Gesetzgebungsvorschlag der Kommission beginnt mit der ersten Lesung.   **16**

I. Erste Lesung des Europäischen Parlaments

Im Rahmen der ersten Lesung hat gemäß Art. 294 Abs. 3 AEUV zunächst das Europäische Parlament das Wort. Einzelheiten des parlamentarischen Verfahrens ergeben sich aus der Geschäftsordnung des Europäischen Parlaments (GO-EP).[53]   **17**

---

[48] *Schoo*, in: Schwarze, EU-Kommentar, Art. 294 AEUV, Rn. 19 ermittelt im AEUV 24 Anwendungsfälle der obligatorischen Anhörung des Wirtschafts- und Sozialausschusses und 15 Anwendungsfälle zur Anhörung des Ausschusses der Regionen.

[49] Zum institutionellen Selbstverständnis vgl. Stellungnahme des Wirtschafts- und Sozialausschusses, ABl. 1999, C 329/30, Ziff. 10 mit Rollenzuschreibung als »Vertreter der organisierten Zivilgesellschaft«; dazu *Arnauld*, S. 243 f.

[50] Näher *Burgi/Hölbling*, in: Streinz, EUV/AEUV, Art. 304 AEUV, Rn. 6 u. Art. 307 AEUV, Rn. 5.

[51] Dazu *Melin*, EuR 2011, 655 (677).

[52] *Burgi/Hölbling*, in: Streinz, EUV/AEUV, Art. 304 AEUV, Rn. 4 u. Art. 307 AEUV, Rn. 5.

1. Befassung der Ausschüsse

18 Am Beginn der ersten Lesung im Europäischen Parlament steht die Überweisung des Gesetzgebungsvorschlags in den zuständigen Ausschuss (Art. 47 Abs. 1 GOEP). Reklamieren mehrere Ausschüsse ihre Zuständigkeit, so ist im Wege einer **gestuften Konfliktlösung** zunächst eine Lösung auf Ebene der Konferenz der Ausschussvorsitzenden zu suchen, bevor notfalls die Präsidentenkonferenz des Europäischen Parlaments entscheidet.[54] Neben der eigentlichen politisch-inhaltlichen Bewertung des Gesetzgebungsvorschlags und der Erarbeitung von Ablehnungs- bzw. Änderungsvorschlägen umfasst das regelmäßige Arbeitsprogramm der Ausschüsse in erster Lesung auch die Frage der ausreichenden Finanzierung des Regelungsgegenstands des Gesetzgebungsvorschlags (Art. 41 GO-EP) und die Prüfung mehrerer Rechtsfragen. So hat der zuständige Ausschuss zuallererst die gewählte Rechtsgrundlage zu prüfen und bei kompetenzrechtlichen Zweifeln das Plenum zu befassen (Art. 39 Abs. 4 GO-EP). Auch auf die Einhaltung der Grundsätze von Subsidiarität und Verhältnismäßigkeit ist zu achten (Art. 42 GO-EP). Die **Subsidiaritätskontrolle** in den Ausschüssen des Europäischen Parlaments ist mit der Subsidiaritätskontrolle in den nationalen Parlamenten verschränkt.[55] So darf die Schlussabstimmung im zuständigen Ausschuss erst nach Ablauf der Acht-Wochen-Frist stattfinden, die das Subsidiaritätsprotokoll (Art. 6 Protokoll Nr. 2) für begründete Stellungnahmen der nationalen Parlamente setzt (Art. 42 Abs. 4 GO-EP). Der zuständige Ausschuss kann außerdem inhaltlich auf eine subsidiaritätsbezogene Ablehnung eines Gesetzgebungsvorschlags durch die nationalen Parlamente reagieren (Art. 42 Abs. 6 GO-EP).

19 Die Ausschussarbeit ist zudem entlang der Leitidee der Triloge (S. Rn. 32 ff.) auf eine **frühe Einigung** der am ordentlichen Gesetzgebungsverfahren beteiligten Unionsorgane ausgerichtet. Noch vor der Schlussabstimmung des Ausschusses im Rahmen der ersten Lesung werden die Kommission und der Rat mit den vom Ausschuss angenommenen Änderungsanträgen konfrontiert und zur Mitteilung ihres Standpunkts bzw. zur Abgabe einer Erklärung aufgefordert (Art. 58 Abs. 1 GO-EP). Die Ausschussarbeit mündet in die Erstellung eines Berichts zu dem Gesetzgebungsakt, zu dessen zwingenden Inhalten etwaige Änderungsanträge und der Entwurf einer legislativen Entschließung zählen (Art. 49 GO-EP).

2. Befassung des Plenums

20 Auf der Grundlage des Ausschussberichts prüft das Plenum des Europäischen Parlaments den Vorschlag für den Gesetzgebungsakt (Art. 59 Abs. 1 GO-EP). Dieser Verfahrensabschnitt ist unter legitimatorischen Gesichtspunkten von besonderer Bedeutung, da hier die **Öffentlichkeit** der Beratungen zwingend vorgeschrieben ist (Art. 15 Abs. 2 AEUV, Art. 115 Abs. 2 GO-EP). Während Art. 294 AEUV zur Willensbildung im Europäischen Parlament keine Vorgaben macht, strukturiert die **GO-EP** diese in drei alternative Richtungen. Mögliche Inhalte der legislativen Entschließung des Europäischen

---

[53] S. Nw. im Abschnitt »Wesentliche sekundärrechtliche Vorschriften«.

[54] *Best*, S. 42 am Beispiel eines Zuständigkeitsstreits zwischen dem Ausschuss für Landwirtschaft und ländliche Entwicklung und dem Ausschuss für Umweltfragen, öffentliche Gesundheit und Lebensmittelsicherheit betreffend einen Vorschlag für einen Rechtsakt zur Regulierung der Produktion und Vermarktung von Honig (2012).

[55] S. Rn. 10 ff.; außerdem *Cooper*, West European Politics 35 (2012), 441 (446): Frühwarnmechanismus der nationalen Parlamente komplementär zur Beratung im Europäischen Parlament.

Parlaments sind die Billigung, Ablehnung oder Änderung des Vorschlags der Kommission (Art. 59 Abs. 2, 60, 61 GO-EP), wobei im Parlament jeweils eine einfache Mehrheit (Mehrheit der abgegebenen Stimmen) zustande kommen muss.[56]

Umstritten ist, ob das Europäische Parlament mit einem **ablehnenden Votum** das   **21** Gesetzgebungsverfahren bereits an dieser Stelle endgültig beenden kann. Das Europäische Parlament selbst nimmt ein solches Recht für Ausnahmefälle in Anspruch.[57] Der Wortlaut des Art. 294 AEUV ist insoweit offen. Jedoch spricht die innere Systematik der Vorschrift entscheidend gegen das Recht zur verfahrensbeendenden Ablehnung an dieser Stelle des Verfahrens. Denn während Art. 294 Abs. 7 Buchst. b AEUV für die zweite Lesung im Europäischen Parlament ein Ablehnungsrecht gegenüber dem Standpunkt des Rates verbunden mit der Rechtsfolge des Nichterlasses des Gesetzgebungsakts explizit vorsieht, fehlt eine solche Regelung für die erste Lesung gerade. Dies ist im Lichte der Detailschärfe der Regelungstechnik in Art. 294 AEUV als bewusste Entscheidung des Vertragsgebers zu verstehen, zumal die verfahrensbeendende ablehnende Entscheidung in Art. 294 Abs. 7 Buchst. b AEUV die qualifizierte Mehrheit der Mitglieder des Europäischen Parlaments voraussetzt, während die Beschlussfassung in erster Lesung mit einfacher Mehrheit erfolgen kann.[58]

Auch die in der GO-EP getroffene Regelung spricht gegen das Recht zur Verfahrens-   **22** beendigung, da dort die Ablehnung des fraglichen Rechtsakts nach Nichtzurückziehen des Gesetzesvorschlags seitens der Kommission gerade nicht mit der Verfahrensbeendigung, sondern mit der Rückverweisung an den zuständigen Ausschuss verknüpft ist (Art. 60 Abs. 3 GO-EP). Ein Recht des Europäischen Parlaments zur **verfahrensbeendenden Ablehnung** besteht somit im Rahmen der Ersten Lesung nicht.[59] Gemäß Art. 294 Abs. 3 AEUV wird der Text des Gesetzgebungsvorschlags in der vom Parlament gebilligten Fassung mit der dazugehörigen legislativen Entschließung als Standpunkt des Parlaments an den Rat übermittelt, nach Art. 59 Abs. 3 GO-EP auch an die Kommission.

Der Ablauf einer konkreten Wahlperiode beendet die erste Lesung nicht. Das Euro-   **23** päische Parlament unterliegt keinem Grundsatz der **Diskontinuität**, wie er etwa für den Deutschen Bundestag gilt.[60] Eine gleichwohl in diese Richtung gehende Regelung in der Geschäftsordnung des Europäischen Parlaments[61] ist wegen fehlender Rechtsgrundlagen im Primär- und Sekundärrecht im Interorganverhältnis gegenüber Kommission und Rat unbeachtlich.[62]

---

[56] European Parliament, Conciliations and Co-Decision (s. Abschnitt »Wesentliche sekundärrechtliche Vorschriften«), S. 8.

[57] European Parliament, Conciliations and Co-Decision (s. Abschnitt »Wesentliche sekundärrechtliche Vorschriften«), S. 8 unter Verweis auf das rechtspraktische Gebrauchmachen gegenüber dem Vorschlag für eine Verordnung über europäische Statistiken über den Schutz vor Kriminalität, KOM(2011) 335 endg.

[58] *Bradley*, S. 119.

[59] S. auch *von Achenbach*, S. 172; *Schoo*, in: GSH, Europäisches Unionsrecht, Art. 294 AEUV, Rn. 27.

[60] S. zur Diskontinuität des Deutschen Bundestags nur BVerfGE 25, 167 (185); BVerfGE 15, 337 (352).

[61] S. Art. 229 Abs. 1 GO-EP: »Am Ende der letzten Tagung vor den nächsten Wahlen gelten vorbehaltlich des Absatzes 2 alle unerledigten Angelegenheiten des Parlaments als verfallen.«

[62] Näher *Härtel*, S. 398 f.; rechtspolitisch für die Einführung des Diskontinuitätsgrundsatzes *Grüner*, S. 369 ff.

II. Veränderung des ursprünglichen Entwurfs durch die Kommission

24   Hat das Europäische Parlament in seinem Standpunkt Abänderungen des ursprünglichen Gesetzesvorschlags vorgenommen, so zieht die Kommission in Betracht, das Votum des Parlaments in einer abgeänderten Version des ursprünglichen Entwurfs zu verarbeiten. Der Grund hierfür liegt in den Vorgaben des Art. 293 AEUV.[63] Die aus dieser
Vorschrift fließende institutionelle Dynamik[64] bewirkt, dass die Kommission durch Veränderung ihres ursprünglichen Gesetzgebungsvorschlags entlang der Abänderungen
des Europäischen Parlaments die **Zustimmungshürde** für die nachfolgende erste Lesung
des Rates entscheidend erhöhen oder absenken kann: Lässt die Kommission ihren ursprünglichen Gesetzesvorschlag unverändert, so kann der Rat das Zustandekommen
des Rechtsakts auf Grundlage der (abändernden) Position des Europäischen Parlaments
wegen der nunmehr auch seinerseits erforderlichen Abänderung gemäß Art. 293 Abs. 1
AEUV nur mit einstimmigem Votum erreichen. Das Einstimmigkeitskriterium wiederum ist eine rechtspraktisch mit dem Anstieg der Zahl der Mitgliedstaaten immer schwerer zu nehmende Hürde.[65]

25   Dagegen genügt im Rat auch bei Übernahme der Positionen des Parlaments eine
qualifizierte Mehrheit, wenn die Kommission ihren ursprünglichen Gesetzesvorschlag
zuvor gemäß Art. 293 Abs. 2 AEUV entsprechend geändert hat.[66] Vor diesem Hintergrund haben die Unionsorgane **interinstitutionell** vereinbart, dass die Kommission die
wechselseitigen Kontakte mit dem Ziel einer Einigung in erster Lesung unterstützt und
»in konstruktiver Weise von ihrem Initiativrecht Gebrauch [zu machen hat], um eine
Annäherung der Standpunkte des Europäischen Parlaments und des Rates unter Wahrung des interinstitutionellen Gleichgewichts und der ihr durch den Vertrag übertragenen Rolle zu fördern«.[67]

III. Erste Lesung des Rates

26   Die Festlegung des Standpunkts des Europäischen Parlaments leitet über zur ersten
Lesung des Rates. Zwar beginnen die Beratungen regelmäßig schon auf Basis des ursprünglichen Gesetzgebungsvorschlags der Kommission, der gem. Art. 294 Abs. 2
AEUV gleichzeitig bei Rat und Europäischem Parlament eingeht (S. Rn. 9). Jedoch hat
der Rat entlang der in Art. 294 Abs. 4–6 AEUV positiv festgelegten **Abfolge der Beschlussfassung**[68] sicherzustellen, dass der Standpunkt des Europäischen Parlaments Berücksichtigung findet und keine verfrühte Festlegung endgültiger inhaltlicher Positionen erfolgt.[69]

---

[63] Zur Anwendbarkeit des Art. 293 AEUV im Rahmen der ersten Lesung S. Rn. 27 f.

[64] *von Buttlar*, S. 49 ff.; näher S. Art. 293 AEUV, Rn. 1 f.

[65] *von Buttlar*, S. 72; *Thiele*, S. 276; *Wessels*, S. 664 f.; zudem S. Art. 293, Rn. 7.

[66] Exemplarisch der geänderte Vorschlag für eine Verordnung des Europäischen Parlaments und
des Rates über Insider-Geschäfte und Marktmanipulation (Marktmissbrauch), KOM(2012) 421 endg.

[67] EP/Rat/Kommission, Gem. Erklärung zum Mitentscheidungsverfahren (s. Abschnitt »Wesentliche sekundärrechtliche Vorschriften«), Ziff. 13.

[68] *Krajewski/Rösslein*, in: Grabitz/Hilf/Nettesheim, EU, Art. 294 AEUV (August 2011), Rn. 33.

[69] EuGH, Urt. v. 10.5.1995, Rs. C–417/93 (Europäisches Parlament/Rat), Slg. 1995, I–1185,
Rn. 10 f.

1. Rechtlicher Bezugspunkt

Rechtlicher Bezugspunkt der ersten Lesung des Rates ist der »Gesetzentwurf der Kom-   **27**
mission in der Fassung des **Standpunkts** des Europäischen Parlaments in erster Lesung«.
Dies bedarf besonderer Betonung, weil der Wortlaut von Art. 294 Abs. 4 u. 5 AEUV
insoweit unklar ist, als er nur auf den »Standpunkt des Europäischen Parlaments« abstellt. Nach dem Wortlaut ist auch eine Auslegung vorstellbar, nach welcher der ursprüngliche Gesetzentwurf der Kommission im Standpunkt des Europäischen Parlaments aufgeht. Dies könnte dann zur Folge haben, dass die erste Lesung des Rates kein
»Tätigwerden des Rates auf Vorschlag der Kommission« im Sinne des Art. 293 Abs. 1
AEUV darstellt, sodass diese Vorschrift mit ihrer Verschärfung des Mehrheitserforder-
nisses hin zur Einstimmigkeit überhaupt nicht anwendbar wäre.[70]

Gleichwohl gehen die Unionsorgane davon aus, dass Art. 293 Abs. 1 AEUV im Rah-   **28**
men der ersten Lesung des Rates zur Anwendung kommt.[71] Dies lässt sich mit normtext-
lich-systematischen Argumenten unterfüttern. Erstens zeigt sich im Vergleich der textlichen Ausgestaltung von erster und zweiter Lesung, dass der Vertragsgeber für die
zweite Lesung in Art. 294 Abs. 9 AEUV zur Sicherung des inhaltlichen Einflusses der
Kommission bei ihrem negativen Votum das Erfordernis der Einstimmigkeit im Rat
ausdrücklich angeordnet hat. Für die erste Lesung aber fehlt eine solche explizite Anordnung. Bei dieser **Textlage** wäre es ein Wertungswiderspruch, die Position der Kommission gegen negativ bewertete Abänderungen des Rates nur in zweiter Lesung mit
dem Einstimmigkeitserfordernis abzusichern. Vielmehr ist davon auszugehen, dass eine
explizite Einstimmigkeitsanordnung für die erste Lesung in Art. 294 AEUV gerade deshalb fehlt, weil die Vorschrift auf der Anwendbarkeit von Art. 293 Abs. 1 AEUV aufbaut.[72] Hinzu kommt ein zweites Argument: Art. 293 Abs. 1 AEUV selbst schließt ausdrücklich die Anwendbarkeit »in den Fällen nach Artikel 294 Absätze 10 und 13« aus,
ordnet also an, dass die Einstimmigkeitsbindung des Rates im Vermittlungsverfahren
nicht greifen soll. In diesem Anwendungsausschlusses wird deutlich, dass der Vertragsgeber von der grundsätzlichen Anwendbarkeit des Art. 293 Abs. 1 AEUV auch innerhalb des Art. 294 AEUV ausgeht, denn andernfalls hätte es der Regelung nicht bedurft.
Damit zeigt der auf Art. 294 Abs. 10 u. 13 AEUV beschränkte Anwendungsausschluss,
dass es nach den Wertungen des Vertragsgebers gerade in der hier streitigen ersten
Lesung (Art. 294 Abs. 4 u. 5 AEUV) bei der Anwendbarkeit des Art. 293 Abs. 1 AEUV
bleiben soll.

2. Beratung

Die Beratung innerhalb des Rates ist davon gekennzeichnet, dass die Positionen von 28   **29**
mitgliedstaatlichen Regierungen deliberativ zu verarbeiten und zu bündeln sind. Von
zentraler Bedeutung ist dabei die **rollierende Ratspräsidentschaft**, welche übergreifend
die notwendige Abstimmung und Konsensbildung zwischen den Mitgliedstaaten beför-

---

[70] *Bradley*, S. 97, 120; *Schütze*, European Constitutional Law, 2012, S. 171; *von Achenbach*,
S. 174; *Hetmeier*, in: Lenz/Borchardt (Hrsg.), EU-Verträge, Art. 294 AEUV, Rn. 8; wohl auch *Kluth*,
in: Calliess/Ruffert, EUV/AEUV, Art. 294 AEUV, Rn. 12.
[71] Vgl. Art. 63 Abs. 1 GO-EP; European Parliament, Conciliations and Co-Decision (s. Abschnitt
»Vorschriften«), S. 9.
[72] Im Ergebnis wie hier *Krajewski/Rösslein*, in: Grabitz/Hilf/Nettesheim, EU, Art. 294 AEUV
(August 2011), Rn. 36.

dert.[73] Bei der konkreten Gesetzgebungsarbeit steht der Ständige Ausschuss der Mitgliedstaaten (Coreper) im Vordergrund,[74] in dessen beiden Untergruppen Coreper I und Coreper II Vertreter der Ratspräsidentschaft den Vorsitz führen.[75] Nach eingeführter Verfahrensweise werden alle Aspekte eines Regelungsvorhabens, zu denen innerhalb des Coreper Einigkeit erzielt wurde, als »A-Punkte« ausgewiesen und typischerweise vom Rat ohne Diskussion beschlossen; nur streitig gebliebene »B-Punkte« kommen in der Sache auf die Agenda des Rates.[76] Damit kommt die Verpflichtung zur **Öffentlichkeit** des Rates bei Beratung und Abstimmung über Entwürfe zu Gesetzgebungsakten gemäß Art. 16 Abs. 8 Satz 1 EUV, Art. 15 Abs. 1, 2. Hs. AEUV in einem erheblichen Teil des Gesetzgebungsvorhabens nur sehr eingeschränkt zum Tragen.[77]

30	Inwieweit der Rat berechtigt ist, Einzelaspekte eines Gesetzesvorschlags der Kommission für ein ordentliches Gesetzgebungsverfahren aus diesem herauszulösen und nach einem besonderen Gesetzgebungsverfahren oder anderweitigen vertragsunmittelbaren Rechtsetzungsverfahren zu regeln, ist umstritten. Der Rat nimmt ein solches Recht für sich in Anspruch.[78] Die Kommission vertritt unter Verweis auf ihr ausschließliches Initiativrecht die gegenläufige Rechtsauffassung.[79] Richtigerweise ist davon auszugehen, dass der Rat grundsätzlich den **Gesetzgebungsvorschlag** der Kommission aufspalten darf. Denn die **Aufspaltung** steht materiell der in Art. 293 Abs. 1 AEUV ausdrücklich vorgesehenen Abänderung des Kommissionsvorschlags durch den Rat gleich. Maßgeblich ist demnach zuvörderst die Einhaltung der in Art. 293 Abs. 1 AEUV niedergelegten formellen Voraussetzung der Einstimmigkeit.[80] Eine äußere inhaltliche Grenze für die Aufspaltung liegt darin, dass der Rechtsakt auch in der vom Rat beschlossenen Fassung noch innerhalb des Anwendungsbereichs des ursprünglichen Vorschlags der Kommission liegen muss.[81]

3. Beschlussfassung

31	Mündet die Beratung des Rates in die Billigung des Standpunkts des Europäischen Parlaments, so ist der betreffende Rechtsakt gem. Art. 294 Abs. 4 AEUV in der Fassung des Standpunkts des Europäischen Parlaments erlassen. Lehnt der Rat dagegen die Billigung des Standpunkts des Parlaments ab, so hat er gem. Art. 294 Abs. 5 AEUV seinen Standpunkt in erster Lesung festzulegen und ihn dem Parlament zu übermitteln. Bei der Beschlussfassung des Rates greift grundsätzlich gemäß Art. 16 Abs. 3 EUV das Erfor-

---

[73] *Best*, S. 54; *Wessels*, S. 665.

[74] *von Achenbach*, S. 177.

[75] *Hummer/Obwexer*, in: Streinz, EUV/AEUV, Art. 240 AEUV, Rn. 15.

[76] *Best*, S. 55; nach *Wessels*, S. 666 m. w. N. umfassen die A-Sachen zwei Drittel aller Vorlagen.

[77] Vgl. *Härtel*, EnzEuR, Bd. 1, § 11, Rn. 154.

[78] Vgl. Vorgehen des Rates bei Erlass der Verordnung (EU) Nr. 1243/2012 des Rates vom 19.12.2012 zur Änderung der Verordnung (EG) Nr. 1342/2008 zur Festlegung eines langfristigen Plans für die Kabeljaubestände und die Fischereien, die diese Bestände befischen, ABl. 2012, L 352/10; dazu im Tatbestand von EuGH, Urt. v. 1.12.2015, verb. Rs. C–124/13 u. C–125/13 (Europäisches Parlament u. Kommission/Rat), ECLI:EU:C:2015:790, Rn. 20 f., 38 f.

[79] Vgl. den Klagevortrag der Kommission in EuGH, Urt. v. 1.12.2015, verb. Rs. C–124/13 u. C–125/13 (Europäisches Parlament u. Kommission/Rat), ECLI:EU:C:2015:790, Rn. 37

[80] Schlussanträge des Generalanwalts *Wahl* v. 21.5.2015, verb. Rs. C–124/13 u. C–125/13 (Europäisches Parlament u. Kommission/Rat), ECLI:EU:C:2015:337, Nr. 93 mit Fn. 26.

[81] Vgl. EuGH, Urt. v. 11.11.1997, Rs. C–408/95 (Eurotunnel), Slg. 1997, I–6315, Rn. 37 ff.; Schlussanträge des Generalanwalts *Wahl* v. 21.5.2015, verb. Rs. C–124/13 u. C–125/13 (Europäisches Parlament u. Kommission/Rat), ECLI:EU:C:2015:337, Nr. 93 mit Fn. 26.

dernis der **qualifizierten Mehrheit**. Die Berechnung der qualifizierten Mehrheit wiederum befindet sich gegenwärtig im Umbruch. Traditionell wurden den Mitgliedstaaten in Korrelation zur Bevölkerungszahl bestimmte Stimmzahlen zugeordnet.[82] Gemäß Art. 16 Abs. 4 UAbs. 1 EUV gilt seit dem 1.11.2014 das Prinzip der **doppelten Mehrheit**: Erstens müssen mindestens 55 % der Mitgliedstaaten, gebildet aus mindestens 15 Mitgliedern, eine bestimmte Position unterstützen. Zweitens müssen diese Mitgliedstaaten zusammen mindestens 65 % der Bevölkerung der Union ausmachen. Jedoch sind besondere Übergangsvorschriften zu beachten. Nach Art. 3 Abs. 2 Übergangsprotokoll zum Vertrag von Lissabon[83] kann bis zum 31. März 2017 jeder Mitgliedstaat bei jeder mit qualifizierter Mehrheit zu treffenden Entscheidung verlangen, dass die qualifizierte Mehrheit nach der in Art. 3 Abs. 3 Übergangsprotokoll enthaltenen Tabelle berechnet wird, die strukturell, wenn auch nicht numerisch der Berechnungsweise in Art. 205 Abs. 2 EG-Vertrag i.d.F. v. Nizza entspricht.[84] Zum Schluss der ersten Lesung ist auch die Kommission verpflichtet, das Europäische Parlament über ihren Standpunkt zu unterrichten (Art. 294 Abs. 6 Satz 2 AEUV).

IV. Rechtspraktische Überlagerung durch »Triloge«

1. Grundzüge

Die Vorgaben in Art. 294 AEUV an die erste Lesung werden zunehmend überlagert durch einen Prozess der **»formalisierten Informalisierung«**. Unter dem Oberbegriff der »Triloge« hat sich ein weitreichendes System der informellen interinstitutionellen Kommunikation zwischen Kommission, Rat und Europäisches Parlament herausgebildet.[85] Dabei kommt in der Rechtspraxis jeweils ein kleiner Kreis von Spitzenvertretern der Unionsorgane zusammen, dem typischerweise die Vorsitzenden der einschlägigen Formation von Coreper als Vertreter der Ratspräsidentschaft, hochrangige Mitglieder der zuständigen Generaldirektion der Kommission und mehrere Vertreter des zuständigen Ausschusses des Europäischen Parlaments angehören.[86] Der historische Ursprung der »Trilogisierung« liegt in den ersten Jahren nach Einführung des Mitentscheidungsverfahrens mit dem Vertrag von Maastricht (S. Art. 289 AEUV, Rn. 9), durch den das Europäische Parlament zum Mitgesetzgeber aufgestiegen war.[87] Zunächst hatten sich informell dreiseitige Kommunikationsforen herausgebildet, die im Vorfeld der Sitzungen des Vermittlungsausschusses stattfanden.[88] Später erfolgte eine graduelle Formalisierung. Die **interinstitutionelle Vereinbarung** »Bessere Rechtsetzung« von Europäischem Parlament, Rat und Kommission aus dem Jahr 2003 würdigte die große Bedeutung der informellen Rechtsetzungsvorbereitung und postulierte einen »Dialog der Ausschüsse und des Plenums des Europäischen Parlaments mit dem Vorsitz des Rates und der Kommission«.[89]

32

---

[82] Vgl. Art. 205 Abs. 2 EG-Vertrag i.d.F. v. Nizza.
[83] Protokoll Nr. 36 (s. Abschnitt »Vorschriften«).
[84] *Obwexer*, in: Streinz, EUV/AEUV, Art. 16 EUV, Rn. 59.
[85] Nach *Best*, S. 70 fanden im ersten Halbjahr 2013 insgesamt 374 Triloge statt.
[86] Vgl. Art. 73 Abs. 3 GO-EP.
[87] *Böhner*, ZG 16 (2001), 85 (87) datiert den Beginn der »Trilogisierung« auf das zweite Halbjahr 1995.
[88] *Craig/De Burca*, S. 128.
[89] EP/Rat/Kommission, IIV »Bessere Rechtsetzung« (s. Abschnitt »Wesentliche sekundärrechtliche Vorschriften«), Ziff. 6.

33   Die Gemeinsame Erklärung der drei Organe zu den praktischen Modalitäten des Mitentscheidungsverfahrens von 2007 bezog sich dann vor dem Hintergrund des Ziels der »möglichst in erster Lesung« erfolgenden Annahme des Rechtsakts explizit und ausdrücklich auf die Zusammenarbeit in Form von »Trilogen«.[90] Das »Trilog-System« habe sich als »leistungsfähig und flexibel erwiesen, indem es die Möglichkeiten zur Einigung in den Stadien der ersten und der zweiten Lesung wesentlich verbessert und zur Vorbereitung der Arbeiten des Vermittlungsausschusses beigetragen hat«.[91] Eine **empirische** Untersuchung der Jahre 1999–2007 besagt, dass das Trilog-System in diesem Zeitraum bei 76 % aller Gesetzentwürfe der Kommission im ordentlichen Gesetzgebungsverfahren zur Anwendung kam.[92] Befördert durch die positive Bewertung aller drei Organe hat sich die Bedeutung informeller Verfahren im ordentlichen Gesetzgebungsverfahren nach 2007 weiter verstärkt, sodass die Zahl der in erster Lesung verabschiedeten Rechtsakte von 28 % in der Wahlperiode 1999–2004 bis auf 85 % in der Wahlperiode 2009–2014 anstieg.[93]

2. Verfassungsrechtliche Problematik

34   Der Aufstieg des Trilog-Systems ist verfassungsrechtlich nicht unbedenklich. Dabei sind drei Gesichtspunkte zu problematisieren. Erstens verengt die Informalisierung, verstärkt durch die mit der Fokussierung auf die erste Lesung einhergehende Verkürzung des ordentlichen Gesetzgebungsverfahrens, den kommunikativen Resonanzraum der in Europäischem Parlament und Rat zu führenden Debatte, deren Öffentlichkeit in Art. 15 Abs. 2 AEUV und Art. 16 Abs. 8 EUV primärrechtlich vorgegeben ist. Die **Transparenz** des Gesetzgebungsverfahrens wird geschwächt.[94] Zweitens birgt die Orientierung am Trilog-System die Gefahr, dass durch die Hegemonie einer kleinen Zahl von Schlüsselfiguren in den beteiligten Organen zahlreiche Mitglieder des Europäischen Parlaments und des Rates aus dem interinstitutionellen Dialog ausgeschlossen werden.[95] Drittens droht eine Verschiebung des in den Verträgen austarierten **institutionellen Gleichgewichts** in der Europäischen Union zugunsten der vom Trilog-System am stärksten profitierenden Kommission[96] und zulasten des Europäischen Parlaments und des Rates.

35   Die verfassungsrechtliche Bewertung hängt von der Bestimmung des Gestaltungsfreiraums ab, den die Verträge für die interinstitutionelle Ausgestaltung des ordentlichen Gesetzgebungsverfahrens durch die Unionsorgane belassen. Dabei fällt ins Auge, dass der Vertragsgeber den rechtspraktischen **Gestaltungsfreiraum** gegenüber der Ursprungsfassung des Mitentscheidungsverfahrens (Vertrag von Maastricht) mit dem Vertrag von Amsterdam erheblich erhöht hat, indem dort die Möglichkeit der verfahrensabschließenden Einigung in erster Lesung geschaffen wurde.[97] Seitdem liegt es bei den Unionsorganen, statt der klassischen Form der Abfolge mehrerer Lesungen das Verfahren zu einem deutlich schnelleren Ende zu bringen.

---

[90] EP/Rat/Kommission, Gem. Erklärung zum Mitentscheidungsverfahren (s. Abschnitt »Wesentliche sekundärrechtliche Vorschriften«).

[91] EP/Rat/Kommission, Gem. Erklärung zum Mitentscheidungsverfahren (s. Abschnitt »Wesentliche sekundärrechtliche Vorschriften«), Ziff. 7.

[92] Nw. bei *Chalmers/Davies/Monti*, S. 121.

[93] S. Rn. 5 zur genauen Statistik.

[94] *Chalmers/Davies/Monti*, S. 123; *Huber/Shackleton*, JEPP 20 (2013), 1040 (1047); *Schoo*, in: GSH, Europäisches Unionsrecht, Art. 294 AEUV, Rn. 27.

[95] *Craig/De Burca*, S. 128; *Huber/Shackleton*, JEPP 20 (2013), S. 1040 (1048 f.); *Best*, S. 70.

[96] *Chalmers/Davies/Monti*, S. 123 (»…the big winner of trilogues is the Commission…«).

[97] S. Art. 289 AEUV, Rn. 11.

                Johannes Saurer

Vor dem Hintergrund dieses weiten Gestaltungsfreiraums ist keiner der genannten   **36**
problematischen Gesichtspunkte so stark ausgeprägt, dass hieraus ein Verstoß gegen das
Unionsverfassungsrecht gefolgert werden könnte.[98] Jedoch ist auf rechtspolitischer
Ebene über Verbesserungen der demokratischen und rechtsstaatlichen Qualität des Trilog-Systems nachzudenken. Zu befürworten ist der Vorschlag, zur Erhöhung der **Transparenz** die Durchführung einzelner Triloge öffentlich zu machen, das Verhandlungsmandat des Europäischen Parlaments zu veröffentlichen und im Rahmen der Gesetzgebungsarbeit des Rates die Sitzungen von Coreper und einzelner Arbeitsgruppen in
Liveübertragungen im Internet zugänglich zu machen.[99]

D. Zweite Lesung (Abs. 7–9)

I. Zweite Lesung des Europäischen Parlaments

1. Ablauf

Ist eine Einigung in der ersten Lesung nicht zustande gekommen, so beginnt mit der   **37**
Übermittlung des Standpunkts des Rates an das Europäische Parlament die zweite Lesung. Die **rechtspraktische** Bedeutung der zweiten Lesung als Ort der Deliberation und
Entscheidungsfindung ist im Gegenzug zum Aufstieg des Trilog-Systems erheblich zurückgegangen. Der Anteil der hier zustande gekommenen Rechtsakte sank von etwa
50 % im Zeitraum 1999–2004 auf einstellige Prozentwerte im Zeitraum 2009–2014.[100]
Auch in der zweiten Lesung kommt dem federführenden Ausschuss eine zentrale Rolle
in der Erarbeitung der politischen Haltung des Europäischen Parlaments zu. Demgemäß
erfolgt unmittelbar mit der Übermittlung des Standpunkts des Rates die automatische
Überweisung an den federführenden Ausschuss des Europäischen Parlaments (Art. 66
Abs. 1 GO-EP). Dieser hat eine Empfehlung für die zweite Lesung zu erarbeiten einschließlich eines begründeten Vorschlags, den vom Rat festgelegten Standpunkt zu billigen, zu ändern oder abzulehnen (Art. 66 Abs. 6 GO-EP).

Anders als in der ersten Lesung sind die Beratungen des Europäischen Parlaments in   **38**
der zweiten Lesung fristgebunden. Art. 294 Abs. 7 AEUV statuiert insoweit eine Frist
von drei Monaten. Die fristauslösende »Übermittlung« des Standpunkts des Rates erfolgt gem. Art. 64 Abs. 1 GO-EP, indem der Präsident des Europäischen Parlaments ihn
in der Plenarsitzung des Parlaments bekannt gibt.[101] Gemäß Art. 294 Abs. 14 AEUV ist
eine **Fristverlängerung** von höchstens vier Wochen möglich. In der Sache eröffnet
Art. 294 Abs. 7 AEUV dem Europäischen Parlament drei Entscheidungsalternativen.
Art. 294 Abs. 7 Buchst. a AEUV begünstigt die erstgenannte Alternative der »Billigung
des Rechtsakts«, indem hier die einfache Mehrheit der abgegebenen Stimmen ausreicht.

---

[98] Vgl. *Schoo*, in: GSH, Europäisches Unionsrecht, Art. 294 AEUV, Rn. 27.

[99] *Huber/Shackleton*, JEPP 20 (2013), 1040 (1052).

[100] Conciliations and Codecisions, Statistics on concluded codecision procedures, www.europal.
euroopa.eu/code/about/statistics_en.htm (18.12.2014): Im Zeitraum 2009–2014 wurden 5 % der
Rechtsakte in zweiter und 2 % dritter Lesung verabschiedet; vgl. zudem die statistischen Angaben S.
Rn. 5.

[101] A.A. Generalsekretariat des Rates, Leitfaden für das ordentliche Gesetzgebungsverfahren,
2011, S. 9: Fristbeginn an dem Tag, an dem der vom Rat in erster Lesung festgelegte Standpunkt vom
Europäischen Parlament entgegengenommen wird.

Zudem fördert die Vorschrift das Zustandekommen durch die »Rechtsfolgefiktion«[102] der Behandlung einer Nichtäußerung als Billigung, wobei auch der Fall des Versäumnisses der o. g. Beratungsfrist von drei Monaten als Nichtäußerung zu behandeln ist.[103] Demgegenüber kann das in Art. 294 Abs. 7 Buchst. b AEUV konstituierte echte **Vetorecht** als zweite Entscheidungsmöglichkeit des Europäischen Parlaments[104] nur mit Mehrheit der Mitglieder ausgeübt werden, ebenso die in Art. 294 Abs. 7 Buchst. c AEUV genannte dritte Alternative des Vorschlags von Abänderungen am Standpunkt des Rates.

39   Art. 294 Abs. 7 Buchst. c AEUV sieht vor, dass die Kommission eine **Stellungnahme** zu den Abänderungen abgibt, die das Europäische Parlament an dem Standpunkt des Rates in erster Lesung vorgenommen hat. Dabei ist der Kommission nunmehr gemäß Art. 293 Abs. 2 AEUV keine Abänderung ihres ursprünglichen bzw. in erster Lesung geänderten Gesetzesvorschlags mehr möglich, weil inzwischen ein Beschluss des Rates vorliegt.[105] Dem normativ beschränkten **Entscheidungsfreiraum** entspricht es, dass sich die Kommission selbst gegenüber dem Europäischen Parlament verpflichtet hat, die in zweiter Lesung angenommenen Abänderungen des Parlaments »weitestgehend zu berücksichtigen«.[106] Diese Verpflichtung ist prozedural und materiellrechtlich gesichert: Die Nichtberücksichtigung bedarf der Beratung im Kollegium und »wichtiger Gründe«, die vor dem Parlament und in der Stellungnahme der Kommission gemäß Art. 294 Abs. 7 Buchst. c AEUV zu den Abänderungen des Parlaments darzulegen sind.

2. Bedeutung in der Rechtsprechung des Bundesverfassungsgerichts

40   Für das Bundesverfassungsgericht ist die Regelung des Art. 294 Abs. 7 Buchst. a AEUV von zentraler Bedeutung für das Gesamtverständnis des Europäischen Parlaments. In seinem Urteil v. 9. 11. 2011 zur **Fünf-Prozent-Sperrklausel** im deutschen Europawahlgesetz umreißt das Bundesverfassungsgericht in einer zentralen Passage die Rolle des Europäischen Parlaments im ordentlichen Gesetzgebungsverfahren.[107] Dabei folgert das Bundesverfassungsgericht aus dem Zustandekommen des Rechtsakts bei Nichtäußerung des Parlaments gem. Art. 294 Abs. 7 Buchst. a AEUV, dass die »Zustimmung des Europäischen Parlaments […] für das Zustandekommen eines Rechtsaktes im ordentlichen Gesetzgebungsverfahren mithin nicht zwingend« sei.[108] Vielmehr sei »die unionale Gesetzgebung nach dem Primärrecht so konzipiert, dass sie nicht von bestimmten Mehrheitsverhältnissen im Europäischen Parlament« abhänge. Damit entfalle »ein zentraler Grund für die Rechtfertigung der Fünf-Prozent-Sperrklausel«.[109] In Verbindung mit weiteren Argumenten, wie insbesondere der fehlenden Abhängigkeit der Regierungsbildung in der Europäischen Union vom Europäischen Parlament, zählt die Ana-

---

[102] *Krajewski/Rösslein*, in: Grabitz/Hilf/Nettesheim, EU, Art. 294 AEUV (August 2011), Rn. 48.

[103] *Gellermann*, in: Streinz, EUV/AEUV, Art. 294 AEUV, Rn. 34

[104] *Krajewski/Rösslein*, in: Grabitz/Hilf/Nettesheim, EU, Art. 294 AEUV (August 2011), Rn. 49.

[105] *Schoo*, in: Schwarze, EU-Kommentar, Art. 294 AEUV, Rn. 38.

[106] Rahmenvereinbarung Europäisches Parlament/Kommission vom 20. 10. 2010 (s. Abschnitt »Wesentliche sekundärrechtliche Vorschriften«), Ziff. 37.

[107] BVerfGE 129, 300 (337 f.).

[108] BVerfGE 129, 300 (338).

[109] BVerfGE 129, 300 (338); anders noch die Annahme der Verfassungsmäßigkeit der Fünf-Prozent-Sperrklausel bei BVerfGE 51, 222, 246 f.

lyse des Art. 294 Abs. 7 Buchst. a AEUV zu den tragenden Gründen für die Nichtiger-klärung der Fünf-Prozent-Sperrklausel im früheren § 2 Abs. 7 EuWG.[110]

Jedoch überzeugt die Heranziehung des Art. 294 Abs. 7 Buchst. a AEUV zur Ent-   **41** kräftung der wesentlichen Rechtfertigung für die Sperrklausel im Europawahlrecht (drohende Funktionsbeeinträchtigung des Europäischen Parlaments infolge Zersplit-terung des Parteienspektrums) aus mehreren Gründen nicht.[111] Zunächst trägt die Ar-gumentation des Bundesverfassungsgerichts dem Umstand nicht hinreichend Rech-nung, dass der Vertragsgeber den heutigen Art. 294 AEUV mit der Ermöglichung des Verfahrensabschlusses in erster Lesung bewusst für die Ausgestaltung durch die Uni-onsorgane geöffnet hat.[112] Den eingeräumten Gestaltungsspielraum haben die Unions-organe mit der Herausbildung des »Trilog«-Systems genutzt (S. Rn. 32 f.). Die der »Tri-logisierung« eigene, überdeutliche Konzentration des ordentlichen Gesetzgebungsver-fahrens auf die erste Lesung[113] zeigt, dass der in zweiter Lesung angesiedelte Art. 294 Abs. 7 Buchst. a AEUV einen rechtspraktischen **Ausnahmefall** mit sehr begrenzter Aus-sagekraft für das Gesamtverständnis des Europäischen Parlaments unter dem Vertrag von Lissabon betrifft.[114]

Hinter dem Abstellen auf den Verfahrensbeitrag des Europäischen Parlaments in der   **42** Variante des Verfahrensabschlusses gemäß Art. 294 Abs. 7 Buchst. a AEUV drohen andere Verfahrensbeiträge aus dem Blick zu geraten.[115] Dies gilt insbesondere für den Standpunkt des Europäischen Parlaments in erster Lesung. Dieser in Art. 294 Abs. 3 AEUV in das Verfahrenszentrum gerückte erste Willensakt des Unionsgesetzgebers nach Zugang des Gesetzentwurfs der Kommission erfordert konstitutiv ein positives parlamentarisches **Mehrheitsvotum**, was seinerseits eine effektive Bündelung der poli-tischen Positionen durch funktionsfähige Fraktionen im Europäischen Parlament vor-aussetzt.[116] Auch das Erfordernis der spiegelbildlichen Repräsentation des Europäischen Parlaments im Vermittlungsausschuss[117] unterstreicht den Bedarf nach einem Mindest-maß an innerparlamentarischer Strukturierung und Ordnung.

Durchgreifenden Einwänden begegnet das konkrete Argument, wonach »[d]ie Zu-   **43** stimmung des Europäischen Parlaments […] für das Zustandekommen eines Rechtsak-tes im ordentlichen Gesetzgebungsverfahren mithin nicht zwingend ist, da der Rechts-akt […], auch dann als erlassen gilt, wenn sich das Parlament in der zweiten Lesung zum Standpunkt des Rates nicht äußert oder den Ratsvorschlag nicht mit der Mehrheit seiner

---

[110] BVerfGE 129, 300 (343); bestätigend BVerfG, NVwZ 2014, 439, 441 ff.; explizit aufgegriffen wird das Argument aus Art. 294 Abs. 7 Buchst. a AEUV dabei nur im Sondervotum des Richters Müller, a. a. O., 446 (449).

[111] Zustimmend dagegen *Morlok*, JZ 2012, 76 (78); *Roßner*, NVwZ 2012, 22 (24); wohl auch *Ehlers*, ZG 2012, 188 (197); *Lembcke/Peuker/Seifarth*, DVBl 2012, 401 (406).

[112] Erstmals im Vertrag von Amsterdam, s. dazu *Best*, S. 70; *Maurer*, S. 70 f. und s. Art. 289 AEUV, Rn. 9.

[113] Dazu auch das Bundesverfassungsgericht selbst, s. BVerfGE 129, 300 (333).

[114] Vgl. die Kritik von *Schönberger*, JZ 2012, 80 (84).

[115] Dazu das Sondervotum der Richter Di Fabio und Mellinghoff BVerfGE 129, 300 (353 f.) mit Anerkennung des Erfordernisses der Handlungsfähigkeit des Europäischen Parlaments zur Durchset-zung politischer Positionen gerade im ordentlichen Gesetzgebungsverfahren.

[116] In diese Richtung die Kritik des BVerfG bei *Geerlings/Hamacher*, DÖV 2012, S. 671 (676); *Felten*, EuR 2014, S. 298 (318); *Grzeszick*, ZG 2014, 239 (257 f.); *Gundel*, BayVBl. 2014, 586 (587); *Haug*, ZParl 2014, 467 (476 f.).

[117] Vgl. Art. 71 Abs. 2 S. 1 GO-EP: »Die politische Zusammensetzung der Delegation entspricht der Fraktionszusammensetzung des Parlaments.«; dazu auch Rn. 48.

Mitglieder ablehnt [...].«[118] Hier bildet das Gericht einen kategorialen Gegensatz zwischen dem zustimmungsabhängigen Zustandekommen eines Rechtsakts und seinem »als Erlassen gelten« infolge näher festgelegter Ereignisse. Diese Gegensatzbildung überzeugt jedoch nicht. Denn die hier vom Bundesverfassungsgericht thematisierte rechtliche **Fiktion** der Zustimmung ist gerade kein Kontrastprogramm, sondern vielmehr eine rechtstechnische Variante des Zustandekommens des Gesetzgebungsakts im Wege der aktiven Befürwortung.[119] Dem entspricht es, dass die Gesetzgebungsakte der Union unabhängig davon, ob das Gesetzgebungsverfahren gemäß Art. 294 Abs. 7 Buchst. a AEUV oder in einer anderen in Art. 294 AEUV vorgesehene Variante abgeschlossen wurde, die exakt selbe Rechtsqualität aufweisen.[120] Hinzu kommt, dass auch dem deutschen Verfassungsrecht die Rechtstechnik der Fiktion im Gesetzgebungsverfahren nicht gänzlich unbekannt ist, ohne dass dies die Verfassungsmäßigkeit von Sperrklauseln zur Bundestagswahl in Frage zu stellen geeignet wäre. So ermöglicht die Fiktion der Beschlussfähigkeit des Plenums des Deutschen Bundestags gemäß § 45 Abs. 2 GO-BT, dass Bundesgesetze empirisch mit der Zustimmung von nur wenigen der regelmäßig über 600 Abgeordneten des Deutschen Bundestags zustande kommen können.[121]

44   Schließlich bedarf besonderer Würdigung, dass die hier streitige Fiktion der Zustimmung des Europäischen Parlaments in engem systematischen Zusammenhang zu der vertraglichen **Drei-Monatsfrist** für die Beratung (S. Rn. 38) steht. Die textlich und inhaltlich unmittelbar verknüpfte Regelung beider Aspekte in Art. 294 Abs. 7 AEUV zeigt, dass der Telos der Rechtsfiktion mindestens ebenso sehr in der Beschleunigung des Gesetzgebungsverfahrens durch Sanktionierung von Fristverstößen liegt[122] wie in der Erleichterung der Entscheidungsfindung im heterogen zusammengesetzten Europäischen Parlament.

II. Zweite Lesung des Rates

45   Auf Grundlage der Abänderungen des Europäischen Parlaments am Standpunkt des Rates aus der ersten Lesung findet die zweite Lesung des Rates statt. Wie bei der zweiten Lesung des Europäischen Parlaments gilt gemäß Art. 294 Abs. 7 AEUV eine Frist von drei Monaten, die gem. Art. 294 Abs. 14 AEUV um höchstens vier Wochen verlängert werden kann. Rechtsfolge der **Verfristung** ist allerdings nicht wie bei der Beratung des Parlaments das Zustandekommen des Rechtsakts, sondern die Überleitung in das Vermittlungsverfahren.[123] Gemäß Art. 294 Abs. 8 Buchst. a AEUV kann der Rat den frag-

---

[118] BVerfGE 129, 300 (338).

[119] S. *Hrbek*, integration 2013, 259 (273) mit Kritik der zugrundeliegenden empirischen Annahmen zur parlamentarischen Beratungskultur.

[120] So knüpft Art. 263 Abs. 1 Satz. 1 AEUV für den Streitgegenstand der Nichtigkeitsklage ohne weitere Differenzierung an den Rechtsbegriff des »Gesetzgebungsakts« an (S. Art. 289 AEUV, Rn. 39 ff.).

[121] Billigung durch BVerfGE 44, 308, 315 f.; zustimmend *Morlok*, in: Dreier, Grundgesetz, 2. Bd., Art. 42 GG, Rn. 33; *Magiera*, in: Sachs, Grundgesetz, Art. 42, Rn. 11; *Müller-Terpitz*, in: Bonner Kommentar zum GG, Art. 42 GG (Dezember 2013), Rn. 83; mit Annahme einer Mindestanwesenheit von 5% der Abgeordneten (Untergrenze der Herbeiführbarkeit der Feststellung der Beschlussunfähigkeit, § 45 GOBT) *Brocker*, in: BeckOK GG, Art. 42 GG, Rn. 20.5.

[122] *Krajewski/Rösslein*, in: Grabitz/Hilf/Nettesheim, EU, Art. 294 AEUV, Rn. 46.

[123] *Gellermann*, in: Streinz, EUV/AEUV, Art. 294 AEUV, Rn. 34; *Krajewski/Rösslein*, in: Grabitz/Hilf/Nettesheim, EU, Art. 294 AEUV (August 2011), Rn. 54.

lichen Rechtsakt in zweiter Lesung zustande bringen, indem er alle Abänderungen des Europäischen Parlaments an seinem Standpunkt aus erster Lesung vollständig billigt. Hierfür ist grundsätzlich eine qualifizierte Mehrheit im Rat erforderlich. Das Mehrheitserfordernis verdichtet sich gem. Art. 294 Abs. 9 AEUV zum **Einstimmigkeitserfordernis** soweit es um Abänderungen geht, zu denen die Kommission eine ablehnende Stellungnahme abgegeben hat. Motiv dieser Regelung ist die Verlängerung des verfahrensgestaltenden Einflusses der Kommission über das Entwurfsstadium hinaus. Allerdings stößt das Einstimmigkeitsgebot des Art. 294 Abs. 9 AEUV wegen Zweifeln an der systematischen Folgerichtigkeit auf rechtspolitische Kritik.[124] Auch im Rahmen der zweiten Lesung finden informelle Absprachen im Rahmen des Trilog-Systems statt.[125]

E. Vermittlung (Abs. 10–12)

Kommt im Rat in zweiter Lesung eine vollständige Billigung der Abänderungen des Europäischen Parlaments nicht zustande, so führt dies gemäß Art. 294 Abs. 8 Buchst. a AEUV zur Einberufung des **Vermittlungsausschusses**. Mit dem Vermittlungsverfahren eröffnet der AEUV eine Form der institutionalisierten Konfliktlösung im Verhältnis der beiden Gesetzgebungsorgane Parlament und Rat.[126] Die rechtspraktische Bedeutung ist spiegelbildlich zum Aufstieg des informellen Konfliktlösungssystems der Triloge in neuerer Zeit erheblich zurückgegangen. Wurde im Zeitraum 1999–2004 noch über ein Fünftel aller Rechtsakte durch Vermittlung beschlossen, so sank dieser Anteil seit 2004 sukzessive auf einen niedrigen einstelligen Prozentwert.[127]   **46**

Im funktionalen Austausch des Vermittlungsverfahrens durch das System der Triloge bestätigt sich besonders deutlich, dass die **Trilogisierung** eine Stärkung der Kommission bedeutet.[128] Während die Kommission im Vermittlungsverfahren gem. Art. 294 Abs. 10–12 AEUV ihr Recht zum Rückzug ihres Gesetzesentwurfs längst verloren hat und den Rat nicht mehr an der Abstimmung mit qualifizierter Mehrheit zu hindern vermag,[129] steht sie mit voller Gestaltungsmacht im Zentrum des Trilog-Systems mit seiner Fokussierung auf eine Einigung in erster Lesung.   **47**

Gemäß Art. 294 Abs. 10 AEUV liegt die Aufgabe des Vermittlungsverfahrens darin, in der Zusammenführung der im Ausgangspunkt divergierenden Positionen eine Einigung zu erzielen.[130] Für den **Einigungsprozess** steht ein Zeitraum von sechs Wochen zur Verfügung. Der Vermittlungsausschuss besteht gemäß Art. 294 Abs. 10 AEUV aus den Mitgliedern des Rates oder deren Vertretern und einer ebenso großen Zahl von Mitgliedern des Europäischen Parlaments. Im gegenwärtigen Entwicklungsstand der EU gehören dem Ausschuss demgemäß 28 Vertreter des Rates und 28 Vertreter des Europäischen Parlaments an, insgesamt also 56 Mitglieder.[131] Die Zusammensetzung der   **48**

---

[124] *Schoo*, in: GSH, Europäisches Unionsrecht, 7. Aufl. 2015, Bd. 4, Art. 293 AEUV, Rn. 16; Hetmeier, in: Lenz/Borchardt (Hrsg.), EU-Verträge, Art. 294 AEUV, Rn. 14.

[125] EP/Rat/Kommission, Gem. Erklärung zum Mitentscheidungsverfahren (s. Abschnitt »Wesentliche sekundärrechtliche Vorschriften«), Ziff. 19 ff.

[126] *Rutschmann*, S. 66 f.

[127] S. Statistik Rn. 5.

[128] S. Fn. 94.

[129] GA *Geelhoed*, Schlussanträge zu Rs. C–344/04 (IATA), Slg. 2006, I–403, Nr. 76.

[130] *Best*, S. 69, 79 ff.; *Rutschmann*, S. 66

[131] Zur Zusammensetzung der Delegation des Rates *Schoo*, in: Schwarze, EU-Kommentar, Art. 294 AEUV, Rn. 42.

Delegation des Europäischen Parlaments entspricht nach dem Spiegelbildlichkeitsprinzip der Fraktionszusammensetzung des Parlaments (Art. 71 Abs. 2 GO-EP).[132] Dabei handelt es sich nach der Geschäftsordnung des Europäischen Parlaments um nicht-ständige Mitglieder, die für jedes einzelne Vermittlungsverfahren neu zu benennen sind (Art. 71 Abs. 3 GO-EP).[133]

49   Verfahrensziel ist die Verständigung der im Vermittlungsausschuss zusammengetretenen Akteure auf einen gemeinsamen Entwurfs. Die allgemeinen Anforderungen für die Öffentlichkeit des parlamentarischen Verfahrens gelten für den Vermittlungsausschuss nicht. Dieser tagt vielmehr unter **Ausschluss der Öffentlichkeit**.[134] Art. 294 Abs. 12 AEUV setzt den Einigungsbemühungen im Vermittlungsausschuss eine Frist von sechs Wochen, die gemäß Art. 294 Abs. 14 AEUV um zwei Wochen verlängert werden kann. Bei der Kompromissbildung gewährt der EuGH im Interesse der praktischen Wirksamkeit des Vermittlungsverfahrens ein »weites Ermessen«.[135] Der Vermittlungsausschuss kann nicht nur »die streitigen Bestandteile eines Vorhabens, [sondern] auch solche Teile abändern, in denen das Parlament in zweiter Lesung nicht vom Standpunkt des Rates abgewichen ist«.[136] Bei der Mehrheitsbildung im Vermittlungsausschuss ist zu beachten, dass gem. Art. 294 Abs. 10 AEUV die Delegation des Rates mit qualifizierter Mehrheit zustimmen muss, um einen realistischen Vorgriff auf die nachfolgende Beratung in dritter Lesung zu ermöglichen.[137] Kommt innerhalb der o. g. Frist eine Einigung des Vermittlungsausschusses auf einen gemeinsamen Entwurf nicht zustande, so gilt der vorgeschlagene Rechtsakt gemäß Art. 294 Abs. 12 AEUV als nicht erlassen. Gelingt dem Vermittlungsausschuss dagegen innerhalb der Frist eine Einigung, so genügt dies für sich genommen noch nicht zum Zustandekommen des Rechtsakts. Vielmehr leitet die Einigung lediglich das Verfahren in die dritte Lesung über.

F. Dritte Lesung (Abs. 13–14)

50 Der gemeinsame Entwurf des Vermittlungsausschusses bildet die Grundlage für die dritte Lesung in Europäischem Parlament und Rat. Zum **Zustandekommen** bedarf es der Zustimmung beider Gesetzgebungsorgane, wobei im Europäischen Parlament die Mehrheit der abgegebenen Stimmen und im Rat die qualifizierte Mehrheit erforderlich ist (Art. 294 Abs. 13 AEUV).

G. Besondere Bestimmungen (Abs. 15)

51 Art. 294 Abs. 15 AEUV enthält **Sonderregelungen** zu den Vorschriften des ordentlichen Gesetzgebungsverfahrens, die ihrerseits aus einer Ausnahmevorschrift resultieren, nämlich aus der Durchbrechung des Initiativmonopols der Kommission gemäß Art. 289 Abs. 4 AEUV. Die dortige Regelung benennt insgesamt fünf potentielle Initiatoren von

---

[132] *Best*, S. 80.
[133] Näher *Opfermann*, S. 189 f.
[134] *Schoo*, in: Schwarze, EU-Kommentar, Art. 294 AEUV, Rn. 43.
[135] EuGH, Urt. v. 10.1.2006, Rs. C–344/04 (IATA), Slg. 2006, I–403, Rn. 58.
[136] *von Achenbach*, S. 190.
[137] *Opfermann*, S. 187 f.

speziellen Gesetzesinitiativen.[138] Für Gesetzgebungsverfahren auf Initiative von drei dieser Initiatoren – einer Gruppe von Mitgliedstaaten, der Europäische Zentralbank und des Gerichtshofs – legt Art. 294 Abs. 15 UAbs. 1 AEUV fest, dass Art. 294 Abs. 2, Abs. 6 S. 2 und Abs. 9 AEUV nicht zur Anwendung kommen. Dies ist folgerichtig, denn die genannten Absätze des Art. 294 AEUV sind jene, die die **Initiativberechtigung** der Kommission und ihr Fortwirken im weiteren Verfahrensverlauf zum Gegenstand haben. Folgerichtig ist auch, dass mit dem Europäischen Parlament und der Europäischen Investitionsbank zwei der in Art. 289 Abs. 4 AEUV genannten Initiatoren in Art. 294 Abs. 15 AEUV nicht aufgeführt werden, da beide in den spezifischen Kompetenztiteln ausschließlich als Initiatoren von besonderen Gesetzgebungsverfahren genannt werden, die wiederum außerhalb des Anwendungsbereichs des Art. 294 AEUV liegen.[139]

---

[138] S. Art. 289 AEUV, Rn. 43 f.
[139] Vgl. Art. 223 Abs. 1 u. Abs. 2, 226 Abs. 3, 228 Abs. 4, 308 Abs. 3 S. 2 AEUV.

Artikel 295 AEUV [Interinstitutionelle Vereinbarungen]

[1] **Das Europäische Parlament, der Rat und die Kommission beraten sich und regeln einvernehmlich die Einzelheiten ihrer Zusammenarbeit.** [2] **Dazu können sie unter Wahrung der Verträge interinstitutionelle Vereinbarungen schließen, die auch bindenden Charakter haben können.**

Literaturübersicht

von Alemann, Die Handlungsform der Interinstitutionellen Vereinbarung, 2006; *Bobbert*, Interinstitutionelle Vereinbarungen im europäischen Gemeinschaftsrecht, 2001; *Driessen*, Interinstitutional Conventions and institutional balance, E.L.Rev. 33 (2008), S. 550; *Hummer*, Annex: Interinstitutional Agreements Concluded During the Period 1958–2005, ELJ 14 (2007), 92; *Hummer*, Interinstitutionelle Vereinbarungen und »institutionelles Gleichgewicht«, in: Hummer (Hrsg.), Paradigmenwechsel im Europarecht zur Jahrtausendwende, 2004, S. 111; *Kietz/Slominski/Maurer/Puntscher Riekmann* (Hrsg.), Interinstitutionelle Vereinbarungen in der Europäischen Union, 2010; *Monar*, Interinstitutional Agreements: The Phenomenon and Its New Dynamics after Maastricht, CMLRev. 31 (1994), 693; *Snyder*, Interinstitutional agreements: forms and constitutional limitations, in: Winter (Hrsg.), Sources and Categories of European Union Law, 1996, S. 45; *Schwarze*, Möglichkeiten und Grenzen interinstitutioneller Vereinbarungen nach Maastricht, EuR-Beiheft 2/1995, 49; *Zangl*, The Interinstitutional Agreement on budgetary discipline and improvement of the budgetary procedure, CMLRev. 26 (1989), 675.

Inhaltsübersicht

A. Allgemeines

1 Der Kerngehalt des Art. 295 AEUV ist die vertragstextliche Verankerung der interinstitutionellen Vereinbarungen zwischen Europäischem Parlament, Rat und Kommission, die bilateral[1] oder trilateral[2] abgeschlossen werden können.[3] Hierzu schlägt zunächst Art. 295 Satz 1 AEUV eine Brücke von den allgemeinen Loyalitätsgrundsätzen in Art. 4 Abs. 3 EUV und Art. 13 Abs. 2 EUV zur Ausgestaltung der **legislativen Zusammenarbeit** der Organe im AEUV,[4] bevor Art. 295 Satz 2 AEUV konkret auf die interinstitutionelle Vereinbarung eingeht.[5]

---

[1] Vgl. Interinstitutionelle Vereinbarung vom 23.6.2011 zwischen dem Europäischen Parlament und der Kommission über die Einrichtung eines Transparenz-Registers für Organisationen und selbstständige Einzelpersonen, die sich mit der Gestaltung und Umsetzung von EU-Politik befassen, ABl. 2011, L 191/29.

[2] Vgl. Interinstitutionelle Vereinbarung des Europäischen Parlaments, des Rates und der Kommission vom 16.12.2003, »Bessere Rechtsetzung«, ABl. 2003, C 321/1.

[3] *Hummer*, Vereinbarungen und »institutionelles Gleichgewicht«, S. 113 f.

[4] S. Rn. 9.

[5] S. Rn. 10 ff.

I. Geschichtliche Entwicklung

Bei der interinstitutionellen Vereinbarung handelt es sich um eine im europäischen   2
Recht seit langem gebräuchliche Form der Zusammenarbeit, die allerdings unter wechselnden Bezeichnungen bekannt geworden ist[6] und mit der Zeit immer häufiger eingesetzt wurde.[7] Bedeutende Wegmarken der Rechtsentwicklung sind die Absprache zwischen der Parlamentarischen Versammlung und dem Rat aus dem Jahr 1964 zur Einbeziehung der Versammlung im Rahmen völkerrechtlicher Verträge,[8] die Mitteilung des
Rates über die Zusammenarbeit zwischen dem Rat und dem Europäische Parlament im
Rahmen des Haushaltsverfahrens von 1971[9] und die Gemeinsame Erklärung von Parlament, Rat und Kommission zur Einführung eines Konzertierungsverfahrens im Haushaltsbereich von 1975.[10] Die erste wörtlich so bezeichnete[11] **interinstitutionelle Vereinbarung** war 1988 die »Interinstitutionelle Vereinbarung über die Haushaltsdisziplin und
die Verbesserung des Haushaltsverfahrens«.[12] In den 1990er Jahren setzte sich der Begriff der interinstitutionellen Vereinbarung als Leitbegriff zur Erfassung interorgan-
schaftlicher Akte zunehmend durch.[13]

Im institutionellen Gesamtgefüge der EU hat die interinstitutionelle Vereinbarung   3
zunächst das **Europäische Parlament** gestärkt, das seine Einflusssphäre durch organschaftliche Absprachen über die lange Zeit vertragtextlich schwach konturierte Stellung hinaus erheblich erweiterte.[14] Zu den o. g. Vereinbarungen im Bereich der Haushaltspolitik traten Rahmenvereinbarungen zum allgemeinen institutionellen Rahmen,
so etwa die Vereinbarung aus dem Juli 2000 zur mittelbaren Bindung der Kommissare
an das politische Vertrauen des Europäischen Parlaments.[15] Korrespondierend zum Bedeutungsaufstieg des Europäischen Parlaments als Rechtsetzungsorgan[16] veränderte
sich die Rückwirkung der interinstitutionellen Vereinbarungen auf das institutionelle
Gleichgewicht zugunsten der Kommission.[17]

---

[6] *Hummer*, Vereinbarungen und »institutionelles Gleichgewicht«, S. 115; *Snyder*, S. 458 f.; *Monar*, CMLRev. 31 (1994), 693 (693 f.).

[7] *Snyder*, S. 453; *Voet van Vormizeele*, in: GSH, Europäisches Unionsrecht, Art. 295 AEUV, Rn. 1.

[8] Nw. bei *Hummer*, ELJ 14 (2007), 92 (93) (Dok. nicht amtl. veröff.); *Bobbert*, S. 1; *Snyder*, S. 455.

[9] ABl. 1971, C 124/62.

[10] ABl. 1975, C 89/1.

[11] von Alemann, S. 15/16; *Hummer*, Vereinbarungen und »institutionelles Gleichgewicht«,
S. 114.

[12] Interinstitutionelle Vereinbarung über die Haushaltsdisziplin und die Verbesserung des Haushaltsverfahrens vom 29. 6. 1988, ABl. 1988, L 185/33; dazu im zeitlichen Kontext *Zangl*, CMLRev. 26
(1989), 675 ff.

[13] *Schwarze*, EuR-Beiheft 2/1995, 49 ff.

[14] *Kietz/Slominski*, Kontinuierliche Verfassungsentwicklung durch interinstitutionelle Vereinbarungen, in: Kietz/Slominski/Maurer/Puntscher Riekmann, S. 13 (16 ff.).

[15] Rahmenvereinbarung über die Beziehungen zwischen dem Europäischen Parlament und der
Europäischen Kommission, EP-Dok. C5–0349/2000, Nr. 10: »Die Kommission erklärt sich damit
einverstanden, daß der Präsident der Kommission ernsthaft prüfen wird, ob er ein Mitglied der Kommission zum Rücktritt auffordern soll, wenn das Europäische Parlament sein mangelndes Vertrauen in
dieses Mitglied zum Ausdruck bringt (…).«

[16] S. Art. 289 AEUV, Rn. 8 ff.

[17] S. v. a. Gemeinsame Erklärung des Europäischen Parlaments, des Rates und der Kommission zu
den praktischen Modalitäten des zu den praktischen Modalitäten des Mitentscheidungsverfahrens
vom 13. 6. 2007, ABl. 2007, C 145/5 mit Aufwertung des Trilog-Systems und die Bewertung von
Chalmers/Davies/Monti s. Art. 294 AEUV, Rn. 34, mit Fn. 95.

4   Der Vertrag von Nizza brachte die erstmalige Verwendung des Begriffs »interinsti-
tutionelle Vereinbarung« im geschriebenen Primärrecht. Gemäß Erklärung Nr. 3 zum
Vertrag »können das Europäische Parlament, der Rat und die Kommission interinsti-
tutionelle Vereinbarungen schließen, wenn es sich im Rahmen dieser Verpflichtung zur
loyalen Zusammenarbeit als notwendig erweist, die Anwendung der Bestimmungen des
[EG-Vertrags] zu erleichtern.«[18] Der Kerngehalt dieser Erklärung fand Aufnahme in das
Rechtsaktkapitel des Entwurfs zu einem Vertrag über eine Verfassung für Europa
(VVE).[19] Die Textfassung in **Art. III–397 VVE** entsprach (abgesehen von begrifflichen
Anpassungen) bereits vollständig dem heutigen Art. 295 AEUV.

II. Funktionen im Rechtsquellenverzeichnis

5   Die Bedeutung interinstitutioneller Vereinbarungen im Unionsrecht bemisst sich wesentlich nach ihren Aufgaben im System der Handlungsformen. Zu unterscheiden sind
zwei Grundfunktionen, die rechtspraktisch zusammenfallen können: Die Kooperations-
und die Komplementärfunktion interinstitutioneller Vereinbarungen. Im Zusammenspiel beider Funktion gewährleisten interinstitutionelle Vereinbarungen die »Funktionsfähigkeit des institutionellen Systems« der Union, indem sie »den in den Gründungsverträgen angelegten, grundlegenden Machtkonflikt zwischen Parlament und Rat
schrittweise durch eine informelle und sukzessive Neutarierung der Machtbalance im
EU-Institutionengefüge […] entschärfen«.[20]

6   In der **Kooperationsfunktion**[21] erarbeiten die beteiligten Organe in interinstitutionellen Vereinbarungen unter größtmöglicher Berücksichtigung organschaftlicher Eigenin-
teressen Modalitäten für die Handhabung der Vorgaben des Primär- und Sekundärrechts. Beispielhaft lässt sich für den Bereich der Rechtserzeugung verweisen auf die
interinstitutionellen Vereinbarungen zum beschleunigten Verfahren für die amtliche
Kodifizierung von Rechtstexten,[22] zur redaktionellen Qualität der gemeinschaftlichen
Rechtsvorschriften[23] und zur »Besseren Rechtsetzung«[24] sowie die Rahmenvereinbarungen über die Beziehungen zwischen dem Europäischen Parlament und der Kommission.[25] Mit dem Ziel der Einhegung von Lobbyeinflüssen auf die unionale Rechtsetzung
wurde die Schaffung eines Transparenzregisters vereinbart.[26]

---

[18] ABl. 2001, C 80/77.

[19] Vertrag über eine Verfassung für Europa, ABl. 2004, C 310/01; näher *Epping*, in: Vedder/Heint-
schel von Heinegg, EVV, Art. III–397 EVV, Rn. 1.

[20] *Kietz/Slominski*, Kontinuierliche Verfassungsentwicklung durch interinstitutionelle Vereinbarungen, in: Kietz/Slominski/Maurer/Puntscher Riekmann, S. 13 (27) (Hervorhebung im Original).

[21] S. insbesondere *von Alemann*, Die rechtliche Einordnung der institutionellen Vereinbarung als
Handlungsform des Unionsrechts, in: Kietz/Slominski/Maurer/Puntscher Riekmann, S. 111 (112 ff.).

[22] Interinstitutionelle Vereinbarung des Europäischen Parlaments, des Rates und der Kommission
vom 20.12.1994 über ein beschleunigtes Verfahren für die amtliche Kodifizierung von Rechtstexten,
ABl. 1996, C 102/2.

[23] Interinstitutionelle Vereinbarung des Europäischen Parlaments, des Rates und der Kommission
vom 22.12.1998, Gemeinsame Leitlinien für die redaktionelle Qualität der gemeinschaftlichen
Rechtsvorschriften, ABl. 1999, C 73/1.

[24] Interinstitutionelle Vereinbarung des Europäischen Parlaments, des Rates und der Kommission
vom 16.12.2003, »Bessere Rechtsetzung«, ABl. 2003, C 321/1.

[25] Vgl. Rahmenvereinbarung über die Beziehungen zwischen dem Europäischen Parlament und
der Kommission vom 5.7.2000, ABl. 2001, C 121/122; Rahmenvereinbarung des Europäischem
Parlaments und der Kommission vom 20.10.2010 über die Beziehungen zwischen dem Europäischen
Parlament und der Europäischen Kommission, ABl. 2010, L 304/47.

[26] Interinstitutionelle Vereinbarung vom 23.6.2011 zwischen dem Europäischen Parlament und

In der **Komplementärfunktion** treten interinstitutionelle Vereinbarungen ergänzend   7
zum geschriebenen Recht der Verträge und des abgeleiteten Rechts hinzu. Durch interorganschaftliche Absprachen über Sachfragen, die im Primär- und Sekundärrecht (bisher) nicht geregelt oder vorstrukturiert sind, erhält die Union »eine Art interinstitutionelle Nebenverfassung«.[27] Oftmals werden Normgehalte der komplementären interinstitutionellen Vereinbarungen später in Rechtsformen des Primär- oder Sekundärrechts
überführt.[28] Insoweit lassen sich interinstitutionelle Vereinbarungen als Ausdrucksform
der graduellen Konstitutionalisierung der EU verstehen.[29]

Besonders eindrucksvoll ist die Entwicklung im **Haushaltsrecht**: Über Jahrzehnte   8
hinweg erfüllten interinstitutionelle Vereinbarungen als Handlungsform für die Festlegung des mittelfristigen Finanzrahmens der EU eine »unverzichtbare Aufgabe als Instrument zur Erstellung des Haushaltsplans«.[30] Nun hat der Vertrag von Lissabon die
Festlegung des mittelfristigen Finanzrahmens gem. Art. 312 Abs. 2 AEUV in die Form
eines besonderen Gesetzgebungsverfahrens überführt. Auf dessen Grundlage erging
VO 1311/2013/EU des Rates zur Festlegung des Mehrjährigen Finanzrahmens für die
Jahre 2014–2020.[31] Auch das Problem der Bestimmung eines institutionellen Rahmens
für die **EU-Agenturen** illustriert die Komplementärfunktion. Hier reagierte zunächst die
Kommission mit einem Vorschlag für eine interinstitutionelle Vereinbarung[32] auf den
Missstand, dass die Verträge kaum Maßstäbe für die rechtliche Einhegung des quanti-
tativen und qualitativen Bedeutungsaufstiegs der EU-Agenturen in den 1990er und
frühen 2000er Jahren enthielten.[33] Später erging eine Gemeinsame Erklärung des Europäischen Parlaments, des Rates und der Kommission.[34]

B. Konkretisierung des Grundsatzes der loyalen Zusammenarbeit (Satz 1)

Art. 295 Satz 1 AEUV konkretisiert die allgemeinen Kooperationsgebote des Unions-   9
rechts für den Bereich des legislativen Handelns. Ausgerichtet auf gegenseitige Beratung und einvernehmliche Regelung der Zusammenarbeit im Verhältnis von Europäi-

---

der Europäischen Kommission über die Einrichtung eines Transparenz-Registers für Organisationen
und selbstständige Einzelpersonen, die sich mit der Gestaltung und Umsetzung von EU-Politik befassen, ABl. 2011, L 191/29.

[27] *Von Alemann*, S. 393, 384.

[28] So fand die in Fn. Azitierte Rahmenvereinbarung Eingang in Art. 217 Abs. 4 EG-Vertrag i. d. F.
v. Nizza (»Ein Mitglied der Kommission erklärt seinen Rücktritt, wenn der Präsident es nach Billigung
durch das Kollegium dazu auffordert.«).

[29] *Kietz/Slominski*, Kontinuierliche Verfassungsentwicklung durch interinstitutionelle Vereinbarungen, in: Kietz/Slominski/Maurer/Puntscher Riekmann, S. 13 ff.

[30] Schlussanträge des GA *La Pergola*, Schlussanträge, Rs. C–41/95 (Rat/Parlament), Slg. 1995,
I–4411, Nr. 21.

[31] VO 1311/2013/EU, Euratom des Rates vom.2.12.2013 zur Festlegung des Mehrjährigen Finanzrahmens für die Jahre 2014–2020, ABl. 2013, L 347/884.

[32] Entwurf für eine interinstitutionelle Vereinbarung zur Festlegung von Rahmenbedingungen für
die europäischen Regulierungsagenturen« vom 25. 2. 2005, KOM(2005) 59 endg.

[33] Zum Problem *Remmert*, EuR 2003, 134 (135); *Chiti*, CMLRev. 46 (2009), 1395 ff. und s.
Art. 298 AEUV, Rn. 9.

[34] Gemeinsame Erklärung des Europäischen Parlaments, des Rates der EU und der Europäischen
Kommission zu den dezentralen Agenturen vom 19. 7. 2012, http://europa.eu/agencies/documents/
joint_statement_and_common_approach_2012_de.pdf (3. 1. 2015).

schem Parlament, Rat und Kommission entspricht die Bestimmung dem Grundsatz der loyalen Zusammenarbeit, der in allgemeiner Form in Art. 4 Abs. 3 EUV für das Verhältnis von EU und Mitgliedstaaten[35] und in Art. 13 Abs. 3 EUV speziell für das Interorganverhältnis niedergelegt ist. Art. 295 Satz 1 AEUV adressiert dabei nur drei aus dem Kreis der sieben in Art. 13 EUV genannten Organe – nämlich jene im institutionellen Zentrum der Rechtsetzungsverfahren der EU.[36] Das **Kooperationsgebot** des Art. 295 Satz 1 AEUV kann nicht nur mittels interinstitutioneller Vereinbarungen gemäß Art. 295 Satz 2 AEUV (S. Rn. 10) umgesetzt werden. Vielmehr verdeutlicht der Wortlaut des Art. 295 Satz 2 AEUV, dass insoweit ein Handlungsermessen der Unionsorgane besteht (»können«). Zu den demgemäß neben den interinstitutionellen Absprachen in Betracht kommenden Formen der loyalen Zusammenarbeit im Legislativbereich zählen interorganschaftliche Informations- und Kommunikationsbeziehungen unterhalb der Schwelle von Absprachen und einseitig bindende rechtliche Erklärungen, die nicht im Zusammenhang einer interinstitutionellen Absprache stehen.[37]

C. Interinstitutionelle Vereinbarungen (Satz 2)

I. Rechtsgrundlage

10   Art. 295 Satz 2 AEUV enthält zugunsten von Europäischem Parlament, Rat und Kommission eine eigene Rechtsgrundlage für den Abschluss interinstitutioneller Vereinbarungen.[38] Der Vertrag von Lissabon schafft damit entgegen der Rechtslage unter dem EG-Vertrag, zu welcher sich fünf konkurrierende Begründungsansätze unterscheiden ließen,[39] eine stabile Grundlage für die Erfüllung der rechtspraktischen **Kooperationsbedürfnisse** zwischen den Organen. Allerdings erinnert Art. 295 Satz 2 AEUV selbst ausdrücklich daran, das interinstitutionelle Vereinbarungen nur »unter Wahrung der Verträge« geschlossen werden können. Beachtung verlangt zuvörderst der Grundsatz des institutionellen Gleichgewichts.[40] Danach hat innerhalb des »institutionellen Gefüges der Gemeinschaft und bei der Erfüllung der dieser übertragenen Aufgaben« jedes Organ »seine Befugnisse unter Beachtung der Befugnisse der anderen Organe« auszuüben.[41] Mithin dürfen organschaftliche Absprachen auf Grundlage des Art. 295 Satz 2 AEUV keine Verschiebungen im tektonischen Grundverhältnis zwischen den Organen auslösen. Zu beachten sind aber auch spezifische Bestimmungen des Primär- und Sekundärrechts. Beispielsweise werden die Vorgaben zur Öffentlichkeit der Gesetzgebungsarbeit des Rates und des Europäischen Parlaments (Art. 16 Abs. 8 EUV, Art. 15

---

[35] Zur Anwendbarkeit von Art. 4 Abs. 3 EUV auf Interorganbeziehungen *Streinz*, in: Streinz, EUV/AEUV, Art. 4 EUV, Rn. 7.
[36] Entwicklungsgeschichte knüpft Art. 295 Satz 1 AEUV bis in die Begriffswahl hinein an die erstmalige Erwähnung der interinstitutionellen Vereinbarung im Primärrecht in Erklärung Nr. 3 zum Vertrag von Nizza und an Art. III–397 VVE an (S. Rn. 4).
[37] GA *Bot*, Schlussanträge zur Rs. C–45/07 (Kommission/Griechenland), Slg. 2009, I–701, Nr. 46 zu einem »Gentlemen's agreement« des Rates, das unterhalb der Rechtsqualität einer interinstitutionellen Vereinbarung bleibt.
[38] *Krajewski/Rösslein*, in: Grabitz/Hilf/Nettesheim, EUV/AEUV, Art. 295 AEUV (August 2011), Rn. 11; *Schoo*, in: Schwarze, EU-Kommentar, Art. 295 AEUV, Rn. 4,
[39] *Driessen*, E.L.Rev. 33 (2008), 550 (552 ff.).
[40] *Chevallier-Govers*, in: Blanke/Mangiameli, TEU, Art. 13 TEU, Rn. 47.
[41] EuGH, Urt. v. 22.5.1990, Rs. C–70/88 (Parlament/Rat), Slg. 1990, I–2041, Rn. 21.

Abs. 2 AEUV) und die Gewährleistungen der Transparenzverordnung VO 1049/2001/EG[42] durch interinstitutionelle Vereinbarungen nicht derogiert.

II. Begriff

Der Begriff der interinstitutionellen Vereinbarung gem. Art. 295 S. 2 AEUV ist weit **11** auszulegen. Erfasst werden grundsätzlich alle **interorganschaftlichen Absprachen**, ohne dass es auf die offizielle Bezeichnung ankommt. Unter Art. 295 S. 2 AEUV fallen mithin auch »Gemeinsame Erklärungen, Erklärungen, Vereinbarungen, Übereinkünfte, Entschließungen, Beschlüsse, Briefwechsel, Verhaltenskodizes, Modus vivendi«[43] sowie völlig formlose Vereinbarungen.[44] Auf Basis dieser Definition lassen sich für den Zeitraum von 1958–2005 insgesamt 123 interinstitutionellen Vereinbarungen nachweisen, die sich in etwa gleichgewichtig auf zwei- und dreiseitige interinstitutionelle Vereinbarungen verteilen.[45]

Die weite Definition ist vorzugswürdig gegenüber einer engeren Begriffsbestim- **12** mung, nach der interinstitutionelle Vereinbarungen »schriftlich fixierte gemeinsame Akte unter Beteiligung der drei im legislativ-exekutiven Bereich tätigen Hauptorgane sind, denen die Organe in ihrer Gesamtheit zugestimmt haben und die ausschließlich an sie selbst adressiert sind« und die »[r]egelmäßig [...] offiziell im Amtsblatt publiziert [werden]«, wobei der Bezeichnung als interinstitutionelle Vereinbarung durch die Organe selbst eine »wichtige Indizwirkung« zukommen soll.[46] Maßgeblich ist, dass das **weite Begriffsverständnis** der historischen Entwicklung besser gerecht wird, gerade mit Blick auf die Zeit vor erstmaliger Verwendung der Bezeichnung »interinstitutionelle Vereinbarung« im Jahr 1988.[47] Zudem kommt das charakteristische Changieren der interinstitutionellen Vereinbarung zwischen Unverbindlichkeit und Verbindlichkeit auch im Vertragstext selbst zum Ausdruck, der in Art. 295 Satz 2 AEUV die Qualität der Rechtsverbindlichkeit ins Ermessen der Organe stellt und eine Veröffentlichungspflicht weder in Art. 295 AEUV noch in Art. 297 AEUV vorsieht.[48]

III. Rechtliche Verbindlichkeit

Nach Art. 295 Satz 2 AEUV sind interinstitutionelle Vereinbarungen nicht aus sich **13** heraus rechtsverbindlich. Vielmehr macht der Vertrag mit der Formulierung, dass die Vereinbarungen »auch bindenden Charakter haben können« das Vorliegen von Rechtsverbindlichkeit zu einer Frage der Ausgestaltung der einzelnen interinstitutionellen Vereinbarung. Tragender Rechtsgrund ist mithin die »primärrechtliche Ermächtigungsnorm des Art. 295 [AEUV] in Verbindung mit dem Selbstorganisationsrecht der beteiligten Organe«.[49] Im Einzelfall ist nach dem »verobjektivierten Rechtsbindungswillen«[50]

---

[42] VO 1049/2001/EG vom 30.5.2001 über den Zugang der Öffentlichkeit zu Dokumenten des Europäischen Parlaments, des Rates und der Kommission, ABl. 2001, L 145/43.

[43] Aufstellung nach *Hummer*, Vereinbarungen und »institutionelles Gleichgewicht«, S. 115.

[44] *Hummer*, Vereinbarungen und »institutionelles Gleichgewicht«, S. 115.

[45] *Hummer*, ELJ 14 (2007), 92 ff.

[46] *von Alemann*, S. 53; mit Aufstellung von 29 definitorisch erfassten Rechtsakten (1975–2003) a.a.O., S. 471 ff.

[47] S. Rn. 2; *Snyder*, S. 458: »The formal designation, while not irrelevant, is the least useful criteria«.

[48] *von Alemann*, S. 88 f., auch zur gleichwohl umfassenden Veröffentlichungspraxis.

[49] *Schoo*, in: Schwarze, EU-Kommentar, Art. 295 AEUV, Rn. 20.

[50] *Schoo*, in: Schwarze, EU-Kommentar, Art. 295 AEUV, Rn. 20.

der Parteien der fraglichen interinstitutionellen Vereinbarung zu fragen. Liegt der Rechtsgrund einer interinstitutionellen Vereinbarung mithin (auch) im **Selbstorganisationsrecht** der Organe, so lassen sich hieraus auch die rechtlichen Grenzen bestimmen. Die rechtliche Verbindlichkeit endet an der jeweiligen organschaftlichen Kompetenzgrenze. In Art. 295 AEUV nicht genannte Organe können durch interinstitutionelle Vereinbarungen grundsätzlich nicht gebunden werden. Rechtspraktisch kann dies durch eine Aufforderung dieser Organe zum Beitritt zu einer Vereinbarung aufgefangen werden.[51]

IV. Gerichtliche Kontrolle

14   Ist eine interinstitutionelle Vereinbarung nach den o. g. Kriterien rechtsverbindlich, so zieht dies das Bedürfnis nach effektiver gerichtlicher Kontrolle nach sich. Dabei kommt zum einen in Betracht, dass eine interinstitutionelle Vereinbarung unmittelbar im Wege der Nichtigkeitsklage gem. Art. 263 AEUV vor den Unionsgerichte angefochten werden soll.[52] Zum anderen kann es um einen mittelbare Rechtskontrolle gehen, z. B. wegen eines durch interinstitutionelle Vereinbarung gesetzten Vertrauensschutztatbestands.[53] Dann wäre im Rechtsschutzsystem der EU wiederum die Nichtigkeitsklage gem. Art. 263 AEUV, aber auch die Untätigkeitsklage gem. Art. 265 AEUV oder eine Klage vor mitgliedstaatlichen Gerichten mit eventuellem Vorabentscheidungsverfahren gem. Art. 267 AEUV in Betracht zu ziehen.[54] Bei den genannten **Direktklagen** zu den Unionsgerichten ist hinsichtlich des Klagegenstands problematisch, ob interinstitutionelle Vereinbarungen eine »Handlung« im Sinne des Art. 263 Abs. 1 AEUV bzw. spiegelbildlich einen »unterlassenen Beschluss« im Sinne des Art. 265 Abs. 1 AEUV darstellen. Dabei gilt, dass grundsätzlich auch nicht in Art. 288 AEUV genannte, atypische Rechtsakte zulässige Klagegenstände sind,[55] sodass es für die Klagbarkeit der interinstitutionellen Vereinbarung darauf ankommt, ob diese »verbindliche Rechtswirkungen erzeugen, welche geeignet sind, die Interessen des Klägers dadurch zu beeinträchtigen, dass sie seine Rechtsstellung in qualifizierter Weise verändern«.[56]

15   Bei der **Klagebefugnis** ist zu differenzieren. Europäisches Parlament, Rat, Kommission und Mitgliedstaaten zählen gem. Art. 263 Abs. 2 AEUV bzw. Art. 265 Abs. 1 AEUV zu den privilegierten Klägern, so dass es auf die individuelle Betroffenheit und

---

[51] S. Interinstitutionelle Vereinbarung des Europäische Parlaments, des Rates und der Kommission vom 25. 5.1999 über die internen Untersuchungen des Europäischen Amtes für Betrugsbekämpfung (OLAF), ABl. 1999, L 136/15, nach 4.: »Die übrigen Organe, Einrichtungen sowie Ämter und Agenturen [...] werden aufgefordert, jeweils anhand einer an die Präsidenten der unterzeichnenden Organe gemeinsam gerichteten Erklärung dieser Vereinbarung beizutreten.«

[52] *Hummer*, Interorganvereinbarungen: Rechtsgrundlage – Rechtsnatur – Rechtswirkungen – Justitiabilität, in: Kietz/Slominski/Maurer/Puntscher Riekmann, S. 51 (103).

[53] EuGöD, Urt. v. 14. 4. 2011, Rs. F–113/07 (Šimonis), ABl. 2011, C 252/08; Abdruck der Klagegründe ABl. 2006, C 79/36: Berufung eines Beamten der Kommission auf berechtigtes Vertrauen aus einer interinstitutionellen Vereinbarung des Jahres 2005.

[54] *Hummer*, Interorganvereinbarungen: Rechtsgrundlage – Rechtsnatur – Rechtswirkungen – Justitiabilität, in: Kietz/Slominski/Maurer/Puntscher Riekmann, S. 51 (103).

[55] *Cremer*, in: Calliess/Ruffert, EUV/AEUV, Art. 263 AEUV, Rn. 13; *Ehricke*, in: Streinz, EUV/AEUV, Art. 263 AEUV, Rn. 11.

[56] EuG, Beschl. v. 17. 1. 2002, Rs. T–236/00 (Stauner), Slg. 2002, II–135, Rn. 55 f. (Nichtigkeitsklage gegen die Rahmenvereinbarung über die Beziehungen zwischen dem Europäischen Parlament und der Kommission v. 5. 7. 2000, s. o. Fn.A); zur Ermittlung der Rechtsverbindlichkeit s. Rn. 13.

ein spezifisches Rechtsschutzinteresse nicht ankommt.[57] Dagegen fallen Fraktionen und einzelne Mitglieder des Europäischen Parlaments unter Art. 263 Abs. 4 AEUV,[58] sodass die Zulässigkeit von der unmittelbaren und individuellen Betroffenheit abhängt.[59] Hinsichtlich des jeweils einschlägigen **Klagegrunds** ist je nach Klagekonstellation zu unterscheiden. Bei Nichtigkeitsklagen unmittelbar gegen eine interinstitutionelle Vereinbarung kommt der Klagegrund der Unzuständigkeit[60] oder der Verletzung der Verträge in Betracht. In Konstellationen des mittelbaren Rechtsschutzes sind Verstöße gegen Verfahrensvorgaben aus einer interinstitutionellen Vereinbarung als Verletzung wesentlicher Formvorschriften, materiell-rechtliche Rechtsverstöße als Verletzung des Vertrages einzuordnen.[61]

---

[57] *Dörr*, in: Grabitz/Hilf/Nettesheim, EU, Art. 263 AEUV (November 2012), Rn. 52, Art. 265 AEUV (Mai 2013), Rn. 7; *Ehricke*, in: Streinz, EUV/AEUV, Art. 263 AEUV, Rn. 26 u. Art. 265 AEUV, Rn. 21.

[58] *Cremer*, in: Calliess/Ruffert, EUV/AEUV, Art. 263 AEUV, Rn. 5; *Böttger*, EuR 2002, 898 (913 f.).

[59] Vgl. EuGH, Urt. v. 30.3.2004, Rs. C–167/02 P (Rothley), Slg. 2004, I–3149, Rn. 28 ff. – (Nichtigkeitsklage gegen Beschluss des Europäischen Parlaments zur Umsetzung der Interinstitutionellen Vereinbarung v. 25.5.1999 über die internen Untersuchungen des OLAF, ABl. 1999, L 136/15).

[60] Speziell dazu *Hummer*, Interorganvereinbarungen: Rechtsgrundlage – Rechtsnatur – Rechtswirkungen – Justitiabilität, in: Kietz/Slominski/Maurer/Puntscher Riekmann, S. 51 (104).

[61] *von Alemann*, S. 308 ff.

Artikel 296   AEUV [Wahl der Handlungsform; Begründung]

Wird die Art des zu erlassenden Rechtsakts von den Verträgen nicht vorgegeben, so entscheiden die Organe darüber von Fall zu Fall unter Einhaltung der geltenden Verfahren und des Grundsatzes der Verhältnismäßigkeit.

Die Rechtsakte sind mit einer Begründung zu versehen und nehmen auf die in den Verträgen vorgesehenen Vorschläge, Initiativen, Empfehlungen, Anträge oder Stellungnahmen Bezug.

Werden das Europäische Parlament und der Rat mit dem Entwurf eines Gesetzgebungsakts befasst, so nehmen sie keine Rechtsakte an, die gemäß dem für den betreffenden Bereich geltenden Gesetzgebungsverfahren nicht vorgesehen sind.

Literaturübersicht

Bredemeier, Kommunikative Verfahrenshandlungen im deutschen und europäischen Verwaltungsrecht, 2007; *Bülow*, Die Relativierung von Verfahrensfehlern im Europäischen Verwaltungsverfahren und nach §§ 45, 46 VwVfG, 2007; *Classen*, Gute Verwaltung im Recht der Europäischen Union, 2008; *Calliess*, Gerichtliche Kontrolldichte und institutionelle Begründungspflicht im Europarecht – ein Kompensationsverhältnis, FS Götz, 2005, S. 239; *von Danwitz*, Europäisches Verwaltungsrecht, 2008; *Glaser*, Die Entwicklung des Europäischen Verwaltungsrechts aus der Perspektive der Handlungsformenlehre, 2013; *Hufen/Siegel*, Fehler im Verwaltungsverfahren, 5. Aufl., 2013; *Kańska*, Towards Administrative Human Rights in the EU, European Law Journal 10 (2004), 296 ff.; *Kischel*, Die Begründung, 2003; *Lenaerts/Desomer*, Towards a Hierarchy of Legal Acts in the European Unions? Simplification of Legal Instruments and Procedures, European Law Journal 2005, 744; *Müller-Ibold*, Die Begründungspflicht im europäischen Gemeinschaftsrecht und im deutschen Recht, 1990; *Rösch*, Zur Rechtsformenwahl des europäischen Gesetzgebers im Lichte des Verhältnismäßigkeitsgrundsatzes – Von der Richtlinie zur Verordnung, 2013; *Saurer*, Die Begründung im deutschen, europäischen und US-amerikanischen Verwaltungsverfahrensrecht, VerwArch 100 (2009), 364; *ders.*, Der kompetenzrechtliche Verhältnismäßigkeitsgrundsatz im Recht der Europäischen Union, JZ 2014, 281; *Scheffler*, Die Pflicht zur Begründung von Maßnahmen nach den Europäischen Gemeinschaftsverträgen, 1974; *Schwartz*, Die Wahl der Rechtsgrundlage im Recht der Europäischen Union, 2013; *Schwarz/Bravidor*, Kunst der Gesetzgebung und Begründungspflichten des Gesetzgebers, JZ 2011, 653; *Schwarze*, Die Neuerungen auf dem Gebiet des Europäischen Verwaltungsrechts durch den Vertrag von Lissabon, in: Appel (Hrsg.), Öffentliches Recht im offenen Staat, FS Wahl, 2011, S. 837; *Shapiro*, The Giving Reasons Requirement, University of Chicago Legal Forum 1992, 179 ff.; *Sladic*, Die Begründung der Rechtsakte des Sekundärrechts der EG in der Rechtsprechung des EuGH und des EuG, ZfRV 2005, 123; *Waldhoff*, »Der Gesetzgeber schuldet nichts als das Gesetz«, FS Isensee, 2007, S. 325; *De Witte*, Legal Instruments and Law-Making in the Lisbon Treaty, in: Griller/Ziller (Hrsg.) The Lisbon Treaty, 2008, S. 79 ff; *Wunderlich/Pickartz*, Hat die Richtlinie ausgedient? Zur Wahl der Handlungsform nach Art. 296 Abs. 1 AEUV, EuR 2014, 659.

Wesentliche sekundärrechtliche Vorschriften

Protokoll Nr. 2 über die Anwendung der Grundsätze der Subsidiarität und der Verhältnismäßigkeit, ABl. 2007, C 306/150

Inhaltsübersicht

A. Allgemeines

Art. 296 AEUV enthält in jedem Absatz ein selbständiges Gebot an die Rechtsetzungs- **1** organe der Europäischen Union. Eine **systematische Verbindung** besteht zwischen den drei Absätzen insoweit, als es jeweils um formale Vorgaben für die Unionsrechtsetzung geht. Der historische Kern der Vorschrift ist das Begründungserfordernis für Unionsrechtsakte in Absatz 2, das auf Vorläufervorschriften im EGKS-Vertrag von 1951 und im EWG-Vertrag von 1957 zurückgeht.[1] Die flankierenden Regelungen in Absatz 1 zur Formenwahlfreiheit und in Absatz 3 zum Annahmeverbot bei vertraglich nicht vorgesehenen Rechtsakten entstammen konzeptionell dem gescheiterten Entwurf für einen Vertrag über eine Verfassung für Europa (s. Rn. 2, 27) und sind dementsprechend erst mit dem Vertrag von Lissabon rechtsverbindlich hinzugetreten.[2] Ein übergeordneter inhaltlicher Zusammenhang besteht zwischen den Geboten des Art. 296 AEUV und den mehrfach in den Verträgen verankerten Grundsätzen der Transparenz (s. Art. 11 Abs. 3 EUV; Art. 15 Abs. 1 AEUV) und der guten Verwaltung (s. Art. 41 GRC; Art. 298 Abs. 1 AEUV).[3]

B. Formenwahlfreiheit (UAbs. 1)

I. Entstehungsgeschichte

Vor dem Vertrag von Lissabon enthielten die Verträge keine dem heutigen Art. 296 **2** Abs. 1 AEUV korrespondierende Vorschrift. Vielmehr handelt es sich um eine erstmals im Entwurf für einen Vertrag über eine Verfassung für Europa (VVE)[4] niedergelegte Regelung. **Art. I–38 Abs. 1 VVE** entsprach nach seiner systematischen Stellung innerhalb des Rechtsaktskapitels des VVE und nach seinem Wortlaut weitgehend dem heutigen Art. 296 Abs. 1 AEUV.[5] Ähnlich wie heute war die Regelung zur Formenwahlfreiheit eng verknüpft mit der Begründungspflicht, die in **Art. I–38 Abs. 2 VVE** enthal-

---

[1] *Ipsen*, S. 517f.; *Sladic*, ZfRV 2005, 123 (124); *Heselhaus*, in: Heselhaus/Nowak, Handbuch der Europäischen Grundrechte, § 57, Rn. 22; näher dazu Rn. 8f.
[2] *Rösch*, S. 362; *Krajewski/Rösslein*, in: Grabitz/Hilf/Nettesheim, EU, Art. 296 AEUV (August 2011), Rn. 1; *Geismann*, in: GSH, Europäisches Unionsrecht, Art. 296 AEUV, Rn. 2.
[3] *Schoo*, in: Schwarze, EU-Kommentar, Art. 296 AEUV, Rn. 3; s. Art. 298 AEUV, Rn. 6.
[4] Vertrag über eine Verfassung für Europa, ABl. 2004, C 310/1.
[5] Art. I–38 Abs. 1 VVE: »Wird die Art des zu erlassenden Rechtsakts von der Verfassung nicht vorgegeben, so entscheiden die Organe darüber von Fall zu Fall unter Einhaltung der geltenden Verfahren und des Grundsatzes der Verhältnismäßigkeit nach Artikel I–11.«

ten war.[6] Normtextlich wurde im Übergang von Art. I–38 Abs. 2 VVE zu Art. 296 Abs. 1 AEUV redaktionell das Wort »Verfassung« durch das Wort »Verträge« ersetzt. Bei der Bezugnahme auf den Grundsatz der Verhältnismäßigkeit wurde der präzisierende Zusatz »nach Artikel I–11 [VVE]« gestrichen.[7]

II. Anwendungsbereich

3   Anwendungsvoraussetzung des Art. 296 Abs. 1 AEUV ist es, dass »die Art des zu erlassenden Rechtsakts von den Verträgen nicht vorgegeben wird«. Damit trägt die Regelung dem Umstand Rechnung, dass die verschiedenen **Kompetenztitel** des AEUV höchst unterschiedliche Aussagen zu den jeweils zulässigen Handlungsformen enthalten.[8] Zu den Kompetenztiteln, auf die Art. 296 Abs. 1 AEUV demnach nicht anwendbar ist, zählen etwa Art. 164 AEUV (Europäischer Sozialfonds/Beschränkung auf Verordnung), Art. 109 AEUV (Beihilfenrecht/Beschränkung auf Verordnung), Art. 115 AEUV (Binnenmarkt/Beschränkung auf Richtlinie) und Art. 298 Abs. 2 AEUV (EU-Eigenverwaltung/Beschränkung auf Verordnung). Demgegenüber ist der Anwendungsbereich des Art. 296 Abs. 1 AEUV eröffnet, wenn ein bestimmter Kompetenztitel die Wahl zwischen zwei **Handlungsformen** eröffnet wie Art. 103 AEUV (Wettbewerbsrecht/Wahl zwischen Verordnung und Richtlinie) oder die Wahl der Handlungsform vollständig ins Ermessen der Unionsorgane stellt wie Art. 114 Abs. 1 AEUV (Binnenmarkt/Erlass von »Maßnahmen«) oder Art. 209 Abs. 1 AEUV (Entwicklungszusammenarbeit/Erlass von »Maßnahmen«). Keine Anwendung findet Art. 296 Abs. 1 AEUV im Rahmen des Haushaltsverfahrens gem. Art. 314 AEUV.[9]

III. Formenwahl im Lichte des kompetenzrechtlichen Verhältnismäßigkeitsgrundsatzes

4   Der wichtigste Regelungsgehalt des Art. 296 Abs. 1 AEUV liegt in der Verpflichtung der Unionsorgane, bei der Wahl zwischen verschiedenen Handlungsformen den **kompetenzrechtlichen Verhältnismäßigkeitsgrundsatz**[10] zu beachten. Art. 296 Abs. 1 AEUV konkretisiert für den Bereich der Rechtsetzungsorganisation die föderale Schutzrichtung der Verhältnismäßigkeit, die ihren Grundtatbestand in Art. 5 Abs. 4 EUV hat und eine Besonderheit des Unionsrechts darstellt.[11] Schutzgut der Bindung der Unionsorgane an das Gebot der Verhältnismäßigkeit des Art. 296 Abs. 1 AEUV ist mithin die **mitgliedstaatliche Regelungsmacht**,[12] nicht der Grundrechtsschutz der Unionsbürger und Unternehmen.[13] Deutlicher als in der Textfassung des Art. 296 Abs. 1 AEUV war die Begrenzung der Schutzrichtung in der Vorgängerregelung im Entwurf für einen

---

[6] *Vedder*, in: Vedder/Heintschel von Heinegg, EVV, Art. I–38, Rn. 1.

[7] Art. I–11 VVE wurde zu Art. 5 EUV, s. Rn. 4.

[8] *Glaser*, S. 337 ff.

[9] EuGH, Urt. v. 17. 9. 2013, Rs. C–77/11 (Rat/Parlament), ECLI:EU:C:2013:559, Rn. 63.

[10] Ausführlich *Saurer*, JZ 2014, 281 ff.; *Glaser*, S. 338 f.

[11] Das Bundesverfassungsgericht lehnt die Anwendung des Verhältnismäßigkeitsgrundsatzes im Bund-Länder-Verhältnis ab, da das »Denken in den Kategorien von Freiraum und Eingriff« nicht »auf Kompetenzabgrenzungen übertragen werden« könne, s. BVerfGE 81, 310 (338) – Kalkar II.

[12] S. GA *Poiares Maduro*, Schlussanträge zu Rs. C–58/08 (Vodafone), Slg. 2010, I–4999, Nr. 37.

[13] Der grundrechtliche Verhältnismäßigkeitsgrundsatz ist in Art. 52 Abs. 1 GRC ausdrücklich verankert und als allgemeiner Rechtsgrundsatz anerkannt, s. nur EuGH, Urt. v. 6. 12. 2005, verb. Rs. C–453/03, C–11/04, C–12/04 u. C–194/04 (ABNA), Slg. 2005, I–10423, Rn. 68.

Vertrag über eine Verfassung für Europa[14] zu erkennen gewesen. Art. I–38 Abs. 1 VVE hatte ausdrücklich auf den »Grundsatz der Verhältnismäßigkeit nach Artikel I–11 [VVE]« verwiesen, der wiederum das unmittelbare Regelungsvorbild für den heutigen Art. 5 EUV war, der in Abs. 1 u. Abs. 4 die kompetenzrechtliche Verhältnismäßigkeit gewährleistet.[15] In der Streichung der Sentenz »nach Artikel I–11 [VVE]« im Übergang zum Vertrag von Lissabon ist eine redaktionelle Vereinfachung, keine inhaltliche Neuausrichtung zu sehen.

IV. Konkrete Anforderungen

Die Ableitung konkreter Anforderungen aus dem Art. 296 Abs. 1 AEUV an die Formenwahl steht noch am Anfang. In der Rechtsprechung des EuGH zum kompetenzrechtlichen Verhältnismäßigkeitsgrundsatz bildet der formenspezifische Schutz der mitgliedstaatlichen Regelungsautonomie bislang keinen Schwerpunkt.[16] Die wichtigste Rechtsgrundlage zur rechtspraktischen Operationalisierung des Art. 296 Abs. 1 AEUV ist auch unter dem Vertrag von Lissabon das **Protokoll über Subsidiarität und Verhältnismäßigkeit** (Protokoll Nr. 2).[17] Hier hat die formbezogene Begründungspflicht gem. Art. 5 Protokoll Nr. 2 die größte Bedeutung. Danach sind Entwürfe für Gesetzgebungsakte im Hinblick auf Subsidiarität und Verhältnismäßigkeit gesondert zu begründen. Die Unionsorgane sind zur Erstellung eines »Vermerks mit detaillierten Angaben« verpflichtet, der die finanziellen Auswirkungen, die notwendigen nationalen Umsetzungsrechtsakte und weitere qualitative und quantitative Kriterien enthalten sollte.[18] Allerdings bleibt der kompetenzrechtliche Verhältnismäßigkeitsgrundsatz beim Frühwarnmechanismus zur Einbeziehung der nationalen Parlamente gemäß Art. 6–8 Protokoll Nr. 2 weitgehend außen vor. Der mit dem Vertrag von Lissabon neu eingeführte Rüge- und Klagemechanismus zugunsten der nationalen Parlamente gemäß Art. 6–8 Protokoll Nr. 2 ist nur auf Aspekte der Subsidiarität, nicht aber auf solche der Verhältnismäßigkeit anwendbar.[19] 5

Bei Auslegung des Art. 296 Abs. 1 AEUV ist zudem das Gebot einer »**Verhältnismäßigkeitshierarchie**« der unionalen Handlungsformen zu beachten. Dieses Gebot war besonders deutlich in Art. 6 des Protokolls über Subsidiarität und Verhältnismäßigkeit in der Fassung des Vertrags von Amsterdam formuliert worden (»…wäre unter sonst gleichen Gegebenheiten eine Richtlinie einer Verordnung und eine Rahmenrichtlinie einer detaillierten Maßnahme vorzuziehen…«).[20] Die heutige Fassung des Protokolls enthält diese Sentenz nicht mehr, was für die Aufhebung der Verhältnismäßigkeitshierarchie sprechen könnte. Jedoch ist die Grundlegung des kompetenzrechtlichen Verhältnismäßigkeitsgrundsatzes in Art. 5 Abs. 4 EUV zu beachten. Diese Vorschrift hat den 6

[14] Nw. in Fn.A.

[15] S. *Lienbacher*, in: Schwarze, EU-Kommentar, Art. 5 EUV, Rn. 39; *Streinz*, in: Streinz, EUV/AEUV, Art. 5 EUV, Rn. 41 ff.

[16] Auswertung der Rechtsprechung bei *Saurer*, JZ 2014, 281 (283 ff.).

[17] Protokoll Nr. 2 zum Vertrag von Lissabon (s. Abschnitt »Vorschriften«).

[18] *Rösch*, S. 363.

[19] Verhältnismäßigkeitsaspekte können allenfalls akzessorisch zum Subsidiaritätsprinzip gerügt werden, *Saurer*, JZ 2014, 281 (283 mit Fn. 27); *Bickenbach*, EuR 2013, 523 (543); a. A. *Streinz*, in: Streinz, EUV/AEUV, Art. 5 EUV, Rn. 47.

[20] Protokoll (Nr. 30) über die Anwendung der Grundsätze der Subsidiarität und der Verhältnismäßigkeit, ABl. 1997, C 340/105; abstrahierend von einzelnen Handlungsformen *Lenaerts/Desomer*, E. L.Rev. 27 (2002), 377 (405 f.).

normativen Gehalt des Art. 6 des Protokolls i. d. F. v. Amsterdam inkorporiert, indem die Maßnahmen der Union nicht nur »inhaltlich«, sondern auch »formal« nicht über das zur Erreichung der Ziele der Verträge erforderliche Maß hinausgehen dürfen.[21]

7   Korrespondierend zu Art. 5 Abs. 4 EUV gebietet Art. 296 Abs. 1 AEUV auch im Lichte einer rechtspraktisch »stärker werdenden Tendenz der EU-Kommission und des Unionsgesetzgebers auf Verordnungen anstelle von Richtlinien zurückzugreifen«[22] und der gebotenen Relativierung in Anbetracht der eingeübten Praxis detailscharfer Richt- linien[23] bei der Wahl der Handlungsform grundsätzlich den Vorrang der **Richtlinie** vor der Verordnung.[24] Der rechtspraktisch wohl wirksamste Schutzgehalt des Art. 296 Abs. 1 AEUV i. V.m Art. 5 Protokoll Nr. 2 liegt dabei darin, dass jede der häufigen Abweichungen vom Vorrang der Richtlinie rechtfertigungs- und begründungspflichtig ist[25] – worin sich ein enger Zusammenhang zu Art. 296 Abs. 2 AEUV zeigt.

C. Begründungspflicht (UAbs. 2)

I. Geschichtliche Entwicklung

8   Die Rechtsgeschichte des europarechtlichen Begründungsgebots geht zurück bis zur Geburtsstunde des europäischen **Integrationsprojekts**. Schon in Art. 15 Abs. 1 des Ver- trags zur Gründung der Europäischen Gemeinschaft für Kohle und Stahl vom 18. April 1951[26] hieß es:

> »Die Entscheidungen, Empfehlungen und Stellungnahmen der Hohen Behörde sind mit Grün- den zu versehen und haben auf die pflichtgemäß eingeholten Stellungnahmen Bezug zu nehmen.«

9   Dabei zeigen die in Bezug genommenen Handlungsformen »Entscheidungen, Empfeh- lungen und Stellungnahmen«, dass es sich entsprechend dem Grundcharakter der EGKS um ein **verwaltungsrechtlich** gedachtes Begründungsgebot handelte.[27] Die Römischen Verträge zur Gründung der Europäischen Wirtschaftsgemeinschaft und der Europäi- schen Atomgemeinschaft v. 25. 3.1957[28] brachten den Übergang von der Verwaltungs- gemeinschaft zur **Rechtsetzungsgemeinschaft** (s. Art. 289 AEUV, Rn. 4). Dementspre- chend wurde die Begründungspflicht institutionell auf die Kommission als Nachfolgerin der Hohen Behörde und auf den Rat als nunmehr zentrale Rechtsetzungsinstanz er- streckt. Der Kreis der zu begründenden Handlungsformen wurde um die neu hinzu- tretenden Verordnungen und Richtlinien erweitert. Umgekehrt wurden die unverbind- lichen Empfehlungen und Stellungnahmen aus der Begründungspflicht entlassen.[29] Demgemäß lautete Art. 190 EWG-Vertrag:

> »Die Verordnungen, Richtlinien und Entscheidungen des Rates und der Kommission sind mit Gründen zu versehen und nehmen auf die Vorschläge und Stellungnahmen Bezug, die nach diesem Vertrag eingeholt werden müssen.«[30]

---

[21] Zum Argument m. w. N. *Saurer*, JZ 2014, 281 (283).

[22] *Pickartz/Wunderlich*, EuR 2014, 659 (659); *De Witte*, S. 96.

[23] *Rösch*, S. 161 ff.

[24] *Glaser*, S. 338; *Gellermann*, in: Streinz, EUV/AEUV, Art. 296 AEUV, Rn. 3; *Kotzur*, in: Geiger/ Khan/Kotzur, EUV/AEUV, Art. 296 AEUV, Rn. 1; a. A. *Rösch*, S. 364.

[25] *Glaser*, S. 339.

[26] BGBl. II 1952 S. 445.

[27] *Scheffler*, S. 17, 21 ff.

[28] BGBl. II 1957 S. 753.

[29] *Ipsen*, EG-Recht, S. 517; *Sladic*, ZfRV 2005, 123 (124).

[30] Eine gleich lautende Vorschrift enthielt Art. 162 EAG-Vertrag.

Damit war die Begründung die einzige Verfahrensgarantie für Rechtsetzungs- und Ver-   **10**
waltungsverfahren, die über eine geschriebene Rechtsgrundlage im EWG-Vertrag verfügte. Insbesondere bestand für die Anhörung – die rechtsordnungsübergreifend gemeinsam mit der Begründung als Kernbestand der administrativen Verfahrensrechte
gilt[31] – keine vergleichbare vertragstextliche Fundierung. Diese Diskrepanz erhielt sich
strukturell auch im EGV,[32] der die umfassende Begründungspflicht auch im Lichte des
Bedeutungsaufstiegs des Europäischen Parlaments im neu eingeführten **Mitentschei-**
dungsverfahren (s. Art. 289 AEUV, Rn. 9) fortführte.[33] Art. 253 EGV i. d. F. v. Amsterdam lautete:

> »Die Verordnungen, Richtlinien und Entscheidungen, die vom Europäischen Parlament und
> vom Rat gemeinsam oder vom Rat oder von der Kommission angenommen werden, sind mit
> Gründen zu versehen und nehmen auf die Vorschläge oder Stellungnahmen Bezug, die nach diesem
> Vertrag eingeholt werden müssen.«

Der später gescheiterte Entwurf für einen Vertrag über eine Verfassung für Europa   **11**
(VVE) überführte den Kerngehalt der Bestimmung erweiternd in eine begrifflich auf
»die Rechtsakte« bezogene Fassung (**Art. I–38 Abs. 2 VVE**).[34] Diese entsprach abgesehen von der redaktionellen Ersetzung von »der Verfassung« durch »den Verträgen«
bereits exakt dem heutigen Art. 296 Abs. 2 AEUV. Auch VVE und AEUV stellten der
Begründungspflicht keine weiteren Verfahrensgarantien an die Seite. Allerdings ist das
vertragstextliche Gefälle der Begründung zu Verfahrensrechten wie Anhörung, Gebot
eines fairen Verfahrens und Akteneinsichtsrecht heute weitestgehend abgeflacht, da das
Recht auf eine gute Verwaltung gemäß Art. 41 GRC all jene Garantien umfasst.[35]

II. Funktionen

Das Begründungserfordernis für Rechtsakte erfüllt im öffentlichen Recht rechtsord-   **12**
nungsübergreifend fünf zentrale Funktionen, die in der konkreten Ausgestaltung unterschiedlich stark zum Tragen kommen: Die Begründung soll die gesellschaftliche **Ak-**
zeptanz für das hoheitliche Handeln fördern, die Selbstkontrolle des den Rechtsakt
erlassenden Organs gewährleisten, individuellen **Rechtsschutz** ermöglichen, für eine
effektive Verwaltungskontrolle durch Gerichte und Öffentlichkeit sorgen und in ihrer
Kommunikationsfunktion auf die seitens der privaten Rechtsträger in das Rechtsetzungsverfahren eingebrachten Argumente antworten.[36]

Auch im Unionsrecht lassen sich diese fünf Grundfunktionen nachweisen. Traditio-   **13**
nell sind hier die objektiv konnotierten Funktionen der Ermöglichung gerichtlicher Kontrolle, der **Selbstkontrolle** der Unionsorgane und der Information von Mitgliedstaaten

---

[31] *Möllers*, Materielles Recht – Verfahrensrecht – Organisationsrecht, in: Trute/Groß/Röhl/ders.
(Hrsg.), Allgemeines Verwaltungsrecht – zur Tragfähigkeit eines Konzepts, 2008, S. 489 (494).

[32] EG-Vertrag i. d. F. Vertrag von Maastricht, ABl. 1992, C 224/1; i. d. F. Vertrag von Amsterdam,
ABl. 1997, C 340/1.

[33] S. *Kischel*, Die Begründung, 2003, S. 331 f.

[34] Dazu noch s. Rn. 14 f.

[35] S. *Magiera*, in: Meyer, GRCh, Art. 41 GRC, Rn. 5 ff.; speziell zum Anhörungsrecht gem. Art. 41
GRC EuGH, Urt. v. 22. 11. 2012, Rs. C–277/11 (M.M./Minister for Justice, Equality and Law Reform,
Irland), ECLI:EU:C:2012:9543, Rn. 82.

[36] Die fünfteilige Systematisierung nach *Saurer*, VerwArch 100 (2009), 364 (382 f.); außerdem die
Aufstellung bei *Kischel*, Die Begründung, 2003, S. 39 ff.; *König*, in: Schulze/Zuleeg, Europarecht, § 2,
Rn. 113; *Heselhaus*, in: Heselhaus/Nowak, Handbuch der Grundrechte, § 57, Rn. 22; *Classen*,
S. 318 ff.; *Hufen/Siegel*, S. 191 f.

und rechtsunterworfenen Individuen besonders stark ausgeprägt.[37] So formuliert der EuGH, dass »in den genannten Rechtsakten die Gründe, die das Organ zu ihrem Erlass veranlasst haben, so dargelegt werden, dass dem Gerichtshof die Ausübung seiner Rechtskontrolle und den Mitgliedstaaten sowie deren etwa beteiligten Staatsangehörigen die Unterrichtung darüber ermöglicht wird, in welcher Weise die Gemeinschaftsorgane den Vertrag angewandt haben.«[38] In neuerer Zeit ist eine Stärkung der prozedural-individualschützenden Funktionen zu verzeichnen, insbesondere durch die grundrechtliche Verankerung des Begründungserfordernisses als Element des Rechts auf eine gute Verwaltung gemäß Art. 41 Abs. 2 Buchst. c GRC.[39]

III. Anwendungsbereich

14   Art. 296 Abs. 2 AEUV bezieht sich mit dem Tatbestandsmerkmal »**Rechtsakte**« auf die Festlegung des Kreises der Handlungsformen in Art. 288 AEUV. Die letztgenannte Vorschrift erfasst als Grundtatbestand des Rechtsaktskapitels des AEUV Verordnungen, Richtlinien, Beschlüsse, Empfehlungen und Stellungnahmen, ohne dass damit ein numerus clausus der Handlungsformen verbunden wäre.[40] Der Wortlaut des Art. 296 Abs. 2 AEUV ist mithin dahin zu verstehen, dass zumindest die in Art. 288 AEUV konkret benannten Rechtsakte der Pflicht zur Begründung unterliegen.[41] Hinsichtlich der nicht verbindlichen Empfehlungen und Stellungnahmen ist der Kreis der begründungspflichtigen Handlungsformen also gegenüber der Rechtslage unter EWG- und EG-Vertrag deutlich erweitert.[42] Die Anwendung von Art. 296 Abs. 2 AEUV auf **atypische Rechtsakte** ist nicht ausgeschlossen und Sache des Einzelfalls.[43]

15   Der Anwendungsbereich des Art. 296 Abs. 2 AEUV erstreckt sich auf Rechtsakte aller Unionsorgane, worin wiederum eine Erweiterung gegenüber dem auf Europäisches Parlament, Rat und Kommission beschränkten Art. 253 EG-Vertrag i. d. F. v. Amsterdam liegt.[44] Hingegen wird der Vollzug des Unionsrechts durch die **Mitgliedstaaten** nicht erfasst.[45] Jedoch hat der EuGH einen ungeschriebenen allgemeinen Rechtsgrundsatz der Begründungspflicht herausgebildet, der die Mitgliedstaaten im Anwendungsbereich des Unionsrechts richterrechtlich zur Begründung ihrer Rechtsakte zwingt.[46]

---

[37] *Ipsen*, EG-Recht, S. 517; *Calliess*, in: Calliess/Ruffert, EUV/AEUV, Art. 296 AEUV, Rn. 11 ff.

[38] EuGH, Urt. v. 7.7.1981, Rs. 158/80 (Rewe), Slg. 1981, 1805, Rn. 25 mit Blick auf Art. 190 EWG-Vertrag (Vorgängervorschrift zu Art. 296 Abs. 2 AEUV); zur Fortführung s Rn. 17.

[39] *Jarass*, GRCh, Art. 41 GRC, Rn. 28 ff.; *Kańska*, ELJ 10 (2004), 296 (319 f.); anders *Waldhoff*, S. 341, nach welchem Rechtsetzungsakte grundsätzlich nicht in den Schutzbereich fallen.

[40] *Streinz/Ohler/Herrmann*, Vertrag von Lissabon, S. 100; zur Rechtslage vor Lissabon *Bumke*, S. 662.

[41] *Schoo*, in: Schwarze, EU-Kommentar, Art. 296 AEUV, Rn. 7; *Sladic*, ZfRV 2005, 123 (125); *Krajewski/Rösslein*, in: Grabitz/Hilf/Nettesheim, EU, Art. 296 AEUV (August 2011), Rn. 14; *Schwarze*, S. 843; a. A. *Calliess*, in: Calliess/Ruffert, EUV/AEUV, Art. 296 AEUV, Rn. 8 (keine Erfassung von Empfehlungen und Stellungnahmen); ebenso *Gellermann*, in: Streinz, EUV/AEUV, Art. 296 AEUV, Rn. 4 (teleologische Reduktion wegen fehlender Rechtsverbindlichkeit); *Vedder*, in: Vedder/Heintschel v. Heinegg, Europäisches Unionsrecht, Art. 296 AEUV, Rn. 6.

[42] S. aber Rn. 8 f. zur Begründungspflicht des EGKS-Vertrags, die Empfehlungen und Stellungnahmen bereits umfasste.

[43] Im Überblick zu atypischen bzw. »ungekennzeichneten« Rechtsakten *Ruffert*, in: Calliess/Ruffert, EUV/AEUV, Art. 288 AEUV, Rn. 98 ff.

[44] *Krajewski/Rösslein*, in: Grabitz/Hilf/Nettesheim, EU, Art. 296 AEUV (August 2011), Rn. 15.

[45] *Gellermann*, in: Streinz, EUV/AEUV, Art. 296 AEUV, Rn. 4.

[46] EuGH, Urt. v. 15.10.1987, Rs. 222/86 (Heylens), Slg. 1987, 4097, Rn. 15 ff.; dazu *Schwarze*, Europäisches Verwaltungsrecht, S. LXXXIV.

Demgegenüber gilt das Recht auf eine gute Verwaltung auch mit Blick auf das Begründungsgebot gemäß Art. 41 Abs. 2 Buchst. c GRC wegen des klaren Wortlauts der Vorschrift (Rechtsposition gegenüber »Organen, Einrichtungen und sonstigen Stellen der Union«) wie Art. 296 Abs. 2 AEUV nicht im mitgliedstaatlichen Vollzug.[47]

IV. Anforderungen

Bei den konkreten inhaltlichen Anforderungen an die Begründung differenzieren die Unionsgerichte nach den verschiedenen **Rechtsaktstypen** im Handlungsspektrum der Union, formulieren gleichwohl aber auch übergreifende Standards.   **16**

1. Allgemein

In seiner allgemeinsten Form verlangt der Kontrollmaßstab der Unionsgerichte zur Einhaltung der Anforderungen des Art. 296 Abs. 2 AEUV, dass die »Begründung [...] der Natur des betreffenden Rechtsakts angepasst sein und die Überlegungen des Organs, das den Rechtsakt erlassen hat, so klar und eindeutig zum Ausdruck bringen [muss], dass die Betroffenen ihr die Gründe für die erlassene Maßnahme entnehmen können und das zuständige Gericht seine Kontrollaufgabe wahrnehmen kann.«[48] Anzugeben sind nur die **tragenden**, nicht die Gesamtheit der entscheidungsbezogenen **Gründe**.[49] Übergreifend haben alle Rechtsakte anzugeben, auf welcher Rechtsgrundlage sie beruhen.[50] Die genauen **Maßstäbe** des Begründungserfordernisses ergeben sich aus den Umständen des Einzelfalls, insbesondere aus »dem Inhalt des Rechtsakts, der Art der angeführten Gründe und dem Interesse zu beurteilen ist, das die Adressaten oder andere durch den Rechtsakt unmittelbar und individuell betroffene Personen an Erläuterungen haben können«.[51] Nach dem EuGH muss »die Begründung eines Unionsrechtsakts [...] in diesem selbst enthalten sein und vom Urheber der Rechtsakts stammen«.[52]   **17**

Der typische Ort für die Erfüllung der Begründungspflicht sind die **Erwägungsgründe** eines Rechtsakts.[53] Gleichwohl spielt bei der Frage der Einhaltung der Begründungspflicht nicht nur der Wortlaut eine Rolle, sondern es sind auch Kontext und normatives Regelungsumfeld in den Blick zu nehmen.[54] Handelt es sich um einen Sachbereich mit Prägung durch komplexe technische und rechtliche Details und dynamische Veränderungen, so erlaubt dies eine Lockerung des Begründungserfordernisses.[55] Dies gilt auch,   **18**

---

[47] *Saurer*, Der Einzelne im europäischen Verwaltungsrecht, 2014, S. 139; *Streinz*, in: Streinz, EUV/AEUV, Art. 41 GRC, Rn. 14; a. A. *Bauer*, Das Recht auf eine gute Verwaltung, 2002, S. 142.

[48] EuG, Rs. Urt. v. 30. 4. 2014, Rs. T–17/12 (Hagenmeyer u. Hahn/Kommission), ECLI:EU:T:2014: 234, Rn. 173; Urt. v. 9. 9. 2011, Rs. T–475/07 (Dow AgroSciences u. a./Kommission), Slg. 2011, II–5937, Rn. 104.

[49] EuGH, Urt. v. 30. 3. 2000, Rs. C–265/97 P (VBA), Slg. 2000, I–2061, Rn. 93; *Classen*, S. 323.

[50] EuGH, Urt. v. 1. 10. 2009, Rs. C–370/07 (Kommission/Rat), Slg. 2009, I–8917, Rn. 42; *Schwartz*, Die Wahl der Rechtsgrundlage im Recht der Europäischen Union, 2013, S. 52; *König*, in: Schulze/Zuleeg, Europarecht, § 2, Rn. 114.

[51] EuGH, Urt. v. 21. 7. 2011, Rs. C–14/10 (Nickel Institute), Slg. 2011, I–6609, Rn. 98; Urt. v. 22. 12. 2008, Rs. C–333/07 (Régie Networks), Slg. 2008, I–10807, Rn. 63.

[52] EuGH, Urt. v. 21. 1. 2003, Rs. C–378/00 (Kommission/Parlament u. Rat), Slg. 2003, I–937, Rn. 66; Urt. v. 21. 7. 2011, Rs. C–15/10 (Etimine), Slg. 2011, I–6681, Rn. 113; Müller-Ibold, S. 77 f.

[53] *Schoo*, in: Schwarze, EU-Kommentar, Art. 296 AEUV, Rn. 10,11.

[54] EuGH, Urt. v. 19. 11. 2013, Rs. C–63/12 (Kommission/Rat), Slg. 2005, I–6451, Rn. 134; EuG, Urt. v. 19. 1. 2010, Rs. T–355/04 u. T–446/04 (Co-Frutta/Kommission), Slg. 2010, II–1, Rn. 100.

[55] EuGH, Urt. v. 21. 7. 2011, Rs. C–15/10 (Etimine), Slg. 2011, I–6681, Rn. 119.

wenn die Regelungsbetroffenen an der Erarbeitung des Rechtsakts beteiligt waren und im Prozess der Normgenese Informationen über die wesentlichen Tatsachen, wissenschaftlichen Erwägungen und rechtlichen Wertungen verbreitet wurden.[56]

2. Erleichterte Anforderungen bei Legislativakten

19   Bei Legislativakten berücksichtigt der EuGH zugunsten der Rechtsetzungsorgane, dass es hier um abstrakt-generelle, prospektive Festlegungen geht. Die Begründung kann sich »darauf beschränken, die Gesamtlage anzugeben, die zum Erlass der Maßnahme geführt hat, und die allgemeinen Ziele zu bezeichnen, die mit ihr erreicht werden sollen«.[57] Erforderlich ist, dass die Rechtsakte den von dem jeweils autorisierten Unionsorgan verfolgten Zweck in seinen wesentlichen Zügen erkennen lassen. Eine besondere Begründung für einzelne technische Aspekte muss nicht gegeben werden.[58] Einen tragenden Grund findet diese Differenzierung im **Rechtsschutzgedanken**. Sehen sich Unionsbürger/innen und Unternehmen konkreten Eingriffen in subjektiv-öffentliche Rechte ausgesetzt, so gebietet der effektive Rechtsschutz, dass die Behörde eine »besonders sorgfältige Aufbereitung der tatsächlichen und rechtlichen Grundlagen« vorlegt.[59]

3. Besonderheiten im europäischen Verwaltungsrecht

20   Bei Einzelentscheidungen supranationaler Behörden im Vollzug des Unionsrechts kommt die Kommunikationsfunktion der Begründung besonders deutlich zum Tragen. Denn in dieser Konstellation hat die europäische Verwaltungsbehörde idealtypisch mit der Begründung auf die zuvor in Ausübung des unionsrechtlichen Anhörungsrechts[60] vorgetragenen Argumente der Rechtsadressaten zu antworten.[61] Anerkannt ist, dass die Begründung der Kommission oder anderer supranationaler Behörden nicht auf alle Argumente einzugehen hat, die die Betroffenen vor ihr geltend gemacht haben, sondern dass es ausreicht, die »Tatsachen und rechtlichen Erwägungen [anzuführen], denen nach dem Aufbau der Entscheidung eine wesentliche Bedeutung zukommt«.[62] Jedoch hat der EuGH diese Anforderungen für Fälle gesteigerter personaler Betroffenheit dahin konkretisiert, dass in der Begründung eines **Unionsrechtsakts** »die einzelfallbezogenen, spezifischen und konkreten Gründe genannt werden, aus denen die zuständigen Behörden der Auffassung sind, dass gegen die betroffene Person restriktive Maßnahmen verhängt werden müssen«.[63] Weiterhin ist die Begründung dem Betroffenen grundsätz-

---

[56] EuGH, Urt. v. 21.7.2011, Rs. C–15/10 (Etimine), Slg. 2011, I–6681, Rn. 116; Urt. v. 21.7.2011, Rs. C–14/10 (Nickel Institute), Slg. 2011, I–6609, Rn. 100.

[57] EuGH, Urt. v. 9.9.2004, Rs. C–304/01 (Spanien/Kommission), Slg. 2004, I–7655, Rn. 51; Urt. v. 21.7.2011, Rs. C–14/10 (Nickel Institute), Slg. 2011, I–6609, Rn. 99; zur älteren Rechtsprechung *Müller-Ibold*, S. 89 f., 93.

[58] EuGH, Urt. v. 9.9.2004, Rs. C–304/01 (Spanien/Kommission), Slg. 2004, I–7655, Rn. 51; Urt. v. 17.3.2011, Rs. C–221/09 (AJD Tuna), Slg. 2011, I–1655, Rn. 59.

[59] *von Danwitz*, S. 262; ähnliches ist aus Rechtsschutzgründen nicht geboten, wenn es um die Ermittlung und abstrakte Gewichtung der betroffenen Belange geht, ibid.

[60] *Schwarze*, Europäisches Verwaltungsrecht, S. LXXXI.

[61] Zum Kommunikationskonzept der Begründung *Gusy*, Informationsbeziehungen, in: Hoffmann-Riem/Schmidt-Aßmann/Voßkuhle (Hrsg.), Grundlagen des Verwaltungsrechts, Bd. 2, 2008, § 23, Rn. 61.

[62] EuG, Urt. v. 30.4.2014, Rs. T–17/12 (Hagenmeyer u. Hahn/Kommission), ECLI:EU:T:2014:234, Rn. 173; Urt. v. 9.9.2011, Rs. T–475/07 (Dow AgroSciences u.a./Kommission), Slg. 2011, II–5937, Rn. 246.

[63] EuGH, Urt. v. 18.7.2013, verb. Rs. C–584/10 P, C–593/10 P u. C–595/10 P (Kommission u.a./Kadi), Rn. 116.

lich gleichzeitig mit dem ihn beschwerenden Rechtsakt mitzuteilen.[64] Aus rechtsstaatlichen und individualschützenden Gründen gilt, dass bei belastenden **Einzelakten** der Verwaltung und Einzelakten in Ausfüllung von Gestaltungsfreiräumen in qualitativ und quantitativ gesteigerter Weise auf die Einhaltung des Begründungserfordernisses zu achten ist.[65]

Im Problemzusammenhang administrativer Beurteilungsspielräume kommt der Be-   **21** gründungspflicht eine wichtige **Kompensationsfunktion** zu.[66] Zwar ist anerkannt, dass die Kommission bei der Entscheidung von Sachfragen mit spezifischer technischer oder wirtschaftlicher Komplexität über einen Beurteilungsspielraum verfügt, der der gerichtlichen Kontrolle entzogen ist. Jedoch ist die hiermit einhergehende Schwächung rechtsstaatlicher, grundrechtlicher und demokratischer Bindungen durch eine verschärfte Kontrolle des Verfahrensrechts auszugleichen. Der EuGH hat bereits Mitte der 1980er Jahre mit Blick auf eine kartellrechtliche Entscheidung der Kommission ausgeführt, dass sich die richterliche Prüfung der Sachverhaltswürdigung wegen der komplexen wirtschaftlichen Gegebenheiten »auf die Frage zu beschränken [habe], ob die Verfahrensvorschriften eingehalten worden sind, ob die Begründung ausreichend ist, ob der Sachverhalt zutreffend festgestellt worden ist und ob keine offensichtlich fehlerhafte Würdigung des Sachverhalts und kein Ermessensmissbrauch vorliegen«.[67] Dabei ist die Begründungspflicht von gesteigerter Bedeutung, da sie nicht nur als Kommunikationsgarantie zwischen supranationaler Behörde und Rechtsunterworfenen wirkt, sondern die Kontrolle der übrigen genannten Verfahrensgarantien erst ermöglicht. Die nachfolgende Rechtsprechung hat diese Grundlegung fortgeführt[68] und auf weitere Sachbereiche erstreckt.[69]

V. Begründungsmängel

Beim Umgang mit Mängeln bei Erfüllung der Begründungspflicht kommt die charak-   **22** teristische Wertschätzung des Unionsrechts für das Verfahrensrecht besonders deutlich zum Tragen. Weil das Unionsrecht die verschiedenen individualschützenden und instrumentellen Funktionen des Verfahrens[70] betont und diesem eine Richtigkeitsgewähr für das später gefundene Ergebnis zuschreibt, sind die **Rechtsfolgen** für ausgebliebene oder unzureichende Begründungen deutlich strenger ausgestaltet als in mancher nationaler Rechtsordnung. Aus Sicht des deutschen Verfassungs- und Verwaltungsrechts ist das Sanktionsgefälle besonders groß. Dabei kommt bei den Legislativakten zum Tragen, dass das deutsche Verfassungsrecht auf Vorgaben an die Begründung von Parlaments-

---

[64] EuG, Urt. v. 14. 10. 2009, Rs. T–390/08 (Bank Elli Iran/Rat), Slg. 2009, II–3967, Rn. 80; *Müller-Ibold*, S. 76 f.

[65] *von Danwitz*, S. 440; *Widmer*, Verwaltungsermessen im Recht der Europäischen Union – veranschaulicht anhand des europäischen Kartell- und Gemeinschaftsmarkenrechts, 2014, S. 96.

[66] *Calliess*, S. 239 ff.; *Saurer* (Fn. 47), S. 249 f.

[67] EuGH, Urt. v. 11. 7. 1985, Rs. 42/84 (Remia u. a./Kommission), Slg. 1985, 2545, Rn. 34.

[68] Vgl. EuGH, Urt. v. 28. 5. 1998, Rs. C–7/95 P (John Deere/Kommission), Slg. 1998, I–3111, Rn. 34; Urt. v. 2. 10. 2003, Rs. C–195/99 P (Krupp Hoesch Stahl/Kommission), Slg. 2003, I–10937, Rn. 55; EuGH, Urt. v. 11. 2. 2003, verb. Rs. C–204/00 P, C–205/00 P, C–211/00 P, C–213/00 P u. C–217/00 P (Aalborg Portland u. a./Kommission), Slg. 2004, I–123, Rn. 279; Schlussanträge der Generalanwältin *Trstenjak* v. 30. 6. 2009, verb. Rs. C–501/06 P, C–513/06 P, C–515/06 P u. C–519/06 P (GlaxoSmithKline u. a./Kommission), Nr. 188.

[69] Aus dem Zollverfahrensrecht EuGH, Urt. v. 21. 11. 1991, Rs. C–269/90 (TU München), Slg. 1991, I–5469, Rn. 13.

[70] S. Rn. 13.

gesetzen und Rechtsverordnungen vollständig verzichtet.[71] Bei Verwaltungsakten eröffnet das deutsche Verwaltungsrecht den Behörden weitreichende Heilungsmöglichkeiten (§§ 39, 45 Abs. 1 Nr. 2, Abs. 2 VwVfG Bund/Länder)[72] und Unbeachtlichkeitstatbestände (§ 46 VwVfG Bund/Länder)[73] für Begründungsfehler. Dies entspricht dem deutschen **Verfahrensleitbild** der »dienenden Funktion« des Verwaltungsverfahrens, das mit dem europäischen Leitbild des »Eigenwerts des Verfahrens« konfligiert.[74]

23   Deutlichster Ausdruck der strengen Handhabung von Begründungsfehlern im europäischen Recht ist die starke Einschränkung von **Heilungsmöglichkeiten**. Dies gilt insbesondere für die zeitliche Grenze der Heilungsmöglichkeit.[75] Nach Rechtsprechung der Unionsgerichte ist »die Begründung dem Betroffenen grundsätzlich gleichzeitig mit der ihn beschwerenden Entscheidung mitzuteilen«.[76] Hat das begründungsverpflichtete Organ die Begründung des Rechtsakts ganz oder teilweise versäumt, so ist eine Heilung während des gerichtlichen Verfahrens nicht mehr möglich.[77] Im Hintergrund dieser richterrechtlichen Wertung steckt die Befürchtung nachträglicher Verschleierungen ursprünglich diskriminierender oder sonst inadäquater legislativer oder behördlicher Motive. Insoweit liegt das Europarecht bei der Beurteilung fehlerhafter Begründungen auf einer Linie mit dem US-amerikanischen Recht, das gegenüber Heilungsregelungen ebenfalls sehr streng ist.[78]

24   Bei der gerichtlichen Durchsetzung von Begründungsmängeln ist im Rahmen der Nichtigkeitsklage zu den Unionsgerichten auf den **Klagegrund** der »Verletzung wesentlicher Formvorschriften« gem. Art. 263 Abs. 2 AEUV abzustellen.[79] Dabei ist im Hin-

---

[71] Zur fehlenden Begründungspflicht bei Gesetzen *Masing*, in: v. Mangoldt/Klein/Starck, GG, Art. 76 GG, Rn. 62; *Stettner*, in: Dreier, GG, Art. 76 GG, Rn. 16; a. A. *Mann*, in: Sachs, GG, 7. Aufl., 2014, Art. 76 GG, Rn. 7; weiterführend *Waldhoff*, S. 325 (327 ff.); zu Rechtsverordnungen *Nierhaus*, in: Bonner Kommentar zum GG, Bd. XII, 86. Lfg. 1998, Art. 80 GG (November 1998), Rn. 404; *Remmert*, in: Maunz/Dürig (Hrsg.), GG, Art. 80 GG (Dezember 2013), Rn. 131; a. A. *Schmidt-Aßmann*, in: Maunz/Dürig (Hrsg.), GG, Art. 19 Abs. 4 GG (Juli 2014), Rn. 253; *Mann*, in: Sachs, GG, Art. 80 GG, Rn. 32.

[72] Näher *Bülow*, Die Relativierung von Verfahrensfehlern im Europäischen Verwaltungsverfahren und nach §§ 45, 46 VwVfG, 2007, S. 343 ff.; *Siegel/Hufen*, S. 357 ff.

[73] Zur h. M. *Sachs*, in: Stelkens/Bonk/Sachs (Hrsg.), VwVfG, 8. Aufl., 2014, § 45, Rn. 33; *Bredemeier*, Kommunikative Verfahrenshandlungen im deutschen und europäischen Verwaltungsrecht, 2007, S. 212 ff.; für Nichtanwendung von § 46 VwVfG auf Begründungsfehler *Kischel*, Folgen von Begründungsfehlern, 2004, S. 98 ff., 204 f.

[74] *Saurer*, (Fn. A), S. 318 ff.; vermittelnd *Stelkens*, DVBl 2010, 1083 ff.; außerdem *Gurlit*, Der Eigenwert des Verfahrens im Verwaltungsrecht, VVDStRL 70 (2011), S. 227 (234 f., 267 ff.); *Fehling*, Eigenwert des Verfahrens im Verwaltungsrecht, VVDStRL 70 (2011), S. 278 (286 f., 292 ff.); *ders.*, in: Terhechte, Verwaltungsrecht der EU, § 12, Rn. 73 ff.

[75] *Bülow*, Die Relativierung von Verfahrensfehlern im Europäischen Verwaltungsverfahren und nach §§ 45, 46 VwVfG, 2007, S. 400; *Siegel/Hufen*, S. 368.

[76] EuGH, Urt. v. 26. 11. 1981, Rs. 195/80 (Michel/Parlament), Slg. 1981, 2861, Rn. 22; EuG, Urt. v. 3. 2. 2000, verb. Rs. T–46/98 u. T–151/98 (Rat der Gemeinden und Regionen Europas/Kommission), Slg. 2000, II–167, Rn. 47; Urt. v. 14. 10. 2009, Rs. T–390/08 (Bank Elli Iran/Rat), Slg. 2009, II–3967, Rn. 80.

[77] EuGH, Urt. v. 12. 11. 1985, Rs. 183/83 (Krupp Stahl/Kommission), Slg. 1985, 3609, Rn. 21; EuG, Urt. v. 3. 2. 2000, verb. Rs. T–46/98 u. T–151/98 (Rat der Gemeinden und Regionen Europas/Kommission), Slg. 2000, II–167, Rn. 47; Urt. v. 28. 6. 2005, verb. Rs. C–189/02 P u. a. (Dansk Rørindustri u. a./Kommission), Slg. 2005, I–5425, Rn. 463; EuG, Urt. v. 12. 11. 2006, Rs. T–228/02 (Organisation des Modjahedines du peuple d'Iran/Rat), Slg. 2006, II–4665, Rn. 139; Urt. v. 14. 10. 2009, Rs. T–390/08 (Bank Elli Iran/Rat), Slg. 2009, II–3967, Rn. 80.

[78] S. nur *M. Shapiro*, Univ. of Chicago Legal Forum 1992, 179 (196); *Saurer*, VerwArch 100 (2009), 364 (379).

[79] EuGH, Urt. v. 2. 4. 1998, Rs. C–367/95 P (Kommission/Sytraval und Brink's France), Slg. 1998,

blick auf die Einbeziehung von Empfehlungen und Stellungnahmen in den Anwendungsbereich des Art. 296 Abs. 2 AEUV (s. Rn. 14) zu beachten, dass diese Rechtsakte gem. Art. 263 Abs. 1 AEUV gleichwohl nicht direkt angreifbar sind.[80] In der gerichtlichen Praxis der Unionsgerichte zählen **Begründungsmängel** zu den am häufigsten gerügten Verfahrensfehlern.[81] Liegt ein Begründungsmangel vor, so führt dies nicht zur Nichtigkeit, sondern zur rechtlichen Angreifbarkeit des Rechtsakts.[82]

Grundsätzlich erklären die Unionsgerichte den fehlerhaften Rechtsakt für nichtig.[83] **25** Allerdings gibt es keine schematische Anwendung dieses Grundsatzes. So unterbleibt eine **Aufhebung**, wenn dies mangels Ermessensspielraum der Verwaltung nur zum Erlass einer neuen Maßnahme führen könnte, die inhaltlich mit der aufgehobenen identisch wäre.[84] Bei unbeträchtlichen Mängeln wie etwa einem infolge Übersetzungsfehler falschen Wort in einer bestimmten Sprachfassung[85] oder der Nichterwähnung eines tatsächlich eingehaltenen Beteiligungsgebots[86] ist bereits eine Verletzung der Begründungspflicht zu verneinen.[87] Unabhängig hiervon zählt die Einhaltung der Begründungspflicht anerkanntermaßen zu den von den Unionsgerichten **von Amts wegen** zu prüfenden Verfahrensgeboten.[88]

VI. Bezugnahmegebot

Art. 296 Abs. 2 AEUV ordnet ausdrücklich an, dass bei Erfüllung der Begründungs- **26** pflicht auf die »in den Verträgen vorgesehenen Vorschläge, Initiativen, Empfehlungen, Anträge oder Stellungnahmen« Bezug zu nehmen ist. Damit führt der Vertrag von Lissabon ein Formgebot fort, das sich im Kern bereits im Begründungtatbestand des EGKS-Vertrages findet.[89] Der **Telos** des Bezugnahmegebots liegt letztlich in der Wahrung des institutionellen Gleichgewichts. Durch den Nachweis der formalen Äußerungen der Organe und Einrichtungen der Union beim Zustandekommen der Rechtsakte werden deren Beteiligungspositionen gewährleistet. Die regelmäßig unter Verweis auf das Amtsblatt der EU erfolgende Bezugnahme gilt als »amtliche Feststellung, dass die entsprechende Beteiligung erfolgt ist«.[90] **Mängel** bei der Erfüllung des Bezugnahmegebots sind deutlich schwächer sanktioniert als bei der Begründungspflicht im engeren Sinne. Denn dem Bezugnahmegebot wird überwiegend die Qualität einer wesentlichen Formvorschrift abgesprochen.[91] Demgemäß ist die Nichtbeachtung des Formgebots der

I–1719, Rn. 63; EuG, Urt. v. 16.6.2011, Rs. T–199/08 (Ziegler/Kommission), Slg. 2011, II–3507, Rn. 87; Urt. v. 5.11.2014, Rs. T–422/11 (Computer Resources International/Kommission), ECLI:EU:T:2014:927, Rn. 21 ff.; *König*, in: Schulze/Zuleeg, Europarecht, § 2, Rn. 114; *Sladic*, ZfRV 2005, 123 (126).

[80] *Schoo*, in: Schwarze, EU-Kommentar, Art. 296 AEUV, Rn. 7.
[81] *Calliess*, in: Calliess/Ruffert, EUV/AEUV, Art. 296 AEUV, Rn. 9.
[82] *Gellermann*, in: Streinz, EUV/AEUV, Art. 296 AEUV, Rn. 16.
[83] Vgl. etwa EuG, Urt. v. 22.2.2006, Rs. T–34/02 (EURL Le Levant u. a./Kommission), Slg. 2006, II–267, Rn. 102 ff., 132.
[84] EuGH, Urt. v. 6.7.1983, Rs. 117/81 (Jean-Jacques Geist/Kommission), Slg. 1983, 2191, Rn. 7; kritisch wegen der Relativierung *Gellermann*, in: Streinz, EUV/AEUV, Art. 296 AEUV, Rn. 16; *Calliess*, in: Calliess/Ruffert, EUV/AEUV, Art. 296 AEUV, Rn. 36.
[85] EuGH, Urt. v. 17.6.1987, verb. Rs. 424/85 u. 425/85 (FRICO), Slg. 1987, 2755, Rn. 20.
[86] EuGH, Urt. v. 23.2.1988, Rs. 68/86 (Vereinigtes Königreich/Rat), Slg. 1988, 855, Rn. 32.
[87] *Bumke*, S. 668; *von Danwitz*, S. 394.
[88] S. nur EuG, Urt. v. 22.6.2005, Rs. T–102/03 (CIS/Kommission), Slg. 2005, II–2357, Rn. 46.
[89] Vgl. Art. 15 Abs. 1 EGKS-Vertrag.
[90] *Krajewski/Rösslein*, in: Grabitz/Hilf/Nettesheim, EU, Art. 296 AEUV (August 2011), Rn. 45.
[91] *Calliess*, in: Calliess/Ruffert, EUV/AEUV, Art. 296 AEUV, Rn. 34.

Bezugnahme auf Vorschläge, Initiativen, Empfehlungen, Anträge oder Stellungnahmen für die Beurteilung der Rechtmäßigkeit eines Unionsrechtsakts ohne Bedeutung.[92]

D. Annahmeverbot bei vertraglich nicht vorgesehenen Rechtsakten (UAbs. 3)

27   Art. 296 Abs. 3 AEUV untersagt dem Europäischen Parlament und dem Rat, während der Befassung mit dem Entwurf eines Gesetzgebungsakts zu dem betreffenden Sachbereich anderweitige Rechtsakte anzunehmen. Die Vorschrift entstammt den Beratungen zum Entwurf für einen Vertrag über eine Verfassung für Europa (VVE). Dort war als Regelungsstandort **Art. I–33 VVE** vorgesehen – die zentrale Vorschrift zum System der Rechtsakte der Union. Art. I–33 Abs. 1 VVE enthielt eine textlich umfassende Grundlegung der verschiedenen Rechtsakte, ähnlich dem heutigen Art. 288 AEUV. Hieran anschließend enthielt Art. I–33 Abs. 2 VVE eine bis auf die Ersetzung des Wortes »Akte« durch »Rechtsakte« wörtlich dem heutigen Art. 296 Abs. 3 AEUV entsprechende Vorschrift.[93] Diese Entstehungsgeschichte verdeutlicht, dass Art. 296 Abs. 3 AEUV die **Wahlfreiheit** der Unionsorgane zwischen verschiedenen Rechtsformen betrifft, deren Reichweite im Lichte der spezifischen primärrechtlichen Vorgaben bei jedem Regelungsanlass neu zu bestimmen ist. Damit steht Art. 296 Abs. 3 AEUV in einem funktionalen Zusammenhang zu Art. 296 Abs. 1 AEUV, der ebenfalls einen Aspekt der Formenwahl betrifft.[94]

28   Die in Art. 296 Abs. 3 AEUV getroffene Regelung versteht sich vor dem Problemhorizont der **Umgehung** der Gesetzgebungsordnung der EU durch »weichere« Regelungsformen (»atypische Rechtsakte«). Es handelt sich um eine vertragstextliche »Stopp-Regel«, die verhindern möchte, dass die Unionsorgane während des laufenden Gesetzgebungsverfahrens »an sich nicht vorgesehene Zwischenschritte, wie Entschließungen und Stellungnahme [...] erlassen, weil sich auf eine abschließende Entscheidung nicht verständigt werden konnte«.[95] Art. 296 Abs. 3 AEUV entfaltet in einem kleinen, aber wesentlichen Anwendungsbereich eine »Sperrwirkung«[96] für atypische Rechtsakte, nämlich bei Fällen, in denen Europäisches Parlament oder Rat bereits mit dem Entwurf eines Gesetzgebungsakts befasst worden sind. Zur Bestimmung des Vorliegens eines »Entwurfs eines Gesetzgebungsakts« kann auf die Legaldefinition in Art. 3 des Protokolls über Subsidiarität und Verhältnismäßigkeit[97] zurückgegriffen werden,[98] die auf »die Vorschläge der Kommission, die Initiativen einer Gruppe von Mitgliedstaaten, die Initiativen des Europäischen Parlaments, die Anträge des Gerichtshofs, die Empfehlungen der Europäischen Zentralbank und die Anträge der Europäischen Investitions-

---

[92] *Krajewski/Rösslein*, in: Grabitz/Hilf/Nettesheim, EU, Art. 296 AEUV (August 2011), Rn. 46.

[93] Dazu *Lenaerts/Desomer*, ELJ 11(2005), 744 (757); *Vedder*, in: Vedder/Heintschel von Heinegg, EVV, Art. I–38 EVV, Rn. 40.

[94] *Krajewski/Rösslein*, in: Grabitz/Hilf/Nettesheim, EU, Art. 296 AEUV (August 2011), Rn. 47 mit Kritik der Vertragssystematik wegen Trennung durch Art. 296 Abs. 2 AEUV.

[95] *Calliess*, in: Calliess/Ruffert, EUV/AEUV, Art. 296 AEUV, Rn. 38; *Glaser*, S. 334 nennt Art. 296 Abs. 3 AEUV ein »bereichsspezifisches Verbot der Gesetzgebung in Formen, die in dem betreffenden Gesetzgebungsverfahren nicht vorgesehen sind«.

[96] *Schwarze*, EuR 2011, 3 (14).

[97] Protokoll Nr. 2 (s. Abschnitt »Vorschriften«).

[98] *Krajewski/Rösslein*, in: Grabitz/Hilf/Nettesheim, EU, Art. 296 AEUV (August 2011), Rn. 53.

bank, die den Erlass eines Gesetzgebungsakts zum Ziel haben« abstellt. Umgekehrt enthält Art. 296 Abs. 3 AEUV auch eine Klarstellung, dass **atypische** Unionsrechtsakte grundsätzlich zulässige Handlungsformen bleiben, soweit kein Entwurf eines Gesetzgebungsakts im Raum steht.[99]

[99] *Lenaerts/Desomer*, ELJ 11 (2005), 744 (757).

Artikel 297 AEUV [Unterzeichnung, Veröffentlichung, Inkrafttreten]

(1) Gesetzgebungsakte, die gemäß dem ordentlichen Gesetzgebungsverfahren erlassen wurden, werden vom Präsidenten des Europäischen Parlaments und vom Präsidenten des Rates unterzeichnet.

Gesetzgebungsakte, die gemäß einem besonderen Gesetzgebungsverfahren erlassen wurden, werden vom Präsidenten des Organs unterzeichnet, das sie erlassen hat [1]Die Gesetzgebungsakte werden im *Amtsblatt der Europäischen Union* veröffentlicht. [2]Sie treten zu dem durch sie festgelegten Zeitpunkt oder anderenfalls am zwanzigsten Tag nach ihrer Veröffentlichung in Kraft.

(2) Rechtsakte ohne Gesetzescharakter, die als Verordnung, Richtlinie oder Beschluss, der an keinen bestimmten Adressaten gerichtet ist, erlassen wurden, werden vom Präsidenten des Organs unterzeichnet, das sie erlassen hat.

[1]Verordnungen, Richtlinien, die an alle Mitgliedstaaten gerichtet sind, sowie Beschlüsse, die an keinen bestimmten Adressaten gerichtet sind, werden im *Amtsblatt der Europäischen Union* veröffentlicht. [2]Sie treten zu dem durch sie festgelegten Zeitpunkt oder anderenfalls am zwanzigsten Tag nach ihrer Veröffentlichung in Kraft.

Die anderen Richtlinien sowie die Beschlüsse, die an einen bestimmten Adressaten gerichtet sind, werden denjenigen, für die sie bestimmt sind, bekannt gegeben und durch diese Bekanntgabe wirksam.

Literatur

von Achenbach, Demokratische Gesetzgebung in der Europäischen Union, 2014; *von Bogdandy/Bast/Arndt*, Handlungsformen im Unionsrecht, ZaöRV 62 (2002), 77; *Bradley*, Legislating in the European Union, in: Catherine Barnard/Steven Peers (Hrsg.), European Union Law, 2014, S. 97; *Mehlhorn*, Der Bundespräsident der Bundesrepublik Deutschland und der Republik Österreich, 2010; *Tomuschat*, Normenpublizität und Normenklarheit in der Europäischen Gemeinschaft, in: Grewe/Rupp/Schneider (Hrsg.), Europäische Gerichtsbarkeit und nationale Verfassungsgerichtsbarkeit, FS Kutscher, 1981, S. 461; *Tuleja*, Polen, in: von Bogdandy/Villalón/Huber (Hrsg.), Ius Publicum Europaeum, Bd. I: Grundlagen und Grundzüge des staatlichen Verfassungsrechts, 2007, § 8.

Wesentliche sekundärrechtliche Vorschriften

Interinstitutionelle Regeln für Veröffentlichungen, Brüssel/Luxemburg, 2011, ständige Aktualisierung unter http://publications.europa.eu/code/de/de–000300.htm
Europäisches Parlament, Rat, Kommission, Gemeinsame Erklärung zu den praktischen Modalitäten des neuen Mitentscheidungsverfahrens (Artikel 251 EG-Vertrag) vom 13. 6. 2007, ABl. 2007, C–145/5
Europäisches Parlament, Geschäftsordnung, 8. Wahlperiode, Stand: Juli 2014; vorher: Geschäftsordnung Europäisches Parlament v. 1. 3. 2011, ABl. 2011, L 116/1, konsolidierte Fassung abrufbar unter http://www.europarl.europa.eu
Rat der Europäischen Union, Geschäftsordnung i. d. F. Verordnung 2009/937/EU des Rates vom 1. 12. 2009 zur Änderung seiner Geschäftsordnung, ABl. 2009, L 325/35
Verordnung 1049/2001/EG des Europäischen Parlaments und des Rates vom 30. 5. 2001 über den Zugang der Öffentlichkeit zu Dokumenten des Europäischen Parlaments, des Rates und der Kommission, ABl. 2001, L 145/43

A. Allgemeines

Art. 297 AEUV regelt die am Schluss der Rechtsetzungsverfahren zu beachtenden **For-**   **1**
merfordernisse. Die Vorschrift sichert im Dienste von Rechtsstaatlichkeit und Transparenz des Handelns der Union Verifikation und Publizität der Rechtsakte.[1]

I. Entstehungsgeschichte

Der heutige Art. 297 AEUV ist Ausdruck der bis in die Frühphase der europäischen   **2**
Integration zurückreichenden **Publikationskultur** in der europäischen Rechtsetzung.
Schon der EGKS-Vertrag von 1951 machte die Veröffentlichung von abstrakt-generellen Entscheidungen, Empfehlungen und Stellungnahmen der Hohen Behörde zur Voraussetzung der Anwendbarkeit.[2] Die erste Ausgabe des »Amtsblatts« erschien im Dezember 1952.[3] Der EWG-Vertrag von 1957 ordnete dementsprechend für die neu geschaffene Rechtsetzungsform der Verordnung bereits die Veröffentlichung im Amtsblatt
an (Art. 191 Satz 1 EWG-Vertrag).[4] Richtlinien und Entscheidungen waren dagegen
»denjenigen, für die sie bestimmt sind« bekanntzugeben (Art. 191 Satz 2 EWG-Vertrag). Zur Verwaltung der Publikation wurde das Amt für amtliche Veröffentlichungen
der Europäischen Gemeinschaften geschaffen.[5]

Grundlegende Änderungen brachte der Vertrag von Maastricht von 1992.[6] Im Bereich   **3**
der Formvorgaben wurde die gestiegene Komplexität der europäischen Rechtsetzungsordnung verarbeitet und ein nach Handlungsformen gestuftes System der **Veröffentlichungs- und Unterzeichnungspflicht** eingeführt. Für die im Mitentscheidungsverfahren entstandenen Verordnungen, Richtlinien und Entscheidungen führte der Vertrag
zusätzlich zur Veröffentlichungspflicht erstmals ein ausdrückliches vertragstextliches
Unterzeichnungserfordernis ein, das sich an die Präsidenten des Europäischen Parlaments und des Rates richtete (Art. 191 Abs. 1 EG-Vertrag i. d. F. v. Maastricht, Art. 254
Abs. 1 EG-Vertrag i. d. F. v. Amsterdam).[7] Bei den sonstigen Rechtsakten wurde die
Veröffentlichungspflicht auf die an alle Mitgliedstaaten gerichteten Richtlinien erweitert, allerdings war noch kein Unterzeichnungserfordernis vorgeschrieben (Art. 191
Abs. 2 EG-Vertrag, Art. 254 Abs. 2 EG-Vertrag i. d. F. v. Amsterdam).[8]

---

[1] *Krajewki/Rösslein*, in: Grabitz/Hilf/Nettesheim, EU, Art. 297 AEUV (August 2011), Rn. 4; *Kotzur*, in: Geiger/Khan/Kotzur, EUV/AEUV, Art. 297 AEUV, Rn. 3.
[2] Art. 15 Abs. 3 EGKS-Vertrag, BGBl. II 1952 S. 445.
[3] Amtsblatt der Europäischen Gemeinschaft für Kohle und Stahl, 1. Jahr, Nr. 1 v. 30. 12. 1952.
[4] Art. 191 S. 1 EWG-Vertrag, BGBl. II 1957 S. 753.
[5] ABl. 1967, L 52/18.
[6] Vertrag von Maastricht, ABl. 1992, C 224/1.
[7] Vertrag von Amsterdam, ABl. 1997, C 340/1.
[8] Zu den seinerzeit verbleibenden Handlungsformen ohne Veröffentlichungspflicht *von Bogdandy/Bast/Arndt*, ZaöRV 62 (2002), 77 (95, 102).

4   Der Entwurf für einen Vertrag über eine Verfassung für Europa (VVE) von 2004[9] führte das Konzept des gestuften Systems der Formvorgaben fort, allerdings in einer an die intendierte Neuordnung des Rechtsetzungssystems angepassten Form. »Europäische Gesetze« und »Rahmengesetze« wurden unbesehen ihrer Herkunft aus »ordentlichen« bzw. »besonderen« Gesetzgebungsverfahren ausnahmslos der Pflicht zur Unterzeichnung und Veröffentlichung unterworfen (Art. I–39 Abs. 1 VVE). Bei den nichtlegislativen Rechtsakten wurde die Pflicht zur Unterzeichnung und Veröffentlichung gegenüber dem status quo ante des EG-Vertrags erweitert (Art. I–39 Abs. 2 VVE).[10] Hieran knüpfte der Vertrag von Lissabon bei der Ausgestaltung der Formvorgaben in Art. 297 AEUV an. Demgemäß findet sich die Unterwerfung aller Gesetzgebungsakte unter Unterzeichnungs- und Veröffentlichungspflicht gemäß **Art. I–39 VVE** heute in modifizierter Form in Art. 297 Abs. 1 AEUV, die erweiterte Unterzeichnungs- und Veröffentlichungspflicht gemäß Art. I–39 Abs. 2 VVE in modifizierter Form in Art. 297 Abs. 2 AEUV.

II. Supranationale Besonderheiten

5   Im Vergleich der Transparenz- und Publizitätsregeln des Art. 297 AEUV mit den Formvorgaben des nationalen Verfassungsrechts zeigen sich Konvergenzen und Divergenzen. Einerseits handelt es sich bei dem Zweiklang von Unterzeichnung und Veröffentlichung am Schluss des Rechtsetzungsprozesses um einen rechtsordnungsübergreifenden, gemeinsamen Baustein der Rechtserzeugung. Art. 297 AEUV liegt parallel zu nationalen Regelungen im Grundgesetz,[11] in der österreichischen Bundesverfassung[12] oder in der Verfassung der Republik Polen.[13] Andererseits wirken sich auch bei den Verifikations- und Publizitätsregeln die institutionellen Besonderheiten des supranationalen Herrschaftsverbands der EU aus. Insbesondere kennt auch die Vertragsordnung von Lissabon kein Pendant zur nationalen Institution des Staatsoberhaupts.[14] Demgemäß fehlt auf europäischer Ebene ein »geborener« Amtsträger, dem die **Beurkundungs- und Genehmigungsfunktion** zugeschrieben werden könnte, sodass die Unionsverträge die mit der Unterzeichnung verbundene Aufgabe der »Feststellung der Ordnungsmäßigkeit des Gesetzgebungsverfahrens« regelmäßig den institutionellen Spitzen der konkret mit der Rechtsetzungskapazität betrauten Organe zuordnen.[15] Dieser Zusammenhang bringt es mit sich, dass sich die für das nationale Recht nicht nur in Deutschland,[16]

---

[9] Vertrag über eine Verfassung für Europa, ABl. 2004, C 310/1.

[10] S. *Vedder*, in: Vedder/Heintschel von Heinegg (Hrsg.), EVV, Art. I–39 EVV, Rn. 3 ff.

[11] S. Art. 82 Abs. 1 Satz 1 GG.

[12] S. Bundes-Verfassungsgesetz der Republik Österreich (B-VG) v. 10. 11. 1920 i. d. F. v. 7. 12. 1929, zuletzt geändert durch BGBl. I Nr. 101/2014 (im Internet abrufbar unter www.ris.bka.gv.at (9. 1. 2015)), Art. 47 Abs. 1: »Das verfassungsmäßige Zustandekommen der Bundesgesetze wird durch den Bundespräsidenten beurkundet.«; Art. 49 Abs. 1 Satz 1 B-VG lautet: »Die Bundesgesetze sind vom Bundeskanzler im Bundesgesetzblatt kundzumachen.«

[13] Art. 122 Abs. 1 bis 5 Verfassung der Republik Polen vom 2. 4. 1997 verknüpfen die Unterzeichnung und Veröffentlichung eines Gesetzes mit der Gesetzeskontrolle durch den Verfassungsgerichtshof (s. die deutsche Übersetzung abgedruckt bei Kimmel/Kimmel, Verfassungen der EU-Mitgliedstaaten, 2005, S. 545 ff.).

[14] Auch dem Präsidenten des Europäischen Rates gem. Art. 15 EUV kommt keine den Staats- und Regierungschefs in den Mitgliedstaaten vergleichbare »höchste politische Autorität« zu, s. *Calliess*, in: Calliess/Ruffert, EUV/AEUV, Art. 15 EUV, Rn. 38.

[15] *Krajewski/Rösslein*, in: Grabitz/Hilf/Nettesheim, EU, Art. 297 AEUV (August 2011), Rn. 7.

[16] Statt vieler *Meyer*, JZ 2011, 602 ff.; *Schoch*, ZG 2008, 209 ff.

sondern etwa auch in Polen[17] oder Österreich[18] intensiv erörterte Frage[19] eines mit der Unterzeichnung bzw. Ausfertigung eines Gesetzes verbundenen formellen bzw. materiellen Prüfungsrechts des ausfertigenden Staatsoberhaupts im Unionsrecht von vorneherein nicht stellt.[20]

Zu beachten ist außerdem die große Bedeutung von Veröffentlichungspflichten im   **6** Sekundärrecht und in den Geschäftsordnungen der Unionsorgane. So ordnet Art. 13 Abs. 1 der **Transparenzverordnung** 1049/2001/EG[21] an, dass neben den eigentlichen Rechtsakten unter anderem auch Vorschläge der Kommission, Standpunkte des Rates und des Europäischen Parlaments im Mitentscheidungsverfahren, Übereinkommen zwischen den Mitgliedstaaten, von der Gemeinschaft geschlossene internationale Übereinkommen und »soweit möglich« Empfehlungen und Stellungnahmen im Amtsblatt veröffentlicht werden.[22] Die **Geschäftsordnung des Rates** sieht u. a. die Veröffentlichung von Standpunkten des Rates in der ersten Lesung des ordentlichen Gesetzgebungsverfahrens einschließlich ihrer Begründung und internationaler Übereinkünfte der Union vor.[23] Auch die **Geschäftsordnung des Europäischen Parlaments** geht in ihren Veröffentlichungsverpflichtungen über den AEUV hinaus. So werden die vom Parlament nach dem ordentlichen Gesetzgebungsverfahren angenommenen Standpunkte gemäß Art. 192 Abs. 4 und Abs. 5 GO-EP im Amtsblatt veröffentlicht.[24]

B. Gesetzgebungsakte

I. Unterzeichnung

Nach Art. 297 Abs. 1 AEUV sind Gesetzgebungsakte ausnahmslos zu unterzeichnen.   **7** Die Unterzeichnung beurkundet die »Ordnungsgemäßheit und den Abschluss« des Gesetzgebungsverfahrens,[25] dient aber auch der organschaftlichen **Zurechnung**.[26] Art. 297 Abs. 1 AEUV knüpft mit dem Rechtsbegriff »Gesetzgebungsakt« an die Legaldefinition in Art. 289 Abs. 3 AEUV[27] an und erfasst alle Rechtsakte, die aus einem ordentlichen Gesetzgebungsverfahren gem. Art. 289 Abs. 1 AEUV oder besonderen Gesetzgebungs-

---

[17] S. *Tuleja*, § 8, Rn. 79.

[18] Dazu *Mehlhorn*, S. 407 ff.

[19] Vgl. außerdem zur Vetomacht des US-Präsidenten, die sich am Zeichnungserfordernis bei Gesetzen gem. Art. 7 Sec. 1 US Constitution (»…if he approve he shall sign it, but if not he shall return it…«) festmacht, *Ackerman*, We the People: Foundations, 1991, S. 68 ff.

[20] S. *von Lewinski*, in: Bonner Kommentar zum GG, Bd. XII, Art. 82 GG (Juli 2013), Rn. 12: Ausschluss einer »neutralen« Rechtmäßigkeitsprüfung wegen der aktiven Rolle der Präsidenten der Unionsorgane im Rechtsetzungsverfahren.

[21] VO 1049/2001/EG (s. Abschnitt »Wesentliche sekundärrechtliche Vorschriften«).

[22] Zur (ausstehenden) Anpassung an die Vertragsordnung v. Lissabon s. Legislative Entschließung des Europäischen Parlaments vom 15. 12. 2011 zu dem Vorschlag für eine Verordnung des Europäischen Parlaments und des Rates über den Zugang der Öffentlichkeit zu Dokumenten des Europäischen Parlaments, des Rates und der Kommission (Neufassung) (KOM (2008)0229 – C6–0184/2008–2008/0090(COD)), EP-Dok. Nr. P7_TA(2011)0580.

[23] S. Art. 17 Abs. 1 lit. b u. d Geschäftsordnung des Rates (Abschnitt »Vorschriften«).

[24] Geschäftsordnung des Europäischen Parlaments (Abschnitt »Wesentliche sekundärrechtliche Vorschriften«).

[25] *Schoo*, in: Schwarze, EU-Kommentar, Art. 297 AEUV, Rn. 3; *Bradley*, S. 97, 122.

[26] *von Achenbach*, S. 59.

[27] S. Art. 289 AEUV, Rn. 39 f.

verfahren gem. Art. 289 Abs. 2 AEUV hervorgegangen sind. Die Festlegung der unterzeichnungspflichtigen Stelle folgt dieser Differenzierung. Gemäß Art. 297 Abs. 1 UAbs. 1 AEUV werden Gesetzgebungsakte aus dem ordentlichen Gesetzgebungsverfahren vom Präsidenten des Europäischen Parlaments und vom Präsidenten des Rates unterzeichnet.

8   Für Gesetzgebungsakte aus besonderen Gesetzgebungsverfahren sieht Art. 297 Abs. 1 UAbs. 2 AEUV vor, dass diese »vom Präsidenten des Organs unterzeichnet [werden], das sie erlassen hat«. Dabei ist zu beachten, dass besondere Gesetzgebungsverfahren gem. Art. 289 Abs. 2 AEUV unter Beteiligung des Europäischen Parlaments und des Rates ergehen, dass aber ein charakteristisches **Kompetenzgefälle** zugunsten des jeweils annehmenden Unionsorgans besteht.[28] Deshalb ist für die Anforderungen des Art. 297 Abs. 1 UAbs. 2 AEUV nur das den Rechtsakt annehmende Unionsorgan als »erlassendes« Organ im Sinne der Vorschrift anzusehen.[29] Diese Sichtweise ist für das besondere Gesetzgebungsverfahren zum Erlass des Haushaltsplans gem. Art. 314 AEUV unter Verweis auf die erforderliche materielle Einigung zwischen Parlament und Rat in Frage gestellt worden. Jedoch hat der EuGH die alleinige Unterzeichnung durch den Präsidenten des Europäischen Parlaments für rechtmäßig erachtet und dabei auf Art. 314 Abs. 9 AEUV abgestellt, der allein dem Parlamentspräsidenten die Kompetenz zu der Feststellung zuordnet, dass der Haushaltsplan endgültig erlassen ist.[30]

II. Veröffentlichung

9   Alle Gesetzgebungsakte sind ungeachtet ihrer Herkunft aus dem ordentlichen oder besonderen Gesetzgebungsverfahren gem. Art. 297 Abs. 1 UAbs. 3 Satz 1 AEUV im **Amtsblatt** der Europäischen Union zu veröffentlichen. Nach der zeitlichen Konkretisierung in der Gemeinsamen Erklärung von Europäischem Parlament, Rat und Kommission zum Mitentscheidungsverfahren[31] hat die Veröffentlichung innerhalb von zwei Monaten ab Erlass des Rechtsakts zu erfolgen. In der Veröffentlichungspraxis ist die Systematik des Amtsblatts zu beachten. Traditionell[32] unterscheidet das Amtsblatt die Reihen L (Legislation), C (Communications) und S (Supplement).[33] Innerhalb der Reihe L werden neben der Rubrik für Gesetzgebungsakte (L I) zwei weitere Rubriken geführt, nämlich für Rechtsakte ohne Gesetzescharakter (L II) und sonstige Rechtsakte (L III).[34] Das Amtsblatt erscheint in allen Amtssprachen der Union.[35] Das Inkrafttreten der Ge-

---

[28] Rechtspraktisch steht die Annahme durch den Rat ganz im Vordergrund, S. Art. 289 AEUV, Rn. 28.

[29] *Schoo*, in: Schwarze, EU-Kommentar, Art. 297 AEUV, Rn. 4.

[30] EuGH, Urt. v. 17.9.2013, Rs. C–77/11 (Jahreshaushaltsplan 2011), Rn. 46 ff.

[31] EP/Rat/Kommission, Gem. Erklärung zum Mitentscheidungsverfahren (s. Abschnitt »Vorschriften«), Ziff. 48.

[32] S. *Tomuschat*, S. 472.

[33] Interinstitutionelle Regeln für Veröffentlichungen (s. Abschnitt »Wesentliche sekundärrechtliche Vorschriften«), S. 21.

[34] Interinstitutionelle Regeln für Veröffentlichungen (s. Abschnitt »Wesentliche sekundärrechtliche Vorschriften«), S. 21.

[35] Vgl. bereits Art. 5 Abs. 1 der VO 1/58/EWG des Rates vom 15.4.1958 zur Regelung der Sprachenfrage für die Europäische Wirtschaftsgemeinschaft, ABl. 1958, 17/385; zuletzt VO 1257/2010/EU des Rates vom 20.12.2010 zur Verlängerung der durch VO 920/2005/EG eingeführten befristeten Ausnahmeregelungen zu der VO 1/58/EWG des Rates vom 15.4.1958 zur Regelung der Sprachenfrage für die Europäische Wirtschaftsgemeinschaft und zu der VO 1/58/EAG des Rates vom 15.4.1958 zur Regelung der Sprachenfrage für die Europäische Atomgemeinschaft, ABl. 2010, L 343/5.

setzgebungsakte erfolgt gem. Art. 297 Abs. 1 UAbs. 3 Satz 2 AEUV zu dem durch sie festgelegten Zeitpunkt[36] oder anderenfalls am zwanzigsten Tag nach ihrer Veröffentlichung. Zur Widerlegung der letztgenannten Vermutungsregel[37] kommt es auf die Möglichkeit der tatsächlichen Kenntnisnahme an.[38]

III. Fehlerfolgen

Bei der Bestimmung der Rechtsfolgen von Verletzungen der Unterzeichnungs- und Veröffentlichungspflicht spricht eine **Vermutung für die Gültigkeit** der Gesetzgebungsakte. Wie für alle Unionsrechtsakte gilt grundsätzlich, dass sie »selbst dann, wenn sie fehlerhaft sind, Rechtswirkungen [entfalten], solange sie nicht aufgehoben oder zurückgenommen werden«.[39] Eine Durchbrechung dieses Grundsatzes ist nur gerechtfertigt, bei »Rechtsakten, die offensichtlich mit einem derart schweren Fehler behaftet sind, dass er von der Rechtsordnung der Union nicht geduldet werden kann«.[40] Solche Rechtsakte entfalten keine Rechtswirkung und sind als rechtlich inexistent zu betrachten.[41] Die Rechtsprechung betont dabei, dass diese schwerwiegende Rechtsfolge aus Gründen der Rechtssicherheit »ganz außergewöhnlichen Fällen vorbehalten bleibt«.[42] **10**

Bei Anwendung dieser Grundsätze ist zwischen Unterzeichnungs- und Veröffentlichungserfordernissen zu differenzieren. Fehler bei der **Unterzeichnung** machen den Gesetzgebungsakt rechtswidrig und angreifbar, weisen aber nicht die für das Erreichen der Schwelle zur Inexistenz geforderte »offensichtliche Schwere« auf. Gegen die Annahme der Inexistenz spricht vor allem, dass das Unterzeichnungserfordernis in der europäischen Rechtsentwicklung erst mit Verzögerung, nämlich mit dem Vertrag von Maastricht,[43] überhaupt in das geschriebene Primärrecht aufgenommen worden ist. Dies lässt eine gewisse Relativierung im Bedeutungsgehalt erkennen,[44] die es nicht gerechtfertigt erscheinen lässt, der Verletzung den von der Rechtsprechung geforderten Ausnahmecharakter zuzusprechen. Als Rechtsbehelf für die Verfolgung eines Unterzeichnungsfehlers steht die Nichtigkeitsklage zur Verfügung, in deren Rechtsregime die Unterzeichnung ein wesentliches Formerfordernis im Sinne des Art. 263 Abs. 2 AEUV darstellt.[45] **11**

---

[36] Als Veröffentlichungsdatum gilt im Sinne einer widerlegbaren Vermutung (*Geismann*, in: GSH, Unionsrecht, Art. 297 AEUV, Rn. 4) das Datum, das »auf derjenigen Nummer des Amtsblatts vermerkt ist, die den Text dieser Verordnung enthält« EuGH, Urt. v. 25.1.1979, Rs. 98/78 (Racke), Slg. 1979, 69, Rn. 17.

[37] Zur rechtspraktischen Anwendung der 20-Tage-Regel EuGH, Urt. v. 17.11.2011, Rs. C–412/10 (Deo Antoine Homawoo), Slg. 2011, I–11603, Rn. 30.

[38] *König*, in: Schulze/Zuleeg, Europarecht, § 2, Rn. 115.

[39] EuGH, Urt. v. 8.7.1999, Rs. C–227/92 P (Hoechst), Slg. 1999, I–4443, Rn. 69.

[40] EuG, Urt. v. 9.9.2011, Rs. T–36/09 (dm-drogerie markt), Slg. 2011, II–6079, Rn. 83.

[41] EuGH, Urt. v. 8.7.1999, Rs. C–227/92 P (Hoechst), Slg. 1999, I–4443.

[42] EuGH, Urt. v. 5.10.2004, Rs. C–475/01 (Kommission/Griechenland), Slg. 2004, I–8923, Rn. 20; Urt. v. 8.7.1999, Rs. C–245/92 P (Linz), Slg. 1999, I–4643, Rn. 95; EuG, Urt. v. 9.9.2011, Rs. T–36/09 (dm-drogerie markt), Slg. 2011, II–6079, Rn. 83; Urt. v. 22.3.2011, Rs. T–369/07 (Lettland/Kommission), Slg. 2011, II–1039, Rn. 61.

[43] S. Rn. 3.

[44] S. bereits Rn. 5 zur Abgrenzung von der »Ausfertigung« auf nationaler Ebene.

[45] S. *Ruffert*, in: Calliess/Ruffert, EUV/AEUV, Art. 297 AEUV, Rn. 2; *Krajewki/Rösslein*, in: Grabitz/Hilf/Nettesheim, EU, Art. 297 AEUV (August 2011), Rn. 8; *Gellermann*, in: Streinz, EUV/AEUV, Art. 297 AEUV, Rn. 4.

12 Dagegen sind Fehler bei der **Veröffentlichung** in gravierenden Fällen als »offenkundig« und »schwer« im Sinne der o. g. Rechtsprechung einzuordnen. Insbesondere beim völligen Unterbleiben der Veröffentlichung ist die Schwelle zur Inexistenz überschritten. Denn in diesem Fall häufen sich die negativen Auswirkungen in einem Ausmaß, das »von der Rechtsordnung der Union nicht geduldet werden kann«.[46] Ohne Veröffentlichung lässt sich der Zeitpunkt nicht feststellen, in welchem der Rechtsakt Teil der Rechtsordnung der Union wird, der Inhalt der gem. Art. 296 Abs. 2 AEUV geforderten Begründung lässt sich nicht erfassen, die aus dem Rechtsakt erwachsenden Rechten und Pflichten lassen sich nicht unzweideutig bestimmen, ebenso wenig, wer die endgültige Fassung erstellt hat.[47] Ist eine erfolgte Veröffentlichung fehlerhaft, so kommt es auf den Einzelfall an.[48] Ein Verstoß gegen die Pflicht zur Veröffentlichung in allen Amtssprachen hat zur Folge, dass der Rechtsakt gegenüber den Rechtsunterworfenen in dem Mitgliedstaat, dessen Amtsspracherfordernis nicht genügt ist, nicht angewandt werden kann.[49] Allerdings bleibt die Gültigkeit der Verordnung im Geltungsbereich der Amtssprachen unberührt, in denen eine ordnungsgemäße Veröffentlichung stattgefunden hat. Die **verspätete** Veröffentlichung im Amtsblatt beeinflusst die Gültigkeit des Gesetzgebungsakts nicht.[50]

C. Rechtsakte ohne Gesetzescharakter

I. Unterzeichnung

13 Art. 297 Abs. 2 UAbs. 1 AEUV regelt die Unterzeichnungspflicht bei Rechtsakten ohne Gesetzescharakter. Dabei ist weiter zu differenzieren. Die Unterzeichnung wird angeordnet für den weitaus größten Teil der Rechtsakte ohne Gesetzescharakter, nämlich für jene, die »als Verordnung, Richtlinie oder Beschluss, der an keinen bestimmten Adressaten gerichtet ist, erlassen wurden«. Zu denken ist dabei an vertragsunmittelbare Rechtsakte außerhalb des ordentlichen oder besonderen Gesetzgebungsverfahrens,[51] aber auch an Delegierte Rechtsakte und Durchführungsrechtsakte der Kommission gemäß Art. 290 AEUV und Art. 291 AEUV. Alle von Art. 297 Abs. 2 UAbs. 2 AEUV erfassten Rechtsakte sind vom **Präsidenten des Organs** zu unterzeichnen, das sie erlassen hat – also etwa in den o. g. Beispielsfällen vom Präsidenten des Rates bzw. vom Präsidenten der Kommission. Im Umkehrschluss besagt Art. 297 Abs. 2 UAbs. 1 AEUV, dass adressatenbezogene Beschlüsse nicht unterzeichnungspflichtig sind, ebenso wenig die in der Vorschrift nicht aufgeführten unverbindlichen Stellungnahmen und Empfehlungen sowie atypische Rechtsakte.

---

[46] S. zu diesem Maßstab nochmals das Zitat in Fn. A aus EuG, Urt. v. 9. 9. 2011, Rs. T–36/09 (dm-drogerie markt), Slg. 2011, II–6079.

[47] Kriterien nach EuG, Urt. v. 27. 2. 1992, Rs. 79–104/89 (BASF), Slg. 1992, II–315, Rn. 96.

[48] Vgl. *von Danwitz*, Europäisches Verwaltungsrecht, 2008, S. 382.

[49] EuGH, Urt. v. 11. 12. 2007, Rs. C–161/06 (Skoma Lux), Slg. 2007, I–10841, Rn. 60 f.

[50] EuGH, Urt. v. 23. 11. 1999, Rs. C–149/96 (Portugal/Rat), Slg. 1999, I–8395, Rn. 54.

[51] Vgl. Kartellverfahrensverordnung VO 1/2003/EG vom 16. 12. 2002 zur Durchführung der in den Artikel 81 und 82 des Vertrags niedergelegten Wettbewerbsregeln, ABl. 2003, L 1/1 (gestützt auf Art. 103 AEUV); Beihilfeverfahrensverordnung VO 659/1999/EG vom 22. 3. 1999 über Vorschriften für die Anwendung von Artikel 88 EG-Vertrag, ABl. 1999, L 83/1 (gestützt auf Art. 109 AEUV).

II. Veröffentlichung

Rechtsakte ohne Gesetzescharakter sind nach Art. 297 Abs. 2 UAbs. 2 AEUV im **Amts-**   **14**
blatt zu veröffentlichen, soweit es sich um Verordnungen, Richtlinien, die an alle Mitgliedstaaten gerichtet sind, sowie adressatenlose Beschlüsse handelt – also um Rechtsakte mit politischer und gesellschaftlicher Breitenwirkung. Der Anwendungsbereich ist
damit ähnlich, aber nicht identisch wie bei der Unterzeichnungspflicht in Art. 297
Abs. 2 UAbs. 1 AEUV ausgestaltet, da Richtlinien, die nicht an alle Mitgliedstaaten
gerichtet sind, zwar unterzeichnungs-, aber nicht veröffentlichungspflichtig sind. Im Fall
von materiell hybriden Rechtsakten, die abstrakt-generelle Regelungen enthalten, aber
auch konkrete Individuen benennen, kann die gesteigerte Grundrechtsbetroffenheit[52]
dazu führen, dass ein Rechtsakt ohne Gesetzescharakter nicht nur veröffentlicht, sondern zusätzlich den betroffenen Individuen bekannt gegeben werden muss.[53]

Zudem ermöglicht das Amtsblatt auch sekundärrechtlich vorgesehene[54] sowie nicht   **15**
obligatorische Veröffentlichungen, sodass auch die nicht in Art. 297 Abs. 2 UAbs. 2
AEUV erfassten Richtlinien sowie Leitlinien und Empfehlungen veröffentlicht werden
können.[55] In der **Systematik** des Amtsblatts fallen Rechtsakte ohne Gesetzescharakter in
die Rubrik »L II«.[56] Das Inkrafttreten erfolgt gem. Art. 297 Abs. 2 UAbs. 2 Satz 2 AEUV
ebenso wie bei den Gesetzgebungsakten (S. Rn. 9) zu dem durch den jeweiligen Rechtsakt festgelegten Zeitpunkt oder andernfalls am zwanzigsten Tag nach der Veröffentlichung. Für die Bemessung der Fehlerfolgen kann auf die Ausführungen zu den Gesetzgebungsakten verwiesen werden, da die Fehlerfolgen im Unionsrecht nicht formen-
spezifisch ausgestaltet sind.[57] Auch bei den unterzeichnungspflichtigen Rechtsakten
ohne Gesetzescharakter ist ein entsprechender Formfehler mit der Nichtigkeitsklage
gestützt auf den Klagegrund der Verletzung einer wesentlichen Formvorschrift gem.
Art. 263 Abs. 2 AEUV angreifbar. Bei Verstößen gegen die Veröffentlichungspflicht ist
wie oben für die Gesetzgebungsakte dargestellt (S. Rn. 12) zu differenzieren.

III. Bekanntgabe

Das Bekanntgabeerfordernis des Art. 297 Abs. 2 UAbs. 3 AEUV erfasst Richtlinien, die   **16**
nur an einzelne Mitgliedstaaten gerichtet sind sowie adressatenbezogene Beschlüsse.
Diese Rechtsakte werden erst mit der Bekanntgabe wirksam. Der Unterschied zur Veröffentlichungspflicht zeigt sich rechtspraktisch etwa im Beihilfenrecht. Hier werden
bestimmte Beschlüsse der Kommission über staatliche Beihilfen nach der Beihilfe-

---

[52] S. aus dem Bereich des Sicherheitsverwaltungsrechts EuGH, Urt. v. 23.4.2013, verb. Rs.
C–478/11 P-C–482/11 P (Laurent Gbagbo), ECLI:EU:C:2013:258, Rn. 55 ff.; vorhergehend Urt. v.
23.1.2008, verb. Rs. C–402/05 P u. C–402/15 P, C–415/05 P (Kadi u. Al Barakaat), Slg. 2008, I–6351,
Rn. 336.

[53] S. Art. 11a VO 25/2011/EU des Rates vom 14.1.2011 zur Änderung der VO 560/2005/EG über
die Anwendung spezifischer restriktiver Maßnahmen gegen bestimmte Personen und Organisationen
angesichts der Lage in der Republik Côte d'Ivoire, ABl. 2011, L 11/1.

[54] S. insbes. Art. 13 VO 1049/2001/EG (Abschnitt »Wesentliche sekundärrechtliche Vorschriften«).

[55] Interinstitutionelle Regeln für Veröffentlichungen (Abschnitt »Wesentliche sekundärrechtliche
Vorschriften«), S. 23; S. bereits Rn. 6.

[56] Interinstitutionelle Regeln für Veröffentlichungen (Abschnitt »Wesentliche sekundärrechtliche
Vorschriften«), S. 21.

[57] *Bast*, Handlungsformen und Rechtsschutz, in: v. Bogdandy/Bast, Europäisches Verfassungsrecht, S. 489 (539).

verfahrensverordnung an einen eingeschränkten Teil von Beteiligten adressiert.[58] Die **eingeschränkte Publizität** kann dazu führen, dass auch verfahrensbeteiligte private Akteure erst mit dem umsetzenden Verwaltungsakt der nationalen Behörde von dem zugrunde liegenden Unionsrechtsakt erfahren.[59] Konkrete Vorgaben an die Modalitäten der Bekanntgabe enthält Art. 297 Abs. 2 UAbs. 3 AEUV nicht. Unzweifelhaft ist, dass die unionale Verwaltungsstelle, die den Rechtsakt hervorgebracht hat, den **Zugang** beim Adressaten zu bewirken hat. Der Beschluss ist ordnungsgemäß bekanntgegeben, wenn er demjenigen, für den er bestimmt ist, übermittelt und dieser in die Lage versetzt worden ist, von ihm Kenntnis zu nehmen.[60] Auch ist der Text in der Amtssprache des Mitgliedstaats des Betroffenen zu übermitteln.[61]

17   Die Rechtsfolgen von Bekanntmachungsfehlern werden in der Rechtsprechung uneinheitlich beurteilt. Nach einem älteren Ansatz des EuGH soll das Bekanntgabeerfordernis nicht als wesentliche Formvorschrift einzuordnen sein, sondern lediglich den Beginn der Klagefrist der Nichtigkeitsklage (heute Art. 263 Abs. 6 AEUV) hemmen.[62] Diese Stoßrichtung wird in den Schlussanträgen der Generalanwälte bis in die Gegenwart zustimmend aufgegriffen.[63] Die neuere Rechtsprechung des EuGH hat die Gewichtigkeit des Bekanntgabeerfordernisses erhöht, wobei aber Inkonsistenzen fortbestehen. Einerseits ordnet der EuGH **Bekanntgabefehler** umfänglich als (zumindest) Verletzung wesentlicher Formvorschriften ein.[64] Andererseits lässt der EuGH Raum für sanktionslose Bekanntgabefehler.[65] Vorzugswürdig erscheint wenigstens für den Fall der komplett unterbliebenen Bekanntgabe die erstgenannte Ansicht, die zur ausnahmslosen Anfechtbarkeit führt. Denn die alternative Einschränkung auf »bestimmte Fälle« versagt den Unionsorganen, aber auch den betroffenen Individuen eine verlässliche Handlungsgrundlage.[66]

---

[58] Vgl. Art. 20 VO 659/1999/EG des Rates vom 22.3.1999 über besondere Vorschriften für die Anwendung von Artikel 93 des EG-Vertrags, ABl. 1999, L 83/7.

[59] Bestätigung dieser Publizitätsbeschränkung durch EuGH, Urt. v. 13.6.2013, verb. Rs. C–630/11 P – C–633/11 P (HGA u.a./Kommission), ECLI:EU:C:2013:387, Rn. 64 ff.

[60] EuGH, Urt. v. 18.10.1989, Rs. 374/87 (Orkem), Slg. 1989, 3283, Rn. 6.

[61] EuGH, Urt. v. 16.12.1975, Rs. 40/73 u.a. (Suiker Unie), Slg. 1975, 1663, Rn. 113.

[62] EuGH, Urt. v. 14.7.1972, Rs. 52/69 (Geigy), Slg. 1972, 787, Rn. 18; Urt. v. 14.7.1972, Rs. 48/69 (ICI), Slg. 1972, 619, Rn. 39 ff.

[63] GA *Van Gerven*, Schlussanträge zu Rs. 137/92 P (BASF), Slg. 1994, I–2555, Nr. 62; zuletzt zustimmend GA *Mengozzi*, Schlussanträge zu Rs. C–548/09 P (Bank Melli Iran/Rat), Slg. 2011, 11381, Nr. 58.

[64] EuGH, Urt. v. 8.7.1999, Rs. C–227/92 P (Hoechst), Slg. 1999, I–4443, Rn. 72: Für die Bekanntgabe gelte »wie für jede andere wesentliche Förmlichkeit, dass die Fehlerhaftigkeit entweder so schwer und offenkundig ist, dass sie zur Inexistenz der angefochtenen Handlung führt, oder dass sie eine Verletzung wesentlicher Formvorschriften darstellt, die die Nichtigerklärung dieser Handlung nach sich ziehen kann«.

[65] Argumentum e contrario aus EuGH, Urt. v. 18.6.2002, Rs. C–398/00 (Spanien/Kommission), Slg. 2002, I–5643, Rn. 33, wonach »in bestimmten Fällen« schon die unterbliebene Bekanntgabe die Nichtigerklärung eines Rechtsakts der Union zu rechtfertigen vermag.

[66] *Krajewski/Rösslein*, in Grabitz/Hilf/Nettesheim, EU, Art. 294 AEUV (August 2011), Rn. 35.

Artikel 298 AEUV [Europäische Verwaltung]

(1) Zur Ausübung ihrer Aufgaben stützen sich die Organe, Einrichtungen und sonstigen Stellen der Union auf eine offene, effiziente und unabhängige europäische Verwaltung.

(2) Die Bestimmungen zu diesem Zweck werden unter Beachtung des Statuts und der Beschäftigungsbedingungen nach Artikel 336 vom Europäischen Parlament und vom Rat gemäß dem ordentlichen Gesetzgebungsverfahren durch Verordnungen erlassen.

Literaturübersicht

Azoulai/Clement-Wilz, La bonne administration, in: Auby/Dutheil de la Rochère (Hrsg.), Traité de droit administratif européen, 2. Aufl., 2014, S. 671; *Bartelt/Zeitler*, Zugang zu Dokumenten der EU, EuR 2003, 487; *Bourquain*, Die Förderung guten Verwaltungshandelns durch Kodizes, DVBl 2008, 1224; *Classen*, Gute Verwaltung im Recht der Europäischen Union, 2008; *Craig*, EU Administrative Law, 2. Aufl., 2012; *ders.*, A General Law on Administrative Procedure, Legislative Competence and Judicial Competence, EPL 19 (2013), 503; *Gärditz*, Die Verwaltungsdimension des Lissabon-Vertrags, DÖV 2010, 453; *Glaser*, Die Entwicklung des Europäischen Verwaltungsrechts aus der Perspektive der Handlungsformenlehre, 2013; *Groß*, Die Legitimation der polyzentralen EU-Verwaltung, 2015; *Guckelberger/Geber*, Allgemeines Europäisches Verwaltungsverfahrensrecht vor seiner unionsrechtlichen Kodifizierung?, 2013; *Kahl*, Hat die EG die Kompetenz zur Regelung des Allgemeinen Verwaltungsrechts?, NVwZ 1996, 865; *ders.*, Die Europäisierung des Verwaltungsrechts als Herausforderung an Systembildung und Kodifikationsidee, Die Verwaltung Beiheft 10/2010, 39; *Kotzur*, Der Vollzug des Gemeinschaftsrechts: Organe und Zuständigkeiten, in: Tsatsos (Hrsg.), Die Unionsgrundordnung, 2010, S. 421; *Kröger/Pilniok* (Hrsg.), Unabhängiges Verwalten in der Europäischen Union, 2016; *Ladenburger*, Evolution oder Kodifikation eines allgemeinen Verwaltungsrechts in der EU, in: Trute/Groß/Röhl/Möllers (Hrsg.), Allgemeines Verwaltungsrecht – zur Tragfähigkeit eines Konzepts, 2008, S. 107; *Leino*, Efficiency, Citizens and Administrative Culture. The Politics of Good Administration in the EU, EPL 20 (2014), 651; *Nieto-Garrido*, Possible Developments of Article 298 TFEU: Towards an Open, Efficient and Independent European Administration, EPL 18 (2012), 373; *Saurer*, Der Einzelne im europäischen Verwaltungsrecht, 2014; *Schmidt-Aßmann/Schöndorf-Haubold* (Hrsg.), Der Europäische Verwaltungsverbund, 2005; *Schmidt-Aßmann*, Europäisches Verwaltungsrecht als systematische Ordnung, Die Verwaltung 2009, 439; *Schneider/Hofmann/Ziller* (Hrsg.), ReNEUAL – Musterentwurf für ein EU-Verwaltungsverfahrensrecht, 2015; *Schneider/Hofmann/Ziller*, Die ReNEUAL Model Rules 2014: ein Verwaltungsverfahrensrecht für Europa, JZ 2015, 265; *Schwarze*, Die Neuerungen auf dem Gebiet des Europäischen Verwaltungsrechts durch den Vertrag von Lissabon, FS Wahl, 2011, S. 837; *Schröder*, Effektiver Vollzug des Unionsrechts durch die Mitgliedstaaten als »Frage von gemeinsamem Interesse« – Bemerkungen zu Art. 197 AEUV –, DVBl 2011, S. 671; *Statskontoret*, Principles of Good Administration in the Member States of the European Union, 2005, http://www.statskontoret.se/upload/Publikationer/2005/200504.pdf (4.1.2015); *Stelkens/Bonk/Sachs*, Verwaltungsverfahrensgesetz: VwVfG, 8. Aufl., 2014.

Inhaltsübersicht

A. Allgemeines

I. Geschichtliche Entwicklung

1 Die heute in Art. 298 AEUV vorfindliche Regelung entstammt den Beratungen des Verfassungskonvents hin zum später gescheiterten Vertrag über eine Verfassung für Europa (VVE) in den Jahren 2002/2003. Zuvor hatten die Europäischen Verträge keine vergleichbare Regelung enthalten.[1] In der Beratungsgeschichte des **Verfassungskonvents** lassen sich die Vorgängerfassungen des heutigen Art. 298 AEUV zurückverfolgen bis zu einer Initiative der schwedischen Regierung für die Schaffung einer spezifischen Rechtsgrundlage für die Annahme von EU-Regeln für »gute Verwaltung, Effizienz und Offenheit«.[2] Diese Initiative führte dazu, dass die zuständige Arbeitsgruppe dem Plenum des Verfassungskonvents im November 2002 empfahl, dass »[e]in künftiger Vertrag [...] eine Klausel enthalten [sollte], die die Union ermächtigt, Regeln für gute Verwaltung in den Institutionen der EU anzunehmen«.[3]

2 Der erste konkrete Vorschlag für eine vertragstextliche Regelung war im Entwurf zu Teil III des VVE vom Mai 2003 enthalten.[4] Dort hieß es in Art. III–300 Abs. 1 VVE, dass sich die »Organe, Ämter, Agenturen und Einrichtungen der Union« zur Ausübung ihrer Aufgaben auf eine »offene, effiziente und unabhängige europäische Verwaltung« stützen. Abs. 2 enthielt eine korrespondierende Gesetzgebungsermächtigung. Die später im Amtsblatt veröffentlichte Fassung führte die entsprechende Vorschrift als **Art. III–398 VVE** mit redaktionellen Modifikationen fort, wobei Abs. 1 nunmehr die Bezeichnung »Organe, Einrichtungen und sonstige Stellen« verwendete.[5] Nach dem Scheitern des Verfassungsvertrages wurde Art. III–398 VVE mit dem Vertrag von Lissabon ohne Veränderungen in Abs. 1 und mit bloß terminologischen Anpassungen in Abs. 2 zum heutigen Art. 298 AEUV.

II. Kodifikatorische Flankierung des Rechts auf eine gute Verwaltung

3 Art. 298 AEUV steht in enger Beziehung zum Recht auf eine gute Verwaltung. Dies zeigt schon die soeben umrissene Entstehungsgeschichte, nach welcher der entscheidende Impuls im Verfassungskonvent hin zum VVE ausdrücklich auf die Schaffung einer Rechtsgrundlage für »Regeln für gute Verwaltung in den Institutionen der EU« zielte.[6] Obwohl der Wortlaut von Art. 298 AEUV die »gute Verwaltung« nicht erwähnt, steht die enge Beziehung zu **Art. 41 GRC** der europäischen Rechtsgemeinschaft deutlich vor Augen.[7] So verweisen die amtlichen Erläuterungen zum Recht auf eine gute Verwaltung

---

[1] *Ladenburger*, S. 118 ff.; *Kahl*, Die Verwaltung, Beiheft 10/2010, 39 (58); *Harlow*, ELJ 2 (1996), 3 ff., *Shapiro*, ELJ 2 (1996), 26 ff.; *Craig*, EU Administrative Law, 2. Aufl., 2012, S. 323.

[2] Bericht des Vorsitzenden der Gruppe V »Ergänzende Zuständigkeiten für die Mitglieder des Konvents«, CONV 375/1/02 REV 1, S. 17; zur konkreten Initiative s. das englischsprachige »working document 13«, http://european-convention.europa.eu/docs/wd5/1931.pdf (12.1.2015).

[3] Bericht des Vorsitzenden der Gruppe V »Ergänzende Zuständigkeiten für die Mitglieder des Konvents«, CONV 375/1/02 REV 1, S. 18.

[4] CONV 725/03, S. 161.

[5] Vertrag über eine Verfassung für Europa, ABl. 2004, C 310/01.

[6] S. Rn. 1.

[7] *Nieto-Garrido*, EPL 18 (2012), 373 (381); *Schwarze*, Neuerungen, S. 844; *Guckelberger/Geber*,

gemäß Art. 41 Abs. 1 u. 2 GRC auf drei Aspekte: Auf die Rechtsprechung der Unionsgerichte, auf die Begründungspflicht in Art. 296 AEUV und schließlich auf »die Rechtsgrundlage in Art. 298 [AEUV] für die Annahme gesetzlicher Bestimmungen im Interesse einer offenen, effizienten und unabhängigen europäischen Verwaltung«.[8]

Mit derselben Stoßrichtung fordert das Europäische Parlament in seiner jüngsten   **4**
Entschließung für die Umsetzung des Kompetenztitels in Art. 298 Abs. 2 AEUV, dass
das »Ziel der Verordnung [...] darin bestehen [sollte], durch eine offene, effiziente und
unabhängige europäische Verwaltung auf der Grundlage eines europäischen Verwaltungsverfahrensrechts das Recht auf eine gute Verwaltung zu gewährleisten«.[9] Kodifi-
kationssystematisch zielt Art. 298 Abs. 2 AEUV auf den Erlass einer **Gesamtkodifika-**
tion,[10] also einer Verwaltungsverfahrensverordnung mit Geltungsanspruch für alle Sektoren und Teilbereiche des EU-Eigenverwaltungsrechts.[11]

B. Fundament der ausdifferenzierten EU-Eigenverwaltung

Ein wesentlicher Schwachpunkt der Vertragsordnung vor Lissabon hatte darin gelegen,   **5**
dass die EU-Eigenverwaltung seit Anfang der 1990er Jahre mit der Gründung von über
30 neuen EU-Agenturen und -Ämtern einen weitreichenden Prozess der **Ausdifferen-**
zierung durchlief, der im geschriebenen Primärrecht keine Entsprechung fand.[12] Mit
Art. 298 AEUV rücken Verwaltungswirklichkeit und vertragstextliche Vorgaben wieder näher zusammen. Die Verbindung der »Organe, Einrichtungen und sonstigen Stellen
der Union« mit dem Gesichtspunkt einer »offenen, effizienten und unabhängigen europäischen Verwaltung« verschafft der ausdifferenzierten EU-Eigenverwaltung ein be-
lastbares vertragstextliches Fundament, wenngleich eine Vertragsnorm mit konkreten
Anforderungen an die Gründung von Agenturen und Ämtern der EU nach wie vor fehlt.

I. Geltungsbereich

Der Geltungsbereich des Art. 298 AEUV ist beschränkt auf die **EU-Eigenverwaltung**,   **6**
also auf den direkten Vollzug des Unionsrechts durch die Kommission, die EU-Agenturen und andere unionseigene Behörden.[13] Hingegen wird der indirekte Vollzug des
Unionsrechts durch die **Mitgliedstaaten** – der Standardmodus des europäischen Verwaltungsvollzugs[14] – nicht erfasst.[15] Für die vielschichtigen **Verbundstrukturen** des Uni-

---

S. 68; *Leino*, EPL 20 (2014), 681 (683 f.); *Azoulai/Clement-Wilz*, S. 695; *Reithmann*, in: GSH, Europäisches Unionsrecht, Art. 298 AEUV, Rn. 4.

[8] Erläuterungen zur Charta der Grundrechte, abgedruckt in ABl. 2007, C 303/17.

[9] Entschließung des Europäischen Parlaments vom 15. 1. 2013 mit Empfehlungen an die Kommission zu einem Verwaltungsverfahrensrecht der Europäischen Union (2012/2024(INI), Annex, S. 6.

[10] Zur konzeptionellen Unterscheidung von Bereichs-, Teil- und Gesamtkodifikationen *Laden-*
burger, S. 109 ff.; *Guckelberger/Geber*, S. 91 f.

[11] Zum begrenzten Anwendungsbereich S. Rn. 6 f.

[12] *Gärditz*, DÖV 2010, 453 (455); *Wittinger*, EuR 2008, 609 (612).

[13] *Ladenburger*, S. 107 (119); *Kahl*, Die Verwaltung-Beiheft 10/2010, 39 (61); *Epping*, in: Vedder/
Heintschel von Heinegg (Hrsg.), Europäisches Unionsrecht, Art. 298 AEUV, Rn. 3; *Guckelberger/*
Geber, S. 131 ff.

[14] S. nur *Schwarze*, S. 838; *Gundel*, in: Schulze/Zuleeg, Europarecht, § 3, Rn. 101 f.; *Kotzur*,
S. 424; *Saurer*, S. 308.

[15] *Nieto-Garrido*, EPL 18 (2012), 373 (380).

onsverwaltungsrechts gilt Art. 298 AEUV nur insoweit als es um die Fundierung und Einhegung der Handlungsbeiträge supranationaler Stellen geht. Die Beschränkung des Geltungsbereichs auf die EU-Eigenverwaltung ist begründungsbedürftig. Denn der bloße Wortlaut eröffnet auch eine gegenteilige Auslegung, indem Art. 298 Abs. 1 AEUV davon spricht, dass sich Organe, Einrichtungen und sonstige Stellen »der Union« auf eine offene, effiziente und unabhängige »europäische« Verwaltung stützen. Sieht man in der Wortlautdifferenz von »unional« und »europäisch« eine bewusste Differenzierung des Vertragsgebers, so könnte dies bedeuten, dass der zweite Satzteil des Art. 298 Abs. 1 AEUV einen erweiterten Verwaltungsbegriff verwendet, der auch mitgliedstaatliche Behörden erfasst, nämlich insoweit diese das Unionsrecht vollziehen und dabei funktional zum Teil einer »europäischen« Verwaltung werden.[16]

7   Jedoch widerlegt die **Entstehungsgeschichte** diese Sichtweise. Wie ausgeführt hatte sich der ursprüngliche Vorstoß für die heute in Art. 298 AEUV vorfindliche Fassung im Verfassungskonvent hin zum VVE auf die Schaffung einer Rechtsgrundlage für »Regeln für gute Verwaltung in den Institutionen der EU« bezogen.[17] Diesen Vorstoß realisierte der VVE mit dem in der Schlussfassung in Art. III–398 Abs. 1 VVE gewählten Normtext, der unverändert dem heutigen Art. 298 Abs. 1 AEUV entspricht. Es ist nichts dafür ersichtlich, dass der Verfassungskonvent durch die Verwendung des Begriffs »europäische Verwaltung« eine inhaltliche Abkehr von der ursprünglich auf die »Institutionen der EU« bezogenen Regelungsintention verfolgt haben könnte. Viel näher liegt es, dass die begriffliche Veränderung im Beratungsprozess des Verfassungskonvents mit dem Ziel der sprachlichen Vereinfachung erfolgte und die Wortlautdifferenz eine unbeabsichtigte Nebenfolge ist. Zudem wurde zeitgleich zu Art. 298 AEUV im Lissabonner Vertrag mit Art. 197 AEUV eine eigenständige Vorschrift zur Bedeutung des mitgliedstaatlichen Vollzugs geschaffen,[18] was für komplementäre Geltungsbereiche spricht und im Umkehrschluss eine Beschränkung des Art. 298 AEUV auf Belange der Eigenverwaltung als folgerichtig erscheinen lässt.

II. Legitimationsfunktion

8   Durch die Benennung von »Organen, Einrichtungen und sonstigen Stellen der Union« als EU-Institutionen mit Verwaltungsunterbau erfüllt Art. 298 AEUV eine wichtige Legitimationsfunktion.[19] Denn in dieser Ausgestaltung liegt eine primärrechtliche Anerkennung der Grundstruktur der gegenwärtigen **Verwaltungsorganisation** der EU. Dabei ist entscheidend, dass Art. 298 AEUV nicht nur die Kommission in ihrer Verwaltungskapazität als »Organ« der Union nennt, sondern auch Agenturen und Ämter als »Einrichtungen und sonstige Stellen« einbezieht.[20] Die englische Sprachfassung des Art. 298 Abs. 1 AEUV ist insoweit mit der Bezeichnung »institutions, bodies, offices and agencies« noch deutlicher als die deutsche.[21]

9   Im Bereich der **EU-Agenturen** ist die Legitimationswirkung besonders stark. Denn seit den 1990er Jahren hatte sich die supranationale Verwaltung durch verselbständigte,

---

[16] In diese Richtung *Craig*, EPL 19 (2013), 503 (512).

[17] S. Rn. 1 mit Fn. A.

[18] Zu den Normgehalten etwa *Schröder*, DVBl 2011, 671 ff.; *Schwarze*, S. 839 f.

[19] Zum Begriff der Verwaltungslegitimation in der EU *Gärditz*, DÖV 2010, 453 (455).

[20] *Kahl*, Die Verwaltung-Beiheft 10/2010, 39 (78).

[21] Kurzzeitig hatte im Entstehungsprozess auch die deutsche Sprachfassung eine explizite Anerkennung enthalten als Art. III–300 VVE vom Mai 2003 (S. Fn. A) von »Organen, Ämtern, Agenturen und Einrichtungen« der EU gesprochen hatte.

dezentrale EU-Agenturen immer weiter ausgebreitet, obwohl dieses Verwaltungsmodell über keine unmittelbare Rechtsgrundlage in den Verträgen verfügte.[22] In schneller Folge waren mehr als 30 EU-Agenturen entstanden, die sich in ihren Standorten quer über die Mitgliedstaaten verteilten.[23] Die Befugnisse im Außenverhältnis gegenüber Unionsbürger/innen und Unternehmen wurden zunehmend stärker. Beispielsweise wurde die EU-Agentur für Medizinprodukte (EMA) mit der Erstattung von Fachgutachten zu einzelnen Arzneimittel betraut,[24] die EU-Agentur für Flugsicherheit (EASA) mit der Erteilung von Typenzulassungen für Flugzeuge.[25] Diese Entwicklung zog vielstimmige verfassungsrechtliche und verfassungspolitische **Kritik** auf sich,[26] was die Kommission zur Verkündung eines begrenzten Moratoriums betreffend die Gründung neuer EU-Agenturen veranlasste.[27] Vor diesem Hintergrund entfaltet Art. 298 AEUV durch die verfassungsrechtliche Konstituierung von »Organen, Einrichtungen und sonstigen Stellen«[28] als EU-Institutionen mit Verwaltungsunterbau seine institutionelle Legitimationswirkung.[29]

Durch die wenigstens umrisshafte Aufnahme in den Vertragstext ist das gegenwärtige **10 Verwaltungsmodell** der EU mit seiner Aufgabenteilung zwischen Kommission, Agenturen und Ämtern dem Grunde nach außer Streit gestellt. Dabei ist allerdings festzuhalten, dass sich die Legitimationswirkung des Art. 298 AEUV nur auf die Grundzüge des gegenwärtigen Verwaltungsmodells der EU bezieht, nicht auf konkrete »Einrichtungen oder sonstige Stellen«. Die Zulässigkeit einzelner EU-Agenturen oder Ämter richtet sich nicht nach Art. 298 AEUV,[30] sondern vielmehr nach sachspezifischen Kompetenztiteln wie Art. 192 AEUV für den Umweltschutz, Art. 100 Abs. 2 AEUV für den Luftverkehr[31] oder Art. 114 Abs. 1 AEUV für den Binnenmarkt.[32] Möglich ist auch ein Rückgriff auf die Vertragsabrundungskompetenz des Art. 352 AEUV,[33] die wegen der hohen Hürde des Einstimmigkeitserfordernisses aber rechtspraktisch zunehmend zurücktritt.

---

[22] S. nur *Gundel*, in: Schulze/Zuleeg, Europarecht, § 3, Rn. 33 f.; *Craig*, EU Administrative Law, 2. Aufl., 2012, S. 171 ff.; grundlegend zur Legitimation durch Organisationsgesetzgebung EuGH, Urt. v. 2. 5. 2006, Rs. C–217/04 (ENISA), Slg. 2006, I–3771, Rn. 42 ff.

[23] Übersicht über alle bestehenden EU-Agenturen unter https://europa.eu/about-eu/agencies_en (17. 9. 2016).

[24] VO 726/2004/EG vom 31. 3. 2004 zur Festlegung von Gemeinschaftsverfahren für die Genehmigung und Überwachung von Human- und Tierarzneimitteln und zur Errichtung einer Europäischen Arzneimittel-Agentur, ABl. 2004, L 136/1.

[25] Verordnung (EG) Nr. 216/2008 vom 20. 2. 2008 zur Festlegung gemeinsamer Vorschriften für die Zivilluftfahrt und zur Errichtung einer Europäischen Agentur für Flugsicherheit, zur Aufhebung der Richtlinie 91/670/EWG des Rates, der Verordnung (EG) Nr. 1592/2002 und der Richtlinie 2004/36/EG, ABl. 2008, L 79/1.

[26] S. etwa die Kritik des Bundesrates in BR-Drs. 228/08 (B), insbes. Ziff. 8, 11, 13 ff.; zusammenfassend *Saurer*, DÖV 2014, 549 (550) m. w. N.

[27] Mitteilung der Kommission der Europäischen Gemeinschaften an das Europäische Parlament und den Rat: Europäische Agenturen – Mögliche Perspektiven, KOM (2008) 135 endg., S. 10.

[28] Formulierung wortgleich in Art. 263 Abs. 1 AEUV, Art. 15 AEUV, Art. 277 AEUV.

[29] Zu den theoretischen Grundlagen *Böckenförde*, in: Isensee/Kirchhof, HStR II, 3. Aufl., 2004, § 24, Rn. 15.

[30] *Gärditz*, DÖV 2010, 453 (459); *Reithmann*, in: GSH, Europäisches Unionsrecht, Art. 298 AEUV, Rn. 7.

[31] Näher *Saurer*, S. 18 ff.

[32] EuGH, Urt. v. 22. 1. 2014, Rs. C–270/12 (Großbritannien/Europäisches Parlament u. Rat), ECLI:EU:C:2014:18, Rn. 97 ff.

[33] *Chiti*, CMLRev. 46 (2009), 1395 (1422).

III. Verfahrensgrundsätze

11   Art. 298 Abs. 1 AEUV verpflichtet die Verwaltungsstellen der EU auf die Verfahrensgrundsätze der Offenheit, Effizienz und Unabhängigkeit. Wie gezeigt (S. Rn. 1 f.) reicht
der **Entstehungsprozess** dieser Grundsätze zurück bis in den Verfassungskonvent zur
Vorbereitung des Vertrags über eine Verfassung für Europa (VVE). Im Verlaufe der
dortigen Beratungen traten die drei Verfahrensgrundsätze als umschreibende Konkretisierung an die Stelle des zunächst in den Blick genommenen Regelungsgegenstands der
»guten Verwaltung«. Insoweit haben die Kriterien der Offenheit, Effizienz und Unabhängigkeit im Kontext des Art. 298 AEUV von vornherein keinen abschließenden,
sondern **exemplarischen** Charakter.[34] Die Verfahrensgebote des Art. 298 Abs. 1 AEUV
sind für sich genommen objektiv-rechtlich strukturiert, können aber im Rahmen einer
auf Art. 298 Abs. 2 AEUV gestützten Verwaltungsverfahrens-Verordnung subjektiviert
werden.

1. Offenheit

12   Das Gebot einer »offenen« europäischen Verwaltung in Art. 298 Abs. 1 AEUV korrespondiert ähnlich gelagerten Verfahrensgrundsätzen an anderen Stellen des Primärrechts. Nach Art. 10 Abs. 3 Satz 2 EUV trifft die EU die »Entscheidungen […] so offen
und bürgernah wie möglich«.[35] Art. 15 Abs. 1 AEUV und Art. 11 Abs. 3 EUV verpflichten die Unionsorgane seit dem Vertrag von Lissabon auf den »Grundsatz der Offenheit«
bzw. die »Transparenz des Handelns« und schließen damit an Vorprägungen der Unionsgerichte an.[36] Einzelne Gewährleistungsgehalte sind die Herstellung der Verständlichkeit des Behördenhandelns, die Zuordnung exekutiver Verantwortung, die Offenlegung des Ablaufs der Entscheidungsverfahren und die Darlegung der Gründe der
getroffenen Entscheidungen.[37] Auch betont die Rechtsprechung die Bedeutung der **Verwaltungstransparenz** für den »demokratischen Charakter der Organe«.[38] Die rechtspraktische Durchsetzung sichern informatorische Popularansprüche mit primärrechtlichen (Art. 15 Abs. 3 UABs. 1 AEUV; Art. 42 Abs. 2 Buchst. b GRC) und sekundärrechtlichen (Art. 2 Abs. 1 VO 1049/2001/EG)[39] Rechtsgrundlagen. In systematischer
Hinsicht zeigt die vertragsübergreifende Verankerung, dass Art. 298 AEUV in seinen
potentiellen Inhalten nicht deckungsgleich ist mit dem Recht auf eine gute Verwaltung
gemäß Art. 41 GRC. Denn dem vertragsübergreifenden Transparenzgrundsatz korre

---

[34] *Ladenburger*, S. 107 (119).

[35] Näher *Huber*, in: Streinz, EUV/AEUV, Art. 10 EUV, Rn. 46 ff.

[36] Grundlegend GA *Léger*, Schlussanträge zu Rs. C–353/99 (Rat/Hautala), Slg. 2001, I–9565,
Nr. 52: »Die Kenntnis der Bürger von den Tätigkeiten der Verwaltung ist eine Garantie für das ordnungsgemäße Funktionieren der Verwaltung. Die Kontrolle durch die Bürger, die den Staatsorganen
ihre Legitimation verleihen, bewegt diese Organe dazu, die ursprünglichen Absichten der Bürger
wirkungsvoll zu verfolgen, und kann somit Vertrauen begründen, was ein Pfand für den öffentlichen
Frieden und für das ordnungsgemäße Funktionieren des demokratischen Systems darstellt. Auf der
höchsten Entwicklungsebene dieses Systems ist die Information der Bürger auch das sicherste Mittel,
sie an der Verwaltung öffentlicher Angelegenheiten zu beteiligen.«; zur Einordnung *Bartelt/Zeitler*,
EuR 2003, 487 (491).

[37] *Nettesheim*, in: Grabitz/Hilf/Nettesheim, EU, Art. 10 EUV (Juli 2010), Rn. 38.

[38] EuGH, Urt. v. 6.12.2001, Rs. C–353/99 (Rat/Hautala), Slg. 2001, I–9565, Rn. 24; Urt. v. 30.4.
1996, Rs. C–58/94 (Niederlande/Rat), Slg. 1996, I–2169, Rn. 35.

[39] Verordnung (EG) Nr. 1049/2001 vom 30.5.2001 über den Zugang der Öffentlichkeit zu Dokumenten des Europäischen Parlaments, des Rates und der Kommission, ABl. 2001, L 145/43.

spondiert gerade nicht das begrenzte Akteneinsichtsrecht des Art. 41 Abs. 2 Buchst. b GRC,[40] sondern der umfassende Popularanspruch des Art. 42 GRC.

2. Effizienz

Das Verfahrensgebot der Effizienz unterscheidet sich in seiner Wirkungsrichtung von   **13** dem der Offenheit. Während das Offenheitsgebot auf Verbesserungen im Außenverhältnis im Verhältnis der supranationalen Verwaltung zu den Unionsbürger/innen und Unternehmen gerichtet ist, zielt das Effizienzgebot primär auf die behördeninterne **Entscheidungsorganisation**.[41] Die zur Verfügung stehenden Ressourcen sind so einzusetzen, dass die verfolgten Ziele möglichst ressourcenschonend erreicht werden. Potentielle Effizienzgewinne einer EU-Verwaltungsverfahrens-Verordnung werden unter anderem darin gesehen, dass diese die Anzahl der Rechtsstreitigkeiten vor den Unionsgerichten und damit die in der Rechtsverfolgung gebundenen Verwaltungskapazitäten reduziert, dass bei der Neugründung von Organen, Ämtern und Agenturen der Aufbau der Verfahrensregeln nicht vom Punkt Null beginnen muss, dass die Mobilität der Mitarbeiter zwischen verschiedenen Dienststellen erleichtert würde und dass beträchtliche Einsparungen im Bereich der IT-Systeme und des e-government auf Unionsebene ermöglicht würden.[42] Im Außenverhältnis wird das Effizienzgebot relevant, indem die Unionsbürger/innen und Unternehmen etwa von einer Kultur der zeitnahen Verwaltungsentscheidungen profitieren.[43] Der zugrunde liegenden Wertung, wonach »eine langsame Verwaltung eine schlechte Verwaltung ist«,[44] korrespondiert auf Rechtsbehelfsebene die Untätigkeitsklage gem. Art. 265 AEUV.[45]

3. Unabhängigkeit

Der Verfahrensgrundsatz der Unabhängigkeit ist in seiner entwicklungsgeschichtlichen   **14** Nähe zum Recht auf eine gute Verwaltung (S. Rn. 3) zu erschließen.[46] Unterscheiden lassen sich objektiv-institutionelle und subjektive Gewährleistungsgehalte.[47] Objektiv-institutionell gebietet der Grundsatz die organisatorische Neutralität der jeweils entscheidenden Verwaltungsstelle.[48] Die Gewährleistung der Unabhängigkeit schützt den Verwaltungsablauf in den supranationalen Behörden gegen den Einzelfall betreffende Zugriffe des Unionsgesetzgebers, aber auch gegen Beeinflussungsversuche der Mitgliedstaaten.[49] Es müssen »hinreichende Garantien bestehen […], um jeden berechtigten

---

[40] S. *Magiera*, in: Meyer, GRCh, Art. 42 GRC, Rn. 13.

[41] *Craig*, EPL 19 (2013), 503 (510); *Reithmann*, in: GSH, Europäisches Unionsrecht, Art. 298 AEUV, Rn. 11.

[42] Referat Europäischer Mehrwert, Verwaltungsverfahrensrecht der Europäischen Union, EAVA 1/2012, S. 24 ff., http://www.europarl.europa.eu (2.2.2017).

[43] *Krajewski/Rösslein*, in: Grabitz/Hilf/Nettesheim, EU, Art. 298 AEUV (August 2011), Rn. 23.

[44] GA *Jacobs*, Schlussanträge zu Rs. C–270/99 (Z/Parlament), Slg. 2001, I–9197, Nr. 40.

[45] *Hofmann/Rowe/Türk*, Administrative Law and Policy of the European Union, 2011, S. 196.

[46] *Michel*, Institutionelles Gleichgewicht und EU-Agenturen, 2015, S. 45 ff.

[47] Vgl. GA *Kokott*, Schlussanträge zu Rs. C–439/11 P (Ziegler/Kommission), ECLI:EU:C:2013: 513, Nr. 141 mit Blick auf Art. 41 GRC (Unparteilichkeit); *Krajewski/Rösslein*, in: Grabitz/Hilf/Nettesheim, EU, Art. 298 AEUV (August 2011), Rn. 24; vierteilige Unterscheidung von institutioneller, funktioneller, persönlicher und finanzieller Unabhängigkeit u.a. bei *Kröger*, in: Kröger/Pilniok, Unabhängiges Verwalten, S. 5.

[48] *Krajewski/Rösslein*, in: Grabitz/Hilf/Nettesheim, EU, Art. 298 AEUV (August 2011), Rn. 25.

[49] *Hatje*, in: Schwarze, EU-Kommentar, Art. 298 AEUV, Rn. 19; Temple Lang, EPL 12 (2006), 127 (134 f.).

Zweifel an der Unvoreingenommenheit der befassten Stelle auszuschließen«.[50] Hinzu kommt eine binnenexekutive Bedeutungsrichtung. Die Garantie der Unabhängigkeit erstreckt sich auch auf das Verhältnis von Administration gegenüber Gubernative,[51] also von »Organen, Einrichtungen und sonstigen Stellen« gegenüber Rat und Kommission. Diese Bedeutungsrichtung stärkt die Unabhängigkeit der zahlreichen rechtlich verselbständigten EU-Agenturen (S. Rn. 9).[52] Ein bestimmter verbindlich geforderter Grad an Unabhängigkeit ist Art. 298 AEUV nicht zu entnehmen. Vielmehr obliegt die Ausgestaltung des Unabhängigkeitsgebots in erster Linie der Organisationsfreiheit des Unionsgesetzgebers.[53] Zu weitgehend erscheint es dabei, den im EU-Datenschutzrecht gebotenen Standard der »völligen Unabhängigkeit« der Datenschutzbeauftragten in den EU-Mitgliedstaaten[54] ohne spezifische funktionale Rechtfertigung zu verallgemeinern.[55] Denn damit würde der eigenständige Gewährleistungsgehalt verschiedener Vorschriften der Unionsverträge nivelliert, die sachspezifisch weitergehende Unabhängigkeiten festlegen, so Art. 285 AEUV für den Europäischen Rechnungshof[56] und Art. 130, Art. 282 Abs. 3 AEUV für die Europäische Zentralbank.[57] Subjektiv trifft das Unabhängigkeitsgebot Vorgaben an einzelne Bedienstete der EU-Eigenverwaltung. Konkretisierende Anhaltspunkte bieten die verschiedenen Kodizes für gute Verwaltungspraxis, die die Verwaltungsstellen der Union angenommen haben.[58] So hat sich die Kommission in folgender Weise verpflichtet: »Bedienstete handeln stets objektiv und unparteiisch sowie im Interesse der Gemeinschaft und zum Wohl der Allgemeinheit. Innerhalb des von der Kommission festgelegten politischen Rahmens entscheiden sie in voller Unabhängigkeit, ohne sich von persönlichen oder nationalen Interessen leiten zulassen oder politischem Druck nachzugeben.«[59]

C. Gesetzgebungskompetenz

15   In Art. 298 Abs. 2 AEUV hat der Vertrag von Lissabon eine Gesetzgebungskompetenz geschaffen, aufgrund derer der Unionsgesetzgeber zur Verfolgung des in Absatz 1 niedergelegten Zwecks im Wege des ordentlichen Gesetzgebungsverfahrens Verordnungen zu erlassen vermag. Damit enthält das Primärrecht erstmals in der Geschichte des

---

[50] GA *Kokott*, Schlussanträge zu Rs. C–439/11 P (Ziegler/Kommission), ECLI:EU:C:2013:513, Nr. 141.

[51] *Streinz*, in: Streinz, EUV/AEUV, Art. 298 AEUV, Rn. 8.

[52] *Groß*, Legitimation, S. 90; *ders.*, JZ 2012, 1087, 1088; *Ruffert*, in: Calliess/Ruffert, EUV/AEUV, Art. 298 AEUV, Rn. 10.

[53] *Michel*, Institutionelles Gleichgewicht und EU-Agenturen, 2015, S. 55; mit konkreten Beispielen aus dem EU-Verordnungsrecht *Kröger*, in: Kröger/Pilniok, Unabhängiges Verwalten, S. 1 f. mit Fn. 2–6.

[54] Vgl. Art. 28 Richtlinie 95/46/EG vom 24.10.1995 zum Schutz natürlicher Personen bei der Verarbeitung personenbezogener Daten und zum freien Datenverkehr, ABl. 1995, L 281/31; dazu EuGH, Urt. v. 9.1.2010, Rs. C–518/07 (Kommission/Deutschland), Slg. 2010, I–1897, Rn. 18 ff.

[55] In diese Richtung aber *Michel*, Institutionelles Gleichgewicht und EU-Agenturen, 2015, S. 48 f.

[56] Dazu *Waldhoff*, in: Calliess/Ruffert, EUV/AEUV, Art. 285 AEUV, Rn. 8.

[57] S. *Kempen*, in: Streinz, EUV/AEUV, Art. 130 AEUV, Rn. 7 ff.

[58] S. Aufstellung in Rn. 20.

[59] Kodex für gute Verwaltungspraxis in den Beziehungen der Bediensteten der Europäischen Kommission zur Öffentlichkeit, ABl. 2000, L 267/63, Ziff. 2.

europäischen Integrationsprojekts einen ausdrücklichen **Kompetenztitel** zum Erlass eines europäischen Verwaltungsverfahrensgesetzes.[60]

I. Reichweite

Zur Bestimmung der Reichweite der Gesetzgebungskompetenz ist abschichtend an die   **16** oben umrissene Kontroverse zum grundsätzlichen Geltungsbereich des Art. 298 AEUV anzuschließen. Da der Kompetenztitel des Art. 298 Abs. 2 AEUV ausdrücklich an den Regelungsgehalt des Art. 298 Abs. 1 AEUV anknüpft (»hierzu«) kann die Gesetzgebungskompetenz nicht über den in Abs. 1 festgelegten **Geltungsbereich** hinausgehen. Infolgedessen gilt für den Art. 298 Abs. 2 AEUV, dass dieser entsprechend Abs. 1 nur zum Erlass von Verfahrensregeln für die EU-Eigenverwaltung bzw. in Verbundstrukturen integrierte EU-Verwaltungsstellen ermächtigt. Die oben erörterte und abgelehnte (S. Rn. 6 f.) Erweiterung auf den mitgliedstaatlichen Vollzug ist dementsprechend auch mit Blick auf die Gesetzgebungskompetenz des Abs. 2 abzulehnen.[61]

Steht mithin fest, dass die Kompetenz zum Erlass einer EU-Verwaltungsverfahrens-   **17** Verordnung gemäß Art. 298 Abs. 2 AEUV auf den Bereich der EU-Eigenverwaltung beschränkt ist, so ist in einem weiteren Schritt nach möglichen weitergehenden Einschränkungen innerhalb des Eigenverwaltungsrechts zu fragen. Hierzu wird teilweise vertreten, dass die Gesetzgebungskompetenz des Art. 298 Abs. 2 AEUV lediglich den Erlass von Regelungen zum internen **Organisationsrecht** der EU-Eigenverwaltung gestatte.[62] Hierfür lässt sich anführen, dass der einzige in Art. 298 Abs. 2 AEUV explizit in Bezug genommene Rechtsakt das Beamtenstatut der EU ist, das mit dem europäischen Dienstrecht eine Materie der internen Organisation der EU kodifiziert.

Jedoch zeigt die Entstehungsgeschichte des Art. 298 AEUV, dass die Vorschrift kon-   **18** zeptionell von der ursprünglichen Initiative Schwedens im Verfassungskonvent zum VVE an[63] eng verknüpft war mit den Motiven der Transparenz und der guten Verwaltung. Diese Motive beziehen sich gerade in ihrer skandinavischen Konnotation klassischerweise nicht (nur) auf die Binnenorganisation der Verwaltung, sondern auf das **Bürger-Staat-Verhältnis**, indem sie etwa mit informationsrechtlichen Popularansprüchen und kompetenzstarken Ombudspersonen arbeiten.[64] Es ist nichts dafür ersichtlich, dass die ursprüngliche Grundausrichtung auf das Außenverhältnis im Entstehungsprozess hin zum heutigen Art. 298 AEUV verloren gegangen sein könnte. Hinzu kommt, dass der Verweis auf das Beamtenstatut in Art. 298 Abs. 2 AEUV lediglich dessen »Beachtung« verlangt, nicht aber eine zwingende Verbindlichkeit vorgibt. Diesem »Beachtungsgebot« lässt sich unschwer auch bei der Normierung von Rechten und Pflichten im Verhältnis zwischen Unionsgewalt und privaten Individuen Rechnung tragen.

II. Regelungsvorbilder

Bei der Ausgestaltung des Art. 298 Abs. 2 AEUV bieten sich zur Orientierung des Uni-   **19** onsgesetzgebers verschiedene Regelungsvorbilder an. Allerdings ist zu beachten, dass

---

[60] *Ladenburger*, S. 118 ff.; *Kahl*, Die Verwaltung-Beiheft 10/2010, 39 (58); *Craig*, (Fn. A), S. 323.
[61] *Reithmann*, in: GSH, Europäisches Unionsrecht, Art. 298 AEUV, Rn. 17.
[62] *Ruffert*, in: Calliess/Ruffert, EUV/AEUV, Art. 298 AEUV, Rn. 12.
[63] S. Rn. 1.
[64] *Statskontoret*, Principles of Good Administration in the Member States of the European Union, 2005, S. 42 f.; *Leino*, EPL 10 (2004), 333 (338, 341 ff.); *Neidhardt*, Nationale Rechtsinstitute als Bausteine europäischen Verwaltungsrechts, 2008, S. 19; *Bourquain*, DVBl 2008, 1224 (1228).

es bei der neu geschaffenen Gesetzgebungskompetenz um eine Gesamtkodifikation des Verfahrensrechts der EU-Eigenverwaltung geht. Ein solches Regelwerk mit horizontalem Geltungsanspruch hat es bislang auf EU-Ebene noch nicht gegeben.[65] Jedoch sind über die Jahrzehnte hinweg wichtige sektorale **Verfahrensrechtsakte** entstanden, die die wichtigsten Verfahrens- und Rechtsschutzstandards für einzelne Teilbereiche des europäischen Verwaltungsrechts bündeln.[66] Frühe Wegmarken der **Bereichskodifikation** waren das Beamtenstatut zur Regelung der Dienstverhältnisse der ersten Beamten der Hohen Behörde bzw. Kommission[67] und die Kartellverfahrensverordnung des Jahres 1962.[68] Aus späterer Zeit sind die Fusionskontrollverordnung von 1989,[69] der Zollkodex von 1992,[70] und die Beihilfeverfahrensverordnung von 1999[71] zu nennen, außerdem die Dienstleistungsrichtlinie von 2006.[72] Erste Schritte der bereichsübergreifenden Horizontalisierung ging der Unionsgesetzgeber im Jahr 2001 mit dem Erlass der Transparenzverordnung[73] und der Datenschutzverordnung.[74]

20   Die Beteiligung von Fachausschüssen mit Vertretern der Mitgliedstaaten an der Verwaltungsrechtsetzung durch die Kommission ist in der **Komitologieverordnung**[75] geregelt, die mit Beratungs- und Prüfverfahren zwei Verfahrenstypen zur Verfügung stellt. Die Bereichs- und Teilkodifikationen lassen sich bei der Ausgestaltung des Art. 298 Abs. 2 AEUV als Bibliothek potentieller Kodifikationsgehalte nutzen.[76] Nationale Verwaltungsrechtskodifikationen sind wegen der Eigenheiten des Unionsrechts von geringer horizontaler Vorbildwirkung.[77] Interessant ist aber die Aufarbeitung einzelner nationaler Verfahrensbausteine, die passend in die Architektur der EU-Verwaltungsver-

---

[65] *Kahl*, Die Verwaltung-Beiheft 10, 2010, 39 (58); *Craig*, (Fn. A), S. 323.

[66] *Saurer*, S. 297.

[67] Verordnung Nr. 31 (EWG), Nr. 11 (EAG) vom 18.12.1961 über das Statut der Beamten der Europäischen Gemeinschaften und über die Beschäftigungsbedingungen für die sonstigen Bediensteten dieser Gemeinschaften, ABl. 1962, 45/1385.

[68] Verordnung Nr. 17 (EWG) des Rates vom 6.2.1962: Erste Durchführungsverordnung zu den Artikeln 85 und 86 des Vertrages, ABl. 1962, 13/204.

[69] Verordnung (EWG) Nr. 4064/89 des Rates vom 21.12.1989 über die Kontrolle von Unternehmenszusammenschlüssen, ABl. 1989, Nr. L 257/13.

[70] Verordnung (EWG) Nr. 2913/92 des Rates vom 12.10.1992 zur Festlegung des Zollkodex der Gemeinschaften, ABl. 1992, L 302/1.

[71] Verordnung (EG) Nr. 659/1999 des Rates vom 22.3.1999 über besondere Vorschriften für die Anwendung von Artikel 93 des EG-Vertrags, ABl. 1999, L 83/1.

[72] Richtlinie 2006/123/EG des Europäischen Parlaments und des Rates vom 12.12.2006 über Dienstleistungen im Binnenmarkt, ABl. 2006, L 376/36.

[73] VO (EG) Nr. 1049/2001 des EP und des Rates über den Zugang der Öffentlichkeit zu Dokumenten des Europäischen Parlaments, des Rates und der Kommission, ABl. 2001, L 145/43; zur Diskussion um die Neufassung s. Vorschlag für eine Verordnung des Europäischen Parlaments und des Rates über den Zugang der Öffentlichkeit zu Dokumenten des Europäischen Parlaments, des Rates und der Kommission, KOM(2008) 229 endg. und die Kritik in der Entschließung des Europäischen Parlaments v. 15.12.2011, EP-Dok. C6 184/2008–2008/0090(COD)) A7–0426/2011.

[74] Verordnung (EG) Nr. 45/2001 des Europäischen Parlaments und des Rates vom 18.12.2000 zum Schutz natürlicher Personen bei der Verarbeitung personenbezogener Daten durch die Organe und Einrichtungen der Gemeinschaft und zum freien Datenverkehr, ABl. 2001, L 8/1.

[75] VO (EU) Nr. 182/2011 vom 16.2.2011 zur Festlegung der allgemeinen Regeln und Grundsätze, nach denen die Mitgliedstaaten die Wahrnehmung der Durchführungsbefugnisse durch die Kommission kontrollieren, ABl. 2001, L 182/1.

[76] So bereits die Stoßrichtung bei *Lindner*, BayVBl. 2002, 193 ff.

[77] Diskussion bei *Shapiro*, ELJ 2 (1996), 26 f.; *Meuwese/Schuurmans/Voermans*, Review of European Administrative Law 2 (2009), 3 ff.

fahrens-Kodifikation einzufügen wären.[78] Im Unionsrecht haben horizontal übergreifende Ansätze bislang die Rechtsqualität von softlaw. Auf Veranlassung des Europäischen Bürgerbeauftragten, der erstmals 1999 einen **Musterkodex** vorgelegt hatte,[79] adaptierten zahlreiche Institutionen der EU selbstverpflichtende Kodizes für Gute Verwaltung.[80] Heute zählen zu den Institutionen der EU mit entsprechenden Kodizes das Europäische Parlament,[81] die Kommission[82] sowie einzelne EU-Agenturen wie das Gemeinschaftliche Sortenamt[83] und das Europäische Zentrum für die Förderung der Berufsbildung Cedefop.[84] Die Regelungsgehalte betreffen etwa Anhörungsrecht und Begründungspflicht.[85]

III. Regelungsgehalte

Bei der Vermessung der (potentiellen) Regelungsgehalte eines europäischen **Verwaltungsverfahrensgesetzes** auf Grundlage des Art. 298 Abs. 1 AEUV ist im Ausgangspunkt daran zu erinnern, dass die in Art. 298 Abs. 1 AEUV genannten Verfahrensgrundsätze exemplarischen, nicht abschließenden Charakter haben. Dies erweitert das Spektrum potentieller Regelungsgehalte signifikant. Den höchsten Konkretisierungsgrad haben die möglichen Inhalte einer EU-Verwaltungsverfahrens-Verordnung in der Gesetzgebungsarbeit des Europäischen Parlaments erreicht. Das Europäische Parlament unterstützt das Vorhaben einer Kodifikation des Verwaltungsverfahrensrechts der EU bereits seit vielen Jahren,[86] wobei die Schaffung des Art. 298 AEUV mit dem Vertrag von Lissabon der Diskussion neuen Schwung verliehen hat.[87] **21**

Zuletzt hat das **Europäische Parlament** Anfang 2013 die Kommission erneut zur Gesetzgebungsinitiative aufgefordert und konkrete Empfehlungen für ein allgemeines Verwaltungsverfahrensrecht der Europäischen Union unterbreitet.[88] Diesem Vorstoß kommt potentiell bahnbrechende Wirkung auf dem Weg zu einer **Verfahrensrechtskodifikation** des EU-Eigenverwaltungsrechts zu.[89] Konkret plädiert das Parlament für Ver- **22**

---

[78] Für die Verfahrensordnung der EU-Agenturen *Geradin*, CJEL 11 (2004/2005), 1 ff.

[79] Kodex für gute Verwaltungspraxis v. 28.7.1999, abgedruckt in: Der Europäische Bürgerbeauftragte, Der europäische Kodex für gute Verwaltungspraxis, 2005, S. 10 ff.

[80] Eingehend *Guckelberger/Geber*, S. 68 ff.; *Azoulai/Clement-Wilz*, S. 684; *Bourquain*, DVBl 2008, 1224 (1231).

[81] Leitfaden für die Pflichten der Beamten und Bediensteten des Europäischen Parlaments (Verhaltenskodex), ABl. 2000, C 97/1.

[82] Kodex für gute Verwaltungspraxis in den Beziehungen der Bediensteten der Europäischen Kommission zur Öffentlichkeit, ABl. 2000, L 267/63.

[83] Kodex für gute Verwaltungspraxis im Gemeinschaftlichen Sortenamt, ABl. 2000, C 371/14.

[84] Kodex für gute Verwaltungspraxis für die Bediensteten des Cedefop, ABl. 2011, C 285/3.

[85] Ablehnend zur Justiziabilität einer Selbstbindung der Kommission EuG, Urt. v. 11.5.2010, Rs. T–121/08 (PC-Ware Information Technologies/Kommission), Slg. 2010, II–1541, Rn. 90.

[86] S. Entschließung des Europäischen Parlaments zu dem Sonderbericht des Europäischen Bürgerbeauftragten an das Europäische Parlament im Anschluss an die Initiativuntersuchung betreffend das Vorhandensein und die öffentliche Zugänglichkeit eines Kodexes für gute Verwaltungspraxis in den verschiedenen Gemeinschaftsinstitutionen und -organen (C5–0438/2000–2000/2212(COS)), ABl. 2002, C 72 E/331.

[87] S. die grundlegende kodifikatorische Ausarbeitung *Schneider/Hofmann/Ziller* (Hrsg.), ReNEUAL – Musterentwurf für ein EU-Verwaltungsverfahrensrecht, 2015; zusammenfassend *dies.*, JZ 2015, 265; zur Rezeption *Stüer*, DVBl 2016, 100 ff.; *Lenz*, NVwZ 2016, 38 ff.

[88] Entschließung des Europäischen Parlaments vom 15.1.2013 mit Empfehlungen an die Kommission zu einem Verwaltungsverfahrensrecht der Europäischen Union (2012/2024(INI)).

[89] *Leino*, EPL 20 (2014), 681 (699 ff.); *Guckelberger/Geber*, S. 215.

fahrensregeln auf zwei Ebenen. Auf prinzipieller Ebene soll die kommende Verordnung allgemeine Grundsätze der Verwaltungstätigkeit normieren. Hierzu rechnet das Parlament die Grundsätze der Gesetzmäßigkeit des Verwaltungshandelns, der Nichtdiskriminierung und Gleichbehandlung, der Verhältnismäßigkeit, der Unparteilichkeit, des einheitlichen Handelns und der legitimen Erwartungen, des Schutzes der Privatsphäre, der Billigkeit, der Transparenz, der Effizienz und Dienstleistung.[90] Für die Durchführungsebene empfiehlt das Europäische Parlament einen Katalog von Vorgaben an die »Fassung von Verwaltungsentscheidungen«, der die Verpflichtung zur Erteilung einer Eingangsbestätigung, die Sicherung der Unparteilichkeit der Beteiligten, das Recht auf Anhörung, das Recht auf Zugang zu den eigenen Akten, das Schriftlichkeitsgebot, die Begründungspflicht, die Erteilung einer Rechtsbehelfsbelehrung und Hinweise zur Anrufung des EU-Bürgerbeauftragten enthält.[91]

---

[90] Entschließung des Europäischen Parlaments vom 15. 1. 2013 (2012/2024(INI), Annex, S. 6 ff.
[91] Entschließung des Europäischen Parlaments vom 15. 1. 2013 (2012/2024(INI), Annex, S. 8 ff.

Artikel 299 AEUV [Entscheidungen als vollstreckbare Titel; Zwangsvollstreckung]

Die Rechtsakte des Rates, der Kommission oder der Europäischen Zentralbank, die eine Zahlung auferlegen, sind vollstreckbare Titel; dies gilt nicht gegenüber Staaten.

[1]Die Zwangsvollstreckung erfolgt nach den Vorschriften des Zivilprozessrechts des Staates, in dessen Hoheitsgebiet sie stattfindet. [2]Die Vollstreckungsklausel wird nach einer Prüfung, die sich lediglich auf die Echtheit des Titels erstrecken darf, von der staatlichen Behörde erteilt, welche die Regierung jedes Mitgliedstaats zu diesem Zweck bestimmt und der Kommission und dem Gerichtshof der Europäischen Union benennt. Sind diese Formvorschriften auf Antrag der die Vollstreckung betreibenden Partei erfüllt, so kann diese die Zwangsvollstreckung nach innerstaatlichem Recht betreiben, indem sie die zuständige Stelle unmittelbar anruft.

[1]Die Zwangsvollstreckung kann nur durch eine Entscheidung des Gerichtshofs der Europäischen Union ausgesetzt werden. [2]Für die Prüfung der Ordnungsmäßigkeit der Vollstreckungsmaßnahmen sind jedoch die einzelstaatlichen Rechtsprechungsorgane zuständig.

Literaturübersicht

Lenaerts/Maselis/Gutman, EU Procedural Law, 2014; *Osterheld*, Die Vollstreckung von Entscheidungen der Europäischen Gemeinschaft für Kohle und Stahl in der Bundesrepublik Deutschland, 1954; *Pernice*, Vollstreckung gemeinschaftsrechtlicher Zahlungstitel und Grundrechtsschutz, RIW 1986, 353; *Schniewind*, Vollstreckung und Vollstreckungsrechtsbehelfe im Recht der Europäischen Gemeinschaften, 1972; *Terhechte*, Die Vollstreckung von EG-Bußgeldbescheiden, EuZW 2004, 235.

Inhaltsübersicht

A. Allgemeines

Art. 299 AEUV regelt die **zwangsweise** Durchsetzung von Rechtsakten des Rates, der Kommission und der Europäischen Zentralbank, die **Geldforderungen** gegenüber natürlichen und nichtstaatlichen juristischen Personen betreffen. Zudem stellt die Vorschrift aufgrund der Verweisung in Art. 280 AEUV[1] mittelbar das Instrumentarium zur zwangsweisen Durchsetzung von Urteilen des Gerichtshofs der Europäischen Union bereit.[2] Regelungsschwerpunkte des Art. 299 AEUV sind neben der Festlegung des Kreises der vollstreckbaren Titel das Vollstreckungsverfahren und die Ausgestaltung des Rechtsschutzes unter Abgrenzung der Zuständigkeit zwischen mitgliedstaatlichen Gerichten und Unionsgerichten. 1

---

[1] S. Art. 280 AEUV: »Die Urteile des Gerichtshofs der Europäischen Union sind gemäß Artikel 299 vollstreckbar.«

[2] S. nur *Stoll/Rigod*, in: Grabitz/Hilf/Nettesheim, EU, Art. 299 AEUV (Mai 2013), Rn. 1, 3, 5 ff.; *Geismann*, in: GSH, Europäisches Unionsrecht, Art. 299 AEUV, Rn. 2.

2   **Entwicklungsgeschichtlich** knüpft Art. 299 AEUV an frühere Regelungen an. Schon
der EGKS-Vertrag von 1951,[3] der EWG-Vertrag von 1957[4] und der EG-Vertrag von
Maastricht[5] trafen Vorsorge für die Durchsetzung von Geldforderungen der Gemeinschaft. Dabei stellten die einschlägigen Vorschriften jeweils auf die Vollstreckbarkeit
von »Entscheidungen« (der Hohen Behörde bzw. des Rates und der Kommission) ab,[6]
während Art. 299 Abs. 1 AEUV heute erweiternd den Begriff »Rechtsakte« verwendet.
Systematisch steht Art. 299 AEUV als Rechtsgrundlage für die Vollstreckung gegen
nichtstaatliche Akteure in einem komplementären Verhältnis zu Art. 260 AEUV, der
die Vollstreckung des Unionsrechts gegen die Mitgliedstaaten regelt.[7] Rechtspraktisch
kommt Art. 299 AEUV nur selten zur Anwendung.

B. Vollstreckungstitel

3   Art. 299 Abs. 1 AEUV nennt als Vollstreckungstitel Rechtsakte des Rates, der Kommission und der Europäischen Zentralbank, die Geldforderungen beinhalten. Rechtsakte
weiterer Organe sind nicht aufgeführt. **Rechtspraktische** Relevanz erlangt dieser Umstand insbesondere beim Europäischen Parlament. Dabei ist zu differenzieren. Rechtsakte, die das Europäische Parlament gemeinsam mit dem Rat hervorbringt sind taugliche Vollstreckungstitel, da die Beteiligung des Rates eine hinreichende Verankerung in
Art. 299 Abs. 1 AEUV bedeutet.[8]

4   Demgegenüber sind allein dem Europäischen Parlament zuzurechnende Rechtsakte
keine tauglichen Vollstreckungstitel, wie sich etwa bei der Rückforderung von überzahl-
ten Beträgen von Abgeordneten zeigt.[9] Gegen eine analoge Anwendung des Art. 299
Abs. 1 AEUV spricht vor allem die Privilegierungsfunktion der **Selbsttitulierung**, die mit
der öffentlich-rechtlichen Zwangsvollstreckung einhergeht. Dank dieser kann sich die
berechtigte hoheitliche Stelle selbst einen Vollstreckungstitel schaffen und muss hierfür
keinen (zivilgerichtlichen) Prozess führen. Diese weitreichende Rechtswirkung schließt
es aus rechtsstaatlichen und grundrechtlichen Gründen aus, den Kreis der Vollstre-
ckungsgläubiger zulasten des (bei Art. 299 AEUV stets nichtstaatlichen) Vollstreckungs-
schuldners über den Wortlaut hinaus zu erweitern. Das EuG hat die Anwendbarkeit des
Art. 299 AEUV zugunsten des Europäischen Parlaments in einem Fall der Rückforderung offenkundig verneint.[10]

5   Neben der Autorenschaft durch eines der genannten Organe statuiert Art. 299 Abs. 1
AEUV zwei weitere Voraussetzungen eines tauglichen **Vollstreckungstitels**: Zum einen
sind nach dem klaren Wortlaut nur solche Rechtsakte vollstreckungsfähig, die auf eine

---

[3] Art. 92 EGKS-Vertrag, BGBl. II 1952 S. 445; dazu *Osterheld*, S. 84 ff. und passim.
[4] Art. 192 EWG-Vertrag, BGBl. II 1957 S. 753; dazu *Schniewind*, S. 31 ff., 49 ff.
[5] Art. 192 EG-Vertrag i.d.F. v. Maastricht, ABl. 1992, C 224/1; Art. 256 EG-Vertrag i.d.F. v.
Amsterdam, ABl. 1997, C 340/1.
[6] S. nur *Gellermann*, in: Streinz, EUV/AEUV, Art. 256 EGV, Rn. 3.
[7] Zur Vorgängervorschrift Art. 228 EG-Vertrag *Härtel*, EuR 2001, 617 ff.; *El-Shabassy*, Die
Durchsetzung finanzieller Sanktionen der Europäischen Gemeinschaften gegen ihre Mitgliedstaaten,
2008, S. 39 ff.
[8] S. *Schoo*, in: Schwarze, EU-Kommentar, Art. 299 AEUV, Rn. 4.
[9] S. EuGH, Urt. v. 13.11.2014, Rs. C–447/13 P (Nencini), ECLI:EU:C:2014:2372.
[10] EuG, Beschluss des Präsidenten des Gerichts v. 19.10.2010, Rs. T–431/10 R (Nencini),
Slg. 2010, II–229 (abgekürzte Veröff.), Ziff. 3: »Notwendigkeit für das Parlament, ein Verfahren vor
einem zuständigen nationalen Gericht einzuleiten, wenn nicht freiwillig gezahlt wird.«

Geldleistung gerichtet sind. Zum anderen beschränkt sich die Vollstreckbarkeit auf Rechtsakte, die an natürliche und nichtstaatliche juristische Personen gerichtet sind.[11] Dies ergibt sich im Umkehrschluss aus Art. 299 Abs. 1 2. Hs. AEUV, der die Vollstreckbarkeit gegen Staaten ausschließt. Entscheidend ist dabei das Vorliegen einer Rechtspersönlichkeit. Hierauf haben die Unionsorgane im Interesse der Vollstreckbarkeit ihrer Rechtsakte etwa bei der Ahndung von Wettbewerbsverstößen besonders zu achten, wenn das Unternehmen, das die Zuwiderhandlung gegen die Wettbewerbsregeln begangen hat, aus mehreren juristischen Personen besteht.[12]

Rechtsakte, die an die Mitgliedstaaten gerichtet sind, werden nach dem klaren Wortlaut von Art. 299 Abs. 1 2. Hs. AEUV nicht erfasst. Bei der Vollstreckung von Urteilen gem. Art. 280 AEUV i. V. m. Art. 299 AEUV ergeben sich Parallelen und Abweichungen. Auch Urteile sind aufgrund des Art. 299 AEUV nur gegen **nichtstaatliche** Personen, nicht gegen Mitgliedstaaten vollstreckbar. Dies schließt die Vollstreckung gegen öffentlich-rechtlich verfasste Rechtspersönlichkeiten nicht grundsätzlich aus.[13] Urteilsaussprüche im Sinne des Art. 280 AEUV sind in größerem inhaltlichen Umfang vollstreckbar als Rechtsakte i. S. d. Art. 299 AEUV, sodass nicht nur Geldleistungsansprüche, sondern z. B. auch Ansprüche auf anderweitige Leistungen vollstreckt werden können.[14]

6

C. Vollstreckungsverfahren

Die Durchführung der Zwangsvollstreckung richtet sich gemäß Art. 299 Abs. 2 AEUV nach dem Recht der **Mitgliedstaaten** und obliegt gemäß Art. 299 Abs. 3 AEUV auch den mitgliedstaatlichen Behörden. Diese Zuständigkeitsverteilung entspricht der grundsätzlichen Zuordnung der Durchführung des Unionsrechts zur Verantwortungssphäre der Mitgliedstaaten, die etwa in Art. 291 Abs. 1 AEUV, Art. 197 Abs. 1 AEUV zum Ausdruck kommt.[15] Eine **organisationsrechtliche** Sonderregelung trifft Art. 299 Abs. 2 S. 2 AEUV für die Erteilung der Vollstreckungsklausel. Zur Sicherung einer effektiven Vollzugsstruktur werden die Mitgliedstaaten wie in anderen Sachbereichen des Unionsrechts zur Aufgabenzuordnung zu einer einheitlichen nationalen Stelle[16] verpflichtet, die die Vollstreckungsklausel für alle in dem Mitgliedstaat anfallenden Vollstreckungsverfahren auf Grundlage des Art. 299 AEUV erteilt. Die für die Erteilung der **Vollstreckungsklausel** in der Bundesrepublik Deutschland benannte Behörde ist das Bundesamt für Justiz.[17] Die konkrete Prüfung der Voraussetzungen für die Klauseler-

7

---

[11] Zur Verjährung der Vollstreckungsbefugnis aufgrund spezieller Bestimmungen des Wettbewerbsrechts EuGH, Urt. v. 6.12.2007, Rs. C–516/06 P (Kommission/Ferriere Nord), Slg. 2007, I–10685, Rn. 14 ff.

[12] GA *Mengozzi*, Schlussanträge zu verb. Rs. C–231/11 P – C–233/11 P (Siemens Österreich), Rn. 78 ff.

[13] Vgl. zur Vollstreckung aus einem Urteil aufgrund einer Schiedsklausel in Erfüllung vertraglicher Verpflichtungen zwischen der Kommission und einer italienischen lokalen Gebietskörperschaft EuGH, Beschluss des Präsidenten des Gerichtshofs v. 30.5.2011, Rs. C–334/97 R-EX (Comune di Montorio al Vomano/Kommission), Slg. 2001, I–4229, Rn. 18 ff.

[14] *Krajewski/Rösslein*, in: Grabitz/Hilf/Nettesheim, EU, Art. 299 AEUV (August 2011), Rn. 10.

[15] Näher *Saurer*, Der Einzelne im europäischen Verwaltungsrecht, 2014, S. 15 ff., 308 ff.

[16] S. etwa Art. 3 RL 2002/21/EG vom 7.3.2002 über einen gemeinsamen Rechtsrahmen für elektronische Kommunikationsnetze und -dienste (TK-Rahmenrichtlinie), ABl. 2002, L 108/33 zur Konzentration aller vollzugsrelevanten Aufgaben bei einer zuständigen Stelle.

[17] Bekanntmachung vom 27.2.2007 über die Zuständigkeit für die Erteilung der Vollstreckungsklausel zu Entscheidungen aufgrund des Rechts der Europäischen Union, BGBl. 2007 II S. 231.

teilung durch das Bundesamt bezieht sich gemäß Art. 299 Abs. 2 Satz 2 AEUV ausschließlich formal auf die Echtheit des Titels.[18] Dies ist folgerichtig, denn die inhaltliche Kontrolle der Rechtmäßigkeit des titulierten Zahlungsanspruchs muss wegen dessen Zugehörigkeit zum Unionsrecht den Unionsgerichten vorbehalten bleiben.[19]

D.   Rechtsschutz im Vollstreckungsverfahren

8   Art. 299 Abs. 4 AEUV regelt den Rechtsschutz im Vollstreckungsverfahren. Die institutionelle Verantwortung für die Gewähr effektiven Rechtsschutzes ist geteilt zwischen dem Gerichtshof der Europäischen Union und den mitgliedstaatlichen Gerichten. Die Abgrenzung richtet sich nach dem verfolgten Rechtsschutzziel.[20] Gemäß Art. 299 Abs. 4 Satz 1 AEUV ist der **Gerichtshof** zuständig für die Aussetzung der Zwangsvollstreckung.[21] Der hier verankerte Rechtsbehelf ist zur Wahrung effektiven Rechtsschutzes geboten, da eine Klage vor dem EuGH wegen des gem. Art. 278 AEUV fehlenden Suspensiveffekts[22] für sich genommen keine vollzugshemmende Wirkung entfaltet.

9   Als rechtspraktischer Anwendungsfall des Art. 299 Abs. 4 Satz 1 AEUV kommt etwa die Klagerhebung durch ein mit einem Bußgeld wegen Kartellverstoßes belegtes Unternehmen mit dem Antrag auf **Aussetzung** der Durchführung des Beschlusses der Kommission in Betracht.[23] Zeitlich kann die Beantragung der Aussetzung der Zwangsvollstreckung sowohl im Rahmen des einstweiligen Rechtsschutzes als auch nach Unanfechtbarkeit der Entscheidung erfolgen.[24] Geht es den Betroffenen nicht insgesamt um die Aussetzung der Zwangsvollstreckung, sondern um die Kontrolle der Rechtmäßigkeit einzelner Vollstreckungshandlungen, so ist gem. Art. 299 Abs. 4 Satz 2 AEUV Rechtsschutz vor den mitgliedstaatlichen Gerichten zu suchen.[25]

---

[18] Dazu bereits *Pernice*, RIW 1986, 353 (354); *Rupp*, NJW 1986, 640 zur abweichenden Handhabung durch LG Bonn, NJW 1986, 665; mit Blick auf die Ausgestaltung in Großbritannien *Lenaerts/Maselis/Gutman*, S. 782.

[19] *Hofmann/Rowe/Türk*, Administrative Law and Policy of the European Union, 2011, S. 694.

[20] *Jakobs*, in: Rengeling/Middeke/Gellermann, Rechtsschutz in der EU, § 33, Rn. 2.

[21] *Jakobs*, in: Rengeling/Middeke/Gellermann, Rechtsschutz in der EU, § 33, Rn. 17 ff.; *Geismann*, in: GSH, Europäisches Unionsrecht, Art. 299 AEUV, Rn. 15.

[22] *Lenaerts/Maselis/Gutman*, S. 563; aus der Rechtsprechung nur Schlussanträge des GA Mischo, Schlussanträge zu Rs. C–282/98 P (Enso Española/Kommission), Slg. 2000, I–9817, Nr. 19; EuG, Urt. v. 14.7.1995, Rs. T–275/94 (CB/Kommission), Slg. 1995, II–2169, Rn. 50 ff.

[23] S. EuG, Urt. v. 21.4.2005, Rs. T–28/03 (Holcim/Kommission), Slg. 2005, II–1357, Rn. 124.

[24] *Schoo*, in: Schwarze, EU-Kommentar, Art. 299 AEUV, Rn. 15.

[25] Näher zu den entsprechend heranzuziehenden Rechtsbehelfen der Zivilprozessordnung *Terhechte*, EuZW 2004, 235 (238 ff.).

Kapitel 3
Die beratenden Einrichtungen der Union

Artikel 300 AEUV [Grundlegende Bestimmungen]

(1) Das Europäische Parlament, der Rat und die Kommission werden von einem Wirtschafts- und Sozialausschuss sowie einem Ausschuss der Regionen unterstützt, die beratende Aufgaben wahrnehmen.

(2) Der Wirtschafts- und Sozialausschuss setzt sich zusammen aus Vertretern der Organisationen der Arbeitgeber und der Arbeitnehmer sowie anderen Vertretern der Zivilgesellschaft, insbesondere aus dem sozialen und wirtschaftlichen, dem staatsbürgerlichen, dem beruflichen und dem kulturellen Bereich.

(3) Der Ausschuss der Regionen setzt sich zusammen aus Vertretern der regionalen und lokalen Gebietskörperschaften, die entweder ein auf Wahlen beruhendes Mandat in einer regionalen oder lokalen Gebietskörperschaft innehaben oder gegenüber einer gewählten Versammlung politisch verantwortlich sind.

(4) ¹Die Mitglieder des Wirtschafts- und Sozialausschusses und des Ausschusses der Regionen sind an keine Weisungen gebunden. ²Sie üben ihre Tätigkeit in voller Unabhängigkeit zum allgemeinen Wohl der Union aus.

(5) ¹Die Vorschriften der Absätze 2 und 3 über die Art der Zusammensetzung dieser Ausschüsse werden in regelmäßigen Abständen vom Rat überprüft, um der wirtschaftlichen, sozialen und demografischen Entwicklung in der Union Rechnung zu tragen. ²Der Rat erlässt auf Vorschlag der Kommission Beschlüsse zu diesem Zweck.

Literaturübersicht

Allgemein

Siebeke, Institutionalisierte Interessenvertretungen in der Europäischen Union, 1996.

Literaturübersicht zum WSA

Arnaud, Die Mitwirkung privater Interessengruppen an der europäischen Gesetzgebung, 2009; *Ferté/ Roncin*, Quel avenir pour le Comité Économique et Social Européen?, RMC 2001, 52; *Hayder*, Der Europäische Wirtschafts- und Sozialausschuss (EWSA) – eine EU-Institution, EuZW 2010, 171; *Pitz*, Der Dialog mit der organisierten Zivilgesellschaft in der Europäischen Union, 2015; *Smismans*, The European Economic and Social Committee: towards deliberative democracy via a functional assembly, EIoP 4 (2000) Nr. 12; *van der Voort*, In Search of a Role. The Economic and Social Committee in European Decision Making, 1997; *Vierlich-Jürcke*, Der Wirtschafts- und Sozialausschuß der Europäischen Gemeinschaften, 1998; *Wiegner*, Die Funktion des Wirtschafts- und Sozialausschusses als demokratisches Element in der EG, Diss. jur., Bielefeld, 2004.

Literaturübersicht zum AdR

Blanke, Der Ausschuss der Regionen. Normative Ausgestaltung, politische Rolle und verwaltungsorganisatorische Infrastruktur, EZFF Occasional Papers Nr. 25 (2002); *Hasselbach*, Der Ausschuß der Regionen in der Europäischen Union, 1996; *Himmel*, Regionale Interessenvertretung in der EU, 2012; *Hübner*, Die Rolle der regionalen und lokalen Gebietskörperschaften im Entscheidungsprozess der Europäischen Union, 2007; *Kleffner-Riedel*, Regionalausschuß und Subsidiaritätsprinzip, 1993; *Knemeyer*, Europa der Regionen – Europa der Kommunen, 1994; *Neunreither*, Die Interessenvertretung der Regionen bei der Europäischen Union, 2001; *Schneider*, Kommunaler Einfluß in Europa, 2004; *Ricci*, The Committee of the Regions and the Challenge of European Governance, in: Panara/De

Becker (Hrsg.), The Role of the Regions in EU Governance, 2011, 109; *Schladebach*, Regionen in der Europäischen Union. Perspektiven des Europäischen Verfassungsvertrages, LKV 2005, 95; *Schöbel*, Der Ausschuß der Regionen – Eine erste Bilanz der Arbeit nach zwei Jahren seines Bestehens, 1997; *Schwind*, Aktuelle Entfaltungen kommunaler Einwirkungsmöglichkeiten im europäischen Verfassungsrecht, FS Schmidt-Jortzig, 2011, S. 133; *Theissen*, Der Ausschuß der Regionen (Artikel 198a-c EG-Vertrag), 1996; *Thiele*, Der Ausschuss der Regionen – ein Beitrag zur föderalen Vielfalt in der Europäischen Union, in: Härtel (Hrsg.), Handbuch Föderalismus, Band IV: Föderalismus in Europa und der Welt, 2012, § 93; *Tomuschat* (Hrsg.), Mitsprache der dritten Ebene in der europäischen Integration: Der Ausschuß der Regionen, 1995; *Wiedmann*, Idee und Gestalt der Regionen in Europa, 1996; *ders.*, Der Ausschuß der Regionen nach dem Vertrag von Amsterdam, EuR 1999, 49; *Wuermeling*, Das Ende der »Länderblindheit«: Der Ausschuß der Regionen nach dem neuen EG-Vertrag, EuR 1993, 196.

Leitentscheidungen

EuGH, Urt. v. 4.2.1982, Rs. 828/79 (Adam/Kommission), Slg. 1982, 269
EuGH, Urt. v. 30.6.1988, Rs. 297/86 (CIDA/Rat), Slg. 1988, 3531
EuG, Urt. v. 31.3.2011, Rs. T–117/08 (Italien/EWSA), Slg. 2011, II–1463

A. Normgenese

1   Während der EG-Vertrag dem Wirtschafts- und Sozialausschuss (WSA) und dem Ausschuss der Regionen (AdR) ein jeweils eigenes Kapitel widmete, fasst der AEU-Vertrag die Regeln über beide Ausschüsse in einem **einheitlichen Kapitel** »Die beratenden Einrichtungen der Union« zusammen. Als chapeau[1] vorangestellt bzw. vor die Klammer gezogen[2] wird ein Einleitungsartikel, der die grundlegenden Bestimmungen zu Funktion (Abs. 1), Zusammensetzung (Abs. 2, 3) und Stellung der Mitglieder (Abs. 4) enthält. Vor der Reform durch den Vertrag von Lissabon fanden sich diese Regelungen verstreut in Art. 7 Abs. 2, 257, 258 Abs. 3 EG (bzgl. des WSA) sowie Art. 7 Abs. 2, 263 EG (bzgl.

---

[1] *Blanke*, in: Grabitz/Hilf/Nettesheim, EU, Art. 300 AEUV (Januar 2016), Rn. 1.
[2] *Burgi/Hölbling*, in: Streinz, EUV/AEUV, Art. 300 AEUV, Rn. 1.

des AdR). Die jetzige Fassung ist maßgeblich durch den Verfassungsvertrag beeinflusst, allerdings mit dem Unterschied, dass der damalige Art. I–32 VVE im Grundlagenteil I verortet war. Hiervon geblieben ist im jetzigen Primärrecht lediglich Art. 13 Abs. 4 EUV, der mit Art. 300 Abs. 1 AEUV wortgleich ist. Im Übrigen ist die Bestimmung in den AEU-Vertrag verlagert worden.

Im Unterschied zum jetzigen Primärrecht fand der AdR im gescheiterten Verfassungs-   **2** vertrag Erwähnung noch vor dem WSA, und zwar sowohl in Art. I–32 VVE selbst als auch im Teil III (Art. III–386 ff. VVE regelte den AdR, Art. III–389 ff. VVE den WSA). Die derzeitige **umgekehrte Reihenfolge** hat allein historische Gründe (Rn. 5 f.). Die Änderung des Verfassungsvertrags hätte dem gestiegenen politischen Gewicht des AdR im Vergleich zum WSA Rechnung getragen (Rn. 6).[3] Die Beibehaltung der ursprünglichen Reihenfolge hatte demgegenüber wohl eher kosmetische Gründe vor dem Hintergrund der ablehnenden Referenden zum Verfassungsvertrag in Frankreich und in den Niederlanden.[4] In systematischer Hinsicht war die im Verfassungsvertrag vorgesehene Reihenfolge überzeugender.[5]

B. Historischer Überblick

I. WSA

Der WSA war von Beginn an Teil der Römischen Verträge.[6] Seine **institutionelle Stellung**   **3** hat er in gewissem Umfang verbessern können, indem er sich allmählich das Recht zur Selbstbefassung sowie die Geschäftsordnungs- und Haushaltsautonomie erstritt.[7] Dadurch vermochte er sich gegenüber dem Rat zu verselbständigen, an dessen einstimmige Genehmigung die Geschäftsordnung zunächst gebunden war.[8] Im Wesentlichen blieb aber die institutionelle Stellung des WSA bis heute unverändert. Im Vergleich dazu hat der AdR seine Stellung durch die Reformverträge von Nizza und Lissabon deutlich ausbauen können (Rn. 5).

Der WSA bezeichnet sich heute selbst als »**Europäischer Wirtschafts- und Sozialaus-**   **4** **schuss**« (EWSA), ohne dass dies in den Reformverträgen bislang einen Niederschlag gefunden hätte. In der Praxis der Unionsorgane hat sich die Bezeichnung hingegen mittlerweile durchgesetzt.[9] Seinen Sitz hat der WSA in Brüssel.[10]

---

[3] *Blanke*, in: Grabitz/Hilf/Nettesheim, EU, Art. 300 AEUV (Januar 2016), Rn. 4; *Suhr*, in: Calliess/Ruffert, EUV/AEUV, Art. 300 AEUV, Rn. 2.

[4] *Suhr*, in: Calliess/Ruffert, EUV/AEUV, Art. 300 AEUV, Rn. 3.

[5] *Suhr*, in: Calliess/Ruffert, EUV/AEUV, Art. 300 AEUV, Rn. 2.

[6] Damals Art. 193 ff. EWGV.

[7] Näher *Blanke*, in: Grabitz/Hilf/Nettesheim, EU, Art. 300 AEUV (Januar 2016), Rn. 31 ff. m. w. N.

[8] *Vierlich-Jürcke*, S. 223.

[9] Für die Kommission: Interinstitutionelle Vereinbarung Europäische Kommission-Europäischer Wirtschafts- und Sozialausschuss, ABl. 2012, C 102/1; für den Rat: Beschluss zur Ernennung der Mitglieder des Europäischen Wirtschafts- und Sozialausschusses, ABl. 2010, L 251/8; für die europäische Gerichtsbarkeit: EuG, Urt. v. 31.3.2011, Rs. T–117/08 (Italien/EWSA), Slg. 2011, II–1463, Rn. 29.

[10] Protokoll (Nr. 6) über die Festlegung der Sitze der Organe und bestimmter Einrichtungen, sonstiger Stellen und Dienststellen der Europäischen Union vom 2.10.1997, Einziger Artikel, Buchst. f, ABl. 1997, C 340/112.

II. AdR

5   Im Gegensatz zum WSA wurde der AdR erst nachträglich, nämlich mit dem Vertrag von Maastricht, in das Primärrecht aufgenommen (ursprünglich Art. 198a ff. EGV, später Art. 263 ff. EG). Vorläufer war der am 1.8.1988 errichtete **Beirat der regionalen und lokalen Gebietskörperschaften.**[11] Im Unterschied zum späteren AdR handelte es sich dabei allerdings nicht um ein selbständiges Gemeinschaftsorgan, sondern um einen organisatorisch der Kommission zuzuordnenden Unterausschuss. Die Forderung nach Schaffung eines eigenständigen Gemeinschaftsorgans zur Vertretung regionaler und kommunaler Interessen ging maßgeblich auf Bestrebungen der deutschen Länder zurück, die unter dem Schlagwort »Europa der Regionen« kurzfristig die Bildung eines beratenden Ausschusses, auf lange Sicht hingegen die Errichtung einer »Regionalkammer« im Sinne eines echten **Drei-Kammer-Systems** auf europäischer Ebene forderten.[12] Angesichts des Widerstandes insbesondere von britischer Seite vermochte sich letztlich nur das Modell eines beratenden Ausschusses durchzusetzen, wobei sich die Ausgestaltung des AdR weitgehend an der des WSA orientierte.

6   Hieraus resultiert letztlich die Stellung der Vertragsbestimmungen im Anschluss an den Abschnitt zum WSA. Mit dem Vertrag von Amsterdam entfiel das Erfordernis einer Genehmigung der Geschäftsordnung durch den Rat (Art. 306 AEUV, Rn. 4). Zudem müssen sich seither beide Ausschüsse nicht mehr den gemeinsamen organisatorischen Unterbau teilen, was zuvor zu erheblichen Spannungen geführt hatte (Art. 306 AEUV, Rn. 13). Eine deutliche **Aufwertung** erfuhr der AdR durch die Verträge von Nizza und Lissabon: Die Nizza-Reform schrieb die bisher schon weitgehend geübte Praxis fest, in den Ausschuss demokratisch legitimierte oder doch zumindest politisch verantwortliche Mitglieder zu entsenden (»politisches Mandat«, Rn. 39 ff.). Diese Stärkung der demokratischen Legitimation führte im Reformvertrag von Lissabon dazu, dass dem AdR – nicht aber dem WSA – ein eigenes Klagerecht vor dem EuGH (Art. 263 Abs. 3 AEUV) sowie ein Klagerecht im Zusammenhang mit der Subsidiaritätskontrolle (Art. 8 Abs. 2 Protokoll Nr. 8) gewährt wurde. Auch der AdR hat seinen Sitz in Brüssel.[13]

C. Beratende Funktion (Abs. 1)

I. Organstatus

7   Weder beim WSA noch beim AdR handelt es sich um **Organe** im Sinne des Art. 13 Abs. 1 UAbs. 2 EUV. Das hat der EuGH bezüglich des WSA ausdrücklich entschieden,[14] gilt aber in gleicher Weise auch für den AdR. Systematisch folgt es daraus, dass die beiden Ausschüsse zwar im Titel I (»Vorschriften über die Organe«), jedoch nicht im dortigen Kapitel 1 (»Die Organe«), sondern – nach den Vorschriften über die Rechtsetzung in der Union (Kapitel 2) – in einem gesonderten Kapitel 3 (»Die beratenden Einrichtungen der

---

[11] Hierzu *Hasselbach*, S. 75 ff.; *Kleffner-Riedel*, S. 140 ff.; *Schneider*, S. 91 f.; *Theissen*, S. 69 ff.
[12] Ausführlich *Hasselbach*, S. 79 ff.; siehe auch *Kleffner-Riedel*, S. 153 ff.; *Schneider*, S. 92 ff.; *Theissen*, S. 74 ff.
[13] Protokoll Nr. 6, Einziger Artikel, Buchst. g.
[14] EuGH, Urt. v. 4.2.1982, Rs. 828/79 (Adam/Kommission), Slg. 1982, 269, Rn. 26 f.; Urt. v. 4.2.1982, Rs. 1253/79 (Battaglia/Kommission), Slg. 1982, 297, Rn. 26 f.; ebenso jetzt EuG, Urt. v. 31.3.2011, Rs. T–117/08 (Italien/EWSA), Slg. 2011, II–1463, Rn. 29.

Union«) behandelt werden. Verbreitet findet sich in der Literatur allerdings die Qualifizierung beider Ausschüsse als Hilfs-[15] oder Nebenorgane[16]. Teilweise wird diese Qualifizierung wiederum mit dem Argument kritisiert, dass das Unionsrecht eine solche Kategorie nicht kenne.[17]

Die fehlende Organqualität war in der bisher ganz herrschenden Kommentarliteratur **8** das Argument dafür, WSA und AdR das **Klagerecht** vor dem EuGH zu verweigern. Insbesondere wurde vertreten, das Tschernobyl-Urteil,[18] in dem die Organstellung des Europäischen Parlaments (im Weiteren EP) eine zentrale Rolle für die Anerkennung des (damals primärrechtlich noch nicht verankerten) aktiven Klagerechts des Parlaments gespielt hatte, sei auf WSA und AdR mangels Organeigenschaft nicht übertragbar.[19] Das EuG hat für die passive Parteifähigkeit des WSA im Ergebnis gegenteilig entschieden. Ausschlaggebend hierfür war allerdings nicht eine etwaige Organeigenschaft des WSA (diese wurde sogar ausdrücklich verneint), sondern der Gesichtspunkt umfassenden Rechtsschutzes.[20]

Diese noch zur Rechtslage nach dem Vertrag von Amsterdam ergangene Rechtsprechung findet heute in Art. 263 Abs. 1 Satz 2 AEUV eine Bestätigung. Dort ist nämlich **9** eine Rechtmäßigkeitskontrolle mit Blick auf Handlungen der »Einrichtungen« der Union (wie WSA[21] oder AdR) eingeführt worden. Darüber hinaus konnten WSA[22] und AdR[23] schon bisher im Rahmen beamtenrechtlicher Streitigkeiten (heute Art. 270

---

[15] *Kotzur,* in: Geiger/Kahn/Kotzur, EUV/AEUV, Art. 300 AEUV, Rn. 1.

[16] *Blanke,* EZFF Occasional Papers Nr. 25 (2002), 10; *Hönle/Sichert,* in: Schwarze, EU-Kommentar, Art. 300 AEUV, Rn. 4; *Kleffner-Riedel,* S. 199; *Brinker,* in: GSH, Europäisches Unionsrecht, Art. 300 AEUV, Rn. 8; *Vierlich-Jürcke,* S. 218 f.

[17] *Suhr,* in: Calliess/Ruffert, EUV/AEUV, Art. 300 AEUV, Rn. 47 f.

[18] EuGH, Urt. v. 22.9.1990, Rs. C–70/88 (Parlament/Rat), Slg. 1990, I–2041, Rn. 22.

[19] Vgl. *Jaeckel,* in: Grabitz/Hilf/Nettesheim, EU, Art. 304 AEUV (Mai 2011), Rn. 14; *Kotzur,* in: Grabitz/Hilf, EU, Art. 262 EGV (Juli 2008), Rn. 10; *Suhr,* in: Calliess/Ruffert, EUV/AEUV, Art. 307 AEUV, Rn. 10 ff.; vorsichtiger *Brinker,* in: GSH, Europäisches Unionsrecht, Art. 304 AEUV, Rn. 13 (»zweifelhaft«); a. A. *Vierlich-Jürcke,* S. 227 ff. (zum WSA); *Theissen,* S. 254 ff. (zum AdR nach alter Rechtslage).

[20] EuG, Urt. v. 31.3.2011, Rs. T–117/08 (Italien/EWSA), Slg. 2011, II–1463, Rn. 29 ff., unter Berufung auf EuGH, Urt. v. 23.4.1986, Rs. 294/86 (Les Verts/Parlament), Slg. 1986, 1339.

[21] Vgl. *Dörr,* in: Grabitz/Hilf/Nettesheim, EU, Art. 263 AEUV (November 2012), Rn. 24; dem folgend *Dervisopoulos,* in: Rengeling/Middeke/Gellermann, Rechtsschutz in der EU, § 7, Rn. 27 (für den AdR hat insoweit Vergleichbares zu gelten).

[22] Vgl. z. B. EuGH, Urt. v. 7.7.1971, Rs. 79/70 (Mullers/WSA), Slg. 1971, 689; Urt. v. 29.9.1983, Rs. 277/82 (Papageorgopoulos/WSA), Slg. 1983, 2897; Urt. v. 13.12.1984, Rs. 14/84 (Meyer/WSA), Slg. 1985, 1381; Urt. v. 15.5.1985, Rs. 3/84 (Patrinos/WSA), Slg. 1985, 1421; EuG, Urt. v. 8.3.1990, Rs. T–28/89 (Maindiaux u.a./WSA), Slg. 1990, II–59; Urt. v. 30.1.1992, Rs. T–25/90 (Schönherr/ WSA), Slg. 1992, II–63; Urt. v. 3.3.1993, Rs. T–25/92 (Vela Palacios/WSA), Slg. 1993, II–201; Urt. v. 9.6.1998, Rs. T–176/97 (Hick/WSA), Slg. ÖD 1998, II–845; Urt. v. 11.11.2003, Rs. T–248/02 (Faita/ WSA), Slg. ÖD 2003, II–1365; Urt. v. 29.11.2006, verb. Rs. T.35/05, T–61/05, T–107/05, T–108/05 u. T–139/05 (Agne-Dapper u.a./EWSA), Slg. ÖD 2006, I-A–2–00291, II-A–2–01497; EuGöD, Urt. v. 25.9.2012, Rs.f–51/10 (Bermejo Garde/EWSA); Urt. v. 26.2.2013, Rs.f–124/10 (Labiri/EWSA); Urt. v. 16.9.2013, Rs.f–92/11 (Faita/EWSA).

[23] Vgl. EuG, Urt. v. 18.3.1997, Rs. T–178/95 (Picciolo/AdR), Slg. ÖD 1997, II–155; Urt. v. 16.9. 1997, Rs. T–220/95 (Gimenez/AdR), Slg. ÖD 1997, II–775; Urt. v. 17.12.1997, Rs. T–110/96 (Bareth/AdR), Slg. ÖD 1997, II–1163; Urt. v. 9.11.1999, Rs. T–102/99 (Papadeas/AdR), Slg. ÖD 1999, II–1091; Urt. v. 9.1.2007, Rs. T–288/04 (Van Neyghem/AdR), Slg. ÖD 2007, II-A–2–00003; EuGöD, Urt. v. 10.3.2009, Rs. F–100/07 (Tsirimiagos/AdR), Slg. ÖD 2009, II-A–1–193; Urt. v. 10.3.2009, Rs. F–106/07 (Giaprakis/AdR), Slg. ÖD 2009, II-A–1–231; Urt. v. 7.5.2013, Rs.f–86/11 (McCoy/AdR); Urt. v. 19.6.2013, Rs.f–89/11 (Goetz/AdR).

AEUV) direkt verklagt werden, da derartige Klagen gegen die jeweilige Anstellungsbehörde zu richten sind.[24] Für die aktive Parteifähigkeit kann die Argumentation des
EuG freilich nicht fruchtbar gemacht werden. Seit dem Vertrag von Lissabon gewährt
Art. 263 Abs. 3 AEUV dem AdR ein **neu eingeführtes Klagerecht** zur Verteidigung eigener Rechte, nicht aber dem WSA. Diese Entscheidung gilt es zu respektieren.[25]

10   WSA und AdR werden überwiegend als **Organe im haftungsrechtlichen Sinne**
(Art. 340 Abs. 2 AEUV) anerkannt.[26] Angesichts ihrer rein beratenden Funktion mag es
schwer fallen, sich haftungsrechtlich relevante Konstellationen vorzustellen, ganz auszuschließen ist dies indes nicht.[27] Darüber hinaus gilt für beide Ausschüsse die alle Organe und Institutionen treffende Pflicht zur loyalen Zusammenarbeit (Art. 4 Abs. 3
EUV).[28] Art. 10 Abs. 2 des Protokolls Nr. 7 über Vorrechte und Befreiungen der Europäischen Union (ProtVB) gewährt den Mitgliedern »der beratenden Organe der Union«
Immunität.[29]

11   Insgesamt gelangt man damit zu dem Ergebnis, dass die Stellung von WSA und AdR –
abgesehen von dem fehlenden aktiven Klagerecht des WSA – der eines Organs heute
weitestgehend angenähert ist. Bedenkt man ferner, dass beide Ausschüsse heute über
Kompetenzen wie Selbstbefassungsrecht, Selbsteinberufungsrecht (Art. 303 Abs. 3
Satz 2, Art. 306 Abs. 3 Satz 2 AEUV), Geschäftsordnungsautonomie (Art. 303 Abs. 2,
Art. 306 Abs. 2 AEUV) sowie personal- und haushaltsrechtliche Autonomie verfügen,[30]
erscheint die Charakterisierung als »**De-facto-Organe**« durchaus zutreffend.[31] In dem
Bericht zur Zukunft des AdR aus dem Jahr 2014 wird die Forderung nach Verleihung des
formalen Organstatus noch einmal ausdrücklich erhoben.[32]

---

[24] *Blanke*, in: Grabitz/Hilf/Nettesheim, EU, Art. 300 AEUV (Januar 2016), Rn. 8.

[25] Im Ergebnis ebenso *Jaeckel*, in: Grabitz/Hilf/Nettesheim, EU, Art. 304 AEUV (Mai 2011),
Rn. 14; *Burgi/Hölbling*, in: Streinz, EUV/AEUV, Art. 304 AEUV, Rn. 4; *Dervisopoulos*, in: Renge-
ling/Middeke/Gellermann, Rechtsschutz in der EU, § 7, Rn. 17; *Kotzur*, in: Geiger/Kahn/Kotzur,
EUV/AEUV, Art. 304 AEUV, Rn. 2; *Pechstein*, EU-Prozessrecht, Rn. 358; *Sichert*, in: Schwarze, EU-
Kommentar, Art. 304 AEUV, Rn. 13; *Suhr*, in: Calliess/Ruffert, EUV/AEUV, Art. 304 AEUV, Rn. 8.

[26] *Blanke*, in: Grabitz/Hilf/Nettesheim, EU, Art. 300 AEUV (Januar 2016), Rn. 8; *Gellermann*, in:
Streinz, EUV/AEUV, Art. 340 AEUV, Rn. 12; *Hönle/Sichert*, in: Schwarze, EU-Kommentar, Art. 300
AEUV, Rn. 6; *Pechstein*, EU-Prozessrecht, Rn. 708; *Vierlich-Jürcke*, S. 245 ff.; vorsichtig befürwor-
tend (»können«) *Suhr*, in: Calliess/Ruffert, EUV/AEUV, Art. 300 AEUV, Rn. 49; ablehnend *Burgi/
Hölbling*, in: Streinz, EUV/AEUV, Art. 300 AEUV, Rn. 4; *Theissen*, S. 207 (wegen bloßer Vorberei-
tungshandlung); dagegen mit Recht *Vierlich-Jürcke*, S. 249.

[27] Vgl. *Hönle/Sichert*, in: Schwarze, EU-Kommentar, Art. 300 AEUV, Rn. 6, mit Verweis auf die
Beamtenhaftung.

[28] *Jaeckel*, in: Grabitz/Hilf/Nettesheim, EU, Art. 304 AEUV (Mai 2011), Rn. 12; *Suhr*, in: Calliess/
Ruffert, EUV/AEUV, Art. 304 AEUV, Rn. 9 (für den WSA); *Kaufmann-Bühler*, in: Lenz/Borchardt,
EU-Verträge, Art. 300 AEUV, Rn. 9 (für den AdR).

[29] Siehe auch Art. 67 Abs. 2 GO-WSA (ABl. 2010, L 324/52); Art. 4 GO-AdR (ABl. 2014,
L 65/41).

[30] Näher *Vierlich-Jürcke*, S. 221 ff. (zum WSA).

[31] So (für den AdR) *Delebarre*, Der europäische AdR: Eine Bilanz nach 15 Jahren, in: Bundesrat
(Hrsg.), Die Rolle der Regionen im europäischen Einigungsprozess: 60 Jahre Bundesrat, 2009, 95
(98 f.).

[32] *Valcárcel Siso*, Hin zu einem Europäischen Senat der Regionen. Bericht zur Zukunft des AdR. 50
Empfehlungen, Juni 2014, S. 25 (abrufbar unter http://cor.europa.eu/en/documentation/brochures/
Documents/Towards%20a%20European%20Senate%20of%20the%20Regions/2276%20presi-
dent%20report%20–%2050%20recommendations%20DE%20BAT.pdf [7.3.2016]).

II. Interinstitutionelles Verhältnis

Die interinstitutionellen Beziehungen sind bei beiden Ausschüssen am stärksten ausge-   **12**
prägt im Verhältnis zur **Kommission**. Beide Ausschüsse haben jeweils **interinstitutionelle Vereinbarungen** mit der Kommission abgeschlossen, in denen die Grundsätze der
Zusammenarbeit näher dargelegt werden.[33] Gem. Art. 66 Abs. 1 GO-WSA können Mitglieder der EU-Organe an WSA-Sitzungen teilnehmen und dort das Wort ergreifen.[34]
Entsprechend regelt Art. 17 Abs. 2 GO-AdR, dass Vertreter der Kommission (ebenso
wie des EP und des Rates) an Plenartagungen teilnehmen und dort ggf. das Wort ergreifen können. In der Praxis geschieht dies regelmäßig.[35] Zudem unterrichtet die Kommission den WSA viertel-, den AdR halbjährlich über die Berücksichtigung der Stellungnahmen (Rn. 19 f.).

Im Verhältnis dazu sind die Beziehungen zum **Rat** wesentlich schwächer ausgebildet,   **13**
was sich schon daran zeigt, dass sie nicht durch interinstitutionelle Vereinbarungen
formalisiert sind. Im Falle des WSA besteht allerdings bereits seit den 1970er Jahren
eine Zusammenarbeit auf informeller Ebene.[36] Im Falle des AdR hat der damalige Rats-
vorsitzende Hermann Van Rompuy im Jahr 2012 an zwei Plenarversammlungen teilgenommen, darüber hinaus etablierte sich die Übung, dass zu Beginn der jeweiligen
Ratspräsidentschaft der betreffende Mitgliedstaat die politischen Prioritäten dem AdR
gegenüber erläutert.[37] Die ursprünglich dem Rat vorbehaltene Genehmigung der Geschäftsordnung ist im Falle des WSA mit dem Vertrag von Maastricht (Art. 303 AEUV,
Rn. 5), im Falle des AdR mit dem Vertrag von Amsterdam entfallen (Art. 306 AEUV,
Rn. 4).

Das Verhältnis zum **EP** wurde dadurch erschwert, dass dieses nach Primärrecht zu-   **14**
nächst nicht zu den vom WSA bzw. AdR zu beratenden Institutionen zählte (siehe auch
Rn. 16). Darüber hinaus begegnete das EP dem AdR anfangs mit einem gewissen Misstrauen, da es auf Wahrung der eigenen Stellung im Institutionengefüge bedacht war.
Ungeachtet dessen kam es sowohl beim WSA[38] als auch beim AdR[39] auch ohne primärrechtliche Grundlage zu einer direkten Übermittlung der Stellungnahmen an das EP.
Seit dem Vertrag von Amsterdam besteht auch primärrechtlich eine Anhörungsmöglich-
keit beider Ausschüsse durch das EP (näher Rn. 16). Heute haben sich die Beziehungen
des EP zu beiden Ausschüssen intensiviert.[40] Am 5. 2. 2014 wurde ein Kooperationsab-

---

[33] Protokoll über die Zusammenarbeit zwischen der Europäischen Kommission und dem Europäischen Wirtschafts- und Sozialrat, ABl. 2012, C 102/1; Protokoll über die Zusammenarbeit zwischen der Europäischen Kommission und dem Ausschuss der Regionen, ABl. 2012, C 102/6.

[34] Siehe auch Ziff. 4 der interinstitutionellen Vereinbarung Kommission-WSA.

[35] *Hönle/Sichert*, in: Schwarze, EU-Kommentar, Art. 300 AEUV, Rn. 16; *Siebeke*, S. 41 (für den
WSA); *Rowe*, The Committee of the regions in 2011/2012, in: Europäisches Zentrum für Föderalismus-Forschung Tübingen, Jahrbuch des Föderalismus 2012, S. 475 (476 ff.); *dies.*, The Committee of
Regions in 2012, in: Europäisches Zentrum für Föderalismus-Forschung Tübingen, Jahrbuch des Föderalismus 2013, S. 497 (498 ff.) (für den AdR). Zum Ausmaß der Kooperation AdR-Kommission vgl.
auch *Buriánek/Gsodam*, Der Ausschuss der Regionen der EU am Beginn seines sechsten Mandats
(2015–2020), in: Europäisches Zentrum für Föderalismus-Forschung Tübingen, Jahrbuch des Föderalismus 2015, S. 423 (429 ff.).

[36] *Hönle/Sichert*, in: Schwarze, EU-Kommentar, Art. 300 AEUV, Rn. 16; *Siebeke*, S. 37 f.

[37] *Rowe* (Fn. 35), S. 497 (500 f.). Zur Intensivierung der Kontakte Rat-AdR im Jahr 2015 vgl.
Buriánek/Gsodam (Fn. 35), S. 437.

[38] *Siebeke*, S. 43.

[39] *Wiedmann*, EuR 1999, 49 (63).

[40] *Siebeke*, S. 43 ff.; S. 125 ff.; bzgl. des AdR vgl. auch *Buriánek/Gsodam* (Fn. 35), S. 433 ff.

kommen zwischen EP, WSA und AdR unterzeichnet, das allerdings nur die Zusammenarbeit im administrativen Bereich betrifft.[41]

15   Das **Verhältnis WSA-AdR** war lange Zeit spannungsreich. Ursächlich hierfür war der Umstand, dass man sich im Vertrag von Maastricht darauf geeinigt hatte, dass WSA und AdR einen gemeinsamen Verwaltungsunterbau nutzen, was zu Spannungen untereinander führen musste (Art. 306 AEUV, Rn. 13). Mit dem Vertrag von Amsterdam ist der Zwang zur gemeinsamen Nutzung entfallen. Seither beruht die Verwaltungskooperation auf einem freiwilligen Kooperationsabkommen zwischen WSA und AdR, wobei das 2007 geschlossene Abkommen zum 1.1.2016 durch ein neues Abkommen ersetzt worden ist.[42]

III.   Beratung

16   WSA und AdR üben eine beratende Funktion gegenüber **Parlament, Rat und Kommission** aus. Vor der Reform durch den Vertrag von Lissabon erwähnte Art. 7 Abs. 2 EG die beratende Aufgabe lediglich gegenüber Rat und Kommission, nicht aber gegenüber dem EP. Diese Beschränkung hatte historische Wurzeln, da der WSA ja bereits in den Römischen Verträgen von 1957 vorgesehen war und nach damaliger Konzeption dem EP (damals: der Versammlung) ebenfalls nur Anhörungsrechte zustanden. Mit dem Vertrag von Amsterdam wurde die Möglichkeit der Anhörung beider Ausschüsse auch durch das EP eingeführt, allerdings in separaten Regelungen[43] (WSA: Art. 198 Abs. 4 EGV = Art. 262 Abs. 4 EG; AdR: Art. 198c Abs. 4 EGV = Art. 265 Abs. 4 EG). Durch den Vertrag von Lissabon ist nun in Art. 13 Abs. 4 EUV, Art. 300 Abs. 1 AEUV – systematisch vorzugswürdig – die einheitliche Beratungsfunktion gegenüber Parlament, Rat und Kommission festgeschrieben.

17   Die Beratungstätigkeit erstreckt sich im Falle des WSA auf alle Politikbereiche von **AEU-Vertrag** und **EAG-Vertrag**, im Falle des AdR **nur auf den AEU-Vertrag**. Diese Beschränkung folgt daraus, dass in Art. 106a Abs. 1 EAGV zwar die Art. 300 bis 304 AEUV, nicht aber die Art. 305 bis 307 AEUV für entsprechend anwendbar erklärt werden.[44] Bis zum Vertrag von Lissabon enthielt der EAG-Vertrag für den WSA in Art. 165 bis 170 EAGV a. F. nahezu wortidentische Parallelvorschriften zu den Art. 257 bis 262 EG,[45] diese Regelungstechnik ist nunmehr durch den Verweis in Art. 106a Abs. 1 EAGV n. F. entfallen. Bezüglich des EGKS-Vertrags existierte früher als Pendant zum WSA ein eigenständiger »Beratender Ausschuss« (Art. 7 Abs. 2, 18 f. EGKSV), dessen Aufgaben mit dem Auslaufen des Vertrags auf den WSA übergegangen sind.[46]

---

[41] Abrufbar unter http://www.eesc.europa.eu/resources/docs/cooperation-agreement-betweeen-the-eesc-the-ep-and-the-cor.pdf (7.3.2016); http://cor.europa.eu/en/about/interinstitutional/Documents/ep-cor_a245.pdf (7.3.2016).

[42] Vereinbarung über die Verwaltungszusammenarbeit zwischen dem Europäischen Wirtschafts-und Sozialausschuss und dem Ausschuss der Regionen vom Juli 2015, abrufbar unter http://www.eesc.europa.eu/resources/docs/cooperation-agreement-eesc-cor——de.docx (7.3.2016); zuvor Administrative Cooperation Agreement between the European Economic and Social Committee and the Committee of the Regions vom Dezember 2007, abrufbar unter http://www.eesc.europa.eu/resources/docs/accord-eesc-cor-en.doc (7.3.2016).

[43] Krit. *Suhr*, in: Calliess/Ruffert, EUV/EAEUV, Art. 307 AEUV, Rn. 3.

[44] Zur fehlenden Kompetenz des AdR im Bereich des EAG-Vertrags nach alter Rechtslage *Siebeke*, S. 59; *Theissen*, S. 117.

[45] Vgl. *Jaeckel*, in: Grabitz/Hilf/Nettesheim, EU, Art. 301 AEUV (Mai 2011), Rn. 9.

[46] *Sichert*, in: Schwarze, EU-Kommentar, Art. 301 AEUV, Rn. 3; *Suhr*, in: Calliess/Ruffert, EUV/AEUV, Art. 300 AEUV, Rn. 5.

Fraglich ist, ob sich die Beratungstätigkeit beider Ausschüsse auch auf den **EU-Ver-** **18** **trag** erstreckt. Für eine solche Sichtweise spricht zunächst der Wortlaut in Art. 304 Abs. 1 Satz 1 AEUV (WSA) bzw. Art. 307 Abs. 1 Satz 1 AEUV (AdR). Dort ist von der obligatorischen Anhörung »in den in den Verträgen vorgesehenen Fällen« die Rede, während noch unter dem Vertrag von Nizza die Formulierung »in den in diesem Vertrag [scil. im EG-Vertrag] vorgesehenen Fällen« lautete. Andererseits ist zu berücksichtigen, dass das Instrument der obligatorischen Anhörung mit der Rechtsetzungstätigkeit der EU in Zusammenhang steht, im Rahmen der GASP Legislativakte aber ausgeschlossen sind (Art. 31 Abs. 1 UAbs. 1 Satz 2 EUV). Daraus folgt, dass die Bezugnahme auch auf den EU-Vertrag in den Art. 304 Abs. 1 Satz 1, Art. 307 Abs. 1 Satz 1 AEUV insoweit leer läuft. Das bedeutet freilich nicht, dass WSA und AdR nicht im Rahmen einer fakultativen Anhörung (Art. 304 Abs. 1 Satz 2, Art. 307 Abs. 1 Satz 1 Alt. 2 AEUV) oder im Rahmen einer Selbstbefassung (Art. 304 Abs. 1 Satz 3, Art. 307 Abs. 4 AEUV) auch zu Fragen im Zusammenhang mit dem EU-Vertrag Stellung nehmen dürften.[47] Ein Beispiel hierfür bietet die Initiativstellungnahme des WSA »Enhancing the transparency and inclusiveness of the EU accession process«.[48] Die interinstitutionelle Vereinbarung zwischen Kommission und AdR (Rn. 12)[49] benennt ebenfalls die auswärtige Dimension der EU als eines der möglichen Kooperationsfelder (Ziff. 25). Ein konkretes Beispiel hierfür ist die AdR-Stellungnahme »Europa in der Welt: Ein neues Konzept für die Finanzierung des Auswärtigen Handelns der EU«.[50]

Die rein beratende Funktion von WSA und AdR bedeutet, dass beiden Ausschüssen **19** **keine Mitentscheidungsbefugnisse** im Rechtsetzungsverfahren zustehen.[51] Ein gewisser Einfluss wird dadurch sicherzustellen versucht, dass das Unterbleiben einer obligatorischen Anhörung als Verletzung »wesentlicher Formvorschriften« gilt und damit zur Nichtigkeit des betreffenden Rechtsakts führen kann (Art. 304 AEUV, Rn. 8; Art. 307 AEUV, Rn. 8). Zudem muss in der Begründung zu einem Rechtsakt in Fällen obligatorischer Anhörung auf die Stellungnahme verwiesen werden (Art. 304 AEUV, Rn. 10; Art. 307 AEUV, Rn. 9). Eine Begründungspflicht für den Fall, dass einem Vorschlag von WSA oder AdR nicht gefolgt wird, besteht von Primärrechts wegen nicht, die Kommission hat sich in der interinstitutionellen Vereinbarung mit dem WSA (Rn. 12) allerdings verpflichtet, »systematisch und unter Angabe einer Begründung« mitzuteilen, ob dessen Stellungnahmen berücksichtigt wurden (Ziff. 12). In der interinstitutionellen Vereinbarung mit dem AdR (Art. 300 AEUV, Rn. 12) verpflichtet sich die Kommission, mindestens zwei Mal jährlich »aussagekräftige Antworten einschließlich Erläuterungen bezüglich der Berücksichtigung der in den AdR-Stellungnahmen geäußerten Bemerkungen« zu geben (Ziff. 14).

Vor diesem Hintergrund stellt sich die Frage nach dem **tatsächlichen Einfluss**, den die **20** beratende Tätigkeit von WSA und AdR haben. Die Einschätzungen hierzu gehen weit auseinander: Dem WSA wird teils »erhebliches Gewicht« attestiert,[52] teils wird von

---

[47] A.A. *Blanke*, in: Grabitz/Hilf/Nettesheim, EU, Art. 307 AEUV (Januar 2016), Rn. 25 (bzgl. AdR); *Hönle*, in: Schwarze, EU-Kommentar, Art. 307 AEUV, Rn. 16 (bzgl. AdR); *Kaufmann-Bühler*, in: Lenz/Borchardt, EU-Verträge, Art. 307 AEUV, Rn. 4 (bzgl. AdR).

[48] REX/401.

[49] ABl. 2012, C 102/6.

[50] ABl. 2012, C 391/110.

[51] *Burgi/Hölbling*, in: Streinz, EUV/AEUV, Art. 300 AEUV, Rn. 5.

[52] So *Nettesheim*, in: Oppermann/Classen/Nettesheim, Europarecht, § 6, Rn. 13; ausführlich *Siebeke*, S. 63 ff.

einem nur geringen Einfluss gesprochen.[53] Immerhin dokumentiert die Kommission durch die seit 2001 vierteljährlich veröffentlichten »suite aux avis«,[54] dass sie sich mit den Vorschlägen des Ausschusses inhaltlich befasst. Im Falle des AdR ist teils von einem »gewissen politischen Einfluss«,[55] teils wiederum von keinem »maßgeblichen Einfluss«[56] die Rede.[57] Der Erste Vizepräsident des AdR verbuchte im Jahr 2009 den »Anstoß von EU-Projekten« wie z. B. des Europäischen Verbunds für territoriale Zusammenarbeit (EVTZ)[58] oder die »Vorbereitung von interinstitutionellen Kompromissen« wie im Falle der Dienstleistungsrichtlinie[59] als Erfolge, die der AdR in der Vergangenheit habe errin-gen können.[60] Der AdR veröffentlicht seit dem Vertrag von Lissabon Wirkungsberichte, die über den Einfluss der Ausschusstätigkeit Auskunft geben sollen.[61] Besonderes Ge-wicht liegt in der praktischen Arbeit des AdR in neuerer Zeit auf der Effektuierung der **Subsidiaritätskontrolle**. Dabei geht es nicht in erster Linie um die klageweise Durchset-zung des Subsidiaritätsprinzips. Der AdR hat vielmehr im Jahr 2012 eine überarbeitete Strategie für die Subsidiaritätskontrolle verabschiedet, die den gesamten Entschei-dungsprozess auf EU-Ebene einschließt.[62]

IV. Demokratietheoretische Verortung

21 Der WSA sieht sich selbst als »Brücke zwischen Europa und der organisierten Zivilge-sellschaft«.[63] In dieser Funktion wird er als Stärkung der **deliberativen**[64] bzw. **partizi-pativen**[65] **Demokratie** innerhalb der Union gewürdigt. Der AdR verdankt sich einem etwas anderen Ausgangspunkt, der sich insbesondere mit dem Schlagwort vom »Europa der Regionen« verband[66] und auf eine stärkere Einbeziehung der »dritten Ebene« in den europäischen Rechtsetzungsprozess abzielte. Gleichwohl hat der AdR durch die Ein-führung des politischen Mandats im Vertrag von Nizza (Rn. 39) ebenfalls eine demo-kratische Dimension erhalten. Trotz gleicher (Beratungs-)Funktion beider Institutionen

---

[53] So *Burgi/Hölbling*, in: Streinz, EUV/AEUV, Art. 304 AEUV, Rn. 4; *Kaufmann-Bühler*, in: Lenz/ Borchardt, EU-Verträge, Art. 300 AEUV, Rn. 18; differenzierend *Arnaud*, S. 238 ff.; *Pitz*, S. 147 f.; *van der Voort*, S. 208 ff.

[54] Veröffentlicht unter http://www.eesc.europa.eu/?i=portal.en.follow-up-opinions (7. 3. 2016).

[55] *Kaufmann-Bühler*, in: Lenz/Borchardt, EU-Verträge, Art. 300 AEUV, Rn. 18.

[56] *Burgi/Hölbling*, in: Streinz, EUV/AEUV, Art. 300 AEUV, Rn. 24; ebenso *Wiedmann*, EuR 1999, 49 (76 f.).

[57] Differenzierend *Obermüller*, in: GSH, Europäisches Unionsrecht, Art. 307 AEUV, Rn. 27; *Thie-le*, § 93, Rn. 14.

[58] VO (EG) Nr. 1082/2006 vom 5. 7. 2006 über den Europäischen Verbund für territoriale Zusam-menarbeit (EVTZ), ABl. 2006, L 201/19.

[59] Richtlinie 2006/123/EG vom 12. 12. 2006 über Dienstleistungen im Binnenmarkt, ABl. 2006, L 376/36.

[60] *Delebarre* (Fn. 31), S. 99; weitere Beispiele bei *Siebeke*, S. 127.

[61] Veröffentlicht unter http://cor.europa.eu/en/activities/opinions/Pages/impact-reports.aspx (7. 3. 2016); zur vorherigen Praxis vgl. *Wiedmann*, EuR 1999, 49 (72 f.).

[62] R/CdR 606–2012; vgl. hierzu auch den Subsidiaritätsbericht 2012, R/CdR 3141–2013; *Rowe* (Fn. 35), S. 497 (509 ff.).

[63] So der gleichnamige Titel einer vom WSA mehrfach (zuletzt 2011) herausgegebenen Infor-mationsbroschüre; siehe auch *Hayder*, EuZW 2010, 171 (171, 173); *Kotzur*, in: Geiger/Kahn/Kotzur, EUV/AEUV, Art. 300 AEUV, Rn. 3; *Suhr*, in: Calliess/Ruffert, EUV/AEUV, Art. 300 AEUV, Rn. 4.

[64] *Blanke*, in: Grabitz/Hilf/Nettesheim, EU, Art. 300 AEUV (Januar 2016), Rn. 25.

[65] *Hönle/Sichert*, in: Schwarze, EU-Kommentar, Art. 300 AEUV (August 2011), Rn. 11 (unter Betonung der Grenzen partizipativer Demokratie).

[66] Vgl. *Blanke*, in: Grabitz/Hilf/Nettesheim, EU, Art. 300 AEUV (Januar 2016), Rn. 54 f., 71; *Kne-meyer*, S. 11 (16 ff.); *Suhr*, in: Calliess/Ruffert, EUV/AEUV, Art. 300 AEUV, Rn. 19.

ist für die Frage der demokratietheoretischen Verortung grundlegend zwischen beiden Ausschüssen zu unterscheiden.

1. WSA

Der WSA ist aus Sicht des Demokratieprinzips als **Anomalie** einzustufen.[67] Er lässt sich 22 nicht zurückführen auf einen wie auch immer gearteten demos, sondern setzt sich aus Interessenvertretern insbesondere aus dem Bereich der Wirtschaft (Arbeitgeber, Arbeitnehmer, sonstige – unten Rn. 32) zusammen.[68] In organisatorisch-personeller Hinsicht kann der WSA daher schon von vornherein nicht zur demokratischen Legitimation der EU beitragen, sondern allenfalls in sachlich-inhaltlicher Hinsicht.[69]

Diesbezüglich wird teilweise auf einen Rückkoppelungseffekt des WSA hingewiesen: 23 Die Beteiligung von Vertretern aus einzelnen zivilgesellschaftlichen Gruppierungen trage bei diesen zur **Akzeptanz der europäischen Regeln** bei.[70] Dem kann aus demokratietheoretischer Sicht nicht gefolgt werden. Angesichts der Tatsache, dass sich Regelungen wirtschaftspolitischer Natur regelmäßig nicht nur auf einzelne Wirtschaftsteilnehmer, sondern auf die Gesellschaft insgesamt auswirken, erscheint eine herausgehobene Stellung von Vertretern des Wirtschaftssektors demokratietheoretisch nicht begründbar.[71] Erforderlich sind vielmehr eine Berücksichtigung und ein Ausgleich der betroffenen Belange des repräsentierten Volkes insgesamt. Diese Aufgabe kommt jedoch dem EP zu, weshalb es nicht verwundert, dass gerade aus dieser Institution die Daseinsberechtigung des WSA (wenn auch nur ganz vereinzelt) in Zweifel gezogen worden ist.[72] Besonders augenfällig wird das hier beschriebene Spannungsverhältnis[73] in Art. 300 Abs. 4 Satz 2 AEUV: Danach sind die Vertreter des WSA bei der Ausübung ihrer Tätigkeit an das »allgemeine Wohl der Union« gebunden. Das ist eine Regelung, die der Funktion der WSA-Mitglieder als »Vertreter« wirtschaftlicher Interessen gerade widerspricht. Auch angesichts der tatsächlichen Abhängigkeitsverhältnisse vom jeweils vertretenen Interessenverband ist davon auszugehen, dass es sich bei der Bestimmung eher um eine Fiktion handelt.[74]

Als ein weiteres Argument zugunsten des WSA wird der **Transparenzgewinn** durch 24 Sichtbarmachung von Verbandseinflüssen auf die europäische Gesetzgebung ange-

---

[67] Anders *Kotzur*, in: Grabitz/Hilf, EU, Art. 257 EGV (Juli 2008), Rn. 38 (»Beitrag zur demokratischen Legitimation der Gemeinschaft«); *Pitz*, S. 148 ff.; *Vierlich-Jürke*, S. 311 (»kein Fremdkörper in einer pluralistischen Demokratie«).

[68] Fehlende demokratische Legitimierung des WSA – im Gegensatz zum AdR – konstatieren auch *Hönle/Sichert*, in: Schwarze, EU-Kommentar, Art. 300 AEUV, Rn. 15.

[69] *Vierlich-Jürke*, S. 281; *Wiegner*, S. 78; a. A. *Arnaud*, S. 245 (der WSA verfüge über eine vom Rat abgeleitete demokratische Legitimation); zu den Grundformen demokratischer Legitimation vgl. allgemein *Vierlich-Jürke*, S. 260 ff., S. 277 ff.; *Voßkuhle*, Sachverständige Beratung des Staates, in: Isensee/Kirchhof, HStR III, 3. Aufl., 2005, § 43, Rn. 58.

[70] Vgl. *Siebeke*, S. 61; siehe auch *Wiegner*, S. 167 ff.

[71] Vgl. *Vierlich-Jürke*, S. 284; siehe auch *Arnaud*, S. 218.

[72] Vgl. die schriftliche Anfragen an Kommission (ABl. 2001, C 340/E 40) und Rat (ABl. 2001, C 261/E 141); schriftliche Erklärung Nr. 78/2007, Dok. PE 394.351v01–00 vom 3.9.2007 (mangels Mehrheit nicht verabschiedet).

[73] Vgl. *Burgi/Hölbling*, in: Streinz, EUV/AEUV, Art. 300 AEUV, Rn. 35; *Brinker*, in: GSH, Europäisches Unionsrecht, Art. 300 AEUV, Rn. 35; weniger kritisch jedoch *Wiegner*, S. 165 f.

[74] Ebenso *Blanke*, in: Grabitz/Hilf/Nettesheim, EU, Art. 300 AEUV (Januar 2016), Rn. 15; siehe auch *Kotzur*, in: Geiger/Kahn/Kotzur, EUV/AEUV, Art. 300 AEUV, Rn. 8; *Suhr*, in: Calliess/Ruffert, EUV/AEUV, Art. 300 AEUV, Rn. 52.

führt.[75] Dieses Argument erweist sich indes bei näherem Hinsehen ebenfalls als äußerst ambivalent. Beim WSA handelt es sich nämlich um nur eine von mehreren Einflussmöglichkeiten, wie Vertreter der Wirtschaft ihrer Stimme auf europäischer Ebene Geltung verschaffen können. Die erste und von den Interessenvertretern bevorzugte[76] Form ist die des **(direkten) Lobbyismus**, d.h. der direkten Kontaktaufnahme einzelner Unternehmen mit Kommission oder Parlament.[77] Der Vorzug dieser Form der Interessenvertretung besteht in zweierlei: Zum einen setzt sie zeitlich früher an, da der WSA immer erst nach der Vorlage eines Entwurfs durch die Kommission angehört wird,[78] während das direkte Lobbying schon im Prozess der Entwurfsausarbeitung durch die Kommission zum Zuge kommen kann.[79] Zum anderen erlaubt das direkte Lobbying die ungefilterte Einbringung der eigenen Interessen, während der WSA stets auf Konsensbildung und damit auf den Ausgleich divergierender Verbandsinteressen ausgerichtet ist.[80] Neben das direkte Lobbying treten als weitere Einflussmöglichkeiten der soziale Dialog gem. Art. 154f. AEUV[81] sowie die Bildung beratender Ausschüsse durch die Kommission.[82]

25   Der WSA erscheint daher als eine durch die Institutionalisierung **verstärkte Form der Interessenvertretung**. Zwar mag ein gewisser positiver Effekt darin liegen, dass kleinere Verbände, denen der direkte Zugang zu Kommission oder Parlament aus faktischen Gründen verwehrt ist, hier ihre Interessen in den europäischen Diskussionsprozess einbringen können.[83] Jedenfalls für große Wirtschaftsunternehmen bleibt es aber beim Befund der mehrfachen Interessenvertretung.

26   Fraglich ist, ob der WSA überhaupt einer demokratischen Legitimation bedarf, erschöpft sich doch seine Tätigkeit ohnehin in der rein beratenden Mitwirkung. In diesem Sinne wird dem WSA teilweise demokratietheoretische Unbedenklichkeit attestiert, da sich sein Handeln auf bloße Vorbereitungshandlungen beschränke und der Ausschuss gerade **keine Entscheidungsbefugnisse** ausübe.[84] Die formale Unterscheidung zwischen nur empfehlender Beratung im Vorfeld und rechtlich bindender Entscheidung entspricht zwar traditioneller Denkweise,[85] sie wird jedoch in dem Moment zum Problem, wo das beratene Organ in erhöhtem Maße vom externen Sachverstand abhängig ist.[86] Dieses Maß an Abhängigkeit scheint auf Seiten der Kommission und des Parlaments jedenfalls derzeit nicht erreicht zu sein, so dass man das tatsächliche Wirken des WSA nicht mit dem Verdikt der Demokratiewidrigkeit wird belegen können. Das Demokratieprinzip

---

[75] *Vierlich-Jürke*, S. 305ff.; *Wiegner*, S. 171ff.
[76] Vgl. *Siebeke*, S. 57; *Wiegner*, S. 73.
[77] Hierzu *Arnaud*, S. 31ff.; *Pitz*, S. 146f.; *Siebeke*, S. 54ff.; *Wiegner*, S. 66ff. Zum Versuch der Schaffung von mehr Transparenz in diesem Bereich vgl. *Arnaud*, ZEuS 2008, 549ff.
[78] *Siebeke*, S. 80.
[79] Vgl. *Wiegner*, S. 72f.
[80] *Siebeke*, S. 57; allgemein S. 82f.
[81] Vgl. *Arnaud*, S. 74ff.; *Koch*, Arbeitsebenen der Europäischen Union, 2003, S. 289ff.; *Pitz*, S. 59ff.; *Wiegner*, S. 119ff.; allgemein *Zeppenfeld*, Der Soziale Dialog in Europa, Diss. jur., Bonn, 2004.
[82] Vgl. *Burgi/Hölbling*, in: Streinz, EUV/AEUV, Art. 300 AEUV, Rn. 14; *Wiegner*, S. 110ff.
[83] So *Wiegner*, S. 166.
[84] I.d.S. *Arnaud*, S. 244; *Wiegner*, S. 140.
[85] Beispielhaft *Böckenförde*, Der Staat 15 (1976), 457 (462).
[86] Vgl. *Voßkuhle* (Fn. K), § 43, Rn. 58ff.; pointiert *Brohm*, Sachverständige Beratung des Staates, in: Isensee/Kirchhof, HStR, 2. Aufl., 1998, § 36, Rn. 31ff. (»Beratung als inhaltliche Mitentscheidung«); dagegen jedoch *Arnaud*, S. 202ff. (siehe aber zur Informationsabhängigkeit der Kommission *Arnaud*, S. 162ff.).

setzt aber einer Ausweitung der Mitwirkungsbefugnisse des WSA am Gesetzgebungs-prozess auf Unionsebene Grenzen. Letztlich erscheint der Ausschuss vor allem durch die weite Verbreitung, die ähnliche Wirtschaftsräte in den nationalen Rechtsordnungen der meisten EU-Mitgliedstaaten gefunden haben,[87] gerechtfertigt.

2. AdR

Im Vergleich zum WSA erweist sich die Bewertung des AdR in demokratietheoretischer Hinsicht als tendenziell günstiger. Das ist vor allem Folge des durch den Vertrag von Nizza eingeführten politischen Mandats (näher Rn. 39).[88] Mitglied im AdR kann seither nur noch sein, wer entweder über ein auf Wahlen beruhendes Mandat auf regionaler oder lokaler Ebene verfügt oder aber einer gewählten Versammlung gegenüber zumin-dest politisch verantwortlich ist (Art. 300 Abs. 3 AEUV). In der Konsequenz dessen erscheint der AdR, anders als der WSA, nicht als ein reines Instrument zur Vertretung von Partikularinteressen, sondern als ein **politisch verantwortliches Gremium**, auf das die Gemeinwohlbindung (Art. 300 Abs. 4 Satz 2 AEUV) wesentlich besser passt.[89] Hin-zu tritt die durch den Vertrag von Lissabon erfolgte grundsätzliche Anerkennung der regionalen und lokalen Selbstverwaltung (Art. 4 Abs. 2 Satz 1 EUV), durch welche die sub-nationale Ebene jedenfalls im Grundsatz unionsrechtlich verankert, die bisherige »Landes-Blindheit«[90] des Unionsrechts entsprechend überwunden worden ist.[91]   27

Probleme bereitet im Falle des AdR allerdings die sehr **heterogene Stellung** der dort vertretenen »Regionen«.[92] Bei diesen handelt es sich nämlich nur zum Teil (nämlich in den föderal geprägten EU-Staaten) um eine eigenständige, demokratisch legitimierte (dritte) Ebene, während in den Einheitsstaaten die Regionen einen Teil des staatlichen Verwaltungsapparats bilden (näher Rn. 36). Dort, wo ein eigenständiger (Landes-)De-mos existiert, führt die Beteiligung des AdR allerdings zu einer Stärkung der demo-kratischen Legitimation auch in organisatorisch-personeller Hinsicht. Mit Blick auf die kommunale Ebene ist zu bedenken, dass über Art. 20 Abs. 2 Buchst. b AEUV ein sogar unionsrechtlich präformierter (Kommunal-)Demos besteht, so dass die Einbeziehung der dort Gewählten in den europäischen Rechtsetzungsprozess ebenfalls folgerichtig erscheint.   28

Verfehlt wäre allerdings die Annahme, die **Betroffenheit** der Kommunen (oder auch der Länder) von Legislativakten der Union würde deren Beteiligung am Rechtsetzungs-prozess in einem demokratietheoretischen Sinne erforderlich machen.[93] »Betroffen-heit« ist zwar insofern eine demokratische Grundkategorie, als die weitgehende Über-einstimmung von dauerhaft Normunterworfenen und Normlegitimierenden erstrebt wird.[94] Eine Aufspaltung des einheitlichen Demos nach den vom jeweiligen Rechtsakt   29

---

[87] Vgl. die rechtsvergleichenden Darstellungen bei *Bryde*, Zentrale Wirtschaftspolitische Bera-tungsgremien in der Parlamentarischen Verfassungsordnung, 1972, S. 57 ff.; *Siebeke*, S. 132 ff.
[88] Eine Stärkung der demokratischen Legitimation des AdR infolge des politischen Mandats kon-statieren auch *Hönle/Sichert*, in: Schwarze, EU-Kommentar, Art. 300 AEUV, Rn. 45; vorsichtig *Suhr*, in: Calliess/Ruffert, EUV/AEUV, Art. 300 AEUV, Rn. 34 (»soll demokratische Legitimation stär-ken«); anders *Thiele*, § 93, Rn. 24 (eher symbolische Bedeutung).
[89] A.A. wohl *Kaufmann-Bühler*, in: Lenz/Borchardt, EU-Verträge, Art. 300 AEUV, Rn. 16.
[90] *Ipsen*, Als Bundesstaat in der Gemeinschaft, FS Hallstein, 1966, 248 (256).
[91] Hierzu aus kommunaler Sicht *Schwind*, S. 134 ff.
[92] Ebenso *Suhr*, in: Calliess/Ruffert, EUV/AEUV, Art. 300 AEUV, Rn. 34.
[93] So aber wohl *Schneider*, S. 387.
[94] Vgl. *Breuer*, Verfassungsrechtliche Anforderungen an das Wahlrecht der Auslandsdeutschen, 2001, S. 170 ff.

tatsächlich oder potentiell Betroffenen würde jedoch die Einheitlichkeit des Legitimationssubjekts gerade auflösen. Von daher bleibt es auch für den AdR bei dem schon zum WSA (Rn. 23) konstatierten Befund, dass die zentrale Repräsentationsfunktion (und damit auch die Aufgabe des Ausgleichs divergierender gesellschaftlicher Interessen) dem EP zukommt. Dieser Legitimationsstrang wird durch den AdR auf die geschilderte Art und Weise ergänzt, kann ihn aber nicht ersetzen.

30   Ebenso wie beim WSA begegnet auch im Falle des AdR das Phänomen der **parallelen direkten Interessenvertretung,** hier ausgeübt durch in Brüssel eingerichtete Vertretungen (im Falle Deutschlands durch die Länderbüros i. S. v. § 8 EUZBLG).[95] Das wirft die Frage auf, inwieweit es einer institutionalisierten Form der Beteiligung am Rechtsetzungsprozess überhaupt bedarf und ob es nicht auch hier zu den oben (Rn. 25) kritisierten Formen mehrfacher Interessenvertretung kommt. Aufgrund der politischen Orientierung des Mandats im AdR ist die Situation jedoch mit der des WSA nicht vergleichbar: Der demokratische »Mehrwert« besteht hier gerade darin, nicht allein Vertreter des Gesamtstaats die Regional- und Lokalinteressen in Brüssel repräsentieren zu lassen, sondern die direkte demokratische Legitimation gewählter Repräsentanten in den europäischen Rechtsetzungsprozess einzuspeisen.

31   Insgesamt trägt der Vertrag von Lissabon dem **größeren demokratischen Gewicht** des AdR durch die Einräumung eines Klagerechts in Art. 263 Abs. 3 AEUV wegen Verletzung eigener Rechte und durch die Einräumung eines Klagerechts bei der Subsidiaritätskontrolle im Protokoll Nr. 2 konsequent Rechnung.[96] Die früher vertretene[97] Forderung nach einem Ausbau des europäischen Rechtsetzungsverfahrens zu einem Drei-Kammer-System mit dem AdR als »dritter Kammer« ist jedenfalls gegenwärtig politisch obsolet.[98] Dessen ungeachtet wird in dem Bericht zur Zukunft des AdR aus dem Jahr 2014 die Entwicklung des AdR zu einem »Europäischen Senat der Regionen« mit »semilegislativen Befugnissen« (d. h. im Grundsatz beratende Funktion, Zustimmungserfordernis bei Auswirkungen auf den wirtschaftlichen, sozialen oder territorialen Zusammenhalt) als Ziel formuliert.[99]

D. Zusammensetzung des WSA (Abs. 2)

32   Art. 300 Abs. 2 AEUV hat durch den Vertrag von Lissabon (in Übernahme der Formulierung aus Art. I–32 Abs. 3 VVE) eine grundlegende Umformulierung erfahren. Art. 257 Abs. 2 EGV sprach von »Vertretern der verschiedenen wirtschaftlichen und sozialen Bereiche der organisierten Zivilgesellschaft, insbesondere der Erzeuger, der

---

[95] Vgl. näher *Bauer,* VR 1996, 417 ff.; *Borchmann,* NVwZ 1988, 218 ff.; *Hübner,* S. 300 ff.; *Fastenrath,* DÖV 1990, 125 ff.; *Neunreither,* S. 131 ff.; *Stahl/Degen,* Die Rolle der deutschen Landesvertretungen für den Ausschuss der Regionen (AdR), in: Renzsch/Wobben (Hrsg.), 20 Jahre ostdeutsche Landesvertretungen in Brüssel, 2013, S. 158 ff.; *Strohmeier,* DÖV 1988, 633 ff.

[96] Ebenso *Blanke,* in: Grabitz/Hilf/Nettesheim, EU, Art. 300 AEUV (August 2011), Rn. 79; *Hönle/Sichert,* in: Schwarze, EU-Kommentar, Art. 300 AEUV, Rn. 2; *Suhr,* in: Calliess/Ruffert, EUV/AEUV, Art. 300 AEUV, Rn. 34.

[97] Vgl. *Hasselbach,* S. 79 ff.; *Hübner,* S. 316 ff., jeweils m. w. N.

[98] Vgl. *Suhr,* in: Calliess/Ruffert, EUV/AEUV, Art. 300 AEUV, Rn. 42.

[99] *Valcárcel Siso,* Hin zu einem Europäischen Senat der Regionen. Bericht zur Zukunft des AdR. 50 Empfehlungen, Juni 2014, S. 25 (abrufbar unter http://cor.europa.eu/en/documentation/brochures/ Documents/Towards%20a%20European%20Senate%20of%20the%20Regions/2276%20president%20report%20–%2050%20recommendations%20DE%20BAT.pdf [7.3.2016]).

Landwirte, der Verkehrsunternehmer, der Arbeitnehmer, der Kaufleute und Handwerker, der freien Berufe, der Verbraucher und des Allgemeininteresses«. Demgegenüber enthält Art. 300 Abs. 2 AEUV nunmehr die (den Arbeitsalltag des WSA von Beginn an prägende[100]) **Dreiteilung** in die Gruppe der Arbeitgeber (Gruppe I), der Arbeitnehmer (Gruppe II) sowie Verschiedene Interessen (Gruppe III). Lediglich für die letztgenannte Gruppe erfolgt eine beispielhafte (»insbesondere«) Aufzählung der repräsentierten Bereiche (sozial und wirtschaftlich,[101] staatsbürgerlich, beruflich und kulturell[102]). Durch den neuen Vertragstext wird die tatsächliche Zusammensetzung des WSA angemessener als bisher abgebildet. Zugleich erweist sich die Reduzierung auf die drei Interessengruppen als entwicklungsoffener. Diese Regelungstechnik steht daher in erkennbarem Zusammenhang mit der neuen Überprüfungsklausel in Art. 300 Abs. 5 AEUV, durch die sichergestellt werden soll, dass die im WSA vertretenen Interessengruppen die gesellschaftlichen Realitäten auch in Zukunft angemessen abbilden.

In der Kommentarliteratur wird teilweise problematisiert, ob durch die jetzige Vertragsfassung das **Erfordernis der Organisiertheit** für die Gruppe III entfallen sei.[103] In der Tat sprach Art. 257 Abs. 2 EGV insgesamt von der »organisierten Zivilgesellschaft«, während Art. 300 Abs. 2 AEUV die »Organisationen der Arbeitgeber und der Arbeitnehmer« den »anderen Vertretern der Zivilgesellschaft« (scheinbar) gegenüberstellt. Überwiegend wird dem entgegengehalten, dass auch Vertreter der Gruppe III ein gewisses Mindestmaß an Organisation aufweisen müssten, um unionsrechtliche Bedeutung entfalten zu können.[104]   **33**

Es erscheint allerdings fraglich, ob die im Schrifttum diskutierte Akzentverschiebung mit dem Vertrag von Lissabon überhaupt intendiert war. Durchaus naheliegend erscheint die Deutung, dass es sich hier um ein **Redaktionsversehen** handelt. Sowohl die englische als auch die französische Sprachfassung lassen nämlich eine Auslegung zu, nach der sich das Kriterium der Organisiertheit auch auf die Gruppe III bezieht (engl. »representatives of organisations of employers, of the employed, and of other parties representative of civil society«; frz. »représentants des organisations d'employeurs, de salariés et d'autres acteurs représentatifs de la société civile«). Im Ergebnis hat der Vertrag von Lissabon somit am Kriterium der Organisiertheit auch mit Blick auf die Gruppe III nichts geändert. Ohnehin hätte eine solche Änderung kaum Aussicht gehabt, die tatsächliche Zusammensetzung des WSA nachhaltig zu beeinflussen, da der EuGH den Mitgliedstaaten bei der Auswahl der Vertreter einen extrem weiten Ermessensspielraum zubilligt (Art. 302 AEUV, Rn. 2).   **34**

Aus dem Begriff »Vertreter« wird teilweise ein primärrechtlich verankertes Erfordernis der **Repräsentativität** abgeleitet.[105] Es erscheint allerdings zweifelhaft, ob dem   **35**

---

[100] Vgl. *Siebeke*, in: GS, EUV/EGV, Art. 257 EGV, Rn. 6; zu den Gruppen vgl. ferner *Vierlich-Jürcke*, S. 108 ff.

[101] Die Nennung des Sozialen vor dem Wirtschaftlichen soll dem Eindruck der Wirtschaftszentriertheit der Union entgegenwirken, vgl. *Suhr*, in: Calliess/Ruffert, EUV/AEUV, Art. 300 AEUV, Rn. 13.

[102] Die Erweiterung des erfassten Spektrums der Zivilgesellschaft um Akteure aus dem staatsbürgerlichen und kulturellen Bereich betont *Blanke*, in: Grabitz/Hilf/Nettesheim, EU, Art. 300 AEUV (Januar 2016), Rn. 38.

[103] Vgl. *Blanke*, in: Grabitz/Hilf/Nettesheim, EU, Art. 300 AEUV (Januar 2016), Rn. 39 f.; *Hönle/Sichert*, in: Schwarze, EU-Kommentar, Art. 300 AEUV, Rn. 13.

[104] So *Burgi/Hölbling*, in: Streinz, EUV/AEUV, Art. 300 AEUV, Rn. 9; *Suhr*, in: Calliess/Ruffert, EUV/AEUV, Art. 300 AEUV, Rn. 11.

[105] *Burgi/Hölbling*, in: Streinz, EUV/AEUV, Art. 300 AEUV, Rn. 12; *Kaufmann-Bühler*, in: Lenz/Borchardt, EU-Verträge, Art. 302 AEUV, Rn. 2.

gefolgt werden kann. Vor der Vertragsreform von Nizza verlangte Art. 259 Abs. 1 UAbs. 2 EGV ausdrücklich, die Zusammensetzung des WSA müsse der »Notwendigkeit Rechnung tragen, den verschiedenen Gruppen des wirtschaftlichen und sozialen Lebens eine angemessene Vertretung zu sichern«. Daraus hatte der EuGH abgeleitet, der Rat müsse die Repräsentativität aller Kandidaten prüfen, bevor er über die Ernennung entscheide.[106] Diese Pflicht stand allerdings im Zusammenhang damit, dass die Mitgliedstaaten nach alter Rechtslage doppelt so viele Kandidaten vorzuschlagen hatten, wie Sitze zu vergeben waren (Art. 259 Abs. 1 UAbs. 1 EGV). Dieses Erfordernis ist durch den Vertrag von Nizza gerade entfallen.[107] Von daher trifft der Rat heute überhaupt keine Auswahlentscheidung mehr,[108] sondern entscheidet mit qualifizierter Mehrheit[109] über die von den Mitgliedstaaten vorgelegten Listen. Das aufgrund der zurückhaltenden EuGH-Rechtsprechung[110] ohnehin kaum justiziable Kriterium der »Repräsentativität« ist damit weitgehend dem politischen Auswahlprozess überlassen worden. Lediglich die Benennung von Kandidaten ausschließlich einer Gruppe könnte möglicherweise gerichtlich angegriffen werden.[111] Das folgt allerdings eher aus der Erwähnung aller drei Gruppen in Art. 300 Abs. 2 AEUV als aus einem etwaigen primärrechtlichen Postulat der Repräsentativität.

E. Zusammensetzung des AdR (Abs. 3)

I. Regionale und lokale Gebietskörperschaften

36   Die Bestimmung dessen, was unter »Vertretern der regionalen und lokalen Gebietskörperschaften« zu verstehen ist, erweist sich angesichts der sehr heterogenen innerstaatlichen Strukturen der Mitgliedstaaten als schwierig.[112] Manche Staaten verfügen über keinerlei »regionale« Ebene im sogleich zu definierenden Sinne (Luxemburg, Portugal, Schweden). Bei den übrigen ist zu unterscheiden zwischen föderal verfassten Staaten (Belgien, Deutschland, Österreich), Staaten, in denen regionale Gebietskörperschaften bloße Verwaltungseinheiten mit administrativem Selbstverwaltungsrecht darstellen (Dänemark, Finnland, Frankreich, Griechenland, Irland, Niederlande), sowie Staaten, in denen die Regionen mit beschränkten Gesetzgebungskompetenzen ausgestattet sind (Italien, Spanien). Die **unionsrechtlichen Begriffe** der »regionalen« sowie »lokalen« Gebietskörperschaft entfalten daher nur eine geringe Prägekraft. In jedem Fall ist von einem erheblichen mitgliedstaatlichen Ermessensspielraum auszugehen.[113] Immerhin wird aber deutlich, dass Vertreter des Gesamtstaates nicht zur Repräsentanz der regionalen oder lokalen Interessen in Betracht kommen.[114]

---

[106]EuGH, Urt. v. 30.6.1988, Rs. 297/86 (CIDA/Rat), Slg. 1988, 3531, Rn. 24; siehe auch EuG, Urt. v. 6.6.1996, Rs. T–382/94 (Confindustria und Romoli/Rat), Slg. 1996, II–519, Rn. 26.

[107] *Suhr,* in: Calliess/Ruffert, EUV/AEUV, Art. 302 AEUV, Rn. 3.

[108] *Burgi/Hölbling,* in: Streinz, EUV/AEUV, Art. 302 AEUV, Rn. 3.

[109] *Burgi/Hölbling,* in: Streinz, EUV/AEUV, Art. 302 AEUV, Rn. 6.

[110]EuGH, Urt. v. 30.6.1988, Rs. 297/86 (CIDA/Rat), Slg. 1988, 3531, Rn. 18.

[111]So auch *Suhr,* in: Calliess/Ruffert, EUV/AEUV, Art. 302 AEUV, Rn. 7.

[112]Nachfolgende Kategorisierung nach *Hübner,* S. 172 f.; vgl. auch *Theissen,* S. 56 ff.

[113]Ebenso *Hönle/Sichert,* in: Schwarze, EU-Kommentar, Art. 300 AEUV, Rn. 32; *Suhr,* in: Calliess/Ruffert, EUV/AEUV, Art. 300 AEUV, Rn. 29.

[114] *Thiele,* § 93, Rn. 21; historisch betrachtet hat es allerdings derartige Fälle gegeben, vgl. *Theissen,* S. 160.

Der **Begriff der »Region«** ist primärrechtlich nicht definiert. Er wird je nach Kontext   37
sehr unterschiedlich verwendet.[115] Die von der Kommission im Rahmen der Regionalpolitik als Richtgröße verwendete Nomenclature des unités territoriales statistiques
(NUTS) ist für die vorliegenden Zwecke erkennbar unergiebig.[116] Begriffsbestimmungen von Nicht-EU-Institutionen wie etwa des KGRE[117] (Kongress der Gemeinden und
Regionen Europas, gegründet im Rahmen des Europarates) oder des VRE[118] (Versammlung der Regionen Europas) vermögen zwar gewisse Tendenzen aufzuzeigen, sind für
das Unionsrecht aber jedenfalls nicht bindend. Die vom EP verabschiedete Gemein-
schaftscharta der Regionalisierung[119] enthält ebenfalls eine Bestimmung des Begriffs
»Region«, ist jedoch ihrerseits unverbindlich. Als Ausgangspunkt kann das Verständnis
einer territorialen, den kommunalen Bereich übergreifenden Gliederung zugrunde gelegt werden, wobei unter mehreren Ebenen jeweils die Ebene unmittelbar unterhalb der
zentralstaatlichen Ebene maßgeblich ist.[120] Im Unterschied dazu sind die **»lokalen Gebietskörperschaften«** als die untere Verwaltungsebene zu charakterisieren.[121]

Angesichts der Erwähnung von Vertretern der regionalen und lokalen Gebietskör-   38
perschaften wird teilweise vertreten, **beide Ebenen** eines Mitgliedstaates müssten im
AdR eine Repräsentanz finden.[122] Die Praxis spricht insoweit eine andere Sprache. Dabei mag es noch verständlich sein, wenn Mitgliedstaaten, die selbst über keine regionale
Ebene verfügen, nur lokale Vertreter in den AdR entsenden. Umgekehrt wäre aber bei
Zugrundelegung dieser Auffassung nicht akzeptabel, dass Belgien von Beginn an nur
Regionalvertreter in den AdR entsendet.[123] Auch innerhalb der Staaten, die sowohl
regionale als auch lokale Vertreter in den AdR entsenden, ist eine große Varianz zu
verzeichnen.[124] So gibt es Mitgliedstaaten, deren Delegation aus etwa gleich starken
Kontingenten beider Ebenen besteht. In andere Mitgliedstaaten besteht ein deutliches
Übergewicht zugunsten der regionalen Ebene wie etwa in Deutschland, wo 21 Länder-
vertretern nur drei Vertreter der kommunalen Spitzenverbände gegenüberstehen (§ 14
Abs. 2 Satz 2 EUZBLG).[125] Wiederum andere Delegationen sind durch ein Übergewicht
der lokalen Vertreter gekennzeichnet.

---

[115] Vgl. die verschiedenen Begriffsbestimmungen bei *Calliess*, AöR 121 (1996), 509 (514 ff.); *Himmel*, S. 10 ff.; siehe auch *Knemeyer*, S. 25 ff.; *Wiedmann*, S. 23 ff.

[116] *Blanke*, in: Grabitz/Hilf/Nettesheim, EU, Art. 300 AEUV (Januar 2016), Rn. 86.

[117] Wiedergegeben bei *Blanke*, in: Grabitz/Hilf/Nettesheim, EU, Art. 300 AEUV (Januar 2016),
Rn. 88.

[118] Wiedergegeben bei *Blanke*, in: Grabitz/Hilf/Nettesheim, EU, Art. 300 AEUV (Januar 2016),
Rn. 89.

[119] ABl. 1988, C 326/296; hierzu näher *Knemeyer*, S. 69 ff.

[120] Nach *Wiedmann*, S. 28.

[121] *Blanke*, in: Grabitz/Hilf/Nettesheim, EU, Art. 300 AEUV (Januar 2016), Rn. 94.

[122] In diesem Sinne *Blanke*, in: Grabitz/Hilf/Nettesheim, EU, Art. 300 AEUV (Januar 2016),
Rn. 95, 97; *Kaufmann-Bühler*, in: Lenz/Borchardt, EU-Verträge, Art. 300 AEUV, Rn. 12; *Schneider*,
S. 100 ff.; dagegen überzeugend *Hasselbach*, S. 132 ff.; siehe auch *Theissen*, S. 172 ff.; *Thiele*, § 93,
Rn. 20.

[123] *Hönle/Sichert*, in: Schwarze, EU-Kommentar, Art. 300 AEUV, Rn. 43; *Hübner*, S. 273; eine
Entsendung auch von Vertretern der lokalen Ebene lehnte Belgien von Beginn an strikt ab, vgl. *Hasselbach*, S. 107.

[124] Vgl. zum Folgenden *Hübner*, S. 279.

[125] Näher *Thiele*, § 93, Rn. 35 f.

II. Politisches Mandat

39   Von Beginn an ging die Praxis der Mitgliedstaaten dahin, überwiegend demokratisch legitimierte Vertreter der regionalen oder lokalen Ebene in den AdR zu entsenden.[126] Diese bisherige Praxis ist mit dem Vertrag von Nizza primärrechtlich festgeschrieben worden. Heute verlangt Art. 300 Abs. 3 AEUV, dass die Vertreter im AdR entweder »ein auf Wahlen beruhendes Mandat in einer regionalen oder lokalen Gebietskörperschaft innehaben oder gegenüber einer gewählten Versammlung **politisch verantwortlich**« sein müssen. Damit ist die demokratische Legitimation des AdR im Vergleich zum WSA deutlich gestärkt worden. Vor diesem Hintergrund war es konsequent, dass mit dem Vertrag von Lissabon die Stellung des AdR (nicht aber die des WSA) vor dem EuGH aufgewertet wurde (Rn. 6).

40   Allerdings geht der AEU-Vertrag nicht so weit, durchgängig die unmittelbare demokratische Legitimation sämtlicher Ausschussmitglieder zu verlangen. Ausreichend ist die »politische Verantwortlichkeit« gegenüber einer gewählten Versammlung. Darunter sind die klassischen **Instrumente parlamentarischer Verantwortlichkeit** zu verstehen, also primär Zitierrecht, das Untersuchungsrecht sowie das Abwahlrecht (Misstrauensvotum).[127] Infolgedessen können nicht nur Landtagsabgeordnete, Gemeindevertreter, direkt gewählte Bürgermeister oder Landräte dem AdR angehören,[128] sondern etwa auch Mitglieder einer Landesregierung oder regierungsangehörige Staatssekretäre.[129] Problematisch erscheint indes die Mitgliedschaft beamteter, nichtregierungsangehöriger Staatssekretäre. In der Praxis ist sie gleichwohl üblich[130] und wird in der Literatur mit dem Argument gerechtfertigt, dass auch im Ministerrat (ungeachtet des Wortlauts in Art. 16 Abs. 2 EUV) die Stimmabgabe durch Staatssekretäre akzeptiert sei.[131] Allerdings bestehen zwischen Rat und AdR grundlegende Unterschiede, die diesen Vergleich als unzulässig erscheinen lassen: Fungiert der Staatssekretär als Vertreter des Ministers im Ministerrat, so liegt gleichwohl bei diesem die (durch die Weisungsgebundenheit des Staatssekretärs abgesicherte) politische Verantwortung. Als Mitglieder im AdR handeln die Staatssekretäre dagegen in »voller Unabhängigkeit« (Art. 300 Abs. 4 Satz 2 AEUV), ohne dass eine politische Verantwortlichkeit »zu Hause« bestünde.[132] Die bisherige Praxis ist daher so nicht zu rechtfertigen. Klar unzulässig wäre es, ein politisches Mandat erst durch eine auf die Vertretung im AdR gerichtete Wahl (oder Ernennung) zu begründen.[133] Erforderlich ist stets ein zweites, zum AdR-Sitz **akzessorisch hinzutretendes Mandat**, da ansonsten letztlich jedermann als Vertreter in den AdR entsandt werden könnte.[134]

---

[126] Näher *Theissen*, S. 195; siehe auch *Blanke*, in: Grabitz/Hilf/Nettesheim, EU, Art. 300 AEUV (Januar 2016), Rn. 99; *Hönle/Sichert*, in: Schwarze, EU-Kommentar, Art. 300 AEUV, Rn. 46.

[127] *Blanke*, in: Grabitz/Hilf/Nettesheim, EU, Art. 300 AEUV (Januar 2016), Rn. 99; *Suhr*, in: Calliess/Ruffert, EUV/AEUV, Art. 300 AEUV, Rn. 36.

[128] *Kotzur*, in: Geiger/Kahn/Kotzur, EUV/AEUV, Art. 300 AEUV, Rn. 6; *Suhr*, in: Calliess/Ruffert, EUV/AEUV, Art. 300 AEUV, Rn. 35; *Thiele*, § 93, Rn. 25.

[129] Vgl. Art. 43 Abs. 2 BayVerf.; Art. 86 saarl. Verf.; Art. 59 Abs. 2 sächs. Verf.

[130] Vgl. ABl. 2015, L 20/42.

[131] *Suhr*, in: Calliess/Ruffert, EUV/AEUV, Art. 300 AEUV, Rn. 36.

[132] Zutreffend *Thiele*, § 93, Rn. 26.

[133] *Blanke*, in: Grabitz/Hilf/Nettesheim, EU, Art. 300 AEUV (Januar 2016), Rn. 99; *Suhr*, in: Calliess/Ruffert, EUV/AEUV, Art. 300 AEUV, Rn. 37 (m.w.N. zu einem konkreten Beispielsfall aus Rheinland-Pfalz).

[134] *Kotzur*, in: Geiger/Kahn/Kotzur, EUV/AEUV, Art. 300 AEUV, Rn. 6; *Suhr*, in: Calliess/Ruffert, EUV/AEUV, Art. 300 AEUV, Rn. 37; *Thiele*, § 93, Rn. 27.

Verfügt ein AdR-Mitglied über eine **Mehrfachlegitimation** (z. B. als Landtagsabgeord-   **41**
neter und Minister), ist klarzustellen, auf welche Position sich seine Stellung im AdR
stützt. Ansonsten könnte die Beendigung des Amtes i. S. d. Art. 305 Abs. 3 Satz 4
AEUV nicht klar ermittelt werden.[135]

F.   Stellung der Mitglieder (Abs. 4)

I.   Weisungsfreiheit, Unabhängigkeit

Art. 300 Abs. 4 AEUV garantiert den Mitgliedern von WSA sowie AdR **Weisungsfrei-**   **42**
heit und »volle Unabhängigkeit«, ähnlich wie den Mitgliedern von Kommission (Art. 17
Abs. 3 UAbs. 3 EUV), EZB (Art. 282 Abs. 3 Satz 3 und 4 AEUV) und Rechnungshof
(Art. 285 Abs. 2 Satz 2 AEUV).[136] Insbesondere die Stellung der Mitglieder des AdR ist
daher nicht denen des Ministerrates vergleichbar, die den jeweiligen Mitgliedstaat repräsentieren (Art. 16 Abs. 2 EUV),[137] sondern ist als **Gesamtrepräsentation** aller regionalen und lokalen Gebietskörperschaften konzipiert.[138] Diese Regelungstechnik erscheint nicht zuletzt deshalb sinnvoll, weil angesichts der primärrechtlich festgeschriebenen Mitgliederzahl (Art. 305 Abs. 1 AEUV) eine Entsendung von Vertretern aus allen
relevanten Gebietskörperschaften faktisch nicht realisierbar ist.[139]

Die **Unabhängigkeit** schützt die Mitglieder vor Weisungen seitens der Unionsorgane,   **43**
seitens der Mitgliedstaaten wie auch seitens der repräsentierten Verbände oder Gebietskörperschaften.[140] Gewisse Unterschiede zwischen WSA und AdR ergeben sich dabei
aus dem Umstand, dass die AdR-Mitgliedschaft akzessorisch an das Erstmandat gebunden ist (Art. 305 Abs. 3 Satz 4 AEUV), während für den WSA eine vergleichbare Regelung nicht besteht. Die WSA-Mitgliedschaft bleibt daher von einem etwaigen Austritt,
Ausschluss o. Ä. aus dem Heimatverband unberührt,[141] während ein Mandatsverlust im
Falle des AdR (etwa infolge Misstrauensvotums) zum automatischen Ende der Mit-
gliedsrechte führt. Allerdings dürfte ein Misstrauensantrag nicht mit dem Abstimmungsverhalten gerade im AdR begründet werden.[142] Das Abstimmungsverhalten ist in jedem
Falle durch die »volle Unabhängigkeit« (Art. 300 Abs. 4 Satz 2 AEUV) geschützt, negative Konsequenzen dürfen hieraus nicht erwachsen.[143]

Zusätzlich abgesichert wird die Unabhängigkeit der Mitglieder von WSA und AdR   **44**
durch die ihnen zukommende **Immunität**. Diese ist in Art. 10 Abs. 2 Protokoll Nr. 7
(ProtVB) primärrechtlich ausdrücklich anerkannt.[144]

---

[135] *Suhr*, in: Calliess/Ruffert, EUV/AEUV, Art. 300 AEUV, Rn. 38; *Thiele*, § 93, Rn. 28.
[136] *Hönle/Sichert*, in: Schwarze, EU-Kommentar, Art. 300 AEUV, Rn. 49.
[137] *Blanke*, in: Grabitz/Hilf/Nettesheim, EU, Art. 300 AEUV (Januar 2016), Rn. 13.
[138] *Hönle/Sichert*, in: Schwarze, EU-Kommentar, Art. 300 AEUV, Rn. 52; *Thiele*, § 93, Rn. 40;
a. A. *Kleffner-Riedel*, S. 203 (»Repräsentant seiner Region«).
[139] *Thiele*, § 93, Rn. 40.
[140] *Blanke*, in: Grabitz/Hilf/Nettesheim, EU, Art. 300 AEUV (Januar 2016), Rn. 12.
[141] *Suhr*, in: Calliess/Ruffert, EUV/AEUV, Art. 300 AEUV, Rn. 51.
[142] A.A. *Thiele*, § 93, Rn. 40 mit Fn. 87.
[143] *Suhr*, in: Calliess/Ruffert, EUV/AEUV, Art. 300 AEUV, Rn. 51.
[144] Siehe auch Art. 2 Abs. 3 Satz 3 GO-WSA; Art. 4 GO-AdR; bereits oben Rn. 10.

II. Gemeinwohlverpflichtung

45 Art. 300 Abs. 4 Satz 2 Hs. 2 AEUV bindet das Handeln der Mitglieder in WSA und AdR an das »allgemeine Wohl der Union«. Daran wird die Erwartung der Vertragsschöpfer deutlich, dass die Mitglieder keine **reinen Repräsentanten von Partikularinteressen** sein sollen. Aufgrund der unterschiedlichen Ausgestaltung von WSA und AdR passt diese Regelung zur Binnenstruktur der Ausschüsse nur in unterschiedlichem Maße. Mit Blick auf den AdR ist insoweit darauf zu verweisen, dass die Gemeinwohlverpflichtung für politische Mandate allgemein charakteristisch ist (vgl. Art. 38 Abs. 1 Satz 2 GG). Insofern passt sich die Gemeinwohlbindung ohne weiteres in das nunmehr primärrechtlich festgeschriebene (Rn. 39) politische Mandat der AdR-Mitglieder ein.[145] Für den WSA gilt dies nicht in gleichem Maße. Hier widerspricht die Gemeinwohlbindung der Funktion der WSA-Mitglieder, ihren jeweils repräsentierten Interessenverbänden unionsrechtlich Gehör zu verschaffen (Rn. 23).

46 Gemeinwohlbindung und Unabhängigkeit sollen im Zusammenwirken dazu beitragen, die Kompromissfähigkeit der Mitglieder zu erhöhen.[146] Allerdings ist es ein bei beiden Ausschüssen häufig kritisierter Umstand, dass die **Stellungnahmen zu allgemein** gehalten sind, da sie lediglich den kleinsten gemeinsamen Nenner wiedergeben.[147] Begünstigt wird dieses Phänomen durch das Streben nach möglichst einvernehmlicher Beschlussfassung.[148] Der politischen Profilbildung ist dies eher abträglich. So besteht für beide Ausschüsse die Aufgabe darin, sowohl durch eine Reduzierung der Anzahl an Stellungnahmen[149] als auch durch eine stärkere Fokussierung auf das Wesentliche[150] das Gewicht der eigenen Stellungnahmen zu stärken.

G. Überprüfung der Zusammensetzung (Abs. 5)

47 Die Auslegung des durch den Vertrag von Lissabon neu hinzugekommenen Art. 300 Abs. 5 AEUV bereitet Schwierigkeiten. Die Vorschrift ist insgesamt als legislatorisch misslungen zu bezeichnen. Ausgangspunkt war der **Konventsentwurf** zum Verfassungsvertrag,[151] der in Art. I–31 Abs. 5 Satz 1 für die Zusammensetzung von AdR und WSA, die Ernennung der Mitglieder, die Befugnisse und Arbeitsweise auf die Art. III–288 bis III–294[152] verwies, um im nachfolgenden Satz hinzuzufügen: »Die Bestimmungen über die Zusammensetzung werden in regelmäßigen Abständen vom Ministerrat auf Vorschlag der Kommission überprüft, um der wirtschaftlichen, sozialen und demografi-

---

[145] Ebenso *Blanke*, in: Grabitz/Hilf/Nettesheim, EU, Art. 300 AEUV (Januar 2016), Rn. 13; a. A. *Kaufmann-Bühler*, in: Lenz/Borchardt, EU-Verträge, Art. 300 AEUV, Rn. 16, der davon ausgeht, dass sich die AdR-Mitglieder aufgrund der Bindung an das politische Erstmandat in verstärktem Maße als Interessenvertreter der sie entsendenden Gebietskörperschaften verstehen würden; ähnlich *Kleffner-Riedel*, S. 202 f.

[146] *Kaufmann-Bühler*, in: Lenz/Borchardt, EU-Verträge, Art. 300 AEUV, Rn. 15.

[147] *Hönle/Sichert*, in: Schwarze, EU-Kommentar, Art. 300 AEUV, Rn. 26; *Thiele*, § 93, Rn. 16 (jeweils für den AdR).

[148] *Siebeke*, S. 57; allgemein S. 82 f. (zum Konsenszwang im WSA).

[149] *Hayder*, EuZW 2010, 171 (172 f.) (zum WSA).

[150] *Thiele*, § 93, Rn. 55 (für den AdR).

[151] Abgedruckt in EuGRZ 2003, 357.

[152] Nach der späteren Nummerierung: Art. III–292 bis III–298 Konventsentwurf (abgedruckt EuGRZ 2003, 433).

schen Entwicklung in der Union Rechnung zu tragen.« In Art. III–292 Abs. 1 Satz 2, III–295 Satz 2 Konventsentwurf war vorgesehen, dass der Ministerrat über die Zusammensetzung beider Ausschüsse durch einstimmigen Beschluss entscheidet. Dies wiederum stand in Zusammenhang damit, dass nach bisheriger Rechtslage die Sitzverteilung innerhalb der Ausschüsse primärrechtlich festgeschrieben war (Art. 258 Abs. 2, 263 Abs. 3 EG), was eine Änderung oder Anpassung erschwerte. Die Regelung zur regelmäßigen Überprüfung der Zusammensetzung in Art. I–31 Abs. 5 Satz 2 Konventsentwurf bezog sich somit erkennbar auf den im dritten Teil genannten einstimmigen Beschluss. In dieser Lesart reflektierte sie das Bestreben der bevölkerungsreichen Mitgliedstaaten nach stärkerer Repräsentanz im Verhältnis zu den (proportional überrepräsentierten) kleinen Mitgliedstaaten.[153]

Die Regierungskonferenz hat an dem Wortlaut zwei weitreichende Änderungen vorgenommen. Zum einen sprach Art. I–32 Abs. 5 UAbs. 2 Satz 1 VVE nicht mehr von einer Überprüfung der »Zusammensetzung«, sondern der »**Art der Zusammensetzung**«. Zum anderen fügte die Regierungskonferenz einen Satz 2 hinzu, dem zufolge der Rat auf Vorschlag der Kommission »Beschlüsse zu diesem Zweck trifft«. Durch die eigenständige Erwähnung der Beschlussfassung fand, da der Vertragstext an dieser Stelle keine Einstimmigkeit verlangte, Art. I–23 Abs. 3 VVE Anwendung, wonach der Ministerrat im Regelfall mit qualifizierter Mehrheit entscheidet.[154] Das Ergebnis dieser Änderung war, dass man zwei Arten der Beschlussfassung zu unterschieden hatte: den Beschluss über die Zusammensetzung der Ausschüsse, der nach wie vor Einstimmigkeit erforderte (Art. III–386 Abs. 1 Satz 2, III–389 Satz 2 VVE), und den Beschluss über die Art der Zusammensetzung gem. Art. I–32 Abs. 5 UAbs. 2 Satz 2 VVE, der mit qualifizierter Mehrheit erging. **48**

Der **Vertrag von Lissabon** hat diesen Zustand im Wesentlichen übernommen, ihn aber noch dadurch verschlimmert, dass die Bestimmung vom Grundlagenteil in den AEU-Vertrag verpflanzt wurde und dabei der Verweis auf die nachfolgenden Bestimmungen gestrichen wurde. Nunmehr stehen die Beschlussfassung über die »Art der Zusammensetzung« in Art. 300 Abs. 5 AEUV (gem. Art. 16 Abs. 3 EUV mit qualifizierter Mehrheit zu fassen[155]) und die einstimmige Beschlussfassung über die »Zusammensetzung« der Ausschüsse (Art. 301 Abs. 2, 305 Abs. 2 AEUV) gänzlich unverbunden nebeneinander. Wer daher den ursprünglichen Regelungsinhalt des Konventsentwurfs nach wie vor für maßgebend erklärt mit dem Argument, die Regierungskonferenz habe mangels gegenteiliger Bekundung an der Ursprungsregelung nichts ändern wollen,[156] muss sich über den insoweit eindeutigen Wortlaut des AEU-Vertrags hinwegsetzen. **49**

Um diesem Ergebnis zu entgehen, wird eine andere Lesart vorgeschlagen, die stärker auf das Kriterium der »**Art** der Zusammensetzung« abhebt. In der Tat ist nicht ganz einsichtig, warum sich die allfällige Überprüfung auf die »wirtschaftliche, soziale und demographische Entwicklung in der Union« beziehen sollte, wenn es doch allein um die Stärke der einzelnen mitgliedstaatlichen Kontingente ginge. Vielmehr hätte insoweit eine Erwähnung allein der demographischen Entwicklung ohne weiteres genügt.[157] Um- **50**

---

[153] *Oppermann*, DVBl 2003, 1234 (1237) mit Fn. 15.

[154] *Suhr*, in: Calliess/Ruffert, VerfEU, Art. I–32 VVE, Rn. 35.

[155] *Burgi/Hölbling*, in: Streinz, EUV/AEUV, Art. 300 AEUV, Rn. 37; *Suhr*, in: Calliess/Ruffert, EUV/AEUV, Art. 300 AEUV, Rn. 54.

[156] So *Epping*, in: Vedder/Heintschel v. Heinegg, Europäisches Unionsrecht, Art. 300 AEUV, Rn. 10.

[157] Vgl. *Suhr*, in: Calliess/Ruffert, EUV/AEUV, Art. 300 AEUV, Rn. 55.

gekehrt passt die Erwähnung der wirtschaftlichen und sozialen Entwicklung zu dem bereits beobachteten Phänomen, dass die Zusammensetzung des WSA primärrechtlich heute nur noch durch Benennung der drei Interessengruppen (Art. 300 Abs. 2 AEUV) und damit offener als bisher geregelt ist (Rn. 32). So gesehen, soll Art. 300 Abs. 5 AEUV ermöglichen, neue zivilgesellschaftliche Entwicklungen innerhalb der Mitgliedstaaten auch bei der Zusammensetzung der Mitgliedschaft im WSA berücksichtigen zu können. Für diese Sichtweise spricht nicht zuletzt, dass sich die Aufzählung der im WSA vertretenen Interessengruppen im Laufe der Zeit mehrfach geändert hat. Ein gewisses Indiz ist zudem die Tatsache, dass der WSA dem französischen Conseil Economique et Social nachgebildet ist und dessen Aufgabenspektrum erst kürzlich (2008) um eine ökologische Komponente erweitert worden ist (nunmehr Conseil Economique, Social et Environnemental),[158] was den Bedarf nach einer Modifikation auch der inhaltlichen Zusammensetzung belegt.

51   Die letztgenannte Variante hat allerdings das Problem, dass sie für den AdR **weitgehend leerläuft**. Umgekehrt muss sich die erstgenannte Auffassung dem Einwand stellen, dass der Beschluss über die Art der Zusammensetzung gem. Art. 300 Abs. 5 AEUV mit qualifizierter Mehrheit im Rat erfolgt, während die Beschlussfassung über die Zusammensetzung gem. Art. 301 Abs. 2, 305 Abs. 2 AEUV jeweils Einstimmigkeit im Rat erfordert. Eine Aussöhnung dieses Gegensatzes ließe sich allenfalls mit dem Argument erzielen, dass es sich um ein offenkundiges Redaktionsversehen handele und Art. 16 Abs. 3 EUV daher keine Anwendung finde.

52   Im Jahr 2015 kam es zur erstmaligen Anwendung der neuen Vertragsvorschriften, da die Amtszeit von WSA und AdR endete (Art. 301 AEUV, Rn. 2; Art. 305 AEUV, Rn. 2). Für die hier untersuchte Fragestellung ist die Vertragspraxis allerdings nur wenig ergiebig. Der Rat erließ jeweils Beschlüsse »über die Zusammensetzung« (nicht: über die Art der Zusammensetzung) von WSA und AdR, gestützt »insbesondere« auf Art. 301 bzw. Art. 305 AEUV.[159] In den Erwägungsgründen wird allerdings auch Art. 300 AEUV in Bezug genommen, unter Hinweis darauf, dass dieser »die Regeln über die Zusammensetzung« von WSA und AdR festlege. Wenn man bedenkt, dass beide Beschlüsse den Übergangscharakter der getroffenen Regelung betonen, wird man hierin noch keine endgültige Festlegung in dem einen oder anderen Sinne erblicken können, die Frage ist also nach wie vor offen.

---

[158] Loi constitutionnelle no 2008–724 vom 23.7.2008 (JORF n°171 vom 24.7.2008, 11890), Art. 32 ff.; siehe auch *Hayder*, EuZW 2010, 171 (176).
[159] ABl. 2014, L 365/143; ABl. 2015, L 187/28.

Abschnitt 1
Der Wirtschafts- und Sozialausschuss

Artikel 301 AEUV [Zusammensetzung]

Der Wirtschafts- und Sozialausschuss hat höchstens dreihundertfünfzig Mitglieder.

Der Rat erlässt einstimmig auf Vorschlag der Kommission einen Beschluss über die Zusammensetzung des Ausschusses.

Der Rat setzt die Vergütungen für die Mitglieder des Ausschusses fest.

Literaturübersicht

Siehe Angaben zu Art. 300 AEUV.

Inhaltsübersicht

A. Mitgliederzahl (Abs. 1)

Seit dem Vertrag von Nizza gibt das Primärrecht die **maximale Mitgliederzahl** des WSA **1** vor und begrenzt diese zugleich auf 350. Dahinter stand die Sorge, dass bei linearer Fortschreibung der Mitgliederzahl im Zuge künftiger Erweiterungsrunden die Handlungsfähigkeit des Ausschusses gefährdet sein könnte.[1] Mit der Zahl von 350 hat sich allerdings eine besitzstandswahrende Position durchgesetzt. Vorschläge zu einer substanziellen Verkleinerung des Ausschusses fanden kein Gehör.[2] Durch die Fixierung auf 350 Mitglieder war sichergestellt, dass jedenfalls bis zum Beitritt Rumäniens und Bulgariens die Sitzkontingente gleich bleiben würden[3] (vor dem Beitritt Kroatiens betrug die Mitgliederzahl im WSA 344).

Die mit der Fixierung der Maximalzahl verfolgte Begrenzung des Anwachsens der **2** Ausschusssitze hat sich jedoch als weniger starr erwiesen als beabsichtigt.[4] Durch Art. 23 des Beitrittsvertrags Kroatiens[5] wurde die Mitgliederzahl des WSA **vorübergehend auf 353** erhöht. Der Beschluss (EU) 2015/1157 des Rates vom 14.7.2015 über die Zusammensetzung des WSA[6] kehrt nunmehr wieder zur vertraglich vorgesehenen Obergrenze von 350 zurück, indem Estland, Luxemburg und Zypern auf jeweils ein Mandat verzichtet haben.

---

[1] *Burgi/Hölbling*, in: Streinz, EUV/AEUV, Art. 301 AEUV, Rn. 2; *Ferté/Roncin*, RMC 2001, 52 (54 f.).

[2] Näher *Suhr*, in: Calliess/Ruffert, EUV/AEUV, Art. 301 AEUV, Rn. 6 m. w. N.

[3] Vgl. Schlussakte zum Vertrag von Nizza, Erklärung zur Erweiterung der Europäischen Union, ABl. 2001, C 80/83.

[4] So bereits *Suhr*, in: Calliess/Ruffert, EUV/AEUV, Art. 301 AEUV, Rn. 7.

[5] BGBl. 2013 II 586.

[6] ABl. 2015, L 187/27.

B. Zusammensetzung (Abs. 2)

3   Bis zum Vertrag von Lissabon war die Zusammensetzung des WSA primärrechtlich geregelt. Im Interesse einer größeren **Flexibilisierung und Dynamisierung** ist die Entscheidung nunmehr einem (einstimmigen) Ratsbeschluss vorbehalten. Auch der nunmehr ergangene Beschluss (Rn. 2) betont allerdings, dass es sich um eine Übergangsregelung handele, die allein zur Anpassung der bisherigen Zusammensetzung an die primärrechtlich vorgegebene Höchstzahl von 350 Mitgliedern zustande gekommen sei (4. Erwägungsgrund). Ob es gelingen wird, den Beschluss über die Zusammensetzung tatsächlich im Sinne der angestrebten Flexibilisierung und Dynamisierung zu nutzen, bleibt abzuwarten.

4   Der Verzicht auf eine primärrechtliche Fixierung der Sitzverteilung wurde durch das Erfordernis der **Einstimmigkeit im Rat** abgefedert. Insofern besteht eine gewisse Ähnlichkeit zu den Passerelle-Klauseln.[7] Allerdings sind Passerelle-Klauseln dadurch gekennzeichnet, dass von einer primärrechtlich festgelegten Bestimmung durch einstimmigen Beschluss des Rates oder des Europäischen Rates abgewichen werden kann. Hier hingegen ist auf eine Fixierung der Zusammensetzung im AEU-Vertrag gerade verzichtet worden. Von daher handelt es sich allenfalls um eine »materielle Vertragsergänzung«.[8] Zum problematischen Verhältnis zu Art. 300 Abs. 5 AEUV siehe dort (Art. 300 AEUV, Rn. 47 ff.).

C. Vergütung (Abs. 3)

5   Im Falle des WSA wird die **Vergütung** der Mitglieder (sowie deren Stellvertreter) durch den Rat festgelegt. Darin unterscheidet sich der WSA vom AdR, der die entsprechende Regelung im Rahmen seiner Geschäftsordnungsautonomie selbst trifft.[9] Die durch den Vertrag von Maastricht eingeführte Bestimmung ging seinerzeit auf entsprechende Forderungen des WSA selbst zurück.[10] Der Rat hat am 23. 9. 2013 den bisherigen Beschluss 81/121/EWG aufgehoben und durch einen neuen ersetzt.[11] Darin werden die Gewährung von Tagegeld (Art. 2), von Reisekostenerstattung (Art. 3) sowie von Entfernungszulagen und Zeitaufwandvergütungen (Art. 4) geregelt. Die Durchführung der Bestimmungen wird an den WSA delegiert (Art. 5). Zu berücksichtigen ist, dass die Mitgliedschaft im WSA nebenamtlich ausgeübt wird, so dass noch ein Hauptberuf im Entsendestaat besteht. Der finanzielle Aspekt ist daher eher zweitrangig, darf aber zur Gewährleistung der Unabhängigkeit der WSA-Mitglieder (Art. 300 Abs. 4 AEUV) auch nicht gänzlich vernachlässigt werden.[12]

---

[7] *Kaufmann-Bühler*, in: Lenz/Borchardt, EU-Verträge, Art. 300 AEUV, Rn. 17 (»in der Sache … Vertragsänderungen im vereinfachten Verfahren«); *Sichert*, in: Schwarze, EU-Kommentar, Art. 301 AEUV, Rn. 8 (»besondere Form eines autonomen Änderungsverfahrens«); dagegen *Blanke*, in: Grabitz/Hilf/Nettesheim, EU, Art. 305 AEUV (Januar 2016), Rn. 2.

[8] So *Sichert*, in: Schwarze, EU-Kommentar, Art. 301 AEUV, Rn. 8; a. A. wohl *Jaeckel*, in: Grabitz/Hilf/Nettesheim, EU, Art. 301 AEUV (Mai 2011), Rn. 25 (keine mittelbare Vertragsrevision).

[9] *Burgi/Hölbling*, in: Streinz, EUV/AEUV, Art. 301 AEUV, Rn. 5.

[10] *Brinker*, in: GSH, Europäisches Unionsrecht, Art. 301 AEUV, Rn. 11.

[11] Beschluss 2013/471/EU des Rates vom 23. 9. 2013 über die Gewährung der Tagegelder und die Erstattung der Reisekosten der Mitglieder des Europäischen Wirtschafts- und Sozialausschusses sowie deren Stellvertreter, ABl. 2013, L 253/22.

[12] Zutreffend *Burgi/Hölbling*, in: Streinz, EUV/AEUV, Art. 301 AEUV, Rn. 5.

Artikel 302 AEUV [Amtszeit, Ernennungsverfahren]

(1) ¹Die Mitglieder des Ausschusses werden für fünf Jahre ernannt. ²Der Rat nimmt die gemäß den Vorschlägen der einzelnen Mitgliedstaaten erstellte Liste der Mitglieder an. ³Die Wiederernennung der Mitglieder des Ausschusses ist zulässig.

(2) ¹Der Rat beschließt nach Anhörung der Kommission. ²Er kann die Meinung der maßgeblichen europäischen Organisationen der verschiedenen Zweige des Wirtschafts- und Soziallebens und der Zivilgesellschaft einholen, die von der Tätigkeit der Union betroffen sind.

Literaturübersicht

Siehe Angaben zu Art. 300 AEUV.

A. Amtszeit (Abs. 1 Satz 1)

Durch den Vertrag von Lissabon ist die bis dahin vierjährige Amtszeit des WSA auf **fünf** **1** **Jahre** erweitert worden. Damit erfolgte eine Angleichung an die Amtszeit von Kommission (Art. 17 Abs. 3 UAbs. 1 EUV) und EP (Art. 14 Abs. 3 EUV)[1] und wurde einer Forderung des WSA entsprochen.[2] Die derzeitige Amtszeit des WSA endet am 20.9.2020.[3]

B. Ernennungsverfahren

I. Vorschlag der Mitgliedstaaten (Abs. 1 Satz 2)

Die Ernennung der Mitglieder des WSA erfolgt im Grundsatz in einem zweischrittigen **2** Verfahren, das sich in Vorschlag durch die Mitgliedstaaten (Art. 302 Abs. 1 Satz 2 AEUV) und Beschluss durch den Rat (Art. 302 Abs. 2 Satz 1 AEUV) gliedert. Das Vorschlagsverfahren ist durch den Vertrag von Nizza **grundlegend verändert** worden. Bis dahin mussten die Mitgliedstaaten doppelt so viele Kandidaten nominieren, wie Sitze zu vergeben waren (Art. 259 Abs. 1 UAbs. 1 EGV). Der Rat traf somit eine echte Auswahlentscheidung und war hierbei primärrechtlich an den Grundsatz der Repräsentativität gebunden (Art. 259 Abs. 1 UAbs. 2 EGV).[4] Seit dem Vertrag von Nizza legen die Mitgliedstaaten nur noch Listen mit der gleichen Anzahl wie den zu vergebenden Sitzen vor

---

[1] *Sichert*, in: Schwarze, EU-Kommentar, Art. 302 AEUV, Rn. 2.
[2] *Suhr*, in: Calliess/Ruffert, EUV/AEUV, Art. 302 AEUV, Rn. 11.
[3] Vgl. ABl. 2015, L 248/53.
[4] Hierzu EuGH, Urt. v. 30.6.1988, Rs. 297/86 (CIDA/Rat), Slg. 1988, 3531, Rn. 24; siehe auch EuG, Urt. v. 6.6.1996, Rs. T–382/94 (Confindustria und Romoli/Rat), Slg. 1996, II–519, Rn. 26.

(heute Art. 302 Abs. 1 Satz 2 AEUV), über die der Rat dann entscheidet. Da der Rat seither keine Auswahlentscheidung mehr zu treffen hat, ist die Prüfung der Repräsentativität konsequent entfallen. Nach der hier vertretenen Auffassung folgt daraus, dass das Primärrecht im Hinblick auf die Repräsentativität der WSA-Mitglieder keine Vorgaben mehr macht, sondern die Zusammensetzung weitgehend dem politischen Auswahlprozess überlassen bleibt (Art. 300 AEUV, Rn. 35). Die h.M. sieht dies anders.[5] Schon nach alter Rechtslage gewährte der EuGH den Mitgliedstaaten einen sehr weiten Ermessensspielraum bei der Auswahl der Mitglieder.[6] Zudem verstand der EuGH das Kriterium der Repräsentativität nicht als auf die einzelnen Mitgliedstaaten, sondern auf die gesamteuropäische Ebene bezogen, da angesichts der begrenzten Sitzkontingente eine vollständige Abbildung sämtlicher nationaler Interessen ohnehin ausgeschlossen sei.[7]

3   Eine **Klarstellung** hat der Vertrag von Nizza insofern erbracht, als in der bisherigen Fassung von den Sitzen die Rede war, die »seinen Staatsangehörigen« (d.h. den Angehörigen eines Mitgliedstaats) zugewiesen seien. Daraus ergab sich die Frage, ob auch Staatsangehörige anderer Mitgliedstaaten vorgeschlagen werden könnten.[8] Durch die Streichung dieser Formulierung ist diese Streitfrage – deren bisherige praktische Relevanz allerdings fraglich ist – in einem positiven Sinne gelöst worden. Weiterhin unklar erscheint allerdings, ob ein Kandidat überhaupt die Staatsangehörigkeit eines der Mitgliedstaaten besitzen muss oder ob auch Nicht-EU-Angehörige als Vertreter in den WSA entsandt werden dürften. In konsequenter Ablösung vom Konzept der Nationalität und Orientierung an rein funktionalen Interessen[9] läge es eigentlich nahe, auch die Benennung von Nicht-EU-Bürgern zuzulassen. Damit würde freilich Nicht-EU-Angehörigen ein (zumindest partieller) Einfluss auf die Unionsgesetzgebung gewährt, was aus demokratietheoretischer Sicht problematisch wäre.

4   Das **Auswahlverfahren auf mitgliedstaatlicher Ebene** richtet sich allein nach nationalem Recht. In Deutschland erfolgt die Auswahl durch das Bundeswirtschaftsministerium, diese bedarf der Zustimmung des Bundeskabinetts.[10]

II. Ernennung durch den Rat (Abs. 2 Satz 1)

5   Der Rat entscheidet über die von den Mitgliedstaaten vorgelegte Liste, und zwar seit dem Vertrag von Nizza mit **qualifizierter Mehrheit**. Früher war dies eigens in Art. 259 Abs. 1 Satz 2 EG geregelt, heute folgt dies bereits aus Art. 16 Abs. 3 EUV. Die vorherige Anhörung der Kommission ist obligatorisch, die Anhörung der Verbände (Abs. 2 Satz 2) hingegen fakultativ und in der Praxis heute unüblich.[11]

6   Auch wenn der Rat heute keine eigene Auswahlentscheidung mehr zu treffen hat (Rn. 2), so muss er doch zumindest etwaige **Inkompatibilitäten** prüfen. Primärrechtlich ist die Inkompatibilität zwischen der Mitgliedschaft in EP und WSA geregelt (Art. 7

---

[5] *Burgi/Hölbling*, in: Streinz, EUV/AEUV, Art. 300 AEUV, Rn. 12; *Kaufmann-Bühler*, in: Lenz/Borchardt, EU-Verträge, Art. 302 AEUV, Rn. 2.

[6] EuGH, Urt. v. 30.6.1988, Rs. 297/86 (CIDA/Rat), Slg. 1988, 3531, Rn. 18.

[7] EuGH, Urt. v. 30.6.1988, Rs. 297/86 (CIDA/Rat), Slg. 1988, 3531, Rn. 17, 19; zustimmend *Siebeke*, Institutionalisierte Interessenvertretungen in der Europäischen Union, 1996, S. 73f., m.w.N. zu a.A.

[8] Hierzu *Sichert*, in: Schwarze, EU-Kommentar, 2. Aufl., Art. 259 EGV, Rn. 1.

[9] Hierzu *Smismans*, EPL 5 (1999), 557 (566).

[10] *Brinker*, in: GSH, Europäisches Unionsrecht, Art. 302 AEUV, Rn. 3.

[11] *Sichert*, in: Schwarze, EU-Kommentar, Art. 302 AEUV, Rn. 11.

Abs. 1, 7. Gedankenstrich Direktwahlakt). Weitere Inkompatibilitätsregelungen enthalten die Geschäftsordnung des WSA (Art. 70 Abs. 3)[12] sowie das Statut der Mitglieder des EWSA (Art. 2).[13] Danach schließen ein Regierungs- oder Parlamentsmandat, die Zugehörigkeit zu einem Organ der Union oder zum AdR sowie zum Verwaltungsrat der Europäischen Investitionsbank, ferner die Tätigkeit als Beamter oder Bediensteter im aktiven Dienst der Europäischen Union die WSA-Mitgliedschaft aus. In der Literatur ist problematisiert worden, ob sich diese Regelungen im Rahmen der Geschäftsordnungsautonomie des WSA halten oder ob nicht vielmehr eine primärrechtliche Verankerung erforderlich sei.[14] Im Interesse der Funktionenteilung erscheinen sie jedoch akzeptabel.[15]

Ferner ist in der Literatur die Frage aufgeworfen worden, ob der Rat **einzelne Kandidaten** (im Gegensatz zur ganzen Liste) ablehnen dürfe.[16] Jedenfalls rechtspraktisch scheint es hierfür bislang keinen Anwendungsfall gegeben zu haben, vielmehr sind die Vorschläge der Mitgliedstaaten vom Rat bislang ohne weiteres akzeptiert worden.[17]   **7**

Gem. Art. 296 Abs. 2 AEUV besteht für den Ernennungsbeschluss eine **Begründungspflicht**, der der Rat typischerweise durch die Angabe von Namen, vorschlagendem Mitgliedstaat sowie Verbandszugehörigkeit nachkommt.[18] Die gelegentliche Praxis des Rates, bei Nachbesetzung einzelner Kandidaten auf eine Bezeichnung der Verbands- oder Berufsgruppenzugehörigkeit gänzlich zu verzichten,[19] erscheint vor diesem Hintergrund kritikwürdig.   **8**

Was die Möglichkeit des **Rechtsschutzes** angeht, hat der EuGH (noch unter der alten Rechtslage) folgendermaßen differenziert: Ein Kläger, der auf der vom Mitgliedstaat vorgelegten Liste stand, jedoch vom Rat nicht ausgewählt wurde, galt als individuell betroffen i. S. d. heutigen Art. 263 Abs. 4 AEUV. Für eine Vereinigung, die nur einen Teil der Arbeitnehmer vertrat, galt dies nicht.[20] Angesichts der Tatsache, dass nach aktueller Rechtslage keine Kandidatenliste mit doppelter Anzahl vorzulegen ist (Rn. 2), erscheint eine direkte Übertragung auf heutige Verhältnisse schwierig. Allenfalls wenn man die Ablehnung einzelner Kandidaten durch den Rat zuließe (Rn. 7), käme hiergegen eine Nichtigkeitsklage in Betracht. Durchaus möglich erscheint dagegen die Situation, dass eine Inkompatibilität nachträglich eintritt und der Betroffene sich weigert, sein Mandat zurückzugeben. Gem. Art. 70 Abs. 5 Satz 2 GO-WSA könnte dann der Rat die Beendigung des Mandats beschließen, wogegen zweifellos die Nichtigkeitsklage eröffnet wäre. In der Praxis scheint dies indes keine Schwierigkeiten zu bereiten. So erklärten zwei WSA-Mitglieder nach ihrer Ernennung zu einem Mitglied im AdR bzw.   **9**

---

[12] ABl. 2010, L 324/52.

[13] CESE 285/2012.

[14] In diesem Sinne *Vierlich-Jürcke*, Der Wirtschafts- und Sozialausschuß der Europäischen Gemeinschaften, 1998, S. 76 ff.

[15] So auch *Sichert*, in: Schwarze, EU-Kommentar, Art. 302 AEUV, Rn. 3; krit. wohl *Suhr*, in: Calliess/Ruffert, EUV/AEUV, Art. 302 AEUV, Rn. 8.

[16] Bejahend *Sichert*, in: Schwarze, EU-Kommentar, Art. 302 AEUV, Rn. 8.

[17] *Wiegner*, Die Funktion des Wirtschafts- und Sozialausschusses als demokratisches Element in der EG, Diss. jur., Bielefeld, 2004, S. 153; siehe auch *Burgi/Hölbling*, in: Streinz, EUV/AEUV, Art. 302 AEUV, Rn. 6 (Ernennung durch den Rat »reiner Formalakt«).

[18] *Jaeckel*, in: Grabitz/Hilf/Nettesheim, EU, Art. 302 AEUV (Mai 2011), Rn. 25.

[19] Vgl. etwa Beschluss des Rates 2013/669/EU, ABl. 2013, L 312/46; 2014/10/EU, ABl. 2014, L 10/17; 2014/45/EU, ABl. 2014, L 27/58.

[20] EuGH, Urt. v. 30. 6. 1988, Rs. 297/86 (CIDA/Rat), Slg. 1988, 3531, Rn. 11, 13; hierzu auch *Vierlich-Jürcke* (Fn. 14), S. 65 ff.

zur Wahl ins nationale Parlament freiwillig ihren Rücktritt.[21] Bei freiwilliger Mandats-aufgabe erweist sich auch die Frage nach der Kompetenz des WSA zur Regelung derar-tiger Inkompatibilitäten im Rahmen seiner Geschäftsordnung (Rn. 6) als unproblema-tisch.

10   Die Bestimmung über die (fakultative) Anhörung gem. Art. 302 Abs. 2 Satz 2 AEUV hat durch den Vertrag von Lissabon eine **zweifache Modifikation** erhalten: Zum einen werden nun neben den »verschiedenen Zweige[n] des Wirtschafts- und Soziallebens« auch Vertreter der »Zivilgesellschaft« genannt, was mit der Dreiteilung in Art. 300 Abs. 2 AEUV übereinstimmt. Zum anderen ist das vorherige Kriterium, dass die jewei-ligen Organisationen an der Tätigkeit der Gemeinschaft »interessiert« sein müssten[22] (zuletzt Art. 259 Abs. 2 Satz 2 EG), durch das Kriterium der »Betroffenheit« von der Tätigkeit der Union ersetzt worden. Das wiederum entspricht dem Ansatz funktionaler Repräsentation, vermag an den hier geäußerten demokratietheoretischen Bedenken (Art. 300 AEUV, Rn. 22 ff.) freilich nichts zu ändern.

---

[21] Vgl. Zusammenfassung der wichtigsten Beschlüsse aus der Präsidiumssitzung des Europäischen Wirtschafts- und Sozialausschusses am 13. 7. 2010, DI CESE 33/2010 (FR) PF/WT/ss, Ziff. 6.8; siehe aber den von *Vierlich-Jürcke* (Fn. 14), S. 79 berichteten Fall eines belgischen Finanzministers, der nach Amtsende die Mitarbeit im WSA wieder aufnehmen wollte.

[22] Krit. zu diesem Kriterium *Kotzur*, in: Geiger/Kahn/Kotzur, EUV/AEUV, Art. 302 AEUV, Rn. 2.

Artikel 303 AEUV [Geschäftsordnungsautonomie]

Der Ausschuss wählt aus seiner Mitte seinen Präsidenten und sein Präsidium auf zweieinhalb Jahre.

Er gibt sich eine Geschäftsordnung.

[1]Der Ausschuss wird von seinem Präsidenten auf Antrag des Europäischen Parlaments, des Rates oder der Kommission einberufen. [2]Er kann auch von sich aus zusammentreten.

Literaturübersicht

Siehe Angaben zu Art. 300 AEUV.

A. Präsident und Präsidium (Abs. 1)

Gem. Art. 2 Abs. 1 GO-WSA[1] besteht der Ausschuss aus den **Organen** Plenum, Präsidium, Präsident sowie Fachgruppen. Die Organe Präsident und Präsidium sind über Art. 303 Abs. 1 AEUV bereits primärrechtlich vorgegeben. Dass auch die Fachgruppen (Rn. 6) als Organe qualifiziert werden, liegt vermutlich daran, dass vor der Vertragsreform von Lissabon auch diese im Primärrecht geregelt waren (zuletzt Art. 261 Abs. 1 EG). Der Vertrag von Lissabon hat diese Bestimmung, fußend auf dem Vorbild des Verfassungsvertrags, gestrichen, um der Forderung nach mehr Vertragsklarheit Rechnung zu tragen.[2] **1**

Die Wahl von Präsident und Präsidium erfolgt nach der Verlängerung der Amtszeit des WSA auf fünf Jahre (Art. 302 AEUV, Rn. 1) nunmehr für **zweieinhalb Jahre**, vor der Lissabon-Reform betrug sie zwei Jahre. Dem Präsidenten stehen zwei Vizepräsidenten zur Seite, wobei jede der drei Gruppen (Arbeitgeber, Arbeitnehmer, Verschiedene Interessen) vertreten sein muss (Art. 3 Abs. 4 GO-WSA). Durch den Ausschluss der unmittelbaren Wiederwahl (Art. 3 Abs. 3 GO-WSA) ist sichergestellt, dass die Präsidentschaft zwischen den Gruppen rotiert. Früher war eine Wiederwahl mit Dreiviertelmehrheit möglich, wovon jedoch nie Gebrauch gemacht wurde.[3] **2**

Das **Präsidium** setzt sich gem. Art. 3 Abs. 1 GO-WSA zusammen aus dem Präsidenten, den zwei Vizepräsidenten (Buchst. a), den Vorsitzenden der (derzeit sechs, Rn. 6) Gruppen (Buchst. b), den Fachgruppenvorsitzenden (Buchst. c, derzeit nur der CCMI-Präsident) sowie einer »variablen Zahl von Mitgliedern, die die Gesamtzahl der Mitgliedstaaten nicht übersteigen darf« (Buchst. d). Daneben kennt die GO-WSA noch die sog. erweiterte Präsidentschaft (bestehend aus Präsident, Vizepräsidenten und Grup- **3**

---

[1] ABl. 2010, L 324/52.

[2] *Burgi/Hölbling*, in: Streinz, EUV/AEUV, Art. 303 AEUV, Rn. 4; siehe auch *Suhr*, in: Calliess/Ruffert, EUV/AEUV, Art. 303 AEUV, Rn. 4.

[3] *Burgi/Hölbling*, in: Streinz, EUV/AEUV, Art. 303 AEUV, Rn. 2.

penvorsitzenden), der die Vorbereitung der Arbeit des Präsidiums obliegt (Art. 13a GO-WSA).

4   **Kompetenzen des Präsidenten** bestehen vor allem im administrativen Bereich (Art. 12 Abs. 1 GO-WSA) sowie in der Außenvertretung (Art. 12 Abs. 4 GO-WSA). Besonders hervorgehoben sei die Kompetenz zur Einberufung des WSA (Art. 303 Abs. 3 Satz 1 AEUV, Art. 29 Abs. 1 GO-WSA). Das Präsidium bestimmt über die interne Organisation des Ausschusses (Art. 8 Abs. 4 GO-WSA) und verfügt über Kompetenzen im budgetären Bereich (Art. 8 Abs. 5, 6 und 8 GO-WSA), unterstützt von der gem. Art. 10 GO-WSA gebildeten Haushaltsgruppe. Es trägt die politische Verantwortung für die allgemeine Leitung des Ausschusses (Art. 8 Abs. 7 GO-WSA).

B.   Geschäftsordnung (Abs. 2)

5   Der WSA verfügt heute über **Geschäftsordnungsautonomie**. Ursprünglich wurde den Bedenken insbesondere Deutschlands gegen die Errichtung eines derartigen Gremiums dadurch Rechnung getragen, dass man die Geschäftsordnung des WSA an die einstimmige Genehmigung durch den Rat band (Art. 196 Abs. 2 EWGV).[4] Mit dem Vertrag von Maastricht ist diese Bestimmung entfallen. Regeln über die Änderung der Geschäftsordnung enthält das Primärrecht nicht. Gem. Art. 77 Abs. 1 GO-WSA bedarf es hierfür der absoluten Mehrheit der Mitglieder. Die derzeit gültige Fassung der Geschäftsordnung stammt vom Juli 2010.[5] Darüber hinaus hat der WSA ein Statut seiner Mitglieder verabschiedet, das die Rechte und Pflichten der Mitglieder regelt. In seiner derzeitigen Fassung stammt es vom Januar 2012.[6]

6   Die ehemals primärrechtlich (Rn. 1) normierten **Fachgruppen** finden sich heute nur noch in Art. 14 ff. GO-WSA geregelt. Sie sind nicht mit den Gruppen i. S. d. Art. 300 Abs. 2 AEUV (Art. 300 AEUV, Rn. 32) zu verwechseln, welche den parlamentarischen Fraktionen vergleichbar sind, sondern ähneln eher den Ausschüssen im Parlament.[7] Gem. Art. 14 Abs. 1 Satz 1 GO-WSA bildet der Ausschuss sechs Fachgruppen. Derzeit bestehen folgende Fachgruppen: Economic and Monetary Union and Economic and Social Cohesion (ECO); Single Market, Production and Consumption (INT), Transport, Energy, Infrastructure and the Information Society (TEN), Employment, Social Affairs and Citizenship (SOC), Agriculture, Rural Development and Environment (NAT) und External Relations (REX).[8] Jedes WSA-Mitglied muss in mindestens einer und darf im Regelfall in nicht mehr als zwei Fachgruppen vertreten sein. Nur bei Mitgliedstaaten mit bis zu neun Mitgliedern im WSA dürfen die Vertreter maximal drei Fachgruppen angehören (Art. 15 Abs. 2 und 3 GO-WSA).

7   Nicht zu den Fachgruppen gehört die Consultative Commission on Industrial Change (CCMI) (Art. 24 Abs. 3 GO-WSA), die nach Auslaufen des EGKS-Vertrags die Aufgaben von dessen Beratendem Ausschuss (Art. 300 AEUV, Rn. 17) übernommen hat. Als Beobachtungsstellen (Art. 21 GO-WSA) existieren das Single Market Observatory (SMO, seit 1994), das Sustainable Development Observatory (SDO, seit 2006) und das

---

[4] *Brinker*, in: GSH, Europäisches Unionsrecht, Art. 300 AEUV, Rn. 11.
[5] ABl. 2010, L 324/52.
[6] CESE 285/2012.
[7] *Suhr*, in: Calliess/Ruffert, EUV/AEUV, Art. 303 AEUV, Rn. 9.
[8] Abrufbar unter www.eesc.europa.eu/?i=portal.en.sections-commission (7. 3. 2016).

Labour Market Observatory (LMO, seit 2007). Das 2008 eingerichtete Lisbon Strategy Observatory (LSO) wurde 2010 vom Europe 2020 Steering Committee abgelöst.[9]

C. Zusammentreten (Abs. 3)

Vor dem Vertrag von Lissabon konnte der WSA zwar vom EP gehört werden, das EP   8
konnte jedoch nicht seinerseits die Einberufung des WSA verlangen. Diese Inkonsistenz ist nunmehr (in Anlehnung an Art. III–391 Abs. 2 Satz 1 VVE) behoben worden. In der Praxis freilich erfolgen die Plenartagungen des WSA regelmäßig nicht auf ein einzelnes Stellungnahmeersuchen, sondern als reguläre Sitzungen.[10]

---

[9] Informationen unter www.eesc.europa.eu/?i=portal.en.observatories (7.3.2016) und www. eesc.europa.eu/?i=portal.en.europe–2020 (7.3.2016).
[10] *Suhr*, in: Calliess/Ruffert, EUV/AEUV, Art. 303 AEUV, Rn. 10.

Artikel 304 AEUV [Anhörung]

[1]Der Ausschuss wird vom Europäischen Parlament, vom Rat oder der Kommission in den in den Verträgen vorgesehenen Fällen gehört. [2]Er kann von diesen Organen in allen Fällen gehört werden, in denen diese es für zweckmäßig erachten. [3]Er kann von sich aus eine Stellungnahme in den Fällen abgeben, in denen er dies für zweckmäßig erachtet.

[1]Wenn das Europäische Parlament, der Rat oder die Kommission es für notwendig erachten, setzen sie dem Ausschuss für die Vorlage seiner Stellungnahme eine Frist; diese beträgt mindestens einen Monat, vom Eingang der Mitteilung beim Präsidenten des Ausschusses an gerechnet. [2]Nach Ablauf der Frist kann das Fehlen einer Stellungnahme unberücksichtigt bleiben.

Die Stellungnahmen des Ausschusses sowie ein Bericht über die Beratungen werden dem Europäischen Parlament, dem Rat und der Kommission übermittelt.

Literaturübersicht

Siehe Angaben zu Art. 300 AEUV.

Inhaltsübersicht

A. Allgemeines

1 Art. 304 AEUV konkretisiert die in Art. 300 Abs. 1 AEUV benannte **Beratungsfunktion** des WSA. Die Vorschrift ist durch den Vertrag von Lissabon redaktionell geglättet worden. Zuvor konnten zwar ebenfalls Anhörungen durch EP, Rat und Kommission erfolgen, die gesonderte Regelung der Anhörung durch das EP in Art. 262 Abs. 4 EG im Gegensatz zu der durch Rat und Kommission (Art. 262 Abs. 1 EG) war jedoch redaktionell missglückt.

2 Bezüglich der Beratung durch den WSA unterscheidet der AEU-Vertrag zwischen der obligatorischen (Abs. 1 Satz 1) und der fakultativen Anhörung (Abs. 1 Satz 2) sowie der Selbstbefassung (Abs. 1 Satz 3). Allgemein gilt es zu berücksichtigen, dass sich die Beratungsfunktion des WSA sowohl auf den AEU-Vertrag als auch auf den EAG-Vertrag bezieht; Stellungnahmen im Bereich des EU-Vertrags sind eher ungewöhnlich, rechtlich jedoch nicht ausgeschlossen (Art. 300 AEUV, Rn. 17f.).

B. Obligatorische Anhörung (Abs. 1 Satz 1)

3 Die **obligatorische Anhörung** ist in rechtlicher (nicht notwendigerweise auch in tatsächlicher) Hinsicht die stärkste Form der Beteiligung des WSA am Rechtsetzungsprozess auf europäischer Ebene. Eine Anhörung muss erfolgen, ihr Unterbleiben allein kann zur Nichtigerklärung des betreffenden Rechtsakts durch den EuGH führen (Rn. 8). Der Um-

Marten Breuer

fang der anhörungspflichtigen Politikbereiche ist im Laufe der Zeit beständig gewachsen, zuletzt durch Hinzunahme des Bereichs der Energiepolitik (Art. 194 AEUV).[1] Nicht realisiert wurde die Forderung nach einer obligatorischen Anhörung in den Bereichen der Nichtdiskriminierung, der Asyl- und Einwanderungspolitik sowie der Kultur.[2]

Obligatorisch vorgesehen ist die Anhörung des WSA im **AEU-Vertrag** demgemäß heute in folgenden Fällen: Art. 43 Abs. 2, Art. 46, Art. 50 Abs. 1, Art. 59 Abs. 1, Art. 91 Abs. 1, Art. 95 Abs. 3 UAbs. 1, Art. 100 Abs. 2 Satz 2, Art. 113, Art. 114 Abs. 1 Satz 2, Art. 115, Art. 148 Abs. 2 Satz 1, Art. 149 Abs. 1, Art. 153 Abs. 2 UAbs. 2, Art. 156 Abs. 3, Art. 157 Abs. 3, Art. 164, Art. 165 Abs. 4, Art. 166 Abs. 4, Art. 168 Abs. 4 und 5, Art. 169 Abs. 3, Art. 172 Abs. 1, Art. 173 Abs. 3 UAbs. 1 Satz 2, Art. 175 Abs. 3, Art. 177 Abs. 1 und 2, Art. 178 Abs. 1, Art. 182 Abs. 1 UAbs. 1, Abs. 4 und 5, Art. 188 Abs. 1 und Abs. 2 Satz 1, Art. 192 Abs. 1, Abs. 2 UAbs. 1 und 2, Abs. 3, Art. 194 Abs. 2 UAbs. 1 Satz 2 AEUV.   4

Im **EAG-Vertrag** ist die obligatorische Anhörung des WSA in folgenden Fällen geregelt: Art. 9 Abs. 1 UAbs. 1, Art. 31 Abs. 1 Satz 2, Art. 40 Abs. 2, Art. 41 Abs. 2, Art. 96 Abs. 2 und Art. 98 Abs. 2 EAGV. Auf den **EU-Vertrag** verweist die jetzige Formulierung des Art. 304 Abs. 1 AEUV (»in den in den Verträgen vorgesehenen Fällen«) zwar ebenfalls, hierfür gibt es jedoch keinen Anwendungsbereich (Art. 300 AEUV, Rn. 18). Der 2002 ausgelaufene **EGKS-Vertrag** kannte einen eigenständigen »Beratenden Ausschuss« (Art. 7 Abs. 2, 18 f. EGKSV), dessen Aufgaben mit dem Auslaufen des Vertrags auf den WSA übergegangen sind (Art. 300 AEUV, Rn. 17).[3]   5

Erforderlich ist eine Anhörung nur bei konkreten, nicht hingegen bei rein vorbereitenden Maßnahmen.[4] Das ist eine Schwäche der Verfahrensgestaltung, da der WSA im Gesetzgebungsverfahren erst nach **Vorliegen eines Kommissionsentwurfs**, nicht aber im Prozess der Ausarbeitung angehört werden muss (Art. 300 AEUV, Rn. 24). Der WSA selbst hat eine Beteiligung schon im Prozess der Ausarbeitung mehrfach gefordert.[5] Als Ausweichstrategien bieten sich in der Praxis die Instrumente der Sondierungsstellungnahme und der Initiativstellungnahme (Rn. 11, 14) an, die jedoch aufgrund ihrer rein fakultativen Natur als schwächere Beteiligungsformen zu werten sind.   6

Ändert die Kommission nach erfolgter obligatorischer Stellungnahme des WSA ihren Vorschlag in wesentlichen Punkten, ist eine **erneute Anhörung** geboten, es sei denn, die Änderung entspräche der Stellungnahme.[6] Diese aus der EuGH-Rechtsprechung zur Anhörung des EP[7] entlehnte Rechtsfolge ist nunmehr in der interinstitutionellen Vereinbarung zwischen Kommission und WSA (Art. 300 AEUV, Rn. 12) ausdrücklich festgeschrieben worden (Ziff. 12, letzter Absatz).   7

Das Unterbleiben einer obligatorischen Anhörung führt zur **Nichtigkeit des betreffenden Rechtsakts**[8] und kann demgemäß mit der Nichtigkeitsklage gem. Art. 263 AEUV   8

---

[1] *Suhr*, in: Calliess/Ruffert, EUV/AEUV, Art. 300 AEUV, Rn. 6; Art. 304 AEUV, Rn. 5.
[2] ABl. 2004, C 10/43, Ziff. 3.2.3; *Suhr*, in: Calliess/Ruffert, EUV/AEUV, Art. 304 AEUV, Rn. 5.
[3] *Sichert*, in: Schwarze, EU-Kommentar, Art. 301 AEUV, Rn. 3; *Suhr*, in: Calliess/Ruffert, EUV/AEUV, Art. 300 AEUV, Rn. 5.
[4] EuGH, Urt. v. 9.7.1987, verb. Rs. 281/85, 283/85, 284/85, 285/85 u. 287/85 (Deutschland, Frankreich, Niederlande, Dänemark, Vereinigtes Königreich/Kommission), Slg. 1987, 3203, Rn. 39.
[5] Vgl. ABl. 2000, C 117/28, Ziff. 4.5; ABl. 2004, C 10/43, Ziff. 3.1.2, 3.1.3.
[6] *Vierlich-Jürcke*, Der Wirtschafts- und Sozialausschuß der Europäischen Gemeinschaften, 1998, S. 161 f.
[7] EuGH, Urt. v. 16.7.1992, Rs. C–65/90 (Parlament/Rat), Slg. 1992, I–4593, Rn. 16.
[8] So für den Beratenden Ausschuss gem. EGKS-Vertrag ausdrücklich EuGH, Urt. v. 21.12.1954, Rs. 2/54 (Italien/Hohe Behörde), Slg. 1954, 84 (107); für den WSA implizit EuGH, Urt. v. 9.7.1987,

angegriffen werden.[9] Dem Unterbleiben einer obligatorischen Anhörung dürfte die fehlerhafte Qualifikation als nur fakultativ gleichstehen.[10] Allerdings kann der WSA die unterbliebene Anhörung nicht selbst gem. Art. 263 AEUV vor dem EuGH anfechten. Nach dem insoweit zu respektierenden Willen der Vertragsstaaten fehlt ihm – im Unterschied zum AdR (Art. 263 Abs. 3 AEUV) – das aktive Klagerecht (Art. 300 AEUV, Rn. 9).

9   In der Literatur wird die obligatorische Anhörung überwiegend in dem Sinne verstanden, dass der WSA im Grundsatz auch zur Abgabe einer **Stellungnahme verpflichtet** sei.[11] Diese Ansicht vermag allerdings die Regelung des Abs. 2 Satz 2 nicht zu erklären, nach der im Falle einer Fristsetzung der WSA durch bloßes Zuwarten bewirken kann, dass eine verspätet abgegebene Stellungnahme unberücksichtigt bleiben kann. Dadurch hat es der WSA in der Hand, sich seiner Stellungnahmepflicht faktisch zu entziehen. Im Falle des AdR regelt die Geschäftsordnung mittlerweile ausdrücklich, dass der Ausschuss die Abgabe einer Stellungnahme auch verweigern kann (Art. 307 AEUV, Rn. 5). Dementsprechend ist auch für den WSA davon auszugehen, dass bei einer obligatorischen Anhörung dem WSA die **Möglichkeit der Stellungnahme** eingeräumt wird.

10   Es liegt in der Natur des Anhörungsverfahrens, dass die Stellungnahmen des WSA inhaltlich keine Bindungswirkung erzeugen. Allerdings sind die Unionsorgane verpflichtet, in der **Begründung** auf die Stellungnahme zu verweisen (Art. 296 Abs. 2 AEUV).[12] Die mangelhafte Begründung kann ihrerseits ggf. wiederum einen Nichtigkeitsgrund i. S. d. Art. 263 Abs. 2 AEUV (Verletzung wesentlicher Formvorschriften) darstellen.[13]

C. Fakultative Anhörung (Abs. 1 Satz 2)

11   Das Instrument der **fakultativen Anhörung** ermöglicht EP, Rat und Kommission die Nutzung der im WSA versammelten Expertise unabhängig von einem konkreten Rechtsetzungsvorhaben.[14] Die interinstitutionelle Vereinbarung zwischen Kommission und WSA (Art. 300 AEUV, Rn. 12) spezifiziert näher, in welchen Fällen eine fakultative Anhörung in Betracht kommt (Ziff. 8).

12   Die GO-WSA differenziert weiter zwischen den sog. **Sondierungsstellungnahmen** und den **übrigen Fällen** fakultativer Anhörung (Art. 29 GO-WSA). Bei den Sondierungsstellungnahmen handelt es sich um solche Stellungnahmen, die »der Reflexion und Unterbreitung von Vorschlägen zu einem bestimmten Thema dienen, die später in einen entsprechenden Vorschlag der Kommission einfließen können« (Art. 29 Buchst. A

---

verb. Rs. 281/85, 283/85, 284/85, 285/85 u. 287/85 (Deutschland, Frankreich, Niederlande, Dänemark, Vereinigtes Königreich/Kommission), Slg. 1987, 3203, Rn. 37 ff.

[9] *Burgi/Hölbling*, in: Streinz, EUV/AEUV, Art. 304 AEUV, Rn. 4; *Suhr*, in: Calliess/Ruffert, EUV/AEUV, Art. 304 AEUV, Rn. 7; *Vierlich-Jürcke* (Fn. 6), S. 161; unzutreffend *Siebeke*, Institutionalisierte Interessenvertretungen in der Europäischen Union, 1996, S. 13.

[10] Entsprechend EuGH, Urt. v. 2.3.1994, Rs. C–316/91 (Parlament/Rat), Slg. 1994, I–625, Rn. 16 f.; *Vierlich-Jürcke* (Fn. 6), S. 160.

[11] *Burgi/Hölbling*, in: Streinz, EUV/AEUV, Art. 304 AEUV, Rn. 3; *Sichert*, in: Schwarze, EU-Kommentar, Art. 304 AEUV, Rn. 4; *Suhr*, in: Calliess/Ruffert, EUV/AEUV, Art. 304 AEUV, Rn. 9.

[12] *Suhr*, in: Calliess/Ruffert, EUV/AEUV, Art. 304 AEUV, Rn. 10.

[13] *Pechstein*, EU-Prozessrecht, Rn. 555.

[14] *Hayder*, EuZW 2010, 171 (172).

Durchführungsbestimmungen zur GO-WSA[15]). Sondierungsstellungnahmen fallen stets in die als vorrangig zu behandelnde Kategorie A, während Themen von zweitrangiger Bedeutung oder dringende Themen der Kategorie B und Anhörungen rein technischer Art der Kategorie C angehören (Art. 30 Abs. 3 GO-WSA).

Fraglich erscheint, ob die Kommission nach einer erfolgten fakultativen Anhörung   13
des WSA im Falle einer wesentlichen Umgestaltung ihres Vorschlags zu einer **erneuten Anhörung** verpflichtet ist.[16] Die interinstitutionelle Vereinbarung zwischen Kommission und WSA (Art. 300 AEUV, Rn. 12) sieht eine erneute Befassung des Ausschusses nur bei vorheriger obligatorischer, nicht hingegen bei vorheriger fakultativer Anhörung vor (Ziff. 12, letzter Absatz).

D. Initiativstellungnahmen (Abs. 1 Satz 3)

Seit dem Vertrag von Maastricht verfügt der WSA über ein ausdrücklich anerkanntes   14
Selbstbefassungsrecht, das zuvor mit Billigung des Rates schon praktiziert worden war.[17] Die Durchführungsbestimmungen zur GO-WSA regeln die Initiativstellungnahmen relativ restriktiv, indem verlangt wird, es müsse sich um ein neues Thema handeln, das in den vergangenen zwei Jahren nicht Gegenstand der Arbeiten des WSA gewesen sei (Art. 29 Buchst. B Buchst. a, 1. Gedankenstrich). Gemessen daran macht der WSA vergleichsweise oft vom Instrument der Initiativstellungnahme Gebrauch. Von den insgesamt 198 vom WSA Jahr 2013 abgegebenen Stellungnahmen handelte es sich bei 37 um Initiativstellungnahmen, d. h. rund 20% der Stellungnahmen ergingen auf diesem Wege.[18]

E. Fristsetzung (Abs. 2)

EP, Rat und Kommission können dem WSA für die Stellungnahme eine **Frist** setzen, und   15
zwar sowohl bei obligatorischer als auch bei fakultativer Anhörung.[19] Um die Einhaltung der Frist zu gewährleisten, kann der WSA-Präsident die Anwendung des **Dringlichkeitsverfahrens** beschließen (Art. 57 GO-WSA). Mit der Fristsetzung verbunden ist die Pflicht, das Ergehen der Stellungnahme abzuwarten. Im Falle obligatorischer Anhörung folgt dies e contrario Art. 304 Abs. 2 Satz 2 AEUV, wonach das Fehlen der Stellungnahme erst nach Fristablauf unberücksichtigt bleiben darf. Im Falle fakultativer Befassung des WSA ergibt sich im Ergebnis aber nichts anderes. Mit dem Ersuchen um eine Stellungnahme tritt eine Selbstbindung in dem Sinne ein, dass das Ergebnis der Stellung-

---

[15] CESE 1246/2010.

[16] Hierzu *Vierlich-Jürcke* (Fn. 6), S. 173 f.

[17] Ausführlich *Vierlich-Jürcke* (Fn. 6), S. 175; siehe auch *Burgi/Hölbling*, in: Streinz, EUV/AEUV, Art. 304 AEUV, Rn. 7.

[18] Angaben nach den verfügbaren Informationen auf http://www.eesc.europa.eu/?i=portal.en. opinions-search (7.3.2016); siehe auch *Hayder*, EuZW 2010, 171 (172), der von 30 bis 40 Initiativstellungnahmen pro Jahr spricht; *Sichert*, in: Schwarze, EU-Kommentar, Art. 304 AEUV, Rn. 7 geht von rund 15% aus.

[19] *Sichert*, in: Schwarze, EU-Kommentar, Art. 304 AEUV, Rn. 9.

nahme auch abgewartet wird. Alles andere verstieße gegen den Grundsatz der loyalen Zusammenarbeit.[20]

16   Ein unter Verstoß gegen die Wartefrist ergangener Rechtsakt gilt im Falle obligatorischer Anhörung als ohne Anhörung ergangen und ist nach dem oben (Rn. 8) Gesagten daher grds. nichtig.[21] Fraglich ist, ob Gleiches im Falle **fakultativer Anhörung** zu gelten hat. Da das Primärrecht hier dem WSA indes keine Einflussmöglichkeiten sichert, sondern die Befassung des Ausschusses lediglich auf der Entscheidung des anfragenden Organs beruht, dürfte keine Verletzung einer »wesentlichen Formvorschrift« i. S. d. Art. 263 AEUV gegeben sein.[22]

F.   Übermittlung (Abs. 3)

17   Die Stellungnahme des WSA wird gem. Art. 304 Abs. 3 AEUV, Art. 55 GO-WSA allen drei Organen (EP, Rat und Kommission) übermittelt, und zwar unabhängig davon, wer die Stellungnahme angefragt hat.[23] Das EP wird seit dem Vertrag von Lissabon gleichberechtigt neben Rat und Kommission genannt, zuvor entsprach die Unterrichtung des EP lediglich einer langjährigen Praxis.[24] Gem. Art. 55 Abs. 2 GO-WSA können die Stellungnahmen des WSA auch allen weiteren betroffenen Institutionen oder Einrichtungen übermittelt werden. Der WSA hat zudem eine Suchmaske ins Internet gestellt.[25]

18   Gestrichen wurde die Bestimmung in Art. 262 Abs. 3 EG, wonach die übermittelten Informationen auch die Stellungnahme der zuständigen Fachgruppe sowie einen Bericht über die Beratungen enthalten mussten. Das entspricht der Streichung der Fachgruppen im Primärrecht (Art. 303 AEUV, Rn. 1), lässt die Kompetenz des WSA zu einer Regelung im Rahmen seiner Geschäftsordnungsautonomie jedoch unberührt (Art. 54 Abs. 4 GO-WSA).[26]

---

[20] Ebenso *Vierlich-Jürcke* (Fn. 6), S. 174.

[21] Siehe auch *Sichert*, in: Schwarze, EU-Kommentar, Art. 304 AEUV, Rn. 11.

[22] Ebenso *Sichert*, in: Schwarze, EU-Kommentar, Art. 304 AEUV, Rn. 11; a. A. *Vierlich-Jürcke* (Fn. 6), S. 174 f.

[23] *Burgi/Hölbling*, in: Streinz, EUV/AEUV, Art. 304 AEUV, Rn. 9.

[24] *Siebeke* (Fn. 9), S. 43.

[25] https://dm.eesc.europa.eu/EESCDocumentSearch/Pages/opinionssearch.aspx?i=portal.en.opinions-search (7.3.2016).

[26] *Burgi/Hölbling*, in: Streinz, EUV/AEUV, Art. 304 AEUV, Rn. 10.

Abschnitt 2
Der Ausschuss der Regionen

Artikel 305 AEUV [Zusammensetzung, Ernennungsverfahren, Amtszeit]

Der Ausschuss der Regionen hat höchstens dreihundertfünfzig Mitglieder.

Der Rat erlässt einstimmig auf Vorschlag der Kommission einen Beschluss über die Zusammensetzung des Ausschusses.

¹Die Mitglieder des Ausschusses sowie eine gleiche Anzahl von Stellvertretern werden auf fünf Jahre ernannt. ²Wiederernennung ist zulässig. ³Der Rat nimmt die gemäß den Vorschlägen der einzelnen Mitgliedstaaten erstellte Liste der Mitglieder und Stellvertreter an. ⁴Die Amtszeit der Mitglieder des Ausschusses endet automatisch bei Ablauf des in Artikel 300 Absatz 3 genannten Mandats, aufgrund dessen sie vorgeschlagen wurden; für die verbleibende Amtszeit wird nach demselben Verfahren ein Nachfolger ernannt. ⁵Ein Mitglied des Ausschusses darf nicht gleichzeitig Mitglied des Europäischen Parlaments sein.

Literaturübersicht

Siehe Angaben zu Art. 300 AEUV.

Inhaltsübersicht

A. Allgemeines

Die Regelungen über den AdR wurden durch den **Vertrag von Maastricht** in das Primärrecht aufgenommen. Da sich die von deutscher Seite teilweise vertretene Forderung nach Schaffung einer »Dritten Kammer« gegenüber den anderen Mitgliedstaaten nicht durchsetzen konnte, wurde ein beratender Ausschuss nach dem Vorbild des WSA geschaffen (Art. 300 AEUV, Rn. 5 f.). Daraus resultiert letztlich auch die Stellung der Vorschriften in Anschluss an das WSA-Kapitel (ursprünglich Art. 198a ff. EGV, später Art. 263 ff. EG). Im Verfassungsvertrag sollte die Reihenfolge geändert werden, um der größeren politischen Relevanz des AdR Ausdruck zu verleihen (Art. III–386 ff. VVE [AdR], Art. III–389 ff. VVE [WSA]). Der Vertrag von Lissabon hat diese Entscheidung nicht übernommen, mutmaßlich aus kosmetischen Gründen (Art. 300 AEUV, Rn. 2). Aus diesem Grund finden sich die Regelungen über den AdR weiterhin im Anschluss an diejenigen zum WSA. Angesichts der Schaffung des Grundlagen-Art. 300 AEUV ist der frühere Art. 263 Abs. 1 EG dorthin abgewandert. 1

B. Mitgliederzahl (Abs. 1)

2 Ebenso wie beim WSA (Art. 301 AEUV, Rn. 1) regelt der AEU-Vertrag auch beim AdR nur noch die **maximale Mitgliederzahl** von 350, hingegen nicht mehr die Größe der einzelnen Länderkontingente (zuvor Art. 263 Abs. 3 EG). Ziel war es, die Mitgliederzahl angesichts zukünftiger EU-Beitritte der Höhe nach zu begrenzen, um die Arbeitsfähigkeit des Gremiums zu gewährleisten. Die Zahl von 350 war dabei so bemessen, dass bis zu dem Beitritt Rumäniens und Bulgariens die Länderkontingente konstant bleiben würden (zuletzt 344).[1] Mit dem Beitritt Kroatiens im Jahr 2013 wurde diese Grenze überschritten, so dass an sich ein Neuzuschnitt der Kontingente gem. Abs. 2 angestanden hätte. Bereits im Jahr 2010 war jedoch ein dahin gehender Versuch an den Interessengegensätzen innerhalb des AdR gescheitert (Rn. 5).[2] Aus diesem Grund ist im Beitrittsvertrag Kroatiens[3] die bereits in der Literatur prognostizierte Lösung[4] gewählt worden, die Mitgliederzahl des AdR vorübergehend auf 353 zu erhöhen (Art. 24 Abs. 1 Beitrittsvertrag). Mit dem Beschluss des Rates vom 16. 12. 2014 über die Zusammensetzung des Ausschusses der Regionen (2014/930/EU) ist es allerdings gelungen, zur primärrechtlichen Obergrenze von 350 Mitgliedern zurückzukehren. Wie im Falle des WSA (Art. 301 AEUV, Rn. 2) erfolgte dies auf Kosten jeweils eines Mandats von Estland, Luxemburg und Zypern.

C. Zusammensetzung (Abs. 2)

3 Bis zum Vertrag von Lissabon war die Zusammensetzung des AdR primärrechtlich geregelt. Im Interesse einer größeren **Flexibilisierung und Dynamisierung** ist die Entscheidung nunmehr einem (einstimmigen) Ratsbeschluss vorbehalten. Bis zum Ergehen dieses Beschlusses war die Zusammensetzung im Protokoll (Nr. 36) über die Übergangsbestimmungen enthalten (Art. 8). Seit dem Beitritt Kroatiens war ferner die im Beitrittsvertrag enthaltene Übergangsregelung (Rn. 2) zu beachten.

4 Der Verzicht auf eine primärrechtliche Fixierung der Sitzverteilung wurde durch das Erfordernis der **Einstimmigkeit im Rat** abgefedert. Insofern besteht eine gewisse Ähnlichkeit zu den Passerelle-Klauseln.[5] Allerdings sind Passerelle-Klauseln dadurch gekennzeichnet, dass von einer primärrechtlich festgelegten Bestimmung durch einstimmigen Beschluss des Rates oder des Europäischen Rates abgewichen werden kann. Hier hingegen ist auf eine Fixierung der Zusammensetzung im AEU-Vertrag gerade verzichtet worden. Von daher handelt es sich allenfalls um eine »materielle Vertragsergänzung«.[6] Zum problematischen Verhältnis zu Art. 300 Abs. 5 AEUV siehe dort (Art. 300 AEUV, Rn. 47 ff.).

---

[1] Vgl. Schlussakte zum Vertrag von Nizza, Erklärung zur Erweiterung der Europäischen Union, ABl. 2001, C 80/83.

[2] R/CdR 137/2010 fin vom 6. 10. 2010; hierzu *Leitermann*, Europa kommunal 2010, 28 ff.; *Schmuck*, Der Ausschuss der Regionen 2010/2011, in: Europäisches Zentrum für Föderalismus-Forschung, Jahrbuch des Föderalismus 2011, S. 500 (511); *Schwind*, S. 140.

[3] BGBl. 2013 II 586.

[4] *Suhr*, in: Calliess/Ruffert, EUV/AEUV, Art. 305 AEUV, Rn. 9.

[5] Vgl. (jeweils zum WSA) *Kaufmann-Bühler*, in: Lenz/Borchardt, EU-Verträge, Art. 300 AEUV, Rn. 17 (»in der Sache … Vertragsänderungen im vereinfachten Verfahren«); *Sichert*, in: Schwarze, EU-Kommentar, Art. 301 AEUV, Rn. 8 (»besondere Form eines autonomen Änderungsverfahrens«); dagegen (zum AdR) *Blanke*, in: Grabitz/Hilf/Nettesheim, EU, Art. 305 AEUV (Januar 2016), Rn. 2.

[6] So *Sichert*, in: Schwarze, EU-Kommentar, Art. 301 AEUV, Rn. 8; a. A. wohl *Jaeckel*, in: Grabitz/Hilf/Nettesheim, EU, Art. 301 AEUV (Mai 2011), Rn. 25 (keine mittelbare Vertragsrevision).

Das Vorschlagsrecht der Kommission[7] gibt dieser ein **gewisses Druckpotential** an die   5
Hand, um auf den gescheiterten Kompromiss innerhalb des AdR (Rn. 2) zu reagieren.
Allerdings erklärte die Kommission, das Meinungsbild innerhalb des AdR nicht ignorieren zu wollen.[8] Bei der Diskussion im Jahr 2010 hatten die großen Mitgliedstaaten für
eine stärkere Orientierung an der Zusammensetzung des EP plädiert, um die Überre-
präsentanz der kleinen und mittleren Mitgliedstaaten zu verringern (»Prinzip der degressiven demografischen Proportionalität«), vermochten sich damit jedoch nicht
durchzusetzen.[9] Der deutsche Bundesrat hat sich für eine stärkere Orientierung am
Grundsatz der degressiven demografischen Proportionalität ausgesprochen.[10] Diese Position ist auf der 64. Europaministerkonferenz im März 2014 noch einmal bekräftigt
worden.[11] Mit dem Beschluss vom 16.12.2014 (Rn. 2) ist nun eine Übergangsregelung
getroffen worden, die sich am bisherigen Besitzstand orientiert. Zugleich wird allerdings
betont, dass hiermit kein Präzedenzfall für die künftige Zusammensetzung geschaffen
werde (6. Erwägungsgrund).

D. Stellvertreter (Abs. 3 Satz 1)

Bezüglich der **Rolle der Stellvertreter** unterscheidet sich der AdR maßgeblich vom   6
WSA. Im WSA ist die Benennung von eigenständigen Stellvertretern nur im Rahmen
der Vorarbeiten der Fachgruppen – und auch hier nur ohne Stimmrecht – vorgesehen
(Art. 18 Abs. 1, 1a GO-WSA[12]). Die Ernennung unterliegt nicht dem Verfahren gem.
Art. 302 AEUV, sondern der Stellvertreter wird mit Namen und Berufsstellung dem
WSA-Präsidenten zwecks Zulassung mitgeteilt (Art. 18 Abs. 2 GO-WSA). Will sich ein
verhindertes WSA-Mitglied dagegen mit Stimm- und Rederecht bei einer Plenartagung
oder Fachgruppensitzung vertreten lassen, kann es einem anderen Mitglied des Ausschusses bzw. der Fachgruppe diese Rechte schriftlich übertragen, wobei Mehrfachvertretung ausgeschlossen ist (Art. 11 Abs. 3 Statut der Mitglieder des EWSA[13]).

Beim AdR hingegen werden von vornherein neben der Zahl der Mitglieder eine   7
gleiche Zahl von Stellvertretern ernannt (Art. 305 Abs. 3 Satz 1 AEUV). Die Ernennung einer gleichen Zahl von Mitgliedern und Stellvertretern wurde bereits bei dem
Vorläufer des AdR, dem von der Kommission eingerichteten Beirat der regionalen und
lokalen Gebietskörperschaften (Art. 300 AEUV, Rn. 5), praktiziert (Art. 3 Abs. 3 des
Einsetzungsbeschlusses[14]). Sie entspricht im Übrigen der Praxis im KGRE des Europa-

---

[7] Krit. *Kaufmann-Bühler*, in: Lenz/Borchardt, EU-Verträge, Art. 305 AEUV, Rn. 3.

[8] *Schmuck*, Der Ausschuss der Regionen 2010/2011, in: Europäisches Zentrum für Föderalismus-
forschung Tübingen, Jahrbuch des Föderalismus 2011, 500 (511).

[9] *Leitermann*, Europa kommunal 2010, 28.

[10] BR-Drucks. 801/10 (Beschluss); hierzu die unterstützende Stellungnahme der Bundesregierung
BR-Drucks. 196/12.

[11] 64. Europaministerkonferenz, Beschlussprotokoll, TOP 8, Ziff. 10 (online abrufbar unter www.
europa.bremen.de/sixcms/media.php/13/140320_Beschlussprotokoll%2064.%20EMK_endg.pdf
[7.3.2016]).

[12] ABl. 2010, L 324/52.

[13] CESE 285/2012.

[14] Beschluss 88/487/EWG der Kommission vom 24.6.1988 zur Einsetzung eines Beirats der regionalen und lokalen Gebietskörperschaften (ABl. 1988, L 247/23); siehe auch die erste Ernennung,
ABl. 1988, C 329/4.

rates.[15] *Theissen* erklärt die Stellvertreterregelung beim AdR zum einen mit dessen stärker politischen Charakter. Zum anderen hätten die Mitgliedstaaten damit ihre Entscheidung über die Zusammensetzung des Ausschusses absichern wollen.[16]

8   Die Stellvertreter im AdR nehmen an der Ausschussarbeit mit **allen Rechten und Pflichten** des verhinderten Mitglieds teil.[17] Dadurch erhalten die Mitgliedstaaten »zusätzliche Manövriermasse«,[18] insbesondere wenn sich hochrangige Mitglieder – wie angeblich üblich – in den Fachkommissionen vertreten lassen.[19] Da sich die Mitglieder zudem nicht durch Beamte, Referenten oder ähnliche Personen vertreten lassen dürfen, spielen die Stellvertreter bei der Bewältigung der Arbeitslast eine wichtige Rolle.[20] Davon unberührt bleibt die Möglichkeit, sich im Rahmen einer Fachkommissionssitzung durch ein anderes Mitglied oder einen anderen Stellvertreter vertreten zu lassen, wobei auch hier Mehrfachvertretung ausgeschlossen ist (Art. 5 Abs. 2, Abs. 4 Satz 1 GO-AdR[21]).

9   Die Stellvertreterregelung in Art. 305 Abs. 3 Satz 1 AEUV, Art. 5 GO-AdR basiert auf einer »Poollösung«,[22] d.h. eine **feste Zuordnung** eines Stellvertreters zu einem bestimmten Mitglied findet nicht statt. Die deutschen Länder haben sich indes »stillschweigend« darauf verständigt, eine Vertretung nur durch den auf der Benennungsliste zugeordneten Stellvertreter vorzunehmen.[23] Bei Plenartagungen muss der Stellvertreter zumindest der nationalen Delegation des Mitglieds angehören (Art. 5 Abs. 1 GO-AdR).[24] Bei Fachkommissionssitzungen ist die Geschäftsordnung großzügiger, hier genügt es, wenn der Stellvertreter derselben Fraktion oder interregionalen Gruppe wie das vertretene Mitglied angehört (Art. 5 Abs. 2 GO-AdR).

E. Ernennungsverfahren und Amtszeit (Abs. 3)

I. Amtszeit

10   Ebenso wie beim WSA (Art. 302 AEUV, Rn. 1) ist die Amtszeit des AdR durch den Vertrag von Lissabon von bislang vier auf nunmehr **fünf Jahre** erweitert worden. Damit erfolgte eine Angleichung an die Amtszeit von Kommission (Art. 17 Abs. 3 UAbs. 1 EUV) und EP (Art. 14 Abs. 3 EUV).[25] Die derzeitige Amtszeit des AdR endet am 25.1.2020.[26]

---

[15] *Schneider*, Kommunaler Einfluß in Europa, 2004, S. 199 ff.
[16] *Theissen*, Der Ausschuß der Regionen (Artikel 198a-c EG-Vertrag), 1996, S. 199.
[17] *Hönle*, in: Schwarze, EU-Kommentar, Art. 305 AEUV, Rn. 13.
[18] *Wuermeling*, EuR 1993, 196 (201).
[19] *Suhr*, in: Calliess/Ruffert, EUV/AEUV, Art. 305 AEUV, Rn. 12.
[20] *Schneider* (Fn. 15), S. 116.
[21] ABl. 2014, L 65/41.
[22] *Blanke*, in: Grabitz/Hilf/Nettesheim, EU, Art. 305 AEUV (Januar 2016), Rn. 6.
[23] *Obermüller*, in: GSH, Europäisches Unionsrecht, Art. 305 AEUV, Rn. 12.
[24] Krit. insoweit *Suhr*, in: Calliess/Ruffert, EUV/AEUV, Art. 305 AEUV, Rn. 14; dagegen *Thiele*, Der Ausschuss der Regionen – ein Beitrag zur föderalen Vielfalt in der Europäischen Union, in: Härtel (Hrsg.), Handbuch Föderalismus, Band IV: Föderalismus in Europa und der Welt, 2012, § 93, Rn. 41.
[25] *Kaufmann-Bühler*, in: Lenz/Borchardt, EU-Verträge, Art. 305 AEUV, Rn. 1.
[26] ABl. 2015, L 20/42.

II. Ernennungsverfahren

1. Vorschlag der Mitgliedstaaten

Wie beim WSA (Art. 302 AEUV, Rn. 2) erfolgt auch die Ernennung der AdR-Mitglieder   **11**
in einem zweischrittigen Verfahren, bestehend aus dem Vorschlag der Mitgliedstaaten
und der Ernennung durch den Rat. Die Mitgliedstaaten schlagen so viele Mitglieder und
Stellvertreter vor, wie ihnen Sitze zustehen. Eine Reglung wie früher beim WSA, dass
der Rat aus der vorzulegenden Liste eine Auswahl trifft, bestand beim AdR nie.[27] Der
Rat trifft also **keine Auswahlentscheidung**, beispielsweise kann er nicht ein Mitglied
gegen einen Stellvertreter austauschen.[28] Indem Art. 305 Abs. 3 Satz 2 AEUV das Vorschlagsrecht den Mitgliedstaaten zuerkennt, wird klargestellt, dass den Regionen und
Kommunen aus Sicht des Unionsrechts kein eigenes Vorschlagsrecht zukommt.[29] Das
bedeutet indes nicht, dass die Verbände der Gebietskörperschaften nicht innerstaatlich
einen erheblichen Einfluss auf die Kandidatenbenennung ausüben könnten.[30]

Auf **nationaler Ebene**[31] ist die Benennung der Ausschussmitglieder und -stellvertreter   **12**
in § 14 EUZBLG geregelt. Danach schlägt die Bundesregierung dem Rat »die von den
Ländern benannten Vertreter« vor. Die Länder ihrerseits haben das Benennungsver-
fahren im Abkommen über die Entsendung der Mitglieder und Stellvertreter in den
Ausschuss der Regionen der Europäischen Gemeinschaft vom 19.8.1993[32] geregelt.
Danach stehen jedem Land ein Mitglied und ein Stellvertreter zu (Art. 1 Abs. 1), weitere
fünf Sitze rotieren zwischen den Ländern in der Reihenfolge der Einwohnerzahl (Art. 1
Abs. 3).[33] Drei Sitze stehen den kommunalen Spitzenverbänden zu (§ 14 Abs. 2 Satz 2
EUZBLG), die den Ländern von diesen benannt werden (Art. 1 Abs. 2 des Abkom-
mens).

2. Ernennung durch den Rat

Der Rat entscheidet über die von den Mitgliedstaaten vorgelegte Liste, und zwar seit   **13**
dem Vertrag von Nizza mit **qualifizierter Mehrheit**. Früher war dies eigens in Art. 263
Abs. 4 Satz 3 EG geregelt, heute folgt dies bereits aus Art. 16 Abs. 3 EUV. Wiederernennung ist zulässig (Art. 305 Abs. 3 Satz 2 AEUV). Im Gegensatz zum Ernennungsverfahren beim WSA (Art. 302 AEUV, Rn. 5) ist weder eine Beteiligung der Kommission noch eine Beteiligung der (hier:) regionalen oder lokalen Gebietskörperschaften
vorgesehen.[34]

Der Rat überprüft in der Praxis nicht die **Zusammensetzung** der vorgeschlagenen   **14**
Listen, insbesondere was das Verteilungsverhältnis von regionalen und lokalen Vertretern angeht (Art. 300 AEUV, Rn. 38). Der Rat hat deutlich gemacht, dass es nach seiner

---

[27] *Theissen* (Fn. 16), S. 188; siehe auch *Burgi/Hölbling*, in: Streinz, EUV/AEUV, Art. 305 AEUV,
Rn. 9.

[28] *Theissen* (Fn. 16), S. 190.

[29] *Hönle*, in: Schwarze, EU-Kommentar, Art. 305 AEUV, Rn. 4; *Theissen* (Fn. 16), S. 185 f.

[30] *Thiele* (Fn. 24), § 93, Rn. 33.

[31] Zum Benennungsverfahren in anderen Mitgliedstaaten vgl. *Hasselbach*, Der Ausschuß der Regionen in der Europäischen Union, 1996, S. 112 ff.; *Hönle*, in: Schwarze, EU-Kommentar, Art. 305
AEUV, Rn. 6 f.

[32] MinBl. NW. 1993, 1550.

[33] Zum Verfahren der Benennung innerhalb der einzelnen Länder vgl. *Thiele* (Fn. 24), § 93,
Rn. 36.

[34] *Theissen* (Fn. 16), 186.

Auffassung »jedem Mitgliedstaat nach dem Vertrag freisteht, die Kandidaten vorzuschlagen, die seiner Ansicht nach die regionalen und lokalen Gebietskörperschaften angemessen zu vertreten vermögen«.[35] Dementsprechend erschöpft sich der Beschluss im Wesentlichen in der »zustimmenden Zurkenntnisnahme des Vorschlags der jeweiligen Mitgliedstaaten«.[36] Davon abgesehen bejaht die h. M. ein zumindest formelles Prüfungsrecht,[37] von dem der Rat aber, wie gesehen, keinen Gebrauch macht.

III.   Beendigung des Mandats (Abs. 3 Satz 4)

15   Das AdR-Mandat **endet** mit Ablauf der fünfjährigen Amtsperiode (Rn. 2). Darüber hinaus ergab sich aus der Festschreibung des sog. politischen Mandats mit dem Vertrag von Nizza (Art. 300 AEUV, Rn. 39) die Konsequenz, dass mit dem Ende dieses Mandats auch die AdR-Mitgliedschaft enden muss. Dies ist nunmehr in Art. 305 Abs. 3 Satz 4 AEUV geregelt. Darüber hinaus endet das Mandat gem. Art. 3 Abs. 2 GO-AdR noch mit Rücktritt oder Tod. Nicht vorgesehen ist – im Gegensatz zur GO-WSA (Art. 302 AEUV, Rn. 6) – ein Mandatsverlust bei Eintritt der Inkompatibilität.

16   Das wirft die Frage auf, ob der Rat bei Eintritt einer Inkompatibilität (Rn. 17 f.) befugt ist, das AdR-Mitglied vorzeitig abzuberufen. Hierfür könnte sprechen, dass die Mitgliedschaft auf einem Ratsbeschluss beruht und daher durch **actus contrarius** auch wieder entzogen können werden muss.[38] Andererseits würde ein freies Abberufungsrecht des Rates mit der primärrechtlich festgeschriebenen (Art. 300 Abs. 4 AEUV) Unabhängigkeit der AdR-Mitglieder kollidieren.[39] Den Ausgleich dieser zwei widerstreitenden Prinzipien wird man dadurch herstellen können, dass zwar eine freie Abberufung durch den Rat ausgeschlossen ist, eine Abberufung aus Gründen, die nicht in der Ausübung des Mandats liegen wie z. B. der Eintritt von Inkompatibilität, hingegen zuzulassen ist.[40] Gegen eine solche Abberufungsentscheidung wäre der Rechtsschutz gem. Art. 263 Abs. 4 AEUV eröffnet.[41]

IV.   Inkompatibilität (Abs. 3 Satz 5)

17   Anders als beim WSA (Art. 302 AEUV, Rn. 6) enthält im Falle des AdR der AEU-Vertrag selbst eine **Inkompatibilitätsregelung**, die allerdings auf das Verhältnis von AdR und EP beschränkt ist. Diese Regelung hat indes nur deklaratorische Bedeutung, da im Direktwahlakt (der seinerseits Primärrechtscharakter hat) eine entsprechende Regelung enthalten ist (Art. 7 Abs. 1, 8. Gedankenstrich Direktwahlakt). Freilich wurde nach der Schaffung des AdR durch den Vertrag von Maastricht der Direktwahlakt nicht sogleich angepasst, so dass zwar eine gleichzeitige Mitgliedschaft in EP und WSA, nicht

---

[35] ABl. 1993, C 132/35.

[36] *Hrbek*, Der Ertrag der »Verfassungsdebatte« von Maastricht: Ein Erfolg für die deutschen Länder?, 1992, S. 140.

[37] *Blanke*, in: Grabitz/Hilf/Nettesheim, EU, Art. 305 AEUV (Januar 2016), Rn. 7; *Burgi/Hölbling*, in: Streinz, EUV/AEUV, Art. 305 AEUV, Rn. 9; *Hönle*, in: Schwarze, EU-Kommentar, Art. 305 AEUV, Rn. 8; *Kaufmann-Bühler*, in: Lenz/Borchardt, EU-Verträge, Art. 305 AEUV, Rn. 5.

[38] So *Burgi/Hölbling*, in: Streinz, EUV/AEUV, Art. 305 AEUV, Rn. 11 (generell gegen eine Abberufung durch den Rat aber wohl *Burgi/Hölbling*, in: Streinz, EUV/AEUV, Art. 305 AEUV, Rn. 5); siehe auch *Hönle*, in: Schwarze, EU-Kommentar, Art. 305 AEUV, Rn. 11.

[39] Zutreffend *Obermüller*, in: GSH, Europäisches Unionsrecht, Art. 305 AEUV, Rn. 19.

[40] Ähnlich *Obermüller*, in: GSH, Europäisches Unionsrecht, Art. 305 AEUV, Rn. 19.

[41] *Obermüller*, in: GSH, Europäisches Unionsrecht, Art. 305 AEUV, Rn. 19.

aber in EP und AdR ausgeschlossen war. Der juristische Dienst des Rates vertrat daraufhin den Standpunkt, eine gleichzeitige Mitgliedschaft in EP und AdR sei möglich.[42] Aufgrund dessen wurde die Einfügung des heutigen Art. 305 Abs. 3 Satz 5 AEUV durch den Vertrag von Amsterdam notwendig. Gleichzeitig erfolgte allerdings auch die Änderung des Direktwahlaktes,[43] so dass heute diese Inkompatibilität doppelt gewährleistet ist.

Während der WSA in seiner Geschäftsordnung **weitere Inkompatibilitätsregelungen** getroffen hat (Art. 302 AEUV, Rn. 6), existiert eine vergleichbare Regelung im Falle des AdR nicht. Lediglich reflexhaft wirken Art. 70 Abs. 3 GO-WSA[44] und Art. 2 Abs. 1 des Statuts der Mitglieder des WSA,[45] die eine gleichzeitige Mitgliedschaft in WSA und AdR ausschließen. Weitere mittelbare Auswirkungen folgen aus den Inkompatibilitätsvorschriften der Kommission (Art. 245 Abs. 2 AEUV), der Mitglieder des Rechnungshofes (Art. 286 Abs. 4 AEUV) oder der EuGH-Richter (Art. 4 EuGH-Satzung). **18**

Darüber hinaus stellt sich die Frage, ob die **Verhandlungsführung im Rat** durch einen Landesminister (Art. 16 Abs. 2 EUV, Art. 23 Abs. 6 GG, § 6 Abs. 2 EUZLBG) bei gleichzeitiger AdR-Mitgliedschaft zulässig ist. Dies wird überwiegend pauschal verneint.[46] Angesichts einer fehlenden ausdrücklichen Regelung erscheint dies allerdings zu weitgehend. Zu folgen ist daher der einschränkenden Position, die eine konkrete Einzelfallprüfung verlangt, ob bei dem zur Verhandlung im Rat anstehenden Vorhaben ein Interessenkonflikt mit der AdR-Mitgliedschaft auftreten kann.[47] Ob darüber hinaus eine Zugehörigkeit »zu anderen Organen der EU« generell als Inkompatibilitätsgrund angesehen werden kann,[48] erscheint fraglich, auch wenn eine dahin gehende Regelung im Interesse der Funktionenteilung (Art. 302 AEUV, Rn. 6) durchaus wünschenswert erscheint. **19**

---

[42] *Theissen* (Fn. 16), S. 200.

[43] Art. 5 Ziff. 2 des Vertrags von Amsterdam (BGBl. 1998 II 386).

[44] ABl. 2010, L 324/52.

[45] CESE 285/2012.

[46] So *Burgi/Hölbling*, in: Streinz, EUV/AEUV, Art. 305 AEUV, Rn. 10; *Hasselbach* (Fn. 31), S. 167; *Hönle*, in: Schwarze, EU-Kommentar, Art. 305 AEUV, Rn. 16; *Kaufmann-Bühler*, in: Lenz/Borchardt, EU-Verträge, Art. 305 AEUV, Rn. 8; *Suhr*, in: Calliess/Ruffert, EUV/AEUV, Art. 305 AEUV, Rn. 17.

[47] So *Obermüller*, in: GSH, Europäisches Unionsrecht, Art. 305 AEUV, Rn. 20; ähnlich *Thiele* (Fn. 24), § 93, Rn. 30.

[48] So aber *Kaufmann-Bühler*, in: Lenz/Borchardt, EU-Verträge, Art. 305 AEUV, Rn. 8; siehe auch *Burgi/Hölbling*, in: Streinz, EUV/AEUV, Art. 305 AEUV, Rn. 10; *Hönle*, in: Schwarze, EU-Kommentar, Art. 305 AEUV, Rn. 16.

Artikel 306 AEUV [Geschäftsordnungsautonomie]

Der Ausschuss der Regionen wählt aus seiner Mitte seinen Präsidenten und sein Präsidium auf zweieinhalb Jahre.
Er gibt sich eine Geschäftsordnung.
¹Der Ausschuss wird von seinem Präsidenten auf Antrag des Europäischen Parlaments, des Rates oder der Kommission einberufen. ²Er kann auch von sich aus zusammentreten.

Literaturübersicht

Siehe Angaben zu Art. 300 AEUV.

Inhaltsübersicht

A. Präsident und Präsidium (Abs. 1)

1   Gem. Art. 1 GO-AdR¹ sind die **Organe** des Ausschusses die Plenarversammlung, der Präsident, das Präsidium, die Konferenz der Präsidenten und Vorsitzenden und die Fachkommissionen. Die Organe Präsident und Präsidium sind über Art. 306 Abs. 1 AEUV bereits primärrechtlich vorgegeben.

2   Die Wahl von Präsident und Präsidium erfolgt nach der Verlängerung der Amtszeit des AdR auf fünf Jahre (Art. 305 AEUV, Rn. 10) nunmehr für **zweieinhalb Jahre**, vor der Lissabon-Reform betrug sie zwei Jahre. In der Praxis stellen dabei die beiden großen Fraktionen (EVP und SPE) jeweils im Wechsel den Präsidenten und den Ersten Vizepräsidenten.² Gem. Art. 30 Abs. 1 GO-AdR besteht das **Präsidium** aus dem Präsidenten, dem Ersten Vizepräsidenten, einem Vizepräsidenten pro Mitgliedstaat, 28 weiteren Mitgliedern sowie den Fraktionsvorsitzenden. Außer für den Präsidenten und Ersten Vizepräsidenten werden aus den nationalen Delegationen sowie Fraktionen jeweils Vertreter ad personam gewählt (Art. 31 Abs. 1 und 2 GO-AdR).

3   Gem. Art. 37 Buchst. a GO-AdR stellt zwar das Präsidium als Kollegialorgan das **politische Programm** der beginnenden Mandatsperiode auf (zuständig für die Verabschiedung ist die Plenarversammlung, Rn. 6), in der Praxis dominiert hier aber augenscheinlich die Person des Präsidenten. Beispielsweise hatte die 2010 für zweieinhalb Jahre gewählte Präsidentin Mercedes Bresso (Italien) einen Schwerpunkt auf die Außenbeziehungen der EU gelegt, während ihr 2012 gewählter Nachfolger, der Spanier Ramón Luis Valcárcel Siso, seine politische Agenda primär auf die Bewältigung der Finanzkrise ausrichtete.³ Der Präsident leitet die Arbeiten des Ausschusses und vertritt ihn nach außen (Art. 19 Abs. 1 und 2 GO-AdR). Gem. Art. 306 Abs. 3 Satz 1 AEUV

---

¹ ABl. 2014, L 65/41.
² *Hönle*, in: Schwarze, EU-Kommentar, Art. 306 AEUV, Rn. 12.
³ *Rowe*, The Committee of the Regions in 2012, in: Europäisches Zentrum für Föderalismusforschung, Tübingen, Jahrbuch des Föderalismus 2013, S. 497 (501 f.).

wird der AdR (d. h. das Plenum) von ihm einberufen, was gem. Art. 14 Abs. 1 GO-AdR mindestens einmal pro Quartal erfolgen muss (Rn. 14).

B. Geschäftsordnung (Abs. 2)

Seit dem Vertrag von Amsterdam genießt der AdR volle **Geschäftsordnungsautonomie**. 4
Zuvor unterlag er der Genehmigungspflicht durch den Rat (Art. 198b Abs. 2 EGV) und war damit schlechter gestellt als der WSA, der bereits mit dem Vertrag von Maastricht die Geschäftsordnungsautonomie erlangte (Art. 303 AEUV, Rn. 5).[4] Das Genehmigungserfordernis führte im Falle des AdR zu Änderungen insbesondere an der ersten Geschäftsordnung, die im Übrigen auf der Grundlage von Vorarbeiten des VRE sowie des RGRE zustande kam.[5] Die derzeit gültige Geschäftsordnung wurde am 31.1.2014 verabschiedet.[6]

Neben den bereits durch das Primärrecht vorgegebenen Organen Präsident und Prä- 5
sidium kennt die Geschäftsordnung als **organisatorische Einheiten** die nationalen Delegationen (Art. 8), die Fraktionen (Art. 9), die interregionalen Gruppen (Art. 10), die Plenarversammlung (Art. 13 ff.) sowie die Fachkommissionen (Art. 49 ff.). Daneben besteht ein eigener Verwaltungsunterbau in der Gestalt des Generalsekretariats mit einem Generalsekretär an der Spitze (Art. 70 ff.).

Die **Plenarversammlung** ist das Hauptbeschlussorgan des AdR. Sie ist beispielsweise 6
zuständig für die Verabschiedung von Stellungnahmen, Berichten und Entschließungen (siehe aber Rn. 10), für die Verabschiedung des politischen Programms zu Beginn einer Mandatsperiode, für die Revision der GO oder für die Anrufung des EuGH gem. Art. 263 Abs. 3 AEUV oder gem. Art. 8 Abs. 2 Protokoll Nr. 8 (Art. 13 Buchst. a, c, f und g).

Wenngleich es im AdR schon früh zur Herausbildung von **Fraktionen** kam, spielte die 7
Anknüpfung an die parteipolitische Zugehörigkeit in den Anfangsjahren eine eher untergeordnete Rolle, prägender waren die **nationale Zugehörigkeit** oder der Gegensatz zwischen regionaler und kommunaler Ebene.[7] Angesichts der Tatsache, dass die erste Fassung der Geschäftsordnung noch keinerlei Bestimmung über die Fraktionen enthielt,[8] war deren Status zunächst unklar. Mittlerweile erkennt die Geschäftsordnung die Existenz der Fraktionen ausdrücklich an (Art. 9), ja sie verleiht ihnen sogar hervorgehobene Rechte, etwa bei der Stellung von Änderungsanträgen (z. B. Art. 23 Abs. 2, 27 Abs. 1). Die ursprüngliche Furcht, durch die Fraktionenbildung könne sich der Charakter des AdR verändern und es zu Überschneidungen mit der Repräsentationsfunktion des EP kommen, findet nach wie vor seinen Niederschlag in Art. 7 GO-AdR, wonach die Fraktionen zusammen mit den nationalen Delegationen »in ausgewogener Weise zur Organisation der Arbeiten des Ausschusses« beitragen.[9] Der gestiegene Einfluss der

---

[4] *Kleffner-Riedel*, Regionalausschuß und Subsidiaritätsprinzip, 1993, S. 195 und *Wiedmann*, EuR 1999, 49 (59) gehen insoweit von einem Redaktionsversehen aus; a. A. *Hasselbach*, Der Ausschuß der Regionen in der Europäischen Union, 1996, S. 154.

[5] *Hasselbach* (Fn. 4), S. 155 f. m. w. N.

[6] ABl. 2014, L 65/41.

[7] *Hasselbach* (Fn. 4), S. 177; zur Rolle der nationalen Delegationen vgl. auch *Wiedmann*, EuR 1999, 49 (78).

[8] *Hasselbach* (Fn. 4), S. 176.

[9] *Ricci*, The Committee of the Regions and the Challenge of European Governance, in: Panara/De Becker (Hrsg.), The Role of the Regions in EU Governance, 2011, S. 115.

Fraktionen[10] kommt nicht zuletzt auch in der Sitzordnung der Plenarversammlung zum Ausdruck, indem diese seit 2004 nach Fraktionen gegliedert ist und nicht mehr wie zuvor nach der alphabetischen Reihenfolge.[11] Derzeit existieren fünf Fraktionen im AdR, nämlich EVP, SPE, ALDE, die Europäische Allianz (UEN-EA) sowie die EU-kritische EKR (Europäische Konservative und Reformisten).

8   Neben den nationalen Delegationen und den Fraktionen erkennt die Geschäftsordnung die Möglichkeit der Bildung von **interregionalen Gruppen** an (Art. 10). Das Nähere regelt eine Entscheidung des AdR vom 13.2.2007.[12] Auf deren Grundlage sind derzeit insgesamt zwölf interregionale Gruppen entstanden, teils mit geographischem (Adria-Ionisches Meer, Makroregion Alpen, Ostseeraum, Inselgebiete, Nordsee, Saar-Lor-Lux, Karpaten), teils mit thematischem Schwerpunkt (grenzüberschreitende Zusammenarbeit, Zukunft Automobilindustrie, Gesundheit, weniger entwickelte Regionen), sowie die interregionale Gruppe »Regionen mit Gesetzgebungsbefugnissen«.

9   Unabhängig von der Geschäftsordnung sind im AdR eine Reihe von **Netzwerken** und **Plattformen** entstanden, die in der interinstitutionellen Vereinbarung mit der Kommission (Art. 300 AEUV, Rn. 12) nunmehr zumindest mittelbar anerkannt worden sind (Ziff. 23, letzter Absatz). An Netzwerken existieren die Europa–2020-Monitoringplattform, das Netz für Subsidiaritätskontrolle,[13] das EVTZ-Netzwerk, das Netzwerk ATLAS (dezentrale Entwicklungszusammenarbeit) sowie der sog. Bürgermeisterkonvent.[14] Im Bereich der internationalen Zusammenarbeit sind zudem die Versammlung der regionalen und lokalen Gebietskörperschaften Europa-Mittelmeer (ARLEM) sowie die Konferenz der regionalen und lokalen Gebietskörperschaften in der Östlichen Partnerschaft (CORLEAP) zu nennen.[15]

10   Ein Großteil der praktischen Arbeit erfolgt nicht im Plenum, sondern in den sog. **Fachkommissionen** (Art. 49ff.).[16] In Fällen, in denen ein Stellungnahme- oder Berichtsentwurf von der Fachkommission einstimmig angenommen worden ist, greift das sog. vereinfachte Verfahren, d.h. der Entwurf wird der Plenarversammlung lediglich zur unveränderten Annahme vorgelegt, außer ein qualifiziertes Quorum reichte einen Änderungsantrag ein (Art. 27 Abs. 1 Satz 1). Hier erfolgen also die inhaltlichen Weichenstellungen bereits während der Behandlung im Fachausschuss. In Dringlichkeitsfällen, in denen eine vom Rat, von der Kommission oder dem EP gesetzte Frist im normalen Verfahren nicht eingehalten werden kann, wird sogar der (von der zuständigen Fachkommission einstimmig angenommene) Stellungnahmeentwurf als solcher nach außen

---

[10] *Schmuck*, Der Ausschuss der Regionen 2009/2010, in: Europäisches Zentrum für Föderalismusforschung, Jahrbuch des Föderalismus 2010, S. 414 (424).

[11] *Blanke*, in: Grabitz/Hilf/Nettesheim, EU, Art. 305 AEUV (Januar 2016), Rn. 15; *Hönle*, in: Schwarze, EU-Kommentar, Art. 306 AEUV, Rn. 8.

[12] *Ricci* (Fn. 9), S. 116.

[13] Zu diesen beiden vgl. auch *Rowe*, The Committee of the Regions in 2011/2012, in: Europäisches Zentrum für Föderalismusforschung Tübingen, Jahrbuch des Föderalismus 2012, S. 475 (S. 481ff.).

[14] Überblick unter http://cor.europa.eu/de/activities/networks/Pages/about-networks.aspx (7.3.2016).

[15] Informationen unter http://cor.europa.eu/de/activities/arlem/Pages/arlem.aspx (7.3.2016) und http://cor.europa.eu/de/activities/corleap/Pages/corleap.aspx (7.3.2016); siehe auch *Rowe* (Fn. 13), S. 475 (S. 487ff.); *dies.*, The Committee of the Regions in 2012, in: Europäisches Zentrum für Föderalismusforschung, Jahrbuch des Föderalismus 2013, S. 497 (S. 502f.).

[16] *Thiele*, Der Ausschuss der Regionen – ein Beitrag zur föderalen Vielfalt in der Europäischen Union, in: Härtel (Hrsg.), Handbuch Föderalismus, Band IV: Föderalismus in Europa und der Welt, 2012, § 93, Rn. 51.

übermittelt, die Plenarversammlung kann nachträglich nur noch über die unveränderte Annahme entscheiden (Art. 26).[17]

Die **Zuständigkeit der Fachkommissionen** erstreckt sich auf die Ausarbeitung von Entwürfen zu Stellungnahmen, Berichten und Entschließungen; ausgenommen sind jedoch Stellungnahmen, die der AdR gänzlich aus eigener Initiative beschließt, die also nicht zumindest mittelbar auf die Information durch ein anderes Unionsorgan oder ein Ersuchen des Ratsvorsitzes zurückgehen (Art. 51 Abs. 2, 41 Buchst. b ii.; Art. 307 AEUV, Rn. 18). Anträge auf Erarbeitung derartiger Initiativstellungnahmen können von den Fachkommissionen lediglich dem Präsidium unterbreitet werden (Art. 44 Abs. 1). **11**

Jedes Mitglied des AdR muss zumindest einer, darf aber im Regelfall höchstens zwei Fachkommissionen angehören (Art. 49 Abs. 3). Die **Zusammensetzung der Fachkommissionen** muss die nationale Zusammensetzung des AdR widerspiegeln, d. h. neben der politischen spielt die nationale Affiliation der AdR-Mitglieder nach wie vor eine bedeutende Rolle.[18] Derzeit existieren folgende Fachkommissionen: CIVEX (Fachkommission für Unionsbürgerschaft, Regieren, institutionelle Fragen und Außenbeziehungen), COTER (Fachkommission für Kohäsionspolitik), ECON (Fachkommission für Wirtschaftspolitik), ENVE (Fachkommission für Umwelt, Klimawandel und Energie), NAT (Fachkommission für natürliche Ressourcen) und SEDEC (Fachkommission für Sozialpolitik, Bildung, Beschäftigung, Forschung und Kultur). Daneben existieren ein Ad-hoc-Ausschuss zum EU-Haushalt und ein Ausschuss zu Finanz- und Verwaltungsfragen (CFAA).[19] **12**

Bei der Schaffung des AdR im Jahr 1994 hatte man vorgesehen, dass sich WSA und AdR einen **gemeinsamen Verwaltungsunterbau** teilen.[20] Das wurde insbesondere aus den Reihen des AdR von Beginn an kritisiert[21] und führte in der Praxis zu Spannungen zwischen den Ausschüssen.[22] Mit dem Amsterdamer Vertrag ist der Zwang zur Nutzung eines gemeinsamen organisatorischen Unterbaus entfallen, seither verfügt der AdR über eine eigene Verwaltung. Dessen ungeachtet werden auf freiwilliger Basis nach wie vor gemeinsame Dienste mit dem WSA genutzt, Grundlage hierfür ist ein Kooperationsabkommen zwischen WSA und AdR.[23] Am 5.2.2014 ist ein Kooperationsabkommen zwischen EP, WSA und AdR unterzeichnet worden, durch das weitere Synergien bei den Übersetzungs-, Recherche- und Dokumentationsdiensten geschaffen werden sollen.[24] **13**

---

[17] Krit. zu dieser Regelungstechnik *Suhr*, in: Calliess/Ruffert, EUV/AEUV, Art. 306 AEUV, Rn. 10.

[18] *Ricci* (Fn. 9), S. 115.

[19] http://cor.europa.eu/en/activities/commissions/Pages/commissions.aspx (7.3.2016).

[20] Protokoll betreffend den Wirtschafts- und Sozialausschuss und den Ausschuss der Regionen, ABl. 1992, Nr. 191/87.

[21] *Wuermeling*, EuR 1993, 196 (205).

[22] *Blanke*, Der Ausschuss der Regionen. Normative Ausgestaltung, politische Rolle und verwaltungsorganisatorische Infrastruktur, EZFF Occasional Papers Nr. 25 (2002), 28; *Wiedmann*, EuR 1999, 49 (58 f.).

[23] Administrative Cooperation Agreement between the European Economic and Social Committee and the Committee of the Regions vom Dezember 2007, abrufbar unter http://www.eesc.europa.eu/resources/docs/accord-eesc-cor-en.doc (7.3.2016).

[24] Abrufbar unter http://cor.europa.eu/en/about/interinstitutional/Documents/ep-cor_a245.pdf (7.3.2016).

C. Zusammentreten (Abs. 3)

14   Wie bei der Parallelbestimmung zum WSA (Art. 303 AEUV, Rn. 8) ist durch den Vertrag von Lissabon das EP zu den Organen, die ein Zusammentreten des AdR verlangen können, hinzugekommen. Die Einberufung als solche erfolgt nicht durch EP, Rat oder Kommission, sondern obliegt dem Präsidenten des AdR. Dadurch wird die Eigenständigkeit des AdR betont, im Gegensatz zu seiner Vorgängerinstitution, dem Beirat der regionalen und lokalen Gebietskörperschaften (Art. 300 AEUV, Rn. 5), welcher direkt von der Kommission einberufen wurde.[25] In der Praxis tritt der AdR allerdings üblicherweise aus eigener Initiative zusammen, ja die GO-AdR erwähnt das Einberufungsverlangen von EP, Rat und Kommission nicht einmal, sondern regelt nur die Einberufung durch den Präsidenten.[26] Gem. Art. 14 Abs. 1 GO-AdR muss mindestens eine Plenartagung pro Quartal stattfinden, üblich sind heute sechs Sitzungen pro Jahr.[27] Mit Genehmigung des Präsidiums kann eine Sitzung auch außerhalb des üblichen Arbeitsortes (Brüssel als Sitz des AdR, Art. 300 AEUV, Rn. 5) stattfinden (Art. 37 Buchst. h GO-AdR). Das hat den Hintergrund, dass der Ausschuss eine Sitzung pro Halbjahr in dem Mitgliedstaat abhält, der die Ratspräsidentschaft innehat.[28]

---

[25] *Theissen*, Der Ausschuß der Regionen (Artikel 198a-c EG-Vertrag), 1996, S. 224 mit Fn. 423.
[26] *Blanke*, in: Grabitz/Hilf/Nettesheim, EU, Art. 306 AEUV (Januar 2016), Rn. 18.
[27] http://cor.europa.eu/en/activities/plenary/Pages/plenary-sessions.aspx (7.3.2016).
[28] *Hönle*, in: Schwarze, EU-Kommentar, Art. 306 AEUV, Rn. 18.

Artikel 307 AEUV [Anhörung]

Der Ausschuss der Regionen wird vom Europäischen Parlament, vom Rat oder von der Kommission in den in den Verträgen vorgesehenen Fällen und in allen anderen Fällen gehört, in denen eines dieser Organe dies für zweckmäßig erachtet, insbesondere in Fällen, welche die grenzüberschreitende Zusammenarbeit betreffen.

[1]Wenn das Europäische Parlament, der Rat oder die Kommission es für notwendig erachten, setzen sie dem Ausschuss für die Vorlage seiner Stellungnahme eine Frist; diese beträgt mindestens einen Monat, vom Eingang der diesbezüglichen Mitteilung beim Präsidenten des Ausschusses an gerechnet. [2]Nach Ablauf der Frist kann das Fehlen einer Stellungnahme unberücksichtigt bleiben.

[1]Wird der Wirtschafts- und Sozialausschuss nach Artikel 304 gehört, so wird der Ausschuss der Regionen vom Europäischen Parlament, vom Rat oder von der Kommission über dieses Ersuchen um Stellungnahme unterrichtet. [2]Der Ausschuss der Regionen kann, wenn er der Auffassung ist, dass spezifische regionale Interessen berührt werden, eine entsprechende Stellungnahme abgeben.

Er kann, wenn er dies für zweckdienlich erachtet, von sich aus eine Stellungnahme abgeben.

Die Stellungnahme des Ausschusses sowie ein Bericht über die Beratungen werden dem Europäischen Parlament, dem Rat und der Kommission übermittelt.

Literaturübersicht

Siehe Angaben zu Art. 300 AEUV.

Inhaltsübersicht

A. Allgemeines

Art. 307 AEUV konkretisiert die in Art. 300 Abs. 1 AEUV benannte **Beratungsfunktion** 1 des AdR. Die Vorschrift ist durch den Vertrag von Lissabon redaktionell geglättet worden. Zuvor konnten zwar ebenfalls Anhörungen durch das EP, Rat und Kommission erfolgen, die gesonderte Regelung der Anhörung durch das EP in Art. 265 Abs. 4 EG im Gegensatz zu der durch Rat und Kommission (Art. 265 Abs. 1 EG) warf jedoch Fragen hinsichtlich der systematischen Auslegung auf.[1] Nicht übernommen hat der Vertrag von Lissabon die im VVE (Art. III–388 Abs. 3) vorgesehene Zusammenfassung von akzessorischer Anhörung und Selbstbefassungsrecht (heute Abs. 3 und 4).[2]

---

[1] *Suhr*, in: Calliess/Ruffert, EUV/AEUV, Art. 307 AEUV, Rn. 3.
[2] *Suhr*, in: Calliess/Ruffert, EUV/AEUV, Art. 307 AEUV, Rn. 5.

2   Bezüglich der Beratung durch den AdR unterscheidet der AEU-Vertrag zwischen der obligatorischen und der fakultativen Anhörung (Abs. 1), der akzessorischen Anhörung (Abs. 3) sowie der Selbstbefassung (Abs. 4). Primärrechtlich nicht geregelt, sondern nur in der GO-AdR verankert ist das Recht zur Verabschiedung von Entschließungen durch den AdR (Art. 45 GO-AdR). Allgemein gilt es zu berücksichtigen, dass sich die Beratungsfunktion des AdR auf den **AEU-Vertrag**, **nicht** aber auf den **EAG-Vertrag** bezieht; Stellungnahmen im Bereich des **EU-Vertrags** sind eher selten, rechtlich jedoch nicht ausgeschlossen (Art. 300 AEUV, Rn. 17 f.).

B.   Obligatorische Anhörung (Abs. 1 Alt. 1)

3   Die obligatorische Anhörung ist in rechtlicher Hinsicht die **stärkste Form der Beteiligung** des AdR am Rechtsetzungsprozess auf europäischer Ebene. Eine Anhörung muss erfolgen, ihr Unterbleiben allein kann zur Nichtigerklärung des betreffenden Rechtsakts durch den EuGH führen (Rn. 8). Zusätzliche Bedeutung kommt seit dem Vertrag von Lissabon der obligatorischen Anhörung dadurch zu, dass durch sie mittelbar der Umfang des Klagerechts des AdR aus Art. 263 Abs. 3 AEUV festgelegt wird (Rn. 8). Der Umfang der anhörungspflichtigen Politikbereiche ist im Laufe der Zeit beständig gewachsen, zuletzt durch Hinzunahme der Verkehrs- und Energiepolitik (Art. 100 Abs. 2, 194 Abs. 2 AEUV).[3] Allerdings bleiben die anhörungspflichtigen Politikbereiche des AdR nach wie vor hinter denen des WSA zurück, hieraus erklärt sich das Instrument der akzessorischen Anhörung gem. Abs. 3.

4   Obligatorisch vorgesehen ist die Anhörung des AdR im **AEU-Vertrag** heute in folgenden Fällen: Art. 91 Abs. 1, Art. 100 Abs. 2 Satz 2, Art. 148 Abs. 2 Satz 1, Art. 149 Abs. 1, Art. 153 Abs. 2 UAbs. 2, Art. 164, Art. 165 Abs. 4, Art. 166 Abs. 4, Art. 167 Abs. 5, Art. 168 Abs. 4 und 5, Art. 172 Abs. 1, Art. 175 Abs. 3, Art. 177 Abs. 1 und 2, Art. 178 Abs. 1, Art. 192 Abs. 1, Abs. 2 UAbs. 1 und 2, Abs. 3, Art. 194 Abs. 2 UAbs. 1 Satz 2 AEUV.

5   In der Literatur herrscht Uneinigkeit darüber, wie der Begriff der »obligatorischen« Anhörung zu verstehen ist. Teilweise wird vertreten, aus dem Grundsatz der Organtreue ergebe sich eine Verpflichtung des AdR, einem Stellungnahmeersuchen auch tatsächlich nachzukommen.[4] Diese Sichtweise vermag allerdings nicht die in Abs. 2 Satz 2 enthaltene Regelung zu erklären, der zufolge eine Stellungnahme nach Verstreichen einer gesetzten Frist von den anderen Organen unberücksichtigt bleiben darf. Durch diese Regelung hat es der AdR in der Hand, sich einem Stellungnahmeersuchen zu entziehen. Die besseren Gründe sprechen daher für die Auffassung, den Begriff »obligatorisch« in dem Sinne zu verstehen, dass dem AdR die **Möglichkeit der Stellungnahme** eingeräumt worden sein muss. Ob er von dieser Möglichkeit Gebrauch macht oder nicht, entscheidet er selbst.[5] Dementsprechend sieht Art. 67 GO-AdR die Möglichkeit vor, dass eine Fachkommission beschließt, keine Stellungnahme zu erarbeiten, wenn sie zu der Auffassung gelangt, dass keine regionalen oder lokalen Anliegen berührt seien oder

---

[3] *Suhr*, in: Calliess/Ruffert, EUV/AEUV, Art. 307 AEUV, Rn. 8.

[4] *Burgi/Hölbling*, in: Streinz, EUV/AEUV, Art. 307 AEUV, Rn. 3; *Suhr*, in: Calliess/Ruffert, EUV/AEUV, Art. 307 AEUV, Rn. 14.

[5] Ebenso *Hönle*, in: Schwarze, EU-Kommentar, Art. 307 AEUV, Rn. 19; *Obermüller*, in: GSH, Europäisches Unionsrecht, Art. 307 AEUV, Rn. 19; *Wiedmann*, EuR 1999, 49 (63 f.).

die Angelegenheit politisch nicht von Bedeutung ist. Das betreffende Unionsorgan wird durch den Generalsekretär hiervon in Kenntnis gesetzt.

Die Möglichkeit der Stellungnahme muss so ausgestaltet sein, dass der AdR **Gelegen-**   6
heit hat, auf den Entscheidungsprozess auch **tatsächlich Einfluss** zu nehmen.[6] Mit dem
bloßen Ersuchen um Stellungnahme wird daher der Anhörungspflicht aus Abs. 1 Alt. 1
nicht genügt.[7] Aus dem Grundsatz der Organtreue folgt vielmehr für EP, Rat und Kommission die Verpflichtung, eine Stellungahme des AdR auch abzuwarten, sofern nicht
eine gem. Abs. 2 gesetzte Frist ergebnislos verstrichen ist oder aber der AdR die Abgabe
der Stellungnahme eindeutig abgelehnt hat.[8] Im ordentlichen Gesetzgebungsverfahren
bedeutet dies, dass die Anhörung vor der Ersten Lesung erfolgt sein muss, da im Fall der
Billigung des EP-Standpunkts durch den Rat der Rechtsakt bereits erlassen ist (Art. 294
Abs. 4 AEUV).[9]

Ändert die Kommission nach erfolgter obligatorischer Stellungnahme des AdR ihren   7
Vorschlag in wesentlichen Punkten, ist eine **erneute Anhörung** geboten, es sei denn, die
Änderung entspräche der Stellungnahme. Diese aus der EuGH-Rechtsprechung zur Anhörung des EP[10] entlehnte Rechtsfolge ist nunmehr in der interinstitutionellen Vereinbarung zwischen Kommission und AdR (Art. 300 AEUV, Rn. 12) ausdrücklich festgeschrieben worden (Ziff. 11, letzter Absatz).[11]

Prozessual wird das obligatorische Anhörungsrecht zunächst dadurch gesichert, dass   8
ihr Unterbleiben als **Verletzung wesentlicher Formvorschriften** i. S. d. Art. 263 Abs. 2
AEUV gewertet wird, die zur Nichtigkeit des betreffenden Rechtsakts führen kann.[12]
Allerdings war bis zum Inkrafttreten des Vertrags von Lissabon unklar, ob der AdR die
Rechtsverletzung selbst vor dem EuGH geltend machen kann oder aber auf die Geltend-
machung durch einen anderen Kläger angewiesen ist (Art. 300 AEUV, Rn. 8). Diese
Frage ist durch Art. 263 Abs. 3 AEUV nunmehr positiv zugunsten eines **eigenen Kla-**
gerechts des AdR entschieden. Darüber hinaus kann der AdR in demselben Umfang eine
Verletzung des Subsidiaritätsprinzips auf dem Klagewege geltend machen (Art. 8 Abs. 2
Subsidiaritätsprotokoll Nr. 8).

Es liegt in der Natur des Anhörungsverfahrens, dass die Stellungnahmen des AdR   9
inhaltlich keine Bindungswirkung erzeugen. Allerdings sind die Unionsorgane verpflichtet, in der Begründung auf die Stellungnahme zu verweisen (Art. 296 Abs. 2
AEUV).[13] Die mangelhafte Begründung kann ihrerseits ggf. wiederum einen Nichtig-

---

[6] *Blanke*, in: Grabitz/Hilf/Nettesheim, EU, Art. 307 AEUV (Januar 2016), Rn. 1; *Burgi/Hölbling*,
in: Streinz, EUV/AEUV, Art. 307 AEUV, Rn. 3; *Hönle*, in: Schwarze, EU-Kommentar, Art. 307
AEUV, Rn. 3.

[7] *Suhr*, in: Calliess/Ruffert, EUV/AEUV, Art. 307 AEUV, Rn. 9.

[8] *Burgi/Hölbling*, in: Streinz, EUV/AEUV, Art. 307 AEUV, Rn. 3; *Suhr*, in: Calliess/Ruffert,
EUV/AEUV, Art. 307 AEUV, Rn. 9.

[9] *Blanke*, in: Grabitz/Hilf/Nettesheim, EU, Art. 307 AEUV (Januar 2016), Rn. 1; *Hönle*, in:
Schwarze, EU-Kommentar, Art. 307 AEUV, Rn. 3.

[10] EuGH, Urt. v. 16.7.1992, Rs. C–65/90 (Parlament/Rat), Slg. 1992, I–4593, Rn. 16.

[11] *Rowe*, The Committee of the Regions in 2012, in: Europäisches Zentrum für Föderalismusforschung, Jahrbuch des Föderalismus 2013, 497 (506).

[12] Unstr., vgl. *Burgi/Hölbling*, in: Streinz, EUV/AEUV, Art. 307 AEUV, Rn. 4; *Hönle*, in: Schwarze, EU-Kommentar, Art. 307 AEUV, Rn. 21; *Suhr*, in: Calliess/Ruffert, EUV/AEUV, Art. 307 AEUV,
Rn. 9.

[13] *Burgi/Hölbling*, in: Streinz, EUV/AEUV, Art. 307 AEUV, Rn. 3; *Hönle*, in: Schwarze, EU-
Kommentar, Art. 307 AEUV, Rn. 22; *Suhr*, in: Calliess/Ruffert, EUV/AEUV, Art. 307 AEUV, Rn. 15.

keitsgrund i. S. d. Art. 263 Abs. 2 AEUV (Verletzung wesentlicher Formvorschriften) darstellen.[14]

C. Fakultative Anhörung (Abs. 1 Alt. 2)

10 Ob EP, Rat oder Kommission von dem Instrument der fakultativen Anhörung Gebrauch machen, steht in deren Ermessen. Abs. 1 letzter Halbsatz gibt mit dem Hinweis auf Fälle, welche die **grenzüberschreitende Zusammenarbeit** betreffen, ein gewisses Indiz. Letztlich geht es hier darum, Sachnähe und Sachkenntnis der AdR-Mitglieder zu nutzen.[15] Bestimmte regionale Interessen wie bei Abs. 3 Satz 2 brauchen dabei nicht berührt zu sein.[16] Die interinstitutionelle Vereinbarung zwischen Kommission und AdR (Art. 300 AEUV, Rn. 12) spezifiziert näher, in welchen Fällen eine fakultative Befassung »in Erwägung gezogen werden« kann (Ziff. 9).

11   Mit der Entscheidung, den AdR fakultativ anzuhören, geht eine grds. Verpflichtung einher, die **Stellungnahme auch abzuwarten**.[17] Fraglich erscheint, ob die Kommission nach einer erfolgten fakultativen Anhörung des AdR im Falle einer wesentlichen Umgestaltung ihres Vorschlags zu einer **erneuten Anhörung** verpflichtet ist. Die interinstitutionelle Vereinbarung zwischen Kommission und AdR (Art. 300 AEUV, Rn. 12) sieht eine erneute Befassung des Ausschusses nur bei vorheriger obligatorischer, nicht hingegen bei vorheriger fakultativer Anhörung vor (Ziff. 11, letzter Absatz). Zur Anwendbarkeit der Fristsetzung gem. Abs. 2 vgl. Rn. 13.

D. Fristsetzung (Abs. 2)

12 Ob EP, Rat oder Kommission dem AdR eine Frist zur Abgabe seiner Stellungnahme setzen, liegt in ihrem Ermessen. Gem. Abs. 2 Satz 1 muss die Frist **mindestens einen Monat** betragen, was häufig nicht ausreichen wird.[18] Der AdR hat auf dieses Problem mit dem Instrument der Dringlichkeitsstellungnahme reagiert (Art. 26 GO-AdR, näher Art. 306 AEUV, Rn. 10). Nach Ablauf der Frist kann die Stellungnahme unberücksichtigt bleiben (Abs. 2 Satz 2), muss es aber nicht.[19] Wird eine gesetzte Frist nicht abgewartet, kann dies die Nichtigkeit des Sekundärrechtsakts zur Folge haben.[20]

13   Aus systematischer Auslegung folgt, dass die Fristsetzung nur auf die Fälle der obligatorischen oder fakultativen Anhörung gem. Abs. 1, **nicht** aber auf Fälle der **akzesso-**

---

[14] *Pechstein*, EU-Prozessrecht, Rn. 555.

[15] *Blanke*, in: Grabitz/Hilf/Nettesheim, EU, Art. 307 AEUV (Januar 2016), Rn. 7.

[16] *Burgi/Hölbling*, in: Streinz, EUV/AEUV, Art. 307 AEUV, Rn. 5.

[17] *Burgi/Hölbling*, in: Streinz, EUV/AEUV, Art. 307 AEUV, Rn. 5; *Obermüller*, in: GSH, Europäisches Unionsrecht, Art. 307 AEUV, Rn. 13; *Suhr*, in: Calliess/Ruffert, EUV/AEUV, Art. 307 AEUV, Rn. 16.

[18] *Hönle*, in: Schwarze, EU-Kommentar, Art. 307 AEUV, Rn. 17; *Obermüller*, in: GSH, Europäisches Unionsrecht, Art. 307 AEUV, Rn. 13 (i.d.R. 3–5 Monate für die Verabschiedung einer Stellungnahme).

[19] *Burgi/Hölbling*, in: Streinz, EUV/AEUV, Art. 307 AEUV, Rn. 8; *Kaufmann-Bühler*, in: Lenz/Borchardt, EU-Verträge, Art. 307 AEUV, Rn. 6.

[20] *Blanke*, in: Grabitz/Hilf/Nettesheim, EU, Art. 307 AEUV (Januar 2016), Rn. 20; *Burgi/Hölbling*, in: Streinz, EUV/AEUV, Art. 307 AEUV, Rn. 8.

rischen Anhörung gem. Abs. 3 Anwendung findet.[21] Auch der Sache nach wäre es nicht überzeugend, müssten die nachfragenden Organe neben dem WSA auch noch dem AdR eine eigene, möglicherweise weitergehende Frist setzen. Vielmehr ist davon auszugehen, dass sich die akzessorische Stellungnahme des AdR gem. Abs. 3 innerhalb des für den WSA geltenden zeitlichen Rahmens bewegt.[22]

E.   Akzessorische Anhörung (Abs. 3)

Angesichts der Tatsache, dass der WSA in deutlich mehr Fällen angehört werden muss als der AdR, gewährleistet Abs. 3 eine Unterrichtungspflicht, damit der AdR darüber entscheiden kann, ob er von seinem **(akzessorischen) Stellungnahmerecht** Gebrauch machen möchte oder nicht. In umgekehrter Richtung – also in Fällen, in denen der AdR angehört werden muss, nicht aber der WSA (Art. 167 Abs. 5 AEUV), – existiert keine vergleichbare Regelung, was erstaunt.[23] Ohnehin mag man nach dem Sinn der Regelung fragen, wenn man bedenkt, dass der AdR ja jedenfalls das Recht zur Selbstbefassung hat (Abs. 4). Entscheidend ist insoweit die über Abs. 3 ausgelöste Unterrichtungspflicht, die es dem AdR ermöglicht, über die akzessorische Stellungnahme zu entscheiden.[24]   **14**

Indem Abs. 3 auf Art. 304 AEUV insgesamt Bezug nimmt, gilt die Regelung in Fällen **obligatorischer und fakultativer Anhörung des WSA** gleichermaßen. Im Falle der Selbstbefassung des WSA hingegen liegt kein »Ersuchen« um Stellungnahme vor, so dass keine Unterrichtungspflicht ausgelöst wird.[25] Eine dem WSA gesetzte Frist gilt für den AdR gleichermaßen (Rn. 13).   **15**

Ob der AdR Stellung nimmt oder nicht, liegt in seinem Ermessen. Voraussetzung ist gem. Abs. 3 Satz 2 allerdings, dass er »**spezifische regionale Interessen**« berührt sieht. Diese Bestimmung wird teilweise als Redaktionsversehen bezeichnet, weil es an einer Erwähnung der lokalen Interessen fehle.[26] Teils wird argumentiert, dass sich lokale und regionale Interessen nicht trennscharf abgrenzen ließen, da lokale Angelegenheiten mittelbar zur Sache der Regionen werden könnten, etwa in Fällen der Rechts- oder Fachaufsicht.[27] Letztlich bedarf es dieser Konstruktionen jedoch nicht. Angesichts der notorischen Unschärfe des Begriffs »Region« (Art. 300 AEUV, Rn. 36) sowie angesichts der Tatsache, dass Vertreter sowohl der regionalen als auch der lokalen Ebene im »Ausschuss der Regionen« zusammengeschlossen sind, steht nichts entgegen, auch spezifisch lokale Interessen als solche des Abs. 3 Satz 2 anzusehen.[28]   **16**

---

[21] *Burgi/Hölbling*, in: Streinz, EUV/AEUV, Art. 307 AEUV, Rn. 8; a. A. *Wuermeling*, EuR 1993, 196 (204).

[22] *Burgi/Hölbling*, in: Streinz, EUV/AEUV, Art. 307 AEUV, Rn. 6; *Suhr*, in: Calliess/Ruffert, EUV/AEUV, Art. 307 AEUV, Rn. 18.

[23] *Blanke*, in: Grabitz/Hilf/Nettesheim, EU, Art. 307 AEUV (Januar 2016), Rn. 8.

[24] *Suhr*, in: Calliess/Ruffert, EUV/AEUV, Art. 307 AEUV, Rn. 17.

[25] *Blanke*, in: Grabitz/Hilf/Nettesheim, EU, Art. 307 AEUV (Januar 2016), Rn. 8; *Burgi/Hölbling*, in: Streinz, EUV/AEUV, Art. 307 AEUV, Rn. 6; *Hönle*, in: Schwarze, EU-Kommentar, Art. 307 AEUV, Rn. 11; *Obermüller*, in: GSH, Europäisches Unionsrecht, Art. 307 AEUV, Rn. 14; *Suhr*, in: Calliess/Ruffert, EUV/AEUV, Art. 307 AEUV, Rn. 17.

[26] *Obermüller*, in: GSH, Europäisches Unionsrecht, Art. 307 AEUV, Rn. 16.

[27] *Hönle*, in: Schwarze, EU-Kommentar, Art. 307 AEUV, Rn. 12.

[28] Wie hier *Blanke*, in: Grabitz/Hilf/Nettesheim, EU, Art. 307 AEUV (Januar 2016), Rn. 11; *Burgi/Hölbling*, in: Streinz, EUV/AEUV, Art. 307 AEUV, Rn. 6; *Suhr*, in: Calliess/Ruffert, EUV/AEUV, Art. 307 AEUV, Rn. 19.

F. Selbstbefassung (Abs. 4)

17   Im Unterschied zum WSA, der sich das Selbstbefassungsrecht erst allmählich erstreiten musste (Art. 304 AEUV, Rn. 14), verfügte der AdR von Beginn an über das Recht zur Selbstbefassung. Ein Bezug auf regionale oder lokale Themen ist dabei nicht erforderlich.[29] Allerdings besteht das Selbstbefassungsrecht nur im Rahmen von EU-Vertrag oder AEU-Vertrag (nicht aber EAG-Vertrag, Art. 300 AEUV, Rn. 17 f.). Die **uferlose Weite des Selbstbefassungsrechts** birgt die Gefahr, dass sich der AdR in allgemein-politischen Stellungnahmen verliert und so das Gewicht seiner eigenen Stellungnahmen im Ergebnis schmälert. Dieser Gefahr sucht man durch Fokussierung auf politische Schwerpunktthemen zu begegnen (Art. 300 AEUV, Rn. 46).[30] Wie der Bericht zur Zukunft des AdR aus dem Jahr 2014 belegt, besteht hier offenbar nach wie vor Verbesserungsbedarf. Der Bericht empfiehlt, der AdR solle sich auf Themen konzentrieren, »die für lokale und regionale Gebietskörperschaften besonders relevant sind. Eindeutige Prioritäten und eine begrenzte Zahl hochwertiger Stellungnahmen sind der Schlüssel zum Erfolg. Im Hinblick auf eine bessere Planung und Weiterverfolgung sollte ein neues Format für AdR-Stellungnahmen in Erwägung gezogen werden (kurz, spezifisch, profiliert, kritisch, mit Schwerpunkt auf legislativen Aspekten).«[31]

18   Die Geschäftsordnung differenziert weiter zwischen Initiativstellungnahmen, die »auf der Grundlage einer Mitteilung, eines Berichts oder eines Legislativvorschlags eines anderen Organs der Europäischen Union, die bzw. der dem Ausschuss zur Kenntnisnahme übermittelt wird, bzw. auf der Grundlage eines Ersuchens des Mitgliedstaats, der den derzeitigen oder den künftigen Vorsitz im Rat innehat« und Initiativstellungnahmen »gänzlich aus eigener Initiative« (Art. 41 Buchst. b i. und ii.). Für Letztere besteht keine Zuständigkeit der Fachkommissionen (Art. 306 AEUV, Rn. 11). Die interinstitutionelle Vereinbarung zwischen Kommission und AdR (Art. 300 AEUV, Rn. 12) erwähnt weiterhin das Instrument der **Prospektivstellungnahme** (Ziff. 10). Hierdurch wird es dem AdR ermöglicht, sein spezifisches Fachwissen möglichst frühzeitig in den Legislativprozess einzuspeisen.

G. Entschließungen

19   Auch wenn das Primärrecht dem AdR nur das Instrument der Stellungnahme zuweist, bestand offenbar ein Bedürfnis nach erweiterten Reaktionsmöglichkeiten. Die Geschäftsordnung sieht daher das **Instrument der Entschließung** vor (Art. 45). Es ist davon auszugehen, dass dies noch von der Geschäftsordnungsautonomie des AdR gedeckt ist,[32] zumal das Instrument der Entschließung bereits zu einer Zeit praktiziert wurde, da die Geschäftsordnung noch der Genehmigung durch den Rat unterlag (Art. 306 AEUV,

---

[29] *Burgi/Hölbling*, in: Streinz, EUV/AEUV, Art. 307 AEUV, Rn. 7.

[30] *Blanke*, 33 f.; *Blanke*, in: Grabitz/Hilf/Nettesheim, EU, Art. 307 AEUV (Januar 2016), Rn. 25.

[31] *Valcárcel Siso*, Hin zu einem Europäischen Senat der Regionen. Bericht zur Zukunft des AdR. 50 Empfehlungen, Juni 2014, S. 9 (abrufbar unter http://cor.europa.eu/en/documentation/brochures/Documents/Towards%20a%20European%20Senate%20of%20the%20Regions/2276%20president%20report%20–%2050%20recommendations%20DE%20BAT.pdf [7.3.2016]).

[32] *Burgi/Hölbling*, in: Streinz, EUV/AEUV, Art. 307 AEUV, Rn. 8.

Rn. 4).[33] Formell hat allerdings erst die Geschäftsordnung von 1999 eine Rechtsgrundlage für die Entschließungen geschaffen.[34]

Bei den Entschließungen besteht ähnlich wie bei den Initiativstellungnahmen   20
(Rn. 17) die Gefahr, dass sich der AdR in allgemein-politischen Äußerungen verzettelt
und so das eigene politische Gewicht schmälert. Die Geschäftsordnung **beschränkt** die
Einbringung von Entschließungen daher auf Fälle, die »sich auf den Tätigkeitsbereich
der Europäischen Union beziehen, wichtige Anliegen der regionalen und lokalen Gebietskörperschaften zum Gegenstand haben und von aktueller Bedeutung sind«
(Art. 45 Abs. 1). Bei unvorhersehbaren Ereignissen kann eine **Dringlichkeitsentschlie-
ßung** verabschiedet werden (Art. 45 Abs. 4). Zahlenmäßig sind die Entschließungen
von untergeordneter Bedeutung,[35] allerdings sieht die interinstitutionelle Vereinbarung
zwischen Kommission und AdR (Art. 300 AEUV, Rn. 12) vor, dass der AdR im ersten
Halbjahr jedes Jahres eine an die Kommission gerichtete Entschließung zu den wichtigsten Standpunkten des AdR zum Arbeitsprogramm der Kommission für das Folgejahr
verabschiedet (Ziff. 1).

H. Übermittlung (Abs. 5)

Die Stellungnahme des AdR wird gem. Art. 307 Abs. 5 AEUV, Art. 77 Abs. 1 GO-AdR   21
allen drei Organen (EP, Rat und Kommission) übermittelt, und zwar unabhängig davon,
wer die Stellungnahme angefragt hat.[36] Das EP wird seit dem Vertrag von Lissabon
gleichberechtigt neben Rat und Kommission genannt. Gem. Art. 77 Abs. 2 GO-AdR
werden Stellungnahmen und Entschließungen des AdR im Amtsblatt der EU veröffentlicht. Art. 78 GO-AdR regelt den Zugang der Öffentlichkeit zu Dokumenten. Der AdR
veröffentlicht Dokumente auf seiner Webseite.[37]

---

[33] *Wiedmann*, EuR 1999, 49 (59).
[34] *Hönle*, in: Schwarze, EU-Kommentar, Art. 306 AEUV, Rn. 22.
[35] *Suhr*, in: Calliess/Ruffert, EUV/AEUV, Art. 307 AEUV, Rn. 7 m. w. N.
[36] *Burgi/Hölbling*, in: Streinz, EUV/AEUV, Art. 307 AEUV, Rn. 9.
[37] http://cor.europa.eu/en/documentation/Pages/transparency-and-access-to-documents.aspx
(7. 3. 2016).

Kapitel 4
Die Europäische Investitionsbank

Artikel 308 AEUV [Rechtspersönlichkeit; Mitglieder; Satzung]

Die Europäische Investitionsbank besitzt Rechtspersönlichkeit.
Mitglieder der Europäischen Investitionsbank sind die Mitgliedstaaten.
[1]Die Satzung der Europäischen Investitionsbank ist den Verträgen als Protokoll beigefügt. [2]Der Rat kann auf Antrag der Europäischen Investitionsbank und nach Anhörung des Europäischen Parlaments und der Kommission oder auf Vorschlag der Kommission und nach Anhörung des Europäischen Parlaments und der Europäischen Investitionsbank die Satzung der Bank einstimmig gemäß einem besonderen Gesetzgebungsverfahren ändern.

Literaturübersicht

Dickertmann/Gelbhaar, Die Europäische Investitionsbank – Öffentliche Kreditwirtschaft im Schatten des Europäischen Haushalts, in: Cox (Hrsg.), Daseinsvorsorge und öffentliche Dienstleistungen in der Europäischen Union, 2000, S. 185; *Dunnett*, The European Investment Bank: Autonomous Instrument of Common Policy?, CMLRev. 31 (1994), 721; *Käser*, Darlehen der Europäischen Investitionsbank – Darlehen der Weltbank, EuR 1967, 289; *ders.*, The European Investment Bank: its Role and Place within the European Community System, YEL 1984, 303; *Kruppova*, Die Europäische Investitionsbank, Diss. iur., München, 1999; *Le Portz*, La Banque Européenne d'Investissement et l'intégration européenne, FS Pierre Werner, 1993, S. 105; *Skiadas*, European Court of Auditors and European Investment Bank: An uneasy relationship, EPL 5 (1999), 215; *Tabary*, La Banque européenne d'investissement, 1989.

Leitentscheidungen

EuGH, Urt. v. 15.6.1976, Rs. 110/75 (Mills/EIB), Slg. 1976, 955
EuGH, Urt. v. 3.3.1988, Rs. 85/86 (Kommission/EIB), Slg. 1988, 1281
EuGH, Urt. v. 2.12.1992, Rs. C–370/89 (SGEEM und Etroy/EIB), Slg. 1992, I–6211
EuGH, Urt. v. 10.7.2003, Rs. C–11/00 (Kommission/EZB), Slg. 2003, I–7147
EuGH, Urt. v. 10.7.2003, Rs. C–15/00 (Kommission/EIB), Slg. 2003, I–7281

Inhaltsübersicht

Marit Sademach/Ulrich Häde

A. Allgemeines

Die Vorschrift regelt die wesentlichen **institutionellen Grundlagen der Europäischen** **1**
Investitionsbank (EIB); Art. 309 AEUV bestimmt ihre Aufgaben. Ergänzt und konkretisiert werden beide Vorschriften durch die Satzung der EIB,[1] die als Protokoll Nr. 5 den Verträgen beigefügt (Abs. 3 Satz 1) und damit gemäß Art. 51 EUV deren Bestandteil ist.

Die EIB wurde **1958** als Einrichtung der EWG mit dem Inkrafttreten der Römischen **2**
Verträge in Brüssel gegründet, wie es Art. 129 Abs. 1 Hs. 1 i. V. m. Art. 3 Buchst. j
EWGV vorsah.[2] Art. 129 EWGV bildete zusammen mit Art. 130 EWGV einen eigenen Titel IV (Die Europäische Investitionsbank) des mit »Die Politik der Gemeinschaft« überschriebenen dritten Teils des EWGV; Art. 3 EWGV widmete sich den Tätigkeiten der Gemeinschaft. Der Vertrag von Maastricht verschob Art. 129 und 130 EWGV in Art. 198d und den mit einem Satz 3 ergänzten Art. 198e EGV in den fünften Teil (Die Organe der Gemeinschaft), Titel I (Vorschriften über die Organe), Kapitel 5 (Die Europäische Investitionsbank). Art. 129 Abs. 1 Hs. 1 EWGV über die Errichtung der EIB fand sich in Art. 4b EGV-Maastricht unverändert wieder.

Der Vertrag von Amsterdam überführte die Art. 198d und 198e EGV-Maastricht **3**
unter Beibehaltung ihrer systematischen Stellung in Art. 266 und 267 EGV. Aus Art. 4b EGV-Maastricht wurde, ebenfalls mit gleichem Wortlaut, Art. 9 EGV-Amsterdam. Der Vertrag von Nizza behielt die Nummerierungen bei, ergänzte jedoch Art. 266 Abs. 3 EGV um einen neuen Satz 2, der für bestimmte Artikel der EIB-Satzung ein vereinfachtes Änderungsverfahren eröffnete. Seit Inkrafttreten des **Vertrags von Lissabon** finden sich die Regelungen der Art. 266 und 267 EGV in Art. 308 und 309 AEUV. Abs. 3 Satz 2 erstreckt nun das in Art. 266 Abs. 3 Satz 2 EGV erwähnte vereinfachte Verfahren zur Änderung einzelner Satzungsartikel auf die gesamte Satzung. Der die Errichtung der EIB behandelnde Art. 9 EGV entfiel ersatzlos.

Aufgrund eines Beschlusses der im gemeinsamen Rat vereinigten Vertreter der Re- **4**
gierungen der Mitgliedstaaten der Europäischen Gemeinschaften[3] hat die EIB seit 1968 ihren **Sitz in Luxemburg**. Daneben unterhält sie etliche Außenbüros.

B. Die Rolle der EIB als Bank

Nachdem die französische Nationalversammlung 1954 den Vertrag zur Gründung **5**
einer Europäischen Verteidigungsgemeinschaft (EVG) abgelehnt hatte, trafen sich die Außenminister der sechs Gründerstaaten der EGKS im Juni 1955 im sizilianischen Messina, um über das weitere Schicksal einer europäischen Integration zu beraten. In der Überzeugung, dass ein nächster Schritt auf dem Weg zu einem geeinten Europa auf wirtschaftlichem Gebiet zu erfolgen habe,[4] endete die Konferenz mit einer Re-

---

[1] ABl. 2012, C 326/251.
[2] Vgl. *Käser*, YEL 1984, 303 (305 ff.). Zur Entstehungsgeschichte s. auch *Kruppova*, S. 6 ff.; *Le Portz*, S. 105 ff.
[3] Art. 5 des Beschlusses der Vertreter der Regierungen der Mitgliedstaaten über die vorläufige Unterbringung bestimmter Organe und Dienststellen der Gemeinschaften (67/446/EWG), (67/30/Euratom) vom 8. 4. 1965, ABl. 1967, Nr. 152/18 (19). S. auch Buchst. h des einzigen Artikels des Protokolls über die Festlegung der Sitze der Organe und bestimmter Einrichtungen und Dienststellen der Europäischen Gemeinschaften sowie des Sitzes von Europol, ABl. 1997, C 340/112.
[4] Entschließung der Außenminister der Mitgliedstaaten der Montangemeinschaft anlässlich ihrer

solution, in der man u. a. die Absicht zur **Gründung eines gemeinsamen Binnenmarktes** äußerte.[5]

6   Die Konferenz legte damit den Grundstein zu den Römischen Verträgen und somit zur EWG. Man verwarf später jedoch die dort noch befürwortete Idee der **Schaffung eines europäischen Investitionsfonds**, dessen Zweck »die gemeinsame Entwicklung der europäischen wirtschaftlichen Möglichkeiten und insbesondere die Entwicklung der weniger begünstigten Gebiete der Teilnehmerstaaten«[6] sein sollte. Stattdessen entschieden sich die Mitgliedstaaten für die **Errichtung einer Investitionsbank** nach dem Vorbild der Internationalen Bank für Wiederaufbau und Entwicklung (Weltbank).[7]

7   Ziel der Schaffung der EIB war es »durch Erschließung neuer Hilfsquellen die wirtschaftliche Ausweitung in der Gemeinschaft zu erleichtern« (Art. 3 Buchst. j EWGV) und »zu einer ausgewogenen und reibungslosen Entwicklung des Gemeinsamen Marktes im Interesse der Gemeinschaft beizutragen« (Art. 130 Satz 1 EWGV). So sollte die Bank nach allgemein anerkannten Bankpraktiken **Finanzierungsprojekte fördern**, um Benachteiligungen unterschiedlichster Art beim Aufbau des gemeinsamen Marktes auszugleichen.[8] Ihr Aufbau als »Europäische Investitionsbank« kennzeichnet sie als Kreditinstitut, das als selbständige, nicht gewinnorientierte Einrichtung (langfristige) Operationen auf dem Kapitalmarkt mit eigenen und selbst erlangten Mitteln im Interesse der Union vornimmt,[9] wobei sie in ihrer Tätigkeit nicht auf das Unionsgebiet beschränkt ist.[10] Zugleich sollte die Errichtung als Bank die Trennung von den politischen Gremien der Union aufzeigen.[11]

8   1994 kam es dann auf der Grundlage von Art. 28 EIB-Satzung doch noch zur **Gründung eines Europäischen Investitionsfonds** (EIF),[12] dessen Hauptanteilseigner die EIB ist, mit welcher er die sogenannte EIB-Gruppe bildet. Seine Aufgabe ist die Förderung kleiner und mittlerer Unternehmen (KMU). Dies allerdings weder durch die Vergabe von Krediten, Beihilfen, Zuschüssen oder die direkte Investition in Unternehmen; vielmehr arbeitet der EIF mit Banken und anderen Finanzintermediären zusammen, derer er sich als Durchleitungsinstitute bedient und verwendet entweder seine eigenen oder die ihm von Dritten, insbesondere der EIB, der Kommission oder den Mitgliedstaaten zur Verfügung gestellten Mittel.[13]

Tagung in Messina am 1. und 2.6.1955, http://www.uni-muenster.de/Jura.itm/eudoc/gruendung/docs/131006.pdf (2.2.2017).

[5] Ebd., Punkt B.

[6] Ebd., Punkt C.

[7] Hierzu und zu den Gründen der Ablehnung des Vorschlags eines Fonds GA *Jacobs*, Schlussanträge zu Rs. C–15/00 (Kommission/EIB), Slg. 2003, I–7290, Rn. 106. S. auch *Käser*, EuR 1967, 289.

[8] *Küsters*, Die Gründung der Europäischen Wirtschaftsgemeinschaft, 1982, S. 376.

[9] *Nienhaus*, in: GSH, Europäisches Unionsrecht, Art. 308 AEUV, Rn. 9; *Stoll/Rigod*, in: Grabitz/Hilf/Nettesheim, EU, Art. 308 AEUV (August 2011), Rn. 2.

[10] *Rossi*, in: Calliess/Ruffert, EUV/AEUV, Art. 308 AEUV, Rn. 6.

[11] *Dunnett*, CMLRev. 31 (1994), 721 (725).

[12] S. dazu *Döller-Hauner/Hauner*, in: Mayer/Stöger, EUV/AEUV, Art. 308 AEUV (2010), Rn. 23 ff.; *Kruppova*, S. 38 ff.

[13] http://europa.eu/about-eu/institutions-bodies/eif/index_de.htm (15.1.2016).

C. Rechtspersönlichkeit

Die EIB besitzt nach Abs. 1, ebenso wie die Europäische Zentralbank (EZB, Art. 282 **9**
Abs. 3 Satz 1 AEUV) und die Union selbst (Art. 47 EUV), **eigene Rechtspersönlichkeit**,
d. h. sie ist eigenständige Trägerin von Rechten und Pflichten. Sie verfügt in jedem
Mitgliedstaat über Vorrechte und Befreiungen (vgl. Art. 343 Satz 2 AEUV, Art. 26
Abs. 2 EIB-Satzung) sowie über die weitestgehende Rechts- und Geschäftsfähigkeit, die
juristischen Personen nach dessen Rechtsvorschriften zuerkannt wird (Art. 26 Abs. 1
EIB-Satzung). Neben dieser unionsinternen zivilrechtlichen Rechtsfähigkeit[14] ist auch
die **partielle Völkerrechtsfähigkeit** der EIB anerkannt.[15] Zwar fehlt es in der Satzung
diesbezüglich an einer klaren Regelung; denn auch wenn Art. 14 Abs. 1 EIB-Satzung
bestimmt, dass die Bank mit allen in ähnlichen Bereichen tätigen internationalen Organisationen zusammenarbeitet, ist damit noch keine Aussage darüber getroffen, ob die
EIB in diesem von der Satzung vorgegebenen Rahmen der Zusammenarbeit auch Rechte und Pflichten begründen darf, die dem Völkerrecht unterliegen.[16] Sie hat aber bereits
selbst Verträge mit Drittstaaten geschlossen, in denen ihr der Status eines Rechtssubjekts
eingeräumt wird.[17] Zudem trägt die EIB gemäß Art. 209 Abs. 3 AEUV nach Maßgabe
ihrer Satzung zur Durchführung von Maßnahmen im Bereich der Entwicklungszusammenarbeit mit Drittstaaten bei und ist Gründungsmitglied der 1991 in London errichteten Europäischen Bank für Wiederaufbau und Entwicklung (EBWE).[18] Entsprechende
außenrechtliche Kompetenzen weisen ihr die Art. 16 und 20 EIB-Satzung zu.

D. Funktionelle und institutionelle Autonomie

Auf der ihr zuerkannten und von der Union zu unterscheidenden Rechtspersönlichkeit **10**
basiert die **funktionelle Autonomie der EIB**. Diese soll es ihr in Erfüllung ihrer Aufgaben
nach Art. 309 AEUV ermöglichen, ihre Kapitaloperationen frei von haushaltspoliti-
schen Maßstäben durchzuführen und ausschließlich an kreditwirtschaftlichen Gesichtspunkten zu orientieren.[19] Die funktionelle Unabhängigkeit findet ihre Wurzeln zudem
in den eigenen Mitteln und dem eigenen Haushalt der Bank.[20] Neben der funktionellen
Autonomie genießt die EIB auch eine **institutionelle Eigenständigkeit**, die sich darin

---

[14] *Ohler*, in: Streinz, EUV/AEUV, Art. 308 AEUV, Rn. 9; *Rossi*, in: Calliess/Ruffert, EUV/AEUV, Art. 308 AEUV, Rn. 8.

[15] *Binder*, in: Schwarze, EU-Kommentar, Art. 308 AEUV, Rn. 4; *Döller-Hauner/Hauner*, in: Mayer/Stöger, EUV/AEUV, Art. 308 AEUV (2010), Rn. 11; *Hütz*, in: Lenz/Borchardt, EU-Verträge, Art. 308 AEUV, Rn. 11; *Stoll/Rigod*, in: Grabitz/Hilf/Nettesheim, EU, Art. 308 AEUV (August 2011), Rn. 4.

[16] *Ohler*, in: Streinz, EUV/AEUV, Art. 308 AEUV, Rn. 10.

[17] Z. B. das Rahmenabkommen mit der Kirgisischen Republik vom 17. 9. 2013, http://www.eib.org/infocentre/press/releases/all/2013/2013–138-eib-and-the-kyrgyz-republic-sign-framework-agreement.htm (15. 1. 2016).

[18] Vgl. Art. 3 Abs. 1 Ziff. ii des Übereinkommens zur Errichtung der Europäischen Bank für Wie-deraufbau und Entwicklung vom 29. 5. 1990, ABl. 1990, L 372/4 (5) sowie das Gesetz zu dem Über-einkommen vom 29. 5. 1990 zur Errichtung der Europäischen Bank für Wiederaufbau und Entwick-lung vom 19. 12. 1990, BGBl. II 1991, S. 183, 836.

[19] *Frenz*, Handbuch Europarecht, Band 5, Rn. 3097.

[20] EuGH, Urt. v. 3. 3. 1988, Rs. 85/86 (Kommission/EIB), Slg. 1988, 1281, Rn. 28 f.; Urt. v. 10. 7. 2003, Rs. C–15/00 (Kommission/EIB), Slg. 2003, I–7281, Rn. 101 f.

äußert, dass die Bank von eigenen Organen geleitet und verwaltet wird, die in ihrer Besetzung und ihren Entscheidungen weitgehend unabhängig sind von denen der Union.[21]

11   Die Autonomie der EIB ist jedoch nicht grenzenlos. Die Tätigkeit der EIB unterliegt vielmehr sowohl institutionellen Verschränkungen als auch inhaltlichen Vorgaben. So wird sie zunächst beschränkt durch den **Einfluss der Mitgliedstaaten** als Anteilseigner der EIB.[22] Des Weiteren sind Finanzierungsanträge an die Bank nach Art. 19 Abs. 2 EIB-Satzung dem betreffenden Mitgliedstaat und/oder der Kommission zuzuleiten, deren Stellungnahmen zu berücksichtigen sind. Bei der Verwaltung von Unionsmitteln, wie z. B. EU-Anleihen, unterliegt die EIB gemäß Art. 287 Abs. 3 UAbs. 3 AEUV der Rechnungsprüfung des Rechnungshofs.[23]

12   Die in Satz 1 vorgesehene **Vereinbarung zwischen dem Rechnungshof, der EIB und der Kommission** wurde, in Erneuerung der zuvor bestehenden Vereinbarung zwischen den drei Parteien vom 19. 3. 1999, am 27. 10. 2003 für einen Zeitraum von vier Jahren geschlossen und in den Jahren 2007 und 2011 für jeweils vier weitere Jahre verlängert.[24] Sie gibt dem Rechnungshof das Recht auf Zugang zu den Informationen, die für die Prüfung der von der Bank verwalteten Einnahmen und Ausgaben der Union erforderlich sind. Nach Art. 287 Abs. 3 UAbs. 3 Satz 2 AEUV hat der Rechnungshof diese Befugnis aber auch dann, wenn eine entsprechende Vereinbarung nicht besteht. Maßnahmen, die die EIB mit auf dem Kapitalmarkt für eigene Rechnung beschafften oder eigenen Mitteln durchführt, unterliegen nach Art. 12 EIB-Satzung einem eigenen Rechnungsprüfungssystem der Bank; die Prüfungszuständigkeit des Rechnungshofs ist insoweit ausgeschlossen.[25] Hinsichtlich ihrer Eigenmittel unterliegt die EIB allerdings der Kontrolle durch das **Europäische Amt für Betrugsbekämpfung** (OLAF).[26] Der Begriff der »finanziellen Interessen der Union« in Art. 325 AEUV umfasst nämlich nicht nur den Haushalt der Union selbst, sondern auch die Mittel und Ausgaben der EIB.[27]

13   Die funktionelle und institutionelle Unabhängigkeit der EIB ändert auch nichts daran, dass die Bank gemäß Art. 309 AEUV zur Verwirklichung der Ziele der Union beitragen soll und somit kraft der Verträge in den Rahmen der Union fällt.[28] Die Union ist eine Rechtsgemeinschaft,[29] der die EIB als mit Rechtspersönlichkeit ausgestattete Einrichtung der Union[30] angehört. Sie unterliegt damit auch einer (eingeschränkten) **Kontrolle**

---

[21] *Frenz*, Handbuch Europarecht, Band 5, Rn. 3098; *Rossi*, in: Calliess/Ruffert, EUV/AEUV, Art. 308 AEUV, Rn. 10.

[22] Vgl. *Dunnett*, CMLRev. 31 (1994), 721 (763).

[23] Näheres zum Verfahren bei *Inghelram*, CMLRev. 37 (2000), 129 (136 ff.). S. auch *Skiadas*, EPL 5 (1999), 215 ff.

[24] S. Accord tripartite entre la Banque européenne d'investissement, la Commission européenne et la Cour des comptes, http://www.eib.org/attachments/thematic/acctrip_fr.pdf (15. 1. 2016).

[25] *Lienbacher*, in: Schwarze, EU-Kommentar, Art. 287 AEUV, Rn. 11; *Magiera*, in: Grabitz/Hilf/Nettesheim, EU, Art. 287 AEUV (August 2011), Rn. 9, 16.

[26] EuGH, Urt. v. 10. 7. 2003, Rs. C–15/00 (Kommission/EIB), Slg. 2003, I–7281, Rn. 103 ff.

[27] EuGH, Urt. v. 10. 7. 2003, Rs. C–15/00 (Kommission/EIB), Slg. 2003, I–7281, Rn. 102, 125.

[28] EuGH, Urt. v. 2. 12. 1992, Rs. C–370/89 (SGEEM und Etroy/EIB), Slg. 1992, I–6211, Rn. 13; Urt. v. 10. 7. 2003, Rs. C–15/00 (Kommission/EIB), Slg. 2003, I–7281, Rn. 102.

[29] EuGH, Urt. v. 10. 7. 2003, Rs. C–15/00 (Kommission/EIB), Slg. 2003, I–7281, Rn. 75; EuG, Urt. v. 20. 9. 2011, Rs. T–461/08 (Evropaïki Dynamiki/EIB), Slg. 2011, II–6367, Rn. 46. S. auch *Hallstein*, Die Europäische Gemeinschaft, 5. Aufl., 1979, S. 51 ff. und *Ortlepp*, Das Vertragsverletzungsverfahren als Instrument zur Sicherung der Legalität im Europäischen Gemeinschaftsrecht, 1987, S. 63.

[30] EuGH, Urt. v. 15. 6. 1976, Rs. 110/75 (Mills/EIB), Slg. 1976, 955, Rn. 14; Urt. v. 3. 3. 1988, Rs. 85/86 (Kommission/EIB), Slg. 1988, 1281, Rn. 24; Urt. v. 2. 12. 1992, Rs. C–370/89 (SGEEM und

durch die europäische Gerichtsbarkeit.[31] Art. 271 Buchst. a-c AEUV begründet eine ausschließliche Zuständigkeit des EuGH für bestimmte Streitigkeiten, an denen die EIB als Partei beteiligt ist. Es handelt sich hierbei um Klagen der Bank gegen die Mitgliedstaaten über die Erfüllung ihrer Verpflichtungen aus der Satzung der EIB sowie um Klagen gegen Beschlüsse des Rates der Gouverneure und des Verwaltungsrats, die von den Mitgliedstaaten und der Kommission, im Falle von Beschlüssen des Rates der Gouverneure auch vom Verwaltungsrat erhoben werden können. Darüber hinaus entscheidet der Gerichtshof gemäß Art. 270 AEUV über Streitigkeiten zwischen der EIB und ihrem Personal.[32]

Handelt die EIB im Auftrag und für Rechnung der Union, kann sich ein Einzelner, **14** gestützt auf die außervertragliche Haftung der Union nach Art. 340 Abs. 2 AEUV, mit einer **Schadensersatzklage gegen die Bank** wenden.[33] Im Übrigen regelt Art. 27 Abs. 1 EIB-Satzung, dass Rechtsstreitigkeiten zwischen der Bank und ihren Gläubigern, Schuldnern oder dritten Personen der Entscheidung der zuständigen nationalen Gerichte obliegen. Außergerichtlich haben Einzelpersonen, Organisationen und Unternehmen jederzeit die Möglichkeit, Beschwerde gegen sie betreffende Maßnahmen und/oder Entscheidungen der EIB einzulegen.[34]

Die inhaltliche Ausgestaltungsfreiheit der EIB wird dadurch begrenzt, dass Art. 175 **15** Abs. 1 Satz 3 und Art. 309 Satz 3 AEUV Finanzierungsprogramme der EIB explizit an bestimmte (struktur-)politische Zielvorgaben binden. Der EIB kommt folglich eine Doppelnatur in dem Sinne zu, dass sie einerseits hinsichtlich ihrer Geschäftsführung, insbesondere im Rahmen ihrer Kapitaloperationen, unabhängig, andererseits hinsichtlich ihrer Ziele mit der Union eng verbunden ist.[35]

E. Die Stellung der Bank im Gefüge der Union

Die EIB ist kein Organ der Union im Sinne des Staats- und Völkerrechts.[36] Zum einen **16** findet sie keine Erwähnung in Art. 13 EUV, der die Organe der Union benennt. Zum anderen haben die Art. 308 und 309 AEUV ihre systematische Stellung in einem eigenen, vierten Kapitel unter der Überschrift »Die Europäische Investitionsbank« des ersten Titels zu den Vorschriften über die Organe im sechsten Teil des AEUV erhalten,

---

Etroy/EIB), Slg. 1992, I–6211, Rn. 13; Urt. v. 10.7.2003, Rs. C–15/00 (Kommission/EIB), Slg. 2003, I–7281, Rn. 75; Urt. v. 10.7.2003, Rs. C–11/00 (Kommission/EZB), Slg. 2003, I–7147, Rn. 64; EuG, Urt. v. 20.9.2011, Rs. T–461/08 (Evropaïki Dynamiki/EIB), Slg. 2011, II–6367, Rn. 46.

[31] EuGH, Urt. v. 10.7.2003, Rs. C–15/00 (Kommission/EIB), Slg. 2003, I–7281, Rn. 75; Urt. v. 10.7.2003, Rs. C–11/00 (Kommission/EZB), Slg. 2003, I–7147, Rn. 135; EuG, Urt. v. 20.9.2011, Rs. T–461/08 (Evropaïki Dynamiki/EIB), Slg. 2011, II–6367, Rn. 46; *Rossi*, in: Calliess/Ruffert, EUV/AEUV, Art. 308 AEUV, Rn. 14; *Stoll/Rigod*, in: Grabitz/Hilf/Nettesheim, EU, Art. 308 AEUV (August 2011), Rn. 10.

[32] EuGH, Urt. v. 15.6.1976, Rs. 110/75 (Mills/EIB), Slg. 1976, 955, Rn. 11, 14.

[33] EuGH, Urt. v. 2.12.1992, Rs. C–370/89 (SGEEM und Etroy/EIB), Slg. 1992, I–6211, Rn. 12 ff. Nach Ansicht des Gerichts unterliegt die EIB wohl allen Arten der außervertraglichen Haftung, EuG, Beschl. v. 10.4.2000, Rs. T–361/99 (Meyer/Kommission und EIB), Slg. 2000, II–2032, Rn. 10; Beschl. v. 10.4.2008, Rs. T–336/06 (2K-Teint u.a./Kommission und EIB), Slg. 2008, II–52; befürwortend *Stoll/Rigod*, in: Grabitz/Hilf/Nettesheim, EU, Art. 308 AEUV (August 2011), Rn. 10.

[34] Hierzu http://www.eib.org/about/accountability/complaints/index.htm (15.1.2016).

[35] EuGH, Urt. v. 10.7.2003, Rs. C–15/00 (Kommission/EIB), Slg. 2003, I–7281, Rn. 102.

[36] Zum Begriff des Organs *Nettesheim*, in: Grabitz/Hilf/Nettesheim, EU, Art. 13 EUV (Juli 2010), Rn. 7 ff.

während die in Art. 13 Abs. 1 EUV aufgeführten Organe dort geschlossen im ersten Kapitel mit der Bezeichnung »Die Organe« behandelt werden.[37] Materiell spricht gegen einen Organstatus, dass die EIB auf einer eigenen Rechtsgrundlage beruht (EIB-Satzung), mitgliedschaftlich organisiert ist und finanziell autonom agiert.[38] Auch nach Auffassung des Gerichtshofs ist die Bank **kein Organ der Union**, sondern eine mit funktioneller und institutioneller Autonomie ausgestattete Einrichtung der Union.[39]

F. Mitglieder

17   Mitglieder der EIB sind nach Abs. 2 alle (derzeit 28) **Mitgliedstaaten der Europäischen Union**; die Stellung als Mitgliedstaat zieht ohne weiteres die Mitgliedschaft in der EIB nach sich. Der diesem Mechanismus zugrunde liegende Gedanke ist der, dass sich alle Mitglieder der Union ihrer Wirtschaftskraft entsprechend an den Lasten beteiligen sollen, die die Verwirklichung der Union mit sich bringt.[40] Ein Austritt aus der EIB ist dementsprechend weder im AEUV noch in der EIB-Satzung vorgesehen. Möglich wäre allein die vollständige Einstellung der Tätigkeit der Bank nach einstimmigem Beschluss des Rates der Gouverneure und ihre Liquidation (Art. 7 Abs. 4 i. V. m. Art. 25 EIB-Satzung). Die Aufnahme in die Bank ist weder in Art. 308 f. AEUV noch in der EIB-Satzung geregelt. Sie ist, gemeinsam mit den notwendigen Anpassungen der Satzung, vielmehr Gegenstand der nach Art. 49 EUV anlässlich des Beitritts eines Staates zur Union zu schließenden Vereinbarungen.[41] Staaten, die nicht der Union angehören, können nicht Mitglied der EIB werden.[42]

18   Mit der Mitgliedschaft in der EIB geht die **Verpflichtung** einher, **einen eigenen Kapitalanteil einzuzahlen** und zu halten (Art. 4 und 5 EIB-Satzung). Die Anteile der Mitgliedstaaten am Kapital der Bank richten sich, gemessen am Bruttoinlandsprodukt, nach dem wirtschaftlichen Gewicht des jeweiligen Landes innerhalb der Union zum Zeitpunkt seines Beitritts zum Staatenverbund.[43] Allerdings wurden sie auf einem bestimmten Niveau gedeckelt, so dass Deutschland, Frankreich, Italien und Großbritannien mit jeweils 16,111 % denselben Anteil halten und zusammen mit Spanien ca. 74 % des Kapitals der EIB repräsentieren.[44] Gemäß Art. 5 Abs. 1 EIB-Satzung wird das gezeichnete Kapital von den Mitgliedstaaten lediglich in Höhe von rund 8,92 % der in Art. 4 Abs. 1 EIB-Satzung festgesetzten Beträge eingezahlt. Der Verwaltungsrat kann nach Art. 5 Abs. 3 EIB-Satzung die Zahlung des restlichen gezeichneten Kapitals verlangen, soweit dies erforderlich wird, um den Verpflichtungen der Bank nachzukommen.

19   Erfüllt ein Mitgliedstaat seine Pflicht zur Einzahlung nicht, kann der Rat der Gouverneure durch eine von ihm mit qualifizierter Mehrheit gefasste Entscheidung die Gewährung von Darlehen oder Bürgschaften an diesen Staat oder seine Angehörigen aussetzen (Art. 24 Abs. 1 EIB-Satzung). Das von den Mitgliedstaaten gezeichnete Kapital be-

---

[37] *Rossi*, in: Calliess/Ruffert, EUV/AEUV, Art. 308 AEUV, Rn. 7.

[38] *Stoll/Rigod*, in: Grabitz/Hilf/Nettesheim, EU, Art. 308 AEUV (August 2011), Rn. 5.

[39] EuGH, Urt. v. 10.7.2003, Rs. C–15/00 (Kommission/EIB), Slg. 2003, I–7281, Rn. 75, 102.

[40] *Rossi*, in: Calliess/Ruffert, EUV/AEUV, Art. 308 AEUV, Rn. 15; *Stoll/Rigod*, in: Grabitz/Hilf/Nettesheim, EU, Art. 308 AEUV (August 2011), Rn. 11.

[41] *Nienhaus*, in: GSH, Europäisches Unionsrecht, Art. 308 AEUV, Rn. 11.

[42] *Ohler*, in: Streinz, EUV/AEUV, Art. 308 AEUV, Rn. 14.

[43] Zu der Kapitalbeteiligung der Mitgliedstaaten vgl. *Dickertmann/Gelbhaar*, S. 193.

[44] *EIB*, The Governance, 2015, S. 5, abrufbar unter http://www.eib.org/attachments/general/governance_of_the_eib_en.pdf (15.1.2016).

stimmt das Geschäftsvolumen der EIB. Um die **finanzielle Solidität der Bank** zu sichern,[45] dürfen gemäß Art. 16 Abs. 5 EIB-Satzung die jeweils ausstehenden Darlehen und Bürgschaften der Bank insgesamt 250 % des gezeichneten Kapitals, der Rücklagen, der nicht zugeteilten Provisionen und des Überschusses der Gewinn- und Verlustrechnung, abzüglich der von der EIB gehaltenen Beteiligungen, nicht überschreiten. Einen Anspruch auf (teilweise) Ausschüttung der Gewinne der Bank begründet ihre Satzung für die Mitglieder nicht. Erträge der Bank gelangen in einen Reservefond oder es werden damit zusätzliche Rücklagen gebildet (Art. 22 EIB-Satzung).

1998 beschloss der Rat der Gouverneure, zum ersten und bislang einzigen Mal, die   **20** »außerordentliche Zahlung« eines Betrages von 1 Mrd. ECU aus den Überschüssen der Jahre 1996 und 1997 an die Mitgliedstaaten.[46] Angesichts des Fehlens eines Erwerbszwecks der Geschäftstätigkeit der Bank und der grundsätzlichen Verpflichtung der EIB zu einem Handeln im Interesse der Union (vgl. Art. 309 Abs. 1 AEUV) wird eine solche **Gewinnausschüttung an die Anteilseigner** als absoluter Sonderfall angesehen werden müssen, dessen Wiederholung nur in einer ganz außergewöhnlichen Konstellation denkbar scheint.[47] Im Falle eines Liquidationsbeschlusses des Rates der Gouverneure nach Art. 7 Abs. 4 EIB-Satzung würde allerdings ein Anspruch der Mitgliedstaaten auf Aufteilung des vorhandenen Vermögens bestehen.[48]

Die Mitgliedschaft in der EIB beinhaltet ein Stimmrecht, das von den Mitgliedstaaten   **21** im **Rat der Gouverneure** durch die von ihnen benannten Minister ausgeübt wird (Art. 7 Abs. 1, Art. 8 Abs. 1 EIB-Satzung). Das von dem jeweiligen Mitgliedstaat gezeichnete Kapital gewinnt bei der Gewichtung der Stimme insofern an Bedeutung, als nach Art. 8 Abs. 1 EIB-Satzung die einfache Stimmenmehrheit zugleich mindestens 50 % des gezeichneten Kapitals vertreten muss und nach Art. 8 Abs. 2 EIB-Satzung für die qualifizierte Mehrheit neben der Stimmenmehrheit 68 % des gezeichneten Kapitals erforderlich sind.

Die **Haftung der Mitgliedstaaten** ist gemäß Art. 4 Abs. 1 UAbs. 2 EIB-Satzung auf die   **22** Höhe ihres Anteils am gezeichneten und nicht eingezahlten Kapital begrenzt. Eine Inanspruchnahme der Mitgliedstaaten durch einzelne Anleihegläubiger kommt nicht in Betracht. Im Verhältnis zu Dritten haftet allein die EIB für ihre Verbindlichkeiten; auch im Falle der Liquidation der Bank wären die Mitgliedstaaten lediglich verpflichtet, ihrer Haftung durch Einzahlung des zu entrichtenden Kapitals in das Liquidationsvermögen zu entsprechen (vgl. Art. 5 Abs. 3 EIB-Satzung).[49]

G. Leitungs- und Verwaltungsstruktur

Gemäß Art. 6 EIB-Satzung wird die Bank von einem Rat der Gouverneure, einem Ver-   **23** waltungsrat und einem Direktorium verwaltet und geleitet. Diese drei Entscheidungsorgane werden ergänzt durch ein Kontrollorgan, den Prüfungsausschuss, der nach Art. 12 EIB-Satzung die Tätigkeit der Bank prüft.[50]

---

[45] *Becker,* in: GSH, Europäisches Unionsrecht, Art. 16 EIB-Satzung, Rn. 18.
[46] *Rat der Gouverneure* – Erhöhung des Kapitals der Europäischen Investitionsbank und damit zusammenhängende Beschlüsse (98/C 269/05) vom 5.6.1998, Gedstr. 5, ABl. 1998, C 269/9.
[47] *Bernsdorff,* in: GSH, Europäisches Unionsrecht, Art. 22 EIB-Satzung, Rn. 11.
[48] *Bernsdorff,* in: GSH, Europäisches Unionsrecht, Art. 25 EIB-Satzung, Rn. 3.
[49] *Ohler,* in: Streinz, EUV/AEUV, Art. 308 AEUV, Rn. 18.
[50] S. dazu *Kruppova,* S. 12 ff.; *Tabary,* S. 29 ff.

I. Rat der Gouverneure

24 Der Rat der Gouverneure besteht aus den von den Mitgliedstaaten benannten Ministern (Art. 7 Abs. 1 EIB-Satzung); hierbei handelt es sich in der Regel um die **Finanzminister**, also um politisch mehr oder weniger weisungsgebundene Akteure.[51] Dem Rat der Gouverneure obliegen die grundlegenden (politischen) Entscheidungen der EIB. So erlässt er die allgemeinen Richtlinien für die Kreditpolitik der Bank und sorgt für deren Umsetzung (Art. 7 Abs. 2 EIB-Satzung). Darüber hinaus fallen ihm gemäß Art. 7 Abs. 3 EIB-Satzung folgende Aufgaben zu: Er entscheidet über Erhöhungen des gezeichneten Kapitals, legt die Grundsätze fest, die für die Finanzgeschäfte im Rahmen der Aufgaben der Bank gelten, beschließt über die Ernennung und Amtsenthebung der Mitglieder des Verwaltungsrats und des Direktoriums, bestimmt über die Gewährung von Finanzierungen für Investitionsvorhaben, die ganz oder teilweise außerhalb der Union durchgeführt werden sollen und genehmigt den vom Verwaltungsrat ausgearbeiteten Jahresbericht, die Jahresbilanz, die Ertragsrechnung sowie die Geschäftsordnung der Bank. Zudem nimmt er die sonstigen Befugnisse und Obliegenheiten wahr, die ihm in der Satzung übertragen werden, wie die Entscheidungen über die Einstellung der Tätigkeit der Bank und ihre Liquidation (Art. 7 Abs. 4 EIB-Satzung), die Ernennung der Mitglieder des Prüfungsausschusses (Art. 12 Abs. 1 EIB-Satzung) und die Bestellung der Mitglieder des Verwaltungsrats (Art. 9 Abs. 2 EIB-Satzung) sowie des Direktoriums (Art. 11 Abs. 1 EIB-Satzung).

25 Soweit die Satzung nichts Gegenteiliges bestimmt, trifft der Rat der Gouverneure seine Entscheidungen gemäß Art. 8 Abs. 1 EIB-Satzung mit der **einfachen Mehrheit** seiner Mitglieder, die mindestens 50 % des gezeichneten Kapitals vertreten muss. Für Entscheidungen, die eine qualifizierte Mehrheit erfordern (vgl. z.B. Art. 11 Abs. 2, Art. 16 Abs. 1 UAbs. 2 EIB-Satzung), sind nach Art. 8 Abs. 2 EIB-Satzung 18 Stimmen und 68 % des gezeichneten Kapitals erforderlich.

II. Verwaltungsrat

26 Der Verwaltungsrat besteht aus 29 ordentlichen und 19 stellvertretenden Mitgliedern.[52] Die ordentlichen Mitglieder werden vom Rat der Gouverneure für fünf Jahre bestellt. Jeder Mitgliedstaat und die Kommission benennen ein ordentliches Mitglied (Art. 9 Abs. 2 UAbs. 2 EIB-Satzung). Abhängig von ihrer Größe haben die Mitgliedstaaten das Recht, eine bestimmte Anzahl stellvertretender Mitglieder zu beordern; daneben delegiert die Kommission ein stellvertretendes Mitglied (vgl. Art. 9 Abs. 2 UAbs. 3 EIB-Satzung). Ebenso wie die ordentlichen Mitglieder werden auch die stellvertretenden Mitglieder vom Rat der Gouverneure für fünf Jahre bestellt (Art. 9 Abs. 2 UAbs. 3 EIB-Satzung). Eine Wiederbestellung der ordentlichen und der stellvertretenden Mitglieder ist zulässig (Art. 9 Abs. 2 UAbs. 5 EIB-Satzung). Die Mitglieder des Verwaltungsrats sind nur der Bank verantwortlich und müssen die **Gewähr für Unabhängigkeit und Befähigung** bieten (Art. 9 Abs. 2 UAbs. 8 EIB-Satzung). Es handelt sich bei ihnen also nicht um Interessenvertreter der sie entsendenden Mitgliedstaaten.[53] »Damit dem Verwaltungsrat ein breiteres Spektrum an Fachkenntnissen in bestimmten Bereichen zur

---

[51] *Dickertmann/Gelbhaar*, S. 191.
[52] http://www.eib.org/about/structure/governance/board_of_directors/index.htm (15.1.2016).
[53] *Binder*, in: Schwarze, EU-Kommentar, Art. 308 AEUV, Rn. 11.

Verfügung steht,«[54] wählt er nach Art. 9 Abs. 2 UAbs. 4 EIB-Satzung sechs nicht stimmberechtigte Sachverständige (drei ordentliche und drei stellvertretende Mitglieder) hinzu, die an seinen Sitzungen in beratender Funktion teilnehmen.

Der Verwaltungsrat hat die ausschließliche **Entscheidungsbefugnis** über die Gewäh-   27
rung von Finanzierungen, insbesondere in Form von Darlehen und Bürgschaften, sowie die Aufnahme von Anleihen; er setzt die Darlehenszinssätze und Provisionen sowie sonstige Gebühren fest (Art. 9 Abs. 1 UAbs. 1 Satz 1 EIB-Satzung). Er sorgt für die ordnungsgemäße Verwaltung der Bank und gewährleistet, dass die Führung der Geschäfte der Bank mit den Verträgen, der Satzung und den allgemeinen Richtlinien des Rates der Gouverneure in Einklang steht (Art. 9 Abs. 1 UAbs. 2 EIB-Satzung). Am Ende des Geschäftsjahres hat er dem Rat der Gouverneure einen Bericht vorzulegen und ihn, nachdem er genehmigt ist, zu veröffentlichen (Art. 9 Abs. 1 UAbs. 3 EIB-Satzung).

Soweit die Satzung nichts anderes regelt, werden die Entscheidungen des Verwal-   28
tungsrats mit einer **Mehrheit** von mindestens einem Drittel der stimmberechtigten Mitglieder getroffen, wobei diese Mitglieder mindestens 50 % des gezeichneten Kapitals repräsentieren müssen (Art. 10 Abs. 2 Satz 1 EIB-Satzung). Art. 9 Abs. 1 UAbs. 7 EIB-Satzung legt fest, dass der Präsident oder bei seiner Verhinderung ein Vizepräsident den Vorsitz bei den Sitzungen des Verwaltungsrats führt. An Abstimmungen nimmt der Vorsitzende allerdings nicht teil.

III. Direktorium

Das Direktorium besteht aus dem **Präsidenten der Bank und acht Vizepräsidenten**, die   29
vom Rat der Gouverneure auf Vorschlag des Verwaltungsrats für sechs Jahre bestellt werden; ihre Wiederbestellung ist zulässig (Art. 11 Abs. 1 EIB-Satzung). Das Direktorium ist nach Art. 11 Abs. 8 EIB-Satzung nur der Bank verantwortlich und operiert unabhängig. Nach außen wird die EIB gerichtlich und außergerichtlich durch den Präsidenten vertreten; ist dieser verhindert vertritt ein Vizepräsident die Bank (Art. 11 Abs. 6 EIB-Satzung).

Das Direktorium »ist das kollegiale und auf Vollzeitbasis tätige **Exekutivorgan** der   30
EIB.«[55] Nach Art. 11 Abs. 3 EIB-Satzung nimmt es »unter der Aufsicht des Präsidenten und der Kontrolle des Verwaltungsrats die laufenden Geschäfte der Bank wahr.« Außerdem bereitet es die Entscheidungen des Verwaltungsrats vor und sorgt für ihre Durchführung. In den Sitzungen des Direktoriums führt der Präsident der Bank den Vorsitz (Art. 21 Abs. 2 Satz 1 EIB-GO).

IV. Prüfungsausschuss

Der Prüfungsausschuss setzt sich gemäß Art. 12 Abs. 1 EIB-Satzung aus **sechs Mitglie-**   31
dern zusammen, die vom Rat der Gouverneure aufgrund ihrer Befähigung für eine einmalige Amtszeit von sechs aufeinanderfolgenden Geschäftsjahren (Art. 27 Abs. 1 Satz 2 EIB-GO) ernannt werden. Er ist ein **unabhängiges Organ** und unmittelbar dem Rat der Gouverneure verantwortlich.[56] Er prüft jährlich die Ordnungsmäßigkeit der Geschäfte und der Bücher der Bank (Art. 12 Abs. 2 Satz 1 EIB-Satzung). Außerdem

---

[54] http://www.eib.org/about/structure/governance/board_of_directors/index.htm (15.1.2016).
[55] http://www.eib.org/about/structure/governance/management_committee/index.htm (15.1.2016). Vgl. auch Art. 20 Abs. 1 EIB-GO.
[56] http://www.eib.org/about/structure/governance/audit_committee/index.htm (15.1.2016).

stellt der Prüfungsausschuss fest, ob die Finanzausweise sowie sämtliche Finanzinformationen, die in dem vom Verwaltungsrat erstellten Jahresabschluss enthalten sind, ein exaktes Bild der Finanzlage der Bank auf der Aktiv- und Passivseite sowie ihres Geschäftsergebnisses und der Zahlungsströme für das geprüfte Rechnungsjahr wiedergeben (Art. 12 Abs. 3 EIB-Satzung). Die Berichte des Prüfungsausschusses über die Ergebnisse seiner Tätigkeit im vorangegangenen Jahr gehen dem Rat der Gouverneure zusammen mit dem Jahresbericht des Verwaltungsrats zu (Art. 25 Abs. 6 EIB-GO). Einer darüber hinausgehenden formellen Bankenaufsicht unterliegt die EIB gegenwärtig nicht.[57]

H. Personal

32   Die Satzung enthält, außer in Art. 11 Abs. 7 und Abs. 8 EIB-Satzung, keine personalpolitischen Bestimmungen. Danach untersteht das Personal dem Präsidenten (Art. 11 Abs. 7 Satz 1 EIB-Satzung) und hat seine Aufgaben unabhängig und in Verantwortung für die Bank zu erfüllen (Art. 11 Abs. 8 EIB-Satzung). Die dienstrechtliche Stellung des Personals ist gemäß Art. 11 Abs. 7 Satz 3 EIB-Satzung i. V. m. Art. 31 Satz 1 EIB-GO durch eine **eigene Personalordnung**[58] vom Verwaltungsrat der Bank festgesetzt worden. Daneben existiert, wie auch für die Mitglieder des Verwaltungsrats, des Direktoriums und des Prüfungsausschusses, ein Verhaltenskodex für das Personal der EIB.[59] Das Anstellungsverhältnis der Bediensteten der Bank ist vertraglicher Natur.[60] Das den Verträgen als Protokoll Nr. 7 beigefügte Protokoll über die Vorrechte und Befreiungen der Europäischen Union[61] gilt gemäß seines Art. 21 Abs. 1 i. V. m. Art. 343 Satz 2 AEUV auch für die EIB, die Mitglieder ihrer Organe und ihr Personal. In Rechtsstreitigkeiten zwischen der Bank und ihren Bediensteten hat sich der Gerichtshof unter Berufung auf Art. 179 EWGV (Art. 270 AEUV) für zuständig erklärt.[62]

I. Satzungsänderungen

33   Gemäß Abs. 3 Satz 1 ist die **Satzung der EIB** den Verträgen als Protokoll beigefügt. Sie ist deshalb nach Art. 51 EUV **Bestandteil der Verträge** und gehört damit zum Primärrecht, das an sich nur durch die Mitgliedstaaten geändert werden kann. Abs. 3 Satz 2 ermöglicht jedoch Satzungsänderungen außerhalb des regulären Verfahrens der Vertragsänderung. Danach kann der Rat durch einstimmigen Beschluss auf Antrag der EIB und nach Anhörung des Europäischen Parlaments und der Kommission oder auf Vorschlag der Kommission und nach Anhörung des Europäischen Parlaments und der EIB die Satzung ändern.

---

[57] Vgl. hierzu die Entschließung des Europäischen Parlaments vom 6.5.2010 zum Jahresbericht der Europäischen Investitionsbank (EIB) für 2008 (2009/2166 (INI)) (2011/C 81 E/23), ABl. 2011, C 81 E/135 (138 f.).

[58] Abrufbar unter http://www.eib.org/attachments/general/eib_staff_regulations_2013_en.pdf (15.1.2016).

[59] Sämtliche erwähnte Kodizes sind abrufbar unter http://www.eib.org/infocentre/publications/all/staff-code-of-conduct.htm (15.1.2016).

[60] EuGH, Urt. v. 15.6.1976, Rs. 110/75 (Mills/EIB), Slg. 1976, 955, Rn. 22.

[61] ABl. 2008, C 115/266.

[62] EuGH, Urt. v. 15.6.1976, Rs. 110/75 (Mills/EIB), Slg. 1976, 955, Rn. 18.

Beschränkte sich dieses Recht nach Art. 266 Abs. 3 Satz 2 EGV noch auf bestimmte   **34**
Satzungsartikel, erstreckt sich die Befugnis des Rates nach dem Vertrag von Lissabon
nunmehr auf die gesamte Satzung. Einer Ratifikation durch die mitgliedstaatlichen Parlamente bedarf es nicht. Trotz des Initiativrechts für EIB und Kommission bleiben den
Mitgliedstaaten aber faktisch Einflussmöglichkeiten, da stets eine einstimmige Entscheidung des Rates sowie die Anhörung des Parlaments Voraussetzungen für die Änderung von Satzungsbestimmungen sind.[63] Zum Teil wird die Regelung allerdings im
Hinblick auf eine zumindest partiell gefährdete Wahrung der institutionellen Autonomie der EIB kritisiert.[64]

Obwohl entsprechende Entschließungen die Mitgliedstaaten aufgrund ihrer Zahlungs-   **35**
und Haftungspflichten (vgl. Art. 4 Abs. 1, Art. 5 Abs. 1 und Art. 24 EIB-Satzung) unmittelbar tangieren, erlaubt das in Abs. 3 Satz 2 statuierte Verfahren der Satzungsänderung **ausgabenwirksame Entscheidungen** ohne direkte Beteiligung der nationalen
Parlamente. Diesem Umstand trägt § 7 Abs. 2 IntVG in Umsetzung der vom Bundesverfassungsgericht geforderten parlamentarischen Integrationsverantwortung[65] insofern Rechnung, als der deutsche Vertreter im Rat einer Satzungsänderung nur dann
zustimmen darf, wenn zuvor ein entsprechendes Gesetz gemäß Art. 23 Abs. 1 GG in
Kraft getreten ist.

Das in Abs. 3 Satz 2 erwähnte **besondere Gesetzgebungsverfahren** ist das des   **36**
Art. 289 Abs. 2 AEUV.[66] Es unterscheidet sich vom ordentlichen Gesetzgebungsverfahren nach Art. 289 Abs. 1 und Art. 294 AEUV darin, dass sich in ihm das Zusammenwirken von Parlament und Rat anders gestaltet. Während im ordentlichen Gesetzgebungsverfahren Rechtsakte durch das Parlament und den Rat gemeinsam angenommen
werden, benennt Art. 289 Abs. 2 Alt. 1 AEUV das Parlament als entscheidendes Organ
und gibt dem Rat lediglich ein Beteiligungsrecht; Art. 289 Abs. 2 Alt. 2 AEUV kehrt
dieses Verhältnis im Kooperieren der beiden Organe um und spricht dem Rat ein Übergewicht zu. Letzterer Regelung entsprechend sieht Art. 308 Abs. 3 Satz 2 AEUV nur die
Anhörung des Parlaments vor.

Dem Rat der Gouverneure kommen einzelne Befugnisse zu, die **Änderungen des**   **37**
Satzungstextes nach sich ziehen: er kann einstimmig Erhöhungen des gezeichneten Kapitals beschließen (Art. 4 Abs. 3 EIB-Satzung) sowie die Zahl der Mitglieder des Direktoriums ändern (Art. 11 Abs. 1 UAbs. 2 EIB-Satzung).

---

[63] *Stoll/Rigod*, in: Grabitz/Hilf/Nettesheim, EU, Art. 308 AEUV (August 2011), Rn. 12.
[64] *Hütz*, in: Lenz/Borchardt, EU-Verträge, Art. 308, Rn. 48; *Nienhaus*, in: GSH, Europäisches
Unionsrecht, Art. 308 AEUV, Rn. 13; *Rossi*, in: Calliess/Ruffert, EUV/AEUV, Art. 308 AEUV,
Rn. 27.
[65] BVerfGE 123, 267, Ls. 2a.
[66] *Kotzur*, in: Geiger/Khan/Kotzur, EUV/AEUV, Art. 308 AEUV, Rn. 3; *Stoll/Rigod*, in: Grabitz/
Hilf/Nettesheim, EU, Art. 308 AEUV (August 2011), Rn. 14.

Artikel 309 AEUV [Aufgaben der EIB]

[1]Aufgabe der Europäischen Investitionsbank ist es, zu einer ausgewogenen und reibungslosen Entwicklung des Binnenmarkts im Interesse der Union beizutragen; hierbei bedient sie sich des Kapitalmarkts, sowie ihrer eigenen Mittel. [2]In diesem Sinne erleichtert sie ohne Verfolgung eines Erwerbszwecks durch Gewährung von Darlehen und Bürgschaften die Finanzierung der nachstehend bezeichneten Vorhaben in allen Wirtschaftszweigen:

a) Vorhaben zur Erschließung der weniger entwickelten Gebiete;

b) Vorhaben zur Modernisierung oder Umstellung von Unternehmen oder zur Schaffung neuer Arbeitsmöglichkeiten, die sich aus der Errichtung oder dem Funktionieren des Binnenmarkts ergeben und wegen ihres Umfangs oder ihrer Art mit den in den einzelnen Mitgliedstaaten vorhandenen Mitteln nicht vollständig finanziert werden können;

c) Vorhaben von gemeinsamem Interesse für mehrere Mitgliedstaaten, die wegen ihres Umfangs oder ihrer Art mit den in den einzelnen Mitgliedstaaten vorhandenen Mitteln nicht vollständig finanziert werden können.

In Erfüllung ihrer Aufgabe erleichtert die Bank die Finanzierung von Investitionsprogrammen in Verbindung mit der Unterstützung aus den Strukturfonds und anderen Finanzierungsinstrumenten der Union.

Literaturübersicht

Dickertmann/Gelbhaar, Die Europäische Investitionsbank – Öffentliche Kreditwirtschaft im Schatten des Europäischen Haushalts, in: Cox (Hrsg.), Daseinsvorsorge und öffentliche Dienstleistungen in der Europäischen Union, 2000, S. 185; *Glaesner*, Der Grundsatz des wirtschaftlichen und sozialen Zusammenhalts im Recht der Europäischen Wirtschaftsgemeinschaft, 1990; *Heinemann*, Europäische Investitionsbank – Subsidiärer Finanzintermediär oder Umverteilungsinstrument, Wirtschaftsdienst 1993, 98; *Honohan*, The Public Role of the European Investment Bank within the EU, JCMSt 33 (1995), 315; *Käser*, Aufgaben und Ziele der Europäischen Investitionsbank, 1969; *ders.*, Die Europäische Investitionsbank und die deutsche Wirtschaft, EuR 1976, 130; *Killmer*, Die Europäische Investitionsbank, 1963; *Kruppova*, Die Europäische Investitionsbank, Diss. iur., München, 1999; *Roth*, Die Rolle der EIB bei der Entwicklung der Regionen Europas, WSI Mitteilungen 1994, 229; *K.G. Schmidt*, Die Europäische Investitionsbank im Gefüge der Gemeinschaft, Die Bank 1981, 330.

Leitentscheidung

EuGH, Urt. v. 6.11.2008, Rs. C–155/07 (Parlament/Rat), Slg. 2008, I–8103

Inhaltsübersicht

A. Allgemeines

Die Vorschrift geht auf **Art. 130 EWGV** zurück, der durch den Vertrag von Maastricht   **1** aufgrund eines zur Verfügung stehenden breiteren Spektrums von Finanzinstrumenten zu dem um einen zweiten Absatz ergänzten Art. 198e EGV wurde. Die Verträge von Amsterdam und Nizza behielten diese Bestimmung inhaltlich bei, nur die Nummerierung änderte sich zu Art. 267 EGV. Art. 309 AEUV entspricht im Wortlaut nahezu Art. 267 EGV. Die mit dem Vertrag von Lissabon vorgenommenen Anpassungen beruhen auf der Fusion von Gemeinschaft und Union sowie den Fortschritten bei der Realisierung des Binnenmarktes (Art. 26 f. AEUV).

Die Vorschrift normiert die Aufgaben und Arbeitsweise der Europäischen Investitionsbank (EIB). Sie wird ergänzt durch die **Satzung der EIB**[1] und die allgemeinen Richtlinien, die der Rat der Gouverneure gemäß Art. 7 Abs. 2 Satz 1 EIB-Satzung für die Kreditpolitik der Bank erlässt.   **2**

B. Aufgaben

Nach Abs. 1 Satz 1 Hs. 1 besteht die grundsätzliche Aufgabe der EIB darin, zu einer   **3** ausgewogenen und reibungslosen **Entwicklung des Binnenmarkts** beizutragen. Dabei hat die Bank »im Interesse der Union« zu handeln. Sie wird damit verpflichtet, sich bei ihrer Tätigkeit am Gemeinwohl der Union zu orientieren, welches in den allgemeinen Zielsetzungen der Verträge und den von den Unionsorganen konkret formulierten wirtschaftspolitischen Bestrebungen zum Ausdruck kommt.[2] Abs. 1 Satz 2 Buchst. a-c konkretisiert die Aufgabenstellung durch eine abschließende[3] Aufzählung förderungswürdiger Vorhaben, deren aufeinanderfolgende Nennung keine starre Rangfolge bedeutet;[4] vielmehr obliegt es dem Rat der Gouverneure, entsprechende Prioritäten zu setzen.[5] Im Hinblick auf den Gesamtumfang ihrer Tätigkeit gehört die EIB weltweit zu den größten multilateralen Finanzinstitutionen.[6]

---

[1] ABl. 2012, C 326/251.
[2] *Jardet*, in: GSH, Europäisches Unionsrecht, Art. 309 AEUV, Rn. 4; *Rossi*, in: Calliess/Ruffert, EUV/AEUV, Art. 309 AEUV, Rn. 3.
[3] *Stoll/Rigod*, in: Grabitz/Hilf/Nettesheim, EU, Art. 309 AEUV (August 2011), Rn. 19.
[4] *Ohler*, in: Streinz, EUV/AEUV, Art. 309 AEUV, Rn. 10.
[5] *Jardet*, in: GSH, Europäisches Unionsrecht, Art. 309 AEUV, Rn. 13.
[6] Vgl. *Schubert/Scheele*, RIW 1999, 118 (124 f.).

I. Erschließung der weniger entwickelten Gebiete (Abs. 1 Satz 2 Buchst. a)

4   Nicht alle Regionen innerhalb der Union verfügen über dasselbe ökonomische Niveau. Schließt man aber wirtschaftlich unterschiedlich entwickelte Gebiete zusammen, kommt es nicht zwangsläufig zu einer Steigerung des Lebensstandards in den schwächeren Gegenden. Vielmehr besteht die sich nicht selten realisierende Gefahr, dass sich bereits vorhandene Divergenzen verschärfen und zu sozialen und politischen Spannungen führen, die der Union abträglich sind.[7] Eine erfolgreiche **regionale Wirtschaftsintegration** erfordert daher nicht nur die Beseitigung staatlicher Hindernisse für einen funktionierenden Binnenmarkt, sondern darüber hinaus auch positive Fördermaßnahmen.[8] Abs. 1 Satz 2 Buchst. a soll in diesem Sinne die **Strukturpolitik der Union** unterstützen.[9]

5   **Kooperative Programme**, die ins Leben gerufen wurden, sind zum Beispiel die Gemeinsame Hilfe bei der Unterstützung von Projekten in europäischen Regionen (Joint Assistance to Support Projects in European Regions – JASPERS)[10] und die Gemeinsame europäische Unterstützung für Investitionen zur nachhaltigen Stadtentwicklung (Joint European Support for Sustainable Investment in City Areas – JESSICA).[11] JASPERS leistet neuen und künftigen Mitgliedstaaten konzeptionellen und finanziellen Beistand bei der Vorbereitung von Großprojekten im Infrastrukturbereich. Die Initiative wird von der EIB verwaltet und von ihr gemeinsam mit der Kommission, der Europäischen Bank für Wiederaufbau und Entwicklung (EBWE, englisch: EBRD)[12] sowie der deutschen Kreditanstalt für Wiederaufbau (KfW) finanziert. JESSICA dient der Förderung des Wachstums in städtischen Gebieten und ist eine Initiative der Kommission, die gemeinsam mit der EIB und der Entwicklungsbank des Europarates (CEB) konzipiert wurde.

6   »Erschließung« meint nicht das Zugänglichmachen wirtschaftlich völlig unkultivierter Gebiete, worauf der Wortlaut aber hindeuten könnte, sondern ist mit dem Begriff der Entwicklung gleichzustellen. Es geht somit um einen **Ausgleich unterschiedlicher Wirtschaftskräfte** durch Kapitalzuführung im Rahmen von Infrastrukturprojekten, aber auch in den Bereichen von Produktion und Dienstleistung, so dass rückständige Gebiete eine nachhaltige Stärkung erfahren.[13] Das Merkmal »weniger entwickelt« gibt eben diese Differenz im wirtschaftlichen Fortschreiten wieder. Sie kann sich sowohl allein am Maßstab der Union gemessen ergeben, als auch innerhalb eines Mitgliedstaates zeigen.[14] Als »Gebiet« ist der jeweilige homogene Wirtschaftsraum zu verstehen, unabhängig davon, ob es sich dabei um eine Verwaltungseinheit handelt.[15]

7   Welche Gebiete zu den weniger entwickelten gehören, ließ sich bisher anhand der Verordnung des Rates über den Europäischen Fonds für regionale Entwicklung[16] kon-

---

[7] *Käser*, S. 19 f. m. w. N.

[8] *Stoll/Rigod*, in: Grabitz/Hilf/Nettesheim, EU, Art. 309 AEUV (August 2011), Rn. 21.

[9] *Killmer*, S. 20. S. auch *Kruppova*, S. 99 ff.

[10] Näheres dazu unter http://www.jaspers-europa-info.org/ (15.1.2016).

[11] Näheres dazu unter http://ec.europa.eu/regional_policy/index.cfm/de/funding/special-support-instruments/jessica/ (15.1.2016).

[12] S. dazu *Dunnett*, CMLRev. 28 (1991), 571 ff.

[13] *Killmer*, S. 21; *Jardet*, in: GSH, Europäisches Unionsrecht, Art. 309 AEUV, Rn. 14.

[14] *Binder*, in: Schwarze, EU-Kommentar, Art. 309 AEUV, Rn. 18.

[15] *Hütz*, in: Lenz/Borchardt, EU-Verträge, Art. 309 AEUV, Rn. 6; *Käser*, S. 23; *Stoll/Rigod*, in: Grabitz/Hilf/Nettesheim, EU, Art. 309 AEUV (August 2011), Rn. 21.

[16] Verordnung (EG) Nr. 1083/2006 des Rates vom 11.7.2006 mit allgemeinen Bestimmungen über den Europäischen Fonds für regionale Entwicklung, den Europäischen Sozialfonds und den Kohäsionsfonds und zur Aufhebung der Verordnung (EG) Nr. 1260/1999, ABl. 2006, L 210/25.

kretisieren. Danach wurden in der Förderperiode 2006 bis 2013 die Tschechische Republik, Estland, Griechenland, Zypern, Lettland, Litauen, Ungarn, Malta, Polen, Portugal, Slowenien, die Slowakei sowie Spanien im Hinblick auf die Ziele »Konvergenz« und »Regionale Wettbewerbsfähigkeit und Beschäftigung« für förderfähig erachtet.[17] Die neue Förderperiode 2014 bis 2020 wird auf die Erreichung der Ziele ausgerichtet sein, die in der Europa–2020-Strategie[18] formuliert wurden. Die Verordnung 1083/2006 ist durch die neue **EFRE-Verordnung 1301/2013**[19] abgelöst worden (s. dazu Art. 176 AEUV, Rn. 4 ff.).

II. Modernisierung oder Umstellung von Unternehmen oder zur Schaffung neuer Arbeitsmöglichkeiten (Abs. 1 Satz 2 Buchst. b)

Die Finanzierung von Vorhaben zur Modernisierung oder Umstellung von Unternehmen bzw. zur Schaffung neuer Arbeitsmöglichkeiten wurde der EIB als Aufgabe übertragen, um erforderliche **Anpassungen in der Wirtschaft** zu erleichtern, die die Errichtung des Binnenmarktes nach sich zieht. Im europäischen Binnenmarkt als Absatzgebiet ohne staatliche Handelsschranken, wie Binnenzölle, Einfuhrbeschränkungen und nationale Monopole erweitert sich der Wettbewerb unter den Betrieben signifikant und birgt für diese die Gefahr, vom Markt gedrängt zu werden. So können sich einzelne Unternehmen gezwungen sehen, ihr Geschäft zu modernisieren oder auf alternative Konzepte bzw. Produkte umzustellen, um konkurrenzfähig zu bleiben und sich unter den Rahmenbedingungen eines einheitlichen Binnenmarktes behaupten zu können. Zugleich müssen für (freigesetzte) Arbeitskräfte neue Beschäftigungsmöglichkeiten geschaffen werden.[20]   **8**

Da Abs. 1 Satz 2 Buchst. b, im Gegensatz zu Art. 267 EGV, der die schrittweise »Errichtung des Gemeinsamen Marktes« im Blick hatte, nunmehr von der »Errichtung oder dem Funktionieren des Binnenmarkts« spricht, ist deutlich hervorgehoben, dass die Regelung nicht nur dazu dient, die Übergangsphase zu bewältigen, sondern auch die **Konsequenzen des geschaffenen Binnenmarktes** erfasst.[21]   **9**

Voraussetzung für die Finanzierung ist in jedem Fall, dass sich das jeweilige Vorhaben aus der Errichtung oder dem Funktionieren des Binnenmarktes ergibt. Das heißt, es muss ein Kausalzusammenhang zwischen der Verwirklichung des Projekts und der Errichtung oder dem Funktionieren des Binnenmarktes bestehen, dessen Nachweis im Einzelfall schwierig sein kann.[22] Maßstäbe gibt hier die **Investitionspraxis der Bank**.[23] Projekte, die aus der üblichen technischen oder wirtschaftlichen Entwicklung resultieren, können nicht unterstützt werden. Zudem darf das Vorhaben wegen seines Umfangs oder seiner Art mit den in den einzelnen Mitgliedstaaten vorhandenen Mitteln nicht vollständig finanzierbar sein.   **10**

---

[17] S. Anhang III Nr. 1 und 2 der Verordnung (EG) Nr. 1083/2006 des Rates vom 11.7.2006, ABl. 2006, L 210/25 (51).

[18] Näheres unter http://ec.europa.eu/europe2020/index_de.htm (15.1.2016).

[19] Verordnung (EU) Nr. 1301/2013 des Europäischen Parlaments und des Rates vom 17.12.2013 über den Europäischen Fonds für regionale Entwicklung und mit besonderen Bestimmungen hinsichtlich des Ziels »Investitionen in Wachstum und Beschäftigung« und zur Aufhebung der Verordnung (EG) Nr. 1080/2006, ABl. 2013, L 347/289.

[20] *Käser*, S. 25.

[21] *Binder*, in: Schwarze, EU-Kommentar, Art. 309 AEUV, Rn. 20; *Stoll/Rigod*, in: Grabitz/Hilf/Nettesheim, EU, Art. 309 AEUV (August 2011), Rn. 23.

[22] *Käser*, S. 26.

[23] *Jardet*, in: GSH, Europäisches Unionsrecht, Art. 309 AEUV, Rn. 17.

III. Vorhaben von gemeinsamem Interesse für mehrere Mitgliedstaaten (Abs. 1 Satz 2 Buchst. c)

11   Vorhaben nach Abs. 1 Satz 2 Buchst. c müssen nicht nur eine allgemeine Bedeutung für die Union aufweisen, sondern darüber hinaus im gemeinsamen Interesse mehrerer Mitgliedstaaten liegen. Die vom Rat der Gouverneure festgelegten allgemeinen **Richtlinien für die Kreditpolitik** konkretisieren diese Vorhaben dahingehend, dass die EIB insbesondere solche Projekte finanziert, die zur Annäherung der Märkte und der Integration der Volkswirtschaften der Mitgliedstaaten beitragen können.[24] Dazu gehören etwa Infrastrukturvorhaben, Projekte zur Verbesserung des Umweltschutzes, energiepolitische Programme, Innovationsprozesse sowie die Förderung von Unternehmen in der Industrie.[25]

C. Instrumente zur Aufgabenerfüllung

12   Abs. 1 Satz 2 sieht vor, dass die EIB mittels **Gewährung von Darlehen und Bürgschaften** tätig wird.[26] Art. 9 Abs. 1 Satz 1 EIB-Satzung bestimmt hingegen, dass Finanzierungen »insbesondere in Form von Darlehen und Bürgschaften« gewährt werden. Der Bank stehen damit neben den Darlehen und Bürgschaften, die die Satzung als Regelbeispiele nennt, **weitere Instrumente** zur Erfüllung der ihr übertragenen Aufgaben zur Verfügung. Dazu gehören insbesondere die Aufnahme von Anleihen (Art. 9 Abs. 1 Satz 1 EIB-Satzung), die Beteiligung an Unternehmen (Art. 18 Nr. 2 EIB-Satzung) sowie sog. Sondertätigkeiten (Art. 16 Abs. 3 UAbs. 2 EIB-Satzung), bei denen es sich um Operationen mit speziellem, d. h. hohem Risikoprofil handelt.

13   Darlehen werden hauptsächlich als **Direktdarlehen oder Zwischendarlehen** bereitgestellt. Im Falle der Direktdarlehen werden die Darlehensverträge ohne Einschaltung weiterer Stellen mit dem Kreditnehmer geschlossen. Zwischendarlehen werden über örtliche Banken oder andere zwischengeschaltete Institute abgewickelt, die dann ihrerseits Finanzierungen an den Endkreditnehmer vergeben. Als Darlehensnehmer und Endbegünstigte kommen gemäß Art. 16 Abs. 1 UAbs. 1 EIB-Satzung private und öffentliche Unternehmen sowie die Mitgliedstaaten und ihre rechtsfähigen Untergliederungen in Betracht. Das Verfahren zur Vergabe von Darlehen und Bürgschaften regelt Art. 19 EIB-Satzung. Der Abschluss der Darlehensverträge in den Mitgliedstaaten erfolgt gewöhnlich nach dem Recht am Sitz des jeweiligen Darlehensnehmers.[27]

---

[24] *EIB*, Jahresbericht 1958, Anlage II, II Abs. 2.
[25] Ausführlich dazu *Binder*, in: Schwarze, EU-Kommentar, Art. 309 AEUV, Rn. 22 ff.
[26] S. dazu schon *Glaesner*, S. 49 ff.; *Käser*, EuR 1967, 289 ff.
[27] Bei Verträgen mit Darlehensnehmern aus Drittstaaten wird das Recht eines der Mitgliedstaaten gewählt und in der Regel die Zuständigkeit des Gerichtshofs vereinbart, *Binder*, in: Schwarze, EU-Kommentar, Art. 309 AEUV, Rn. 10.

D. Grundsätze der Aufgabenerfüllung

I. Kein Erwerbszweck

Das Verfolgen eines Erwerbszwecks wird der EIB durch Abs. 1 Satz 2 untersagt.[28] Allerdings hat sie **kostendeckend** zu arbeiten. So bestimmt Art. 17 Abs. 1 EIB-Satzung, dass Darlehenszinssätze, Provisionen und sonstige Gebühren der Bank den jeweiligen Bedingungen des Kapitalmarkts anzupassen und so zu bemessen sind, dass die EIB aus den Erträgen ihre Verpflichtungen erfüllen sowie ihre Kosten und Risiken decken kann. Die in der Praxis durch die Tätigkeit der Bank erzielten Überschüsse gelangen nach Art. 22 EIB-Satzung in einen Reservefond oder es werden damit zusätzliche Rücklagen gebildet (s. dazu auch Art. 308 AEUV, Rn. 19). Da die EIB keinen Erwerbszweck verfolgt, orientieren sich die von ihr verlangten Kreditzinsen mehr an ihren eigenen, sehr guten Refinanzierungsmöglichkeiten als an der Bonität der Schuldner. Daraus können gerade für Mitgliedstaaten mit geringer Bonität Anreize entstehen, EIB-Mittel in Anspruch zu nehmen.[29]

14

II. Projektfinanzierung

Der in Abs. 1 Satz 2 verwendete Begriff des Vorhabens deutet darauf hin, dass die EIB zweckgebundene Finanzierungen für einzelne Projekte bereitstellt.[30] Dem entsprechend formuliert III Abs. 2 Buchst. b der allgemeinen Richtlinien für die Kreditpolitik, dass sich die Bank »mit der Finanzierung von Einzelprojekten befassen« soll. An die Beschaffenheit der Projekte stellt Art. 18 Nr. 1 EIB-Satzung besondere Anforderungen. Danach ist die Gewährung von Darlehen und die Übernahme von Bürgschaften nur zulässig, wenn der Zinsen- und Tilgungsdienst sichergestellt ist und wenn die Investition zu einer **Steigerung der volkswirtschaftlichen Produktivität** im Allgemeinen beiträgt sowie die Verwirklichung des Binnenmarkts fördert. III Abs. 2 Buchst. c der allgemeinen Richtlinien für die Kreditpolitik konkretisiert weiterhin, dass die Bank »um ihre Mittel nicht zu verstreuen«, diese »im allgemeinen zur Finanzierung von Projekten von gewissem Umfang verwenden« soll. Die EIB verlangt daher für direkte Projektdarlehen, dass die **Gesamtinvestitionskosten 25 Mio. Euro** überschreiten.[31] Direkte Darlehen werden jedoch nicht nur als Darlehen für Einzelvorhaben gewährt, sondern auch als sog. Rahmendarlehen zur Finanzierung von Investitionsprogrammen, die mehrere Einzelvorhaben umfassen. Auch Zwischendarlehen können sowohl in Form von Einzeldarlehen, als auch in Gestalt sog. Globaldarlehen geschlossen werden. Bei Globaldarlehen werden den zwischengeschalteten Finanzinstituten oder Banken Kreditlinien eingeräumt, damit diese auf eigenes Risiko Vorhaben kleiner und mittlerer Unternehmen (KMU) bzw. Projekte im Infrastrukturbereich unterstützen können.[32]

15

---

[28] Vgl. *Kruppova*, S. 158.

[29] Kritsch dazu im Hinblick auf die damit verbundenen Umverteilungseffekte sowie die Vereinbarkeit mit dem Haftungsverbot des Art. 125 AEUV *Heinemann*, Wirtschaftsdienst 1993, 98 (99 ff.).

[30] *Käser*, EuR 1976, 130 ff.; *Ohler*, in: Streinz, EUV/AEUV, Art. 309 AEUV, Rn. 10; *Schmidt*, Die Bank 1981, 330 (337).

[31] http://www.europarl.europa.eu/ftu/pdf/de/FTU_1.3.15.pdf; http://www.eib.org/products/lending/loans/index.htm (2.2.2017).

[32] *EIB*, Financial Report 2015, S. 59, Fn. 2.

III. Teilfinanzierung

16 Abs. 1 Satz 2 spricht davon, dass die Bank die Finanzierung förderungswürdiger Vorhaben »erleichtert«. Daraus lässt sich der Schluss ziehen, dass die EIB diese **Projekte nur teilfinanziert**, also eine zusätzliche Finanzierung bietet, die neben andere Finanzierungsmittel tritt.[33] Dies bestätigt auch Art. 16 Abs. 2 EIB-Satzung sowie III Abs. 2 Buchst. d der allgemeinen Richtlinien für die Kreditpolitik. In der Praxis gewährt die Bank daher Darlehen, die selten mehr als 50 % der Gesamtkosten öffentlicher oder privater Projektträger decken.[34]

IV. Subsidiarität gegenüber anderen Kapitalmarktfinanzierungen

17 Nach Abs. 1 Satz 2 Buchst. b und c soll sich die EIB nur an der Finanzierung von solchen Vorhaben beteiligen, die »mit den in den einzelnen Mitgliedstaaten vorhandenen Mitteln nicht vollständig finanziert werden können«. Ebenso regelt Art. 16 Abs. 1 UAbs. 1 EIB-Satzung, dass die Bank Finanzierungen für Investitionen nur gewährt »soweit Mittel aus anderen Quellen zu angemessenen Bedingungen nicht zur Verfügung stehen«. Der darin zum Ausdruck kommende **Grundsatz der Subsidiarität** bedeutet, dass die EIB nur dort und nur insoweit tätig werden darf, wo andere Finanzierungsquellen nicht zur Verfügung stehen.[35] Zum einen sollen damit Wettbewerbsverzerrungen vermieden werden, die daraus entstehen könnten, dass die EIB aufgrund ihres AAA-Rating[36] auf den internationalen Kapitalmärkten Mittel zu günstigeren Konditionen aufnehmen kann als private Banken und Finanzinstitute und damit einen Wettbewerbsvorteil innehat.[37] Zum anderen geht es darum, die Mittel der EIB möglichst effizient einzusetzen.[38]

V. Zusammenarbeit mit anderen Finanzierungsinstrumenten

18 Als wichtigste Finanzierungseinrichtung der Union wird die EIB in Abs. 2 aufgefordert, im Rahmen der unionsrechtlichen Politik zur Förderung des wirtschaftlichen und sozialen Zusammenhalts mit anderen Finanzierungsinstrumenten zusammenzuarbeiten.[39] Die EIB ist daher auch selbst ein **Instrument der Regionalpolitik**.[40] Zur Finanzierung der Kohäsions- und Regionalpolitik stehen der Union verschiedene Instrumente zur Verfügung, wie der Europäische Fonds für regionale Entwicklung (EFRE), der Europäische Sozialfonds (ESF), der Europäische Landwirtschaftsfonds für die Entwicklung des ländlichen Raums (ELER) sowie der Kohäsionsfonds. Daneben kommt dem Europäischen Investitionsfonds (EIF) eine besondere Bedeutung zu. Seit 2005 wurden zudem neue Finanzierungsinstrumente eingerichtet. So gewährleistet JASPERS (Joint Assistance to

---

[33] *Rossi*, in: Calliess/Ruffert, EUV/AEUV, Art. 309 AEUV, Rn. 13.

[34] *Binder*, in: Schwarze, EU-Kommentar, Art. 309 AEUV, Rn. 6; *Hütz*, in: Lenz/Borchardt, EU-Verträge, Art. 309 AEUV, Rn. 5; *Schmidt*, Die Bank 1981, 330 (337).

[35] *Döller-Hauner/Hauner*, in: Mayer/Stöger, EUV/AEUV, Art. 308 AEUV (2010), Rn. 7; *Stoll/Rigod*, in: Grabitz/Hilf/Nettesheim, EU, Art. 309 AEUV (August 2011), Rn. 16.

[36] Vgl. *Kruppova*, S. 162.

[37] *Binder*, in: Schwarze, EU-Kommentar, Art. 309 AEUV, Rn. 6. Kritisch dazu aus ökonomischer Sicht *Heinemann*, Wirtschaftsdienst 1993, 98 (100 f.). S. auch *Honohan*, JCMSt 33 (1995), 315 (323 f.). Anders: *Roth*, WSI Mitteilungen 1994, 229 (234).

[38] *Binder*, in: Schwarze, EU-Kommentar, Art. 309 AEUV, Rn. 6; *Dunnett*, CMLRev. 31 (1994), 721 (729); *Ohler*, in: Streinz, EUV/AEUV, Art. 309 AEUV, Rn. 13.

[39] *Rossi*, in: Calliess/Ruffert, EUV/AEUV, Art. 309 AEUV, Rn. 15.

[40] *Heinemann*, Wirtschaftsdienst 1993, 98 (99). S. auch *Roth*, WSI Mitteilungen 1994, 229 f.

Support Projects in European Regions) technische Unterstützung bei Infrastrukturvorhaben. Im Rahmen der Initiative JEREMIE (Joint European Resources for Micro to Medium Enterprises) erhalten KMU einen verbesserten Zugang zu Mikrofinanzierungen und JESSICA (Joint European Support for Sustainable Investment in City Areas) unterstützt die Stadtentwicklung. Sie kooperieren bei der Verwirklichung ihrer Ziele in der Praxis bereits seit Langem mit der EIB. Abs. 2 verankert diese Zusammenarbeit nunmehr primärrechtlich.

E. Beschaffung der Finanzmittel

I. Eigene Mittel

Zur Erfüllung ihrer Aufgaben bedient sich die EIB ihrer eigenen Mittel und der Mittel,   **19**
die sie sich auf dem Kapitalmarkt beschafft (Abs. 1 Satz 1 Hs. 2). Zu den eigenen Mitteln gehören das von den Mitgliedstaaten gemäß Art. 4 und 5 EIB-Satzung eingezahlte Kapital sowie die Rücklagen der Bank, d.h. die Mittel des Reservefonds und sonstige Rückstellungen nach Art. 22 EIB-Satzung.

Die **Anteile der Mitgliedstaaten am Kapital der Bank** richten sich, gemessen am Brut-   **20**
toinlandsprodukt, nach dem wirtschaftlichen Gewicht des jeweiligen Landes innerhalb der Union zum Zeitpunkt seines Beitritts zum Staatenverbund und sind in Art. 4 Abs. 1 EIB-Satzung festgelegt. Um die Rolle der EIB bei der Finanzierung der Wirtschaft und der Förderung von nachhaltigem Wachstum und Beschäftigung in der Union zu stärken, empfahl die Tagung des Europäischen Rates vom 28. und 29. 6. 2012 eine Erhöhung des gezeichneten und eingezahlten Kapitals der Bank um 10 Mrd. Euro.[41] Der Rat der Gouverneure fasste daraufhin gemäß Art. 4 Abs. 3 und Art. 5 Abs. 2 EIB-Satzung einen einstimmigen Beschluss über diese Kapitalerhöhung, die am 31. 12. 2012 in Kraft trat.[42] Der von den Mitgliedstaaten nach Art. 5 Abs. 1 EIB-Satzung einzuzahlende Anteil stieg damit von 5 % auf rund 8,92 % der in Art. 4 Abs. 1 EIB-Satzung festgesetzten Beträge, wodurch sich das eingezahlte Kapital der Bank von 11,6 Mrd. Euro auf 21,6 Mrd. Euro erhöhte.

Das erhöhte eingezahlte Kapital soll die **Eigenkapitalbasis der EIB** stabilisieren und   **21**
ihre Darlehenskapazität um 60 Mrd. Euro erweitern, so dass bis zu 180 Mrd. Euro an zusätzlichen Investitionen in den Mitgliedstaaten getätigt werden können.[43] Das gezeichnete Kapital hat Auswirkungen auf die von der EIB zu vergebenen Finanzierungen, denn nach Art. 16 Abs. 5 EIB-Satzung dürfen die jeweils ausstehenden Darlehen und Bürgschaften der Bank insgesamt 250 % des gezeichneten Kapitals, der Rücklagen, der nicht zugeteilten Provisionen und des Überschusses der Gewinn- und Verlustrechnung, abzüglich der von der EIB gehaltenen Beteiligungen, nicht überschreiten.

Bisweilen bezieht die EIB in den Begriff der eigenen Mittel auch die auf dem Kapi-   **22**
talmarkt aufgenommenen Beträge ein und bezeichnet damit alle Gelder, über die sie im eigenen Namen verfügen kann. Mit diesem erweiterten Verständnis des Begriffs der

---

[41] Schlussfolgerungen des Europäischen Rates vom 20. 7. 2012, EUCO 76/2/12 REV 2, S. 11.

[42] Beschluss des Rates der Gouverneure vom 31. 12. 2012 über die Erhöhung des Kapitals der Europäischen Investitionsbank (2013/C 100/03), ABl. 2013, C 100/7.

[43] Schlussfolgerungen des Europäischen Rates vom 20. 7. 2012, EUCO 76/2/12 REV 2, S. 11.

eigenen Mittel grenzt die EIB diese von Mitteln ab, die sie im Auftrage Dritter treuhänderisch verwaltet.[44]

II. Mittel des Kapitalmarkts

23   Im Gegensatz zur EU (s. dazu Art. 311 AEUV, Rn. 69, 101) verfügt die EIB über die ausdrückliche **Befugnis zur Kreditaufnahme**. Daher ist es zulässig, dass die Emission von Anleihen auf den internationalen Kapitalmärkten (Art. 20 EIB-Satzung) die Hauptfinanzierungsquelle der EIB bildet. Aufgrund regelmäßig hervorragender Bonitätsbewertungen ist die Bank in der Lage, sich zu günstigen Bedingungen zu refinanzieren. Im Jahr 2015 beliefen sich die Anleiheaktivitäten auf 62,4 Mrd. Euro.[45]

III. Mittel in Treuhandverwaltung

24   Die EIB verwaltet des Weiteren treuhänderisch Mittel im Auftrag Dritter, die ihr zur Erfüllung besonderer Aufgaben, wie zum Beispiel der Finanzierung von Investitionsprogrammen in Entwicklungsländern, übertragen werden.[46] Mittel der Treuhandverwaltung gehören nicht zu den eigenen Mitteln der Bank.[47] Sie werden im jährlichen Finanzbericht getrennt von diesen in einer Spezialsektion ausgewiesen, die sämtliche Geschäfte dokumentiert, die die EIB für Rechnung und im Auftrag Dritter durchführt.[48]

IV. Ergänzende Geschäfte

25   Neben den primären Passivgeschäften sind der EIB **weitere Refinanzierungsmöglichkeiten** eröffnet. So gestattet ihr Art. 18 Abs. 3 EIB-Satzung die vollständige oder teilweise Abtretung von Darlehensforderungen und den Verkauf der von Darlehensnehmern ausgestellten Schuldverschreibungen oder anderen Wertpapieren. Frei verfügbare Mittel darf die Bank nach den Vorgaben von Art. 21 EIB-Satzung anlegen. Zur Absicherung des Währungsrisikos ergänzen Devisenswapgeschäfte ihre vordergründigen Finanzoperationen. Zudem ist die EIB befugt, Zinsswapgeschäfte zur Umwandlung fester in variable Zinssätze zu tätigen, da diese dazu beitragen, die Verpflichtungen der Bank zu sichern.[49]

V. Passivgeschäfte in Verfolgung von Unionszielen

26   Über die Mittelbeschaffung hinaus dienen die Passivgeschäfte der EIB zugleich auch unmittelbar den Zielstellungen der Bank[50] sowie den weiterführenden Zielen der Union. Zu letzterem Zweck emittiert die EIB u. a. **Klimaschutzanleihen**, deren Erlöse zur Finanzierung von Projekten in den Bereichen erneuerbare Energieträger und Energieeffizienz ausgezahlt werden.[51]

---

[44] *Stoll/Rigod*, in: Grabitz/Hilf/Nettesheim, EU, Art. 309 AEUV (August 2011), Rn. 9.
[45] *EIB*, Financial Report 2015, S. 14.
[46] Vgl. *Dickertmann/Gelbhaar*, S. 202.
[47] *Rossi*, in: Calliess/Ruffert, EUV/AEUV, Art. 309 AEUV, Rn. 19.
[48] *EIB*, Financial Report 2015, S. 225 f.
[49] *Ohler*, in: Streinz, EUV/AEUV, Art. 309 AEUV, Rn. 19.
[50] *Stoll/Rigod*, in: Grabitz/Hilf/Nettesheim, EU, Art. 309 AEUV (August 2011), Rn. 10, mit Hinweis auf III Abs. 2 Buchst. f der allgemeinen Richtlinien für die Kreditpolitik.
[51] S. z. B. http://www.eib.org/investor_relations/press/2013/2013–112-eib-issues-its-largest-sek-climate-awareness-bond-transaction-of–2013.htm?lang=de (15.1.2016).

F.   Finanzierungen außerhalb der Union

In räumlicher Hinsicht bezieht sich die Tätigkeit der EIB, aufgrund der Bezugnahme von   **27**
Abs. 1 auf den Binnenmarkt, zunächst auf das Hoheitsgebiet der Mitgliedstaaten. Auch
nach Art. 16 Abs. 1 UAbs. 1 EIB-Satzung beschränken sich die Aktivitäten der Bank
grundsätzlich auf den Bereich der Mitgliedstaaten. Gleichwohl steht Art. 309 AEUV
einer **territorialen Ausdehnung der Geschäftstätigkeit der Bank** nicht entgegen.[52] So ist
bereits in Art. 5 Abs. 2 des Beschlusses der Vertreter der Regierungen der Mitgliedstaaten über die vorläufige Unterbringung bestimmter Organe und Dienststellen der Gemeinschaften vom 8.4.1965[53] unter Bezugnahme auf Art. 130 EWGV von einer »Ausdehnung dieser Tätigkeit auf andere Gebiete« die Rede. Art. 16 Abs. 1 UAbs. 2 EIB-
Satzung erlaubt denn auch Finanzierungen für Investitionen, die ganz oder teilweise
außerhalb der Hoheitsgebiete der Mitgliedstaaten getätigt werden, vorausgesetzt, der
Rat der Gouverneure hat auf Vorschlag des Verwaltungsrats eine entsprechende Entscheidung mit qualifizierter Mehrheit getroffen. Der Verweis in Art. 16 Abs. 1 UAbs. 1
EIB-Satzung auf die der Bank »in Artikel 309 des Vertrags über die Arbeitsweise der
Europäischen Union gestellten Aufgabe« legt den Schluss nahe, dass ihre Tätigkeit außerhalb der Union nicht prinzipiell anders ausgestaltet sein darf, sondern sich vielmehr
an den Vorgaben des Art. 309 AEUV zu orientieren hat.[54]

Die EIB beteiligt sich seit 1963 an zahlreichen Projekten in Drittländern und nimmt   **28**
auf diesem Wege **entwicklungs- und kooperationspolitische Aufgaben** wahr.[55] Die im
Auftrag der Union ausgeführte Tätigkeit der EIB außerhalb der Union (sog. EIB-Außenmandat) beruht derzeit auf einem Beschluss des Europäischen Parlaments und des
Rates aus dem Jahr 2014,[56] dessen grundlegende Aussagen weitgehend denen des vorherigen Beschlusses zum EIB-Außenmandat von 2011[57] entsprechen. Der Beschluss
sichert die Außentätigkeit der Bank finanziell ab. In Anbetracht der mit der Gewährung
von Finanzierungen in bestimmten Drittländern verbundenen erhöhten Risiken könnte
die Bonität der EIB beeinträchtigt werden. Um zu vermeiden, dass ihre Zahlungsfähigkeit Schaden nimmt, könnte die EIB derartige Finanzierungsmaßnahmen scheuen oder
zumindest den Kreditnehmern entsprechend ungünstige Konditionen auferlegen.[58]

---

[52] *Stoll/Rigod*, in: Grabitz/Hilf/Nettesheim, EU, Art. 309 AEUV (August 2011), Rn. 5f.

[53] Beschluss der Vertreter der Regierungen der Mitgliedstaaten über die vorläufige Unterbringung
bestimmter Organe und Dienststellen der Gemeinschaften vom 8.4.1965 (67/446/EWG), (67/30/Eur-
atom), ABl. 1967, Nr. 152/18 (19).

[54] *Stoll/Rigod*, in: Grabitz/Hilf/Nettesheim, EU, Art. 309 AEUV (August 2011), Rn. 34.

[55] *Dickertmann/Gelbhaar*, S. 206.

[56] Beschluss Nr. 466/2014/EU des Europäischen Parlaments und des Rates vom 16.4.2014 über
eine Garantieleistung der Europäischen Union für etwaige Verluste der Europäischen Investitionsbank aus Finanzierungen zur Unterstützung von Investitionsvorhaben außerhalb der Union,
ABl. 2014, L 135/1.

[57] Beschluss Nr. 1080/2011/EU des Europäischen Parlaments und des Rates vom 25.10.2011 über
eine Garantieleistung der Europäischen Union für etwaige Verluste der Europäischen Investitionsbank aus Darlehen und Darlehensgarantien für Vorhaben außerhalb der Union und zur Aufhebung des
Beschlusses Nr. 633/2009/EG, ABl. 2011, L 280/1. Der zuvor getroffene Beschluss des Rates vom
19.12.2006, ABl. 2006, L 414/95, wurde aufgrund einer Klage des Parlaments gegen die Rechtsgrundlage vom Gerichtshof für nichtig erklärt. Nach EuGH, Urt. v. 6.11.2008, Rs. C–155/07 (Parla-
ment/Rat), Slg. 2008, I–8103, hat das Europäische Parlament bei der Überprüfung des Außenmandats
der EIB ein Mitentscheidungsrecht.

[58] EuGH, Urt. v. 6.11.2008, Rs. C–155/07 (Parlament/Rat), Slg. 2008, I–8103, Rn. 60.

29   Um die **Außenpolitik der Union** dadurch zu unterstützen, dass die finanzielle Zusammenarbeit mit Drittländern über die EIB erleichtert und verstärkt wird,[59] gewährt die Union der Bank eine Haushaltsgarantie zur Deckung staatlicher und politischer Risiken im Zusammenhang mit Darlehens- und Garantietransaktionen, die die EIB in Drittländern durchführt (vgl. Art. 1 Abs. 1 des Beschlusses des Europäischen Parlaments und des Rates Nr. 466/2014/EU[60]). Die Notwendigkeit einer solchen Pauschalgarantie für Tätigkeiten der Bank außerhalb der Union ergibt sich zudem aus der satzungsgemäßen Verpflichtung der EIB, sämtliche ihrer Darlehenstätigkeiten angemessen abzusichern (vgl. Art. 16 Abs. 6, Art. 17 Abs. 1 und Art. 18 Abs. 1 Satz 2 Buchst. a EIB-Satzung).[61] Nach Art. 1 Abs. 4 des Beschlusses Nr. 466/2014/EU beläuft sich die Garantie auf 65 % des Gesamtbetrages der im Rahmen der EIB-Finanzierungen ausgezahlten und garantierten Beträge. Als **Obergrenze der EIB-Finanzierungen** wurden durch Art. 2 Abs. 1 des genannten Beschlusses für den Zeitraum vom 1.1.2014 bis 31.12.2020 30 Mrd. Euro festgesetzt. Nach Art. 11 des Beschlusses findet eine regelmäßige Bewertung der Mandatsausübung durch die Kommission statt. Darüber hinaus verlangt Art. 19, dass die Kommission dem Europäischen Parlament und dem Rat bis zum 31.12.2016 einen Halbzeitbericht, in dem die ersten Jahre der Anwendung dieses Beschlusses bewertet werden, sowie gegebenenfalls einen Vorschlag zu seiner Änderung vorlegt.

30   Unter das **Außenmandat der EIB** fallen die Kandidatenländer, potentielle Kandidatenländer, Asien, Lateinamerika, die Länder der Europäischen Freihandelsassoziation (EFTA), die Länder des Mittelmeerraums, die überseeischen Länder und Gebiete (ÜLG), Osteuropa, der südliche Kaukasus und Russland sowie die Republik Südafrika.[62] Daneben verwaltet die EIB die Investitionsfazilität (IF). Dieses Förderinstrument zugunsten der Länder Afrikas, der Karibik und des Pazifiks (AKP-Staaten) basiert auf dem am 23.6.2000 in Cotonou unterzeichneten Partnerschaftsabkommen. Es finanziert sich aus dem Europäischen Entwicklungsfonds (EEF) und unterstützt schwerpunktmäßig Investitionen in die Infrastruktur und in den Finanzsektor, mit denen die Entwicklung des Privatsektors vorangetrieben wird. Bei den Genehmigungen von Investitionen, die außerhalb des Hoheitsgebiets der Mitgliedstaaten getätigt werden sollen, kann es sich sowohl um generelle Entscheidungen im Hinblick auf bestimmte Länder oder Ländergruppen handeln, als auch um Einzelentscheidungen für bestimmte Vorhaben.[63]

G.   Strategische Vorgaben für die Geschäftspolitik der EIB

31   Die ihre Geschäftspolitik betreffende **Strategie der EIB** kann keine statische sein. Sie muss vielmehr vor dem Hintergrund eintretender Entwicklungen, von denen viele außerhalb der direkten Kontrolle der EIB liegen, regelmäßig überprüft und angepasst werden.[64] Der Rat der Gouverneure hat daher aus Anlass einer Kapitalerhöhung 1998

---

[59] EuGH, Urt. v. 6.11.2008, Rs. C–155/07 (Parlament/Rat), Slg. 2008, I–8103, Rn. 62.

[60] ABl. 2014, L 135/1.

[61] *Europäische Kommission*, Vorschlag für einen Beschluss des Europäischen Parlaments und des Rates über eine Garantieleistung der Europäischen Union für etwaige Verluste der Europäischen Investitionsbank aus Finanzierungen zur Unterstützung von Investitionsvorhaben außerhalb der Union vom 23.5.2013, COM (2013) 293 final, S. 2.

[62] *EIB*, Financial Report 2015, S. 41 ff.

[63] *Käser*, S. 30; *Becker*, in: GSH, Europäisches Unionsrecht, Art. 16 EIB-Satzung, Rn. 7.

[64] EIB-Informationen 3–1998 (Nr. 98), S. 7.

einen strategischen Rahmen für die Bank beschlossen,[65] um »ihren Beitrag zur Verwirklichung der gemeinschaftspolitischen Zielsetzungen zu optimieren«.[66] Dieser enthält allgemeine Vorgaben für die Geschäftspolitik der Bank, die in einem operativen Gesamtplan konkretisiert werden. Der operative Gesamtplan der EIB, ihr Geschäftsplan, legt für einen Zeitraum von drei Jahren die Zielsetzungen der Bank bei ihrer Finanzierungstätigkeit präzise fest. Des Weiteren beinhaltet er sektorale Analysen der Darlehensvergabe und befasst sich dabei sowohl mit den Investitionen der Bank innerhalb, als auch mit ihren Aktivitäten außerhalb der Union.

Der operative Gesamtplan wird jährlich vom Verwaltungsrat erörtert und von diesem **32** genehmigt.[67] Seine aktuelle Fassung, der »**Operative Gesamtplan 2015–2017**«, nennt folgende Bereiche, die zur Erfüllung langfristiger, übergeordneter Ziele durch Finanzierungen gefördert werden: wirtschaftlicher und sozialer Zusammenhalt, Schaffung einer effizienten Infrastruktur sowie Umwelt- und Klimaschutz. Darüber hinaus sollen Darlehen an Vorhaben in den Bereichen Innovation und Humankapital sowie KMU und Midcap-Unternehmen fließen.[68]

H.   Europäischer Investitionsfonds (EIF)

Der EIF wurde 1994 auf der Grundlage von Art. 30 EIB-Satzung (jetzt Art. 28) mit Sitz **33** in Luxemburg durch die EIB, die Europäische Gemeinschaft sowie 51 private und öffentlich-rechtliche Finanzinstitute der Mitgliedstaaten errichtet.[69] Seine ursprüngliche Zielstellung lag in der Bereitstellung von Garantien zur Förderung der Entwicklung transeuropäischer Netze in den Bereichen der Verkehrs-, Telekommunikations- und Energieinfrastruktur sowie zur Unterstützung von KMU.[70]

Zunehmende **Überschneidungen der Aktivitäten von EIB und EIF** führten im Jahr **34** 2000 zu einer Umstrukturierung des Fonds. Ihm wurde nunmehr die Rolle des Risikokapital-Arms der ebenfalls neu gegründeten EIB-Gruppe zugedacht.[71] Hauptanteilseigner des EIF ist seitdem die EIB (61,4 %).[72] Heute ist der Fonds spezialisiert auf Risikokapitalfinanzierungen und Garantien zur Förderung von KMU, wobei er mit Banken und anderen Finanzinstituten zusammenarbeitet und entweder seine eigenen oder die ihm von der EIB, der Kommission, den Mitgliedstaaten oder anderen Drittparteien zur Verfügung gestellten Mittel verwendet.[73] Der Tätigkeitsbereich des EIF erstreckt sich dabei auf die Mitgliedstaaten, die Kandidatenländer sowie Liechtenstein und Norwe-

---

[65] *Rat der Gouverneure*, Erhöhung des Kapitals der Europäischen Investitionsbank und damit zusammenhängende Beschlüsse (98/C 269/05) vom 5.6.1998, Gedstr. 7, ABl. 1998, C 269/9.

[66] *EIB*, Jahresbericht 1998, S. 9.

[67] Strategischer Rahmen, Nr. 9, ABl. 1998, C 269/9 (15).

[68] *EIB-Gruppe*, Operativer Gesamtplan 2015–2017, S. 30 ff., abrufbar unter: http://www.eib.org/attachments/strategies/cop2015_de.pdf (15.1.2016).

[69] Art. 5 Abs. 1 i.V.m. Anlage I der ursprünglichen Satzung des Europäischen Investitionsfonds, ABl. 1994, L 173/1.

[70] Art. 2 und 3 Abs. 1 der ursprünglichen Satzung des Europäischen Investitionsfonds, ABl. 1994, L 173/1. S. auch *Honohan*, JCMSt 33 (1995), 315 (326).

[71] http://www.eib.org/infocentre/press/releases/all/2000/2000-057-eif-to-become-the-specialist-risk-capital-arm.htm?lang=de (15.1.2016).

[72] http://www.eif.org/who_we_are/shareholder/index.htm (15.1.2016).

[73] http://www.eif.org/who_we_are/index.htm (15.1.2016).

gen.[74] Seit Mai 2010 verwaltet der EIF die europäische Mikrofinanzierungsfazilität »Progress«, in deren Rahmen europäische Kleinstunternehmen unterstützt werden.[75] Zudem arbeitet er u.a. an der Umsetzung der JEREMIE-Initiative,[76] mit der KMU der Zugang zu Finanzierungsmitteln erleichtert wird und unterstützt Mikrofinanzinstitute über die Initiative JASMINE mit technischer Hilfe.[77] Geleitet und verwaltet wird der Fonds von der Generalversammlung, dem Verwaltungsrat und dem geschäftsführenden Direktor.[78]

I. Europäischer Fonds für strategische Investitionen (EFSI)

35   Um im Zusammenhang mit der Wirtschafts- und Finanzkrise eine »Investitionsoffensive«[79] zu starten, schlug die Kommission Anfang 2015 einen Europäischen Fonds für strategische Investitionen (EFSI) vor.[80] Errichtet wurde der EFSI dann im Juli 2015 durch die auf der Basis von Art. 172, 173, 175 Abs. 3 und 182 Abs. 1 AEUV erlassene Verordnung (EU) 2015/1017.[81]

36   Neben dem EFSI errichtete Art. 1 Abs. 1 der Verordnung eine EU-Garantie und einen EU-Garantiefonds sowie eine europäische Plattform für Investitionsberatung (European investment advisory hub – EIAH) und ein europäisches Investitionsvorhabenportal. Art. 1 Abs. 2 sieht Vereinbarungen zwischen der Kommission und der EIB über den EFSI und über die Umsetzung der EIAH vor, die die Bedingungen über die Verwaltung des EFSI und die Umsetzung des EIAH präzisieren.

37   Art. 4 Verordnung (EU) 2015/1017 gibt für diese Vereinbarung die »Errichtung des EFSI als eigenständige, klar erkennbare und transparente Garantiefazilität [vor], die von der EIB als gesondertes Konto verwaltet wird und deren Geschäfte klar von den anderen Geschäften der EIB zu unterscheiden sind«.

---

[74] http://europa.eu/about-eu/institutions-bodies/eib/index_de.htm (15.1.2016).

[75] http://www.eif.org/what_we_do/microfinance/progress/index.htm (15.1.2016).

[76] http://www.eif.org/what_we_do/resources/jeremie/index.htm?lang=-en (15.1.2016).

[77] http://www.eif.org/what_we_do/microfinance/JASMINE/ (15.1.2016).

[78] Art. 9ff. Satzung des Europäischen Investitionsfonds, von der Generalversammlung am 14.6. 1994 genehmigt und am 19.6.2000 abgeändert (2001/C 225/02), ABl. 2001, C 225/2.

[79] Vgl. die Mitteilung der Kommission an das Europäische Parlament, den Rat, die Europäische Zentralbank, den Europäischen Wirtschafts- und Sozialausschuss, den Ausschuss der Regionen und die Europäische Investitionsbank, Eine Investitionsoffensive für Europa, COM (2014) 903 final.

[80] Europäische Kommission, Vorschlag für eine Verordnung des Europäischen Parlaments und des Rates über den Europäischen Fonds für strategische Investitionen und zur Änderung der Verordnungen (EU) Nr. 1291/2013 und (EU) Nr. 1316/2013, COM (2015) 10 final. Näher dazu *Rossi*, in: Calliess/Ruffert, EUV/AEUV, Art. 309 AEUV, Rn. 10a.

[81] Verordnung (EU) 2015/1017 des Europäischen Parlaments und des Rates vom 25.6.2015 über den Europäischen Fonds für strategische Investitionen, die europäische Plattform für Investitionsberatung und das europäische Investitionsvorhabenportal sowie zur Änderung der Verordnungen (EU) Nr. 1291/2013 und (EU) Nr. 1316/2013 – der Europäische Fonds für strategische Investitionen, ABl. 2015, L 169/1.

Titel II
Finanzvorschriften

Artikel 310 AEUV [Haushaltsplan und Haushaltsgrundsätze]

(1) Alle Einnahmen und Ausgaben der Union werden für jedes Haushaltsjahr veranschlagt und in den Haushaltsplan eingesetzt.

Der jährliche Haushaltsplan der Union wird vom Europäischen Parlament und vom Rat nach Maßgabe des Artikels 314 aufgestellt.

Der Haushaltsplan ist in Einnahmen und Ausgaben auszugleichen.

(2) Die in den Haushaltsplan eingesetzten Ausgaben werden für ein Haushaltsjahr entsprechend der Verordnung nach Artikel 322 bewilligt.

(3) Die Ausführung der in den Haushaltsplan eingesetzten Ausgaben setzt den Erlass eines verbindlichen Rechtsakts der Union voraus, mit dem die Maßnahme der Union und die Ausführung der entsprechenden Ausgabe entsprechend der Verordnung nach Artikel 322 eine Rechtsgrundlage erhalten, soweit nicht diese Verordnung Ausnahmen vorsieht.

(4) Um die Haushaltsdisziplin sicherzustellen, erlässt die Union keine Rechtsakte, die erhebliche Auswirkungen auf den Haushaltsplan haben könnten, ohne die Gewähr zu bieten, dass die mit diesen Rechtsakten verbundenen Ausgaben im Rahmen der Eigenmittel der Union und unter Einhaltung des mehrjährigen Finanzrahmens nach Artikel 312 finanziert werden können.

(5) [1]Der Haushaltsplan wird entsprechend dem Grundsatz der Wirtschaftlichkeit der Haushaltsführung ausgeführt. [2]Die Mitgliedstaaten arbeiten mit der Union zusammen, um sicherzustellen, dass die in den Haushaltsplan eingesetzten Mittel nach diesem Grundsatz verwendet werden.

(6) Die Union und die Mitgliedstaaten bekämpfen nach Artikel 325 Betrügereien und sonstige gegen die finanziellen Interessen der Union gerichtete rechtswidrige Handlungen.

Literaturübersicht

Bieber, Die Ausgaben der Europäischen Gemeinschaften, EuR 1982, 115; *Birk* (Hrsg.), Handbuch des Europäischen Steuer- und Abgabenrechts, 1995; *Bux*, Das Haushaltsrecht und die neue Haushaltsordnung der EU, ZfRV 2013, 54; *Ehlermann/Minch*, Conflicts between Community Institutions within the Budgetary Procedure – Article 205 of the EEC Treaty, EuR 1981, 23; *Europäische Kommission*, Die Finanzverfassung der Europäischen Union, 4. Ausgabe, 2009; *Häde*, Finanzausgleich, 1996; *Heller*, Haushaltsgrundsätze für Bund, Länder und Gemeinden, 1998; *Kuhlmann*, Die Haushaltsdisziplin in den Europäischen Gemeinschaften, 1997; *Lienemeyer*, Die Finanzverfassung der Europäischen Union, 2002; *Raddatz*, Das Eigenmittelsystem der Europäischen Union, 2005; *K. Rodi*, Finanzierungskompetenzen, 2003; *Rossi*, Europäisches Parlament und Haushaltsverfassungsrecht, 1997; *ders.*, Strukturen der europäischen Finanz- und Haushaltsverfassung, in: Stumpf/Kainer (Hrsg.), Gemeinschaftsrecht als Gestaltungsaufgabe, 2007, S. 23; *Schenk*, Strukturen und Rechtsfragen der gemeinschaftlichen Leistungsverwaltung, 2006; *Seidel*, Subventionshoheit und Finanzierungslast in der Europäischen Wirtschaftsgemeinschaft, FS Carstens, Band 1, 1984, S. 273; *Strasser*, Die Finanzen Europas, 7. Aufl. (3. Aufl. in deutscher Sprache), 1991; *Theato/Graf*, Das Europäische Parlament und der Haushalt der Europäischen Gemeinschaft, 1994.

Leitentscheidungen

EuGH, Urt. v. 2.3.1994, Rs. C–316/91 (Parlament/Rat), Slg. 1994, I–625

EuGH, Urt. v. 12.5.1998, Rs. C–106/96 (Vereinigtes Königreich/Kommission), Slg. 1998, I–2729

Wesentliche sekundärrechtliche Vorschrift

Verordnung (EU, EURATOM) Nr. 966/2012 des Europäischen Parlaments und des Rates vom 25.10.2012 über die Haushaltsordnung für den Gesamthaushaltsplan der Union und zur Aufhebung der Verordnung (EG, Euratom) Nr. 1605/2002 des Rates, ABl. 2012, L 298/1

A. Entwicklung der Finanzbestimmungen[1]

1 Die Mitgliedstaaten haben der Union Zuständigkeiten zur Verwirklichung der in den Verträgen niedergelegten Ziele übertragen (Art. 5 Abs. 2 EUV). Es sind die Organe und Einrichtungen der EU, die diese Zuständigkeiten wahrnehmen. Der Sechste Teil des AEUV stellt daher im Titel I die Organe und Einrichtungen der EU sowie ihre Handlungsformen vor. Unmittelbar danach befasst sich Titel II mit der Frage, wie die Union die für das Tätigwerden ihrer Organe erforderlichen Finanzmittel erhält.

2 Im **EWG-Vertrag** fanden sich die Finanzvorschriften im Titel II des Fünften Teils in den Art. 199–209. Wie für internationale Organisationen üblich, regelte Art. 200 EWGV, dass die Einnahmen insbesondere aus Finanzbeiträgen der Mitgliedstaaten bestanden, die nach dem dort festgeschriebenen Schlüssel aufzubringen waren. Von An-

---

[1] Zur Entwicklung s. auch *Lödl*, in: Mayer/Stöger, EUV/AEUV, Vorbemerkungen zu Art. 310 bis 324 AEUV (2013), S. 4 f.; *Rossi*, in: Dauses, Handbuch des EU-Wirtschaftsrechts, Abschnitt A.III., Oktober 2010, Rn. 1 ff.

fang an sah Art. 201 EWGV allerdings vor, dass diese **Finanzbeiträge** durch eigene Mittel ersetzt werden sollten. Das geschah mit Wirkung vom 1.1.1971[2] (näher dazu s. Art. 311, Rn. 11 ff.).

Der **EGKS-Vertrag** (Art. 49 ff. und Art. 78) und der EAG-Vertrag (Art. 171 ff.) ent- **3** hielten eigene Finanzbestimmungen. Art. 20 Abs. 1 des am 1.7.1967 in Kraft getrete-nen Vertrags zur Einsetzung eines gemeinsamen Rates und einer gemeinsamen Kom-mission der Europäischen Gemeinschaften vom 8.4.1965[3] (**Fusionsvertrag**) führte die meisten Einnahmen und Ausgaben von EGKS, EWG und EAG im Haushaltsplan der Europäischen Gemeinschaften zusammen. Dieser einheitliche Haushaltsplan, der nach Art. 35 Abs. 1 Fusionsvertrag erstmals für das Haushaltsjahr 1968 aufzustellen war, trat damit an die Stelle des Verwaltungshaushaltsplans der EGKS, des Haushaltsplans der EWG und des Verwaltungshaushaltsplans der EAG. Das Primärrecht verwendet nach wie vor nur die Bezeichnung Haushaltsplan. Die Haushaltsordnungen sprechen dem-gegenüber teilweise vom »**Gesamthaushaltsplan**«[4] und die festgestellten Haushaltsplä-ne tragen ebenfalls diese Bezeichnung.[5]

Der **Vertrag zur Änderung bestimmter Haushaltsvorschriften** der Verträge zur Grün- **4** dung der Europäischen Gemeinschaften und des Vertrages zur Einsetzung eines gemein-samen Rates und einer gemeinsamen Kommission der Europäischen Gemeinschaften vom 22.4.1970, in Kraft getreten am 1.1.1971,[6] änderte im EWG-Vertrag das Verfahren zur Haushaltsaufstellung in Art. 203 und fügte für die Haushaltsjahre vor 1975 eine Übergangsvorschrift (Art. 203a EWGV) ein. Auch die Finanzvorschriften der beiden anderen Verträge erfuhren entsprechende Veränderungen. Art. 10 des Vertrags zur Än-derung bestimmter Haushaltsvorschriften änderte außerdem Art. 20 Abs. 1 des Fusi-onsvertrags, was zur Folge hatte, dass nun auch der Forschungs- und Investitionshaus-haltsplan der EAG in den einheitlichen Haushaltsplan integriert wurde.

Erneute Modifizierungen brachte der **Vertrag zur Änderung bestimmter Finanzvor- 5 schriften** der Verträge zur Gründung der Europäischen Gemeinschaften und des Ver-trages zur Einsetzung eines gemeinsamen Rates und einer gemeinsamen Kommission der Europäischen Gemeinschaften vom 22.7.1975, der am 1.6.1977 in Kraft trat.[7] Ins-besondere ersetzte er den bisher für die Rechnungsprüfung zuständigen Kontrollaus-schuss durch Änderung der einschlägigen Bestimmungen (Art. 78e, 78f. EGKSV; Art. 206, 206a EWGV; Art. 3 Abs. 3 EAGV) durch den **Rechnungshof** (s. Art. 285 AEUV, Rn. 7).

Der am 1.11.1993 in Kraft getretene **Maastrichter Vertrag über die Europäische 6 Union**, der den EWG-Vertrag in EG-Vertrag umbenannte, behielt die bisherige Bezif-ferung grundsätzlich bei, hob allerdings Art. 200, die nicht mehr relevante Vorschrift zu den früheren Finanzbeiträgen, auf[8] und verschob die Regelungen über den Rechnungs-

---

[2] Beschluss des Rates vom 21.4.1970 über die Ersetzung der Finanzbeiträge der Mitgliedstaaten durch eigene Mittel der Gemeinschaften (70/243/EGKS, EWG, Euratom), ABl. 1970, L 94/19. S. auch die Bekanntmachung über den Zeitpunkt des Inkrafttretens, ABl. 1971, L 2/12.

[3] ABl. 1967, Nr. 152/2; die Information zum Inkrafttreten findet sich auf S. 1.

[4] Vgl. schon die Haushaltsordnung vom 25.4.1973 für den Gesamthaushaltsplan der Europäischen Gemeinschaften (73/91 EGKS, EWG, Euratom), ABl. 1973, L 116/1; zuletzt Art. 1 Abs. 1 der Haus-haltsordnung 2012, s. u. Fn. 21.

[5] Vgl. den Gesamthaushaltsplan der Europäischen Union für das Haushaltsjahr 2016 (2016/150/EU, Euratom), ABl. 2016, L 48/1.

[6] ABl. 1971, L 2/1, zum Inkrafttreten s. S. 12. S. dazu *Strasser*, S. 29 ff.

[7] ABl. 1977, L 359/1, zum Inkrafttreten s. S. 20. S. dazu *Strasser*, S. 33 ff.

[8] Art. G Nr. 70 EUV 1992.

hof (Art. 206 und 206a EWGV) in die Art. 188a bis 188c EGV. Nach der Umnummerierung des EG-Vertrags durch den Vertrag von Amsterdam[9] fanden sich die Finanzvorschriften in Art. 268 ff. EGV. Seit dem Inkrafttreten des Vertrags von Lissabon am 1.12.2009 enthalten die Art. 310 ff. AEUV die Finanzvorschriften der Europäischen Union. Nach dem Auslaufen des EGKS-Vertrags im Juli 2002 gibt es ansonsten nur noch in **Art. 171 ff. EAGV**[10] »Besondere Finanzvorschriften« für die fortbestehende EAG, auf die hier allerdings nicht weiter einzugehen ist.

7   Trotz der Zusammenfassung der Finanzvorschriften in Art. 310 ff. AEUV enthalten auch andere Bestimmungen der Unionsverträge **finanzrelevante Regelungen.** So befasst sich Art. 41 EUV mit der Finanzierung der Gemeinsamen Außen- und Sicherheitspolitik. Im AEUV beziehen sich die Art. 28 ff. auf die Zollunion und damit auch auf Einnahmen der Union (s. Art. 311 AEUV, Rn. 27 ff.). Die Ausgaben der Union sind überall dort angesprochen, wo Vorschriften ausdrücklich oder konkludent eine Finanzierung oder Förderung bestimmter Aufgaben oder Projekte vorsehen. Beispiele dafür finden sich u. a. in Art. 40 und 41 für die gemeinsame Agrarpolitik, in Art. 147 ff. für die Beschäftigungspolitik und in vielen anderen Normen des AEUV.[11] Zu erwähnen sind darüber hinaus Vorschriften, die sich auf Fonds der Union, insbesondere auf die Strukturfonds beziehen (Art. 162 ff., 175 ff. AEUV).

8   Die **Kontrolle der Unionsfinanzen** durch den Rechnungshof regeln die Art. 285 ff. AEUV. Wenn man auch Vorschriften über Steuern der Mitgliedstaaten und die gemeinsame Währung in den Kreis der Finanzvorschriften im weiteren Sinne einbeziehen will,[12] kämen weitere Bestimmungen hinzu.

B.   Funktion der Vorschrift

9   In Teil I sollte der **Verfassungsvertrag (EVV)**[13] die Organisationsverfassung der EU und damit deren Grundlagen regeln.[14] Titel VII enthielt unter der Überschrift »Die Finanzen der Union« die Art. I–53 bis I–56 EVV. Die »Finanzvorschriften« im Einzelnen fanden sich in Teil III, Kapitel II.[15] Die Art. III–402 ff. EVV wurden im AEUV dann zu den Art. 312 ff. Art. I–53 EVV sammelte Elemente aus Art. 268, 270, 271, 274 und 280 EGV und stellte damit wichtige Aussagen zu Haushalt und Finanzen voran, die dann überwiegend erst in Teil III näher ausgeführt wurden. Art. 310 AEUV übernimmt im Wesentlichen den Inhalt von Art. I–53 EVV, kann dessen Funktion aber nicht in gleicher Weise erfüllen, weil er nicht im EU-Vertrag, sondern im AEUV unmittelbar vor den weiteren Finanzvorschriften steht.

10   Die Vorschrift bezieht sich auf den Haushaltsplan. Insoweit regelt sie einiges selbst. Ansonsten gibt sie vorab nur einen **Überblick** und überlässt das Nähere den jeweils

---

[9] Unterzeichnet am 2.10.1997, in Kraft getreten am 1.5.1999; ABl. 1997, C 340/1.

[10] Konsolidierte Fassung in ABl. 2010, C 84/1.

[11] Ausführlich dazu, allerdings noch auf der Basis des EG-Vertrags, *Häde*, S. 406 ff.; *Schenk*, S. 95 ff.

[12] In diesem Sinne *Waldhoff*, in: Calliess/Ruffert, EUV/AEUV, Art. 310 AEUV, Rn. 2.

[13] Vertrag über eine Verfassung für Europa v. 29.10.2004, ABl. 2004, C 310/1.

[14] Vgl. nur *Streinz/Ohler/Herrmann*, Die neue Verfassung, S. 20. Zum vorhergehenden Konventsentwurf vgl. *Schoo*, in: Schwarze, Verfassungsentwurf, S. 127.

[15] Vgl. *Magiera*, Die Finanzordnung im Verfassungsvertrag der Europäischen Union, FS Ress, 2005, S. 623 ff.

einschlägigen Bestimmungen.[16] So verweist Abs. 1 UAbs. 2 hinsichtlich des Verfahrens zur Aufstellung des Haushaltsplans auf die ausführliche Regelung in Art. 314 AEUV, die das komplizierte Zusammenspiel der beteiligten Organe (Kommission, Parlament und Rat) darlegt. Abs. 6 erwähnt die Betrugsbekämpfung; die Einzelheiten dazu regelt Art. 325 AEUV.

Eigenständige Regelungen enthält Art. 310 AEUV insbesondere im Hinblick auf die   **11** **Haushaltsgrundsätze**, die sich im Laufe der Zeit im Rahmen des staatlichen Haushaltswesens entwickelt haben[17] und weitgehend auf die zwar nicht mit Staatsqualität ausgestattete, aber in vielen Funktionen dennoch staatsähnliche Europäische Union übertragen werden können.[18] Nach einer Ansicht gelten die in den Mitgliedstaaten anerkannten Haushaltsgrundsätze in der EU als allgemeine Rechtsgrundsätze.[19] Letztlich dürfte es für die Verbindlichkeit dieser Haushaltsgrundsätze aber darauf ankommen, ob und in welcher Form sie im Unionsrecht verankert sind.[20] Entsprechende Vorschriften finden sich entweder in den Art. 310 ff. AEUV oder in der Haushaltsordnung. Abs. 2 und Abs. 3 nehmen auf Art. 322 AEUV Bezug, auf dessen Grundlage Parlament und Rat die Haushaltsordnung der Union erlassen. Derzeit gilt die **Haushaltsordnung** vom 25. 10. 2012 (HO).[21] Zu den Einzelheiten der Haushaltsgrundsätze der Union s. u. Rn. 17 ff.

C. Ermächtigung zu Einnahmen und Ausgaben

Art. 310 AEUV geht von Einnahmen und Ausgaben der Union aus, ermächtigt die   **12** Union aber nicht selbst, Einnahmen und Ausgaben zu tätigen. Vielmehr gilt auch insoweit der **Grundsatz der begrenzten Einzelermächtigung**, wonach der Union nur jene Zuständigkeiten zustehen, die ihr die Mitgliedstaaten übertragen haben (Art. 5 Abs. 2 EUV).

I. Einnahmen

Die Union ist demnach zur Erzielung von Einnahmen auf eine primärrechtliche Grund-   **13** lage angewiesen. Die findet sich im Wesentlichen in Art. 311 AEUV, der das Verfahren zur Festlegung der Bestimmungen über das **System der Eigenmittel** der Union regelt. Die Mitgliedstaaten haben der Union dort keine allgemeine Ermächtigung zur Erhebung eigener Steuern oder zur Beschaffung sonstiger Finanzmittel erteilt, sondern behalten

---

[16] Vgl. *Niedobitek*, in: Streinz, EUV/AEUV, Art. 310 AEUV, Rn. 1: »programmatische Grundsatznorm«.

[17] Zur Entwicklung in Deutschland vgl. *Strube*, Die Geschichte des Haushaltsrechts vom Mittelalter bis zur Gegenwart, 2002.

[18] Zu den Haushaltsgrundsätzen der Union vgl. u. a. *Birk*, in: Birk, Handbuch, § 6, Rn. 12 ff.; *Europäische Kommission*, Die Finanzverfassung, S. 183 ff.; *Frenz*, Handbuch Europarecht, Band 6, Rn. 1585 ff.; *Raddatz*, S. 111 ff.; *Rossi*, Europäisches Parlament, S. 177 ff.; *Storr*, in: Niedobitek, Europarecht – Grundlagen, § 9, Rn. 126 ff.

[19] *Schoo*, in: Schwarze, EU-Kommentar, Art. 310 AEUV, Rn. 11.

[20] Vgl. *Rossi*, Strukturen, S. 31, wonach im Einzelfall allerdings auch die Ableitung aus allgemeinen Rechtsgrundsätzen möglich sein soll.

[21] Verordnung (EU, EURATOM) Nr. 966/2012 des Europäischen Parlaments und des Rates vom 25. 10. 2012 über die Haushaltsordnung für den Gesamthaushaltsplan der Union und zur Aufhebung der Verordnung (EG, Euratom) Nr. 1605/2002 des Rates, ABl. 2012, L 298/1.

sich nach wie vor in Art. 311 Abs. 3 AEUV die Zustimmung zu den vom Rat erlassenen Eigenmittelbeschlüssen vor (s. Art. 311 AEUV, Rn. 121 ff.). Auf bestimmte Politikbereiche bezogene Abgaben kann die Union daneben aufgrund verschiedener Sachkompetenzen erheben (s. Art. 311 AEUV, Rn. 82). Die Befugnis zur Kreditfinanzierung steht der Union demgegenüber nicht zu, weil die Unionsverträge keine entsprechende Ermächtigung vorsehen (s. Art. 311 AEUV, Rn. 69 ff., 101 ff.).

II. Ausgaben

14   In den Anfangsjahren der Europäischen Gemeinschaften standen die Ausgaben nicht im Mittelpunkt des Interesses.[22] Auch in diesem Bereich gilt jedoch der Grundsatz der begrenzten Einzelermächtigung.[23] Als **Grundlage für Finanzierungsbefugnisse** der Union dienen Vertragsbestimmungen, die Ausgaben ausdrücklich oder unter Hinweis auf eine Förder- oder Unterstützungskompetenz vorsehen (s. o. Rn. 7). Darüber hinaus wird man von einer Ermächtigung, Finanzmittel zu verwenden grundsätzlich überall dort ausgehen können, wo das Primärrecht der Union Regelungsbefugnisse oder andere Aufgaben zuweist, ohne die Finanzierung ausdrücklich auszuschließen.[24] Das ergibt sich einerseits daraus, dass eine Aufgabenwahrnehmung stets zumindest mit Verwaltungsausgaben verbunden ist. Andererseits wäre es auch normalerweise sinnwidrig, der Union bestimmte Sachkompetenzen zu übertragen, ihr aber die Befugnis für entsprechende Ausgaben nicht zuzugestehen. Der Rechtsprechung des **EuGH** ist nichts Gegenteiliges zu entnehmen. Seine Entscheidungen vermitteln eher den Eindruck eines **Schlusses von der Finanzierung auf die Sachzuständigkeit.**[25]

15   Eine exakte **Abgrenzung der Finanzierungsbefugnisse** zwischen der Union und den Mitgliedstaaten sieht das Unionsrecht nicht vor. In den Bereichen, in denen die Union Maßnahmen in den Mitgliedstaaten finanziell fördert, ist oft eine Kofinanzierung vorgeschrieben. Das gilt nicht zuletzt für die Förderung durch die Strukturfonds (s. Art. 177 AEUV, Rn. 16). Ein strenges **Konnexitätsprinzip** und damit ein grundsätzliches Verbot von Mischfinanzierungen wie in Art. 104a Abs. 1 GG gibt es im Unionsrecht nicht.[26] Das schließt nicht aus, dass aufgrund ausdrücklicher Regelungen oder weil der jeweils andere für diese Aufgabe nicht zuständig ist, nur der Union oder nur den Mitgliedstaaten eine Finanzierungskompetenz zukommt.

16   Wenn der Union nach diesen Grundsätzen die Zuständigkeit für Ausgaben in einem bestimmten Bereich übertragen wurde, sind weitere Schritte erforderlich, um solche Ausgaben tatsächlich tätigen zu dürfen. Dazu gehört zunächst die **haushaltsrechtliche Ermächtigung,** die Abs. 1 und 2 ansprechen. Darüber hinaus verlangt Abs. 3 zusätzlich den Erlass eines verbindlichen Rechtsaktes, des **Basisrechtsaktes** (s. u. Rn. 49).

---

[22] S. dazu *Bieber*, EuR 1982, 115 ff.

[23] Vgl. *K. Rodi*, S. 32.

[24] Vgl. *Bieber*, EuR 1982, 115 (118); *ders.*, in: GSH, Europäisches Unionsrecht, Vor Art. 310–325 AEUV, Rn. 8; *Birk*, in: Birk, Handbuch, § 5, Rn. 62; *Häde*, S. 402 f. m. w. N.; *Magiera*, in: Grabitz/Hilf/Nettesheim, EU, Art. 310 AEUV (April 2012), Rn. 14; *Pache*, Der Schutz der finanziellen Interessen der Europäischen Gemeinschaften, 1994, S. 52; *K. Rodi*, S. 40 ff. und – zu Einschränkungen – S. 52 ff.; *Seidel*, S. 275.

[25] Vgl. EuGH, Gutachten 1/78 v. 4. 10. 1979 (Internationales Naturkautschuk-Übereinkommen), Slg. 1979, 2871, Rn. 60; Urt. v. 2. 3. 1994, Rs. C–316/91 (Parlament/Rat), Slg. 1994, I–625. Zur letzten Entscheidung s. *Henze*, EuR 1995, 76.

[26] *Häde*, S. 403 f.; *Heselhaus*, Abgabenhoheit der Europäischen Gemeinschaft in der Umweltpolitik, 2001, S. 351 ff.; *Lienemeyer*, S. 260 f. S. auch *K. Rodi*, S. 65 ff. Gegen eine Befugnis der EWG, Subventionen zu Lasten der Haushalte der Mitgliedstaaten zu beschließen *Seidel*, S. 283.

D. Haushaltsgrundsätze der Vollständigkeit und Einheit

Der Titel »Finanzvorschriften« beginnt wie schon in Art. 199 EWGV mit dem Hinweis auf den Haushaltsplan. Wie Art. 110 Abs. 1 GG schreibt Abs. 1 UAbs. 1 die Grundsätze der Vollständigkeit (s. u. Rn. 18) und der Einheit (oder Einheitlichkeit) des Haushaltsplans (s. u. Rn. 22) fest.[27] Danach sind alle Einnahmen und Ausgaben in den (einheitlichen) Haushaltsplan einzusetzen. Art. 6 HO verwendet die Begriffe Vollständigkeit und Einheitlichkeit allerdings nicht, sondern spricht nur vom **Grundsatz der Einheit**. Ebenfalls in Abs. 1 UAbs. 1 verankert ist der Grundsatz der Haushaltswahrheit (s. u. Rn. 25). **17**

I. Grundsatz der Vollständigkeit des Haushaltsplans

Der Grundsatz der Vollständigkeit des Haushaltsplans dient dem Ziel, alle Einnahmen und Ausgaben einer Körperschaft zu erfassen und es den dazu berufenen Organen zu ermöglichen, alle Zahlungsströme in ihrer Entscheidung über den Haushaltsplan mit einzubeziehen. Der Vollständigkeitsgrundsatz schließt »schwarze Kassen« aus und ermöglicht eine bessere Kontrolle aller haushaltsrelevanten Vorgänge.[28] Er verlangt deshalb, dass alle Einnahmen und Ausgaben einzustellen sind. Abs. 1 bezieht das auf die Union und meint damit die **EU als juristische Person**, nicht aber die rechtlich verselbstständigten Institutionen der Union.[29] **18**

Oft kritisiert wird in diesem Zusammenhang das Vorgehen der Union bei der durch Kreditaufnahme finanzierten Darlehensgewährung an Mitgliedstaaten und Drittstaaten. Abgesehen davon, dass eine ausreichende Rechtsgrundlage für die Aufnahme von Krediten fehlt (s. Art. 311 AEUV, Rn. 69 ff., 111 ff.), werden die mit diesen **Anleihe- und Darlehenstransaktionen** verbundenen Einnahmen und Ausgaben nicht in den Haushaltsplan eingestellt, sondern nur in einem Anhang zum Einzelplan der Kommission zur Information dargestellt.[30] Darin könnte ein Verstoß gegen die Haushaltsgrundsätze der Einheit und der Vollständigkeit des Haushaltsplans liegen,[31] oder zumindest eine Einschränkung.[32] **19**

Ebenfalls Erwähnung findet im Zusammenhang mit der Vollständigkeit des Haushaltsplans die Finanzierung des **Europäischen Entwicklungsfonds (EEF)**.[33] Allerdings handelt es sich, wie auch der EuGH schon festgestellt hat, insoweit nicht um Ausgaben der Gemeinschaft/Union, sondern um solche der Mitgliedstaaten.[34] Geht man von dieser **20**

---

[27] S. dazu *Kienemund*, in: Hömig/Wolff (Hrsg.), Grundgesetz für die Bundesrepublik Deutschland, 11. Aufl., 2016, Art. 110, Rn. 3. Zur Einführung in der EWG s. *Strasser*, S. 44 ff.

[28] Vgl. *Raddatz*, S. 114; *Rossi*, Europäisches Parlament, S. 179.

[29] Vgl. *Niedobitek*, in: Streinz, EUV/AEUV, Art. 310 AEUV, Rn. 6.

[30] Gesamthaushaltsplan der Europäischen Union für das Haushaltsjahr 2016, Einzelplan III, Kommission, Anhang: Anleihe- und Darlehenstransaktionen – Anleihen und Darlehen mit Garantie aus dem Unionshaushalt, ABl. 2016, L 48/1688.

[31] Vgl. *Storr*, EuR 2001, 846 (858); *Rossi*, Europäisches Parlament, S. 188 ff.

[32] Vgl. *Bieber*, EuR 1982, 115 (118 f.); *Waldhoff*, in: Calliess/Ruffert, EUV/AEUV, Art. 310 AEUV, Rn. 22. *Niedobitek*, in: Streinz, EUV/EGV, Art. 310 AEUV, Rn. 42, bezeichnet die Praxis als vertretbar.

[33] *Magiera*, in: Grabitz/Hilf/Nettesheim, EU, Art. 310 AEUV (April 2012), Rn. 29; *Raddatz*, S. 119 ff.; *Rossi*, Europäisches Parlament, S. 185 ff.; *Strasser*, S. 116 ff.; *Theato/Graf*, S. 67 ff. S. auch *Inghelram*, in: Lenz/Borchardt, EU-Verträge, Art. 310 AEUV, Rn. 3.

[34] EuGH, Urt. v. 2.3.1994, Rs. C–316/91 (Parlament/Rat), Slg. 1994, I–625, Rn. 39.

Annahme aus, ergibt sich von selbst, dass diese Ausgaben nicht in den Haushaltsplan eingestellt werden.[35]

21   Nicht zu Lasten des EU-Haushalts gehen Ausgaben im Rahmen der **gemeinsamen Außen- und Sicherheitspolitik** insbesondere dann, wenn sie im Zusammenhang mit Maßnahmen entstehen, die militärische oder verteidigungspolitische Bezüge aufweisen. Sie werden nach Art. 41 Abs. 2 UAbs. 2 EUV nach dem Bruttosozialprodukt-Schlüssel von den Mitgliedstaaten getragen, falls »der Rat nicht einstimmig etwas anderes beschließt.« Die Verwaltungsausgaben und die sonstigen operativen Ausgaben sind demgegenüber in den Gesamthaushaltsplan einzustellen (s. Art. 41 EUV, Rn. 3 ff.).[36]

II. Grundsatz der Einheit des Haushaltsplans

22   In engem Zusammenhang mit dem Grundsatz der Vollständigkeit steht der Grundsatz der Einheit des Haushaltsplans. Sein Ziel ist es, die Einnahmen und Ausgaben möglichst in einem **einzigen Dokument** zusammenzufassen. Beide Grundsätze zusammen führen zu der Forderung, dass sämtliche Einnahmen und Ausgaben in einem einheitlichen Haushaltsplan erfasst werden und damit eine **Gesamtübersicht über die Finanzen** einer Körperschaft vermitteln. In diesem Sinne definiert Art. 2 Buchst. c HO den Haushaltsplan als »den Rechtsakt, durch den für jedes Haushaltsjahr sämtliche als erforderlich erachteten Einnahmen und Ausgaben der Union veranschlagt und bewilligt werden«. Es geht demnach um **Übersichtlichkeit und Transparenz**, die es den mit dem Haushaltsplan befassten Organen, aber letztlich auch dem Bürger ermöglichen, die wesentlichen Informationen über die Finanzen der Union an einer Stelle zu erhalten.[37] Jede Einnahme oder Ausgabe, die nicht im Gesamthaushaltsplan, sondern in einem Sonder- oder Nebenhaushalt erfasst wird, steht diesen Zielen entgegen.[38]

23   Die Einheit des Haushaltsplans lässt sich allerdings auch in der Europäischen Union nicht absolut verwirklichen. Da Abs. 1 nur die Union als juristische Person meint, stellen die Organe und Einrichtungen der Union mit eigener Rechtspersönlichkeit einen eigenen Haushalt auf. Das gilt insbesondere für die **Europäische Zentralbank** (EZB), deren gesonderter Haushalt Konsequenz und Ausdruck ihrer Autonomie in finanzieller Sicht ist; denn sie ist nach Art. 282 Abs. 3 Satz 3 AEUV »in der Ausübung ihrer Befugnisse und der Verwaltung ihrer Mittel unabhängig.« Art. 314 Abs. 1 AEUV nimmt die EZB daher von der Regel aus, dass jedes Unionsorgan im Rahmen der Aufstellung des Gesamthaushaltsplans einen Haushaltsvoranschlag aufstellt. Über einen eigenen Haushalt verfügt auch die **Europäische Investitionsbank** (EIB). Diskutiert wird ein gesondertes Budget für die **Eurozone**.[39]

24   Ebenfalls eigene Haushaltspläne stellen die zahlreichen **Agenturen der Union**[40] auf. Art. 208 HO überträgt der Kommission in diesem Zusammenhang die Befugnis, »eine Rahmenfinanzregelung im Wege eines delegierten Rechtsakts gemäß Artikel 210 für Einrichtungen zu erlassen, die nach dem AEUV oder dem Euratom-Vertrag geschaffen

---

[35] Vgl. *Häde*, S. 412 ff.; *Schenk*, S. 62.
[36] S. dazu *Sautter*, The Financing of Common Foreign and Security Policy – on Continuity and Change, in: Blanke/Mangiameli (eds.), The European Union after Lisbon, 2012, S. 567.
[37] Vgl. *Schenk*, S. 60.
[38] Vgl. *Schoo*, in: Schwarze, EU-Kommentar, Art. 310 AEUV, Rn. 15.
[39] Vgl. dazu *Rubio*, RDUE 2013, 214.
[40] Vgl. dazu *Europäische Kommission*, Die Finanzverfassung, S. 311 ff.; *Frenz*, Handbuch Europarecht, Band 6, Rn. 479 ff.; *Wittinger*, EuR 2008, 609.

wurden, mit Rechtspersönlichkeit ausgestattet sind und Beiträge zulasten des Haushalts erhalten.« Die Kommission hat zuletzt davon Gebrauch gemacht, indem sie die Delegierte Verordnung (EG) Nr. 1271/2013 vom 30. 9. 2013 über die Rahmenfinanzregelung für Einrichtungen gemäß Artikel 208 der Verordnung (EG, Euratom) Nr. 966/2012 des Europäischen Parlaments und des Rates[41] erließ. Diese **Rahmenfinanzregelung** enthält u. a. Bestimmungen über die Aufstellung der Haushaltspläne der Unionseinrichtungen. Im Gesamthaushaltsplan verzeichnet sind dann nur die Mittel, die diese Einrichtungen aus dem Unionshaushalt erhalten. Daneben gibt es Institutionen, die sich vollständig selbst finanzieren und deshalb gar nicht im Gesamthaushaltsplan der Union vorkommen.[42]

III. Grundsatz der Haushaltswahrheit

Art. 6 HO nennt unter den Haushaltsgrundsätzen, die bei der Aufstellung und Ausführung des Haushaltsplans gelten, auch den Grundsatz der Haushaltswahrheit. Titel II Kapitel 1 der Haushaltsordnung, der die Art. 7 und 8 umfasst, trägt die Überschrift »Grundsätze der Einheit und der Haushaltswahrheit«. Nähere Hinweise zum Inhalt dieses Grundsatzes finden sich aber dort nicht. Im Primärrecht findet er überhaupt keine ausdrückliche Erwähnung.   25

Im **deutschen Haushaltsverfassungsrecht** gehört der Grundsatz der Haushaltswahrheit ebenfalls nicht zu den ausdrücklich erwähnten Prinzipien. Dennoch handelt es sich um ein Verfassungsgebot,[43] das meist in Art. 110 GG verortet wird.[44] Er steht in engem Zusammenhang mit dem Grundsatz der Vollständigkeit des Haushalts.[45] Dieser Grundsatz verlangt insbesondere, »dass keine bewusst unrichtigen Angaben über die Einnahmen und Ausgaben gemacht« werden dürfen.[46] Im Hinblick darauf, dass die Ansätze im Haushaltsplan »auf die Zukunft gerichtete Prognosen« darstellen,[47] »die sich als unzutreffend erweisen können«,[48] kann nicht verlangt werden, dass sie exakt den erst später feststellbaren tatsächlichen Einnahmen und Ausgaben entsprechen. Abweichungen von den Haushaltsansätzen sind unvermeidlich.[49] Aus dem Grundsatz der Haushaltswahrheit ergibt sich allerdings die Pflicht, die künftigen Einnahmen und Ausgaben im Rahmen des Möglichen sachgerecht und vertretbar zu schätzen.[50] Vorhersehbar anfallende   26

---

[41] ABl. 2013, L 328/42.

[42] *Hobe/Heinrich/Kerner/Froehlich*, Entwicklung der Europäischen Weltraumagentur als »implementing agency« der Europäischen Union: Rechtsrahmen und Anpassungserfordernisse, 2009, S. 65, nennen 20 Agenturen, die aus dem EU-Haushalt finanziert werden, und 9 weitere, die ihre Mittel von den Mitgliedstaaten oder über Gebühren/Beiträge erhalten. Vgl. dazu auch die Mitteilung der Kommission an das Europäische Parlament, Europäische Agenturen – Mögliche Perspektiven, KOM (2008) 135 endgültig, S. 4 f., sowie allgemein: *Orator*, Möglichkeiten und Grenzen der Einrichtung von Unionsagenturen, 2013.

[43] BVerfGE 119, 96, Ls. 2.

[44] Vgl. nur *Gröpl*, in: Bonner Kommentar, GG, Art. 110, Dezember 2001, Rn. 114, unter Hinweis auf das Rechtsstaatsprinzip; *Heun*, in: Dreier, GG, Art. 110, Rn. 21.

[45] *Hillgruber*, in: v. Mangoldt/Klein/Starck, GG, Art. 110, Rn. 53. *Grupp*, Haushaltsrecht, in: Achterberg/Püttner/Würtenberger (Hrsg.), Besonderes Verwaltungsrecht, Band II, 2. Aufl., 2000, Kapitel 6, Rn. 54, sieht allerdings einen Zusammenhang mit dem Ausgleichsgebot.

[46] *Heintzen*, in: v. Münch/Kunig, GG, Art. 110, Rn. 23.

[47] *Gröpl*, in: Bonner Kommentar, GG, Art. 110, Dezember 2001, Rn. 115.

[48] BVerfGE 79, 311 (329).

[49] Vgl. *Hillgruber*, in: v. Mangoldt/Klein/Starck, GG, Art. 110, Rn. 53.

[50] Vgl. *Heintzen*, in: v. Münch/Kunig, GG, Art. 110, Rn. 25; *Heun*, in: Dreier, GG, Art. 110, Rn. 21.

Ausgaben und Einnahmen dürfen nicht bewusst weggelassen, vorhersehbar nicht anfallende Ausgaben und Einnahmen nicht veranschlagt werden.[51]

27   In etwa diesem Sinne wird man auch den unionsrechtlichen Grundsatz der Haushaltswahrheit[52] verstehen können, der – obwohl nicht explizit erwähnt – doch in Abs. 1 UAbs. 1 zum Ausdruck kommt und damit primärrechtlich verankert ist. Art. 8 HO enthält nur wenige Aussagen zu seiner Konkretisierung.[53] Insbesondere schreibt Art. 8 Abs. 3 HO vor, dass nur solche Mittel in den Haushaltsplan eingesetzt werden dürfen, die einer als erforderlich erachteten Ausgabe entsprechen. In dieser Vorgabe klingt an, dass Ansätze im Haushaltsplan einen **realen Hintergrund** haben müssen.

E.   Haushaltsausgleich

28   Abs. 1 UAbs. 3 sieht den Ausgleich des Haushaltsplans in Einnahmen und Ausgaben vor und enthält damit das für öffentliche Haushalte typische Ausgleichsgebot.[54] Trotz der Wortlautidentität mit Art. 110 Abs. 1 Satz 2 GG soll das unionsrechtliche Ausgleichsgebot allerdings anders zu verstehen sein als das deutsche. Während nämlich das deutsche Haushaltsverfassungsrecht von einem **rein formalen Ausgleich** ausgeht,[55] versteht ein Teil der Literatur Abs. 1 UAbs. 3 zugleich materiell in dem Sinne, dass eine **Kreditfinanzierung** grundsätzlich ausgeschlossen sein soll.[56] Dieses Verständnis bringt auch Art. 17 Abs. 2 HO zum Ausdruck, der nach der Wiederholung des Ausgleichsgrundsatzes in Abs. 1 bestimmt: »Die Union und die Einrichtungen im Sinne des Artikels 208 sind nicht befugt, im Rahmen des Haushalts Kredite aufzunehmen.«

29   Es ist zutreffend, dass man den Ausgleich formell oder materiell verstehen kann.[57] Aus sich heraus gibt der hier niedergelegte Grundsatz des Haushaltsausgleichs aber keinen Hinweis darauf, auf welche Art des Ausgleichs er zielt.[58] Er verbietet insbesondere Einnahmen aus Krediten weder explizit noch implizit; vielmehr handelt es sich insoweit um eine **vorgelagerte Entscheidung**. Falls Krediteinnahmen zulässig sind, kann der Haushaltsausgleich nur ein formaler sein. Ist die Kreditaufnahme demgegenüber nicht erlaubt, müssen die im Haushaltsplan vorgesehenen Ausgaben vollständig durch andere Einnahmen gedeckt sein.

---

[51] Vgl. *Hillgruber*, in: v. Mangoldt/Klein/Starck, GG, Art. 110, Rn. 53.

[52] Vgl. *Hölscheidt*, in: Bleckmann, Europarecht, Rn. 1282, *Storr*, in: Niedobitek, Europarecht – Grundlagen, § 9, Rn. 134; *Strohmeier*, DÖV 1993, 217 (220).

[53] Vgl. *Lödl*, in: Mayer/Stöger, EUV/AEUV, Art. 310 AEUV (2013), Rn. 37.

[54] In diesem Sinne wohl auch EuGH, Urt. v. 31.3.1992, Rs. C–284/90 (Rat/Parlament), Slg. 1992, I–2277, Rn. 31.

[55] Nach der Rechtsprechung des Bundesverfassungsgerichts beschränkt sich das Ausgleichsgebot »auf eine formale, rechnerische Regel« und dient »lediglich einer sinnvollen Darstellung des vollständigen Haushalts«. »Unter Einnahmen sind danach auch Einnahmen aus Krediten zu verstehen, so dass auch ein Haushalt mit einem erheblichen Anteil an Einnahmen aus Krediten im Sinne des Art. 110 Abs. 1 Satz 2 GG ausgeglichen sein kann und sein muss«, BVerfGE 119, 96 (119).

[56] Vgl. *Niedobitek*, in: Streinz, EUV/AEUV, Art. 310 AEUV, Rn. 28. S. auch *Bux*, ZfRV 2013, 54 (58); *Khan*, in: Geiger/Khan/Kotzur, EUV/AEUV, Art. 310 AEUV, Rn. 15; *Magiera*, in: Grabitz/Hilf/Nettesheim, EU, Art. 310 AEUV (April 2012), Rn. 40; *Waldhoff*, in: Calliess/Ruffert, EUV/AEUV, Art. 310 AEUV, Rn. 27.

[57] Vgl. *Heller*, Kap. 4, Rn. 278.

[58] Vgl. schon *Häde*, S. 470 f.; *ders.*, Das Finanzsystem der Europäischen Union, in: Härtel (Hrsg.), Handbuch des Föderalismus, Band IV, 2012, § 90, Rn. 24. Ebenso *Lienemeyer*, S. 251; *Rossi*, Europäisches Parlament, S. 220; *ders.*, in: Vedder/Heintschel v. Heinegg, Europäisches Unionsrecht, Art. 310 AEUV, Rn. 13.

In Deutschland ergibt sich nicht aus Art. 110, sondern aus Art. 115 GG, dass der Bund **30** in gewissem Umfang Kredite aufnehmen darf. Daher kann das Ausgleichsgebot nur im Sinne einer rechnerischen Übereinstimmung von Einnahmen und Ausgaben zu verstehen sein. Welchen Ausgleich Abs. 1 UAbs. 3 verlangt, ergibt sich ebenfalls nicht aus der Vorschrift selbst. Diese Frage lässt sich vielmehr nur mit Verweis auf die an anderer Stelle getroffene Entscheidung über die **Möglichkeit der Kreditfinanzierung** beantworten.

In der Praxis der Unionsorgane besteht ebenso wie in der Literatur Einigkeit darüber, **31** dass das Unionsrecht die Möglichkeit einer allgemeinen Haushaltsfinanzierung durch Kredite nicht eröffnet.[59] Das folgt allerdings weder aus dem Ausgleichsgebot noch aus der nur sekundärrechtlichen Vorschrift des Art. 17 Abs. 2 HO, sondern aus dem **Grundsatz der begrenzten Einzelermächtigung** und der Tatsache, dass die Verträge der Union keine Kompetenz zur Kreditaufnahme zuweisen (s. Art. 311 AEUV, Rn. 69 ff., 110 ff.). Konsequenz dieser Rechtslage ist, dass der in Abs. 1 UAbs. 3 gebotene Haushaltsausgleich durch andere Einnahmen sicherzustellen ist.

F. Grundsatz der Jährlichkeit

I. Regelungen in Abs. 1 und 2

Abs. 1 UAbs. 1 schreibt die Jährlichkeit des Unionshaushalts fest. Einnahmen und Aus- **32** gaben werden nur für jeweils ein Haushaltsjahr eingestellt und bewilligt. Damit sind verbindliche Haushaltspläne, die sich auf kürzere oder längere Zeiträume als 12 Monate beziehen, z. B. **Doppelhaushalte**, ausgeschlossen.[60] Art. 313 AEUV schreibt vor, dass das Haushaltsjahr am 1. Januar beginnt und am 31. Dezember endet. Damit steht fest, dass das Haushaltsjahr dem Kalenderjahr entspricht.

Einer **längerfristigen Finanzplanung**[61] steht die Vorschrift nicht entgegen.[62] Art. 312 **33** AEUV sieht sogar einen mehrjährigen Finanzrahmen vor, der für mindestens fünf Jahre aufgestellt wird und bei der Aufstellung des Haushaltsplans der Union einzuhalten ist (Art. 312 Abs. 1 UAbs. 2 und 3 AEUV). Der **mehrjährige Finanzrahmen** gibt jedoch nur Obergrenzen vor und ersetzt damit den detaillierten jährlichen Haushaltsplan nicht.

Abs. 2 sieht für die **Bewilligung von Ausgaben** ebenfalls das Jährlichkeitsprinzip vor. **34** Diese Vorschrift entspricht der bisherigen Regelung des Art. 271 Abs. 1 EGV. Dort stand die Bewilligung für ein Haushaltsjahr allerdings unter dem Vorbehalt »soweit die […] Haushaltsordnung nicht etwas anderes bestimmt.« Die nun geänderte Formulierung (»entsprechend der Verordnung nach Artikel 322«) scheint auf eine strengere Einhaltung der Jährlichkeit hinzudeuten. Allerdings unterscheiden sich die einschlägigen Bestimmungen der Haushaltsordnung 2012[63] (Art. 9 ff.) und ihrer Vorgängerin, der Haushaltsordnung 2002[64] (Art. 6 ff.), hinsichtlich der Übertragbarkeit von Mitteln in das

---

[59] Vgl. *Bieber*, in: GSH, Europäisches Unionsrecht, Art. 310 AEUV, Rn. 16; *Waldhoff*, in: Calliess/ Ruffert, EUV/AEUV, Art. 311 AEUV, Rn. 17; *Häde*, S. 470 m. N. der älteren Literatur.

[60] A.A. *Rossi*, in: Vedder/Heintschel v. Heinegg, Europäisches Unionsrecht, Art. 310 AEUV, Rn. 10.

[61] Zur Finanzplanung der EU s. *Draheim*, Probleme der finanzpolitischen Willensbildung in Europa, 2004, S. 155 ff.

[62] Vgl. *Niedobitek*, in: Streinz, EUV/AEUV, Art. 310 AEUV, Rn. 27.

[63] S. o. Fn. 21.

[64] Verordnung (EG, Euratom) Nr. 1605/2002 des Rates vom 25. 6. 2002 über die Haushaltsordnung für den Gesamthaushaltsplan der Europäischen Gemeinschaften, ABl. 2002, L 248/1.

nächste Haushaltsjahr kaum voneinander. Daraus wird man eher nicht auf eine restriktivere Praxis schließen können. Vielmehr gilt der Grundsatz der Jährlichkeit nach Maßgabe der Regelungen in der Haushaltsordnung.[65] Die primärrechtliche Jährlichkeit kann allerdings – ebenso wenig wie alle anderen haushaltsrechtlichen Vorgaben des AEUV -[66] nicht vollständig zur Disposition des Sekundärrechtsgebers stehen. Die in der Haushaltsordnung vorgesehenen Konkretisierungen des Prinzips und der Ausnahmen von ihm dürfen die Jährlichkeit als solche daher nicht generell in Frage stellen.

II.   Konkretisierungen und Ausnahmen in der Haushaltsordnung

35   Art. 9 HO nimmt die Vorgabe der jährlichen Bewilligung der im Haushaltsplan vorgesehenen Mittel auf und wiederholt Art. 313 AEUV indem er bestimmt: »das Haushaltsjahr beginnt am 1. Januar und endet am 31. Dezember.« Art. 10 Abs. 1 HO unterscheidet zwischen **getrennten Mitteln** (Mittel für Verpflichtungen und Mittel für Zahlungen) und **nichtgetrennten Mitteln**. Sie alle beziehen sich grundsätzlich auf ein Haushaltsjahr. Mittel für Verpflichtungen zielen auf die Gesamtkosten aller rechtlichen Verpflichtungen, die im Laufe eines Haushaltsjahres eingegangen werden (Art. 10 Abs. 2 HO). Demgegenüber sollen die Mittel für Zahlungen die Ausgaben decken, die anfallen, um im laufenden Haushaltsjahr oder in früheren Haushaltsjahren eingegangene rechtliche Verpflichtungen zu erfüllen (Art. 10 Abs. 3 HO). Schon daraus ergibt sich eine potentielle Abweichung vom Jährlichkeitsprinzip, weil eingegangene Verpflichtungen zu Ausgaben in späteren Haushaltsjahren führen können.[67] Art. 11 HO sieht weitere Modifikationen vor.

36   Art. 13 Abs. 1 UAbs. 1 HO bestätigt zunächst den Grundsatz der Jährlichkeit, indem er festlegt, dass »Mittel, die am Ende des Haushaltsjahres, für das sie in den Haushaltsplan eingestellt wurden, nicht in Anspruch genommen worden sind, verfallen.« Es folgen dann allerdings umfangreiche **Ausnahmen von dieser Grundregel**, die ihre primärrechtliche Grundlage in Art. 316 Abs. 1 AEUV finden. Insbesondere kann das Organ, dem die Mittel bewilligt wurden, bis zum 15.2. des jeweiligen Folgejahres beschließen, nicht in Anspruch genommene Mittel zu übertragen. Eine solche **Übertragung** gilt dann allerdings nur für das nächste Haushaltsjahr (Art. 316 Abs. 1 AEUV); ein weiteres Verschieben ist demnach grundsätzlich nicht zulässig (s. u. Art. 316 AEUV, Rn. 5 f.).

III.   Grundsatz der Vorherigkeit

37   Nicht ausdrücklich erwähnt, wohl aber in Abs. 1 und 2 vorausgesetzt wird der Grundsatz der Vorherigkeit. Abs. 1 UAbs. 2 verweist auf Art. 314 AEUV. Der legt einen Zeitplan für die Aufstellung des Haushaltsplans fest, dessen Vorgaben darauf ausgerichtet sind, dass der Haushaltsplan vor Beginn des Haushaltsjahres, für das er gelten soll, festgestellt wird.[68] Art. 315 AEUV regelt die Konsequenzen, die eintreten, wenn der Haushaltsplan zu Beginn eines Haushaltsjahres noch nicht endgültig erlassen ist, und bringt damit zugleich zum Ausdruck, dass es sich um eine Ausnahme handeln soll. Grundsätzlich sind die Einnahmen und Ausgaben daher vor Beginn des Haushaltsjahres in dem jährlichen Haushaltsplan einzusetzen und verbindlich festzustellen.

---

[65] Ähnlich *Niedobitek*, in: Streinz, EUV/AEUV, Art. 310 AEUV, Rn. 22.

[66] In diesem Sinne schon zum EG-Vertrag *Schenk*, S. 144.

[67] Vgl. *Rossi*, Europäisches Parlament, S. 203; *Schenk*, S. 59.

[68] *Rossi*, Europäisches Parlament, S. 199; *Storr*, in: Niedobitek, Europarecht – Grundlagen, § 9, Rn. 157.

G. Grundsatz der Wirtschaftlichkeit, Zusammenarbeit (Abs. 5)

Abs. 5 Satz 1 verpflichtet auf den Grundsatz der Wirtschaftlichkeit bei der Ausführung   **38**
des Haushaltsplans.[69] Da es die Mitgliedstaaten sind, die meist für den verwaltungsmä-
ßigen Vollzug des Unionsrechts zuständig sind, fordert Abs. 5 Satz 2, dass sie mit der
Union zusammenarbeiten um sicherzustellen, dass die Mittel aus dem Unionshaushalt,
die sie in diesem Zusammenhang einsetzen, nach dem Grundsatz der Wirtschaftlichkeit
verwendet werden. Diese Vorschrift lässt sich als **Konkretisierung des allgemeinen Gebots zur Loyalität und Zusammenarbeit** aus Art. 4 Abs. 3 EUV verstehen.

Art. 317 Abs. 1 AEUV wiederholt im Wesentlichen die Inhalte von Abs. 5, nennt nun   **39**
aber ausdrücklich die Kommission als das für die Ausführung des Haushaltsplans verantwortliche Organ, mit dem die Mitgliedstaaten zusammenarbeiten. Kommission und
Mitgliedstaaten werden erneut auf den Grundsatz der Wirtschaftlichkeit verpflichtet.
Ohne dass das auf den ersten Blick deutlich wird, hat Abs. 5 daher im Wesentlichen eine
Verweisfunktion, indem er die etwas ausführlicheren Regelungen in Art. 317 AEUV
vorwegnimmt. Dass der Grundsatz in Abs. 5 und Art. 317 Abs. 1 AEUV insgesamt
viermal erwähnt wird, unterstreicht aber auch seine besondere Bedeutung. Art. 287
Abs. 2 UAbs. 1 Satz 1 AEUV nennt die Wirtschaftlichkeit der Haushaltsführung außer-
dem als Maßstab für die **Prüfung des Rechnungshofs**.

Sekundärrechtliche Konkretisierungen finden sich in der Haushaltsordnung. Nach   **40**
Art. 30 Abs. 1 HO sind die Mittel nach dem Grundsatz der Wirtschaftlichkeit der Haus-
haltsführung zu verwenden. Die Vorschrift gliedert diesen Grundsatz in die **Grundsätze
der Sparsamkeit, der Wirtschaftlichkeit und der Wirksamkeit** auf, die sie dann in Art. 30
Abs. 2 HO definiert. Aus dem Grundsatz der Sparsamkeit folgt demnach, »dass die
Ressourcen [...] zum richtigen Zeitpunkt, in ausreichender Menge und angemessener
Qualität sowie mit dem geringstmöglichen Kostenaufwand bereitgestellt werden.« Der
Grundsatz der Wirtschaftlichkeit bezieht sich demgegenüber auf »die optimale Relation
zwischen den eingesetzten Mitteln und den erzielten Ergebnissen.« Mit dem Grundsatz
der Wirksamkeit ist schließlich »das Erreichen bestimmter gesetzter Ziele und ange-
strebter Ergebnisse« gemeint. Die weiteren Bestimmungen dieses Kapitels (Art. 30–33
HO) regeln Vorkehrungen zur Einhaltung dieser Grundsätze.

Art. 53 Abs. 3 HO überträgt der Kommission die Befugnis, »delegierte Rechtsakte   **41**
gemäß Artikel 210 zur Festlegung detaillierter Vorschriften über den Haushaltsvollzug
nach dem Grundsatz der Wirtschaftlichkeit der Haushaltsführung sowie Hinweise auf
die Übermittlung personenbezogener Daten zu Prüfungszwecken zu erlassen.« Auf
dieser Basis regeln die Art. 18 und 19 einer **delegierten Verordnung** der Kommission[70]
Einzelheiten zum Grundsatz der Wirtschaftlichkeit der Haushaltsführung.

---

[69] S. dazu *Raddatz*, S. 148 ff.
[70] Delegierte Verordnung (EU) Nr. 1268/2012 der Kommission vom 29.10.2012 über die An-
wendungsbestimmungen für die Verordnung (EU, Euratom) Nr. 966/2012 des Europäischen Parlaments und des Rates über die Haushaltsordnung für den Gesamthaushaltsplan der Union, ABl. 2012,
L 362/1.

H.   Weitere Haushaltsgrundsätze

42   Das Unionsrecht kennt neben den in Art. 310 AEUV ausdrücklich erwähnten weitere Haushaltsgrundsätze. Zu ihnen gehören der Grundsatz der Rechnungseinheit, der Grundsatz der Gesamtdeckung, der Grundsatz der Spezialität und der Grundsatz der Transparenz. Sie alle sind ausdrücklich in Art. 6 HO festgeschrieben und an anderer Stelle mehr oder weniger ausführlich geregelt. Das schließt nicht aus, dass sich diese Prinzipien auch auf das Primärrecht der Union stützen können.

I.   Grundsatz der Rechnungseinheit

43   Nach Art. 320 AEUV wird der **Jahreshaushaltsplan in Euro** aufgestellt. Art. 6 HO erhebt diese Festlegung zum Grundsatz der Rechnungseinheit.[71] Art. 19 Abs. 1 Satz 1 HO wiederholt den Inhalt von Art. 320 AEUV und ergänzt, dass auch der Haushaltsvollzug und die Rechnungslegung in Euro erfolgen. Art. 19 Abs. 1 Satz 2 HO lässt Ausnahmen zu, in denen Transaktionen in anderen Währungen erfolgen dürfen.

II.   Grundsatz der Gesamtdeckung

44   Der Grundsatz der Gesamtdeckung lässt sich auch als **Verbot der Zweckbindung**[72] verstehen und besagt, dass »alle Einnahmen zur Deckung der gesamten Mittel für Zahlungen« dienen (Art. 20 Satz 1 HO). Ausnahmen davon gelten nach Art. 21 HO für die dort erwähnten zweckgebundenen Einnahmen und für Zuwendungen (Art. 22 HO). Im Primärrecht ist dieser Grundsatz nicht ausdrücklich verankert, wohl aber enthält Art. 6 des **Eigenmittelbeschlusses 2007**[73] eine entsprechende Vorschrift, die sich streng genommen allerdings nur auf die Eigenmittel, nicht aber auf die sonstigen Einnahmen der Union bezieht.

45   Art. 20 Satz 2 HO bestimmt, dass grundsätzlich alle Einnahmen und Ausgaben nach dem **Bruttoprinzip** ausgewiesen werden. Der Grundsatz der Gesamtdeckung und das Bruttoprinzip zielen nicht auf denselben Zweck, stehen aber insoweit in einem engen Zusammenhang als ersterer Zweckbindungen ausschließt, während letzteres im Interesse der Haushaltsklarheit steht und u. a. der Verschleierung von Zweckbindungen entgegensteht.[74] In Art. 23 HO geht es allerdings nicht um Zweckbindungen, sondern um Salden und Wechselkursdifferenzen. Solche Ausnahmen vom Bruttoprinzip hätten auch außerhalb des Kapitels »Grundsatz der Gesamtdeckung« geregelt werden können.

III.   Grundsatz der Spezialität

46   Art. 316 Abs. 2 und 3 AEUV geben die Gliederung des Haushaltsplans vor (s. Art. 316 AEUV, Rn. 7 ff.).[75] Sie beziehen sich ebenso wie die sekundärrechtlichen Bestimmungen der Art. 24–29 HO auf den Grundsatz der Spezialität. Während der Grundsatz der

---

[71] Vgl. dazu *Strasser*, S. 62 ff.

[72] Vgl. *Heller*, Kap. 4, Rn. 260; *Rossi*, Europäisches Parlament, S. 197; *Schenk*, S. 63; *Strasser*, S. 49 ff.

[73] Beschluss des Rates vom 7. 6. 2007 über das System der Eigenmittel der Europäischen Gemeinschaften (2007/436/EG, Euratom), ABl. 2007, L 163/17.

[74] Vgl. *Heller*, Kap. 5, Rn. 61.

[75] Näher zur Gliederung und zur Struktur des Haushaltsplans s. *Europäische Kommission*, Die Finanzverfassung, S. 206 ff., 261 ff.

Jährlichkeit (s. o. Rn. 32) zeitliche Spezialität verlangt,[76] geht es hier um **sachliche Spezialität**.[77] Damit ist gemeint, dass die im Haushaltsplan vorgesehenen Mittel nach Titeln und Kapitel sachlich zu gliedern und die Kapitel in Artikel und Posten zu untergliedern sind (Art. 24 HO). Die Organe, die den Haushaltsplan beschließen, legen demnach recht genau fest, für welche Zwecke die vorgesehenen Mittel auszugeben sind.[78] Das schränkt den Spielraum der Organe, die den Haushaltsplan jeweils ausführen, entsprechend ein. Sie können die für einen Zweck bestimmten Mittel grundsätzlich nicht für einen anderen Zweck verwenden. Die Art. 25–29 HO lassen **Ausnahmen** von dem Grundsatz der Spezialität zu, indem sie regeln, in welchen Bereichen, in welchem Umfang und unter welchen Voraussetzungen Mittelübertragungen innerhalb der jeweiligen Einzelpläne vorgenommen werden dürfen.

IV. Grundsatz der Transparenz

Als letztes haushaltsrechtliches Prinzip der Union nennt Kapitel 8 des Titels II der Haushaltsordnung den Grundsatz der Transparenz.[79] Er gilt nach Art. 34 Abs. 1 HO für die Haushaltsaufstellung, den Haushaltsvollzug und die Rechnungslegung. Daher ordnet Art. 34 Abs. 2 HO die **Veröffentlichung** von Haushaltsplänen, Jahresabschlüssen und Berichten über die Haushaltsführung und das Finanzmanagement im Amtsblatt der EU an. Im Primärrecht ist das nicht so ausdrücklich geregelt. Soweit es sich – wie bei den Haushaltsplänen – um Gesetzgebungsakte handelt, folgt deren Publikation allerdings aus Art. 297 AEUV. Ergänzende Regelungen zum Grundsatz der Transparenz finden sich insoweit in Art. 287 Abs. 1 UAbs. 2 und Abs. 4 UAbs. 1 AEUV, die die Veröffentlichung bestimmter Erklärungen und Berichte des Rechnungshofs vorsehen (s. Art. 287 AEUV, Rn. 7, 19).   **47**

Art. 35 Abs. 1 HO legt darüber hinaus fest, dass die ansonsten nicht im Haushaltsplan als Einnahmen oder Ausgaben berücksichtigten **Anleihe- und Darlehenstransaktionen** der Union zugunsten Dritter in einer Anlage zum Haushaltsplan aufzuführen sind. Informationen über Empfänger, Art und Zweck der aus dem Haushalt finanzierten Maßnahmen sowie die gleichzeitige Wahrung von Vertraulichkeits- und Sicherheitserfordernissen sind Gegenstand von Art. 35 Abs. 2 und 3 HO.   **48**

I. Rechtsgrundlage für die Ausführung (Abs. 3)

Selbst ein endgültig erlassener Haushaltsplan (vgl. Art. 314 Abs. 9 AEUV) bietet grundsätzlich noch keine ausreichende Rechtsgrundlage für die darin vorgesehenen Ausgaben. Abs. 3 verlangt dafür den Erlass eines zusätzlichen verbindlichen Rechtsakts. Dieser Vorbehalt gilt daher auch für die **Leistungsverwaltung**. Insoweit weicht die Rechtslage von der in Deutschland ab,[80] wo nach Rechtsprechung und h. L. Leistungen z. B. der Wirtschaftsförderung allein auf der Grundlage von Ansätzen im   **49**

---

[76] *Waldhoff*, in: Calliess/Ruffert, EUV/AEUV, Art. 310 AEUV, Rn. 25, versteht ihn als Unterfall des Grundsatzes der Spezialität. Vgl. auch *Schenk*, S. 59.

[77] *Niedobitek*, in: Streinz, EUV/AEUV, Art. 310 AEUV, Rn. 33; *Raddatz*, S. 145; *Rossi*, Europäisches Parlament, S. 210. S. auch *Strasser*, S. 58 ff.

[78] Vgl. *Schenk*, S. 64.

[79] S. dazu *Bux*, ZfRV 2013, 54 (59); *Raddatz*, S. 151 ff.

[80] Vgl. *J.-P. Schneider*, in: Terhechte, Verwaltungsrecht der EU, § 26, Rn. 12.

Haushaltsplan zulässig sind und die Vergabemodalitäten in Verwaltungsvorschriften geregelt werden können.[81]

50   Abs. 3 hat im bisherigen Primärrecht zwar kein Vorbild; das Erfordernis eines verbindlichen Rechtsakts galt jedoch schon vor dem Inkrafttreten des Vertrags von Lissabon.[82] So enthielt die **Gemeinsame Erklärung** des Europäischen Parlaments, des Rates und der Kommission über verschiedene Maßnahmen zur Gewährleistung einer besseren Entwicklung des Haushaltsverfahrens vom 30. 6. 1982 (s. Art. 324 AEUV, Rn. 10)[83] eine Regelung, wonach die »Verwendung der in den Haushalt für neue bedeutende Gemeinschaftsaktionen eingesetzten Mittel [...] nur nach Erlaß einer Grundverordnung« erfolgen konnte. Später ging auch der **EuGH** in ständiger Rechtsprechung davon das, dass ein solcher Basisrechtsakt jedenfalls für alle bedeutenden Gemeinschaftsaktionen erforderlich war.[84]

51   Die Abgrenzung zwischen bedeutenden und unbedeutenden Aktionen war allerdings schwierig und ließ damit relativ viel Spielraum. Darüber hinaus gab es Bereiche, wie z. B. die Katastrophenhilfe, in denen man davon ausging, dass eine Grundverordnung nicht erforderlich sei. Schließlich führte das Auseinanderfallen von einerseits nur geringen Beteiligungsrechten des Parlaments im Rechtsetzungsverfahren und andererseits seinem Letztentscheidungsrecht über nicht obligatorische Ausgaben im Haushaltsverfahren dazu, dass Kommission und Parlament den Rat durch das Einstellen bestimmter Aufgaben unter Druck setzten, entsprechende **Basisrechtsakte** zu schaffen.[85]

52   Art. 49 Abs. 1 HO 2002 enthielt eine Regelung, wonach Haushaltsmittel für eine Maßnahme der Gemeinschaften oder der Europäischen Union »nur verwendet werden [konnten], wenn zuvor ein Basisrechtsakt erlassen worden ist.« Die **Haushaltsordnung 2012** bezeichnet den erforderlichen Rechtsakt weiterhin als Basisrechtsakt. Art. 2 Buchst d HO 2012 definiert ihn als »den Rechtsakt, der die Rechtsgrundlage für eine Maßnahme und die Ausführung der im Haushalt ausgewiesenen entsprechenden Ausgabe bildet.« Weiter heißt es dort, dass es sich bei dem Basisrechtsakt um eine Verordnung, eine Richtlinie oder einen Beschluss i. S. v. Art. 288 AEUV handeln kann. Als weitere Alternativen nennt Art. 2 Buchst. d Ziff. ii HO 2012 Rechtsakte, die der EU-Vertrag in seinem Titel V im Rahmen der gemeinsamen Außen- und Sicherheitspolitik vorsieht. Empfehlungen und Stellungnahmen, also unverbindliche Rechtsakte, sind demgegenüber ausdrücklich ausgeschlossen. Das entspricht der Vorgabe in Abs. 3, wonach es sich um einen verbindlichen Rechtsakt handeln muss.

53   Das Erfordernis eines verbindlichen Rechtsaktes gilt nur, soweit die auf der Basis von Art. 322 AEUV erlassene Haushaltsordnung keine **Ausnahmen** vorsieht. Dementsprechend bestimmt Art. 54 Abs. 1 HO, dass Haushaltsmittel für eine Maßnahme der Union nur verwendet werden können, wenn zuvor ein Basisrechtsakt erlassen worden ist. Art. 54 Abs. 2 HO nennt als Ausnahmen von dieser Regelung Mittel für Pilotprojekte

---

[81] Vgl. BVerwGE 6, 282 (287 f.); 90, 112 (126); *Frotscher/Kramer*, Wirtschaftsverfassungs- und Wirtschaftsverwaltungsrecht, 6. Aufl., 2013, Rn. 681; *Ossenbühl*, in: Isensee/Kirchhof, HStR V, 3. Aufl., 2007, § 101, Rn. 25 ff.

[82] Vgl. *Bieber*, EuR 1982, 115 (129 f.); *Ehlermann/Minch*, EuR 1981, 23 (29, 33); *Schenk*, S. 97 ff. m. w. N. Zur Entwicklung vgl. *Strasser*, S. 148 ff.

[83] ABl. 1982, C 194/1.

[84] EuGH, Urt. v. 12. 5. 1998, Rs. C–106/96 (Vereinigtes Königreich/Kommission), Slg. 1998, I–2729, Rn. 22, 26, mit Verweis auf die frühere Rechtsprechung. S. dazu *K. Rodi*, S. 44 ff.

[85] Näher dazu *Lenzen*, EuR 1996, 214 (219 ff.). S. auch *Ehlermann/Minch*, EuR 1981, 23 (25); *J.-P. Schneider*, in: Terhechte, Verwaltungsrecht der EU, § 26, Rn. 12.

und vorbereitende Maßnahmen, für punktuelle oder unbefristete Maßnahmen der Kommission sowie »die Verwaltungsmittel, die jedem Organ aufgrund seiner Verwaltungsautonomie zur Verfügung gestellt werden«.

J. Haushaltsdisziplin (Abs. 4)

Der Haushalt der Union ist nach Art. 311 Abs. 2 AEUV grundsätzlich aus den Eigenmitteln zu finanzieren. Mit dem **mehrjährigen Finanzrahmen** soll nach Art. 312 Abs. 1 UAbs. 1 AEUV »sichergestellt werden, dass die Ausgaben der Union innerhalb der Grenzen ihrer Eigenmittel eine geordnete Entwicklung nehmen.« Auf diese beiden Bestimmungen bezieht sich Abs. 4, der auf Haushaltsdisziplin zielt. Sie ist gewahrt, wenn die Ausgaben der Union sowohl im Rahmen der Eigenmittel als auch innerhalb der Grenzen des mehrjährigen Finanzrahmens bleiben. Die Einnahmen bestimmen demnach grundsätzlich über den Umfang der Ausgaben und nicht – wie früher –[86] die Ausgaben über die Höhe der Einnahmen.[87]   **54**

Eine entsprechende Regelung enthielt früher Art. 270 EGV, der 1993 als Art. 201a durch den Vertrag von Maastricht in den EG-Vertrag eingefügt wurde.[88] Diese Vorschrift erwähnte allerdings nur die **Kommission**. Sie durfte keine Vorschläge unterbreiten oder Durchführungsmaßnahmen erlassen, die die Haushaltsdisziplin negativ beinträchtigen konnten. Die Vorschrift warf Zweifel auf, ob sie auch für die anderen Organe gelten sollte.[89] Abs. 4 hat insoweit die Perspektive gewechselt oder jedenfalls diese Zweifel ausgeräumt. Er wendet sich nun an alle Organe und damit nicht zuletzt an jene Organe der Union, die haushaltswirksame Rechtsakte erlassen.[90] Das kann zum kleineren Teil immer noch die Kommission sein, der darüber hinaus regelmäßig das Vorschlagsrecht zukommt (Art. 17 Abs. 2 EUV). Die Vorschrift bezieht nun aber auch formal Parlament und Rat mit ein, die für die meisten Rechtsakte verantwortlich sind.   **55**

Abs. 4 beschränkt sich auf Rechtsakte, die erhebliche Auswirkungen auf den Haushaltsplan haben können. Sie müssen demnach zu Ausgaben oder Mindereinnahmen führen können, die eine gewisse **Bagatellgrenze** überschreiten.[91] Darüber hinaus dürfte auch relevant sein, wie stark die bisher vorgesehenen Ausgaben bereits die Eigenmittelobergrenze ausschöpfen. Denn die Vorschrift stellt auch darauf ab, ob die Rechtsakte die Gewähr bieten, dass die mit ihnen »verbundenen Ausgaben im Rahmen der Eigenmittel der Union und unter Einhaltung des mehrjährigen Finanzrahmens« finanziert werden können.   **56**

Der Umsetzung der Haushaltsdisziplin[92] dient die auf der Basis von Art. 295 AEUV erlassene **Interinstitutionelle Vereinbarung** vom 2.12.2013 zwischen dem Europäi-   **57**

---

[86] S. dazu *Schoo*, in: Schwarze, EU-Kommentar, Art. 310 AEUV, Rn. 24.
[87] Vgl. *Waldhoff*, in: Calliess/Ruffert, EUV/AEUV, Art. 310 AEUV, Rn. 32.
[88] Vgl. *Kuhlmann*, S. 180.
[89] Dafür *Magiera*, in: Grabitz/Hilf/Nettesheim, EU, Art. 310 AEUV (April 2012), Rn. 53; dagegen *Bieber*, in: GS, EUV/EGV, Art. 270 EGV, Rn. 5.
[90] Vgl. *Bieber*, in: GSH, Europäisches Unionsrecht, Art. 310 AEUV, Rn. 31; *Rossi*, Strukturen, S. 33.
[91] Vgl. *Rossi*, in: Vedder/Heintschel v. Heinegg, Europäisches Unionsrecht, Art. 310 AEUV, Rn. 18; *Waldhoff*, in: Calliess/Ruffert, EUV/AEUV, Art. 310 AEUV, Rn. 34, stellen auf die üblicherweise auftretenden Schwankungen und Abweichungen ab.
[92] Ausführlich dazu *Kuhlmann*, S. 24 ff.

schen Parlament, dem Rat und der Kommission über die Haushaltsdisziplin, die Zusammenarbeit im Haushaltsbereich und die wirtschaftliche Haushaltsführung,[93] die mit Wirkung vom 23.12.2013 die Interinstitutionelle Vereinbarung vom 17.5.2006[94] abgelöst hat (zu den Interinstitutionellen Vereinbarungen s. Art. 324 AEUV, Rn. 11 ff.). Mit ihr haben die drei Organe Einzelheiten des Haushaltsverfahrens festgelegt, um die interinstitutionelle Zusammenarbeit zu verbessern und die rechtzeitige Verabschiedung des Haushaltsplans zu fördern. Im Sinne der Haushaltsdisziplin soll die Vereinbarung dazu beitragen, den **Finanzrahmen** und die **Eigenmittelobergrenze** einzuhalten. Rechtsnatur und Verbindlichkeit der Interinstitutionellen Vereinbarungen waren umstritten.[95] Mittlerweile enthält Art. 295 Satz 2 AEUV eine ausdrückliche primärrechtliche Ermächtigung für solche Vereinbarungen zwischen den Unionsorganen, die auch bindenden Charakter haben können (s. Art. 295 AEUV, Rn. 13).

K. Betrugsbekämpfung (Abs. 6)

58   Nur **deklaratorische Funktion** hat Abs. 6, der die Union und die Mitgliedstaaten verpflichtet, »Betrügereien und sonstige gegen die finanziellen Interessen der Union gerichtete rechtswidrige Handlungen« nach Art. 325 AEUV zu bekämpfen. Hinsichtlich der Einzelheiten kann daher auf die dortige Kommentierung verwiesen werden.

---

[93] ABl. 2013, C 373/1.
[94] ABl. 2006, C 139/1. Spätere Änderungen in ABl. 2008, L 6/7, L 128/8, ABl. 2009, L 132/8, L 347/26, ABl. 2012, L 4/12. Zur Entwicklung s. *Theato/Graf*, S. 79 ff.; *Schoo*, in: Schwarze, EU-Kommentar, Art. 310 AEUV, Rn. 25 ff.
[95] S. dazu *Kuhlmann*, S. 116 ff.

Kapitel 1
Die Eigenmittel der Union

Artikel 311 AEUV [Eigenmittel]

Die Union stattet sich mit den erforderlichen Mitteln aus, um ihre Ziele erreichen und ihre Politik durchführen zu können.

Der Haushalt wird unbeschadet der sonstigen Einnahmen vollständig aus Eigenmitteln finanziert.

[1]Der Rat erlässt gemäß einem besonderen Gesetzgebungsverfahren einstimmig und nach Anhörung des Europäischen Parlaments einen Beschluss, mit dem die Bestimmungen über das System der Eigenmittel der Union festgelegt werden. [2]Darin können neue Kategorien von Eigenmitteln eingeführt oder bestehende Kategorien abgeschafft werden. [3]Dieser Beschluss tritt erst nach Zustimmung der Mitgliedstaaten im Einklang mit ihren jeweiligen verfassungsrechtlichen Vorschriften in Kraft.

[1]Der Rat legt gemäß einem besonderen Gesetzgebungsverfahren durch Verordnungen Durchführungsmaßnahmen zu dem System der Eigenmittel der Union fest, sofern dies in dem nach Absatz 3 erlassenen Beschluss vorgesehen ist. [2]Der Rat beschließt nach Zustimmung des Europäischen Parlaments.

Literaturübersicht

Amend, Das Instrument der Umweltabgabe auf Gemeinschaftsebene, 2001; *von Arnauld*, Normenhierarchien innerhalb des primären Gemeinschaftsrechts, EuR 2003, 191; *Birk* (Hrsg.), Handbuch des Europäischen Steuer- und Abgabenrechts, 1995; *Bovis*, Legal Aspects of the European Union's Public Finances: The Budget and the Communities' Own Resources System, Int'l Law 28 (1994), 743; *Breuer*, Umweltrechtliche und wirtschaftslenkende Abgaben im europäischen Binnenmarkt, DVBl 1992, 485; *Buser*, Die Finanzierung der EU: Möglichkeiten und Grenzen einer EU-Steuer nach Europarecht und Grundgesetz, ZEuS 2014, 91; *Eckhoff*, »Delors II« und die europäische Finanzverfassung, FS Bleckmann, 1993, S. 13; *Europäische Kommission*, Die Finanzverfassung der Europäischen Union, 4. Ausgabe, 2009; *Fabbrini*, Taxing and Spending in the Euro Zone: Legal and Political Challenges Related to the Adoption of the Financial Transaction Tax, E. L. Rev. 39 (2014), 155; *Fugmann*, Der Gesamthaushalt der EG, 1992; *Frenz/Distelrath*, Eigene Unionsteuer nach dem Lissabon Vertrag?, DStZ 2010, 246; *Freytag*, Europarechtliche Anforderungen an Umweltabgaben, 2001; *Gesmann-Nuissl*, Die Verschuldungsbefugnis der Europäischen Union, 1999; *Götz*, Parafiskalische Abgaben im europäischen Gemeinschaftsrecht, FS Friauf, 1996, S. 37; *ders.*, Beitragsgerechtigkeit im EU-Finanzierungssystem, FS Selmer, 2004, S. 641; *Griese*, Die Finanzierung der Europäischen Union, EuR 1998, 462; *Häde*, Finanzausgleich – Die Verteilung der Aufgaben, Ausgaben und Einnahmen im Recht der Bundesrepublik Deutschland und der Europäischen Union, 1996; *ders.*, Finanzausgleich in der Europäischen Union – Bemerkungen zu Finanzautonomie und Umverteilung aus juristischer Sicht, Europäisches Zentrum für Staatswissenschaften und Staatspraxis, Diskussionspapiere zu Staat und Wirtschaft 17/2000; *ders.*, Neue Entwicklungen bei den Finanzierungsformen der Europäischen Union, JBÖffF 2011, 293; *ders.*, Das Finanzsystem der Europäischen Union, in: Härtel (Hrsg.), Handbuch des Föderalismus, Band IV, 2012, § 90; *Haug/Lamassoure/Verhofstadt*, Europa braucht Wachstum – Plädoyer für eine Zäsur in der Finanzierung der EU, 2011; *Helmke*, Die Finanzkompetenzen der Europäischen Gemeinschaft, 2009; *Heselhaus*, Abgabenhoheit der Europäischen Gemeinschaft in der Umweltpolitik, 2001; *Isaac*, La rénovation des institutions financières des communautés européennes depuis 1970, RTDE 1973, 670; *Kaese*, Das Eigenmittelsystem der Europäischen Union, 2000; *E. Klein*, Der Einfluß des Europarechts auf das deutsche Steuerrecht, in: Lehner (Hrsg.), Steuerrecht im Europäischen Binnenmarkt, 1996, S. 7; *ders.*, Zur Modernisierung des Finanzierungssystems der Europäischen Union – Die Entschließung des Europäischen Parlaments vom 29. März 2007 zur Zukunft der Eigenmittel der Europäischen Union, FS Eickhof, 2008, S. 339; *Klocke*, Klimaschutz durch ökonomische Instrumente, 1995; *Kolte*, The Community Budget: New Principles for Finance, Expenditure Planning and Budget Disciplin, CMLRev. 25 (1988), 487; *von Lewinski*, Verschuldungskompetenz der Europäischen Union, ZG 2012, 164; *Lienemeyer*, Die Finanzverfassung der Europäischen Union, 2002; *Magiera*, Die Finanzordnung im Verfassungsvertrag der Europäischen Union, FS Ress, 2005, S. 623; *Mayer/Heidfeld*, Europarechtliche Aspekte einer Finanztransaktionssteuer, EuZW 2011, 373; *Meermagen*, Beitrags- und Eigenmittelsystem, 2002; *Messal*, Das Eigenmittelsystem der Europäischen Gemeinschaft, 1991; *Messal/Klein*, Finanzlasten und Eigenmittelstruktur der Europäischen Gemeinschaft, Wirtschaftsdienst 1993, 375; *Morawitz*, Die eigenen Mittel der Gemeinschaften, EuR 1970, 232; *Chr. Müller*, Möglichkeiten und Grenzen der indirekten Verhaltenssteuerung durch Abgaben im Umweltrecht, 1994; *Neheide*r, Die Kompensationsfunktion der EU-Finanzen, 2010; *Ohler*, Die fiskalische Integration in der Europäischen Gemeinschaft, 1997; *Pache*, Der Schutz der finanziellen Interessen der Europäischen Gemeinschaften, 1994; *Raddatz*, Das Eigenmittelsystem der Europäischen Union, 2005; *Repasi*, Studie zur rechtlichen Machbarkeit von Reformperspektiven für eine echte Europäische Wirtschafts- und Währungsunion, 2012; *Rossi*, Strukturen der europäischen Finanz- und Haushaltsverfassung, in: Stumpf/Kainer (Hrsg.), Gemeinschaftsrecht als Gestaltungsaufgabe, 2007, S. 23; *Scheibe*, Die Anleihekompetenzen der Gemeinschaftsorgane nach dem EWG-Vertrag, 1988; *Schenk*, Strukturen und Rechtsfragen der gemeinschaftlichen Leistungsverwaltung, 2006; *Selmer*, Die Anleihekompetenzen der Europäischen Gemeinschaften, in: Böckstiegel/Götz/Selmer (Hrsg.), Finanzverfassung der Europäischen Gemeinschaften – Streitbeilegung internationaler Rechtsstreitigkeiten, 1984, S. 21; *Storr*, Die Bewältigung defizitärer Haushaltslagen in der EU, EuR 2001, 846; *ders.*, Die Finanzierung der EU im Lichte des Verfassungsvertrags, in: Niedobitek/Zemanek (eds.), Continuing the European Constitutional Debate, 2008, S. 209; *Strasser*, Die Finanzen Europas, 7. Aufl. (3. Aufl. in deutscher Sprache), 1991; *Traub*, Einkommensteuerhoheit für die Europäische Union?, 2005; *Vogel/Rodi*, Probleme bei der Erhebung von EG-Eigenmitteln aus rechtsvergleichender Sicht, 1995; *Waldhoff*, Probleme des europäischen Finanzausgleichs im Lichte der Erweiterung der Europäischen Union, ZEuS 2000, 201; *ders.*, Eigene EU-Steuern als Problem des Verfassungs- und Europarechts, in: Konrad/Lohse (Hrsg.), Einnahmen- und Steuerpolitik in Europa: Herausforderungen und Chancen, 2009, S. 47; *Wieland*, Die Finanzordnung der Europäischen Union nach der Osterweiterung, JZ 2004, 774; *Wilms*, Die Reform des EU-Haushaltes im Lichte der Finanziellen Vorausschau 2007–2013 und des Vertrages von Lissabon – neue Perspektiven für die Europäische Union?, EuR 2007, 207.

Leitentscheidungen

EuGH, Urt. v. 13.12.1967, Rs. 17/67 (Neumann/Hauptzollamt Hof), Slg. 1967, 591
EuGH, Urt. v. 21.2.1979, Rs. 138/78 (Stölting/Hauptzollamt Hamburg-Jonas), Slg. 1979, 713
EuGH, Urt. v. 11.7.1989, Rs. 265/87 (Schräder/Hauptzollamt Gronau), Slg. 1989, 2237

Inhaltsübersicht   Rn.

A. Zusammensetzung des Artikels

Art. 311 AEUV enthält die **zentrale Vorschrift über die Einnahmen der Union** und die Finanzierung ihres Haushalts. Ihren Kern bilden die Abs. 2 und 3, die auf Art. 201 EWGV zurückgehen und mit nur kleinen Anpassungen Art. 269 EGV entsprechen. Damit hat sich seit 1957 die Grundaussage nicht verändert, dass sich die Gemeinschaft/ Union über eigene Mittel finanzieren soll, über deren Zusammensetzung und Umfang letztlich nicht Unionsorgane, sondern die Mitgliedstaaten entscheiden. Abs. 1 ist weitgehend identisch mit Art. 6 Abs. 4 EUV a. F. Abs. 4, den der Vertrag von Lissabon neu eingefügt hat, ermächtigt den Rat zum Erlass von Durchführungsmaßnahmen. Diese Zusammenstellung entspricht der, die schon Art. I–54 EVV vorsah. **1**

B. Mittelausstattung der Union (Abs. 1)

2   Der 1992 in Maastricht unterzeichnete Vertrag über die Europäische Union befasste sich in Art. F mit der Achtung der nationalen Identität der Mitgliedstaaten, dem Demokratiegebot sowie den Grundrechten. Dessen dritter Absatz, der in diesem Zusammenhang eher wie ein **Fremdkörper** wirkte, lautete: »Die Union stattet sich mit den Mitteln aus, die zum Erreichen ihrer Ziele und zur Durchführung ihrer Politiken erforderlich sind.« Seit dem Vertrag von Amsterdam fand sich diese Regelung wortgleich in Art. 6 Abs. 4 EUV.

3   Die Beschwerdeführer, die sich in Deutschland mit Verfassungsbeschwerden gegen den Vertrag von Maastricht an das Bundesverfassungsgericht wandten, trugen vor, der Union werde »in Art. F Abs. 3 EUV sogar eine **Kompetenz-Kompetenz** [eingeräumt], die sie dazu benutzen könne, beliebige weitere Kompetenzen an sich zu ziehen.«[1] Tatsächlich ließ zumindest der Wortlaut der Vorschrift ein Verständnis zu, wonach es sich um eine Ermächtigung der Union handeln könnte, »sich jeweils die benötigten Kompetenzen und Befugnisse selbst zu verschaffen.«[2]

4   Das **Bundesverfassungsgericht** entschied aber zu Recht,[3] es gelte nach wie vor der Grundsatz der begrenzten Einzelermächtigung und »dieses Prinzip wird durch Art. F Abs. 3 EUV, der keine Kompetenz-Kompetenz begründet, nicht in Frage gestellt«.[4] Art. F Abs. 3 EUV ermächtige die Union »nicht, sich aus eigener Macht die Finanzmittel und sonstigen Handlungsmittel zu verschaffen, die sie zur Erfüllung ihrer Zwecke für erforderlich erachtet; vielmehr wird in Art. F Abs. 3 EUV lediglich die politisch-programmatische Absicht bekundet, daß die – die Union bildenden – Mitgliedstaaten in den jeweils dazu erforderlichen Verfahren die Union mit hinreichenden Mitteln ausstatten wollen. Würden europäische Organe den Art. F Abs. 3 EUV entgegen diesem im deutschen Zustimmungsgesetz aufgenommenen Vertragsinhalt auslegen und handhaben, so wäre dieses Handeln vom Zustimmungsgesetz nicht gedeckt und somit innerhalb des deutschen Mitgliedstaates rechtlich unverbindlich. Die deutschen Staatsorgane müßten etwaigen auf eine derartige Handhabung des Art. F Abs. 3 EUV gestützten Rechtsakten die Gefolgschaft verweigern.«[5]

5   Nachdem der **Vertrag von Lissabon** die Regelung leicht umformuliert und in den Titel des AEUV, der die Finanzvorschriften enthält, sowie in das dort mit »Die Eigenmittel der Union« überschriebene Kapitel verschoben hat, wird sehr viel deutlicher, dass sie sich nicht allgemein auf Handlungsmittel, sondern allein auf Finanzmittel bezieht.[6] Isoliert betrachtet könnte man Abs. 1 immer noch als Ermächtigung verstehen. Im Zusammenhang mit den weiteren Absätzen des Art. 311 AEUV und insbesondere mit Abs. 3, der das Verfahren zur Festlegung von Bestimmungen über das System der Eigenmittel

---

[1] BVerfGE 89, 155 (165).

[2] BVerfGE 89, 155 (173).

[3] Ebenso schon vorher *Hahn*, Der Vertrag von Maastricht als völkerrechtliche Übereinkunft und Verfassung, 1992, S. 53.

[4] BVerfGE 89, 155 (192).

[5] BVerfGE 89, 155 (194 f.).

[6] Vgl. *Magiera*, in: Grabitz/Hilf/Nettesheim, EU, Art. 311 AEUV (April 2012), Rn. 13; *Rossi*, S. 27; *Waldhoff*, in: Calliess/Ruffert, EUV/AEUV, Art. 311 AEUV, Rn. 2.

der Union vorgibt, muss ein solches Verständnis aber nach wie vor ausscheiden.[7] Es handelt sich weiterhin lediglich um eine **Absichtserklärung**.[8]

Das hat auch das **Bundesverfassungsgericht** in seinem Urteil vom 30.6.2009 zum   **6** Vertrag von Lissabon so gesehen und entschieden: »Art. 311 Abs. 1 AEUV ist auch weiterhin als eine politisch-programmatische Absichtserklärung zu verstehen, die keine Zuständigkeit der Europäischen Union und damit erst recht keine Kompetenz-Kompetenz derselben begründet [...]. Die Ausstattung der Europäischen Union mit den zur Erreichung ihrer Ziele und zur Durchführung ihrer Politiken erforderlichen Mitteln muss im Rahmen der vorhandenen Zuständigkeiten erfolgen. Die durch den Vertrag von Lissabon begründete neue Systematik der Vorschrift bestätigt die Auslegung, dass sich die Vorschrift nur auf finanzielle Mittel der Europäischen Union, nicht aber zusätzlich auf die Handlungsmittel bezieht.«[9]

Selbst wenn man in dieser Vorschrift eine **Selbstverpflichtung** erkennen wollte, wäre   **7** Adressat allein die Union. Deren Organe könnten insoweit verpflichtet sein, daran mitzuwirken, dass die Union mit den erforderlichen Mitteln ausgestattet wird. Eine rechtliche Wirkung in dem Sinne, dass auch die Mitgliedstaaten, die letztlich im Rahmen des Abs. 3 über die Mittelausstattung entscheiden, verpflichtet werden, enthält jedenfalls Abs. 1 nicht. Aus dem **Grundsatz der loyalen Zusammenarbeit** (Art. 4 Abs. 3 EUV) mag sich allerdings auch eine Pflicht der Mitgliedstaten ableiten lassen, der Union die Finanzmittel zu bewilligen, die sie zur Aufgabenerfüllung braucht.[10] Eine solche Pflicht kann sich aber nur auf ein **Mindestniveau an Finanzausstattung** beziehen, das unbedingt erforderlich ist, um Zahlungsverpflichtungen nachzukommen. Die Mitgliedstaaten müssen die Existenz der Union finanziell sichern, solange sie sie nicht auflösen wollen. Was darüber hinausgeht, ist politisch zu entscheiden.

C. Gebot der Finanzierung aus Eigenmitteln (Abs. 2)

Abs. 2 schreibt fest, dass der Unionshaushalt grundsätzlich vollständig aus Eigenmitteln   **8** zu finanzieren ist. Die Tatsache, dass dies nur »unbeschadet der sonstigen Einnahmen« gilt, relativiert das Gebot der Eigenmittelfinanzierung allerdings sehr deutlich. Der Grundsatz könnte sogar leerlaufen, wenn es keine Schranken für die Einführung sonstiger Einnahmen gäbe. Aus anderen Vorschriften lässt sich zumindest eine deutliche **Präferenz für die Finanzierung durch Eigenmittel** in dem Sinne entnehmen, dass die Vertragsparteien die Eigenmittelfinanzierung ernst nehmen wollen.[11] Das ergibt sich insbesondere aus Art. 310 Abs. 4 AEUV, der vorschreibt, dass »die Union keine Rechtsakte [erlässt], die erhebliche Auswirkungen auf den Haushaltsplan haben könnten, ohne die Gewähr zu bieten, dass die mit diesen Rechtsakten verbundenen Ausgaben im Rah-

[7] Im Ergebnis ebenso *Waldhoff*, EnzEuR, Bd. 8, § 12, Rn. 13; *Storr*, in: Niedobitek, Europarecht – Grundlagen, § 9, Rn. 13.

[8] In diesem Sinne *Herdegen*, Europarecht, § 11, Rn. 5; *Streinz/Ohler/Herrmann*, Vertrag von Lissabon, S. 72. Eine selbstständige Rechtspflicht betonen demgegenüber *Magiera*, S. 626, sowie *Niedobitek*, in: Streinz, EUV/AEUV, Art. 311 AEUV, Rn. 3.

[9] BVerfGE 123, 267 (393).

[10] Vgl. *Frenz*, Handbuch Europarecht, Band 6, Rn. 1544; *Ohler*, S. 363; *Rossi*, in: Vedder/Heintschel v. Heinegg, Europäisches Unionsrecht, Art. 311 AEUV, Rn. 4; *Schenk*, S. 107; *Waldhoff*, in: Calliess/Ruffert, EUV/AEUV, Art. 311 AEUV, Rn. 2.

[11] Vgl. *Häde*, EnzEuR, Bd. 1, § 14, Rn. 53.

men der Eigenmittel der Union und unter Einhaltung des mehrjährigen Finanzrahmens nach Artikel 312 finanziert werden können.« Auch Art. 312 Abs. 1 UAbs. 1 AEUV unterstreicht die Bedeutung der Eigenmittel, wenn er fordert, dass mit dem mehrjährigen Finanzrahmen sichergestellt werden soll, »dass die Ausgaben der Union innerhalb der Grenzen ihrer Eigenmittel eine geordnete Entwicklung nehmen.«

9   Exakte Vorgaben für das **Verhältnis zwischen Eigenmitteln und sonstigen Einnahmen** lassen sich den Verträgen aber nicht entnehmen.[12] Allerdings erlaubt allein Abs. 3 die Einführung von Einnahmen, bei denen die Finanzierungsfunktion im Vordergrund steht. Bei den sonstigen Einnahmen der Union darf es sich deshalb grundsätzlich nur um auf der Basis von Sachkompetenzen erhobene Entgelte oder Abgaben handeln, die deshalb zumindest auch einen Sachzweck verfolgen müssen.[13] Art. 352 AEUV kommt als Grundlage für Rechtsakte, die auf die bloße Mittelbeschaffung zielen, nicht in Betracht, weil die Finanzierung an sich kein Unionsziel darstellt.[14] Ein Ausweichen auf Art. 352 AEUV wäre darüber hinaus als unzulässige Umgehung des in Abs. 3 vorgesehenen Verfahrens einzuordnen.[15]

D. Die Einnahmen der Union

10   Aus Abs. 2 ergibt sich die grundsätzliche Unterscheidung zwischen zwei Arten von Einnahmen der Union, den **Eigenmitteln und den sonstigen Einnahmen**. Raum für weitere Einnahmenkategorien bleibt daneben grundsätzlich nicht. Alle Einnahmen, die nicht Eigenmittel sind, gehören deshalb zu den sonstigen Einnahmen. Der Gesamthaushaltsplan[16] verzeichnet unter Titel 9 »Sonstige Einnahmen«, die aber nicht mit den sonstigen Einnahmen i. S. v. Abs. 2 gleichzusetzen sind, sondern nicht näher bezeichnete weitere Einnahmen betreffen, die daher nur eine Unterart der sonstigen Einnahmen darstellen können.

I. Eigenmittel

1. Von den Finanzbeiträgen zu den eigenen Mitteln

11   Nach Art. 200 Abs. 1 EWGV umfassten die Einnahmen des Haushalts zunächst »unbeschadet anderer Einnahmen die Finanzbeiträge der Mitgliedstaaten,« die nach dem Aufbringungsschlüssel in Art. 200 Abs. 2 EWGV von den ursprünglich sechs Mitgliedstaaten zu zahlen waren.[17] Wie die meisten anderen **internationalen Organisationen** finanzierte sich die EWG demnach durch Beiträge der Mitgliedstaaten.[18] Schon von Anfang an enthielt Art. 201 Abs. 1 EWGV aber den Auftrag an die Kommission, zu prüfen,

---

[12] Vgl. aber *Hilf*, NVwZ 1992, 105 (109), der meint, es dürfe sich nur um »marginale, sozusagen um unbedeutende Nebeneinnahmen handeln«. Zustimmend *Heselhaus*, S. 533f.

[13] *Heselhaus*, S. 217.

[14] Ebenso *Heselhaus*, S. 471f.

[15] Vgl. schon *Häde*, Finanzausgleich, S. 459; *Helmke*, S. 209f.

[16] Zuletzt Gesamthaushaltsplan der Europäischen Union für das Haushaltsjahr 2016 (2016/150/EU, Euratom), ABl. 2016, L 48/1.

[17] Näher dazu *Raddatz*, S. 21ff.; *Strasser*, S. 88ff. Allgemein zur Beitragsfinanzierung *Meermagen*, S. 17ff. Zu den Regelungen für EGKS und EAG vgl. *Häde*, Finanzausgleich, S. 423ff.; *Heselhaus*, S. 365ff.; *Strasser*, S. 77ff.

[18] Vgl. *Olmi*, CDE 1971, 379.

»unter welchen Bedingungen die in Artikel 200 vorgesehenen Finanzbeiträge der Mitgliedstaaten durch eigene Mittel, insbesondere durch Einnahmen aus dem Gemeinsamen Zolltarif nach dessen endgültiger Einführung, ersetzt werden können.«

Nach der Prüfung sollte die Kommission dem Rat diesbezügliche Vorschläge unterbreiten (Art. 201 Abs. 2 EWGV). Art. 201 Abs. 3 EWGV regelte das weitere Verfahren. Danach konnte der Rat nach Anhörung des Europäischen Parlaments »einstimmig die entsprechenden Bestimmungen festlegen und den Mitgliedstaaten zur Annahme gemäß ihren verfassungsrechtlichen Vorschriften empfehlen.« **12**

Mit seinem **Beschluss vom 21. 4. 1970** über die Ersetzung der Finanzbeiträge der Mitgliedstaaten durch eigene Mittel der Gemeinschaften[19] machte der Rat von dieser Ermächtigung Gebrauch (s. dazu Rn. 138). Nach Zustimmung in allen Mitgliedstaaten konnte der erste Eigenmittelbeschluss (EMB) am 1.1.1971 in Kraft treten.[20] Die bisherigen Finanzbeiträge wurden allerdings nicht sofort ersetzt, sondern dienten während einer Übergangszeit als **ergänzende Finanzierung**.[21] Auch später, 1984 und 1985, wurde es erforderlich, noch einmal Beiträge der Mitgliedstaaten in Form von so genannten rückzahlbaren und nicht rückzahlbaren Vorschüssen[22] zu erheben. Sie deckten durch erhöhte Agrarausgaben verursachte Defizite ab.[23] **13**

2. Von den eigenen Mitteln zu den Eigenmitteln

Das Primärrecht definiert den Begriff der eigenen Mittel oder Eigenmittel nicht. Eine **Begriffsbestimmung** kann daher nur vom Wortlaut ausgehen. Art. 201 Abs. 1 EWGV sprach von eigenen Mitteln. Als der Vertrag von Maastricht den EWG-Vertrag in EG-Vertrag umbenannte, änderte sich – jedenfalls in der deutschen Fassung – auch die Terminologie. In Art. 201 Abs. 1 EGV fand sich nun statt »eigene Mittel« der Begriff »Eigenmittel«. Eine inhaltliche Änderung war damit aber weder beabsichtigt noch verbunden, denn schon der Eigenmittelbeschluss von 1970 verwendete trotz der damals noch anderen primärrechtlichen Begrifflichkeit die Bezeichnung »Eigenmittel«. **14**

Darüber hinaus behielten **andere Sprachfassungen** die bisherigen Formulierungen bei. Im französischen bzw. italienischen Text finden sich seit 1957 in allen Vertragsfassungen durchgehend die Begriffe »ressources propres« oder »risorse proprie«. Die Ersetzung der eigenen Mittel durch Eigenmittel spiegelt daher im Wesentlichen nur die Entwicklung der deutschen Übersetzungen wider.[24] Die muss allerdings nicht auf Zufall beruhen. So könnte sich der Übergang vom Adjektiv zum zusammengesetzten Substantiv mit der Absicht erklären lassen zu betonen, dass es sich nicht um eine bloße Eigenschaftsbeschreibung der »Mittel« handelt, sondern um einen neuen Fachbegriff. **15**

3. Der Eigenmittelbegriff

Der Begriff der eigenen Mittel oder Eigenmittel lässt sich materiell oder formell verstehen. Ein **materielles Verständnis** könnte dazu führen, dass bestimmte Einnahmen nicht Eigenmittel sein dürfen. Demgegenüber würde es ein **formelles Verständnis** erlau- **16**

---

[19] Beschluss 70/243/EGKS, EWG, Euratom, ABl. 1970, L 94/19.

[20] Vgl. die Bekanntmachung über den Zeitpunkt des Inkrafttretens, ABl. 1971, L 2/12.

[21] Vgl. *Häde*, EnzEuR, Bd. 1, § 14, Rn. 7; *Hölscheidt*, in: Bleckmann, Europarecht, Rn. 1248 f.; *Raddatz*, S. 27 f.

[22] S. dazu *Magiera*, EuR 1985, 273; *Strasser*, S. 92, 102 f.

[23] S. dazu *v. Laun*, ZfW 1984, 277 (278 f.).

[24] Vgl. schon *Häde*, Finanzausgleich, S. 432. Ebenso *Heselhaus*, S. 436.

ben, grundsätzlich alle Einnahmen zu eigenen Mitteln werden zu lassen, wenn nur das in Abs. 3 vorgesehene Verfahren eingehalten wird.[25]

17   Die eigenen Mittel sollten nach Art. 201 EWGV »die in Art. 200 vorgesehenen Finanzbeiträge der Mitgliedstaaten« ersetzen. Sie stehen deshalb im **Gegensatz zu** jedenfalls diesen **Finanzbeiträgen**. Beiträge bilden die typische Form der Finanzierung von Vereinigungen. Wenn der Beitragsschuldner Finanzbeiträge leistet, erfüllt er damit Zahlungsverpflichtungen gegenüber dem Beitragsgläubiger. Und falls es sich bei dem Schuldner um eine juristische Person handelt, muss deren dafür zuständiges Organ diese Zahlung bewilligen. Trotz der rechtlichen Verpflichtung kann es die Beitragszahlung aber auch verweigern. Vereinigungen können auf diese Weise mehr oder weniger stark von ihren Mitgliedern abhängig sein. In internationalen Organisationen ist es nicht allzu selten, dass große Mitgliedstaaten die **Beitragszahlung als politisches Druckmittel** einsetzen.[26]

18   Die in Art. 201 EWGV erwähnte Absicht, die Ersetzung der Finanzbeiträge durch eigene Mittel zu prüfen, deutet darauf hin, dass die Mitgliedstaaten erwogen, die Gemeinschaft mit mehr **Finanzautonomie** auszustatten als andere internationale Organisationen.[27] Die Bezeichnung als eigene Mittel oder Eigenmittel bringt zum Ausdruck, dass sie dem Empfänger zustehen sollen. Eigene Mittel der Union sind folglich Mittel, die der Union gehören. In einem weiteren Sinne können zwar auch Beiträge eigene Mittel des Beitragsgläubigers sein. Dazu werden sie aber erst nach der Zahlung. Vorher gehören sie trotz des Zahlungsanspruchs des Gläubigers noch dem Schuldner. Eigenmittel einer internationalen Organisation stehen ihr demgegenüber von vornherein in stärkerem Maße zu. Gerade die Tatsache, dass die Eigenmittel die früheren Beiträge ersetzen sollten, deutet deshalb darauf hin, dass die Stellung der Gemeinschaft schon vor der Überweisung dieser Mittel gestärkt werden sollte. Insbesondere ging es wohl darum, sie von einer **haushaltsmäßigen Bewilligung** durch die Organe des Mitgliedstaates unabhängiger zu machen. Eigenmittel sollten quasi **automatisch bereitgestellt** werden, weil sie der Entscheidungsbefugnis der Mitgliedstaaten entzogen sind.[28]

19   Soweit es sich allerdings um Mittel handelt, die von den Behörden der Mitgliedstaaten eingenommen und an die Union weitergeleitet werden, dürfte der Unterschied zwischen Beiträgen und eigenen Mitteln in der Praxis nicht allzu groß sein. Mitgliedstaaten, die Beiträge verweigern oder Eigenmittel der Union zurückhalten verhalten sich vertragswidrig.[29] In beiden Fällen müssten sie mit einem **Vertragsverletzungsverfahren** vor dem EuGH rechnen. Der Schutz der Union davor, dass Mitgliedstaaten finanziellen Druck ausüben, um politische Ziele durchzusetzen, gründet daher eher in der Beach-

---

[25] Ausführlicher zur Diskussion über die Definition der Eigenmittel *Heselhaus*, S. 423 ff.

[26] Vgl. *E. Klein*, FS Eickhof, S. 340 f.; *Ohler*, S. 381; *Seidl-Hohenveldern*, Die mißliche Finanzlage der Vereinten Nationen, FS Hahn, 1997, S. 555 (556 f.); *Tomuschat*, Die Beitragsverweigerung in internationalen Organisationen, FS Mann, 1977, S. 439.

[27] Vgl. *Hidien*, EuR 1997, 95 (100); *Magiera*, Die Finanzierungsgrenzen der Europäischen Gemeinschaften und ihre Erweiterung, FS Carstens, Band 1, 1984, S. 185 (192); *Waldhoff*, ZEuS 2000, 201 (207). Vgl. allerdings auch *Heselhaus*, S. 377, der darauf hinweist, dass mit dem Übergang zur Eigenmittelfinanzierung der vorher grundsätzlich unbegrenzte Anspruch auf Finanzierung der Aufgaben entfiel.

[28] Vgl. *Birk*, in: Birk, Handbuch, § 5, Rn. 32; *Europäische Kommission*, Die Finanzverfassung, S. 155; *Heselhaus*, S. 434; *Lienemeyer*, S. 210; *Ohler*, S. 366; *Pache*, S. 40; *Rossi*, S. 25. S. auch *Kolte*, CMLRev. 25 (1988), 487 (493), wonach die Eigenmittel garantiert sind.

[29] Vgl. EuGH, Urt. v. 15.12.2009, Rs. C–372/05 (Kommission/Deutschland), Slg. 2009, I–11805, sowie EuZW 2010, 153 m. Anm. v. *André*.

tung des Unionsrechts und der Effektivität des Rechtsschutzsystems als in der Finanzierungsform.

Im Vordergrund der mit Beiträgen oder beitragsähnlichen Zahlungen verbundenen **20**
Probleme in der Europäischen Union steht allerdings seit geraumer Zeit nicht mehr die
Zahlungsverweigerung als politisches Druckmittel, sondern der **Streit zwischen Netto-
zahlern und Nettoempfängern** sowie die dahinterstehende Betrachtung der Eigenmittel
als Zahlungen der Mitgliedstaaten an die Union. Die **Kommission** betont daher zwar,
dass das derzeitige Finanzierungssystem »eine ausreichende und solide Finanzierung
des EU-Haushalts sicherstellt.«[30] Die finanzielle Autonomie sei aber begrenzt, weil die
beiden größten Einnahmequellen »nahezu dieselben Merkmale auf[weisen] wie nationale Haushaltsbeiträge und [...] auch häufig als solche wahrgenommen« würden. Sie
würden »von den Finanzverwaltungen der Mitgliedstaaten bereitgestellt und manchmal
als Ausgabenposten in den nationalen Haushalten verbucht.« Dies erzeuge »zwangsläufig eine Spannung, die jegliche Debatte über den EU-Haushalt« vergifte.[31] Insgesamt
schneide das Finanzierungssystem bei der Bewertung schlecht ab, weil es »die Mitgliedstaaten zunehmend zu einem engen und hauptsächlich auf maximalen Rückfluss ausgerichteten buchhalterischen Ansatz« verleite.[32]

Das **Europäische Parlament** und der **Europäische Wirtschafts- und Sozialausschuss** **21**
teilen diese Kritik. Das Parlament hat schon in seiner Entschließung zur Zukunft der
Eigenmittel vom 29.3.2007 darauf hingewiesen, »dass ein System, bei dem annähernd
70 % der Einnahmen der Europäischen Union nicht aus Eigenmitteln stammen, sondern
unmittelbar von den nationalen Haushalten durch die BNE-Ressource und bei dem
15 % aus einer Ressource wie dem Mehrwertsteueranteil stammen, die aufgrund ihrer
Bestimmung für alle möglichen Finanzierungen nicht als Eigenmittel der Europäischen
Union betrachtet werden kann, von den Bestimmungen und dem Geist der Römischen
Verträge abweicht«.[33] Es hat deshalb seine Überzeugung zum Ausdruck gebracht, »dass
das derzeitige Eigenmittelsystem auf der Grundlage von Beiträgen der Mitgliedstaaten
sowohl unfair für die Öffentlichkeit als auch anti-demokratisch ist und nicht dazu bei-
trägt, die Verpflichtung zur europäischen Integration zu betonen«. Aus der Sicht des
Parlaments ist »die Europäische Union in jeder Hinsicht berechtigt [...], sich mit einem
System echter Eigenmittel an Stelle eines durch nationale Beiträge finanzierten Systems
auszustatten«.[34]

Aus diesen Stellungnahmen spricht ein **materielles Verständnis des Eigenmittelbe-** **22**
griffs. Früher wurde die Kommission noch wesentlich deutlicher und vertrat die Ansicht,
es liege »auf der Hand, daß eigene Mittel unter diesem Aspekt fiskalischer Art sind,
unmittelbar von Einzelpersonen oder Unternehmen in der Gemeinschaft aufzubringen
sind und nicht den Beschlüssen der Mitgliedstaaten unterliegen. Ferner muß eine automatische Beziehung zwischen der Gemeinschaft und der Einnahmequelle bestehen,

[30] *Europäische Kommission,* Finanzierung des EU-Haushalts: Bericht über das Funktionieren des
Eigenmittelsystems, SEK (2011) 987 endgültig, S. 3.
[31] *Europäische Kommission,* SEK (2011) 987 endgültig, S. 16.
[32] *Europäische Kommission,* SEK (2011) 987 endgültig, S. 4.
[33] *Europäisches Parlament,* Entschließung vom 29.3.2007 zur Zukunft der Eigenmittel der Europäischen Union (2006/2205(INI)), ABl. 2008, C 27 E/214 (217). S. außerdem *EWSA,* Stellungnahme ECO/309 »Eigenmittel der Europäischen Union« vom 29.3.2012, S. 2; *Europäisches Parlament,*
Mehrjähriger Finanzrahmen für die Jahre 2014–2020, Entschließung P7_TA-PROV(2012)0360 vom
23.10.2012, Absatznr. 70.
[34] *Europäisches Parlament,* Entschließung vom 29.3.2007, ABl. 2008, C 27 E/214 (218).

d. h. jedem wirtschaftlichen Vorgang, auf den die Gemeinschaftssteuer erhoben wird. Selbst wenn die Eigenmittel von einem Mitgliedstaat erhoben werden, geschieht dies im Namen der Gemeinschaft. Die Mittel sind nicht Teil der Einnahmen der Mitgliedstaaten und brauchen nicht im Haushaltsplan der Mitgliedstaaten ausgewiesen und durch die mitgliedstaatlichen Parlamente genehmigt werden«.[35] In ähnlicher Weise äußerte der Wirtschafts- und Sozialausschuss schon in seiner Stellungnahme zu den Vorschlägen der Kommission für den Eigenmittelbeschluss 1970 die Ansicht, von echten Eigenmitteln könne erst dann gesprochen werden, wenn Mehrheitsentscheidungen über die Aufbringung und Verwendung neuer Finanzmittel möglich sind.[36]

23   Teile der Literatur vertreten ebenfalls die Auffassung, unter Eigenmitteln seien Einnahmen der Gemeinschaft zu verstehen, »deren Rechtsgrund in der Herstellung einer föderalen oder präföderalen Beziehung zwischen der Gemeinschaft und den Mitgliedstaaten anstelle eines vom Völkerrecht regierten Rechtsverhältnisses besteht«.[37] Nach einer weiteren Ansicht soll es sich um »Abgaben (Steuern) [handeln], die vom europäischen Abgabepflichtigen unmittelbar gezahlt werden, als Einnahmen in den Gesamthaushaltsplan der Europäischen Gemeinschaften eingestellt werden und in den Haushaltsplänen der Staaten, die die Europäischen Gemeinschaften bilden, nicht mehr erscheinen«.[38]

24   Es ist jedoch zweifelhaft, ob solche engen, materiellen Definitionen angemessen sind. Sie transportieren eher bestimmte **politische Vorstellungen von echter Finanzautonomie der Union**, als dass sie den im AEUV enthaltenen Begriff der Eigenmittel auslegen. Knüpft man demgegenüber am Normtext an, lassen sich Schlüsse auf das Verständnis der Vertragsparteien vom Begriff der eigenen Mittel aus Art. 201 Abs. 1 EWGV allenfalls dadurch ziehen, dass er die Einnahmen aus dem Gemeinsamen Zolltarif als einziges Beispiel nannte. Der **Eigenmittelbeschluss von 1970** wies den Gemeinschaften dann jedoch nicht nur das Aufkommen aus Zöllen, sondern auch aus Agrarabschöpfungen und anderen Quellen zu. Diese Eigenmittelarten werden häufig als ursprüngliche oder traditionelle Eigenmittel bezeichnet.[39] Außerdem erhielten sie 1 % der Mehrwertsteuer-Bemessungsgrundlage,[40] also Zahlungen der Mitgliedstaaten, die sich in gewisser Weise an deren Mehrwertsteuereinnahmen orientierten. Während die zuerst genannten Einnahmearten echte Einnahmequellen darstellen, lassen sich die MwSt-Eigenmittel und erst recht die später zusätzlich eingeführten und zunächst am Bruttosozialprodukt (BSP), später am Bruttonationaleinkommen (BNE) orientierten-Eigenmittel (s. u. Rn. 38) als neue Form von Beiträgen verstehen, nämlich als solche, die zwar nicht mehr nach einem festen Aufbringungsschlüssel, wohl aber anhand des Mehrwertsteueraufkommens oder der Wirtschaftskraft der Mitgliedstaaten zu berechnen sind.

---

[35] *Europäische Kommission*, Mitteilung an den Rat vom 23. 11.1978, Bulletin EG Beilage Nr. 8/78, III Rn. 19. Vgl. auch *Raddatz*, S. 64.

[36] Stellungnahme des Wirtschafts- und Sozialausschusses vom 26.11.1969 zu den beiden in der Mitteilung der Kommission an den Rat betreffend die Ersetzung der Finanzbeiträge durch eigene Mittel sowie zur Stärkung der Haushaltsbefugnisse des Europäischen Parlaments vorgeschlagenen Texten, ABl. 1970, C 19/23.

[37] *Fugmann*, S. 154. S. auch *Ohler*, S. 368, 402, der auf den Schutzzweck der Vorschrift abstellen will.

[38] *Strasser*, S. 96. Vgl. auch *Ehlermann*, CML Rev. 19 (1982), 571 (578 ff.), mit Nachweis weiterer Definitionen im Schrifttum; *Storr*, Finanzierung, S. 210 f.

[39] Vgl. *Lienemeyer*, S. 214; *Raddatz*, S. 26; *Storr*, in: Niedobitek, Europarecht – Grundlagen, § 9, Rn. 30. Kritisch dazu *Heselhaus*, S. 382 f.

[40] Vgl. *Isaac*, RTDE 1973, 670 ff.

Dieses Vorgehen der Mitgliedstaaten deutet darauf hin, dass die Vertragsparteien dem **25**
Begriff der Eigenmittel **keinen materiellen Gehalt** in dem Sinne beimaßen, dass beitragsähnliche Zahlungen ausgeschlossen sein sollten. Vielmehr wird dadurch deutlich, dass
ihrem Verständnis nach Eigenmittel nicht zwingend eigenständige Finanzierungsquellen darstellen müssen. Abs. 3 hat diesen schon in Art. 201 Abs. 2 EWGV angelegten
sehr weiten Spielraum für die Gestaltung des Eigenmittelsystems der Union beibehalten. Er überlässt es dem Rat und letztlich den Mitgliedstaaten, welche Einnahmen der
Union als Eigenmittel zustehen sollen. Das spricht dafür, nicht von einem materiellen,
sondern von einem **formellen Verständnis des Eigenmittelbegriffs** auszugehen. Eigenmittel sind deshalb jene Einnahmen der Union, die die Eigenmittelbeschlüsse als solche
bezeichnen und die sie nach dem Verfahren des Abs. 3 als Eigenmittel der Union zuweisen.[41] Eine Rückkehr zu Finanzbeiträgen im früheren Sinne dürfte allerdings auch
rechtlich nicht mehr zulässig sein.[42]

4. Eigenmittelarten

Der aktuelle **Eigenmittelbeschluss 2007**[43] kennt drei verschiedene Arten von Eigenmit- **26**
teln. Es handelt sich erstens um bestimmte Abgaben und Zölle, zweitens um die so
genannten Mehrwertsteuer-Eigenmittel und drittens um die Bruttonationaleinkom-
men-Eigenmittel.

a) Abgaben und Zölle

Bei der Einführung der Eigenmittel durch den Eigenmittelbeschluss 1970 und in den vier **27**
folgenden Beschlüssen bildeten die Abgaben im Rahmen der gemeinsamen Agrarpolitik
und Abgaben im Rahmen der gemeinsamen Marktorganisation für Zucker die erste
Eigenmittelkategorie.[44] Erst der Eigenmittelbeschluss 2007 fasste diese Abgaben mit der
bisherigen zweiten Eigenmittelart, den Zöllen, zu einer **gemeinsamen Kategorie** zusammen. Zu ihr gehören seither nach Art. 2 Abs. 1 Buchst. a EMB 2007 »Abschöpfungen,
Prämien, Zusatz- oder Ausgleichsbeträge, zusätzliche Teilbeträge und andere Abgaben,
Zölle des Gemeinsamen Zolltarifs und andere Zölle auf den Warenverkehr mit Drittländern, die von den Organen der Gemeinschaften eingeführt worden sind oder noch
eingeführt werden, Zölle auf die unter den ausgelaufenen Vertrag über die Gründung
der Europäischen Gemeinschaft für Kohle und Stahl fallenden Erzeugnisse sowie Abgaben, die im Rahmen der gemeinsamen Marktorganisation für Zucker vorgesehen
sind«.

Die Parallelvorschrift im Eigenmittelbeschluss 2000[45] stellte noch auf die Abgaben **28**
ab, die »von den Organen der Gemeinschaften im Rahmen der gemeinsamen Agrarpolitik eingeführt worden sind oder noch eingeführt werden«. Dieser Bezug auf die
Agrarpolitik fehlt nun. Deshalb können auch Abgaben, die in anderen Bereichen erhoben werden, Eigenmittel darstellen. Die Begrenzung auf den **Warenverkehr mit Dritt-**

---

[41] Vgl. schon *Häde*, Finanzausgleich, S. 433 ff., m. N. der älteren Literatur; *Bieber*, in: GSH, Europäisches Unionsrecht, Art. 311 AEUV, Rn. 8; *Griese*, EuR 1998, 462 (464); *Heselhaus*, S. 454;
Lienemeyer, S. 211; *Meermagen*, S. 220 f.; *Niedobitek*, in: Streinz, EUV/AEUV, Art. 311 AEUV,
Rn. 11 f.; *Schenk*, S. 73, und wohl auch *Waldhoff*, in: Calliess/Ruffert, EUV/AEUV, Art. 311 AEUV,
Rn. 7.
[42] Vgl. *Häde*, Finanzausgleich, S. 436; *Heselhaus*, S. 435, 468; *Hidien*, EuR 1997, 95 (97 f.).
[43] ABl. 2007, L 163/17, s. u. Rn. 145.
[44] Ausführlicher dazu *Heselhaus*, S. 384 ff.; *Lienemeyer*, S. 214 ff.; *Meermagen*, S. 143 ff.
[45] ABl. 2000, L 253/42, dazu s. u. Rn. 144.

ländern blieb allerdings erhalten. Deshalb können Abgaben auf den Warenverkehr zwischen den Mitgliedstaaten oder auf den Dienstleistungsverkehr nach wie vor nicht zu den Eigenmitteln gehören.

29   Art. 2 Abs. 1 Buchst. a EMB 2007 nennt Abgaben und Zölle, »die von den Organen der Gemeinschaften eingeführt worden sind oder noch eingeführt werden«. Diese erste Eigenmittelart erfasst daher z. B. auch Abgaben, die die Union erst in Zukunft auf der Basis von **Sachkompetenzen** einführen wird.

30   Die **Einziehung der traditionellen Eigenmittel** ist grundsätzlich Aufgabe der Mitgliedstaaten. Es sind daher ihre Behörden, die Abgaben und Zölle erheben. Die Kommission hat ein **Kontrollsystem** errichtet, um sicherzustellen, dass die Mitgliedstaaten diese Eigenmittel ordnungsgemäß einziehen und an den Unionshaushalt abführen.[46] In mehreren Entscheidungen hat der EuGH in den letzten Jahren Vertragsverletzungen von Mitgliedstaaten festgestellt, denen Mängel bei der Erhebung traditioneller Eigenmittel zugrunde lagen.[47]

31   Das Aufkommen aus Warenverkehrsabgaben, Zöllen und Zuckerabgaben steht zwar grundsätzlich der Union zu. Ein Teil fließt aber an die Mitgliedstaaten. Dabei handelt es sich um die als **Erhebungskosten** deklarierte Erstattung von Aufwendungen, die den Mitgliedstaaten dadurch entstehen, dass ihre Behörden diese Abgaben einziehen. Früher erhielten die Mitgliedstaaten auf diesem Wege 10 % der Einnahmen. Die Zweifel daran, ob sich diese Zahlungen tatsächlich als Erhebungskosten rechtfertigen lassen, sind gewachsen, seit der Eigenmittelbeschluss 2000 diese Beteiligung deutlich durch Art. 2 Abs. 3 auf 25 % erhöht hat. Die Kommission hält 5 % für angemessen und bezeichnet den nun wesentlich höheren Satz als eine »verborgene Korrektur«.[48] Der Eigenmittelbeschluss 2014 (s. u. Rn. 146) wird die Erhebungskosten auf 20 % reduzieren.[49] Nutznießer sind insbesondere die Niederlande und Belgien,[50] weil in Rotterdam und Antwerpen ein großer Teil des Zollaufkommens anfällt,[51] obwohl die dort in die Union eingeführten Waren überwiegend für andere Mitgliedstaaten bestimmt sind.[52]

---

[46] Vgl. dazu Siebter Bericht der Kommission über das Funktionieren des Systems zur Kontrolle der traditionellen Eigenmittel (2010–2012) (Artikel 18 Absatz 5 der Verordnung (EG, Euratom) Nr. 1150/2000 des Rates vom 22. Mai 2000), COM (2013) 829 final. S. auch die Verordnung (EG, Euratom) Nr. 1026/1999 des Rates vom 10.5.1999 zur Festlegung der Rechte und Pflichten der von der Kommission mit der Kontrolle der Eigenmittel der Gemeinschaft beauftragten Bediensteten, ABl. 1999, L 126/1.

[47] EuGH, Urt. v. 17.6.2010, Rs. C–423/08 (Kommission/Italien), Slg. 2010, I–5447; Urt. v. 1.7.2010, Rs. C–442/08 (Kommission/Deutschland), Slg. 2010, I–6453; Urt. v. 8.7.2010, Rs. C–334/08 (Kommission/Italien), Slg. 2010, I–6865; Urt. v. 17.3.2011, Rs. C–23/10 (Kommission/Portugal), BeckRS 2011, 80373; Urt. v. 7.4.2011, Rs. C–405/09 (Kommission/Finnland), BeckRS 2011, 80614.

[48] *Europäische Kommission,* KOM (2011) 510 endgültig, S. 6. S. schon *Raddatz,* S. 44 f. *Vogel/Rodi,* S. 162, 182 f., gehen ebenfalls von 5 % als Erhebungskosten aus, bewerten einen höheren Anteil als Anreiz für die verwaltende Einheit aber positiv.

[49] Art. 2 Abs. 3 EMB 2014.

[50] Vgl. *Haug/Lamassoure/Verhofstadt,* S. 29 f.

[51] Vgl. *Europäische Kommission,* SEK (2011) 876 endgültig, S. 18. S. auch den dortigen Hinweis, wonach in geringerem Umfang auch Dänemark profitiert.

[52] Zum Rotterdam-Antwerpen-Effekt vgl. *Raddatz,* S. 26.

b) Mehrwertsteuer-Eigenmittel

Schon Art. 4 Abs. 1 UAbs. 2 EMB 1970 wies den Gemeinschaften 1 % der Mehrwert-   **32**
steuer-Bemessungsgrundlage zu.[53] Mittlerweile definiert Art. 2 Abs. 1 Buchst. b EMB
2007 diese Mehrwertsteuer-Eigenmittel als »Einnahmen, die sich aus der Anwendung
eines für alle Mitgliedstaaten einheitlichen Satzes auf die nach Gemeinschaftsvorschriften bestimmte einheitliche MwSt.-Eigenmittelbemessungsgrundlage eines jeden Mitgliedstaats ergeben.« Die Mehrwertsteuer-Eigenmittel sollten ursprünglich die Lücke
zwischen den Einnahmen aus den traditionellen Eigenmitteln und dem tatsächlichen
Finanzbedarf füllen. Ihnen kam damit die **Funktion der Restfinanzierung zu.** Es bestand
die Vorstellung, dass dieser Eigenmittelart im Laufe der Zeit eine immer größere Bedeutung zukommen würde.

Später kam es jedoch zu einer Richtungsänderung. Mehrwertsteuer-Eigenmittel   **33**
knüpfen am Konsum in den Mitgliedstaaten an. Deshalb sind sie gerade **für die weniger
wohlhabenden Mitgliedstaaten nachteilig,** weil die Konsumausgaben dort einen größeren Anteil des Bruttosozialproduktes ausmachen als in den anderen Mitgliedstaaten.[54]
Das erschien im Hinblick auf die angestrebte »**Beitragsgerechtigkeit**«[55] nicht opportun.[56]
1988 senkte der Rat deshalb die Bemessungsgrundlage für die Mehrwertsteuer-Eigenmittel auf höchstens 55 % des jeweiligen Bruttosozialproduktes der Mitgliedstaaten.
Mittlerweile bestimmt Art. 2 Abs. 1 Buchst. b EMB 2007, dass die Bemessungsgrundlage 50 % des Bruttonationaleinkommens eines jeden Mitgliedstaats nicht überschreiten darf. Aufgrund dieser Beschränkungen eignen sich die MwSt.-Eigenmittel nicht
mehr zur Finanzierung der durch andere Einnahmen nicht gedeckten Ausgaben. Seit
1988 kommt diese Funktion deshalb den BSP/BNE-Eigenmitteln (s. u. Rn. 39) zu.

Die **Tendenz der Rückführung** des Anteils der Mehrwertsteuer-Eigenmittel an den   **34**
Gesamteinnahmen äußerte sich noch auf andere Weise. Der einheitliche Mehrwertsteuersatz, der den Prozentsatz angibt, den die Mitgliedstaaten an die Union abführen müssen, lag ursprünglich bei 1 % und wurde bis 1988 auf 1,4 % erhöht. Danach kam es
jedoch zu einer schrittweisen Reduzierung, so dass er 1999 wieder 1 % erreichte. Art. 2
Abs. 4 Satz 1 EMB 2007 legt den Satz seither auf nur noch 0,30 % fest und bringt damit
die abnehmende Bedeutung dieser Eigenmittelart zum Ausdruck.

Darüber hinaus symbolisiert dieser nicht mehr wirklich einheitliche Satz die zuneh-   **35**
mende **Intransparenz des Eigenmittelsystems.** Nach Art. 2 Abs. 4 Satz 2 EMB 2007 beträgt »der Abrufsatz für die MwSt.-Eigenmittel für Österreich 0,225 %, für Deutschland
0,15 % und für die Niederlande und Schweden 0,10 %«. Diese Reduzierung soll allerdings nur für den Zeitraum 2007–2013 gelten. Außerdem verwendet die Union die
MwSt.-Eigenmittel als Instrument für die 1985 eingeführte Korrektur zu Gunsten des
Vereinigten Königreichs. Die komplizierten Bestimmungen der Art. 4 und 5 EMB 2007
erschweren es zusätzlich, die Berechnung der Mehrwertsteuer-Eigenmittel nachzuvoll-
ziehen.

Die MwSt.-Eigenmittel stehen deshalb schon länger in der Kritik. Zuletzt hat die Kom-   **36**
mission vorgeschlagen, sie in der derzeitigen Form abzuschaffen. Zugleich möchte sie

---

[53] Zur Ermittlung der harmonisierten Bemessungsgrundlage vgl. *Raddatz*, S. 171 ff.; 235 ff. S. auch
Lienemeyer, S. 222 ff.
[54] Vgl. *Hölscheidt*, in: Bleckmann, Europarecht, Rn. 1254; *Strohmeier*, DÖV 1993, 217; *Wieland*,
JZ 2004, 774 (775). Zum Maßstab der Finanzierungsgerechtigkeit *Ohler*, S. 381 ff.
[55] S. dazu *Götz*, FS Selmer, S. 641 ff.; *Raddatz*, S. 68 ff.; *Storr*, in: Niedobitek, Europarecht –
Grundlagen, § 9, Rn. 57 ff.
[56] S. dazu *Traub*, S. 75; *Wieland*, JZ 2004, 774 (775).

allerdings eine **neue Eigenmittelart** einführen, die sich wieder an der Mehrwertsteuer orientiert. Statt einer beitragsähnlichen Zahlung soll »die gemäß der Richtlinie 2006/112/EG zu erhebende Mehrwertsteuer (MwSt) in Höhe eines Anteils, der 2 % des nach Maßgabe der Vorschriften der Union bestimmten Nettowertes der Lieferungen von Gegenständen, Dienstleistungen, innergemeinschaftlichen Erwerbe von Gegenständen und Einfuhren von Gegenständen, die in allen Mitgliedstaaten einem MwSt.-Normalsatz unterliegen, nicht übersteigt«,[57] zu einer neuen Eigenmittelkategorie werden.

37   Rechtlich stellen die MwSt.-Eigenmittel keine Beiträge im eigentlichen Sinne dar.[58] Sie geben der Union allerdings auch keinen Anspruch auf eine direkte Beteiligung am nationalen Umsatzsteueraufkommen, sondern garantieren ihnen nur Zahlungen, deren Höhe auf der Grundlage einer harmonisierten, also fiktiven Bemessungsgrundlage zu berechnen ist.[59] Aufgrund der Senkung der Bemessungsgrundlage auf 50 % des Bruttonationaleinkommens und des reduzierten Abrufsatzes wird man sie inzwischen als **beitragsähnliche Zahlungen der Mitgliedstaaten** an die Union verstehen können.[60] Eine echte Mitertragshoheit an der Mehrwertsteuer besteht nicht oder jedenfalls nicht mehr.[61]

c) Bruttonationaleinkommen-Eigenmittel

38   1988 wurde die heute dritte Eigenmittelart eingeführt. Es handelt sich um »Einnahmen, die sich aus der Anwendung eines im Rahmen des Haushaltsverfahrens unter Berücksichtigung aller übrigen Einnahmen festzulegenden einheitlichen Satzes auf den Gesamtbetrag der BNE aller Mitgliedstaaten ergeben«. Wegen des früheren Abstellens auf das Bruttosozialprodukt war zunächst von den **BSP-Eigenmitteln** die Rede.[62] Seit dem Wechsel zum Bruttonationaleinkommen kam es zu der Neubezeichnung als **BNE-Eigenmittel**.

39   Die BNE-Eigenmittel haben mit ihrer Einführung die Funktion der **Restfinanzierung** von den Mehrwertsteuer-Eigenmitteln übernommen.[63] Sie ergänzen die anderen Eigenmittel und sind deshalb von deren Aufkommen abhängig.[64] Mit Bruttonationaleinkommen im Sinne des Eigenmittelbeschlusses ist das Bruttonationaleinkommen des jeweiligen Jahres zu Marktpreisen gemeint, »wie es von der Kommission in Anwendung des ESVG 95 gemäß der Verordnung (EG) Nr. 2223/96 bereitgestellt wird« (Art. 2 Abs. 7 EMB 2007).

40   Die BNE-Eigenmittel stellen daher Zahlungen der Mitgliedstaaten dar, die von deren Wirtschaftsleistung abhängen. Sie sind nicht auf bestimmte nationale Einnahmen bezogen und weichen daher sehr stark vom Ideal der Eigenmittel als eigenständiger Einnahmequelle ab. Rechtlich handelt es sich nicht um Beitragszahlungen der Mitgliedstaaten, sondern um Eigenmittel.[65] Sie stehen der Union deshalb zu.[66] Dennoch sind

---

[57] *Europäische Kommission*, KOM (2011) 739 endgültig, S. 10.

[58] Vgl. allerdings *Strasser*, S. 97 f.

[59] Näher dazu *Hidien*, EuR 1997, 95 (103 ff.). Vgl. auch *Ohler*, S. 388 ff.

[60] Ähnlich *Heselhaus*, S. 402.

[61] Vgl. noch *Häde*, Finanzausgleich, S. 445. S. auch *Lienemeyer*, S. 236.

[62] Zu den ökonomischen Grundlagen s. *Raddatz*, S. 195 ff. S. außerdem *Lienemeyer*, S. 236 ff.

[63] *Hölscheidt*, in: Bleckmann, Europarecht, Rn. 1253; *Messal*, S. 79, 100; *Thomas*, Die Weltwirtschaft 1994, 472 (476).

[64] *Messal/Klein*, Wirtschaftsdienst 1993, 375 (377).

[65] Vgl. *Frenz*, Handbuch Europarecht, Band 6, Rn. 1570; *Lienemeyer*, S. 241; *Wilms*, EuR 2007, 707 (713). A. A. *Pache*, S. 47.

[66] Vgl. *Heselhaus*, S. 405 f., unter Hinweis auf EuGH, Urt. v. 20.3.1986, Rs. 303/84 (Kommission/

diese Eigenmittel zumindest **materiell beitragsähnliche Zahlungen** der Mitgliedstaaten an die Union.[67] Das sieht auch die Kommission so. In ihrem Vorschlag für einen neuen Eigenmittelbeschluss spricht sie von einer Finanzierung des EU-Haushalts »durch Beiträge der Mitgliedstaaten an die EU, die viele Politiker auf nationaler Ebene nur als Ausgaben ansehen« und die deshalb nicht mehr zeitgemäß sei.[68]

d) Verhältnis der Eigenmittelarten zueinander

Das zahlenmäßige Verhältnis der Eigenmittelarten hat sich im Laufe der Zeit deutlich   **41** verändert. Im Gesamthaushaltsplan 1988 bestanden die Einnahmen zu 29 % aus den traditionellen Eigenmitteln (Zölle und Agrarabgaben), zu 60 % aus MwSt.-Eigenmitteln und nur zu 10 % aus BNE-Eigenmitteln. Der **Gesamthaushaltsplan 2016** sieht demgegenüber folgende Verteilung vor: traditionelle Eigenmittel, von deren Aufkommen die Mitgliedstaaten vorab ein Viertel als Erhebungskosten abziehen, 13 %, MwSt.-Eigenmittel 13 % und BNE-Eigenmittel 74 %.[69]

Dieser hohe Anteil der BNE-Eigenmittel belegt, dass die Union und die Mitgliedstaa-   **42** ten die Bemessung der »Beiträge« zum Unionshaushalt am **Maßstab der Wirtschaftsleistung** der Mitgliedstaaten als die gerechteste Lösung ansehen. Durch die Begrenzung der Bemessungsgrundlage auf 50 % des Bruttonationaleinkommens und die mehrfache Reduzierung des Abrufsatzes orientieren sich die MwSt.-Eigenmittel mittlerweile ebenfalls recht deutlich an der Wirtschaftsleistung und daher am gleichen Maßstab. Somit handelt es sich bei rund 87 % der Einnahmen der Union nicht um »echte« Eigenmittel im Sinne unabhängiger Einnahmequellen, sondern um Beträge, die zwar nicht rechtlich, wohl aber doch aus der politischen Perspektive der Mitgliedstaaten aus deren Haushalten stammen. Darüber, ob diese **faktische Beitragsfinanzierung** positiv oder negativ zu bewerten ist, kann man streiten. Mit dem Eigenmittelbeschluss 1988, der die BNE-Eigenmittel einführte, erhielt die Union einerseits eine sichere Finanzierungsgrundlage, büßte andererseits aber einen Teil ihrer Finanzautonomie ein,[70] die man als deutlich eingeschränkt bezeichnen muss.[71]

e) Eigenmittel und Finanzausgleich

Indem die Mitgliedstaaten Finanzmittel aufbringen, die mehr oder weniger ihrer Wirt-   **43** schaftsleistung entsprechen, tragen sie je nach ihrer **Leistungsfähigkeit** zur Finanzierung der Aufgaben bei.[72] Zu diesen Aufgaben gehören nicht zuletzt Maßnahmen, die den »Rückstand der weniger begünstigten Gebiete verringern« sollen, wie es schon die Präambel des AEUV ausdrückt (s. Präambel AEUV, Rn. 22). Es sind vor allem die Ausgaben aus dem EU-Haushalt – insbesondere die aus den Strukturfonds und dem Kohäsionsfonds – mit denen die EU dieses **Solidaritätsziel** (s. Art. 174 AEUV, Rn. 1 f., 6) för-

---

Deutschland), Slg. 1986, 1171, Rn. 14 ff.; Urt. v. 17.9.1987, Rs. 70/86 (Kommission/Griechenland), Slg. 1987, 3545, Rn. 11; Urt. v. 21.9.1989, Rs. 68/88 (Kommission/Griechenland), Slg. 1989, 2965, Rn. 16 ff. Diese Urteile betreffen die verspätete Zuweisung von Eigenmitteln.

[67] Vgl. *Eckhoff*, S. 15 f.; *E. Klein*, FS Eickhof, S. 345; *Mähring*, DÖV 2006, 195 (199); *Vogel/Rodi*, S. 61; *Waldhoff*, ZEuS 2000, 201 (205). S. auch *Kolte*, CMLRev. 25 (1988), 487 (490 f.), der darauf hinweist, dass die Mitgliedstaaten besteuert werden.

[68] *Europäische Kommission*, KOM (2011) 510 endgültig, S. 1.

[69] Vgl. die Einnahmenübersicht, ABl. 2016, L 48/14.

[70] Vgl. *Heselhaus*, S. 379; *Ohler*, S. 392.

[71] Vgl. *Häde*, Finanzausgleich in der Europäischen Union, S. 12 f.; *E. Klein*, FS Eickhof, S. 346.

[72] Vgl. *Götz*, FS Selmer, S. 646 f.; *Lienemeyer*, S. 268 ff.

dert und die deshalb zu einer gewissen Umverteilung von den wohlhabenderen zu den wirtschaftlich weniger leistungsfähigen Mitgliedstaaten führen.[73] Die Verteilungseffekte im Rahmen der Einnahmen und vor allem der Eigenmittel sind demgegenüber erheblich geringer.[74] Die Orientierung an der Leistungsfähigkeit legt aber die Basis für die anschließende **Umverteilung über die Ausgaben**.[75]

44   Diese Effekte kann man Finanzausgleich nennen,[76] muss dabei allerdings berücksichtigen, dass er kaum mit dem Finanzausgleich zwischen Bund und Ländern in Deutschland zu vergleichen ist. Der deutsche Finanzausgleich nach Art. 106–107 GG verteilt die Einnahmen und sieht in diesem Rahmen eine Umverteilung vor, die die unterschiedliche Finanzkraft angemessen ausgleichen soll.[77] Der **Finanzausgleich in der EU** erfolgt demgegenüber durch Ausgaben in Form zweckgebundener und nicht selten mit einer Kofinanzierungspflicht versehener Zahlungen.[78]

f) Neue Eigenmittelkategorien
aa) Einführung und Abschaffung

45   Nach Abs. 3 Satz 2 können in einem Eigenmittelbeschluss auch »neue Kategorien von Eigenmitteln eingeführt oder bestehende Kategorien abgeschafft werden.« Die Kommission sieht darin eine **Neuerung durch den Vertrag von Lissabon**, die die Möglichkeit eröffnet, »bestehende Eigenmittel auslaufen zu lassen und neue zu schaffen.«[79] Formal ist das richtig, denn bisher enthielt das Primärrecht keine ausdrückliche Ermächtigung dieser Art.

46   Inhaltlich hat sich jedoch nichts geändert. Daher erscheint es fragwürdig, wenn die Kommission in jüngeren Dokumenten auf die **angeblich neuen rechtlichen Rahmenbedingungen** hinweist, die der Vertrag von Lissabon biete.[80] Als wichtige Akteurin sind ihr die bisherigen Entwicklungen gut bekannt. Schließlich sind schon in der Vergangenheit auf ihren Vorschlag hin neue Eigenmittelarten eingeführt und bisherige geändert worden. Daher wird man solche Äußerungen nicht als juristische Stellungnahmen, sondern eher im Sinne eines Werbens für das Gebrauchmachen von den nun auch ausdrücklich im Primärrecht erwähnten Optionen verstehen können.

---

[73] Vgl. *Heinemann*, Wirtschaftsdienst 1999, 293, der die Umverteilung als vorrangige Funktion des EU-Budgets bezeichnet. Ähnlich *Henke/Milbradt*, Die künftige Lastenverteilung in der EU, in: Caesar/Scharrer (Hrsg.), Die Zukunft Europas im Lichte der Agenda 2000, 2000, S. 119 (123). S. auch *Grossekettler*, Finanzausgleich über den EU-Haushalt – Rechtfertigung und Größenordnung, in: Caesar (Hrsg.), Zur Reform der Finanzverfassung und Strukturpolitik der EU, 1997, S. 111.

[74] Vgl. *Häde*, Finanzausgleich, S. 482 ff.

[75] Vgl. *Griese*, EuR 1998, 462 (472); *Magiera*, Zur Finanzverfassung der Europäischen Union, GS Grabitz, 1995, S. 409 (420); *Ohler*, S. 383 ff.; *Tomuschat*, Solidarität in Europa, FS Pescatore, 1987, S. 729 (743).

[76] Näher dazu *Bieber*, EuR 1982, 115 (121 ff.); *Häde*, Währungsunion und Finanzausgleich, in: Hahn (Hrsg.), Das Währungswesen in der europäischen Integration, 1996, S. 153 ff.; *Selmer*, Der Finanzausgleich in der Europäischen Union, FS Jaenicke, 1998, S. 833 ff.

[77] Ausführlich dazu *Häde*, Finanzausgleich, S. 217 ff.; *ders.*, LKV 2011, 1 ff.; *Korinth*, Der Finanzausgleich zwischen Bund und Ländern, 1997, S. 419 ff.

[78] Für einen direkten Finanzausgleich plädiert *Heinemann*, EU-Finanzreform 1999, 2. Aufl., 1998, S. 44 ff. S. auch *Wieland*, JZ 2004, 774 (778).

[79] *Europäische Kommission*, Vorschlag für Beschluss des Rates über das Eigenmittelsystem der Europäischen Union, KOM (2011) 510 endgültig, S. 3.

[80] *Europäische Kommission*, SEK (2011) 987 endgültig, S. 22 f. Ebenso im Dokument KOM (2011) 510 endgültig, S. 3.

Zwar enthielten weder Art. 201 EWGV noch Art. 269 EGV einen Hinweis auf Änderungsmöglichkeiten. Art. 201 EWGV nannte die Zölle jedoch nur als Beispiel und brachte schon dadurch zum Ausdruck, dass der Rat weitere Einnahmen als Eigenmittel ausweisen konnte. Die Einbeziehung der Agrarabgaben, die MwSt.- und die BNE-Eigenmittel sind Belege dafür, dass Rat und Mitgliedstaaten von der Möglichkeit, neue Kategorien einzuführen, mehrfach Gebrauch gemacht haben. Auch die Abs. 3 Satz 1 entsprechende Formulierung in Art. 269 Abs. 2 EGV, wonach »Bestimmungen über das System der Eigenmittel« festzulegen waren, ließ dem Rat viel Spielraum und hinderte ihn deshalb nicht daran, Änderungen gegenüber dem bisherigen System vorzunehmen und damit neue Eigenmittel einzuführen oder alte zu streichen.[81] Es gab deshalb schon bisher **keinen »Numerus clausus« der Eigenmittelarten**. **47**

Mit der ausdrücklichen Festschreibung dieser mehr oder weniger selbstverständlichen Befugnis haben die Parteien des Vertrags von Lissabon nun deutlich zum Ausdruck gebracht, dass der **Begriff der Eigenmittel entwicklungsoffen** ist und das bisherige System der Eigenmittel nicht zementiert. Jedenfalls aus unionsrechtlicher Sicht gibt es daher für neue Eigenmittelarten keine grundlegenden Hindernisse. Die Grenzen setzen allerdings weiterhin die in Abs. 3 Satz 1 und 3 vorgesehenen Erfordernisse des einstimmigen Ratsbeschlusses und vor allem der anschließenden Zustimmung aller Mitgliedstaaten. Die Einigkeit der Exekutiven reicht daher nicht aus; hinzukommen muss die Bereitschaft der jeweils zuständigen Organe in den Mitgliedstaaten, im Regelfall die der Parlamente. **48**

bb) Art. 2 Abs. 2 EMB 2007

Art. 2 Abs. 2 EMB 2007 knüpft daran an, wenn er darauf hinweist, dass auch »Einnahmen aus sonstigen, gemäß dem EG-Vertrag oder dem Euratom-Vertrag im Rahmen einer gemeinsamen Politik eingeführten Abgaben« in den Gesamthaushaltsplan der Union einzusetzende Eigenmittel sein können. Gemeint sein dürften nur Abgaben, die nicht schon nach Art. 2 Abs. 1 Buchst. a EMB 2007 Eigenmittel darstellen. Solche anderen Abgaben werden nur dann Eigenmittel, wenn das nun in Abs. 3 vorgesehene Verfahren durchgeführt wurde. Solange das nicht geschehen ist, können zulässigerweise eingeführte Abgaben nur als **sonstige Einnahmen** in den Haushaltsplan eingestellt werden. Art. 2 Abs. 2 EMB 2007 bestätigt insoweit zwar, dass die Union Abgaben auf der Grundlage von Sachkompetenzen einführen kann, bei denen deshalb die jeweilige sachliche und nicht die Finanzierungsfunktion im Vordergrund stehen wird.[82] Er bildet aber einerseits selbst **keine Rechtsgrundlage** dafür und steht andererseits – ebenso wenig wie Art. 311 AEUV – der Schaffung solcher Abgaben sowie der Zuweisung ihrer Erträge an die Union (s. u. Rn. 82 ff.) nicht entgegen.[83] **49**

cc) Besteuerungsrechte für die EU?

Die Möglichkeiten, neue Eigenmittelkategorien zu schaffen, sind durch Art. 2 Abs. 2 EMB 2007 längst nicht erschöpfend aufgezählt. Politisch sehr viel brisanter als die Zuordnung ohnehin der Union zufließender Abgaben ist die **Frage nach einer zusätzlichen Eigenmittelart** im Sinne einer Steuer. Kommission und Parlament, die beiden Organe, **50**

---

[81] Ebenso *Niedobitek*, in: Streinz, EUV/AEUV, Art. 311 AEUV, Rn. 18.
[82] S. dazu *Meermagen*, S. 175 ff. Vgl. auch *Breuer*, DVBl 1992, 485 (496); *Hilf*, NVwZ 1992, 105 (109 f.).
[83] Vgl. *Götz*, FS Friauf, S. 53 f.; *Heselhaus*, S. 539.

von denen in erster Linie Initiativen zur Erweiterung der Unionskompetenzen zu erwarten sind, treten schon lange für die Schaffung von Steuern für die Union ein. Im Laufe der Zeit gab es immer wieder neue Anläufe, dieses Ziel zu erreichen.[84] Kein Papier zum Thema Finanzen kam ohne einen wenigstens verklausulierten Hinweis auf die EU-Steuer aus. Früher waren Umweltabgaben und andere Steuern im Gespräch.[85]

51   Der Bericht der Kommission über das Funktionieren des Eigenmittelsystems vom 29. 6. 2011 diskutiert eine ganze Reihe von Möglichkeiten. Dazu gehören eine Finanztransaktionssteuer, eine Finanzaktivitätssteuer, Einnahmen aus der Versteigerung von Zertifikaten im Rahmen des EU-Emissionshandelssystems, eine Luftverkehrsabgabe, neue MwSt.-Eigenmittel, verschiedene Formen der Energiebesteuerung sowie eine EU-Körperschaftsteuer.[86] In ihrem Vorschlag für einen neuen Eigenmittelbeschluss, der rückwirkend ab 1. 1. 2014 gelten soll (s. u. Rn. 146), beschränkte sie sich dann auf die Idee, eine gemäß der einschlägigen Richtlinie zu erhebende **Finanztransaktionssteuer** in Höhe eines bestimmten Anteils als neue Eigenmittelkategorie einzuführen. Außerdem sollten die bisherigen durch **anders gestaltete MwSt.-Eigenmittel** abgelöst werden.[87] Beide Vorschläge ließen sich allerdings nicht umsetzen.

(1) Elemente der Steuerhoheit

52   In diesem Zusammenhang kommt es darauf an, welche Teilaspekte der Steuerhoheit der Union zustehen sollen. Unterscheiden lassen sich insoweit die **Steuergesetzgebungskompetenz**, die **Verwaltungskompetenz** und die **Ertragshoheit**, wobei die Terminologie unterschiedlich ist.[88] Zur Gesetzgebungskompetenz gehören insbesondere die Rechte, den Tatbestand zu regeln, an den die Steuerpflicht anknüpft, und den Steuersatz festzulegen. Ob damit auch ein **Steuererfindungsrecht** verbunden ist, kommt auf die jeweiligen Vorgaben des höherrangigen Rechts an. Die Verwaltungskompetenz bezieht sich in erster Linie auf die Zuständigkeit für das Einziehen fälliger Steuerschulden und darüber hinaus auf Entscheidungen z. B. über Stundung oder Erlass von Steuern.[89] Von diesen beiden Befugnissen zu trennen ist die Ertragshoheit, der Anspruch darauf, über die eingenommenen Steuererträge im eigenen Haushalt verfügen zu können.

53   Die **Finanzautonomie** einer Körperschaft ist umso größer, je einheitlicher ihr diese Rechte zustehen. In einem Einheitsstaat fallen sie typischerweise in einer Hand zusammen. In Bundesstaaten gibt es differenzierte Lösungen. So weist das Grundgesetz die Steuergesetzgebungsbefugnisse ganz überwiegend dem Bund zu, die Steuerverwaltungskompetenzen aber weitgehend den Ländern. Die Ertragshoheit steht bei manchen Steuerarten entweder dem Bund, den Ländern oder den Kommunen zu; bei anderen teilen sich Bund, Länder und Gemeinden das Steueraufkommen (Art. 106 GG). Welche dieser Rechte in welchem Umfang der Europäischen Union zustehen können, beurteilt sich einerseits nach Unionsrecht (s. u. Rn. 54 ff.), andererseits aber auch nach dem Verfassungsrecht der Mitgliedstaaten (s. u. Rn. 74 ff.), das darüber entscheidet, ob die Mitgliedstaaten der Union in diesem sensiblen Bereich Hoheitsrechte übertragen dürfen.

---

[84] Zu verschiedenen Vorschlägen vgl. *Kaese*, S. 107 ff.; *Storr*, Finanzierung, S. 221.

[85] Vgl. *Schoo*, in: Schwarze, EU-Kommentar, Art. 311 AEUV, Rn. 21.

[86] *Europäische Kommission*, SEK (2011) 876 endgültig, S. 33 ff.

[87] *Europäische Kommission*, Geänderter Vorschlag für einen Beschluss des Rates über das Eigenmittelsystem der Europäischen Union, KOM (2011) 739 endgültig, S. 10.

[88] Vgl. *Häde*, Finanzausgleich, S. 153 f.

[89] Näher zur Abgabenverwaltungskompetenz s. *Heselhaus*, S. 319 ff.

(2) Unionsrechtliche Grenzen der Steuerhoheit

Möglicherweise stehen der EU verschiedene Vorschriften als Basis für die Einführung **54** einer neuen Steuer zur Verfügung. Selbst wenn sich ein Steuererfindungsrecht auf Art. 113, 115 oder 192 Abs. 2 AEUV stützen ließe,[90] würden solche Regelungskompetenzen die Verwaltungszuständigkeit und die Ertragshoheit nicht automatisch einschließen.[91] Daher müsste es sich bei den von der Union geregelten Steuern grundsätzlich um solche handeln, die die Mitgliedstaaten erheben und in ihren Haushalten vereinnahmen. Nach dem auch insoweit zu beachtenden **Grundsatz der begrenzten Einzelermächtigung** würde die Ertragshoheit der Union erst dann zustehen, wenn ihr die Mitgliedstaaten diese Befugnis durch eine Regelung im Eigenmittelbeschluss oder durch eine Vertragsänderung übertragen würden.[92]

Eine in der Literatur über die Jahre von verschiedenen Autoren geäußerte Ansicht **55** bestreitet allerdings die Möglichkeit, Steuern als Eigenmittel einzuführen.[93] Ein wichtiges Argument war früher, die Übertragung der Steuerhoheit würde einen **Verstoß gegen das institutionelle Gleichgewicht** darstellen. Daraus sollte sich ableiten lassen, dass es die Finanzverfassung der Gemeinschaft versage, »eine Aufgabe nach ihrer Wahl entweder durch den Kreis der eigenen Mittel, wie sie bislang geleistet wurden, oder durch eigene neue Verbrauchsteuern zu bewältigen«.[94] Nach dieser Meinung ließe sich eine Steuerkompetenz der Union, die wohl alle drei Teilaspekte der Steuerhoheit umfassen könnte, nur im Wege der Vertragsänderung einführen.

Diese Ansicht hat jedenfalls der **EuGH** schon in einem Urteil aus dem Jahr 1967 nicht **56** geteilt. Damals ging es um Abschöpfungen bei der Einfuhr von Agrarerzeugnissen. Der Kläger im Ausgangsverfahren machte geltend, es handele sich um Steuern. Weder die Steuer- noch die Zollhoheit seien auf die Gemeinschaft übergegangen, daher fehle es für die Erhebung dieser Abgabe schon an einer Rechtsgrundlage.[95] Der EuGH entschied jedoch, die zugrunde liegende Verordnung sei zulässigerweise auf Art. 43 EWGV gestützt worden. Die Mitgliedstaaten hätten die Gemeinschaftsorgane ermächtigt, Abschöpfungsmaßnahmen zu ergreifen. Dadurch hätten sie ihre Hoheitsrechte entsprechend eingeschränkt. Und er fügte hinzu: »Dies wäre insbesondere auch dann mit dem System des Vertrages voll vereinbar, wenn es sich dabei um einen Teil der **Abgabenhoheit** handeln sollte.«[96]

Noch deutlicher war zuvor Generalanwalt *Roemer* geworden. In seinen Schlussanträgen **57** führte er aus, es seien »keine zwingenden Gründe dafür erkennbar, einen *teilweisen* Übergang der Steuerhoheit (oder der Zollhoheit) auf die Gemeinschaft auszuschließen; anders ausgedrückt: Es ist durchaus vorstellbar, daß der Gemeinschaft *gewisse* steuer- und zollrechtliche Befugnisse jetzt schon zukommen, auch wenn ihr auf

---

[90] Vgl. dazu *Buser*, ZEuS 2014, 91 (102 ff.); *Fabbrini*, E. L. Rev. 39 (2014), 155 (160 ff.); *Helmke*, S. 32 ff., 216 ff.; *Mayer/Heidfeld*, EuZW 2011, 373 (374 f.). S. auch *Ohler*, S. 374. Gegen ein Steuererfindungsrecht aus Art. 113 AEUV oder anderen Vorschriften *Eilers/Bahn/Sedlaczek*, in: GS, EUV/EGV, Art. 93 EGV, Rn. 20; *Frenz/Distelrath*, DStZ 2010, 246 (248); *E. Klein*, Einfluß, S. 26; *Seiler*, in: Grabitz/Hilf/Nettesheim, EU, Art. 113 AEUV (März 2011), Rn. 29 m. w. N.

[91] Vgl. *Birk*, in: Birk, Handbuch, § 10, Rn. 3.

[92] Vgl. *Buser*, ZEuS 2014, 91 (108); *Helmke*, S. 202 f.; *Müller*, S. 47 f., 64.

[93] *Börner*, Die Unzulässigkeit einer Steuer auf Nichtbutterfette nach dem EWGV, 1987, S. 56 ff. Ähnlich auch *Bleckmann/Hölscheidt*, DÖV 1990, 853 (857); *Waldhoff*, Wirtschaftsdienst 2011, 89 (93); *ders.*, in: Calliess/Ruffert, EUV/AEUV, Art. 311 AEUV, Rn. 16.

[94] *Börner* (Fn. 93), S. 57 f.

[95] Vgl. EuGH, Urt. v. 13.12.1967, Rs. 17/67 (Neumann/Hauptzollamt Hof), Slg. 1967, 591 (597).

[96] EuGH, Urt. v. 13.12.1967, Rs. 17/67 (Neumann/Hauptzollamt Hof), Slg. 1967, 591 (608).

diesen Gebieten im übrigen eine unmittelbare Rechtsetzung in den Mitgliedstaaten vorläufig versagt sein sollte.«[97] Mit der Hervorhebung der Worte »teilweisen« und »gewisse« brachte der Generalanwalt allerdings zugleich zum Ausdruck, dass die **Übertragung der Steuerhoheit nicht grenzenlos** sein könnte.

58   Wenn demnach schon die Übertragung von Teilelementen der Abgabenhoheit[98] außerhalb des Eigenmittelbeschlusses möglich sein sollte, muss es erst recht zulässig sein, dies durch einen Eigenmittelbeschluss zu tun. Mit den Einnahmen aus den Zöllen, die das deutsche Abgabenrecht als Steuern einordnet (§ 3 Abs. 3 AO) haben die bisherigen Eigenmittelbeschlüsse der Union ohnehin **bereits Steuererträge zugewiesen**. Das war zwar in der Ursprungsfassung von Art. 201 EWGV ausdrücklich vorgesehen. Mit der Formulierung »insbesondere durch Einnahmen aus dem Gemeinsamen Zolltarif« brachten die Vertragsparteien allerdings zum Ausdruck, dass es sich insoweit nur um ein **Regelbeispiel** handeln sollte. Schon damals war daher die Übertragung weiterer Steuereinnahmen nicht ausgeschlossen.[99] Aufgrund der Offenheit der Formulierungen der Art. 201 EWGV und 269 EGV überzeugte die gegenteilige Ansicht daher schon früher nicht.

59   Auch Abs. 3 spricht weiterhin nur allgemein von einem **System der Eigenmittel**. Deshalb dürfte der Rat in einem Eigenmittelbeschluss festlegen, dass der Union bestimmte **Steuereinnahmen** als Eigenmittel zufließen.[100] Das könnten bereits von den Mitgliedstaaten geregelte und erhobene Steuern sein, die dann ganz oder teilweise in den Unionshaushalt fließen. Genauso wäre es möglich, der Union ein Zuschlagsrecht zu nationalen Steuern einzuräumen. Unionsrechtlich sollte es auch nicht ausgeschlossen sein, im Eigenmittelbeschluss eine neue, unmittelbar von der Union definierte und von ihr verwaltete Steuer einzuführen und ihr auch die Ertragshoheit zuzuweisen.[101]

60   Weil Eigenmittelbeschlüsse die Annahme durch die Mitgliedstaaten vorsehen und deshalb einen **umfassenden Schutz vor unerwünschten Verschiebungen** bieten, muss das institutionelle Gleichgewicht solchen Besteuerungsrechten der EU nicht entgegenstehen.[102] Ein Mitentscheidungsrecht des Europäischen Parlaments ist ebenfalls nicht Voraussetzung für eine eigene Unionssteuer.[103] Die **demokratische Legitimation über die nationalen Parlamente** reicht insoweit aus. Jeder Mitgliedstaat kann selbst entscheiden, welche Kompetenzen er sich im sensiblen Bereich der Finanzen vorbehalten will und möglicherweise aus Gründen des nationalen Verfassungsrechts vorbehalten muss (s. u. Rn. 74 ff.). Das würde erst recht gelten, wenn man Abs. 3 mit der überwiegenden, hier allerdings nicht geteilten Ansicht als spezielle Vertragsänderungsvorschrift verstehen wollte (s. u. Rn. 122 ff.).

---

[97] GA *Roemer*, Schlussanträge zu Rs. 17/67 (Neumann/Hauptzollamt Hof), Slg. 1967, 591 (621).

[98] Die Abgabenhoheit kann man als Oberbegriff verstehen, die die Steuerhoheit mit einschließt, vgl. *Heselhaus*, S. 153 f. Eine strenge Unterscheidung erfolgt in Rechtsprechung und Literatur jedoch nicht immer.

[99] Vgl. auch *Heselhaus*, S. 445.

[100] Ebenso *Buser*, ZEuS 2014, 91 (106 f.); *Frenz*, Handbuch Europarecht, Band 6, Rn. 3320 f.; *Ohler*, S. 368; *Rossi*, in: Vedder/Heintschel v. Heinegg, Europäisches Unionsrecht, Art. 311 AEUV, Rn. 5; *Storr*, in: Niedobitek, Europarecht – Grundlagen, § 9, Rn. 73 f.

[101] Zu diesen Varianten vgl. *Schick/Märkt*, DStZ 2002, 27 (32 ff.).

[102] Vgl. *Freytag*, S. 141; *Hatje*, EuR 1987, 351 (357, Fn. 29); *Heselhaus*, S. 475, 489; *Scheibe*, S. 221, Fn. 174.

[103] So aber *Eckhoff*, S. 23. Ähnlich schon *Hettlage*, Finanzrechtsprobleme der Europäischen Gemeinschaften, FS Ficker, 1967, S. 225 (239).

Im Hinblick darauf, dass der Begriff der Eigenmittel zwar keine materielle Festlegung **61**
enthält, dennoch aber in besonderem Maße durch unmittelbar der Union zustehende
Einnahmequellen verwirklicht würde, dürfte das Unionsrecht der **Einführung einer echten Unionssteuer**, eines Zuschlagsrechts zu oder einer anderen Form der Beteiligung der
Union an von den Mitgliedstaaten erhobenen Steuern durch den Eigenmittelbeschluss
nicht grundsätzlich entgegenstehen.[104] Vielmehr bietet Abs. 3 dafür grundsätzlich eine
ausreichende Rechtsgrundlage.[105] Sollte der Eigenmittelbeschluss dann auch Steuertat-
bestand, Bemessungsgrundlage und Steuerhöhe regeln, müsste allerdings geklärt werden, wie insbesondere der Rechtsschutz der Steuerzahler gewährleistet wird.[106] Ob es
rechtspolitisch wünschenswert wäre, der Union weitere Teile der Abgabenhoheit zu
übertragen, ist eine andere Frage.[107] Im Rahmen eines von der Kommission durchgeführten Konsultationsprozesses zum EU-Haushalt[108] äußerten sich die meisten Mitgliedstaaten ablehnend zu einer Besteuerungskompetenz der EU.[109]

Nicht zulässig sein dürfte es demgegenüber, durch einen Eigenmittelbeschluss eine **62**
Abgabe einzuführen, die nicht auf die **allgemeine Haushaltsfinanzierung**, sondern auf
Verhaltenslenkung oder ähnliche Zwecke gerichtet ist oder der Finanzierung von Aus-
gaben in einem bestimmten Sachbereich dienen soll.[110] Abs. 3 lässt insoweit zwar die
Qualifizierung solcher Abgaben als Eigenmittel und damit – falls die Einnahmen nicht
schon vorher der Union zuflossen – die Übertragung der Ertragshoheit auf die Union zu.
Solche Abgaben beruhen auf **Sachkompetenzen** (insbesondere Art. 43, 192 AEUV).
Abs. 3 zielt aber allein auf die Haushaltsfinanzierung und kann deshalb eine fehlende
z. B. agrar- oder umweltpolitische Kompetenz nicht ersetzen. Regelungsbefugnisse enthält Abs. 3 daher nur, soweit es um die Schaffung von Unionssteuern oder ähnlichen auf
die allgemeine Haushaltsfinanzierung gerichteten Einnahmequellen geht. Die Vorschrift bietet außerdem keine Rechtsgrundlage für Rechtsakte, die die Unionsorgane
ermächtigen würden, ohne Beteiligung der Mitgliedstaaten Steuern zu erheben.[111]

---

[104] Ebenso *Helmke*, S. 206 f.; *Messal*, S. 38; *Magiera*, in: Grabitz/Hilf/Nettesheim, EU, Art. 311
AEUV (April 2012), Rn. 23; *Magiera*, GS Grabitz, S. 409 (413); *Niedobitek*, in: Streinz, EUV/AEUV,
Art. 311 AEUV, Rn. 27; *Oppermann/Classen/Nettesheim*, Europarecht, § 35, Rn. 12. Einschränkend
Buser, ZEuS 2014, 91 (108), sowie *E. Klein*, FS Eickhof, S. 350, die nur die Übertragung der Ertrags-
kompetenz nicht aber die Schaffung einer eigenen EU-Steuer durch den Eigenmittelbeschluss für
zulässig halten.
[105] So mehr oder weniger deutlich auch *Frenz/Distelrath*, DStZ 2010, 246 (249); *Freytag*, S. 143;
Hatje, EuR 1987, 351 (357); *Heselhaus*, S. 470 ff.; *Hilf*, NVwZ 1992, 105 (109); *Magiera*, in: Grabitz/
Hilf/Nettesheim, EU, Art. 311 AEUV (April 2012), Rn. 23; *Müller*, S. 88 f.; *Niedobitek*, in: Streinz,
EUV/AEUV, Art. 311 AEUV, Rn. 18; *Storr*, Finanzierung, S. 224. A. A. *Helmke*, S. 211; *Hölscheidt*,
in: Bleckmann, Europarecht, Rn. 1263 f.; *E. Klein*, Einfluß, S. 27; *Klocke*, S. 94; *Meermagen*, S. 172;
Lienemeyer, S. 208 f.; *Ohler*, S. 375; *Rossi*, in: Vedder/Heintschel v. Heinegg, Europäisches Unionsrecht, Art. 311 AEUV, Rn. 5, der Steuern als Eigenmittel akzeptiert, aber meint, dass sich die Kompetenz zur Einführung und Erhebung solcher Abgaben nicht aus Art. 311 AEUV ergebe; *Waldhoff*,
Eigene EU-Steuern, S. 61; *ders.*, EnzEuR, Bd. 8, § 12, Rn. 5.
[106] Auf diese Problematik weist *Helmke*, S. 212, hin.
[107] Ablehnend z. B. *Caesar*, Wirtschaftsdienst 2002, 322 (327); *Werner*, Finanzpolitik in der Europäischen Währungsunion, Stellungnahmen des Karl-Bräuer-Instituts des Bundes der Steuerzahler
Nr. 27, 2000, S. 51; *Waldhoff*, Eigene EU-Steuern, S. 59; *Wigger*, Zur Einführung einer EU-Steuer:
mehr Kontra als Pro, FS Reiss, 2008, S. 513 (528).
[108] S. dazu *Europäische Kommission*, Den Haushalt reformieren, Europa verändern, SEK (2007)
1188 endgültig; *Caesar*, Wirtschaftsdienst 2008, 317.
[109] Vgl. dazu *Häde*, Das Finanzsystem, Rn. 67.
[110] Vgl. EuGH, Urt. v. 11.7.1989, Rs. 265/87 (Schräder/Hauptzollamt Gronau), Slg. 1989, 2237,
Rn. 10; *Freytag*, S. 144; *Heselhaus*, S. 473.
[111] Näher dazu *Heselhaus*, S. 494 ff.

63   Eine **Vertragsänderung** nach Art. 48 EUV, die der EU ausdrücklich bestimmte Teile der Steuerhoheit zuweist oder dazu ermächtigt, wäre eine **gleichwertige Alternative** zur Regelung im Eigenmittelbeschluss. Ein Ausweichen auf die Flexibilitätsklausel des Art. 352 AEUV wäre demgegenüber nicht erforderlich und auch nicht zulässig, weil Abs. 3 die erforderlichen Befugnisse bereits vorsieht und deshalb der Anwendungsbereich der Flexibilitätsklausel nicht eröffnet wäre.[112]

(3) Verfassungsrechtliche Grenzen der Steuerhoheit

64   Eine andere Frage ist allerdings, ob und in welchem Umfang das jeweilige nationale Verfassungsrecht Raum dafür lässt, der Union durch den Eigenmittelbeschluss oder im Wege der Vertragsänderung Besteuerungsrechte einzuräumen. In Deutschland betont das **Bundesverfassungsgericht**, dass dem Deutschen Bundestag auch im Bereich von Einnahmen und Ausgaben die maßgeblichen Kompetenzen zur Verfügung stehen müssen. »Eine das Demokratieprinzip und das Wahlrecht zum Deutschen Bundestag in seinem substantiellen Bestimmungsgehalt verletzende Übertragung des Budgetrechts des Bundestages läge vor, wenn die Festlegung über Art und Höhe der den Bürger treffenden Abgaben in wesentlichem Umfang supranationalisiert würde. Der Deutsche Bundestag muss dem Volk gegenüber verantwortlich über die Summe der Belastungen der Bürger entscheiden.« Entscheidend sei letztlich, »dass die **Gesamtverantwortung** mit ausreichenden politischen Freiräumen für Einnahmen und Ausgaben noch im Deutschen Bundestag getroffen werden kann.«[113]

65   Diese Rechtsprechung lässt Raum für die **Übertragung von Teilelementen der Besteuerungshoheit** auf die Union, zieht ihr aber zugleich Grenzen.[114] Das Grundgesetz schließt es danach nur aus, »die Festlegung über Art und Höhe der den Bürger treffenden Abgaben in wesentlichem Umfang« zu supranationalisieren. Die Übertragung von Besteuerungskompetenzen auf die EU, müsste daher zulässig sein, wenn sie diese Grenzen nicht überschreitet.[115]

66   Hinsichtlich der **Steuergesetzgebungskompetenz** dürfte es verfassungsrechtlich zulässig sein, der Union die Befugnis zu gegenständlich begrenzten Regelungen zuzuweisen.[116] Das mag etwa für das Recht gelten, auf bestimmte Gegenstände beschränkte Steuern, z.B. eine unionseigene Finanztransaktionssteuer oder eine CO_2-Abgabe, einzuführen. Selbst eine Einkommen- oder eine Umsatzsteuer der Union sollten nicht von vornherein ausgeschlossen sein, wenn durch entsprechende Festlegungen sichergestellt wird, dass sie eine gewisse Belastungsgrenze für den Bürger nicht überschreiten. Sinnvoll sind solche Befugnisse allerdings nur, wenn die Union auch die Erträge der selbst beschlossenen Steuern erhält. Die **Verwaltungskompetenz** dürfte in diesem Zusammenhang weniger interessant sein, ließe sich aber ebenfalls auf die Union übertragen.

---

[112] Anders *Repasi*, S. 70, und wohl auch *Mayer/Heidfeld*, EuZW 2011, 373 (375).

[113] BVerfGE 123, 267 (361).

[114] In diesem Sinne auch *Helmke*, S. 210 ff., der daraus allerdings wieder auf die unionsrechtliche Unzulässigkeit schließt.

[115] In diesem Sinne schon z.B. *Notenboom/Pfennig*, Zielperspektiven der EG-Finanzverfassung aus unitarischer und föderalistischer Perspektive am Beispiel der Bundesrepublik Deutschland und der Niederlande, in: Biehl/Pfennig (Hrsg.), Zur Reform der EG-Finanzverfassung, 1990, S. 107 (134).

[116] Anders z.B. *E. Klein*, FS Eickhof, S. 349 f., der generell eine Verfassungsänderung für erforderlich hält.

Die **Zuweisung der Ertragshoheit** von durch die Mitgliedstaaten erhobenen Steuern   **67**
würde die Souveränität der Mitgliedstaaten grundsätzlich weniger beeinträchtigen als
die gleichzeitige Übertragung der Regelungsbefugnis. Allerdings ist zur Vermeidung
von Ungleichbehandlungen eine Angleichung der mitgliedstaatlichen Steuern unabdingbar. Deshalb kombiniert die Kommission ihren Vorschlag, der Union die Erträge
einer von den Mitgliedstaaten geplanten Finanztransaktionssteuer zuzuweisen,[117] mit
einer auf Art. 113 AEUV gestützten Richtlinie, die die erforderliche Harmonisierung
anordnet.[118] Dieser Vorschlag dürfte grundsätzlich auch mit deutschem Verfassungsrecht vereinbar sein. Dies umso mehr, als der Eigenmittelbeschluss nach dem Entwurf
der Kommission eine Obergrenze festlegen sollte.[119] Die Pläne der Kommission ließen
sich bisher jedoch nicht umsetzen (s. u. Rn. 146).

Bei der Ertragshoheit gilt es ebenfalls zu beachten, dass Regelungen, die die Gesamt-   **68**
verantwortung für Einnahmen und Ausgaben berühren, im **Deutschen Bundestag** getroffen werden müssen.[120] Deshalb wäre z. B. eine pauschale Zuweisung der Einkom-
mensteuer- oder der Umsatzsteuererträge an die EU wegen deren Umfang kaum zulässig. Generell sind aber auch aus verfassungsrechtlicher Sicht »keine zwingenden
Gründe dafür erkennbar, einen teilweisen Übergang der Steuerhoheit [...] auf die Gemeinschaft auszuschließen«.[121]

dd)   Krediteinnahmen als Eigenmittel
(1)   Unionsrechtliche Beurteilung
Für Staaten ist die Kreditaufnahme seit langem eine der üblichen Finanzierungsformen.   **69**
Die Europäische Union darf allerdings nur dann Kredite aufnehmen, wenn ihr die Mitgliedstaaten diese Befugnis übertragen haben. Auch insoweit gilt der **Grundsatz der**
begrenzten Einzelermächtigung (Art. 5 Abs. 2 EUV). Das Unionsrecht enthält jedenfalls keine ausdrückliche Ermächtigung für die Union als solche, sich dieses Finanzie-
rungsinstrument zu erschließen (s. u. Rn. 103). Im Laufe der Zeit gab es etliche Anläufe,
auch der EWG/EG/EU eine entsprechende Befugnis zu verleihen.[122] Sie hatten jedoch
keinen Erfolg. Im Hinblick darauf, dass der Rat und dann die Mitgliedstaaten bestimmen, was Eigenmittel sein sollen, spricht einiges dafür, dass die **Einführung von Kredit-**
einnahmen als Eigenmittel im Verfahren nach Abs. 3 möglich wäre.[123]

In der Literatur gibt es allerdings Stimmen, die es ablehnen, eine Befugnis zur Kre-   **70**
ditaufnahme auf Abs. 3 zu stützen. Zur Begründung wird angeführt, der in Art. 310
Abs. 1 UAbs. 3 AEUV verankerte Grundsatz des Haushaltsausgleichs sei materiell zu
verstehen und schließe deshalb die Aufnahme von Krediten zur Haushaltsfinanzierung

---

[117] *Europäische Kommission*, KOM (2011) 739 endgültig, S. 3.
[118] Vgl. *Europäische Kommission*, Vorschlag für eine Richtlinie des Rates über die Umsetzung einer
Verstärkten Zusammenarbeit im Bereich der Finanztransaktionssteuer, COM (2013) 71 final. Dazu
Liepe/Pielka/Malaviya, WM 2013, 1344. S. zur Finanztransaktionssteuer auch *Repasi*, S. 68 ff.
[119] Nach dem Vorschlag der Kommission, COM (2013) 71 final, S. 10, sollen Eigenmittel die Einnahmen aus der Finanztransaktionssteuer sein »in Höhe eines Anteils, der die in Artikel 8 Absatz 3 der
genannten Richtlinie festgelegten Mindestsätze nicht übersteigt«.
[120] BVerfGE 123, 267 (362).
[121] So GA *Roemer* schon 1967 bezogen auf die unionsrechtliche Beurteilung, Schlussanträge zu
Rs. 17/67 (Neumann/Hauptzollamt Hof), Slg. 1967, S. 591 (621); *Häde*, Finanzausgleich, S. 456 f.
[122] Vgl. *v. Lewinski*, ZG 2012, 164 (166 ff.), und die dortigen ausführlichen Nachweise.
[123] Ebenso *Bieber*, in: GSH, Europäisches Unionsrecht, Art. 311 AEUV, Rn. 43; *Storr*, in: Niedobitek, Europarecht – Grundlagen, § 9, Rn. 97.

aus.[124] Nach einer anderen Ansicht lassen sich Krediteinnahmen nicht dem materiell verstandenen Eigenmittelbegriff zuordnen.[125]

71   Das **Gebot des Haushaltsausgleichs** enthält jedoch kein Verbot der Kreditfinanzierung, sondern verhält sich insoweit neutral.[126] Nur wenn durch andere Vorschriften die Kreditaufnahme ausgeschlossen ist, muss der Haushaltsausgleich durch sonstige Einnahmen erfolgen (s. Art. 310 AEUV, Rn. 28 ff.). Genau diese Frage ist aber hier zu klären. Die Behauptung, Art. 310 Abs. 1 UAbs. 3 AEUV verbiete es Kredite aufzunehmen, gleicht daher einem Zirkelschluss.[127]

72   Gegen die Bestimmung von Krediteinnahmen zu Eigenmitteln könnte aber ein **materielles Verständnis des Eigenmittelbegriffs** sprechen. Wie bereits dargelegt (s. o. Rn. 24), lässt sich Abs. 3 jedoch kein materieller Eigenmittelbegriff entnehmen. Deshalb kann er auch keinen darauf gestützten Ausschluss von Krediteinnahmen tragen. Daher gibt es insgesamt kein durchschlagendes Argument gegen die Befugnis des Rates, Krediteinnahmen mit der in Abs. 3 vorgesehenen Zustimmung aller Mitgliedstaaten den Eigenmitteln zuzuordnen. Wenn dies geschähe, könnte die Union ihren Haushalt auch durch Kredite finanzieren.[128] Solange es einen entsprechenden Eigenmittelbeschluss jedoch nicht gibt, ist zumindest eine **Kreditaufnahme zur allgemeinen Haushaltsfinanzierung untersagt**.[129]

73   Ein Rückgriff auf die **Flexibilitätsklausel** des Art. 352 AEUV muss in diesem Zusammenhang ausscheiden, weil es auf diese Weise zu einer unzulässigen Umgehung des für die Mitgliedstaaten souveränitätsschützenden Verfahrens von Abs. 3 käme.[130] Ohnehin läge die Tatbestandsvoraussetzung des Art. 352 AEUV nicht vor, wonach »in den Verträgen die hierfür erforderlichen Befugnisse nicht vorgesehen« sein dürfen. Abs. 3 sieht diese Befugnisse vor, auch wenn der Rat bisher von ihnen nicht Gebrauch gemacht hat. Zudem handelt es sich bei der Aufnahme von Finanzmitteln nicht um ein Vertragsziel.[131]

(2) Verfassungsrechtliche Beurteilung

74   Krediteinnahmen als Eigenmittel stoßen allerdings möglicherweise an **Grenzen des nationalen Verfassungsrechts**. Für Deutschland zählt das **Bundesverfassungsgericht** »Einnahmen und Ausgaben einschließlich der Kreditaufnahme« zu den »wesentlichen Bereichen demokratischer Gestaltung«.[132] Die »parlamentarische Aussprache über den

---

[124] In diesem Sinne *Bovis*, Int'l Law 28 (1994), 743 (749); *Fugmann*, Der Gesamthaushalt, S. 208; *Niedobitek*, in: Streinz, EUV/AEUV, Art. 310 AEUV, Rn. 28; Art. 311 AEUV, Rn. 27. S. auch *Magiera*, in: Grabitz/Hilf/Nettesheim, EU, Art. 311 AEUV (April 2012), Rn. 23; *Storr*, EuR 2001, 846 (862).

[125] Vgl. *Ohler*, S. 368 f., der zudem darauf abstellt, dass der Schutzzweck der Vorschrift nicht berührt sei.

[126] Im Ergebnis ebenso *Lienemeyer*, S. 251.

[127] S. allerdings *Storr*, in: Niedobitek, Europarecht – Grundlagen, § 9, Rn. 95, der auf Art. 311 Abs. 2 AEUV und den dort festgelegten Haushaltsausgleich aus Eigenmitteln abstellt.

[128] Vgl. nur *Rossi*, in: Dauses, Handbuch des EU-Wirtschaftsrechts, Abschnitt A.III., Oktober 2010, Rn. 120.

[129] *Häde*, Finanzausgleich, S. 470 m. w. N. aus der älteren Literatur. Ebenso *Bieber*, in: GSH, Europäisches Unionsrecht, Art. 311 AEUV, Rn. 43; *Khan*, in: Geiger/Khan/Kotzur, EUV/AEUV, Art. 311 AEUV, Rn. 7; *v. Lewinski*, ZG 2012, 164 (171); *Rossi*, in: Vedder/Heintschel v. Heinegg, Europäisches Unionsrecht, Art. 311 AEUV, Rn. 8; *Storr*, EuR 2001, 846 (866); *Waldhoff*, in: Calliess/Ruffert, EUV/AEUV, Art. 311 AEUV, Rn. 17.

[130] Vgl. *Bieber*, in: GSH, Europäisches Unionsrecht, Art. 311 AEUV, Rn. 45.

[131] Vgl. *v. Lewinski*, ZG 2012, 164 (174). S. auch *Lienemeyer*, S. 252 f.

[132] BVerfGE 123, 267 (358).

Haushalt – einschließlich des Maßes der Verschuldung –« werde »als politische Generaldebatte verstanden.«[133] Allerdings gefährdet nicht »jede haushaltswirksame europäische oder internationale Verpflichtung [...] die Gestaltungsfähigkeit des Bundestages als Haushaltsgesetzgeber.« Entscheidend sei »aber, dass die Gesamtverantwortung mit ausreichenden politischen Freiräumen für Einnahmen und Ausgaben noch im Deutschen Bundestag getroffen werden kann.«[134]

Problematisch könnte eine Verschuldungsbefugnis der EU insbesondere dann sein,   **75** wenn sie einen Haftungsautomatismus der Mitgliedstaaten begründete.[135] Das sollte sich bei einer sinnvollerweise der Höhe nach begrenzten Befugnis zur Kreditaufnahme durch die Union jedoch vermeiden lassen. Bei aller Zurückhaltung, die man einem solchen Vorschlag politisch entgegenbringen kann, dürfte sich deshalb aus dem deutschen Verfassungsrecht zumindest **kein generelles Kreditfinanzierungsverbot** für die Union entnehmen lassen.

5. Korrekturmechanismen

Das nach wie vor vorherrschende Verständnis der Eigenmittel als **Beiträge der Mitglied**   **76** **staaten** hat zu einer Fülle von politisch motivierten Korrekturen geführt, die das Finanzierungssystem der Union kompliziert und intransparent haben werden lassen. Aufgrund der in Abs. 3 für Eigenmittelbeschlüsse vorgesehenen Einstimmigkeit im Rat und der anschließend erforderlichen Zustimmung aller Mitgliedstaaten kann jeder Mitgliedstaat, dessen Repräsentanten über eine ausreichend hohe Durchsetzungsfähigkeit verfügen, Sonderregelungen fordern. Mehrere Mitgliedstaaten, die tatsächlich oder vermeintlich zu viel zahlen müssen, haben sich auf diese Weise Vorteile ausbedungen, die meist selbst dann weitergelten, wenn deren ursprüngliche Begründung inzwischen nicht mehr trägt. Das Europäische Parlament listete 2007 insgesamt **41 Ausnahmeregelungen** auf, von denen sich einige auf die Einnahmenseite des Haushalts beziehen.[136] Die meisten dieser Ausnahmen gelten nach wie vor und neue sind hinzugekommen.[137] Darüber hinaus sind die Finanzen nicht selten eingesetzt worden, um Mitgliedstaaten die Zustimmung zu Integrationsfortschritten zu erleichtern.[138] Auch dadurch ist das Finanzsystem nicht transparenter oder gerechter geworden.

Die folgenreichste Ausnahmeregelung geht auf die Forderungen der britischen Pre   **77** mierministerin *Thatcher* zurück, die während der Tagung des Europäischen Rates von Fontainebleau 1984 einen **Korrekturmechanismus für das Vereinigte Königreich** erstritt, den dann der Eigenmittelbeschluss 1985 umsetzte.[139] In den Erwägungsgründen dieses Rechtsaktes heißt es zwar, der Europäische Rat habe »beschlossen, daß jeder Mitgliedstaat, der gemessen an seinem relativen Wohlstand eine zu große Haushaltslast trägt, zu gegebener Zeit in den Genuß einer Korrekturmaßnahme gelangen« könne.[140]

---

[133] BVerfGE 123, 267 (361).
[134] BVerfGE 123, 267 (361f.).
[135] BVerfGE 129, 124 (180).
[136] *Europäisches Parlament*, Entschließung vom 29.3.2007, ABl. 2008, C 27 E/214. Ein Anhang auf S. 223ff. listet die »vom Europäischen Rat im Dezember 2005 eingeführten Ausnahmen in Bezug auf die Einkommens- und Ausgabenseite des Haushaltsplans« auf. S. auch *Becker*, integration 2006, 106 (111f.).
[137] Vgl. *Europäische Kommission*, SEK (2011) 876 endgültig, S. 27f.
[138] Ausführlich dazu aus ökonomischer Sicht *Neheider*, S. 88ff.
[139] Vgl. *Kaese*, S. 64ff.; *Neheider*, S. 37ff.; *Raddatz*, S. 264ff.
[140] Beschluss des Rates vom 7.5.1985 über das System der eigenen Mittel der Gemeinschaften (85/257/EWG, Euratom), ABl. 1985, L 128/15.

Tatsächlich ging es aber allein um eine Ermäßigung für Großbritannien, dem im Ergebnis 2/3 seines Nettobeitrags erstattet wird.

78   Dieser »Briten-Rabatt« beruhte darauf, dass Großbritannien damals im Verhältnis zu seiner Wirtschaftsleistung überdurchschnittlich viel in den Haushalt einzahlen musste, aber wegen seines relativ kleinen Agrarsektors weniger von den Ausgaben der Gemeinschaft profitierte als andere Mitgliedstaaten.[141] Solche Überlegungen zum gerechten Verhältnis zwischen Zahlungen und Rückflüssen (»**juste retour**«) werden bis heute im Rahmen der so genannten **Nettozahlerdebatte** angestellt,[142] die die Vorteile aus der Mitgliedschaft in der Union nicht selten auf die jeweiligen Salden reduziert.

79   Trotz gewisser Änderungen gilt der Korrekturmechanismus für Großbritannien zumindest in seinen Grundzügen bis heute fort, obwohl sich die Umstände zwischenzeitlich wesentlich geändert haben.[143] Die Kommission konnte deshalb feststellen, dass das Vereinigte Königreich »im Zeitraum 2007–2010 trotz seines relativ hohen Wohlstands gemessen am prozentualen Anteil seines Beitrags am BNE den niedrigsten Nettobeitrag zum EU-Haushalt leistete«.[144]

80   Dieser Rabatt hatte **Folgewirkungen**; denn er veranlasste andere Nettozahler, ebenfalls Nachlässe zu fordern.[145] Die Ermäßigung für das Vereinigte Königreich erfolgt im Zusammenhang mit der Berechnung der MwSt.-Eigenmittel. Die dadurch bewirkten Ausfälle tragen grundsätzlich alle anderen Mitgliedstaaten. Deutschland, die Niederlande, Österreich und Schweden werden bei der Finanzierung jedoch bevorzugt behandelt und müssen nur einen reduzierten Anteil tragen. Dazu wurden die jeweiligen **Abrufsätze** dieser Mitgliedstaaten für die MwSt.-Eigenmittel verringert. Von weiteren, teilweise allerdings befristet gewährten Ausnahmeregelungen profitieren die Niederlande und Schweden (Nachlass bei den BNE-Eigenmitteln). Im Ergebnis ebenfalls wie eine solche Korrekturmaßnahme wirkt die Regelung, wonach die Mitgliedstaaten 25 % der von ihren Behörden erhobenen traditionellen Eigenmittel (Zölle, Agrarabschöpfungen) als **Erhebungskosten** behalten dürfen. Davon profitieren vor allem die Niederlande und Belgien, aber auch Dänemark (s. o. Rn. 31).[146]

II. Sonstige Einnahmen

1. Begriff und Voraussetzungen

81   Abs. 2 schränkt den Grundsatz der vollständigen Finanzierung durch Eigenmittel durch die Formulierung »unbeschadet der sonstigen Einnahmen« ein. Daraus lässt sich schließen, dass Einnahmen der Union entweder Eigenmittel oder sonstige Einnahmen sind. Wie bereits festgestellt (s. o. Rn. 25) gilt ein rein **formeller Eigenmittelbegriff**. Eigenmittel sind demnach die Einnahmen, die der auf der Basis von Abs. 3 erlassene Eigenmittelbeschluss der Union als solche zuweist. Deshalb kann auch der Begriff der sonstigen Einnahmen kein materieller sein.[147] Vielmehr sind sonstige Einnahmen solche, die

---

[141] S. dazu *Bieber*, in: GSH, Europäisches Unionsrecht, Art. 311 AEUV, Rn. 37 ff.; *Häde*, Finanzausgleich, S. 486 ff.; *Haug/Lamassoure/Verhofstadt*, S. 11 f.

[142] Vgl. dazu *Magiera*, in: Grabitz/Hilf/Nettesheim, EU, Art. 311 AEUV (April 2012), Rn. 37 ff.; *Niedobitek*, in: Streinz, EUV/AEUV, Art. 311 AEUV, Rn. 36 ff.; *Raddatz*, S. 68 ff. Aus ökonomischer Sicht *Feld/Schnellenbach*, Wirtschaftsdienst 2007, 114.

[143] Vgl. *Lienemeyer*, S. 310 ff.

[144] *Europäische Kommission*, SEK (2011) 876 endgültig, S. 49.

[145] Vgl. *Häde*, Das Finanzsystem, Rn. 16.

[146] S. dazu *Europäische Kommission*, SEK (2011) 876 endgültig, S. 28, 48 ff.

[147] Vgl. *Häde*, Finanzausgleich, S. 458 ff. S. auch *Lienemeyer*, S. 243; *Meermagen*, S. 222.

in den Unionshaushalt fließen, ohne Eigenmittel zu sein.[148] Aus dem grundsätzlichen **Vorrang der Eigenmittelfinanzierung** lässt sich allerdings ableiten, dass sonstige Einnahmen nicht in erster Linie der Haushaltsfinanzierung dienen dürfen,[149] sondern zumindest auch einen Sachzweck verfolgen müssen (s. o. Rn. 9).

Abs. 2 erwähnt die sonstigen Einnahmen und stellt sie den Eigenmitteln gegenüber.   **82**
Er enthält selbst aber **keine Rechtsgrundlage** zu ihrer Einführung.[150] Nach dem Prinzip der begrenzten Einzelermächtigung kann es sonstige Einnahmen zulässigerweise nur geben, wenn das Primärrecht der Union entsprechende Befugnisse übertragen hat. Soweit die Verträge der Union keine ausdrückliche Befugnis zur Erzielung von Einnahmen zuweisen, können sonstige Einnahmen nur dann entstehen, wenn sich im Primärrecht eine Sachkompetenz findet, deren Auslegung ergibt, dass die Union z. B. bestimmte Abgaben einführen und deren Erträge in ihrem Haushalt vereinnahmen darf.[151]

Auch hier müssen Regelungskompetenz, Verwaltungskompetenz und Ertragshoheit   **83**
nicht zwingend zusammenfallen (s. o. Rn. 51). Vielmehr ist dafür jeweils eine **primärrechtliche Zuweisung erforderlich**.[152] Das ergibt sich aus Art. 5 Abs. 2 Satz 2 EUV, der festschreibt, dass alle der Union nicht in den Verträgen übertragenen Zuständigkeiten bei den Mitgliedstaaten verbleiben. Der bloße Schluss von der Regelungskompetenz auf die Ertragshoheit[153] wäre daher nicht zulässig. Die Ertragshoheit muss jedoch nicht explizit übertragen werden. Insbesondere ist dafür nicht stets ein Eigenmittelbeschluss nach Abs. 3 notwendig;[154] denn sonst könnte es keine sonstigen Einnahmen geben, die in den Unionshaushalt fließen. Erforderlich ist aber, dass sich die Ertragshoheit der Union aus der einschlägigen Rechtsgrundlage zumindest implizit herleiten lässt. Enthält diese keine Hinweise darauf, fließen die Erträge den Mitgliedstaaten zu. Nicht ausreichend wäre eine allein sekundärrechtliche Übertragung der Ertragszuständigkeit auf die Union.[155]

Anhaltspunkte für eine Ertragshoheit der Union dürften sich insbesondere[156] aus der   **84**
Verwaltungskompetenz ableiten lassen.[157] Deshalb wird man es als ausreichend ansehen können, wenn Abgaben oder andere Einnahmen zulässigerweise von Einrichtungen der Union eingezogen werden und primärrechtliche Regelungen für eine Verteilung der Mittel an die Mitgliedstaaten oder andere Hinweise auf eine abweichende Ertragszu-

---

[148] In diesem Sinne *Freytag*, S. 137; *Heselhaus*, S. 444, der dem Begriff der sonstigen Einnahmen daher eine »Auffangfunktion« zuweist. Anders *Ohler*, S. 372, der darauf abstellt, ob der Schutzzweck des Art. 201 EGV berührt sei.

[149] Vgl. *Hölscheidt*, in: Bleckmann, Europarecht, Rn. 1262. S. auch *Heselhaus*, S. 532 f.

[150] Vgl. *Bieber*, in: GSH, Europäisches Unionsrecht, Art. 311 AEUV, Rn. 41; *Lödl*, in: Mayer/Stöger, EUV/AEUV, Art. 311 AEUV (2013), Rn. 35; *Pache*, S. 49; *Waldhoff*, in: Calliess/Ruffert, EUV/AEUV, Art. 311 AEUV, Rn. 12.

[151] Vgl. *Magiera*, FS Ress, S. 628; *Meermagen*, S. 170. S. auch *Götz*, FS Friauf, S. 52.

[152] Vgl. *Breuer*, DVBl 1992, 485 (496); *Buser*, ZEuS 2014, 91 (102); *Lienemeyer*, S. 167; *Meermagen*, S. 192 f.; *Seiler*, EuR 2010, 67 (85 f.); *Schmidt-Kötters/Held*, NVwZ 2009, 1390 (1393).

[153] So wohl aber *Mayer/Heidfeld*, EuZW 2011, 373 (376). Man wird auch die Rechtsprechung des EuGH zu den Mitverantwortungsabgaben (s. Rn. 85) in diesem Sinne verstehen können; vgl. *Heselhaus*, S. 411.

[154] Ebenso *Freytag*, S. 147; *Heselhaus*, S. 524. Anders *Amend*, S. 63 f.; *Helmke*, S. 209.

[155] Ebenso *Heselhaus*, S. 523. Allgemein dazu *Jürgens*, Die Kompetenzabgrenzung zwischen der Europäischen Union und den Mitgliedstaaten, 2010, S. 75.

[156] Als Beispiel für eine weitere Begründungsmöglichkeit vgl. *Meermagen*, S. 203 f., die bei bestimmten Agrarabgaben von einer Übertragung der Ertragshoheit aufgrund eines engen Sachzusammenhangs ausgeht.

[157] Vgl. schon *Häde*, Finanzausgleich, S. 475 f. Teilweise ähnlich *Heselhaus*, S. 527 f.

ständigkeit fehlen. Wenn es sich demgegenüber um eine von der Union geschaffene Einnahmequelle handelt, die Verwaltungskompetenz aber bei den Mitgliedstaaten liegt, wären weitere Hinweise im Primärrecht erforderlich, um die Erträge dem Unionshaushalt zufließen zu lassen. Entsprechendes gilt erst recht für Einnahmequellen, für die auch die Regelungsbefugnis bei den Mitgliedstaaten liegt.

85   Die Rechtsprechung des **EuGH** zu den so genannten **Mitverantwortungsabgaben** ist allerdings großzügiger.[158] Jedenfalls stellte sie die Ertragshoheit der EWG/EG für diese früher im Agrarbereich erhobenen Abgaben nicht in Frage. Soweit die Rechtsgrundlage streitig war, entschied der EuGH, dass Art. 43 EWGV (entspricht Art. 43 AEUV) Rechtsgrundlage für spezielle Abgaben sein könne.[159] Art. 201 EWGV (entspricht Art. 311 AEUV) stehe nicht entgegen, weil er nur die Einnahmen betreffe, »die zur allgemeinen Finanzierung des Haushalts der Gemeinschaft dienen, nicht dagegen die **Agrarabgaben**, die in einem bestimmten Agrarsektor erhoben und zur Finanzierung der Ausgaben in diesem Sektor verwendet werden.«[160] Kriterien für die Voraussetzungen der Zuweisung einer Ertragshoheit an die Union lassen sich aus diesen Entscheidungen allerdings kaum entnehmen.

86   Sonstige Einnahmen stellen Finanzmittel dar, die in den Haushalt der Union fließen. Daher dienen sie neben dem **Sachzweck** auch der **Finanzierung** und damit zugleich dem Ausgleich des Haushalts.[161] Daraus und aus dem Grundsatz der Vollständigkeit des Haushalts (s. Art. 310 AEUV, Rn. 18) ergibt sich zugleich, dass alle sonstigen Einnahmen der Union in den Haushaltsplan der Union eingesetzt werden müssen. Sollen sie im Ergebnis den Mitgliedstaaten oder anderen Körperschaften zufließen, müsste der Haushaltsplan entsprechende Ausgaben vorsehen. Daher wäre es nicht zulässig, sonstige Einnahmen ohne primärrechtliche Grundlage am Unionshaushalt vorbeizuleiten und direkt den Mitgliedstaaten oder anderen Empfängern zuzuweisen.

2. Arten sonstiger Einnahmen

a) Einkommensteuer der Union

87   Die Union erhebt eine **Steuer auf die Dienstbezüge** ihrer Beschäftigten. Die entsprechenden Einnahmen verbucht der Gesamthaushaltsplan in Titel 4. Rechtsgrundlage für diese Einkommensteuer ist das den Unionsverträgen beigefügte und ihnen nach Art. 51 EUV gleichgestellte Protokoll (Nr. 7) über die Vorrechte und Befreiungen der Europäischen Union. Dessen Art. 12 bestimmt, dass von »den Gehältern, Löhnen und anderen Bezügen, welche die Union ihren Beamten und sonstigen Bediensteten zahlt, [...] zugunsten der Union eine Steuer« erhoben wird.[162] Die Formulie-

---

[158] S. dazu *Amend*, S. 62 ff. Kritisch *Ohler*, S. 374.

[159] EuGH, Urt. v. 13. 12. 1967, Rs. 17/67 (Neumann/Hauptzollamt Hof), Slg. 1967, 591 (608); Urt. v. 21. 2. 1979, Rs. 138/78 (Stölting/Hauptzollamt Hamburg-Jonas), Slg. 1979, 713, Rn. 5; Urt. v. 9. 7. 1985, Rs. 179/84 (Bozzetti/Invernizzi), Slg. 1985, 2301, Rn. 19 f. Zu Art. 103 EWGV s. EuGH, Urt. v. 24. 10. 1973, Rs. 5/73 (Balkan-Import-Export/Hauptzollamt Berlin-Packhof), Slg. 1973, 1091, Rn. 11 ff.

[160] EuGH, Urt. v. 11. 7. 1989, Rs. 265/87 (Schräder/Hauptzollamt Gronau), Slg. 1989, 2237, Rn. 10.

[161] Vgl. *Bieber*, in: GSH, Europäisches Unionsrecht, Art. 311 AEUV, Rn. 41; *Frenz*, Handbuch Europarecht, Band 6, Rn. 1548; *Niedobitek*, in: Streinz, EUV/AEUV, Art. 311 AEUV, Rn. 32; *Waldhoff*, in: Calliess/Ruffert, EUV/AEUV, Art. 311 AEUV, Rn. 12. Anders *Schoo*, in: Schwarze, EU-Kommentar, Art. 311 AEUV, Rn. 22.

[162] S. dazu *Waldhoff*, Eigene EU-Steuern, S. 49 ff.

rung »zugunsten der Union« stellt eine ausdrückliche **Zuweisung der Ertragshoheit an die Union** dar.[163]

Parlament und Rat haben Einzelheiten zu dieser Einkommensteuer in einer Verord-   **88** nung geregelt.[164] Art. 66a des Beamtenstatuts sah daneben für die Zeit von 2004–2012 eine befristete **Sonderabgabe der Beamten** der Union vor.[165] Außerdem gibt es weitere Abgaben und Beiträge, die von den Beschäftigten der Union und ihren Einrichtungen erhoben werden.

b) Überschüsse, Salden und Anpassungen

Unter der Bezeichnung als Überschüsse, Salden und Anpassungen finden sich in Titel 3   **89** des Gesamthaushaltsplans der Union weitere Einnahmen, die aus der **Abrechnung früherer Haushaltsjahre** resultieren. Da es sich im Wesentlichen um Korrekturposten handelt, lassen sich diese Einnahmen nicht planen. Deshalb ist im Haushaltsplan regelmäßig kein fester Betrag vorgesehen. In der Praxis kann es an dieser Stelle aber durchaus zu erheblichen Einnahmen kommen (2013: 698 Mio. Euro, 2014: 5,1 Mrd. Euro. 2015: 8,6 Mrd. Euro).[166]

c) Verwaltungseinnahmen

Im Rahmen der laufenden Verwaltungstätigkeit der Unionsorgane fallen Erträge aus   **90** Veräußerungsgeschäften (z. B. Fahrzeuge, Publikationen), Vermietungen oder aus Geldanlagen an. Darüber hinaus lassen sich dieser Kategorie, die Titel 5 des Gesamthaushaltsplans verzeichnet, Einnahmen aus Dienstleistungen für andere Organe oder Dritte, Rückzahlungen, Schenkungen oder Erstattungen zuordnen. Titel 5 des Gesamthaushaltsplans der Union sieht für 2016 55,5 Mio. Euro an Einnahmen vor.

d) Beiträge und Erstattungen

Zu den sonstigen Einnahmen gehören darüber hinaus solche aus Beiträgen und Erstat-   **91** tungen im Rahmen von Abkommen und Programmen der Union. Sie entstehen durch **Rückzahlungen** nicht verwendeter Zuschüsse oder aus **Beiträgen der Mitgliedstaaten**, die die Union sammelt und dann zweckgebunden weiterleitet. Titel 6 des Gesamthaushaltsplans 2016 enthält insoweit einen pauschalen Ansatz von 60 Mio. Euro. Die tatsächlichen Einnahmen 2014 betrugen allerdings rund 3,2 Mrd. Euro.[167]

e) Verzugszinsen und Geldbußen

Titel 7 des Gesamthaushaltsplans verzeichnet Verzugszinsen und Geldbußen, die Or-   **92** gane der Union verhängen. Die Erhebung der Zinsen erfolgt u. a. wegen »verspäteter Gutschriften auf den Konten bei den Haushaltsverwaltungen der Mitgliedstaaten«. Daneben nimmt die Union Geldbußen, Zwangsgelder und Strafen, einschließlich der

---

[163] Vgl. *Meermagen*, S. 193, 202 f.

[164] Verordnung (EWG, Euratom, EGKS) Nr. 260/68 des Rates vom 29. 2.1968 zur Festlegung der Bestimmungen und des Verfahrens für die Erhebung der Steuer zugunsten der Europäischen Gemeinschaften, ABl. 1968, L 56/8.

[165] Die Sonderabgabe wurde eingeführt durch die Verordnung (EG, EURATOM) Nr. 723/2004 des Rates vom 22. 3.2004 zur Änderung des Statuts der Beamten der Europäischen Gemeinschaften und der Beschäftigungsbedingungen für die sonstigen Bediensteten dieser Gemeinschaften, ABl. 2004, L 124/1.

[166] Gesamthaushaltsplan 2016, ABl. 2016, L 48/47.

[167] Gesamthaushaltsplan 2016, ABl. 2016, L 48/21.

»Zwangsgelder und Pauschalbeträge, die den Mitgliedstaaten bei Nichtbefolgen eines Urteils des Gerichtshofs der Europäischen Union zur Feststellung von Verstößen gegen Verpflichtungen aus dem Vertrag auferlegt werden«, ein. Für 2016 setzt der Haushaltsplan pauschal 23 Mio. Euro für Verzugszinsen und 100 Mio. Euro für Geldbußen an, weil diese Einnahmen nicht exakt planbar sind. Die tatsächlichen Größenordnungen können dann durchaus wesentlich höher liegen (2014: 4,6 Mrd. Euro).[168] Die **Ertragszuständigkeit der Union** für solche Einnahmen lässt sich aus ihrer Verwaltungskompetenz (s. o. Rn. 84) oder auch aus der Natur der Sache[169] herleiten.

f) Einnahmen aus Umweltabgaben

93   Schon länger gibt es eine Diskussion um Abgaben im Umweltrecht.[170] Unterstellt man, dass Art. 192 Abs. 1 AEUV (Art. 175 Abs. 1 EGV) grundsätzlich als Rechtsgrundlage für die Einführung solcher Abgaben dienen kann, ist damit noch nicht entschieden, ob diese Norm oder andere Vorschriften der Verträge auch die **Zuweisung der Ertragshoheit** an die Union rechtfertigen können.[171]

94   Illustrieren lassen sich die in diesem Zusammenhang zu klärenden Rechtsfragen am Beispiel von zwei Verordnungen zu Umweltabgaben,[172] die jeweils in ihrem Art. 9 Abs. 4 die Festlegung enthalten:»Die Beträge der **Emissionsüberschreitungsabgabe** gelten als Einnahmen für den Gesamthaushaltsplan der Europäischen Union.« Da eine Klassifizierung als Eigenmittel durch einen Beschluss nach Abs. 3 nicht vorliegt, kann es sich insoweit nur um sonstige Einnahmen der Union handeln. Für diese Einordnung reicht die sekundärrechtliche Zuweisung aber nicht aus (s. o. Rn. 83).

95   Nach Art. 192 Abs. 1 AEUV beschließen Parlament und Rat »gemäß dem ordentlichen Gesetzgebungsverfahren und nach Anhörung des Wirtschafts- und Sozialausschusses sowie des Ausschusses der Regionen über das Tätigwerden der Union zur Erreichung der in Artikel 191 genannten Ziele.« Dass diese umweltpolitischen Ziele auch durch Umweltabgaben gefördert werden können, sei unterstellt. Einen Hinweis darauf, wem die Erträge solcher Abgaben zustehen sollen, findet sich in der Vorschrift allerdings nicht.

96   Stellt man auf die **Verwaltungskompetenz als Indiz** für die Übertragung auch der Ertragshoheit ab (s. o. Rn. 84), dann ist festzustellen, dass die Abgabe wegen Emissionsüberschreitung nach Art. 9 Abs. 1 der beiden Verordnungen von der Kommission erhoben wird. Eine solche Übertragung von Durchführungsbefugnissen lässt Art. 291 Abs. 2 AEUV unter der Voraussetzung zu, dass es einheitlicher Bedingungen für die

---

[168] Gesamthaushaltsplan 2016, ABl. 2016, L 48/132.

[169] Vgl. *Freytag*, S. 149. S. auch *Heselhaus*, S. 530: »aufgrund der teleologischen Auslegung.« *Lienemeyer*, S. 244: »aus der jeweiligen Sachkompetenz«.

[170] Vgl. nur *Breuer*, DVBl 1992, 485; *Hilf*, Umweltabgaben als Gegenstand von Gemeinschaftsrecht und -politik, in: Breuer/Kloepfer/Marburger/Schroeder (Hrsg.), Umweltschutz durch Abgaben und Steuern, 1992, S. 121; *R. Schmidt*, Öko-Abgaben aus gemeinschaftsrechtlicher Sicht, in: Bottke/Möllers/Schmidt (Hrsg.), Recht in Europa, 2003, S. 269; *Waldhoff*, EnzEuR, Bd. 8, § 12, Rn. 40ff.

[171] Vgl. *Meermagen*, S. 206; *Shirvani*, UPR 2013, 17 (21).

[172] Verordnung (EU) Nr. 443/2009 des Europäischen Parlaments und des Rates vom 23. 4. 2009 zur Festsetzung von Emissionsnormen für neue Personenkraftwagen im Rahmen des Gesamtkonzepts der Gemeinschaft zur Verringerung der CO2-Emissionen von Personenkraftwagen und leichten Nutzfahrzeugen, ABl. 2009, L 140/1; Verordnung (EU) Nr. 510/2011 des Europäischen Parlaments und des Rates vom 11. 5. 2011 zur Festsetzung von Emissionsnormen für neue leichte Nutzfahrzeuge im Rahmen des Gesamtkonzepts der Union zur Verringerung der CO2 -Emissionen von Personenkraftwagen und leichten Nutzfahrzeugen, ABl. 2011, L 145/1. Näher dazu *Shirvani*, UPR 2013, 17.

Durchführung der verbindlichen Rechtsakte der Union bedarf. Falls eine Bedarfsprüfung, die sich am Maßstab des Subsidiaritätsprinzips orientieren müsste,[173] diese Verwaltungskompetenz der Kommission als primärrechtskonform bestätigte,[174] würde das dafür sprechen, dass die Zuordnung der Erträge aus der Erhebung der Emissionsüberschreitungsabgabe zu den sonstigen Einnahmen der Union korrekt und in den Verordnungen nur deklaratorisch vorgenommen wurde. Andernfalls wären die Abgaben von den Mitgliedstaaten zu erheben. Dann stünden ihnen auch die Erträge zu.

g) Einnahmen aus Sanktionen wegen Verstoßes gegen die Haushaltsdisziplin

Art. 126 Abs. 1 AEUV verbietet den Mitgliedstaaten übermäßige öffentliche Defizite   **97**
und schreibt auf diese Weise Haushaltsdisziplin vor (näher dazu Art. 126, Rn. 21). Nur
gegen Mitgliedstaaten mit Euro-Währung kann der Rat bei beharrlichen Verstößen gegen diese Pflicht nach Art. 126 Abs. 11 AEUV **finanzielle Sanktionen** verhängen.
Art. 126 Abs. 11 UAbs. 1, 3. Gedstr. AEUV sieht das Verlangen zur Hinterlegung einer
unverzinslichen Einlage vor. Als Verschärfung kann der Rat nach Art. 126 Abs. 11
UAbs. 1, 4. Gedstr. AEUV Geldbußen verhängen. Während die Einlagen ausdrücklich
»bei der Union« zu hinterlegen sind, bestimmt die Vorschrift nicht explizit, wem die
Geldbußen zufließen sollen. Aus dem Zusammenhang wird man aber folgern können,
dass auch sie an die Union zu zahlen sind. Konsequenterweise müssten sie in den Unionshaushalt fließen und dort als sonstige Einnahmen verbucht werden.

Sekundärrechtlich wurde jedoch zunächst bestimmt, dass diese finanziellen Sanktio   **98**
nen den Mitgliedstaaten der Eurozone zustehen sollten, die die Haushaltsdisziplin wahrten. Schon diese Regelung war nicht mit Art. 126 Abs. 11 und ebenso wenig mit dem in
Art. 310 Abs. 1 UAbs. 1 AEUV verankerten **Grundsatz der Vollständigkeit** des Haushalts vereinbar (s. o. Rn. 86).[175]

Seit 2011 bestimmt der neu gefasste Art. 16 Satz 2 VO 1467/97, dass es sich bei   **99**
diesen Mitteln um **sonstige Einnahmen** i. S. v. Art. 311 AEUV handelt, die der Europäischen Finanzstabilisierungsfazilität (EFSF) und nach dessen Errichtung dem Europäischen Stabilitätsmechanismus (ESM) zugewiesen werden. Dementsprechend regelt
Art. 24 Abs. 2 des am 27. 9. 2012 in Kraft getretenen Vertrags zur Einrichtung des Europäischen Stabilitätsmechanismus vom 2. 2. 2012 (ESMV)[176] nun, dass »die Einnahmen
aus finanziellen Sanktionen gegen ESM-Mitglieder im Rahmen des Verfahrens der multilateralen Überwachung, des Verfahrens bei einem übermäßigen Defizit und des Verfahrens bei einem übermäßigen makroökonomischen Ungleichgewicht im Rahmen des
AEUV in einen Reservefonds eingestellt« werden. Aus diesem **Reservefonds** werden
nach Art. 25 Abs. 1 Buchst. a ESMV eventuelle Verluste des ESM beglichen.

Bei dem ESM-Vertrag handelt es sich um einen völkerrechtlichen Vertrag zwischen   **100**
den meisten Mitgliedstaaten der EU, den sie außerhalb des Unionsrahmens geschlossen
haben. Die Mitgliedstaaten sind zwar befugt, solche Verträge abzuschließen, soweit es
sich um Gegenstände handelt, die in ihre Zuständigkeit fallen. Sie dürfen dabei jedoch

---

[173] Vgl. *Ruffert*, in: Calliess/Ruffert, EUV/AEUV, Art. 291 AEUV, Rn. 6.
[174] Für eine Erhebungs-, aber gegen die Ertragszuständigkeit der Union *Shirvani* UPR 2013, 17
(21).
[175] Vgl. dazu *Häde*, in: Calliess/Ruffert, EUV/AEUV, Art. 126 AEUV, Rn. 102; *Lienemeyer*, EWS
1997, 257.
[176] S. das Gesetz zu dem Vertrag vom 2. 2. 2012 zur Einrichtung des Europäischen Stabilitätsmechanismus v. 13. 9. 2012, BGBl. II 2012, S. 981. Zum ESM vgl. *Häde*, EnzEuR, Bd. 1, § 17.

nicht gegen Unionsrecht verstoßen.[177] Zu vertraglichen Regelungen über die **Zuweisung sonstiger Einnahmen**, die nach Art. 126 Abs. 11 AEUV der EU zustehen, waren sie deshalb nicht berechtigt. Auch dieses Vorgehen ist nicht mit dem Grundsatz der Vollständigkeit des Haushaltsplans vereinbar (s. o. Rn. 98).

h) Einnahmen aus Kreditaufnahme
aa) Ausdrückliche Ermächtigungen

101   Einzelne Vorschriften der Unionsverträge enthalten Ermächtigungen zur Kreditaufnahme. Sie beziehen sich allerdings nur auf die **Europäische Investitionsbank** (EIB) und die **Europäische Zentralbank** (EZB), die beide mit eigener Rechtspersönlichkeit ausgestattet sind und auch über einen eigenen Haushalt verfügen. Art. 309 Abs. 1 Satz 1 AEUV erwähnt, dass sich die EIB des Kapitalmarkts bedient. Die ausdrückliche Ermächtigung zur Aufnahme von Anleihen zur Durchführung ihrer Aufgaben findet sich in Art. 20 Abs. 1 der EIB-Satzung, die den Unionsverträgen als Protokoll Nr. 5 beigefügt ist und deshalb nach Art. 51 EUV dem Primärrecht zuzuordnen ist. Die Befugnis der EZB zur Kreditaufnahme lässt sich der ebenfalls als Protokoll (Nr. 4) den Unionsverträgen beigefügten ESZB-Satzung entnehmen. Art. 18 und Art. 23 ESZB-Satzung erwähnen Kreditgeschäfte bzw. die Aufnahme von Krediten.

102   Früher durfte auch die inzwischen aufgelöste **Europäische Gemeinschaft für Kohle und Stahl** nach Art. 49 EGKSV Anleihen aufnehmen. Die weiterhin neben der Union bestehende **Europäische Atomgemeinschaft** wird durch Art. 172 Abs. 4 EAGV ermächtigt, Anleihen aufzunehmen, »die zur Finanzierung der Forschungen oder der Investitionen bestimmt sind«.[178]

bb) Krediteinnahmen der Union selbst

103   Abgesehen von diesen Sondervorschriften finden sich in den Unionsverträgen **keine ausdrücklichen Rechtsgrundlagen** für die Kreditaufnahme. Da der Union nach dem Grundsatz der begrenzten Einzelermächtigung nur die Kompetenzen zustehen, die ihr die Mitgliedstaaten ausdrücklich übertragen haben (Art. 5 Abs. 2 EUV), besteht Einigkeit jedenfalls darüber, dass der Union an sich keine Befugnis zur allgemeinen Haushaltsfinanzierung durch Kreditaufnahme zusteht.[179] Diese Einnahmequelle könnte ihr – wenn überhaupt – nur durch einen Eigenmittelbeschluss oder eine Vertragsänderung erschlossen werden (s. o. Rn. 69 ff.).[180]

104   Sehr viel weniger streng sind die Praxis und die überwiegende Ansicht in der Literatur allerdings im Zusammenhang mit **Anleihen**, die die Gemeinschaft/Union begab oder begibt, um Mitgliedstaaten oder Drittstaaten aus diesen Einnahmen Darlehen zur Verfügung zu stellen.[181] Falls diese Krediteinnahmen mit dem Unionsrecht vereinbar wären, handelte es sich um sonstige Einnahmen der Union, solange sie nicht infolge einer entsprechenden Regelung in einem neuen Eigenmittelbeschluss den Eigenmitteln zugerechnet würden.

---

[177] Vgl. zuletzt EuGH, Urt. v. 27. 11. 2012, Rs. C–370/12 (Pringle/Irland), ECLI:EU:C:2012:756, Rn. 69.

[178] Vgl. dazu *Birk*, in: Birk, Handbuch, § 5, Rn. 48.

[179] Vgl. nur *Bieber*, in: GSH, Europäisches Unionsrecht, Art. 311 AEUV, Rn. 43; *Waldhoff*, in: Calliess/Ruffert, EUV/AEUV, Art. 311 AEUV, Rn. 17.

[180] Zu den Vor- und Nachteilen aus ökonomischer Sicht *Gwosć*, Ein Verschuldungsrecht für die Europäische Union, 2001, S. 49 ff.

[181] S. dazu *Strasser*, S. 106 ff.

cc) Arten von Krediten[182]

(1) Zahlungsbilanzanleihen und Neues Gemeinschaftsinstrument

Mit dieser Form der Kreditfinanzierung begann bereits die EWG, als sie 1975 Anleihen   **105**
aufnahm, um Mitgliedstaaten zu unterstützen, die wegen der starken Preiserhöhungen
für Erdöl in Zahlungsbilanzschwierigkeiten geraten waren. Die auf Art. 235 EWGV,
den Vorgänger von Art. 352 AEUV, gestützte Verordnung Nr. 397/75 des Rates vom
17.12.1975 über **Gemeinschaftsanleihen**[183] ermächtigte die Gemeinschaft, die für die
Darlehensvergabe an die betroffenen Mitgliedstaaten erforderlichen Finanzmittel im
Wege der Kreditaufnahme zu beschaffen.

Später errichtete der Rat mit der Verordnung Nr. 1969/88 vom 24.6.1988 ein ein-   **106**
heitliches **System des mittelfristigen finanziellen Beistands** zur Stützung der Zahlungs-
bilanzen der Mitgliedstaaten.[184] Als Rechtsgrundlagen nannte er erneut Art. 235 EWGV
und zusätzlich Art. 108 EWGV, der sich auf das Verfahren bei Zahlungsbilanzschwierigkeiten bezog. Art. 108 EWGV wurde dann durch Art. 109h EGV (Maastricht,
Art. 119 EGV Amsterdam) abgelöst. Mittlerweile findet sich diese Regelung, die nur
noch für Mitgliedstaaten außerhalb der Eurozone gilt, in Art. 143 AEUV. Der Rat ersetzte die Verordnung Nr. 1969/88 durch die wieder allein auf die **Flexibilitätsklausel**
(Art. 308 EGV) gestützte Verordnung Nr. 332/2002 des Rates vom 18.2.2002 zur Einführung einer Fazilität des mittelfristigen finanziellen Beistands zur Stützung der Zah-
lungsbilanzen der Mitgliedstaaten.[185] Mittlerweile sieht dessen Art. 1 als Obergrenze für
die Darlehensvergabe und damit auch für die Kreditaufnahme einen Betrag von 50 Mrd.
Euro vor.[186]

Ein im Juni 2012 vorgelegter **Vorschlag der Kommission** für eine Verordnung des   **107**
Rates[187] sieht die »Schaffung einer Fazilität des finanziellen Beistands für Mitgliedstaaten, deren Währung nicht der Euro ist« vor. Diese Verordnung, als deren Rechtsgrundlage die Kommission Art. 352 AEUV nennt, soll an die Stelle der Verordnung
Nr. 332/2002 treten. Der dort vorgesehene finanzielle Beistand in Form von Darlehen
und Kreditlinien soll ebenfalls auf einen Gesamtumfang von 50 Mrd. Euro begrenzt sein
(Art. 2 Abs. 3 des Entwurfs). Art. 2 Abs. 2 des Entwurfs sieht vor, die Kommission zu
ermächtigen, »im Namen der Europäischen Union auf den Kapitalmärkten oder bei
Finanzinstituten Anleihen aufzunehmen.«

Zusätzliche Kredite in Höhe von 5,75 Mrd. ECU[188] nahm die Gemeinschaft zwischen   **108**
1979 und 1990 im Rahmen des so genannten »**Neuen Gemeinschaftsinstruments**« auf.
Damit finanzierte sie Darlehen, die die Mitgliedstaaten zur Investitionsförderung ein-
setzten.

---

[182] S. die Übersicht bei *Birk*, in: Birk, Handbuch, § 5, Rn. 50 ff.; *Storr*, in: Niedobitek, Europarecht-Grundlagen, § 9, Rn. 77 ff.

[183] ABl. 1975, L 46/1. S. dazu *Häde*, Finanzausgleich, S. 464 ff.; *Kaese*, S. 84 ff.

[184] ABl. 1988, L 178/1.

[185] ABl. 2002, L 53/1.

[186] Vgl. die Verordnung (EG) Nr. 1360/2008 des Rates vom 2.12.2008, ABl. 2008, L 352/11, und die Verordnung (EG) Nr. 431/2009 des Rates vom 18.5.2009, ABl. 2009, L 128/1.

[187] COM (2012) 336 final.

[188] *Strasser*, S. 112.

(2) Finanzhilfen für Drittstaaten

109   Seit 1990 gewährte die Gemeinschaft darüber hinaus auch Drittstaaten Darlehen.[189] Empfänger waren und sind mittel- und osteuropäische Staaten sowie Mittelmeeranrainerstaaten.[190] Diese Darlehen sowie Darlehen im Rahmen der so genannten **Makrofinanzhilfen** (MFA) werden ebenfalls über Kreditaufnahmen finanziert.[191] Früher stützte der Rat seine Rechtsakte durchweg auf die jeweilige Flexibilitätsklausel. Seit dem Inkrafttreten des Vertrags von Lissabon ging die Kommission dazu über, in ihren Vorschlägen für Makrofinanzhilfen allein Art. 212 AEUV als Rechtsgrundlage zu nennen.[192]

(3) Der europäische Finanzstabilisierungsmechanismus

110   Den jüngsten Anlass zur Aufnahme von Krediten bot die Finanz- und Schuldenkrise. Obwohl die meisten Instrumente zu deren Bekämpfung außerhalb des EU-Rahmens angesiedelt wurden,[193] gab es mit dem europäischen Finanzstabilisierungsmechanismus (EFSM) auch eines der Union selbst. Die im Mai 2010 erlassene Verordnung Nr. 407/2010,[194] die der Rat allein auf Art. 122 Abs. 2 AEUV stützte, ermächtigt dazu, von der Zahlungsunfähigkeit bedrohten Mitgliedstaaten einen **finanziellen Beistand** der Union u. a. in Form von Darlehen zu gewähren. Insgesamt sind dafür bis zu 60 Mrd. Euro vorgesehen. Art. 2 Abs. 1 UAbs. 2 der Verordnung gibt der Kommission das Recht, die erforderlichen Mittel im Namen der Europäischen Union aufzunehmen.

dd) Rechtsgrundlagen für die Kreditaufnahme

111   Eine ausdrückliche Rechtsgrundlage für Kredite der Union zur Finanzierung von Darlehen gibt es im Primärrecht nicht. Art. 122 Abs. 2 und 212 AEUV ermöglichen – wie andere Vorschriften in den Unionsverträgen – finanzielle Leistungen der Union. Sie enthalten jedoch keine Aussage über die Aufbringung der erforderlichen Mittel. Wollte man sie dort hineinlesen, würde das der Union ermöglichen, sich entgegen Art. 311 AEUV ohne Zustimmung der Mitgliedstaaten Finanzmittel zu verschaffen. Damit käme es nicht nur zu einem Verzicht auf das in Abs. 3 vorgesehene Verfahren, sondern ebenso zur Umgehung der im Eigenmittelbeschluss und dem mehrjährigen Finanzrahmen festgelegten **Obergrenzen** (s. dazu u. Rn. 133 f., sowie Art. 312 AEUV, Rn. 3 f.). Der Schluss von einer Finanzierungskompetenz auf die Befugnis, sich auch die nötigen Einnahmen zu verschaffen, verbietet sich deshalb. Art. 122 Abs. 2, 212 AEUV oder andere primärrechtliche Vorschriften, die zu Ausgaben ermächtigen, erlauben daher nicht zugleich eine Kreditaufnahme.[195]

---

[189] Vgl. den Beschluss des Rates vom 22.2.1990 über eine mittelfristige Finanzhilfe für Ungarn (90/83/EWG), ABl. 1990, L 58/7.

[190] Als Beispiele seien Finanzhilfen für folgende Staaten erwähnt: Israel und die palästinensische Bevölkerung der besetzten Gebiete, ABl. 1991, L 227/33; Algerien, ABl. 1991, L 272/90; Albanien, ABl. 2004, L 261/12; Georgien, ABl. 2006, L 25/28.

[191] Vgl. *Europäische Kommission*, Bericht der Kommission an das Europäische Parlament und den Rat über die Anleihe- und Darlehenstätigkeit der Europäischen Union im Jahr 2015, COM (2015) 387 final, S. 10.

[192] Vgl. den Beschluss Nr. 778/2013/EU des Europäischen Parlaments und des Rates vom 23.8.2013 über eine weitere Makrofinanzhilfe für Georgien, ABl. 2013, L 218/15.

[193] Näher dazu *Häde*, in: Bonner Kommentar, GG, Art. 88, Dezember 2012, Rn. 436 ff.

[194] Verordnung (EU) Nr. 407/2010 des Rates vom 11.5.2010 zur Einführung eines europäischen Finanzstabilisierungsmechanismus, ABl. 2010, L 118/1.

[195] Vgl. schon *Selmer*, S. 39; *Scheibe*, S. 327; *Häde*, Finanzausgleich, S. 488 f.; *Gesmann-Nuissl*, S. 231.

Da die Verträge eine anderweitige Befugnis nicht vorsehen, wäre daran zu denken, **112** die Kreditaufnahme zur Finanzierung von Darlehen auf Art. 352 AEUV zu stützen. Die **Flexibilitätsklausel** setzt dafür allerdings voraus, dass ein Tätigwerden der Union erforderlich ist, »um eines der Ziele der Verträge zu verwirklichen«. Wenn man unterstellt, dass die Darlehensvergabe zu den erwähnten Zwecken (s. o. Rn. 105 ff.) diese Voraussetzungen erfüllt, weil die Union mit ihrer Hilfe Sachpolitik betreibt und Vertragsziele verwirklicht, ist damit noch nicht entschieden, ob auch für die Aufnahme von Krediten zur Finanzierung dieser Darlehen dasselbe gilt. Es erscheint vielmehr sehr fraglich, ob diese Art der Finanzierung in gleicher Weise erforderlich ist. Die **Darlehensvergabe** ist nicht zwingend von der **Kreditaufnahme** abhängig. Sie wäre genauso möglich, wenn die dazu nötigen Mittel dem EU-Haushalt entnommen würden. Ein solches Vorgehen wäre zudem im Hinblick auf das grundsätzliche Gebot der Eigenmittelfinanzierung und den Haushaltsgrundsatz der Vollständigkeit des Haushaltsplans (s. Art. 310 AEUV, Rn. 19) vorzugswürdig.

Allerdings könnte es sein, dass sich die Union die Darlehen nicht in der vorgesehenen **113** Höhe leisten könnte, wenn sie auf die Finanzierung aus ihrem Haushalt angewiesen wäre.[196] Die Union nutzt ihre Bonität, um sich am Kapitalmarkt Mittel zu beschaffen und sie an Mitgliedstaaten oder Drittstaaten zu Konditionen weiterzugeben, zu denen diese sich sonst nicht refinanzieren könnten. Die Union trägt in solchen Fällen zwar das Ausfallrisiko, muss jedoch ansonsten keine definitiven Ausgaben tätigen, die ihren Haushaltsspielraum verkürzen.

Dennoch führt das nicht dazu, dass die Kreditaufnahme an sich erforderlich wäre, um **114** Vertragsziele zu verwirklichen. Zur Verwirklichung von Unionszielen ist **keine bestimmte Finanzierungsform** erforderlich. Obwohl die Unionsorgane von der vermeintlichen Kompetenz zur Kreditaufnahme nur Gebrauch machen, um die aufgenommenen Mittel als Darlehen weiterzuleiten,[197] stellt diese spezielle Art der Mittelbeschaffung kein in den Verträgen verankertes **Ziel der Union** dar. Es mag zwar ein einfacherer und bequemerer Weg sein, solche EU-Anleihen zu begeben, statt Haushaltsmittel zu verwenden. Diese Kreditaufnahme bleibt aber Mittel zum Zweck und wird nicht selbst zum Zweck. Daraus folgt, dass Art. 352 AEUV auch diese Form der Kreditaufnahme durch die EU nicht zulässt.[198]

Die Anleihen der Union sind nicht allein deshalb problematisch, weil eine ausrei- **115** chende Rechtsgrundlage fehlt, sondern auch, weil die damit verbundenen Einnahmen nicht in den Unionshaushalt fließen. Das berührt den **Grundsatz der Einheit und Vollständigkeit des Haushaltsplans** (s. Art. 310 AEUV, Rn. 18, 22).

ee) Gemeinsame Kreditaufnahme

Der Vollständigkeit halber zu erwähnen sind Überlegungen hinsichtlich einer gemein- **116** samen Kreditaufnahme der Mitgliedstaaten im Rahmen der Europäischen Union oder

---

[196] So *Lienemeyer*, S. 255.

[197] Vgl. den Hinweis von *Storr*, EuR 2001, 846 (861).

[198] Vgl. schon *Häde*, Finanzausgleich, S. 472 ff.; *ders.*, JbÖffFin 2011, 293 (301 ff.). Ebenso *Gesmann-Nuissl*, S. 273; *Griese*, EuR 1998, 462 (465); *Rossi*, in: Calliess/Ruffert, EUV/AEUV, Art. 352 AEUV, Rn. 79. In gleichem Sinne zu Art. 122 Abs. 2 AEUV *Jeck/Van Roosebeke/Voßwinkel*, Keinen Euro nach Athen tragen, CEP-Studie, März 2010, S. 14 ff.; *Seidel*, Der Euro – Schutzschild oder Falle?, ZEI Working Paper B 1/2010, S. 9; *Selmer*, S. 46. Weniger streng *Waldhoff*, in: Calliess/Ruffert, EUV/AEUV, Art. 311 AEUV, Rn. 17. A. A. *Bieber*, in: GSH, Europäisches Unionsrecht, Art. 311 AEUV, Rn. 45 f.; *Seidel*, RIW 1977, 665 (666 ff.); *Storr*, EuR 2001, 846 (861).

auch außerhalb davon. Solche Pläne werden häufig unter dem Stichwort »**Eurobonds**« diskutiert. Die Kommission hat im November 2011 ein Grünbuch dazu vorgelegt, in dem sie von »Stabilitätsanleihen« spricht.[199] Ob die Einführung von Eurobonds oder Stabilitätsanleihen mit dem Unionsrecht und dem nationalen Verfassungsrecht der Mitgliedstaaten vereinbar wäre, hängt von deren konkreter Ausgestaltung ab und ist zudem sehr umstritten.[200] Da es sich allerdings um Kredite handeln würde, die die Mitgliedstaaten aufnehmen, berührt diese Diskussion den Haushalt der Union nicht.

E.   Die Eigenmittelbeschlüsse (Abs. 3)

I.   Verfahren

1.   Unionsintern

117   Abs. 3 Satz 1 sieht vor, dass der Rat einen Eigenmittelbeschluss »gemäß einem besonderen Gesetzgebungsverfahren einstimmig und nach Anhörung des Europäischen Parlaments« erlässt. Das in Art. 289 Abs. 1, 294 AEUV vorgesehene ordentliche Gesetzgebungsverfahren, das ein gleichberechtigtes Zusammenwirken von Rat und Parlament vorsieht, findet demnach nicht statt. Vielmehr handelt es sich um ein besonderes Gesetzgebungsverfahren i. S. v. Art. 289 Abs. 2 Alt. 2 AEUV, in dem der Rat einen Beschluss mit Beteiligung des Europäischen Parlaments annimmt. Die Beteiligung besteht in der bloßen Anhörung des Parlaments; der Rat entscheidet ansonsten allein und zudem einstimmig. Da im Rat weisungsgebundene Vertreter der Mitglieder beschließen, betont schon dieses unionsinterne Verfahren die **besonderen Rechte der Mitgliedstaaten** im Bereich der Finanzen.

118   Art. 201 Abs. 2 EWGV und Art. 269 Abs. 2 EGV wiesen der Kommission ausdrücklich das **Initiativrecht für Eigenmittelbeschlüsse** zu. Der Rat entschied auf Vorschlag der Kommission. In Abs. 3 fehlt allerdings ein Hinweis auf diese Form der Beteiligung der Kommission. Stattdessen heißt es nun, dass der Rat Eigenmittelbeschlüsse in einem besonderen Gesetzgebungsverfahren erlässt. Aus der Tatsache, dass auch Art. 289 Abs. 2 AEUV der Kommission im besonderen Gesetzgebungsverfahren – anders als Art. 289 Abs. 1 AEUV im ordentlichen Gesetzgebungsverfahren – keine ausdrückliche Rolle zuweist, könnte man schließen, dass die Kommission am Erlass von Eigenmittelbeschlüssen nicht mehr formal beteiligt ist.[201] Nach anderer Ansicht soll die Kommission trotz ihrer Nichterwähnung ein Vorschlagsrecht haben.[202]

119   Die Lösung liegt in Art. 17 Abs. 2 EUV. Danach dürfen Gesetzgebungsakte nur auf Vorschlag der Kommission erlassen werden, soweit in den Verträgen nichts anderes festgelegt ist. Da Abs. 3 und auch Art. 289 Abs. 2 AEUV ein Vorschlagsrecht der Kommission nicht ausdrücklich ausschließen, kommt diese **generelle Regel** zur Anwendung.[203] Besonders hilfreich für das Verständnis der Norm erscheint es allerdings nicht,

---

[199] *Europäische Kommission*, Grünbuch über die Durchführbarkeit der Einführung von Stabilitätsanleihen, KOM (2011) 818 endgültig.
[200] Vgl. dazu *Heun/Thiele*, JZ 2012, 973; *Mayer/Heidfeld*, NJW 2012, 422; *dies.*, ZRP 2012, 129; *Müller-Franken*, JZ 2012, 219; *ders.*, NVwZ 2012, 1201.
[201] Vgl. *Ruffert*, in: Calliess/Ruffert, EUV/AEUV, Art. 289 AEUV, Rn. 3.
[202] *Bux*, ZfRV 2009, 244 (245); *Waldhoff*, in: Calliess/Ruffert, EUV/AEUV, Art. 311 AEUV, Rn. 5.
[203] Vgl. *Frenz*, Handbuch Europarecht, Band 6, Rn. 1552; *Magiera*, in: Grabitz/Hilf/Nettesheim, EU, Art. 311 AEUV (April 2012), Rn. 9; *Niedobitek*, in: Streinz, EUV/AEUV, Art. 311 AEUV, Rn. 16.

dass Art. 289 Abs. 1 Satz 1 AEUV das Vorschlagsrecht der Kommission trotz Art. 17 Abs. 2 EUV ausdrücklich erwähnt, während es in Art. 289 Abs. 2 AEUV erst über diese allgemeine Vorschrift hinzugefügt werden muss.

Nach Art. 269 Abs. 2 EGV legte der Rat die Bestimmungen über das System der **120** Eigenmittel fest und empfahl sie den Mitgliedstaaten zur Annahme. Diese **Empfehlung**[204] des Rates verband das gemeinschaftsinterne mit dem anschließenden Verfahren in den Mitgliedstaaten. Abs. 2 sieht einen solchen Rechtsakt nun aber nicht mehr vor. Eine wesentliche Änderung ist damit jedoch nicht verbunden; es bleibt bei dem zweistufigen Vorgehen.

2. Verfahren in den Mitgliedstaaten

Einen ganz besonderen Ausdruck finden die Rechte, die sich die Mitgliedstaaten vor- **121** behalten haben, in der Regelung von Abs. 3 Satz 3, wonach ein Eigenmittelbeschluss erst dann in Kraft tritt, wenn ihm alle Mitgliedstaaten im Einklang mit ihren jeweiligen verfassungsrechtlichen Vorschriften zugestimmt haben. Dieser **Ratifizierungsvorbehalt** macht deutlich, dass die Mitgliedstaaten in diesem Bereich ihre Souveränität betroffen sehen[205] und sich die Entscheidung über die Finanzausstattung der Union auch weiterhin vorbehalten wollen.

Das **Bundesverfassungsgericht** versteht Abs. 3 als ein dem vereinfachten Vertragsän- **122** derungsverfahren des Art. 48 Abs. 6 EUV nachgebildetes **besonderes Vertragsände-rungsverfahren**.[206] Deshalb sollen dieselben Voraussetzungen gelten. Das bedeutet, dass Eigenmittelbeschlüsse »eines Zustimmungsgesetzes nach Art. 23 Abs. 1 Satz 2 und ge-gebenenfalls Satz 3 GG« bedürfen.[207] Dementsprechend bestimmt § 3 Abs. 1 IntVG, dass eine Zustimmung der Bundesrepublik Deutschland zu einem Beschluss des Rates gemäß Art. 311 Abs. 3 AEUV durch ein Gesetz nach Art. 23 Abs. 1 GG erfolgt. Damit ist die innerstaatliche Zustimmung gemeint, die Abs. 3 Satz 3 fordert. Für die Zustim-mung des deutschen Vertreters zu dem Eigenmittelbeschluss im Rat nach Abs. 3 Satz 1 sieht das Integrationsverantwortungsgesetz demgegenüber – anders als es § 5 Abs. 1 IntVG für einen Beschluss nach Art. 312 Abs. 2 UAbs. 2 AEUV verlangt – keine Betei-ligung des Bundestages vor.

Auch wenn man Abs. 3 nicht als Regelung einer Vertragsänderung versteht, erscheint **123** im Hinblick auf die **Budgethoheit der Mitgliedstaaten** doch fraglich, ob der Zustim-mungsvorbehalt durch eine Vertragsänderung abgeschafft werden könnte.[208] Versteht man ihn aus der Sicht des deutschen Verfassungsrechts als Sicherung für die haushalts-politische Gesamtverantwortung des Deutschen Bundestages,[209] dann dürfte Abs. 3 in-soweit änderungsfest sein.

---

[204] Vgl. dazu *Häde*, Finanzausgleich, S. 429; *Lienemeyer*, S. 206; *Morawitz*, EuR 1970, 232 (240). S. dazu auch *Niedobitek*, in: Streinz, EUV/AEUV, Art. 311 AEUV, Rn. 17.

[205] Vgl. *Amend*, S. 55 f.; *Khan*, in: Geiger/Khan/Kotzur, EUV/AEUV, Art. 311 AEUV, Rn. 10; *Waldhoff*, ZEuS 2000, 201 (208).

[206] BVerfGE 123, 267 (291, 387).

[207] BVerfGE 123, 267 (434).

[208] Vgl. *Repasi*, S. 76 f.

[209] Vgl. BVerfGE 123, 237 (362); 129, 124 (179).

II. Rechtsnatur von Eigenmittelbeschlüssen

124 Eigenmittelbeschlüsse lassen sich nicht ohne weiteres den Handlungsformen der Union zuordnen. Dass Abs. 3 von einem **Beschluss** spricht, den der Rat erlässt, ist insoweit allerdings kein Hindernis mehr, seit Art. 288 AEUV Beschlüsse an Stelle der früher in Art. 249 EGV erwähnten Entscheidungen nennt. Die Besonderheiten des Eigenmittelbeschlusses liegen deshalb nicht in der Bezeichnung dieses Rechtsakts, sondern in der Kombination eines Handelns des Rates und der erforderlichen **Zustimmung aller Mitgliedstaaten.**[210]

125 Der Ratsbeschluss wirkt zunächst wie ein **abgeleiteter Rechtsakt,**[211] der deshalb dem Sekundärrecht zuzuordnen sein könnte.[212] Das Erfordernis der Zustimmung in den Mitgliedstaaten nach den jeweiligen verfassungsrechtlichen Vorschriften führt zu einer Art Ratifikation, die auf einen **völkerrechtlichen Vertrag** hindeutet. Deshalb ordnet die wohl überwiegende Ansicht die Eigenmittelbeschlüsse dem Primärrecht zu.[213] In diesem Sinne versteht das Bundesverfassungsgericht Abs. 3 und ähnliche Vorschriften als Art. 48 Abs. 6 EUV nachgebildete spezielle Vertragsänderungsvorschriften (s. o. Rn. 122).[214]

126 Im Hinblick auf Art. 201 EWGV könnte diese Sichtweise zutreffend gewesen sein. Diese Vorschrift sah im Wesentlichen schon das gleiche Verfahren vor, das inzwischen in Abs. 2 geregelt ist. Damals ging es darum, auf diese Weise die in Art. 200 EWGV vorgegebenen Finanzbeiträge durch eigene Mittel zu ersetzen. Deshalb mag es sich bei dem **ersten Eigenmittelbeschluss von 1970** um einen Primärrechtsakt gehandelt haben;[215] denn er änderte den ursprünglichen Beitragsschlüssel.[216] Schon damals war die Ersetzung der Beiträge durch eigene Mittel allerdings in Art. 201 EWGV – wenn auch nur als Option – vorgezeichnet. Die Einführung eigener Mittel gehörte demnach bereits zum **Integrationsprogramm** des EWG-Vertrags, erforderte allerdings zugleich die Zustimmung in allen Mitgliedstaaten.

127 Spätestens seit der Streichung von Art. 200 durch den Maastrichter Vertrag über die Europäische Union[217] ist die **Eigenmittelfinanzierung** aber **primärrechtlich vorgeschrieben**. Art. 201 Abs. 1 EGV (Maastricht), wortgleich mit Art. 311 Abs. 2 AEUV, bestimm-

---

[210] Vgl. *Heselhaus*, S. 464.

[211] Vgl. *Wölker*, EuR 2007, 32 (33).

[212] *Inghelram*, in: Lenz/Borchardt, EU-Verträge, Art. 311 AEUV, Rn. 4; *Nowak*, Europarecht, S. 243; *Ohler*, S. 365, 371; *Streinz/Ohler/Herrmann*, Vertrag von Lissabon, S. 72. S. auch den Hinweis bei *Wilms*, EuR 2007, 707 (710), wonach die Kommission die Eigenmittelbeschlüsse als Sekundärrecht einstuft. Später hat die Kommission jedoch festgestellt, der Beschluss sei »aufgrund des besonderen Verfahrens zu seiner Annahme de facto Bestimmungen des Primärrechts gleichzustellen«, vgl. *Europäische Kommission*, Die Finanzverfassung, S. 138.

[213] Vgl. *v. Arnauld*, EuR 2003, 191 (198 ff.); *Bovis*, Int'l Law 28 (1994), 743 (745); *Fugmann*, in: Dauses, Handbuch des EU-Wirtschaftsrechts, Abschnitt A.III., November 1996, Rn. 20; *Klocke*, S. 90; *Lienemeyer*, S. 207; *Meermagen*, S. 195 ff.; *Storr*, in: Niedobitek, Europarecht – Grundlagen, § 9, Rn. 44 f. Ähnlich auch *Waldhoff*, in: Calliess/Ruffert, EUV/AEUV, Art. 311 AEUV, Rn. 5. *Niedobitek*, in: Streinz, EUV/AEUV, Art. 311 AEUV, Rn. 18, geht ebenfalls von Primärrecht aus, hält jedoch eine zumindest teilweise Überprüfung durch den EuGH für möglich; ähnlich, aber differenzierter *Heselhaus*, S. 465 ff.

[214] BVerfGE 123, 267 (434). Ebenso u. a. *Amend*, S. 57; *Hölscheidt*, in: Bleckmann, Europarecht, Rn. 1246; *Lödl*, in: Mayer/Stöger, EUV/AEUV, Art. 311 AEUV (2013), Rn. 17; *Niedobitek*, in: Streinz, EUV/AEUV, Art. 311 AEUV, Rn. 18; *Schoo*, in: Schwarze, EU-Kommentar, Art. 311 AEUV, Rn. 24; *Storr*, Finanzierung, S. 216.

[215] Vgl. *Heselhaus*, S. 466.

[216] Vgl. *Morawitz*, EuR 1970, 232 (236).

[217] Art. G Nr. 70 EUV 1992.

te: »Der Haushalt wird unbeschadet der sonstigen Einnahmen vollständig aus Eigenmitteln finanziert.« Deshalb gehört die Eigenmittelfinanzierung der EU seither zum Integrationsprogramm. Neue Eigenmittelbeschlüsse gestalten es folglich nur auf der Basis von Abs. 3 aus, auch wenn sie den vorhergehenden – ursprünglich möglicherweise dem Primärrecht zugehörigen – Beschluss ändern. Daher sind sie Sekundärrechtsakten sehr viel ähnlicher als der erste Eigenmittelbeschluss. Nach wie vor hebt sie das Erfordernis der mitgliedstaatlichen Zustimmung aber aus dem Kreis des sonstigen Sekundärrechts hervor. Das spricht dafür, sie als eine **Normenkategorie eigener Art** zu verstehen, die zwischen dem primären und dem sekundären Recht der Union einzuordnen ist (s. Art. 1 AEUV, Rn. 13).[218] Konsequenterweise wird man daher die Möglichkeit, einen Eigenmittelbeschluss vor dem EuGH anzufechten, nicht ausschließen können.[219]

128 Die Einordnung als **spezielle Vertragsänderungsvorschriften** erscheint daher im Vergleich mit Bestimmungen, die eine Änderung des Wortlauts von primärrechtlichen Normen zulassen, als eher nicht zutreffend. Darüber hinaus ist die Feststellung des Bundesverfassungsgerichts, es handele sich bei Abs. 3 und ähnlichen Regelungen um Vorschriften, »die Art. 48 Abs. 6 EUV-Lissabon nachgebildet« seien, schon deshalb nicht zutreffend, weil jedenfalls Abs. 3 in Form seiner Vorgängerbestimmungen im EG- und auch schon im EWG-Vertrag bereits sehr viel länger existiert als der Vertrag von Lissabon. Die Tatsache, dass Art. 48 Abs. 6 EUV für eine vereinfachte Vertragsänderung die »Zustimmung der Mitgliedstaaten im Einklang mit ihren jeweiligen verfassungsrechtlichen Vorschriften« fordert, führt nicht zwingend dazu, dass alle anderen Bestimmungen, die eine solche Zustimmung vorsehen, ebenfalls auf Vertragsänderungen zielen.

129 Sieht man die Einführung weiterer Eigenmittelarten bis hin zur Kreditfinanzierung als von Abs. 3 gedeckt an (s. o. Rn. 61, 69), dient der Vorbehalt der Zustimmung der Mitgliedstaaten weniger der Sicherung des bisherigen Integrationsprogramms, sondern soll sicherstellen, dass die Mitgliedstaaten in dem sensiblen Bereich der Finanzen das letzte Wort behalten. Damit schützt er deren **Souveränität** (s. o. Rn. 73, 121).[220] Aus der Sicht des deutschen Verfassungsrechts gilt zumindest nach der Rechtsprechung des Bundesverfassungsgerichts, dass der Bundestag die **wesentlichen Entscheidungen über Einnahmen und Ausgaben** selbst treffen muss. Die »Gesamtverantwortung mit ausreichenden politischen Freiräumen für Einnahmen und Ausgaben« muss demnach immer noch beim Deutschen Bundestag liegen.[221] Diese **haushaltspolitische Gesamtverantwortung** darf der deutsche Gesetzgeber nicht aufgeben.[222] Insoweit scheint es eine absolute Grenze zu geben. Im Vorfeld muss der Deutsche Bundestag aber die Kontrolle über wesentliche haushaltspolitische Entscheidungen behalten. In diesem Zusammenhang lässt sich dann auch ableiten, dass wesentliche Entwicklungsschritte bei der Finanzierung der EU nicht ohne seine Zustimmung erfolgen.

130 Art. 201 EWGV und Art. 201 EGV (Maastricht) sowie heute Abs. 3 entsprechen dieser Forderung und gehen sogar deutlich darüber hinaus, indem sie festschreiben, dass

---

[218] Vgl. *Bieber*, in: GSH, Europäisches Unionsrecht, Art. 311 AEUV, Rn. 14; *Frenz*, Handbuch Europarecht, Band 6, Rn. 1555; *Häde*, Finanzausgleich, S. 430 f.; *Rossi*, in: Vedder/Heintschel v. Heinegg, Europäisches Unionsrecht, Art. 311 AEUV, Rn. 9; *ders.*, in: Dauses, Handbuch des EU-Wirtschaftsrechts, Abschnitt A.III., Oktober 2010, Rn. 109; *Schenk*, S. 70; *Wilms*, EuR 2007, 707 (710). S. auch *Freytag*, S. 139; *Magiera*, in: Grabitz/Hilf/Nettesheim, EU, Art. 311 AEUV (April 2012), Rn. 10.
[219] Vgl. dazu *v. Arnauld*, EuR 2003, 191 (214 ff.), der zwar von Primärrechtsakten ausgeht, sie aber als nachrangig und daher anfechtbar versteht. S. auch *Heselhaus*, S. 469 f.
[220] Vgl. nur *Waldhoff*, EnzEuR, Bd. 8, § 12, Rn. 15.
[221] BVerfGE 123, 237 (362).
[222] BVerfGE 129, 124 (179).

Eigenmittelbeschlüsse unabhängig davon, ob sie wesentliche Neuerungen enthalten oder nicht, stets der Zustimmung der Mitgliedstaaten und damit in Deutschland auch des Bundestages bedürfen. Kritikwürdig ist daher nur die undifferenzierte Einordnung der Regelung in Abs. 3 als besonderes Vertragsänderungsverfahren, nicht aber die in § 3 Abs. 1 IntVG festgeschriebene Zustimmung zu Eigenmittelbeschlüssen durch ein Bundesgesetz. Ob bei jedem Eigenmittelbeschluss die **Voraussetzung von Art. 23 Abs. 1 Satz 2 GG** in dem Sinne vorliegt, dass zusätzliche Hoheitsrechte übertragen werden, erscheint allerdings fraglich. Die Forderung nach einem Gesetz gemäß dieser Vorschrift dürfte daher verfassungsrechtlich nicht in jedem Fall zwingend sein.[223]

III. Möglicher Inhalt von Eigenmittelbeschlüssen

1. System der Eigenmittel

131   Abs. 3 Satz 1 sieht vor, dass der Rat mit dem Eigenmittelbeschluss »die Bestimmungen über das System der Eigenmittel der Union« festlegt. Den Inhalt der Eigenmittelbeschlüsse bildet daher das System der Eigenmittel der Union, das durch jeden neuen Beschluss fortgeschrieben, aber auch modifiziert wird. Der Begriff »System der Eigenmittel der Union« lässt dem Rat sehr viel **Spielraum**. Er kann selbst bestimmen, was zu diesem System gehört und was nicht. Allerdings knüpfen alle späteren Eigenmittelbeschlüsse an den ersten Beschluss an, für den Art. 201 Abs. 1 EWGV die konkretere Vorgabe enthielt, die Finanzbeiträge der Mitgliedstaaten durch eigene Mittel zu ersetzen. Daher gehört die **Festlegung und nähere Beschreibung der Eigenmittelarten** zum wesentlichen Inhalt.

2. Neue Kategorien

132   Wenn Satz 2 ergänzt und erstmals primärrechtlich ausdrücklich festschreibt, dass in einem Eigenmittelbeschluss »neue Kategorien von Eigenmitteln eingeführt oder bestehende abgeschafft werden« können, dann regelt er damit **nichts Neues**. Diese Möglichkeit bestand auch schon ohne diese explizite Regelung. Das ergibt sich schon daraus, dass der Rat auf die ursprünglich allein erwähnten Einnahmen aus dem Gemeinsamen Zolltarif (s. o. Rn. 58) schon bei seinem ersten Beschluss nicht beschränkt war, weil Art. 201 Abs. 1 EWGV durch das Wort »insbesondere« zum Ausdruck brachte, dass es sich nur um ein Regelbeispiel handelte.

3. Eigenmittelobergrenzen

133   Unter den weiten Begriff der Bestimmungen über das System der Eigenmittel lassen sich auch Regelungen über Höchstgrenzen für Eigenmittel subsumieren. Schon der Übergang von Finanzbeiträgen zu Eigenmitteln hatte die Perspektive in der Weise verändert, dass die Einnahmen eine wesentlich größere Bedeutung für den Umfang der Ausgaben bekamen.[224] Ausdrückliche **jährliche Obergrenzen** für Zahlungs- und Verpflichtungsermächtigungen legte der Rat allerdings erstmals 1988 und seither in jedem weiteren Eigenmittelbeschluss fest.[225] Derzeit bestimmt Art. 3 EMB 2007, dass der Gesamtbetrag

---

[223] Vgl. aber *Ohler*, S. 394 ff.
[224] Vgl. *Raddatz*, S. 29.
[225] Vgl. *Niedobitek*, in: Streinz, EUV/AEUV, Art. 311 AEUV, Rn. 29.

der Eigenmittel für die jährlichen Zahlungsermächtigungen 1,24 % der Summe der Bruttonationaleinkommen der Mitgliedstaaten nicht überschreiten darf. Für die Verpflichtungsermächtigungen gilt die Obergrenze von 1,31 %.

Mit diesen Eigenmittelobergrenzen, die der Rat nach dem Verfahren des Abs. 3 fest-   **134** legt, bindet er nicht nur sich selbst, sondern ebenso das Europäische Parlament, das dem Eigenmittelbeschluss nicht zustimmen muss, sondern nur angehört wird (s. Rn. 117). Auch wenn das Parlament sowohl über den mehrjährigen Finanzrahmen als auch über den jährlichen Haushaltsplan der Union mitentscheidet, gelten stets die **vorgreifenden Festlegungen des Eigenmittelbeschlusses**. Art. 4 der MFR-Verordnung[226] weist daher ausdrücklich auf die Einhaltung der Eigenmittelobergrenze hin. Daher lässt sich der Unionshaushalt als Einnahmenhaushalt bezeichnen.[227] Das Parlament fordert schon länger mehr Einfluss auf das Eigenmittelsystem. Als politisches Druckmittel dient ihm dabei sein Zustimmungserfordernis bei der Verordnung über den mehrjährigen Finanzrahmen nach Art. 312 Abs. 2 UAbs. 1 AEUV.[228] Das Primärrecht stützt einen solchen Anspruch auf **Mitentscheidung über das Eigenmittelsystem** bisher nicht.

4. Durchführungsbestimmungen

Dem Rat obliegt grundsätzlich auch die Abgrenzung zwischen den Regelungen des   **135** Eigenmittelsystems nach Abs. 3 und den in Abs. 4 erwähnten Durchführungsmaßnahmen zu diesem System. Solche Durchführungsmaßnahmen beschließt der Rat mit **Zustimmung des Parlaments** nach Abs. 4 Satz 1 nur dann, wenn der Rat dies nach dem Verfahren des Abs. 3, also einstimmig und mit anschließender Zustimmung aller Mitgliedstaaten, im Eigenmittelbeschluss vorgesehen hat. Letztlich sind es deshalb der Rat und die Mitgliedstaaten, die ohne Einschränkungen entscheiden, ob Gegenstände von ihrer Zustimmung abhängen oder Regelungen der Unionsorgane überlassen bleiben.[229] Die Bestrebungen im Rahmen der Vorarbeiten zum Verfassungsvertrag, in den Eigenmittelbeschluss nur noch **wesentliche Regelungen** aufzunehmen und alle anderen Gegenstände den Durchführungsbestimmungen zuzuweisen,[230] haben sich nicht durchsetzen können.

Eine Einschränkung enthält insoweit Art. 322 Abs. 2 AEUV, wonach der Rat »die   **136** Einzelheiten und das Verfahren fest[legt], nach denen die Haushaltseinnahmen, die in der Regelung über die Eigenmittel der Union vorgesehen sind, der Kommission zur Verfügung gestellt werden, sowie die Maßnahmen, die zu treffen sind, um gegebenenfalls die erforderlichen Kassenmittel bereitzustellen.« Früher beschloss der Rat darüber einstimmig. Der Vertrag von Lissabon sieht nun die Festlegung dieser besonderen Durchführungsbestimmungen mit **qualifizierter Mehrheit** vor (s. Art. 322 AEUV, Rn. 13). Einzelne Mitgliedstaaten können daher überstimmt werden. Das Europäische Parlament entscheidet nach wie vor nicht mit; ebenso wie der Rechnungshof wird es nur angehört.

---

[226] Verordnung (EU, Euratom) Nr. 1311/2013 des Rates vom 2.12.2013 zur Festlegung des mehrjährigen Finanzrahmens für die Jahre 2014–2020, ABl. 2013, L 347/884.

[227] Vgl. *Magiera*, in: Grabitz/Hilf/Nettesheim, EU, Art. 311 AEUV (April 2012), Rn. 15.

[228] Vgl. *Europäisches Parlament*, Entschließung P7_TA-PROV(2012)0360 vom 23.10.2012, Absatznr. 73.

[229] Vgl. *Niedobitek*, in: Streinz, EUV/AEUV, Art. 311 AEUV, Rn. 34.

[230] S. dazu *Magiera*, in: Grabitz/Hilf/Nettesheim, EU, Art. 311 AEUV (April 2012), Rn. 11. Für eine finanzverfassungsrechtliche Wesentlichkeitsdoktrin *Storr*, in: Niedobitek, Europarecht – Grundlagen, § 9, Rn. 47 ff.

IV. Bisherige Eigenmittelbeschlüsse

137 Mittlerweile hat der Rat **sieben Eigenmittelbeschlüsse** erlassen, nämlich 1970, 1985, 1988, 1994, 2000, 2007 und 2014.[231] Sie entwickelten das System der Eigenmittel der Gemeinschaft und inzwischen der Union immer weiter fort. Es gab kleinere und größere Korrekturen sowie Richtungsänderungen in bestimmten Bereichen. Den großen Schritt zu eigenen Mitteln im Sinne einer mehr oder weniger weitgehenden Steuerautonomie, den die Kommission und das Parlament schon länger fordern, gab es aber ebenso wenig wie die Erlaubnis einer allgemeinen Haushaltsfinanzierung durch Kredite.

1. Der Eigenmittelbeschluss vom 21. 4.1970

138 Mit seinem auf Art. 201 EWGV und Art. 173 EAGV gestützten Eigenmittelbeschluss vom 21. 4.1970[232] betraten der Rat und die Mitgliedstaaten jenes Neuland, das Art. 201 EWGV schon von Anfang an als Option bezeichnete, die Ersetzung der in Art. 200 EWGV geregelten Finanzbeiträge der Mitgliedstaaten durch eigene Mittel. Nach seinem Art. 2 wurden die **Abgaben im Rahmen der Gemeinsamen Agrarpolitik** und der gemeinsamen Marktorganisation für Zucker sowie die Zölle mit Wirkung vom 1.1.1971 zu eigenen, in den Haushalt der Gemeinschaften einzusetzenden Mittel.

139 Während die Agrar- und Zuckerabgaben vollständig übergingen, war für die **Zölle** eine fünfjährige Übergangsphase vorgesehen. Sie gingen schrittweise auf die Gemeinschaften über und standen dem Gemeinschaftshaushalt daher erst ab 1.1.1975 vollständig zur Verfügung.[233] Neben Agrar- und Zuckerabgaben sowie Zöllen wies der Eigenmittelbeschluss 1970 den Gemeinschaften 1 % der Mehrwertsteuer-Bemessungsgrundlage zu.[234]

2. Der Eigenmittelbeschluss vom 7.5.1985

140 Den zweiten Eigenmittelbeschluss erließ der Rat am 7.5.1985.[235] Er hob den auf die einheitliche Mehrwertsteuer-Bemessungsgrundlage angewandten Höchstsatz von 1 % auf 1,4 % an. Dadurch wurde es möglich, auf die **Vorschüsse** zu verzichten. Auch der neue Höchstsatz für die Mehrwertsteuer-Eigenmittel erwies sich allerdings als nicht ausreichend. Erneut führten die Agrarausgaben zu einem steigenden Mittelbedarf.[236]

141 Da das Vereinigte Königreich von den Agrarausgaben unterdurchschnittlich stark profitierte, kam es damals zur **Einführung einer Korrekturmaßnahme**, die die Zahlungen dieses Mitgliedstaates in den Gemeinschaftshaushalt reduzierte.[237] Dieser von der

---

[231] S. dazu u. a. *Kaese*, S. 41 ff., 97 ff.; *Lienemeyer*, S. 182 ff.; *Raddatz*, S. 25 ff.

[232] Beschluss des Rates vom 21. 4.1970 über die Ersetzung der Finanzbeiträge der Mitgliedstaaten durch eigene Mittel der Gemeinschaften (70/243/EGKS, EWG, Euratom), ABl. 1970, L 94/19. S. zu diesem Rechtsakt und den vorhergehenden Verhandlungen *Europäisches Parlament*, Die Eigenmittel der Europäischen Gemeinschaften und die Haushaltsbefugnisse des Europäischen Parlaments, Dokumentensammlung, 1970; *dass.*, Die Ratifizierungsdebatten, 1971. Vgl. außerdem *Abelein*, DÖV 1971, 298 f.; *Barbarella*, RMC 1970, 195; *Bouquin*, RMC 1978, 321; *Heselhaus*, S. 370 ff.; *Lienemeyer*, S. 179 ff.; *Meermagen*, S. 130 ff.; *Mitzka*, ZfZ 1970, 161 ff.; *Strasser*, S. 28 f.

[233] S. dazu *Ipsen*, Europäisches Gemeinschaftsrecht, 1972, S. 396 f.

[234] Näher dazu *Isaac*, RTDE 1973, 670 ff.

[235] Beschluss des Rates vom 7.5.1985 über das System der eigenen Mittel der Gemeinschaften (85/257/EWG, Euratom), ABl. 1985, L 128/15.

[236] *Stahl*, Wirtschaftsdienst 1987, 186 (187).

[237] Näher zum Korrekturmechanismus für Großbritannien s. Rn. 76.

damaligen Premierministerin politisch durchgesetzte »Briten-Rabatt« gehört zu jenen langlebigen Instrumenten in der Finanzverfassung der Union, die auch trotz des Wegfalls der tatsächlichen Grundlagen für ihre Einführung fortbestehen und das Eigenmittelsystem kompliziert und intransparent haben werden lassen (s. Rn. 76).

3. Der Eigenmittelbeschluss vom 24.6.1988

Der dritte Eigenmittelbeschluss vom 24.6.1988[238] erweiterte die Palette der Eigenmit-   **142** telarten, indem er eine vierte hinzufügte. Es handelt sich um die in Art. 2 Abs. 1 Buchst. d des Beschlusses vorgesehenen **Einnahmen, die sich nach dem Bruttosozialprodukt der Mitgliedstaaten bemessen.** Art. 3 Abs. 1 UAbs. 1 legte die Gesamtobergrenze der Eigenmittel auf 1,2 % des gesamten Bruttosozialprodukts (BSP) der Gemeinschaft fest. Darüber hinaus begrenzte Art. 2 Abs. 1 Buchst. c die Bemessungsgrundlage für die MwSt.-Eigenmittel auf höchstens 55 % des jeweiligen BSP der Mitgliedstaaten.

4. Der Eigenmittelbeschluss vom 31.10.1994

Mit dem vierten Eigenmittelbeschluss vom 31.10.1994[239] kam es zu einer stufenweisen   **143** **Erweiterung der Obergrenze** für die Eigenmittel von 1,2 % des BSP der Gemeinschaft im Jahr 1993 bis auf 1,27 % im Jahr 1999.[240] Art. 3 des Beschlusses setzt damit Vorgaben des Europäischen Rates von Edinburgh um. Darüber hinaus senkte Art. 2 Abs. 4 Buchst. a EMB 1994 den einheitlichen Mehrwertsteuersatz stufenweise auf 1,0 % der Bemessungsgrundlage. Die zuvor bei 55 % vorgesehene Kappungsgrenze für die MwSt.-Eigenmittel wurde bis 1999 für alle Mitgliedstaaten auf 50 % des jeweiligen BSP reduziert und damit der schon seit 1995 für Griechenland, Spanien, Irland und Portugal gültigen Grenze angepasst (Art. 2 Abs. 1 Buchst. c EMB 1994).

5. Der Eigenmittelbeschluss vom 29.9.2000

Wenig Neues brachte der Eigenmittelbeschluss vom **29.9.2000.**[241] An der Struktur des   **144** Eigenmittelsystems gab es keine Änderungen. Art. 2 Abs. 3 dieses fünften Eigenmittelbeschlusses erhöhte allerdings den Anteil an den Agrarabgaben und Zöllen, die die Mitgliedstaaten als **Erhebungskosten** einbehalten dürfen, weil ihre Behörden diese Einnahmen einziehen, recht deutlich von 10 % auf 25 % (s. dazu Rn. 31).

6. Der Eigenmittelbeschluss vom 6.7.2007

Den sechsten Eigenmittelbeschluss erließ der Rat am 7.6.2007.[242] Er erging noch auf der   **145** Grundlage von Art. 269 EGV und trat im März 2009 rückwirkend zum 1.1.2007 in

---

[238] Beschluss des Rates vom 24.6.1988 über das System der Eigenmittel der Gemeinschaften (88/376/EWG, Euratom), ABl. 1988, L 185/24.

[239] Beschluss (94/728/EG, Euratom) des Rates vom 31.10.1994 über das System der Eigenmittel der Europäischen Gemeinschaften, ABl. 1994, L 293/9.

[240] Ausführlicher zu den Neuerungen *Messal/Klein*, Wirtschaftsdienst 1993, 375; *Jouret*, RMC 1993, 391.

[241] Beschluss des Rates vom 29.9.2000 über das System der Eigenmittel der Europäischen Gemeinschaften (2000/597/EG, Euratom), ABl. 2000, L 253/42. S. dazu *Stölben*, SächsVBl. 2002, 198.

[242] Beschluss des Rates vom 7.6.2007 über das System der Eigenmittel der Europäischen Gemeinschaften (2007/436/EG, Euratom), ABl. 2007, L 163/17. S. dazu das deutsche Zustimmungsgesetz vom 10.7.2008, BGBl. II 2008, S. 726.

Kraft. Auch er setzte im Wesentlichen auf Kontinuität. Die wichtigste Änderung bestand in der **Zusammenführung der beiden traditionellen Eigenmittelarten** (Agrarabgaben und Zölle) in einer gemeinsamen Kategorie (s. Rn. 27). Der Eigenmittelbeschluss setzte die relativ komplizierten Regelungen der früheren Eigenmittelbeschlüsse fort, die ihre Ursache letztlich in dem Korrekturmechanismus für Großbritannien (s. Rn. 77) haben.

7. Der Eigenmittelbeschluss 26. 5. 2014

146   Der auf Vorschlag der Kommission[243] am 26. 5. 2014 ergangene neue Eigenmittelbeschluss[244] stützt sich erstmals auf Abs. 3 und Art. 106a EAG. Während der Vorschlag noch neue Finanzierungsquellen der EU, nämlich Eigenmittel auf der Grundlage einer **Finanztransaktionssteuer** sowie neu gestaltete MwSt.-Eigenmittel vorsah (s. o. Rn. 51), belässt der Eigenmittelbeschluss alles beim Alten. Die Einführung einer Finanztransaktionssteuer ist bisher nicht gelungen. Daher erwähnt der Eigenmittelbeschluss zwar den Beschluss des Rates vom 22. 1. 2013 über die Ermächtigung zu einer Verstärkten Zusammenarbeit im Bereich der Finanztransaktionssteuer[245] in seinem siebten Erwägungsgrund, sieht aber keine neue Eigenmittelart vor. Auch die Umgestaltung der MwSt.-Eigenmittel unterblieb. Immerhin werden die als Erhebungskosten getarnten Erstattungen im Zusammenhang mit den traditionellen Eigenmitteln (s. o. Rn. 31) von 25 % auf 20 % gesenkt.

147   Der neue Eigenmittelbeschluss soll rückwirkend zum 1. 1. 2014 gelten. Zuvor bedarf es jedoch der in Abs. 3 Satz 3 vorgesehenen Zustimmung in allen Mitgliedstaaten.[246] Er wird, wenn alle Mitgliedstaaten den Abschluss des innerstaatlichen Zustimmungsverfahrens mitgeteilt haben, am ersten Tag des auf die letzte Mitteilung folgenden Monats in Kraft treten. Bis dahin bleibt der EMB 2007 maßgeblich.

F. Durchführungsmaßnahmen (Abs. 4)

148   Abs. 4 sieht Durchführungsmaßnahmen vor, die der Rat in einem besonderen Gesetzgebungsverfahren allerdings nur dann erlassen darf, wenn das in dem Eigenmittelbeschluss vorgesehen ist. Diese neue Regelung hat **kein Vorbild** im früheren Primärrecht. Eine entsprechende Ermächtigung findet sich aber dennoch schon in Art. 8 Abs. 2 EMB 2007. Danach erlässt der Rat »die zur Durchführung dieses Beschlusses erforderlichen Vorschriften.«

149   Derzeit gilt auf dieser Basis die **Verordnung Nr. 1150/2000** vom 22. 5. 2000 zur Durchführung des Beschlusses über das System der Eigenmittel der Gemeinschaften.[247] Sie regelt insbesondere die Verbuchung und Bereitstellung der Eigenmittel, die Kassen-

---

[243] *Europäische Kommission*, KOM (2011) 510 endgültig.

[244] Beschluss des Rates vom 26. 5. 2014 über das Eigenmittelsystem der Europäischen Union, ABl. 2014, L 168/105.

[245] Beschluss 2013/52/EU, ABl. 2013, L 22/11. S. dazu auch *Fabbrini*, E. L. Rev. 39 (2014), 155 (163 ff.).

[246] S. dazu das Gesetz zu dem Beschluss des Rates vom 26. 5. 2014 über das Eigenmittelsystem der Europäischen Union vom 28. 5. 2015, BGBl. II 2015, S. 798.

[247] Verordnung (EG, Euratom) Nr. 1150/2000 des Rates vom 22. 5. 2000 zur Durchführung des Beschlusses 94/728/EG, Euratom über das System der Eigenmittel der Gemeinschaften, ABl. 2000, L 130/1, geändert durch Verordnung (EG, Euratom) Nr. 2028/2004 des Rates vom 16. 11. 2004, ABl. 2004, L 352/1.

führung und die Kontrollmöglichkeiten der Kommission. Der Rat hat diese Verordnung auf der Grundlage des Eigenmittelbeschlusses 2000 erlassen und sie nach Ergehen des Eigenmittelbeschlusses 2007 nicht neu erlassen, sondern nur geändert.[248] Immerhin passte Art. 1 Nr. 2 der Änderungsverordnung aber auch den Titel der Verordnung 1150/2000 an, so dass sie dort jetzt auf den Eigenmittelbeschluss 2007 Bezug nimmt.

Solange der Eigenmittelbeschluss 2007 gilt, enthält dessen Art. 8 Abs. 2 die erfor- **150** derliche Bestimmung. Der Rat und die Mitgliedstaaten entscheiden auf der Basis von Abs. 3, welche Bestimmungen der Eigenmittelbeschluss selbst enthalten soll und welche im besonderen Gesetzgebungsverfahren nach Abs. 4 ergehen. Der Eigenmittelbeschluss darf grundsätzlich alle Bestimmungen über das System der Eigenmittel der Union enthalten. Durchführungsmaßnahmen können demgegenüber nur solche sein, die der Durchführung des Eigenmittelbeschlusses dienen, nicht aber Definitionen von Eigenmitteln oder andere wesentliche Gegenstände des Eigenmittelsystems.[249] Die neue Verordnung Nr. 608/2014[250] ist auf der Grundlage von Abs. 4 ergangen. Sie wird allerdings erst mit dem Eigenmittelbeschluss 2014 in Kraft treten.

Die Besonderheiten des Gesetzgebungsverfahrens nach Abs. 4 bestehen darin, dass **151** der Rat die Durchführungsverordnungen nach **Zustimmung des Parlaments** beschließt, ohne dass die in Art. 294 AEUV für das ordentliche Gesetzgebungsverfahren vorgesehenen Bestimmungen zur Anwendung kommen. Das **Vorschlagsrecht der Kommission** ergibt sich aus Art. 17 Abs. 2 EUV.

Neben den Durchführungsmaßnahmen nach Abs. 4 sieht auch Art. 322 Abs. 2 AEUV **152** Ähnliches vor (s. o. Rn. 136 und Art. 322 AEUV, Rn. 10). Diese Vorschrift ermächtigt den Rat, »auf Vorschlag der Kommission und nach Anhörung des Europäischen Parlaments und des Rechnungshofs die Einzelheiten und das Verfahren fest[zulegen], nach denen die Haushaltseinnahmen, die in der Regelung über die Eigenmittel der Union vorgesehen sind, der Kommission zur Verfügung gestellt werden, sowie die Maßnahmen, die zu treffen sind, um gegebenenfalls die erforderlichen Kassenmittel bereitzustellen«. Art. 8 Abs. 2 EMB 2007 sieht entsprechend vor, dass der Rat »Vorschriften über die Kontrolle der Erhebung der Einnahmen gemäß den Artikeln 2 und 5, wie diese Einnahmen der Kommission zur Verfügung zu stellen und wann sie abzuführen sind«, erlässt.

---

[248] Verordnung (EG, Euratom) Nr. 105/2009 des Rates vom 26. 1. 2009, ABl. 2009, L 36/1, sowie Verordnung (EG, Euratom) Nr. 1377/2014 des Rates vom 18. 12. 2014, ABl. 2014, L 367/14.

[249] In diesem Sinne *Frenz*, Handbuch Europarecht, Band 6, Rn. 1558; *Rossi*, in: Vedder/Heintschel v. Heinegg, Europäisches Unionsrecht, Art. 311 AEUV, Rn. 10; *Waldhoff*, in: Calliess/Ruffert, EUV/AEUV, Art. 311 AEUV, Rn. 6. S. auch *Storr*, Finanzierung, S. 218 ff.

[250] Verordnung (EU, Euratom) Nr. 608/2014 des Rates vom 26. 5. 2014 zur Festlegung von Durchführungsbestimmungen für das Eigenmittelsystem der Europäischen Union, ABl. 2014, L 168/29.

Kapitel 2
Der mehrjährige Finanzrahmen

Artikel 312 AEUV [Mehrjähriger Finanzrahmen]

(1) Mit dem mehrjährigen Finanzrahmen soll sichergestellt werden, dass die Ausgaben der Union innerhalb der Grenzen ihrer Eigenmittel eine geordnete Entwicklung nehmen.
Er wird für einen Zeitraum von mindestens fünf Jahren aufgestellt.
Bei der Aufstellung des jährlichen Haushaltsplans der Union ist der mehrjährige Finanzrahmen einzuhalten.

(2) ¹Der Rat erlässt gemäß einem besonderen Gesetzgebungsverfahren eine Verordnung zur Festlegung des mehrjährigen Finanzrahmens. ²Er beschließt einstimmig nach Zustimmung des Europäischen Parlaments, die mit der Mehrheit seiner Mitglieder erteilt wird.
Der Europäische Rat kann einstimmig einen Beschluss fassen, wonach der Rat mit qualifizierter Mehrheit beschließen kann, wenn er die in Unterabsatz 1 genannte Verordnung erlässt.

(3) ¹In dem Finanzrahmen werden die jährlichen Obergrenzen der Mittel für Verpflichtungen je Ausgabenkategorie und die jährliche Obergrenze der Mittel für Zahlungen festgelegt. ²Die Ausgabenkategorien, von denen es nur wenige geben darf, entsprechen den Haupttätigkeitsbereichen der Union.
Der Finanzrahmen enthält auch alle sonstigen für den reibungslosen Ablauf des jährlichen Haushaltsverfahrens sachdienlichen Bestimmungen.

(4) Hat der Rat bis zum Ablauf des vorangegangenen Finanzrahmens keine Verordnung zur Aufstellung eines neuen Finanzrahmens erlassen, so werden die Obergrenzen und sonstigen Bestimmungen des letzten Jahres des vorangegangenen Finanzrahmens bis zum Erlass dieses Rechtsakts fortgeschrieben.

(5) Das Europäische Parlament, der Rat und die Kommission treffen während des gesamten Verfahrens zur Annahme des Finanzrahmens alle erforderlichen Maßnahmen, um den Erlass des Rechtsakts zu erleichtern.

Literaturübersicht

Europäische Kommission, Die Finanzverfassung der Europäischen Union, 4. Ausgabe, 2009; *Montagnon*, Le cadre financier de l'Union Européenne 2007–2013, RMC 2005, 489.

Wesentliche sekundärrechtliche Vorschriften

Verordnung (EU, Euratom) Nr. 1311/2013 des Rates vom 2.12.2013 zur Festlegung des mehrjährigen Finanzrahmens für die Jahre 2014–2020, ABl. 2013, L 347/884
Interinstitutionelle Vereinbarung vom 2.12.2013 zwischen dem Europäischen Parlament, dem Rat und der Kommission über die Haushaltsdisziplin, die Zusammenarbeit im Haushaltsbereich und die wirtschaftliche Haushaltsführung, ABl. 2013, C 373/1

Inhaltsübersicht

A. Von der Finanziellen Vorausschau zum mehrjährigen Finanzrahmen

Der Verfassungsvertrag unternahm den ersten Versuch, den mehrjährigen Finanzrah- **1** men als **Instrument der Finanzplanung** im Primärrecht der Union zu verankern. Das gelang dann erst durch den Vertrag von Lissabon, der die Inhalte von Art. I–55 und Art. III–402 EVV in Art. 312 AEUV zusammenführt.[1] Vorher gab es im Primärrecht keine entsprechende Vorschrift.[2] Dennoch existierte mit der Finanziellen Vorausschau eine mittelfristige Finanzplanung.[3] Sie war allerdings das Ergebnis eher informeller Absprachen und fand sich in einer **Interinstitutionellen Vereinbarung** zwischen Kommission, Rat und Parlament (s. dazu auch Art. 324 AEUV, Rn. 11 ff.).[4]

In diesem Zusammenhang gab es schon bisher einen Finanzrahmen, der zuletzt für **2** den Zeitraum von 2007 bis 2013 die folgenden **Ausgabenkategorien** vorsah:[5]

(1) Nachhaltiges Wachstum
   a) Wettbewerbsfähigkeit für Wachstum und Beschäftigung (Forschung und Innovation, Bildung und Ausbildung, EU-Netze, Sozialpolitik, Binnenmarkt und damit einhergehende Maßnahmen)
   b) Kohäsion für Wachstum und Beschäftigung (Konvergenz der Mitgliedstaaten und Regionen mit dem größten Entwicklungsrückstand, EU-Strategie für nachhaltiges Wachstum auch außerhalb der ärmsten Regionen und Zusammenarbeit zwischen den Regionen).
(2) Bewahrung und Bewirtschaftung der natürlichen Ressourcen (Gemeinsame Agrarpolitik, die Gemeinsame Fischereipolitik, die Entwicklung des ländlichen Raums und Umweltschutzmaßnahmen).
(3) Unionsbürgerschaft, Freiheit, Sicherheit und Recht, untergliedert in 3a. Freiheit, Sicherheit und Recht (Justiz und Inneres, Grenzschutz, Einwanderungs- und Asylpolitik) und 3b. Unionsbürgerschaft (Öffentliche Gesundheit und Verbraucherschutz, Kultur-, Jugend- und Informationspolitik sowie Dialog mit den Bürgern).
(4) Die Europäische Union als globaler Akteur (alle Außenmaßnahmen)
(5) Verwaltung (Verwaltungsausgaben aller Organe und Einrichtungen, Ruhegehälter und die Europäischen Schulen).
(6) Ausgleichszahlungen (Ausgleichsbeträge im Zusammenhang mit der jüngsten EU-Erweiterung).[6]

---

[1] Zur Entstehungsgeschichte *Becker*, Eine Finanzverfassung für die EU – Eine neue Balance zwischen Rat und Parlament im Haushaltsverfahren, in: Kietz/Slominski/Maurer/Puntscher Riekmann (Hrsg.), Interinstitutionelle Vereinbarungen in der Europäischen Union, 2010, S. 252 ff.

[2] Vgl. nur *Haratsch/Koenig/Pechstein*, Europarecht, Rn. 645; *Oppermann/Classen/Nettesheim*, Europarecht, § 8, Rn. 27.

[3] Vgl. *Neheide*r, Die Kompensationsfunktion der EU-Finanzen, 2010, S. 45 ff.

[4] Interinstitutionelle Vereinbarung v. 17. 5. 2006 zwischen dem Europäischen Parlament, dem Rat und der Europäischen Kommission über die Haushaltsdisziplin und die wirtschaftliche Haushaltsführung, ABl. 2006, C 139/1. S. dazu *Eiselt/Pollak/Slominski*, ELJ 13 (2007), 75; *Europäische Kommission*, Die Finanzverfassung, S. 170 ff.; *Strasser*, Die Finanzen Europas, 7. Aufl., 1991, S. 192 ff.; *Wilms*, EuR 2007, 707 (725 ff.). Vgl. auch *Timmann*, EuR 1988, 273. Nachweise früherer Vereinbarungen finden sich bei *Fugmann*, in: Dauses, Handbuch des EU-Wirtschaftsrechts, Abschnitt A.III., November 1996, Rn. 39 ff.; *Schoo*, in: Schwarze, EU-Kommentar, Art. 310 AEUV, Rn. 25 ff.

[5] Näher dazu *Europäische Kommission*, Die Finanzverfassung, S. 278 ff.; *Montagnon*, RMC 2005, 489 ff.

[6] http://ec.europa.eu/budget/explained/budg_system/fin_fwk0713/fin_fwk0713_de.cfm#-content_struct (14. 9. 2016).

B. Funktion und Inhalt des mehrjährigen Finanzrahmens (Abs. 1 und 3)

3   Über die Einnahmen der Union entscheiden letztlich die Mitgliedstaaten, die nach Art. 311 Abs. 3 AEUV dem Ratsbeschluss über das System der Eigenmittel zustimmen müssen (s. Art. 311 AEUV, Rn. 121). Derzeit legt der **Eigenmittelbeschluss 2007**[7] in seinem Art. 3 fest, dass der »Gesamtbetrag der Eigenmittel, der den Gemeinschaften für die jährlichen Zahlungsermächtigungen zur Verfügung steht, [...] 1,24 %« und die »jährlichen Verpflichtungsermächtigungen, die in den Gesamthaushaltsplan der Europäischen Union eingesetzt werden, [...] 1,31 % der Summe der BNE der Mitgliedstaaten nicht übersteigen« dürfen. Er enthält demnach **jährliche Obergrenzen** sowohl für die Ausgaben, die in dem betreffenden Jahr geleistet werden dürfen (Mittel für Zahlungen), als auch für die, zu denen sich die Union auch über dieses Jahr hinaus rechtlich verpflichten darf (Mittel für Verpflichtungen).[8] Damit sind feste Obergrenzen für die Einnahmen, aber auch für die Ausgaben schon durch den Eigenmittelbeschluss vorgegeben (s. Art. 311 AEUV, Rn. 133). Darauf nimmt Abs. 1 UAbs. 1 Bezug, wenn er dem mehrjährigen Finanzrahmen die Funktion zuweist, sicherzustellen, »dass die Ausgaben der Union innerhalb der Grenzen ihrer Eigenmittel eine geordnete Entwicklung nehmen.«

4   Der Finanzrahmen konkretisiert die im Eigenmittelbeschluss vorgesehenen **Gesamtgrenzen für Ausgaben** im Haushaltsjahr, indem er jährliche Obergrenzen der Mittel für Verpflichtungen je Ausgabenkategorie festlegt.[9] Daraus lässt sich dann auch eine jährliche Obergrenze für diese Mittelkategorie insgesamt errechnen. Für die Mittel für Zahlungen sieht Abs. 3 UAbs. 1 keine auf die einzelnen Ausgabenkategorien bezogenen Obergrenzen, sondern nur jährliche Gesamtobergrenzen vor.[10] Die Obergrenzen des Finanzrahmens werden in absoluten Euro-Beträgen angegeben, die Eigenmittelobergrenzen demgegenüber als prozentualer Anteil des BNE. Die Zahlenangaben des Finanzrahmens beziehen sich dabei auf ein bestimmtes Jahr. So nimmt der Finanzrahmen 2007–2013 auf die Preise von 2004 Bezug, der von 2014–2020 auf die Preise von 2011. Jährliche Neuberechnungen passen den mehrjährigen Finanzrahmen an die Entwicklung der Preise und des Bruttonationaleinkommens an. Art. 6 der MFR-Verordnung vom 2.12.2013[11] ermächtigt die Kommission zu entsprechenden technischen Anpassungen.[12]

5   Die Festlegung von Obergrenzen schränkt den **Handlungsspielraum des Haushaltsgesetzgebers** deutlich ein. Für unvorhergesehene Ereignisse und besondere Entwicklungen gibt es allerdings **besondere Instrumente**, die unter bestimmten Voraussetzungen gewisse Abweichungen ermöglichen. So sieht Art. 9 der MFR-Verordnung eine Reserve für Soforthilfe vor, mit der Hilfsleistungen an Drittländer finanziert werden

---

[7] Beschluss des Rates v. 7.6.2007 über das System der Eigenmittel der Europäischen Gemeinschaften (2007/436/EG, Euratom), ABl. 2007, L 163/17.

[8] Zu Struktur und Bindungswirkungen *Lödl*, in: Mayer/Stöger, EUV/AEUV, Art. 312 AEUV (2013), Rn. 6 ff.

[9] *Bieber*, in: GSH, Unionsrecht, Art. 312 AEUV, Rn. 3.

[10] Vgl. *Niedobitek*, in: Streinz, EUV/AEUV, Art. 312 AEUV, Rn. 21.

[11] Verordnung (EU, Euratom) Nr. 1311/2013 des Rates vom 2.12.2013 zur Festlegung des mehrjährigen Finanzrahmens für die Jahre 2014–2020, ABl. 2013, L 347/884.

[12] S. dazu die Mitteilung der Kommission an den Rat und das Europäische Parlament, Technische Anpassung des Finanzrahmens an die Entwicklung des Bruttonationaleinkommens für das Haushaltsjahr 2014, COM (2013) 928 final.

können. Art. 10 erwähnt den Solidaritätsfonds der EU, der Katastrophenhilfe für Mitgliedstaaten und Bewerberländer betrifft. Das in Art. 11 geregelte Flexibilitätsinstrument hat die Funktion, Ausgaben zu finanzieren, die ansonsten wegen der für die jeweilige Rubrik festgelegten Obergrenze nicht zulässig wären. Als weitere Instrumente dienen der Europäische Fonds für die Anpassung an die Globalisierung (Art. 12), der Spielraum für unvorhergesehene Ausgaben (Art. 13), der Gesamtspielraum für Mittel für Verpflichtungen für Wachstum und Beschäftigung, insbesondere Jugendbeschäftigung (Art. 14) sowie die Spezielle Flexibilität zur Bekämpfung der Jugendarbeitslosigkeit und zur Stärkung der Forschung (Art. 15). Weitere Bestimmungen zu diesen besonderen Instrumenten enthält die Interinstitutionelle Vereinbarung vom 2.12.2013[13] in ihren NRn. 10–14.

Die Konkretisierung durch den mehrjährigen Finanzrahmen bleibt relativ grob, denn **6** sie bezieht sich nur auf die Ausgabenkategorien, von denen es nach Abs. 3 UAbs. 1 Satz 2 nur wenige geben darf. Sie müssen den Haupttätigkeitsbereichen der Union entsprechen. Der **mehrjährige Finanzrahmen für die Jahre 2014–2020**[14] nennt denn auch – ebenso wie sein Vorgänger – nur sechs Kategorien. Dabei übernimmt er im Wesentlichen die Rubriken der Finanziellen Vorausschau, bezeichnet sie allerdings etwas anders:
(1) Intelligentes und integratives Wachstum
    a) Wettbewerbsfähigkeit für Wachstum und Beschäftigung
    b) Wirtschaftlicher, sozialer und territorialer Zusammenhalt
(2) Nachhaltiges Wachstum: natürliche Ressourcen
(3) Sicherheit und Unionsbürgerschaft
(4) Europa in der Welt
(5) Verwaltung
(6) Ausgleichszahlungen.

Der mehrjährige Finanzrahmen wird nach Abs. 1 UAbs. 2 für **mindestens fünf Jahre** **7** aufgestellt. Nach der bisherigen Praxis stellt die Kommission, die auch insoweit das Initiativrecht hat (s.u. Rn. 8), den Finanzrahmen für einen Zeitraum von sieben Jahren auf. So bezog sich der vorhergehende Finanzrahmen auf die Jahre 2007–2013. Der neue mehrjährige Finanzrahmen, auf den sich die Organe nach längeren Auseinandersetzungen geeinigt haben,[15] umfasst den Zeitraum von 2014 bis 2020. Im Gespräch ist auch eine zehnjährige Geltungsdauer mit Überprüfungspflicht nach der Hälfte der Zeit.[16] Abs. 1 UAbs. 2 wäre dafür und für andere Zeiträume offen, da er nur eine Mindestdauer festlegt.[17]

Neben den Obergrenzen für Verpflichtungs- und Zahlungsermächtigungen soll der Finanzrahmen nach Abs. 3 UAbs. 2 »auch alle sonstigen für den reibungslosen Ablauf des jährlichen Haushaltsverfahrens sachdienlichen Bestimmungen« enthalten.[18] Inso-

[13] Interinstitutionelle Vereinbarung vom 2.12.2013 zwischen dem Europäischen Parlament, dem Rat und der Kommission über die Haushaltsdisziplin, die Zusammenarbeit im Haushaltsbereich und die wirtschaftliche Haushaltsführung, ABl. 2013, C 373/1.
[14] Anlage 1 zur Verordnung 1311/2013.
[15] Vgl. den Vorschlag der Kommission, KOM (2011) 398 endgültig, S. 20. S. dazu *Broer*, Wirtschaftsdienst 2013, 39; *Busch*, IW policy paper 1/2013; *Haug*, Friedrich Ebert Stiftung, Perspektive, Juli 2011; *Heinen*, Deutsche Bank Research, Research Briefing Europäische Integration, März 2013.
[16] Vgl. den entsprechenden Vorschlag in: *Europäische Kommission*, Überprüfung des EU-Haushalts, KOM (2010) 700 endgültig, S. 26. Skeptisch dazu *Funke/Seifert*, Haushaltspolitik, in: Weidenfeld/Wessels (Hrsg.), Jahrbuch der Europäischen Integration 2010, 2011, S. 165 (167 f.).
[17] Vgl. *Magiera*, in: Grabitz/Hilf/Nettesheim, EU, Art. 312 AEUV (April 2012), Rn. 10.
[18] *Niedobitek*, in: Streinz, EUV/AEUV, Art. 312 AEUV, Rn. 22; *Rossi*, in: Vedder/Heintschel

weit geht es um **Durchführungsbestimmungen**. Nach der Praxis der Organe gibt es dennoch auch weiterhin eine **Interinstitutionelle Vereinbarung**, die sich nun aber auf die Haushaltsdisziplin, die Zusammenarbeit der Organe im Haushaltsverfahren sowie die wirtschaftliche Haushaltsführung beschränkt. Mit Art. 295 AEUV existiert dafür seit Inkrafttreten des Vertrags von Lissabon eine primärrechtliche Grundlage, die es den Organen erlaubt, »unter Wahrung der Verträge interinstitutionelle Vereinbarungen [zu] schließen, die auch bindenden Charakter haben können.«

C. Festlegung des mehrjährigen Finanzrahmens (Abs. 2)

8 Der Rat stellt den mehrjährigen Finanzrahmen durch den Erlass einer entsprechenden **Verordnung** fest. Für die Verbindlichkeit des Finanzrahmens kommt es daher nicht mehr auf die Bindungswirkung der Interinstitutionellen Vereinbarung an, als deren Anhang er bisher veröffentlicht wurde.[19] Bei der Verordnung handelt es sich um einen Gesetzgebungsakt, der allerdings nicht im ordentlichen Gesetzgebungsverfahren des Art. 294 AEUV ergeht, sondern den der Rat in einem besonderen Gesetzgebungsverfahren erlässt. Er beschließt einstimmig und bedarf dazu der vorherigen Zustimmung des Europäischen Parlaments, das darüber mit absoluter Mehrheit befindet (Abs. 2 UAbs. 1). Dass er auf Vorschlag der Kommission tätig wird, ergibt sich aus Art. 17 Abs. 2 EUV.[20]

9 Vor diesem Hintergrund erscheint es nicht unproblematisch, dass Parlament und Rat den noch als Anhang zur Interinstitutionellen Vereinbarung von 2006 vereinbarten Finanzrahmen auch nach Inkrafttreten des Vertrags von Lissabon immer wieder durch allein auf die Vereinbarung gestützte gemeinsame Beschlüsse[21] änderten und damit die Verfahrensvoraussetzungen von Abs. 2 nicht beachteten.

10 Abs. 2 UAbs. 2, neben dem nach Art. 353 AEUV Art. 48 Abs. 7 EUV nicht anwendbar ist, enthält eine so genannte **Brückenklausel**, die den Europäischen Rat ermächtigt, das in UAbs. 1 vorgesehene Einstimmigkeitserfordernis abzuschaffen.[22] Trifft er einstimmig einen solchen Beschluss, reicht künftig für den Erlass der Verordnung durch den Rat die qualifizierte Mehrheit aus. Da es sich um eine **Sonderform der Vertragsänderung** handelt, hat das Bundesverfassungsgericht entschieden, dass sie nur mit vorheriger Zustimmung des Deutschen Bundestages erfolgen darf.[23] Dementsprechend regelt § 5 Abs. 1 Satz 1 IntVG, dass der deutsche Vertreter im Europäischen Rat einem Beschlussvorschlag nach Abs. 2 UAbs. 2 nur zustimmen darf, »nachdem der Bundestag hierzu einen Beschluss gefasst hat.«

---

v. Heinegg, Europäisches Unionsrecht, Art. 312 AEUV, Rn. 11, betonen den nicht zwingenden Charakter der Vorschrift.

[19] Vgl. Nr. 9 und Anhang I der IIV 2006 (o. Fn. 4). S. auch *Storr*, in: Niedobitek, Europarecht – Grundlagen, § 9, Rn. 113 ff.

[20] *Bieber*, in: GSH, Unionsrecht, Art. 312 AEUV, Rn. 7.

[21] Vgl. etwa den Beschluss des Europäischen Parlaments und des Rates v. 22. 7. 2013 zur Änderung der Interinstitutionellen Vereinbarung v. 17. 5. 2006 über die Haushaltsdisziplin und die wirtschaftliche Haushaltsführung in Bezug auf den mehrjährigen Finanzrahmen, um dem aufgrund des Beitritts Kroatiens zur Europäischen Union entstehenden Ausgabenbedarf Rechnung zu tragen (2013/419/EU), ABl. 2013, L 209/14.

[22] Zur Entstehungsgeschichte *Niedobitek*, in: Streinz, EUV/AEUV, Art. 312 AEUV, Rn. 9 f.; *Rossi*, in: Vedder/Heintschel v. Heinegg, Europäisches Unionsrecht, Art. 312 AEUV, Rn. 8.

[23] BVerfGE 123, 267 (388, 392).

D. Fortschreibung des mehrjährigen Finanzrahmens (Abs. 4)

Gelingt es aus irgendeinem Grund nicht, die Verordnung über den neuen Finanzrahmen **11** rechtzeitig vor Ablauf des bisherigen Finanzrahmens zu erlassen, gelten die Regelungen für das letzte Jahr des Finanzrahmens nach Abs. 4 so lange weiter, bis das Versäumte nachgeholt ist. Typischerweise stehen sich bei den Verhandlungen über die künftigen Ausgaben der Union die Interessen der Mitgliedstaaten und die des Parlaments gegenüber. Während zumindest die Mitgliedstaaten, die die Hauptlasten tragen müssen, Haushaltsdisziplin anmahnen, tritt das Parlament für eine Ausweitung des Budgets ein.[24] Abs. 4 stellt einerseits sicher, dass es auch in Zeiten des Konflikts weiterhin Vorgaben für die Ausgaben der Union gibt.[25] Andererseits übt die Vorschrift auch einen gewissen **Einigungsdruck** aus, der allerdings stärker auf die Partei einwirken wird, die Veränderungen erreichen möchte.

E. Interinstitutionelle Kooperation (Abs. 5)

An der Aufstellung und Festlegung des Finanzrahmens sind die Kommission, der Rat **12** und das Europäische Parlament beteiligt. Bei den einschlägigen Verhandlungen treffen sehr unterschiedliche Vorstellungen und Interessen aufeinander. Abs. 5 ermahnt die Organe, »während des gesamten Verfahrens zur Annahme des Finanzrahmens alle erforderlichen Maßnahmen [zu treffen], um den Erlass des Rechtsakts zu erleichtern.« Eine **rechtliche Verpflichtung**, bestimmte Inhalte zu akzeptieren, ergibt sich daraus nicht. Wohl aber wird man aus dieser Vorschrift ableiten können, dass die Unionsorgane verfahrensmäßig kooperieren müssen, um die für die gesamte Tätigkeit der Union wesentlichen finanziellen Grundlagen zu schaffen. Insoweit konkretisiert Abs. 5 das **Gebot der loyalen Zusammenarbeit** aus Art. 13 Abs. 2 Satz 2 EUV.[26]

---

[24] Vgl. *Europäisches Parlament*, Mehrjähriger Finanzrahmen für die Jahre 2014–2020, Entschließung P7_TA-PROV(2012)0360 v. 23.10.2012, Absatznr. 16 ff., mit Hinweis auf die durch den Vertrag von Lissabon übertragenen zusätzlichen Aufgaben.
[25] Vgl. *Schoo*, in: Schwarze, EU-Kommentar, Art. 312 AEUV, Rn. 12.
[26] Vgl. *Waldhoff*, in: Calliess/Ruffert, EUV/AEUV, Art. 312 AEUV, Rn. 7.

Kapitel 3
Der Jahreshaushaltsplan der Union

Artikel 313 AEUV [Haushaltsjahr]

Das Haushaltsjahr beginnt am 1. Januar und endet am 31. Dezember.

1   Nach Art. 310 Abs. 1 UAbs. 1 AEUV werden alle Einnahmen und Ausgaben der Union für jedes Haushaltsjahr veranschlagt und in den Haushaltsplan eingesetzt. Art. 310 Abs. 2 AEUV fügt hinzu, dass die in den Haushaltsplan eingesetzten Ausgaben für ein Haushaltsjahr bewilligt werden. Der in diesen Vorschriften zum Ausdruck kommende **Grundsatz der Jährlichkeit des Haushaltsplans** (s. Art. 310 AEUV, Rn. 32) könnte sich auf jeden beliebigen Zeitraum von zwölf Monaten beziehen.[1] Art. 313 AEUV legt Beginn und Ende des Haushaltsjahres auf den Zeitraum vom 1.1. bis zum 31.12. fest und konkretisiert damit das Jährlichkeitsprinzip.[2] Rechtliche Bedeutung gewinnt diese Festlegung insbesondere im Hinblick auf Vorschriften, die auf den Beginn oder das Ende des Haushaltsjahres abstellen (Art. 315, 316 AEUV).[3]

2   Nach dieser Regelung entspricht das Haushaltsjahr der EU dem **Kalenderjahr**. Eben das regelte auch Art. 5 Abs. 1 HO 1960;[4] erst die Haushaltsordnung von 1977[5] ging in ihrem Art. 5 Abs. 1 dazu über, die Daten zu nennen. Entsprechend verfährt Art. 9 HO 2012.[6]

3   Die Bestimmung fand sich früher in Art. 272 Abs. 1 EGV (Amsterdam) bzw. Art. 203 Abs. 1 EGV (Maastricht) und auch schon seit Gründung der EWG in Art. 203 Abs. 1 EWGV. Auch Art. 177 Abs. 1 EAGV regelte Entsprechendes. Im EGKSV gab es zunächst keine solche Vorschrift. Das ist allerdings nicht ungewöhnlich. Auch das deutsche Verfassungsrecht verzichtet auf eine Festlegung des Haushaltsjahres und überlässt das dem einfachen Gesetzgeber, der die Übereinstimmung von Haushaltsjahr und Kalenderjahr in § 4 Satz 1 HGrG und für den Bund in § 4 Satz 1 BHO festgeschrieben hat. Art. 21 des Fusionsvertrages von 1965[7] fügte dann allerdings mit Art. 78 Abs. 1 EGKSV doch eine Vorschrift ein, die Art. 313 AEUV entsprach.

---

[1] Vgl. *Bieber*, in: GSH, Europäisches Unionsrecht, Art. 313 AEUV, Rn. 3.
[2] Vgl. *Magiera*, in: Grabitz/Hilf/Nettesheim, EU, Art. 313 AEUV (April 2012), Rn. 1.
[3] Vgl. ebenso *Rossi*, in: Vedder/Heintschel v. Heinegg, Europäisches Unionsrecht, Art. 313 AEUV, Rn. 4.
[4] ABl. 1960, Nr. 83/1939.
[5] ABl. 1977, L 356/1.
[6] ABl. 2012, L 298/1.
[7] ABl. 1967, Nr. 152/2.

Artikel 314 AEUV [Verfahren zur Festlegung des Haushaltsplans]

Das Europäische Parlament und der Rat legen den Jahreshaushaltsplan der Union im Rahmen eines besonderen Gesetzgebungsverfahrens nach den folgenden Bestimmungen fest:

(1) ¹Jedes Organ, mit Ausnahme der Europäischen Zentralbank, stellt vor dem 1. Juli einen Haushaltsvoranschlag für seine Ausgaben für das folgende Haushaltsjahr auf. ²Die Kommission fasst diese Voranschläge in einem Entwurf für den Haushaltsplan zusammen, der abweichende Voranschläge enthalten kann.

Dieser Entwurf umfasst den Ansatz der Einnahmen und den Ansatz der Ausgaben.

(2) Die Kommission legt dem Europäischen Parlament und dem Rat spätestens am 1. September des Jahres, das dem entsprechenden Haushaltsjahr vorausgeht, einen Vorschlag mit dem Entwurf des Haushaltsplans vor.

Die Kommission kann den Entwurf des Haushaltsplans während des laufenden Verfahrens bis zur Einberufung des in Absatz 5 genannten Vermittlungsausschusses ändern.

(3) ¹Der Rat legt seinen Standpunkt zu dem Entwurf des Haushaltsplans fest und leitet ihn spätestens am 1. Oktober des Jahres, das dem entsprechenden Haushaltsjahr vorausgeht, dem Europäischen Parlament zu. ²Er unterrichtet das Europäische Parlament in vollem Umfang über die Gründe, aus denen er seinen Standpunkt festgelegt hat.

(4) Hat das Europäische Parlament binnen 42 Tagen nach der Übermittlung
a) den Standpunkt des Rates gebilligt, so ist der Haushaltsplan erlassen;
b) keinen Beschluss gefasst, so gilt der Haushaltsplan als erlassen;
c) mit der Mehrheit seiner Mitglieder Abänderungen angenommen, so wird die abgeänderte Fassung des Entwurfs dem Rat und der Kommission zugeleitet. Der Präsident des Europäischen Parlaments beruft im Einvernehmen mit dem Präsidenten des Rates umgehend den Vermittlungsausschuss ein.

Der Vermittlungsausschuss tritt jedoch nicht zusammen, wenn der Rat dem Europäischen Parlament binnen zehn Tagen nach der Übermittlung des geänderten Entwurfs mitteilt, dass er alle seine Abänderungen billigt.

(5) Der Vermittlungsausschuss, der aus den Mitgliedern des Rates oder deren Vertretern und ebenso vielen das Europäische Parlament vertretenden Mitgliedern besteht, hat die Aufgabe, binnen 21 Tagen nach seiner Einberufung auf der Grundlage der Standpunkte des Europäischen Parlaments und des Rates mit der qualifizierten Mehrheit der Mitglieder des Rates oder deren Vertretern und der Mehrheit der das Europäische Parlament vertretenden Mitglieder eine Einigung über einen gemeinsamen Entwurf zu erzielen.

Die Kommission nimmt an den Arbeiten des Vermittlungsausschusses teil und ergreift alle erforderlichen Initiativen, um eine Annäherung der Standpunkte des Europäischen Parlaments und des Rates zu bewirken.

(6) Einigt sich der Vermittlungsausschuss innerhalb der in Absatz 5 genannten Frist von 21 Tagen auf einen gemeinsamen Entwurf, so verfügen das Europäische Parlament und der Rat ab dieser Einigung über eine Frist von 14 Tagen, um den gemeinsamen Entwurf zu billigen.

(7) Wenn innerhalb der in Absatz 6 genannten Frist von 14 Tagen
a) der gemeinsame Entwurf sowohl vom Europäischen Parlament als auch vom Rat gebilligt wird oder beide keinen Beschluss fassen oder eines dieser Organe den gemeinsamen Entwurf billigt, während das andere Organ keinen Beschluss fasst, so gilt der Haushaltsplan als entsprechend dem gemeinsamen Entwurf endgültig erlassen, oder

b) der gemeinsame Entwurf sowohl vom Europäischen Parlament mit der Mehrheit seiner Mitglieder als auch vom Rat abgelehnt wird oder eines dieser Organe den gemeinsamen Entwurf ablehnt, während das andere Organ keinen Beschluss fasst, so legt die Kommission einen neuen Entwurf für den Haushaltsplan vor, oder

c) der gemeinsame Entwurf vom Europäischen Parlament mit der Mehrheit seiner Mitglieder abgelehnt wird, während er vom Rat gebilligt wird, so legt die Kommission einen neuen Entwurf für den Haushaltsplan vor, oder

d) der gemeinsame Entwurf vom Europäischen Parlament gebilligt wird, während er vom Rat abgelehnt wird, so kann das Europäische Parlament binnen 14 Tagen ab dem Tag der Ablehnung durch den Rat mit der Mehrheit seiner Mitglieder und drei Fünfteln der abgegebenen Stimmen beschließen, alle oder einige der in Absatz 4 Buchstabe c genannten Abänderungen zu bestätigen. Wird eine Abänderung des Europäischen Parlaments nicht bestätigt, so wird der im Vermittlungsausschuss vereinbarte Standpunkt zu dem Haushaltsposten, der Gegenstand der Abänderung ist, übernommen. Der Haushaltsplan gilt als auf dieser Grundlage endgültig erlassen.

(8) Einigt sich der Vermittlungsausschuss nicht binnen der in Absatz 5 genannten Frist von 21 Tagen auf einen gemeinsamen Entwurf, so legt die Kommission einen neuen Entwurf für den Haushaltsplan vor.

(9) Nach Abschluss des Verfahrens dieses Artikels stellt der Präsident des Europäischen Parlaments fest, dass der Haushaltsplan endgültig erlassen ist.

(10) Jedes Organ übt die ihm aufgrund dieses Artikels zufallenden Befugnisse unter Wahrung der Verträge und der Rechtsakte aus, die auf der Grundlage der Verträge insbesondere im Bereich der Eigenmittel der Union und des Gleichgewichts von Einnahmen und Ausgaben erlassen wurden.

Literaturübersicht

Bux, Was ändert sich im Haushaltsverfahren der EU durch den Vertrag von Lissabon?, ZfRV 2009, 244; *ders.*, Das EU-Haushaltsverfahren nach Lissabon, EuR 2010, 711; *Hölscheidt*, Das Haushaltsrecht der Europäischen Gemeinschaften, DÖV 1989, 537; *Rossi*, Europäisches Parlament und Haushaltsverfassungsrecht, 1997; *Schenk*, Strukturen und Rechtsfragen der gemeinschaftlichen Leistungsverwaltung, 2006; *Theato/Graf*, Das Europäische Parlament und der Haushalt der Europäischen Gemeinschaft, 1994.

Leitentscheidungen

EuGH, Urt. v. 3.7.1986, Rs. 34/86 (Rat/Parlament), Slg. 1986, 2155
EuGH, Urt. v. 27.9.1988, Rs. 302/87 (Parlament/Rat), Slg. 1988, 5615
EuGH, Urt. v. 31.3.1992, Rs. 284–90 (Rat/Parlament), Slg. 1992, I–2277
EuGH, Urt. v. 17.9.2013, Rs. C–77/11 (Rat/Parlament), ECLI:EU:C:2013:559

Wesentliche sekundärrechtliche Vorschriften

Verordnung (EU, EURATOM) Nr. 966/2012 des Europäischen Parlaments und des Rates vom 25.10.2012 über die Haushaltsordnung für den Gesamthaushaltsplan der Union und zur Aufhebung der Verordnung (EG, Euratom) Nr. 1605/2002 des Rates, ABl. 2012, L 298/1
Endgültiger Erlass (EU, Euratom) 2016/150 des Gesamthaushaltsplans der Europäischen Union für das Haushaltsjahr 2016, ABl. 2016, L 48/1

A. Der Jahreshaushaltsplan der Union

Die Vorschrift betrifft die **Auf- und Feststellung des Jahreshaushaltsplans** der Union. **1** Diese Bezeichnung findet sich nur in der Überschrift von Kapitel 3 vor Art. 313 AEUV, in Art. 320 AEUV und hier. Ansonsten spricht der AEUV generell nur vom Haushaltsplan. Dass es sich um einen Jahreshaushaltsplan handeln muss, ergibt sich aus Art. 310 AEUV, der festlegt, dass alle Einnahmen und Ausgaben der Union für jedes Haushaltsjahr veranschlagt und in den Haushaltsplan eingesetzt (Abs. 1 UAbs. 1) und die in den Haushaltsplan eingesetzten Ausgaben für ein Haushaltsjahr bewilligt werden. Diesem **Grundsatz der Jährlichkeit** (s. Art. 310 AEUV, Rn. 32) entspricht es, wenn in Art. 310 Abs. 1 UAbs. 2 AEUV der »jährliche Haushaltsplan« Erwähnung findet (ähnlich Art. 312 Abs. 1 UAbs. 3 AEUV).

Die **Haushaltsordnung** spricht ebenfalls fast durchgehend von dem Haushaltsplan. **2** Aus Art. 1 Abs. 1 HO 2012[1] lässt sich aber entnehmen, dass die vollständige Bezeichnung lautet: »Gesamthaushaltsplan der Europäischen Union«. Der Begriff »**Gesamthaushaltsplan**« bringt einerseits zum Ausdruck, dass es sich um den Haushaltsplan der EG und der EAG sowie bis zu deren Auflösung 2002 auch um den der EGKS handelt. Darüber hinaus grenzt diese Bezeichnung den Gesamthaushaltsplan von den gesonderten Haushaltsplänen der verselbstständigten Einrichtungen der Union, insbesondere der EZB, der EIB und der Agenturen ab (s. Art. 310 AEUV, Rn. 23 f.).

B. Die Entwicklung der Parlamentsbeteiligung

Für die Festlegung des Jahreshaushaltsplans der Union sind das Parlament und der Rat **3** mittlerweile mehr oder weniger **gleichberechtigt** zuständig.[2] Das war nicht immer so. In der ursprünglichen Fassung von 1957 wies Art. 203 EWGV dem Rat die Befugnis zu, den Entwurf des Haushaltsplans auf der Basis eines von der Kommission vorgelegten

---

[1] Verordnung (EU, EURATOM) Nr. 966/2012 des Europäischen Parlaments und des Rates vom 25.10.2012 über die Haushaltsordnung für den Gesamthaushaltsplan der Union und zur Aufhebung der Verordnung (EG, Euratom) Nr. 1605/2002 des Rates, ABl. 2012, L 298/1.

[2] Vgl. *Niedobitek*, in: Streinz, EUV/AEUV, Art. 314 AEUV, Rn. 1; *Streinz/Ohler/Herrmann*, Vertrag von Lissabon, S. 52.

Vorentwurfs aufzustellen. Die Versammlung, die Vorgängerin des Europäischen Parlaments, war dann nur berechtigt, dem Rat Änderungen des Entwurfs des Haushaltsplans vorzuschlagen. Der Rat entschied aber letztlich mit qualifizierter Mehrheit allein über die endgültige Feststellung des Haushaltsplans.[3]

4   Mit Wirkung vom 1.1.1971 wurde Art. 203 EWGV in einer Weise geändert,[4] die der Versammlung **mehr Einfluss** auf den Haushalt der Gemeinschaften geben sollte. Zugleich fügten die Vertragsparteien aber einen neuen Art. 203a EWGV ein,[5] der diese Änderungen bis zum Haushaltsjahr 1975 aufschob und der Versammlung stattdessen nur geringfügig erweiterte Befugnisse gab. Art. 203a Abs. 4 UAbs. 2 EWGV beschränkte sie nach wie vor darauf, Änderungen des vom Rat aufgestellten Haushaltsplanentwurfs vorzuschlagen. Immerhin setzten sich Änderungsvorschläge, die zu keiner Erhöhung des Gesamtbetrags der Ausgaben führten, nun aber automatisch durch, wenn der Rat sie nicht ausdrücklich mit qualifizierter Mehrheit ablehnte (Art. 203a Abs. 5 UAbs. 2 EWGV). Diese und andere Differenzierungen zeichneten in gewisser Weise den Weg der Erweiterung der Parlamentsrechte durch gleichzeitige **Verkomplizierung des Haushaltsverfahrens** vor.[6]

5   Ab dem Haushaltsjahr 1975 galt der geänderte Art. 203 EWGV, der mit Wirkung vom 1.6.1977 erneut eine Modifizierung erfuhr.[7] Die Versammlung erhielt nun **weitergehende Änderungsrechte**.[8] Im Hinblick auf Ausgaben, die sich zwingend aus dem Gemeinschaftsrecht ergaben (obligatorische Ausgaben) konnte sie mit der absoluten Mehrheit der abgegebenen Stimmen weiterhin nur Änderungen vorschlagen. Ansonsten, also bezogen auf die nicht obligatorischen Ausgaben, erhielt sie nun die Befugnis, den Entwurf mit absoluter Mehrheit (Mehrheit der Mitglieder) selbstständig abzuändern (Art. 203 Abs. 4 UAbs. 2 EWGV).[9]

6   Hatte die Versammlung Änderungen vorgenommen oder vorgeschlagen, wurde erneut der Rat mit dem Entwurf befasst. Er konnte Änderungen mit qualifizierter Mehrheit seinerseits wieder ändern (Art. 203 Abs. 5 UAbs. 1 Buchst. a EWGV). Für den **Umgang mit Änderungsvorschlägen** des Parlaments galten differenzierte Regelungen. Führten sie zu keiner Erhöhung des Gesamtbetrags der Ausgaben, musste der Rat sie mit qualifizierter Mehrheit ausdrücklich ablehnen, um die Annahme des Änderungsvorschlags zu verhindern. Änderungsvorschläge, die eine Ausgabenerhöhung bewirkten, waren abgelehnt, wenn der Rat sie nicht ausdrücklich annahm.

7   Über die obligatorischen Ausgaben behielt der Rat das letzte Wort; bei den nicht obligatorischen Ausgaben lag das **Letztentscheidungsrecht** demgegenüber nun bei der Versammlung. Sie konnte die vom Rat an ihren Abänderungen vorgenommenen Än-

---

[3] Vgl. zur Entwicklung *Theato/Graf*, S. 21 ff.

[4] Art. 4 des Vertrags zur Änderung bestimmter Haushaltsvorschriften der Verträge zur Gründung der Europäischen Gemeinschaften und des Vertrages zur Einsetzung eines gemeinsamen Rates und einer gemeinsamen Kommission der Europäischen Gemeinschaften vom 22.4.1970, ABl. 1971, L 2/1.

[5] Art. 5 des Vertrags vom 22.4.1970, ABl. 1971, L 2/1.

[6] Ausführlicher zur Entwicklung des Haushaltsrechts und der Parlamentsbeteiligung *Rossi*, S. 5 ff.

[7] Art. 12 des Vertrags zur Änderung bestimmter Finanzvorschriften der Verträge zur Gründung der Europäischen Gemeinschaften und des Vertrages zur Einsetzung eines gemeinsamen Rates und einer gemeinsamen Kommission der Europäischen Gemeinschaften vom 22.7.1975, ABl. 1977, L 359/1.

[8] Vgl. *Theato/Graf*, S. 24 ff. Zur Entwicklung *Strasser*, Die Finanzen Europas, 7. Aufl., 1991, S. 185 ff.

[9] Vgl. *Häde*, EuZW 1993, 401 (402); *Hölscheidt*, DÖV 1989, 537 (539). Zu diesen Ausgabenkategorien vgl. *Bieber*, EuR 1982, 115 (124 ff.); *Rossi*, S. 112 ff.; *Schenk*, S. 85 f.

derungen wieder ändern oder ablehnen. Für ein solches Vorgehen forderte Art. 203 Abs. 6 EWGV allerdings die absolute Mehrheit und zusätzlich 3/5 der abgegebenen Stimmen. Die neue Rolle des Parlaments kam auch in Art. 203 Abs. 7 EWGV zum Ausdruck, indem nun nicht mehr der Präsident des Rates (Art. 203a Abs. 6 EWGV), sondern der Präsident der Versammlung (Art. 203 Abs. 7 EWGV 1971/77) die endgültige Feststellung des Haushaltsplans förmlich feststellte.

Der Vertrag von Maastricht führte zu keinen Änderungen. Vielmehr fanden sich die   **8** bisherigen Regelungen zunächst in Art. 203 EGV und nach der Umnummerierung durch den Vertrag von Amsterdam in Art. 272 EGV.[10] Erst der Vertrag von Lissabon brachte einen erneuten Fortschritt bei den Parlamentsrechten, den Art. III–404 EVV schon vorzeichnete. Aufgrund des Wegfalls der vorher zentralen Unterscheidung zwischen den Kompetenzen der Organe[11] hinsichtlich obligatorischer und nicht obligatorischer Ausgaben (s. u. Rn. 21) und weiterer Änderungen werden **Rat und Parlament nun nahezu gleichberechtigt** tätig.[12] Manche Regelungen deuten sogar auf einen leichtes Übergewicht des Parlaments bei der Machtverteilung innerhalb dieses Verfahrens hin (s. u. Rn. 30 ff.). Darüber hinaus ist das Bemühen um eine gewisse Vereinfachung des immer noch umfangreichen Verfahrens zu erkennen.[13]

C. Festlegung des Jahreshaushaltsplans

In einer Art Vorspann vor Abs. 1 formuliert die Vorschrift ihren Gegenstand. Daraus   **9** ergibt sich zum einen, dass es Parlament und Rat sind, die den Jahreshaushaltsplan der Union festlegen. Darin kommt gleich zu Beginn das gemeinsame und gleichberechtigte Handeln dieser beiden Organe (s. o. Rn. 3, 8) zum Ausdruck. Art. 9 Abs. 5 HO 2002 bezeichnete Rat und Parlament früher als die **beiden Teile der Haushaltsbehörde.** Auch wenn die Haushaltsordnung 2012 diesen Begriff aufgegeben hat und Parlament und Rat jeweils ausdrücklich nennt, kennzeichnet er wohl immer noch das Zusammenwirken der beiden Organe in diesem schwer durchschaubaren Prozess, in dem der Kommission die Rolle einer Vermittlerin zukommt (s. u. Rn. 27). Daher wird diese Bezeichnung voraussichtlich weiterhin verwendet.[14] An ihren in den Verträgen geregelten Zuständigkeiten ändert das nichts.[15]

Zum anderen sieht dieser vorangestellte Programmsatz vor, dass der Jahreshaus-   **10** haltsplan »im Rahmen eines besonderen Gesetzgebungsverfahrens« festgelegt wird.[16] Im Gegensatz zur vorhergehenden Aussage wirkt diese Regelung konstitutiv. Die Besonderheiten und damit die Abweichungen gegenüber dem ordentlichen Gesetzge-

---

[10] Zum Haushaltsverfahren der EG/EU in dieser Phase vgl. *Draheim*, Probleme der finanzpolitischen Willensbildung in Europa, 2004, S. 215 ff.; *Rossi*, S. 73 ff.

[11] Die Unterscheidung zwischen den beiden Ausgabearten entfällt demgegenüber nicht, wie Art. 323 AEUV belegt; vgl. *Bux*, EuR 2010, 711 (715).

[12] Vgl. *Bux*, ZfRV 2009, 244 (246). S. auch *Storr*, in: Niedobitek, Europarecht – Grundlagen, § 9, Rn. 165.

[13] Vgl. *Rossi*, in: Vedder/Heintschel v. Heinegg, Europäisches Unionsrecht, Art. 314 AEUV, Rn. 1; *Schoo*, in: Schwarze, EU-Kommentar, Art. 314 AEUV, Rn. 1; *Waldhoff*, in: Calliess/Ruffert, EUV/AEUV, Art. 314 AEUV, Rn. 1.

[14] In diesem Sinne *Niedobitek*, in: Streinz, EUV/AEUV, Art. 314 AEUV, Rn. 16.

[15] Vgl. *Schenk*, S. 76.

[16] Vgl. *Niedobitek*, in: Streinz, EUV/AEUV, Art. 314 AEUV, Rn. 2.

bungsverfahren des Art. 294 AEUV ergeben sich dann aus »den folgenden Bestimmungen«. Erstmals nimmt das Primärrecht auf diese Weise zur **Rechtsnatur dieses Verfahrens** und damit auch des Jahreshaushaltsplans Stellung. Aus Art. 289 Abs. 3 AEUV ergibt sich, dass Rechtsakte, die gemäß einem Gesetzgebungsverfahren angenommen werden, **Gesetzgebungsakte** sind. Das gilt nun auch für den Haushaltsplan (näher zur Rechtsnatur des Haushaltsplans s. u. Rn. 34 ff.).

11   Im Vorspann nicht erwähnt, wohl aber in Art. 324 AEUV, werden die dem eigentlichen Haushaltsverfahren vorhergehenden und es begleitenden Treffen von Vertretern der drei wesentlichen Organe, des Parlaments, des Rates und der Kommission. Im Rahmen dieses so genannten **Trilogs**, den im Zusammenhang der Festlegung des mehrjährigen Finanzrahmens auch Art. 312 Abs. 5 AEUV anspricht, werden Weichen gestellt und wichtige Entscheidungen vorbereitet (näher dazu Art. 324 AEUV, Rn. 7 ff.). Darüber hinaus haben sich die Organe auf Termine geeinigt, die durchweg ambitionierter sind als die im Primärrecht vorgesehenen. Einzelheiten der interinstitutionellen Zusammenarbeit während des Haushaltsverfahrens regelt ein Anhang zur **Interinstitutionellen Vereinbarung** vom 2. 12. 2013 zwischen dem Europäischen Parlament, dem Rat und der Kommission über die Haushaltsdisziplin, die Zusammenarbeit im Haushaltsbereich und die wirtschaftliche Haushaltsführung.[17]

12   Soweit dadurch der Zweck der vertraglichen Vorschriften nicht beeinträchtigt wird, ist gegen eine solche Verkürzung nichts einzuwenden. Eine Verlängerung wäre demgegenüber nicht zulässig.[18] Art. 42 HO regelt dementsprechend dass die drei Organe vereinbaren können, »die Termine für die Übermittlung der Voranschläge sowie für den Erlass und die Übermittlung des Entwurfs des Haushaltsplans vorzuverlegen.« Zugleich legt er allerdings fest, dass eine solche Regelung »keine Verkürzung oder Verlängerung der in den Artikeln 314 AEUV und 106a Euratom-Vertrag vorgesehenen Zeiträume für die Prüfung der Dokumente zur Folge haben« darf. Die festgelegten Termine und Fristen sind **grundsätzlich verbindlich**. Unterlassen es die Organe, innerhalb der vorgesehenen Fristen zu handeln, bestehen dagegen Rechtsschutzmöglichkeiten im Wege der Untätigkeitsklage (Art. 265 AEUV).[19]

D.   Aufstellung von Haushaltsvoranschlägen (Abs. 1)

13   Abs. 1 UAbs. 1 sieht vor, dass jedes Organ vor dem 1. Juli eines jeden Jahres einen Haushaltsvoranschlag für seine Ausgaben für das jeweils folgende Haushaltsjahr aufstellt. Eine Ausnahme gilt allein für die **Europäische Zentralbank**, die ihren eigenen Haushalt hat. Die EIB und die Agenturen mit eigenem Haushalt werden nicht erwähnt, weil ihnen der Organstatus fehlt. Das ändert aber nichts daran, dass ihre Einnahmen und Ausgaben nicht Gegenstand des Gesamthaushaltsplans sind.

14   Dass die Organe in eigener Sache tätig werden, liegt daran, dass sie den Ausgabenbedarf in ihrem Bereich am besten einschätzen können. Andererseits bringt das auch die Gefahr mit sich, dass sie die erforderlichen Ausgaben zu hoch einschätzen. Die Koordinierung und Weiterverarbeitung dieser Voranschläge ist deshalb **Aufgabe der Kom-**

---

[17] ABl. 2013, C 373/1.

[18] Vgl. *Rossi*, in: Vedder/Heintschel v. Heinegg, Europäisches Unionsrecht, Art. 314 AEUV, Rn. 4. S. auch *Magiera*, in: Grabitz/Hilf/Nettesheim, EU, Art. 314 EUV (April 2012), Rn. 13.

[19] Vgl. *Niedobitek*, in: Streinz, EUV/AEUV, Art. 314 AEUV, Rn. 36.

mission. Sie stellt sie nicht nur »in einem Vorentwurf für den Haushaltsplan zusammen«, wie es noch Art. 272 Abs. 2 UAbs. 1 Satz 2 EGV vorsah,[20] sondern kann dabei auch von den Voranschlägen der Organe abweichen.[21]

Der Entwurf des Haushaltsplans umfasst nicht nur den auf den Voranschlägen der **15** Organe basierenden Ansatz der Ausgaben, sondern auch den Ansatz der Einnahmen (Abs. 1 UAbs. 2). Auch wenn der Wortlaut der Vorschrift das nicht erwähnt, ist davon auszugehen, dass sich die Kommission bei den Einnahmen ebenfalls auf Prognosen der anderen Organe stützt, soweit diese Einnahmen nicht – wie wohl ganz überwiegend – in ihren Bereich fallen.

E. Erstellung des Entwurfs durch die Kommission (Abs. 2)

Im Rahmen des engen Plans bleibt der Kommission nur relativ wenig Zeit, bis sie spä- **16** testens am 1.9. eines Jahres einen Vorschlag mit dem Entwurf des Haushaltsplans für das folgende Haushaltsjahr[22] vorlegen muss. **Adressaten dieses Vorschlags** sind das Europäische Parlament und der Rat, die ihn demnach grundsätzlich gleichzeitig erhalten.

Mit der Kompetenz zur Erstellung des Haushaltsplanentwurfs haben die Vertrags- **17** parteien der **Kommission** großen Einfluss auf die strategische Ausrichtung und den Inhalt des Gesamthaushaltsplans der Union zugewiesen und ihre **Rolle im Haushaltsverfahren gestärkt**.[23] Dabei muss sie sich allerdings im Rahmen der Vorgaben, insbesondere des Eigenmittelbeschlusses und des mehrjährigen Finanzrahmens halten. Die Kommission bestimmt auf diese Weise wesentlich mit über die künftige Ausrichtung der Tätigkeit der Union. Diesen gestalterischen Einfluss verliert sie nicht schon mit der Vorlage des Entwurfs. Wie Abs. 2 UAbs. 2 bestimmt, kann die Kommission den Entwurf des Haushaltsplans auch danach noch ändern. Diese Möglichkeit endet, falls die Präsidenten von Parlament und Rat den Vermittlungsausschuss einberufen (dazu s. u. Rn. 22). Gleiches gilt auch dann, wenn das Verfahren nicht mehr läuft, weil es nicht zur Einberufung des Vermittlungsausschusses gekommen ist, denn dann ist oder gilt der Haushaltsplan als erlassen (Abs. 4 Buchst. a und b) und eine Änderung des Entwurfs ist deshalb nicht mehr möglich.

F. Festlegung des Standpunktes des Rates (Abs. 3)

Trotz der gleichzeitigen Zuleitung des Entwurfs ist es Aufgabe des Rates, sich zuerst **18** dazu zu äußern. Er hat dazu bis zum 1.10., also nur einen Monat Zeit, falls der Entwurf zum 1.9. vorgelegt wurde. Innerhalb dieser Zeitspanne muss er seinen **Standpunkt zu dem Haushaltsplanentwurf** festlegen. Das kann wegen der unterschiedlichen Interessen der verschiedenen Mitgliedstaaten durchaus ambitioniert sein. Den Standpunkt muss der Rat mit qualifizierter Mehrheit (Art. 16 Abs. 3 EUV) festlegen. Soweit er dabei von

---

[20] Vgl. dazu *Schenk*, S. 77.
[21] Vgl. *Niedobitek*, in: Streinz, EUV/AEUV, Art. 314 AEUV, Rn. 7.
[22] Vgl. zuletzt den Entwurf des Gesamthaushaltsplans der Europäischen Union für das Haushaltsjahr 2016, COM (2015) 300 final vom 24.6.2015.
[23] Vgl. *Bux*, ZfRV 2009, 244 (247); *Rossi*, Strukturen der europäischen Finanz- und Haushaltsverfassung, in: Stumpf/Kainer (Hrsg.), Gemeinschaftsrecht als Gestaltungsaufgabe, 2007, S. 23 (38).

dem Entwurf und damit dem Vorschlag der Kommission abweicht, bleibt es bei diesem Mehrheitserfordernis, weil Art. 293 Abs. 1 Art. 314 AEUV ausdrücklich unter jenen Vorschriften nennt, in deren Rahmen das für solche Abweichungen sonst vorgesehene Einstimmigkeitserfordernis nicht gilt.[24]

19   Der Rat leitet seinen Standpunkt dann dem Parlament zu. Abs. 3 Satz 2 sieht eine Begründungspflicht vor. Der Rat muss das Parlament in vollem Umfang über die Gründe unterrichten, aus denen er seinen Standpunkt festgelegt hat.

G.   Reaktionsmöglichkeiten des Parlaments (Abs. 4)

20   Mit dem Zugang des begründeten Standpunkts des Rates beginnt für das Parlament eine **Frist von 42 Tagen** zu laufen. Innerhalb dieser sechs Wochen hat es mehrere Reaktionsmöglichkeiten. Ebenso einfach wie in der Praxis unrealistisch sind die beiden ersten Optionen. Das Parlament kann sich dem Standpunkt des Rates ausdrücklich und vollumfänglich anschließen. Dann ist der Haushaltsplan ohne weiteres Verfahren erlassen (Abs. 4 Satz 1 Buchst. a). Im Ergebnis genauso wirkt das Schweigen des Parlaments oder ein an der erforderlichen Mehrheit gescheiterter Änderungsantrag. Nur von der rechtlichen Konstruktion gibt es einen Unterschied, denn dann gilt der Haushaltsplan nach Abs. 4 Satz 1 Buchst. b als erlassen; sein Erlass wird also nur fingiert.

21   In aller Regel wird das Parlament die dritte Variante wählen, die Abs. 4 Satz 1 Buchst. c vorsieht, und mit absoluter Mehrheit Abänderungen des Entwurfs annehmen. Die frühere Unterscheidung zwischen der Befugnis, Änderungsvorschläge für obligatorische und Abänderungen für nicht obligatorische Ausgaben zu beschließen (s. o. Rn. 5 ff.), kennt das geltende Recht nicht mehr. Das Parlament kann nun Abänderungen in Bezug auf alle Ausgaben annehmen. Den geänderten Entwurf leitet das Parlament anschließend dem Rat und der Kommission zu.

22   Der Rat hat nun die Möglichkeit, das Verfahren zu beenden, indem er innerhalb von zehn Tagen nach Zugang des geänderten Entwurfs alle Abänderungen des Parlaments ausdrücklich akzeptiert (Abs. 4 Satz 3). Auch das dürfte in der Praxis jedoch kaum vorkommen. Für den Normalfall, dass der Rat nicht sämtliche Änderungen billigt, sieht Abs. 4 Satz 2 die **Einberufung des Vermittlungsausschusses** vor. Diese Aufgabe obliegt den Präsidenten des Europäischen Parlaments und des Rates gemeinsam, die im Einvernehmen vorgehen sollen. Was geschieht, wenn einer der Präsidenten das Einvernehmen verweigert, regelt die Vorschrift nicht. Die Mitwirkung dürfte im Rahmen des Gebots der loyalen Zusammenarbeit (Art. 13 Abs. 2 Satz 2 EUV) zu den Pflichten der beiden Präsidenten gehören.

H.   Der Vermittlungsausschuss (Abs. 5)

23   Der Vermittlungsausschuss ist ein Gremium, das im Zusammenhang mit dem Haushaltsverfahren erst der Vertrag von Lissabon schuf. Vorher führte schon der Vertrag von Maastricht einen **Vermittlungsausschuss im Rahmen des Mitentscheidungsverfahrens**

---

[24] Zur insoweit unterschiedlich beurteilten Rechtslage unter Geltung des EG-Vertrags vgl. *Schenk*, S. 79.

(Art. 189b, später Art. 251 EGV) ein. Art. 294 Abs. 10 AEUV hat die Vermittlung inzwischen für das ordentliche Gesetzgebungsverfahren übernommen (s. Art. 294 AEUV, Rn. 46). Den dortigen Regelungen sind die des Abs. 5 nachgebildet. Als historisches Vorbild mag nicht zuletzt der Vermittlungsausschuss gedient haben, der in Deutschland auf der Basis von Art. 77 Abs. 2 GG tätig wird.[25] Eine Art Vorläufer war der durch die **Gemeinsame Erklärung** des Europäischen Parlaments, des Rates und der Kommission vom 4.3.1975[26] eingeführte Konzertierungsausschuss (s. Art. 324 AEUV, Rn. 9).[27]

Der Vermittlungsausschuss ist **paritätisch besetzt**. Abs. 5 legt die Zahl seiner Mitglie-   **24** der nur relativ, nämlich dadurch fest, dass ihm alle Mitglieder des Rates angehören. Es handelt sich insoweit um den ECOFIN-Rat, also die für Finanzen zuständigen Minister der Mitgliedstaaten oder deren Vertreter. Hinzu kommen ebenso viele Mitglieder des Europäischen Parlaments. Mit jedem neuen Mitgliedstaat steigt deshalb auch die Zahl der Mitglieder des Vermittlungsausschusses um zwei an. Seit dem Beitritt Kroatiens gehören dem Vermittlungsausschuss die 28 Ratsmitglieder und ebenso viele Vertreter des Parlaments an, insgesamt also **56 Personen**.

Näheres zum Vermittlungsausschuss aus der Sicht des Parlaments regelt Art. 75d der   **25** **Geschäftsordnung des Europäischen Parlaments**. Nach Art. 75d Abs. 3 GO werden die »Mitglieder der Delegation […] von den Fraktionen alljährlich vor der Abstimmung des Parlaments über den Standpunkt des Rates, vorzugsweise aus den Reihen der Mitglieder des für Haushaltsfragen zuständigen Ausschusses und anderer betroffener Ausschüsse, benannt. Die Delegation wird vom Präsidenten des Parlaments geleitet.«

Aufgabe des Vermittlungsausschusses ist es, auf der Grundlage der Standpunkte des   **26** Europäischen Parlaments und des Rates eine Einigung über einen gemeinsamen Entwurf zu erzielen. Diese anspruchsvolle Tätigkeit ist innerhalb des knappen Zeitraums von 21 Tagen nach seiner Einberufung zu erledigen. Im Vermittlungsausschuss ist für eine Einigung einerseits die qualifizierte Mehrheit der Mitglieder des Rates und andererseits die Mehrheit der Vertreter des Parlaments erforderlich (Abs. 5 UAbs. 1).

Auch in diesem Stadium des Verfahrens ist die **Kommission als Vermittlerin** tätig. Sie   **27** nimmt dazu nicht nur beratend an den Sitzungen des Vermittlungsausschusses teil, sondern hat darüber hinaus die Aufgabe und das Recht, Initiativen zu ergreifen, »um eine Annäherung der Standpunkte des Europäischen Parlaments und des Rates zu bewirken« (Abs. 5 UAbs. 2).

Nach Ablauf des Dreiwochenzeitraums für die Arbeit des Vermittlungsausschusses   **28** setzt Abs. 6 eine neue, kürzere Frist. Falls sich der Vermittlungsausschuss geeinigt hat, verfügen Parlament und Rat danach nur über eine Frist von 14 Tagen, in dem sie den neuen Entwurf annehmen können. Ihre Reaktionen entscheiden über das Schicksal des Haushaltsplanentwurfs.

---

[25] Vgl. die Forderung von *Bieber*, EuR 1982, 115 (131), nach einem entsprechenden Vermittlungsausschuss.
[26] ABl. 1975, C 89/1.
[27] Vgl. *Rutschmann*, Der europäische Vermittlungsausschuss, 2002, S. 32 ff.

I. Endgültiger Erlass des Haushaltsplans

29   Parlament und Rat können den vom Vermittlungsausschuss erarbeiteten gemeinsamen Entwurf ausdrücklich billigen oder dazu schweigen, insbesondere weil ein Antrag auf Ablehnung nicht die erforderliche Mehrheit findet. Beschränken sich ihre Reaktionen während der **Zweiwochenfrist** des Abs. 6 auf eine dieser beiden Möglichkeiten, lehnt also keines der beiden Organe ausdrücklich ab, dann gilt der Haushaltsplan in der Fassung des gemeinsamen Entwurfs als endgültig erlassen (Abs. 7 Buchst. a). Wenn beide ausdrücklich zustimmen, dürfte trotz des abweichenden Wortlauts wie nach Abs. 4 Satz 1 Buchst. a nicht von einer Fiktion, sondern von einem aktiven Erlass des Haushaltsplans auszugehen sein. Unterschiedliche Wirkungen sind damit allerdings nicht verbunden.

30   Abs. 7 Buchst. d sieht noch einen zweiten Fall vor, in dem es zum endgültigen Erlass des Haushaltsplans kommen kann. Wenn das Parlament den gemeinsamen Entwurf des Vermittlungsausschusses ausdrücklich billigt, der Rat ihn aber ablehnt, eröffnen sich dem **Parlament neue Gestaltungsmöglichkeiten.**[28] Sie ähneln denen, die Art. 272 Abs. 6 EGV früher für den Fall vorsah, dass der Rat Abänderungen des Parlaments seinerseits geändert hatte. Nach neuem Recht hat das Parlament 14 Tage Zeit, um mit absoluter Mehrheit und 3/5 der abgegebenen Stimmen, seine zuvor nach Abs. 4 Satz 1 Buchst. c beschlossenen Abänderungen des Entwurfs in der Fassung des ursprünglichen Standpunkts des Rates zu bestätigen. Hinsichtlich aller anderen Ansätze, kommt das im Vermittlungsausschuss Vereinbarte zur Geltung. In dieser Fassung gilt der Haushaltsplan dann als endgültig erlassen.

31   Abs. 7 Buchst. d bestimmt für den Fall, dass eine Abänderung nicht bestätigt wird, dass dann der im Vermittlungsausschuss vereinbarte Standpunkt zu dem Haushaltsposten, der Gegenstand der Abänderung ist, übernommen wird. Nicht eindeutig geregelt ist, was gilt, wenn das Parlament den Entwurf des Vermittlungsausschusses zwar billigt, in der darauf folgenden Abstimmung aber keine der früher mit absoluter Mehrheit (Abs. 4 Satz 1 Buchst. c) beschlossenen Abänderungen die nun erforderliche Mehrheit von 60 % (3/5) findet. Vermutlich setzt sich auch dann die Billigung des Parlaments durch mit der Folge, dass der Haushaltsplan mit dem Ergebnis aus dem Vermittlungsausschuss als endgültig erlassen gilt.

32   Für den Rat ist es deshalb riskant, den gemeinsamen Entwurf abzulehnen; denn Abs. 7 Buchst. d verleiht dem **Parlament** dann **Letztentscheidungsbefugnisse.**[29] Der Rat kommt allerdings nur in diese Situation, wenn er widersprüchlich handelt, indem er das von ihm zunächst mitbeschlossene Ergebnis des Vermittlungsausschusses anschließend doch wieder verwirft. Im Hinblick darauf, dass alle Mitglieder des Rates im Vermittlungsausschuss Sitz und Stimme haben, dürfte ein solcher Fall normalerweise nicht vorkommen.[30] Er ist nur vorstellbar, wenn sich die Interessen eines oder mehrerer Mitgliedstaaten innerhalb der 14 Tage nach der Einigung im Vermittlungsausschuss gravierend ändern oder die vorherige Abstimmung irrtümlich erfolgte.

---

[28] Vgl. *Lödl*, in: Mayer/Stöger, EUV/AEUV, Art. 314 AEUV (2013), Rn. 37.

[29] Vgl. *Frenz*, Handbuch Europarecht, Band 6, Rn. 1629.

[30] *Schoo*, in: Schwarze, EU-Kommentar, Art. 314 AEUV, Rn. 16, bezeichnet diese Variante deshalb als sehr theoretisch. S. auch *Bux*, ZfRV 2009, 244 (247).

J. Scheitern des Haushaltsplanentwurfs

Der Haushaltsplanentwurf scheitert, wenn es dem Vermittlungsausschuss nicht gelingt, **33** sich innerhalb der Dreiwochenfrist des Abs. 5 zu einigen (Abs. 8). Gleiches gilt nach Abs. 7 Buchst. b, wenn beide Organe den im Vermittlungsausschuss erarbeiteten gemeinsamen Entwurf ablehnen oder wenn nur eines ablehnt und das andere schweigt. Ebenfalls zum Scheitern des Verfahrens führt es schließlich, wenn nur das Parlament mit absoluter Mehrheit ablehnt. Auf die Reaktion des Rates kommt es in diesem Fall nicht an (Abs. 7 Buchst. c). Konsequenz ist jeweils, dass das Verfahren wieder von neuem beginnt, genauer gesagt bei Abs. 2, indem die Kommission einen **neuen Entwurf für den Haushaltsplan** vorlegt. Falls das dazu führt, dass zum Beginn des neuen Haushaltsjahres kein endgültig erlassener Haushaltsplan vorliegt, kommt Art. 315 AEUV zur Anwendung, der bestimmt dass »für jedes Kapitel monatliche Ausgaben bis zur Höhe eines Zwölftels der im betreffenden Kapitel des Haushaltsplans des vorangegangenen Haushaltsjahres eingesetzten Mittel vorgenommen werden [können], die jedoch ein Zwölftel der Mittelansätze des gleichen Kapitels des Haushaltsplanentwurfs nicht überschreiten dürfen.«

K. Feststellung des Haushaltsplans (Abs. 9), Rechtsnatur

Nimmt das Verfahren einen positiven Ausgang, stellt der **Präsident des Europäischen** **34** **Parlaments** förmlich fest, dass der Haushaltsplan endgültig erlassen ist (Abs. 9). Der Parlamentspräsident handelt insoweit nicht als eigenständige Institution, sondern als Organ des Europäischen Parlaments. Er stellt förmlich fest, dass das Haushaltsverfahren durch die endgültige Annahme des Haushaltsplans beendet ist. Diese Feststellung ist ein nach der Rechtsprechung des EuGH eigener, **objektiver Rechtsakt**, der dem Haushaltsplan Bindungswirkung sowohl gegenüber den Organen der Union als auch gegenüber den Mitgliedstaaten verleiht.[31] Erst mit dieser Feststellung des Präsidenten,[32] die im Amtsblatt der Union veröffentlicht wird (Art. 34 Abs. 2 HO), kann der Haushaltsplan rechtswirksam werden und in Kraft treten.[33]

Im Vorspann von Art. III–404 EVV war von dem **Europäischen Gesetz** die Rede, »mit **35** dem der Jahreshaushaltsplan der Union festgestellt wird«. Abweichend davon stellte diese Vorschrift dann aber durchgehend auf den endgültigen Erlass des Europäischen Gesetzes zur Festlegung des Haushaltsplans ab. Dieser Wechsel vom Feststellen zum Festlegen lässt sich in der englischen und der französischen Fassung des Verfassungsvertrags nicht nachvollziehen. Dort findet durchgehend dasselbe Wort Verwendung. Das lässt darauf schließen, dass die Formulierung des Vorspanns in der deutschen Fassung unabsichtlich oder jedenfalls ohne die Absicht erfolgte, unterschiedliche Aussagen mit den verschiedenen Begriffen zu verbinden. Maßgeblich ist demnach die Termino-

---

[31] EuGH, Urt. v. 3.7.1986, Rs. 34/86 (Rat/Parlament), Slg. 1986, 2155, Rn. 8. Zu dieser Entscheidung vgl. *Bieber*, DVBl 1986, 961.

[32] Vgl. Endgültiger Erlass (EU, Euratom) 2016/150 des Gesamthaushaltsplans der Europäischen Union für das Haushaltsjahr 2016, ABl. 2016, L 48/1.

[33] EuGH, Urt. v. 27.9.1988, Rs. 302/87 (Parlament/Rat), Slg. 1988, 5615, Rn. 23; *Haratsch/Koenig/Pechstein*, Europarecht, Rn. 650; *Rossi*, in: Vedder/Heintschel v. Heinegg, Europäisches Unionsrecht, Art. 314 AEUV, Rn. 17.

logie in Art. III–404 Abs. 9 EVV, der mitteilt, dass der Parlamentspräsident nach Abschluss des Haushaltsverfahrens feststellt, »dass das Europäische Gesetz zur Festlegung des Haushaltsplans endgültig erlassen ist.« Bei dem vorgesehenen Europäischen Gesetz handelte es sich um den in Art. I–33 Abs. 1 UAbs. 2 EVV definierten Rechtsakt, der an die Stelle der Verordnung hätte treten sollen. Damit wäre erstmals primärrechtlich die Rechtsnatur der Festlegung des Haushaltsplans geregelt worden.

36   Die Parteien des Vertrags von Lissabon haben dieses Vorhaben nicht weiterverfolgt. Im Vorspann gibt es keinen Hinweis auf eine der speziellen **Handlungsformen**. Abs. 9 kehrt weitgehend zurück zu der Formulierung des Art. 272 Abs. 7 EGV, wonach sich die Feststellung des Präsidenten des Europäischen Parlaments auf den Haushaltsplan bezieht. Während sich diese Feststellung allerdings früher darauf richtete, »dass der Haushaltsplan endgültig festgestellt ist« (Art. 272 Abs. 7 EGV), verwendet Abs. 9 nun die auch überwiegend sonst in Art. 314 AEUV übliche Formulierung, wonach der Präsident feststellt, »dass der Haushaltsplan endgültig erlassen ist.« Bedeutsam erscheint insoweit, dass es um den Erlass des Haushaltsplans selbst geht und nicht, wie in Art. III–404 Abs. 9 EVV, um den Erlass des den Haushaltsplan festlegenden Rechtsaktes. Beide Vorschriften sehen zusätzlich die Feststellung dieses Vorgangs durch den Parlamentspräsidenten vor.

37   Bisher stellte die Rechtsprechung maßgeblich auf diese Feststellung ab. **Rechtsschutz gegen den Haushaltsplan** bestand in Form der Nichtigkeitsklage gegen die Feststellung des Präsidenten, die dem Parlament als Unionsorgan zuzurechnen war. Wurde diese Feststellung für nichtig erklärt, war auch der Haushaltsplan ungültig.[34] Ein zusätzlich gestellter Antrag auf Nichtigerklärung des Haushaltsplans war unzulässig.[35] Möglicherweise hätten die Regelungen in Art. III–404 EVV dazu geführt, dass Gegenstand einer Nichtigkeitsklage das Europäische Gesetz geworden wäre, dessen Erlass der Präsident feststellte. Die weitgehende Rückkehr zu den früheren Formulierungen spricht jedoch dafür, dass der Vertrag von Lissabon an der durch die Rechtsprechung geklärten bisherigen Rechtslage nichts ändern wollte. Daher dürfte auch künftig gegen die Feststellung vorzugehen sein, dass der Haushaltsplan endgültig erlassen ist.[36]

38   In der Praxis trug dieser Rechtsakt früher und auch noch bezogen auf den Haushaltsplan 2010 die Bezeichnung »Endgültige Feststellung«.[37] Seither werden die Feststellungen des Parlamentspräsidenten, auf die dann der Gesamthaushaltsplan folgt, überschrieben mit: »**Endgültiger Erlass**«.[38] Während die Feststellung und der Haushaltsplan bis 2009 im Amtsblatt unter der Rubrik »II. Nicht veröffentlichungsbedürftige Rechtsakte, die in Anwendung des EG-Vertrags/Euratom-Vertrags erlassen wurden«[39] erschienen, finden sie sich seit 2010 in der Sparte »I. Gesetzgebungsakte«.

39   Die Überschriften deuten schon darauf hin, dass sich diese Feststellung den in Art. 288 AEUV erwähnten Regelformen der Unionsrechtsakte nicht zuordnen lässt. Auch der Verfassungsvertrag hätte die Frage nach der **Rechtsnatur der Feststellung des**

---

[34] EuGH, Urt. v. 3.7.1986, Rs. 34/86 (Rat/Parlament), Slg. 1986, 2155, Rn. 46; Urt. v. 31.3.1992, Rs. 284/90 (Rat/Parlament), Slg. 1992, I–2277, Rn. 12.
[35] EuGH, Urt. v. 7.12.1995, Rs. C–41/95 (Rat/Parlament), Slg. 1995, I–4411, Rn. 41.
[36] Vgl. *Niedobitek*, in: Streinz, EUV/AEUV, Art. 314 AEUV, Rn. 39.
[37] Vgl. Endgültige Feststellung des Gesamthaushaltsplans der Europäischen Union für das Haushaltsjahr 2010 (2010/117/EU, Euratom), ABl. 2010, L 64/1.
[38] Vgl. Endgültiger Erlass des Gesamthaushaltsplans der Europäischen Union für das Haushaltsjahr 2011 (2011/125/EU, Euratom), ABl. 2011, L 68/1.
[39] Vgl. ABl. 2008, L 71.

Parlamentspräsidenten nicht geklärt; denn er sah nicht eine Feststellung in Form eines Europäischen Gesetzes vor, sondern die Feststellung, dass das Europäische Gesetz endgültig erlassen worden sei. Nachdem der Vertrag von Lissabon außer der Bezeichnung als Gesetzgebungsakt keine Zuordnung vorgenommen hat, wird man diese Feststellung weiterhin als **Rechtsakt sui generis** einordnen müssen.[40] In diesem Sinne hat der EuGH entschieden: »Auch wenn der auf Art. 314 Abs. 9 AEUV gestützte Rechtsakt aus einem besonderen Gesetzgebungsverfahren hervorgeht, wird er aufgrund der Natur des Haushaltsplans nicht in Form eines Gesetzgebungsakts im eigentlichen Sinne gemäß den Art. 288 AEUV und 289 Abs. 2 AEUV erlassen, aber stellt jedenfalls eine anfechtbare Handlung im Sinne von Art. 263 AEUV dar, da er dem Haushaltsplan der Union Bindungswirkung verleiht.«[41]

Die **Rechtsnatur des Haushaltsplans** ist damit jedoch nicht geklärt. Da auch er sich   **40** nicht in das Schema des Art. 288 AEUV einordnen lässt, dürfte es sich ebenfalls um einen **Rechtsakt eigener Art** handeln.[42] Nach deutschem Verfassungsrecht stellt der Haushaltsplan einen Bestandteil des Haushaltsgesetzes dar, durch das er festgestellt wird (Art. 110 Abs. 2 Satz 1 GG). Wollte man diese Konstruktion auf die Ebene des Unionsrechts übertragen, könnte man die Feststellung des Parlamentspräsidenten als einen dem Haushaltsgesetz vergleichbaren Rechtsakt verstehen. Möglicherweise wäre aber auch auf den Beschluss abzustellen, mit dem der Haushaltsplan im Haushaltsverfahren festgelegt wird. Der Haushaltsplan wäre dann nur als Anhang zu diesem Beschluss zu verstehen.[43] Insoweit bleibt allerdings unklar, ob dann zwischen drei Handlungen zu unterscheiden wäre (Haushaltsplan, Beschluss von Parlament und Rat, Feststellung des Präsidenten) oder nur zwischen zwei (Haushaltsplan und die das Haushaltsverfahren abschließende Feststellung).

Davon mag auch abhängen, wem der Haushaltsplan letztlich zuzurechnen ist. Dass   **41** das Verfahren mit der in Abs. 9 vorgesehenen Feststellung seines Präsidenten endet, spricht dafür, von einem **Rechtsakt des Parlaments** auszugehen.[44] Allerdings betont der Vorspann zu Art. 314 AEUV, dass das Parlament und der Rat den Jahreshaushaltsplan festlegen. Daraus könnte sich auf einen **gemeinsam erlassenen Rechtsakt** schließen lassen. Rat und Parlament stritten vor dem Gerichtshof anlässlich des Haushaltsplans 2011 über diese Frage und darüber, wer den Haushaltsplan unterzeichnen darf.

Der EuGH entschied, dass das Haushaltsverfahren dem ordentlichen Gesetzgebungs-   **42** verfahren des Art. 294 AEUV nicht gleichgestellt werden dürfe. Vielmehr handele es sich um ein besonders Gesetzgebungsverfahren, »das mit dem in Abs. 9 dieses Artikels genannten Rechtsakt abgeschlossen wird.«[45] Die Haushaltsbefugnisse werden zwar von Parlament und Rat gemeinsam ausgeübt. Keine Bestimmung des Art. 314 AEUV sehe

---

[40] *Khan*, in: Geiger/Khan/Kotzur, EUV/AEUV, Art. 310 AEUV, Rn. 7; *Storr*, in: Niedobitek, Europarecht – Grundlagen, § 9, Rn. 118. Vgl. allerdings *Magiera*, in: Grabitz/Hilf/Nettesheim, EU, Art. 314 EUV (April 2012), Rn. 27 (Beschluss); *Waldhoff*, in: Calliess/Ruffert, EUV/AEUV, Art. 310 AEUV, Rn. 17 (Verordnung).

[41] EuGH, Urt. v. 17.9.2013, Rs. C–77/11 (Rat/Parlament), ECLI:EU:C:2013:559, Rn. 60.

[42] Vgl. *Bieber*, in: GSH, Europäisches Unionsrecht, Art. 310 AEUV, Rn. 36; *Hölscheidt*, in: Bleckmann, Europarecht, Rn. 1268; *ders.*, DÖV 1989, 537.

[43] In diesem Sinne wohl *Rossi*, in: Vedder/Heintschel v. Heinegg, Europäisches Unionsrecht, Art. 314 AEUV, Rn. 27. S. auch *Waldhoff*, in: Calliess/Ruffert, EUV/AEUV, Art. 310 AEUV, Rn. 17: »Anhang zu einer Verordnung zur Festlegung des Haushaltsplans«.

[44] Vgl. *Schoo*, in: Schwarze, EU-Kommentar, Art. 314 AEUV, Rn. 19. S. auch *Magiera*, in: Grabitz/Hilf/Nettesheim, EU, Art. 314 EUV (April 2012), Rn. 28.

[45] EuGH, Urt. v. 17.9.2013, Rs. C–77/11 (Rat/Parlament), ECLI:EU:C:2013:559, Rn. 47.

aber »den Erlass eines von den Präsidenten des Parlaments und des Rates gemeinsam unterzeichneten Rechtsakts vor.«[46] Vielmehr sei »es der Präsident des Parlaments als dessen Organ, der durch den Erlass des auf Art. 314 Abs. 9 AEUV gestützten Rechtsakts dem Haushaltsplan der Union am Ende eines Verfahrens, das durch das gemeinsame Tätigwerden des Parlaments und des Rates gekennzeichnet ist, Bindungswirkung verleiht«.[47]

43   Die **Rechtswirkungen** des als endgültig erlassen festgestellten Haushaltsplans bestehen u. a. in der Ermächtigung, die vorgesehenen Ausgaben zu tätigen und in der Verpflichtung der Mitgliedstaaten, die veranschlagten Eigenmittel an die Union zu zahlen (Art. 40 Abs. 2 HO).[48] Verpflichtungen gegenüber Dritten und Ansprüche auf Leistungen begründet der Haushaltsplan demgegenüber nicht.[49]

L.   Berichtigungshaushaltsplan

44   Art. 1 Abs. 5 HO 1977[50] sah vor, dass die Kommission Vorentwürfe von **Nachtrags- oder Berichtigungshaushaltsplänen** vorlegen konnte.[51] Die Haushaltsordnung 2002 gab diese Unterscheidung mit der Begründung auf, dass sie keine praktischen Auswirkungen habe.[52] Auch die Haushaltsordnung 2012 sieht neben dem Jahreshaushaltsplan nur noch Berichtigungshaushaltspläne vor. Art. 41 HO unterscheidet allerdings zwischen hauptsächlich einnahme- und hauptsächlich ausgabebedingten Berichtigungshaushaltsplänen und regelt die Voraussetzungen für deren Erlass. Die Kommission kann mit der Vorlage eines Entwurfs für einen Berichtigungshaushaltsplan auf erforderliche Änderungen bei Einnahmen oder Ausgaben gegenüber den Ansätzen im Jahreshaushaltsplan reagieren.

45   Nach Art. 41 Abs. 2 UAbs. 3 HO findet Art. 40 HO auf Berichtigungshaushaltspläne Anwendung. Dort ist geregelt, dass der Präsident des Europäischen Parlaments feststellt, dass der Haushaltsplan nach dem Verfahren des Art. 314 Abs. 9 und Art. 106a EAGV endgültig erlassen wurde. Daraus ergibt sich, dass Berichtigungshaushaltspläne grundsätzlich im Verfahren des Art. 314 AEUV erlassen werden.[53] Aus Gründen der Dringlichkeit können allerdings abweichende Termine zulässig sein.

M.   Rechtstreue (Abs. 10)

46   Abs. 10 ermahnt die Organe zur Rechtstreue und regelt damit grundsätzlich eine Selbstverständlichkeit. Besonders erwähnt werden Rechtsakte, die »im Bereich der Eigenmittel der Union und des Gleichgewichts von Einnahmen und Ausgaben erlassen wurden.« Gemeint sein dürfte insbesondere der **Eigenmittelbeschluss** auf der Grundlage

---

[46] EuGH, Urt. v. 17. 9. 2013, Rs. C–77/11 (Rat/Parlament), ECLI:EU:C:2013:559, Rn. 55.
[47] EuGH, Urt. v. 17. 9. 2013, Rs. C–77/11 (Rat/Parlament), ECLI:EU:C:2013:559, Rn. 56.
[48] Vgl. *Inghelram*, in: Lenz/Borchardt, EU-Verträge, Art. 314 AEUV, Rn. 2; *Niedobitek*, in: Streinz, EUV/AEUV, Art. 314 AEUV, Rn. 40.
[49] *Khan*, in: Geiger/Khan/Kotzur, EUV/AEUV, Art. 310 AEUV, Rn. 7.
[50] ABl. 1977, L 356/1.
[51] Vgl. *Hölscheidt*, in: Bleckmann, Europarecht, Rn. 1295.
[52] Erwägungsgrund 13 zur HO 2002.
[53] Vgl. z. B. Endgültiger Erlass des Berichtigungshaushaltsplans Nr. 2 der Europäischen Union für das Haushaltsjahr 2013 (2013/688/EU, Euratom), ABl. 2013, L 327/1.

von Art. 311 Abs. 3 AEUV. Art. 3 Abs. 1 EMB 2007 legt fest, dass der Gesamtbetrag der Eigenmittel, der den Gemeinschaften für die jährlichen Zahlungsermächtigungen zur Verfügung steht, 1,24% der Summe der BNE der Mitgliedstaaten nicht überschreiten darf. An dieser **Obergrenze** kommen die Unionsorgane auch bei der Aufstellung des Haushaltsplans nicht vorbei. Der Zuwachs der Parlamentsrechte im Haushaltsverfahren findet seine Grenzen an dieser dem Rat und den Mitgliedstaaten vorbehaltenen Entscheidung über die Einnahmen der Union.[54]

Darüber hinaus erscheint der Hinweis auf den nach Art. 312 AEUV aufzustellenden **47** **mehrjährigen Finanzrahmen** wichtig, der jährliche Obergrenzen der Mittel für Verpflichtungen je Ausgabenkategorie und die jährliche Obergrenze der Mittel für Zahlungen festlegt (Art. 312 Abs. 3 UAbs. 1 Satz 1 AEUV). Auch daran sind die Organe gebunden.

---

[54] Vgl. *Waldhoff*, in: Calliess/Ruffert, EUV/AEUV, Art. 314 AEUV, Rn. 13.

Artikel 315 AEUV [Nothaushaltsrecht]

Ist zu Beginn eines Haushaltsjahres der Haushaltsplan noch nicht endgültig erlassen, so können nach der gemäß Artikel 322 festgelegten Haushaltsordnung für jedes Kapitel monatliche Ausgaben bis zur Höhe eines Zwölftels der im betreffenden Kapitel des Haushaltsplans des vorangegangenen Haushaltsjahres eingesetzten Mittel vorgenommen werden, die jedoch ein Zwölftel der Mittelansätze des gleichen Kapitels des Haushaltsplanentwurfs nicht überschreiten dürfen.

[1]Der Rat kann auf Vorschlag der Kommission unter Beachtung der sonstigen Bestimmungen des Absatzes 1 entsprechend der nach Artikel 322 erlassenen Verordnung Ausgaben genehmigen, die über dieses Zwölftel hinausgehen. [2]Er leitet seinen Beschluss unverzüglich dem Europäischen Parlament zu.

In dem Beschluss nach Absatz 2 werden unter Beachtung der in Artikel 311 genannten Rechtsakte die zur Durchführung dieses Artikels erforderlichen Maßnahmen betreffend die Mittel vorgesehen.

Der Beschluss tritt 30 Tage nach seinem Erlass in Kraft, sofern das Europäische Parlament nicht innerhalb dieser Frist mit der Mehrheit seiner Mitglieder beschließt, diese Ausgaben zu kürzen.

A. Zwölftelregelung (Abs. 1)

1   Die Vorschrift enthält ein **Nothaushaltsrecht** und übernimmt im Wesentlichen Regelungen, die schon Art. 204 EWGV[1] und Art. 273 EGV vorsahen.[2] Die dort enthaltene Unterscheidung zwischen obligatorischen und nicht obligatorischen Ausgaben[3] und die daran anknüpfenden Bestimmungen über die Befugnisse des Europäischen Parlaments sind allerdings weggefallen.

2   Schöpfen die beteiligten Organe alle in Art. 314 AEUV genannten **Termine** einschließlich derer für das Vermittlungsverfahren aus, sollte der Haushaltsplan etwa Mitte Dezember des Vorjahres endgültig erlassen sein. So datiert die Feststellung des Parlamentspräsidenten, dass der Gesamthaushaltsplan für das Haushaltsjahr 2016 endgültig erlassen sei, vom 25. 11. 2015.[4] Und auch die meisten seiner Vorgänger sind rechtzeitig verabschiedet worden.

---

[1] In der durch den Vertrag zur Änderung bestimmter Finanzvorschriften der Verträge zur Gründung der Europäischen Gemeinschaften und des Vertrages zur Einsetzung eines gemeinsamen Rates und einer gemeinsamen Kommission der Europäischen Gemeinschaften vom 22. 7.1975 mit Wirkung vom 1. 6.1977 geänderten Fassung, ABl. 1977, L 359/1.

[2] S. dazu *Rossi*, Europäisches Parlament und Haushaltsverfassungsrecht, 1997, S. 92 ff.; *Strasser*, Die Finanzen Europas, 7. Aufl., 1991, S. 267 ff.

[3] S. dazu *Bieber*, in: GS, EUV/EGV, Art. 273 EGV, Rn. 10.

[4] ABl. 2016, L 48/2.

Theoretisch dürfte die EU ohne endgültig erlassenen Haushaltsplan kein Geld ausge-   3
ben. Dennoch kann es insbesondere durch eine verspätete Vorlage des Entwurfs oder
des Ratsstandpunktes zu diesem Entwurf dazu kommen, dass das Verfahren zu Beginn
des Haushaltsjahres noch nicht abgeschlossen ist, wie es 1987 und 1988 geschah. Das ist
erst recht zu erwarten, wenn der Entwurf abgelehnt wird und die Kommission deshalb,
wie in den Jahren 1980 und 1985, einen neuen vorlegen muss.[5] Art. 16 HO 2012 spricht
insoweit vom »**Verzug beim Erlass des Haushalts**«. Für diesen Fall sieht Abs. 1 vor, dass
in jedem Monat des neuen Haushaltsjahres jeweils nur ein Zwölftel der im Haushaltsplan für das Vorjahr eingesetzten Mittel ausgegeben werden dürfen.

Mit der Zwölftelregelung weicht Abs. 1 im Interesse der **Aufrechterhaltung der Funk-**   4
tionsfähigkeit der Union von der Grundregel der Art. 310 und 314 AEUV ab, dass
Einnahmen und Ausgaben einen festgestellten Haushaltsplan voraussetzen. Indem er
auf den Haushaltsplan des Vorjahres abstellt, modifiziert er zudem den Grundsatz der
Jährlichkeit. Ergänzende Regelungen zu diesem Nothaushaltsrecht enthält die Haushaltsordnung, auf die Abs. 1 insoweit ausdrücklich Bezug nimmt.

Art. 16 Abs. 3 HO 2012 konkretisiert den Begriff der für das vorhergehende Haus-   5
haltsjahr bewilligten Mittel in dem Sinne, dass »die im Haushaltsplan, einschließlich
etwaiger Berichtigungshaushaltspläne, festgestellten Mittel nach Anpassung aufgrund
von Übertragungen während jenes Haushaltjahres« gemeint sind. Eine zusätzliche
Grenze gilt für den Fall, dass im noch nicht endgültig beschlossenen Haushaltsplan für
das laufende Haushaltsjahr eine **Ausgabensenkung** vorgeschlagen ist. Dann berechnet
sich das Zwölftel nach diesen Ansätzen (Art. 16 Abs. 2 UAbs. 3 Satz 2 HO).

Der Gesamthaushaltsplan der Union ist zunächst in Einzelpläne unterteilt, die sich   6
auf die Organe und Einrichtungen der EU beziehen, deren Einnahmen und Ausgaben
der Haushaltsplan enthält. Innerhalb der Einzelpläne folgt eine sachliche Gliederung
nach Titeln und Kapiteln. Die Kapitel wiederum sind nach Art. 24 HO 2012 in Artikel
und Posten zu untergliedern (s. Art. 310 AEUV, Rn. 46). Maßgeblich für die in Abs. 1
vorgesehene Zwölftelung sind jeweils die **Mittelansätze für jedes Kapitel** des Haushaltsplans.

Während des haushaltsplanfreien Zeitraums sind **Mittelübertragungen** i. S. v.   7
Art. 316 (s. Art. 316 AEUV, Rn. 1 ff.) nur unterhalb der Kapitel des Vorjahreshaushalts
zulässig. Übertragungen vom Haushalt des Vorjahres auf das laufende Jahr sollen demgegenüber trotz des Nothaushalts erlaubt sein.[6]

B. Überschreitung der vorläufigen Zwölftel (Abs. 2)

Eine Überschreitung der vorläufigen Zwölftel ist nach Abs. 2 Satz 1 zulässig, wenn der   8
Rat das beschließt und das Parlament nicht widerspricht (Abs. 4). Für den Beschluss des
Rates liegt das Initiativrecht bei der Kommission, die einen Vorschlag unterbreitet. Der
Rat beschließt außerdem entsprechend der Haushaltsordnung. Art. 16 Abs. 4 UAbs. 1
HO 2012 enthält insoweit nähere Bestimmungen. Danach beschließt der Rat mit qua-

---

[5] Vgl. *Schoo*, in: Schwarze, EU-Kommentar, Art. 315 AEUV, Rn. 3. Zur Anwendbarkeit des Nothaushaltsrecht beim nachträglichen Wegfall des Haushaltsplans *Rossi*, in: Dauses, Handbuch des EU-
Wirtschaftsrechts, Abschnitt A.III, Oktober 2010, Rn. 227.

[6] *Bieber*, in: GSH, Europäisches Unionsrecht, Art. 315 AEUV, Rn. 14; *Schoo*, in: Schwarze, EU-
Kommentar, Art. 315 AEUV, Rn. 9

lifizierter Mehrheit. Außerdem begrenzt diese Vorschrift die Befugnis des Rates so, dass »die Bewilligung von mehr als vier vorläufigen Zwölfteln nur in hinreichend begründeten Fällen gestattet ist.« Darin kommt zum Ausdruck, dass der Zustand eines Nothaushalts ein außergewöhnlicher ist und keine Anreize bieten soll, sich in ihm einzurichten.[7] Schon die Zwölftelregelung ist daher nicht selbstverständlich. Bei höheren Ausgaben und Einnahmen kommt es zu einer Steigerung dieser Ausnahmesituation. Die **Begründungspflicht** entspricht daher Sinn und Zweck des Nothaushaltsrechts, auch wenn sie im Primärrecht nicht ausdrücklich vorgesehen ist.

C. Eigenmittel (Abs. 3)

9   Während die anderen Absätze die Ausgaben betreffen, bezieht sich Abs. 3 auf die Einnahmen. Er verweist insoweit auf die in Art. 311 AEUV genannten Rechtsakte. Das sind der jeweilige Eigenmittelbeschluss sowie die dazu ergangene Durchführungsverordnung (s. Art. 311 AEUV, Rn. 117, 147). Art. 2 Abs. 6 des Eigenmittelbeschlusses 2007 (s. Art. 311 AEUV, Rn. 145) bestimmt für den Fall, dass der Haushaltsplan zu Beginn des Haushaltsjahres noch nicht angenommen ist, dass »die geltenden MwSt.- und BNE-Abrufsätze bis zum Inkrafttreten der neuen Sätze gültig« bleiben. Diese **Abrufsätze,** die letztlich über die Höhe der von den Mitgliedstaaten an die EU zu zahlenden Beträge entscheiden, sind nicht im Eigenmittelbeschluss enthalten, sondern werden erst im Rahmen des Haushaltsverfahrens festgelegt. Deshalb ist auch insoweit eine Regelung erforderlich. Die anderen Einnahmen – z. B. Zölle und Warenverkehrsabgaben – fließen der Union auch ohne ein solches Nothaushaltsrecht zu.[8]

10   Art. 10 Abs. 3 UAbs. 9 der Verordnung 1150/2000[9] verpflichtet die Mitgliedstaaten der Union beim Fehlen eines Haushaltsplans jeweils »am ersten Arbeitstag jedes Monats […] ein Zwölftel der Beträge, die im letzten endgültig festgestellten Haushaltsplan für die MwSt.-Eigenmittel und die zusätzliche Einnahme […] veranschlagt waren, gut« zu schreiben. Der Begriff zusätzliche Einnahme meint die BNE-Eigenmittel (s. dazu Art. 311 AEUV, Rn. 38).[10] Nach Feststellung des Haushaltsplans erfolgt eine **Verrechnung** dieser Zahlungen mit den dort vorgesehenen.

11   Die erwähnten Regelungen gelten für den »normalen« Nothaushalt. Abs. 3 bezieht sich demgegenüber auf die **Ausnahmesituationen,** in denen der Rat Ausgaben genehmigt, die über das monatliche Zwölftel hinausgehen. Daher wird man ihn als Ermächtigung verstehen können, auch zusätzliche Einnahmen bereitzustellen,[11] die sich ansonsten im Rahmen der auf der Basis von Art. 311 AEUV erlassenen Rechtsakte halten müssen. Insbesondere darf die jeweils festgelegte Eigenmittelobergrenze nicht überschritten werden.[12]

---

[7] Vgl. *Waldhoff,* in: Calliess/Ruffert, EUV/AEUV, Art. 315 AEUV, Rn. 1.

[8] *Magiera,* in: Grabitz/Hilf/Nettesheim, EU, Art. 315 AEUV (April 2012), Rn. 9.

[9] Verordnung Nr. 1150/2000 vom 22. 5. 2000 zur Durchführung des Beschlusses über das System der Eigenmittel der Gemeinschaften, ABl. 2000, L 130/1, in der Fassung der Verordnung (EG, Euratom) Nr. 105/2009 des Rates vom 26. 1. 2009, ABl. 2009, L 36/1.

[10] Vgl. Erwägungsgrund 14 der Verordnung 1150/2000.

[11] Vgl. *Bieber,* in: GSH, Europäisches Unionsrecht, Art. 315 AEUV, Rn. 16; *Lödl,* in: Mayer/Stöger, EUV/AEUV, Art. 315 AEUV (2013), Rn. 15; *Schoo,* in: Schwarze, EU-Kommentar, Art. 315 AEUV, Rn. 10.

[12] *Niedobitek,* in: Streinz, EUV/AEUV, Art. 315 AEUV, Rn. 11.

D. Beteiligung des Parlaments (Abs. 4)

Der Rat kann nicht allein entscheiden, sondern muss seinen Beschluss unverzüglich dem   **12**
Parlament zuleiten (Abs. 2 Satz 2). Das Parlament muss keine aktive Rolle spielen und
es darf auch die vom Rat vorgesehenen Ausgaben nicht erhöhen. Bleibt das Parlament
untätig, tritt der Ratsbeschluss 30 Tage nach seinem Erlass in Kraft. Die **einzige Gestal-
tungsmöglichkeit**, die Abs. 4 dem Parlament ausdrücklich einräumt, ist es, die vom Rat
vorgesehenen, über das Zwölftel hinausgehenden Ausgaben zu kürzen. Diese Kürzung
kann auch 100 % betragen, so dass das Parlament auf diese Weise die Überschreitung
vollständig verhindern kann. Ein entsprechender Parlamentsbeschluss bedarf der absoluten Mehrheit.

     Art. 16 Abs. 4 UAbs. 2 HO 2012 ergänzt die primärrechtlichen Vorgaben zum einen   **13**
dadurch, dass ein Beschluss des Parlaments, die vom Rat vorgesehenen Ausgaben zu
kürzen, zur Folge hat, dass die Kommission einen neuen Vorschlag vorlegen muss
(Buchst. a). Zum anderen kann das Parlament auch mitteilen, dass es die zusätzlichen
Ausgaben nicht kürzen will. Konsequenz ist dann, dass der Ratsbeschluss schon vor
Ablauf der 30-Tagesfrist in Kraft tritt. Auf diese Weise kann das Parlament das **Verfahren beschleunigen**. Diese Variante ist zwar im Primärrecht nicht ausdrücklich erwähnt;
es gibt jedoch keinen zwingenden Grund, sie auszuschließen.

Artikel 316 AEUV [Übertragbarkeit, Gliederung des Haushaltsplans]

Nach Maßgabe der aufgrund des Artikels 322 erlassenen Vorschriften dürfen die nicht für Personalausgaben vorgesehenen Mittel, die bis zum Ende der Durchführungszeit eines Haushaltsplans nicht verbraucht worden sind, lediglich auf das nächste Haushaltsjahr übertragen werden.

Die vorgesehenen Mittel werden nach Kapiteln gegliedert, in denen die Ausgaben nach Art oder Bestimmung zusammengefasst sind; die Kapitel werden nach der gemäß Artikel 322 festgelegten Haushaltsordnung unterteilt.

Die Ausgaben des Europäischen Parlaments, des Europäischen Rates und des Rates, der Kommission sowie des Gerichtshofs der Europäischen Union werden unbeschadet einer besonderen Regelung für bestimmte gemeinsame Ausgaben in gesonderten Teilen des Haushaltsplans aufgeführt.

Inhaltsübersicht

A. Zeitliche Mittelübertragungen (Abs. 1)

1   Art. 316 AEUV übernimmt Regelungen, die in den Abs. 2–4 der Art. 202 EWGV, 202 und zuletzt 271 EGV enthalten waren. Deren früherer Abs. 1, der festlegte, dass die in den Haushaltsplan eingesetzten Mittel für ein Haushaltsjahr bewilligt werden, ist nun in Art. 310 Abs. 2 AEUV zu finden. Abs. 1 bestätigt und modifiziert den dort verankerten **Haushaltsgrundsatz der Jährlichkeit** (s. Art. 310 AEUV, Rn. 32).[1] Er erlaubt Mittelübertragungen in zeitlicher Hinsicht, schränkt sie aber doch so stark ein, dass die Jährlichkeit nicht grundsätzlich in Frage gestellt wird.[2]

2   Übertragungen von Mitteln dürfen nur nach »Maßgabe der aufgrund des Artikels 322 erlassenen Vorschriften« stattfinden. Damit verweist Abs. 1 insbesondere auf die **Haushaltsordnung** der EU, die Parlament und Rat nach Art. 322 Abs. 1 Buchst. a AEUV erlassen. Die pauschale Erwähnung des Art. 322 AEUV schließt allerdings grundsätzlich die weiteren dort vorgesehenen Rechtsakte nicht aus. Die Haushaltsordnung 2012 (HO, s. dazu Art. 322 AEUV, Rn. 7) enthält entsprechende Regelungen in ihren Art. 13 ff.

3   Art. 13 Abs. 1 UAbs. 1 HO formuliert zunächst sehr streng, dass »Mittel, die am Ende des Haushaltsjahrs, für das sie in den Haushaltsplan eingestellt wurden, nicht in Anspruch genommen worden sind, verfallen.« Dann sieht UAbs. 2 jedoch weitreichende Ausnahmen von dieser Grundregel vor. Danach kann das betreffende Organ nämlich gemäß Art. 13 Abs. 2 und 3 HO »diese nicht in Anspruch genommenen Mittel durch einen Beschluss, der spätestens am 15. Februar ergehen muss, übertragen, aber nur auf das nächste Haushaltsjahr«. Nach Art. 13 Abs. 5 HO hat das Organ, das die Übertragung beschließt, das Europäische Parlament und den Rat spätestens am 15. März davon zu unterrichten. Art. 13 Abs. 4 HO sieht für bestimmte Mittel sogar eine **automatische**

---

[1] Vgl. *Niedobitek*, in: Streinz, EUV/AEUV, Art. 316 AEUV, Rn. 1.
[2] Vgl. *Lödl*, in: Mayer/Stöger, EUV/AEUV, Art. 316 AEUV (2013), Rn. 2.

Übertragung vor. Die hier und schon in Art. 13 Abs. 2 HO anzutreffende Unterscheidung zwischen **getrennten und nichtgetrennten Mitteln** führt zu Art. 10 Abs. 1 HO. Daraus ergibt sich, dass getrennte Mittel solche sind, die sich aus Mitteln für Verpflichtungen und Mittel für Zahlungen zusammensetzen. Das betrifft Ausgaben, zu denen sich die Union zwar in einem bestimmten Haushaltsjahr verpflichtet, die dann aber über einen Zeitraum von mehreren Jahren ausgezahlt werden sollen.

Übertragungen von im Haushaltsplan vorgesehenen Mitteln sind **nur bei Sachausgaben**, nicht jedoch bei Personalausgaben zulässig. Art. 13 Abs. 6 HO, der grundsätzlich auch noch die Übertragung von Reservemitteln ausschließt, definiert Personalausgaben als »die Dienstbezüge und Zulagen der Mitarbeiter und des Personals der Organe, für die das Statut gilt.« Nicht verausgabte Personalausgaben verfallen demnach.[3] Sachausgaben sind demgegenüber grundsätzlich übertragbar. Selbstverständliche weitere Voraussetzung einer Mittelübertragung ist stets, dass die vorgesehenen Mittel »bis zum Ende der Durchführungszeit eines Haushaltsplans nicht verbraucht worden sind«.

Schließlich gilt, dass eine Übertragung von Mitteln »lediglich auf das nächste Haushaltsjahr« zulässig ist. Diese Beschränkung ließe sich relativ leicht umgehen, wenn stets zunächst die übertragenen Mittel ausgegeben würden. Dann könnten die im Haushaltsplan des nächsten Jahres vorgesehenen und wegen der Übertragung nicht verausgabten Mittel wiederum ins folgende Haushaltsjahr übertragen werden. Auf diese Weise würde es möglich, solche Mittel jedenfalls im wirtschaftlichen Ergebnis über mehrere Jahre weiterzureichen. Dagegen spricht jedoch schon, dass übertragene Mittel solche für das Haushaltsjahr bleiben, in dessen Haushaltsplan sie eingestellt wurden. Eine erneute Einstellung in den nächsten Haushaltsplan erfolgt daher nicht.[4]

Einer Weiterübertragung schiebt außerdem Art. 13 Abs. 3 UAbs. 2 HO einen Riegel vor, indem er bestimmt, dass das betreffende Organ zunächst die für das laufende Haushaltsjahr bewilligten Mittel in Anspruch nehmen und erst nach Ausschöpfung dieser Mittel auf die übertragenen Mittel zurückgreifen darf. Die gelegentlich auch im Haushaltsrecht relevante fifo-Methode (»first in – first out«)[5] kommt hier demnach nicht zur Anwendung. Daher ist eine **weitere Übertragung ausgeschlossen**. Übertragen werden könnten nur Reste der für das neue Haushaltsjahr veranschlagten Mittel. Nicht verausgabte, aus dem vorhergehenden Haushaltsjahr übertragene Mittel verfallen endgültig.[6]

B. Gliederung des Haushaltsplans, Grundsatz der Spezialität (Abs. 2 und 3)

Der Gesamthaushaltsplan der EU stellt zunächst die Gesamteinnahmen dar. Anschließend folgen die Einnahmen und Ausgaben nach Einzelplänen. Der für das Haushaltsjahr 2016 aufgestellte Haushaltsplan enthält **zehn Einzelpläne**.[7] Damit kommt er u. a. der

---

[3] Vgl. *Magiera*, in: Grabitz/Hilf/Nettesheim, EU, Art. 316 AEUV (April 2012), Rn. 2.

[4] Vgl. *Bieber*, in: GSH, Europäisches Unionsrecht, Art. 316 AEUV, Rn. 3; *Niedobitek*, in: Streinz, EUV/AEUV, Art. 316 AEUV, Rn. 6.

[5] Vgl. dazu nur *Höfling/Rixen*, in: Bonner Kommentar, GG, Art. 115 (Juli 2003), Rn. 200; *v. Lewinski*, Öffentlichrechtliche Insolvenz und Staatsbankrott, 2011, S. 281.

[6] Vgl. *Bieber*, in: GSH, Europäisches Unionsrecht, Art. 316 AEUV, Rn. 1; *Schoo*, in: Schwarze, EU-Kommentar, Art. 316 AEUV, Rn. 3.

[7] Endgültiger Erlass (EU, Euratom) 2016/150 des Gesamthaushaltsplans der Europäischen Union für das Haushaltsjahr 2016, ABl. 2016, L 48/3 f.

Aufforderung in Abs. 3 nach, der verlangt, dass die Ausgaben der dort erwähnten Organe grundsätzlich in gesonderten Teilen des Haushaltsplans aufgeführt werden. Dementsprechend bezieht sich Einzelplan I auf das Parlament, Einzelplan II fasst die Ansätze für den Europäischen Rat und den Rat zusammen. Die Einzelpläne III (Kommission), IV (Gerichtshof) und V (Rechnungshof, obwohl in Abs. 3 nicht erwähnt) komplettieren die Liste der Organe, die Art. 13 Abs. 1 UAbs. 2 EUV nennt, lassen allerdings die EZB aus, die aufgrund ihrer Unabhängigkeit und eigenen Rechtspersönlichkeit einen selbstständigen Haushalt aufstellt (s. Art. 310 AEUV, Rn. 23).

8   Die Einzelpläne VI (Europäischer Wirtschafts- und Sozialausschuss), VII (Ausschuss der Regionen), VIII (Europäischer Bürgerbeauftragter) und IX (Europäischer Datenschutzbeauftragter) enthalten die Ansätze für diese wichtigen Unionseinrichtungen. Einzelplan X bezieht sich schließlich auf den Europäischen Auswärtigen Dienst.

9   Die oberste Gliederungsebene innerhalb der Einzelpläne sind die **Titel**. Das Primärrecht erwähnt sie zwar nicht, wohl aber Art. 24 Satz 1 HO, der festlegt: »Die Mittel werden nach Titeln und Kapiteln sachlich gegliedert.« Abs. 2 bestimmt demgegenüber nur, dass die vorgesehenen Mittel im Haushaltsplan »nach Kapiteln gegliedert [werden], in denen die Ausgaben nach Art oder Bestimmung zusammengefasst sind«. Das muss kein Widerspruch sein. Vielmehr handelt es sich bei den Kapiteln um die Gliederungsebene nach den Titeln. Hinsichtlich der weiteren Untergliederungen der **Kapitel** verweist Abs. 2 ausdrücklich auf die Haushaltsordnung. Art. 24 Satz 2 HO ordnet insoweit an: »Die Kapitel sind in Artikel und Posten untergliedert.«

10   In diesen Aufteilungen des Haushaltsplans kommt der **haushaltsrechtliche Grundsatz der Spezialität** zum Ausdruck (s. Art. 310 AEUV, Rn. 46).[8] Die Mittelansätze dienen demnach nicht allgemein zum Bestreiten aller Ausgaben. Vielmehr legen Rat und Parlament, die den Haushaltsplan beschließen, mehr oder weniger exakt fest, für welche speziellen Zwecke die vorgesehenen Mittel bestimmt sind. So wie der Grundsatz der Jährlichkeit Mittelübertragungen in zeitlicher Hinsicht entgegensteht, widerstreitet der Grundsatz der Spezialität Übertragungen innerhalb der Titel, Kapitel und sonstigen Untergliederungen des Haushaltsplans eines bestimmten Haushaltsjahres.

11   Auch das Spezialitätsprinzip gilt aber nicht absolut. Art. 25 HO regelt, welche **Mittelübertragungen** die jeweiligen Organe innerhalb ihrer Einzelpläne vornehmen dürfen. Organe in diesem Sinne sind nicht allein jene, denen der förmliche Status des Unionsorgans nach Art. 13 EUV zukommt, sondern auch die beratenden Organe i. S. v. Art. 300 AEUV sowie die anderen Einrichtungen, für die der Haushaltsplan eigene Einzelpläne enthält. Für die Kommission gelten Sonderregelungen, denn Art. 317 Abs. 3 AEUV ermächtigt sie ausdrücklich, »nach der gemäß Artikel 322 festgelegten Haushaltsordnung Mittel von Kapitel zu Kapitel oder von Untergliederung zu Untergliederung [zu] übertragen.« Daher enthält Art. 26 HO spezielle und großzügigere Bestimmungen für Mittelübertragungen der Kommission innerhalb ihres Einzelplans. Nur ausnahmsweise (Art. 26 Abs. 1 UAbs. 2 Satz 2) entscheiden Parlament und Rat im Verfahren nach Art. 27 HO über entsprechende Vorschläge.

---

[8] Vgl. *Rossi*, in: Vedder/Heintschel v. Heinegg, Europäisches Unionsrecht, Art. 310 AEUV, Rn. 6.

Kapitel 4
Ausführung des Haushaltsplans und Entlastung

Artikel 317 AEUV [Ausführung des Haushaltsplans]

¹Die Kommission führt den Haushaltsplan zusammen mit den Mitgliedstaaten gemäß der nach Artikel 322 festgelegten Haushaltsordnung in eigener Verantwortung und im Rahmen der zugewiesenen Mittel entsprechend dem Grundsatz der Wirtschaftlichkeit der Haushaltsführung aus. ²Die Mitgliedstaaten arbeiten mit der Kommission zusammen, um sicherzustellen, dass die Mittel nach dem Grundsatz der Wirtschaftlichkeit der Haushaltsführung verwendet werden.

¹In der Haushaltsordnung sind die Kontroll- und Wirtschaftsprüfungspflichten der Mitgliedstaaten bei der Ausführung des Haushaltsplans sowie die damit verbundenen Verantwortlichkeiten geregelt. ²Darin sind ferner die Verantwortlichkeiten und die besonderen Einzelheiten geregelt, nach denen jedes Organ an der Vornahme seiner Ausgaben beteiligt ist.

Die Kommission kann nach der gemäß Artikel 322 festgelegten Haushaltsordnung Mittel von Kapitel zu Kapitel oder von Untergliederung zu Untergliederung übertragen.

Literaturübersicht

Ehlermann/Minch, Conflicts between Community Institutions within the Budgetary Procedure – Article 205 of the EEC Treaty, EuR 1981, 23; *Europäische Kommission*, Die Finanzverfassung der Europäischen Union, 4. Ausgabe, 2009; *Lenzen*, Der EU-Haushalt: Ein Katalysator für Legislativmaßnahmen?, Zur Auswirkung des Verhältnisses von Haushalts- und Gesetzgebungsverfahren auf Umfang und Intensität der EU-Tätigkeit, EuR 1996, 214; *Schenk*, Strukturen und Rechtsfragen der gemeinschaftlichen Leistungsverwaltung, 2006; *Thäsler*, Finanzkontrolle im europäischen Mehrebenensystem, 2012.

Inhaltsübersicht

A. Ausführung durch Kommission und Mitgliedstaaten (Abs. 1)

Die Kommission ist das **Exekutivorgan der Union**. Daher ist es naheliegend, ihr auch die Ausführung des Haushaltsplans zu übertragen. Art. 205 Abs. 1 EWGV formulierte deshalb: »Im Rahmen der zugewiesenen Mittel führt die Kommission den Haushaltsplan nach der gemäß Artikel 209 festgelegten Haushaltsordnung in eigener Verantwortung aus.« Der Vertrag von Maastricht 1993 fügte in Art. 205 Abs. 1 EGV den Hinweis auf den Grundsatz der Wirtschaftlichkeit hinzu. 1998 ergänzte der Vertrag von Amsterdam den ersten Absatz dieser nun als Art. 274 EGV[1] bezifferten Vorschrift um einen zweiten Satz, der dem heutigen Abs. 1 Satz 2 entspricht. Erst er adressierte damit auch die Mitgliedstaaten.

1

---

[1] Zum Vollzug des Haushalts unter der Geltung des EG-Vertrags vgl. *Draheim*, Probleme der finanzpolitischen Willensbildung in Europa, 2004, S. 261 ff.

2 Art. I–26 Abs. 1 Satz 4 EVV sollte die Ausführung des Haushaltsplans ebenfalls zu den Aufgaben der Kommission zählen. Schon Art. III–407 EVV, der inhaltlich Art. 317 AEUV entspricht, fügte aber in seinem Abs. 1 Satz 1 hinzu, dass die Kommission den Haushaltsplan **zusammen mit den Mitgliedstaaten** ausführt. Der Vertrag von Lissabon übernahm diese Regelungen in Art. 17 Abs. 1 Satz 4 EUV und in der hier kommentierten Vorschrift in Abs. 1 Satz 1.

3 Die Festlegung, dass die Aufgabe, den Haushaltsplan auszuführen, der Kommission nicht allein, sondern zusammen mit den Mitgliedstaaten obliegt, überrascht zunächst, weil die Mitgliedstaaten zwar Vertragsparteien und »Herren der Verträge« sind, nicht aber Unionsorgane. Auf den zweiten Blick liegt eine solche Gestaltung aber doch nahe, denn die **Ausführung des Unionsrechts** fällt überwiegend in den Zuständigkeitsbereich der Mitgliedstaaten;[2] die Union hat deshalb in den meisten Bereichen keine eigenen Behörden. Daher sind es die Behörden der Mitgliedstaaten, die oft auch über die Verausgabung der Mittel aus dem Gesamthaushaltsplan der Union entscheiden.[3] Das drückt das Primärrecht nun mit der Zuweisung der gemeinsamen Ausführungsverantwortung an die Kommission und die Mitgliedstaaten aus.

4 Art. 53 der **Haushaltsordnung 2012** (HO) hat diese Änderung des Primärrechts nicht nachvollzogen, sondern entspricht in seinem Abs. 1 dem Inhalt von Art. 274 Abs. 1 Satz 1 EGV, wenn er bestimmt: »Die Kommission führt den Haushaltsplan in Einnahmen und Ausgaben nach Maßgabe dieser Verordnung eigenverantwortlich und im Rahmen der bewilligten Mittel aus.« Art. 53 Abs. 2 HO wiederholt Art. 317 Abs. 1 Satz 2 AEUV. Dass die Kommission den Haushaltsplan generell zusammen mit den Mitgliedstaaten ausführt, wie es Abs. 1 Satz 1 zu entnehmen sein könnte, findet in der Haushaltsordnung keinen Widerhall.

5 Wie auch schon zuvor in Art. 53 ff. HO 2002 unterscheidet Art. 58 HO 2012 allerdings **verschiedene Arten des Haushaltsvollzugs**.[4] Die Kommission führt den Haushalt danach entweder im Wege der direkten Mittelverwaltung,[5] also durch unionseigene Stellen (Art. 58 Abs. 1 Buchst. a HO), oder in geteilter Mittelverwaltung[6] mit den Mitgliedstaaten (Art. 58 Abs. 1 Buchst. b HO) aus.

6 Art. 59 Abs. 1 HO erklärt, dass die Kommission bei **geteilter Mittelverwaltung** den Mitgliedstaaten Haushaltsvollzugsaufgaben überträgt. Weiter heißt es dort: »Die Kommission und die Mitgliedstaaten stellen sicher, dass die Mittel aus dem Haushalt der Union nach den Grundsätzen der Wirtschaftlichkeit der Haushaltsführung, der Transparenz und der Nichtdiskriminierung verwendet werden, und sie sorgen jeweils für eine angemessene Sichtbarkeit der Maßnahme der Union. Zu diesem Zweck erfüllen die Kommission und die Mitgliedstaaten ihre jeweiligen Kontroll- und Prüfungspflichten sowie die damit verbundenen und in der vorliegenden Verordnung festgelegten Aufgaben. Zusätzliche Bestimmungen werden in sektorspezifischen Vorschriften festgelegt.« Die Festlegung der Verantwortlichkeiten der Mitgliedstaaten und der Kontroll-

---

[2] Vgl. *Bieber*, in: GSH, Europäisches Unionsrecht, Art. 317 AEUV, Rn. 7; *Inghelram*, in: Lenz/Borchardt, EU-Verträge, Art. 317 AEUV, Rn. 2; *J.-P. Schneider*, in: Terhechte, Verwaltungsrecht der EU, § 26, Rn. 20, wonach 80 % der Unionsmittel durch die Mitgliedstaaten verwaltet werden.

[3] Vgl. *Mähring*, DÖV 1006, 195 (196); *Niedobitek*, in: Streinz, EUV/AEUV, Art. 317 AEUV, Rn. 15.

[4] Vgl. dazu *Europäische Kommission*, Die Finanzverfassung, S. 324 ff.; *Schenk*, S. 147 ff.; *Thäsler*, S. 41 ff.

[5] S. dazu *Schenk*, S. 149 ff.

[6] S. dazu *Schenk*, S. 230 ff.

befugnisse der Kommission erfolgt dann entweder in den folgenden sieben Absätzen des Art. 59 HO oder in den erwähnten sektorspezifischen Vorschriften.

Insgesamt entspricht die Kompetenzverteilung, die die Haushaltsordnung vorsieht, **7** kaum dem Bild von dem gemeinsamen Haushaltsvollzug, das Abs. 1 Satz 1 vorzuzeichnen scheint. Vermutlich ging es den Vertragsparteien aber gar nicht um eine generell gemeinsame Ausführung des Haushaltsplans, sondern nur um die auch primärrechtliche Verankerung der **Pflichten der Mitgliedstaaten**.[7] Deshalb wird man in den Regelungen der Haushaltsordnung keinen Verstoß gegen das Primärrecht sehen müssen, sondern eine realistische Umsetzung dessen, was die Vertragsparteien mit Art. 317 Abs. 1 und auch Abs. 2 AEUV regeln wollten.

Bei der Ausführung handelt die Kommission in **eigener Verantwortung**. Aufgrund der **8** Einfügung »zusammen mit den Mitgliedstaaten« erschiene es nicht von vornherein ausgeschlossen, Abs. 1 Satz 1 so zu verstehen, als handelten Kommission und Mitgliedstaaten jeweils in eigener Verantwortung. Gemeint ist aber wohl das, was auch sprachlich näher liegt, dass nämlich nach wie vor die Hauptverantwortung für die Ausführung des Haushalts bei der Kommission liegt.[8] Art. 319 Abs. 1 Satz 1 AEUV, der die Entlastung allein der Kommission vorsieht, bestätigt diese Auslegung.[9]

Die Art. 58 ff. HO lassen ebenfalls deutlich werden, dass es nach wie vor die Kom- **9** mission ist, die in eigener Verantwortung handelt und den Mitgliedstaaten nur bestimmte Haushaltsvollzugsaufgaben überträgt (Art. 59 Abs. 1 Satz 1 HO). Der damit verbundene **Spielraum** wird allerdings mehrfach **begrenzt**. So ist die Kommission – und sind auch die Mitgliedstaaten – an die **Vorschriften der Haushaltsordnung** der Union gebunden. Zudem dürfen sie Ausgaben nur im Rahmen der durch den Haushaltsplan zugewiesenen Mittel tätigen. Darüber hinaus setzt die Ausführung der in den Haushaltsplan eingesetzten Mittel nach Art. 310 Abs. 3 AEUV den **Erlass eines Basisrechtsaktes** voraus (s. Art. 310 AEUV, Rn. 49 ff.).[10]

Schließlich weist schon Abs. 1 Satz 1 Kommission und Mitgliedstaaten auf ein Vorge- **10** hen nach dem Grundsatz der **Wirtschaftlichkeit der Haushaltsführung** hin. Abs. 1 Satz 2 verpflichtet die Mitgliedstaaten noch einmal ausdrücklich auf die Zusammenarbeit mit der Kommission mit dem Ziel, die Mittel nach diesem Grundsatz zu verwenden. Der Grundsatz der Wirtschaftlichkeit wird bereits in Art. 310 Abs. 5 AEUV erwähnt (s. Art. 310 AEUV, Rn. 38). Zudem prüft nach Art. 287 Abs. 2 Satz 1 AEUV der Rechnungshof nicht nur die Rechtmäßigkeit und Ordnungsmäßigkeit der Einnahmen und Ausgaben, sondern überzeugt sich auch von der Wirtschaftlichkeit der Haushaltsführung (s. Art. 287 AEUV, Rn. 9).

---

[7] Vgl. *Niedobitek*, in: Streinz, EUV/AEUV, Art. 317 AEUV, Rn. 15 ff.; *Waldhoff*, in: Calliess/Ruffert, EUV/AEUV, Art. 317 AEUV, Rn. 2.

[8] Vgl. *J.-P. Schneider*, in: Terhechte, Verwaltungsrecht der EU, § 26, Rn. 16. *Lödl*, in: Mayer/Stöger, EUV/AEUV, Art. 317 AEUV (2013), Rn. 13, geht von der Alleinverantwortung der Kommission aus.

[9] Vgl. *Rossi*, in: Vedder/Heintschel v. Heinegg, Europäisches Unionsrecht, Art. 317 AEUV, Rn. 3.

[10] Zur Frage weiterer Einschränkungen und Einflussmöglichkeiten des Rates vgl. EuGH, Urt. v. 24.10.1989, Rs. 16/88 (Kommission/Rat), Slg. 1989, 3457, Rn. 6; *Europäische Kommission*, Die Finanzverfassung, S. 319 ff.; *Niedobitek*, in: Streinz, EUV/AEUV, Art. 317 AEUV, Rn. 13 f.; *Schenk*, S. 141 ff.; *Thäsler*, S. 40 f.

B. Verantwortlichkeiten (Abs. 2)

11   Alle früheren Fassungen der Regelung in Abs. 2 beschränkten sich auf dessen jetzigen Satz 2. Abs. 2 Satz 1, der erst durch den Vertrag von Lissabon eingefügt wurde, nimmt die **Mitgliedstaaten** zusätzlich in die Pflicht. Er sieht vor, dass die Haushaltsordnung »die Kontroll- und Wirtschaftsprüfungspflichten der Mitgliedstaaten bei der Ausführung des Haushaltsplans sowie die damit verbundenen Verantwortlichkeiten« regelt. Die einschlägigen Regelungen zur geteilten Mittelverwaltung finden sich in Art. 59 HO.

12   Abs. 2 Satz 2 erwähnt die **Unionsorgane** und meint damit die anderen Organe;[11] denn die Kommission ist ohnehin nach Abs. 1 für die Ausführung des Haushaltsplans zuständig. Art. 274 Abs. 2 EGV hielt noch an der ursprünglichen Formulierung fest, wonach es um die Beteiligung der einzelnen Organe bei der Vornahme ihrer Ausgaben ging. Der Vertrag von Lissabon hat diesen Satz umformuliert und hebt die Verantwortlichkeiten im Rahmen dieser Beteiligung hervor. Die Pflichten im Zusammenhang mit der Vornahme von Ausgaben erwähnt Abs. 2 Satz 2. Auch er sieht Regelungen in der Haushaltsordnung vor und spricht insoweit von Verantwortlichkeiten und besonderen Einzelheiten.

C. Mittelübertragungen der Kommission (Abs. 3)

13   Der in Art. 316 Abs. 2 und 3 AEUV verankerte **Grundsatz der Spezialität** steht Übertragungen der im Haushaltsplan vorgesehenen Mittel entgegen. Abs. 3, der inhaltlich noch der Ursprungsfassung von Art. 205 Abs. 2 EWGV entspricht, regelt eine **Ausnahme** davon primärrechtlich.[12] Die sekundärrechtlichen Bestimmungen finden sich in Art. 26 HO. Obwohl die Verträge keine weiteren Bestimmungen enthalten, lässt Art. 25 HO auch Mittelübertragungen durch die anderen Organe zu. Für sie gelten allerdings strengere Voraussetzungen als für die Kommission. Während die Kommission nur im Ausnahmefall der Zustimmung von Rat und Parlament bedarf, können die anderen Organe Mittelübertragungen meist nur vorschlagen.

14   Abs. 3 bezieht sich nur auf Übertragungen im Rahmen des jeweiligen Haushaltsplans. Die Übertragung von Mitteln aus einem Haushaltsjahr in das nächste und damit Abweichungen vom Haushaltsgrundsatz der Jährlichkeit regelt Art. 316 Abs. 1 AEUV.

---

[11] Vgl. *Khan*, in: Geiger/Khan/Kotzur, EUV/AEUV, Art. 317 AEUV, Rn. 3.

[12] Vgl. *Bieber*, in: GSH, Europäisches Unionsrecht, Art. 317 AEUV, Rn. 18; *Magiera*, in: Grabitz/Hilf/Nettesheim, EU, Art. 317 AEUV (April 2012), Rn. 13; *Niedobitek*, in: Streinz, EUV/AEUV, Art. 317 AEUV, Rn. 22.

Artikel 318   AEUV [Rechnungslegung]

¹Die Kommission legt dem Europäischen Parlament und dem Rat jährlich die Rechnung des abgelaufenen Haushaltsjahres für die Rechnungsvorgänge des Haushaltsplans vor. ²Sie übermittelt ihnen ferner eine Übersicht über das Vermögen und die Schulden der Union.

Die Kommission legt dem Europäischen Parlament und dem Rat ferner einen Evaluierungsbericht zu den Finanzen der Union vor, der sich auf die Ergebnisse stützt, die insbesondere in Bezug auf die Vorgaben erzielt wurden, die vom Europäischen Parlament und vom Rat nach Artikel 319 erteilt wurden.

A.   Rechnungslegung (Abs. 1)

Abs. 1 entspricht fast wörtlich Art. 275 EGV, der seinerseits wortlautidentisch mit dem mit Wirkung vom 1.6.1977 eingefügten[1] Art. 205a EWGV war. Der Vertrag von Lissabon hat nicht allein das Wort »Gemeinschaft« durch »Union« ersetzt, sondern auch die Reihenfolge der Erwähnung der Organe verändert. Damit trägt er der **gewachsenen Bedeutung des Europäischen Parlaments** Rechnung, das zu Anfang nur Änderungsvorschläge unterbreiten durfte, mittlerweile aber gleichberechtigt mit dem Rat über den Haushalt der Union entscheidet (s. Art. 314 AEUV, Rn. 3, 8 f.).   **1**

Die Kommission hat dem Parlament und dem Rat nach Abs. 1 Satz 1 jährlich Rechnung zu legen. Diese Rechnungslegung dient als Basis für die in Art. 319 AEUV vorgesehene Entscheidung über die **Entlastung der Kommission.**[2] Die Einzelheiten regeln die Art. 141 ff. HO. Zusätzlich zu den jährlich nachträglich vorzulegenden Informationen sieht Art. 150 HO die unterjährige Übermittlung von Daten zum laufenden Haushaltsvollzug vor. Die Informationen erhält regelmäßig auch der **Rechnungshof** (vgl. Art. 149 Abs. 2, 150 Abs. 3 HO).   **2**

Abs. 1 Satz 2 verpflichtet die Kommission außerdem zur **Vorlage einer Übersicht** über das Vermögen und die Schulden der Union. In diesen Jahresabschlüssen (Art. 145 HO) kommen nicht nur die Rechnungsvorgänge des jeweiligen Haushaltsjahres zum Ausdruck, sondern die Ergebnisse eines längeren Zeitraums, in dem sich Vermögen und Schulden ansammeln konnten.   **3**

---

[1] Vgl. Art. 14 des Vertrags zur Änderung bestimmter Finanzvorschriften der Verträge zur Gründung der Europäischen Gemeinschaften und des Vertrages zur Einsetzung eines gemeinsamen Rates und einer gemeinsamen Kommission der Europäischen Gemeinschaften vom 22.7.1975, ABl. 1977, L 359/1. Zum Inkrafttreten s. ebd., S. 20. Geändert wurde Art. 205a EWGV dann noch einmal 1987 durch Art. 3 Abs. 1 der Einheitlichen Europäischen Akte, ABl. 1987, L 169/1, im Hinblick auf die Bezeichnung des Europäischen Parlaments.

[2] Vgl. *Waldhoff*, in: Calliess/Ruffert, EUV/AEUV, Art. 318 AEUV, Rn. 1.

B. Evaluierungsbericht (Abs. 2)

4 Zusätzlich zu den nach Abs. 1 erforderlichen Unterlagen legt die Kommission Parlament und Rat auch einen **Evaluierungsbericht** zu den Finanzen der Union vor.[3] Dieser Bericht reagiert auf Vorgaben, die Parlament und Rat der Kommission im Zusammenhang mit früheren Entlastungsbeschlüssen auf der Basis von Art. 319 AEUV erteilt haben. Die beiden Organe kontrollieren, ob und inwieweit die Kommission diesen Vorgaben nachgekommen ist und lassen die Ergebnisse dieser Prüfung in ihre Entscheidung über die Entlastung für das vergangene Haushaltsjahr einfließen.

5 Die Pflicht, diesen Evaluierungsbericht vorzulegen, hat erst der Vertrag von Lissabon begründet, der insoweit die Regelung aus Art. III–408 EVV übernahm. Sie tritt neben das zuvor schon in Art. 276 Abs. 3 UAbs. 2 EGV enthaltene und nun von Art. 319 Abs. 3 UAbs. 2 AEUV übernommene Recht von Parlament und Rat, die Kommission um die Vorlage eines Berichts zu Vorgängen im Zusammenhang mit der Ausführung des Haushaltsplans zu ersuchen.

---

[3] S. dazu *Bieber*, in: GSH, Europäisches Unionsrecht, Art. 318 AEUV, Rn. 5; *Rossi*, in: Vedder/Heintschel v. Heinegg, Europäisches Unionsrecht, Art. 318 AEUV, Rn. 5 ff.

Artikel 319 AEUV [Entlastung der Kommission]

(1) ¹Auf Empfehlung des Rates erteilt das Europäische Parlament der Kommission Entlastung zur Ausführung des Haushaltsplans. ²Zu diesem Zweck prüft es nach dem Rat die Rechnung, die Übersicht und den Evaluierungsbericht nach Artikel 318 sowie den Jahresbericht des Rechnungshofs zusammen mit den Antworten der kontrollierten Organe auf dessen Bemerkungen, die in Artikel 287 Absatz 1 Unterabsatz 2 genannte Zuverlässigkeitserklärung und die einschlägigen Sonderberichte des Rechnungshofs.

(2) ¹Das Europäische Parlament kann vor der Entlastung der Kommission sowie auch zu anderen Zwecken im Zusammenhang mit der Ausübung ihrer Haushaltsbefugnisse die Kommission auffordern, Auskunft über die Vornahme der Ausgaben oder die Arbeitsweise der Finanzkontrollsysteme zu erteilen. ²Die Kommission legt dem Europäischen Parlament auf dessen Ersuchen alle notwendigen Informationen vor.

(3) Die Kommission trifft alle zweckdienlichen Maßnahmen, um den Bemerkungen in den Entlastungsbeschlüssen und anderen Bemerkungen des Europäischen Parlaments zur Vornahme der Ausgaben sowie den Erläuterungen, die den Entlastungsempfehlungen des Rates beigefügt sind, nachzukommen.

¹Auf Ersuchen des Europäischen Parlaments oder des Rates erstattet die Kommission Bericht über die Maßnahmen, die aufgrund dieser Bemerkungen und Erläuterungen getroffen wurden, insbesondere über die Weisungen, die den für die Ausführung des Haushaltsplans zuständigen Dienststellen erteilt worden sind. ²Diese Berichte sind auch dem Rechnungshof zuzuleiten.

Literaturübersicht

Bergel, Rechnungshöfe als vierte Staatsgewalt?, 2010; *Kannengießer*, Die Entlastung im Haushaltsrecht der Europäischen Gemeinschaft, DÖV 1995, 55; *Magiera*, Finanzkontrolle in der Europäischen Gemeinschaft, in: von Arnim (Hrsg.), Finanzkontrolle im Wandel, 1989, S. 221; *Ott*, Die Kontrollfunktion des Europäischen Parlaments gegenüber der Europäischen Kommission, ZEuS 1999, 231; *Rossi*, Europäisches Parlament und Haushaltsverfassungsrecht, 1997; *Rüping*, Die parlamentarische Haushaltskontrolle in den Europäischen Gemeinschaften und deren Mitgliedstaaten unter besonderer Berücksichtigung der Entlastung sowie der Konsequenzen einer eventuellen Verweigerung, EuR 1982, 213; *Theato/Graf*, Das Europäische Parlament und der Haushalt der Europäischen Gemeinschaft, 1994.

Inhaltsübersicht

A. Entwicklung der Vorschrift

Seinen Abschluss findet das Haushaltsjahr erst mit der Entlastung der nach Art. 317 **1** Abs. 1 AEUV für den Haushaltsvollzug zuständigen Kommission. Der **EWG-Vertrag** enthielt in seiner ursprünglichen Fassung nur eine rudimentäre Regelung in Art. 206 Abs. 4.¹ Danach erteilte der Rat der Kommission mit qualifizierter Mehrheit Entlastung

---

¹ Vgl. *Strasser*, Die Finanzen Europas, 7. Aufl., 1991, S. 301 ff.

und informierte darüber die Versammlung, den Vorläufer des Europäischen Parlaments. Der **Vertrag zur Änderung bestimmter Haushaltsvorschriften** vom 22. 4. 1970, in Kraft getreten am 1. 1. 1971,[2] verschob die Gewichte zu Gunsten der Versammlung und änderte Art. 206 Abs. 4 EWGV in der Weise, dass Rat und Versammlung nun gemeinsam für die Entlastung zuständig waren.

2   Erst der mit Wirkung vom 1. 6. 1977 durch Art. 17 des **Vertrags zur Änderung bestimmter Finanzvorschriften**[3] eingefügte Art. 206b EWGV, der im Wesentlichen dem heutigen Abs. 1 entspricht, verlieh der Versammlung das Recht, auf Empfehlung des Rates allein über die Entlastung der Kommission zu befinden.[4] Damit wurde aus der eher technisch ausgerichteten Entlastung durch den Rat ein politisches Instrument.[5] Art. 3 Abs. 1 der **Einheitlichen Europäischen Akte**[6] schrieb 1987 die förmliche Ersetzung der Bezeichnung »Versammlung« durch »Europäisches Parlament« auch primärrechtlich fest.[7] Der Vertrag von Maastricht ersetzte Art. 206b EWGV durch Art. 206 EGV und erweiterte die Vorschrift deutlich. Aufgrund der Neunummerierung durch den Vertrag von Amsterdam war die dem hier kommentierten Artikel weitgehend entsprechende Norm dann in Art. 276 EGV zu finden.

B.   Entlastung (Abs. 1)

3   Die Entlastung schließt den Haushaltskreislauf förmlich ab, bestätigt damit den ordnungsgemäßen **Abschluss der Haushaltsrechnung**[8] und bewertet zugleich die Haushaltsführung des dafür hauptsächlich Verantwortlichen, der Kommission.[9] Die Befugnis, die Entlastung zu erteilen oder zu verweigern, gibt dem Rat und vor allem dem Parlament ein wichtiges **Instrument politischer Kontrolle** im Verhältnis zur Kommission.[10] Abs. 1 enthält nach wie vor das **einzige Alleinentscheidungsrecht des Parlaments** im Rahmen des Haushaltsverfahrens[11] und belegt damit einerseits dessen gewachsene Bedeutung,[12] andererseits aber auch zugleich die Unterschiede zu den Parlamenten der Mitgliedstaaten, die nicht nur über die Entlastung, sondern zuvor schon über den Haushalt eigenständig beschließen.

4   Bei der Entlastung stützen sich Parlament und Rat nach Abs. 1 Satz 2 auf die Unterlagen, die die Kommission ihnen nach Art. 318 AEUV vorzulegen hat. Als Basis ihrer

---

[2] ABl. 1971, L 2/1, zum Inkrafttreten s. S. 12.

[3] Vertrag vom 22. 7. 1975, ABl. 1977, L 359/1, zum Inkrafttreten s. S. 20.

[4] Vgl. *Rossi*, S. 151 f.; *Theato/Graf*, S. 128.

[5] Vgl. *Mart*, Die Finanzkontrolle der Europäischen Gemeinschaften, in: Zavelberg (Hrsg.), Die Kontrolle der Staatsfinanzen, 1989, S. 469 (475).

[6] ABl. 1987, L 169/1.

[7] Vgl. *Kluth*, in: Calliess/Ruffert, EUV/AEUV, Art. 14 EUV, Rn. 3.

[8] Vgl. *Kannengießer*, DÖV 1995, 55 (56); *Niedobitek*, in: Streinz, EUV/AEUV, Art. 319 AEUV, Rn. 2.

[9] Vgl. *Lödl*, in: Mayer/Stöger, EUV/AEUV, Art. 319 AEUV (2013), Rn. 5; *Rossi*, Strukturen der europäischen Finanz- und Haushaltsverfassung, in: Stumpf/Kainer (Hrsg.), Gemeinschaftsrecht als Gestaltungsaufgabe, 2007, S. 23 (42); *Schoo*, in: Schwarze, EU-Kommentar, Art. 319 AEUV, Rn. 4.

[10] Vgl. *Rüping*, EuR 1982, 213 (214); *Waldhoff*, in: Calliess/Ruffert, EUV/AEUV, Art. 319 AEUV, Rn. 1.

[11] Vgl. *Hölscheidt*, DÖV 1989, 537 (541); *Kok*, CMLRev. 26 (1989), 345 (346); *Magiera*, in: Grabitz/Hilf/Nettesheim, EU, Art. 319 AEUV (April 2012), Rn. 1. S. auch *Kannengießer*, DÖV 1995, 55 f.

[12] Vgl. *Ott*, ZEuS 1999, 231 (237).

Entscheidungen dient zusätzlich der **Jahresbericht des Rechnungshofs**, den er nach Art. 287 Abs. 4 UAbs. 1 Satz 1 AEUV nach Abschluss eines jeden Haushaltsjahres erstattet, die dort vorgesehenen Antworten der Organe auf kritische Bemerkungen des Rechnungshofs zu deren Haushaltsführung, die in Art. 287 Abs. 1 UAbs. 2 AEUV erwähnte »Erklärung über die Zuverlässigkeit der Rechnungsführung sowie die Rechtmäßigkeit und Ordnungsmäßigkeit der zugrunde liegenden Vorgänge« sowie eventuelle Sonderberichte, in denen der Rechnungshof nach Art. 287 Abs. 4 UAbs. 2 AEUV »seine Bemerkungen zu besonderen Fragen vorlegen« kann.[13]

Die Entlastung zur Ausführung des Haushaltsplans erteilt nach Abs. 1 Satz 1 allein   5
das Parlament. Es wird dabei zwar tätig auf **Empfehlung des Rates**, der nach Art. 16 Abs. 3 EUV mit qualifizierter Mehrheit beschließt, ist an diese Empfehlung jedoch nicht gebunden. Aus Abs. 1 Satz 2 ergibt sich, dass grundsätzlich der Rat die vorgelegten Unterlagen zuerst prüft, dann dem Parlament die Entlastung empfiehlt und das Parlament anschließend seinerseits die Prüfung vornimmt. Dass die Kommission in diesem Zusammenhang kein Initiativrecht hat, ergibt sich schon daraus, dass es um ihre Entlastung geht.

Seinem Wortlaut nach stellt Abs. 1 Satz 1 nur fest, dass das Parlament der Kommis-   6
sion Entlastung erteilt. Satz 2 erwähnt allerdings eine vorhergehende Prüfung. Darüber hinaus entscheidet das Parlament durch Abstimmung. Sowohl die Prüfung als auch die nachfolgende Abstimmung können zu einem negativen Ergebnis kommen. Neben der in Abs. 2 genannten Möglichkeit, die Entscheidung über die Entlastung aufzuschieben, hat das Parlament daher auch das **Recht, die Entlastung zu verweigern**.[14] Von dieser Befugnis hat es schon mehrfach Gebrauch gemacht.[15]

Bei einer solchen Verweigerung der Entlastung handelt es sich um einen besonders   7
deutlichen **Ausdruck des Misstrauens**,[16] der politische Konsequenzen haben kann. So trat die Kommission 1999 zurück, nachdem ihr das Parlament die Entlastung verweigert hatte.[17] Erzwingen kann das Parlament den Rücktritt der Kommission auf diesem Wege aber nicht.[18] Das wäre nur durch die Annahme eines Misstrauensantrags nach Art. 17 Abs. 8 EUV, Art. 234 AEUV möglich. Schon wegen der unterschiedlichen Mehrheits- und sonstigen Verfahrensanforderungen wäre ein Verständnis der Entlastungsverweigerung als Misstrauensantrag nicht zulässig.[19] Als weiteres Kontrollinstrument steht dem Parlament grundsätzlich auch im Zusammenhang mit dem Haushalt der Union die **Einsetzung eines Untersuchungsausschusses** zur Verfügung.[20]

Ob das Parlament die **Entlastung endgültig verweigern** kann, wird unterschiedlich   8
beurteilt.[21] Aufgrund der Feststellungsfunktion der Entlastung dürfte es keine Befugnis

[13] Vgl. *Bergel*, S. 178.
[14] Vgl. nur *Ott*, ZEuS 1999, 231 (241); *Rüping*, EuR 1982, 213 (217).
[15] Vgl. *Theato/Graf*, S. 131.
[16] Vgl. *Magiera*, in: Grabitz/Hilf/Nettesheim, EU, Art. 319 AEUV (April 2012), Rn. 8; *Waldhoff*, in: Calliess/Ruffert, EUV/AEUV, Art. 319 AEUV, Rn. 1.
[17] Vgl. *Bieber*, in: GSH, Europäisches Unionsrecht, Art. 319 AEUV, Rn. 16; *Ott*, ZEuS 1999, 231 (233 ff.).
[18] Vgl. *Hölscheidt*, in: Bleckmann, Europarecht, Rn. 1303.
[19] Vgl. *Fugmann*, EuZW 1999, 65; *Kannengießer*, DÖV 1995, 55 (59); *Niedobitek*, in: Streinz, EUV/AEUV, Art. 319 AEUV, Rn. 18; *Rüping*, EuR 1982, 213 (216 f.).
[20] Vgl. *Bergel*, S. 182.
[21] Vgl. dazu *Bieber*, in: GSH, Europäisches Unionsrecht, Art. 319 AEUV, Rn. 13; *Kannengießer*, DÖV 1995, 55 (57 f.); *Magiera*, in: Grabitz/Hilf/Nettesheim, EU, Art. 319 AEUV (April 2012), Rn. 8; *Rossi*, S. 155 ff.; *ders.*, in: Vedder/Heintschel v. Heinegg, Europäisches Unionsrecht, Art. 319 AEUV, Rn. 7; *Schoo*, in: Schwarze, EU-Kommentar, Art. 319 AEUV, Rn. 17.

geben, diese Maßnahme allein aus politischen Gründen dauerhaft zu verweigern.[22] So lange es aber nicht ausgeräumte fachlich-rechtliche Beanstandungen gibt, sollte das Parlament berechtigt, wenn nicht gar verpflichtet sein, die Kommission nicht zu entlasten.

9   Obwohl Art. 317 Abs. 1 AEUV neuerdings formuliert, dass die Kommission den Haushaltsplan zusammen mit den Mitgliedstaaten ausführt, bleibt doch die **Kommission Hauptverantwortliche** (s. Art. 317 AEUV, Rn. 8). Dem trägt die Haushaltsordnung Rechnung, indem sie festlegt, dass die Kommission den Mitgliedstaaten Haushaltsvollzugsaufgaben überträgt (Art. 59 Abs. 1 Satz 1 HO). Dass die anderen Organe und einige weitere Einrichtungen der Union im Rahmen ihres Einzelplans relativ selbstständig tätig werden können, rührt zudem daher, dass die Kommission ihnen nach Art. 55 Abs. 1 HO die erforderlichen Befugnisse zur Ausführung der sie betreffenden Einzelpläne zuerkennt. Letztlich weist Art. 317 Abs. 1 Satz 1 AEUV aber der Kommission die Aufgabe zu, den Haushaltsplan in eigener Verantwortung auszuführen. Damit korrespondieren die Pflichten der Kommission zur Rechnungslegung und Berichterstattung nach Art. 318 AEUV.

10   Es ist folgerichtig, dass das Parlament nach Abs. 1 Satz 1 nur der Kommission Entlastung erteilt.[23] Auch die Art. 164 ff. HO, die **Einzelheiten des Entlastungsverfahrens** regeln, gehen von dieser Rechtslage aus. Dennoch erteilt das Parlament nicht allgemein der Kommission Entlastung, sondern jedem einzelnen Organ oder jeder einzelnen Einrichtung (bzw. deren Generalsekretären oder anderen Repräsentanten) mit eigenem Einzelplan.[24] Das geht so weit, dass es selbst seinem eigenen Präsidenten »Entlastung zur Ausführung des Haushaltsplans des Europäischen Parlaments« erteilt.[25] Diese Praxis mag Ausdruck des politischen Willens des Europäischen Parlaments sein, seine Kompetenzen auszuweiten; mit dem Unionsrecht ist sie nicht vereinbar.[26]

11   In welcher **Rechtsform** die Entlastung erfolgt, klärt Art. 319 AEUV nicht. Das Parlament erlässt insoweit Beschlüsse und fügt ihnen seine Bemerkungen, die es als integrale Bestandteile der Entlastungsbeschlüsse versteht, in Form von Entschließungen bei.[27] Dagegen ist aus rechtlicher Sicht nichts einzuwenden.[28]

---

[22] Vgl. *Khan*, in: Geiger/Khan/Kotzur, EUV/AEUV, Art. 319 AEUV, Rn. 11. S. auch *Lödl*, in: Mayer/Stöger, EUV/AEUV, Art. 319 AEUV (2013), Rn. 24.

[23] Vgl. *Bieber*, in: GSH, Europäisches Unionsrecht, Art. 319 AEUV, Rn. 4; *Magiera*, in: Grabitz/Hilf/Nettesheim, EU, Art. 319 AEUV (April 2012), Rn. 4; *Waldhoff*, in: Calliess/Ruffert, EUV/AEUV, Art. 319 AEUV, Rn. 2.

[24] Vgl. die auf das Haushaltsjahr 2011 bezogenen Beschlüsse vom 17.4.2013, ABl. 2013, L 308.

[25] Beschluss vom 17.4.2013, ABl. 2013, L 308/1.

[26] In diesem Sinne *Niedobitek*, in: Streinz, EUV/AEUV, Art. 319 AEUV, Rn. 8; *Rossi*, in: Vedder/Heintschel v. Heinegg, Europäisches Unionsrecht, Art. 319 AEUV, Rn. 4; *Storr*, in: Niedobitek, Europarecht – Grundlagen, § 9, Rn. 217 f. S. auch *Bieber*, in: GSH, Europäisches Unionsrecht, Art. 319 AEUV, Rn. 9.

[27] Vgl. Beschluss des Europäischen Parlaments vom 17.4.2013 betreffend die Entlastung zur Ausführung des Gesamthaushaltsplans der Europäischen Union für das Haushaltsjahr 2011, Einzelplan II – Europäischer Rat und Rat, ABl. 2013, L 308/20, sowie die Entschließung des Europäischen Parlaments vom 17.4.2013 mit den Bemerkungen, die integraler Bestandteil des Beschlusses betreffend die Entlastung zur Ausführung des Gesamthaushaltsplans der Europäischen Union für das Haushaltsjahr 2011, Einzelplan II – Europäischer Rat und Rat, sind, ABl. 2013, L 308/22.

[28] In diesem Sinne auch *Rossi*, S. 161.

C. Informationsanspruch (Abs. 2)

Das Parlament muss nicht sofort entlasten,[29] sondern hat nach Abs. 2 die Möglichkeit, von der Kommission Auskünfte zu verlangen. Abs. 2 Satz 1 bringt ausdrücklich zum Ausdruck, dass dieser **Auskunftsanspruch** nicht nur vor der Entlastung besteht, sondern auch zu anderen Zwecken. Demnach kann das Parlament jederzeit von der Kommission »im Zusammenhang mit der Ausübung ihrer Haushaltsbefugnisse« fordern, Auskünfte »über die Vornahme der Ausgaben oder die Arbeitsweise der Finanzkontrollsysteme zu erteilen.«   **12**

Wenn Abs. 2 Satz 2 formuliert, dass die Kommission dem Parlament auf dessen Ersuchen alle notwendigen Informationen vorlegt, ist das in erster Linie so zu verstehen, dass die Kommission der Aufforderung des Parlaments nachkommen und die erbetenen Informationen erteilen muss. Darüber hinaus lässt sich dieser Satz allerdings auch als **Beschränkung** verstehen. Die Kommission muss nur die notwendigen Informationen vorlegen.[30] Allerdings wird man bis zur Missbrauchsgrenze die Entscheidungsbefugnis darüber, welche Informationen notwendig sind, dem Parlament zuweisen müssen. Denn andernfalls könnte die Kommission unangenehme Vorlagen mit dem Hinweis auf die mangelnde Notwendigkeit umgehen.   **13**

D. Umsetzung von Vorgaben (Abs. 3)

Aus Abs. 3 UAbs. 1 ergibt sich, dass Parlament und Rat ihre Maßnahmen mit Auflagen verbinden können. Die Vorschrift unterscheidet zwischen **Bemerkungen**, die das Parlament seinen Entlastungsbeschlüssen beifügt und solchen, die es unabhängig davon abgibt. Das spricht, ähnlich wie beim Informationsanspruch nach Abs. 2, für ein **ganzjähriges Recht des Parlaments**, solche Bemerkungen »zur Vornahme der Ausgaben« abzugeben. Der Rat kann wiederum seine Entlastungsempfehlungen mit Erläuterungen versehen. Die Kommission ist verpflichtet, alle zweckdienlichen Maßnahmen zu treffen, um den Bemerkungen des Parlaments und den Erläuterungen des Rates nachzukommen. Damit ist einerseits ein Anspruch der beiden Organe auf Befolgung ihrer Vorgaben verbunden. Andererseits ist die Kommission nur zu **zweckdienlichen Maßnahmen** verpflichtet. In dieser Formulierung mag neben der Pflicht auch ein Recht darauf angelegt sein, die Erfüllung von Vorgaben zu verweigern, die sich nicht durch zweckdienliche Maßnahmen umsetzen lassen. Das könnte dann der Fall sein, wenn die Vorgaben ihrerseits nicht zweckdienlich sind. Insoweit wird man der Kommission einen Ermessensspielraum zugestehen müssen.[31]   **14**

Die Kommission muss Bericht erstatten über Maßnahmen, die sie aufgrund der Bemerkungen des Parlaments oder der Erläuterungen des Rates getroffen hat. Dazu gehören Informationen über Weisungen, die sie den für die Ausführung des Haushaltsplans jeweils zuständigen Dienststellen erteilt hat. Abs. 3 UAbs. 2 Satz 1 lässt diese Berichtspflicht erst mit einem entsprechenden Ersuchen des Parlaments oder des Rates entstehen. Der Vertrag von Lissabon hat dieser zuvor schon in Art. 276 Abs. 3 UAbs. 2   **15**

---

[29] Zu Teilentlastung und Verschiebung der Entlastung vgl. *Bieber*, in: GSH, Europäisches Unionsrecht, Art. 319 AEUV, Rn. 13.

[30] Näher dazu *Schoo*, in: Schwarze, EU-Kommentar, Art. 319 AEUV, Rn. 11 ff.

[31] Vgl. *Kannengießer*, DÖV 1995, 55 (59).

EGV verankerten **Berichtspflicht** auf Ersuchen die Verpflichtung der Kommission zur Vorlage eines Evaluierungsberichts nach Art. 318 Abs. 2 AEUV hinzugefügt (s. Art. 318 AEUV, Rn. 4).

16   Die Haushaltsordnung nimmt die Regelung des Abs. 3 UAbs. 2 auf, überträgt sie aber zugleich auf die Situation, dass nicht die Kommission selbst, sondern die anderen Organe oder die Mitgliedstaaten für den Vollzug von Teilen des Haushaltsplans verantwortlich sind.[32] Dementsprechend bestimmt Art. 166 Abs. 2 HO, dass die Organe auf Ersuchen des Europäischen Parlaments oder des Rates Bericht über die Maßnahmen erstatten, die sie aufgrund der Bemerkungen und Erläuterungen getroffen haben. Außerdem heißt es dort, dass die Mitgliedstaaten mit der Kommission zusammen arbeiten und ihr die Maßnahmen mitteilen, die sie auf die sie betreffenden Bemerkungen hin getroffen haben. Diese Informationen der Mitgliedstaaten berücksichtigt die Kommission in ihrem eigenen Bericht. Abs. 3 UAbs. 2 Satz 2 schreibt vor, dass die **Berichte der Kommission** auch dem Rechnungshof zuzuleiten sind. Gleiches gilt nach Art. 166 Abs. 2 Satz 3 HO auch für die Berichte der anderen Organe.

---

[32] Vgl. *Niedobitek*, in: Streinz, EUV/AEUV, Art. 319 AEUV, Rn. 19.

Kapitel 5
Gemeinsame Bestimmungen

Artikel 320 AEUV [Grundsatz der Rechnungseinheit]

Der mehrjährige Finanzrahmen und der Jahreshaushaltsplan werden in Euro aufgestellt.

A. Grundsatz der Rechnungseinheit

Die Vorschrift verankert den in der Haushaltsordnung (Art. 6, 19 HO) so genannten **1** Grundsatz der Rechnungseinheit (s. Art. 310 AEUV, Rn. 43). Damit ist nicht mehr gemeint, als dass der mehrjährige Finanzrahmen und der Jahreshaushaltsplan in Euro aufgestellt werden. Art. 19 Abs. 1 Satz 1 HO ergänzt, dass auch der **Haushaltsvollzug und die Rechnungslegung in Euro** erfolgen. Art. 19 Abs. 1 Satz 2 HO lässt Ausnahmen zu, in denen Transaktionen in anderen Währungen erfolgen dürfen. Art. 19 Abs. 2 HO ermächtigt die Kommission, delegierte Rechtsakte »zur Festlegung detaillierter Vorschriften über den Wechselkurs zwischen dem Euro und anderen Währungen zu erlassen.«

Die Vorgängervorschriften, Art. 207 EWGV und Art. 277 EGV, legten die Einheit **2** nicht selbst fest, sondern bestimmten, dass der Haushaltsplan in der Rechnungseinheit aufgestellt wird, die in der Haushaltsordnung bestimmt ist. Früher gab es demnach keine **primärrechtliche Festlegung** der Rechnungseinheit. Erst mit dem Inkrafttreten des Vertrags von Lissabon, der insoweit Art. III–410 EVV übernahm, hat sich das geändert.

B. Entwicklung

Dass die Aufstellung und der Vollzug des Gesamthaushaltsplans der EU in Euro erfolgen, **3** ist nicht selbstverständlich, da der **Euro nicht die Währung aller Mitgliedstaaten** darstellt. Andererseits erschien es schon von Beginn an naheliegend, nicht eine der nationalen Währungen zu wählen, um keinen Mitgliedstaat zu bevorzugen. Deshalb wurde der Haushaltsplan, der einer einheitlichen Bezugsgröße bedarf, anfänglich in belgischen Franken und dann in einer **Rechnungseinheit** aufgestellt, deren Wert 0,888.670.88 Gramm Feingold entsprach (Art. 18 Abs. 1 HO 1960, Art. 17 HO 1968, Art. 10 Abs. 1 HO 1973).[1] Später ging man dazu über, den Haushaltsplan in **Europäischen Rechnungseinheiten (ERE)** aufzustellen. Diese vom 1973 errichteten Europäischen Fonds für währungspolitische Zusammenarbeit verwendeten ERE entsprachen hinsichtlich ihrer Anbindung an den Goldpreis anfangs der vorher erwähnten Rech-

---

[1] Vgl. *Bieber*, in: GSH, Europäisches Unionsrecht, Art. 320 AEUV, Rn. 3 ff.

nungseinheit.[2] Nach Umwälzungen im internationalen Währungssystem, in deren Zusammenhang die Lösung vom Gold erfolgte,[3] wurden die ERE durch bestimmte Anteile der nationalen Währungen der Mitgliedstaaten definiert (Art. 10 Abs. 1 HO 1977). Ebenfalls als Währungskorb mit zunächst derselben Definition[4] folgte dann die 1979 im Zusammenhang mit dem Europäischen Währungssystem (EWS)[5] geschaffene **Europäische Währungseinheit ECU** (European Currency Unit), die aufgrund einer Änderung der Haushaltsordnung[6] auch zur Aufstellung des Haushaltsplans diente, bis sie 1999 durch den Euro abgelöst wurde.[7]

---

[2] Art. 5 der Satzung des EFWZ, Anhang zur VO (EWG) 907/73 vom 3. 4.1973 zur Errichtung eines Europäischen Fonds für währungspolitische Zusammenarbeit, ABl. 1973, L 89/2. Näher dazu *Ehlermann*, EuR 1973, 193; *Strasser*, Die Finanzen Europas, 7. Aufl., 1991, S. 62 ff.

[3] S. dazu *Hahn*, Währungsrecht, 1990, § 13, Rn. 5 ff.

[4] Art. 1 Verordnung (EWG) Nr. 3180/78 des Rates vom 18. 12.1978 zur Änderung des Wertes der vom Europäischen Fonds für währungspolitische Zusammenarbeit verwendeten Rechnungseinheit, ABl. 1978, L 379/1. Art. 10 HO 1977 wurde später zu Art. 11 und vollzog seither Änderungen der Zusammensetzung der ECU automatisch nach; Art. 1 Nr. 14 der Änderungs-Verordnung vom 13. 3. 1990, ABl. 1990, L 70/1.

[5] Zu dessen Rechtsgrundlagen *Hahn* (Fn. 3), Rn. 13 ff.

[6] Art. 1 Haushaltsordnung vom 16. 12.1980 zur Änderung der Haushaltsordnung vom 21. 12.1977 hinsichtlich der Verwendung der ECU im Gesamthaushaltsplan des Europäischen Gemeinschaften (80/1176 EWG, Euratom, EGKS), ABl. 1980, L 345/23.

[7] Art. 1 Nr. 2 Verordnung (EG, EGKS, Euratom) Nr. 2779/98 des Rates vom 17. 12.1998 zur Änderung der Haushaltsordnung vom 21. 12.1977 für den Gesamthaushaltsplan der Europäischen Gemeinschaften, ABl. 1998, L 347/3.

Artikel 321 AEUV [Währungstransfers, Finanzgeschäfte]

¹Die Kommission kann vorbehaltlich der Unterrichtung der zuständigen Behörden der betreffenden Mitgliedstaaten ihre Guthaben in der Währung eines dieser Staaten in die Währung eines anderen Mitgliedstaats transferieren, soweit dies erforderlich ist, um diese Guthaben für die in den Verträgen vorgesehenen Zwecke zu verwenden. ²Besitzt die Kommission verfügbare oder flüssige Guthaben in der benötigten Währung, so vermeidet sie soweit möglich derartige Transferierungen.

¹Die Kommission verkehrt mit jedem Mitgliedstaat über die von diesem bezeichnete Behörde. ²Bei der Durchführung ihrer Finanzgeschäfte nimmt sie die Notenbank des betreffenden Mitgliedstaats oder ein anderes von diesem genehmigtes Finanzinstitut in Anspruch.

A. Transaktionen in Währungen der Mitgliedstaaten (Abs. 1)

Rechnungseinheit für die Aufstellung des Haushaltsplans ist nach Art. 320 AEUV der **1** Euro. Dasselbe gilt nach Art. 19 Abs. 1 Satz 1 HO auch für den Haushaltsvollzug und die Rechnungslegung (s. Art. 310 AEUV, Rn. 43). Noch haben aber längst nicht alle Mitgliedstaaten den Euro als Währung eingeführt. Die anderen Mitgliedstaaten verfügen nach wie vor über eine eigene Währung (s. Art. 139 AEUV, Rn. 1). Dass sie diese bei der Bereitstellung der Eigenmittel verwenden können, ergibt sich insbesondere aus Art. 10 Abs. 3 UAbs. 1 der Verordnung 1150/2000 zur **Durchführung des Eigenmittelbeschlusses.**[1] Auch bei der Ausführung des Unionsrechts und des Haushaltsplans dürfte es immer wieder erforderlich sein, diese anderen Währungen zu verwenden. Die Vorschrift, die Art. 278 EGV und Art. III–411 EVV entspricht, regelt einschlägige Fragen.

Falls Transaktionen in Währungen der Mitgliedstaaten anstehen, verweist Abs. 1 **2** Satz 2 die Kommission vorrangig darauf, »verfügbare oder flüssige Guthaben in der benötigten Währung«, die sie bereits besitzt, einzusetzen. Wenn solche Guthaben nicht vorhanden sind oder nicht ausreichen, lässt es sich nicht vermeiden, dass die Kommission sie sich anderweitig verschafft. Setzt sie dafür **Euro-Guthaben** ein, greift die Vorschrift nicht. Abs. 1 Satz 1 regelt vielmehr nur den Fall, dass die Kommission **Guthaben in der Währung eines Mitgliedstaats** in die eines anderen tauscht. Sie darf das grundsätzlich tun, »soweit dies erforderlich ist, um diese Guthaben für die in den Verträgen vorgesehenen Zwecke zu verwenden«. Darüber hinaus ist sie verpflichtet, die zuständigen Behörden der betroffenen Mitgliedstaaten, zu informieren. Zweck dieser Vorschrift ist es, Währungsschwankungen aufgrund größerer Transaktionen in Währungen der Mitgliedstaaten, die den Euro noch nicht eingeführt haben, zu vermeiden.[2]

---

[1] Vom 22.5.2000, ABl. 2000, L 130/1, geändert durch Verordnung 2028/2004 vom 16.11.2004, ABl. 2004, L 352/1.

[2] Vgl. *Niedobitek*, in: Streinz, EUV/AEUV, Art. 321 AEUV, Rn. 2.

B. Zuständige Behörden (Abs. 2)

3   Welche nationalen Behörden der Mitgliedstaaten bei der Durchführung der in Abs. 1 genannten und weiteren Finanzgeschäfte[3] zuständig sind, entscheiden die Mitgliedstaaten selbst. Dementsprechend bestimmt Abs. 2 Satz 1, dass die Kommission mit jedem Mitgliedstaat über die von diesem bezeichnete Behörde verkehrt. Kommt es zu Transaktionen im Sinne von Abs. 1, muss sie bei der Durchführung ihrer Finanzgeschäfte grundsätzlich die **nationale Zentralbank** (Notenbank) des betreffenden Mitgliedstaats in Anspruch nehmen. Falls der Mitgliedstaat alternativ oder zusätzlich ein anderes Finanzinstitut mit dieser Aufgabe betraut oder dafür zugelassen hat, geht die Kommission entsprechend vor.

---

[3] Vgl. *Bieber*, in: GSH, Europäisches Unionsrecht, Art. 321 AEUV, Rn. 5.

Artikel 322 AEUV [Haushaltsvorschriften]

(1) Das Europäische Parlament und der Rat erlassen gemäß dem ordentlichen Gesetzgebungsverfahren durch Verordnungen nach Anhörung des Rechnungshofs
a) die Haushaltsvorschriften, in denen insbesondere die Aufstellung und Ausführung des Haushaltsplans sowie die Rechnungslegung und Rechnungsprüfung im Einzelnen geregelt werden;
b) die Vorschriften, die die Kontrolle der Verantwortung der Finanzakteure und insbesondere der Anweisungsbefugten und der Rechnungsführer regeln.
(2) Der Rat legt auf Vorschlag der Kommission und nach Anhörung des Europäischen Parlaments und des Rechnungshofs die Einzelheiten und das Verfahren fest, nach denen die Haushaltseinnahmen, die in der Regelung über die Eigenmittel der Union vorgesehen sind, der Kommission zur Verfügung gestellt werden, sowie die Maßnahmen, die zu treffen sind, um gegebenenfalls die erforderlichen Kassenmittel bereitzustellen.

Literaturübersicht:

Bux, Das Haushaltsrecht und die neue Haushaltsordnung der EU, ZfRV 2013, 54. S. ansonsten die Literatur zu Art. 310 und 311 AEUV.

Wesentliche sekundärrechtliche Vorschrift

Verordnung (EU, EURATOM) Nr. 966/2012 des Europäischen Parlaments und des Rates vom 25.10.2012 über die Haushaltsordnung für den Gesamthaushaltsplan der Union und zur Aufhebung der Verordnung (EG, Euratom) Nr. 1605/2002 des Rates, ABl. 2012, L 298/1

A. Erlass von Haushaltsvorschriften

I. Mehrheitserfordernisse

Ursprünglich sah Art. 209 EWGV vor, dass der Rat die Haushaltsordnung (HO) und andere Vorschriften einstimmig auf Vorschlag der Kommission festlegte. Art. 18 des **Vertrags zur Änderung bestimmter Finanzvorschriften** der Verträge zur Gründung der Europäischen Gemeinschaften und des Vertrages zur Einsetzung eines gemeinsamen Rates und einer gemeinsamen Kommission der Europäischen Gemeinschaften vom 22.7.1975, in Kraft getreten am 1.6.1977,[1] fügte dann die Erfordernisse der Anhörung des Parlaments und einer Stellungnahme des Rechnungshofs hinzu. Das übernahmen zunächst auch Art. 209 und nach der Änderung der Nummerierung durch den Vertrag von Amsterdam Art. 279 EGV. Der **Vertrag von Nizza** modifizierte die bisherige Re-

1

---

[1] ABl. 1977, L 359/1, zum Inkrafttreten s. S. 20.

gelung dann in der Weise, dass er Art. 279 Buchst. b EGV in einen neuen zweiten Absatz verschob und nur für diesen Bereich die einstimmige Entscheidung des Rates beibehielt. Für die vorherigen Buchst. a und c, die zu Art. 279 Abs. 1 UAbs. 1 Buchst. a und b EGV wurden, kam es nach dem neu eingefügten UAbs. 2 ab 1. 1. 2007 zum Übergang zu einer Entscheidung des Rates mit qualifizierter Mehrheit.

2   Erst der Vertrag von Lissabon ermächtigte **Parlament und Rat**, die in Abs. 1 vorgesehen Rechtsakte gemäß dem ordentlichen Gesetzgebungsverfahren und damit **gleichberechtigt** zu erlassen.[2] Auch darin kommt die gestärkte Stellung des Parlaments im Bereich der Finanzen (s. Art. 314 AEUV, Rn. 3, 8) zum Ausdruck. Aus dem Recht zur Stellungnahme ist eine **Anhörung des Rechnungshofs** geworden. Über die Gegenstände nach Abs. 2 entscheidet weiterhin allein der Rat. Da dort allerdings keine bestimmte Mehrheit vorgesehen ist, entscheidet der Rat nach Art. 16 Abs. 3 EUV mit qualifizierter Mehrheit. Deshalb kam es auch hier zu einer Abkehr von dem Erfordernis eines einstimmigen Beschlusses.

II. Haushaltsordnung als spezielle Handlungsform

3   Die früheren primärrechtlichen Vorschriften bezogen sich nicht auf eine der üblichen Handlungsformen. Art. 209 Buchst. a EWGV und zuletzt Art. 279 Abs. 1 UAbs. 1 Buchst. a EGV sprachen allerdings ausdrücklich und einheitlich von der Haushaltsordnung. Daher konnte man sie als besondere, eigenständige Handlungsform verstehen,[3] der allerdings im Wesentlichen die **Wirkungen einer Verordnung** zukam.[4] Darauf deuten auch mehrere spezielle Rechtsakte hin, die auf der Grundlage von Art. 209 Buchst. b oder c EWGV erlassen wurden und ebenfalls die Bezeichnung »Haushaltsordnung« tragen, obwohl sie gerade nicht die komplette Haushaltsordnung im materiellen Sinne des Buchst. a enthielten.[5] Die Haushaltsordnung 2002 wurde allerdings als Verordnung erlassen.[6]

4   Inzwischen bestimmt Abs. 1 nun, dass Parlament und Rat **Verordnungen** erlassen. Damit verweist er auf Art. 288 Abs. 2 AEUV und hinsichtlich des ordentlichen Gesetzgebungsverfahrens auf Art. 289 Abs. 1 und 294 AEUV. Dafür verwendet Abs. 1 Buchst. a den Begriff »Haushaltsordnung« nicht mehr. Der neue Begriff »Haushaltsvorschriften« bringt allerdings keine inhaltliche Änderung, denn die exemplarisch genannten Inhalte werden wortlautidentisch beschrieben. Dementsprechend tragen die 2012 auf dieser Grundlage erlassenen Vorschriften den Titel »Haushaltsordnung für den Gesamthaushaltsplan der Europäischen Union«.[7]

---

[2] Vgl. *Bux*, EuR 2010, 711 (718).

[3] Vgl. *Niedobitek*, in: Streinz, EUV/AEUV, Art. 322 AEUV, Rn. 4, Fn. 4.

[4] Vgl. *Bieber*, in: GS, EUV/EGV, Art. 279 EGV, Rn. 4.

[5] Vgl. u. a. die Haushaltsordnung vom 31. 1. 1961 über die Einzelheiten und das Verfahren, nach denen die Beiträge der Mitgliedstaaten gemäß Artikel 200 Absatz (1) und (2) des Vertrages zur Gründung der Europäischen Wirtschaftsgemeinschaft der Kommission zur Verfügung zu stellen sind, und über die technischen Bedingungen für die Durchführung der Finanzgeschäfte des Europäischen Sozialfonds (Artikel 209 Buchstabe b) des Vertrages), ABl. 1961, Nr. 22/509. Weitere Fundstellen in ABl. 1973, L 116/28.

[6] ABl. 2002, L 248/1.

[7] Verordnung (EU, EURATOM) Nr. 966/2012 des Europäischen Parlaments und des Rates vom 25. 10. 2012 über die Haushaltsordnung für den Gesamthaushaltsplan der Union und zur Aufhebung der Verordnung (EG, Euratom) Nr. 1605/2002 des Rates, ABl. 2012, L 298/1.

III. Bisherige Haushaltsordnungen

Die Haushaltsordnung von 2012 hatte mehrere Vorgänger. Der erste Rechtsakt dieser **5**
Art war die **Haushaltsordnung vom 15.11.1960**.[8] Daneben bestand eine eigene Haushaltsordnung für die EAG.[9] Auf sie folgte die Haushaltsordnung vom 30.7.1968,[10] die
die beiden Haushaltsordnungen von 1960 ersetzte und in ihrem Art. 70 aufhob.

Die Haushaltsordnung vom 25.4.1973 (73/91/EGKS, EWG, Euratom)[11] galt erstmals **6**
ausdrücklich »für den **Gesamthaushaltsplan** der Europäischen Gemeinschaften«. Sie
wurde ersetzt durch die Haushaltsordnung vom 21.12.1977 für den Gesamthaushaltsplan der Europäischen Gemeinschaften.[12] An deren Stelle trat später die Verordnung
(EG, Euratom) Nr. 1605/2002 des Rates vom 25.6.2002 über die Haushaltsordnung für
den Gesamthaushaltsplan der Europäischen Gemeinschaften.[13] Obwohl der EG-Vertrag
keine wesentlich anderen Formulierungen enthielt, wurde die Haushaltsordnung 2002
erstmalig als Verordnung erlassen. Das kann man als Abkehr von dem vorherigen Verständnis der Haushaltsordnung als Handlungsform eigener Art interpretieren.

IV. Inhalt der Haushaltsordnung 2012[14]

Abs. 1 Buchst. a zählt zu den **Gegenständen der zu erlassenden Haushaltsvorschriften** **7**
»insbesondere die Aufstellung und Ausführung des Haushaltsplans sowie die Rechnungslegung und Rechnungsprüfung im Einzelnen«. Die geltende Haushaltsordnung
hat einen deutlich größeren Regelungsumfang. Sie ist in drei Teile untergliedert. Teil 1
umfasst in seinem Titel I die Art. 1–5 mit gemeinsamen Bestimmungen. Titel II erläutert
in den Art. 6–35 die Haushaltsgrundsätze des EU-Rechts. Es folgt Titel III zur Aufstellung und Gliederung des Haushaltsplans (Art. 36–52). Der umfangreiche Titel IV regelt
in den Art. 53–100 den Haushaltsvollzug. Zwei seiner Untergliederungen, Kapitel 3
(Art. 64–70) und 4 (Art. 71–75), enthalten Bestimmungen über Finanzakteure und ihre
Verantwortlichkeit, darunter auch Vorschriften i.S.v. Abs. 1 Buchst. b, nämlich solche
über »die Kontrolle der Verantwortung der Finanzakteure und insbesondere der Anweisungsbefugten und der Rechnungsführer«.

Titel V (Art. 101–120) bezieht sich auf die Vergabe öffentlicher Aufträge. Titel VI **8**
(Art. 121–137) enthält Bestimmungen zu Finanzhilfen und damit Grundregeln für das
Subventionsrecht der EU. Die kurzen Titel VII (Art. 138) und VIII (Art. 139–140) befassen sich mit Preisgeldern und Finanzierungsinstrumenten. Titel IX behandelt Rechnungslegung und Rechnungsführung (Art. 141–157). Der letzte Titel (X) dieses ersten
Teils der Haushaltsordnung widmet sich in den Art. 158–167 dem Thema »Externe
Prüfung und Entlastung«.

---

[8] Haushaltsordnung über die Aufstellung und Ausführung des Haushaltsplans der EWG und über
die Verantwortung der Anweisungsbefugten und der Rechnungsführer (Art. 209 a) und c) des Vertrages), ABl. 1960, Nr. 83/1939.

[9] ABl. 1960, Nr. 83/1921.

[10] Haushaltsordnung über die Aufstellung und Ausführung des Haushaltsplans der Europäischen
Gemeinschaften und über die Verantwortung der Anweisungsbefugten und der Rechnungsführer,
ABl. 1968, L 199/1.

[11] ABl. 1973, L 116/1. Geändert und ergänzt durch die Haushaltsordnung vom 18.3.1975
(75/184/Euratom, EGKS, EWG), ABl. 1975, L 73/45.

[12] ABl. 1977, L 356/1.

[13] ABl. 2002, L 248/1. Berichtigt in ABl. 2003, L 25/43; geändert durch die Verordnung
Nr. 1995/2006 vom 13.12.2006, ABl. 2006, L 390/1. S. dazu *van Craeyenest/Saarilahti*, RMC 2004,
30.

[14] S. dazu *Bux*, ZfRV 2013, 54 (56 ff.).

9   In Teil 2 finden sich Sonderbestimmungen zum Europäischen Garantiefonds für die Landwirtschaft (Titel I, Art. 168–174), zu den Strukturfonds und dem Kohäsionsfonds (Titel II, Art. 175–180), zum Thema »Forschung« (Titel III, Art. 181–183), zu den Maßnahmen im Außenbereich (Titel IV, Art. 184–194) sowie zu den Bereichen »Europäische Ämter« (Titel V, Art. 195–200), »Verwaltungsmittel« (Titel VI, Art. 201–203) und »Sachverständige« (Titel VII, Art. 204). Teil 3 enthält schließlich Schluss- und Übergangsbestimmungen (Art. 205–214).

B.   Vorschriften zu Eigenmitteln

10   Abs. 2 ermächtigt den Rat die Einzelheiten und das Verfahren festzulegen, »nach denen die Haushaltseinnahmen, die in der Regelung über die Eigenmittel der Union vorgesehen sind, der Kommission zur Verfügung gestellt werden, sowie die Maßnahmen, die zu treffen sind, um gegebenenfalls die erforderlichen Kassenmittel bereitzustellen.« Das hätte man auch etwas weniger kompliziert ausdrücken können, denn bei den »Haushaltseinnahmen, die in der Regelung über die Eigenmittel der Union vorgesehen sind«, handelt es sich um die Eigenmittel der Union, die in dem auf der Grundlage von Art. 311 Abs. 3 AEUV erlassenen **Eigenmittelbeschluss** (EMB) als solche bezeichnet werden. Derzeit umfassen sie nach Art. 2 EMB 2007[15] Warenverkehrsabgaben und Zölle, MwSt.-Eigenmittel und BNE-Eigenmittel (s. Art. 311 AEUV, Rn. 26 ff.).

11   Der Eigenmittelbeschluss wird zwar vom Rat erlassen, bedarf aber der »Zustimmung der Mitgliedstaaten im Einklang mit ihren jeweiligen verfassungsrechtlichen Vorschriften«. Durch dieses **Ratifizierungserfordernis** haben sich die Mitgliedstaaten die letzte Entscheidung über die Eigenmittel der EU vorbehalten. Das Parlament wird zum Eigenmittelbeschluss nur angehört. Abs. 2 weist nun dem Rat und damit letztlich den Exekutiven der Mitgliedstaaten auch dort, wo es um Vorschriften geht, die die Einzelheiten und das Verfahren dazu regeln, wie die Eigenmittel der Kommission zur Verfügung gestellt werden, die alleinige Entscheidungsbefugnis zu. Diese Bestimmungen ergehen auf Vorschlag der Kommission und nur nach **Anhörung des Europäischen Parlaments und des Rechnungshofs**. Die Vertragsparteien haben diesen Bereich demnach als im Hinblick auf ihre Finanzen sensibler eingestuft als die Gegenstände des Abs. 1 und auch als die sonstigen Durchführungsvorschriften zum System der Eigenmittel, für die der Rat nach Art. 311 Abs. 4 AEUV die Zustimmung des Parlaments benötigt.

12   Art. 8 Abs. 2 EMB 2007 wiederholt und ergänzt Abs. 2, indem er festlegt, dass der Rat »nach den Verfahren gemäß Artikel 279 Absatz 2 EG-Vertrag und Artikel 183 Euratom-Vertrag die zur Durchführung dieses Beschlusses erforderlichen Vorschriften sowie die Vorschriften über die Kontrolle der Erhebung der Einnahmen gemäß den Artikeln 2 und 5, wie diese Einnahmen der Kommission zur Verfügung zu stellen und wann sie abzuführen sind«, erlässt. Die Ergänzung besteht in dem Hinweis auf Vorschriften über die Kontrolle der Erhebung der Einnahmen, der sich so nicht in Abs. 2 findet. Demgegenüber nennt der Eigenmittelbeschluss hier die in Abs. 2 erwähnte **Bereitstellung von Kassenmitteln** nicht.

13   Der Vertrag von Lissabon hat im Hinblick auf das Verfahren zum Erlass von Vorschriften nach Abs. 2 das noch von Art. 279 Abs. 2 EGV vorgesehene **Einstimmigkeits-**

---

[15] Beschluss des Rates vom 7. 6. 2007 über das System der Eigenmittel der Europäischen Gemeinschaften (2007/436/EG, Euratom), ABl. 2007, L 163/17.

erfordernis gestrichen, so dass der Rat über diese Vorschriften mit qualifizierter Mehrheit entscheidet (s. o. Rn. 1). Anders als Abs. 1 und Art. 311 Abs. 4 AEUV, die Verordnungen vorschreiben, legt Abs. 2 nicht fest, welche Handlungsform der Rat zu wählen hat. Insoweit besteht ein Ermessensspielraum der Kommission und des Rates.[16] Bisher hat der Rat jedoch auch stets **Verordnungen** erlassen, so z. B. die noch auf der Grundlage von Art. 209 EWGV ergangene Verordnung (EWG, Euratom) Nr. 1553/89 des Rates vom 29.5.1989 über die endgültige einheitliche Regelung für die Erhebung der Mehrwertsteuereigenmittel.[17] Dementsprechend handelt es sich bei dem auf Abs. 2 gestützten Rechtsakt vom 26.5.2014[18] ebenfalls um eine Verordnung. Ihr Inkrafttreten ist abhängig vom Erfolg des derzeit in den Mitgliedstaaten laufenden Zustimmungsverfahrens zum Eigenmittelbeschluss 2014 (s. Art. 311, Rn. 146).

---

[16] Vgl. *Niedobitek*, in: Streinz, EUV/AEUV, Art. 322 AEUV, Rn. 5.
[17] ABl. 1989, L 155/9.
[18] Verordnung (EU, Euratom) Nr. 609/2014 des Rates vom 26.5.2014 zur Festlegung der Methoden und Verfahren für die Bereitstellung der traditionellen, der MwSt.- und der BNE-Eigenmittel sowie der Maßnahmen zur Bereitstellung der erforderlichen Kassenmittel, ABl. 2014, L 168/39.

Artikel 323 AEUV [Finanzmittel für Verpflichtungen gegenüber Dritten]

Das Europäische Parlament, der Rat und die Kommission stellen sicher, dass der Union die Finanzmittel zur Verfügung stehen, die es ihr ermöglichen, ihren rechtlichen Verpflichtungen gegenüber Dritten nachzukommen.

1   Die Vorschrift ähnelt Art. 311 Abs. 1 AEUV. Dort heißt es: »Die Union stattet sich mit den erforderlichen Mitteln aus, um ihre Ziele erreichen und ihre Politik durchführen zu können.« Mit Art. 323 AEUV, einer Regelung die ansonsten kein Vorbild im früheren Primärrecht hat, haben die Vertragsparteien diese eher allgemeine Vorgabe noch einmal konkretisiert. Sie spricht nicht die Union, sondern ihre drei erwähnten Organe an. Darüber hinaus ist nicht nur von Mitteln, sondern von Finanzmitteln die Rede. Und auch der allgemeine Hinweis auf Ziele und Politik wird ersetzt durch rechtliche Verpflichtungen gegenüber Dritten.

2   Mit den Organen adressiert die Norm Akteure, die zwar mitwirken dürfen, hinsichtlich der verfügbaren Finanzmittel letztlich aber von der Entscheidung der Mitgliedstaaten, insbesondere über den Eigenmittelbeschluss nach Art. 311 Abs. 3 AEUV, abhängig sind (s. Art. 311 AEUV, Rn. 121 ff.). Vor diesem Hintergrund sind die Organe der Union gar nicht in der Lage, dieser Sicherstellungsverpflichtung auf der Einnahmenseite nachzukommen. Insofern kann der Vorschrift **keine rechtliche Bedeutung** zukommen.[1] Jedenfalls können die Pflichten der Organe nicht über eine loyale Ausübung der ihnen eingeräumten Mitwirkungsbefugnisse hinausgehen.[2] Aus den eingeschränkten Möglichkeiten der Unionsorgane muss aber nicht folgen, dass auch die Mitgliedstaaten zu den Adressaten dieser Verpflichtung zählen;[3] denn die ausdrückliche Benennung der Unionsorgane lässt eine solche Auslegung noch weniger zu als die Herleitung einer Pflicht der Mitgliedstaaten aus Art. 311 Abs. 1 (s. Art. 311 AEUV, Rn. 2 ff.).

3   Im Bereich der Ausgaben mag der **Einfluss von Parlament, Rat und Kommission** deutlich größer sein, da sie nach Art. 314, 317 AEUV für die Aufstellung und den Vollzug des Haushaltsplans verantwortlich sind. Daher können sie durch **sparsames Ausgabenverhalten** bei den nicht mit einer Rechtspflicht verbundenen Ausgaben dazu beitragen, dass rechtliche Verpflichtungen gegenüber Dritten erfüllt werden können. Insoweit knüpft die Vorschrift an die früher wichtige, in Art. 314 AEUV bei der Aufstellung des Haushaltsplans aber nicht mehr bedeutsame Unterscheidung zwischen obligatorischen und nicht obligatorischen Ausgaben an.[4]

---

[1] Vgl. *Bieber*, in: GSH, Europäisches Unionsrecht, Art. 323 AEUV, Rn. 1; *Rossi*, in: Vedder/Heintschel v. Heinegg, Europäisches Unionsrecht, Art. 323 AEUV, Rn. 4.

[2] Vgl. *Niedobitek*, in: Streinz, EUV/AEUV, Art. 323 AEUV, Rn. 4.

[3] Vgl. *Niedobitek*, in: Streinz, EUV/AEUV, Art. 323 AEUV, Rn. 7. Anders *Magiera*, in: Grabitz/Hilf/Nettesheim, EU, Art. 323 AEUV (April 2012), Rn. 2.

[4] Vgl. *Khan*, in: Geiger/Khan/Kotzur, EUV/AEUV, Art. 323 AEUV, Rn. 1; *Niedobitek*, in: Streinz, EUV/AEUV, Art. 323 AEUV, Rn. 3; *Rossi*, Strukturen der europäischen Finanz- und Haushaltsverfassung, in: Stumpf/Kainer (Hrsg.), Gemeinschaftsrecht als Gestaltungsaufgabe, 2007, S. 23 (24).

Artikel 324 AEUV [Treffen der Präsidenten, Trilog]

[1]Auf Initiative der Kommission werden im Rahmen der nach diesem Titel vorgesehenen Haushaltsverfahren regelmäßige Treffen der Präsidenten des Europäischen Parlaments, des Rates und der Kommission einberufen. [2]Diese treffen alle erforderlichen Maßnahmen, um die Abstimmung und Annäherung der Standpunkte der Organe, denen sie vorstehen, zu fördern und so die Durchführung dieses Titels zu erleichtern.

Literaturübersicht

von Alemann, Die Handlungsform der interinstitutionellen Vereinbarung, 2006; *Bieber*, Die Ausgaben der Europäischen Gemeinschaften, EuR 1982, 115; *Bobbert*, Interinstitutionelle Vereinbarungen im Europäischen Gemeinschaftsrecht, 2001; *Kietz/Slominski/Maurer/Puntscher Riekmann* (Hrsg.), Interinstitutionelle Vereinbarungen in der Europäischen Union, 2010; *Kuhlmann*, Die Haushaltsdisziplin in den Europäischen Gemeinschaften, 1997; *Strasser*, Die Finanzen Europas, 7. Aufl. (3. Aufl. in deutscher Sprache), 1991; *Theato/Graf*, Das Europäische Parlament und der Haushalt der Europäischen Gemeinschaft, 1994.

Wesentliche sekundärrechtliche Vorschrift

Interinstitutionelle Vereinbarung vom 2.12.2013 zwischen dem Europäischen Parlament, dem Rat und der Kommission über die Haushaltsdisziplin, die Zusammenarbeit im Haushaltsbereich und die wirtschaftliche Haushaltsführung, ABl. 2013, C 373/1

Inhaltsübersicht

A. Veränderte Stellung der Organe

Von Beginn an waren die **drei zentralen Organe** Kommission, Rat und Versammlung/Parlament am Haushaltsverfahren beteiligt. Im Laufe der Zeit haben sich die Gewichte deutlich verschoben. Die Kommission konnte ursprünglich Abweichungen von den Voranschlägen der anderen Organe nur vorschlagen; außerdem legte sie dem Rat nur einen Vorentwurf des Haushaltsplans vor (Art. 203 Abs. 2 EWGV, Art. 272 Abs. 2 EGV). Der Vertrag von Lissabon hat ihre Befugnisse erweitert. Seither kann die Kommission die Voranschläge ändern. Außerdem legt nun nicht mehr der Rat, sondern sie den eigentlichen Entwurf des Haushaltsplans vor (Art. 314 Abs. 1 und 2 AEUV). Die **Stellung der Kommission** ist damit gestärkt worden.

Noch deutlicher ist der **Kompetenzzuwachs des Parlaments**. War es anfangs auf Änderungsvorschläge beschränkt (Art. 203 Abs. 3 EWGV), erweiterten sich seine Befugnisse mehr und mehr. Bis der Vertrag von Lissabon die Unterschiede bei den Entscheidungsbefugnissen im Haushaltsverfahren zwischen obligatorischen einerseits und nicht obligatorischen Ausgaben andererseits abschaffte, war das Letztentscheidungsrecht über nicht obligatorische Ausgaben ein wesentlicher Hebel des Parlaments, um seinen Einfluss auszudehnen.[1] Mittlerweile steht es im Haushaltsverfahren (s. Art. 314 AEUV,

---

[1] S. dazu des *Bieber*, EuR 1982, 115 (116, 121, 124 ff.).

Rn. 3, 8) und auch außerhalb des Finanzbereichs im ordentlichen Gesetzgebungsverfahren (Art. 294 AEUV) gleichberechtigt neben dem Rat.[2]

3   Trotz aller mit dem Zugewinn der anderen Organe verbundenen Einbußen sind die Kompetenzen des mit Vertretern der mitgliedstaatlichen Exekutiven besetzten Rates im Finanzbereich aber immer noch umfangreich. Über die jährlichen Ausgaben entscheidet er im Haushaltsverfahren gemeinsam mit dem Parlament. Auch für die Verordnung über den mehrjährigen Finanzrahmen, der Ausgabengrenzen festlegt, benötigt er die Zustimmung des Parlaments (Art. 312 Abs. 2 UAbs. 1 Satz 2 AEUV). Über die wesentlichen Einnahmen in Form der Eigenmittel, deren Obergrenze auch für die Ausgaben maßgeblich ist, entscheidet er jedoch nach wie vor allein. Art. 311 Abs. 3 AEUV verlangt darüber hinaus eine Art Ratifizierung in allen Mitgliedstaaten, während das Parlament nur Stellung nehmen darf. Die **Dominanz des Rates und der Mitgliedstaaten** ist daher zwar geringer geworden, sie besteht aber immer noch.

4   Die Mitgliedstaaten haben im Zusammenhang mit den Maßnahmen zur Bekämpfung der Finanz- und Schuldenkrise eher die Tendenz gezeigt, wichtige finanzrelevante Entscheidungen den im **Europäischen Rat** versammelten Staats- und Regierungschefs vorzubehalten oder außerhalb des Unionsrahmens zu treffen. Auch im engeren Bereich der Unionsfinanzen steht derzeit eine Umgestaltung des Haushaltsverfahrens und der Finanzvorschriften der Union in eine Richtung, die dem Europäischen Parlament die Befugnis verliehe, ebenso wie die nationalen Parlamente in den Mitgliedstaaten über Einnahmen und Ausgaben allein zu entscheiden, nicht an. Die politische Entscheidung, Schritte in diese Richtung zu gehen, könnte zudem an **Grenzen des nationalen Verfassungsrechts** stoßen.

B. Zusammenarbeit der Organe

5   Die skizzierte Verteilung der Zuständigkeiten auf die drei Unionsorgane erfordert ein **enges Zusammenwirken**. Trotz aller Interessensunterschiede sind Parlament, Rat und Kommission aufeinander angewiesen, um die wesentlichen Entscheidungen im Finanzbereich gemeinsam vorzubereiten und zu treffen. Nicht zuletzt von den Beziehungen zwischen ihnen hängt ab, wie effektiv sich das Haushaltsverfahren gestaltet. Daher haben sich schon lange **Formen der** mehr oder weniger **informellen Kooperation und Koordination** entwickelt, die der Vertrag von Lissabon an mehreren Stellen nun ausdrücklich im Primärrecht verankert hat, ohne sie allerdings umfassend zu regeln. Zu den einschlägigen Bestimmungen gehören Art. 312 Abs. 5 AEUV, der Parlament, Rat und Kommission auffordert »während des gesamten Verfahrens zur Annahme des Finanzrahmens alle erforderlichen Maßnahmen [zu treffen], um den Erlass des Rechtsakts zu erleichtern« (s. Art. 312 AEUV, Rn. 12), sowie die Einführung des Vermittlungsausschusses im Haushaltsverfahren des Art. 314 AEUV (s. Art. 314 AEUV, Rn. 23).

6   Art. 324 AEUV erweitert diese Ansätze und nimmt alle »nach diesem Titel vorgesehenen Haushaltsverfahren« in den Blick. Diese Bezugnahme auf den Titel belegt, dass es nicht allein um das Haushaltsverfahren im engeren Sinne gehen soll, sondern um die **Gesamtheit der Finanzthemen** in der EU.[3] Die Vorschrift entspricht Art. III–414 EVV und hat im früheren Primärrecht kein Vorbild. Sie sieht regelmäßige Treffen der Präsi-

---

[2] *Streinz/Ohler/Herrmann*, Vertrag von Lissabon, S. 52.
[3] Vgl. *Niedobitek*, in: Streinz, EUV/AEUV, Art. 324 AEUV, Rn. 8.

denten der drei Organe vor, deren Zweck es sein soll, »die Abstimmung und Annäherung der Standpunkte der Organe [...] zu fördern und so die Durchführung dieses Titels zu erleichtern.« Sie lässt sich als Ausdruck und Konkretisierung der allgemeinen Pflicht der Organe zur loyalen Zusammenarbeit (Art. 13 Abs. 2 Satz 2 EUV) verstehen.[4]

C. Entwicklung des Trilogs

Der Dialog zwischen den drei am Haushaltsverfahren maßgeblich beteiligten Organen,   **7** Parlament, Rat und Kommission, hat bereits eine lange Tradition und wurde wegen der Beteiligung dreier Parteien in Deutschland zunächst als **Dreiseitendialog** (s. u. Rn. 10) bezeichnet. Seit längerer Zeit ist dieser Begriff aber durch »Trilog« ersetzt worden.[5]

Schon 1970 gab es eine **Entschließung des Rates**, der das Einvernehmen zur Zusam-   **8** menarbeit mit dem Parlament im Bereich des Haushalts dokumentiert.[6] Im Zusammenhang mit dem Übergang zur Finanzierung aus Eigenmitteln und erweiterten Befugnissen des Parlaments führten Rat und Parlament dann »unter aktiver Mitwirkung der Kommission« durch eine **Gemeinsame Erklärung vom 4.3.1975** ein Konzertierungsverfahren ein, dass für »gemeinschaftliche Rechtsakte von allgemeiner Tragweite [...], die ins Gewicht fallende finanzielle Auswirkungen haben«, Anwendung finden sollte.[7] Das Verfahren sollte dann stattfinden, wenn der Rat beabsichtigte, von einer Stellungnahme des Parlaments abzuweichen. Sein Ziel war die Herbeiführung von Einvernehmen zwischen Rat und Parlament. Über das **Konzertierungsverfahren** erhielt das Parlament demnach zusätzlichen Einfluss auf die Rechtsetzung in der Gemeinschaft.[8] Im Falle der Nichteinigung lag die Entscheidung über den Rechtsakt aber nach wie vor beim Rat. Auch aufgrund dieser primärrechtlichen Vorgabe, konnte sich das Konzertierungsverfahren in der Praxis nur bedingt bewähren.[9]

Das Konzertierungsverfahren fand in einem **Konzertierungsausschuss** statt, der sich   **9** aus Vertretern von Rat und Parlament zusammensetzte und an dessen Arbeit die Kommission teilnahm. Diesen Konzertierungsausschuss kann man als Vorläufer des später in Art. 251 Abs. 4 EGV eingeführten Vermittlungsausschusses verstehen.[10] Mittlerweile sieht nicht nur Art. 294 AEUV in seinen Abs. 10–12 ein Vermittlungsverfahren im Rahmen des ordentlichen Gesetzgebungsverfahrens vor (s. Art. 294 AEUV, Rn. 46), sondern auch Art. 314 Abs. 5 AEUV ein solches im Verfahren zur Festlegung des Haushaltsplans (s. Art. 314 AEUV, Rn. 23).

Direkt auf das Haushaltsverfahren bezog sich dann die **Gemeinsame Erklärung vom**   **10** **30.6.1982**,[11] die einen Streit zwischen Rat und Parlament um den Gesamthaushaltsplan

---

[4] Vgl. *Rossi*, in: Vedder/Heintschel v. Heinegg, Europäisches Unionsrecht, Art. 324 AEUV, Rn. 2; *Waldhoff*, in: Calliess/Ruffert, EUV/AEUV, Art. 324 AEUV, Rn. 1.

[5] Vgl. *Bieber*, in: GSH, Europäisches Unionsrecht, Art. 324 AEUV, Rn. 1ff.; *Niedobitek*, in: Streinz, EUV/AEUV, Art. 324 AEUV, Rn. 2.

[6] S. dazu *Bieber*, EuR 1982, 115 (130); *Strasser*, S. 32, 216.

[7] Nr. 1 und 2 der Gemeinsamen Erklärung des Europäischen Parlaments, des Rates und der Kommission vom 4.3.1975, ABl. 1975, C 89/1. S. dazu *Strasser*, S. 39f., 216ff.

[8] Vgl. *Bobbert*, S. 17.

[9] Vgl. *Magiera*, in: Grabitz/Hilf/Nettesheim, EU, Art. 324 EUV (April 2012), Rn. 4; *Theato/Graf*, S. 75.

[10] Vgl. *Rutschmann*, Der europäische Vermittlungsausschuss, 2002, S. 39ff.

[11] Gemeinsame Erklärung des Europäischen Parlaments, des Rates und der Kommission über verschiedene Maßnahmen zur Gewährleistung einer besseren Entwicklung des Haushaltsverfahrens vom 30.6.1982, ABl. 1982, C 194/1. S. dazu *Kuhlmann*, S. 64ff.; *Strohmeier*, DÖV 1993, 217 (222).

1982 abschloss.[12] Daher mag man sie als den Beginn der stärker formalisierten Koordination im Haushaltsbereich identifizieren.[13] Ihren Schwerpunkt bildete die **Zuordnung der Ausgaben** zu den obligatorischen und nicht obligatorischen, die bis zum Inkrafttreten des Vertrags von Lissabon wesentliche Auswirkungen auf die dem Parlament jeweils zustehenden Befugnisse hatte.[14] Darüber hinaus regelte diese Erklärung aber auch allgemein die Zusammenarbeit zwischen den Organen im Rahmen des Haushaltsverfahrens. Sie sah einen »Dreiseitendialog« vor, zu dem sich die Präsidenten der Organe treffen sollten, um Meinungsverschiedenheiten schon vor Erstellung des Haushaltsplanentwurfs auszuräumen.[15]

11   Schon die Gemeinsamen Erklärungen von 1975 und 1982 stellten inhaltlich Vereinbarungen zwischen den Organen dar.[16] Spätere Abkommen dieser Art trugen dann die Bezeichnung »Interinstitutionelle Vereinbarung«.[17] Als erste in dieser Reihe schlossen die Organe am 29.6.1988 die **Interinstitutionelle Vereinbarung** über die Haushaltsdisziplin und die Verbesserung des Haushaltsverfahrens.[18] Ihre Nr. 3 betont, dass die Vereinbarung »die jeweiligen Haushaltsbefugnisse der einzelnen Organe, die im Vertrag festgelegt sind«, nicht berührt. Verbindlich soll sie aber dennoch sein, wie sich aus der Bestimmung ergibt, dass ihr Inhalt »nur mit Zustimmung aller an der Vereinbarung beteiligten Organe geändert werden« kann (Nr. 4).[19]

12   Weitere Interinstitutionelle Vereinbarungen zum Haushaltsverfahren ersetzten oder erneuerten ihre Vorgänger. In der zeitlichen Reihenfolge ergingen die Interinstitutionelle Vereinbarung vom 29.10.1993 über die Haushaltsdisziplin und die Verbesserung des Haushaltsverfahrens,[20] die Interinstitutionelle Vereinbarung vom 6.5.1999 zwischen dem Europäischen Parlament, dem Rat und der Kommission über die Haushaltsdisziplin und die Verbesserung des Haushaltsverfahrens[21] und die Interinstitutionelle Vereinbarung zwischen dem Europäischen Parlament, dem Rat und der Europäischen Kommission über die Haushaltsdisziplin und die wirtschaftliche Haushaltsführung vom 17.5.2006.[22]

13   Unabhängig von der Frage der **Rechtsnatur** solcher Interinstitutionellen Vereinbarungen,[23] die es auch in anderen Bereichen gibt,[24] handelte es sich um für die Praxis sehr

---

[12] Vgl. *Häde*, EuZW 1993, 401 (404); *Theato/Graf*, S. 76.

[13] Vgl. *Niedobitek*, in: Streinz, EUV/AEUV, Art. 324 AEUV, Rn. 2.

[14] Näher zu dieser Unterscheidung *Bieber*, in: GS, EUV/EGV, Art. 272 EGV, Rn. 25 ff.

[15] S. dazu *Bobbert*, S. 20 ff.

[16] *v. Alemann*, S. 327.

[17] Zu diesem Instrument s. die Beiträge in *Kietz/Slominski/Maurer/Puntscher Riekmann*. Eine Aufstellung der Interinstitutionellen Vereinbarungen im Haushaltsbereich findet sich bei *Eiselt/Pollak/Slominski*, Zwischen Konflikt und Kooperation – Zur interinstitutionellen Interaktion im EU-Haushaltsverfahren, ebd., S. 225 (248). S. auch *Eiselt/Pollak/Slominski*, ELJ 13 (2007), 75; *Hummer*, ELJ 13 (2007), 47.

[18] ABl. 1988, L 185/33. S. dazu *Kuhlmann*, S. 74 ff.; *Timmann*, EuR 1988, 273.

[19] Vgl. *Timmann*, EuR 1989, 13 (22, 29) unter Verweis auf EuGH, Urt. v. 27.9.1988, Rs. 204/86 (Griechenland/Rat), Slg. 1988, 5323, Rn. 16. A.A. *Griese*, EuR 1998, 462 (468). Allgemein zur Verbindlichkeit solcher Vereinbarungen s. *v. Alemann*, S. 235 ff.; *Bobbert*, S. 84 ff.

[20] ABl. 1993, C 331/1. S. dazu *Kuhlmann*, S. 160 ff.

[21] ABl. 1999, C 172/1. Zu dem dort vorgesehenen Konzertierungsverfahren vgl. *Draheim*, Probleme der finanzpolitischen Willensbildung in Europa, 2004, S. 237 f.

[22] ABl. 2006, C 139/1.

[23] Vgl. *v. Alemann*, S. 192: »eigene Handlungsform des Unionsrechts«; *Bobbert*, S. 80: sonstige Rechtshandlung im Bereich des Sekundärrechts; *Storr*, EuR 2001, 846 (852 ff.).

[24] S. die Übersicht bei *Bobbert*, S. 13 ff.

wichtige Normierungen, die die primärrechtlichen Regelungen des Haushaltsverfahrens ergänzten und konkretisierten. Besondere Bedeutung erlangten sie zudem durch die ihnen jeweils beigefügte verbindliche mittelfristige Finanzplanung in Form der **finanziellen Vorausschau**, die Art. 312 AEUV inzwischen als mehrjährigen Finanzrahmen im Primärrecht verankert hat (s. Art. 312 AEUV, Rn. 1). Mittlerweile sieht Art. 295 Satz 2 AEUV die Möglichkeit interinstitutioneller Vereinbarungen zwischen Parlament, Rat und Kommission, »die auch bindenden Charakter haben können«, ausdrücklich vor. Auf dieser Basis erging die derzeit geltende **Interinstitutionelle Vereinbarung vom 2. 12. 2013** zwischen dem Europäischen Parlament, dem Rat und der Kommission über die Haushaltsdisziplin, die Zusammenarbeit im Haushaltsbereich und die wirtschaftliche Haushaltsführung,[25] deren Nr. 2 Satz 2 festlegt: »Die Vereinbarung ist während ihrer gesamten Laufzeit für die Organe verbindlich.«

Aus rechtlicher Sicht kritisch zu bewerten ist die **Tendenz**, die Kompetenzen der   **14** Organe im Haushaltsverfahren über die Interinstitutionelle Vereinbarung nicht nur zu konkretisieren, sondern zu verschieben. Sollte die Aussage zutreffen, dass die Vereinbarung »das institutionelle Gleichgewicht im Bereich der Budget- und Finanzpolitik der Gemeinschaft – losgelöst von den primärrechtlichen Prämissen des EG-Vertrags – in direkten Verhandlungen zwischen den drei EU-Organen neu austariert«,[26] dann wäre das nicht akzeptabel.

D. Regelungsgehalt der Vorschrift

Satz 1 weist der Kommission die Aufgabe zu, regelmäßige **Treffen der Präsidenten der**   **15** **drei Unionsorgane** einzuberufen. Da er keine weiteren Verfahrensvorgaben enthält, ermöglicht er ein flexibles Vorgehen.[27] Trilog-Treffen auf anderen Repräsentationsebenen, wie sie die Interinstitutionelle Vereinbarung in ihren Regelungen über die »Interinstitutionelle Zusammenarbeit während des Haushaltsverfahrens«[28] vorsieht, erfasst die Vorschrift nicht, schließt sie allerdings auch nicht aus.[29] Schon daran wird deutlich, dass das Primärrecht nur einen Teilbereich des bisherigen und künftigen Trilogs erfasst.[30]

Die drei Präsidenten sollen nach Satz 2 alle erforderlichen Maßnahmen treffen, »um   **16** die Abstimmung und Annäherung der Standpunkte der Organe, denen sie vorstehen, zu fördern und so die Durchführung dieses Titels zu erleichtern.« Da sie keine Rechtsakte erlassen können, kann sich bei diesen Maßnahmen nur um ein **informelles Tätigwerden** handeln, das insbesondere im Einwirken auf ihre Organe bestehen dürfte.[31] Zu einer solchen Mitwirkung sollen sie verpflichtet sein.[32]

---

[25] ABl. 2013, C 373/1.
[26] *Becker*, Eine Finanzverfassung für die EU – Die neue Balance zwischen Rat und Parlament im Haushaltsverfahren, in: Kietz/Slominski/Maurer/Puntscher Riekmann, S. 252 (253).
[27] Vgl. *Khan*, in: Geiger/Khan/Kotzur, EUV/AEUV, Art. 324 AEUV, Rn. 1.
[28] Nr. 17 des Anhangs zur Interinstitutionellen Vereinbarung vom 2. 12. 2013.
[29] Vgl. *Magiera*, in: Grabitz/Hilf/Nettesheim, EU, Art. 324 EUV (April 2012), Rn. 22.
[30] Vgl. *Niedobitek*, in: Streinz, EUV/AEUV, Art. 310 AEUV, Rn. 6.
[31] Vgl. *Rossi*, in: Vedder/Heintschel v. Heinegg, Europäisches Unionsrecht, Art. 324 AEUV, Rn. 7; *Waldhoff*, in: Calliess/Ruffert, EUV/AEUV, Art. 324 AEUV, Rn. 1.
[32] *Bieber*, in: GSH, Europäisches Unionsrecht, Art. 324 AEUV, Rn. 8.

Kapitel 6
Betrugsbekämpfung

Artikel 325 AEUV [Schutz der finanziellen Interessen der Union]

(1) Die Union und die Mitgliedstaaten bekämpfen Betrügereien und sonstige gegen die finanziellen Interessen der Union gerichtete rechtswidrige Handlungen mit Maßnahmen nach diesem Artikel, die abschreckend sind und in den Mitgliedstaaten sowie in den Organen, Einrichtungen und sonstigen Stellen der Union einen effektiven Schutz bewirken.

(2) Zur Bekämpfung von Betrügereien, die sich gegen die finanziellen Interessen der Union richten, ergreifen die Mitgliedstaaten die gleichen Maßnahmen, die sie auch zur Bekämpfung von Betrügereien ergreifen, die sich gegen ihre eigenen finanziellen Interessen richten.

(3) [1]Die Mitgliedstaaten koordinieren unbeschadet der sonstigen Bestimmungen der Verträge ihre Tätigkeit zum Schutz der finanziellen Interessen der Union vor Betrügereien. [2]Sie sorgen zu diesem Zweck zusammen mit der Kommission für eine enge, regelmäßige Zusammenarbeit zwischen den zuständigen Behörden.

(4) Zur Gewährleistung eines effektiven und gleichwertigen Schutzes in den Mitgliedstaaten sowie in den Organen, Einrichtungen und sonstigen Stellen der Union beschließen das Europäische Parlament und der Rat gemäß dem ordentlichen Gesetzgebungsverfahren nach Anhörung des Rechnungshofs die erforderlichen Maßnahmen zur Verhütung und Bekämpfung von Betrügereien, die sich gegen die finanziellen Interessen der Union richten.

(5) Die Kommission legt in Zusammenarbeit mit den Mitgliedstaaten dem Europäischen Parlament und dem Rat jährlich einen Bericht über die Maßnahmen vor, die zur Durchführung dieses Artikels getroffen wurden.

Literaturübersicht

Abels, Das Bundesverfassungsgericht und die Integration Europas, 2011; *Ambos*, Internationales Strafrecht, 3. Aufl., 2011; *Calliess*, Auf dem Weg zu einem einheitlichen europäischen Strafrecht?, ZEuS 2008, 3; *v. Bubnoff*, Institutionelle Kriminalitätsbekämpfung in der EU – Schritte auf dem Weg zu einem europäischen Ermittlungs- und Strafverfolgungsraum, ZEuS 2002, 185; *v. Danwitz*, Europäisches Verwaltungsrecht, 2008; *Dannecker*, Einführung von Tatbeständen mit supranationaler Schutzrichtung (Europadelikte), in: Böse, Europäisches Strafrecht, 2014, S. 287; *Frenz/Wimmers*, Effizienz im Emissionshandel – ein Beitrag zum Klimaschutzrecht, in: Härtel (Hrsg.), Nachhaltigkeit, Energiewende, Klimawandel, Welternährung, 2014, S. 489; *Fromm*, Neue supranationale Strafrechtsordnung zum Schutz der finanziellen Interessen der EG?, StraFo 2008, 358; *Grünewald*, Zur Frage eines europäischen Allgemeinen Teils des Strafrechts, JZ 2011, 972; *Hecker*, Europäisches Strafrecht, 4. Aufl., 2012; *Heger*, Perspektiven des Europäischen Strafrechts nach dem Vertrag von Lissabon, ZIS 2009, 406; *Mager*, Das Europäische Amt für Betrugsbekämpfung (OLAF) – Rechtsgrundlagen seiner Errichtung und Grenzen seiner Befugnisse, ZEuS 2000, 177 *Mögele*, Betrugsbekämpfung im Bereich des gemeinschaftlichen Agrarrechts, EWS 1998, 1; *Pache*, Der Schutz der finanziellen Interessen der Europäischen Gemeinschaft, 1994; *Rosenau*, Zur Europäisierung im Strafrecht, ZIS 2008, 9; *Satzger*, Die Europäisierung des Strafrechts, 2001; *ders.*, Das Strafrecht als Gegenstand europäischer Gesetzgebungstätigkeit, KritV 2008, 17; *Schmidt-Aßmann*, Deutsches und Europäisches Verwaltungsrecht, DVBl 1993, 924;; *Strobel*, Die Untersuchungen des europäischen Amtes für Betrugsbekämpfung (OLAF), 2012; *Thym*, Blaupausenfallen bei der Abgrenzung von Grundgesetz und Grundrechtecharta, DÖV 2014, 941; *Vogel*, Die Strafgesetzgebungskompetenzen der Europäischen Union nach Art. 83, 86 und 325 AEUV, in: Ambos (Hrsg.), Europäisches Strafrecht post Lissabon, 2011, S. 41, *Walter*, Inwieweit erlaubt die Europäische Verfassung ein europäisches

Strafgesetz?, ZStW 117 (2005), 912; *Weigend*, Der Entwurf einer Europäischen Verfassung und das Strafrecht, ZStW 116 (2004), 275; *Wolffgang/Ulrich*, Schutz der finanziellen Interessen der Europäischen Gemeinschaft, EuR 1998, 616; *Zöller*, Europäische Strafgesetzgebung, ZIS 2009, 340.

Leitentscheidungen

EuGH, Urt. v. 21.9.1983, Rs. 205–215/82 (Deutsche Milchkontor), Slg. 1983, 2633;
EuGH, Urt. v. 21.9.1989, Rs. 68/88 (Kommission/Griechenland, sog. Griechischer Maisfall), Slg. 1989, 2965;
EuGH, Beschl. v. 13.7.1990, Rs. C–2/88 IMM (Zwartveld u. a.), Slg. 1990, I–3365;
EuGH, Beschl. v. 6.12.1990, Rs. C–2/88 IMM (Zwartveld u. a.), Slg. 1990, I–4405;
EuGH, Urt. v. 16.5.2000, Rs. C–78/98 (Preston), Slg. 2000, I–3201;
EuGH, Urt. v. 10.7.2003, Rs. C–11/00 (Kommission/EZB), Slg. 2003, I–7147;
EuGH, Urt. v. 11.11.2003, Rs. C–13/01 (Safalero), Slg. 2003, I–8679;
EuGH, Urt. v. 30.3.2004, Rs. C–167/02 P (Rothley u. a./Parlament), Slg. 2004, I–3149;
EuGH, Urt. v. 13.9.2005, Rs. C–176/03 (Kommission/Rat), Slg. 2005, I–7879;
EuGH, Urt. v. 7.6.2007, Rs. C–222–225/05 (Van der Weerd), Slg. 2007, I–4233;
EuGH, Urt. v. 23.10.2007, Rs. C–440/05 (Kommission/Rat), Slg. 2007, I–9097;
EuGH, Urt. v. 26.2.2013, Rs. C–617/10 (Åkerberg Fransson), ECLI:EU:C:2013:105;
EuGH, Urt. v. 17.10.2013, Rs. C–203/12 (Billerud), ECLI:EU:C:2013:664;
EuGH, Urt. v. 22.5.2014, Rs. C–56/13 (Érsekcsanádi Mezőgazdasági), ECLI:EU:C:2014:352

A. Bedeutung

I. Relevanz

Der **EU-Haushalt** und seine **Funktionsfähigkeit** leben wesentlich davon, dass die Mittel **1** vollständig erhoben sowie zielgerichtet eingesetzt werden. Daher gilt es nach Art. 325 AEUV, Betrügereien und sonstige gegen die finanziellen Interessen der Union gerichtete rechtswidrige Handlungen zu verhindern. So wird eine zweckwidrige Verwendung von Mitteln vermieden, ebenso eine Verknappung durch eine Verkürzung von der EU zustehenden Mitteln (z. B. Anteil an der Mehrwertsteuer).[1] Daher ist es nur konsequent, dass die Vorschrift zur Betrugsbekämpfung im Haushaltsrecht der EU verankert ist,[2] wobei eine gewisse Abtrennung in ein eigenes Kapitel am Schluss erfolgte.[3]

---

[1] *Dannecker*, in: Böse, Europäisches Strafrecht, 2014, § 8, Rn. 21, 23.
[2] *Waldhoff*, in: Calliess/Ruffert, EUV/AEUV, Art. 325 AEUV, Rn. 5.
[3] *Satzger*, in: Streinz, EUV/AEUV, Art. 325 AEUV, Rn. 1.

2   Klassisch sind Betrügereien im Bereich der **Agrarsubventionen,**[4] so wenn zu große Flächen oder zu hohe Produktionszahlen oder die vermeintliche Einhaltung von Umweltstandards gemeldet werden. Indes sind die Zahlungen der Union entweder direkt oder über die Mitgliedstaaten, welche die Unionsmittel verwalten, in zahlreiche Gebiete expandiert. Betrügereien zeigen sich vor allem auch in der Strukturpolitik[5] und dabei besonders in der **Kohäsionspolitik,**[6] können aber auch im Bereich der **Forschungssubventionen** auftreten, so wenn sich ein Institut ein Projekt fördern lässt, welches es als neu deklariert, das aber praktisch schon in einem anderen und früher geförderten Projekt enthalten war, ohne dass eine Fortentwicklung gegeben ist. Oder aber das geförderte Personal wird für ganz andere Zwecke eingesetzt, so etwa auch für die universitären Grundaufgaben angesichts immer geringerer staatlicher Haushaltszuweisungen.

II. Rückbindung an die nationalen Systeme

3   Allerdings konnte die EU jedenfalls bisher nicht selbst strafrechtlich durchgreifen. Verwaltungssanktionen konnte sie ohne Weiteres festlegen, nicht aber strafrechtliche Sanktionen. Diese sind ihr zwar in gewissem Maße über Art. 83 AEUV bzw. umstrittenermaßen über Art. 325 Abs. 4 AEUV[7] eröffnet. Hier allerdings geht es jedenfalls im Ausgangspunkt darum, dass Union und Mitgliedstaaten gemeinsam Betrügereien und sonstige rechtswidrige Handlungen, welche den finanziellen Interessen der Union zuwiderlaufen, bekämpfen. Damit knüpft die Vorschrift an die **Strafrechtssysteme der Mitgliedstaaten** sowohl hinsichtlich der Vorschriften als auch hinsichtlich der praktischen Durchsetzung an.

4   Daraus wird auch gefolgert, dass deshalb die Verfolgung von Betrügereien und sonstigen rechtswidrigen Handlungen im Hinblick auf Gelder der Union nicht mit derselben Sorgfalt und **Kontrollintensität** erfolgt.[8] Indes rückt immer mehr ins Blickfeld, dass der EU-Haushalt letztlich auch aus nationalen Geldern finanziert wird. Das gilt vor allem im Hinblick auf die Bundesrepublik Deutschland. Daher dürfte eine derartige Tendenz zumindest abnehmen, wenn sie überhaupt zutage trat. Zudem werden die der EU zufließenden Mittel vielfach von den Mitgliedstaaten erhoben, so die Mehrwertsteuer, von der ein Teil an die EU geht.[9]

5   Die Mitgliedstaaten müssen vom Ansatz der Vorschrift her die gleichen Maßnahmen ergreifen, die sie auch bei Betrügereien zulasten ihrer eigenen finanziellen Interessen anwenden. Damit ist ein **Gleichheitsgebot** etabliert. Zudem ist ein **Mindeststandard** sicherzustellen, damit eine abschreckende Bekämpfung erfolgt und ein effektiver Schutz gewährleistet werden kann, wie sich aus Art. 325 Abs. 1 AEUV ergibt.

6   Die beiden Vorgaben der Mindesterfordernisse und der notwendigen Gleichbehandlung entsprechen praktisch dem Effektivitätsgebot sowie dem Diskriminierungsverbot im Bereich des mitgliedstaatlichen Verwaltungsvollzugs und des nationalen Rechtsschutzes.[10] Beide sind Ausdruck der mitgliedstaatlichen Verpflichtung, entsprechend dem Grundsatz der Unionstreue und des Effektivitätsprinzips die Geltung und Wirkungskraft des Unionsrechts sicherzustellen, wie der EuGH in seinem Grundlagenurteil

---

[4] *Mögele,* EWS 1998, 1.
[5] *Dannecker* (Fn. 1), § 8, Rn. 23.
[6] *Schoo,* in: Schwarze, EU-Kommentar, Art. 325 AEUV, Rn. 1.
[7] ABl. u. Rn. 35 ff.
[8] *Satzger,* Die Europäisierung des Strafrechts, S. 329.
[9] S. *Dannecker* (Fn. 1), § 8, Rn. 21.
[10] Ausführlich *Frenz,* Handbuch Europarecht, Band 5, Rn. 1805 ff.

im sog. Griechischen Maisfall betonte.[11] Das **Effektivitätsgebot** verlangt hier, dass die Unionsbelange wirksam angewendet und durchgesetzt werden. Dieses Wirksamkeitserfordernis liegt bei der Betrugsbekämpfung in einer hinreichenden Strafandrohung und in deren adäquater Durchsetzung.

Dabei liegt der Schwerpunkt des Effektivitätsgebots weniger in der formalen Ausge- **7** staltung, sondern in der tatsächlichen Wirkung. Der nationale Vollzug darf nicht die Wirksamkeit des nationalen Unionsrechts beeinträchtigen.[12] Letzteres muss sich optimal bewähren können.[13] Bezugspunkt ist hier nicht das Unionsrecht, sondern das finanzielle Interesse der Union. Dieses muss effektiv gewahrt werden.

Das **Diskriminierungsverbot** bzw. der **Äquivalenzgrundsatz**[14] im Bereich mitglied- **8** staatlichen Vollzugs verlangt, dass unionale Vorschriften genauso umgesetzt und angewandt werden wie vergleichbare nationale Vorschriften. Beide müssen gleiche Wirkung entfalten.[15] Die Vollzugsmodalitäten dürfen mithin nicht davon abhängig sein, ob nationales oder Unionsrecht betroffen ist.[16] Letzteres darf nicht benachteiligt werden; Voraussetzung ist die **Gleichwertigkeit**.[17] Diese bezieht sich hier auf die Wahrung der finanziellen Interessen der Union und die Verfolgung der dagegen gerichteten, durch Art. 325 AEUV erfassten Delikte.

Damit ist letztlich auch die Betrugsbekämpfung in das nationale Rechtssystem gestellt **9** und unterliegt nur den Grundbedingungen einer hinreichenden Wahrung und Durchsetzung der Unionsbelange sowie ihrer gleichwertigen Verfolgung. Deshalb können entsprechende **Anleihen** bei der viel weiter fortentwickelten **Dogmatik des mitgliedstaatlichen Verwaltungsvollzuges und Rechtsschutzes** gewonnen werden. Das gilt etwa auch für die **Haftung** für fehlerhaft angewandtes Recht. Weil das Strafrecht immer noch nationaler Provenienz ist und es die mitgliedstaatlichen Behörden vollziehen, haben sie auch Schadensersatz zu leisten, wenn etwa eine Person zu Unrecht angeklagt oder gar mit Strafen belegt wird.

III. Folgen für den Grundrechtsschutz

Entsprechend **zweigleisig** ist auch der **Grundrechtsschutz**: Maßnahmen der Union bzw. **10** in Durchführung des Unionsrechts nach Art. 51 Abs. 1 EGRC unterliegen den EU-Grundrechten. Dies gilt auch für Vorgaben an die Mitgliedstaaten, obwohl das Strafrecht zu deren klassischem Handlungsbereich gehört:[18] In der Entscheidung *Åkerberg-Fransson* hat der EuGH die EU-Grundrechte herangezogen, obwohl es um die strafrechtliche Sicherung der Wirksamkeit einer Richtlinie ging.[19]

---

[11] EuGH, Urt. v. 21.9.1989, Rs. 68/88 (Kommission/Griechenland, sog. Griechischer Maisfall), Slg. 1989, 2965.

[12] Bereits EuGH, Urt. v. 21.9.1983, Rs. 205–215/82 (Deutsche Milchkontor), Slg. 1983, 2633, Rn. 19.

[13] *Schmidt-Aßmann*, DVBl 1993, 924 (931).

[14] EuGH, Urt. v. 7.6.2007, Rs. C–222–225/05 (Van der Weerd), Slg. 2007, I–4233, Rn. 28.

[15] EuGH, Urt. v. 16.5.2000, Rs. C–78/98 (Preston), Slg. 2000, I–3201, Rn. 55; v. *Danwitz*, Europäisches Verwaltungsrecht, 2008, S. 484.

[16] EuGH, Urt. v. 16.5.2000, Rs. C–78/98 (Preston), Slg. 2000, I–3201, Rn. 59f.

[17] EuGH, Urt. v. 7.6.2007, Rs. C–222–225/05 (Van der Weerd), Slg. 2007, I–4233, Rn. 28ff. Daher auch Grundsatz der Gleichwertigkeit, Urt. v. 11.11.2003, Rs. C–13/01 (Safalero), Slg. 2003, I–8679, Rn. 49.

[18] BVerfGE 123, 267 (410).

[19] EuGH, Urt. v. 26.2.2013, Rs. C–617/10 (Åkerberg Fransson), ECLI:EU:C:2013:105, Rn. 27.

11   Art. 325 Abs. 2 AEUV knüpft hingegen daran an, dass die Mitgliedstaaten die gleichen Maßnahmen ergreifen, die sie auch zur Bekämpfung von Betrügereien heranziehen, die sich gegen ihre eigenen finanziellen Interessen richten. Die Maßnahmen mit dem letztgenannten Ziel unterliegen zweifelsohne den mitgliedstaatlichen Grundrechten. Wird durch Art. 325 Abs. 2 AEUV eine gleichermaßen erfolgende Behandlung verlangt, müssen auch bei Maßnahmen im Hinblick auf Betrügereien gegen die finanziellen Interessen der Union die **nationalen Grundrechte** eingreifen. Nur so ist eine **umfassende Gleichbehandlung** gewährleistet. Zudem treffen so die im nationalen Strafrechtssystem verankerten Maßnahmen auf die Grundrechte des Mitgliedstaates, die auch sonst mit diesem System korrespondieren. Ansonsten könnten möglicherweise Beurteilungsfriktionen auftreten, soweit die EU-Grundrechte etwas anders gelagert sind. Allerdings sind die Unterschiede schon deshalb relativ gering, weil die **EMRK** gerade im Bereich der prozessualen Rechte sehr stark in die GRC Eingang gefunden hat. Die Standards der EMRK müssen auch in die nationale Grundrechtsprüfung Eingang finden; sie gehören zur Bindung an Recht und Gesetz nach Art. 20 Abs. 3 GG.[20]

12   Soweit aus dem Unionsrecht **Mindeststandards** folgen, damit die Maßnahmen gegen Betrügereien und sonstige gegen die finanziellen Interessen der Union gerichtete rechtswidrige Handlungen abschreckend und effektiv sind, handelt es sich um unionsrechtliche Vorgaben. Diese unterliegen als solche den **Unionsgrundrechten**. Die nähere Ausgestaltung hingegen ist an den nationalen Grundrechten zu messen, soweit den Mitgliedstaaten Spielräume verbleiben. Dies ergibt sich aus der EuGH-Entscheidung zu den Hartz IV-Leistungen für Unionsbürger ohne Job jedenfalls für die ausdrückliche Eröffnung nationaler Regulierungen.[21] Umso mehr müssen dann die mitgliedstaatlichen Grundrechte eingreifen, wenn die EU-Regelungen einen Bereich gar nicht erfassen.[22]

B. Erfasste Delikte

13   Im Ausgangspunkt umfasst Art. 325 AEUV Betrügereien und sonstige gegen die finanziellen Interessen der Union gerichtete rechtswidrige Handlungen. Art. 325 Abs. 2–4 AEUV beziehen sich nur auf gegen die **finanziellen Interessen der Union** gerichtete Betrügereien. Gemeinsam ist also das Merkmal, dass sich die Handlungen gegen die finanziellen Interessen der Union richten. Dies ist weit zu sehen und umfasst sowohl die Haushaltsmittel, die von der Union als Eigenmittel selbst verwaltet werden, als auch diejenigen, die in ihrem Auftrag durch Dritte verwaltet werden.[23] Wegen der regelmäßig dezentralen Verwaltung im Bereich der Unionspolitiken zählen zu den Dritten auch und gerade die Mitgliedstaaten, welche von der Union kommende bzw. regulierte Finanzmittel verteilen bzw. die ihr zugute kommenden Mittel erheben. Damit können auch von solchen **nationalen Stellen** erhobene Gelder wie die teilweise an die EU gehende Mehrwertsteuer sowie abgegebene Finanzmittel wie etwa Agrarsubventionen von Art. 325 AEUV erfasst sein. Erst recht gilt dies für etwa von EU-Forschungsprogrammen und -einrichtungen direkt verteilte Gelder.

---

[20] BVerfG, Urt. v. 14.10.2004 (Görgülü), BVerfGE 111, 307 (316 ff., 323 f.).
[21] EuGH, Urt. v. 11.11.2014, Rs. C–333/13 (Dano), ECLI:EU:C:2014:2460 mit Anm. *Frenz*, DVBl 2015, 36.
[22] S. EuGH, Urt. v. 22.5.2014, Rs. C–56/13 (Érsekcsanádi Mezőgazdasági), ECLI:EU:C:2014:352, Rn. 54, 56; *Thym*, DÖV 2014, 941 (949).
[23] Etwa *Satzger*, in: Streinz, EUV/AEUV, Art. 325 AEUV, Rn. 5 mit Fn. 18; *Wolffgang/Ulrich*, EuR 1998, 616 (625); s. o. Rn. 2.

Die Handlung muss nur gegen die finanziellen Interessen der Union gerichtet sein, **14** diese also noch nicht geschädigt haben. Daher können auch bereits **Vermögensgefährdungen** einbezogen werden.[24]

In allen Absätzen des Art. 325 AEUV werden **Betrügereien** erfasst. Dieser Begriff ist **15** europarechtlich zu sehen. Auch wenn eine große Nähe zu nationalen Ausprägungen vorhanden ist, sind doch auch in den anderen Sprachfassungen parallele Begriffe enthalten, ebenso in verschiedenen Vorschriften der Union.[25] Von besonderer Bedeutung ist dabei Art. 1 des Übereinkommens von 26.7.1995 über den Schutz der finanziellen Interessen der EG (sog. PIF-Konvention),[26] der die weite Palette möglicher Begehungsformen aufzeigt. Danach ist ein Betrug:

»a) im Zusammenhang mit Ausgaben jede vorsätzliche Handlung oder Unterlassung betreffend

– die Verwendung oder Vorlage falscher, unrichtiger oder unvollständiger Erklärungen oder Unterlagen mit der Folge, dass Mittel aus dem Gesamthaushaltsplan der Europäischen Gemeinschaften oder aus den Haushalten, die von den Europäischen Gemeinschaften oder in deren Auftrag verwaltet werden, unrechtmäßig erlangt oder zurückbehalten werden;

– das Verschweigen einer Information unter Verletzung einer spezifischen Pflicht mit derselben Folge;

– die missbräuchliche Verwendung solcher Mittel zu anderen Zwecken als denen, für die sie ursprünglich gewährt worden sind;

b) im Zusammenhang mit Einnahmen jede vorsätzliche Handlung oder Unterlassung betreffend

– die Verwendung oder Vorlage falscher, unrichtiger oder unvollständiger Erklärungen oder Unterlagen mit der Folge, dass Mittel aus dem Gesamthaushaltsplan der Europäischen Gemeinschaften oder aus den Haushalten, die von den Europäischen Gemeinschaften oder in deren Auftrag verwaltet werden, rechtswidrig vermindert werden;

– das Verschweigen einer Information unter Verletzung einer spezifischen Pflicht mit derselben Folge;

– die missbräuchliche Verwendung eines rechtmäßig erlangten Vorteils mit derselben Folge.«

Auf diese eigentlich auf die Zwecke dieses Übereinkommens beschränkte[27] Defini- **16** tion verweist die VO (EG) 2988/95 in ihren Begründungserwägungen.[28] Erfasst werden damit der **Eingehungs-** wie der **Erfüllungsbetrug**, das aktive Falschinformieren wie das vorsätzliche **Unterlassen** rechtlich geforderter Informationen. Es wird sowohl die **Ausgaben-** wie die **Einnahmenseite** erfasst, mithin die Vergabe und Verwendung von Subventionen einerseits und die Erhebung von Einnahmen, die für die Union bestimmt sind, andererseits.

---

[24] Ebenso *Satzger*, in: Streinz, EUV/AEUV, Art. 325 AEUV, Rn. 5 unter Verweis auf den 2. Erwägungsgrund der VO (EG) Nr. 1073/1999 vom 25.5.1991 über die Untersuchungen des europäischen Amtes für Betrugsbekämpfung (OLAF), ABl. 1999 L 136, 1.
[25] *Satzger*, in: Streinz, EUV/AEUV, Art. 325 AEUV, Rn. 6.
[26] ABl. 1995, C 316/49.
[27] *Waldhoff*, in: Calliess/Ruffert, EUV/AEUV, Art. 325 AEUV, Rn. 4.
[28] VO (EG) Nr. 2988/95 vom 18.12.1995 zum Schutz der finanziellen Interessen der Gemeinschaft, ABl. 1995, L 312/1.

17   Nur in Art. 325 Abs. 1 AEUV sind **sonstige** gegen die finanziellen Interessen der Union gerichtete **rechtswidrige Handlungen** erfasst. Diese müssen also nicht mit Betrügereien übereinstimmen, außer diese werden als der weitere Begriff betrachtet;[29] dagegen spricht aber der Wortlaut. Auch der EuGH unterscheidet zwischen Betrügereien und anderen Unregelmäßigkeiten; Abs. 1 sieht er als umfassende Zielvorschrift zur Bestimmung der EU-Zuständigkeit und nicht als ausschließlich maßgebliche Begriffsdefinition.[30] Jedenfalls zu den rechtswidrigen Handlungen gehören auch **Urkundenfälschungen, Amtsmissbräuche** sowie Verletzungen von Dienstgeheimnissen, sofern nur ein zumindest mittelbarer oder potenzieller Bezug zu den finanziellen Interessen der Union und damit zu einer Gefährdung des Unionshaushalts vorhanden ist.[31]

18   Art. 325 Abs. 1 AEUV spricht nur von rechtswidrigen Handlungen. Die **Rechtswidrigkeit** des Verhaltens ist also Voraussetzung,[32] da sich diese über die Formulierung »sonstige […] rechtswidrige Handlungen« auch auf den Betrug bezieht.[33] Über die Einbeziehung der sonstigen rechtswidrigen Handlungen wird zudem deutlich, dass keine weitere Ausdehnung erfolgen sollte, auch nicht im Hinblick auf Schein- und **Umgehungstatbestände,**[34] die zwar formal rechtstreu sind, aber gezielt die Union finanziell schädigen wollen.[35] Somit wäre das gerade im Strafrecht besonders wichtige **Bestimmtheitsgebot** nur schwerlich gewahrt, zumal wenn Art. 324 Abs. 4 AEUV eine genuine EU-Strafrechtsetzungskompetenz entnommen wird.[36]

19   Demgegenüber wird ein Vorsatz nach dem Wortlaut von Art. 325 AEUV nicht verlangt. Noch nicht einmal eine **Schuld** scheint Voraussetzung zu sein. Allerdings ist eine solche im Bereich des Strafrechts üblich. Damit ist zumindest eine **fahrlässige Handlung** zu verlangen. In der vorgenannten[37] Definition nach Art. 1 Abs. 1 der PIF-Konvention wird indes der Vorsatz eigens genannt. Er ist daher auch hier zugrunde zu legen. Allerdings fehlt dort die Täuschungs- und Bereicherungsabsicht.[38] Jedenfalls dann bildet der Vorsatz das notwendige Korrektiv. Dass nach Art. 325 Abs. 1 AEUV eine Handlung gegen die finanziellen Interessen der Union gerichtet sein muss, spricht ebenfalls für eine **vorsätzliche Begehung.** Allerdings sind die anderen Sprachfassungen wesentlich neutraler.[39]

C. Mindeststandards (Abs. 1)

20   Art. 325 Abs. 1 AEUV verlangt von der Union und den Mitgliedstaaten Maßnahmen, die abschreckend sind und in den Mitgliedstaaten sowie in den Organen, Einrichtungen

---

[29] Dafür *Magiera*, in: Grabitz/Hilf/Nettesheim, EU, Art. 325 AEUV (April 2012), Rn. 15, unter Hinweis auf Systematik und Genese.
[30] EuGH, Urt. v. 10.7.2003, Rs. C–11/00 (Kommission/EZB), Slg. 2003, I–7147, Rn. 100 ff.
[31] *Satzger*, in: Streinz, EUV/AEUV, Art. 325 AEUV, Rn. 6.
[32] Anders *Waldhoff*, in: Calliess/Ruffert, EUV/AEUV, Art. 325 AEUV, Rn. 4.
[33] *Magiera*, in: Grabitz/Hilf/Nettesheim, EU, Art. 325 AEUV (April 2012), Rn. 16.
[34] Dazu näher *Pache*, Der Schutz der finanziellen Interessen der Europäischen Gemeinschaft, 1994, S. 162 ff.
[35] Mit diesem Ansatz hingegen für eine Erweiterung *Waldhoff*, in: Calliess/Ruffert, EUV/AEUV, Art. 325 AEUV, Rn. 4; auch *Spitzer/Stiegel*, in: GSH, Europäisches Unionsrecht, Art. 325 AEUV, Rn. 14 ff., 19.
[36] S. u. Rn. 35 ff.
[37] S. o. Rn. 15.
[38] *Dannecker* (Fn. 1), § 8, Rn. 35.
[39] *Satzger*, in: Streinz, EUV/AEUV, Art. 325 AEUV, Rn. 6 a. E. mit Fn. 24.

und sonstigen Stellen der Union einen effektiven Schutz bewirken. Eine **abschreckende Wirkung** verlangt, dass die erfassten Handlungen möglichst gar nicht begangen werden, weil von den Sanktionen eine prohibitive Wirkung ausgeht. Es ist damit eine präventive Wirkung erforderlich, und zwar in Form der Generalprävention, welche die Allgemeinheit von einem Verstoß abhält und das allgemeine Rechtsbewusstsein stärkt, sowie in Gestalt der Spezialprävention, damit der Täter von einer Wiederholung abgehalten wird.[40]

In einem solchen Fall ist die Sanktion auch wirksam. Symbolische Sanktionen genü- **21** gen dafür nicht.[41] Damit liegt hier die wirksame Realisierung der Vorgaben nach Art. 325 Abs. 1 AEUV in der Verhängung abschreckender Sanktionen, und zwar bezogen auf die finanziellen Interessen der Union, unabhängig von dem Schutz der nationalen.[42] Das deckt sich mit der Rechtsprechung des EuGH zu Sanktionen im Bereich des Emissionshandelsrechts, die gleichfalls zwingend sind und in der ganzen Union schlüssig sowie konsequent sein müssen.[43] Durch diese Vorgaben des EuGH wird auch der **Beurteilungsspielraum** der Mitgliedstaaten **beschränkt**, wann eine **Präventionswirkung** angenommen werden kann; bislang werden nur ganz offensichtlich und damit evident ineffektive Sanktionen abgelehnt.[44]

Der effektive **Schutz**, der bewirkt werden muss, hat **real** zu sein. Er beschränkt sich **22** nicht allein auf die abschreckende Wirkung der festgelegten Sanktionen, sondern auf ihre **tatsächliche Durchsetzung**. Die entdeckten Handlungen müssen also tatsächlich verfolgt und geahndet werden. Ansonsten laufen die Sanktionsdrohungen leer und sind dann auch nicht mehr abschreckend.

Entsprechend dem allgemeinen **Übermaßverbot** müssen die Sanktionen verhältnis- **23** mäßig sein.[45] Dies beinhaltet, dass sie in einem adäquaten Verhältnis zur Schwere der Zuwiderhandlung stehen. Daher wird auch von Angemessenheit gesprochen.[46]

D. Gleichbehandlungsgebot (Abs. 2)

Nach Art. 325 Abs. 2 AEUV müssen die Mitgliedstaaten die gleichen Maßnahmen er- **24** greifen, gleichgültig, ob es sich um Betrügereien zu ihren finanziellen Lasten oder zu Lasten der finanziellen Interessen der Union handelt. Damit ist das allgemeine **Äquivalenzprinzip** insoweit ausdrücklich verankert. Ausgangspunkt sind die nationalen Sanktionsvorschriften. Diese sind einzuordnen im Hinblick auf Verstöße, die mit denen gleichartig sind, die sich gegen die Betrügereien im Hinblick auf die finanziellen Interessen der Union richten.

---

[40] *Satzger*, in: Streinz, EUV/AEUV, Art. 325 AEUV, Rn. 13.

[41] S. *Waldhoff*, in: Calliess/Ruffert, EUV/AEUV, Art. 325 AEUV, Rn. 13.

[42] *Magiera*, in: Grabitz/Hilf/Nettesheim, EU, Art. 325 AEUV (April 2012), Rn. 31.

[43] EuGH, Urt. v. 17.10.2013, Rs. C–203/12 (Billerud), ECLI:EU:C:2013:664, Rn. 39; näher dazu *Frenz/Wimmers*, S. 511, 520 ff.

[44] *Satzger*, in: Streinz, EUV/AEUV, Art. 325 AEUV, Rn. 13 a. E. unter Verweis auf *dens.*, Die Europäisierung des Strafrechts, 2001, 369.

[45] S. bereits EuGH, Urt. v. 21.9.1989, Rs. 68/88 (Kommission/Griechenland, sog. Griechischer Maisfall), Slg. 1989, 2965, Rn. 24; *Dannecker* (Fn. 1), § 8, Rn. 24 a. E.

[46] Gleichwohl eine Verhältnismäßigkeit im Sinne eines Übermaßverbotes abl. *Satzger*, in: Streinz, EUV/AEUV, Art. 325 AEUV, Rn. 14.

25   Mit diesen **Vorschriften** hat eine Gleichstellung zu erfolgen, wie dies § 264 Abs. 7
      StGB für den Subventionsbetrug und § 1 Abs. 1 Satz 2 AO für das Steuerstrafrecht
      vorsieht. Zudem müssen die mitgliedstaatlichen Organe diese Vorschriften in gleicher
      Schärfe anwenden. Sowohl die Vorschriften müssen also parallel liegen als auch ihre
      Anwendung. Das gilt auch für das **Verfahrensrecht**: die Union muss dieselbe Rechts-
      stellung haben wie nationale Behörden, um ihre Rechte durchzusetzen.[47] Dabei bedarf
      es einer unionsrechtskonformen Auslegung.[48] Es sind alle **Auslegungsspielräume** zu nut-
      zen, damit die finanziellen Interessen der Union hinreichend geschützt werden; der
      EuGH verlangt eine sehr unionsrechtsfreundliche Auslegung.[49] Diese findet aber ihre
      Grenzen im Strafrecht am **Analogieverbot** und im **Bestimmtheitsgebot**.

26   **Fehlen nationale Vorschriften** gänzlich, können höchstens die Mindestanforderungen
      nach Art. 325 Abs. 1 AEUV greifen. Darüber ist dann eine adäquate Bestrafung sicher-
      zustellen. Das gilt auch, wenn diese Mindestvorschriften durch existierendes nationales
      Recht nicht erfüllt werden.[50] Aber: Nulla poena sine lege.

E.   Mitgliedstaatliche Koordinierung (Abs. 3)

27   Indem die Betrugsbekämpfung auch bei Berührung finanzieller Interessen der Union
      weiterhin in den nationalen Strafrechtssystemen verankert ist, bleibt nur die Koordi-
      nierung der Mitgliedstaaten untereinander; die Union kann grundsätzlich nicht har-
      monisieren. Art. 325 Abs. 3 Satz 2 AEUV sieht denn auch nur vor, dass die **Kommission**
      zusammen mit den Mitgliedstaaten für eine enge, regelmäßige Zusammenarbeit zwi-
      schen den zuständigen Behörden sorgt. Sie hat damit eine **Anstoß- und Unterstützungs-
      funktion**. Weil es sich aber um ureigene nationale Rechtsbereiche handelt, kann sie die
      Tätigkeiten der Mitgliedstaaten nicht ersetzen. Das erinnert etwa an die Industriepoli-
      tik, bei welcher gleichfalls die Union nur anstoßen, unterstützen und ergänzen, sich aber
      nicht an die Stelle der Mitgliedstaaten setzen kann (s. Art. 2 Abs. 5 i. V. m. Art. 6
      AEUV).

28   Art. 325 Abs. 3 AEUV ist zudem **subsidiär**, greift er doch nur »unbeschadet der son-
      stigen Bestimmungen der Verträge« ein. Allerdings ist damit nicht die allgemeine Ko-
      ordinierungspflicht nach Art. 4 Abs. 3 EUV gemeint, besteht doch diese gerade mit der
      Union, ebenso wenig die allgemein mögliche Verwaltungszusammenarbeit nach
      Art. 197 AEUV.[51] Vielmehr geht es hier um die Koordinierung zwischen den Mitglied-
      staaten, wie sie etwa auch Art. 173 Abs. 2 AEUV vorsieht. Soweit etwa dann im Rah-
      men der Industriepolitik Koordinierungen vorgesehen sind, sind diese vorrangig. Dort
      kann es etwa insofern zu notwendigen Koordinierungen kommen, als industriebezo-
      gene Förderungen und die dabei fließenden Mittel missbraucht und dadurch sowohl
      Wettbewerbsverzerrungen entstehen als auch die finanziellen Interessen der Union ge-
      schädigt werden.

---

[47] *Schoo*, in: Schwarze, EU-Kommentar, Art. 325 AEUV, Rn. 21; *Spitzer/Stiegel*, in: GSH, Europäisches Unionsrecht, Art. 325 AEUV, Rn. 43 f.
[48] *Satzger*, in: Streinz, EUV/AEUV, Art. 325 AEUV, Rn. 10; *Waldhoff*, in: Calliess/Ruffert,
EUV/AEUV, Art. 325 AEUV, Rn. 9.
[49] Etwa EuGH, Urt. v. 5.10.2004, Rs. C–397/01 (Pfeiffer u. a./DRK), Slg. 2004, I–8835, Rn. 113;
zum Ganzen näher *Frenz*, Handbuch Europarecht, Band 5, Rn. 1029 ff.
[50] *Satzger*, in: Streinz, EUV/AEUV, Art. 325 AEUV, Rn. 11.
[51] *Magiera*, in: Grabitz/Hilf/Nettesheim, EU, Art. 325 AEUV (April 2012), Rn. 34.

Die Koordinierung verpflichtet die Mitgliedstaaten, ihr Vorgehen gegenseitig,[52] also **29** aufeinander und untereinander abzustimmen, damit eine wirksame Betrugsbekämpfung nicht unter den nationalen Unterschiedlichkeiten leidet.[53] Dies ist letztlich auch die Konsequenz des Effektivitätsgebotes. Dabei wird eingeschlossen, dass materiell-rechtliche bzw. prozessrechtliche **Divergenzen abgebaut** werden.[54] Würde aber eine solche Pflicht materiell-rechtlich bestehen, käme dies im Ergebnis einer Rechtsangleichung sehr nahe.

Eine andere Frage ist allerdings, dass die Mitgliedstaaten freiwillig ihre **Gesetzgebun-** **30** **gen annähern.** Hier ist bei einem Beibehalten der nationalen Strafrechtssysteme gemeint, dass die nationalen Rechtsordnungen besser aufeinander abgestimmt werden, sodass sie bei der Verfolgung von Betrügereien besser ineinander greifen. Insbesondere sind Lücken auszuschließen, die dazu führen, dass einzelne Betrügereien zum Nachteil der finanziellen Interessen der Union nicht geahndet werden können.

Damit obliegt den Mitgliedstaaten, sich derart zu koordinieren und abzusprechen, **31** dass sich daraus Erkenntnisse ergeben, wie jeweils das eigene Strafrechtssystem so geändert werden kann, dass Betrügereien zum Nachteil der finanziellen Interessen der Union wirksam und gleichwertig bekämpft werden können.

Das erinnert an die **offene Methode der Koordinierung**, wie sie etwa für die For- **32** schungs- und Industriepolitik etabliert ist:[55] Danach werden die besten Praktiken der Mitgliedstaaten ermittelt und diese zum Vorbild genommen, damit die anderen Mitgliedstaaten diesen Praktiken nachfolgen und so den Interessen der Union möglichst zur Durchsetzung verhelfen. So können hier die besten Modelle der Betrugsbekämpfung in nationalen Strafrechtssystemen herauskristallisiert werden und dann zum Vorbild genommen werden, damit die anderen Mitgliedstaaten mitziehen und ihr System, rückbezogen auf die nationalen Traditionen und Besonderheiten, nach diesen positiven Beispielen ausrichten.

Die Union hat lediglich eine Hilfsfunktion, indem sie namentlich **Rechts- und Amts-** **33** **hilfe** leistet.[56] Die eigentliche praktische Zusammenarbeit erfolgt auf der Ebene der Mitgliedstaaten, zwischen den für den Vollzug zuständigen Stellen und damit den nationalen Verwaltungsbehörden, Staatsanwaltschaften und Gerichten durch Informationsaustausch, gemeinsame Fahndungen etc.[57] Stellen der Union können insoweit einbezogen werden, wie sie existieren (OLAF) sowie nach und nach geschaffen werden. Die Grundlage dafür ist Art. 86 AEUV, der, ausgehend von der auf schwere Kriminalität bezogenen Eurojust, die Einsetzung einer Europäischen Staatsanwaltschaft vorsieht.

Damit geht es bisher eher darum, dass die Kommission Finanzmittel für einen Infor- **34** mationsaustausch oder eine Fortbildung des nationalen Personals[58] sowie einen **Verfahrensrahmen** zur Verfügung stellt, in dem sich die Koordinierung der Mitgliedstaaten

---

[52] *Magiera*, in: Grabitz/Hilf/Nettesheim, EU, Art. 325 AEUV (April 2012), Rn. 33.

[53] *Satzger*, in: Streinz, EUV/AEUV, Art. 325 AEUV, Rn. 15. S. auch EuGH, Beschl. v. 13.7.1990, Rs. C–2/88 Imm (Zwartveld u. a.), Slg. 1990, I–3365, Rn. 25; v. Fn. 45.

[54] *Satzger*, in: Streinz, EUV/AEUV, Art. 325 AEUV, Rn. 15 unter Verweis noch auf *Prieß/Spitzer*, in: GS, EUV/EGV, Art. 280 EGV, Rn. 70.

[55] S. o. Art. 181 AEUV, Rn. 71 f. und Art. 173 AEUV, Rn. 64.

[56] *Satzger*, in: Streinz, EUV/AEUV, Art. 325 AEUV, Rn. 15; Beschl. v. 13.7.1990, Rs. C–2/88 IMM (Zwartveld u. a.), Slg. 1990, I–3365, Rn. 25; Beschl. v. 6.12.1990, Rs. C–2/88 IMM (Zwartveld u. a.), Slg. 1990, I–4405.

[57] *Magiera*, in: Grabitz/Hilf/Nettesheim, EU, Art. 325 AEUV (April 2012), Rn. 34.

[58] *Magiera*, in: Grabitz/Hilf/Nettesheim, EU, Art. 325 AEUV (April 2012), Rn. 35.

abspielen kann. Sie organisiert Treffen und macht gegebenenfalls Vorschläge, wie das beste Niveau der Mitgliedstaaten ermittelt werden kann. Die materielle Strafgesetzgebung selbst hingegen ist ausschließlich Sache der Mitgliedstaaten, soweit nicht Art. 325 Abs. 4 AEUV als spezielle Vorschrift Weiterungen enthält.

F. Rechtsakte der Union

35   Nach dem offenen Wortlaut des Art. 325 Abs. 4 AEUV kann die Union die erforderlichen Maßnahmen ergreifen, um Betrügereien zu verhüten und zu bekämpfen, die sich gegen die finanziellen Interessen der Union richten. Darum wird eine EU-Kompetenz zum Erlass materieller Strafrechtsnormen bejaht,[59] eine **gemeinsame Strafrechtsetzungskompetenz.**[60] Die Kommission stützte auf Art. 325 Abs. 4 AEUV bereits den »Vorschlag einer Richtlinie über die strafrechtliche Bekämpfung von gegen die finanziellen Interessen der EU gerichtetem Betrug«.[61]

36   Danach gehören dazu auch rechtsangleichende Richtlinien mit strafrechtlichem Inhalt, die im weiteren Verlauf ein **echtes europäisches Strafrecht** jedenfalls im Bereich der Betrügereien zum Schutz der finanziellen Interessen der EU bilden können.[62] Damit wird besonders wirksam ein abschreckender, effektiver und gleichwertiger Schutz der finanziellen Interessen der Union geschaffen. Er soll daher auch strafrechtliche Sanktionen umfassen.[63] Der vorherige letzte Satz der Norm, dass die Anwendung des Strafrechts der Mitgliedstaaten und ihre Strafrechtspflege unberührt bleiben, wurde gerade mit dem Vertrag von Lissabon gestrichen.[64] Der Weg scheint daher für eine umfassende EU-Rechtsetzungskompetenz bereitet.[65]

37   Dann tritt allerdings Art. 325 Abs. 4 AEUV in Gegensatz zu Art. 325 Abs. 3 AEUV, der lediglich eine unterstützende und anregende Tätigkeit der Union erlaubt. Darauf ist die Union auch bei sonstigen Politiken beschränkt, die eine Koordinierung der Mitgliedstaaten vorsehen. Darüber geht dann Art. 325. Abs. 4 AEUV systemwidrig hinaus. Das spricht **gegen eine umfassende Strafrechtskompetenz** der Union auch im Bereich der Betrugsbekämpfung.[66] Damit ist es jedenfalls ausgeschlossen, dass die Union für die Mitgliedstaaten Betrugstatbestände schafft, die in Konkurrenz zu nationalen Sanktionsbestimmungen treten.[67]

38   Es kann **nur um Rahmensetzungen und Hilfsnormen** gehen, die einen effektiven und gleichwertigen Schutz in den Mitgliedstaaten gewährleisten. Das spricht für die Ausformung von Mindeststandards, wie sie Art. 325 Abs. 1 AEUV vorsieht, sowie für die Durchsetzung des Gleichbehandlungsgebotes nach Art. 325 Abs. 2 AEUV. Jedenfalls

---

[59] *Calliess*, ZEuS 2008, 3 (37); *Rosenau*, ZIS 2008, 9 (16); *Fromm*, StraFo 2008, 358 (365); *Heger*, ZIS 2009, 406 (416); siehe bereits *Weigend*, ZStW 116 (2004), 275 (288); *Walter*, ZStW 117 (2005), 912 (917 f.).

[60] *Grünewald*, JZ 2011, 972 (973); *Satzger*, KritV 2008, 17 (25 ff.).

[61] Vom 11. 7. 2012, KOM (2012) 363 endg. Näher *Dannecker* (Fn. 1), § 8, Rn. 57 ff.

[62] *Satzger*, in: Streinz, EUV/AEUV, Art. 325 AEUV, Rn. 21 m. w. N. in Fn. 73.

[63] *Dannecker* (Fn. 1), § 8, Rn. 27.

[64] *Schoo*, in: Schwarze, EU-Kommentar, Art. 325 AEUV, Rn. 15.

[65] *Magiera*, in: Grabitz/Hilf/Nettesheim, EU, Art. 325 AEUV (April 2012), Rd. 36.

[66] Siehe auch *Zöller*, ZIS 2009, 340 (344) sowie *Abels*, Das Bundesverfassungsgericht und die Integration Europas, 2011, S. 46 f.

[67] *Schoo*, in: Schwarze, EU-Kommentar, Art. 325 AEUV, Rn. 25.

darf nicht das genaue Niveau oder die Art der Strafsanktionen bestimmt werden.[68] Aber selbst eine Harmonisierung[69] ist problematisch. Eine solche Kompetenz für den effizienten Schutz der Umwelt[70] ist nicht vergleichbar,[71] hat doch dort die Union eine originäre Zuständigkeit. Am wirksamsten sind zwar auch für die Betrugsbekämpfung zwei einheitliche Tatbestände. Damit würde die Koordinierung der Mitgliedstaaten nach Art. 325 Abs. 3 AEUV freilich im Ergebnis leerlaufen. Zudem würde dadurch die Union im Bereich der Betrugsbekämpfung zur umfassenden Rechtsetzung bemächtigt, was letztlich der Anlage der Gesamtvorschrift widerspräche.

Umgekehrt stellt allerdings Art. 325 Abs. 4 AEUV den Schutz in den Mitgliedstaaten   **39** und in den Organen, Einrichtungen und sonstigen Stellen der Union gleich. Bei Letzteren liegt es nahe, dass die Union selbst Normen setzen kann. Auch die Entstehungsgeschichte weist auf eine sehr weite Ausdehnung der Vorschrift.[72] Indes würden damit insoweit die nationalen Eigenheiten des Strafrechts zurücktreten müssen.

Damit muss jedenfalls Art. 83 Abs. 3 AEUV mit der darin vorgesehen **verfahrens-**   **40** **rechtlichen Notbremse** eingreifen,[73] sodass die Mitgliedstaaten grundlegende Aspekte ihrer Strafrechtsordnung betroffen sehen können, wodurch dann ein **Vetorecht** entsteht. Dieses hat das BVerfG in seiner Lissabon-Entscheidung für den Schutz grundlegender Elemente des deutschen Staates gefordert und damit einheitlich die notwendige vorherige Weisung durch Bundestag und ggf. auch Bundesrat an den deutschen Vertreter im Rat auch verfassungsfest gemacht.[74] Es greift hier damit auch ein. Ansonsten könnte im Bereich des Betruges zulasten finanzieller Belange der Union der nationale Betrugstatbestand über Bord geworfen werden. Zudem würden dann auch typischerweise national ausgerichtete Fragen der allgemeinen Strafbarkeit, wie etwa der Versuch, die Teilnahme und Irrtümer, regelbar und somit die nationalen Strafrechtsordnungen durcheinandergewirbelt.[75]

G. OLAF

Das europäische Amt für Betrugsbekämpfung (Office Européen de Lutte Anti-Fraude,   **41** OLAF) wurde 1999 als ein **unabhängiges Amt** gegründet, das der **Kommission** direkt unterstellt ist.[76] Es ist die Nachfolgerin der seit 1988 bestehenden Koordinierungsstelle der Maßnahmen zur Betrugsbekämpfung des Generalsekretariats der Kommission (UCLAF), hat aber stärkere Kompetenzen und Freiräume, weil zur Zeit seiner Errich-

---

[68] *Schoo*, in: Schwarze, EU-Kommentar, Art. 325 AEUV, Rn. 15 unter Verweis auf EuGH, Urt. v. 13.9.2005, Rs. C–176/03 (Kommission/Rat), Slg. 2005, I–7879; Urt. v. 23.10.2007, Rs. C–440/05 (Kommission/Rat), Slg. 2007, I–9097.

[69] Dafür *Schoo*, in: Schwarze, EU-Kommentar, Art. 325 AEUV, Rn. 26.

[70] Bejaht von EuGH, Urt. v. 13.9.2005, Rs. C–176/03 (Kommission/Rat), Slg. 2005, I–7879.

[71] Anders *Schoo*, in: Schwarze, EU-Kommentar, Art. 325 AEUV, Rn. 26.

[72] Näher *Walter*, ZStW 117 (2005), 219 (216); *Fromm*, StraFo 2008, 358 (364).

[73] Für eine analoge Anwendung *Dannecker* (Fn. 1), § 8, Rn. 28; *Hecker*, 8, Rn. 46; a.A. *Vogel*, S. 41 (49).

[74] BVerfGE 123, 267 (414); näher zu den Folgen *Frenz*, Handbuch Europarecht, Band 6, Rn. 2983 ff.

[75] Insoweit aber nicht dieselbe Schutzbedürftigkeit sehend *Satzger*, in: Streinz, EUV/AEUV, Art. 325 AEUV, Rn. 26.

[76] Zu den verschiedenen Einrichtungen der Kommission und ihrer Struktur *Frenz*, Handbuch Europarecht, Band 6, Rn. 1255 ff.

tung erhebliche Unregelmäßigkeiten innerhalb der Kommissionsverwaltung auftraten.[77]

42   Rechtsgrundlage war Art. 280 Abs. 4 EGV als Vorgänger von Art. 325 Abs. 4 AEUV. Schließlich handelt es sich insoweit um eine **Verwaltungsbehörde**[78] mit administrativen Untersuchungsbefugnissen, die damit Betrügereien zu bekämpfen hilft, die sich gegen die finanziellen Interessen der Union richten. Daher bedurfte es für die Errichtung von OLAF keiner Strafrechtsetzungskompetenz der EU. Von diesem Streit ist daher die Errichtung von OLAF losgelöst.[79]

43   Auch dieser Entstehungshintergrund spricht dafür, dass OLAF keine Strafrechtsbehörde bildet.[80] Zudem fehlen ihm auch nach der näheren Ausgestaltung typische strafrechtliche Befugnisse: Sie vermag strafbares Verhalten selbst nicht zu sanktionieren.[81] OLAF ist ein **Untersuchungsamt**.[82] Seine Untersuchungstätigkeit bildet ein verwaltungsrechtliches **Vorermittlungshandeln**.[83]

44   Dementsprechend kommt es auf die **Außenwirkung** an, ob Untersuchungstätigkeiten **gerichtlich verifiziert** werden können. Bei laufenden Untersuchungen ist dies nicht der Fall.[84] Ein Abschlussbericht hat keine verbindlichen Rechtswirkungen, da er nur den zuständigen nationalen Behörden zugeleitet wird; diese wirken dann auf die Rechtslage der Betroffenen ein; erst diese Handlung kann angefochten werden, selbst wenn sie auf der mit Fehlern behafteten Unterrichtung durch OLAF beruht.[85] Es bleibt dann nur **Schadenersatz**.[86] Dieser besteht auch bei einer Veröffentlichung des Namens oder die Weitergabe an die Presse bzw. nationale Stellen durch OLAF, ohne dass vorher der Betroffene gehört worden ist.[87]

45   Bei solchen Konstellationen tritt dann zurück, dass lediglich in den Erwägungsgründen die volle Wahrung der **Menschenrechte** bei Untersuchungen angemahnt wird; immerhin wird dabei der Billigkeitsgrundsatz, das Recht der Beteiligten auf Stellungnahme und der Grundsatz, Schlussfolgerungen aus einer Untersuchung nur auf beweiskräftige Tatsachen zu gründen, einbezogen.[88]

46   Allerdings schützen die **Grundrechte** auch bei **Untersuchungstätigkeiten** als solchen. Diese erfolgen auch durch interne Untersuchungen innerhalb der Organe, Einrichtungen, Ämter und Agenturen der Union gemäß Art. 4 VO (EG) Nr. 1073/99. Hier haben das europäische Parlament, der Rat und die Kommission in einer institutionellen Vereinbarung[89] eine weitreichende Mitteilungspflicht der Beamten und Bediensteten vorgesehen, um durch mögliche direkte Information von OLAF eine interne Untersuchung

---

[77] Rücktritt der Kommission Santer am 15.3.1999; näher *Zöller*, in: Böse, Europäisches Strafrecht, 2014, § 22, Rn. 1 ff.

[78] *v. Bubnoff*, ZEuS 2002, 185 (196).

[79] *Zöller* (Fn. 77), § 22, Rn. 5.

[80] Für eine Doppelnatur auch als Ermittlungsbehörde *Strobel*, Die Untersuchungen des europäischen Amtes für Betrugsbekämpfung (OLAF), 2012, S. 284 ff.

[81] *Zöller* (Fn. 77), § 22, Rn. 4.

[82] *Inghelram*, in: Lenz/Borchardt, EU-Verträge, Art. 325 AEUV, Rn. 11.

[83] *Ambos*, Internationales Strafrecht, 3. Aufl., 2011, § 13, Rn. 2; *Zöller* (Fn. 77), § 22, Rn. 4.

[84] EuG, T–391/03 (Franchet und Byk/Kommission), Slg. 2006, II–2023.

[85] EuG, T–309/03 (Camós Grau/Kommission), Slg. 2006, II–1173, Rn. 47 ff., 55 ff. m. w. N.

[86] EuG, T–259/03 (Nicolaou/Kommission), Slg. 2007, II–99.

[87] EuG, T–48/05 (Frenchet und Byk/Kommission), Slg. 2006, II–2023, Rn. 128 ff., 136 ff.; zusammenfassend *Schoo*, in: Schwarze, EU-Kommentar, Art. 325 AEUV, Rn. 32.

[88] Erwägungsgrund 10 der VO (EWG) 1073/1999, ABl. 1999, L 136, S. 2. Bedenken äußernd *Zöller* (Fn. 77), § 22, Rn. 8.

[89] Vom 25.5.1999, ABl. 1999, L 136, S. 15.

reibungslos ablaufen zu lassen.[90] Dadurch werden auch den übrigen Organen und Einrichtungen Pflichten auferlegt und die Immunität der Mitglieder der Organe übergangen.[91] Allerdings scheiterten die dagegen klagenden Abgeordneten mangels individueller Betroffenheit.[92] Jedoch stehen auch Mitgliedern des europäischen Parlaments Klagemöglichkeiten gegen Untersuchungsmaßnahmen zu,[93] so wie auch anderen Beeinträchtigten, so Beamten[94] und Wirtschaftsteilnehmern.[95]

OLAF ist sowohl als Aufklärungsbehörde als auch zur Koordinierung der Bemühungen innerhalb der Mitgliedstaaten und zur Konzeption entsprechender Präventionsmaßnahmen zuständig.[96] Damit ist sie auch in den **Rahmen von Art. 325 Abs. 3 AEUV** eingebunden.   **47**

Die Kontrolle von OLAF erfolgt durch eine verwaltungsinterne Kontrolle der europäischen Kommission, eine externe Finanzkontrolle des europäischen Rechnungshofs und vor allem durch eine politische Kontrolle auf der Basis des **Jahresberichts**, der **nach Art. 325 Abs. 5 AEUV** vorzulegen und federführend durch OLAF zu erstellen ist.[97] Zudem gibt es einen Überwachungsausschuss auf der Basis von Art. 11 VO (EG) 1073/1999 aus unabhängigen und externen Persönlichkeiten, welche vor allem die Unabhängigkeit von OLAF sicherzustellen haben, ohne allerdings in den Untersuchungsablauf eingreifen zu dürfen.[98]   **48**

---

[90] Näher *Schoo*, in: Schwarze, EU-Kommentar, Art. 325 AEUV, Rn. 35.
[91] *Schoo*, in: Schwarze, EU-Kommentar, Art. 325 AEUV, Rn. 36f.
[92] EuG, Urt. v. 26.2.2002, Rs. T–17/00 (Rothley u.a./Parlament), Slg. 2002, II–579; bestätigt durch Urt. v. 30.3.2004, Rs. C–167/02 P (Rothley u.a./Parlament), Slg. 2004, I–3149, Rn. 48ff.
[93] EuGH, Urt. v. 30.3.2004, Rs. C–167/02 P (Rothley u.a./Parlament), Slg. 2004, I–3149, Rn. 49.
[94] Art. 14 Untersuchungsverodnung i.V.m. Art. 19 Beamtenstatut.
[95] *Frenz*, Handbuch Europarecht, Band 6, Rn. 1268.
[96] *Mager*, ZEuS 2000, 177 (182).
[97] *Zöller* (Fn. 77), § 22, Rn. 20ff.
[98] *Zöller* (Fn. 77), § 22, Rn. 23.

Titel III
Verstärkte Zusammenarbeit

Artikel 326 AEUV [Achtungsgebot und Beeinträchtigungsverbot]

Eine Verstärkte Zusammenarbeit achtet die Verträge und das Recht der Union.
[1]Sie darf weder den Binnenmarkt noch den wirtschaftlichen, sozialen und territorialen Zusammenhalt beeinträchtigen. [2]Sie darf für den Handel zwischen den Mitgliedstaaten weder ein Hindernis noch eine Diskriminierung darstellen noch darf sie zu Verzerrungen des Wettbewerbs zwischen den Mitgliedstaaten führen.

Literaturübersicht

Ehlermann, Engere Zusammenarbeit nach dem Amsterdamer Vertrag: Ein neues Verfassungsprinzip?, EuR 1997, 362; *Rodrigues*, Le Traité de Nice et les coopérations renforcées au sein de l'Union Européenne, RMC 2001, 11; *Thym*, Ungleichzeitigkeit und europäisches Verfassungsrecht, 2004; *ders.* Supranationale Ungleichzeitigkeit im Recht der europäischen Integration, EuR 2006, 637.

Inhaltsübersicht

A. Allgemeines

1 Art. 326 AEUV ergänzt die Rahmenvorschrift des Art. 20 EUV über die Zulässigkeit einer Verstärkten Zusammenarbeit. Die Vorschrift konkretisiert insbesondere Art. 20 Abs. 1 UAbs. 1 EUV, der eine Verstärkte Zusammenarbeit davon abhängig macht, dass durch sie die Verwirklichung der Ziele der Union gefördert wird, die Unionsinteressen geschützt werden und der Integrationsprozess gestärkt wird.[1] Da Art. 326 Abs. 1 AEUV die im Rahmen einer Verstärkten Zusammenarbeit getroffenen Regelungen bereits auf die **Achtung des gesamten primären wie sekundären Unionsrechts** verpflichtet, wirft dies die Frage nach dem Sinn von Art. 326 Abs. 2 AEUV auf, der den Schutz einzelner Bereiche des Unionsrechts vor Beeinträchtigungen durch eine Verstärkte Zusammenarbeit gleichsam verdoppelt. Art. 326 Abs. 2 AEUV wird daher teilweise für entbehrlich gehalten.[2] Die besondere Hervorhebung des Binnenmarktes sowie des wirtschaftlichen, sozialen und territorialen Zusammenhalts in Art. 326 Abs. 2 Satz 1 AEUV sowie der Handelsbeschränkungs- und Wettbewerbsverzerrungsverbote kann daher als Hinweis auf die besondere Anfälligkeit gerade dieser Schutzgüter gegenüber einem Verlust der Rechtseinheitlichkeit infolge einer Verstärkten Zusammenarbeit verstanden werden.

---

[1] S. Art. 20 EUV, Rn. 8 ff.

[2] *Heintschel v. Heinegg*, in: Vedder/Heintschel v. Heinegg, Europäisches Unionsrecht, Art. 326 AEUV, Rn. 3; *Rodrigues*, RMC 2001, 11 (14).

B. Achtung des gemeinsamen Besitzstands

Indem Art. 326 Abs. 1 AEUV bestimmt, dass eine Verstärkte Zusammenarbeit die Ver-   **2**
träge und das Recht der Europäischen Union zu achten hat, bezieht er sich nicht nur auf
das primäre und sekundäre Recht der Europäischen Union. Vielmehr stellt er klar, dass
der **gemeinsame Besitzstand der Europäischen Union**, der acquis communautaire, durch
die Regelungen einer Verstärkten Zusammenarbeit nicht angetastet werden darf.[3] Zum
gemeinsamen Besitzstand zählen nicht nur das Primär- und das Sekundärrecht, sondern
auch alle politischen Zielsetzungen der Europäischen Union, alle seit Inkrafttreten der
Verträge gefassten Beschlüsse jeglicher Art sowie die hinsichtlich des Ausbaus und der
Stärkung der Union getroffenen Optionen. Es ist den an einer Verstärkten Zusammenarbeit teilnehmenden Staaten untersagt, diesen gemeinsamen Besitzstand durch abweichende Regelungen anzutasten.[4] Untersagt sind nicht nur unmittelbare Abweichungen vom acquis communautaire, sondern auch mittelbare Beeinträchtigungen des Besitzstandes der Union.[5] Zugleich folgt aus Art. 326 Abs. 1 AEUV, dass dem **allgemeinen
sekundären Unionsrecht Vorrang** vor dem partikularen sekundären Unionsrecht einer
Verstärkten Zusammenarbeit zukommt.[6]

C. Beeinträchtigungsverbot

Besonders hervorgehoben wird durch Art. 326 Abs. 2 Satz 1 AEUV, dass eine Verstärk-   **3**
te Zusammenarbeit weder den Binnenmarkt noch den wirtschaftlichen, sozialen und
territorialen Zusammenhalt beeinträchtigen darf. Der **Begriff des Binnenmarktes** ist in
Art. 26 Abs. 2 AEUV definiert als ein Raum ohne Binnengrenzen, in dem der freie
Verkehr von Waren, Personen, Dienstleistungen und Kapital gemäß den Bestimmungen
der Verträge gewährleistet ist.[7] Schutzgut von Art. 326 Abs. 2 Satz 1 AEUV ist dabei
nicht allein das primäre Recht, welches sich auf den Binnenmarkt, da der insoweit ver-
mittelte Schutz hinter Art. 326 Abs. 1 AEUV zurückbleiben würde.[8] Ergänzt wird der
Schutz des Binnenmarktes nach Art. 326 Abs. 2 Satz 1 AEUV durch die Bestimmung
des Art. 326 Abs. 2 Satz 2 AEUV, die wesentliche Elemente des Binnenmarktes, nämlich den freien Handelsverkehr zwischen den Mitgliedstaaten sowie den Schutz vor
Wettbewerbsverzerrungen besonders hervorhebt. Damit wird zugleich verdeutlicht,
dass Art. 326 Abs. 2 AEUV das **gesamte binnenmarktrelevante Recht**, und zwar Primärrecht wie Sekundärrecht, vor Beeinträchtigungen durch eine Verstärkte Zusammenarbeit schützen will.[9]

Art. 326 Abs. 2 Satz 1 AEUV nimmt zudem ausdrücklich Bezug auf den **wirtschaft-**   **4**
lichen, sozialen und territorialen Zusammenhalt und verweist somit auf die Art. 174 bis

---

[3] *Becker*, in: GSH, Europäisches Unionsrecht, Art. 326 AEUV, Rn. 9; *Heintschel v. Heinegg*, in:
Vedder/Heintschel v. Heinegg, Europäisches Unionsrecht, Art. 326 AEUV, Rn. 2; *Blanke*, in: Grabitz/
Hilf/Nettesheim, EU, Art. 326 AEUV (Oktober 2011), Rn. 2; *Hatje*, in: Schwarze, EU-Kommentar,
Art. 326 AEUV, Rn. 2.
[4] *Pechstein*, in: Streinz, EUV/AEUV, Art. 326 AEUV, Rn. 1.
[5] *Hatje*, in: Schwarze, EU-Kommentar, Art. 326 AEUV, Rn. 2.
[6] *Blanke*, in: Grabitz/Hilf/Nettesheim, EU, Art. 326 AEUV (Oktober 2011), Rn. 3.
[7] S. dazu Art. 26 AEUV, Rn. 6.
[8] *Hatje*, in: Schwarze, EU-Kommentar, Art. 326 AEUV, Rn. 5.
[9] *Blanke*, in: Grabitz/Hilf/Nettesheim, EU, Art. 326 AEUV (Oktober 2011), Rn. 5.

Art. 178 AEUV. Die Strukturpolitik der Europäischen Union, die Art. 326 Abs. 2 Satz 1 AEUV damit in den Blick nimmt, zielt darauf, die Unterschiede im Entwicklungsstand der verschiedenen Regionen und den Rückstand der am stärksten benachteiligten Gebiete innerhalb der Europäischen Union zu verringern (vgl. Art. 174 Abs. 2 AEUV).

5   Art. 326 Abs. 2 Satz 1 AEUV schützt vor **Beeinträchtigungen des Binnenmarktes**. Dies bedeutet, dass im Rahmen einer Verstärkten Zusammenarbeit getroffene Maßnahmen nicht in den Gewährleistungsgehalt der Binnenmarktregelungen eingreifen dürfen.[10] Wenn Art. 326 Abs. 2 Satz 1 AEUV von Beeinträchtigungen spricht, wird man darunter sowohl ein Beschränkungs- als auch ein Diskriminierungsverbot verstehen müssen.[11] Im Hinblick auf den Binnenmarkt besteht insoweit die Schwierigkeit, als stärker integrierende Vorschriften im Rahmen einer Verstärkten Zusammenarbeit notwendigerweise ein Sonderregime errichtet, das sich von den übrigen Bereichen des Binnenmarktes abgrenzt.[12] Art. 326 Abs. 2 Satz 1 AEUV bringt jedenfalls zum Ausdruck, dass eine Verstärkte Zusammenarbeit auch in binnenmarktrelevanten Bereichen zulässig sein kann, dass hier aber besonderes Augenmerk darauf zu richten ist, dass durch sie keine Störungen des Binnenmarktes hervorgerufen werden. Gestützt und ergänzt wird dies durch Art. 326 Abs. 2 Satz 2 AEUV, der insbesondere **Handelsbeschränkungen und Wettbewerbsverzerrungen** infolge einer Verstärkten Zusammenarbeit verbietet.[13] Letztlich wird das Instrument der Verstärkten Zusammenarbeit dadurch im Wesentlichen auf Bereiche beschränkt, die noch nicht unionsrechtlich harmonisiert sind.[14]

6   Gleichermaßen untersagt sind durch Art. 326 Abs. 2 Satz 1 AEUV **Beeinträchtigungen des wirtschaftlichen, sozialen und territorialen Zusammenhalts**. Diese Neuerung im Vergleich zur Vorgängerregelung des Art. 43 Buchst. e EUV a. F. ist in erster Linie ein Zugeständnis an diejenigen Mitgliedstaaten, die von den Strukturfonds der Europäischen Union gemäß Art. 175 ff. AEUV profitieren.[15] Eine Verstärkte Zusammenarbeit darf daher nicht zu Lasten der Empfängerstaaten von Leistungen aus den **Strukturfonds der Europäischen Union** gehen. Letztlich wird dies aber bereits durch Art. 332 AEUV sichergestellt, wonach die Ausgaben im Rahmen einer Verstärkten Zusammenarbeit von den beteiligten Mitgliedstaaten zu tragen sind.[16] Betont wird, dass eine Verstärkte Zusammenarbeit weder wirtschaftlich noch sozial oder territorial desintegrierend wirken darf.[17] Eine Verstärkte Zusammenarbeit darf nicht dazu führen, die wirtschaftlichen und sozialen Unterschiede zwischen den Mitgliedstaaten und zwischen den Regionen zu verfestigen oder gar zu vergrößern.

[10] *Hatje*, in: Schwarze, EU-Kommentar, Art. 326 AEUV, Rn. 7.

[11] *Blanke*, in: Grabitz/Hilf/Nettesheim, EU, Art. 326 AEUV (Oktober 2011), Rn. 5.

[12] *Pechstein*, in: Streinz, EUV/AEUV, Art. 326 AEUV, Rn. 2.

[13] S. dazu *Ehlermann*, EuR 1997, 362 (376).

[14] Vgl. *Thym*, S. 252; *ders.*, EuR 2006, 637 (647).

[15] *Ruffert*, in: Calliess/Ruffert, EUV/AEUV, Art. 326 AEUV, Rn. 3; *Hatje*, in: Schwarze, EU-Kommentar, Art. 326 AEUV, Rn. 6.

[16] Dazu Art. 332 AEUV, Rn. 1 ff.

[17] *Hatje*, in: Schwarze, EU-Kommentar, Art. 326 AEUV, Rn. 6.

Artikel 327 AEUV [Wechselseitige Rücksichtnahmepflichten]

[1]Eine Verstärkte Zusammenarbeit achtet die Zuständigkeiten, Rechte und Pflichten der nicht an der Zusammenarbeit beteiligten Mitgliedstaaten. [2]Diese stehen der Durchführung der Verstärkten Zusammenarbeit durch die daran beteiligten Mitgliedstaaten nicht im Wege.

Literaturübersicht

Ehlermann, Engere Zusammenarbeit nach dem Amsterdamer Vertrag: Ein neues Verfassungsprinzip?, EuR 1997, 362; *Gaja*, How Flexible is Flexibility under the Amsterdam Treaty?, CMLRev. 35 (1998), 855; *Hofmann*, Wieviel Flexibilität für welches Europa? Gedanken zur künftigen Entwicklung der europäischen Integration, EuR 1999, 713; *Thym*, Supranationale Ungleichzeitigkeit im Recht der europäischen Integration, EuR 2006, 637.

Leitentscheidung

EuGH, Urt. v. 16. 4. 2013, Rs. C–274/11 u. C–295/11 (Spanien u. Italien/Rat), ECLI:EU:C:2013:240

Inhaltsübersicht

A. Allgemeines

Art. 327 AEUV ergänzt Art. 20 Abs. 4 EUV und regelt das Verhältnis zwischen den an **1** einer Verstärkten Zusammenarbeit teilnehmenden Mitgliedstaaten und den Mitgliedstaaten, die sich ihr (noch) nicht angeschlossen haben. Festgeschrieben werden **wechselseitige Rücksichtnahmepflichten**.[1] Die Bestimmung ist damit Ausdruck des **Prinzips der Unionstreue** gemäß Art. 4 Abs. 3 EUV und stellt klar, dass dieses Prinzip auch für eine Verstärkte Zusammenarbeit Geltung besitzt.[2]

B. Rücksichtnahmegebot gegenüber nichtbeteiligten Mitgliedstaaten

Art. 327 Satz 1 AEUV, wonach eine Verstärkte Zusammenarbeit die Zuständigkeiten, **2** Rechte und Pflichten der nicht an ihr beteiligten Mitgliedstaaten zu achten hat, bringt zum Ausdruck, dass eine Verstärkte Zusammenarbeit **weder** zu einer **Beschränkung der Rechte noch** zu einer **Erweiterung der Pflichten** der abseits stehenden Mitgliedstaaten führen darf.[3] Daraus folgt auch, dass das im Rahmen einer Verstärkten Zusammenarbeit

---

[1] *Becker*, in: GSH, Europäisches Unionsrecht, Art. 327 AEUV, Rn. 1; *Ruffert*, in: Calliess/Ruffert, EUV/AEUV, Art. 327 AEUV, Rn. 1; *Blanke*, in: Grabitz/Hilf/Nettesheim, EU, Art. 327 AEUV (Oktober 2011), Rn. 1.

[2] *Hofmann*, EuR 1999, 713 (723); *Ehlermann*, EuR 1997, 362 (373); *Pechstein*, in: Streinz, EUV/AEUV, Art. 327 AEUV, Rn. 1; *Heintschel v. Heinegg*, in: Vedder/Heintschel v. Heinegg, Europäisches Unionsrecht, Art. 327 AEUV, Rn. 2.

[3] *Blanke*, in: Grabitz/Hilf/Nettesheim, EU, Art. 327 AEUV (Oktober 2011), Rn. 1.

beschlossene Sekundärrecht partikulares Recht bleiben muss, welches sich, wie Art. 20 Abs. 4 Satz 1 EUV ausdrücklich bestimmt, in seiner Geltung auf die beteiligten Mitgliedstaaten beschränkt.[4] Es gehört daher nicht zum gemeinsamen Besitzstand (vgl. Art. 20 Abs. 4 Satz 2 EUV). Aus dem Rücksichtnahmegebot des Art. 327 Satz 1 AEUV folgt hingegen nicht die Pflicht, im Rahmen einer Verstärkten Zusammenarbeit Regelungen zu unterlassen, mit denen die nichtbeteiligten Staaten im Falle ihrer Teilnahme nicht einverstanden wären.[5]

C. Rücksichtnahmegebot gegenüber beteiligten Mitgliedstaaten

3 Umgekehrt dürfen die an einer Verstärkten Zusammenarbeit nicht beteiligten Staaten nach Art. 327 Satz 2 AEUV der Durchführung der Verstärkten Zusammenarbeit nicht im Wege stehen. Art. 327 Satz 2 AEUV normiert damit ein **Obstruktionsverbot**.[6] Das Funktionieren einer bestehenden Verstärkten Zusammenarbeit soll dadurch geschützt werden.[7] Daraus folgt jedoch weder die Rechtspflicht, einem Antrag auf Begründung einer Verstärkten Zusammenarbeit zustimmen zu müssen, noch die Verpflichtung der abseits stehenden Mitgliedstaaten, das Funktionieren einer bestehenden Verstärkten Zusammenarbeit aktiv erleichtern zu müssen.[8]

---

[4] *Thym*, EuR 2006, 637 (646); vgl. dazu auch Art. 20 EUV, Rn. 21.

[5] EuGH, Urt. v. 16.4.2013, Rs. C–274/11 u. C–295/11 (Spanien u. Italien/Rat), ECLI:EU:C:2013: 240, Rn. 82.

[6] *Geiger*, in: Geiger/Khan/Kotzur, EUV/AEUV, Art. 327 AEUV.

[7] *Hatje*, in: Schwarze, EU-Kommentar, Art. 327 AEUV, Rn. 1.

[8] *Blanke*, in: Grabitz/Hilf/Nettesheim, EU, Art. 327 AEUV (Oktober 2011), Rn. 3; *Gaja*, CMLRev. 35 (1998), 855 (868).

Artikel 328 AEUV [Offenheit für alle Mitgliedstaaten]

(1) ¹Bei ihrer Begründung steht eine Verstärkte Zusammenarbeit allen Mitgliedstaaten offen, sofern sie die in dem hierzu ermächtigenden Beschluss gegebenenfalls festgelegten Teilnahmevoraussetzungen erfüllen. ²Dies gilt auch zu jedem anderen Zeitpunkt, sofern sie neben den genannten Voraussetzungen auch die in diesem Rahmen bereits erlassenen Rechtsakte beachten.

Die Kommission und die an einer Verstärkten Zusammenarbeit teilnehmenden Mitgliedstaaten tragen dafür Sorge, dass die Teilnahme möglichst vieler Mitgliedstaaten gefördert wird.

(2) Die Kommission und gegebenenfalls der Hohe Vertreter der Union für die Außen- und Sicherheitspolitik unterrichten das Europäische Parlament und den Rat regelmäßig über die Entwicklung einer Verstärkten Zusammenarbeit.

Literaturübersicht

Thym, Ungleichzeitigkeit und europäisches Verfassungsrecht, 2004; *Wessels*, Verstärkte Zusammenarbeit: Eine neue Variante flexibler Integration, in: Jopp/Maurer/Schmuck (Hrsg.), Die Europäische Union nach Amsterdam, 1998, S. 187.

Wesentliche sekundärrechtliche Vorschriften

Beschluss 2012/714/EU der Kommission vom 21. 11. 2012 zur Bestätigung der Teilnahme Litauens an der Verstärkten Zusammenarbeit im Bereich des auf die Ehescheidung und Trennung ohne Auflösung des Ehebandes anzuwendenden Rechts, ABl. 2012, L 323/18

Beschluss 2014/39/ EU der Kommission vom 27. 1. 2014 zur Bestätigung der Teilnahme Griechenlands an der Verstärkten Zusammenarbeit im Bereich des auf die Ehescheidung und Trennung ohne Auflösung des Ehebandes anzuwendenden Rechts, ABl. 2014, L 23/41

Inhaltsübersicht

A. Allgemeines

Art. 328 AEUV führt das in Art. 20 Abs. 1 UAbs. 2 Satz 2 EUV niedergelegte **Prinzip** **1** **der Offenheit** einer Verstärkten Zusammenarbeit für alle Mitgliedstaaten näher aus. Zugleich kommt darin der grundsätzlich nur **vorübergehende Charakter** einer Verstärkten Zusammenarbeit zum Ausdruck, die darauf angelegt ist, möglichst alle Mitgliedstaaten auf das Integrationsniveau der voranschreitenden Mitgliedstaaten zu heben.[1] Neben der Möglichkeit eines Beitritts zu einer Verstärkten Zusammenarbeit (Art. 328 Abs. 1 UAbs. 1 AEUV) wird daher auch eine Pflicht zur Förderung der Teilnahme weiterer Mitgliedstaaten begründet (Art. 328 Abs. 1 UAbs. 2 AEUV). Zugleich wird eine Berichtspflicht normiert, die eine – auch informatorische – Abschottung von stärker integrationsbereiten Mitgliedstaaten verhindern soll. Das Verfahren des Beitritts zu ei-

---

[1] *Ruffert*, in: Calliess/Ruffert, EUV/AEUV, Art. 328 AEUV, Rn. 1; anders aber *Wessels*, S. 214.

ner bereits bestehenden Verstärkten Zusammenarbeit ist in Art. 328 AEUV hingegen nicht geregelt. Dies geschieht in Art. 331 AEUV.

B. Offenheit für alle Mitgliedstaaten

2   Art. 328 Abs. 1 AEUV knüpft an Art. 20 Abs. 1 UAbs. 2 Satz 2 EUV an, wonach eine Verstärkte Zusammenarbeit jederzeit allen Mitgliedstaaten offensteht. Aus Art. 20 Abs. 1 UAbs. 2 Satz 2 EUV ergibt sich, dass eine Verstärkte Zusammenarbeit **von Anfang an** für alle Mitgliedstaaten offen stehen muss (»jederzeit«). Nach Art. 328 Abs. 1 Satz 1 AEUV gilt dies auch für eine bereits im **Gründungsstadium** begriffene Verstärkte Zusammenarbeit. Zum einen spricht Art. 328 Abs. 1 Satz 1 AEUV davon, dass die Offenheit einer Verstärkten Zusammenarbeit »bei ihrer Gründung« gewährleistet sein muss, zu anderen wird aber auf Teilnahmevoraussetzungen Bezug genommen, die in dem ermächtigenden Beschluss gegebenenfalls festgelegt sind. Dies kann so verstanden werden, dass ein Hinzustoßen weiterer Mitgliedstaaten auch während der Verfahrens der Antragstellung zu jedem Zeitpunkt möglich sein muss,[2] auch wenn bereits absehbar ist, welche zusätzlichen Teilnahmevoraussetzungen erfüllt sein müssen. Eine Pflicht der Mehrheit, auf besondere Wünsche einzelner Mitgliedstaaten einzugehen, um die Teilnahme möglichst vieler Mitgliedstaaten zu ermöglichen, kann daraus jedoch nicht hergeleitet werden.[3]

3   Art. 328 Abs. 1 UAbs. 1 Satz 2 AEUV regelt demgegenüber den **nachträglichen Beitritt** zu einer bereits ins Werk gesetzten Verstärkten Zusammenarbeit. Das Ziel einer Verstärkten Zusammenarbeit ist eine möglichst umfassende Beteiligung der Mitgliedstaaten. Ein nachträgliches Hinzustoßen setzt jedoch einerseits voraus, dass die im Ermächtigungsbeschluss formulierten Teilnahmebedingungen erfüllt werden und andererseits, dass alle bereits im Rahmen einer Verstärkten Zusammenarbeit erlassenen Rechtsakte beachtet und erforderlichenfalls umgesetzt werden.[4] Dass von einer bereits ins Werk gesetzten Verstärkten Zusammenarbeit durchaus die gewünschte Sogwirkung[5] ausgehen kann, beweisen die bisherigen nachträglichen Beitritte Litauens[6] und Griechenlands[7] zur Verstärkten Zusammenarbeit im Bereich des Ehescheidungs- und Trennungsrechts.[8]

4   Art. 328 Abs. 1 UAbs. 1 AEUV macht deutlich, dass es zulässig ist, im Ermächtigungsbeschluss über den Vertragstext hinaus gehende **zusätzliche Teilnahmekriterien** zu formulieren. Hiermit kann sichergestellt werden, dass unter Umständen der Wille

---

[2] *Pechstein,* in: Streinz, EUV/AEUV, Art. 328 AEUV, Rn. 1.

[3] *Hatje,* in: Schwarze, EU-Kommentar, Art. 328 AEUV, Rn. 2.

[4] *Becker,* in: GSH, Europäisches Unionsrecht, Art. 328 AEUV, Rn. 5.

[5] *Hatje,* in: Schwarze, EU-Kommentar, Art. 328 AEUV, Rn. 4; *Pechstein,* in: Streinz, EUV/AEUV, Art. 328 AEUV, Rn. 1.

[6] Beschluss 2012/714/EU der Kommission vom 21. 11. 2012 zur Bestätigung der Teilnahme Litauens an der Verstärkten Zusammenarbeit im Bereich des auf die Ehescheidung und Trennung ohne Auflösung des Ehebandes anzuwendenden Rechts, ABl. 2012, L 323/18.

[7] Beschluss 2014/39/EU der Kommission vom 27. 1. 2014 zur Bestätigung der Teilnahme Griechenlands an der Verstärkten Zusammenarbeit im Bereich des auf die Ehescheidung und Trennung ohne Auflösung des Ehebandes anzuwendenden Rechts, ABl. 2014, L 23/41.

[8] Beschluss 2010/405/EU des Rates vom 12. 7. 2010 über die Ermächtigung zu einer Verstärkten Zusammenarbeit im Bereich des auf die Ehescheidung und Trennung ohne Auflösung des Ehebandes anzuwendenden Rechts, ABl. 2010, L 189/12.

allein, in der Integration weiter und rascher voranzuschreiten, nicht genügt, sondern dass die an einer Verstärkten Zusammenarbeit beteiligten Mitgliedstaaten auch über die dazu erforderlichen Mittel und Möglichkeiten verfügen müssen.[9] Die zusätzlichen Teilnahmekriterien dürfen jedoch nicht so gefasst sein, dass sie erkennbar darauf gerichtet sind, einzelne oder mehrere Mitgliedstaaten von einer Teilnahme abzuhalten.[10] In diesem Fall würde der sekundärrechtliche Ermächtigungsbeschluss gegen den primärrechtlichen Grundsatz der Offenheit einer Verstärkten Zusammenarbeit verstoßen. Die bislang vorliegenden Ermächtigungsbeschlüsse zu Verstärkten Zusammenarbeiten verzichten auf die Formulierung zusätzlicher Teilnahmevoraussetzungen.[11]

Aus Art. 328 Abs. 1 UAbs. 1 AEUV folgt, dass die mitwirkungswilligen Mitgliedstaaten, die die Teilnahmevoraussetzungen erfüllen, grundsätzlich einen **Aufnahmeanspruch** besitzen.[12] Dieser Anspruch könnte allenfalls dann ausgeschlossen sein, wenn erkennbar wäre, dass ein Mitgliedstaat die Teilnahme an einer bereits bestehenden Verstärkten Zusammenarbeit nur deswegen beantragt, um nach erfolgter Aufnahme die weitere Arbeit zu blockieren.[13]   5

C. Förderung des Beitritts weiterer Mitgliedstaaten

Art. 328 Abs. 1 UAbs. 2 AEUV verdeutlicht, dass eine Verstärkte Zusammenarbeit nur   6
als Übergangsphänomen gedacht ist und letztlich auf die Mitwirkung aller Mitgliedstaaten abzielt. Sowohl die Kommission als auch die bereits beteiligten Mitgliedstaaten trifft nach Art. 328 Abs. 1 UAbs. 2 AEUV die Pflicht, dafür Sorge zu tragen, dass die Teilnahme möglichst vieler Mitgliedstaaten gefördert wird. Umstritten ist, ob dies gegebenenfalls auch die Pflicht umfasst, teilnahmewillige Aspiranten materiell zu unterstützen, um ihnen eine Mitwirkung zu ermöglichen. Teilweise wird dies unter Hinweise auf den gegenüber der früheren Fassung der Bestimmung (vgl. Art. 43b Satz 3 EUV a. F.) geänderten Wortlaut befürwortet.[14] Sprach die frühere Fassung nur davon, dass möglichst viele Mitgliedstaaten zu einer Beteiligung »angeregt« werden sollen, ist nunmehr eine ausdrückliche Förderpflicht geregelt. Dennoch ist nicht von einer Pflicht zur materiellen Hilfe gemäß Art. 328 Abs. 1 UAbs. 2 AEUV auszugehen, um anderen Mitgliedstaaten eine Teilnahme zu erleichtern. Eine Verstärkte Zusammenarbeit ist **kein strukturpolitisches Instrument der Europäischen Union**, das darauf ausgelegt wäre, die wirtschaftli-

---

[9] *Heintschel v. Heinegg*, in: Vedder/Heintschel v. Heinegg, Europäisches Unionsrecht, Art. 328 AEUV, Rn. 2.

[10] *Hatje*, in: Schwarze, EU-Kommentar, Art. 328 AEUV, Rn. 2.

[11] Vgl. Beschluss 2010/405/EU des Rates vom 12. 7. 2010 über die Ermächtigung zu einer Verstärkten Zusammenarbeit im Bereich des auf die Ehescheidung und Trennung ohne Auflösung des Ehebandes anzuwendenden Rechts, ABl. 2010, L 189/12; Beschluss 2011/167/EU des Rates vom 10. 3. 2011 über die Ermächtigung zu einer Verstärkten Zusammenarbeit im Bereich der Schaffung eines einheitlichen Patentschutzes, ABl. 2011, L 76/53; Beschluss 2013/52/EU des Rates vom 22. 1. 2013 über die Ermächtigung zu einer Verstärkten Zusammenarbeit im Bereich der Finanztransaktionssteuer, ABl. 2013, L 22/11.

[12] *Thym*, S. 56 f.; *Pechstein*, in: Streinz, EUV/AEUV, Art. 328 AEUV, Rn. 1; *Hatje*, in: Schwarze, EU-Kommentar, Art. 328 AEUV, Rn. 3; *Becker*, in: GSH, Europäisches Unionsrecht, Art. 328 AEUV, Rn. 6.

[13] *Hatje*, in: Schwarze, EU-Kommentar, Art. 328 AEUV, Rn. 2 f.; *Becker*, in: GSH, Europäisches Unionsrecht, Art. 328 AEUV, Rn. 8.

[14] So *Pechstein*, in: Streinz, EUV/AEUV, Art. 328 AEUV, Rn. 2.

chen und sozialen Unterschiede zwischen den Mitgliedstaaten auszugleichen.[15] Vielmehr nimmt eine Verstärkte Zusammenarbeit bestehende unterschiedliche Interessenlagen oder unterschiedliche wirtschaftliche und soziale Lagen zur Kenntnis, will aber verhindern, dass diese Unterschiede zu einem Stillstand in den Integrationsbemühungen führen. Die Antwort einer Verstärkten Zusammenarbeit besteht nicht in einem strukturpolitischen Angleichungsansatz, sondern darin, einer Gruppe von stärker integrationswilligen und -fähigen Mitgliedstaaten ein schnelleres Voranschreiten zu ermöglichen.

D. Unterrichtung des Europäischen Parlaments und des Rates

7   Art. 328 Abs. 2 AEUV begründet eine **Berichtspflicht** für die Kommission und den Hohen Vertreter der Union für Außen- und Sicherheitspolitik gegenüber dem Europäischen Parlament und dem Rat. Die Kommission hat das Europäische Parlament und den Rat regelmäßig über die Entwicklung einer Verstärkten Zusammenarbeit zu unterrichten. Soweit die Gemeinsame Außen- und Sicherheitspolitik betroffen ist, trifft die Berichtspflicht den Hohen Vertreter der Union für Außen- und Sicherheitspolitik, der zugleich kraft Amtes einer der Vizepräsidenten der Kommission ist (vgl. Art. 17 Abs. 4 EUV).[16] Hierdurch soll ein Informationsgefälle vermieden und der Entstehung hermetischer Zirkel innerhalb der Europäischen Union soll entgegen gewirkt werden.[17] Zugleich kann eine umfassende Information die spätere Teilnahme noch abseits stehender Mitgliedstaaten befördern.[18]

---

[15] So auch *Hatje*, in: Schwarze, EU-Kommentar, Art. 328 AEUV, Rn. 4.

[16] *Ruffert*, in: Calliess/Ruffert, EUV/AEUV, Art. 328 AEUV, Rn. 2; *Becker*, in: GSH, Europäisches Unionsrecht, Art. 328 AEUV, Rn. 11.

[17] *Hatje*, in: Schwarze, EU-Kommentar, Art. 328 AEUV, Rn. 5; *Pechstein*, in: Streinz, EUV/AEUV, Art. 328 AEUV, Rn. 3.

[18] *Blanke*, in: Grabitz/Hilf/Nettesheim, EU, Art. 328 AEUV (Oktober 2011), Rn. 4.

Artikel 329 AEUV [Ermächtigungsverfahren]

(1) ¹Die Mitgliedstaaten, die in einem der Bereiche der Verträge – mit Ausnahme der Bereiche, für die die Union die ausschließliche Zuständigkeit besitzt, und der Gemeinsamen Außen- und Sicherheitspolitik – untereinander eine Verstärkte Zusammenarbeit begründen möchten, richten einen Antrag an die Kommission, in dem der Anwendungsbereich und die Ziele aufgeführt werden, die mit der beabsichtigten Verstärkten Zusammenarbeit angestrebt werden. ²Die Kommission kann dem Rat einen entsprechenden Vorschlag vorlegen. ³Legt die Kommission keinen Vorschlag vor, so teilt sie den betroffenen Mitgliedstaaten ihre Gründe dafür mit.

Die Ermächtigung zur Einleitung einer Verstärkten Zusammenarbeit nach Unterabsatz 1 wird vom Rat auf Vorschlag der Kommission und nach Zustimmung des Europäischen Parlaments erteilt.

(2) ¹Der Antrag der Mitgliedstaaten, die untereinander im Rahmen der Gemeinsamen Außen- und Sicherheitspolitik eine Verstärkte Zusammenarbeit begründen möchten, wird an den Rat gerichtet. ²Er wird dem Hohen Vertreter der Union für die Außen- und Sicherheitspolitik, der zur Kohärenz der beabsichtigten Verstärkten Zusammenarbeit mit der Gemeinsamen Außen- und Sicherheitspolitik der Union Stellung nimmt, sowie der Kommission übermittelt, die insbesondere zur Kohärenz der beabsichtigten Verstärkten Zusammenarbeit mit der Politik der Union in anderen Bereichen Stellung nimmt. ³Der Antrag wird ferner dem Europäischen Parlament zur Unterrichtung übermittelt.

Die Ermächtigung zur Einleitung einer Verstärkten Zusammenarbeit wird mit einem Beschluss des Rates erteilt, der einstimmig beschließt.

Literaturübersicht

Becker, Differenzierungen der Rechtseinheit durch »abgestufte Integration«, EuR-Beiheft 1/1998, 29; *Cach*, Die Verstärkte Zusammenarbeit und ihre Bedeutung für die Errichtung der Europäischen Staatsanwaltschaft, EuR 2014, 716; *Calliess*, Die neue Europäische Union nach dem Vertrag von Lissabon, 2010; *Hofmann*, Wieviel Flexibilität für welches Europa? Gedanken zur künftigen Entwicklung der europäischen Integration, EuR 1999, 713; *Thym*, Ungleichzeitigkeit und europäisches Verfassungsrecht, 2004; *Zeitzmann*, Das Verfahren der Verstärkten Zusammenarbeit und dessen erstmalige Anwendung: Ein Ehescheidungs- und Trennungsrecht für Europa, ZEuS 2011, 87.

Wesentliche sekundärrechtliche Vorschriften

Beschluss 2010/405/EU des Rates vom 12.7.2010 über die Ermächtigung zu einer Verstärkten Zusammenarbeit im Bereich des auf die Ehescheidung und Trennung ohne Auflösung des Ehebandes anzuwendenden Rechts, ABl. 2010, L 189/12
Beschluss 2011/167/EU des Rates vom 10.3.2011 über die Ermächtigung zu einer Verstärkten Zusammenarbeit im Bereich der Schaffung eines einheitlichen Patentschutzes, ABl. 2011, L 76/53
Beschluss 2013/52/EU des Rates vom 22.1.2013 über die Ermächtigung zu einer Verstärkten Zusammenarbeit im Bereich der Finanztransaktionssteuer, ABl. 2013, L 22/11

Inhaltsübersicht

A. Allgemeines

1 Art. 329 AEUV regelt das Verfahren zur Begründung einer Verstärkten Zusammenar-
beit. Die Vorschrift unterscheidet zwischen dem **Regelermächtigungsverfahren** nach
Art. 329 Abs. 1 AEUV und dem **besonderen Ermächtigungsverfahren** für Verstärkte
Zusammenarbeiten in Bereich der Gemeinsamen Außen- und Sicherheitspolitik nach
Art. 329 Abs. 2 AEUV. Ergänzt wird das Regelermächtigungsverfahren des Art. 329
Abs. 1 AEUV durch Sonderregelungen für die Bereiche der justiziellen Zusammenar-
beit in Strafsachen sowie der polizeilichen Zusammenarbeit, wo ein **Schnellverfahren**
vorgesehen ist, in welchem eine Ermächtigung fingiert wird.[1]

B. Regelermächtigungsverfahren

I. Anwendungsbereich des Regelermächtigungsverfahrens

2 Den **Anwendungsbereich** des Regelermächtigungsverfahrens umreißt Art. 329 Abs. 1
Satz 1 AEUV. Es gilt mit **zwei Ausnahmen** für alle Politikbereiche. Ausgenommen sind
die Bereiche, für die die Europäische Union die ausschließliche Zuständigkeit besitzt.
Art. 329 Abs. 1 Satz 1 AEUV wiederholt insoweit die Vorgabe des Art. 20 Abs. 1
UAbs. 1 AEUV, der den Anwendungsbereich einer Verstärkten Zusammenarbeit definiert.[2] Zum anderen findet das Regelverfahren des Art. 329 Abs. 1 AEUV keine Anwendung für den Bereich der Gemeinsamen Außen- und Sicherheitspolitik. Insoweit
existiert eine Spezialregelung in Art. 329 Abs. 2 AEUV. Das in Art. 329 Abs. 1 AEUV
geregelte Verfahrens gilt sowohl für erstmalige Ermächtigungen zu einer Verstärkten
Zusammenarbeit als auch für spätere Änderungen des ursprünglichen Ermächtigungs-
beschlusses, die auf eine Erweiterung einer bereits bestehenden Verstärkten Zusammenarbeit gerichtet sind.[3]

II. Antrag verstärkt integrationswilliger Mitgliedstaaten

3 Das Verfahren beginnt gemäß Art. 329 Abs. 1 UAbs. 1 AEUV mit einem **Antrag der
Mitgliedstaaten**, die eine Verstärkte Zusammenarbeit eingehen wollen. Nach Art. 20
Abs. 2 Satz 1 EUV muss es sich dabei um mindestens neun Mitgliedstaaten der Europäischen Union handeln.[4] Dieser Antrag ist an die Kommission zu richten. Dem Antrag
müssen sich der Anwendungsbereich sowie die Ziele der angestrebten Verstärkten

---

[1] Vgl. u. Rn. 9 f.
[2] Vgl. dazu Art. 20 EUV, Rn. 6 f.
[3] Vgl. *Blanke*, in: Grabitz/Hilf/Nettesheim, EU, Art. 329 AEUV (Oktober 2011), Rn. 5.
[4] S. dazu Art. 20 EUV, Rn. 13.

Zusammenarbeit entnehmen lassen.[5] Darüber hinaus muss der Antrag alle notwendigen Angaben enthalten, die es der Kommission ermöglichen, die Zulässigkeit der geplanten Verstärkten Zusammenarbeit zu beurteilen.[6] Hierzu gehört etwa die Zahl der Teilnehmer an der ins Auge gefassten Verstärkten Zusammenarbeit sowie Angaben über das Vorliegen der übrigen Voraussetzungen einer Verstärkten Zusammenarbeit gemäß Art. 20 Abs. 1 UAbs. 2 und Abs. 2 Satz 1 EUV. Jedenfalls muss der Antrag hinreichend bestimmt sein.[7] Der Antrag kann gemäß der Erklärung Nr. 40 der Regierungskonferenz zum Vertrag von Lissabon[8] bereits Angaben darüber enthalten, ob die beteiligten Mitgliedstaaten beabsichtigen, Art. 333 AEUV über die Ausdehnung der Beschlussfassung mit qualifizierter Mehrheit anzuwenden oder ob sie das ordentliche Gesetzgebungsverfahren bei der Durchführung der Verstärkten Zusammenarbeit in Anspruch nehmen möchten.

III. Vorschlagsrecht der Kommission

Die Kommission prüft den Antrag der stärker integrationswilligen Mitgliedstaaten. Sie   **4** ist jedoch nicht verpflichtet, dem Antrag zu folgen.[9] Die Kommission muss einen Antrag ablehnen, wenn die Voraussetzungen einer Verstärkten Zusammenarbeit nicht erfüllt sind.[10] Bei der Beurteilung, ob die beantragte Verstärkte Zusammenarbeit die Ziele der Union fördert, die Unionsinteressen schützt und den Integrationsprozess stärkt, besitzt die Kommission allerdings einen erheblichen **Ermessens- und Beurteilungsspielraum**.[11] Gelangt die Kommission zu einer positiven Beurteilung, unterbreitet sie dem Rat einen entsprechenden **Vorschlag** (Art. 329 Abs. 1 UAbs. 1 Satz 2 AEUV). Ohne das Vorliegen eines mitgliedstaatlichen Antrags ist es der Kommission versagt, einen Vorschlag vorzulegen. Ihr Initiativrecht ist insofern begrenzt. Lehnt die Kommission den Antrag der stärker integrationswilligen Mitgliedstaaten hingegen ab, muss sie gemäß Art. 329 Abs. 1 UAbs. 1 Satz 3 AEUV den betroffenen Mitgliedstaaten die Gründe für die **Ablehnung** mitteilen. Eine ablehnende Kommissionsentscheidung kann durch die betroffenen Mitgliedstaaten mit einer Nichtigkeitsklage gemäß Art. 263 AEUV angegriffen werden.[12]

Nicht explizit geregelt ist, ob die Kommission eine **Abweichungsbefugnis** besitzt,   **5** d.h., ob sie einen modifizierten Vorschlag an den Rat richten kann, der Änderungen gegenüber dem Antrag der Mitgliedstaaten aufweist. Zwar könnte der Wortlaut von Art. 329 Abs. 1 UAbs. 1 Satz 2 AEUV, der nur von einem »entsprechenden Vorschlag« der Kommission spricht, als Argument gegen die Zulässigkeit von Abänderungen durch die Kommission angeführt werden; berücksichtigt man allerdings, dass die Kommission

---

[5] *Blanke*, in: Grabitz/Hilf/Nettesheim, EU, Art. 329 AEUV (Oktober 2011), Rn. 2.

[6] *Becker*, in: GSH, Europäisches Unionsrecht, Art. 329 AEUV, Rn. 5; *Pechstein*, in: Streinz, EUV/AEUV, Art. 329 AEUV, Rn. 4.

[7] *Pechstein*, in: Streinz, EUV/AEUV, Art. 329 AEUV, Rn. 4.

[8] Erklärung zu Artikel 329 des Vertrags über die Arbeitsweise der Europäischen Union, ABl. 2012, C 326/352.

[9] *Zeitzmann*, ZEuS 2011, 87 (95); *Hatje*, in: Schwarze, EU-Kommentar, Art. 329 AEUV, Rn. 3.

[10] *Blanke*, in: Grabitz/Hilf/Nettesheim, EU, Art. 329 AEUV (Oktober 2011), Rn. 4.

[11] *Thym*, S. 48; *Becker*, EuR-Beiheft 1/1998, 29 (51); *Ruffert*, in: Calliess/Ruffert, EUV/AEUV, Art. 329 AEUV, Rn. 2.

[12] *Pechstein*, in: Streinz, EUV/AEUV, Art. 329 AEUV, Rn. 5; *Geiger*, in: Geiger/Khan/Kotzur, EUV/AEUV, Art. 329 AEUV, Rn. 3; *Zeitzmann*, ZEuS 2011, 87 (95 f.); anders wohl *Hofmann*, EuR 1999, 713 (724).

dazu berufen ist, die Interessen der Union in ihrer Gesamtheit im Ermächtigungsverfahren nach Art. 329 Abs. 1 AEUV zu wahren, spricht dies dafür, eine Abänderungsbefugnis der Kommission zu bejahen.[13] Das Abänderungsrecht der Kommission ist durch den Antrag der Mitgliedstaaten freilich insofern begrenzt, als es der Kommission nicht möglich ist, dem gestellten Antrag ein völlig anderes Gepräge und eine andere Zielrichtung zu geben.

IV. Ermächtigung durch den Rat

6   Hat die Kommission dem Rat einen entsprechenden Vorschlag unterbreitet, entscheidet der Rat gemäß Art. 329 Abs. 1 UAbs. 2 AEUV über die **Ermächtigung zur Einleitung einer Verstärkten Zusammenarbeit**. Der Rat beschließt dabei gemäß Art. 16 Abs. 3 EUV mit **qualifizierter Mehrheit**.[14] Will der Rat bei seiner Entscheidung vom Vorschlag der Kommission abweichen, kann er dies gemäß Art. 293 Abs. 1 AEUV nur einstimmig tun.[15] An der Abstimmung im Rat nehmen, anders als später bei der Durchführung einer Verstärkten Zusammenarbeit, alle Mitgliedstaaten der Europäischen Union teil.[16] Mit dem Ermächtigungsbeschluss wird den an einer Verstärkten Zusammenarbeit beteiligten Mitgliedstaaten die Befugnis erteilt, Kompetenzen wahrzunehmen, die ansonsten der Europäischen Union zustehen. Die Ermächtigung durch den Rat muss dem **Bestimmtheitsgrundsatz** entsprechen. Es muss hinreichend bestimmt sein, welche Maßnahmen im Rahmen einer Verstärkten Zusammenarbeit zulässig sein sollen. Bislang hat der Rat in drei Fällen die Ermächtigung zu einer Verstärkten Zusammenarbeit erteilt. Es handelt sich um die Fälle der Verstärkten Zusammenarbeit im Bereich des Ehescheidungs- und Trennungsrechts[17], im Bereich der Schaffung eines einheitlichen Patentschutzes[18] sowie im Bereich der Finanztransaktionssteuer.[19] Die Entscheidung des Rates erfolgt in der Form eines Beschlusses gemäß Art. 288 Abs. 4 AEUV.[20]

7   Haben die Mitgliedstaaten ihren Antrag auf Begründung einer Verstärkten Zusammenarbeit mit einem Antrag auf **Anwendung der Brückenklausel** des Art. 333 AEUV verbunden,[21] muss der Ermächtigungsbeschluss nicht nur mit qualifizierter Mehrheit aller Mitgliedstaaten gefasst werden, sondern er muss gemäß Art. 333 Abs. 1 i. V. m. Art. 330 Abs. 2 AEUV auch die **einstimmige Zustimmung aller an der Verstärkten Zusammenarbeit beteiligten Mitgliedstaaten** umfassen.[22]

---

[13] Im Ergebnis ebenso *Thym*, S. 48; *Pechstein*, in: Streinz, EUV/AEUV, Art. 329 AEUV, Rn. 5; *Blanke*, in: Grabitz/Hilf/Nettesheim, EU, Art. 329 AEUV (Oktober 2011), Rn. 6.

[14] *Cach*, EuR 2014, 716 (724).

[15] *Zeitzmann*, ZEuS 2011, 87 (96).

[16] *Becker*, in: GSH, Europäisches Unionsrecht, Art. 329 AEUV, Rn. 10; *Hatje*, in: Schwarze, EU-Kommentar, Art. 329 AEUV, Rn. 7.

[17] Beschluss 2010/405/EU des Rates vom 12. 7. 2010 über die Ermächtigung zu einer Verstärkten Zusammenarbeit im Bereich des auf die Ehescheidung und Trennung ohne Auflösung des Ehebandes anzuwendenden Rechts, ABl. 2010, L 189/12.

[18] Beschluss 2011/167/EU des Rates vom 10. 3. 2011 über die Ermächtigung zu einer Verstärkten Zusammenarbeit im Bereich der Schaffung eines einheitlichen Patentschutzes, ABl. 2011, L 76/53.

[19] Beschluss 2013/52/EU des Rates vom 22. 1. 2013 über die Ermächtigung zu einer Verstärkten Zusammenarbeit im Bereich der Finanztransaktionssteuer, ABl. 2013, L 22/11.

[20] Anderer Auffassung aber *Hatje*, in: Schwarze, EU-Kommentar, Art. 329 AEUV, Rn. 7; *Blanke*, in: Grabitz/Hilf/Nettesheim, EU, Art. 329 AEUV (Oktober 2011), Rn. 5, die von einem Rechtsakt sui generis ausgehen.

[21] S. o. Rn. 3.

[22] *Pechstein*, in: Streinz, EUV/AEUV, Art. 329 AEUV, Rn. 6.

V.   Zustimmung des Europäischen Parlaments

Art. 329 Abs. 1 UAbs. 2 AEUV schreibt vor, dass die Ermächtigung durch den Rat erst **8** nach Zustimmung des Europäischen Parlaments erteilt werden darf. Dies gilt für alle Bereiche, für die eine Ermächtigung nach Art. 329 Abs. 1 AEUV erteilt wird, ungeachtet der Tatsache, ob es sich um einen Politikbereich handelt, in dem das ordentliche Gesetzgebungsverfahren Anwendung findet.[23]

C.   Fiktion der Ermächtigung nach Art. 329 Abs. 1 AEUV

Sonderregelungen im Hinblick auf die Ermächtigung zur Einleitung einer Verstärkten **9** Zusammenarbeit bestehen für den Politikbereich der **justiziellen Zusammenarbeit in Strafsachen** gemäß Art. 82 Abs. 3 UAbs. 2 AEUV, Art. 83 Abs. 3 UAbs. 2 AEUV und Art. 86 Abs. 1 UAbs. 3 AEUV sowie für den Bereich der **polizeilichen Zusammenarbeit** gemäß Art. 87 Abs. 3 UAbs. 3 AEUV. Wird in den dort geregelten Politikbereichen im Europäischen Rat und im Rat keine Einigung über bestimmte Rechtsetzungsvorhaben erzielt, können mindestens neun Mitgliedstaaten eine Verstärkte Zusammenarbeit auf der Grundlage des gescheiterten Rechtsetzungsentwurfs beantragen. Sie müssen zu diesem Zwecke ihre Absicht dem Europäischen Parlament, dem Rat und der Kommission mitteilen. Gemäß Art. 82 Abs. 3 UAbs. 2 Satz 2, Art. 83 Abs. 3 UAbs. 2 Satz 2, Art. 86 Abs. 1 UAbs. 3 Satz 2 sowie Art. 87 Abs. 3 UAbs. 3 Satz 2 AEUV gilt dann die Ermächtigung zu einer Verstärkten Zusammenarbeit gemäß Art. 20 Abs. 2 EUV i. V. m. Art. 329 Abs. 1 AEUV jeweils als erteilt. Die Mitteilung führt also zu einer **Ermächtigungsfiktion.**[24] Dieses Schnellverfahren kann nur dadurch gerechtfertigt werden, dass nach dem Scheitern eines konkreten Rechtsetzungsverfahrens die zuständigen Organe der Europäischen Union bereits am Verfahren beteiligt waren und so eine Abweichung vom Regelermächtigungsverfahren hinnehmbar erscheint.

Die Sonderregelungen für die Bereiche der justiziellen Zusammenarbeit in Strafsa- **10** chen sowie der polizeilichen Zusammenarbeit eröffnen den verstärkt integrationsbereiten und -willigen Mitgliedstaaten mit diesem Schnellverfahren lediglich eine **weitere Option.** Die Anwendbarkeit des in Art. 329 Abs. 1 AEUV niedergelegten Regelermächtigungsverfahrens wird dadurch jedoch nicht ausgeschlossen.[25]

D.   Ermächtigungsverfahren im Bereich der Gemeinsamen Außen- und Sicherheitspolitik

I.   Antrag verstärkt integrationswilliger Mitgliedstaaten

Für die Begründung einer Verstärkten Zusammenarbeit im Bereich der Gemeinsamen **11** Außen- und Sicherheitspolitik regelt Art. 329 Abs. 2 AEUV das Ermächtigungsverfahren. Hier richten die Mitgliedstaaten, die eine Verstärke Zusammenarbeit begründen möchten, ihren **Antrag** nicht an die Kommission, sondern gemäß Art. 329 Abs. 2

---

[23] *Calliess*, S. 160.
[24] *Pechstein*, in: Streinz, EUV/AEUV, Art. 329 AEUV, Rn. 8.
[25] *Pechstein*, in: Streinz, EUV/AEUV, Art. 329 AEUV, Rn. 8.

UAbs. 1 Satz 1 AEUV an den Rat. Dies ist Ausdruck des nach wie vor intergouverne-mentalen Charakters der Gemeinsamen Außen- und Sicherheitspolitik.[26] Auch wenn Art. 329 Abs. 2 AEUV dies nicht ausdrücklich fordert, wird man auch hier verlangen müssen, dass sich dem Antrag der Anwendungsbereich sowie die Ziele der angestrebten Verstärkten Zusammenarbeit entnehmen lassen. Darüber hinaus muss der Antrag alle notwendigen Angaben enthalten, die es dem Rat ermöglichen, die Zulässigkeit der ge-planten Verstärkten Zusammenarbeit zu beurteilen.[27]

II. Beteiligung anderer Unionsorgane

12 Der Antrag wird gemäß Art. 329 Abs. 2 UAbs. 1 Satz 2 AEUV dem **Hohen Vertreter der Union für Außen- und Sicherheitspolitik** sowie der **Kommission** zur **Stellungnahme** übermittelt. Der Hohe Vertreter hat insbesondere zur Kohärenz der beabsichtigten Ver-stärkten Zusammenarbeit mit der Gemeinsamen Außen- und Sicherheitspolitik Stel-lung zu nehmen, die Kommission zur Kohärenz mit den übrigen Politiken der Europäi-schen Union. Beide Stellungnahmen sollen dem Rat die Entscheidung erleichtern, ob die geplante Verstärkte Zusammenarbeit, wie von Art. 20 Abs. 1 UAbs. 2 Satz 1 EUV ge-fordert, die Verwirklichung der Ziele der Union fördert, die Unionsinteressen schützt und den Integrationsprozess stärkt.[28]

13 Eine Anhörung des **Europäischen Parlaments** findet nicht statt. Ihm wird der Antrag gemäß Art. 329 Abs. 2 UAbs. 1 Satz 3 AEUV lediglich zur **Unterrichtung** zugeleitet. Das Europäische Parlament ist nicht zu einer Stellungnahme verpflichtet; sie ist ihm aber auch nicht verwehrt.[29]

III. Ermächtigung durch den Rat

14 Über die Ermächtigung zur Einleitung einer Verstärkten Zusammenarbeit im Bereich der Gemeinsamen Außen- und Sicherheitspolitik entscheidet der Rat gemäß Art. 329 Abs. 2 UAbs. 2 AEUV. An die zuvor eingeholten Stellungnahmen ist er inhaltlich nicht gebunden.[30] Der Rat entscheidet anders als über Verstärkte Zusammenarbeiten in den übrigen Politikbereichen im Bereich der Gemeinsamen Außen- und Sicherheitspolitik gemäß Art. 329 Abs. 2 UAbs. 2 AEUV **einstimmig**. Die Entscheidung des Rates erfolgt in der Form eines Beschlusses gemäß Art. 288 Abs. 4 AEUV. Eine gerichtliche Über-prüfung des Beschlusses durch den Gerichtshof der Europäischen Union kommt auf-grund von Art. 24 Abs. 1 UAbs. 2 Satz 6 EUV nicht in Betracht.

[26] *Geiger*, in: Geiger/Khan/Kotzur, EUV/AEUV, Art. 329 AEUV, Rn. 5; *Blanke*, in: Grabitz/Hilf/Nettesheim, EU, Art. 329 AEUV (Oktober 2011), Rn. 7.
[27] *Hatje*, in: Schwarze, EU-Kommentar, Art. 329 AEUV, Rn. 10; *Pechstein*, in: Streinz, EUV/AEUV, Art. 329 AEUV, Rn. 7.
[28] *Blanke*, in: Grabitz/Hilf/Nettesheim, EU, Art. 329 AEUV (Oktober 2011), Rn. 8.
[29] *Geiger*, in: Geiger/Khan/Kotzur, EUV/AEUV, Art. 329 AEUV, Rn. 7; *Hatje*, in: Schwarze, EU-Kommentar, Art. 329 AEUV, Rn. 11.
[30] *Heintschel v. Heinegg*, in: Vedder/Heintschel v. Heinegg, Europäisches Unionsrecht, Art. 329 AEUV, Rn. 6.

Artikel 330 AEUV [Beschlussfassung im Rahmen der Verstärkten Zusammenarbeit]

Alle Mitglieder des Rates können an dessen Beratungen teilnehmen, aber nur die Mitglieder des Rates, die die an der Verstärkten Zusammenarbeit beteiligten Mitgliedstaaten vertreten, sind stimmberechtigt.

Die Einstimmigkeit bezieht sich allein auf die Stimmen der Vertreter der an der Verstärkten Zusammenarbeit beteiligten Mitgliedstaaten.

Die qualifizierte Mehrheit bestimmt sich nach Artikel 238 Absatz 3.

Literaturübersicht

Ehlermann, Engere Zusammenarbeit nach dem Amsterdamer Vertrag: Ein neues Verfassungsprinzip?, EuR 1997, 362; *Hofmann*, Wieviel Flexibilität für welches Europa? Gedanken zur künftigen Entwicklung der europäischen Integration, EuR 1999, 713; *Martenczuk*, Die differenzierte Integration nach dem Vertrag von Amsterdam, ZEuS 1998, 447.

Inhaltsübersicht

A. Allgemeines

Nach Art. 20 Abs. 1 UAbs. 1 EUV können die Mitgliedstaaten, die untereinander eine **1** Verstärkte Zusammenarbeit begründen, die Organe der Europäischen Union in Anspruch nehmen und die Kompetenzen im Rahmen einer Verstärkten Zusammenarbeit unter Anwendung der einschlägigen Bestimmungen der Verträge ausüben. Art. 330 AEUV nimmt an diesem Rückgriff auf die Organisationsstrukturen der Europäischen Union eine entscheidende Modifikation für den **Rat** vor, indem **Sonderregelungen für die Beratungen und Abstimmungen** getroffen werden im Hinblick auf Maßnahmen, die im Rahmen einer Verstärkten Zusammenarbeit beschlossen werden.

Sonderregelungen für die **anderen Unionsorgane**, auf die im Rahmen einer Verstärk- **2** ten Zusammenarbeit zurückgegriffen werden kann, fehlen. Dies bedeutet, dass sie im Rahmen einer Verstärkten Zusammenarbeit in ihrer normalen Zusammensetzung handeln und beschließen.[1] Im Europäischen Parlament wirken also auch die Abgeordneten aus den nichtteilnehmenden Mitgliedstaaten an den Beratungen und Abstimmungen mit. Entsprechendes gilt für die Kommission. Diese Differenzierung zwischen dem Rat auf der einen Seite und dem Europäischen Parlament und der Kommission auf der anderen Seite lässt sich mit der Weisungsgebundenheit der Mitglieder des Rates gegenüber ihren Mitgliedstaaten sowie der Unabhängigkeit und Weisungsungebundenheit der Mitglieder des Europäischen Parlaments und der Kommission erklären. Während sich

---

[1] *Hofmann*, EuR 1999, 713 (723).

im Rat die Interessen der Mitgliedstaaten bündeln, sind Europäisches Parlament und Kommission den Interessen der Europäischen Union verpflichtet.[2] Eine Beschränkung der Stimmberechtigung im Europäischen Parlament und in der Kommission auf die Organwalter aus den an einer Verstärkten Zusammenarbeit beteiligten Mitgliedstaaten würde an der Grundausrichtung der Organe auf die Interessen der gesamten Europäischen Union nichts ändern.

B. Teilnahme- und Stimmberechtigung im Rat

I. Teilnahmerecht aller Mitglieder des Rates an Beratungen

3   Nach Art. 330 Abs. 1 AEUV können alle Mitglieder des Rates an den Beratungen über Maßnahmen teilnehmen, die im Rahmen einer Verstärkten Zusammenarbeit getroffen werden sollen. Gemäß Art. 16 Abs. 2 EUV besteht der Rat aus je einem Vertreter jedes Mitgliedstaats auf Ministerebene, der befugt ist, für die Regierung des von ihm vertretenen Mitgliedstaats verbindlich zu handeln und das Stimmrecht auszuüben.[3] An dieser Zusammensetzung des Rates ändert eine Verstärkte Zusammenarbeit nichts.[4] Konsequenterweise stellt Art. 330 Abs. 1 AEUV klar, dass **alle Mitglieder des Rates** berechtigt sind, an den Beratungen teilzunehmen. Da dies die Vertreter derjenigen Mitgliedstaaten einschließt, die nicht an der betreffenden Verstärkten Zusammenarbeit teilnehmen, wird ihnen ermöglicht, im Rahmen der Beratungen über Maßnahmen einer Verstärkten Zusammenarbeit ihre Interessen vorzutragen. Das Teilnahmerecht der Vertreter aller Mitgliedstaaten im Rat dient somit der Gewährleistung der **Kohärenz** aller im Rahmen einer Verstärkten Zusammenarbeit getroffenen Maßnahmen mit den übrigen Unionspolitiken.[5] Zugleich wird durch das Teilnahmerecht die **Transparenz** einer Verstärkten Zusammenarbeit sichergestellt.[6] Unterstrichen wird, dass es sich bei einer Verstärkten Zusammenarbeit um eine Angelegenheit von allgemeinem Interesse für die gesamte Europäische Union handelt.[7] Da die nichtteilnehmenden Mitgliedstaaten auf diese Weise ständig über die Entwicklung und den Fortschritt einer Verstärkten Zusammenarbeit informiert sind, erleichtert dies ihnen auch einen etwaigen späteren Beitritt zu einer bereits bestehenden Verstärkten Zusammenarbeit.[8]

II. Stimmberechtigung im Rahmen einer Verstärkten Zusammenarbeit

4   Zwar können alle Mitglieder des Rates an Beratungen im Rahmen einer Verstärkten Zusammenarbeit teilnehmen, ein Stimmrecht besitzen nach Art. 330 Abs. 1 AEUV jedoch nur die Vertreter derjenigen Mitgliedstaaten im Rat, die an einer Verstärkten Zu-

---

[2] *Ruffert*, in: Calliess/Ruffert, EUV/AEUV, Art. 330 AEUV, Rn. 4; kritisch im Hinblick auf das Fehlen von Sonderregelungen für das Europäische Parlament allerdings *Ehlermann*, EuR 1997, 362 (374).

[3] Vgl. Art. 16 EUV, Rn. 7 ff.

[4] *Pechstein*, in: Streinz, EUV/AEUV, Art. 330 AEUV, Rn. 2.

[5] *Pechstein*, in: Streinz, EUV/AEUV, Art. 330 AEUV, Rn. 2.

[6] *Hatje*, in: Schwarze, EU-Kommentar, Art. 330 AEUV, Rn. 2.

[7] *Martenczuk*, ZEuS 1998, 447 (463).

[8] *Becker*, in: GSH, Europäisches Unionsrecht, Art. 330 AEUV, Rn. 6; *Heintschel v. Heinegg*, in: Vedder/Heintschel v. Heinegg, Europäisches Unionsrecht, Art. 330 AEUV, Rn. 2; *Blanke*, in: Grabitz/Hilf/Nettesheim, EU, Art. 330 AEUV (Oktober 2011), Rn. 1.

sammenarbeit teilnehmen. Da die Mitglieder des Rates weisungsgebunden gegenüber ihren jeweiligen Mitgliedstaaten sind und im Rat in erster Linie mitgliedstaatliche Interessen vertreten, ist es konsequent, nur die **Vertreter der an einer Verstärkten Zusammenarbeit teilnehmenden Mitgliedstaaten** an Abstimmungen über Maßnahmen teilnehmen zu lassen, die im Rahmen einer Verstärkten Zusammenarbeit beschlossen werden sollen.

C. Sonderregelungen für Abstimmungen im Rat

I. Einstimmigkeit

Art. 330 Abs. 2 AEUV bricht die Regelung des Art. 330 Abs. 1 AEUV über den begrenzten Kreis der Stimmberechtigten im Rat auf den Fall der einstimmigen Beschlussfassung herunter und stellt klar, dass sich Einstimmigkeit immer nur auf die Stimmen der **Vertreter der an einer Verstärkten Zusammenarbeit beteiligten Mitgliedstaaten** bezieht. Auch insoweit gilt der **Grundsatz der konstruktiven Stimmenthaltung** des Art. 238 Abs. 4 AEUV, wonach die Stimmenthaltung von stimmberechtigten Mitgliedern des Rates dem Zustandekommen eines einstimmigen Beschlusses nicht entgegensteht.[9]

5

II. Qualifizierte Mehrheit

Ist in den jeweils einschlägigen Rechtsgrundlagen, auf die Rechtsakte im Rahmen einer Verstärkten Zusammenarbeit gestützt werden sollen, eine qualifizierte Mehrheit vorgeschrieben, verweist Art. 330 Abs. 3 AEUV auf die **in Art. 238 Abs. 3 AEUV niedergelegten Abstimmungsmodalitäten.**[10]

6

---

[9] *Blanke*, in: Grabitz/Hilf/Nettesheim, EU, Art. 330 AEUV (Oktober 2011), Rn. 2; *Hatje*, in: Schwarze, EU-Kommentar, Art. 330 AEUV, Rn. 2.
[10] Vgl. hierzu eingehend Art. 238 AEUV, Rn. 18 ff.

Artikel 331 AEUV [Beitritt zur Verstärkten Zusammenarbeit]

(1) Jeder Mitgliedstaat, der sich einer bestehenden Verstärkten Zusammenarbeit in einem der in Artikel 329 Absatz 1 genannten Bereiche anschließen will, teilt dem Rat und der Kommission seine Absicht mit.

¹Die Kommission bestätigt binnen vier Monaten nach Eingang der Mitteilung die Beteiligung des betreffenden Mitgliedstaats. ²Dabei stellt sie gegebenenfalls fest, dass die Beteiligungsvoraussetzungen erfüllt sind, und erlässt die notwendigen Übergangs-maßnahmen zur Anwendung der im Rahmen der Verstärkten Zusammenarbeit bereits erlassenen Rechtsakte.

¹Ist die Kommission jedoch der Auffassung, dass die Beteiligungsvoraussetzungen nicht erfüllt sind, so gibt sie an, welche Bestimmungen zur Erfüllung dieser Voraussetzungen erlassen werden müssen, und legt eine Frist für die erneute Prüfung des Antrags fest. ²Nach Ablauf dieser Frist prüft sie den Antrag erneut nach dem in Unterabsatz 2 vorgesehenen Verfahren. ³Ist die Kommission der Auffassung, dass die Beteiligungs-voraussetzungen weiterhin nicht erfüllt sind, so kann der betreffende Mitgliedstaat mit dieser Frage den Rat befassen, der über den Antrag befindet. ⁴Der Rat beschließt nach Artikel 330. ⁵Er kann außerdem auf Vorschlag der Kommission die in Unterabsatz 2 genannten Übergangsmaßnahmen erlassen.

(2) Jeder Mitgliedstaat, der an einer bestehenden Verstärkten Zusammenarbeit im Rahmen der Gemeinsamen Außen- und Sicherheitspolitik teilnehmen möchte, teilt dem Rat, dem Hohen Vertreter der Union für die Außen- und Sicherheitspolitik und der Kommission seine Absicht mit.

¹Der Rat bestätigt die Teilnahme des betreffenden Mitgliedstaats nach Anhörung des Hohen Vertreters der Union für die Außen- und Sicherheitspolitik und gegebenenfalls nach der Feststellung, dass die Teilnahmevoraussetzungen erfüllt sind. ²Der Rat kann auf Vorschlag des Hohen Vertreters ferner die notwendigen Übergangsmaßnahmen zur Anwendung der im Rahmen der Verstärkten Zusammenarbeit bereits erlassenen Rechtsakte treffen. ³Ist der Rat jedoch der Auffassung, dass die Teilnahmevorausset-zungen nicht erfüllt sind, so gibt er an, welche Schritte zur Erfüllung dieser Vorausset-zungen notwendig sind, und legt eine Frist für die erneute Prüfung des Antrags auf Teilnahme fest.

Für die Zwecke dieses Absatzes beschließt der Rat einstimmig nach Artikel 330.

Literaturübersicht

Thym, Ungleichzeitigkeit und europäisches Verfassungsrecht, 2004; *Zeitzmann*, Das Verfahren der Verstärkten Zusammenarbeit und dessen erstmalige Anwendung: Ein Ehescheidungs- und Trennungs-recht für Europa, ZEuS 2011, 87.

Wesentliche sekundärrechtliche Vorschriften

Beschluss 2012/714/EU der Kommission vom 21. 11. 2012 zur Bestätigung der Teilnahme Litauens an der Verstärkten Zusammenarbeit im Bereich des auf die Ehescheidung und Trennung ohne Auf-lösung des Ehebandes anzuwendenden Rechts, ABl. 2012, L 323/18
Beschluss 2014/39/EU der Kommission vom 27. 1. 2014 zur Bestätigung der Teilnahme Griechenlands an der Verstärkten Zusammenarbeit im Bereich des auf die Ehescheidung und Trennung ohne Auflösung des Ehebandes anzuwendenden Rechts, ABl. 2014, L 23/41

A. Allgemeines

Art. 331 AEUV regelt das Verfahren der nachträglichen Beteiligung an einer bereits   **1**
bestehenden Verstärkten Zusammenarbeit und ist damit der verfahrensmäßige **Ausdruck des Prinzips der Offenheit** einer Verstärkten Zusammenarbeit. Die Vorschrift
unterscheidet zwischen dem **Regelbeitrittsverfahren** nach Art. 331 Abs. 1 AEUV und
dem **besonderen Beitrittsverfahren** für Verstärkte Zusammenarbeiten in Bereich der
Gemeinsamen Außen- und Sicherheitspolitik nach Art. 331 Abs. 2 AEUV. Anders als
im Regelverfahren nach Art. 331 Abs. 1 AEUV, in dem der Kommission eine wichtige
Rolle zukommt, ist im Bereich der intergouvernemental strukturierten Gemeinsamen
Außen- und Sicherheitspolitik nach Art. 331 Abs. 2 AEUV allein der Rat zu einer Entscheidung über die Mitwirkung weiterer Mitgliedstaaten an einer bereits bestehenden
Verstärkten Zusammenarbeit berufen.

B. Regelbeitrittsverfahren

I. Antrag des beitrittswilligen Mitgliedstaates

Das Regelbeitrittsverfahren nach Art. 331 Abs. 1 AEUV, das für alle Verstärkten Zu-   **2**
sammenarbeiten mit Ausnahme derjenigen im Bereich der Gemeinsamen Außen- und
Sicherheitspolitik zur Anwendung gelangt, wird gemäß Art. 331 Abs. 1 UAbs. 1 AEUV
durch die Mitteilung der Beitrittsabsicht eines Mitgliedstaates an den Rat und die Kommission in Gang gesetzt. Auch wenn Art. 331 Abs. 1 UAbs. 1 AEUV lediglich von einer
Mitteilung spricht, ist darin ein **förmlicher Antrag des beitrittswilligen Mitgliedstaates** zu
sehen, sich einer bestehenden Verstärkten Zusammenarbeit anzuschließen.[1] Dies wird
durch Art. 331 Abs. 1 UAbs. 3 AEUV bestätigt, der die Mitteilung des beitrittswilligen
Mitgliedstaates ausdrücklich als Antrag bezeichnet.

II. Entscheidung der Kommission

Die Kommission prüft den Antrag des beitrittswilligen Mitgliedstaates. Diese **Prüfung**   **3**
bezieht sich auf das **Vorliegen der materiellen Beteiligungsvoraussetzungen** nach
Art. 328 Abs. 1 UAbs. 1 AEUV.[2] Der antragstellende Mitgliedstaat muss die im Ermäch-

---

[1] *Pechstein*, in: Streinz, EUV/AEUV, Art. 331 AEUV, Rn. 2; *Becker*, in: GSH, Europäisches Unionsrecht, Art. 331 AEUV, Rn. 4.
[2] *Hatje*, in: Schwarze, EU-Kommentar, Art. 331 AEUV, Rn. 2; *Blanke*, in: Grabitz/Hilf/Nettes-
heim, EU, Art. 331 AEUV (Oktober 2011), Rn. 2.

tigungsbeschluss gegebenenfalls festgelegten Teilnahmekriterien erfüllen sowie alle im Rahmen einer Verstärkten Zusammenarbeit bereits erlassenen Rechtsakte beachten und erforderlichenfalls umgesetzt haben.[3]

4   Gelangt die Kommission zu dem Ergebnis, dass alle Voraussetzungen erfüllt sind, bestätigt sie gemäß Art. 331 Abs. 1 UAbs. 2 Satz 2 AEUV innerhalb einer Frist von vier Monaten nach Eingang des Antrags die Beteiligung des betreffenden Mitgliedstaates. Es handelt sich dabei um einen **feststellenden Beschluss,**[4] dass die Beteiligungsvoraussetzungen erfüllt sind (Art. 331 Abs. 1 UAbs. 2 Satz 2 AEUV). Der Kommission kommt insoweit kein Ermessensspielraum zu, da ein Mitgliedstaat bei Vorliegen der Voraussetzungen einen Aufnahmeanspruch besitzt.[5] Dieser Anspruch könnte allenfalls dann ausgeschlossen sein, wenn erkennbar wäre, dass ein Mitgliedstaat die Teilnahme an einer bereits bestehenden Verstärkten Zusammenarbeit nur deswegen beantragt, um nach erfolgter Aufnahme die weitere Arbeit zu blockieren.[6] Zugleich mit der Teilnahmebestätigung kann die Kommission die notwendigen **Übergangsmaßnahmen** zur Anwendung der im Rahmen der Verstärkten Zusammenarbeit bereits erlassenen Rechtsakte beschließen.[7] Mit dem positiven Beschluss nach Art. 331 Abs. 1 UAbs. 2 Satz 1 und 2 AEUV rückt der antragstellende Mitgliedstaat in den Status eines Teilnehmerstaates der Verstärkten Zusammenarbeit ein. Ihn treffen damit, vorbehaltlich etwaiger Übergangsregelungen der Kommission nach Art. 331 Abs. 1 UAbs. 2 Satz 2 AEUV, alle Rechte und Pflichten aus dieser Verstärkten Zusammenarbeit.[8]

5   Ist die Kommission hingegen der Auffassung, dass die Beteiligungsvoraussetzungen nicht erfüllt sind, so setzt sie dem antragstellenden Mitgliedstaat gemäß Art. 331 Abs. 1 UAbs. 3 Satz 1 AEUV eine angemessene **Nachbesserungsfrist** und teilt ihm mit, welche Bestimmungen er zur Erfüllung dieser Voraussetzungen erlassen muss.[9] Die Länge der Frist steht im Ermessen der Kommission und ist abhängig vom Umfang des Nachbesserungsbedarfs, den die Kommission erkennt.[10] Nach Ablauf der Nachbesserungsfrist tritt die Kommission gemäß Art. 331 Abs. 1 UAbs. 3 Satz 2 AEUV in eine **erneute Prüfung des Antrags** ein, wobei sie auch hier wiederum innerhalb von vier Monaten zu einer Entscheidung gelangen muss. Im Falle eines positiven Ergebnisses stellt die Kommission gemäß Art. 331 Abs. 1 UAbs. 3 Satz 2 i. V. m. Abs. 1 UAbs. 2 AEUV die Beteiligung des antragstellenden Mitgliedstaates an der Verstärkten Zusammenarbeit fest. Sie kann auch hier die notwendigen Übergangsmaßnahmen beschließen.

---

[3] Vgl. dazu Art. 328 AEUV, Rn. 3 ff.

[4] *Hatje*, in: Schwarze, EU-Kommentar, Art. 331 AEUV, Rn. 2.

[5] Vgl. Art. 328 AEUV, Rn. 5.

[6] *Thym*, S. 57.

[7] Vgl. etwa Art. 3 des Beschlusses 2012/714/EU der Kommission vom 21. 11. 2012 zur Bestätigung der Teilnahme Litauens an der Verstärkten Zusammenarbeit im Bereich des auf die Ehescheidung und Trennung ohne Auflösung des Ehebandes anzuwendenden Rechts, ABl. 2012, L 323/18, sowie Art. 3 des Beschlusses 2014/39/EU der Kommission vom 27. 1. 2014 zur Bestätigung der Teilnahme Griechenlands an der Verstärkten Zusammenarbeit im Bereich des auf die Ehescheidung und Trennung ohne Auflösung des Ehebandes anzuwendenden Rechts, ABl. 2014, L 23/41.

[8] *Blanke*, in: Grabitz/Hilf/Nettesheim, EU, Art. 331 AEUV (Oktober 2011), Rn. 5; *Pechstein*, in: Streinz, EUV/AEUV, Art. 331 AEUV, Rn. 3.

[9] *Heintschel v. Heinegg*, in: Vedder/Heintschel v. Heinegg, Europäisches Unionsrecht, Art. 331 AEUV, Rn. 5.

[10] *Becker*, in: GSH, Europäisches Unionsrecht, Art. 331 AEUV, Rn. 5; *Hatje*, in: Schwarze, EU-Kommentar, Art. 331 AEUV, Rn. 4.

III. Befassung des Rates

Ist die Kommission auch in ihrer erneuten Prüfung zu dem Ergebnis gelangt, dass der   **6**
antragstellende Staat die Beteiligungsvoraussetzungen nicht erfüllt, kann der betreffende Mitgliedstaat gemäß Art. 331 Abs. 1 UAbs. 3 Satz 3 AEUV den Rat mit seinem Antrag befassen. Die **Entscheidungsbefugnis** über den Beteiligungsantrag geht damit von
der Kommission auf den Rat über.[11] Der Rat entscheidet über den Antrag nach Art. 16
Abs. 3 EUV mit qualifizierter Mehrheit, wobei gemäß Art. 331 Abs. 1 UAbs. 3 Satz 4
i. V. m. Art. 330 AEUV nur die bislang an der betreffenden Verstärkten Zusammenarbeit beteiligten Mitgliedstaaten stimmberechtigt sind.

Der Rat kann vor seiner Entscheidung nur prüfen, ob seines Erachtens die Beteili-   **7**
gungsvoraussetzungen erfüllt sind. Kommt der Rat, anders als zuvor die Kommission zu
dem Ergebnis, dass die Voraussetzungen erfüllt sind, stellt er die Beteiligung des antragstellenden Mitgliedstaates an der bestehenden Verstärkten Zusammenarbeit fest.
Der Rat kann, sofern dies notwendig ist, auf Vorschlag der Kommission gemäß Art. 331
Abs. 1 UAbs. 3 Satz 5 AEUV Übergangsmaßnahmen erlassen. Gelangt der Rat hingegen, wie zuvor die Kommission, zu der Einschätzung, dass die Voraussetzungen nicht
erfüllt sind, kann er mit seiner Entscheidung nach Art. 331 Abs. 1 UAbs. 3 Satz 3 AEUV
keinen Dispens von den Beteiligungsvoraussetzungen erteilen und einen nicht beteili-
gungsfähigen Mitgliedstaat zu einer Verstärkten Zusammenarbeit gleichwohl zulassen.[12] Nach einer ablehnenden Entscheidung des Rates steht es dem betreffenden Mitgliedstaat frei, zu einem späteren Zeitpunkt einen erneuten Antrag nach Art. 331 Abs. 1
UAbs. 1 AEUV zu stellen. Würde man im Ablehnungsbeschluss des Rates eine endgültige Entscheidung sehen,[13] könnte eine Verstärkte Zusammenarbeit das Ziel, möglichst
alle Mitgliedstaaten der Europäischen Union früher oder später auf ein höheres Integrationsniveau zu heben, nicht mehr erfüllen.

C. Beitrittsverfahren im Bereich der Gemeinsamen Außen- und Sicherheitspolitik

I. Antrag des beitrittswilligen Mitgliedstaates

Für die nachträgliche Beteiligung an einer Verstärkten Zusammenarbeit im Bereich der   **8**
Gemeinsamen Außen- und Sicherheitspolitik regelt Art. 331 Abs. 2 AEUV das Beitrittsverfahren. Ein Mitgliedstaat hat gemäß Art. 331 Abs. 2 UAbs. 1 AEUV seine Beteili-
gungsabsicht dem Rat, dem Hohen Vertreter der Union für Außen- und Sicherheitspolitik sowie der Kommission mitzuteilen. In dieser Mitteilung ist ein **förmlicher Antrag
des beitrittswilligen Mitgliedstaates** zu sehen, was Art. 331 Abs. 2 UAbs. 2 Satz 3
AEUV bestätigt, der ausdrücklich von einem Antrag spricht.

---

[11] *Zeitzmann*, EuR 2011, 87 (100).
[12] *Pechstein*, in: Streinz, EUV/AEUV, Art. 331 AEUV, Rn. 4.
[13] So *Hatje*, in: Schwarze, EU-Kommentar, Art. 331 AEUV, Rn. 6.

II. Anhörung des Hohen Vertreters der Union für Außen- und Sicherheitspolitik

9   Vor seiner Entscheidung hat der Rat gemäß Art. 331 Abs. 2 UAbs. 2 Satz 1 AEUV den Hohen Vertreter der Union für Außen- und Sicherheitspolitik anzuhören. Dies soll der Sicherstellung der **Kohärenz** der im Rahmen der Gemeinsamen Außen- und Sicherheitspolitik getroffenen Maßnahmen dienen.[14] Der Hohe Vertreter ist einer der Vizepräsidenten der Kommission (vgl. Art. 18 Abs. 4 Satz 1 EUV), eine Anhörung der Kommission als Kollegium ist jedoch nicht vorgeschrieben.[15]

III. Entscheidung des Rates

10 Auf den Antrag des beitrittswilligen Mitgliedstaates hin tritt der Rat in die **Prüfung der materiellen Beteiligungsvoraussetzungen** nach Art. 328 Abs. 1 UAbs. 1 AEUV ein.[16] Der antragstellende Mitgliedstaat muss die im Ermächtigungsbeschluss gegebenenfalls festgelegten Teilnahmekriterien erfüllen sowie alle im Rahmen einer Verstärkten Zusammenarbeit bereits erlassenen Rechtsakte beachten und erforderlichenfalls umgesetzt haben.

11 Gelangt der Rat zu dem Ergebnis, dass alle Voraussetzungen erfüllt sind, bestätigt er gemäß Art. 331 Abs. 2 UAbs. 2 Satz 1 AEUV die Beteiligung des betreffenden Mitgliedstaates. Eine Entscheidungsfrist wird ihm durch Art. 331 Abs. 2 AEUV nicht ausdrücklich gesetzt. Man wird jedoch davon ausgehen müssen, dass der Rat innerhalb einer **angemessenen Frist** zu einer Entscheidung gelangen muss. Es handelt sich bei der Bestätigung der Teilnahme um einen **feststellenden Beschluss**,[17] dass die Beteiligungsvoraussetzungen erfüllt sind (Art. 331 Abs. 2 UAbs. 2 Satz 1 AEUV). Der Rat entscheidet über den Antrag gemäß Art. 331 Abs. 3 EUV einstimmig, wobei sich dieses Erfordernis gemäß Art. 330 Abs. 2 AEUV nur auf die bislang an der betreffenden Verstärkten Zusammenarbeit beteiligten Mitgliedstaaten bezieht. Dem Rat kommt bei seinem Beschluss kein Ermessensspielraum zu, da ein Mitgliedstaat bei Vorliegen der Voraussetzungen einen Aufnahmeanspruch besitzt.[18] Dieser Anspruch könnte allenfalls dann ausgeschlossen sein, wenn erkennbar wäre, dass ein Mitgliedstaat die Teilnahme an einer bereits bestehenden Verstärkten Zusammenarbeit nur deswegen beantragt, um nach erfolgter Aufnahme die weitere Arbeit zu blockieren.[19] Zugleich kann der Rat auf Vorschlag des Hohen Vertreters der Union für Außen- und Sicherheitspolitik gemäß Art. 331 Abs. 2 UAbs. 2 Satz 2 AEUV die notwendigen Übergangsmaßnahmen zur Anwendung der im Rahmen der Verstärkten Zusammenarbeit bereits erlassenen Rechtsakte beschließen. Mit dem positiven Beschluss nach Art. 331 Abs. 2 UAbs. 2 Satz 1 AEUV rückt der antragstellende Mitgliedstaat in den Status eines Teilnehmerstaates der Verstärkten Zusammenarbeit ein. Ihn treffen damit, vorbehaltlich etwaiger Übergangsregelungen des Rates nach Art. 331 Abs. 2 UAbs. 2 Satz 2 AEUV, alle Rechte und Pflichten aus dieser Verstärkten Zusammenarbeit.[20]

---

[14] *Blanke*, in: Grabitz/Hilf/Nettesheim, EU, Art. 331 AEUV (Oktober 2011), Rn. 7.

[15] *Hatje*, in: Schwarze, EU-Kommentar, Art. 331 AEUV, Rn. 8.

[16] *Pechstein*, in: Streinz, EUV/AEUV, Art. 331 AEUV, Rn. 5.

[17] *Hatje*, in: Schwarze, EU-Kommentar, Art. 331 AEUV, Rn. 2.

[18] *Pechstein*, in: Streinz, EUV/AEUV, Art. 331 AEUV, Rn. 5.

[19] *Thym*, S. 57.

[20] *Blanke*, in: Grabitz/Hilf/Nettesheim, EU, Art. 331 AEUV (Oktober 2011), Rn. 5; *Pechstein*, in: Streinz, EUV/AEUV, Art. 331 AEUV, Rn. 3.

Ist der Rat hingegen der Auffassung, dass die Beteiligungsvoraussetzungen nicht er-   **12** füllt sind, so setzt er dem antragstellenden Mitgliedstaat gemäß Art. 331 Abs. 2 UAbs. 2 Satz 3 AEUV eine angemessene **Nachbesserungsfrist** und teilt ihm mit, welche Schritte er zur Erfüllung dieser Voraussetzungen erlassen muss. Die Länge der Frist steht im Ermessen des Rates. Nach Ablauf der Nachbesserungsfrist tritt der Rat gemäß Art. 331 Abs. 2 UAbs. 2 Satz 3 AEUV in eine **erneute Prüfung des Antrags** ein. Sind die Betei-ligungsvoraussetzungen erfüllt, wird der Rat die Teilnahme des antragstellenden Mit-gliedstaates bestätigen. Sind sie nicht erfüllt, kommt ein Dispens nicht in Betracht. Viel-mehr kann das Verfahren nach Art. 331 Abs. 2 UAbs. 2 Satz 3 AEUV mehrfach durch-laufen werden.[21]

---

[21] Ebenso *Hatje*, in: Schwarze, EU-Kommentar, Art. 331 AEUV, Rn. 9; *Heintschel v. Heinegg*, in: Vedder/Heintschel v. Heinegg, Europäisches Unionsrecht, Art. 331 AEUV, Rn. 6; *Becker*, in: GSH, Europäisches Unionsrecht, Art. 331 AEUV, Rn. 9; anders aber *Geiger*, in: Geiger/Khan/Kotzur, EUV/AEUV, Art. 331 AEUV, Rn. 8, der von einer endgültigen Entscheidung ausgeht.

Artikel 332 AEUV [Ausgabenlast]

Die sich aus der Durchführung einer Verstärkten Zusammenarbeit ergebenden Ausgaben, mit Ausnahme der Verwaltungskosten der Organe, werden von den beteiligten Mitgliedstaaten getragen, sofern der Rat nicht nach Anhörung des Europäischen Parlaments durch einstimmigen Beschluss sämtlicher Mitglieder des Rates etwas anderes beschließt.

Literaturübersicht

Ehlermann, Engere Zusammenarbeit nach dem Amsterdamer Vertrag: Ein neues Verfassungsprinzip?, EuR 1997, 362; *Martenczuk*, Die differenzierte Integration nach dem Vertrag von Amsterdam, ZEuS 1998, 447.

Leitentscheidung

EuGH, Urt. v. 30. 4. 2014, Rs. C–209/13 (Vereinigtes Königreich/Rat), ECLI:EU:C:2014:283

Inhaltsübersicht

A. Allgemeines

1   Art. 332 AEUV enthält eine Regelung über die **Finanzierung** einer Verstärkten Zusammenarbeit. Die Bestimmung differenziert dabei zwischen den Verwaltungskosten der in Anspruch genommenen Unionsorgane sowie den sonstigen Kosten, die bei der Durchführung einer Verstärkten Zusammenarbeit anfallen.

B. Verwaltungskosten der Unionsorgane

2   Nach Art. 332 AEUV sind die Verwaltungskosten der Organe der Europäischen Union, die im Rahmen einer Verstärkten Zusammenarbeit in Anspruch genommen werden,[1] nicht ausschließlich von den an einer Verstärkten Zusammenarbeit beteiligten Mitgliedstaaten zu tragen. Diese Ausgaben gehen vielmehr **zulasten des Haushalts der Europäischen Union**.[2] Eine Aufschlüsselung von bei den Unionsorganen entstehenden Verwaltungskosten nach ihrer Tätigkeit im Rahmen einer Verstärkten Zusammenarbeit einerseits und ihrer Tätigkeit im Rahmen der allgemeinen Unionspolitiken andererseits wäre auch bereits aus praktischen Gründen nicht durchführbar.

---

[1] Vgl. dazu Art. 20 EUV, Rn. 15 ff.

[2] *Pechstein*, in: Streinz, EUV/AEUV, Art. 332 AEUV, Rn. 1; *Hatje*, in: Schwarze, EU-Kommentar, Art. 332 AEUV, Rn. 1; *Geiger*, in: Geiger/Khan/Kotzur, EUV/AEUV, Art. 332 AEUV, Rn. 1; *Becker*, in: GSH, Europäisches Unionsrecht, Art. 332 AEUV, Rn. 2.

C. Kosten der operativen Durchführung einer Verstärkten Zusammenarbeit

Die sich aus der Durchführung einer Verstärkten Zusammenarbeit ergebenden Ausga- **3**
ben werden nach Art. 332 AEUV hingegen ausschließlich von den an der jeweiligen
Verstärkten Zusammenarbeit beteiligten Mitgliedstaaten getragen. Dies sind selbstverständlich die Kosten, die den **Behörden der an einer Verstärkten Zusammenarbeit beteiligten Mitgliedstaaten** entstehen. Umstritten ist, ob mittelbar aus einer Verstärkten
Zusammenarbeit erwachsende Kosten, die den nichtbeteiligten Mitgliedstaaten entstehen, ebenfalls unter Art. 332 AEUV fallen, so dass sie von den Teilnehmerstaaten zu
tragen wären. Es könnte sich dabei um Kosten handeln, die aus einer Verpflichtung zur
Amtshilfe oder zur Zusammenarbeit der Verwaltungsbehörden handeln. Der Europäische Gerichtshof hat diese Frage bei seiner Entscheidung über die Rechtmäßigkeit des
Beschlusses, der die Ermächtigung zu einer Verstärkten Zusammenarbeit im Bereich der
Finanztransaktionssteuer erteilt hat,[3] offen gelassen.[4] Nimmt man den Wortlaut von
Art. 332 AEUV zum Maßstab, der von der »Durchführung« einer Verstärkten Zusammenarbeit spricht, wird man eine Kostentragungspflicht der an einer Verstärkten Zusammenarbeit teilnehmenden Mitgliedstaaten insoweit regelmäßig ablehnen müssen.
Da unmittelbare Rechte und Pflichten aus einer Verstärkten Zusammenarbeit nach
Art. 20 Abs. 4 Satz 1 EUV nur bei den beteiligten Mitgliedstaaten entstehen können,
kann es sich bei etwaigen Amtshilfe- oder Kooperationspflichten zwischen den Mitgliedstaaten nicht um solche handeln, die sich unmittelbar aus einer Verstärkten Zusammenarbeit und ihrer Durchführung ergeben.

Nach Art. 332 AEUV kann der Rat für die sich aus der Durchführung einer Verstärk- **4**
ten Zusammenarbeit ergebenden Kosten eine **abweichende Kostentragungspflicht** beschließen. In Betracht gezogen werden kann ein Beschluss, wonach auch diese Kosten
zulasten des Haushalts der Europäischen Union gehen sollen. Allerdings kann ein derartiger **Beschluss des Rates** nach Anhörung der Europäischen Parlaments nach Art. 332
AEUV nur **einstimmig** gefasst werden. Stimmberechtigt sind dabei alle Mitglieder des
Rates, nicht nur die Vertreter derjenigen Mitgliedstaaten, die an einer Verstärkten Zusammenarbeit beteiligt sind. Dieses Einstimmigkeitserfordernis beruht auf der Überlegung, dass nichtteilnehmende Staaten nicht gegen ihren Willen gezwungen werden sollen, sich an der Tragung von Kosten zu beteiligen, die sie nicht verursacht haben.[5] Jeder
Mitgliedstaat besitzt somit ein Vetorecht.

---

[3] Beschluss 2013/52/EU des Rates vom 22.1.2013 über die Ermächtigung zu einer Verstärkten
Zusammenarbeit im Bereich der Finanztransaktionssteuer, ABl. 2013, L 22/11.
[4] EuGH, Urt. v. 30.4.2014, Rs. C–209/13 (Vereinigtes Königreich/Rat), ECLI:EU:C:2014:283,
Rn. 38.
[5] *Martenczuk*, ZEuS 1998, 447 (464); *Ehlermann*, EuR 1997, 362 (375).

Artikel 333 AEUV [Brückenklausel]

(1) Wenn nach einer Bestimmung der Verträge, die im Rahmen einer Verstärkten Zusammenarbeit angewendet werden könnte, der Rat einstimmig beschließen muss, kann der Rat nach Artikel 330 einstimmig einen Beschluss dahin gehend erlassen, dass er mit qualifizierter Mehrheit beschließt.

(2) ¹Wenn nach einer Bestimmung der Verträge, die im Rahmen einer Verstärkten Zusammenarbeit angewendet werden könnte, Rechtsakte vom Rat gemäß einem besonderen Gesetzgebungsverfahren erlassen werden müssen, kann der Rat nach Artikel 330 einstimmig einen Beschluss dahin gehend erlassen, dass er gemäß dem ordentlichen Gesetzgebungsverfahren beschließt. ²Der Rat beschließt nach Anhörung des Europäischen Parlaments.

(3) Die Absätze 1 und 2 gelten nicht für Beschlüsse mit militärischen oder verteidigungspolitischen Bezügen.

Literaturübersicht

Hahn, Die Mitwirkungsrechte von Bundestag und Bundesrat in EU-Angelegenheiten nach dem neuen Integrationsverantwortungsgesetz, EuZW 2009, 758; *Nettesheim*, Die Integrationsverantwortung – Vorgaben des BVerfG und gesetzgeberische Umsetzung, NJW 2010, 177.

A. Allgemeines

1   Art. 333 Abs. 1 und 2 AEUV enthalten jeweils eine **besondere Brückenklausel** oder **»Passerelle«**. Diese Klauseln ermöglichen es im Rahmen einer Verstärkten Zusammenarbeit die Abstimmungsregeln im Rat (Art. 333 Abs. 1 AEUV) sowie das anzuwendende Gesetzgebungsverfahren (Art. 333 Abs. 2 AEUV) zu ändern. Art. 20 Abs. 1 UAbs. 1 EUV gestattet den an einer Verstärkten Zusammenarbeit beteiligten Mitgliedstaaten nicht nur die Inanspruchnahme der Unionsorgane, sondern erlaubt ihnen auch, die Zuständigkeiten unter Anwendung der einschlägigen Bestimmungen der Verträge auszuüben. Es wird ihnen also ermöglicht, im Rahmen der durch den Rat erteilten Ermächtigung Zuständigkeiten wahrnehmen, die ansonsten der Europäischen Union zustehen. Damit gelten auch die in den angewendeten vertraglichen Bestimmungen festgeschriebenen Verfahrensanforderungen für die Beschlussfassung. Art. 333 Abs. 1 und 2 AEUV erlauben Abweichungen von diesen Vorgaben.

2   Art. 333 Abs. 1 und 2 AEUV stellen eine **speziellere Regelung** gegenüber der allgemeinen Brückenklausel des Art. 48 Abs. 7 EUV dar. Diese Brückenklauseln ermöglichen sogenannte »autonome Vertragsänderungen« durch die Unionsorgane selbst ohne Anwendung des ordentlichen Vertragsänderungsverfahrens und ohne unmittelbare Beteiligung der Mitgliedstaaten, insbesondere der mitgliedstaatlichen Parlamente.

3   Vom **Anwendungsbereich** des Art. 333 Abs. 1 und 2 AEUV sind alle Rechtsakte erfasst, die im Rahmen einer Verstärkten Zusammenarbeit erlassen werden. Die Bestim-

mung gilt hingegen nicht für Beschlüsse zur Begründung einer Verstärkten Zusammenarbeit nach Art. 329 AEUV und für Beschlüsse über die Teilnahme weiterer Mitgliedstaaten an einer bestehenden Verstärkten Zusammenarbeit nach Art. 331 AEUV.[1] Von den Brückenklauseln der Art. 333 Abs. 1 und 2 AEUV kann nicht erst Gebrauch gemacht werden, wenn eine Verstärkte Zusammenarbeit bereits ins Werk gesetzt worden ist. Gemäß der Erklärung Nr. 40 zur Lissabonner Regierungskonferenz[2] können die stärker integrationswilligen Mitgliedstaaten, die einen Antrag auf Begründung einer Verstärkten Zusammenarbeit stellen, bereits hier angeben, ob sie beabsichtigen, Art. 333 AEUV über die Ausdehnung der Beschlussfassung mit qualifizierter Mehrheit anzuwenden oder ob sie das ordentliche Gesetzgebungsverfahren in Anspruch nehmen möchten.

    Ausgenommen vom Anwendungsbereich der Art. 333 Abs. 1 und 2 AEUV sind aus-   **4** drücklich gemäß Art. 333 Abs. 3 AEUV alle **Beschlüsse mit militärischen oder verteidigungspolitischen Bezügen**. Dies bezieht sich auf Maßnahmen, die im Rahmen einer Verstärkten Zusammenarbeit auf dem Gebiet der Gemeinsamen Sicherheits- und Verteidigungspolitik (Art. 42 bis Art. 46 EUV) gefasst werden sollen.

B.   Übergang zur qualifizierten Mehrheit im Rat

Art. 333 Abs. 1 AEUV ermöglicht den Übergang von der Einstimmigkeit im Rat zur   **5** **Beschlussfassung mit qualifizierter Mehrheit**. Die Vorschrift gilt damit für alle Bereiche, in denen die Verträge eine einstimmige Beschlussfassung im Rat vorschreiben. Einstimmigkeit ist etwa vorgesehen in Art. 19 Abs. 1 AEUV (Bekämpfung von Diskriminierungen), in Art. 21 Abs. 3 Satz 2 AEUV (Maßnahmen betreffend die soziale Sicherheit und den sozialen Schutz) in Art. 25 Abs. 2 AEUV (Fortentwicklung der Unionsbürgerschaft), in Art. 194 Abs. 3 AEUV (energiesteuerrechtliche Regelungen) und im Bereich der Gemeinsamen Außen- und Sicherheitspolitik (vgl. Art. 24 Abs. 1 UAbs. 2 Satz 2, EUV, Art. 31 Abs. 1 UAbs. 1 Satz 1 EUV).

    Im Hinblick auf das **Verfahren des Übergangs** regelt Art. 333 Abs. 1 AEUV, dass der   **6** Rat über die Einführung der Abstimmung mit qualifizierter Mehrheit **einstimmig** zu beschließen hat. Gemäß Art. 333 Abs. 1 i. V. m. Art. 330 Abs. 2 AEUV sind nur die Vertreter der Mitgliedstaaten im Rat stimmberechtigt, die an der betreffenden Verstärkten Zusammenarbeit beteiligt sind.[3] Die Vertreter aller übrigen Mitgliedstaaten können an den Beratungen über diesen Punkt gemäß Art. 333 Abs. 1 i. V. m. Art. 330 Abs. 1 AEUV teilnehmen.

C.   Übergang zum ordentlichen Gesetzgebungsverfahren

Art. 333 Abs. 2 AEUV ermöglicht den Übergang von einem besonderen Gesetzge-   **7** bungsverfahren zur **Anwendung des ordentlichen Gesetzgebungsverfahrens** gemäß

---

[1] *Heintschel v. Heinegg*, in: Vedder/Heintschel v. Heinegg, Europäisches Unionsrecht, Art. 333 AEUV, Rn. 2.

[2] Erklärung Nr. 40 zu Artikel 329 des Vertrags über die Arbeitsweise der Europäischen Union, ABl. 2010, C 326/352.

[3] *Becker*, in: GSH, Europäisches Unionsrecht, Art. 333 AEUV, Rn. 6.

Art. 289 Abs. 1 i. V. m. Art. 294 AEUV. Während im ordentlichen Gesetzgebungsverfahren Rat und Europäisches Parlament gemeinsam Rechtsakte beschließen, wirken beide Organe in den besonderen Gesetzgebungsverfahren in anderer Weise zusammen. Danach erfolgt die Annahme einer Verordnung, einer Richtlinie oder eines Beschlusses durch das Europäische Parlament mit Beteiligung des Rates oder durch den Rat mit Beteiligung des Europäischen Parlaments. Im Gegensatz zum ordentlichen Gesetzgebungsverfahren gibt es keine zentrale Vorschrift, welche den Ablauf der besonderen Gesetzgebungsverfahren im Einzelnen regelt. Vielmehr trifft jede Norm, die ein besonderes Gesetzgebungsverfahren vorsieht, eigene Verfahrensregelungen.[4]

8   Im Hinblick auf das **Verfahren des Übergangs** regelt Art. 333 Abs. 2 Satz 1 AEUV, dass der Rat **einstimmig** zu beschließen hat. Nach Art. 333 Abs. 2 Satz 1 i. V. m. Art. 330 Abs. 2 AEUV sind nur die Vertreter der Mitgliedstaaten im Rat stimmberechtigt, die an der betreffenden Verstärkten Zusammenarbeit beteiligt sind. Die Vertreter aller übrigen Mitgliedstaaten sind berechtigt, an den Beratungen über diesen Punkt gemäß Art. 333 Abs. 2 Satz 1 i. V. m. Art. 330 Abs. 1 AEUV teilzunehmen. Art. 333 Abs. 2 Satz 2 AEUV schreibt zudem vor, dass der Rat nur auf der Grundlage einer **Anhörung des Europäischen Parlaments** über den Übergang zum ordentlichen Gesetzgebungsverfahren entscheiden darf.

D.   Grundgesetzliche Vorgaben

9   Da die Brückenklauseln des Art. 333 Abs. 1 und 2 AEUV autonome Vertragsänderungen ohne eine Beteiligung der mitgliedstaatlichen Parlamente erlauben, verlangt das Bundesverfassungsgericht, dass der deutsche Regierungsvertreter im Rat einer Anwendung von Art. 333 Abs. 1 und 2 AEUV nur zustimmen darf, wenn der Bundestag sowie – bei einer Berührung von Gesetzgebungsbefugnissen der Länder – auch der Bundesrat zuvor zugestimmt haben.[5] Diese Vorgaben des Bundesverfassungsgerichts sind mittlerweile in § 6 des Integrationsverantwortungsgesetzes[6] kodifiziert und konkretisiert.[7] Zu Recht wird darin nicht nur die Zustimmung des deutschen Vertreters zum Übergang zur einstimmigen Beschlussfassung und zur Anwendung des ordentlichen Gesetzgebungsverfahrens von der **Zustimmung des Bundestages und gegebenenfalls des Bundesrates** abhängig gemacht, sondern auch die Stimmenthaltung des deutschen Vertreters im Rat. Denn gemäß dem Grundsatz der konstruktiven Stimmenthaltung des Art. 238 Abs. 4 AEUV steht eine Stimmenthaltung von anwesenden oder vertretenen Mitgliedern des Rates dem Zustandekommen eines einstimmigen Beschlusses nicht entgegen.[8]

---

[4] Eine Übersicht über die besonderen Gesetzgebungsverfahren enthält ein Bericht des Europäischen Parlaments; vgl. Bericht vom 29. 1. 2008 über den Vertrag von Lissabon (2007/2286(INI)), Ausschuss für konstitutionelle Fragen, Berichterstatter: Richard Corbett und Inigo Mendez de Vigo, Plenarsitzungsdokument A6–0013/2008.

[5] BVerfGE 123, 267 (392, 435 f.) – *Lissabon.*

[6] Gesetz über die Wahrnehmung der Integrationsverantwortung des Bundestages und des Bundesrates in Angelegenheiten der Europäischen Union vom 22. 9. 2009, BGBl. 2009 I S. 3022; geändert durch Art. 1 des Gesetzes vom 1. 12. 2009, BGBl. 2009 I S. 3822.

[7] Vgl. dazu *Hahn,* EuZW 2009, 758 (761); *Nettesheim,* NJW 2010, 177 (179).

[8] Vgl. Art. 238 AEUV, Rn. 26.

Artikel 334 AEUV [Kohärenzgebot]

Der Rat und die Kommission stellen sicher, dass die im Rahmen einer Verstärkten Zusammenarbeit durchgeführten Maßnahmen untereinander und mit der Politik der Union im Einklang stehen, und arbeiten entsprechend zusammen.

Inhaltsübersicht Rn.

A. Allgemeines

Art. 334 AEUV stellt eine **besondere Ausprägung des Kohärenzgebotes** gemäß Art. 7   1
AEUV dar.[1] Obwohl eine Verstärkte Zusammenarbeit gerade durch den Erlass von partikularem sekundärem Unionsrecht charakterisiert ist, das nur für einen Kreis stärker integrationswilliger Mitgliedstaaten gilt, darf dies nicht zu einem Auseinanderdriften der Europäischen Union führen. Die Vorschrift des Art. 334 AEUV ergänzt Art. 329 Abs. 2 UAbs. 1 Satz 2 AEUV, wonach die Kommission sowie der Hohe Vertreter der Union für Außen- und Sicherheitspolitik auf die Kohärenz einer beabsichtigten Verstärkten Zusammenarbeit mit den übrigen Unionspolitiken zu sorgen haben.[2] Während sich Art. 329 Abs. 2 UAbs. 1 Satz 2 AEUV auf die Entscheidungen zur Begründung einer Verstärkten Zusammenarbeit bezieht, erfasst Art. 334 AEUV alle im Rahmen einer bereits ins Werk gesetzten Verstärkten Zusammenarbeit getroffenen Maßnahmen.[3]

B. Inhalt des Kohärenzgebots

Der **Begriff der Kohärenz** in Art. 334 AEUV entspricht demjenigen des Art. 7 AEUV.   2
Das Kohärenzgebot verpflichtet, das grundsätzliche Politikverhalten in konzeptionell möglichst zusammenhängender und stimmiger Weise an den Unionszielen auszurichten.[4] Die einzelnen Rechtsakte und sonstigen Maßnahmen sollen in einem sinnbildenden Zusammenhang stehen.

Das Gebot zur Sicherstellung von Kohärenz gilt gemäß Art. 334 AEUV für die im   3
Rahmen einer Verstärkten Zusammenarbeit getroffenen Maßnahmen untereinander, also **innerhalb einer Verstärkten Zusammenarbeit**. Daneben verpflichtet die Bestimmung auch zur Herstellung von Kohärenz zwischen den im Rahmen einer Verstärkten Zusammenarbeit getroffenen Maßnahmen **mit den Politiken der Europäischen Union** im Übrigen. Nicht ausdrücklich geregelt ist das Verhältnis von unterschiedlichen Ver-

---

[1] *Pechstein*, in: Streinz, EUV/AEUV, Art. 334 AEUV, Rn. 1; *Becker*, in: GSH, Europäisches Unionsrecht, Art. 334 AEUV, Rn. 1.
[2] Vgl. dazu Art. 329 AEUV, Rn. 12.
[3] *Heintschel v. Heinegg*, in: Vedder/Heintschel v. Heinegg, Europäisches Unionsrecht, Art. 334 AEUV, Rn. 2.
[4] Ähnlich *Blanke*, in: Grabitz/Hilf/Nettesheim, EU, Art. 334 AEUV (Oktober 2011), Rn. 2.

stärkten Zusammenarbeiten untereinander. Aber auch insoweit wird man von der Geltung des Kohärenzgebots des Art. 334 AEUV ausgehen müssen, da es auf die Sicherstellung einer umfassenden Kohärenz ausgerichtet ist.[5]

C. Adressaten des Kohärenzgebots

4   Adressaten des Kohärenzgebots gemäß Art. 334 AEUV sind der **Rat** und die **Kommission**. Für den Rat normiert Art. 330 Abs. 1 AEUV eine besondere Vorkehrung zur Sicherstellung von Kohärenz zwischen den im Rahmen einer Verstärkten Zusammenarbeit getroffenen Maßnahmen mit anderen Unionspolitiken sowie mit anderen Verstärkten Zusammenarbeiten. Die Vertreter aller Mitgliedstaaten, also auch derjenigen, die nicht an der betreffenden Verstärkten Zusammenarbeit beteiligt sind, sind berechtigt, an den Beratungen im Rat teilzunehmen.

5   Keine ausdrückliche Erwähnung findet das **Europäische Parlament** in Art. 334 AEUV. Dies ist insofern überraschend, als das Europäische Parlament regelmäßig in die Rechtsetzungsverfahren beim Erlass von Maßnahmen im Rahmen einer Verstärkten Zusammenarbeit eingebunden ist.[6] Will man Art. 334 AEUV nicht analog auf das Europäische Parlament anwenden, wird man zu einer Geltung des Kohärenzgebots auch für dieses Organ aus dem allgemeinen Kohärenzgebot des Art. 7 AEUV gelangen.

---

[5] *Pechstein*, in: Streinz, EUV/AEUV, Art. 334 AEUV, Rn. 1; vgl. auch *Heintschel v. Heinegg*, in: Vedder/Heintschel v. Heinegg, Europäisches Unionsrecht, Art. 334 AEUV, Rn. 2.
[6] Kritisch auch *Ruffert*, in: Calliess/Ruffert, EUV/AEUV, Art. 334 AEUV, Rn. 1; *Hatje*, in: Schwarze, EU-Kommentar, Art. 334 AEUV, Rn. 1.

Siebter Teil

Allgemeine und Schlussbestimmungen

Artikel 335 AEUV [Rechts- und Geschäftsfähigkeit und Vertretung der Union]

¹Die Union besitzt in jedem Mitgliedstaat die weitestgehende Rechts- und Geschäftsfähigkeit, die juristischen Personen nach dessen Rechtsvorschriften zuerkannt ist; sie kann insbesondere bewegliches und unbewegliches Vermögen erwerben und veräußern sowie vor Gericht stehen. ²Zu diesem Zweck wird sie von der Kommission vertreten. ³In Fragen, die das Funktionieren der einzelnen Organe betreffen, wird die Union hingegen aufgrund von deren Verwaltungsautonomie von dem betreffenden Organ vertreten.

Literaturübersicht

Andreangeli, Private Enforcement of the EU Competition Rules: The Commission Wishes to »Practise what it Preaches«…But Can it Do So? Comment on Otis, E. L.Rev. 39 (2014), 717; *Bleckmann*, Die öffentlichrechtlichen Verträge der EWG, NJW 1978, 464; *ders.*, Der Verwaltungsvertrag als Handlungsmittel der Europäischen Gemeinschaften, DVBl 1981, 889; *Grunwald*, Die nicht-völkerrechtlichen Verträge der Europäischen Gemeinschaften, EuR 1984, 227; *Hilf*, Die abhängige Juristische Person des Europäischen Gemeinschaftsrechts, ZaöRV 1976, 551; *ders.*, Die Organisationsstruktur der Europäischen Gemeinschaften, 1982; *Ipsen*, Europäisches Gemeinschaftsrecht, 1972; *Paulus*, Grundrechtecharta und Private Enforcement: Ist die Stellung der Europäischen Kommission als »Entscheidungsbehörde« in Kartellrechtssachen mit jener des Klägers im nachfolgenden Zivilprozess unter dem Blickwinkel eines fairen Verfahrens vereinbar?, ÖZK 2012, 231; *Pingel* (Hrsg.), Commentaire Article Par Article des Traités UE et CE, 2. Aufl., 2010; *Raue*, Richter und Kläger? – Die Doppelrolle der Europäischen Kommission bei der Durchsetzung europäischen Wettbewerbsrechts, WRP 2013, 147; *Rensmann*, Internationale Organisationen im Privatrechtsverkehr, AVR 36 (1998), 205; *Schlüter*, Die innerstaatliche Rechtsstellung der internationalen Organisationen, 1972; *Stelkens*, Probleme des Europäischen Verwaltungsvertrags nach dem Vertrag zur Gründung einer Europäischen Gemeinschaft und dem Vertrag über eine Verfassung für Europa, EuZW 2005, 299; *Tonikidis*, Die Grundrechtsfähigkeit juristischer Personen nach Art. 19 III GG, JURA 2012, 517; *Uerpmann*, Mittelbare Gemeinschaftsverwaltung durch gemeinschaftsgeschaffene juristische Personen des öffentlichen Rechts, AöR 125 (2000), 551.

Leitentscheidungen

EuGH, Urt. vom 15.7.1960, verb. Rs. 43, 45 u. 48/59 (v. Lachmüller), Slg. 1960, 971
EuGH, Urt. vom 16.12.1960, Rs. 44/59 (Fiddelaar), Slg. 1960, 1121
EuGH, Urt. vom 13.11.1973, verb. Rs. 63–69/72 (Werhahn Hansamühle u.a.), Slg. 1973, 1229
EuGH, Urt. vom 5.5.2011, Rs. C–137/10 (Région des Bruxelles-Capitale), Slg. 2011, I–3515
EuGH, Urt. vom 6.11.2012, Rs. C–199/11 (Otis), EuZW 2013, 24

Wesentliche sekundärrechtliche Vorschriften

Verordnung (EU, Euratom) Nr. 966/2012 des Europäischen Parlaments und des Rates vom 25.10.2012 über die Haushaltsordnung für den Gesamthaushaltsplan der Union und zur Aufhebung der Verordnung (EG, Euratom) Nr. 1605/2002 des Rates, ABl. 2012, L 298/1

Inhaltsübersicht

A. Überblick

1   Den zentralen Gegenstand des aus ex-Art. 282 EGV hervorgegangenen Art. 335 AEUV bildet die **Rechts- und Geschäftsfähigkeit der EU innerhalb der Rechtsordnungen ihrer Mitgliedstaaten** (B.). Insoweit ist Art. 335 AEUV, der in konsequenter Fortsetzung der in Art. 1 Abs. 3 Satz 3 EUV enthaltenen Rechtsnachfolgeregelung (s. Art. 1 EUV, Rn. 65 f.) nicht mehr – anders als ex-Art. 282 EGV – die Europäische Gemeinschaft, sondern vielmehr die Union in Bezug nimmt, sehr eng mit Art. 47 EUV verbunden, welcher der Union die Völkerrechtspersönlichkeit bzw. Völkerrechtssubjektivität verleiht. Die eigenständige Normierung der unionalen Rechts- und Geschäftsfähigkeit in Art. 335 AEUV basiert darauf, dass sich diese beiden Fähigkeiten nicht unmittelbar oder automatisch aus ihrer in Art. 47 EUV geregelten Völkerrechtspersönlichkeit ableiten lassen, sondern der Union in expliziter Weise durch die Mitgliedstaaten zugewiesen werden müssen.[1] In Art. 335 Sätze 2 und 3 AEUV werden sodann dazugehörige Aussagen über die **Vertretung der EU bei der Wahrnehmung ihrer Rechts- und Geschäftsfähigkeit** getroffen, die festlegen, dass die Union in diesem Kontext stets von der Kommission vertreten wird (C.), sofern es nicht um Fragen geht, die das Funktionieren anderer Unionsorgane betreffen (D.). Die letztgenannte Ausnahmeregelung enthielt ex-Art. 282 EGV, der wortgleich mit Art. 184 EAGV übereinstimmt, nicht.

B. Rechts- und Geschäftsfähigkeit der Union (Satz 1)

2   In Art. 335 Satz 1 AEUV wird klargestellt, dass die Union in jedem Mitgliedstaat die weitestgehende Rechts- und Geschäftsfähigkeit besitzt, die juristischen Personen nach dessen Rechtsvorschriften zuerkannt ist, und dass die Union insbesondere bewegliches und unbewegliches Vermögen erwerben und veräußern sowie vor Gericht stehen kann. Bei der in dieser Bestimmung angesprochenen **Rechtsfähigkeit** handelt es sich im Allgemeinen um die Fähigkeit, Träger von Rechten und Pflichten zu sein, wobei diese sowohl privatrechtlicher als auch öffentlich-rechtlicher Natur sein können.[2] Die ebenfalls in Art. 335 Satz 1 AEUV angesprochene **Geschäftsfähigkeit** beschreibt hingegen die Fähigkeit zur wirksamen Vornahme von Rechtsgeschäften. Mit der Verleihung dieser Fähigkeiten kann die Union vollumfänglich am Rechtsverkehr in allen Mitgliedstaaten teilnehmen.[3] Hierbei ist aber zu beachten, dass die hier in Rede stehende Rechts- und Geschäftsfähigkeit ausschließlich **der Union** und damit nicht auch ihren Organen im Sinne des Art. 13 Abs. 2 EUV oder anderen Einrichtungen oder Stellen der Union verliehen wird.[4] Letzteren kann daher bei Bedarf nur im Wege gesonderter primär- oder

---

[1] Vgl. dazu auch *Athen/Dörr*, in: Grabitz/Hilf/Nettesheim, EU, Art. 335 AEUV (Mai 2013), Rn. 5; *Becker*, in: Schwarze, EU-Kommentar, Art. 335 AEUV, Rn. 1; *Heintschel von Heinegg*, in: Vedder/Heintschel von Heinegg, Europäisches Unionsrecht, Art. 335 AEUV, Rn. 2; *Hilf*, Die Organisationsstruktur der Europäischen Gemeinschaften, S. 360; *Kokott*, in: Streinz, EUV/AEUV, Art. 335 AEUV, Rn. 1; *Schlüter*, S. 23 f.

[2] In diesem Sinne vgl. auch *Athen/Dörr*, in: Grabitz/Hilf/Nettesheim, EU, Art. 335 AEUV (Mai 2013), Rn. 10.

[3] Zutr. *Athen/Dörr*, in: Grabitz/Hilf/Nettesheim, EU, Art. 335 AEUV (Mai 2013), Rn. 33; *Khan*, in: Geiger/Khan/Kotzur, EUV/AEUV, Art. 335 AEUV, Rn. 1.

[4] Auch dies ist unstreitig, vgl. nur *Becker*, in: Schwarze, EU-Kommentar, Art. 335 AEUV, Rn. 4; *Hilf*, Die Organisationsstruktur der Europäischen Gemeinschaften, S. 360; *Khan*, in: Geiger/Khan/

sekundärrechtlicher Zuweisungen eine eigene Rechts- und Geschäftsfähigkeit zugesprochen werden.[5] Im Übrigen entfaltet Art. 335 Satz 1 AEUV auch keine Wirkungen gegenüber Drittstaaten.[6] Dies basiert darauf, dass die Mitgliedstaaten der Union jene Rechts- und Geschäftsfähigkeit durch einen völkerrechtlichen Vertrag übertragen haben, der gegenüber Drittstaaten grundsätzlich keine Rechtswirkungen entfalten kann (s. Art. 47 EUV, Rn. 4). Insoweit kann die Union innerstaatliche Rechts- und Geschäftsfähigkeit in Drittstaaten nur durch eine entsprechende Anerkennung ausdrücklicher oder impliziter Art erlangen;[7] in diesem Fall bestimmen sich die konkreten Rechte der Union und deren Reichweite nach der im jeweiligen Drittstaat anwendbaren Rechtsordnung.[8]

Mit Art. 335 Satz 1 AEUV, der unmittelbare Wirkung entfaltet,[9] wird die Union **3** innerhalb der Mitgliedstaaten zur juristischen Person;[10] insoweit ist diese Norm von konstitutiver Bedeutung, da sie den **Rechtsstatus der Union als juristische Person** selbst begründet.[11] Hierbei überlässt es Art. 335 Satz 1 AEUV allerdings den Mitgliedstaaten, die Rechtsstellung juristischer Personen durch innerstaatliches Recht auszugestalten.[12] Insoweit kann der Umfang der Rechts- und Geschäftsfähigkeit der Union als juristische Person zwar von Mitgliedstaat zu Mitgliedstaat variieren.[13] Jedoch müssen die Mitgliedstaaten bei der Ausübung des hier in Rede stehenden Spielraums ihre Loyalitätspflicht aus Art. 4 Abs. 3 EUV beachten.[14] Sonderrechte für die Union als juristische Person werden allerdings durch den in Art. 335 Satz 1 AEUV enthaltenen Verweis auf die für juristische Personen geltenden mitgliedstaatlichen Regeln weitgehend ausgeschlossen.[15] Als eine ausländische oder inländische juristische Person lässt sich die Union nicht einordnen.[16] Vielmehr wird die Union überwiegend als eine **plurinationale juristische**

Kotzur, EUV/AEUV, Art. 335 AEUV, Rn. 2; *Kokott*, in: Streinz, EUV/AEUV, Art. 335 AEUV, Rn. 1; *Ruffert*, in: Calliess/Ruffert, EUV/AEUV, Art. 335 AEUV, Rn. 5.

[5] Näher dazu vgl. etwa *Athen/Dörr*, in: Grabitz/Hilf/Nettesheim, EU, Art. 335 AEUV (Mai 2013), Rn. 12 ff.; *Hatje*, in: GSH, Europäisches Unionsrecht, Art. 335 AEUV, Rn. 4 ff.; ausführlicher zu Verwaltungsträgern der Union und/oder der damaligen Europäischen Gemeinschaft mit eigener Rechtspersönlichkeit vgl. *Hilf*, ZaöRV 1976, 551 (557 ff.); *Nowak*, EnzEur Bd. 3, § 34, Rn. 28 ff.; *Uerpmann*, AöR 125 (2000), 551 (554 ff.).

[6] Dies ist unstr., vgl. *Khan*, in: Geiger/Khan/Kotzur, EUV/AEUV, Art. 335 AEUV, Rn. 2; *Kokott*, in: Streinz, EUV/AEUV, Art. 335 AEUV, Rn. 20; *Ruffert*, in: Calliess/Ruffert, EUV/AEUV, Art. 335 AEUV, Rn. 3.

[7] Vgl. *Athen/Dörr*, in: Grabitz/Hilf/Nettesheim, EU, Art. 335 AEUV (Mai 2013), Rn. 9 u. 53 f.; *Rensmann*, AVR 36 (1998), 305 (309).

[8] Vgl. *Becker*, in: Schwarze, EU-Kommentar, Art. 335 AEUV, Rn. 5; *Kokott*, in: Streinz, EUV/AEUV, Art. 335 AEUV, Rn. 20.

[9] So auch vgl. *Athen/Dörr*, in: Grabitz/Hilf/Nettesheim, EU, Art. 335 AEUV (Mai 2013), Rn. 26; *Heintschel von Heinegg*, in: Vedder/Heintschel von Heinegg, Europäisches Unionsrecht, Art. 335 AEUV, Rn. 2.

[10] In diesem Sinne vgl. auch statt vieler *Ruffert*, in: Calliess/Ruffert, EUV/AEUV, Art. 335 AEUV, Rn. 4.

[11] Vgl. *Athen/Dörr*, in: Grabitz/Hilf/Nettesheim, EU, Art. 335 AEUV (Mai 2013), Rn. 26.

[12] So auch vgl. *Athen/Dörr*, in: Grabitz/Hilf/Nettesheim, EU, Art. 335 AEUV (Mai 2013), Rn. 26; *Becker*, in: Schwarze, EU-Kommentar, Art. 335 AEUV, Rn. 2; *Heintschel von Heinegg*, in: Vedder/Heintschel von Heinegg, Europäisches Unionsrecht, Art. 335 AEUV, Rn. 3.

[13] Vgl. *Booß*, in: Lenz/Borchardt, EU-Verträge, Art. 335 AEUV, Rn. 1; *Hatje*, in: GSH, Europäisches Unionsrecht, Art. 335 AEUV, Rn. 46; *Kokott*, in: Streinz, EUV/AEUV, Art. 335 AEUV, Rn. 3.

[14] Vgl. *Athen/Dörr*, in: Grabitz/Hilf/Nettesheim, EU, Art. 335 AEUV (Mai 2013), Rn. 31.

[15] In diesem Sinne vgl. auch *Athen/Dörr*, in: Grabitz/Hilf/Nettesheim, EU, Art. 335 AEUV (Mai 2013), Rn. 31; *Ruffert*, in: Calliess/Ruffert, EUV/AEUV, Art. 335 AEUV, Rn. 3.

[16] So auch *Athen/Dörr*, in: Grabitz/Hilf/Nettesheim, EU, Art. 335 AEUV (Mai 2013), Rn. 27; *Kokott*, in: Streinz, EUV/AEUV, Art. 335 AEUV, Rn. 3.

Person bzw. als eine plurinationale Rechtspersönlichkeit oder Rechtsperson eingeordnet,[17] welche wie eine inländische juristische Person zu behandeln ist.[18] Sofern innerhalb der Mitgliedstaaten eine Unterscheidung zwischen Privatrecht und öffentlichem Recht vorgenommen wird, ist die Union als eine juristische Person des öffentlichen Rechts einzuordnen;[19] in Deutschland wird hierbei eine Einordnung als Körperschaft des öffentlichen Rechts vorgenommen.[20]

4   Soweit Art. 335 Satz 1 AEUV der Union die weitestgehende Rechts- und Geschäftsfähigkeit verleiht, die juristischen Personen nach dem innerstaatlichen Recht zuerkannt wird, stellt sich die Frage, was genau mit dem **Tatbestandsmerkmal »weitestgehend«** gemeint ist. Zum Teil wird angenommen, dass der Union damit die Summe aller den juristischen Personen innerhalb der betreffenden mitgliedstaatlichen Rechtsordnung zustehenden Rechte und Pflichten verliehen wird,[21] da Art. 335 Satz 1 AEUV nicht auf die weitestgehende Rechts- und Geschäftsfähigkeit einer juristischen Person verweist, sondern auf die juristischen Personen insgesamt Bezug nimmt.[22] Nach anderer Auffassung sei das Tatbestandsmerkmal »weitestgehend« hingegen angesichts der in Art. 335 Satz 1 AEUV enthaltenen Singularfassung der Rechts- und Geschäftsfähigkeit eher im Sinne einer Meistbegünstigungsklausel zu verstehen.[23] Praktische Bedeutung vermag diese vom Unionsrichter bislang – soweit ersichtlich – noch nicht beantwortete Frage indes nur dann zu erlangen, wenn die Mitgliedstaaten für juristische Personen des öffentlichen Rechts unterschiedliche Reichweiten der Rechts- und Geschäftsfähigkeit vorsehen.[24]

5   Umstritten ist ferner, ob der Union mit Art. 335 Satz 1 AEUV eine funktional unbeschränkte Rechtsfähigkeit verliehen wird oder ob diese Fähigkeit angesichts des vertraglich bestimmten Organisationszwecks einer funktionalen Beschränkung unterliegt. Zur Begründung einer funktionalen Beschränkung im vorgenannten Sinne wird vornehmlich auf den in Art. 5 Abs. 1 und 2 EUV niedergelegten Grundsatz der begrenzten Einzelermächtigung verwiesen, welcher auch für die innerstaatliche Rechtsfähigkeit gelten solle.[25] Darüber hinaus führe auch das Tatbestandsmerkmal »weitestgehend« (s. Rn. 4) nicht zu einer gegenteiligen Auffassung, da es sich nur auf die innerstaatliche

---

[17] Vgl. *Athen/Dörr*, in: Grabitz/Hilf/Nettesheim, EU, Art. 335 AEUV (Mai 2013), Rn. 27; *Kokott*, in: Streinz, EUV/AEUV, Art. 335 AEUV, Rn. 3; *Ruffert*, in: Calliess/Ruffert, EUV/AEUV, Art. 335 AEUV, Rn. 3.

[18] Vgl. *Becker*, in: Schwarze, EU-Kommentar, Art. 335 AEUV, Rn. 3.

[19] Vgl. dazu auch EuGH, Urt. v. 15.7.1960, verb. Rs. 43, 45 u. 48/59 (v. Lachmüller), Slg. 1960, 971 (986); Urt. v. 16.12.1960, Rs. 44/59 (Fiddelaar), Slg. 1960, 1121 (1133); *Ipsen*, S. 204; *Grunwald*, EuR 1984, 227 (240 f.); sowie *Becker*, in: Schwarze, EU-Kommentar, Art. 335 AEUV, Rn. 6.

[20] Vgl. *Athen/Dörr*, in: Grabitz/Hilf/Nettesheim, EU, Art. 335 AEUV (Mai 2013), Rn. 28; *Booß*, in: Lenz/Borchardt, EU-Verträge, Art. 335 AEUV, Rn. 2; *Hatje*, in: GSH, Europäisches Unionsrecht, Art. 335 AEUV, Rn. 2.

[21] In diesem Sinne vgl. etwa *Hatje*, in: GSH, Europäisches Unionsrecht, Art. 335 AEUV, Rn. 47; *Kokott*, in: Streinz, EUV/AEUV, Art. 335 AEUV, Rn. 4; *Ruffert*, in: Calliess/Ruffert, EUV/AEUV, Art. 335 AEUV, Rn. 2; *Schlüter*, S. 85.

[22] Vgl. *Hatje*, in: GSH, Europäisches Unionsrecht, Art. 335 AEUV, Rn. 47.

[23] In diesem Sinne vgl. etwa *Athen/Dörr*, in: Grabitz/Hilf/Nettesheim, EU, Art. 335 AEUV (Mai 2013), Rn. 30; *Becker*, in: Schwarze, EU-Kommentar, Art. 335 AEUV, Rn. 3; *Booß*, in: Lenz/Borchardt, EU-Verträge, Art. 335 AEUV, Rn. 1; *Heintschel von Heinegg*, in: Vedder/Heintschel von Heinegg, Europäisches Unionsrecht, Art. 335 AEUV, Rn. 5; *Ipsen*, S. 205.

[24] Vgl. *Athen/Dörr*, in: Grabitz/Hilf/Nettesheim, EU, Art. 335 AEUV (Mai 2013), Rn. 30.

[25] Vgl. *Athen/Dörr*, in: Grabitz/Hilf/Nettesheim, EU, Art. 335 AEUV (Mai 2013), Rn. 29; *Schlüter*, S. 87 f.

Ausgestaltung der Rechts- und Geschäftsfähigkeit beziehe.[26] Für eine **funktional unbeschränkte Rechtsfähigkeit der Union** wird hingegen der Wortlaut von Art. 335 Satz 1 AEUV angeführt, welcher diesbezüglich tatsächlich keinerlei Einschränkungen vorsieht.[27] Ferner würden der Sinn und der Zweck des Art. 335 AEUV gegen eine funktionale Beschränkung dieser der Union zugewiesenen Rechtsfähigkeit sprechen, da die Verleihung der weitestgehenden Rechts- und Geschäftsfähigkeit der Union die Erfüllung ihrer Aufgaben erleichtern solle, soweit sie zu diesem Zweck rechtsgeschäftlich handeln muss oder will.[28] Da dieses rechtsgeschäftliche Handeln erschwert oder behindert werden könnte, wenn dem Geschäftspartner der Union stets eine Kompetenzprüfung aufgebürdet wird oder wenn Unsicherheiten bezüglich der rechtsgeschäftlichen Kompetenz der Union bestehen, spricht zwar vieles für eine funktional unbeschränkte Rechtsfähigkeit der Union. Auf Grund des großen Kompetenzrahmens der Union darf die praktische Relevanz des vorgenannten Meinungsstreits jedoch ohnehin nicht überschätzt werden.[29]

In Art. 335 Satz 1 Hs. 2 AEUV werden einige **Beispiele für die Ausübung der Rechts- und Geschäftsfähigkeit durch die Union** genannt. Hierzu gehören insbesondere der Erwerb und die Veräußerung von beweglichem und unbeweglichem Vermögen. Weitere typische Rechtsgeschäfte der Union manifestieren sich in der Vergabe öffentlicher Aufträge, in der Gewährung von Unionsbeihilfen, in Personalverträgen, in Mietverträgen etwa für Dienstgebäude, im Ankauf von Mobiliar und Bürobedarf sowie in Forschungs-, Gutachter-, Lizenz- und Versicherungsverträgen.[30] Mögliche Vertragspartner der Union können dabei natürliche und juristische Personen sowohl des Privatrechts als auch des Öffentlichen Rechts sein.[31] Die konkrete **Rechtsnatur der Rechtsgeschäfte**, welche die Union in Wahrnehmung ihrer in Art. 335 Satz 1 AEUV geregelten Rechts- und Geschäftsfähigkeit abschließt, bestimmt sich nach der Rechtsordnung des betreffenden Mitgliedstaats.[32] Grundsätzlich sind der Union keine Beschränkungen bezüglich der Vertragstypen gesetzt,[33] weshalb sie sowohl privatrechtliche als auch öffentlich-rechtliche Verträge schließen kann.[34] Dass das Unionsrecht beide Vertragstypen anerkennt, zeigt sich insbesondere in Art. 272 AEUV. Gleichwohl sind der rechtsgeschäftlichen Betätigung der Union durchaus auch primär- und sekundärrechtliche Grenzen gesetzt,

6

---

[26] Vgl. *Athen/Dörr*, in: Grabitz/Hilf/Nettesheim, EU, Art. 335 AEUV (Mai 2013), Rn. 29.

[27] Vgl. *Hatje*, in: GSH, Europäisches Unionsrecht, Art. 335 AEUV, Rn. 45; *Heintschel von Heinegg*, in: Vedder/Heintschel von Heinegg, Europäisches Unionsrecht, Art. 335 AEUV, Rn. 5; *Ruffert*, in: Calliess/Ruffert, EUV/AEUV, Art. 335 AEUV, Rn. 2.

[28] Vgl. *Hatje*, in: GSH, Europäisches Unionsrecht, Art. 335 AEUV, Rn. 45.

[29] Ähnlich vgl. *Athen/Dörr*, in: Grabitz/Hilf/Nettesheim, EU, Art. 335 AEUV (Mai 2013), Rn. 29; *Hatje*, in: GSH, Europäisches Unionsrecht, Art. 335 AEUV, Rn. 45.

[30] Vgl. *Athen/Dörr*, in: Grabitz/Hilf/Nettesheim, EU, Art. 335 AEUV (Mai 2013), Rn. 33; *Grunwald*, EuR 1984, 227 (242 ff.); *Hatje*, in: GSH, Europäisches Unionsrecht, Art. 335 AEUV, Rn. 49.

[31] *Athen/Dörr*, in: Grabitz/Hilf/Nettesheim, EU, Art. 335 AEUV (Mai 2013), Rn. 33; *Kokott*, in: Streinz, EUV/AEUV, Art. 335 AEUV, Rn. 7.

[32] Vgl. *Becker*, in: Schwarze, EU-Kommentar, Art. 335 AEUV, Rn. 8; *Hatje*, in: GSH, Europäisches Unionsrecht, Art. 335 AEUV, Rn. 50.

[33] Näher dazu vgl. auch *Hatje*, in: GSH, Europäisches Unionsrecht, Art. 335 AEUV, Rn. 49.

[34] Vgl. nur EuGH, Urt. v. 15.7.1960, verb. Rs. 43, 45 u. 48/59 (Lachmüller), Slg. 1960, 971 (986 f.); Urt. v. 16.12.1960, Rs. 44/59 (Fiddelaar), Slg. 1960, 1121 (1133 f.); sowie *Athen/Dörr*, in: Grabitz/Hilf/Nettesheim, EU, Art. 335 AEUV (Mai 2013), Rn. 35; *Becker*, in: Schwarze, EU-Kommentar, Art. 335 AEUV, Rn. 8; *Bleckmann*, NJW 1978, 464 (465 f.); *ders.*, DVBl 1981, 889 (893 f.); *Hatje*, in: GSH, Europäisches Unionsrecht, Art. 335 AEUV, Rn. 50; *Kokott*, in: Streinz, EUV/AEUV, Art. 335 AEUV, Rn. 8 f.

da sie bei jedem Tätigwerden zum einen an die Verträge gebunden ist[35] und im Rahmen rechtsgeschäftlichen Handelns zudem die Haushaltsordnung[36] einhalten muss, wonach unter anderem die Mittelverwendung dem Grundsatz der Wirtschaftlichkeit der Haushaltsführung – d. h. insbesondere den Grundsätzen der Sparsamkeit, der Wirtschaftlichkeit und der Wirksamkeit – unterworfen ist. Welches nationale Recht im konkreten Fall für die jeweiligen Rechtsbeziehungen anwendbar ist, richtet sich vornehmlich nach der **Rechtswahl der Parteien,**[37] die regelmäßig in den Verträgen selbst festgelegt wird; anderenfalls gelangen die Regeln des Internationalen Privatrechts (IPR) zur Anwendung.[38] In der Praxis wird oft das Recht desjenigen Staates gewählt, in dem die für die Kommission zeichnungsbefugte Person ihren Dienstort hat;[39] daher unterliegen die von der Union abgeschlossen Verträge in der Praxis häufig dem belgischen oder dem luxemburgischen Recht.

7   Mit der in Art. 335 Satz 1 AEUV geregelten Rechts- und Geschäftsfähigkeit geht **keine Grundrechtsfähigkeit der Union** einher.[40] Zum einen ist die Union innerstaatlich wie eine plurinationale juristische Person des öffentlichen Rechts zu behandeln (s. Rn. 3) und juristische Person des öffentlichen Rechts sind eben im Grundsatz nicht grundrechtsfähig.[41] Zum anderen ist eine Besserstellung der Union im Vergleich zu inländischen juristischen Personen weder erforderlich noch im Lichte des Art. 335 AEUV geboten. Gleichwohl können immerhin die grundrechtsgleichen Verfahrens- und Prozessrechte aus Art. 101 Abs. 1 Satz 2 GG und Art. 103 Abs. 1 GG auf die Union angewendet werden, da diese Rechte auch für juristische Personen des öffentlichen Rechts gelten.[42] Die vor allen mitgliedstaatlichen Gerichten gegebene **Partei- und Prozessfähigkeit der Union** steht allerdings mit Blick auf Art. 335 Satz 1 Hs. 2 AEUV außer Frage.[43] Mit der Parteifähigkeit ist im Allgemeinen die Fähigkeit gemeint, Subjekt eines Gerichtsverfahrens zu sein, während die Prozessfähigkeit die Fähigkeit zur wirksamen Vornahme und Entgegennahme von Prozess- und Verfahrenshandlungen umfasst.[44] Insoweit verfügt

---

[35] Zur mehrheitlich bejahten Frage, ob ein Verstoß gegen das primäre Unionsrecht nur dann zur Nichtigkeit des jeweiligen Vertrages führt, wenn die verletzte Norm Verbotscharakter hat, vgl. *Becker,* in: Schwarze, EU-Kommentar, Art. 335 AEUV, Rn. 7; *Hatje,* in: GSH, Europäisches Unionsrecht, Art. 335 AEUV, Rn. 48; *Kokott,* in: Streinz, EUV/AEUV, Art. 335 AEUV, Rn. 12.

[36] Verordnung (EU, Euratom) Nr. 966/2012 des Europäischen Parlaments und des Rates vom 25. 10. 2012 über die Haushaltsordnung für den Gesamthaushaltsplan der Union und zur Aufhebung der Verordnung (EG, Euratom) Nr. 1605/2002 des Rates, ABl. 2012, L 298/1 (24).

[37] Näher dazu vgl. m. w. N. *Athen/Dörr,* in: Grabitz/Hilf/Nettesheim, EU, Art. 335 AEUV (Mai 2013), Rn. 10 u. 34.

[38] *Athen/Dörr,* in: Grabitz/Hilf/Nettesheim, EU, Art. 335 AEUV (Mai 2013), Rn. 34; *Grunwald,* EuR 1984, 227 (239).

[39] *Athen/Dörr,* in: Grabitz/Hilf/Nettesheim, EU, Art. 335 AEUV (Mai 2013), Rn. 34; *Stelkens,* EuZW 2005, 299 (301).

[40] So auch vgl. *Athen/Dörr,* in: Grabitz/Hilf/Nettesheim, EU, Art. 335 AEUV (Mai 2013), Rn. 32; *Hatje,* in: GSH, Europäisches Unionsrecht, Art. 335 AEUV, Rn. 58; *Kokott,* in: Streinz, EUV/AEUV, Art. 335 AEUV, Rn. 15.

[41] Näher dazu vgl. etwa *Athen/Dörr,* in: Grabitz/Hilf/Nettesheim, EU, Art. 335 AEUV (Mai 2013), Rn. 32; *Remmert,* in: Maunz/Dürig (Hrsg.), GG, Art. 19 GG (Juli 2014), Rn. 2 (Fn. 4); *Sachs,* in: Sachs, GG, Art. 19 GG, Rn. 89 ff.; *Tonikidis,* JURA 2012, 517 (518).

[42] Vgl. *Remmert,* in: Maunz/Dürig, GG, Art. 19 Abs. 3 GG (Juli 2014), Rn. 112; *Tonikidis,* JURA 2012, 517 (521).

[43] Vgl. *Athen/Dörr,* in: Grabitz/Hilf/Nettesheim, EU, Art. 335 AEUV (Mai 2013), Rn. 41 f.; *Hatje,* in: GSH, Europäisches Unionsrecht, Art. 335 AEUV, Rn. 54; *Kokott,* in: Streinz, EUV/AEUV, Art. 335 AEUV, Rn. 13; *Ruffert,* in: Calliess/Ruffert, EUV/AEUV, Art. 335 AEUV, Rn. 4.

[44] Vgl. nur *Becker,* in: Schwarze, EU-Kommentar, Art. 335 AEUV, Rn. 9; *Heintschel von Heinegg,* in: Vedder/Heintschel von Heinegg, Europäisches Unionsrecht, Art. 335 AEUV, Rn. 8.

die Union insbesondere auch über die Möglichkeit, vor mitgliedstaatlichen Gerichten als Klägerin oder Beklagte bzw. als Antragstellerin oder Antragsgegnerin in Erscheinung zu treten,[45] soweit keine vorrangige Zuständigkeit des Gerichtshofs der EU im Sinne des Art. 274 AEUV besteht.[46] Auf Grund der fehlenden Grundrechtsfähigkeit der Union scheidet eine auf eine Grundrechtsverletzung gestützte **Verfassungsbeschwerde der Union vor dem deutschen Bundesverfassungsgericht** zwar aus. Jedoch könnte immerhin bei einer Verletzung der grundrechtsgleichen Verfahrens- und/oder Prozessrechte eine derartige Verfassungsbeschwerde in Betracht kommen, da § 90 BVerfGG eine Verletzung von Art. 101 GG und Art. 103 GG für die Aktivlegitimation genügen lässt.[47] Denkbar ist ferner eine Beteiligung an einem bundesverfassungsgerichtlichen (abstrakten) Normenkontrollverfahren[48]; diesbezüglich ist eine analoge Anwendung von § 77 BVerfGG in Betracht zu ziehen, der innerstaatlich am Gesetzgebungsverfahren beteiligten Bundes- und Landesorganen eine Äußerungsberechtigung verleiht.

Im Übrigen verleiht Art. 335 Satz 1 AEUV der Union nicht nur die Partei- und Prozessfähigkeit vor mitgliedstaatlichen Gerichten. Vielmehr stellt diese Bestimmung in unausgesprochener Weise auch die **Beteiligung der Union an Verwaltungsverfahren vor innerstaatlichen Behörden** sicher.[49] Insoweit ist die Union auch in Bezug auf das Verwaltungsverfahren den innerstaatlichen juristischen Personen gleichgestellt, wobei Art. 4 Abs. 3 UAbs. 3 EUV verlangt, dass die mitgliedstaatlichen Behörden die Union so behandeln müssen, dass die Vertragsziele nicht gefährdet sind.[50] Primärrechtliche Grenzen der Gleichstellung der Union mit innerstaatlichen juristischen Personen finden sich indes im **Protokoll Nr. 7 über die Vorrechte und Befreiungen der Europäischen Union,**[51] das nach Art. 51 EUV einen den Verträgen gleichrangigen Vertragsbestandteil bildet (s. Art. 51 EUV, Rn. 4). Besondere Erwähnung verdient im vorliegenden Kontext Art. 1 dieses Protokolls, wonach die Vermögensgegenstände und Guthaben der Union nicht ohne Ermächtigung des Gerichtshofs der EU Gegenstand von Zwangsmaßnahmen mitgliedstaatlicher Verwaltungsbehörden oder Gerichte sein dürfen. Insoweit unterliegt die Union vor allem im Vollstreckungsverfahren dem Schutz des vorgenannten Protokolls.

8

---

[45] Vgl. dazu auch *Athen/Dörr*, in: Grabitz/Hilf/Nettesheim, EU, Art. 335 AEUV (Mai 2013), Rn. 41; *Hatje*, in: GSH, Europäisches Unionsrecht, Art. 335 AEUV, Rn. 54; *Heintschel von Heinegg*, in: Vedder/Heintschel von Heinegg, Europäisches Unionsrecht, Art. 335 AEUV, Rn. 8.

[46] Vgl. *Athen/Dörr*, in: Grabitz/Hilf/Nettesheim, EU, Art. 335 AEUV (Mai 2013), Rn. 41; *Becker*, in: Schwarze, EU-Kommentar, Art. 335 AEUV, Rn. 10; *Khan*, in: Geiger/Khan/Kotzur, EUV/AEUV, Art. 335 AEUV, Rn. 4.

[47] So auch *Athen/Dörr*, in: Grabitz/Hilf/Nettesheim, EU, Art. 335 AEUV (Mai 2013), Rn. 43.

[48] Näher dazu vgl. *Athen/Dörr*, in: Grabitz/Hilf/Nettesheim, EU, Art. 335 AEUV (Mai 2013), Rn. 43; *Hatje*, in: GSH, Europäisches Unionsrecht, Art. 335 AEUV, Rn. 56.

[49] Vgl. dazu auch *Athen/Dörr*, in: Grabitz/Hilf/Nettesheim, EU, Art. 335 AEUV (Mai 2013), Rn. 44; *Becker*, in: Schwarze, EU-Kommentar, Art. 335 AEUV, Rn. 9; *Hatje*, in: GSH, Europäisches Unionsrecht, Art. 335 AEUV, Rn. 57; *Heintschel von Heinegg*, in: Vedder/Heintschel von Heinegg, Europäisches Unionsrecht, Art. 335 AEUV, Rn. 8; *Kokott*, in: Streinz, EUV/AEUV, Art. 335 AEUV, Rn. 14.

[50] Vgl. *Hatje*, in: GSH, Europäisches Unionsrecht, Art. 335 AEUV, Rn. 57.

[51] ABl. 2012, C 326/266.

C. Vertretungsbefugnis der Kommission im Normalfall (Satz 2)

9 Zum dem in Art. 335 Satz 1 AEUV umschriebenen Zweck (s. Rn. 2–8) wird die Union nach Art. 335 Satz 2 AEUV von der Kommission vertreten. Damit wird der zu den Unionsorganen gehörenden Kommission (s. Art. 13 EUV, Rn. 11) die Vertretungsbefugnis für die Wahrnehmung der in Art. 335 Satz 1 AEUV geregelten Rechts- und Geschäftsfähigkeit durch die Union zugewiesen, sofern nicht die abweichende Sonderregelung des Art. 335 Satz 3 AEUV greift (s. Rn. 10). Diese Vertretungsbefugnis der Kommission, die als **organschaftliche Vertretung** nicht von der internen Kompetenzverteilung zwischen den Unionsorganen abhängig ist,[52] erstreckt sich auf sämtliche Handlungen im Zusammenhang mit der in Art. 335 Satz 1 AEUV geregelten Rechts- und Geschäftsfähigkeit und damit nicht nur auf den Abschluss rechtsgeschäftlicher Verträge, sondern auch auf die Vertretung der Union vor mitgliedstaatlichen Gerichten und Behörden[53] sowie auf die Durchsetzung zivilrechtlicher Schadensersatzansprüche.[54] Zu beachten ist in diesem Kontext allerdings auch, dass sich die in Art. 335 Satz 2 AEUV geregelte Vertretung der Union durch die Kommission, die nicht zuletzt auch die Befugnis zur Weitergabe der Vertretungsmacht im Zuge der Bevollmächtigung von Prozessvertretern einschließt,[55] ausschließlich auf das **Verhalten der Union innerhalb der Rechtsordnungen der Mitgliedstaaten** und nicht etwa auch auf ihr Handeln innerhalb der Unionsrechtsordnung bezieht.[56] Im Übrigen handelt es sich bei der hier in Rede stehenden Vertretungsbefugnis – vorbehaltlich der in Art. 335 Satz 3 AEUV enthaltenen Sonderregelung – zugleich um eine **einheitliche Vertretung** der Union durch die Kommission, während die Vertretungsbefugnisse im Zusammenhang mit der in Art. 47 EUV geregelten Völkerrechtspersönlichkeit der Union einen sehr viel uneinheitlicheren Eindruck hinterlassen (s. Art. 47 EUV, Rn. 9 ff.). Die Einheitlichkeit der Vertretung im Sinne des Art. 335 Satz 2 AEUV wird allerdings dann ein Stück weit relativiert, wenn sich jedes Unionsorgan im Falle eigenen unionsrechtswidrigen Verhaltens selbst zu vertreten hat.[57]

---

[52] Vgl. dazu auch *Becker*, in: Schwarze, EU-Kommentar, Art. 335 AEUV, Rn. 11; *Athen/Dörr*, in: Grabitz/Hilf/Nettesheim, EU, Art. 335 AEUV (Mai 2013), Rn. 46; *Hatje*, in: GSH, Europäisches Unionsrecht, Art. 335 AEUV, Rn. 60; *Kokott*, in: Streinz, EUV/AEUV, Art. 335 AEUV, Rn. 18; EuGH, Urt. v. 6.11.2012, Rs. C–199/11 (Otis), EuZW 2013, 24 (25), Rn. 32 ff.

[53] Vgl. dazu auch *Athen/Dörr*, in: Grabitz/Hilf/Nettesheim, EU, Art. 335 AEUV (Mai 2013), Rn. 46; *Becker*, in: Schwarze, EU-Kommentar, Art. 335 AEUV, Rn. 12; *Booß*, in: Lenz/Borchardt, EU-Verträge, Art. 335 AEUV, Rn. 6; *Heintschel von Heinegg*, in: Vedder/Heintschel von Heinegg, Europäisches Unionsrecht, Art. 335 AEUV, Rn. 6; *Kokott*, in: Streinz, EUV/AEUV, Art. 335 AEUV, Rn. 18; *Ruffert*, in: Calliess/Ruffert, EUV/AEUV, Art. 335 AEUV, Rn. 6; *Weitzel*, in: Pingel, UE/CE, Art. 282 CE, Rn. 6.

[54] Instruktiv dazu vgl. EuGH, Urt. v. 6.11.2012, Rs. C–199/11 (Otis), EuZW 2013, 24 (25), Rn. 27 ff.; näher zu dieser in mancherlei Hinsicht bemerkenswerten Entscheidung vgl. etwa *Andreangeli*, E.L.Rev. 39 (2014), 717; *Paulus*, ÖZK 2012, 231; *Raue*, WRP 2013, 147.

[55] Vgl. *Athen/Dörr*, in: Grabitz/Hilf/Nettesheim, EU, Art. 335 AEUV (Mai 2013), Rn. 47.

[56] Vgl. *Becker*, in: Schwarze, EU-Kommentar, Art. 335 AEUV, Rn. 14; *Hatje*, in: GSH, Europäisches Unionsrecht, Art. 335 AEUV, Rn. 60.

[57] In diesem Sinne vgl. etwa EuGH, Urt. v. 13.11.1973, verb. Rs. 63/72 bis 69/72 (Werhahn Hansamühle u. a.), Slg. 1973, 1229, Rn. 7; *Becker*, in: Schwarze, EU-Kommentar, Art. 335 AEUV, Rn. 14.

D. Vertretungsbefugnis anderer Unionsorgane in Sonderfällen (Satz 3)

Die auf den Lissabonner Reformvertrag (s. Art. 1 EUV, Rn. 33 ff.) zurückführbare Re-   **10**
gelung des Art. 355 Satz 3 AEUV hat die Vertretung der Union durch Unionsorgane in
solchen Fragen zum Gegenstand, die das Funktionieren der einzelnen Unionsorgane
betreffen; damit wird die in Art. 335 Satz 2 AEUV geregelte Vertretungsbefugnis der
Kommission (s. Rn. 9) für diesen Sonderfall im Interesse der ordnungsgemäßen Verwaltung sowie der bestmöglichen Beurteilung und Vertretung[58] verdrängt bzw. durchbrochen. Diese auf die Verwaltungsautonomie der einzelnen Unionsorgane Rücksicht
nehmende **Vertretung in Selbstverwaltungsangelegenheiten**, die grundsätzlich alle internen Angelegenheiten der Organe und alle der Verwendung von Haushaltsmitteln
dienenden Handlungen und Rechtsgeschäfte einschließt,[59] bezieht sich auf die in Art. 13
Abs. 2 EUV aufgeführten Unionsorgane. De facto stellt der neue Art. 335 Satz 3 AEUV
(s. Rn. 1) **keine wesentliche Neuerung** dar, da sein Regelungsgehalt – abgesehen von der
früher notwendigen Einholung einer Vollmacht der Kommission[60] – bereits vor dem
Inkrafttreten des Lissabonner Reformvertrags praktiziert wurde.[61]

---

[58] Vgl. dazu etwa EuGH, Urt. v. 5.5.2011, Rs. C–137/10 (Région des Bruxelles-Capitale),
Slg. 2011, I–3515, Rn. 20; sowie *Athen/Dörr*, in: Grabitz/Hilf/Nettesheim, EU, Art. 335 AEUV (Mai
2013), Rn. 48.

[59] Vgl. *Athen/Dörr*, in: Grabitz/Hilf/Nettesheim, EU, Art. 335 AEUV (Mai 2013), Rn. 49; *Becker*,
in: Schwarze, EU-Kommentar, Art. 335 AEUV, Rn. 13; *Khan*, in: Geiger/Khan/Kotzur, EUV/AEUV,
Art. 335 AEUV, Rn. 5; *Kokott*, in: Streinz, EUV/AEUV, Art. 335 AEUV, Rn. 18.

[60] Vgl. EuGH, Urt. v. 5.5.2011, Rs. C–137/10 (Région des Bruxelles-Capitale), Slg. 2011, I–3515,
Rn. 19; *Becker*, in: Schwarze, EU-Kommentar, Art. 335 AEUV, Rn. 13; *Weitzel*, in: Pingel, UE/CE,
Art. 282 CE, Rn. 6.

[61] Vgl. dazu auch jeweils m. w. N. *Becker*, in: Schwarze, EU-Kommentar, Art. 335 AEUV, Rn. 13;
Heintschel von Heinegg, in: Vedder/Heintschel von Heinegg, Europäisches Unionsrecht, Art. 335
AEUV, Rn. 7; *Khan*, in: Geiger/Khan/Kotzur, EUV/AEUV, Art. 335 AEUV, Rn. 5.

Artikel 336 AEUV [Beamtenstatut; Beschäftigungsbedingungen]

Das Europäische Parlament und der Rat erlassen gemäß dem ordentlichen Gesetzgebungsverfahren durch Verordnungen nach Anhörung der anderen betroffenen Organe das Statut der Beamten der Europäischen Union und die Beschäftigungsbedingungen für die sonstigen Bediensteten der Union.

Wesentliche sekundärrechtliche Vorschriften

Verordnung Nr. 31 (EWG), Nr. 11 (EAG) der Räte vom 18.12.1961 über das Statut der Beamten und über die Beschäftigungsbedingungen für die sonstigen Bediensteten der Europäischen Wirtschaftsgemeinschaft und der Europäischen Atomgemeinschaft, ABl. 1962, Nr. 45/1385

Inhaltsübersicht

A. Entstehungsgeschichte der Norm

1   Art. 336 AEUV stellt die Kompetenzgrundlage für die Schaffung eines eigenständigen Personalrechts der Union dar. Seine Vorgängernormen in den Gründungsverträgen waren Art. 212 EWG-Vertrag, Art. 186 EAG-Vertrag und Art. 78 EGKS-Vertrag, auf deren Grundlage 1956[1] das Beamtenstatut und die Beschäftigungsbedingungen für die sonstigen Bediensteten (im folgenden BSB) der EGKS und 1962[2] das Beamtenstatut und die BSB für die EWG und die EAG erlassen wurden. Art. 24 des Fusionsvertrags hat dann zum 1.7.1967 erstmals den öffentlichen Dienst der damaligen drei Gemeinschaf-

---

[1] VO (EGKS) vom 1.7.1956 über das Statut der Beamten und über die Beschäftigungsbedingungen für die sonstigen Bediensteten der Europäischen Gemeinschaft für Kohle und Stahl (Montanstatut).

[2] VO Nr. 31 (EWG), 11 (EAG) der Räte vom 18.12.1961 über das Statut der Beamten und über die Beschäftigungsbedingungen für die sonstigen Bediensteten der Europäischen Wirtschaftsgemeinschaft und der Europäischen Atomgemeinschaft, ABl. 1962, Nr. 45/1385.

ten vereinheitlicht. Auf seiner Grundlage wurde durch VO (EWG, Euratom, EGKS) Nr. 259/68³ mit Wirkung vom 5.3.1968 das Statut der Beamten der Europäischen Gemeinschaften erlassen, das an die Stelle des Statuts der Beamten der EWG und der EAG sowie des Statuts der Beamten der EGKS trat (vgl. Art. 1 der VO (EWG, Euratom, EGKS) Nr. 259/68).

Art. 24 des Fusionsvertrags blieb die maßgebliche Rechtsgrundlage bis zum Inkraft-   2
treten des Amsterdamer Vertrags. Dieser führte Art. 24 des Fusionsvertrags als Art. 283 in den EGV ein. Art. 283 EGV ist die direkte Vorgängernorm von Art. 336 AEUV und entspricht ihm inhaltlich im Wesentlichen.⁴ Die wichtigste Neuerung des Art. 336 AEUV ist die Stärkung der Rolle des Europäischen Parlaments durch die Einführung des ordentlichen Gesetzgebungsverfahrens.

B. Anwendungsbereich der Norm

Gemäß seinem Wortlaut unterscheidet Art. 336 AEUV zwischen Beamten und sonsti-   3
gen Bediensteten der Union. Eine abstrakte Definition des **Beamten** gibt es weder im AEUV noch im Beamtenstatut. Nach der Rechtsprechung ist die Rechtsbeziehung zwischen einem Beamten und der Verwaltung dienstrechtlicher und nicht vertraglicher Art, seine Ernennung erfolgt gemäß Art. 3 des Beamtenstatuts notwendigerweise auf einer einseitigen Verfügung der Anstellungsbehörde, in der der Zeitpunkt, zu dem die Ernennung wirksam wird, und die Planstelle bestimmt ist, in die der Beamte eingewiesen wird. Die Ernennung eines Beamten ist nur unter Wahrung der Formvorschriften und Voraussetzungen des Statuts zulässig.⁵

Die Stellung der unter die BSB fallenden **sonstigen Bediensteten** ist hingegen durch   4
den vertraglichen Charakter des Beschäftigungsverhältnisses gekennzeichnet.⁶ Gemäß der ständigen Rechtsprechung können die Statutsunterschiede zwischen den Beamten im eigentlichen Sinne und den verschiedenen Kategorien von Bediensteten nicht in Zweifel gezogen werden. Es steht dem Unionsgesetzgeber nämlich frei, den legitimen Bedürfnissen der Unionsverwaltung sowie der Natur der dauernden oder vorübergehenden Aufgaben, die sie zu erfüllen hat, entsprechend neue Kategorien von Bediensteten zu schaffen.⁷ Daher stellt es keine Diskriminierung dar, wenn bestimmte Kategorien von bei der Union beschäftigten Personen möglicherweise in den Genuss von dienstrechtlichen Garantien oder Vorteilen bei Sozialleistungen kommen, die anderen Kategorien nicht gewährt werden.⁸

Das auf der Basis von Art. 336 AEUV erlassene Dienstrecht findet auf die Beamten   5
der Organe der Union, Parlament, Europäischer Rat, Rat, Kommission und Gerichtshof Anwendung. Gemäß Art. 1a Abs. 2 Beamtenstatut gilt es auch für das Personal der Agenturen, wenn in der Rechtsakte über ihre Errichtung auf das Beamtenstatut verwie-

---

³ VO (EWG, Euratom, EGKS) Nr. 259/68 vom 29.2.1968, ABl. 1968, L 56/1.

⁴ Der Ausdruck »Europäische Gemeinschaften« wurde durch »Europäische Union« ersetzt.

⁵ EuG, Urt. v. 10.4.1992, Rs. T–40/91 (Ventura/Parlament), Slg. 1992, II–1697, Rn. 40 f.

⁶ Z.B. EuGH, Urt. v. 6.10.1983, verb. Rs. 118/82–123/82 (Celant u.a./Kommission), Slg. 1983, 2995, Rn. 22.

⁷ EuGöD, Urt. v. 17.11.2009, Rs. F–57/08 (Palazzo/Kommission), Slg. ÖD 2009, I-A–1–437 u. II-A–1–2371, Rn. 38 f.

⁸ Z.B. EuGH, Urt. v. 6.10.1983, verb. Rs. 118/82–123/82 (Celant u.a./Kommission), Slg. 1983, 2995, Rn. 22.

sen wird. Nach Art. 1b Beamtenstatut findet es außerdem auf das Personal des Europäischen Auswärtigen Dienstes (EAD), des Wirtschafts- und Sozialausschusses, des Ausschusses der Regionen, des Europäischen Bürgerbeauftragten und des Europäischen Datenschutzbeauftragten Anwendung.

6   Ausgenommen sind hingegen das Personal der EIB und der EZB, für die eigene Personalstatute gelten.[9] Auch für die Regelung des Statuts der Mitglieder der Organe, wie der Richter des EuGH, der Kommissare, der Mitglieder des Parlaments oder des Europäischen Bürgerbeauftragten[10] kommen spezielle Rechtsgrundlagen zur Anwendung und nicht die allgemeine des Art. 336 AEUV. Die genannten Personen fallen deshalb nicht unter das Beamtenstatut und die BSB.

C. Verfahren

7   Art. 336 AEUV sieht zur Beschlussfassung das ordentliche Gesetzgebungsverfahren (s. Art. 289 AEUV und Art. 294 AEUV) vor, das aber im vorliegenden Fall von zwei Besonderheiten geprägt ist.

8   Erstens muss gemäß Art. 10 Beamtenstatut der Statutsbeirat, der zu gleichen Teilen aus Vertretern der Organe der Union und Vertretern ihrer Personalvertretungen besteht, von der Kommission zu allen Vorschlägen für eine Änderung des Statuts angehört werden. Er übermittelt seine Stellungnahme innerhalb der von der Kommission festgelegten Frist, die nach Art. 10a Beamtenstatut nicht kürzer als fünfzehn Werktage sein darf. Die Stellungnahme ist nicht bindend.

9   Die Pflicht zur Anhörung des Statutsbeirats besteht gemäß der Rechtsprechung nicht nur bei förmlichen Vorschlägen, sondern auch bei erheblichen Änderungen bereits geprüfter Vorschläge, und zwar dann, wenn diese Änderungen nicht im Wesentlichen dem Vorschlag des Statutsbeirats entsprechen. Sofern an einem Vorschlag für eine Änderung des Statuts während der Verhandlungen über diesen Text beim Rat Änderungen vorgenommen werden, besteht eine Verpflichtung zur erneuten Anhörung des Statutsbeirats, wenn diese Änderungen die Struktur des Vorschlags wesentlich berühren. Bei punktuellen Änderungen mit begrenzter Wirkung besteht keine derartige Verpflichtung. Ob es sich um wesentliche oder punktuelle und begrenzte Änderungen handelt, ist im Hinblick auf ihren Zweck und ihre Positionierung innerhalb der gesamten Regelung zu beurteilen und nicht danach, welche individuellen Konsequenzen sie für die Lage von Personen haben können, die von ihrer Durchführung betroffen sein könnten.[11]

---

[9] Vgl. für die EIB: http://www.eib.org/attachments/general/eib_staff_regulations_2013_en.pdf (2.2.2017); Rechtsgrundlage für den Erlass des Personalstatuts ist Art. 11 Abs. 7 des Protokolls (Nr.5) über die Satzung der EIB. Vgl. für den EZB Beschluss vom 9.6.1998 über die Verabschiedung der Beschäftigungsbedingungen für das Personal der Europäischen Zentralbank in der geänderten Fassung vom 31.3.1999 (EZB/1998/4), ABl. 1999, L 125/32, Rechtsgrundlage ist Art. 36 Abs. 1 des Protokolls (Nr. 4) der Satzung des Europäischen Systems der Zentralbanken und der Europäischen Zentralbank.
[10] Vgl. z.B. Art. 243 AEUV für den Präsidenten des Europäischen Rats, den Kommissionspräsidenten, den Hohen Vertreter der Union für die Außen- und Sicherheitspolitik, die Kommissare, die Präsidenten, die Mitglieder, die Kanzler der Unionsgerichte und den Generalsekretär des Rates; Art. 223 Abs. 2 AEUV für die Mitglieder des Europäischen Parlaments und Art. 228 Abs. 4 AEUV für den Bürgerbeauftragten.
[11] EuG, Urt. v. 11.7.2007, Rs. T–58/07 (Centeno Mediavilla u.a./Kommission), Slg. ÖD 2007, II-A–2–01087, Rn. 35 f.

Zweitens sieht Art. 336 AEUV vor, dass Parlament und Rat eine Verordnung erst **10** »nach Anhörung der anderen betroffenen Organe« erlassen können. Dabei handelt es sich gemäß Art. 13 Abs. 1 EUV neben den am Gesetzgebungsverfahren beteiligten Organen um den Europäischen Rat, den EuGH, die EZB und den Rechnungshof. Nachdem die EZB aber ein eigenes Personalstatut hat, ist sie nicht als betroffenes Organ im Sinne des Art. 336 AEUV anzusehen, ebenso wenig wie der Europäische Rat, der sich bei seiner Tätigkeit auf das Generalsekretariat des Rates stützt.[12]

D. Quellen des Dienstrechts der EU

I. Beamtenstatut und BSB

Das Dienstrecht der EU besteht zunächst aus dem Beamtenstatut und den BSB, die zwei **11** unterschiedliche Teile derselben VO[13] bilden. Gemäß der Rechtsprechung stellen sie zwei komplementäre Rechtsakte dar, da sie jeweils für bestimmte Arten von Bediensteten gelten, das Statut für die Beamten im eigentlichen Sinne und die BSB für mehrere andere Arten von Bediensteten. Das Statut und die BSB haben somit einen genau bestimmten persönlichen Geltungsbereich und ohne ausdrückliche Ausnahme kann nicht davon ausgegangen werden, dass für ein und denselben Bediensteten beide Regelungen gleichzeitig maßgeblich sein können.[14]

Die ursprünglichen Vorschriften wurden unzählige Male geändert, eine grundlegende **12** Modernisierung fand im Jahre 2004 statt.[15] Dabei wurden insbesondere die Laufbahn- und Besoldungsstruktur und das Pensionsrecht geändert. Am 13. 12. 2011 hat die Kommission einen neuen Änderungsvorschlag vorgelegt,[16] bei dessen Verabschiedung erstmals das Mitentscheidungsverfahren zum Einsatz kam. Nach zähen Verhandlungen zwischen dem Parlament und dem Rat konnte im Oktober 2013 ein Kompromisstext verabschiedet werden, der am 1. 1. 2014 in Kraft getreten ist.[17] Die tragenden Säulen dieser letzten Reform sind ein Personalabbau von 5%, die Erhöhung des Rentenalters, die Erhöhung der wöchentlichen Arbeitszeit auf 40 Stunden, eine Reform der Methode zur Gehaltsanpassung sowie die Einführung einer neuen Funktionsgruppe »AST/SC« für Sekretariatskräfte und Büroangestellte.

---

[12] *Eggers/Linder*, in: Grabitz/Hilf/Nettesheim, EU, Art. 336 AEUV (August 2015), Rn. 28.

[13] VO Nr. 31 (EWG), 11 (EAG) der Räte vom 18. 12. 1961 über das Statut der Beamten und über die Beschäftigungsbedingungen für die sonstigen Bediensteten der Europäischen Wirtschaftsgemeinschaft und der Europäischen Atomgemeinschaft, ABl. 1962, 45, mit nachfolgenden Änderungen, zuletzt durch VO Nr. 1023/2013 vom 22. 10. 2013, ABl. 2013, L 287/15.

[14] EuGH, Urt. v. 25. 6. 1981, Rs. 105/80 (Desmedt/Kommission), Slg. 1981, 1701, Rn. 13.

[15] VO (EG, Euratom) Nr. 723/2004 des Rates vom 22. 3. 2004 zur Änderung des Statuts der Beamten der Europäischen Gemeinschaften und der Beschäftigungsbedingungen für die sonstigen Bediensteten dieser Gemeinschaften, ABl. 2004, L 124/1.

[16] Vorschlag für eine Verordnung vom 13. 12. 2011 zur Änderung des Statuts der Beamten der Europäischen Union und der Beschäftigungsbedingungen für die sonstigen Bediensteten der Europäischen Union, KOM (2011) 890 endgültig, 2011/0455 (COD).

[17] VO (EU, Euratom) Nr. 1023/2013 vom 22. 10. 2013 zur Änderung des Statuts der Beamten der Europäischen Union und der Beschäftigungsbedingungen für die sonstigen Bediensteten der Europäischen Union, ABl. 2013, L 287/15.

II. Protokoll über die Vorrechte und Befreiungen

13   Art. 336 AEUV wird durch das Protokoll über die Vorrechte und Befreiungen der Union vom 8.4.1965[18] (s. Art. 343 AEUV) ergänzt, dessen Kapitel V (Art. 12 bis 16) die Beamten und sonstigen Bediensteten betrifft. Diese genießen Immunität in Bezug auf ihre in amtlicher Eigenschaft vorgenommenen Handlungen, einschließlich ihrer mündlichen und schriftlichen Äußerungen (Art. 12 Buchst. a). Ihre Gehälter, Löhne und anderen Bezüge sind von innerstaatlichen Steuern befreit und einer unionseigenen Steuer unterworfen, die direkt in den Unionshaushalt fließt (Art. 13).[19] Für die Erhebung anderer Steuern wie der Vermögens- oder Erbschaftssteuer werden die Beamten und sonstigen Bediensteten und deren Ehegatten so behandelt, als ob sie ihren früheren Wohnsitz in einem Mitgliedstaat der Union beibehalten hätten (Art. 14 Abs. 1). Art. 15 des Protokolls schafft die Rechtsgrundlage für die Festlegung eines unionseigenen Systems der Sozialleistungen. Art. 16 bestimmt schließlich, dass der Rat auf Vorschlag der Kommission den Personenkreis festlegt, auf den Titel V ganz oder teilweise Anwendung findet.

III. Durchführungsbestimmungen und Verwaltungsrichtlinien

14   Gemäß Art. 110 Beamtenstatut und Art. 141 BSB werden die **allgemeinen Durchführungsbestimmungen** zum Statut und zu den BSB von jedem Organ nach Anhörung seiner Personalvertretung und nach Stellungnahme des Statutsbeirats erlassen. Sie sind dem Personal zur Kenntnis zu bringen. Der Erlass von Durchführungsbestimmungen durch alle Organe ist beispielsweise in Art. 32 Abs. 2 Beamtenstatut (Einstufung in die Dienstalterssstufe bei Einstellung des Beamten), Art. 42a Beamtenstatut (Elternurlaub), Art. 45a Beamtenstatut (sog. Zertifizierung) oder Art. 76a Beamtenstatut (zusätzliche finanzielle Unterstützung neben der Hinterbliebenenversorgung) vorgesehen.

15   Daneben gibt es Bestimmungen, die den Erlass von Durchführungsbestimmungen durch die einzelnen Organe vorsehen, z.B. Art. 55 Abs. 2 Beamtenstatut (Arbeitszeit – Bereitschaft), Art. 79 Abs. 2 BSB (zum Einsatz von Vertragsbediensteten) oder Art. 125 Abs. 1 BSB (Erlass der Durchführungsbestimmungen zum Titel über die akkreditierten parlamentarischen Assistenten durch das EP).

16   Außerdem können die Organe **interne Verwaltungsrichtlinien, -beschlüsse oder Dienstanweisungen** für die Ausübung des ihnen im Statut eingeräumten Ermessens erlassen, und zwar auch in den Bereichen, in denen der Erlass allgemeiner Durchführungsmaßnahmen nach Art. 110 Beamtenstatut vorgesehen ist (z.B. für die Durchführung des Beurteilungs- und Beförderungsverfahrens, die berufliche Fortbildung oder die Teilzeitbeschäftigung).[20] Dabei muss aber die Hierarchie der Rechtsquellen beachtet werden. Nachdem eine interne Richtlinie eine Norm niedrigeren Ranges ist als das Beamtenstatut und dessen Durchführungsbestimmungen,[21] darf ein Organ durch sie nicht von

---

[18] ABl. 1967, L 152/13.

[19] VO (EWG, Euratom, EGKS) Nr. 260/68 des Rates vom 29.2.1968 zur Festlegung der Bestimmungen und des Verfahrens für die Erhebung der Steuer zugunsten der Europäischen Gemeinschaften, ABl. 1968, L 56/8.

[20] EuG, Urt. v. 5.10.1995, Rs. T–17/95 (Alexopoulou/Kommission), Slg. ÖD 1995, I-A–227 u. II–683, Rn. 23; Urt. v. 24.1.1991, Rs. T–63/89 (Latham/Kommission), Slg. 1991, II–19, Rn. 25; Urt. v. 30.9.2003, Rs. T–296/01(Tatti/Kommission), Slg. ÖD, 2003, I-A–225 u. II–1093, Rn. 43; Urt. v. 25.10.2005, Rs. T–43/04 (Fardoom u. a./Kommission), Slg. ÖD 2005, I-A–329 u. II–1465, Rn. 35.

[21] EuG, Urt. v. 2.7.1998, Rs. T–236/97 (Ouzounoff Popoff/Kommission), Slg. ÖD 1998 I-A–311 u. II–905, Rn. 44.

den Regelungen des Statuts oder dessen Durchführungsbestimmungen abweichen, auch nicht zugunsten des Beamten.[22]

Eine innerdienstliche Richtlinie, die keine allgemeine Durchführungsbestimmung im Sinne von Artikel 110 Beamtenstatut ist, kann nach ständiger Rechtsprechung zwar nicht als Rechtsnorm qualifiziert werden, die die Verwaltung in jedem Fall beachten müsste. Sie stellt aber eine Verhaltensnorm dar, die einen Hinweis auf die zu befolgende Verwaltungspraxis enthält. Daher kann die Verwaltung nicht ohne Angabe von Gründen davon abweichen, ohne gegen den Grundsatz der Gleichbehandlung zu verstoßen.[23]   **17**

E.   Das Beamtenstatut im Detail

I.   Allgemeines, Aufbau

Die Unionsgerichte definieren das Statut in ständiger Rechtsprechung als »ein autono-   **18**
mes Instrument, dessen einziger Zweck in der Regelung der Rechtsbeziehungen zwischen Organen und Beamten durch Begründung gegenseitiger Rechte und Pflichten besteht.« Das Statut schafft ein Gleichgewicht zwischen den wechselseitigen Rechten und Pflichten in den Beziehungen zwischen den Organen und ihren Beamten, das weder von den Organen noch von den Beamten beeinträchtigt werden darf. Dieses Gleichgewicht ist hauptsächlich dazu bestimmt, das notwendige Vertrauensverhältnis zwischen den Organen und ihren Beamten aufrechtzuerhalten, um für die europäischen Bürger die ordnungsgemäße Erfüllung der im Allgemeininteresse liegenden, den Institutionen zugewiesenen Aufgaben zu gewährleisten.[24]

Das Beamtenstatut besteht aus 9 Titeln mit insgesamt 110 Artikeln sowie 15 Anhän-   **19**
gen. Es beginnt mit den allgemeinen Vorschriften (Titel I), gefolgt von den Vorschriften über die Rechte und Pflichten des Beamten (Titel II), über dessen Laufbahn (Titel III), über die Arbeitsbedingungen (Titel IV), über die Besoldung und die sozialen Rechte (Titel V), über die Disziplinarordnung (Titel VI), den Beschwerdeweg und Rechtsschutz (Titel VII) und endet mit den Übergangs- und Schlussvorschriften (Titel IX). Die Titel VIII, VIIIa und VIIIb enthalten Sondervorschriften für die wissenschaftlichen und technischen Beamten der Union, für den EAD und für die Beamten der Union, die in einem Drittland tätig sind.

---

[22] EuGH, Urt. v. 1. 12. 1983, Rs. 190/82 (Blomefield/Kommission), Slg. 1983, 3981, Rn. 21; Urt. v. 21. 11. 1989, verb. Rs. C–41/88 u. C–178/88 (Becker u. a./Parlament), Slg. 1989, 3807, Rn. 14; EuG, Urt. v. 8. 12. 2005, Rs. T–198/04 (Mederladet/Kommission), Slg. ÖD 2005, I–A–403 u. II–1833, Rn. 38–41.

[23] Vgl. z. B. EuGH, Urt. v. 30. 1. 1974, Rs. 148/73 (Louwage u. a./Kommission), Slg. 1974, 81, Rn. 12, EuG, Urt. v. 24. 1. 1991, Rs. T–63/89 (Latham/Kommission), Slg. 1991, II–19, Rn. 25. Unverbindlich sind hingegen die sog. gemeinsamen Schlussfolgerungen des Kollegiums der Leiter der Verwaltungen der Organe. Sie beeinflussen die Verwaltungspraxis der Organe, binden aber die Anstellungsbehörde beim Erlassen von Einzelentscheidungen nicht; EuG, Urt. v. 26. 9. 1990, Rs. T–48/89 (Beltrante u. a./Rat), Slg. 1990, II–493, Rn. 17; Urt. v. 26. 9. 1990, Rs. T–49/89 (Mavrakos/Rat), Slg. 1990, II–509, Rn. 17; Urt. v. 26. 9. 1990, Rs. T–52/89 (Piemonte/Rat), Slg. 1990, II–513, Rn. 17; Urt. v. 21. 10. 2003, Rs. T–302/01 (Birkhoff/Kommission), Slg. ÖD 2003, I–A–245 u. II–1185, Rn. 42.

[24] Vgl. z. B. EuG, Urt. v. 12. 7. 2011, Rs. T–89/09 P (Kommission/Q), Slg. 2011, II–4313, Rn. 41.

II. Allgemeine Vorschriften (Art. 1 bis 10c Beamtenstatut)

20 In diesem Teil wird der Anwendungsbereich des Statuts definiert (Art. 1, 1a und 1b) (s. Rn. 3 f.), der Grundsatz der Nichtdiskriminierung bei seiner Anwendung festgeschrieben (Art. 1 d) sowie festgelegt, dass jedes Organ bestimmt, wer in seinem Dienstbereich die der Anstellungsbehörde im Statut übertragenen Befugnisse ausübt (Art. 2).

21 Art. 5 legt die drei **Funktionsgruppen** fest, denen die Dienstposten zugeordnet sind: die Funktionsgruppe Administration (»AD«), die Funktionsgruppe Assistenz (»AST«) und die mit der Reform von 2014 neu eingeführte Funktionsgruppe Sekretariat und Hilfskräfte (»AST/SC«).

22 Bei jedem Organ wird u. a. eine Personalvertretung gebildet, bei Bedarf ein Beurteilungsausschuss und für die Union ein Invaliditätsausschuss (Art. 9) sowie ein Statutsbeirat (Art. 10).

III. Rechte und Pflichten des Beamten (Art. 11 bis 26a Beamtenstatut)

23 Der Beamte hat eine **Loyalitätspflicht** gegenüber der Union. Er darf von keiner Regierung, Behörde, Organisation oder Person außerhalb seines Organs Weisungen anfordern oder entgegennehmen und hat sich in der Ausübung seines Amtes ausschließlich von den Interessen der Union leiten zu lassen. Die ihm übertragenen Aufgaben hat er objektiv und unparteiisch auszuführen (Art. 11). Der Beamte ist verpflichtet, jede Handlung und jedes Verhaltens zu unterlassen, die dem Ansehen seines Amtes abträglich sein könnten (Art. 12). Unter gebührender Beachtung der Grundsätze der Loyalität und Unparteilichkeit hat er das Recht auf freie Meinungsäußerung (Art. 17a Abs. 1).

24 Bei der Ausübung seines Amtes darf sich der Beamte nicht mit Angelegenheiten befassen, an denen er mittelbar oder unmittelbar ein persönliches, insbesondere ein familiäres oder finanzielles Interesse hat, das seine Unabhängigkeit beeinträchtigen kann. Wenn er sich in solch einer Situation befindet, muss er umgehend die Anstellungsbehörde informieren, die die erforderlichen Maßnahmen trifft (Art. 11a). Der Anwendungsbereich dieser Bestimmung ist nach ständiger Rechtsprechung[25] aufgrund der fundamentalen Bedeutung der Unabhängigkeit und Integrität des Beamten weit auszulegen. Deshalb besteht die Anzeigepflicht bereits dann, wenn der Anschein eines persönlichen Interesses vorliegt und in den Augen Dritter die Unabhängigkeit des Beamten beeinträchtigt sein könnte.

25 Der Beamte enthält sich jeder Form von Mobbing oder sexueller Belästigung (Art. 12a). »Mobbing« wird als ein ungebührliches Verhalten definiert, das über einen längeren Zeitraum, wiederholt oder systematisch in Verhaltensweisen, mündlichen oder schriftlichen Äußerungen, Handlungen oder Gesten zum Ausdruck kommt, die vorsätzlich begangen werden und die Persönlichkeit, die Würde oder die physische oder psychische Integrität einer Person angreifen (Art. 12a Abs. 3). Nach der Rechtsprechung des EuGöD ist es nicht nötig, dass diese Verhaltensweisen mit Absicht begangen werden, sondern es genügt, wenn das Verhalten objektiv einen Angriff auf die Persönlichkeit, die Würde oder die physische oder psychische Integrität einer Person zur Folge hat.[26]

---

[25] Vgl. z. B. EuG, Urt. v. 9.7.2002, Rs. T–21/01 (Zavvos/Kommission), Slg. 2002, I-A–101 u. II–483, Rn. 39.

[26] Vgl. grundlegend EuGöD, Urt. v. 9.12.2008, Rs. F–52/05 (Q/Kommission), Slg. ÖD 2008, I-A–1–409 u. II-A–1–2235, Rn. 130 ff.; außerdem Urt. v. 16.5.2012, Rs. F–42/10 (Skareby/Kommission), ECLI:EU:F:2012:64, Rn. 52 ff.

Nach Art. 17 hat der Beamte eine Verschwiegenheitspflicht, die auch nach seinem 26
Ausscheiden aus dem Dienst bestehen bleibt. Als Ausnahme von dieser Pflicht sieht
Art. 22a allerdings vor, dass der Beamte unverzüglich seinen Vorgesetzten bzw. den
Generaldirektor oder auch den Generalsekretär unterrichtet, wenn er in Ausübung
seines Amtes Kenntnis von Tatsachen erhält, die die Möglichkeit rechtswidriger Handlungen, einschließlich Betrug oder Korruption, zum Nachteil der Interessen der Union
darstellen können. Er hat außerdem die Möglichkeit, sich direkt an das Europäische Amt
für Betrugsbekämpfung (OLAF) zu wenden.

Der Beamte hat seine Vorgesetzten zu beraten und zu unterstützen und ist für die 27
Durchführung der ihm übertragenen Aufgaben verantwortlich (Art. 21). Er kann gemäß
Art. 22 zum vollen oder teilweisen Ersatz des Schadens herangezogen werden, den die
Union durch sein schwerwiegendes Verschulden in Ausübung oder anlässlich der Ausübung seines Amtes erlitten hat. Gemäß Art. 19 darf der Beamte die ihm bei seiner
amtlichen Tätigkeit bekannt gewordenen Tatsachen nicht ohne Zustimmung seiner Anstellungsbehörde vor Gericht vorbringen oder über sie aussagen.

Die Beamten haben Vereinigungsfreiheit und können insbesondere Gewerkschaften 28
oder Berufsverbänden der europäischen Beamten angehören (Art. 24b).

Von jedem Beamten wird eine Personalakte erstellt, für die er, ebenso wie für seine 29
medizinische Akte (Art. 26a), auch nach dem Ausscheiden aus dem Dienst das Recht zur
vollständigen Einsicht hat (Art. 26).

Eine wichtige Pflicht der Union ist die Beistandspflicht gemäß Art. 24 beim Vorgehen 30
gegen die Urheber von Drohungen, Beleidigungen, übler Nachrede, Verleumdungen
und Anschlägen auf die Person oder das Vermögen, die auf Grund der Dienststellung
oder des Amtes gegen den Beamten oder seine Familienangehörigen gerichtet werden.
Nach ständiger Rechtsprechung besteht die Beistandspflicht auch dann, wenn die genannten Handlungen von einem anderen Beamten der Union ausgehen, obwohl Art. 24
in erster Linie dem Schutz des Beamten gegen Angriffe Dritter dienen soll.[27]

Die Union erleichtert außerdem die berufliche Fortbildung der Beamten, soweit dies 31
mit dem reibungslosen Arbeiten ihrer Dienststellen vereinbar ist und ihren eigenen
Interessen entspricht. Diese Fortbildung ist für das Aufsteigen innerhalb der Laufbahn
zu berücksichtigen (Art. 24a).

IV. Laufbahn des Beamten (Art. 27 bis 54 Beamtenstatut)

Art. 27 verpflichtet die Organe, diejenigen Beamten einzustellen, die in Bezug auf Be- 32
fähigung, Leistung und Integrität höchsten Ansprüchen genügen, und sie auf möglichst
breiter geografischer Grundlage auszuwählen. Die Einstellung erfolgt auf der Basis von
sog. Reservelisten, die aufgrund von allgemeinen Auswahlverfahren erstellt werden,
die meistens das Europäische Amt für Personalauswahl (EPSO) zentral für alle Organe
organisiert.[28] Die in eine Reserveliste aufgenommenen erfolgreichen Teilnehmer erwerben keinen Anspruch auf Ernennung, sondern lediglich eine Anwartschaft darauf.[29]

Die Ernennung zum Beamten erfolgt durch einen einseitigen Akt des Organs auf eine 33
freie Planstelle und zwar in der Besoldungsgruppe der Funktionsgruppe, die in der
Bekanntmachung des betreffenden Auswahlverfahrens angegeben ist (Art. 31). Damit

---

[27] Vgl. z. B. EuGH, Urt. v. 14. 6. 1979, Rs. 18/78 (V/Kommission), Slg. 1979, 2093, Rn. 15.

[28] S. zu den Details für die Auswahlverfahren Anhang III Beamtenstatut.

[29] Z. B. EuGH, Urt. v. 22. 12. 2008, Rs. C–443/07 P (Centeno Mediavilla u. a./Kommission),
Slg. 2008, I–10945, Rn. 64.

der Beamte ernannt werden kann, muss er die in Art. 28 aufgezählten Kriterien erfüllen, z. B. den für die Ausübung des Amtes nötigen sittlichen Anforderungen genügen, die erforderliche körperliche Eignung besitzen[30] und Sprachkenntnisse nachweisen. Gemäß Art. 34 hat der Beamte vor seiner Ernennung auf Lebenszeit eine neunmonatige Probezeit abzuleisten.[31]

34   Die Befähigung, die Leistung und die dienstliche Führung aller Beamten werden jährlich nach den von den einzelnen Organen gemäß Art. 110 Beamtenstatut festgelegten Bedingungen beurteilt (Art. 43). Hat der Beamte in seiner Besoldungsgruppe eine Mindestdienstzeit von zwei Jahren abgeleistet, kann er gemäß Art. 45 unter Abwägung der Verdienste aller Beamten, die für eine Beförderung in Frage kommen, befördert werden. Dabei sind insbesondere die Beurteilung des Beamten, seine Sprachkenntnisse und das Maß der von ihm getragenen Verantwortung zu berücksichtigen.[32]

35   Normalerweise endet das Dienstverhältnis des Beamten mit der Versetzung in den Ruhestand. Er kann aber auch von Amts wegen oder aufgrund unzulänglicher fachlicher Leistungen entlassen werden (Art. 47 ff.).[33]

V.   Arbeitsbedingungen (Art. 55 bis 61 Beamtenstatut)

36   Der Beamte im aktiven Dienst hat seinem Organ jederzeit zur Verfügung zu stehen. Die normale wöchentliche Arbeitszeit liegt zwischen 40 und 42 Stunden. In bestimmten Fällen hat der Beamte Anspruch auf Teilzeitbeschäftigung, z. B. wenn er ein Kind unter neun Jahren oder einen schwer kranken oder behinderten Familienangehörigen betreut. Nur in dringenden Fällen oder bei außergewöhnlichem Arbeitsanfall darf der Beamte zur Leistung von Überstunden herangezogen werden. Dabei darf in einem Zeitraum von sechs Monaten die Zahl von 150 abgeleisteten Stunden nicht überschritten werden (Art. 56).

37   Für jedes Kalenderjahr steht dem Beamten ein Jahresurlaub von mindestens vierundzwanzig und höchstens dreißig Arbeitstagen zu. Der Urlaub aus Krankheitsgründen ist in den Art. 59 und 60 geregelt, Details zur Urlaubsordnung finden sich in Anhang V.[34]

VI.   Besoldung und soziale Rechte (Art. 62 bis 85a Beamtenstatut)

38   Die Dienstbezüge des Beamten bestehen aus dem Grundgehalt, den Familienzulagen und anderen Zulagen (Art. 62). Die Dienstbezüge werden gemäß Art. 65 jährlich ange-

---

[30] Zur Einstellungsuntersuchung s. Art. 33.

[31] Vgl. zur Entlassung nach der Probezeit z. B. EuGöD, Beschl. v. 16.12.2010, Rs. F–25/10 (AG/Parlament), ECLI:EU:F:2010:171.

[32] Zahlenmäßig fallen Verwaltungsbeschwerden über nicht erfolgte Beförderungen stark ins Gewicht, ebenso wie diesbezügliche Verfahren vor dem EuGöD einen erheblichen Anteil der entschiedenen Rs. ausmachen: z. B. im Jahr 2014, 16 von 152 erledigten Rs. (vgl. Jahresbericht 2014, S. 237), im Jahre 2013 21 von 184 erledigten Rs. (vgl. Jahresbericht 2013, S. 227), im Jahr 2012 20 von 121 erledigten Rs. (vgl. Jahresbericht 2012, S. 243), im Jahr 2011 38 von 166 erledigten Rs. (vgl. Jahresbericht 2011, S. 255), im Jahr 2010 20 von 129 erledigten Rs. (vgl. Jahresbericht 2010, S. 237) oder im Jahr 2009 24 von 155 erledigten Rs. (vgl. Jahresbericht 2009, S. 225); Jahresberichte des Gerichtshofs abrufbar unter: http://curia.europa.eu/jcms/jcms/Jo2_7000/ (2.2.2017).

[33] Vgl. zum Verfahren bei unzulänglichen fachlichen Leistungen Art. 51 und aus der seltenen Rspr. EuGöD, Urt. v. 28.10.2010, Rs. F–92/09 (U/Parlament), ECLI:EU:F:2010:140.

[34] Vgl. zur umstrittenen Frage der Anwendbarkeit der RL 2003/88/EG vom 4.11.2003 über bestimmte Aspekte der Arbeitszeitgestaltung, ABl. 2003, L 299/9, auf beamtenrechtliche Streitigkeiten EuGH, Urt. v. 19.9.2013, Rs. C–579/12 RX-II (Kommission/Strack).

passt, die Details dazu sind in Anhang XI geregelt. Das System der Anpassung wurde mit der Reform des Beamtenstatuts im Jahr 2014 grundlegend geändert, nachdem es seit 2009 diesbezüglich zu mehreren Rechtsstreitigkeiten zwischen Kommission und Rat gekommen war.[35] Das ursprüngliche System der Anpassung durch eine auf Vorschlag der Kommission vom Rat verabschiedete Verordnung[36] wurde durch einen automatischen Mechanismus ersetzt.

Zu den Zulagen zählen Familienzulagen, und zwar eine Haushaltszulage, eine Zulage **39** für unterhaltsberechtigte Kinder und eine Erziehungszulage, von denen eventuelle staatliche Leistungen der gleichen Art abgezogen werden (Art. 67). Außerdem erhält der Beamte eine Auslandszulage (Art. 69 i. V. m. Art. 4 Anhang VII) in Höhe von 16% des Gesamtbetrags von Grundgehalt, Haushaltszulage und Zulage für unterhaltsberechtigte Kinder, wenn er nicht die Staatsangehörigkeit des Staates besitzt, in dem er seine Tätigkeit ausübt, und wenn er während eines sechs Monate vor dem Dienstantritt ablaufenden Zeitraums von fünf Jahren in dem Hoheitsgebiet dieses Staates weder seine ständige hauptberufliche Tätigkeit ausgeübt noch seinen ständigen Wohnsitz gehabt hat.

In Krankheitsfällen werden dem Beamten gemäß einer von den Organen der Union **40** im gegenseitigen Einvernehmen verabschiedeten Regelung Aufwendungen in Höhe von bis zu 80% ersetzt. Der zur Sicherstellung dieser Krankheitsfürsorge erforderliche Betrag wird zu einem Drittel von den Beamten getragen (Art. 72). Vom Tage seines Dienstantritts an ist der Beamte für den Fall von Berufskrankheiten und Unfällen versichert (Art. 73).

Wenn der Beamte in den Ruhestand tritt, hat er Anspruch auf 70% seines letzten **41** Grundgehalts, wobei pro Dienstjahr 1,80% dieses letzten Grundgehalts erworben werden (Art. 77). Seit der Reform von 2014 beträgt das Renteneintrittsalter 66 Jahre.

VII. Disziplinarordnung (Art. 86 Beamtenstatut)

Gegen Beamte oder ehemalige Beamte, die vorsätzlich oder fahrlässig die ihnen durch **42** das Statut auferlegten Pflichten verletzen, kann eine Disziplinarstrafe verhängt werden. Die Details dazu sind in Anhang IX geregelt. Leitet das Organ ein Disziplinarverfahren ein, so befasst es den Disziplinarrat, um eine unvoreingenommene Beurteilung des betreffenden Sachverhalts sicherzustellen. Auf der Grundlage der begründeten Stellungnahme des Disziplinarrats kann das Organ die in Art. 9 Anhang IX vorgesehenen Sanktionen verhängen, z. B. eine schriftliche Verwarnung, einen Verweis, eine Rückstufung oder eine Entfernung aus dem Dienst. Dabei ist es nicht an den Vorschlag des Disziplinarrats gebunden.[37]

---

[35] S. EuGH, Urt. v. 24. 11. 2010, Rs. C–40/10 (Kommission/Rat), 2010, I–12043 für die Anpassung mit Wirkung vom 1. 7. 2009, Urteile v. 19. 11. 2013, Rs. C–63/12, C–66/12 u. C–196/12, für die Anpassung mit Wirkung vom 1. 7. 2011; Beschlüsse v. 10. 7. 2014, Rs. C–86/13 u. C–248/13, für die Anpassung mit Wirkung vom 1. 7. 2012.
[36] S. zuletzt VO (EU) Nr. 1239/2010 vom 20. 12. 2010 zur Angleichung der Dienst- und Versorgungsbezüge der Beamten und sonstigen Bediensteten der Europäischen Union sowie der Berichtigungskoeffizienten, die auf diese Dienst- und Versorgungsbezüge anwendbar sind, mit Wirkung vom 1. 7. 2010, ABl. 2010, L 338/1.
[37] Vgl. z. B. EuG, Beschl. v. 18. 12. 1992, Rs. T–8/92 (Di Rocco/EWSA), Slg. 1992, II–2653, Rn. 28.

VIII. Beschwerdeweg und Rechtsschutz (Art. 90 bis 91a Beamtenstatut)

43   Diesbezüglich wird auf die Kommentierung zu Art. 270 AEUV verwiesen.

F.   Die BSB im Detail

I.   Allgemeines, Aufbau

44   Die BSB bestehen aus 142 Artikeln und enthalten nach einem allgemeinen Teil für jede Kategorie von Bediensteten einen eigenen Titel: die Bediensteten auf Zeit (Titel II), die Vertragsbediensteten (Titel IV), die örtlichen Bedienstete (Titel V), die Sonderberater (Titel VI) und die akkreditierten parlamentarischen Assistenten (Titel VII).

45   In vielen Bereichen verweisen die BSB auf Bestimmungen des Statuts, so z. B. für die Bediensteten auf Zeit hinsichtlich der Rechte und Pflichten (Art. 11 BSB), der Beurteilung (Art. 15 BSB), der Arbeitsbedingungen (Art. 16 BSB), bestimmter Aspekte des Gehalts und der Zulagen (Art. 20 BSB), der Berufsunfähigkeits- und Unfallversicherung (Art. 28 BSB) und hinsichtlich des Beschwerdewegs und Rechtsschutzes (Art. 46 BSB). Auch bei den Vertragsbediensteten wird indirekt durch Verweis auf Bestimmungen des Titels II über die Bediensteten auf Zeit auf Vorschriften des Beamtenstatus verwiesen (z. B. Art. 81 BSB auf Art. 11 BSB, Art. 91 BSB auf Art. 16 bis 18 BSB, Art. 92 BSB auf Art. 19 bis 27 BSB, Art. 116 BSB auf Titel VII Beamtenstatut über den Beschwerdeweg). Der Schwerpunkt der folgenden Ausführungen liegt deshalb auf den Charakteristika der verschiedenen Kategorien von Bediensteten, wobei die örtlichen Bediensteten und die Sonderberater aufgrund der geringeren praktischen Bedeutung nicht näher dargestellt werden.

46   Alle Bediensteten werden nach Art. 1 BSB mittels Vertrag eingestellt.

II.   Bedienstete auf Zeit

47   Art. 2 BSB unterschiedet fünf verschiedene Arten von Bediensteten auf Zeit:
– Buchst. a: Bedienstete auf Zeit zur Besetzung einer zeitlich befristeten Planstelle
– Buchst. b: Bedienstete auf Zeit zur Besetzung einer Dauerplanstelle
– Buchst. c: Bedienstete auf Zeit, die Aufgaben bei einer Person wahrnehmen, die ein im EUV oder AEUV vorgesehenes Amt innehat, wie Kommissar oder Richter, oder beim Präsidenten eines Organs oder einem Fraktionsvorsitzenden im EP
– Buchst. d: Bedienstete auf Zeit zur Besetzung einer aus Forschungs- oder Investitionsmitteln finanzierten Dauerplanstelle
– Buchst. e: Bedienstete auf Zeit, die von einem diplomatischen Dienst eines Mitgliedstaates abgeordnet sind und zur Besetzung einer Dauerplanstelle beim EAD eingestellt werden.

48   Die Bediensteten nach **Buchst. a** können auf bestimmte oder unbestimmte Dauer eingestellt werden. Befristete Verträge können allerdings gemäß Art. 8 Abs. 1 BSB nur einmal verlängert werden, ein eventueller Folgevertrag gilt auf unbegrenzte Dauer. Der Anwendungsbereich des Art. 8 Abs. 1 BSB ist gemäß ständiger Rechtsprechung weit auszulegen und die Bestimmung ist streng anzuwenden.[38] In diesem Kontext hat das

---

[38] EuGöD, Urt. v. 13. 4. 2011, Rs. F–105/09 (Scheefer/Parlament), ECLI:EU:F:2011:41, Rn. 55. Vgl. erstmalig zur Frage der Anwendbarkeit von Richtlinien auf die Institutionen, EuGöD, Urt. v.

EuGöD eine umstrittene Rechtsprechung entwickelt, nach der bei der Auslegung von Art. 8 Abs. 1 BSB auch die RL 1999/70 und die in ihrem Anhang enthaltene Rahmenvereinbarung über befristete Arbeitsverträge zu berücksichtigen sind. Der Umstand, dass eine Richtlinie nur für die MS, nicht aber die Organe verbindlich ist, schließt nach Ansicht des EuGöD ihre Berücksichtigung im Rahmen der Beziehungen zwischen Organen und Beamten nicht aus. Die Rahmenvereinbarung mache die Stabilität des Beschäftigungsverhältnisses zu einem vorrangigen Ziel im Bereich der Arbeitsbeziehungen innerhalb der EU, weshalb die Organe als Arbeitgeber die BSB gemäß der ihnen obliegenden Loyalitätspflicht so weit wie möglich im Licht des Wortlauts und Zwecks der Rahmenvereinbarung auslegen und anwenden müssten.[39]

Die Bediensteten nach **Buchst. b** dürfen gemäß Art. 8 Abs. 2 BSB höchstens für vier Jahre eingestellt werden. Das Beschäftigungsverhältnis kann nur einmal um höchstens zwei Jahre verlängert werden, wenn im ursprünglichen Vertrag die Möglichkeit einer Verlängerung vorgesehen ist. Nach Ablauf dieser Zeit darf der Betroffene nicht mehr als Bediensteter auf Zeit eingestellt werden.   **49**

Die Bediensteten nach **Buchst. c** dürfen nach Art. 8 Abs. 3 BSB ausschließlich auf unbestimmte Dauer eingestellt werden. Dienstverhältnisse, die auf der Basis von Art. 2 Buchst. c BSB geschlossen werden, sind durch ein besonderes Element gekennzeichnet, das **gegenseitige Vertrauen**.[40] Der Verlust des Vertrauensverhältnisses rechtfertigt daher eine Kündigung, weil der Bedienstete bei fehlendem Vertrauen die ihm zugewiesenen Aufgaben nicht mehr erfüllen kann.[41] Das Bestehen des gegenseitigen Vertrauens basiert gemäß der ständigen Rechtsprechung nicht auf objektiven Elementen und entzieht sich deshalb der Kontrolle des Unionsrichters.[42] Dieser kann nämlich die Beurteilung durch das zuständige Organ nicht durch seine eigene ersetzen.[43] Allerdings hat der Unionsrichter nach jüngster Rechtsprechung eine begrenzte Überprüfungsbefugnis hinsichtlich der Gründe, die für den Vertrauensverlust vorgebracht werden.[44]   **50**

Die Einstellungsvoraussetzungen der Bediensteten nach **Buchst. d** entsprechen denen für Bedienstete auf Zeit nach Buchst. b (Art. 8 Abs. 2 BSB).   **51**

Die Bediensteten nach **Buchst. e** aus den diplomatischen Diensten der Mitgliedstaaten können gemäß Art. 50b Abs. 2 BSB für einen Zeitraum von höchstens vier Jahren eingestellt werden. Das Beschäftigungsverhältnis darf um höchstens vier Jahre verlängert werden, der Gesamtzeitraum der Anstellung sollte insgesamt acht Jahre nicht überschreiten. Jeder Mitgliedstaat garantiert den Bediensteten seines Landes, die Bedienstete auf Zeit im EAD sind, nach den einschlägigen Bestimmungen seines innerstaatlichen Rechts die sofortige Wiederverwendung am Ende ihres Dienstes beim EAD.   **52**

30.4.2009, Rs. F–65/07 (Aayhan u.a./Parlament), Slg. ÖD 2009, I-A-1–1054 u. II-A-1–567, Rn. 119f.; vorsichtiger EuG, Urt. v. 21.9.2011, Rs. T–325/09 P (Adjemian/Kommission), Slg. 2011, II–6515, Rn. 54ff.

[39] EuGöD, Urt. v. 13.4.2011, Rs. F–105/09 (Scheefer/Parlament), ECLI:EU:F:2011:41, Rn. 56.

[40] Vgl. z.B. EuG, Urt. v. 28.1.1992, Rs. T–45/09 (Speybrouck/Parlament) Slg. 1992, II–33, Rn. 94; Urt. v. 14.7.1997, Rs. T–123/95 (B/Parlament), Slg. 1997, I-A–245 u. II–697, Rn. 72; EuGH, Urt. v. 29.4.2004, Rs. C–111/02 P (Parlement/Reynolds), Slg. 2004, I–5475, Rn. 55; Urt. v. 17.10.2006, Rs. T–406/04 (Bonnet/Gerichtshof), Slg. 2006, I-A–2–213 u. II-A–2–1097, Rn. 47.

[41] EuG, Urt. v. 17.10.2006, Rs. T–406/04 (Bonnet/Gerichtshof), Slg. 2006, I-A–2–213 u. II-A–2–1097, Rn. 95; EuGöD, Urt. v. 24.2.2010, Rs. F–89/08 (P/Parlament), ECLI:EU:F:2010:11, Rn. 34 u. 113; Urt. v. 7.7.2010, verb. Rs. F–116/07, F–13/08 u. F–31/08 (Tomas/Parlament), ECLI: EU:F:2010:77, Rn. 148f.

[42] EuG, Urt. v. 14.7.1997, Rs. T–123/95 (B/Parlament), Slg. 1997, I-A–245 u. II–697, Rn. 73.

[43] EuG, Urt. v. 14.7.1997, Rs. T–123/95 (B/Parlament), Slg. 1997, I-A–245 u. II–697, Rn. 73.

[44] EuG, Urt. v. 11.9.2013, Rs. T–317/10 P (L/Parlament), ECLI:EU:T:2013:413, Rn. 70ff.

53   Zur Kategorie der Bediensteten auf Zeit ist abschließend das grundlegende Urteil Landgren/ETF[45] aus dem Jahre 2006 zur Begründungspflicht bei Kündigung eines Vertrages auf unbestimmte Dauer zu erwähnen. Nach bis dahin geltender Rechtsprechung konnte das Beschäftigungsverhältnis eines Bediensteten auf Zeit mit einem auf unbestimmter Dauer geschlossenen Vertrag vom Dienstherrn ohne Begründung gekündigt werden konnte, sofern die Kündigungsfrist eingehalten wurde (vgl. Art. 47 Abs. 2 BSB).[46] In seinem Landgren-Urteil hat das Plenum des EuGöD für die Verträge nach Art. 2 Buchst. a BSB eine Kehrtwende vollzogen und das Bestehen einer Begründungspflicht bejaht. Dieses Ergebnis wurde u. a. mit der Entwicklung des Rechts zum Schutz der Arbeitnehmer vor Entlassung und vor missbräuchlicher Verwendung aufeinanderfolgender befristeter Arbeitsverträge sowie der Unionsrechtsprechung zum Erfordernis einer förmlichen Begründung beschwerender Maßnahmen begründet.[47] Das Bestehen einer Begründungspflicht wurde dann im Jahre 2010 in der Rs. P/Parlament auch für die Bediensteten nach Art. 2 Buchst. c BSB bestätigt.[48]

III. Vertragsbedienstete

54   Die Kategorie der Vertragsbediensteten wurde mit der Reform der BSB im Jahr 2004 eingeführt.[49] Die Vertragsbediensteten sollen Aufgaben aus einem begrenzten Bereich unter der Aufsicht von Beamten oder Bediensteten auf Zeit erfüllen und auf längere Sicht die Hilfskräfte und die Beamten der frühen Laufbahngruppe D (z. B. Chauffeure) ersetzen. Ihre Rechte und Pflichten sowie die Sozialleistungen, Zulagen und Arbeitsbedingungen sind analog zu denen der Bediensteten auf Zeit geregelt.[50]

55   Vertragsbediensteter im Sinne der BSB ist ein Bediensteter in Voll- oder Teilzeitbeschäftigung, der keine Planstelle besetzt, sondern aus Mitteln bezahlt wird, die zu diesem Zweck im Einzelplan des Gesamthaushaltsplans für das betreffende Organ eingesetzt sind (Art. 3a, Art. 79 BSB).

56   Die BSB unterscheiden zwei Arten von Vertragsbediensteten, diejenigen nach **Art. 3a BSB** und die »Vertragsbediensteten für Hilfstätigkeiten« **nach Art. 3b BSB**. Erstere führen manuelle oder unterstützende verwaltungstechnische Tätigkeiten aus und können außer in den Organen auch in den Agenturen, den sonstigen Einrichtungen der EU, in den Vertretungen und Delegationen der Unionsorgane und in den sonstigen Einrichtungen außerhalb der EU zum Einsatz kommen. Sie werden gemäß Art. 85 BSB mit Verträgen auf bestimmte Dauer für mindestens drei Monate und höchstens fünf Jahre eingestellt. Eine einmalige Verlängerung auf bestimmte Dauer für höchstens fünf Jahre ist möglich, jede weitere Verlängerung erfolgt auf unbestimmte Dauer.

---

[45] EuGöD, Urt. v. 26.10.2006, Rs. 1/05 (Landgren/ETF), Slg. ÖD 2006, I-A-1-123 u. II-A-1-459.

[46] Vgl. aus der ständigen Rspr. z. B. EuGH, Urt. v. 18.10.1977, Rs. C-25/68 (Schertzer/Parlament), Slg. 1977, 1729, Rn. 38 bis 40; Urt. v. 19.6.1992, Rs. C-18/91 P (V/Parlament), Slg. 1992, I-3997, Rn. 39; EuG, Urt. v. 28.1.1992, Rs. T-45/90 (Speybrouck/Parlament) Slg. 1992, II-33, Rn. 90; Urt. v. 17.3.1994, T-51/91 (Hoyer/Kommission), Slg. ÖD 1994, I-A-103 u. II-341, Rn. 27.

[47] Die Begründungspflicht wurde im Rechtsmittel vom EuG bestätigt; Urt. v. 8.9.2009, Rs. T-404/06 P (ETF/Landgren), Slg. 2009, II-2841.

[48] EuGöD, Urt. v. 24.2.2010, Rs. F-89/08 (P/Parlament), ECLI:EU:F:2010:11, Rn. 69 ff.

[49] Vgl. VO (EG, Euratom) Nr. 723/2004 des Rates vom 22.3.2004 zur Änderung des Statuts der Beamten der Europäischen Gemeinschaften und der Beschäftigungsbedingungen für die sonstigen Bediensteten dieser Gemeinschaften, ABl. 2004, L 124/1.

[50] Vgl. Erwägungsgrund 36 der VO (EG, Euratom) Nr. 723/2004.

Vertragsbedienstete für Hilfstätigkeiten werden hingegen eingestellt, um andere als   **57**
die in Art. 3a BSB genannten Tätigkeiten (manuelle oder unterstützende verwaltungstechnische) auszuführen, und zwar um einen Beamten oder Bediensteten der Funktionsgruppe AST oder AST/SC zu vertreten. Nur ausnahmsweise können sie einen Beamten oder Bediensteten der Funktionsgruppe AD vertreten, ausgenommen sind davon
jedenfalls Referatsleiter, Direktoren und Generaldirektoren. Vertragsbedienstete für
Hilfstätigkeiten können nach Art. 88 BSB nur mit Verträgen auf bestimmte Dauer eingestellt werden, die Gesamtbeschäftigungszeit in einem Organ darf drei Jahre nicht
überschreiten.

Für beide Kategorien von Vertragsbediensteten sieht Art. 80 BSB vor, dass sie nach   **58**
den jeweiligen Aufgabenbereichen in vier Funktionsgruppen eingeteilt werden. Funktionsgruppe I umfasst manuelle und unterstützende verwaltungstechnische Tätigkeiten,
Funktionsgruppe II Sekretariats-, Büro- und sonstige gleichwertige Tätigkeiten, Funktionsgruppe III ausführende Tätigkeiten, das Abfassen von Texten, Buchhaltung und
gleichwertige technische Aufgaben und Funktionsgruppe IV Verwaltungs- und Bera-
tungstätigkeiten, Tätigkeiten im sprachlichen Bereich und gleichwertige technische
Aufgaben.

IV. Akkreditierte parlamentarische Assistenten

Die Kategorie der akkreditierten parlamentarischen Assistenten (im folgenden APA)   **59**
wurde durch Beschluss des Rates im Jahr 2009[51] geschaffen. Vorausgegangen war dieser
Einführung die Verabschiedung des Statuts der Abgeordneten zum EP im Jahr 2005,[52]
gemäß dessen Art. 21 die Abgeordneten Anspruch auf Unterstützung durch persönliche, frei von ihnen ausgewählte Mitarbeiter haben. Mit den im Juli 2008 verabschiedeten Durchführungsbestimmungen zum Abgeordnetenstatut wurde vorgesehen, dass
es zukünftig zwei verschiedene Kategorien von Mitarbeitern geben sollte, die sog. APA
an einem der drei Arbeitsorte des EP und die sog. »örtlichen Assistenten«, die die
Abgeordneten, in dem Mitgliedstaat unterstützen, in dem sie gewählt wurden. Die zweite Kategorie sollte, wie schon vor Inkrafttreten des Abgeordnetenstatuts, weiterhin
nach dem jeweils geltenden nationalen Recht beschäftigt werden. Die APA hingegen
sollten aus Gründen der Gewährleistung der Transparenz und der Rechtssicherheit
durch gemeinsame Regeln mittels direkter Verträge mit dem EP beschäftigt werden.
Deshalb wurden die BSB um eine neue, spezifische, dem EP eigene Kategorie von
sonstigen Bediensteten ergänzt (Art. 5b, Art. 125 ff. BSB). Bei der Einbeziehung in die
BSB mussten die persönliche Situation der APA, die besonderen Aufgaben, die sie zu
erfüllen haben, und die spezifischen Obliegenheiten und Pflichten berücksichtigt werden, die sie gegenüber den Abgeordneten des EP, für die sie arbeiten, erfüllen müssen.
Das EP hat gemäß Art. 125 Abs. 1 BSB Durchführungsbestimmungen zum Titel der
BSB über die APA erlassen.[53]

Art. 5b BSB definiert den APA als eine von einem oder mehreren Abgeordneten   **60**
ausgewählte Person, die mittels eines direkten Vertrags mit dem EP eingestellt wird, um
an einem seiner drei Arbeitsorte einem oder mehreren Abgeordneten bei der Ausübung

---

[51] Verordnung (EG) Nr. 160/2009 des Rates vom 23. 2. 2009 zur Änderung der Beschäftigungsbedingungen für die sonstigen Bediensteten der Europäischen Gemeinschaften, ABl. 2009, L 55/1.
[52] Beschluss des Europäischen Parlaments vom 28. 9. 2005 zur Annahme des Abgeordnetenstatuts
des Europäischen Parlaments (2005/684/EG, Euratom), ABl. 2005, L 262/1.
[53] Entscheidung des Präsidiums des EP vom 9. 3. 2009.

ihrer Aufgaben unter deren Leitung und Aufsicht und in einer Beziehung gegenseitigen Vertrauens, das aus der in Artikel 21 des Abgeordnetenstatuts des EP genannten Wahlfreiheit folgt, unmittelbare Unterstützung zu leisten.

61   Die APA besetzen keine Planstelle, sondern werden direkt aus den für sie zur Verfügung gestellten Haushaltsmitteln des EP gezahlt. Es gibt nur eine einzige Kategorie von APA, die jedoch in verschiedene Besoldungsgruppen eingeteilt werden. Die Verträge werden auf bestimmte Dauer geschlossen und enden spätestens mit der Ende der Wahlperiode (Art. 130 Abs. 1 BSB).

62   Die APA haben eine autonome Vertretung außerhalb des Systems, das für Beamte und sonstige Bedienstete des Europäischen Parlaments gilt. Ihre Vertreter sollten als Ansprechpartner gegenüber der zuständigen Behörde des EP fungieren, wobei eine förmliche Verbindung zwischen der nach dem Statut vorgesehenen Personalvertretung und der autonomen Vertretung der Assistenten hergestellt werden soll (Art. 126 Abs. 2 UAbs. 2 BSB).

Artikel 337 AEUV [Auskunfts- und Nachprüfungsrechte der Kommission]

Zur Erfüllung der ihr übertragenen Aufgaben kann die Kommission alle erforderlichen Auskünfte einholen und alle erforderlichen Nachprüfungen vornehmen; der Rahmen und die nähere Maßgabe hierfür werden vom Rat, der mit einfacher Mehrheit beschließt, gemäß den Bestimmungen der Verträge festgelegt.

Literaturübersicht

Benedikt, Geheimnisschutz im deutschen Verwaltungsprozess und im Verfahren vor der Unionsgerichtsbarkeit – Eine Untersuchung der Vorlage- und Auskunftspflichten staatlicher Stellen im gerichtlichen Verfahren, 2013; *Beutler*, Der Schutz der Vertraulichkeit zwischen Anwalt und Mandanten im Europäischen Recht, RIW 1982, 820; *Birnstiel/Bungenberg/Heinrich* (Hrsg.), Europäisches Beihilfenrecht, 2013; *Bischke*, Deutsche Bahn/Kommission – Die Nachprüfungsbefugnisse der Europäischen Kommission nach Art. 20 VO 1/2003 auf dem Prüfstand der Gerichte in Luxemburg, NZKart 2013, 397; *ders.*, Welchen Anforderungen muss ein Auskunftsbeschluss der EU-Kommission gemäß Art. 18 Abs. 3 VO 1/2003 genügen?, NZKart 2014, 299; *Brinker*, Verfahrensgrundrechte für Unternehmen, in: Schwarze (Hrsg.), Wirtschaftsverfassungsrechtliche Garantien für Unternehmen im europäischen Binnenmarkt, 2002, S. 177; *Buntscheck*, Anwaltskorrespondenz – Beitrag zur geordneten Rechtspflege oder »tickende Zeitbombe«, WuW 2007, 229; *von Danwitz*, Der Grundsatz der Verhältnismäßigkeit im Gemeinschaftsrecht, EWS 2003, 393; *ders.*, Europäisches Verwaltungsrecht, 2008; *David*, Inspektionen im Europäischen Verwaltungsrecht, 2003; *dies.*, Inspektionen als Instrument der Vollzugskontrolle im Europäischen Verwaltungsverbund, in: Schmidt-Aßmann/Schöndorf-Haubold (Hrsg.), Der Europäische Verwaltungsverbund – Formen und Verfahren der Verwaltungszusammenarbeit in der EU, 2005, S. 237; *de Bronett*, Europäisches Kartellverfahrensrecht – Kommentar zur VO 1/2003, 2. Aufl., 2011; *Fischer/Iliopoulos*, Die Sicherung der Vertraulichkeit der Anwaltskorrespondenz im kartellrechtlichen Nachprüfungsverfahren – Zur Bedeutung des AM & S-Urteils des EuGH, NJW 1983, 1031; *Forrester*, Legal professional privilege: limitations on the Commission powers of inspection following the AM & S judgement, CMLRev. 20 (1983), 75; *Galetta/Hofmann/Schneider*, Information Exchange in the European Administrative Union: An Introduction, EPL 20 (2014), 65; *Giegerich/Lauer*, Der Justizgewährleistungsanspruch in Europa: Art. 47 GrCh, Art. 19 Abs. 1 UAbs. 2 EUV und das deutsche Verwaltungsprozessrecht, ZEuS 2014, 461; *Göttlinger*, Auskunftsrechte der Kommission im Recht der Europäischen Union, 2013; *Gronemeyer/Slobodenjuk*, Legal Professional Privilege in Kartellverfahren – Vertraulichkeitsschutz am Scheideweg?, EWS 2010, 308; *Hempel*, Mehr Sorgfalt bei Auskunftsbeschlüssen im Kartellverfahren, EuZw 2016, 379; *Hensmann*, Die Ermittlungsrechte der Kommission im europäischen Kartellverfahren – Reichweite und Grenzen, 2009; *Heußner*, Informationssysteme im Europäischen Verwaltungsverbund, 2007; *Harbo*, The Function of the Proportionality Principle in EU Law, ELJ 16 (2010), 158; *Hirsch/Montag/Säcker* (Hrsg.), Münchener Kommentar zum Europäischen und Deutschen Wettbewerbsrecht (Kartellrecht), Band 1: Europäisches Wettbewerbsrecht, 2007; *Immenga/Mestmäcker* (Hrsg.), Wettbewerbsrecht – Kommentar zum Europäischen Kartellrecht, Bd. 1 (Teil 1 u. Teil 2), 5. Aufl., 2012; *Kapp*, Vertraulichkeit der Anwaltskorrespondenz im Kartellverfahren – neue Entwicklungen, WuW 2003, 142; *Kapp/Schröder*, Legal Privilege des EG-(Kartell-)Verfahrensrechts: Ist § 97 Abs. 2 Satz 1 StPO gemeinschaftsrechtswidrig?, WuW 2002, 555; *Kellerbauer*, Limits on EU antitrust investigative measures under recent case-law: tiptoeing between proportionality and effectiveness, EuZW 2014, 407; *Kerse/Khan*, EU-Antitrust Procedure, 6. Aufl., 2012; *Kilian*, Die Rechtsstellung von Unternehmensjuristen im Europäischen Kartellverfahrensrecht, IPRax 2009, 318; *ders.*, Beschränkung von Untersuchungsbefugnissen der Kommission in Kartellverfahren bei Beteiligung von Unternehmensjuristen mit Anwaltszulassung, IPRax 2011, 370; *Kischel*, Die Kontrolle der Verhältnismäßigkeit durch den Europäischen Gerichtshof, EuR 2000, 380; *Klees*, Europäisches Kartellverfahrensrecht – mit Fusionskontrollverfahren, 2005; *Klees*, Von »AM & S« zu »Akzo Nobel«: Weiterhin kein Legal Professional Privilege für Syndikusanwälte in europäischen Kartellverfahren, EWS 2011, 76; *Lafarge*, Administrative Cooperation between Member States and Implementation of EU Law, EPL 16 (2010), 598; *Langen/Bunte* (Hrsg.), Kommentar zum deutschen und europäischen Kartellrecht, Bd. 2: Europäisches Kartellrecht, 11. Aufl., 2010; *Latour*, Die integrierte Umweltverwaltung in der Europäischen Union, 2013; *Leino*, Efficiency, Citizens and Administrative Culture. The Politics of Good Administration in the EU, EPL 20 (2014), 681; *Loewenheim/Meessen/Riesenkampff* (Hrsg.), Kartellrecht

(Europäisches und Deutsches Recht) – Kommentar, 3. Aufl., 2016; *Lubig*, Beweisverwertungsverbote im Kartellverfahrensrecht der Europäischen Gemeinschaft – Eine Untersuchung zu den gemeinschaftsrechtlichen Grenzen einer Beweisverwertung in behördlichen Kartellverfahren, 2008; *Mäger* (Hrsg.), Europäisches Kartellrecht, 2. Aufl., 2011; *Mäsch* (Hrsg.), Praxiskommentar zum deutschen und europäischen Kartellrecht, 2010; *Meyer/Kuhn*, Befugnisse und Grenzen kartellrechtlicher Durchsuchungen nach VO Nr. 1/2003 und nationalem Recht, WuW 2004, 880; *Munding*, Das Grundrecht auf effektiven Rechtsschutz im Rechtssystem der Europäischen Union, 2010; *Nehl*, Nachprüfungsbefugnisse der Kommission aus gemeinschaftsverfassungsrechtlicher Perspektive, in: Behrens/Braun/Nowak (Hrsg.), Europäisches Wettbewerbsrecht im Umbruch, 2004, S. 73; *Nowak*, Grundrechte im europäischen Konstitutionalisierungsprozess – zugleich ein Beitrag zum Spannungsverhältnis zwischen dem Grundsatz der Verwaltungseffektivität und effektivem Grundrechtsschutz bei kartellverfahrensrechtlichen Nachprüfungen, in: Bruha/Nowak (Hrsg.), Die Europäische Union: Innere Verfasstheit und globale Handlungsfähigkeit, 2006, S. 107; *Overbeek*, The Right to Remain Silent in Competition Investigations: The Funke Decision of the Court of Human Rights Makes Revision of the ECJ's Case law Necessary, ECLR 1994, 127; *Pache*, Der Grundsatz der Verhältnismäßigkeit in der Rechtsprechung der Gerichte der Europäischen Gemeinschaften, NVwZ 1999, 1033; *Reinalter*, Die Grenzen der Ermittlungsbefugnisse der Europäischen Kommission im Kartellverfahren, ZEuS 2009, 53; *Rieger/Jester/Sturm*, Das Europäische Kartellverfahren: Rechte und Stellung der Beteiligten nach Inkrafttreten der VO 1/03, in: Tietje/Kraft/Sethe (Hrsg.), Beiträge zum Transnationalen Wirtschaftsrecht, Heft 35, 1/2005, S. 1; *Röhrig*, Zum Stand des Grundrechtsschutzes bei kartellrechtlichen Ermittlungen der Kommission – Überlegungen zu EuG, Urt. v. 6. 9. 2013, verb. Rs. T–289/11, T–290/11 und T–521/11 – Deutsche Bahn AG u. a./Kommission, WuW 2014, 814; *Saurer*, Der kompetenzrechtliche Verhältnismäßigkeitsgrundsatz im Recht der Europäischen Union, JZ 2014, 281; *Schmidt-Aßmann*, Informationsbasierte Konflikte im Europäischen Verwaltungsrecht, FS Schwarze, 2014, S. 419; *Schneider*, Informationssysteme als Bausteine des Europäischen Verwaltungsverbunds, NVwZ 2012, 65; *Schneider*, Basic Structures of Information Management in the European Administrative Union, EPL 20 (2014), 89; *Schnichels/Resch*, Das Anwaltsprivileg im europäischen Kontext, EuZW 2011, 47; *Schwarze*, Europäisches Verwaltungsrecht – Entstehung und Entwicklung im Rahmen der Europäischen Gemeinschaft, 2. Aufl., 2005; *Schwarze/Weitbrecht*, Grundzüge des europäischen Kartellverfahrensrechts – Die Verordnung (EG) Nr. 1/2003, 2004; *Seitz*, Unternehmensjuristen und das Anwaltsprivileg im europäischen Wettbewerbsverfahren, EuZW 2004, 231; *dies.*, Der Vertraulichkeitsschutz der Anwaltskorrespondenz im europäischen Wettbewerbsverfahren, EuZW 2008, 204; *dies.*, Ein Schritt vor und zwei zurück? – Zum letzten Stand des Anwaltsgeheimnisses für Unternehmensanwälte im Europäischen Kartellverfahren, EuZW 2010, 524; *dies.*, Ursprung, Geltung und Umfang des Anwaltsgeheimnisses im Europäischen Wettbewerbsrecht – Zum derzeitigen Stand des legal professional privilege im Lichte des Grundrechtsschutzes im Europäischen Kartellverfahren, in: Weiß (Hrsg.), Die Rechtsstellung Betroffener im modernisierten EU-Kartellverfahren, 2010, S. 93; *Seitz/Berg/Lohrberg*, »Dawn Raids« im europäischen Kartellverfahren – Anforderungen an Erforderlichkeit und Bestimmtheit von Nachprüfungsentscheidungen, WuW 2007, 716; *Sommer*, Verwaltungskooperation am Beispiel administrativer Informationsverfahren im Europäischen Umweltrecht, 2003; *dies.*, Informationskooperation am Beispiel des europäischen Umweltrechts, in: Schmidt-Aßmann/Schöndorf-Haubold (Hrsg.), Der Europäische Verwaltungsverbund – Formen und Verfahren der Verwaltungszusammenarbeit in der EU, 2005, S. 57; *Soyez*, Das EuGH-Urteil SGL Carbon – Eine Niederlage für die Verteidigungsrechte im EG-Kartellbußgeldverfahren, EWS 2006, 389; *Stefanelli*, The Negative Implications of EU Privilege Law under Akzo Nobel at Home and Abroad, I. C. L. Q. 2011, 545; *Trstenjak/Beysen*, Das Prinzip der Verhältnismäßigkeit in der Unionsrechtsordnung, EuR 2012, 265; *Vocke*, Die Ermittlungsbefugnisse der EG-Kommission im kartellrechtlichen Voruntersuchungsverfahren – Eine Untersuchung zur Auslegung der Ermittlungsrechte im Spannungsfeld zwischen öffentlichen und Individualinteressen, 2006; *Weiß*, Der Schutz des Rechts auf Aussageverweigerung durch die EMRK, NJW 1999, 2236; *ders.*, Neues zum legal professional privilege – Eine Anmerkung zum Akzo-Urteil des EuG, EuR 2008, 546; *ders.*, EU-Kartellverfahren und Grundrechte – Neues aus Lissabon, ÖZK 2010, 12; *Willis*, »You have the right to remain silent…«, or do you? The privilege against self-incrimination following Mannesmannröhren-Werke and other recent decisions, ECLR 2001, 313; *Wittinger*, Das »Recht auf eine gute Verwaltung« in Artikel 41 Absatz 1 und 2 der Grundrechtecharta der Europäischen Union, UBWV 2013, 3; *Wohlmann*, Die Entscheidung »Akzo« des Europäischen Gerichtshofes, 1. Instanz, vom 17. September 2007 und seine Auswirkungen auf Unternehmensanwälte – Gleichzeitig ein rechtsvergleichender Blick auf die Schweiz, GPR 2008, 293.

Leitentscheidungen

EuGH, Urt. v. 26.6.1980, Rs. 136/79 (National Panasonic/Kommission), Slg. 1980, 2033

EuGH, Urt. v. 18.5.1982, Rs. 155/79 (AM&S/Kommission), Slg. 1982, 1575

EuGH, Urt. v. 21.9.1989, verb. Rs. 46/87 u. 227/88 (Hoechst/Kommission), Slg. 1989, 2859

EuGH, Urt. v. 17.10.1989, Rs. 85/87 (Dow Benelux/Kommission), Slg. 1989, 3137

EuGH, Urt. v. 17.10.1989, verb. Rs. 97/87 bis 99/87 (Dow Chemical Ibérica u.a./Kommission), Slg. 1989, 3165

EuGH, Urt. v. 18.10.1989, Rs. 374/87 (Orkem/Kommission), Slg. 1989, 3283

EuG, Urt. v. 12.12.1991, Rs. T–39/90 (SEP/Kommission), Slg. 1991, II–1497

EuG, Urt. v. 8.3.1995, Rs. T–34/93 (Société Générale/Kommission), Slg. 1995, II–545

EuGH, Urt. v. 9.11.1995, Rs. C–426/93 (Deutschland/Rat), Slg. 1995, I–3723

EuG, Urt. v. 20.4.1999, verb. Rs. T–305–307/94, T–313–31/94, T–318/94, T–325/94, T–328/94, T–329/94 u. T–335/94 (Limburgse Vinyl Maatschappij u.a./Kommission), Slg. 1999, II–931

EuG, Urt. v. 20.2.2001, Rs. T–112/98 (Mannesmannröhren-Werke/Kommission), Slg. 2001, II–729

EuGH, Urt. v. 22.10.2002, Rs. C–94/00 (Roquette Frères), Slg. 2002, I–9011

EuG, Urt. v. 11.12.2002, Rs. T–65/99 (Strintzis Lines Shipping/Kommission), Slg. 2003, II–5433

EuG, Urt. v. 29.4.2004, verb. Rs. T–236/01, T–239/01, T–244–246/01, T–251/01 u. T–252/01 (Tokai Carbon u.a./Kommission), Slg. 2004, II–1181

EuGH, Urt. v. 29.6.2006, Rs. C–301/04 P (Kommission/SGL Carbon), Slg. 2006, I–5915

EuG, Urt. v. 14.12.2006, verb. Rs. T–259/02 bis T–264/02 u. T–271/02 (Raiffeisen Zentralbank Österreich u.a./Kommission), Slg. 2006, II–5169

EuG, Urt. v. 8.3.2007, Rs. T–339/04 (France Télécom/Kommission), Slg. 2007, II–521

EuG, Urt. v. 17.9.2007, verb. Rs. T–125/03 R u. T–253/03 (Akzo Nobel Chemicals u.a./Kommission), Slg. 2007, II–3523

EuG, Urt. v. 28.4.2010, Rs. T–446/05 (Amann & Söhne u.a./Kommission), Slg. 2010, II–1255

EuGH, Urt. v. 14.9.2010, Rs. C–550/07 P (Akzo Nobel Chemicals u.a./Kommission), Slg. 2010, I–8301

EuG, Urt. v. 13.7.2011, Rs. T–138/07 (Schindler Holding u.a./Kommission), Slg. 2011, II–4819

EuGH, Urt. v. 6.9.2012, Rs. C–490/10 (Europäisches Parlament/Rat der EU), EurUP 2013, 226

EuG, Urt. v. 6.9.2013, verb. Rs. T–289/11, T–290/11 u. T–521/11 (Deutsche Bahn/Kommission), NZKart 2013, 407

EuG, Urt. v. 14.11.2012, Rs. T–135/09 (Nexans/Kommission), NZKart 2013, 119

EuG, Urt. v. 18.6.2015, Rs. C–583/13 P (Deutsche Bahn u.a./Kommission), ECLI:EU:C:2015:404

EuG, Urt. v. 10.3.2016, Rs. C–247/14 P (HeidelbergCement/Kommission), ECLI:EU:C:2016:149

Wesentliche sekundärrechtliche Vorschriften:

Verordnung (EG) Nr. 2186/93 des Rates vom 22.7.1993 über die innergemeinschaftliche Koordinierung des Aufbaus von Unternehmensregistern für statistische Verwendungszwecke, ABl. 1993, L 196/1

Verordnung (EG, Euratom) Nr. 2988/95 des Rates vom 18.12.1995 über den Schutz der finanziellen Interessen der Europäischen Gemeinschaften, ABl. 1995, L 312/1

Verordnung (EG) Nr. 2185/1996 des Rates vom 11.11.1996 betreffend die Kontrollen und Überprüfungen vor Ort durch die Kommission zum Schutz der finanziellen Interessen der Europäischen Gemeinschaften vor Betrug und anderen Unregelmäßigkeiten, ABl. 1996, L 292/2

Richtlinie 98/34/EG des Europäischen Parlaments und des Rates vom 22.6.1998 über ein Informationsverfahren auf dem Gebiet der Normen und technischen Vorschriften, ABl. 1998, L 2004/37

Verordnung (EG) Nr. 659/1999 des Rates vom 22.3.1999 über besondere Vorschriften für die Anwendung von Artikel 93 des EG-Vertrags [jetzt: Art. 108 AEUV], ABl. 1999, L 81/1, i.d.F. der Änderungs-VO (EU) Nr. 734/2013 des Rates vom 22.7.2013, ABl. 2013, L 204/15

Verordnung (EG) Nr. 1/2003 des Rates vom 16.12.2002 zur Durchführung der in den Artikeln 81 und 82 des Vertrags [jetzt: Art. 101 und 102 AEUV] niedergelegten Wettbewerbsregeln, ABl. 2003, L 1/1

Verordnung (EG) Nr. 405/2003 des Rates vom 27.2.2003 über eine gemeinschaftliche Überwachung der Einfuhren von Steinkohle mit Ursprung in Drittländern, ABl. 2003, L 62/1

Verordnung (EG) Nr. 139/2004 des Rates vom 20.1.2004 über die Kontrolle von Unternehmenszusammenschlüssen, ABl. 2004, L 24/1

Verordnung (EG) Nr. 597/2009 des Rates vom 11.6.2009 über den Schutz gegen subventionierte Einfuhren aus nicht zur Europäischen Gemeinschaft gehörenden Ländern, ABl. 2009, L 188/93

Verordnung (EG) Nr. 1225/2009 des Rates vom 30. 11. 2009 über den Schutz gegen gedumpte Einfuhren aus nicht zur Europäischen Gemeinschaft gehörenden Ländern, ABl. 2009, L 343/51

Verordnung (EU) Nr. 1303/2013 des Europäischen Parlaments und des Rates vom 17. 12. 2013 mit gemeinsamen Bestimmungen über den Europäischen Fonds für regionale Entwicklung, den Europäischen Sozialfonds, den Kohäsionsfonds, den Europäischen Landwirtschaftsfonds für die Entwicklung des ländlichen Raums und den Europäischen Meeres- und Fischereifonds sowie mit allgemeinen Bestimmungen über den Europäischen Fonds für regionale Entwicklung, den Europäischen Sozialfonds, den Kohäsionsfonds und den Europäischen Meeres- und Fischereifonds und zur Aufhebung der Verordnung (EG) Nr. 1083/2006 des Rates, ABl. 2013, L 347/320

Verordnung (EU) Nr. 1306/2013 des Europäischen Parlaments und des Rates vom 17. 12. 2013 über die Finanzierung, die Verwaltung und das Kontrollsystem der Gemeinsamen Agrarpolitik und zur Aufhebung der Verordnungen (EWG) Nr. 352/78, (EG) Nr. 165/94, (EG) Nr. 2799/98, (EG) Nr. 814/2000, (EG) Nr. 1290/2005 und (EG) Nr. 485/2008 des Rates, ABl. 2013, L 347/549

Verordnung (EU) Nr. 2015/1589 des Rates vom 13. 7. 2015 über besondere Vorschriften für die Anwendung von Artikel 109 des Vertrags über die Arbeitsweise der Europäischen Union, ABl. 2015, L 248/9

Inhaltsübersicht

A. Überblick

1 Art. 337 AEUV, der sich in recht kurzer Form mit Auskunfts- und Nachprüfungsrechten der Kommission befasst und dem Rat eine diesbezügliche Rechtsetzungsbefugnis einräumt, gehört zu den Schlussbestimmungen und weiteren Bestimmungen allgemeiner Art, die im siebten Teil des Vertrags über die Arbeitsweise der EU enthalten sind. Diese Bestimmung steht in einem engen informationsverfassungs- und informationsverwaltungsrechtlichen **Funktionszusammenhang** mit der »Nachbar«-Bestimmung des Art. 338 AEUV, der als spezielle Grundlage für die Datenerhebung gewissermaßen als lex speciales zu Art. 337 AEUV einzuordnen ist (s. Art. 338 AEUV, Rn. 11), sowie mit Art. 339 AEUV, da die in dieser Bestimmung geregelte Geheimhaltungspflicht auch die Verwertung der auf der Grundlage des Art. 337 AEUV erlangten Informationen begrenzt (s. Art. 339 AEUV, Rn. 1 ff.).

In inhaltlicher Hinsicht ist Art. 337 AEUV, der auf Art. 213 EWGV zurückgeht und **2** nahezu wortgleich mit Art. 187 EAGV sowie mit Art. III–428 des »gescheiterten« Vertrags über eine Verfassung für Europa aus dem Jahre 2004 (s. Art. 1 EUV, Rn. 28 ff.) übereinstimmt, mit seiner Vorgängerbestimmung in Gestalt des Art. 284 EGV weitgehend identisch. **Veränderungen** gegenüber der letztgenannten Bestimmung sind **durch den Lissabonner Reformvertrag** zum einen nur insoweit vorgenommen worden, als der in Art. 284 EGV enthaltene Vertragsbegriff, der nur den seinerzeit geltenden EG-Vertrag umfasste, durch das nunmehr in Art. 337 AEUV enthaltenen Tatbestandsmerkmal »Verträge« ersetzt wurde, welches sich sowohl auf den Vertrag über die Europäische Union i. d. F. von Lissabon als auch auf den Vertrag über die Arbeitsweise der EU bezieht. Diese Neuerung ist im Wesentlichen dem neuen Art. 1 Abs. 3 Sätze 1 und 2 EUV geschuldet, wonach die beiden vorgenannten Verträge die Grundlage der Union bilden und zudem rechtlich gleichrangig sind (s. Art. 1 EUV, Rn. 60 ff.). Die zweite und letzte Änderung, die der Lissabonner Reformvertrag in Ansehung des Art. 337 AEUV herbeigeführt hat, betrifft die in dieser Norm vorgenommene Klarstellung, dass die auf dieser Grundlage erlassenen Sekundärrechtsakte vom Rat – abweichend von dem in Art. 16 Abs. 3 EUV geregelten Regelerfordernis der Beschlussfassung mit qualifizierter Mehrheit – »mit einfacher Mehrheit« beschlossen werden.

Art. 337 AEUV trägt zwar dem wichtigen Umstand Rechnung, dass die Kommission **3** zur Erfüllung ihrer in allgemeiner Weise in Art. 17 EUV zusammengefassten Aufgaben in zahlreichen Fällen und Sachbereichen dringend auf vielfältige Informationen und Daten angewiesen ist. Die **rechtspraktische Bedeutung des Art. 337 AEUV** ist jedoch begrenzt, da die Befriedigung des vorgenannten Informationsbedürfnisses in weitem Umfang sichergestellt ist, ohne dass es eines ergänzenden Rückgriffs auf diese Bestimmung bedarf. Dies liegt zum einen insbesondere daran, dass der Unionsgesetzgeber unter Inanspruchnahme zahlreicher anderer vertraglicher Ermächtigungsgrundlagen[1] bereits diverse Informationsnetze, -foren und -systeme errichtet[2] und in Ergänzung einiger primärrechtlicher Bestimmungen, aus denen sich verschiedenste Auskunfts- und Informationspflichten der Mitgliedstaaten ableiten lassen,[3] unzählige sekundärrechtli-

---

[1] Zu diesen Ermächtigungsgrundlagen, die dem Unionsgesetzgeber jenseits des Art. 337 AEUV die Befugnis einräumen, der Kommission im Wege der Sekundärrechtsetzung bereichsspezifische Möglichkeiten zur Einholung von Auskünften und/oder zur Durchführung von Nachprüfungen zu eröffnen, gehören beispielsweise die Art. 43, 91, 95, 103, 109, 114, 115, 194, 207, 322 und (subsidiär) 352 AEUV.

[2] Ausführlicher dazu vgl. *Augsberg*, in: Terhechte, Verwaltungsrecht der EU, § 6, Rn. 52; *Galetta/Hofmann/Schneider*, EPL 20 (2014), 65; *Heußner*, S. 17 ff.; *Lafarge*, EPL 16 (2010), 598 (611 ff.); *Nowak*, EnzEuR, Bd. 3, § 34, Rn. 23 f.; *Schmidt-Aßmann*, S. 419; *Schneider*, NVwZ 2012, 65 ff.; *ders.*, EPL 20 (2014), 89 ff.; zur weiteren Möglichkeit der Kommission, sog. Eurobarometer-Befragungen zu initiieren, vgl. etwa *Bläser*, Leviathan 41 (2013), 351 ff.; *Nissen*, ZfP 2014, 3 ff.

[3] Exemplarisch vgl. insbesondere Art. 4 Abs. 3 EUV u. Art. 108 Abs. 3 Satz 1 AEUV; zur Möglich-

che Grundlagen für umfassende Mitteilungs-, Berichts- und Informationspflichten der Mitgliedstaaten und bestimmter Privater geschaffen hat,[4] die wiederum durch diverse – der Kommission ebenfalls jeweils sekundärrechtlich eingeräumte – Rechte zur Durchführung sogenannter Vor-Ort-Kontrollen oder Inspektionen[5] sowie zahlreiche weitere sekundärrechtliche Auskunfts- und Nachprüfungsrechte der Kommission in verschiedensten Teilbereichen des Unionsrechts begleitet werden.[6] Zum anderen ist die rechtspraktische Bedeutung des Art. 337 AEUV in erheblicher Weise dadurch reduziert worden, das mit dem Amsterdamer Vertrag (s. Art. 1 EUV, Rn. 25) eine ursprünglich in Art. 285 EGV und nun in Art. 338 AEUV platzierte Kompetenzgrundlage für den Erlass von Rechtsakten zur Erstellung europäischer Statistiken geschaffen worden ist, die den vom Rat beim Erlass statistikrechtlicher Maßnahmen früher für erforderlich gehaltenen Rückgriff auf Art. 337 AEUV entbehrlich gemacht hat (s. Art. 338 AEUV, Rn. 4) und heute sogar verbietet, da Art. 338 AEUV im Verhältnis zu Art. 377 AEUV als lex specialis anzusehen ist (s. Rn. 1).

4   Schließlich ist die rechtspraktische Bedeutung des Art. 337 AEUV zuletzt in zusätzlicher Weise dadurch reduziert worden, dass im **EuGH-Urteil vom 6.9.2012** in spezieller Ansehung der vom Unionsrichter letztendlich für nichtig erklärten und vom Rat sowohl auf Art. 337 AEUV als auch auf Art. 187 EAGV gestützten Verordnung (EU, Euratom) Nr. 617/2010 vom 24.6.2010 über die Mitteilung von Investitionsvorhaben für Energieinfrastruktur in der Europäischen Union an die Kommission und zur Aufhebung der Verordnung (EG) Nr. 736/96[7] unter anderem entschieden wurde, dass sich der Rat nicht auf die Ermächtigungsgrundlage des Art. 337 AEUV stützen kann, wenn der fragliche Rechtsakt erforderlich ist, um die in einer anderen Vertragsbestimmung (in diesem Fall: Art. 194 AEUV) genannten Ziele zu erreichen.[8] Insoweit kann Art. 337

---

keit, auch Informationspflichten der Kommission aus Art. 4 Abs. 3 EUV (ex Art. 10 EGV) herzuleiten, vgl. nur EuGH, Urt. v. 26.11.2002, Rs. C–275/00 (Kommission/First u. Franex), Slg. 2002, I–10943, Rn. 49.

[4] Ausführlicher dazu vgl. etwa jeweils m.w.N. *v. Danwitz*, S. 618f.; *Latour*, S. 213ff.; *Nowak*, EnzEuR, Bd. 3, § 34, Rn. 27; *Sommer*, Verwaltungskooperation am Beispiel administrativer Informationsverfahren im Europäischen Umweltrecht, S. 100ff.; *dies.*, Informationskooperation am Beispiel des europäischen Umweltrechts, S. 57 (61ff.).

[5] Ausführlich dazu vgl. jeweils m.w.N. *David*, S. 30ff.; *Sommer*, Informationskooperation am Beispiel des europäischen Umweltrechts, S. 237ff.; *Ohler*, Europäisches und nationales Verwaltungsrecht, in: Terhechte, Verwaltungsrecht der EU, § 9, Rn. 34.

[6] Exemplarisch vgl. Art. 2ff. VO (EG) Nr. 2185/1996 des Rates v. 11.11.1996 betreffend die Kontrollen und Überprüfungen vor Ort durch die Kommission zum Schutz der finanziellen Interessen der Europäischen Gemeinschaften vor Betrug und anderen Unregelmäßigkeiten, ABl. 1996, L 292/2; Art. 5, 6a, 10, 20a u. 22 VO (EG) Nr. 659/1999 des Rates vom 22.3.1999 über besondere Vorschriften für die Anwendung von Artikel 93 des EG-Vertrags [jetzt: Art. 108 AEUV], ABl. 1999, L 81/1, i.d.F. der Änderungs-VO (EU) Nr. 734/2013 des Rates vom 22.7.2013, ABl. 2013, L 204/15; Art. 5, 7, 12, 25 v. 27 VO (EU) Nr. 2015/1589 des Rates vom 13.7.2015 über besondere Vorschriften für die Anwendung von Artikel 108 des Vertrags über die Arbeitsweise der Europäischen Union, ABl. 2015, L 248/9; Art. 18 u. 20f. VO (EG) Nr. 1/2003 des Rates vom 16.12.2002 zur Durchführung der in den Artikeln 81 und 82 des Vertrags [jetzt: Art. 101 und 102 AEUV] niedergelegten Wettbewerbsregeln, ABl. 2003, L 1/1; Art. 11ff. VO (EG) Nr. 139/2004 des Rates vom 20.1.2004 über die Kontrolle von Unternehmenszusammenschlüssen, ABl. 2004, L 24/1; Art. 37 VO (EG) Nr. 1290/2005 des Rates vom 21.6.2005 über die Finanzierung der gemeinsamen Agrarpolitik, ABl. 2005, L 209/1; Art. 26 Abs. 2 VO (EG) Nr. 1008/2008 des Europäischen Parlaments und des Rates vom 24.9.2008 über gemeinsame Vorschriften für die Durchführung von Luftverkehrsdiensten in der Gemeinschaft (Neufassung), ABl. 2008, L 293/3.

[7] ABl. 2010, L 180/7.

[8] Vgl. EuGH, Urt. v. 6.9.2012, Rs. C–490/10 (Europäisches Parlament/Rat der EU), EurUP 2013, 226, Rn. 62ff.

AEUV als alleinige Rechtsgrundlage im Grunde genommen nur dann einschlägig sein, wenn der zu erlassende Rechtsakt als Hauptziel die Gewinnung von Informationen verfolgt, die zur Erfüllung verschiedener bereichsübergreifender Aufgaben der Kommission erforderlich sind,[9] und wenn sich dieses Ziel nicht bereits unter Rückgriff auf andere vertragliche Ermächtigungsgrundlagen etwa der in Art. 103, 109, 114, 115, 194, 207, 322 und/oder 338 AEUV verwirklichen lässt.[10] Vor diesem Hintergrund überrascht es nicht, dass sich bislang nur relativ wenige Rechtsakte des Rates auf Art. 337 AEUV bzw. auf eine seiner Vorgängerbestimmungen (s. Rn. 2) zurückführen lassen.[11]

In textlicher Hinsicht ist Art. 337 AEUV etwas »verunglückt«, da die beiden – durch   **5** ein Semikolon voneinander getrennten – Satzteile dieser Bestimmung nicht vollkommen klar zu erkennen geben, in welchem genauen rechtlichen Verhältnis die im ersten Satzteil angesprochenen Auskunfts- und Nachprüfungsrechte der Kommission zu der im zweiten Satzteil dieser Norm geregelten Rechtsetzungsbefugnis des Rates stehen und in welchem dieser beiden Satzteile sich der zentrale Regelungsgegenstand des Art. 337 AEUV verbirgt. Aus diesem Grund kommen vorliegend – jedenfalls auf den ersten Blick – mindestens zwei **unterschiedliche Deutungsvarianten im Hinblick auf den zentralen Regelungsgegenstand des Art. 337 AEUV** in Betracht: Auf der einen Seite könnte Art. 337 AEUV dahingehend verstanden werden, dass es sich bei der im ersten Satzteil angesprochenen Möglichkeit der Kommission, zur Erfüllung der ihr übertragenen Aufgaben alle erforderlichen Auskünfte einzuholen und alle erforderlichen Nachprüfungen vorzunehmen, um ein kraft dieser Bestimmung existierendes und auch unmittelbar anwendbares Recht handelt, das vom Rat auf der Grundlage seiner im zweiten Satzteil dieser Bestimmung geregelten Rechtsetzungsbefugnis lediglich näher ausgestaltet werden kann oder muss. Auf der anderen Seite könnte Art. 337 AEUV aber auch dahingehend zu verstehen sein, dass die im ersten Satzteil dieser Bestimmung angesprochenen Ermittlungsbefugnisse der Kommission erst dann tatsächlich zur Entstehung gelangen bzw. einen echten Rechtscharakter annehmen, wenn der Rat von seiner im zweiten Satzteil geregelten Befugnis Gebrauch gemacht hat, den »Rahmen und die nähere Maßgabe hierfür« festzulegen. Den zentralen Regelungsgegenstand des Art. 337 AEUV würde im letztgenannten Fall die in diesem zweiten Satzteil geregelte Rechtsetzungsbefugnis des Rates bilden, auf die sich übrigens auch der Unionsrichter in seiner Recht-

---

[9] In diesem Sinne vgl. auch EuGH, Urt. v. 9.11.1995, Rs. C–426/93 (Deutschland/Rat), Slg. 1995, I–3723, Rn. 32 f.; sowie *Böse*, in: Schwarze, EU-Kommentar, Art. 337 AEUV, Rn. 15.

[10] So vgl. auch *Ladenburger*, in: GSH, Europäisches Unionsrecht, Art. 337 AEUV, Rn. 9, wonach nicht Art. 337 AEUV einschlägig sei, sondern vielmehr die jeweiligen Rechtsgrundlagen der einzelnen Politiken anwendbar seien, wann immer Auskunfts- und Prüfungsrechte im Kontext der jeweiligen Politik geregelt werden, und wonach dies auch dann gelte, wenn sich der Rechtsakt auf die Regelung von Informationsgewinnung beschränkt; ähnlich *Jaeckel*, in: Grabitz/Hilf/Nettesheim, EU, Art. 337 AEUV (August 2011), Rn. 6 u. 28.

[11] Vgl. hierzu etwa die u. a. auf den seinerzeit geltenden Art. 213 EGV [heute: Art. 337 AEUV] gestützte RL 98/34/EG des Europäischen Parlaments und des Rates vom 22.6.1998 über ein Informationsverfahren auf dem Gebiet der Normen und technischen Vorschriften, ABl. 1998, L 2004/37; die insbesondere auf den vorgenannten Art. 213 EGV gestützte VO (EG) Nr. 2186/93 des Rates vom 22.7.1993 über die innergemeinschaftliche Koordinierung des Aufbaus von Unternehmensregistern für statistische Verwendungszwecke, ABl. 1993, L 196/1; die auf dieselbe Rechtsgrundlage gestützte Verordnung (EG) Nr. 322/97 des Rates vom 17.2.1997 über die Gemeinschaftsstatistiken, ABl.1997, L 52/1; sowie die sogar ausschließlich auf die Nachfolgebestimmung des vorgenannten Art. 213 EG – d.h. auf Art. 284 EGV (s. Rn. 2) – gestützte VO (EG) Nr. 405/2003 des Rates vom 27.2.2003 über eine gemeinschaftliche Überwachung der Einfuhren von Steinkohle mit Ursprung in Drittländern, ABl. 2003, L 62/1.

sprechung zu dieser Norm regelmäßig konzentriert,[12] ohne sich dabei aber bereits hinreichend klar für eine der beiden vorgenannten Deutungsvarianten entschieden zu haben.[13]

6   Vor diesem Hintergrund ist es äußerst bemerkenswert, dass sich im einschlägigen Schrifttum ganz eindeutig die zweite der beiden vorgenannten Deutungsvarianten durchgesetzt hat und insoweit nahezu einhellig die – zum Teil aber auch in modifizierten Formen vorgetragene[14] – Auffassung vertreten wird, dass **Art. 337 AEUV** keine unmittelbaren bzw. keine unmittelbar anwendbaren Auskunfts- und Nachprüfungsrechte der Kommission begründe[15] und daher vornehmlich bzw. ausschließlich **als eine Ermächtigungsnorm** bzw. Rechtsgrundlage zu verstehen sei.[16] Dieser Auffassung ist aus rechtsstaatlicher Perspektive zuzustimmen, da der erste Satzteil des Art. 337 AEUV ganz wesentliche Fragen und Aspekte im Zusammenhang mit den dort angesprochenen Auskunfts- und Nachprüfungsrechten – wie etwa die Adressatenfrage sowie die konkrete Art und Weise der hier in Rede stehenden Auskunftsersuchen oder Auskunftsverlangen und Nachprüfungen – ungeregelt lässt und damit für sich genommen nicht einmal ansatzweise den Anforderungen genügt, die der unionsverfassungsrechtliche Bestimmtheitsgrundsatz[17] im Verbund mit dem unionsverfassungsrechtlichen Grundsatz der Rechtssicherheit[18] an ein der unionalen Hoheitsgewalt zustehendes Eingriffsrecht stellt, durch dessen Ausübung gleich in mehrere Unionsgrundrechte eingegriffen wird.[19] In-

---

[12] Vgl. nur EuGH, Urt. v. 9.11.1995, Rs. C–426/93 (Deutschland/Rat), Slg. 1995, I–3723, Rn. 16ff.; Urt. v. 6.9.2012, Rs. C–490/10 (Europäisches Parlament/Rat der EU), EurUP 2013, 226, Rn. 62ff.

[13] Etwas »nebulös« vgl. insb. EuGH, Urt. v. 6.9.2012, Rs. C–490/10 (Europäisches Parlament/Rat der EU), EurUP 2013, 226, wo in Rn. 63 zunächst einmal ausgeführt wird, dass Art. 337 AEUV der Kommission »eine allgemeine Zuständigkeit für die Einholung jeder zur Erfüllung der ihr vom AEUV-Vertrag übertragenen Aufgaben erforderlichen Auskunft« übertrage, während es dann in Rn. 64 dieses Urteils heißt, dass Art. 337 AEUV »somit die Rechtsgrundlage für Rechtsakte« darstelle, »die die von der Kommission ausgeübte allgemeine Tätigkeit der Erhebung von Informationen betreffen«.

[14] Vgl. in diesem Zusammenhang insb. *Herrmann*, in: Streinz, EUV/AEUV, Art. 337 AEUV, Rn. 1, wonach sich die Kommission nicht gegenüber natürlichen oder juristischen Personen, sehr wohl aber gegenüber Mitgliedstaaten unmittelbar auf Art. 337 AEUV stützen könne, wenn sie von den Mitgliedstaaten Auskünfte verlangen möchte, die diese gemäß dem in Art. 4 Abs. 3 EUV niedergelegten Grundsatz der Unionstreue erteilen müssen, »soweit die Auskunft im Einzelfall für die Aufgabenerfüllung erforderlich, eine mitgliedstaatliche Pflicht aber noch nicht auf Grundlage des Art. 337 AEUV sekundärrechtlich festgelegt worden ist«.

[15] So vgl. statt vieler *Böse*, in: Schwarze, EU-Kommentar, Art. 337 AEUV, Rn. 1; *Jaeckel*, in: Grabitz/Hilf/Nettesheim, EU, Art. 337 AEUV (August 2011), Rn. 20.

[16] In diesem Sinne vgl. statt vieler *Booß*, in: Lenz/Borchardt, EU-Verträge, Art. 337 AEUV, Rn. 1; *Göttlinger*, S. 87ff.; *Ladenburger*, in: GSH, Europäisches Unionsrecht, Art. 337 AEUV, Rn. 2.

[17] Zur unstreitigen Geltung dieses aus dem unionsverfassungsrechtlichen Grundsatz der Rechtssicherheit abgeleiteten Grundsatzes in der Unionsrechtsordnung vgl. etwa EuG, Urt. v. 27.9.2006, Rs. T–43/02 (Jungbunzlauer/Kommission), Slg. 2006, II–3435, Rn. 71; Urt. v. 8.7.2008, Rs. T–99/04 (AC-Treuhand/Kommission), Slg. 2008, II–1501, Rn. 167.

[18] In diesem Kontext vgl. beispielsweise EuGH, Urt. v. 15.2.1996, Rs. C–63/93 (Duff u.a.), Slg. 1996, I–569, Rn. 20; Urt. v. 7.6.2007, Rs. C–76/06 P (Britannia Alloys & Chemicals/Kommission), Slg. 2007, I–4405, Rn. 79, wonach der Grundsatz der Rechtssicherheit gebiete, dass die Vorschriften des Unionsrechts klar und bestimmt sein müssen, damit die Betroffenen sich bei unter das Unionsrecht fallenden Tatbeständen und Rechtsbeziehungen orientieren können.

[19] Exemplarisch zur Grundrechtsrelevanz EU-kartellverfahrensrechtlicher Nachprüfungen vgl. EuG, Urt. v. 6.9.2013, verb. Rs. T–289/11, T–290/11 u. T–521/11 (Deutsche Bahn/Kommission), NZKart 2013, 407, Rn. 65, wonach die Ausübung der der Kommission durch Art. 20 Abs. 4 VO 1/2003 (Fn. 6) übertragenen Befugnisse bei einem Unternehmen einen offensichtlichen Eingriff in dessen Recht auf Achtung seiner Privatsphäre, seiner Räumlichkeiten und seiner Korrespondenz

soweit ist zunächst einmal davon auszugehen, dass die Entstehung und Wahrnehmung des im ersten Satzteil des Art. 337 AEUV angesprochenen (allgemeinen) »Rechts« der Kommission bzw. ihre »allgemeine Zuständigkeit« zur Einholung von Auskünften und zur Vornahme von Nachprüfungen eine entsprechende Sekundärrechtsetzung durch den Rat auf der Grundlage des zweiten Satzteils dieser Bestimmung voraussetzt (B.). Im Hinblick auf die Wahrnehmung dieser Rechtsetzungsbefugnis lassen sich sodann aus den beiden Satzteilen des Art. 337 AEUV verschiedene norminterne Vorgaben inhaltlicher und verfahrensrechtlicher Art ableiten (C.), die wiederum durch einige rechtsstaatliche und unionsgrundrechtliche Zusatzanforderungen normexterner Art begleitet werden (D.). Hat der Rat die Kommission auf der Grundlage des Art. 337 AEUV mit sekundär-rechtlichen Auskunfts- und Nachprüfungsrechten ausgestattet, so muss schließlich auch sie bei der Ausübung oder Handhabung dieser Rechte verschiedene Unionsgrundrechte beachten (E.) und zudem realisieren, dass diejenigen, die von den hier in Rede stehenden Auskunfts- und Nachprüfungsrechten betroffen werden, über gerichtliche Rechts-schutzmöglichkeiten verfügen, um sich gegen möglicherweise unrechtmäßige Ermitt-lungsmaßnahmen der Kommission mit gerichtlichen Mitteln zur Wehr zu setzen (F.).

B. Art. 337 AEUV als Ermächtigungsgrundlage und Auftrag zur Schaffung sekundärrechtlicher Auskunfts- und Nachprüfungsrechte der Kommission

Der erste Satzteil des Art. 337 AEUV bestimmt zwar, dass die Kommission zur Erfül-   7
lung der ihr übertragenen Aufgaben alle erforderlichen Auskünfte einholen und alle erforderlichen Nachprüfungen vornehmen kann. Hiermit werden der Kommission je-doch keine unmittelbaren oder unmittelbar anwendbaren Auskunfts- und Nachprü-fungsrechte verliehen (s. Rn. 6), die unabhängig von einer sekundärrechtlichen Ausge-staltung durch den Rat wahrgenommen bzw. ausgeübt werden können. Vielmehr stehen die im ersten Satzteil des Art. 337 AEUV angesprochenen **Ermittlungsbefugnisse der Kommission** vollständig unter dem Vorbehalt einer sekundärrechtlichen Konkretisie-rung bzw. **unter dem Vorbehalt einer sekundärrechtlichen Ausgestaltung durch den Rat.**[20] Dies folgt aus dem zweiten Satzteil des Art. 337 AEUV, wonach »der Rahmen und die nähere Maßgabe hierfür« vom Rat festgelegt werden. Der Hauptadressat des Art. 337 AEUV ist insoweit nicht die Kommission, sondern der in Art. 16 EUV ange-sprochene Rat der EU, der auf der Grundlage des Art. 337 AEUV (zweiter Satzteil) für eine sekundärrechtliche Ausgestaltung der im ersten Satzteil dieser Bestimmung ange-sprochenen Auskunfts- und/oder Nachprüfungsrechte der Kommission sorgen kann, sofern dem nicht speziellere vertragliche Ermächtigungsgrundlagen entgegenstehen.[21]

---

darstellt; näher zu dieser Entscheidung vgl. *Bischke*, NZKart 2013, 397, sowie *Röhrig*, WuW 2014, 814; näher zum Ganzen siehe auch m. w. N. unten Rn. 27 ff.

[20] So auch *Böse*, in: Schwarze, EU-Kommentar, Art. 337 AEUV, Rn. 1; *Göttlinger*, S. 149; *Jaeckel*, in: Grabitz/Hilf/Nettesheim, EU, Art. 337 AEUV (August 2011), Rn. 2; *Khan*, in: Geiger/Khan/Kot-zur, EUV/AEUV, Art. 337 AEUV, Rn. 1; *Rodi*, in: Vedder/Heintschel v. Heinegg, Europäisches Uni-onsrecht, Art. 337 AEUV, Rn. 1; etwas anders vgl. indes *Herrmann*, in: Streinz, EUV/AEUV, Art. 337 AEUV, Rn. 1.

[21] Instruktiv dazu vgl. EuGH, Urt. v. 6.9.2012, Rs. C–490/10 (Europäisches Parlament/Rat der EU), EurUP 2013, 226, Rn. 62 ff.; sowie oben Rn. 3.

8   Da die in Art. 337 AEUV geregelte Rechtsetzungsbefugnis des Rates nicht im Sinne einer »Kann«-Bestimmung formuliert ist, muss der zweite Satzteil dieser Bestimmung vermutlich als ein unter dem Vorbehalt der Erforderlichkeit (s. Rn. 12 f.) stehender **Rechtsetzungsauftrag** verstanden werden. Insoweit dürfte der Rat im Grundsatz dazu verpflichtet sein, die Kommission mit den im ersten Satzteil dieser Bestimmung angesprochenen Auskunfts- und Nachprüfungsrechten oder -befugnissen auszustatten, sofern sie dieser Rechte oder Befugnisse zur Erfüllung der ihr übertragenen Aufgaben bedarf und der Rat ihr diese Rechte oder Befugnisse nicht bereits unter Inanspruchnahme anderer vertraglicher (bereichsspezifischer) Ermächtigungsgrundlagen (s. Rn. 3 f.) verliehen hat. Die weitere Frage, ob diesem Rechtsetzungsauftrag im Wege des Verordnungserlasses,[22] des Richtlinienerlasses[23] oder des Beschlusserlasses nachzukommen ist, muss der Rat unter Beachtung des in Art. 5 Abs. 3 EUV niedergelegten Subsidiaritätsgrundsatzes und des in Art. 337 AEUV geregelten Vorbehalts der Erforderlichkeit (s. Rn. 12 f.) nach pflichtgemäßen Ermessen beantworten.

C. Norminterne Vorgaben für die Ausübung der in Art. 337 AEUV geregelten Rechtsetzungsbefugnis und Regelungsspielräume des Rates

9   Der zweite Satzteil des Art. 337 AEUV bestimmt, dass der Rahmen und die nähere Maßgabe »hierfür« vom Rat gemäß den Bestimmungen der Verträge festgelegt werden. Das vorgenannte Tatbestandsmerkmal »hierfür« bezieht sich auf den ersten Satzteil des Art. 337 AEUV, wonach die Kommission zur Erfüllung der ihr übertragenen Aufgaben alle erforderlichen Auskünfte einholen und alle erforderlichen Nachprüfungen vornehmen kann. Aus dieser Verbindung, die das Tatbestandsmerkmal »hierfür« zwischen den beiden vorgenannten Satzteilen des Art. 337 AEUV herstellt, folgt zunächst einmal, dass sich die hier angesprochene Rechtsetzungsbefugnis des Rates auf die sekundärrechtliche Ausgestaltung verschiedener Ermittlungsrechte die Kommission bezieht, die zur Erfüllung der ihr übertragenen Aufgaben beitragen sollen (I.) und unter dem weiteren Vorbehalt der Erforderlichkeit stehen (II.). Konkret geht es bei den vorgenannten Ermittlungsrechten um die im ersten Satzteil des Art. 337 AEUV angesprochenen Auskunfts- und Nachprüfungsrechte, hinsichtlich deren Ausgestaltung der Rat über recht weite Regelungsspielräume verfügt (III.). Den vorgenannten (norminternen) Vorgaben inhaltlicher Art treten – abgesehen von einigen unionsverfassungsrechtlichen Zusatzanforderungen (s. Rn. 27 ff.) – schließlich auch noch einige verfahrensrechtliche Vorgaben insoweit hinzu, als der zweite Satzteil des Art. 337 AEUV bestimmt, dass der Rat den Rahmen und die nähere Maßgabe für die im ersten Satzteil angesprochenen Kommissionsbefugnisse »gemäß den Bestimmungen der Verträge« festlegt und dabei »mit einfacher Mehrheit beschließt« (IV.).

I. Auskunfts- und Nachprüfungsrechte als Mittel zur Erfüllung der der Kommission übertragenen Aufgaben

10   Den zentralen Gegenstand der in Art. 337 AEUV geregelten Rechtsetzungsbefugnis des Rates bilden bestimmte Auskunfts- und Nachprüfungsrechte der Kommission. Diese

---

[22] Vgl. dazu etwa die VO (EG) Nr. 405/2003 (Fn. 11).
[23] Vgl. dazu etwa die RL 98/34/EG (Fn. 11); näher zu dieser RL vgl. *Göttlinger*, S. 128 ff.

Ermittlungsrechte erfüllen keinen Selbstzweck; vielmehr wird ihnen in Art. 337 AEUV ein dienender Charakter zugewiesen, indem sie ausweislich dieser Bestimmung zur Erfüllung der der Kommission übertragenen Aufgaben beitragen sollen, die in allgemeiner Weise in Art. 17 Abs. 1 EUV zusammengefasst sind. Da die im ersten Satzteil des Art. 337 AEUV angesprochenen Befugnisse insoweit als Mittel oder Instrumente zur Erfüllung der der Kommission übertragenen Aufgaben fungieren sollen, muss der Rat im Rahmen der nach Art. 296 Abs. 2 AEUV erforderlichen Begründung eines auf Art. 337 AEUV gestützten Rechtsakts vor allem hinreichend gründlich erläutern, auf welche Kommissionsaufgaben sich seine sekundärrechtliche Ausgestaltung der im ersten Satzteil dieser Bestimmung angesprochenen Ermittlungsrechte konkret bezieht.

Da sich Art. 337 AEUV nur auf die sekundärrechtliche Ausgestaltung solcher Auskunfts- und Nachprüfungsrechte bezieht, die der Erfüllung der der Kommission übertragenen Aufgaben zu dienen bestimmt sind, kann der Rat auf der Grundlage der in dieser Norm niedergelegten Rechtsetzungsbefugnis nur die Kommission mit entsprechenden Rechten ausstatten. Etwaige **Auskunfts- und Nachprüfungsrechte anderer Organe, Einrichtungen oder sonstiger Stellen der Union**[24] gehen insoweit nicht auf Art. 337 AEUV, sondern auf andere vertragliche Ermächtigungsgrundlagen zurück. **11**

II. Auskunfts- und Nachprüfungsrechte der Kommission unter dem Vorbehalt der Erforderlichkeit

Der erste Satzteil des Art. 337 AEUV bestimmt, dass die Kommission zur Erfüllung der ihr übertragenen Aufgaben alle erforderlichen Auskünfte einholen und alle erforderlichen Nachprüfungen vornehmen kann. Dieses insoweit in zweifacher Weise verwendete Kriterium der Erforderlichkeit bezieht sich auf die Erfüllung der der Kommission übertragenen Aufgaben und bedeutet, dass der Rat der Kommission auf der Grundlage des Art. 337 AEUV nur solche Auskunfts- und Nachprüfungsrechte zur Verfügung stellen darf, die zur Erfüllung der ihr übertragenen Aufgaben erforderlich sind. Das hier in Rede stehende **Kriterium der Erforderlichkeit**, das dem Rat einen gewissen Beurteilungsspielraum eröffnet, stellt ein den anderen Kriterien der Geeignetheit und der Angemessenheit im engeren Sinne hinzutretender Teilaspekt im Rahmen der Prüfung des unionsverfassungsrechtlichen Verhältnismäßigkeitsgrundsatzes[25] dar, der nach ständiger Rechtsprechung des Unionsrichters unter anderem auch von der Kommission bei der **12**

---

[24] Ausführlicher zu den nicht von Art. 337 AEUV erfassten Informationsbeschaffungsrechten anderer Organe, Einrichtungen und sonstiger Stellen der EU vgl. jeweils m. w. N. *Böse*, in: Schwarze, EU-Kommentar, Art. 337 AEUV, Rn. 14; *Jaeckel*, in: Grabitz/Hilf/Nettesheim, EU, Art. 337 AEUV (August 2011), Rn. 11 ff.; *Ladenburger*, in: GSH, Europäisches Unionsrecht, Art. 337 AEUV, Rn. 12 ff.

[25] Nach dem in Art. 5 Abs. 4 EUV verankerten und zu den allgemeinen Rechtsgrundsätzen des Unionsrechts gehörenden Grundsatz der Verhältnismäßigkeit dürfen insbesondere Handlungen der Unionsorgane und anderer Einrichtungen oder Stellen der Union nicht über die Grenzen dessen hinausgehen, was zur Erreichung des verfolgten Ziels geeignet und erforderlich ist, wobei – wenn mehrere geeignete Maßnahmen zur Auswahl stehen – die am wenigsten belastende Maßnahme zu wählen ist, vgl. nur EuGH, Urt. v. 14. 7. 2005, Rs. C–180/00 (Niederlande/Kommission), Slg. 2005, I–6603, Rn. 103; EuG, Urt. v. 8. 3. 2007, Rs. T–339/04 (France Télécom/Kommission), Slg. 2007, II–521, Rn. 117; ausführlicher zu diesem Grundsatz vgl. statt vieler und jeweils m. w. N. *v. Danwitz*, EWS 2003, 393 ff.; *Harbo*, ELJ 16 (2010), 158; *Kischel*, EuR 2000, 380; *Pache*, NVwZ 1999, 1033; *Schwarze*, Europäisches Verwaltungsrecht, S. 690 ff.; *Szczekalla*, in: Heselhaus/Nowak, Handbuch der Europäischen Grundrechte, § 7, Rn. 41 ff.; *Trstenjak/Beysen*, EuR 2012, 265. Speziell zur kompetenzrechtlichen Bedeutung des in Art. 5 Abs. 4 EUV niedergelegten Verhältnismäßigkeitsgrundsatzes vgl. m. w. N. *Saurer*, JZ 2014, 281.

Auswahl und Durchführung kartellverfahrensrechtlicher Ermittlungsmaßnahmen zu beachten ist.[26] Ob sich vor diesem Hintergrund die These vertreten lässt, dass der vorgenannte **Verhältnismäßigkeitsgrundsatz** mit dem Kriterium der »Erforderlichkeit zur Erfüllung der Aufgaben« ausdrücklich im Wortlaut des Art. 337 AEUV verankert sei,[27] ist zwar etwas fraglich, da die ebenfalls von diesem Grundsatz umfassten Kriterien der Geeignetheit und der Angemessenheit im engeren Sinne keinen expliziten Niederschlag in dieser Bestimmung gefunden haben. Feststellen lässt sich jedoch mit Sicherheit, dass zwischen dem in Art. 337 AEUV enthaltenen Kriterium der Erforderlichkeit und dem unionsverfassungsrechtlichen Verhältnismäßigkeitsgrundsatz zumindest ein enger Zusammenhang besteht. Diesem Zusammenhang trägt der Unionsrichter beispielsweise in seiner wettbewerbsrechtlichen Rechtsprechung insoweit Rechnung als, als er in Ansehung der ebenfalls durch ein solches Erforderlichkeitskriterium begrenzten Ermittlungsbefugnisse der Kommission im Anwendungsbereich des EU-Kartellverfahrensrechts (s. Art. 103 AEUV, Rn. 36) davon ausgeht, dass bei der Auslegung des vorgenannten Kriteriums der Erforderlichkeit vom Zweck der Untersuchung auszugehen ist[28] und dass die Ausübung kartellverfahrensrechtlicher Ermittlungsbefugnisse durch die Kommission für die betroffenen Unternehmen nicht zu einer Belastung führen darf, die zu den Erfordernissen der jeweiligen Untersuchung außer Verhältnis steht.[29]

13   Im Lichte der vorgenannten Ausführungen ist von **zwei** unterschiedlichen **Stoßrichtungen des Erforderlichkeitskriteriums** auszugehen: Zum einen hat der Rat bei der sekundärrechtlichen Ausgestaltung der im ersten Satzteil des Art. 337 AEUV angesprochenen Auskunfts- und Nachprüfungsrechte der Kommission darauf zu achten, dass sich das in dieser Bestimmung enthaltene Kriterium der Erforderlichkeit auch in den von ihm erlassenen Sekundärrechtsnormen wiederfindet, um sicherzustellen, dass die Kommission eben nur zur Einholung »erforderlicher« Auskünfte und zur Vornahme »erforderlicher« Nachprüfungen befugt ist.[30] Zum anderen muss der Rat im Rahmen der nach Art. 296 Abs. 2 AEUV erforderlichen Begründung eines auf Art. 337 AEUV gestützten

---

[26] Exemplarisch dazu vgl. EuGH, Urt. v. 26.6.1980, Rs. 136/79 (National Panasonic/Kommission), Slg. 1980, 2033, Rn. 29 f.; Urt. v. 21.9.1989, verb. Rs. 46/87 u. 227/88 (Hoechst/Kommission), Slg. 1989, 2859, Rn. 19; EuG, Urt. v. 12.12.1991, Rs. T–39/90 (SEP/Kommission), Slg. 1991, II–1497, Rn. 51 ff.; Urt. v. 8.3.2007, Rs. T–339/04 (France Télécom/Kommission), Slg. 2007, II–521, Rn. 117 ff.; Urt. v. 14.3.2014, Rs. T–293/11 (Holcim [Deutschland] AG u. a./Kommission), ECLI:EU:T:2014:127, Rn. 76 ff.; m. w. N. *Kellerbauer*, EuZW 2014, 407 ff.

[27] So vgl. *Ladenburger*, in: GSH, Europäisches Unionsrecht, Art. 337 AEUV, Rn. 40; sehr ähnlich vgl. *Jaeckel*, in: Grabitz/Hilf/Nettesheim, EU, Art. 337 AEUV (August 2011), Rn. 25; dem offenbar weitgehend folgend vgl. *Göttlinger*, S. 138; sowie *Booß*, in: Lenz/Borchardt, EU-Verträge, Art. 337 AEUV, Rn. 2, wonach »bei der« hier in Rede stehenden »Erforderlichkeit [...] der Verhältnismäßigkeitsgrundsatz zu berücksichtigen« sei; ähnlich i. E. auch *Wegener*, in: Calliess/Ruffert, EUV/AEUV, Art. 337 AEUV, Rn. 2.

[28] Vgl. nur EuGH, Urt. v. 18.10.1989, Rs. 374/87 (Orkem/Kommission), Slg. 1989, 3283, Rn. 15; EuG, Urt. v. 12.12.1991, Rs. T–39/90 (SEP/Kommission), Slg. 1991, II–1497, Rn. 25; EuGH, Urt. v. 10.3.2016, Rs. C–247/14 (HeidelbergCement), ECLI:EU:C:2016:149, Rn. 24.

[29] Vgl. EuG, Urt. v. 12.12.1991, Rs. T–39/90 (SEP/Kommission), Slg. 1991, II–1497, Rn. 51. Zur notwendigen Beachtung des hier in Rede stehenden Erforderlichkeitskriteriums durch die Kommission beim Erlass von Auskunftsbeschlüssen i. S. d. Art. 18 Abs. 3 VO 1/2003 (Fn. 6) vgl. ferner EuG, Urt. v. 14.3.2014, Rs. T–293/11 (Holcim [Deutschland] AG u. a./Kommission), Rn. 109 ff.; EuG, Urt. v. 14.3.2014, Rs. T–302/11 (HeidelbergCement AG/Kommission), ECLI:EU:T:2014:128, Rn. 60 ff.; näher zu diesen Entscheidungen vgl. *Bischke*, NZKart 2014, 299 ff.

[30] Dieser Vorgabe genügend vgl. etwa Art. 18 Abs. 1 u. Art. 20 Abs. 1 VO (EG) Nr. 1/2003 (Fn. 6); Art. 11 Abs. 1 u. Art. 13 Abs. 1 VO (EG) Nr. 139/2004 (Fn. 6); Art. 20a Abs. 1 Satz 2 VO (EG) Nr. 659/1999 (Fn. 6) i. d. F. der Änderungs-VO (EU) Nr. 734/2013 (Fn. 6).

Rechtsakts hinreichend gründlich erläutern, wieso er die von ihm sekundärrechtlich geregelten Auskunfts- und/oder Nachprüfungsrechte der Kommission zur Erfüllung der ihr übertragenen Aufgaben tatsächlich für erforderlich hält.

III. Auskunfts- und Nachprüfungsrechte der Kommission im Sinne des Art. 337 AEUV

Art. 337 AEUV konkretisiert den Kreis der erforderlichen Ermittlungsrechte, über die   **14** die Kommission zur Erfüllung der ihr übertragenen Aufgaben auf der Grundlage einer sekundärrechtlichen Ausgestaltung durch den Rat verfügen soll, indem er sich auf die Einholung von Auskünften (1.) und auf die Vornahme von Nachprüfungen (2.) bezieht.

1. Einholung von Auskünften

Nach Art. 337 AEUV soll die Kommission zwar in der Lage sein bzw. in die Lage ver-   **15** setzt werden können, zur Erfüllung der ihr übertragenen Aufgaben alle erforderlichen Auskünfte einzuholen. Ein gewisses **Regelungsvakuum** hinterlässt Art. 337 AEUV je-doch insoweit, als weder in dieser Norm noch anderswo in den Verträgen definiert wird, welche Angaben von dem hier im Vordergrund stehenden Begriff »Auskünfte« erfasst werden (a) und auf welche Weise (b) sowie von wem (c) diese Auskünfte konkret ein-geholt werden dürfen. Nicht explizit beantwortet wird in Art. 337 AEUV ferner, ob der Rat bestimmte Sanktionen für den Fall der Nichtbefolgung eines Auskunftsverlangens der Kommission festlegen darf (d.).

a) Auskunftsbegriff

Als »Auskünfte« im Sinne des Art. 337 AEUV werden im einschlägigen Schrifttum   **16** gewöhnlich alle mündlichen oder schriftlichen Angaben über Tatsachen und tatsächli-che Verhältnisse verstanden,[31] während reine Bewertungen, innere Ziele oder bloße Absichten nicht von dem hier in Rede stehenden Auskunftsbegriff erfasst sein sollen.[32] Dieses **Begriffsverständnis**, das der Unionsrichter in seiner zurückliegenden Recht-sprechung zu Art. 337 AEUV bzw. zu einer seiner Vorgängerbestimmungen bislang – soweit ersichtlich – weder bestätigt noch dementiert hat, ist durchaus nachvollziehbar, zumal es mit den ganz vorherrschenden Meinungsbildern beispielsweise im Zusam-menhang mit den in Art. 18 VO (EG) Nr. 1/2003 und Art. 11 VO (EG) Nr. 139/2004 geregelten Auskunftsverlangen übereinstimmt.[33]

---

[31] So vgl. statt vieler *Böse*, in: Schwarze, EU-Kommentar, Art. 337 AEUV, Rn. 3; *Jaeckel*, in: Grabitz/Hilf/Nettesheim, EU, Art. 337 AEUV (August 2011), Rn. 30; *Khan*, in: Geiger/Khan/Kotzur, EUV/AEUV, Art. 337 AEUV, Rn. 4; *Rodi*, in: Vedder/Heintschel v. Heinegg, Europäisches Unions-recht, Art. 337 AEUV, Rn. 2.

[32] So vgl. statt vieler *Jaeckel*, in: Grabitz/Hilf/Nettesheim, EU, Art. 337 AEUV (August 2011), Rn. 30.

[33] Vgl. etwa *Barthelmeß/Rudolf*, in: Loewenheim/Meessen/Riesenkampf, S. 1251 f.; *Burrichter/ Hennig*, in: Immenga/Mestmäcker, Bd. 1 Teil 2, Art. 18 VO 1/2003, Rn. 54; *Klees*, S. 318; *Sura*, in: Langen/Bunte, S. 866; *Vocke*, S. 178, wonach der in Art. 18 VO (EG) Nr. 1/2003 (Fn. 6) enthaltene Begriff »Auskünfte« alle schriftlichen oder mündlichen Mitteilungen über Tatsachen und tatsächliche Umständen bzw. alle Informationen tatsächlicher Art – aber keine Werturteile, Meinungen, Vermu-tungen oder Schlussfolgerungen – erfasse; sehr ähnlich, jeweils in spezieller Ansehung des in Art. 11 VO (EG) Nr. 139/2004 (Fn. 6) geregelten Auskunftsverlangens, vgl. auch *Göttlinger*, S. 270; *v. War-tenburg*, in: Loewenheim/Meessen/Riesenkampf, S. 1712; *Körber*, in: Immenga/Mestmäcker, Bd. 1 Teil 2, Art. 11 FKVO, Rn. 4; *Ohlhoff*, in: Hirsch/Montag/Säcker, Art. 11 FKVO, Rn. 26.

Carsten Nowak

b) Instrumente zur Auskunftseinholung

17 Über welche konkreten Instrumente zur Auskunftseinholung die Kommission im vorliegenden Kontext verfügen soll, wird in Art. 337 AEUV nicht vorgegeben. Insoweit verfügt der Rat bei der Inanspruchnahme der in Art. 337 AEUV geregelten Rechtsetzungsbefugnis über einen diesbezüglichen Regelungsspielraum, der es ihm erlaubt, die Kommission kumulativ oder alternativ mit dem Recht zur **Durchführung eines einfachen Auskunftsverlangens** oder Auskunftsersuchens etwa im Sinne des Art. 18 Abs. 1 und 2 VO (EG) Nr. 1/2003 sowie des Art. 11 Abs. 1 und 2 VO (EG) Nr. 139/2004[34] und/oder mit dem Recht zur **Durchführung eines verbindlichen** – d. h. durch einen anfechtbaren Beschluss angeordneten – **Auskunftsverlangens** oder Auskunftsersuchens etwa im Sinne des Art. 18 Abs. 1 und 3 VO (EG) Nr. 1/2003 sowie des Art. 11 Abs. 1 und 3 VO (EG) Nr. 139/2004[35] auszustatten.

c) Auskunftsverpflichtete

18 Die Frage, wem gegenüber die Kommission zur Einholung aller erforderlichen Auskünfte berechtigt sein soll, wird in Art. 337 AEUV ebenfalls nicht beantwortet. Insoweit verfügt der Rat bei der Inanspruchnahme der in Art. 337 AEUV geregelten Rechtsetzungsbefugnis auch diesbezüglich über einen recht weiten Regelungsspielraum, wenn er unter Berücksichtigung des oben genannten Kriteriums der Erforderlichkeit (s. Rn. 12 f.) den Kreis der Auskunftsverpflichteten festlegt. In Frage kommen dabei – natürlich in Abhängigkeit von der jeweiligen Kommissionsaufgabe, um deren Erfüllung es konkret gehen soll – die **Mitgliedstaaten**,[36] andere **Unionsorgane**[37] und sonstige Einrichtungen oder Stellen der Union sowie **Private**.[38] Im Hinblick auf die erstgenannten Auskunftsverpflichteten hat der Rat auch in diesem Kontext allerdings die Ausnahmebestimmung des Art. 346 Abs. 1 Buchst. a AEUV zu beachten, wonach ein Mitgliedstaat nicht dazu verpflichtet ist, Auskünfte zu erteilen, deren Preisgabe seines Erachtens seinen wesentlichen Sicherheitsinteressen widerspricht.

---

[34] Ausführlicher zu dem in Art. 18 Abs. 1 und 2 VO (EG) Nr. 1/2003 (Fn. 6) sowie in Art. 11 Abs. 1 und 2 VO (EG) Nr. 139/2004 (Fn. 6) geregelten »einfachen« Auskunftsverlangen vgl. nur *Burrichter/Hennig*, in: Immenga/Mestmäcker, Bd. 1 Teil 2, Art. 18 VO 1/2003, Rn. 21 ff.; *v. Wartenburg*, in: Loewenheim/Meessen/Riesenkampf, S. 1711; *Ohlhoff*, in: Hirsch/Montag/Säcker, Art. 11 FKVO, Rn. 16 ff.

[35] Ausführlicher zu dem in Art. 18 Abs. 1 und 3 VO (EG) Nr. 1/2003 (Fn. 6) sowie in Art. 11 Abs. 1 und 3 VO (EG) Nr. 139/2004 (Fn. 6) geregelten Auskunftsverlangen verbindlicher Art vgl. etwa *Bischke*, NZKart 2014, 299 ff.; *Burrichter/Hennig*, in: Immenga/Mestmäcker, Bd. 1 Teil 2, Art. 18 VO 1/2003, Rn. 42 ff.; *v. Wartenburg*, in: Loewenheim/Meessen/Riesenkampf, S. 1712; *Ohlhoff*, in: Hirsch/Montag/Säcker, Art. 11 FKVO, Rn. 21 ff.

[36] Zu Auskunftsrechten der Kommission gegenüber Mitgliedstaaten vgl. exemplarisch Art. 5 Abs. 1, Art. 6a Abs. 1 und Art. 10 Abs. 2 VO (EG) Nr. 659/1999 (Fn. 6) i. d. F. der VO (EU) Nr. 734/2013 (Fn. 6); Art. 5 u. 7 VO (EU) Nr. 2015/1589 (Fn. 6); Art. 11 Abs. 3 VO (EG) Nr. 597/2009 des Rates vom 11. 6. 2009 über den Schutz gegen subventionierte Einfuhren aus nicht zur Europäischen Gemeinschaft gehörenden Ländern, ABl. 2009, L 188/93; sowie Art. 6 Abs. 3 VO (EG) Nr. 1225/2009 des Rates vom 30. 11. 2009 über den Schutz gegen gedumpte Einfuhren aus nicht zur Europäischen Gemeinschaft gehörenden Ländern, ABl. 2009, L 343/51.

[37] Zutr. *Jaeckel*, in: Grabitz/Hilf/Nettesheim, EU, Art. 337 AEUV (August 2011), Rn. 43 i. V. m. Rn. 48.

[38] Zu Auskunftsrechten der Kommission etwa gegenüber Unternehmen vgl. exemplarisch Art. 18 VO (EG) Nr. 1/2003 (Fn. 6), Art. 11 VO (EG) Nr. 139/2004 (Fn. 6) und Art. 6a Abs. 6 u. 7 VO (EG) Nr. 659/1999 (Fn. 6) i. d. F. der VO (EU) Nr. 734/2013 (Fn. 6); Art. 7 VO (EU) Nr. 2015/1589 (Fn. 6).

d) Sanktionen

Keine Antwort gibt Art. 337 AEUV schließlich auch im Hinblick auf die Frage, ob die in 19 dieser Bestimmung geregelte Rechtsetzungsbefugnis des Rates den Erlass sekundärrechtlicher Vorschriften einschließt, die es der Kommission gestatten, den jeweiligen Auskunftsverpflichteten mit **Sanktionen in Gestalt von Geldbußen und/oder Zwangsgeldern** (s. Art. 103 AEUV, Rn. 25 ff.) zu überziehen, wenn er auf ein einfaches oder verbindliches Auskunftsverlangen oder -ersuchen (s. Rn. 17) nicht reagiert bzw. unrichtige, unvollständige und/oder irreführende Auskünfte gibt. Im Hinblick auf auskunftsverpflichtete Mitgliedstaaten wird die vorgenannte Frage mit gutem Grund ganz überwiegend verneint,[39] da der Kommission bereits der in Art. 258 und 260 AEUV geregelte Sanktionsmechanismus[40] zur Verfügung steht. Im Hinblick auf andere Auskunftsverpflichtete dürfte diese Frage hingegen zu bejahen sein,[41] da die Kommission in verschiedenen Teilbereichen des Unionsrechts über sekundärrechtlich geregelte Sanktionsmöglichkeiten verfügt, um sich gegen die einem Unternehmen und/oder einer natürlichen Person vorgeworfene Abgabe unrichtiger, unvollständiger und/oder irreführender Auskünfte zur Wehr zu setzen,[42] ohne dass diese Sanktionsmöglichkeiten jemals vom Unionsrichter beanstandet worden sind. Insofern lässt sich kaum begründen, wieso der Rat nicht auch auf der Grundlage des Art. 337 AEUV dazu berechtigt sein soll, der Kommission diese Sanktionsmöglichkeiten zu eröffnen, zumal es den im ersten Satzteil des Art. 337 AEUV angesprochenen Auskunftsrechten anderenfalls an der erforderlichen Durchsetzungskraft fehlen würde.

2. Vornahme von Nachprüfungen

Nach Art. 337 AEUV soll die Kommission auch in der Lage sein bzw. in die Lage ver- 20 setzt werden können, zur Erfüllung der ihr übertragenen Aufgaben alle erforderlichen Nachprüfungen vorzunehmen. Bei dem hier in Rede stehende Nachprüfungsbegriff handelt es sich um einen Oberbegriff für eine bestimmte Ermittlungsform (a), die in Art. 337 AEUV lediglich angesprochen, nicht aber näher spezifiziert wird. Insoweit wird dem Rat durch diese Bestimmung ein recht weiter Regelungsspielraum eröffnet, der sich sowohl auf die Festlegung der konkreten Nachprüfungsmaßnahmen und der hiervon betroffenen Räumlichkeiten (b) als auch auf die Bestimmung der Nachprüfungsverpflichteten (c) sowie auf die Einführung nachprüfungsspezifischer Sanktionen (d) bezieht.

a) Nachprüfungsbegriff

Der in Art. 337 AEUV verwendete – dort aber nicht definierte – Nachprüfungsbegriff 21 bezieht sich auf eine von der Einholung bestimmter Auskünfte (s. Rn. 15 ff.) zu unter-

---

[39] Vgl. nur *Booß*, in: Lenz/Borchardt, EU-Verträge, Art. 337 AEUV, Rn. 5; *Khan*, in: Geiger/Khan/Kotzur, EUV/AEUV, Art. 337 AEUV, Rn. 11; *Wegener*, in: Calliess/Ruffert, EUV/AEUV, Art. 337 AEUV, Rn. 8.

[40] Näher dazu vgl. m. w. N. *Nowak*, EnzEuR, Bd. 3, § 10, Rn. 1 ff.

[41] So i. E. auch *Booß*, in: Lenz/Borchardt, EU-Verträge, Art. 337 AEUV, Rn. 5; *Khan*, in: Geiger/Khan/Kotzur, EUV/AEUV, Art. 337 AEUV, Rn. 12; *Ladenburger*, in: GSH, Europäisches Unionsrecht, Art. 337 AEUV, Rn. 47.

[42] Exemplarisch vgl. Art. 23 Abs. 1 Buchst. a und b sowie Art. 24 Abs. 1 Buchst. d VO (EG) Nr. 1/2003 (Fn. 6); Art. 14 Abs. 1 Buchst. b und c sowie Art. 15 Abs. 1 Buchst. a VO (EG) Nr. 139/2004 (Fn. 6); Art. 6b Abs. 1 Buchst. a und b VO (EG) Nr. 659/1999 (Fn. 6) i. d. F. der VO (EU) Nr. 734/2013 (Fn. 6); Art. 8 Abs. 1 VO (EU) Nr. 2015/1589 (Fn. 6).

scheidende Ermittlungsform, die behördliche Vor-Ort-Kontrollen bzw. Vor-Ort-Inspektionen zur Überprüfung der Richtigkeit bestimmter Auskünfte oder zur Aufklärung bzw. Aufdeckung bestimmter Tatsachen oder tatsächlicher Verhältnisse zum Gegenstand hat.[43] Unangekündigte **Nachprüfungen, Kontrollen** oder **Inspektionen** der vorgenannten Art werden insbesondere im einschlägigen EU-kartellverfahrensrechtlichen Schrifttum vielfach als »dawn raids« bezeichnet.[44] Für vorab angekündigte Nachprüfungen wird beispielsweise in bestimmten Teilbereichen des EU-Außenwirtschaftsrechts der Begriff »Kontrollbesuche« verwendet.[45] Der auch in zahlreichen Sekundärrechtsakten verwendete Nachprüfungsbegriff[46] stellt einen etwas unscharfen Oberbegriff dar, da er für sich genommen nichts über die konkreten Nachprüfungsmaßnahmen und weitere nachprüfungsspezifische Details der nachfolgend anzusprechenden Art verrät.

b) Nachprüfungsmaßnahmen und betroffene Räumlichkeiten

22   Welche konkreten Nachprüfungsmaßnahmen die Kommission ergreifen können soll, wird in Art. 337 AEUV nicht vorgegeben. Insoweit verfügt der Rat bei der Inanspruchnahme der in Art. 337 AEUV geregelten Rechtsetzungsbefugnis über einen diesbezüglichen Regelungsspielraum, der es ihm erlaubt, die Kommission mit den Nachprüfungsbefugnissen auszustatten, die ihr auch bereits auf der Grundlage anderer vertraglicher Ermächtigungsgrundlagen übertragen worden sind. Hierzu gehört gewöhnlich die der Kommission etwa auf dem Gebiet des EU-Wettbewerbsrechts übertragene und von ihren Bediensteten auszuübende Befugnis, bestimmte **Räumlichkeiten, Grundstücke und/oder Transportmittel** des jeweiligen Nachprüfungsadressaten (s. Rn. 23) zu betreten,[47] die in der Regel mit weiteren Befugnissen der Kommission zur Prüfung von Büchern und sonstigen Geschäftsunterlagen, zur Anfertigung oder Anforderung von Kopien oder Auszügen aus den vorgenannten Büchern und Geschäftsunterlagen sowie zur Anforderung mündlicher Erklärungen einhergehen[48] und gelegentlich mit weiteren Be-

---

[43] Ausführlicher dazu vgl. jeweils m. w. N. *David*, Inspektionen im Europäischen Verwaltungsrecht, S. 30 ff.; *dies.*, in: Schmidt-Aßmann/Schöndorf-Haubold, S. 237 ff.; *de Bronett*, Europäisches Kartellverfahrensrecht, Art. 20 VO 1/2003, Rn. 1 ff.; *Hensmann*, S. 159 ff.; *Jaeckel*, in: Grabitz/Hilf/Nettesheim, EU, Art. 337 AEUV (August 2011), Rn. 33; *Johanns*, Behörden, Verfahren, Rechtsschutz, in: Mäger, S. 531 ff.; *Kerse/Kahn*, S. 144 ff.; *Klees*, S. 323 ff.; *Meyer/Kuhn*, WuW 2004, 880 ff.; *Nehl*, S. 73 ff.; *Nowak*, in: Loewenheim/Meessen/Riesenkampf, S. 1270 ff.; *ders.*, Grundrechte im europäischen Konstitutionalisierungsprozess, S. 107 ff.; *ders.*, in: Birnstiel/Bungenberg/Heinrich, Art. 22 VO 659/1999, Rn. 722 ff.; *Ohler*, Europäisches und nationales Verwaltungsrecht, in: Terhechte, Verwaltungsrecht der EU, § 9 Rn. 34; *Schwarze/Weitbrecht*, S. 59 ff.; *Seitz/Berg/Lohrberg*, WuW 2007, 716 ff.; *Vocke*, S. 205 ff.

[44] Vgl. statt vieler *Seitz/Berg/Lohrberg*, WuW 2007, 716; *Sura*, in: Langen/Bunte, S. 872; *Wohlmann*, GPR 2008, 293 (295).

[45] Vgl. etwa Art. 26 VO (EG) Nr. 597/2009 (Fn. 36) sowie Art. 16 VO (EG) Nr. 1225/2009 (Fn. 36).

[46] Exemplarisch vgl. Art. 22 VO (EG) Nr. 659/1999 (Fn. 6) i. d. F. der VO (EU) Nr. 734/2013 (Fn. 6); Art. 20 u. 21 VO (EG) Nr. 1/2003 (Fn. 6); Art. 27 VO (EU) Nr. 2015/1589 (Fn. 6); Art. 12 u. 13 VO (EG) Nr. 139/2004 (Fn. 6).

[47] Exemplarisch vgl. Art. 22 Abs. 2 Buchst. a VO (EG) Nr. 659/1999 (Fn. 6) i. d. F. der VO (EU) Nr. 734/2013 (Fn. 6); Art. 27 Abs. 2 Buchst. a VO (EU) Nr. 2015/1589 (Fn. 6); Art. 20 Abs. 2 Buchst. a VO (EG) Nr. 1/2003 (Fn. 6); Art. 13 Abs. 2 Buchst. a VO (EG) Nr. 139/2004 (Fn. 6); ausführlicher zu diesen Betretungsrechten vgl. jeweils m. w. N. *Hensmann*, S. 189 ff.; *van der Hout*, in: Mäsch, Art. 20 VerfVO Rn. 15 ff.; *Kerse/Khan*, S. 162 ff.; *Klees*, S. 331 f.; *Nowak*, in: Loewenheim/Meessen/Riesenkampf, S. 1308 ff.; *ders.*, in: Birnstiel/Bungenberg/Heinrich, Art. 22 VO 659/1999, Rn. 733 f.; *Vocke*, S. 215 ff.

[48] Art. 22 Abs. 2 Buchst. b u. c VO (EG) Nr. 659/1999 (Fn. 6) i. d. F. der VO (EU) Nr. 734/2013

fugnissen der Kommission etwa zu bestimmten Stichproben[49] oder zur Versiegelung der mit der Nachprüfung im Zusammenhang stehenden Räumlichkeiten oder Dokumenten verbunden werden.[50] Bei den von solchen Nachprüfungen betroffenen Räumlichkeiten handelt es sich meist um **Geschäftsräume von Unternehmen** und Unternehmensvereinigungen einschließlich ihrer Transportmittel und Grundstücke.[51] Im Anwendungsbereich des EU-Kartellverfahrensrechts ist die Kommission darüber hinaus zu **Nachprüfungen in Privaträumen** unter Einschluss von Wohnungen, Transportmitteln und Grundstücken der jeweiligen Aufsichts- und Leitungsorgane sowie aller sonstigen Mitarbeiter des von dem jeweiligen Kartellverfahren betroffenen Unternehmens oder der betroffenen Unternehmensvereinigung befugt.[52] In anderen Teilbereichen des Unionsrechts gehören schließlich auch Verwaltungsgebäude zu den von Nachprüfungen der Kommission betroffenen Räumlichkeiten, sofern der Rat die Kommission zur Vornahme von Vor-Ort-Prüfungen bzw. Vor-Ort-Kontrollen bei mitgliedstaatlichen Behörden ermächtigt.[53]

c) Nachprüfungsadressaten

Die Frage, wer Adressat der vorgenannten Nachprüfungsmaßnahmen der Kommission   **23** sein kann oder soll, wird in Art. 337 AEUV ebenfalls nicht beantwortet. Insoweit verfügt der Rat bei der Inanspruchnahme der in Art. 337 AEUV geregelten Rechtsetzungsbefugnis auch diesbezüglich über einen Regelungsspielraum, wenn er unter Berücksichtigung des oben genannten Kriteriums der Erforderlichkeit (s. Rn. 12 f.) den Kreis der Nachprüfungsadressaten festlegt, zu denen in der Regel **Unternehmen oder Unternehmensvereinigungen** gehören;[54] in einzelnen Teilbereichen des Unionsrechts können sich

(Fn. 6); Art. 27 Abs. 2 Buchst. b VO (EU) Nr. 2015/1589 (Fn. 6); Art. 20 Abs. 2 Buchst. b, c u. e VO (EG) Nr. 1/2003 (Fn. 6); Art. 13 Abs. 2 Buchst. b, c u. e VO (EG) Nr. 139/2004 (Fn. 6); näher zu diesen Kommissionsbefugnissen vgl. jeweils m. w. N. *Hensmann*, S. 201 ff.; *van der Hout*, in: Mäsch, Art. 20 VerfVO Rn. 21 ff.; *Kerse/Khan*, S. 164 ff.; *Klees*, S. 331 ff.; *Nowak*, in: Loewenheim/Meessen/Riesenkampf, S. 1310 ff.; *ders.*, in: Birnstiel/Bungenberg/Heinrich, Art. 22 VO 659/1999, Rn. 735 ff.; *Vocke*, S. 217 ff.

[49] Exemplarisch vgl. Art. 7 Abs. 1 VO (Euratom, EG) Nr. 2185/1996 (Fn. 6).
[50] Vgl. etwa Art. 20 Abs. 2 Buchst. d VO (EG) Nr. 1/2003 (Fn. 6); Art. 13 Abs. 2 Buchst. d VO (EG) Nr. 139/2004 (Fn. 6); instruktiv zu den bußgeldrechtlichen Folgen eines Siegelbruchs vgl. EuG, Urt. v. 15. 12. 2010, Rs. T–141/08 (E.ON Energie/Kommission), Slg. 2010, II–5761 ff.; EuGH, Urt. v. 22. 11. 2012, Rs. C–89/11 P (E.ON Energie/Kommission), WuW 2013, 61 ff.
[51] Exemplarisch vgl. Art. 20 Abs. 2 VO (EG) Nr. 1/2003 (Fn. 6); Art. 13 Abs. 2 VO (EG) Nr. 139/2004 (Fn. 6); so auch, aber ohne Erwähnung der o. g. Transportmittel, vgl. Art. 22 Abs. 2 VO (EG) Nr. 659/1999 (Fn. 6) i. d. F. der VO (EU) Nr. 734/2013 (Fn. 6); Art. 27 Abs. 2 Buchst. a VO (EU) Nr. 2015/1589 (Fn. 6).
[52] Vgl. Art. 21 Abs. 1 VO (EG) Nr. 1/2003 (Fn. 6); ausführlicher zu dieser Norm vgl. etwa *van der Hout*, in: Mäsch, Art. 21 VerfVO Rn. 1 ff.; *Nowak*, in: Loewenheim/Meessen/Riesenkampf, S. 1328 ff.
[53] Exemplarisch vgl. Art. 75 Abs. 2 VO (EU) Nr. 1303/2013 des Europäischen Parlaments und des Rates v. 17. 12. 2013 mit gemeinsamen Bestimmungen über den Europäischen Fonds für regionale Entwicklung, den Europäischen Sozialfonds, den Kohäsionsfonds, den Europäischen Landwirtschaftsfonds für die Entwicklung des ländlichen Raums und den Europäischen Meeres- und Fischereifonds sowie mit allgemeinen Bestimmungen über den Europäischen Fonds für regionale Entwicklung, den Europäischen Sozialfonds, den Kohäsionsfonds und den Europäischen Meeres- und Fischereifonds und zur Aufhebung der Verordnung (EG) Nr. 1083/2006 des Rates, ABl. 2013, L 347/320; sowie Art. 47 Abs. 1 VO (EU) Nr. 1306/2013 des Europäischen Parlaments und des Rates v. 17. 12. 2013 über die Finanzierung, die Verwaltung und das Kontrollsystem der Gemeinsamen Agrarpolitik und zur Aufhebung der Verordnungen (EWG) Nr. 352/78, (EG) Nr. 165/94, (EG) Nr. 2799/98, (EG) Nr. 814/2000, (EG) Nr. 1290/2005 und (EG) Nr. 485/2008 des Rates, ABl. 2013, L 347/549.
[54] Exemplarisch vgl. Art. 20 Abs. 1 VO (EG) Nr. 1/2003 (Fn. 6); Art. 13 Abs. 1 VO (EG)

Nachprüfungen der Kommission aber auch gegen mitgliedstaatliche **Behörden**[55] und/oder private **Einzelpersonen**[56] richten.

d) Sanktionen

24 Unbeantwortet bleibt in Art. 337 AEUV schließlich auch die Frage, ob die in dieser Norm geregelte Rechtsetzungsbefugnis des Rates den Erlass sekundärrechtlicher Vorschriften einschließt, die es der Kommission gestatten, den jeweiligen Nachprüfungsadressaten (s. Rn. 23) mit **Sanktionen in Gestalt von Geldbußen und/oder Zwangsgeldern** (s. Art. 103 AEUV, Rn. 25 ff.) zu überziehen, wenn er die Nachprüfungsmaßnahmen (s. Rn. 22) behindert oder gegen sonstige Mitwirkungspflichten im Rahmen solcher Nachprüfungen verstößt. Geht es in diesem Kontext um ein obstruktives Verhalten einer mitgliedstaatlichen Behörde, ist die vorgenannte Frage zu verneinen,[57] da sich die Kommission in einem solchen Fall mit Hilfe des in Art. 258 und 260 AEUV geregelten Sanktionsregimes[58] gegen den betreffenden Mitgliedstaat zur Wehr setzen kann. Im Hinblick auf andere Nachprüfungsadressaten dürfte die oben genannte Frage hingegen zu bejahen sein,[59] da die Kommission in verschiedenen Teilbereichen des Unionsrechts über sekundärrechtlich geregelte Sanktionsmöglichkeiten verfügt, um sich beispielsweise gegen ein obstruktives Verhalten bestimmter Unternehmen im Rahmen einer Nachprüfung zur Wehr zu setzen,[60] ohne dass diese Sanktionsmöglichkeiten jemals vom Unionsrichter beanstandet worden sind. Insofern lässt sich kaum begründen, wieso der Rat nicht auch auf der Grundlage des Art. 337 AEUV dazu berechtigt sein soll, der Kommission diese Sanktionsmöglichkeiten zu eröffnen, zumal es den im ersten Satzteil des Art. 337 AEUV angesprochenen Nachprüfungsrechten anderenfalls an der erforderlichen Durchsetzungskraft fehlen würde.

IV. Verfahrensrechtliche Vorgaben und Beschlussfassung im Rat

25 Im Anwendungsbereich des Art. 337 AEUV, der in verfahrensrechtlicher Hinsicht ganz erheblich von seiner Nachbarbestimmung in Gestalt des Art. 338 AEUV abweicht (s. Art. 338 AEUV, Rn 12 ff.), besteht eine **exklusive Rechtsetzungsbefugnis des Rates**, da die auf der Grundlage dieser Norm zu erlassenden Sekundärrechtsakte ausschließlich vom Rat beschlossen werden, der zu den in Art. 13 Abs. 1 EUV aufgelisteten Organen der Union gehört und in diesem Zusammenhang nicht mit dem in Art. 15 EUV ange-

Nr. 139/2004 (Fn. 6); Art. 22 VO (EG) Nr. 659/1999 (Fn. 6) i. d. F. der VO (EU) Nr. 734/2013 (Fn. 6); Art. 27 VO (EU) Nr. 2015/1589 (Fn. 6).

[55] Vgl. nur Art. 75 VO (EU) Nr. 1303/2013 (Fn. 53); Art. 47 Abs. 1 VO (EU) Nr. 1306/2013 (Fn. 53).

[56] Exemplarisch vgl. dazu zum einen Art. 5 VO (Euratom, EG) Nr. 2185/96 (Fn. 6) i. V. m. Art. 7 VO (EG, Euratom) Nr. 2988/95 des Rates v. 18.12.1995 über den Schutz der finanziellen Interessen der Europäischen Gemeinschaften, ABl. 1995, L 312/1; sowie zum anderen Art. 21 VO (EG) Nr. 1/2003 (Fn. 6).

[57] So auch vgl. *Booß*, in: Lenz/Borchardt, EU-Verträge, Art. 337 AEUV, Rn. 5; *Khan*, in: Geiger/Khan/Kotzur, EUV/AEUV, Art. 337 AEUV, Rn. 11; *Wegener*, in: Calliess/Ruffert, EUV/AEUV, Art. 337 AEUV, Rn. 8.

[58] Näher dazu vgl. m. w. N. *Nowak*, EnzEuR, Bd. 3, § 10, Rn. 1 ff.

[59] So i. E. auch *Booß*, in: Lenz/Borchardt, EU-Verträge, Art. 337 AEUV, Rn. 5; *Herrmann*, in: Streinz, EUV/AEUV, Art. 337 AEUV, Rn. 3.

[60] Exemplarisch vgl. Art. 23 Abs. 1 Buchst. c, d u. e sowie Art. 24 Abs. 1 Buchst. e VO (EG) Nr. 1/2003 (Fn. 6); Art. 14 Abs. 1 Buchst. d u. e sowie Art. 15 Abs. 1 Buchst. b VO (EG) Nr. 139/2004 (Fn. 6).

sprochenen Europäischen Rat verwechselt werden darf. Ein Vorschlagsrecht der in Art. 17 Abs. 2 EUV angesprochenen Art steht der Kommission im Anwendungsbereich des Art. 337 AEUV zwar nicht zu; gleichwohl sind viele der bislang auf Art. 337 AEUV oder auf eine seiner Vorgängerbestimmungen gestützten Rechtsakte auf Vorschlag der Kommission erlassen worden.[61] Im Übrigen können die auf Art. 337 AEUV gestützten Rechtsakte des Rates nach dem Wortlaut dieser Bestimmung ohne Beteiligung bzw. Anhörung des Europäischen Parlaments oder auch des Wirtschafts- und Sozialausschusses erlassen werden; Stellungnahmen des Europäischen Parlaments holt der Rat im Anwendungsbereich des Art. 337 AEUV gelegentlich jedoch trotzdem ein.[62]

Art. 337 AEUV weicht von der in Art. 16 Abs. 3 EUV zum Regelfall erklärten Be- **26** schlussfassung mit qualifizierter Mehrheit ab, denn der in Art. 337 AEUV angesprochene **Rat beschließt** nach dem insoweit eindeutigen Wortlaut dieser Bestimmung **mit einfacher Mehrheit**. Insoweit ist in diesem Kontext zugleich Art. 238 Abs. 1 AEUV zu beachten, wonach der Rat mit der Mehrheit seiner Mitglieder beschließt, wenn zu einem Beschluss des Rates – wie hier – die einfache Mehrheit erforderlich ist.

D. Rechtsstaatliche und unionsgrundrechtliche Zusatzanforderungen

Der Rat ist im Falle der Wahrnehmung oder Ausübung seiner in Art. 337 AEUV nie- **27** dergelegten Rechtsetzungsbefugnis nicht nur zur Beachtung der vorgenannten Vorgaben norminterner Art verpflichtet. Vielmehr werden die dem Rat in diesem Kontext zur Verfügung stehenden Regelungsspielräume auch durch einige rechtsstaatliche Vorgaben normexterner Art begrenzt bzw. eingehegt, die sich insbesondere aus dem unionsverfassungsrechtlichen Bestimmtheitsgrundsatz ableiten lassen (I.). Die weitere Frage, ob der Rat im Falle der Inanspruchnahme seiner in Art. 337 AEUV niedergelegten Rechtsetzungsbefugnis aus unionsverfassungsrechtlichen Gründen auch dazu verpflichtet ist, die der Kommission eingeräumten Nachprüfungsbefugnisse unter einen Richtervorbehalt zu stellen, lässt sich demgegenüber weitaus weniger klar beantworten (II.).

I. Unionsverfassungsrechtlicher Bestimmtheitsgrundsatz

Zu den allgemeinen Rechtsgrundsätzen des Unionsrechts gehört unter anderem auch **28** der unionsverfassungsrechtliche Bestimmtheitsgrundsatz.[63] Dieser Grundsatz verlangt in enger Verbindung mit dem unionsverfassungsrechtlichen Grundsatz der Rechtssicherheit, dass die Vorschriften des Unionsrechts klar und bestimmt sein müssen, damit die Betroffenen sich bei unter das Unionsrecht fallenden Tatbeständen und Rechtsbeziehungen orientieren können[64] und in der Lage sind, ihre Rechte und Pflichten un-

---

[61] Exemplarisch dazu vgl. die RL 98/34/EG (Fn. 11) und die VO (EG) Nr. 405/2003 (Fn. 11).

[62] Exemplarisch dazu vgl. die – allerdings nicht allein auf Art. 213 EGV, sondern auch auf Art. 43 und 100a EGV gestützte – RL 98/34/EG (Fn. 11); sowie den Hinweis in EuGH, Urt. v. 6.9.2012, Rs. C–490/10 (Europäisches Parlament/Rat der EU), EurUP 2013, 226, Rn. 15.

[63] Vgl. etwa EuG, Urt. v. 27.9.2006, Rs. T–43/02 (Jungbunzlauer/Kommission), Slg. 2006, II–3435, Rn. 71; Urt. v. 8.7.2008; Rs. T–99/04 (AC-Treuhand/Kommission), Slg. 2008, II–1501, Rn. 167.

[64] In diesem Kontext vgl. beispielsweise EuGH, Urt. v. 15.2.1996, Rs. C–63/93 (Duff u.a.), Slg. 1996, I–569, Rn. 20; Urt. v. 7.6.2007; Rs. C–76/06 P (Britannia Alloys & Chemicals/Kommission), Slg. 2007, I–4405, Rn. 79, wonach der Grundsatz der Rechtssicherheit gebiete, dass die Vorschriften des Unionsrechts klar und bestimmt sein müssen, damit die Betroffenen sich bei unter das Unionsrecht fallenden Tatbeständen und Rechtsbeziehungen orientieren können.

zweideutig zu erkennen und entsprechende Vorkehrungen treffen zu können.[65] Diese **Bestimmtheitsanforderungen** sind vom Rat im Anwendungsbereich des Art. 337 AEUV vor allem dann besonders ernst zu nehmen,[66] wenn die in dieser Bestimmung angesprochenen und von ihm näher auszugestaltenden Auskunfts- und Nachprüfungsrechte der Kommission einzelne **Unionsgrundrechte** etwa in Gestalt der Unverletzlichkeit der Privatsphäre und/oder der Unverletzlichkeit von Geschäftsräumen[67] tangieren.[68] Insoweit hat der Rat bei der sekundärrechtlichen Ausgestaltung der in Art. 337 AEUV angesprochenen Auskunfts- und Nachprüfungsrechte zum einen darauf zu achten, dass er die Kommission auf das in dieser Norm verankerte Kriterium der Erforderlichkeit verpflichtet (s. Rn. 13) und in hinreichend klarer Weise deutlich macht, was die Kommission in Ausübung dieser Ermittlungsrechte wem gegenüber konkret unternehmen kann (s. Rn. 17 f. u. 22 f.). Zum anderen dürfte mit Blick auf den vorgenannten Bestimmtheitsgrundsatz zu verlangen sein, dass der Rat der Kommission ferner aufgibt, den Betroffenen – insbesondere natürlichen und juristischen Personen – weitere wichtige Zusatzinformationen etwa der in Art. 18 Abs. 3 VO (EG) Nr. 1/2003[69] oder der in Art. 20 Abs. 3 und 4 VO (EG) Nr. 1/2003[70] genannten Art zu übermitteln,[71] wenn sie die von ihr

---

[65] Vgl. nur EuGH, Urt. v. 9.7.1981, Rs. 169/80 (Gondrand u.a.), Slg. 1981, 1931, Rn. 17; EuG, Urt. v. 8.7.2008, Rs. T–99/04 (AC-Treuhand/Kommission), Slg. 2008, II–1501, Rn. 139.

[66] Zur Maßgeblichkeit des Bestimmtheitsgrundsatzes im Anwendungsbereich des Art. 337 AEUV vgl. auch *Jaeckel*, in: Grabitz/Hilf/Nettesheim, EU, Art. 337 AEUV (August 2011), Rn. 2, 21, 24 u. 49.

[67] Ausführlicher zur Existenz dieser beiden Unionsgrundrechte vgl. m.w.N. *Nowak*, Europäisches Verwaltungsrecht und Grundrechte, in: Terhechte, Verwaltungsrecht der EU, § 14, Rn. 59 ff.

[68] Exemplarisch zur Grundrechtsrelevanz EU-kartellverfahrensrechtlicher Nachprüfungen vgl. EuGH, Urt. v. 18.6.2015, Rs. C–583/13 P (Deutsche Bahn u.a./Kommission), ECLI:EU:C:2015:404, Rn. 18 ff. i.V.m. EuG, Urt. v. 6.9.2013, verb. Rs. T–289/11, T–290/11 u. T–521/11 (Deutsche Bahn/Kommission), NZKart 2013, 407, Rn. 65, näher zu dieser Entscheidung vgl. *Bischke*, NZKart 2013, 397 ff., sowie *Röhrig*, WuW 2014, 814. Ausführlicher zur Grundrechtsrelevanz EU-wettbewerbsverfahrensrechtlicher Auskunftsverlangen und Nachprüfungen vgl. auch *Göttlinger*, S. 77 ff.; *Nowak*, in: Loewenheim/Meessen/Riesenkampf, S. 1274 ff.

[69] Nach Art. 18 Abs. 3 Satz 1 VO (EG) Nr. 1/2003 (Fn. 6) muss die Kommission, wenn sie Unternehmen und/oder Unternehmensvereinigungen auf dem Gebiet des Kartellverfahrensrechts durch »Entscheidung« [nunmehr: »Beschluss«, vgl. Art. 288 Abs. 4 AEUV] zur Erteilung von Auskünften verpflichtet, die Rechtsgrundlage, den Zweck des Auskunftsverlangens und die geforderten Auskünfte angeben und zugleich eine Frist für die Erteilung der Auskünfte festlegen; nach den Sätzen 2 u. 3 dieser Bestimmung muss die vorgenannte Beschluss ferner einen Hinweis auf die in den Art. 23 und 24 dieser VO vorgesehenen Sanktionen sowie auf das Recht enthalten, vor dem Gerichtshof der EU gegen diesen Beschluss Klage zu erheben. Näher zu diesen Vorgaben, die sich in ähnlicher Weise z.B. auch in Art. 11 Abs. 2 u. 3 VO (EG) Nr. 139/2004 (Fn. 6) finden lassen, vgl. *Bischke*, NZKart 2014, 299; *de Bronett*, Europäisches Kartellverfahrensrecht, Art. 18 VO 1/2003, Rn. 4 ff.; *Barthelmeß/Rudolf*, in: Loewenheim/Meessen/Riesenkampf, S. 1242 ff.; *Burrichter/Hennig*, in: Immenga/Mestmäcker, Bd. 1 Teil 2, Art. 18 VO 1/2003, Rn. 30 ff.; *Hempel*, EuZW 2016, 379; sowie EuGH, Urt. v. 10.3.2016, Rs. C–247/14 P (HeidelbergCement/Kommission), ECLI:EU:C:2016:149, Rn. 17 ff.

[70] Vgl. insb. Art. 20 Abs. 4 Satz 2 VO (EG) Nr. 1/2003 (Fn. 6), wonach die Kommission in ihrer Nachprüfungs-»Entscheidung« [nunmehr: »Beschluss«, vgl. Art. 288 Abs. 4 AEUV] nicht nur den Gegenstand und den Zweck der Nachprüfung zu bezeichnen hat, sondern auch den Zeitpunkt des Beginns der Nachprüfung nennen sowie auf die in den Art. 23 u. 24 dieser VO vorgesehenen Sanktionen und auf das Recht hinweisen muss, vor dem Gerichtshof der EU gegen diesen Beschluss Klage zu erheben. Näher zu diesen Vorgaben, die sich in ähnlicher Weise beispielsweise auch in Art. 13 Abs. 3 u. 4 VO (EG) Nr. 139/2004 (Fn. 6) finden lassen, vgl. etwa *Bischke*, in: Hirsch/Montag/Säcker, Art. 20 VO 1/2003, Rn. 21 ff.; *Klees*, S. 325 f.; *Nowak*, in: Loewenheim/Meessen/Riesenkampf, S. 1304 ff.

[71] Zur Einordnung der in Art. 20 Abs. 3 u. 4 VO (EG) Nr. 1/2003 (Fn. 6) geregelten Vorgaben als Ausprägung des Bestimmtheitsgrundsatzes vgl. auch *Sura*, in: Langen/Bunte, S. 874.

ausgewählte Ermittlungsform durch Beschluss anordnet und damit zugleich – meist sanktionsbewehrte – Duldungs- und Mitwirkungspflichten der Betroffenen begründet.[72] Partiell lässt sich Letzteres in ergänzender Weise auch aus der ständigen Rechtsprechung des Unionsrichters ableiten, wonach die Verpflichtung der Kommission zur Angabe von Gegenstand und Zweck der Nachprüfung insofern ein grundlegendes Erfordernis darstellt, als dadurch erstens die Berechtigung des beabsichtigten Eingriffs in den betroffenen Unternehmen aufgezeigt werden soll, wodurch die Unternehmen in die Lage versetzt werden, den Umfang ihrer Mitwirkungspflicht zu erkennen, und zweitens die Verteidigungsrechte der Unternehmen gewahrt werden sollen.[73]

II. Einführung eines Richtervorbehalts bei Nachprüfungen

Eine wichtige rechtsstaatliche Komponente des so genannten »Rechtsschutzes im Verfahren« stellt der so genannte Richtervorbehalt dar, den der Rat im Interesse des Schutzes der Privatsphäre natürlicher Personen gegen willkürliche oder unverhältnismäßige (kartellverfahrensrechtliche) Nachprüfungsmaßnahmen der Kommission in Art. 21 Abs. 3 Satz 1 VO 1/2003 eingeführt hat.[74] Diese Regelung führt dazu, dass kartellverfahrensrechtliche Nachprüfungen der Kommission in den hiervon erfassten Räumlichkeiten der dort genannten Privatpersonen stets eine **vorherige Genehmigung des jeweils zuständigen mitgliedstaatlichen Gerichts** voraussetzt. Die Einführung dieses Richtervorbehalts ist dem Umstand geschuldet, dass die Kommission mit Nachprüfungen der vorgenannten Art in das vom Unionsrichter seit langer Zeit anerkannte Unionsgrundrecht auf Unverletzlichkeit der Privatsphäre[75] eingreift und dieser Grundrechtseingriff leichter dem Verdikt der Unverhältnismäßigkeit entkommen kann, wenn der Vollzug eines Nachprüfungsbeschlusses der Kommission unter den rechtsstaatlichen Vorbehalt einer vorherigen gerichtlichen Genehmigung gestellt wird. Ob vor diesem Hintergrund sogar vom Bestehen einer unionsverfassungsrechtlichen Verpflichtung des Rates zur Einführung von Richtervorbehalten ausgegangen werden kann oder muss, wenn er die Kommission zu Nachprüfungen in den Räumlichkeiten natürlicher Personen ermächtigt, ist indes fraglich, da der Unionsrichter bislang von der Unionsgrundrechtskonformität kartellverfahrensrechtlicher Nachprüfungen der Kommission in Geschäftsräumen ausgeht,[76] obwohl auch diese Nachprüfungen in unionsgrundrechtlicher Hinsicht nicht ganz unproblematisch sind, da die Kommission damit in das den betroffenen Unterneh-

29

---

[72] Näher dazu vgl. etwa *Jaeckel*, in: Grabitz/Hilf/Nettesheim, EU, Art. 337 AEUV (August 2011), Rn. 39 f.; *Ladenburger*, in: GSH, Europäisches Unionsrecht, Art. 337 AEUV, Rn. 36 f.

[73] Vgl. nur EuGH, Urt. v. 17.10.1989, verb. Rs. 97/87 bis 99/87 (Dow Chemical Ibérica u. a./Kommission), Slg. 1989, 3165, Rn. 26; EuG, Urt. v. 14.11.2012, Rs. T–135/09 (Nexans/Kommission), NZKart 2013, 119, Rn. 39.

[74] Näher dazu sowie zu den in diesem Kontext bestehenden Kontrollbefugnissen mitgliedstaatlicher Gerichte vgl. insb. EuGH, Urt. v. 22.10.2002, Rs. C–94/00 (Roquette Frères), Slg. 2002, I–9011, Rn. 39 ff.; sowie *Burrichter/Hennig*, in: Immenga/Mestmäcker, Art. 21 VO 1/2003, Rn. 36 f.; *Klees*, S. 340 ff.; *Nowak*, in: Loewenheim/Meessen/Riesenkampff, Art. 20 VerfVO, Rn. 84 ff., i. V. m. Art. 21 VerfVO, Rn. 16 f.

[75] Grdlg. EuGH, Urt. v. 21.9.1989, verb. Rs. 46/87 u. 227/88 (Hoechst/Kommission), Slg. 1989, 2859, Rn. 17; Urt. v. 17.10.1989, Rs. 85/87 (Dow Benelux/Kommission), Slg. 1989, 3137, Rn. 28; Urt. v. 17.10.1989, verb. Rs. 97–99/87 (Dow Chemical Ibérica u. a./Kommission), Slg. 1989, 3165, Rn. 14.

[76] Instruktiv dazu vgl. insb. vgl. EuG, Urt. v. 6.9.2013, verb. Rs. T–289/11, T–290/11 u. T–521/11 (Deutsche Bahn/Kommission), NZKart 2013, 407, Rn. 64 ff.; EuGH, Urt. v. 18.6.2015, Rs. C–583/13 P (Deutsche Bahn u. a./Kommission), ECLI:EU:C:2015:404, Rn. 18 ff.

men zur Verfügung stehende Unionsgrundrecht auf Unverletzlichkeit von Geschäftsräumen eingrifft,[77] ohne das der Rat diesen Grundrechtseingriff in Art. 20 VO (EG)
Nr. 1/2003 – anders als in dem oben genannten Art. 21 Abs. 3 Satz 1 VO 1/2003 – durch
einen in allen Fällen zu beachtenden Richtervorbehalt »abgefedert« hat.[78] Der Unionsrichter hält dies allerdings bislang für unionsgrundrechtskonform, da der Rat für die
betroffenen Unternehmen in diesem Kontext andere Schutzgarantien vorgesehen hat,
zu denen neben dem Erfordernis einer hinreichenden Begründung von Nachprüfungs-
beschlüssen der Kommission und den ihr für den Ablauf von Nachprüfungen gesetzten
Grenzen auch die fehlende Möglichkeit der Kommission zur gewaltsamen Durchsetzung solcher Nachprüfungen, das insoweit gegebenenfalls erforderliche Eingreifen mitgliedstaatlicher Stellen sowie die Möglichkeit nachträglichen Rechtsschutzes gehören.[79]
Vor diesem Hintergrund dürfte der Rat auch im Anwendungsbereich des Art. 337
AEUV nur dann zur sekundärrechtlichen Einführung von Richtervorbehalten verpflichtet sein, wenn er bei der auf diese Ermächtigungsgrundlage gestützten sekundärrechtlichen Ausgestaltung inquisitorischer Nachprüfungsrechte oder Nachprüfungsbefugnisse der Kommission die vorgenannten Schutzgarantien in signifikanter Weise ab-
schwächt oder in Frage stellt.

E.   Unionsgrundrechtliche Bindungen der Kommission bei der Wahrnehmung sekundärrechtlicher Auskunfts- und Nachprüfungsrechte

30   Wenn der Rat die Kommission im Wege der Sekundärrechtsetzung zur Einholung aller
erforderlichen Auskünfte und/oder zur Vornahme aller erforderlichen Nachprüfungen
ermächtigt hat, ist die Kommission bei der Ausübung oder Wahrnehmung dieser Befugnisse nicht nur an den unionsverfassungsrechtlichen **Verhältnismäßigkeitsgrundsatz** gebunden,[80] der etwa dann verletzt wird, wenn die Kommission kartellverfahrensrechtliche Nachprüfungen vornimmt, ohne im Hinblick auf das Vorliegen einer Zuwiderhandlung gegen Art. 101 Abs. 1 und/oder 102 AEUV zumindest einen Anfangsverdacht zu
haben.[81] Vielmehr werden die der Kommission vom Rat verliehenen Ermittlungsrechte

---

[77] Näher dazu sowie zur Herleitung dieses in der EU-Grundrechtecharta nicht explizit angesprochenen Unionsgrundrechts vgl. m. w. N. *Nowak*, Europäisches Verwaltungsrecht und Grundrechte, in:
Terhechte, Verwaltungsrecht der EU, § 14, Rn. 60 ff.; *Reinalter*, ZEuS 2009, 53 (93 ff.).

[78] Kritisch dazu aus unionsgrundrechtlicher Perspektive *Weiß*, ÖZK 2010, 12 (15 f.).

[79] Vgl. EuGH, Urt. v. 18.6.2015, Rs. C–583/13 P (Deutsche Bahn u. a./Kommission), ECLI:EU:
C:2015:404, Rn. 18 ff., i. V. m. EuG, Urt. v. 6.9.2013, verb. Rs. T–289/11, T–290/11 u. T–521/11
(Deutsche Bahn/Kommission), NZKart 2013, 407, Rn. 74 ff.; ausführlicher zu dieser Entscheidung
vgl. *Bischke*, NZKart 2013, 397 ff.; *Röhrig*, WuW 2014, 814 ff.

[80] Zu dieser allgemein anerkannten Bindung vgl. nur EuGH, Urt. v. 26.6.1980, Rs. 136/79 (National Panasonic/Kommission), Slg. 1980, 2033, Rn. 29 f.; Urt. v. 21.9.1989, verb. Rs. 46/87 u. 227/88
(Hoechst/Kommission), Slg. 1989, 2859, Rn. 19; EuG, Urt. v. 12.12.1991, Rs. T–39/90 (SEP/Kom-
mission), Slg. 1991, II–1497, Rn. 51 ff.; Urt. v. 8.3.2007, Rs. T–339/04 (France Télécom/Kommissi-
on), Slg. 2007, II–521, Rn. 117 ff.; näher dazu vgl. auch jeweils m. w. N. *Jaeckel*, in: Grabitz/Hilf/
Nettesheim, EU, Art. 337 AEUV (August 2011), Rn. 42; *Kellerbauer*, EuZW 2014, 407 ff.; *Ladenburger*, in: GSH, Europäisches Unionsrecht, Art. 337 AEUV, Rn. 40.

[81] Zum Erfordernis eines solchen Anfangsverdachts und zum damit verbundenen Verbot so genannter »fishing expeditions« vgl. nur EuGH, Urt. v. 22.10.2002, Rs. C–94/00 (Roquette Frères),
Slg. 2002, I–9011, Rn. 61; EuG, Urt. v. 8.3.2007, Rs. T–339/04 (France Télécom/Kommission),

auch durch verschiedene **Unionsgrundrechte** begrenzt. Hierzu gehören insbesondere[82] das Unionsgrundrecht auf Hinzuziehung eines juristischen Beistands (I.) und der unionsgrundrechtlich fundierte Vertraulichkeitsschutz im Sinne des Legal Professional Privilege (II.), die wiederum durch ein – in der Unionsrechtsordnung bislang aber nur in beschränkter Weise anerkanntes – Auskunftsverweigerungsrecht flankiert werden (III.).

I. Unionsgrundrecht auf Hinzuziehung eines juristischen Beistands

Zu den Unionsgrundrechten bzw. zu den unionsverfassungsrechtlichen Verteidigungs-   **31** rechten, die von der Kommission bei der Vornahme von Nachprüfungen in den Räumlichkeiten natürlicher oder juristischer Personen zu beachten sind und deren Verletzung nach ständiger Rechtsprechung der Unionsgerichte grundsätzlich zur Nichtigerklärung eines angefochtenen Rechtsakts führen kann, wenn die Rechtswidrigkeit einen Einfluss auf den Inhalt des angefochtenen Rechtsakts haben konnte,[83] gehört zum einen das Recht auf Hinzuziehung eines juristischen Beistands,[84] das zugleich von der in Art. 48 Abs. 2 GRC angesprochenen **Achtung der Verteidigungsrechte** umfasst ist. Dieses auch in der EMRK gewährleistete Verfahrensgrundrecht,[85] das auf der Ebene des verwaltungsgerichtlichen Individualrechtsschutzes vor allem durch das in Art. 47 Abs. 2 Satz 2 GRC niedergelegte »Jedermann«-Grundrecht auf Beratung, Verteidigung und Vertretung flankiert wird,[86] ist nach der ständigen Rechtsprechung des Gerichtshofs als Ausdruck der gemeinsamen Verfassungsrechtstraditionen der Mitgliedstaaten zu begreifen, denen zufolge der Anwalt als ein Mitgestalter der Rechtspflege in völliger Unabhängigkeit dem Mandanten die rechtliche Unterstützung zu gewähren hat, die dieser benötigt.[87] Dieses Unionsgrundrecht verleiht natürlichen und juristischen Personen das Recht, vor Beginn etwa fusionskontrollverfahrensrechtlicher, beihilfenkontrollverfahrensrechtlicher oder kartellverfahrensrechtlicher Nachprüfungsmaßnahmen der Kommission zunächst einmal darauf zu bestehen, einen Anwalt ihrer Wahl zu informieren

---

Slg. 2007, II–521, Rn. 60; Urt. v. 14.11.2012, Rs. T–135/09 (Nexans/Kommission), NZKart 2013, 119, Rn. 67; sowie jeweils m. w. N. *Nowak*, in: Loewenheim/Meessen/Riesenkampf, S. 1301 f.; *Seitz/Berg/Lohrberg*, WuW 2007, 716 (718 ff.).

[82] Auf weitere Unionsgrundrechte, die – wie etwa das in Art. 41 GRC niedergelegte Grundrecht auf eine gute Verwaltung – in diesem ermittlungsspezifischen Kontext eher nur von mittelbarer Bedeutung sind, wird nachfolgend nicht näher eingegangen; näher zu diesem Unionsgrundrecht vgl. nur *Leino*, EPL 20 (2014), 681; *Wittinger*, UBWV 2013, 3; sowie m. w. N. die Kommentierung zu Art. 41 GRC. Angebracht ist an dieser Stelle gleichwohl ein exemplarischer Hinweis auf EuGH, Urt. v. 11.7.2013, Rs. C–439/11 P (Ziegler), WuW 2013, 1118, Rn. 155, wonach das aus dem vorgenannten Unionsgrundrecht auf eine gute Verwaltung fließende Gebot der Unparteilichkeit verlangt, dass kein Mitglied des mit der Sache befassten Unionsorgans Voreingenommenheit oder persönliche Vorurteile an den Tag legen darf (subjektive Unparteilichkeit) und dass dieses Organ hinreichende Garantien bieten muss, um jeden berechtigten Zweifel in dieser Hinsicht auszuschließen (objektive Unparteilichkeit).

[83] Vgl. nur EuGH, Urt. v. 14.2.1990, Rs. 301/87 (Frankreich/Kommission), Slg. 1990, I–307, Rn. 31; Urt. v. 21.3.1990, Rs. 142/87 (Belgien/Kommission), Slg. 1990, I–959, Rn. 48.

[84] Vgl. EuGH, Urt. v. 21.9.1989, verb. Rs. 46/87 u. 227/88 (Hoechst/Kommission), Slg. 1989, 2859, Rn. 16; Urt. v. 17.10.1989, Rs. 85/87 (Dow Benelux/Kommission), Slg. 1989, 3137, Rn. 27; Urt. v. 22.10.2002, Rs. C–94/00 (Roquette Frères), Slg. 2002, I–9011, Rn. 46; EuG, Urt. v. 6.9.2013, verb. Rs. T–289/11, T–290/11 u. T–521/11 (Deutsche Bahn/Kommission), NZKart 2013, 407, Rn. 65.

[85] Vgl. nur EGMR, Urt. v. 27.11.2009, Beschwerde-Nr. 36391/02, NJW 2009, 3707 ff.

[86] Zutr. *Jarass*, EU-GR, § 41, Rn. 16.

[87] Grdlg. EuGH, Urt. v. 18.5.1982, Rs. 155/79 (AM&S/Kommission), Slg. 1982, 1575, Rn. 24.

und zu konsultieren. Einen Anspruch darauf, dass die mit den jeweiligen Nachprüfungen betrauten Bediensteten der Kommission und/oder mitgliedstaatlicher Wettbewerbsbehörden bei unangekündigten Nachprüfungen mit deren Beginn bis zum Eintreffen des Anwalts warten, verleiht dieses Recht nach vorherrschender Auffassung zwar nicht.[88] Gleichwohl gesteht die Kommission den betreffenden Unternehmen und Unternehmensvereinigungen in diesen Fällen immerhin eine begrenzte Wartezeit zu, sofern die Nachprüfung hierdurch nicht unangemessen verzögert wird und der Nachprüfungsadressat versichert, die jeweiligen Geschäftsunterlagen an dem Ort und in dem Zustand zu belassen, wo und wie sie sich bei der Ankunft der Ermittler befunden haben.[89]

II. Vertraulichkeitsschutz im Sinne des Legal Professional Privilege und damit korrespondierende Verwertungsverbote

32   Einen weiteren allgemeinen (subjektivrechtlichen) Grundsatz des Unionsrechts, der in Abgrenzung vom allgemeinen Grundsatz des Schutzes von vertraulichen Informationen und Geschäftsgeheimnissen[90] insbesondere das Verhältnis zwischen Nachprüfungsadressaten und ihren Rechtsbeiständen betrifft und der ebenfalls zu den beispielsweise bei wettbewerbsverfahrensrechtlichen Nachprüfungen der Kommission zu beachtenden Verteidigungsrechten gehört, stellt der erstmals in der *AM&S*-Entscheidung des EuGH anerkannte **Anspruch auf Wahrung der Vertraulichkeit des Schriftverkehrs zwischen Anwalt und Mandant**[91] dar, der das unter anderem in der Kartellverfahrensverordnung, in der Beihilfeverfahrensverordnung und in der Fusionskontrollverordnung geregelte Recht der Kommission zur Prüfung von Büchern und sonstigen Geschäftsunterlagen[92] begrenzt. Dieser meist unter den Kurzbezeichnungen »Legal Privilege«, »Legal Professional Privilege« und/oder »Anwaltsprivileg« thematisierte Vertraulichkeitsschutz setzt nach der herkömmlichen Rechtsprechung des Unionsgerichte zweierlei voraus: Erstens muss der betreffende Schriftwechsel i. R. und im Interesse des Rechts des Mandanten auf Verteidigung geführt worden sein, wobei sich dieses Erfordernis auf den gesamten Schriftwechsel bezieht, der entweder nach Eröffnung eines Verwaltungsverfahrens oder aber bereits früher geführt worden ist und mit dem Gegenstand dieses Verfahrens im Zusammenhang steht.[93] Zweitens muss der betreffende Schriftwechsel

---

[88] Vgl. *Reinalter*, ZEuS 2009, 53 (75); *Schwarze/Weitbrecht*, § 5, Rn. 31; *Vocke*, S. 86 f.; implizit vgl. auch EuGH, Urt. v. 26. 6.1980, verb. Rs. 136/79, (National Panasonic/Kommission), Slg. 1980, 2033, Rn. 30.

[89] So vgl. m. w. N. *Burrichter/Hennig*, in: Immenga/Mestmäcker, Art. 20 VO 1/2003 Rn. 101; ferner vgl. *Meyer/Kuhn*, WuW 2004, 880 (885), wonach das Warten auf einen Anwalt in diesem Kontext nicht länger als ca. 45–60 Minuten in Anspruch nehmen sollte.

[90] Zu diesem allg. Grundsatz vgl. EuGH, Urt. v. 14. 2. 2008, Rs. C–450/06 (Varec), Slg. 2008, I–581, Rn. 52; näher zum unionsrechtlichen Schutzregime für Geschäftsgeheimnisse siehe Art. 339 AEUV, Rn. 5 ff.

[91] Grdlg. EuGH, Urt. v. 18. 5.1982, Rs. 155/79 (AM&S/Kommission), Slg. 1982, 1575 ff.; u. a. bestätigt in Urt. v. 17. 10.1989, verb. Rs. 97–99/87 (Dow Chemical Ibérica u. a./Kommission), Slg. 1989, 3165, Rn. 13; Urt. v. 22. 10. 2002, Rs. C–94/00 (Roquette Frères), Slg. 2002, I–9011, Rn. 46; ausführlicher zur grdlg. *AM&S*-Entscheidung des Gerichtshofs vgl. *Beutler*, RIW 1982, 820 ff.; *Fischer/Iliopoulos*, NJW 1983, 1031 ff.; *Forrester*, CMLRev. 20 (1983), 75 ff.; *Kerse/Khan*, S. 128 ff.; *Seitz*, in: Weiß, S. 93 ff.

[92] Vgl. Art. 20 Abs. 2 Buchst. b VO (EG) Nr. 1/2003 (Fn. 6); Art. 22 Abs. 2 Buchst. c VO (EG) Nr. 659/1999 (Fn. 6) i. d. F. der Änderungs-VO (EU) Nr. 734/2013 (Fn. 6); Art. 27 Abs. 2 Buchst. c Vo (EU) Nr. 2015/1589 (Fn. 6); Art. 13 Abs. 2 Buchst. b VO (EG) Nr. 139/2004 (Fn. 6).

[93] Grdlg. EuGH, Urt. v. 18. 5.1982, Rs. 155/79 (AM&S/Kommission), Slg. 1982, 1575, Rn. 21

von unabhängigen Rechtsanwälten ausgehen, d. h. von solchen Anwälten, die nicht durch einen Dienstvertrag bzw. ein Beschäftigungsverhältnis an den Mandanten gebunden sind.[94] Die letztgenannte Voraussetzung beruht nach Ansicht des Gerichtshofs auf der spezifischen Vorstellung von der Funktion eines Anwalts als »Mitgestalter der Rechtspflege«, der in völliger Unabhängigkeit und in deren vorrangigem Interesse dem Mandanten die rechtliche Unterstützung zu gewähren hat, die dieser benötigt.[95] Unabhängig davon, in welchem Mitgliedstaat sich der Mandant befindet, kommt dieser unionsgrundrechtliche Schutz des Schriftverkehrs zwischen Anwalt und Mandant unterschiedslos allen unabhängigen Rechtsanwälten zu, die in einem Mitgliedstaat zugelassen sind[96]. Damit ist der Schriftverkehr zwischen Mandanten und Rechtsanwälten aus Drittstaaten grundsätzlich nicht vom »Legal (Professional) Privilege« umfasst,[97] sofern es nicht um Rechtsanwälte aus EFTA- bzw. EWR Staaten geht, die Rechtsanwälten aus der EU diesbezüglich nach überwiegender Ansicht gleichgestellt sind.[98]

In Fortentwicklung der vorgenannten *AM&S*-Rechtsprechung des Gerichtshofs erweiterte das Gericht zwar in seiner *Hilti*-Entscheidung den durch das »Legal (Professional) Privilege« gewährleisteten Vertraulichkeitsschutz auf unternehmensinterne Schriftstücke, soweit darin der Inhalt der anwaltlichen Kommunikation zum Zwecke der unternehmensinternen Verbreitung festgehalten ist.[99] Abgesehen hiervon hat sich jedoch die jüngere Rechtsprechung der Unionsgerichte zum »Legal (Professional) Privilege« insbesondere im Hinblick auf die vielfach kritisierte **Ausgrenzung angestellter Syndikusanwälte aus dem Schutzbereich des Anwaltsprivilegs**[100] bis zuletzt als weitgehend veränderungsfest erwiesen. Soweit der Präsident des Gerichts in seinem – ein Verfahren des einstweiligen Rechtsschutzes betreffenden – Beschluss vom 30. 10. 2003 in den verbundenen Rechtssachen *Akzo Nobel Chemicals* und *Akcros Chemicals* die zunächst auf einen möglichen Rechtsprechungswandel hindeutende Ansicht vertreten hat, dass das »Legal (Professional) Privilege« auch auf die Korrespondenz zwischen einem Nachprüfungsadressaten und internen Rechtsberatern erstreckt werden könnte, sofern die jeweiligen Unternehmensjuristen denselben strengen Berufsstandsregeln unterliegen wie externe Rechtsberater,[101] ist dies weitgehend folgenlos geblieben, da sich

33

---

i. V. m. Rn. 23. Ein »direkter« Zusammenhang wird dabei gewöhnlich nicht verlangt; demnach unterfallen nach allg. Ansicht auch solche Schriftstücke diesem Vertraulichkeitsschutz, welche die anwaltliche Einschätzung der Vereinbarkeit bestimmter Entwürfe oder Verhaltensweisen mit dem Kartellrecht oder die Prognose hinsichtlich eines zu erwartenden Bußgeldrisikos betreffen, so vgl. *Kapp*, WuW 2003, 142 ff.; *ders./Schröder*, WuW 2002, 555 ff.; näher zum Ganzen vgl. auch *Burrichter/Hennig*, in: Immenga/Mestmäcker, Vor Art. 17–22 VO 1/2003, Rn. 60 ff.

[94] Grdlg. EuGH, Urt. v. 18.5.1982, Rs. 155/79 (AM&S/Kommission), Slg. 1982, 1575, Rn. 21 i. V. m. Rn. 27.

[95] EuGH, Urt. v. 18.5.1982, Rs. 155/79 (AM&S/Kommission), Slg. 1982, 1575, Rn. 24.

[96] EuGH, Urt. v. 18.5.1982, Rs. 155/79 (AM&S/Kommission), Slg. 1982, 1575, Rn. 25.

[97] Kritisch dazu vgl. statt vieler *Stefanelli*, I. C. L.Q. 2011, 545 ff.

[98] Vgl. dazu m. w. N. *Burrichter/Hennig*, in: Immenga/Mestmäcker, Vor Art. 17–22 VO 1/2003, Rn. 52.

[99] Vgl. EuG, Beschl. v. 4. 4.1990, Rs. T–30/89 (Hilti/Kommission), Slg. 1990, II–163, Rn. 13 i. V. m. Rn. 18; bestätigt in EuGH, Urt. v. 2.3.1994, Rs. C–53/92 P (Hilti/Kommission), Slg. 1994, I–667 ff.

[100] Kritisch dazu vgl. statt vieler *Brinker*, S. 177 (197); *Burrichter/Hennig*, in: Immenga/Mestmäcker, Vor Art. 17–22 VO 1/2003, Rn. 50 f.; *Vocke*, S. 90 f.; die Berechtigung dieser Kritik relativierend vgl. *Schwarze/Weitbrecht*, § 5, Rn. 30.

[101] Vgl. EuG, Beschl. v. 30.10.2003, verb. Rs. T–125/03 R u. T–253/03 R (Akzo Nobel Chemicals u. a./Kommission), Slg. 2003, II–4771, Rn. 119 ff.; näher hierzu vgl. etwa *Buntscheck*, WuW 2007, 229 (232 f.); *Rieger/Jester/Sturm*, S. 27 f.; *Seitz*, EuZW 2004, 231 ff.

das EuG in seiner dazugehörigen Hauptsacheentscheidung später auf die herkömmliche Rechtsprechungslinie zurückgezogen hat, wonach der Schutz der Vertraulichkeit der Kommunikation zwischen Anwalt und Mandant nach wie vor nur gilt, soweit es sich um unabhängige, d. h. nicht durch ein Beschäftigungsverhältnis an ihre Mandanten gebundene Rechtsanwälte handelt[102]. Für eine Aufgabe oder Modifizierung dieses restriktiven Ansatzes sah der Gerichtshof in seiner dazugehörigen Rechtsmittelentscheidung vom 14. 9. 2010, die im Ergebnis weitgehend den in dieser Rechtssache von der Generalanwältin *Kokott* vorlegten Schlussanträgen[103] folgt, keine Veranlassung.[104]

34   Nach dem im *AM&S*-Urteil (s. Rn. 32) entwickelten Schutzregime können sich Nachprüfungsadressaten den jeweiligen Nachprüfungen der Kommission zwar nicht einfach mit der bloßen Behauptung entziehen oder wiedersetzen, dass einem bestimmten Dokument der Vertraulichkeitsschutz i. S. des unionsgrundrechtlichen »Legal (Professional) Privilege« zukomme. Weigert sich ein Nachprüfungsadressat jedoch unter Berufung auf diesen Vertraulichkeitsschutz, Einsicht in den mit seinem Anwalt geführten Schriftverkehr zu gewähren, der sich unter den von der Kommission verlangten Büchern oder Geschäftsunterlagen befindet, so hat er den beauftragten Kommissionsbediensteten – ohne hierbei sofort zur Offenbarung des Inhalts der betreffenden Korrespondenz verpflichtet zu sein – zunächst alle zweckdienlichen Angaben zu machen, mit denen dargelegt werden kann, dass der Schriftverkehr die Voraussetzungen für den Vertraulichkeitsschutz erfüllt.[105] Hält die Kommission diesen Beweis dann für nicht erbracht, so hat sie im Wege eines mit der Nichtigkeitsklage nach Art. 263 Abs. 4 AEUV anfechtbaren Beschlusses die Vorlage des streitigen Schriftwechsels anzuordnen, damit die Betroffenen – in einer der sog. »AKZO-Doktrin (s. Art. 339 AEUV, Rn. 26) ähnelnden Weise – den Unionsrichter in die Lage versetzen können darüber zu entscheiden, ob das jeweilige Schriftstück tatsächlich dem »Legal (Professional) Privilege« unterfällt[106] und in diesem Fall dann auch einem von der Kommission strikt zu beachtenden **Verwertungsverbot** unterliegt.[107]

---

[102] Vgl. EuG, Urt. v. 17. 9. 2007, verb. Rs. T–125/03 R u. T–253/03 (Akzo Nobel Chemicals u. a./Kommission), Slg. 2007, II–3523, Rn. 166 ff.; ausführlicher zu dieser Entscheidung vgl. etwa *Kilian*, IPRax 2009, 318 ff.; *Seitz*, EuZW 2008, 204 ff.; *Weiß*, EuR 2008, 546 ff.; *Wohlmann*, GPR 2008, 293 ff.

[103] Ausführlicher und jeweils sehr kritisch zu diesen Schlussanträgen vgl. *Gronemeyer/Slobodenjuk*, EWS 2010, 308; *Seitz*, EuZW 2010, 524.

[104] Vgl. EuGH, Urt. v. 14. 9. 2010, Rs. C–550/07 P (Akzo Nobel Chemicals u. a./Kommission), Slg. 2010, I–8301, Rn. 40 ff.; kritisch dazu vgl. statt vieler *Klees*, EWS 2011, 76; *Kilian*, IPRax 2011, 370; von dieser Entscheidung hingegen überzeugt vgl. *Schnichels/Resch*, EuZW 2011, 47.

[105] Vgl. EuGH, Urt. v. 18. 5. 1982, Rs. 155/79 (AM&S/Kommission), Slg. 1982, 1575, Rn. 29.

[106] Näher zu den prozeduralen Aspekten des hier in Rede stehenden Vertraulichkeitsschutzes vgl. auch jeweils m. w. N. *Burrichter/Hennig*, in: Immenga/Mestmäcker, Art. 20 VO 1/2003, Rn. 54 ff.; *de Bronett*, Europäisches Kartellverfahrensrecht, Art. 20 VO 1/2003, Rn. 12 ff.; *Klees*, S. 324; *Nowak*, Rechtsschutz im Europäischen Verwaltungsrecht, in: Terhechte, Verwaltungsrecht der EU, § 13, Rn. 77; *Reinalter*, ZEuS 2009, 53 (81 ff.); sowie die unter Gliederungspunkt 2.7 auf den »Schutz der Vertraulichkeit des Schriftverkehrs zwischen Rechtsanwalt und Mandant« bezogenen Ziff. 51–58 der »Bekanntmachung der Kommission über bewährte Vorgehensweisen in Verfahren nach Artikel 101 und 102 des AEUV, ABl. 2011, C 308/6.

[107] In diese Richtung weisend vgl. etwa EuGH, Beschl. v. 26. 3. 1987, Rs. 46/87 R (Hoechst/Kommission), Slg. 1987, 1549, Rn. 34; Urt. v. 22. 10. 2002, Rs. C–94/00 (Roquettes Frères/Kommission), Slg. 2002, I–9011, Rn. 49; Urt. v. 27. 9. 2004, Rs. C–7/04 P(R) (Kommission/Akzo u. a.), Slg. 2004, I–8739, Rn. 42; ausführlicher dazu vgl. auch *Böse*, in: Schwarze, EU-Kommentar, Art. 337 AEUV, Rn. 9 f.; *Jaeckel*, in: Grabitz/Hilf/Nettesheim, EU, Art. 337 AEUV (August 2011), Rn. 55 ff.; m. w. N. siehe unten Rn. 37.

III. Beschränkte Auskunftsverweigerungsrechte

Ist die Kommission vom Rat im Wege der Sekundärrechtsetzung zur Einholung erforderlicher Auskünfte ermächtigt worden, verfügt sie über ein wirkungsvolles Aufklärungs- bzw. Ermittlungsinstrument, da es nur partiell durch entgegenstehende Auskunftsverweigerungsrechte begrenzt wird. Ein echtes **Auskunftsverweigerungsrecht der Mitgliedstaaten**, das ihnen nicht nur gegenüber der Kommission und anderen Organen, Einrichtungen und Stellen der Union, sondern auch gegenüber anderen Mitgliedstaaten, sowie gegenüber Einzelpersonen und der allgemeinen Öffentlichkeit zusteht, folgt zunächst einmal aus Art. 346 Abs. 1 Buchst. a AEUV, wonach ein Mitgliedstaat nicht verpflichtet ist, Auskünfte zu erteilen, deren Preisgabe seines Erachtens seinen wesentlichen Sicherheitsinteressen widerspricht. Darüber hinaus lassen sich zwar weitere vereinzelte **Auskunftsverweigerungsrechte bestimmter Berufsgruppen** aus beruflichen Verschwiegenheitspflichten ableiten.[108] Ein eigenständiges Unionsgrundrecht auf Aussage- bzw. Auskunftsverweigerung, auf das sich alle natürlichen und juristischen Personen gegenüber der Kommission in den von ihr durchgeführten Verwaltungsverfahren berufen könnten, lässt sich jedoch weder in der EU-Grundrechtecharta noch in der bisherigen Rechtsprechung der Unionsgerichte nachweisen. Besondere Bedeutung kommt in diesem Kontext zunächst einmal dem *Orkem*-Urteil des Gerichtshofs zu, in dem feststellt wurde, dass die Rechtsordnungen der Mitgliedstaaten ein Recht zur Verweigerung der Zeugenaussage gegen sich selbst allgemein nur natürlichen Personen zuerkennen, die im Rahmen eines Strafverfahrens einer Straftat beschuldigt werden; insofern rechtfertige die vergleichende Untersuchung der nationalen Rechtsordnungen nicht den Schluss, dass »ein solcher dem Recht der Mitgliedstaaten gemeinsamer Grundsatz zugunsten juristischer Personen und in Bezug auf Zuwiderhandlungen wirtschaftlicher Art, insbesondere auf dem Gebiet des Wettbewerbsrechts, bestünde«.[109] Darüber hinaus lasse sich weder aus dem Wortlaut der EMRK bzw. des Internationalen Paktes über bürgerliche und politische Rechte noch aus der Rechtsprechung des Straßburger EGMR ableiten, dass die EMRK ein Recht anerkenne, nicht gegen sich selbst als Zeuge aussagen zu müssen.[110] Dies ist heute allerdings nur noch bedingt richtig, da Art. 6 Abs. 1 EMRK nach der Rechtsprechung des EGMR das Verbot der Selbstbezichtigung umfasst, das über den engeren strafverfahrensrechtlichen Bereich hinaus auch im Rahmen von Verwaltungsverfahren Geltung beansprucht.[111] Ob der EGMR damit der auf der vorgenannten Argumentation des EuGH aufbauenden Ablehnung eines generellen Auskunftsverweigerungsrechts im Unionsrecht die Grundlage entzogen hat, wird zwar im Schrifttum unterschiedlich beurteilt.[112] Der EuGH, der EMRK-rechtliche Weiterentwicklungen durch den EGMR grundsätzlich zur Kenntnis nimmt[113] und beteuert, dass er

35

---

[108] Exemplarisch zu höchstrichterlichen Anerkennung ärztlicher Schweigepflichten vgl. etwa EuGH, Urt. v. 10.6.1980, Rs. 155/78 (M./Kommission), Slg. 1980, 1797, Rn. 16 ff.; m.w.N. vgl. *Benedikt*, S. 146 f.; zur denkbaren Herleitung eines Auskunftsverweigerungsrechts aus dem o.g. »Legal (Professional) Privilege« (s. Rn. 31 ff.) vgl. etwa *Ladenburger*, in: GSH, Europäisches Unionsrecht, Art. 337 AEUV, Rn. 42.

[109] Vgl. EuGH, Urt. v. 18.10.1989, Rs. 374/87 (Orkem/Kommission), Slg. 1989, 3283, Rn. 29; ausführlicher zu dieser grundlegenden Entscheidung vgl. m.w.N. *Göttlinger*, S. 341 ff.

[110] Vgl. EuGH, Urt. v. 18.10.1989, Rs. 374/87 (Orkem/Kommission), Slg. 1989, 3283, Rn. 30.

[111] Näher zu dieser Rechtsprechungslinie vgl. etwa *Overbeek*, ECLR 1994, 127 ff.; *Weiß*, NJW 1999, 2236 f.

[112] Ausführlicher dazu *Burrichter/Hennig*, in: Immenga/Mestmäcker, Vor Art. 17–22 VO 1/2003, Rn. 60 ff.

[113] Vgl. nur EuGH, Urt. v. 22.10.2002, Rs. C–94/00 (Roquette Frères), Slg. 2002, I–9011, Rn. 29;

der EGMR-Rechtsprechung bei der Auslegung von Unionsgrundrechten Rechnung zu tragen hat[114], sah sich im Hinblick auf die **Frage nach der Existenz eines** auch juristischen Personen zustehenden **unionsgrundrechtlich fundierten Aussage- bzw. Auskunftsverweigerungsrechts** jedoch bislang nicht zu einem entsprechenden Rechtsprechungswandel veranlasst, da die Rechtsprechung des EGMR zu dem aus Art. 6 Abs. 1 EMRK abgeleiteten Verbot der Selbstbezichtigung und die Rechtsprechung der Unionsgerichte zu dem aus dem unionsrechtlichen Grundsatz der Wahrung der Verteidigungsrechte abgeleiteten Selbstbezichtigungsschutz, der dem durch Art. 6 EMRK gewährten Schutz gleichwertig sei, aus den nachfolgenden Gründen weitgehend übereinstimmen würden.[115]

36   Nach der Rechtsprechung des EuGH ändert das von ihm festgestellte Fehlen eines eigenständigen unionsgrundrechtlichen Aussage- bzw. Auskunftsverweigerungsrechts juristischer Personen nichts daran, dass sich ein **begrenzter Schutz vor Selbstbezichtigungen** immerhin **unter Heranziehung des Erfordernisses der Wahrung der Verteidigungsrechte** gewährleisten lässt.[116] In diesem Sinne hält der Unionsrichter die Kommission im Interesse der Erhaltung der praktischen Wirksamkeit etwa kartellverfahrensrechtlicher Ermittlungsmaßnahmen zwar für berechtigt, »das Unternehmen zu verpflichten, ihr alle erforderlichen Auskünfte über ihm eventuell bekannte Tatsachen zu erteilen und ihr erforderlichenfalls die in seinem Besitz befindlichen Schriftstücke, die sich hierauf beziehen, zu übermitteln, selbst wenn sie dazu verwendet werden können, den Beweis für ein wettbewerbswidriges Verhalten des betreffenden oder eines anderen Unternehmens zu erbringen«; der Grundsatz der Wahrung der Verteidigungsrechte begrenzt diese Befugnis jedoch insoweit, als die Kommission diesem Unternehmen nicht die Verpflichtung auferlegen darf, »Antworten zu erteilen, durch die es das Vorliegen einer Zuwiderhandlung eingestehen müsste, für die die Kommission den Beweis zu erbringen hat«.[117] Bei dieser vom Gerichtshof bislang nicht revidierten und vom Gericht unter Vornahme gelegentlicher Präzisierungen[118] mehrfach bestätigten[119] Rechtsprechung zum beschränkten Auskunfts- bzw. Aussageverweigerungsrecht handelt es

---

Urt. v. 1.7.2008, verb. Rs. C–341/06 P u. C–342/06 P (Chronopost u.a./Kommission), Slg. 2008, I–4777, Rn. 58.

[114] Vgl. nur EuGH, Urt. v. 15.10.2002, verb. Rs. C–238/99 P, C–244/99 P, C–245/99 P, C–247/99 P, C–250–252/99 P u. C–254/99 P (Limburgse Vinyl Maatschappij u.a./Kommission), Slg. 2002, I–8375, Rn. 274.

[115] Vgl. EuGH, Urt. v. 15.10.2002, verb. Rs. C–238/99 P, C–244/99 P, C–245/99 P, C–247/99 P, C–250–252/99 P u. C–254/99 P (Limburgse Vinyl Maatschappij u.a./Kommission), Slg. 2002, I–8375, 275 f.; EuG, Urt. v. 29.4.2004, verb. Rs. T–236/01, T–239/01, T–244–246/01, T–251/01 u. T–252/01 (Tokai Carbon u.a./Kommission), Slg. 2004, II–1181, Rn. 405 f.

[116] Vgl. EuGH, Urt. v. 18.10.1989, Rs. 374/87 (Orkem/Kommission), Slg. 1989, 3283, Rn. 32 f.

[117] Vgl. EuGH, Urt. v. 18.10.1989, Rs. 374/87 (Orkem/Kommission), Slg. 1989, 3283, Rn. 34 f.

[118] Vgl. EuG, Urt. v. 20.2.2001, Rs. T–112/98 (Mannesmannröhren-Werke/Kommission), Slg. 2001, II–729, Rn. 71 ff., wonach sich ein Auskunftsverlangen der Kommission dann nicht mehr auf Tatsachen beziehen würde, wenn sie danach fragt, über welche »Themen« bei bestimmten Zusammenkünften gesprochen und welche »Entscheidungen« dort getroffen worden seien; näher hierzu vgl. die Anm. von *Pache*, EuZW 2001, 351 f.; sowie *Nehl*, in: Behrens/Braun/Nowak, S. 73 (80 ff.); *Willis*, ECLR 2001, 313 ff.

[119] Vgl. EuG, Urt. v. 8.3.1995, Rs. T–34/93 (Société Générale/Kommission), Slg. 1995, II–545, Rn. 74 ff.; Urt. v. 29.4.2004, verb. Rs. T–236/01, T–239/01, T–244/01 bis T–246/01, T–251/01 u. T–252/01 (Tokai Carbon u.a./Kommission), Slg. 2004, II–1181, Rn. 402 ff.; Urt. v. 14.12.2006, verb. Rs. T–259/02 bis T–264/02 u. T–271/02 (Raiffeisen Zentralbank Österreich/Kommission), Slg. 2006, II–5169, Rn. 539 ff.

---

sich um den Versuch des Unionsrichters, die Ermittlungsbefugnisse und die Beweislast der Kommission mit den ermittlungsspezifischen Duldungs- und Mitwirkungspflichten der betreffenden Unternehmen und Unternehmensvereinigungen sowie mit deren Verteidigungsrechten zu einem möglichst fairen Ausgleich zu bringen. Dies stehe nach gefestigter Rechtsprechung des Gerichts zunächst einmal der Anerkennung eines »absoluten Auskunftsverweigerungsrechts« entgegen, da dies beispielsweise zu einer ungerechtfertigten Behinderung der Kommission bei der Erfüllung der ihr durch Art. 105 AEUV übertragenen Aufgaben führe, die primärrechtlichen Wettbewerbsregeln zu überwachen.[120] Die stattdessen von den Unionsgerichten entwickelte Lösung besteht darin, dass sowohl die auf Tatsachen bzw. tatsächliche Gegebenheiten abzielenden Auskunftsverlangen der Kommission als auch die Anforderung und Prüfung vorhandener Unterlagen per se zulässig sind,[121] d.h. von vornherein keine Verletzung des unionsrechtlichen Selbstbezichtigungsschutzes darstellen, ohne dass es in diesen Fällen noch auf die Frage ankäme, ob die jeweiligen Ermittlungsmaßnahmen zu einem Eingeständnis einer Zuwiderhandlung gegen die Wettbewerbsregeln führen und insoweit die Gefahr einer Selbstbezichtigung begründen. Daher kann der etwaige Einwand eines Nachprüfungsadressaten, ein Auskunftsverlangen der Kommission zwinge ihn zu einem Eingeständnis einer Zuwiderhandlung und verletze daher seinen unionsrechtlichen Selbstbezichtigungsschutz, nur dann durchgreifen, wenn die Kommission Auskünfte verlangt, die sich nicht auf Tatsachen bzw. auf tatsächliche Gegebenheiten beziehen. Soweit das Gericht in seinem *Tokai*-Urteil auf eine für die Kommission etwas nachteilige Beschränkung der unter »Tatsachen« bzw. »tatsächliche Gegebenheiten« subsumierbaren Informationen hinwirken wollte[122], ist dieser Versuch bislang weitgehend folgenlos geblieben, da der Gerichtshof diesem erstinstanzlichen Urteil in seiner dazugehörigen Rechtsmittelentscheidung[123] in wesentlichen Punkten nicht gefolgt ist.[124]

F.   Gerichtlicher Rechtsschutz der Betroffenen

Die Europäische Union ist nach ständiger Rechtsprechung des Unionsrichters als eine auf dem Konzept der Rechtsgemeinschaft beruhende Rechtsunion anzusehen,[125] in der   **37**

---

[120] Vgl. EuG, Urt. v. 20.2.2001, Rs. T–112/98 (Mannesmannröhren-Werke/Kommission), Slg. 2001, II–729, Rn. 66; Urt. v. 29.4.2004, verb. Rs. T–236/01, T–239/01, T–244/01 bis T–246/01, T–251/01 u. T–252/01 (Tokai Carbon u. a./Kommission), Slg. 2004, II–1181, Rn. 402.

[121] Vgl. EuG, Urt. v. 8.3.1995, Rs. T–34/93 (Société Générale/Kommission), Slg. 1995, II–545, Rn. 75 f., wonach die Pflicht zur Erteilung von »Antworten rein tatsächlicher Art« nicht mit dem Auskunftsverweigerungsrecht kollidiere bzw. keine unzulässige »Selbstbeschuldigung« darstelle.

[122] Vgl. EuG, Urt. v. 29.4.2004, verb. Rs. T–236/01, T–239/01, T–244/01 bis T–246/01, T–251/01 u. T–252/01 (Tokai Carbon u. a./Kommission), Slg. 2004, II–1181, Rn. 407 f.

[123] EuGH, Urt. v. 29.6.2006, Rs. C–301/04 P (Kommission/SGL Carbon), Slg. 2006, I–5915 ff.

[124] Kritisch dazu vgl. *Böse*, in: Schwarze, EU-Kommentar, Art. 337 AEUV, Rn. 4; *Soyez*, EWS 2006, 389; instruktiv zu den daraus folgenden Konsequenzen für die auf den unionsrechtlichen Selbstbezichtigungsschutz bezogene Rechtsprechung des Gerichts vgl. etwa EuG, Urt. v. 14.12.2006, verb. Rs. T–259/02 bis T–264/02 u. T–271/02 (Raiffeisen Zentralbank Österreich u. a./Kommission), Slg. 2006, II–5169, Rn. 539 ff.; Urt. v. 28.4.2010, Rs. T–446/05 (Amann & Söhne u. a./Kommission), Slg. 2010, II–1255, Rn. 325 ff.; Urt. v. 13.7.2011, Rs. T–138/07 (Schindler Holding u. a./Kommission), Slg. 2011, II–4819, Rn. 148 ff.

[125] Näher dazu vgl. *Nowak*, Europarecht, S. 80 f. i. V. m. S. 142; zur Verwendung des noch recht jungen Begriffs »Rechtsunion« vgl. u. a. auch EuGH, Urt. v. 29.6.2010, Rs. C–550/09 (Strafsache gegen E u. F), Slg. 2010, I–6213 (Rn. 44); Urt. v. 3.10.2013, Rs. C–583/11 P (Inuit Tapiriit Kanatami u. a./Europäisches Parlament u. Rat der EU), ECLI:EU:C:2013:625, Rn. 91.

weder die EU-Mitgliedstaaten noch die Organe, Einrichtungen und sonstigen Stellen der EU der gerichtlichen Kontrolle darüber entzogen sind, ob ihre Handlungen und/oder Unterlassungen im Einklang mit dem primären Unionsrecht stehen.[126] Diese Rechtsprechung verlangt in Verbindung mit dem in Art. 47 GRC niedergelegten **Unionsgrundrecht auf effektiven gerichtlichen Rechtsschutz,**[127] dass die Kommission auch bei der Wahrnehmung der in Art. 337 AEUV angesprochenen Auskunfts- und Nachprüfungsrechte der gerichtlichen Kontrolle unterliegen muss, wenn sie die Betroffenen im Beschlusswege zur Erteilung bestimmter Auskünfte auffordert und/oder zur Duldung einer Nachprüfung zwingt. Dieser Forderung entspricht der Unionsrichter, indem er anerkennt, dass sich die Betroffenen gegen formelle Auskunftsersuchen und Nachprüfungsbeschlüsse der Kommission mit der in Art. 263 AEUV geregelten **Nichtigkeitsklage** zur Wehr setzen können,[128] während die (angebliche) Rechtswidrigkeit eines einfachen Auskunftsverlangens oder eines einfachen Nachprüfungsauftrags nur inzident im Rahmen des gerichtlichen Rechtsschutzes gegen den jeweiligen verfahrensabschließenden Kommissionsbeschluss gerügt werden kann.[129]

38   Da eine gegen ein formelles Auskunftsverlangen oder gegen einen formellen Nachprüfungsbeschluss erhobene Nichtigkeitsklage[130] gemäß Art. 278 Abs. 1 AEUV keine aufschiebende Wirkung entfaltet und der auf eine vorläufige Aussetzung des Vollzugs abzielende einstweilige Rechtsschutz im Wege des Art. 278 AEUV nach wie vor nur eine geringe Erfolgsquote aufweist,[131] kommt der Individualrechtsschutz gegen formelle Auskunftsverlangen und formelle Nachprüfungsbeschlüsse regelmäßig zwar erst nach Abschluss der jeweiligen Ermittlungsmaßnahmen zur Entfaltung. Die damit verbun-

---

[126]Vgl. nur EuGH, Urt. v. 23.4.1986, Rs. 294/83 (Parti écologiste »Les Verts«/EP), Slg. 1986, 1339 (Rn. 23); Urt. v. 22.10.1987, Rs. 314/85 (Foto-Frost), Slg. 1987, 4199 (Rn. 16); Urt. v. 23.3.1993, Rs. C–314/91 (Weber/Europäisches Parlament), Slg. 1993, I–1093 (Rn. 8); EuG, Urt. v. 14.4.2005, Rs. T–141/03 (Sniace/Kommission), Slg. 2005, II–1197 (Rn. 39); Urt. v. 8.10.2008, Rs. T–411/06 (Sogelma/Europäische Agentur für den Wiederaufbau), Slg. 2008, II–2771 (Rn. 36); EuGH, Urt. v. 3.10.2013, Rs. C–583/11 P (Inuit Tapiriit Kanatami u.a./Europäisches Parlament u. Rat der EU), ECLI:EU:C:2013:625, Rn. 91.

[127]Ausführlich zu diesem außerordentlich bedeutsamen Unionsgrundrecht vgl. statt vieler *Giegerich/Lauer*, ZEuS 2014, 461; *Munding*, S. 38 ff.; *Nowak*, Europäisches Verwaltungsrecht und Grundrechte, in: Terhechte, Verwaltungsrecht der EU, § 14, Rn. 13 ff.; *Pabel*, EnzEuR, Bd. 2, § 19, Rn. 18 ff.; *Rengeling*, Effektiver Rechtsschutz in der Europäischen Union, FS Schwarze, 2014, S. 735 ff.; m.w.N. siehe die Kommentierung zu Art. 47 GRC.

[128]Exemplarisch zur isolierten Anfechtbarkeit formeller Nachprüfungsbeschlüsse vgl. nur EuGH, Urt. v. 22.10.2002, Rs. C–94/00 (Roquette Frères), Slg. 2002, I–9011 (Rn. 49); EuG, Urt. v. 20.4.1999, verb. Rs. T–305–307/94, T–313–31/94, T–318/94, T–325/94, T–328/94, T–329/94 u. T–335/94 (Limburgse Vinyl Maatschappij u.a./Kommission), Slg. 1999, II–931, Rn. 408; Urt. v. 11.12.2002, Rs. T–65/99 (Strintzis Lines Shipping/Kommission), Slg. 2003, II–5433, Rn. 46; zur entsprechenden Anfechtbarkeit formeller Auskunftsverlangen vgl. statt vieler *Barthelmeß/Rudolf*, in: Loewenheim/Meessen/Riesenkampf, S. 1260 f.; *Burrichter/Hennig*, in: Immenga/Mestmäcker, Bd. 1 Teil 2, Art. 18 VO 1/2003, Rn. 78.

[129]Näher dazu am Beispiel einfacher Auskunftsverlangen und einfacher Nachprüfungsaufträge im EU-Kartellverfahrensrecht vgl. jeweils m.w.N. *Barthelmeß/Rudolf*, in: Loewenheim/Meessen/Riesenkampf, S. 1260; *Nowak*, in: ebd., S. 1324 f.; *Burrichter/Hennig*, in: Immenga/Mestmäcker, Bd. 1 Teil 2, Art. 18 VO 1/2003, Rn. 77; *dies.*, in: ebd., Art. 20 VO 1/2003, Rn. 102.

[130]Näher zu dieser allg. anerkannten Rechtsschutzmöglichkeit im Zusammenhang mit den in Art. 337 AEUV angesprochenen Auskunfts- und Nachprüfungsrechten der Kommission vgl. auch *Böse*, in: Schwarze, EU-Kommentar, Art. 337 AEUV, Rn. 11 f.; *Jaeckel*, in: Grabitz/Hilf/Nettesheim, EU, Art. 337 AEUV (August 2011), Rn. 64 ff.; *Wegener*, in: Calliess/Ruffert, EUV/AEUV, Art. 337 AEUV, Rn. 12.

[131]Ausführlicher dazu vgl. m.w.N. *Nowak*, Europarecht, S. 171 ff.

denen Rechtsschutzeinbußen werden jedoch in gewisser Weise dadurch kompensiert, dass die Betroffenen durch ein höchstrichterlich anerkanntes – von der Kommission insbesondere beim Erlass verfahrensabschließender Beschlüsse zu beachtendes – **Beweisverwertungsverbot** geschützt sind, wenn sich beispielsweise der Nachprüfungsbeschluss als rechtswidrig erweist.[132]

---

[132]Zu diesem speziellen Beweisverwertungsverbot vgl. etwa EuGH, Urt. v. 22.10.2002, Rs. C–94/00 (Roquette Frères), Slg. 2002, I–9011 (Rn. 49); EuG, Urt. v. 11.12.2003, Rs. T–59/99 (Ventouris Group Enterprises/Kommission), Slg. 2003, II–5257, Rn. 126; Urt. v. 11.12.2002, Rs. T–65/99 (Strintzis Lines Shipping/Kommission), Slg. 2003, II–5433, Rn. 46; Urt. v. 11.12.2002, Rs. T–66/99 (Minoan Lines/Kommission), Slg. 2003, II–5515, Rn. 56; näher zum Ganzen vgl. *Lubig*, S. 23 ff.

Artikel 338 AEUV [Unionsstatistiken]

(1) Unbeschadet des Artikels 5 des Protokolls über die Satzung des Europäischen Systems der Zentralbanken und der Europäischen Zentralbank beschließen das Europäische Parlament und der Rat gemäß dem ordentlichen Gesetzgebungsverfahren Maßnahmen für die Erstellung von Statistiken, wenn dies für die Durchführung der Tätigkeiten der Union erforderlich ist.

(2) Die Erstellung der Unionsstatistiken erfolgt unter Wahrung der Unparteilichkeit, der Zuverlässigkeit, der Objektivität, der wissenschaftlichen Unabhängigkeit, der Kostenwirksamkeit und der statistischen Geheimhaltung; der Wirtschaft dürfen dadurch keine übermäßigen Belastungen entstehen.

Literaturübersicht

Burger, Zum Verhaltenskodex der europäischen Statistik, Statistisches Monatsheft Baden-Württemberg 12/2006, 47; *von Danwitz*, Der Grundsatz der Verhältnismäßigkeit im Gemeinschaftsrecht, EWS 2003, 393; *Everling*, Zur Erhebung von Statistiken durch Organe der Europäischen Wirtschaftsgemeinschaft, BB 1961, 420; *Grunwald*, Neuere Entwicklungen des EU-Statistikrechts, in: Meng/Ress/Stein (Hrsg.), Europäische Integration und Globalisierung – Festschrift zum 60-jährigen Bestehen des Europa-Instituts, 2011, S. 185; *Hahlen*, Die Rolle der amtlichen Statistik beim Zusammenwachsen der erweiterten Europäischen Union, Stadtforschung und Statistik 2/2004, 6, *ders.*, Herausforderungen und Perspektiven der europäischen Statistik, in: Ress/Stein (Hrsg.), Vorträge, Reden und Berichte aus dem Europa-Institut, Nr. 356, 1997, S. 1; *Harbo*, The Function of the Proportionality Principle in EU Law, ELJ 16 (2010), 158; *Heußner*, Informationssysteme im Europäischen Verwaltungsverbund, 2007; *Hofmann/Rowe/Türk*, Administrative Law and Policy of the European Union, 2011; *Kahl*, Der Europäische Verwaltungsverbund: Strukturen – Typen – Phänomene, Der Staat 50 (2011), 353; *Kischel*, Die Kontrolle der Verhältnismäßigkeit durch den Europäischen Gerichtshof, EuR 2000, 380; *Klumpen/Köhler*, Aktuelle Anforderungen an die amtliche Statistik in Europa, WiSta 2003, 981; *Kopsch/Köhler/Körner*, Der Verhaltenskodex Europäische Statistiken (Code of Practice), in: Statistisches Bundesamt (Hrsg.), Wirtschaft und Statistik Nr. 8, 2006, 793; *Kröger/Pilniok*, Verwaltungsorganisation unter Europäisierungsdruck – Zur fachlichen Unabhängigkeit der mitgliedstaatlichen Statistikämter als unionsrechtliches Prinzip, DÖV 2015, 917; *Pache*, Der Grundsatz der Verhältnismäßigkeit in der Rechtsprechung der Gerichte der Europäischen Gemeinschaften, NVwZ 1999, 1033; *Radermacher*, Zahlen zählen – Gedanken zur Zukunft der Amtlichen Statistik in Europa, ASTA – Wirtschafts- und Sozialstatistisches Archiv 2012, 285; *Saurer*, Der kompetenzrechtliche Verhältnismäßigkeitsgrundsatz im Recht der Europäischen Union, JZ 2014, 281; *Schmidt-Aßmann*, Verwaltungskooperation und Verwaltungskooperationsrecht in der Europäischen Gemeinschaft, EuR 1996, 270; *Schneider*, Informationssysteme als Bausteine des Europäischen Verwaltungsverbunds, NVwZ 2012, 65; *Schwarze*, Europäisches Verwaltungsrecht – Entstehung und Entwicklung im Rahmen der Europäischen Gemeinschaft, 2. Aufl., 2005; *Sommer*, Informationskooperation am Beispiel des europäischen Umweltrechts, in: Schmidt-Aßmann/Schöndorf-Haubold (Hrsg.), Der Europäische Verwaltungsverbund – Formen und Verfahren der Verwaltungszusammenarbeit in der EU, 2005; *Sydow*, Die Vereinheitlichung des mitgliedstaatlichen Vollzugs des Europarechts in mehrstufigen Verwaltungsverfahren, Die Verwaltung 34 (2001), 517; *Trstenjak/Beysen*, Das Prinzip der Verhältnismäßigkeit in der Unionsrechtsordnung, EuR 2012, 265; *Westerhoff*, Die amtliche Statistik in der demokratischen Gesellschaft, WiSta 2007, 1130.

Leitentscheidungen

EuGH, Urt. v. 9.11.1995, Rs. C–426/93 (Deutschland/Rat), Slg. 1995, I–3723
EuGH, Urt. v. 25.6.1997, Rs. C–114/96 (Kieffer u. Thill), Slg. 1997, I–3629

Carsten Nowak

Wesentliche sekundärrechtliche Vorschriften

Verordnung (EG) Nr. 2186/93 des Rates vom 22. 7.1993 über die innergemeinschaftliche Koordinierung des Aufbaus von Unternehmensregistern für statistische Verwendungszwecke, ABl. 1993, L 196/1

Verordnung (EG) Nr. 322/97 des Rates vom 17. 2.1997 über die Gemeinschaftsstatistiken, ABl. 1997, L 52/1

Verordnung (EG) Nr. 1882/2003 des Europäischen Parlaments und des Rates vom 29. 9.2003 zur Anpassung der Bestimmungen über die Ausschüsse zur Unterstützung der Kommission bei der Ausübung von deren Durchführungsbefugnissen, die in Rechtsakten vorgesehen sind, für die das Verfahren des Artikels 251 des EG-Vertrags gilt, an den Beschluss 1999/468/EG des Rates, ABl. 2003, L 284/1

Verordnung (EG) Nr. 1893/2006 des Europäischen Parlaments und des Rates vom 20.12.2006 zur Aufstellung der statistischen Systematik der Wirtschaftszweige NACE Revision 2 und zur Änderung der Verordnung (EWG) Nr. 3037/90 des Rates sowie einiger Verordnungen der EG über bestimmte Bereiche der Statistik, ABl. 2006, L 393/1

Richtlinie 1999/87/EG des Europäischen Parlaments und des Rates vom 23.11.1999 zur Änderung der Richtlinie 76/625/EWG des Rates über die von den Mitgliedstaaten durchzuführenden statistischen Erhebungen zur Ermittlung des Produktionspotentials bestimmter Baumobstanlagen, ABl. 2000, L 16/72

Beschluss Nr. 1578/2007/EG des Europäischen Parlaments und des Rates vom 11.12.2007 über das statistische Programm der Gemeinschaft 2008 bis 2012, ABl. 2007, L 344/15

Verordnung (EG) Nr. 177/2008 des Europäischen Parlaments und des Rates vom 20.2.2008 zur Schaffung eines gemeinsamen Rahmens für Unternehmensregister für statistische Zwecke und zur Aufhebung der Verordnung (EWG) Nr. 2186/93 des Rates, ABl. 2008, L 61/6

Verordnung (EG) Nr. 762/2008 des Europäischen Parlaments und des Rates vom 9. 7.2008 über die Vorlage von Aquakulturstatistiken durch die Mitgliedstaaten und zur Aufhebung der Verordnung (EG) Nr. 788/96 des Rates, ABl. 2008, L 218/1

Verordnung (EG) Nr. 763/2008 des Europäischen Parlaments und des Rates vom 9. 7.2008 über Volks- und Wohnungszählungen, ABl. 2008, L 218/14

Verordnung (EG) Nr. 1099/2008 des Europäischen Parlaments und des Rates vom 22.10.2008 über die Energiestatistik, ABl. 2008, L 304/1

Verordnung (EG) Nr. 222/2009 des Europäischen Parlaments und des Rates vom 11.3.2009 zur Änderung der Verordnung (EG) Nr. 638/2004 über die Gemeinschaftsstatistiken des Warenverkehrs zwischen Mitgliedstaaten, ABl. 2009, L 87/160

Verordnung (EG) Nr. 223/2009 des Europäischen Parlaments und des Rates v. 11.3.2009 über europäische Statistiken und zur Aufhebung der Verordnung (EG, Euratom) Nr. 1101/2008 des Europäischen Parlaments und des Rates über die Übermittlung von unter die Geheimhaltungspflicht fallenden Informationen an das Statistische Amt der Europäischen Gemeinschaften, der Verordnung (EG) Nr. 322/97 des Rates über die Gemeinschaftsstatistiken und des Beschlusses 89/382/EWG, Euratom des Rates zur Einsetzung eines Ausschusses für das Statistische Programm der Europäischen Gemeinschaften, ABl. 2009, L 87/164

Verordnung (EU) Nr. 1337/2011 des Europäischen Parlaments und des Rates vom 13.12.2011 zu europäischen Statistiken über Dauerkulturen und zur Aufhebung der Verordnung (EWG) Nr. 357/79 des Rates und der Richtlinie 2001/109/EG des Europäischen Parlaments und des Rates, ABl. 2011, L 347/7

Verordnung (EU) Nr. 70/2012 des Europäischen Parlaments und des Rates vom 18. 1.2012 über die statistische Erfassung des Güterkraftverkehrs, ABl. 2012, L 32/1

Beschluss 2012/504/EU der Kommission v. 17. 9.2012 über Eurostat, ABl. 2012, L 251/49

Verordnung (EU) Nr. 99/2013 des Europäischen Parlaments und des Rates vom 15. 1.2013 über das Europäische Statistische Programm 2013–2017, ABl. 2013, L 39/12

Verordnung (EU) Nr. 1260/2013 des Europäischen Parlaments und des Rates v. 20.11.2013 über europäische demografische Statistiken, ABl. 2013, L 330/39

Verordnung (EU) Nr. 1383/2013 des Europäischen Parlaments und des Rates vom 17.12.2013 zur Änderung der Verordnung (EU) Nr. 99/2013 über das Europäische Statistische Programm 2013–2017, ABl. 2013, L 354/84

Verordnung (EU) Nr. 2015/759 des Europäischen Parlaments und des Rates vom 29. 4.2015 zur Änderung der Verordnung (EG) Nr. 223/2009 über europäische Statistiken, ABl. 2015, L 123/90

A. Überblick

1   Art. 338 AEUV stellt eine durch mehrere verfahrensrechtliche und materiell-rechtliche
Vorgaben konkretisierte Kompetenzgrundlage für die dem Europäischen Parlament
und dem Rat gemeinsam obliegende Erstellung von Unionsstatistiken im Wege der
Rechtsetzung dar. Der Erstellung und Nutzung dieser Unionsstatistiken kommt im Rahmen des europäischen Verfassungs- und Verwaltungsverbundes,[1] der in weiten Teilen
gerade auch den Charakter eines Informationsverbundes annimmt,[2] bereits seit längerer
Zeit eine ganz herausragende Bedeutung zu.[3] Insoweit lässt sich Art. 338 AEUV, der

---

[1] Zum immer mehr um sich greifenden Verbund-Denken im Europäischen Verfassungs- und Verwaltungsrecht sowie zur mittlerweile beinahe inflationären Verwendung zahlreicher Verbundbegriffe
mit unterschiedlichsten unionsrechtlichen Bezügen vgl. nur m.w.N. *Nowak*, EnzEuR, Bd. 3, § 34,
Rn. 3; *Weiß*, Der Europäische Verwaltungsverbund – Grundfragen, Kennzeichen, Herausforderungen, 2010, S. 17 ff.

[2] Ausführlicher dazu *Fehling*, in: Terhechte, Verwaltungsrecht der EU, § 12 Rn. 61 ff.; *Kahl*, Der
Staat 50 (2011), 353 (365); zur herausragenden Bedeutung der Informationsbereitstellung, -samm-
lung, -verarbeitung, -nutzung und -weitergabe im europäischen Verwaltungsverbund und im daran
anknüpfenden EU-Kooperationsverwaltungsrecht vgl. auch *Heußner*, S. 10 ff.; *Hofmann/Rowe/
Türk*, S. 16 f. i.V.m. S. 411 ff.; *Nowak*, EnzEuR, Bd. 3, § 34, Rn. 23 ff.; *Schmidt-Aßmann*, EuR 1996,
270 (290); *Schneider*, NVwZ 2012, 65 ff.; *Sommer*, S. 57 ff.; *Sydow*, Die Verwaltung 34 (2001), 517
(527 f.).

[3] Instruktiv dazu vgl. jeweils m.w.N. *Everling*, BB 1961, 420 ff.; *Hahlen*, in: Grabitz/Hilf/Nettes-
heim, EU, Art. 338 AEUV (Oktober 2011), Rn. 2 ff.; *ders.*, Stadtforschung und Statistik 2/2004, 6 ff.;
ders., Herausforderungen und Perspektiven der europäischen Statistik, S. 1 (5 ff.).

weitgehend dem Art. III–429 des »gescheiterten« Vertrags über eine Verfassung für Europa aus dem Jahre 2004 (s. Art. 1 EUV, Rn. 28 ff.) entspricht, als ein bedeutsames **Kernelement des europäischen Informationsverfassungs- und -verwaltungsrechts** einordnen, das im engen Verbund mit Art. 337 AEUV und zahlreichen anderen primär- und sekundärrechtlichen Bestimmungen des Unionsrechts (s. Art. 337 AEUV, Rn. 3) dafür Sorge trägt, dass die an der Durchführung der zahlreichen Tätigkeiten der Union beteiligten Akteure im Interesse der möglichst optimalen Aufgabenerfüllung über ausreichende Informationen und Daten verfügen, von denen einige wiederum der in der Nachbarbestimmung des Art. 339 AEUV geregelten Geheimhaltungspflicht sowie den datenschutzrechtlichen Regelungen des Art. 16 AEUV und des Art. 8 GRC unterfallen.

Zu den gegenwärtig bedeutsamsten Rechtsakten auf dem Gebiet der Statistikerstellung, die vom Unionsgesetzgeber bislang auf der Grundlage des Art. 338 Abs. 1 AEUV erlassen worden sind, gehört insbesondere die kürzlich novellierte VO (EG) Nr. 223/2009,[4] die vor allem darauf ausgerichtet ist, die Tätigkeiten des so genannten Europäischen Statistischen Systems zu konsolidieren und seine *Governance* zu verbessern, um die Funktionen der nationalen statistischen Ämter und anderer einzelstaatlicher Stellen sowie diejenigen der statistischen Stelle der Gemeinschaft noch klarer zu definieren. Das **Europäische Statistische System** (ESS), das auch mit dem Europäischen System der Zentralbanken (ESZB) zusammenarbeitet, versteht sich insoweit als eine Partnerschaft zwischen der statistischen Stelle der Gemeinschaft (jetzt: Union) namens **Eurostat** auf der einen Seite, die von der Kommission dafür benannt ist, europäische Statistiken zu entwickeln, zu erstellen und zu verbreiten,[5] und den nationalen statistischen Ämtern sowie weiteren einzelstaatlichen Stellen auf der anderen Seite, die in den einzelnen Mitgliedstaaten für die Entwicklung, Erstellung und Verbreitung europäischer Statistiken zuständig sind.[6] Ein überaus wichtiges Kernelement des ESS stellt neben dem im Jahre 2005 aufgestellten **Verhaltenskodex für europäische Statistiken**,[7] der im Sep-

2

---

[4] VO (EG) Nr. 223/2009 des Europäischen Parlaments und des Rates vom 11. 3. 2009 über europäische Statistiken und zur Aufhebung der Verordnung (EG, Euratom) Nr. 1101/2008 des Europäischen Parlaments und des Rates über die Übermittlung von unter die Geheimhaltungspflicht fallenden Informationen an das Statistische Amt der Europäischen Gemeinschaften, der Verordnung (EG) Nr. 322/97 des Rates über die Gemeinschaftsstatistiken und des Beschlusses 89/382/EWG, Euratom des Rates zur Einsetzung eines Ausschusses für das Statistische Programm der Europäischen Gemeinschaften, ABl. 2009, L 87/164, i. d. F. der Verordnung (EU) Nr. 2015/759 des Europäischen Parlaments und des Rates vom 29. 4. 2015 zur Änderung der Verordnung (EG) Nr. 223/2009 über europäische Statistiken, ABl. 2015, L 123/90.

[5] Zur Rolle und zu den Zuständigkeiten von Eurostat vgl. insb. den Beschluss 2012/504/EU der Kommission v. 17. 9. 2012 über Eurostat, ABl. 2012, L 251/49; durch diesen Beschluss wurde der bis dato maßgebliche Beschluss 97/281/EG der Kommission vom 21. 4. 1997 über die Rolle von Eurostat bei der Erstellung von Gemeinschaftsstatistiken (ABl. 1997, L 112/56) aufgehoben und ersetzt.

[6] Ausführlicher zu den Grundstrukturen sowie zu den zentralen Aufgaben u. Tätigkeiten des ESS vgl. etwa *Grunwald*, S. 185 (189 ff.); *Hahlen*, in: Grabitz/Hilf/Nettesheim, EU, Art. 338 AEUV (Oktober 2011), Rn. 41 ff.; *Klumpen/Köhler*, WiSta 2003, 981 ff.; *Radermacher*, ASTA – Wirtschafts- und Sozialstatistisches Archiv 2012, 285 ff.; den Bericht der Kommission v. 8. 1. 2010 zu den Statistiken Griechenlands über das öffentliche Defizit und den öffentlichen Schuldenstand, KOM(2010) 1 endg., S. 9 f.; sowie die an das Europäische Parlament und den Rat adressierte Mitteilung der Kommission v. 15. 4. 2011 »Ein robustes Qualitätsmanagement für die europäischen Statistiken«, KOM(2011), 211 endg. Näher zur der kürzlich mit der VO (EU) 2015/759 (Fn. 4) stark vorangetriebenen Europäisierung der auf europäische Statistiken im Sinne des Art. 338 AEUV bezogenen Verwaltungsorganisation in den Mitgliedstaaten vgl. *Kröger/Pilniok*, DÖV 2015, 917.

[7] Zur Schaffung dieses Kodexes vgl. die an das Europäische Parlament und an den Rat adressierte Mitteilung der Kommission v. 25. 5. 2005 zur Unabhängigkeit, Integrität und Rechenschaftspflicht der

tember 2011 noch einmal leicht überarbeitet worden ist,[8] vor allem das in Art. 13 VO (EG) Nr. 223/2009 angesprochene Europäische Statistische Programm dar, das für einen Zeitraum von nicht mehr als fünf Jahren den näheren Rahmen sowohl für die Entwicklung, Erstellung und Verbreitung europäischer Statistiken als auch für die Hauptbereiche und die Ziele der geplanten Maßnahmen bildet. Das erste Mehrjahresprogramm der vorgenannten Art, das vom Europäischen Parlament und vom Rat bereits im Jahre 2007 für den Zeitraum 2008–2012 im Beschlusswege aufgelegt wurde,[9] ist Ende 2013 im Wege des Verordnungserlasses durch ein neues **Europäisches Statistisches Programm für den Zeitraum 2013–2017** abgelöst worden.[10]

3   Als spezielle Kompetenzgrundlage für die Statistikerstellung ist der aus zwei Absätzen bestehende Art. 338 AEUV aus der Vorgängerbestimmung des Art. 285 EGV hervorgegangen, die erst durch den **Änderungsvertrag von Amsterdam** (s. Art. 1 EUV, Rn. 25) in das primäre Unionsrecht integriert worden ist. Von dieser Vorgängerbestimmung weicht der durch den **Lissabonner Reformvertrag** (s. Art. 1 EUV, Rn. 33 ff.) leicht modifizierte Wortlaut des Art. 338 AEUV nur insoweit ab, als in Absatz 1 dieser Bestimmung nunmehr das in Art. 289 Abs. 1 AEUV i.V.m. Art. 294 AEUV geregelte »ordentliche Gesetzgebungsverfahren« angesprochen wird, während sich Art. 285 EGV seinerzeit noch auf das in Art. 251 EGV geregelte Verfahren der Mitentscheidung bezog. Mit der insofern bereits in Art. 285 EGV vorgesehenen Einbeziehung des Europäischen Parlaments in die auf Unionsstatistiken bezogene Rechtsetzung reagierte der Amsterdamer Vertrag auf den Umstand, dass zuvor bereits verschiedene Rechtsakte mit Statistikbezug, wie etwa die Verordnung (EG) Nr. 2186/93 des Rates vom 22.7.1993 über die innergemeinschaftliche Koordinierung des Aufbaus von Unternehmensregistern für statistische Verwendungszwecke,[11] auf die Vorgängerbestimmung des Art. 337 AEUV gestützt worden sind, der dem Rat eine exklusive Rechtsetzungsbefugnis verleiht und es dem Rat sogar gestattet, die in Art. 337 AEUV angesprochenen Auskunfts- und Nachprüfungsrechte der Kommission ohne jedwede Beteiligung des Europäischen Parlaments auszugestalten (s. Art. 337 AEUV, Rn. 25). Diesem Umstand konnte nur durch die maßgeblich auf entsprechende Initiativen der damaligen deutschen Bundesregierung basierende Einführung des Art. 285 EGV (jetzt Art. 338 AEUV) abgeholfen werden,[12] da Deutschland mit seiner gegen den Rat eingereichten Nichtigkeitsklage, mit der sich die Bundesrepublik gegen den Erlass der seinerzeit auf Art. 284 EGV (jetzt: Art. 337 AEUV) gestützten Verordnung (EG) Nr. 2186/93 zur Wehr setzen

---

statistischen Stellen der Mitgliedstaaten und der Gemeinschaft, KOM(2005) 217 endg.; näher zu diesem Kodex vgl. ferner *Burger*, Statistisches Monatsheft Baden-Württemberg 12/2006, S. 47 ff.; *Hahlen*, in: Grabitz/Hilf/Nettesheim, EU, Art. 338 AEUV (Oktober 2011), Rn. 48 f.; *Kopsch/Köhler/Körner*, Wirtschaft und Statistik Nr. 8, 2006, S. 793 ff.

[8] Diese aktuellste Fassung des Verhaltenskodexes für europäische Statistiken ist im Internet z. B. in der vom Statistischen Bundesamt (Wiesbaden) herausgegebenen Form abrufbar unter: https://www.destatis.de/DE/Publikationen/Qualitaetsberichte/Verhaltenskodex_qb.html.

[9] Beschluss Nr. 1578/2007/EG des Europäischen Parlaments und des Rates vom 11.12.2007 über das statistische Programm der Gemeinschaft 2008 bis 2012, ABl. 2007, L 344/15.

[10] VO (EU) Nr. 99/2013 des Europäischen Parlaments und des Rates vom 15.1.2013 über das Europäische Statistische Programm 2013–2017, ABl. 2013, L 39/12; zuletzt geändert durch die VO (EU) Nr. 1383/2013 des Europäischen Parlaments und des Rates vom 17.12.2013 zur Änderung der Verordnung (EU) Nr. 99/2013 über das Europäische Statistische Programm 2013–2017, ABl. 2013, L 354/84.

[11] ABl. 1993, L 196/1.

[12] Näher zur Rolle Deutschlands bei der Einführung dieses »Statistik«-Artikels vgl. *Hahlen*, in: Grabitz/Hilf/Nettesheim, EU, Art. 338 AEUV (Oktober 2011), Rn. 11.

wollte, erfolglos geblieben ist.[13] Mit dieser Einführung ist dem Europäischen Parlament und dem Rat von den Mitgliedstaaten eine nunmehr in Art. 338 AEUV platzierte und von einigen anderen vertraglichen Rechtsetzungsermächtigungen abzugrenzende Kompetenz- bzw. Ermächtigungsgrundlage für den im ordentlichen Gesetzgebungsverfahren erfolgenden Erlass bestimmter Rechtsakte zur Erstellung von Unionsstatistiken zur Verfügung gestellt worden (B.), an deren Inanspruchnahme Art. 338 AEUV zugleich auch einige materiell-rechtliche Anforderungen stellt (C.).

B. Art. 338 Abs. 1 AEUV als Kompetenzgrundlage für den Erlass bestimmter Rechtsakte zur Erstellung von Unionsstatistiken

Nach Art. 338 Abs. 1 AEUV können das Europäische Parlament und der Rat nach Maß-   **4**
gabe des ordentlichen Gesetzgebungsverfahrens Maßnahmen für die Erstellung von Statistiken beschließen, wenn dies für die Durchführung der Tätigkeiten der Union erforderlich ist. Hierbei handelt es sich um eine im Einklang mit dem in Art. 5 Abs. 3 EUV niedergelegten Subsidiaritätsprinzip wahrzunehmende Handlungsermächtigung[14] oder Rechtsetzungsbefugnis (I.), deren inhaltliche Reichweite sich zu einem gewissen Teil bereits aus einer Abgrenzung des Art. 338 AEUV von einigen anderen vertraglichen Kompetenzgrundlagen mit statistikrechtlichem Bezug bestimmen lässt (II.). In verfahrensrechtlicher Hinsicht schreibt Art. 338 Abs. 1 AEUV für den Erlass der hierauf gestützten Maßnahmen das ordentliche Gesetzgebungsverfahren vor, dem ein in Art. 338 AEUV nicht explizit angesprochenes Vorschlagsrecht der Kommission vorgeschaltet ist (III.).

I. Kompetenzrechtlicher Rahmen der in Art. 338 Abs. 1 AEUV niedergelegten Rechtsetzungsbefugnis unter besonderer Berücksichtigung des Subsidiaritätsprinzips

Die in Art. 338 Abs. 1 AEUV niedergelegte Kompetenzgrundlage ermächtigt das Eu-   **5**
ropäische Parlament und den Rat zum Erlass von Maßnahmen für die Erstellung von europäischen Statistiken bzw. Unionsstatistiken und macht damit zugleich den vor dem Inkrafttreten des Amsterdamer Vertrags (s. Rn. 3) für den Erlass statistikbezogener Rechtsakte gelegentlich als notwendig erachteten Rückgriff auf binnenmarktbezogene Rechtsangleichungskompetenzen[15] und vor allem auf Art. 337 AEUV oder einer seiner Vorgängerbestimmungen[16] entbehrlich. Von der in Art. 338 Abs. 1 AEUV niedergeleg-

---

[13] Vgl. EuGH, Urt. v. 9.11.1995, Rs. C–426/93 (Deutschland/Rat), Slg. 1995, I–3723 ff.

[14] Zu dieser Einordnung vgl. auch *Hatje*, in: Schwarze, EU-Kommentar, Art. 338 AEUV, Rn. 1.

[15] Exemplarisch dazu vgl. die auf den seinerzeit geltenden Art. 100a EWGV gestützte VO (EWG) Nr. 3037/90 des Rates vom 9.10.1990 betreffend die statistische Systematik der Wirtschaftszweige in der Europäischen Gemeinschaft, ABl. 1990, L 293/1, sowie die auf dieselbe Vorschrift gestützte VO (EWG) Nr. 3330/91 des Rates vom 7.11.1991 über die Statistiken des Warenverkehrs zwischen Mitgliedstaaten, ABl. 1991, L 316/1.

[16] Zu den statistikbezogenen Rechtsakten, die vor dem Inkrafttreten des Amsterdamer Vertrags auf Art. 337 AEUV bzw. auf eine seiner Vorgängerbestimmungen gestützt worden sind, gehören beispielsweise die VO (EG) Nr. 2186/93 des Rates vom 22.7.1993 über die innergemeinschaftliche Koordinierung des Aufbaus von Unternehmensregistern für statistische Verwendungszwecke, ABl. 1993, L 196/1, und die VO (EG) Nr. 322/97 des Rates vom 17.2.1997 über die Gemeinschaftsstatistiken, ABl. 1997, L 52/1.

ten Kompetenzgrundlage haben das Europäische Parlament und der Rat in den vergangenen Jahren bereits häufiger Gebrauch gemacht[17] und dabei im Rahmen der nach Art. 296 Abs. 2 AEUV erforderlichen Begründung des jeweiligen Rechtsakts auch einige auf Art. 5 Abs. 3 EUV bezogene **Subsidiaritätserwägungen** angestellt,[18] die nach der vorgenannten Bestimmung immer dann erforderlich sind, wenn die jeweils in Rede stehende Rechtsetzungstätigkeit nicht von den in Art. 3 Abs. 1 und 2 AEUV aufgeführten »ausschließlichen Zuständigkeiten« der Union erfasst wird. Insoweit stimmt die vorgenannte Begründungspraxis des Unionsgesetzgebers mit den im einschlägigen Schrifttum überwiegend vertretenen – aber nach wie vor nicht unumstrittenen – Auffassungen überein, wonach Art. 338 AEUV **keine ausschließliche Zuständigkeit der Union auf dem Gebiet der Statistikerstellung** begründet[19] und wonach das in Art. 5 Abs. 3 AEUV niedergelegte Subsidiaritätsprinzip, das im Falle seiner Maßgeblichkeit auch zur Berücksichtigung des (Vertrags-)Protokolls Nr. 2 über die Anwendung der

---

[17] Zur häufigen Inanspruchnahme des Art. 338 AEUV bzw. seiner Vorgängerbestimmung (Art. 285 EGV) vgl. etwa die folgenden Rechtsakte: VO (EG) Nr. 1882/2003 des Europäischen Parlaments und des Rates vom 29. 9. 2003 zur Anpassung der Bestimmungen über die Ausschüsse zur Unterstützung der Kommission bei der Ausübung von deren Durchführungsbefugnissen, die in Rechtsakten vorgesehen sind, für die das Verfahren des Artikels 251 des EG-Vertrags gilt, an den Beschluss 1999/468/EG des Rates, ABl. 2003, L 284/1; VO (EG) Nr. 808/2004 des Europäischen Parlaments und des Rates vom 21. 4. 2004 über Gemeinschaftsstatistiken zur Informationsgesellschaft, ABl. 2004, L 143/49, zuletzt geändert durch die VO (EG) Nr. 1006/2009 des Europäischen Parlaments und des Rates vom 16. 9. 2009 zur Änderung der Verordnung (EG) Nr. 808/2004 über Gemeinschaftsstatistiken zur Informationsgesellschaft, ABl. 2009, L 286/31; VO (EG) Nr. 1893/2006 des Europäischen Parlaments und des Rates vom 20. 12. 2006 zur Aufstellung der statistischen Systematik der Wirtschaftszweige NACE Revision 2 und zur Änderung der Verordnung (EWG) Nr. 3037/90 des Rates sowie einiger Verordnungen der EG über bestimmte Bereiche der Statistik, ABl. 2006, L 393/1; Beschluss Nr. 1578/2007/EG (Fn. 9); VO (EG) Nr. 177/2008 des Europäischen Parlaments und des Rates vom 20. 2. 2008 zur Schaffung eines gemeinsamen Rahmens für Unternehmensregister für statistische Zwecke und zur Aufhebung der Verordnung (EWG) Nr. 2186/93 des Rates, ABl. 2008, L 61/6; VO (EG) Nr. 762/2008 des Europäischen Parlaments und des Rates vom 9. 7. 2008 über die Vorlage von Aquakulturstatistiken durch die Mitgliedstaaten und zur Aufhebung der Verordnung (EG) Nr. 788/96 des Rates, ABl. 2008, L 218/1; VO (EG) Nr. 763/2008 des Europäischen Parlaments und des Rates vom 9. 7. 2008 über Volks- und Wohnungszählungen, ABl. 2008, L 218/14; VO (EG) Nr. 1099/2008 des Europäischen Parlaments und des Rates vom 22. 10. 2008 über die Energiestatistik, ABl. 2008, L 304/1; VO (EG) Nr. 222/2009 des Europäischen Parlaments und des Rates vom 11. 3. 2009 zur Änderung der Verordnung (EG) Nr. 638/2004 über die Gemeinschaftsstatistiken des Warenverkehrs zwischen Mitgliedstaaten, ABl. 2009, L 87/160; VO (EG) Nr. 223/2009 (Fn. 4), durch die die »Vorgänger«-VO (EG) Nr. 322/97 (Fn. 16) ersetzt worden ist; VO (EU) Nr. 99/2013 (Fn. 10); VO (EU) Nr. 1337/2011 des Europäischen Parlaments und des Rates vom 13. 12. 2011 zu europäischen Statistiken über Dauerkulturen und zur Aufhebung der Verordnung (EWG) Nr. 357/79 des Rates und der Richtlinie 2001/109/EG des Europäischen Parlaments und des Rates, ABl. 2011, L 347/7; VO (EU) Nr. 70/2012 des Europäischen Parlaments und des Rates vom 18. 1. 2012 über die statistische Erfassung des Güterkraftverkehrs, ABl. 2012, L 32/1; VO (EU) Nr. 1260/2013 des Europäischen Parlaments und des Rates vom 20. 11. 2013 über europäische demografische Statistiken, ABl. 2013, L 330/39, i. V. m. der dazugehörigen Durchführungs-VO (EU) Nr. 205/2014 der Kommission vom 4. 3. 2014 zur Festlegung einheitlicher Bedingungen für die Durchführung der Verordnung (EU) Nr. 1260/2013 des Europäischen Parlaments und des Rates über europäische demografische Statistiken im Hinblick auf die Untergliederung der Daten, die Fristen und die Revision von Daten, ABl. 2014, L 65/10.

[18] Exemplarisch dazu vgl. den 29. Erwägungsgrund der VO (EG) Nr. 223/2009 (Fn. 4).

[19] Vgl. nur *Ladenburger*, in: GSH, Europäisches Unionsrecht, Art. 338 AEUV, Rn. 1; allgemein zum Verhältnis zwischen der Statistik und den Grundprinzipien des demokratischen Staates vgl. *Westerhoff*, WiSta 2007, 1130 ff.

Grundsätze der Subsidiarität und der Verhältnismäßigkeit[20] zwingt, vom Unionsgesetzgeber und der Kommission daher auch im Anwendungsbereich des Art. 338 AEUV zu beachten ist.[21]

II. Gegenstand und Reichweite dieser Rechtsetzungsbefugnis in Abgrenzung zu anderen vertraglichen Kompetenzgrundlagen mit statistikrechtlichen Bezügen

Nach Art. 338 Abs. 1 AEUV sind das Europäische Parlament und der Rat dazu befugt, 6 die zur Durchführung der Tätigkeiten der Union erforderlichen Maßnahmen für die Erstellung bestimmter Statistiken zu beschließen (1.), soweit dem nicht andere vertragliche Kompetenzgrundlagen entgegenstehen (2.).

1. Maßnahmen für die Erstellung von Statistiken

Art. 338 Abs. 1 AEUV ermächtigt den Unionsgesetzgeber zum Erlass von Maßnahmen 7 für die Erstellung von Statistiken und akzessorischer Zusatzregelungen,[22] soweit der Erlass dieser Maßnahmen und Regelungen für die **Durchführung der Tätigkeiten der Union** erforderlich ist. Indem sich diese Bestimmung ohne weitere Begrenzungen organschaftlicher Art auf alle Tätigkeiten der Union bezieht, geht die in Art. 338 Abs. 1 AEUV niedergelegte Rechtsetzungsbefugnis des Europäischen Parlaments und des Rates zwar ganz erheblich über die in Art. 337 AEUV geregelte Rechtsetzungsbefugnis des Rates hinaus, da sich Letztere nicht auf alle Unionsorgane, sondern lediglich auf die Erfüllung der der Kommission übertragenen Aufgaben bezieht. Dieser Umstand hat den Unionsverfassungsgeber jedoch nicht dazu bewogen, die drei im vorliegenden Zusammenhang maßgeblichen Begriffe »Statistiken« (a), »Erstellung« (b) und »Maßnahmen« (c) klar zu definieren oder zumindest etwas näher zu präzisieren.

a) Statistiken

Der in Art. 338 Abs. 1 AEUV enthaltene Statistikbegriff bezieht sich nach allgemeiner 8 Auffassung auf »quantitative und qualitative, aggregierte und repräsentative Informationen, die ein Massenphänomen in einer betrachteten Grundgesamtheit beschreiben«[23] und aus der Erhebung und systematischen Verarbeitung der Daten durch nationale sta-

---

[20] ABl. 2012, L 326/206.

[21] Vgl. *Ladenburger*, in: GSH, Europäisches Unionsrecht, Art. 338 AEUV, Rn. 1; *Hahlen*, Herausforderungen und Perspektiven der europäischen Statistik, S. 1 (21 ff.); a. A. *Grunwald*, S. 185 (186); zur umstr. Maßgeblichkeit des Subsidiaritätsprinzips beim Erlass statistikbezogener Rechtsakte vgl. m. w. N. *Hahlen*, in: Grabitz/Hilf/Nettesheim, EU, Art. 338 AEUV (Oktober 2011), Rn. 19.

[22] Zu diesem wohl vorherrschenden (weiten) Verständnis des Tatbestandsmerkmals »Maßnahmen für die Erstellung von Statistiken« vgl. etwa *Kingreen*, in: Calliess/Ruffert, EUV/AEUV, Art. 338 AEUV, Rn. 4, wonach Art. 338 Abs. 1 AEUV nicht nur zu Regelungen ermächtige, die unmittelbar die Erstellung von Statistiken betreffen, sondern auch zum Erlass sonstiger Vorschriften, die für eine Informationssammlung auf Unionsebene erforderlich sind; sowie *Ladenburger*, in: GSH, Europäisches Unionsrecht, Art. 338 AEUV, Rn. 4, wonach diese Norm nicht nur zu Regelungen über die unmittelbare Erhebung von Statistiken, sondern auch zu vorausliegenden oder sonst akzessorischen Regelungen wie etwa über die Einrichtung bzw. Harmonisierung von Registern oder über die Klassifizierung von Gebietseinheiten, die eine Informationssammlung auf Unionsebene erst ermöglichen sollen.

[23] So vgl. etwa *Ladenburger*, in: GSH, Europäisches Unionsrecht, Art. 338 AEUV, Rn. 3; sehr ähnlich vgl. auch *Kingreen*, in: Calliess/Ruffert, EUV/AEUV, Art. 338 AEUV, Rn. 1.

tistische Ämter oder Eurostat (s. Rn. 2) hervorgehen.[24] Diese Definition oder Begriffs-
beschreibung ist recht naheliegend, da sie weitgehend der in Art. 3 Nr. 1 VO (EG)
Nr. 223/2009 (s. Rn. 2) enthaltenen Legaldefinition des hier in Rede stehenden Stati-
stikbegriffs entspricht.

b) Erstellung

9   Nach einer weiteren in Art. 3 Nr. 1 VO (EG) Nr. 223/2009 (s. Rn. 2) enthaltenen Legaldefinition umfasst der Begriff »Erstellung« alle im Zusammenhang mit der Erhebung,
Speicherung, Verarbeitung und Analyse stehenden Tätigkeiten, die zur Erstellung von
Statistiken im oben genannten Sinne (s. Rn. 8) erforderlich sind. Diese recht weite Begriffsdefinition entspricht dem im einschlägigen Schrifttum vorherrschenden Verständnis des in Art. 338 Abs. 1 AEUV enthaltenen Tatbestandsmerkmals »Erstellung« insoweit, als dieses Tatbestandsmerkmal ebenfalls sämtliche Phasen der statistischen Arbeit
umfassen und daher nicht nur die Erhebung, Speicherung und Verarbeitung statistischer
Informationen, sondern auch deren Analyse und Verbreitung einschließen soll.[25]

c) Maßnahmen

10   Der in Art. 338 Abs. 1 AEUV ebenfalls nicht definierte »Maßnahmen«-Begriff lässt sich
ziemlich exakt unter Rückgriff auf Art. 289 Abs. 1 AEUV bestimmen, wonach das in
dieser Norm angesprochene »ordentliche Gesetzgebungsverfahren« in der gemeinsamen Annahme einer Verordnung, einer Richtlinie oder eines Beschlusses besteht. Da
Art. 338 Abs. 1 AEUV bestimmt, dass die auf der Grundlage dieser Norm zu erlassenden Maßnahmen – unbeschadet der darin angesprochenen Sonderbestimmung im Protokoll über die Satzung des Europäischen Systems der Zentralbanken und der Europäischen Zentralbank (s. Rn. 11) – gemäß dem ordentlichen Gesetzgebungsverfahren beschlossen werden, besteht kein Zweifel daran, dass sich der in Art. 338 Abs. 1 AEUV
enthaltene »Maßnahmen«-Begriff auf jeden Fall auf die in Art. 289 Abs. 1 AEUV angesprochenen Handlungsformen bzw. Rechtsakttypen verbindlicher Art bezieht[26] und
dem Unionsgesetzgeber – hier: dem Europäischen Parlament und dem Rat – damit
zugleich eine gewisse Entscheidungsfreiheit in der Frage belässt, ob er seine vorgenannten Maßnahmen, deren Adressaten nach vorherrschender Auffassung sowohl die Unionsorgane und die Mitgliedstaaten als auch natürliche und juristische Personen sein
können,[27] in Form einer Verordnung im Sinne des Art. 288 Abs. 2 AEUV, einer Richt-

---

[24] Mit dieser Ergänzung vgl. *Hahlen*, in: Grabitz/Hilf/Nettesheim, EU, Art. 338 AEUV (Oktober
2011), Rn. 18.

[25] In diesem Sinne vgl. etwa *Hahlen*, in: Grabitz/Hilf/Nettesheim, EU, Art. 338 AEUV (Oktober
2011), Rn. 18; zum recht weiten Verständnis des Begriffs »Erstellung« siehe auch oben Fn. 22.

[26] So auch *Herrmann*, in: Streinz, EUV/AEUV, Art. 338 AEUV, Rn. 4; sowie *Hahlen*, in: Grabitz/
Hilf/Nettesheim, EU, Art. 338 AEUV (Oktober 2011), Rn. 18, mit der weiteren These, dass dies auch
die nach Art. 290 AEUV an die Kommission delegierten Rechtsakte und die nach Art. 291 AEUV der
Kommission übertragenen Durchführungsbefugnisse einschließe; darüber sogar noch hinausgehend
vgl. *Hatje*, in: Schwarze, EU-Kommentar, Art. 338 AEUV, Rn. 6, *Khan*, in: Geiger/Khan/Kotzur,
EUV/AEUV, Art. 338 AEUV, Rn. 1, *Kingreen*, in: Calliess/Ruffert, EUV/AEUV, Art. 338 AEUV,
Rn. 3, sowie *Ladenburger*, in: GSH, Europäisches Unionsrecht, Art. 338 AEUV, Rn. 5, wonach sich
der Unionsgesetzgeber im Anwendungsbereich des Art. 338 AEUV aller der in Art. 288 AEUV ge-
nannten Handlungsformen unter Einschluss der dort ebenfalls angesprochenen Empfehlungen und
Stellungnahmen bedienen dürfe.

[27] So vgl. *Herrmann*, in: Streinz, EUV/AEUV, Art. 338 AEUV, Rn. 3; etwas anders vgl. *Hatje*, in:
Schwarze, EU-Kommentar, Art. 338 AEUV, Rn. 7, sowie *Khan*, in: Geiger/Khan/Kotzur,
EUV/AEUV, Art. 338 AEUV, Rn. 1, die nur natürliche u. juristische Personen sowie die Mitgliedstaa-

linie im Sinne des Art. 288 Abs. 3 AEUV oder eines Beschlusses im Sinne des Art. 288 Abs. 4 AEUV erlässt. Bislang hat sich der Unionsgesetzgeber im Anwendungsbereich des Art. 338 Abs. 1 AEUV ganz überwiegend für den Erlass von Verordnungen entschieden.[28]

2. Verhältnis zu und Abgrenzung von anderen statistikrelevanten Kompetenzgrundlagen

Von der nach den vorgenannten Ausführungen (s. Rn. 7–10) als recht weit zu bezeich- **11** nenden Befugnis zum Erlass von Maßnahmen für die Erstellung von Statistiken können das Europäische Parlament und der Rat – vorbehaltlich bestimmter verfahrens- und materiell-rechtlicher Anforderungen und Vorgaben (s. Rn. 12 ff. u. 15 ff.) – Gebrauch machen, sofern dem nicht andere vertragliche Bestimmungen entgegenstehen. Zu diesen anderen Bestimmungen gehört zunächst einmal der in Art. 338 Abs. 1 AEUV explizit angesprochene **Art. 5 des (Vertrags-)Protokolls (Nr. 4)** über die Satzung des Europäischen Systems der Zentralbanken und der Europäischen Zentralbank,[29] in dem unter anderem geregelt ist, dass die Europäische Zentralbank mit Unterstützung der nationalen Zentralbanken die zur Wahrnehmung der Aufgaben des Europäischen Systems der Zentralbanken erforderlichen statistischen Daten entweder von den zuständigen nationalen Behörden oder unmittelbar von den Wirtschaftssubjekten einholt. In diese auch durch einige Sekundärrechtsakte[30] näher konturierte Zuständigkeit der Europäischen Zentralbank dürfen sich das Europäische Parlament und der Rat auf der Grundlage des Art. 338 Abs. 1 AEUV nicht einmischen,[31] da Art. 5 des vorgenannten Vertragsprotokolls nach dem ausdrücklichen Wortlaut des Art. 338 Abs. 1 AEUV »unbeschadet« bleibt.[32] Statistikrechtliche Relevanz ist ferner dem Art. 5.4 des vorgenannten Vertragsprotokolls zuzusprechen, der sich mit der Festlegung des Kreises der berichtspflichtigen natürlichen und juristischen Personen, der Bestimmungen über die Vertraulichkeit sowie der geeigneten Vorkehrungen zu ihrer Durchsetzung befasst; diese Festlegungen obliegen gemäß Art. 41 dieses Protokolls i. V. m. **Art. 129 Abs. 4 AEUV**

---

ten u. deren Behörden zu den denkbaren Adressaten der auf der Grundlage des Art. 338 Abs. 1 AEUV getroffenen Maßnahmen zählen.

[28] Zur bisherigen Dominanz des Verordnungserlasses im Anwendungsbereich des Art. 338 AEUV siehe m. w. N. Fn. 17; als seltenes Beispiel einer auf Art. 338 AEUV bzw. auf die Vorgängerbestimmung in Gestalt des Art. 285 EGV gestützten Richtlinie vgl. die RL 1999/87/EG des Europäischen Parlaments und des Rates vom 23. 11. 1999 zur Änderung der Richtlinie 76/625/EWG des Rates über die von den Mitgliedstaaten durchzuführenden statistischen Erhebungen zur Ermittlung des Produktionspotentials bestimmter Baumobstanlagen, ABl. 2000, L 16/72.

[29] ABl. 2012, C 326/230; zum »vertraglichen« Charakter dieser Bestimmung vgl. Art. 51 EUV, wonach die Protokolle der Verträge – und damit auch die darin enthaltenen Artikel – Bestandteile der Verträge sind.

[30] Vgl. in diesem Kontext etwa den u. a. auf Art. 5.1 des o. g. Vertragsprotokolls (Nr. 4) gestützten Beschluss der EZB vom 19. 8. 2010 über die Nichteinhaltung statistischer Berichtspflichten, ABl. 2010, L 226/48.

[31] In diesem Sinne vgl. auch *Herrmann,* in: Streinz, EUV/AEUV, Art. 338 AEUV, Rn. 2; sowie *Kingreen,* in: Calliess/Ruffert, EUV/AEUV, Art. 338 AEUV, Rn. 2, wonach Art. 338 AEUV nicht für die Statistiken der EZB bzw. nicht für die Erhebung statistischer Daten durch die EZB gelte; sehr ähnlich vgl. *Rodi,* in: Vedder/Heintschel v. Heinegg, Europäisches Unionsrecht, Art. 338 AEUV, Rn. 2, wonach sich Art. 338 AEUV »ausdrücklich nicht auf die Statistiken der EZB« beziehe.

[32] Zur gleichwohl bestehenden Möglichkeit des Europäischen Parlaments und des Rates, die vorgenannte Zuständigkeit der EZB auf dem Gebiet der Statistikerstellung in Frage zu stellen oder abzuändern, vgl. Art. 40 des vorgenannten Vertragsprotokolls (Nr. 4) i. V. m. Art. 129 Abs. 3 AEUV.

in erster Linie dem Rat.[33] Als speziellere Kompetenzgrundlagen des Rates, die im Kontext der Wirtschafts- und Währungsunion auch für die Regelung bestimmter statistischer Fragen von Bedeutung sind, werden insbesondere die **Art. 121 Abs. 6 AEUV** und **Art. 126 Abs. 14 AEUV** angesehen,[34] während **Art. 338 AEUV** im Verhältnis zu Art. 337 AEUV allgemein als lex specialis eingestuft wird.[35] Für den Erlass von Rechtsakten, die auf Art. 338 AEUV gestützt werden können, scheidet ein Rückgriff auf Art. 337 AEUV demnach aus. Gleiches gilt im Hinblick auf die zahlreichen sachbereichsspezifischen Rechtsgrundlagen der Verträge sowie im Hinblick auf die in Art. 352 AEUV niedergelegte Kompetenzergänzungs-, Kompetenzabrundungs- oder Flexibilitätsklausel.[36]

III. Verfahrensrechtliche Anforderungen

12   In verfahrensrechtlicher Hinsicht schreibt Art. 338 Abs. 1 AEUV für den in dieser Norm vorgesehenen Erlass von Rechtsakten auf dem Gebiet der Statistikerstellung das in Art. 289 Abs. 1 AEUV als **ordentliches Gesetzgebungsverfahren** bezeichnete Verfahren der Mitentscheidung vor, das vor dem Inkrafttreten des Lissabonner Reformvertrags in Art. 251 EGV geregelt war und nach Art. 289 Abs. 1 Satz 1 AEUV in der gemeinsamen Annahme einer Verordnung, einer Richtlinie oder eines Beschlusses durch das Europäische Parlament und den Rat auf Vorschlag der Kommission besteht. Wie dieses Verfahren im Einzelnen abläuft bzw. abzulaufen hat, ist in Art. 294 Abs. 1–15 AEUV geregelt.

13   Indem Art. 338 Abs. 1 AEUV auf das ordentliche Gesetzgebungsverfahren verweist, wird dem **Europäischen Parlament** im Anwendungsbereich dieser Bestimmung eine deutlich stärkere Rolle als im Bereich der auf Art. 337 AEUV gestützten Rechtsetzung zugewiesen; von einer exklusiven Rechtsetzungsbefugnis des Rates, über die er im Anwendungsbereich des Art. 337 AEUV verfügt (s. Art. 337 AEUV, Rn. 25 f.), kann im Anwendungsbereich des Art. 338 AEUV somit keine Rede sein. Darüber hinaus verfügt die **Kommission**, der im Anwendungsbereich des Art. 337 AEUV grundsätzlich kein Vorschlagsrecht zusteht (s. Art. 337 AEUV, Rn. 25), auf dem hier in Rede stehenden Gebiet der Statistikerstellung über ein explizites Vorschlagsrecht, das sich aus Art. 338 Abs. 1 AEUV i. V. m. Art. 289 Abs. 1 Satz 1 und Art. 294 Abs. 2 AEUV ergibt. Ein weiterer Unterschied zwischen Art. 338 AEUV und Art. 337 AEUV besteht schließlich insoweit, als der im Anwendungsbereich des Art. 337 AEUV agierende **Rat** – abweichend von der in Art. 16 Abs. 3 EUV zum Regelfall erklärten Beschlussfassung in Gestalt der qualifizierten Mehrheit – mit einfacher Mehrheit entscheidet (s. Art. 337 AEUV, Rn. 26), während der Rat im Anwendungsbereich des Art. 338 AEUV mit qualifizierter Mehrheit beschließt.

---

[33] Zur Nutzung dieser Festlegungsbefugnis vgl. etwa die VO (EG) Nr. 2533/98 des Rates vom 23.11.1998 über die Erfassung statistischer Daten durch die Europäische Zentralbank, ABl. 1998, L 318/8, zuletzt geändert durch die VO (EG) Nr. 951/2009 des Rates vom 9.10.2009 zur Änderung der Verordnung (EG) Nr. 2533/98 über die Erfassung statistischer Daten durch die Europäische Zentralbank, ABl. 2009, L 269/1.

[34] Vgl. etwa *Hahlen*, in: Grabitz/Hilf/Nettesheim, EU, Art. 338 AEUV (Oktober 2011), Rn. 13.

[35] Vgl. *Hatje*, in: Schwarze, EU-Kommentar, Art. 338 AEUV, Rn. 1; *Herrmann*, in: Streinz, EUV/AEUV, Art. 337 AEUV, Rn. 2; *Jaeckel*, in: Grabitz/Hilf/Nettesheim, EU, Art. 337 AEUV (August 2011), Rn. 3 u. 19; *Khan*, in: Geiger/Khan/Kotzur, EUV/AEUV, Art. 338 AEUV, Rn. 1; *Kingreen*, in: Calliess/Ruffert, EUV/AEUV, Art. 338 AEUV, Rn. 2; *Ladenburger*, in: GSH, Europäisches Unionsrecht, Art. 338 AEUV, Rn. 1; *Wegener*, in: Calliess/Ruffert, EUV/AEUV, Art. 337 AEUV, Rn. 2.

[36] In diesem Sinne auch *Ladenburger*, in: GSH, Europäisches Unionsrecht, Art. 338 AEUV, Rn. 3.

Andere Unionsorgane oder sonstige Einrichtungen und Stellen der Union sind nach   **14**
dem Wortlaut des Art. 338 Abs. 1 AEUV und nach dem darin enthaltenen Verweis auf
Art. 289 Abs. 1 AEUV i. V. m. Art. 294 AEUV zwar nicht an der unionalen Rechtsetzung auf dem Gebiet der Statistikerstellung beteiligt oder zwingend zu beteiligen. Dies
schließt jedoch nicht aus, dass vor dem Erlass der auf Art. 338 Abs. 1 AEUV gestützten
Rechtsakte zuweilen **Stellungnahmen anderer Organe und Einrichtungen der Union**
eingeholt und weitere Einrichtungen bei dieser Gelegenheit angehört werden.[37]

C. Materielle Anforderungen an die Rechtsetzung und an die Erstellung von Unionsstatistiken auf der Grundlage des Art. 338 AEUV

Das Europäische Parlament und der Rat dürfen zunächst einmal nur dann von der in   **15**
Art. 338 Abs. 1 AEUV niedergelegten Rechtsetzungsbefugnis Gebrauch machen, wenn
dies für die Durchführung der Tätigkeiten der Union erforderlich ist. Das hier angesprochene Kriterium der Erforderlichkeit ist ein den anderen Kriterien der Geeignetheit
und der Angemessenheit im engeren Sinne hinzutretender Teilaspekt im Rahmen der
Prüfung des unionsverfassungsrechtlichen Verhältnismäßigkeitsgrundsatzes,[38] über den
sich der Unionsgesetzgeber auch im Anwendungsbereich des Art. 338 AEUV nicht hinwegsetzen darf.[39] Dies bedeutet, dass ein vom Europäischen Parlament und vom Rat auf
der Grundlage des Art. 338 Abs. 1 AEUV erlassener Rechtsakt auf dem Gebiet der
Statistikerstellung zur Erreichung des damit verfolgten Zwecks geeignet sein muss (Kriterium der Geeignetheit), dass keine milderen und ebenso wirksamen Mittel für die
Datenbeschaffung vorhanden sind (Kriterium der Erforderlichkeit) und dass sich die mit
dem Rechtsakt verbundenen oder einhergehenden Belastungen in Abwägung mit dem
durch ihn verfolgten Zweck nicht als unangemessen erweisen (Kriterium der Angemessenheit).[40] Der hier angesprochene **Grundsatz der Verhältnismäßigkeit** ist nicht nur mit

---

[37] Vor Erlass der jeweils auf die Vorgängerbestimmung des Art. 338 AEUV – d. h. auf Art. 285 EGV
– gestützten Verordnungen (EG) Nr. 1893/2006 (Fn. 17) und (EG) Nr. 223/2009 (Fn. 4) sind beispielsweise Stellungnahmen der Europäischen Zentralbank und im letztgenannten Fall sogar auch eine
Stellungnahme des Europäischen Datenschutzbeauftragten eingeholt worden. Vor Erlass des ebenfalls
auf Art. 285 EGV gestützten Beschlusses Nr. 1578/2007/EG (Fn. 9) ist eine Stellungnahme des Europäischen Wirtschafts- und Sozialausschusses eingeholt worden; der Ausschuss der Regionen wurde
vor Erlass dieses Beschlusses angehört.

[38] Nach dem in Art. 5 Abs. 4 EUV verankerten und zu den allgemeinen Rechtsgrundsätzen des
Unionsrechts gehörenden Grundsatz der Verhältnismäßigkeit dürfen Handlungen der Unionsorgane
und anderer Einrichtungen oder Stellen der Union nicht über die Grenzen dessen hinausgehen, was
zur Erreichung des verfolgten Ziels geeignet und erforderlich ist, wobei – wenn mehrere geeignete
Maßnahmen zur Auswahl stehen – die am wenigsten belastende Maßnahme zu wählen ist, vgl. nur
EuGH, Urt. v. 14.7.2005, Rs. C–180/00 (Niederlande/Kommission), Slg. 2005, I–6603, Rn. 103;
EuG, Urt. v. 8.3.2007, Rs. T–339/04 (France Télécom/Kommission), Slg. 2007, II–521, Rn. 117. Ausführlicher zu diesem Grundsatz vgl. statt vieler *v. Danwitz*, EWS 2003, 393 ff.; *Harbo*, ELJ 16 (2010),
158 ff.; *Kischel*, EuR 2000, 380 ff.; *Pache*, NVwZ 1999, 1033 ff.; *Schwarze*, Europäisches Verwaltungs-
recht, S. 690 ff.; *Szczekalla*, in: Heselhaus/Nowak, Handbuch der Europäischen Grundrechte, § 7
Rn. 41 ff.; *Trstenjak/Beysen*, EuR 2012, 265 ff. Speziell zur kompetenzrechtlichen Bedeutung des in
Art. 5 Abs. 4 EUV niedergelegten Verhältnismäßigkeitsgrundsatzes vgl. m. w. N. *Saurer*, JZ 2014,
281 ff.

[39] Instruktiv dazu – wenngleich nicht direkt auf Art. 338 AEUV bezogen – vgl. insb. EuGH, Urt. v.
9.11.1995, Rs. C–426/93 (Deutschland/Rat), Slg. 1995, I–3723, Rn. 41 ff.; Urt. v. 25.6.1997, Rs.
C–114/96 (Kieffer u. Thill), Slg. 1997, I–3629, Rn. 31 ff.

[40] In diesem Sinne vgl. auch *Hatje*, in: Schwarze, EU-Kommentar, Art. 338 AEUV, Rn. 4; *Kingreen*, in: Calliess/Ruffert, EUV/AEUV, Art. 338 AEUV, Rn. 5.

dem vorgenannten Vorbehalt der Erforderlichkeit verbunden (I.), sondern auch mit der in Art. 338 Abs. 2 AEUV geregelten und in indirekter Weise zugleich verschiedene EU-Wirtschaftsgrundrechte berührenden Vorgabe, wonach der Wirtschaft durch die Erstellung von Unionsstatistiken keine übermäßigen Belastungen entstehen dürfen (II.). Weitere inhaltliche Vorgaben für die auf der Grundlage des Art. 338 AEUV erfolgende Rechtsetzung und für die dadurch ermöglichte Erstellung von Unionsstatistiken lassen sich schließlich den im zweiten Absatz dieser Bestimmung aufgeführten Grundsätzen der Unparteilichkeit, der Zuverlässigkeit, der Objektivität, der wissenschaftlichen Unabhängigkeit, der Kostenwirksamkeit und der statistischen Geheimhaltung entnehmen (III.). Dass der Unionsgesetzgeber darüber hinaus – wie in allen anderen Bereichen der unionalen Rechtsetzung auch – im Anwendungsbereich des Art. 338 AEUV ferner bestimmten unionsgrundrechtlichen Bindungen etwa datenschutzrechtlicher Art und weiteren grundfreiheitlichen Bindungen unterliegt,[41] ist keine normspezifische Besonderheit, sondern eine hier nicht weiter zu vertiefende Selbstverständlichkeit.[42]

I. Vorbehalt der Erforderlichkeit (Abs. 1)

16   Die Inanspruchnahme der in Art. 338 Abs. 1 AEUV niedergelegten Rechtsetzungsbefugnis durch das Europäische Parlament und den Rat steht unter dem Vorbehalt, dass der durch diese Norm ermöglichte Erlass von Maßnahmen bzw. Rechtsakten auf dem Gebiet der Statistikerstellung »für die Durchführung der Tätigkeiten der Union erforderlich ist«. Dieser Erforderlichkeitsvorbehalt wird überwiegend als eine spezifische Konkretisierung bzw. Präzisierung und Stärkung des unionsverfassungsrechtlichen Verhältnismäßigkeitsgrundsatzes eingestuft.[43] Im Hinblick auf die Beurteilung der hier in Rede stehenden Erforderlichkeit ist dem Unionsgesetzgeber im Anwendungsbereich des Art. 338 AEUV ein **Beurteilungsspielraum** zuzusprechen,[44] der in seiner Weite in etwa den Beurteilungsspielräumen entsprechen dürfte, die beispielsweise dem Rat hinsichtlich des in Art. 103 Abs. 1 AEUV niedergelegten Kriteriums der Zweckdienlichkeit (s. Art. 103 AEUV, Rn. 9 u. 14) sowie hinsichtlich des in Art. 337 AEUV niedergelegten Kriteriums der Erforderlichkeit (s. Art. 337 AEUV, Rn. 12) zustehen. Die Überprüf-

---

[41] So auch *Herrmann*, in: Streinz, EUV/AEUV, Art. 338 AEUV, Rn. 6; *Rodi*, in: Vedder/Heintschel v. Heinegg, Europäisches Unionsrecht, Art. 338 AEUV, Rn. 3.

[42] Zur unstr. Bindung aller Organe, Einrichtungen und sonstiger Stellen der EU an die Unionsgrundrechte vgl. etwa *Frenz*, Handbuch Europarecht, Band 4, Rn. 211 ff.; *Nowak*, in: Heselhaus/Nowak, Handbuch der Europäischen Grundrechte, § 6, Rn. 28 f.; zu deren allg. anerkannten Bindung auch an die EU-Grundfreiheiten vgl. etwa *Ehlers*, Grundrechte und Grundfreiheiten, § 7, Rn. 49; *Frenz*, Handbuch Europarecht, Band 1, Rn. 333 ff.; *Nowak*, Europarecht, S. 214; *Streinz*, Europarecht, S. 321.

[43] Vgl. *Hahlen*, in: Grabitz/Hilf/Nettesheim, EU, Art. 338 AEUV (Oktober 2011), Rn. 20; *Khan*, in: Geiger/Khan/Kotzur, EUV/AEUV, Art. 338 AEUV, Rn. 4; *Ladenburger*, in: GSH, Europäisches Unionsrecht, Art. 338 AEUV, Rn. 12 f.; ähnlich *Hatje*, in: Schwarze, EU-Kommentar, Art. 338 AEUV, Rn. 3; *Rodi*, in: Vedder/Heintschel v. Heinegg, Europäisches Unionsrecht, Art. 338 AEUV, Rn. 4; a. A. vgl. *Kingreen*, in: Calliess/Ruffert, EUV/AEUV, Art. 338 AEUV, Rn. 4, wonach der vorgenannte Vorbehalt der Erforderlichkeit auf Art. 5 Abs. 2 und 3 EUV verweise, in denen nicht der Grundsatz der Verhältnismäßigkeit, sondern die Grundsätze der begrenzten Einzelermächtigung und der Subsidiarität angesprochen werden.

[44] Zutr. *Herrmann*, in: Streinz, EUV/AEUV, Art. 338 AEUV, Rn. 4; ebenso *Hatje*, in: Schwarze, EU-Kommentar, Art. 338 AEUV, Rn. 4, mit dem ergänzenden Hinweis darauf, dass sich dieser Beurteilungsspielraum auch auf das o. g. Kriterium der Geeignetheit (s. Rn. 15) beziehe, sowie mit der weiteren These, dass dieser Spielraum erst dann überschritten werde, wenn die mangelnde Eignung und Erforderlichkeit des jeweiligen informatorischen Eingriffs »offenkundig« ist.

barkeit der hierbei vom Unionsgesetzgeber angestellten Erwägungen gewährleistet das in Art. 296 Abs. 2 AEUV niedergelegte **Begründungserfordernis**, welches das Europäische Parlament und den Rat unter anderem dazu zwingt, sich in den jeweiligen Erwägungsgründen eines auf Art. 338 Abs. 1 AEUV gestützten Rechtsaktes in hinreichend gründlicher Weise gerade auch dazu zu äußern, wieso dieser Rechtsaktes als für die Durchführung der Tätigkeiten der Union »erforderlich« angesehen wird.

II. Vermeidung übermäßiger Belastungen für die Wirtschaft (Abs. 2)

Möchte der Unionsgesetzgeber auf Vorschlag der Kommission von der in Art. 338   **17** Abs. 1 AEUV niedergelegten Rechtsetzungsbefugnis Gebrauch machen, so muss er nicht nur den vorgenannten Vorbehalt der Erforderlichkeit (s. Rn. 16) beachten, sondern nach Art. 338 Abs. 2 AEUV auch darauf achten, dass der Wirtschaft »dadurch« – d. h. durch die Erstellung der Unionsstatistiken – keine übermäßigen Belastungen entstehen. Bei diesem Tatbestandsmerkmal, das vermutlich der Rechtsprechung des Gerichtshofs zu der auch im statistikrechtlichen Kontext gegebenen Bindung der Unionsorgane an den unionsrechtlichen Grundsatz der Verhältnismäßigkeit[45] geschuldet ist, handelt es sich ebenfalls um eine bereichsspezifische Ausprägung und **Konkretisierung des unionsverfassungsrechtlichen Verhältnismäßigkeitsgrundsatzes.**[46] In diesem Sinne wird das in Art. 338 Abs. 2 AEUV enthaltene Tatbestandsmerkmal der »übermäßigen Belastung« im einschlägigen Schrifttum überwiegend dahingehend verstanden, dass die Kosten und der Nutzen der auf der Grundlage des Art. 338 Abs. 1 AEUV erlassenen Maßnahmen jeweils in einem angemessenen Verhältnis stehen müssen.[47]

Darüber hinaus steht das vorgenannte »Gebot der Vermeidung übermäßiger Bela- **18** stungen für die Wirtschaft« in gewisser Weise mit dem in Art. 15 Abs. 1 GRC niedergelegten Unionsgrundrecht der Berufsfreiheit und vor allem mit dem in Art. 16 GRC niedergelegten **Unionsgrundrecht der unternehmerischen Freiheit**[48] in Verbindung, deren Verletzung etwa auch dann droht, wenn es durch die vom Unionsgesetzgeber verantwortete Erstellung von Unionsstatistiken auf der Grundlage des Art. 338 Abs. 1 AEUV zu übermäßigen und insoweit unverhältnismäßigen Belastungen einzelner Wirtschaftsteilnehmer kommt. Dieser unionsgrundrechtliche Zusammenhang kommt in Art. III–429 Abs. 2 Satz 2 VVE insoweit noch etwas deutlicher als in Art. 338 Abs. 2 AEUV zum Vorschein, als die erstgenannte Bestimmung nicht abstrakt auf die »Wirtschaft« abstellt, sondern vielmehr verlangt, dass den »Wirtschaftsteilnehmern« durch die Erstellung von Unionsstatistiken keine übermäßigen Belastungen entstehen dürfen.

---

[45] Vgl. insb. EuGH, Urt. v. 9.11.1995, Rs. C–426/93 (Deutschland/Rat), Slg. 1995, I–3723, Rn. 41 ff.; Urt. v. 25.6.1997, Rs. C–114/96 (Kieffer u. Thill), Slg. 1997, I–3629, Rn. 31 ff.

[46] So auch *Booß*, in: Lenz/Borchardt, EU-Verträge, Art. 338 AEUV, Rn. 3; *Khan*, in: Geiger/Khan/Kotzur, EUV/AEUV, Art. 338 AEUV, Rn. 4; *Kingreen*, in: Calliess/Ruffert, EUV/AEUV, Art. 338 AEUV, Rn. 5; *Ladenburger*, in: GSH, Europäisches Unionsrecht, Art. 338 AEUV, Rn. 12 f.

[47] In diesem Sinne vgl. etwa *Hahlen*, in: Grabitz/Hilf/Nettesheim, EU, Art. 338 AEUV (Oktober 2011), Rn. 20; *Hatje*, in: Schwarze, EU-Kommentar, Art. 338 AEUV, Rn. 3; *Herrmann*, in: Streinz, EUV/AEUV, Art. 338 AEUV, Rn. 5; *Kingreen*, in: Calliess/Ruffert, EUV/AEUV, Art. 338 AEUV, Rn. 5.

[48] Ausführlich zu diesen beiden wichtigen Wirtschaftsgrundrechten vgl. jeweils m. w. N. *Frenz*, Handbuch Europarecht, Bd. 4, Rn. 2482 ff. und Rn. 2652 ff.; *Nowak*, in: Heselhaus/Nowak, Handbuch der Europäischen Grundrechte, § 30, Rn. 1 ff. und § 31 Rn. 1 ff.; *Sasse*, Die Berufsfreiheit und das Recht zu arbeiten – Eine Analyse des Artikels 15 der Charta der Grundrechte der Europäischen Union, 2011, S. 93 ff.; *Schmidt*, Die unternehmerische Freiheit im Unionsrecht, 2010, S. 57 ff.

III. Maßgebliche Grundsätze für die Erstellung von Unionsstatistiken (Abs. 2)

19   Soweit Art. 338 Abs. 1 AEUV dem Europäischen Parlament und dem Rat die recht weit ausgestaltete (s. Rn. 7–10) Befugnis verleiht, Maßnahmen bzw. Rechtsakte zur Erstellung von Unionsstatistiken zu erlassen, hat dies nach Art. 338 Abs. 2 AEUV unter Wahrung verschiedener **Kerngrundsätze des europäischen Statistikrechts** zu erfolgen, die zum Teil auch als zentrale Grundsätze des Datenschutzes eingeordnet werden[49] und unter anderem verhindern sollen, dass Unionsstatistiken bzw. europäische Statistiken als ein manipulatives Politikinstrument verwendet werden und kein objektives Bild des jeweiligen Gegenstandsbereiches vermitteln.[50] Zu den insgesamt sechs Kerngrundsätzen, die der Unionsgesetzgeber bei der Erstellung von Unionsstatistiken konkret zu wahren hat und die auch die Kommission sowie alle mitgliedstaatlichen Stellen binden, die an der Erstellung von Unionsstatistiken mitwirken,[51] gehören nach Art. 338 Abs. 2 AEUV sowohl die Grundsätze der Unparteilichkeit (1.), der Zuverlässigkeit (2.) und der Objektivität (3.) als auch die Grundsätze der wissenschaftlichen Unabhängigkeit (4.), der Kostenwirksamkeit (5.) und der statistischen Geheimhaltung (6.), die der Unionsverfassungsgeber zu einem großen Teil der seinerzeit geltenden Verordnung über die Gemeinschaftsstatistiken entnommen hat[52] und die im einschlägigen Verhaltenskodex für europäische Statistiken[53] auch noch mit einigen weiteren – sich teilweise mit den vorgenannten Kerngrundsätzen überschneidenden – Grundsätzen bzw. Qualitätskriterien in Gestalt der soliden Methodik, der Relevanz bzw. Bedarfsgerechtigkeit, der Genauigkeit, der Aktualität und Pünktlichkeit, der Kohärenz und Vergleichbarkeit sowie der Zugänglichkeit und Klarheit zusammengeführt werden.[54]

1. Grundsatz der Unparteilichkeit

20   Der erste Grundsatz, der nach Art. 338 Abs. 2 AEUV im Kontext der Erstellung von Unionsstatistiken gewahrt werden muss, ist der Grundsatz der Unparteilichkeit. Bei der primärrechtlichen Verankerung dieses Grundsatzes, die im Zuge der durch den Amsterdamer Vertrag erfolgten Einführung des dem heutigen Art. 338 AEUV weitgehend entsprechenden Art. 285 AEUV erfolgte (s. Rn. 3), hat sich der Unionsverfassungsgeber ganz offensichtlich an der aus dem Jahre 1997 stammenden EG-Verordnung über die Gemeinschaftsstatistiken orientiert, die den Grundsatz der Unparteilichkeit seinerzeit dahingehend definierte, dass die heute als Unionsstatistiken oder als europäische Statistiken zu bezeichnenden Gemeinschaftsstatistiken in objektiver Weise und unabhängig erstellt werden, ohne dass politische Gruppen oder sonstige Interessengruppen Druck ausüben können, insbesondere was die Wahl der zur Erreichung der gesetzten Ziele am besten geeigneten Verfahren, Definitionen und Methoden anbelangt.[55] Inso-

---

[49] Vgl. *Rodi*, in: Vedder/Heintschel v. Heinegg, Europäisches Unionsrecht, Art. 338 AEUV, Rn. 3.

[50] Vgl. *Hatje*, in: Schwarze, EU-Kommentar, Art. 338 AEUV, Rn. 5.

[51] Vgl. *Ladenburger*, in: GSH, Europäisches Unionsrecht, Art. 338 AEUV, Rn. 14.

[52] Vgl. dazu insb. die auf die heute in Art. 338 Abs. 2 AEUV angesprochenen Grundsätze der Unparteilichkeit, der Zuverlässigkeit, der Kostenwirksamkeit und der statistischen Geheimhaltung bezogenen Definitionen in Art. 10 Abs. 3, 4, 6 u. 7 der seinerzeit geltenden – später durch die VO (EG) Nr. 223/2009 (Fn. 4) aufgehobenen und ersetzten – VO (EG) Nr. 322/97 (Fn. 16). Die in Art. 10 Abs. 5 u. 8 der vorgenannten Verordnung definierten Grundsätze der Erheblichkeit und der Transparenz haben hingegen keinen expliziten Niederschlag in Art. 338 Abs. 2 AEUV gefunden.

[53] Zur aktuellsten Fassung dieses Verhaltenskodexes für europäische Statistiken siehe Fn. 8.

[54] Diese Qualitätskriterien werden auch in Art. 12 VO (EG) Nr. 223/2009 (Fn. 4) präzisiert.

[55] So vgl. Art. 10 Abs. 3 Satz 1 VO (EG) Nr. 322/97 (Fn. 16); ergänzend vgl. Satz 2 dieser Bestim-

weit kann diese **Definition** auch für die Auslegung oder Interpretation des in Art. 338 Abs. 2 AEUV niedergelegten Grundsatzes der Unparteilichkeit herangezogen werden, zumal sich der Unionsgesetzgeber nicht von dieser Definition verabschiedete, als er die vorgenannte VO (EG) Nr. 322/97 durch die aktuell geltende VO (EG) Nr. 223/2009 ersetzte, in der sich nunmehr eine lediglich etwas kürzer formulierte, aber nahezu inhaltsgleiche Definition dieses Grundsatzes finden lässt.[56]

2. Grundsatz der Zuverlässigkeit

Der zweite Grundsatz, der nach Art. 338 Abs. 2 AEUV im Kontext der Erstellung von   **21**
Unionsstatistiken gewahrt werden muss, ist der Grundsatz der Zuverlässigkeit. Dieser Grundsatz ist vom Unionsgesetzgeber in einer auch für die Auslegung oder Interpretation der vorgenannten Bestimmung relevanten Weise (s. Rn. 20) zunächst einmal dahingehend definiert worden, dass die heute als Unionsstatistiken oder als europäische Statistiken zu bezeichnenden »Gemeinschaftsstatistiken die Gegebenheiten, die sie darstellen sollen, so genau wie möglich widerspiegeln« müssen, und dass dies insoweit auch nach der »Heranziehung wissenschaftlicher Kriterien bei der Wahl der Quellen, Methoden und Verfahren [verlangt]«.[57] Dem entspricht weitgehend die etwas kürzer formulierte **Definition** in der heute maßgeblichen Verordnung über europäische Statistiken, wonach »Zuverlässigkeit bedeutet, dass die Statistiken die Gegebenheiten, die sie abbilden sollen, so getreu, genau und konsistent wie möglich messen müssen, wobei zur Wahl der Quellen, Methoden und Verfahren wissenschaftliche Kriterien herangezogen werden«.[58]

3. Grundsatz der Objektivität

Der dritte Grundsatz, der nach Art. 338 Abs. 2 AEUV bei der Erstellung von Unions-   **22**
statistiken gewahrt werden muss, ist der Grundsatz der Objektivität. Nach der in der aktuell geltenden Verordnung über europäische Statistiken enthaltenen **Definition** bedeutet »Objektivität« in diesem Kontext, »dass die Statistiken in systematischer, zuverlässiger und unvoreingenommener Weise entwickelt, erstellt und verbreitet werden müssen«, wobei »fachliche und ethische Standards angewandt werden und die angewandten Grundsätze und Verfahren für Nutzer und Befragte transparent sind.[59] Nach den im einschlägigen Verhaltenskodex für europäische Statistiken enthaltenen Kon-

---

mung, wonach »Unparteilichkeit« im vorliegenden Kontext auch »bedeutet, daß die Statistiken allen Nutzern (Gemeinschaftsinstitutionen, Regierungen, Akteure des sozialen und wirtschaftlichen Lebens, wissenschaftliche Kreise und breite Öffentlichkeit) möglichst rasch zur Verfügung stehen«.

[56] Vgl. Art. 2 Abs. 1 Buchst. b VO 223/2009 (Fn. 4), wonach »Unparteilichkeit bedeutet, dass die Statistiken auf neutrale Weise entwickelt, erstellt und verbreitet und dass alle Nutzer gleich behandelt werden müssen«; zu weiteren Konkretisierungen und einigen Teilaspekten des hier in Rede stehenden Grundsatzes der Unparteilichkeit vgl. auch den Verhaltenskodex für europäische Statistiken (Fn. 8), S. 5; sowie *Hahlen*, in: Grabitz/Hilf/Nettesheim, EU, Art. 338 AEUV (Oktober 2011), Rn. 2 ff.; *Ladenburger*, in: GSH, Europäisches Unionsrecht, Art. 338 AEUV, Rn. 16, die bei der Auslegung und/oder Erläuterung des in Art. 338 Abs. 2 AEUV niedergelegten Grundsatzes der Unparteilichkeit jeweils auf den vorgenannten Art. 2 Abs. 1 Buchst. b VO 223/2009 zurückgreifen.

[57] So vgl. Art. 10 Abs. 4 Sätze 1 u. 2 VO (EG) Nr. 322/97 (Fn. 16); ergänzend vgl. Satz 3 dieser Bestimmung, wonach die »Zuverlässigkeit der Daten [...] auch durch Angaben über den Erhebungsumfang, die Methodik, die Verfahren und die Quellen zu verbessern [ist]«.

[58] Vgl. Art. 2 Abs. 1 Buchst. d VO 223/2009 (Fn. 4); zu weiteren Konkretisierungen bzw. Konturierungen dieses Grundsatzes vgl. den Verhaltenskodex für europäische Statistiken (Fn. 8), S. 9.

[59] Vgl. Art. 2 Abs. 1 Buchst. c VO 223/2009 (Fn. 4).

kretisierungen soll dem Grundsatz der Objektivität im Zusammenspiel mit dem oben genannten Grundsatz der Unparteilichkeit (s. Rn. 20) unter anderem dadurch entsprochen werden, dass die Statistiken auf einer von statistischen Überlegungen getragenen objektiven Grundlage erstellt werden, dass die Wahl der Quellen und der statistischen Methoden sowie alle Entscheidungen bezüglich der Verbreitung von Statistiken aufgrund von statistischen Überlegungen erfolgt, dass in veröffentlichten Statistiken auftauchende Fehler nach ihrer Feststellung so wie früh wie möglich berichtigt und die Öffentlichkeit davon in Kenntnis gesetzt wird, dass Informationen zu den verwendeten Methoden und Verfahren öffentlich zugänglich sind und dass die Veröffentlichung statistischer Ergebnisse und entsprechende Erklärungen auf Pressekonferenzen objektiv und unparteilich erfolgen.[60]

4. Grundsatz der wissenschaftlichen Unabhängigkeit

23   Der vierte Grundsatz, der nach Art. 338 Abs. 2 AEUV im Zusammenhang mit der Erstellung von Unionsstatistiken gewahrt werden muss, ist der Grundsatz der wissenschaftlichen Unabhängigkeit. Nach der in der aktuell geltenden Verordnung über europäische Statistiken enthaltenen **Definition**, die sich auf die als synonym zu verstehende »fachliche Unabhängigkeit« bezieht,[61] bedeutet fachliche bzw. wissenschaftliche Unabhängigkeit in diesem Kontext, dass die Statistiken auf unabhängige Weise entwickelt, erstellt und verbreitet werden müssen, insbesondere was die Wahl der zu verwendenden Verfahren, Definitionen, Methoden und Quellen sowie den Zeitpunkt und den Inhalt aller Verbreitungsformen anbelangt, ohne dass politische Gruppen oder Interessengruppen oder Stellen der Gemeinschaft [heute: Union] oder einzelstaatliche Stellen Druck ausüben können.[62] Im einschlägigen Verhaltenskodex für europäische Statistiken wird diesbezüglich zu Recht hervorgehoben, dass die mit der wissenschaftlichen Unabhängigkeit gleichzusetzende fachliche Unabhängigkeit der statistischen Stellen gegenüber anderen politischen Regulierungs- oder Verwaltungsstellen sowie gegenüber den Akteuren des Privatsektors ein maßgeblicher bzw. überaus wichtiger Garant für die Glaubwürdigkeit der europäischen Statistiken ist.[63]

5. Grundsatz der Kostenwirksamkeit

24   Der fünfte Grundsatz, der nach Art. 338 Abs. 2 AEUV im Kontext der Erstellung von Unionsstatistiken gewahrt werden muss, ist der Grundsatz der Kostenwirksamkeit. Dieser Grundsatz ist vom Unionsgesetzgeber in einer auch für die Auslegung oder Interpretation der vorgenannten Bestimmung relevanten Weise (s. Rn. 20) zunächst einmal dahingehend definiert worden, dass zum einen alle verfügbaren Mittel optimal genutzt

[60] Vgl. den Verhaltenskodex für europäische Statistiken (Fn. 8), S. 5.
[61] Zum synonymen Verständnis der »fachlichen« und »wissenschaftlichen Unabhängigkeit« vgl. auch *Ladenburger*, in: GSH, Europäisches Unionsrecht, Art. 338 AEUV, Rn. 19.
[62] So vgl. Art. 2 Abs. 1 Buchst. a VO 223/2009 (Fn. 4), mit der weiteren Klarstellung, dass dies unbeschadet institutioneller Rahmenbedingungen wie gemeinschaftlicher oder einzelstaatlicher institutioneller oder haushaltsrechtlicher Bestimmungen oder der Festlegung des statistischen Bedarfs gilt.
[63] Vgl. den Verhaltenskodex für europäische Statistiken (Fn. 8), S. 2; ausführlicher zum Grundsatz der fachlichen bzw. wissenschaftlichen Unabhängigkeit vgl. *Hahlen*, in: Grabitz/Hilf/Nettesheim, EU, Art. 338 AEUV (Oktober 2011), Rn. 26 f.; *Ladenburger*, in: GSH, Europäisches Unionsrecht, Art. 338 AEUV, Rn. 19.

werden, dass die Belastungen der Auskunftgebenden so gering wie möglich gehalten werden und dass der Arbeitsaufwand und die Kosten, die sich aus der Erstellung der früher so genannten Gemeinschaftsstatistiken ergeben, in einem angemessenen Verhältnis zur Bedeutung des angestrebten Ergebnisses bzw. Nutzens stehen.[64] Dem entspricht weitgehend die nur etwas anders formulierte **Definition** in der heute maßgeblichen Verordnung über europäische Statistiken, wonach »Kostenwirksamkeit« bedeutet, dass die Kosten für die Erstellung der Statistiken in einem angemessenen Verhältnis zur Bedeutung des angestrebten Ergebnisses und Nutzens stehen, dass die Mittel optimal genutzt werden müssen, dass der Beantwortungsaufwand so gering wie möglich gehalten werden muss und dass die verlangten Informationen nach Möglichkeit direkt aus vorhandenen Unterlagen oder Quellen entnommen werden.[65] Der hier angesprochene Grundsatz der Kostenwirksamkeit, der auch im einschlägigen Verhaltenskodex für europäische Statistiken thematisiert wird,[66] kann neben dem o. g. Vorbehalt der Erforderlichkeit (s. Rn. 16) und der in Art. 338 Abs. 2 AEUV geregelten Vorgabe, dass der Wirtschaft durch die auf der Grundlage des Art. 338 Abs. 1 AEUV erfolgende Erstellung von Unionsstatistiken keine übermäßigen Belastungen entstehen dürfen (s. Rn. 17 f.), gewissermaßen als die dritte in Art. 338 AEUV enthaltene Bezugnahme auf den unionsverfassungsrechtlichen Verhältnismäßigkeitsgrundsatz (s. Rn. 15) verstanden werden.[67]

6. Grundsatz der statistischen Geheimhaltung

Der sechste und letzte Grundsatz, der nach Art. 338 Abs. 2 AEUV im Kontext der   25
Erstellung von Unionsstatistiken gewahrt werden muss, ist der Grundsatz der statistischen Geheimhaltung.[68] Dieser Grundsatz ist vom Unionsgesetzgeber in einer auch für die Auslegung oder Interpretation der vorgenannten Bestimmung relevanten Weise (s. Rn. 20) zunächst einmal dahingehend definiert worden, dass »direkt für statistische Zwecke oder indirekt aus administrativen oder sonstigen Quellen eingeholte Angaben über einzelne statistische Einheiten gegen jegliche Verletzung des Rechts auf Vertraulichkeit geschützt werden und dass die Verwendung der erhaltenen Angaben für nichtstatistische Zwecke und die unrechtmäßige Offenlegung zu unterbinden sind.[69] Dem entspricht weitgehend die nur etwas anders formulierte **Definition** in der heute maßgeblichen Verordnung über europäische Statistiken, wonach die auch im einschlägigen Verhaltenskodex für europäische Statistiken thematisierte[70] »Statistische Geheimhaltung« bedeutet, dass direkt für statistische Zwecke oder indirekt aus administrativen oder sonstigen Quellen eingeholte vertrauliche Angaben über einzelne statistische Einheiten geschützt werden müssen, wobei die Verwendung der eingeholten Angaben für nichtstatistische Zwecke und ihre unrechtmäßige Offenlegung untersagt sind.[71] Die

---

[64] So vgl. Art. 10 Abs. 6 VO (EG) Nr. 322/97 (Fn. 16).
[65] So vgl. Art. 2 Abs. 1 Buchst. f VO 223/2009 (Fn. 4).
[66] Vgl. den Verhaltenskodex für europäische Statistiken (Fn. 8), S. 7 f.
[67] In diesem Sinne vgl. auch *Booß*, in: Lenz/Borchardt, EU-Verträge, Art. 338 AEUV, Rn. 3; *Hahlen*, in: Grabitz/Hilf/Nettesheim, EU, Art. 338 AEUV (Oktober 2011), Rn. 28; *Ladenburger*, in: GSH, Europäisches Unionsrecht, Art. 338 AEUV, Rn. 13 f.
[68] Ausführlicher dazu vgl. *Hahlen*, in: Grabitz/Hilf/Nettesheim, EU, Art. 338 AEUV (Oktober 2011), Rn. 30 ff.
[69] So vgl. Art. 10 Abs. 7 VO (EG) Nr. 322/97 (Fn. 16).
[70] Vgl. den Verhaltenskodex für europäische Statistiken (Fn. 8), S. 4.
[71] So vgl. Art. 2 Abs. 1 Buchst. e VO 223/2009 (Fn. 4).

maßgeblichen Detailregelungen über die statistische Geheimhaltung, denen neben verschiedenen datenschutzrechtlichen Bestimmungen etwa in Gestalt des Art. 16 AEUV und des Art. 8 GRC vor allem auch Art. 339 AEUV mit der dort geregelten Geheimhaltungspflicht hinzutritt, lassen sich in den Art. 20–26 der vorgenannten VO (EG) Nr. 223/2009 finden.

Artikel 339 AEUV [Geheimhaltungspflicht der Mitglieder der Unionseinrichtungen]

Die Mitglieder der Organe der Union, die Mitglieder der Ausschüsse sowie die Beamten und sonstigen Bediensteten der Union sind verpflichtet, auch nach Beendigung ihrer Amtstätigkeit Auskünfte, die ihrem Wesen nach unter das Berufsgeheimnis fallen, nicht preiszugeben; dies gilt insbesondere für Auskünfte über Unternehmen sowie deren Geschäftsbeziehungen oder Kostenelemente.

Literaturübersicht

Alemanno, Unpacking the Principle of Openness in EU Law: Transparency, Participation and Democracy, E.L.Rev. 39 (2014), 72; *Bartelt/Zeitler*, Zugang zu Dokumenten der EU, EuR 2003, 487; *Bartosch*, EU-Beihilfenrecht – Kommentar, 2. Aufl., 2016; *Benedikt*, Geheimnisschutz im deutschen Verwaltungsprozess und im Verfahren vor der Unionsgerichtsbarkeit – Eine Untersuchung der Vorlage- und Auskunftspflichten staatlicher Stellen im gerichtlichen Verfahren, 2013; *Beyerbach*, Die geheime Unternehmensinformation – Grundrechtlich geschützte Betriebs- und Geschäftsgeheimnisse als Schranke einfachrechtlicher Informationsansprüche, 2012; *Birnstiel/Bungenberg/Heinrich* (Hrsg.), Europäisches Beihilfenrecht, 2013; *Boysen*, Transparenz im Europäischen Verwaltungsverbund – Das Recht auf Zugang zu Dokumenten der Gemeinschaftsorgane und Mitgliedstaaten in der Rechtsprechung der europäische Gerichte, Die Verwaltung 2009, 215; *Bretthauer*, Informationszugang im Recht der Europäischen Union, DÖV 2013, 677; *Breuer*, Schutz von Betriebs- und Geschäftsgeheimnissen im Umweltrecht, NVwZ 1986, 171; *Britz*, Europäisierung des grundrechtlichen Datenschutzes?, EuGRZ 2009, 1; *v. Danwitz*, Der Schutz von Betriebs- und Geschäftsgeheimnissen im Recht der Regulierungsverwaltung, DVBl 2005, 597; *de Bronett*, Europäisches Kartellverfahrensrecht – Kommentar zur VO 1/2003, 2. Aufl., 2011; *Diamandouros*, Openness and Access to Documents, EStAL 2008, 654; *Dietlein/Brandenberg*, Betriebs- und Geschäftsgeheimnisse im mehrpoligen Rechtsverhältnis bei der gerichtlichen Kontrolle einer telekommunikationsrechtlichen Entgeltgenehmigung, N&R 2006, 95; *Frank*, Der Schutz von Unternehmensgeheimnissen im Öffentlichen Recht, 2009; *Gaugenrieder*, Einheitliche Grundlage für den Schutz von Geschäftsgeheimnissen in Europa – Zukunftstraum oder Alptraum, BB 2014, 1987; *Giegerich/Lauer*, Der Justizgewährleistungsanspruch in Europa: Art. 47 GrCh, Art. 19 Abs. 1 UAbs. 2 EUV und das deutsche Verwaltungsprozessrecht, ZEuS 2014, 461; *Girnau*, Die Stellung der Betroffenen im EG-Kartellverfahren – Reichweite der Akteneinsicht und Wahrung von Geschäftsgeheimnissen, 1993; *Glahs*, Akteneinsichts- und Informationsfreiheitsansprüche im Vergabe- und Nachprüfungsverfahren, NZBau 2014, 75; *Göttlinger*, Auskunftsrechte der Kommission im Recht der Europäischen Union, 2013; *Hauck*, Geheimnisschutz im Zivilprozess – Was bringt die neue EU-Richtlinie für das deutsche Recht?, NJW 2016, 2218; *Heidenhain* (Hrsg.), European State Aid Law – Handbook, 2. Aufl., 2010; *Heliskoski/Leino*, Darkness at the break of noon: the case law on regulation no. 1949/2001 on access to documents, CMLRev. 43 (2006), 735; *Hempel*, Einsicht in Kartellverfahrensakten nach der Transparenzverordnung – Neues aus Luxemburg, EuZW 2014, 297; *Heußner*, Informationssysteme im Europäischen Verwaltungsverbund, 2007; *Hirsch/Montag/Säcker* (Hrsg.), Münchener Kommentar zum Europäischen und Deutschen Wettbewerbsrecht (Kartellrecht), Band 1: Europäisches Wettbewerbsrecht, 2007; *dies.* (Hrsg.), Münchener Kommentar zum Europäischen und Deutschen Wettbewerbsrecht (Kartellrecht), Band 3: Beihilfen- und Vergaberecht, 2011; *Hix*, Das Recht auf Akteneinsicht im europäischen Wirtschaftsverwaltungsrecht – Dargestellt am Beispiel des Kartell- und Antidumpingverfahrens der EWG, 1992; *Hofmann/Rowe/Türk*, Administrative Law and Policy of the European Union, 2011; *Huber/Kristoferitsch*, Transparency: Let There Be Light? – Comments on the Judgment of the European Court of Justice, Joined Cases C–92/09 and C–93/09, EStAL 2011, 687; *Immenga/Mestmäcker* (Hrsg.), Wettbewerbsrecht – Kommentar zum Europäischen Kartellrecht, Bd. 1 (Teil 1 u. Teil 2), 5. Aufl., 2012 (Nachtrag betr. Art. 103–105 AEUV: 2014); *Kahl*, Der Europäische Verwaltungsverbund: Strukturen – Typen – Phänomene, Der Staat 50 (2011), 353; *Klees*, Europäisches Kartellverfahrensrecht – mit Fusionskontrollverfahren, 2005; *Klein*, Grenzenloser Zugang zu Dokumenten der Kartellbehörden?, ZWeR 2007, 303; *Koppensteiner*, Die Transparenzverordnung im Wandel der Zeit, EuR 2014, 594; *Krenzler/Herrmann* (Hrsg.), EU-Außenwirtschafts- und Zollrecht, Losebl., 2. Erg. lfg. 4/2013; *Lafarge*, Administrative Cooperation between Member States and Implementation of EU Law, EPL 16 (2010), 598; *Langen/Bunte* (Hrsg.), Kommentar zum deutschen und europäischen Kartellrecht, Bd. 2: Europäisches Kartellrecht, 11. Aufl., 2010; *Lenaerts*, Due process in competition cases, NZKart 2013, 175; *ders.*, The Principle of Transparency and its Limits in the context of Competition Investigations, ÖZK 2015, 123; *Lieberknecht*, Die Behandlung von Geschäftsgeheimnissen im deutschen und EG-Recht, WuW 1988, 833; *Loewenheim/Meessen/Riesenkampff* (Hrsg.), Kartellrecht (Europäisches und Deutsches Recht) – Kommentar, 3. Aufl., 2016; *Lubig*, Beweisverwertungsverbote im Kartellverfahrensrecht der Europäischen Gemeinschaft – Eine Untersuchung zu den gemeinschaftsrechtlichen Grenzen einer Beweisverwertung in behördlichen Kartellverfahren, 2008; *Lukes/Hauck*, Geheimnisschutz bei der Kommission der Europäischen Gemeinschaften, RIW 1984, 665; *Nehl*, Europäisches Verwaltungsverfahren und Gemeinschaftsverfassung – Eine Studie gemeinschaftsrechtlicher Verfahrensgrundsätze unter besonderer Berücksichtigung »mehrstufiger« Verwaltungsverfahren, 2002; *Niestedt/Boeckmann*, Verteidigungsrechte bei internen Untersuchungen des OLAF – das Urteil Franchet und Byk des Gerichts erster Instanz und die Reform der Verordnung (EG) Nr. 1073/1999, EuZW 2009, 70; *Nowak*, Mehr Transparenz durch Informationszugangsfreiheit, in: Bruha/Nowak (Hrsg.), Die Europäische Union nach Nizza: Wie Europa regiert werden soll, 2003, S. 117; *ders.*, Informations- und Dokumentenzugangsfreiheit in der EU – Neuere Entwicklungen und Perspektiven, DVBl 2004, 272; *Reichold*, Der Schutz des Berufsgeheimnisses im Recht der Europäischen Union, 2014; *Sanner*, Der Schutz personenbezogener Daten beim Zugang zu Dokumenten der Unionsorgane, EuZW 2010, 774; *Schenke*, Der Geheimnisschutz Privater im verwaltungsgerichtlichen Verfahren, NVwZ 2008, 938; *Schmidt-Aßmann*, Verwaltungskooperation und Verwaltungskooperationsrecht in der Europäischen Gemeinschaft, EuR 1996, 270; *ders.*, Informationsbasierte Konflikte im Europäischen Verwaltungsrecht, FS Schwarze, 2014, S. 419; *Schneider*, Informationssysteme als Bausteine des Europäischen Verwaltungsverbunds, NVwZ 2012, 65; *Siebert*, Geheimnisschutz und Auskunftsansprüche im Recht des Geistigen Eigentums, 2011; *Sommer*, Informationskooperation am Beispiel des europäischen Umweltrechts, in: Schmidt-Aßmann/Schöndorf-Haubold (Hrsg.), Der Europäische Verwaltungsverbund – Formen und Verfahren der Verwaltungszusammenarbeit in der EU, 2005; *Steiner*, Die heikle Gratwanderung zwischen Akteneinsichtsrecht und schützenswerten Geheimhaltungsinteressen im Nachprüfungsverfahren, E. L.Rev. 33 (2008), 166; *Sydow*, Die Vereinheitlichung des mitgliedstaatlichen Vollzugs des Europarechts in mehrstufigen Verwaltungsverfahren, Die Verwaltung 34 (2001), 517; *Tietje/Nowrot*, Zugang zu Kartellrechtsakten nach der Transparenzverordnung als öffentliches Interesse, EWS 2006, 486; *van der Hout/Firmenich*, Access to documents containing confidential business information – The application of Regulation (EC) 1049/2001 in cartel cases and the need for reform, ZEuS 2011, 647; *Walter*, Was ist ein »Berufsgeheimnis«?, oder: Der »gute Ruf« als Begrenzung von gemeinschaftsrechtlicher Transparenz, E. L.Rev. 33 (2008), 9; *Wegener*, Von hinten durch die Brust ins Auge – Das EuG stärkt den Ehrschutz und die Unschuldsvermutung in der EU-Kartellaufsicht – in dogmatisch abenteuerlicher Art und Weise, EuR 2008, 716; *Wessing*, Akteneinsicht im Kartellrecht – Der Aspekt des Vertrauens- und Geheimnisschutzes, WuW 2015, 220; *Wieckmann*, Akteneinsicht und Wahrung von Geschäftsgeheimnissen im Kartellverwaltungsverfahren, WuW 1983, 13; *Witt/Freudenberg*, Der Entwurf der Richtlinie über den Schutz von Geschäftsgeheimnissen im Spiegel zentraler deutscher Verbotstatbestände, WRP 2014, 374; *Wolff*, Der verfassungsrechtliche Schutz der Betriebs- und Geschäftsgeheimnisse, NJW 1997, 98; *Wustmann*, Der Geheimhaltungsgrundsatz des § 4 Abs. 3 S. 3 VIG und das Akteneinsichtnahmerecht der an einem Klageverfahren Beteiligten, §§ 99, 100 VwGO, ZLR 2009, 161.

Leitentscheidungen

EuGH, Urt. v. 16.12.1975, verb. Rs. 40/73 bis 48/73, 50/73, 54/73 bis 56/73, 111/73, 113/73 u. 114/73 (Suiker Unie u. a./Kommission), Slg. 1975, 1663

EuGH, Urt. v. 29.10.1980, verb. Rs. 209–215/78 u. 218/78 (van Landewyck/Kommission), Slg. 1980, 3125

EuGH, Urt. v. 13.3.1985, verb. Rs. 296/82 u. 318/82 (Niederlande u. Leeuwarder Papierwarenfabriek/Kommission, Slg. 1985, 809

EuGH, Urt. v. 7.11.1985, Rs. 145/83 (Adams/Kommission), Slg. 1985, 3539

EuGH, Urt. v. 24.6.1986, Rs. 53/85 (Akzo Chemie u. a./Kommission), Slg. 1986, 1965

EuGH, Urt. v. 19.5.1994, Rs. C–36/92 P (SEP/Kommission), Slg. 1994, I–1911

EuG, Urt. v. 7.7.1994, Rs. T–43/92 (Dunlop Slazenger/Kommission), Slg. 1994, II–441

EuG, Urt. v. 29.6.1995, Rs. T–30/91 (Solvay/Kommission), Slg. 1995, II–1775

EuG, Urt. v. 29.6.1995, Rs. T–36/91 (ICI/Kommission), Slg. 1995, II–1847

EuG, Urt. v. 18.9.1996, Rs. T–353/94 (Postbank/Kommission), Slg. 1996, II–921

EuG, Urt. v. 14.5.1998, Rs. T–295/94 (Buchmann/Kommission), Slg. 1998, II–813

EuG, Urt. v. 14.5.1998, Rs. T–317/94 (Weig/Kommission), Slg. 1998, II–1235
EuG, Urt. v. 6.7.2000, Rs. T–62/98 (VW/Kommission), Slg. 2000, II–2707
EuG, Urt. v. 5.4.2006, Rs. T–279/02 (Degussa/Kommission), Slg. 2006, II–897
EuG, Urt. v. 30.5.2006 (Bank Austria Creditanstalt/Kommission), Rs. T–198/03, Slg. 2006, II–1429
EuG, Urt. v. 12.10.2007, Rs. T–474/04 (Pergan Hilfsstoffe für industrielle Prozesse/Kommission), Slg. 2007, II–4225
EuGH, Urt. v. 14.2.2008, Rs. C–450/06 (Varec), Slg. 2008, I–581
EuG, Urt. v. 8.7.2008, Rs. T–48/05 (Franchet u. Byk/Kommission), Slg. 2008, II–1585
EuG, Urt. v. 9.6.2010, Rs. T–237/05 (Éditions Odile Jacob/Kommission), Slg. 2010, II–2245
EuG, Urt. v. 16.12.2010, Rs. T–19/07 (Systran u. a./Kommission), Slg. 2010, II–6083
EuG, Urt. v. 3.3.2011, Rs. T–110/07 (Siemens/Kommission), Slg. 2011, II–477
EuG, Urt. v. 24.5.2011, verb. Rs. T–109/05 u. T–444/05 (Navigazione Libera del Golfo/Kommission), Slg. 2011, II–2479
EuG, Urt. v. 8.11.2011, Rs. T–88/09 (Idromacchine u. a./Kommission), Slg. 2011, II–7833
EuG, Urt. v. 15.12.2011, Rs. T–437/08 (CDC Hydrogene Peroxide/Kommission), Slg. 2011, II–8251
EuGH, Urt. v. 28.6.2012, Rs. C–404/10 P (Kommission/Éditions Odile Jacob), ECLI:EU:C:2012:393
EuGH, Urt. v. 28.6.2012, Rs. C–477/10 P (Kommission/Agrofert Holding u. a.), ECLI:EU:C:2012:394
EuG, Urt. v. 11.9.2012, Rs. T–565/08 (Corsica Ferries Frankreich/Kommission), ECLI:EU:T:2012:415
EuG, Beschl. v. 16.11.2012, Rs. T–341/12 R (Evonik Degussa/Kommission), NZKart 2013, 78
EuG, Beschl. v. 11.3.2013, Rs. T–462/12 R (Pilkington Group/Kommission), ECLI:EU:T:2013:119
EuG, Urt. v. 13.9.2013, Rs. T–380/08 (Niederlande/Kommission), NZKart 2013, 505
EuGH, Urt. v. 12.11.2014, Rs. C–140/13 (Altmann u. a.), ECLI:EU:C:2014:2362
EuG, Urt. v. 28.1.2015, Rs. T–341/12 (Evonik Degussa GmbH/Kommission), NZKart 2015, 194
EuG, Urt. v. 7.7.2015, Rs. T–677/13 (Axa Versicherung/Kommission), ECLI:EU:T:2015:473

Wesentliche sekundärrechtliche Vorschriften

Verordnung (EWG, Euratom, EGKS) Nr. 259/68 des Rates v. 29.2.1968 zur Festlegung des Statuts der Beamten der Europäischen Gemeinschaften und der Beschäftigungsbedingungen für die sonstigen Bediensteten dieser Gemeinschaften sowie zur Einführung von Sondermaßnahmen, die vorübergehend für die Beamten der Kommission anwendbar sind, ABl. 1968, L 56/1, i. d. F. der Verordnung (EG, Euratom) Nr. 723/2004 des Rates v. 22.3.2004 zur Änderung des Statuts der Beamten der Europäischen Gemeinschaften und der Beschäftigungsbedingungen für die sonstigen Bediensteten dieser Gemeinschaften, ABl. 2004, L 124/1 (konsolidierte Fassung im Internet abrufbar unter: http://ec.europa.eu/civil_service/docs/toc100_de.pdf

Verordnung (EG) Nr. 659/1999 des Rates vom 22.3.1999 über besondere Vorschriften für die Anwendung von Artikel 93 des EG-Vertrags [jetzt: Art. 108 AEUV], ABl. 1999, L 81/1, i.d.F. der Verordnung (EU) Nr. 734/2013 des Rates vom 22.7.2013 zur Änderung der Verordnung (EG) Nr. 659/1999 über besondere Vorschriften für die Anwendung von Artikel 93 des EG-Vertrags ABl. 2013, L 204/15

Verordnung (EG) Nr. 45/2001 des Europäischen Parlaments und des Rates vom 18.12.2000 zum Schutz natürlicher Personen bei der Verarbeitung personenbezogener Daten durch die Organe und Einrichtungen der Gemeinschaft und zum freien Datenverkehr, ABl. 2001, L 8/1

Verordnung (EG) Nr. 1049/2001 des Europäischen Parlaments und des Rates vom 30.5.2001 über den Zugang der Öffentlichkeit zu Dokumenten des Europäischen Parlaments, des Rates und der Kommission, ABl. 2001, L 145/43

Verordnung (EG) Nr. 1/2003 des Rates vom 16.12.2002 zur Durchführung der in den Artikeln 81 und 82 des Vertrags [jetzt: Art. 101 und 102 AEUV] niedergelegten Wettbewerbsregeln, ABl. 2003, L 1/1

Verordnung (EG, Euratom) Nr. 1700/2003 des Rates vom 22.9.2003 zur Änderung der Verordnung (EWG, Euratom) Nr. 354/83 über die Freigabe der historischen Archive der Europäischen Wirtschaftsgemeinschaft und der Europäischen Atomgemeinschaft, ABl. 2003, L 243/1

Verordnung (EG) Nr. 139/2004 des Rates vom 20.1.2004 über die Kontrolle von Unternehmenszusammenschlüssen, ABl. 2004, L 24/1

Verordnung (EG) Nr. 223/2009 des Europäischen Parlaments und des Rates v. 11.3.2009 über europäische Statistiken und zur Aufhebung der Verordnung (EG, Euratom) Nr. 1101/2008 des Europäischen Parlaments und des Rates über die Übermittlung von unter die Geheimhaltungspflicht fallenden Informationen an das Statistische Amt der Europäischen Gemeinschaften, der Verordnung (EG) Nr. 322/97 des Rates über die Gemeinschaftsstatistiken und des Beschlusses 89/382/EWG, Euratom des Rates zur Einsetzung eines Ausschusses für das Statistische Programm der Europäischen Gemeinschaften, ABl. 2009, L 87/164

Verordnung (EG) Nr. 597/2009 des Rates vom 11.6.2009 über den Schutz gegen subventionierte Einfuhren aus nicht zur Europäischen Gemeinschaft gehörenden Ländern, ABl. 2009, L 188/93

Verordnung (EG) Nr. 1225/2009 des Rates vom 30.11.2009 über den Schutz gegen gedumpte Einfuhren aus nicht zur Europäischen Gemeinschaft gehörenden Ländern, ABl. 2009, L 343/51

Beschluss des Präsidiums des Europäischen Parlaments vom 15.4.2013 über die Regeln zur Behandlung vertraulicher Informationen durch das Europäische Parlament, ABl. 2014, C 96/1

Verordnung (EU) Nr. 2015/1589 des Rates vom 13.7.2015 über besondere Vorschriften für die Anwendung von Artikel 108 des Vertrags über die Arbeitsweise der Europäischen Union, ABl. 2015, L 248/9

Richtlinie (EU) 2016/943 des Europäischen Parlaments und des Rates vom 8.6.2016 über den Schutz vertraulichen Know-hows und vertraulicher Geschäftsinformationen (Geschäftsgeheimnisse) vor rechtswidrigem Erwerb sowie rechtswidriger Nutzung und Offenlegung, ABl. 2016, L 157/1

Inhaltsübersicht

A. Überblick

1 Das europäische Informationsverfassungsrecht setzt sich nicht nur aus solchen Vertragsbestimmungen zusammen, die – wie etwa Art. 337 AEUV und Art. 338 AEUV – im Verbund mit zahlreichen weiteren Vertragsbestimmungen und unzähligen sekundärrechtlichen Normen des Unionsrechts dafür Sorge tragen, dass die unionale Hoheitsgewalt zum Zwecke der Erfüllung der ihr übertragenen Aufgaben über hinreichende Informationsgrundlagen verfügt (s. Art. 337 AEUV, Rn. 3, und Art. 338 AEUV, Rn. 1). Vielmehr treten den vorgenannten Bestimmungen weitere EU-informationsverfassungsrechtliche Vorschriften hinzu, die einen verantwortungsvollen Umgang mit den erlangten Daten und Information einfordern, indem sie der unionalen Hoheitsgewalt unter anderem gewisse Grenzen bei der Verwendung oder Nutzung dieser Daten und Informationen setzen. Zu diesen EU-informationsverfassungsrechtlichen Bestimmungen, denen teilweise auch noch einige sekundärrechtliche Regelungen zur Behandlung vertraulicher Informationen und personenbezogener Daten hinzutreten,[1] gehört insbesondere der auf der primärrechtlichen Ebene in maßgeblicher Weise durch die datenschutzrechtlichen Regelungsgehalte des Art. 39 EUV, des Art. 16 AEUV und des Art. 8 GRC sowie durch den in Art. 338 Abs. 2 AEUV niedergelegten Grundsatz der statistischen Geheimhaltung (s. Art. 338 AEUV, Rn. 25) flankierte Art. 339 AEUV, der bestimmte Teile und Mitglieder der unionalen Hoheitsgewalt dazu verpflichtet, gewisse Auskünfte bzw. Informationen auch nach Beendigung ihrer Amtstätigkeit nicht preiszugeben. Insoweit wird **Art. 339 AEUV,** der in der Entscheidungspraxis des Unionsrichters mehr und mehr auch **als ergänzende Quelle eines** in der EU-Grundrechtecharta selbst nicht explizit angesprochenen **Unionsgrundrechts auf Schutz von Berufs- und/oder Geschäftsgeheimnissen** eingeordnet wird,[2] vollkommen zu Recht als »Gegenstück« oder »Komplementärnorm« zu Art. 337 AEUV bezeichnet,[3] sofern dabei nicht übersehen wird, dass sich Art. 339 AEUV in einem weiteren Sinne auch als Gegenstück oder Komplementärnorm zu allen weiteren Bestimmungen des primären und sekundären Unionsrechts einordnen lässt, die im Rahmen des europäischen Verwaltungs- und Informationsverbundes der Beschaffung und Bereitstellung sowie der Sammlung und dem Austausch der zur Erfüllung unionaler und mitgliedstaatlicher Aufgaben und Tätigkeiten erforderlichen Daten und Informationen dienen.[4] Ein enormes **Spannungsverhältnis,** das in expliziter Weise auch in Art. 41 Abs. 2 Buchst. b GRC aufgegriffen wird,[5]

---

[1] Exemplarisch dazu vgl. den Beschluss des Präsidiums des Europäischen Parlaments v. 15. 4. 2013 über die Regeln zur Behandlung vertraulicher Informationen durch das Europäische Parlament, ABl. 2014, C 96/1; sowie die neue VO (EU) 2016/679 des Europäischen Parlaments und des Rates vom 27. 4. 2016 zum Schutz natürlicher Personen bei der Verarbeitung personenbezogener Daten, zum freien Datenverkehr und zur Aufhebung der Richtlinie 95/46/EG (Datenschutz-Grundverordnung), ABl. 2016, L 119/1.

[2] Instruktiv dazu vgl. etwa EuG, Beschl. vom 11. 3. 2013, Rs. T–462/12 R (Pilkington Group/Kommission), ECLI:EU:T:2013:119, Rn. 45 (»[…] völlige Aushöhlung des Grundrechts der Antragstellerin auf Schutz ihres Berufsgeheimnisses gemäß Art. 339 AEUV, Art. 8 EMRK und Art. 7 der Grundrechtecharta zu erwarten«[…]); wortgleich vgl. auch bereits EuG, Beschl. vom 16. 11. 2012, Rs. T–341/12 R (Evonik Degussa/Kommission), NZKart 2013, 78, Rn. 28; mit Anm. *Berrisch,* EuZW 2013, 39 f.; m. w. N. siehe unten unter Rn. 8.

[3] Zu dieser Einordnung vgl. etwa *Jaeckel,* in: Grabitz/Hilf/Nettesheim, EU, Art. 339 AEUV (August 2011), Rn. 14; *Khan,* in: Geiger/Khan/Kotzur, EUV/AEUV, Art. 339 AEUV, Rn. 1.

[4] Ausführlicher zum Konzept des europäischen Informationsverbundes vgl. jeweils m. w. N. *Fehling,* Europäisches Verwaltungsverfahren und Verwaltungsprozessrecht, in: Terhechte, Verwaltungsrecht der EU, § 12 Rn. 61 ff.; *Kahl,* Der Staat 50 (2011), 353 (365). Zur herausragenden Bedeutung der Informationsbereitstellung, -sammlung, -verarbeitung, -nutzung und -weitergabe im europäischen Verwaltungsverbund und im daran anknüpfenden EU-Kooperationsverwaltungsrecht vgl. etwa *Heußner,* S. 10 ff.; *Hofmann/Rowe/Türk,* S. 16 f. i. V. m. S. 411 ff.; *Lafarge,* EPL 16 (2010), 598 (611 ff.); *Nowak,* EnzEuR, Bd. 3, § 34, Rn. 23 ff.; *Schmidt-Aßmann,* EuR 1996, 270 (290); *ders.,* in: Becker/Hatje/Potacs/Wunderlich, S. 419 ff.; *Schneider,* NVwZ 2012, 65 ff.; *Sommer,* S. 57 ff.; *Sydow,* Die Verwaltung 34 (2001), 517.

[5] Nach dieser Bestimmung umfasst das Unionsgrundrecht auf eine gute Verwaltung auch das Recht jeder Person auf Zugang zu den sie betreffenden Akten »unter Wahrung des berechtigten Interesses der Vertraulichkeit sowie des Berufs- und Geschäftsgeheimnisses«. Das hier angesprochene Spannungsverhältnis zwischen dem Grundsatz des Geheimnisschutzes und dem Grundsatz der Aktenöffentlichkeit bzw. Akteneinsichtsrechten ist darüber hinaus auch in vielen Teilbereichen des innerstaatlichen Rechts der EU-Mitgliedstaaten in einer rechtsstaatlichen Anforderungen gerecht werdenden Weise aufzulösen; für das deutsche Kartellrecht vgl. exemplarisch *K. Schmidt,* Drittschutz, Akteneinsicht und Geheimnisschutz im Kartellverfahren, 1992, S. 31 ff.; entsprechend für das Umweltrecht vgl. etwa *Breuer,* NVwZ 1986, 171; entsprechend für das Vergaberecht vgl. etwa *Glahs,* NZBau 2014, 75 ff.; entsprechend für den Bereich der Wertpapiermarktaufsicht vgl. EuGH, Urt. v. 12. 11. 2014, Rs. C–140/13 (Altmann u. a.), ECLI:EU:C:2014:2362, Rn. 22 ff.; entsprechend für das Prozessrecht vgl.

besteht dabei vor allem **zwischen** dem in **Art. 339 AEUV** niedergelegten Geheimnisschutz **und den** insbesondere in Art. 1 Abs. 2 EUV i. V. m. Art. 15 AEUV i. V. m. der sog. »Transparenz«-VO (EG) Nr. 1049/2001[6] und in Art. 42 GRC zum Ausdruck kommenden **Grundsätzen der Transparenz und der Aktenöffentlichkeit** bzw. der Informationszugangsfreiheit,[7] dessen – in ähnlicher Weise auch in den Spannungsfeldern zwischen Art. 296 Abs. 2 AEUV und Art. 339 AEUV[8] sowie zwischen dem unionsverfassungsrechtlichen Grundsatz der Transparenz und dem unionsgrundrechtlich fundierten Datenschutz[9] – zu leistende Auflösung die Auslegung einzelner in Art. 339 AEUV enthaltener Tatbestandsmerkmale (s. Rn. 4 ff.) nicht unberührt lässt.

2   Art. 339 AEUV, der vollständig mit Art. III–430 des »gescheiterten« Vertrags über eine Verfassung für Europa aus dem Jahre 2004 (s. Art. 1 EUV, Rn. 28 ff.) übereinstimmt, entspricht nahezu wortgleich seiner Vorgängerbestimmung in Gestalt des Art. 287 EGV, der seinerzeit aus dem vollkommen identischen Art. 214 EWGV hervorgegangen ist und in seiner Regelungstiefe erheblich hinter den im Vertrag zur Gründung der Europäischen Atomgemeinschaft[10] (s. Art. 1 EUV, Rn. 18) enthaltenen Geheimhaltungsbestimmungen zurückbleibt. Der einzige auf dem **Lissabonner Reformvertrag** (s. Art. 1 EUV, Rn. 33 ff.) beruhende Unterschied zwischen Art. 287 EGV und Art. 339 AEUV manifestiert sich in der Ersetzung des in der erstgenannten Bestimmung enthaltenen Begriffs »Gemeinschaft« durch den nunmehr in Art. 339 AEUV enthaltenen Begriff »Union«. Diese Neuerung ist im Wesentlichen der in Art. 1 Abs. 3 Satz 3

Benedikt, S. 17 ff.; *v. Danwitz*, DVBl 2005, 597; *Dietlein/Brandenberg*, N&R 2006, 95; *Schenke*, NVwZ 2008, 938 ff.; *Wustmann*, ZLR 2009, 161; mit rechtsvergleichenden Blicken auf den Schutz von Betriebs- und Geschäftsgeheimnissen in ausgewählten EU-Mitgliedsstaaten vgl. exemplarisch die einzelnen Beiträge von *Lukes*, *Vieweg* und *Hauck*, in: dies., Schutz von Betriebs- und Geschäftsgeheimnissen in ausgewählten EG-Staaten, 1986; sowie *Maier*, Der Schutz von Betriebs- und Geschäftsgeheimnissen im schwedischen, englischen und deutschen Recht, 1998, S. 17 ff.

[6] VO (EG) Nr. 1049/2001 des Europäischen Parlaments und des Rates vom 30. 5. 2001 über den Zugang der Öffentlichkeit zu Dokumenten des Europäischen Parlaments, des Rates und der Kommission, ABl. 2001, L 145/43; zur Bedeutung u. Auslegung dieser sog. Transparenzverordnung in der Rechtsprechungspraxis vgl. etwa EuGH, Urt. v. 1. 7. 2008, verb. Rs. C–39/05 P u. C–52/05 P (Turco u. a./Rat), Slg. 2008, I–4723, Rn. 32 ff.; EuG, Urt. v. 20. 3. 2014, Rs. T–181/10 (Reagens/Kommission), NZKart 2014, 410 f.; EuGH, Urt. v. 27. 2. 2014, Rs. C–365/12 P (Kommission/EnBW u. a.), NZKart 2014, 140 ff., mit Anm. *Hempel*, EuZW 2014, 297; EuG, Urt. v. 12. 5. 2015, Rs. T–623/13 (Unión de Almacenistas de Hierros de España/Kommission), ECLI:EU:T:2015:268, Rn. 30 ff.; sowie *Bartelt/ Zeitler*, EuR 2003, 487; *Boysen*, Die Verwaltung 2009, 215; *Bretthauer*, DÖV 2013, 677; *Diamandouros*, EStAL 2008, 654; *Heliskoski/Leino*, CMLRev. 43 (2006), 735; *Heselhaus*, in: Heselhaus/ Nowak, Handbuch der Europäischen Grundrechte, § 56, Rn. 1 ff.; *Klein*, ZWeR 2007, 303; *Koppensteiner*, EuR 2014, 594; *Lenaerts*, NZKart 2013, 175 (178 ff.); *Nehl*, S. 264 ff.; *Nowak*, DVBl 2004, 272; *Tietje/Nowrot*, EWS 2006, 486; *v. d. Hout/Firmenich*, ZEuS 2011, 647.

[7] Ausführlicher zu diesen bedeutsamen Grundsätzen vgl. statt vieler und jeweils m. w. N. *Alemanno*, E. L.Rev. 39 (2014), 72 ff.; *Nowak*, Mehr Transparenz durch Informationszugangsfreiheit, S. 117 ff.

[8] Zu diesem Spannungsverhältnis vgl. etwa EuG, Urt. v. 11. 9. 2012, Rs. T–565/08 (Corsica Ferries Frankreich/Kommission), ECLI:EU:T:2012:415, Rn. 43.

[9] Zu diesem Spannungsverhältnis vgl. etwa EuGH, Urt. v. 9. 11. 2010, verb. Rs. C–92/09 u. C–93/09 (Schecke u. a.), Slg. 2010, I–11063, Rn. 43 ff.; mit Anm. *Huber/Kristoferitsch*, EStAL 2011, 687; *Sanner*, EuZW 2010, 774; zur unionsgrundrechtlichen Dimension des Datenschutzes vgl. *Britz*, EuGRZ 2009, 1 ff.; *Mehde*, Datenschutz, in: Heselhaus/Nowak, Handbuch der Europäischen Grundrechte, § 21, Rn. 1 ff.; *Siemen*, Datenschutz als europäisches Grundrecht, 2006, passim; sowie dem 1. Erwägungsgrund der VO (EU) 2016/679 (Fn. 1).

[10] Vgl. insb. Art. 194 Abs. 1–5 dieses EAG-Vertrags, dessen konsolidierte Fassung im ABl. 2010, C 84/1 zu finden ist; ferner vgl. zur Geheimhaltung in diesem Kontext die Art. 24–27 EAGV.

EUV enthaltenen Regelung geschuldet, wonach die Europäische Union an die Stelle der Europäischen Gemeinschaft tritt, deren Rechtsnachfolgerin sie ist (s. Art. 1 EUV, Rn. 65 f.).

Nach dem deutschen Wortlaut des Art. 339 AEUV sind bestimmte Teile und Mitglie- **3** der der unionalen Hoheitsgewalt verpflichtet, Auskünfte, die ihrem Wesen nach unter das Berufsgeheimnis fallen, auch nach Beendigung ihrer Amtstätigkeit nicht preiszugeben. Diese durch zahlreiche Sekundärrechtsvorschriften etwa auf den Gebieten des Europäischen Kartellverfahrensrechts,[11] des Europäischen Fusionskontrollrechts,[12] des Europäischen Behilfenkontrollrechts[13] und des Europäischen Außenwirtschaftsrechts[14] sowie in zahlreichen weiteren Bereichen des Unionsrechts[15] zusätzlich abgesicherte, verfeinerte und partiell verstärkte Regelung wird im einschlägigen Schrifttum ganz überwiegend dahingehend verstanden, dass in Art. 339 AEUV der **Grundsatz der Amts-**

---

[11] Zum EU-kartellverfahrensrechtlichen Berufsgeheimnisschutz vgl. insb. Art. 28 VO (EG) Nr. 1/2003 des Rates vom 16. 12. 2002 zur Durchführung der in den Artikeln 81 und 82 des Vertrags [jetzt: Art. 101 und 102 AEUV] niedergelegten Wettbewerbsregeln, ABl. 2003, L 1/1; näher dazu vgl. *Barthelmeß/Rudolf*, in: Loewenheim/Meessen/Riesenkampf, S. 1428 ff.; *Bischke*, in: Hirsch/Montag/ Säcker, Bd. 1, Art. 28 VO 1/2003, Rn. 1 ff.; *de Bronett*, Europäisches Kartellverfahrensrecht, Art. 28 VO 1/2003, Rn. 1 ff.; *Girnau*, S. 131 ff.; *Klees*, S. 349 ff.; *Ritter*, in: Immenga/Mestmäcker, Bd. 1 Teil 2, Art. 28 VO 1/2003, Rn. 1 ff.

[12] Zum EU-fusionskontrollverfahrensrechtlichen Berufsgeheimnisschutz vgl. insb. Art. 17 VO (EG) Nr. 139/2004 des Rates vom 20. 1. 2004 über die Kontrolle von Unternehmenszusammenschlüssen, ABl. 2004, L 24/1; ausführlicher dazu vgl. etwa *Baron*, in: Langen/Bunte, S. 1364 ff.; *v. Wartenburg*, in: Loewenheim/Meessen/Riesenkampf, S. 1730 ff.; *Körber*, in: Immenga/Mestmäkker, Bd. 1 Teil 2, Art. 17 FKVO, Rn. 1 ff.; *Ohlhoff*, in: Hirsch/Montag/Säcker, Bd. 1, Art. 17 FKVO, Rn. 1 ff.

[13] Zum EU-beihilfenkontrollverfahrensrechtlichen Berufsgeheimnisschutz vgl. insb. Art. 24 VO (EG) Nr. 659/1999 des Rates vom 22. 3. 1999 über besondere Vorschriften für die Anwendung von Artikel 93 des EG-Vertrags [jetzt: Art. 108 AEUV], ABl. 1999, L 81/1, i. d. F. der Änderungs-VO (EU) Nr. 734/2013 des Rates vom 22. 7. 2013, ABl. 2013 L 204/15 sowie Art. 30 VO (EU) Nr. 2015/1589 des Rates vom 13. 7. 2015 über besondere Vorschriften für die Anwendung von Artikel 108 des Vertrags über die Arbeitsweise der Europäischen Union, ABl. 2015, L 248/9; ausführlicher dazu vgl. etwa *Bartosch*, EU-Beihilfenrecht, Art. 30 VO 2015/1589, Rn. 1; *Köster*, in: Hirsch/Montag/Säcker, Bd. 3, Art. 24 VerfVO, Rn. 1 ff.; *Nowak*, in: Birnstiel/Bungenberg/Heinrich, Art. 24 VO 659/1999, Rn. 1 ff.; *Sinnaeve*, in: Heidenhain, § 37, Rn. 1 ff.

[14] Zum Vertraulichkeitsschutz im EU-Antisubventions- u. Antidumpingrecht vgl. Art. 29 VO (EG) Nr. 597/2009 des Rates vom 11. 6. 2009 über den Schutz gegen subventionierte Einfuhren aus nicht zur Europäischen Gemeinschaft gehörenden Ländern, ABl. 2009, L 188/93; sowie Art. 19 VO (EG) Nr. 1225/2009 des Rates vom 30. 11. 2009 über den Schutz gegen gedumpte Einfuhren aus nicht zur Europäischen Gemeinschaft gehörenden Ländern, ABl. 2009, L 343/51; näher dazu vgl. etwa *Köbele*, in: Krenzler/Herrmann, Art. 19 AD-GVO, Rn. 1 ff.

[15] Zum Vertraulichkeitsschutz etwa auch im EU-Agrarrecht vgl. Art. 103 VO (EU) Nr. 1306/2013 des Europäischen Parlaments und des Rates vom 17. 12. 2013 über die Finanzierung, die Verwaltung und das Kontrollsystem der Gemeinsamen Agrarpolitik und zur Aufhebung der Verordnungen (EWG) Nr. 352/78, (EG) Nr. 165/94, (EG) Nr. 2799/98, (EG) Nr. 814/2000, (EG) Nr. 1290/2005 und (EG) Nr. 485/2008 des Rates, ABl. 2013 L 347/549. Zum Vertraulichkeitsschutz i. R. des maßgeblich durch Art. 338 AEUV geprägten Bereichs der Unionsstatistiken vgl. insb. Art. 20–26 VO (EG) Nr. 223/2009 des Europäischen Parlaments und des Rates vom 11. 3. 2009 über europäische Statistiken und zur Aufhebung der Verordnung (EG, Euratom) Nr. 1101/2008 des Europäischen Parlaments und des Rates über die Übermittlung von unter die Geheimhaltungspflicht fallenden Informationen an das Statistische Amt der Europäischen Gemeinschaften, der Verordnung (EG) Nr. 322/97 des Rates über die Gemeinschaftsstatistiken und des Beschlusses 89/382/EWG, Euratom des Rates zur Einsetzung eines Ausschusses für das Statistische Programm der Europäischen Gemeinschaften, ABl. 2009, L 87/164.

verschwiegenheit verankert sei,[16] der zum einen die Funktionsfähigkeit und Integrität der europäischen Institutionen sichere und zum anderen sowohl das Vertrauen der Allgemeinheit in die Verschwiegenheit der Unionsorgane und ihrer Beschäftigten als auch die jeweiligen Informationsquellen sowie die Rechte und Interessen derjenigen schütze, auf die sich die jeweiligen Informationen beziehen.[17] Dieses recht weite Verständnis der durch Art. 339 AEUV verfolgten Zwecke lässt sich zwar nur sehr bedingt auf den deutschsprachigen Wortlaut dieser Norm stützen, da er auf den ersten Blick den Eindruck erweckt, als gehe es in dieser Vorschrift vornehmlich um den Schutz der etwa auch in Art. 337 AEUV angesprochenen »Auskünfte« sowie um den Schutz desjenigen, von dem diese ihrem Wesen nach unter das Berufsgeheimnis fallenden Auskünfte stammen. Dieser Eindruck ist jedoch irreführend, da die nach Art. 55 Abs. 1 EUV i. V. m. Art. 358 AEUV gleichermaßen verbindlichen englisch- und französischsprachigen Fassungen dieser Norm nicht auf den engen »Auskunfts«-Begriff abstellen, sondern stattdessen – z. T. allein, z. T. alternativ – mit dem sehr viel weiteren »Informations«-Begriff operieren,[18] der die wahren Regelungsgehalte des Art. 339 AEUV sehr viel deutlicher als die deutschsprachige Fassung zum Vorschein bringt und für das Verständnis der durch diese Norm verfolgten Zwecke und einiger darin enthaltener Tatbestandsmerkmale prägend ist (B.). Im Hinblick auf die abschließend zu erörternden Rechtsfolgen, die eine Verletzung der in Art. 339 AEUV niedergelegten Geheimhaltungspflicht oder sonstige Fehler im Zusammenhang mit dem in dieser Vorschrift geregelten Preisgabeverbot auslösen können, ist zwischen verschiedenen Sanktionen, Rechtsschutzansprüchen und Verwertungsverboten zu differenzieren (C.).

B.   Regelungsgehalt und Tatbestandsmerkmale der Norm

4   Den zentralen Regelungsgegenstand des Art. 339 AEUV bildet der Schutz bestimmter Informationen und Auskünfte (I.), die einem verschiedene Personenkreise (II.) bindenden bzw. verpflichtenden Preisgabeverbot (III.) unterliegen. Dieser Bestimmung kommt **unmittelbare Geltung und Anwendbarkeit** zu,[19] so dass der durch Art. 339 AEUV gewährleistete Schutz nicht von einer sekundärrechtlichen Ausgestaltung durch den Unionsgesetzgeber abhängig ist.

---

[16] So vgl. etwa *Epping*, in: Vedder/Heintschel v. Heinegg, Europäisches Unionsrecht, Art. 339 AEUV, Rn. 1; *Göttlinger*, S. 324; *Hatje*, in: Schwarze, EU-Kommentar, Art. 339 AEUV, Rn. 1; *Reichold*, S. 30 ff.; *Steinle*, in: Streinz, EUV/AEUV, Art. 339 AEUV, Rn. 1.

[17] Zu diesen allgemein angenommenen Zwecksetzungen dieser Vorschrift vgl. etwa *Brühann*, in: GSH, Europäisches Unionsrecht, Art. 339 AEUV, Rn. 2; *Hatje*, in: Schwarze, EU-Kommentar, Art. 339 AEUV, Rn. 1; *Jaeckel*, in: Grabitz/Hilf/Nettesheim, EU, Art. 339 AEUV (August 2011), Rn. 3; *Lubig*, S. 59; *Reichold*, S. 32 f.; *Steinle*, in: Streinz, EUV/AEUV, Art. 339 AEUV, Rn. 2.

[18] Die englischsprachige Fassung des Art. 339 AEUV lautet wie folgt: »The members of the institutions of the Union, the members of committees, and the officials and other servants of the Union shall be required, even after their duties have ceased, not to disclose information of the kind covered by the obligation of professional secrecy, in particular *information* about undertakings, their business relations or their cost components«; die französischsprachige Fassung dieser Norm lautet wie folgt: »Les membres des institutions de l'Union, les membres des comités ainsi que les fonctionnaires et agents de l'Union sont tenus, même après la cessation de leurs fonctions, de ne pas divulguer les informations qui, par leur nature, sont couvertes par le secret professionnel, et notamment les renseignements relatifs aux entreprises et concernant leurs relations commerciales ou les éléments de leur prix de revient« [Kursivhervorhebungen vom Verf. hinzugefügt].

[19] So auch *Zerdick*, in: Lenz/Borchardt, EU-Verträge, Art. 339 AEUV, Rn. 3.

I. Geschützte Informationen und Auskünfte

Zu den durch Art. 339 AEUV geschützten Informationen und Auskünften gehören zu- 5
nächst einmal die in dieser Norm hervorgehobenen »Auskünfte, die ihrem Wesen nach
unter das Berufsgeheimnis fallen«. Die Reichweite bzw. Schutzwirkung dieses in ähnlicher Weise auch in zahlreichen sekundärrechtlichen Vorschriften des Unionrechts[20]
verwendeten Tatbestandsmerkmals ist weiter, als es der deutschsprachige Wortlaut des
Art. 399 AEUV auf den ersten Blick vermuten lässt (1.). Eine besonders schützenswerte
Teilgruppe[21] der durch Art. 339 AEUV geschützten Berufs- bzw. Amtsgeheimnisse stellen Geschäftsgeheimnisse dar (2.), zu denen aber nicht alle geschäftsbezogenen Informationen gezählt werden (3.).

1. Auskünfte, die ihrem Wesen nach unter das Berufsgeheimnis fallen

Die in Art. 339 AEUV enthaltene Klarstellung, dass sich das in dieser Norm geregelte 6
Preisgabeverbot auf »Auskünfte« bezieht, »die ihrem Wesen nach unter das Berufsgeheimnis fallen«, ist in sprachlicher Hinsicht verunglückt bzw. ungenau, da sie keine
Definition des hier im Vordergrund stehenden »Berufsgeheimnis«-Begriffes enthält und
auf den ersten Blick den – gerade auch mit dem in Art. 337 AEUV enthaltenen »Auskünfte«-Begriff (s. Art. 337 AEUV, Rn. 15 ff.) zusammenhängenden – Eindruck erweckt, als ginge es in dieser Vorschrift allein oder zumindest vornehmlich um den Schutz
solcher Auskünfte, die ein Schutzverpflichteter (s. Rn. 13 ff.) von Dritten oder über
Dritte erhalten hat und sich dabei zugleich auf Informationen beziehen, die in irgendeiner Weise mit dem vom jeweiligen Auskunftgeber ausgeübten Beruf in Zusammenhang stehen. Von diesem Eindruck hat sich das im einschlägigen Schrifttum vorherrschende Meinungsbild indes vollständig emanzipiert bzw. befreit, indem heute ganz
überwiegend davon ausgegangen wird, dass sich der in Art. 339 AEUV enthaltene
»Auskünfte«-Begriff unter maßgeblicher Berücksichtigung der englisch- und französischsprachigen Fassungen dieser Norm (s. Rn. 3) auf sämtliche Informationen bezieht,
von denen ein Schutzverpflichteter im Rahmen seiner Amts- oder Ausschusstätigkeit
Kenntnis erhält bzw. erhalten hat,[22] und dass sich das in Art. 339 AEUV niedergelegte
Preisgabeverbot insoweit auf alle **Kenntnisse** bezieht, **die ihrem Wesen nach dem Amtsgeheimnis unterliegen.**[23] Zu den vorgenannten Kenntnissen, die ihrem Wesen nach dem
hier in Rede stehenden Amtsgeheimnis unterfallen, werden unter Einschluss von Geschäftsgeheimnissen (s. Rn. 8 ff.) und allen sonstigen Auskünften oder Daten vertrauli-

---

[20] Exemplarisch vgl. etwa Art. 28 Abs. 2 Satz 1 VO (EG) Nr. 1/2003 (Fn. 11); Art. 17 Abs. 2 VO
(EG) Nr. 139/2004 (Fn. 12); Art. 24 VO (EG) Nr. 659/1999 (Fn. 13); Art. 30 VO (EU) Nr. 2015/1589
(Fn. 13).

[21] Zum »Teilgruppen«-Charakter von Geschäftsgeheimnissen im Verhältnis zu den unter den Begriff des Berufsgeheimnisses fallenden Informationen vgl. auch EuG, Urt. v. 28. 1. 2015, Rs. T–341/12
(Evonik Degussa GmbH/Kommission), ECLI:EU:T:2015:51, Rn. 88, wonach »der Bereich der Informationen, die unter das Berufsgeheimnis fallen, über Geschäftsgeheimnisse von Unternehmen hinausgeht«.

[22] So vgl. etwa *Epping*, in: Vedder/Heintschel v. Heinegg, Europäisches Unionsrecht, Art. 339
AEUV, Rn. 2; *Hatje*, in: Schwarze, EU-Kommentar, Art. 339 AEUV, Rn. 3; *Jaeckel*, in: Grabitz/Hilf/
Nettesheim, EU, Art. 339 AEUV (August 2011), Rn. 16; *Lubig*, S. 60 f.; *Reichold*, S. 31; *Steinle*, in:
Streinz, EUV/AEUV, Art. 339 AEUV, Rn. 3.

[23] So vgl. statt vieler *Brühann*, in: GSH, Europäisches Unionsrecht, Art. 339 AEUV, Rn. 11; *Hix*,
S. 76; *Steinle*, in: Streinz, EUV/AEUV, Art. 339 AEUV, Rn. 3; *Zerdick*, in: Lenz/Borchardt, EU-
Verträge, Art. 339 AEUV, Rn. 6.

cher Art (s. Rn. 11 f.) allgemein alle Informationen gezählt, die aus bestimmten Gründen schutzwürdig und nicht jedermann zugänglich sind.[24]

7   In der einschlägigen Rechtsprechung des Unionsrichters werden die vorgenannten **Kriterien der Schutzwürdigkeit und der begrenzten Bekanntheit** bzw. Zugänglichkeit dahingehend präzisiert bzw. konkretisiert, dass Informationen ihrem Wesen nach dann unter das Berufsgeheimnis fallen, wenn sie nur einer beschränkten Zahl von Personen bekannt sind,[25] wenn dem Auskunftgeber oder einem Dritten durch die Offenlegung oder Preisgabe dieser Informationen ein schwerer Schaden oder ein erheblicher Nachteil entstehen kann[26] und wenn die Interessen, die durch die Offenlegung dieser Informationen verletzt werden können, objektiv schützenswert sind.[27] Bei der Beurteilung dieser Voraussetzung sind die berechtigten individuellen Interessen, die der Offenlegung von Informationen entgegenstehen, und das Allgemeininteresse daran, dass sich das Handeln der Unionsorgane – wie etwa in Art. 1 EUV i. V. m. Art. 15 und 297 AEUV sowie in Art. 42 GRC vorgesehen – möglichst offen bzw. transparent vollzieht, miteinander abzuwägen[28] bzw. zu einem (möglichst optimalen) Ausgleich zu bringen.[29] Maßstabsbildende Bedeutung kommt dabei insbesondere der sog. »Transparenz«-VO (EG) Nr. 1049/2001[30] sowie der reichhaltigen Rechtsprechung des Unionsrichters zu dem sowohl in dieser Verordnung als auch in der EU-Kartellverfahrens-VO und in der EU-Fusionskontroll-VO angelegten Spannungsverhältnis zwischen dem Grundsatz der Aktenöffentlichkeit und dem Schutz vertraulicher Informationen zu,[31] aus der sich unter

---

[24] Vgl. nur *Göttlinger*, S. 325; *Khan*, in: Geiger/Khan/Kotzur, EUV/AEUV, Art. 339 AEUV, Rn. 2; *Steinle*, in: Streinz, EUV/AEUV, Art. 339 AEUV, Rn. 3; *Wegener*, in: Calliess/Ruffert, EUV/AEUV, Art. 339 AEUV, Rn. 2; *Zerdick*, in: Lenz/Borchardt, EU-Verträge, Art. 339 AEUV, Rn. 5.

[25] Vgl. etwa EuG, Urt. v. 12.10.1997, Rs. T–474/04 (Pergan Hilfsstoffe für industrielle Prozesse/Kommission), Slg. 2007, II–4225, Rn. 65; Urt. v. 8.11.2011, Rs. T–88/09 (Idromacchine u. a./Kommission), Slg. 2011, II–7833, Rn. 45; sowie EuGH, Urt. v. 29.10.1980, verb. Rs. 209–215/78 u. 218/78 (van Landewyck/Kommission), Slg. 1980, 3125, Rn. 46, wonach unter das Berufsgeheimnis fallende Informationen, die einer Berufsvereinigung von ihren Mitgliedern mitgeteilt und die deshalb diesen Schutz unter den Mitgliedern verloren haben, diesen Schutz nicht gegenüber Dritten verlieren.

[26] Vgl. EuG, Urt. v. 18.9.1996, Rs. T–353/94 (Postbank/Kommission), Slg. 1996, II–921, Rn. 87; Urt. v. 24.5.2011, verb. Rs. T–109/05 u. T–444/05 (Navigazione Libera del Golfo/Kommission), Slg. 2011, II–2479, Rn. 140; Urt. v. 8.11.2011, Rs. T–88/09 (Idromacchine u. a./Kommission), Slg. 2011, II–7833, Rn. 45; so auch vgl. statt vieler GA *Jääskinen*, Schlussanträge zu Rs. C–136/11 (Westbahn Management), Ziff. 33.

[27] Vgl. EuG, Urt. v. 30.5.2006, Rs. T–198/03 (Bank Austria Creditanstalt/Kommission), Slg. 2006, II–1429, Rn. 71; Urt. v. 12.10.2007, Rs. T–474/04 (Pergan Hilfsstoffe für industrielle Prozesse/Kommission), Slg. 2007, II–4225, Rn. 65; Urt. v. 16.12.2010, Rs. T–19/07 (Systran u. a./Kommission), Slg. 2010, II–6083, Rn. 80; Urt. v. 24.5.2011, verb. Rs. T–109/05 u. T–444/05 (Navigazione Libera del Golfo/Kommission), Slg. 2011, II–2479, Rn. 140.

[28] Vgl. nur EuG, Urt. v. 24.5.2011, verb. Rs. T–109/05 u. T–444/05 (Navigazione Libera del Golfo/Kommission), Slg. 2011, II–2479, Rn. 140.

[29] Vgl. EuG, Urt. v. 30.5.2006, Rs. T–198/03 (Bank Austria Creditanstalt/Kommission), Slg. 2006, II–1429, Rn. 71; Urt. v. 12.10.1997, Rs. T–474/04 (Pergan Hilfsstoffe für industrielle Prozesse/Kommission), Slg. 2007, II–4225, Rn. 63ff.; Urt. v. 9.6.2010, Rs. T–237/05 (Éditions Odile Jacob/Kommission), Slg. 2010, II–2245, Rn. 90; Urt. v. 8.11.2011, Rs. T–88/09 (Idromacchine u. a./Kommission), Slg. 2011, II–7833, Rn. 45; EuGH, Urt. v. 28.6.2012, Rs. C–404/10 P (Kommission/Éditions Odile Jacob), ECLI:EU:C:2012:393, Rn. 44.

[30] Vgl. EuG, Urt. v. 9.6.2010, Rs. T–237/05 (Éditions Odile Jacob/Kommission), Slg. 2010, II–2245, Rn. 94, wonach Art. 287 EGV [jetzt: Art. 339 AEUV] nicht der Verbreitung eines Dokuments entgegenstehen könne, das nicht von einer Ausnahmeregelungen der VO (EG) Nr. 1049/2001 (Fn. 6) erfasst ist.

[31] Zum Umgang mit diesem Spannungsverhältnis im Anwendungsbereich der »Transparenz«-VO (EG) Nr. 1049/2001 (Fn. 6) vgl. etwa EuG, Urt. v. 24.5.2011, verb. Rs. T–109/05 u. T–444/05 (Na-

anderem auch ergibt, dass die Kommission mit den nachfolgend hervorzuhebenden Geschäftsgeheimnissen besonders vorsichtig bzw. verantwortungsvoll umgehen muss.[32]

2. Geschäftsgeheimnisse

Nach der ständigen Rechtsprechung des Unionsrichters gibt es einen allgemeinen Grundsatz des Unionsrechts, nach dem die Unternehmen Anspruch auf Schutz ihrer Geschäftsgeheimnisse haben.[33] Dieser Grundsatz, der zum Teil auch als ein gleichermaßen in Art. 41 Abs. 2 Buchst. b GRC und in Art. 339 AEUV verankertes (Unionsgrund-)Recht auf Wahrung von Geschäftsgeheimnissen verstanden wird,[34] das in anderen Entscheidungen des Unionsrichters als Unionsgrundrecht auf Schutz von Berufsgeheimnissen auftaucht (s. Rn. 1), findet nach der Rechtsprechung des Unionsrichters auch in Art. 339 AEUV »seinen Ausdruck«.[35] Insoweit ist der ganz vorherrschenden Auffassung zuzustimmen, wonach sich der in Art. 339 AEUV enthaltene »Berufsgeheimnis«-Begriff auch auf den Schutz von Geschäftsgeheimnissen erstreckt.[36] Etwaige Zweifel daran wären zum einen deshalb unbegründet oder unangebracht, weil in Art. 339 AEUV selbst hervorgehoben wird, dass das in dieser Bestimmung geregelte Preisgabeverbot »insbesondere auch für Auskünfte über Unternehmen sowie deren Geschäftsbeziehungen oder Kostenelemente« gilt. Zum anderen entspricht die allgemein konsensfähige und vom Unionsrichter mehrfach explizit bestätigte **Einbeziehung von Geschäftsgeheimnissen in das durch Art. 339**

8

---

vigazione Libera del Golfo/Kommission), Slg. 2011, II–2479, Rn. 121 ff.; Urt. v. 15.12.2011, Rs. T–437/08 (CDC Hydrogene Peroxide/Kommission), Slg. 2011, II–8251, Rn. 52 ff. Zu weiteren Abwägungen zwischen dem Grundsatz der Aktenöffentlichkeit und dem Schutz vertraulicher Informationen nach Maßgabe der VO (EG) Nr. 1049/2001 (Fn. 6) und der Fusionskontroll-VO (EG) Nr. 139/2004 (Fn. 12) vgl. EuGH, Urt. v. 28.6.2012, Rs. C–477/10 P (Kommission/Agrofert Holding u. a.), ECLI:EU:C:2012:394, Rn. 47 ff.; Urt. v. 28. 6. 2012, Rs. C–404/10 P (Kommission/Éditions Odile Jacob), ECLI:EU:C:2012:393, Rn. 104 ff.; entsprechend für die vorgenannte VO (EG) Nr. 1049/2001 i. V. m. der VO (EG) Nr. 1/2003 (Fn. 11) vgl. EuG, Urt. v. 13.9.2013, Rs. T–380/08 (Niederlande/Kommission), NZKart 2013, 505, Rn. 29 ff., Urt. v. 7.7.2015, Rs. T–677/13 (Axa Versicherung/Kommission), ECLI:EU:T:2015:473, Rn. 29 ff., sowie m. w. N. *Lenaerts*, ÖZK 2015, 123; entsprechend für das deutsche Recht vgl. jeweils m. w. N. *Benedikt*, S. 56 ff.; *Wessing*, WuW 2015, 220 ff.; *Wieckmann*, WuW 1983, 13 ff.

[32] Vgl. insb. EuGH, Urt. v. 24.6.1986, Rs. 53/85 (Akzo Chemie u. a./Kommission), Slg. 1986, 1965, Rn. 28.

[33] Vgl. nur EuGH, Urt. v. 19.5.1994, Rs. C–36/92 P (SEP/Kommission), Slg. 1994, I–1911, Rn. 36; Urt. v. 14.2.2008, Rs. C–450/06 (Varec), Slg. 2008, I–581, Rn. 52, mit Anm. *Steiner*, E. L.Rev. 33 (2008), 166; EuG, Urt. v. 29.6.1995, Rs. T–30/91 (Solvay/Kommission), Slg. 1995, II–1775, Rn. 88.

[34] Vgl. dazu etwa EuG, Urt. v. 29.6.1995, Rs. T–30/91 (Solvay/Kommission), Slg. 1995, II–1775, Rn. 88; sowie GA *Bot*, Schlussanträge zu Rs. C–1/11 (Interseroh Scrap and Metal Trading), Ziff. 79 f.; zur Schrankensystematik dieses Grundrechts und zur offen gelassenen Frage, ob sich der Schutz von Geschäftsgeheimnissen evtl. auch aus dem in Art. 16 GRC niedergelegten Unionsgrundrecht auf unternehmerische Freiheit und/oder aus der durch Art. 17 GRC gewährleisteten Eigentumsfreiheit herleiten lassen könnte, vgl. Ziff. 83 f. der vorgenannten Schlussanträge sowie *Siebert*, S. 258 ff. Zur grundrechtlichen Fundierung des Schutzes von Betriebs- und Geschäftsgeheimnissen im deutschen Recht vgl. etwa *Benedikt*, S. 17 ff.; *Beyerbach*, S. 109 ff.; *Dietlein/Brandenberg*, N&R 2006, 95 ff.; *Frank*, S. 171 ff.; *v. Danwitz*, DVBl 2005, 597 ff.; *Wolff*, NJW 1997, 98 ff.

[35] Vgl. nur EuG, Urt. v. 16.12.2010, Rs. T–19/07 (Systran u. a./Kommission), Slg. 2010, II–6083, Rn. 79.

[36] Dies ist heute unstreitig, vgl. nur *Brühann*, in: GSH, Europäisches Unionsrecht, Art. 339 AEUV, Rn. 14; *Girnau*, S. 132 ff.; *Hatje*, in: Schwarze, EU-Kommentar, Art. 339 AEUV, Rn. 5; *Jaeckel*, in: Grabitz/Hilf/Nettesheim, EU, Art. 339 AEUV (August 2011), Rn. 19; *Zerdick*, in: Lenz/Borchardt, EU-Verträge, Art. 339 AEUV, Rn. 5.

AEUV geschützte Amtsgeheimnis[37] der einschlägigen Rechtsprechung und Literatur zu dem etwa auch in Art. 28 Abs. 2 der EU-Kartellverfahrensverordnung[38] enthaltenen »Berufsgeheimnis«-Begriff[39] sowie verschiedenen Kommissionsdokumenten, in denen Geschäftsgeheimnisse gewissermaßen wie eine spezielle Teil- oder Untergruppe von Berufsgeheimnissen behandelt werden.[40]

9   Den Gegenstand von Geschäftsgeheimnissen bilden **geschäftsbezogene Informationen, die einen** konkreten oder potenziellen **wirtschaftlichen Wert haben** und aus deren Preisgabe oder Verwendung andere Unternehmen wirtschaftliche Vorteile erlangen können. Zu diesen geschäftsbezogenen Informationen werden von der Kommission sowohl Informationen über Methoden zur Bewertung der Herstellungs- und Vertriebskosten, Produktionsgeheimnisse unter Einschluss geheimer, kommerzieller und wertvoller Pläne, Formeln, Verfahren oder Vorrichtungen, die zur Herstellung, Vorbereitung, Zusammensetzung oder Verarbeitung von Handelsgütern eingesetzt werden und als Ergebnis eines Innovationsprozesses oder sonstigen erheblichen Einsatzes des Unternehmens anzusehen sind, als auch Informationen über Verfahren, Bezugsquellen, Produktions- und Absatzvolumen, Marktanteile, Kunden- und Händlerlisten, Marketingpläne, Selbstkostenstruktur, Absatzpolitik sowie über die interne Organisation des Unternehmens gezählt.[41] Diese Beispiele sind allerdings nicht abschließender Natur, da nach der Rechtsprechung des Unionsrichters auch Gewinn-und-Verlust-Rechnungen sowie die Aufschlüsselung der Kosten und Einnahmen einer bestimmten Unternehmens-

---

[37] Vgl. EuG, Urt. v. 18. 9.1996, Rs. T–353/94 (Postbank/Kommission), Slg. 1996, II–921, Rn. 86 f.; Urt. v. 12.10.1997, Rs. T–474/04 (Pergan Hilfsstoffe für industrielle Prozesse/Kommission), Slg. 2007, II–4225, Rn. 64; Urt. v. 8.11.2011, Rs. T–88/09 (Idromacchine u. a./Kommission), Slg. 2011, II–7833, Rn. 45; sowie EuG, Urt. v. 25.6.1998, verb. Rs. T–371/94 u. T–394/94 (British Airways u. a./Kommission), Slg. 1998, II–2405, Rn. 63; Urt. v. 24.5.2011, verb. Rs. T–109/05 u. T–444/05 (Navigazione Libera del Golfo/Kommission), Slg. 2011, II–2479, Rn. 140, wonach insb. Angaben über den internen Betrieb eines Unternehmens zu den ihrer Natur nach unter das Berufsgeheimnis fallenden Informationen gehören. Ferner vgl. in diesem Kontext EuG, Urt. v. 28.1.2015, Rs. T–341/12 (Evonik Degussa/Kommission), ECLI:EU:T:2015:51, Rn. 78, wonach das in Art. 339 AEUV niedergelegte Gebot, die ihrem Wesen nach unter Berufsgeheimnis fallenden Auskünfte nicht preiszugeben, insbesondere für Auskünfte über Unternehmen sowie deren Geschäftsbeziehungen oder Kostenelementen gelte.

[38] VO (EG) Nr. 1/2003 (Fn. 11).

[39] Vgl. nur EuG, Urt. v. 12.10.1997, Rs. T–474/04 (Pergan Hilfsstoffe für industrielle Prozesse/Kommission), Slg. 2007, II–4225, Rn. 64; *Barthelmeß/Rudolf*, in: Loewenheim/Meessen/Riesenkampf, S. 1434 ff.; *Bischke*, in: Hirsch/Montag/Säcker, Bd. 1, Art. 28 VO 1/2003, Rn. 7; *de Bronett*, Europäisches Kartellverfahrensrecht, Art. 28 VO 1/2003, Rn. 5 ff.; *Körber*, in: Immenga/Mestmäcker, Bd. 1 Teil 2, Art. 17 FKVO, Rn. 8 f.; *Lieberknecht*, WuW 1988, 833 ff.; *Nowak*, in: Birnstiel/Bungenberg/Heinrich, Art. 24 VO 659/1999, Rn. 4 ff.; *Sura*, in: Langen/Bunte, S. 951 f.

[40] Vgl. dazu etwa die Mitteilung der Kommission C(2003) 4582 vom 1.12.2003 zum Berufsgeheimnis in Beihilfeentscheidungen, ABl. 2003, C 297/6 (nachfolgend: »Kommissionsmitteilung zum Berufsgeheimnis«); sowie die Mitteilung der Kommission über die Regeln für die Einsicht in Kommissionsakten in Fällen einer Anwendung der Artikel 81 und 82 EG-Vertrag [jetzt: Art. 101 f. AEUV], Artikel 53, 54 und 57 des EWR-Abkommens und der Verordnung (EG) Nr. 139/2004, ABl. 2005, C 325/7 (nachfolgend: »Kommissionsmitteilung über die Akteneinsicht in Kartellsachen«).

[41] Vgl. Ziff. 10 der Kommissionsmitteilung zum Berufsgeheimnis (Fn. 40); ferner vgl. Ziff. 18 der Kommissionsmitteilung über die Akteneinsicht in Kartellsachen (Fn. 40), wo technische und/oder finanzielle Angaben in Bezug auf das Know-how eines Unternehmens, Kostenrechnungsmethoden, Produktionsgeheimnisse und -verfahren, Bezugsquellen, produzierte und verkaufte Mengen, Marktanteile, Kunden- und Händlerlisten, Vermarktungspläne, die Kosten- und Preisstruktur sowie die Absatzstrategie als Beispiele für Informationen genannt werden, die als Geschäftsgeheimnisse einzustufen seien.

gruppe, anhand deren der jährliche Ausgleich für die Durchführung von Dienstleistungen von allgemeinem Interesse berechnet wurde, unter das Geschäftsgeheimnis fallen können.[42] In der Literatur werden darüber hinaus weitere geschäftsbezogene Informationen über Forschungsergebnisse, über bestimmte Finanzierungsfragen und über Bank- und Steuervorgänge, Einzelheiten über Verträge mit Kunden und Lieferanten, Angaben über Marktanteile und Umsatzentwicklungen, Vorhersagen zur Geschäftsentwicklung sowie Verkaufsprogramme mit schützenswerten Geschäftsgeheimnissen in Verbindung gebracht.[43]

Der Umstand, dass Geschäftsgeheimnisse der vorgenannten Art besonders schutz- **10** würdig und schutzbedürftig sind,[44] hat die Kommission nunmehr dazu veranlasst hat, einen in binnenmarktrechtlicher sowie in forschungs- und innovationspolitischer Hinsicht überaus interessanten **Vorschlag für eine** auf Art. 114 AEUV gestützte und am 15.6.2016 im Amtsblatt der Europäischen Union veröffentlichte **Richtlinie** des Europäischen Parlaments und des Rates **»über den Schutz vertraulichen Know-hows und vertraulicher Geschäftsinformationen** (Geschäftsgeheimnisse) vor rechtswidrigem Erwerb sowie rechtswidriger Nutzung und Offenlegung« vorzulegen.[45] Interessant ist dabei im vorliegenden Kontext insbesondere Art. 2 Abs. 1 dieser Richtlinie, wonach sich der hier in Rede stehende »Geschäftsgeheimnis«-Begriff im weitgehenden Einklang mit den oben bereits genannten Kriterien der Schutzwürdigkeit und der begrenzten Bekanntheit bzw. Zugänglichkeit (s. Rn. 7) auf solche Informationen bezieht, »die alle nachstehenden Kriterien erfüllen: a) sie sind in dem Sinne geheim, dass sie weder in ihrer Gesamtheit noch in der genauen Anordnung und Zusammensetzung ihrer Bestandteile den Personenkreisen, die üblicherweise mit dieser Art von Informationen umgehen, allgemein bekannt oder ohne weiteres zugänglich sind; b) sie sind von kommerziellen Wert, weil sie geheim sind; c) sie sind Gegenstand von den Umständen entsprechenden angemessenen Geheimhaltungsmaßnahmen durch die Person, die die rechtmäßige Kontrolle über die Informationen besitzt«.

---

[42] EuG, Urt. v. 24.5.2011, verb. Rs. T–109/05 u. T–444/05 (Navigazione Libera del Golfo/Kommission), Slg. 2011, II–2479, Rn. 128 u. 141; m.w.N. vgl. *Reichold*, S. 46 ff.

[43] Vgl. nur *Brühann*, in: GSH, Europäisches Unionsrecht, Art. 339 AEUV, Rn. 15; *Girnau*, S. 134 ff.; *Hix*, S. 85; *Lieberknecht*, WuW 1988, 833 (836 ff.); zum sehr ähnlichen Begriffsverständnis im deutschen Recht vgl. jeweils m.w.N. *Quellmalz*, in: Loewenheim/Meessen/Riesenkampf, S. 2540 f.; *Benedikt*, S. 19 f.; *Breuer*, NVwZ 1986, 171 (172 f.); *v. Danwitz*, DVBl 2005, 597 (600 f.); *Wieckmann*, WuW 1983, 13 ff.

[44] Zur erhöhten Schutzwürdigkeit und Schutzbedürftigkeit von Geschäftsgeheimnissen vgl. etwa EuGH, Urt. v. 24.6.1986, Rs. 53/85 (Akzo Chemie u.a./Kommission), Slg. 1986, 1965, Rn. 28; EuG, Urt. v. 30.5.2006, Rs. T–198/03 (Bank Austria Creditanstalt/Kommission), Slg. 2006, II–1429, Rn. 29; ferner vgl. EuG, Urt. v. 18.9.1996, Rs. T–353/94 (Postbank/Kommission), Slg. 1996, II–921, Rn. 87, wonach es sich bei Geschäftsgeheimnissen um »Informationen« handelt, »durch deren Preisgabe die Interessen des Auskunftgebers nicht nur dann, wenn sie an die Öffentlichkeit erfolgt, sondern auch bei bloßer Weitergabe an einen Dritten schwer beeinträchtigt werden können«.

[45] Vgl. KOM(2013) 813 endg. vom 28.11.2013; näher dazu vgl. *Gaugenrieder*, BB 2014, 1987; *Witt/Freudenberg*, WRP 2014, 374; sowie die RL (EU) 2016/943 des Europäischen Parlaments und des Rates vom 8.6.2016 über den Schutz vertraulichen Know-hows und vertraulicher Geschäftsinformationen (Geschäftsgeheimnisse) vor rechtswidrigem Erwerb sowie rechtswidriger Nutzung und Offenlegung, ABl. 2016, L 157/1; zu den Folgen dieser RL für das deutsche Recht vgl. *Hauck*, NJW 2016, 2218.

3. Sonstige vertrauliche Informationen und Beispiele nicht geschützter Auskünfte

11   Zu den in Art. 339 AEUV angesprochenen Auskünften, die ihrem Wesen nach unter das durch diese Bestimmung geschützte Berufs- bzw. Amtsgeheimnis (s. Rn. 3 u. 5) fallen, gehören nicht nur die vorgenannten Geschäftsgeheimnisse, sondern auch alle anderen vertraulichen Informationen,[46] die den oben genannten Kriterien der Schutzwürdigkeit und der begrenzten Bekanntheit bzw. Zugänglichkeit (s. Rn. 7) entsprechen.[47] Die Kategorie »sonstige vertrauliche Informationen« umfasst nach offiziellen Kommissionsdokumenten beispielsweise **Informationen, die keine Geschäftsgeheimnisse** sind, aber insoweit als vertraulich angesehen werden können, als eine Person oder ein Unternehmen durch ihre Offenlegung erheblich geschädigt werden können.[48] In diesem Sinne hat beispielsweise auch der Unionsrichter bereits mehrfach die in weitem Umfang auf die **unionsgrundrechtlich fundierte Unschuldsvermutung** gestützte Notwendigkeit hervorgehoben, den Ruf, das Ansehen und/oder die Würde der von einem EU-Kartellverfahren betroffenen Unternehmen zu achten, solange sie nicht endgültig verurteilt sind, und daher befunden, dass in bestimmten Situationen die Feststellungen der Kommission in Bezug auf eine von einem Unternehmen begangene Zuwiderhandlung grundsätzlich gegenüber der Öffentlichkeit als vertraulich und damit naturgemäß als vom Berufsgeheimnis erfasst anzusehen sind.[49] Im Übrigen zählt die Kommission auch Militärgeheimnisse zu den sonstigen vertraulichen Informationen.[50]

12   Zu den Informationen, die etwa im Anwendungsbereich des in den Art. 107–109 AEUV geregelten EU-Beihilfenrechts nach Auffassung der Kommission generell oder normalerweise nicht unter das Berufs- bzw. Geschäftsgeheimnis fallen sollen, gehören nicht nur öffentlich zugängliche oder in bestimmten Fachkreisen allgemein bekannte Informationen, sondern auch Umsatzdaten, Statistiken oder aggregierte Daten, Namen von Beihilfeempfängern, Informationen über den betroffenen Wirtschaftszweig, über den Beihilfezweck und die Beihilfehöhe sowie **Daten aus der Vergangenheit**, insbesondere wenn sie mindestens fünf Jahre alt sind.[51] Dies entspricht der ständigen und dabei

---

[46] Vgl. EuGH, Urt. v. 7.11.1985, Rs. 145/83 (Adams/Kommission), Slg. 1985, 3539, Rn. 34; EuG, Urt. v. 18.9.1996, Rs. T–353/94 (Postbank/Kommission), Slg. 1996, II–921, Rn. 86; Urt. v. 3.3.2011, Rs. T–110/07 (Siemens/Kommission), Slg. 2011, II–477, Rn. 400; Urt. v. 8.11.2011, Rs. T–88/09 (Idromacchine u. a./Kommission), Slg. 2011, II–7833, Rn. 45; zur Existenz sekundärrechtlicher Sonderregelungen für die Behandlungen vertraulicher Informationen siehe m. w. N. Fn. 1.

[47] Vgl. nur EuG, Urt. v. 18.9.1996, Rs. T–353/94 (Postbank/Kommission), Slg. 1996, II–921, Rn. 86 f.; Urt. v. 12.10.1997, Rs. T–474/04 (Pergan Hilfsstoffe für industrielle Prozesse/Kommission), Slg. 2007, II–4225, Rn. 63 ff., mit Anm. *Walter*, E. L.Rev. 33 (2008), 9; m. w. N. vgl. *Reichold*, S. 54 ff.

[48] In diesem Sinne vgl. etwa Ziff. 19 der Kommissionsmitteilung über die Akteneinsicht in Kartellsachen (Fn. 40), mit dem weiteren Hinweis, dass unter den Begriff der sonstigen vertraulichen Informationen insoweit auch Angaben fallen können, mittels derer die Betroffenen Beschwerdeführer oder sonstige Dritte identifizieren könnten, die den berechtigten Wunsch haben, anonym zu bleiben; dieser Hinweis basiert offenbar auf EuGH, Urt. v. 7.11.1985, Rs. 145/83 (Adams/Kommission), Slg. 1985, 3539, Rn. 34.

[49] Vgl. EuG, Urt. v. 5.4.2006, Rs. T–279/02 (Degussa/Kommission), Slg. 2006, II–897, Rn. 411 f.; Urt. v. 12.10.2007, Rs. T–474/04 (Pergan Hilfsstoffe für industrielle Prozesse/Kommission), Slg. 2007, II–4225, Rn. 78; Urt. v. 13.9.2013, Rs. T–380/08 (Niederlande/Kommission), ECLI:EU:T: 2013:480, Rn. 52; sowie *Wegener*, EuR 2008, 716 ff. Zur Herleitung bestimmter Vertraulichkeitsansprüche aus der o. g. Unschuldsvermutung im OLAF-Kontext vgl. auch EuG, Urt. v. 8.7.2008, Rs. T–48/05 (Franchet u. Byk/Kommission), Slg. 2008, II–1585, Rn. 208 ff.; zu dieser Entscheidung vgl. *Niestedt/Boeckmann*, EuZW 2009, 70 ff.

[50] Vgl. etwa Ziff. 20 der Kommissionsmitteilung über die Akteneinsicht in Kartellsachen (Fn. 40).

[51] Vgl. Ziff. 14 der Kommissionsmitteilung zum Berufsgeheimnis (Fn. 40).

keineswegs nur auf das EU-Beihilfenrecht bezogenen Rechtsprechung des Unionsrichters, wonach Angaben, die geheim oder vertraulich waren, aber mindestens fünf Jahre alt sind und daher als nicht mehr aktuell anzusehen sind, weder geheim noch vertraulich sind, wenn nicht ausnahmsweise die Klägerin nachweist, dass sie trotzdem immer noch wesentlicher Bestandteil ihrer eigenen oder der wirtschaftlichen Stellung eines Dritten sind.[52] Im Übrigen sollen nach Ansicht der Kommission auch Informationen, die zur Feststellung einer Beihilfe und ihres Empfängers notwendig sind, sowie alle weiteren Informationen, die für den der Kommission obliegenden Nachweis des Vorliegens der in Art. 107 Abs. 1 AEUV geregelten Voraussetzungen erforderlich sind, »in der Regel« nicht unter das Berufsgeheimnis fallen.[53] Gleiches soll nach der einschlägigen Rechtsprechung des Unionsrichters »normalerweise« auch für **Informationen über die Organisations- und Kostenstruktur des öffentlichen Dienstes** gelten.[54] Nicht in den Schutz- oder Anwendungsbereich des Art. 339 AEUV fallen nach Auffassung des Unionsrichters darüber hinaus bestimmte Einzelheiten im Zusammenhang mit einer von der Kommission durch einen EU-kartellverfahrensrechtlichen Geldbußenbeschluss (s. Art. 103 AEUV, Rn. 27) sanktionierten Zuwiderhandlung gegen das EU-Kartellrecht[55] sowie die bei der Berechnung einer solchen Geldbuße herangezogenen Kriterien, soweit sie zur Begründung und Überprüfung des Geldbußenbeschlusses erforderlich sind und sie keine Rückschlüsse auf unbedingt zu schützende Geschäftsgeheimnisse zulassen.[56]

II. Verpflichteter Personenkreis

Zu den nach Art. 339 AEUV zur Verschwiegenheit verpflichteten Personen gehören ausweislich dieser Bestimmung die Mitglieder der Organe der Union und der Ausschüsse (1.) sowie die Beamten und sonstigen Bediensteten der Union (2.). Für weitere Personenkreise, die keine Erwähnung in Art. 339 AEUV finden, existieren zahlreiche Spezialregelungen insbesondere sekundärrechtlicher Art, die den Kreis der Geheimhaltungs- oder Verschwiegenheitsverpflichteten deutlich erweitern (3.). **13**

1. Mitglieder der Organe der Union und der Ausschüsse

Das in Art. 339 AEUV geregelte Preisgabeverbot bezieht sich zunächst einmal auf die Mitglieder der Organe der Union. Hiermit sind alle **Mitglieder der** in Art. 13 Abs. 1 Satz **14**

---

[52] Vgl. nur EuG, Beschl. v. 15.11.1990, verb. Rs. T–1/89 bis T–4/89 und T–6/89 bis T–15/89 (Rhône-Poulenc u. a./Kommission), Slg. 1990, II–637, Rn. 23; sowie m. w. N. EuG, Urt. v. 28.1.2015, Rs. T–341/12 (Evonik Degussa GmbH/Kommission), NZKart 2015, 194 Rn. 84.

[53] Vgl. Ziff. 20 der Kommissionsmitteilung zum Berufsgeheimnis (Fn. 40).

[54] Vgl. EuG, Urt. v. 24.5.2011, verb. Rs. T–109/05 u. T–444/05 (Navigazione Libera del Golfo/Kommission), Slg. 2011, II–2479, Rn. 143.

[55] Vgl. EuG, Urt. v. 12.10.1997, Rs. T–474/04 (Pergan Hilfsstoffe für industrielle Prozesse/Kommission), Slg. 2007, II–4225, Rn. 72; mit Anm. *Walter*, E. L. Rev. 33 (2008), 9; krit. dazu vgl. *Wegener*, EuR 2008, 716.

[56] Vgl. EuG, Urt. v. 14.5.1998, Rs. T–295/94 (Buchmann/Kommission), Slg. 1998, II–813, Rn. 170; Urt. v. 14.5.1998, Rs. T–317/94 (Weig/Kommission), Slg. 1998, II–1235, Rn. 191; ferner vgl. in diesem Kontext Urt. v. 11.9.2012, Rs. T–565/08 (Corsica Ferries Frankreich/Kommission), ECLI:EU:T:2012:415, Rn. 43, wonach ein Begründungsmangel nicht durch die in Art. 287 EGV [jetzt: Art. 339 AEUV] verankerte Pflicht, das Berufsgeheimnis zu wahren, gerechtfertigt werden könne und wonach die Pflicht, die Geschäftsgeheimnisse zu wahren, daher nicht so weit ausgelegt werden dürfe, dass sie dem Begründungserfordernis zulasten der Verteidigungsrechte der Mitgliedstaaten und der betroffenen Beteiligten den wesentlichen Inhalt entzieht.

2 EUV aufgeführten **Unionsorgane** gemeint, zu denen neben dem Europäischen Parlament, dem Europäischen Rat, dem Rat (der EU) und der Europäischen Kommission auch der gemäß Art. 19 Abs. 1 Satz 1 EUV den Gerichtshof, das Gericht und Fachgerichte umfassende Gerichtshof der Europäischen Union, die Europäische Zentralbank und der Rechnungshof gehören. Welche Mitglieder konkret zu den vorgenannten Unionsorganen gehören, die sich jenseits des Art. 339 AEUV teilweise auch an sekundärrechtliche Zusatzregelungen zur Behandlung bestimmter vertraulicher Informationen binden,[57] ergibt sich aus zahlreichen Einzelregelungen, die sich in den Art. 223–287 AEUV finden. Im Übrigen ist darauf hinzuweisen, dass der Unionsrichter nicht nur die vorgenannten Organmitglieder, sondern auch die Unionsorgane selbst der in dieser Norm niedergelegten Geheimhaltungs- bzw. Verschwiegenheitspflicht unterwirft.[58]

15   Zu den weiteren Personen, die an das in Art. 339 AEUV geregelte Preisgabeverbot gebunden sind, gehören die **Mitglieder der Ausschüsse.** Hiermit sind zum einen der Wirtschafts- und Sozialausschuss (Art. 301–304 AEUV) sowie der Ausschuss der Regionen (Art. 305–307 AEUV) gemeint, die nach Art. 13 Abs. 4 EUV als beratende Einrichtungen der Union fungieren. Zum anderen bezieht sich die in Art. 339 AEUV geregelte Verschwiegenheitspflicht auf den Ständigen Ausschuss im Bereich der inneren Sicherheit (Art. 71 AEUV), den Wirtschafts- und Finanzausschuss (Art. 134 AEUV), den Beschäftigungsausschuss (Art. 150 AEUV), den Ausschuss für Sozialschutz (Art. 160 AEUV), den Ausschuss zur Unterstützung der Kommission bei der Verwaltung des Europäischen Sozialfonds (Art. 163 Abs. 2 AEUV), den Sonderausschuss zur Unterstützung der Kommission bei Verhandlungen im Zusammenhang mit den in Art. 218 AEUV angesprochenen Abkommen (Art. 207 Abs. 3 UAbs. 3 AEUV), den Ausschuss der Ständigen Vertreter der Regierungen der Mitgliedstaaten (Art. 240 AEUV), den Bewerberausschuss (Art. 255 AEUV), den Vermittlungsausschuss (Art. 294 Abs. 10 AEUV) sowie auf diverse Beratende Ausschüsse,[59] denen wiederum unzählige Komitologie-Ausschüsse, wissenschaftliche (Fach-)Ausschüsse, unterstützende Ausschüsse, Verwaltungsausschüsse, Unterausschüsse, Gemeinsame Ausschüsse und einige weitere ausschussartige Gremien etwa in Gestalt der so genannten Arbeits- und Expertengruppen hinzutreten.[60]

---

[57] Exemplarisch dazu vgl. den Beschluss des Präsidiums des Europäischen Parlaments v. 15. 4. 2013 über die Regeln zur Behandlung vertraulicher Informationen durch das Europäische Parlament, ABl. 2014, C 96/1.

[58] Vgl. nur EuG, Urt. v. 24. 5. 2011, verb. Rs. T–109/05 u. T–444/05 (Navigazione Libera del Golfo/Kommission), Slg. 2011, II–2479, Rn. 140, wonach die »Kommission« gemäß Art. 287 EGV [jetzt: Art. 339 AEUV] verpflichtet ist, den Beteiligten keine Informationen zugänglich zu machen, die ihrer Natur nach unter das Berufsgeheimnis fallen. Dieser Schutzbereichserweiterung wird – soweit ersichtlich – überwiegend zugestimmt, vgl. nur *Jaeckel*, in: Grabitz/Hilf/Nettesheim, EU, Art. 339 AEUV (August 2011), Rn. 27; *Reichold*, S. 71; *Wegener*, in: Calliess/Ruffert, EUV/AEUV, Art. 339 AEUV, Rn. 6.

[59] Zu diesen Beratenden Ausschüssen gehören beispielsweise der in Art. 99 AEUV angesprochene und auf dem Gebiet der EU-Verkehrspolitik tätige Ausschuss, die in Art. 25 VO (EG) Nr. 597/2009 (Fn. 14) und Art. 15 VO (EG) Nr. 1225/2009 (Fn. 14) angesprochenen und auf dem Gebiet des EU-Außenwirtschaftsrechts tätigen Ausschüsse, der in Art. 14 VO (EG) Nr. 1/2003 (Fn. 11) angesprochene und sich aus Vertretern der Wettbewerbsbehörden der EU-Mitgliedstaaten zusammensetzende Beratende Ausschuss für Kartell- und Monopolfragen, der in Art. 19 Abs. 3 VO (EG) Nr. 139/2004 (Fn. 12) angesprochene Beratende Ausschuss für die Kontrolle von Unternehmenszusammenschlüssen sowie der in Art. 28 VO (EG) Nr. 659/1999 (Fn. 13) und in Art. 34 VO (EU) Nr. 2015/1589 (Fn. 13) angesprochene Beratende Ausschuss für staatliche Beihilfen.

[60] Ausführlicher zu dieser Vielfalt unterschiedlichster Ausschüsse im institutionellen System der

2. Beamte und sonstige Bedienstete der Union

Darüber hinaus stellt Art. 339 AEUV klar, dass auch die Beamten und sonstigen Bedien- **16**
steten der Union dem hier in Rede stehenden Preisgabeverbot unterworfen sind. Ein
Beamter der Union ist nach Art. 336 AEUV i. V. m. der maßgeblichen Definition im
einschlägigen Beamtenstatut, »wer bei einem der Organe der Gemeinschaften durch
eine Urkunde der Anstellungsbehörde dieses Organs nach den Vorschriften des Statuts
unter Einweisung in eine Dauerplanstelle zum Beamten ernannt worden ist«.[61] Ein **Be-**
diensteter der Union kann nach Art. 1 der für sie geltenden Beschäftigungsbedingungen
ein Bediensteter auf Zeit, eine Hilfskraft, ein Vertragsbediensteter, ein örtlicher Bediensteter oder ein Sonderberater sein, für die sich weitere Begriffsdefinitionen in den
Art. 2–5 dieser Beschäftigungsbedingungen finden lassen.[62]

3. Sekundärrechtliche Spezialregelungen für weitere Personenkreise

Der Umstand, dass in den vergangenen Jahren und Jahrzehnten außerordentlich viele **17**
europäische **Fach-, Regulierungs- und Exekutivagenturen** gegründet worden sind,[63] hat
in Art. 339 AEUV bislang keinen Niederschlag gefunden. Dies ist etwas nachlässig und
erklärt zugleich, warum vereinzelt der Grundsatz der Einheitlichkeit der Unionsrechtsordnung bemüht wird, um zu vertreten, dass auch das Personal dieser Agenturen in den
Anwendungsbereich des Art. 339 AEUV einzubeziehen sei.[64] Zwingend notwendig ist
dies indes nicht, da der Rat bei der regelmäßig im Verordnungs- oder Beschlusswege
erfolgenden Gründung dieser Agenturen auf die Sicherstellung vergleichbarer Verschwiegenheitspflichten der dort beschäftigten Personen achtet, indem er diesbezüglich
auf entsprechende Vorschriften im so genannten Beamtenstatut (s. Rn. 16) verweist[65]
oder direkt in den einzelnen Gründungsverordnungen ähnliche Verschwiegenheitspflichten regelt.[66]

EU vgl. m. w. N. *Nowak*, EnzEuR, Bd. 3, § 34, Rn. 39 ff. Zur Einbeziehung der o. g. Ausschüsse und
Gruppen in den in Art. 339 AEUV angesprochenen Personenkreis vgl. auch *Brühann*, in: GSH, Europäisches Unionsrecht, Art. 339 AEUV, Rn. 5 ff.
[61] Vgl. Art. 1a Abs. 1 VO (EWG, Euratom, EGKS) Nr. 259/68 des Rates vom 29. 2. 1968 zur Festlegung des Statuts der Beamten der Europäischen Gemeinschaften und der Beschäftigungsbedingungen für die sonstigen Bediensteten dieser Gemeinschaften sowie zur Einführung von Sondermaßnahmen, die vorübergehend für die Beamten der Kommission anwendbar sind, ABl. 1968, L 56/1, i. d. F.
der VO (EG, Euratom) Nr. 723/2004 des Rates vom 22. 3. 2004 zur Änderung des Statuts der Beamten
der Europäischen Gemeinschaften und der Beschäftigungsbedingungen für die sonstigen Bediensteten
dieser Gemeinschaften, ABl. 2004, L 124/1; zu weiteren Konkretisierungen vgl. Abs. 2 der vorgenannten Bestimmung, wo es heißt: »Die Definition nach Absatz 1 gilt auch für Personen, die von
Gemeinschaftseinrichtungen ernannt worden sind, auf die das Statut aufgrund der gemeinschaftlichen
Rechtsakte über ihre Errichtung anzuwenden ist (im Folgenden: ›Agenturen‹). Wird im Statut auf die
›Organe‹ Bezug genommen, so schließt dies auch die Agenturen ein, es sei denn, das Statut sieht etwas
anderes vor.« Eine konsolidierte Fassung dieses in der Vergangenheit mehrfach geänderten Statuts
findet sich im Internet unter: http://ec.europa.eu/civil_service/docs/toc100_de.pdf.
[62] Vgl. dazu insbesondere die konsolidierte Fassung des hier in Rede stehenden Statuts (Fn. 61).
[63] Näher dazu vgl. m. w. N. *Nowak*, EnzEuR, Bd. 3, § 34, Rn. 28 ff.
[64] So vgl. *Hatje*, in: Schwarze, EU-Kommentar, Art. 339 AEUV, Rn. 3; *Steinle*, in: Streinz,
EUV/AEUV, Art. 339 AEUV, Rn. 6, a. A. *Khan*, in: Geiger/Khan/Kotzur, EUV/AEUV, Art. 339
AEUV, Rn. 5.
[65] Exemplarisch vgl. Art. 31 Abs. 1 VO (EG) Nr. 2100/94 des Rates vom 27. 7. 1994 über den
gemeinschaftlichen Sortenschutz, ABl. 1994, L 227/1.
[66] Exemplarisch vgl. Art. 6 VO (EWG) Nr. 302/93 des Rates vom 8. 2. 1993 zur Schaffung einer
Europäischen Beobachtungsstelle für Drogen und Drogensucht, ABl. 1993, L 36/1; geändert durch die

18   Weitere Regelungen über besondere Verschwiegenheitspflichten einzelner nicht von
Art. 339 AEUV erfasster Personen, die sich für manche Personengruppen auch durch
vertragliche Vereinbarungen begründen lassen,[67] finden sich beispielsweise in Art. 37
Abs. 1 des (Vertrags-)Protokolls Nr. 4 über die Satzung des Europäischen Systems der
Zentralbanken und der Europäischen **Zentralbank**,[68] wonach die Mitglieder der Lei-
tungsgremien und des Personals der Europäischen Zentralbank und der nationalen Zentralbanken auch nach Beendigung ihres Dienstverhältnisses keine der Geheimhaltungspflicht unterliegenden Informationen weitergeben dürfen. Ähnliche Regelungen gibt es
auch im Hinblick auf den etwa in Art. 228 AEUV und in Art. 43 GRC angesprochenen
Europäischen **Bürgerbeauftragten**[69] sowie im Hinblick auf den Europäischen **Datenschutzbeauftragten**.[70] Schließlich ist darauf hinzuweisen, dass der Unionsgesetzgeber
zum Teil auch **mitgliedstaatliche Behörden** in den Kreis der an sekundärrechtliche Verschwiegenheitspflichten gebundenen Personen einbezieht.[71]

III.   Verbot der Preisgabe bzw. Geheimhaltungspflicht

19   Die in Art. 339 AEUV geregelte Geheimhaltungspflicht knüpft in maßgeblicher Weise
an den in dieser Norm enthaltenen Begriff der »Preisgabe« an (1.), wobei im Einzelnen –
auch wenn es hierfür im Wortlaut dieser Bestimmung keinen klaren Anhaltspunkt gibt –
zwischen der unbefugten Preisgabe und der befugten, erlaubten oder notwendigen
Preisgabe der durch diese Bestimmung grundsätzlich geschützten Auskünfte und Informationen zu differenzieren ist (2.). Weitere Konkretisierungen des hier in Rede stehenden Verbots der unbefugten Preisgabe geschützter Auskünfte und Informationen, die
sich direkt aus Art. 339 AEUV ableiten lassen, beziehen sich auf die Dauer bzw. auf die
zeitliche Geltung dieses Verbots (3.).

1.   Begriff der Preisgabe

20   Der in Art. 339 AEUV enthaltene Begriff der Preisgabe wird allgemein dahingehend
verstanden, dass es hierbei um die Offenlegung geschützter Geheimnisse bzw. um die
ausdrückliche oder konkludente Weitergabe der durch diese Bestimmung geschützten
Informationen und Auskünfte an Dritte geht und dass diese Weiter- oder Preisgabe **jede
Art der schriftlichen oder mündlichen Mitteilung an Dritte** auch auf elektronischem
Wege einschließt, die Rückschlüsse auf einzelne Unternehmen, Individuen oder sonstige Personen zulässt bzw. eine (Re-)Individualisierung der Betroffenen ermöglicht.[72]

Verordnung (EG) Nr. 1651/2003 des Rates v. 18.6.2003 zur Änderung der Verordnung (EWG)
Nr. 302/93 zur Schaffung einer Europäischen Beobachtungsstelle für Drogen und Drogensucht, ABl.
2003, L 245/30; sowie Art. 25 des Beschlusses 2002/187/JI des Rates vom 28.2.2002 über die Errichtung von Eurojust zur Verstärkung der Bekämpfung der schweren Kriminalität, ABl. 2002, L 63/1.
  [67] Näher dazu vgl. etwa *Brühann*, in: GSH, Europäisches Unionsrecht, Art. 339 AEUV, Rn. 10.
  [68] ABl. 2012, C 326/230 (246).
  [69] Vgl. Art. 4 Abs. 1 des Beschlusses des Europäischen Parlaments vom 18.6.2008 zur Änderung
des Beschlusses 94/262/EGKS, EG, Euratom über die Regelungen und allgemeinen Bedingungen für
die Ausübung der Aufgaben des Bürgerbeauftragten, ABl. 2008, L 189/25.
  [70] Vgl. Art. 45 VO (EG) Nr. 45/2001 des Europäischen Parlaments und des Rates vom 18.12.2000
zum Schutz natürlicher Personen bei der Verarbeitung personenbezogener Daten durch die Organe
und Einrichtungen der Gemeinschaft und zum freien Datenverkehr, ABl. 2001, L 8/1.
  [71] Exemplarisch vgl. Art. 28 Abs. 2 Satz 1 VO (EG) Nr. 1/2003 (Fn. 11); Art. 17 Abs. 2 VO (EG)
Nr. 139/2004 (Fn. 12); Art. 24 VO (EG) Nr. 659/1999 (Fn. 13); Art. 30 VO (EU) Nr. 2015/1589
(Fn. 13).
  [72] Vgl. nur *Brühann*, in: GSH, Europäisches Unionsrecht, Art. 339 AEUV, Rn. 17; *Hatje*, in:

2. Differenzierung zwischen unbefugter und erlaubter bzw. notwendiger Preisgabe

Im Hinblick auf das in Art. 339 AEUV niedergelegte Preisgabeverbot wird aus nach- **21** vollziehbaren Gründen überwiegend zwischen der unbefugten Preisgabe der unter das Amtsgeheimnis fallenden Informationen und der befugten bzw. erlaubten oder notwendigen Preisgabe dieser Informationen unterschieden.[73] Eine **unbefugte Preisgabe** liegt dann vor, wenn die Weitergabe der durch Art. 339 AEUV geschützten Auskünfte oder Informationen an Nichtberechtigte[74] erfolgt und dies nicht durch andere Bestimmungen des Unionsrechts oder durch die Einwilligung desjenigen, dessen Schutz die Geheimhaltung dient, gerechtfertigt ist.[75] Zu den Regelungen, die unter bestimmten Umständen eine Preisgabe der grundsätzlich unter das durch Art. 339 AEUV geschützte Berufs- bzw. Amtsgeheimnis fallenden Informationen rechtfertigen und diese insoweit in eine notwendige, befugte oder **erlaubte Preisgabe** verwandeln können, gehören neben Art. 296 Abs. 2 AEUV und Art. 297 AEUV, die sich mit Begründungs- und Veröffentlichungspflichten oder -erfordernissen befassen,[76] insbesondere auch zahlreiche sekundärrechtliche Vorschriften,[77] die bereichsspezifische oder bereichsübergreifende Anhörungsrechte und/oder Akteneinsichts- bzw. Dokumentenzugangsansprüche begründen[78] und dazu führen, dass das durch Art. 339 AEUV geschützte Amtsgeheimnis in vielen Fällen mit den gegenläufigen Belangen des verfahrensrechtlichen Individualrechtsschutzes und/oder der Transparenz zum Ausgleich gebracht werden muss (s. Rn. 7).

Schwarze, EU-Kommentar, Art. 339 AEUV, Rn. 7; *Jaeckel*, in: Grabitz/Hilf/Nettesheim, EU, Art. 339 AEUV (August 2011), Rn. 27; *Lubig*, S. 61 ff.; *Steinle*, in: Streinz, EUV/AEUV, Art. 339 AEUV, Rn. 7.

[73] Vgl. nur *Benedikt*, S. 121 f. u. S. 147 f.; *Brühann*, in: GSH, Europäisches Unionsrecht, Art. 339 AEUV, Rn. 18; *Hatje*, in: Schwarze, EU-Kommentar, Art. 339 AEUV, Rn. 9; *Lubig*, S. 63 f.; zur mangelnden Absolutheit des primärrechtlich garantierten Schutzes von Berufs- bzw. Geschäftsgeheimnissen vgl. auch *Siebert*, S. 263 ff.

[74] Ausführlicher zum teilweise umstrittenen Kreis der Nichtberechtigten vgl. m. w. N. *Brühann*, in: GSH, Europäisches Unionsrecht, Art. 339 AEUV, Rn. 19; *Hatje*, in: Schwarze, EU-Kommentar, Art. 339 AEUV, Rn. 8; *Steinle*, in: Streinz, EUV/AEUV, Art. 339 AEUV, Rn. 7; *Wegener*, in: Calliess/Ruffert, EUV/AEUV, Art. 339 AEUV, Rn. 3.

[75] Vgl. nur *Brühann*, in: GSH, Europäisches Unionsrecht, Art. 339 AEUV, Rn. 18; *Epping*, in: Vedder/Heintschel v. Heinegg, Europäisches Unionsrecht, Art. 339 AEUV, Rn. 4; *Steinle*, in: Streinz, EUV/AEUV, Art. 339 AEUV, Rn. 7.

[76] In diesem Kontext vgl. insb. EuGH, Urt. v. 13.3.1985, verb. Rs. 296/82 u. 318/82 (Niederlande u. Leeuwarder Papierwarenfabriek/Kommission), Slg. 1985, 809, Rn. 27; EuG, Urt. v. 11.9.2012, Rs. T–565/08 (Corsica Ferries Frankreich/Kommission), ECLI:EU:T:2012:415, Rn. 43, wonach ein Begründungsmangel nicht durch die in Art. 287 EGV [jetzt: Art. 339 AEUV] verankerte Pflicht, das Berufsgeheimnis zu wahren, gerechtfertigt werden könne und wonach die Pflicht, die Geschäftsgeheimnisse zu wahren, daher nicht so weit ausgelegt werden dürfe, dass sie dem Begründungserfordernis zulasten der Verteidigungsrechte der Mitgliedstaaten und der betroffenen Beteiligten den wesentlichen Inhalt entzieht.

[77] Exemplarisch vgl. dazu insb. die VO (EG) Nr. 1049/2001 (Fn. 6) sowie Art. 27 VO (EG) Nr. 1/2003 (Fn. 11) und Art. 18 VO (EG) Nr. 139/2004 (Fn. 12).

[78] In diesem Sinne vgl. etwa EuG, Urt. v. 9.6.2010, Rs. T–237/05 (Éditions Odile Jacob/Kommission), Slg. 2010, II–2245, Rn. 90 u. 124, wonach Informationen nicht als ihrem Wesen nach unter das Berufsgeheimnis fallend angesehen werden können, wenn die Öffentlichkeit Anspruch auf Zugang zu Dokumenten hat, die diese Informationen enthalten.

3. Dauer bzw. zeitliche Geltung des Preisgabeverbots

22   Nach Art. 339 AEUV dürfen die zur Verschwiegenheit verpflichteten Institutionen und Personen (s. Rn. 13 ff.) die von der hier geregelten Geheimhaltungspflicht umfassten Auskünfte oder Informationen (s. Rn. 5 ff.) **auch nach Beendigung ihrer Amtstätigkeit** nicht preisgeben. Dies bedeutet, dass diese Personen nicht nur nach Beendigung ihrer Amtstätigkeit, sondern auch während ihrer Amtstätigkeit verpflichtet sind, die vorgenannten Informationen nicht preiszugeben, solange diese Informationen nicht ihren Geheimnischarakter bzw. ihre Schutzwürdigkeit etwa dadurch verlieren, dass deren Offenlegung keinen Schaden mehr anrichten kann oder dass sie zwischenzeitlich allgemein bekannt geworden sind.[79] Im Übrigen sind in diesem Kontext teilweise auch die in der Verordnung (EG, Euratom) Nr. 1700/2003 des Rates vom 22. 9. 2003 zur Änderung der Verordnung (EWG, Euratom) Nr. 354/83 über die Freigabe der historischen Archive der Europäischen Wirtschaftsgemeinschaft und der Europäischen Atomgemeinschaft[80] geregelten Fristen und Vertraulichkeitsvorgaben zu beachten.[81]

C.   Rechtsfolgen

23   Der Umstand, dass Art. 339 AEUV keine auf einen Verstoß gegen die dort geregelte Geheimhaltungspflicht bezogenen Rechtsfolgen anspricht, bedeutet nicht, dass Verstöße gegen das hier in Rede stehende Preisgabeverbot folgenlos bleiben. Festzustellen ist vielmehr, dass eine Verletzung der in Art. 339 AEUV niedergelegten Geheimhaltungspflicht unterschiedliche Rechtsfolgen auslösen kann, wobei zwischen verschiedenen Sanktionen (I.) und Rechtsschutzansprüchen (II.) zu differenzieren ist. Im Übrigen kann der durch Art. 339 AEUV gewährleistete Geheimnisschutz in bestimmten Konstellationen auch mit einem primär aus dem Unionsgrundrecht auf rechtliches Gehör abzuleitenden Verwertungsverbot einhergehen, das in verschiedenen Verfahrensordnungen durch sekundärrechtlich geregelte Verwertungsbeschränkungen anderer Art flankiert wird (III.).

I.   Disziplinar-, straf- und haftungsrechtliche Sanktionen

24   Beamte oder Bedienstete, die gegen die in Art. 339 AEUV geregelte Geheimhaltungsverpflichtung verstoßen, können auf der Grundlage des oben genannten Beamtenstatuts und der Beschäftigungsbedingungen für die sonstigen Bediensteten (s. Rn. 16) disziplinarrechtlich verfolgt werden[82] und – wenn dies im nationalen Recht der Mitgliedstaaten unter gebührender Beachtung der in Art. 343 AEUV geregelten Einschränkungen (s. Art. 343 AEUV, Rn. 1 ff.) und des dazugehörigen (Vertrags-)Protokolls (Nr. 7) über die Vorrechte und Befreiungen der Europäischen Union[83] vorgesehen ist – straf-

---

[79] Ausführlicher zur Dauer des hier in Rede stehenden Preisgabeverbots vgl. *Brühann*, in: GSH, Europäisches Unionsrecht, Art. 339 AEUV, Rn. 21 f.

[80] ABl. 2003, L 243/1.

[81] Näher dazu vgl. *Brühann*, in: GSH, Europäisches Unionsrecht, Art. 339 AEUV, Rn. 22; *Jaeckel*, in: Grabitz/Hilf/Nettesheim, EU, Art. 339 AEUV (August 2011), Rn. 36 ff.

[82] Vgl. insb. Art. 86 (Beamtenstatut) und Art. 49 Abs. 1 (Beschäftigungsbedingungen für die sonstigen Bediensteten) jeweils i. V. m. Anhang IX (Disziplinarordnung) der konsolidierten Fassung des hier in Rede stehenden Statuts (Fn. 61).

[83] ABl. 2012, C 326/266.

rechtlichen Sanktionen ausgesetzt sein.[84] Darüber hinaus kann die Union auf der Grundlage der in Art. 268 AEUV i. V. m. Art. 340 Abs. 2 und 3 AEUV geregelten **außervertraglichen Haftung** bei Vorliegen aller dort geregelten und in der Rechtsprechung des Unionsrechts fortentwickelten Anspruchsvoraussetzungen auf Schadensersatz in Anspruch genommen werden, wenn ihre Beamten oder Bediensteten der in Art. 339 AEUV geregelten Geheimhaltungspflicht zuwiderhandeln.[85]

II. Primärrechtsschutz

Neben dem Sekundärrechtsschutz in Form der außervertraglichen Haftung (s. Rn. 24)   **25** steht den Mitgliedstaaten sowie natürlichen und juristischer Personen im Einklang mit dem in Art. 47 GRC niedergelegten Unionsgrundrecht auf effektiven gerichtlichen Rechtsschutz[86] ein im Wege der Erhebung der in Art. 263 AEUV geregelten **Nichtigkeitsklage** zu realisierender Primärrechtsschutz zur Verfügung, wenn die nach Art. 339 AEUV zur Geheimhaltung geschützter Auskünfte oder Informationen (s. Rn. 5 ff.) verpflichteten Personenkreise (s. Rn. 13 ff.) gegen das in dieser Bestimmung niedergelegte Preisgabeverbot verstoßen oder unter Berufung auf dieses Verbot die Offenlegung bestimmter Auskünfte oder Informationen verweigern und auf diese Weise bestimmte Verteidigungsrechte verletzen.[87] Etwaige »Unregelmäßigkeit dieser Art« können allerdings nur dann zur Nichtigerklärung der fraglichen Entscheidung führen, wenn erwiesen ist, dass ohne sie die jeweilige Entscheidung inhaltlich anders ausgefallen wäre.[88]

Besondere Erwähnung verdienen in diesem Zusammenhang insbesondere auch die   **26** durch die Erhebung einer Nichtigkeitsklage eröffneten **Möglichkeiten einstweiligen**

---

[84] Ausführlicher dazu vgl. jeweils m. w. N. *Brühann*, in: GSH, Europäisches Unionsrecht, Art. 339 AEUV, Rn. 29 u. 31 f.; *Hatje*, in: Schwarze, EU-Kommentar, Art. 339 AEUV, Rn. 16; *Jaeckel*, in: Grabitz/Hilf/Nettesheim, EU, Art. 339 AEUV (August 2011), Rn. 47 ff.; *Lukes/Hauck*, RIW 1984, 665.

[85] Instruktiv dazu vgl. EuGH, Urt. v. 7. 11. 1985, Rs. 145/83 (Adams/Kommission), Slg. 1985, 3539, Rn. 53 ff.; EuG, Urt. v. 8. 7. 2008, Rs. T–48/05 (Franchet u. Byk/Kommission), Slg. 2008, II–1585, Rn. 208 ff.; Urt. v. 16. 12. 2010, Rs. T–19/07 (Systran u. a./Kommission), Slg. 2010, II–6083, Rn. 79 ff.; Urt. v. 8. 11. 2011, Rs. T–88/09 (Idromacchine u. a./Kommission), Slg. 2011, II–7833, Rn. 56 f.; näher zur außervertraglichen Haftung im Kontext des Art. 339 AEUV vgl. *Reichold*, S. 120 ff.

[86] Ausführlich zu diesem außerordentlich bedeutsamen Unionsgrundrecht vgl. statt vieler *Giegerich/Lauer*, ZEuS 2014, 461; *Munding*, Das Grundrecht auf effektiven Rechtsschutz im Rechtssystem der Europäischen Union, 2010, S. 38 ff.; *Nowak*, Europäisches Verwaltungsrecht und Grundrechte, in: Terhechte, Verwaltungsrecht der EU, § 14, Rn. 13 ff.; *Pabel*, EnzEuR, Bd. 2, Rn. 18 ff.; *Rengeling*, Effektiver Rechtsschutz in der Europäischen Union, FS Schwarze, 2014, S. 735 ff.; m. w. N. siehe die Kommentierung zu Art. 47 GRC.

[87] Exemplarisch vgl. EuG, Urt. v. 29. 6. 1995, Rs. T–30/91 (Solvay/Kommission), Slg. 1995, II–1775, Rn. 51 ff.; Urt. v. 29. 6. 1995, Rs. T–36/91 (ICI/Kommission), Slg. 1995, II–1847, Rn. 65 ff.; Urt. v. 12. 10. 1997, Rs. T–474/04 (Pergan Hilfsstoffe für industrielle Prozesse/Kommission), Slg. 2007, II–4225, Rn. 37 ff.; Urt. v. 9. 6. 2010, Rs. T–237/05 (Éditions Odile Jacob/Kommission), Slg. 2010, II–2245, Rn. 28 ff.; Urt. v. 8. 11. 2011, Rs. T–88/09 (Idromacchine u. a./Kommission), Slg. 2011, II–7833, Rn. 41 ff.

[88] Vgl. etwa EuGH, Urt. v. 16. 12. 1975, verb. Rs. 40/73 bis 48/73, 50/73, 54/73 bis 56/73, 111/73, 113/73 u. 114/73 (Suiker Unie u. a./Kommission), Slg. 1975, 1663, Rn. 91/92; EuG, Urt. v. 7. 7. 1994, Rs. T–43/92 (Dunlop Slazenger/Kommission), Slg. 1994, II–441, Rn. 29; Urt. v. 6. 7. 2000, Rs. T–62/98 (VW/Kommission), Slg. 2000, II–2707, Rn. 283; Urt. v. 3. 3. 2011, Rs. T–110/07 (Siemens/Kommission), Slg. 2011, II–477, Rn. 402.

Rechtsschutzes nach Art. 278 und 279 AEUV[89] sowie die vom Gerichtshof richterrechtlich entwickelte *AKZO*-Doktrin, nach der die Kommission vor einer beabsichtigten Weiterleitung von Unterlagen, die nach Ansicht des betroffenen Unternehmens schützenswerte Geschäftsgeheimnisse enthalten, zur vorherigen Anhörung dieses Unternehmens verpflichtet ist und angesichts des außerordentlich schweren Schadens, der aus der unzulässigen Weiterleitung von Unterlagen an Wettbewerber entstehen kann, dem Unternehmen vor Vollzug ihrer Weiterleitungsentscheidung die Möglichkeit geben muss, den Gerichtshof der EU anzurufen.[90] Die in diesem Bereich anerkannte isolierte Anfechtbarkeit einzelner Verfahrenshandlungen der Kommission ähnelt in gewisser Weise dem verfahrensrechtlichen Schutzregime, das der Unionsrichter im Zusammenhang mit dem durch das sog. Legal (Professional) Privilege gewährleisteten Vertraulichkeitsschutz im Verhältnis zwischen Anwälten und Mandanten entwickelt hat (s. Art. 337 AEUV, Rn. 34).

III. Verwertungsverbot und Verwertungsbeschränkungen

27 Der durch Art. 339 AEUV gewährleistete Geheimnisschutz kann schließlich in bestimmten Konstellationen auch mit einem primär aus dem **Unionsgrundrecht auf rechtliches Gehör**[91] abzuleitenden Verwertungsverbot einhergehen. Dies verdeutlicht insbesondere die ständige EU-kartellverfahrensrechtliche Rechtsprechung des Unionsrichters, wonach die Kommission zur Begründung verfahrensabschließender Beschlüsse, zu denen etwa die auf Art. 23 der einschlägigen Kartellverfahrens-VO[92] gestützten Geldbußenbeschlüsse gehören (s. Art. 103 AEUV, Rn. 27), nicht auf solche Daten oder Informationen zurückgreifen darf, die dem Beschlussadressaten zuvor aus Gründen des Schutzes vertraulicher Informationen vorenthalten worden sind.[93] Dieses Verwertungsverbot wird in verschiedenen Verfahrensordnungen des Unionsrechts zudem durch einige höchstrichterlich anerkannte und/oder sekundärrechtlich geregelte

---

[89] Zur erfolgreichen Verhinderung der Veröffentlichung vertraulicher Informationen im Eilverfahren vgl. etwa EuG, Beschl. v. 16.11.2012, Rs. T–341/12 R (Evonik Degussa/Kommission), NZKart 2013, Rn. 14 ff.; mit Anm. *Berrisch*, EuZW 2013, 39 f.; instruktiv dazu vgl. ferner EuG, Beschl. v. 11.3.2013, Rs. T–462/12 R (Pilkington Group/Kommission), ECLI:EU:T:2013:119, Rn. 23 ff.

[90] Grdlg. EuGH, Urt. v. 24.6.1986, Rs. 53/85 (AKZO Chemie/Kommission), Slg. 1986, 1965, Rn. 29 f.; u.a. bestätigt in EuGH, Urt. v. 19.5.1994, Rs. C–36/92 P (SEP/Kommission), Slg. 1994, I–1911, Rn. 38.

[91] Näher zu diesem im EU-Verwaltungs- und Prozessrecht außerordentlich bedeutsamen Unionsgrundrecht vgl. m.w.N. *Nehl*, in: Heselhaus/Nowak, Handbuch der Europäischen Grundrechte, § 54, Rn. 1 ff.; *Nöhmer*, Das Recht auf Anhörung im europäischen Verwaltungsverfahren, 2013, S. 9 ff.; *Nowak*, Europäisches Verwaltungsrecht und Grundrechte, in: Terhechte, Verwaltungsrecht der EU, § 14, Rn. 37 f.

[92] VO (EG) Nr. 1/2003 (Fn. 11).

[93] Vgl. EuGH, Urt. v. 13.2.1979, Rs. 85/76 (Hoffmann-La Roche/Kommission), Slg. 1979, 461, Rn. 14 f.; Urt. v. 25.10.1985, Rs. 107/82 (AEG/Kommission), Slg. 1985, 3151, Rn. 24; EuG, Urt. v. 29.6.1995, Rs. T–30/91 (Solvay/Kommission), Slg. 1995, II–1775, Rn. 58; Urt. v. 15.3.2001, Rs. T–73/98 (Société chimique Prayon-Rupel/Kommission), Slg. 2001, II–867, Rn. 84.

Verwertungsbeschränkungen flankiert, die ihren Grund vornehmlich in der **Zweckge-bundenheit bestimmter Informationen oder Auskünfte** finden.[94]

---

[94] Exemplarisch dazu vgl. zum einen EuGH, Urt. v. 16.7.1992, Rs. C–67/91 (Asociación Española de Banca Privada u. a.), Slg. 1992, I–4785, Rn. 36 f.; sowie EuG, Urt. v. 16.12.2010, Rs. T–19/07 (Systran u. a./Kommission), Slg. 2010, II–6083, Rn. 81, wonach eine technische Information, die unter das Geschäftsgeheimnis eines Unternehmens fällt und die der Kommission zu einem bestimmten Zweck übermittelt wurde, an einen Dritten zu einem anderen Zweck nicht ohne Erlaubnis des betreffenden Unternehmens weitergegeben werden darf; zum anderen vgl. Art. 28 Abs. 1 VO (EG) Nr. 1/2003 (Fn. 11), Art. 17 Abs. 1 VO (EG) Nr. 139/2004 (Fn. 12), Art. 29 Abs. 6 VO (EG) Nr. 597/2009 (Fn. 14), Art. 19 Abs. 6 VO (EG) Nr. 1225/2009 (Fn. 14) sowie Art. 9 der VO (EG) Nr. 3286/94 des Rates vom 22.12.1994 zur Festlegung der Verfahren der Gemeinschaft im Bereich der gemeinsamen Handelspolitik zur Ausübung der Rechte der Gemeinschaft nach internationalen Handelsregeln, insbesondere den im Rahmen der Welthandelsorganisation vereinbarten Regeln, ABl. 1994, L 349/71, i. d. F. der »Änderungs«-VO (EG) Nr. 125/2008 des Rates vom 12.2.2008, ABl. 2008, L 40/1.

Artikel 340 AEUV [Amtshaftung der Union]

Die vertragliche Haftung der Union bestimmt sich nach dem Recht, das auf den betreffenden Vertrag anzuwenden ist.

Im Bereich der außervertraglichen Haftung ersetzt die Union den durch ihre Organe oder Bediensteten in Ausübung ihrer Amtstätigkeit verursachten Schaden nach den allgemeinen Rechtsgrundsätzen, die den Rechtsordnungen der Mitgliedstaaten gemeinsam sind.

Abweichend von Absatz 2 ersetzt die Europäische Zentralbank den durch sie oder ihre Bediensteten in Ausübung ihrer Amtstätigkeit verursachten Schaden nach den allgemeinen Rechtsgrundsätzen, die den Rechtsordnungen der Mitgliedstaaten gemeinsam sind.

Die persönliche Haftung der Bediensteten gegenüber der Union bestimmt sich nach den Vorschriften ihres Statuts oder der für sie geltenden Beschäftigungsbedingungen.

Literaturübersicht

Aalto, Public Liability in EU Law: Brasserie, Bergaderm and Beyond, 2011; *Albers*, Die Haftung der Bundesrepublik Deutschland für die Nichtumsetzung von EG-Richtlinien, 1994, *Allkemper*, Der Rechtsschutz des Einzelnen nach dem EG-Vertrag. Möglichkeiten seiner Verbesserung, 1995; *Anagnostaras*, The Allocation of Responsibilities in State Liability Actions for Breach of Community Law: A Modern Gordian Knot?, E.L.Rev. 26 (2001), 139; *ders.*, Erroneous judgements and the prospect of damages: the scope of the principle of government liability for judicial breaches, E.L.Rev. 31 (2006), 735; *Andre*, Konkurrierende Ersatzansprüche vor deutschen Gerichten und dem Europäischen Gerichtshof, NJW 1968, 331; *Armbrüster/Kämmerer*, Verjährung von Staatshaftungsansprüchen wegen fehlerhafter Richtlinienumsetzung, NJW 2009, 3601; *Arnull*, Liability for Legislative Acts under Article 215 (2) EC, in: Heukels/McDonnell, The Action for Damages in a Community Law Perspective, 1997, S. 129; *Aubin*, Die Haftung der Europäischen Wirtschaftsgemeinschaft und ihrer Mitgliedstaaten bei gemeinschaftswidrigen nationalen Verwaltungsakten, 1982; *Bailey*, Damages Actions under the EC Merger Regulation, CMLRev. 44 (2007), 101; *Baldus/Becker*, »Quasi-Beihilfe« statt horizontaler Direktwirkung?, EuR 1999, 375; *von Bar*, Gemeineuropäisches Deliktsrecht Bd. 1, 1996; *du Ban*, Les principes generaux communs et la responsabilité contractuelle de la Communauté, CDA 1977, 397; *Barav*, State Liability in Damages for Breach of Community Law in the National Courts, in: Heukels/McDonnell, The Action for Damages in a Community Law Perspective, 1997, S. 363; *Baur*, Die Haftung der Europäischen Zentralbank, 2001; *Bebr*, The Non-Contractual Liability of the European Coal and Steel Community, in: dies., The Action for Damages in a Community Law Perspective, 1997, S. 71; *Bell/Bradley* (Hrsg.), Government Liability: A Comparative Study, 1991; *Beljin*, Staatshaftung im Europarecht, 2000; *Berg/Beck*, Zur jüngsten Rechtsprechung der Gemeinschaftsgerichte zur unmittelbaren Anwendung von WTO-Recht im Gemeinschaftsrecht, RIW 2005, 401; *van den Bergh/Schäfer*, State Liability for Infringement of the E.C. Treaty: Economic Arguments in Support of a Rule of »Obvious Negligence«, E.L.Rev. 23 (1998), 552; *Beul*, Kein Richtprivileg bei unterlassener Vorlage gem. Art. 177 EGV, EuZW 1996, 748; *Binia*, Das Francovich-Urteil des Europäischen Gerichtshofs im Kontext des deutschen Staatshaftungsrechts, 1998; *Biondi/Farley*, The Right to Damages in European Law, 2009; *Bleckmann*, Die öffentlich-rechtlichen Verträge der EWG, NJW 1978, 464; *ders.*, Der Verwaltungsvertrag als Handlungsmittel der Europäischen Gemeinschaften, DVBl 1981, 889; *von Bogdandy*, Das deutsche Staatshaftungsrecht vor der Herausforderung der Internationalisierung, AöR 122 (1997), 268; *Böhm*, Voraussetzungen einer Staatshaftung bei Verstößen gegen primäres Gemeinschaftsrecht, JZ 1997, 53; *Breuer*, Staatshaftung für judikatives Unrecht, 2011, *Broberg*, The calculation of the period of limitation in claims against the European Community for non-contractual liability, E.L.Rev. 26 (2001), 275; *Bröhmer*, Die Weiterentwicklung des europäischen Staatshaftungsrechts, JuS 1997, 117; *Bronkhorst*, Action for Compensation of Damages under Articles 178 and 215 (2) of the EEC Treaty, LIEI 1983, 99; *ders.*, The Valid Legislative Act as a Cause of Liability for the Communities, in: Heukels/McDonnell, The Action for Damages in a Community Law Perspective, 1997, S. 153; *Brownlie*, Principles of public international law, 1990; *Bulst*, Schadensersatzansprüche der Marktgegenseite im Kartellrecht, 2006; *Bülow*, Haftung der Europäischen Union nach Art. 340 Abs. 2 AEUV am Beispiel der rechtswidrigen Listung eines Terrorverdächtigen, EUR 2013, 609; *Burianek*, Das Verschuldenselement – ein den Rechtsordnungen der Mitgliedstaaten gemeinsamer allgemeiner Rechtsgrundsatz i. S. v. Art. 215 II EWGV?, 1991; *Burianski*, Die Haftung der EG in Antidumping- und Antisubventionsverfahren, EWS 2004, 546; *Candela Castillo/Mongin*, Les infractions au droit communautaire commises par les États membres, RMC 1996, 51; *Capelli/Migliazza*, Recours en indemnité et protection des intérêts individuels, CDA 1995, 585; *Capelli/Nehls*, Die außervertragliche Haftung der Europäischen Gemeinschaft und Rechtsbehelfe zur Erlangung von Schadensersatz gemäß Art. 215 EGV, Wertung, Kritik und Reformvorschlag, EuR 1997, 132; *Caranta*, Judicial Protection Against Member States: a new jus commune takes shape, CMLRev. 32 (1995), 703; *Carney*, Liability for Economic Loss in EC law, Irish Law Times (1995), 243; *van Casteren*, Article 215 (2) and the Question of Interest, in: Heukels/McDonnell, The Action for Damages in a Community Law Perspective, 1997, S. 199; *Chapus*, Droit administratif général, Tome 1, 12. Aufl., 1998; *Classen*, Effektive und kohärente Justizgewährleistung im europäischen Rechtsschutzverbund, JZ 2006, 157; *Constantinesco*, Les problèmes resultant de la responsabilité extracontractuelle de la Communauté et de ses Etats membres, in: Commission des C. E. (Hrsg.), Collection Etudes, Nr. 34, 1980; *Convenry*, State Liability in the United Kingdom after Brasserie du Pêcheur, CMLRev. 34 (1997), 603; *Conze*, Die völkerrechtliche Haftung der Europäischen Gemeinschaft, 1987; *Cornils*, Der gemeinschaftsrechtliche Staatshaftungsanspruch, 1995; *Couzinet*, La faute dans le régime de la responsabilité non-contractuelle des Communautés européennes, RTDE 1986, 367; *Czaja*, Die außervertragliche Haftung der EG für ihre Organe, 1996; *von Danwitz*, Die gemeinschaftsrechtliche Staatshaftung der Mitgliedsstaaten, DVBl 1997, 1; *ders.*, Zur Frage der mitgliedstaatlichen Haftung für judikatives Unrecht, JZ 2004, 301; *Dauses*, Empfiehlt es sich, das System des Rechtsschutzes und der Gerichtsbarkeit in der Europäischen Gemeinschaft, insbesondere die Aufgaben der Gemeinschaftsgerichte und nationalen Gerichte, weiterzuentwickeln?, in: Verhandlungen des 60. DJT, Band I, S. 1, 1994; *ders.*, Das Vorabentscheidungsverfahren nach Artikel 177 EG-Vertrag, 2. Aufl., 1995; *Deckert*, Zur Haftung des Mitgliedsstaates bei Verstößen seiner Organe gegen Europäisches Gemeinschaftsrecht, EuR 1997, 203; *Dengler*, Noch keine Auswirkungen der gemeinschaftsrechtlichen Staatshaftung auf die deutsche Staatshaftungsdogmatik bei legislativem Unrecht, IstR 1997, 252; *Detterbeck*, §§ 4–7, in: *ders.*/Windhorst/Sproll, Staatshaftungsrecht, 2000; *ders.*, Haftung der Europäischen Gemeinschaft und gemeinschaftsrechtlicher Haftungsanspruch, AöR 125 (2000), 202; *Diehr*, Der Staatshaftungsanspruch des Bürgers wegen Verletzung des Gemeinschaftsrechts durch die deutsche öffentliche Gewalt, 1997; *Doehner*, Immaterieller Schadensersatz bei Pauschalreisen, EuZW 2002, 339; *Dörr*, Der gemeinschaftsrechtliche Staatshaftungsanspruch in der Rechtsprechung des Bundesgerichtshofs, DVBl 2006, 598; *ders.*, Perspektiven des gemeinschaftsrechtlichen Staatshaftungsanspruches, 2010; *Économides-Apostolidis*, Jurisprudence récente en matière de responsabilité non-contractuelle dans les Communautés, in: Tendances actuelles et évolution de la jurisprudence de la Cour de justice et du Tribunal de première instance des Communautés européennes, Band 2, 1995; *Ebenroth/Fuhrmann*, Die zivilrechtliche Haftung internationaler Organisationen und ihrer Mitgliedstaaten, JZ 1989, 211; *Edward/Robinson*, Is there a Place for Private Law Principles in Community Law, in: Heukels/McDonnell, The Action for Damages in a Community Law Perspective, 1997, S. 339; *Ehle*, Klage- und Prozeßrecht des EWG-Vertrages (Loseblattsammlung), Grundauflage 1966; *Ehlers*, Die Weiterentwicklung des Staatshaftungsrechts durch das europäische Gemeinschaftsrecht, JZ 1996, 776; *Ehlers/Vorbeck*, Der Anspruch auf Erteilung von Verwaltungsinformationen – Teil 2, Jura (2014), 34; *Eilmansberger*, Rechtsfolgen und subjektives Recht im Gemeinschaftsrecht, 1997; *Elster*, Non-contractual liability under two legal Orders, CMLRev. 12 (1975), 91; *Emsinghoff*, Entschädigung für Eigentumseingriffe infolge rechtmäßiger Rechtsetzungsakte der Europäischen Gemeinschaft, 2009; *Everling*, Francovich – Zweite Runde, EuZW 1995, 33; *Ewert*, Die Funktion der allgemeinen Rechtsgrundsätze im Schadensersatzrecht der Europäischen Wirtschaftsgemeinschaft, 1991; *Fines*, Étude de la responsabilité extracontractuelle de la Communauté Économique Européenne, 1990; *dies.*, Quelle obligation de réparer pour la violation du droit communautaire? Noveaux developments jurisprudentiels sur la responsabilité de »l'état normateur«, RTDE 1997, 69; *dies.*, A General Analytical Perspective on Community Liability, in: Heukels/McDonnell, The Action for Damages in a Community Law Perspective, 1997, S. 11; *Fitz*, Zwischen »Singin' in the Rain« und »Under my Umbrella«– Schadensersatz bei Preisschirmeffekten im Europäischen Kartellrecht, E. L.Rev. 40 (2014), 194; *Flessner*, Die Anstößigkeit der Investitionsschiedsgerichtsbarkeit aus verfassungs- und europarechtlicher Sicht; Betrifft Justiz 2015, 62; *Fetzer*, Die Haftung für legislatives Unrecht, 1994; *XV. FIDE-Tagung*, Die Sanktion von Vertragsverstößen im Gemeinschaftsrecht, 1992; *Friese*, Kompensation von Embargoschäden bei Embargomaßnahmen der Europäischen Union, 2000; *Furrer/Epiney*, Staatliche Haftung für quantifizierbare Wettbewerbsnachteile aus nicht umgesetzten Richtlinien, JZ 1995, 1025; *Fuss*, Grundlagen der Gemeinschaftshaftung, EuR 1968, 353; *ders.*, Zur Rechtsprechung des EuGH über die Gemeinschaftshaftung, FS von der Heydte, 1977, S. 173; *ders.*, La responsabilité des Communautés Européennes pour le comportement illégal de leurs organes, RTDE 1981, 1; *Gaja*, Some Reflections on the European Community's International Responsibility, in: Heukels/McDonnell, The Action for Damages in a Community Law Perspective, 1997, S. 351; *Geiger*, Der gemeinschaftsrechtliche Grundsatz der Staatshaftung, 1997; *Gellermann*, Die Beeinflussung des bundesdeutschen Rechts durch Richtlinien der EG, 1994, *van Gerven*, Non-contractual Liability of Member States, Community Institutions and Individuals for Breaches of Community Law with a View to a Common Law for Europe, Maastricht Law Journal 1994, 6; *ders.*, Bridging the Unbridgeable: Community and National Tort Laws, I. C. L.Q. 1996, 507; *ders.*, The Emergence of a Common European Tort Law: The EU Contribution – One Among Others, in: Europäische Rechtsakademie, Durchsetzung des Gemeinschaftsrechts von Francovich zu Köbler: Zwölf Jahre gemeinschaftsrechtliche Staatshaftung, Band 37, 2004, S. 225; *van Gerven/Zuleeg* (Hrsg.), Sanktionen als Mittel der Durchsetzung des Gemeinschaftsrechts, 1996; *van Gerven/Lever/Larouche/von Bar/Viney*, Cases, Materials and Text on National, Supranational and International Tort Law, Scope of Protection, 1999; *Giegerich*, Verantwortlichkeit und Haftung für Akte internationaler und supranationaler Organisationen, ZVglRWiss 2005, 163; *Gilsdorf*, Die Haftung der Gemeinschaft aus normativem Handeln, EuR 1975, 73; *ders.*, »Sanktionen als Mittel zur Durchsetzung des Gemeinschaftsrechts«, Schriftenreihe der Europäischen Rechtsakademie 1996, 125; *Goffin*, La responsabilité contractuelle des Communautés; Recours en indemnité, in: Droit des Communautés Européennes, 1969, S. 141; *ders.*, La recevabilité des recours en indemnité devant la Cour de justice des C. E., JT Nr. 5151, 1981; *Grabitz*, Anmerkung zum Urteil des EuGH vom 25. 5.1978 (»Magermilchpulver«), NJW 1978, 1742; *ders.*, Zur Haftung der Europäischen Gemeinschaften für normatives Unrecht, FS Kutscher, 1981, S. 215; *ders.*, Liability for Legislative Acts, in: Schermers/Heukels/Mead (Hrsg.), Non-Contractual Liability of the European Communities, 1988, S. 1; *ders.*, Das Amtshaftungsrecht der Gemeinschaft, in: Schweitzer (Hrsg.), Europäisches Verwaltungsrecht, 1991, S. 167; *Grunwald*, Die nicht-völkerrechtlichen Verträge der Europäischen Gemeinschaften, EuR 1984, 227; *Grzeszick*, Subjektive Gemeinschaftsrechte als Grundlage des europäischen Staatshaftungsrechts, EuR 1998, 417; *ders.*, Rechte und Ansprüche, 2002; *Guckelberger*, Verjährung von Staatshaftungsansprüchen wegen Unionsrechtsverstößen, EuR 2011, 75; *Gundel*, Die Unterscheidung von vertraglichen und außervertraglichen Klagen im System des EU-Rechtsschutzes, EWS 2013, 65; *Gutmann*, The Evolution of the Action for Damages, CMLRev. 48 (2011), 695; *Haack*, Die außervertragliche Haftung der europäischen Gemeinschaft für rechtmäßiges Verhalten ihrer Organe, 1995; *ders.*, Die außervertragliche Haftung der EG für rechtmäßiges Verhalten, EuR 1999, 395; *ders.*, Grundsätzliche Anerkennung der außervertraglichen Haftung der EG für rechtmäßiges Verhalten nach Art. 288 Abs. 2 EG, EuR 2006, 696; *ders.*, Luxemburg locuta, causa finita: Außervertragliche Haftung der EG für rechtmäßiges Verhalten nach Art. 288 Abs. 2 EGV (= Art. 340 Abs. 2 AEUV) ade?, EuR 2009, 667; *Häde*, Keine Staatshaftung für mangelnde Bankenaufsicht – Zum Urteil des EuGH vom 12. 10. 2004 in der Rs. C–222/02, EuZW 2005, 39; *Hahn/Häde*, Die Zentralbank vor Gericht, ZHR 2001, 30; *Haltern*, Verschiebungen im europäischen Rechtsschutzsystem, VerwArch 96 (2005), 311; *Hancher*, Issues if of Non-Contractual Liability under the EAEC Treaty, in: Heukels/McDonnell (Hrsg.), The Action for Damages in a Community Law Perspective, 1997, S. 41; *Harlow*, State Liability: Problem without Solution, NJCL 6 (1995), 67; *dies.*, State Liability: Tort Law and Beyond, 2004; *Hartley*, The Foundations of European Union Law, 7. Aufl. 2010; *Hatje*, Die Haftung der Mitgliedsstaaten bei Verstößen des Gesetzgebers gegen Europäisches Gemeinschaftsrecht, EuR 1997, 297; *Haverkate*, Amtshaftung bei legislativem Unrecht und die Grundrechtsbindung des Gesetzgebers, NJW 1973, 441; *Havu*, Horizontal Liability for Damages in EU Law, ELJ 18 (2012), 407; *Heldrich*, Die allgemeinen Rechtsgrundsätze der außervertraglichen Schadenshaftung im Bereich der EWG, 1961; *Henrichs*, Haftung der EG-Mitgliedsstaaten für Verletzung von Gemeinschaftsrecht, 1995, *Herdegen*, Die Haftung der Europäischen Wirtschaftsgemeinschaft für fehlerhafte Rechtsetzungsakte, 1983; *ders.*, Zur Haftung für fehlerhafte Verordnungen im Recht der EWG, NVwZ 1984, 344; *Herdegen/Rensmann*, Die neuen Konturen der gemeinschaftsrechtlichen Staatshaftung, ZHR 161 (1997), 522; *Hermann-Rodeville*, Un exemple de contentieu économique: le recours en indemnité devant la Cour de Justice des Communautés européennes, RTDE 1986, 5; *Heukels*, De niet-contractuele aansprakelijkheid van de Gemeenschap ex art. 215, lid 2 EEG: Dynamiek en continuïteit (1983–1991), SEW 1992, 151; *ders.*, The Contractual Liability of the European Community Revisited, in: *Heukels/McDonnell* (Hrsg.), The Action for Damages in a Community Law Perspective, 1997, S. 89; *Heukels/McDonnell*, Limitation of the Action for Damages against the Community: Considerations and new developments, in: dies., The Action for Damages in a Community Law Perspective, 1997, S. 217; *Heuschmid*, Haftung bei Verstößen gegen die Europäische

Grundrechtecharta?, AuR 2014, 357; *Hidien*, Die gemeinschaftsrechtliche Staatshaftung der EU-Mitgliedstaaten, 1999, *Hilf*, Die Organisationsstruktur der Europäischen Gemeinschaften, 1982; *Heidfeld*, Die dezentrale Durchsetzung des WTO-Rechts in der Europäischen Union, Baden-Baden 2012, *Hilson*, The Role of Discretion in EC Law on Non-Contractual Liability, CMLRev. 42 (2005), 677; *Himmelmann*, Gemeinschaftsrechtliche Vorgaben für die Umsetzung von EG-Recht, DÖV 1996, 145; *Hix*, Zur außervertraglichen Haftung der Gemeinschaft, in: Europäische Rechtsakademie, Durchsetzung des Gemeinschaftsrechts von Francovich zu Köbler: Zwölf Jahre gemeinschaftsrechtliche Staatshaftung, Band 37, 2004, S. 199; *Hödl*, Das System der gemeinschaftsrechtlichen Staatshaftung nach dem Urteil Dillenkofer, Wirtschaftsrechtliche Blätter 1996, 472; *Hofmann*, Rechtsschutz und Haftung im Europäischen Verwaltungsverbund, Berlin 2004, 300; *Holtz*, Handbuch des Europäischen Dienstrechtes (Loseblattsammlung), 1964; *Hoskins*, The Relationship between the Action for Damages and the Award of Interim Measures, in: Heukels/McDonnell (Hrsg.), The Action for Damages in a Community Law Perspective, 1997, S. 259; *van Houtte*, Dispute Settlement of Contracts Financed by the European Development Fund, CMLRev. 19 (1982), 591; *Ipsen*, Zur Haftung für normatives Unrecht nach Europäischem Gemeinschaftsrecht, in: *ders.*, Europäisches Gemeinschaftsrecht in Einzelstudien, 1984, S. 249; *Jones*, The Non-contractual Liability of the EEC and the Availability of Alternative Remedy in the National Courts, LIEI (1981), 1; *ders.*, Three Questions on the Non-contractual Liability of the EEC, LIEI 1985, 86; *Kadelbach*, Staatshaftung für Embargoschäden, JZ 1993, 1134; *Kalbe*, Zur verfahrensrechtlichen Problematik der gerichtlichen Durchsetzung von Subventionsansprüchen aus dem Bereich der Agrarpolitik, Agrarrecht 11/1975, Beilage I; *Klein*, Art. 215 EGV, in: Hailbronner/Klein/Magiera/Müller-Graff, Handkommentar zum Vertrag über die Europäische Union, Stand 1994; *Koenig*, Haftung der Europäischen Gemeinschaft gem. Art. 288 II EG wegen rechtswidriger Kommissionsentscheidungen in Beihilfesachen, EuZW 2005, 202; *Kremer*, Staatshaftung für Verstöße gegen Gemeinschaftsrecht durch letztinstanzliche Gerichte, NJW 2004, 480; *Jarass*, Grundfragen der innerstaatlichen Bedeutung des EG-Rechts, 1994; *ders.*, Haftung für die Verletzung von EU-Recht durch nationale Organe und Amtsträger, NJW 1994, 881; *Kadelbach*, Staatshaftung für Embargoschäden, JZ 1993, 1134; *Kischel*, Gemeinschaftsrechtliche Staatshaftung zwischen Europarecht und nationaler Rechtsordnung, EuR 2005, 441; *Kluth*, Die Haftung der Mitgliedsstaaten für gemeinschaftswidrige höchstrichterliche Entscheidungen – Schlussstein im System der gemeinschaftlichen Staatshaftung, DVBl 2004, 393; *Kirchhof*, Kooperation zwischen nationalen und europäischen Gerichten, EuR 2014, 267; *Kohler/Puffer-Mariette*, EuGH und Privatrecht – Ein Rückblick nach 60 Jahren, ZEuP 2014, 696; *Kriechbaumer/Bamberger*, Private Enforcement – Die Rechtslage in Österreich, WuW 2014, 690; *König*, Staatshaftung für »hinreichend qualifizierte« Gemeinschaftsverstöße im nicht oder nur teilharmonisierten Bereich und die Vorlagepflicht nach Art. 234 Abs. 3 EG, EWS 2009, 249; *Lagrange*, The non-contractual Liability of the Community in the E. C. S. C. and the E. E. C., CMLRev. 2 (1965), 10; *Larenz/Canaris*, Lehrbuch des Schuldrechts II/2, 13. Aufl., 1994; *Lengauer*, Haftung eines Mitgliedstaates für die Verletzung von EG-Recht, Österreichische Juristenzeitung 1997, 81; *Leczykiewicz*, Private Party Liability in EU Law: In Search of the General Regime, CYELS 12 (2009–2010), 252; *Lenaerts/Maselis/Gutman*, EU Procedural Law, 2014; *Louis*, Ensuring Compliance and Implementation by Member States, European Economic and Business Law 1996, 33; *Luminosu*, Die gemeinschaftsrechtliche Haftung der Mitgliedstaaten der Europäischen Union und ihre Auswirkungen auf das rumänische Staatshaftungsrecht, 2006; *Lysen*, Three questions on the Non-Contractual Liability of the EEC, LIEI 1985 (1), 86; *Mackenzie-Stuart*, The »Non-contractual« Liability of the EEC, CMLRev. 14 (1975), 493; *Maczynski*, Schadensersatzansprüche gegen die EG basierend auf völkerrechtswidrigem Sekundärrecht, EuZW 2006, 459; *Mächtle*, Individualrechtsschutz in der Europäischen Union, JuS 2015, 28; *Maduro/Azoulai* (Hrsg.), The Past and Future of EU Law, 2010; *Maurer*, Allgemeines Verwaltungsrecht, 18. Aufl., 2011; *Mäsch*, Private Ansprüche bei Verstößen gegen das europäische Kartellverbot – »Courage« und die Folgen, EuR 2003, 825; *Mayer*, Zur Verfassungsmäßigkeit der Bananenmarktordnung, EuZW 2000, 685; *Mead*, The Relationship between an Action for Damages and an Action for Annulment: The Return of Plaumann, in: Heukels/McDonnell, The Action for Damages in a Community Law Perspective, 1997, S. 243; *Meinhold*, Nichtigkeitsurteil, Wiedergutmachungsmaßnahmen und Schadensersatz gemäß Art. 34 EGKS V, RIW/AWD (1989), 455; *Meji*, Article 215 (2) EC and Local Remedies, in: Heukels/McDonnell, The Action for Damages in a Community Law Perspective, 1997, S. 273; *Meng*, Internationale Organisationen im völkerrechtlichen Deliktsrecht, ZaöRV 1985, 355; *Millarg*, Keine Staatshaftung für gemeinschaftswidrige Gesetzgebung?, ZRP 1977, 224; *Modest*, Probleme der Schadensersatzklage gegen Organe der Gemeinschaft, ZFZ 1975, 357; *Mosler* (Hrsg.), Haftung des Staates für rechtswidriges Verhalten seiner Organe, Länderberichte und Rechtsvergleichung, 1967; *Mössner*, Anmerkung zum Urteil des EuGH vom 14. Mai 1975, RIW/AWD (1976), 93; *Much*, Die Amtshaftung im Recht der Europäischen Gemeinschaft für Kohle und Stahl, Schriften des Instituts für Ausländ. und Intern. Wirtschaftsrecht, 1952; *Musil*, Richtlinienumsetzung und Normerlassanspruch, Folgerung aus der Francovich-Rechtsprechung des Europäischen Gerichtshofs, EuR 1998, 705; *Nacimiento*, Gemeinschaftsrechtliche und nationale Staatshaftung in Deutschland, Italien und Frankreich, 2006; *Nehl/Wurmnest*, Die verfahrens- und haftungsrechtliche Bedeutung der Sorgfaltspflicht der Verwaltung, EuR 2001, 101; *Neßler*, Richterrecht wandelt EG-Richtlinien, RIW 1993, 206; *Nettesheim*, Gemeinschaftsrechtliche Vorgaben für das deutsche Staatshaftungsrecht, DÖV 1992, 999; *Niedziolka*, Anmerkung zum Urteil des EuGl vom 21. 1. 2014, T–309/10, zur Frage, ob es sich um ein Schutzklauselverfahren oder eine unrechtmäßige Anbringung eines CE-Kennzeichens handelt, MPR 2014, 141; *Núñez Müller*, Die Verjährung außervertraglicher Schadensersatzansprüche gegen die EG, EuZW 1999, 611; *Nowak*, Anmerkung zu EuGH Rs. C–453/99, Crehan, EuZW 2001, 717; *Oliver*, Le droit communautaire et les voies de recours nationales, CDA 1992, 348; *ders.*, Note sous l'arrêt de la Cour de Justice des Communautés européennes du 19 mai 1992, affaires jointes no. C–104/89 et C–37/90, »Mulder«, GdP 1994, 13; *ders.*, Joint Liability of the Community and the Member States, in: Heukels/McDonnell, The Action for Damages in a Community Law Perspective, 1997, S. 285; *Ossenbühl*, Der gemeinschaftsrechtliche Staatshaftungsanspruch, DVBl 1992, 993; *Ossenbühl/Cornils*, Staatshaftungsrecht, 6. Aufl., 2013; *Palandt*, Bürgerliches Gesetzbuch, Kommentar, 72. Aufl., 2013; *Pernice*, Die Haftung internationaler Organisationen, AVR (1988), 406; *ders.*, Le recours en indemnité, CDA 1995, 641; *Petersmann*, Darf die EG das Völkerrecht ignorieren?, EuZW 1997, 325; *Pfab*, Staatshaftung in Deutschland, 1996; *Pietzcker*, Zur Nichtanwendung europarechtswidriger Gesetze seitens der Verwaltung, FS Everling, 1995, S. 1095; *Radermacher*, Gemeinschaftsrechtliche Staatshaftung für höchstrichterliche Entscheidungen, NVwZ 2004, 1415; *Rainer*, EG-rechtliche Haftung der Mitgliedsstaaten in Steuersachen, IstR 1996, 282; *Rebhahn*, Staatshaftung wegen mangelnder Gefahrenabwehr, 1997; *Reich*, Der Schutz subjektiver Gemeinschaftsrechte durch Staatshaftung, EuZW 1996, 709; *ders.*, »Horizontalhaftung« – gibt es einen Beitrag des Gemeinschaftsrechts?, ZfRV 2009, 148; *Reinisch*, Entschädigung für die unbeteiligten »Opfer« des Hormon- und Bananenstreites nach Art. 288 II EG?, EuZW 2000, 42; *Rengeling*, Der Rechtsschutz bei der Subventionierung von Konkurrenten im EWG-Recht, GS Friedrich Klein, 1977, S. 416; *Röhrig*, Zum Stand des Grundrechtsschutzes bei kartellrechtlichen Ermittlungen der Kommission, WuW 2014, 814; *Rudden/Bishop*, Gritz and Quellmehl: Pass it on, E.L.Rev. 6 (1981), 243; *Sack*, Folgenbeseitigung im Gemeinschaftsrecht, EuR 1986, 241; *Säuberlich*, Die außervertragliche Haftung im Gemeinschaftsrecht, 2005; *Sauer*, Jurisdiktionskonflikte in Mehrebenensystemen, 2008; *Schaumburg*, Ansprüche auf Folgenbeseitigung, Entschädigung und Ersatzleistungen durch EuGH-Urteile, IStR 2014, 243; *Scheel*, Unionsrechtlicher Schadensersatzanspruch bei unangemessener Verfahrensdauer, EuZW 2014, 138; *Schenke*, Die Haftung des Staates bei normativem Unrecht, DVBl 1975, 121; *Schermers*, The law as it stands on the appeal for damages, LIEI 1975, 113; *ders.*, Procedures over ongeldige gemeenschapsnormen, SEW 1977, 587; *Schermers/Heukels/Mead* (Hrsg.), Non-Contractual Liability of the European Communities, 1988; *Schermers/Waelbroeck*, Judicial Protection in the European Union, 6. Aufl., 2001; *Schmahl*, Ungereimtheiten und Rechtsschutzlücken bei der außervertraglichen Haftung der Europäischen Gemeinschaft, ZEuS 1999, 415; *Schmitz*, Die Haftung der Europäischen Wirtschaftsgemeinschaft für Verordnungsunrecht im Abgaben- und Beihilfenrecht, 1987; *Schockweiler*, La responsabilité de l'autorité en cas de violation du droit communautaire, RTDE 1992, 27; *ders.*, Die Haftung der EG-Mitgliedsstaaten gegenüber dem einzelnen bei Verletzung des Gemeinschaftsrechts, EuR 1993, 107; *ders.*, Der Schadensersatzanspruch gegenüber dem Staat: Eine vollwertige Alternative zur horizontalen Wirkung von nicht fristgemäß umgesetzten Richtlinien?, FS Everling, 1995, S. 1315; *Schockweiler/Wivenes/Godart*, Le régime de la responsabilité extra-contractuelle du fait d'actes juridiques dans la Communauté européenne, RTDE 1990, 27; *Scholl*, Haftung zwischen den EG-Mitgliedstaaten bei Verletzung von Gemeinschaftsrecht, 2005; *Schöndorf-Haubold*, Die Haftung der Mitgliedstaaten für die Verletzung von EG-Recht durch nationale Gerichte, JuS 2006, 112; *Schoißwohl*, Haftung der Gemeinschaft für WTO-Rechtsverletzungen ihrer Organe, ZEuS 2001, Nr. 4, 689; *Schroeder*, Ersatzleistungen für rechtmäßige und rechtswidrige hoheitliche Maßnahmen der EWG, 1970; *Schröder*, Rechtsschutz gegenüber rechtmäßigem Handeln der Europäischen Union, 2005; *Schwarze*, Das allgemeine Völkerrecht in den innergemeinschaftlichen Rechtsbeziehungen, EuR 1983, 1; *ders.*, Der Rechtsschutz von Unternehmen im Europäischen Gemeinschaftsrecht, RIW 1996, 893; *ders.*, Europäisches Verwaltungsrecht, 2. Aufl., 2005; *Schwarzenegger*, Staatshaftung. Gemeinschaftsrechtliche Vorgaben und ihre Auswirkungen auf nationales Recht, 2001; *Seitz*, EWS-Kommentar, EWS 2006, 416; *Seltenreich*, Die Francovich-Rechtsprechung des EuGH und ihre Auswirkungen auf das deutsche Staatshaftungsrecht, 1997; *Shirvani*, Haftungsprobleme im Europäischen Verwaltungsverbund, EuR 2011, 619; *de Sousa*, Durchsetzung des Gemeinschaftsrechts von Francovich zu

Köbler: Zwölf Jahre gemeinschaftsrechtliche Staatshaftung, Bd. 37 der Schriftenreihe, 2004; *Spannowsky*, Grenzen des Verwaltungshandelns durch Verträge und Absprachen, 1994; *Stefanou/Xanthaki*, A Legal and Political Interpretation of Article 215 (2), 2000; *Steinberg/Lubberger*, Aufopferung – Enteignung und Staatshaftung, 1991; *Steiner*, Enforcing EC Law, London 1995; *dies.*, Die außervertragliche Haftung der EU nach Art. 340 Abs. 2 AEUV für rechtswidriges Verhalten, 2015; *Stelkens*, Probleme des Europäischen Verwaltungsvertrages nach dem Vertrag zur Gründung einer Europäischen Gemeinschaft und dem Vertrag über eine Verfassung für Europa, EuZW 2005, 299; *Streinz*, Anmerkungen zu dem EuGH-Urteil in der Rechtssache Brasserie du Pêcheur und Factortame, EuZW 1996, 201; *Tatham*, Restitution of Charges and Duties Levied by the Public Administration in Breach of European Community Law: comparative analysis, E.L.Rev. 19 (1994), 146; *Terhechte*, Konstitutionalisierung und Normativität der europäischen Grundrechte, 2011; *ders.*, Judicial Accountability and Public Liability – The German »Judges Privilege« Under the Influence of European and International Law, German Law Journal 13 (2012), 313; *ders.*, Autonomie und Kohärenz – Die Eigenständigkeit der Unionsgrundrechte im Zuge des EMRK-Beitritts der Europäischen Union, in: Iliopoulos-Strangas/Pereira da Silva/Potacs (Hrsg.), Die Grundrechte in Europa vor und nach dem Beitritt der EU zur EMRK, 2013, 23; *Tietjen*, Die Bedeutung der deutschen Richterprivilegien im System des gemeinschaftsrechtlichen Staatshaftungsrechts – Das EuGH-Urteil »Traghetti del Mediterraneo«, EWS 2007, 15; *ders.*, Das System des gemeinschaftsrechtlichen Staatshaftungsrechts, 2010; *Ukrow*, Richterliche Rechtsfortbildung vor den EuGH, 1995; *Tomuschat*, Das Francovich-Urteil des EuGH: Ein Lehrstück zum Europarecht, FS Everling, 1995, S. 1585; *Toth*, The Concepts of Damage and Causality as Elements of Non-Contractual Liability, in: Heukels/McDonnell (Hrsg.), The Action for Damages in a Community Law Perspective, 1997, S. 179; *Voßkuhle/Gerhardt*, »Wir leben in einem europäischen Gerichtsverbund«, ZRP 2015, 61; *Tridimas*, Liability for Breach of Community Law: Growing up and Mellowing down?, CMLRev. 38 (2001), 301; *Waelbroeck*, Treaty Violations and Liability of Member States: The Effect of the Francovich Case Law, in: Heukels/McDonnell (Hrsg.), The Action for Damages in a Community Law Perspective, 1997, S. 311; *Wakefield*, Judicial protection through the use of Article 288 (2) EC Treaty, 2002; *Wathelet/van Raepenbusch*, La responsabilité des États membres en cas de violation du droit communautaire: vers un alignment de la résponsabilité de l'état sur celle de la communaute ou L'inverse?, CDA 1997, 13; *de Weerth*, Die EuGH-Rechtsprechung zur Staatshaftung eines Mitgliedsstaats und die Anwendung nationaler Verjährungsfristen, DstR 2009, 707; *Wegener*, Staatshaftung für die Verletzung von Gemeinschaftsrecht durch nationale Gerichte?, EuR 2002, 785; *ders.*, (Fehl-) Urteilsverantwortung und Richterspruchprivileg in der Haftung der Mitgliedsstaaten für die Verletzung von Gemeinschaftsrecht, EuR (2004), 84; *Weiß*, Zur Haftung der EG für die Verletzung des WTO-Rechts, EuR 2005, 277; *Wils*, Concurrent Liability of the Community and a Member State, E.L.Rev. 17 (1992), 191; *Winkler/Trölitzsch*, Wende in der EuGH-Rechtsprechung für fehlerhafte EG-Rechtsetzungsakte und prozessuale Bewältigung der Prozeßflut, EuZW 1992, 663; *Wolf*, Die Staatshaftung der Bundesrepublik Deutschland und der Französischen Republik für Verstöße gegen das Europäische Gemeinschaftsrecht, 1999; *van der Woude*, Liability for Administrative Acts under Article 215 (2) EC, in: Heukels/McDonnell, The Action for Damages in a Community Law Perspective, 1997, S. 109; *Zenner*, Die Haftung der EG-Mitgliedstaaten für die Anwendung europarechtswidriger Rechtsnormen, 1995; *Zuleeg*, Die Rolle der rechtsprechenden Gewalt in der europäischen Integration, JZ 1994, 1; *Zündorf*, Rechtsschutz gegen Terrorlisten, Jura 2014, 616.

Leitentscheidungen

EuGH, Urt. v. 14.7.1967, verb. Rs. 5/66, 7/66 u. 13/66–24/66 (Kampffmeyer), Slg. 1967, 331
EuGH, Urt. v. 10.7.1969, Rs. 9/69 (Sayag), Slg. 1969, 329
EuGH, Urt. v. 28.4.1971, Rs. 4/69 (Lütticke) Slg. 1971, 325
EuGH, Urt. v. 2.12.1971, Rs. 5/71 (Schöppenstedt), Slg. 1971, 975
EuGH, Urt. v. 25.5.1978, verb. Rs. 83/76 u. 94/76, 4/77, 15/77 u. 40/77 (HNL), Slg. 1978, 1209
EuGH, Urt. v. 7.11.1985, Rs. 145/83 (Adams), Slg. 1985, 3539
EuGH, Urt. v. 26.2.1986, Rs. 175/85 (Krohn), Slg. 1986, 753
EuGH, Urt. v. 27.3.1990, Rs. 308/87 (Grifoni), Slg. 1990, I–1203
EuGH, Urt. v. 19.11.1991, verb. Rs. C–6/90 u. 9/90 (Francovich), Slg. 1991, I–5357
EuGH, Urt. v. 19.5.1992, verb. Rs. C–104/89 u. C–37/90 (Mulder), Slg. 1992, I–3094
EuGH, Urt. v. 5.3.1996, Rs. C–46/93 u. C–48/93, (Brasserie du pêcheur), Slg. 1996, I–1029
EuGH, Urt. v. 23.5.1996, Rs. C–5/94 (Hedley Lomas), Slg. 1996, I–2553
EuGH, Urt. v. 8.10.1996, verb. Rs. C–178/94, C–179/94, C–188/94, C–189/94 u. C–190/94 (Dillenkofer), Slg. 1996, I–4845

EuGH, Urt. v. 23.11.1999, Rs. C–149/96 (Portugal), Slg. 1999, I–8395
EuGH, Urt. v. 15.6.2000, Rs. C–237/98 P (Dorsch Consult III), Slg. 2000, I–4549
EuGH, Urt. v. 4.7.2000, Rs. C–352/98 P (Bergaderm), Slg. 2000, I–5291
EuGH, Urt. v. 9.10.2001, Rs. C–80/99 (Flemmer), Slg. 2001, I–7211
EuGH, Urt. v. 10.12.2002, Rs. C–312/00 P (Camar und Tico), Slg. 2002, I–11355
EuGH, Urt. v.10.7.2003, Rs. C–472/00 P (Fresh Marine), Slg. 2003, I–7541
EuGH, Urt. v. 30.9.2003, Rs. C–224/01 (Köbler), Slg. 2003, I–10239
EuGH, Urt. v. 23.3.2004, Rs. C–234/02 P (Bürgerbeauftragte/Lamberts), Slg. 2004, I–2803
EuGH, Urt. v. 13.6.2006, Rs. C–173/03 (Traghetti del Mediterraneo), Slg. 2006, I–5177
EuGH, Urt. v. 19.4.2007, Rs. C–282/05 P (Holcim AG/Kommission), Slg. 2007, I–2941
EuGH, Urt. v. 9.9.2008, verb. Rs. C–120/06 P u. C–121/06 P (FIAMM), Slg. 2008, I–6513
EuGH, Urt. v. 29.7.2010, Rs. C–377/09 (Hanssens-Ensch), Slg. 2010, I–7751
EuG, Urt. v. 23.11.2011, Rs. T–341/07 (Sison III), Slg. 2011, II–7915

Inhaltsübersicht

A. Übersicht

Art. 340 AEUV enthält die Rechtsgrundlage für die vertragliche und außervertragliche   **1**
Haftung der Union und ihrer Organe. Die Vorschrift ist **Ausdruck des unionalen Rechts-**
staatsprinzips (vgl. Art. 2 Abs. 1 EUV) und unterstreicht, dass der Einzelne nicht nur
durch das Unionsrecht verpflichtet wird, sondern dass er für den Fall einer Schädigung
durch die Union oder durch die Mitgliedstaaten bei der Anwendung des Unionsrechts
ein Recht auf einen Ausgleich dieser Schäden hat. Damit dient die Haftung auch der
Sicherung einer guten Verwaltung, wie Art. 41 Abs. 3 GRC zum Ausdruck bringt (dazu
Rn. 2). Art. 340 AEUV unterscheidet zunächst zwischen **vertraglicher Haftung** (Abs. 1,
dazu Rn. 11 ff.) und **außervertraglicher Haftung** (Abs. 2, dazu Rn. 16 ff.) der EU.
Art. 340 Abs. 3 AEUV enthält darüber hinaus seit dem Lissabonner Vertrag eine eigene
Rechtsgrundlage für die **Haftung der Europäischen Zentralbank** (dazu Rn. 8). Absatz 4
regelt schließlich die persönliche **Haftung der Bediensteten** gegenüber der Union nach
Maßgabe des Beamtenstatuts oder der jeweiligen Beschäftigungsbedingungen (s.
Rn. 44). Indem Art. 340 Abs. 2 und 3 AEUV auf die allgemeinen Rechtsgrundsätze, die
den Rechtsordnungen der Mitgliedstaaten gemeinsam sind, verweisen, wird die Unionsgerichtsbarkeit ausdrücklich zur Rechtsfortbildung im Wege der wertenden Rechtsvergleichung ermächtigt. Insofern enthält Art. 340 AEUV einen »**Methodenbaustein«**
für die Fortentwicklung der unionalen Rechtsordnung, der auch jenseits der Konkretisierung des unionalen Haftungsregimes eine zentrale Rolle für das EU-Recht spielt.

Art. 340 AEUV ist im siebten Teil des AEUV, der die allgemeinen und Schlussbestim-   **2**
mungen enthält, niedergelegt. Für die Europäische Atomgemeinschaft enthält **Art. 188**
EAG eine Vorschrift, deren Wortlaut dem des Art. 340 AEUV gleicht. Neben Art. 340
AEUV wird die Haftung in **Art. 41 Abs. 3 CRC** zudem grundrechtlich garantiert.[1] Auch
wenn aus dieser grundrechtlichen Absicherung der Haftung kein höheres Schutzniveau
folgen dürfte, trägt ihre Erwähnung in Art. 41 GRC gleichwohl zur Konkretisierung des
Rechts auf gute Verwaltung bei und liefert so einen weiteren Hinweis auf die Funktion
der Haftung insgesamt.[2]

Die **Haftung der Mitgliedstaaten** im Anwendungsbereich des Unionsrechts ist dage-   **3**
gen nicht in Art. 340 AEUV normiert. Diese beruht vielmehr auf einem richterrechtlich
hergeleitetem Anspruch (s. dazu Rn. 45 ff.). Die Voraussetzungen der mitgliedstaatlichen Haftung und der Haftung der EU hat der EuGH im Wege der Rechtsprechung
vereinheitlicht (dazu Rn. 6). Dieser Ansatz ist schon deshalb notwendig, weil der EU-
Bürger häufig nicht zwischen den unterschiedlichen Ebenen unterscheiden kann und die

---

[1] Kritisch dazu *Klatt*, in: GSH, Europäisches Unionsrecht, Art. 41 GRC, Rn. 17.
[2] Dazu auch Art. 41 GRC, Rn. 20.

Abgrenzungen kompliziert sein können.[3] Insofern liegt es auf der Hand, das mitgliedstaatliche Staatshaftungsrecht analog zum Recht der EU weiterzuentwickeln. Freilich ist gerade dieser Bereich wegen vermeintlich hoher Kostenrisiken politisch sensibel, sodass Reformen selten sind.

4   Da die EU kein Staat ist, sollte nicht von einem unionalen »Staatshaftungsrecht« sondern schlicht vom »Haftungsrecht« der EU gesprochen werden.[4] Zu beachten ist zudem, dass es in Art. 340 AEUV ausschließlich um die hoheitliche Haftung der EU geht, nicht aber um privatrechtliche Haftungsansprüche.[5]

I. Haftungsverantwortlichkeit und Rechtsunion

1. Unionales Rechtsstaatsprinzip und Unrechtshaftung

5   Die Haftung für Individualrechtsverletzungen durch hoheitliches Handeln ist Ausfluss des Rechtsstaatsprinzips (s. bereits o. Rn. 1). Die Existenz eines Haftungstatbestandes ist darüber hinaus ein wesentlicher Bestandteil der Supranationalität der EU. Der Vorrang und die unmittelbare Wirkung des Unionsrechts ermöglichen es der EU, hoheitlich zu handeln und in individuelle Rechte einzugreifen. Die Pflicht, den daraus entstandenen Schaden zu ersetzen belegt den Charakter der **EU als Rechtsunion**.[6] In der EU hat die Haftungsverantwortlichkeit damit neben der herkömmlichen Ausgleichs- und Wiedergutmachungsfunktion[7] eine weitere Dimension erhalten; sie ist Ausdruck eines **umfassenden Individualrechtsschutzes**, der in der EU höchste Bedeutung hat.[8] Gerade diese Gewährleistung eines umfassenden Individualrechtsschutzes hebt die EU auch seit ihren Anfängen von anderen internationalen Organisationen ab.[9]

2. Kohärenz zwischen nationalem und mitgliedstaatlichem Haftungsrecht

6   Der EuGH hat bereits mehrfach betont, dass die Voraussetzungen, unter denen die EU und die Mitgliedstaaten haften, nicht ohne besonderen Grund voneinander abweichen sollen.[10] Ausgehend von der Rechtsschutzperspektive des Einzelnen formulierte der EuGH in der Entscheidung Brasserie du pêcheur, dass es keinen Unterschied mache, ob die fragliche Rechtsverletzung von einem EU-Organ oder von einem Organ eines Mitgliedstaats ausginge.[11] Konsequenterweise sollten auch die jeweiligen Anspruchsvoraussetzungen weitestgehend kohärent sein.[12] Aus diesem **Kohärenzgebot**[13] folgt jedoch nicht, dass die Anspruchsvoraussetzungen der mitgliedstaatlichen und der unionalen

---

[3] EuGH, Urt. v. 5.3.1996, Rs. C–46/93 u. C–48/93 (Brasserie du pêcheur), Slg. 1996, I–1029, Rn. 42.

[4] *Thiele*, in: Terhechte, Verwaltungsrecht der EU, § 39, Rn. 1 ff.

[5] Eingehend dazu *Berg*, in: Schwarze, EU-Kommentar, Art. 340 AEUV, Rn. 103 ff.

[6] *Pache*, in: Vedder/Heintschel v. Heinegg, EVV, Art. III–431 EVV, Rn. 2.

[7] *Hix*, S. 199, 200.

[8] EuGH, Urt. v. 15.5.1986, Rs. 222/84 (Johnston), Slg. 1986 1615, Rn. 17 ff.

[9] *Heukels/McDonnel*, S. 1 ff.

[10] Grundlegend EuGH, Urt. v. 4.7.2000, Rs. C–352/98 P (Bergaderm), Slg. 2000, I–5291, Rn. 41.

[11] EuGH, Urt. v. 5.3.1996, Rs. C–46/93 u. C–48/93 (Brasserie du pêcheur), Slg. 1996, I–1029, Rn. 42.

[12] *Ruffert*, in: Calliess/Ruffert, EUV/AEUV, Art. 340 AEUV, Rn. 1; *Berg*, in: Schwarze, EU-Kommentar, Art. 340 AEUV, Rn. 3.

[13] *Lageard*, in: Lenz/Borchardt, EU-Verträge, Art. 340 AEUV, Rn. 1; *Berg*, in: Schwarze, EU-Kommentar, Art. 340 AEUV, Rn. 4; *Thiele*, in: Terhechte, Verwaltungsrecht der EU, § 39, Rn. 7; *Wakefield*, S. 280 ff.; *Fines*, RTDE 33 (1997), 69 (80 ff.).

Haftung identisch sein müssen. Vielmehr müssen vergleichbare, d. h. **widerspruchsfreie** Anforderungen an die jeweiligen Voraussetzungen gestellt werden.[14]

3. Wahrung des unionsinternen Haftungssystems nach außen

Der EuGH betont, dass die Kohärenz des unionsrechtlichen Rechtsschutzsystems inkl.   **7** der Haftung auch nach außen hin zu wahren ist. Denn der unionsrechtliche Haftungsanspruch des Art. 340 AEUV ist gemeinsam mit der Haftungsverantwortlichkeit der Mitgliedstaaten ein Bestandteil des institutionell-gerichtlichen Rahmens der Union. In diesem Rahmen sind die nationalen Gerichte und der Gerichtshof der EU für die Wahrung des durch die Unionsverträge geschaffenen Rechts gemeinsam verantwortlich.[15] Deshalb ist die Etablierung neuer Gerichte, die außerhalb dieses Systems stehen oder es aus dem Gleichgewicht bringen könnten, nach Auffassung des EuGH mit dem Unionsrecht nicht vereinbar.[16] Diese Rechtsprechung unterstreicht die zentrale Bedeutung, die der EuGH der Haftung nach Art. 340 AEUV zumisst, die eng mit den grundlegenden **Konstitutionsprinzipien** (Autonomie und Individualrechtsschutz) der EU zusammenhängt.

II. Genese der Vorschrift

Bereits das EGKS-Recht enthielt mit Art. 34 und 41 EGKSV eigene Haftungsvorschrif-   **8** ten,[17] die dann bei der Einfügung des Art. 215 in den EWGV Pate standen, der seinerseits Vorbild für Art. 288 EGV-Nizza war.[18] In den 1970er Jahren orientierte sich die Rechtsprechung des EuGH zu Art. 215 EWGV deshalb zunächst an den aus der EGKS bekannten Normen, zum Beispiel bezüglich Fragen des Verschuldenserfordernisses[19] und der Rechtswidrigkeit einer möglicherweise haftungsbegründenden Handlung.[20] Im **Europäischen Verfassungsvertrag** war die Haftung der EU in Art. III–431 EVV vorgesehen. Der Wortlaut ist identisch mit dem des heutigen Art. 340 AEUV. Mit dem **Vertrag von Lissabon** wurde in Art. 340 Abs. 3 AEUV die umstrittene Frage geklärt, ob die EU für Handlungen der Europäischen Zentralbank und ihrer Bediensteten haftet. Art. 340 Abs. 3 AEUV ist der sog. **Selbstständigkeitsthese** gefolgt,[21] wonach sich aus der Unabhängigkeit der EZB (vgl. Art. 130 AEUV) ergibt, dass ihre Handlungen nicht der EU zugerechnet werden können. Damit stellt Art. 340 Abs. 3 AEUV einen Sonderfall für die EZB dar; abweichend von der grundsätzlichen Haftung der EU haftet die EZB eigenständig für ihre Handlungen und diejenigen ihrer Bediensteten (zur prozessualen Folgen s. Rn. 63).

Wie seine Vorgängervorschriften wurde auch Art. 340 AEUV mit dem Verweis auf   **9** die allgemeinen Rechtsgrundsätze, die den Rechtsordnungen der Mitgliedstaaten ge-

---

[14] *Thiele*, in: Terhechte, Verwaltungsrecht der EU, § 39, Rn. 7.

[15] Zum Gerichtsverbund s. etwa *Voßkuhle/Gerhardt*, ZRP 2015, 61; *Kirchhof*, EuR 2014, 267 ff.; *Classen*, JZ 2006, 157 ff.

[16] EuGH, Gutachten C–1/09 v. 8.3.2011 (Gutachten zum Patentgericht), Slg. 2011, I–1137, Rn. 85 ff.

[17] *Frenz*, Handbuch Europarecht, Band 5, Rn. 1972 m. w. N.

[18] Zur Entstehungsgeschichte s. nur *Steiner*, S. 6 ff.

[19] EuGH, Urt. v. 30.11.1967, Rs. 30/66 (Becher), Slg. 1967, 387; Die Rspr. änderte sich in EuGH, Urt. v. 28.4.1971, Rs. 4/69 (Lütticke), Slg. 1971, 325.

[20] Eingehend *Steiner*, S. 7 ff.

[21] *Selmayr*, in: GSH, Europäisches Unionsrecht, Art. 282 AEUV, Rn. 77.

meinsam sind, als ausfüllungsbedürftiger Haftungstatbestand konzipiert.[22] Insofern kommt der Rechtsprechung des EuGH und seiner Methode der **wertenden Rechtsvergleichung** eine wichtige Rolle zu (dazu Rn. 10).[23]

III. Integrationspolitische Funktion des Art. 340 AEUV

10   Art. 340 AEUV erfüllt über die Normierung eines Haftungsanspruchs der Union hinaus rechtspolitische Funktionen wie die **Legitimation der unionalen Hoheitsgewalt** und **fördert dadurch die europäische Integration**. Die Integrationsförderung, als weitere Dimension des Haftungsrechts der EU,[24] zog der EuGH zur Rechtfertigung seines im Wege der Rechtsfortbildung entwickelten Haftungsanspruchs des Einzelnen gegen die Mitgliedstaaten für Verletzungen des Unionsrechts heran.[25] Inwiefern dieser Legitimationsgedanke für die Haftung der EU trägt, ist fraglich und wird auch in der wissenschaftlichen Auseinandersetzung mitunter bestritten.[26] Einigkeit besteht aber im Hinblick auf die rechtspolitische Funktion des sekundären Rechtsschutzes. Er dient dazu, **Lücken im Bereich des primären Rechtsschutzes** zu kompensieren.[27] Hier kommt der Grundsatz des umfassenden Rechtsschutzes zum Ausdruck. Allerdings wird dieser Grundsatz nicht unbegrenzt erfüllt, denn er steht in einem Spannungsverhältnis mit der **Wahrung der Funktionsfähigkeit** der Union.[28] Funktionsfähigkeit bedeutet in diesem Zusammenhang insbesondere, dass eine übermäßige Belastung des EU-Haushalts vermieden werden soll sowie die Gefahr, dass durch eine extensive Handhabung des Haftungsanspruchs der Entscheidungsspielraum der Gesetzgebungsorgane eingeschränkt wird. Diese Erwägungen begrenzen eine zu weite Auslegung oder extensive Herleitung der Haftungsvoraussetzungen.

B. Vertragliche und außervertragliche Haftung der EU

11   Bei der Haftung der Union ist zwischen der **vertraglichen und außervertraglichen Haftung** unterscheiden. Beide Haftungsformen finden ihre normative Gestalt in Art. 340 AEUV. Die **völkerrechtliche Haftung der EU** richtet sich nach den allgemeinen Grundsätzen des internationalen Rechts und ist nicht in Art. 340 AEUV geregelt (dazu Rn. 67 ff.).[29]

---

[22] *Lageard*, in: Lenz/Borchardt, EU-Verträge, Art. 340 AEUV, Rn. 5.

[23] Zur Methode s. *Schwartze*, Die Rechtsvergleichung, in: Riesenhuber (Hrsg.), Europäische Methodenlehre, 2015, § 4, S. 113; *Augsberg*, in: Terhechte, Verwaltungsrecht der EU, § 4; *Terhechte*, Die ungeschriebenen Tatbestandsmerkmale des europäischen Wettbewerbsrechts, Baden-Baden, 2004, S. 51 ff.

[24] *Thiele*, in: Terhechte, Verwaltungsrecht der EU, § 39, Rn. 3.

[25] S. etwa GA Roemer, Schlussanträge zu Rs. 5/71 (Schöppenstedt), Slg. 1971, 975, 990; *Jacob/ Kottmann*, in: Grabitz/Hilf/Nettesheim, EU, Art. 340 AEUV (Januar 2015), Rn. 9.

[26] Eingehend dazu *Jacob/Kottmann*, in: Grabitz/Hilf/Nettesheim, EU, Art. 340 AEUV (Januar 2015), Rn. 9 ff.

[27] S. etwa zu Rechtsbehelfen bei überlanger Verfahrensdauer *Scheel*, EuZW 2014, 138.

[28] *Thiele*, in: Terhechte, Verwaltungsrecht der EU, § 39, Rn. 4.

[29] *Berg*, in: Schwarze, EU-Kommentar, Art. 340 AEUV, Rn. 2.

I. Vertragliche Haftung

Art. 340 Abs. 1 AEUV unterstreicht zunächst, dass die EU im Bereich der vertragli- **12** chen Haftung keine Immunitäten oder Privilegien genießt.[30] Die Fähigkeit der EU, Verträge zu schließen, folgt hierbei daraus, dass sie nach Art. 47 EUV **Rechtspersön-lichkeit** besitzt und gem. Art. 335 AEUV die weitestgehende Rechts- und Geschäfts-fähigkeit in den Mitgliedstaaten hat, die juristischen Personen nach deren Rechtsvor-schriften zuerkannt ist. Die Haftung der EU für Verletzungen ihrer Vertragspflichten richtet sich gem. Art. 340 Abs. 1 AEUV dann nach dem Recht, das auf den jeweiligen Vertrag anzuwenden ist.[31]

1. Vertragsrechtsverhältnis

Das zugrunde liegende Rechtsverhältnis kann sich hierbei aus einem **privatrechtlichen** **13** **oder einem öffentlich-rechtlichen** Vertrag ergeben.[32] Ein Vertrag im Sinne des Art. 340 Abs. 1 AEUV ist jedes auf übereinstimmenden Willenserklärungen beruhendes Rechtsgeschäft.[33] **Völkerrechtliche** Verträge werden nicht erfasst.[34] Für eine vertragli-che Haftung muss die EU Vertragspartei sein. Das ist der Fall, wenn sie durch ihre Organe oder eine von ihr bevollmächtigte Organisation bzw. Person handelt und so durch den Vertrag verpflichtet wird.[35] Auf diese Weise haftet die EU auch, wenn na-tionale Behörden in ihrem Namen oder im Namen ihrer Organe – etwa der Kommis-sion – handeln.[36]

2. Vertragsähnliche Rechtsverhältnisse

Strittig ist, ob Rechtsfiguren wie die culpa in contrahendo, Geschäftsführung ohne Auf- **14** trag (GoA) und Ansprüche aus ungerechtfertigter Bereicherung der vertraglichen Haf-tung der EU nach Art. 340 Abs. 1 AEUV zugeordnet werden können. Überwiegend wird dies mit dem Argument bejaht, dass es sich um vertragsähnliche Ansprüche han-delt, und der Begriff des »Vertrages« weit ausgelegt werden müsse.[37] Die Gegenansicht sieht darin jedoch eine Gefahr für die **Einheit des Unionsrechts**, da der EuGH für ver-tragsähnliche Ansprüche nicht ausschließlich zuständig sei.[38] Für die Einordnung der

---

[30] *Jacob/Kottmann*, in: Grabitz/Hilf/Nettesheim, EU, Art. 340 AEUV (Januar 2015), Rn. 19; *Gel-lermann*, in: Streinz, EUV/AEUV, Art. 340 AEUV, Rn. 3; *Berg*, in: Schwarze, EU-Kommentar, Art. 340 AEUV, Rn. 5.

[31] *Augsberg*, in: GSH, Europäisches Unionsrecht, Art. 340 AEUV, Rn. 4.

[32] Eingehend zu der Einordnung *Thiele*, in: Terhechte, Verwaltungsrecht der EU, § 39, Rn. 13 f.

[33] *Berg*, in: Schwarze, EU-Kommentar, Art. 340 AEUV, Rn. 6; *Thiele*, in: Terhechte, Verwaltungs-recht der EU, § 39, Rn. 12.

[34] *Berg*, in: Schwarze, EU-Kommentar, Art. 340 AEUV, Rn. 6; *Gellermann*, in: Streinz, EUV/AEUV, Art. 340 AEUV, Rn. 4; s. auch *Thiele*, in: Terhechte, Verwaltungsrecht der EU, § 39, Rn. 11 m. w. N.; differenzierend *Böhm*, in: Schulze/Zuleeg/Kadelbach, Europarecht, § 12, Rn. 8.

[35] *Frenz*, Handbuch Europarecht, Band 5, Rn. 1975; *Lageard*, in: Lenz/Borchardt, EU-Verträge, Art. 340 AEUV, Rn. 2.

[36] *Lageard*, in: Lenz/Borchardt, EU-Verträge, Art. 340 AEUV, Rn. 2; EuGH, Urt. v. 9.10.2001, Rs. C–80/99 (Flemmer), Slg. 2001, I–7211.

[37] Dazu *Thiele*, in: Terhechte, Verwaltungsrecht der EU, § 39, Rn. 12 m. w. N.

[38] So etwa *Jacob/Kottmann*, in: Grabitz/Hilf/Nettesheim, EU, Art. 340 AEUV (Januar 2015), Rn. 20 mit Verweisen auf EuGH-Rechtsprechung.

fraglichen Schuldverhältnisse können die Rom I[39] und Rom II-Verordnung[40] herangezogen werden.[41]

3. Anwendbares Recht

15 Welches Recht im konkreten Fall angewendet wird, richtet sich grundsätzlich nach dem ausdrücklichen oder mutmaßlichen Willen der Vertragsparteien. Sofern keine Vereinbarung getroffen wurde oder sich keine konkludente Aussage zur Frage des anwendbaren Rechts aus dem Vertrag ergibt, richtet sich das anzuwendende Recht nach den Regeln des **Internationalen Privatrechts für privatrechtliche Verträge**, während für **öffentlich-rechtliche Verträge das EU-Recht anzuwenden** ist (zur gerichtlichen Zuständigkeit s. Rn. 59 ff.).[42] Die Unionsorgane legen in der Praxis üblicherweise ausdrücklich das anwendbare Recht in den zu schließenden Verträgen fest.[43] In der Regel wird hierbei **belgisches Recht** vereinbart oder das **Recht des Erfüllungsortes**.[44]

II. Außervertragliche Haftung

16 Die außervertragliche Haftung der EU, wie sie in Art. 340 Abs. 2 AEUV niedergelegt ist, ist **bewusst offen formuliert**, damit die Rechtsprechung die Haftungsvoraussetzungen anhand der allgemeinen Rechtsgrundsätze, die den Mitgliedstaaten gemeinsam sind, konkretisieren kann. Vor diesem Hintergrund hat sich ein System der außervertraglichen Haftung entwickelt, das den konkreten Anforderungen, der Komplexität der zu regelnden Sachverhalte, den Herausforderungen bei der Auslegung und Anwendung der Vorschriften und insbesondere den unterschiedlichen Ermessensspielräumen der handelnden Organe, gerecht wird.[45] Nach Art. 340 Abs. 2 AEUV haftet die Union für alle Schäden, die außerhalb eines Vertrages durch ihre Organe und Bediensteten in Ausübung ihrer Amtstätigkeit entstanden sind. Es ist zwischen einer **Haftung für rechtswidriges und einer Haftung für rechtmäßiges Handeln** zu unterscheiden. Die materiellrechtlichen Voraussetzungen für unrechtmäßiges Handeln der EU und ihrer Bediensteten ergeben sich aus Art. 340 Abs. 2 AEUV und der Rechtsprechung des EuGH, der entsprechend der Formulierung des Art. 340 Abs. 2 AEUV die allgemeinen Rechtsgrundsätze, die den Mitgliedstaaten gemeinsam sind, **rechtsvergleichend** in seiner Rechtsprechung zur Haftung der EU heranzieht.

---

[39] VO (EG) Nr. 593/2008 vom 17. 6. 2008 über das auf vertragliche Schuldverhältnisse anzuwendende Recht (Rom I), ABl. 2009, L 177/6.
[40] VO (EG) Nr. 864/2007 vom 11. 7. 2007 über das auf außervertragliche Schuldverhältnisse anzuwendende Recht, ABl. 2007, 199/40.
[41] Eingehend *Berg*, in: Schwarze, EU-Kommentar, Art. 340 AEUV, Rn. 6; *Lageard*, in: Lenz/Borchardt, EU-Verträge, Art. 340 AEUV, Rn. 2.
[42] *Thiele*, in: Terhechte, Verwaltungsrecht der EU, § 39, Rn. 13 f.; *Berg*, in: Schwarze, EU-Kommentar, Art. 340 AEUV, Rn. 8.
[43] Vgl. etwa EuGH, Urt. v. 1. 6. 1995, Rs. C–42/94 (Heidemji Advies/Parlament), Slg. 1995, I–1471, Rn. 5; *Ruffert*, in: Calliess/Ruffert, EUV/AEUV, Art. 340 AEUV, Rn. 4.
[44] *Gellermann*, in: Streinz, EUV/AEUV, Art. 340 AEUV, Rn. 5; *Berg*, in: Schwarze, EU-Kommentar, Art. 340 AEUV, Rn. 7.
[45] EuGH, Urt. v. 19. 4. 2007, Rs. C–282/05 P (Holcim AG/Kommission), Slg. 2007, I–2941, Rn. 50; Urt. v. 4. 7. 2000, Rs. C–352/98 P (Bergaderm), Slg. 2000, I–5291, Rn. 24; *Lageard*, in: Lenz/Borchardt, EU-Verträge, Art. 340 AEUV, Rn. 5.

1. Entwicklung

Dass die Haftung der EU ein eigenständiger Rechtsbehelf im System der unionalen   **17**
Rechtsschutzmöglichkeiten ist, hat der EuGH bereits 1971 in der Rs. Lüttecke[46] klargestellt. In derselben Entscheidung formulierte der Gerichtshof auch die Voraussetzungen
für eine Haftung – damals noch der Europäischen (Wirtschafts-)Gemeinschaft – die sich
von derjenigen der EGKS dadurch unterschied, dass sie nicht von einem Verschulden
eines EWG-Organs abhängig war.[47] In der weiteren Entwicklung fokussierte sich sowohl
der gerichtliche als auch der rechtswissenschaftliche Diskurs auf die Bestimmung der
Rechtswidrigkeit eines Organhandelns und hier insbesondere auf die Frage des Vorliegens eines **qualifizierten Verstoßes**, der eine subjektive Komponente in Gestalt eines
bewussten oder vorsätzlichen Rechtsverstoßes als Voraussetzung für das Merkmal der
Rechtswidrigkeit aufweisen soll (dazu Rn. 31 ff.).[48]

2. Voraussetzungen

Für die Entstehung des Haftungsanspruchs ist es erforderlich, dass ein Organ oder ein   **18**
Bediensteter der Union durch rechtswidriges Handeln einen tatsächlichen Schaden verursacht hat. Zwischen der Handlung und dem behaupteten Schaden muss zudem ein
ursächlicher Zusammenhang bestehen.[49]

a) Begriff des Organs und der Bediensteten

Der Begriff des **Organs** in Art. 340 Abs. 2 AEUV wird hierbei weit ausgelegt.[50] Er ist   **19**
nicht auf die in Art. 13 Abs. 1 AEUV aufgezählten Organe beschränkt.[51] Erfasst werden
vielmehr sämtliche Einrichtungen der Union, »die mit dem Vertrag geschaffen wurden
und zur Verwirklichung der Ziele der Gemeinschaft beitragen«.[52] Nebenorgane wie der
Wirtschafts- und Sozialausschuss,[53] der Ausschuss der Regionen[54] sowie der Bürgerbeauftragte (Art. 228 AEUV)[55] werden ebenfalls unter den Organbegriff gefasst. Selbständige, mit Rechtspersönlichkeit ausgestattete Einrichtungen der EU (Agenturen und Ämter) wie etwa das Europäische Amt für Betrugsbekämpfung (OLAF)[56] oder das Amt der

---

[46] EuGH, Urt. 28.4.1971, Rs. 4/69 (Lüttecke) Slg. 1971, 325, Rn. 3.
[47] *Steiner*, S. 7 und eingehend S. 184 ff.; zur Entwicklung der Rspr. auch *Augsberg*, in: GSH, Europäisches Unionsrecht, Art. 340 AEUV, Rn. 54 f.
[48] *Lageard*, in: Lenz/Borchardt, EU-Verträge, Art. 340 AEUV, Rn. 8.
[49] EuGH, Urt. v. 2.7.1974, Rs. 153/73 (Holz & Willemsen), Slg. 1974, 675, Rn. 7; Urt. v. 4.3.1980,
Rs. 49/79 (Pool), Slg. 1980, 569, Rn. 7; Urt. v. 27.3.1990, Rs. 308/87 (Grifoni), Slg. 1990, I–1203,
Rn. 6.
[50] *Thiele*, in: Terhechte, Verwaltungsrecht der EU, § 39, Rn. 25; *Ruffert*, in: Calliess/Ruffert,
EUV/AEUV, Art. 340 AEUV, Rn. 8.
[51] *Böhm*, in: Schulze/Zuleeg/Kadelbach, Europarecht, § 12, Rn. 10; *Berg*, in: Schwarze, EU-
Kommentar, Art. 340 AEUV, Rn. 33; *Jacob/Kottmann*, in: Grabitz/Hilf/Nettesheim, EU, Art. 340
AEUV (Januar 2015), Rn. 69.
[52] EuG, Urt. v. 10.4.2002, Rs. T–209/00 (Lamberts), Slg. 2002, II–2203, Rn. 49.
[53] EuG, Urt. v. 31.3.2011, Rs. T–117/08 (Italien/EWSA), Slg. 2011, II–1463, Rn. 29 ff. m. w. N. aus
der Rspr.
[54] *Ruffert*, in: Calliess/Ruffert, EUV/AEUV, Art. 340 AEUV, Rn. 8; *Gellermann*, in: Streinz,
EUV/AEUV, Art. 340 AEUV, Rn. 12.
[55] EuG, Urt. v. 10.4.2002, Rs. T–209/00 (Lamberts), Slg. 2002, II–2203, Rn. 50; bestätigt durch
EuGH, Urt. v. 23.3.2004, Rs. C–234/02 P (Bürgerbeauftragte/Lamberts), Slg. 2004, I–2803.
[56] EuG, Urt. v. 8.7.2008, Rs. T–48/05 (Franchet & Byk), Slg. 2008, II–1585; dazu *Niestedt/Bo-
eckmann*, EuZW 2009, 70 ff.

Europäischen Union für geistiges Eigentum[57] haften primär nach ihren Gründungs-
rechtsakten und subsidiär aus Art. 340, Abs. 2 AEUV.[58] Trotz eigener Rechtspersönlichkeit der Europäischen Investitionsbank (vgl. Art. 308 AEUV) zählt diese zu den Organen der EU, für deren Handlungen die EU haftet.[59] Handlungen einzelner Fraktionen
des Europäischen Parlaments sind dagegen keine Handlungen des gesamten Organs,
sodass Handlungen der Fraktionen der EU nicht als Haftungssubjekt zugerechnet werden.[60] Auch der EuGH ist ein Organ der EU im Sinne des Art. 340 Abs. 2 AEUV, sodass
auch für ihn die EU haftbar gemacht werden kann, beispielsweise in Fällen überlanger
Verfahrensdauer oder wegen anderer Verfahrensfehler.[61] **Bedienstete** i. S. d. Art. 340
Abs. 2 AEUV sind Beamte, bei der Union Beschäftigte sowie diejenigen Personen, die in
Erfüllung von Unionsaufgaben nach außen handeln.[62] Letzterer Personenkreis kann
auch solche Fälle umfassen, in denen eine Person nur den Anschein erweckt für die EU
zu handeln, sofern dieser Rechtsschein der EU oder einem ihrer Organe zugerechnet
werden kann.[63] Soweit Behörden der Mitgliedstaaten auf Weisung der Kommission hin
handeln, wird auch dieses Verhalten der Union zugerechnet.[64] Für jede Weisung ist
jedoch eine entsprechende Ermächtigung erforderlich.[65]

aa) Handeln eines Unionsorgans

20   Die EU haftet für Schäden, die ihre Organe oder Bediensteten **in Ausübung ihrer Amtstätigkeit** verursacht haben. Als relevantes Verhalten erfasst der Haftungstatbestand sowohl ein **Handeln** als auch ein **Unterlassen**,[66] letzteres jedoch nur soweit eine Rechtspflicht zum Tätigwerden seitens des entsprechenden EU-Organs bestand.[67] Der Kreis
der erfassten Handlungen wird weit gezogen. Maßgeblich ist, ob das fragliche Verhalten
in einem **unmittelbaren inneren Zusammenhang** mit den Aufgaben der Union steht.[68]
Anders als etwa im deutschen Staatshaftungsrecht ist es unerheblich, ob es sich um
hoheitliches oder privatrechtliches Verhalten handelt.[69] Die Auflösung der Säulenstruktur durch den Vertrag von Lissabon hat mit sich gebracht, dass nunmehr auch Handlungen des Rates im Bereich der Sicherheit, Freiheit und des Rechts erfasst sind.[70]

---

[57] EuG, Urt. v. 12. 12. 2000, T–223/99 (Dejaiffe), Slg. ÖD 2000, IA–277, II–1267.

[58] *Jacob/Kottmann*, in: Grabitz/Hilf/Nettesheim, EU, Art. 340 AEUV (Januar 2015), Rn. 71.

[59] EuGH, Urt. v. 2. 12. 1992, Rs. C–370/89 (SGEEM und Etroy/EIB), Slg. 1992, I–6211, Rn. 12 ff.

[60] EuGH, Urt. v. 22. 3. 1990, Rs. C–201/89 (Le Pen), Slg. 1990, I–1183, Rn. 14.

[61] EuGH, Urt. v. 26. 11. 2013, Rs. C–58/12 P (Groupe Gascogne/Kommission), ECLI:EU:C:2013:
770, Rn. 84; *Jacob/Kottmann*, in: Grabitz/Hilf/Nettesheim, EU, Art. 340 AEUV (Januar 2015),
Rn. 70.

[62] *Böhm*, in: Schulze/Zuleeg/Kadelbach, Europarecht, § 12, Rn. 13; *Ruffert*, in: Calliess/Ruffert,
EUV/AEUV, Art. 340 AEUV, Rn. 9; *Thiele*, in: Terhechte, Verwaltungsrecht der EU, § 39, Rn. 25.

[63] Eingehend *Steiner*, S. 87 f.

[64] EuGH, Urt. v. 26. 2. 1986, Rs. C–175/84 (Krohn/Kommission), Slg. 1986, 753, Rn. 21 ff.

[65] *Böhm*, in: Schulze/Zuleeg/Kadelbach, Europarecht, § 12, Rn. 14.

[66] *Steiner*, S. 91; *Detterbeck*, AöR 125 (2000), 202 (210); *Czaja*, S. 32.

[67] EuGH, Urt. v. 7. 11. 1985, Rs. 145/83 (Adams), Slg. 1985, 3539, Rn. 28 ff.; Urt. v. 27. 3. 1990, Rs.
C–308/87 (Grifoni), Slg. 1990, I–1203, Rn. 8 ff.; Urt. v. 15. 9. 1994, Rs. C–146/91 (KYDEP/Rat u.
Kommission), Slg. 1994, I–4199, Rn. 58.

[68] *Gellermann*, in: Streinz, EUV/AEUV, Art. 340 AEUV, Rn. 17; *Böhm*, in: Schulze/Zuleeg/Ka-
delbach, Europarecht, § 12, Rn. 14; EuGH, Urt. v. 10. 7. 1969, Rs. 9/69 (Sayag), Slg. 1969, 329
Rn. 5/11.

[69] Eingehend dazu *Jacob/Kottmann*, in: Grabitz/Hilf/Nettesheim, EU, Art. 340 AEUV (Januar
2015), Rn. 95 ff.; *Thiele*, in: Terhechte, Verwaltungsrecht der EU, § 39, Rn. 26.

[70] *Berg*, in: Schwarze, EU-Kommentar, Art. 340 AEUV, Rn. 108; vgl. zur Ausdehnung des Anwendungsbereichs des Art. 340 AEUV durch den Vertrag von Lissabon auch den Überblick bei *Gutmann*, CMLRev. 48 (2011), 695 ff.

Die Union haftet für Handlungen ihrer Organe und Bediensteten **unabhängig von der** 21
Rechtsnatur der jeweiligen Handlungen, sodass auch faktisches Verhalten umfasst ist,
sofern und soweit es einen qualifizierten Verstoß begründet.[71] Das folgt bereits aus dem
Wortlaut des Art. 340 Abs. 2 AEUV und der Funktion der Schadensersatzklage. Denn
anders als etwa die Klagen des Primärrechtsschutzes – die Nichtigkeits- und Untätigkeitsklage – richtet sich die Schadensersatzklage nicht auf die Beseitigung oder Erzwingung eines Rechtsaktes, sondern auf die Beseitigung eines tatsächlichen Schadens.[72]
Deshalb können Handlungen der **Administrative, Legislative und Judikative** als Verletzungshandlungen in Betracht kommen. Den Spezifika der jeweiligen Gewalt, die in den
ihr eingeräumten unterschiedlichen **Ermessens- und Beurteilungsspielräumen** zum Ausdruck kommt, wird im Rahmen der Feststellung eines hinreichend qualifizierten Verstoßes entsprochen (dazu Rn. 31 ff.).

Eine Besonderheit im System des Unionsrechtsschutzes stellt die Ausnahme der 22
Handlungen des Rates im Rahmen der **Gemeinsamen Außen- und Sicherheitspolitik**
gem. Art. 24 Abs. 2 Satz 6 EUV von der Jurisdiktion des EuGH dar. Allerdings besteht
für den aus praktischer und individualrechtlicher Perspektive wichtigsten Bereich – den
Wirtschaftssanktionen nach Art. 215 AEUV – eine Gegenausnahme in Art. 24 Abs. 2
Satz 6 a. E. EUV. Demgemäß ist der EuGH für GASP-Beschlüsse, die Individualsanktionen vorsehen, zuständig. Insofern kann die EU auch für Rechtsverletzungen, die durch
den Erlass von Individualsanktionen verursacht wurden, nach Art. 340 Abs. 2 AEUV
haften (dazu Rn. 43).[73]

Keine Handlung im Sinne des Art. 340 AEUV sind dagegen Maßnahmen, die **keiner-** 23
lei Außenwirkung haben, da sie bloß vorbereitender oder innerorganisatorischer Natur
sind.[74] Hierbei ist zwischen Handlungen, die sich innerhalb eines Organs vollziehen und
solchen, die Bestandteil der Behördenkooperation im unionalen Verwaltungsverbund
sind, zu unterscheiden. Bei Letzteren zeigt der EuGH eine einzelfallbezogene Herangehensweise, in der es maßgeblich auf die rechtlichen Auswirkungen der infrage stehenden Handlung für den außenstehenden Bürger ankommt.[75] So kann sich ein Schreiben der Kommission, das eine Verordnungsvorschrift intern konkretisieren soll, für die
adressierte Behörde bei Hinzutreten weiterer Umstände als verbindlich erweisen, und
sich so für den betroffenen Bürger wie eine Entscheidung der Kommission darstellen, die
von der nationalen Behörde lediglich vollzogen wird.[76] Letztlich geht es hier um eine
Abgrenzung von Verantwortungsbereichen zwischen der EU-Administration und den
Verwaltungen der einzelnen Mitgliedstaaten. Des Weiteren sind auch Rechtsverletzungen, die sich unmittelbar aus dem Primärrecht ergeben, Handlungen von Unionsorganen i. S. d. Vorschrift.[77]

---

[71] *Augsberg*, in: GSH, Europäisches Unionsrecht, Art. 340 AEUV, Rn. 28.

[72] EuGH, Urt. v. 23.3.2004, Rs. C–234/02 P (Bürgerbeauftragte/Lamberts), Slg. 2004, I–2803,
Rn. 59.

[73] EuG, Urt. v. 23.11.2011, Rs. T–341/07 (Sison III), Slg. 2011, II–7915; dazu *Bülow*, EuR 2013,
609 ff.; *Schneider/Terhechte*, in: Grabitz/Hilf/Nettesheim, EU, Art. 215 AEUV (Mai 2014), Rn. 31.

[74] EuGH, Urt. v. 27.3.1980, Rs. 133/79 (Sucrimex), Slg. 1980, 1299, Rn. 22; *Augsberg*, EnzEuR,
Bd. 3, § 12, Rn. 22.

[75] EuGH, Urt. v. 15.9.1994, Rs. C–146/91 (KYDEP/Rat u. Kommission), Slg. 1994, I–4199; *Berg*,
in: Schwarze, EU-Kommentar, Art. 340 AEUV, Rn. 25.

[76] EuGH, Urt. v. 15.9.1994, Rs. C–146/91 (KYDEP/Rat u. Kommission), Slg. 1994, I–4199,
Rn. 20 ff.

[77] EuGH, Urt. v. 8.7.1999, Rs. C–95/98 P (Eduard Dubois et Fils), Slg. 1999, I–4835, Rn. 21; Urt. v.
4.2.1975, Rs. 169/73 (Compagnie Continentale), Slg. 1975, 117, Rn. 16; *Lageard*, in: Lenz/Bor-
chardt, EU-Verträge, Art. 340 AEUV, Rn. 13.

bb) Zurechnung

24   Art. 340 Abs. 2 AEUV spricht von einer Haftung der Union für Schäden, die in Ausübung einer Amtstätigkeit verursacht wurden. Diese Formulierung ist auf die Bediensteten der EU zu beziehen.[78] Erfasst wird jedes Verhalten, das in einer »**unmittelbaren inneren Beziehung zu den wahrzunehmenden Aufgaben der EU steht«.**[79] Insofern ergibt sich aus dem Zusatz »in Ausübung ihrer Tätigkeit« keine Einschränkung. Auch die Übertragung hoheitlicher Aufgaben auf eine privatrechtliche Einrichtung kann einen Zurechnungszusammenhang begründen.[80] Bei der Frage der Zurechnung ist zwischen Handlungen eines EU-Organs oder eines ihrer Bediensteten zu unterscheiden. Während **Handlungen der EU-Organe zugleich Handlungen der EU** sind, ist dies bei **Bediensteten** nicht zwangsläufig der Fall.

25   Für die Zurechnung von Handlungen von Bediensteten können sich Einschränkungen daraus ergeben, dass sie etwa bei Gelegenheit und nicht in Ausübung der Amtstätigkeit gehandelt haben.[81] Diese Abgrenzung kann insbesondere bei Verkehrsunfällen oder bei Rechtsverletzungen, die sich in den Räumlichkeiten der EU ereignet haben,[82] relevant werden. Entscheidend für eine Haftung ist auch hier, dass ein **unmittelbarer innerer Zusammenhang** zwischen der Rechtsverletzung und den Aufgaben der Unionsorgane vorliegt. Während ein solcher Zusammenhang bei der Nutzung eines Dienstfahrzeugs, das von einem Kommissionsbeamten gelenkt wird, grundsätzlich gegeben ist,[83] ist er bei Verkehrsunfällen mit privaten Kraftfahrzeugen weniger eindeutig. So hat der EuGH bei Verkehrsunfällen einen inneren Zusammenhang dann bejaht, wenn die Fahrt mit einem privaten Kraftfahrzeug für die Amtstätigkeit zweckmäßig war und nicht anders hätte erfüllt werden können.[84]

26   Bei der Haftung der EU für das Handeln ihrer Organe, ist fraglich, ob sich der Ausdruck »**in Ausübung ihrer Amtstätigkeit**« auch auf die EU-Organe erstreckt, sodass die EU für deren Handlungen nur dann einstehen muss, wenn der Rechtsverstoß in Ausübung der jeweiligen **Organzuständigkeit** erfolgte. Das ist vom EuGH bisher nicht eindeutig beantwortet worden.[85] Allerdings legt bereits der Begriff der »Amtstätigkeit« nahe, dass dieses Merkmal nur auf Handlungen von Bediensteten anzuwenden ist.[86] Die praktischen Konsequenzen dieser Frage sind allerdings gering. Denn der Begriff der Amtstätigkeit umfasst jedes Handeln, das einen unmittelbaren inneren Bezug zur EU aufweist; dies wird bei Handlungen der EU-Organe regelmäßig zu bejahen sein.[87]

---

[78] *Augsberg*, EnzEuR, Bd. 3, § 12, Rn. 22.

[79] EuGH, Urt. v. 10.7.1969, Rs. 9/69 (Sayag), Slg. 1969, 329; *Detterbeck*, AöR 125 (2000), 202, (209).

[80] Bereits i.R.d. EGKS EuGH, Urt. v. 12.7.1962, Rs. 18/60 (Worms/Hohe Behörde), Slg. 1962, 397, S. 417.

[81] EuGH, Urt. v. 10.7.1969, Rs. 9/69 (Sayag), Slg. 1969, 329; Urt. v. 8.10.1986, verb. Rs. 169/83 u. 136/84 Leussink-Brummelhuis), Slg. 1986, 2801; *Berg*, in: Schwarze, EU-Kommentar, Art. 340 AEUV, Rn. 32.

[82] EuGH, Urt. v. 22.3.1990, Rs. C–201/89 (Le Pen), Slg. 1990, I–1183.

[83] EuGH, Urt. v. 8.10.1986, verb. Rs. 169/83 u. 136/84 Leussink-Brummelhuis), Slg. 1986, 2801, Rn. 15 ff.

[84] EuGH, Urt. v. 10.7.1969, Rs. 9/69 (Sayag), Slg. 1969, 329, Rn. 5/11.

[85] EuGH, Urt. v. 10.7.1969, Rs. 9/69 (Sayag), Slg. 1969, 329, Rn. 5/11; Urt. v. 19.5.1992, verb. Rs. 104/89 u. C–37/90 (Mulder), Slg. 1992, I–3094, Rn. 12; *Berg*, in: Schwarze, EU-Kommentar, Art. 340 AEUV, Rn. 32.

[86] *Augsberg*, EnzEuR, Bd. 3, § 12, Rn. 22.

[87] *Thiele*, in: Terhechte, Verwaltungsrecht der EU, § 39, Rn. 26.

Inwiefern der EU Handlungen der Mitgliedstaaten zugerechnet werden können, **27** hängt vom Einzelfall ab. Grundsätzlich gilt, dass **Mitgliedstaaten und ihre Einrichtungen** keine Organe der EU im Sinne des Art. 340 Abs. 2 AEUV sind.[88] Darüber hinaus sind selbständige Handlungen mitgliedstaatlicher Behörden, die Ausdruck des ihnen eingeräumten Ermessens sind, etwa im Rahmen des indirekten Vollzugs des Unionsrechts, grundsätzlich keine Handlungen der EU.[89] Nur ausnahmsweise kann deshalb rechtswidriges Handeln nationaler Behörden der EU zugerechnet werden, etwa wenn die nationale Behörde einer unionalen Weisung folgt[90] oder, wenn der Einfluss der Unionsorgane ursächlich für die Rechtsverletzung ist.[91] So begründet etwa der **Vollzug rechtswidrigen** Unionsrechts keine Haftungsverantwortlichkeit des Mitgliedstaates, soweit es sich um eine ermessensfehlerfreie Entscheidung handelt. Grund hierfür ist die primärrechtliche Pflicht der nationalen Behörden, das Unionsrecht solange umzusetzen, wie die Ungültigkeit des betreffenden Rechtsakts nicht durch den EuGH festgestellt wurde.[92] Insbesondere vor dem Hintergrund der **Verwaltungszusammenarbeit** zwischen der EU und ihren Mitgliedstaaten, deren effektive Durchführung seit dem Lissabonner Vertrag in Art. 197 AEUV ausdrücklich gefordert wird,[93] wird die Frage der Zurechenbarkeit mitgliedstaatlichen Handelns zur EU verstärkt aufgeworfen. Der Grund hierfür ist, dass sie neuartige Kooperationsformen im europäischen Verwaltungsverbund mit sich bringt,[94] welche die Frage nach einer **gemeinsamen Haftung** von EU und Mitgliedstaaten wie auch die nach einer Haftung der EU für fehlerhaftes Handeln mitgliedstaatlicher Behörden aufwerfen wird.[95] Die Fragen, die der EuGH hierbei zu beantworten haben wird, sind vielfältiger Natur. So ist etwa zu klären, wie eine gemeinsame Verantwortlichkeit für rechtswidriges Handeln von EU und Mitgliedstaaten prozessual zu handhaben ist. Es wird hierbei hauptsächlich um die Abgrenzung der **Gerichtszuständigkeiten** der nationalen und Unionsgerichtsbarkeit gehen, da nur Letztere ausschließlich für Haftungsklagen gegen die EU zuständig ist. Abgesehen von den prozessualen Herausforderungen sind auch schwierige Zurechnungsfragen zu erwarten, die mit der Abgrenzung von Verantwortungs- und Einflussbereichen im europäischen Verwaltungsverbund einhergehen. Hierbei geht es um die Bestimmung des für den Schadenseintritt verantwortlichen Haftungssubjekts. Die rechtlichen Kriterien scheinen hierfür noch nicht endgültig durch die Rechtsprechung[96] und Literatur[97] herausgearbeitet worden zu sein. Sollte keine eindeutige Ver-

[88] *Jacob/Kottmann*, in: Grabitz/Hilf/Nettesheim, EU, Art. 340 AEUV (Januar 2015), Rn. 71.
[89] *Ruffert*, in: Calliess/Ruffert, EUV/AEUV, Art. 340 AEUV, Rn. 11.
[90] EuGH, Urt. v. 26.2.1986, Rs. 175/85 (Krohn), Slg. 1986, 753, Rn. 19 ff.; *Ruffert*, in: Calliess/Ruffert, EUV/AEUV, Art. 340 AEUV, Rn. 11.
[91] EuGH, Urt. v. 15.9.1994, Rs. C–146/91 (KYDEP/Rat u. Kommission), Slg. 1994, I–4199, Rn. 20 ff.; *Ruffert*, in: Calliess/Ruffert, EUV/AEUV, Art. 340 AEUV, Rn. 11 m. w. N. aus der Rspr.
[92] EuGH, Urt. v. 13.2.1979, Rs. 101/78 (Granaria II), Slg. 1979, 623; *Augsberg*, in: GSH, Europäisches Unionsrecht, Art. 340 AEUV, Rn. 89.
[93] Dazu *Terhechte*, in: GSH, Europäisches Unionsrecht, Art. 197 AEUV, Rn. 1 ff.
[94] *Shirvani*, EuR 2011, 619 (627 ff.); *Detterbeck*, AöR 125 (2000), 202 (250 ff.); *Säuberlich*, S. 72 ff.; zum Begriff und Konzept des Verwaltungsverbunds *Schmidt-Aßmann/Schöndorf-Haubold* (Hrsg.), Der Europäische Verwaltungsverbund, Tübingen, 2005.
[95] Eingehend dazu *Shirvani*, EuR 2011, 619 ff.; *Hofmann*, S. 300 ff.
[96] EuGH, Urt. v. 15.9.1994, Rs. C–146/91 (KYDEP/Rat u. Kommission), Slg. 1994, I–4199; EuG, Urt. v. 26.10.1995, Rs. T–185/94 (Geotronics), Slg. 1995, II–2795; Urt. v. 9.7.1999, Rs. T–231/97 (New Europe Consulting), Slg. 1999, II–2403; Urt. v. 10.3.2004, Rs. T–177/02 (Malagutti-Vezinhet), Slg. 2004, II–827.
[97] Eingehend *Steiner*, S. 132 ff.; *Säuberlich*, S. 74 ff.; *Hofmann*, S. 316 ff.

antwortungszuteilung möglich sein, wird eine **gesamtschuldnerische Haftung** mit entsprechenden **Regressansprüchen** im Innenverhältnis zu bejahen sein.[98]

b) Rechtswidrigkeit

28   Die EU haftet nur für rechtswidrige Handlungen ihrer Organe und Bediensteten. Entsprechend dem weiten Handlungsbegriff (Rn. 20 ff.) ist es grds. unerheblich, ob die fragliche Maßnahme eine Handlung der Legislative, Exekutive oder der Judikative ist. Maßgeblich für das Vorliegen einer rechtswidrigen Handlung ist nach der Rechtsprechung des EuGH, dass die Maßnahme in hinreichend qualifizierter Weise eine Norm verletzt, die dem Schutz des Einzelnen dient (sog. Schutznorm).[99]

aa) Schutznorm

29   Die Anforderungen, die an das Vorliegen einer Schutznorm zu stellen sind, ergeben sich hierbei aus der Rechtsprechung des EuGH. Danach muss die verletze Norm dem Einzelnen ein **subjektives Recht** verleihen.[100] Dies ist der Fall, wenn die Norm zumindest auch den Schutz des Einzelnen verfolgt.[101] Dieses Erfordernis ähnelt der aus dem deutschen Recht bekannten Schutznormtheorie.[102] Allerdings werden im Unionsrecht an das Vorliegen eines subjektiven Rechts weniger strenge Anforderungen gestellt.[103] Individualschützend sind beispielsweise auch **Begünstigungen und Interessen**.[104] Es reicht insofern aus, dass die infrage stehende Norm neben dem Schutz der Allgemeinheit auch den Schutz des Einzelnen bezweckt und der Geschädigte zu dem geschützten Personenkreis gehört.[105] Die begrenzende Wirkung des Schutznormerfordernisses ist gering, da das weite Verständnis des subjektiven Rechts dazu führt, dass nur wenige Klagen wegen des Fehlens einer Schutznorm abgewiesen werden.[106] Seit dem Urteil in der Rs. Bergaderm wird nicht mehr vorausgesetzt, dass die verletzte Norm höherrangiges Recht verkörpert.[107] Schutznormen können sich damit aus dem **Primär- und dem Sekundärrecht** der EU ergeben. Primärrechtliche Schutznormen ergeben sich so etwa aus den Unionsgrundrechten.[108] Bei völkerrechtlichen Normen kommt es dagegen darauf an, welche Wirkung sie in der unionalen Rechtsordnung haben.

---

[98] *Steiner*, S. 139 ff.; *Shirvani*, EuR 2011, 619 (629); *Augsberg*, in: GSH, Europäisches Unionsrecht, Art. 340 AEUV, Rn. 89.

[99] EuGH, Urt. v. 2. 12. 1971, Rs. 5/71 (Schöppenstedt), Slg. 1971, 975, 984.

[100] EuGH, Urt. v. 5. 3. 1996, verb. Rs. C–46/93 und C–48/93 (Brasserie du pêcheur), Slg. 1996, I–1029, Rn. 51; Urt. v. 4. 7. 2000, Rs. C–352/98 P (Bergaderm), Slg. 2000, I–5291, Rn. 41; Urt. v. 10. 12. 2002, Rs. C–312/00 P (Camar und Tico), Slg. 2002, I–11355, Rn. 53; Urt. v. 10. 7. 2003, Rs. C–472/00 P (Fresh Marine), Slg. 2003, I–7541, Rn. 25; Urt. v. 23. 3. 2004, Rs. C–234/02 P (Bürgerbeauftragte/Lamberts), Slg. 2004, I–2803, Rn. 49.

[101] EuG, Urt. v. 19. 10. 2005, Rs. T–415/03 (san Pedro/Rat), Slg. 2005, II–4355 Rn. 86.

[102] *Thiele*, in: Terhechte, Verwaltungsrecht der EU, § 39, Rn. 30.

[103] Dazu *Reiling*, S. 231 ff.

[104] *Jacob/Kottmann*, in: Grabitz/Hilf/Nettesheim, EU, Art. 340 AEUV (Januar 2015), Rn. 78.

[105] EuGH, Urt. v. 14. 7. 1967, verb. Rs. 5/66, 7/66 u. 13/66–24/66 (Kampffmeyer), Slg. 1967, 331, 355; *Berg*, in: Schwarze, EU-Kommentar, Art. 340 AEUV, Rn. 37.

[106] *Thiele*, in: Terhechte, Verwaltungsrecht der EU, § 39, Rn. 30 m. w. N. aus der Rspr.

[107] EuGH, Urt. v. 4. 7. 2000, Rs. C–352/98 P (Bergaderm), Slg. 2000, I–5291, Rn. 42; bestätigt durch Urt. v. 9. 6. 2010, Rs. C–440/07 P (Schneider Electric SA), Slg. 2009, I–6413, Rn. 160; *Lageard*, in: Lenz/Borchardt, EU-Verträge, Art. 340 AEUV, Rn. 15; *Steiner*, S. 146.

[108] S. etwa Recht auf Leben EuGH, Urt. v. 27. 3. 1990, Rs. C–308/87 (Grifoni), Slg. 1990, I–1203; Recht auf Eigentum Urt. v. 14. 1. 1987, Rs. 281/84 (Zuckerfabrik Bedburg), Slg. 1987, 49, Rn. 25 ff.; Gleichbehandlung Urt. v. 7. 4. 1992, Rs. C–358/90 (Compagnia Italia), Slg. 1992, I–2457, Rn. 54; Vertrauensschutz Urt. v. 15. 6. 1976, Rs. 74/74 (CNTA), Slg. 1975, 533, Rn. 33 ff.; Urt. v. 19. 5. 1992, verb. Rs. C–104/89 u. C–37/90 (Mulder), Slg. 1992, I–3094, Rn. 15; s. *Berg*, in: Schwarze, EU-Kommentar, Art. 340 AEUV, Rn. 40 m. w. N. aus der Rspr.

Keine Schutznormen sind dagegen **Kompetenzbestimmungen**, da diese keinen Indi- **30** vidualrechtsschutz bezwecken.[109] Bei den **Aufsichtsplichten der Kommission** ist zwischen den allgemeinen Pflichten aus Art. 17 Abs. 1 EUV und Art. 258 AEUV und der Aufsichtspflicht im Beihilfenrecht, Art. 108 AEUV i. V. m. VO (EG) Nr. 659/1999,[110] zu differenzieren. Erstere dienen ausschließlich der Wahrung von Unionsinteressen wie z. B. der einheitlichen Anwendung und Durchsetzung des Unionsrechts,[111] sie sind demnach keine Schutznormen im Sinne des Art. 340 AEUV.[112] Dagegen hat die Aufsicht im Rahmen der Beihilfekontrolle einen individual- und drittschützenden Charakter, sodass zumindest nicht ausgeschlossen werden kann, dass entsprechende Bestimmungen Schutznormcharakter haben.[113]

bb) Hinreichend qualifizierter Verstoß

Die Rechtsverletzung im Sinne des Art. 340 Abs. 2 AEUV muss zudem hinreichend **31** qualifiziert sein. Diese Voraussetzung ist insbesondere dann erfüllt, wenn ein Unionsorgan die Grenzen des ihm eingeräumten Ermessens offenkundig und erheblich überschreitet.[114] Dieses Erfordernis hat der EuGH zunächst für **legislative Maßnahmen** aufgestellt, die aufgrund der Komplexität der ihnen zugrunde liegenden Sachverhalte und des prognostischen Charakters der zu treffenden Entscheidung auf einer besonders unsicheren Entscheidungsgrundlage fußen, sodass hier den Organen ein weiter Ermessensspielraum eingeräumt werden müsse,[115] während für administrative Maßnahmen eine einfache Rechtsverletzung genügte.[116] Mit dem Erfordernis des hinreichend zunächst qualifizierten Verstoßes wird versucht, eine **Balance** zwischen der Gewährleistung eines effektiven Rechtsschutzes und der Erhaltung der Funktionsfähigkeit der EU-Organe im Einzelfall zu finden.

Mit dem Urteil in der Rs. Bergaderm wurde das Erfordernis des hinreichend qualifi- **32** zierten Verstoßes auf **alle Arten unionalen Handelns** erstreckt.[117] Es ist deshalb sowohl bei administrativem und judikativem als auch beim legislativem Handeln stets zu prüfen, ob der Verstoß hinreichend qualifiziert ist. Die Angleichung der Haftungsvoraussetzungen bedeutet allerdings nicht, dass den Besonderheiten des jeweiligen Unionshandelns nicht entsprochen werden muss. Die Feststellung eines Verstoßes hängt vielmehr davon ab, ob die Rechtsverletzung eine Qualität aufweist, die außerhalb dessen steht, was aus Gründen der Wahrung der Funktionsfähigkeit des jeweiligen Organhandelns als noch hinnehmbar angesehen werden kann und deshalb dem Einzelnen zu-

---

[109] EuGH, Urt. v. 13. 3. 1992, Rs. C–282/90 (Vreugdenhil), Slg. 1992, I–1937, Rn. 20 ff.

[110] VO (EG) Nr. 659/1999 vom 22. 3. 1999 über besondere Vorschriften für die Anwendung von Artikel 93 des EG-Vertrags, ABl. (EG) 1999, L 83/1.

[111] *Cremer*, in: Calliess/Ruffert, EUV/AEUV, Art. 258 AEUV, Rn. 2.

[112] EuGH, Urt. v. 23. 5. 1990, Rs. C–72/90 (Asia Motors), Slg. 1990, I–2181, Rn. 13; *Augsberg*, in: GSH, Europäisches Unionsrecht, Art. 340 AEUV, Rn. 46.

[113] Bisher allerdings offen gelassen EuG, Urt. v. 17. 2. 1998, Rs. T–107/96 (Pantochim), Slg. 1998, II–311, Rn. 49 ff.; *Augsberg*, in: GSH, Europäisches Unionsrecht, Art. 340 AEUV, Rn. 46 m. w. Nachw.

[114] EuGH, Urt. v. 5. 3. 1996, verb. Rs. C–46/93 u. C–48/93 (Brasserie du pêcheur), Slg. 1996, I–1029, Rn. 55.

[115] EuGH, Urt. v. 2. 12. 1971, Rs. 5/71 (Schöppenstedt), Slg. 1971, 975, Rn. 11; Urt. v. 25. 5. 1978, verb. Rs. 83/76 u. 94/76, 4, 15 und 40/77 (HNL), Slg. 1978, 1209, Rn. 5 ff.; Urt. v. 19. 4. 2007, Rs. C–282/05 P (Holcim AG/Kommission), Slg. 2007, I–2941, Rn. 50.

[116] EuGH, Urt. v. 28. 4. 1971, Rs. 4/69 (Lütticke), Slg. 1971, 325, Rn. 10; *Thiele*, in: Terhechte, Verwaltungsrecht der EU, § 39, Rn. 32.

[117] EuGH, Urt. v. 4. 7. 2000, Rs. C–352/98 P (Bergaderm), Slg. 2000, I–5291.

mutbar ist. Insofern wird hier eine Betrachtung verlangt, die sich an den dem Organ eingeräumten **Funktionen und Gestaltungsspielräumen** orientiert.[118] Ein hinreichend qualifizierter Verstoß liegt dann vor, »wenn ein Mitgliedstaat oder ein Unionsorgan die Grenzen, die seinem Ermessen gesetzt sind, offenkundig und erheblich überschritten hat.«[119] Eine **offenkundige und erhebliche Überschreitung** des eingeräumten Ermessens kann ohne erheblichen Begründungsaufwand regelmäßig bejaht werden, wenn das Ermessen auf Null reduziert ist oder es sich um eine gebundene Entscheidung handelt.[120] In den übrigen Fällen wird es bei der Beurteilung einer offenkundigen und erheblichen Ermessensüberschreitung auf die Bedeutung der verletzten Norm, die Größe des betroffenen Personenkreises sowie die Schwere und den Umfang des erlittenen Schadens ankommen.[121]

33   Da sich der EuGH auch zuvor an diesem Maßstab orientiert hat, kann die bisherige Rechtsprechung für die Ermittlung eines hinreichend qualifizierten Verstoßes herangezogen werden. Letztlich ist die **Vereinheitlichung der Haftungsvoraussetzungen** eine begriffliche Angleichung, die zwar prozessökonomische Vorteile mit sich gebracht hat, da es künftig nicht mehr auf eine Abgrenzung nach der Art der Handlung ankommen wird, inhaltlich stellt sich gleichwohl dieselbe Frage nach dem richtigen Verhältnis zwischen der Wahrung der Funktionsfähigkeit der EU-Verfahren und dem Niveau des Individualrechtsschutzes im Rahmen der jeweiligen Tätigkeitsbereiche von Unionsorganen.[122]

34   Insofern gilt für **legislatives Unrecht** weiterhin, dass eine Haftung nur ausnahmsweise in Betracht kommt. Grund hierfür ist das besondere Gewicht, welches der Funktionsfähigkeit der Legislative zukommt. Ihre Willensbildung soll nicht durch eine Haftungsandrohung beeinträchtigt werden.[123] Bei der Bestimmung, ob ein Verstoß im Einzelfall offenkundig und erheblich war, sodass die rechtsetzende Gewalt ihren Gestaltungsspielraum übertreten hat, wird man sich insbesondere am Charakter der verletzten Schutznorm, der Vorhersehbarkeit der Rechtsverletzung sowie der Frage des begrenzten betroffenen Personenkreises orientieren müssen.

35   Wie bei allen Arten von Rechtsverletzungen ist auch im Rahmen des **administrativen Unrechts** eine Gesamtwürdigung der Umstände vorzunehmen, die insbesondere die rechtliche Komplexität des Sachverhalts und die Schwierigkeiten bei der Anwendung oder Auslegung der einschlägigen Vorschriften in die Bewertung des Verhaltens einbezieht. Ein hinreichend qualifizierter Verstoß kann für den Fall bejaht werden, dass eine Unregelmäßigkeit vorliegt, die einer durchschnittlich umsichtigen und sorgfältigen Verwaltung unter ähnlichen Umständen nicht zur Last zu legen wäre.[124]

---

[118] EuGH, Urt. v. 10.7.2003, Rs. C–472/00 (Fresh Marine), Slg. 2003, I–7541, Rn. 27; *Augsberg*, in: GSH, Europäisches Unionsrecht, Art. 340 AEUV, Rn. 51 ff.; *Thiele*, in: Terhechte, Verwaltungsrecht der EU, § 39, Rn. 34.

[119] EuGH, Urt. v. 4.7.2000, Rs. C–352/98 P (Bergaderm), Slg. 2000, I–5291, Rn. 43; Urt. v. 10.12.2002, Rs. C–312/00 P (Camar und Tico), Slg. 2002, I–11355, Rn. 54; Urt. v. 10.7.2003, Rs. C–472/00 (Fresh Marine), Slg. 2003, I–7541, Rn. 27.

[120] EuGH, Urt. v. 4.7.2000, Rs. C–352/98 P (Bergaderm), Slg. 2000, I–5291, Rn. 44; Urt. v. 10.12.2002, Rs. C–312/00 P (Camar und Tico), Slg. 2002, I–11355, Rn. 54; Urt. v. 10.7.2003, Rs. C–472/00 (Fresh Marine), Slg. 2003, I–7541, Rn. 27.

[121] So auch *Berg*, in: Schwarze, EU-Kommentar, Art. 340 AEUV, Rn. 46 ff. m.w.N. aus der Rspr.

[122] So auch *Thiele*, in: Terhechte, Verwaltungsrecht der EU, § 39, Rn. 32 ff.

[123] EuGH, Urt. v. 25.5.1978, verb. Rs. 83/76 u. 94/76, 4, 15 u. 40/77 (HNL), Slg. 1978, 1209, Rn. 5.

[124] EuG, Urt. v. 15.9.2004, Rs. T–178/98 (Fresh Marine/Kommission), Slg. 2000, II–3331, Rn. 61; Urt. v. 23.11.2011, Rs. T–341/07 (Sison III), Slg. 2011, II–7915, Rn. 37 ff.

Eine Haftung für **judikatives Unrecht** kommt zunächst nur bei Entscheidungen des   **36**
EuG und der Fachgerichte in Betracht. Eine etwaige Haftung des EuGH könnte sich
dagegen allenfalls aus Verstößen gegen die EMRK ergeben (dazu Rn. 70). Hierbei können die in der Entscheidung der Rs. Köbler[125] aufgestellten Maßstäbe herangezogen
werden. Zwar betrifft diese Entscheidung zunächst nur die mitgliedstaatliche Haftung
für judikatives Unrecht. Angesichts der Kohärenz der Haftungsansprüche sind die in der
Entscheidung formulierten Grundsätze jedoch auch im Rahmen der Unionsgerichtsbarkeit anzuwenden. Bei der Beurteilung des hinreichend qualifizierten Verstoßes sind in
erster Linie die Besonderheit der richterlichen Funktion sowie die berechtigten Belange
der Rechtssicherheit von Relevanz.[126]

c) Schaden

Unter einem Schaden wird **jeder Nachteil** verstanden, den der Betroffene an seinem   **37**
Vermögen oder anderen Rechtsgütern erlitten hat.[127] Insofern wird der Schadensbegriff
weit ausgelegt, sodass auch immaterielle Schäden[128] und entgangener Gewinn erfasst
werden.[129] Der Schaden muss **substantiiert vorgetragen** werden und **bestimmbar** sein,
d. h. er darf nicht bloß hypothetischer Art sein, sondern muss gegenwärtig und sicher
oder zumindest mit hinreichender Sicherheit vorhersehbar sein.[130] Eine genaue Bezif-
ferung der Schadenshöhe ist zum Zeitpunkt der Klageerhebung folglich nicht erforderlich. Sofern Ersatz für entgangenen Gewinn verlangt wird, ist es erforderlich, dass die
Realisierung des Gewinns vor dem Eintritt der Amtspflichtverletzung hinlänglich konkret war.[131] Der Kläger trägt die Beweislast für den Umfang und die Gegenwärtigkeit des
Schadens.[132] Verlangt werden können sowohl eine Entschädigung in **Geld** als auch die
Wiederherstellung des ursprünglichen Zustands, z. B. der Widerruf unwahrer Tatsa-
chenbehauptungen.[133]

Sofern die Aktenlage es zulässt, entscheidet der EuGH über die **Höhe des zu erset-**   **38**
zenden Schadensbetrags, andernfalls ergeht ein Grundurteil, in dem es den Parteien
überlassen bleibt, innerhalb einer bestimmten Frist eine Einigung über die Schadenshöhe zu erzielen.[134] Sofern sie innerhalb der vom Gerichtshof gesetzten Frist keine
Einigung erzielen, entscheidet der Gerichtshof in einem Endurteil über die Höhe des zu
ersetzenden Schadens.[135] Dazu vergleicht er die Vermögenslage vor und nach dem Ein-

---

[125] EuGH, Urt. v. 30. 9. 2003, Rs. C–224/01 (Köbler), Slg. 2003, I–10239.

[126] Ebd., Rn. 53.

[127] EuGH, Urt. v. 17. 1. 1992, C–152/88 (Sofrimport), Slg. 1990, I–2477, Rn. 24.

[128] EuGH, Urt. v. 7. 11. 1985, Rs. 145/83 (Adams), Slg. 1985, 3539, Rn. 53; Urt. v. 5. 10. 1988, Rs.
180/87 (Hamil), Slg. 1988, 6141, Rn. 13; EuG, Urt. v. 8. 7. 2008, Rs. T–48/05 (Franchet), Slg. 2008,
II–1585, Rn. 384.

[129] *Gellermann*, in: Streinz, EUV/AEUV, Art. 340 AEUV, Rn. 26.

[130] EuGH, Urt. v. 14. 7. 1967, verb. Rs. 5, 7 und 13–24/66 (Kampffmeyer), Slg. 1967, 331, 359; Urt.
v. 2. 6. 1965, verb. Rs. 9/64 u. 25/64 (Feram II), Slg. 1965, 421, 435; *Berg*, in: Schwarze, EU-Kommentar, Art. 340 AEUV, Rn. 62.

[131] *Gellermann*, in: Streinz, EUV/AEUV, Art. 340 AEUV, Rn. 26; eingehend zum entgangenen
Gewinn s. *Augsberg*, in: GSH, Europäisches Unionsrecht, Art. 340 AEUV, Rn. 63 ff.

[132] Eingehend dazu *Berg*, in: Schwarze, EU-Kommentar, Art. 340 AEUV, Rn. 63.

[133] *Thiele*, in: Terhechte, Verwaltungsrecht der EU, § 39, Rn. 43.

[134] EuGH, Urt. v. 17. 1. 1992, Rs. C–152/88 (Sofrimport), Slg. 1990, I–2477, Rn. 37; Urt. v. 19. 5.
1992, verb. Rs. C–104/89 u. C–37/90 (Mulder), Slg. 1992, I–3094, Rn. 26 ff.; *Jacob/Kottmann*, in:
Grabitz/Hilf/Nettesheim, EU, Art. 340 AEUV (Januar 2015), Rn. 122.

[135] EuGH, Urt. v. 27. 1. 2000, verb. Rs. C–104/89 u. C–37/90 (Mulder II), Slg. 2000, I–203.

tritt des schadensbegründenden Ereignisses.[136] Bei **immateriellen Schäden** bestimmt sich die Schadenshöhe nach billigem Ermessen des Gerichts und den besonderen Umständen des Einzelfalls.[137]

39   **Schadensminderungen** kommen im Falle eines Mitverschuldens etwa seitens des Geschädigten oder aber durch ein Verhalten Dritter in Betracht, das der Geschädigte sich zurechnen lassen muss.[138] Geldansprüche sind ab dem Verkündungstag des den Anspruch feststellenden Urteils zu **verzinsen**.[139]

d) Kausalität

40   Die Rechtsverletzung muss den eingetretenen Schaden unmittelbar verursacht haben. Hier sind wertende Kriterien, die der deutschen Adäquanztheorie ähneln,[140] heranzuziehen. Das bedeutet, dass nur solche Handlungen kausal sind, die nach allgemeiner Lebenserfahrung typischerweise geeignet sind, einen Schaden, wie den eingetretenen, zu verursachen. Sinn und Zweck des Unmittelbarkeitserfordernisses ist die Ermittlung des der Union zurechenbaren Verhaltens.[141] Der Zurechnungszusammenhang kann durch ein Verhalten des Geschädigten wie auch durch ein Dazwischentreten Dritter unterbrochen werden.[142] Letzteres kann auch in Gestalt mitgliedstaatlichen Handelns geschehen.[143] Allerdings ist in diesen Fällen bereits das Vorliegen einer tatbestandlichen Unionshandlung fraglich. Die **Beweislast** hierfür liegt beim Geschädigten.[144]

e) Verjährung

41   Die Ansprüche verjähren nach Art. 46 der Satzung des Gerichtshofs innerhalb von fünf Jahren nach Ereigniseintritt. Die Verjährung beginnt erst zu laufen, wenn sämtliche zu erfüllenden Voraussetzungen der Ersatzpflicht vorliegen.[145] Eine Geltendmachung des Anspruchs durch Klageeinreichung unterbricht die Verjährung (Art. 46 Satz 2 Satzung des Gerichtshofs). Die Klage muss nach Art. 46 Satz 3 der Satzung des Gerichtshofs innerhalb der 2-Monatsfrist des Art. 263 AEUV erhoben werden.

3. Haftung für rechtmäßiges Handeln

42   Nicht abschließend geklärt ist die Frage, ob die EU auch für rechtmäßiges Handeln ihrer Organe haftet, wenn dieses Handeln zu einem besonders schweren und außergewöhnlichen Schaden bei einem Einzelnen führt, ihm also ein **Sonderopfer** auferlegt.[146] Zwar

---

[136] EuGH, Urt. v. 19.5.1992, verb. Rs. C–104/89 u. C–37/90 (Mulder), Slg. 1992, I–3094, Rn. 26.
[137] EuGH, Urt. v. 14.5.1998, Rs. C–259/96 P (De Nil und Impens), Slg. 1998, I–2915, Rn. 25.
[138] EuGH, Urt. v. 7.11.1985, Rs. 145/83 (Adams), Slg. 1985, 3539, Rn. 53.
[139] EuGH, Urt. v. 27.1.2000, verb. Rs. C–104/89 u. C–37/90 (Mulder II), Slg. 2000, I–203, Rn. 35.
[140] *Thiele*, in: Terhechte, Verwaltungsrecht der EU, § 39, Rn. 41.
[141] *Berg*, in: Schwarze, EU-Kommentar, Art. 340 AEUV, Rn. 64.
[142] Vgl. hins. der Unterbrechung des Kausalzusammenhangs durch ein Verhalten des Geschädigten EuGH, Urt. v. 4.2.1975, Rs. C–169/73 (Compagnie Continentale France/Rat), Slg. 1975, 117, Rn. 23 ff.
[143] Vgl. hierzu etwa EuGH, Urt. v. 7.7.1987, verb. Rs. C–89/86–91/86, (Étoile commerciale und CNTA/Kommission), Slg. 1987, 3005, Rn. 18 ff.
[144] *Böhm*, in: Schulze/Zuleeg/Kadelbach, Europarecht, § 12, Rn. 38; *Thiele*, in: Terhechte, Verwaltungsrecht der EU, § 39, Rn. 42; *Detterbeck*, AöR 125 (2000), 125, 202 (216).
[145] EuGH, Urt. v. 19.4.2007, Rs. C–282/05 P (Holcim (Deutschland)/Kommission), Slg. 2007, I–2941.
[146] Eingehend dazu *Jacob/Kottman*, in: Grabitz/Hilf/Nettesheim, EU, Art. 340 AEUV (Januar 2015), Rn. 103 ff.; *Thiele*, in: Terhechte, Verwaltungsrecht der EU, § 39, Rn. 46 ff.

hat die Unionsgerichtsbarkeit rekurrierend auf die dem deutschen und französischen Recht bekannten Rechtsinstitute der Sonderopferlehre respektive des französischen Pendants des »rupture de l'égalité devant les charges publiques« eine Haftung der Union nicht grundsätzlich ausgeschlossen, doch hat sie bisher in keinem Fall das Vorliegen einer qualifizierten Rechtsverletzung, die ursächlich für einen außergewöhnlichen Schaden wurde, bejaht.[147] Nach der Entscheidung in der Rs. FIAMM ist jedenfalls klargestellt, dass eine Haftung für **rechtmäßiges Rechtsetzungshandeln** nicht in Betracht kommt.[148]

Eine wichtige Fallgruppe dieser Haftungskonstellation sind die **unionalen Sanktions-**   **43** **maßnahmen nach Art. 215 AEUV.** Hiernach verhängt die EU Embargos und Individualsanktionen entweder aufgrund einer autonomen Entscheidung des GASP-Rates oder in Umsetzung von Resolutionen des UN-Sicherheitsrates.[149] Für eine Haftung der EU wird zunächst danach zu differenzieren sein, was die rechtsverletzende Handlung ist. Bei **Individualsanktionen** wird es regelmäßig erst das sog. »Listing« einer Person im Anhang des GASP-Beschlusses und der Sanktionsverordnung sein. Sofern hiermit Rechtsverletzungen einhergehen, handelt es sich um rechtswidriges Handeln der EU.[150] Bei Sanktionsverordnungen, die **Embargomaßnahmen** gegen Staaten oder Drittländer vorsehen, wird eine Haftung der EU in der Regel daran scheitern, dass die Sanktionsverordnung nicht unmittelbar schadensverursachend ist oder aber, dass es im Falle einer rechtmäßigen Sanktionsverordnung am Vorliegen eines besonderen und außergewöhnlichen Schadens fehlt, da der EuGH an dieses Merkmal besonders hohe Anforderungen stellt.[151]

C. Haftung der Bediensteten der Union

Art. 340 Abs. 4 AEUV verweist für die **persönliche Haftung der Bediensteten der Union**   **44** auf das Beamtenstatut[152] sowie auf die Beschäftigungsbedingungen für die sonstigen Bediensteten der EU.[153] Insofern regelt Art. 340 Abs. 4 AEUV den **Regressfall** und keinen Fall der persönlichen Haftung der EU-Bediensteten gegenüber Dritten.[154] Die Haf-

---

[147] EuG, Urt. v. 28.4.1998, Rs. T–184/95 (Dorsch Consult II), Slg. 1998, II–667, Rn. 59; EuGH, Urt. v. 15.6.2000, Rs. C–237/98 P (Dorsch Consult III), Slg. 2000, I–4549, Rn. 53; EuG, Urt. v. 6.12.2001, Rs. T–196/99 (Area Cova), Slg. 2001, II–3597, Rn. 162 ff. m.w. Nachw. aus der Rspr.

[148] EuGH, Urt. v. 9.9.2008, verb. Rs. C–120/06 P und C–121/06 P (FIAMM), Slg. 2008, I–6513, Rn. 169 ff.

[149] Dazu *Schneider/Terhechte*, in: Grabitz/Hilf/Nettesheim, EU, Art. 215 AEUV (Mai 2014), Rn. 1 ff.

[150] EuG, Urt. v. 23.11.2011, Rs. T–341/07 (Sison III), Slg. 2011, II–7915; dazu *Bülow*, EuR 2013, 609 ff.

[151] EuG, Urt. v. 28.4.1998, Rs. T–184/95 (Dorsch Consult II), Slg. 1998, II–667, Rn. 59; EuGH, Urt. v. 15.6.2000, Rs. C–237/98 P (Dorsch Consult III), Slg. 2000, I–4549, Rn. 53; eingehend zum besonderen und außergewöhnlichen Schaden *Berg*, in: Schwarze, EU-Kommentar, Art. 340 AEUV, Rn. 54 ff.

[152] VO (EWG, EURATOM, EGKS) Nr. 259/68 vom 29.2.1968 über das Statut der Beamten der Europäischen Gemeinschaften und die Beschäftigungsbedingungen für die sonstigen Bediensteten dieser Gemeinschaften, ABl. (EG) 1968, L 56/1; zuletzt geändert durch VO (EU) Nr. 1201/2014, ABl. 2014, L 325/1.

[153] VO Nr. 31 (EWG) und Nr. 11 (EAG) vom 18.12.1961 über das Statut der Beamten und über die Beschäftigungsbedingungen für die sonstigen Bediensteten der Europäischen Wirtschaftsgemeinschaft und der Europäischen Atomgemeinschaft, ABl. 1962, L 45/1385; zuletzt geändert durch VO (EU) Nr. 423/2014, ABl. (EU) L 129/12.

[154] *Lageard*, in: Lenz/Borchardt, EU-Verträge, Art. 340 AEUV, Rn. 38.

tungsvoraussetzungen ergeben sich aus **Art. 22 Abs. 1 des Beamtenstatuts**.[155] Die Haftung setzt voraus, dass dem Beamten ein schwerwiegendes Verschulden vorzuwerfen ist, d. h. eine vorsätzliche oder grob fahrlässige Amtspflichtverletzung.[156] Für Handlungen außerhalb der Amtstätigkeit ist der Beamte nach nationalem Privatrecht verantwortlich.[157]

D.   Haftung der Mitgliedstaaten der Union

45   Obwohl dies in den Unionsverträgen nicht normiert ist, haften auch die Mitgliedstaaten und ihre Organe für Verletzungen des Unionsrechts. Mit der Entwicklung (dazu Rn. 46 ff.) dieses Haftungsinstituts hat der EuGH eine Lücke im unionalen Rechtsschutzsystem geschlossen und zugleich ein wichtiges Instrument für die effektive Um- bzw. Durchsetzung des Unionsrechts geschaffen.

I.   Entwicklung

46   Die Haftung der Mitgliedstaaten hat der EuGH im Wege der richterrechtlichen Rechtsfortbildung, aus einer Zusammenschau der Normen und den Zielen der Verträge hergeleitet. Die Haftung der Mitgliedstaaten für Verstöße gegen das Unionsrecht hat der EuGH erstmals in der Rechtssache **Francovich** thematisiert, in der es um legislatives Fehlverhalten aufgrund versäumter Richtlinienumsetzung ging.[158] Die mitgliedstaatliche Haftung für Verstöße gegen das Unionsrecht folgt hiernach aus dem **Grundsatz des effektiven Rechtsschutzes** der Unionsbürger, der praktischen Wirksamkeit des Unionsrechts (effet utile) und dem Grundsatz der loyalen Zusammenarbeit (Art. 4 Abs. 3 EUV).[159] Inzwischen wird auch die **Kohärenz des unionalen Haftungssystems** als ein weiteres Argument herangezogen.[160] Zusammen mit den Grundsätzen der unmittelbaren Anwendbarkeit und der unionsrechtskonformen Auslegung sowie des Vorrangs des Unionsrechts ist die mitgliedstaatliche Haftung für Verstöße gegen das Unionsrecht ein **tragender Pfeiler der Supranationalität** des Unionsrechts. Der Kritik aus den Mitgliedstaaten an der richterrechtlichen Begründung der mitgliedstaatlichen Haftung[161] begegnete der EuGH mit dem Argument, dass er gem. Art. 19 EUV zur Rechtsfortbildung mit Hilfe der Methode der wertenden Rechtsvergleichung ausdrücklich ermächtigt sei.[162] Darüber hinaus verkörpert – so der EUGH – die Schadensersatzpflicht für rechtswidrige Handlungen oder Unterlassungen einen allgemeinen Rechtsgrundsatz des Unionsrechts, der auch in vielen mitgliedstaatlichen Rechtsordnungen im Wege der Recht-

---

[155] *Ruffert*, in: Calliess/Ruffert, EUV/AEUV, Art. 340 AEUV, Rn. 35.

[156] *Böhm*, in: Schulze/Zuleeg/Kadelbach, Europarecht, § 12, Rn. 61; *Lageard*, in: Lenz/Borchardt, EU-Verträge, Art. 340 AEUV, Rn. 38.

[157] *Thiele*, in: Terhechte, Verwaltungsrecht der EU, § 39, Rn. 62; *Jacob/Kottman*, in: Grabitz/Hilf/Nettesheim, EU, Art. 340 AEUV (Januar 2015), Rn. 135.

[158] EuGH, Urt. v. 19.11.1991, verb. Rs. C–6/90 u. 9/90 (Francovich), Slg. 1991, I–5357.

[159] EuGH, Urt. v. 5.3.1996, verb. Rs. C–46/93 u. C–48/93 (Brasserie du pêcheur), Slg. 1996, I–1029, Rn. 27 ff.

[160] *Thiele*, in: Terhechte, Verwaltungsrecht der EU, § 39, Rn. 70 mit Verweis auf EuGH, Urt. v. 5.3.1996, verb. Rs. C–46/93 u. C–48/93 (Brasserie du pêcheur), Slg. 1996, I–1029, Rn. 24 f.

[161] *Ossenbühl*, DVBl 1992, 993 ff.

[162] EuGH, Urt. v. 5.3.1996, verb. Rs. C–46/93 u. C–48/93 (Brasserie du pêcheur), Slg. 1996, I–1029, Rn. 27.

sprechung entwickelt wurde.[163] Mittlerweile kann die mitgliedstaatliche Haftung für Verstöße gegen das Unionsrecht als von den Mitgliedstaaten akzeptiert gelten, da keine gegenteiligen Vertragsänderungen vorgenommen wurden. Folglich muss die Haftung der Mitgliedstaaten für Verstöße gegen das Unionsrecht als zum acquis communautaire gehörend angesehen werden.[164]

Der unionsrechtliche Haftungsanspruch muss »im Rahmen des nationalen Haftungs- **47** rechts«[165] verwirklicht werden. Grenzen sind wiederum durch die Wahrung der Funktionsfähigkeit der nationalen Verwaltung gesetzt. Insofern können sich auch die Haftungsfolgen in den einzelnen Mitgliedstaaten unterscheiden.

II. Voraussetzungen des unionsrechtlichen Haftungsanspruchs

1. Allgemeines

Der unionsrechtliche Haftungsanspruch berechtigt den Einzelnen dazu, Schäden, die **48** ihm durch unionsrechtswidriges Verhalten des Mitgliedstaates entstanden sind, vor nationalen Gerichten einzuklagen. Der Haftungsanspruch ergibt sich **unmittelbar aus dem Unionsrecht**, und steht deshalb eigenständig neben etwaigen mitgliedstaatlichen Staatshaftungsansprüchen.[166] Zwar soll er innerhalb des mitgliedstaatlichen Rechts verwirklicht werden, doch darf er nicht von Voraussetzungen abhängig gemacht werden, die seine Durchsetzung praktisch unmöglich machen oder übermäßig erschweren.[167] Insofern dürfen hier keine Verschuldenserfordernisse herangezogen werden. Mit anderen Worten: Der unionsrechtliche Haftungsanspruch darf nicht von Erfordernissen abhängig gemacht werden, die über die eines hinreichend qualifizierten Verstoßes hinausreichen.[168] Insoweit können nationale Besonderheiten auf der Rechtsfolgenseite eines Haftungsanspruchs relevant werden, wobei der unionsrechtliche Äquivalenz- und Effektivitätsgrundsatz zu beachten ist, der so auch zur Europäisierung des mitgliedstaatlichen Staatshaftungsrechts beitragen kann (dazu allgemein auch Rn. 66).

Der unionsrechtlich begründete Haftungsanspruch gegen die Mitgliedstaaten fußt auf **49** drei Voraussetzungen: Es muss eine unionsrechtliche Norm, die dem Einzelnen Rechte verleiht, durch einen hinreichend qualifizierten Verstoß einer mitgliedstaatlichen Stelle verletzt worden sein, und es muss ein unmittelbarer Zusammenhang zwischen der Handlung und dem tatsächlichen Schaden bestehen.[169] Erfasst werden sowohl Verstöße gegen das unionale **Primär- als auch gegen das Sekundärrecht**, soweit sie subjektive

---

[163] EuGH, Urt. v. 5.3.1996, verb. Rs. C–46/93 u. C–48/93 (Brasserie du pêcheur), Slg. 1996, I–1029, Rn. 29f.

[164] *Ruffert*, in: Calliess/Ruffert, EUV/AEUV, Art. 340 AEUV, Rn. 38f. m.w.N.

[165] EuGH, Urt. v. 5.3.1996, Rs. C–46/93 u. C–48/93 (Brasserie du pêcheur), Slg. 1996, I–1029, Rn. 67.

[166] *Dörr*, DVBl 2006, 598ff.

[167] EuGH, Urt. v. 19.11.1991, verb. Rs. C–6/90 u. 9/90 (Francovich), Slg. 1991, I–5357, Rn. 43; Urt. v. 5.3.1996, verb. Rs. C–46/93 u. C–48/93 (Brasserie du pêcheur), Slg. 1996, I–1029, Rn. 67; Urt. v. 23.5.1996, Rs. C–5/94 (Hedley Lomas), Slg. 1996, I–2553, Rn. 31; Urt. v. 13.6.2006, Rs. C–173/03 (Traghetti del Mediterraneo), Slg. 2006, I–5177, Rn. 42ff.

[168] EuGH, Urt. v. 5.3.1996, verb. Rs. C–46/93 u. C–48/93 (Brasserie du pêcheur), Slg. 1996, I–1029, Rn. 78ff.

[169] St. Rspr. EuGH, Urt. v. 19.11.1991, verb. Rs. C–6/90 u. 9/90 (Francovich), Slg. 1991, I–5357; Urt. v. 5.3.1996, verb. Rs. C–46/93 u. C–48/93 (Brasserie du pêcheur), Slg. 1996, I–1029, Rn. 51; Urt. v. 23.5.1996, Rs. C–5/94 (Hedley Lomas), Slg. 1996, I–2553, Rn. 25f.; Urt. v. 8.10.1996, verb. Rs. C–178/94, C–179/94, C–188/94, C–189/94 u. C–190/94 (Dillenkofer), Slg. 1996, I–4845, Rn. 21ff.

Rechte verleihen, d. h. es muss sich um Schutznormen handeln. Der Betroffene kann sich auch im Fall einer abschließenden Harmonisierung auf drittschützende Primärrechtsnormen berufen.[170] Aus unionsrechtlicher Sicht ist es unerheblich, welche nationale Stelle innerstaatlich gehandelt hat. Der Mitgliedstaat wird haftungsrechtlich als **eine Einheit** betrachtet. Deshalb werden Maßnahmen eines Bundeslandes, einer Selbstverwaltungskörperschaft oder sonstiger öffentlicher Stellen den Mitgliedstaaten als ihre Handlungen zugerechnet.[171] Es ist die **Aufgabe der nationalen Gerichte** festzustellen, ob die Voraussetzungen des Haftungsanspruchs im Einzelfall erfüllt sind.[172] Vorlagen an den EuGH nach Art. 267 AEUV bleiben ihnen jedoch unbenommen. Auch für den unionsrechtlichen Haftungsanspruch gilt, als allgemeiner Rechtsgrundsatz,[173] der **Vorrang des Primärrechtsschutzes**, wonach der Betroffene die Pflicht hat, rechtzeitig alle ihm zur Verfügung stehenden Rechtsmittel zu ergreifen. Der EuGH hat die Voraussetzungen des Haftungsanspruchs gegen die Mitgliedstaaten parallel zu denjenigen der außervertraglichen Haftung der EU nach Art. 340 Abs. 2 AEUV konkretisiert, da es keinen Unterschied mache, ob die Rechtsverletzung durch eine Stelle der Mitgliedstaaten oder der EU verursacht werde.[174] Deshalb wird nachfolgend nur auf die jeweiligen Spezifika des Haftungsanspruchs gegen den Mitgliedstaat eingegangen.

2. Hinreichend qualifizierter Verstoß

50   Ein hinreichend qualifizierter Verstoß liegt dann vor, wenn ein Mitgliedstaat die Grenzen seines Ermessens, die ihm für die Umsetzung oder den Vollzug des Unionsrechts gesetzt sind, offenkundig und erheblich überschreitet.[175] Dies **kann sich aus jedem Verhalten der Mitgliedstaaten** ergeben. Unerheblich ist, ob es sich um Handlungen der Legislative, Exekutive oder Judikative handelt. Wie bei der Haftung der EU ist auch hier das Vorliegen eines hinreichend qualifizierten Verstoßes funktionsspezifisch, d. h. mit Rücksicht auf die Stellung und die Aufgabe des jeweiligen Organs innerhalb der drei Staatsgewalten, zu bestimmen. Zur Feststellung einer offenkundigen und erheblichen Ermessensüberschreitung kann auf das Maß an Klarheit und Genauigkeit der verletzten Norm sowie den Umfang des Gestaltungs- bzw. Ermessensspielraums abgestellt werden.[176] Auch hier gilt, dass bei auf Null reduziertem Ermessen, z. B. wenn dem Mitgliedstaat nur eine mögliche Art der Umsetzung des Unionsrechts zur Verfügung steht, bereits die Nichtumsetzung einen hinreichend qualifizierten Verstoß begründen kann.[177]

---

[170] EuGH, Urt. v. 24.3.2009, Rs. C–445/06 (Danske Slagterier), Slg. 2009, I–2119, Rn. 20 ff.; Urt. v. 17.4.2007, Rs. C–470/03 (A.G.M.-COS.MET), Slg. 2007, I–2749, Rn. 50 ff.; *Jacob/Kottmann*, in: Grabitz/Hilf/Nettesheim, EU, Art. 340 AEUV (Januar 2015), Rn. 148.

[171] EuGH, Urt. v. 30.9.2003, Rs. C–224/01 (Köbler), Slg. 2003, I–10239, Rn. 32; Urt. v. 28.6.2001, Rs. C–118/00 (Larsy), Slg. 2001, I–5063, Rn. 34 f.

[172] EuGH, Urt. v. 1.6.1999, Rs. C–302/97 (Konle), Slg. 1999, I–3099, Rn. 32 ff.; *Berg*, in: Schwarze, EU-Kommentar, Art. 340 AEUV, Rn. 86.

[173] *Jacob/Kottmann*, in: Grabitz/Hilf/Nettesheim, EU, Art. 340 AEUV (Januar 2015), Rn. 177.

[174] EuGH, Urt. v. 5.3.1996, verb. Rs. C–46/93 u. C–48/93 (Brasserie du pêcheur), Slg. 1996, I–1029, Rn. 42; Urt. v. 4.7.2000, Rs. C–352/98 P (Bergaderm), Slg. 2000, I–5291, Rn. 4.7.2000.

[175] EuGH, Urt. v. 5.3.1996, verb. Rs. C–46/93 u. C–48/93 (Brasserie du pêcheur), Slg. 1996, I–1029, Rn. 57; Urt. v. 17.10.1996, verb. Rs. C–283/94, C–291/94 u. C–292/94 (Denkavit II), Slg. 1996, I–5063, Rn. 50; Urt. v. 25.1.2007, Rs. C–278/05 (Robins), Slg. 2007, I–1053, Rn. 70 ff.

[176] *Jacob/Kottmann*, in: Grabitz/Hilf/Nettesheim, EU, Art. 340 AEUV (August 2015), Rn. 88; *Böhm*, in: Schulze/Zuleeg/Kadelbach, Europarecht, § 12, Rn. 125.

[177] EuGH, Urt. v. 23.5.1996, Rs. C–5/94 (Hedley Lomas), Slg. 1996, I–2553, Rn. 28; Urt. v. 8.10.1996, verb. Rs. C–178/94, C–179/94, C–188/94, C–189/94 u. C–190/94 (Dillenkofer), Slg. 1996,

Der Umfang des Gestaltungs- und Ermessensspielraums hängt auch von dem Stand der Harmonisierung des jeweiligen Bereichs ab. Je geringer ihr Grad ist, desto größer wird der Ermessensspielraum sein.[178]

Die **Grenzen des Gestaltungs- und Ermessensspielraums der Legislative** sieht der EuGH im Fall inkohärenter, unsystematischer oder unverhältnismäßiger Zielverfolgung beispielsweise im Gesundheits- oder auch Umweltschutzbereich.[179] Weitere Kriterien sind die Vorhersehbarkeit eines Verstoßes, seine vorsätzliche Begehung oder eine vorsätzliche Schadensverursachung. Darüber hinaus kann darauf abgestellt werden, ob ein entschuldbarer oder unentschuldbarer Rechtsirrtum vorliegt.[180] Ein offenkundiger Verstoß kann sich daraus ergeben, dass ein Verhalten aufrechterhalten wird, obwohl einschlägige und gefestigte EuGH-Rechtsprechung es als unionsrechtswidrig abgeurteilt hat.[181] Das Vorliegen eines hinreichend qualifizierten Verstoßes ist dann abzulehnen, wenn die Auslegung der unionsrechtlichen Norm vertretbar erscheint, beispielsweise wenn die Richtlinienbestimmung ungenau ist und die angestellten Überlegungen der nationalen Stelle nicht von der Hand zu weisen sind.[182]

51

3. Haftung für die Nichtumsetzung von Richtlinien

Die Haftung für die Nichtumsetzung von Richtlinien ist ein Unterfall der Haftung für legislatives Unrecht.[183] Allerdings stellt sie den wohl wichtigsten Fall mitgliedstaatlicher Haftung dar, auch weil sie es dem Einzelnen ermöglicht, Schäden geltend zu machen, die aufgrund der fehlenden horizontalen Direktwirkung von privatrechtsgestaltenden Richtlinien entstanden sind.[184] Bei der Bestimmung der verletzten Schutznorm kommt es darauf an, ob die Richtlinie dem Einzelnen überhaupt **subjektive Rechte** verleiht. Dies setzt zweierlei voraus: Erstens muss es Ziel der Richtlinie sein, dem Einzelnen Rechte einzuräumen, und zweitens muss die konkrete Schutznorm in der Richtlinie hinlänglich bestimmt sein, so dass sich daraus der Rechtsinhalt durch Auslegung bestimmen lässt.[185] **Bestimmbar** ist die Norm, wenn sich durch Auslegung ermitteln lässt, welche Rechtspositionen für welchen Adressatenkreis eingeräumt werden sollen, auch wenn sie im Übrigen den Mitgliedstaaten ein Ermessen hinsichtlich ihrer Umsetzung einräumt.[186]

52

I–4845, Rn. 25; Urt. v. 15.6.1999, Rs. C–140/97 (Rechberger), Slg. 1999, I–3499, Rn. 51 ff.; *Berg*, in: Schwarze, EU-Kommentar, Art. 340 AEUV, Rn. 85.

[178] Eingehend *König*, EWS 2009, 249 (252); *Haratsch/Koenig/Pechstein*, Europarecht, Rn. 633.

[179] So etwa in EuGH, Urt. v. 10.3.2009, Rs. C–169/07 (Hartlauer Handelsgesellschaft), Slg. 2009, I–1721, Rn. 55; Urt. v. 8.9.2009, Rs. C–42/07 (Portuguesa), Slg. 2009, I–7633, Rn. 61; *Haratsch/Koenig/Pechstein*, Europarecht, Rn. 632 ff.; Zum Schutznormcharakter von Umweltschutzrichtlinien EuGH, Urt. v. 25.7.2008, Rs. C–237/07 (Jancek), Slg. 2008, I–6221; s. auch *Jacob/Kottmann*, in: Grabitz/Hilf/Nettesheim, EU, Art. 340 AEUV (Januar 2015), Rn. 153.

[180] *Thiele*, in: Terhechte, Verwaltungsrecht der EU, § 39, Rn. 83; *Lageard*, in: Lenz/Borchardt, EU-Verträge, Art. 340 AEUV, Rn. 48.

[181] EuGH, Urt. v. 23.4.2008, Rs. C–201/05 (Test Claimants), Slg. 2008, I–2875, Rn. 123.

[182] EuGH, Urt. v. 26.3.1996, Rs. C–392/93 (British Telecommunications), Slg. 1996, I–1631, Rn. 43.

[183] Hierzu *Hatje*, EuR 1997, 297 ff.

[184] Zur horizontalen Direktwirkung EuGH, Urt. v. 14.7.1994, Rs. C–91/92 (Facini Dori), Slg. 1994, I–3325, Rn. 27; *Jacob/Kottmann*, in: Grabitz/Hilf/Nettesheim, EU, Art. 340 AEUV (Januar 2015), Rn. 151.

[185] EuGH, Urt. v. 19.11.1991, verb. Rs. C–6/90 u. 9/90 (Francovich), Slg. 1991, I–5357, Rn. 40 f.; Urt. v. 4.12.2003, Rs. C–63/01 (Evans), Slg. 2003, I–14447, Rn. 36; Urt. v. 12.10.2004, Rs. C–222/02 P (Paul), Slg. 2004, I–9425; *Berg*, in: Schwarze, EU-Kommentar, Art. 340 AEUV, Rn. 82.

[186] EuGH, Urt. v. 14.7.1994, Rs. C–91/92 (Facini Dori), Slg. 1994, I–3325, Rn. 17; Urt. v. 17.10.

Die hinreichende Bestimmbarkeit der Richtlinienvorschrift ist im Grunde genommen eine Feststellung einer etwaigen unmittelbaren Wirkung der Norm. Sofern jedoch eine solche bejaht werden kann, scheidet ein Haftungsanspruch aus,[187] da der Betroffene sich gegenüber den nationalen Behörden unmittelbar auf die Rechtsposition berufen kann und somit auf den Primärrechtsschutz zu verweisen ist. Das verdeutlicht die enorme Praxisrelevanz des Haftungsanspruchs in privatrechtlichen Fallkonstellationen, in denen eine Berufung auf die in der Richtlinie eingeräumten Rechte gerade nicht möglich ist. Die Besonderheit der mitgliedstaatlichen Haftung für die Nicht- oder fehlerhafte Umsetzung von Richtlinien ergibt sich daraus, dass hier die Legislative haftbar gemacht wird, was etwa dem deutschen Staatshaftungsrecht fremd ist. Allerdings wiegt der Grund der Privilegierung der Legislative – nämlich der Erhalt ihrer Entscheidungsfreude und Handlungsfähigkeit des Parlaments – weniger schwer, da hier die Entscheidung über einen Gesetzgebungsakt bereits auf die Unionsebene getroffen wurde und die Mitgliedstaaten gem. Art. 288 Abs. 3 AEUV zur Umsetzung der Richtlinie verpflichtet sind. Eine fristgerechte aber **fehlerhafte Umsetzung** begründet nur dann einen qualifizierten Verstoß, wenn sie angesichts der Zielsetzung und des Wortlauts der Richtlinie untragbar erscheint.[188] Die Verletzung der Umsetzungspflicht aus Art. 288 Abs. 3 AEUV ist keine haftungsbegründende Handlung, da diese Pflicht nicht drittschützend ist.[189] Im Hinblick auf den **unmittelbaren Kausalzusammenhang** ergeben sich keine Besonderheiten gegenüber den Anforderungen, die zur Haftung der EU (oben Rn. 16 ff.) dargestellt wurden. Im Falle der nicht fristgerechten oder fehlerhaften Umsetzung von Richtlinien kann allerdings – im praktisch wichtigsten Fall der privatrechtsgestaltenden Richtlinien – das Vorliegen eines Zusammenhangs nicht allein mit der Begründung verneint werden, dass der Vertragspartner mitursächlich für die Schadensbegründung ist.[190]

4. Haftung für administratives Unrecht

53   Die mitgliedstaatliche Haftung für administratives Unrecht wird erst dann ausgelöst, wenn das Unionsrecht, das die nationalen Behörden anzuwenden haben, einen **Ermessensspielraum** einräumt, sodass die Entscheidung sich als Ausübung der innerstaatlichen Hoheitsgewalt darstellt.[191]

5. Haftung für judikatives Unrecht

54   In der Rechtssache Köbler entschied der EuGH, dass die Mitgliedstaaten auch für solche Schäden haften, die dem Einzelnen durch Entscheidungen letztinstanzlicher Gerichte entstanden sind.[192] Nationale Gerichte können gegen das Unionsrecht dann verstoßen,

---

1996, verb. Rs. C–283/94, C–291/94 u. C–292/94 (Denkavit International), Slg. 1996, I–5063, Rn. 39.

[187] *Thiele*, in: Terhechte, Verwaltungsrecht der EU, § 39, Rn. 80.

[188] EuGH, Urt. v. 26.3.1996, Rs. C–392/93 (British Telecommunications), Slg. 1996, I–1631, Rn. 43; *Berg*, in: Schwarze, EU-Kommentar, Art. 340 AEUV, Rn. 87.

[189] So auch *Thiele*, in: Terhechte, Verwaltungsrecht der EU, § 39, Rn. 80; offen gelassen *Jacob/ Kottmann*, in: Grabitz/Hilf/Nettesheim, EU, Art. 340 AEUV (Januar 2015), Rn. 150.

[190] EuGH, Urt. v. 15.6.1999, Rs. C–140/97 (Rechberger), Slg. 1999, I–3499, Rn. 72 ff.; *Jacob/ Kottmann*, in: Grabitz/Hilf/Nettesheim, EU, Art. 340 AEUV (Januar 2015), Rn. 172; *Berg*, in: Schwarze, EU-Kommentar, Art. 340 AEUV, Rn. 91.

[191] Vgl. *Ruffert*, in: Calliess/Ruffert, EUV/AEUV, Art. 340 AEUV, Rn. 57; *Berg*, in: Schwarze, EU-Kommentar, Art. 340 AEUV, Rn. 90.

[192] EuGH, Urt. v. 30.9.2003, Rs. C–224/01 (Köbler), Slg. 2003, I–10239, Rn. 30.

wenn sie es nicht oder fehlerhaft anwenden. Eine fehlerhafte Anwendung liegt in einer nicht unionsrechtskonformen Auslegung von Normen.[193] Ein **hinreichend qualifizierter Verstoß** liegt dann vor, wenn das Gericht die einschlägige Rechtsprechung des Gerichtshofs offenkundig verkennt.[194] Ein solcher Verstoß kann sich auch aus einer fehlerhaften Sachverhalts- und Beweiswürdigung ergeben.[195] Ein bloßer Verstoß gegen die Vorlagepflicht aus Art. 263 Abs. 3 AEUV begründet dagegen für sich genommen keinen qualifizierten Verstoß. Es müssen vielmehr weitere Umstände hinzutreten, die eine Verletzung einer Schutznorm durch das letztinstanzliche nationale Gericht konstituieren.[196]

Dass eine Haftung der Judikative in einem Spannungsverhältnis mit ihrer Unabhängigkeit und dem Grundsatz der Rechtssicherheit steht, liegt auf der Hand. Nach Ansicht des EuGH rechtfertigt dies jedoch keine umfassende Ausnahme der Dritten Gewalt von der Haftung. Vielmehr muss ihrer besonderen Stellung im staatlichen Gefüge dadurch Rechnung getragen werden, dass diese Belange bei der Anwendung des Haftungsanspruchs im Einzelfall bedacht werden, indem seine Voraussetzungen eng ausgelegt werden, sodass die Haftung der Judikative auf Ausnahmefälle beschränkt wird.[197] Für nationale Regelungen, wie etwa das deutsche Spruchrichterprivileg nach § 839 Abs. 2 Satz 1 BGB, bedeutet das, dass sie im Rahmen des unionsrechtlichen Haftungsanspruchs ggf. nicht angewandt werden dürfen.[198] **55**

6. Rechtsfolgen des Haftungsanspruchs

Die Rechtsfolgen des Haftungsanspruchs und seine Durchsetzung richten sich grundsätzlich nach nationalem Recht.[199] Grenzen ergeben sich jedoch aus dem **Äquivalenz- und Effektivitätsgrundsatz**. Danach dürfen für den unionsrechtlichen Haftungsanspruch keine Rechtsfolgen eintreten, die sich von dem nationalen Anspruch unterscheiden. Auch dürfen keine Anforderungen gestellt werden, die seine Durchsetzung unmöglich machen oder übermäßig erschweren.[200] **56**

Die **Verjährung des Anspruchs** richtet sich ebenfalls nach nationalem Recht.[201] In Deutschland gilt die regelmäßige Verjährungsfrist von drei Jahren nach Entstehung des Anspruchs gem. §§ 195, 199 BGB. Das Unionsrecht steht einem Verjährungsbeginn nicht entgegen, der bei einem Anspruch wegen fehlerhafter Richtlinienumsetzung an den Zeitpunkt des Schadenseintritts bzw. an den der Absehbarkeit der Schadensfolge anknüpft, und deshalb nicht erst mit dem Ablauf der Umsetzungsfrist einer Richtlinie **57**

---

[193] *Jacob/Kottmann*, in: Grabitz/Hilf/Nettesheim, EU, Art. 340 AEUV (Januar 2015), Rn. 167.

[194] EuGH, Urt. v. 13.6.2006, Rs. C–173/03 (Traghetti del Mediterraneo), Slg. 2006, I–5177, Rn. 43.

[195] EuGH, Urt. v. 13.6.2006, Rs. C–173/03 (Traghetti del Mediterraneo), Slg. 2006, I–5177, Rn. 37 ff., 46.

[196] *Thiele*, in: Terhechte, Verwaltungsrecht der EU, § 39, Rn. 80.

[197] EuGH, Urt. v. 13.6.2006, Rs. C–173/03 (Traghetti del Mediterraneo), Slg. 2006, I–5177, Rn. 32; Urt. v. 30.9.2003, Rs. C–224/01 (Köbler), Slg. 2003, I–10239, Rn. 53; *Berg*, in: Schwarze, EU-Kommentar, Art. 340 AEUV, Rn. 89.

[198] EuGH, Urt. v. 13.6.2006, Rs. C–173/03 (Traghetti del Mediterraneo), Slg. 2006, I–5177 Rn. 36 ff.; s. dazu auch *Haratsch*, JZ 2006, 1176 ff.; *Tietjen*, EWS 2007, 15 ff.

[199] EuGH, Urt. v. 19.11.1991, verb. Rs. C–6/90 u. 9/90 (Francovich), Slg. 1991, I–5357, Rn. 42; *Streinz*, VVDStRL 61 (2001), 300, 349 ff.

[200] EuGH, Urt. v. 5.3.1996, Rs. C–46/93 u. C–48/93 (Brasserie du pêcheur), Slg. 1996, I–1029, Rn. 66.

[201] EuGH, Urt. v. 5.3.1996, Rs. C–46/93 u. C–48/93 (Brasserie du pêcheur), Slg. 1996, I–1029, Rn. 96 f.

beginnt.[202] Auch verlangt das Unionsrecht nicht, dass ein etwaiges Vertragsverletzungsverfahren nach Art. 258 AEUV die Frist unterbricht oder hemmt.[203] Hinsichtlich der
Höhe des zu ersetzenden Schadens ist zu beachten, dass sie im Hinblick auf den erlittenen Schaden angemessen sein muss.[204] Auch der entgangene Gewinn ist zu ersetzen.[205]

E.   Weitere Fragen im Kontext einer Unionshaftung

I.   Weitere Institute

58   Ob das Unionsrecht über die in Art. 340 AEUV normierte Amtshaftung der Union
hinaus auch weitere Haftungsinstitute kennt bzw. ob andere Haftungsinstitute, die den
Rechtsordnungen der Mitgliedstaaten bekannt sind, auch im Unionsrecht verankert
werden können, ist vom EuGH bisher nicht abschließend geklärt worden.[206] Hierbei
handelt es sich vor allem um solche Fallgruppen, die jenseits der Frage nach der Haftung
der EU für **rechtmäßiges Handeln** stehen. Unklar ist auch die Rechtslage im Verhältnis
zwischen der EU und den Mitgliedstaaten. Mit der zunehmenden Verflechtung und dem
Aufkommen neuer **Kooperationsformen** innerhalb der Union wird man sich solchen
Fragen stellen müssen, wie etwaigen **Regressansprüchen** der Mitgliedstaaten gegen die
EU oder Ansprüchen der EU gegen die Mitgliedstaaten für Verstöße gegen das Unionsrecht, die jenseits des im Vertragsverletzungsverfahren verankerten Sanktionsre-
gimes liegen.[207] Für Erstere fehlt im Unionsrecht allerdings eine dem Art. 104a Abs. 5
Satz 1 GG vergleichbare Regelung.[208]

II.   Prozessuale Fragen

59   Als eine Form des **sekundären Rechtsschutzes** ist die Amtshaftungsklage nicht auf die
Beseitigung der rechtswidrigen Handlung, sondern auf den Ersatz des daraus entstandenen Schadens gerichtet.[209] Die Klage nach Art. 340 Abs. 2 AEUV ist somit eine **Leistungsklage**, die auf den Ersatz des Schadens in Geld gerichtet ist.[210]

1.   Zuständigkeit des EuGH

60   Für Schadensersatzklagen nach Art. 340 Abs. 2 und 3 AEUV (außervertragliche Haftung der Union und der Europäischen Zentralbank) ist der EuGH nach Art. 268 AEUV
zuständig.[211] **Art. 268 AEUV ist eine bloße Zuständigkeitsbestimmung.** Die materiellen

---

[202] EuGH, Urt. v. 24.3.2009, Rs. C–445/06 (Danske Slagterier), Slg. 2009, I–2119, Rn. 56; *Jacob/
Kottmann*, in: Grabitz/Hilf/Nettesheim, EU, Art. 340 AEUV (Januar 2015), Rn. 180.
[203] EuGH, Urt. v. 24.3.2009, Rs. C–445/06 (Danske Slagterier), Slg. 2009, I–2119, Rn. 56.
[204] EuGH, Urt. v. 5.3.1996, verb. Rs. C–46/93 u. C–48/93 (Brasserie du pêcheur), Slg. 1996,
I–1029, Rn. 82 ff.
[205] EuGH, Urt. v. 5.3.1996, Rs. C–46/93 u. C–48/93 (Brasserie du pêcheur), Slg. 1996, I–1029,
Rn. 84 f.
[206] Eingehend dazu *Ossenbühl/Cornils*, Staatshaftungsrecht, S. 732 f.
[207] Zur völkerrechtlichen Herleitung eingehend *Scholl*, Haftung zwischen den EG-Mitgliedstaaten
bei Verletzung von Gemeinschaftsrecht, 2005.
[208] *Stelkens*, Die Haftung zwischen Bund und Ländern, in: Härtel (Hrsg.), Handbuch Föderalismus,
Bd. 2, S. 428.
[209] EuGH, Urt. v. 2.12.1971, Rs. 5/71 (Schöppenstedt), Slg. 1971, 975, Rn. 11.
[210] *Pechstein*, EU-Prozessrecht, S. 676; *Steiner*, S. 6.
[211] *Böhm*, in: Schulze/Zuleeg/Kadelbach, Europarecht, § 12, Rn. 48; *Lageard*, in: Lenz/Borchardt,
EU-Verträge, Art. 340 AEUV, Rn. 9.

Voraussetzungen ergeben sich aus Art. 340 AEUV in einer Zusammenschau mit den jeweiligen Verweisen auf die Rechtsgrundsätze der Mitgliedstaaten bzw. auf das Beamtenstatut sowie die Beschäftigungsbedingungen.

a) Dienstrechtliche Streitigkeiten

Für Klagen von EU-Beamten sowie sonstigen Bediensteten aufgrund des Beamtenstatuts ist gem. Art. 270 AEUV ausschließlich das Gericht für den öffentlichen Dienst (EuGöD) zuständig bzw. zukünftig das Gericht.[212]   **61**

b) Zuständigkeit nationaler Gerichte

Die vertragliche und außervertragliche Haftung der EU und ihrer Bediensteten müssen voneinander abgegrenzt werden. So ist der EuGH im Falle der außervertraglichen Haftung gem. Art. 268 AEUV ausschließlich zuständig. Im Übrigen liegt die Zuständigkeit gem. Art. 274 AEUV bei den nationalen Gerichten.[213] Für Klagen aus einem Vertrag ist der EuGH nur dann zuständig, wenn die Parteien eine **Schiedsklausel** gem. Art. 272 AEUV in den Vertrag aufgenommen haben.[214]   **62**

2. Aktiv- und Passivlegitimation

Die Frage, wer richtiger Klagegegner im Rahmen eines unionalen Haftungsprozesses ist, wird nicht einheitlich beantwortet. Z. T. wird vertreten, die **EU sei das Haftungsobjekt** (i. S. e. unmittelbaren Haftung). Dies folge bereits aus dem Wortlaut des Art. 340 Abs. 2 AEUV sowie aus der Rechtspersönlichkeit der EU. Sie ist somit passivlegitimiert, d. h. die Klage ist gegen die Union zu richten.[215] Die Frage der Passivlegitimation sei von der Frage der prozessualen Vertretung zu unterscheiden, diese liege regelmäßig bei dem Organ, das die schadensbegründende Handlung begangen hat und die EU im Prozess vertritt.[216] Nach anderer Ansicht ist die Klage gegen jenes **Organ** zu richten, das die fragliche Handlung begangen hat.[217] Ausweislich des Wortlauts stellt Art. 340 Abs. 3 AEUV ausdrücklich klar, dass die **EZB** direkt für Schäden haftet, welche durch sie oder ihre Bediensteten in Ausübung einer Amtstätigkeit verursacht wurden. Die Eigenhaftung der EZB lässt sich ferner mit ihrer eigenständigen Rechtspersönlichkeit begründen   **63**

---

[212] Dazu *Borchardt*, in: Lenz/Borchardt, EU-Verträge, Art. 270 AEUV, Rn. 8; zu den Reformen der EU-Gerichtsbarkeit und der Zusammenlegung des Gerichts und des Gerichts für den öffentlichen Dienst s. Art. 270 AEUV, Rn. 3.

[213] EuGH, Urt. v. 9. 10. 2001, Rs. C–80/99 (Flemmer), Slg. 2001, I–7211, Rn. 39.

[214] EuGH, Urt. v. 29. 7. 2010, Rs. C–377/09 (Hanssens-Ensch), Slg. 2010, I–7751, Rn. 19; Urt. v. 9. 10. 2001, Rs. C–80/99 (Flemmer), Slg. 2001, I–7211, Rn. 42; *Augsberg*, in: GSH, Europäisches Unionsrecht, Art. 268 AEUV, Rn. 3.

[215] So auch *Augsberg*, in: GSH, Europäisches Unionsrecht, Art. 340 AEUV, Rn. 15, *Berg*, in: Schwarze, EU-Kommentar, Art. 340 AEUV, Rn. 15; ausführlich zu dieser umstrittenen Frage auch *Jacob/Kottmann*, in: Grabitz/Hilf/Nettesheim, EU, Art. 340 (Januar 2015) Rn. 43 m. w. N.; *Borchardt*, in: Lenz/Borchardt, EU-Verträge, Art. 268 AEUV, Rn. 5.

[216] Hierzu *Jacob/Kottmann*, in: Grabitz/Hilf/Nettesheim, EU, Art. 340 AEUV (Januar 2015), Rn. 43; EuGH, Urt. v. 19. 5. 1992, verb. Rs. C–104/89 u. C–37/90 (Mulder), Slg. 1992, I–3061; Urt. v. 15. 9. 1994, Rs. C–146/91 (KYDEP), Slg. 1994, I–4199; EuG, Urt. v. 6. 7. 1995, Rs. T–572/93 (Odigitria), Slg. 1995, II–23 025 Rn. 22.

[217] So bspw. EuGH, Urt. v. 27. 1. 2000, verb. Rs. C–104/89 u. C–37/90 (Mulder II), Slg. 1992, I–3061; Urt. v. Rs. T–201/99 (Royal Olympic Cruises), Slg. 2000, II–4005, Rn. 20; GA Lenz, Schlussanträge zu Rs. 62/83 (Eximo), Slg. 1984, 2317 f.; differenzierend *Thiele*, in: Terhechte, Verwaltungsrecht der EU, § 39, Rn. 61.

(Art. 282 Abs. 3 Satz 1. AEUV), sowie mit der Tatsache, dass sie aufgrund von Art. 139 Abs. 3 AEUV (Ausschluss der Mitgliedstaaten mit Ausnahmeregelung von den Rechten und Pflichten im EZB-System) nicht für die gesamte EU handelt.[218]

3. Abgrenzung zu anderen Rechtsbehelfen

64   Zusammen mit Art. 268 AEUV verkörpert Art. 340 AEUV einen **selbständigen Rechtsbehelf** mit eigenen Funktionen innerhalb des unionsrechtlichen Rechtsbehelfssystems.[219] Dementsprechend sind seine Zulässigkeit und Begründetheit von denjenigen anderer Rechtsbehelfe unabhängig. Zulässig ist aber eine **Klageverbindung** von Nichtigkeits- und Schadensersatzklage.[220] Die Schadensersatzklage ist allerdings dann ausgeschlossen, wenn mit ihr die Aufhebung oder der Erlass eines Unionsrechtsakts begehrt wird und der Kläger damit faktisch das Fristerfordernis des Art. 263 Abs. 6 AEUV umgehen könnte.[221]

4. Vollstreckung

65   Die Urteile des Gerichtshofs sind gem. Art. 280 AEUV nach Art. 299 AEUV vollstreckbar. Da es sich bei der Amtshaftungsklage der Union um eine Leistungsklage handelt, die auf eine Geldzahlung gerichtet ist, handelt es sich bei dem Urteil um einen **vollstreckbaren Titel** i. S. d. Art. 299 Abs. 1 AEUV.[222] Etwas anderes gilt allerdings, wenn der Gerichtshof lediglich die Haftung als solche, jedoch nicht den zu ersetzenden Schaden festgestellt hat, d. h. wenn die Bestimmung über die Schadenshöhe den Parteien überlassen wurde.[223]

III.   Europäisierung des mitgliedstaatlichen Staatshaftungsrechts

66   Die Europäisierung des mitgliedstaatlichen Rechts spielt vor allem im Bereich des Staatshaftungsrechts eine wichtige Rolle.[224] Dies liegt zum einen daran, dass der EuGH den unionsrechtlichen Haftungsanspruch nicht vollständig ausgeformt hat. Damit ist seine Anwendung immer wieder auch auf Rückgriffe auf das mitgliedstaatliche Recht angewiesen. Zum anderen sind in einigen Mitgliedstaaten der EU nahezu alle Weiterentwicklungen auf Impulse von der EU-Ebene (Stichwort: Haftung für judikatives Unrecht)[225] oder von der EMRK zurückzuführen – der Gesetzgeber ist hier in allen Mitglied-

---

[218] *Böhm*, in: Schulze/Zuleeg/Kadelbach, Europarecht, § 12, Rn. 59; *Ruffert*, in: Calliess/Ruffert, EUV/AEUV, Art. 340 AEUV, Rn. 34; *Jacob/Kottmann*, in: Grabitz/Hilf/Nettesheim, EU, Art. 340 AEUV (Januar 2015), Rn. 134.

[219] EuGH, Urt. 28.4.1971, Rs. 4/69 (Lütticke/Kommission) Slg. 1971, 325, Rn. 6; Urt. v. 2.12. 1971, Rs. 5/71 (Schöppenstedt), Slg. 1971, 975, LS. 1 und Rn. 3; Urt. v. 21.6.1993, Rs. C–257/93 (Van Parijs), Slg. 1993, I–3335, Rn. 14; Urt. v. 23.3.2004, Rs. C–234/02 P (Bürgerbeauftragte/Lamberts), Slg. 2004, I–2803, Rn. 59.

[220] *Böhm*, in: Schulze/Zuleeg/Kadelbach, Europarecht, § 12, Rn. 49.

[221] EuGH, Urt. v. 14.9.1999, Rs. C–310/97 P (Kommission/Assi Domän), Slg. 1999, I–5363, Rn. 59; *Berg*, in: Schwarze, EU-Kommentar, Art. 340 AEUV, Rn. 18.

[222] *Borchardt*, in: Lenz/Borchardt, EU-Verträge, Art. 280 AEUV, Rn. 4.

[223] *Steiner*, S. 188.

[224] Eingehend dazu *von Danwitz*, Verwaltungsrechtliches System und europäische Integration, 1996, S. 313 ff.; zur »Andockung« des unionsrechtlichen Haftungsanspruchs in Deutschland ausführlich *Ossenbühl/Cornils*, Staatshaftungsrecht, S. 595 ff.; *Tietjen*, Das System des gemeinschaftlichen Staatshaftungsrechts, 2010, S. 204 ff.

[225] Dazu *Bertelmann*, Die Europäisierung des Staatshaftungsrechts, 2005.

staaten äußerst passiv.[226] Insofern sind die »Europäisierungsdiskussionen« zunächst stets Diskussionen, die sich mit der Einpassung des unionsrechtlichen Haftungsanspruchs in die mitgliedstaatlichen Rechtsordnungen beschäftigen.

IV. Unionshaftung und völkerrechtliche Haftung

Im Rahmen der völkerrechtlichen Haftung der EU sind grundsätzlich zwei Dimensionen   **67** zu unterscheiden: Zum einen kann es um die Verantwortlichkeit der EU für Verletzungen völkerrechtlicher Normen, die dem **Einzelnen** Rechte verleihen und auf die er sich gegenüber der EU berufen kann, gehen. Zum anderen kann die Union von anderen **Völkerrechtssubjekten** für Verletzungen des Völkerrechts, sei es in Gestalt von Abkommen, sei es in Gestalt der Verletzung von Gewohnheitsrecht, allgemeinen Rechtsgrundsätzen oder ius cogens Normen, gehen. Eine außervertragliche Haftung der EU i. S. d. Art. 340 Abs. 2 AEUV für Verletzungen völkerrechtlicher Normen kommt nur dann in Betracht, wenn die fragliche Vorschrift **zwei Voraussetzungen** erfüllt: Sie muss in der EU unmittelbar wirksam sein und sie muss dem Einzelnen Rechte verleihen.[227] Die Union besitz gem. Art. 47 EUV Rechtspersönlichkeit[228] und kann im Verfahren des Art. 218 AEUV völkerrechtliche Verpflichtungen eingehen.[229] Der Rang dieser Abkommen innerhalb der unionalen Rechtsordnung wird in Art. 216 Abs. 2 AEUV für die EU und die Mitgliedstaaten festgelegt, wonach nur sie an diese Abkommen unmittelbar gebunden sind. Im Rahmen der Unionshaftung und völkerrechtlichen Haftung der EU ist nach dem Ursprung der Schutznorm zu differenzieren. Verstößt die EU gegen ihre völkerrechtlichen Verpflichtungen, richtet sich die völkerrechtliche Haftung der Union nach den allgemeinen Grundsätzen der Haftung internationaler Organisationen, die sich wiederum an den Grundsätzen der Staatenverantwortlichkeit orientieren (dazu Rn. 68). Innerhalb der völkerrechtlichen Abkommen nehmen die Verträge unter dem Dach der WTO sowie die EMRK eine besondere Stellung ein, weil ihr Rang innerhalb der unionalen Rechtsordnung strittig ist (dazu jeweils Rn. 69 und Rn. 70).

1. Völkerrechtliche Haftung der EU

Aus der Perspektive des Völkerrechts ist die EU eine internationale Organisation, deren   **68** **Völkerrechtssubjektivität** von der Anerkennung anderer Staaten abhängt.[230] Verletzt die Union Verpflichtungen aus einem **internationalen Abkommen**, dessen Vertragspartei sie ist, so richtet sich die Verantwortlichkeit grundsätzlich nach dem Inhalt und den Vorschriften der fraglichen Parteienvereinbarung.[231] Bei **gemischten Abkommen** der EU und den Mitgliedstaaten ist von einer gemeinschaftlichen Haftung auszugehen, sofern für den Vertragspartner die Zuständigkeitsverteilung zwischen der EU und den Mitgliedstaaten nicht klar ersichtlich ist.[232] Bei Verletzungen des Völkerrechts unabhängig

---

[226] *Ossenbühl/Cornils*, Staatshaftungsrecht, S. 753 sprechen zutreffend davon, dass sich der Gesetzgeber nur auf massiven Druck der EMRK bewege.

[227] *Thiele*, in: Terhechte, Verwaltungsrecht der EU, § 39, Rn. 53.

[228] Eingehend zur Rechtspersönlichkeit der EU s. *Terhechte*, in: Schwarze, EU-Kommentar, Art. 47 EUV, Rn. 1.

[229] *Dörr*, in: Grabitz/Hilf/Nettesheim, EU, Art. 47 EUV (Mai 2011), Rn. 4.

[230] *Thiele*, in: Terhechte, Verwaltungsrecht der EU, § 39, Rn. 64.

[231] *Böhm*, in: Schulze/Zuleeg/Kadelbach, Europarecht, § 12, Rn. 73.

[232] *Dörr*, in: Grabitz/Hilf/Nettesheim, EU, Art. 47 EUV (Mai 2011), Rn. 66; *Kokott*, in: Streinz, EUV/AEUV, Art. 47 EUV, Rn. 32; *Böhm*, in: Schulze/Zuleeg/Kadelbach, Europarecht, § 12, Rn. 75.

vom Vorliegen eines Vertrages, bestimmt sich die Haftung der EU nach den **allgemeinen Grundsätzen** der Haftung internationaler Organisationen, die weitestgehend denjenigen der Staatenverantwortlichkeit entsprechen.[233] Ob in diesen Fällen auch die Mitgliedstaaten haften, ist umstritten.[234] Grundsätzlich können sich Drittstaaten nicht an die Mitgliedstaaten wenden, sofern sie die Völkerrechtssubjektivität der EU anerkannt haben. Somit scheidet eine **exklusive Haftung der Mitgliedstaaten** aus. Nicht ausgeschlossen ist allerdings eine parallele oder subsidiäre Haftung. Ebenso kann auch die EU andere Völkerrechtssubjekte in Anspruch nehmen.[235]

2. Verstöße gegen das WTO-Recht

69   Bei der Haftung der EU für Verstöße gegen das WTO-Recht geht es um solche Fallkonstellationen, in denen das Sekundärrecht der EU völkerrechtlichen Verpflichtungen der EU widerspricht. Eine außervertragliche Haftung der EU für Verstöße gegen das WTO-Recht kann deshalb in Erwägung gezogen werden, weil die Abkommen gem. Art. 216 Abs. 2 AEUV »integrierter Bestandteil« des Unionsrechts sind.[236] Vor diesem Hintergrund könnte die Ansicht vertreten werden, dass die Abkommen innerhalb der EU unmittelbar wirksam sind.[237] Verstöße gegen das Welthandelsrecht begründen jedoch grundsätzlich keine Haftung der EU gegenüber Individuen, da die WTO-Normen keine Schutznormen i. S. d. Art. 340 AEUV sind. Als Grund wird hierfür, nach st. Rspr. des EuGH, die Eigenart des WTO-Rechts, das durch Reziprozität und Verhandelbarkeit gekennzeichnet ist, herangezogen.[238] Eine Haftung der Unionsorgane für Verstöße gegen das WTO-Recht würde ihren Handlungsspielraum einschränken und sie im Vergleich zu anderen WTO-Mitgliedern schlechterstellen.[239] Deshalb haben WTO-Vorschriften innerhalb des unionalen Rechtsraums grundsätzlich keine unmittelbare Wirkung. Dies hat zur Folge, dass der Einzelne sich nicht auf sie berufen kann.[240] Nur ausnahmsweise können WTO-Vorschriften unmittelbar anwendbar sein, wenn beispielsweise das Unionsrecht eine WTO-Vorschrift umsetzt oder auf sie verweist.[241]

---

[233] *Thiele*, in: Terhechte, Verwaltungsrecht der EU, § 39, Rn. 65.

[234] *Böhm*, in: Schulze/Zuleeg/Kadelbach, Europarecht, § 12, Rn. 73; *Thiele*, in: Terhechte, Verwaltungsrecht der EU, § 39, Rn. 66; vgl. dazu auch *Ebenroth/Fuhrmann*, JZ 1989, 211 ff.

[235] *Thiele*, in: Terhechte, Verwaltungsrecht der EU, § 39, Rn. 66.

[236] S. allgemein zu völkerrechtlichen Verträgen EuGH, Urt. v. 26.10.1982, Rs. 104/81 (Kupferberg), Slg. 1982, 3641, Rn. 13.

[237] Eingehend dazu *Thies*, International Trade Disputes and EU Liability, Cambridge 2013 passim; s. auch *Schoißwohl*, ZEuS 2001, 689 ff.; *Maczynski*, EuZW 2006, 459 ff.; *Petersmann*, EuZW 1997, 325 ff.

[238] EuGH, Urt. v. 31.11.1999, Rs. C–149/96 (Portugal), Slg. 1999, I–8395, Rn. 47; Urt. v. 30.9.2003, Rs. C–93/02 P (Biret), Slg. 2003, I–10497, Rn. 64 ff.; Urt. v. 9.9.2008, verb. Rs. C–120/06 P u. C–121/06 P (FIAMM), Slg. 2008, I–6513, Rn. 111; eingehend dazu *Heidfeld*, S. 138 ff.

[239] EuGH, Urt. v. 23.11.1999, Rs. C–149/96 (Portugal), Slg. 1999, I–8395, Rn. 45 f.

[240] EuGH, Urt. v. 9.9.2008, verb. Rs. C–120/06 P u. C–121/06 P (FIAMM), Slg. 2008, I–6513, Rn. 113 ff.

[241] EuGH, Urt. v. 22.6.1989, Rs. 70/87 (Fediol), Slg. 1989, 1781, Rn. 19 ff.; Urt. v. 7.5.1991, Rs. C–69/89 (Nakajima/Rat), Slg. 1991, I–2069, Rn. 31; EuG, Urt. v. 3.2.2005, Rs. T–19/01, (Chiquita), Slg. 2005, II–315, Rn. 114 ff.

3. Verstöße gegen EMRK

Bei Verstößen gegen die EMRK sind unterschiedliche Fragestellungen in den Blick zu   **70**
nehmen: Erstens die Haftung der EU im Falle eines Verstoßes gegen die EMRK nach
Art. 41 EMRK. Zweitens die Frage, ob ein EMRK-Verstoß eine außervertragliche Haftung der Union nach Art. 340 Abs. 2 AEUV auslösen kann, und drittens die Frage nach
der Rechtslage nach einem Beitritt der EU zur EMRK. Angesichts des Art. 6 Abs. 3 EUV,
der die Grundrechte, wie sie in der EMRK gewährleistet sind und sich aus den gemeinsamen Verfassungsüberlieferungen der Mitgliedstaaten ergeben, als allgemeine Grundsätze zum Teil des Unionsrechts erklärt, stellt sich die Frage, ob die EU nicht gem.
Art. 340 Abs. 2 AEUV für Verletzungen der EMRK dem Einzelnen gegenüber haftet.
Dagegen spricht jedoch, dass gerade diese Rangstellung klarstellt, dass die EMRK keine
unmittelbare Wirksamkeit innerhalb der unionalen Rechtsordnung hat. Sie ist weiterhin
ein völkerrechtlicher Vertrag, der für eine unmittelbare Wirkung in die Unionsrechtsordnung übertragen werden muss, zumindest solange die Union nicht Vertragspartei
ist.[242] Daraus folgt, dass der Einzelne sich gegenüber dem EuGH nicht auf die Verletzung
von EMRK-Normen berufen kann. Möglich ist jedoch eine unterstützende Heranziehung der EMRK-Vorschriften bei Klagen, in denen die Verletzung von Unionsgrundrechten haftungsbegründend ist. Denn zum einen erklärt Art. 53 Abs. 3 GRC, dass das
Schutzniveau beider Grundrechtsregime gleich bleiben muss,[243] und zum anderen
kommt der EMRK innerhalb des unionalen Grundrechtsregimes eine besondere Rolle
zu.[244] Ein **Regress** der Mitgliedstaaten gegenüber der EU kommt womöglich dann in
Betracht, wenn ein EMRK-Verstoß auf Unionsrecht zurückzuführen ist, das den Mitgliedstaaten keinen Gestaltungs- und Ermessensspielraum beließ.

F. Fazit und Ausblick

Art. 340 AEUV ist ein zentraler Baustein der **rechtsstaatlichen Verfasstheit der EU** und   **71**
zeigt wie nur wenige Vorschriften, dass die Unionsrechtsordnung den Einzelnen in die
Pflicht nimmt, zugleich die EU aber auch eine (Haftungs-)Verantwortung übernimmt,
soweit durch das Unionsrecht Schäden verursacht werden. Der EuGH hat in den letzten
drei Dekaden das Haftungsrecht darüber hinaus auch bewusst in den **Dienst der europäischen Integration** gestellt, indem er die Voraussetzungen dafür geschaffen hat, dass eine
Missachtung unionsrechtlicher Verpflichtungen durch die Mitgliedstaaten auch haftungsrechtliche Relevanz haben kann. Als große – und zwar nicht nur dogmatische –
Herausforderung hat sich die Einpassung und Verwirklichung des unionalen Haftungsanspruchs in den Mitgliedstaaten erwiesen. Die Entwicklung des Anspruchs durch den
EuGH ist nicht nur begrüßt worden. Bis heute wird der EuGH wiederholt herausgefor-
dert, die entsprechenden Voraussetzungen zu präzisieren. Hier zeigt sich allgemein die
Skepsis in den Mitgliedstaaten, wenn es darum geht, unionsrechtlichen Maßnahmen
effektive »Umsetzungsgaranten« an die Seite zu stellen. Freilich ist die hiermit verbun-

---

[242] EuGH, Gutachten zu C–2/13 (EMRK-Gutachten), ECLI:EU:2014:2454, Rn. 179 ff.; *Schorkopf*,
in: Grabitz/Hilf/Nettesheim, EU, Art. 6 EUV (September 2013), Rn. 57; *Terhechte*, Autonomie und
Kohärenz, in: Iliopoulos-Strangas/Pereira da Silva/Potacs (Hrsg.), Die Grundrechte in Europa vor und
nach dem Beitritt der EU zur EMRK, 2013, S. 23.
[243] *Terhechte*, in: GSH, Europäisches Unionsrecht, Art. 53 GRC, Rn. 8.
[244] S. etwa Art. 52 Abs. 3 GRC; *Ehlers*, in: Schulze/Zuleeg/Kadelbach, Europarecht, § 11, Rn. 38 f.

dene Aufgabe der Mitgliedstaaten eine noch größere: Nur soweit es gelingt, Fehler und Schäden, die beim Vollzug des Unionsrechts verursacht werden, auszugleichen, kann die Akzeptanz des Unionsrechts in den Mitgliedstaaten sichergestellt werden. Die effektive Umsetzung der unionalen Haftungsansprüche ist damit auch Gradmesser der Rechtsstaatlichkeit der EU.

Artikel 341 AEUV [Sitz der Unionsorgane]

Der Sitz der Organe der Union wird im Einvernehmen zwischen den Regierungen der Mitgliedstaaten bestimmt.

Literaturübersicht

Beutler, der Sitz der Organe der Gemeinschaft, EuR 1983, 284; *Bieber*, die Gemeinschaft ohne Hauptstadt, EuR 1974, 168; *Brown*, The Grand Duchy fights again: Comment on Joined Cases C–213/88 and C–39/89, CMLRev. 30 (1993), 599; *Rutschmann*, Sitzbeschwerden in Europa – Anmerkungen zur Frage des Sitzes des Europäischen Parlaments, EuR 1999, 664; sowie die Literatur zu Art. 13 EUV.

Leitentscheidungen

EuGH, Urt. v. 10.2.1983, Rs. 230/81 (Luxemburg/Europäisches Parlament), Slg. 1983, 255
EuGH, Urt. v. 15.1.1986, Rs. 44/84 (Hurd/Jones), Slg. 1986, 29
EuGH, Urt. v. 28.11.1991, verb. Rs. C–213/88 u. C–39/89 (Luxemburg/Europäisches Parlament),
    Slg. 1991, I–5643
EuGH, Urt. v. 30.6.1993, verb. Rs. C–181/91 u. C–248/91 (Europäisches Parlament/Rat u. Kommission), Slg. 1993, I–3685
EuGH, Urt. v. 1.10.1997, Rs. C–345/95 (Frankreich/Europäisches Parlament), Slg. 1997, I–5215
EuGH, Urt. v. 13.12.2012, verb. Rs. C–237/11 u. C–238/11 (Frankreich/Europäisches Parlament),
    ECLI:EU:C:2012:798.

Wesentliche sekundärrechtliche Vorschriften

Beschluss der Vertreter der Regierungen der Mitgliedstaaten vom 8.4.1965 über die vorläufige Unterbringung bestimmter Organe und Dienststellen der Europäischen Gemeinschaften, ABl. 1967, 152/18
Im gegenseitigen Einvernehmen gefasster Beschluss der Vertreter der Regierungen der Mitgliedstaaten vom 12.12.1992 über die Festlegung der Sitze der Organe und bestimmter Einrichtungen und Dienststellen der Europäischen Gemeinschaften, ABl. 1992, C 341/1
Einvernehmlicher Beschluss der auf Ebene der Staats- und Regierungschefs vereinigten Vertreter der Regierungen der Mitgliedstaaten vom 29.10.1993 über die Festlegung des Sitzes bestimmter Einrichtungen und Dienststellen der Europäischen Gemeinschaften sowie des Sitzes von Europol, ABl. 1993, C 323/1

Inhaltsübersicht

A. Überblick

1   Der aus ex-Art. 289 EGV hervorgegangene Art. 341 AEUV betrifft die in politischer, symbolischer und partiell auch in wirtschaftlicher Hinsicht überaus bedeutsame **Sitzfrage**[1] und trägt dabei dem Umstand Rechnung, dass das primäre Unionsrecht im Einklang mit dem damaligen Gemeinschaftsrecht keine Bestimmung kennt, die den Sitz der Europäischen Union und/oder den Sitz ihrer Organe festlegt. Stattdessen sieht Art. 341 AEUV vor, dass der Sitz der Organe der Union im Einvernehmen zwischen den Regierungen der Mitgliedstaaten bestimmt wird (B.). Hinsichtlich der praktischen Umsetzung dieser primärrechtlichen Vorgabe kommt dem **Protokoll Nr. 6 über die Festlegung der Sitze der Organe** und bestimmter Einrichtungen, sonstiger Stellen und Dienststellen der Europäischen Union eine herausragende Bedeutung zu (C.).

2   Eine dem Art. 341 AEUV sehr ähnliche Regelung über die **Festlegung der Organsitze durch die Mitgliedstaaten** findet sich in Art. 189 EAGV, wonach der Sitz der Europäischen Atomgemeinschaft (s. Art. 1 EUV, Rn. 18 u. 62) im Einvernehmen zwischen den Regierungen der Mitgliedstaaten bestimmt wird. Im weitgehenden Einklang damit bestimmte auch Art. 77 EGKSV seinerzeit, dass der Sitz der Organe der im Sommer 2002 aufgehobenen Europäischen Gemeinschaft für Kohle und Stahl (s. Art. 1 EUV, Rn. 16) durch Übereinkommen der Regierungen der Mitgliedstaaten festgelegt wird. Insoweit überrascht es nicht, dass auch Art. 216 EWGV eine sehr ähnliche Regelung enthielt, wonach der Sitz der Organe der damaligen Europäischen Wirtschaftsgemeinschaft (s. Art. 1 EUV, Rn. 18) ebenfalls im Einvernehmen zwischen den Regierungen der Mitgliedstaaten bestimmt werden sollte.[2] Die Vorgängerbestimmung des Art. 341 AEUV – d. h. Art. 289 EGV i. d. F. von Nizza – hatte den gleichen Wortlaut wie Art. 216 EWGV und bestimmte insoweit, dass der »Sitz der Organe der Gemeinschaft […] im Einvernehmen zwischen den Regierungen der Mitgliedstaaten bestimmt« wird. Da es die vorgenannte Gemeinschaft seit dem am 1. 12. 2009 erfolgten Inkrafttreten des Lissabonner Reformvertrags (s. Art. 1 EUV, Rn. 33 ff.) nicht mehr gibt (s. Art. 1 EUV, Rn. 65 f.), ist das in Art. 289 EGV i. d. F. von Nizza enthaltene Tatbestandsmerkmal »Gemeinschaft« in Art. 341 AEUV durch das Tatbestandsmerkmal »Union« ersetzt worden; ansonsten stimmt Art. 341 AEUV voll und ganz mit seiner Vorgängerbestimmung in Gestalt des Art. 289 EGV i. d. F. von Nizza überein.

B. Regelungsgehalte der Norm

3   Der aus einem einzigen Satz bestehende Art. 341 AEUV sieht lediglich vor, dass der Sitz der Organe der Union im Einvernehmen zwischen den Regierungen der Mitgliedstaaten bestimmt wird (I.). In verfahrensrechtlicher Hinsicht erfordert dies einen so genannten uneigentlichen Ratsbeschluss, der nicht der gerichtlichen Kontrolle durch den Unionsrichter unterliegt (II.).

---

[1] Ausführlicher zur enormen Bedeutung dieser Sitzfrage in der Europäischen Union vgl. auch *Priebe*, in: Schwarze, EU-Kommentar, Art. 341 AEUV, Rn. 1 f.; *Ruffert*, in: Calliess/Ruffert, EUV/AEUV, Art. 341 AEUV, Rn. 1.

[2] Näher zu dieser damaligen Regelung vgl. etwa *Beutler*, EuR 1983, 284; *Bieber*, EuR 1974, 168.

I. Kompetenz und Verpflichtung der Mitgliedstaaten zur Bestimmung des Sitzes der Organe der Union

Der Regelungsgehalt des Art. 341 AEUV beschränkt sich auf die Aussage, dass der Sitz **4** der Organe der Union im Einvernehmen zwischen den Regierungen der Mitgliedstaaten bestimmt wird. Hierbei handelt es sich nicht nur um eine ausdrückliche **Ermächtigungsgrundlage**, mit der die Kompetenz zur Bestimmung des Sitzes der Unionsorgane den Mitgliedstaaten zugewiesen wird. Vielmehr spricht der imperative Wortlaut des Art. 341 AEUV dafür, dass diese Bestimmung die Mitgliedstaaten zugleich dazu verpflichtet, den Sitz der Organe der Union im Einvernehmen zwischen ihren Regierung zu bestimmen;[3] diese Sichtweise hat sich auch der Unionsrichter zu eigen gemacht.[4] Bei der Erfüllung der aus Art. 341 AEUV resultierenden (einklagbaren) **Verpflichtung** müssen die Mitgliedstaaten insbesondere den in Art. 4 Abs. 3 EUV niedergelegten Grundsatz der loyalen Zusammenarbeit beachten,[5] der im Anwendungsbereich des Art. 341 AEUV dazu führt, dass die Mitgliedstaaten bei der Bestimmung des Sitzes der Unionsorgane keine Regelungen treffen dürfen, durch welche die Funktionsfähigkeit dieser Organe beeinträchtigt würde.[6]

Bei den in Art. 341 AEUV angesprochenen Organen der Union handelt es sich um die **5** in Art. 13 Abs. 1 UAbs. 2 EUV abschließend aufgelisteten (sieben) Unionsorgane in Gestalt des Europäischen Parlaments, des Europäischen Rates, des Rates, der Kommission, des Gerichtshofs der Union, der Europäischen Zentralbank und des Rechnungshofs (s. Art. 13 EUV, Rn. 7 ff.). Hinsichtlich dieser **Unionsorgane** und anderer Einrichtungen der Union haben sich die Mitgliedstaaten bislang nicht für die Bestimmung eines einheitlichen Sitzes entschieden (s. Rn. 8 ff.). Hierzu sollen die Mitgliedstaaten nach vorherrschender Auffassung allerdings auch nicht nach Art. 341 AEUV verpflichtet sein,[7] obwohl der Wortlaut dieser Bestimmung (»Der Sitz der Organe [...]«) auch dahingehend interpretiert werden könnte, dass hiermit ein für alle Unionsorgane einheitlicher Sitz gemeint ist.[8] Der in Art. 341 AEUV enthaltene **Sitzbegriff** bezieht sich nach vorherrschender Auffassung auf den regelmäßigen bzw. gewöhnlichen und insoweit zentralen Arbeitsort[9] des jeweiligen Unionsorgans.

Eine ausdrückliche Befugnis, auch den **Sitz der Union** zu bestimmen, verleiht **6** Art. 341 AEUV den Mitgliedstaaten nicht.[10] Gleichwohl wird im einschlägigen Schrift-

---

[3] In diesem weitgehend unstr. Sinne vgl. auch *Booß*, in: Lenz/Borchardt, EU-Verträge, Art. 341 AEUV, Rn. 1; *Epping*, in: Vedder/Heintschel v. Heinegg, Europäisches Unionsrecht, Art. 341 AEUV, Rn. 3; *Herrmann*, in: Streinz, EUV/AEUV, Art. 341 AEUV, Rn. 4; *Kotzur*, in: Geiger/Khan/Kotzur, EUV/AEUV, Art. 341 AEUV, Rn. 2; *Mayer*, in: Grabitz/Hilf/Nettesheim, EU, Art. 341 AEUV (Oktober 2011), Rn. 35.

[4] Vgl. nur EuGH, Urt. v. 10.2.1983, Rs. 230/81 (Luxemburg/Europäisches Parlament), Slg. 1983, S. 255, Rn. 35; Urt. v. 28.11.1991, verb. Rs. C–213/88 u. C–39/89 (Luxemburg/Europäisches Parlament), Slg. 1991, I–5643, Rn. 52, mit Anm. *Brown*, CMLRev. 30 (1993), 599; Urt. v. 1.10.1997, Rs. C–345/95 (Frankreich/Europäisches Parlament), Slg. 1997, I–5215, Rn. 20 ff.

[5] Zutr. *Mayer*, in: Grabitz/Hilf/Nettesheim, EU, Art. 341 AEUV (Oktober 2011), Rn. 36; *Ruffert*, in: Calliess/Ruffert, EUV/AEUV, Art. 341 AEUV, Rn. 2.

[6] Zutr. *Herrmann*, in: Streinz, EUV/AEUV, Art. 341 AEUV, Rn. 4.

[7] Vgl. nur *Hamer*, in: GSH, Europäisches Unionsrecht, Art. 341 AEUV, Rn. 4 u. 6; *Mayer*, in: Grabitz/Hilf/Nettesheim, EU, Art. 341 AEUV (Oktober 2011), Rn. 25.

[8] Für ein solches Verständnis vgl. etwa *Bieber*, EuR 1974, 168 (171).

[9] Vgl. *Booß*, in: Lenz/Borchardt, EU-Verträge, Art. 341 AEUV, Rn. 4; *Mayer*, in: Grabitz/Hilf/Nettesheim, EU, Art. 341 AEUV (Oktober 2011), Rn. 37; *Priebe*, in: Schwarze, EU-Kommentar, Art. 341 AEUV, Rn. 4.

[10] In diesem Sinne vgl. auch *Priebe*, in: Schwarze, EU-Kommentar, Art. 341 AEUV, Rn. 3.

tum überwiegend angenommen, dass Art. 341 AEUV auch für den Sitz der Union selbst gelten müsse[11] und dass die Mitgliedstaaten im gegenseitigen Einvernehmen insoweit auch einen Sitz der Union als solchen bestimmen könnten.[12] Eine solche Befugnis haben die Mitgliedstaaten bislang aber nicht für sich in Anspruch genommen, obwohl Art. 16 des (Vertrags-)Protokolls über die Vorrechte und Befreiungen der Europäischen Union[13] immerhin suggeriert, dass es einen Sitz der Union gibt bzw. geben könnte.[14] De facto dürften die Mitgliedstaaten eine Festlegung des Unionssitzes dann bewirken, wenn sie für alle der in Art. 341 AEUV angesprochenen Organe der Union (s. Rn. 5) einen einheitlichen Sitz festlegen würden;[15] dies ist aber bislang unterblieben (s. Rn. 9 f.).

II. Verfahren

7   Die Bestimmung des Sitzes der Organe der Union erfolgt nach Art. 341 AEUV im Einvernehmen der Regierungen der Mitgliedstaaten. Die Herstellung eines solchen Einvernehmens über den Sitz der Unionsorgane erfordert einen intergouvernementalen **uneigentlichen Ratsbeschluss**,[16] der nach ständiger Rechtsprechung des Unionsrichters nicht mit der Nichtigkeitsklage nach Art. 263 AEUV angefochten werden kann.[17] Die im einschlägigen Schrifttum kontrovers diskutierte Frage, ob eine im Protokollwege erfolgte (s. Rn. 8 f.) und insoweit im Primärrechtsrang stehende (s. Art. 51 EUV, Rn. 1 ff.) Sitzfestlegung durch einen uneigentlichen Ratsbeschluss auf der Grundlage des Art. 341 AEUV rückgängig gemacht bzw. abgeändert werden darf[18] oder ob es dafür stattdessen einer förmlichen **Vertragsänderung** bedarf,[19] ist vom Gerichtshof der Europäischen Union noch nicht entschieden worden.

C. Praktische Umsetzung

8   Auf welche Art und Weise die Mitgliedstaaten die primärrechtlichen Vorgaben des Art. 341 AEUV bislang umgesetzt haben, lässt sich insbesondere in dem auf die vorgenannte Bestimmung sowie auf Art. 189 EAGV (s. Rn. 2) gestützten (Vertrags-)Protokoll

---

[11] Vgl. *Kotzur*, in: Geiger/Khan/Kotzur, EUV/AEUV, Art. 341 AEUV, Rn. 1,

[12] So vgl. etwa *Hamer*, in: GSH, Europäisches Unionsrecht, Art. 341 AEUV, Rn. 4; dies in Zweifel ziehend vgl. etwa *Herrmann*, in: Streinz, EUV/AEUV, Art. 341 AEUV, Rn. 9.

[13] ABl. 2012, C 326/266.

[14] Nach Art. 16 dieses Protokolls gewährt der »Mitgliedstaat, in dessen Hoheitsgebiet sich der Sitz der Union befindet, [...] den bei der Union beglaubigten Vertretungen dritter Länder die üblichen diplomatischen Vorrechte und Befreiungen«.

[15] In diesem Sinne vgl. auch *Hamer*, in: GSH, Europäisches Unionsrecht, Art. 341 AEUV, Rn. 4.

[16] In diesem weitgehend unstr. Sinne vgl. *Epping*, in: Vedder/Heintschel v. Heinegg, Europäisches Unionsrecht, Art. 341 AEUV, Rn. 1; *Herrmann*, in: Streinz, EUV/AEUV, Art. 341 AEUV, Rn. 4; *Ruffert*, in: Calliess/Ruffert, EUV/AEUV, Art. 341 AEUV, Rn. 3. Näher zur Figur der uneigentlichen Ratsbeschlüsse vgl. etwa *Kotzur*, in: Geiger/Khan/Kotzur, EUV/AEUV, Art. 288 AEUV, Rn. 29.

[17] Vgl. EuGH, Urt. v. 15. 1. 1986, Rs. 44/84 (Hurd/Jones), Slg. 1986, S. 29, Rn. 37; Urt. v. 30. 6. 1993, verb. Rs. C–181/91 u. C–248/91 (Europäisches Parlament/Rat u. Kommission), Slg. 1993, I–3685, Rn. 12.

[18] In diesem Sinne vgl. etwa *Kotzur*, in: Geiger/Khan/Kotzur, EUV/AEUV, Art. 341 AEUV, Rn. 2; in eine ähnliche Richtung weisend vgl. *Herrmann*, in: Streinz, EUV/AEUV, Art. 341 AEUV, Rn. 6.

[19] So vgl. etwa *Hamer*, in: GSH, Europäisches Unionsrecht, Art. 341 AEUV, Rn. 3; *Mayer*, in: Grabitz/Hilf/Nettesheim, EU, Art. 341 AEUV (Oktober 2011), Rn. 18; *Ruffert*, in: Calliess/Ruffert, EUV/AEUV, Art. 341 AEUV, Rn. 3.

Nr. 6 über die Festlegung der Sitze der Organe und bestimmter Einrichtungen, sonstiger Stellen und Dienststellen der Europäischen Union[20] nachlesen, das – abgesehen von früheren Beschlüssen über vorläufige Arbeitsorte einzelner Organe[21] – im Wesentlichen aus dem am 12.12.1992 auf dem Europäischen Rat von Edinburgh im gegenseitigen Einvernehmen der Vertreter der Regierungen der Mitgliedstaaten gefassten **Edinburgher Beschluss** über die Festlegung der Sitze der Organe und bestimmter Einrichtungen und Dienststellen der Gemeinschaften[22], aus einem weiteren Beschluss der Vertreter der Regierungen der Mitgliedstaaten vom 29.10.1993[23] sowie aus dem mit dem **Änderungsvertrag von Amsterdam** (s. Art. 1 EUV, Rn. 2 f.) verabschiedeten Protokoll über die Festlegung der Sitze der Organe und bestimmter Einrichtungen der Europäischen Gemeinschaften sowie des Sitzes von Europol[24] hervorgegangen ist.[25] Das vorgenannte **(Vertrags-)Protokoll Nr. 6** über die Festlegung der Sitze der Organe und bestimmter Einrichtungen, sonstiger Stellen und Dienststellen der Europäischen Union enthält nicht nur Regelungen über den jeweiligen Sitz bestimmter Unionsorgane im Sinne des Art. 13 Abs. 1 UAbs. 2 EUV (I.), sondern auch verschiedene Regelungen über den jeweiligen Sitz einiger anderer Einrichtungen der Union (II.).

I. Sitz einzelner Unionsorgane

Das oben genannte (Vertrags-)Protokoll Nr. 6 über die Festlegung der Sitze der Organe und bestimmter Einrichtungen, sonstiger Stellen und Dienststellen der Europäischen Union (s. Rn. 8) besteht aus einer kurzen Präambel und einer Bestimmung, die dort als »Einziger Artikel« bezeichnet wird. Hinsichtlich der in Art. 13 Abs. 1 UAbs. 2 EUV aufgelisteten (Haupt-)Organe der Union wird in Buchst. a dieses Artikels zunächst einmal festgelegt, dass das **Europäische Parlament** (s. Art. 13 EUV, Rn. 8) seinen Sitz in Straßburg hat, wo ausweislich dieser Bestimmung zwölf monatliche Plenartagungen einschließlich der Haushaltstagung stattfinden.[26] Ergänzend wird in dieser Bestimmung angeordnet, dass zusätzliche Plenartagungen in Brüssel stattfinden, dass die Ausschüsse des Europäischen Parlaments in Brüssel zusammentreten und dass das Generalsekretariat des Europäischen Parlaments und dessen Dienststellen in Luxemburg verbleiben.[27] In Buchst. b der vorgenannten Bestimmung wird sodann festgelegt, dass der in Art. 13 Abs. 1 UAbs. 2 Sp.str. 3 EUV angesprochene **Rat** (s. Art. 13 EUV, Rn. 10) seinen

9

---

[20] ABl. 2012, C 326/266.

[21] Vgl. dazu insbesondere den Beschluss der Vertreter der Regierungen der Mitgliedstaaten vom 8.4.1965 über die vorläufige Unterbringung bestimmter Organe und Dienststellen der Europäischen Gemeinschaften, ABl. 1967, 152/18.

[22] ABl. 1992, C 341/1; näher dazu vgl. *Priebe*, in: Schwarze, EU-Kommentar, Art. 341 AEUV, Rn. 7 ff.

[23] Einvernehmlicher Beschluss der auf Ebene der Staats- und Regierungschefs vereinigten Vertreter der Regierungen der Mitgliedstaaten vom 29.10.1993 über die Festlegung des Sitzes bestimmter Einrichtungen und Dienststellen der Europäischen Gemeinschaften sowie des Sitzes von Europol, ABl. 1993, C 323/1; näher dazu vgl. *Priebe*, in: Schwarze, EU-Kommentar, Art. 341 AEUV, Rn. 11 f.

[24] ABl. 1997, C 340/112.

[25] Vgl. dazu auch EuGH, Urt. v. 13.12.2012, verb. Rs. C–237/11 u. C–238/11 (Frankreich/Europäisches Parlament), ECLI:EU:C:2012:798, Rn. 36.

[26] Zur Möglichkeit des Europäischen Parlaments, hiervon aus organisatorischen Gründen im Jahr des Europawahlkampfes geringfügig abzuweichen, vgl. insbesondere EuGH, Urt. v. 1.10.1997, Rs. C–345/95 (Frankreich/Europäisches Parlament), Slg. 1997, I–5215, Rn. 33.

[27] Zur berechtigten Kritik an dieser Regelung vgl. *Ruffert*, in: Calliess/Ruffert, EUV/AEUV, Art. 341 AEUV, Rn. 4; ferner vgl. in diesem Kontext *Rutschmann*, EuR 1999, 664.

Sitz in Brüssel hat und dass dieser Rat in den Monaten April, Juni und Oktober in Luxemburg tagt. Nach Buchst. c des einzigen Artikels im oben genannten (Vertrags-)Protokoll Nr. 6 hat auch die in Art. 13 Abs. 1 UAbs. 2, Spstr. 4 EUV angesprochene **Kommission** (s. Art. 13 EUV, Rn. 11) ihren Sitz in Brüssel, wobei allerdings einige ihrer Dienststellen ausweislich dieses Artikels in Luxemburg untergebracht sind, wo sich nach Buchst. d der vorgenannten Bestimmung wiederum der Sitz des in Art. 13 Abs. 1 UAbs. 2, Spstr. 5 EUV angesprochenen **Gerichtshofs der Europäischen Union** (s. Art. 13 EUV, Rn. 12) befindet. Dies hat dieser Gerichtshof mit dem in Art. 13 Abs. 1 UAbs. 2, Spstr. 7 EUV aufgeführten **Rechnungshof** (s. Art. 13 EUV, Rn. 14) gemein, der seinen Sitz nach Buchst. e des einzigen Artikels im oben genannten (Vertrags-)Protokoll Nr. 6 ebenfalls in Luxemburg hat. Die in Art. 13 Abs. 1 UAbs. 2, Spstr. 7 EUV angesprochene **Europäische Zentralbank** (s. Art. 13 EUV, Rn. 13) ist hingegen das einzige Unionsorgan, das seinen Sitz nach Buchst. i des vorgenannten Protokollartikels in Frankfurt am Main hat. Hinsichtlich des in Art. 13 Abs. 1 UAbs. 2, Spstr. 2 EUV aufgeführten **Europäischen Rates** (s. Art. 13 EUV, Rn. 9), der in Brüssel tätig ist[28], wurde im (Vertrags-)Protokoll Nr. 6 über die Festlegung der Sitze der Organe und bestimmter Einrichtungen, sonstiger Stellen und Dienststellen der Europäischen Union indes von einer Sitzfestlegung Abstand genommen.

II. Sitz anderer Einrichtungen der Union

10 Hinsichtlich der in Art. 13 Abs. 4 EUV angesprochenen (beratenden) Einrichtungen in Gestalt des Wirtschafts- und Sozialausschusses und des Ausschusses der Regionen (s. Art. 13 EUV, Rn. 19 f.) wird in den Buchst. f und g des einzigen Artikels im oben genannten (Vertrags-)Protokoll Nr. 6 (s. Rn. 8) festgelegt, dass diese beiden Ausschüsse ihren Sitz in Brüssel haben. Dies ist durchaus sachgerecht, da zwei von drei Unionsorganen (Rat und Kommission), die gemäß Art. 13 Abs. 4 EUV sowohl von dem **Wirtschafts- und Sozialausschuss** als auch von dem **Ausschuss der Regionen** unterstützt werden sollen, ihren Sitz ebenfalls in Brüssel haben (s. Rn. 9). Darüber hinaus stellt Buchst. h des vorgenannten Protokollartikels klar, dass die **Europäische Investitionsbank** (s. Art. 13 EUV, Rn. 3) ihren Sitz in Luxemburg, während das mit der Kurzbezeichnung Europol bezeichnete **Europäische Polizeiamt** (s. Art. 13 EUV, Rn. 3) seinen Sitz nach Buchst. j dieses Artikels in Den Haag hat. Die Sitze der anderen Agenturen der Europäischen Union sind auf verschiedene Städte in den Mitgliedstaaten verteilt (s. Art. 13 EUV, Rn. 4 f.).

---

[28] Vgl. in diesem Kontext insbesondere auch die in der Schlussakte des Änderungsvertrags von Nizza enthaltene Erklärung Nr. 22 »zum Tagungsort des Europäischen Rates«, ABl. 2001, C 80/85.

Artikel 342 AEUV [Sprachenfrage; Amts- und Arbeitssprachen]

Die Regelung der Sprachenfrage für die Organe wird unbeschadet der Satzung des Gerichtshofs der Europäischen Union vom Rat einstimmig durch Verordnungen getroffen.

Literaturübersicht

Ackermann, Das Sprachenproblem im europäischen Primär- und Sekundärrecht und der Turmbau zu Babel, WRP 2000, 807; *Ahrens*, Europäische Sprachenpolitik/European Language Policy, 2003; *Armbruster*, Rechtliche Folgen von Übersetzungsfehlern und Unrichtigkeiten in EG Dokumenten, EuZW 1990, 246; *Bernhardt*, Die Auslegung völkerrechtlicher Verträge, 1963; *Braselmann*, Übernationales Recht und Mehrsprachigkeit, – Linguistische Überlegungen zu Sprachproblemen in EuGH-Urteilen, EuR 1992, 55; *Bruha*, Rechtliche Aspekte der Vielsprachigkeit. Vertrags-, Amts-, Arbeits- und Verkehrssprachen in der Europäischen Union, in: Bruha/Seeler (Hrsg.), Die Europäische Union und ihre Sprachen, 1998; *Gundel*, Zur Sprachenregelung bei den EG-Agenturen – Abschied auf Raten von der Regel der »Allsprachigkeit« der Gemeinschaft im Verkehr mit dem Bürger? Anmerkung zum Urteil des EuG vom 12.7.2001, Christina Kik/Harmonisierungsamt für den Binnenmarkt, Rs. T–120/99, EuR 2001, 776; *Hakenberg/Stix-Hackl*, Handbuch zum Verfahren vor dem Europäischen Gerichtshof, 2005; *Hilf*, Die Organisationsstruktur der Europäischen Gemeinschaften. Rechtliche Gestaltungsmöglichkeiten und Grenzen, 1982; *Huber*, Deutsch als Gemeinschaftssprache BayVBl. 1992, 1; *Kelz*, Die sprachliche Zukunft Europas, 2002; *Kutscher*, Über den Gerichtshof der Europäischen Gemeinschaft, EuR 1981, 392; *Loehr*, Mehrsprachigkeitsprobleme in der Europäischen Union, 1998; *C. Luttermann/K. Luttermann*, Ein Sprachenrecht für die Europäische Union, JZ 2004, 1002; *C. Luttermann*, Rechtssprachenvergleich in der Europäischen Union, EuZW 1999, 401; *Manz*, Sprachenvielfalt und europäische Integration, Sprachenrecht im Spannungsfeld von Wirtschaft, Politik und Kultur, 2002; *Martiny*, Babylon in Brüssel? Das Recht und die europäische Sprachenvielfalt, ZEuP 1998, 227; *Müller/Burr*, Rechtssprache Europas, Reflexion der Praxis von Sprache und Mehrsprachigkeit im supranationalen Recht, 2004; *Oppermann*, Sprachregime der Europäischen Union reformbedürftig?, Ein Thema für den Post- Nizza Prozess, ZEuS 2001, 1; *Rengeling/Szczekalla*, Grundrechte in der Europäischen Union, 2005; *Rudolf*, Die Sprache in der Diplomatie und internationalen Verträgen, 1972; *Schübel-Pfister*, Sprache und Gemeinschaftsrecht, Die Auslegung der mehrsprachig verbindlichen Rechtstexte durch den Europäischen Gerichtshof, 2004; *Wägenbaur*, Wie effizient ist das Vertragsverletzungsverfahren?, EuZW 2003, 705; *Yvon*, Sprachenvielfalt und europäische Einheit, EuR 2003, 681.

Leitentscheidungen

EuGH, Urt. v. 15.7.1970, Rs. C–41/69 (Chemiefarma/Kommission), Slg. 1970, 661

EuGH, Urt. v. 6.10.1982, Rs. C–283/81 (CILFIT/Ministero della Sanità), Slg. 1982, 3415

EuGH, Urt. v. 17.12.1998, Rs. C–236/97 (Skatteministeriet/Aktieselskabet Forsikringssels-kabet Codan), Slg. 1998, I–8679

EuGH, Urt. v. 9.9.2003, Rs. C–361/01 (P – Kik/HABM), Slg. 2003, I–8283

EuGH, Urt. v. 14.6.2007, Rs. C–56/06 (Euro Tex), Slg. 2007, I–4859

Wesentliche sekundärrechtliche Vorschriften

Verordnung Nr. 1 zur Regelung der Sprachenfrage für die Europäische Wirtschaftsgemeinschaft v. 06.10.1958, ABl. 1958, 17/385, geändert durch Verordnung (EG) Nr. 920/2005 d. Rates v. 13.6.2005, ABl. 2005, L 156/3

Verordnung (EG) Nr. 1791/2006 d. Rates v. 20.11.2006, ABl. L 363/1 und Verordnung (EU) Nr. 517/2013 des Rates vom 13.5.2013, ABl. 2013, L 158/1

A. Bedeutung und systematischer Überblick

1 Die relativ kurz gehaltene Vorschrift des Art. 342 AEUV, die im Kern bereits seit den Gründungsverträgen besteht (s. Rn. 7),[1] birgt erhebliches Diskussionspotenzial, denn sie berührt mit der Sprachenfrage ein **Kernthema der europäischen Integration**.[2] Einerseits ist es der Integration förderlich, dass sich eine gemeinsame **lingua franca** bzw. ein funktionales Pendent aus einer nationalen Sprache bildet.[3] Zum einen würde so **Effizienz und Effektivität** der unionalen Verwaltung gefördert.[4] Die aufgrund der Sprachenvielfalt notwendigen Übersetzungen belasten einen Gutteil des EU-Haushalts.[5] Zum anderen könnte eine solche Entwicklung Grundlage für die Akzeptanz einer »Zweitsprachenpraxis« auch in der Öffentlichkeit werden, die das Entstehen **unionsweiter politischer Diskurse** befördern und damit einem faktischen Defizit in der Entfaltung des Demokratiedefizits auf Unionsebene abhelfen würde.[6] Nicht zuletzt könnte bei Verständigung auf eine Sprache ein unitarisches Element gestärkt werden. Demgegenüber stehen jedoch gleich mehrere Prinzipien der Verträge, die für die Sprachenvielfalt streiten. Die **Mehrsprachigkeit** entspricht der **politischen Grundentscheidung** für das Motto der EU »In Vielfalt geeint«, wie es rechtlich im Verfassungsvertrag verankert werden sollte.[7] So wahrt die EU gemäß Art. 3 Abs. 3 UAbs. 4 EUV und Art. 22 GRC die **sprach-**

---

[1] Art. 217 EWGV, vgl. Art. 190 EAGV.
[2] *Herrmann*, in: Streinz, EUV/AEUV, Art. 342 AEUV, Rn. 1 spricht der rechtlichen Stellung der Sprachen eine »überragende Rolle« zu.
[3] Zu Beginn der europäischen Integration war eine Dominanz des Französischen zu verzeichnen, *Manz*, S. 131.
[4] S. die Vorgabe einer effizienten Arbeit der Organe nach Abs. 7 Präambel EUV, Art. 298 Abs. 1 AEUV.
[5] S. zu den Folgen der Erweiterungen der Union für den Sprachendienst Kommission, Der Konferenzdolmetschdienst und die Erweiterung«, SEK(2002) 349, S. 2.
[6] S. zur Sprachenproblematik und Hindernissen für eine unionsweite demokratische Öffentlichkeit BVerfGE 89, 155 (178).
[7] Präambel und Art. I–8 EVV. s. zum Europamotto http://europa.eu/about-eu/basic-information/symbols/motto/index_de.htm (4.1.2016).

liche Vielfalt und verbietet in Art. 21 GRC eine **Diskriminierung** insbesondere aufgrund der Sprache. Ferner kann die Union nach Art. 165 Abs. 1 AEUV zum Erlernen und Verbreiten der Sprachen der Mitgliedstaaten **beitragen**. Die Achtung der Vielfalt schützt einerseits die **kulturelle Identität** der Mitgliedstaaten und fördert andererseits die **Inklusion** in die Union sowie **Transparenz, Bürgernähe**, das **Demokratieprinzip** und nicht zuletzt das **Rechtsstaatsprinzip** (s. im einzelnen Rn. 13 ff.). Das hiermit aufgezeigte Spannungsverhältnis zwischen Mehrsprachigkeit und **Effizienz** sowie **Effektivität** wird sich mit jedem weiteren Beitritt verschärfen.

Art. 342 AEUV bezieht sich auf die **Sprachenfrage der Organe** und betrifft nicht die in   **2** Art. 358 AEUV und Art. 55 EUV sowie Art. 225 EAGV getroffene Regelung über die verbindlichen Vertragssprachen. Als authentische Vertragssprachen gelten nach dem Beitritt Kroatiens folgende 23 Sprachen: Bulgarisch, Dänisch, Deutsch, Englisch, Estnisch, Finnisch, Französisch, Griechisch, Irisch (mit Wirkung vom 1. 1. 2007), Italienisch, Lettisch, Litauisch, Maltesisch, Niederländisch, Polnisch, Portugiesisch, Rumänisch, Schwedisch, Slowakisch, Slowenisch, Spanisch, Tschechisch und Ungarisch. Davon zu unterscheiden ist die zur Umsetzung des Art. 342 AEUV ergangene **Verordnung Nr. 1**.[8] Sie differenziert weiter nach Amtssprachen und Arbeitssprachen.[9] Als **Arbeitssprache** wird die Sprache bezeichnet, die in einem Organ intern zwischen den Mitarbeitenden verwendet wird, als **Amtssprache** die Sprache, deren sich das betreffende Organ in der Kommunikation nach außen, insbesondere mit Unionsbürgerinnen und -bürgern bedient.[10]

Art. 342 AEUV weist die **Kompetenz zur Regelung** der Amts- und Arbeitssprachen   **3** der Organe allein dem **Rat** zur **einstimmigen Entscheidung** zu. Damit wird unterschiedlichen Regelungen der einzelnen Organe im Rahmen ihrer Geschäftsordnungsautonomie ein Riegel vorgeschoben. Das Einstimmigkeitserfordernis weist auf einen **intergouvernementalen Charakter** der Zuständigkeitsregelung hin, die jedem Mitgliedstaat eine Veto-Position zuweist. Das damit festgelegte besondere Rechtsetzungsverfahren kennt zudem **keine Beteiligung anderer EU-Organe**. Dies entspricht der hohen Bedeutung der Sprache für die Identität eines Staates, die dem Kernbereich der **staatlichen Souveränität** zuzuordnen ist. Doch erscheint diese seit den Gründungsverträgen bestehende Exklusion im Rechtsetzungsverfahren angesichts der Bedeutung, die die Sprachenregelung auch für die europäische Integration hat, heute fragwürdig. Eine Ausnahme besteht zwar für das Sprachregime vor den europäischen Gerichten, doch führt der dort enthaltene Verweis auf die **Satzung des Gerichtshofes der Europäischen Union** wiederum zur Hauptzuständigkeit des Rates, der gemäß Art. 64 Abs. 1 EuGH-Satzung einstimmig per Verordnung entscheidet. In diesem besonderen Rechtsetzungsverfahren liegt das **Initiativrecht** aber beim EuGH selbst oder bei der Kommission. Das Europäische Parlament und das jeweils andere Organ, EuGH oder Kommission, sind **anzuhören**. Allerdings ist bisher von dieser Ermächtigung nicht Gebrauch gemacht worden. Daher kommt weiterhin die Regelung des Art. 64 Abs. 2 EuGH-Satzung zur Anwendung, wonach die Bestimmungen in den Verfahrensordnungen von EuGH und EuG fortgelten. Danach sind alle 24 Vertragssprachen auch mögliche Verfahrenssprachen.[11] Grundsätz-

---

[8] ABl. 1958, 17/385; ABl. 1972, L 73/122; ABl. 1973, L 2/27; ABl. 1979, L 291/17; ABl. 1985, L 302/242; ABl. 1994, C 241/9; ABl. 2003, L 236/791; ABl. 2005, L 156/3, ABl. 2006, L 363/1.

[9] Art. 1 Verordnung Nr. 1; s. *Bieber*, in: GSH, Europäisches Unionsrecht, Art. 342 AEUV, Rn. 14.

[10] *Bieber*, in: GSH, Europäisches Unionsrecht, Art. 342 AEUV, Rn. 14; *Herrmann*, in: Streinz, EUV/AEUV, Art. 342 AEUV, Rn. 6.

[11] Art. 36 EuGH-Verfahrensordnung vom 25. 9. 2012 (ABl. 2012, L 265 vom 29. 9. 2012) in der am

lich wählt der Kläger die Verfahrenssprache; bei Klagen gegen einen Mitgliedstaat muss jedoch dessen Vertragssprache gewählt werden.[12] Änderungen dieser Regelungen in den Verfahrensordnungen bedürfen der einstimmigen Genehmigung durch den Rat.[13]

4   **Speziellere Regelungen** für die Amtssprachen bestehen für die Kommunikation mit Unionsbürgerinnen und -bürgern sowie mit Personen mit Sitz in der EU nach **Art. 24 AEUV**. Sie können sich danach in einer der **Vertragssprachen** gemäß Art. 55 EUV an die in Art. 24 AEUV und Art. 13 AEUV genannten Organe und Einrichtungen wenden und haben einen **Anspruch auf** eine **Antwort** in derselben Sprache.[14] Ihrem Sinn nach enthält der Verweis auf Art. 55 EUV eine Mindestvorgabe, die der Akzeptanz weiterer Amtssprachen – jenseits der Vertragsstaaten – nicht zwingend entgegensteht. Besondere Regelungen bestehen ferner für europäische **Rechtstitel** über einen einheitlichen **Schutz der Rechte am geistigen Eigentum** nach Art. 118 AEUV. Dort ist ebenfalls eine **einstimmige** Beschlussfassung des **Rates** im Verordnungsweg festgelegt. Da es sich um ein besonderes Gesetzgebungsverfahren handelt, liegt das **Initiativrecht** gemäß Art. 289 Abs. 1 AEUV bei der **Kommission**. Für die Sprachenregelung der übrigen selbständigen EU-Institutionen und Agenturen besteht keine ausdrückliche primärrechtliche Vorgabe. Doch sind bei entsprechenden Regelungen die Prinzipien des Primärrechts zu beachten, die den Abgleich zwischen den betroffenen Anliegen der europäischen Integration und der Vielfalt in den Mitgliedstaaten steuern (s. Rn. 13 ff.).

5   Abzugrenzen ist die Regelung der Sprachenfrage von den **Zielen der Sprachenpolitik** der Union nach **Art. 165 AEUV**. Abs. 2 jener Vorschrift richtet die **unterstützende Tätigkeit der EU** in diesem Bereich auf das Ziel der »Entwicklung der europäischen Dimension im Bildungswesen, insbesondere durch Erlernen und Verbreitung der Sprachen der Mitgliedstaaten« aus.[15] Dahinter steht nicht nur der Gedanke der Abwehr einer einzigen dominanten Wirtschaftssprache, sondern auch die **Förderung der Mehrsprachigkeit**, die die Sprachenproblematik verringern hilft.[16] Ganz in diesem Sinne erfordert Art. 207 Abs. 4 UAbs. 3 Buchst. a AEUV Einstimmigkeit im Rat für den Abschluss von **Handelsabkommen** der EU, die die kulturelle und sprachliche Vielfalt in der EU beeinträchtigen könnten. Eine solche Beeinträchtigung dürfte auch vorliegen, wenn das vorgesehene Abkommen die Fördertätigkeit der EU auf diesem Gebiet einschränken sollte.

6   Teil der Sprachenpolitik der Union ist der Umgang mit **Minderheitensprachen**.[17] Sie werden über den in **Art. 22 GRC** ausdrücklich niedergelegten Schutz der Vielfalt der Sprachen in der Union erfasst.[18] Doch zählen sie **nicht** zu den Arbeits- und Amtssprachen der EU.[19] Allerdings ist darauf hinzuweisen, dass rechtlich ein **Spielraum für die Berücksichtigung** weiterer Sprachen besteht. Eine entsprechende EU-Regelung wird aber unweigerlich die Frage der **Gleichbehandlung** aller Minderheitensprachen aufwerfen. Eine pragmatische Lösung hat der Rat gefunden, indem er solche Öffnungen ak-

---

18. 6. 2013 geänderten Fassung (ABl. 2013, L 173/65 vom 26. 6. 2013); Art. 35 EuG-Verfahrensordnung.

[12] Art. 37 EuGH-Verfahrensordnung (Fn. 11); Art. 43 EuG-Verfahrensordnung.

[13] Art. 64 Abs. 2 S. 2 EuGH-Satzung.

[14] Näher dazu Art. 24 AEUV, Rn. 20.

[15] Art. 165 Abs. 2, 1. Spiegelstrich AEUV.

[16] Zum letzten Aspekt s. *Herrmann*, in: Streinz, EUV/AEUV, Art. 342 AEUV, Rn. 3.

[17] S. Beschluss Nr. 1934/2000/EG über das europäische Jahr der Sprachen 2001, ABl. 2000, L 232/1.

[18] *Jarass*, GRCh, Art. 22 GRC, Rn. 2; *Rengeling/Szczekalla*, § 27, Rn. 970.

[19] S. Art. 1 VO Nr. 1/1958.

zeptiert, sofern die betreffenden Mitgliedstaaten die Kosten tragen.[20] Grundsätzlich ist den Minderheitensprachen im Zuge der verstärkten Sensibilität der Union seit der Osterweiterung besondere Aufmerksamkeit zuteil geworden. Insbesondere ist der Umgang mit Minderheiten und deren Sprachen eines der **politischen Beitrittskriterien**.[21]

B. Entstehungsgeschichte

Die Sprachenfrage ist **fundamental** für eine supranationale Organisation und deshalb   7
seit Beginn rechtlich geregelt worden. **Verordnung Nr. 1 von 1958** legt die bis heute nur leicht veränderten Grundzüge fest. Sie ist in Umsetzung des Rechtsetzungsauftrages nach Art. 217 EWGV bzw. Art. 190 EAGV erlassen worden. Diese primärrechtliche Kompetenzvorschrift sah von Anfang an eine **einstimmige Beschlussfassung** im **Rat ohne Beteiligung** anderer Rechtsetzungsorgane vor. Dieses besondere, stark **intergouvernemental** geprägte Verfahren ist bis heute nicht geändert worden. Grundsätzlich ist in die Verordnung Nr. 1 nach jedem **Beitritt** – bei Erforderlichkeit[22] – um eine weitere Vertragssprache ergänzt worden. Dies ist in Parallele zu der Ergänzung der authentischen Vertragssprachen nach Art. 55 EUV bzw. 358 AEUV geschehen. Es hat nur einmal eine Auseinandersetzung gegeben, als Irland auch **Gälisch** neben Englisch als Vertragssprache anerkannt wissen wollte. Dies rief Widerstand hervor, wenn man die (Folge-) Kosten ins Verhältnis zu den betroffenen Personen setzte. Nachdem später aber auch andere nur von relativ wenigen Menschen gesprochene Sprachen, wie **Maltesisch**, zu Vertragssprachen wurden, wurde der Widerstand aufgegeben und Gälisch mit einer **zeitlichen Verzögerung** in den Kreis der Vertragssprachen und damit der Amtssprachen nach Art. 1 Verordnung Nr. 1 aufgenommen.[23] Mit Kroatisch ist die Zahl der Vertrags- und Amtssprachen auf 24 gestiegen.[24] Einzige Neuerung im Lissabonner Vertrag ist die ausdrückliche Erwähnung der **Verordnung** als **Regulierungsinstrument**.[25] Damit wird die bisherige Praxis gespiegelt; schon zuvor wäre die Richtlinie nach Ziel und Zweck des Regelungsauftrags keine sinnvolle Alternative gewesen. Schon in den Römischen Verträgen war ein **Vorbehalt zugunsten der Verfahrensordnung des EuGH** vorgesehen. Dies führte in verfahrensrechtlicher Hinsicht insofern zu keiner Abweichung, weil Änderungen der Verfahrensordnung bis zum Vertrag von Nizza vom Rat nur mit Einstimmigkeit

---

[20] Vgl. jedoch die Schlussfolgerungen d. Rates v. 13. 6. 2005 über d. amtlichen Gebrauch zusätzlicher Sprachen im Rat und in anderen Organen und Einrichtungen d. EU, ABl. 2005, C 148/1, wonach Mitgliedstaaten durch Abschluss von Verwaltungsvereinbarungen mit EU Organen und Einrichtungen auch die Benutzung solcher Minderheitensprachen in oder im Verkehr mit diesen Organen und Einrichtungen vereinbaren können. Doch haben die betreffenden Mitgliedstaaten die daraus entstehenden Kosten zu übernehmen. Spanien hat davon in einer Verwaltungsvereinbarung mit dem Rat Gebrauch gemacht, ABl. 2005, C 40/2.

[21] S. dazu *Herrmann*, in: Streinz, EUV/AEUV, Art. 342 AEUV, Rn. 4 mit Verweis auf KOM (2002) 700 endg. und aus neuerer Zeit Kommission, Fortschrittsbericht 2009 über das Kandidatenland Kroatien, KOM (2009) 533 endg.

[22] Nicht jeder Mitgliedstaat bringt eine neue Vertragssprache mit in die Union.

[23] *Wägenbaur*, EuZW 2003, 705 (705). Seit 2004 besteht aufgrund eines Fehlens qualifizierter Übersetzer eine Ausnahmeregelung, wonach die Organe der EU vorübergehend nicht verpflichtet sind, Rechtsakte und EuGH-Urteile in maltesischer Sprache abzufassen oder in diese zu übersetzen, VO Nr. 930/2004, ABl. 2004, L 169/1. Davon unberührt sind Verordnungen v. EP und Rat.

[24] *Bieber*, in: GSH, Europäisches Unionsrecht, Art. 342 AEUV, Rn. 17.

[25] *Herrmann*, in: Streinz, EUV/AEUV, Art. 342 AEUV, Rn. 1.

beschlossen werden konnten. Als sich dies änderte, wurde der Vorbehalt im Vertrag von Nizza auf die **Satzung des Gerichtshofs** bezogen, die für die Regelung der Sprachenfrage eine einstimmige Beschlussfassung im Rat vorsieht. Von diesen Vorschriften ist bislang nicht Gebrauch gemacht worden, so dass in der Praxis weiterhin die Regelungen der Sprachenfrage in den **Geschäftsordnungen** der Europäischen Gerichte maßgeblich sind (Rn. 23).

C. Regelungsinhalt

I. Anwendungsbereich und Zuständigkeit

1. Anwendungsbereich

8   Art. 342 AEUV betrifft die von den Organen verwendeten Sprachen ohne zwischen ihrem internen oder externen Gebrauch zu differenzieren. Folglich sind sowohl die **internen Arbeitssprachen**, als auch die im Verkehr mit anderen Stellen bzw. Personen verwendete **Amtssprachen** erfasst.[26] Die Vorschrift berührt **nicht** die in Art. 55 EUV und Art. 358 AEUV geregelte Frage der authentischen **Vertragssprachen**. Die erfassten **Organe** sind kraft der einschlägigen Definition in Art. 13 Abs. 1 EUV das Europäische Parlament, der Rat, der Europäische Rat, die Kommission, die EZB sowie der Rechnungshof. Für den in Art. 13 Abs. 1 EUV ebenfalls aufgeführten **EuGH** besteht eine **Sonderregelung** nach Art. 64 EuGH-Satzung, die hauptsächlich das Verfahren betrifft. In der Praxis ist davon bislang jedoch kein Gebrauch gemacht worden. Andere Institutionen und Einrichtungen werden nicht erfasst (s. Rn. 10).[27]

9   Zu den **Organen** zählen **nicht** die in Art. 13 Abs. 2 AEUV benannten **beratenden Einrichtungen**, die Parlament, Rat und Kommission unterstützen, also der Ausschuss der Regionen und der Wirtschafts- und Sozialausschuss.[28] Entscheidend ist, ob eine Stelle im Sinne der Organisationsstruktur **selbständig** ist oder eine **unselbständige Untergliederung** eines der erfassten Organe darstellt.[29] Einbezogen sind daher alle Dienststellen und nachgeordneten Stellen der erfassten Organe.[30] Nicht erfasst werden hingegen die zahlreichen Ausschüsse (Rn. 11), die die Kommission unterstützen, ihr aber nicht untergeordnet sind.[31]

---

[26] Vgl. Art. 1 Verordnung Nr. 1.

[27] Allg. Ansicht, s. nur *Wichard*, in: Calliess/Ruffert, EUV/AEUV, Art. 342 AEUV, Rn. 6 f.; *Herrmann*, in: Streinz, EUV/AEUV, Art. 342 AEUV, Rn. 6.

[28] *Wichard*, in: Calliess/Ruffert, EUV/AEUV, Art. 342 AEUV, Rn. 7; widersprüchlich *Priebe*, in: Schwarze, EU Kommentar, Art. 342 AEUV, Rn. 3 und Rn. 11, der sie in die Definition der »Organe« nach Art. 1 VO Nr. 1 einbeziehen will.

[29] Ausführlich zu den Organisationsebenen *Hilf*, S. 8 ff.

[30] *Bieber*, in: GSH, Europäisches Unionsrecht, Art. 342 AEUV, Rn. 9 f.; *Wichard*, in: Calliess/Ruffert, EUV/AEUV, Art. 342 AEUV, Rn. 5; s. auch *Priebe*, in: Schwarze, EU- Kommentar, Art. 342 AEUV, Rn. 11.

[31] *Bieber*, in: GSH, Europäisches Unionsrecht, Art. 342 AEUV, Rn. 9; *Wichard*, in: Calliess/Ruffert, EUV/AEUV, Art. 342 AEUV, Rn. 6; A.A. *Priebe*, in: Schwarze, EU- Kommentar, Art. 342 AEUV, Rn. 11.

2. Zuständigkeit und Verfahren

Zur Regelung der Sprachenfrage nach Art. 342 AEUV entscheidet der **Rat einstimmig**.   **10**
Es handelt sich nicht um ein (besonderes) Gesetzgebungsverfahren, sondern um ein
anderes **Rechtsetzungsverfahren**, so dass die Kommission **kein Initiativrecht** hat. Die in
Art. 342 AEUV vorbehaltene Sonderregelung für die Amts- und Arbeitssprache des
Gerichtshofes verlangt ebenfalls Einstimmigkeit im Rat, sieht aber **Vorschläge** von Kommission oder Gerichtshof bei Anhörung des Europäischen Parlaments und des jeweils
anderen Organs, Kommission oder Gerichtshof, vor.[32] Im Vergleich zu den Regelungen
für das Europäische Parlament oder die Kommission fragt sich, worin der Unterschied
liegt, der eine Beteiligung der betreffenden EU-Organe im Rechtsetzungsverfahren und
damit die Berücksichtigung des **Unionsinteresses** nicht sinnvoll erscheinen lässt. De
constitutione ferenda sollte eine Angleichung des Verfahrens in den Grundfällen des
Art. 342 AEUV vorgenommen werden. In Übereinstimmung mit der bisherigen Praxis
ist seit dem Lissabonner Vertrag der Einsatz des Instruments der **Verordnung** zwingend
vorgeschrieben.

3. Regelungen für andere Institutionen und Agenturen

Für die **selbständigen Einrichtungen** und **Stellen**, insbesondere die **Agenturen**, die nicht   **11**
in Art. 342 AEUV erfasst sind, gelten die Regelungen der Sprachenfrage in Art. 1 Verordnung Nr. 1 nicht. Sofern keine besonderen Rechtsvorschriften bestehen, liegt die
Entscheidung über die Amts- und Arbeitssprachen in ihrer **Organisationsautonomie**.[33]
Dementsprechend können sie eine Regelung in ihren **Geschäftsordnungen** treffen.[34] Oft
verweisen die Geschäftsordnungen auf die Regelungen der Verordnung Nr. 1.[35] Doch
kann auch die EU in den Gründungsakten solcher selbständiger Einrichtungen eine
Regelung treffen, entweder durch Verweis auf Verordnung Nr. 1[36] oder durch eine separate Regelung.[37]

Sonderregelungen allgemeiner Art enthält **Art. 24** Abs. **2–4 AEUV** zu den Amts-   **12**
sprachen. Danach ist bei der Kommunikation auf Eingaben der Unionsbürgerinnen und
-bürger deren Amtssprache, d. h. **Vertragssprache**, von allen **Organen und Einrichtungen** zu verwenden. Spezifische Sonderregelungen können bei der Errichtung von **selbständigen Einrichtungen** durch den Gesetzgeber vorgesehen werden.[38] Neuere Gründungsakte sehen vor, dass die Übersetzungen vom Übersetzungszentrum der EU
erstellt werden.[39] Der **WSA** und der **AdR** haben die Sprachenfrage in ihren Geschäfts-

---

[32] Unbeschadet der Satzung des Gerichtshofs, s. Art. 342 AEUV.

[33] *Wichard*, in: Calliess/Ruffert, EUV/AEUV, Art. 342 AEUV, Rn. 7; *Bieber*, in: GSH, Europäisches Unionsrecht, Art. 342 AEUV, Rn. 9.

[34] Im Ergebnis ebenso *Priebe*, in: Schwarze, EU-Kommentar, Art. 342 AEUV, Rn. 11.

[35] S. die Antwort der Kommission auf die Anfrage des Abg. Kaklamanis, ABl. C 182/39. Vgl.
Herrmann, in: Streinz, EUV/AEUV, Art. 342 AEUV, Rn. 31.

[36] So geschehen für das Sortenamt nach Art. 34 Abs. 1 VO (EG) 2100/94 über den gemeinschaftlichen Sortenschutz, ABl. 1994, L 227/1.

[37] S. Art. 119 f. VO Nr. 207/2009, ABl. 2009, L 78/1 für die Gemeinschaftsmarke, für die das
Harmonisierungsamt für den Binnenmarkt zuständig ist. S. dazu EuGH, Urt. v. 9.9.2003, Rs.
C–361/01 (Kik/HABM), Slg. 2003, I–8283, Rn. 74 f.

[38] Art. 119 f. VO Nr. 207/2009, für die Gemeinschaftsmarke, für die das Harmonisierungsamt für
den Binnenmarkt zuständig ist.

[39] Art. 27 VO 2007/2004 für die Agentur für die operative Zusammenarbeit an den Aussengren-
zen; Art. 9 VO 1406/2002, ABl. 2002, L 208/1 Agentur für die Sicherheit des Seeverkehrs; Art. 18 VO

ordnungen geregelt.[40] Dabei treten auch Sonderregelungen auf.[41] Die zahlreichen **Ausschüsse**, die die Kommission beraten, werden aufgrund ihrer Separierung und Unabhängigkeit von Kommission ebenfalls nicht von Art. 342 AEUV bzw. Art. 1 Verordnung Nr. 1 erfasst.[42] Sie verfügen grundsätzlich über eine **Geschäftsordnungsautonomie**,[43] haben aber in der Regel keine besonderen Regeln für die Sprachen vorgesehen.[44] Grundsätzlich findet in den Ausschusssitzungen eine Simultanübersetzung statt.[45] Ferner greift Art. 3 Verordnung Nr. 1, der auf den Adressaten abstellt und bei der Übermittlung von Schriftstücken an eine Person, die der Hoheitsgewalt eines Mitgliedstaates untersteht, wie die von den Mitgliedstaaten entsandten Ausschussmitglieder, eine Abfassung in der Sprache des betreffenden Mitgliedstaates verlangt.

II. Grenzen der Gestaltungsbefugnis

13   Grundsätzlich sind nach Art. 342 Abweichungen von der **Gleichbehandlung** aller Vertragssprachen auf der Ebene der Amts- und Arbeitssprachen möglich. Ein Gleiches gilt für die Sprachenregelungen von Einrichtungen und Stellen, die nicht von Art. 342 erfasst werden. Welchen Grenzen die rechtsetzenden Organe bzw. die nicht erfassten Einrichtungen im Rahmen ihrer Organisationsautonomie unterliegen, ist strittig.[46] Art. 342 selbst enthält **keine inhaltlichen Vorgaben**. Doch steht die Sprachenfrage im Spannungsfeld mehrerer **Grundprinzipien** bzw. **Rechtsvorschriften** des Unionsrechts. Für eine Begrenzung der verwendeten Sprachen sprechen **Effizienzaspekte**, da die notwendigen Übersetzungen mit hohen Kosten verbunden sind.[47] Auch würde die Arbeit effektiver, insbesondere zügiger vonstattengehen können.[48] Insofern ist auf die Vorgaben einer **effizienten und effektiven Verwaltung** in Abs. 7 Präambel EUV und Art. 298 Abs. 1 AEUV zu verweisen. Nicht zuletzt gewährt das Recht auf gute Verwaltung nach Art. 41 Abs. 1 GRC jeder Person ein **Recht** darauf, dass ihre Angelegenheit von den zuständigen Stellen **innerhalb angemessener Frist** behandelt werden.

14   Gegen eine Bevorzugung bestimmter Sprachen sprechen zum einen die Aspekte der **souveränen Gleichheit**[49] **der Mitgliedstaaten** und – auf individualrechtlicher Ebene – der **Grundsatz der Nichtdiskriminierung**, wie er in Art. 18 AEUV, Art. 9 EUV sowie Art. 21

1321/2004, ABl. 2004, L 246/1 über die Verwaltungsorgane der europäischen Satellitennavigationsprogramme.

[40] Art. 8, 15, 76 GO-AdR, ABl. L 6, S. 14; Art. 30, 64 GO d. WSA ABl. L 324, S. 52; vgl. zur Beschränkungen der verwendeten Sprachen bei vorbereitenden Arbeiten des WSA bzw. des AdR *Bruha*, S. 92 f.

[41] So können im AdR regionale Sprachen Spaniens verwendet werden, Pressemitteilung des AdR v. 16.11.2005.

[42] A.A. *Priebe*, in: Schwarze, EU- Kommentar, Art. 342 AEUV, Rn. 11.

[43] Art. 9 VO 182/2011, ABl. 2011, L 55/13.

[44] *Priebe*, in: Schwarze, EU- Kommentar, Art. 342 AEUV, Rn. 11; *Bieber*, in: GSH, Europäisches Unionsrecht, Art. 342 AEUV, Rn. 9.

[45] *Priebe*, in: Schwarze, EU- Kommentar, Art. 342 AEUV, Rn. 11.

[46] Grundsätzlich für eine Begrenzung bei den Amts- und Arbeitssprachen *Oppermann*, ZEuS 2001, 1 (6); *Fener*, RTDE 2001, 255; dagegen *Gundel*, EuR 2001, 776 (783), kritisch auch *Bruha*, S. 83.

[47] Zu den Haushaltszahlen 2014 s.http://ec.europa.eu/budget/explained/management/deciding/decide_de.cfm. (4.1.2016); s. auch *Mayer*, in: Grabitz/Hilf/Nettesheim, EU, Art. 342 AEUV (Oktober 2011), Rn. 56.

[48] EuGH, Urt. v. 9.9.2003, Rs. C–361/01 (Kik/HABM), Slg. 2003, I–8283, Rn. 45 ff., 96 stellt auf die Arbeitsfähigkeit des betroffenen Amtes ab.

[49] Ausdruck derselben ist die Regelung der Vertragssprachen in Art. 55 EUV.

Abs. 1 GRC niedergelegt ist. Dem ersteren Aspekt wird unter Art. 342 AEUV sowie in der Satzung des Gerichtshofes durch das Erfordernis der **Einstimmigkeit** im Rat Rechnung getragen, da jeder Mitgliedstaat eine Regelung gegen seine Interessen verhindern kann. Problematisch wird dies allerdings, wenn wie beim HABM eine sekundärrechtliche Regelung aufgrund einer Rechtsetzungskompetenz getroffen wird, die eine Mehrheitsentscheidung im Rat vorsieht. Der **EuGH** hat in seiner Rechtsprechung jedenfalls das Bestehen eines »Grundsatzes der Gleichheit der Sprachen« **abgelehnt**.[50] Im Hinblick auf die Arbeitssprachen werden Interessen Einzelner im Außenverhältnis nicht berührt. Doch auch für die **Beschäftigten der Union** wird die Frage virulent, wenn die Beherrschung anderer Vertragssprachen zu einem Kriterium der Einstellung oder der Beförderung wird.[51] Willkürliche sprachliche Diskriminierungen sind danach jedenfalls verboten.[52]

Zum anderen sind in Bezug auf die Regelungen über die Verwendung der Amts-   **15** sprachen im Kontakt nach außen weitere primärrechtliche Grundprinzipien zu beachten. Die Verwendung der Vertragssprache des Adressaten dient den Unionszielen der **Transparenz** und der **Bürgernähe** sowie des **Demokratieprinzips**. Art. 298 AEUV fordert u. a. eine »offene« Verwaltung in der EU und Art. 15 Abs. 3 AEUV (Art. 42 GRC) gewährleistet das Recht auf Zugang zu Dokumenten bei den EU-Organen.[53] Zugleich würde das Erfordernis der Verwendung einer fremden Sprache die EU weniger bürgernah erscheinen lassen. **Bürgernähe** ist aber ein prominentes Ziel gemäß Art. 1 Abs. 2 EUV. Nicht zuletzt dient die Mehrsprachigkeit auch der **Förderung des Demokratieprinzips**.[54] Sie erleichtert es dem Einzelnen, von seinen demokratischen politischen Rechten in der EU effektiv Gebrauch machen zu können, insbesondere bei der Pflege des Dialogs mit den Organen und Behörden, wie er in Art. 11 EUV in Bezug auf die partizipative Demokratie zum Ausdruck kommt. Schließlich setzt das **Rechtsstaatsprinzip**[55] voraus, dass der Einzelne Kenntnis von seinen Rechten und Pflichten hat. Der EuGH hat sich mit der Frage bislang nur im Fall des Markenamtes befasst, dessen Beschlüsse nur in den weiter verbreiteten Sprachen der Mitgliedstaaten abgefasst werden. Grundsätzlich hat der EuGH festgestellt, dass solche Sprachenregelungen mit höherrangigem Recht vereinbar sein müssen. In der Sache hat er vor allem das Rechtsstaatsprinzip thematisiert, wenn er den Spielraum für Begrenzungen daran gemessen hat, inwieweit Interessen des Einzelnen berührt werden.[56]

---

[50] S. EuGH, Urt. v. 9.9.2003, Rs. C–361/01 (Kik/HABM), Slg. 2003, I–8283, Rn. 82 u. 87.

[51] *Priebe*, in: Schwarze, EU- Kommentar, Art. 342 AEUV, Rn. 4 verweist auf das Nichtdiskriminierungsgebot des Art. 9 EUV, doch dürfte auch Art. 21 GRC einschlägig sein.

[52] So *Priebe*, in: Schwarze, EU- Kommentar, Art. 342 AEUV, Rn. 4 unter Verweis auf das Vorbringen von Spanien in EuGH, Urt. v. 15.3.2005, Rs. C–160/03 (Spanien/Eurojust), Slg. 2005, I–2077, Rn. 1.

[53] Vgl. dazu Art. 42 GRC, Rn. 9 ff. und *Heselhaus*, in: Heselhaus/Nowak, Handbuch der Europäischen Grundrechte, § 56, Rn. 1 ff.

[54] *Yvon*, EuR 2003, 681 (684); *Oppermann*, ZEuS 2001, 1 (8); *Gundel*, EuR 2001, 776 (782); vgl. BVerfGE 89, 155 (185).

[55] Art. 2 EUV; Art. 21 Abs. 1 u. 2 Buchst. b) EUV; 3. u. 5. Absatz der Präambel des EUV; vgl. auch Art. 19 Abs. 1 Satz 1 EUV.

[56] EuGH, Urt. v. 9.9.2003, Rs. C–361/01 (Kik/HABM), Slg. 2003, I–8283, Rn. 82.

D. Umsetzung und einzelne Probleme

I. Gemeinsame Regelungen

1. Amts- und Arbeitssprachen

16 Die Vorgabe des Art. 342 AEUV ist in der **Verordnung Nr. 1** umgesetzt worden. Seit **1958** werden danach die jeweiligen Vertragssprachen grundsätzlich als Amts- und Arbeitssprachen der Organe fortgeführt. Ungeachtet der Diskussion um eine Reduzierung der Sprachenvielfalt in den Organen der EU (s. Rn. 1) wird dort an dem Grundsatz der **Berücksichtigung aller Vertragssprachen**, ihrer grundsätzlichen Gleichberechtigung festgehalten. Für **Maltesisch** und **Gälisch** hat es allerdings Übergangszeiten gegeben. Diejenige für das Maltesische ist nach drei Jahren am 30.4.2007 abgelaufen, während die für das Gälische bis 2019 verlängert worden ist. Ihr zufolge müssen die Organe mit Ausnahme der von Rat und Parlament gemeinsam erlassenen Verordnungen nicht alle Rechtsakte in Gälisch abfassen. **Türkisch**, das in Nordzypern gesprochen wird, ist nicht in Art. 1 Verordnung Nr. 1 aufgeführt. Grund dafür ist, dass die Anwendung des unionalen Besitzstandes in Nordzypern aufgrund der ungelösten Zypern-Frage ausgesetzt ist. Erst nach Lösung dieser Problematik wird das Türkische als Amtssprache nach Protokoll Nr. 10 zur Beitrittsakte Zyperns anerkannt werden. Das Protokoll Nr. 10 zur Beitrittsakte Österreichs regelt die Verwendung bestimmter Austriazismen in deutschsprachigen Textfassungen.

2. Der Umgang mit Schriftstücken im Außenverhältnis

17 Der **Umgang mit Schriftstücken** wird in den Art. 2 und 3 Verordnung Nr. 1 geregelt. Art. 2 betrifft die **Organe als Adressaten** von Schriftstücken, die ihnen von einem Mitgliedstaat oder einer Person, die der Hoheitsgewalt eines Mitgliedstaates unterliegt, zugesandt werden. Bei ihnen kann der Absender die Amtssprache wählen und das Organ muss eine Antwort in derselben Sprache erteilen. Art. 3 erfasst hingegen die **Organe als Absender**. Sie müssen Schriftstücke an die Adressaten, ein Mitgliedstaat oder eine seiner Hoheitsgewalt unterstehende Person, in der Amtssprache dieses Mitgliedstaates abfassen. Während damit nur die jeweilige Amtssprache des Mitgliedstaates in Frage kommt, besteht bei Art. 2 ein **Wahlrecht der Absender**.[57] Ergänzend bestimmt Art. 8, dass ein Mitgliedstaat mit mehreren Amtssprachen beantragen kann, dass sich der Gebrauch der jeweiligen Amtssprache nach »den auf seinem Recht beruhenden allgemeinen Regeln« bestimmt. Fraglich ist, ob sich auch **Personen in Drittstaaten** auf diese Regelungen berufen können. Für eine juristische Person hat das EuG entschieden, dass die Regelung nicht eingreift, wenn dieselbe im Drittstaat »ansässig« ist.[58] Doch haben es EuG und EuGH für einen ausreichenden Anknüpfungspunkt gehalten, wenn ein solches Unternehmen den Schriftverkehr mit seinen Verkaufsbüros in einem Mitgliedstaat in einer bestimmten Amtssprache abgefasst hat.[59] Dagegen können sich **natürliche Personen** auch aus Drittstaaten immer auf die Regelungen berufen, soweit sie aufgrund des **Personalitätsprinzips** der Hoheitsgewalt ihres Mitgliedstaates unterliegen.[60]

---

[57] *Priebe*, in: Schwarze, EU- Kommentar, Art. 342 AEUV, Rn. 7.
[58] EuG, Urt. v. 14.5.1998, Rs. T–338/94 (Finnboard/Kommission), Slg. 1998, II–1617, Rn. 48 ff.
[59] EuG, Urt. v. 14.5.1998, Rs. T–338/94 (Finnboard/Kommission), Slg. 1998, II–1617, Rn. 52 ff.
[60] *Herrmann*, in: Streinz, EUV/AEUV, Art. 342 AEUV, Rn. 12; A.A. *Priebe*, in: Schwarze, EU-Kommentar, Art. 342 AEUV, Rn. 7.

Grundsätzlich beziehen sich die Regelungen der Verordnung Nr. 1 nur auf den   **18**
Schriftverkehr. Art. 342 AEUV kennt zwar keine solche Beschränkung, wohl aber die
vergleichbaren Regelungen in Art. 24 Abs. 4 AEUV und Art. 41 Abs. 4 GRC. Der Sinn
dieser Beschränkung hat **praktische Gründe**: Nicht immer ist eine Person, die die fragliche Amtsprache beherrscht, bei einem (fern-)mündlichen Kontakt greifbar, so dass es
häufig zu zeitlichen Verzögerungen kommen müsste bzw. im Zeitpunkt der Anfrage
eine faktische Unmöglichkeit vorläge. Daher ist die Begrenzung der Pflicht, die betreffende Amtssprache zu verwenden, auf den Schriftverkehr als teleologische Reduktion
im Hinblick auf das Anliegen der betreffenden Person zu akzeptieren. Doch dürfte
Art. 342 AEUV die Wertung zu entnehmen sein, soweit möglich auch die **mündliche**
Kommunikation in der gewünschten Amtssprache durchzuführen. Vergleichbar werden
in der **Praxis** den Mitgliedstaaten häufig Schriftstücke in einer der **gängigen Arbeits-**
sprachen, insbesondere in Englisch, versendet. Dies erscheint unproblematisch, sofern
die betreffende Person bzw. der Mitgliedstaat ein Interesse an einer **zeitnahen Infor-**
mation hat und zunächst eine Übersetzung zu viel Zeit in Anspruch nehmen würde. Die
übersetzte Version kann dann nachgeliefert werden.[61] In solchen Fällen wird man seitens
der Mitgliedstaaten sogar häufig von einer stillschweigenden Einwilligung ausgehen
können.

Den betreffenden Personen bzw. Mitgliedstaaten werden durch die Regelungen in   **19**
Art. 2 und 3 Verordnung Nr. 1 **Rechtsansprüche** verliehen, die vor Gericht **eingeklagt**
werden können.[62] Das gilt insbesondere in förmlichen Verwaltungsverfahren.[63] Ihre Verletzung stellt einen **Verstoß gegen die Ordnungsmäßigkeit des Verfahrens** dar. Grundsätzlich können solche **Verfahrensfehler** zur Nichtigkeit der betreffenden Entscheidung
führen. Doch folgt die Rechtsprechung nicht einem formalistischen Ansatz, sondern
stellt darauf ab, ob die Betroffenen ausreichend informiert worden sind. So ist die Zusendung in einer »falschen« Amtssprache unschädlich, sofern der **Inhalt** für den Betroffenen **verständlich** gewesen war.[64] Ferner ist die Zusendung in einer weiteren, »falschen« Amtssprache unschädlich.[65]

Überlagert werden kann die Regelung in Verordnung Nr. 1 von den **primärrechtli-**   **20**
chen Vorgaben nach Art. 24 Abs. 4 AEUV bzw. Art. 41 Abs. 4 GRC. Danach können
sich Unionsbürgerinnen und -bürger bzw. zusätzlich jede (natürliche oder juristische)
Person[66] auf eine Kommunikation in einer Amtssprache der Union berufen. Doch
bestehen in der Gesamtsicht keine wesentlichen Unterschiede zwischen den Verbür-
gungen.[67] Zwar schützt Art. 24 Abs. 4 AEUV nur die **Unionsbürger**, doch weitet
Art. 41 Abs. 4 GRC dies auf alle natürlichen und juristischen Personen aus.[68] Geschützt ist in allen einschlägigen Vorschriften nur der **Schriftverkehr**. Doch weitet
Art. 24 Abs. 4 AEUV den **Kreis der Verpflichteten** auf WSA, AdR und den Bürger-

---

[61] *Priebe*, in: Schwarze, EU- Kommentar, Art. 342 AEUV, Rn. 7.
[62] EuGH, Urt. v. 15.7.1970, Rs. C–41/69 (Chemiefarma/Kommission), Slg. 1970, 661 (690).
[63] Zum Kartellverfahren s. EuG, Urt. v. 6.4.1995, Rs. T–148/89 (Trefilunion/Kommission),
Slg. 1995, II–1063 (1077); EuG, Urt. v. 20.3.2002, Rs. T–9/99 (HFB u. a./Kommission), Slg. 2002,
II–1487 (1558 f.).
[64] EuGH, Urt. v. 15.7.1970, Rs. C–41/69 (Chemiefarma/Kommission), Slg. 1970, 661 (690).
[65] EuGH, Urt. v. 16.12.1975, Rs. C–40/73 (Suiker Unie), Slg. 1975, 1663 (1705 f.).
[66] *Jarass*, GRCh, Art. 41 GRC, Rn. 11.
[67] Vgl. die gegenteilige Ansicht von *Priebe*, in: Schwarze, EU- Kommentar, Art. 342 AEUV, Rn. 7.
[68] Vgl. aber *Herrmann*, in: Streinz, EUV/AEUV, Art. 342 AEUV, Rn. 13, der lediglich den insofern
engeren Art. 24 Abs. 4 AEUV heranzieht.

beauftragten aus. In allen Fällen haben die Betreffenden einen Anspruch auf eine **inhaltliche Auskunft.**[69]

3. Verordnungen und andere Schriftstücke von allgemeiner Geltung

21   Nach Art. 4 Verordnung Nr. 1 werden **Verordnungen** und andere **Schriftstücke von allgemeiner Geltung** in allen Amtssprachen abgefasst. Erfasst werden alle **Instrumente nach Art. 288 Abs. 2 AEUV**, sofern ihnen **allgemeine Geltung** zukommt, d. h. **Richtlinien, allgemeine** – nicht aber an spezifische Mitgliedstaaten oder Personen adressierte – **Beschlüsse, allgemeine Empfehlungen** und **Stellungnahmen** sowie **Ausschreibungen.**[70] Aus Gründen des **Rechtsstaatsprinzips** und der **Rechtssicherheit** können Einzelnen Vorgaben einer Verordnung, die nicht zuvor in seine Amtssprache übersetzt worden ist, nicht entgegen gehalten werden.[71] **Völkerrechtliche Verträge** kennen zwar eigene Regelungen ihrer authentischen Sprachfassungen, sofern sie in das Unionsrecht übernommen werden, geschieht dies durch allgemein verbindlichen Beschluss. Eine Übersetzung der regelmäßig im Anhang aufgeführten Verträge in die Amtssprachen wird jedenfalls aufgrund des Rechtsstaatsprinzips erforderlich (s. Rn. 15), sofern diese unmittelbar Rechte und Pflichten Einzelner enthalten.[72] Allgemeinverbindliche Rechtsakte sind nach Art. 297 AEUV im Amtsblatt zu **veröffentlichen**. Dieses erscheint gemäß Art. 5 Verordnung Nr. 1 in allen Amtssprachen. Sofern Akten veröffentlicht werden, deren Veröffentlichung nicht zwingend vorgesehen ist, die aber von allgemeiner Bedeutung sind, wie Entscheidungen in Kartellsachen oder in Beihilfeverfahren, wird angegeben, welches die **authentische Sprachfassung** ist.[73]

II.   Weitere Regelungen in den Geschäftsordnungen

22   Art. 6 Verordnung Nr. 1 überantwortet es den Organen in ihren **Geschäftsordnungen** die Anwendung der Verordnungsregelungen **im Einzelnen** festzulegen. Da Art. 2–5 der Verordnung bereits klare verbindliche Regelungen für die Verwendung der Amtssprachen im Außenverkehr enthalten, bezieht sich der **Gestaltungsspielraum** lediglich auf die Verwendung der **Arbeitssprachen.**[74] Dieser wird für das **Europäische Parlament** aufgrund des **Prinzips demokratischer Gleichheit**[75] deutlich eingeschränkt, denn die Vorgabe für Parlamentarier, sich gegebenenfalls in einer anderen Sprache ausdrücken zu müssen, kann eine erhebliche Einschränkung ihrer Mitwirkungsmöglichkeiten bedeuten.[76] Konsequenter Weise sind gemäß Art. 138 Abs. 1 GO-EP[77] alle Dokumente des Parlaments in allen Amtssprachen abzufassen. Mündliche Beiträge werden nach

---

[69] Strittig, wie hier *Kaufmann-Bühler*, in: Lenz/Borchardt, EUV/EGV, Art. 24 AEUV, Rn. 3; über das Auskunftsersuchen hinausgehend *Haag*, in: GSH, Europäisches Unionsrecht, Art. 24 AEUV, Rn. 9; a. A. *Herrmann*, in: Streinz, EUV/AEUV, Art. 342 AEUV, Rn. 13.

[70] Vgl. zu Ausschreibungen *Herrmann*, in: Streinz, EUV/AEUV, Art. 342 AEUV, Rn. 15.

[71] EuGH, Urt. v. 11.12.2007, Rs. C–161/06 (Skoma-Lux), Slg. 2007, I–10841. Rn. 57 ff. u. 62 ff.

[72] Vgl. *Priebe*, in: Schwarze, EU-Kommentar, Art. 342 AEUV, Rn. 8.

[73] Vgl. *Priebe*, in: Schwarze, EU-Kommentar, Art. 342 AEUV, Rn. 8 verweist zutreffend auf Entscheidung 1999/230/EG, ABl. 1999, L 88/26.

[74] Einhellige Ansicht, *Herrmann*, in: Streinz, EUV/AEUV, Art. 342 AEUV, Rn. 16; *Priebe*, in: Schwarze, EU-Kommentar, Art. 342 AEUV, Rn. 9.

[75] Vgl. Art. 9 EUV.

[76] Allgemeine Ansicht, *Herrmann*, in: Streinz, EUV/AEUV, Art. 342 AEUV, Rn. 17; *Priebe*, in: Schwarze, EU-Kommentar, Art. 342 AEUV, Rn. 9.

[77] ABl. 2005, L 44/1.

Art. 138 Abs. 2 GO-EP simultan in alle Amtssprachen übersetzt. Zusätzlich kann das Präsidium Übersetzungen in anderen Sprachen vornehmen lassen.[78] Für die Tätigkeit des **Bürgerbeauftragten** sind die der GO-EP beigefügten Durchführungsbestimmungen[79] maßgeblich. Ihr Art. 15 gibt die Regelung des Art. 24 Abs. 3 AEUV wieder und betrifft wie die anderen Regelungen der Durchführungsbestimmungen die Verwendung der Amtssprachen im Außenverhältnis.[80] Die den Beratungen im **Rat** zugrundeliegenden **Schriftstücke** sind nach Art. 9 GO-Rat[81] grundsätzlich in allen Amtssprachen vorzulegen. Eine Ausnahme ist für **Dringlichkeitsfälle** vorgesehen.[82] Die Verhandlungen werden simultan übersetzt. Das trifft allerdings nicht auf die Treffen des Ausschusses der Ständigen Vertreter zu, die in Englisch, Französisch und Deutsch abgehalten werden.[83] Auch in nachgeordneten Arbeitsgruppen kann eine Simultanübersetzung nicht immer angeboten werden. Der **Europäische Rat** hat mit dem Lissabonner Vertrag den Status eines Unionsorgans erhalten. Die in Art. 9 seiner GO getroffene Sprachenregelung entspricht derjenigen in Art. 14 GO-Rat. Für die internen Arbeiten der **Europäischen Kommission** kommen die Arbeitssprachen Französisch, Englisch und Deutsch zum Einsatz. Nach außen modifiziert Art. 17 GO-Kommission die Vorgabe des Gebrauchs aller Amtssprachen indem er vorgibt, dass Beschlüsse der Kommission zu den Rechtsakten der Union in den jeweils verbindlichen Sprachen zu fassen sind. Unter den verbindlichen Sprachen versteht die GO-Kommission im Falle von Rechtsakten mit allgemeiner Geltung die Amtssprachen der Union und andernfalls die Sprache(n) der Adressaten.[84] Dass diese Vorgabe bereits für die **interne Beschlussfassung** gilt, dient der Rechtssicherheit.[85] Mit dem Lissabonner Vertrag ist die **EZB** formal in den Rang eines Unionsorgans aufgerückt und unterfällt damit auch Art. 342 AEUV. Die **Arbeitssprache** der EZB und des Europäischen Systems der Zentralbanken (ESZB) ist Englisch. Im **Außenverkehr** wird hingegen für die in Art. 34 der Satzung der EZB genannten Instrumente – das sind die Rechtsinstrumente Verordnung und Beschluss sowie die nicht rechtsverbindlichen Empfehlungen und Stellungnahmen – die Anwendung der Verordnung Nr. 1 angeordnet.[86] Konsequenter Weise können die Parteien eines Aufsichtsverfahrens, also Antragsteller oder Adressaten eines EZB-Aufsichtsbeschlusses, in ihrer jeweiligen Amtssprache der EU mit der EZB kommunizieren. Eine Sonderregelung treffen die Art. 17.2 und 17.6 GO EZB für **Leitlinien** und **Weisungen**. Zwar werden sie in alle Amtssprachen übersetzt, wenn sie amtlich veröffentlicht werden,[87] doch gilt diese Vorgabe nicht in den übrigen Fällen. In der Literatur wird darauf hingewiesen, dass insofern eine Abweichung von der Verordnung Nr. 1 vorliegt, als diese für alle Schriftstücke, die an einen Mitgliedstaat oder an eine seiner Hoheitsgewalt unterstehende Person gerichtet sind, die Abfassung in der entsprechenden Amtssprache verlangt.[88]

---

[78] *Herrmann*, in: Streinz, EUV/AEUV, Art. 342 AEUV, Rn. 17.
[79] Anlage X Go EP, ABl. 2005, L 44/103.
[80] ABl. 2005, L 44/112.
[81] ABl. 2005, L 315/54.
[82] Art. 9 GO-Rat.
[83] *Priebe*, in: Schwarze, EU- Kommentar, Art. 342 AEUV, Rn. 9.
[84] Art. 17 Abs. 5 GO Kommission, ABl. 2010, L 55/60; zuletzt geändert ABl. 2013, L 165/98.
[85] EuGH, Urt. v. 15. 6.1994, Rs. C–137/92 P (Kommission/BASF u. a.), Slg. 1994, I–2555, Rn. 75.
[86] Art. 17.8 GO-EZB, EZB-Beschluss Nr. 2004/257/EG, ABl. L 80/33.
[87] Art. 17.2 S. 3 zu den Leitlinien bzw. Art. 17.6 S. 3 GO-EZB zu den Weisungen.
[88] *Herrmann*, in: Streinz, EUV/AEUV, Art. 342 AEUV, Rn. 22.

III. Regelungen für den Gerichtshof

23   Art. 342 AEUV enthält eine ausdrückliche **Ausnahme** für die Sprachenfrage am **Europäischen Gerichtshof**. Diese führt über Art. 281 Abs. 2 AEUV und Art. 64 Abs. 1 EuGH-Satzung zur Möglichkeit einer Regelung mit **Einstimmigkeit** im Rat. Bis zum Erlass der entsprechenden Bestimmungen gelten die Regelungen in den **Verfahrensordnungen** der Gerichte. Mit der Bezugnahme auf den »Gerichtshof der Europäischen Union« werden nach Art. 19 Abs. 1 EUV der **Gerichtshof** selbst, das **Europäische Gericht** sowie die **beigeordneten Fachgerichte** – bislang das Gericht für den öffentlichen Dienst – erfasst. Die entsprechenden Regelungen finden sich in Art. 29–31 VerfO EuGH, Art. 35–37, 131 VerfO EuG sowie in Art. 29 VerfO EuGöD. Letzterer verweist auf die VerfO EuG, die wiederum im Wesentlichen der Regelung in der VerfO EuGH entspricht. Unterschiede ergeben sich lediglich im Hinblick auf die **verschiedenen Klagearten**, für welche die beiden Gerichte zuständig sind. Nach Art. 29 § 1 VerfO EuGH können alle 24 Vertragssprachen auch mögliche Verfahrenssprachen sein.[89] Grundsätzlich wählt der **Kläger** die **Verfahrenssprache**; bei Klagen gegen einen **Mitgliedstaat** muss jedoch dessen Vertragssprache gewählt werden.[90] Die **Arbeitssprache** an den Gerichten ist – ohne eine ausdrückliche Regelung – nach wie vor das **Französische**.[91] Eine Ausnahme ist lediglich für die **Schlussanträge** der Generalanwälte am EuGH vorgesehen, die nach Art. 29 § 5 VerfO EuGH in deren **Muttersprache** abgefasst werden.[92] Die Urteilsfassung ist letztlich in der Verfahrenssprache verbindlich.[93] Für die Veröffentlichungen verweist Art. 30 VerfO EuGH auf die Verordnung Nr. 1 1958, welche in allen Amtssprachen erfolgen.

E. Rechtsfolgen von Verstößen

24   Grundsätzlich stellen Verstöße gegen die Regelung der Sprachenfrage **Verletzungen des Unionsrechts** dar. Der Kläger kann sich dann grundsätzlich auf einen **Verfahrensfehler** berufen, der zur Nichtigkeit des betreffenden Rechtsaktes führen kann.[94] Allerdings schränkt der Gerichtshof die **Fehlerfolgen** ein, indem er für die erfolgreiche Rüge verlangt, dass der Betreffende nicht anderweitig ausreichende Kenntnis vom Inhalt der betreffenden Schriftstücke erlangt hat.[95] Diese Einschränkung darf aber nicht dazu führen, dass die Sprachenregelung ihrer effektiven Durchsetzung beraubt wird.[96]

---

[89] Art. 36 EuGH-Verfahrensordnung v. 25. 9. 2012, ABl. L 265/1 v. 29. 9. 2012 in d. a. 18. 6. 2013 geänderten Fassung, ABl. 2013, L 173/65; Art. 35 § 1 EuG-Verfahrensordnung.

[90] Art. 37 EuGH-Verfahrensordnung (Fn. 89); Art. 35 § 2 a) EuG-Verfahrensordnung.

[91] Vgl. *Herrmann*, in: Streinz, EUV/AEUV, Art. 342 AEUV, Rn. 10.

[92] *Hakenberg/Stix-Hackl*, S. 133.

[93] Art. 31 VerfO EuGH. Bei den anderen sprachlichen Versionen handelt es sich mithin nur um Übersetzungen, s. *Herrmann*, in: Streinz, EUV/AEUV, Art. 342 AEUV, Rn. 29.

[94] EuGH, Urt. v. 10. 2. 1995, Rs. C–263/95 (Deutschland/Kommission), Slg. 1998, I–441, Rn. 22 ff.

[95] EuGH, Urt. v. 15. 7. 1970, Rs. C–41/69 (Chemiefarma/Kommission), Slg. 1970, 661, Rn. 40.

[96] Vgl. auch die Kritik von *Huber*, BayVBl. 1992, 1 (5).

F. Auslegungsfragen

Sofern ein Akt in allen (oder mehreren) Amtssprachen verbindlich ist, sind diese bei der   **25**
Auslegung alle gleichberechtigt zu beachten. Dementsprechend erfordert die **wörtliche
Auslegung** einen **Vergleich aller sprachlichen Fassungen**, wie es der EuGH in ständiger
Rechtsprechung praktiziert.[97] Sofern sich Divergenzen ergeben, löst der EuGH diese
nicht nach einer besondere Gewichtung einzelner Sprachen, sondern im Rahmen der
Auslegung nach dem Sinn und Zweck, wobei dem *effet utile* der betreffenden Norm
besondere Beachtung zuteil wird.[98] Soweit nachweislich **Übersetzungsfehler** vorliegen,
sind diese unbeachtlich.[99]

---

[97] St. Rspr. vgl. EuGH, Urt. v. 6.10.1982, Rs. C–283/81 (CILFIT/Ministero della Sanità), Slg. 1982, 3415, Rn. 18; Urt. v. 17.12.1998, Rs. C–236/97 (Skatteministeriet/Aktieselskabet Forsikringsselskabet Codan), Slg. 1998, I–8679, Rn. 25 und aus neuerer Zeit Urt. v. 14.6.2007, Rs. C–56/06 (Euro Tex), Slg. 2007, I–4859, Rn. 27.

[98] *Ackermann*, WRP 2000, 807 (809); *Armbruster*, EuZW 1990, 246 (248); *Braselmann*, EuR 1992, 55; *Luttermann*, EuZW 1999, 401 (403 f.); *Wichard*, in: Calliess/Ruffert, EUV/AEUV, Art. 342 AEUV, Rn. 17; ständige Rechtsprechung, vgl. EuGH, Urt. v. 14.6.2007, Rs. C–56/06 (Euro Tex), Slg. 2007, I–4859, Rn. 27.

[99] *Herrmann*, in: Streinz, EUV/AEUV, Art. 342 AEUV, Rn. 35; *Martiny*, ZEuP 1998, 227 (240); bspw. EuGH, Urt. v. 12.7.1979, Rs. C–9/79 (Koschniske/Raad van Arbeid), Slg. 1979, 2717, Rn. 6 f.; Urt. v. 17.10.1996, Rs. C–64/95 (Konservenfabrik Lubella/Hauptzollamt Cottbus), Slg. 1996, I–5105, Rn. 18.

Artikel 343 AEUV [Vorrechte und Befreiungen der Union]

[1]Die Union genießt im Hoheitsgebiet der Mitgliedstaaten die zur Erfüllung ihrer Aufgabe erforderlichen Vorrechte und Befreiungen nach Maßgabe des Protokolls vom 8. April 1965 über die Vorrechte und Befreiungen der Europäischen Union. [2]Dasselbe gilt für die Europäische Zentralbank und die Europäische Investitionsbank.

Literaturübersicht

Henrichs, Die Vorrechte und Befreiungen der Beamten der Europäischen Gemeinschaften, EuR 1987, 75; *Kreicker*, Die strafrechtliche Indemnität und Immunität der Mitglieder des Europäischen Parlaments, GA 2004, 643; *Schultz-Bleis*, Die parlamentarische Immunität der Mitglieder des Europäischen Parlaments, 1995; *Thym*, Europaabgeordnete gegen Europaparlament – der erste Akt des Streits um OLAF, EuR 2000, 990; *Wenckstern*, Handbuch des Internationalen Zivilverfahrensrechts, Bd. II/1: Die Immunität internationaler Organisationen, 1994.

Leitentscheidungen

EuGH, Beschl. v. 13. 7. 1990, Rs. C–2/88 Imm. (Zwartveld u. a.), Slg. 1990, I–3365
EuGH, Urt. v. 21. 10. 2008, Rs. C–200/07 (Marra), Slg. 2008, I–7929
EuGH, Urt. v. 6. 9. 2011, Rs. C–163/10 (Patriciello), Slg. 2011, I–7565
EuG, Urt. v. 17. 1. 2013, verb. Rs. T–346/11 u. T–347/11, (Gollnisch/Parlament), ECLI:EU:T:2013:23

Inhaltsübersicht

A. Überblick

1   Internationale Organisationen genießen laut Gründungsvertrag regelmäßig Immunität vor der nationalen Gerichtsbarkeit, welche dann typischerweise in einem weiteren Abkommen oder Protokoll weiter ausgeformt wird. Vorbildgebend ist insoweit Art. 105 UN-Charta mit dem Übereinkommen über die Vorrechte und Immunitäten der Vereinten Nationen. Diese Zweiteilung findet sich auch im Unionsrecht wieder, indem Art. 343 AEUV den Grundsatz der Immunität statuiert und für die Einzelheiten auf das Protokoll über die Vorrechte und Befreiungen der Europäischen Union vom 8. 4. 1965 (ProtVB) verweist. Es ist heute als Protokoll Nr. 7 dem Vertragswerk beigefügt. Von seiner inhaltlichen Ausgestaltung her ist das ProtVB erkennbar vom VN-Immunitätsübereinkommen beeinflusst.[1] Es steht seinerseits im Range von Primärrecht, der Verweis in Art. 343 AEUV ist insoweit also rein deklaratorischer Natur. Zwischenzeitlich –

---

[1] *Ruffert*, in: Calliess/Ruffert, EUV/AEUV, Art. 343 AEUV, Rn. 1.

nämlich ab dem Inkrafttreten des Fusionsvertrags – war der ursprüngliche Art. 218 EWGV sogar ersatzlos gestrichen (Art. 28 Abs. 2 FusV) und wurde erst durch den Vertrag von Amsterdam als Art. 291 EGV wieder eingeführt.[2]

Während die Regeln der Staatenimmunität aus dem Grundsatz der Staatengleichheit   **2** abgeleitet werden (par in parem non habet imperium), basiert die Immunität Internationaler Organisationen auf dem Prinzip **funktionaler Immunität**.[3] Dieser bereits in Art. 105 Abs. 1 UN-Charta enthaltene Gedanke wird in Art. 343 AEUV mit dem Verweis auf die zur Aufgabenerfüllung »erforderlichen Vorrechte und Befreiungen« aufgegriffen und durch Art. 17 Abs. 2 ProtVB konkretisiert. Danach ist die Immunität nämlich von den jeweiligen Organen aufzuheben, sofern dies »den Interessen der Union nicht zuwiderläuft«.[4] Auch die Rechtsprechung des EuGH hat den rein funktionalen Charakter der Vorrechte und Befreiungen nach ProtVB bestätigt.[5] Art. 5 Abs. 2 GO-EP n. F. betont, dass die parlamentarische Immunität kein persönliches Vorrecht ist, sondern der Unabhängigkeit des Parlaments als Ganzes und seiner Mitglieder dient.

In einem zentralen Punkt freilich unterscheiden sich die Immunitätsregeln der Union   **3** von denen anderer Internationaler Organisationen: Während beispielsweise die Vereinten Nationen gem. Art. 105 Abs. 1 UN-Charta selbst (funktionale) Immunität genießen und durch das Immunitätsübereinkommen diese der Organisation zustehenden Befreiungen auf die Archive, Mitarbeiter usw. ausgeweitet werden, genießt die Europäische Union gem. Art. 343 AEUV von vornherein Immunität nur »nach Maßgabe« des ProtVB. Da dort aber wiederum nur die Befreiungen der Archive, der EU-Bediensteten usw. geregelt sind, genießt die Europäische Union selbst – entgegen dem ersten Anschein, den der Wortlaut des Art. 343 AEUV vermittelt, – im Grundsatz gerade **keine Immunität** von der nationalen Gerichtsbarkeit (näher Rn. 4).[6]

B. Die Immunitätsregeln

I. Europäische Union

1. Immunität im Erkenntnisverfahren

Wenngleich die EU selbst keine generelle Immunität von der nationalen Gerichtsbarkeit   **4** genießt, wird die Union über Art. 274 AEUV im Ergebnis in ähnlicher Weise geschützt wie durch Immunitätsgewährung. Nach dieser Vorschrift ist den einzelstaatlichen Gerichten die Zuständigkeit entzogen, soweit eine (ausschließliche) Zuständigkeit des EuGH begründet ist. Aufgrund der sehr weitreichenden Gerichtsbarkeit, die der EuGH ausübt, kommt eine Klage gegen die Union vor nationalen Gerichten im Wesentlichen nur in Rechtsstreitigkeiten in Betracht, die aus privatwirtschaftlicher Betätigung der

---

[2] Näher zur historischen Entwicklung *Steinle*, in: Streinz, EUV/AEUV, Art. 343 AEUV, Rn. 5.
[3] Hierzu eingehend *Klabbers*, An Introduction to International Institutional Law, 2. Aufl., 2009, S. 132 ff.
[4] Vgl. auch EuG, Urt. v. 15.10.2008, Rs. T–345/05 (Mote/Parlament), Slg. 2008, II–2849, Rn. 28.
[5] EuGH, Beschl. v. 13.7.1990, Rs. C–2/88 Imm. (Zwartveld u.a.), Slg. 1990, I–3365, Rn. 17, 19.
[6] Vgl. GA *Gulmann*, Schlussanträge zu Rs. C–370/89 (SGEEM und Etroy/EIB), Slg. 1992, I–6211, Rn. 6; siehe auch *Klein/Schmahl*, Die internationalen und supranationalen Organisationen, in: Graf Vitzthum/Proelß (Hrsg.), Völkerrecht, 7. Aufl., 2016, S. 263 (Rn. 108); *Steinle*, in: Streinz, EUV/AEUV, Art. 343 AEUV, Rn. 14; *Wenckstern*, Rn. 236.

Union resultieren.[7] Selbst in diesem Bereich ermöglicht Art. 272 AEUV eine schieds-
vertragliche Begründung der Zuständigkeit zugunsten der Unionsgerichtsbarkeit. Wo es
an einer solchen Schiedsklausel fehlt, bleibt es aber bei der Zuständigkeit der mitgliedstaatlichen Gerichte.[8]

5   Die vorstehenden Überlegungen beziehen sich nur auf die Immunität in Zivilsachen.
Angesichts der Tatsache, dass einige mitgliedstaatliche Rechtsordnungen die strafrechtliche Verantwortlichkeit juristischer Personen kennen,[9] stellt sich die Frage nach einer
etwaigen **Immunität der Union in Strafverfahren**. Der niederländische Hoge Raad ist
insoweit vom Bestehen funktionaler Immunität zugunsten der Euratom-Gemeinschaft
(für die ein vergleichbarer rechtlicher Rahmen besteht wie für die Union, Art. 191
EAGV) ausgegangen, freilich ohne dies näher zu begründen.[10] In den Schlussanträgen
des niederländischen Generalanwalts wird deutlich herausgearbeitet, dass das ProtVB
keine expliziten Regelungen über die strafrechtliche Immunität der Euratom-Gemeinschaft enthält. Der Generalanwalt ging aber von der Existenz eines gewohnheitsrecht-
lichen Rechtssatzes aus, demzufolge Internationale Organisationen grundsätzlich funktionale Immunität genießen.[11] Das erscheint indes fraglich (Rn. 17).

2. Immunität im Vollstreckungsverfahren

6   Anders als im zivilrechtlichen Erkenntnisverfahren genießt die Union über Art. 1
ProtVB grundsätzlich **vollumfängliche Vollstreckungsimmunität**, die allerdings auf einen entsprechenden Antrag hin vom EuGH aufgehoben werden kann.[12] Entscheidend
ist, ob das ordnungsgemäße Funktionieren oder die Unabhängigkeit der Union durch
die Zwangsmaßnahme behindert werden kann (funktionale Immunität).[13] Dies wird
vom EuGH regelmäßig angenommen, wenn die Finanzierung der gemeinsamen Politiken oder die Durchführung von Aktionsprogrammen der Union betroffen sind.[14] Bei
einem von der EU dem Eigentümer eines Gebäudes privatrechtlich geschuldeten Miet-
zins ist dies hingegen verneint worden.[15] Die Entscheidung des EuGH bezieht sich allein

---

[7] Vgl. *Wegener*, in: Calliess/Ruffert, EUV/AEUV, Art. 274 AEUV, Rn. 2.

[8] Vgl. EuGH, Urt. v. 9.10.2001, Rs. C–80/99 (Flemmer u. a.), Slg. 2001, I–7211, Rn. 39 ff.; Urt. v.
20.5.2009, Rs. C–214/08 P (Guigard/Kommission), Slg. 2009, I–91, Rn. 39 ff.; EuG, Beschl. v. 3.10.
1997, Rs. T–186/96 (Mutual Aid Administration Services/Kommission), Slg. 1997, II–1633, Rn. 47;
Beschl. v. 31.8.2011, Rs. T–435/10 (IEM/Kommission), Slg. 2011, II–249, Rn. 28; Beschl. v.
19.11.2013, Rs. T–42/13 (1. garantovaná/Kommission), ECLI:EU:T:2013:621, Rn. 39.

[9] Vgl. *Heine*, in: Schönke/Schröder, StGB, 29. Aufl., 2014, Vorbem. vor §§ 25 ff., Rn. 124 m. w. N.

[10] Hoge Raad, Urt. v. 13.11.2007, Stichting Greenpeace Nederland v. Euratom, ILR 136 (2009),
429.

[11] Generalanwalt *Fokkens*, ILR 136 (2009), 435, Rn. 20.

[12] *Klein/Schmahl* (Fn. 6), Rn. 108.

[13] EuGH, Beschl. v. 17.6.1987, Rs. 1/87 SA (Universe Tankship/Kommission), Slg. 1987, 2807,
Rn. 2; Beschl. v. 29.5.2001, Rs. C–1/00 SA (Cotecna Inspection/Kommission), Slg. 2001, I–4219,
Rn. 10; Beschl. v. 27.3.2003, Rs. C–1/02 SA (Antippas/Kommission), Slg. 2003, I–2893, Rn. 12;
Beschl. v. 13.10.2005, Rs. C–4/05 SA (Alt Ylmy/Kommission), Rn. 13; Beschl. v. 24.11.2005, Rs.
C–5/05 SA (Gil do Nascimento u. a./Kommission), Rn. 11; Beschl. v. 19.11.2012, Rs. C–1/11 SA
(Marcuccio/Kommission), ECLI:EU:C:2012:729, Rn. 22; Beschl. v. 21.9.2015, Rs. C–1/15 SA (Sho-
tef/Kommission), ECLI:EU:C:2015:632, Rn. 12.

[14] EuGH, Beschl. v. 29.5.2001, Rs. C–1/00 SA (Cotecna Inspection/Kommission), Slg. 2001,
I–4219, Rn. 12; Beschl. v. 27.3.2003, Rs. C–1/02 SA (Antippas/Kommission), Slg. 2003, I–2893,
Rn. 15; Beschl. v. 21.9.2015, Rs. C–1/15 SA (Shotef/Kommission), ECLI:EU:C:2015:632, Rn. 14.

[15] EuGH, Beschl. v. 11.4.1989, Rs. 1/88 SA (SA Générale de Banque/Kommission), Slg. 1989,
857, Rn. 13.

auf die Frage nach der Beeinträchtigung des Funktionierens und der Unabhängigkeit der Union, im Übrigen unterliegt die Vollstreckung den Regeln des jeweils anwendbaren nationalen Rechts.[16] Die Frage des Bestehens oder Nichtbestehens der zu pfändenden Forderung fällt dementsprechend in die Beurteilungskompetenz der nationalen Gerichtsbarkeit.[17]

Die Vollstreckungsimmunität ist vom nationalen Gericht **von Amts wegen** zu beachten. Ob sich das betroffene Unionsorgan auf sie beruft oder nicht, ist irrelevant.[18] Erhebt das Organ gegen die Pfändung keine Einwände, wird der beim EuGH gestellte Antrag allerdings gegenstandslos und der Rechtsstreit infolgedessen für erledigt erklärt.[19]   7

II. Mitglieder des Europäischen Parlaments

In der Sache kennt das ProtVB ebenso wie das nationale (Verfassungs-)Recht Indemnität und Immunität von EP-Abgeordneten, allerdings ohne dass zwischen beiden Instituten terminologisch unterschieden würde. Die inhaltlich auf Äußerungen oder Abstimmungen in Ausübung ihres Amtes begrenzte Indemnität (Art. 8 ProtVB) – vom EuGH als »absolute Immunität« bezeichnet[20] – gilt auch nach der Beendigung des Mandats fort und kann vom EP nicht beseitigt werden.[21] Demgegenüber wirkt die grundsätzlich[22] umfassend angelegte Immunität (Art. 9 ProtVB) nur »während der Dauer der Sitzungsperiode« des EP (Abs. 1) und kann während dieser Zeitspanne gem. Abs. 3 Hs 2 vom Parlament aufgehoben werden. Das Verfahren über die Aufhebung sowie den Schutz der Immunität durch das EP findet sich näher in der GO-EP geregelt; im Lichte der jüngsten Rechtsprechung ist es hier zu einer umfassenden Neuordnung gekommen.[23]   8

Der Umfang der **Indemnität** gem. Art. 8 ProtVB bestimmt sich, da es hier (im Gegensatz zu Art. 9 ProtVB) keinen Verweis auf das nationale Recht gibt, allein nach Unionsrecht.[24] Für die Frage, wann eine »Äußerung« vorliegt, nimmt der EuGH eine weit-   9

---

[16] EuGH, Beschl. v. 17.6.1987, Rs. 1/87 SA (Universe Tankship/Kommission), Slg. 1987, 2807, Rn. 3; Urt. v. 29.4.1993, Rs. C–182/91 (Forafrique Burkinabe/Kommission), Slg. 1993, I–2161, Rn. 13; Beschl. v. 13.10.2005, Rs. C–4/05 SA (Alt Ylmy/Kommission), Rn. 14; Beschl. v. 24.11.2005, Rs. C–5/05 SA (Gil do Nascimento u. a./Kommission), Rn. 12.

[17] EuGH, Beschl. v. 27.3.2003, Rs. C–1/02 SA (Antippas/Kommission), Slg. 2003, I–2893, Rn. 13; Beschl. v. 13.10.2005, Rs. C–4/05 SA (Alt Ylmy/Kommission), Rn. 15; Beschl. v. 24.11.2005, Rs. C–5/05 SA (Gil do Nascimento u. a./Kommission), Rn. 13.

[18] EuGH, Urt. v. 29.4.1993, Rs. C–182/91 (Forafrique Burkinabe/Kommission), Slg. 1993, I–2161, Rn. 12; Beschl. v. 13.10.2005, Rs. C–4/05 SA (Alt Ylmy/Kommission), Rn. 13; Beschl. v. 24.11.2005, Rs. C–5/05 SA (Gil do Nascimento u. a./Kommission), Rn. 11; Beschl. v. 19.11.2012, Rs. C–1/11 SA (Marcuccio/Kommission), ECLI:EU:C:2012:729, Rn. 22.

[19] EuGH, Beschl. v. 17.6.1987, Rs. 1/87 SA (Universe Tankship/Kommission), Slg. 1987, 2807, Rn. 7; Beschl. v. 10.1.1995, Rs. C–1/94 SA (Dupret/Kommission), Slg. 1995, I–1, Rn. 3; Beschl. v. 13.10.2005, Rs. C–4/05 SA (Alt Ylmy/Kommission), Rn. 15; Beschl. v. 24.11.2005, Rs. C–5/05 SA (Gil do Nascimento u. a./Kommission), Rn. 15.

[20] EuGH, Urt. v. 21.10.2008, Rs. C–200/07 (Marra), Slg. 2008, I–7929, Rn. 27.

[21] Vgl. GA *Jääskinen*, Schlussanträge zu Rs. C–163/10 (Patriciello), Slg. 2011, I–7565, Rn. 51; EuG, Urt. v. 17.1.2013, verb. Rs. T–346/11 u. T–347/11, (Gollnisch/Parlament), ECLI:EU:T:2013:23, Rn. 45; siehe auch EuGH, Urt. v. 21.10.2008, Rs. C–200/07 (Marra), Slg. 2008, I–7929, Rn. 44.

[22] Außer bei Ergreifung auf frischer Tat, Art. 9 Abs. 3 Hs 1 ProtVB.

[23] Beschl. des EP vom 16.1.2014 zur Änderung des Geschäftsordnung des Europäischen Parlaments im Hinblick auf die Aufhebung und den Schutz der parlamentarischen Immunität (2013/2031(REG)), Dok.-Nr.: P7_TA-PROV(2014)0035.

[24] EuGH, Urt. v. 10.7.1986, Rs. 149/85 (Wybot), Slg. 1986, 2391, Rn. 12; Urt. v. 21.10.2008, Rs. C–200/07 (Marra), Slg. 2008, I–7929, Rn. 26; Urt. v. 6.9.2011, Rs. C–163/10 (Patriciello), Slg. 2011, I–7565, Rn. 25.

gehende Parallelisierung mit der Meinungsfreiheit vor und versteht darunter »Worte und Erklärungen […], die ihrem Inhalt nach Aussagen entsprechen, welche subjektive Beurteilungen bilden«.[25] Hinsichtlich der Frage, ob eine Äußerung »in Ausübung« des Amtes erfolgt ist, lehnt der EuGH ein rein räumlich auf die Debatten innerhalb des EP beschränktes Kriterium ab und plädiert stattdessen für ein funktionales Verständnis, wobei der »Zusammenhang zwischen der erfolgten Äußerung und dem parlamentarischen Amt unmittelbar und in offenkundiger Weise ersichtlich sein muss.«[26]

10   Entschließungen des EP, mit denen der Schutz der »Immunität« eines Abgeordneten bekräftigt wird (Art. 6a GO-EP n. F.), entfalten für den nationalen Richter **keine Bindungswirkung**.[27] Nach dem Grundsatz der loyalen Zusammenarbeit (Art. 4 Abs. 3 EUV, Art. 18 ProtVB) ist er lediglich verpflichtet, bei Kenntnis eines entsprechenden Schutzantrags das Parlament aufzufordern, schnellstmöglich Stellung zu nehmen.[28]

11   Die **Immunität** aus Art. 9 ProtVB besteht allein »während der Dauer der Sitzungsperiode« des EP. Der EuGH hat den Begriff der Sitzungsperiode allerdings weit ausgelegt und versteht hierunter in der Sache die gesamte Mandatsdauer.[29] Der besondere Schutz aus Art. 9 Abs. 2 ProtVB für Reisen der Parlamentarier zum Tagungsort ist daher nur noch bei der Reise neugewählter Abgeordneter zur konstituierenden Sitzung des EP relevant.[30] Was die sachliche Reichweite der Immunität angeht, verweist Art. 9 Abs. 1 Buchst. a ProtVB für den Heimatstaat des EP-Abgeordneten auf den nach nationalem (Verfassungs-)Recht geltenden Schutz.[31] Diese Regelung erklärt sich vor dem Hintergrund, dass vor 1979 die EP-Abgeordneten zugleich auch nationale Parlamentarier waren.[32] Hinsichtlich anderer Mitgliedstaaten verbietet Art. 9 Abs. 1 Buchst. b ProtVB Festhaltung und gerichtliche Verfolgung.

12   Wird die Immunität eines Abgeordneten vom EP aufgehoben, steht diesem hiergegen die Nichtigkeitsklage gem. Art. 263 Abs. 4 AEUV zu. Insbesondere folgt aus dem Umstand, dass die Vorrechte und Befreiungen des ProtVB ausschließlich im Interesse der Union gewährt werden (Art. 17 Abs. 1 ProtVB), nicht, dass dem einzelnen Abgeordneten keine subjektive Rechtsposition zustünde.[33] Allerdings kann er sich im einstweiligen Rechtsschutz zur Begründung eines schweren und irreparablen Schadens nur auf solche Beeinträchtigungen berufen, die nicht allein die freie Ausübung seines Mandats, sondern zugleich auch das Funktionieren des Parlaments insgesamt beeinträchtigen.[34]

13   Wenngleich Art. 9 ProtVB seinem Wortlaut nach primär auf den Schutz gegen Beeinträchtigungen durch die Mitgliedstaaten ausgerichtet ist, wird dem einzelnen Abgeordneten somit doch zugleich eine Rechtsposition gewährt, die er auch gegenüber dem EP verteidigen kann. Vor diesem Hintergrund liegt es nahe, den Schutz auf **Beeinträch-**

---

[25] EuGH, Urt. v. 6.9.2011, Rs. C–163/10 (Patriciello), Slg. 2011, I–7565, Rn. 32.
[26] EuGH, Urt. v. 6.9.2011, Rs. C–163/10 (Patriciello), Slg. 2011, I–7565, Rn. 35.
[27] EuGH, Urt. v. 6.9.2011, Rs. C–163/10 (Patriciello), Slg. 2011, I–7565, Rn. 39.
[28] EuGH, Urt. v. 21.10.2008, Rs. C–200/07 (Marra), Slg. 2008, I–7929, Rn. 43.
[29] EuGH, Urt. v. 12.5.1964, Rs. 101/63 (Wagner/Fohrmann u.a.), Slg. 1964, 419 (433); Urt. v. 10.7.1986, Rs. 149/85 (Wybot), Slg. 1986, 2391, Rn. 12ff.
[30] *Kreicker*, GA 2004, 643 (645).
[31] Zu den damit verbundenen Auslegungsproblemen vgl. *Kreicker*, GA 2004, 643 (646ff.); *Schultz-Bleis*, S. 33ff.; siehe auch EuGH, Urt. v. 21.10.2008, Rs. C–200/07 (Marra), Slg. 2008, I–7929, Rn. 40.
[32] *Kreicker*, GA 2004, 643 (646).
[33] EuG, Urt. v. 15.10.2008, Rs. T–345/05 (Mote/Parlament), Slg. 2008, II–2849, Rn. 28.
[34] EuGH, Beschl. d. Präs. v. 29.3.2012, Rs. C–570/11 P(R) (Gollnisch/Parlament), ECLI:EU: C:2012:200, Rn. 29; EuG, Beschl. v. 17.12.2010, Rs. T–507/10 (Uspaskich/Parlament), Rn. 26.

tigungen durch Institutionen der Union insgesamt auszudehnen. Entsprechend hat der Präsident des EuG die Schutzwirkung des Art. 9 ProtVB auch auf Beeinträchtigungen durch das Europäische Amt für Betrugsbekämpfung (OLAF) erstreckt.[35]

Stehen die Interessen der Union nicht entgegen, ist das EP zur Aufhebung der Immunität verpflichtet (vgl. Art. 17 Abs. 2 ProtVB).[36] Lehnt das EP die Aufhebung unberechtigterweise ab, erscheint nur die Erhebung einer Nichtigkeitsklage durch privilegierte Kläger i. S. d. Art. 263 Abs. 2 AEUV – insbesondere durch den betroffenen Mitgliedstaat –, nicht hingegen durch das Opfer des Ausgangsrechtsstreits gem. Art. 263 Abs. 4 AEUV möglich.[37] Bei Verstößen gegen die parlamentarische Immunität durch mitgliedstaatliche Verfolgungsmaßnahmen kommt ein Vertragsverletzungsverfahren (Art. 258 f. AEUV) in Betracht.[38]   **14**

III. EU-Beamte und andere Personen

Beamte und sonstige Bedienstete der EU werden gem. Art. 11 Buchst. a ProtVB für »in amtlicher Eigenschaft« vorgenommene Handlungen geschützt.[39] Das Führen eines privaten Pkw zu dienstlichen Zwecken ist nur ausnahmsweise als eine solche Handlung anzusehen, wenn die Tätigkeit auf keine andere Weise ausgeübt werden kann.[40] Für Vertreter der Mitgliedstaaten, die an den Arbeiten der Organe der Union teilnehmen, gewährt Art. 10 Abs. 1 ProtVB während der Ausübung der Tätigkeit und auf der Reise zum und vom Tagungsort die »üblichen Vorrechte, Befreiungen und Erleichterungen«. Darin dürfte ein Verweis auf das Diplomatenrecht zu sehen sein.[41] Immunität i. S. d. Art. 11 Buchst. a ProtVB genießen ferner der Präsident des Europäischen Rates[42] sowie die Mitglieder der Kommission (Art. 19 ProtVB), daneben die Richter, Generalanwälte, Kanzler und Hilfsberichterstatter des EuGH (Art. 20 ProtVB). Gem. Art. 286 Abs. 8 AEUV steht die den EuGH-Richtern zukommende Immunität auch den Mitgliedern des Rechnungshofs zu. Die Vorschriften des ProtVB finden zudem auf Organmitglieder, Bedienstete und ggf. Vertreter der Mitgliedstaaten in EIB sowie EZB Anwendung (Art. 343 Satz 2 AEUV; Art. 21, 22 ProtVB). Andere Personen werden auf sekundärrechtlicher Basis geschützt.[43]   **15**

---

[35] EuG, Beschl. d. Präs. v. 2.5.2000, Rs. T–17/00 R (Rothley u. a./Parlament), Slg. 2000, II–2088, Rn. 53; ablehnend jedoch *Thym*, EuR 2000, 990 (993 ff.).

[36] EuG, Urt. v. 15.10.2008, Rs. T–345/05 (Mote/Parlament), Slg. 2008, II–2849, Rn. 28.

[37] Vgl. *Schultz-Bleis*, S. 151 f.

[38] *Kreicker*, GA 2004, 643 (652); *Ruffert*, in: Calliess/Ruffert., EUV/AEUV, Art. 343 AEUV, Rn. 6.

[39] Näher *Henrichs*, EuR 1987, 75 ff.

[40] EuGH, Urt. v. 11.7.1968, Rs. 5/68 (Sayag u. a./Leduc u. a.), Slg. 1968, 590 (602).

[41] Ebenso *Steinle*, in: Streinz, EUV/AEUV, Art. 343 AEUV, Rn. 20; *Schmidt*, in: GSH, Europäisches Unionsrecht, Art. 343 AEUV, Rn. 34; anders noch *dies.*, in: GS, EUV/EGV, Art. 291 EGV, Rn. 36.

[42] Eingefügt durch ABl. 2010, C 81/1.

[43] Näher *Schmidt*, in: GSH, Europäisches Unionsrecht, Art. 343 AEUV, Rn. 52 f.; *Steinle*, in: Streinz, EUV/AEUV, Art. 343 AEUV, Rn. 9 ff.; zum früheren Immunitätsprotokoll zugunsten von Europol vor dessen Überführung aus der ehemals dritten Säule in den AEU-Vertrag vgl. *Hailbronner*, JZ 1998, 283 ff.; krit. *Frowein/Krisch*, JZ 1998, 589 ff.

Marten Breuer

IV. Verhältnis zu Drittstaaten

16 Gem. Art. 16 ProtVB genießen Drittstaaten im jeweiligen Sitzstaat die »üblichen diplomatischen Vorrechte und Befreiungen«. Umgekehrt richtet sich der **Immunitätsschutz, den die EU in Drittstaaten** genießt, vorbehaltlich völkervertraglicher Regelungen nach Völkergewohnheitsrecht. Die Existenz eines völkergewohnheitsrechtlichen Grundsatzes, dem zufolge Internationale Organisationen in Drittstaaten Immunität genießen, ist allerdings sowohl in der Lehre als auch in der Staatenpraxis ausgesprochen umstritten.[44] Angesichts der stark divergierenden Lösungen, die hier angeboten werden – von absoluter Immunität über ein sehr enges funktionales Verständnis bis hin zur vollständigen Verneinung von Immunität –, fällt es in der Tat schwer, von einer hinreichend gesicherten Staatenpraxis zu sprechen.

V. Vereinbarkeit mit Grund- und Menschenrechten

17 Der EuGH hat die Gewährung funktionaler Immunität im Vollstreckungsverfahren (Art. 1 ProtVB) als mit dem Recht auf Achtung des Eigentums und dem Recht auf Zugang zu den Gerichten, wie sie in **internationalen Menschenrechtsverträgen** geschützt werden, vereinbar bezeichnet.[45] Dem wird man folgen können. Für die Immunität im Erkenntnisverfahren hat der EGMR bei Rechtsstreitigkeiten zwischen einer Internationalen Organisation und ihren Bediensteten das Vorhandensein alternativer Rechtsschutzmöglichkeiten gefordert.[46] Im Fall der EU ist Rechtsschutz vor den Unionsgerichten jedoch ohnehin sichergestellt.[47] Davon abgesehen hat der EGMR im Fall Stichting Mothers of Srebrenica das Vorhandensein alternativen Rechtsschutzes für die Einräumung funktionaler Immunität an die Vereinten Nationen sogar als unerheblich bezeichnet.[48] Unklar ist dabei, ob es sich hier um eine allein auf die Vereinten Nationen zugeschnittene Argumentation handelt.

C. Sonstige Vorrechte und Befreiungen

18 Das ProtVB enthält des Weiteren vor allem steuerliche Privilegierungen, und zwar sowohl zugunsten der Union selbst (Art. 3 ProtVB),[49] als auch zugunsten der EU-Beamten und sonstigen Unionsbediensteten, da diese grundsätzlich nicht der nationalen Steuer,

---

[44] Befürwortend etwa *Wenckstern*, Rn. 402, 406; zurückhaltend *Reinisch*, International Organizations before National Courts, 2000, S. 152 ff.; zur jüngsten Staatenpraxis vgl. die Länderberichte in: Reinisch (Hrsg.), The Privileges and Immunities of International Organizations in Domestic Courts, 2013.

[45] EuGH, Beschl. v. 14.12.2004, Rs. C–1/04 SA (Tertir-Terminais de Portugal/Kommission), Slg. 2004, I–11931, Rn. 11 ff.

[46] EGMR, Urt. v. 18.2.1999, Beschwerde-Nr. 26083/94 (Waite und Kennedy/Deutschland), EuGRZ 1999, 207, Rn. 68 ff.

[47] Vgl. allgemein EGMR, Urt. v. 30.6.2005, Beschwerde-Nr. 45036/98 (Bosphorus Hava Yolları Turizm ve Ticaret Anonim Şirketi/Irland), EuGRZ 2007, 662, Rn. 159 ff.

[48] EGMR, Entsch. v. 11.6.2013, Beschwerde-Nr. 65542/12 (Stichting Mothers of Srebrenica/Niederlande), Rn. 164.

[49] Hierzu EuGH, Urt. v. 28.3.1996, Rs. C–191/94 (AGF Belgium/EWG u.a.), Slg. 1996, I–1859; Urt. v. 8.12.2005, Rs. C–220/03 (EZB/Deutschland), Slg. 2005, I–10595; Urt. v. 22.3.2007, Rs. C–437/04 (Kommission/Belgien), Slg. 2007, I–2513; Urt. v. 26.10.2006, Rs. C–199/05 (Europäische Gemeinschaft), Slg. 2006, I–10485.

sondern einer einheitlichen Unionssteuer unterliegen (Art. 12 ff. ProtVB).[50] Ferner sind geregelt: die Unverletzlichkeit der Archive (Art. 2 ProtVB), der Schutz der Nachrich-tenübermittlung (Art. 5 ProtVB), die Ausstellung von Ausweisen (Art. 6 ProtVB) sowie Erleichterungen bei der Freizügigkeit (Art. 7, 11 Buchst. b-e ProtVB),[51] die freilich an-gesichts des allgemeinen Freizügigkeitsrechts (Art. 21 AEUV) heute weitgehend an Re-levanz eingebüßt haben.[52]

---

[50] Hierzu EuGH, Urt. v. 8.2.1968, Rs. 32–67 R (Van Leeuwen/Gemeente Rotterdam), Slg. 1968, 68; Urt. v. 3.7.1974, Rs. 7/74 (Brouerius van Nideck/Inspecteur der Registratie en Successie), Slg. 1974, 757; Urt. v. 3.3.1988, Rs. C–85/86 (Kommission/EIB), Slg. 1988, 1281; Urt. v. 24.2.1988, Rs. 260/86 (Kommission/Belgien), Slg. 1988, 955; Urt. v. 22.3.1990, Rs. C–333/88 (Tither/Commis-sioners of Inland Revenue), Slg. 1990, I–1133; Urt. v. 25.5.1995, Rs. C–263/91 (Kristoffersen/Skat-teministeriet), Slg. 1993, I–2755; Urt. v. 17.6.1993, Rs. C–88/92 (X/Staatssecretaris van Financiën), Slg. 1993, I–3315; Urt. v. 14.10.1999, Rs. C–229/98 (Vander Zwalmen und Massart), Slg. 1999, I–7113; Urt. v. 13.11.2003, Rs. C–209/01 (Schilling und Fleck-Schilling), Slg. 2003, I–13389; Urt. v. 28.7.2011, Rs. C–270/10 (Gistö), 2011, I–7277; Urt. v. 5.7.2012, Rs. C–558/10 (Bourges-Maunoury und Heintz), IStR 2012, 616; siehe auch Urt. v. 19.7.2012, Rs. C–62/11 (Feyerbacher), BeckRS 2012, 81493 – bzgl. EZB-Sitzabkommen.

[51] Hierzu EuGH, Urt. v. 18.3.1986, Rs. 85/85 (Kommission/Belgien), Slg. 1986, 1149; Beschl. v. 3.3.1999, Rs. C–315/97 P (Echauz Brigaldi u.a./Kommission), Slg. 1999, I–1287.

[52] *Khan*, in: Geiger/Khan/Kotzur, EUV/AEUV, Art. 343 AEUV, Rn. 6.

Artikel 344 AEUV [Ausschließlichkeit der Bestimmungen über Regelung von Streitigkeiten]

Die Mitgliedstaaten verpflichten sich, Streitigkeiten über die Auslegung oder Anwendung der Verträge nicht anders als hierin vorgesehen zu regeln.

Literaturübersicht

Lavranos, Concurrence of Jurisdiction between the EJC and other International Courts and Tribunals, EELR 14 (2005), 213 u. 240; *Lock*, Das Verhältnis zwischen dem EuGH und internationalen Gerichten, 2010; *ders.*, The ECJ and the ECtHR: The Future Relationship between the Two European Courts, L&P 2009, 375; *Wegener*, Familienstreitigkeiten nicht nach außen tragen?! – Irlands Klage gegen die MOX-Anlage in Sellafield im Kompetenzstreit zwischen EuGH und internationalem Seegerichtshof, ZUR 2006, 582.

Leitentscheidung

EuGH, Urt. v. 30.5.2006, Rs. C–459/03 (Kommission/Irland – »MOX Plant«), Slg. 2006, I–4635

Inhaltsübersicht

A. Überblick

1   Der Lissabonner Vertrag hat die Norm nur insoweit verändert, als nunmehr auch der EUV (»der Verträge«) mit einbezogen ist. Dies entspricht der Gleichstellung beider Verträge durch Art. 1 Abs. 3 Satz 2 EUV. Durch Art. 344 AEUV soll die ausschließliche Zuständigkeit des EuGH für Streitigkeiten der Mitgliedstaaten über unionsrechtliche Fragen (»Auslegung oder Anwendung der Verträge«) gesichert werden. Dies bedeutet, dass die Mitgliedstaaten insoweit verpflichtet sind, das Staatenklageverfahren des Art. 259 AEUV zu nutzen – auch wenn dies in der Praxis kaum vorkommt (s. Art. 259 AEUV, Rn. 1). Ein Ausweichen auf andere gerichtliche Streitbeilegungsverfahren würde einen Verstoß gegen Art. 344 AEUV darstellen und könnte von der Kommission nach Art. 258 AEUV geahndet werden. Ein zwischenzeitlich ergangenes Urteil der anderen Gerichtsbarkeit müsste im Falle eines stattgebenden EuGH-Urteils unbeachtet bleiben. Das Verbot des Art. 344 AEUV bezieht sich sowohl auf die **Inanspruchnahme anderer völkerrechtlicher Gerichte** als auch auf **Klagen vor nationalen Gerichten**. Art. 344 AEUV sichert daher für mitgliedstaatliche Streitigkeiten mit unionsrechtlichem Streitgegenstand die Exklusivität des Verfahrens nach Art. 259 AEUV. Erfasst wird von Art. 344 AEUV das gesamte Unionsrecht – Primärrecht, Sekundärrecht, Tertiärrecht.[1] Er wird auch als spezielle Ausprägung der allgemeinen Loyalitätspflicht des Art. 4 Abs. 3 EUV angesehen.[2]

---

[1] *Schwarze*, in: Schwarze, EU-Kommentar, Art. 344 AEUV, Rn. 2.

[2] *Wegener*, in: Calliess/Ruffert, EUV/AEUV, Art. 344 AEUV, Rn. 2; EuGH, Gutachten 2/13 vom 18.12.2014 (EMRK-Beitritt der EU), ECLI:EU:C:2014:2454, Rn. 202.

B. Abgrenzungen

Nicht erfasst werden dagegen von Art. 344 AEUV **außergerichtliche Formen der Streit-**   2
beilegung über entsprechende Fragen zwischen den Mitgliedstaaten. Allerdings können
die Mitgliedstaaten auf diesem Wege keine das Unionsrecht verbindlich abändernden
Absprachen treffen und ihre Streitbeilegung steht immer unter dem Vorbehalt der eventuellen Beanstandung durch den EuGH im Aufsichtsklageverfahren nach Art. 258
AEUV.[3]

Soweit die Mitgliedstaaten untereinander Streitigkeiten ohne jeden Bezug zum Uni-   3
onsrecht gerichtlich klären lassen wollen, steht ihnen der Zugang zu nationalen oder
internationalen Gerichten uneingeschränkt offen. Art. 344 AEUV erfasst derartige
Konstellationen nicht. Sofern Streitigkeiten der Mitgliedstaaten untereinander zwar
nicht die »Auslegung oder Anwendung der Verträge« betreffen, aber i. S. d. Art. 273
AEUV mit dem »Gegenstand der Verträge in Zusammenhang« stehen, können die Mitgliedstaaten den Gerichtshof durch einen Schiedsvertrag zur Streitschlichtung berufen.
Eine **Verpflichtung zur Nutzung dieses Instruments begründet allerdings auch Art. 344**
AEUV nicht.[4] Art. 273 AEUV setzt vielmehr gerade voraus, dass es nicht um die »Auslegung oder Anwendung der Verträge« geht, sondern um lediglich in einem gewissen
sachlichen, wenn auch weit zu verstehenden Zusammenhang damit stehende Streitigkeiten. Sofern also einzelne oder auch alle Mitgliedstaaten untereinander eine Form der
unionsrechtsexternen Kooperation in unionsannexen Bereichen begründen, sind sie
nicht verpflichtet, eine Schiedsklausel nach Art. 273 AEUV zu verabreden.[5]

Komplizierter ist die Lage bei **gemischten Abkommen**, bei denen aufgrund der Be-   4
troffenheit sowohl der EU-Kompetenzen als auch der verbliebenen mitgliedstaatlichen
Kompetenzen durch den Vertragsgegenstand Union und Mitgliedstaaten gemeinsam als
Vertragsparteien auftreten. Mit dieser Frage hatte sich der EuGH in der MOX Plant-
Entscheidung[6] zu befassen. Dieser Fall betraf das UN-Seerechtsübereinkommen als gemischtes Abkommen und dabei eine Streitigkeit, die unter die (damals) gemeinschaftsrechtliche Zuständigkeit fiel. Insofern war es durchaus nachvollziehbar, dass der EuGH
hier die Einschlägigkeit des EU-Prozessrechts in Form der Staatenklage für inter se-
Streitigkeiten der Mitgliedstaaten vertrat und der Aufsichtsklage der Kommission gegen
das vor einem völkerrechtlichen Schiedsgericht klagende Irland stattgab. Die in diesem
Urteil statuierte Verpflichtung der Mitgliedstaaten, vor Einleitung eines völkerrechtlichen Schiedsgerichtsverfahrens die zuständigen Unionsorgane zu konsultieren,[7] bezieht sich nur auf den Fall gemischter Abkommen. Bei Streitigkeiten der Mitgliedstaaten
außerhalb dieses Rahmens und außerhalb des Unionsrechts gilt dies dagegen nicht.
Soweit bei einem gemischten Abkommen allein unter die mitgliedstaatlichen Zuständigkeiten fallende Fragen von einer inter se-Streitigkeit der Mitgliedstaaten betroffen

---

[3] Darauf weist zu Recht *Herrmann*, in: Streinz, EUV/AEUV, Art. 344 AEUV, Rn. 4, hin.
[4] *Hilf*, Europäische Gemeinschaften und internationale Streitbeilegung, FS Mosler, 1983, S. 387
(391); *Karpenstein*, in: Grabitz/Hilf/Nettesheim, EU, Art. 273 AEUV (Mai 2013), Rn. 7; *Züger*, Das
Schiedsverfahren nach dem neuen DBA Österreich-Deutschland, in: Gassner/Lang/Lechner (Hrsg.),
Das neue Doppelbesteuerungsabkommen Österreich-Deutschland, 1999, S. 245 (249).
[5] Vgl. hierzu näher *Pechstein*, EuR-Beiheft 2/2013, 71.
[6] EuGH, Urt. v. 30. 5. 2006, Rs. C–459/03, (Kommission/Irland), Slg. 2006, I–4635; im Ergebnis
zustimmend *Lock*, S. 191 f.; *Wegener*, ZUR 2006, 582 (584); kritisch *Kaiser*, EuZW 2006, 464
(470 ff.).
[7] EuGH, Urt. v. 30. 5. 2006, Rs. C–459/03, (Kommission/Irland), Slg. 2006, I–4635, Rn. 179.

wären, müsste konsequenterweise den Mitgliedstaaten auch der Zugang zu anderen gerichtlichen Streitschlichtungseinrichtungen möglich sein: Dabei ginge es ja gerade nicht um die »Auslegung oder Anwendung der Verträge« i. S. d. Art. 344 AEUV.

Artikel 345 AEUV [Eigentumsordnung]

Die Verträge lassen die Eigentumsordnung in den verschiedenen Mitgliedstaaten unberührt.

Literaturübersicht

Böhmann, Privatisierungsdruck des Europarechts, 2001; *Burghardt*, Die Eigentumsordnungen in den Mitgliedstaaten und der EWG-Vertrag, 1969; *Calliess*, Zu den Grenzen der Überformung mitgliedstaatlichen Eigentums durch den Unionsgesetzgeber – Überlegungen im Lichte von Art. 345 AEUV, FS Fiedler, 2011, S. 463; *Devroe*, Privatisation and Community Law: Neutrality versus Policy, CMLRev 34 (1997), 267; *Frenz*, Rekommunalisierung und Europarecht nach dem Vertrag von Lissabon, WRP 2008, 73; *Grundmann/Möslein*, Die Goldene Aktie und der Markt für Unternehmenskontrolle im Rechtsvergleich, ZVglRWiss 2003, 289; *Jungbluth*, Überformung der grundgesetzlichen Wirtschaftsverfassung durch Europäisches Unionsrecht?, EuR 2010, 471; *Kämmerer*, Privatisierung: Typologie – Determinanten – Rechtspraxis – Folgen, 2001; *Klement*, Verstaatlichung statt Regulierung, EuZW 2014, 57; *Peters*, Art. 15 GG und die Notverstaatlichungen von Banken, DÖV 2012, 64; *Pießkalla*, Die Kommissionsvorschläge zum »full ownership unbundling« des Strom- und Gasversorgungssektors im Lichte der Eigentumsneutralität des EG-Vertrags (Art. 295 EG), EuZW 2008, 199; *Rittstieg*, Eigentum als Verfassungsproblem, 1975; *Schmidt-Preuß*, Der Wandel der Energiewirtschaft vor dem Hintergrund der europäischen Eigentumsordnung, EuR 2006, 463; *Storr*, Der Staat als Unternehmer, 2001; *Weiß*, Europarecht und Privatisierung, AöR 128 (2003), 91.

Leitentscheidungen

EuGH, Urt. v. 6.11.1984, Rs. 182/83 (Fearon/Irish Land Commission), Slg. 1984, 3677
EuGH, Urt. v. 18.2.1992, Rs. C–235/89 (Kommission/Italien), Slg. 1992, I–777
EuGH, Urt. v. 18.2.1992, Rs. C–30/90 (Kommission/Vereinigtes Königreich), Slg. 1992, I–892
EuGH, Urt. v. 1.6.1999, Rs. C–302/97 (Konle), Slg. 1999, I–3099
EuGH, Urt. v. 4.6.2002, Rs. C–367/98 (Kommission/Portugal), Slg. 2002, I–4731
EuGH, Urt. v. 29.3.2001, Rs. C–163/99 (Portugal/Kommission), Slg. 2001, I–2613
EuGH, Urt. v. 13.5.2003, Rs. C–463/00 (Kommission/Spanien), Slg. 2003, I–4581
EuGH, Urt. v. 18.7.2007, Rs. C–503/04 (Kommission/Deutschland), Slg. 2007, I–6153
EuGH, Urt. v. 8.11.2012, Rs. C–244/11 (Kommission/Griechenland), ECLI:EU:C:2012:694
EuGH, Urt. v. 22.10.2013, Rs. C–105/12 (Essent), ECLI:EU:C:2013:677

Inhaltsübersicht

A. Grundlagen

Art. 345 AEUV bestimmt, dass die Eigentumsordnung in den Mitgliedstaaten durch die Verträge nicht berührt wird. Die Vorschrift wird im Allgemeinen als Ausdruck der **Neutralität des Unionsrechts gegenüber den mitgliedstaatlichen Eigentumsordnungen** und **1** den damit verbundenen ordnungspolitischen Grundsatzentscheidungen angesehen.[1] Hiervon werden sowohl die Begründung **öffentlichen Eigentums** als auch die **wirtschaftliche Tätigkeit der öffentlichen Hand** erfasst.[2] Nach Art. 345 AEUV stehen die Verträge grundsätzlich weder einer Verstaatlichung von Unternehmen noch deren Privatisierung entgegen.[3] Neben Verstaatlichungen bzw. Rekommunalisierungen und Privatisierungen fallen auch die Veränderung des privaten Beteiligungsumfangs an einem gemischtwirtschaftlichen Aufgabenträger durch Reduktion oder Ausdehnung des staatlichen Anteils, in den Anwendungsbereich von Art. 345 AEUV.

B. Historische Entwicklung

2   Inhalt und Funktion von Art. 345 AEUV lassen sich bis in die **Schuman-Erklärung** vom 9.5.1950 zurückverfolgen.[4] Schuman erklärte wörtlich: »Die Einrichtung einer Hohen Behörde präjudiziert in keiner Weise die Frage des Eigentums an den Betrieben.«[5] Damit gehört die Neutralität des Europarechts gegenüber den Eigentumsordnungen der Mitgliedstaaten zum historischen Grundkonsens der Integrationsidee. Sie fand zunächst Eingang in **Art. 83 EGKS** und wurde dann in den EWG-Vertrag übernommen.

3   Die seit den Gründungsverträgen im Kern unveränderte Vorschrift des Art. 345 AEUV (zuvor Art. 295 EGV bzw. Art. 222 EWGV)[6] beruht auf den **unterschiedlichen Vorstellungen der Gründungsmitgliedstaaten**[7] bezüglich der Art und Weise und des Umfangs staatlicher Wirtschaftstätigkeit und öffentlichen Eigentums. Dabei standen vor allem Unterschiede bezüglich der Eigentumsverhältnisse an Produktionsmitteln im Mittelpunkt. Vor diesem Hintergrund war die Neutralität des EU-Rechts bezüglich der Eigentumsordnungen sowohl für die Gründungsmitglieder als auch für viele der EU später beigetretenen Staaten eine **conditio sine qua non für die Mitgliedschaft**. Der Vertrag sollte weder Verstaatlichungen noch Privatisierungen erschweren oder fordern. Zudem sollte sichergestellt werden, dass die zum Zeitpunkt des Inkrafttretens des EWGV in den Mitgliedstaaten bestehenden Eigentumsordnungen mit dem Vertrag vereinbar waren.[8] Für die deutsche Rechtsordnung bezog sich dies vor allem auf den sog. historischen Kompromiss der Eigentumsordnung im Grundgesetz (Art. 14 und 15 GG).[9]

4   Neben unterschiedlichen ordnungs- und wirtschaftspolitischen Vorstellungen bestand in den Gründungsstaaten auch **keine gemeinsame europäische Vorstellung zum Schutz des Eigentums als Grundrecht**. Dies zeigt sich daran, dass das in manchen Ver-

---

[1] Vgl. EuGH, Urt. v. 22.10.2013, Rs. C–105/12 (Essent), ECLI:EU:C:2013:677, Rn. 29; Urt. v. 29.3.2001, Rs. C–163/99 (Portugal/Kommission), Slg. 2001, I–2613, Rn. 58 f. Siehe auch *Hatje*, in: v. Bogdandy/Bast, Europäisches Verfassungsrecht, S. 844 f.

[2] *Frenz*, WRP 2008, 73 (84).

[3] EuGH, Urt. v. 22.10.2013, Rs. C–105/12 (Essent), ECLI:EU:C:2013:677, Rn. 30; Urt. v. 8.11.2012, Rs. C–244/11 (Kommission/Griechenland), ECLI:EU:C:2012:694, Rn. 17.

[4] GA *Colomer*, Schlussanträge zu Rs. C–367/98 (Kommission/Portugal), Slg. 2002, I–4731, Rn. 45; GA *Jääskinen*, Schlussanträge zu Rs. C–105/12 (Essent), ECLI:EU:C:2013:242, Rn. 41.

[5] *Robert Schuman*, Erklärung vom 9.5.1950, http://europa.eu/about-eu/basic-information/symbols/europe-day/schuman-declaration/index_de.htm (2.2.2017).

[6] *Calliess*, S. 463.

[7] *Kingreen*, in: Calliess/Ruffert, EUV/AEUV, Art. 345 AEUV, Rn. 2; *Kühling*, in: Streinz, EUV/AEUV, Art. 345 AEUV, Rn. 3.

[8] *Jungbluth*, EuR 2010, 471 (478).

[9] Dazu *Rittstieg*, S. 280 ff.

fassungsordnungen grundrechtlich geschützte Eigentumsrecht nicht in der Europäischen Menschenrechtskonvention (EMRK) von 1950, sondern erst im Ersten Zusatzprotokoll von 1952 verankert wurde.[10]

C. Systematische Stellung und Kontext

Art. 345 AEUV gehört zu den Allgemeinen und Schlussbestimmungen des AEUV. Ihm   5
kommt damit eine für die Integrationsordnung wesentliche Bedeutung zu.[11] Er ist zugleich ein **zentrales Element der Wirtschaftsverfassung** der EU.[12] Wer trotz der exponierten Stellung von Art. 345 AEUV annimmt, dass der Vorschrift keine besondere Bedeutung zukomme,[13] missachtet ihren Kontext und ihre Stellung im Vertrag.

Die Neutralität des EU-Rechts bezüglich der mitgliedstaatlichen Eigentumsordnun-   6
gen steht in einem engen Zusammenhang mit den anderen konstitutiven Elementen der Wirtschaftsverfassung der EU. Dazu zählen der Grundsatz der sozialen Marktwirtschaft (Art. 3 Abs. 3 EUV), der Grundsatz des freien Wettbewerbs (Art. 119 Abs. 1, Art. 120 Abs. 1 AEUV), die Grundfreiheiten des Binnenmarkts und die besondere Bedeutung der Dienstleistungen von allgemeinem wirtschaftlichem Interesse (Art. 14 und 106 Abs. 2 AEUV). Art. 345 AEUV ist schließlich im Zusammenhang mit Art. 106 Abs. 1 AEUV zu sehen, der die Neutralität des EU-Rechts bezüglich öffentlicher Unternehmen begründet. In der Gesamtschau dieser Grundprinzipien zeigt sich, dass die marktwirtschaftliche Orientierung der EU-Wirtschaftsverfassung mit öffentlicher Wirtschaftstätigkeit und mit staatlichem Eigentum an Produktionsmitteln vereinbar ist. Insofern ist Art. 345 AEUV Ausdruck des **Ausgleichs zwischen einer wettbewerblichen Marktwirtschaft und öffentlichen Eingriffen in den Markt**, der die europäische Wirtschaftsverfassung prägt.

D. Inhalt

I. Eigentumsordnungen

Für das Verständnis von Art. 345 AEUV ist zunächst eine Interpretation des Begriffs   7
»Eigentumsordnungen« erforderlich. Während sich aus der Rechtsprechung des EuGH keine klare Auslegung ableiten lässt, werden in der Literatur unterschiedliche Meinungen vertreten. Nach einer **weiten Auffassung** erfasst der Begriff die »Gesamtheit der Vorschriften, die im jeweiligen Mitgliedstaat den Bestand der Institution »Eigentum« regeln«.[14] Dazu zählen die verfassungsrechtlichen Vorschriften über Eigentum, Enteignungen und Sozialisierung sowie die Grenzen der Eigentumsnutzung.[15] Nach einer

---

[10] *Wernicke*, in: Grabitz/Hilf/Nettesheim, EU, Art. 345 AEUV (August 2012), Rn. 1.
[11] *Jungbluth*, EuR 2010, 471 (478).
[12] *Wernicke*, in: Grabitz/Hilf/Nettesheim, EU, Art. 345 AEUV (August 2012), Rn. 4.
[13] So etwa *Storr*, S. 302, der aus der Stellung der Vorschrift im Vertrag keine »exponierte Stellung« ableitet.
[14] *Wernicke*, in: Grabitz/Hilf/Nettesheim, EU, Art. 345 AEUV (August 2012), Rn. 12. Für einen weiten Begriff auch *Hatje*, in: Schwarze, EU-Kommentar, Art. 14 AEUV, Rn. 2; *Bär-Bouyssière*, in: GS, EUV/EGV, Art. 295 EGV, Rn. 8; *Böhmann*, S. 79; *Calliess*, S. 471f.
[15] *Hatje*, in: Schwarze, EU-Kommentar, Art. 14 AEUV, Rn. 2.

anderen Ansicht ist Art. 345 AEUV dagegen **eng auszulegen**. Demnach erfasst der Begriff Eigentumsordnungen nur die Eigentumszuordnung, d. h. die Zulässigkeit von privater und öffentlicher Rechtsträgerschaft.[16] Weitere Stellungnahmen schlagen einen Mittelweg vor und wollen neben der Eigentumszuordnung auch diejenigen Formen der Eigentumsausübung von Art. 345 AEUV erfasst sehen, die untrennbar mit der Zuordnung verbunden sind[17] oder stellen darauf ab, dass jede Eigentumszuordnung eine Regelung des Eigentumsbegriffs erfordert.[18]

8   Die überzeugenderen Argumente sprechen für ein weites Verständnis. Bereits der **Wortlaut** der Vorschrift, die ohne weitere Einschränkung von der »Eigentumsordnung« spricht, deutet auf einen weiten Anwendungsbereich.[19] Eine genaue Betrachtung des **historischen Hintergrunds** der Vorschrift lässt zudem erkennen, dass sich die Mitgliedstaaten nicht nur in Fragen der Eigentumszuordnungen, sondern auch in anderen eigentumsverfassungsrechtlichen Fragen deutlich unterschieden. Dies zeigt sich z. B. an der exponierten Stellung des grundrechtlichen Eigentumsschutzes im Grundgesetz auf der einen Seite und der verfassungsrechtlichen Anordnung der Verstaatlichung aller natürlichen Monopole in der französischen Verfassung auf der anderen Seite.[20] Damit spricht die Genese der Vorschrift ebenfalls für ein weites Verständnis.[21] Auch der **Kontext** des Art. 345 AEUV steht einem weiten Verständnis nicht entgegen.[22] Die Vorschrift steht in den Allgemeinen und Schlussbestimmungen. Wäre sie nur auf die Eigentumszuordnung begrenzt, hätte sie im Kontext mit Art. 37 AEUV (staatliche Handelsmonopole) oder Art. 106 Abs. 1 AEUV (öffentliche Unternehmen) erwähnt werden sollen. Schließlich lassen sich auch aus dem **Zweck der Vorschrift** kaum Argumente für ein enges Verständnis ableiten. Soweit in der Literatur darauf verwiesen wird, dass Art. 345 AEUV die inhaltliche Ausgestaltung der Eigentumsordnung dem Anwendungsbereich der Grundfreiheiten und der Wettbewerbsordnung nicht entziehen wolle,[23] betrifft dies nicht den Begriff der »Eigentumsordnung«, sondern die Reichweite der Vorschrift. Die praktische Bedeutung des Streits über den Begriff »Eigentumsordnung« dürfte allerdings eher gering sein, da sich Art. 345 AEUV nach allen Auffassungen in jedem Fall auf die grundsätzliche Regelung von Verstaatlichungen und Privatisierungen sowie auf die Rahmenbedingungen öffentlicher Wirtschaftstätigkeit bezieht.[24]

II. Reichweite der Unberührtheit

9   Auf den ersten Blick scheint die in Art. 345 AEUV verankerte Neutralität Fragen der eigentumsrechtlichen Zuordnung aus dem Anwendungsbereich des Unionsrechts insgesamt auszunehmen.[25] Es ist jedoch zweifelhaft, ob Art. 345 AEUV eine umfassende Bereichsausnahme begründet. Soweit in der Literatur vertreten wird, dass Art. 345

---

[16] *Kingreen*, in: Calliess/Ruffert, EUV/AEUV, Art. 345 AEUV, Rn. 10; *Kühling*, in: Streinz, EUV/AEUV, Art. 345 AEUV, Rn. 13; *Pießkalla*, EuZW 2008, 199 (203); *Calliess*, S. 475.

[17] *Kingreen*, in: Calliess/Ruffert, EUV/AEUV, Art. 345 AEUV, Rn. 9.

[18] *Schmidt-Preuß*, EuR 2006, 463 (475).

[19] *Pießkalla*, EuZW 2008, 199 (201).

[20] *Wernicke*, in: Grabitz/Hilf/Nettesheim, EU, Art. 345 AEUV (August 2012), Rn. 2.

[21] *Pießkalla*, EuZW 2008, 199 (202).

[22] So aber *Pießkalla*, EuZW 2008, 199 (202).

[23] *Pießkalla*, EuZW 2008, 199 (203).

[24] *Hatje*, in: Schwarze, EU-Kommentar, Art. 14 AEUV, Rn. 3.

[25] *Böhmann*, S. 77; *Devroe*, CMLRev. 34 (1997), 267 (268). Im Ergebnis ähnlich *Peters*, DÖV 2012, 64 (66), wonach Sozialisierungen nur am nationalen Recht zu messen seien.

AEUV die einzige Vorschrift in den Verträgen sei, in der ein Sektor von vornherein aus der Zuständigkeit der Union ausgeklammert werde,[26] ist diese Formulierung jedenfalls missverständlich. Das EU-Recht kennt **keine sektoralen Bereichsausnahmen**. Die Grenzen des EU-Integrationsprogramms werden nicht durch sektorale Ausnahmevorschriften, sondern durch den Grundsatz der begrenzten Ermächtigung und durch die Tatbestandsmerkmale der einzelnen Vertragsvorschriften festgelegt. So folgt z. B. die Unanwendbarkeit des Wettbewerbsrechts auf nicht wirtschaftlich tätige Einrichtungen nicht aus einer sektoralen Ausnahme von nicht-wirtschaftlichen Tätigkeiten aus dem Unionsrecht, sondern aus der Auslegung des Begriffs Unternehmen i. S. d. Art. 101 ff. AEUV.[27] Insofern wäre es systemwidrig, wenn ein noch dazu so schwierig zu bestimmender Bereich wie die »Eigentumsordnung« in seiner Gänze vom Unionsrecht ausgenommen würde. In diesem Sinne ist auch der in ständiger Rechtsprechung formulierte Satz des EuGH zu verstehen, nach dem Art. 345 AEUV **die Eigentumsordnung den Grundprinzipien des Vertrages nicht entziehe**.[28] Art. 345 AEUV begründet keine Bereichsausnahme, wonach sämtliche mit der Eigentumszuordnung verbundenen Fragen vom EU-Recht ausgenommen wären.

Art. 345 AEUV enthält auch **keine materielle Kompetenzbegrenzung**,[29] die konsti-   **10** tutiv festlegt, dass nicht die Union, sondern die Mitgliedstaaten für die Festlegung der Grundprinzipien der Eigentumszuordnung zuständig sind. Aufgrund des Prinzips der begrenzten Ermächtigung wäre ein ausdrücklicher Ausschluss der Kompetenz zur Regelung von eigentumsrechtlichen Fragen entbehrlich, da der EU diese Kompetenz ohnehin nicht übertragen wurde.[30] Dass die Mitgliedstaaten über die Kompetenz verfügen, den Umfang der öffentlichen Wirtschaftstätigkeit nach ihren politischen Vorstellungen festzulegen,[31] bedarf insofern keiner ausdrücklichen Festlegung im Vertrag. Die Rechtsprechung des EuGH und die Praxis der Kommission, in der die Kompetenz der Mitgliedstaaten zur Verstaatlichung einzelner Betriebe oder ganzer Wirtschaftszweige nicht in Frage gestellt wurde,[32] bestätigen die grundsätzliche **Kompetenz der Mitgliedstaaten zur Begründung und Organisation öffentlichen Eigentums**. Über den Inhalt und die Funktion von Art. 345 AEUV sagt dies indes nur wenig aus, zumal der EuGH Art. 345 AEUV (bzw. Art. 295 EGV) in diesen Fällen auch kaum erwähnt. Soweit in der Rechtsprechung darauf abgestellt wurde, dass das Enteignungsrecht gem. Art. 345 AEUV in die Zuständigkeit der Mitgliedstaaten falle,[33] ist diese Formulierung jedenfalls missverständlich. Auch das **Enteignungsrecht** verbleibt deshalb in der Zuständigkeit der Mitgliedstaaten, weil der Union hierzu keine Kompetenz eingeräumt ist.

---

[26] *Jungbluth*, EuR 2010, 471 (478); *Kingreen*, in: Calliess/Ruffert, EUV/AEUV, Art. 345 AEUV, Rn. 1.
[27] S. dazu die Kommentierung bei Art. 101 AEUV, Rn. 40 ff.
[28] EuGH, Urt. v. 6. 11. 1984, Rs. 182/83 (Fearon/Irish Land Commission), Slg. 1984, 3677, Rn. 7; Urt. v. 1. 6. 1999, Rs. C–302/97 (Konle), Slg. 1999, I–3099, Rn. 38; Urt. v. 4. 6. 2002, Rs. C–367/98 (Kommission/Portugal), Slg. 2002, I–4731, Rn. 48; Urt. v. 13. 5. 2003, Rs. C–463/00 (Kommission/Spanien), Slg. 2003, I–4581, Rn. 67; Urt. v. 18. 7. 2007, Rs. C–503/04 (Kommission/Deutschland), Slg. 2007, I–6153, Rn. 37; Urt. v. 22. 10. 2013, Rs. C–105/12 (Essent), ECLI:EU:C:2013:677, Rn. 36.
[29] So die ältere Lehre *Burghardt*, S. 67 ff.; *Klein*, in: HK-EUV, Art. 222 EGV, August 1994, Rn. 6. Ähnlich *Kämmerer*, S. 96, wonach Art. 295 EGV (jetzt Art. 345 AEUV) den Mitgliedstaaten Kompetenzen reserviere.
[30] *Böhmann*, S. 77.
[31] *Kingreen*, in: Calliess/Ruffert, EUV/AEUV, Art. 345 AEUV, Rn. 10.
[32] Vgl. insofern bereits EuGH, Urt. v. 15. 7. 1964, Rs. 6/64 (Costa/E.N.E.L.), Slg. 1964, 1253, der die Verstaatlichung der Elektrizitätswirtschaft in Italien betraf.
[33] EuGH, Urt. v. 18. 12. 1997, Rs. C–309/96 (Annibaldi/Comune di Guidonia), Slg. 1997, I–7493, Rn. 23.

11   Vor diesem Hintergrund wird in der neueren Kommentarliteratur inzwischen überwiegend vertreten, dass Art. 345 AEUV keine negative Kompetenzbestimmung, sondern eine **Kompetenzausübungsregel** darstelle.[34] Dem ist zuzustimmen. Die normative
Bedeutung von Art. 345 AEUV besteht darin, dass er die EU verpflichtet, im Rahmen
ihrer Kompetenzen nicht in die Eigentumsordnung der Mitgliedstaaten einzugreifen.[35]
Konkret bedeutet dies, dass die EU **durch Sekundärrecht keine Festlegungen treffen
darf, die sich auf die Eigentumszuordnung in den Mitgliedstaaten auswirken** und die
mitgliedstaatliche Autonomie einschränken. So kann der Unionsgesetzgeber zwar die
Liberalisierung eines Sektors anordnen, nicht jedoch die Privatisierung von öffentlichen
Unternehmen, die in diesem Sektor tätig sind. Insofern kann Art. 345 AEUV auch als
»institutionelle Garantie der Staatswirtschaft« verstanden werden.[36]

12   Damit ist jedoch nur die grundsätzliche Entscheidungsfreiheit der Mitgliedstaaten,
»ob« sich die öffentliche Hand wirtschaftlich betätigen darf und »ob« öffentliches Eigentum zulässig ist, garantiert. Dagegen enthält das Unionsrecht zahlreiche Vorgaben,
»wie« die Aufgabenorganisation konkret zu gestalten ist. Der EuGH hat diesbezüglich
wiederholt festgehalten, dass Art. 345 AEUV die Mitgliedstaaten **nicht von der Beachtung der übrigen primärrechtlichen Vorschriften befreit**. Dies gilt vor allem für die
Grundfreiheiten[37] und das Wettbewerbsrecht.[38] Da diese Grundsätze des Unionsrechts
auf Privatisierungen und Verstaatlichungen anwendbar bleiben, beschränkt sich die
Autonomie der Mitgliedstaaten gem. Art. 345 AEUV auf die Grundsatzentscheidung,
während die Umsetzung dieser Entscheidung am Unionsrecht gemessen werden kann.[39]

13   Der grundsätzliche **Unterschied zwischen dem »Ob« und dem »Wie«** wurde von der
Europäischen Kommission in ihrer Mitteilung »Leistungen der Daseinsvorsorge« aus
dem Jahr 2000 ebenfalls betont.[40] Die theoretisch klare Grenze zwischen »Ob« und
»Wie«, zwischen Grundsatzentscheidung und Umsetzung, ist in der Praxis jedoch nicht
immer einfach zu bestimmen.[41] Zudem können restriktive Vorgaben des EU-Rechts
praktisch dazu führen, dass die Autonomie der Mitgliedstaaten bezüglich der Grundsatzentscheidung nur noch eine formale ist und in tatsächlicher Hinsicht die Entscheidung zugunsten einer privatwirtschaftlichen Erbringung vorgegeben zu sein scheint. So
können die Anforderungen der Grundfreiheiten, des Beihilfen- und Vergaberechts die
wirtschaftliche Tätigkeit der öffentlichen Hand und die öffentlich-rechtliche Organisation der Erbringung von wirtschaftlichen Leistungen unattraktiv werden lassen. Trotz
der formal weiter bestehenden rechtlichen Möglichkeit einer öffentlichen Leistungser-
bringung kommt es in diesen Fällen oft zur Aufgabenprivatisierung. Dieses Phänomen

---

[34] *Kingreen*, in: Calliess/Ruffert, EUV/AEUV, Art. 345 AEUV, Rn. 5; *Kühling*, in: Streinz,
EUV/AEUV, Art. 345 AEUV, Rn. 1; *Jungbluth*, EuR 2010, 471 (475). Unklar *Wernicke*, in: Grabitz/
Hilf/Nettesheim, EU, Art. 345 AEUV (August 2012), Rn. 10, der von einer »negativen Kompetenznorm« spricht, in den Literaturverweisen jedoch auf Autoren abstellt, die dies teilweise anders sehen.
[35] *Böhmann*, S. 96 f.
[36] *Kämmerer*, S. 94.
[37] EuGH, Urt. v. 6. 11.1984, Rs. 182/83 (Fearon/Irish Land Commission), Slg. 1984, 3677, Rn. 7;
Urt. v. 13.7.1995, Rs. C–350/92 (Spanien/Rat), Slg. 1995, I–1985, Rn. 18.
[38] EuGH, Urt. v. 20.3.1985, Rs. 41/83 (Italien/Kommission), Slg. 1985, 873, Rn. 22.
[39] *Devroe*, CMLRev. 34 (1997), 271.
[40] *Europäische Kommission*, Leistungen der Daseinsvorsorge in Europa, ABl. 2001, C 17/4, Ziff.
21.
[41] *Böhmann*, S. 91 f.

ist gemeint, wenn von dem viel diskutierten »**Privatisierungsdruck**« des EU-Rechts die Rede ist.[42]

Der eingeschränkte praktische Anwendungsbereich von Art. 345 AEUV ist proble- **14** matisch, da er die Vorschrift weitgehend auf eine symbolische Bedeutung reduzieren kann.[43] Seiner Stellung im Vertrag wird dies nicht gerecht, da es sich bei Art. 345 AEUV um ein allgemeines und grundlegendes Prinzip des Unionsrechts handelt. Aus diesem Grund muss den Mitgliedstaaten ein erkennbarer und substantieller Bereich der eigenständigen Gestaltung der Eigentumszuordnungen verbleiben. Die Grundaussage von Art. 345 AEUV, wonach die Union die Entscheidung der Mitgliedstaaten zu respektieren hat, muss bei der Anwendung und Auslegung des übrigen Primär- und des Sekundärrechts berücksichtigt werden. Angesichts der Offenheit der Formulierung des Art. 345 AEUV lassen sich jedoch aus dem Stellenwert und der grundsätzlichen Bedeutung der Vorschrift nur wenig konkrete Aussagen ableiten. Art. 345 AEUV entfaltet insofern in erster Linie eine **Verpflichtung für den Unionsgesetzgeber**. Man kann aus Art. 345 AEUV weiterhin ableiten, dass das Unionsrecht jedenfalls nicht so interpretiert werden darf, dass öffentliche Unternehmen systematisch benachteiligt werden. Die Neutralität des EU-Rechts gegenüber der Eigentumszuordnung bedeutet jedoch auch, dass öffentliche Unternehmen nicht mehr als vergleichbare private Unternehmen belastet werden dürfen.[44]

E. Anwendungsfelder

Auch wenn Art. 345 AEUV in der Rechtsprechung des EuGH bisher keine große Rolle **15** gespielt hat, lassen sich doch einige Anwendungsfelder benennen, in denen Art. 345 AEUV von Bedeutung (gewesen) ist. In allen Fällen ging es im Wesentlichen um die Frage, ob sich aus Art. 345 AEUV Einschränkungen des Anwendungsbereichs der Grundfreiheiten oder Rechtfertigungen für Einschränkungen von Grundfreiheiten ableiten lassen.

I. Immaterialgüterrechte

Ein erster Themenkomplex betraf die Kompetenz der Mitgliedstaaten zur Regelung des **16** Immaterialgüterrechts und das Verhältnis zur Warenverkehrsfreiheit.[45] Konkret ging es um die Frage, ob und unter welchen Bedingungen Einschränkungen des Patentschutzes durch die **Erteilung von Zwangslizenzen** zulässig waren. In den einschlägigen Verfahren wies der EuGH das Argument zurück, derartige Zwangslizenzregelungen auf dem Gebiet des gewerblichen Eigentums fielen wegen Art. 345 AEUV in die ausschließliche Zuständigkeit des nationalen Gesetzgebers. Der EuGH stellte vielmehr fest, dass Zwangslizenzen die Warenverkehrsfreiheit verletzten und eine Rechtfertigung nur

---

[42] *Weiß*, AöR 128 (2003), 91 (97); *Kämmerer*, S. 92; *Devroe*, CMLRev. 34 (1997), 267 (272 ff.).
[43] Überzeugend in diese Richtung auch GA *Colomer*, Schlussanträge zu Rs. C–367/98 (Kommission/Portugal), Slg. 2002, I–4731, Rn. 49.
[44] *Kühling*, in: Streinz, EUV/AEUV, Art. 345 AEUV, Rn. 19.
[45] EuGH, Urt. v. 18.2.1992, Rs. C–30/90 (Kommission/Vereinigtes Königreich), Slg. 1992, I–892, Rn. 18.

nach den allgemeinen Grundsätzen der Warenverkehrsfreiheit, aber nicht unter Berufung auf Art. 345 AEUV möglich sei.[46]

II. Goldene Aktien

17   In der EU-rechtlichen Bewertung von sog. »Goldenen Aktien« wurde Art. 345 AEUV ebenfalls wiederholt herangezogen. Goldene Aktien sind gesellschaftsrechtliche Instrumente zur Steuerung von vormals staatlichen Unternehmen und beziehen sich zumeist auf **besondere Privilegien des staatlichen Eigentümers**.[47] »Goldene Aktien« stellen eine Zwischenform zwischen staatlicher Mehrheitsbeteiligung an einem Unternehmen und der vollständigen materiellen Privatisierung dar. Sie ermöglichen dem Staat einen Einfluss auf das entsprechende Unternehmen, der normalerweise nur bei einer Mehrheitsbeteiligung möglich wäre.

18   Der EuGH sieht »Goldene Aktien« in ständiger Rechtsprechung als Beeinträchtigungen der Kapitalverkehrsfreiheit an.[48] Zur Begründung stellt er im Wesentlichen darauf ab, dass staatliche Kontrollrechte ausländische Investoren abschrecken würden, auch wenn die Kontrollrechte nicht-diskriminierend angewendet werden. Eine **Einschränkung der Kapitalverkehrsfreiheit durch Art. 345 AEUV lehnte der EuGH in diesen Fällen stets ab**. Damit widersprach er GA *Colomer*, der in seinen Schlussanträgen zu den »Goldene Aktien«-Urteilen in Art. 295 EGV (jetzt Art. 345 AEUV) eine umfassende Rechtmäßigkeitsvermutung für Eingriffe des Staates in den öffentlichen Sektor sah.[49] Im Wege eines »Erst-recht«-Schlusses argumentierte er, dass die Mitgliedstaaten, denen gem. Art. 295 EGV das Recht der vollständigen Beibehaltung ihrer Beteiligungen an einem Unternehmen zustehe, auch berechtigt sein müssten, durch ein »weniger« als der vollständigen Beteiligung das Unternehmen zu beeinflussen.[50] Der EuGH befasste sich mit der ausführlichen Analyse von Art. 295 EGV durch den Generalanwalt kaum und stellte nur kurz fest, dass die Mitgliedstaaten sich nicht auf Art. 295 EGV berufen könnten, um Beeinträchtigungen der Grundfreiheiten zu rechtfertigen.[51]

III. Trennung von Netzbetrieb und Energieerzeugung

19   In Folge der Liberalisierung der Energieversorgung stellt sich in jüngerer Zeit die Frage, welche Bedeutung Art. 345 AEUV für die sekundärrechtliche bzw. nationalstaatliche Verpflichtung der eigentumsrechtlichen Trennung von Netzbetrieb und Energieerzeugung (»**ownership unbundling**«) entfalten könnte.[52] Teilweise wird vertreten, Art. 345 AEUV hindere die EU aus kompetenzrechtlichen Gründen daran, einen derartigen Ein-

---

[46] EuGH, Urt. v. 18.2.1992, Rs. C–235/89 (Kommission/Italien), Slg. 1992, I–777, Rn. 14; Urt. v. 18.2.1992, Rs. C–30/90 (Kommission/Vereinigtes Königreich), Slg. 1992, I–892, Rn. 18.

[47] *Grundmann/Möslein*, ZVglRWiss 2003, 289 (301 ff.).

[48] Grundlegend EuGH, Urt. v. 4.6.2002, Rs. C–367/98 (Kommission/Portugal), Slg. 2002, I–4731; Urt. v. 4.6.2002, Rs. C–483/99 (Kommission/Frankreich), Slg. 2002, I–4781; Urt. v. 4.6.2002, C–503/99 (Kommission/Belgien), Slg. 2002, I–4809.

[49] GA *Colomer*, Schlussanträge zu Rs. C–367/98 (Kommission/Portugal), Slg. 2002, I–4731, Rn. 56.

[50] GA *Colomer*, Schlussanträge zu Rs. C–367/98 (Kommission/Portugal), Slg. 2002, I–4731, Rn. 66.

[51] Siehe nur EuGH, Urt. v. 4.6.2002, Rs. C–367/98, (Kommission/Portugal), Slg. 2002, I–4731, Rn. 47. Kritisch zur Rechtsprechung auch *Wernicke*, in: Grabitz/Hilf/Nettesheim, EU, Art. 345 AEUV (August 2012), Rn. 20.

[52] Dazu *Schmidt-Preuß*, EuR 2006, 463 (484 ff.); *Pießkalla*, EuZW 2008, 199 (200).

griff in das Privateigentum der Energieerzeugungsunternehmen zu regeln, wenn dieser zu einer faktischen Enteignung führen würde.[53] Andere gehen dagegen davon aus, dass sekundärrechtliche Entflechtungsvorschriften nicht gegen Art. 345 AEUV verstoßen würden.[54] Die Frage dürfte nicht pauschal zu beantworten sein, sondern auf den genauen Regelungsinhalt einer möglichen unionsrechtlichen Entflechtungsverpflichtung ankommen. Unstreitig ist das geltende Unionsrecht zur Energieliberalisierung[55] jedenfalls mit Art. 345 AEUV vereinbar, da es keine ausschließliche Verpflichtung zur eigentumsrechtlichen Entflechtung enthält.[56]

Im Urteil Essent stand ein niederländisches **Privatisierungsverbot für Netzbetreiber-**   20
gesellschaften in Rede, das insbesondere den Verkauf von Anteilen von Elektrizitäts- und Gasverteilernetzbetreibern an private Investoren untersagte und auch konzernrechtliche Beteiligungen und Beherrschungsverträge zwischen Verteilernetzgesellschaften und Energieerzeugungsunternehmen verbot.[57] Generalanwalt *Jääskinen* wies darauf hin, dass das Privatisierungsverbot unmittelbare Folge der Entscheidung des Mitgliedstaats für das öffentliche Eigentum an den Energienetzen und daher nach Art. 345 AEUV mit dem Unionsrecht vereinbar sei.[58] Der EuGH folgte dem – wie auch in den »Goldene Aktien«-Fällen – nur eingeschränkt. Zwar ging auch der Gerichtshof davon aus, dass die streitgegenständlichen Privatisierungs- und Konzernverbote von Art. 345 AEUV erfasst werden.[59] Er hielt jedoch daran fest, dass sich mit Art. 345 AEUV keine Rechtfertigung für eine Verletzung der Grundfreiheiten, insbesondere der Kapitalverkehrsfreiheit, begründen lasse.[60] Hierzu sei auf zwingende Erfordernisse des allgemeinen Interesses und die Verhältnismäßigkeit der Maßnahme abzustellen, wobei die sekundärrechtliche Zielvorgabe der Trennung von Netz und Energieerzeugung eine wesentliche Rolle spielte.[61] Damit steht das Essent-Urteil in der gefestigten Tradition der Rechtsprechung des EuGH zur Bedeutung von Art. 345 AEUV im Verhältnis zu den Grundfreiheiten: Die Vorschrift ist weder Bereichsausnahme von den Grundfreiheiten noch Rechtfertigungsgrund für deren Beeinträchtigung.[62]

---

[53] *Wernicke*, in: Grabitz/Hilf/Nettesheim, EU, Art. 345 AEUV (August 2012), Rn. 19; *Pießkalla*, EuZW 2008, 199 (204); *Schmidt-Preuß*, EuR 2006, 463 (475).

[54] *Kingreen*, in: Calliess/Ruffert, EUV/AEUV, Art. 345 AEUV, Rn. 11.

[55] Richtlinie 2009/72/EG des Europäischen Parlaments und des Rates vom 13.7.2009 über gemeinsame Vorschriften für den Elektrizitätsbinnenmarkt, ABl. 2009, L 211/55; Richtlinie 2009/73/EG des Europäischen Parlaments und des Rates vom 13.7.2009 über gemeinsame Vorschriften für den Erdgasbinnenmarkt, ABl. 2009, L 211/94.

[56] *Wernicke*, in: Grabitz/Hilf/Nettesheim, EU, Art. 345 AEUV (August 2012), Rn. 19; *Kingreen*, in: Calliess/Ruffert, EUV/AEUV, Art. 345 AEUV, Rn. 11.

[57] EuGH, Urt. v. 22.10.2013, Rs. C–105/12 (Essent), ECLI:EU:C:2013:677, Rn. 1, 16 ff.

[58] GA *Jääskinen*, Schlussanträge zu Rs. C–105/12 (Essent), ECLI:EU:C:2013:242, Rn. 49.

[59] EuGH, Urt. v. 22.10.2013, Rs. C–105/12 (Essent), ECLI:EU:C:2013:677, Rn. 34.

[60] EuGH, Urt. v. 22.10.2013, Rs. C–105/12 (Essent), ECLI:EU:C:2013:677, Rn. 36.

[61] EuGH, Urt. v. 22.10.2013, Rs. C–105/12 (Essent), ECLI:EU:C:2013:677, Rn. 60 ff.

[62] *Klement*, EuZW 2014, 57 (59).

Artikel 346 AEUV [Ausnahme bei wesentlichen Sicherheitsinteressen; Rüstungsgüter]

(1) Die Vorschriften der Verträge stehen folgenden Bestimmungen nicht entgegen:

a) Ein Mitgliedstaat ist nicht verpflichtet, Auskünfte zu erteilen, deren Preisgabe seines Erachtens seinen wesentlichen Sicherheitsinteressen widerspricht;

b) jeder Mitgliedstaat kann die Maßnahmen ergreifen, die seines Erachtens für die Wahrung seiner wesentlichen Sicherheitsinteressen erforderlich sind, soweit sie die Erzeugung von Waffen, Munition und Kriegsmaterial oder den Handel damit betreffen; diese Maßnahmen dürfen auf dem Binnenmarkt die Wettbewerbsbedingungen hinsichtlich der nicht eigens für militärische Zwecke bestimmten Waren nicht beeinträchtigen.

(2) Der Rat kann die von ihm am 15. April 1958 festgelegte Liste der Waren, auf die Absatz 1 Buchstabe b Anwendung findet, einstimmig auf Vorschlag der Kommission ändern.

Literaturübersicht

Reuter, Nationale Exportkontrollen und EU-Recht, RIW 1996, 719; *Richter*, Die Rüstungsindustrie im Europäischen Gemeinschaftsrecht, 2007; *Wolfgang*, Europäisches Exportkontrollrecht DVBl 1996, 277.

Leitentscheidungen

EuGH, Urt. v. 4.10.1991, Rs. C–367/89 (Richardt), Slg. 1991, I–4621
EuGH, Urt. v. 17.10.1995, Rs. C–70/94 (Werner), Slg. 1995, I–3189
EuGH, Urt. v. 17.10.1995, Rs. C–83/94 (Leifer), Slg. 1995, I–3231
EuGH, Urt. v. 16.9.1999, Rs. C–414/97 (Kommission/Spanien), Slg. 1999, I–5585
EuGH, Urt. v. 15.12.2009, Rs. C–239/06 (Kommission/Italien), Slg. 2009, I–11913
EuGH, Urt. v. 15.12.2009, Rs. C–372/05 (Kommission/Deutschland), Slg. 2009, I–11801
EuGH, Urt. v. 15.12.2009, Rs. C–284/05 (Kommission/Finnland), Slg. 2009, I–11705
EuGH, Urt. v. 4.3.2010, Rs. C–38/06 (Kommission/Portugal), Slg. 2010, I–1569

Inhaltsübersicht

A. Bedeutung

I. Konzeption und Einordnung

1. Verteidigung als nationale Domäne

Art. 346 AEUV ist eine **traditionelle Vorschrift** (s. bereits Art. 223 EWGV, Art. 296 **1**
EGV),[1] welche den nationalen Sicherheitsinteressen Rechnung tragen soll. Insoweit
handelt es sich um eine ureigene mitgliedstaatliche Materie. Daher sind entsprechend
dem Wortlaut auch **nur** die **Mitgliedstaaten berechtigt** und nicht etwa private Unternehmen oder Unionsorgane;[2] dem Rat bleibt für Embargos nur Art. 215 AEUV.[3]

Die nationale Ausrichtung gilt vor allem für die Verteidigung. Zwar sehen die Ver- **2**
träge, die nunmehr insgesamt in Bezug genommen werden, mittlerweile eine Gemeinsame Außen- und Sicherheitspolitik (GASP) vor. Diese führt aber insbesondere nicht
dazu, dass die nationalen Sicherheitsbelange einheitlich gesehen und realisiert werden.
Vielmehr kann die Union lediglich gemeinsame Missionen festlegen, muss diese aber mit
den militärischen Mitteln der Mitgliedstaaten durchführen bzw. durch eine Gruppe von
Mitgliedstaaten durchführen lassen (Art. 42–44 EUV).[4] Damit verfügt die Union über
keine eigenen **militärischen Mittel**. Demzufolge sind diese ausschließlich **bei den Mitgliedstaaten** angesiedelt.

In der Konsequenz ist es daher weiterhin berechtigt, dass nach Art. 346 AEUV natio- **3**
nale Sicherheitsinteressen ins Feld geführt werden können, wenn es um eine Vergemein-
schaftung bzw. auch nur um die Verwirklichung des Binnenmarktes geht. Letzterer ist
zwar grundsätzlich auf alle grenzüberschreitenden Handelsgeschäfte und Austausch-
vorgänge (einschließlich Rüstungsgüter) bezogen. Bei den Sicherheitsinteressen handelt
es sich aber um ein traditionelles nationales Reservat. Daher wurde sogar ein **Kompe-
tenzvorbehalt der Mitgliedstaaten in der Außen- und Sicherheitspolitik** angenommen,
der die Befugnisse der Union namentlich für die gemeinsame Handelspolitik verdrängt,
wie dies vor allem die Mitgliedstaaten in der durch sie geprägten Praxis annehmen.[5]

Für einen solchen ausschließlichen nationalen Souveränitätsvorbehalt spricht, dass **4**
die **Mitgliedstaaten** immer noch für die **Verteidigungspolitik** allein zuständig sind und
Einbruchstellen der Union nur punktuell bestehen, nämlich bezüglich der im Rahmen
der GASP verabschiedeten Missionen. Und auch dann stellt nicht die Union das Personal oder das Material, sondern es sind die Mitgliedstaaten.

2. Einbeziehung in die Grundfreiheiten

Indes zeigt die Ausdehnung der Unionskompetenzen in die Außen- und Sicherheits- **5**
politik, dass selbst dieser Bereich nicht mehr gänzlich den Mitgliedstaaten vorbehalten
ist. Die gemeinsame Handelspolitik ist weitgehend gerade auf **einheitliche Grundsätze**
gebaut (Art. 207 Abs. 1 AEUV). Für den Binnenmarkt sind Güter, welche **militärische
Ausrüstung** betreffen, von ihrer Natur her **Waren**, die eigentlich der Warenverkehrs-

---

[1] Zur Entwicklung, die den Normgehalt praktisch unverändert ließ, *Jaeckel*, in: Grabitz/Hilf/Net-
tesheim, EU, Art. 346 AEUV (Oktober 2011), Rn. 13.
[2] *Karpenstein*, in: Schwarze, EU-Kommentar, Art. 346 AEUV, Rn. 3.
[3] *Jaeckel*, in: Grabitz/Hilf/Nettesheim, EU, Art. 346 AEUV (Oktober 2011), Rn. 5 a. E.
[4] Näher etwa *Frenz*, Handbuch Europarecht, Band 6, Rn. 5402 ff.
[5] *Wolfgang*, DVBl 1996, 277 (278 f.); abl. allerdings etwa *Kokott*, in: Streinz, EUV/AEUV,
Art. 346 AEUV, Rn. 1; *Reuter*, RIW 1996, 719 (720).

freiheit unterfallen. Entsprechendes gilt für Beratungen und konzeptionelle Entwicklungen, die der Dienstleistungsfreiheit zugeordnet werden können. Damit befindet sich auch der Verteidigungsbereich im Fokus der **Grundfreiheiten** und damit des Binnenmarktes.

6   Daher geht es nicht um eine Exemtion des Verteidigungsbereiches aus dem Unionsrecht, sondern um einen Ausgleich zwischen den Erfordernissen des Binnenmarktes und den Sicherheitsinteressen der Mitgliedstaaten. Dies entspricht einer **Verhältnismäßigkeitsprüfung** und **nicht** einem **Anwendungsausschluss**.[6] Die nationalen Sicherheitsbelange bilden einen **Rechtfertigungsgrund** für eine Einschränkung der Verpflichtungen aus dem Unionsrecht[7] und dabei vor allem der dem Binnenmarkt entspringenden Rechte.

7   Der EuGH nimmt denn auch keinen allgemeinen, dem Vertrag immanenten Vorbehalt an, der jede im Interesse der öffentlichen Sicherheit getroffene Maßnahme aus dem Anwendungsbereich des Unionsrechts herausnimmt, sondern eine **eng auszulegende Ausnahmevorschrift**,[8] deren Vorliegen die Mitgliedstaaten jeweils nachweisen müssen: Sie müssen hinreichende Gefährdungsmomente für ihre Sicherheitsinteressen entsprechend ihrer spezifischen Gefährdungslage geltend machen und die Erforderlichkeit der Ausnahme zu deren Schutz darlegen.[9] Das gilt auch und gerade für die gemeinsame Handelspolitik. Zu nationalen handelspolitischen Sonderwegen bedarf es einer besonderen sekundärrechtlichen Ermächtigung durch die Kommission.[10]

8   Damit aber ist die Konzeption **vergleichbar zu** den Einschränkungsmöglichkeiten, die für die **Grundfreiheiten** aus Gründen der öffentlichen Sicherheit bestehen.[11] Auch hier sind die Mitgliedstaaten nachweisverpflichtet und müssen die Verhältnismäßigkeit im Einzelfall darlegen. Sie haben lediglich einen großen Beurteilungsspielraum, der aber unionsrechtlich eingefangen ist, weil die öffentliche Sicherheit zwar eine nationale Grundzuständigkeit darstellt, indes nur einen Ausnahmetatbestand im Rahmen der Grundfreiheiten bildet.[12]

9   Der grundfreiheitliche Ausnahmetatbestand findet ohnehin Anwendung, wenn Art. 346 AEUV nicht eingreift. Unter Umständen ist Art. 36 AEUV kumulativ heranzuziehen, wenn durch einen Vorgang auch nicht militärische Güter betroffen sind.[13] Die **Abgrenzung** fällt **mitunter schwer**.[14] Auch dies spricht für eine parallele Grundkonzeption, um alle großen Divergenzen zu vermeiden. Vom Ansatz her ermöglicht auch Art. 36 AEUV Exportverbote zur Vermeidung äußerer Bedrohungen als Grund der öffentlichen Sicherheit.[15] Damit ist **Art. 346 AEUV nur lex specialis**.[16] Dementsprechend besteht auch im Rahmen von Art. 346 AEUV gemäß dem Wortlaut »seines Erach-

---

[6] *Frenz*, Handbuch Europarecht, Band 3, Rn. 2201 f.

[7] *Jaeckel*, in: Grabitz/Hilf/Nettesheim, EU, Art. 346 AEUV (Oktober 2011), Rn. 3.

[8] EuGH, Urt. v. 4.3.2010, Rs. C–38/06 (Kommission/Portugal), Slg. 2010, I–1569, Rn. 62 f.

[9] EuGH, Urt. v. 18.3.1999, Rs. C–414/97 (Kommission/Spanien), Slg. 1999, I–5585, Rn. 21 f.; *Prieß*, Vergaberecht, 3. Aufl. 2005, S. 540.

[10] EuGH, Urt. v. 17.10.1995, Rs. C–70/94 (Werner), Slg. 1995, I–3189, Rn. 12.

[11] EuGH, Urt. v. 17.10.1995, Rs. C–70/94 (Werner), Slg. 1995, I–3189, Rn. 3 f.

[12] Etwa schon EuGH, Urt. v. 4.12.1974, Rs. 41/74 (van Duyn), Slg. 1974, 1337, Rn. 18/19; näher *Frenz*, Handbuch Europarecht, Band 1, Rn. 1091, 2041, 2573.

[13] *Kokott*, in: Streinz, EUV/AEUV, Art. 346 AEUV, Rn. 14.

[14] Näher s. u. Rn. 25 ff.

[15] EuGH, Urt. v. 4.10.1991, Rs. C–367/89 (Richardt), Slg. 1991, I–4621, Rn. 22.

[16] *Frenz*, Handbuch Europarecht, Band 1, Rn. 1088 a. E.

tens« ein besonders **weites Ermessen** des jeweiligen Mitgliedstaates,[17] das aber **unter** der **Kontrolle** sowohl der Kommission als auch des Gerichtshofs der Union steht.[18] Dieses Ermessen kann den Mitgliedstaaten indes wegen der Rückbindung an die ureigenen nationalen Sicherheitsinteressen namentlich im Verteidigungsbereich auch nicht durch eine unionsrechtliche Harmonisierung genommen werden, und sei es nur durch eine darauf beruhende einschränkende Auslegung der Erforderlichkeit nach Art. 346 Abs. 1 Buchst. b AEUV.[19]

3. Ausschluss der Begründungspflicht?

Wegen der fehlenden Verpflichtung, Auskünfte zu erteilen, wenn die Preisgabe wesent-   **10** lichen Sicherheitsinteressen widerspricht (Art. 346 Abs. 1 Buchst. a AEUV), können allerdings Situationen eintreten, in denen der Staat seine **Begründung nicht offenlegen** muss, sofern dadurch die Geheimhaltung gefährdet würde. Damit ist man in der typischen Problemlage des Verteidigungsbereichs, dass Informationen nicht gegeben werden. Daher muss dieser Bereich sehr einschränkend ausgelegt werden, könnte doch ansonsten die Begründungspflicht weitestgehend umgangen werden.

Ihre Einhaltung ist die Regel, ihre Nichteinhaltung die Ausnahme, die damit **begrün-**   **11** **dungs- und rechtfertigungspflichtig** ist.[20] Schon nach Art. 4 Abs. 3 EUV sind die Mitgliedstaaten verpflichtet, der Kommission ihre Aufgabe zu erleichtern; sie müssen daher alle Unterlagen zur Verfügung stellen.[21] Zudem sind Geheimhaltungen auf Ebene der kontrollierenden Organe[22] einem völligen Verschweigen der Begründung vorzuziehen, ebenso einzelne Beschränkungen auf bestimmte Teile eines Schriftstückes bzw. Schwärzungen.[23]

II. Praktische Relevanz

Die Ausnahmeregelung des Art. 346 AEUV wird von den Mitgliedstaaten **häufig** her-   **12** angezogen und dabei sehr weit gedehnt, so dass sie sich »zu einem Haupthindernis für die Schaffung eines gemeinsamen Marktes für Rüstungsgüter« entwickelt hat.[24] Schließlich ist der Markt für Rüstungsgüter groß. Daher hat die Vorschrift einen besonders

---

[17] EuG, Urt. v. 30.9.2003, Rs. T–26/01 (Fiocchi Munitioni/Kommission), Slg. 2003, II–3041, Rn. 58.

[18] *Wegener*, in: Calliess/Ruffert, EUV/AEUV, Art. 346 AEUV, Rn. 3.

[19] *Jaeckel*, in: Grabitz/Hilf/Nettesheim, EU, Art. 346 AEUV (Oktober 2011), Rn. 7 m.w.N. auch zu abw. Tendenzen.

[20] EuGH, Urt. v. 15.12.2009, Rs. C–284/05 (Kommission/Finnland), Slg. 2009, I–11705, Rn. 53.

[21] EuGH, Urt. v. 15.12.2009, Rs. C–372/05 (Kommission/Deutschland), Slg. 2009, I–11801, Rn. 76.

[22] S.u. Art. 348 AEUV, Rn. 22.

[23] Diese an erster Stelle nennend (vor der gänzlichen Ablehnung) EuGH, Urt. v. 15.12.2009, Rs. C–372/05 (Kommission/Deutschland), Slg. 2009, I–11801, Rn. 53; Urt. v. 15.12.2009, Rs. C–284/05 (Kommission/Finnland), Slg. 2009, I–11705, Rn. 53; *Karpenstein*, in: Schwarze, EU-Kommentar, Art. 346 AEUV, Rn. 6.

[24] *Khan*, in: Geiger/Khan/Kotzur, EUV/AEUV, Art. 346 AEUV, Rn. 2.

engen Bezug zum **Vergaberecht**. Die RL 2004/18/EG, die in Art. 10 und 14 Sondervorschriften enthielt,[25] wurde durch die RL 2009/81/EG[26] weiter angepasst.[27]

13   Ein erster Schritt zu einer unionsweiten Auftragsvergabe im Verteidigungsbereich bildet das nunmehr in dem intergouvernementalen Regelwerk zur Beschaffung von Verteidigungsgütern vorgesehene **Portal der europäischen Verteidigungsagentur**, wo eine elektronische unionsweite Publikation erfolgt (unter http://www.eda.europa.eu/portals sowie http://www.eda.europa.eu/offsets). Allerdings handelt es sich dabei nur um eine freiwillige Verpflichtung der Rüstungsindustrie für Unteraufträge.[28]

B. Wesentliche Sicherheitsinteressen

I. Innere und äußere Sicherheit

14   **Zentrales Tatbestandsmerkmal** des Art. 346 AEUV sind wesentliche Sicherheitsinteressen. Es taucht sowohl in Art. 346 Abs. 1 Buchst. a AEUV als auch in Buchst. b auf und ist damit gleichermaßen zu interpretieren.

15   In Art. 347 AEUV werden hingegen nicht allgemein wesentliche Sicherheitsinteressen genannt, sondern spezifische Phänomene, nämlich eine schwerwiegende innerstaatliche Störung der öffentlichen Ordnung, der Kriegsfall, eine ernste, eine Kriegsgefahr darstellende internationale Spannung sowie Verpflichtungen, die der Mitgliedstaat im Hinblick auf die Aufrechterhaltung des Friedens und der internationalen Sicherheit übernommen hat. Daraus ergibt sich dann ein Notstand. Damit setzt diese Vorschrift wesentlich gravierendere Situationen voraus. Diese bilden daher auch wesentliche Sicherheitsinteressen, aber nicht nur. Die äußerst restriktive Interpretation von Art. 347 AEUV kann nicht übernommen werden.[29] Beide Vorschriften stehen nebeneinander und können kumulativ zur Anwendung kommen – mit Vorrang des enger gefassten Art. 347 AEUV.[30] So reicht etwa die Gefahr einer erheblichen Störung der auswärtigen Beziehungen aus, sofern sie sich nur durch einseitige Maßnahmen wahren lassen,[31] ebenso eine **Störung des friedlichen Zusammenlebens** der Völker.[32] Dieses wird angesichts der engen internationalen Verflechtung **durch jede militärische Auseinandersetzung tangiert**.[33]

16   Damit gilt die Interpretation, die auch im Rahmen der Einschränkungen von Grundfreiheiten legitimierenden Rechtfertigungstatbeständen besteht. Es sind sowohl Belan-

---

[25] *Frenz*, Handbuch Europarecht, Band 3, Rn. 2203 ff.

[26] Vom 13.7.2009 über die Koordinierung der Verfahren bestimmter Verfahren zur Vergabe bestimmter Bau-, Liefer- und Dienstleistungsaufträge in den Bereichen Verteidigung und Sicherheit, ABl. 2009, L 216/76, zul. geändert durch VO (EU) 2015/2340 der Kommission vom 15.12.2015, ABl. 2015, L 330/14.

[27] Dazu *Frenz*, in: Willenbruch/Wieddekind (Hrsg.), Kompaktkommentar Vergaberecht, Los 21, Rn. 57.

[28] *Kreuschitz/Weerth*, in: Lenz/Borchardt, EU-Verträge, Art. 346 AEUV, Rn. 17; *Reidel*, Politik und Sicherheit, 2007, S. 10.

[29] *Wegener*, in: Calliess/Ruffert, EUV/AEUV, Art. 346 AEUV, Rn. 4; s. dagegen *Khan*, in: Geiger/Khan/Kotzur, EUV/AEUV, Art. 346 AEUV, Rn. 4.

[30] *Gilsdorf/Brandtner*, in: GS, EUV/EGV, Vorbem. zu den Art. 296–298 EGV, Rn. 6, 10.

[31] EuGH, Urt. v. 17.10.1995, Rs. C–83/94 (Leifer), Slg. 1995, I–3235, Rn. 27 f.

[32] *Wegener*, in: Calliess/Ruffert, EUV/AEUV, Art. 346 AEUV, Rn. 4 a.E.

[33] *Kokott*, in: Streinz, EUV/AEUV, Art. 346 AEUV, Rn. 5.

ge der **inneren wie** der **äußeren Sicherheit** umfasst.[34] Die innere Sicherheit umfasst die Existenzgefährdung eines Mitgliedstaates, indem seine erforderlichen Einrichtungen und wichtige öffentliche Dienste gefährdet werden;[35] korrespondierend dazu kann die Versorgung mit für die Aufrechterhaltung des Gemeinwesens und das Überleben der Bevölkerung unverzichtbaren Gütern gewährleistet werden.[36]

Angesichts der begrenzten Einsetzbarkeit der Streitkräfte jedenfalls in Deutschland[37]   **17** sind allerdings insbesondere der Verteidigungssektor und die darauf bezogenen Belange relevant. Bereits daran zeigt sich, dass die Reichweite der Bestimmung erheblich von den **nationalen Konzeptionen und Einsatzmöglichkeiten der Streitkräfte** abhängt. Ansonsten bedarf es ja keiner Maßnahmen mehr nach Art. 346 AEUV.

II. Limitierungen

Daraus ergibt sich aber umgekehrt nicht, dass die Mitgliedstaaten praktisch freie Hand   **18** haben, die Reichweite eigenständig zu bestimmen. Das gilt trotz **Art. 4 Abs. 2 Satz 3 EUV**,[38] wonach die nationale Sicherheit weiterhin in die alleinige Verantwortung der einzelnen Mitgliedstaaten fällt. Deshalb muss dieser Bereich erst bestimmt werden. Wenn das die Mitgliedstaaten könnten, hätten sie die Möglichkeit, ihren Verantwortungsbereich in eigener Verantwortung sehr weit zu ziehen. Damit erstreckt sich diese Vorschrift auf den erst festzulegenden Bereich, was nicht ohne unionsrechtliche Kontrolle erfolgen kann. Dementsprechend sind auch die wesentlichen Sicherheitsinteressen der Kontrolle durch die Union zugänglich, wie dies auch im Rahmen der Grundfreiheiten der Fall ist. So wie auch dort wirtschaftspolitische Erwägungen keine Einschränkung rechtfertigen können,[39] gilt dies auch im Hinblick auf Art. 346 AEUV.[40] Ausgenommen sind mithin individuelle oder wirtschaftliche Erfordernisse[41] und dabei vor allem strukturpolitische.[42]

Ist damit der Begriff der Sicherheitsinteressen eher weit, verlangt der Zusatz »we-   **19** sentlich« die Beschränkung auf grundlegende Elemente. Deshalb müssen die grundlegenden Sicherheitsbelange des Staates tangiert sein, wie dies auch im Rahmen der Rechtfertigungsgründe für die Einschränkung der Grundfreiheiten der Fall ist. »Wegen ihres begrenzten Charakters eignen sich diese Vorschriften nicht für eine extensive Auslegung.«[43]

Art. 348 Abs. 2 AEUV sieht ein **besonderes Verfahren** vor, wenn die Kommission   **20** oder ein Mitgliedstaat einen Missbrauch der Berufung auf die wesentlichen Sicherheitsinteressen nach Art. 346 AEUV annimmt.[44]

---

[34] EuGH, Urt. v. 26.10.1999, Rs. C–273/97 (Sirdar), Slg. 1999, I–7403.

[35] *Becker*, in: Schwarze, EU-Kommentar, Art. 36 AEUV, Rn. 12.

[36] EuGH, Urt. v. 10.7.1984, Rs. 72/83 (Campus Oil), Slg. 1984, 2727, Rn. 35; Urt. v. 25.10.2001, Rs. C–398/98 (Kommission/Griechenland), Slg. 2001, I–7915, Rn. 29.

[37] S. BVerfG, NVwZ 2012, 1239; BVerfGE 115, 118 (146 ff.).

[38] Anders *Khan*, in: Geiger/Khan/Kotzur, EUV/AEUV, Art. 346 AEUV, Rn. 9.

[39] S. etwa EuGH, Urt. v. 25.6.1998, Rs. C–203/96 (Dusseldorp), Slg. 1998, I–4075.

[40] Auf der Basis der gebotenen engen Auslegung *Khan*, in: Geiger/Khan/Kotzur, EUV/AEUV, Art. 346 AEUV, Rn. 9 a.E.

[41] GA *Colomer*, Schlussanträge zu Rs. C–284/05 (Kommission/Finnland), Slg. 2009, I–11705, Rn. 144; *Kokott*, in: Streinz, EUV/AEUV, Art. 346 AEUV, Rn. 4.

[42] *Jaeckel*, in: Grabitz/Hilf/Nettesheim, EU, Art. 346 AEUV (Oktober 2011), Rn. 15.

[43] EuGH, Urt. v. 16.9.1999, Rs. C–414/97 (Kommission/Spanien), Slg. 1999, I–5585, Rn. 21.

[44] S. näher u. Art. 348 AEUV, Rn. 17 ff.

C. Auskunftserteilung

21   Nach Art. 346 Abs. 1 Buchst. a) AEUV hindern wesentliche Sicherheitsinteressen zunächst die Erteilung von Auskünften. Davon ist der Mitgliedstaat aufgrund des offenen
Wortlauts nicht nur im Hinblick auf die Unionsorgane befreit, sondern auch gegenüber
Einzelnen oder der Öffentlichkeit, sofern es sich um Informationspflichten aus Primär-
oder Sekundärrecht der Union handelt.[45]

22   Wie insbesondere bei Informationsrechten Einzelner üblich, hat eine **Abwägung** zu
erfolgen, ob die wesentlichen Sicherheitsinteressen des Mitgliedstaates überwiegen
oder die Informationsansprüche des Einzelnen oder auch der Öffentlichkeit. Die Pflicht
zur Unionstreue ist einzubeziehen, wenn es um Auskünfte gegenüber der Union etwa
im Hinblick auf die Außen- und Sicherheitspolitik geht.[46] Grundsätzlich ist eine Begründung für Maßnahmen nach Art. 346 Abs. 1 AEUV zu geben. Sollen darauf bezogene
Unterlagen aus wesentlichen Sicherheitsinteressen **nicht herausgegeben** werden, bedarf
dies der **Begründung**,[47] die sich auch darauf erstrecken muss, warum eine teilweise
Schwärzung nicht ausreicht.

23   Zur **Vermeidung von Umgehungen** können nicht etwa Nicht-Unionsorgane in Bereichen, in denen die Mitgliedstaaten wesentliche Sicherheitsinteressen geltend machen,
eigenständige Nachforschungen anstellen, um doch noch zu den begehrten Informationen zu gelangen.[48] Zudem bilden Nachprüfungen weitergehende Eingriffe.[49]

D. Erzeugung und Handel von Rüstungsgütern

I. Erfasste Güter

24   Art. 346 AEUV betrifft Waffen, Munition und Kriegsmaterial. Damit werden für die
Verteidigung notwendige Materialien beschrieben, die unter Umständen aber auch etwa
für die Polizei (Waffen und Munition) verwendet werden können. Ausgangspunkt ist
eine am 15. 4. 1958 beschlossene Liste des Rates (Art. 346 Abs. 2 AEUV). Diese kann
nur einstimmig auf Vorschlag der Kommission geändert werden. Bisher blieb sie unverändert, obwohl erhebliche technische Neuerungen aufgetreten sind.[50] Eine Erweiterung
ohne Änderung ist infolge des abschließenden Charakters ausgeschlossen. Die **Liste** ist
konstitutiv und auch **nicht** im Hinblick darauf **auszudehnen**, dass nicht die Wettbewerbsbedingungen für Waren beeinträchtigt werden dürfen, die nicht eigens für militärische
Zwecke bestimmt sind: Es kommen nur die militärischen Güter auf der Liste für Wett-
bewerbsbeeinträchtigungen in Betracht, nicht solche außerhalb, selbst wenn sie faktisch
Verteidigungszwecken dienen.[51] Eine teleologische Erweiterung scheidet also aus.

---

[45] *Wegener*, in: Calliess/Ruffert, EUV/AEUV, Art. 346 AEUV, Rn. 5; *Karpenstein*, in: Schwarze,
EU-Kommentar, Art. 346 AEUV, Rn. 7.
[46] *Dittert*, in: GSH, Europäisches Unionsrecht, Art. 346 AEUV, Rn. 9; s. bereits o. Rn. 10 f.
[47] S. o. Rn. 10 f.
[48] *Khan*, in: Geiger/Khan/Kotzur, EUV/AEUV, Art. 346 AEUV, Rn. 6.
[49] *Dittert*, in: GSH, Europäisches Unionsrecht, Art. 346 AEUV, Rn. 11 f.
[50] *Khan*, in: Geiger/Khan/Kotzur, EUV/AEUV, Art. 346 AEUV, Rn. 8.
[51] *Gilsdorf/Brandtner*, in: GS, EUV/EGV, Art. 296 EGV, Rn. 14.; *Kokott*, in: Streinz, EUV/AEUV,
Art. 346 AEUV, Rn. 24.

Umgekehrt ist auch eine **teleologische Reduktion** dergestalt **problematisch**, dass nur   25
der Einsatz für rein militärische Zwecke erfasst wird, nicht der für zivile, auch wenn eine
Ware auf der in Art. 346 Abs. 2 AEUV vorgesehenen Liste steht. Der **EuGH** sieht dann
die Wettbewerbsbedingungen hinsichtlich der nicht eigens für militärische Zwecke bestimmten Waren entgegen Art. 346 Abs. 1 Buchst. b AEUV beeinträchtigt und folgert
daraus die notwendige Bestimmung der Waren eigens für militärische Zwecke.[52] Diese
muss dementsprechend auch gewiss sein; die bloße Einsatzmöglichkeit dafür genügt
nicht.[53] Der Binnenmarkt darf danach im Hinblick auf zivile Zwecke nicht angetastet
werden.

Sofern hier nicht klar ist, wohin die Güter gebracht bzw. wofür sie produziert werden,   26
muss der Staat näher aufzeigen, inwieweit **tatsächlich Verteidigungs- bzw. Sicherheitsbelange berührt** sind. Ansonsten besteht die Gefahr, dass die Mitgliedstaaten für solche
doppelt verwendbaren Güter die Grundfreiheiten und Wettbewerbsregeln und auch das
Vergaberecht umfassend außer Kraft setzen. Besonders problematisch sind Beihilfen
und sogenannte Kompensationsverpflichtungen, nach denen Rüstungslieferanten auf
heimische Zulieferer zurückgreifen müssen.[54]

Indes tritt damit die Bedeutung der eigens in Art. 346 Abs. 2 AEUV aufgeführten   27
Liste in den Hintergrund. Zudem ergibt sich schon regelmäßig aus der **Natur vieler
militärischer Güter**, dass sie **auch** im **Zivilsektor** einsetzbar sind und dort durch ihre
Begünstigung nach Art. 346 Abs. 1 Buchst. b AEUV zwangsläufig die Wettbewerbsbedingungen beeinträchtigt werden, außer es erfolgt eine Harmonisierung.[55] Sollen damit
diese dualen Güter nicht gänzlich herausgenommen werden, sind Beeinträchtigungen
im Rahmen der Erforderlichkeit hinzunehmen, außer die Güter sind schon nicht in der
Liste nach Art. 346 Abs. 2 AEUV aufgeführt.[56] Die Lösung für ein Übergreifen militärisch motivierter Ausnahmen in den Zivilbereich ist daher **nicht** durch einen **Anwendungsausschluss** zu erreichen, **sondern** im Rahmen der **Verhältnismäßigkeit**.

Danach sind nicht nur rein militärische Güter, sondern auch Dual-Use-Güter mit   28
zugleich zivilen Verwendungszwecken einzubeziehen.[57] Gerade für diese ist indes aufgrund der Verhältnismäßigkeit **sehr sorgfältig zu prüfen**, inwieweit wesentliche Sicherheitsinteressen ihre Erzeugung und ihren Handel in Abweichung der Binnenmarktregeln gebieten.[58] Schließlich wird auch der Handel im Zivilbereich beeinträchtigt. Zudem
kommt insoweit eine **schärfere Darlegungslast** in Betracht, welche die militärischen
Einsatzmöglichkeiten und die betroffenen Sicherheitsbelange näher aufzeigt. Ist ein
militärischer Einsatz etwa von vornherein ausgeschlossen oder kaum realistisch, werden schwerlich nationale Sicherheitsbelange überwiegen.

---

[52] EuGH, Urt. v. 8.4.2008, Rs. C–337/05 (Kommission/Italien), Slg. 2008, I–2173, Rn. 46 f.

[53] EuGH, Urt. v. 8.4.2008, Rs. C–337/05 (Kommission/Italien), Slg. 2008, I–2173, Rn. 47 f.; Urt.
v. 2.10.2008, Rs. C–157/06 (Kommission/Italien), Slg. 2008, I–7313, Rn. 27 f.; s. aber weiter noch
EuGH, Urt. v. 17.10.1995, Rs. C–83/94 (Leifer), Slg. 1995, I–3231, Rn. 35: Eignung genügt.

[54] Mitteilung zu Auslegungsfragen bezüglich der Anwendung des Artikels 296 des Vertrags zur
Gründung der Europäischen Gemeinschaft (EGV) auf die Beschaffung von Verteidigungsgütern vom
7.12.2006, KOM (2006) 779 endg.; *Karpenstein*, in: Schwarze, EU-Kommentar, Art. 346 AEUV,
Rn. 9 a.E.; ausführlich *Richter*, S. 306 ff.

[55] *Dittert*, in: GSH, Europäisches Unionsrecht, Art. 346 AEUV, Rn. 14.

[56] *Kokott*, in: Streinz, EUV/AEUV, Art. 346 AEUV, Rn. 25.

[57] Vgl. VO (EG) Nr. 428/2009 des Rates vom 5.5.2009 über eine Gemeinschaftsregelung für die
Kontrolle der Ausfuhr der Verbringung, der Vermittlung und der Durchfuhr von Gütern mit doppeltem Verwendungszweck, ABl. 2009, L 134/1.

[58] *Frenz*, Handbuch Europarecht, Band 3, Rn. 2204.

II. Das Beispiel Fusionskontrolle

29   Die vorgenannten Schwierigkeiten erstrecken sich bis in die Fusionskontrolle, wenn es um den **Zusammenschluss** von bzw. mit **Unternehmen** geht, die auch **Güter für zivile Zwecke** herstellen. Eine weite Sicht würde hier dafür sprechen, dass wegen der Berührung militärischer Belange die Mitgliedstaaten den Zusammenschluss insgesamt ihrer Kontrolle unterwerfen können. Allerdings würde dann ein geringer Rüstungsanteil genügen, um die Fusionskontrolle der Kommission auszuschalten. Dabei gibt es durchaus verschiedene Unternehmen, die zu einem geringen Teil im Rüstungssektor tätig sind. Daher würde die Effektivität der EU-Fusionskontrolle ausgehebelt, wenn bereits ein (geringer) militärischer Anteil ausreichen würde, um die ausschließliche Zuständigkeit der Mitgliedstaaten zu begründen.

30   Die **Kommission greift** indes **sehr weit in den militärischen Teil** ein, und zwar in vielfacher Hinsicht: Sie fordert eine **Anmeldung** des militärischen Teils eines Zusammenschlusses, wenn eine Trennung nicht möglich ist.[59] Jedenfalls bezieht sie für die eine Fusionskontrollpflicht auslösenden **Schwellenwerte** nach Art. 1 FKVO den militärischen Teil eines Zusammenschlusses ein, auch wenn er nicht förmlich angemeldet wurde.[60] Sie verlangt umfassende **Unterlagen** von den Mitgliedstaaten, um die Reichweite von Art. 346 AEUV zu ermitteln.[61] Diesen steht insoweit kein Auskunftsverweigerungsrecht zu, soweit eine Verschwiegenheit gewährleistet ist.[62] Vor allem aber prüfte sie auch **den militärischen Teil eines Zusammenschlusses** voll.[63] Damit wird der harte Kern nationaler Sicherheitsinteressen überspielt.[64] Damit es erst gar nicht dazu kommt, können die Mitgliedstaaten auf der Basis ihrer wesentlichen Sicherheitsinteressen für den Schutz der Unternehmen eine Anmeldung ihres Zusammenschlusses bei der Kommission untersagen.[65]

III. Rechtsfolgen

1. Verhältnismäßige Sicherheitsmaßnahmen

31   Sind wesentliche nationale Sicherheitsinteressen beeinträchtigt, ist es grundsätzlich Sache der nationalen **Behörden**, die **Sicherheitsmaßnahmen** zu bestimmen, die zum Schutz erforderlich sind. Käme eine Überprüfung dieser Behauptung durch das Gericht nur bei offensichtlichen Zweifeln in Betracht, hätten die Mitgliedstaaten die Möglichkeit, durch ein übertriebenes Sicherheitsempfinden und entsprechende Regelungen weite Teile dieses Marktsegments den wettbewerbsöffnenden Vorschriften des AEUV zu entziehen. Sachgerechter erscheint daher eine einzelfallabhängige **Verhältnismäßigkeitsprüfung**. Sie folgt auch aus der gebotenen engen Auslegung der Ausnahmebestimmungen.

---

[59] S. Entscheidung der Kommission vom 10.12.2004, COMP/M.3596 (ThyssenKrupp/HWD).

[60] So das Vorgehen der Kommission nach *Baron*, in: Langen/Bunte, Kartellrecht, 12. Aufl., 2014, Art. 21 FKVO, Rn. 18 a. E.

[61] *Körber*, in: Immenga/Mestmäcker, Wettbewerbsrecht, 5. Aufl., 2012, Art. 21 FKVO, Rn. 42.

[62] S. o. Rn. 11 sowie u. Art. 348 AEUV, Rn. 22.

[63] So in Entscheidung der Kommission vom 3.1.2000, COMP/M.1797 (Saab/Celsius).

[64] S. Entscheidung der Kommission vom 28.8.1998, COMP/M.1258 (GEC Marconi/Alenia); *Körber* (Fn. 61) Art. 21 FKVO, Rn. 42 a. E., 43.

[65] S. Entscheidung der Kommission vom 24.11.2995, COMP/M.528 (British Aerospace/VSEL), Rn. 1.

Demnach liegen die Ausnahmevoraussetzungen nur dann vor, wenn den Sicherheits- 32
interessen nicht mit den Mitteln der den Binnenmarkt verwirklichenden Vorschriften
entsprochen werden kann. Die Mitgliedstaaten dürfen somit den Handel mit Rüstungsgütern sowohl innerhalb der Union als auch gegenüber Drittländern **besonderen Ge-
nehmigungs- und Überwachungsverfahren** unterwerfen. Allerdings haben sie den Verhältnismäßigkeitsgrundsatz zu beachten. Dies gilt auch in Bezug auf Sanktionen für
Verstöße gegen solche nationalen Vorschriften.[66]

2. Exporte in Drittstaaten

Im Hinblick auf Exporte in Drittländer gelten indes nach Art. 207 AEUV die einheitli- 33
chen Grundsätze der gemeinsamen Handelspolitik und die vom Europäischen Parlament und dem Rat erlassenen Verordnungen nach Art. 207 Abs. 2 AEUV. Insoweit stellt
sich die zusätzliche Frage, inwieweit diese auch Art. 346 AEUV verdrängen. Schließlich
geht es dann nicht um die nationale Verteidigung, sondern um die Beziehungen zu
anderen Staaten, die gerade im Hinblick auf die Handelspolitik einheitlichen Grundsätzen unterworfen sind. Danach kann nach dem EuGH der bloße Verweis auf außen- oder
sicherheitspolitische Zwecke nicht dazu führen, dass die Mitgliedstaaten die Ausfuhr
von Rüstungsgütern verhindern oder beschränken können. Vielmehr benötigen nationale **handelspolitische Maßnahmen** eine **besondere Ermächtigung**.[67]

Nach Art. 10 VO (EU) 2015/479[68] dürfen die Mitgliedstaaten **Ausfuhrbeschränkun-** 34
gen insbesondere **aus Gründen der öffentlichen Sicherheit** erlassen. Damit kann auch
der Handel von Rüstungsgütern mit Drittstaaten unter Verweis auf eine Gefahr einer
Störung des Netzes der auswärtigen Beziehungen wie im Rahmen von Art. 36 AEUV
limitiert werden.[69] Die öffentliche Sicherheit eines Mitgliedstaates ist vor allem dann
beeinträchtigt, wenn ein Rüstungsgut in ein Land exportiert werden soll, das sich im
Krieg mit einem anderen Land befindet. Das gilt jedenfalls nach der vorzuziehenden
früheren Rechtsprechung auch für Dual-Use-Güter.[70]

Auch dabei wird den Mitgliedstaaten ein gewisser **Ermessensspielraum** zugebilligt, 35
und zwar nicht nur im Hinblick darauf, ob eine Gefahr für die öffentliche Sicherheit
besteht, sondern auch darauf bezogen, dass ein Beweis für die zivile Nutzung der betroffenen Waren verlangt werden darf und für die Verweigerung der Genehmigung die
objektive Eignung einer Ware für eine militärische Verwendung genügen kann.[71] Für
Dual-Use-Güter ist das Ob und das Wie der nationalen Kontrolle von Exporten in der
Dual-Use-Verordnung (EG) Nr. 428/2009[72] geregelt.

---

[66] Vgl. EuGH, Urt. v. 4.10.1991, Rs. C–367/89 (Richardt), Slg. 1991, I–4621, Rn. 24 ff.

[67] EuGH, Urt. v. 17.10.1995, Rs. C–70/94 (Werner), Slg. 1995, I–3189, Rn. 7 ff., 12; Urt. v. 17.10.
1995, Rs. C–83/94 (Leifer), Slg. 1995, I–3231, Rn. 9 ff.

[68] Des Europäischen Parlaments und des Rates vom 11.3.2015 über eine gemeinsame Ausfuhrregelung, ABl. 2015, L 83/84.

[69] EuGH, Urt. v. 17.10.1995, Rs. C–70/94 (Werner), Slg. 1995, I–3189, Rn. 12 ff.

[70] EuGH, Urt. v. 17.10.1995, Rs. C–83/94 (Leifer), Slg. 1995, I–3231, Rn. 29 f.

[71] EuGH, Urt. v. 17.10.1995, Rs. C–83/94 (Leifer), Slg. 1995, I–3231, Rn. 35.

[72] VO (EG) Nr. 428/2009 des Rates vom 5.5.2009 über eine Gemeinschaftsregelung für die Kon-
trolle der Ausfuhr, der Verbringung, der Vermittlung und der Durchfuhr von Gütern mit doppeltem
Verwendungszweck, ABl. 2009, L 134/1, zul. geändert durch Delegierte VO (EU) 2015/2420 der
Kommission vom 12.10.2015, ABl. 2015, L 340/1.

3. Begrenzte Reichweite

36   Art. 346 AEUV kann nur von der Befolgung der Vorschriften entheben, die im Einzelfall wesentliche nationale Sicherheitsinteressen gefährden. Ansonsten gelten die Bestimmungen über die Zollunion und die gemeinsame Handelspolitik auch für Waffen, Munition und Kriegsmaterial. Dies bedeutet insbesondere, dass der **Gemeinsame Zolltarif und** der **Zollkodex** – welche die **Sicherheitsinteressen nicht berühren** – auf solche Waren anzuwenden sind. Mangels ausreichenden Nachweises der Betroffenheit von Sicherheitsinteressen hat der EuGH die Anwendbarkeit des Art. 346 Abs. 1 Buchst. b AEUV auf dem Gebiet der Mehrwertsteuer[73] sowie der Einfuhrbefreiungen[74] bereits abgelehnt.

37   Sofern Waren, die als strategisches Material gelten, nicht unter Art. 346 AEUV fallen, können mitgliedstaatliche Beschränkungen des freien Warenverkehrs aufgrund der öffentlichen Sicherheit gemäß **Art. 36 AEUV** gerechtfertigt werden.[75]

38   Hat die **Kommission Zweifel**, dass die Voraussetzungen des Art. 346 AEUV vorliegen, kann sie gemäß **Art. 348 Abs. 1 AEUV** mit dem betroffenen Mitgliedstaat auf eine Anpassung seiner Maßnahmen hinwirken oder aber nach **Art. 348 Abs. 2 AEUV** den EuGH unmittelbar anrufen, wenn sie von einem Missbrauch dieser Befugnisse ausgeht. Das ist dann der Fall, wenn ein Mitgliedstaat die nationalen Sicherheitsinteressen nur vorschiebt, um eine Zuständigkeit der Kommission zu verhindern, die Situation evident falsch einschätzt oder aber den Bereich des Art. 346 AEUV über Gebühr etwa in einen nicht-militärischen Sektor hinein erstreckt.[76] Der erste Fall wird sich aber oft schwerlich als Missbrauch beweisen lassen, besitzen doch die Mitgliedstaaten einen erheblichen Beurteilungsspielraum.

4. Ausschluss des EAGV?

39   Der EuGH schließt aus einer fehlenden Regelung im **EAGV** auf eine gänzliche Ausklammerung des militärischen Bereichs, so dass für Art. 346 AEUV kein Bedürfnis bestünde, würde doch der militärische Bereich vom EAGV von vornherein nicht erfasst. Indes zeigt das Beispiel des Iran, dass die Grenze von der friedlichen zur militärischen Nutzung der Kernenergie fließend und hochumstritten sein kann. Für einige Staaten gehört gerade die Atomstreitmacht zur unentbehrlichen nationalen Verteidigungsstrategie und kann daher eines besonderen Schutzes vor der **Verbringung auch nur der Atomtechnologie in potentielle Konfliktgebiete** bedürfen, wenn sie auch militärisch genutzt werden kann. Daher muss **Art. 346 AEUV einschlägig** sein[77] und die entsprechende Lücke im EAGV schließen, auch wenn Art. 106a EAGV nicht auf diese Bestimmung verweist. Auch der EuGH verlangt die Möglichkeit geeigneter Maßnahmen zum Schutz vor der militärischen Nutzung der Kernenergie auf der Basis des AEUV.[78] Die **Grenze** bildet freilich die notwendige Aufnahme der betroffenen Güter in die konstitutive **Liste nach Art. 346 Abs. 2 AEUV**, die dann gegebenenfalls erweitert werden müsste.

---

[73] EuGH, Urt. v. 16.9.1999, Rs. C–414/97 (Kommission/Spanien), Slg. 1999, I–5585, Rn. 21 ff.
[74] EuGH, Urt. v. 15.12.2009, Rs. C–239/06 (Kommission/Italien), Slg. 2009, I–11913, Rn. 48 ff.
[75] EuGH, Urt. v. 4.10.1991, Rs. C–367/89 (Richardt), Slg. 1991, I–4621, Rn. 22 f.
[76] S. näher u. Art. 348 AEUV, Rn. 17.
[77] Für eine Analogie *Jaeckel*, in: Grabitz/Hilf/Nettesheim, EU, Art. 346 AEUV (Oktober 2011), Rn. 11.
[78] EuGH, Urt. v. 12.4.2005, Rs. C–61/03 (Kommission/Vereinigtes Königreich), Slg. 2005, I–2477, Rn. 44. Darauf verweist auch *Jaeckel*, in: Grabitz/Hilf/Nettesheim, EU, Art. 346 AEUV (Oktober 2011), Rn. 11.

Artikel 347 AEUV [Notstandsvorbehalt]

Die Mitgliedstaaten setzen sich miteinander ins Benehmen, um durch gemeinsames Vorgehen zu verhindern, dass das Funktionieren des Binnenmarkts durch Maßnahmen beeinträchtigt wird, die ein Mitgliedstaat bei einer schwerwiegenden innerstaatlichen Störung der öffentlichen Ordnung, im Kriegsfall, bei einer ernsten, eine Kriegsgefahr darstellenden internationalen Spannung oder in Erfüllung der Verpflichtungen trifft, die er im Hinblick auf die Aufrechterhaltung des Friedens und der internationalen Sicherheit übernommen hat.

Literaturübersicht

Bleckmann, Zur Rechtmäßigkeit der EG-Sanktionen gegen Argentinien nach allgemeinem Völkerrecht und dem Recht der EG, 1982; *Bohr*, Schutznormen im Recht der Europäischen Gemeinschaften, 1994; *Garçon*, Handelsembargen der Europäischen Union auf dem Gebiet des Warenverkehrs gegenüber Drittstaaten, 1997; *Hummer*, Das griechische Embargo, FS Everling, Band I, 1995, S. 511; *Meng*, Die Kompetenz der EWG zur Verhängung von Wirtschaftssanktionen gegen Drittländer, ZaöRV 42 (1982), 780; *Pechstein*, Austria ante portas: Österreichs Neutralität als Hindernis für einen EG-Beitritt?, EuR 1989, 54; *Wirbel*, Der Ausnahmezustand im Gemeinschaftsrecht, 1994.

Leitentscheidungen

EuGH, Urt. v. 15.5.1986, Rs. 22/84 (Johnston), Slg. 1986, 1651
EuGH, Urt. v. 29.6.1994, Rs. C–120/94 R (Kommission/Griechenland), Slg. 1994, I–3037
EuGH, Urt. v. 17.10.1995, Rs. C–83/94 (Leifer), Slg. 1995, I–3231

Inhaltsübersicht

A. Funktion und Bedeutung

I. Traditionelle Abweichungsbefugnis

1   Art. 347 AEUV bildet wie auch Art. 346 AEUV eine **traditionelle Bestimmung**, die schon in Art. 224 EWGV enthalten war und trotz entsprechender Vorschläge der Kommission nicht gestrichen wurde.[1]

2   Art. 347 AEUV ermöglicht den Mitgliedstaaten wie Art. 346 AEUV, aufgrund von Sicherheitsbelangen von den Vertragsbestimmungen abzuweichen. Diese **Abweichungsbefugnis** ist zwar nicht ausdrücklich vorgesehen. Indes stellt Art. 348 UAbs. 2 AEUV die Befugnisse nach Art. 346 und 347 AEUV gleich.[2] Auch Art. 347 AEUV soll in bestimmten Situationen den Mitgliedstaaten besondere Maßnahmen ermöglichen, durch welche das Funktionieren des Binnenmarkts beeinträchtigt wird. Damit soll den Mitgliedstaaten eine Abweichung von den Vertragsbestimmungen eröffnet werden.[3] Es handelt sich um eine **implizite Ermächtigung** für die Mitgliedstaaten, Maßnahmen zu ergreifen, wenn ihre Existenz in besonderen, sicherheitsbezogenen Ausnahmekonstellationen gefährdet wird.[4]

3   Wie im Rahmen von Art. 346 AEUV werden diese nationalen Maßnahmen nicht gänzlich von der Wahrung des Unionsrechts entbunden. Es besteht also **kein** gänzlich vom Unionsrecht gelöster **nationaler Souveränitätsvorbehalt**, der das Unionsrecht von vornherein nicht eingreifen lässt.[5] Für diese parallele Struktur spricht die gleiche Behandlung beider Vorschriften in Art. 348 AEUV, der die entsprechenden nationalen Maßnahmen gerade nicht der Prüfung durch die Kommission und den Gerichtshof entzieht. Indem dieser aber nur Missbräuche zu kontrollieren hat, besitzen die Mitgliedstaaten wie auch im Rahmen von Art. 346 AEUV einen **Beurteilungsspielraum**.[6] Indes müssen die Mitgliedstaaten das Vorliegen der tatbestandlichen Voraussetzungen des Art. 347 AEUV nachweisen und diese sind entsprechend ihres **Ausnahmecharakters** eng zu interpretieren.[7]

4   Infolge dieser Kontrolle durch die Kommission und den Gerichtshof besteht allenfalls eine **geteilte Souveränität der Mitgliedstaaten**, ja die Bezeichnung als Souveränitätsvorbehalt ist als solche nicht adäquat.[8] Die geltend gemachten nationalen Sicherheits-

---

[1] *Jaeckel*, in: Grabitz/Hilf/Nettesheim, EU, Art. 347 AEUV (Oktober 2011), Rn. 13. Dafür indes *Calliess*, in: Calliess/Ruffert, EUV/AEUV, Art. 347 AEUV, Rn. 1.

[2] GA *Jacobs*, Schlussanträge zu Rs. C–367/89 (Richardt), Slg. 1991, I–4621, Rn. 32.

[3] Andernfalls wäre auch das vorgesehene Konsultationsverfahren der Mitgliedstaaten ohne Bezug, *Kokott*, in: Streinz, EUV/AEUV, Art. 347 AEUV, Rn. 3; s. bereits *Meng*, ZaöRV 42 (1982), 780 (797) sowie etwa *Hummer*, S. 520.

[4] *Jaeckel*, in: Grabitz/Hilf/Nettesheim, EU, Art. 347 AEUV (Oktober 2011), Rn. 2.

[5] S. die Aufsehen erregende Entscheidung EuGH, Urt. v. 11.1.2000, Rs. C–285/98 (Tanja Kreil), Slg. 2000, I–69, Rn. 15 ff.: Frauen zur Bundeswehr; s. aber auch Urt. v. 11.3.2003, Rs. C–186/01 (Dory), Slg. 2003, I–2479, Rn. 39; bereits Urt. v. 15.5.1986, Rs. 222/84 (Johnston), Slg. 1986, 1651, Rn. 26; aus der Lit. *Jaeckel*, in: Grabitz/Hilf/Nettesheim, EU, Art. 347 AEUV (Oktober 2011), Rn. 4; *Kokott*, in: Streinz, EUV/AEUV, Art. 347 AEUV, Rn. 6 und ausführlich *Wirbel*, S. 42 ff.

[6] Etwa *Calliess*, in: Calliess/Ruffert, EUV/AEUV, Art. 347 AEUV, Rn. 10 und Art. 348 AEUV, Rn. 5 ff.

[7] Etwa EuGH, Urt. v. 16.9.1999, Rs. C–414/97 (Kommission/Spanien), Slg. 1999, I–5585, Rn. 21 f.; aus der Lit. bereits *Hummer*, S. 530; *Kreuschitz/Weerth*, in: Lenz/Borchardt, EU-Verträge, Art. 347 AEUV, Rn. 5.

[8] S. bereits *Gilsdorf/Brandtner*, in: GS, EUV/EGV, Vorbem. zu Art. 296–298 EGV, Rn. 4 sowie Art. 297 EGV, Rn. 6; *Jaeckel*, in: Grabitz/Hilf/Nettesheim, EU, Art. 347 AEUV (Oktober 2011), Rn. 7 gegen *Kokott*, in: Streinz, EUV/AEUV, Art. 347 AEUV, Rn. 5, 11.

belange sind in die allgemeine Konzeption der Verträge zu integrieren. Daher geht es eher um ein Miteinander von unionsrechtlichem Anliegen und Ansatz sowie nationalen Belangen.

II. Verhältnis zu anderen Vorschriften

Der **Unterschied zu Art. 346 AEUV** ist **nur graduell**: Während dort wesentliche natio-   5
nale Sicherheitsbelange genügen, bedarf es bei Art. 347 AEUV gravierender Störungen der nationalen Sicherheit, sei es im Inneren durch eine Störung der öffentlichen Ordnung, sei es nach außen durch einen Kriegsfall oder eine ernste, eine Kriegsgefahr darstellende internationale Spannung, sei es international durch die Erfüllung für die Aufrechterhaltung des Friedens und der internationalen Sicherheit übernommener Verpflichtungen. Diese schwerwiegenden Situationen legen zwar nahe, dass schärfere nationale Maßnahmen getroffen werden können. Indes ist dies dann im Rahmen der Abwägung mit unionsrechtlichen Prinzipien zu berücksichtigen. Daher kommt auf der Basis von Art. 347 AEUV **eher** eine **Zurückdrängung unionsrechtlicher Regeln** in Betracht als im Rahmen von Art. 346 AEUV. Dafür ist aber auch der **Anwendungsbereich kleiner** und die Voraussetzungen und Anforderungen sind höher.

Solchermaßen einbezogen in das unionsrechtliche Regelsystem kann Art. 347 AEUV   6
neben anderen Vorschriften zur Geltung kommen. Es ist nur auf besondere Notstandssituationen ausgerichtet und vermittelt daher **weiterreichende Befugnisse**.[9] Damit handelt es sich nicht um eine lediglich subsidiär eingreifende Vorschrift, wenn andere Bestimmungen nicht einschlägig sind, also gleichsam eine ultima ratio,[10] sondern eher um eine **lex specialis**[11] aufgrund der zugrunde gelegten besonderen Situationen, die so in anderen Vorschriften nicht auftauchen.[12]

Dadurch ist Art. 347 AEUV höchstens vorrangig zu prüfen, lässt aber durchaus auch   7
andere Klauseln wie Art. 36, 45 Abs. 3, Art. 52, 62, 65, 72 und auch 346 AEUV eingreifen. Damit gewinnt Art. 347 AEUV kein zu starkes Gewicht, sondern auch dessen Anwendung ist durch das Erfordernis der Verhältnismäßigkeit und die damit verbundene Notwendigkeit von nationalen Maßnahmen im Hinblick auf die Erreichung der in Frage stehenden Sicherheitsinteressen begrenzt.[13] Wegen der angesprochenen besonders gravierenden Situationen ist allerdings ein **Einschätzungsspielraum** der Mitgliedstaaten, der **weiter** geht als in anderen Vorschriften, durchaus adäquat.[14]

Entgegen dem EuGH, der den militärischen Bereich dem EAGV entzieht,[15] ist wie   8
Art. 346 AEUV[16] auch Art. 347 AEUV für den EAGV einschlägig; in der immer noch

---

[9] *Jaeckel*, in: Grabitz/Hilf/Nettesheim, EU, Art. 347 AEUV (Oktober 2011), Rn. 9.
[10] So aber die h. M., etwa *Calliess*, in: Calliess/Ruffert, EUV/AEUV, Art. 347 AEUV, Rn. 2; *Karpenstein*, in: Schwarze, EU-Kommentar, Art. 347 AEUV, Rn. 12 sowie auch die frühere Rspr., etwa EuGH, Urt. v. 17. 10. 1995, Rs. C–83/94 (Leifer), Slg. 1995, I–3231, Rn. 14 ff. sowie schon Urt. v. 15. 5. 1986, Rs. 22/84 (Johnston), Slg. 1986, 1651, Rn. 60.
[11] So schon *Gilsdorf/Brandtner*, in: GS, EUV/EGV, Vorbem. zu Art. 296–298 EGV, Rn. 10.
[12] GA *Cosmas*, Schlussanträge zu Rs. C–423/98 (Albore), Slg. 2000, I–5965, Rn. 25 ff.
[13] Daher eine Subsidiarität für notwendig erachtend *Kokott*, in: Streinz, EUV/AEUV, Art. 347 AEUV, Rn. 46; *Wirbel*, S. 143.
[14] *Jaeckel*, in: Grabitz/Hilf/Nettesheim, EU, Art. 347 AEUV (Oktober 2011), Rn. 9 a. E.
[15] So EuGH, Urt. v. 12. 4. 2005, Rs. C–61/03 (Kommission/Vereinigtes Königreich), Slg. 2005, I–2477, Rn. 36.
[16] S. o. Art. 346 AEUV, Rn. 39.

von dem Zusammenwirken der Mitgliedstaaten geprägten **GASP** ist er hingegen wie Art. 346 AEUV nicht heranziehbar.[17]

B. Wahrung der inneren Sicherheit

9   Die erste Konstellation, welche einen Mitgliedstaat zu Maßnahmen berechtigt, durch welche das Funktionieren des Binnenmarkts beeinträchtigt wird, bildet eine **schwerwiegende innerstaatliche Störung der öffentlichen Ordnung**.

10   Unter Aufrechterhaltung öffentlicher Ordnung wird gemeinhin im Polizeirecht der Schutz der jeweils herrschenden sozialen ethischen Anschauungen und damit von Sitte und Moral verstanden, gegen die verstoßen wird, wenn etwa ein nackter Körper in der Öffentlichkeit zur Schau gestellt wird.[18] Der Schutz staatlicher Einrichtungen und Veranstaltungen wird demgegenüber über die öffentliche Sicherheit erfasst.[19] In manchen Polizeigesetzen taucht die öffentliche Ordnung schon gar nicht mehr auf. Zum Teil wird sie generell kritisch gesehen.[20]

11   Demgegenüber ist der Begriff der öffentlichen Ordnung im Rahmen der Grundfreiheiten durchaus geläufig. Er wird auch dort eng ausgelegt[21] und nur bei einer Antastung eines Grundinteresses der Gesellschaft als einschlägig angesehen.[22] Mit der öffentlichen Ordnung wird die Menschenwürde verbunden und zur näheren Auslegung herangezogen.[23] Indes zählen im Rahmen der Warenverkehrsfreiheit etwa schon die Aufdeckung und Verfolgung von Straftaten.[24] Demgegenüber wird die Gefährdung der Existenz eines Staates und dabei der für ihn erforderlichen Einrichtungen und wichtigen öffentlichen Dienste unter die öffentliche Sicherheit gefasst.[25]

12   Generell fällt die innere Sicherheit unter die öffentliche Sicherheit.[26] Die schwerwiegende innerstaatliche Störung der öffentlichen Ordnung ist daher im Rahmen von Art. 347 AEUV eher mit der **Gefährdung der inneren Sicherheit** im Rahmen der Grundfreiheiten in Verbindung zu setzen, allerdings viel enger zu fassen: Dadurch muss die **Existenz des Staates** gefährdet sein, die öffentliche Sicherheit muss also zu kollabieren drohen.[27] Das unmittelbare Bevorstehen von Gewaltanwendungen aufgrund objektiver Anhaltspunkte genügt dabei.[28]

---

[17] *Jaeckel*, in: Grabitz/Hilf/Nettesheim, EU, Art. 347 AEUV (Oktober 2011), Rn. 10 f.; *Kokott*, in: Streinz, EUV/AEUV, Art. 347 AEUV, Rn. 49 f. S. Art. 346 AEUV, Rn. 4.

[18] OVG Münster, DÖV 1996, 1052.

[19] S. VGH Mannheim, DÖV 2003, 165.

[20] *Schenke*, in: Steiner, Verwaltungsrecht, Besonderer Teil II, 8. Aufl., 2006, Rn. 39 ff.

[21] Bereits EuGH, Urt. v. 4.12.1974, Rs. 41/74 (van Duyn), Slg. 1974, 1337, Rn. 18/19.

[22] EuGH, Urt. v. 27.10.1977, Rs. 30/77 (Bouchereau), Slg. 1977, 1999, Rn. 33/35; Urt. v. 28.10. 1975, Rs. 36/75 (Rutili), Slg. 1975, 1219, Rn. 26/28 f.

[23] EuGH, Urt. v. 14.10.2004, Rs. C–36/02 (Omega), Slg. 2004, I–9609, Rn. 39 ff.; ausführlich s. Art. 1 GRC, Rn. 53, 62.

[24] EuGH, Urt. v. 17.6.1987, Rs. 154/85 (Kommission/Italien), Slg. 1987, 2717, Rn. 13 f.

[25] *Becker*, in: Schwarze, EU-Kommentar, Art. 36 AEUV, Rn. 12; s. auch EuGH, Urt. v. 25.10.2001, Rs. C–398/98 (Kommission/Griechenland), Slg. 2001, I–7915, Rn. 29 im Hinblick auf die für die Aufrechterhaltung des Gemeinwesens notwendige Versorgung mit Gütern.

[26] S. EuGH, Urt. v. 4.10.1991, Rs. C–367/89 (Richardt), Slg. 1991, I–4621, Rn. 22.

[27] GA *Jacobs*, Schlussanträge zu Rs. C–120/94 (Kommission/Griechenland), Slg. 1996, I–1513, Rn. 47; *Calliess*, in: Calliess/Ruffert, EUV/AEUV, Art. 347 AEUV, Rn. 4.

[28] *Karpenstein*, in: Schwarze, EU-Kommentar, Art. 347 AEUV, Rn. 4.

Rein wirtschaftliche und soziale Phänomene reichen wie im Bereich der Grundfrei-   **13**
heiten nicht aus.[29] Aus ihnen muss vielmehr eine Gefährdung des Staatswesens resultieren. Dafür genügen auch immer wieder auftretende **Ausschreitungen Privater** nicht;
dadurch werden höchstens staatliche Schutzpflichten auf der Basis der Grundfreiheiten
ausgelöst.[30]

Generell bleiben **Einzelphänomene** wie auch einzelne Terrorakte, Umweltkatastro-   **14**
phen und selbst einmalige Versorgungskrisen **außer Betracht**.[31] Vielmehr geht es um eine
Gesamtsituation, welche das gewöhnliche Funktionieren des Staates tiefgreifend in Frage stellt[32] und die gewöhnlichen Mittel des Rechts nicht mehr ausreichen lässt.[33] Damit
werden wesentlich gravierendere Phänomene erfasst als im Rahmen der öffentlichen
Sicherheit und Ordnung im Kontext der Grundfreiheiten.[34]

Es handelt sich um sehr selten auftretende **existenzielle Staatsgefährdungen**. Beispie-   **15**
le sind Bürgerkriege, Revolutionen, ein massiver und permanenter Terrorismus,[35] aber
auch Unfälle in großtechnischen Anlagen.[36] Allerdings kann auch ein einzelner **Terroranschlag** die verfassungsmäßige Ordnung in einem Mitgliedstaat ernsthaft gefährden, so
wenn aufgrund des Ausmaßes ein ganzes Land erschüttert wird. Dies hängt aber davon
ab, in welchem Ausmaß sich ein solcher Vorfall auswirkt. Das wird auch von der Größe
des Landes abhängen und von seiner Stabilität.

So kann nicht jede **Kernkraftkatastrophe** zu einer schwerwiegenden innerstaatlichen   **16**
Störung der öffentlichen Ordnung umgedeutet werden. Die geringen Auswirkungen
darauf zeigten sich etwa in einem stabilen Land wie Japan. Und selbst ein Anschlag auf
eine U-Bahn unmittelbar vor den Parlamentswahlen 2004 hat in Spanien keine tief-
greifende Störung ausgelöst. Dass die politische Stimmung gänzlich kippte und statt des
favorisierten Aznar dann der Sozialist Zapatero gewählt wurde, reicht dafür nicht aus,
sondern gehört zum normalen demokratischen Geschehen.

In der Praxis wird damit eine schwerwiegende innerstaatliche Störung der öffentli-   **17**
chen Ordnung kaum auftreten. Dabei kommt es auch **nicht** auf ihr **formelles Auftreten**
etwa dadurch, dass der Ausnahmezustand ausgerufen wird, an, sondern auf ihr materielles Vorliegen. Dass eine solche Ausrufung einen bedeutenden indiziellen Charakter
haben soll,[37] ebenso die Bereitstellung der Streitkräfte,[38] lädt eher Staaten zum **Missbrauch** ein, indem sie trotz Fehlen einer existenziellen Gefährdung den Ausnahmezustand proklamieren oder das Militär mobilisieren und dadurch eine Konstellation des
Art. 347 AEUV herbeiführen wollen. Zu welch tiefgreifenden Einschnitten in Freiheits-
rechte Staaten bei einem Terroranschlag neigen, zeigte und zeigt immer noch das Beispiel der Vereinigten Staaten von Amerika, wie das umfassende Ausspähprogramm der
NSA belegt.

---

[29] Bereits *Hummer*, S. 531; sie völlig ausschließend *Wirbel*, S. 74.

[30] EuGH, Urt. v. 9.12.1997, Rs. C–265/95 (Kommission/Frankreich), Slg. 1997, I–6959, Rn. 32 ff.,
54 ff.; näher zu diesen Schutzpflichten *Frenz*, Handbuch Europarecht, Band 1, Rn. 728 ff.

[31] *Karpenstein*, in: Schwarze, EU-Kommentar, Art. 347 AEUV, Rn. 4.

[32] GA *Cosmas*, Schlussanträge zu Rs. C–423/98 (Albore), Slg. 2000, I–5965, Rn. 27.

[33] *Jaeckel*, in: Grabitz/Hilf/Nettesheim, EU, Art. 347 AEUV (Oktober 2011), Rn. 15.

[34] *Dittert*, in: GSH, Europäisches Unionsrecht, Art. 347 AEUV, Rn. 6.

[35] Etwa *Calliess*, in: Calliess/Ruffert, EUV/AEUV, Art. 347 AEUV, Rn. 4; *Dittert*, in: GSH, Europäisches Unionsrecht, Art. 347 AEUV, Rn. 7.

[36] *Jaeckel*, in: Grabitz/Hilf/Nettesheim, EU, Art. 347 AEUV (Oktober 2011), Rn. 15; *Kokott*, in:
Streinz, EUV/AEUV, Art. 347 AEUV, Rn. 13.

[37] *Dittert*, in: GSH, Europäisches Unionsrecht, Art. 347 AEUV, Rn. 7.

[38] *Karpenstein*, in: Schwarze, EU-Kommentar, Art. 347 AEUV, Rn. 4 a. E.

C. Wahrung der äußeren Sicherheit

I. Kriegsbegriff

18   Als zweite Alternative, bei der ein Mitgliedstaat Maßnahmen ergreifen kann, die das Funktionieren des Binnenmarkts beeinträchtigen, nennt Art. 347 AEUV den **Kriegsfall** sowie eine **ernste internationale Spannung**, die eine Kriegsgefahr darstellt. Kernbegriff ist damit der Krieg. Abgrenzungsschwierigkeiten werden am ehesten vermieden, wenn der Krieg klassisch völkerrechtlich definiert wird.[39] Darunter fallen jedenfalls Kriege zwischen Staaten und damit die unzweifelhaften Konstellationen eines Krieges zwischen einem Mitgliedstaat und einem Drittstaat[40], wie dies im Falklandkrieg zwischen Großbritannien und Argentinien zutraf.[41] Eine subjektiv gefärbte Annahme einer Kriegsgefahr kann allerdings nicht genügen; es kann nicht schon ein vernünftiger Grund »von einem subjektiven Standpunkt aus« genügen und die Sicherheit eher »eine Sache der eigenen Empfindung als der nackten Tatsachen« sein.[42] Rechtfertigt schon die eigene Empfindung einen Krieg, widerspricht dies der Friedensförderungspflicht nach Art. 2 EUV als zentralem Ziel der Union. Es bedarf daher **gewichtiger objektiver Anhaltspunkte** für eine Kriegsgefahr, welche die Beurteilung eines Mitgliedstaates stützen, um Missbräuche zu vermeiden.

19   Ein solcher **Krieg** kann zwar **sehr weit entfernt** sein. Indes ist formal der Kriegsbegriff erfüllt. Allerdings lassen sich Begrenzungen für eine Einschränkung des Binnenmarkts dadurch finden, dass diese für den konkreten Kriegsfall notwendig sein müssen. Das ist eher der Fall, wenn der Krieg in der Nähe liegt und das Hauptland betrifft als eine entfernte Auseinandersetzung, die nur ein relativ unbedeutendes Außenterritorium tangiert.

II. Humanitäre Interventionen

20   Sehr weit entfernt sind regelmäßig **humanitäre Interventionen**, die namentlich Frankreich in früheren afrikanischen Kolonien durchführt. Insoweit besteht auch kein formaler Kriegszustand. Indes stehen humanitäre Interventionen gerade dafür, dass sich der Kriegsbegriff fortentwickelt hat und mittlerweile sämtliche bewaffnete internationale Konflikte erfasst werden, in denen Waffengewalt gegen den völkerrechtlich geschützten Bereich des Gegners eingesetzt wird.[43] Dadurch lassen sich von ihrem Charakter her auch humanitäre Interventionen einbeziehen, außer es handelt sich um eine örtlich und zeitlich begrenzte Rettungsaktion etwa für einige eigene Staatsangehörige.[44]

21   Allerdings erscheint eine solche Intervention, auch wenn dabei militärische Mittel eingesetzt werden, doch eher als staatliches Verhalten, das bestimmte **politische Interessen** verfolgt und damit noch am ehesten als Fortsetzung der Politik mit anderen Mit-

---

[39] Dahin *Calliess*, in: Calliess/Ruffert, EUV/AEUV, Art. 347 AEUV, Rn. 5.

[40] Etwa *Calliess*, in: Calliess/Ruffert, EUV/AEUV, Art. 347 AEUV, Rn. 5.

[41] *Jaeckel*, in: Grabitz/Hilf/Nettesheim, EU, Art. 347 AEUV (Oktober 2011), Rn. 16.

[42] So GA *Jacobs*, Schlussanträge zu Rs. C–120/94 (Kommission/Griechenland), Slg. 1996, I–1513, Rn. 47 ff.; anders *Hummer*, S. 539 f.

[43] *Jaeckel*, in: Grabitz/Hilf/Nettesheim, EU, Art. 347 AEUV (Oktober 2011), Rn. 16; ausführlich Wirbel, S. 83 ff.

[44] *Jaeckel*, in: Grabitz/Hilf/Nettesheim, EU, Art. 347 AEUV (Oktober 2011), Rn. 16 a. E.; *Kokott*, in: Streinz, EUV/AEUV, Art. 347 AEUV, Rn. 17; abl. *Karpenstein*, in: Schwarze, EU-Kommentar, Art. 347 AEUV, Rn. 5.

teln bezeichnet werden könnte. Es bleibt allerdings der Einsatz von Waffengewalt. Dass daraus keine allzu starken Auswirkungen auf den Binnenmarkt folgen, kann durch eine Begrenzung der staatlichen Maßnahmen über den **Verhältnismäßigkeitsgrundsatz** erreicht werden. Daher ist dieser aber auch umso wichtiger, je weiter die Tatbestandsvoraussetzungen des Art. 347 AEUV gedehnt werden.[45]

III. Kriege zwischen Drittstaaten

Auch Kriege zwischen Drittstaaten bilden Kriegsfälle, die angesichts der Verflochtenheit der internationalen Beziehungen leicht auf nicht beteiligte EU-Staaten zurückwirken. Indes bestehen irgendwelche Kriege zwischen Drittstaaten stets, so dass sie als solche nicht ausreichen können, damit Mitgliedstaaten durch ihre Maßnahmen das Funktionieren des Binnenmarkts beeinträchtigen. Daher bedarf es einer **besonderen Nähebeziehung**, welche typischerweise für die Konstellation einer ernsten, eine Kriegsgefahr darstellenden internationalen Spannung verlangt wird. Deshalb ist höchstens diese einschlägig.[46]

    22

IV. Internationale Spannung mit Kriegsgefahr

Eine ernste, eine Kriegsgefahr darstellende internationale Spannung liegt nicht nur vor, wenn der Mitgliedstaat selbst darin verwickelt ist, sondern auch bei konkreten Anhaltspunkten für eine ernstliche Bedrohung der äußeren Sicherheit eines Mitgliedstaates durch einen militärischen **Konfliktfall** oder eine **Kriegsgefahr zwischen Drittstaaten**, was durch eine Angrenzung oder sonstige geographische Nähe indiziert wird.[47] Die **moderne Waffentechnik** reicht indes weiter, so dass im Hinblick darauf auch weiter entfernte Konflikte einbezogen werden können.[48] Da wirtschaftliche Aspekte wie auch im Rahmen der Grundfreiheiten nicht legitimierend wirken können, haben sie außen vor zu bleiben; gerade die äußere Sicherheit des Mitgliedstaates muss ernstlich bedroht sein.[49]

    23

V. Terrorismus

In hohem Maße internationale Spannungen verursacht der **internationale Terrorismus**. Er bedroht sowohl die äußere wie auch die innere Sicherheit. Damit ist er vom Normzweck des Art. 347 AEUV einzubeziehen. Allerdings handelt es sich um keinen **Krieg**, vor allem nicht im klassischen Sinne. Damit muss eine **vergleichbare Bedrohungslage** existieren. Entscheidend ist damit, wie intensiv und schwerwiegend die terroristische Bedrohung ist und inwieweit sie sich auf einen oder auch mehrere EU-Mitgliedstaaten bezieht, so vor allem, wenn Anschläge in einem Drittstaat erfolgen.[50]

    24

---

[45] S. bereits o. Rn. 7.

[46] *Jaeckel*, in: Grabitz/Hilf/Nettesheim, EU, Art. 347 AEUV (Oktober 2011), Rn. 16; s. bereits *Hummer*, S. 531 f.

[47] Etwa *Calliess*, in: Calliess/Ruffert, EUV/AEUV, Art. 347 AEUV, Rn. 5 f.; *Dittert*, in: GSH, Europäisches Unionsrecht, Art. 347 AEUV, Rn. 9.

[48] *Kokott*, in: Streinz, EUV/AEUV, Art. 347 AEUV, Rn. 14 sowie *Jaeckel*, in: Grabitz/Hilf/Nettesheim, EU, Art. 347 AEUV (Oktober 2011), Rn. 17.

[49] *Jaeckel*, in: Grabitz/Hilf/Nettesheim, EU, Art. 347 AEUV (Oktober 2011), Rn. 17; *Kokott*, in: Streinz, EUV/AEUV, Art. 347 AEUV, Rn. 14 im Sinne einer schwerwiegenden Kriegsgefahr; a. A. *Bohr*, S. 66; *Dittert*, in: GSH, Europäisches Unionsrecht, Art. 347 AEUV, Rn. 9; *Wirbel*, S. 90.

[50] *Jaeckel*, in: Grabitz/Hilf/Nettesheim, EU, Art. 347 AEUV (Oktober 2011), Rn. 17 a. E.

VI. Vorgehen der Union

25   Im letzten Fall werden regelmäßig alle Unionsstaaten betroffen sein, so dass besser gleich die **Union zusammen mit** den betroffenen **Mitgliedstaaten** nach Art. 222 AEUV, wenn ein Terroranschlag erfolgte, oder zur »Austrocknung« des weiteren Umfeldes nach Art. 207 und Art. 215 AEUV vorgeht.[51] Das gilt generell beim Vorgehen in Konflikten zwischen Drittstaaten, die leicht auf die gemeinsame Handelspolitik und die Wirtschaftsbeziehungen durchschlagen. Auch an dem Schwerpunkt von Art. 207 und 215 AEUV zeigt sich, dass Art. 347 AEUV nicht aufgrund wirtschaftlicher Auswirkungen eingreifen kann. Kommt allerdings eine militärische Bedrohung hinzu, können gleichwohl die Mitgliedstaaten gehalten sein, sich im Hinblick auf ein gemeinsames Vorgehen auf Unionsebene zurückzuhalten.[52]

D. Wahrung der internationalen Sicherheit

26   Als dritte Alternative, um durch staatliche Maßnahmen das Funktionieren des Binnenmarkts beeinträchtigen zu dürfen, nennt Art. 347 AEUV die Erfüllung der Verpflichtungen, die der jeweilige Mitgliedstaat im Hinblick auf die **Aufrechterhaltung des Friedens und der internationalen Sicherheit** übernommen hat. Erforderlich sind entsprechend dem Wortlaut **konkrete und unbedingte Verpflichtungen,**[53] so dass völkerrechtlich nicht bindende Beschlüsse wie bloße Empfehlungen der Generalversammlung oder informelle Exportkontrollregime nicht ausreichen.[54] Insoweit können die Mitgliedstaaten zwar selbst Maßnahmen ergreifen oder auf Unionsebene ein Vorgehen beantragen,[55] sich aber nicht auf Art. 347 AEUV berufen.

27   Hingegen bilden Verpflichtungen aus der UN-Charta sowie Maßnahmen auf der Basis **bindender Resolutionen des UN-Sicherheitsrates nach Kapitel VII** der UN-Charta geeignete Ansatzpunkte,[56] ist doch die Europäische Union nach Erklärung Nr. 13 zum Vertrag von Lissabon durch die Bestimmungen der UN-Charta insbesondere für die Wahrung des Weltfriedens und der internationalen Sicherheit gebunden, ohne dass dadurch allerdings die Mitgliedstaaten verdrängt werden. Sie bleiben Mitglieder und können daher selbst tätig werden, auch wenn sie sich nach Art. 34 EUV sogar im UN-Sicherheitsrat für die Standpunkte und Interessen der Union einzusetzen haben.[57] Im Rahmen von Art. 347 AEUV geht es um die Durchführungsmaßnahmen aus entsprechenden Beschlüssen. Die Union ist gerade nicht UN-Mitglied und deshalb nicht durch die UN-Charta oder Resolutionen des Sicherheitsrates verpflichtet.[58] Wird daher ein

---

[51] *Jaeckel*, in: Grabitz/Hilf/Nettesheim, EU, Art. 347 AEUV (Oktober 2011), Rn. 18; *Kokott*, in: Streinz, EUV/AEUV, Art. 347 AEUV, Rn. 16.

[52] *Kokott*, in: Streinz, EUV/AEUV, Art. 347 AEUV, Rn. 16 f. im Hinblick auf die Verhältnismäßigkeit (fehlende Eignung).

[53] *Hummer*, S. 533; *Karpenstein*, in: Schwarze, EU-Kommentar, Art. 347 AEUV, Rn. 6.

[54] *Jaeckel*, in: Grabitz/Hilf/Nettesheim, EU, Art. 347 AEUV (Oktober 2011), Rn. 21.

[55] *Dittert*, in: GSH, Europäisches Unionsrecht, Art. 347 AEUV, Rn. 18; *Jaeckel*, in: Grabitz/Hilf/Nettesheim, EU, Art. 347 AEUV (Oktober 2011), Rn. 21.

[56] *Kokott*, in: Streinz, EUV/AEUV, Art. 347 AEUV, Rn. 19.

[57] Näher *Frenz*, Handbuch Europarecht, Band 6, Rn. 5304 ff.

[58] EuG, Urt. v. 21.9.2005, Rs. T–306/01 (Yusuf und Al Barakaat), Slg. 2005, II–3533, Rn. 242.

Mitgliedstaat tätig, wird dies höchst selten eine missbräuchliche Berufung auf Art. 347 AEUV bilden.[59] Ansonsten würde seine selbstständige Verpflichtung überspielt.

Auch andere internationale Verpflichtungen kommen in Betracht, so in der **NATO** als **28** regionale Organisation der kollektiven Sicherheit nach Kapitel VIII der UN-Charta.[60] Damit handelt es sich im weiteren Sinne auch um eine Verpflichtung, die sich auf die UN-Charta zurückführen lässt, so dass sich die Bindung an die NATO auch im Rahmen von **Art. XXI Buchst. c GATT** hält, der **nur Verpflichtungen aus der UN-Charta** gelten lässt.

Allerdings widerspricht eine darauf abstellende enge Auslegung[61] der ursprünglich **29** weiten Fassung von Art. 347 3. Alt. AEUV.[62] Zudem sind die **internationalen Verpflichtungen offen formuliert**; sie müssen nur der Aufrechterhaltung des Friedens und der internationalen Sicherheit dienen. Dafür steht klassischerweise die NATO.

Im Übrigen werden Maßnahmen im Rahmen der NATO gerade dann ergriffen, wenn **30** eine internationale Spannung auftritt, die ernst ist und eine Kriegsgefahr darstellt; oder es ist gar der Kriegsfall eingetreten. Von daher wird regelmäßig Art. 347 2. Alt. AEUV erfüllt sein, der mit dem üblicherweise extensiv interpretierten Art. XXI Buchst. b Ziff. iii GATT konvergiert.[63]

Die entsprechenden NATO-Entscheidungen, die zu einer Berufung auf Art. 347 **31** AEUV berechtigen, können auch noch nach Inkrafttreten des Unionsrechts ergangen sein, weil Art. 351 AEUV nachrangig ist.[64] Hingegen können entsprechend dieser Bestimmung keine völlig neuartigen Verpflichtungen eingegangen werden, die als solche dem Unionsrecht widersprechen: Art. 347 AEUV wirkt insoweit nicht etwa erweiternd.[65] **Zwangsmaßnahmen der GASP** können gleichfalls nicht ins Feld geführt werden, weil sie nach Art. 40 EUV isoliert zu sehen sind und keine Auswirkungen auf den unionsrechtlichen Besitzstand haben.[66]

Art. 347 AEUV darf nicht in Widerspruch zu Art. 53 und 64 des Wiener Vertrags- **32** rechts-Übereinkommens ausgelegt werden. Daher sind auch Verpflichtungen aus zwingendem Völkerrecht (**ius cogens**) als übernommen anzusehen, wobei diese Frage bislang nicht praktisch relevant wurde.[67]

E. Notwendige Maßnahmen

I. Schonende Maßnahmen

Liegt eine der drei vorgenannten Konstellationen nach Art. 347 AEUV vor, dürfen die **33** Mitgliedstaaten Maßnahmen ergreifen, auch wenn sie das Funktionieren des Binnenmarkts beeinträchtigen. Damit können also **partiell** die **Regeln zur Verwirklichung des Binnenmarkts** und damit namentlich die Grundfreiheiten und die Wettbewerbsregeln

[59] *Jaeckel*, in: Grabitz/Hilf/Nettesheim, EU, Art. 347 AEUV (Oktober 2011), Rn. 23 a. E. fordert eine Prüfung anhand der Einzelfallumstände.
[60] Etwa *Calliess*, in: Calliess/Ruffert, EUV/AEUV, Art. 347 AEUV, Rn. 8.
[61] *Kokott*, in: Streinz, EUV/AEUV, Art. 347 AEUV, Rn. 18.
[62] *Dittert*, in: GSH, Europäisches Unionsrecht, Art. 347 AEUV, Rn. 20 f.
[63] *Jaeckel*, in: Grabitz/Hilf/Nettesheim, EU, Art. 347 AEUV (Oktober 2011), Rn. 20.
[64] *Jaeckel*, in: Grabitz/Hilf/Nettesheim, EU, Art. 347 AEUV (Oktober 2011), Rn. 19.
[65] *Jaeckel*, in: Grabitz/Hilf/Nettesheim, EU, Art. 347 AEUV (Oktober 2011), Rn. 19; *Kokott*, in: Streinz, EUV/AEUV, Art. 347 AEUV, Rn. 23.
[66] *Jaeckel*, in: Grabitz/Hilf/Nettesheim, EU, Art. 347 AEUV (Oktober 2011), Rn. 21.
[67] *Kokott*, in: Streinz, EUV/AEUV, Art. 347 AEUV, Rn. 24.

außer Kraft gesetzt werden, wie dies auch im Rahmen von Art. 346 AEUV der Fall ist. Allerdings gilt wie dort, dass die Maßnahmen notwendig sein müssen, um das verfolgte Sicherheitsziel zu erreichen.

34   Es bedarf einer **Abwägung**, ob sich die nationalen Sicherheitsinteressen oder die Binnenmarktregeln durchsetzen und inwieweit Letztere außer Kraft gesetzt werden dürfen. Dies muss vielfach nicht vollständig der Fall sein. Weil allerdings Art. 347 AEUV sehr gravierende Gefährdungen der Sicherheit aufgreift, werden sich diese **Sicherheitsbelange regelmäßig durchsetzen**. Damit geht es weniger um das Ob nationaler Maßnahmen als um das Wie, also eine möglichst **schonende Ausgestaltung**, so dass der Binnenmarkt möglichst wenig beeinträchtigt wird. Dies kann zum einen dadurch erreicht werden, dass die Maßnahmen nur sehr abgegrenzte Bereiche erfassen und zum anderen dadurch, dass möglichst milde Maßnahmen ergriffen werden.

35   Geknüpft an eine besondere Situation, darf nur auf diese reagiert werden. Damit darf eine Maßnahme nur so lange andauern, bis die Gefährdung der Sicherheit eines Mitgliedstaats überwunden ist. Daher sind **nur vorübergehende Maßnahmen** erlaubt, nicht hingegen dauerhafte oder auch nur langfristige.[68]

II.   Verhältnis zu anderen Maßnahmen

36   Dauerhaft wäre auch eine Kündigung der Verträge, die nunmehr ohnehin in Art. 50 EUV speziell geregelt ist.[69] **Maßnahmen gegenüber anderen Mitgliedstaaten** sind nunmehr **in Art. 7 EUV speziell** geregelt;[70] die in Art. 2 EUV genannten Werte werden regelmäßig verletzt, wenn ein Staat gegenüber einem anderen Mitgliedstaat einen Krieg vom Zaun bricht oder auch nur eine Kriegsgefahr begründet bzw. eine schwerwiegende innerstaatliche Störung der öffentlichen Ordnung provoziert. Gewalt steht außerhalb des Rechtsstaates.

37   **Typische Maßnahmen** sind im Hinblick auf die innere Sicherheit Begrenzungen der Freizügigkeit. Der äußeren und internationalen Sicherheit können Export- und Importbeschränkungen oder gar eine gänzliche Unterbrechung von Wirtschafts- und Finanzbeziehungen zu einem oder mehreren Drittstaaten dienen. Gerade im letzten Fall stellt sich das Problem, dass eine solche Aussetzung, Einschränkung oder vollständige Einstellung der Wirtschafts- und Finanzbeziehungen in Art. 215 AEUV speziell geregelt ist und so in die Kompetenz der Union fällt. Dabei handelt es sich indes generell geradezu um ein typisches Instrument in Kriegszeiten. Insoweit hat die Union keine operative Kompetenz. Sie kann nur in höchst begrenztem Maße zu gemeinsamen Missionen im Rahmen der GASP kommen. Dabei wird jedoch eine wichtige wirtschafts- und finanzpolitische Flankierung eines militärischen Einsatzes aus der Hand der Mitgliedstaaten genommen, in die sie nach der allgemeinen Kompetenzverteilung in Verteidigungsangelegenheiten gehört.

38   Lediglich im Hinblick auf den **Terrorismus** sieht **Art. 75 AEUV** namentlich das **Einfrieren von Vermögenswerten** vor, was die Frage vor allem auch grundrechtlicher Grenzen aufwirft. Das gilt insbesondere auch bei der Befolgung von Resolutionen des

---

[68] GA *Cosmas*, Schlussanträge zu Rs. C–423/98 (Albore), Slg. 2000, I–5965, Rn. 32; *Kokott*, in: Streinz, EUV/AEUV, Art. 347 AEUV, Rn. 35; *Kreuschitz/Weerth*, in: Lenz/Borchardt, EU-Verträge, Art. 347 AEUV, Rn. 5.

[69] *Jaeckel*, in: Grabitz/Hilf/Nettesheim, EU, Art. 347 AEUV (Oktober 2011), Rn. 26 mit Fn. 119.

[70] *Jaeckel*, in: Grabitz/Hilf/Nettesheim, EU, Art. 347 AEUV (Oktober 2011), Rn. 26.

UN-Sicherheitsrates.[71] Insoweit sind aber die Mitgliedstaaten ebenfalls handlungsermächtigt. Von daher müssen sie, um eine effektive Befolgung von **Resolutionen des UN-Sicherheitsrates** zu ermöglichen, ebenfalls in der Lage sein, die dafür notwendigen Maßnahmen durchzuführen und damit auch Embargos einzusetzen. Insoweit wird dann auch Art. 215 AEUV durch Art. 347 AEUV verdrängt; Entsprechendes gilt für Art. 207 AEUV, zu dem Art. 215 AEUV speziell ist: In beiden Fällen können damit die Mitgliedstaaten auf der Grundlage von Art. 347 AEUV abweichend tätig werden,[72] wenn auch in Rücksicht auf die Union gemäß Art. 4 Abs. 3 EUV[73] sowie im Rahmen der Verhältnismäßigkeit und damit vor allem durch schonende und eher kurzfristige Maßnahmen.[74]

III. Erforderlichkeit von Wirtschaftssanktionen

Ohnehin stellt sich bei **Embargos** und sonstigen Wirtschaftssanktionen die Frage, inwieweit diese zur Wahrung der mitgliedstaatlichen Sicherheit erforderlich sind. Sie sind für Kriege und kriegerische Auseinandersetzungen sicherlich ein effektives Instrument, um den Gegner zu schwächen. Auch können sie dazu dienen, Konflikte zwischen Drittstaaten, die auf die Mitgliedstaaten zurückwirken, »auszutrocknen«. Das gilt jedenfalls im Hinblick auf Rüstungsgüter, die aber schon nach Art. 346 AEUV aufgehalten werden können. Vielfach wird aber auch etwa die Sperrung von wichtigen Infrastrukturgütern als förderlich angesehen, um Staaten an den Verhandlungstisch zu bringen. Insoweit besteht ein **politischer Einschätzungsspielraum**. Indes ist gerade bei weit entfernten Konflikten mit Staaten, die ihre Handelsbeziehungen vor allem mit Staaten aus ihrer Region pflegen sowie mit anderen Großlieferanten, näher **darzulegen, inwieweit gerade Lieferunterbrechungen** aus Mitgliedstaaten der Europäischen Union die verfolgten Sicherheitsziele zu erreichen **geeignet und gar erforderlich** sind. **39**

In solchen Fällen, in denen wirtschaftliche Sanktionen in Betracht kommen, liegt vielfach ohnehin ein **gemeinsames Vorgehen der Union** etwa nach Art. 215 AEUV nahe, so wenn es um die gemeinsame Bekämpfung internationalen Terrors aus bestimmten Staaten geht oder um die Unterstützung eines EU-Staates, der in eine kriegerische Auseinandersetzung verwickelt wurde, wie dies bei Großbritannien im Falklandkrieg zutraf.[75] Dann sind die Mitgliedstaaten nach Art. 4 Abs. 3 EUV verpflichtet, sich in die gemeinsamen Maßnahmen der Union und gegebenenfalls auch der Mitgliedstaaten einzufügen, zumal wenn ein **Mitgliedstaat** einer solchen **Maßnahme** ursprünglich **zugestimmt** hatte: Um davon abzuweichen, was nach Art. 347 AEUV prinzipiell möglich ist, muss er neu eingetretene Umstände darlegen, die eine neue Beurteilung rechtfertigen.[76] **40**

Diese Grundsätze werden auch dann herangezogen, wenn die **Union** eine **abschließende Regelung** beabsichtigt hat,[77] außer der Mitgliedstaat kann neu aufgetretene **41**

---

[71] S. zuletzt EuGH, Urt. v. 3.9.2008, verb. Rs. C–402 u. 415/05 P (Kadi), Slg. 2008, I–6351.

[72] Bereits *Meng*, ZaöRV 42 (1982), 780 (798 f.); *Pechstein*, EuR 1989, 54 (71); aktuell z. B. *Calliess*, in: Calliess/Ruffert, EUV/AEUV, Art. 347 AEUV, Rn. 12; *Khan*, in: Geiger/Khan/Kotzur, EUV/AEUV, Art. 347 AEUV, Rn. 8; a. A. *Bleckmann*, S. 21.

[73] *Jaeckel*, in: Grabitz/Hilf/Nettesheim, EU, Art. 347 AEUV (Oktober 2011), Rn. 24.

[74] *Calliess*, in: Calliess/Ruffert, EUV/AEUV, Art. 347 AEUV, Rn. 12 a. E. m. w. N.

[75] S. dazu sowie zu den Grundsatzfragen nach damaligem Stand *Bleckmann*.

[76] *Garçon*, S. 149; *Jaeckel*, in: Grabitz/Hilf/Nettesheim, EU, Art. 347 AEUV (Oktober 2011), Rn. 25 a. E.; spezifisch zum Falklandkrieg und dem Embargo gegenüber Argentinien *Meng*, ZaöRV 42 (1982), 780 (801 f.); eher weiter *Hummer*, S. 533 f. Vgl. nunmehr auch Art. 28 Abs. 4 EUV.

[77] Bereits *Gilsdorf/Brandtner*, in: GS, EUV/EGV, Art. 297 EGV, Rn. 18.

Umstände geltend machen und wahrt das Kohärenzgebot des Art. 24 Abs. 3 EUV.[78] Ein gänzlicher Ausschluss widerspricht indes der umfassenden Geltung von Art. 347 AEUV für besondere Notsituationen. Daher ist die Lösung im Rahmen der Verhältnismäßigkeit zu suchen; die Mitgliedstaaten müssen **hohe Anforderungen** erfüllen, um die Erforderlichkeit einer nationalen Maßnahme hinreichend darzulegen.[79]

F. Verfahren

42   Art. 347 AEUV verlangt **formell nicht näher**, was ein Mitgliedstaat beachten muss, um eine Maßnahme beim Vorliegen einer Konstellation nach Art. 347 AEUV ergreifen zu dürfen. Mangels Erwähnung muss er sich auch nicht ausdrücklich auf die Vorschrift berufen.[80] Die Rechtsklarheit legt allerdings einen entsprechenden **deklaratorischen Hinweis** nahe.[81]

43   Im Verhältnis **zu den anderen Mitgliedstaaten** besteht eine Pflicht, sich mit ihnen **ins Benehmen** zu setzen. Es soll durch gemeinsames Vorgehen verhindert werden, dass das Funktionieren des Binnenmarkts durch einseitige nationale Maßnahmen beeinträchtigt wird. Die Konsultationen unter den Mitgliedstaaten sollen also die **Auswirkungen** einer Maßnahme eines einzelnen Mitgliedstaates möglichst **begrenzen** oder am besten gar neutralisieren.

44   Am Anfang eines solchen Prozesses steht eine **frühzeitige Information**. Diese ist **auch der Kommission** zu erteilen (Art. 4 Abs. 3 EUV i. V. m. Art. 348 Abs. 1 AEUV). Dementsprechend muss die Information erfolgen, bevor die Maßnahme getroffen wird,[82] außer sie ist unaufschiebbar.[83] In diesem Fall ist dann die Information und Konsultation unverzüglich nachzuholen, wenn dies aufgrund der bestehenden Lage in Betracht kommt.[84]

45   Da sich die Mitgliedstaaten beim einseitigen Handeln eines anderen Staates aus Sicherheitsgründen miteinander ins Benehmen setzen und durch gemeinsames Vorgehen Beeinträchtigungen des Funktionierens des Binnenmarkts möglichst verhindern wollen, bedarf es der **Kooperation**.[85] Vom Wortlaut her kann dies unmittelbar zwischen den Mitgliedstaaten und damit intergouvernmental erfolgen. Dies kommt im Rahmen der entsprechend strukturierten **GASP** in Frage.[86] Weil aber auch Art. 347 AEUV in den Rahmen der Verträge eingebettet ist und es um ein Abweichen von unionsrechtlichen Regeln geht, liegt eine **Kooperation innerhalb der unionalen Institutionen** näher. Dafür kommt vor allem der **Ministerrat** in Betracht.[87] Jedenfalls ist die **Kommission** in die

[78] *Kokott*, in: Streinz, EUV/AEUV, Art. 347 AEUV, Rn. 33.
[79] *Jaeckel*, in: Grabitz/Hilf/Nettesheim, EU, Art. 347 AEUV (Oktober 2011), Rn. 25.
[80] So aber VG Frankfurt a. M., EuZW 1994, 382; anders etwa *Karpenstein*, in: Schwarze, EU-Kommentar, Art. 347 AEUV, Rn. 8.
[81] *Bohr*, S. 209; *Jaeckel*, in: Grabitz/Hilf/Nettesheim, EU, Art. 347 AEUV (Oktober 2011), Rn. 26 a. E.
[82] Etwa *Kreuschitz/Weerth*, in: Lenz/Borchardt, EU-Verträge, Art. 347 AEUV, Rn. 2.
[83] *Kokott*, in: Streinz, EUV/AEUV, Art. 347 AEUV, Rn. 43; *Wirbel*, S. 116 f.
[84] *Jaeckel*, in: Grabitz/Hilf/Nettesheim, EU, Art. 347 AEUV (Oktober 2011), Rn. 27.
[85] EuGH, Urt. v. 29.6.1994, Rs. C–120/94 R (Kommission/Griechenland), Slg. 1994, I–3037, Rn. 99.
[86] *Calliess*, in: Calliess/Ruffert, EUV/AEUV, Art. 347 AEUV, Rn. 11; *Khan*, in: Geiger/Khan/Kotzur, EUV/AEUV, Art. 347 AEUV, Rn. 9.
[87] *Jaeckel*, in: Grabitz/Hilf/Nettesheim, EU, Art. 347 AEUV (Oktober 2011), Rn. 28; *Khan*, in: Geiger/Khan/Kotzur, EUV/AEUV, Art. 347 AEUV, Rn. 9.

Beratungen **einzubeziehen**,[88] sieht doch Art. 348 AEUV ohnehin eine Prüfung der Kommission für die Anpassung der nationalen Maßnahmen an die vertraglichen Vorschriften vor. Insoweit liegt eine Verknüpfung nahe.[89]

Bereits auf dieser Ebene und damit vor dem Anpassungsverfahren nach Art. 348 Abs. 1 AEUV kann als Ergebnis stehen, dass ein Mitgliedstaat die von ihm avisierte einseitige Maßnahme gar nicht ergreift oder mit geringeren Auswirkungen auf den Binnenmarkt ausgestaltet; umgekehrt können sich auch die **anderen Mitgliedstaaten an der Maßnahme beteiligen**, wie dies vor allem bei wirtschaftlichen Sanktionen und auf der Basis der GASP naheliegt, oder selbst Maßnahmen zur **Abwehr von Beeinträchtigungen des Binnenmarkts** treffen.[90] **46**

Gerade zu Letzterem sind die Mitgliedstaaten berufen, deren Sicherheitsbelange selbst nicht beeinträchtigt sind. Da zu ihren Gunsten Art. 347 AEUV nicht eingreift, dürfen sie **nicht in Abweichung von Unionsrecht Embargo-Maßnahmen** übernehmen; etwas anderes gilt, wenn es sich um Sicherheitsgefährdungen handelt, die wie Terrorismus oder nahe gelegene Kriegsgefahr (z. B. Nordafrika) mehrere oder gar alle Mitgliedstaaten betrifft.[91] Insoweit ist dann aber zu prüfen, ob nicht ein Handeln der Union (gegebenenfalls zusammen mit den Mitgliedstaaten) eher in Betracht kommt und dann die Mitgliedstaaten gerade mit einem eigenständigen Vorgehen nach Art. 347 AEUV grundsätzlich gesperrt sind, jedenfalls wenn sie diesem zugestimmt haben.[92] **47**

[88] *Kokott*, in: Streinz, EUV/AEUV, Art. 347 AEUV, Rn. 41.
[89] *Jaeckel*, in: Grabitz/Hilf/Nettesheim, EU, Art. 347 AEUV (Oktober 2011), Rn. 28 a. E.
[90] *Kokott*, in: Streinz, EUV/AEUV, Art. 347 AEUV, Rn. 44; näher *Bohr*, S. 195 ff.
[91] S. *Jaeckel*, in: Grabitz/Hilf/Nettesheim, EU, Art. 347 AEUV (Oktober 2011), Rn. 29 a. E.; *Wirbel*, S. 121.
[92] S. o. Rn. 40 f.

Artikel 348 AEUV [Anpassungsmaßnahmen; besonderes Vertragsverletzungsverfahren]

Werden auf dem Binnenmarkt die Wettbewerbsbedingungen durch Maßnahmen aufgrund der Artikel 346 und 347 verfälscht, so prüft die Kommission gemeinsam mit dem beteiligten Staat, wie diese Maßnahmen den Vorschriften der Verträge angepasst werden können.

[1]In Abweichung von dem in den Artikeln 258 und 259 vorgesehenen Verfahren kann die Kommission oder ein Mitgliedstaat den Gerichtshof unmittelbar anrufen, wenn die Kommission oder der Staat der Auffassung ist, dass ein anderer Mitgliedstaat die in den Artikeln 346 und 347 vorgesehenen Befugnisse missbraucht. [2]Der Gerichtshof entscheidet unter Ausschluss der Öffentlichkeit.

Literaturübersicht

Wirbel, Der Ausnahmezustand im Gemeinschaftsrecht, 1994; s. auch Literatur zu Art. 346 und 347 AEUV.

Leitentscheidungen

EuGH, Beschluss v. 29.6.1994, Rs. C–120/94 R (Kommission/Griechenland), Slg. 1994, I–3037
EuGH, Urt. v. 15.12.2009, Rs. C–372/05 (Kommission/Deutschland), Slg. 2009, I–11801
S. auch Art. 346 und 347 AEUV

Inhaltsübersicht

A. Funktion und Bedeutung

1   Art. 348 AEUV hat die Kontrolle der nationalen Maßnahmen zum Gegenstand, die auf der Basis von Art. 346 und Art. 347 AEUV zur Wahrung mitgliedstaatlicher Sicherheitsbelange ergehen. Damit steht er vor allem dafür, dass die nationalen Sicherheitsbelange nur im Rahmen der Unionsrechtsordnung verwirklicht werden dürfen. Es existiert insoweit also kein unionsrechtsfreier nationaler Souveränitätsvorbehalt. Dieser bestand vom Anfang der Verträge an nicht. Vielmehr bildet Art. 348 AEUV eine **fest etablierte Vorschrift**; im EGV war sie in Art. 298 und vorher in Art. 225 verankert.

2   Art. 348 Abs. 1 AEUV sieht eine Prüfung der Kommission vor, wie die aus Gründen der nationalen Sicherheit ergriffenen Maßnahmen den unionsvertraglichen Vorschriften angepasst werden können. Dies erfolgt gemeinsam mit dem beteiligten Staat und bildet im Falle von **Art. 347 AEUV** eine zusätzliche Sicherung, um in möglichst gerin-

gem Umfang das Funktionieren des Binnenmarktes beeinträchtigen zu lassen. Insoweit erfolgte hier schon eine **gemeinsame Konsultation** der Mitgliedstaaten. Wegen der gleichen Zielrichtung können **beide Verfahren verbunden** werden,[1] was oft Sinn machen wird.[2]

Art. 348 Abs. 2 AEUV knüpft an das **Vertragsverletzungsverfahren** nach Art. 258   3
AEUV (eingeleitet durch die Kommission) und Art. 259 AEUV (eingeleitet durch einen Mitgliedstaat) an und macht das Vorverfahren, das in diesen Vorschriften vorgesehen ist, entbehrlich. Der Gerichtshof der EU kann daher **unmittelbar** angerufen werden. Schließlich fand schon das Prüfungsverfahren durch die Kommission nach Art. 348 Abs. 1 AEUV statt, wenn Wettbewerbsbedingungen verfälscht werden; im Falle von Art. 347 AEUV erfolgte bereits eine Konsultation der Mitgliedstaaten, damit der Binnenmarkt möglichst wenig beeinträchtigt wird. Damit gab es eine hinreichende Vorkontrolle; zudem konnte der betreffende Mitgliedstaat hinreichend Stellung nehmen und seinen Standpunkt darlegen.[3]

Es müssen nur die Kommission oder der betreffende Staat der Auffassung sein, dass   4
ein anderer Mitgliedstaat die in den Art. 346 und 347 AEUV vorgesehenen Befugnisse missbraucht. Den betroffenen Sicherheitsbelangen ist geschuldet, dass der Gerichtshof nach Art. 348 Abs. 2 Satz 2 AEUV unter Ausschluss der Öffentlichkeit entscheidet, was gemäß Art. 31 der Satzung des EuGH beschlossen wird,[4] und damit von Art. 37 der Satzung des EuGH abweicht.[5]

B.   Anpassungsprüfung durch die Kommission

I.   Reichweite

In Fortführung und gegebenenfalls in Verbindung mit dem Konsultationsverfahren   5
durch die Mitgliedstaaten nach **Art. 347 AEUV**[6] prüft die Kommission, wie die Maßnahmen der Mitgliedstaaten aus Gründen der Sicherheit den unionsvertraglichen Vorschriften angepasst werden können. Das gilt auch für Maßnahmen nach **Art. 346 AEUV**. Damit sind sämtliche Vorschriften des EUV und des AEUV umfasst. Allerdings ist die **Gemeinsame Außen- und Sicherheitspolitik** (GASP) weiterhin intergouvernemental, so dass hier die Kommission **keine Anpassungsbefugnisse** hat. Umgekehrt wird sie durch Maßnahmen nach Art. 346 und 347 AEUV auch schwerlich tangiert, sieht doch Art. 40 EUV eine Trennung von den übrigen Vertragsvorschriften vor. Nur dessen Einhaltung und damit die Kompetenzabgrenzung ist nach Art. 275 Abs. 2 AEUV überprüfbar.[7]

II.   Verfälschung der Wettbewerbsbedingungen

Grundvoraussetzung für das Anpassungsverfahren ist eine Verfälschung der Wettbe-   6
werbsbedingungen auf dem Binnenmarkt durch Maßnahmen aufgrund der Art. 346 und

---

[1] *Dittert*, in: GSH, Europäisches Unionsrecht, Art. 348 AEUV, Rn. 10; *Jaeckel*, in: Grabitz/Hilf/ Nettesheim, Art. 348 AEUV (Oktober 2011), Rn. 6 a. E.

[2] *Kokott*, in: Streinz, EUV/AEUV, Art. 348 AEUV, Rn. 3.

[3] *Dittert*, in: GSH, Europäisches Unionsrecht, Art. 348 AEUV, Rn. 11.

[4] *Karpenstein*, in: Schwarze, EU-Kommentar, Art. 348 AEUV, Rn. 5.

[5] *Calliess*, in: Calliess/Ruffert, EUV/AEUV, Art. 348 AEUV, Rn. 3.

[6] S. vorstehend Rn. 2.

[7] *H.-J. Cremer*, in: Calliess/Ruffert, EUV/AEUV, Art. 275 AEUV, Rn. 8.

347 AEUV. Einbezogen sind allerdings Konteneinfrierungen etc. nach Art. 275 Abs. 2 AEUV; insoweit geht es ebenfalls immer wieder um ein Agieren der Mitgliedstaaten.[8]

7   Eine solche **Verfälschung** muss nach dem Wortlaut »werden« bereits **eingetreten** sein, während im Konsultationsverfahren nach Art. 347 AEUV eine Beeinträchtigung des Funktionierens des Binnenmarktes gerade verhindert werden soll.[9]

8   Die Verfälschung der Wettbewerbsbedingungen weist vom Wortlaut her in die Wettbewerbsregeln. Dort wird allerdings der Wettbewerb durch die Unternehmen verfälscht. Hier hingegen erfolgt eine Verfälschung durch staatliche Maßnahmen. Daher besteht ein inhaltlicher Bezug vielmehr zu den Regeln, die den Wettbewerb vor staatlichen Beeinträchtigungen schützen sollen, wie dies für die **Grundfreiheiten** und das **Beihilfenverbot** (dieses als Teil der Wettbewerbsregeln) zutrifft. Aber auch auf diese beiden ist die Verfälschung der Wettbewerbsbedingungen nicht beschränkt.

9   Vielmehr geht es **allgemein** darum, dass durch die mitgliedstaatliche Wahrung von Sicherheitsbelangen die **Wettbewerbsbedingungen** im Binnenmarkt verschlechtert werden. Allerdings müssen diese **in den Verträgen** festgelegt sein. Ansonsten kann keine Anpassung an diese Vorschriften erfolgen. Es genügt aber, dass die Grundzüge in den Verträgen festgelegt sind, wie dies für das **Vergaberecht** zutrifft. Das Sekundärrecht gestaltet insoweit nur die vergabeprimärrechtlichen Grundsätze aus. Damit ist auch der bedeutende Bereich der öffentlichen Auftragsvergabe einbezogen, der im Hinblick auf Rüstungsgüter erst näher dem Wettbewerb geöffnet wurde.[10]

10   Der Wortlaut »verfälscht« deutet auf einen gravierenden Eingriff in die Wettbewerbsbedingungen. Insbesondere dann wird die Kommission auf eine Anpassung dringen. Indes ist in Art. 346 AEUV und Art. 347 AEUV als Bezugsvorschriften von »**beeinträchtigen**« die Rede. Daher ergibt sich aus der Wortwahl »verfälscht« kein besonderer und damit strengerer Maßstab.[11] Dafür spricht auch die Gleichstellung mit einer Verhinderung und Einschränkung in Art. 101 Abs. 1 AEUV.

III. Abwägung

11   So wie Art. 346 und 347 AEUV auf eine Abwägung gerichtet sind und damit die nationalen Sicherheitsbelange in das System der Unionsvorschriften integrieren sollen, ist auch im Rahmen von Art. 348 AEUV auf einen **Ausgleich zwischen den unionsrechtlichen Vorschriften und den nationalen Sicherheitsbelangen** zu achten.[12] Dabei muss die Kommission gewisse Abweichungen von den Regeln und damit auch ein gewisses Maß an Verfälschung der Wettbewerbsbedingungen im Binnenmarkt hinnehmen; genau dazu ermächtigen Art. 346 und 347 AEUV.

12   Ein Eintreten einer solchen Verfälschung begründet damit für die **Mitgliedstaaten** nur die **Verpflichtung**, an dem Anpassungsverfahren nach Art. 348 Abs. 1 AEUV **teilzunehmen**.[13] Mit diesem ist aber nicht notwendig verbunden, dass die nationalen Maßnahmen aufgehoben werden. Vielmehr hat die Kommission die grundsätzliche Abweichungs-

---

[8] S. o. Art. 347 AEUV Rn. 25, 38.

[9] *Kokott*, in: Streinz, EUV/AEUV, Art. 348 AEUV, Rn. 3.

[10] VO (EU) 2015/479 des Europäischen Parlaments und des Rates vom 11.3.2015 über eine gemeinsame Ausfuhrregelung, ABl. 2015, L 83/84.

[11] *Jaeckel*, in: Grabitz/Hilf/Nettesheim, EU, Art. 348 AEUV (Oktober 2011), Rn. 3 a. E.

[12] Vgl. EuGH, Beschluss v. 29.6.1994, Rs. C–120/94 R (Kommission/Griechenland), Slg. 1994, I–3037, Rn. 96 ff.; aus der Lit. *Calliess*, in: Calliess/Ruffert, EUV/AEUV, Art. 348 AEUV, Rn. 2.

[13] Z. B. *Dittert*, in: GSH, Europäisches Unionsrecht, Art. 348 AEUV, Rn. 3 f.

befugnis der Mitgliedstaaten von den vertraglichen Regelungen wie auch deren weiten **Einschätzungsspielraum** bei der Wahl der Maßnahme zu wahren. Nur soweit danach die Möglichkeit besteht, etwa mildere Maßnahmen zu treffen oder auch, die Maßnahme ganz zu unterlassen, ohne dass nationale Sicherheitsbelange beeinträchtigt werden, besteht eine **Anpassungspflicht** des Mitgliedstaates; erst wenn er dieser nicht nachkommt, begeht er eine Vertragsverletzung.[14] Dann kann die Kommission ein Missbrauchsverfahren gem. Art. 348 Abs. 2 AEUV einleiten.[15]

IV. Verfahren

Art. 348 Abs. 1 AEUV sieht eine gemeinsame Prüfung von Kommission und beteiligtem **13** Staat im Hinblick auf eine Anpassung der ergriffenen Maßnahmen vor. Damit bedarf es einer **gegenseitigen Unterrichtung** und eines **Austausches** der Sichtweisen sowie der gegebenen Anpassungsmöglichkeiten. Dies setzt grundsätzlich eine nähere **Erörterung** voraus.

An dieser Erörterung werden aber die **anderen Mitgliedstaaten** nicht beteiligt. Daher **14** müssen sie dem Ergebnis dieser Erörterung nicht folgen, sondern können unabhängig von der Kommission nach Art. 348 Abs. 2 AEUV den Gerichtshof der EU einschalten.[16] Dass sie auch schon vor Abschluss des Konsultationsverfahrens nach Art. 347 AEUV klagen können,[17] widerspricht indes dem Ansatz des Art. 348 Abs. 2 AEUV, dass ein Vorverfahren wegen der anderen Vorprüfungen und Konsultationen unterbleiben kann. Zudem würde dies der solidarischen Verbundenheit der Mitgliedstaaten auch in ihren nationalen Sicherheitsbelangen widersprechen. Daraus ergibt sich gerade, dass sie sich miteinander ins Benehmen setzen sollen, statt gegeneinander zu klagen. Die **Klage** ist damit nur das **äußerste Mittel**.

C. Missbrauchsklage

I. Einordnung

Art. 348 Abs. 2 AEUV mit seiner Möglichkeit der Missbrauchsklage knüpft an die in **15** Art. 258 f. AEUV vorgesehenen **Vertragsverletzungsverfahren** an. Diese bleiben **weiterhin möglich**, da die Kommission oder ein Mitgliedstaat den Gerichtshof der EU nur unmittelbar anrufen »kann« und nicht muss.[18] Das gewöhnliche Vertragsverletzungsverfahren gilt aber nur für die Fälle, in denen ein **normales Vorgehen** in Betracht kommt und dieses nicht gerade deshalb ausgeschlossen ist, weil sich der Mitgliedstaat auf Art. 346 bzw. 347 AEUV beruft.[19] Dafür spricht auch, dass Art. 348 Abs. 2 AEUV einen besonderen Prüfungsmaßstab in Form der Missbrauchskontrolle vorsieht.

---

[14] *Calliess*, in: Calliess/Ruffert, EUV/AEUV, Art. 348 AEUV, Rn. 2.

[15] *Jaeckel*, in: Grabitz/Hilf/Nettesheim, EU, Art. 348 AEUV (Oktober 2011), Rn. 5; *Kokott*, in: Streinz, EUV/AEUV, Art. 348 AEUV, Rn. 8.

[16] *Hummer*, S. 535; *Jaeckel*, in: Grabitz/Hilf/Nettesheim, EU, Art. 348 AEUV (Oktober 2011), Rn. 5.

[17] *Karpenstein*, in: Schwarze, EU-Kommentar, Art. 348 AEUV, Rn. 3; *Jaeckel*, in: Grabitz/Hilf/Nettesheim, EU, Art. 348 AEUV (Oktober 2011), Rn. 5 a. E.

[18] *Bohr*, S. 217 f.; *Jaeckel*, in Grabitz/Hilf/Nettesheim, EU, Art. 348 AEUV (Oktober 2011), Rn. 7.

[19] EuG, Urt. v. 30. 9. 2003, Rs. T–26/01 (Fiocchi munizioni), Slg. 2003, II–2951, Rn. 72, mit gewissem Ermessen nach Rn. 74 f.

16   Dieser Maßstab beinhaltet **keine vollständige Rechtmäßigkeitskontrolle**. Vielmehr umschließt er die Wahrung des weiten Einschätzungsspielraums der Mitgliedstaaten. Daher werden sowohl die Kommission als auch die Mitgliedstaaten das Verfahren nach Art. 348 Abs. 2 AEUV wählen, wenn es um eine Überprüfung des nationalen Vorgehens Art. 346 bzw. 347 AEUV geht.

II. Prüfungsmaßstab

17   Ob ein Mitgliedstaat die Grenzen seines Entscheidungsspielraums überschritten hat, ist aus seiner Sicht zu beurteilen, wobei er allerdings gewisse **Mindestbedingungen** und damit vor allem die **Einhaltung der tatbestandlichen Voraussetzungen** von Art. 346 und 347 AEUV ausweisen muss. Damit zählt die **subjektive Betrachtung** des jeweiligen Staates,[20] die allerdings auf objektiver Grundlage erfolgen muss[21] und durch die normativen Anforderungen nach Art. 346 bzw. 347 AEUV eingefangen ist.[22] Zudem darf der Mitgliedstaat die Situation **nicht offensichtlich falsch** eingeschätzt haben.[23] Weiter können sich die Mitgliedstaaten nicht über **objektive Gegebenheiten** wie das Vorliegen einer völkerrechtlichen Verpflichtung nach Art. 347 dritte Alternative AEUV hinwegsetzen.[24]

18   Im Übrigen wird mittlerweile der Entscheidungsspielraum der Mitgliedstaaten vor allem im Hinblick auf die im Einzelfall gewählte Maßnahme durch eine mittlerweile recht strenge **Verhältnismäßigkeitsprüfung** eingefangen. Die vom EuGH aufgezeigte Parallelität mit den Rechtfertigungsgründen im Rahmen der Grundfreiheiten[25] entspricht der Einbettung auch von Art. 346 und 347 AEUV in das System des Unionsrechts und dabei auch der **Grundfreiheiten**. Gleichwohl ist den Mitgliedstaaten im Hinblick auf ihre Sicherheitsbelange ein **vermehrter Einschätzungsspielraum** zuzubilligen. Daher wird nur eine Evidenzkontrolle darauf befürwortet, dass keine sachfremden Ziele verfolgt oder grob unverhältnismäßig Maßnahmen ergriffen werden.[26] Von vornherein ausgeschlossen sind wirtschaftliche oder fiskalische Erwägungen, so dass ihr Vorliegen einen Missbrauch »klar« hervortreten lässt.[27]

19   Im Übrigen ist mit zu bedenken, wie stark der Binnenmarkt beeinträchtigt wird und inwieweit Sicherheitsbelange der Mitgliedstaaten berührt sind. Bei **Dual-Use-Gütern** ist dies regelmäßig in geringerem Maße der Fall und die **Binnenmarktrelevanz höher** als im reinen Verteidigungssektor.

20   Missbräuchlich ist auch ein Verstoß des Mitgliedstaates gegen seine **Konsultationspflicht** gem. Art. 347 AEUV sowie seine Teilnahmepflicht am **Administrativverfahren**

---

[20] Ausschließlich aus subjektiver Warte GA *Jacobs*, Schlussanträge zu Rs. C–120/94 (Kommission/Griechenland), Slg. 1996, I–1513, Rn. 54 ff.; restriktiver aber vorher EuGH, Beschluss v. 29.6.1994, Rs. C–120/94 R (Kommission/Griechenland), Slg. 1994, I–3037, Rn. 69 f.

[21] Zum Problem s. Art. 347 AEUV, Rn. 18.

[22] *Wegener*, in: Calliess/Ruffert, EUV/AEUV, Art. 346 AEUV, Rn. 6 und 8; *Jaeckel*, in: Grabitz/Hilf/Nettesheim, EU, Art. 348 AEUV (Oktober 2011), Rn. 10.

[23] *Kreuschitz/Weerth*, in: Lenz/Borchardt, EU-Verträge, Art. 348 AEUV, Rn. 6.

[24] *Jaeckel*, in: Grabitz/Hilf/Nettesheim, EU, Art. 348 AEUV (Oktober 2011), Rn. 11.

[25] EuGH, Urt. v. 15.12.2009, Rs. C–372/05 (Kommission/Deutschland), Slg. 2009, I–11801, Rn. 69; abl. hingegen *Jaeckel*, in: Grabitz/Hilf/Nettesheim, EU, Art. 348 AEUV (Oktober 2011), Rn. 11.

[26] *Kokott*, in: Streinz, EUV/AEUV, Art. 348 AEUV, Rn. 9; *Wirbel*, S. 154.

[27] GA *Jacobs*, Schlussanträge zu Rs. C–120/94 (Kommission/Griechenland), Slg. 1996, I–1513, Rn. 67.

gem. Art. 348 Abs. 1 AEUV; ebenso muss er zumutbare Anpassungsmaßnahmen ergreifen.[28]

III. Auskunftspflicht

Um eine wirksame Prüfung gerade im Sicherheitsbereich sicherstellen zu können, kann   **21**
insoweit das **Auskunftsverweigerungsrecht** nach Art. 346 Abs. 1 Buchst. a AEUV nicht
bestehen, auch wenn es dort umfassend und ohne Einschränkungen gewährleistet ist.[29]

IV. Verfahren

Die Mitgliedstaaten sind schon dadurch gesichert, dass das Verfahren unter Ausschluss   **22**
der Öffentlichkeit durchzuführen ist, auch der Inhalt der mündlichen Verhandlung nach
Art. 79 Abs. 2 VerfO-EuGH[30] nicht veröffentlicht werden darf und die Urteilsgründe
unter Rücksicht auf das Geheimhaltungsinteresse abgefasst werden müssen.[31] Zweifelhaft ist allerdings, dass der EuGH bei streitigem Vorliegen eines Missbrauchs die Öffentlichkeit nicht ausschließen will.[32] Dann muss gerade festgestellt werden, ob nationale
Sicherheitsbelange tangiert werden. Die Urteilsverkündung ist gemäß Art. 88 Abs. 1
VerfO-EuGH öffentlich.[33]

Ein **Vorverfahren** ist nach Art. 348 Abs. 2 AEUV **nicht erforderlich**.[34] **Einstweilige**   **23**
Anordnungen werden **regelmäßig nicht** ergehen müssen, gibt es doch ein vorgeschal-
tetes Konsultationsverfahren und ein Anpassungsverfahren, wo solche Regelungen
auch getroffen werden können. Allerdings ist dieser Weg wegen des offenen Wortlauts
von Art. 279 AEUV nicht gesperrt,[35] wenn er auch hohen Anforderungen vor allem im
Hinblick auf die Darlegung der Eilbedürftigkeit unterliegt.[36] Eine Einschränkung des
rechtlichen Gehörs des betroffenen Mitgliedstaates nach Art. 348 Abs. 2 AEUV ist zu
berücksichtigen.[37]

---

[28] *Hummer*, S. 535 f.; *Jaeckel*, in: Grabitz/Hilf/Nettesheim, EU, Art. 348 AEUV (Oktober 2011),
Rn. 11; *Karpenstein*, in: Schwarze, EUV/AEUV, Art. 348 AEUV, Rn. 4.
[29] S. o. Art. 346 AEUV, Rn. 10 f.; *Dittert*, in: GSH, Europäisches Unionsrecht, Art. 348 AEUV,
Rn. 15.
[30] ABl. EU 2012, L 265/1.
[31] *Jaeckel*, in: Grabitz/Hilf/Nettesheim, EU, Art. 348 AEUV (Oktober 2011), Rn. 8.
[32] So EuGH, Urt. v. 15.12.2009, Rs. C–372/05 (Kommission/Deutschland), Slg. 2009, I–11801,
Rn. 29; *Karpenstein*, in: Schwarze, EU-Kommentar, Art. 348 AEUV, Rn. 5.
[33] *Kreuschitz/Weerth*, in: Lenz/Borchardt, EU-Verträge, Art. 348 AEUV, Rn. 7.
[34] S. näher o. Rn. 3.
[35] S. EuGH, Beschluss v. 29.6.1994, Rs. C–120/94 R (Kommission/Griechenland), Slg. 1994,
I–3037, Rn. 42.
[36] S. EuGH, Beschluss v. 29.6.1994, Rs. C–120/94 R (Kommission/Griechenland), Slg. 1994,
I–3037, Rn. 42 f., 89 ff.; *Jaeckel*, in: Grabitz/Hilf/Nettesheim, EU, Art. 348 AEUV (Oktober 2011),
Rn. 7; *Karpenstein*, in: Schwarze, EUV/AEUV, Art. 348 AEUV, Rn. 3.
[37] *Karpenstein*, in: Schwarze, EU-Kommentar, Art. 348 AEUV, Rn. 3; auch EuGH, Beschluss v.
29.6.1994, Rs. C–120/94 R (Kommission/Griechenland), Slg. 1994, I–3037, Rn. 43.

Artikel 349 AEUV [Sonderregelungen für bestimmte außereuropäische Territorien der Mitgliedstaaten]

[1]Unter Berücksichtigung der strukturbedingten sozialen und wirtschaftlichen Lage von Guadeloupe, Französisch-Guayana, Martinique, Réunion und Saint-Martin, der Azoren, Madeiras und der Kanarischen Inseln, die durch die Faktoren Abgelegenheit, Insellage, geringe Größe, schwierige Relief- und Klimabedingungen und wirtschaftliche Abhängigkeit von einigen wenigen Erzeugnissen erschwert wird, die als ständige Gegebenheiten und durch ihr Zusammenwirken die Entwicklung schwer beeinträchtigen, beschließt der Rat auf Vorschlag der Kommission nach Anhörung des Europäischen Parlaments spezifische Maßnahmen, die insbesondere darauf abzielen, die Bedingungen für die Anwendung der Verträge auf die genannten Gebiete, einschließlich gemeinsamer Politiken, festzulegen. [2]Werden die betreffenden spezifischen Maßnahmen vom Rat gemäß einem besonderen Gesetzgebungsverfahren erlassen, so beschließt er ebenfalls auf Vorschlag der Kommission und nach Anhörung des Europäischen Parlaments.

Die Maßnahmen nach Absatz 1 betreffen insbesondere die Zoll- und Handelspolitik, Steuerpolitik, Freizonen, Agrar- und Fischereipolitik, die Bedingungen für die Versorgung mit Rohstoffen und grundlegenden Verbrauchsgütern, staatliche Beihilfen sowie die Bedingungen für den Zugang zu den Strukturfonds und zu den horizontalen Unionsprogrammen.

Der Rat beschließt die in Absatz 1 genannten Maßnahmen unter Berücksichtigung der besonderen Merkmale und Zwänge der Gebiete in äußerster Randlage, ohne dabei die Integrität und Kohärenz der Rechtsordnung der Union, die auch den Binnenmarkt und die gemeinsamen Politiken umfasst, auszuhöhlen.

Literaturübersicht

S. Art. 346 und 347 AEUV

Leitentscheidungen

EuGH, Urt. v. 10.10.1978, Rs. 148/77 (Hansen & Balle), Slg. 1978, 1787
EuGH, Urt. v. 16.7.1992, Rs. C–163/90 (Legros), Slg. 1992, I–4625
EuGH, Urt. v. 19.2.1998, Rs. C–212/96 (Chevassus-Marche), Slg. 1998, I–743
EuGH, Urt. v. 30.4.1998, Rs. C–37 u. 38/96 (Sodiprem), Slg. 1998, I–2039

Inhaltsübersicht

Walter Frenz

A. Bedeutung und Funktion

Auch Art. 349 AEUV sieht spezifische Maßnahmen vor, welche die **Verträge nur mo-** 1
difiziert zur Geltung kommen lassen. Ansatzpunkt dafür ist die Abgelegenheit über-
seeischer Gebiete, welche zu problematischen Bedingungen führt und daher die vertraglichen Bestimmungen nur in besonderer Weise eingreifen lässt. Insoweit bedarf es
aber näherer Festlegung. Zudem betreffen diese Probleme einige Sachgebiete besonders (Art. 349 Abs. 2 AEUV).

Die Regelung des Art. 349 AEUV wird wieder aufgegriffen in Art. 355 Abs. 1 AEUV. 2
Danach gelten die Verträge räumlich für die aufgeführten Gebiete nur nach Maßgabe
von Art. 349 AEUV. Die grundsätzlich unbedingte und vollständige Geltung der Verträge auf dem Territorium der Mitgliedstaaten nach Art. 52 EUV, der in Art. 355 AEUV
räumlich im Einzelnen definiert wird, wird auf diese Weise modifiziert. Während also
Art. 355 AEUV die Grundsatzbestimmung des Art. 52 EUV näher konkretisiert, bildet
Art. 349 AEUV eine die **Intensität der Geltung reduzierende Modifikation**.

Darin wird ein Ausdruck des **Grundsatzes des Zusammenhaltes und der Solidarität** 3
nach Art. 3 Abs. 3 UAbs. 3 EUV gesehen.[1] Schließlich ist die Situation in den aufgeführten Gebieten derart, dass sie der Solidarität der anderen bedarf und damit nur eine
eingeschränkte Geltung der vertraglichen Vorschriften zulässt.

Auch beim Bestehen von Besonderheiten ist darauf zu achten, dass die Kohärenz und 4
Integrität der Rechtsordnung der Union als solche gewahrt ist (Art. 349 Abs. 3 AEUV).
Dadurch sind zugleich die Eckpunkte vorgezeichnet, die eine **Abwägung** determinieren
können: einerseits das **Ausmaß der Probleme** in den genannten Gebieten und andererseits **die Wahrung der Rechtsordnung der Union**. Abweichungen können daher nur in
dem Maße Platz greifen, wie sie durch die soziale und wirtschaftliche Lage der aufgeführten Gebiete bedingt sind und zugleich im angemessenen Verhältnis zur Abweichung
von den unionsvertraglichen Regelungen stehen. Daraus ergibt sich letztlich ebenfalls
eine **Verhältnismäßigkeitsprüfung**, wie dies systematisch durch die Stellung nach
Art. 346, 347 AEUV angezeigt ist, wo eine solche Prüfung ebenfalls Platz greift.[2]

Korrespondierend dazu können nach Art. 107 Abs. 3 Buchst. a AEUV **Beihilfen** zur 5
Förderung der wirtschaftlichen Entwicklung spezifisch der in Art. 349 AEUV genannten Gebiete unter Berücksichtigung ihrer strukturellen, wirtschaftlichen und sozialen
Lage als mit dem Binnenmarkt vereinbar angesehen werden.[3] Für das Beihilfenverbot
ist damit schon primärrechtlich eine besondere Einschränkung vorgesehen. Demgegenüber findet sich im EAGV keine einschränkende Vorschrift für die in Art. 349 AEUV
genannten Gebiete.[4]

---

[1] *Khan*, in: Geiger/Khan/Kotzur, EUV/AEUV, Art. 349 AEUV, Rn. 1; *Schmalenbach*, in: Calliess/
Ruffert, EUV/AEUV, Art. 349 AEUV, Rn. 1.
[2] S. Art. 346 AEUV, Rn. 31 sowie Art. 347 AEUV, Rn. 34.
[3] Darauf verweisend *Jaeckel*, in: Grabitz/Hilf/Nettesheim, EU, Art. 349 AEUV (Oktober 2011),
Rn. 2: Gedanke der ausgleichenden regionalen Förderung.
[4] Schon *Schröder*, in: GS, EUV/EGV, Art. 299 EGV, Rn. 74.

B. Geltungsbereich

I. Räumlich

6   Bis zum Vertrag von Amsterdam waren die Vertragsteile ausdrücklich benannt, die in den französischen überseeischen Departements ausgenommen waren; erst mit dem Vertrag von Amsterdam wurde von der Anwendung des Vertrages ausgegangen und eine **Abweichung nur durch Sondervorschriften** bei bestimmten Voraussetzungen ermöglicht.[5] Die betroffenen **französischen Überseegebiete** werden **nunmehr präzise genannt**, wozu auch die 2007 von Guadeloupe abgetrennten Inselgebiete Saint-Barthélemy und Saint Martin gehören.[6] Saint-Barthélemy schied indes schon wieder aus der Regelung des Art. 349 AEUV aus und wurde dem besonderen Assoziierungssystem nach Art. 355 Abs. 2 AEUV in Verbindung mit Art. 198 ff. AEUV unterstellt.[7] Eine umgekehrte Änderung ist gemäß Art. 355 Abs. 6 AEUV durch Einfügung eines Gebietes in Art. 355 Abs. 1 AEUV möglich.[8]

7   Damit werden weiterhin die französischen überseeischen Departements umfasst, mit Ausnahme von Saint-Barthélemy. Weiter gehören zu den Gebieten nach Art. 349 AEUV die **Azoren und Madeira** als autonome Regionen Portugals sowie die **Kanarischen Inseln**, die spanische Provinzen bilden.[9] Demgegenüber werden die spanischen Hoheitsgebiete Ceuta und Melilla nicht einbezogen, obwohl auch für sie die Sonderregelungen nach Art. 25 und 155 der Beitrittsakte 1985[10] sowie dem Anhang zum Protokoll Nr. 2[11] und der gemeinsamen Erklärung gelten.[12]

II. Sachlich

8   Gegenständlich nennt Art. 349 Abs. 2 AEUV die Zoll- und Handelspolitik, Steuerpolitik, Freizonen, Agrar- und Fischereipolitik, die Bedingungen für die Versorgung mit Rohstoffen und grundlegenden Verbrauchsgütern, staatliche Beihilfen sowie die Bedingungen für den Zugang zu den Strukturfonds und zu den horizontalen Unionsprogrammen. Damit nennt er die **Sachgebiete**, die einen **besonderen Bezug auf die strukturelle soziale und wirtschaftliche Lage** haben. Gerade insoweit wirken sich die Ferne von dem Territorium der Union und der vielfach deutlich unter dem sonstigen Territorium der Union liegende Entwicklungsstand aus.

9   Das »insbesondere« hebt nur besonders einschlägige Gebiete hervor und ist **nicht abschließend** zu verstehen. Vielmehr können sich die Sondervorschriften auf alle Vertragsbereiche erstrecken, wie der EuGH schon zur anders formulierten Vorgängerbe-

---

[5] *Becker*, in: Schwarze, EU-Kommentar, Art. 349 AEUV, Rn. 1.

[6] *Jaeckel*, in: Grabitz/Hilf/Nettesheim, EU, Art. 349 AEUV (Oktober 2011), Rn. 4.

[7] Beschluss des Europäischen Rates vom 29.10.2010 zur Änderung des Status der Insel Saint-Barthélemy gegenüber der Europäischen Union, ABl. 2010, L 325/4: die Änderung sieht vor, dass in Art. 349 Abs. 1 AEUV und Art. 355 Abs. 1 AEUV Saint-Barthélemy gestrichen wird, in Anhang II ein Gedankenstrich mit Saint-Barthélemy eingefügt wird.

[8] *Schmalenbach*, in: Calliess/Ruffert, EUV/AEUV, Art. 349 AEUV, Rn. 4.

[9] *Jaeckel*, in: Grabitz/Hilf/Nettesheim, EU, Art. 349 AEUV (Oktober 2011), Rn. 5.

[10] ABl. 1985, L 302/27 und 69.

[11] ABl. 1985 L 302/400.

[12] *Jaeckel*, in: Grabitz/Hilf/Nettesheim, EU, Art. 349 AEUV (Oktober 2011), Rn. 10. Praktisch gelten nur die Personen-, Niederlassungs- und Kapitalverkehrsfreiheit sowie die Regeln über die Strukturfonds, *Booß*, in: Lenz/Borchardt, EU-Verträge, Art. 355 AEUV, Rn. 7.

stimmung entschied.[13] Zu nennen ist die VO (EG) Nr. 248/2008[14] mit Begünstigungen für die Landwirtschaft.

C. Mögliche Sondervorschriften

I. Verfahren

Bezogen auf die vorgenannten Gebiete Frankreichs, Spaniens und Portugals[15] sieht **10** Art. 349 Abs. 1 AEUV spezifische Maßnahmen vor. Formal beschließt der **Rat auf Vorschlag der Kommission** nach Anhörung des Europäischen Parlaments. Diese **Beschlüsse** nach Art. 349 Abs. 1 Satz 1 AEUV sind zwar nicht legislativ, aber **rechtsverbindlich**.[16] Die Maßnahmen können aber nach Art. 349 Abs. 1 Satz 2 AEUV auch vom Rat gemäß einem **besonderen Gesetzgebungsverfahren** erlassen werden. Vorschlagsberechtigt ist insoweit ebenfalls die Kommission und das Europäische Parlament ist anzuhören. Dieses entscheidet aber nicht wie beim ordentlichen Gesetzgebungsverfahren gleichberechtigt mit. Für die entsprechenden Beschlüsse bedarf es nach Art. 16 Abs. 3 EUV der qualifizierten Mehrheit.

II. Begründung durch besondere Faktoren

Die Sonderregelungen müssen von der strukturbedingten sozialen und wirtschaftlichen **11** Lage der genannten Gebiete ausgehen. **Maßgebliche Faktoren**, die zugleich die Sonderregelung begründen, sind die Abgelegenheit, die Insellage, die geringe Größe, schwierige Relief- und Klimabedingungen und wirtschaftliche Abhängigkeit von einigen wenigen Erzeugnissen. Dabei muss es sich um **ständige Gegebenheiten** handeln. Es muss sich also um dauernde charakteristische Merkmale dieser Gebiete handeln. Nur insoweit kann für sie eine Sondervorschrift getroffen werden.

Freilich können auch **Entwicklungen** mit einbezogen werden, so etwa die Veränderung **12** der Klimabedingungen durch den **Klimawandel**. Die Bekämpfung des Klimawandels ist ohnehin über die Querschnittsklausel für den Umweltschutz nach Art. 11 AEUV durchgehend zu berücksichtigen und wird als eigenes Element in Art. 191 Abs. 1, 4. Gedstr. AEUV genannt.

III. Grenzen

Allerdings wird diese Regelungsbefugnis dadurch begrenzt, dass die **Integrität und Kohärenz** **13** der Rechtsordnung der Union namentlich in Bezug auf den Binnenmarkt und die gemeinsamen Politiken nicht ausgehöhlt werden darf (Art. 349 Abs. 3 AEUV). Damit ist deren **Mindeststandard** einzuhalten. Tiefergreifend ist aber die Kohärenz nur dann zu wahren, wenn die Ordnung möglichst weitgehend greift.

---

[13] Bereits EuGH, Urt. v. 10.10.1978, Rs. 148/77 (Hansen & Balle), Slg. 1978, 1787, Rn. 11; Urt. v. 16.7.1992, Rs. C–163/90 (Legros), Slg. 1992, I–4625, Rn. 8.

[14] Des Rates vom 17.3.2008 zur Änderung der VO (EG) Nr. 1234/2007 in Bezug auf die einzelstaatlichen Milchquoten, ABl. L 76/6.

[15] Die Gebiete Großbritanniens und der Niederlande unterliegen dem Anhang II nach Art. 355 Abs. 2 AEUV; andernfalls finden die Verträge gar keine Anwendung (Art. 355 Abs. 2 UAbs. 2 AEUV).

[16] *Schmalenbach*, in: Calliess/Ruffert, EUV/AEUV, Art. 349 AEUV, Rn. 3.

14   Daher ist nach dem **Verhältnismäßigkeitsgrundsatz** darauf zu achten, dass die Nachteile der Gebiete es rechtfertigen, die Geltung des Unionsrechts zurückzunehmen. Es muss also im Einzelfall eine **nähere Legitimation** erfolgen können. Diese betrifft **auch** die **Intensität**. In möglichst großem Umfang sind die Regelungen des Unionsrechts zu wahren.[17] Zudem sind die Bereiche möglichst eng zu fassen, in denen Ausnahmen greifen.

15   Insgesamt müssen die Sonderregelungen also »erforderlich, verhältnismäßig und genau bestimmt« sein.[18] Daher sind **allgemeine und systematische Befreiungen** vom Unionsrecht wie die vollständige Wiedereinführung einer Abgabe zollgleicher Wirkung grundsätzlich unzulässig.[19] Ebenfalls ist die umfassende Befreiung der Erzeugnisse aus überseeischen Gebieten und umgekehrt eine **Einfuhrsteuer auf alle Waren**, die in diese Gebiete verbracht werden, eine **unzulässige** systematische Befreiung.[20]

16   Insgesamt gilt daher eine Verhältnismäßigkeitsprüfung wie im Rahmen der Grundfreiheiten und im Rahmen von Art. 346 und 347 AEUV. Allerdings besteht ein **Einschätzungsspielraum**. Zudem ist zu beachten, dass diese Gebiete **grundsätzlich** mit **Sondervorschriften** bedacht werden. Daher können solche grundsätzlich greifen. **Gewisse Beeinträchtigungen** sind daher auch **hinzunehmen**. Insoweit unterliegt zwar die Sondervorschrift der **Kontrolle**, aber nur im Hinblick auf **Evidenz**.[21]

---

[17] *Kokott*, in: Streinz, EUV/AEUV, Art. 349 AEUV, Rn. 6.

[18] EuGH, Urt. v. 30.4.1998, Rs. C–37/96 u. a. (Sodiprem), Slg. 1998, I–2039, Rn. 35.

[19] EuGH, Urt. v. 30.4.1998, Rs. C–37/96 u. a. (Sodiprem), Slg. 1998, I–2039, Rn. 35.

[20] EuGH, Urt. v. 16.7.1992, Rs. C–163/90 (Legros), Slg. 1992, I–4625; Urt. v. 19.2.1998, Rs. C–212/96 (Chevassus-Marche), Slg. 1998, I–743, Rn. 40 ff.; *Jaeckel*, in: Grabitz/Hilf/Nettesheim, EU, Art. 349 AEUV (Oktober 2011), Rn. 7.

[21] Strenger wohl EuGH, Urt. v. 30.4.1998, Rs. C–37 u. 38/96 (Sodiprem), Slg. 1998, I–2039, Rn. 33.

Artikel 350 AEUV [Benelux-Union]

Die Verträge stehen dem Bestehen und der Durchführung der regionalen Zusammenschlüsse zwischen Belgien und Luxemburg sowie zwischen Belgien, Luxemburg und den Niederlanden nicht entgegen, soweit die Ziele dieser Zusammenschlüsse durch Anwendung der Verträge nicht erreicht sind.

Literatur

Bleckmann, Die Benelux-Wirtschaftsunion, ZaöRV 22 (1962), 239; *Janssen*, Benelux: Closer cooperation within the European Union?, 2006; *Oberesch*, Die wirtschaftliche Integration der Benelux-Staaten, 1983; *Wouters*, De Benelux: tijd voor een wedergeboorte?, 2006; *Wouters/Vidal*, Towards a rebirth of Benelux?, Revue belge de droit international 2007, 533.

Leitentscheidungen

EuGH, Urt. v. 19.11.1975, Rs. 38/75 (Nederlandse Spoorwegen), Slg. 1975, 1439
EuGH, Urt. v. 16.5.1984, Rs. 105/83 (Pakvries), Slg. 1984, 2101
EuGH, Urt. v. 11.8.1995, verb. Rs. C–367/93 – C–377/93 (Roders), Slg. 1995, I–2229
EuGH, Urt. v. 2.7.1996, Rs. C–473/93 (Kommission/Luxemburg), Slg. 1996, I–3207
EuGH, Urt. v. 4.11.1997, Rs. C–337/95 (Christian Dior), Slg. 1997, I–6013
EuGH, Urt. v. 14.9.1999, verb. Rs. C–171/98, C–201/98 (Kommission/Belgien) u. C–202/98 (Kommission/Luxemburg), Slg. 1999, I–5517

A. Vorbemerkung

Art. 350 AEUV regelt unabhängig von den Maßgaben der Art. 20 EUV und Art. 326 ff. AEUV einen besonderen, primärrechtlich verankerten Fall der verstärkten Zusammenarbeit[1] im Hinblick auf die beiden in der Norm ausdrücklich genannten subregionalen Integrationsverbände. **1**

B. Besondere (subregionale) Integrationsverbände

Abgesichert werden durch Art. 350 AEUV die regionalen Zusammenschlüsse zwischen Belgien und Luxemburg sowie zwischen diesen beiden Staaten und den Niederlanden. Die bereits 1921 vereinbarte und dann 1922 in Kraft getretene **Belgisch-Luxemburgische Wirtschaftsunion**[2] (UEBL[3]) umfasst insbesondere eine Vielzahl von wirtschaftlichen Freiheitsrechten (u. a. freier Personen-, Niederlassungs-, Zahlungs- und Kapital- **2**

---

[1] *Terhechte*, in: Schwarze, EU-Kommentar, Art. 350 AEUV, Rn. 2; *Jochum*, in: Hailbronner/Wilms, Recht der EU, Art. 306 EGV (Februar 2006), Rn. 1 f.

[2] Belgium and Luxemburg – Convention for the establishment of an Economic Union between the two countries, League of Nations Treaty Series, Bd. 9 (1922), S. 223.

[3] »Union Economique Belgo-Luxembourgeoise«.

verkehr). Noch während des Zweiten Weltkrieges vereinbarten zudem die Exilregierungen der drei Staaten in London die Gründung einer **Zollunion**, die 1948 wirksam wurde[4] und aus der heraus dann bereits 1958 die **Benelux-Wirtschaftsunion** entstand, deren Gründungsvertrag 1960 in Kraft trat. Neben der Gewährleistung wirtschaftlicher Freiheiten zwischen den drei Vertragspartnern verfügte die Wirtschaftsunion vor allem über eine gewisse Organvielfalt.

3   Ersetzt wurde der Gründungsvertrag der Wirtschaftsunion durch einen 2008 vereinbarten und 2012 in Kraft getretenen neuen völkerrechtlichen Vertrag,[5] durch den der Integrationsverband der drei Staaten auf eine neue rechtliche Grundlage gestellt und inhaltlich weiterentwickelt wurde zu einer über den wirtschaftlichen Kontext hinausgehenden (auch) politischen **Benelux-Union**. Zu den neuen Bereichen gehören u. a. der Umweltschutz und die Zusammenarbeit in den Bereichen Justiz und innere Angelegenheiten (Art. 2). Konsequent trägt diese mit (beschränkter) Völkerrechtssubjektivität ausgestattete Organisation (Art. 28) den Namen Benelux-Union (Art. 1). Sie ist zeitlich nicht beschränkt (Art. 39) und im Gründungsstatut wird durch eine Öffnungsklausel auch die Option eingeräumt, mit Staaten, insbesondere anderen Mitgliedstaaten der Europäischen Union, deren Gliedstaaten und Verwaltungsgebieten in den Grenzterritorien zu den Benelux-Staaten zusammenzuarbeiten und zu diesem Zweck Übereinkommen abzuschließen (Art. 24 ff.). Nach innen bedürfen die von ihr abgeschlossenen völkerrechtlichen Verträge, aber auch die von den zuständigen Organen verabschiedeten Rechtsakte noch nationaler Umsetzungsmaßnahmen. Im Rahmen der Europäischen Union trifft die Verantwortlichkeit für die Rechtshandlungen der Benelux-Union die drei beteiligten Mitgliedstaaten.[6]

4   Angedacht ist eine Kooperation insbesondere mit Nordrhein-Westfalen, Französisch-Flandern und Champagne-Ardenne. Nordrhein-Westfalen entsendet regelmäßig Beobachter in einzelne Gremien der Benelux-Union.[7] Außerdem besteht seit Jahrzehnten eine Vielzahl von Abkommen und Gemeinsamen Erklärungen zwischen Nordrhein-Westfalen und den Staaten und Regionen des Benelux-Raumes, die sich für eine gemeinsame Weiterentwicklung im Rahmen der Benelux-Union anbieten.

5   Die Benelux-Union verfügt über **fünf Organe**, nämlich den Ministerausschuss, den Rat, den Beratenden Interparlamentarischen Rat, den Gerichtshof und das Generalsekretariat (Art. 5). Bereits 1974 nahm der **Benelux-Gerichtshof**[8] seine Tätigkeit auf. Als einziges Organ verfügt er über supranationale Befugnisse.[9] Seine Aufgabe besteht in erster Linie im Erlass von Vorabentscheidungen zur Auslegung des Benelux-Rechts auf Antrag der nationalen Gerichte. Zuständig ist er zudem für die Erstattung von Gutachten auf Antrag von einer der drei Regierungen sowie in Personalangelegenheiten der Mitarbeiter der Einrichtungen der Organisation.[10]

---

[4] European Yearbook, Bd. 2, 1956, S. 282.

[5] Vertrag zur Neufassung des am 3. 2.1958 unterzeichneten Vertrags zur Einrichtung der Benelux Wirtschaftsunion sowie zum Protokoll über die Vorrechte und Immunitäten der Benelux-Union; unter http://www.benelux.int/ abrufbar.

[6] *Ohler*, in: Grabitz/Hilf/Nettesheim, EU, Art. 350 AEUV (Oktober 2011), Rn. 3.

[7] Bericht der Landesregierung von NRW an den Landtag zur grenzüberschreitenden Zusammenarbeit, Dezember 2007 (Vorlage 14/1547), S. 118; *Kroll*, Metropolregion Benelux-NRW?, APuZ 8/2008, 32 (38).

[8] Treaty concerning the Establishment and Statute of a Benelux Court of Justice, United Nations Treaty Series, Bd. 924 (1974), S. 42.

[9] *Stöger*, in: Mayer/Stöger, EUV/EGV, Art. 306 EGV, Rn. 5.

[10] *v. Förster*, in: GSH, Europäisches Unionsrecht, Art. 350 AEUV, Rn. 7.

C. Norminhalt und Wirkungsweise

Die Vorschrift ist in ihrer heutigen Fassung inhaltsgleich mit Art. 233 des Vertrages zur   6
Gründung der Europäischen Wirtschaftsgemeinschaft (EWGV) und Art. 306 des Vertrages zur Gründung der Europäischen Gemeinschaft (EGV). Angepasst an die neue
Rechtslage nach Inkrafttreten des Vertrages von Lissabon wurde der Wortlaut nur insoweit, dass durch die Pluralformulierung (»Die Verträge stehen …«) die Gleichrangigkeit von EUV und AEUV nun auch in der Textfassung hervorgehoben wird.[11] Der Vertrag zur Gründung der Europäischen Atomgemeinschaft (EAGV) weist mit Art. 202
eine Parallelvorschrift auf.[12] Beide Vorschriften sollen sicherstellen, dass die beim Inkrafttreten der Römischen Verträge (1.1.1958) bereits bestehenden bzw. im Gründungsstadium sich befindenden subregionalen Wirtschaftsverbände (s. Rn. 2) durch die
damalige Europäische Wirtschaftsgemeinschaft und heutige Europäische Union nicht
grundsätzlich in Frage gestellt werden.

Art. 350 AEUV ist allerdings nicht nur eine »**dynamische Verweisungsnorm**«,[13] die   7
den Bestand und die Weiterentwicklung der UEBL und der Benelux-Union[14] gewährleistet, sondern auch eine **Kollisionsnorm,**[15] die eine **vorrangige Anwendung** des **Benelux-Rechts** vorschreibt, soweit das **EU-Recht** vom Benelux-Recht **nachteilig abweicht,**[16]
was bereits durch den Normwortlaut (»**soweit** die Ziele […] nicht erreicht sind«) verdeutlicht wird (»Kleineuropa der größeren Geschwindigkeit«)[17]. Ist das **Unionsrecht**
jedoch weiter fortgeschritten oder weist es den gleichen Integrationsstand auf, dann
verdrängt es die Regelungen der Benelux-Union.[18] In diesem Fall genießt die einschlägige EU-Rechtsnorm, soweit sie unmittelbar anwendbar ist, **Anwendungsvorrang.**[19] Um
einen Anwendungsvorrang handelt es sich auch im umgekehrten Fall des Vorrangs des
Benelux-Rechts.[20] Die Normenkollision führt nicht zur Nichtigkeit einer der kollidierenden Normen (kein Geltungsvorrang)[21]. Das hat insbesondere zur Konsequenz, dass
das Benelux-Recht immer dann wieder auflebt, wenn die gemeinschaftsrechtlichen

---

[11] Vgl. *Ohler*, in: Grabitz/Hilf/Nettesheim, EU, Art. 350 AEUV (Oktober 2011), Rn. 1.

[12] Zur Frage, ob nach dem Auslaufen des EGKSV (2002), der eine derartige Vorschrift nicht kannte,
und der Übernahme des Montanregimes in den AEUV auf diesen Bereich nunmehr ebenfalls Art. 350
AEUV anzuwenden ist, vgl. (ablehnend) *Stöger*, in: Mayer/Stöger, EUV/EGV, Art. 306 EGV, Rn. 8.

[13] *Ohler*, in: Grabitz/Hilf/Nettesheim, EU, Art. 350 AEUV (Oktober 2011), Rn. 2.

[14] *Terhechte*, in: Schwarze, EU-Kommentar, Art. 350 AEUV, Rn. 5; *Schmalenbach*, in: Calliess/
Ruffert, EUV/AEUV, Art. 350 AEUV, Rn. 2; *Khan*, in: Geiger/Khan/Kotzur, EUV/AEUV, Art. 350
AEUV, Rn. 2.

[15] *Jochum*, in: Hailbronner/Wilms, Das Recht der EU, Art. 306 EGV (Februar 2006), Rn. 1; *Kokott*,
in: Streinz, EUV/AEUV, Art. 350 AEUV, Rn. 1; deutlich EuGH, Urt. v. 16.5.1984, Rs. 105/83 (Pakvries), Slg. 1984, 2101, Rn. 11; Urt. v. 2.7.1996, Rs. C–473/93 (Kommission/Luxemburg), Slg. 1996,
I–3207, Rn. 42.

[16] Zu den Maßgaben vgl. EuGH, Urt. v. 16.5.1984, Rs. 105/83 (Pakvries), Slg. 1984, 2101,
Rn. 15 f.; Urt. v. 5.3.1986, Rs. 59/84 (Tezi), Slg. 1986, 887, Rn. 62, 66; Urt. v. 11.8.1995, verb. Rs.
C–367/93 – C–377/93 (Roders), Slg. 1995, I–2229, Rn. 25.

[17] *Terhechte*, in: Schwarze, EU-Kommentar, Art. 350 AEUV, Rn. 5.

[18] Vgl. EuGH, Urt. v. 19.11.1975, Rs. 38/75 (Nederlandse Spoorwegen), Slg. 1975, 1439,
Rn. 15/16; Rs. C–473/93 (Kommission/Luxemburg), Slg. 1996, I–3207, Rn. 43.

[19] *v. Förster*, in GSH, Europäisches Unionsrecht, Art. 350 AEUV, Rn. 12; *Kokott*, in: Streinz,
EUV/AEUV, Art. 350 AEUV, Rn. 8.

[20] *Ohler*, in: Grabitz/Hilf/Nettesheim, EU, Art. 350 AEUV (Oktober 2011), Rn. 5; *Schmalenbach*,
in: Calliess/Ruffert, EUV/AEUV, Art. 350 AEUV, Rn. 2.

[21] Zur Unterscheidung von Anwendungs- und Geltungsvorrang im EU-Recht vgl. *Schöbener*, JA
2011, 885 (888 f.).

Standards der EU, beispielsweise durch Anwendung von Schutzklauseln, unter das Niveau der Benelux-Mindeststandards herabgesetzt werden.[22]

D. EuGH-Zuständigkeit für Entscheidungen über EU-Recht

8   Art. 51 Abs. 2 des Vertrages über die **Benelux-Wirtschaftsunion** enthielt die Regelung, dass für Fragen betreffend die Auslegung oder Anwendbarkeit von EU-Recht ausschließlich der EuGH zuständig sei. In den neuen Vertrag über die **Benelux-Union** ist die Vorschrift nicht übernommen worden. Dies bleibt aber letztlich ohne praktische Auswirkung, da Art. 344 AEUV dafür ohnehin die ausschließliche Zuständigkeit des EuGH vorsieht[23] und Art. 350 AEUV keine Abweichung davon zulässt.[24] Im Übrigen hat der EuGH deutlich gemacht, dass er den Benelux-Gerichtshof wie ein mitgliedstaatliches Gericht ansieht,[25] das bei einer Auslegungsfrage des EU-Rechts nach Art. 267 UAbs. 3 AEUV nicht nur vorlageberechtigt, sondern sogar zur Vorlage verpflichtet ist, wenn die Frage noch nicht in einem gleichgelagerten Fall Gegenstand einer Vorabentscheidung gewesen ist.[26]

---

[22] *Stöger*, in: Mayer/Stöger, EUV/EGV, Art. 306 EGV, Rn. 6; *v. Förster*, in GSH, Europäisches Unionsrecht, Art. 350 AEUV, Rn. 11.
[23] *Schmalenbach*, in: Calliess/Ruffert, EUV/AEUV, Art. 350 AEUV, Rn. 3.
[24] Dies wird durch Art. 17 des Gründungsvertrages der Benelux-Union i. V. m. Art. 9 Ziff. 2 i. V. m. Art. 1 Ziff. 2 des Übereinkommens über die Errichtung und den Status des Benelux-Gerichtshofs lediglich klargestellt; a. A. wohl *Terhechte*, in: Schwarze, EU-Kommentar, Art. 350 AEUV, Rn. 4.
[25] *Schmalenbach*, in: Calliess/Ruffert, EUV/AEUV, Art. 350 AEUV, Rn. 3.
[26] EuGH, Urt. v. 4. 11. 1997, Rs. C–337/95 (Christian Dior), Slg. 1997, I–6013, Rn. 20 ff.

Artikel 351 AEUV [Verhältnis von EUV und AEUV zu früheren Verträgen der Mitgliedstaaten]

(1) Die Rechte und Pflichten aus Übereinkünften, die vor dem 1. Januar 1958 oder, im Falle später beigetretener Staaten, vor dem Zeitpunkt ihres Beitritts zwischen einem oder mehreren Mitgliedstaaten einerseits und einem oder mehreren dritten Ländern andererseits geschlossen wurden, werden durch die Verträge nicht berührt.

(2) ¹Soweit diese Übereinkünfte mit den Verträgen nicht vereinbar sind, wenden der oder die betreffenden Mitgliedstaaten alle geeigneten Mittel an, um die festgestellten Unvereinbarkeiten zu beheben. ²Erforderlichenfalls leisten die Mitgliedstaaten zu diesem Zweck einander Hilfe; sie nehmen gegebenenfalls eine gemeinsame Haltung ein.

(3) Bei Anwendung der in Absatz 1 bezeichneten Übereinkünfte tragen die Mitgliedstaaten dem Umstand Rechnung, dass die in den Verträgen von jedem Mitgliedstaat gewährten Vorteile Bestandteil der Errichtung der Union sind und daher in untrennbarem Zusammenhang stehen mit der Schaffung gemeinsamer Organe, der Übertragung von Zuständigkeiten auf diese und der Gewährung der gleichen Vorteile durch alle anderen Mitgliedstaaten.

Literaturübersicht

Bings, Neuordnung der Außenhandelskompetenzen der Europäischen Union durch den Reformvertrag von Lissabon, 2014; *Butler/de Schutter,* Binding the EU to International Human Rights Law, Yearbook of European Law 27 (2008), 277; *Eckes,* Case C–188/07, Commune de Mesquer etc., CMLRev. 47 (2010), 899; *Denza,* Bilateral Investment Treaties and EU rules on free transfer: Comments on Commission v Austria, Commission v Sweden and Commission v Finland, E.L.Rev. 35 (2010), 263 ff.; *Eeckhout,* EU External Relations Law, 2nd ed., 2011; *Gattini,* Effects of Decisions of the UN Security Council in the EU Legal Order, in: Cannizzaro et al. (eds.), International Law as Law of the EU, 2012, S. 215 ff.; *Heesen,* Interne Abkommen: Völkerrechtliche Verträge zwischen den Mitgliedstaaten der Europäischen Union, 2015; *Heliskoski,* The Obligation of Member States to Foresee, in the Conclusion and Application of their International Agreements, Eventual Future Measures of the European Union, in: Arnull et al. (eds.), A Constitutional Order of States?, FS Dashwood, 2011, S. 545 ff.; *Klabbers,* The Validity of EU Norms Conflicting with International Obligations, in: Cannizzaro et al. (eds.), International Law as Law of the EU, 2012, S. 111 ff.; *ders.,* Moribund on the fourth of July?, E.L.Rev. 26 (2001), 187; *ders.,* Treaty Conflict and the European Union, 2009; *Koutrakos,* Annotation on Case C–205/06, Commission v Austria and Case C–249/06 Commission v Sweden, CMLRev. 46 (2009), 2059 ff.; *ders.,* EU International Relations Law, 2nd ed., 2015; *Lavranos,* Revisiting Article 307 EC. The Untouchable Core of Fundamental European Constitutional Law Values and Principles, in: Fontanelli et al. (eds.), Shaping Rule of Law Through Dialogue, 2010, S. 119 ff.; *Mankowski,* Gelten die bilateralen Staatsverträge der Bundesrepublik Deutschland im Internationalen Erbrecht nach dem Wirksamwerden der EuErbVO weiter?, ZEV 2013, 529; *Manzini,* The Priority of Pre-Existing Treaties of EC Member States within the Framework of International Law, European Journal of International Law 12 (2001), 781; *Pache/Bielitz,* Das Verhältnis der EG zu den völkerrechtlichen Verträgen der Mitgliedstaaten, EuR 2006, 316; *Pitschas,* Anmerkung zu EuGH Rs. C–476/98, EuZW 2003, 92; *Schadendorf,* Die UN-Menschenrechtsverträge im Grundrechtsgefüge der Europäischen Union, EuR 50 (2015), 28; *Schütze,* The ›Succession Doctrine‹ and the European Union, FS Dashwood, 2011, S. 459 ff.; *Strik,* Shaping the Single European Market in the Field of Foreign Direct Investment, 2014; *Terhechte,* Art. 351 AEUV, das Loyalitätsgebot und die Zukunft mitgliedstaatlicher Investitionsschutzverträge nach Lissabon, EuR 2010, 517; *ders.,* Art. 351 TFEU, the Principle of Loyalty and the Future Role of Member States' Bilateral Investment Protection, in: Bungenberg/Griebel/Hindelang (eds.), International Investment Law and EU Law, European Yearbook of International Economic Law, Special Issue 2011, 79; *Tietje,* Die Außenwirtschaftsverfassung der EU nach dem Vertrag von Lissabon, Beiträge zum Transnationalen Wirtschaftsrecht, Heft 83, Januar 2009; *van Rossem,* The EU at Crossroads: A Constitutional Inquiry into the Way International Law is Received within the EU Legal Order, in: Cannizzaro et al. (eds.), International Law as Law of the EU, 2012, S. 59 ff.; *Zimmermann,* Staatennachfolge in völkerrechtliche Verträge, 2000.

Leitentscheidungen

EuGH, Urt. v. 27.2.1962, Rs. 10/61 (Kommission/Italien), Slg. 1962, 1
EuGH, Urt. v. 14.7.1976, verb. Rs. 3/76, 4/76 u. 6/76 (Kramer), Slg. 1976, 1279
EuGH, Gutachten 1/76 vom 26.4.1977 (Stilllegungsfonds), Slg. 1977, 741
EuGH, Urt. v. 14.10.1980, Rs. 812/79 (Burgoa), Slg. 1980, 2787
EuGH, Urt. v. 11.3.1986, Rs. 121/85 (Conegate), Slg. 1986, 1007
EuGH, Urt. v. 22.9.1988, Rs. 286/86 (Deserbais), Slg. 1988, 4907
EuGH, Urt. v. 27.9.1988, Rs. 235/87 (Matteucci), Slg. 1988, 5589
EuGH, Urt. v. 2.8.1993, Rs. C–158/91 (Levy), Slg. 1993, I–4287
EuGH, Urt. v. 3.2.1994, Rs. C–13/93 (Minne), Slg. 1994, I–371
EuGH, Urt. v. 28.3.1995, Rs. C–324/93 (Evans Medical und Macfarlan Smith), Slg. 1995, I–563
EuGH, Urt. v. 6.4.1995, verb. Rs. 241/91 P u. (242/91 P (Radio Telefis Eireann (RTE)), Slg. 1995, I–743
EuGH, Urt. v. 19.3.1996, Rs. C–25/94 (FAO), Slg. 1996, I–1469
EuGH, Urt. v. 14.1.1997, Rs. C–124/95 (Centro-Com), Slg. 1997, I–81
EuGH, Urt. v. 10.3.1998, verb. Rs. C–364/95 u. C–365/95 (T. Port GmbH & Co.), Slg. 1998, I–1023
EuGH, Urt. v. 14.9.1999, Rs. C–170/98 (Kommission/Belgien), Slg. 1999, I–5493
EuGH, Urt. v. 4.7.2000, Rs. C–62/98 (Kommission/Portugal), Slg. 2000, I–5171
EuGH, Urt. v. 4.7.2000, Rs. C–84/98 (Kommission/Portugal), Slg. 2000, I–5215
EuGH, Beschl. v. 2.5.2001, Rs. C–307/99 (OGT Fruchthandelsgesellschaft), Slg. 2001, I–3159
EuGH, Urt. v. 9.10.2001, Rs. C–377/98 (Niederlande/EP und Rat (»Biotechnologie-Richtlinie«), Slg. 2001, I–7079
EuGH, Urt. v. 5.11.2002, Rs. C–466/98 (Kommission/Vereinigtes Königreich), Slg. 2002, I–9427
EuGH, Urt. v. 5.11.2002, Rs. C–467/98 (Kommission/Dänemark), Slg. 2002, I–9519
EuGH, Urt. v. 5.11.2002, Rs. C–468/98 (Kommission/Schweden), Slg. 2002, I–9575
EuGH, Urt. v. 5.11.2002, Rs. C–469/98 (Kommission/Finnland), Slg. 2002, I–9627
EuGH, Urt. v. 5.11.2002, Rs. C–471/98 Kommission/Belgien), Slg. 2002, I–9681
EuGH, Urt. v. 5.11.2002, Rs. C–472/98 (Kommission/Luxemburg), Slg. 2002, I–9741
EuGH, Urt. v. 5.11.2002, Rs. C–475/98 (Kommission/Österreich), Slg. 2002, I–9797
EuGH, Urt. v. 5.11.2002, Rs. C–476/98 (Kommission/Deutschland), Slg. 2002, I–9855
EuGH, Urt. v. 18.11.2003, Rs. C–216/01 (Budějovický Budvar), Slg. 2003, I–13617
EuGH, Urt. v. 1.2.2005, Rs. C–203/03 (Kommission/Österreich), Slg. 2005, I–935
EuGH, Urt. v. 24.6.2008, Rs. C–188/07 (Commune de Mesquer), Slg. 2008, I–4501
EuGH, Urt. v. 3.9.2008, verb. Rs. C–402/05 P u. C–415/05 P (Kadi I), Slg. 2008, I–6351
EuGH, Urt. v. 3.3.2009, Rs. C–205/06 (Kommission/Österreich), Slg. 2009, I–1301
EuGH, Urt. v. 3.3.2009, Rs. C–249/06 (Kommission/Schweden), Slg. 2009, I–1335
EuGH, Urt. v. 22.10.2009, Rs. C–301/08 (Irène Bogiatzi), Slg. 2009, I–10185
EuGH, Urt. v. 19.11.2009, Rs. C–118/07 (Kommission/Finnland), Slg. 2009, I–10889
EuGH, Urt. v. 15.9.2011, Rs. C–264/09 (Kommission/Slowakische Republik), Slg. 2011, I–8065
EuGH, Urt. v. 21.12.2011, Rs. C–366/10 (Air Transport Association of America), Slg. 2011, I–13755
EuGH, Urt. v. 18.7.2013, verb. Rs. C–584/10 P u.a. (Kadi II), ECLI:EU:C:2013:518

Inhaltsübersicht

I. Einführung

1. Gegenstand, Zweck und Art der Norm

Art. 351 AEUV ist eine **Kollisionsnorm**, die das Verhältnis der Verträge i. S. d. Art. 1   **1**
Abs. 3 Satz 1 EUV (d. h. der Unionsverträge) zu völkerrechtlichen Verträgen mit Drittstaaten regelt, die ein Gründungsstaat der vormaligen EWG vor dem 1.1.1958[1] bzw. ein
späterer Mitgliedstaat vor seinem EU-Beitritt geschlossen hatte (**Altverträge**). Dabei
trägt Absatz 1 der völkerrechtlichen Lage Rechnung:[2] Kollidiert nämlich ein Altvertrag
eines Mitgliedstaats mit den späteren Unionsverträgen, bleibt dieser gegenüber seinen
dritten Vertragspartnern verpflichtet, den Altvertrag zu erfüllen.[3] Denn im Einklang mit
den beiden Völkerrechtsregeln pacta sunt servanda[4] und pacta tertiis nec nocent nec
prosunt[5] kann der Mitgliedstaat sich gegenüber den Drittstaaten nicht auf seine abweichenden unionsvertraglichen Pflichten gegenüber den anderen Mitgliedstaaten berufen.

---

[1] Datum des Inkrafttretens des ursprünglichen EWGV.
[2] Siehe dazu GA *Lagrange*, Schlussanträge zu Rs. 10/61 (Kommission/Italien), Slg. 1962, 1 (39).
[3] Vgl. die in Art. 30 Abs. 4 Buchst. b WÜRV I wiedergegebene Regel des Völkergewohnheitsrechts, auf die EuGH, Urt. v. 15.9.2011, Rs. C–264/09 (Kommission/Slowakische Republik),
Slg. 2011, I–8065, Rn. 41 ausdrücklich verweist.
[4] Vgl. Art. 26 WÜRV I.
[5] Vgl. Art. 34 WÜRV I.

2   Nach denselben Grundsätzen kann sich der Mitgliedstaat aber den anderen Mitgliedstaaten gegenüber ebenso wenig auf seinen Altvertrag berufen, um die Nichterfüllung seiner unionsvertraglichen Pflichten zu rechtfertigen. Aus diesem völkerrechtlichen Dilemma als Partei aufeinanderfolgender und miteinander unvereinbarer Verträge wird der Mitgliedstaat durch Art. 351 AEUV im Sinne der in Art. 30 Abs. 2 WÜRV I kodifizierten Regel des Völkergewohnheitsrechts befreit:[6] Art. 351 Abs. 1 AEUV akzeptiert einen Vorrang von Altverträgen der Mitgliedstaaten mit Drittstaaten vor den Unionsverträgen, sieht also eine **Ausnahme von deren grundsätzlichen Anwendungsvorrang** vor. Er gewährt den Mitgliedstaaten im Verhältnis zu den anderen Mitgliedstaaten und zur Union eine entsprechende Einrede[7] und schützt sie in den Verfahren nach Art. 258, 259 AEUV vor einer Verurteilung wegen Vertragsverletzungen. Insoweit stellt sich die Vorschrift als Ausdruck der zwischen Union und Mitgliedstaaten bestehenden **Loyalitätspflicht** (Art. 4 Abs. 3 EUV) dar.[8] Sie fügt dem jedoch in den Absätzen 2 und 3 »modifizierende Auflagen« hinzu, welche die betroffenen Mitgliedstaaten gewissermaßen als Gegenleistung für die gewährte Rücksichtnahme auf ihre Altverpflichtungen erfüllen müssen.

3   Nach std. Rspr. des EuGH liegt der **Zweck des Art. 351 AEUV** darin, im Einklang mit dem Völkerrecht klarzustellen, dass die Anwendung der Unionsverträge nicht die Pflicht der Mitgliedstaaten berührt, die Rechte von Drittländern aus einem Altvertrag zu wahren und ihre Verpflichtungen diesen gegenüber zu erfüllen[9]. Art. 351 Abs. 1 AEUV soll die Einhaltung von Altverträgen durch die Mitgliedstaaten sichern.[10] Deshalb steht er für die **Völkerrechtsfreundlichkeit** des EU-Rechts bzw. den **Grundsatz der völkerrechtskonformen Integration.**[11]

4   Als **Ausnahmebestimmung** muss Art. 351 Abs. 1 AEUV **eng ausgelegt** werden.[12] Das äußert sich z. B. darin, dass sich die Mitgliedstaaten nicht im Verhältnis zueinander auf diese Norm berufen können (s. Rn. 13 f.), aber auch darin, dass ihre Rechtsfolge nur eintritt, soweit es um Verpflichtungen (nicht aber Rechte) der Mitgliedstaaten aus Altverträgen geht, deren Erfüllung von den Drittstaaten noch eingefordert werden kann.[13] Die Notwendigkeit einer engen Auslegung wird durch Art. 351 Abs. 3 AEUV bestätigt.[14]

2. Entstehungsgeschichte

5   Art. 351 AEUV geht in seiner heutigen Fassung auf den Vertrag von Lissabon zurück. Von der Vorgängernorm in **Art. 307 EGV** i. d. F. des Vertrags von Nizza unterscheidet er sich nur durch notwendige redaktionelle Anpassungen.[15] Insbesondere dienen als Bezugsobjekt des Art. 351 AEUV nunmehr beide Unionsverträge (AEUV und EUV), was

---

[6] *Manzini*, EJIL 12 (2001), 782.

[7] *Pache/Bielitz*, EuR 2006, 328.

[8] *Lorenzmeier*, in: Grabitz/Hilf/Nettesheim, EU, Art. 351 AEUV (September 2014), Rn. 3 m. w. N.

[9] EuGH, Urt. v. 28.3.1995, Rs. C–324/93 (Evans Medical und Macfarlan Smith), Slg. 1995, I–563 Rn. 27; EuGH, Urt. 14.1.1997, Rs. C–124/95 (Centro-Com), Slg. 1997, I–81, Rn. 56.

[10] EuGH, Urt. v. 2.8.1993, Rs. C–158/91 (Levy), Slg. 1993, I–4287, Rn. 17.

[11] *Lavranos*, in: GSH, Europäisches Unionsrecht, Art. 351 AEUV, Rn. 2.

[12] *Khan*, in: Geiger/Khan/Kotzur, EUV/AEUV, Art. 351 AEUV, Rn. 3.

[13] S. u. Rn. 30.

[14] S. u. Rn. 93.

[15] Siehe *Lorenzmeier*, in: Grabitz/Hilf/Nettesheim, EU, Art. 351 AEUV (September 2014), Rn. 1.

als notwendige Konsequenz zunehmender Supranationalisierung im Bereich des EUV gedeutet wird, die erst jetzt als potentieller Auslöser von Konflikten mit Altverträgen der Mitgliedstaaten wahrgenommen wird.[16]

Schon der ursprüngliche EWG-Vertrag enthielt mit **Art. 234 EWGV** eine weitgehend identische Norm.[17] Damit trug die EWG von Anfang an dem Umstand Rechnung, dass sie mit ihrer Entstehung 1958 »nicht in ein rechtliches Vakuum hineingeboren wurde«, sondern die sechs Gründungsstaaten mit Drittstaaten durch völkerrechtliche Verträge intensiv vernetzt waren.[18] In den heutigen Zeiten einer fortschreitenden Fragmentierung der Völkerrechtsordnung sind die Völkerrechtssubjekte generell dazu gezwungen, bei der Auslotung verbleibender Spielräume für neue Verträge die Reichweite ihrer bereits bestehenden Bindungen zu analysieren. Diese Aufgabe gestaltet sich für die EG/EU umso schwieriger, als deren Verwicklung in ein Netz von Altverträgen einer steigenden Zahl von Mitgliedstaaten noch weit unübersichtlicher ist als die entsprechende Einbindung einzelner Staaten.[19]   6

3. Vergleichbare Regelungen des EAGV und EGKSV

Im Hinblick auf die weit reichenden Zuständigkeiten der Union und deren vielfältige Überschneidungen mit den Zuständigkeiten der Mitgliedstaaten ist es nie das Anliegen von Art. 234 EWGV/Art. 307 EGV/Art. 351 AEUV gewesen, die Union in die Altverträge der Mitgliedstaaten eintreten zu lassen. Vielmehr konzentriert er sich auf den Umgang mit bzw. die **Bereinigung von möglichen Konfliktlagen**.   7

Im Unterschied dazu beschränkt sich der **EAGV**[20] auf den Bereich der Kernenergie, wo der Gemeinschaft eine umfassende Außenhandlungs- und Vertragsabschlusskompetenz übertragen wurde.[21] Dementsprechend statuiert Art. 106 EAGV eine Verpflichtung der Mitgliedstaaten, gemeinsam mit der Kommission Verhandlungen mit dritten Staaten zu führen, damit die EAG soweit wie möglich die Rechte und Pflichten aus deren Altverträgen übernehmen kann. Die mit Art. 351 AEUV korrespondierende Vorschrift des Art. 105 Abs. 1 EAGV sieht vor, dass Altverträge nur dann nicht anhand der Regelungen des EAGV beanstandet werden, wenn die Mitgliedstaaten sie binnen 30 Tagen nach dem Inkrafttreten des EAGV bzw. ihrem späteren Beitritt der Kommission mitgeteilt haben. Damit wird einerseits schnell Klarheit über den Bestand an Altverträgen geschaffen, andererseits kann es hier im Falle der Fristversäumung anders als bei Art. 351 AEUV zu einem Auseinanderfallen zwischen Unionsrecht und Völkerrecht kommen. Dies gilt allerdings nur für eine Übergangszeit, bis die Gemeinschaft nach Art. 106 EAGV anstelle der Mitgliedstaaten in die betreffenden Verträge eingetreten ist. Allerdings setzt dies das Einverständnis der dritten Vertragspartner voraus.   8

Anders als Art. 234 EWGV/Art. 307 EGV/Art. 351 AEUV begrenzte der inzwischen ausgelaufene **EGKS-Vertrag**[22] die Befugnisse der Gemeinschaft auf dem Gebiet der Handelspolitik zugunsten der völkerrechtlich schon gebundenen Mitgliedstaaten. Die han-   9

---

[16] *Terhechte*, EuR 2010, 523. Siehe auch *dens.*, Art. 351 TFEU, the Principle of Loyalty and the Future Role, S. 79 ff.
[17] EWG-Vertrag vom 25. 3. 1957, BGBl. 1957 II S. 766.
[18] *Schütze*, S. 470.
[19] Vgl. *Pache/Bielitz*, EuR 2006, 317 und 325 ff.
[20] Konsolidierte Fassung in ABl. 2012, C 371/1.
[21] Art. 2 Buchst. h, Art. 101 f. EAGV.
[22] EGKSV vom 18. 4. 1951, BGBl. 1952 II S. 445.

delspolitischen Befugnisse der Gemeinschaft gegenüber dritten Ländern durften von vornherein »nicht über die Befugnisse hinausgehen, die den Mitgliedstaaten durch internationale Abkommen zuerkannt sind, an denen sie sich beteiligt haben« (**Art. 71 Abs. 2 EGKSV**). Auch damit war für den Kollisionsfall ein Vorrang für Altverträge der Mitgliedstaaten geschaffen, der methodisch aber nicht wie Art. 351 AEUV durch den (bedingten) Verzicht auf gemeinschaftsrechtliche Sanktionierungsoptionen, sondern umgekehrt durch eine korrespondierende Reduktion der Gemeinschaftskompetenz realisiert wurde. Bemerkenswert ist, dass dabei nicht nur die Verpflichtungen der Mitgliedstaaten aus Altverträgen geschützt wurden, sondern auch deren »Befugnisse«. Zugleich fehlte es an einer klaren Verpflichtung, Kollisionen abzubauen, wie sie Art. 351 Abs. 2 AEUV auferlegt. Stattdessen sah Art. 71 Abs. 3 EGKSV nur ein Vorschlagsrecht der Hohen Behörde gegenüber den Mitgliedstaaten in Bezug auf die anzuwendenden Maßnahmen vor und verpflichtete die Mitgliedstaaten dazu, sich in diesem Zusammenhang gegenseitig Beistand zu leisten (vgl. Art. 351 Abs. 2 Satz 2 AEUV). Unter diesen Umständen wurde die Reichweite der Außenkompetenz der Gemeinschaft von der Reichweite der Altverträge der Mitgliedstaaten abhängig und dementsprechend unübersichtlich.

10   Die eigentlich mit Art. 351 AEUV korrespondierende Norm bildete **§ 17 des Übergangsabkommens**[23] zum EGKSV. Danach mussten Handelsabkommen, die noch mehr als ein Jahr nach Inkrafttreten dieses Vertrages anwendbar waren oder eine Klausel über ihre stillschweigende Verlängerung enthielten, der Hohen Behörde mitgeteilt werden. Diese konnte dann an den beteiligten Mitgliedstaat »die Empfehlungen richten, die geeignet sind, gegebenenfalls die Bestimmungen dieser Abkommen gemäß den in ihnen vorgesehenen Verfahren mit Artikel 75 in Einklang zu bringen«.[24] Hier erkennt man das Muster für die »geeigneten Mittel« i. S. v. Art. 351 Abs. 2 Satz 1 AEUV, die den Mitgliedstaaten aber heute unmittelbar primärrechtlich auferlegt werden.

11   Darüber hinaus waren die Mitgliedstaaten verpflichtet, die Hohe Behörde über Entwürfe von Handelsabkommen oder Abmachungen gleicher Wirkung auf dem Laufenden zu halten. Sofern diese darin Klauseln entdeckte, welche der Durchführung des EGKSV entgegenstanden, musste sie innerhalb von zehn Tagen Empfehlungen zur Vermeidung der sich abzeichnenden Kollision an die Mitgliedstaaten richten (**Art. 75 EGKSV**).[25]

II. Berechtigte und verpflichtete Adressaten der Norm

12   Aus dem Sinn und Zweck des Art. 351 AEUV,[26] aber auch aus der völkerrechtlichen Regel pacta tertiis nec nocent nec prosunt[27] wird abgeleitet, dass die Norm **keine Rechtswirkungen im Außenverhältnis zu Drittstaaten** entfaltet. Deshalb können diese sich nicht auf Art. 351 Abs. 2 AEUV berufen, um die Einhaltung eines Altvertrages von der Union oder den Mitgliedstaaten einzufordern.[28]

---

[23] Abkommen über die Übergangsbestimmungen zum EGKS-Vertrag vom 18. 4. 1951, BGBl. 1952 II S. 491.

[24] Nach Art. 14 Abs. 3 EGKSV waren die Empfehlungen der Hohen Behörde hinsichtlich der von ihnen bestimmten Ziele verbindlich, ließen den Adressaten jedoch die Wahl der für die Erreichung dieser Ziele geeigneten Mittel. Sie entsprachen also den heutigen Richtlinien (Art. 288 Abs. 3 AEUV).

[25] Vgl. die voranstehende Fn. 24.

[26] S. o. Rn. 3.

[27] S. o. Rn. 1.

[28] *Schmalenbach*, in: Calliess/Ruffert, EUV/AEUV, Art. 351 AEUV, Rn. 1.

Schon seinem Wortlaut nach bezieht sich Art. 351 Abs. 1 AEUV nur auf Altverträge **13** eines oder mehrerer Mitgliedstaaten mit einem oder mehreren dritten Ländern, nicht auf Altverträge, die mehrere Mitgliedstaaten untereinander abgeschlossen haben. Solche **Inter-se-Verträge** werden in Konfliktfällen vom Anwendungsvorrang des Unionsrechts ohne weiteres überlagert, ganz gleich, ob es sich um Altverträge handelt oder nicht.[29] Eine Ausnahme galt bis zum Inkrafttreten des Vertrags von Lissabon für diejenigen Inter-se-Verträge der Mitgliedstaaten, die auf den spezifischen Ermächtigungen des früheren Art. 220 EWGV/Art. 293 EGV beruhten.

Nach ständiger Rechtsprechung des EuGH können die Bestimmungen eines Altver- **14** trags **in den unionsinternen Rechtsbeziehungen** aber auch dann nicht geltend gemacht werden, wenn zumindest eine der Vertragsparteien zum Zeitpunkt des Vertragsschlusses noch ein Drittstaat war und erst später der Union beigetreten ist.[30] Ein anderer Mitgliedstaat kommt also generell nicht als Berechtigter aus einem Altvertrag in Betracht. Denn der Normzweck des Art. 351 Abs. 1 AEUV liegt allein darin, völkerrechtliche Verpflichtungen gegenüber Drittstaaten zu respektieren bzw. Mitgliedstaaten vor völkerrechtlicher Haftung wegen Vertragsverletzungen im Außenverhältnis zu schützen (teleologische Reduktion). Sind die Rechte dritter Länder nicht berührt, so kann sich ein Mitgliedstaat nicht auf die Bestimmungen eines Altvertrags berufen, um z. B. mit Art. 34 AEUV unvereinbare Beschränkungen des Inverkehrbringens von Erzeugnissen aus einem anderen Mitgliedstaat zu rechtfertigen.[31] Dies entspricht auch der völkerrechtlichen Regel, wonach bei Konflikten zwischen verschiedenen Abkommen unter denselben Parteien die lex posterior-Regel gilt.[32]

Ebenfalls aus dem Zweck der Norm folgt, dass Art. 351 AEUV als solcher **Einzelnen** **15** **weder Rechte verleiht noch deren aus Altverträgen möglicherweise ableitbaren Rechte beeinträchtigt.**[33] Denn die Bestimmung kann im Hinblick auf ihren Zweck keine Änderung der Natur der Rechte zur Folge haben, die sich aus einem mit den Unionsverträgen unvereinbaren Altvertrag ergeben.[34] Verleiht dieser Einzelnen keine Rechte bzw. erkennt die nationale Rechtsordnung des Mitgliedstaats dem Altvertrag keine unmittelbare Anwendbarkeit zu, so folgt auch aus Art. 351 AEUV kein vor den Gerichten der Mitgliedstaaten einklagbares Individualrecht auf Einhaltung der altvertraglichen Verpflichtungen. Umgekehrt bleiben Individualrechte, die von Altverträgen gewährt wer-

---

[29] EuGH, Urt. v. 27.9.1988, Rs. 235/87 (Matteucci), Slg. 1988, 5589, Rn. 21 f. Zu den Inter-se-Verträgen eingehend *Heesen*, Interne Abkommen, 2015.
[30] Besonders prägnant EuGH, Urt. v. 27.9.1988, Rs. 235/87 (Matteucci), Slg. 1988, 5589, Rn. 21. Vgl. ferner EuGH, Urt. v. 11.3.1986, Rs. 121/85 (Conegate), Slg. 1986, I–1007, Rn. 25 f.; Urt. v. 22.9. 1988, Rs. 286/86 (Deserbais), Slg. 1988, 4907, Rn. 18; Urt. v. 6.4.1995, verb. Rs. 241/91 P und 242/91 P (Radio Telefis Eireann (RTE)), Slg. 1995, I–743, Rn. 84; Urt. v. 22.10.2009, Rs. C–301/08 (Irène Bogiatzi), Slg. 2009, I–10185, Rn. 19. In seiner älteren Rechtsprechung formulierte der EuGH, dass der EWGV auf den von ihm geregelten Gebieten den Altverträgen zwischen Mitgliedstaaten vorgehe: EuGH, Urt. v. 27.2.1962, Rs. 10/61 (Kommission/Italien), Slg. 1962, 1 (sub B); Urt. v. 27.9. 1988, Rs. 235/87 (Matteucci), Slg. 1988, 5589, Rn. 22. Vgl. auch das derzeit als Rs. C–284/16 anhängige Vorabentscheidungsersuchen des BGH zur Wirksamkeit von Schiedsvereinbarungen in unionsinternen BITs, EuZW 2016, 512 mit Anm. *Kottmann*.
[31] EuGH, Urt. v. 22.9.1988, Rs. 286/86 (Deserbais), Slg. 1988, 4907, Rn. 18.
[32] Art. 30 Abs. 3 WÜRV I.
[33] EuGH, Urt. v. 14.10.1980, Rs. 812/79 (Burgoa), Slg. 1980, 2787, Urteilstenor (sub 2.).
[34] EuGH, Urt. v. 14.10.1980, Rs. 812/79 (Burgoa), Slg. 1980, 2787, Rn. 10 f.; Beschl. v. 2.5.2001, Rs. C–307/99 (OGT Fruchthandelsgesellschaft), Slg. 2001, I–3159, Rn. 29 f.

den, ungeachtet entgegenstehender Bestimmungen in den Unionsverträgen kraft Art. 351 Abs. 1 AEUV erhalten.[35]

16   Die **Union** selbst ist an die Bestimmungen der Altverträge der Mitgliedstaaten **nicht gebunden.** Etwas anderes gilt nur in dem **Ausnahmefall**, dass die EU als Funktionsnachfolgerin ihrer Mitgliedstaaten an deren Stelle in den Altvertrag eingetreten ist.[36] Dies setzt voraus, dass die Union erstens die zuvor von den Mitgliedstaaten ausgeübten Befugnisse in Bezug auf die betreffende Übereinkunft **vollständig übernommen hat** und zweitens die dritten Vertragspartner ausdrücklich oder stillschweigend mit der Vertragsübernahme durch die Union einverstanden waren. Dementsprechend muss der Gerichtshof die Rechtmäßigkeit von Unionsrechtsakten nicht schon deshalb an einem von der Union selbst nicht gebilligten Altvertrag messen, weil mit diesen einzelne Bestimmungen des Altvertrags in das Unionsrecht übernommen werden sollen oder übernommen worden sind.[37]

17   Ein Vertragseintritt der Union kraft **Funktionsnachfolge** findet keine Grundlage in Art. 351 AEUV, sondern richtet sich nach dem Völkerrecht.[38] Kommt es dazu, besteht für eine Anwendung des Art. 351 AEUV kein Bedarf mehr, weil die Mitgliedstaaten dann von ihren völkerrechtlichen Verpflichtungen entbunden sind. Folglich können keine Konflikte mehr mit ihren unionsvertraglichen Verpflichtungen i. S. v. Art. 351 Abs. 1 AEUV eintreten, und auch für irgendwelche Anpassungsverpflichtungen nach Art. 351 Abs. 2 AEUV ist kein Raum. Für das Verhältnis der auf die Union übergegangenen völkervertraglichen Pflichten zum sonstigen Unionsrecht gelten die Rangvorschriften in Art. 216 Abs. 2, Art. 218 Abs. 11 AEUV.

18   Obwohl in Art. 351 AEUV nur von Pflichten der Mitgliedstaaten die Rede ist, nimmt der EuGH trotz Ablehnung einer eigenen Bindung der Union an Altverträge der Mitgliedstaaten gleichwohl eine stillschweigende Verpflichtung der Union an, die Erfüllung der Verpflichtungen aus solchen Übereinkünften seitens der Mitgliedstaaten nicht zu behindern (**Behinderungsverbot**), da die Vorschrift anderenfalls ihren Zweck verfehlen würde.[39] Daraus soll aber kein Verbot der Setzung unvereinbaren Sekundärrechts, sondern allenfalls ein Durchsetzungshindernis folgen.[40] In keinem Falle kann jedoch eine Beachtungs- oder gar Erfüllungspflicht der Union angenommen werden.[41] Genauso wenig ist die Union gehalten, den Mitgliedstaaten die weitere Ausübung von unionsvertragswidrigen Rechten aus ihren Altverträgen zuzugestehen.[42]

---

[35] *Lorenzmeier*, in: Grabitz/Hilf/Nettesheim, EU, Art. 351 AEUV (September 2014), Rn. 11 f. m. w. N.

[36] Vgl. näher *Giegerich*, Kommentierung zu Art. 216 AEUV, Rn. 111 ff.

[37] EuGH, Urt. v. 21. 12. 2011, Rs. C–366/10 (Air Transport Association of America), Slg. 2011 I–13755, Rn. 62 f.

[38] *Lorenzmeier*, in: Grabitz/Hilf/Nettesheim, EU, Art. 351 AEUV (September 2014), Rn. 46. Vgl. auch *Schmalenbach*, in: Calliess/Ruffert, EUV/AEUV, Art. 351 AEUV, Rn. 25.

[39] EuGH, Urt. v. 14. 10. 1980, Rs. 812/79 (Burgoa), Slg. 1980, 2787, Rn. 9; Urt. v. 21. 12. 2011, Rs. C–366/10 (Air Transport Association of America), Slg. 2011, I–13755, Rn. 61. Kritisch *Booß*, in: Lenz/Borchardt, EU-Verträge, Art. 351 AEUV, Rn. 5, der das Behinderungsverbot für »zu kurz gegriffen« hält, weil sich für die Union auch Mitwirkungspflichten ergeben könnten. Es ist allerdings fraglich, ob diese gerade aus Art. 351 AEUV folgen.

[40] S. u. Rn. 42.

[41] *Schmalenbach*, in: Calliess/Ruffert, EUV/AEUV, Art. 351 AEUV, Rn. 24.

[42] Zu mitgliedstaatlichen Rechten aus Altverträgen s. u. Rn. 30.

III. Das Unberührtbleiben von Altverträgen nach Absatz 1

1. Übereinkünfte

Da Art. 351 AEUV eine »**Vorschrift von allgemeiner Tragweite**« ist, gilt er für alle **19** internationalen Übereinkünfte, die sich auf die Anwendung der Unionsverträge auswirken können, ohne dass es auf den jeweiligen Vertragsgegenstand ankommt.[43] Für bestimmte Altverträge gelten indessen Spezialvorschriften wie Art. 350 AEUV. Auch menschenrechtliche Altverträge bilden im Hinblick auf Art. 6 Abs. 3 EUV eine besondere Kategorie, bei der sich eine Konfliktbereinigung über Art. 351 AEUV kaum je als notwendig erweisen dürfte.[44]

»Übereinkünfte« sind zunächst völkerrechtliche Verträge zwischen Staaten i. S. v. **20** Art. 2 Abs. 1 Buchst. a WÜRV I, einschließlich von Verträgen zur Gründung von und zum Beitritt zu internationalen Organisationen (Art. 5 WÜRV I). Anders als Art. 2 Abs. 1 Buchst. a WÜRV I verlangt Art. 351 AEUV allerdings keine Schriftform.[45] Eine Übereinkunft in diesem Sinne liegt auch bei einseitig verpflichtenden Verträgen vor, wenn also nur der Mitgliedstaat dem/n Drittstaat/en gegenüber bestimmte Verpflichtungen übernimmt. Synallagmatische Vertragsbeziehungen sind dagegen nicht erforderlich. Die Bezeichnung der Übereinkunft spielt keine Rolle.

Auch das **einseitige völkerrechtlich verbindliche Versprechen** eines Mitgliedstaats,[46] **21** Verpflichtungen aus einem völkerrechtlichen Vertrag mit Drittstaaten schon vor dem eigenen förmlichen Vertragsbeitritt zu übernehmen, soll selbst in mündlicher Form genügen, um einen Altvertrag i. S. v. Art. 351 AEUV zustande zu bringen.[47]

Infolgedessen soll z. B. die **UN-Charta für Deutschland ein solcher Altvertrag sein**, **22** obwohl Deutschland als Gründungsmitglied der EWG der UNO erst 1973, also fünfzehn Jahre später, beigetreten ist.[48] Diese Bewertung trifft aber nicht zu: Zwar könnte eine entsprechende vorzeitige Bindung an die UN-Charta in Art. 3 Abs. 1 des Deutschlandvertrages[49] erklärt worden sein, mit dem sich Deutschland gegenüber den drei Westmächten verpflichtete, seine Politik an den Zielen der UN-Charta auszurichten. Damit wurde jedoch erstens keine Übernahme sämtlicher Pflichten aus der UN-Charta versprochen, und zweitens richtete sich das deutsche Versprechen nicht an alle UN-Mitglieder.[50] Auch die einseitige Anwendung der UN-Charta durch Deutschland vor seinem UN-Beitritt führte nicht zur bindenden Übernahme völkerrechtlicher Verpflichtungen aus der UN-Charta i. S. v. Art. 234 EWGV/Art. 351 AEUV.[51] Die UN-Charta stellt also für Deutschland als einzigen Mitgliedstaat keinen Altvertrag dar.

---

[43] EuGH, Urt. v. 14.10.1980, Rs. 812/79 (Burgoa), Slg. 1980, 2787, Rn. 6.

[44] S. u. Rn. 117.

[45] *Schmalenbach*, in: Calliess/Ruffert, EUV/AEUV, Art. 351 AEUV, Rn. 2.

[46] Vgl. allgemein International Law Commission, Guiding principles applicable to unilateral declarations of States capable of creating international obligations, http://legal.un.org/ilc/texts/instruments/english/draft_articles/9_9_2006.pdf (20.9.2016).

[47] *Schmalenbach*, in: Calliess/Ruffert, EUV/AEUV; Art. 351 AEUV, Rn. 4.

[48] *Schmalenbach*, in: Calliess/Ruffert, EUV/AEUV, Art. 351 AEUV, Rn. 4.

[49] Art. 3 Abs. 1 des Vertrages über die Beziehungen zwischen der Bundesrepublik Deutschland und den Drei Mächten vom 26.5.1952 i.d.F. v. 23.10.1954 lautet: »Die Bundesrepublik wird ihre Politik in Einklang mit den Prinzipien der Satzung der Vereinten Nationen und mit den im Statut des Europarates aufgestellten Zielen halten.« (BGBl. 1955 II S. 305).

[50] Der Deutschlandvertrag ist auch kein Vertrag zugunsten von Drittstaaten i. S. v. Art. 36 WÜRV I.

[51] So auch *Lorenzmeier*, in: Grabitz/Hilf/Nettesheim, EU, Art. 351 AEUV (September 2014), Rn. 8.

23   **Beschlüsse von Organen internationaler Organisationen,** die für einen Mitgliedstaat kraft eines Altvertrags rechtlich verbindlich sind,[52] werden zum Teil ebenfalls unter den Begriff der Übereinkünfte gefasst, da es sich um abgeleitetes Recht handele,[53] das seine Grundlage im Gründungsvertrag, einer internationalen Übereinkunft, finde. Diese Auffassung überzeugt insoweit nicht, als sie auch unionsvertragswidrige Beschlüsse erfasst, die erst nach dem Beitritt eines Mitgliedstaats zur E(W)G/EU und nur mit dessen Zustimmung gefällt werden.[54] In solchen Fällen bringt sich der Mitgliedstaat nämlich selbst in die Kollisionslage, so dass er keinen Schutz nach Art. 351 AEUV verdient.

24   Anders zu beurteilen ist die Lage aber dann, wenn der **Sicherheitsrat der Vereinten Nationen Entscheidungen nach dem VII. Kapitel der UN-Charta** z. B. in Gestalt von individualisierten Sanktionsbeschlüssen fällt, die ein Mitgliedstaat nach Art. 25 UN-Charta befolgen muss, ohne sie beeinflussen zu können.

25   Bei ständigen Mitgliedern des Sicherheitsrats mit eigenem Vetorecht (Vereinigtes Königreich und Frankreich) leuchtet jedoch nicht ein, warum Art. 351 AEUV ihnen eine Carte blanche von unbegrenzter Zeitdauer für die Mitwirkung an SR-Beschlüssen erteilen sollte, deren Unvereinbarkeit mit dem Unionsrecht offen zutage liegt. Außerdem enthalten die Verträge mit **Art. 347 AEUV eine Notstandsklausel** speziell für diesen Fall. Ihr kann man die grundsätzliche Bewertung entnehmen, dass Beeinträchtigungen des Binnenmarktes durch die Erfüllung von Verpflichtungen im Hinblick auf die Aufrechterhaltung des Friedens und der internationalen Sicherheit so weit wie möglich vermieden werden sollen. Unvermeidliche Beeinträchtigungen gelten als gerechtfertigt. Art. 351 AEUV stellt die Mitgliedstaaten nicht weitergehend von ihren unionsvertraglichen Pflichten frei.

26   Im Übrigen hat der EuGH außer Zweifel gestellt, dass weder Art. 351 noch Art. 347 AEUV Abweichungen von Grundsätzen gestatten, die zu den **Grundlagen der Unionsrechtsordnung** selbst gehören.[55]

27   **Völkergewohnheitsrecht und allgemeine Rechtsgrundsätze** (Art. 38 Abs. 1 Buchst. b und c IGH-Statut) können grundsätzlich nicht als »Übereinkünfte« i. S. v. Art. 351 AEUV angesehen werden. Die Voraussetzungen für eine analoge Anwendung der Bestimmung auf solche Völkerrechtsregeln liegen auch nicht vor (s. Rn. 101 f.).

28   Als Altvertrag durch Art. 351 AEUV geschützt wird nur eine Übereinkunft, der Mitgliedstaat und Drittstaat schon vor den in Art. 351 Abs. 1 AEUV genannten Zeitpunkten angehörten. Es genügt demgegenüber nicht, dass der Drittstaat Partei einer später geschlossenen Übereinkunft ist, die ihrerseits einen Altvertrag ersetzt, wie z. B. das WTO-Übereinkommen mit dem GATT 1994 das GATT 1947 ersetzte.[56] Denn dadurch wird das GATT 1994 selbst nicht zum Altvertrag. Art. 351 AEUV verlangt die **Identität der Übereinkunft** im strengen Sinne. Erst recht greift er nicht, wenn der Drittstaat be-

---

[52] Bloße Empfehlungen genügen nicht, da mangels Befolgungspflicht keine Unvereinbarkeit (d. h. Pflichtenkollision) i. S. v. Art. 351 AEUV entstehen kann. Siehe auch *Gattini*, in: Cannizzaro et al. (eds.), International Law as Law of the EU, S. 223, unter Hinweis auf EuGH, Urt. v. 14.1.1997, Rs. C–124/95 (Centro-Com), Slg. 1997, I–81, Rn. 60.

[53] *Schmalenbach*, in: Calliess/Ruffert, EUV/AEUV, Art. 351 AEUV, Rn. 2.

[54] Anders anscheinend *Schmalenbach*, in: Calliess/Ruffert, EUV/AEUV, Art. 351 AEUV, Rn. 7: Es komme nur auf den Zeitpunkt des Gründungsabkommens der Organisation an, in dem der Geltungsgrund des späteren Beschlusses liege.

[55] EuGH, Urt. v. 3.9.2008, verb. Rs. C–402/05 P u. C–415/05 P (Kadi I), Slg. 2008, I–6351, Rn. 300 ff. S. u. Rn. 47 ff.

[56] EuGH, Urt. v. 10.3.1998, verb. Rs. C–364/95 u. C–365/95 (T. Port GmbH & Co.), Slg. 1998, I–1023, Rn. 61–65. Siehe auch *Booß*, in: Lenz/Borchardt, EU-Verträge, Art. 351 AEUV, Rn. 2.

reits vor dem Abschluss des ersetzenden Neuvertrags selbst EU-Mitglied geworden war. Seine ursprüngliche Drittstaatseigenschaft aus der Zeit des Abschlusses des Altvertrags kann ein Mitgliedstaat nicht konservieren und als Partei eines ersetzenden Neuvertrags perpetuieren.

Wird ein Altvertrag nach dem gemäß Art. 351 Abs. 1 AEUV relevanten Zeitpunkt **29** **durch Neuaushandlung** in eine **neue Übereinkunft** verwandelt, ist Art. 351 Abs. 1 AEUV nicht einschlägig. Dies gilt auch insoweit, als die neue Übereinkunft einzelne Bestimmungen aus dem Altvertrag unverändert übernimmt. Kraft ihrer erneuten Vereinbarung als Teil der neuen Übereinkunft mit neuem völkerrechtlichem Verpflichtungsgrund fallen solche Altklauseln aus dem Schutzbereich des Art. 351 AEUV heraus und müssen daher uneingeschränkt unionsrechtskonform sein.[57] Selbst wenn der Altvertrag inhaltlich völlig unverändert in einen Neuvertrag umgegossen wird, ist Art. 351 AEUV nicht einschlägig, da er ausschließlich die völkerrechtlich geschuldete Erfüllung von Altverträgen, aber nicht die mitgliedstaatliche Kompetenz zu deren späterer Änderung oder Umwandlung schützt.[58]

2. Erstreckung auf vertragliche Rechte und Pflichten

Die Begriffe »**Rechte und Pflichten**« beziehen sich, soweit es »Rechte« anbelangt, nur **30** auf die Rechte dritter Staaten und, soweit es »Pflichten« anbelangt, nur auf die Pflichten der Mitgliedstaaten.[59] Nach Auffassung des EuGH schützt Art. 351 AEUV keine »Rechte« eines Mitgliedstaats aus einem Altvertrag. Denn nach den Grundsätzen des Völkerrechts verzichtet ein Staat, der im Widerspruch zu seinen Rechten aus einem früheren Vertrag stehende neue Verpflichtungen (z. B. durch Beitritt zur E(W)G/EU) übernimmt, den neuen Vertragsparteien gegenüber konkludent darauf, seine alten Rechte weiterhin auszuüben, soweit dieser Verzicht zur Erfüllung der neuen Verpflichtungen notwendig ist.[60] Dagegen lässt sich zwar einwenden, dass Art. 351 AEUV ohne jede Differenzierung nach der jeweiligen Natur der Vertragspartei explizit auch »Rechte« aus Altverträgen schützt. Auch fragt sich, ob der E(W)G/EU-Beitritt gerade angesichts der konkreten Erwähnung altvertraglicher Rechte in Art. 234 EWGV/Art. 307 EGV/Art. 351 Abs. 1 AEUV wirklich als Verzicht auf ebendiese Rechte interpretiert werden kann. Andererseits wird das offensichtliche Bemühen des EuGH, dem Primärrecht durch enge Auslegung des Art. 351 Abs. 1 AEUV möglichst unversehrt zur Durchsetzung zu verhelfen, durch die in Art. 351 Abs. 3 AEUV formulierte Verwahrung gestützt.[61]

Mit der Bezugnahme auf die **Rechte dritter Länder** verdeutlicht Art. 351 Abs. 1 **31** AEUV, dass er keine Anwendung in den unionsinternen Beziehungen finden soll, Mitgliedstaaten also nicht ihre Verpflichtungen aus untereinander bestehenden Altverträgen einwenden können, um sich der Erfüllung von unionsvertraglichen Verpflichtungen zu entziehen (s. Rn. 13 f.). Schwierige völkerrechtliche Fragen können sich allerdings dann stellen, wenn das berechtigte **Drittland** seine **Identität verändert** hat und damit ein

---

[57] EuGH, Urt. v. 5. 11. 2002, Rs. C–467/98 (Kommission/Dänemark), Slg. 2002, I–9519, Rn. 36–42 mit Anmerkung von *Pitschas*, EuZW 2003, 92 ff.

[58] *Lorenzmeier*, in: Grabitz/Hilf/Nettesheim, EU, Art. 351 AEUV (September 2014), Rn. 15.

[59] Std. Rspr. schon zu Art. 234 EWGV: EuGH, Urt. v. 2.8.1993, Rs. C–158/91 (Levy), Slg. 1993, I–4287, Rn. 12; Urt. v. 14. 1.1997, Rs. C–124/95 (Centro-Com), Slg. 1997, I–8, Rn. 57, 60.

[60] EuGH, Urt. v. 27.2.1962, Rs. 10/61 (Kommission / Italien), Slg. 1962, 1 (22 f.).

[61] Zur Frage, ob Art. 351 Abs. 3 AEUV Ausdruck eines allgemeinen Prinzip ist, die Anwendung des Art. 351 Abs. 1 AEUV eng zu begrenzen, s. u. Rn. 92, 103.

Fall der Staatennachfolge in völkerrechtliche Verträge eingetreten ist.[62] So beanspruchte z. B. die Tschechische Republik damals noch als Drittland die Fortgeltung von (europarechtswidrigen) Rechten aus einem Altvertrag, den Österreich vor seinem EU-Beitritt mit der Tschechischen und Slowakischen Föderativen Republik geschlossen hatte, bevor sich diese in zwei neue Staaten zerteilte. Hier betonte der EuGH zwar, dass es Sache des vorlegenden Gerichts sei, im Einzelnen zu ermitteln, ob die beteiligten beiden Staaten in solchen Sukzessionsfällen eher dem Grundsatz der Fortgeltung von Verträgen oder aber dem »Tabula-rasa-Grundsatz« folgten; tatsächlich gab er aber Eckpunkte für diese Bewertung vor. Habe Österreich z. B. andere Altverträge mit der Tschechischen und Slowakischen Föderativen Republik gegenüber der Tschechischen Republik gekündigt, so spreche das grundsätzlich für die Fortgeltung solcher Verträge in diesem bilateralen Verhältnis und für die Anwendbarkeit des Art. 351 AEUV.[63]

32   In Fällen der **Rechtsnachfolge** auf mitgliedstaatlicher Seite ist das fragliche Übereinkommen nur dann ein Altvertrag i. S. d. Art. 351 AEUV, wenn die Nachfolge schon vor dem EU-Beitritt des betr. Mitgliedstaats eingetreten ist. Demzufolge liegen Verträge der früheren Deutschen Demokratischen Republik mit Drittstaaten, in die die Bundesrepublik Deutschland mit der Wiedervereinigung eingetreten ist,[64] von vornherein außerhalb des Anwendungsbereichs von Art. 351 AEUV. Außerdem dürfen nicht auch alle anderen Vertragsparteien EU-Mitgliedstaaten sein, da Art. 351 AEUV nicht für Inter-se-Abkommen zwischen Mitgliedstaaten gilt.[65]

3. Bestimmung des relevanten Zeitpunkts für den Abschluss der Übereinkunft

33   Die betreffende Übereinkunft muss **vor dem 1.1.1958** (Inkrafttreten des EWG-Vertrages) oder im Fall später beigetretener Staaten **vor dem Zeitpunkt ihres Beitritts** zur E(W)G/EU **geschlossen** worden sein. Letzteres meint den konkreten Tag des Beitritts,[66] also den Tag, an dem das Beitrittsabkommen nach Art. 48 EUV in Kraft getreten ist. Die Regelung zu den neuen Mitgliedstaaten ist erst durch den Vertrag von Amsterdam 1997/99 in den Text des Art. 307 EGV aufgenommen worden. Zuvor wurde die Problematik in der jeweiligen Beitrittsakte geregelt, zuletzt in Art. 5 der Akte über die Bedingungen des Beitritts des Königreichs Spanien etc.[67] Dort wurde mit Primärrechtsrang angeordnet, dass Art. 234 EWGV ab dem Beitritt auf die zuvor geschlossenen Übereinkünfte des neuen Mitgliedstaats mit dritten Staaten anzuwenden sei.

34   Entscheidend für die Einordnung als Altvertrag ist, ob die fragliche Übereinkunft sich zu den in Art. 351 Abs. 1 AEUV genannten Terminen bereits auf die Unionsverträge auswirken kann, weil z. B. eine später zum Mitgliedstaat gewordene Vertragspartei zum Zeitpunkt ihres E(W)G/EU-Beitritts einem Drittstaat gegenüber bereits völkerrechtliche Pflichten aus einer mit diesem zuvor geschlossenen Übereinkunft zu erfüllen hatte.[68] Das ist unzweifelhaft der Fall, wenn die völkerrechtliche Übereinkunft bereits vor den in Art. 351 Abs. 1 AEUV genannten Terminen **in Kraft getreten** war.

---

[62] Vgl. allgemein *Zimmermann*, Staatennachfolge in völkerrechtliche Verträge.

[63] EuGH, Urt. v. 18.11.2003, Rs. C–216/01 (Budějovický Budvar), Slg. 2003, I–13617, Rn. 149–167.

[64] Vgl. Art. 12 des Einigungsvertrags vom 31.8.1990 (BGBl. II S. 889).

[65] *Schmalenbach*, in: Calliess/Ruffert, EUV/AEUV, Art. 351 AEUV, Rn. 9.

[66] *Lorenzmeier*, in: Grabitz/Hilf/Nettesheim, EU, Art. 351 AEUV (September 2014), Rn. 13.

[67] Vom 12.6.1985, ABl. 1985, L 302/33.

[68] EuGH, Urt. v. 14.10.1980, Rs. 812/79 (Burgoa), Slg. 1980, 2787, Rn. 6f.

Hatte der Mitgliedstaat im nach Art. 351 Abs. 1 AEUV relevanten Zeitpunkt die   **35**
Übereinkunft mit dem/n Drittstaat/en nur unterzeichnet, aber noch nicht ratifiziert,
oder zwar ratifiziert, ohne dass diese aber schon in Kraft getreten war, greift das völkergewohnheitsrechtliche **Vereitelungsverbot**, das eine partielle Vertragsbindung herbeiführt:[69] Danach darf kein Staat Ziel und Zweck eines unterzeichneten, aber noch
nicht ratifizierten oder in Kraft getretenen Vertrages vereiteln, indem er z.B. der EU
beitritt.[70] Damit entsteht aber schon im Vorfeld der vollen vertraglichen Bindung an
den/die Drittstaaten diesen gegenüber eine – wenngleich abgeschwächte – völkerrechtliche Verpflichtung, auf die Art. 351 Abs. 1 AEUV ebenfalls anwendbar ist.

Wegen der Anforderungen aus Art. 351 Abs. 2 AEUV (s. Rn. 54 ff.) muss der Mit-   **36**
gliedstaat dann nach seinem EU-Beitritt (bzw. schon im Hinblick auf den bevorstehenden Beitritt) **von** den völkerrechtlichen, in Art. 18 WÜRV I wiedergegebenen **Lösungs-
optionen Gebrauch machen.** Wurde der Altvertrag z.B. vor dem Beitritt unterzeichnet,
aber noch nicht ratifiziert, muss der Mitgliedstaat bei nicht behebbarer Unvereinbarkeit
mit dem Unionsrecht den Drittstaaten seine Absicht klar zu erkennen geben, nicht Vertragspartei zu werden (vgl. Art. 18 Buchst. a WÜRV I). Damit bringt er seine partielle
Vertragsbindung zum Erlöschen. Hat ein Mitgliedstaat die primärrechtswidrige Übereinkunft vor seinem EU-Beitritt sogar ratifiziert, tritt diese aber erst danach in Kraft,
bleibt er dem Vereitelungsverbot unterworfen, solange sich das Inkrafttreten nicht ungebührlich verzögert (Art. 18 Buchst. b WÜRV I). Er kann nach seiner eigenen Bindungserklärung das Inkrafttreten aber nicht mehr verhindern und muss sich daher nach
den Regeln über die Beendigung völkerrechtlicher Verträge von der Übereinkunft lösen
(vgl. Art. 54 ff. WÜRV I).

Bestehen Unsicherheiten über die genaue zeitliche Abfolge zwischen dem Eintritt der   **37**
vertraglichen Bindung gegenüber dem Drittstaat und dem EU-Beitritt, liegt die **Beweislast** für die Altvertragsqualität einer Übereinkunft beim Mitgliedstaat.[71] Denn dieser
möchte aus der zeitlichen Abfolge eine vorteilhafte Rechtsfolge ableiten, nämlich die
Freistellung von unvereinbaren unionsvertraglichen Verpflichtungen.

Besteht ein Konflikt zwischen Pflichten aus den Unionsverträgen und aus völker-   **38**
rechtlichen Verträgen, welche die Mitgliedstaaten **erst nach dem gemäß Art. 351 Abs. 1
AEUV relevanten Datum geschlossen** haben, räumt das Unionsrecht deren unionsvertraglichen Pflichten Vorrang ein.[72] Der Abschluss der betr. Übereinkunft (Neuvertrag)
verletzt Art. 4 Abs. 3 UAbs. 3 EUV und kann ein Vertragsverletzungsverfahren nach
sich ziehen (Art. 258 AEUV). Der Neuvertrag mit dem/n Drittstaat/en bleibt aber völkerrechtlich wirksam,[73] bis der Mitgliedstaat ihn im Einklang mit den völkergewohnheitsrechtlichen Vertragsbeendigungsregeln gekündigt hat,[74] wozu er unionsrechtlich
verpflichtet ist. Eine Ausnahme von der völkerrechtlichen Verbindlichkeit eines solchen
Neuvertrags gilt nur, wenn der Mitgliedstaat ihn unter offenkundiger Verletzung einer

---

[69] Vgl. Art. 18 WÜRV I.
[70] *Schmalenbach*, in: Calliess/Ruffert, EUV/AEUV, Art. 351 AEUV, Rn. 5.
[71] *Schmalenbach*, in: Calliess/Ruffert, EUV/AEUV, Art. 351 AEUV, Rn. 2.
[72] Zum »Supremacy Principle« in diesem Zusammenhang *van Rossem*, S. 76 m.w.N.
[73] Vgl. Art. 30 Abs. 4 Buchst. b, Abs. 5 WÜRV I.
[74] Vgl. Art. 54 ff. WÜRV I.

grundlegenden Unionsvorschrift über die Zuständigkeit zum Vertragsschluss[75] eingegangen ist.[76]

4. Parteien der völkerrechtlichen Übereinkunft

39   Art. 351 Abs. 1 AEUV bezieht sich nur auf Übereinkünfte **zwischen einem oder mehreren Mitgliedstaaten einerseits und einem oder mehreren dritten Ländern andererseits**.
Es genügt dafür nicht, dass die Übereinkunft ursprünglich mit einem Drittstaat geschlossen wurde, der inzwischen Mitgliedstaat geworden ist; der oder die Vertragspartner müssen auch aktuell noch Drittstaaten sein (s. Rn. 14). Diese Frage wurde erneut in
einem beim Gericht anhängigen Fall aufgeworfen, in dem es um die Anwendung des
bilateralen Investitionsschutzabkommens zwischen Rumänien und Schweden sowie des
Übereinkommens zur Beilegung von Investitionsstreitigkeiten zwischen Staaten und
Angehörigen anderer Staaten[77] geht. Rumänien hatte nach seinem EU-Beitritt die einem
schwedischen Investor fest zugesagte Beihilfen abschaffen müssen. Der Investor erstritt
bei einem ICSID-Schiedsgericht ein Schadensersatzurteil, dessen Erfüllung die Kommission als neue unzulässige Beihilfe einstufte. Die Kommissionsentscheidung verstieß
nach Auffassung des Investors u. a. gegen Art. 351 Abs. 1 AEUV und Art. 4 Abs. 3
EUV.[78]

40   Während Art. 216 Abs. 1, Art. 217, Art. 218 Abs. 1 und Art. 219 Abs. 3 AEUV völkerrechtliche Verträge der Union mit Drittländern und internationalen Organisationen
gleichstellen, bezieht sich Art. 351 Abs. 1 AEUV ausdrücklich nur auf Altverträge der
Mitgliedstaaten mit dritten Ländern. Ein entsprechender Unterschied bestand schon
zwischen der Urfassung von Art. 228 Abs. 1 EWGV als Vorgänger von Art. 216 Abs. 1
AEUV einerseits und Art. 234 Abs. 1 EWGV als Vorgänger von Art. 351 Abs. 1 AEUV
andererseits. Ein sachlicher Grund für diese Differenz im Wortlaut ist freilich nicht
erkennbar. Deshalb kann auch nicht angenommen werden, dass die Vertragsverfasser
mitgliedstaatliche **Altverträge mit internationalen Organisationen** bewusst von der Ver-
günstigung des Art. 351 Abs. 1 AEUV ausnehmen wollten. Denn wenn das Primärrecht
auf vorherige völkerrechtliche Bindungen der Mitgliedstaaten an Drittstaaten Rücksicht
nimmt, besteht kein Anlass, entsprechende Bindungen an internationale Organisationen für unerheblich zu erklären. Deshalb erscheint es angemessen, Art. 351 AEUV auf
Altverträge der Mitgliedstaaten mit internationalen Organisationen analog anzuwenden.[79]

5. Rechtsfolgen

a) Verdrängung unvereinbaren Unionsrechts

41   Gemäß Art. 351 Abs. 1 AEUV werden die Verpflichtungen der Mitgliedstaaten aus Altverträgen durch die Unionsverträge nicht berührt. Das bedeutet, dass letztere im

---

[75] Die Verletzung einer grundlegenden unionsvertraglichen Vorschrift materieller Art genügt hingegen nicht.
[76] Vgl. *Kokott*, in: Streinz, EUV/AEUV, Art. 351 AEUV, Rn. 4 unter Hinweis auf Art. 46 WÜRV I.
[77] Vom 18.3.1965, BGBl. 1969 II S. 371.
[78] EuG, Rs. T–646/14 (Micula u. a./Kommission) (Klage eingereicht am 2.9.2014; nach der Rücknahme der Klage die Rs. durch Beschluss v. 29.2.2016 aus dem Register gestrichen wurde).
[79] Ebenso *Khan*, in: Geiger/Khan/Kotzur, EUV/AEUV, Art. 351 AEUV, Rn. 2.

Konfliktfall gegenüber einem Altvertrag zurücktreten, dieser also **(Anwendungs-) Vorrang** vor unvereinbaren unionsvertraglichen Regelungen genießt.[80]

Die Union wird zwar nicht an der Ausübung ihrer Regelungskompetenzen gehindert, **42** aber sie darf das zurücktretende EU-Recht dem altvertraglich gebundenen Mitgliedstaat gegenüber nicht mehr durchsetzen (**Durchsetzungshindernis**).[81] Auch zur Umsetzung eines Altvertrags erlassenes nationales Recht bleibt konsequenterweise vom abweichenden Unionsrecht insoweit unberührt, als damit völkervertragliche Verpflichtungen erfüllt werden.[82] Denn Art. 351 Abs. 1 AEUV beseitigt alle Rechtsfolgen des E(W)G/EU-Beitritts eines Staates, die ihn an der Einhaltung seiner Altverträge mit Drittstaaten hindern könnten.[83] Zugleich schützt die Vorschrift die Mitgliedstaaten vor dem Vorwurf der Vertragsverletzung (Art. 258 f. AEUV), indem sie ihre dem Unionsrecht entgegenstehenden Maßnahmen rechtfertigt, soweit diese zur Erfüllung von Verpflichtungen aus Altverträgen geboten sind.[84]

Die vorgenannte Rechtsfolge tritt nur unter der **Voraussetzung** ein, dass dem Dritt- **43** land aus dem Altvertrag Rechte zustehen, zu deren Beachtung der Mitgliedstaat verpflichtet ist.[85] Entscheidend kommt es darauf an, dass der dritte Vertragspartner **die Erfüllung** der mitgliedstaatlichen Vertragspflichten **weiterhin verlangen kann**, diese also aktuell und effektiv fortbestehen. Relevant wurde dies in einem Vorabentscheidungsverfahren zum Übereinkommen Nr. 89 der Internationalen Arbeitsorganisation vom 9.7.1948 über die Nachtarbeit der Frauen im Gewerbe, das Frankreich 1953, also vor der Gründung der EWG, ratifiziert hatte.[86] Ein französischer Arbeitgeber wandte ein, das völkervertragliche Nachtarbeitsverbot für Frauen verstoße gegen den europarechtlichen Grundsatz der Gleichbehandlung von Männern und Frauen. Als Vorfrage war zu prüfen, ob das altvertragliche Verbot durch eine Stärkung der Frauenrechte inzwischen schon auf völkerrechtlicher Ebene obsolet geworden und Frankreich sich deshalb mangels fortwirkender völkervertraglicher Verpflichtung gegenüber den europarechtlichen Diskriminierungsvorschriften nicht länger auf Art. 234 EWGV/Art. 307 EGV/Art. 351 AEUV berufen konnte.

Der EuGH führte dazu aus, die Bindung an einen Altvertrag könne allenfalls dann **44** entfallen, wenn sich die **Weiterentwicklung des Völkerrechts** schon in späteren Übereinkünften zwischen denselben Vertragsparteien niedergeschlagen habe.[87] Welche völkerrechtlichen Verpflichtungen Frankreich noch habe, müsse das vorlegende Gericht feststellen.[88] Aus heutiger Sicht könnte das Nachtarbeitsverbot für Frauen aus dem ILO-Übereinkommen übrigens dadurch obsolet geworden sein, dass die meisten Staaten dem Übereinkommen zur Beseitigung jeder Form von Diskriminierung der Frau bei-

---

[80] Zur Unvereinbarkeit s. näher unten Rn. 58 ff.

[81] *Lavranos*, in: GSH, Europäisches Unionsrecht, Art. 351 AEUV, Rn. 12; *Lorenzmeier*, in: Grabitz/Hilf/Nettesheim, EU, Art. 351 AEUV (September 2014), Rn. 18; *Schmalenbach*, in: Calliess/Ruffert, EUV/AEUV, Art. 351 AEUV, Rn. 22.

[82] *Lorenzmeier*, in: Grabitz/Hilf/Nettesheim, EU, Art. 351 AEUV (September 2014), Rn. 16.

[83] EuGH, Urt. v. 14.10.1980, Rs. C–812/79 (Burgoa), Slg. 1980, 2787, Rn. 10.

[84] EuGH, Urt. v. 28.3.1995, Rs. C–324/93 (Evans Medical und Macfarlan Smith), Slg. 1995, I–563, Rn. 32; Urt. v. 14.1.1997, Rs. C–124/95 (Centro-Com), Slg. 1997, I–81, Rn. 60 f.

[85] EuGH, Urt. v. 28.3.1995, Rs. C–324/93 (Evans Medical und Macfarlan Smith), Slg. 1995, I–563, Rn. 32; Urt. v. 14.1.1997, Rs. C–124/95 (Centro-Com), Slg. 1997, I–81, Rn. 60 f.; Urt. v. 10.3.1998, verb. Rs. C–364/95 u. C–365/95 (T. Port GmbH & Co.), Slg. 1998, I–1023, Rn. 61.

[86] EuGH, Urt. v. 2.8.1993, Rs. C–158/91 (Levy), Slg. 1993, I–4287, Rn. 13 ff.

[87] Vgl. Art. 30 Abs. 3 und 4 WÜRV I.

[88] EuGH, Urt. v. 2.8.1993, Rs. C–158/91 (Levy), Slg. 1993, I–4287, Rn. 16–20.

getreten sind.[89] Ob altvertragliche Verpflichtungen von Mitgliedstaaten den Schutz des Art. 351 Abs. 1 AEUV verloren haben, hängt also von deren aktuellen völkerrechtlichen Bindungen an die betreffenden Altverträge ab.

45   Bei multilateralen Altverträgen kommt als Voraussetzung hinzu, dass der konkrete Drittstaat **bereits vor dem EU-Beitritt des betreffenden Mitgliedstaats** dem Altvertrag als Vertragspartei angehört haben muss.[90] Denn nur unter dieser Voraussetzung war der Altvertrag mit diesem Drittstaat schon vor dem EU-Beitritt des Mitgliedstaats geschlossen. Art. 351 Abs. 1 AEUV lässt also nur konkrete Vertragsbeziehungen unberührt, an denen der Mitgliedstaat schon vor seinem E(W)G/EU-Beitritt beteiligt war.

46   Die selbstverständliche dritte Voraussetzung liegt darin, dass eine solche Übereinkunft **mit den Unionsverträgen »nicht vereinbar«** ist (s. Rn. 58 ff.). Nur dann und nur insoweit ist es im Sinne der Völkerrechtsfreundlichkeit notwendig, den betroffenen Mitgliedstaat von seinen Verpflichtungen aus dem Unionsrecht freizustellen.

b) Grenzen der Verdrängung: Grundlegende Prinzipien der Unionsrechtsordnung behalten Vorrang

47   Nach der Rechtsprechung des EuGH stößt die Verdrängungswirkung des Art. 351 Abs. 1 AEUV auf **primärrechtsimmanente Schranken**. In seinem Kadi-Urteil führte der Gerichtshof dazu aus, Art. 234 EWGV/Art. 307 EGV/Art. 351 AEUV könne nicht dahin verstanden werden, dass er »eine Abweichung von den Grundsätzen der Freiheit, der Demokratie und der Achtung der Menschenrechte und Grundfreiheiten [zulasse], die in Art. 6 Abs. 1 EU [heute: Art. 2 EUV] als Grundlage der Union niedergelegt sind. Art. 307 EG könnte es nämlich keinesfalls erlauben, die Grundsätze in Frage zu stellen, die zu den Grundlagen der Gemeinschaftsrechtsordnung selbst gehören, worunter auch der Schutz der Grundrechte fällt, der die Kontrolle der Rechtmäßigkeit der Gemeinschaftsrechtsakte im Hinblick auf ihre Vereinbarkeit mit den Grundrechten durch den Gemeinschaftsrichter einschließt.«[91]

48   Die Kadi-Entscheidung bezog sich auf Verpflichtungen der Mitgliedstaaten, die allesamt auch UN-Mitglieder sind, aus Art. 25 UN-Charta in Verbindung mit **individualisierten Sanktionsbeschlüssen des UN-Sicherheitsrats**.[92] Diese Sanktionsbeschlüsse verpflichteten alle Mitgliedstaaten, die Vermögenswerte bestimmter namentlich genannter natürlicher Personen und Organisationen einzufrieren, die der Unterstützung des internationalen Terrorismus verdächtig waren. Die Sanktionsbeschlüsse waren durch EU-Verordnungen unverändert in das Unionsrecht überführt worden. Der EuGH erklärte die Nichtigkeitsklagen gelisteter Personen (u. a. Kadi) nach Art. 263 AEUV für zulässig und wegen Verstößen der Verordnungen gegen Unionsgrundrechte auch für begründet. Dabei nahm er es zur Wahrung der rechtsstaatlichen Grundlagen der Unionsrechtsord-

---

[89] Vom 18.12.1979, BGBl. 1985 II S. 648.
[90] Siehe z. B. EuGH, Urt. v. 10.3.1998, verb. Rs. C–364/95 u. C–365/95 (T. Port GmbH & Co.), Slg. 1998, I–1023, Rn. 61–65, betreffend die Einfuhr von Bananen aus Ecuador nach Deutschland: Ecuador war noch keine Vertragspartei des GATT 1947, sondern wurde erst 1996 Mitglied der WTO und damit des GATT 1994. Somit könnte das GATT 1947 zwar ein tauglicher Altvertrag gewesen sein; Ecuador war aber kein tauglicher Berechtigter für die Geltendmachung altvertraglicher Verpflichtungen gegenüber EU-Mitgliedstaaten.
[91] EuGH, Urt. v. 3.9.2008, verb. Rs. C–402/05 P u. C–415/05 P (Kadi I), Slg. 2008, I–6351 Rn. 303 f. Vgl. *Lavranos*, S. 123 ff.
[92] Die UN-Charta ist für alle Mitgliedstaaten außer Deutschland ein Altvertrag. i. S. v. Art. 351 Abs. 1 AEUV. S. o. Rn. 22.

nung in Kauf, dass die Mitgliedstaaten durch sein Urteil gehindert wurden, ihre völkervertraglichen Verpflichtungen aus der UN-Charta zu erfüllen.

Dementsprechend entfalten altvertragliche Verpflichtungen i. V. m. Art. 351 Abs. 1 **49** AEUV gegenüber diesen tragenden Strukturen der Unionsverfassung keine Verdrängungswirkung, so dass sich auch Überlegungen zur Behebung der Unvereinbarkeit (Art. 351 Abs. 2 AEUV) erübrigen. Rechtstechnisch hat der EuGH dem Art. 351 AEUV im Lichte von Art. 6 Abs. 1 (heute Art. 2) EUV primärrechtsimmanente Schranken gezogen: Die in Art. 2 EUV festgelegten **Grundlagen der Unionsrechtsordnung behalten Vorrang** auch gegenüber altvertraglichen Verpflichtungen, selbst wenn diese sich aus den ihrerseits grundlegenden Bestimmungen der UN-Charta zur Wahrung des Weltfriedens und der internationalen Sicherheit ergeben. Dies gilt, obwohl Art. 103 UN-Charta den Charta-Verpflichtungen im Weltgemeininteresse Vorrang vor allen sonstigen völkervertraglichen Verpflichtungen der UN-Mitglieder einräumt.[93]

Letztendlich sind die Mitgliedstaaten infolge der Kadi-Rechtsprechung unionsrecht- **50** lich verpflichtet, entgegenstehendes früheres UN-Recht zu brechen, was dem Sinn des Art. 351 Abs. 1 AEUV an sich zuwiderläuft.[94] Allerdings hat der EuGH im Folgeurteil Kadi II[95] der Union wieder mehr Spielraum für die Umsetzung von Sanktionsbeschlüssen des UN-Sicherheitsrats eröffnet.[96] Dort ist die Rede von einem »gerechten Ausgleich zwischen der Erhaltung des internationalen Friedens und der internationalen Sicherheit und dem Schutz der Grundfreiheiten und -rechte der betroffenen Person, die gemeinsame Werte der UNO und der Union darstellen«.[97] Offensichtlich soll der **Grundrechtsschutz auch im Unionsrecht keineswegs absoluten Vorrang vor der Friedenswahrung** erhalten.

Der Vertrag von Lissabon hat es in Art. 3 Abs. 5 Satz 2 EUV zum Ziel der Union **51** erhoben, einen Beitrag zur »strikten Einhaltung und Weiterentwicklung des Völkerrechts, insbesondere zur Wahrung der Grundsätze der Charta der Vereinten Nationen« zu leisten. Seither unterliegen die Unionsorgane einschließlich des EuGH einer gesteigerten Verpflichtung, eine **praktische Konkordanz zwischen den primärrechtlichen Werten in Art. 3 Abs. 5 Satz 2 EUV und Art. 2 EUV** herzustellen.

In einer ähnlichen Konfliktlage wie der EuGH in den Kadi-Fällen sieht sich übrigens **52** der **Europäische Gerichtshof für Menschenrechte**, der in Fällen individualisierter Sanktionen ein Gleichgewicht zwischen den Verpflichtungen von Nicht-EU-Staaten aus der Europäischen Menschenrechtskonvention und der UN-Charta herzustellen hat.[98] Es ist unwahrscheinlich, dass seine Entschlossenheit zum Schutz der Konventionsrechte geringer ausfällt als die Entschlossenheit EuGH zum Schutz der Unionsgrundrechte, der in dieser Hinsicht eine Vorreiterrolle übernommen hat.

Während das Kadi-Urteil des EuGH im Ergebnis überwiegend Zustimmung fand,[99] **53** wurde auch **kritisch angemerkt**, dass dasselbe Ergebnis auf weniger dramatische Weise hätte erreicht werden können: Der Gerichtshof hätte darauf verweisen sollen, dass die Unionsorgane nur insoweit zur Respektierung von Sicherheitsratsresolutionen ver-

---

[93] Zustimmend *Eeckhout*, S. 414 ff.
[94] *Lorenzmeier*, in: Grabitz/Hilf/Nettesheim, EU, Art. 351 AEUV (September 2014), Rn. 58.
[95] EuGH, Urt. v. 18. 7. 2013, verb. Rs. C–584/10 P u. a. (Kadi II), ECLI:EU:C:2013:518.
[96] *Lavranos*, in: GSH, Europäisches Unionsrecht, Art. 351 AEUV, Rn. 25.
[97] EuGH, Urt. v. 18. 7. 2013, verb. Rs. C–584/10 P u. a. (Kadi II), ECLI:EU:C:2013:518, Rn. 131.
[98] Vgl. EGMR (GK), Urt. v. 21. 6. 2016, Beschwerde-Nr. 5809/08 (Al-Dulimi u. a./Schweiz).
[99] Siehe etwa *Lorenzmeier*, in: Grabitz/Hilf/Nettesheim, EU, Art. 351 AEUV (September 2014), Rn. 56, 61.

pflichtet seien, als diese konkrete Rechte dritter UN-Mitglieder verbürgten, was hier jedoch nicht der Fall gewesen sei.[100] Freilich nimmt der UN-Sicherheitsrat seine Hauptverantwortung für die Wahrung des Weltfriedens und der internationalen Sicherheit im Namen aller UN-Mitglieder wahr,[101] so dass jedes von ihnen ein berechtigtes Interesse daran hat, dass bindende Sicherheitsratsbeschlüsse durch alle anderen eingehalten werden. Berücksichtigt werden muss auch, dass der EuGH auf Art. 351 AEUV im Zusammenhang mit UN-Verpflichtungen nur selten zurückgreift.[102] Schließlich ist nicht zu verkennen, dass die Kadi-Rechtsprechung auf der UN-Ebene positive Wirkungen gezeitigt hat: Die Schutzmöglichkeiten gelisteter Personen sind dort insbesondere seit der Einführung der Ombudsperson erheblich verbessert worden.[103]

IV. Pflicht der Mitgliedstaaten zur Behebung von Unvereinbarkeiten gemäß Absatz 2

1. Funktion

54   Absatz 2 erlegt den von ihren mit Altverträgen konfligierenden primärrechtlichen Bindungen freigestellten Mitgliedstaaten gewissermaßen als Preis eine **Pflicht zur Behebung der Unvereinbarkeiten** für die Zukunft auf. Die betroffenen Mitgliedstaaten müssen die Kollisionslage mit allen geeigneten Mitteln im Rahmen des völkerrechtlich Zulässigen schnellstmöglich auflösen (s. Rn. 68 ff.). Nach Satz 2 werden alle – also auch die nicht an dem betr. Altvertrag beteiligten Mitgliedstaaten – zur Hilfeleistung und ggf. zur Einnahme einer gemeinsamen Haltung verpflichtet. Dies stellt eine besondere Ausprägung des Grundsatzes der loyalen Zusammenarbeit dar (Art. 4 Abs. 3 EUV). Anders als Art. 106 EAGV statuiert Art. 351 Abs. 2 AEUV aber keine explizite Verpflichtung der altvertraglich gebundenen Mitgliedstaaten, gemeinsam mit der Kommission Verhandlungen mit den dritten Staaten zu führen, damit die Union soweit wie möglich die Rechte und Pflichten aus den Altverträgen übernehmen kann (s. Rn. 8, 78 ff.).

55   Spezielle und damit vorrangige Sonderbestimmungen zu Art. 351 Abs. 2 AEUV für neu beigetretene Mitgliedstaaten werden seit der großen Osterweiterung von 2003/4 regelmäßig in die jeweilige **Beitrittsakte** aufgenommen.[104] Diese haben nach Art. 49 Abs. 2 EUV Primärrechtsrang.[105] Die neueste Version findet sich in Art. 6 Abs. 9 der Akte über die Bedingungen des Beitritts der **Republik Kroatien** usw. vom 9. 12. 2011:[106]

56   »Kroatien tritt von allen Freihandelsabkommen mit Drittländern zurück; dies gilt auch für das geänderte Mitteleuropäische Freihandelsübereinkommen.

Insoweit Abkommen zwischen Kroatien einerseits und einem Drittland oder mehreren Drittländern andererseits nicht mit den Pflichten aus dieser Akte vereinbar sind, trifft Kroatien alle geeigneten Maßnahmen, um die festgestellten Unvereinbarkeiten zu

---

[100] *Gattini*, S. 221.

[101] Art. 24 Abs. 1 UN-Charta.

[102] *Klabbers*, The Validity of EU Norms Conflicting with International Obligations, S. 122, erklärt diese Zurückhaltung damit, dass die UN-Charta nicht für alle Mitgliedstaaten (z. B. Deutschland) ein Altvertrag ist (s. o. Rn. 22).

[103] Vgl. Resolution 2161/2014 des UN-Sicherheitsrats vom 17. 6. 2014, Annex II (betr. Sanktionen gegen Al-Qaida und Verbündete).

[104] Vgl. erstmals Art. 5 Abs. 10 der Akte über die Bedingungen des Beitritts der Tschechischen Republik usw., ABl. 2003, L 236/33. Zur früheren Rechtslage s. o. Rn. 33.

[105] *Meng*, in: GSH, Europäisches Unionsrecht, Art. 49 EUV, Rn. 45.

[106] ABl. 2012, L 112/21.

beseitigen. Stößt Kroatien bei der Anpassung eines mit einem Drittland oder mehreren Drittländern geschlossenen Abkommens auf Schwierigkeiten, so tritt es von dem Abkommen zurück.

Kroatien ergreift alle erforderlichen Maßnahmen, um die Einhaltung der Verpflichtungen nach diesem Absatz ab dem Tag des Beitritts sicherzustellen.«

Diese Regelung spricht deutlich aus, was sich nur implizit aus Art. 351 Abs. 2 Satz 1 **57** AEUV ergibt, dass nämlich **Altverträge notfalls gekündigt werden müssen.** Interessant ist UAbs. 3, der Kroatien schon vor dem Inkrafttreten der Beitrittsakte in die Pflicht zu nehmen versucht, damit in diesem Moment möglichst schon alle seine mit dem Primärrecht unvereinbaren Altverpflichtungen beseitigt sind. Da Art. 6 Abs. 9 UAbs. 3 der Beitrittsakte aber nicht für vorläufig anwendbar erklärt wurde, entfaltete er lediglich eine Appellfunktion, erlegte Kroatien aber keine Rechtspflichten auf.

2. Unvereinbarkeit

a) Aktuelle Unvereinbarkeit

Art. 351 Abs. 2 AEUV setzt voraus, dass die Altverträge i. S. v. Art. 351 Abs. 1 AEUV **58** mit den Unionsverträgen mindestens teilweise »**nicht vereinbar**« sind. Diese Voraussetzung ist für den gesamten Art. 351 AEUV von grundlegender Bedeutung, denn hiervon hängt zum einen die Freistellung des in einer Kollisionslage befindlichen Mitgliedstaats als Rechtsfolge des Absatz 1 und zum anderen seine Verpflichtung zur Bereinigung nach Absatz 2 ab. Erfasst werden materielle wie auch kompetenzielle Unvereinbarkeiten.[107] Dass auch Konflikte zwischen Altverträgen der Mitgliedstaaten und primärrechtlichen Kompetenznormen erfasst werden können, belegen die Fälle zu den bilateralen Investitionsschutzabkommen, wenngleich die dort einschlägigen Kompetenzvorschriften betreffend Beschränkungen des Zahlungsverkehrs einen besonderen Charakter haben (s. Rn. 64). **Genehmigt die Union die Aufrechterhaltung eines mit ihrer ausschließlichen Zuständigkeit unvereinbaren Altvertrags,** wird die Unvereinbarkeit für die Geltungsdauer der Genehmigung beseitigt und die Abhilfeverpflichtung nach Art. 351 Abs. 2 AEUV solange suspendiert.[108]

Unvereinbarkeit im eigentlichen Sinne liegt nicht vor, wenn ein Altvertrag einem **59** Mitgliedstaat zwar gestattet, eine Maßnahme zu treffen, die mit dem Unionsrecht unvereinbar ist, ihn dazu aber nicht verpflichtet. Handelt es sich in diesem Sinne um eine **bloße Option oder ein vertraglich verankertes Recht**, muss der Mitgliedstaat selbstverständlich von deren/dessen Ausübung absehen, soweit diese unionsrechtswidrig wäre.[109]

Die **Entscheidungsbefugnis** darüber, ob ein Altvertrag mit dem Unionsrecht »nicht **60** vereinbar« ist, liegt beim EuGH (Art. 19 Abs. 1 Satz 2 EUV). Ob dieser auch die Befugnis zur Konkretisierung der Bedeutung und Reichweite der Bestimmungen des möglicherweise kollidierenden völkerrechtlichen Altvertrags besitzt, ist nicht völlig klar.[110]

---

[107] Wie hier *Schmalenbach*, in: Calliess/Ruffert, EUV/AEUV, Art. 351 AEUV, Rn. 19 unter Hinweis auf EuGH, Urt. v. 14.7.1976, verb. Rs. 3/76, 4/76 und 6/76 (Kramer), Slg. 1976, 1279, Rn. 44/45 m. w. N. auch zur Gegenansicht.

[108] *Lorenzmeier*, in: Grabitz/Hilf/Nettesheim, EU, Art. 351 AEUV (September 2014), Rn. 62, unter Hinweis auf die Entscheidung des Rates 2001/855/EG vom 15.11.2001, ABl. 2001, L 320/13.

[109] EuGH, Urt. v. 28.3.1995, Rs. C–324/93 (Evans Medical und Macfarlan Smith), Slg. 1995, I–563, Rn. 32; Urt. v. 14.1.1997, Rs. C–124/95 (Centro-Com), Slg. 1997, I–81, Rn. 60. Zu weiteren unionsrechtlich notwendigen Maßnahmen in solchen Fällen s. u. Rn. 72.

[110] So wohl im Ergebnis *Lavranos*, in: GSH, Europäisches Unionsrecht, Art. 351 AEUV, Rn. 12.

Der EuGH hat seine Auffassung dazu im Laufe der Zeit verändert. In den neunziger Jahren erklärte er es noch ausdrücklich zur Sache der nationalen Gerichte festzustellen, welche Verpflichtungen der betroffene Mitgliedstaat aus einem Altvertrag habe, und deren Grenzen so klar zu definieren, dass beurteilt werden könne, inwieweit sie seinen primärrechtlichen Verpflichtungen entgegenstünden.[111] Dagegen betont er in jüngeren Urteilen, dass es zwar nicht seine Aufgabe sei, die völkerrechtlichen Übereinkünfte der Mitgliedstaaten mit Drittstaaten auszulegen. Gleichwohl habe er diejenigen Gesichtspunkte zu prüfen, welche die Feststellung ermöglichten, ob eine solche Übereinkunft für den betroffenen Mitgliedstaat eine Verpflichtung vorsehe, die nach Art. 307 Abs. 1 EGV/351 Abs. 1 AEUV von den Unionsverträgen nicht berührt werde.[112]

61   Die **unterschiedliche Herangehensweise** hängt damit zusammen, ob es sich um ein Vorabentscheidungsverfahren (Art. 267 AEUV) oder ein Vertragsverletzungsverfahren (Art. 258 AEUV) handelt. Letzteren Falls ist kein nationales Gericht beteiligt, das die Aufgabe der Interpretation eines Altvertrags (und zwar, wenn irgend möglich, in unionsrechtskonformer Weise[113]) übernehmen könnte. Dann muss der EuGH notgedrungen selbst entscheiden, ob und inwieweit altvertragliche Bindungen bestehen, die den betr. Mitgliedstaat von seinen unionsvertraglichen Verpflichtungen freistellen können.

62   **Wie eindeutig** die Unvereinbarkeit feststehen muss, hängt davon ab, welche Verpflichtungen dem Mitgliedstaat nach Art. 351 Abs. 2 AEUV auferlegt werden sollen. Wird von ihm verlangt, seinen Altvertrag zu kündigen, muss dessen Unvereinbarkeit klar feststehen.[114] Streitigkeiten über Inhalt und Reichweite eines Altvertrags kommen aber früher oder später zum EuGH, der dann das letzte Wort hat.

b) Potentielle Unvereinbarkeit

63   Es kommt nicht darauf an, dass sich die Unvereinbarkeit schon praktisch realisiert hat, der betr. Mitgliedstaat also bereits gezwungen war, gegen seine unionsvertraglichen Pflichten zu verstoßen. Vielmehr genügt die **abstrakt-normative bzw. bloß potentielle Unvereinbarkeit**: Für den EuGH ist auch eine Situation ausreichend, in welcher der normativ angelegte Konflikt zwischen Unionsrecht und Altvertrag sich erst konkret realisiert, wenn die Union eine ihr bereits zustehende Befugnis zukünftig ausübt, was sie bislang noch nicht getan hat. Schon dann trifft den betr. Mitgliedstaat die Behebungspflicht aus Art. 351 Abs. 2 AEUV.

64   Entschieden wurde dies in Fällen alter **bilateraler Investitionsschutzverträge (BITs)**, nach denen die Mitgliedstaaten den freien Transfer der im Zusammenhang mit einer Investition stehenden Zahlungen an die Investoren aus dem jeweiligen Drittland zu gewährleisten hatten. Diese Verpflichtung konnte in Konflikt mit zukünftigen Sekundärrechtsakten der Union geraten, die aufgrund von Art. 64, 66, 75 oder 215 AEUV den grenzüberschreitenden Zahlungsverkehr u. a. in Krisensituationen oder als Sanktionsmaßnahmen beschränken. Der EuGH erkannte hier auf eine Verletzung von Art. 351 Abs. 2 Satz 1 AEUV seitens der betroffenen Mitgliedstaaten, weil diese es versäumt hatten, gleich nach ihrem EU-Beitritt eine Vertragsergänzung auszuhandeln, nach der

[111]EuGH, Urt. v. 2.8.1993, Rs. C–158/91 (Levy), Slg. 1993, I–4287, Rn. 21; Urt. v. 3.2.1994, Rs. C–13/93 (Minne), Slg. 1994, I–371, Rn. 18; Urt. v. 14.1.1997, Rs. C–124/95 (Centro-Com), Slg. 1997, I–81, Rn. 58 f.
[112]EuGH, Urt. v. 15.9.2011, Rs. C–264/09 (Kommission/Slowakische Republik), Slg. 2011, I–8065, Rn. 40.
[113]*Eeckhout*, S. 429.
[114]EuGH, Urt. v. 1.2.2005, Rs. C–203/03 (Kommission / Österreich), Slg. 2005, I–935, Rn. 62.

künftig von der Union auferlegte Begrenzungen der Bewegungen von Geldmitteln im Zusammenhang mit Investitionen vorbehalten bleiben sollten. Denn eventuelle europäische Maßnahmen zur Beschränkung des Zahlungsverkehrs müssten sofort mit ihrer Verhängung greifen, und dann bleibe keine ausreichende Zeit mehr für Verhandlungen mit den Drittstaaten.[115]

Diese Auslegung weitet Art. 351 Abs. 2 AEUV erheblich aus, beeinträchtigt dadurch **65** sowohl die Rechtssicherheit als auch die Kompetenzverteilung zwischen EU und Mitgliedstaaten und stört das mit Art. 351 Abs. 1 und 2 AEUV geschaffene Gleichgewicht. Aber das Argument, es handele sich um eine bloß »künftige und etwaige Unvereinbarkeit« bzw. nur hypothetische Vertragsverletzung, fand beim EuGH kein Gehör.[116] Zwar erscheint es als fraglich, ob die Mitgliedstaaten eine Verpflichtung treffen kann, künftige Maßnahmen der EU »vorherzusehen« und ihre Altverträge in dieser Hinsicht schon vorauseilend allen Eventualitäten anzupassen.[117] Andererseits geht es in den BIT-Fällen um die Effektivität von **Unionsnormen zur Krisenbekämpfung**, die einen außergewöhnlichen Charakter haben. Es erscheint daher legitim, in diesen Zusammenhängen **höhere Anforderungen** an die vorbeugende Sorgfalt der Mitgliedstaaten zu stellen, zumal entsprechende Sekundärrechtsakte in letzter Zeit immer wieder erlassen wurden.[118]

Die Unvereinbarkeit kann nicht dadurch ausgeschlossen werden, dass ein Mitglied- **66** staat sich in einem Altvertrag verpflichtet hat, z. B. den Investitionsschutz zugunsten der Drittstaatsangehörigen nur in den nach der eigenen Rechtsordnung zulässigen Grenzen zu gewährleisten. In entsprechenden **Vertragsklauseln** sah der EuGH keine ausreichende Sicherung zugunsten des Unionsrechts, weil deren Tragweite und Wirkungen zu ungewiss seien.[119] Das heißt aber umgekehrt, dass Vertragsklauseln die Unvereinbarkeit ausräumen, wenn sie dem Mitgliedstaat in hinreichend klarer und uneingeschränkter Weise die Beachtung von EU-Vorschriften, insbesondere auch kurzfristig umzusetzender Beschränkungen des Zahlungsverkehrs (s. Rn. 64), erlauben.

3. Unionsverträge als Messlatte für die Vereinbarkeit der Altverträge

Die Altverträge müssen »**mit den Verträgen**« unvereinbar sein. Darunter sind ohne **67** weiteres **AEUV und EUV** zu verstehen (Art. 1 Abs. 3 UAbs. 1 Satz 1 EUV). Einbezogen werden darüber hinaus alle übrigen Teile des Primärrechts, insbesondere die Protokolle und Anhänge (Art. 51 EUV), die Beitrittsabkommen (Art. 49 Abs. 2 EUV)[120] sowie die EU-Grundrechtecharta (Art. 6 Abs. 1 UAbs. 1 EUV).

---

[115] EuGH, Urt. v. 3.3.2009, Rs. C–249/06 (Kommission/Schweden), Slg. 2009, I–1335, Rn. 38; Urt. v. 3.3.2009, Rs. C–205/06 (Kommission/Österreich), Slg. 2009, I–1301, Rn. 36–40; Urt. v. 19.11.2009, Rs. C–118/07 (Kommission/Finnland), Slg. 2009, I–10889, Rn. 30 ff.

[116] EuGH, Urt. v. 3.3.2009, Rs. C–249/06 (Kommission/Schweden), Slg. 2009, I–1335, Rn. 19; Urt. v. 3.3.2009, Rs. C–205/06 (Kommission/Österreich), Slg. 2009, I–1301, Rn. 20 f. Vgl. *Lavranos*, in: Fontanelli et al. (eds.), Shaping Rule of Law Through Dialogue, S. 136 ff.

[117] Siehe etwa *Heliskoski*, in: Arnull et al. (eds.), A Constitutional Order of States? S. 552 f. Kritisch *Denza*, E.L.Rev. 35 (2010), 269: »… consequences of the judgments are absurd and potentially damaging to the interests of the Union«. *Denza* verweist u. a. auf die hohe Anzahl bestehender BITs (ebd. S. 270, mit präzisen Zahlen).

[118] Vgl. *Koutrakos*, CMLRev. 46 (2009), 2067, 2076.

[119] EuGH, Urt. v. 19.11.2009, Rs. C–118/07 (Kommission/Finnland), Slg. 2009, I–10889, Rn. 5, 41 f.

[120] Zu den in Beitrittsakten üblichen Spezialregelungen s. o. Rn. 55 f.

68   Weiterhin werden Kollisionen zwischen Altverträgen und **Sekundärrecht** ebenso von Art. 351 AEUV erfasst[121] wie Kollisionen mit **Übereinkommen der Union** mit Drittstaaten oder internationalen Organisationen. Denn es sind die Unionsverträge, welche die Verbindlichkeit von Sekundärrechtsakten und Übereinkünften der EU für die Mitgliedstaaten vorsehen.[122] Daher liegt in der Unvereinbarkeit eines Altvertrags mit Sekundärrechtsakten und EU-Übereinkünften zugleich eine Unvereinbarkeit mit der entsprechenden primärrechtlichen Verbindlichkeitsanordnung.

4.   Geeignete Mittel zur Behebung der Unvereinbarkeit

69   Grundsätzlich müssen die betr. Mitgliedstaaten **alle geeigneten Mittel** anwenden, um die festgestellten Unvereinbarkeiten zu beheben,[123] wobei die Anwendung völkerrechtswidriger Mittel ausscheidet. Denn sie wäre unvereinbar mit dem völkerrechtsfreundlichen Sinn und Zweck des Art. 351 AEUV. Dieser soll die Mitgliedstaaten gerade vor dem unionsrechtlichen Zwang bewahren, ihre früheren völkervertraglichen Verpflichtungen gegenüber Drittstaaten zu verletzen.[124]

70   Die Norm lässt den Mitgliedstaaten dabei grundsätzlich die **Wahl zwischen mehreren geeigneten und völkerrechtsgemäßen Mitteln**, solange sie alle die Unvereinbarkeit im Ergebnis beheben. Anderes gilt lediglich dann, wenn der Unionsgesetzgeber gerade die uneinheitliche Vertrags-(anwendungs-)praxis der Mitgliedstaaten in diesem Bereich auf der Basis einer entsprechenden Befugnis harmonisiert hat (s. Rn. 115). Dann können die Mitgliedstaaten von der unionseinheitlich vorgegebenen Lösung der Kollision nicht nach eigenem Ermessen abweichen.

71   Bis die Unvereinbarkeiten gemäß Art. 351 Abs. 2 AEUV vollständig behoben sind, **ermächtigt Art. 351 Abs. 1 AEUV** den betroffenen Mitgliedstaat dazu, den Altvertrag ungeachtet der entgegenstehenden Unionsverträge weiter zu erfüllen.[125] Dass der Mitgliedstaat sich um eine Behebung unverzüglich und nach besten Kräften bemühen muss, folgt aus Art. 4 Abs. 3 EUV.

72   **Welche Behebungsmaßnahmen** der Mitgliedstaat schuldet, hängt von den Umständen ab. Stehen lediglich Rechte oder Optionen der Mitgliedstaaten (s. Rn. 59) im Widerspruch zu den Unionsverträgen, müssen diese erstens deren Ausübung unterlassen. Sie müssen aber aus Gründen der Rechtsklarheit und Rechtssicherheit zweitens dem Drittstaat gegenüber definitiv in einer Weise auf die Rechte oder Optionen verzichten, die diese völkerrechtlich zum Erlöschen bringt. Eine förmliche Vertragsänderung oder gar Kündigung des Altvertrags ist deswegen aber nicht erforderlich.[126]

73   Geht es dagegen um unionsvertragswidrige Verpflichtungen der Mitgliedstaaten, muss entweder die **Anpassung des Altvertrags** rechtzeitig erreicht oder aber dieser gekündigt werden. Bloße Anpassungsbemühungen genügen nicht.[127] Führen Verhandlun-

[121] Siehe etwa EuGH, Urt. v. 4.7.2000, Rs. C–62/98 (Kommission/Portugal), Slg. 2000, I–5171; Urt. v. 4.7.2000, Rs. C–84/98 (Kommission/Portugal), Slg. 2000, I–5215: Mögliche Unvereinbarkeit altvertraglicher Verpflichtungen mit einer Verordnung. Vgl. in diesem Sinne auch *Lavranos*, in: GSH, Europäisches Unionsrecht, Art. 351 AEUV, Rn. 4, der einen Erstrechtschluss vom Vorrang der Altverträge vor dem Primärrecht auf deren Vorrang vor dem Sekundärrecht ziehen will.
[122] Art. 4 Abs. 3 UAbs. 2 EUV; Art. 288, 291 Abs. 1 AEUV; Art. 216 Abs. 2 AEUV.
[123] EuGH, Urt. v. 1.2.2005, Rs. C–203/03 (Kommission/Österreich), Slg. 2005, I–935, Rn. 59.
[124] *Schmalenbach*, in: Calliess/Ruffert, EUV/AEUV, Art. 351 AEUV, Rn. 17.
[125] EuGH, Urt. v. 18.11.2003, Rs. C–216/01 (Budějovický Budvar), Slg. 2003, I–13617, Rn. 172.
[126] Vgl. *Pache/Bielitz*, EuR 2006, 329.
[127] Zur Frage, ob Art. 351 Abs. 2 AEUV stärker als eine »best effort obligation« ist, *Schütze*, in: Arnull et al. (eds.), 473 ff.

gen mit dem betreffenden Drittstaat innerhalb einer vertretbaren Zeitspanne nicht zum Erfolg, wird also keine Vertragsänderung erreicht, kann der Mitgliedstaat verpflichtet sein, den Altvertrag zu kündigen, sofern dies völkerrechtlich zulässig ist.[128]

Die **Pflicht zur Kündigung** als letztes Mittel zur Behebung von Unvereinbarkeiten,   **74** wenn eine Anpassung des Altvertrags an das Unionsrecht nicht zustande gekommen ist, beschränkt sich dabei nicht auf außergewöhnliche Fälle. Sie muss auch nicht verhältnismäßig sein, so dass dem Mitgliedstaat letztlich zugemutet wird, einen ganzen Vertrag mit einem Drittstaat selbst dann zu kündigen, wenn nur einige wenige oder untergeordnete Bestimmungen mit den Unionsverträgen unvereinbar sind.[129]

Der Mitgliedstaat kann insbesondere nicht einwenden, dass eine Kündigung des Alt-   **75** vertrags oder andere in Betracht kommende Maßnahmen zur Behebung der Unvereinbarkeit mit dem Unionsrecht seine **außenpolitischen Interessen** in unvertretbarer Weise beeinträchtigen. Denn die Abwägung zwischen dem außenpolitischen Interesse der Mitgliedstaaten und dem Interesse der Union an der Beachtung des Unionsrechts durch die Mitgliedstaaten nimmt bereits Art. 351 Abs. 2 AEUV vor, und zwar zugunsten des Unionsinteresses.[130] Ebenso wenig akzeptiert der EuGH das Vorbringen, Verhandlungen mit dem Drittstaat seien aufgrund **außergewöhnlicher politischer Ereignisse** unmöglich, weshalb man sie nachholen wolle, sobald die politische Lage im Drittstaat es wieder erlaube; auch in diesem Falle muss der Mitgliedstaat das Übereinkommen kündigen.[131]

Über die Anpassungs- und ggf. Beendigungspflicht gem. Art. 351 Abs. 2 AEUV in   **76** Bezug auf Altverträge hinaus ist es den Mitgliedstaaten selbstverständlich untersagt, **neue völkerrechtliche Verpflichtungen einzugehen**, die mit den Unionsverträgen unvereinbar sind. Ebenso wenig dürfen sie unvereinbare **Bestimmungen aus Altverträgen unverändert in neue Verträge übernehmen und damit** aufrechterhalten oder gar bekräftigen.[132] Dies folgt nicht aus Art. 351 AEUV, sondern aus Art. 4 Abs. 3 EUV.

Ist die Kollisionslage vorerst nur normativ angelegt, kann ein konkreter Konflikt aber   **77** in Zukunft durch weitere Maßnahmen zur Ausführung des Vertrages bzw. die Ausübung einer Kompetenz durch die Union praktisch eintreten (s. Rn. 63), darf der Mitgliedstaat mit der Aufnahme von Nachverhandlungen mit dem/n Drittstaat/en zwecks Vertragsanpassung bzw. mit der Kündigung des Altvertrags nicht bis dahin abwarten. Erst zu diesem Zeitpunkt ergriffene Maßnahmen sind insbesondere dann ungeeignet, wenn die Unvereinbarkeit darin besteht, dass die **praktische Wirksamkeit zukünftiger Regeln des Unionsrechts** nicht von Anfang an gewährleistet ist. Enthält z. B. ein Investitionsschutzabkommen eines Mitgliedstaats mit einem Drittstaat Transferklauseln, die den freien Zahlungsverkehr im Zusammenhang mit Investitionen gewährleisten, ohne Beschränkungen nach Maßgabe unionsvertraglicher Embargoklauseln vorzusehen, die naturgemäß schnell greifen müssen, verstößt der Mitgliedstaat gegen Art. 351 Abs. 2 AEUV,

---

[128] EuGH, Urt. v. 4.7.2000, Rs. C–62/98 (Kommission/Portugal), Slg. 2000, I–5171, Rn. 49; Urt. v. 4.7.2000, Rs. C–84/98 (Kommission/Portugal), Slg. 2000, I–5215, Rn. 40. Vgl. auch Art. 6 Abs. 9 UAbs. 2 Satz 2 der Beitrittsakte mit Kroatien (Fn. 106).

[129] So ohne expliziten Hinweis auf die Regelung des EGV über unvereinbare Altverträge: EuGH, Urt. v. 14.9.1999, Rs. C–170/98 (Kommission/Belgien), Slg. 1999, I–5493, Rn. 36, 42.

[130] EuGH, Urt. v. 4.7.2000, Rs. C–62/98 (Kommission/Portugal), Slg. 2000, I–5171, Rn. 50; Urt. v. 4.7.2000, Rs. C–84/98 (Kommission/Portugal), Slg. 2000, I–5215, Rn. 59. Kritisch *Klabbers*, E.L.Rev.26 (2001), 196 f.

[131] Ohne expliziten Hinweis auf die Regelung des EGV über unvereinbare Altverträge: EuGH, Urt. v. 14.9.1999, Rs. C–170/98 (Kommission/Belgien), Slg. 1999, I–5493, Rn. 42.

[132] EuGH, Urt. v. 5.11.2002, Rs. C–467/98 (Kommission/Dänemark), Slg. 2002, I–9519, Rn. 39.

wenn er innerhalb der von der Kommission im Vertragsverletzungsverfahren gesetzten Frist keine Schritte einleitet, um diese Gefahr umgehend auszuräumen.[133]

78 Soweit der Altvertrag im Bereich einer **ausschließlichen Vertragsschließungskompetenz der Union** liegt, enthält Art. 351 Abs. 2 AEUV eine **Ermächtigung der am Altvertrag beteiligten Mitgliedstaaten**, diesen durch einen Abänderungsvertrag in Einklang mit dem Unionsrecht zu bringen. Obwohl sie in unionsrechtlicher Sicht ihre Außenkompetenz im fraglichen Bereich eingebüßt haben, ist ihre Beteiligung am Abschluss des Änderungsvertrages allein zu dem Zweck, den Altvertrag unionsrechtskonform zu machen, im Hinblick auf Art. 351 Abs. 2 AEUV nicht geeignet, die Außenkompetenz der Union zu beeinträchtigen.[134]

5. Pflicht zur Einbeziehung der EU in Altverträge der Mitgliedstaaten?

79 Soweit die **Union in Altverträge der Mitgliedstaaten einzutreten wünscht**, weil sie die betreffende Kompetenz übernommen hat, müssen die Mitgliedstaaten sie dabei nach Kräften unterstützen, sich also gegenüber den Drittländern für den Beitritt der EU zu solchen Übereinkünften einsetzen.[135] Ggf. müssen sie sich dazu sogar um eine vorherige Änderung des Altvertrags bemühen, falls dieser den Beitritt einer Organisation wie der EU nicht vorsieht.[136] Sollten sie mit diesen Vorstößen scheitern, müssen die Mitgliedstaaten innerhalb des Vertragsregimes im Sinne der Union handeln und dazu mit den zuständigen Unionsorganen kooperieren. Diese Verpflichtungen der Mitgliedstaaten ergeben sich nicht unmittelbar aus Art. 351 Abs. 2 AEUV, sondern aus Art. 4 Abs. 3 EUV (entweder allein oder i. V. m. Art. 351 Abs. 2 AEUV). Der EuGH begründet eine solche Pflicht der Union und der Mitgliedstaaten zur Zusammenarbeit mit »der Notwendigkeit einer einheitlichen völkerrechtlichen Vertretung der Gemeinschaft«. Die Unionsorgane und die Mitgliedstaaten müssten alle erforderlichen Maßnahmen treffen, um eine solche Zusammenarbeit in bestmöglicher Weise zu gewährleisten.[137]

80 In der **Praxis** konnte die Union z. B. der FAO[138] beitreten, im Falle von IWF und IAO (ILO) blieb es hingegen beim bloßen Beobachterstatus der EU.[139] Den Zugang der EU zur **Mannheimer Rheinschiffahrtsakte**[140] sollen bestimmte Mitgliedstaaten sogar gezielt blockiert haben, da sie den Zugriff einer »dirigistischen« EU-Verkehrspolitik auf das »freizügige Rheinregime« befürchteten.[141] Es ist nicht erkennbar, ob sich die EU gegenüber solchen Mitgliedstaaten auf einen primärrechtlichen Anspruch auf Unterstützung ihres Beitrittsbegehrens berufen hat. Ein Vertragsverletzungsverfahren hat die Kommission gegen sie jedenfalls bisher nicht eingeleitet.

---

[133] S. o. Rn. 64.

[134] EuGH, Gutachten 1/76 vom 26. 4. 1977 (Stilllegungsfonds), Slg. 1977, 741, Rn. 7.

[135] *Schmalenbach*, in; Calliess/Ruffert, EUV/AEUV, Art. 351 AEUV, Rn. 19.

[136] So *Booß*, in: Lenz/Borchardt, EU-Verträge, Art. 351 AEUV, Rn. 6; *Lorenzmeier*, in: Grabitz/Hilf/Nettesheim, EU, Art. 351 AEUV (September 2014), Rn. 35, 47.

[137] EuGH, Urt. v. 19. 3. 1996, Rs. C–25/94 (FAO), Slg. 1996, I–1469, Rn. 48.

[138] *Giegerich*, Kommentierung zu Art. 220 AEUV, Rn. 45 ff.

[139] Eingehend *Lavranos*, in: GSH, Europäisches Unionsrecht, Art. 351 AEUV, Rn. 21, 23.

[140] Revidierte Rheinschiffahrtsakte vom 17. 10. 1868, konsolidierte Fassung in: Sartorius II Nr. 340.

[141] *Lavranos*, in: GSH, Europäisches Unionsrecht, Art. 351, Rn. 16 (am Ende); *Lorenzmeier*, in: Grabitz/Hilf/Nettesheim, EU, Art. 351 AEUV (September 2014), Rn. 34; *Schmalenbach*, in: Calliess/Ruffert, EUV/AEUV, Art. 351 AEUV, Rn. 19.

6. Solidaritätsverpflichtung (Satz 2)

Gemäß Art. 351 Abs. 2 Satz 2 AEUV sind die Mitgliedstaaten bei ihren Bemühungen   **81**
um die Behebung von Unvereinbarkeiten verpflichtet, sich **gegenseitig Hilfe zu leisten**
und gegebenenfalls eine **gemeinsame Haltung einzunehmen**. Diese Solidaritätspflicht
ist insbesondere dann bedeutsam, wenn mehrere oder alle Mitgliedstaaten Vertragsparteien eines Altvertrags sind und durch koordiniertes Vorgehen ihre Verhandlungsmacht
gegenüber den dritten Vertragspartnern steigern können. Um effektiv zu sein, muss die
gegenseitige Unterstützung neben rechtlichen auch politische, wirtschaftliche und sonst
geeignete Maßnahmen umfassen.[142] Insofern korrespondiert das Ausmaß an Solidarität
mit der Reichweite des Begriffs der »geeigneten Mittel« i. S. d. Art. 351 Abs. 2 Satz 1
AEUV. Der Kommission obliegt es im Rahmen ihrer Verantwortung nach Art. 17 Abs. 1
Satz 2 EUV, für die Anwendung der Unionsverträge zu sorgen, jede Initiative zu ergreifen, die geeignet ist, die gegenseitige Hilfe der betroffenen Mitgliedstaaten sowie die
Einnahme einer gemeinsamen Haltung durch diese zu erleichtern.[143]

7. Rechtsfolgen einer Verletzung der Behebungspflicht

Die Verletzung der Behebungspflicht kann **unionsrechtliche Sanktionen** gegenüber dem   **82**
betroffenen Mitgliedstaat auslösen, lässt aber die Rechte dritter Staaten i. S. v. Art. 351
Abs. 1 AEUV weiterhin unberührt.[144] Dass auch staatshaftungsrechtliche Ansprüche
von geschädigten Individuen gegen den säumigen Mitgliedstaat entstehen können, ist
nicht auszuschließen.[145] Es liegt aber fern, weil die Behebungspflicht kaum je korrespondierende Individualansprüche generieren wird, die zudem in hinreichend qualifizierter Weise verletzt worden sein müssten.[146]

V. Verhältnis zwischen Absätzen 1 und 2 des Art. 351 AEUV

Die beiden Absätze des Art. 351 AEUV sind insofern **rechtlich unabhängig voneinan-**   **83**
der, als die Missachtung der Verpflichtung aus Absatz 2 die Rechtsfolge des Absatzes 1
nicht entfallen lässt.[147] Die Einrede der Unberührtheit und damit des Vorrangs des Altvertrags gegenüber den Unionsverträgen nach Absatz 1 bleibt einem Mitgliedstaat auch
dann erhalten, wenn er entgegen Absatz 2 nicht alle geeigneten Maßnahmen zur Behebung der Unvereinbarkeit ergriffen hat. Anderenfalls könnte der Zweck des Absatzes
1 – der Schutz des völkerrechtlichen Vertragserfüllungsinteresses der dritten Vertragspartner – nicht verwirklicht werden.[148] Ein solcher Mitgliedstaat setzt sich freilich wegen
Verletzung des Art. 351 Abs. 2 AEUV einem Vertragsverletzungsverfahren aus.

---

[142] Ähnlich im Ergebnis *Lavranos*, in: GSH, Europäisches Unionsrecht, Art. 351 AEUV, Rn. 8 (am
Ende).

[143] EuGH, Urt. v. 3.3.2009, Rs. C–249/06 (Kommission/Schweden), Slg. 2009, I–1335, Rn. 44;
Urt. v. 3.3.2009, Rs. C–205/06 (Kommission/Österreich), Slg. 2009, I–1301, Rn. 44; Urt. v.
19.11.2009, Rs. C–118/07 (Kommission/Finnland), Slg. 2009, I–10889, Rn. 35.

[144] *Khan*, in: Geiger/Khan/Kotzur, EUV/AEUV, Art. 351 AEUV, Rn. 6.

[145] *Khan*, in: Geiger/Khan/Kotzur, EUV/AEUV, Art. 351 AEUV, Rn. 6.

[146] Vgl. zu den allgemeinen Voraussetzungen des ungeschriebenen unionsrechtlichen Staatshaftungsanspruchs *Classen*, in: Oppermann/Classen/Nettesheim, Europarecht, § 14 Rn. 11 ff.

[147] *Lorenzmeier*, in: Grabitz/Hilf/Nettesheim, EU, Art. 351 AEUV (September 2014), Rn. 17;
Schmalenbach, in: Calliess/Ruffert, EUV/AEUV, Art. 351 AEUV, Rn. 14.

[148] *Lorenzmeier*, in: Grabitz/Hilf/Nettesheim, EU, Art. 351 AEUV (September 2014), Rn. 17;
Schmalenbach, in: Calliess/Ruffert, EUV/AEUV, Art. 351 AEUV, Rn. 14. Anders *Pache/Bielitz*, EuR
2006, 330.

VI. Funktion des Absatzes 3

84   Absatz 3 bezieht sich speziell auf die in Altverträgen möglicherweise enthaltenen **Meistbegünstigungs- und Inländergleichbehandlungsklauseln** und statuiert die Regel, dass die nach Unionsrecht zu gewährenden Vorteile grundsätzlich nicht an Drittstaaten weitergegeben werden dürfen.

85   Mit den »**in den Verträgen von jedem Mitgliedstaat gewährten Vorteile[n]**«, die nicht über den Kreis der Mitgliedstaaten hinaus erstreckt werden sollen, sind die Vorteile gemeint, die sich aus dem Binnenmarkt (Art. 26 ff. AEUV) ergeben, also insbesondere die Grundfreiheiten. Als Grund für deren Nichtweitergabe nennt die Vorschrift selbst den Umstand, dass jene Vorteile **Bestandteil der Errichtung der Union** seien, also zur Raison d'être der Union zählten, und deshalb in **untrennbarem Zusammenhang** mit der Schaffung gemeinsamer Organe, der Übertragung von Zuständigkeiten auf diese und der Gewährung der gleichen Vorteile durch alle anderen Mitgliedstaaten stünden. Dies bedeutet, dass eine inhaltliche Erstreckung der Unionsmitgliedschaft auf Drittstaaten mit Hilfe von Meistbegünstigungs- und Inländergleichbehandlungsklauseln in Altverträgen den durch die europäischen Institutionen und Entscheidungsverfahren sowie das Gegenseitigkeitsprinzip gesicherten Sinn und Zweck der europäischen Integration unterlaufen würde. Die materiellen Vorteile der Unionsmitgliedschaft sollen an Drittstaaten nicht weitergegeben werden, weil diese ihrerseits denjenigen EU-Mitgliedstaaten, die nicht selbst dem betr. Altvertrag angehören, zu nichts verpflichtet sind, und weil sie außerdem nicht in das institutionelle System der Union eingebunden sind.

86   Gemäß Absatz 3 **tragen** die Mitgliedstaaten diesem Umstand aber lediglich »**bei der Anwendung der in Absatz 1 bezeichneten Übereinkünfte … Rechnung**«. Absatz 3 enthält also kein striktes Weitergabeverbot in Bezug auf unionsrechtliche Vorteile, sondern schreibt der Anwendungspraxis in Bezug auf Altverträge das Ziel vor, Drittstaaten möglichst keine Gleichbehandlung mit Mitgliedstaaten zu gewähren, sofern dies völkerrechtlich zulässig ist.[149]

87   Aus der Verwendung des Begriffes der »Anwendung« der Altverträge kann dabei geschlossen werden, dass **Absatz 3 in erster Linie als erläuternde Ergänzung** zu Absatz 1 zu verstehen ist. Dies schließt aber die Möglichkeit nicht aus, dass er auch die durch Absatz 2 auferlegte grundsätzliche Reparaturpflicht in Bezug auf diese Altverträge konkretisiert.[150] Wenn Absatz 3 die Weitergabe von Binnenmarktvorteilen an Drittstaaten missbilligt, ist diese nach Absatz 2 mit allen geeigneten Mitteln, notfalls durch Kündigung des Altvertrags, zu verhindern.

88   In einigen Altverträgen finden sich **spezielle Klauseln**, die das Problem im Vorfeld entschärfen. So sieht z. B. Art. 3 Abs. 3 des Deutschen Mustervertrags über die Förderung und den gegenseitigen Schutz von Kapitalanlagen (2009) Folgendes vor: »Die nach diesem Artikel gewährte Behandlung [d. h. Inländerbehandlung und Meistbegünstigung] bezieht sich nicht auf Vorrechte, die ein Vertragsstaat den Investoren dritter Staaten wegen seiner Mitgliedschaft in einer Zoll- oder Wirtschaftsunion, einem gemeinsamen Markt oder einer Freihandelszone oder wegen seiner Assoziierung damit einräumt.«[151]

---

[149] Vgl. *Lorenzmeier*, in: Grabitz/Hilf/Nettesheim, EU, Art. 351 AEUV (September 2014), Rn. 42.
[150] Vgl. *Lavranos*, in: GSH, Europäisches Unionsrecht, Art. 351 AEUV, Rn. 9.
[151] http://www.hjr-verlag.de/out/pictures/wysiwigpro/Produktservice/978-3-8114-9661-3_
Produktservice_90.pdf (20. 9. 2016).

Eine solche Klausel in einem Altvertrag schließt die von Art. 351 Abs. 3 AEUV **miss-** **89**
billigte Weitergabe von Vorteilen aus dem Binnenmarkt an Drittstaaten aus.[152]

Im Welthandelsrecht wird das Problem dadurch gelöst, dass **Art. XXIV GATT** und **90**
Art. V GATS die Bildung von Zollunionen wie z. B. die EU, die von vornherein mit dem
Prinzip der Meistbegünstigung (Art. I GATT) unvereinbar sind, unter bestimmten Voraussetzungen erlauben.[153] Ob sich bereits aus Völkergewohnheitsrecht eine umfassen-
dere Freistellung von Zollunionen von vertraglichen Meistbegünstigungsklauseln anderer Abkommen ergibt, ist aber umstritten.[154]

Ob die Ausnahme von der Meistbegünstigungs- und Gleichbehandlungspflicht zu- **91**
gunsten von Zollunionen außerhalb des Welthandelssystems, etwa im internationalen
Luftrecht oder Währungsrecht (IWF), wo es keine dem Art. XXIV GATT entsprechenden Bestimmungen gibt, schon kraft **Völkergewohnheitsrecht** gilt, wird noch skepti-
scher beurteilt.[155] Hier könnte Art. 351 Abs. 3 AEUV daher Bedeutung gewinnen. Tatsächlich jedoch führt die Vorschrift nach wie vor ein Schattendasein.

Der Stellenwert von Art. 351 Abs. 3 AEUV wird erhöht, wenn man ihm ein über die **92**
Meistbegünstigungsproblematik hinausreichendes **allgemeines Prinzip** entnimmt, dass
die Verdrängung von Unionsrecht durch Altverträge nach Art. 351 Abs. 1 AEUV eng zu
begrenzen und die Kollisionsbehebungspflicht der Mitgliedstaaten nach Art. 351 Abs. 2
AEUV streng zu verstehen sind.[156] Denn die Unionsverträge bilden ja die Verfassung
einer Rechtsunion:[157] Von ihrer unionsweiten gleichmäßig effektiven Verwirklichung
lebt das europäische Integrationsprojekt insgesamt. Sonderrechte einzelner Mitgliedstaaten stellen Störfaktoren in diesem System dar.

VII. Analoge Anwendung des Art. 351 AEUV

1. Nachträgliche Unvereinbarkeit mitgliedstaatlicher Verträge mit den Unionsverträgen infolge von Kompetenzverschiebungen auf die EU

Art. 351 AEUV ist nach heute h. M. **analog anwendbar**, wenn Mitgliedstaaten völker- **93**
rechtliche Verträge mit dritten Partnern nach dem relevanten Zeitpunkt gemäß Art. 351
Abs. 1 AEUV und vor dem Übergang der entsprechenden sachlichen Regelungskompetenz auf die Union abgeschlossen haben. Derartige Verträge standen zunächst mit der
primärrechtlichen Kompetenzverteilung in vollem Einklang, sind aber durch die **spätere**
Kompetenzverlagerung auf die Union zwar nicht unionsrechtswidrig geworden, jedoch
in ein Spannungsverhältnis mit den Unionsverträgen geraten. Übt die Union ihre neuen
Kompetenzen in der Folgezeit durch Rechtsetzung nach innen oder Vertragsschließung
nach außen so aus, dass der erlassene EU-Rechtsakt in einen inhaltlichen Konflikt mit
dem früheren mitgliedstaatlichen Vertrag gerät, entsteht eine Lage vergleichbar derjenigen, für die Art. 351 AEUV Vorsorge trifft. Denn der EU-Rechtsakt beansprucht unionsintern Vorrang vor dem Vertrag des Mitgliedstaats und hindert diesen an der weiteren Erfüllung seiner völkervertraglichen Pflichten.

---

[152] Siehe hierzu etwa das Vorbringen Österreichs in EuGH, Urt. v. 3.3.2009, Rs. C–205/06 (Kom-
mission/Österreich), Slg. 2009, I–1301, Rn. 7.
[153] *Khan*, in: Geiger/Khan/Kotzur, EUV/AEUV, Art. 351 AEUV, Rn. 7.
[154] *Schmalenbach*, in: Calliess/Ruffert, EUV/AEUV, Art. 351 AEUV, Rn. 23; *Lavranos*, in: GSH,
Europäisches Unionsrecht, Art. 351 AEUV, Rn. 9.
[155] *Lavranos*, in: GSH, Europäisches Unionsrecht, Art. 351 AEUV, Rn. 9.
[156] S. o. Rn. 30 und u. Rn. 103.
[157] EuGH, Gutachten 1/91 vom 14.12.1991 (EWR I), Slg. 1991, I–6079, Rn. 21.

94   Entsprechendes gilt, wenn eine **neue materielle Vorschrift in die Unionsverträge** eingefügt wird, mit der ein bereits bestehender mitgliedstaatlicher Vertrag inhaltlich unvereinbar ist.

95   In beiden Fallkonstellationen besteht ein der Situation bei Art. 351 Abs. 1 AEUV entsprechendes Bedürfnis, den Mitgliedstaat vor völkerrechtlicher Verantwortlichkeit gegenüber dem Drittstaat zu schützen. Da eine diesbezügliche Regelung in den Unionsverträgen fehlt, liegen die Annahme einer **planwidrigen Lücke** und damit die analoge Anwendung des Art. 351 AEUV auf jene vergleichbaren Konfliktsituationen nahe.[158] Anderenfalls wäre die Ausübung bestehender mitgliedstaatlicher Vertragsschließungskompetenzen mit großen Unsicherheiten behaftet.[159]

96   Die analoge Anwendung des Art. 351 AEUV ist aber **umstritten.**[160] Dagegen wird eingewandt, dass die Mitgliedstaaten aus **Art. 4 Abs. 3 EUV** verpflichtet seien, durch den Abschluss völkerrechtlicher Verträge spätere Kompetenzausübungen der Union nicht zu behindern. Solange die EU ihre bereits bestehenden konkurrierenden Kompetenzen noch nicht ausgeübt habe, müssten die Mitgliedstaaten bereits einer solchen Möglichkeit Rechnung tragen und sich dazu gegenüber den Drittstaaten Kündigungs- oder Anpassungsklauseln ausbedingen.[161] Dies trifft zwar zu, lässt sich aber nicht ohne weiteres auf Fälle übertragen, in denen die Unionszuständigkeit selbst erst nach dem Abschluss des mitgliedstaatlichen Vertrages begründet wurde. Die Befürworter beschränken die analoge Anwendung des Art. 351 AEUV daher typischerweise auf Fälle, in denen die **Kompetenzzuwächse der Union nicht vorhersehbar** waren.[162]

97   Ein **Sonderproblem** bildet in diesem Zusammenhang die Kompetenzergänzungsklausel des **Art. 352 AEUV**, weil sie es den Unionsorganen permanent ermöglicht, die Unionskompetenzen punktuell zu erweitern, ohne dass die konkreten Einsatzumstände und -richtungen der Klausel irgendwie vorgezeichnet wären. Allein die Existenz des Art. 352 AEUV muss einen Mitgliedstaat daher nicht schon nach Art. 4 Abs. 3 EUV veranlassen, gegen ihre spätere völlig unabsehbare Benutzung Vorkehrungen in seine völkerrechtlichen Verträge mit dritten Partnern einzubauen. Etwas anderes gilt dann, wenn der Erlass von Sekundärrechtsakten aufgrund von Art. 352 AEUV nicht nur abstrakt möglich, sondern beim Vertragsschluss konkret vorhersehbar ist.

98   Ein Beispiel für die analoge Anwendung des Art. 351 AEUV könnten **bilaterale Investitionsschutzverträge (BITs)** bieten, welche die Mitgliedstaaten vor dem Übergang der entsprechenden ausschließlichen Außenkompetenz auf die Union geschlossen hat-

---

[158] Siehe etwa *Lorenzmeier*, in: Grabitz/Hilf/Nettesheim, EU, Art. 351 AEUV (September 2014), Rn. 20 ff.; *Schmalenbach*, in: Calliess/Ruffert, EUV/AEUV, Art. 351 AEUV, Rn. 8; *Booß*, in: Lenz/Borchardt, EU-Verträge, Art. 351 AEUV, Rn. 4. Grundlegend ist eine Stellungnahme der GA *Kokott*, welche die analoge Anwendung als »vorstellbar« bezeichnete, wenn »eine internationale Verpflichtung eines Mitgliedstaats mit einer nachfolgend verabschiedeten Maßnahme des Sekundärrechts in Konflikt gerät« (Schlussanträge zu Rs. C–188/07 (Commune de Mesquer), Slg. 2008, I–4501, Rn. 95). Die Frage wurde vom EuGH in diesem Fall jedoch nicht beantwortet (EuGH, ibid., Rn. 96, 98). Vgl. *Eeckhout*, S. 396.
[159] *Pache/Bielitz*, EuR 2006, 327.
[160] Ablehnend *Manzini*, EJIL 2001, 786. Siehe auch Schlussanträge des GA *Tizzano* zu Rs. C–466/98 (Kommission/Vereinigtes Königreich), Slg. 2002, I–9427, Rn. 113.
[161] Vgl. EuGH, Urt. v. 14.7.1976, verb. Rs. 3/76, 4/76 u. 6/76 (Kramer), Slg. 1976, 1279, Rn. 39–45.
[162] So etwa *Lavranos*, in: GSH, Europäisches Unionsrecht, Art. 351 AEUV, Rn. 6; *Khan*, in Geiger/Khan/Kotzur, EUV/AEUV, Art. 351 AEUV, Rn. 2; *Schmalenbach*, in: Calliess/Ruffert, EUV/AEUV, Art. 351 AEUV, Rn. 8.

ten (s. Rn. 65). Diese BITs sind keine Altverträge i. S. d. Art. 351 AEUV, soweit sie nach dem Beitritt des betr. Mitgliedstaats zur E(W)G/EU geschlossen wurden. Sie stehen zwar nicht inhaltlich, aber kompetenziell im Spannungsverhältnis zu den Unionsverträgen. Während sich das hierfür nicht zuständige Bundesverfassungsgericht explizit dafür ausgesprochen hat, für solche mitgliedstaatlichen BITs den in Art. 351 Abs. 1 AEUV enthaltenen Rechtsgedanken heranzuziehen,[163] brauchte der EuGH in den BIT-Fällen[164] zur Analogieproblematik nicht Stellung zu nehmen. Denn in allen diesen Fällen stellten die BITs echte Altverträge i. S. v. Art. 351 Abs. 1 AEUV dar.

Was den Unionsgesetzgeber betrifft, so enthält die Übergangsregelung für BITs zwischen Mitgliedstaaten und Drittstaaten in der **VO (EU) Nr. 1219/2012**[165] keinen Hinweis auf Art. 351 AEUV.[166]   **99**

Schließen die Mitgliedstaaten **völkerrechtliche Verträge** auf Gebieten ab, die bereits in der ausschließlichen Kompetenz der Union liegen, ist Art. 351 AEUV weder direkt noch analog, anwendbar. Gleiches gilt, wenn mitgliedstaatliche Verträge schon im Abschlusszeitpunkt mit geltendem Primär- oder Sekundärrecht inhaltlich unvereinbar waren.[167] Solche Verträge sind zwar völkerrechtlich regelmäßig wirksam,[168] werden jedoch unionsintern durch das vorrangige EU-Recht überlagert, so dass die völker- und europarechtliche Pflichtenlage des betr. Mitgliedstaats auseinanderklafft.[169] Diese Pflichtenkollision, die der Mitgliedstaat sich selbst zuzuschreiben hat, muss er nach Art. 4 Abs. 3 EUV schnellstmöglich beheben. Bis ihm dies gelingt, kann er sich nicht auf seine völkerrechtliche Bindung berufen, um Verstöße gegen das Unionsrecht zu rechtfertigen.   **100**

2. Mit den Unionsverträgen unvereinbare ältere völkergewohnheitsrechtliche Pflichten

Eine analoge Anwendbarkeit des Art. 351 AEUV wird in der Literatur zum Teil auch für den Fall bejaht, dass überkommene **völkergewohnheitsrechtlich verankerte Pflichten der Mitgliedstaaten** mit den Unionsverträgen unvereinbar sind.[170] Dies wird vor allem aus dem Sinn und Zweck des Art. 351 AEUV abgeleitet, der sicherstellen soll, dass die Mitgliedstaaten ihre Drittstaaten gegenüber bestehenden völkerrechtlichen Pflichten weiterhin erfüllen können, um ihre völkerrechtliche Haftung zu vermeiden. Seit dem   **101**

---

[163] Siehe dazu BVerfGE 123, 267, 421 f. – Vertrag von Lissabon: »Völkerrechtliche Verträge der Mitgliedstaaten, die vor dem 1. Januar 1958 geschlossen wurden, bleiben vom Vertrag zur Gründung der Europäischen Gemeinschaft grundsätzlich unberührt (Art. 307 Abs. 1 EGV; Art. 351 Abs. 1 AEUV). Diese Regelung ist zwar vielfach nicht unmittelbar anwendbar, weil bilaterale Investitionsschutzverträge regelmäßig jüngeren Datums sind, allerdings ist der Vorschrift der Rechtsgedanke zu entnehmen, dass ein rechtstatsächlicher Zustand in den Mitgliedstaaten durch einen späteren Integrationsschritt grundsätzlich nicht beeinträchtigt wird …«.

[164] EuGH, Urt. v. 3.3.2009, Rs. C–249/06 (Kommission/Schweden), Slg. 2009, I–1335; Urt. v. 3.3.2009, Rs. C–205/06 (Kommission/Österreich), Slg. 2009, I–1301; Urt. v. 19.11.2009, Rs. C–118/07 (Kommission/Finnland), Slg. 2009, I–10889; Urt. v. 15.9.2011, Rs. C–264/09 (Kommission/Slowakische Republik), Slg. 2011, I–8065.

[165] ABl. 2012, L 351/40.

[166] Vgl. auch *Lavranos*, in: GSH, Europäisches Unionsrecht, Art. 351 AEUV, Rn. 7.

[167] *Schmalenbach*, in: Calliess/Ruffert, EUV/AEUV, Art. 351 AEUV, Rn. 8; *Lorenzmeier*, in: Grabitz/Hilf/Nettesheim, EU, Art. 351 AEUV (September 2014), Rn. 23.

[168] Anderes gilt, wenn ein Verstoß gegen die ausschließliche Vertragsschließungskompetenz der Union vorliegt und dieser ausnahmsweise offenkundig war (vgl. Art. 46 WÜRV I und II).

[169] *Lorenzmeier*, in: Grabitz/Hilf/Nettesheim, EU, Art. 351 AEUV (September 2014), Rn. 19.

[170] *Schmalenbach*, in Calliess/Ruffert, EUV/AEUV, Art. 351 AEUV, Rn. 3.

Inkrafttreten des Vertrags von Lissabon lässt sich hierfür auch Art. 3 Abs. 5 Satz 2 EUV anführen, wonach die EU einen Beitrag zur strikten Einhaltung des Völkerrechts leistet. Diesem Auftrag widerspräche es, wenn die Union ihre Mitgliedstaaten zur Verletzung des Völkergewohnheitsrechts zwingen würde.

102   Die Gefahr einer Pflichtenkollision dürfte allerdings gering sein, da die Union ihrerseits großenteils an dieselben völkergewohnheitsrechtlichen Normen gebunden ist wie ihre Mitgliedstaaten. Soweit daher ein Sekundärrechtsakt der Erfüllung völkergewohnheitsrechtlicher Verpflichtungen der Mitgliedstaaten entgegenstehen sollte, wäre er in aller Regel zugleich mit den nämlichen völkergewohnheitsrechtlichen Pflichten der Union unvereinbar, könnte wegen Verstoßes gegen **Art. 216 Abs. 2 AEUV (analog)** höherrangiges Recht verletzen und somit unabhängig von Art. 351 AEUV für nichtig erklärt werden.[171] Gegen die analoge Anwendung des Art. 351 AEUV auf Völkergewohnheitsrecht wird außerdem eingewandt, dass die Anpassungspflichten aus Art. 351 Abs. 2 AEUV diesbezüglich kaum angemessen erfüllt werden könnten.[172] Denn Mitgliedstaaten können ihre völkergewohnheitsrechtlichen Bindungen weder kündigen noch ohne den Konsens der übrigen Staaten der Welt an das Unionsrecht anpassen.

3. Unvereinbarkeit mitgliedstaatlicher Verträge mit späterem Sekundärrecht

103   Eine analoge Anwendung des Art. 351 Abs. 1 AEUV ist auch für den Fall erwogen worden, dass Mitgliedstaaten zum Zeitpunkt des Abschlusses eigener völkerrechtlicher Verträge nach ihrem E(W)G/EU-Beitritt noch nicht absehen konnten, welche Art von eventuell unvereinbarem **Sekundärrecht in Zukunft** erlassen wird.[173] Auf eine solche Ausdehnung hat sich der EuGH jedoch nicht eingelassen.[174] Je mehr Fälle der analogen Anwendbarkeit des Art. 351 AEUV man anerkennt, umso weiter greift die Sonderregelung des Art. 351 AEUV über 1958 bzw. den Beitrittszeitpunkt des jeweiligen Staates hinaus und umso stärker wird die einheitliche Anwendung des Unionsrechts beeinträchtigt.[175] Dagegen spricht der in Art. 351 Abs. 3 AEUV zum Ausdruck kommende allgemeine Grundsatz restriktiver Anwendung der Ausnahmebestimmung in Art. 351 Abs. 1 AEUV.[176] Außerdem ist den Mitgliedstaaten inzwischen bekannt, dass sie durch den Abschluss völkerrechtlicher Verträge in solche späteren Kollisionslagen geraten können. Sie haben die Möglichkeit, dem durch die Vereinbarung entsprechender Anpassungs- oder Kündigungsklauseln ohne weiteres Rechnung zu tragen.

VIII. Bewältigung von Unvereinbarkeiten durch EU-Sekundärrecht

1. Rechtsakte zur Überleitung bilateraler Abkommen

a) Handelsabkommen

104   In einigen Bereichen, in denen die Union erst später eine ausschließliche Zuständigkeit erhielt, hat sie abstrakt-generelle Vorschriften zum Umgang mit Unvereinbarkeiten zwischen den Unionsverträgen und Altverträgen der Mitgliedstaaten bzw. zur schritt-

---

[171] *Schmalenbach*, in Calliess/Ruffert, EUV/AEUV, Art. 351 AEUV, Rn. 3.

[172] Vgl. *Lorenzmeier*, in: Grabitz/Hilf/Nettesheim, EU, Art. 351 AEUV (September 2014), Rn. 6.

[173] So GA *Kokott*, Schlussanträge zu Rs. C–188/07 (Commune de Mesquer), Slg. 2008, I–4501, Rn. 94–98.

[174] EuGH, Urt. v. 24.6.2008, Rs. C–188/07 (Commune de Mesquer), Slg. 2008, I–4501, Rn. 83 ff. Dazu *Eckes*, CMLRev. 47 (2010), 909 ff.

[175] *Eckes*, CMLRev. 47 (2010), 911.

[176] S. o. Rn. 92.

weisen Überführung bilateraler Vertragsregime in eine einheitliche europäische Politik erlassen. Ein frühes Beispiel hierfür stellt die **Entscheidung des Ministerrats zur Vereinheitlichung der Laufzeit von Handelsabkommen mit dritten Ländern** vom 9.10.1961 dar.[177] Sie hatte zum Ziel, während der Übergangszeit bis zur vollen Entwicklung einer eigenständigen Außenhandelspolitik durch die damalige EWG sicherzustellen, dass die Laufzeiten von Altverträgen der Mitgliedstaaten entsprechend kurz bemessen bzw. angepasst würden. Die Mitgliedstaaten sollten Sorge dafür tragen, dass sie sich binnen eines Jahres von den Verträgen lösen könnten, und die Termine für das Auslaufen der bilateralen Handelsabkommen im Benehmen mit der Kommission »synchronisieren«. Die Kommission erhielt ihrerseits einen Prüfauftrag in Bezug auf »alle geltenden Abkommen über die Handelsbeziehungen sowie die von den Mitgliedstaaten geschlossenen Handels- und Schifffahrtsverträge«.

b) Zusammenarbeit in Zivilsachen

Mit der **Verordnung (EG) Nr. 662/2009** zur Einführung eines Verfahrens für die Aushandlung und den Abschluss von Abkommen zwischen Mitgliedstaaten und Drittstaaten über spezifische Fragen des auf vertragliche und außervertragliche Schuldverhältnisse anzuwendenden Rechts[178] schuf die damalige EG eine Übergangsordnung für bestehende Verträge der Mitgliedstaaten im Bereich der justiziellen Zusammenarbeit in Zivilsachen, nachdem sie die ausschließliche Zuständigkeit für den Abschluss völkerrechtlicher Verträge in Fragen der gerichtlichen Zuständigkeit sowie der Anerkennung und Vollstreckung gerichtlicher Entscheidungen in Zivil- und Handelssachen erlangt hatte. Entsprechendes gilt für die **Verordnung (EG) Nr. 664/2009** zur Einführung eines Verfahrens für die Aushandlung und den Abschluss von Abkommen zwischen Mitgliedstaaten und Drittstaaten, die die Zuständigkeit und die Anerkennung und Vollstreckung von Urteilen und Entscheidungen in Ehesachen, in Fragen der elterlichen Verantwortung und in Unterhaltssachen sowie das anwendbare Recht in Unterhaltssachen betreffen.[179]

105

Beide Verordnungen sollten bis zur Ersetzung der diversen bilateralen Abkommen der Mitgliedstaaten durch Verträge der EG mit den betreffenden Drittstaaten sicherstellen, dass vorhandene bilaterale Verträge noch verändert bzw. neue geschlossen werden konnten, ohne jedoch eine **künftig eigenständige und einheitliche Politik der Gemeinschaft** auf den genannten Feldern zu vereiteln (Erwägungsgrund 8). Im 3. Erwägungsgrund beider Verordnungen ist jeweils ausdrücklich betont, dass die Mitgliedstaaten gemäß Art. 307 EGV (heute: Art. 351 AEUV) zur Behebung von Unvereinbarkeiten zwischen ihren Übereinkünften und dem gemeinschaftlichen Besitzstand verpflichtet seien. Daneben verweist der 7. Erwägungsgrund beider Verordnungen auf die Pflicht zur loyalen Zusammenarbeit (Art. 10 EGV, heute Art. 4 Abs. 3 EUV).

106

c) Luftverkehrsabkommen

Durch die **Open Skies**-Urteile des EuGH vom 5.11.2002[180] war klargestellt worden, dass die Gemeinschaft/Union für bestimmte Aspekte von Luftverkehrsabkommen mit dritten Staaten ausschließliche Zuständigkeit besitzt. Durch die VO (EG) Nr. 847/2004 über die Aushandlung und Durchführung von Luftverkehrsabkommen zwischen Mit-

107

---

[177] ABl. 1961, 71/1.
[178] Vom 13.7.2009, ABl. 2009, L 200/25.
[179] Vom 7.7.2009, ABl. 2009, L 200/46.
[180] Nachw. in Fn. 209.

gliedstaaten und Drittstaaten[181] wurden die Mitgliedstaaten im Wege einer Interimslö-
sung ermächtigt, unbeschadet der Gemeinschaftszuständigkeiten mit Drittstaaten Verhandlungen über den Abschluss neuer oder die Änderung bestehender Luftverkehrsabkommen aufzunehmen. Diese Ermächtigung ist an etliche Bedingungen geknüpft, insbesondere eine Pflicht zur engen Abstimmung mit der Kommission.[182]

d) Ausländische Direktinvestitionen

108   Durch den Vertrag von Lissabon erhielt die Union die ausschließliche Innen- und Außenkompetenz für ausländische Direktinvestitionen als Teilbereich der gemeinsamen
Handelspolitik (Art. 3 Abs. 1 Buchst. e, Art. 207 Abs. 1 AEUV). Zuvor von den Mitgliedstaaten abgeschlossene BITs bleiben nach den Regeln des Völkerrechts für diese
verbindlich, wobei zu ihrem Schutz vor Pflichtenkollisionen hier nur eine analoge Anwendbarkeit des Art. 351 Abs. 1 AEUV wegen späterer Kompetenzerweiterung zugunsten der Union (s. Rn. 93 ff.) in Betracht kommt.[183] Allerdings ist umstritten, ob der
Begriff der »ausländischen Direktinvestitionen« in Art. 207 Abs. 1 AEUV auch **Portfolioinvestitionen** erfasst.[184] Nur soweit mitgliedstaatliche BITs, die regelmäßig auch
Portfolioinvestitionen regeln, im Bereich der später übertragenen ausschließlichen
Unionskompetenz liegen, ist Art. 351 AEUV überhaupt anwendbar. Soweit die Union
keine Kompetenz besitzt, kann sie auch keine Modifikationen mitgliedstaatlicher
Übereinkünfte gemäß Art. 351 Abs. 2 AEUV einfordern. Wie bedeutsam der Bereich
ist, ergibt sich daraus, dass die Mitgliedstaaten vor Inkrafttreten des Vertrags von Lissabon mit Drittländern weit mehr als tausend BITs geschlossen hatten.[185]

109   In dieser Situation war die EU mit der **Regelungsaufgabe** konfrontiert, zum einen die
bislang unterschiedlichen Investitionsschutzstandards der Mitgliedstaaten mit ihren jeweiligen bilateralen Partnern auf längere Sicht zu vereinheitlichen, d. h. eine einheitliche europäische Investitionsschutzpolitik zu entwickeln. Zum anderen musste jedoch
vermieden werden, Investoren zu verunsichern, die auf die vorhandenen bilateralen
Abkommen vertraut hatten. Die Anwendung allgemeiner Grundsätze (Völkerrechtsfreundlichkeit, loyale Zusammenarbeit, effet utile)[186] hätte hier nicht zu praktikablen
Lösungen führen können. Eine Pflicht der Mitgliedstaaten zur Kündigung (s. Rn. 73 f.),
etwa auf der Basis der in BITs enthaltenen Kündigungsklauseln, wäre nicht nur inves-
titionspolitisch kontraproduktiv, sondern auch wenig effektiv gewesen, weil sich in BITs
häufig die Regelung findet, dass der Schutz getätigter Investitionen auch nach einer
Kündigung über lange Zeit (z. B. zwanzig Jahre) bestehen bleibt.[187]

110   In dieser Lage erließ die Union auf der Basis von Art. 207 Abs. 2 AEUV die **Verordnung (EU) Nr. 1219/2012** zur Einführung einer Übergangsregelung für bilaterale Investitionsschutzabkommen zwischen den Mitgliedstaaten und Drittländern.[188] Kern dieser Regelung ist eine Pflicht der Mitgliedstaaten, der Kommission alle ihre BITs zu no-

[181] Vom 29. 4. 2004, ABl. 2004, L 157/7, berichtigt in ABl. 2004, L 195/3 und ABl. 2007, L 204/27.
[182] Vgl. *Bings*, S. 165 ff.
[183] *Hahn*, in: Calliess/Ruffert, EUV/AEUV, Art. 207 AEUV, Rn. 82 ff.
[184] Vgl. *Giegerich*, Kommentierung zu Art. 216 AEUV, Rn. 117.
[185] Siehe Fn. 213.
[186] So aber *Terhechte*, EuR 2010, 517.
[187] Darauf verweist *Tietje*, in: Beiträge zum Transnationalen Wirtschaftsrecht, Heft 83, Januar
2009, 18.
[188] Vom 12. 12. 2012, ABl. 2012, L 351/40. *Giegerich*, Kommentierung zu Art. 216 AEUV,
Rn. 119 f.

tifizieren, die aufrechterhalten werden bzw. noch in Kraft treten sollen (Art. 2 VO). So notifizierte BITs dürfen aufrechterhalten werden oder in Kraft treten, bis ein BIT der EU mit demselben Drittland in Kraft tritt (Art. 3 VO). Weil die Befugnis zur Aufrechterhaltung oder Inkraftsetzung aber nur »nach Maßgabe des AEUV« gilt (Art. 3 VO), bleiben die Mitgliedstaaten verpflichtet, ihre mit dem EU-Recht inhaltlich unvereinbaren BITs anzupassen oder zu kündigen.

Obwohl die VO (EU) Nr. 1219/2012 dies anders als die beiden vorerwähnten Verordnungen von 2009[189] nicht mehr näher erläutert, dürfte sich eine solche Anpassungs- bzw. Kündigungspflicht auch hier aus Art. 351 Abs. 2 AEUV (analog) sowie der allgemeinen **Pflicht zur loyalen Zusammenarbeit** (Art. 4 Abs. 3 EUV) ergeben. Mitgliedstaaten und Kommission müssen jedenfalls zusammenarbeiten, um schwerwiegende Hindernisse zu beseitigen, die sich aus vorhandenen mitgliedstaatlichen BITs für die Aushandlung oder den Abschluss eines EU-BIT ergeben (Art. 5 f. VO). Die Kommission kann ferner Mitgliedstaaten zu Verhandlungen mit Drittländern ermächtigen (Art. 8–11 VO).[190] Insgesamt kann daher von fortgeltenden mitgliedstaatlichen »BITs unter Aufsicht der Union« gesprochen werden.[191]   **111**

2. Spezialregelungen zu Art. 351 AEUV im Sekundärrecht

Das Unionsrecht kann eine dem Art. 351 Abs. 1 AEUV vergleichbare Wirkung (Vorrang mitgliedstaatlicher Verträge) dadurch erzielen, dass ein Sekundärrechtsakt, der mit Altverträgen der Mitgliedstaaten kollidiert bzw. kollidieren könnte, bestimmten Altverträgen ausdrücklich Vorrang einräumt. Ein Beispiel dafür bietet Art. 4 Abs. 2 der **Richtlinie 2004/35/EG** über Umwelthaftung zur Vermeidung und Sanierung von Umweltschäden.[192] Danach gilt die RL nicht für Umweltschäden oder die unmittelbare Gefahr solcher Schäden, die in den Anwendungsbereich bestimmter internationaler Übereinkommen fallen, die in dem betroffenen Mitgliedstaat in Kraft sind.[193] Auch etwaige zukünftige Änderungen dieser Übereinkommen werden in die Regelung einbezogen. Sekundärrecht kann also den eigenen Vorrang vor früheren Verträgen der Mitgliedstaaten abbedingen.[194] In solchen Fällen bedarf es des Rückgriffs auf Art. 351 AEUV allenfalls noch zu dem Zweck, die Suspendierung des primärrechtlich verankerten Anwendungsvorrangs durch Sekundärrecht zu legitimieren. Derartige Sekundärrechtsnormen gehen aber über Art. 351 AEUV hinaus, wenn sie den Anwendungsvorrang der RL auch gegenüber zukünftigen Vertragsänderungen zurücknehmen.   **112**

In jüngster Zeit, insbesondere ab 2012, lassen sich vermehrt sekundärrechtliche Spezialregelungen zu Art. 351 Abs. 1 AEUV beobachten. Ein Beispiel bildet der generalklauselartige **Art. 75 Abs. 1 UAbs. 1 EU-Erbrechtsverordnung (EuErbVO)**.[195] Danach   **113**

---

[189] S. o. Rn. 105 f.

[190] Dazu *Strik*, Shaping the Single European Market in the Field of Foreign Direct Investment, S. 166 ff.

[191] Vgl. *Terhechte*, EuR 2010, 531.

[192] ABl. 2004, L 143/56.

[193] Art. 4 Abs. 2 der Richtlinie 2004/35/EG vom 21. 4. 2004 (ABl. 2004, L 143/56) lautet: »Diese Richtlinie gilt nicht für Umweltschäden oder die unmittelbare Gefahr solcher Schäden, die infolge eines Vorfalls eintreten, bei dem die Haftung oder Entschädigung in den Anwendungsbereich eines der in Anhang IV aufgeführten internationalen Übereinkommen, einschließlich etwaiger künftiger Änderungen dieser Übereinkommen, fällt, das in dem betroffenen Mitgliedstaat in Kraft ist.«

[194] *Van Rossem*, S. 79.

[195] VO (EU) Nr. 650/2012 vom 4. 7. 2012 über die Zuständigkeit, das anzuwendende Recht, die Anerkennung und Vollstreckung von Entscheidungen und die Annahme und Vollstreckung öffentli-

lässt die VO »die Anwendung internationaler Übereinkommen unberührt, denen ein oder mehrere Mitgliedstaaten zum Zeitpunkt der Annahme dieser Verordnung angehören und die Bereiche betreffen, die in dieser Verordnung geregelt sind«.[196] Auch diese Regelung geht über Art. 351 AEUV hinaus, indem sie nicht nur Altverträgen der Mitgliedstaaten Vorrang gewährt, sondern allen mitgliedstaatlichen Verträgen vor der Annahme der VO. Die EuErbVO beansprucht aber nach ihrem Art. 75 Abs. 2 ihrerseits Vorrang vor Übereinkommen, die ausschließlich zwischen zwei oder mehreren Mitgliedstaaten geschlossen worden sind. Diese Ausnahme entspricht genau derjenigen, die der EuGH in Bezug auf Art. 351 AEUV im Wege teleologischer Reduktion entwickelt hat (s. Rn. 14).

114   Eine weitere Spezialregelung enthält **Art. 73 der neugefassten Brüssel Ia-Verordnung** über die gerichtliche Zuständigkeit und die Anerkennung und Vollstreckung von Entscheidungen in Zivil- und Handelssachen.[197] Danach bleibt die Anwendung der beiden einschlägigen multilateralen Übereinkommen von Lugano (2007) und New York (1958) ebenso »unberührt« wie diejenige von bilateralen Übereinkünften und Vereinbarungen zwischen einem Drittstaat und einem Mitgliedstaat, wenn sie vor dem Inkrafttreten der Vorgängerverordnung (EG) Nr. 44/2001 geschlossen wurden und in dieser Verordnung geregelte Angelegenheiten betreffen.

3. Harmonisierungsrichtlinien zur Vereinheitlichung der Auslegung völkerrechtlicher Altverträge

115   Die Union darf auf der Grundlage und in den Grenzen von Art. 114 AEUV zum Mittel der **Harmonisierung durch Sekundärrecht** greifen, um die unterschiedliche Auslegung von Begriffen in völkerrechtlichen Verträgen, denen die Mitgliedstaaten angehören, zu verhindern. Denn unterschiedliche Gegebenheiten in den Mitgliedstaaten, die Hindernisse für das Funktionieren des Binnenmarkts begründen, können ungeachtet ihres Ursprungs durch Harmonisierung beseitigt werden. Das gilt auch dann, wenn diese Hindernisse darauf beruhen, dass alle oder einige Mitgliedstaaten ihre Altverträge unterschiedlich auslegen oder sonst unterschiedlich handhaben.[198] Dementsprechend haben die betroffenen Mitgliedstaaten kein Recht, die Harmonisierung abzuwehren, um selbst die Neuverhandlung ihrer Altverträge (Art. 351 Abs. 2 AEUV) betreiben zu können. Eine interpretatorische Harmonisierung im Richtlinienwege ist natürlich nur insoweit möglich, als es sich um eine völkerrechtlich zulässige Interpretation des Altvertrags handelt. Zu einer völkerrechtswidrigen Handhabung ihrer nach Art. 351 Abs. 1 AEUV geschützten Altverträge darf die Union die Mitgliedstaaten nicht verpflichten.

4. Berichtspflichten zur Identifizierung von Unvereinbarkeiten

116   Ein besonders schwacher Mechanismus, um Unvereinbarkeiten einzudämmen, liegt in der bloßen Berichtspflicht. So sieht z. B. Art. 16 Buchst. a der **Richtlinie 98/44/EG** über den rechtlichen Schutz biotechnologischer Erfindungen vor, dass die Mitgliedstaaten in

---

cher Urkunden in Erbsachen sowie zur Einführung eines Europäischen Nachlasszeugnisses (ABl. 2012, L 201/107).

[196] Eingehend zur Frage, ob diese Formulierung auch bilaterale Abkommen erfasst, *Mankowski*, ZEV 2013, 530 ff.

[197] VO (EU) Nr. 1215/2012 vom 12. 12. 2012, ABl. 2012, L 351/1.

[198] EuGH, Urt. v. 9. 10. 2001, Rs. C–377/98 (Niederlande/EP und Rat [»Biotechnologie-Richtlinie«]), Slg. 2001, I–7079, Rn. 19 f.

regelmäßigen Abständen einen Bericht zur Frage vorlegen, »ob durch diese Richtlinie im Hinblick auf internationale Übereinkommen zum Schutz der Menschenrechte, denen die Mitgliedstaaten beigetreten sind, Probleme entstanden sind«.[199] Hier wird also nicht schon im Vorfeld die Anwendbarkeit der Richtlinie in Bezug auf die EMRK und vergleichbare Abkommen suspendiert (s. zuvor VIII.2.), sondern die Union behält sich lediglich vor, auf »Probleme« zu reagieren, die ihr von den Mitgliedstaaten deutlich gemacht werden.

Obwohl **menschenrechtliche Verträge** wie insbesondere die EMRK in vielen Fällen **117** auch zu den Altverträgen von Mitgliedstaaten zählen dürften, sollten sich Unvereinbarkeiten mit dem Unionsrecht hier kaum jemals ergeben.[200] Denn die Union hat ja durch Art. 6 Abs. 3 EUV und die ihm zugrundeliegende Rechtsprechung des EuGH nicht nur die EMRK,[201] sondern auch die für alle Mitgliedstaaten geltenden universellen Menschenrechtsstandards indirekt (als Rechtserkenntnisquelle für ungeschriebene allgemeine Rechtsgrundsätze) in das Primärrecht rezipiert.[202] Sie hat darüber hinaus in Art. 3 Abs. 5 Satz 2 EUV versprochen, einen Beitrag zum Schutz der universellen Menschenrechte zu leisten. Es dürfte daher kaum jemals notwendig sein, Konflikte der Unionsverträge mit menschenrechtlichen Altverträgen der Mitgliedstaaten über Art. 351 AEUV zu lösen.

5. Harmonisierung durch Anpassung des Sekundärrechts an Altverträge

Will sich die EU mit Altverträgen der Mitgliedstaaten auf Gebieten arrangieren, auf **118** denen sie eine Harmonisierung erstrebt, bleibt ihr die Möglichkeit, das Sekundärrecht an die völkerrechtlichen Regelungen anzupassen. Es handelt sich um Fälle, in denen an der Einbindung der Mitgliedstaaten in den völkerrechtlichen Vertrag nicht gerüttelt werden soll[203] und die Union ihrerseits diesem Vertrag weder beitreten noch dessen Änderung erreichen kann, die einheitliche Geltung von Regelungen jedoch als wichtiger erscheint als die Durchsetzung einer abweichenden europäischen Politik. Ein Beispiel hierfür ist die **Richtlinie 2006/87/EG über die technischen Vorschriften für Binnenschiffe**, die wie schon die Vorgängerrichtlinie Regelungen der Zentralkommission für die Rheinschifffahrt auf der Basis der Revidierten Mannheimer Rheinschiffahrtsakte von 1868 übernimmt.[204] Ein EU-Beitritt zu dieser Akte ist bisher nicht erfolgt (s. Rn. 80). Allerdings besteht eine enge Zusammenarbeit zwischen der Zentralkommission für die Rheinschifffahrt und der Europäischen Kommission, die auf einer Verwaltungsvereinbarung vom 3.3.2003 beruht und u.a. einen wechselseitigen Beobachterstatus vorsieht.[205]

---

[199] Vom 6.7.1998, ABl. 1998, L 213/13.

[200] *Klabbers*, Treaty Conflict and the European Union, 2009, 33 f.: »problem ... of differing standards, not ... of conflicting standards«. Vgl. aber auch *Butler/de Schutter*, Yearbook of European Law 27 (2008), 287 ff.

[201] *Kokott*, in: Streinz, EUV/AEUV, Art. 351 AEUV, Rn. 3. Vgl. auch Art. 52 Abs. 3 GRC.

[202] Vgl. *Schadendorf*, EuR 2015, 28 ff., die freilich zurückhaltender ist.

[203] Theoretisch könnte die Union nach Art. 351 Abs. 2 AEUV von den Mitgliedstaaten eine Kündigung verlangen, die in den meisten Altverträgen vorbehalten worden sein dürfte.

[204] Richtlinie 2006/87/EG vom 12.12.2006 über die technischen Vorschriften für Binnenschiffe (ABl. 2006, L 389/1). Siehe insbes. Erwägungsgründe 2 und 6.

[205] http://www.ccr-zkr.org/files/cooperation/accord_CCNR-CE_03032003_de.pdf (20.9.2016).

IX. Art. 351 AEUV in der Bewertung

1. Bildung von Fallclustern

119   Die Fallpraxis zu Art. 351 AEUV ist insoweit auffällig, als oft etliche gleichartige (Vertragsverletzungs-) Verfahren zu bestimmten Altverträgen mehrerer Mitgliedstaaten nacheinander oder sogar gleichzeitig beim EuGH anhängig gemacht und relativ einheitlich sowie ggf. zeitnah entschieden werden. Solche **Fallcluster** entstanden insbesondere im Zusammenhang mit internationalen Fischereiabkommen[206] bzw. Abkommen zur Seeschifffahrt (Ladungsanteilsvereinbarungen),[207] ILO-Übereinkommen betreffend Frauenarbeit (Verbot von Nachtarbeit bzw. Untertagebergbau für Frauen),[208] bilateralen Luftverkehrsabkommen (Open Skies-Fälle),[209] bilateralen Investitionsschutzabkommen,[210] in Bezug auf das GATT (WTO)[211] und in Bezug auf Sanktionsbeschlüsse des UN-Sicherheitsrats.[212]

120   Die Unvereinbarkeit von Verträgen der Mitgliedstaaten mit Unionsrecht hat bisher vor allem die Bereiche Verkehr (Schifffahrt, Luftfahrt) und Welthandel (insbesondere Investitionsschutz) betroffen. Dies erklärt sich damit, dass die Staaten gerade in diesen Bereichen schon sehr aktiv waren, bevor die E(W)G/EU entsprechende Kompetenzen erhielt.[213] In diesen Fällen der ohnehin nur analogen Anwendbarkeit des Art. 351 AEUV geht es für die EU darum, eine **historisch zerklüftete Vertragslandschaft** unter Beachtung des Völkerrechts schrittweise und ohne Schaden für Handel und Investitionen in eine zukünftig einheitliche europäische Politik zu überführen.

121   Einen Sonderfall begründen die ILO-Fälle, denen miteinander unvereinbare **Entwicklungsschichten** der Politik zum Schutz und zur Förderung von Frauen zugrunde liegen: Während die ILO-Konventionen Nr. 4 von 1919 und Nr. 41 von 1934 im damals bestverstandenen Interesse der Frauen ein Nachtarbeitsverbot[214] bzw. die ILO-Konven-

---

[206] Siehe etwa EuGH, Urt. v. 14.10.1980, Rs. 812/79 (Burgoa), Slg. 1980, 2787.

[207] Siehe etwa EuGH, Urt. v. 14.9.1999, Rs. C–170/98 (Kommission/Belgien), Slg. 1999, I–5493; Urt. v. 4.7.2000, Rs. C–62/98 (Kommission/Portugal), Slg. 2000, I–5171.

[208] EuGH, Urt. v. 2.8.1993, Rs. C–158/91 (Levy), Slg. 1993, I–4287; Urt. v. 1.2.2005, Rs. C–203/03 (Kommission/Österreich), Slg. 2005, I–935.

[209] EuGH, Urt. v. 5.11.2002, Rs. C–466/98 (Kommission/Vereinigtes Königreich), Slg. 2002, I–9427; Urt. v. 5.11.2002, Rs. C–467/98 (Kommission/Dänemark), Slg. 2002, I–9519; Urt. v. 5.11.2002, Rs. C–468/98 (Kommission/Schweden), Slg. 2002, I–9575; Urt. v. 5.11.2002, Rs. C–469/98 (Kommission/Finnland), Slg. 2002, I–9627; Urt. v. 5.11.2002, Rs. C–471/98 (Kommission/Belgien), Slg. 2002, I–9681; Urt. v. 5.11.2002, Rs. C–472/98 (Kommission/Luxemburg), Slg. 2002, I–9741; Urt. v. 5.11.2002, Rs. C–475/98 (Kommission/Österreich), Slg. 2002, I–9797; Urt. v. 5.11.2002, Rs. C–476/98 (Open Skies), Slg.2002, I–9855. Siehe *Pitschas* (Fn. 57), 92.

[210] EuGH, Urt. v. 3.3.2009, Rs. C–249/06 (Kommission/Schweden), Slg. 2009, I–1335; Urt. v. 3.3.2009, Rs. C–205/06 (Kommission/Österreich), Slg. 2009, I–1301; Urt. v. 19.11.2009, Rs. C–118/07 (Kommission/Finnland), Slg. 2009, I–10889; Urt. v. 15.9.2011, Rs. C–264/09 (Kommission/Slowakische Republik), Slg. 2011, I–8065.

[211] EuGH, Urt. v. 10.3.1998, verb. Rs. C–364/95 u. C–365/95 (T. Port GmbH & Co.), Slg. 1998, I–1023.

[212] EuGH, Urt. v. 14.1.1997, Rs. C–124/95 (Centro-Com), Slg.1997, I–81; Urt. v. 3.9.2008, verb. Rs. C–402/05 P u. C–415/05 P (Kadi I), Slg. 2008, I–6351.

[213] Die Kommission nannte 2010 eine Zahl von fast 1.200 BITs der Mitgliedstaaten. Siehe European Commission, Communication towards a comprehensive European international investment policy vom 7.7.2010, COM (2010) 343 final, S. 4 und 12.

[214] ILO Convention No. 4 concerning Employment of Women during the Night vom 28.11.1919 und ILO Convention No. 41 (revidiert) vom 19.6.1934.

tion Nr. 45 von 1935 ein Verbot von Untertagearbeiten[215] etablierten, folgt das viel jüngere Unionsrecht der neueren Erkenntnis, dass Arbeitsverbote für Frauen deren Gleichstellung in Beschäftigung und Beruf schwer und angesichts generell verbesserter Arbeitsbedingungen auch unnötig beeinträchtigen.[216] Gerade in dieser Fallkonstellation wurde dementsprechend diskutiert, ob die Verbote aus den Altverträgen wegen eines Wandels der Rechtsanschauungen bzw. der Weiterentwicklung des Völkerrechts womöglich keinen Vorrang aus Art. 351 AEUV mehr beanspruchen könnten. Dies bejahte der EuGH zwar 1993 noch nicht (s. Rn. 43 f.), könnte die Frage aber heute anders entscheiden.

Ebenfalls einen Sonderfall begründen die Fälle der Kollision von Unionsrecht mit   **122**
Sanktionsbeschlüssen des UN-Sicherheitsrats.[217] Hier geht es im Kern um ein **rechtsstaatliches Gefälle** zwischen der in dieser Hinsicht unterentwickelten UNO und der hochentwickelten EU, das den EuGH veranlasste, hier dem Vorrang der völkerrechtlichen Verpflichtungen der Mitgliedstaaten gemäß Art. 351 Abs. 1 AEUV eine äußerste Grenze zu setzen (s. Rn. 47 f.).

2. Ausmaß der Völkerrechtsfreundlichkeit und tragende Prinzipien

Art. 351 AEUV wird überwiegend als Ausdruck der Völkerrechtsfreundlichkeit der   **123**
Unionsverträge (s. Rn. 3) und teilweise mit Blick auf seinen Absatz 2 auch als Norm verstanden, die zumindest einen Ausgleich zwischen dem EU-Recht und vorgefundenem Völkervertragsrecht erstrebe.[218] Andere halten eine solche positive Bewertung für unvereinbar mit der Rechtspraxis der Union: Kein einziges Mal sei nämlich einem Altvertrag der Vorrang eingeräumt worden; vielmehr zeige die Fallanalyse eine ausgeprägte eurozentrische Tendenz des EuGH, dem Unionsrecht **Vorrang vor dem Völkerrecht** einzuräumen, Art. 351 AEUV mit derselben Konsequenz für unanwendbar zu erklären oder in einer für das Unionsrecht vorteilhaften Weise zu interpretieren.[219]

Man muss bei alledem berücksichtigen, dass **Art. 351 AEUV nicht mehr ist als eine**   **124**
Kollisionsnorm: Die Mitgliedstaaten sollen von jedem unionsrechtlichen Druck freigehalten werden, ihre Verpflichtungen aus Altverträgen zu verletzen. Abgesehen vom Sonderproblem der individualisierten UN-Sanktionen (Kadi-Fall) hat der EuGH in seiner Praxis diesen (begrenzten) Normzweck sehr genau beachtet. Als Ausgleich dafür hat er allerdings die mitgliedstaatlichen Konfliktlösungspflichten aus Art. 351 Abs. 2 AEUV streng durchgesetzt, um Beeinträchtigungen des Vorrangs und der einheitlichen Anwendung des Unionsrechts so gering und zeitlich begrenzt wie möglich zu halten.

---

[215] ILO Convention No. 45 concerning the Employment of Women on Underground Work in Mines of all Kinds vom 21. 6. 1935.

[216] Siehe *Richter*, Gleichberechtigung von Mann und Frau, in: Merten/Papier (Hrsg.), Handbuch der Grundrechte Bd. V, 2013, § 126 Rn. 96.

[217] EuGH, Urt. v. 14. 1. 1997, Rs. C–124/95 (Centro-Com), Slg. 1997, I–81; Urt. v. 3. 9. 2008, Rs. C–402/05 P u. C–415/05 P (Kadi I), Slg. 2008, I–6351, Rn. 303 f.

[218] Siehe etwa *Koutrakos*, EU International Relations Law, 342.

[219] Vgl. *Klabbers*, Treaty Conflict and the European Union, 2009, 118, 140, 148 f.; *ders.*, in: Cannizzaro/Palchetti/Wessel (eds.), International Law as Law of the European Union, 2012, 120 ff.

Artikel 352 AEUV [Kompetenzergänzungsklausel]

(1) [1]Erscheint ein Tätigwerden der Union im Rahmen der in den Verträgen festgelegten Politikbereiche erforderlich, um eines der Ziele der Verträge zu verwirklichen, und sind in den Verträgen die hierfür erforderlichen Befugnisse nicht vorgesehen, so erlässt der Rat einstimmig auf Vorschlag der Kommission und nach Zustimmung des Europäischen Parlaments die geeigneten Vorschriften. [2]Werden diese Vorschriften vom Rat gemäß einem besonderen Gesetzgebungsverfahren erlassen, so beschließt er ebenfalls einstimmig auf Vorschlag der Kommission und nach Zustimmung des Europäischen Parlaments.

(2) Die Kommission macht die nationalen Parlamente im Rahmen des Verfahrens zur Kontrolle der Einhaltung des Subsidiaritätsprinzips nach Artikel 5 Absatz 3 des Vertrags über die Europäische Union auf die Vorschläge aufmerksam, die sich auf diesen Artikel stützen.

(3) Die auf diesem Artikel beruhenden Maßnahmen dürfen keine Harmonisierung der Rechtsvorschriften der Mitgliedstaaten in den Fällen beinhalten, in denen die Verträge eine solche Harmonisierung ausschließen.

(4) Dieser Artikel kann nicht als Grundlage für die Verwirklichung von Zielen der Gemeinsamen Außen- und Sicherheitspolitik dienen, und Rechtsakte, die nach diesem Artikel erlassen werden, müssen innerhalb der in Artikel 40 Absatz 2 des Vertrags über die Europäische Union festgelegten Grenzen bleiben.

Literaturübersicht

Beyer, Die Ermächtigung der Europäischen Union und ihrer Gemeinschaften, Der Staat 1996, 189; *Dorn*, Art. 235 – Prinzipien der Auslegung 1986; *Görlitz*, Europäischer Verfassungsvertrag und künftige EU-Kompetenzen, DÖV 2004, 374; *Häde/Puttler*, Zur Abgrenzung des Art. 235 EGV von der Vertragsänderung. Neue Erkenntnisse durch das Gutachten 2/94 des EuGH vom 28.3.1996? EuZW 1997, 13; *Lorenz/Pühs*, Eine Generalermächtigung im Wandel der Zeit: Art. 235 EG-Vertrag, ZG 1998, 142; *Ludwigs*, Die Kompetenzordnung der Europäischen Union im Vertragsentwurf über eine Verfassung für Europa, ZEuS 2004, 211; *Nettesheim*, Die Kompetenzordnung im Vertrag über eine Verfassung für Europa, EuR 2004, 511.

Leitentscheidungen

EuGH, Gutachten 2/94 v. 11.6.1996 (EMRK-Beitritt I), Slg. 1996, I–2827
EuGH, Urt. v. 3.9.2008, Rs. C–402/05 P u. C–415/05 P (Kadi und Al Barakaat), Slg. 2008, I–6351
BVerfGE 123, 267 – Lissabon

Inhaltsübersicht

A.   Geminderte Bedeutung aufgrund geänderter Anforderungen

Vor dem Vertrag von Lissabon wurden zahlreiche Rechtsakte auf die Vorgängervor- **1**
schriften von Art. 352 AEUV (Art. 235 EWGV und Art. 308 EGV) gegründet. Das betraf namentlich das Umweltrecht, Finanzhilfen für Drittstaaten und deren Heranführung an die EU sowie ergänzende Maßnahmen zur Wirtschafts- und Währungsunion
und zum Schutz des Euro. Auch so selbstverständliche Maßnahmen wie Beschlüsse über
die Zusammenarbeit im Hochschulbereich und Programme im Rahmen der Unionsbürgerschaft wurden darauf gestützt.[1] Damit handelte es sich **in recht großem Stil** um eine
»**Vertragsabrundungskompetenz**«, ein Begriff, der auch heute noch vergleichbar verwendet wird,[2] indes nicht einbezieht, dass auch neue, bislang unbekannte Politikfelder
eröffnet werden können; daher wird der Begriff »Generalklausel« vorgezogen.[3] Indes
können durch Art. 352 AEUV keine grenzenlosen Maßnahmen getroffen werden. Dies
tritt durch die Bezeichnung »Generalklausel« in den Hintergrund. Insbesondere ist eine
Kompetenz-Kompetenz ausgeschlossen.[4] Es geht nur um eine Vervollständigung oder
Intensivierung der vorhandenen Vertragsziele,[5] nicht um eine Vertragsänderung, und sei
sie auch nur faktisch.[6] Dort, wo aufgrund neuer Entwicklungen ein situationsbezogener
Ergänzungsbedarf besteht, darf Art. 352 AEUV herangezogen werden und erlaubt eine
flexible Reaktion. Daher passt der Begriff der **Flexibilitätsklausel**; auch die systematische Stellung in den Schlussbestimmungen ist adäquat.[7]

Angesichts der mittlerweile erfolgten weiteren Durchnormierung der Verträge im **2**
Zuge der Lissabonner Vertragsrechtsreform bedarf es immer weniger eines Zurück-
greifens auf diese Klausel. So wurden die Terrorismusbekämpfung und der Katastrophenschutz in eigene Vorschriften gegossen (Art. 215 Abs. 2 AEUV zur Umsetzung von
UN-Resolutionen, Art. 196 sowie Art. 122 AEUV). Art. 118 AEUV schuf einen eigenen
Kompetenztitel im Hinblick auf supranationale Rechtstitel für das geistige Eigentum.
Art. 133 AEUV deckt Maßnahmen zum Schutz des Euro ab. Demgegenüber gibt es trotz
fortschreitender Abstützung auf Spezialermächtigungen[8] vielfach immer noch keine
eigene Kompetenzgrundlage, um **Agenturen** zu errichten, ebenfalls nicht für die Krea-
tion neuer **supranationaler Rechtformen im Gesellschaftsrecht**.[9]

Damit verbleiben gewichtige Bereiche, in denen Art. 352 AEUV zum Zuge kommen **3**
kann. Insbesondere schafft er die Möglichkeit, auf Feldern tätig zu werden, die bislang
gar nicht als notwendige Aktionsfelder für die Union erkannt wurden.[10] Damit kann

---

[1] Ausführlich *Streinz*, in: Streinz, EUV/AEUV, Art. 352 AEUV (Januar 2015), Rn. 56 ff.
[2] *Geiss*, in: Schwarze, EU-Kommentar, Art. 222 AEUV, Rn. 4.
[3] *Winkler*, in: Grabitz/Hilf/Nettesheim, EU, Art. 352 AEUV (Oktober 2011), Rn. 17 f.; vgl. auch
Beyer, Der Staat 1996, 189 (201); *Lorenz/Pühs*, ZG 1998, 142: »Generalermächtigung«; so auch
Khan, in: Geiger/Khan/Kotzur, EUV/AEUV, Art. 352 AEUV, Rn. 2.
[4] BVerfGE 123, 267 (395) – Lissabon.
[5] *Geiss*, in: Schwarze, EU-Kommentar, Art. 352 AEUV, Rn. 4; bereits *Ipsen*, Europäisches Gemeinschaftsrecht, 1972, S. 103.
[6] EuGH, Urt. v. 3.9.2008, Rs. C–402/05 P u. C–415/05 P (Kadi und Al Barakaat), Slg. 2008,
I–6351, Rn. 229, bereits Gutachten 2/94 vom 11.6.1996 (EMRK-Beitritt I), Slg. 1996, I–2827, Rn. 30.
[7] A.A. *Khan*, in: Geiger/Khan/Kotzur, Art. 352 AEUV Rn. 2; *Winkler*, in: Grabitz/Hilf/Nettes-
heim, EU, Art. 352 AEUV (Oktober 2011), Rn. 18.
[8] Näher *Winkler*, in: Grabitz/Hilf/Nettesheim, EU, Art. 352 AEUV (Oktober 2011), Rn. 111.
[9] *Streinz*, in: Streinz, EUV/AEUV, Art. 352 AEUV, Rn. 68 f.
[10] Für eine mögliche Schaffung neuer Politiken, *Winkler*, in: Grabitz/Hilf/Nettesheim, EU,
Art. 352 AEUV (Oktober 2011), Rn. 117.

beim **Auftreten neuer Entwicklungen und Phänomene** das Unionsrecht flexibel fortentwickelt werden, auch wenn bislang keine Kompetenzgrundlage vorhanden ist.

4   Allerdings muss es sich entsprechend dem Wortlaut des Art. 352 Abs. 1 AEUV um
einen in den Verträgen festgelegten Politikbereich handeln. Zudem dürfen nicht bisherige Grenzen umgangen werden. So darf etwa **nicht** die **Energiewende**, verbunden mit
einer **Dekarbonisierung**, auf Art. 352 AEUV gestützt werden, obwohl Art. 194 AEUV
die Wahl des Energiemixes und die Struktur der Energieversorgung weiterhin der Kompetenz der Mitgliedstaaten überantwortet. Höchstens auf umweltrechtlicher Grundlage
können hier Maßnahmen getroffen werden, allerdings auch nur durch einstimmige Entscheidung, welche angesichts der Kohleaffinität mancher Mitgliedstaaten nicht zustande kommen wird. Hier kann dann nicht Art. 352 AEUV herangezogen werden, um
etwaige Hindernisse zu umgehen.[11]

5   Art. 352 Abs. 1 AEUV verlangt ohnehin eine **Einstimmigkeit im Rat**. Zudem sind
gemäß Art. 352 Abs. 2 AEUV eigens die nationalen Parlamente einbezogen. Dies erschwert die Beschlussfassung. Zudem bedarf es stets der **Zustimmung des Europäischen
Parlaments**. Dadurch sind die Maßnahmen auf der Basis der Flexibilitätsklausel parlamentarisch legitimiert und nicht mehr nur ein Produkt exekutiver Rechtsetzung.[12] Daher hätte das BVerfG zu einer großzügigeren Beurteilung kommen müssen.[13]

6   Nunmehr wird sogar eine **doppelte demokratische Legitimation**[14] sichergestellt, indem Art. 352 Abs. 2 AEUV die nationalen Parlamente einbezieht. Danach werden diese auf Vorschläge aufmerksam gemacht, die auf der Basis der Flexibilitätsklausel ergehen sollen. Damit haben die nationalen Parlamente die Möglichkeit mitzuwirken. Inwieweit dies erfolgt, ist allerdings Ausdruck des nationalen Rechts. Für die
Bundesrepublik Deutschland legte das BVerfG eine vorherige **Ratifikation durch Bundestag und Bundesrat** in der Form eines **Gesetzes** nach Art. 23 Abs. 1 S. 2 und 3 GG fest.
Erst dann darf der deutsche Vertreter im Rat die förmliche Zustimmung zu einem entsprechenden Rechtsetzungsvorschlag der Kommission für die Bundesrepublik Deutschland erklären.[15]

7   Wegen der Unbestimmtheit möglicher Anwendungsfälle der Flexibilitätsklausel verlangt das **BVerfG** ohnehin eine **enge Auslegung**, die es sich **systemwidrig selbst** vorbehält.[16] Das BVerfG legt nämlich so eine europarechtliche Kompetenzvorschrift einseitig
aus, obwohl sie sich gerade im Rahmen des europäischen Integrationsprogramms hält,[17]
sollen doch dadurch die Ziele der Verträge verwirklicht werden, wenn die dafür nötigen
Befugnisse nicht vorgesehen sind. Dabei wollte das BVerfG durch seine Kompetenzkontrolle gerade ein Überschreiten des vorherbestimmten Integrationsprogramms verhindern.[18] Eine **Kompetenz-Kompetenz** ist freilich **ausgeschlossen**.[19]

8   Obwohl sich Art. 352 Abs. 2 AEUV nicht mehr nur auf den gemeinsamen und damit
jetzt auf den Binnenmarkt erstreckt, sondern auf sämtliche EU-Politikbereiche, emp-

---

[11] Str.; etwa *Streinz*, in: Streinz, EUV/AEUV, Art. 352 AEUV, Rn. 41; anders *Geiss*, in: Schwarze,
EU-Kommentar, Art. 352 AEUV, Rn. 21; näher u. Rn. 29.

[12] *Rossi*, in: Calliess/Ruffert, EUV/AEUV, Art. 352 AEUV, Rn. 6.

[13] S. *Winkler*, in: Grabitz/Hilf/Nettesheim, EU, Art. 352 AEUV (Oktober 2011), Rn. 36 unter Verweis auf BVerfGE 89, 155 (185 f.) – Maastricht.

[14] S. zu dieser Grundkonzeption BVerfGE 89, 155 (185 f.) – Maastricht.

[15] BVerfGE 123, 267 (395) – Lissabon.

[16] BVerfGE 123, 267 (395) – Lissabon; kritisch *Frenz*, Handbuch Europarecht, Band 5, Rn. 304.

[17] Auch nach seiner Beurteilung, wenn auch mit Bedenken, BVerfGE 123, 267 (395) – Lissabon.

[18] BVerfGE 123, 267 (395) – Lissabon.

[19] S. o. Rn. 1.

fiehlt sich angesichts der normativen Restriktionen wie auch der Fußangeln durch das BVerfG, die jedenfalls zu faktischen Schwierigkeiten bei Ratifikationen in Deutschland führen werden, **Art. 352 AEUV eng** zu handhaben. Es gilt eher die vorhandenen **spezifischen Kompetenzen** wirksamkeitsbezogen und damit **weit auszulegen**, wie es der Effet-utile-Interpretation entspricht, welche auch das BVerfG akzeptiert.[20]

Auf der Basis von Art. 352 AEUV dient die Einbeziehung der nationalen Parlamente   **9** der Kontrolle der Einhaltung des **Subsidiaritätsprinzips**. Dieses fungiert neben dem Harmonisierungsverbot nach Art. 352 Abs. 3 AEUV sowie dem ohnehin eingreifenden Verhältnismäßigkeitsprinzip nach Art. 5 Abs. 4 EUV als **besondere Kompetenzausübungsschranke**.[21]

Gegenständlich **ausgenommen** ist nach Art. 352 Abs. 4 AEUV die **Gemeinsame Au-**   **10** **ßen- und Sicherheitspolitik**. Die Grenzen nach Art. 40 Abs. 2 EUV sind zu wahren.

B.   Erforderlichkeit für die Zielverwirklichung

I.   Relevante Vertragsziele

Maßnahmen auf der Basis der Flexibilitätsklausel sind nach Art. 352 Abs. 1 Satz 1   **11** AEUV nur vorgesehen, wenn ein Tätigwerden der Union im Rahmen der in den Verträgen festgelegten Politikbereiche erforderlich ist, um eines der Ziele der Verträge zu verwirklichen. Subjektiv geht es also um die Verwirklichung eines der Vertragsziele. Objektiv muss ein Tätigwerden der Union im Rahmen der in den Verträgen festgelegten Politikbereiche erforderlich erscheinen. Damit bestehen zwei Voraussetzungen.

Dabei muss es sich um ein **konkret festgelegtes Vertragsziel** handeln. Art. 352 AEUV   **12** kann keine Basis dafür sein, die Befugnisse der Union über den festgelegten allgemeinen Rahmen hinaus zu erweitern. Diese Linie hat der EuGH in seinem ersten Gutachten zum EMRK-Beitritt[22] festgelegt[23] und führte diese Linie im Urteil *Kadi* und *Al Barakaat* fort.[24] Im zweiten Urteil hob er dabei nicht auf das Fernziel der Wahrung des Weltfriedens in der internationalen Sicherheit ab, sondern das vorgelagerte, »rein instrumentelle Ziel«, nämlich die Einführung wirtschaftlicher Zwangsmaßnahmen.[25] Damit geht es um Nahziele und nicht um irgendwelche wolkigen Fernziele. Immerhin können sich aus einzelnen Vertragsbestimmungen implizite Ziele ableiten lassen.[26]

Damit zählen in erster Linie die **spezifischen Ziele der Unionspolitiken**, um deren   **13** Verfolgung es gerade geht. Rückgebunden sind diese allerdings in der Regel in Art. 3 EUV, der zentralen Zielvorschrift. So sind Umwelt- und Klimaschutz im Energiebereich nicht nur mit dem hohen Umweltschutz verbunden, sondern auf die nachhaltige Ent-

---

[20] BVerfGE 123, 267 (352) – Lissabon.

[21] *Rossi*, in: Calliess/Ruffert, EUV/AEUV, Art. 352 AEUV, Rn. 22.

[22] EuGH, Gutachten 2/94 vom 11.6.1996 (EMRK-Beitritt I), Slg. 1996, I–2827, Rn. 25.

[23] *Häde/Puttler*, EuZW 1997, 13 (13); *Rossi*, in: Calliess/Ruffert, EUV/AEUV, Art. 352 AEUV, Rn. 26.

[24] EuGH, Urt. v. 3.9.2008, Rs. C–402/05 P u. C–415/05 P (Kadi und Al Barakaat), Slg. 2008, I–6351, Rn. 133, 221.

[25] EuGH, Urt. v. 3.9.2008, Rs. C–402/05 P u. C–415/05 P (Kadi und Al Barakaat), Slg. 2008, I–6351.

[26] EuGH, Urt. v. 3.9.2008, Rs. C–402/05 P u. C–415/05 P (Kadi und Al Barakaat), Slg. 2008, I–6351, Rn. 224 ff. Darauf verweist *Streinz*, in: Streinz, EUV/AEUV, Art. 352 AEUV, Rn. 29 a.E.

wicklung als nach Art. 3 Abs. 3 Satz 2 EUV vorgelagertem Überbau rückzubeziehen. Daraus lassen sich etwa dann auch Maßnahmen wie eine Dekarbonisierung der Energieversorgung ableiten. Indes würde damit wie gezeigt[27] Art. 194 AEUV überspielt, welcher die Wahl des Energiemixes den Mitgliedstaaten überlässt.

14   Daher sind schon bei der Heranziehung von Art. 3 EUV die Ziele der spezifischen Unionspolitiken zu betrachten, ist doch auch Art. 352 Abs. 1 Satz 1 AEUV auf die in den Verträgen festgelegten Politikbereiche bezogen. Überspielt können nur fehlende Befugnisse werden, nicht hingegen strikte Grenzen in den einzelnen Politiken. Nicht ausgeschlossen ist hingegen, in eine andere Politik zu wechseln, so im Bereich des Klimaschutzes vom Energiebereich in den Umweltschutz, wo die Antastung des Energiemixes der Mitgliedstaaten nur eine einstimmige Beschlussfassung auslöst, nicht hingegen die Maßnahme schon gegenständlich ausschließt. Damit bedarf es allerdings letztlich nicht mehr des Rückgriffs auf die Flexibilitätsklausel. Diese darf nicht dazu benutzt werden, um etwa dann auch solche Verfahrensanforderungen zu umgehen, wobei allerdings ohnehin die Einstimmigkeit zum Merkmal der Flexibilitätsklausel für Beschlüsse im Rat geworden ist.

15   Jedenfalls darf die **Präambel** nicht dazu benutzt werden, um die in Art. 3 Abs. 3 EUV festgelegten Ziele über Gebühr auszuweiten. Sie kann nur herangezogen werden, um die in den Verträgen aufgeführten Ziele zu interpretieren, nicht hingegen, um neue Ziele zu schaffen.[28] Schließlich handelt es sich nur um eine politische Willensbekundung.[29]

16   Parallel zur gegenständlichen Ausklammerung nach Art. 352 Abs. 4 AEUV können **Ziele der Gemeinsamen Außen- und Sicherheitspolitik** nach Art. 21 Abs. 2 AEUV für die Flexibilitätsklausel keine Rolle spielen; ansonsten würde diese Zuständigkeitsbegrenzung praktisch umgangen. Sie strahlt daher auf Art. 352 Abs. 1 AEUV zurück. Das gilt nicht nur für die erfassten Politikbereiche, sondern auch für die umfassten Vertragsziele.[30]

17   Dementsprechend werden auch **regelmäßig die Ziele nach Art. 3 Abs. 5 EUV ausgeschlossen** sein, welcher die Beziehungen der Union zur übrigen Welt betrifft.[31] Derweil sind schon die Ziele zu begrenzen, nicht erst die Inhalte über Art. 352 Abs. 4 AEUV auszusondern.[32] Allerdings gibt es auch in Art. 3 Abs. 5 EUV Elemente wie die globale nachhaltige Entwicklung, welche über andere Unionspolitiken verwirklicht werden können, so die Umweltpolitik, welche den Klimaschutz als wesentlichen Bestandteil der nachhaltigen Entwicklung ausdrücklich in Art. 191 Abs. 1, 4. Spiegelstrich AEUV nennt.

18   Die meisten **konkreten Unionsziele** lassen sich **aus Art. 3 Abs. 3 und Abs. 4 EUV** ableiten; dabei ist allerdings besonders auf die Nachrangigkeit dieser Klausel gegenüber den besonderen Befugnisnormen der jeweiligen Sachpolitik zu achten.[33] Das gilt auch im Hinblick auf die **Wirtschafts- und Währungsunion**, welche durch die EuGH-Judikatur[34]

---

[27] S. o. Rn. 4.

[28] *Rossi*, in: Calliess/Ruffert, EUV/AEUV, Art. 352 AEUV, Rn. 36; *Streinz*, in: Streinz, EUV/AEUV, Art. 352 AEUV, Rn. 29.

[29] *Winkler*, in: Grabitz/Hilf/Nettesheim, EU, Art. 352 AEUV (Oktober 2011), Rn. 56 gegen *Schwartz*, in: GS, EUV/EGV, Art. 308 EGV, Rn. 114.

[30] Im Ergebnis ebenso *Streinz*, in: Streinz, EUV/AEUV, Art. 352 AEUV, Rn. 30.

[31] Auch *Rossi*, in: Calliess/Ruffert, EUV/AEUV, Art. 352 AEUV, Rn. 34.

[32] Dahin *Rossi*, in: Calliess/Ruffert, EUV/AEUV, Art. 352 AEUV, Rn. 34.

[33] *Rossi*, in: Calliess/Ruffert, EUV/AEUV, Art. 352 AEUV, Rn. 33.

[34] S. nur EuGH, Urt. 27.11.2012, Rs. C–370/12 (Pringle), ECLI:EU:C:2012:756.

auf der Basis der Ausformung im Lissabonner Vertrag eine erhebliche Konkretisierung erfahren hat. Diese kann nicht etwa durch die Abstützung von Maßnahmen über die Flexibilitätsklausel nach Art. 352 AEUV unterlaufen werden.

Gerade insoweit würde das BVerfG einen ultra-vires-Akt sehen, welcher auf der Basis   **19** einer Kompetenz-Kompetenz nach Art. 352 AEUV erlassen worden wäre, welche das BVerfG gerade ausgeschlossen hat.[35]

Eine solche Möglichkeit droht zu eröffnen, wenn die **Ziele nach Art. 3 Abs. 1 EUV**   **20** allzu großzügig einbezogen würden. Diese Ziele wie den Frieden, die Werte der Union und das Wohlergehen der Völker zu fördern, sind zu allgemein, um für sich selber bereits eine Abstützung von flexiblen Maßnahmen zu bilden; allerdings können diese Ziele einen guten **Interpretationshintergrund** bilden, um verfolgbare Unionsziele auf anderer Grundlage herauszuarbeiten bzw. zu limitieren, wenn sie diesen grundlegenden Zielen widersprechen.[36]

Hinreichend konkret sind wiederum die Ziele nach Art. 3 Abs. 2 EUV, wonach es um   **21** die Verwirklichung eines **Raums der Freiheit, der Sicherheit und des Rechts** ohne Binnengrenzen geht. Hierauf können Maßnahmen zur Terrorbekämpfung bezogen werden, wenn es um die Kontrollen an den Außengrenzen geht bzw. die Verhütung und Bekämpfung der Kriminalität überhaupt. Insoweit ist aber gleichfalls eine sehr detaillierte Ausgestaltung in Art. 67 ff. AEUV erfolgt. Die dort aufgestellten Grenzen dürfen zumal vor dem Hintergrund der zusätzlich vom BVerfG aufgestellten Erfordernisse[37] nicht über die Flexibilitätsklausel unterlaufen werden, soll nicht die Gefahr bestehen, dass ein auf dieser Grundlage verabschiedeter Rechtsakt jedenfalls durch die Kontrolle des BVerfG und in eine damit auch noch verbundene Vorlage an den EuGH entsprechend dem OMT-Vorlagebeschluss[38] über Jahre hinweg in der Schwebe bleibt und damit schwerlich effektiv und vor allem zeitnah zur Terrorbekämpfung beitragen kann.

II. Einschlägige Politikbereiche

Die Flexibilitätsklausel erstreckt sich seit dem Lissabonner Vertrag nicht mehr nur auf   **22** den Binnenmarkt, sondern auf alle im Rahmen der Verträge festgelegten Politikbereiche. Damit fällt insbesondere der Raum der Freiheit, der Sicherheit und des Rechts darunter. Art. 354 Abs. 4 AEUV nimmt hingegen die Außen- und Sicherheitspolitik aus. Hingegen werden solche Maßnahmen des auswärtigen Handelns umfasst, die einen Bezug auf die im 5. Teil des AEUV geregelten Politikbereiche haben[39], so etwa Maßnahmen für den **internationalen Klimaschutz**, welche über die Umweltpolitik erfasst sind.

Jedenfalls bedarf es einer **strikten Bindung an die Aufgaben der Union**, wie sie in den   **23** EU-Politiken definiert sind. Dafür muss ein Tätigwerden der Union gem. Art. 354 Abs. 1 AEUV erforderlich erscheinen. Insoweit ist auch dieses Merkmal des Art. 352 Abs. 1 AEUV kompetenzbegrenzend,[40] obwohl im Ergebnis durch die Loslösung vom Gemeinsamen Markt, dem heutigen Binnenmarkt, die Vorschrift einen weiteren

---

[35] BVerfGE 123, 267 (395) – Lissabon.
[36] *Rossi*, in: Calliess/Ruffert, EUV/AEUV, Art. 352 AEUV, Rn. 31.
[37] BVerfGE 123, 267 (406 ff.) – Lissabon.
[38] BVerfGE 134, 366 – OMT-Vorlagebeschluss.
[39] *Streinz*, in: Streinz, EUV/AEUV, Art. 352 AEUV, Rn. 33.
[40] *Rossi*, in: Calliess/Ruffert, EUV/AEUV, Art. 352 AEUV, Rn. 38.

Anwendungsbereich hat als die Vorgängernorm des Art. 308 EGV.[41] Auch über dieses Tatbestandsmerkmal dürfen nicht die besonderen Begrenzungen der einzelnen Politikbereiche ausgehebelt werden; so schließt Art. 153 Abs. 4 AEUV im Bereich der Sozialpolitik die Festlegung von Grundprinzipien der sozialen Sicherungssysteme auch über Art. 352 AEUV aus, um eine Umgehung zu vermeiden und die Qualität von bloßen Unterstützungs- und Ergänzungsmaßnahmen zu verlassen.[42] Im Bereich des Raumes der Freiheit, der Sicherheit und des Rechts dürfen nicht Maßnahmen getroffen werden, welche die Aufrechterhaltung der öffentlichen Ordnung und den Schutz der inneren Sicherheit berühren, ist doch insoweit die Zuständigkeit nach Art. 72 AEUV begrenzt.[43]

III. Erforderliches Tätigwerden der Union

24   Indem nach Art. 352 Abs. 1 AEUV lediglich ein Tätigwerden der Union erforderlich erscheinen muss, besteht ein erhebliches politisches Gestaltungsermessen mit einem **sehr weiten Beurteilungsspielraum**, der allerdings nicht grenzenlos sein kann, sondern hinsichtlich der Ermessensgrenzen durch den EuGH nachprüfbar ist.[44] Wegen dieses weiten Ermessens kann indes nicht gerichtlich ein Handeln des Unionsgesetzgebers eingefordert werden, wenn dieser eine Maßnahme unterlässt; eine Untätigkeitsklage gegenüber dem Rat als Legislativorgan scheidet insoweit aus.[45]

25   Als **Indiz dafür**, dass ein **Tätigwerden der Union** erforderlich erscheint, wird gesehen, wenn die **Mitgliedstaaten** einen **völkerrechtlichen Vertrag abgeschlossen** haben, um ein Vertragsziel zu verwirklichen.[46] In der Tat bildet eine Unionsregelung einen Mehrwert und schafft erst die Grundlage für eine einheitliche Rechtskontrolle durch den EuGH.[47] Zwar kann der EuGH auch völkerrechtliche Vereinbarungen der Mitgliedstaaten prüfen, welche Rückwirkungen auf die Union haben und vor allem deren Kompetenzgrenzen austesten bzw. berühren.[48] Indes zeigt sich gerade am Beispiel der möglichen Finanzhilfen an Mitgliedstaaten, dass nicht etwa die No-Bail-Out-Klausel des Art. 125 Abs. 1 Satz 2 AEUV durch ein multilaterales völkerrechtliches Vorgehen der Mitgliedstaaten umgangen werden darf.[49] Zudem kann im Einzelfall eine völkerrechtliche Regelung der Mitgliedstaaten eine schwächere Wirkung erzeugen und auch erzeugen sollen; dann drängt sich eine unionsrechtliche Regelung geradezu auf.[50]

26   Kann einerseits ein Handeln der Mitgliedstaaten auf völkerrechtlicher Ebene eine unionsrechtliche Regelung als geboten erscheinen lassen, schließt letztere umgekehrt ein gemeinsames Handeln der Mitgliedstaaten nicht aus, handelt es sich doch gemäß Art. 4 Abs. 1 AEUV um eine geteilte Kompetenz; allerdings darf nicht ein gemeinsames

---

[41] BVerfGE 123, 267 (394) – Lissabon; *Streinz*, in: Streinz, EUV/AEUV, Art. 352 AEUV, Rn. 32.

[42] *Rossi*, in: Calliess/Ruffert, EUV/AEUV, Art. 352 AEUV, Rn. 41.

[43] *Rossi*, in: Calliess/Ruffert, EUV/AEUV, Art. 352 AEUV, Rn. 42; insoweit allgemein *Görlitz*, DÖV 2004, 374 (377).

[44] So die h. M., etwa *Rossi*, in: Calliess/Ruffert, EUV/AEUV, Art. 352 AEUV, Rn. 48; *Streinz*, in: Streinz, EUV/AEUV, Art. 352 AEUV, Rn. 34 f. jeweils m. w. N.

[45] *Streinz*, in: Streinz, EUV/AEUV, Art. 352 AEUV, Rn. 36 auch im Hinblick auf die nach Art. 266 AEUV erforderliche Konkretisierung. A. A. schon *Schwartz*, in: GS, EUV/EGV, Art. 308 EGV, Rn. 178 mit weiteren Nachweisen.

[46] So schon *Schwartz*, in: GS, EUV/EGV, Art. 308 EGV, Rn. 184; *Rossi*, in: Calliess/Ruffert, EUV/AEUV, Art. 352 AEUV, Rn. 52 f.

[47] *Rossi*, in: Calliess/Ruffert, EUV/AEUV, Art. 352 AEUV, Rn. 52.

[48] S. EuGH, Urt. 27. 11. 2012, Rs. C–370/12 (Pringle), ECLI:EU:C:2012:756.

[49] *Rossi*, in: Calliess/Ruffert, EUV/AEUV, Art. 352 AEUV, Rn. 53.

[50] *Streinz*, in: Streinz, EUV/AEUV, Art. 352 AEUV, Rn. 38: Sie kann sogar geboten sein.

mitgliedstaatliches völkerrechtliches Vorgehen dem Unionsrecht widersprechen, ergibt sich doch sonst eine Unterlassungspflicht aus Art. 4 Abs. 3 UAbs. 3 EUV.[51]

Die Erforderlichkeit des Tätigwerdens bildet für sich ein kompetenzbegründendes   **27** Merkmal, welches nicht etwa die weitere **Prüfung der allgemeinen Kompetenzausübungsschranken nach Art. 5 Abs. 3 und Abs. 4 EUV** entbehrlich macht; gerade das allgemeine Subsidiaritätsprinzip hat einen spezifischen Ansatz, der zu einem unterschiedlichen Beurteilungsspielraum führt[52] und lief bislang in der Praxis weitestgehend leer; hier allerdings verweist Art. 352 Abs. 2 AEUV auf seine Relevanz, und zwar gerade in der Ausprägung, die es in Art. 5 Abs. 3 EUV gefunden hat.[53]

IV. Keine speziellen Befugnisse

Um eines der Ziele der Verträge zu verwirklichen, sind nach Art. 352 Abs. 1 Satz 1   **28** AEUV vorrangig die in dem jeweiligen Politikbereich festgelegten Befugnisse zu nutzen. Nur wenn die im Hinblick auf die Ziele der Verträge und deren Realisierung erforderlichen Befugnisse dort nicht vorgesehen sind, darf Art. 352 AEUV als Kompetenzgrundlage benutzt werden. Ansonsten könnten auch allzu leicht Beschränkungen und Sicherungen in den Befugnissystemen der einzelnen Politiken überspielt bzw. unterhöhlt werden, so eine mitgliedstaatliche Regelung des Energiemixes nach Art. 194 AEUV über eine Dekarbonisierung der Stromerzeugung auf der Grundlage von Art. 352 AEUV.[54]

Dementsprechend sind aber auch diese einzelpolitischen Befugnisnormen im Hin   **29** blick auf den effet-utile voll auszuschöpfen. Dabei erlaubt auch das BVerfG explizit eine Auslegung nach der implied powers-Lehre.[55] Implizite spezifische Befugnisse innerhalb einer Einzelpolitik genügen daher. Deshalb ist es auch problematisch, wenn nach einer solchen Auslegung die Befugnisse einer Einzelpolitik unzureichend sind, weil materielle Unzulänglichkeiten bestehen oder die Mittel unzureichend sind. So soll eine Verordnung erlassen werden können, wenn eine spezielle Befugnisnorm lediglich eine Richtlinie vorsieht. Damit wird allerdings die gestaffelte Reichweite des Prinzips der Einzelzuständigkeit übergangen.[56] Unter Umständen ist eine Teilung des Rechtsaktes möglich, so dass nur partiell und nicht kumulativ eine Abstützung auf Art. 352 AEUV erfolgt.[57]

In der Praxis wird hingegen eine **kumulative Abstützung** auf Art. 352 AEUV erlaubt,   **30** wie das EuGH-Urteil *Kadi* zeigt.[58] Sicherungen können dadurch erreicht werden, dass auch die Verfahrensvorschriften kumulativ erfüllt sein müssen; das betrifft namentlich die Beteiligung der Organe sowie eine Zusammenschau verschiedener Gesetzgebungsverfahren, deren Bedingungen dann beide erfüllt sein müssen.[59] Damit wird allerdings

---

[51] *Streinz*, in: Streinz, EUV/AEUV, Art. 352 AEUV, Rn. 39.

[52] *Rossi*, in: Calliess/Ruffert, EUV/AEUV, Art. 352 AEUV, Rn. 57.

[53] *Streinz*, in: Streinz, EUV/AEUV, Art. 352 AEUV, Rn. 37.

[54] S. o. Rn. 4.

[55] BVerfGE 123, 267 (351) – Lissabon.

[56] *Rossi*, in: Calliess/Ruffert, EUV/AEUV, Art. 352 AEUV, Rn. 66.

[57] *Winkler*, in: Grabitz/Hilf/Nettesheim, EU, Art. 352 AEUV (Oktober 2011), Rn. 86.

[58] EuGH, Urt. v. 3. 9. 2008, Rs. C–402/05 P u. C–415/05 P (Kadi und Al Barakaat), Slg. 2008, I–6351, Rn. 212 ff.; näher *Streinz*, in: Streinz, EUV/AEUV, Art. 352 AEUV, Rn. 42 f.

[59] *Streinz*, in: Streinz, EUV/AEUV, Art. 352 AEUV, Rn. 43.

das Merkmal einer fehlenden Befugnisnorm in der Spezialpolitik allzu sehr verwischt und lässt auch unterschiedliche Verfahren allzu sehr zerfließen.[60]

31   Schon vom Wortlaut her geht es um die Ergänzung von Befugnissen zur Verwirklichung der Vertragsziele. Damit ist eine **Vertragsänderung bzw. -erweiterung ausgeschlossen.**[61] Diese darf auch nicht durch die Hintertür des Art. 352 AEUV durchgeführt werden. Dies schließt bereits das erste Gutachten des EuGH zum EMRK-Beitritt aus, wonach eine Vertragsänderung ohne Einhaltung des vertraglich vorgesehenen Verfahrens ausdrücklich abgelehnt wird, auch wenn dies nur im Hinblick auf die Folgen zutrifft.[62] Zudem hat das BVerfG eine Qualifikation von Art. 352 AEUV als Kompetenz-Kompetenz ausgeschlossen.[63] Auch deshalb widerspricht eine Vertragsänderung dem begrenzten Gehalt der Flexibilitätsklausel.

C. Erlass der geeigneten Vorschriften

I. Erfasste Maßnahmen

32   Liegen die vorgenannten Voraussetzungen vor, können die geeigneten Vorschriften ergehen. Weil **insgesamt** ein **Gestaltungsermessen** besteht und keine Konkretisierung vorliegt, wie es für eine Untätigkeitsklage nach Art. 265 AEUV ausreichen würde, kann der Rat das Rechtsetzungsverfahren einleiten, muss es aber nicht.[64]

33   Der Begriff der geeigneten Vorschriften ist weit. Es kommt auf die **Tauglichkeit in der konkreten Situation** an. Von den Maßnahmen wird das gesamte Spektrum umfasst, sei es verbindlich, sei es nicht rechtsverbindlich.[65] Bei den als verbindliche Rechtsakte in Betracht kommenden Verordnungen, Richtlinien und Beschlüssen gilt die übliche Abstufung nach dem Subsidiaritätsprinzip: Richtlinien lassen den Mitgliedstaaten tendenziell den größten Freiraum und sind daher grundsätzlich vorzuziehen. Allerdings hat diese Abstufung in der Praxis letztlich keine Rolle gespielt. Möglich sind auch Rechtsakte anderer Art, so Ratsbeschlüsse und Entschließungen.[66] Selbst **Sanktionen** und **Finanzvorschriften** – so in Form von Vorgaben des Rates an die Europäische Investitionsbank – sind einschlägig.[67] Eine Aufnahme von **Staatsanleihen** kommt demgegenüber **nicht** in Betracht, bildet doch die Finanzierung des Haushalts kein vertraglich normiertes Uni-

---

[60] *Rossi,* in: Calliess/Ruffert, EUV/AEUV, Art. 352 AEUV, Rn. 69; auch bereits *Schwartz,* in: GS, EUV/EGV, Art. 308 EGV, Rn. 73, der auf den aliud-Charakter der verschiedenen Befugnisse verweist; anderer Auffassung *Schröder,* in: GSH, Europäisches Unionsrecht, Art. 352 AEUV, Rn. 22.

[61] S. nur *Geiss,* in: Schwarze, EU-Kommentar, Art. 352 AEUV Rn. 4 f.

[62] EuGH, Gutachten 2/94 vom 11.6.1996 (EMRK-Beitritt I), Slg. 1996, I–2827, Rn. 30; *Rossi,* in: Calliess/Ruffert, EUV/AEUV, Art. 352 AEUV, Rn. 72 ff.: immanentes negatives Tatbestandsmerkmal.

[63] BVerfGE 123, 267 (395) – Lissabon.

[64] Bereits EuGH, Urt. v. 31.3.1971, Rs. C–22/70 (Kommission/Rat (AETR-Urteil)), Slg. 1971, 263, Rn. 95; *Kahn,* in: Geiger/Khan/Kotzur, Art. 352 AEUV, Rn. 15; *Rossi,* in: Calliess/Ruffert, EUV/AEUV, Art. 352 AEUV, Rn. 85; für eine Verpflichtung demgegenüber *Dorn,* Art. 235 – Prinzipien der Auslegung, 1986, S. 140 ff.

[65] Näher im Hinblick auf die unterschiedlichen Sprachfassungen bereits *Schwartz,* in: GS, EUV/EGV, Art. 308 EGV, Rn. 196 ff.; für Art. 352 AEUV, *Streinz,* in: Streinz, EUV/AEUV, Art. 352 AEUV, Rn. 45.

[66] *Streinz,* in: Streinz, EUV/AEUV, Art. 352 AEUV, Rn. 45.

[67] *Schwartz,* in: GS, EUV/EGV, Art. 308 EGV, Rn. 196, 199, 260, 264.

onsziel.[68] Insgesamt können allerdings finanzwirksame Maßnahmen durchaus geeignet sein, wie der offene Wortlaut zeigt und die Praxis belegt.[69]

Ob Gesetzgebungsakte oder sonstige Rechtsakte ergriffen werden, wird nicht zuletzt 34 durch die **Wesentlichkeit** der zu regelnden Materie bestimmt, sind doch wesentliche Aspekte eines Bereichs dem europäischen Gesetzgeber vorbehalten (s. Art. 290 Abs. 1 UAbs. 2 AEUV); die wesentlichen politischen Entscheidungen müssen also auch im Rahmen von Art. 352 AEUV durch den Gesetzgeber getroffen werden.[70]

Zwar werden mittlerweile **Einrichtungen der Union** auf speziell geschaffene Kom- 35 petenzgrundlagen sowie gleichsam als Annex-Kompetenz auf materielle Kompetenz-normen gestützt, teilweise aber immer noch auf Art. 352 AEUV, so die Agentur der Europäischen Union für Grundrechte.[71] Die Ausgestaltung ist weitestgehend offen; Art. 352 AEUV enthält keine näheren Anforderungen, welche Organisationsstruktur und Befugnisse solche Einrichtungen haben können bzw. müssen.[72]

II. Verfahren

Vom Verfahren her bedarf es nach Art. 352 Abs. 1 AEUV stets eines **Vorschlags der** 36 **Kommission** und einer **Zustimmung des Europäischen Parlaments**, sei es das ordentliche Gesetzgebungsverfahren nach Art. 294 AEUV, sei es ein besonderes Gesetzgebungs-verfahren (Art. 289 Abs. 2 AEUV). Der **Rat** muss **einstimmig** entscheiden, was immer seltener der Fall sein wird, je mehr Mitglieder die EU hat.[73]

Schließlich muss die Form gewahrt werden; insbesondere bedarf es der **Begründung** 37 nach Art. 296 Abs. 2 AEUV auch wegen der gewählten Rechtsgrundlage anhand objek-tiver, gerichtlich nachprüfbarer Umstände im Hinblick auf Ziel und Inhalt des Rechts-aktes.[74]

Schon durch das Unionsrecht werden die **nationalen Parlamente** über die **Subsidia-** 38 **ritätsrüge** nach Art. 352 Abs. 2 AEUV einbezogen: Damit sie diese rechtzeitig erheben können, werden die nationalen Parlamente auf alle Vorschläge aufmerksam gemacht, die sich auf Art. 352 AEUV stützen. Damit werden nicht nur wie gemäß Art. 2 Protokoll Nr. 1 über die Rolle der nationalen Parlamente in der Europäischen Union, Art. 3 Pro-tokoll Nr. 2 über die Anwendung der Grundsätze der Subsidiarität und der Verhältnis-mäßigkeit sowie Art. 289 Abs. 3 AEUV Gesetzgebungsakte einbezogen, sondern alle und damit auch solche ohne Gesetzescharakter.[75]

---

[68] *Schwartz*, in: GS, EUV/EGV, Art. 308 EGV, Rn. 47 f.; *Rossi*, in: Calliess/Ruffert, EUV/AEUV, Art. 352 AEUV, Rn. 79; *Häde/Puttler*, EuZW 1997, 13 (15): Art. 311 Abs. 2 AEUV als speziellere und damit nicht zu ergänzende Norm.

[69] *Streinz*, in: Streinz, EUV/AEUV, Art. 352 AEUV, Rn. 46.

[70] Weiter *Streinz*, in: Streinz, EUV/AEUV, Art. 352 AEUV, Rn. 47 mit Fn. 149: Jeder auf Art. 352 Abs. 1 AEUV gestützte verbindliche Rechtsakt sei wesentlich, weil das Prinzip der begrenzten Ein-zelermächtigung als grundlegendes Verfassungsprinzip der Union berührt wird.

[71] *Streinz*, in: Streinz, EUV/AEUV, Art. 352 AEUV, Rn. 48.

[72] *Rossi*, in: Calliess/Ruffert, EUV/AEUV, Art. 352 AEUV, Rn. 80.

[73] *Ludwigs*, ZEuS 2004, 211 (240); *Nettesheim*, EuR 2004, 511 (521).

[74] *Streinz*, in: Streinz, EUV/AEUV, Art. 352 AEUV, Rn. 55 unter Verweis auf u. a. EuGH, Urt. v. 3. 9. 2008, Rs. C–402/05 P u. C–415/05 P (Kadi und Al Barakaat), Slg. 2008, I–635, Rn. 182.

[75] *Rossi*, in: Calliess/Ruffert, EUV/AEUV, Art. 352 AEUV, Rn. 91; *Streinz*, in: Streinz, EUV/AEUV, Art. 352 AEUV, Rn. 52.

III. Nationale Aufforderungen

39 Weitergehend sind **Bundestag und Bundesrat auf nationalverfassungsrechtlicher Grundlage** einzubeziehen. Das Lissabon-Urteil des BVerfG wurde durch Art. 23 Abs. 2–6 GG sowie die dazu ergangenen Gesetze umgesetzt. Bevor ein deutscher Vertreter im Rat einem Rechtsetzungsvorschlag der Kommission nach Art. 352 AEUV für die Bunderepublik Deutschland seine förmliche Zustimmung erteilen darf, ist eine innerstaatliche **Ratifikation** durch Bundestag und Bundesrat **durch Gesetz** nach Art. 23 Abs. 1 S. 1 und Abs. 3 GG notwendig.[76] § 8 IntVG setzt diese Vorgabe um. Zudem wurden das EUZBBG und das EUZBLG geändert. Die Subsidiaritätskontrolle findet sich in Art. 23 Abs. 1 a GG sowie § 12 IntVG.

40   Dadurch wird über die EU-Subsidiaritätskontrolle hinaus ein mitgliedstaatliches Verfahren angeordnet, welches das Unionsrecht nicht vorsieht, so dass sich die Frage einer Verletzung des **Gebots der Unionstreue** nach Art. 4 Abs. 3 EUV stellt.[77] Das gilt zumal deshalb, weil sich die Flexibilitätsklausel im Rahmen des europäischen Integrationsprogramms bewegt,[78] ja für deren Fortführung notwendig ist. Daher haben unionsrechtliche Maßstäbe und Anforderungen zu gelten, ist doch eine Vertragserweiterung gerade ausgeschlossen.[79] Somit befindet sich die Flexibilitätsklausel im Binnenbereich des Unionsrechts und nicht außerhalb.

IV. Harmonisierungsverbot (Abs. 3)

41 Materiell ist insbesondere auf das **Harmonisierungsverbot nach Art. 352 Abs. 3 AEUV** zu achten, welches weitestgehend eine Klarstellungsfunktion hat. Vor allem dürfen die in anderen Vorschriften festgelegten Harmonisierungsverbote nicht umgangen werden.[80]

V. Ausklammerung der GASP (Abs. 4)

42 Art. 352 Abs. 4 AEUV klammert die Ziele der GASP aus, obwohl diese keine eigentlichen Ziele hat. Die maßgeblichen Inhalte sind allerdings in Art. 21 Abs. 2 EUV aufgeführt und dürfen daher gleichfalls nicht verfolgt werden, soll Art. 352 AEUV nicht praktisch leerlaufen.[81] Indes bleiben die **anderen Politikbereiche tauglicher Ansatzpunkt** auch für Maßnahmen auf der Basis von Art. 352 AEUV. Daraus ergibt sich der Bezug des Art. 352 Abs. 4 AEUV auf die Vertragsziele.[82] Der Verweis auf Art. 40 Abs. 2 EUV ändert an diesem Befund nichts, richten sich doch bei einer Abstützung auf andere Politiken das Verfahren und die Organbefugnisse nach diesen.

---

[76] BVerfGE 123, 267 (395) – Lissabon.

[77] *Rossi*, in: Calliess/Ruffert, EUV/AEUV, Art. 352 AEUV, Rn. 94, der daher einen europarechtsfreundlichen Gebrauch von § 8 IntVG durch Bundestag und Bundesrat nahelegt.

[78] S. o. Rn. 7.

[79] S. o. Rn. 1, 31.

[80] *Rossi*, in: Calliess/Ruffert, EUV/AEUV, Art. 352 AEUV, Rn. 89 f.

[81] S. o. Rn. 16 sowie Rn. 17 zu Art. 3 Abs. 5 EUV.

[82] *Streinz*, in: Streinz, EUV/AEUV, Art. 352 AEUV, Rn. 23 (teleologische Reduktion von Art. 352 Abs. 4 AEUV) sowie o. Rn. 17.

Artikel 353   AEUV [Änderung der Einstimmigkeit]

Artikel 48 Absatz 7 des Vertrags über die Europäische Union findet keine Anwendung auf die folgenden Artikel:
- **Artikel 311 Absätze 3 und 4,**
- **Artikel 312 Absatz 2 Unterabsatz 1,**
- **Artikel 352 und**
- **Artikel 354.**

Literaturübersicht

v. Bogdandy/Ioannidis, Systemic deficiency in the rule of law: What it is, what has been done, what can be done, CMLRev. 51 (2014), 59; *Häde/Puttler*, Zur Abgrenzung des Art. 235 EWG-Vertrag von der Vertragsänderung, EuZW 1997, 13; *Kottmann/Wohlfahrt*, Der gespaltene Wächter? Demokratie, Verfassungsidentität und Integrationsverantwortung im Lissabon-Urteil, ZaöRV 69 (2009), 443; *Mayer*, Die drei Dimensionen der Europäischen Kompetenzdebatte, ZaöRV 61 (2001), 577; *Rathke*, Materielle Vertragsänderungen, in: v. Arnauld/Hufeld (Hrsg.), Systematischer Kommentar zu den Lissabon-Begleitgesetzen, 2011, S. 179; *V. Schäfer*, Die Flexibilitätsklausel im europäischen Integrationsprozess, 2013; *Träbert*, Sanktionen der Europäischen Union gegen ihre Mitgliedstaaten, 2010; *Vogel/Rodi*, Probleme bei der Erhebung von EG-Eigenmitteln aus rechtsvergleichender Sicht, 1995; *Winkler*, Vergangenheit und Zukunft der Flexibilitätsklausel im Spannungsfeld von unionalem Integrations- und mitgliedstaatlichem Souveränitätsanspruch, EuR 2011, 384.

Leitentscheidungen

EuGH, Urt. v. 22.1.2014, Rs. C–270/12 (Leerverkäufe), EWS 2014, 53
BVerfGE 123, 267 (Lissabon)

Inhaltsübersicht

A.   Integrationspolitischer Hintergrund

Art. 353 AEUV schließt das vereinfachte Vertragsänderungsverfahren nach Art. 48   **1**
Abs. 7 EUV für politisch bedeutsame Bereiche, die im Vertrag durch Einstimmigkeitsvorbehalte eine »souveränitätssensible« Ausgestaltung erfahren haben, aus. Die Bedeutung der Vorschrift erschließt sich vor allem **negativ**: Wo der Vertrag eine vereinfachte Änderung nicht ausdrücklich ausschließt, kann der Europäische Rat nach Art. 48 Abs. 7 EUV durch einstimmigen Beschluss mit Zustimmung des Europäischen Parlaments, aber unter dem Veto-Recht eines jeden nationalen Parlaments beschließen, vom einstimmigen zum mehrheitlichen Abstimmungsverfahren im Rat (UAbs. 1) oder vom besonderen zum ordentlichen Gesetzgebungsverfahren (UAbs. 2) überzugehen.[1] In beiden Fällen hat dies regelmäßig zur Folge, dass im Rat nicht mehr einstimmig, sondern

---

[1] So auch *Terhechte*, in: Schwarze, EU-Kommentar, Art. 353 AEUV, Rn. 1. Zu den Besonderheiten des vereinfachten Änderungsverfahrens s. Art. 48 EUV, Rn. 49 ff.

mit qualifizierter Mehrheit entschieden wird. Das ergibt sich für das Gesetzgebungsverfahren aus Art. 289 Abs. 1 i. V. m. Art. 294 Abs. 8, 13 AEUV.

2   Mit dem Ausschluss von Änderungen der Einstimmigkeit greift Art. 353 AEUV im Vertrag zum Ausdruck kommende **Souveränitätsvorbehalte der Mitgliedstaaten** auf. Für die genannten Vorschriften bleibt der mitgliedstaatliche Ratifikationsvorbehalt nach Maßgabe der verfassungsrechtlichen Vorschriften gewahrt, der im vereinfachten Änderungsverfahren nach Art. 48 Abs. 7 EUV allerdings nicht ohne »Gegengewicht« verloren geht. Neben dem Erfordernis der einstimmigen Beschlussfassung im Europäischen Rat ist das Zustimmungserfordernis des Europäischen Parlaments und das Ablehnungsrecht der nationalen Parlamente (UAbs. 3) zu nennen, wodurch Vertragsänderungen an hohe prozedurale Hürden gebunden bleiben. Dennoch fordert namentlich das Bundesverfassungsgericht mit einem Gesetz nach Art. 23 Abs. 1 GG für die Aktivierung der allgemeinen **Brückenklausel** mehr.[2] Ob ein solches Zustimmungsgesetz, das gegebenenfalls sogar eine verfassungsändernde Mehrheit nach Art. 79 Abs. 2 GG erfordert, den Mangel ausgleichen kann, der dadurch entsteht, dass dem mitgliedstaatlichen Vertreter im Europäischen Rat nicht immer hinreichend erkennbar ist, in welchem Umfang auch für zukünftige Fälle auf die mitgliedstaatliche Veto-Möglichkeit im Rat verzichtet[3] wird, kann vorliegend dahingestellt bleiben. Art. 353 AEUV versperrt den Weg des vereinfachten Änderungsverfahrens und damit den Verzicht auf die einstimmige Beschlussfassung im Rat. Änderungen der in Art. 353 AEUV genannten Vorschriften bleiben möglich, dürfen aber nur im ordentlichen Änderungsverfahren nach Art. 48 Abs. 2 bis 5 EUV erfolgen. Insoweit formuliert Art. 353 AEUV eine Grenze »dynamischer« Integration und bekräftigt für das Haushaltsrecht (1. und 2. Gedstr.), die Anwendung der Flexibilitätsklausel (3. Gedstr.) und das Sanktionsverfahren (4. Gedstr.) den **Ratifikationsvorbehalt der Mitgliedstaaten**.

3   Betrachtet man die in Art. 311, 312 AEUV für das Haushaltsrecht, in Art. 352 AEUV für die Anwendung der Flexibilitätsklausel oder in Art. 354 AEUV für den Sanktionsmechanismus nach Art. 7 EUV normierten Verfahrensanforderungen, so legen diese eine Sichtweise nahe, die von der dichotomischen Gegenüberstellung von unionsrechtlichem Integrationsdruck und mitgliedstaatlicher Souveränitätsreserve[4] zugunsten einer Verklammerung politischer Räume[5] Abstand nimmt. Art. 353 AEUV ist eine **Angstklausel**, der eine überwiegend symbolische Bedeutung mit integrationspolitisch »überschießender« Funktion zukommt. Weil Art. 48 Abs. 7 EUV den Unionsorganen nur eine »halbautonome« Vertragsänderungskompetenz unter einem Ablehnungsrecht der nationalen Parlamente zuweist, trägt die Art. 353 AEUV zugrundeliegende Befürchtung eines »kollusiven Zusammenwirkens der beteiligten Organe zu Lasten der in einzelnen Mitgliedstaaten gegenüber dem weiteren Integrationsprozess kritischen nationalen Öffentlichkeit«[6] nur begrenzt. Tatsächlich hat Art. 353 AEUV einen nur **schmalen** Anwendungsbereich.[7]

---

[2] BVerfGE 123, 267 (391).

[3] BVerfGE 123, 267 (391).

[4] Dies besonderes akzentuierend *Winkler*, EuR 2011, 384 (392 ff.).

[5] Zutreffend *Nettesheim*, »Integrationsverantwortung« – Verfassungsrechtliche Verklammerung politischer Räume, in: Pechstein (Hrsg.), Integrationsverantwortung, 2012, S. 11 (19 ff.).

[6] *Khan*, in: Geiger/Khan/Kotzur, EUV/AEUV, Art. 353 AEUV, Rn. 2.

[7] Allgemeine Meinung, vgl. *Winkler*, in: Grabitz/Hilf/Nettesheim, EU, Art. 353 AEUV (März 2012), Rn. 5. Indirekt bestätigt die Vorschrift freilich die Regel der Mehrheitsentscheidung und des ordentlichen Gesetzgebungsverfahrens, von der vertragliche Ausnahmen zugelassen werden, s. Art. 48 EUV, Rn. 60. Art. 353 AEUV ist dann eine Rückausnahme.

B. Anwendungsbereich

Art. 353 AEUV hat als Grenze der Vertragsänderung bislang keine politische Bedeu-   **4**
tung erlangt. Ungleich größere Bedeutung gewinnt die Rechtsprechung des Bundesverfassungsgerichts mit den ultra vires- und Identitätsvorbehalten, aber auch mit der Ermöglichung einer Unionspopularklage nach Art. 38 Abs. 1 GG, die in der Euro-Krise
immer weiter ausgebaut wurde[8] und das Gericht in die Rolle einer integrationspolitischen **Quasi-Opposition** gebracht hat. Vorschriften des Unionsprimärrechts dürfen allerdings schon wegen des Auslegungsmonopols des EuGH nur vorsichtig im Lichte der
Rechtsprechung des Bundesverfassungsgerichts interpretiert werden.[9]

I. Haushaltsrecht

Die größte Bedeutung dürfte Art. 353 AEUV noch im Haushaltsrecht haben. Art. 311   **5**
AEUV regelt die Einnahmenseite mit dem hochpolitischen und vertraglich »souverä-
nitätsschonend« ausgestalteten Verfahren zum Erlass von Eigenmittelbeschlüssen. Die
Beschaffung von Mitteln unterliegt keiner »Kompetenz-Kompetenz« der Union, sondern allein dem Verfahren nach Art. 311 Abs. 3 AEUV.[10] Danach hat jeder Mitgliedstaat
wegen des Einstimmigkeitsvorbehalts im Rat nicht bloß ein Veto-Recht, sondern muss
auch innenpolitisch dafür Sorge zu tragen, dass es nicht ausgeübt wird.[11] Ob **Eigenmittelbeschlüsse** den Charakter einer Vertragsänderung haben, ist unsicher, aber sekundär.
Es handelt sich um einen nicht ausschließlich der Union zurechenbaren »atypischen
Beschluss mit der Wirkung primären Unionsrechts«.[12] Art. 353, 1. Gedstr. AEUV perpetuiert die Einstimmigkeit im **finanzpolitischen Willensbildungsprozess** der Union,
indem die Möglichkeit der Überführung in Mehrheitsentscheidungen durch das vereinfachte Änderungsverfahren ausgeschlossen ist. Weil es immer wieder Versuche gegeben
hat, in Art. 311 AEUV auch eine originäre Besteuerungskompetenz der Union angelegt[13] zu sehen, kann im Ausschluss der unionsrechtlichen Ermöglichung von Mehrheitsentscheidungen ungeachtet der (im Ergebnis zu verneinenden) Frage einer hierdurch
bedingten Überführung in einen »europäischen Bundesstaat« die **Festschreibung eines
Ratifikationsvorbehalts** für die Zukunft gesehen werden.

Art. 311 Abs. 4 AEUV erlaubt es, im Eigenmittelbeschluss den Rat zu ermächtigen,   **6**
mit qualifizierter Mehrheit durch Verordnung **Durchführungsmaßnahmen** festzulegen.
Diese bedürfen zwar der Zustimmung des Europäischen Parlaments, werden aber letztlich von den Mitgliedstaaten verantwortet. Art. 353, 1. Gedstr. AEUV bewirkt, dass
dieses Verfahren mit der Brückenklausel des Art. 48 Abs. 7 EUV nicht verändert werden darf.

---

[8] BVerfGE 134, 366, Rn. 33 ff.; krit. das Sondervotum von *Gerhardt*, Rn. 5 ff.
[9] Zu weit mit einer rechtsordnungsübergreifenden Verabsolutierung des Art. 1 Abs. 1 GG BVerfG,
Beschl. v. 15. 12. 2015, 2 BvR 2735/14 (Europäischer Haftbefehl II), Rn. 84 ff.; krit. *Sauer*, NJW 2016,
1134.
[10] Zu Besonderheiten der europäischen Kompetenzdebatte *Mayer*, ZaöRV 61 (2001), 577 ff.
[11] *Kahn*, in: Geiger/Khan/Kotzur, EUV/AEUV, Art. 311 AEUV, Rn. 10; allg. *Vogel/Rodi*, S. 20 ff.
[12] *Rossi*, in: Vedder/Heintschel v. Heinegg, Europäischer Verfassungsvertrag, Art. I–54, Rn. 9.
[13] So für die Vorgängerregelung im Konventsentwurf *Präsidium*, CONV 724/03, S. 124; abl. *Waldhoff*, Überforderung nationaler Parlamente durch Globalisierung? Grenzen am Beispiel der Budgetverantwortung, in: Franzius/Mayer/Neyer (Hrsg.), Modelle des Parlamentarismus im 21. Jahrhun-
dert, 2015, S. 109 (123 ff.).

7   Art. 312 AEUV betrifft die Ausgabenseite. Dazu erlässt der Rat in einem besonderen Gesetzgebungsverfahren eine Verordnung zur Festlegung des mehrjährigen Finanzrahmens. Art. 353, 2. Gedstr. AEUV zementiert den Einstimmigkeitsvorbehalt bei der Beschlussfassung des Rates und knüpft insoweit Änderungen an die Durchführung des ordentlichen Vertragsänderungsverfahrens. Dieser Vorbehalt läuft jedoch leer, da Art. 312 Abs. 2 UAbs. 2 AEUV eine **besondere Brückenklausel** enthält, wonach der Europäische Rat einstimmig für die Beschlussfassung im Rat den Übergang zur Mehrheitsentscheidung beschließen kann. Dieses Art. 48 Abs. 7 EUV vorgehende Änderungsverfahren geht auf den Kompromiss zurück, der zugunsten der »Nettozahlerstaaten« getroffen wurde.[14] Nach Art. I–54 EVV sollte nur der erste mehrjährige Finanzrahmen nach Inkrafttreten des Verfassungsvertrags vom Rat einstimmig beschlossen werden, für die folgenden hätte die qualifizierte Mehrheit ausgereicht.

II.   Flexibilitätsklausel

8   Ähnlich begrenzt dürfte der Anwendungsbereich des Art. 353 AEUV für die Flexibilitätsklausel des Art. 352 AEUV sein.[15] Zwar erstreckt sich der Anwendungsbereich der früher auch Kompetenzabrundungskompetenz genannten, aber systemwidrig im Schlussteil des Vertrags verankerten Flexibilitätsklausel nicht mehr nur auf den Binnenmarkt, sondern mit Ausnahme der Gemeinsamen Außen- und Sicherheitspolitik auf alle ehemaligen Säulen.[16] Jedoch ist die prozedurale Begrenzung durch die Einbindung einer Vielzahl von Akteuren – wozu die frühzeitige Information der nationalen Parlamente und die Zustimmung des Europäischen Parlaments gehören – gewachsen. Das differenzierte Kompetenzregime macht die Klausel nicht obsolet, schränkt ihren **Anwendungsbereich** aber doch erheblich ein, wie nicht zuletzt in den Auseinandersetzungen über den Umbau der Währungs- und Wirtschaftsunion und den Aufbau der Bankenunion deutlich wurde.[17] Nach den Anforderungen des Bundesverfassungsgerichts[18] bedarf die konkrete Inanspruchnahme der Flexibilitätsklausel eines Zustimmungsgesetzes nach Art. 23 Abs. 1 GG.[19] Damit sichert in Deutschland bereits das nationale Europaverfassungsrecht die Vorbehalte der Mitgliedstaaten.

9   Die Vorschrift will eine vertragsimmanente Fortentwicklung des Unionsrechts »unterhalb« der förmlichen Vertragsänderung[20] ermöglichen, was ihr jedoch wegen des

---

[14] *Waldhoff*, in: Calliess/Ruffert, EUV/AEUV, Art. 312 AEUV, Rn. 8.

[15] A.A. *Winkler*, in: Grabitz/Hilf/Nettesheim, EU, Art. 353 AEUV (März 2012), Rn. 5.

[16] Übersicht: *Schäfer*, S. 53 ff., 135 ff.

[17] Nicht nur die Errichtung von Unionsagenturen kann auf Art. 114 AEUV gestützt werden, vgl. EuGH, Rs. C–217/04 (ENISA), Slg. 2006, I–3771, Rn. 44. Es spricht im Lichte der neueren Rechtsprechung – vgl. EuGH, Urt. v. 22. 1. 2014, Rs. C–270/12 (Leerverkäufe), EWS 2014, 53 – vieles dafür, dass auch die SRM-Verordnung für den Bankenabwicklungsmechanismus keines Rückgriffs auf Art. 352 AEUV bedurfte, sondern auf Art. 114 AEUV gestützt werden konnte. Das soll die Schwierigkeiten nicht kleinreden. So treffen die Vorschläge im Bericht der fünf Präsidenten zur Vertiefung der Wirtschafts- und Währungsunion v. 22. 6. 2015 – vgl. *Juncker/Tusk/Dijsselbloem/Draghi/Schulz*, Die Wirtschafts- und Währungsunion Europas vollenden, http://ec.europa.eu/priorities/economic-monetary-union/docs/5-presidents-report_de._0.pdf (2. 2. 2017) – nicht nur auf unionsverfassungsrechtliche, sondern auch auf nationalverfassungsrechtliche Vorbehalte.

[18] BVerfGE 123, 267 (395).

[19] Darstellung: *Rathke*, S. 250 f.; krit. *Mayer*, Die Regelungen des Artikel 23, in: Morlok/Schliesky/Wiefelspütz (Hrsg.), Parlamentsrecht, 2016, § 43, Rn. 93.

[20] Das wirft im Einzelfall schwierige Abgrenzungsfragen auf, vgl. *Häde/Puttler*, EuZW 1997, 13 ff.

Parlamentsvorbehalts nach § 8 Satz 1 IntVG kaum noch gelingen dürfte.[21] Das »Integrationsverantwortungsgesetz« hat für die Mitwirkung des deutschen Vertreters im Rat das Lissabon-Urteil des Bundesverfassungsgerichts »in ungewöhnlich bestimmter Weise antizipiert und dem Gesetzgeber diejenige Gestaltungsfreiheit genommen, die es zugleich doch verlangt«.[22] Obwohl der Erlass von Vorschriften durch einen einstimmigen Beschluss des Rates und die Zustimmung des Europäischen Parlaments legitimiert sind, wird zusätzlich die Einwilligung der gesetzgebenden Körperschaften verlangt. Ein einfacher Parlamentsbeschluss hätte durchaus nahegelegen, reicht für die Mitwirkung des deutschen Vertreters im Rat bei der Inanspruchnahme der Flexibilitätsklausel aber nicht aus.[23] Wie sich der Erklärung Nr. 42 zu Art. 352 AEUV[24] entnehmen lässt, wollen die Mitgliedstaaten einer schleichenden Aushöhlung des Grundsatzes der begrenzten Einzelermächtigung und der Gefahr einer verkappten Vertragsänderung durch die missbräuchliche Anwendung der Flexibilitätsklausel vorbeugen.[25] Aus demselben Grund will Art. 353 3. Gedstr. AEUV das **Einstimmigkeitserfordernis** im Rat gegenüber dem Zugriff des vereinfachten Vertragsänderungsverfahrens bewahren, verlangt für eine Änderung des Abstimmungsmodus also die Durchführung des ordentlichen Vertragsänderungsverfahrens unter den erschwerten Voraussetzungen des Art. 48 Abs. 2 bis 5 EUV.

III. Sanktionsverfahren

Seltsam und möglicherweise ein Redaktionsversehen ist die Bezugnahme in Art. 353, 4. **10** Gedstr. AEUV auf das Sanktionsverfahren nach Art. 7 EUV i. V. m. Art. 354 AEUV. Denn ein Einstimmigkeitserfordernis wird in Art. 7 Abs. 2 EUV lediglich für den **Europäischen Rat** bei der Feststellung einer schwerwiegenden und anhaltenden Verletzung der Grundsätze des Art. 6 Abs. 1 EUV durch einen Mitgliedstaat normiert, nicht aber für die Beschlussfassung des **Rates**. Ebenso wenig sieht Art. 7 EUV den Erlass eines Gesetzgebungsaktes in einem besonderen Gesetzgebungsverfahren vor. Deshalb ist abgesehen von der praktischen Schwerfälligkeit, durch die »große Bazooka« des Art. 7 EUV auf »systemische Defizite« in einem Mitgliedstaat[26] zu reagieren, eine Änderung der in Art. 354 AEUV festgelegte Abstimmungsmodalitäten durch das Änderungsverfahren nach Art. 48 Abs. 7 EUV nicht möglich.

Die Wirkungslosigkeit des Sanktionsverfahrens nach Art. 7 EUV[27] resultiert im Ein- **11** stimmigkeitserfordernis des Europäischen Rates, von dem im vereinfachten Änderungsverfahren nicht abgewichen werden kann. Deshalb wird nach anderen Wegen für den europäischen Schutz der mitgliedstaatlichen Substanz rechtsstaatlicher und demokratischer Grundwerte gesucht.[28] Soll Art. 353, 4. Gedstr. AEUV nicht funktionslos sein,

---

[21] Vgl. *Rossi*, in: Calliess/Ruffert, EUV/AEUV, Art. 352 AEUV, Rn. 9.

[22] *Rossi*, in: Calliess/Ruffert, EUV/AEUV, Art. 352 AEUV, Rn. 93; s. auch *Kottmann/Wohlfahrt*, ZaöRV 69 (2009), 443 (458 ff.).

[23] Krit. *Mayer* (Fn. 19), § 43, Rn. 76 f.

[24] Erklärungen zur Schlussakte zum Vertrag von Lissabon, konsolidierte Fassung, ABl. 2012, C 326/13 (353).

[25] *Cremer*, in: Calliess/Ruffert, EUV/AEUV, Art. 353 AEUV, Rn. 7.

[26] Zum Begriff des »systemischen Defizits« *v. Bogdandy/Ioannidis*, CMLRev. 51 (2014), 59 (65 ff.).

[27] *Träbert*, S. 404 ff.

[28] Geschaffen wurde ein neuer Rechtsstaatsmechanismus, der es der Kommission im Vorfeld eines Verfahrens nach Art. 7 EUV erlaubt, in einen strukturierten Dialog mit einem Mitgliedstaat zu treten,

wird man seine Bedeutung im Verweis auf das **ordentliche Änderungsverfahren** sehen müssen, das ein Abweichen von den in Art. 354 AEUV festgeschriebenen Verfahrensregelungen für den Sanktionsmechanismus in anderen Änderungsverfahren verhindert.[29]

---

soweit ihr klare Hinweise auf eine »systemische Gefährdung der Rechtsstaatlichkeit« in diesem Staat vorliegen, vgl. Mitteilung v. 11.3.2014, KOM (2014) 158. Erstmals zum Einsatz kommt diese Instrument gegenüber der neuen Regierung in Polen, vgl. Mitteilung der Kommission v. 13.1.2016, http://europa.eu/rapid/press-release_MEMO–16–62_en.htm (1.2.2016). Die Gefährdungen sind freilich älter, vgl. für Ungarn *Müller*, Wo Europa endet: Ungarn, Brüssel und das Schicksal der europäischen Demokratie, 2013, S. 49 ff.

[29] *Cremer*, in: Calliess/Ruffert, EUV/AEUV, Art. 353 AEUV, Rn. 4.

Artikel 354 AEUV [Aussetzung von Stimmrechten eines Mitgliedstaats]

¹Für die Zwecke des Artikels 7 des Vertrags über die Europäische Union über die Aussetzung bestimmter mit der Zugehörigkeit zur Union verbundener Rechte ist das Mitglied des Europäischen Rates oder des Rates, das den betroffenen Mitgliedstaat vertritt, nicht stimmberechtigt und der betreffende Mitgliedstaat wird bei der Berechnung des Drittels oder der vier Fünftel der Mitgliedstaaten nach den Absätzen 1 und 2 des genannten Artikels nicht berücksichtigt. ²Die Stimmenthaltung von anwesenden oder vertretenen Mitgliedern steht dem Erlass von Beschlüssen nach Absatz 2 des genannten Artikels nicht entgegen.

Für den Erlass von Beschlüssen nach Artikel 7 Absätze 3 und 4 des Vertrags über die Europäische Union bestimmt sich die qualifizierte Mehrheit nach Artikel 238 Absatz 3 Buchstabe b dieses Vertrags.

Beschließt der Rat nach dem Erlass eines Beschlusses über die Aussetzung der Stimmrechte nach Artikel 7 Absatz 3 des Vertrags über die Europäische Union auf der Grundlage einer Bestimmung der Verträge mit qualifizierter Mehrheit, so bestimmt sich die qualifizierte Mehrheit hierfür nach Artikel 238 Absatz 3 Buchstabe b dieses Vertrags oder, wenn der Rat auf Vorschlag der Kommission oder des Hohen Vertreters der Union für die Außen- und Sicherheitspolitik handelt, nach Artikel 238 Absatz 3 Buchstabe a.

Für die Zwecke des Artikels 7 des Vertrags über die Europäische Union beschließt das Europäische Parlament mit der Mehrheit von zwei Dritteln der abgegebenen Stimmen und mit der Mehrheit seiner Mitglieder.

Literaturübersicht

Siehe die Kommentierung zu Art. 7 EUV.

Inhaltsübersicht

A. Überblick

Der aus ex-Art. 309 EGV sowie aus Art. 7 Abs. 5 und 6 EUV a. F. hervorgegangene und aus vier Absätzen bestehende Art. 354 AEUV stellt eine den Art. 7 EUV ergänzende Bestimmung[1] dar, die sich mit verschiedenen **Abstimmungsmodalitäten im Zusammen-** 1

---

[1] Zur möglichen Einordnung des Art. 354 AEUV als »verfahrensrechtliche Ergänzung des Art. 7 EUV« vgl. *Becker*, in: Schwarze, EU-Kommentar, Art. 354 AEUV, Rn. 1. Zur Einordnung des Art. 354 AEUV als »technische Ausführungsvorschrift für das Sanktionsverfahren nach Art. 7 EUV« vgl. *Schorkopf*, in: Grabitz/Hilf/Nettesheim, EU, Art. 354 AEUV (Oktober 2011), Rn. 1. Diesbezüglich ist allerdings zum einen anzumerken, dass Art. 354 Abs. 1 AEUV (s. u. Rn. 3) nicht nur das in Art. 7 Abs. 2–4 EUV geregelte Sanktionsverfahren i. e. S., sondern auch das in Art. 7 Abs. 1 EUV geregelte Frühwarnverfahren betrifft. Zum anderen geht Art. 354 Abs. 3 AEUV über das eigentliche Sanktionsverfahren des Art. 7 EUV hinaus (s. u. Rn. 4).

hang mit den in Art. 7 EUV geregelten Frühwarn- und Sanktionsverfahren zur Abwehr schwerwiegender Verletzungen der in Art. 2 EUV genannten Werte durch die EU-Mitgliedstaaten befasst (s. Art. 7 EUV, Rn. 1 ff.). Ein ausdrücklicher Verweis auf Art. 354 AEUV findet sich in Art. 7 Abs. 5 EUV, wonach die Abstimmungsmodalitäten, die für die Zwecke dieses Artikels – d. h. Art. 7 EUV – für das Europäische Parlament, den Europäischen Rat und den Rat gelten, in Art. 354 AEUV festgelegt sind.

B.   Regelungsgehalte der Norm

2   Die in den vier Absätzen des Art. 354 AEUV enthaltenen Regelungen lassen sich in zwei Gruppen einteilen: Während sich die in Art. 354 Abs. 1–3 AEUV geregelten Abstimmungsmodalitäten auf die im Anwendungsbereich des Art. 7 EUV agierenden Akteure in Gestalt des in Art. 15 EUV angesprochenen Europäischen Rates und des in Art. 16 EUV angesprochenen Rates beziehen (I.), hat Art. 354 Abs. 4 AEUV bestimmte Abstimmungsmodalitäten zum Gegenstand, die das in den oben genannten Frühwarn- und Sanktionsverfahren (s. Rn. 1) ebenfalls involvierte Europäische Parlament betreffen (II.).

I.   Abstimmungen im Europäischen Rat und im Rat (Absätze 1–3)

3   In Art. 354 Abs. 1 Satz 1 AEUV ist zunächst einmal vorgesehen, dass für die Zwecke des Art. 7 EUV über die Aussetzung bestimmter mit der Zugehörigkeit zur Union verbundener Rechte das Mitglied des Europäischen Rates oder des Rates, das den betroffenen Mitgliedstaat vertritt, nicht stimmberechtigt ist. Diese Regelung, die dem Umstand Rechnung trägt, dass der von Vorfeld- und/oder Sanktionsmaßnahmen im Sinne des Art. 7 EUV betroffene Mitgliedstaat nicht »Richter in eigener Sache« sein kann,[2] bezieht sich sowohl auf den in Art. 7 Abs. 1 UAbs. 1 Satz 1 EUV angesprochenen **Feststellungsbeschluss des Rates im Frühwarnverfahren**, mit dem der Rat mit der Mehrheit von vier Fünfteln seiner Mitglieder das Vorliegen einer eindeutigen Gefahr einer schwerwiegenden Verletzung eines oder mehrerer der in Art. 2 EUV genannten Werte durch den betreffenden Mitgliedstaat feststellt (s. Art. 7 EUV, Rn. 6 ff.), als auch auf den in Art. 7 Abs. 2 EUV angesprochenen und an sich dem Erfordernis der Einstimmigkeit unterliegenden **Feststellungsbeschluss des Europäischen Rates im Sanktionsverfahren**, mit dem der Europäische Rat das Vorliegen einer schwerwiegenden und anhaltenden Verletzung eines oder mehrerer dieser Werte durch den betreffenden Mitgliedstaat feststellt (s. Art. 7 EUV, Rn. 16–18). Darüber sieht Art. 354 Abs. 1 Satz 1 AEUV für die Zwecke des Art. 7 EUV über die Aussetzung bestimmter mit der Zugehörigkeit zur Union verbundener Rechte vor, dass der betreffende Mitgliedstaat bei der **Berechnung des Drittels oder der vier Fünftel der Mitgliedstaaten** nach Art. 7 Abs. 1 und 2 EUV nicht berücksichtigt wird. Diese Regelung bezieht sich zum einen auf den in Art. 7 Abs. 1 UAbs. 1 Satz 1 EUV angesprochenen Feststellungsbeschluss des Rates im Frühwarnverfahren, dessen Erlass eine Mehrheit von vier Fünfteln seiner Mitglieder voraussetzt (s. Art. 7 EUV, Rn. 12), und zum anderen auf die in Art. 7 Abs. 1 und 2 EUV enthaltenen Rege-

---

[2] In diesem Sinne vgl. auch *Becker*, in: Schwarze, EU-Kommentar, Art. 354 AEUV, Rn. 3; *Geiger*, in: Geiger/Khan/Kotzur, EUV/AEUV, Art. 354 AEUV, Rn. 2; *Heintschel von Heinegg*, in: Vedder/Heintschel von Heinegg, Europäisches Unionsrecht, Art. 354 AEUV, Rn. 3.

lungen, nach denen die vorgenannten Frühwarn- und Sanktionsverfahren jeweils unter anderem durch einen Vorschlag eines Drittels der Mitgliedstaaten initiiert werden können (s. Art. 7 EUV, Rn. 12 u. 17). Die **Stimmenthaltung von anwesenden oder vertretenen Mitgliedern** steht dem Erlass von Beschlüssen nach Art. 7 Abs. 2 EUV, mit denen der Europäische Rat im Sanktionsverfahren das Vorliegen einer schwerwiegenden und anhaltenden Verletzung eines oder mehrerer dieser Werte durch den jeweils betreffenden Mitgliedstaat feststellen kann (s. Art. 7 EUV, Rn. 16–18), nach der in Art. 354 Abs. 1 Satz 2 AEUV enthaltenen Zusatzregelung nicht entgegen.

Für den Erlass von Beschlüssen nach Art. 7 Abs. 3 und 4 EUV, bei denen es sich um so   **4** genannte Aussetzungs- bzw. Suspendierungsbeschlüsse des Rates (s. Art. 7 EUV, Rn. 19) und um so genannte Abänderungs- oder Aufhebungsbeschlüsse des Rates (s. Art. 7 EUV, Rn. 20) im Laufe des in Art. 7 Abs. 2–4 EUV geregelten Sanktions- bzw. Suspendierungsverfahrens handelt, verweist Art. 354 Abs. 2 AEUV im Hinblick auf die **Berechnung der in Art. 7 Abs. 3 und 4 EUV angesprochenen qualifizierten Mehrheit** sodann auf Art. 238 Abs. 3 Buchst. b AEUV, wonach als qualifizierte Mehrheit eine Mehrheit von mindestens 72 % derjenigen Mitglieder des Rates gilt, die die beteiligten Mitgliedstaaten vertreten, sofern die von ihnen vertretenen Mitgliedstaaten zusammen mindestens 65 % der Bevölkerung der beteiligten Mitgliedstaaten ausmachen.[3] Für alle weiteren Fälle, in denen der Rat nach dem Erlass eines Aussetzungs- bzw. Suspendierungsbeschlusses im Sinne des Art. 7 Abs. 3 EUV auf der Grundlage einer Bestimmung der Verträge – d. h. des EU-Vertrags und/oder des Vertrags über die Arbeitsweise der EU (s. Art. 1 EUV, Rn. 61) – mit qualifizierter Mehrheit beschließt, sieht Art. 354 Abs. 3 AEUV schließlich vor, dass sich die qualifizierte Mehrheit hierfür nach dem oben genannten Art. 238 Abs. 3 Buchst. b AEUV oder, wenn der Rat auf Vorschlag der Kommission oder des Hohen Vertreters der Union für die Außen- und Sicherheitspolitik handelt, nach Art. 238 Abs. 3 Buchst. a AEUV bestimmt.[4] Nach Satz 1 der letztgenannten Bestimmung gilt als qualifizierte Mehrheit eine Mehrheit von mindestens 55 % derjenigen Mitglieder des Rates, die die beteiligten Mitgliedstaaten vertreten, sofern die von ihnen vertretenen Mitgliedstaaten zusammen mindestens 65 % der Bevölkerung der beteiligten Mitgliedstaaten ausmachen. Im Übrigen bestimmt Art. 238 Abs. 3 Buchst. a Satz 2 AEUV, dass es für eine Sperrminorität mindestens der Mindestzahl von Mitgliedern des Rates bedarf, die zusammen mehr als 35 % der Bevölkerung der beteiligten Mitgliedstaaten vertreten, zuzüglich eines Mitglieds, und dass die qualifizierte Mehrheit andernfalls als erreicht gilt.

II.   Abstimmungen im Europäischen Parlament (Absatz 4)

In Art. 354 Abs. 4 AEUV wird schließlich angeordnet, dass das Europäische Parlament   **5** für die Zwecke des Art. 7 EUV mit der Mehrheit von zwei Dritteln der abgegebenen Stimmen und mit der Mehrheit seiner Mitglieder beschließt. Diese insoweit in Abweichung von Art. 231 Abs. 1 AEUV eine **doppelte qualifizierte Mehrheit** verlangende Regelung knüpft an Art. 7 Abs. 1 UAbs. 1 Satz 1 EUV und Art. 7 Abs. 2 EUV an, wonach das in Art. 7 Abs. 1 EUV geregelte Frühwarnverfahren unter anderem durch einen begründeten Vorschlag des Europäischen Parlaments initiiert werden kann (s. Art. 7

---

[3] Zu dazugehörigen Sonderregelungen für bestimmte Übergangszeiträume vgl. Art. 3 des Protokolls Nr. 36 über die Übergangsbestimmungen, ABl. 2012, C 326/322.
[4] Auch hier sind die vorgenannten Übergangsbestimmungen (Fn. 3) zu beachten.

EUV, Rn. 12) und wonach sowohl die dem Rat obliegende Feststellung des Bestehens einer eindeutigen Gefahr einer schwerwiegenden Verletzung eines oder mehrerer der in Art. 2 EUV genannten Werte (s. Art. 7 EUV, Rn. 7 ff.) als auch die dem Europäischen Rat obliegende Feststellung des Vorliegens einer schwerwiegenden und anhaltenden Verletzung dieser Werte (s. Art. 7 EUV, Rn. 16–18) die Zustimmung des Europäischen Parlaments voraussetzt (s. Art. 7 EUV, Rn. 12 u. 17). Die Teilnahme der Abgeordneten aus dem betroffenen Mitgliedstaat wird durch Art. 354 Abs. 4 AEUV nicht beschränkt.[5]

C. Verhältnis zu anderen Bestimmungen

6   Abgesehen davon, dass Art. 354 AEUV überaus eng mit dem auf Vorfeldmaßnahmen im Falle einer eindeutigen Gefahr einer schwerwiegenden Verletzung der in **Art. 2 EUV** genannten Werte in Gestalt der Achtung der Menschenwürde, der Freiheit, der Demokratie, der Gleichheit, der Rechtsstaatlichkeit und der Wahrung der Menschenrechte einschließlich der Rechte der Minderheiten angehörenden Personen (s. Art. 2 EUV, Rn. 1 ff.) sowie auf Sanktionsmaßnahmen im Falle des Vorliegens einer schwerwiegenden und anhaltenden Verletzung dieser Werte bezogenen **Art. 7 EUV** verbunden ist (s. Rn. 1), berührt Art. 354 AEUV zugleich **Art. 269 AEUV**, wonach der Gerichtshof über die Zuständigkeit verfügt, auf die Einhaltung der in Art. 7 EUV vorgesehenen Verfahrensbestimmungen zu wachen, zu denen auch die vertraglich vorgesehenen Entscheidungsquoren gehören (s. Art. 269 AEUV, Rn. 4). Darüber hinaus steht Art. 354 AEUV insoweit mit **Art. 238 Abs. 3 Buchst. a und b AEUV** in Verbindung, als Art. 354 Abs. 3 AEUV auf die in Art. 238 Abs. 3 Buchst. a und b AEUV enthaltenen Regelungen zur Berechnung der qualifizierten Mehrheit im Rat verweist.

---

[5] Dies ist unstreitig, vgl. nur *Geiger*, in: Geiger/Khan/Kotzur, EUV/AEUV, Art. 354 AEUV, Rn. 7.

Artikel 355 AEUV [Räumlicher Geltungsbereich der Verträge; Sonderfälle]

Zusätzlich zu den Bestimmungen des Artikels 52 des Vertrags über die Europäische Union über den räumlichen Geltungsbereich der Verträge gelten folgende Bestimmungen:

(1) Die Verträge gelten nach Artikel 349 für Guadeloupe, Französisch-Guayana, Martinique, Réunion, Saint Barthélemy, Saint Martin, die Azoren, Madeira und die Kanarischen Inseln.

(2) Für die in Anhang II aufgeführten überseeischen Länder und Hoheitsgebiete gilt das besondere Assoziierungssystem, das im Vierten Teil festgelegt ist.

Die Verträge finden keine Anwendung auf die überseeischen Länder und Hoheitsgebiete, die besondere Beziehungen zum Vereinigten Königreich Großbritannien und Nordirland unterhalten und die in dem genannten Anhang nicht aufgeführt sind.

(3) Die Verträge finden auf die europäischen Hoheitsgebiete Anwendung, deren auswärtige Beziehungen ein Mitgliedstaat wahrnimmt.

(4) Die Verträge finden entsprechend den Bestimmungen des Protokolls Nr. 2 zur Akte über die Bedingungen des Beitritts der Republik Österreich, der Republik Finnland und des Königreichs Schweden auf die Ålandinseln Anwendung.

(5) Abweichend von Artikel 52 des Vertrags über die Europäische Union und von den Absätzen 1 bis 4 dieses Artikels gilt:

a) Die Verträge finden auf die Färöer keine Anwendung.

b) Die Verträge finden auf die Hoheitszonen des Vereinigten Königreichs auf Zypern, Akrotiri und Dhekelia, nur insoweit Anwendung, als dies erforderlich ist, um die Anwendung der Regelungen des Protokolls über die Hoheitszonen des Vereinigten Königreichs Großbritannien und Nordirland in Zypern, das der Akte über die Bedingungen des Beitritts der Tschechischen Republik, der Republik Estland, der Republik Zypern, der Republik Lettland, der Republik Litauen, der Republik Ungarn, der Republik Malta, der Republik Polen, der Republik Slowenien und der Slowakischen Republik zur Europäischen Union beigefügt ist, nach Maßgabe jenes Protokolls sicherzustellen.

c) Die Verträge finden auf die Kanalinseln und die Insel Man nur insoweit Anwendung, als dies erforderlich ist, um die Anwendung der Regelung sicherzustellen, die in dem am 22. Januar 1972 unterzeichneten Vertrag über den Beitritt neuer Mitgliedstaaten zur Europäischen Wirtschaftsgemeinschaft und zur Europäischen Atomgemeinschaft für diese Inseln vorgesehen ist.

(6) ¹Der Europäische Rat kann auf Initiative des betroffenen Mitgliedstaats einen Beschluss zur Änderung des Status eines in den Absätzen 1 und 2 genannten dänischen, französischen oder niederländischen Landes oder Hoheitsgebiets gegenüber der Union erlassen. ²Der Europäische Rat beschließt einstimmig nach Anhörung der Kommission.

Literaturübersicht

Ehlermann, Mitgliedschaft in der Europäischen Gemeinschaft – Rechtsprobleme der Erweiterung, der Mitgliedschaft und der Verkleinerung, EuR 1984, 113; *Epiney/Haltern/Hofstötter/Ileri*, Zypern in der Europäischen Union, 2008; *Everling*, Die Neuregelung des Assoziationsverhältnisses zwischen der Europäischen Wirtschaftsgemeinschaft und den afrikanischen Staaten und Madagaskar sowie den überseeischen Ländern und Hoheitsgebieten, ZaöRV 1964, 472; *Göcke*, The 2008 Referendum on Greenland's Autonomy and What It Means for Greenland's Future, ZaöRV 2009, 103; *Iliopoulos*, Rechtsfragen der Osterweiterung der EU unter besonderer Berücksichtigung des Beitritts der Republik Zypern, EuR 2004, 637; *Johansen/Sørensen*, Grönlands Austritt aus der Europäischen Gemeinschaft, EA 1983, 399; *Kochenov*, The Impact of European Citizenship on the Association of the Overseas Countries and Territories with the European Community, LIEI 2009, 239; *M'Saïdié*, L'apport du statut de département dans le processus d'intégration de Mayotte à l'Union européenne, Revue de l'Union Européenne 2016, 48; *Murray*, Micro-States (Andorra, Monaco, San Marino and the Vatican City), in: Blockmans/Lazowski (Hrsg.), The European Union and its Neighbours – A legal appraisal of the EU's policies of stabilisation, partnership and integration, 2006, S. 185; *Rotkirch*, The Demilitarization and Neutralization of the Åland Islands: A Regime ›in European Interests‹ – Withstanding Changing Circumstances, Journal of Peace Research 1986, 357; *Sack*, Europas Zwerge, EuZW 1997, 45; *Stapper*, Europäische Mikrostaaten und autonome Territorien im Rahmen der EG, 1999; *Suksi*, Sub-National Issues; Local Government Reform, Re-Districting of Administrative Jurisdictions, and the Åland Islands in the European Union, EPL 2007, 379; *Ungerer*, Der »Austritt« Grönlands aus der Europäischen Gemeinschaft, EA 1984, 345; sowie die Literatur zu Art. 52 EUV.

Leitentscheidungen

EuGH, Gutachten 1/78 v. 4.10.1979 (Internationales Naturkautschukübereinkommen), Slg. 1979, 2871
EuGH, Urt. v. 10.7.1980, Rs. 32/79 (Kommission/Vereinigtes Königreich), Slg. 1980, 2403
EuGH, Urt. v. 3.7.1991, Rs. C–355/89 (Barr und Montrose Holdings), Slg. 1991, I–3479
EuGH, Gutachten 1/94 v. 15.11.1994 (WTO), Slg. 1994, I–5267
EuGH, Urt. v. 16.7.1998, Rs. C–171/96 (Pereira Roque), Slg. 1998, I–4607
EuGH, Urt. v. 23.9.2003, Rs. C–30/01 (Kommission/Vereinigtes Königreich), Slg. 2003, I–9481
EuGH, Urt. v. 21.7.2005, Rs. C–349/03 (Kommission/Vereinigtes Königreich), Slg. 2005, I–7321
EuGH, Urt. v. 8.11.2005, Rs. C–293/02 (Jersey Produce Marketing Organisation), Slg. 2005, I–9543
EuGH, Urt. v. 12.9.2006, Rs. C–145/04 (Spanien/Vereinigtes Königreich), Slg. 2006, I–7917
EuGH, Urt. v. 12.9.2006, Rs. C–300/04 (Eman und Sevinger), Slg. 2006, I–8055

Wesentliche sekundärrechtliche Vorschriften

Richtlinie 92/12/EWG des Rates vom 25.2.1992 über das allgemeine System, den Besitz, die Beförderung und die Kontrolle verbrauchspflichtiger Waren, ABl. 1992, L 76/1
Verordnung (EWG) Nr. 2913/92 des Rates vom 12.10.1992 zur Festlegung des Zollkodex der Gemeinschaften, ABl. 1992, L 302/1
Beschluss 2001/822/EG des Rates vom 27.11.2001 über die Assoziation der überseeischen Länder und Gebiete mit der Europäischen Gemeinschaft (»Übersee-Assoziationsbeschluss«), ABl. 2001, L 314/1
Richtlinie 2006/112/EG des Rates vom 28.11.2006 über das gemeinsame Mehrwertsteuersystem, ABl. 2006, L347/1
Verordnung (EG) Nr. 450/2008 des Europäischen Parlaments und des Rates vom 23.4.2008 zur Festlegung des Zollkodex der Gemeinschaft (Modernisierter Zollkodex), ABl. 2008, L 145/1
Richtlinie 2008/52/EG des Europäischen Parlaments und des Rates vom 21.5.2008 über bestimmte Aspekte der Mediation in Zivil- und Handelssachen, ABl. 2008, L 136/3
Beschluss 2010/718/EU des Europäischen Rates vom 29.10.2010 zur Änderung des Status der Insel Saint-Barthélemy gegenüber der Europäischen Union, ABl. 2010, L 325/4
Beschluss 2012/419/EU des Europäischen Rates vom 11.7.2012 zur Änderung des Status von Mayotte gegenüber der Europäischen Union, ABl. 2012, L 204/131

Inhaltsübersicht   Rn.

A. Überblick

Mit den in Art. 355 AEUV enthaltenen Regelungen, die im Wesentlichen aus ex-   **1**
Art. 299 Abs. 2 UAbs. 1, Abs. 3–6 EGV hervorgegangen sind und partiell mit den in
Art. 198 EAGV enthaltenen Regelungen übereinstimmen, werden die Vorgaben des
Art. 52 EUV im Hinblick auf den räumlichen Anwendungsbereich des EU-Vertrags
i. d. F. von Lissabon und des Vertrags über die Arbeitsweise der Europäischen Union (s.
Art. 52 EUV, Rn. 1 ff.) konkretisiert und zum Teil modifiziert. Dies wird insbesondere
durch den in Art. 52 EUV enthaltenen Verweis auf Art. 355 AEUV unterstrichen, wodurch diese Bestimmung den Charakter einer den Art. 52 EUV ergänzenden **Zusatz-
bestimmung mit Sonderregelungen in Bezug auf die Anwendung und den Geltungsbereich der Verträge** (B.) annimmt. Die in Art. 355 AEUV enthaltenen Zusatzregelungen
über den Geltungsbereich des EU-Vertrags und des Vertrags über die Arbeitsweise der
Europäischen Union haben allerdings keinen abschließenden Charakter. Vielmehr werden sie durch einige nicht in Art. 355 AEUV enthaltene Sonderregelungen in Bezug auf
die beiden spanischen Enklaven in Nordafrika namens Ceuta und Melilla (C.) sowie –
ebenso wie Art. 52 EUV (s. Art. 52 EUV, Rn. 2) – durch das Primärrecht,[1] durch verschiedene Protokolle[2] und durch das Sekundärrecht[3] ergänzt. Ebenso wie Art. 52 EUV
(s. Art. 52 EUV, Rn. 2 u. 7) erfasst Art. 355 AEUV hinsichtlich des Geltungsbereichs
nicht nur die vorgenannten Verträge, sondern auch das auf deren Grundlage erlassene
Sekundärrecht und internationale Abkommen der Union. Gleichwohl ist die Union
nicht daran gehindert, für jeden Sekundärrechtsakt den räumlichen Anwendungsbereich zu erweitern[4] oder einzuschränken.[5]

---

[1] Vgl. dazu insbesondere Art. 139 Abs. 2 AEUV und Art. 349 AEUV.

[2] Exemplarisch dazu vgl. das Protokoll Nr. 10 über Zypern (ABl. 2003, L 236/955) zur Akte
betreffend den Beitritt der Tschechischen Republik, der Republik Estland, der Republik Zypern, der
Republik Lettland, der Republik Litauen, der Republik Ungarn, der Republik Malta, der Republik
Polen, der Republik Slowenien und der Slowakischen Republik zur Europäischen Union, ABl.2003,
L 236/33; das Protokoll Nr. 15 über einige Bestimmungen betreffend das Vereinigte Königreich Großbritannien und Nordirland, ABl. 2012, C 326/284; das Protokoll Nr. 16 über einige Bestimmungen
betreffend Dänemark, ABl. 2012, C 326/287; sowie das Protokoll Nr. 17 betreffend Dänemark, ABl.
2012, C 326/288.

[3] Exemplarisch vgl. Art. 6 der RL 2006/112/EG des Rates vom 28. 11. 2006 über das gemeinsame
Mehrwertsteuersystem, ABl. 2006, L 347/1; Art. 2 der RL 92/12/EWG des Rates vom 25. 2.1992 über
das allgemeine System, den Besitz, die Beförderung und die Kontrolle verbrauchspflichtiger Waren,
ABl. 1992, L 76/1.

[4] Exemplarisch dazu vgl. Art. 3 der VO (EWG) Nr. 2913/92 des Rates vom 12. 10.1992 zur Festlegung des Zollkodex der Gemeinschaften, ABl. 1992, L 302/1.

[5] Exemplarisch dazu vgl. Art. 1 Abs. 3 der RL 2008/52/EG des Europäischen Parlaments und des
Rates v. 21. 5. 2008 über bestimmte Aspekte der Mediation in Zivil- und Handelssachen, ABl. 2008,
L 136/3.

B. Regelungsgehalte der Norm

2   Der aus einem kurzen Vorspann und sechs Absätzen bestehende Art. 355 AEUV bestimmt in seinem ersten Absatz zunächst einmal, dass der EU-Vertrag und der Vertrag
über die Arbeitsweise der Europäischen Union nach Art. 349 AEUV auch für die in
dieser Norm angesprochenen Gebiete in äußerster Randlage gelten (I.). In Art. 355
Abs. 2 AEUV wird sodann in Ansehung der in Anhang II des Vertrags über die Arbeitsweise der Europäischen Union (s. Art. 51 EUV, Rn. 5) aufgelisteten überseeischen Länder und Hoheitsgebiete auf das im vierten Teil dieses Vertrags festgelegte Assoziierungssystem Bezug genommen (II.). In Art. 355 Abs. 3 AEUV findet sich eine auf die Anwendung des EU-Vertrags und des Vertrags über die Arbeitsweise der Europäischen
Union bezogene Sonderregelung für europäische Hoheitsgebiete (III.). Art. 355 Abs. 4
AEUV hat sodann eine allein auf die Ålandinseln bezogene Modifikation zum Gegenstand (IV.), während Art. 355 Abs. 5 AEUV mehrere Regelungen enthält, die sowohl
von Art. 52 EUV als auch von Art. 355 Abs. 1–4 AEUV abweichen (V.). In Art. 355
Abs. 6 AEUV findet sich schließlich eine auf Art. 355 Abs. 1 und 2 AEUV bezogene
Zusatzregelung, die dem Europäischen Rat die Möglichkeit zu bestimmten Statusän-
derungen eröffnet (VI.).

I. Geltung der Verträge für bestimmte Gebiete in äußerster Randlage (Absatz 1)

3   In Art. 355 Abs. 1 AEUV wird zunächst einmal klargestellt, dass der EU-Vertrag und der
Vertrag über die Arbeitsweise der Europäischen Union nach Art. 349 AEUV für die
französischen Überseegebiete Guadeloupe, Französisch-Guyana, Martinique, Réunion,
Saint Barthélemy und Saint Martin gelten. Ebenso gelten die Verträge für die Portugal
zugehörigen Azoren und Madeira sowie für die (spanischen) Kanarischen Inseln. In
Art. 349 AEUV wird die strukturbedingte soziale und wirtschaftliche Lage dieser Ge-
biete hervorgehoben, die unter anderem durch Abgelegenheit sowie durch schwierige
Relief- und Klimabedingungen erschwert wird, und geregelt, dass der Rat spezifische
Maßnahmen festlegen kann (s. Art. 349 AEUV, Rn. 1 ff.). Mit **Beschluss des Europäi-
schen Rates vom 29. 10. 2010**[6] wurde der Vertragstext des Art. 355 AEUV unter Rück-
griff auf Art. 355 Abs. 6 AEUV (s. Rn. 14 f.) dahingehend geändert, dass das Gebiet
»Saint Barthélemy« aus Art. 355 Abs. 1 AEUV herausgefallen ist und in den Anhang II
des Vertrags über die Arbeitsweise der Europäischen Union[7] eingefügt wurde, der nach
Art. 51 EUV einen primärrechtlichen Bestandteil der Verträge bildet (s. Art. 51 EUV,
Rn. 5). Darüber hinaus wurde mit **Beschluss des Europäischen Rates vom 11. 7. 2012**,[8]
der mit Blick auf die 43. Erklärung zur Schlussakte der Regierungskonferenz, die den am
13. 12. 2007 unterzeichneten Vertrag von Lissabon (s. Art. 1 EUV, Rn. 33 ff.) angenommen hat, durchaus zu erwarten war,[9] der Status von Mayotte geändert, sodass nunmehr

---

[6] Beschluss 2010/718/EU des Europäischen Rates vom 29. 10. 2010 zur Änderung des Status der
Insel Saint-Barthélemy gegenüber der Europäischen Union, ABl. 2010, L 325/4.
[7] ABl. 2012, C 326/336.
[8] Beschluss 2012/419/EU des Europäischen Rates vom 11. 7. 2012 zur Änderung des Status von
Mayotte gegenüber der Europäischen Union, ABl. 2012, L 204/131. Näher zu dem veränderten Status
von Mayotte vgl. *M'Saïdié*, Revue de l'Union Européenne 2016, 48.
[9] Diese im ABl. 2012, C 326/353 abgedruckte 43. Erklärung »zu Artikel 355 Absatz 6 des Vertrags
über die Arbeitsweise der Europäischen Union« lautet wie folgt: »Die Hohen Vertragsparteien kom-

auch Mayotte von Art. 355 Abs. 1 AEUV erfasst wird und aus dem oben genannten Anhang II herausgefallen ist. Die in Art. 355 Abs. 1 AEUV genannten Gebiete gehören zu den Staatsgebieten der Mitgliedstaaten Frankreich, Portugal und Spanien. Insofern wird der Geltungsbereich der Verträge in Bezug auf die in Art. 355 Abs. 1 AEUV genannten Gebiete zwar bereits durch Art. 52 Abs. 1 EUV sichergestellt.[10] Mit der zusätzlichen Erwähnung in Art. 355 Abs. 1 AEUV soll jedoch in Verbindung mit Art. 349 AEUV die besondere Situation dieser Gebiete hervorgehoben werden.[11]

II. Sonderregelungen für überseeische Länder und Hoheitsgebiete (Absatz 2)

Die in Art. 355 Abs. 2 AEUV enthaltenen Sonderregelungen beziehen sich auf über- **4** seeische Länder und Hoheitsgebiete, wobei im Einzelnen zwischen den in Anhang II des Vertrags über die Arbeitsweise der Europäischen Union aufgelisteten Ländern und Hoheitsgebieten (1.) und solchen überseeischen Ländern und Hoheitsgebieten differenziert wird, die besondere Beziehungen zum Vereinigten Königreich Großbritannien und Nordirland unterhalten (2.).

1. Assoziierte überseeische Länder und Hoheitsgebiete (Unterabsatz 1)

Für die in Art. 355 Abs. 2 UAbs. 1 AEUV angesprochenen und in Anhang II dieses **5** Vertrags aufgeführten überseeischen Länder und Hoheitsgebiete,[12] die zur Französischen Republik,[13] zum Königreich der Niederlande,[14] zum Vereinigten Königreich Großbritannien und Nordirland[15] sowie zum Königreich Dänemark[16] gehören, gilt das besondere Assoziierungssystem, das im Vierten Teil dieses Vertrags – d. h. in den Art. 198–204 AEUV – festgelegt ist und durch den so genannten »Übersee-Assoziationsbeschluss« des Rates vom 27.11.2001[17] näher konturiert wird. Bei diesem Assoziierungssystem handelt es sich um ein primärrechtliches **Sonderregime der konstitutionellen Assoziierung**, dass gewissermaßen das Gegenstück der vertraglichen Assoziierung nach

---

men überein, dass der Europäische Rat nach Artikel 355 Absatz 6 einen Beschluss im Hinblick auf die Änderung des Status von Mayotte gegenüber der Union erlassen wird, um dieses Gebiet zu einem Gebiet in äußerster Randlage im Sinne des Artikels 355 Absatz 1 und des Artikels 349 zu machen, wenn die französischen Behörden dem Europäischen Rat und der Kommission mitteilen, dass die jüngste Entwicklung des internen Status der Insel dies gestattet«.

[10] In diesem Sinne vgl. auch *Kokott*, in: Streinz, EUV/AEUV, Art. 355 AEUV, Rn. 4; *Schmalenbach*, in: Calliess/Ruffert, EUV/AEUV, Art. 355 AEUV, Rn. 1.

[11] So auch *Heintschel von Heinegg*, in: Vedder/Heintschel von Heinegg, Europäisches Unionsrecht, Art. 355 AEUV, Rn. 3; *Kokott*, in: Streinz, EUV/AEUV, Art. 355 AEUV, Rn. 4.

[12] ABl. 2012, C 326/336.

[13] Neukaledonien und Nebengebiete, Französisch-Polynesien, Französische Süd- und Antarktisgebiete, Wallis und Futuna, St. Pierre und Miquelon; nunmehr auch Saint Barthélemy und nicht mehr Mayotte (s. Rn. 3).

[14] Aruba, Niederländische Antillen (Bonaire, Curaçao, Saba, Sint Eustatius, Sint Marteen).

[15] Anguilla, Kaimaninseln, Falklandinseln, Südgeorgien und südliche Sandwichinseln, Montserrat, Pitcairn, St. Helena und Nebengebiete, Britisches Antarktis-Territorium, Britisches Territorium im Indischen Ozean, Turks- und Caicosinseln, Britische Jungferninseln und Bermuda.

[16] Hiermit ist Grönland gemeint, das einen assoziationsrechtlichen Sonderfall bildet; vgl. dazu insbesondere Art. 204 AEUV i. V. m. dem Protokoll (Nr. 34) über die Sonderregelung für Grönland, ABl. 2012, C 326/320; sowie *Ehlermann*, EuR 1984, 113 (123); *Göcke*, ZaöRV 2009, 103; *Johansen/Sørensen*, EA, 1983, 399; *Ungerer*, EA 1984, 345.

[17] Beschluss 2001/822/EG des Rates vom 27.11.2001 über die Assoziation der überseeischen Länder und Gebiete mit der Europäischen Gemeinschaft (»Übersee-Assoziationsbeschluss«), ABl. 2001 L 314/1.

Art. 217 AEUV bildet und ausweislich des Art. 198 Abs. 2 AEUV insbesondere auf die Förderung der wirtschaftlichen und sozialen Entwicklung der hiervon betroffenen Länder und Hoheitsgebiete sowie auf die Herstellung enger Wirtschaftsbeziehungen zwischen ihnen und der gesamten Union ausgerichtet ist.[18] In Art. 355 Abs. 2 UAbs. 1 AEUV spiegelt sich der Grundsatz wider, dass außereuropäische Gebiete der Mitgliedstaaten grundsätzlich nicht in den durch Art. 52 EUV vorgegebenen Geltungsbereich der Verträge fallen.[19] Vielmehr sind diese Gebiete gegenüber der Union in der Situation eines Drittstaats,[20] auch wenn die Bewohner dieser überseeischen Länder und Hoheitsgebiete, welche die Staatsangehörigkeit des jeweiligen Mutterlandes innehaben, im Grundsatz die Rechte aus der Unionsbürgerschaft nach Art. 20 ff. AEUV genießen,[21] sofern dies nicht wiederum durch sog. Staatsangehörigkeitserklärungen des Mutterlandes modifiziert oder ausgeschlossen wird.[22]

2. Überseeische Länder und Hoheitsgebiete mit besonderen Beziehungen zum Vereinigten Königreich (Unterabsatz 2)

6 Gemäß Art. 355 Abs. 2 UAbs. 2 AEUV finden die Verträge zwar keine Anwendung auf die überseeischen Länder und Hoheitsgebiete, welche besondere Beziehungen zum Vereinigten Königreich Großbritannien und Nordirland unterhalten und nicht im Anhang II aufgeführt sind. Seitdem Hongkong wieder zu China gehört, existieren jedoch keine Gebiete der vorgenannten Art mehr, die nicht im Anhang II aufgeführt sind. Insoweit handelt es sich bei Art. 355 Abs. 2 UAbs. 2 AEUV um eine **gegenwärtig bedeutungslose Regelung**.[23]

III. Anwendbarkeit der Verträge auf bestimmte europäische Hoheitsgebiete (Absatz 3)

7 In Art. 355 Abs. 3 AEUV wird klargestellt, dass die Verträge in Gestalt des EU-Vertrags und des Vertrags über die Arbeitsweise der EU auf **europäische Hoheitsgebiete** Anwendung finden, **deren auswärtige Beziehungen ein Mitgliedstaat wahrnimmt**. Da sich Art. 355 Abs. 3 AEUV nicht auf europäische Staaten, sondern ausschließlich auf europäische Hoheitsgebiete bezieht,[24] werden die so genannten Mikrostaaten Andorra, Monaco, San Marino und Vatikanstaat, die ihre auswärtigen Beziehungen im Gegensatz zu europäischen Hoheitsgebieten selbst wahrnehmen,[25] nicht von dieser Bestimmung er-

---

[18] Näher zum AEU-vertraglichen Sonderregime der konstitutionellen Assoziierung vgl. etwa m.w.N. *Schmalenbach*, EnzEur, Bd. 10, § 6, Rn. 41 ff.; zu den entstehungsgeschichtlichen Hintergründen vgl. insbesondere *Everling*, ZaöRV 1964, 472 ff.

[19] Vgl. *Becker*, in: Schwarze, EU-Kommentar, Art. 355 AEUV, Rn. 7; *Kokott*, in: Streinz, EUV/AEUV, Art. 355 AEUV, Rn. 6.

[20] Vgl. EuGH, Gutachten 1/78 v. 4.10.1979 (Internationales Naturkautschukübereinkommen), Slg. 1979, S. 2871, Rn. 62; Gutachten 1/94 v. 15.11.1994 (WTO), Slg. 1994, I–5267, Rn. 17.

[21] Vgl. EuGH, Urt. v. 12.9.2006, Rs. C–300/04 (Eman und Sevinger), Slg. 2006, I–8055, Rn. 27 ff.; sowie *Kochenov*, LIEI 2009, 239 ff.

[22] Exemplarisch dazu vgl. ABl. 1983, C 23/1 i.V.m. ABl. 2008, C 115/358.

[23] In diesem Sinne vgl. auch *Kokott*, in: Streinz, EUV/AEUV, Art. 355 AEUV, Rn. 5; *Schröder*, in: GSH, Europäisches Unionsrecht, Art. 355 AEUV, Rn. 16.

[24] So auch vgl. statt vieler *Heintschel von Heinegg*, in: Vedder/Heintschel von Heinegg, Europäisches Unionsrecht, Art. 355 AEUV, Rn. 7; *Schmalenbach*, in: Calliess/Ruffert, EUV/AEUV, Art. 355 AEUV, Rn. 10.

[25] Näher dazu vgl. etwa *Stapper*, S. 80; ausführlich zu den vorgenannten Mikrostaaten vgl. ferner *Murray*, S. 185 ff.

fasst. Nichtsdestotrotz sind diese Mikrostaaten für die Europäische Union von besonderer Bedeutung, was unter anderem in der Erklärung zu Art. 8 EUV[26] sowie vor allem durch bestimmte zollrechtliche Regelungen und Abkommen unterstrichen wird.[27]

Soweit die in Art. 355 Abs. 3 AEUV enthaltene Regelung ursprünglich für das Saar- **8**
land konzipiert war,[28] ist sie bei der Unterzeichnung des EWG-Vertrages im März 1957 zunächst bedeutungslos gewesen, da das Saarland im Januar desselben Jahres der Bundesrepublik Deutschland beigetreten war.[29] Praktische Bedeutung erlangte diese Regelung insoweit erst mit dem im Jahre 1973 erfolgten EWG-Beitritt des Vereinigten Königreichs Großbritannien und Nordirland (s. Art. 1 EUV, Rn. 19); seitdem erfasst diese Regelung nämlich die **britische Kronkolonie Gibraltar**. Obwohl Art. 355 Abs. 3 AEUV den Eindruck vermittelt, als würden die Verträge in vollem Umfang auf diese Kronkolonie Anwendung finden, existieren für Gibraltar eine Reihe von Sonderregelungen, die sich in der britischen Beitrittsakte aus dem Jahre 1972[30] finden und dabei vor allem die Agrarpolitik und die Rechtsangleichung im umsatzsteuerlichen Bereich betreffen. Diese Ausnahmen wurden aus Rücksicht gegenüber der besonderen Rechtslage und des Freihafenstatus Gibraltars eingeführt.[31] Darüber hinaus gehört Gibraltar nicht zum Zollgebiet der Europäischen Union, womit es auch nicht den im Vertrag über die Arbeitsweise der EU enthaltenen Regelungen über den freien Warenverkehr unterliegt.[32] Verpflichtungen aus der EMRK und deren Zusatzprotokollen sind von diesen Einschränkungen indes nicht betroffen. Vielmehr entschied der EGMR, dass der Ausschluss Gibraltars von der Wahl zum Europäischen Parlament durch das Vereinigte Königreich ein Verstoß gegen Art. 3 des 1. Zusatzprotokolls zur EMRK darstellte.[33] Nachdem das Vereinigte Königreich im Jahre 2003 als Reaktion auf das vorgenannte EGMR-Urteil ein Gesetz zur Regelung des Wahlrechts für Staatsangehörige mit Wohnsitz in Gibraltar erließ, befasste sich der EuGH mit der Angelegenheit und entschied, dass eine solche Regelung unionsrechtskonform ist.[34]

IV. Modifizierte Anwendung der Verträge auf die Ålandinseln (Absatz 4)

Durch Art. 355 Abs. 4 AEUV wird die Anwendung des EU-Vertrags und des Vertrags **9**
über die Arbeitsweise der EU auf die als ein **finnischer Verwaltungsbezirk mit völker-**

---

[26] ABl. 2012, C 326/339.

[27] Vgl. dazu insbesondere das Abkommen zwischen der Europäischen Wirtschaftsgemeinschaft und dem Fürstentum Andorra, ABl. 1990, L 374/16; das Abkommen über eine Zusammenarbeit und eine Zollunion zwischen der Europäischen Wirtschaftsgemeinschaft und der Republik San Marino, ABl. 2002 L 84/43; sowie Art. 3 Abs. 2 Buchst. a der VO (EG) Nr. 450/2008 des Europäischen Parlaments und des Rates vom 23.4.2008 zur Festlegung des Zollkodex der Gemeinschaft (Modernisierter Zollkodex), ABl. 2008, L 145/1.

[28] Vgl. *Kokott*, in: Streinz, EUV/AEUV, Art. 355 AEUV, Rn. 7; *Schmalenbach*, in: Calliess/Ruffert, EUV/AEUV, Art. 355 AEUV, Rn. 9; *Stapper*, S. 19.

[29] *Geiger*, in: Geiger/Khan/Kotzur, EUV/AEUV, Art. 355 AEUV, Rn. 10.

[30] ABl. 1972, L 73/14.

[31] Vgl. EuGH, Urt. v. 21.7.2005, Rs. C–349/03 (Kommission/Vereinigtes Königreich), Slg. 2005, I–7321, Rn. 41.

[32] Vgl. dazu auch EuGH, Urt. v. 23.9.2003, Rs. C–30/01 (Kommission/Vereinigtes Königreich), Slg. 2003, I–9481, Rn. 58; sowie *Jaeckel*, in: Grabitz/Hilf/Nettesheim, EU, Art. 355 AEUV (August 2011), Rn. 14.

[33] EGMR, Urt. v. 18.2.1999, Rs. 24833/94 (Matthews/Vereinigtes Königreich), EuZW 1999, 308.

[34] Vgl. EuGH, Urt. v. 12.9.2006, Rs. C–145/04 (Spanien/Vereinigtes Königreich), Slg. 2006, I–7917, Rn. 78 i.V.m. Rn. 95.

rechtlichem Sonderstatus[35] einzustufenden Ålandinseln insoweit modifiziert, als die vorgenannten Verträge auf diese Inseln entsprechend den Bestimmungen des Protokolls Nr. 2 zu der aus dem Jahre 1994 stammenden Akte über den Beitritt der Republik Österreich, der Republik Finnland und des Königreichs Schweden[36] anzuwenden sind, die insbesondere bestimmte – vom Unionsrecht abweichende – Regelungen über den regionalen Bürgerstatus, den Grunderwerb, das Niederlassungsrecht sowie über die Harmonisierung von Umsatz- und Verbrauchssteuern zulassen.[37] Der Geltungsbereich des Sekundärrechts muss im Einzelfall entsprechend festgelegt werden.[38]

V. Sonderfälle der ausgeschlossenen oder beschränkten Anwendung der Verträge (Absatz 5)

10   Während Art. 355 Abs. 5 Buchst. a AEUV die Anwendung des EU-Vertrags und des Vertrags über die Arbeitsweise der EU in Bezug auf die Färöer ausschließt (I.), haben die in Art. 355 Abs. 5 Buchst. b und c AEUV enthaltenen Regelungen zwei Beschränkungen der Vertragsanwendung zum Gegenstand, die sich auf zwei Hoheitszonen des Vereinigten Königreichs auf Zypern (II.) sowie auf die britischen Kanalinseln und die britische Insel Man (III.) beziehen.

1. Färöer-Inseln (Buchst. a)

11   Nach Art. 355 Abs. 5 Buchst. a AEUV finden der EU-Vertrag und der Vertrag über die Arbeitsweise der EU auf die sich selbst regierenden und zu Dänemark gehörenden Färöer keine Anwendung. Diese Inseln, die über völkerrechtliche Vertragsbeziehungen mit der Union verbunden sind,[39] haben einen möglichen Beitritt zur damaligen Europäischen Gemeinschaft abgelehnt[40] und befinden sich nach wie vor in der **Situation eines Drittlandes**.[41] Zwar besitzen die Bewohner der Färöer die dänische Staatsangehörigkeit; als Staatsangehörige eines Mitgliedstaates im Sinne der Verträge werden sie jedoch nicht angesehen.[42] Demnach besitzen sie auch nicht die Unionsbürgerschaft, da diese gemäß Art. 20 Abs. 1 AEUV an die Staatsangehörigkeit der Mitgliedstaaten anknüpft. Dies ändert sich nach Art. 4 des 2. Protokolls betreffend die Färöer erst dann, wenn die

---

[35] Näher dazu vgl. *Heintschel von Heinegg*, in: Vedder/Heintschel von Heinegg, Europäisches Unionsrecht, Art. 355 AEUV, Rn. 9; *Rotkirch*, Journal of Peace Research 1986, 357 (369); *Suksi*, EPL 2007, 379 (390 ff.).

[36] ABl. 1994, C 241/21.

[37] Siehe dazu insbesondere Art. 1 f. des Protokolls Nr. 2 über die Ålandinseln, ABl. 1994, C 241/352; ferner vgl. in diesem Kontext die Erklärung Nr. 32 zu den Ålandinseln, ABl. 1994, C 241/393, die Mitteilung betreffend die Anwendung der die Europäische Union begründenden Verträge auf die Ålandinseln, ABl. 1995, L 75/18, sowie *Sack*, EuZW 1997, 45 (49).

[38] In diesem Sinne vgl. auch *Jaeckel*, in: Grabitz/Hilf/Nettesheim, EU, Art. 355 AEUV (August 2011), Rn. 20; *Schröder*, in: GSH, Europäisches Unionsrecht, Art. 355 AEUV, Rn. 11.

[39] Exemplarisch vgl. dazu insbesondere das Abkommen zwischen der Europäischen Gemeinschaft einerseits und der Regierung von Dänemark und der Landesregierung der Färöer andererseits, ABl. 1997, L 53/2,. sowie das Abkommen über wissenschaftlich technische Zusammenarbeit zwischen der Europäischen Union und den Färöern zur Assoziierung der Färöer mit dem Rahmenprogramm für Forschung und Innovation »Horizont 2000« (2014–2020), ABl. 2015, L 35/3; das letztgenannte Abkommen ist am 5.1.2016 in Kraft getreten, vgl. ABl. 2016, L 13/1.

[40] Vgl. dazu auch *Schmalenbach*, in: Calliess/Ruffert, EUV/AEUV, Art. 355 AEUV, Rn. 12; *Stapper*, S. 144.

[41] In diesem Sinne vgl. auch *Booß*, in: Lenz/Borchardt, EU-Verträge, Art. 355 AEUV, Rn. 9.

[42] Vgl. dazu insbesondere Art. 4 des Protokolls Nr. 2 betreffend die Färöer, ABl. 1972, L 73/163.

Verträge auch für diese Inseln gelten. Dies setzt allerdings eine Streichung des Art. 355 Abs. 5 Buchst. a AEUV voraus, zu der es bislang nicht gekommen ist.

2. Hoheitszonen des Vereinigten Königreichs auf Zypern (Buchst. b)

Nach Art. 355 Abs. 4 Buchst. b AEUV finden der EU-Vertrag und der Vertrag über die **12** Arbeitsweise der EU auf die Hoheitszonen des Vereinigten Königreichs auf Zypern in Gestalt der Militärbasen **Akrotiri und Dhekelia** nur insoweit Anwendung, als dies erforderlich ist, um die Anwendung der Regelungen des der Beitrittsakte 2003[43] beigefügten Protokolls Nr. 3 über die Hoheitszonen des Vereinigten Königreichs Großbritannien und Nordirland auf Zypern[44] nach Maßgabe jenes Protokolls sicherzustellen. Diese Regelungen bewirken unter anderem, dass die vorgenannten Hoheitszonen zum Zollgebiet der Union gehören und dass die zwischen ihnen und Zypern liegenden Grenzen nicht als Außengrenzen der Union anzusehen sind,[45] an denen Personen- und Zollkontrollen stattfinden müssten.

3. Britische Kanalinseln und Insel Man (Buchst. c)

Die Kanalinseln[46] und die Insel Man gehören zwar aufgrund ihres Status als halbauto- **13** nome Schutzgebiete nicht zum Vereinigten Königreich und somit auch nicht zum räumlichen Geltungsbereich der Union[47] im Sinne des Art. 52 EUV. Nach Art. 355 Abs. 5 Buchst. c AEUV finden der EU-Vertrag und der Vertrag über die Arbeitsweise der EU jedoch auf diese Inseln insoweit Anwendung, als dies erforderlich ist, um die Anwendung der Regelung sicherzustellen, die in dem am 22. 1. 1972 unterzeichneten Vertrag über den Beitritt neuer Mitgliedstaaten zur Europäischen Wirtschaftsgemeinschaft und zur Europäischen Atomgemeinschaft[48] für diese Inseln vorgesehen ist. Dies bezieht sich im Wesentlichen auf das dazugehörige **Protokoll Nr. 3 betreffend die Kanalinseln und die Insel Man**,[49] nach dem bestimmte Ungleichbehandlungen gegenüber natürlichen und juristischen Personen der Gemeinschaft (nunmehr: Union) verboten sind[50] und mit dem einzelne Regelungen der Verträge insbesondere auf dem Gebiet der Warenverkehrsfreiheit für anwendbar erklärt werden, wobei die Kanalinseln, die Insel Man und das Vereinigte Königreich für die Anwendung der Art. 28, 30, 34 und 35 AEUV einem

---

[43] Akte über die Bedingungen des Beitritts der Tschechischen Republik, der Republik Estland, der Republik Zypern, der Republik Lettland, der Republik Litauen, der Republik Ungarn, der Republik Malta, der Republik Polen, der Republik Slowenien und der Slowakischen Republik und die Anpassungen der die Europäische Union begründenden Verträge, ABl. 2003, L 236/33.

[44] ABl. 2003, L 236/940.

[45] Näher dazu vgl. auch *Jaeckel*, in: Grabitz/Hilf/Nettesheim, EU, Art. 355 AEUV (August 2011), Rn. 22; *Kokott*, in: Streinz, EUV/AEUV, Art. 355 AEUV, Rn. 11; *Schmalenbach*, in: Calliess/Ruffert, EUV/AEUV, Art. 355 AEUV, Rn. 13; *Schröder*, in: GSH, Europäisches Unionsrecht, Art. 355 AEUV, Rn. 12.

[46] Die Kanalinseln umfassen die Inseln Jersey, Guernsey, Alderney, Sark und Herm und die kleineren Inseln Jethou, Brechou, Lihou, Ecréhos und Minquiers); näher dazu vgl. etwa *Stapper*, S. 130.

[47] In diesem Sinne vgl. auch *Jaeckel*, in: Grabitz/Hilf/Nettesheim, EU, Art. 355 AEUV (August 2011), Rn. 23; *Schmalenbach*, in: Calliess/Ruffert, EUV/AEUV, Art. 355 AEUV, Rn. 14; *Schröder*, in: GSH, Europäisches Unionsrecht, Art. 355 AEUV, Rn. 13; *Stapper*, S. 115 ff. und S. 131 ff.

[48] ABl. 1972, L 73/5.

[49] ABl. 1972, L 73/164.

[50] Vgl. EuGH, Urt. v. 3. 7. 1991, Rs. C–355/89 (Barr und Montrose Holdings), Slg. 1991, I–3479, Rn. 17; EuGH, Urt. v. 16. 7. 1998, Rs. C–171/96 (Pereira Roque), Slg. 1998, I–4607, Rn. 52.

einzigen Mitgliedstaat gleichgestellt sind.[51] Im Übrigen sieht Art. 2 des Protokolls Nr. 3 vor, dass die Rechte, welche die Bewohner der Kanalinseln und der Insel Man im Vereinigten Königreich genießen, von der Beitrittsakte unberührt bleiben, und dass die vertraglichen Bestimmungen über die Freizügigkeit und den freien Dienstleistungsverkehr auf diese Bewohner keine Anwendung finden.[52]

VI. Möglichkeit der Statusänderung durch den Europäischen Rat (Absatz 6)

14   Durch Art. 355 Abs. 6 Satz 1 AEUV wird der Europäische Rat schließlich dazu ermächtigt, einen Beschluss oder gegebenenfalls auch mehrere Beschlüsse zur Änderung des Status eines in Art. 355 Abs. 1 und 2 AEUV genannten dänischen, französischen oder niederländischen Landes oder Hoheitsgebiets gegenüber der Union zu erlassen. Ein solcher Beschluss, der dem in Art. 355 Abs. 6 Satz 2 AEUV geregelten **Einstimmigkeitserfordernis** unterliegt und die vorherige Anhörung der Kommission voraussetzt, kann allerdings nur auf **Initiative des jeweils betroffenen Mitgliedstaates** geschehen, wobei es sich allein um die in Art. 355 Abs. 6 Satz 1 AEUV implizit angesprochenen Mitgliedstaaten Dänemark, Frankreich und die Niederlande handelt. Insoweit kann etwa das Vereinigte Königreich Großbritannien und Nordirland für seine in Anhang II des Vertrags über die Arbeitsweise der Europäischen Union genannten Gebiete (s. Rn. 5) keine Statusänderung im Sinne des Art. 355 Abs. 6 Satz 1 AEUV initiieren.

15   Mit Art. 351 Abs. 6 AEUV wird dem Europäischen Rat gewissermaßen eine auf die vorgenannte Statusänderung **beschränkte Vertragsänderungsbefugnis** eingeräumt,[53] die zum Teil als dritte Kategorie des Änderungsverfahrens zu Art. 48 EUV[54] oder auch als spezieller Fall der vereinfachten Vertragsänderung[55] angesehen wird. Von dieser Befugnis hat der Europäische Rat erstmals auf Initiative Frankreichs im Falle der Karibikinsel Saint Barthélemy Gebrauch gemacht,[56] die nun nicht mehr zu den Gebieten in äußerster Randlage nach Art. 355 Abs. 1 AEUV i. V. m. Art. 349 AEUV, sondern zu den nach Art. 355 Abs. 2 AEUV zu beurteilenden Gebieten des Anhangs II gehört (s. Rn. 3). Darüber hinaus wurde auf Initiative Frankreichs[57] der Status der im Indischen Ozean befindlichen Insel Mayotte geändert,[58] die nunmehr zu den in Art. 355 Abs. 1 AEUV angesprochenen Gebieten zählt (s. Rn. 3). Eine ebenso in Betracht kommende Statusänderung für die bislang in Anhang II aufgeführten Niederländischen Antillen und Aruba ist von einem Beschluss abhängig, der im Einklang mit dem Status des Königreichs Niederlande gefasst werden muss.[59]

---

[51] Vgl. EuGH, Urt. v. 8.11.2005, Rs. C–293/02 (Jersey Produce Marketing Organisation), Slg. 2005, I–9543, Rn. 54.

[52] Vgl. dazu auch EuGH, Urt. v. 3.7.1991, Rs. C–355/89 (Barr und Montrose Holdings), Slg. 1991, I–3479, Rn. 22.

[53] So vgl. statt vieler *Jaeckel*, in: Grabitz/Hilf/Nettesheim, EU, Art. 355 AEUV (August 2011), Rn. 24; *Schröder*, in: GSH, Europäisches Unionsrecht, Art. 355 AEUV, Rn. 18.

[54] *Jaeckel*, in: Grabitz/Hilf/Nettesheim, EU, Art. 355 AEUV (August 2011), Rn. 24; *Schmalenbach*, in: Calliess/Ruffert, EUV/AEUV, Art. 355 AEUV, Rn. 4.

[55] *Schröder*, in: GSH, Europäisches Unionsrecht, Art. 355 AEUV, Rn. 18.

[56] Vgl. dazu den Beschluss 2010/718/EU des Europäischen Rates vom 29.10.2010 zur Änderung des Status der Insel Saint-Barthélemy gegenüber der Europäischen Union, ABl. 2010, L 325/4.

[57] Vgl. dazu insbesondere auch die Erklärung Nr. 43 »zu Artikel 355 Absatz 6 des Vertrags über die Arbeitsweise der Europäischen Union«, ABl. 2012, C 326/353.

[58] Vgl. dazu den Beschluss 2012/419/EU des Europäischen Rates vom 11.7.2012 zur Änderung des Status von Mayotte gegenüber der Europäischen Union, ABl. 2012, L 204/131.

[59] Siehe dazu Erklärung Nr. 60 des Königreichs der Niederlande »zu Artikel 355 des Vertrags über die Arbeitsweise der Europäischen Union«, ABl. 2012, C 326/360.

C. Normexterne Sonderregelungen für Ceuta und Melilla

Für die spanischen Enklaven in Nordafrika namens Ceuta und Melilla, die sich weder in   **16**
Art. 355 Abs. 1 AEUV noch in dem in Art. 355 Abs. 2 AEUV angesprochenen Anhang
II wiederfinden, gelten in Bezug auf den räumlichen Geltungsbereich der Verträge die in
der **Beitrittsakte 1985**[60] und im dazugehörigen **Protokoll Nr. 2**[61] enthaltenen Sonderregelungen, die sich unter anderem auf die Gemeinsame Agrar-, Fischerei- und Handelspolitik sowie auf das Zoll- und Steuerrecht beziehen. Gemäß Art. 25 Abs. 4 der
vorgenannten Beitrittsakte können Ceuta und Melilla durch einen einstimmigen Ratsbeschluss in das Zollgebiet der Union einbezogen und weitere Maßnahmen zur Ausdehnung des Geltungsbereichs der Verträge getroffen werden. Dies dürfte der maßgebliche Grund dafür sein, dass Ceuta und Melilla nicht den in Art. 355 AEUV enthaltenen
Sonderregelungen unterworfen wurden.[62]

---

[60] Akte über die Bedingungen des Beitritts des Königreichs Spanien und der Portugiesischen Republik und die Anpassungen der Verträge, ABl. 1985, L 302/23.
[61] Protokoll Nr. 2 betreffend die Kanarischen Inseln und Ceuta und Melilla, ABl. 1985, L 302/400.
[62] Vgl. dazu auch *Schröder*, in: GSH, Europäisches Unionsrecht, Art. 355 AEUV, Rn. 14.

Artikel 356 AEUV [Geltungsdauer des AEUV]

Dieser Vertrag gilt auf unbegrenzte Zeit.

Literaturübersicht

Baumgart, Vereinigtes Königreich Großbritannien und Nordirland und der Verbleib in der EU, NJ 2015, 366; *Bergmann*, Bericht aus Europa: Vertrag von Lissabon und aktuelle Rechtsprechung, DÖV 2008, 305; *Bruha/Nowak*, Recht auf Austritt aus der Europäischen Union? – Anmerkungen zu Artikel I–59 des Entwurfs eines Vertrages über eine Verfassung für Europa, AVR 42 (2004), 1; *Calliess*, Die neue Europäische Union nach dem Vertrag von Lissabon – Ein Überblick über die Reformen unter Berücksichtigung ihrer Implikationen für das deutsche Recht, 2010; *v. Danwitz*, Richtungsentscheidungen des Verfassungsvertrags für die Europäische Union – Versuch einer ersten Bewertung, ZG 2005, 1; *Fisahn/Ciftei*, Hierarchie oder Netzwerk – zum Verhältnis nationaler zur europäischen Rechtsordnung, JA 2016, 364; *Fischer*, Vom Staatenverbund zur Föderation – Gedanken über die Finalität der europäischen Integration, integration 2000, 149; *Grunwald*, Das Ende einer Epoche – das Erbe der EGKS, EuZW 2003, 193; *Hofmann/Wessels*, Der Vertrag von Lissabon – eine tragfähige und abschließende Antwort auf konstitutionelle Grundfragen?, integration 2008, 3; *Hofmeister*, 'Should I Stay or Should I Go?' – A Critical Analysis of the Right to Withdraw from the EU, ELJ 16 (2010), 589; *Iliopoulos-Strangas*, Der Vorrang des Gemeinschafts-/Unionsrechts gegenüber der Verfassung – Eine noch offene und umstrittene Frage in der griechischen Rechtsordnung, FS Starck, 2007, S. 825; *Kadelbach*, Vorrang und Verfassung: Das Recht der Europäischen Union im innerstaatlichen Bereich, FS Zuleeg, 2005, S. 219; *Köck*, Grundsätzliches zu Primat und Vorrang des Unions- bzw. Gemeinschaftsrechts im Verhältnis zum mitgliedstaatlichen Recht oder Als die Frösche keinen König haben wollten, FS Ress, 2005, S. 557; *Kumin*, Vertragsänderungsverfahren und Austrittsklausel, in: Hummer/Obwexer (Hrsg.), Der Vertrag von Lissabon, 2009, S. 301; *Ludwigs/Sikora*, Der Vorrang des Unionsrechts unter Kontrollvorbehalt des BVerfG, EWS 2016, 121; *Mann*, Die Schlussbestimmungen des Vertrags von Lissabon, in: Marchetti/Demesmay (Hrsg.), Der Vertrag von Lissabon – Analyse und Bewertung, 2010, S. 271; *Müller-Graff*, Der Vertrag von Lissabon auf der Systemspur des Europäischen Primärrechts, integration 2008, 123; *Nowak*, Europarecht und Europäisierung in den Jahren 2009–2011 (Teil 2), DVBl 2012, 861; *Obwexer*, Das Ende der Europäischen Gemeinschaft für Kohle und Stahl, EuZW 2002, 517; *Oppermann*, Die Europäische Union von Lissabon, DVBl 2008, 473; *ders.*, Europäische Hoffnungen und was nach 50 Jahren daraus wurde – Im Spiegel von Peter Baduras Gedanken, AÖR 141 (2016), 136; *Pernice*, Zur Finalität Europas, in: Schuppert/Pernice/Haltern (Hrsg.), Europawissenschaft, 2005, S. 743; *Steiger*, Staatlichkeit und Mitgliedstaatlichkeit – Deutsche staatliche Identität und Europäische Integration, EuR-Beih. 1/2010, 57; *Terhechte*, Der Vertrag von Lissabon: Grundlegende Verfassungsurkunde der europäischen Rechtsgemeinschaft oder technischer Änderungsvertrag?, EuR 2008, 143; *Weber*, Vom Verfassungsvertrag zum Vertrag von Lissabon, EuZW 2008, 7; *Weiß*, Unionsrecht und nationales Recht, in: Niedobitek (Hrsg.), Europarecht – Grundlagen der Union, 2014, § 5; *Wieduwilt*, Article 50 TEU – The Legal Framework of a Withdrawal from the European Union, ZEuS 2015, 169; *Wuermeling*, Vom Verfassungsentwurf zum Reformvertrag: Auf dem Weg zur politischen Integrationsmethode, in: Fastenrath/Nowak (Hrsg.), Der Lissabonner Reformvertrag – Änderungsimpulse in einzelnen Rechts- und Politikbereichen, 2009, S. 33; *Wyrozumska*, Withdrawal from the Union, in: Blanke/Mangiameli (Hrsg.), The European Union after Lisbon – Constitutional Basis, Economic Order and External Action, 2012, S. 343 ff.; *Zeh*, Das Recht auf Austritt, ZEuS 2004, 173.

Leitentscheidungen

EuGH, Urt. v. 15.7.1964, Rs. 6/64 (Costa/E.N.E.L.), Slg. 1964, 1253
EuGH, Urt. v. 17.12.1970, Rs. 11/70 (Internationale Handelsgesellschaft), Slg. 1970, 1125
EuGH, Urt. v. 6.3.1978, Rs. 106/77 (Simmenthal II), Slg. 1978, 629

Inhaltsübersicht Rn.

A. Überblick

In wortgleicher Übereinstimmung mit Art. 53 EUV und Art. 208 EAGV, die für die 1
beiden vorgenannten Verträge eine Geltung auf unbegrenzte Zeit festlegen, bestimmt
der aus dem wortgleichen ex-Art. 312 EGV hervorgegangene Art. 356 AEUV, dass
auch der hier in Rede stehende Vertrag über die Arbeitsweise der Europäischen Union
»auf unbegrenzte Zeit« gilt. Den zentralen und offenkundigsten Regelungsgegenstand
der vorgenannten Norm stellt insoweit die Anordnung oder **Festlegung der unbefristeten Geltungsdauer des AEUV** dar (B.). Dies kann allerdings nicht darüber hinwegtäu-
schen, dass dem Art. 356 AEUV im engen bzw. unzertrennbaren Verbund mit dem
gleichlautenden Art. 53 EUV eine gewissermaßen »überschießende« Bedeutung im
Rahmen der bereits seit langer Zeit geführten – und dabei zentrale Grundfragen der
europäischen Integration im Zusammenhang mit der Bestimmung der wahren Rechtsnatur des Zusammenschlusses der Mitgliedstaaten und der bislang offen gelassenen
Finalität des Einigungsprozesses[1] berührenden – Diskussionen über die nunmehr durch
Art. 50 EUV beantwortete **Austrittsfrage** sowie über die nach wie vor umstrittene Frage
nach der Existenz darüber hinausgehender **Auflösungs- und Ausschlussrechte** zukommt
(C.).

B. Zeitlich unbegrenzte Geltungsdauer des AEUV

Abweichend von Art. 97 EGKSV, der für den im Sommer 2002 ausgelaufenen Vertrag 2
zur Gründung der so genannten Montanunion (s. Art. 1 EUV, Rn. 16) eine zeitlich begrenzte Laufzeit von 50 Jahren festlegte,[2] stellt Art. 356 AEUV in rechtstechnischer
Übereinstimmung mit Art. 53 EUV und Art. 208 EAGV klar, dass der aus dem damaligen EG-Vertrag hervorgegangene Vertrag über die Arbeitsweise der Europäischen
Union auf unbegrenzte Zeit gilt und insoweit keiner zeitlichen Beschränkung oder Befristung unterliegt. In dieser insbesondere mit Art. 53 EUV korrespondierenden **Regelung der unbefristeten Geltungsdauer des AEUV** setzt sich gewissermaßen die zwischen
dem EU-Vertrag und dem Vertrag über die Arbeitsweise der Europäischen Union bestehende rechtliche Gleichrangigkeit (s. Art. 1 EUV, Rn. 63 f.) in zeitlicher Hinsicht fort.

   Die in Art. 356 AEUV niedergelegte Anordnung der zeitlich unbegrenzten Geltung 3
des Vertrags über die Arbeitsweise der Europäischen Union ist zwar überaus bedeut-

---

[1] Näher zu der hier angesprochenen Finalitätsfrage vgl. *Classen*, EnzEuR, Bd. 1, § 37, Rn. 1 ff.;
Fischer, integration 2000, 149; *Oppermann*, AÖR 141 (2016), 136 (141 ff.); *Pernice*, S. 743 ff.
[2] Zum Ende der Europäischen Gemeinschaft für Kohle und Stahl im Sommer 2002 vgl. etwa
Grunwald, EuZW 2003, 193; *Obwexer*, EuZW 2002, 517.

sam, da der damalige Gemeinschaftsrichter beispielsweise zur Begründung des überaus bedeutsamen Anwendungsvorrangs des Gemeinschaftsrechts und des heutigen Unionsrechts gegenüber kollidierendem Recht der Mitgliedstaaten[3] unter anderem auch darauf rekurrierte, dass die Gründung der damaligen Europäischen Wirtschaftsgemeinschaft (s. Art. 1 EUV, Rn. 18) »für unbegrenzte Zeit« erfolgte.[4] Zur Qualifizierung der Europäischen Union als ein für alle Mitgliedstaaten unauflösbarer bzw. ewiger Bund taugt Art. 356 AEUV in Verbindung mit Art. 53 EUV indes nicht, weil diesen Bestimmungen mit Blick auf Art. 48 EUV **keine Änderungsfestigkeit** zugesprochen werden kann[5] und weil die unbegrenzte Geltungsdauer des EU-Vertrags und des Vertrags über die Arbeitsweise der Europäischen Union, die nach Art. 1 Abs. 3 Satz 1 EUV und nach Art. 1 Abs. 2 Satz 1 AEUV die gemeinsame Grundlage der Union bilden (s. Art. 1 EUV, Rn. 61), zumindest ein Stück weit durch das nachfolgend anzusprechende Austrittsrecht der Mitgliedstaaten im Sinne des Art. 50 EUV relativiert wird.

C. Austritts-, Auflösungs- und Ausschlussrechte

4   Die zeitlich unbegrenzte bzw. unbefristete Geltungsdauer des EU-Vertrags und des Vertrags über die Arbeitsweise der Europäischen Union (s. Rn. 2 f.) wird partiell durch das in Art. 50 EUV niedergelegte Austrittsrecht relativiert (I.). Die weitere Frage, ob diese unbegrenzte Geltungsdauer dieser Verträge darüber hinaus durch die hochumstrittene Möglichkeit einer einvernehmlichen Auflösung der Union (II.) und/oder die ebenfalls umstrittene Möglichkeit des Ausschlusses eines Mitgliedstaats oder mehrerer Mitgliedstaaten aus der Union (III.) relativiert wird, dürfte im Ergebnis zu verneinen sein.

I. Austritt aus der Union

5   Wer der Europäischen Union angehört oder nach Art. 49 EUV beitreten kann, muss auch wieder austreten können. Auf diesem überaus schlichten Motto scheint Art. 50 EUV zu beruhen, mit dem den Mitgliedstaaten der Union erstmals in der Geschichte der europäischen Integration ein explizites Austrittsrecht zugebilligt wird (s. Art. 50 EUV, Rn. 1 ff.). Bei diesem neuartigen Austrittsrecht, das in ganz ähnlicher Form auch bereits im Vertrag über eine Verfassung für Europa aus dem Jahre 2004 (s. Art. 1 EUV, Rn. 28 ff.), vorgesehen war,[6] handelt es sich um ein voraussetzungsloses Recht, das jeder

[3] Zu diesem – vom Unionsrichter »absolut« verstandenen – Anwendungsvorrang vgl. in grundlegender Weise EuGH, Urt. v. 15.7.1964, Rs. 6/64 (Costa/E.N.E.L.), Slg. 1964, 1253 (1269); sowie EuGH, Urt. v. 17.12.1970, Rs. 11/70 (Internationale Handelsgesellschaft), Slg. 1970, 1125, Rn. 3; Urt. v. 6.3.1978, Rs. 106/77 (Simmenthal II), Slg. 1978, 629, Rn. 17/18; Urt. v. 29.4.1999, Rs. C–224/97 (Ciola), Slg. 1999, I–2517, Rn. 21 f.; Urt. v. 8.9.2010, Rs. C–409/06 (Winner Wetten), Slg. 2010, I–8015, Rn. 53–61; Gutachten 1/09 v. 8.3.2011 (Schaffung eines einheitlichen Patentgerichtssystems), Slg. 2011, I–1137, Rn. 65 u. 67. Zu dieser Rechtsprechung und zum anhaltenden (klassischen) Streit – gerade auch zwischen dem EuGH und dem BVerfG – über die genaue Reichweite dieses Anwendungsvorrangs vgl. m. w. N. *Fisahn/Ciftei*, Ja 2016, 364; *Grabenwarter*, in: v. Bogdandy/Bast, Europäisches Verfassungsrecht, S. 121 (123 ff.); *Iliopoulos-Strangas*, S. 825 ff.; *Kadelbach*, S. 219 ff.; *Köck*, S. 557 ff.; *Ludwigs/Sikora*, EWS 2016, 121; *Nowak*, DVBl 2012, 861; *Weiß*, § 5, Rn. 1 ff.
[4] Vgl. EuGH, Urt. v. 15.7.1964, Rs. 6/64 (Costa/E.N.E.L.), Slg. 1964, S. 1251 (1269).
[5] In diesem Sinne vgl. auch *Schmalenbach*, in: Calliess/Ruffert, EUV/AEUV, Art. 356 AEUV, Rn. 2.
[6] Ausführlicher dazu vgl. etwa *Heintschel von Heinegg*, in: Vedder/Heintschel von Heinegg, EVV, Art. I–60 EVV, Rn. 1 ff.

Mitgliedstaat gemäß Art. 50 Abs. 1 EUV im Einklang mit seinen verfassungsrechtlichen Vorschriften wahrnehmen kann.[7] Der EU-Vertrag und EG-Vertrag jeweils i. d. F. von Nizza, die – anders als der im Jahre 2002 ausgelaufene EGKS-Vertrag (s. Rn. 2) – beide »auf unbegrenzte Zeit« galten (s. Rn. 1), kamen bis zu dem am 1.12.2009 erfolgten Inkrafttreten des Lissabonner Reformvertrags (s. Art. 1 EUV, Rn. 33 ff.) ohne ein explizites Austrittsrecht aus. Hiermit sind die EG, die EU und ihre Mitgliedstaaten eigentlich auch stets gut gefahren – und die Frage, ob die Mitgliedstaaten trotz des Fehlens eines expliziten EG/EU-vertraglichen Austrittsrechts möglicherweise unter Rückgriff auf die in der Wiener Vertragsrechtskonvention (WVK) geregelten Kündigungsmöglichkeiten aus dem europäischen Integrationsprozess ausscheren konnten, war stets eher theoretischer Natur,[8] zumal ein **einseitiger Austritt eines Mitgliedstaats**, dessen politische Möglichkeit strikt von der rechtlichen Zulässigkeit zu unterscheiden ist, angesichts des hohen Verflechtungsgrades der einzelnen Volkswirtschaften und Zivilgesellschaften im europäischen Binnenmarkt und in der EU beinahe den Charakter eines »Himmelfahrtkommandos« annehmen würde.[9]

Vor diesem Hintergrund und auch auf Grund der Tatsache, dass die EU nicht nur eine   **6** Union der Mitgliedstaaten, sondern auch eine Union der Unionsbürgerinnen und Unionsbürger sowie der Unternehmen ist, die durch einen voraussetzungslosen Austritt eines Mitgliedstaats massiv geschädigt werden können, ist die Einführung eines die EU-Mitgliedschaft betreffenden Austrittsrechts in hohem Maße problematisch und begründungsbedürftig. Inhaltlich überzeugende Gründe für die Schaffung des neuen Art. 50 EUV, der die gemäß Art. 53 EUV und gemäß Art. 356 AEUV an sich unbegrenzte Geltungsdauer der Verträge partiell relativiert, sucht man allerdings vergeblich. Es mag zwar sein, dass dieses Austrittsrecht, dem zum Teil schon auf Grund der auf 28 angestiegenen Mitgliederzahl eine »gewisse Daseinsberechtigung« zugesprochen wird,[10] manchen Staaten und deren Angehörigen **diffuse Ängste vor irreversiblen Souveränitätsverlusten** oder Souveränitätseinbußen genommen und insoweit zur insgesamt er-

---

[7] Näher dazu vgl. *Bruha/Nowak*, AVR 42 (2004), 1; *Calliess*, S. 95 ff.; *Hofmeister*, ELJ 16 (2010), 589; *Kumin*, S. 301 (314 ff.); *Wieduwilt*, ZEuS 2015, 169; *Wyrozumska*, S. 343 ff.; *Zeh*, ZEuS 2004, 173. Zur denkbaren Aktivierung des Art. 50 EUV durch das Vereinigte Königreich Großbritannien und Nordirland sowie zu den gravierenden Folgen des hier angesprochenen »Brexit« vgl. *Bechtold/ Soltész*, Brexit: EU-Kartellrecht ohne Großbritannien, NZKart 2016, 301; *Bronger/Scherer/Söhnchen*, Brexit: Rechtliche Auswirkungen im Fall der Fälle, EWS 2016, 131; *Cullen*, Brexit – ein Projekt der Unvernunft, EuZW 2016, 401; *Gee/Rubini/Trybus*, Leaving the EU? The Legal Impact of ›Brexit‹ on the United Kingdom, EPL 22 (2016), 51; *Mayer/Manz*, Der Brexit und seine Folgen auf den Rechtsverkehr zwischen der EU und dem Vereinigten Königreich, BB 2016, 1731; *Ponzano*, Les demandes britanniques pour éviter un »brexit«: opportunité ou régression pour le projet européen?, RDUE 2015, 631; *Thiele*, Der Austritt aus der EU – Hintergründe und rechtliche Rahmenbedingungen eines »Brexit«, EuR 2016, 281; *Wall*, Leaving the EU?, EPL 22 (2016), 57; sowie *Asch*, »This realm of England in an empire«: Die Krise der EU, das Brexit-Referendum und die europäische Rechtsgemeinschaft, ZSE 2016, 174; *Bogdamer*, Britain and Europe, ZSE 2016, 157; *Fahrmeier*, Allmählicher Abschied von der europäischen Integration? – Britische imperiale Erfahrungen, das Brexit-Votum und die Europäische Union, ZSE 2016, 166; *Tekin*, Was folgt aus dem Brexit? – Mögliche Szenarien differenzierter (Des-)Integration, integration 2016, 183.

[8] Ausführlicher dazu sowie zum klassischen Streit über die Frage, ob sich die EG/EU-Mitgliedstaaten diesbezüglich überhaupt auf völkerrechtliche Kündigungsmöglichkeiten hätten berufen können, vgl. m. w. N. *Bruha/Nowak*, AVR 42 (2004), 1. Näher zum nunmehr immerhin denkbar gewordenen EU-Austritt des Vereinigten Königreichs Großbritannien und Nordirland vgl. *Baumgart*, NJ 2015, 366.

[9] Instruktiv dazu vgl. *Steiger*, EuR-Beih. 1/2010, 57 (61).

[10] Vgl. *Weber*, EuZW 2008, 7 (13).

folgreichen Ratifikation des Lissabonner Reformvertrags beigetragen hat.[11] Hierfür ist mit der Einführung des in Art. 50 EUV niedergelegten Austrittsrechts aber ein viel zu hoher Preis bezahlt worden, da die EU durch diese Neuerung ein Stück weit in die Richtung ganz »normaler« bzw. herkömmlicher internationaler Organisationen gerückt wird, die – wie etwa auch die Welthandelsorganisation (WTO) mit Sitz in Genf – üblicherweise explizite Austrittsrechte gewährleisten. Insoweit diskreditiert dieses neue Austrittsrecht, das der EU ein Stück Identität als unauflösbare Schicksalsgemeinschaft nimmt,[12] zum einen die bislang anzunehmende **Einzigartigkeit der EU im Vergleich zu herkömmlichen internationalen Organisationen**. Zum anderen vermag das neue Austrittsrecht durchaus auch die stereotype Rede von den EU-Mitgliedstaaten als »Herren der Verträge« zu beflügeln, die eher irreführend denn sachgerecht ist (s. Art. 1 EUV, Rn. 11). Schließlich wirft das neue Austrittsrecht weitgehend unnötige Fragen im Zusammenhang mit der so genannten **Finalität der EU** (s. Rn. 1) bzw. der europäischen Integration auf,[13] die bislang aus guten integrationspolitischen Gründen bewusst »in der Schwebe« gehalten wurde.

II. Einvernehmliche Auflösung der Union

7   Zu den klassischen Streitfragen des institutionellen Unionsrechts gehört unter anderem die Frage, ob die Mitgliedstaaten neben dem in Art. 50 EUV niedergelegten Austrittsrecht auch über die Möglichkeit einer einvernehmlichen Auflösung der Union verfügen. Diesbezüglich stehen sich im einschlägigen Schrifttum nach wie vor zwei entgegengesetzte Auffassungen gegenüber, von denen eine stark völkerrechtlich geprägte und heute offenbar wieder zunehmend vertretene Auffassung die Möglichkeit einer einvernehmlichen Auflösung der Union durch einen so genannten actus contrarius bejaht[14]. Diesbezüglich sind allerdings erhebliche Zweifel angebracht, da eine solche Lesart des geltenden Unionsrechts zum einen den Sinngehalt der in Art. 53 EUV und Art. 356 AEUV enthaltenen Regelungen, die nun einmal eine unbegrenzte Geltungsdauer der Verträge anordnen und damit die Dauerhaftigkeit der EU bekräftigen,[15] vollkommen in Frage stellt. Zum anderen sind die beiden vorgenannten Bestimmungen im Lichte des sowohl in der Präambel des EU-Vertrags als auch in Art. 1 Abs. 2 EUV angesprochenen

---

[11] In diese Richtung weisend vgl. etwa *Kumin*, S. 301 (315 f.); zum angeblich integrationsfördernden Charakter dieses Austrittsrechts vgl. ferner *Mann*, S. 271 (282).

[12] In diesem Sinne vgl. *Terhechte*, EuR 2008, 143 (153).

[13] Exemplarisch dazu vgl. einerseits *v. Danwitz*, ZG 2005, 1 (2 f.), der in Ansehung des bereits im Verfassungsvertrag (2004) vorgesehenen Austrittsrechts ausführt, dass man diese neue Austrittsbefugnis letztlich als Festlegung auf eine nichtbundesstaatliche Integrationsperspektive zu deuten habe und wonach bundesstaatliche Finalitätsvorstellungen der europäischen Integration jenseits der Rahmenordnung des Verfassungsvertrags liegen würden; ähnlich *Oppermann*, DVBl 2008, 473 (477); sowie *Wuermeling*, S. 33 (39), wonach es scheine, dass die Frage der Finalität der EU mit dem Reformvertrag beantwortet sei. Auf der anderen Seite vgl. *Müller-Graff*, integration 2008, 123 (125), wonach der Vertrag von Lissabon die »Finalitätsfrage der unionalen Form klugerweise offen« lasse; ähnlich *Hofmann/Wessels*, integration 2008, 3 (20); sowie *Bergmann*, DÖV 2008, 305 (309), wonach hinsichtlich der Finalitätsfrage jedenfalls zwischen den Mitgliedstaaten weiterhin weder Klarheit noch Konsens bestehe.

[14] Vgl. etwa *Geiger*, in: Geiger/Khan/Kotzur, EUV/AEUV, Art. 53 EUV, Rn. 3; *Heintschel v. Heinegg*, in: Vedder/Heintschel v. Heinegg, Europäisches Unionsrecht, Art. 356 AEUV, Rn. 2 f.; *Hofstötter*, in: GSH, Europäisches Unionsrecht, Art. 53 EUV, Rn. 4; *Jaeckel*, in: Grabitz/Hilf/Nettesheim, EU, Art. 356 AEUV (Oktober 2011), Rn. 17; *Kokott*, in: Streinz, EUV/AEUV, Art. 356 AEUV, Rn. 3.

[15] Zutr. *Becker*, in: Schwarze, EU-Kommentar, Art. 356 AEUV, Rn. 6.

Ziels der **Verwirklichung einer immer engeren Union der Völker Europas** (s. EUV-Präambel, Rn. 8 und Art. 1 EUV, Rn. 12 ff.) auszulegen.[16] Insoweit ist davon auszugehen, dass die beiden vorgenannten Bestimmungen einer einvernehmlichen Auflösung der Union entgegenstehen, solange diese Möglichkeit nicht explizit in den Verträgen geregelt wird bzw. solange der Aussagegehalt der Art. 53 EUV und Art. 356 AEUV nicht im Wege eines Vertragsänderungsverfahrens in Richtung einer ausdrücklichen Anerkennung der Möglichkeit zur einvernehmlichen Auflösung dieser Verträge bzw. der Union verändert wird.[17] Dass eine einvernehmliche Auflösung der Union bei einem entsprechenden Willen der Mitgliedstaaten unabhängig von den vorgenannten Änderungen realisiert werden könnte, stellt die beim gegenwärtigen Entwicklungsstand des Unionsrechts gegebene **Unionsrechtswidrigkeit einer einvernehmlichen Auflösung der Verträge bzw. der Union** indes nicht in Frage.

III. Ausschluss eines Mitgliedstaats

Das zuletzt durch den Vertrag von Lissabon (s. Art. 1 EUV, Rn. 33 ff.) reformierte Unionsrecht sieht kein explizites Recht der Union oder ihrer Mitglieder vor, sich – aus welchen Gründen auch immer – eines einzelnen Mitgliedstaats im Wege eines Ausschlusses zu entledigen. Ob sich ein derartiger Ausschluss im Falle außergewöhnlich schwerwiegender Vertragsverletzungen gewissermaßen ultima ratio unter Rückgriff auf das in Art. 60 Abs. 2 der **Wiener Vertragsrechtskonvention** vorgesehene Instrumentarium realisieren lassen könnte,[18] ist überaus fraglich, da die im primären Unionsrecht enthaltenen Bestimmungen zur Lösung bestimmter Differenzen zwischen der EU und ihren Mitgliedstaaten – insbesondere Art. 7 EUV und Art. 258 f. AEUV – abschließend sein dürften.[19] Aus dem oben thematisierten Austrittsrecht (s. Rn. 5 f.) lässt sich ein Ausschlussrecht ebenfalls nicht folgern.[20] Die rein theoretische Möglichkeit, dass 27 EU-Mitgliedstaaten kollektiv auf der Grundlage des Art. 50 EUV zum Zwecke der Gründung einer anderen Union aus der EU austreten und den 28. Mitgliedstaat dabei gewissermaßen »auf der Strecke« lassen, kompensiert das Fehlen eines expliziten Ausschlussrechts nicht wirklich. Statt eines expliziten Ausschlussrechts steht dem Rat vielmehr nur die durch **Art. 7 EUV** eröffnete und im Hinblick auf die Abstimmungsmodalitäten bei der diesbezüglichen Beschlussfassung durch Art. 354 AEUV konkretisierte Möglichkeit zur Verfügung, im Falle des Bestehens einer schwerwiegenden und anhaltenden Verletzung der in Art. 2 EUV genannten Werte bestimmte – sich aus der Anwendung der Verträge auf den betroffenen Mitgliedstaat herleitende – Rechte auszusetzen (s. Art. 7 EUV, Rn. 1 ff.).

8

---

[16] In diesem Sinne vgl. auch *Pechstein*, in: Streinz, EUV/AEUV, Art. 53 EUV, Rn. 2.

[17] Ähnlich vgl. *Becker*, in: Schwarze, EU-Kommentar, Art. 356 AEUV, Rn. 8 u. 10.

[18] In diesem Sinne vgl. etwa *Geiger*, in: Geiger/Khan/Kotzur, EUV/AEUV, Art. 53 EUV, Rn. 4; *Pechstein*, EnzEuR, Bd. 1, § 15, Rn. 21.

[19] In diesem Sinne vgl. auch *Booß*, in: Lenz/Borchardt, EU-Verträge, Art. 50 EUV, Rn. 7; *Hofstötter*, in: GSH, Europäisches Unionsrecht, Art. 53 EUV, Rn. 5; *Jaeckel*, in: Grabitz/Hilf/Nettesheim, EU, Art. 356 AEUV (Oktober 2011), Rn. 19; *Kokott*, in: Streinz, EUV/AEUV, Art. 356 AEUV, Rn. 6; *Schmalenbach*, in: Calliess/Ruffert, EUV/AEUV, Art. 356 AEUV, Rn. 3.

[20] Zutr. *Terhechte*, EuR 2008, 143 (153).

Artikel 357 AEUV [Ratifizierung und Inkrafttreten]

(1) ¹Dieser Vertrag bedarf der Ratifizierung durch die Hohen Vertragsparteien gemäß ihren verfassungsrechtlichen Vorschriften. ²Die Ratifikationsurkunden werden bei der Regierung der Italienischen Republik hinterlegt.

(2) ¹Dieser Vertrag tritt am ersten Tag des auf die Hinterlegung der letzten Ratifikationsurkunde folgenden Monats in Kraft. ²Findet diese Hinterlegung weniger als fünfzehn Tage vor Beginn des folgenden Monats statt, so tritt der Vertrag am ersten Tag des zweiten Monats nach dieser Hinterlegung in Kraft.

Literaturübersicht

Dörr/Schmalenbach (Hrsg.), Vienna Convention on the Law of Treaties. A Commentary, Berlin/Heidelberg 2012.

Inhaltsübersicht

A. Entwicklung, Quellen, Bedeutung

1   Dass Art. 357 AEUV, ebenso wie die Parallelvorschrift des Art. 54 EUV, in den Vertrag von Lissabon übertragen wurde, unterstreicht, dass der Lissabon-Vertrag als bloße Vertragsänderung begriffen wurde.

2   In der Formulierung des Art. 357 AEUV spiegelt sich die Integrationsgeschichte der EU wider: Der EWGV als Kernvertrag der Gründungsgemeinschaften wurde am 27. 3. 1957 in Rom unterzeichnet. Daher wurde die italienische Regierung zum **Depositar** der Ratifikationsurkunden bestimmt. Für das In-Kraft-Treten des EWGV war die Ratifizierung und die Hinterlegung der Urkunden durch alle sechs Mitgliedstaaten vorgesehen, vgl. Art. 247 EWGV-Rom. Nachdem die Ratifizierungsurkunden der Benelux-Staaten am 13. 12. 1957 hinterlegt wurden, konnte der EWGV am 1. 1. 1958 in Kraft treten. Damit hat sich der Gehalt des jetzigen Art. 357 AEUV im Prinzip erledigt, da alle Änderungsverträge ihre eigenen Bestimmungen über die Ratifikation und das In-Kraft-Treten beinhalten;¹ vgl. zuletzt Art. 6 des Vertrages von Lissabon. Während alle diese Verträge im Hinblick auf das In-Kraft-Treten für die Mitgliedstaaten **generell** auf den Zeitpunkt der Hinterlegung der letzten Ratifikationsurkunde abstellen, bestimmt sich ihr In-Kraft-Treten für die späteren Beitritte neuer Mitgliedstaaten im Übrigen nach den jeweiligen Beitrittsverträgen **individuell**, d. h., der jeweilige Vertrag gilt für jeden Beitrittsstaat, sobald dieser seine Ratifikationsurkunde hinterlegt hat, unabhängig davon, ob andere Beitrittsstaaten diese Voraussetzung ihrerseits erfüllt haben.²

---

¹ Nachweise hierzu bei *Ruffert*, in: Calliess/Ruffert, EUV/AEUV, Art. 357 AEUV, Rn. 1.
² *Kokott*, in: Streinz, EUV/AEUV, Art. 357 AEUV, Rn. 2 m. entspr. Nachweisen. Siehe ferner *Khan*, in: Geiger/Khan/Kotzur, EUV/AEUV, Art. 357 AEUV, Rn. 1.

B. Einzelkommentierungen

I. Ratifizierung, Art. 357 Abs. 1 AEUV

Der Begriff »Ratifizierung« verweist auf die völkerrechtlichen Ursprünge der Europäi- 3
schen Union.[3] Ratifizierung meint insofern die Zustimmung der Mitgliedstaaten zum
Inhalt des Vertragswerks, deren formelle Ausgestaltung als Ausdruck der mitgliedstaatlichen Autonomie durch das jeweilige innerstaatliche Verfassungsrecht erfolgt, Art. 357
Abs. 1 Satz 1 AEUV. In der Bundesrepublik Deutschland finden sich die einschlägigen
Vorschriften hierfür in Art. 23 Abs. 1 S. 2 GG und Art. 59 Abs. 1 GG: Vorausgesetzt ist
ein parlamentarisches Gesetzgebungsverfahren, zuständiges Organ für den Vertragsschluss ist nach außen der Bundespräsident.

II. In-Kraft-Treten, Art. 357 Abs. 2 AEUV

Abweichend von Art. 357 Abs. 2 AEUV sieht Art. 6 Abs. 2 des Vertrags von Lissabon 4
für das In-Kraft-Treten des Vertragswerks vorbehaltlich der Hinterlegung aller Ratifikationsurkunden zunächst das fixe Datum des 1.1.2009 vor. Darüber hinaus stellt die
letztgenannte Vorschrift im Übrigen generell auf den ersten Tag des auf die Hinterlegung
der letzten Ratifikationsurkunde folgenden Monats ab und widerspricht damit Art. 357
Abs. 2 Satz 2 AEUV. Da die tschechische und letzte Ratifikationsurkunde indes am
13.11.2009 hinterlegt wurde, hat sich der letztgenannte Unterschied indes nicht manifestiert und der Vertrag von Lissabon konnte am 1.12.2009 in Kraft treten.

III. Völkerrechtlicher Zusammenhang

Wie die Parallelvorschrift des Art. 54 AEUV stellt auch 357 AEUV das In-Kraft-Treten 5
des Vertrages ausdrücklich unter den Vorbehalt der ausdrücklichen völkerrechtlich
wirksamen Zustimmung aller Mitgliedstaaten. Beide Vorschriften sind damit **der souveränen Gleichheit der Mitgliedstaaten** verpflichtet, die diesen nach allgemeinem Völkerrecht (vgl. Art. 2 Ziff. 1 UN-Charta) zukommt und die zu den »Fundamenten der
Europäischen Integration« gehört.[4] Aus diesem Grunde regelt die Ratifikationsklausel
des Art. 357 Abs. 1 Satz 1 EUV ein gestrecktes Vertragsschlussverfahren, welches die
Verfahrensschritte der vertraglichen Zustimmungserklärung und der Ratifikation differenziert.[5] Und die ergänzende Klausel des Art. 357 Abs. 1 Satz 2 EUV stellt klar, dass
die Ratifikation nicht durch Austausch, sondern durch Hinterlegung der Vertragsurkun-
den beim Depositar, namentlich bei der italienischen Regierung, zu erfolgen hat.

---

[3] *Khan*, in: Geiger/Khan/Kotzur, EUV/AEUV, Art. 357 AEUV, Rn. 4 m. w. N. Siehe ferner *Jaekel*,
in: Grabitz/Hilf/Nettesheim, EU, Art. 357 AEUV (Oktober 2011), Rn. 2 f.
[4] *Dörr*, in: Grabitz/Hilf/Nettesheim, EU, Art. 54 EUV (Oktober 2011), Rn. 3.
[5] Zur völkerrechtlichen Bedeutung beider Verfahrensschritte siehe wiederum *Dörr*, in: Grabitz/
Hilf/Nettesheim, EU, Art. 54 EUV (Oktober 2011), Rn. 4. Vgl. ergänzend auch die Beiträge in Dörr/
Schmalenbach.

Artikel 358 AEUV [Verbindlicher Wortlaut; Hinterlegung]

Die Bestimmungen des Artikels 55 des Vertrags über die Europäische Union sind auf diesen Vertrag anwendbar.

Literaturübersicht

Vgl. Art. 55 EUV.

Leitentscheidungen

Vgl. Art. 55 EUV.

Wesentliche sekundärrechtliche Vorschrift

Verordnung Nr. 1 vom 15. 4. 1958, ABl. 1958 Nr. 17/358; zuletzt geändert durch Verordnung (EG) Nr. 1791/2006 vom 20. November 2006, ABl. EU 2006, L 363/1 vom 20. 12. 2006.

1   Art. 358 AEUV ist die Nachfolgevorschrift zu Art. 314 EGV. Letzterer enthielt wie sein gleichlautendes Pendent Art. 53 EUV a. F. in zwei Absätzen Bestimmungen zu den Urschriften und verbindlichen Vertragssprachen sowie zur Hinterlegung des Vertrages. Demgegenüber enthält sich Art. 358 AEUV einer eigenen Regelung, sondern **verweist** auf Art. 55 EUV. Dessen nunmehr geltende Fassung fasst die Bestimmungen über die **verbindlichen Vertragssprachen**, deren **Gleichberechtigung** und über die **Hinterlegung** in einem Absatz zusammen und ergänzt diesen um einen weiteren Absatz, der es den Mitgliedstaaten gestattet, den Vertrag in eine ihrer Amtssprachen zu **übersetzen** und eine beglaubigte Abschrift dieser Übersetzungen zu hinterlegen. Der Verweis in Art. 358 AEUV bezieht sich auf beide Absätze des Art. 55 EUV. Dies wird im Wortlaut durch die Einfügung des Begriffs »Bestimmungen« im Plural unterstrichen.

2   Nachdem der Versuch der Zusammenfassung der verschiedenen Verträge im Vertrag über eine Verfassung für Europa 2005 gescheitert war, hat der Lissabonner Vertrag zwar partiell gewisse Vereinheitlichungen herbeigeführt, doch die Aufteilung in mehrere Verträge nicht überwinden können. Die bis damals bestehende Zweiteilung des EU-Primärrechts ist im Grunde in eine Vierteilung überführt worden, den EU-Vertrag, den AEU-Vertrag, die Charta der Grundrechte sowie der Vertrag über die Europäische Atomgemeinschaft. Ungeachtet dieser redaktionellen Aufteilung ist der nunmehr erfolgte Verweis in Art. 358 AEUV auf Art. 55 EUV ein Zeichen für die Zielsetzung, inhaltlich die drei erstgenannten Verträge stärker aufeinander zu beziehen und damit zu **vereinheitlichen** (s. Art. 55 EUV, Rn. 4). Lediglich im EAG-Vertrag werden die Bestimmungen über die verbindlichen Vertragssprachen und die Hinterlegung in der überkommenen Systematik noch einmal aufgeführt. Dort fehlt es an einer Regelung über die Übersetzung in weitere Amtssprachen der Mitgliedstaaten.[1]

3   Wegen des inhaltlich vollumfänglichen Verweises kann bezüglich der Kommentierung des Art. 358 AEUV auf die Ausführungen zu **Art. 55 EUV** verwiesen werden.

---

[1] Art. 225 EAGV in der konsolidierten Fassung von 2012, ABl. 2012, C 327, S. 1.

Sebastian Heselhaus

Stichwortverzeichnis

Das Stichwortverzeichnis umfasst alle vier Bände des Kommentars (Band 1: EUV, GRC, Band 2: AEUV Art. 1–100, Band 3: AEUV Art. 101–215, Band 4: AEUV Art. 216–358). Die Verweise beziehen sich auf die kommentierten Artikel (Fettdruck) und die dazugehörigen Randnummern (Normaldruck).

– s. a. Arbeitnehmerfreizügigkeit
– allgemeines ~ **AEUV 203** 11
– Angleichung nach oben **AEUV 157** 17 ff.
– aus Gründen der ethnischen Herkunft **GRC 21** 4, 6; **AEUV 19** 25
– aus Gründen der Rasse **GRC 21** 4; **AEUV 19** 24
– aus Gründen der Religion oder Weltanschauung **GRC 21** 4; **AEUV 19** 26
– aus Gründen der Staatsangehörigkeit **GRC 21** 15; **AEUV 18**
– aus Gründen des Alters **GRC 21** 4; **AEUV 19** 28
– aus Gründen des Geschlechts **GRC 21** 4; **AEUV 19** 23
– aus Gründen einer Behinderung **GRC 21** 4; **AEUV 19** 27
– Berechnung des Arbeitsentgelts **AEUV 19** 12
– besonderes ~ **AEUV 200** 8
– Diskriminierungskontrolle **AEUV 34** 125 ff.
– Entgeltgleichheit **AEUV 157** 80 ff.
– kirchliche Belange **AEUV 17** 22
– Kompetenzgrundlage **AEUV 18** 91 ff.; **19** 1 ff.
– steuerliches ~ **AEUV 113** 1
– Strafrecht **AEUV 325** 8
– wegen der Geburt **GRC 21** 7
– wegen der genetischen Merkmale **GRC 21** 9
– wegen der Hautfarbe **GRC 21** 6
– wegen der politischen oder sonstigen Anschauung **GRC 21** 7
– wegen der sozialen Herkunft **GRC 21** 7
– wegen der Sprache **GRC 21** 6
– wegen der Zugehörigkeit zu einer nationalen Minderheit **GRC 21** 6
– wegen des Vermögens **GRC 21** 7
Diskriminierungsverbot aus Gründen der Staatsangehörigkeit **GRC 21** 15; **AEUV 18**
– Auslegungsmaxime **AEUV 18** 73
– Berechtigte **AEUV 18** 53 ff.
– Bindung Privater **AEUV 18** 63 ff.
– Inländerdiskriminierung **AEUV 18** 68 f.
– Leitmotiv **AEUV 18** 3
– Nachrangigkeit **AEUV 18** 73 ff.
– persönlicher Anwendungsbereich **AEUV 18** 52 ff.
– räumlicher Anwendungsbereich **AEUV 18** 71
– Rechtsetzungskompetenz **AEUV 18** 91 ff.
– sachlicher Anwendungsbereich **AEUV 18** 36 ff.
– umgekehrte Diskriminierung **AEUV 18** 68 f.
– und Grundfreiheiten **AEUV 18** 37 ff., 79 ff.
– und Freizügigkeitsrecht **AEUV 18** 41 ff.
– und nationaler Grundrechtsschutz **AEUV 18** 44
– und prozessrechtliche Regeln **AEUV 18** 45
– und Sekundärrecht **AEUV 18** 90

– und Sozialleistungen **AEUV 18** 46
– Verpflichtete **AEUV 18** 60 ff.
– Vorrangigkeit **AEUV 18** 88 f.
– zeitlicher Anwendungsbereich **AEUV 18** 70
Diskriminierungsverbot aus Gründen des Geschlechts **GRC 21** 4; **AEUV 19** 23
– Frauenquoten **AEUV 19** 34
– Gender-Richtlinie **AEUV 19** 36
– Unisextarifrichtlinie **AEUV 19** 36
Diskriminierungsverbot, Kompetenzgrundlage **AEUV 18** 91 ff.; **19** 1 ff.
– Anwendungsvoraussetzungen **AEUV 19** 3 ff.
– Fördermaßnahmen der Union **AEUV 19** 35
– Gesetzgebungsverfahren **AEUV 18** 95 ff.; **19** 31 ff.
– Konkurrenzverhältnis **AEUV 19** 4 ff.
– Sachregelungskompetenz **AEUV 19** 10
Dispute Settlement Body (der WTO) **AEUV 216** 238, 243
Disziplinarrecht für Beamte **AEUV 228** 17
disziplinierte Haushaltsführung **AEUV 125** 1, 4
Dividenden **AEUV 65** 18, 36
Dividendenbesteuerung **AEUV 49** 138 ff.
Dodd-Frank Act **AEUV 207** 104
Doha-Entwicklungsrunde **AEUV 207** 194 ff.
Dokumente
– Datenschutz **AEUV 232** 16
– geheim **AEUV 232** 16
– Interesse, öffentliches **AEUV 232** 16
– Privatsphäre **AEUV 232** 16
– Untersuchungsausschuss **AEUV 226** 11
– Zugang **GRC 41** 18; **AEUV 232** 16
Doppelbelastungen **AEUV 56** 117
Doppelbesteuerung **AEUV 49** 99, 112, 128, 140; **63** 41; **110** 2, 45
– Abkommen (DBA) **AEUV 63** 41; **64** 16
– Verbot **AEUV 110** 45, 129 f., 132
– wirtschaftliche ~ **AEUV 65** 18
Doppelbesteuerungsabkommen **AEUV 49** 105, 114, 130, 135, 143; **110** 2
Doppelbestrafungsverbot s. ne bis in idem
Doppelgrundlage **AEUV 113** 7
Doppelhaushalt **AEUV 310** 32
Doppelhut **AEUV 221** 4
Doppelmandatierung **AEUV 218** 35
Doppelschranke **GRC 47** 4, 72
doppelte Schrankenregelung **GRC 52** 2, 56
doppelte Staatsangehörigkeit s. Staatsangehörigkeit
doppelte Subsidiarität **AEUV 169** 4
doppelte Verlustberücksichtigung **AEUV 49** 124
Drei-Prozent-Klausel, EP **EUV 14** 37, 38; **AEUV 223** 1, 17, 35; **225** 6
Dreiseitendialog **AEUV 324** 7
Dringlichkeitsmaßnahmen **AEUV 63** 5; **144** 4, 12
dritte Säule der Union **AEUV 276** 1

- TARGET **AEUV 127** 34 f.
- Teilnahme an Sitzungen **AEUV 284** 5
- Teilnahme an Sitzungen des Rates **AEUV 284** 7
- Unabhängigkeit **AEUV 130** 1 ff.; **271** 2; **282** 9, 10; **284** 19
- Unabhängigkeit und Konvergenz **AEUV 140** 11 f.
- und Euro-Gruppe **AEUV 137** 12
- Verhältnis zum Europäischen Parlament **AEUV 284** 10 f.
- Verordnungen **AEUV 132** 5 ff.
- Vertraulichkeit der Sitzungen **AEUV 284** 15, 18
- Vizepräsident **AEUV 142** 21
- Währungsreserven **AEUV 127** 28 ff.
- Weisungen **AEUV 132** 14 f.
- Zahlungsverkehr **AEUV 127** 32 ff.
- Zugang zu Dokumenten **AEUV 284** 20
Europäischer Ausrichtungs- und Garantiefonds für die Landwirtschaft – Abteilung Ausrichtung (EAGFL) AEUV 175 6; **178** 4
Europäischer Ausschuss für Systemrisiken AEUV 127 58; **141** 25;
- Wirtschafts- und Finanzausschuss **AEUV 134** 3
Europäischer Auswärtiger Dienst EUV 27
- Aufgaben **EUV 27** 22 ff.
- Beschluss über die Organisation und Arbeitsweise **EUV 27** 12
- Delegationen der Union **EUV 27** 16 f.
- Geschäftsfähigkeit **EUV 27** 14
- Haushaltsautonomie **EUV 27** 14
- Personal **EUV 27** 19 ff.
- Rechtsfähigkeit **EUV 27** 14
- Struktur **EUV 27** 16 ff.
Europäischer Bürgerbeauftragter s. Bürgerbeauftragter, Europäischer
Europäischer Datenschutzbeauftragter AEUV 85 9, 28, 36; **88** 41
Europäischer Entwicklungsfonds (EEF) AEUV 287 6; **310** 20
Europäischer Finanzstabilisierungsmechanismus (EFSM) AEUV 122 26 ff.; **143** 24; **311** 110
Europäischer Fonds für die Anpassung an die Globalisierung AEUV 175 13
Europäischer Fonds für regionale Entwicklung (EFRE) AEUV 174 2; **175** 6; **176** 1 ff.; **309** 18
- Durchführungsverordnungen **AEUV 178** 2
Europäischer Fonds für währungspolitische Zusammenarbeit (EFWZ) AEUV 142 21; **219** 3
Europäischer Forschungsbeirat (EURAB) AEUV 188 5
Europäischer Gerichtshof s. Gerichtshof der Europäischen Union
Europäischer Haftbefehl EUV 4 89; **GRC 19** 13; **AEUV 82** 11, 16, 27
Europäischer Integrationsprozess EUV 1 12 ff.

- Entwicklungsstufen **EUV 1** 17 ff.
- Finalität **EUV Präambel** 8; **1** 51
- Förderung- u. Intensivierung **EUV 1** 12
- Grundmotive **EUV Präambel** 10 f.; **1** 13 ff.; **GRC Präambel** 8
Europäischer Investitionsfonds (EIF) AEUV 308 8; **309** 18, 33 f.
Europäischer Kollektivvertrag
- s. Kollektivvereinbarung, Europäische
- s. Kollektivverhandlung, transnational
Europäischer Landwirtschaftsfonds für die Entwicklung des ländlichen Raums (ELER) AEUV 40 66; **175** 7; **178** 4; **309** 18
Europäischer Meeres- und Fischereifonds (EMFF) AEUV 175 7
Europäischer Rat EUV 13 9; **15** 1 ff.; **AEUV 219** 3; **235** 1 ff.; **236** 2 f., 8; **244** 8 f.
- Abstimmungsmodalitäten **AEUV 235** 1 ff.
- Amtsenthebung des Präsidenten **EUV 15** 29
- Anhörung des Präsidenten des EP **AEUV 235** 12
- Anhörung durch EP **AEUV 230** 7
- Aufgaben **EUV 15** 33 ff.; **AEUV 244** 9
- Aufgaben des Präsidenten **EUV 15** 30 f.
- Außenvertretung **EUV 15** 32
- außerordentliche Sitzung **EUV 26** 10 ff.
- außerordentliche Tagungen **EUV 15** 16
- Austrittsmitteilung **EUV 50** 6
- begleitende Delegationen **EUV 15** 14
- Beschluss über Ratsformationen **AEUV 236** 2 f., 8
- Beschlussfassung **EUV 15** 25; **AEUV 235** 6 ff., 14; **236** 8
- Beschlussfähigkeit **EUV 15** 25
- Beschlussfassung im Rahmen der GASP **EUV 26** 7 ff.; 31;
- Beurteilungsspielraum **AEUV 244** 8
- Brückenklausel **EUV 31** 30 ff.
- Einberufung **EUV 15** 21
- einfache Mehrheit s. Beschlussfassung
- Einstimmigkeit **EUV 31** 5 ff.; **AEUV 235** 9
- Entstehung, Entwicklung **EUV 15** 1 ff.
- Enthaltung **EUV 31** 9 ff.
- EP **AEUV 230** 7
- Erklärung von Laeken zur Zukunft der EU **AEUV 1** 20; **2** 6
- Erlass von Gesetzgebungsakten **EUV 15** 34
- Ernennungsbefugnisse **EUV 15** 36
- Festlegung des Vorsitzes **AEUV 236** 4
- Funktionsweise **EUV 15** 15 ff.
- Generalsekretariat **AEUV 235** 17; **240** 9 ff.
- Generalsekretär **AEUV 240** 12
- Geschäftsordnung **AEUV 230** 7; **235** 13 ff.
- informelle Treffen **EUV 15** 17
- Kompetenzen **EUV 15** 33 ff.
- Kompetenzen des Präsidenten **EUV 15** 30 f.
- Konsensverfahren s. Beschlussfassung
- Konsultationspflicht der Mitgliedstaaten **EUV 32**

33*

Harmonisierung AEUV 34 47, 80; **64** 12; **110**
  5 ff.; **113** 1, 4 f., 13 f., 23; **288** 29 f.
– alternative Harmonisierung AEUV **288** 30
– besonderes Gesetzgebungsverfahren
  AEUV **113** 19
– direkter Steuern AEUV **110** 11; **113** 5
– durch Sekundärrecht AEUV **351** 115
– durch Anpassung des Sekundärrechts
  AEUV **220** 118; **216** 34
– fakultative AEUV **114** 19
– Forschung AEUV **179** 38 f.; **180** 13, 16
– Gegenstände AEUV **113** 6 ff.
– Harmonisierungsauftrag AEUV **113** 2, 4
– Harmonisierungsgebot AEUV **110** 14, 16
– indirekter Steuern AEUV **110** 10, 75 ff.; **113**
  2, 7, 21
– Maßnahmen AEUV **63** 41; **65** 17
– materiellrechtliche Anforderungen
  AEUV **113** 6
– Mindestharmonisierung AEUV **288** 29
– „Ob" AEUV **113** 17
– optionale AEUV **114** 18; **288** 30
– Regelungsdichte AEUV **113** 17
– Schranke AEUV **113** 6
– sekundärrechtliche AEUV **110** 26 ff.; **113** 1
– stille AEUV **110** 17
– sonstige indirekte Steuern AEUV **113** 15,
  37 f.
– Teilharmonisierung AEUV **288** 30
– teilweise AEUV **114** 17
– Umsatzsteuer AEUV **113** 3, 7, 9, 26
– Verbrauchsabgaben AEUV **113** 7, 33 ff.
– Vollharmonisierung AEUV **288** 29
– vollständige AEUV **114** 16
– „Wie" AEUV **113** 17
Harmonisierung, Strafrecht AEUV **82** 2; **83** 9 ff.
– Angleichung in harmonisierten Bereichen
  AEUV **83** 30 f.
– besonders schwere Kriminalität AEUV **83**
  10 ff.
– Einzelermächtigungen für bestimmte Krimi-
  nalitätsbereiche AEUV **83** 15 ff.
– Erforderlichkeit AEUV **83** 14
– Erweiterung auf andere Kriminalitätsbereiche
  AEUV **83** 28 f.
– Festlegung von Mindestvorschriften
  AEUV **83** 7 f., 38 ff.
– grenzüberschreitende Kriminalität
  AEUV **83** 13
– Kritik AEUV **83** 5 ff.
– Notbremseverfahren AEUV **83** 50 f.
– Unerlässlichkeit AEUV **83** 34 f.
Harmonisierung, Strafverfahrensrecht
  AEUV **82** 24 ff.
– Erforderlichkeit AEUV **82** 31
– Festlegung von Mindestvorschriften
  AEUV **82** 32 f.
– Gegenstand AEUV **82** 25 ff.
– Notbremseverfahren AEUV **82** 36 f.

Harmonisierungsamt für den Binnenmarkt
  (HABM) AEUV **118** 24
Harmonisierungsverbot AEUV **2** 53; **165** 30;
  166 14; **167** 27, 36
– s. a. Religionsverfassungsrecht
– Flexibilisierungsklausel AEUV **352** 41
– Gesundheitswesen AEUV **168** 18, 29 f.
Hauptniederlassung AEUV **50** 12; **54** 6, 9; **57**
  18
Hauptrefinanzierungsgeschäfte AEUV **127** 20
Hauptverwaltung AEUV **54** 6, 9
Hausangestellte GRC **31** 15
Haushalt der EU s. Gesamthaushaltsplan
haushälterische Eigenverantwortung
  AEUV **125** 1, 4
Haushaltsaufsicht, präventive AEUV **121** 51 ff.
Haushaltsausgleich AEUV **310** 28 ff., **311** 71
Haushaltsbefugnisse
– EP gemeinsam mit Rat EUV **14** 2, 15
Haushaltsbehörde AEUV **314** 9
Haushaltsdisziplin AEUV **310** 54 ff.
– Einnahmen aus Sanktionen AEUV **311** 97
– Koordinierung und Überwachung
  AEUV **136** 7
– mitgliedstaatliche AEUV **126** 22 ff., 43 ff.
Haushaltsfinanzierung, allgemeine AEUV **311**
  62
Haushaltsgrundsätze AEUV **310** 11
– Einheit AEUV **310** 17, 22
– Gesamtdeckung AEUV **310** 44
– Haushaltswahrheit AEUV **310** 25 ff.
– Jährlichkeit AEUV **310** 32 ff., **313** 1, **316** 1
– Rechnungseinheit AEUV **310** 43, **320** 1 ff.
– Spezialität AEUV **310** 46, **316** 7, 10, **317** 13
– Transparenz AEUV **310** 47
– Vorherigkeit AEUV **310** 37
– Vollständigkeit AEUV **310** 18 ff., **311** 98
– Wirtschaftlichkeit AEUV **310** 38 ff., **317** 10
Haushaltskontrolle AEUV **126** 1 ff.
Haushaltsordnung AEUV **310** 11, **314** 2, **316** 2,
  317 4, **322** 5
– 2012 AEUV **322** 7
– als spezielle Handlungsform AEUV **322** 3
– Parteien AEUV **224** 11, 15
Haushaltsplan der EU s. Gesamthaushaltsplan
Haushaltspolitik, mitgliedstaatliche AEUV **126**
  1 ff.
Haushaltsrecht AEUV **310** ff.
– Befugnisse AEUV **230** 3
– Formvorschriften, wesentliche AEUV **230** 3
– Gleichgewicht, institutionelles AEUV **230** 3
– Zusammenarbeit, loyale AEUV **230** 3
Haushaltsverfahren AEUV **314** 9 ff.
– EP AEUV **230** 3
Haushaltsvollzug, Arten AEUV **317** 5
Haushaltsvorschriften AEUV **322** 1 ff.
Haushaltszeitplan, gemeinsamer AEUV **121** 56
Heranführungs- und Unterstützungsstrategien
  EUV **49** 32

institutionelles Gleichgewicht zwischen den Organen der EU AEUV 216 56, 234; 218 14 ff., 112, 202
Institutsgarantie GRC 38 9
Integration AEUV 79 43 ff.
– s.a. europäische Integration
– abgestufte AEUV 27 3
– differenzierte AEUV 27 1; 27 3; 137 5; 138 1; 141 2
– negative AEUV 114 9
– positive AEUV 114 6, 9
Integrationsbereich AEUV 216 79 f.; 218 162 f.
Integrationsklausel AEUV 11 1 ff., 10 ff.
– Abwägungsprozess AEUV 11 14
– erfasste Bereiche AEUV 11 21 ff.
– Erfordernisse des Umweltschutzes AEUV 11 19 f.
– gerichtliche Überprüfung AEUV 11 16 ff.
– kompetenzerweiternde Wirkung AEUV 11 12
– Rechtsverbindlichkeit AEUV 11 13
Integrationsprinzip AEUV 191 85
Integrationsprogramm AEUV 311 126
Integrationsverantwortung EUV 48 55 ff., 67, 69, 90; AEUV 353 9
integriertes Grenzschutzsystem AEUV 77 26
Inter-se-Abkommen/-Vereinbarungen/-Verträge AEUV 216 127, 250; 351 13, 31 f.
Interessenabwägung GRC 47 75, 76, 77, 78
Interessensträger AEUV 12 35 f.
Interinstitutionelle Vereinbarungen EUV 14 6, 14; AEUV 218 106, 201; 220 49; 225 3; 226 6 f., 13, 5; 293 16; 294 25, 32; 295, 2 ff., 10 ff.
– EP EUV 14 6, 14; AEUV 225 3; 230 1; 232 6, 9
– über die Haushaltsdisziplin AEUV 310 57; 312 1; 314 11; 324 11
Interlaken Declaration AEUV 218 11
Interkonnektion AEUV 194 4 f., 19 f.
– Funktion AEUV 194 5, 19
intermediäre Gewalten AEUV 18 63
Internal Market Scoreboard AEUV 26 22
International Bank for Reconstruction and Development – IBRD s. Internationale Bank für Wiederaufbau und Entwicklung
International Centre for the Settlement of Investment Disputes – ICSID s. Internationale Zentrum zur Beilegung von Investitionsstreitigkeiten
International Development Association (IDA) s. Internationale Entwicklungsorganisation
International Finance Corporation (IFC) s. Internationale Finanz-Corporation
International Monetary and Financial Committee (IMFC) s. Internationaler Währungs- und Finanzausschuss
International Monetary Fund s. Internationaler Währungsfonds
Internationale Arbeitsorganisation s. ILO

Internationale Atomenergie Organisation (IAEA) AEUV 220 54
Internationale Bank für Wiederaufbau und Entwicklung AEUV 138 15
Internationale Entwicklungsorganisation AEUV 138 15
Internationale Finanz-Corporation AEUV 138 15
Internationale Konferenz EUV 34
internationale Konferenzen AEUV 218 190, 205; 220 18, 30, 88; 221 1
Internationale Organisation für Rebe und Wein s. OIV
internationale Organisationen EUV 34; AEUV 143 21; 219 3, 16, 22, 23
– Bestimmung der Vertretungsverhältnisse der EU AEUV 218 174 ff., 188
– Hauptorgan AEUV 143 21
– intergouvernementale AEUV 220 15
– Mitgliedschaft der EU s. Mitgliedschaft in internationalen Organisationen
– privilegierte/nicht-privilegierte AEUV 220 13
internationale Partnerschaft EUV 21 18
Internationale Seeschifffahrtsorganisation s. IMO
internationale Sicherheit AEUV 216 259; 220 34; 351 25, 49 ff.
internationale Übereinkünfte AEUV 216 1 ff.; 218 13, 78, 169; 351 19, 23
– Abschluss AEUV 3 14 ff.
internationale Vermittlungen AEUV 220 34
Internationale Zentrum zur Beilegung von Investitionsstreitigkeiten AEUV 138 15
Internationale Zivilluftfahrtorganisation s. ICAO
internationale Zusammenarbeit, Forschung AEUV 188 2
Internationaler Fonds für Irland AEUV 175 14
Internationaler Gerichtshof (IGH) AEUV 218 230
– Statut AEUV 216 48, 211
– Rechtsprechung AEUV 216 51
internationaler Schutz AEUV 78 1 ff.
Internationaler Strafgerichtshof für das ehemalige Jugoslawien (ICTY) AEUV 217 9
Internationaler Währungsfonds (IWF, IMF) AEUV 63 23; 138 15, 29 ff.; 137, 8; 143 7, 21; 216 42; 218 83; 219 16, 18, 23; 220 25, 52; 351 80, 91
– „altes" System AEUV 219 1
– Entwicklungsausschuss (Development Committee) AEUV 138 31
– Euro-Sitz AEUV 138 45
– Exekutivdirektorium AEUV 138 31, 45
– Gouverneursrat AEUV 137 8; 138 32, 46
– Internationaler Währungs- und Finanzausschuss AEUV 137 8; 138 31, 45
– Mitgliedstaaten AEUV 219 7

- Beschwerde **AEUV 228** 5
- Beschwerdeverfahren **EUV 17** 7
- Dienststellen **AEUV 249** 5, 7
- einfache Mehrheit **AEUV 64** 22; **250** 2
- Einsetzung **EUV 17** 41 ff.
- Empfehlung **AEUV 63** 2; **143** 14, 16, 28, 30; **144** 1, 14, 16; **219** 6, 14, 19, 21
- Entlassung **EUV 17** 38
- Entlastung **AEUV 285** 4; **318** 2; **319** 3 ff.
- Ermächtigungsverfahren **AEUV 250** 6 f.
- Ermessen **AEUV 241** 8 f.
- Ernennung **EUV 17** 47 ff.
- Ernennungsvoraussetzungen **EUV 17** 20 ff.
- Ersetzung ausgeschiedener ~smitglieder **AEUV 246** 5 ff.
- EP **AEUV 230** 4 f.; **231** 6
- EP, Anhörung durch die ~ **AEUV 230** 4 f.
- EP-Fragen, Beantwortung **AEUV 230** 4, 6
- EP-Sitzungen, Teilnahme **AEUV 230** 4 f.
- Exekutivaufgaben **EUV 17** 9
- Förderung der allgemeinen Unionsinteressen **EUV 17** 3 f.
- Gehalt **AEUV 243** 4 f.
- Generaldirektion **AEUV 249** 6
- Generalsekretariat **AEUV 249** 7
- Gesamtbericht **AEUV 233** 1 ff.
- Gesamtbericht über die Tätigkeit der Union **AEUV 249** 8 f.
- geschäftsführende Weiterführung **AEUV 246** 4, 17 f.
- Geschäftsordnung **AEUV 249** 1 ff.
- Hoher Vertreter als Vizepräsident **AEUV 218** 21; **220** 85; **221** 4
- Hüterin der Verträge **EUV 17** 5 ff.; **AEUV 258** 1
- Initiativmonopol **EUV 17** 12; **AEUV 135** 1
- Initiativrecht **EUV 14** 13; **17** 12 ff.; **AEUV 225** 1; **241** 1; **289** 40; **292** 10; **294** 6 ff.; **296** 20 f.; **297** 6, 13, 16; **298** 6
- Individualbeschwerde **AEUV 258** 8
- Jahres-Gesetzgebungsprogramm **AEUV 233** 11
- Kabinett **AEUV 249** 4
- Kohärenzgebot **AEUV 334** 4
- Kollegialitätsprinzip **EUV 17** 34; **AEUV 248** 9
- Kollegium **EUV 17** 16; **AEUV 250** 2
- Koordinierungsaufgaben **EUV 17** 9
- Legislaturperiode des EP **EUV 17** 17
- Mehrheitsprinzip **AEUV 250** 2 f.
- Misstrauensantrag **AEUV 230** 5; **231** 7
- Mißtrauensvotum **EUV 14** 10; **17** 18, 49
- mündliches Beschlussverfahren **AEUV 250** 4
- Nachbesetzung **AEUV 246** 5 ff., 17
- Nichtersetzung **AEUV 246** 8
- Öffentlichkeit des Gesamtberichts **AEUV 249** 9
- Organisationsstruktur **AEUV 249** 4

- Pflege der Beziehungen zu internationalen Organisationen **EUV 17** 10
- Pflichten der ~smitglieder **EUV 17** 27
- Präsident **EUV 14** 71; **17** 34 ff.; **AEUV 231** 6; s. a. Präsident der Europäischen Kommission
- Präsidentenwahl **EUV 14** 3, 10
- Programmplanung **EUV 17** 11
- Rechtsetzungsbefugnisse, Delegation **AEUV 231** 6
- Regierungs- und Exekutivorgan **EUV 17** 1
- Ressortprinzip **AEUV 248** 6 f.
- Rücknahme eines Vorschlags **EUV 17** 13
- Rücknahmerecht **AEUV 293** 13 f.; **294** 6
- Rücktritt eines ~smitgliedes **AEUV 246** 3
- Rücktritt der ~ **AEUV 246** 16 f.
- Sanktionsbefugnisse **EUV 17** 5
- Sanktionsverfahren gegen Mitglieder der ~ **AEUV 245** 10 ff.
- Stellungnahme **AEUV 63** 3; **144** 1
- Strategieplanung **EUV 17** 11
- Subdelegation **AEUV 250** 6
- System der gleichberechtigten Rotation **EUV 17** 32; **AEUV 244** 3 ff.
- Teilnahme an Sitzungen des EZB-Rats **AEUV 284** 6
- Transparenz **EUV 17** 32
- Tod eines ~smitgliedes **AEUV 246** 3
- Unabhängigkeit **EUV 17** 23, 25 ff.; **AEUV 245** 2; **298** 14
- vereinfachtes Beschlussverfahren **AEUV 250** 5 ff.
- Verfahren der Befugnisübertragung **AEUV 250** 8
- Verhaltenskodex **EUV 17** 29; **AEUV 245** 6
- Vertragsverhandlungen **EUV 17** 6, 10
- Vertragsverletzungsverfahren **AEUV 228** 5
- Vertreterin der allgemeinen Interessen **EUV 17** 1
- Verwaltungsaufgaben **EUV 17** 9
- Verwaltungsfunktionen **AEUV 2** 16
- Vizepräsident **EUV 18** 20
- Vorschlag **AEUV 219** 6, 21
- Zusammenarbeit **AEUV 230** 11
- Zusammensetzung **EUV 17** 30 ff.
- Zuständigkeit im Rahmen der GASP **AEUV 254** 18 f.
- Zuständigkeitsverteilung innerhalb der ~ **AEUV 248** 2 ff.
- Zustimmung des EP **EUV 14** 33; **17** 46; **AEUV 234** 1
kommunale Daseinsvorsorge **EUV 4** 40 f.
Kommune
- Bürgerbeauftragter **AEUV 228** 13
- Petitionsrecht **AEUV 227** 6
Kommunikation
- Abgeordneter **AEUV 223** 61
- Beeinträchtigung **GRC 7** 33
- Eingriffsrechtfertigung **GRC 7** 38
- Schutzbereich **GRC 7** 27

71*

Quersubventionierung AEUV 56 65
Querverbindungen zur GASP AEUV 205 4
Quoten s. positive Maßnahmen
Quotierung AEUV 40 47 ff.

RABIT AEUV 74 6; 77 28
race to the bottom AEUV 34 185
Rahmenbeschluss AEUV 288 40
Rahmenbeschluss Katastrophenschutz und Ter-
  rorabwehr AEUV 222 37
Rahmenfinanzregelung AEUV 310 24
Rahmenprogramm, Forschung AEUV 182 1 ff.,
  17, 24
Rahmenvereinbarung über die Beziehungen
  zwischen dem Europäischen Parlament und
  der Europäischen Kommission vom
  20.10.2010 AEUV 218 78, 154, 201 ff.
Raison d'être der Union AEUV 351 85
Rang von Übereinkünften im EU-Recht
  AEUV 216 211
Rassismus und Fremdenfeindlichkeit AEUV 83
  15
Rat „Auswärtige Angelegenheiten" AEUV 221
  4
Rat der EU EUV 13 10; 16 1 ff.; AEUV 113 21;
  219 2, 5, 6, 14, 19, 20; 235 1, 17; 236 2 f., 4,
  5 ff.; 237 1 ff.; 238 1 ff.; 239 1 ff.; 240 9 ff.; 330
  5; 332 4; 334 4
– s. a. Gesetzgebungsakte, Gesetzgebungsver-
  fahren
– A-Punkte EUV 16 29 f.; AEUV 237 11 f.;
  240 5; 242 1 ff.; 243 4 ff.
– Abgrenzung von den im Rat vereinigten Ver-
  tretern der Regierungen der Mitgliedstaaten
  EUV 16 21
– Abschlusskompetenz für völkerrechtliche Ab-
  kommen EUV 16 6
– Abstimmungsdurchführung AEUV 238
  33 ff.
– Abstimmungseinleitung AEUV 238 32
– Allgemeine Angelegenheiten EUV 16 16 f.
– als Ko-Gesetzgeber AEUV 289 9 ff.; 293 8
– Anhörung durch EP AEUV 230 7
– Aufforderungsgegenstand AEUV 241 4 f.
– Aufforderungsrecht AEUV 241 2 ff.
– Aufforderungswirkungen AEUV 241 8
– Aufgaben EUV 16 2 ff.; AEUV 242 6; 243 4 f.
– Aufgaben des Vorsitzes EUV 16 25 ff.
– Ausschuss der Ständigen Vertreter (AStV)
  EUV 16 29 f.
– Ausschussregelung AEUV 242 1 ff.
– Auswärtige Angelegenheiten EUV 16 18;
  AEUV 237 9
– Außenminister EUV 16 16
– außerordentliche Tagung EUV 30 7 ff.
– B-Punkte EUV 16 29 f.; AEUV 237 11 f.; 240
  5
– Beschluss AEUV 219 14, 15, 19, 20
– Beschluss über die Übertragung von Missio-
  nen EUV 44 10

– Beschluss über Instrumente der GASP
  EUV 25 7
– Beschluss über Missionen EUV 43 20 ff.
– Beschlussfassung EUV 16 31 ff.; AEUV 238
  1 ff.; 242 7; 333 1
– Beschlussfassung im Rahmen der GASP
  EUV 29; 31
– Beschlussfähigkeit AEUV 238 31
– Bevollmächtigung AEUV 239 5
– Bevölkerungsquorum EUV 16 32, 37;
  AEUV 238 6, 11
– Brückenklausel EUV 31 30 ff.
– COREPER s. Ausschuss der Ständigen Ver-
  treter (AStV)
– doppelte Mehrheit EUV 16 36 f.; AEUV 238
  10 ff., 21 ff.
– Dreiergruppe EUV 16 23 f.; AEUV 236 5 ff.
– Durchführung der GASP EUV 26 13 ff.
– Einberufung EUV 30 11 f.; AEUV 237 4 ff.
– einfache Enthaltung EUV 31 9 f.
– einfache Mehrheit EUV 16 31; 31 33;
  AEUV 144 17; 223 48; 238 3 f.; 240 15 f.; 241
  2; 242 7
– Einheit des Rates EUV 16 15
– Einstimmigkeit EUV 16 31; 31 5 ff.; 42 38 ff.;
  AEUV 64 22; 219 15; 223 48; 238 26 ff.; 330 5;
  332 4
– Einstimmigkeitserfordernis AEUV 289 28,
  33, 36, 38; 292 9; 293 1, 6 ff.; 294 24, 27 f., 45;
  298 10
– Empfehlung EUV 22 11 ff.
– Entscheidungsgremium EUV 16 1
– Entwurf eines Programms EUV 16 25
– EP AEUV 230 7
– Ernennungsbefugnisse EUV 16 5
– Europäische Verteidigungsagentur EUV 45
  9 ff.
– Europaminister EUV 16 16
– Festsetzung von Gehältern AEUV 243 4 f.
– Formationen EUV 16 14 ff.; AEUV 236 2 f.
– Geldpolitik AEUV 127 15
– Generalsekretariat AEUV 235 17; 240 8 ff.
– Generalsekretär AEUV 240 12 ff.
– Geschäftsordnung AEUV 230 7; 240 16 f.
– Gesetz über die Zusammenarbeit von Bundes-
  regierung und Deutschem Bundestag in Ange-
  legenheiten der Europäischen Union
  (EUZBBG) EUV 16 9
– Gesetz über die Zusammenarbeit von Bund
  und Ländern in Angelegenheiten der Europäi-
  schen Union (EUZBLG) EUV 16 9
– Grundsatz der Transparenz EUV 16 42
– Hauptrechtsetzungsorgan EUV 16 2
– Haushaltsbefugnisse EUV 16 2
– Hilfsorgan des Rates s. Ausschuss der Ständi-
  gen Vertreter (AStV)
– Hoher Vertreter der Union für Außen- und Sicherheitspolitik EUV 16 18; AEUV 237 10
– im Rat vereinigte Vertreter der Regierungen
  der Mitgliedstaaten EUV 16 21